# 中国文物志

## 文物事业编 I

文物事业发展规划
文物保护工程
考古工作

中国文物志编纂委员会 编

董保华 总编纂

李 季 副总编纂

文物出版社

图书在版编目（CIP）数据

中国文物志．文物事业编／中国文物志编纂委员会
编；董保华总编纂．－北京：文物出版社，2024.3
ISBN 978-7-5010-8183-7

Ⅰ．①中… Ⅱ．①中… ②董… Ⅲ．①文物工作－研
究－中国 Ⅳ．① K87

中国国家版本馆 CIP 数据核字（2023）第 172864 号

## 中国文物志·文物事业编

编　　者：中国文物志编纂委员会
总 编 纂：董保华
副总编纂：李　季

封面题签：苏士澍
责任编辑：王　媛
责任印制：张道奇
封面设计：谭德毅

出版发行：文物出版社
社　　址：北京市东城区东直门内北小街2号楼
邮　　编：100007
网　　址：http://www.wenwu.com
经　　销：新华书店
印　　刷：文物出版社印刷厂有限公司
开　　本：889毫米×1194毫米　1/16
印　　张：73.75
版　　次：2024年3月第1版
印　　次：2024年3月第1次印刷
书　　号：ISBN 978-7-5010-8183-7
定　　价：640.00元（全二册）

# 《中国文物志》编委会

## 主　任

励小捷　刘玉珠

## 顾　问

吕济民　张德勤　张文彬　单霁翔　谢辰生
郑欣淼　吕章申　王春法　王旭东

## 常务副主任

董保华　顾玉才　关　强

## 副　主　任

童明康　顾玉才　宋新潮
刘曙光　胡　冰　关　强

## 编委会委员

（以姓氏拼音为序）

| | | | | | | |
|---|---|---|---|---|---|---|
| 安泳锝 | 蔡小莉 | 曾建勇 | 曾颖如 | 柴晓明 | 陈　红 | 陈　瑶 |
| 陈爱兰 | 陈成军 | 陈名杰 | 陈培军 | 陈文宝 | 陈永志 | 陈远平 |
| 褚晓波 | 丁　辉 | 丁新权 | 段　勇 | 段天玲 | 冯乃恩 | 傅柒生 |
| 顾　航 | 郭俊英 | 何长风 | 胡劲军 | 金旭东 | 黎朝斌 | 李　游 |
| 李耀申 | 梁　刚 | 梁立刚 | 刘　洋 | 刘谨胜 | 刘铭威 | 刘润民 |
| 刘世忠 | 柳　河 | 柳士发 | 龙家有 | 娄　玮 | 陆　琼 | 罗　静 |
| 马玉萍 | 孟祥武 | 宁虹雯 | 牛　军 | 桑　布 | 盛春寿 | 舒　琳 |
| 舒小峰 | 司才仁 | 宋宏伟 | 孙旭光 | 谭　平 | 唐　炜 | 田　凯 |

# 编纂团队

## 总编纂

董保华

## 副总编纂

张自成　李　季　刘小和　董　琦

黄　元　乔　梁　何　洪

## 本编副总编纂

李　季

## 审稿专家

柴晓明　段　勇　谷同伟　解　冰　李耀申　罗伯健　佘志宏

王　军　王永红　吴东风　杨　阳　杨志军　周　成

颜小忠　王国庆

## 初稿撰写与审核

第一章　文物事业发展规划

撰稿人员：陈同滨　韩博雅　刘爱河　刘翔宇　任　洁　王琳峰　袁怡雅

统稿人员：陈同滨　刘爱河　袁怡雅

第二章　文物保护工程

撰稿人员：白建尧　陈卉丽　陈建平　陈同滨　达　娃　傅　晶　高本宪

| | | | | | | |
|---|---|---|---|---|---|---|
| 郭　豹 | 韩博雅 | 黄立志 | 贾瑞宏 | 蒋宫元 | 孔祥民 | 兰德省 |
| 李　迪 | 李　琳 | 李　敏 | 李　明 | 刘　波 | 刘翔宇 | 刘　艳 |
| 卢　晶 | 罗贤来 | 马羽杨 | 尼玛次仁 | 庞　涌 | 乔　倩 | 乔亚军 |
| 任　洁 | 石　奕 | 史迪威 | 宋海欧 | 王国栋 | 王力军 | 王琳峰 |
| 王晓玲 | 魏建民 | 吴　娇 | 武小鹏 | 席周宽 | 夏　寅 | 谢亚农 |
| 徐会臣 | 徐亦鹏 | 许高哲 | 许　鹏 | 杨启山 | 叶　倩 | 银福忠 |
| 袁江玉 | 袁守愚 | 袁怡雅 | 岳永强 | 张　璠 | 张　涛 | 张云燕 |
| 周菊萍 | 周　颖 | 朱秋平 | 朱　颐 | | | |

统稿人员：陈同滨　　韩博雅　　任　洁　　王立平　　王琳峰　　叶　倩　　袁守愚
　　　　　袁怡雅


# 第三章　考古工作

撰稿人员：巴姗姗　　陈　光　　陈树祥　　陈振裕　　陈祖军　　丁见祥　　董新林

| | | | | | | |
|---|---|---|---|---|---|---|
| 发科老 | 樊温泉 | 范雪春 | 方　辉 | 方燕明 | 甘才超 | 高华光 |
| 高建强 | 高江涛 | 高明奎 | 郭　明 | 郭木森 | 韩朝会 | 韩　辉 |
| 韩金秋 | 韩炜炜 | 何锟宇 | 何双全 | 贺　刚 | 胡雅丽 | 华玉冰 |
| 黄凤春 | 黄蕴平 | 纪洲丽 | 贾汉清 | 江章华 | 蒋乐平 | 金　梅 |
| 蓝万里 | 郎剑锋 | 李　刚 | 李俊兰 | 李　琳 | 李龙彬 | 李少兵 |
| 李水城 | 李婉琪 | 李　岩 | 梁官锦 | 刘　斌 | 刘兵兵 | 刘海旺 |
| 刘　杰 | 刘志岩 | 罗布扎西 | 吕　鹏 | 马建军 | 马晓建 | 马宇婷 |
| 梅圆圆 | 孟原召 | 彭小军 | 钱国祥 | 乔登云 | 乔　梁 | 芮国耀 |
| 沈　倩 | 沈岳明 | 石　磊 | 宋少华 | 孙国平 | 孙　键 | 索秀芬 |
| 唐　淼 | 陶　洋 | 田建文 | 王贝贝 | 王法岗 | 王光远 | 王　辉 |
| 王　炬 | 王克飞 | 王丽媛 | 王　鹏 | 王瑞霞 | 王熙祥 | 王幼平 |
| 王占魁 | 王子奇 | 魏兴涛 | 闻　磊 | 吴　倩 | 吴小红 | 夏格旺堆 |
| 肖发标 | 谢　涛 | 谢　焱 | 徐良高 | 徐韶钢 | 徐长青 | 许　宏 |
| 杨　军 | 杨　林 | 杨琳琳 | 杨平平 | 杨　锐 | 杨树刚 | 杨先云 |
| 杨　弋 | 易西兵 | 尹锋超 | 印　群 | 袁　靖 | 原　丰 | 张　弛 |
| 张鸿亮 | 张建林 | 张　涛 | 张　威 | 张　翔 | 张　旭 | 赵朝洪 |

赵兰会　赵亚峰　赵益超　赵志军　郑建明　郑曙斌　郑秀文
周春水　周广明　周志清　周忠全　朱法宝　朱　泓

统稿人员：陈　光　金　梅　刘　杰　乔　梁　杨　林　张　威

## 第四章　博物馆工作

撰稿人员：白　雪　白　杨　曹　丽　车　蓉　陈百超　陈　成　陈建军
　　　　　陈　茜　陈溪流　陈秀强　陈　艳　崔显功　邓　祁　邓　雪
　　　　　丁　旭　董海鹏　董　理　范　昊　冯　好　冯柯力　冯　科
　　　　　付　莹　盖　巍　甘嘉海　高方英　高立红　高　莹　龚　锐
　　　　　郭　晶　何先红　何毓峰　何周德　侯晓慧　胡　滨　胡高伟
　　　　　胡　敏　胡泽学　黄德强　黄　飞　黄　靖　黄　领　黄　念
　　　　　黄　毅　贾立庆　贾世杰　姜慧梅　金　琳　蓝武芳　李归宁
　　　　　李海平　李　琳　李　楠　李庆辉　李　锐　李声能　李新华
　　　　　李宜龙　李月英　李子晨　梁　栋　梁冠男　廖乐远　林冠男
　　　　　刘贝贝　刘光秋　刘慧颖　刘剑波　刘磊胡　刘立丽　刘　念
　　　　　刘　宁　刘荣华　刘　薇　刘　伟　刘卫华　刘小花　刘　欣
　　　　　刘云雀　刘　韫　刘中刚　柳欣辛　卢曾昌　陆　晶　罗　敏
　　　　　罗永顺　马建军　马　静　马　燕　孟青生　孟迎春　米　毅
　　　　　南新荣　牛　虹　潘守永　庞吟萱　平淑艳　漆德红　齐　磊
　　　　　裘　玎　屈　征　饶道良　任华利　沈宗艳　盛　亮　石　宁
　　　　　史爱君　史英周　宋向光　孙　晨　孙　珩　孙其刚　孙若晨
　　　　　孙婉莹　孙振楠　谭倚云　汤　洁　汤琪琪　唐春瑶　唐　强
　　　　　田厚嘉　田双娥　万　婧　汪培梓　汪　震　王　超　王二超
　　　　　王　欢　王记华　王纪潮　王建涛　王　立　王丽明　王丽媛
　　　　　王　亮　王　淼　王　茜　王诗宇　王　舒　王松涛　王　欣
　　　　　王旭晨　王勇军　王　运　韦　曙　隗建华　魏　蕾　魏晴晴
　　　　　吴进阳　吴庐春　吴青青　吴维羲　夏　娱　向虹瑾　肖　航
　　　　　肖　军　萧雅帆　谢琳琳　辛　玥　熊艳燕　徐　瑾　徐　鹏
　　　　　徐清华　徐　森　徐　文　徐　峥　许高哲　闫华军　杨彩霞

第九章　教育培训工作

撰稿人员：陆文婷　沈婷婷
统稿人员：段　勇　潘守永　彭　蕾

第十章　文物宣传工作

撰稿人员：贾昌明　王　戈　文　冰　吴　然　张朔婷　张　伟　张　玮
　　　　　智　朴
统稿人员：李　让

# 不忘来时路　扬帆新征程

历史是现实的源头活水。习近平总书记指出,历史是最好的教科书。以史为鉴,可以知兴亡之根本,可以察民心之所盼,可以明资政之方略。一切向前走,都不能忘记走过的路;走得再远、走到再光辉的未来,也不能忘记走过的过去,不能忘记为什么出发。不忘来时的路,才能走好前行的路。学习、总结历史对党和国家事业改革发展重要作用如此,对行业和区域的改革发展重要作用亦如此。

编志修史是中华民族悠久的历史文化传统。新中国成立后,党和国家高度重视社会主义新方志的编修工作。早在六十多年前,王冶秋局长就提出过编修中国文物志的设想。改革开放后,国家先后启动了两轮新方志编修,一些省市地方志或在资源卷中记述文物资源,或设置文资源分卷。近年来,部分省市县三级文物部门,根据工作需要陆续编修了一些区域性文物资源志,有关行业协会、文博机构相继推出了工作年鉴、博物馆志等志书类出版物。所有这些,都为中国文物志的编修做了业务储备和人才准备。在这种背景下,不少领导、专家先后提出过编修国家级文物志的设想和建议。

习近平总书记对文物工作发表了系列重要论述,作出系列重要指示批示,就我国考古最新发现及其意义、深化中华文明探源工程和用好红色资源、赓续红色血脉等主持中央政治局集体学习,多次考察文物博物馆单位,要求加大文物和文化遗产保护力度,用好考古和历史研究成果,让文物活起来,走出一条符合国情的文物保护利用之路,正确反映中华民族文明史,推出一批研究成果。进入新时代,党和国家前所未有重视关怀文物工作,事业体系逐步健全,专业队伍不断壮大,重要成果层出不穷,学术研究和技术发展水平持续提高,国际学术话语权明显提升,社会关注度、参与度空前高涨。

国家文物局因时应势,2014年起组织编纂《中国文物志》。各地文物部门、文博单位和有关高校、科研机构积极参与,文博专家、方志专家悉心指导。总编纂董保华同志组织带领数百人的编纂团队青灯黄卷,孜孜以求,爬梳剔抉,删繁就简,钩沉拾遗,披沙拣金,历经七年的不懈努力，呈现出一部资料翔实、内容丰富、记述有序的大型志书——《中国文物志》。

修志为用，存史资政。《中国文物志》系统反映了我国文物资源状况和重要价值，翔实记述了我国文物工作的发展历程和文物事业的辉煌成果，生动呈现了一代代文物工作者不畏艰辛、筚路蓝缕、求真务实、守正创新的精神风貌。翻阅厚厚的志稿，深感七十余年来文物事业因应时代之需、人民之需，伴随着中华民族从站起来、富起来到强起来的历史性飞跃，从配合重要基础建设艰难启程时的"重点保护、重点发掘""既对基本建设有利，又对文物保护有利"，到适应改革开放不断深入、经济社会高速发展形势的"保护为主、抢救第一、加强管理、合理利用"，再到新时代以来贯彻新发展理念、构建新发展格局、推进高质量发展的"保护第一、加强管理、挖掘价值、有效利用、让文物活起来"，走过非凡的发展历程。文物法律法规体系逐步形成并日趋完善，财政投入持续加大，文物资源管理质效大幅提升，文物保护力度明显加强，博物馆公共文化服务效能充分彰显，文物考古研究阐释不断深化，文物领域科技支撑能力有力提升，文物国际交流合作持续拓展，文物传播力影响力显著增强，中国特色文物保护利用之路正越走越宽。

彰往而察来。《中国文物志》即将出版，回望事业发展历程，我们深知文物作为国家文明"金色名片"的重要性，更感文物工作职责使命之光荣。殷切希望广大文物工作者学好用好《中国文物志》，传承好、发扬好事业发展宝贵经验，汲取智慧，深刻把握文物事业发展规律，切实增强文物工作者的历史使命感和责任感。学习先辈择一事、终一生奋斗精神，坚守使命，甘于奉献，求真务实，激发创新创造活力，全力推进新时代文物保护利用工作。做好志书宣传，利用新媒体多渠道充分挖掘文物和文化遗产的多重价值，传播更多承载中华文化、中国精神的价值符号和文化产品，增强全社会文物保护意识，营造发展传承中华文明的浓厚氛围。不忘来时路，扬帆新征程，为全面建设社会主义文化强国、实现中华民族伟大复兴而团结奋斗。

文化和旅游部副部长、国家文物局局长　李　群

2023 年 10 月

# 谨终如始　善作善成

盛世修典，鉴往知来。为深入贯彻习近平总书记关于文物工作重要论述和重要指示批示精神，全面落实国务院第五次全国地方志会议精神和《全国地方志事业发展规划纲要（2015～2020年）》部署，2014年6月，国家文物局正式启动《中国文物志》编纂工作。

2015年，《中国文物志》编纂工作全面展开。国家文物局高度重视，将《中国文物志》编纂工作纳入《国家文物事业发展"十三五"规划》和年度工作重点，定期听取工作汇报、部署推进编纂工作。局机关各司室主动协调、指导相关志稿内容设置和修改。全国文博单位鼎力支持，积极提供资料，确定撰稿人员，确保撰稿质效。文物出版社作为项目承担单位，切实加强管理，做好各项保障工作。

编纂委员会办公室和编纂团队紧紧依靠国家文物局及有关文博单位、各地文物部门和相关高等院校、科研院所，充分发挥文博专家和方志专家作用，克服专职人员不足、撰稿人员分散、资料基础薄弱等困难，根据章节内容细分撰稿任务，形成责任清单；编制撰写说明，明确撰稿要求；创新推进形式，组织审稿专家与撰稿人对接研讨，及时发现解决问题、督促进度；聘请文博专家审改专业内容、方志专家统顺体例，切实保障志稿质量。

编纂团队始终坚持大局意识、正确导向，重大问题及时向国家文物局请示汇报，确保志书的国家高度和专业水准；始终坚持精品意识、质量优先，严格按照志书编纂体例要求，组织撰写，确保志书稿件统一规范；始终坚持守正创新、突出特色，创设"管理编"记述文物工作的艰辛历程，创设"事业编"记述文物事业的发展成就；始终坚持勤俭节约、严格管理，确保编纂工作规范推进。

"无冥冥之志者，无昭昭之明；无惛惛之事者，无赫赫之功。"总编纂董保华同志带领编纂团队秉持初心、甘于奉献，组织数百名专业人员撰写初稿、百余名专家审改稿件，经过七年艰辛努力，圆满完成了包括总述、大事记、不可移动文物编、可移动文物编、文物管理编、文物事业编、人物传、文献辑存8个部类16分册1200多万字、7000余张图片的大型国家志书——

《中国文物志》的编纂工作。

2021年3月，国家文物局组织完成了《中国文物志》书稿的终审。事非经过不知难。一路相伴走来，我们深切体会编纂工作筚路蓝缕的艰辛、善作善成的坚忍和文稿告竣后的喜悦。衷心祝贺《中国文物志》付梓出版！

值此全面建设社会主义现代化国家开启新征程、向第二个百年奋斗目标进军的重要历史节点，《中国文物志》的出版，必将能够发挥为党立言、为国存史、为民修志的作用，为推动新时代文物事业发展、建设社会主义文化强国作出应有贡献。

国家文物局原局长　刘玉珠

2023 年 10 月

# 修志存史　正当其时

官修志书是中华民族悠久的文化传统。新中国成立以来，党和政府十分重视志书编修工作，党和国家领导人多次倡导、指导志书编修工作。改革开放以来，国务院颁布《地方志工作条例》，先后启动了两轮新志书编修工作。2014年2月25日，习近平总书记在首都博物馆考察时明确要求："要在展览的同时高度重视修史修志，让文物说话，把历史智慧告诉人们，激发我们的民族自豪感和自信心，坚定全体人民振兴中华、实现中国梦的信心和决心。"同年4月19日，国务院召开第五次全国地方志工作会议，会议强调要把地方志作为重要的文化基础事业切实抓好。

国家文物局认真贯彻落实习近平总书记重要指示和第五次全国地方志工作会议精神，决定组织编纂《中国文物志》，立足行业、面向社会、服务公众，全面反映我国文物资源状况，翔实记述文物事业发展历程。2014年6月，国家文物局设立中国文物志编纂委员会及其办公室，特聘编委会顾问和指导专家，组建编纂团队，聘任董保华同志为总编纂。同年7月21日，中国文物志编纂委员会第一次全体会议召开，确立《中国文物志》行业志书的基本定位及内容框架，明确记述地域范围和记述时限，并作出工作部署，要求各省级文物行政部门、各参编单位加强组织领导、强化责任落实，把《中国文物志》作为文物事业发展的重大文化典籍工程抓实抓好。编纂工作正式启动。

编纂委员会办公室依托文物出版社组建秘书处，承担组织协调和相关保障工作；依照文物资源、文物管理、文物事业等各编内容设置，结合资料基础和工作实际，以订单形式向参编单位搜集资料，开展业务培训，明确编撰要求，组织初稿撰写；建章立制，规范管理，保障编纂工作有效运行。

经过七年编纂、两年编校，《中国文物志》付梓在即，可喜可贺。全书体大虑周、内容丰富，见物见事见人，是文物行业老、中、青三代学者的智慧荟萃与精神传承，对于存史资鉴、探究文物事业改革发展规律、弘扬传承中华优秀传统文化具有重要而深远的意义。

值此新的历史起点、开启新的百年征程之际，《中国文物志》的编纂出版正当其时，必将在加强文物保护利用、推动文物事业高质量发展中发挥独特作用！

原文化部副部长、国家文物局原局长　励小捷

2023 年 10 月

# 《中国文物志》凡例

## 一、指导思想

本志编纂坚持以毛泽东思想、邓小平理论、"三个代表"重要思想、科学发展观、习近平新时代中国特色社会主义思想为指导，运用辩证唯物主义和历史唯物主义的观点方法，客观记述中华人民共和国境内文物资源状况和文物管理、文物事业的历史与现状，发展与变化。为经济社会提供资政存史的国情资料，为人民群众提供爱国主义和革命传统教育的人文素材。

## 二、主体内容

本志以文物资源状况和文物管理工作、文物事业发展为主体内容。全书共设《总述》《大事记》《不可移动文物编》《可移动文物编》《文物管理编》《文物事业编》《人物传》《文献辑存》八个部分。

## 三、记述时限

本志记述时间范围，上限不限，下限截至 2017 年 12 月 31 日，重点反映 1949 年中华人民共和国成立以来文物资源的变化，以及文物管理和文物事业的发展历程。

## 四、记述范围

本志记述中华人民共和国境内（不包括香港、澳门特别行政区及台湾地区）的文物资源、文物管理与文物事业，以及对文物事业有突出贡献的已故人物。并辑存重要文献。

## 五、体裁结构

本志体裁形式为述、记、志、传、图、表、录七种体裁，以志为主。为增强志书的整体性，全志设总述，篇设综述，章设简述。图与表，随文插入相关章节。

本志采用大编体式，主体为篇章结构，设置篇、章、节、目四个层次，个别章依据记述需要，可增设子目层次。本志采用语体文、记叙体。

## 六、编纂原则

本志总述、综述采用述议结合的记述方法；大事记采用编年体记述方法；主体志坚持横分门类，纵述史实，详近略远，述而不论的原则；人物传坚持生不立传的原则；文献辑存采用分类以时为序收录原文的做法。

## 七、行文规则

记述语言要求朴实、简洁、流畅。标题做到简短精练、题盖文意。

文字书写一律以1964年中国文字改革委员会规定的《简化字总表》和文化部、文字改革委员会联合发布的《第一批异体字整理表》为准。志稿中的古籍引文和姓氏、地名、专用名，如果简化后容易引起误解或失去原意的，可以仍用繁体字或异体字。

本志执行2011年12月中华人民共和国国家质量监督检验检疫总局和中国国家标准化管理委员会发布的中华人民共和国标准《标点符号用法》（GB/T 15834—2011）。

本志使用的数据，以国家统计部门公布的法定数据为准。统计部门没有统计的，可采用文物主管部门的统计数据。数字书写，以中华人民共和国国家标准《出版物上数字用法的规定》（GB/T 15835—2011）为准。

本志使用的量、单位及名称，原则采用国家法定计量和单位名称、符号，以1993年国家技术监督局公布的中华人民共和国国家标准《量和单位》（GB 3100～3102—93）为准。

称谓要简洁明确。志稿行文，一般使用第三人称。机构名称、人员身份等术语，第一次出现可使用全称，并括注简称，以后出现时可直接使用简称。地名一律使用现行标准地名。不同时期的国家、团体、机构、职务等，均以当时名称为准，不用今称代替。

清代以前要使用历史纪年，并括注公元纪年，同一帝王年号在同一条目中多次出现则只括注首次出现者。民国时期要使用民国纪年，并括注公元纪年，在同一条目中多次出现则只括注首次出现者。1949年中华人民共和国成立以后，一律使用公元纪年。时间一律写具体的年、月、日，不使用不确切的时间概念。

外国的国名、地名、人名、党派、机构、团体、报刊等译名，以新华通讯社的译名为准，如无，则用国内通用译名，并在第一次出现时，在其后用括号标注外文名称。

## 八、资料使用

本志资料，均来自历史档案和各级文物管理部门提供的文字资料及社会调查、座谈会等口碑资料，经考证后入志，一般不注明出处。特定事物或尚属存疑的，采用夹注和页末注。

# 本书编纂说明

1. 《文物事业编》是《中国文物志》主体志的重要组成部分，记述中华人民共和国成立以来的文物事业发展取得的成就；部分重要内容追溯至清末民初文物事业初创时期。

2. 本编章节设置和记述条目，由编委会办公室组织拟定，经文博专家和方志专家审阅评议修改后，报国家文物局批准确定。

3. 本编根据文物事业的基本构成，设"文物事业发展规划""文物保护工程""考古工作""博物馆工作""科技与信息化、标准化工作""国家文物局直属单位与社会组织""与港澳台地区文物交流合作""国际文物交流合作""教育培训工作""文物宣传工作"等十章。节级内容和记述条目，则依据工作分类与工作重点设置。

4. 本编条目，记述文物事业发展与重要成就，突出事业发展中的重要事件、重要节点、重要成果和重要人物，力求体现文物事业是中国特色社会主义事业的重要组成部分和在社会主义经济建设、政治建设、文化建设、社会建设、生态文明建设"五位一体"总体布局中的地位和作用。

5. 本编志稿在总编纂指导下，副总编纂组织专家拟定节、目示例样稿与撰写说明，各地文物部门、国家文物局直属单位及在京文博单位等参编单位组织资料收集和初稿撰写（涉及地方的重要条目均经省级文物行政部门审核确认），文物专家负责统稿、方志专家讨论修改，局有关司室审改后，由编委会办公室报国家文物局审定。

6. 本编诸节中，单位类等名词性条目以行政区划先后排序，事件类条目以事物起始时间先后排序，其他类条目则参照前两类方法排序。

7. 由于编纂水平有限、资料收集困难等原因，志稿中难免存在个别信息不准确、个别条目体量不均衡、个别编校字词错讹等问题，恳请方家不吝赐教。

# 总　目　录

综　述………………………………………………………………………………… 1

第一章　文物事业发展规划………………………………………………………… 7

第二章　文物保护工程……………………………………………………………… 49

第三章　考古工作…………………………………………………………………… 211

第四章　博物馆工作………………………………………………………………… 471

第五章　科技与信息化、标准化工作……………………………………………… 781

第六章　国家文物局直属单位与社会组织………………………………………… 905

第七章　与港澳台地区文物交流合作……………………………………………… 939

第八章　国际文物交流合作………………………………………………………… 971

第九章　教育培训工作……………………………………………………………… 1035

第十章　文物宣传工作……………………………………………………………… 1061

后　记……………………………………………………………………………… 1115

# 本册目录

综　述 ………………………………………… 1

## 第一章　文物事业发展规划

### 第一节　文物事业中期与长期规划 ………… 10

一、长期发展规划 ………………………… 10

《关于文物博物馆事业发展十年规划
和"八五"计划纲要》 ……………… 10

《中国文物、博物馆事业"九五"计划
及 2010 年远景目标纲要》 ………… 13

《文物事业"十五"发展规划和 2015 年
远景目标纲要》 …………………… 16

《博物馆事业中长期发展规划纲要
（2011～2020 年）》 ……………… 20

《2020 年文物事业发展目标体系》 …… 21

二、中期发展规划 ………………………… 22

《国家文物事业"十一五"发展规划》… 22

《国家文物博物馆事业发展"十二五"
规划》 ……………………………… 25

《国家文物事业发展"十三五"规划》… 28

### 第二节　重要专项规划与重大区域规划 …… 31

一、重要专项规划 ………………………… 31

《国家重大遗址总体保护规划纲要》… 31

《文化遗产保护科学和技术发展"十一
五"规划（2006～2010 年）》 …… 33

《"十一五"期间大遗址保护总体规划》… 34

《国家文物保护科学和技术发展"十二
五"规划（2011～2015 年）》 …… 35

《大遗址保护"十二五"专项规划》… 36

《全国文博人才发展中长期规划纲要
（2014～2020 年）》 ……………… 38

《大遗址保护"十三五"专项规划》… 38

《国家"十三五"文化遗产保护与公共
文化服务科技创新规划》 ………… 39

二、重大区域规划 ………………………… 41

《长江三峡工程淹没及迁建区文物古迹
保护规划》 ………………………… 41

《南水北调工程文物保护规划》 ……… 43

《新疆吐鲁番地区文物保护与旅游发展
总体规划（2002～2020）》 ……… 44

《国家汶川地震灾后恢复重建规划·文物
　　抢救保护修复专项规划》·········· 46
《长城保护总体规划》················· 47

# 第二章　文物保护工程

## 第一节　文物保护工程资质单位············· 52
一、文物保护工程勘察设计资质单位······ 52
二、文物保护工程施工资质单位······ 57
三、文物保护工程监理资质单位······ 63
四、文物保护工程资质单位选介······ 65
　　中国文化遗产研究院·········· 65
　　敦煌研究院·········· 65
　　山西省文物技术中心·········· 66

## 第二节　重要保护规划················· 67
一、全国重点文物保护单位保护规划······ 67
　　《清东陵总体规划（2001～2020）》··· 68
　　《牛河梁红山文化遗址群保护规划
　　　（2004～2020）》·········· 69
　　《良渚遗址保护总体规划（2008～
　　　2025）》·········· 71
　　《党家村古建筑群保护规划（2002）》··· 73
　　《安阳殷墟保护与利用总体规划（2001～
　　　2011）》《殷墟遗址保护总体规划
　　　（修编）（2012～2025）》·········· 75
　　《秦始皇陵保护规划（2009～
　　　2020）》·········· 77
　　《故宫保护总体规划大纲（2003～
　　　2020）》《故宫保护总体规划（2013～
　　　2025）》·········· 79

　　《敦煌莫高窟保护总体规划（2006～
　　　2025）》·········· 82
　　《邺城遗址保护规划（2006～2020）》··· 85
　　《周口店遗址保护规划（2005～
　　　2020）》·········· 86
　　《上林湖越窑遗址保护总体规划
　　　（2007～2025）》·········· 87
　　《汉长安城遗址保护总体规划
　　　（2009～2025）》·········· 89
　　《云冈石窟保护规划（2008～
　　　2025）》·········· 91
　　《老司城遗址保护规划（2009～
　　　2025）》·········· 92
　　《隋唐洛阳城遗址保护总体规划
　　　（2007～2020）》·········· 94
　　《承德避暑山庄及周围寺庙文物保护
　　　总体规划（2011～2020）》·········· 95
　　《延安革命旧址群保护利用规划
　　　（2018～2022）》·········· 98
　　《汉魏洛阳故城保护总体规划
　　　（2008～2025）》·········· 100
　　《辽宁省兴城古城保护总体规划
　　　（2011～2030）》·········· 101
　　《青岛八大关近代建筑文物保护规划
　　　（2011～2030）》·········· 102
　　《佛宫寺释迦塔保护规划（2014～
　　　2030）》·········· 105
　　《黄田村古建筑群文物保护规划
　　　（2013～2030）》·········· 107
　　《赣南等原中央苏区革命遗址（旧址
　　　旧居）保护规划（2014～2018）》··· 109

《通江千佛岩石窟保护规划（2015～
2035）》·········· 110

《晋祠文物保护规划（2015～2030）》··· 112

二、中国世界文化遗产保护管理规划··· 113

《杭州西湖文化景观申报世界遗产文本
与管理规划纲要（2008～2020）》··· 114

《丝绸之路（中国段）申报世界遗产
管理规划（2012～2018）》······· 116

《红河哈尼梯田保护管理规划（2011～
2030）》·············· 118

《大运河遗产保护与管理总体规划
（2012～2030）》············ 119

《左江花山岩画文化景观保护管理
总体规划（2014～2030）》······ 122

**第三节 重要保护工程**·········· 124

一、古遗址保护维修·········· 124
交河故城保护修缮工程·········· 124
永顺县老司城遗址文物本体保护工程··· 126
景德镇御窑厂遗址保护工程········ 128

二、古墓葬保护维修·········· 129
十三陵保护维修工程·········· 129
成吉思汗陵维修工程·········· 133
沈阳福陵保护修缮工程·········· 134
洞沟古墓群保护维修工程········· 134

三、古建筑保护维修·········· 136
故宫保护维修工程·········· 136
承德避暑山庄及周围寺庙文化遗产
保护工程·········· 137
长城保护工程·········· 139
布达拉宫保护维修工程·········· 141

山西南部早期建筑保护工程········ 144
真觉寺金刚宝座修缮工程········· 146
赵县安济桥修缮工程·········· 148
永乐宫搬迁保护工程·········· 149
五台山佛光寺文殊殿修缮工程····· 150
晋祠鱼沼飞梁保护工程·········· 151
华阴西岳庙维修工程·········· 152
卢沟桥主体修复工程·········· 154
曲阜孔庙维修工程·········· 154
灵渠保护维修工程·········· 157
大理崇圣寺三塔保护维修工程····· 159
海宝塔保护维修工程·········· 160
独乐寺修缮工程·········· 161
苏州云岩寺塔排险加固工程······· 162
泉州洛阳桥保护维修工程········· 163
大明宫含元殿保护工程·········· 164
乐都瞿昙寺维修工程·········· 166
颐和园四大部洲修缮工程········· 167
太原市窦大夫祠保护工程········· 169

四、石窟石刻保护维修·········· 170
敦煌莫高窟保护利用工程········· 170
洛阳龙门石窟保护工程·········· 174
大同云冈石窟保护工程·········· 177
麦积山石窟维修加固工程········· 180
曲阳县北岳庙壁画保护修复工程··· 181
花山岩画修复保护工程·········· 182
大足石刻千手观音造像抢救性保护
工程·········· 184

五、近现代重要史迹保护维修·········· 185
中东铁路建筑群横道河子机车库及
东正教圣母进堂抢救保护工程··· 185

南京国民政府主席官邸旧址修缮工程…… 187

延安革命旧址群保护工程……… 189

泾县新四军军部旧址（种墨园）保护

修缮工程…… 190

南昌"八一"起义指挥部旧址保护

维修工程…… 191

虎门炮台旧址修缮工程……… 193

北京大学红楼保护维修工程……… 194

六、其他重要文物保护维修……… 195

南水北调文物保护工程……… 195

三峡文物保护工程……… 198

震后抢险维修工程……… 202

## 第三章　考古工作

第一节　考古机构……… 215

一、中华人民共和国成立前的考古机构… 216

中国地质调查所新生代研究室… 216

中央研究院历史语言研究所考古组… 216

北平研究院史学研究会考古组… 216

二、中华人民共和国成立后的考古机构… 217

中国社会科学院考古研究所……… 217

中国科学院古脊椎动物与古人类

研究所……… 217

中国文化遗产研究院……… 218

国家文物局水下文化遗产保护中心… 218

第二节　配合基本建设重要考古项目…… 220

一、配合城乡建设考古……… 220

配合城市建设考古……… 220

配合农田建设考古……… 222

二、配合水利工程考古……… 223

配合治理淮河、荆江分洪等水利

工程考古……… 223

治理黄河水利工程考古……… 224

丹江口水利枢纽工程考古……… 225

葛洲坝水利枢纽工程考古……… 226

三峡水利枢纽工程考古……… 227

小浪底水利枢纽工程考古……… 228

南水北调工程考古……… 229

三、配合交通运输工程考古……… 231

成渝、宝成、兰新铁路建设工程考古… 231

青藏铁路建设工程考古……… 231

四、配合其他基础设施与工程考古…… 232

西气东输工程考古……… 232

平朔煤田考古……… 234

铜绿山铜矿考古……… 234

第三节　重大考古发现……… 236

一、古遗址重大考古发现……… 236

敦煌莫高窟考古发现……… 236

尼雅遗址考古发现……… 237

楼兰故城考古发现……… 238

内蒙古巴林左旗辽上京及辽祖陵遗址

考古发现……… 239

北京周口店遗址及北京人与山顶洞人

考古发现……… 240

浙江南宋龙泉青瓷窑址考古发现… 242

河南渑池仰韶新石器时代遗址考古

发现……… 243

甘肃临洮马家窑新石器时代遗址考古

发现……… 244

河南新郑郑韩故城遗址考古发现 … 245

齐家坪遗址考古发现 ……………… 246

河北阳原泥河湾旧石器时代遗址
　　考古发现 …………………………… 247

河南安阳殷墟商代晚期都城遗址
　　考古发现 …………………………… 249

山东章丘城子崖遗址考古发现 …… 251

河南安阳后冈三叠层考古发现 …… 252

河北易县东周时期燕下都遗址考古
　　发现 ………………………………… 253

北京元大都遗址考古发现 ………… 255

曲阜鲁国故城考古发现 …………… 256

居延汉代遗址与简牍考古发现 …… 257

临淄齐国故城考古发现 …………… 258

黑龙江宁安唐代渤海上京龙泉府
　　遗址考古发现 …………………… 260

河南鹤壁刘庄遗址考古发现 ……… 262

陕西丰镐西周都城遗址与墓地考古
　　发现 ………………………………… 263

浙江余杭良渚文化遗址群考古发现 … 264

山东济南大辛庄遗址考古发现 …… 266

河北临漳三国至北朝邺城遗址考古
　　发现 ………………………………… 267

秦雍城遗址考古发现 ……………… 268

金牛山遗址考古发现 ……………… 269

辽宁凌源、建平牛河梁新石器时代
　　遗址考古发现 …………………… 270

河南郑州商城遗址考古发现 ……… 272

山西侯马晋国故城遗址考古发现 … 273

山西襄汾丁村旧石器时代遗址考古
　　发现 ………………………………… 274

河南陕县庙底沟新石器时代遗址考古
　　发现 ………………………………… 276

湖北江陵楚都纪南城及周围东周墓群
　　考古发现 ………………………… 277

陕西西安半坡新石器时代遗址考古
　　发现 ………………………………… 278

屈家岭遗址考古发现 ……………… 280

湖北天门石家河新石器时代遗址群
　　考古发现 ………………………… 281

河南汉魏洛阳城（合并宫城阊阖门
　　遗址）考古发现 ………………… 283

陕西西安汉长安城遗址考古发现 … 284

云南剑川海门口遗址考古发现 …… 286

陕西西安隋大兴唐长安城址考古
　　发现 ………………………………… 286

上海青浦崧泽新石器时代遗址考古
　　发现 ………………………………… 287

河南新郑裴李岗新石器时代遗址考古
　　发现 ………………………………… 288

山西襄汾陶寺龙山文化时期遗址与
　　墓葬考古发现 …………………… 289

大地湾遗址考古发现 ……………… 291

内蒙古赤峰夏家店青铜时代遗址考古
　　发现 ………………………………… 292

广东曲江马坝人遗址考古发现 …… 293

河南偃师二里头遗址考古发现 …… 294

陕西咸阳秦咸阳城及秦宫殿遗址考古
　　发现 ………………………………… 296

河南隋唐洛阳城及洛阳宋代衙署
　　庭园遗址考古发现 ……………… 297

山西夏县东下冯遗址考古发现 …… 299

重庆巫山大溪新石器时代遗址考古
　　发现 ……………………………… 300
大汶口遗址考古发现 …………………… 301
陕西铜川耀州窑遗址考古发现 ………… 303
浙江嘉兴马家浜新石器时代遗址
　　考古发现 ……………………………… 304
河南舞阳贾湖遗址考古发现 …………… 304
河南安阳洹北商城考古发现 …………… 305
北京琉璃河西周燕国都城与墓地
　　考古发现 ……………………………… 306
陕西蓝田人考古发现 …………………… 307
山东滕州前掌大遗址考古发现 ………… 308
大河村遗址考古发现 …………………… 309
新郑望京楼遗址考古发现 ……………… 310
云南元谋人考古发现 …………………… 311
北京门头沟区东胡林史前遗址考古
　　发现 ……………………………… 312
河北武安磁山遗址考古发现 …………… 313
陕西临潼姜寨新石器时代遗址考古
　　发现 ……………………………… 314
广东曲江石峡新石器时代遗址考古
　　发现 ……………………………… 315
内蒙古敖汉旗大甸子夏家店下层
　　文化遗址考古发现 …………………… 316
河姆渡遗址考古发现 …………………… 317
河南禹州钧窑遗址考古发现 …………… 318
湖北大冶铜绿山古铜矿遗址考古
　　发现 ……………………………… 319
江西清江吴城商时期青铜文化遗址
　　考古发现 ……………………………… 320
湖北黄陂盘龙城商代遗址考古发现 … 321

陕西周原先周及西周遗址考古发现 … 322
陕西神木石峁遗址考古发现 ………… 324
河南登封王城岗龙山文化遗址考古
　　发现 ……………………………… 325
西藏昌都卡若新石器时代遗址考古
　　发现 ……………………………… 326
湖南澧县城头山遗址考古发现 …… 327
青海民和喇家齐家文化遗址考古
　　发现 ……………………………… 328
柿子滩遗址考古发现 ………………… 329
法门寺遗址考古发现 ………………… 330
李家崖城址考古发现 ………………… 331
河南偃师商城遗址考古发现 ……… 331
内蒙古敖汉旗兴隆洼新石器时代
　　遗址考古发现 …………………… 332
湖南道县玉蟾岩遗址考古发现 …… 333
河南郑州大师姑夏代城址考古
　　发现 ……………………………… 334
湖南洪江高庙遗址考古发现 ……… 336
古格故城考古发现 …………………… 336
三星堆商时期祭祀器物坑考古发现 … 338
江苏张家港东山村遗址考古发现 … 339
跨湖桥遗址考古发现 ………………… 340
江西万年仙人洞与吊桶环新石器
　　时代早期遗址考古发现 ………… 341
甘肃礼县大堡子山遗址考古发现 … 343
湖南永顺老司城遗址考古发现 …… 344
四川成都金沙遗址考古发现 ……… 345
四川宝墩遗址考古发现 …………… 346
湖南里耶古城及出土秦简牍考古
　　发现 ……………………………… 347

山东青州龙兴寺古代佛教造像窖藏
　　考古发现 …………………………… 348
长沙走马楼三国吴简考古发现 …… 349
贵州遵义海龙囤与杨氏土司墓考古
　　发现 ………………………………… 350
内蒙古赤峰兴隆沟聚落遗址考古
　　发现 ………………………………… 351
江西李渡元代烧酒作坊遗址考古
　　发现 ………………………………… 352
河南内黄三杨庄汉代聚落遗址考古
　　发现 ………………………………… 353
隋代大型国家粮仓回洛仓考古发现 … 354
河南省新密市李家沟遗址考古发现 … 355
梁带村遗址考古发现 ……………… 356
江西高安华林造纸作坊遗址考古
　　发现 ………………………………… 357
福建漳平奇和洞遗址考古发现 …… 358
内蒙古通辽哈民忙哈史前聚落遗址
　　考古发现 …………………………… 358
浙江东苕溪中游商代原始瓷窑址群
　　考古发现 …………………………… 359
云冈石窟窟顶北魏辽金佛教寺院
　　遗址考古发现 ……………………… 360
新疆鄯善吐峪沟石窟群和佛寺遗址
　　考古发现 …………………………… 361
高青陈庄西周城址考古发现 ……… 362
二、古墓葬重大考古发现 …………… 363
秦始皇陵考古发现 ………………… 363
阿斯塔那墓葬考古发现 …………… 365
河南洛阳偃师东汉帝陵与洛阳邙山
　　陵墓群考古发现 …………………… 366

小河墓地考古发现 ………………… 367
江苏南京东晋、南朝帝王陵墓和
　　大族家族墓地考古发现 …………… 368
江苏南京五代南唐二陵考古发现 … 370
河南禹州白沙宋墓考古发现 ……… 371
长沙马王堆汉墓考古发现 ………… 372
河南洛阳烧沟汉墓考古发现 ……… 373
云南晋宁石寨山滇人墓地考古发现 … 374
芮城清凉寺史前墓地考古发现 …… 376
三门峡虢国墓地考古发现 ………… 377
北京明代定陵考古发现 …………… 378
湖北枣阳九连墩楚墓考古发现 …… 380
西汉帝陵考古发现 ………………… 382
山西曲沃北赵晋侯墓地考古发现 … 385
山东临沂银雀山汉墓考古发现 …… 386
河北满城汉墓考古发现 …………… 387
唐代帝陵陪葬墓、唐昭陵北司马门
　　遗址考古发现 ……………………… 389
甘肃张家川马家塬墓地考古发现 … 390
宁夏银川西夏陵考古发现 ………… 392
河北平山战国中山王墓考古发现 … 393
青海乐都柳湾新石器时代至青铜
　　时代墓地考古发现 ………………… 395
湖北云梦睡虎地秦墓与龙岗秦墓
　　考古发现 …………………………… 397
曾侯乙墓考古发现 ………………… 399
湖北荆州熊家冢楚墓考古发现 …… 400
江苏徐州地区汉代楚王陵考古发现 … 401
安徽蚌埠双墩一号春秋墓考古发现 … 403
江苏句容及金坛周代土墩墓考古
　　发现 ………………………………… 404

江西新干商代大墓考古发现 ……… 406
高句丽王室与贵族墓葬考古发现 … 407
河南灵宝西坡新石器时代大型墓地
　考古发现 ……………………… 408
辽宁建昌县东大杖子战国墓地考古
　发现 ………………………… 409
太原隋代虞弘墓考古发现 ……… 410
山西太原王家峰北齐徐显秀墓考古
　发现 ………………………… 410
贵州赫章可乐遗址墓葬考古发现 … 412
内蒙古通辽吐尔基山辽墓考古发现 … 412
广东广州大学城南汉二陵考古发现 … 414
山西绛县横水墓地考古发现 …… 415
山西翼城大河口西周墓地考古发现 … 416
江西靖安李洲坳东周墓葬考古发现 … 416
河南安阳曹操高陵考古发现 …… 417
蓝田吕氏家族墓地考古发现 …… 418
江苏盱眙大山江都王陵考古发现 … 419
湖北随州叶家山与文峰塔周代墓葬
　考古发现 ……………………… 421
西藏阿里故如甲木墓地和曲踏墓地
　考古发现 ……………………… 422
四川成都老官山西汉木椁墓考古
　发现 ………………………… 423
陕西宝鸡石鼓山西周墓地考古发现 … 424
山西忻州九原岗北朝壁画墓考古
　发现 ………………………… 425

第四节　重要水下考古项目 ……… 427
一、海洋水域水下考古 …………… 428
　致远号沉船调查与发掘 ……… 428

广东南海Ⅰ号沉船遗址调查与发掘 … 428
福建连江定海白礁一号沉船发掘 … 429
辽宁绥中三道岗元代沉船发掘 …… 430
西沙群岛海域水下考古调查 …… 430
福建平潭碗礁一号清代沉船发掘 … 431
广东南澳Ⅰ号明代沉船遗址发掘 … 432
浙江省宁波小白礁Ⅰ号沉船遗址
　发掘 ………………………… 432
天津散化锚地沉船残存甲板调查 … 433
山东省青岛海域水下文化遗产调查 … 433
二、内水水域水下考古 …………… 434
湖北中山舰打捞保护项目 ……… 434
重庆白鹤梁原址水下保护工程 …… 434
湖北丹江口水库均州古城水下考古 … 435
四川"江口沉银"遗址考古发掘 … 435
浙江上林湖越窑遗址后司岙水域
　调查 ………………………… 436

第五节　科技考古项目 …………… 437
一、动物考古 ……………………… 438
主要家养动物起源研究 ………… 439
古代先民获取肉食资源方式研究 … 440
祭祀与随葬用牲研究 …………… 440
开发动物资源方式其他研究 …… 440
二、植物考古 ……………………… 441
农业起源问题探讨 ……………… 441
农作物传播研究 ………………… 443
文明起源的农业经济背景研究 …… 444
古代人类经济生活与生产方式探讨 … 444
历史时期植物资源利用研究 …… 445
植硅体研究重要成果 …………… 446

淀粉粒研究重要成果 …………… 447
三、环境考古 ………………………… 447
商丘地质考古调查 ……………… 448
班村遗址环境考古 ……………… 448
岱海地区环境考古 ……………… 449
杨庄遗址环境考古 ……………… 449
跨湖桥遗址环境考古 …………… 450
田螺山遗址环境考古 …………… 450
喇家遗址环境考古 ……………… 451
三杨庄遗址环境考古 …………… 451
皂角树遗址环境考古 …………… 451
二里头遗址环境考古 …………… 452
伊洛河流域环境考古 …………… 452
颍河流域环境考古 ……………… 453
赤峰地区区域调查与环境考古 …… 453
胶东半岛环境考古 ……………… 454
葫芦河流域古文化和古环境综合
考察 ………………………… 454
澧阳平原环境考古 ……………… 454
中华文明探源工程中的环境研究 … 455
长江流域环境考古 ……………… 455
北京地区环境考古 ……………… 455
河套地区先秦两汉时期文化、生业与
环境研究 …………………… 456
四、人骨考古 ………………………… 456
古人类学研究 …………………… 457
古人种学研究 …………………… 457
古病理学研究 …………………… 457
分子考古学研究 ………………… 458
古人口学研究 …………………… 459

骨化学研究 ……………………… 459
骨骼功能压力和生物力学研究 …… 459

第六节　遥感考古项目 ……………… 461
一、遥感考古机构与队伍 …………… 462
二、重要遥感考古项目 ……………… 463
宁夏和陕西交界古长城探测 …… 463
洛阳地区古代遗迹航摄调查 …… 463
内蒙古东南部航摄考古调查 …… 464
内蒙古中南部陕西北部航摄考古
调查 ………………………… 464
秦始皇陵考古遥感与地球物理综合
探查 ………………………… 464
丰镐地区历史与环境变迁遥感勘测 … 464
包头及鄂尔多斯地区航摄考古调查 … 465
居延遗址群航摄调查项目 ……… 465
空间信息技术在大遗址保护中的应用
研究（以京杭大运河为例）…… 465
新疆特殊区域遥感考古调查 …… 466
遥感技术在中华文明探源研究中的
应用研究 …………………… 466
丝绸之路南道中段线路变迁及其
驱动机制（且末—于阗段遥感
考古研究）………………… 467
新疆秦汉及其他长城专题数据检查
与测量 ……………………… 467
中国典型遗址遥感与地球物理综合
考古研究 …………………… 468
齐长城及其相关遗址的遥感识别
与动态监测研究 …………… 468

# 综　述

文物事业是中国社会主义文化事业的重要组成部分，包括文物事业发展规划，文物保护工程，考古工作，博物馆工作，科技与信息化、标准化工作，国家文物局直属单位与社会组织，与港澳台地区交流合作，国际文物交流合作，教育培训工作，文物宣传工作等，对于保护传承先进文化、凝聚民族精神、培育国民素质、促进社会进步、推动社会主义文化发展繁荣，具有重要和深远的意义。

从1986年《中华人民共和国国民经济和社会发展第七个五年计划》至2016年《中华人民共和国国民经济和社会发展第十三个五年规划纲要》，国家五年规划（计划）中都对文物事业发展作出明确要求。国家文物局从"八五"时期开始组织编制文物博物馆事业发展规划，截至2017年，共编制远景目标规划（纲要）5部、五年规划3部。与此同时，从"十一五"开始，国家文物局还组织编制了一系列专项规划，如大遗址保护专项规划、文物保护科学和技术发展规划、文化遗产保护与公共文化服务科技创新规划、全国文博人才发展中长期规划纲要等，作为事业发展规划的细化和补充，使得规划体系更加完善。

中华人民共和国成立后，古建筑修缮成为文物保护工程的重要内容。1952年起，财政部逐年拨专款用于重点文物保护维修，包括山海关长城等一批重要古建筑得到保护维修。自20世纪70年代，国家拨款抢修一些濒危全国重点文物保护单位，启动了布达拉宫、曲阜"三孔"、承德避暑山庄、临潼华清池等重要古建筑的修缮保护工程。小浪底水库、三峡工程等国家大型基本建设项目中的文物保护工程也陆续实施。文物保护国际交流、合作活动逐渐展开，敦煌莫高窟、云冈石窟等合作保护维修，以及中国援助柬埔寨吴哥窟周萨神庙维修工程等，推动了中国文物保护维修理论建设和文物保护工程技术的发展，同时也培养了一批维修专业力量。1997～2001年，中国古迹遗址保护协会与盖蒂保护研究所、澳大利亚遗产委员会合作编撰《中国文物古迹保护准则》。2008年后，引入世界遗产基于突出普遍价值（OUV）的保护管理理念，结合中国的法律法规体系和操作模式，形成了新的规划体例与编制内容。2012年后，文物保护重点项目不断推进，每年都有多个项目验收竣工以及新项目启动开工。中国援外文物保护工程，如蒙古国辽代古塔、柬埔寨吴哥古迹茶胶寺、乌兹别克斯坦希瓦古城、尼泊尔加德满都九层神庙等项目有序推进。2014年后，保护规划的价值研究和展示利用的需求显著突出，成为探索重点。

考古工作是文物事业的重要组成部分。中国的考古工作，学术界通常以民国10年（1921年）河南渑池仰韶村的发掘算起。从民国17年起，中央研究院历史语言研究所和中国地质调查所新生代研究室分别组织的对河南安阳殷墟和北京房山周口店的持续发掘，标志着中国科研机构正式开展科学考古工作。中华人民共和国成立后，中央人民政府文化部（简称中央文化部）即设立文物局管理全国文物考古工作。同年中国科学院成立，迅速恢复了中断多年的殷墟发掘，此后又设立考古研究所，考古发掘和研究工作步入正轨。1952年，北京大学历史系考古专业正式设立，成为高等院校培养考古专门人才的开端。各省、自治区、直辖市亦先后设立独立的文物考古机构。截至2017年，全国省级行政区基本设有文物考古研究所（院），部分文物资源丰富的市也设有考古科研机构，取得团体考古发掘资质的机构共78家，先后获得个人领队资格的有千余人。考古相关专业门类随着时代发展日新月异，除田野考古外，水下考古、科技考古、遥感考古已成为中国考古工作的重要组成部分。其中科技考古又包括年代测定、文物结构成分测定、环境考古、人骨考古、动物考古、植物考古等。总的趋势是学科越分越细，同时又向多学科综合研究发展。随着工业化和农业合作化的蓬勃发展，全国各地城乡建设步伐不断加快，大规模水利工程、铁路、公路等各项基本建设工程如

火如荼地展开，配合建设工程的考古工作在相当长时期内是中国考古的主战场。中国近百年来重大考古发现成果众多，举世瞩目。举例介绍的百余项重大考古发现，主要是根据20世纪90年代以来历次权威机构组织评选的获奖结果，从中根据学术价值、社会影响力、年代和区域分布等因素遴选出的部分具有代表性的项目。

1956年，第一个具有地志性特点的博物馆——山东省博物馆开馆。1957年，除青海、西藏外，其他各省、自治区、直辖市都有了综合性或专门性的博物馆，仅文化部门所属的博物馆就达73家，藏品总量350多万件，观众数量每年达1200万人次。1958年以后，全国各地建成一批不同类型的博物馆，博物馆布局和种类趋于合理。1959年，中国人民革命军事博物馆、中国历史博物馆和中国革命博物馆竣工，20多家以纪念重大革命历史事件和重要历史人物为内容的纪念性博物馆也陆续建成开馆。1978年底全国文物系统的博物馆只有349家，1982年增加到409家，中国博物馆学会亦于1982年成立。1983～1989年，全国新建博物馆558家，绝大多数为中小型博物馆，其中纪念馆数量过半。1990年，文物系统的博物馆迅速增加到1013家，平均每年增加约80家，加上其他部门和行业的博物馆，全国博物馆共计1400多家；文物系统的博物馆举办陈列展览的数量由1983年的1476个增加至4114个，观众数量由1982年的4410万人次增加至1亿人次。1991年，第一个大型现代化博物馆——陕西历史博物馆建成开放，此后全国开启了新一轮博物馆建设的热潮，大批重要博物馆完成新建或扩

建。与此同时涌现出一些社会力量兴办的非国有博物馆，特色鲜明，运营灵活，作为博物馆大家庭的组成部分，显示了旺盛的生命力。20世纪90年代以来，大批博物馆陆续被中央有关部门命名为"全国爱国主义教育示范基地"。2008年，全国博物馆、纪念馆免费开放政策实施，强化了博物馆的公共文化服务职能。截至2017年底，全国博物馆总数达到4721家，大批新馆、大馆相继建成或完成改扩建。博物馆功能更加健全，陈列展览水平全面提升，基本形成了以国家级博物馆为龙头、省级博物馆和重点行业博物馆为骨干，国有博物馆为主体、非国有博物馆为补充，主体多元、类型多样、特色鲜明的博物馆体系。

科技与信息化、标准化工作作为文物博物馆事业发展的重要支撑，自20世纪60年代起步以来发展迅速，科研成果不断涌现，信息化技术应用不断深入，标准化体系不断完善。国家文物局重点科研基地的设立有效推动了科技成果转化。文物科技工作注重扩大和深化学科间、机构间、部门间、中央与地方、国内与国外的交流与合作，聚焦基础研究、技术研发、装备研发、保护制度与规范标准研究、保护研究平台建设以及人才培养等关键问题，初步构建了以技术创新为核心、组织创新为支撑、制度创新为保障的行业科技创新体系。互联网、物联网、大数据等信息技术与文物博物馆行业深度融合，中国世界文化遗产监测预警总平台建设完成，智慧博物馆、"互联网＋中华文明"三年行动计划等重大项目不断推进，博物馆展示陈列水平和观众参观体验显著提高。随着网络技术、互联网等信息技术的发展，文物博物馆行业与信息化技术深度融合，文物信息资源得到广泛应用和开放共享，信息系统整合成效显著，智慧博物馆建设初见成效。国家文物局组织建设全国文物资源数据库，形成了众多信息化建设标准，推动了信息化基础设施建设，为文物博物馆行业信息化发展奠定了基础。在科技和信息化技术快速发展迭代的当下，文物博物馆单位借助科技信息技术，探索出了文物保护和文物传播的全新道路。21世纪初，国家文物局开始筹划文物保护标准化工作。2005年，全国文物保护标准化技术委员会成立。截至2017年底，文物保护标准的框架体系基本建立，涵盖可移动文物保护、不可移动文物保护、博物馆管理、文物调查与考古发掘、文物博物馆信息化等方面。

国家文物局直属单位是受国家文物局领导，面向社会履行文物保护利用公共服务职能的法人实体。截至2017年底，国家文物局直属单位共8个，包括国家文物局机关服务中心（国家文物局机关服务局）、北京鲁迅博物馆（北京新文化运动纪念馆）、中国文化遗产研究院、中国文物信息咨询中心、文物出版社、中国文物报社、中国文物交流中心、国家文物局水下文化遗产保护中心。这些单位具有人才、技术和信息的资源优势，在各自业务范围内承担文物保护、研究、展示、宣传等职责。文博领域社会组织具有明确的专业方向和稳定的专业团队，围绕文博事业发展中心在业务范围内开展活动，保持非营利性、公益性的社会组织性质。各社会组织有效拓展了文博事业发展主体的组织结构，开辟了新的投入渠道，凝集了广泛的人才资源、技术资源和物质资源，扩大了公共文化服务空间。

中华文物资源是海峡两岸暨香港、澳门同祖同源的见证。长期以来，文化遗产领域的交流合作增强了港澳台同胞对中华文化的认同，推动了相互关系发展。内地与香港文物领域的交流始于20世纪80年代，双方文博机构在人员交流、协议签署、文物展览、文物保护与考古等方面深入开展交流合作，历任国家文物局局长均对香港进行过工作访问。2011年，国家文物局与香港文化遗产主管部门签署《国家文物局与香港特别行政区政府民政事务局关于深化文化遗产领域交流与合作的协议》，成立联合工作组，共同推动文物交流合作常态化、制度化。作为文物交流的重要形式之一，文物展览交流为加强内地与香港的联系发挥了积极作用。香港方面还多次邀请内地专业人员协助进行考古发掘、文物普查等工作，取得了丰硕成果。香港爱国人士亦出资出力支持内地文物事业。1999年12月20日，澳门特别行政区成立，内地与澳门文物领域的交流合作进入新阶段。双方在澳门历史城区申报世界文化遗产、签署合作协议、文物捐赠等方面开展了一系列工作，进一步深化了两地的文化、文物交流合作。祖国大陆与台湾地区的文物交流肇始于1992年，"九二共识"后两岸交往日益热络，文物交流合作亦由此起步。进入21世纪，两岸文物交流呈现多渠道、多方位发展态势，展览交流亮点纷呈，学术交流持续深入。

中华人民共和国成立之后的国际交流合作，是从举办赴外文物展览和引进文物来华展览开始的。20世纪50年代，为在国际政治环境中争取更多理解和支持，中国政府先后组织赴苏联、印度等国家参加或者举办文物展览。20世纪70年代初，为增进国际社会特别是西方国家对中国的了解，"中华人民共和国出土文物展览"赴欧洲、大洋洲、非洲和亚洲的14个国家展出，所到之处都引起巨大轰动。进入21世纪，国际文物交流日益频繁。2000～2017年，中国举办对外文物展览800余场。来华文物展览也不断增多，仅2013～2016年，全国各地引进的境外文物展览就举办了116场。20世纪80年代起，中国先后加入联合国教科文组织《保护世界文化和自然遗产公约》、联合国教科文组织《关于禁止和防止非法进出口文化财产和非法转移其所有权的方法的公约》、国际统一私法协会《关于被盗或者非法出口文物的公约》、联合国教科文组织《关于发生武装冲突时保护文化财产的公约》，以及加入国际博物馆协会（ICOM，简称国际博协）、国际古迹遗址理事会（ICOMOS）、国际文化财产保护与修复研究中心（ICCROM），开辟了文物事业广阔的国际舞台。中国还先后与秘鲁等20个国家签署了防止盗窃、盗掘和非法进出境文化财产双边协定、谅解备忘录（2000～2017年），与韩国等34个国家的文化遗产部门签署了文化遗产领域双边合作协议、谅解备忘录（1998～2017年）。1991～2017年，经国家批准在中国境内开展的中外合作考古项目有近60项。中国考古研究机构先后赴俄罗斯等10多个国家开展合作考古项目。此外，中国还先后举办、申办和参加了多个重要的国际公约及国际组织会议。在人才培养方面，中国与美国、日本等联合举办了博物馆管理、文物保护修复等培训班。

文博教育培训主要包括在职业务培训和

高校专业教育两种形式。在职业务培训以国家文物行政部门组织培训和与高等院校合作培训相结合的方式进行。1992年，国家文物局制定《关于加强文博教育培训工作的意见》，按照岗位职务规范标准开展文博管理干部岗位培训。2002年，全国文物工作会议决定把加强文博干部培训作为文物工作四项基础工作之一。2014年，国家文物局制定《国家文物局文博人才培养"金鼎工程"实施方案》，明确文博行业人才培养基本思路。中华人民共和国成立后，较早开设文博专业的高校有北京大学、四川大学、西北大学等。截至2017年，全国共有44所高等院校设置考古学、博物馆学、文物保护技术等专业，逐步形成了具有中国特色的文博专业高等教育体系。

文物事业的发展离不开科学研究和向公众阐释与传播。文物宣传工作以文物资源和文物保护利用为内容，依托图书、报刊、广播电视、互联网等媒介，向公众普及文化遗产知识，进而提升全社会文物保护意识、科学文化素养。1950年后，《文物》《考古学报》《考古》相继创刊。1956年起，科学出版社陆续出版了由中国科学院考古研究所编纂的考古报告、文物资料汇编和考古文物研究专著。1957年，文物出版社创立，迅即出版了一批高质量考古报告、文物图录和学术专著。人民美术出版社等出版机构在这一时期也陆续出版了一批文物图录等书籍。1958年起，中央新闻纪录电影制片厂与相关文博机构合作，陆续出品了一批反映文物考古发现的电影纪录片。20世纪80年代起，文物考古类书籍大量出版，考古、博物馆等领域涌现大批学术期刊。1985年创办于河南的《文物报》，1987年更名为《中国文物报》，1990年改由国家文物局主办，并转往北京出版发行。这一时期，中央新闻纪录电影制片厂、中央电视台相继推出了多种文博类电影纪录片、大型电视纪录片。20世纪90年代，国家文物局开始组织中国文物报社等单位主办系列行业成果遴选推介活动。进入21世纪，文物宣传工作得到较大发展。除了由文物出版社、科学出版社、故宫出版社为代表的传统文物考古类图书出版机构，中华书局、三联书店、中国社会科学出版社等也积极参与到文博类图书的出版中。《人民日报》《光明日报》等全国性报纸设置了各具特色的文化遗产或文博类版面、专栏。电视和网络传播的文博类纪录片、短视频和电视专栏节目日渐丰富，推出了《复活的军团》《故宫》《敦煌》《我在故宫修文物》《如果国宝会说话》《国家宝藏》等广受欢迎的节目。各地文博单位利用官方网站及时发布文博资讯，文博类微博、微信公众号传播力度不断加大。

# 第一章 文物事业发展规划

文物事业发展规划是引领文物事业健康可持续发展的重要指导性文件。不同层级的规划，凸显出文物事业在经济社会发展中的地位和作用，以及不同时期文物事业的发展脉络和工作重点。

《中华人民共和国国民经济和社会发展第七个五年计划》《中华人民共和国国民经济和社会发展第十三个五年规划纲要》等国家五年规划（计划）及文化部《文化事业发展"九五"计划和2010年远景目标纲要》等历次制定的文化事业发展规划（计划）纲要，都对文物事业发展作出相应规划。如："对全国重点和省级主要文物保护单位，要有计划地、分期分批地进行修缮，提高其抗灾能力。重点建设陕西历史博物馆和抗日战争纪念馆。""加强档案馆和纪念馆的利用与管理，进一步加强文物特别是重点文物的保护和管理工作。""加强文物的保护和合理利用。""加强图书馆、博物馆、文化馆、科技馆、档案馆和青少年活动场所等文化设施建设。""城市规划和建筑设计要延续历史，传承文化，突出特色，保护民族、文化遗产和风景名胜资源。""加强文化自然遗产和民族民间文化保护。""公共博物馆、图书馆、文化馆、纪念馆、美术馆等公共文化设施免费向社会开放。""提高城市开放度和包容性，加强文化和自然遗产保护，延续历史文脉，建设人文城市。"国家文物局基于文物事业发展实际，根据国家和文化部不同时期规划纲要，制定《关于文物博物馆事业发展十年规划和"八五"计划纲要》等文物事业发展规划，并组织实施。

国家文物局根据国家社会发展和文物保护工作需求，组织制定文物事业重要专项规划与重大区域规划。从"十一五"起，国家文物局组织编制了一系列专项规划，如《全国文博人才发展中长期规划纲要（2014～2020年）》《国家"十三五"文化遗产保护与公共文化服务科技创新规划》等，作为事业发展规划的细化和补充，使规划体系更加完善。此外，还根据事业发展的需要先后编制有《长江三峡工程淹没及迁建区文物古迹保护规划报告》《新疆吐鲁番地区文物保护与旅游发展总体规划》《南水北调工程文物保护规划》《国家汶川地震灾后重建规划·文物抢救保护修复专项规划》《长城保护总体规划》等重大区域规划。

# 第一节 文物事业中期与长期规划

1991年，国家文物局发布《关于文物博物馆事业发展十年规划和"八五"计划纲要》。这是国家文物局组织编制的首个事业发展规划，在总结成绩、分析形势的基础上，确定了文物博物馆事业发展的指导思想、基本原则、发展目标、主要任务和保障措施等，是20世纪90年代文物事业发展重要的指导性文件。此后，国家文物局逐步加大组织编制中长期规划力度，不断规划文物博物馆事业在不同时期的发展方向。1991~2017年，共编制五部长期规划（纲要）、三部中期规划。在编制中长期规划纲要的基础上，注重规划实施效果，开展大规模文物保护抢救工作，人民群众文物保护意识明显增强，文物博物馆事业不断发展。中央财政、各级地方政府财政加大安排文物事业经费，开展文物抢救维修和保护工作。提升文物保护科研项目水平，多个项目获得文物科技成果进步奖、国家科技成果进步奖等。扩大文物对外交流，合作举办文物展览，合作开展文物保护项目及保护技术研究，参加国际文物保护会议，在国际文物保护工作中产生积极影响。

## 一、长期发展规划

**《关于文物博物馆事业发展十年规划和"八五"计划纲要》**　1991年，国家文物局发布《关于文物博物馆事业发展十年规划和"八五"计划纲要》（简称《十年规划和"八五"计划纲要》），提出实现文物博物馆事业发展"加强保护，改善管理，搞好改革，充分发挥文物的作用，继承和发扬民族优秀的文化传统，为社会主义服务，为人民服务"的基本方针。

《十年规划和"八五"计划纲要》确定了1990~2000年文物博物馆事业发展总体设想和远景蓝图。总体设想为：在全国范围内形成完整的文物保护体系，建成具有中国特色的社会主义博物馆体系。文物保护体系的远景目标为：全国重点文物保护单位达到1200处，且全部划定保护范围、作出标志说明、建立科学档案，得到比较好的维修和养护；国家颁布的历史文化名城和省级历史文化名城保持有原来的历史风貌和景观特色，不仅形成在特定地区和范围内对历史文物和革命文物保护相对独立的系统，而且构成全国文物保护网中的若干单元；考古工作的整体水平不断提高，考古事业取得新的重大成果；文物科学技术保护整体水平和文物资料信息情报工作水平大大提高。博物馆体系的远景目标为：20世纪末全国博物馆增加到2400家，按人口计算平均每50万人拥有一家博物馆；建设一批高水平的、具有一定国际声誉的国家级博物馆；在全国各省、自治区、直辖市都建有一家地志性博物馆，省辖市均建有博物馆，经济文化条件较好的县也设有博物馆；在对外开放城市和经济特区新建、扩建和整修一批具备较高现代化水平的博物馆；从鸦片战争、太平天国、辛亥革命到五四运动、党的建立、第一和第二次国内革命战争、抗日战争、解放战争等各历史时期的重要革命事件和历史事件，都建有一家或几家博物馆和纪念馆；到20世纪末，博物馆范围较窄、种类较少的情况从根本上得到改观。

《十年规划和"八五"计划纲要》从9个方面提出"八五"计划期间文物博物馆事业建设和发展的基本任务和主要奋斗目标。文物法制建设方面：加强文物立法工作，以《中华人民共和国文物保护法》（简称《文物保护法》）和《中华人民共和国文物保护法实施细则》（简称《文物保护法实施细则》）为核心，进一步完善文物法规体系；搞好文物法规清理工作，适时修改、补充、废止有关的法规；广泛深入地宣传《文物保护法》，贯彻实施"八五"普法规划，宣传国家保护文物的政策和法律，普及文物和文物保护知识；建立健全文物执法机构，建设一支具有较高政治觉悟和业务能力的行政执法队伍；加强与公安、检察、法院、工商、海关等部门的协调与配合，严厉打击盗掘、盗窃、走私文物等违法犯罪活动。文物保护单位方面：报请国务院批准颁布第四批全国重点文物保护单位300处，全国重点文物保护单位"八五"期间达到800处；已公布的全国重点文物保护单位和省级文物保护单位划定保护范围工作在1992年底以前基本结束；加快文物古迹特别是精华部分的抢救性维修和保护；向联合国教科文组织推荐列入"世界文化遗产清单目录"；加快对大型古文化遗址和古墓葬群的总体保护方案，妥善解决好文物保护与基本建设以及群众生产生活之间的矛盾；会同城建部门做好历史文化名城的规划保护建设，加强其范围内各级文物保护单位的保护管理工作。文物科技事业方面：坚持以防为主、防治结合的方针，建立较完整的文物科技管理的运转机制，加强文物科研项目的宏观管理；进一步深化科技体制的改革，激发科技人员的积极性、创造性；建立文物保护科研机构，配备实验室和科研人员，逐步形成若干文物保护研究中心；"八五"前期完成中国文物研究所所址的基本建设。考古事业方面：通过配合基本建设的发掘，有目的地解决重大学术课题；继续发展水下考古事业；积极推进考古工作的对外开放；加强自然科学研究手段在考古学研究方面的应用。文物普查方面：推进和加快边疆省、区的文物普查工作和部分省、区的田野补查和复查，争取1992年底以前全部结束；对分布较广、保护管理工作较为薄弱的几种类型的文化遗存进行专题调查；选择重要发现推荐公布为不同级别的文物保护单位；抓好全国文物普查成果的分析、整理、归档工作。博物馆事业方面：运用先进的视听设备和其他现代化设备，提高文物藏品的科学管理水平和陈列展览水平；实行以岗位责任制为中心的目标管理，完善运行机制；新馆的建设要以藏品和馆址的选址为基础，突出特色和个性，促进博物馆数量和质量、品种和布局的协调发展；加强全国各级文物收藏单位安全防范设施的建设；在全国文博系统完成藏品建档工作，特别是一级品的建档工作；加强陈列展览和博物馆的宣传教育工作。文物市场和私人文物管理方面：积极推进文物流通管理工作的改革；改善文物商店的经营管理，努力向博物馆和科研、教育机构提供藏品；加强文物收购工作；加强对私人文物的管理；逐步在国外设置经营工作机构，参与国际市场文物的经营，提高文物经营的经济效益。队伍建设方面：加强人才预测工作，不断提高文博队伍的素质；加强与有关大学的联合办学工作，培养高层次文物管理和科技人才；把岗位培训作为加强队伍建设的重要途径，做到先培训后上岗；多层次、多形式、多渠道长期举办各种类型的培训班，扩大地、县人才培训网络，并与各有关方面协作，加强短缺专业人才的培训；注重国外培训工作，采取"派出去、请进来"的办法，把外国先进的经验学习到手。文物对外交流与合作方面：继续加强文物出国展览工作；进一步扩大与国外交流与合作的领域，特别是文物科学技术保护和考古调查、发掘等方面的合作；积极参与国际机构或组织举办的各种活动，促进政府间和民间的交流。

《十年规划和"八五"计划纲要》实施效果显著。"八五"期间，各级政府贯彻执行《文物保护法》和"保护为主，抢救第一"方针，进行了大规模的文物保护抢救工作，人民群众的文物保护意识明显增强，文物博物馆事业不断发展。中央财政共安排经费5.8亿元作为保护、抢救全国重点文物保护单位的专项补助，各级地方政府财政安排的文物事业经费为47.97亿元。由中央财政补助文物维修保护、考古发掘和博物馆建设的项目共计1795项，其中较大型工程303项。大批濒临毁坏的地上地下文物得到抢救和保护，其中包括西藏布达拉宫和敦煌莫高窟、榆林窟等重要文物。配合基本建设进行的考古发掘工作抢救和保护了大批重要文物，取得重大成果，其中包括南京汤山旧石器时代地点、曲沃晋侯墓地、永城汉梁王陵及梁孝王寝园、麟游唐九成宫遗址等重大新发现。水下考古工作也有较大进展。加强对郑州商代遗址、安阳殷墟和西安汉长安城等大遗址的保护管理和规划工作，对三峡工程淹没区及迁建区文物进行全面调查并制定保护抢救规划。公布第三批国家历史文化名城37座。新增西藏布达拉宫、承德避暑山庄及周围寺庙等4处世界文化遗产。新建和完善上海博物馆、河南省博物馆、敦煌莫高窟陈列中心、陕西文物保护技术中心等一批重要博物馆和文物保护技术设施。完成文物保护科研项目近30项，其中26项被评为文物科技成果进步奖，部分项目被评为国家科技成果进步奖。博物馆、纪念馆和文物保护单位年接待观众达1.5亿人次。一批博物馆和革命旧址被确定为爱国主义教育基地。探索、研究适应新形势的文物市场管理办法，改善文物经营单位的经营机制，人民群众日益增长的收藏需求得到不断满足。修改补充《文物保护法》第三十条和第三十一条，并相应对《中华人民共和国刑法》作出补充规定；颁布《中华人民共和国考古涉外工作管理办法》《文物保护法实施细则》等法规。强化打击文物犯罪力度，加强文物安全防范，博物馆等文物收藏单位文物失盗的发案率明显下降。扩大文物对外交流，举办204次出国文物展览，争取和利用外援开展文物保护合作项目及保护技术研究，参加国际文物保护会议，在国际文物保护工作中产生积极影响。

**《中国文物、博物馆事业"九五"计划及2010年远景目标纲要》** 1997年，国家文物局发布《中国文物、博物馆事业"九五"计划及2010年远景目标纲要》（简称《"九五"计划及2010年远景目标纲要》），提出文物、博物馆事业发展要坚持"保护为主，抢救第一"的方针和"有效保护，合理利用，加强管理"的指导思想，加强文物保护，加强博物馆建设，充分发挥文物的作用；坚持社会主义精神文明建设的指导方针；进一步改革文物、博物馆管理体制，深刻认识文物特点和文物、博物馆工作规律，正确处理与规范国家、社会、个人保护文物的关系，逐步形成具有中国特色的文物保护管理体制；大力贯彻"依法治国"的战略方针，认真贯彻执行《文物保护法》；继续贯彻科教兴国的战略方针，密切关注现代科技对文物、博物馆工作的巨大影响，进一步提高现代科技在文物、博物馆工作中的地位和作用；坚持把文物、博物馆工作的社会效益放在首位，力求实现社会效益和经济效益的最佳结合。

《"九五"计划及2010年远景目标纲要》确定的"九五"时期文物、博物馆事业发展计划和总体目标为：继续公布1～2批文物保护单位，基本完成全国重点文物保护单位和省级文物保护单位的基础工作；考古工作要紧密配合文物保护抢救和基本建设，以学术课题为指导，进一步增强科学性、计划性和主动性，全面而有重点地组织审批考古科研项目；建立以国家级博物馆为龙头，省、自治区、直辖市博

物馆为骨干，各地方博物馆和各行业博物馆全面发展的博物馆体系；加强文物流通环节的管理，防止珍贵文物流失，促进海外的珍贵文物回流；文物安全工作要以防范、预防为主，确保重点，做到万无一失；抓好国家和重点地区文物保护技术机构建设，形成全国性文物保护科技研究与应用体系；进一步加强人才培养工作，实行"馆（院）校结合"，有目的、有计划地培养造就一批献身文物、博物馆事业的学科带头人和高级管理人才；进一步加强文物法制建设，继续完善具有中国特色的文物法律体系。

《"九五"计划及2010年远景目标纲要》确定的中国文物、博物馆事业2010年远景发展目标为：在公布各级文物保护单位的基础上，形成一个以全国重点文物保护单位为骨干的各种史迹齐全的文物史迹网，建立起比较完善的保护管理体系；建成国家博物馆，建立博物馆门类齐全、布局合理的具有中国特色的博物馆体系，全国博物馆总量达到2500家左右；全面形成与社会和经济发展相适应的文物、博物馆事业宏观管理和调控体制，各级文物、博物馆事业单位形成良好的运行机制，使全国文物得到科学、有效的保护和合理利用，并充分发挥其在社会主义物质文明和精神文明建设中的作用。

《"九五"计划及2010年远景目标纲要》从12个方面提出实现上述目标的具体工作措施和要求。文物保护与维修工作方面：做好文物调查工作，完成文物普查遗留的复查、补查任务；争取公布全国重点文物保护单位500处左右，省、自治区、直辖市文物保护单位4000处左右，县（市）级文物保护单位10万余处；继续申报世界文化遗产项目；制定或修订大部分

国家历史文化名城的保护规划，划定、保护一批历史文化街区和民居；加强大型文物遗址的保护工作，制定专项保护规划和管理办法；集中力量完成"八五"期间的维修收尾项目，出版维修报告；完成一批重点维修保护项目；抓紧制定文物维修保护工作政策法规，依法对现有设计和施工队伍进行考核、整顿和认证，建立国家、省、市（地）三级专业技术队伍；加强配合基本建设的文物抢救与保护，重点完成《三峡工程文物保护抢救规划》的论证和上报审批；在文物比较集中的地区建立县、乡（镇）、村三级文物保护网。考古工作方面：加强考古调查、发掘和整理研究；继续重视和加强现代科技手段在考古工作中的应用；积极、稳妥、慎重开展涉外考古工作；加强重点城市和地区文物考古机构建设；加强考古发掘项目的审批、统计和质量检查，增强考古工作的科学性、计划性、主动性；重视考古学的普及知识的宣传工作。博物馆工作方面：发展和完善具有中国特色的博物馆体系；限期完成藏品的清仓查库和编目建档工作；抓好重点博物馆、纪念馆基本陈列的改陈工作；抓好教育基地建设工作；做好博物馆馆际间的藏品交换和调拨工作；加强对各行业博物馆和私人博物馆的指导和管理工作。社会流散文物保护管理工作方面：改善国有文物经营单位和外销文物商店经营管理，增强文物经营单位的自身活力；做好拍卖文物的鉴定、许可工作；建立良好有序的文物流通环境；做好文物出境鉴定、特许鉴定和涉案鉴定等工作；争取在"九五"末期建立起较为完善的国有非收藏单位文物登记管理制度；探索私人收藏文物登记和管理办法；在金银器和废旧物资中拣选出的文物，在查处违法犯罪活动中没收、追缴的文物，尽快按规定移交文物行政部门。文物安全工作方面：做好安全技术防范报警工程规划、设计和施工工作；做好古建筑消防和防雷工作，确保古建筑安全；建立大型古遗址和古墓葬区的群众保护组织；健全保卫组织，加强队伍建设；密切配合公安、司法和海关等部门，严厉打击各类文物犯罪活动。文物宣传出版工作方面：加强科研和出版工作，继续办好《中国文物报》和《文物》《文物天地》等报刊；多出传统文化精品和系列精品，多出价值较高的学术著作；继续强化文物影视拍摄和出版的管理。文物保护科技工作方面：增加文物科技投入，加大文物科技保护力度；加强文物科技研究项目的宏观管理，针对文物抢救保护工作中具有迫切性和普遍性的科技难题，有组织、有重点、有计划地开展科技攻关；在古建筑维修、考古调查发掘、藏品保护及陈列展示等方面，充分利用和运用物理化学方法、遥感技术、探测技术、测年技术、检测技术、现代化仪器设备等先进手段；充分运用传统技术和传统工艺开展文物科技保护；加强文物科技队伍建设；加强文物档案情报信息中心建设。人才培养工作方面：做好预测与规划、培养与使用、配置与管理的人才总体设计，有计划、有侧重地培养造就一批政治强、业务精、作风正、献身文物事业的学科带头人和高级管理人才；委托高校培养文物保护技术、古建筑维修设计、文物鉴定等专业人才；采取多种形式培养在职文物干部职工；制定各种优惠政策，采取有力措施培养与吸收专业人才。文物对外交流与合作方面：加强文物展览、文物保护技术和文物研究人员等方面多层次、多方位的交流与合作；对文物出境展览实施有效的宏观调控；在华举办国外优秀的文物展览；积极争取并参与国际文物保护组织活动；通过各种渠道了解流失到海外的珍贵文物信息，加强对具有先进管理经验和较高文物保护水平及历史悠久、文物丰富的国家的情况了解与研究。文物、博物馆设施建设方面：做好国家博物馆选址论证工作，力争"十五"期间动工；在地方博物馆的馆舍建设中充分发挥专业部门的指导和支持作用；文物藏品库房基本建设主要集中在一级风险单位和文物相对集中地区中心文物库房与配套设备工程；完成文物流通协调中心等单位办公用房和文物库房的基本建设工程。计划财务管理工作方面：力争各级政府的财政和计划部门对文物保护事业费逐年有所增加，并纳入地方财政固定投入的范畴；强化文物保护经费的有效管理；争取国家增加对文物保护专项补助经费投入的基数，以保证全国重点文物保护单位的抢救和维修工作；继续坚持文物保护专项补助经费专款专用；发挥文物部门的自身行业优势，积极合理创收；争取建立文物、博物馆单位事业发展周转金；多方争取境内外社会各界对文物保护的捐资赞助，建立文物保护基金，实施社会保护与国家保护文物相结合的有效措施。文物法制建设方面：做好《文物保护法》的修订工作，争取在1997年度列入全国人大立法计划；进一步发展、完善文物行政法规；进一步完善地方性文物法规；进一步加强文物行政规章调研与制定工作；建立一支相对稳定的行政执法队伍，对违法行为进行检查、纠正，或者

依法进行处罚；加强内部监督和检查，使违法或不当的行政行为得以及时被制止或纠正；认真实施"三五"普法规划。

《"九五"计划及2010年远景目标纲要》实施效果显著。"九五"期间，文物工作继续贯彻执行《文物保护法》，落实"保护为主，抢救第一"方针和"有效保护，合理利用，加强管理"原则，取得显著成绩。广大人民群众的文物保护意识明显增强。文物保护维修专项经费逐年增加，一大批濒临毁坏的珍贵文物得到及时抢救和保护。中央财政共安排国家重点文物保护专项补助经费6.08亿元，用于2228项（次）文物保护项目。在中央财政增加投入的主导作用下，各级地方政府也逐年增加对文物保护工作的投入，设立了文物保护专项资金。全国地方财政"九五"前四年用于文物保护的投入达4.5亿元。"九五"后期，各级文物部门认真贯彻落实国家西部大开发工作有关精神，及时布置西部文物保护工作。三峡文物抢救保护工程全面展开。文物的有效保护促进了地方旅游业发展，丰富的文物古迹成为旅游资源重要组成部分。据不完全统计，全国文物系统博物馆每年举办各类陈列展览6000余个，年接待国内外观众1.2亿人次，充分发挥了博物馆在精神文明建设中的作用。民族文物工作继续得到重视和加强。文物对外交流活动和国际合作领域不断拓展，参加联合国教科文组织拯救柬埔寨吴哥窟古迹保护工程进展顺利。文物安全保卫工作取得显著成绩。博物馆、文物保护单位的消防基础设施建设逐步加强，博物馆技术防范设施逐步完善。重点打击盗窃馆藏文物、田野文物和盗掘古墓文物犯罪活动，首次

成功追回走私到英国的3000余件中国文物。经多方工作，台湾同胞陈永泰先生捐回被盗出境的山西灵石资寿寺十八罗汉头像。美国、日本友好人士也主动归还和捐赠了近年被盗和出境后流失海外的山东博兴北朝晚期石雕菩萨立像、河北曲阳五代王处直墓门神石刻等文物。文物保护工作中的科技含量不断增多，文物科研成果覆盖文物保护各领域。文物信息资料系统建设取得新进展。与北京大学合办的中国文博学院发挥重要作用，文物、博物馆队伍建设及人才培养又上新台阶。文物法制工作不断完善。《文物保护法》修订由国务院审议通过并报全国人大常委会审议。经全国人大常委会、国务院批准，签署全部（总共4个）有关文物保护的国际公约。全国已知地上地下不可移动文物近40万处，其中县（市）级文物保护单位6万处，省级文物保护单位7000处，全国重点文物保护单位1268处。有27处自然和文化遗产列入联合国教科文组织《世界遗产名录》。100座城市被公布为国家级历史文化名城。全国博物馆2000余家（其中文物系统博物馆1384家），收藏各类文物标本1200余万件（其中一级品6万余件）。

**《文物事业"十五"发展规划和2015年远景目标纲要》**　2002年，国家文物局发布《文物事业"十五"发展规划和2015年远景目标纲要》（简称《"十五"发展规划和2015年远景目标纲要》），提出了"十五"期间文物事业发展的基本指导方针是"紧紧围绕经济建设这个中心，服务于全党、全国工作大局"，继续坚持"保护为主，抢救第一"方针和"有效保护，合理利用，加强管理"原则，把握社

会主义市场经济发展的内在规律和社会需求，在改革和发展中进一步加强文物保护和博物馆建设。充分发挥文物作用，为社会主义精神文明建设和物质文明建设服务，为建设和推进当代中国先进文化作出应有贡献。

《"十五"发展规划和2015年远景目标纲要》的原则为：坚持实施可持续发展战略，加强文物保护工作基础建设；紧紧把握社会主义方向，遵循文物工作自身规律，适应社会主义市场经济体制要求，坚持把社会效益放在首位，实现社会效益和经济效益的最佳结合；继续贯彻落实《国务院关于加强和改善文物工作的通知》精神，认真实施"五纳入"；逐步完善和实施既有利于文物保护，又有利于发挥文物作用的管理模式和运作形式；坚持考古发掘工作以配合基本建设为主；坚持把对重要文物古建筑的抢救维修放在首位并优先安排的原则；坚持不在已全部损毁的重要文物遗址、遗迹内搞重建、复建工程或仿建"假古董"；坚持规范管理，积极扶持、促进博物馆事业的社会发展；认真探索在社会主义市场经济体制条件下，大型古代文化遗址保护的新思路、新体制，建设国家大遗址保护园区，逐步扭转大遗址保护被动局面；贯彻中央加快中西部地区发展战略部署，加大对中西部地区文物工作的扶持力度，鼓励东部地区与中西部地区在文物工作各方面进行交流与合作；继续加强各级文物保护单位"四有"基础性工作；建立和发展以国家博物馆为龙头、省级博物馆为骨干，国有博物馆为主体、民办博物馆为补充，各行业和各种所有制博物馆全面发展的博物馆体系；努力发展博物馆文化，重视对广大青少年的爱国

主义、革命传统教育和素质教育；加强文物保护单位、博物馆安全保卫，消防技防等设施建设，健全防范体制，提高防火防盗能力；利用已有文物保护科技力量，重点建设区域性、专题性文物保护科技中心，形成辐射全国的文物科技保护网络；建立和完善全国文物信息数据库，加强文博信息标准化研究，初步实现文物资源数字化，文物管理和信息传播网络化；努力整顿和规范文物流通秩序，继续有条件地允许文物进入市场流通；加强对社会民间收藏文物的管理，正确引导社会日益增长的收藏、鉴赏文物需求；继续进行世界文化遗产申报和管理，使中国重要文物古迹列入《世界遗产名录》的数量不断增长；至2015年，全国重点文物保护单位"四有"基础工作全部完成，40％的全国重点文物保护单位制定完成专项保护法规，国家文物信息数据库基本建成，初步建成门类齐全、布局合理、管理有序的中国博物馆体系；在现有国家核定公布全国重点文物保护单位1268处的基础上，继续由国务院核定公布1～2批全国重点文物保护单位，由省、自治区、直辖市人民政府核定公布一批省级文物保护单位，由县（市）级人民政府核定公布一批县（市）级文物保护单位；完成边疆和少数民族地区文物调查；实施大型古代文化遗址保护工程，"十五"期间争取建成若干处国家级大遗址保护展示园区；继续做好配合三峡工程、黄河小浪底水库、新疆油田建设、南水北调工程、西部地区城市和基础设施建设等工程的文物考古工作，积极推进东北、西北地区的航空考古工作；抓紧对濒危文物古迹的抢救维修工作，每年集中安排70项大中型抢修工程；会同

国家建设行政管理部门做好历史文化名城的保护管理工作；抓紧国家博物馆建设立项论证，组织力量完成国家博物馆建设项目的前期工作；制订馆藏文物保存环境标准，促进博物馆库房、展厅等基础设施建设，40％以上的地、市级以上博物馆实现场馆达标；完成全国博物馆一级文物的建档、备案和总目编制工作；继续抓好陈列展览精品工程，不断提高陈列展览水平；继续提高博物馆和全国重点文物保护单位安全技术防范能力；加强古建筑消防基础设施建设，完善消防供水和防雷设施；加强文物鉴定力量，开展社会流散文物登记工作；重点建设文物科技保护中心，包括区域性、专题性中心，主要是中国文物研究所、上海博物馆、陕西文物保护修复中心、四川文物保护修复中心等；"十五"期间，80％的省级博物馆应逐步建立馆藏文物数据库，其中上海博物馆、故宫博物院、天津历史博物馆、河南博物院等要基本建成；加强文物系统在职职工的业务培训，特别是对中高级管理人才的培训。

《"十五"发展规划和2015年远景目标纲要》从7个方面明确了"十五"期间的主要任务。地面文物保护方面：对全国重点文物保护单位中的古建筑、石窟寺及石刻、近现代重要史迹及代表性建筑进行现状调查评估；对全国重点文物保护单位和部分省级文物保护单位制订保护规划，继续开展地面文物保护理论研究工作；抓紧进行文物保护单位日常保养、养护工作的制度化；对重点文物保护单位的开放管理工作进行研究，建立适应不同类型、不同地区行之有效的开放管理制度。大遗址保护和考古方面：基本完成第一至五批全国重点文物

保护单位中古遗址、古墓葬的"四有"工作，完成大部分大遗址的保护规划，完成部分大遗址管理条例制定工作；做好大遗址保护前期调查、发掘；积极推动中华文明起源研究工程开展；积极开展水下文物抢救和发掘；建立文物考古调查发掘资料整理和报告出版基金，重点解决文物考古调查发掘资料的积压，力争做到新的发掘项目在三年内完成发掘报告的编写工作；有计划地开展涉外考古和国际合作文物保护工作；进一步加强各地文物考古机构、考古野外工作站和遗址博物馆基地建设，重视考古队伍从业人员的业务培训。社会文物管理方面：开展社会流散文物登记工作；加强文物经营单位资质审查；完善文物鉴定、登记和出境许可制度；完善文物出入境程序和标识体系，打击文物非法交易；积极探索国有文物购销经营单位改革；探索建立文物转让特别是携带文物出境的征税制度。博物馆管理方面：强化博物馆精品意识，坚持把社会效益放在首位；鼓励发展行业博物馆和有代表性的遗址博物馆；继续做好文物和标本的征集、保护、管理等基础工作；努力拓宽藏品征集范围，切实提高藏品信息化管理水平；编制《全国一级文物藏品总目录》和《全国一级革命文物藏品目录》；完善博物馆库房和展厅安全设施，改善库房条件，确保文物安全。文物科技管理方面：加强馆藏文物科技保护基础应用研究；加强文物保存环境研究；加强文物保护单位自然灾害应急对策研究，为提高文物防灾、抗灾能力提供科学依据；加强考古发掘现场文物保护系统研究；加强对不可移动文物维修工程标准化的制订工作。事业教育培训方面：加强文物博物馆

科学研究、人才培养和队伍建设工作；合理配置高等院校的文博专业，加强文物科技保护、古建筑维修等专业建设；文博专业课程设置上增加自然科学和现代科学技术方面的内容和比重；加强文博在职干部的培训，鼓励省级文物管理部门与有关高校文博院系合作，开展面向当地文博系统的教育培训工作；通过"馆校结合""师承制"等形式，培养文物博物馆事业急需的各级各类专业人才，抢救濒临失传的经验和技艺；大力培养复合型高层次人才；加强与国外在教育培训方面的交流；加强西部地区的文博教育工作，在政策制订、经费投入等方面向西部倾斜。文博信息化工程方面：制订、完善并颁布实施文博行业信息化规范，为实现系统联网和信息共享奠定基础；适应国家经费管理体制改革的需要，开发"全国重点文物保护专项补助经费项目管理系统"；建设以国家文物局机关局域网为中心的全国文博行政业务管理网；开发并建成"全国文物、博物馆信息管理系统"；建设并开通内、外版"中国文物"网站。

"十五"期间，中国经济实力、综合国力和国际地位显著提高，文物事业进入全新的发展阶段，基本完成《"十五"发展规划和2015年远景目标纲要》提出的主要目标和重点工作，为传承中华文明、普及科学知识、发展先进文化、构建和谐社会作出了积极贡献。文物法制建设工作稳步推进，文物保护法规体系基本形成。2002年10月，第九届全国人大常委会第三十次会议审议通过对《文物保护法》的修订；2003年5月，国务院第八次常务会议审议通过《中华人民共和国文物保护法实施条

例》（简称《文物保护法实施条例》）。在上位法指导下，文化部、国家文物局制定了《文物保护工程管理办法》《文物行政处罚程序暂行规定》等部门规章、规范性文件和管理规定，并研究制定了文物保护法规体系框架及文物保护中长期立法计划；一批地方性法规先后出台，为文物保护工作有法可依、依法行政提供了基本保障。文物保护"五纳入"工作不断推进。各地、各部门积极将文物保护纳入经济社会发展计划和城乡建设规划，"十五"期间中央财政用于文物保护的专项补助经费总投入为17.36亿元，比"九五"增长138%。各级地方政府用于文物事业的经费逐年增多，一些地方设立文物保护专项经费，一些省市在机构改革中加强文物行政管理机构和执法队伍建设。社会力量以多种形式参与文物保护，文物工作的社会环境进一步改善，以国家保护为主、动员全社会共同参与的文物保护新体制正在形成。全国文物资源的核查、建档工作取得明显成效。国家文物局部署开展全国重点文物保护单位记录档案备案、全国重点文物保护单位保护状况调研、全国馆藏一级文物建档备案、全国馆藏文物腐蚀损失调查、文物调查及数据库管理系统建设等重点工作和项目，初步摸清了全国文物资源家底，基本掌握了国有不可移动文物和馆藏文物的数量、质量、分布和保护状况。人才队伍建设力度加大。认真贯彻实施人才强国战略，着眼于人才总量增长和人才素质提高，强化培训措施，在文物博物馆行业逐步推行持证上岗制度。各地文物行政部门加快人才培养的步伐，全国文博系统初步建立了专业管理干部、专业技术人员多层次、分级

别的培训体系，培养了一批高水平的专业技术和管理骨干。文物安全保障工作日益加强。各地相继成立文物行政执法机构或设置专职行政执法人员，增强文物行政执法能力。文物部门与公安、海关、工商等部门密切合作，不断加大防范和打击文物领域犯罪的力度，组织研制防止田野文物被盗的技术防范监控设备。积极寻求与其他国家和地区的双边合作，共同打击走私文物犯罪活动。文物保护各项基础工作进一步推进。国家文物局开展全国文博单位基本情况普查工作；报请国务院核定公布第五批全国重点文物保护单位，全国重点文物保护单位总数达1271处。重点开展西藏布达拉宫、罗布林卡、萨迦寺，北京故宫等国家重点文物维修保护工程和一大批全国重点文物保护单位的抢险工作，基本实现全国重点文物保护单位没有重大险情的目标。国家文物局指导编制完成50处古遗址保护规划和36处国家重点大遗址保护规划纲要，初步建立了大遗址保护规划体系。国家设立重点大遗址保护专项经费，推进大遗址保护专项法规、保护工程、保护设施和保护展示园区的建设进程。配合基本建设的考古调查、勘探和发掘工作成绩显著。加强西部大开发中文物保护和管理工作，西气东输、青藏铁路等国家大型工程中的考古工作圆满完成；三峡工程考古和文物保护工作进展顺利；南水北调东、中线一期工程文物保护工作正式启动并稳步推进。城市考古、边疆考古、环境考古、科技考古、水下考古、航空遥感考古、合作考古等取得可喜成绩。世界文化遗产保护管理工作取得明显成效。中国世界文化遗产项目的定期监测与反应性监测得到世界遗产中心充分肯

定。云冈石窟，罗布林卡，明清帝王陵寝，龙门石窟，高句丽王城、王陵和贵族墓葬，沈阳故宫，澳门历史城区申报世界遗产成功。中国世界遗产数量达31处，位居世界第三位。博物馆建设不断推进。全国各类博物馆2300余家，馆藏文物2000余万件／套，每年推出近万个陈列展览，接待国内外观众约1.5亿人次。中国国家博物馆改扩建工程启动。一批大型博物馆如中国财税博物馆、中国烟草博物馆、北京天文馆、天津博物馆、福建博物院、青海省博物馆新馆、山西博物院新馆、辽宁省博物馆新馆、重庆中国三峡博物馆等建成开放。文物流通、进出境管理日趋规范。国家对文物市场进行整顿和规范，初步建立了文物拍卖准入制度。财政部与国家文物局积极探索国家征集珍贵文物工作新模式。文物工作科技含量显著提高。开展一批重要的文物保护科研项目，并进行科研成果转化。国家重点科技攻关项目"文物保护技术与中华文明探源预研究"顺利实施。文物宣传和出版工作颇具成效。各地文物部门以贯彻落实《文物保护法》为核心，采取多种形式，广泛开展文物保护法律法规宣传活动。积极促进全社会文物保护意识的提高，努力创造人人热爱文物、关心文物的良好社会氛围。文物对外及对港澳台地区交流与合作发展势头良好。政府间的合作继续加强，每年赴国外及港澳台地区举办展览60余个，向世界各国和港澳台地区宣传展示了中华民族悠久灿烂的文明和改革开放以来文物保护所取得的成就。引进国外文物来华展出、开展考古合作发掘研究、合作培训专业人员、借鉴国外先进文物保护科技等活动空前活跃。文物保护事业在经济

建设和文化建设中的促进作用日趋凸显。越来越多的文博单位逐渐成为公众汲取文化科学知识、文化休闲与旅游消费的上佳选择，全国有1000余家博物馆、纪念馆被确定为爱国主义、科普等方面的教育基地。

**《博物馆事业中长期发展规划纲要（2011～2020年）》** 2012年2月，国家文物局发布《博物馆事业中长期发展规划纲要（2011～2020年）》[简称《发展规划纲要（2011～2020年）》]。指导思想为：立足全面建设小康社会和社会主义文化强国的基本国情，把握博物馆发展阶段性特征，遵循博物馆规律，坚持贴近实际、贴近生活、贴近群众，以实现各类博物馆又好又快协调发展为主线，完善中国特色博物馆体系，全面提升博物馆的专业化、现代化、社会化水平，强化博物馆文明传承、文化沟通、增进知识和公众教育的职能，建设博物馆强国。基本原则为：坚持以人为本，坚持质量优先，坚持服务优先，坚持改革创新。

《发展规划纲要（2011～2020年）》确定的总体目标为：到2020年，基本形成特色鲜明、结构优化、布局合理的博物馆体系，基本实现博物馆管理运行的现代化，基本建立运转协调、惠及全民的博物馆公共文化服务体系，博物馆文化深入人心，进入世界博物馆先进国家行列。发展战略为：推动博物馆体系结构战略性调整，充分发挥政策指导和资源配置的作用；引导博物馆合理定位，强化各具特色的办馆理念；加强博物馆能力建设，创新发展理念和运行模式；发挥科技和人才支撑作用，加强博物馆领域的基础性研究；改革博物馆发展体制机制；着力培育一批博物馆发展的示范工

程、品牌活动。

《发展规划纲要（2011～2020年）》从5个方面提出发展任务。博物馆体系建设方面：优化结构，突出特色；优化区域布局结构；推进各类国家级博物馆建设；大力发展立足行业特点和地域文化特色的专题性博物馆；加快建设世界一流博物馆；激发社会力量参与博物馆事业的积极性。博物馆藏品收集保护方面：充实藏品体系；加强藏品登记、建档和安全管理；全面实施藏品保存、保护达标。博物馆公共文化服务方面：推进博物馆陈列展览精品工程；博物馆纳入国民教育体系制度化；创新博物馆文化传播；深化免费开放；加强文化产品开发。博物馆科学研究和科技保护方面：健全博物馆科研组织体系；加强博物馆基础理论、发展战略和政策法规研究；加强藏品科技保护基础理论和应用技术研究；强化信息技术应用。博物馆国际合作交流方面：建立展览、科技保护国际合作示范平台；促进国内外博物馆之间互换展览、合作办展等科学有效的展览交流；积极参与双边、多边和全球性、区域性博物馆合作。

《发展规划纲要（2011～2020年）》从两个方面提出体制机制创新的具体要求。建立现代博物馆制度方面：健全政事分开、权责明确、统筹协调、规范有序的博物馆管理体制；落实和扩大博物馆办馆自主权；完善博物馆法人治理结构；推进专业评价；加强行业协作和自律；促进社会参与。深化办馆体制改革方面：健全政府主导、社会参与、办馆主体多元、办馆形式多样、充满生机活力的办馆体制；深化国有博物馆办馆体制改革；健全促进

民办博物馆发展的优惠扶持政策；依法管理民办博物馆。

《发展规划纲要（2011～2020年）》提出10个重大项目：创建世界一流博物馆工程、中小博物馆提升工程、博物馆藏品普查登录工程、新形态博物馆——生态（社区）博物馆探索工程、民办博物馆帮扶工程、中国数字博物馆建设工程、博物馆藏品保护工程、博物馆馆际交流展览精品工程、中华文明和世界文明展示工程、博物馆人才队伍能力提升工程。

**《2020年文物事业发展目标体系》** 2013年11月，国家文物局发布《2020年文物事业发展目标体系》。按照中共中央宣传部（简称中央宣传部）、文化部开展宣传思想文化系统大调研工作总体部署，国家文物局于2013年初启动《2020年文物事业发展目标体系》编制工作。3～5月，国家文物局组成调研组开展"2020年文物事业发展目标体系"专题调研，向31个省、自治区、直辖市文物部门，7个直属单位以及故宫博物院、中国国家博物馆征求意见，实地考察江苏省、浙江省、辽宁省、内蒙古自治区、广东省、广西壮族自治区、陕西省、安徽省，分别召开省、市、县三级文物行政、文博单位负责人参加的座谈会，走访50余家基层文博单位，并向文博界老专家、老学者征求意见，进一步完善《2020年文物事业发展目标体系》。

2020年文物事业发展体系目标具体分为5个方面。文物管理体系建立健全方面：中国特色文物保护利用、传承发展理论体系基本建立；法律制度全面建立；政府主导、社会参与的体制机制基本确立。各类文物得到全面有效

保护方面：文物资源状况全面廓清；文物保护水平显著提升；文物安全形势明显好转。在"五位一体"建设中发挥重要作用方面：文物的价值得到充分挖掘，成为构建优秀传统文化传承体系的重要内容；文物、博物馆宣传教育功能得到充分发挥，成为公共文化服务体系的重要支撑；文物保护与城乡建设有机结合，成为建设美丽中国的积极力量；文物市场有序发展，搭建收藏鉴赏平台，满足公众需求；文物事业在经济社会发展中彰显突出价值，为全面建成小康社会作出重要贡献。在国际文化遗产领域的影响力显著提升方面：中国特色文物保护理念、制度和技术在国际上得到广泛认同，对推动人类文化遗产保护产生重要影响；在国际文化遗产事务中发挥积极作用，参与双边、多边以及区域性交流与合作的能力显著；文物对外展示传播渠道更加畅通，为中华文化走向世界作出更大贡献。政策保障切实有力方面：制度建设和政策保障基本完善；资金保障机制建立健全；科技支撑作用显著增强；人才队伍建设全面提升。

## 二、中期发展规划

**《国家文物事业"十一五"发展规划》**
2006年，国家文物局发布《国家文物事业"十一五"发展规划》（简称《"十一五"发展规划》）。指导思想为：贯彻落实《文物保护法》，坚持"保护为主、抢救第一、合理利用、加强管理"的文物工作方针，遵循文物工作自身规律，顺应经济社会发展客观要求，服务于经济建设这个中心，注重科技，以人为

本，抓住机遇，务实创新，构建科学有效的文物保护体系，整体提高文物保护、管理、利用水平，提高全社会文物保护意识，充分发挥文化遗产在传承中华文化、提高人民群众思想道德素质和科学文化素质、增强民族凝聚力、促进社会主义先进文化建设和构建社会主义和谐社会中的重要作用。

《"十一五"发展规划》的基本原则为：坚持依法行政；坚持改革创新，坚持全面、协调、可持续发展战略；坚持实施"五纳入"；坚持保护文物的真实性和完整性；坚持文物安全第一；坚持文物工作的社会公益性；坚持统筹规划、分步实施、优势互补、突出重点；坚持一切从实际出发，从国情出发，因地制宜，求真务实，勤俭节约，不断提高资金使用效率。

《"十一五"发展规划》确定的主要目标为：文物法规体系更加完善，基础理论研究不断深入，保护文物理念深入人心；摸清家底，基本完成各级文物保护单位"四有"工作和馆藏文物建档备案工作；全国重点文物保护单位得到有效保护、总量大幅增长；建立有效的世界文化遗产保护管理机制，建立大遗址保护和利用良性互动模式；完成国家重大工程建设中的考古工作，边疆考古、航空考古、水下考古和合作考古取得较大进展；完善博物馆体系，增加博物馆数量，改善藏品保存环境，提升博物馆展示、服务水平；文物安全防范能力明显提高；文物工作科技含量不断增强，支撑和引领文物保护事业的发展；文物流通领域和民间文物收藏不断规范；文博人才总量稳步增长，从业人员素质整体提升；对外交流合作更加

广泛深入；到2010年，初步建立比较完备的文物保护制度，文物保护状况得到明显改善；到2015年，基本形成较为完善的文物保护体系，文物得到全面有效保护；充分发挥文物事业在构建和谐社会中的积极作用。

《"十一五"发展规划》从14个方面提出"十一五"时期主要任务。法制建设方面：开展《文物保护单位保护条例》《世界文化遗产保护管理条例》《中华人民共和国水下文物保护管理条例》《博物馆管理条例》《长城保护条例》等法规、规章的拟订、修订工作，不断完善文物法规体系。宣传教育方面：以《文物保护法》宣传为核心，深入宣传党和国家文物保护的重大决策和工作部署；进一步繁荣文物图书编辑出版工作。政策理论研究方面：开展文物事业与中国经济社会发展课题研究，推出一批具有指导意义的研究成果；系统研究和总结国际先进文物保护理论与实践，结合中国文物保护实际，形成具有较强操作性和指导意义的文物保护理论体系。地面文物维修保护方面：开展第三次全国文物普查工作，进一步摸清家底；基本完成各级文物保护单位"四有"工作；完善文物保护工程相关法规和技术规范；建立全国重点文物保护单位维修管理资料动态查询系统；编制全国重点文物保护单位中石窟寺、石刻、古民居村落总体保护规划；全国重点文物保护单位排除重大险情，得到有效保护；开展长城保护工程；开展元代以前古建筑维修保护工程；加强对军队等部门、单位使用管理文物古迹的调查、研究、保护和管理；继续开展援助柬埔寨保护吴哥古迹二期工程、援助蒙古国博格达汗宫博物馆门前区域

维修工程。考古工作方面：加强考古管理工作；继续将基本建设中的抢救性考古发掘作为全国考古工作的首要任务；做好三峡、南水北调工程的文物抢救保护工作；积极开展以配合大遗址保护工作为重点的考古调查、勘探、发掘；推动区域考古调查；开展遥感航空摄影考古，重点推动东北和西北地区航空考古工作；开展沿海和近海海域水下文物普查工作；重视现代科技在考古工作中的应用；集中力量攻关，力求一些重大课题研究有所突破；建立文物考古调查发掘资料整理和报告出版基金；积极稳妥地开展与国外考古学界的合作交流。大遗址保护方面：建立完善大遗址"四有"工作，建立大遗址综合信息库；以大遗址保护规划为工作重点，制定整体保护策略；建立大遗址保护规划和工程设计的规范体系，建立大遗址保护监测和评估体系；探讨由大遗址群组成的若干历史文化保护片区综合保护模式；继续开展大遗址保护展示项目；开展多学科合作，借鉴国外先进经验和理念，加强大遗址保护理论和技术研究；建立健全大遗址管理机构。世界文化遗产保护管理方面：理顺世界文化遗产保护管理体制；加强世界文化遗产地的文物维修保护工作；建立健全世界文化遗产保护管理专家咨询制度、监测巡视制度、国家文物保护部际联席会议等有效机制；加强世界文化遗产申报工作；建立动态管理的中国世界文化遗产预备清单；完成对10个左右世界文化遗产项目的定期监测工作。博物馆工作方面：建立健全博物馆体系；继续推进博物馆藏品定级、建档和备案等基础工作；完善博物馆文物收藏和保护机制；建立博物馆质量评估制度，实施分

类、定级和动态管理；推进博物馆学、博物馆工作基础理论研究，构建中国特色的博物馆学体系；改善博物馆藏品保存条件；构建以国家级文物修复机构和队伍为核心，省级文物修复机构和队伍为辅助的全国文物保护修复体系；加强展示宣传和社会服务工作；准确把握博物馆事业与相关产业的关系；加强博物馆与教育、旅游、工青妇等部门的合作，探索建立博物馆参与国民教育体系、旅游休闲体系的长效机制。文物安全与执法督察方面：加强安全防范基础设施建设；加强田野文物防范体系试点和推广工作；加强文物行政执法工作，落实行政执法责任制；加强文物行政执法中的取证与资料收集工作；加强与公安、海关、工商等部门的协作，建立区域联席会议制度。科学和技术发展方面：建立共享平台，协同解决文物保护的关键技术问题；全力推进文物资源科技调查和评估，关键技术攻关，传统工艺抢救、保护与科学化，科技成果推广应用，科技人才队伍建设，行业标准体系建设等6项科技计划；积极构建文物保护科技基础条件平台；重点建设10～15个国家文物局重点文物保护科研基地，扶持30个基层文博单位与社会科技资源组建的科研联合体；扩大国际交流与合作。信息化发展方面：开展文物事业信息化体系和发展趋势等重大战略问题研究；开展以全国馆藏珍贵文物和全国重点文物保护单位基础数据库（群）为核心的国家文物超级数据中心建设；启动中国数字博物馆建设；搭建以不可移动文物管理、研究与信息服务为主体的应用平台；逐步建设和完善以文物行政管理、信息服务为核心的国家文物综合管理服务平台；开展适应

信息时代传播特点和受众需求的文化遗产数字产品的研究与开发。社会文物管理方面：积极推进国有文物商店体制改革，改善文物商店经营状况；加强对文物拍卖经营活动的管理；严格规范、宏观管理文物经营行为；理顺现有文物进出境审核机构体制；做好国家重点珍贵文物征集工作；尝试开展社会文物登记工作，掌握民间收藏文物的保存状况，引导建立规范、健康的社会文物保护管理秩序；发挥国家文物鉴定委员会的重要作用，加强机构建设及制度管理。人才培养方面：加强学历教育与在职人员继续教育相结合的人才培养模式；加强文博专业技术人员培训；建立与资质、资格审定相结合的培训工作模式；加强人才培养的国际交流与合作。对外及对港澳台地区交流与合作方面，与更多国家、地区和国际组织建立文物保护合作关系，不断拓展合作范围和深度；争取与更多国家政府签署有关文物保护的双边协定，积极参与有关国际文化遗产保护政策和准则的制定；精心培育文物展览市场，积极组织对外文物展览和引进文物展览；支持港澳地区的考古发掘、文物展览和研究工作，继续与港澳两地海关等部门合作打击走私文物等违法犯罪活动；加强与台湾地区的文物交流。

《"十一五"发展规划》提出要着重抓好以下17项重大工程和重点项目：中国国家文化遗产中心、第三次全国文物普查、新农村建设中文物保护工作、南水北调工程文物保护工作、大遗址保护工程、长城保护工程、大运河文物保护工程、古建筑等其他重点文物保护工程、明清海防遗存综合保护前期研究、中国海疆考古、文物调查及数据库管理系统建设、抢

救性文物保护设施建设、博物馆馆藏文物技术保护、指南针计划——中国古代发明创造的价值挖掘与展示、文物保护关键技术研究与开发、筹建文物保护传统技术与工艺工作室、国家文物进出境审核机构建设。

《"十一五"发展规划》实施效果显著。"十一五"时期，党和国家高度重视文物博物馆工作。党的十七大将包括文物博物馆事业在内的文化建设纳入全面建设小康社会的总体布局，明确要求"重视文物和非物质文化遗产保护"。国务院《关于加强文化遗产保护的通知》为新时期文物博物馆事业指明了发展方向，部署了主要任务，设立"文化遗产日"，为文化遗产保护营造了良好的社会环境。"十一五"时期是文物博物馆事业加快发展的五年，国家文物保护投入大幅增长，《"十一五"发展规划》确定的主要发展目标如期实现：文物博物馆基础工作进一步夯实，文物保护能力建设明显加强；一批文物博物馆法规制度相继实施，文物保护制度初步建立；第三次全国文物普查、长城资源调查、重大文物保护工程、灾后文物抢救保护、基本建设中文物保护、大遗址保护、世界文化遗产保护、水下文物保护等重点文物保护工作扎实推进，文物保护状况得到切实改善；博物馆体系逐步完善，博物馆免费开放取得重大突破，公共文化服务水平日益提高；文物博物馆事业对外交流合作成绩斐然，有力推动了中华文化走向世界；文物科技工作取得长足进步，科技支撑引领作用得以提升；文物行政执法督察机制初步建立，文物安全形势有所好转；文物博物馆工作队伍稳步壮大，人才培养得到加强；文物保

护知识逐步普及，全社会积极参与文物保护势头方兴未艾；文物保护成果进一步惠及公众，文物博物馆事业对经济社会发展的贡献持续增长；文物保护对象和范围进一步拓展，文物保护理念和管理制度不断创新，文物博物馆事业初步实现由政府行为到全社会共同参与的转变。这些都为"十二五"时期文物博物馆事业发展奠定了良好基础。

**《国家文物博物馆事业发展"十二五"规划》** 2008年，国家文物局启动《国家文物博物馆事业发展"十二五"规划》（简称《"十二五"规划》）预研究。2009年全国文物局长会议和2010年全国文物局长座谈会均对《"十二五"规划》编制提出指导性意见，2010年全国文物局长会议专题审议了《"十二五"规划（建议稿）》。《"十二五"规划》编制工作充分吸纳了中央和国家机关有关部委、各级文物部门、文博科研机构、社会团体、专家学者等提出的意见和建议，力求使规划更具科学性、指导性和前瞻性。

2011年6月，由国家文物局发布《"十二五"规划》。《"十二五"规划》的指导思想为：严格执行《文物保护法》，始终坚持"保护为主、抢救第一、合理利用、加强管理"的文物工作方针。围绕国家经济社会发展大局，以文物博物馆事业科学发展为主题，加快构建法制完备、体制健全、机制合理、规范有序的文物保护体系和文物博物馆公共文化服务体系，积极推动文物保护、利用、传承的有机结合，全面提升文物保护质量，全力加速文物博物馆事业发展。努力实现文物本体保护好、周边环境整治好、经济社会发展好、群众生活改

善好，充分发挥文物博物馆引导社会、教育人民、推动发展的重要作用，为全面建设小康社会、实现中华民族伟大复兴作出积极贡献。

《"十二五"规划》的基本原则为：保护为主，提高质量，围绕大局，以人为本，改革创新。发展战略为：基础优先，能力先行，科技支撑，示范引领。

《"十二五"规划》确定的总体目标为：基本形成较为完善的文物保护体系，具有历史、文化和科学价值的文物得到全面有效保护；保护文物深入人心，成为全社会的自觉行动，为实现文化遗产大国向文化遗产强国的转变奠定坚实基础。建立健全中国特色、世界接轨的文物博物馆理论体系，科学完备、保障有力的文物博物馆法律体系，责权明晰、效能统一的文物博物馆管理体系，联动响应、监管到位的文物博物馆安全体系，特色鲜明、布局合理的博物馆体系，政府主导、惠及全民的文物博物馆公共文化服务体系，结构优化、素质过硬的文物博物馆人才队伍体系，重点突破、支撑发展的文物博物馆科技创新体系，多方协力、共建共享的文物博物馆社会参与体系，传输便捷、覆盖广泛的文物博物馆传播体系，加快文物博物馆事业的发展步伐。推进文物博物馆事业融入经济社会发展，使文物博物馆事业成为推动经济社会发展的积极力量。

《"十二五"规划》提出约束性发展指标和预期性发展指标。约束性发展指标包括：世界文化遗产和150处重要大遗址的保护规划编制启动率达到100%；第一至六批全国重点文物保护单位的重大险情排除率达到100%；每个地市级以上中心城市拥有一个功能健全的博物馆，每个少数民族的文化遗产和民族文化都能通过博物馆的形式得到全面保护、研究和展示；国有博物馆一级文物的建账建档率达到100%；文物博物馆一级风险单位中文物收藏单位的防火、防盗设施达标率达到100%。预期性发展指标包括：第七批全国重点文物保护单位的重大险情排除率达到50%；文物保护工程勘察设计甲级资质、施工一级资质和监理甲级资质单位总数达到300家。省级文物行政执法机构建成率达到70%，地市级文物行政执法机构建成率达到30%，县区级文物行政执法机构建成率达到15%；建成20个国家文物安全综合管理实验区（示范单位）。全国博物馆总数达到3500家；免费开放博物馆、纪念馆总数达到2500家；国家一、二、三级博物馆总数达到800家；法人治理结构规范化、管理专业化的民办博物馆建设率达到10%；全国博物馆年均举办陈列展览达到1万个以上，年接待观众达到5亿人次以上；每年在国（境）外举办120个中国文物展览，每年引进50个国（境）外文物展览。全国文物进出境审核机构总数达到20家，文物进出境责任鉴定员总数达到200人。世界文化遗产、150处重要大遗址、国家一级博物馆的文物安全监测平台建设率达到100%；每三年完成一轮世界文化遗产监测巡视工作。建成35～40个国家级文物标本库房、5个国家级出水文物库房。实施50项大遗址保护重点工程；建成30个国家考古遗址公园和30～50个大遗址保护管理机构；建设30个遗址博物馆。文物保护行业重点科研基地总数达到27个；组建10～15个文物保护技术创新联盟和5～10个文物保护科技区域创新联盟；培育3～5家文物保护科研机构进入国家重点实验室序列；制定50～70项文物保护行业标准。可移动文物保护设计和修复资质单位总数达到150家；开展100个包括国家文物保存环境监测中心、区域文物保存环境监测中心、文物保存环境监测站在内的全国珍贵文物保存环境监测网络建设工作；完成100个包括文物保护综合技术中心、文物保护修复区域中心、馆藏文物保护修复技术和成果推广服务站在内的全国可移动文物保护修复架构体系建设；建成15个考古现场文物保护移动实验室。开展大规模文物博物馆干部培训，培训总数达到1.5万人次，其中，文物博物馆管理干部培训3500人次（重点开展全国县级文物部门负责人培训），专业技术人员培训3500人次，文物行政执法人员培训8000人次；与高校合作培养研究生学历人员120人次。

《"十二五"规划》提出4个方面的主要任务。加强文物保护能力建设方面：开展文物资源调查、文物博物馆法制和标准化建设、文物执法督察和安全监管、文物博物馆人才队伍建设、文物博物馆科学研究和技术创新、文物博物馆对外及对港澳台地区交流与合作、文物博物馆信息化建设。实现文物抢救性保护与预防性保护的有机结合方面：加强文物保护维修、考古、大遗址保护、世界文化遗产保护和水下文物保护。推动博物馆发展从数量增长向质量提升转变方面：优化博物馆体系、深化博物馆免费开放、加强博物馆藏品的保护和科学研究、创新博物馆管理机制。促进文物博物馆事业融入经济社会发展方面：加强社会文物管理、建设文物博物馆公共文化服务体系、发展文物博物馆相关文化产业、加强文物

博物馆宣传。

《"十二五"规划》提出23项重大工程：国有可移动文物普查工程、国家文物安全监测平台建设工程、文物平安工程、文物博物馆人才队伍能力提升工程、文物保护关键技术提升工程、文物保护基础研究推进工程、文物保护科技成果推广工程、中华文明展示工程、国家文物博物馆资源基础数据库建设工程、近现代重要史迹保护工程、少数民族地区重点文物保护工程、古村落古民居保护工程、重大基本建设考古与文物抢救工程、文物标本库房建设工程、国家考古遗址公园建设工程、世界文化遗产保护工程、水下文物保护工程、博物馆免费开放工程、基层博物馆建设工程、可移动文物保护工程、县级文物管理所建设工程、文物保护装备保障工程、文化遗产知识宣传普及工程。

"十二五"以来，文物事业取得显著成就。全社会保护文物的共识初步形成，各级党委、政府落实保护责任，相关部门齐抓共管，社会力量积极参与，文物的价值和作用得到广泛认同。文物资源家底基本廓清，文物保护对象和范围更加拓展，第三次全国文物普查圆满完成，第一次全国可移动文物普查全面推进；不可移动文物766722处，文物藏品4138.9万件／套；全国重点文物保护单位4296处；世界遗产50项，跃居世界第二，其中世界文化遗产35项、世界文化和自然遗产4项。文物保存状况有效改善，承德避暑山庄及周围寺庙、大足石刻千手观音造像、延安革命旧址群等文物保护修缮重点工程顺利完成，抗战文物和传统村落保护展示全面提速，水下文化遗产、大遗址保护及国家考古遗址公园建设取得

突破，城乡建设中文物考古和抢救保护协同推进，可移动文物保护修复有序开展。博物馆建设蓬勃发展，全国博物馆总数达到4692家，其中国有博物馆3582家、非国有博物馆1110家，免费开放博物馆4013家，全国平均29万人拥有1家博物馆。文物法律制度体系基本形成，《文物保护法》启动修订，《博物馆条例》公布实施，文物执法督察和联合执法力度逐步加大，依法行政能力和宏观管理水平有效提升。文物工作保障体系日渐完善，文物保护投入大幅递增，文物科技支撑能力明显增强，文物博物馆机构稳步增长，文物博物馆人才培训力度持续加大。文物对外交流合作长足发展，文物进出境管理持续加强，流失海外中国文物追索返还取得新成果。文物保护成果更多惠及人民群众，文物事业对经济社会发展的贡献持续增长，全社会依法保护文物的意识不断增强。

### 《国家文物事业发展"十三五"规划》

2015年，国家文物局启动《国家文物事业发展"十三五"规划》（简称《"十三五"规划》）编制工作，并向各省、自治区、直辖市下发《关于拟纳入国家文物事业发展"十三五"规划的重大项目、重大工程和重大政策的通知》，组织围绕文物事业发展的目标、理念、任务等问题展开讨论。在发展目标、发展理念上，紧扣全面建成小康社会目标，全面贯彻创新、协调、绿色、开放、共享五大发展理念。在重大项目、重大工程和重大措施上，紧扣中共中央、国务院传承中华优秀传统文化、弘扬社会主义核心价值观、建设公共文化服务体系，以及国家新型城镇化建设等重大战略部署。紧扣各地发展实际，分类指

导、有序推进。此外，要做好与国民经济发展规划纲要、文化改革发展规划纲要之间的衔接，与各专项规划之间的衔接，与各省、自治区、直辖市国民经济发展和文物事业发展规划之间的衔接。

2017年2月，国家文物局发布《"十三五"规划》。《"十三五"规划》的指导思想为：紧紧围绕"五位一体"总体布局和"四个全面"战略布局，牢固树立创新、协调、绿色、开放、共享的发展理念和保护文物也是政绩的科学理念，贯彻执行《文物保护法》《博物馆条例》和"保护为主、抢救第一、合理利用、加强管理"的文物工作方针，落实国务院《关于进一步加强文物工作的指导意见》以及中共中央办公厅、国务院办公厅《关于实施中华优秀传统文化传承发展工程的意见》，统筹好文物保护与经济社会发展，加大文物保护力度，推进文物合理适度利用，使文物保护成果更多惠及人民群众，广泛动员社会力量参与，做到在保护中发展、在发展中保护，努力走出一条符合国情的文物保护利用之路。

《"十三五"规划》确定的发展目标为：到2020年，文物资源和保存状况基本摸清，全国重点文物保护单位、省级文物保护单位保存状况良好，市县级文物保护单位保存状况明显改善，尚未核定公布为文物保护单位的不可移动文物保护措施得到落实；馆藏文物预防性保护进一步加强，珍贵文物较多的博物馆藏品保存环境全部达标；文物保护的科技含量和装备水平进一步提高，文物展示利用手段和形式实现突破；博物馆体系日臻完善，馆藏文物展示利用效率明显提升，文物单位文化创意产品体

系逐步形成，有条件的文物保护单位实现对外开放，公共文化服务功能和社会教育作用更加彰显；文物法律制度体系基本完备，文物保护利用理论架构基本确立，文物行业标准体系和诚信体系基本形成；文博人才队伍结构不断优化，专业水平明显提升；文物执法督察体系基本建立，文物行政执法力量得到加强，文物安全责任体系更加健全，文物安全形势明显好转；文物市场活跃有序，文物收藏者的合法权益得到有效保护，文物进出境监管和文物鉴定服务日趋完备；社会力量广泛参与文物保护利用格局基本形成，文物保护成果更多惠及人民群众，文物事业的社会影响力进一步提升，文物工作在传承中华优秀传统文化、弘扬社会主义核心价值观、推动中华文化走出去、提高国民素质和社会文明程度中的重要作用进一步发挥，文物工作在促进经济发展、推动社会进步、坚定文化自信、拓展中外人文交流中的积极作用进一步增强。

《"十三五"规划》从6个方面提出主要任务和重大工程。切实加大文物保护力度方面：加强不可移动文物保护，夯实不可移动文物基础工作，提升考古在文物保护中的基础性地位和作用，加强革命文物保护，实施文物保护重点工程，加强新型城镇化和新农村建设中的文物保护，加强水下文化遗产保护，加强世界文化遗产申报、保护和管理；加强可移动文物保护，全面完成第一次全国可移动文物普查，加强可移动文物修复，加强馆藏文物预防性保护；加强文物安全，创新文物安全监管模式，提升文物安全监管能力，提高文物安全防范水平。重大文物保护工程包括长城保护计

划，革命文物保护利用工程，"考古中国"重大研究工程，海上丝绸之路文物保护工程，西部地区石窟保护展示工程，西藏、四省涉藏州县和新疆重点文物保护工程，古建筑和传统村落保护工程，近现代代表性建筑保护展示提升工程，水利遗产保护工程，馆藏珍贵文物保护修复工程，馆藏文物保存条件达标和标准化库房建设工程，文物平安工程。全面提升博物馆发展质量方面：优化博物馆建设布局，完善博物馆管理机制，提升博物馆教育质量，加强博物馆藏品管理。博物馆建设工程包括博物馆青少年教育功能提升工程、边疆地区博物馆建设工程、非国有博物馆发展质量提升工程、经济社会发展变迁物证征藏工程。多措并举让文物活起来方面：发挥社会教育功能，弘扬中华优秀传统文化；彰显文物资源优势，促进经济社会发展；鼓励民间合法收藏文物，提升社会文物管理服务水平；拓展文物对外交流合作，建设"一带一路"文化遗产长廊。文物合理利用工程包括国家记忆工程、"互联网＋中华文明"三年行动计划、全国可移动文物资源共享工程、"一带一路"文化遗产长廊建设工程、中华文物走出去精品工程。加强文物科技创新方面：提高技术预测预见能力，加强基础科学技术前沿研究；加强共性关键技术攻关，加快文物保护装备建设；加快急需标准制定，推进文物信息化建设；推广文物科技成果，构建多元化科研组织。文物科技创新应用工程包括文物保护科技示范工程、智慧博物馆建设工程、文物保护装备应用示范工程。加强法治建设等方面：完善法律制度，加强文物普法宣传；坚持依法行政，深化文物行政审批制度改革；加

大层级监督，强化文物行政执法督察；加强联合执法，打击文物违法犯罪行为；严格责任追究，健全文物违法行为惩戒机制。文物法治建设工程包括文物行政执法能力提升工程、文物宣传传播能力提升工程。完善规划保障措施方面：出台政策举措，完善文物保护管理制度；拓宽投入渠道，提高文物保护资金使用效益；提高人才素质，增强文物保护管理能力。文物人才培养工程包括文博人才培养"金鼎工程"、民间匠人传统工艺传承工程。

# 第二节 重要专项规划与重大区域规划

文物事业重要专项规划与重大区域规划基于社会发展和文物保护工作需求，反映了文物事业对国家重大工程建设、重大文化建设、国土安全建设的积极作用。从"十一五"开始，国家文物局组织编制了一系列专项规划、重大区域规划，作为文物事业发展规划的细化和补充，使规划体系更加完善。特别是在重要工程建设、重要工作领域、灾后重建等背景下，深入开展长江三峡工程、新疆吐鲁番地区、汶川特大地震灾后重建、长城保护等重要专项规划和重大区域规划编制工作。

## 一、重要专项规划

《国家重大遗址总体保护规划纲要》 国家重大遗址是对中华民族文明起源和鼎盛时期具有重大历史意义和丰富文化价值的大型遗址，以全国重点文物保护单位为主，是在社会发展和经济建设中产生过重要影响的大型文物遗址。

2004年12月，第一批大遗址规划编制工作启动，2005年5月完成；2006年7月，第二批大遗址规划编制工作启动，2007年3月完成。委托单位为国家文物局，主编单位为中国建筑设计研究院建筑历史研究所，协编单位有中国社会科学院考古研究所、陕西省古建设计研究

所、中国文物研究所、北京建筑工程学院建筑与城市规划学院、东南大学建筑学院、北京大学考古文博学院、广西文物保护研究设计中心、北京清华城市规划设计研究院、中国规划设计研究院、中国艺术研究院建筑艺术研究所。规划编制工作得到了各地文物管理部门的积极协助与配合。

大遗址根据分布位置与行政建制的关系大致可分为六大类型，即城区、城郊、城乡接合部、乡镇、村落、荒野。从规划角度分析，前三类与城市规划区相关，后三类与城镇规划体系和村镇规划相关。规划评估出"中国的大遗址保护所面临的主要挑战是如何在社会和谐发展的关联中谋求遗产保护的可能与前景"。随着全面建设小康社会和新农村建设等社会发展目标的推进，随着西部大开发、三峡工程、南水北调、西气东送等一系列国家重大工程的开展，大遗址的保护和利用工作主要面临两个方面的破坏威胁，一是来自城镇建设方面，包括土地资源紧缺、土地承载压力过大、城市化及工业化建设迅猛、土地使用性质变更、缺乏保护意识的旅游开发破坏、建设活动对遗址本体的保存和环境景观造成破坏；二是来自生态环境方面，包括植被退化造成灾害破坏力增长、过度垦殖导致生态环境退化、工业发展污染环境质量、未来气候变化造成潜在的威胁。

规划的主要应对策略是以社会和谐发展为前提，统筹策划大遗址的保护、利用、管理和研究措施，包括划定保护区划、编制管理规定，制定主要保护措施和限定利用强度等。规划的保护实施策略为"体系＋重点＋示范"，即在国家层面建立以中央政府为主导的大遗址保护体系，开展大遗址重点项目的综合保护示范，实施推广计划。

规划最终成果由《纲要文本》《附件Ⅰ》《附件Ⅱ》《附件Ⅲ》组成。其中，《纲要文本》是对100项重大遗址的保护与管理进行纲要性的策划，文字部分主要包括综合评估、规划框架、保护区划、体系建设、分项规划、项目提炼及其经费估算等纲要性规划内容，图纸主要包括遗存年代图、遗址类型图、遗址的规模图、遗址现状评估图（保护、利用、管理、研究、规划）；《附件Ⅰ》是对100项重大遗址的单项保护规划纲要进行内容汇编、分析与提炼，为纲要文本的评估与分析提供科学的量化依据；《附件Ⅱ》是对《附件Ⅰ》的直接支撑，内容包括100项重大遗址的单项保护规划纲要（遗址概况、现状评估、规划简图、保护区划、规划项目、项目估算）；《附件Ⅲ》是《附件Ⅱ》的学术依据，主要是对100项重大遗址的单项考古和研究资料进行概括性整理与汇编。

第一批的规划范围为2879.29平方千米，保护区划（不含周原遗址）分为两级，即保护范围（总面积879.29平方千米）、建设控制地带（2000平方千米）。其中保护范围分为重点保护区（281.81平方千米）、一般保护区（513.63平方千米）、城建叠压区（65.38平方千米）、重点考古区（18.47平方千米），建设控制地带分为文物片区（706平方千米）、独立的遗址建控地带（1294平方千米）。此外，根据遗址的历史文化内涵及其分布区域，将西安、洛阳、（大）周原三片重大历史文化遗址遗迹分布密集区划为历史文化保护片区。第二批的规划范围为5311平方千米，保护区划（具备区划条件的63处遗址）分为五级，即保护范围（总面积644.07平方千米）、建设控制地带（1823.87平方千米）、环境控制区（2819.48平方千米）、地下文物埋藏区（6.39平方千米）、地下文物可能埋藏区（17.19平方千米）。其中保护范围又分为重点保护区、一般保护区。所涉估算经费包括文物保护项目、利用项目、管理项目、研究项目和前期工作五类，资金来源主要为大遗址保护专项资金。规划期限为2006～2010年，与"十一五"规划相同。前两批共100处大遗址分布于26个省、自治区、直辖市，所涉年代包括旧石器时代、新石器时代和历史时期的商、西周、春秋、战国、秦、汉、魏晋、南北朝、隋、唐、五代、宋、元、明、清各朝代，以及吐蕃、高句丽、渤海、南诏、古格、西夏、辽、金等王朝，至清末。保护级别包括世界遗产、全国重点文物保护单位、省级文物保护单位。文物类型包括古遗址、古墓葬、古建筑。遗址类型包括大型工程址、古文化遗址、聚落址、祭祀址、城址、窑址、陵墓、墓葬址、建筑址、园林址等。第一批36处大遗址占地规模合计约694.28平方千米。第二批64处大遗址中长城、大运河、秦直道3处线形分布的特大工程遗址长度分别为50000千米、3200千米和1000千米，其余61处占地规模合计约25645平方千米。

《国家重大遗址总体保护规划纲要》是第一次对国家重大文化遗产保护在总体规划层面作出整体策划，创设了一整套编制规范和技能，成功策划了国家重大遗址整体保护的规划体系，是中国文化遗产保护规划科技能力的一次跨越式发展。规划采用复合型集成技术，构筑纲要理论体系；注重个性与共性关联，形成纲要编制结构；提出大遗址规模分级、内涵分类、区位分布等一系列创新概念，为国家重大遗产的体系研究奠定了基础；创设了大遗址评估体系框架；第一次在大型文化资源保护规划中提出保护体系建设问题；明确新设城建叠压区（在城市建成区内的地下文物重点埋藏区）和重点考古区（在遗址保护范围内遗存价值重要、分布状况不明的重点研究地带）两种保护分区；将保护、利用、管理、研究设为总体规划中的4个分项规划主题；在编制过程中探讨了遗址博物馆的规模规划标准、保护规划的工程项目分类体系及其估算标准等若干规范性技术。规划成果促成财政部设立"大遗址保护专项经费"的决策，为中国重大文化资源保护开创"中央政府主导"的新局面提供了技术支撑。

**《文化遗产保护科学和技术发展"十一五"规划（2006～2010年）》** 2006年11月，国家文物局发布《文化遗产保护科学和技术发展"十一五"规划（2006～2010年）》［简称《规划（2006～2010年）》］，在分析"十五"时期文物保护科学和技术发展主要成绩和问题的基础上，提出"十一五"时期文化遗产保护科学和技术发展的指导思想、基本原则、发展目标和主要任务。

《规划（2006～2010年）》的指导思想为：坚持文物工作方针和科技发展指导方针，积极推动理论创新、体制创新、科技创新，努力构建文化遗产保护创新体系；以文化遗产保护的重大需求为导向，以重点文化遗产保护中的热点、难点和瓶颈问题为核心，以重大文化遗产保护科技计划为载体，以充分调动全社会一切可以利用的优秀科技资源为手段，加强文化遗产保护科技的研究、运用、示范和推广工作，促进我国文化遗产保护科技水平的整体提高，不断建设、完善具有中国特色的文化遗产保护理论体系，全面支撑和引领文化遗产保护的发展。

《规划（2006～2010年）》的基本原则为：转变观念，大胆进行体制创新和机制创新，以技术创新带动文化遗产保护科技工作的全面、有效提升。坚持"远近结合、规划发展"，将宏观战略与具体实际相结合，中长期规划与近期任务相结合；坚持"队伍建设，优先发展"，培养能适应文化遗产保护工作发展需要、结构合理、内外互补的人才队伍；坚持"继承传统，弘扬发展"，加强传统工艺的发掘、整理、总结，与现代科学技术相结合，发展中国特色的文化遗产保护科技；坚持"基础支撑，应用推广"，以基础研究提升文化遗产保护科技水平，以成果推广应用提高文化遗产保护的科技含量；坚持"前瞻研究，适度超前"，适度布局前瞻性基础研究工作，促进文化遗产保护科技的可持续发展；坚持"突出重点，以点带面"，重点解决文化遗产保护中的关键技术问题，带动文化遗产保护科技水平的整体提升；坚持"不求所有，但求所用"，打破条块界限、集中国内优势资源，建立共享平台，协同解决文化遗产保护的关键技术问题；坚持"对外开放，合作共进"，支持并鼓励多种形式的国际合作，有目的地选择国际科技资源为我所用；坚持"推行标准，规范管理"，建立文化遗产保护的标准体系，推进我国文化遗产保护工作的标准化进程；坚持"绩效评价，奖励引导"，建立并推进第三方绩效评价和奖励体系，引导文化遗产保护科技工作的健康发展。

《规划（2006～2010年）》确定的发展目标为：力争至"十一五"末，实现文化遗产保护的整体科技水平提升到一个新的高度，全面提升自主创新能力，建设创新型行业的发展目标。具体包括以下几方面：基本建立与文化遗产保护科技发展要求相适应的政策体系；初步形成集国家级文化遗产保护科研机构、行业重点科研基地以及文物博物馆单位和其他科研部门构成的三个层次的科技创新体系；初步建立"文化遗产保护科技基础条件平台"；建设结构优化的，能基本满足文化遗产科技保护发展需要的人才队伍；形成一批具有广泛推广价值的共性技术；基本建立文化遗产保护的管理以及技术标准体系，完成一批急需的基础性、关键性技术标准的制定工作；逐步建立文化遗产保护的有关技术、产品等的准入制度；提升科技投入与产出效益，初步建立科技示范体系，完成一批先进科技成果推广和转化。

《规划（2006～2010年）》提出的主要任务为：重点部署以"6项计划、5大专项、1个平台"为代表的文化遗产保护科技工作，继

续大力支持面上项目，全面促进文化遗产保护科技水平不断提升。6项科技计划为：文化遗产资源科技调查和评估计划，关键技术攻关计划，传统工艺抢救、保护与科学化计划，科技成果推广应用计划，科技人才队伍建设计划，行业标准体系建设计划。5大科技专项为：指南针计划——中国古代发明创造的价值挖掘与展示专项，数字京杭大运河专项，中华文明探源综合研究专项，重大文化遗产地及大遗址综合保护研究与科技示范专项，文物保存环境综合研究专项。1个平台为：积极构建文化遗产保护科技基础条件平台。

《规划（2006～2010年）》还从加大促进科技发展政策保障力度、健全科技管理体制和运行机制、建立多渠道的科技投入体系、构建人才队伍建设的良好环境、扩大国际交流与合作、加强文化遗产保护科技的宣传和普及等方面明确了支撑条件和措施。

《"十一五"期间大遗址保护总体规划》 2006年11月，国家文物局和财政部印发《"十一五"期间大遗址保护总体规划》（简称《总体规划》）。快速发展的城乡建设、基础设施建设、农民生产、生活和盗掘文物的犯罪活动以及千百年来自然力的破坏，使许多本已异常脆弱的大遗址本体及其环境风貌受到致命威胁，设置大遗址保护专项，抢救保护祖国珍贵的文化遗产，显得尤为必要和紧迫。国家设立大遗址保护专项资金，实施大遗址保护工程，在有效保护遗址本体及其环境风貌的同时加强展示和宣传工作，对全面提高文物保护、管理、利用水平，发挥文物在经济和社会发展中的重要作用，实现文物保护事业的可持

续发展具有重要的意义。《总体规划》明确了设立大遗址保护专项资金的重要意义，提出"十一五"期间大遗址保护的指导思想、基本原则、总体目标、主要内容和任务、工作步骤及阶段性成果要求等。

《总体规划》指导思想为：坚持"保护为主、抢救第一、合理利用、加强管理"的文物工作方针，推动文物事业健康、快速、协调发展，更好地为社会主义政治文明、物质文明和精神文明建设服务。

《总体规划》的基本原则为：坚持把握长远利益和当前利益、全局利益与局部利益关系；坚持既有利于文物保护、又有利于经济建设和提高人民群众生活质量；坚持中央主导、地方配套、统筹规划、集中资金、重点投入、注重实效；坚持规划先行、突出重点、分步实施、侧重本体、优先展示。

《总体规划》确定的总体目标为：到2010年，初步建立比较完备的大遗址保护管理体系，大遗址本体和环境的整体保护得到明显改善，执法力度明显加大，努力使部分有条件的大遗址列入《世界遗产名录》；探讨大遗址保护展示的科学途径，建设大遗址保护展示示范园区（遗址公园）和遗址博物馆；发挥专项保护资金的综合效益，促进城市建设和人民群众生活方式与质量的改善，谋取区域社会效益、生态效益的和谐与可持续发展。

《总体规划》主要内容和任务是：初步完成大遗址保护管理体系建设；编制重要大遗址保护规划纲要和保护总体规划；继续实施中央主导和引导的大遗址保护示范工程；建成10～15个具有较高质量、较高标准的大遗址保护展示示范园区（遗址公园）和一批遗址博物馆，全面提升大遗址保护和利用水平，确保大遗址公园"建一个成一个"的目标。

《总体规划》还提出了2006～2008年和2009～2010年的分期工作步骤和阶段性成果要求、经费预算、项目的实施方式与组织管理，并列出"十一五"期间重要大遗址（100处）名单。

**《国家文物保护科学和技术发展"十二五"规划（2011~2015年）》** 2011年8月，国家文物局印发《国家文物保护科学和技术发展"十二五"规划（2011～2015年）》[简称《规划（2011～2015年）》]。在分析"十一五"时期文物保护科学和技术发展主要成绩和问题的基础上，提出"十二五"时期工作的指导思想、发展目标、工作思路和主要任务。

"十二五"时期文物保护科学和技术发展的指导思想为：坚持文物工作方针和科技发展方针，解放思想、改革创新，培育行业科学精神、科学思想、科学态度，推动技术创新、组织创新、制度创新。以增强行业整体创新能力为战略目标，以提升自主创新能力为战略重点，以培育科学创新能力为战略储备，以整合科技资源、优化创新服务能力为战略支撑，以实施若干重点科技攻关为战略突破，科学谋划、精心组织、知难攻坚、确保绩效，加快文物保护行业创新体系建设，推动我国从文化遗产大国向文化遗产保护强国的历史性转变。

《规划（2011～2015年）》提出的发展目标为：至"十二五"末，基本形成以技术体系为核心，以组织体系为支撑，以制度体系为保障的行业创新体系。进一步提高文物保护领域的技术识别、获取、扩散和应用能力，力争在若干重点领域取得重大突破和跨越发展；着力解决影响发展全局的机制性和结构性问题，形成较为合理的组织框架和发展布局；营造良好的政策环境，进一步完善与文物保护科技发展要求相适应的法规、标准体系。明显增强文物博物馆行业可持续科技创新能力，有效支撑和引领我国文物博物馆事业的又好又快发展。

《规划（2011～2015年）》确定了5项工作：一是顶层设计、战略谋划。加强顶层设计，正确处理好近期与远期、局部与整体、理论与实践、现代与传统的关系，努力做好战略规划的持续研究工作，把加快行业创新体系建设，全面提高科技创新能力摆在战略高度予以部署。二是需求牵引、重点突破。根据文物博物馆事业发展中的重大需求反推科技抓手，确定工作目标和重点任务；集中有限资源，在文物博物馆事业发展的瓶颈问题和关键点取得重大突破。三是人才为本、强化团队。坚持把人才资源作为文物保护科技发展的第一资源，把人才培养摆在各项工作的首要位置，强化以学术带头人为核心的创新团队建设，努力营造人才培养和团队建设的良好环境。四是优化合作、完善布局。以制度引导合作机制的不断完善，从最初的"打破封闭、实现开放"，上升为"优化合作、完善机制"，有效整合和充分利用国内外优质资源，推进资源共享、风险与成本共担、优势互补的战略合作，建立实体研发组织与虚拟研发组织相结合的新型科技创新组织模式。五是深化改革、体制创新。坚持深化科技体制改革，完善文物保护科技的管理体制、工作机制、评价和奖励机制，激发科技创

新的活力，以体制机制创新为动力，推动文物保护科技工作的可持续发展。

《规划（2011～2015年）》提出6项主要任务：一是重大专项，主要包括文物风险预控技术体系研究与示范、中华文明探源工程及相关文物保护关键技术研究、指南针计划——中国古代发明创造的价值挖掘与展示、水下文化遗产保护关键技术研发、文物保护传统工艺科学化研究、文物保护修复专用装备研发等。二是战略研究，主要包括文物保护基础理论和学科建设、文物保护技术路线图研究、文物保护科技贡献率研究等。三是文物保护关键技术提升计划，主要包括可移动文物保护修复关键技术提升计划、不可移动文物保护关键技术提升计划、考古与出土现场应急保护关键技术提升计划、博物馆技术提升计划等。四是文物保护基础研究推进计划，主要包括可移动文物劣化机理研究、文物保护材料作用机制与保护效果评价研究、不可移动文物结构稳定性评价方法研究。五是科技基础条件建设，主要包括科研组织机构建设和基础条件平台建设。六是科技成果推广。

《规划（2011～2015年）》还提出以下几方面保障措施：加强组织领导意识，强化统筹协调能力；健全管理制度体系，推进行业标准化进程；继续加大科技投入，合理配置科技经费；完善多元合作机制，整合社会优质资源；统筹推进队伍建设，大力培养紧缺专门人才；紧跟重大科技需求，建立规划实施的动态机制等。

**《大遗址保护"十二五"专项规划》** "十二五"时期是全面建成小康社会的关键时

期。在推进经济建设、政治建设、文化建设、社会建设、生态文明建设"五位一体"总体布局的进程中，大遗址保护既具备加快发展的良好机遇，也面临一些新情况新问题。大遗址保护投入持续稳定增长，各级党委、政府大力支持，社会参与大遗址保护的热情日益高涨，将为大遗址保护提供更加坚实的物质保障和广阔的发展空间。同时，大规模城镇化建设和新农村建设、频发的自然灾害和自然腐蚀等对大遗址的破坏威胁依然存在，伤害文物本体、占压大遗址的现象时有发生，经费投入存在不足，文物本体安全形势依然严峻，大遗址保护基础工作依然薄弱，加强大遗址保护刻不容缓。为协调大遗址保护与国家经济社会发展之间的关系，进一步强化责任、加大投入、加强引导，全面推进大遗址保护工作，2013年5月，国家文物局和财政部印发了《大遗址保护"十二五"专项规划》（简称《专项规划》）。

《专项规划》的指导思想为：深入贯彻《文物保护法》，坚持"保护为主、抢救第一、合理利用、加强管理"的文物工作方针，推进大遗址的保护利用和传承发展，充分发挥大遗址在弘扬传统文化、传承中华文明、维护中华民族多元一体和国家文化安全等方面独特的、不可替代的重要作用，推动文物事业全面协调可持续发展，为社会主义文化大发展大繁荣、建设社会主义文化强国作出更大贡献。

《专项规划》的基本原则为：坚持中央主导，属地管理，保护为主，惠及民众；坚持着眼宏观，全面布局，规划先行，和谐发展；坚持集中投入，注重实效，突出重点，分步实施。

《专项规划》确定的总体目标为：以实施重大保护示范项目、建设大遗址保护示范园区为着力点，构建"六片、四线、一圈"为重点、150处大遗址为支撑的大遗址保护新格局。充分发挥专项资金使用的综合效益，加强大遗址保护管理能力建设，提高大遗址保护展示水平，提升大遗址服务社会的能力，实现大遗址保护与生态文明建设、经济建设紧密结合，社会效益与经济效益协调统一，使大遗址成为推动区域经济社会和谐发展的积极力量，使广大民众充分享受大遗址保护的成果。以大遗址保护为突破口，探索创新符合中国国情的文物事业发展道路，为努力建设文化遗产强国作出更大贡献。

《专项规划》确定的主要任务为：加强大遗址考古工作，完成新增50处重要大遗址测绘工作，加强大遗址基础数据信息化工作，初步建立大遗址文物信息平台；编制大遗址保护与发展战略规划和大遗址保护片区规划；深化西安片区和洛阳片区的整体保护工作，重点推进荆州片区、曲阜片区、郑州片区和成都片区的遗址保护工作，持续开展长城、大运河和丝绸之路的保护工作，形成规模和联动效应；实施大遗址保护重点工程；推进大遗址保护展示示范园区和遗址博物馆建设；建设大遗址安防设施，提高大遗址保护展示示范园区和重要田野墓葬群的安防水平；创新管理机制，完善大遗址保护网络。

《专项规划》还提出了2011～2013年和2014～2015年的分期实施步骤和阶段成果要求、项目组织管理和保障措施，并列出"十二五"期间重要大遗址（150处）名单。

**《全国文博人才发展中长期规划纲要（2014～2020年）》**　根据《国家中长期人才发展规划纲要（2010～2020年）》《2020年文物事业发展目标体系》及《国家文物博物馆事业发展"十二五"规划》，结合文博人才发展实际，2012年2月，国家文物局制定了《全国文博人才发展中长期规划纲要（2014～2020年）》[简称《规划纲要（2014～2020年）》]，于2014年4月发布。

《规划纲要（2014～2020年）》的指导思想为：牢固树立人才资源是第一资源的科学理念，遵照党管人才原则，建立聚集人才的体制机制，牢牢把握社会主义先进文化的前进方向，遵循文物事业人才工作规律和人才成长规律，适应走一条"大文博"之路的发展要求，以深化改革为动力，以结构调整为重点，以建立人才集聚体制为目标，以能力建设为核心，以"金鼎工程"为载体，充分整合社会资源，集聚发挥各方力量，改革管理制度、创新人才政策，优化人才环境，加大文博领军人才和急需紧缺人才队伍建设力度，统筹推进各类人才队伍协调发展，为国家文物事业繁荣发展提供强有力的人才和智力保障。

《规划纲要（2014～2020年）》的基本方针为：解放思想，创新机制；高端引领，整体提升；服务发展，以用为本；强化协调，形成合力。

《规划纲要（2014～2020年）》的发展目标为：紧密结合文物工作实际和发展需求，积极实施"大文博"人才发展战略，扎实推进人才优先发展，到2020年培养和造就一支数量充足、门类齐全、结构优化、素质优良、充满活力的文博人才队伍，为提升国家文化软实力，建设文化遗产强国奠定坚实的人才基础。

《规划纲要（2014～2020年）》提出的主要任务是：突出培养高层次文博领军人才，加快培养科技型专业技术人才，大力培育技能型职业技术人才，统筹推动各类复合型管理人才队伍建设。重点工程为：全面加强文博人才队伍整体建设，实施培养文博人才"金鼎工程"；围绕文物保护、修复、文物鉴定等重点领域，培养文博行业领军人才；打造一支知识结构优化、能力素质过硬的科技型专业技术人才队伍，重点提升专业技术人才实践能力和创新能力；满足文物保护与修复的增长需要，大力培养和引进一大批熟悉传统工艺、掌握现代技术的文物保护与修复技能人才；建设一支懂业务、善管理的复合型管理和行政执法人才队伍。

《规划纲要（2014～2020年）》提出，要围绕用好用活人才，改革体制机制，在机构建设和制度建设方面充分保障人才的创新动力和创造活力，推进文博人才队伍全面协调可持续发展。

**《大遗址保护"十三五"专项规划》**　2016年10月，国家文物局印发《大遗址保护"十三五"专项规划》（简称《专项规划》）。《专项规划》指导思想为：围绕"五位一体"总体布局和"四个全面"战略布局，坚持创新、协调、绿色、开放、共享的发展理念，坚持"保护为主、抢救第一、合理利用、加强管理"的文物工作方针，落实国务院《关于进一步加强文物工作的指导意见》，坚持稳中求进，协调做好文物的研究、保护、传承、利用和发展，为统筹推进文物保护与经济社会发展服务。

《专项规划》的基本原则为：以人为本，传承文化，保护为主，合理利用；中央主导，属地管理，社会参与，成果共享；统筹规划，分步实施，分类指导，示范带动；科技支撑，创新发展，彰显特色，注重实效。

《专项规划》确定的总体目标为：基本实现大遗址本体和环境安全，完善大遗址保护规划和管理体系，加强基础设施和保护利用设施建设，全面实现大遗址对外开放，继续推进国家考古遗址公园建设，有效提升大遗址保护展示利用水平，充分发挥大遗址在构建中华优秀传统文化传承体系和公共文化服务体系中的作用，充分发挥大遗址在新型城镇化建设和美丽乡村建设中的带动作用，促进大遗址所在地经济社会协调发展，为全面建成小康社会贡献力量。

《专项规划》确定的主要指标包括：列入项目库的大遗址考古调查、勘探和测绘工作基本完成，列入项目库的大遗址基础信息"一张图"完成率100%，列入项目库的大遗址保护规划编制完成率100%，列入项目库的大遗址基本实现对外开放，列入项目库的大遗址专门管理机构设立率100%，建成10～20个专门的考古工作基地（站），新建成20～30个遗址博物馆，新建成10～15个国家考古遗址公园，形成8～10处大遗址保护片区，形成一批大遗址保护的理论和科技成果。

《专项规划》确定的主要任务包括：开展考古工作，整合信息数据，编制保护规划，实施重点工程，提升服务能力，建设遗址公园，加强科学研究，规范日常管理，发挥片区优势。《专项规划》还列出了"十三五"时期大遗址名单。

**《国家"十三五"文化遗产保护与公共文化服务科技创新规划》**　为贯彻落实《国家创新驱动发展战略纲要》《"十三五"国家科技创新规划》《关于进一步加强文物工作的指导意见》和《关于加快构建现代公共文化服务体系的意见》，明确"十三五"时期文化遗产保护与公共文化服务科技创新的总体思路、发展目标、主要任务和重大举措，加强文化遗产保护与传承，提升公共文化服务能力，2016年12月，科学技术部、文化部、国家文物局联合发布《国家"十三五"文化遗产保护与公共文化服务科技创新规划》（简称《"十三五"科技创新规划》）。

《"十三五"科技创新规划》的指导思想为：以增强整体创新能力为战略目标，以提升自主创新能力为战略重点，以培育科学创新能力为战略储备，以整合科技资源、优化创新服务能力为战略支撑，以实施若干重点科技攻关为战略突破，整体提升文化遗产保护利用、公共文化服务的能力，推动中国从文化遗产保护与公共文化服务大国向强国的历史性转变。

《"十三五"科技创新规划》确定的发展目标为：聚焦文化遗产的价值认知、保护修复、传承利用和公共文化服务4个重点方向，补强短板、创新发展，到2020年基本建成文化遗产保护与公共文化服务的科技创新体系。从文化遗产保护与公共文化服务现状出发，以形成满足文化遗产保护与公共文化服务领域重大发展需求、解决行业重大问题的系统解决方案为重点，在基础研究、重大关键技术、国产专有装备、标准体系建设方面取得实质性突破。

具体目标为：显著提升文化遗产价值认知的科技支撑能力，显著提升文化遗产保护修复的科技支撑能力，显著提升文化遗产传承利用的科技支撑能力，显著提升公共文化服务的科技支撑能力，建设30个高水平研发基地，加快人才队伍和创新团队建设。

《"十三五"科技创新规划》提出强化全创新链设计，系统部署、重点突破，实施"1-2-6-4"战略的发展思路。聚焦1个目标：聚焦以技术创新体系建设为核心、以组织创新体系为支撑、以制度创新体系为保障的文化遗产保护与公共文化服务创新体系建设，促进整体创新能力的提升。贯穿2个全链条：从文化遗产保护与公共文化服务的业务链和科学研究的创新链等两个维度进行全链条交叉设计，业务链涵盖文化遗产的价值认知、保护修复、传承利用和公共文化服务，创新链涵盖基础研究、应用研究、技术研发和成果推广，用创新链支撑业务链，加强科技创新对文化遗产保护与公共文化服务重大工程的系统支撑。设置6个任务板块：基础研究、价值认知、保护修复、传承利用、公共文化服务、人才基地和科研平台。实现4个系统突破：理论、技术、装备、标准的系统性突破。

《"十三五"科技创新规划》从6个方面提出主要任务。基础理论研究方面：研究梳理文化遗产学科体系，建立中国文化遗产学科体系框架；研究建立具有中国特色的文化遗产价值认知、保护和传承利用基本理念和方法论。文化遗产价值认知方面：创新文化遗产价值认知研究方法体系，完善埋藏（地层）、古生物、古环境、资源开发、物料流通、人群迁徙等领域考古学研究方法；形成文化遗产空间观测、天地联合遥感遥测、复杂埋藏条件对地勘探、浑浊水域水下考古探测、精确测年、文物形貌结构信息提取、文物无损／微损检测、残留物提取与鉴定等技术；突破考古调查、勘探、发掘便携式仪器及工具包、文物无损／微损检测装备、非金属文物探测器、水下文物监控浮标、水下蓝绿激光探测器、水下3D成像声呐、湍急水流条件的水下考古调查机器人等专有装备；形成相关方法、技术与产品等系列标准。文化遗产保护修复方面：完善和提升金属、陶瓷、纺织品、纸质文物、古籍善本、陶质彩绘等文物的保护修复技术、检测方法体系；构建室外石质文物、墓葬彩绘文物、泥塑、土遗址、木构建筑、工业遗产、传统村落、历史文化名城保护综合技术体系；突破以清洗、加固、显微修复、缓释封护为主要手段的文物保护修复专用工具、材料和装备；完善馆藏文物和遗产地预防性保护监测、评估、调控的综合指标和方法，提出各类风险源安全阈值；提升环境监测传感器性能，研发水盐监测传感器、霉菌监测传感器、污染物及水质监测传感器、游客数量监测装备、地形地貌监测装备及新一代物联网监测技术和相关装备；建立博物馆防震抗震理论模型、技术和装备；形成相关技术规范、方法和产品标准。文化遗产传承利用方面：完善智慧博物馆建设理论、方法和技术体系，突破具有视觉、听觉、触觉、味觉、嗅觉体验的下一代博物馆虚拟现实技术、人机交互体验技术、全模态数据获取技术、数字指纹无损隐蔽提取与鉴别技术、一体化云服务技术；依托"互联网＋中华文明"三年行动计划，探索文化遗产传承利用的创新服务模式，构建O2O互动传播系统和文化创意产品辅助设计平台；构建文物收藏与交易征信评价指标体系，突破管理服务关键技术，研发交易异常行为发现与综合研判管理联动平台；形成相关技术规范、方法和产品标准。公共文化服务方面：突破数字文化公共资源的精细化整备技术瓶颈，建立起面向大数据处理和应用的技术支撑体系；强化图书馆作为社会知识中心的核心地位，构建网络资源采集与服务平台，推动全民阅读和学习型社会的建设；面向老少边穷地区和弱势人群，研发推动公共文化均等化的专用特型装备；充分利用泛在网络、云计算、大数据、人工智能等技术，构建智慧公共文化服务支撑技术体系，提升公共文化服务效能；利用现代传播技术手段，加强公共文化产品的广泛传播，提高内容分发的效率，提升文化传播效果。为加强文化普及和艺术教育，开发专用学习装置和教具，提高大众学习的积极性，提升普及和教育的趣味性。人才基地与科研平台建设方面：培养文化遗产保护与公共文化服务领域的战略科学家、领军人才、专业技术人才和修复人才，建立一批人文社会科学和自然科学交叉融合的研发团队；以专业机构、高等院校、科研院所、重点企业为依托，推进大型科学仪器设备共享与功能提升改造，组建联合实验室，形成基础研究与技术研发平台等。

## 二、重大区域规划

《长江三峡工程淹没及迁建区文物古迹保护规划》 1992年4月，七届全国人大五次会议通过兴建长江三峡水利枢纽工程决议。三峡大坝建成后，将形成1080平方千米的三峡水库，三峡工程淹没及移民迁建区范围涉及长江620千米沿线的22个县、区。

根据普查结果，三峡工程淹没及迁建区保存有地上和地下文物1000余处。其中，旧石器时代遗址和古生物化石地点60余处，包括丰都高家镇旧石器时代晚期的露天石器制作工场，多处遗址出土大量具有中国南方旧石器特征的大型砍砸器、刮削器，是解决中国旧石器文化南北分界的重要地区；新石器时代遗址80余处，是解决长江流域江汉平原至三峡和瞿塘峡夔门以西至四川盆地东西两大文化系统分界的关键地区；古代巴人遗址和墓地100余处，包括夏商周时期巴人的政治、经济、文化中心地和战国晚期至秦代前后的巴王墓地，是解开古代巴人历史之谜的主要地段；可说明楚、秦文化进入三峡地区历史过程的遗址和墓地数十处；汉至六朝的遗址和墓地470余处，包括汉代鱼复县和朐忍县县城，是说明中原文化如何逐渐融合的重要地段；古代枯水题刻6处和宋代以来洪水题刻组成的古代石刻水文记录长廊数十处，其中白鹤梁被誉为世界第一古代水文站；东汉石阙2处和唐以后的摩崖造像、碑碣、摩崖诗文题刻数十处，有些是著称于世的珍贵艺术品，有些可说明当地重要历史情况；结合三峡自然风光特点的明清建筑物近300处，包括祠庙、民居、桥梁等，是自然风貌和传统文化的荟萃点，其中云阳张桓侯庙、忠县石宝寨、奉节白帝城是三峡地区著名的人文景观，大昌古城和新滩古镇是三峡地区历史久远、具有鲜明峡江特色的古民居群；古代栈道、纤道等是世界上规模最大的古代航运遗迹；大量土家族等民族民俗文物，是四千年来巴文化遗痕延续至今的活化石。

按照国务院三峡工程建设委员会办公室要求，国家文物局指定中国历史博物馆和中国文物研究所成立三峡工程库区文物保护规划组（简称规划组）。1995年3月，规划组以中国历史博物馆和中国文物研究所的名义分别与湖北省移民局、四川省移民办（后改为重庆市移民局）及长江水利委员会库区处签订编制《长江三峡工程淹没及移民迁建区文物古迹保护规划报告》（简称《规划报告》）的协议。规划组先后组织30余所院校和科研机构的300余名专业人员参与工作，在三峡工程淹没和迁建区范围内，结合以往文物工作成果，对地下和地面文物进行大规模调查、勘测和发掘，提供了丰富的基础资料。

《规划报告》分为总报告、分省报告和分县（区）报告，共30册，约200万字。总报告包括主报告和5册附录，为《长江三峡工程淹没及迁建区文物古迹保护规划报告》和附录1《四川省涪陵白鹤梁题刻保护规划报告》、附录2《四川省云阳县张桓侯庙保护规划报告》、附录3《四川省忠县石宝寨保护规划报告》、附录4《民族民俗文物保护规划报告》、附录5《博物馆建设规划报告》；分省报告2册，为《湖北省文物古迹保护规划报告》和《四川省文物古迹保护规划报告》；分县（区）报告22册，包括宜昌、秭归、巴东、兴山、巫山、巫溪、奉节、云阳等县、区规划报告。同时，为统一和规范地面文物保护经费计算，编制《三峡工程库区地面文物保护规划经费概算细则》，并整理、汇编《三峡工程库区文物保护规划基础资料》（共22册），对200张三峡地形图进行文物点的详细标注。

根据三峡工程蓄水进度，《规划报告》制定与工程进度相符的文物保护进度指标，将文物保护时间和范围按四个阶段进行。第一阶段，1997年以前实施坝前水位90米水位线以下的文物保护项目。第二阶段，1998～2002年实施坝前水位135米水位线以下的文物保护项目。第三阶段，2003～2005年实施坝前水位156米水位线以下的文物保护项目。第四阶段，2009年以前全部完成各项文物保护项目。

1996年5月，规划组向国务院三峡建设委员会移民局、湖北省移民办、四川省移民办、长江水利委员会库区处提交《规划报告》。1998年9月，国务院三峡建设委员会办公室在北京召开专家论证会，形成《长江三峡工程淹没及迁建区文物古迹保护规划报告》专家论证意见和经费概算专家论证意见。根据专家论证会意见，1998年10月规划组完成对《规划报告》的修改与调整，形成《〈长江三峡工程淹没及迁建区文物古迹保护规划〉有关内容的修订与补充》，并上报国务院三峡建设委员会办公室。1998年12月，重庆市移民局和重庆市文化局在重庆召开白鹤梁题刻、石宝寨、张桓侯庙保护方案论证会，形成《白鹤梁题刻、石宝寨、张桓侯庙保护方案论证会专家组意见》，并上报国务院三峡建设委员会办公室。

2000年6月，国务院三峡建设委员会向有关部门印发《关于批复三峡工程淹没区及迁建区文物保护项目和保护方案复核意见》，并印发《三峡工程淹没区及迁建区文物保护规划（保护项目和保护方案）》，将1087处文物列入保护规划。

通过《规划报告》的编制工作，基本明确了三峡库区淹没和迁建区的文物底数，填补了三峡淹没和迁建区文物总量长期难以确定的空白，为三峡文物保护工作的全面开展奠定了基础。《规划报告》对已探明文物的价值进行科学剖析和评估，特别对一些具有填补学科空白和重大历史佐证的文物予以重点分析。对地下文物保护，根据遗址和墓葬的规模、内涵、价值、埋藏量，在三峡地区各历史阶段的代表性，以及发掘面积规模，将发掘项目从高到低分为A、B、C、D四个级别。对地上文物的保护，根据其价值、类别、质地、形式和保存状况，分别采取原地保护、搬迁保护、留取资料等措施。其中，原地保护主要针对主体结构受水库淹没影响不大的文物建筑，采取围堤、筑坝等防护措施，对石刻、古栈道、古纤道等不宜移动的文物进行原位升高复制或异地复制；搬迁保护主要针对古建筑、古桥梁等能够解体和异地迁建的文物，分为整体搬迁和部分搬迁；对保存状况极差或改动较大而无法辨识原貌的地上文物，则采取测绘、拍照、记录等留取资料方式。

《长江三峡工程淹没及迁建区文物古迹保护规划报告》编制工作，是一项史无前例的文物保护系统工程，涉及范围广泛、参与人数众多，是迄今为止最大规模的文物保护行动，在中国文物保护史上具有深远意义。

**《南水北调工程文物保护规划》**　南水北调工程实施地区是华夏文明的腹地，中华文明的核心地带，拥有众多地上和地下文物。地下文物中，丹江口水库库区的几十处旧石器文化遗址（地点）为探讨和研究"郧县人"的生活环境及其旧石器工业性质与内涵提供了必要的补充资料，并扩大了南方地区含斧工业的分布范围；河南、江苏、湖北等地的新石器文化遗址对研究裴李岗文化的聚落结构、大汶口文化的分布范围、黄河与长江之间地域特点等具有重要意义；各地发现的夏商周时期遗址增进了对当时文化面貌、内涵和特点的了解，战国时期的众多墓葬为研究楚、齐、燕、韩、赵、魏各国文化提供了丰富的资料，众多汉墓为研究汉代墓葬及其文化提供了重要资料，北朝墓地对研究北朝皇陵区、大族墓地和当时社会极有价值；唐太宗嫡次子李泰家族墓地、北宋宰相韩琦墓、金元时期集镇遗址和平民墓葬、运河古粮仓遗址等是重要的考古发现与研究材料。地上文物共有47处，主要包括民居、运河码头、水闸及其附属建筑和世界文化遗产武当山遇真宫。

南水北调工程规划起步阶段，由水利部负责前期规划工作，文物保护方面成立前期工作专家组负责，后国务院成立南水北调工程建设委员会负责全面工作。2002年初，文物保护工作启动，历经勘察规划阶段和实施阶段。2003年6月，国家文物局与水利部联合印发《关于做好南水北调东、中线工程文物保护工作的通知》；11月，国家文物局印发《关于进一步做好南水北调文物保护工作的通知》，要求各省、市做好工程中的文物保护工作。南水北调文物保护规划工作分中线和东线开展。中线工程开始阶段由各省、市进行调查和勘探，制定初步规划，由水利部长江水利委员会负责汇总。东线工程开始阶段由江苏、山东两省进行调查和勘探，制定初步规划，由水利部淮河水利委员会组织汇总。水利部前期工作专家组指导各省、市和长江水利委员会、淮河水利委员会文物保护规划工作的开展，并对规划报告进行调研、论证。

《南水北调工程文物保护规划》依据三峡工程文物保护工作经验，在内容上特别注意在渠线设计中尽量避开文物古迹。虽然丹江口水库库区属于淹没地区，与三峡工程相同，但渠线通过地区是可以规划设计的，地面建筑等文物尽量避开；地下文物已知重要遗址、墓葬也尽量避开；利用大运河作为渠线的，要保护好运河上水闸、码头等遗迹；丹江口水库因水位降低（消落区）露出的遗址或墓葬要进行抢救性发掘，弥补水库建设时的遗留问题。规划最后确定与文物相关的项目647项（地上47项、地下600项），勘探规划1575万平方米，发掘规划169万平方米，其中中线工程547项、东线工程100项。这些项目的实施对研究中华文明起源、夏商周文化特别是商文化来源、西周时期的封国，以及荆楚文化、齐鲁文化、燕赵文化的起源和发展均极为重要；对秦汉、魏晋南北朝、隋唐、宋辽金元及运河历史的研究均取得重要收获。

**《新疆吐鲁番地区文物保护与旅游发展总体规划（2002～2020）》**  2000年1月，国务院西部地区开发领导小组召开西部地区开发会议，研究加快西部地区发展的基本思路和战略任务，部署实施西部大开发的重点工作。拥有丰富自然和文化资源的吐鲁番地区是新疆维吾尔自治区重点开发地区。

吐鲁番地区位于新疆维吾尔自治区东部，包括吐鲁番市、鄯善县、托克逊县，辖区面积6.97万平方千米。吐鲁番地区处在欧亚大陆的交接地带，是古代丝绸之路交通枢纽之一，是东西方文化交流的重要区域，其间诸多遗迹、遗物是中国乃至世界文化遗产的重要组成部分。吐鲁番地区历史文化内涵深厚，遗产年代涵盖旧石器时代至今，包含数量众多的文物古迹与旅游资源。吐鲁番地区文物类型丰富，包括208处各级文物保护单位，涉及古文化遗址、古墓葬、古建筑、石窟寺、石刻、壁画等；遗存类型多样，按材质分为生土建筑、砖土建筑、木构建筑、石器与遗址、洞窟、壁画、石刻岩画、土堆墓、石堆墓；遗产环境复杂，涉及沙漠、戈壁、绿洲、冲积平原、湖泊平原、河谷、山区等多种地理类型。

在国家开发西部的政策背景下，鉴于吐鲁番地区丰富而重要的文物资源，以及旅游经济开发热潮带来的保护压力，国务院要求国家文物局认真做好吐鲁番地区文物保护与旅游发展的总体规划。2000年10月，由国家文物局牵头，国家发展改革委、财政部、国土资源管理局、文化部、建设部、旅游局、中国社会科学院协助编制总体规划。主编单位为中国建筑设计研究院建筑历史研究所，参编单位为中国文物研究所。2002年，规划编制完成。

2003年，《吐鲁番地区文物保护与旅游发展总体规划（2002～2020）》［简称《吐鲁番地区规划（2002～2020）》］通过国家专家组评审论证，获国家文物局批复同意，9月由新疆维吾尔自治区人民政府公布实施。《吐鲁番地区规划（2002～2020）》属于区域性专项综合性规划，内容涉及历史文化遗产保护与旅游发展，成果由《规划文本》《图纸》及《附件》组成。《规划文本》共13章，由总则、规划原则与目标、规划主要内容、文物保护规划、文物展示规划、文物管理规划、旅游发展规划与总体布局、旅游资源与生态环境保护规划、旅游项目策划与游线组织、旅游支撑体系规划、规划实施分期、投资估算及附则组成。《规划图纸》共11张，含现状图、评估图、规划图等。《附件》共四部分，含规划说明、交河片区文物保护详细规划及苏公塔等文物保护详细规划、高昌片区文物保护详细规划、吐鲁番地区旅游详细规划。

"风蚀是吐鲁番地区文物面临的最普遍、最严重的自然破坏因素；缺乏管理是文物分布集中区面临的最普遍、最突出的人为破坏因素。"《吐鲁番地区规划（2002～2020）》以该地区的生态环境本底格局为根本依据，结合文物现状评估结论对全地区208处文物保护单位进行统筹规划，设立了6档保护措施等级与优先顺序。《吐鲁番地区规划（2002～2020）》根据不同问题提出针对性保护措施，对遗存本体的保护采用可逆性修缮保护技术与工程措施，对遗存载体的边坡失稳等问题采取防护加固措施，对自然灾害问题采用监测和有效防护工程措施，对风蚀问题主要采用生物措施及与化学保护技术相结合的保护措施，对人为破坏问题采用加强管理措施；按照遗存载体、生土建筑、石窟寺、岩画等遗存类型分别编制保护工程方案；从环境治理、土地利用、文物风蚀防治的生物工程、水资源规

划、涉及文物保护的相关规划等方面提出保护要求；编制地区旅游发展总体规划，策划地区经济发展支柱产业培育、转换和发展前景。

《吐鲁番地区规划（2002～2020）》对吐鲁番地区18处文物保护单位（含6处国家级、8处自治区级、4处县市级）的保护区划重新进行界定（保护范围1350.26公顷，建设控制地带12927公顷），并对其余190处文物点的保护区划进行估算。文物保护单位占地面积较大的有交河故城、高昌故城、阿斯塔那古墓群等，其保护范围细分为重点保护区和一般保护区；建设控制地带内，根据各环境因素对文物构成影响程度分类划分控制区块、制定相应的管理要求。规划投资估算项目主要涉及文物保护、旅游发展和机场建设，其中文物保护日常维护与管理经费纳入地方财政计划。文物保护规划分为近期（2002～2005年）、中期（2006～2010年）、远期（2011～2020年）。旅游发展规划分为近期（2002～2005年）、中远期（2006～2020年）。

《吐鲁番地区规划（2002～2020）》属于区域性专项综合规划，探讨在经济快速增长、人口众多、资源紧缺等诸多因素作用下，尤其在生态环境极其脆弱的沙漠绿洲地带，如何谋求文化遗产保护的有效性、合理性，谋求遗产保护事业与社会各关系间的和谐发展。该规划对吐鲁番地区文化旅游发展和地方经济增长发挥了积极的指导作用，并为国家稳定边疆、开发西部提供了显著的技术支撑。

《吐鲁番地区规划（2002～2020）》在文化遗产保护规划编制方面具有开拓性。在区域性遗产保护规划方法上，将多学科知识交叉结合，遵照国际遗产保护理念，为确定主要破

坏因素和制定有效对策提供科学依据；首次建立文物保护单位保护规划的系统评估体系与标准；首次采用生态环境的本底格局概念，作为确定吐鲁番地区文物保护工程和旅游发展规模的第一要素；首次将大规模的生态环境保护措施运用于区域性的文物本体主要病害；首次从文化遗产保护与利用角度对区域性文化资源、自然景观资源和生态资源的保护和利用进行统筹规划。在规划设计理论与技术上，首次于一次性项目中设立"总体—片区—单体"的分层规划框架，直接建立起总体规划与详细规划之间的关联，树立起典型范例在类型群体中的示范作用，确保了总体规划的涵盖性、科学性、有效性。在文物保护措施策略上，首次运用类型法对文物的物质形态（材质）进行分类，突破了以历史文化内涵或建筑类别分类造成的局限性，使208处各级文物保护单位形成拥有共性的群体，为保护措施的有效性提供了科学操作模式。

鉴于《吐鲁番地区规划（2002～2020）》在文化遗产保护规划设计理论与编制技术方面的先进示范作用，国家文物局将其在全国进行了示范推广。2004年，国家文物局以《吐鲁番地区规划（2002～2020）》为基础，制定了《全国重点文物保护单位保护规划编制审批办法》和《全国重点文物保护单位保护规划编制要求》，形成了全国首部文物保护单位保护规划规范性文件，并公布实施。2006年，《吐鲁番地区规划（2002～2020）》成为《国家"十一五"时期文化发展规划纲要》中文物保护重点项目"丝绸之路（新疆段）重点文物抢救保护工程"的重要依据。2012～2014年，

《吐鲁番地区规划（2002～2020）》为中国、哈萨克斯坦、吉尔吉斯斯坦跨国联合申报世界遗产"丝绸之路：长安-天山廊道的路网"提供了有力的技术支持。

**《国家汶川地震灾后恢复重建规划·文物抢救保护修复专项规划》**　　2008年5月12日，四川省汶川县发生里氏8.0级特大地震，四川省、甘肃省、陕西省人员伤亡惨重，国家和人民财产遭受巨大损失，文化遗产受到前所未有的浩劫。地震造成三省文物及其保护管理展示设施不同程度受损，包括430处重要文物保护单位（含全国重点文物保护单位145处、省级文物保护单位285处）、872处县（市）级文物保护单位，4109件／套馆藏文物（含珍贵馆藏文物372件／套），170处各类文物保护业务用房（15.0653万平方米）与设施若干。

特大地震发生后，为及时、有序、有效地开展全国灾后文物抢救保护修复工作，在国务院抗震救灾总指挥部灾后重建规划组统一组织下，国家文物局根据国务院《国家汶川地震灾后重建规划工作方案》《汶川地震灾后恢复重建条例》《国务院关于做好汶川地震灾后恢复重建工作的指导意见》，组织编制《国家汶川地震灾后恢复重建规划·公共服务设施建设规划》中的《文物抢救保护修复专项规划》，即《国家汶川地震灾后恢复重建规划·文物抢救保护修复专项规划》（简称《灾后重建·专项规划》）。该规划由国家文物局委托中国建筑设计研究院建筑历史研究所编制，四川省文物管理局、甘肃省文物局、陕西省文物局、陕西省文化遗产保护规划设计研究院协助。截至2017年底，该规划仍在编制中。

**《长城保护总体规划》** 长城是中华民族的精神象征，是中国乃至全世界留存体量最大、分布最广的具有线性特征的军事防御体系遗产，是人类历史上宏伟壮丽的建筑奇迹和无与伦比的历史文化景观。长城自春秋战国至明代历经多次修筑，有2000余年的建造史。中国境内各历史时期的长城遗存分布涉及北京市、天津市、河北省、山西省、内蒙古自治区、辽宁省、吉林省、黑龙江省、山东省、河南省、陕西省、甘肃省、青海省、宁夏回族自治区、新疆维吾尔自治区等15个省、自治区、直辖市。长城资源认定的长城遗存包括长城墙体、壕堑/界壕、单体建筑、关堡、相关设施等，总计4.3万余处/座/段，历代长城遗址总长度约为2.1万千米。其中，长城墙体1万余段，含土墙、石墙、砖墙、木障墙、山险墙、山险、水险、其他墙体等；壕堑/界壕1700余段，含沟堑与挡墙等；单体建筑近3万座，含敌台、马面、水关（门）、铺房、烽火台等；关堡2200余座，含关、堡等；相关设施近200处，含挡马墙、品字窖、壕沟等。长城属于超大型文化遗产，空间分布范围广、遗存类型多样、保存状况复杂、气候条件相对恶劣，受到自然破坏与人为破坏的双重威胁。随着经济发展和城镇化进程不断加快，长城遗产保护、管理、开放、研究等方面都面临巨大挑战。

2003年，国家发展改革委、公安部、财政部、国土资源部、建设部、文化部、国家环境保护总局、国家旅游局、国家文物局等九部委联合下发《关于进一步加强长城保护管理工作的通知》。2006年12月，国务院公布实施《长城保护条例》，明确各级政府和相关部门长城保护的法定职责，确定长城认定、保护、管理、利用等基本制度。2007～2010年，国家文物局组织完成对15个省、自治区、直辖市的长城资源调查。2010～2012年，建立长城资源数据库。2013年，国家文物局委托中国建筑设计研究院建筑历史研究所编制《长城保护总体规划》。2016年，国家文物局制定《长城执法巡查管理办法》和《长城保护员管理办法》，对《长城保护条例》内容进行细化和落实。国家层面也制定了一系列指导意见与行业标准，如《长城资源要素分类、代码与图式》《长城保护维修工作指导意见》《长城"四有"工作指导意见》《长城保护规划编制指导意见》等，有效推进了长城保护工作的规范性与可操作性。此外，长城沿线各省、自治区、直辖市根据地方实际情况，制定了一些针对长城保护的地区性专门法规和文件。

《长城保护总体规划》的编制工作分为两个阶段。第一阶段为《长城保护规划大纲》编制阶段，2016年完成，构筑了以国家为主导的超大型遗产保护规划体系的整体编制框架，并确立了长城保护的总原则。国家文物局编制《长城保护规划导则》并发至各省，指导省级长城保护规划的编制。第二阶段为《长城保护总体规划》编制阶段，与各省级长城保护规划平行互动推进，2017年启动编制。

# 第二章

# 文物保护工程

文物保护工程是对核定为文物保护单位的和其他具有文物价值的古文化遗址、古墓葬、古建筑、石窟寺和石刻、近现代重要史迹及代表性建筑、壁画等不可移动文物进行的保护工程。

1982年颁布的《文物保护法》中，对文物保护工程的单位资质和修缮原则等作出明确规定。此后，国家发布一系列管理办法，建立健全文物保护工程内涵、类别、立项、验收、奖惩的规章制度，对参与文物保护规划、勘察设计、施工、监理工程单位资质进行管理。2004年起，国家文物局先后颁发数批文物保护工程勘察设计、施工、监理资质单位证书，文物保护工程领域专业队伍和技术力量不断壮大。

文物保护单位专项保护规划的编制实践起步较晚。至20世纪90年代，全国基本没有独立的文物保护单位专项保护规划，有关保护措施或内容多包含在历史文化名城保护规划、风景名胜区规划、旅游区规划和园林设计详细规划的条款中，或是仅编制不包括或不完整包括本体保护措施的某文物保护单位环境整治专项规划。20世纪90年代末，在对《中国文物古迹保护准则》研讨和制定中，国际文化遗产（遗产地）保护规划基本理念和要求初步引入中国，全国开始一系列遗产保护规划的探索与实践。

基于《吐鲁番地区文物保护与旅游发展总体规划》等规划实践经验，逐渐形成包含遗产保护理念、资源保护立场、城市规划技能的文物保护规划。依据不同层级的规划目的，文物保护规划可分为重要专项规划与重大区域规划（见本书第一章）、全国重点文物保护单位保护规划、世界文化遗产保护管理规划。20世纪90年代，国家文物局开始组织编制文物保护规划。2004年，国家文物局公布《全国重点文物保护单位的保护规划编制要求》，开展了大量类型丰富的文物保护单位保护规划编制实践，该文件亦成为中国申报世界文化遗产保护管理规划编制工作的依据。2004～2014年，国家文物局批准通过保护规划700余项。

强化国家大型基本建设项目中的文物保护工程建设。1952年起，国家先后对交河故城、十三陵、山海关、敦煌莫高窟、虎门炮台遗址等古文化遗址、古墓葬、古建筑、石窟寺和石刻、近现代重要史迹及代表性建筑进行保护修缮。此外，小浪底水库、三峡水利工程等国家大型基本建设项目中的文物保护工程陆续实施，中国援助柬埔寨吴哥窟周萨神庙、蒙古国辽代古塔、乌兹别克斯坦希瓦古城等援外文物保护项目有序推进，国际文物保护交流、合作活动逐渐展开。

# 第一节 文物保护工程资质单位

文物保护工程资质单位是依照《文物保护工程勘察设计资质管理办法（试行）》《文物保护工程施工资质管理办法（试行）》《文物保护工程监理资质管理办法（试行）》规定，符合申报要求，按照申报程序，取得文物保护维修勘察设计、施工、监理资质，可从事相应业务范围和等级的文物保护工程的企事业单位。

文物保护工程资质单位按照取得的资质类别，可分为勘察设计单位、施工单位和监理单位。勘察设计单位主要从事不可移动文物保护工程方案及施工图设计、保护规划编制等；施工单位主要从事各类不可移动文物保护工程的施工；监理单位主要从事不可移动文物保护工程的监理。各资质单位只能从事相应资质类型、等级、业务范围内的文物保护工程，其资质类型、等级和业务范围可根据业务能力的增长而提升和扩充。

2002年修订的《文物保护法》，将第二章"文物保护单位"改为"不可移动文物"，规定"文物保护单位的修缮、迁移、重建，由取得文物保护工程资质证书的单位承担"。2003年，颁布《文物保护法实施条例》，要求"承担文物保护单位的修缮、迁移、重建工程的单位应当同时取得文物行政主管部门发给的相应等级的文物保护工程资质证书和建设行政主管部门发给的相应等级的资质证书"。

## 一、文物保护工程勘察设计资质单位

文物保护工程勘察设计是为文物保护工程而进行的调查、研究、勘察测绘、制定保护方案、工程设计及工程必要性可行性分析、技术经济分析，编制保护规划并提供勘察成果资料、设计文件及规划文件的活动。勘察设计资质的业务范围分为古文化遗址古墓葬、古建筑、石窟寺和石刻、近现代重要史迹及代表性建筑、壁画、保护规划，资质等级分为甲、乙、丙三级和暂定级，各级有对应的勘察设计工程范围。国家文物局负责审定文物保护工程勘察设计甲级资质，颁发甲级资质证书。省级文物主管部门负责审定本辖区注册企、事业单位的文物保护工程勘察设计乙、丙级资质，颁发相应的资质证书。省级文物主管部门负责文物保护工程勘察设计资质的年检和日常管理工作。文物保护工程勘察设计资质的具体申报条件、标准、流程等内容参见《文物保护工程勘察设计资质管理办法（试行）》。（表2-1-1）

表 2-1-1　部分文物保护工程勘察设计甲级资质单位列表

| 编号 | 省（区、市） | 单位名称 | 批次 | 业务范围 |
|---|---|---|---|---|
| 1 | 北京 | 中国文化遗产研究院 | 第一批 | 古建筑维修保护、文物保护规划、石窟寺和石刻保护、壁画保护、古文化遗址古墓葬保护、近现代文物建筑保护 |
| 2 | 北京 | 中国城市规划设计研究院 | 第一批 | 文物保护规划编制 |
| 3 | 北京 | 中国建筑设计研究院有限公司 | 第一批 | 古建筑维修保护、文物保护规划、古文化遗址古墓葬保护 |
| 4 | 北京 | 北京建工建筑设计研究院 | 第一批 | 古建筑维修保护、文物保护规划、近现代文物建筑保护 |
| 5 | 北京 | 北京市古代建筑设计研究所有限公司 | 第一批 | 古建筑维修保护 |
| 6 | 北京 | 北京市文物建筑保护设计所（北京古代建筑研究所） | 第一批（第四批增加业务范围） | 古建筑维修保护、文物保护规划、古文化遗址古墓葬保护、近现代文物建筑保护、石刻保护 |
| 7 | 北京 | 北京兴中兴建筑设计事务所 | 第一批（第六批增补业务范围） | 古建筑维修保护、近现代文物建筑维修保护 |
| 8 | 北京 | 故宫博物院古建部 | 第一批 | 古建筑维修保护 |
| 9 | 北京 | 清华大学建筑设计研究院有限公司 | 第一批 | 古建筑维修保护、文物保护规划、古文化遗址古墓葬保护、近现代文物建筑保护 |
| 10 | 北京 | 北京清华同衡规划设计研究院有限公司 | 第二批 | 古建筑维修保护、近现代文物建筑维修保护、古文化遗址古墓葬保护、文物保护规划 |
| 11 | 北京 | 北京市颐和园管理处 | 第二批 | 古建筑维修保护 |
| 12 | 北京 | 北京房地中天建筑设计研究院有限公司 | 第三批 | 古建筑维修保护、近现代重要史迹及代表性建筑维修保护 |
| 13 | 北京 | 北京华宇星园林古建设计所 | 第四批 | 古建筑维修保护、近现代文物建筑维修保护 |
| 14 | 北京 | 中国水利水电科学研究院 | 第四批 | 古建筑维修保护、古文化遗址保护、石刻保护、近现代文物建筑维修保护（限以上各类的文物水利工程） |
| 15 | 北京 | 中国中建设计集团有限公司 | 第四批 | 文物保护规划编制 |
| 16 | 北京 | 建设综合勘察研究设计院有限公司 | 第五批 | 石窟寺和石刻保护、近现代文物建筑维修保护 |
| 17 | 北京 | 中兵勘察设计研究院 | 第六批 | 古建筑维修保护、近现代文物建筑维修保护（以上限勘察、测绘） |
| 18 | 北京 | 北京大学科技开发部 | 第六批 | 古文化遗址保护、古墓葬保护、石窟寺和石刻保护、文物保护规划编制 |
| 19 | 北京 | 总装备部工程设计研究总院 | 第六批 | 古文化遗址保护、古墓葬保护、石窟寺和石刻保护 |
| 20 | 北京 | 国文科保（北京）新材料科技开发有限公司 | 第六批 | 古文化遗址保护、石窟寺和石刻保护 |
| 21 | 北京 | 中国社会科学院考古研究所 | 第六批 | 古文化遗址保护、古墓葬保护、石窟寺和石刻保护、文物保护规划编制 |
| 22 | 北京 | 北京华清安地建筑设计事务所有限公司 | 第六批 | 近现代文物建筑维修保护、文物保护规划编制 |
| 23 | 北京 | 北京国文琰文化遗产保护中心有限公司 | 第六批 | 古文化遗址保护、古墓葬保护、古建筑维修保护、近现代文物建筑维修保护、石窟寺和石刻保护、壁画保护、文物保护规划编制 |
| 24 | 北京 | 北京国文琰信息技术有限公司 | 第六批 | 古文化遗址保护、古墓葬保护、古建筑维修保护、近现代文物建筑维修保护、石窟寺和石刻保护、壁画保护 |
| 25 | 北京 | 北京国文信文物保护有限公司 | 第七批 | 文物保护规划编制 |

| 编号 | 省（区、市） | 单位名称 | 批次 | 业务范围 |
|------|------------|---------|------|---------|
| 26 | 天津 | 天津大学建筑设计研究院 | 第一批 | 古建筑维修保护、文物保护规划、近现代文物建筑保护 |
| 27 | 河北 | 河北省古代建筑保护研究所 | 第一批 | 古建筑维修保护、文物保护规划、古文化遗址古墓葬保护、近现代文物建筑保护、石窟寺和石刻保护、壁画保护 |
| 28 | 河北 | 河北德和文物保护规划设计有限公司 | 第二批 | 古建筑维修保护、近现代文物建筑维修保护、文物保护规划 |
| 29 | 河北 | 河北省文物保护中心 | 第四批（第六批增加业务范围） | 古文化遗址古墓葬保护、石刻保护、壁画保护（含彩画）、文物保护规划编制 |
| 30 | 河北 | 河北建研建筑设计有限公司 | 第六批 | 古建筑维修保护、近现代文物建筑维修保护、石窟寺和石刻保护 |
| 31 | 山西 | 山西省古建筑保护研究所 | 第一批（第四批增加业务范围） | 古建筑维修保护、文物保护规划、古文化遗址古墓葬保护、近现代文物建筑保护、壁画保护（含彩画） |
| 32 | 山西 | 山西达志古建筑保护有限公司 | 第四批 | 古建筑维修保护、文物保护规划编制 |
| 33 | 山西 | 山西省文物技术中心 | 第四批（第六批增加业务范围） | 古建筑维修保护、近现代文物建筑维修保护 |
| 34 | 山西 | 山西圆方古迹保护修复有限公司 | 第四批 | 古建筑维修保护、近现代文物建筑维修保护、壁画保护（含彩画）、文物保护规划编制 |
| 35 | 山西 | 太原市晋博文物保护技术服务有限公司 | 第四批（第六批增加业务范围） | 古建筑维修保护、壁画保护（含彩画）、古文化遗址古墓葬保护、文物保护规划编制 |
| 36 | 山西 | 山西重德古建筑规划设计院有限公司 | 第四批 | 古建筑维修保护 |
| 37 | 山西 | 太原市文物考古研究所 | 第四批 | 古建筑维修保护、壁画保护（含彩画）、古文化遗址古墓葬保护 |
| 38 | 山西 | 山西省考古研究所 | 第六批 | 古文化遗址保护、古墓葬保护、文物保护规划编制 |
| 39 | 山西 | 山西省古建筑设计有限公司 | 第六批 | 古文化遗址保护、古墓葬保护、古建筑维修保护、近现代文物建筑维修保护、石窟寺和石刻保护、壁画保护、文物保护规划编制 |
| 40 | 山西 | 云冈石窟研究院 | 第六批 | 石窟寺和石刻保护 |
| 41 | 内蒙古 | 内蒙古苏勒德文物古建筑设计有限公司 | 第二批 | 古建筑维修保护 |
| 42 | 内蒙古 | 内蒙古博物院 | 第六批 | 古文化遗址保护、古墓葬保护、壁画保护、文物保护规划编制 |
| 43 | 内蒙古 | 内蒙古自治区文物保护中心 | 第六批 | 古文化遗址保护、古墓葬保护、文物保护规划编制 |
| 44 | 内蒙古 | 内蒙古启原文物古建筑修缮工程有限责任公司 | 第六批 | 古建筑维修保护 |
| 45 | 辽宁 | 辽宁省文物保护中心 | 第二批（第五批增加业务范围） | 古建筑维修保护、近现代文物建筑维修保护、古文化遗址古墓葬保护、石窟寺和石刻保护、文物保护规划编制 |
| 46 | 辽宁 | 辽宁有色勘察研究院 | 第四批 | 古文化遗址古墓葬保护、古建筑维修保护、石窟寺和石刻保护、近现代文物建筑维修保护（限以上各类的岩土工程） |
| 47 | 辽宁 | 辽宁省文物考古研究所 | 第五批 | 古文化遗址保护、古墓葬保护 |
| 48 | 黑龙江 | 哈尔滨工业大学城市规划设计研究院 | 第五批 | 古建筑维修保护、近现代文物建筑维修保护、文物保护规划编制 |
| 49 | 上海 | 同济大学建筑设计研究院 | 第一批 | 古建筑维修保护、文物保护规划、近现代文物建筑保护 |

| 编号 | 省（区、市） | 单位名称 | 批次 | 业务范围 |
|---|---|---|---|---|
| 50 | 上海 | 上海市房地产科学研究院 | 第二批 | 古建筑维修保护、近现代文物建筑维修保护 |
| 51 | 上海 | 上海章明建筑设计事务所（有限合伙） | 第二批 | 古建筑维修保护、近现代文物建筑维修保护、文物保护规划 |
| 52 | 上海 | 华东建筑设计研究院有限公司 | 第二批 | 古建筑维修保护、近现代文物建筑维修保护 |
| 53 | 上海 | 上海建筑装饰（集团）设计有限公司 | 第四批 | 古建筑维修保护、近现代文物建筑维修保护 |
| 54 | 江苏 | 东南大学建筑设计研究院有限公司 | 第一批 | 古建筑维修保护、文物保护规划、近现代文物建筑保护 |
| 55 | 江苏 | 南京博物院 | 第二批（第四批增加业务范围） | 古建筑维修保护、古文化遗址古墓葬保护、壁画彩画保护、石窟寺和石刻保护、文物保护规划编制 |
| 56 | 江苏 | 江苏省苏州市计成文物建筑研究设计院 | 第二批（第五批增加业务范围） | 古建筑维修保护、文物保护规划编制 |
| 57 | 江苏 | 解放军理工大学军队营区文化遗产保护研究中心 | 第五批 | 古建筑维修保护、近现代文物建筑维修保护、文物保护规划编制（以上限军队营区） |
| 58 | 浙江 | 浙江省古建筑设计研究院 | 第一批（第二批增加业务范围） | 古建筑维修保护、文物保护规划、古文化遗址古墓葬保护、近现代文物建筑保护 |
| 59 | 浙江 | 浙江大学建筑设计研究院有限公司 | 第六批 | 古文化遗址保护、古墓葬保护、古建筑维修保护、近现代文物建筑维修保护、壁画保护、文物保护规划编制 |
| 60 | 浙江 | 绍兴市城市规划设计研究院 | 第六批 | 文物保护规划编制 |
| 61 | 安徽 | 安徽省文物保护中心 | 第一批（第四批增加业务范围） | 古建筑维修保护、古文化遗址古墓葬保护、近现代文物建筑保护、文物保护规划编制 |
| 62 | 福建 | 福州市规划设计研究院 | 第二批（第五批增加业务范围） | 古建筑维修保护（限福州市"三坊七巷"范围内）、古建筑维修保护、近现代文物建筑维修保护 |
| 63 | 福建 | 福建博物院文物保护中心 | 第五批（第六批增加业务范围） | 古文化遗址保护、古墓葬保护、古建筑维修保护、近现代文物建筑维修保护、石窟寺和石刻保护、文物保护规划编制 |
| 64 | 福建 | 福建省建研勘察设计院 | 第五批 | 文物岩土、加固、平移，近现代文物建筑维修保护 |
| 65 | 江西 | 江西省文物保护中心 | 第二批（第三批增加业务范围） | 古建筑维修保护、近现代文物建筑维修保护、古文化遗址古墓葬保护、文物保护规划编制 |
| 66 | 山东 | 山东省古建筑保护研究院 | 第一批（第四批增加业务范围） | 古建筑维修保护、古文化遗址古墓葬保护、近现代文物建筑保护、石窟寺和石刻保护，文物保护规划编制 |
| 67 | 山东 | 曲阜市安怀堂文物工程设计有限公司 | 第六批 | 古文化遗址保护、古建筑维修保护、文物保护规划编制 |
| 68 | 河南 | 河南省文物建筑保护设计研究中心 | 第一批 | 古建筑维修保护、文物保护规划、古文化遗址古墓葬保护、近现代文物建筑保护、石窟寺和石刻保护 |
| 69 | 河南 | 郑州大学城市规划设计研究院 | 第一批（第四批增加业务范围） | 文物保护规划、古建筑维修保护、近现代文物建筑维修保护 |
| 70 | 河南 | 南阳市古代建筑保护研究所 | 第二批（第五批增加业务范围） | 古建筑维修保护、近现代文物建筑维修保护、石刻保护 |
| 71 | 河南 | 洛阳古代艺术博物馆 | 第五批 | 壁画保护 |
| 72 | 河南 | 河南华威文物保护工程有限公司 | 第六批 | 古文化遗址保护、古墓葬保护、古建筑维修保护、近现代文物建筑维修保护、石窟寺和石刻保护、文物保护规划编制 |

| 编号 | 省（区、市） | 单位名称 | 批次 | 业务范围 |
|---|---|---|---|---|
| 73 | 湖北 | 湖北省文物保护技术中心 | 第一批（第二批增加业务范围） | 古建筑维修保护、文物保护规划、古文化遗址古墓葬保护、近现代文物建筑保护 |
| 74 | 湖北 | 湖北金木石古建筑工程有限公司 | 第四批 | 古建筑维修保护、近现代文物建筑维修保护 |
| 75 | 湖南 | 湖南省文物考古研究所 | 第五批 | 古文化遗址保护、古墓葬保护、古建筑维修保护、近现代文物建筑维修保护、文物保护规划编制 |
| 76 | 广东 | 华南理工大学建筑设计研究院 | 第二批 | 古建筑维修保护、近现代文物建筑维修保护、古文化遗址古墓葬保护、文物保护规划 |
| 77 | 广东 | 广州大学建筑设计研究院 | 第二批（第六批增加业务范围） | 古建筑维修保护、近现代文物建筑维修保护、文物保护规划编制 |
| 78 | 广东 | 广州市白云文物保护工程有限公司 | 第三批 | 石窟寺和石刻保护、古文化遗址古墓葬保护 |
| 79 | 广东 | 广州市翰瑞文物保护设计研究中心 | 第六批 | 古文化遗址保护、石窟寺和石刻保护 |
| 80 | 广东 | 广东省文物考古研究所 | 第六批 | 古建筑维修保护、近现代文物建筑维修保护、文物保护规划编制 |
| 81 | 广西 | 广西文物保护研究设计中心 | 第一批 | 古建筑维修保护、文物保护规划、古文化遗址古墓葬保护、近现代文物建筑保护 |
| 82 | 重庆 | 重庆文化遗产保护中心 | 第四批（第五批增加业务范围） | 近现代文物建筑维修保护、古文化遗址保护、古墓葬保护、古建筑维修保护 |
| 83 | 重庆 | 重庆中国三峡博物馆 | 第五批 | 古建筑维修保护、近现代文物建筑维修保护 |
| 84 | 四川 | 四川省文物考古研究院 | 第二批（第四批增加业务范围） | 古建筑维修保护、近现代文物建筑维修保护、石窟寺和石刻保护、壁画保护（含彩画）、文物保护规划编制 |
| 85 | 四川 | 成都市新方圆环境营造有限公司 | 第四批 | 古建筑维修保护、近现代文物建筑维修保护 |
| 86 | 四川 | 四川园冶古建园林设计研究有限公司 | 第四批 | 古建筑维修保护、近现代文物建筑维修保护、文物保护规划编制 |
| 87 | 四川 | 成都市文物考古工作队（成都文物考古研究所） | 第三批（第六批增加业务范围） | 古建筑维修保护、石窟寺和石刻保护、古文化遗址古墓葬保护、壁画保护（含彩画）、文物保护规划编制 |
| 88 | 贵州 | 贵州省文物保护研究中心 | 第二批（第六批增加业务范围） | 古建筑维修保护、古文化遗址保护、古墓葬保护、文物保护规划编制 |
| 89 | 云南 | 云南省文物考古研究所 | 第二批（第三批增加业务范围） | 古建筑维修保护、近现代文物建筑维修保护、古文化遗址古墓葬保护、石窟寺和石刻保护、壁画保护（含彩画） |
| 90 | 西藏 | 西藏圣益建筑勘察设计有限公司 | 第二批 | 古建筑维修保护 |
| 91 | 西藏 | 西藏自治区文物保护研究所 | 第六批 | 古文化遗址保护、古建筑维修保护、文物保护规划编制 |
| 92 | 陕西 | 陕西省文化遗产研究院 | 第一批（第五批增加业务范围） | 石窟寺和石刻保护、壁画保护（含彩塑）、古文化遗址古墓葬保护 |
| 93 | 陕西 | 中国建筑西北设计研究院 | 第二批 | 近现代文物建筑维修保护、文物保护规划 |
| 94 | 陕西 | 陕西省古迹遗址保护工程技术研究中心 | 第四批 | 古建筑维修保护、近现代文物建筑维修保护、文物保护规划编制 |
| 95 | 陕西 | 陕西省文物保护工程有限公司 | 第一批 | 壁画（含彩塑）保护、古文化遗址古墓葬保护、石窟寺和石刻保护 |
| 96 | 陕西 | 咸阳市古建园林设计研究院 | 第五批 | 古建筑维修保护、近现代文物建筑维修保护 |
| 97 | 陕西 | 西北大学文化遗产保护规划中心 | 第六批 | 古文化遗址保护、石窟寺和石刻保护、文物保护规划编制 |

| 编号 | 省（区、市） | 单位名称 | 批次 | 业务范围 |
|---|---|---|---|---|
| 98 | 甘肃 | 敦煌研究院 | 第一批（第六批增加业务范围） | 石窟寺和石刻保护、古文化遗址古墓葬保护、壁画保护、文物保护规划编制 |
| 99 | 甘肃 | 甘肃省文物保护维修研究所 | 第二批 | 古建筑维修保护、古文化遗址古墓葬保护 |
| 100 | 甘肃 | 中铁西北科学研究院有限公司 | 第二批（第五批增加业务范围） | 古文化遗址古墓葬、古建筑、石窟寺和石刻、近现代重要史迹及代表性建筑的岩土工程以及古文化遗址保护、古墓葬保护、石窟寺保护 |
| 101 | 甘肃 | 兰州大学 | 第五批 | 古文化遗址保护、石窟寺和石刻保护、文物保护规划编制 |
| 102 | 甘肃 | 兰州河陇文化遗产规划设计有限公司 | 第六批 | 古文化遗址保护、古墓葬保护、古建筑维修保护、近现代文物建筑维修保护、文物保护规划编制 |
| 103 | 甘肃 | 兰州华景文化遗产勘察设计有限公司 | 第六批 | 古建筑维修保护 |
| 104 | 新疆 | 新疆维吾尔自治区文物古迹保护中心 | 第四批（第五批增加业务范围） | 古建筑维修保护、近现代文物建筑维修保护、古文化遗址古墓葬保护、石窟寺和石刻保护、文物保护规划编制 |

## 二、文物保护工程施工资质单位

文物保护工程施工单位资质的业务范围分为古文化遗址古墓葬、古建筑、石窟寺和石刻、近现代重要史迹及代表性建筑、壁画，资质等级可分为一、二、三级，不同级别有对应的施工工程范围。国家文物局负责审定文物保护工程施工一级资质，颁发一级资质证书；省级文物主管部门负责审定本辖区注册企、事业单位的文物保护工程施工二、三级资质，颁发相应的资质证书。省级文物主管部门负责文物保护工程施工资质的年检和日常管理。具体申报条件、标准、流程等内容参见《文物保护工程施工资质管理办法（试行）》。（表2-1-2）

### 表2-1-2 部分文物保护工程施工一级资质单位列表

| 编号 | 省（区、市） | 单位名称 | 批次 | 业务范围 |
|---|---|---|---|---|
| 1 | 北京 | 中国文化遗产研究院 | 第一批 | 石窟寺和石刻保护、壁画保护（含彩画）、古文化遗址古墓葬保护、近现代重要史迹及代表性建筑保护、古建筑维修保护 |
| 2 | 北京 | 北京房修二古代建筑工程有限公司 | 第一批 | 古建筑维修保护、近现代文物建筑维修保护 |
| 3 | 北京 | 北京市大龙建设有限公司 | 第一批 | 古建筑维修保护、近现代文物建筑维修保护 |
| 4 | 北京 | 北京昊海建设有限公司 | 第一批 | 古建筑维修保护 |
| 5 | 北京 | 北京市园林古建工程有限公司 | 第一批（第四批增加业务范围） | 古建筑维修保护、近现代文物建筑维修保护、古文化遗址古墓葬保护 |
| 6 | 北京 | 北京房修一建筑工程有限公司 | 第一批 | 古建筑维修保护、近现代文物建筑维修保护 |
| 7 | 北京 | 北京城乡中昊建设有限责任公司 | 第一批 | 古建筑维修保护 |

| 编号 | 省（区、市） | 单位名称 | 批次 | 业务范围 |
|---|---|---|---|---|
| 8 | 北京 | 北京市文物古建工程公司 | 第一批（第三批增加业务范围） | 古建筑维修保护、古文化遗址古墓葬保护、近现代文物建筑维修保护、石窟寺和石刻保护、壁画保护（含彩画） |
| 9 | 北京 | 北京怀建集团有限公司 | 第一批 | 古建筑维修保护、古文化遗址古墓葬保护 |
| 10 | 北京 | 故宫博物院 | 第一批 | 古建筑维修保护 |
| 11 | 北京 | 中兴文物建筑设计工程公司 | 第一批（第四批增加业务范围） | 古建筑维修保护、近现代文物建筑维修保护 |
| 12 | 北京 | 北京市房山区石窝园林古建工程公司 | 第一批 | 古建筑石作 |
| 13 | 北京 | 北京六建集团有限责任公司 | 第一批 | 古建筑维修保护、近现代文物建筑维修保护 |
| 14 | 北京 | 北京首华建设经营有限公司 | 第一批 | 古建筑维修保护、近现代重要史迹及代表性建筑维修保护 |
| 15 | 北京 | 北京城建亚泰建设集团有限公司 | 第二批 | 古建筑维修保护 |
| 16 | 北京 | 北京同兴古建筑工程有限责任公司 | 第二批（第四批增加业务范围） | 古建筑维修保护、近现代文物建筑维修保护 |
| 17 | 北京 | 北京市明十三陵建筑工程中心 | 第二批 | 古建筑维修保护（限明十三陵范围内） |
| 18 | 北京 | 北京东兴建设有限责任公司 | 第二批 | 古建筑维修保护 |
| 19 | 北京 | 北京凯莱斯建筑工程有限公司 | 第二批 | 古文化遗址古墓葬、古建筑、石窟寺和石刻、近现代文物建筑的岩土工程 |
| 20 | 北京 | 北京房地集团有限公司 | 第二批 | 古建筑维修保护、近现代文物建筑维修保护 |
| 21 | 北京 | 北京东洋机械建筑工程有限公司 | 第三批 | 古建筑维修保护、近现代文物建筑维修保护、各类文物保护工程岩土加固 |
| 22 | 北京 | 北京万兴建筑集团有限公司 | 第四批 | 古建筑维修保护、近现代文物建筑维修保护、古文化遗址保护 |
| 23 | 北京 | 北京韩建集团有限公司 | 第五批 | 古建筑维修保护、近现代文物建筑维修保护 |
| 24 | 北京 | 北京国文琰文物保护发展有限公司 | 第五批 | 石窟寺和石刻保护、古建筑维修保护、古文化遗址古墓葬保护、壁画（含彩塑）保护、近现代重要史迹及代表性建筑维修保护 |
| 25 | 北京 | 国都建设（集团）有限公司 | 第六批 | 古建筑维修保护、近现代文物建筑维修保护 |
| 26 | 北京 | 北京擎屹古建筑有限公司 | 第六批 | 古建筑维修保护、近现代文物建筑维修保护 |
| 27 | 北京 | 北京五瑞古建工程有限公司 | 第六批 | 古建筑维修保护、近现代文物建筑维修保护 |
| 28 | 北京 | 北京国文琰园林古建筑工程有限公司 | 第六批 | 古文化遗址保护、古墓葬保护、古建筑维修保护、近现代文物建筑维修保护、石窟寺和石刻保护、壁画保护 |
| 29 | 北京 | 北京建工远大建设工程公司 | 第六批 | 古建筑维修保护、近现代文物建筑维修保护 |
| 30 | 河北 | 河北古建园林工程有限公司 | 第一批 | 古建筑维修保护、古文化遗址古墓葬保护、近现代文物建筑维修保护、壁画保护 |
| 31 | 河北 | 河北省古代建筑保护研究所 | 第二批 | 古建筑维修保护、近现代文物建筑维修保护、古文化遗址古墓葬保护、壁画彩画保护 |
| 32 | 河北 | 清西陵文物管理处 | 第二批 | 古建筑维修保护（限清西陵范围内） |
| 33 | 河北 | 承德市文物局古建处 | 第二批 | 古建筑维修保护 |
| 34 | 河北 | 河北省建筑科学研究院 | 第四批 | 古建筑维修保护、近现代文物建筑维修保护 |
| 35 | 河北 | 河北省文物保护中心 | 第四批 | 古文化遗址古墓葬保护、石刻保护、壁画保护（含彩画） |
| 36 | 河北 | 河北昌捷园林古建筑工程有限公司 | 第六批 | 古建筑维修保护、近现代文物建筑维修保护 |

| 编号 | 省（区、市） | 单位名称 | 批次 | 业务范围 |
|---|---|---|---|---|
| 37 | 河北 | 河北木石古建园林工程有限公司 | 第六批 | 古文化遗址保护、古建筑维修保护、近现代文物建筑维修保护 |
| 38 | 河北 | 保定市恒名古建筑工程有限公司 | 第六批 | 古建筑维修保护、近现代文物建筑维修保护 |
| 39 | 山西 | 山西省古建筑保护工程有限公司 | 第一批 | 古建筑维修保护、古文化遗址古墓葬保护、近现代文物建筑维修保护、壁画保护 |
| 40 | 山西 | 平遥县古建筑工程有限公司 | 第二批 | 古建筑维修保护、近现代文物建筑维修保护 |
| 41 | 山西 | 山西省文物技术中心 | 第四批（第六批增加业务范围） | 古建筑维修保护、近现代文物建筑维修保护 |
| 42 | 山西 | 山西万荣古建工程有限公司 | 第四批 | 古建筑维修保护、近现代文物建筑维修保护 |
| 43 | 山西 | 山西杨氏古建筑工程有限公司 | 第四批 | 古建筑维修保护 |
| 44 | 山西 | 太原市晋博文物保护技术服务有限公司 | 第四批 | 古墓葬保护、壁画保护 |
| 45 | 山西 | 山西省古建筑集团有限公司 | 第六批 | 古建筑维修保护、近现代文物建筑维修保护 |
| 46 | 山西 | 山西丹宇古建筑艺术有限公司 | 第六批 | 古建筑维修保护、近现代文物建筑维修保护 |
| 47 | 山西 | 五台县第二建筑有限公司 | 第六批 | 古建筑维修保护、近现代文物建筑维修保护 |
| 48 | 山西 | 山西长治鑫通古建筑工程有限公司 | 第六批 | 古建筑维修保护、近现代文物建筑维修保护 |
| 49 | 山西 | 山西鸿盈古建筑工程有限公司 | 第六批 | 古建筑维修保护、近现代文物建筑维修保护 |
| 50 | 内蒙古 | 内蒙古王府古建筑工程有限公司 | 第二批 | 古建筑维修保护 |
| 51 | 内蒙古 | 内蒙古启原文物古建筑修缮工程有限责任公司 | 第六批 | 古文化遗址保护、古建筑维修保护 |
| 52 | 辽宁 | 辽宁有色基础工程公司 | 第一批 | 石窟寺和石刻保护 |
| 53 | 辽宁 | 大连市古建园林工程有限公司 | 第二批 | 古建筑维修保护、近现代文物建筑维修保护 |
| 54 | 辽宁 | 沈阳故宫古建园林工程有限公司 | 第三批 | 古建筑维修保护、近现代文物建筑维修保护 |
| 55 | 辽宁 | 沈阳故宫古建筑有限公司 | 第三批 | 古建筑维修保护、近现代文物建筑维修保护 |
| 56 | 黑龙江 | 哈尔滨兰格装饰有限公司 | 第五批 | 古建筑维修保护、近现代文物建筑维修保护 |
| 57 | 上海 | 上海建筑装饰集团第一工程合作公司 | 第一批 | 古建筑维修保护、古文化遗址古墓葬保护、近现代文物建筑维修保护 |
| 58 | 上海 | 上海住总集团建筑发展有限公司 | 第二批 | 近现代文物建筑维修保护 |
| 59 | 江苏 | 南京博物院 | 第一批（第二批增加业务范围） | 石窟寺和石刻保护、壁画保护、古文化遗址古墓葬保护 |
| 60 | 江苏 | 苏州香山园林工程有限公司 | 第一批 | 古建筑维修保护 |
| 61 | 江苏 | 常熟古建园林建设集团有限公司 | 第二批（第六批增加业务范围） | 古建筑维修保护、近现代文物建筑维修保护 |
| 62 | 江苏 | 常州兴业古典园林有限公司 | 第二批 | 古建筑维修保护 |
| 63 | 江苏 | 苏州计成文物建筑工程有限公司 | 第二批 | 古建筑维修保护 |
| 64 | 江苏 | 江苏省无锡市园林古典建筑有限公司 | 第二批 | 古建筑维修保护、近现代文物建筑维修保护 |
| 65 | 江苏 | 江苏天开古建筑设计有限公司 | 第二批 | 古建筑维修保护 |
| 66 | 江苏 | 江苏天开景观工程有限公司 | 第二批 | 古建筑维修保护 |
| 67 | 江苏 | 苏州蒯祥古建有限公司 | 第四批 | 古建筑维修保护 |
| 68 | 江苏 | 苏州思成古建园林工程有限公司 | 第四批 | 古建筑维修保护、近现代文物建筑维修保护 |
| 69 | 江苏 | 江苏古宸环境建设有限公司 | 第五批 | 古建筑维修保护 |
| 70 | 江苏 | 江苏江南园林建筑工程有限公司 | 第六批 | 古建筑维修保护、近现代文物建筑维修保护 |

| 编号 | 省（区、市） | 单位名称 | 批次 | 业务范围 |
|---|---|---|---|---|
| 71 | 江苏 | 苏州太湖古典园林建筑有限公司 | 第六批 | 古建筑维修保护、近现代文物建筑维修保护 |
| 72 | 江苏 | 苏州园林发展股份有限公司 | 第一批 | 古建筑维修保护 |
| 73 | 江苏 | 江苏江都古典园林建设有限公司 | 第六批 | 古建筑维修保护、近现代文物建筑维修保护 |
| 74 | 浙江 | 浙江匀碧文物古建筑工程有限公司 | 第一批（第四批增加业务范围） | 古建筑维修保护、近现代文物建筑维修保护 |
| 75 | 浙江 | 浙江省临海市古建筑工程公司 | 第一批 | 古建筑维修保护、近现代文物建筑维修保护 |
| 76 | 浙江 | 杭州文物建筑工程公司 | 第一批（第六批增加业务范围） | 古建筑维修保护、近现代文物建筑维修保护 |
| 77 | 浙江 | 浙江大陆建筑特种工程有限公司 | 第一批 | 古建筑基础加固 |
| 78 | 浙江 | 东阳市文物建筑修缮有限公司 | 第二批 | 古建筑维修保护 |
| 79 | 浙江 | 海宁市金隆古建筑有限责任公司 | 第二批 | 古建筑维修保护 |
| 80 | 浙江 | 杭州市园林工程有限公司 | 第二批 | 古建筑维修保护、近现代文物建筑维修保护 |
| 81 | 浙江 | 绍兴市古建园林建设有限公司 | 第二批 | 古建筑维修保护 |
| 82 | 浙江 | 兰溪市诸葛古建筑修缮有限公司 | 第二批 | 古建筑维修保护（限诸葛长乐村保护范围内文物本体保养性维修） |
| 83 | 浙江 | 浙江双林古建园林工程有限公司 | 第四批 | 古建筑维修保护、近现代文物建筑维修保护 |
| 84 | 浙江 | 古今集团有限公司 | 第四批 | 古建筑维修保护、近现代文物建筑维修保护 |
| 85 | 浙江 | 浙江省东阳市方中古典园林有限公司 | 第四批（第六批增加业务范围） | 古建筑维修保护、古墓葬保护、近现代文物建筑维修保护 |
| 86 | 浙江 | 宁波江南建设有限公司 | 第五批 | 古建筑维修保护 |
| 87 | 浙江 | 永嘉县楠溪江建筑工程有限公司 | 第五批 | 古建筑维修保护 |
| 88 | 浙江 | 浙江省东阳木雕古建园林工程有限公司 | 第五批 | 古建筑维修保护 |
| 89 | 浙江 | 浙江义乌宏宇古建园林工程有限公司 | 第六批 | 古建筑维修保护、近现代文物建筑维修保护 |
| 90 | 安徽 | 安徽省徽州古典园林建设公司 | 第一批 | 古建筑维修保护、古文化遗址古墓葬保护、近现代文物建筑维修保护 |
| 91 | 安徽 | 合肥市弘兴古建筑修缮有限公司 | 第二批 | 古建筑维修保护 |
| 92 | 福建 | 泉州市刺桐古建筑工程有限公司 | 第一批 | 古建筑维修保护、古文化遗址古墓葬保护、近现代文物建筑维修保护、壁画保护 |
| 93 | 福建 | 福州建工古今文物保护工程有限公司 | 第二批 | 古建筑维修保护（限福州市"三坊七巷"范围内文物本体维修） |
| 94 | 福建 | 福建省建科工程技术有限公司 | 第五批 | 文物建筑加固、平移，近现代文物建筑维修保护 |
| 95 | 福建 | 福建景翔建设工程有限公司 | 第五批 | 古建筑维修保护、近现代文物建筑维修保护 |
| 96 | 福建 | 福建省泉州市古建筑工程公司 | 第五批 | 古建筑维修保护、近现代文物建筑维修保护 |
| 97 | 江西 | 江西九丰园林古建筑工程有限公司 | 第四批 | 古建筑维修保护、近现代文物建筑维修保护 |
| 98 | 江西 | 江西昇平园林仿古建筑工程有限公司 | 第五批 | 古建筑维修保护、近现代文物建筑维修保护 |
| 99 | 江西 | 江西省雄盛文物保护古建筑工程有限公司 | 第六批 | 古建筑维修保护、近现代文物建筑维修保护 |
| 100 | 山东 | 山东省文物工程公司 | 第一批 | 古建筑维修保护、古文化遗址古墓葬保护、近现代文物建筑维修保护 |

| 编号 | 省（区、市） | 单位名称 | 批次 | 业务范围 |
|---|---|---|---|---|
| 101 | 山东 | 曲阜市园林古建筑工程有限公司 | 第二批 | 古建筑维修保护 |
| 102 | 山东 | 曲阜市三孔古建筑工程管理处 | 第二批（第六批增加业务范围） | 古建筑维修保护、古文化遗址保护、古墓葬保护、近现代文物建筑维修保护 |
| 103 | 山东 | 青岛五环房屋装潢工程公司 | 第三批 | 近现代文物建筑维修保护（限青岛市） |
| 104 | 河南 | 河南省龙源古建园林技术开发公司 | 第一批 | 古建筑维修保护、古文化遗址古墓葬保护、近现代文物建筑维修保护、石窟寺和石刻保护 |
| 105 | 河南 | 洛阳和玺古建彩画有限公司 | 第一批 | 古建筑油饰彩画保护 |
| 106 | 河南 | 河南省兴龙古建园林有限公司 | 第三批 | 古建筑维修保护 |
| 107 | 河南 | 河南朱氏古建园林彩绘有限公司 | 第六批 | 古建筑维修保护 |
| 108 | 河南 | 河南省今古园林古建工程有限公司 | 第六批 | 古建筑，近现代重要史迹及代表性建筑 |
| 109 | 河南 | 河南裕达古建园林有限公司 | 第五批 | 古建筑维修保护 |
| 110 | 河南 | 河南宏昌古建园林有限公司 | 第五批（第六批增加业务范围） | 古建筑维修保护、近现代文物建筑维修保护、古文化遗址保护 |
| 111 | 河南 | 河南华磊园林工程有限公司 | 第五批（第六批增加业务范围） | 古建筑维修保护、近现代文物建筑维修保护、古文化遗址保护、古墓葬保护 |
| 112 | 河南 | 洛阳古代艺术博物馆 | 第五批 | 壁画保护 |
| 113 | 湖北 | 湖北殷祖古建园林工程有限公司 | 第五批 | 古建筑维修保护 |
| 114 | 湖北 | 武汉市天时建筑工程有限公司 | 第六批 | 近现代文物建筑维修保护 |
| 115 | 湖北 | 湖北太岳园林古建工程有限公司 | 第三批（第六批增加业务范围） | 古建筑维修保护 |
| 116 | 湖南 | 湖南省湖湘古建园林有限公司 | 第二批（第六批增加业务范围） | 古建筑维修保护、古墓葬保护、近现代文物建筑维修保护 |
| 117 | 湖南 | 湖南省弘古建筑有限公司 | 第二批 | 古建筑维修保护、近现代文物建筑维修保护 |
| 118 | 湖南 | 湖南省文保古建工程施工有限责任公司 | 第五批 | 古建筑维修保护、近现代文物建筑维修保护 |
| 119 | 湖南 | 衡阳市南岳朱雀古建筑有限公司 | 第五批 | 古建筑维修保护、近现代文物建筑维修保护 |
| 120 | 湖南 | 湖南华成古建筑工程有限公司 | 第六批 | 古建筑维修保护、近现代文物建筑维修保护 |
| 121 | 湖南 | 衡阳鑫隆文物保护古建工程有限公司 | 第六批 | 古建筑维修保护、近现代文物建筑维修保护 |
| 122 | 湖南 | 湖南神匠文物保护古建园林工程有限公司 | 第六批 | 古建筑维修保护、近现代文物建筑维修保护 |
| 123 | 湖南 | 湖南佳龙古建筑有限公司 | 第六批 | 古建筑维修保护、近现代重要史迹及代表性建筑 |
| 124 | 广东 | 广东岭南古建园林工程有限公司 | 第一批 | 古建筑维修保护、近现代文物建筑维修保护 |
| 125 | 广东 | 广东省五华一建工程有限公司 | 第一批 | 古建筑维修保护、近现代文物建筑维修保护 |
| 126 | 广东 | 广东省潮州市建筑安装总公司 | 第二批（第六批增加业务范围） | 古建筑维修保护、近现代文物建筑维修保护 |
| 127 | 广东 | 广东省佛山市工程承包总公司 | 第二批 | 古建筑维修保护 |
| 128 | 广东 | 广州市房屋开发建设有限公司 | 第二批 | 古建筑维修保护 |
| 129 | 广东 | 广州市园林建筑工程公司 | 第二批 | 古建筑维修保护、近现代文物建筑维修保护 |
| 130 | 广东 | 罗定市第四建筑工程公司 | 第二批 | 古建筑维修保护、近现代文物建筑维修保护 |
| 131 | 广东 | 广东南秀古建筑石雕园林工程有限公司 | 第三批（第六批增加业务范围） | 近现代文物建筑维修保护（限开平碉楼与村落） |
| 132 | 广东 | 广州市白云文物保护工程有限公司 | 第三批 | 古建筑维修保护、近现代文物建筑维修保护、石窟寺和石刻保护、古文化遗址古墓葬保护 |

| 编号 | 省(区、市) | 单位名称 | 批次 | 业务范围 |
|---|---|---|---|---|
| 133 | 广东 | 梅州市建筑工程有限公司 | 第五批 | 古建筑维修保护、近现代文物建筑维修保护 |
| 134 | 广西 | 广西文物保护研究设计中心 | 第一批 | 古建筑维修保护、古文化遗址古墓葬保护、近现代文物建筑维修保护 |
| 135 | 海南 | 海南献林建筑安装工程有限公司 | 第二批 | 古建筑维修保护、近现代文物建筑维修保护 |
| 136 | 重庆 | 重庆晟煌建筑工程有限公司 | 第一批 | 石窟寺和石刻保护 |
| 137 | 重庆 | 重庆文华置业公司 | 第四批 | 古建筑维修保护、近现代文物建筑维修保护、石窟寺和石刻保护 |
| 138 | 重庆 | 重庆市园林建筑工程(集团)股份有限公司 | 第五批 | 古建筑维修保护 |
| 139 | 重庆 | 重庆大明古建筑园林工程有限公司 | 第五批 | 古建筑维修保护 |
| 140 | 重庆 | 重庆巴人文物建筑工程有限公司 | 第五批 | 古建筑维修保护、近现代文物建筑维修保护 |
| 141 | 四川 | 成都市屹华建筑工程公司 | 第一批(第四批增加业务范围) | 古建筑维修保护、近现代文物建筑维修保护、古文化遗址古墓葬保护、石窟寺和石刻保护、彩画保护 |
| 142 | 四川 | 成都市宏泰建筑有限责任公司 | 第二批 | 古建筑维修保护、近现代文物建筑维修保护 |
| 143 | 四川 | 宜宾师来山文化产业有限责任公司 | 第二批 | 古建筑维修保护 |
| 144 | 四川 | 成都博艺文物保护工程有限责任公司 | 第四批 | 古建筑维修保护、近现代文物建筑维修保护 |
| 145 | 四川 | 四川开禧古建筑园林工程有限公司 | 第四批 | 古建筑维修保护、近现代文物建筑维修保护 |
| 146 | 四川 | 成都鑫荣华古建工程有限公司 | 第六批 | 古建筑维修保护、近现代文物建筑维修保护 |
| 147 | 四川 | 成都市园林建设处 | 第六批 | 古建筑维修保护、近现代文物建筑维修保护 |
| 148 | 贵州 | 贵州保利文物古建有限公司 | 第五批 | 古建筑维修保护、近现代文物建筑维修保护 |
| 149 | 贵州 | 贵州弘筑园林古建装饰工程有限公司 | 第五批(第六批增加业务范围) | 古建筑维修保护、近现代文物建筑维修保护 |
| 150 | 贵州 | 贵州祥和古建工程有限公司 | 第六批 | 古建筑维修保护、近现代文物建筑维修保护 |
| 151 | 云南 | 剑川宏盛古建筑有限责任公司 | 第二批 | 古建筑维修保护 |
| 152 | 云南 | 大理国光古建园林有限公司 | 第二批 | 古建筑维修保护 |
| 153 | 云南 | 云南锦锐古建筑园林有限公司 | 第二批 | 古建筑维修保护 |
| 154 | 云南 | 云南大理州剑川古建筑公司 | 第二批 | 古建筑维修保护 |
| 155 | 云南 | 云南通海秀山园林古建筑工程有限公司 | 第三批 | 古建筑维修保护 |
| 156 | 云南 | 巍山县宏基建筑安装有限责任公司 | 第四批 | 古建筑维修保护、近现代重要史迹及代表性建筑维修保护 |
| 157 | 西藏 | 拉萨市城关区哈达(集团)有限公司 | 第二批 | 古建筑维修保护 |
| 158 | 西藏 | 西藏轩辕文物古建筑保护工程有限公司 | 第二批 | 古建筑维修保护 |
| 159 | 西藏 | 西藏宏发建筑工程有限公司 | 第三批 | 古建筑维修保护 |
| 160 | 西藏 | 西藏日喀则扎寺古建筑工程有限公司 | 第三批 | 古建筑维修保护 |
| 161 | 西藏 | 西藏自治区罗布林卡管理处 | 第四批 | 古建筑维修保护(限罗布林卡) |

| 编号 | 省(区、市) | 单位名称 | 批次 | 业务范围 |
|---|---|---|---|---|
| 162 | 西藏 | 西藏自治区布达拉宫管理处 | 第四批 | 古建筑维修保护(限布达拉宫) |
| 163 | 西藏 | 拉萨琅赛建设实业有限公司 | 第四批 | 古建筑维修保护(限大昭寺) |
| 164 | 西藏 | 西藏日喀则江孜县西嘎建筑工程有限责任公司 | 第四批 | 古建筑维修保护(限日喀则) |
| 165 | 西藏 | 拉萨市城关区古艺建筑美术公司 | 第六批 | 古建筑维修保护 |
| 166 | 陕西 | 陕西省文物保护工程有限公司 | 第一批 | 古建筑维修保护、古文化遗址古墓葬保护、近现代文物建筑维修保护、壁画(含彩塑)保护、石窟寺和石刻保护 |
| 167 | 陕西 | 西安市古代建筑工程公司 | 第二批 | 古建筑维修保护、近现代文物建筑维修保护、古文化遗址古墓葬保护 |
| 168 | 陕西 | 陕西普宁工程结构特种技术有限公司 | 第二批 | 古文化遗址、古墓葬、古建筑、石窟寺和石刻、近现代文物建筑岩土工程 |
| 169 | 陕西 | 韩城市秦鑫古建有限责任公司 | 第二批 | 古建筑维修保护 |
| 170 | 陕西 | 咸阳三木文保古建有限公司 | 第六批 | 古建筑维修保护 |
| 171 | 陕西 | 扶风建筑总公司 | 第六批 | 古建筑维修保护 |
| 172 | 陕西 | 陕西咸阳古建集团有限公司 | 第三批 | 古建筑维修保护 |
| 173 | 甘肃 | 甘肃古典建设集团有限公司 | 第一批 | 古建筑维修保护 |
| 174 | 甘肃 | 甘肃中铁建设工程有限公司 | 第一批 | 石窟寺和石刻保护 |
| 175 | 甘肃 | 敦煌研究院 | 第一批 | 古文化遗址古墓葬保护、壁画保护、石窟寺和石刻保护 |
| 176 | 甘肃 | 敦煌市第二建筑工程公司 | 第四批 | 古建筑维修保护、石窟寺石刻保护、古文化遗址古墓葬保护 |
| 177 | 甘肃 | 甘肃昊廷古建工程有限责任公司 | 第六批 | 古文化遗址保护、古建筑维修保护 |
| 178 | 青海 | 青海塔尔寺古建筑工程有限公司 | 第三批 | 古建筑维修保护(限塔尔寺) |
| 179 | 新疆 | 新疆维吾尔自治区文物古迹保护中心 | 第四批 | 古建筑维修保护、近现代文物建筑维修保护、古文化遗址古墓葬保护 |
| 180 | 新疆 | 新疆建工集团第六建筑工程有限责任公司 | 第三批 | 古建筑维修保护 |

## 三、文物保护工程监理资质单位

文物保护工程监理单位资质的业务范围分为古文化遗址古墓葬、古建筑、石窟寺和石刻、近现代重要史迹及代表性建筑、壁画,资质等级分为甲、乙、丙级,各级分别有对应的监理工程范围。国家文物局负责审定文物保护工程监理甲级资质,颁发甲级资质证书;省级文物主管部门负责审定本辖区注册企、事业单位的文物保护工程监理乙、丙级资质,颁发相应的资质证书。省级文物主管部门负责文物保护工程监理资质的年检和日常管理工作。具体申报条件、标准、流程等内容参见《文物保护工程监理资质管理办法(试行)》。(表2-1-3)

表 2-1-3 部分文物保护工程监理甲级资质单位列表

| 编号 | 省（区、市） | 单位名称 | 批次 | 业务范围 |
|---|---|---|---|---|
| 1 | 北京 | 北京市工程咨询公司 | 第一批 | 古建筑维修保护、近现代文物建筑维修保护 |
| 2 | 北京 | 北京华林源工程咨询有限公司 | 第一批 | 古建筑维修保护、近现代文物建筑维修保护 |
| 3 | 北京 | 北京英诺威建设工程监理有限公司 | 第一批 | 古建筑维修保护、近现代文物建筑维修保护 |
| 4 | 北京 | 北京方亭工程监理有限公司 | 第一批 | 古建筑维修保护、近现代文物建筑维修保护 |
| 5 | 北京 | 北京国文琰文物保护发展有限公司 | 第五批 | 古文化遗址古墓葬保护、壁画（含彩画）保护、石窟寺和石刻保护、古建筑维修保护、近现代重要史迹及代表性建筑维修保护 |
| 6 | 北京 | 北京华清技科工程管理有限公司 | 第六批 | 古建筑维修保护、近现代文物建筑维修保护 |
| 7 | 河北 | 河北木石古代建筑设计有限公司 | 第一批 | 古建筑维修保护、近现代文物建筑维修保护、石窟寺和石刻保护、古文化遗址古墓葬保护 |
| 8 | 河北 | 河北中原工程项目管理有限公司 | 第一批 | 古建筑维修保护、近现代文物建筑维修保护 |
| 9 | 山西 | 山西省古建筑工程监理有限公司 | 第一批 | 古建筑维修保护、近现代文物建筑维修保护 |
| 10 | 山西 | 太原市文物考古研究所 | 第一批 | 古建筑维修保护、近现代文物建筑维修保护 |
| 11 | 内蒙古 | 赤峰长城文物古建筑工程监理有限责任公司 | 第五批 | 古建筑维修保护 |
| 12 | 吉林 | 吉林省工程建设监理有限公司 | 第一批 | 古建筑维修保护、近现代文物建筑维修保护、古文化遗址古墓葬保护 |
| 13 | 上海 | 上海协同工程监理造价咨询有限公司 | 第一批 | 古建筑维修保护、近现代文物建筑维修保护、古文化遗址古墓葬保护 |
| 14 | 江苏 | 苏州建华建设监理有限公司 | 第一批 | 古建筑维修保护、近现代文物建筑维修保护 |
| 15 | 浙江 | 浙江省古典建筑工程监理有限公司 | 第一批（第五批增加业务范围） | 古建筑维修保护、近现代文物建筑维修保护、古文化遗址古墓葬保护 |
| 16 | 安徽 | 安徽徽州文物工程勘察设计有限公司 | 第一批 | 古建筑维修保护、近现代文物建筑维修保护 |
| 17 | 安徽 | 安徽省中灏工程咨询有限公司 | 第五批 | 古文化遗址保护、古墓葬保护、古建筑维修保护、近现代文物建筑维修保护 |
| 18 | 福建 | 福州市古代建筑设计研究所 | 第一批 | 古建筑维修保护、近现代文物建筑维修保护 |
| 19 | 江西 | 江西省文物保护中心 | 第一批 | 古建筑维修保护、近现代文物建筑维修保护、古文化遗址古墓葬保护 |
| 20 | 河南 | 河南东方文物建筑监理有限公司 | 第一批 | 古建筑维修保护、近现代文物建筑维修保护、石窟寺和石刻保护、古文化遗址古墓葬保护 |
| 21 | 湖南 | 湖南省文博设计研究院有限公司 | 第一批 | 古建筑维修保护、近现代文物建筑维修保护 |
| 22 | 广东 | 佛山市立德工程建设监理有限公司 | 第一批 | 古建筑维修保护、近现代文物建筑维修保护 |
| 23 | 重庆 | 重庆渝海建设监理公司 | 第五批 | 古建筑维修保护、近现代文物建筑维修保护 |
| 24 | 四川 | 四川文博工程监理有限公司 | 第一批 | 古建筑维修保护、近现代文物建筑维修保护 |
| 25 | 四川 | 四川省文物考古研究院 | 第一批 | 古建筑维修保护、近现代文物建筑维修保护、石窟寺和石刻保护、古文化遗址古墓葬保护 |
| 26 | 四川 | 成都市文物考古研究所 | 第一批 | 古建筑维修保护、近现代文物建筑维修保护、石窟寺和石刻保护、古文化遗址古墓葬保护、壁画保护（含彩画） |
| 27 | 云南 | 云南省昆明劲风建设监理有限公司 | 第一批 | 古建筑维修保护、近现代文物建筑维修保护 |
| 28 | 云南 | 云南城成建设监理有限公司 | 第一批 | 古建筑维修保护、近现代文物建筑维修保护 |

| 编号 | 省(区、市) | 单位名称 | 批次 | 业务范围 |
|---|---|---|---|---|
| 29 | 西藏 | 拉萨圣玉监理有限公司 | 第四批 | 古建筑维修保护、近现代文物建筑维修保护 |
| 30 | 陕西 | 陕西延安中安工程监理有限公司 | 第一批 | 古建筑维修保护、近现代文物建筑维修保护 |
| 31 | 陕西 | 陕西省文化遗产研究院 | 第一批 | 古建筑维修保护、近现代重要史迹及代表性建筑维修保护、古文化遗址古墓葬保护、壁画（含彩画）保护、石窟寺和石刻保护 |
| 32 | 甘肃 | 甘肃省文物保护维修研究所 | 第一批 | 古建筑维修保护、石窟寺和石刻保护 |
| 33 | 甘肃 | 甘肃经纬建设监理咨询有限责任公司 | 第一批（第六批增加业务范围） | 古建筑维修保护、近现代文物建筑维修保护、古文化遗址保护、古墓葬保护、石窟寺和石刻保护 |
| 34 | 新疆 | 新疆城乡建设工程设计有限公司 | 第一批 | 古建筑维修保护、近现代文物建筑维修保护、古文化遗址古墓葬保护 |

## 四、文物保护工程资质单位选介

**中国文化遗产研究院** 中国文化遗产研究院是首批公布的文物保护工程勘察设计甲级资质单位、文物保护工程施工一级资质单位，是文物保护工程领域的领头人，在不同历史时期发挥着重大作用。20世纪50～60年代，完成河北正定隆兴寺转轮藏殿修缮工程、山西永乐宫建筑群搬迁保护工程等早期重大项目；70～90年代，开展西藏布达拉宫保护维修工程、山西云冈石窟保护工程、天津蓟县独乐寺修缮工程等重要保护维修工程；2000～2017年，实施北京恭王府府邸、青海塔尔寺大金瓦殿等重要保护维修项目。中国文化遗产研究院主持承担长城资源调查项目、应县木塔综合保护与研究项目等国家级重大科技攻关项目和省部级重点科研项目，承担青海玉树新寨嘉那嘛尼震后抢险维修工程、大足千手观音造像抢救性保护修复工程等国内重大文物保护工程，开展柬埔寨吴哥古迹周萨神庙、茶胶寺保护修复工程等一系列重要中外交流文物保护工程，取得了重要成果。据不完全统计，中国文化遗产研究院承担、完成文物保护维修设计及指导施工项目500余项（含重大项目100余项），多次获国家及省部级奖励，在国内外文物保护工程领域具有较大影响力。

**敦煌研究院** 敦煌研究院是负责世界文化遗产敦煌石窟（莫高窟、榆林窟、西千佛洞）、麦积山石窟、炳灵寺石窟、庆阳北石窟寺等文物机构保护、研究、弘扬和管理的综合性机构。敦煌文物研究院前身为敦煌研究所，以"保护、研究、弘扬"为基本工作方针。20世纪50年代中期到60年代初期，敦煌文物研究所在壁画临摹、石窟摄影、石窟加固、修补壁画、筑墙防沙、植树造林等保护、研究、对外交流工作方面取得突出成绩。60年代后，随着国家对莫高窟的重视，敦煌文物研究所有计划地全面开展对敦煌文物的抢救性加固和修复工作，进行数次大规模危崖加固工程，修缮濒临坍塌的敦煌莫高窟崖体及其358个洞窟，为敦煌文物保护事业的发展奠定了基础。80年代以来，敦煌研究院在文物安全、壁画和塑像修复、石窟加固、环境监测、治沙固沙、科学管理、学术研究、对外宣传、开放和交流等方面取得显著成绩。2004年，敦煌研究院获批文物保护工程甲级勘察设计资质单位和文物保护工程一级施工资质单位。2004年8月，国家文物局批准成立依托敦煌研究院管理的古代壁画保护国家文物局重点科研基地。在做好敦煌莫高窟保护、研究、弘扬工作的基础上，敦煌研究院还协作开展对丝绸之路沿线的甘肃、宁夏、青海、新疆及西藏等地重要文物遗址的保护研究工作。

**山西省文物技术中心**　山西省文物技术中心是山西省文物局直属事业单位，1991年由山西省机构编制委员会批准成立，2010年获批文物保护工程勘察设计甲级资质、文物保护工程施工一级资质，业务范围涵盖古建筑、近现代文物建筑维修保护方案编制等。拥有较强的专业技术力量，经中心设计和修缮保护的文物保护项目涵盖山西、河北、山东、青海、四川、宁夏的30个县（市、区），其中国家文物保护项目127处，省级文物保护项目45处，市（县）级文物保护项目34处。2015年，山西省文物技术中心和兰州大学、中铁西北科学研究院、四川省文物考古研究院、北京市建筑设计研究院等开展技术研究合作，综合实力稳步增强。山西省文物技术中心完成的重要文物保护工程有霍州市霍州署衙、平顺县夏禹神祠、繁峙县公主寺、介休市后土庙、太原市明秀寺、太原昊天观、高平市崇明寺、离石区安国寺、朔州市崇福寺、柳林县香严寺、临猗县临晋县衙、武乡八路军总部旧址、兴县晋绥边区政府旧址、左权八路军前方总部旧址、文水县则天庙等。其中，介休市后土庙保护修缮工程项目被中国文物保护基金会授予"中国文物保护示范工程"荣誉称号，陵川县小会岭二仙庙修缮工程获"第三届全国优秀文物维修工程"荣誉称号和中国勘察设计协会传统建筑分会授予的"首届中华建筑文化奖"。

# 第二节　重要保护规划

文物保护单位保护规划是实施文物保护单位保护工作的法律依据，是各级人民政府指导、管理文物保护单位保护工作的基本手段。文物保护单位保护规划以已公布保护级别的不可移动文物为保护对象，是将文化遗产保护理念和保护要求落实到保护的具体措施和关键环节。

全国重点文物保护单位保护规划统筹保护、利用、管理、研究文物保护的整体工作，规划相关内容纳入城乡规划，保护对象依据《文物保护法》分为古遗址类、古墓葬类、古建筑类、石窟石刻类、近现代建筑类及其他类。依据规划成果的深度分为规划大纲、总体规划、保护规划与详细规划。世界文化遗产的保护管理规划是申报世界文化遗产的重要文件之一，对遗产保护与管理诸项工作具有直接指导意义，但联合国教科文组织并未出台统一的编制体例。2008年起，中国引入世界遗产基于突出普遍价值（OUV）保护管理理念，强调遗产的价值研究、真实性和完整性以及保护和管理保障，并结合中国法律法规体系和操作模式，形成新的规划体例与编制内容。世界文化遗产保护管理规划受《实施〈世界遗产公约〉操作指南》等提出的文化景观、历史城镇和城镇中心、运河遗产、文化线路等类型的影响，也受遗产分布特征和管理协调的影响（如跨越行政辖区的系列遗产）。

## 一、全国重点文物保护单位保护规划

全国重点文物保护单位保护规划的发展大致可分为3个时期。1990～2004年为初始期，形成了规划的基本体例，制定了第一份编制审批办法和技术规范。2004～2014年为基本成形期，在中国城镇化快速发展、全国重点文物保护单位数量激增以及国际文化遗产领域不断拓展理念与类型的三重压力下，国家主导并积极投入规划经费，开展了大量的、类型丰富的文物保护单位保护规划编制实践，有利于中国不可移动文物特别是大型考古遗址和世界文化遗产的整体保护。2014年后为扩展期，随着国家经济快速发展和振兴民族文化建设战略目标的提出，以及国际文化遗产领域理论方面诸多成果的引入，保护规划的价值研究和展示利用需求显著突出，成为探索的重点。

截至2017年，经国家文物局批准通过的保护规划有700余项。依据《文物保护法》不可移动文物定义，保护规划分为古遗址类、古墓葬类、古建筑类、石窟石刻类、近现代建筑类。以下选择文物保护单位保护规划发展历程中在发展阶段、规划类型、技术创新等方面具有一定代表性的保护规划案例，并兼顾全国不同地区保护规划编制单位的作品作简要介绍。

**《清东陵总体规划（2001～2020）》** 清东陵位于河北省遵化市西偏北30千米的昌瑞山下，主要陵寝坐落在东陵乡，距北京125千米，是中国保存规模宏大、体系完整的帝王陵墓群。1961年，被国务院公布为第一批全国重点文物保护单位，文物类型属古建筑、古墓葬群；2000年，被列入《世界遗产名录》，与明显陵、清西陵合称"明清皇家陵寝"。

清东陵除孝陵外的大部分地宫被不同程度盗掘，一些殿宇被毁坏，陵区内的苍松古柏被砍伐一空。由于守陵后代的繁衍和外来人口涌入，陵区内人口不断增加，不仅各圈墙外增加了许多民宅，还形成了一些新的居民点。陵区内出现道路、电力、通信等简易设施和小型乡办企业，给文物保护带来很大困扰。由于完全失去保护的时间并不长，大部分古建筑仍基本保存完好，陵区整体格局和大的地形特征尚属完整，留下了极其珍贵的历史文化遗产，也提供了丰富的旅游资源。随着文物古迹保护的需要及文物工作的不断深化，编制文物保护规划势在必行。

1990年，清东陵文物管理处委托中国城市规划设计研究院城市规划理论与历史名城规划研究所编制《清东陵总体规划（2001～2020）》。编制工作分3个阶段展开。第一阶段为规划论证阶段。聘请文物等方面专家进行反复论证，确定规划编制的指导思想为"保护好文物古迹，进行合理利用"，结合保护区内外其他风景旅游资源，促进文物旅游事业发展和地方经济、文化繁荣；规划遵循的原则是"保护好现存文物古迹是基础，是前提"。从保护历史文化遗产和使资源得到合理并永续利用的观点出发，充分尊重文物古迹，尊重历史，依法进行保护、开发和利用。综合考虑文物古迹保护和发展旅游及地方经济文化，使之相互促进，协调发展。结合历史和现状条件，采取长远规划，分期实施的原则。从长远出发进行合理规划，现状中的有些问题可在实施过程中逐步加以解决。第二阶段为规划形成阶段。1990年12月，规划小组进入现场开展工作，对规划区内进行实地调查研究，考察马兰峪、汤泉、上关湖、黄崖关等邻近地区，以及北京的明十三陵、河北易县的清西陵。1991年1月，组织唐山市、遵化市有关部门和镇、乡负责人参加座谈会，根据座谈会确定的原则编制《清东陵总体规划纲要》。1991年4月，召开《纲要》评议会，国家文物局专家和有关处室负责人，河北省、唐山市文物和城建等部门负责人，遵化市领导和有关部门负责人，清东陵文管处和马兰峪镇、东陵乡的负责人等出席会议。第三阶段为规划审批与深化规划的可操作性阶段。1992年，《清东陵总体规划（2001～2020）》经国家文物局批复同意，获河北省人民政府批准。1999年，清东陵申报世界文化遗产，为使清东陵保护力度和陵区管理水平达到更高目标，开始修订《清东陵总体规划（2001～2020）》。修订依据为河北省文物局、河北省建设委员会《关于清东陵总体规划（修改意见）的批复》《关于清东陵扩大保护范围、修订总体规划的意见》。2001年3月，对《清东陵总体规划（2001～2020）》部分内容进行修订，编制工作结束。

《清东陵总体规划（2001～2020）》系统整理清东陵遗产构成，即由前圈和后龙两部分组成。前圈为陵寝建筑区，北靠昌瑞山，南至烟墩山和天台山。后龙由昌瑞山向北，达兴隆雾灵山。清东陵从1663年葬入第一帝顺治起，至1935年葬入同治皇帝的最后两位皇贵妃止，历时272年，共建帝陵5座、后陵4座，以及妃园寝5座、公主园1座，葬入161人。此外，在清东陵的陵区外围还分布着太子、王爷、保姆等人的陪侍园寝。陵区总面积约为2500平方千米，不仅保存了大量十分珍贵的文物古迹，还以自然风貌得天独厚、风水格局浑然天成闻名于世。

根据清东陵的特点，《清东陵总体规划（2001～2020）》重点解决文物古迹及其环境的保护与修复、旅游发展、调整布局结构、地方社会经济协调发展、基础设施及近期实施安排等方面问题。主要特点体现在两个方面。第一，忠实于历史，力求全面系统地保护遗存文物古迹并逐步恢复陵区原有的历史文化环境、格局和气氛。按分级和分区保护原则对全区进行规划，保护规划的实施不求一步到位，而是立足长远。在内容上，既全面保护又有所侧重；在时间上，考虑分期分批，逐步实现；在空间上，根据其价值及对环境影响程度，区别对待。既照顾现实情况，又考虑将来实现的可能，通过对实施进程的控制和引导，达到确定目标的实现。第二，在严格保护文物古迹的前提下进行合理利用，力求将古迹保护与实际生活需要结合起来，通过旅游规划和社会经济发展规划，建立起合理的运行机制，促进文物保护、旅游开发及地方经济文化的繁荣。

保护区划分为绝对保护区（8平方千米）、历史环境恢复区（22平方千米）、历史环境协调区（50平方千米）三级。规划项目分为近期（2001～2005年）、中期（2006～2010年）、远期（2011～2020年），其中近期项目投资经费8150万元。

规划文件最终成果由《规划文本》《规划图纸》组成。《规划文本》共12章42节，由历史和现状，规划依据、指导思想，规划区性质、规划期限、规划目标，保护规划，旅游发展规划，规划布局，环境景观控制，绿地规划，工程设施规划，社会经济协调发展规划，规划实施，近期建设项目组成。《规划图纸》共29张，含现状图、评估图、规划图。

《清东陵总体规划（2001～2020）》以清东陵保护研究为根本任务，兼顾陵区周边自然、人文资源。在落实好年度修缮计划基础上，使陵区内文物古迹和自然环境得到全面系统的保护，历史上原有格局、山川形胜及环境面貌得到基本恢复，形成与陵区性质相符的、适应现代经济文化发展要求的社会经济和空间布局。建立起较为完善的管理、旅游服务和基础设施系统，使清东陵地区经济和文化协调发展，成为展示古代皇陵的重要中心之一和世界知名的文化旅游胜地。1992年，《清东陵总体规划（2001～2020）》获中国城市规划设计研究院规划成果一等奖和建设部规划设计一等奖，并在世界文化遗产保护及创建AAAAA级国家景区中发挥了突出作用。

**《牛河梁红山文化遗址群保护规划（2004～2020）》** 牛河梁红山文化遗址位于辽宁省西部的凌源市与建平县交界处，因所在地牤牛河源出于山梁东麓而得名。牛河梁遗址属于新石器时代晚期的红山文化，位置在老哈河和大凌河之间的山陵地带，是红山文化遗址分布的中心区域，突出展现了红山文化甚至北方区系在宗教和社会组织方面的特征，在探讨中华文明起源、文化传统起源过程中具有突出地位，距今5500～5000年。就世界范围而言，牛河梁遗址独特的意义不在于其纪念性，而在于其为东亚复杂社会发展的早期证据。1988年，被国务院公布为第三批全国重点文物保护单位，文物类型属古遗址类。

1999年，辽宁省朝阳市文化局委托中国建筑设计研究院建筑历史研究所编制《牛河梁遗址保护总体规划（2004～2020）》（简称《牛河梁遗址总体规划》）。2004年，规划编制完成，通过评审论证，获国家文物局批复同意。2005年，由辽宁省人民政府公布实施。规划认定的遗址群包括女神庙、祭坛、墓冢等16处遗址地点，遗存类型包含构筑物、祭祀类遗物和生产、生活器具。构筑物以墓葬和祭祀遗址为主，祭祀类遗物包括大型"女神"塑像群、动物塑像残件和成系统的陶、玉等材料制成的具有祭祀意味的遗存，生产、生活器具包括石器、陶器和玉器等遗存。

《牛河梁遗址总体规划》编制技术特点包括4个方面。第一，规划对遗址区遗存范围和考古推测可能存在文物遗存的区域场地进行分析，以保护遗存本体的真实性和背景环境的完整性为理念，制定整体保护牛河梁遗址规划策略。第二，规划以16处遗址地点本体保护为规划技术核心，以自然和景观环境保护作为整体保护手段。第三，在本体保护措施中，根据遗址文物遗存特点，重点探讨遗存归安保护干预程度、石质遗物防风化的工程策略和考古现场

临时保护措施的技术方法。第四，在环境景观保护措施中，重点对遗址区所在的特定环境和各遗址点分布空间关系进行研究，探讨以祭祀和墓葬为主要特征的牛河梁遗址各地点之间、遗址群与自然景观之间可能存在的内在关系；针对可能存在的、无形的历史信息，从考古学和景观学角度探讨遗址区整体空间和视线通道保护策略。该项规划作为早期文物保护规划案例，参考风景区规划编制体例，按照国际文化遗产保护理念，初步探讨中国大遗址保护规划的编制体例。在编制规划的研究评估阶段，通过考古学与景观学、历史地理与环境考古等多学科研究手段，根据遗存性质探讨分析遗存分布特征和场地选址的关系。在制定保护策略与措施阶段，尝试本体保护工程、景观规划、生态环境保护等多专业技术与手段，探讨各类遗存保护方法、环境整治和保护、景观控制等综合保护措施。

《牛河梁遗址总体规划》范围达56平方千米，包括已知的16处遗址地点和考古推测可能存在文物遗存的区域。全套规划文件由《规划文本》《规划图纸》《规划说明》《附件》组成。《规划文本》共10章71条，包括规划原则与指导思想、规划范围与性质、保护规划、展示规划、用地分类与布局、居民社会经济发展调控规划、环境保护规划、基础设施规划、管理体制机制建议及分期规划等内容。《规划说明》与《附件》包括遗址区的自然与人文背景、考古成果与遗址保存现状、价值阐述、已采取的保护措施、影响因素分析以及规划内容的相关说明。

规划成果作用和评价体现在3个方面。第

一，规划是以文物保护的视角初步探讨文化遗产保护的专项规划之一，是该领域内规划理念和技术上比较领先的项目。第二，在规划过程中，通过与管理机构的协调，实施停止铁矿开采和101国道改线等对牛河梁遗址保护具有战略意义的措施。第三，评审通过后，相关部门按照规划建立专门的保护机构，并逐步实施各类保护措施。2002年，《牛河梁遗址总体规划》获中国建筑设计研究院年度优秀设计二等奖；2005年，获评全国十佳文物保护工程勘察设计方案及文物保护规划。

### 《良渚遗址保护总体规划（2008～2025）》

良渚遗址位于浙江省杭州市余杭区、德清县，是公元前3300～前2300年环太湖地区良渚文化的权力与信仰中心所在，为中国长江下游地区新石器时代晚期重要考古遗址之一。良渚遗址地处大雄山与大遮山之间的河网平原上，展现了中华文明起源阶段长江流域的最高成就，不仅在杭州、浙江的社会文化发展史中具有重要地位，在中华文明5000年发展史中也具有重要意义。1996年，被国务院公布为第四批全国重点文物保护单位，文物类型属古遗址类。

良渚遗址所在地于2002年被纳入杭州城市规划范围，遗址分布区及其相关历史环境占地逾100平方千米，区位特征由原来的城乡交接地带逐渐向"城中村"转换，城市化进程给遗址带来的保护压力不断加剧。自"十五"计划起，国家对大型考古遗址的整体保护管理能力不断提升，支持力度不断加大，社会效益也受到遗产所在地各级政府和广大公众前所未有的关注和期待。在经济发达和人口密集的江南地区实现良渚遗址的整体保护，在遗址所在地统筹协调遗产保护与城市发展的可持续性，便成为一项紧迫的规划任务。

2000年，浙江省杭州市余杭区人民政府委托中国建筑设计研究院建筑历史研究所主编，浙江省文物考古研究所、杭州良渚遗址管理区管理委员会协编《良渚遗址保护总体规划（2008～2025）》（简称《良渚遗址规划》）。随着遗址保护要求、遗产地经济和考古工作的不断发展变化，规划编制工作可分为3个阶段。第一阶段为规划形成阶段（2002～2004年）。20世纪90年代末，良渚遗址的价值随着考古工作的不断推进，在学术界引起高度关注。1995年，浙江省人民政府公布33平方千米的保护范围与建设控制地带。2001年9月，浙江省人民政府公布成立杭州良渚遗址管理区管理委员会（简称良管委）。2002年4月，杭州市人民代表大会常务委员会公布《杭州市良渚遗址保护管理条例》，并启动保护总体规划，成为中国大型考古遗址保护总体规划的探索性案例。这一阶段《全国重点文物保护单位保护规划编制办法》和《全国重点文物保护单位保护规划编制要求》尚未出台，规划以城市规划技术为基础，结合考古遗址的分布特征与保护要求进行探讨。主要工作是按照完整性保护要求，结合规划技术分析遗存分布可能密集区、史前遗址地形地貌特征和环境要素以及现代道路、水系与行政区划等因素，重新界划遗址保护范围（约42平方千米）和建设控制地带（约61平方千米），并针对遗产地城镇发展现状和趋势制定一系列土地、人口、交通、村落等调整与整治措施。2004年2月，

《良渚遗址规划》第一稿通过专家组评审。但由于60余平方千米建设控制地带的可操作性问题，项目未被审批。第二阶段为深化规划可操作性阶段（2004～2010年）。《良渚遗址规划》第一稿中的主要措施在协调遗产保护和遗产地城镇化进程中发挥了明显作用。《良渚遗址规划》第二稿重点调整原建设控制地带49%为环境控制区，并进一步调整规划范围内各地块的建筑高度控制指标。2007年，考古发现并确认的良渚古城全部位于保护范围的重点区内，进一步说明了保护区划的合理性。第三阶段为结合申遗目标调整规划阶段（2010～2013年）。引入世界遗产保护理念，《良渚遗址规划》第三稿在对遗产价值及其真实性、完整性评估重新进行梳理后，对保护措施进行细化；结合"整体保护、和谐发展"规划目标，对各建设控制地块的建设强度，特别是高度控制进行深化。2012年，《良渚遗址规划》获国家文物局批复同意，并于2013年11月获浙江省人民政府批准公布。

《良渚遗址规划》梳理的重要遗址有大型建筑遗址（莫角山）、祭坛墓地复合遗址（瑶山、汇观山）、墓地遗址（反山等）、聚落遗址（荀山、庙前、姚家墩等）、大型防护性工程遗址（塘山）等，墓地中还出土了大量以玉器为代表的精美器物。2005年出版的《良渚遗址群》考古报告统计为135处遗址点，2007年又发现占地面积达300万平方米的城址，遗址总分布面积4203万平方米（2013年后又发现外围水利系统遗址）。

《良渚遗址规划》在开展大量基础工作后，评估出"城镇化进程是遗址破坏的主要因素"，并依据评估结论制定"消解遗址区内部城镇化进程、强化遗址区外缘城镇化进程"的基本对策。从空间布局着手，依据遗存分布的相对密集程度，提出考古遗址的分级分类多层次保护区划体系，制定抑制过境交通系统、冻结工业建设活动、限制农居点建设活动、控制农业生产活动、引入生态保护手段、降低人口密度、集中建设用地、调整土地利用性质等"消解遗址区内部城镇化进程"的保护手段，以及强化道路交通系统、调整经济结构、加速城镇化率等"强化遗址区外缘城镇化进程"的保护手段。此外，综合考虑与世界遗产申报相衔接、与生态环境保护相结合，力求促进社会效益、生态效益与经济效益的协调统一。

《良渚遗址规划》在技术上有创新性特点。在保护区划方面，构建大型考古遗址的区划体系及其划定技术，不仅为政府主导的大遗址保护规划奠定了技术基础，也为《全国重点文物保护单位保护规划编制办法》和《全国重点文物保护单位保护规划编制要求》的制定提供了技术实践。该规划针对考古遗址的不确定性，首次提出遗存分布区的分级概念（密集区、分布区、可能分布区3个层级），进而结合遗存地形地貌分析，将保护区划分为保护范围重点区、一般区和建设控制地带，体现出规划的完整性和前瞻性，实现对包括135处遗址点，特别是良渚古城及其历史环境关联区域的"整体保护"。首次提出并探讨"环境控制区"概念，支撑大遗址的"建设控制地带"管理可操作性和有效性，后被纳入行业标准《大遗址保护规划规范》。针对考古遗址面临的"城镇化进程压力"提出的一系列建设发展控扼策略，统筹遗产保护与城市建设的"和谐发展"，从土地使用性质调控切入、提升非建设用地比例，为考古遗址的保护提供了基本保障。

保护区划分为保护范围（4203.19万平方米）、建设控制地带（3573.27万平方米）、环境控制区（3376.60万平方米）三级，其中保护范围又按照遗存分布密集程度分为重点区（1501.71万平方米）、一般区（2701.48万平方米），建设控制地带针对建设压力和环境保护的力度分为五类、环境控制区依据景观控制要求分为三类。规划项目投资经费主要涉及土地征用和居民搬迁，列入地方财政承担。规划分期结合良渚遗址申报世界遗产工作目标分为近期（2008～2012年）、中期（2013～2017年）、远期（2018～2025年）和不定期（2008～2025年）。

规划文件最终成果由《规划文本》《规划图纸》《调查与评估报告》《基础资料汇编》组成。《规划文本》共19章153条，由遗产概况、遗产保存现状与评估、遗产考古研究现状与评估、遗产保护管理现状与评估、遗产地社会发展现状与评估、遗产保护管理现存主要问题、规划目标原则与策略、保护区划与管理规定、遗产保护规划、遗产环境保护规划、遗产利用规划、遗产管理规划、遗产考古研究规划、遗产监测规划、社会发展协调要求、规划咨询项目、规划分期、规划实施保障、附则组成。《规划图纸》共51张，含现状图、评估图、规划图。《调查与评估报告》含考古资料调查与评估、村镇建设情况调查与统计。《基础资料汇编》含遗址考古资料、遗址相关研究资料、遗产地基础资料、良渚遗址保护工作概况、相关法规及政府文件、良渚遗址保护管理大事记、参考文献。

《良渚遗址规划》是中国首例探讨位于城乡接合部的大遗址并给出可行规划对策的典型案例，策略与措施在与地方政府多年协商讨论后大多获得落实，是一次边编制、边探讨、边落实的规划案例，为中国在城镇化压力下大遗址保护规划的编制提供了系统的规划技术。《良渚遗址规划》针对遗址保护面临的最大压力"城镇化建设"所提出的各项规划措施陆续获得实施，成功引导良渚、瓶窑两镇城建区向远离保护区的方向拓展，基本实现了遗址区内遏制、遗址区外提升建设强度的平衡策略，有效推进了"整体保护、和谐发展"规划目标，为将保护管理水平提升到世界遗产水准奠定了良好基础。2017年9月，《良渚遗址规划》获"第五届新加坡规划师学会奖"最佳复兴规划项目奖。

## 《党家村古建筑群保护规划（2002）》

党家村古建筑群位于陕西省渭南市韩城市东北方向，原名东阳湾，始于元至顺二年（1331年），至正二十四年（1364年）更名党家湾，后称党家村，保存的古建筑年代为明、清。2001年，被国务院公布为第五批全国重点文物保护单位，文物类型属古建筑。

党家村地处韩城东部黄土台塬区边缘，泌水河流经的沟谷中，海拔400～460米，村南北两侧高出村址30～40米，是典型的谷地村落。党家村古建筑群的兴衰反映出明清以来山陕区域社会政治、经济、文化的演变，也反映出党家村农商兼营的经济形态及与之相适应的村落形态，是陕西保存最完整的传统村落，充分体现出中国古代农村聚落的典型特征。自1992年党家村古建筑群被列为省级重点文物保护单位以来，相关部门制定了保护政策，采取了一定的保护措施，但由于社会发展和居民生产，生活方式的改变，一部分保存较好的传统建筑被损毁，如不及时调整并完善保护措施，党家村这一传统民居瑰宝将有可能不复存在，协调文物保护和当地经济的可持续发展成为一项紧迫的规划任务。

2001年，韩城市文物局、党家村村委会委托陕西省古建设计研究所编制《党家村古建筑群保护规划》（简称《党家村保护规划》）。2002年，《党家村保护规划》编制完成，通过专家审查，获国家文物局批复同意，报陕西省人民政府批准。《党家村保护规划》相关保护措施由韩城市人民政府组织实施。

《党家村保护规划》梳理出党家村古建筑群由形成于明清时期的下村、上寨两部分构成，保存清代四合院传统民居建筑123处、传统公共建筑17处（包括文星阁、节孝碑、祠堂、私塾与学校、文化设施、庙宇、防御设施等）、街巷体系（包括下村"一主巷、七次巷"道路体系，上寨"一环三纵"道路体系，以及下村、上寨联系道路）、给排水系统。

《党家村保护规划》通过对党家村保存现状与存在问题的详细分析，以"有效保护、合理利用、加强管理"的文物工作"十二字方针"为宗旨，在以保护与开发利用历史文化遗存为重点的前提下，根据党家村特有的自然景观和人文景观在历史名城中的地位与价值，从整体格局、文物建筑、历史街巷、历史环境等

方面分别提出相应的规划措施，尽可能完整、真实地保存古村落所包含的历史信息；根据党家村的保护要求与实际情况，为文物保护提供良好的环境条件和高水平的基础设施；科学合理开发利用，探索一条既有利于文物保护又有利于经济发展的新路子，使文物保护同城镇经济和社会发展统一起来，保证党家村古建筑群的保护与社会效益、经济效益、环境效益的统一，为文物保护和经济建设服务。

该规划的中心内容是研究保持其良好的生态环境及特定历史地域的选址特色，展示古村落风貌，保护村寨结构和民居。创新点在于全面发掘揭示古村寨的历史内涵，村落环境和其赖以生长的山川、河流、地形地貌都是保护对象。对古民居除做定性评估外，还采用定量评估。在定性方面，除评估历史价值、文物价值及学术研究价值外，还有艺术价值（主要考虑建筑细部与装修工艺的价值、生成环境及主观所起作用等）、空间价值（主要考虑空间布局的规模、完整性、合理性、特殊性等）、实用价值（主要考虑建筑质量和继续使用可能性），以及对建筑价值产生影响的外部因素价值。在定量方面，根据古民居聚落不同情况赋予各要素不同的权重，最终用加权平均值法得出其价值量化指标。

保护区划分为保护范围、建设控制区以及环境控制区三级。规划分期根据党家村现状、保护、管理措施分为近期（2002～2004年）、中期（2005～2007年）和远期阶段，并分别制定实施要求。

规划文件最终成果由《规划文本》《规划图纸》构成。其中，《规划文本》共10章，由

遗存概况与沿革、现状与分析、保存状况与存在问题分析、综合评估、规划依据及原则、保护规划、分项保护规划、展示规划、管理体制机构状况及建议、实施分期建议组成。《规划图纸》共18张，含现状图、评估图、规划图。

《党家村保护规划》是全国首批文物保护专项规划，是文物保护规划工作的尝试，也是专项规划的经典案例，所提出的规划策略和措施逐一得到落实。2006～2017年，党家村已分期实施多项文物保护工程，文物建筑基本得到有效保护维修与监测。泌水河河道治理、山体绿化、后期新建建筑民居搬迁、立面整治等环境整治工程，入口停车场、村内给排水与消防等基础设施建设与改造工程的实施，传统村落风貌得到保护，村落生态环境、村民生活条件得到很好改善。合理的分片区展示工程使党家村传统村寨历史文化、建筑文化等得到充分展示，保护管理水平得到全面提升。2003年，党家村被列入第一批中国历史文化名村；2008年，被列入《中国世界文化遗产预备名单》；2016年，被评定为国家AAAA级旅游景区。

《安阳殷墟保护与利用总体规划（2001～2011）》《殷墟遗址保护总体规划（修编）（2012～2025）》 殷墟遗址位于河南省安阳市殷都区小屯村，是中国商代晚期都城遗址，年代约为公元前14世纪至公元前11世纪中叶。1961年，被国务院公布为第一批全国重点文物保护单位，文物类型属古遗址类。2006年，被列入《世界遗产名录》。

殷墟遗址是中国历史上第一个有文献可考并为考古学和甲骨文所证实的都城遗址，殷墟王陵是中国已知最早的大型王室墓地，殷墟甲骨文是中国已知最早的成熟文字。殷墟的宫殿宗庙遗址、王陵遗址留下了中国古代建筑的杰出范例，显示了中国古代宫殿制度和陵园制度的初期形态，具有重要意义。殷墟的文化遗存提供了非同寻常的商代晚期文化证据，包括丰富的科学发明与技术成就，具有突出的普遍价值。同时，殷墟考古历程又是中国考古学的缩影，被称为中国"考古学家的摇篮"。第30届世界遗产委员会评价殷墟："与古埃及、巴比伦、古印度媲美，以其甲骨文、青铜文化、玉器、古文历法、丧葬制度及相关理念习俗、王陵、城址、早期建筑乃至中国考古学摇篮闻名于世，文化影响广播而久远，真实性完整性强，具全球突出普遍价值，有良好的管理与展示。"

由于殷墟占地面积大，又紧邻城市建成区，且殷墟区内分布有20个自然村和安阳钢铁集团公司、豫北纱厂两家国有大型企业，城市发展、企业扩建、农村建房势必占用遗址区土地，给殷墟的保护带来很大压力。另外，殷墟文物资源在地面的赋存以土遗址为主，自然力的破坏，包括洪水灾害、风雨侵蚀、震动、温湿度变化等，不同程度地对遗存造成破坏。自然因素和社会因素互相影响，互相作用，遗址急需编制保护规划。

2001年，安阳市人民政府委托西北大学城市与资源学系、历史文化名城研究中心等单位联合编制《安阳殷墟保护与利用总体规划（2001～2011）》（简称《安阳殷墟总体规划》），经报呈国家文物局批复同意，2003年6月由河南省人民政府核准公布，这是安阳市第一部文物保护专项规划。2011年，《安阳殷墟总体规划》中各项目标提前实现。为更好保护殷墟遗址，安阳市文物局委托陕西省文化遗产研究院、西北大学文化遗产保护规划研究中心联合编制《殷墟遗址保护总体规划（修编）（2012～2025）》［简称《总体规划（修编）》］，对原有保护规划进行调整修编并提出新的保护与利用要求，经国家文物局批复同意。2013年，修编后的规划由河南省人民政府公布实施。

规划文件梳理认为，殷墟遗址总体布局严整，以小屯村宫殿宗庙遗址为中心，沿洹河两岸呈环形分布。重要遗址包括由成组宫殿、宗庙建筑基址、甲骨坑、车马坑组成，并被灰沟环壕包围的宫殿宗庙遗址区；发现多座"亚"字形高等级王陵大墓及1000余座祭祀坑的王陵遗址区；规模广大、形制完整，发现有中国最早"四合院"雏形宫殿遗址的洹北商城遗址区；发现仰韶、龙山和商代文化叠压关系的三叠层地层，开创中国考古层位学先河，标志中国近代考古学进入成熟阶段的后冈遗址区。

《安阳殷墟总体规划》提出了5点保护措施。第一，扩展遗址保护展示面积，将宫殿宗庙遗址区、王陵遗址区的未展示区域及后冈遗址区、洹北商城遗址区纳入遗址整体展示系统，并更新展示方式，全面展示殷商文化。第二，更新保护理念和方式，根据遗存的不同类型和具体情况提出有针对性的保护措施；对遗迹进行病害分析，根据不同的病害类型提出具体解决办法。第三，严格控制遗址保护范围内的村庄规模，对直接占压遗址的村庄及时搬迁；保护范围内不再新增村庄建设用地，有序引导村庄发展向遗址区外集中安置。第四，对

遗址区内的安阳钢铁集团、豫北纱厂提出控制要求，严格控制安钢集团在保护范围内的建设项目，位于建设控制地带内的安钢厂区建设高绿化率工厂；对豫北纱厂内亟待解决的棚户区进行拆迁并安置。第五，引导遗址区内产业发展，新增产业在遗址区外择址安排，原有产业逐步引导出遗址区；调整遗址区内农业生产区居民的产业结构，调整居民以参与殷墟遗址展示、管理相关服务为主，逐步转化遗址区内产业结构。

规划编制在坚持依法保护原则，系统保护、科学保护和持续性保护原则，以人为本原则，遗址保护与遗址景观保护、生态环境改善相协调原则，确保遗址安全、合理布局、有效利用原则，世界遗产保护、管理原则的基础上，立足殷墟遗址整体保护，实施遗址区综合管理，有序协调遗址保护与城市发展的关系，全面展示殷墟文化，力求把殷墟遗址建设成为国家考古遗址公园的典范工程和国家大遗址保护的示范区。

1961年，殷墟遗址被国务院公布为第一批全国重点文物保护单位后即划定了保护范围，总面积为1730公顷。1989年，河南省人民政府公布《关于划定我省国家级、省级文物保护单位保护范围问题的批复》，河南省文化厅、河南省文物局印发《关于公布国家级、省级文物保护单位保护范围的通知》，重新划定殷墟遗址的保护区划，重点保护区总面积438万平方米，一般保护区总面积786万平方米。《安阳殷墟总体规划》对殷墟遗址的保护区划进行界定，将其划分为重点保护区（930万平方米）、一般保护区（280万平方米）、建设

控制地带（1310万平方米）、环境协调地段（427万平方米）。《总体规划（修编）》调整殷墟保护区划，规划范围东起胜利路，西至钢花路延长线，南抵文源街以南300米，北达邺城大道以北210米，总面积约2947万平方米，分为保护范围（2270万平方米）和建设控制地带两级（677万平方米）。此外，结合遗址分布的区域位置和遗存的保存现状因素等，将保护范围分为重点保护区（1407万平方米）和一般保护区（863万平方米）。

《安阳殷墟总体规划》最终成果由《规划文本》《规划图纸》《规划说明书》组成。《规划文本》共13章73条，包括规划总则、遗址分布及其特征、总体布局与功能结构、文物保护规划、宫殿宗庙区和王陵区展示规划、土地利用与环境保护规划、绿化与景观生态建设、聚落景观整治与移民措施、旅游线路组织与道路规划、设施规划、分期建设规划、实施规划的措施、附则。《规划图纸》共17张，分为现状图、评估图、规划图。

《总体规划（修编）》最终成果由《规划文本》《规划图纸》《规划说明书》《规划基础资料汇编》组成。《规划文本》共18章101条，分为总则、遗产概况、历史沿革、遗产构成、价值评估、综合现状评估、规划框架、保护区划、保护规划、环境规划、聚落产业调控、利用规划、管理规划、研究规划、规划分期、投资估算、规划实施保障体系、附则。《规划图纸》共51张，分为规划图纸（含现状图、评估图、规划图）、说明图纸、基础资料汇编图纸3个系列。《规划基础资料汇编》含考古概况，相关法律、法规、行政文件，相关

规划节选，参考文献。

殷墟遗址的保护规划是全国早期探索城市中大遗址考古、保护、展示的典型案例。规划文件提出了"全面控制、重点突破、分期实施、管理保障"的规划策略，设定的措施已有部分被实施。殷墟遗址探索的保护和展示方法，既能保护深埋地下的遗迹，又能取得良好的展示效果，提高文物遗址的可观赏性，被学界称为"古遗址保护与展示的成功典范"。2008年，殷墟遗址被国家文物局列入"十一五"期间重要大遗址名单；2010年，被国家文物局公布为首批国家考古遗址公园。

### 《秦始皇陵保护规划（2009～2020）》

秦始皇陵位于陕西省西安市临潼区，建于战国末期至秦代，是中国历史上第一座皇帝陵园。秦始皇陵地处骊山北麓的洪积扇和渭河二级台地上，南倚骊山，北俯渭水，陵区地形南高北低。秦始皇陵遗址分布范围南北、东西各约7.5千米，面积约56平方千米。陵区分布在被河道分割的六道土塬上，核心区域即陵园位于中间的三号土塬上。秦始皇陵是中国古代帝王陵墓中规模最大、埋藏最丰富的一座大型陵园，是古代帝王陵墓"独立陵园制"确立的标志，并首创了陵侧起寝和陵旁建邑等中央集权体制下的帝陵埋葬规制。秦始皇陵发现的众多遗迹和出土的大量精美文物，集中反映了秦代的科技水平和艺术成就。截至2008年，秦始皇陵发现各类陪葬墓、陪葬坑、礼制建筑基址等600余处，出土包括秦兵马俑在内的珍贵文物5万余件。1961年，被国务院公布为第一批全国重点文物保护单位，文物类型属古墓葬类。1987年，被列入《世界遗产名录》。

秦始皇陵地处临潼城区东部。20世纪90年代后，随着经济社会的快速发展，临潼撤县设区，城市化进程带来的建设压力不断加剧，陵区一度面临着临潼城区向东发展的严重威胁。处理好文物保护和城市建设的矛盾，实现秦始皇陵的整体保护，为秦始皇陵遗址公园建设创造条件，成为一项紧迫的规划任务。

2002年，陕西省文物局委托西安建筑科技大学陕西文化遗产保护研究中心、陕西省古建设计研究所主编，陕西省考古研究所协编《秦始皇陵保护规划（2009～2020）》（简称《秦始皇陵保护规划》）。规划编制工作历经6年，大致可分为两个阶段。第一阶段为规划初步编制阶段（2002～2005年）。2002年9月～2003年4月，编制单位完成规划编制并报国家文物局审批。2004年1月，国家文物局提出审批意见，要求修改后上报。2005年6月，修改后的规划提交陕西省省长办公会议讨论，由于保护区划与相关城市规划衔接不到位等原因，规划被暂时搁置。第二阶段为规划调整完善阶段（2006～2008年）。2006年9月，编制单位按照《全国重点文物保护单位保护规划编制办法》和《全国重点文物保护单位保护规划编制要求》，结合三维卫星影像分析手段对陵区环境开展进一步研究，并在充分吸收专家意见、考虑规划可操作性基础上，提出新的保护区划方案。采用自然边界与人工边界相结合方式划定保护范围，充分体现秦始皇陵的选址和布局特点，反映出遗址的实际分布状况，较之通常所说的56平方千米的模糊概念更具可操作性。2007年3月，陕西省文物局组织专家对《秦始皇陵保护规划》进行省内评审，修改后

于2008年1月重新上报国家文物局。2008年9月，国家文物局原则通过。2010年，《秦始皇陵保护规划》获陕西省人民政府批准公布。

《秦始皇陵保护规划》评估认为，"城市化的威胁"和"秦俑馆接待压力过大、外围无序的旅游开发"是秦始皇陵面临的主要问题，提出"严格控制陵区内的城乡建设"和"加快秦始皇陵遗址公园建设与开放展示，缓解秦俑馆的旅游压力"的规划对策。制定的主要保护整治措施包括重点保护区征地保护与搬迁、一般保护区内严格控制建设活动、建设控制地带内严格控制建筑高度或建设活动、穿越陵园的道路改线、陵区环境整治等；主要展示规划措施包括依托陵园建成秦始皇陵遗址公园，新建百戏俑坑、文吏俑坑和石铠甲坑遗址保护展厅，新建铜车马博物馆，开辟遗址公园南门区等。

规划文件的主要特点体现在以下两点：第一，约20平方千米的保护范围实现了秦始皇陵陵区的整体保护，并通过分级保护方式，采取强度不同的保护管理措施，提高了规划的可操作性，缓解了秦始皇陵保护与临潼城区建设的矛盾；第二，通过秦始皇陵遗址公园和多个遗址保护展厅、博物馆的展示项目规划，缓解了秦俑馆的旅游压力。

规划范围总面积约36平方千米。规划的保护区划分为保护范围（2032万平方米）、建设控制地带（1552万平方米）两级。保护范围将考古勘探已确认的遗址分布范围划定为重点保护区（273.86万平方米），将潜在的遗址分布范围划定为一般保护区（1758.14万平方米）。建设控制地带根据地形地貌分为两类。规划总投资超过8亿元，经费主要涉及秦始皇

陵遗址公园建设和重点保护区征地搬迁等项目，列入地方财政和国家发展改革委共同承担。规划分期结合国家国民经济和社会发展规划分期，分为近期（2009～2010年）、中期（2011～2015年）和远期（2016～2020年）。

规划文件最终成果由《规划文本》《规划图纸》《规划说明》《基础资料汇编》组成。《规划文本》共16章65条，由总则、专项评估、规划框架、保护区划与管理规定、保护措施、防灾规划、环境规划、展示规划、道路交通调控规划、社会居民调控规划、企事业单位调控规划、管理规划、考古研究规划、规划分期、投资估算、附则组成。《规划图纸》共22张，含现状图和规划图。《规划说明》分为5章，由规划编制说明、秦始皇陵概况、专项评估报告、专项规划说明、规划实施保障建议组成。《基础资料汇编》含遗址考古资料、遗址相关研究资料、遗产地基础资料、秦始皇陵保护工作概况、相关法规及政府文件等。

截至2017年，《秦始皇陵保护规划》实施近10年，秦始皇陵陵区各类城乡建设活动得到有效控制，陵区环境极大改观。2010年，秦始皇陵遗址公园被国家文物局公布为首批国家考古遗址公园，并对外开放。2011年，百戏俑坑、文吏俑坑保护展厅对外开放，丰富了秦始皇陵旅游的文化内涵。《秦始皇陵保护规划》取得了良好的社会效益。

**《故宫保护总体规划大纲（2003～2020）》《故宫保护总体规划（2013～2025）》** 故宫位于北京市东城区，地处首都北京的心脏——天安门地区，是中国明清两代的宫殿建筑群，也是中国古代宫殿建筑群中占地规模最大、保存最完整的一处。以紫禁城为中心的故宫及其山水格局，与皇城内的其他重要礼制建筑、皇家场所等在历史上曾作为一个整体，共同见证了15～20世纪明清皇家的营造理念、宫廷制度、生活方式及宗教信仰，是完整的遗产整体。1961年，被国务院公布为第一批全国重点文物保护单位，文物类型属古建筑类。1987年，被列入《世界遗产名录》。

故宫是世界著名的、具有中国传统文化典范意义的重大遗产，是中国文化遗产中的"国字第一号"，其保护、管理与利用既面临着来自内部的遗产保存与保护、遗产管理、遗产利用的突出压力，也有来自外部城市发展、社会需求和国家形象等方面的突出压力或迫切需求。2001年，国家计划投资7亿元，使故宫在2008年北京奥运会召开之际能够展现良好的国家文化形象，并形成《关于研究故宫古建筑维修和文物保护有关问题的会议纪要》。为全面落实相关要求，提高遗产保护的真实性、完整性和延续性，科学、合理、适度发挥故宫在建设社会主义物质文明和精神文明中的积极作用，深化爱国主义教育作用，故宫博物院着手组织编制保护规划。

2003年，故宫博物院委托并协助中国建筑设计研究院建筑历史研究所编制《故宫保护总体规划大纲（2003～2020）》（简称《故宫保护大纲》），这是首个针对故宫文化遗产制定的文物保护规划，规划范围与皇城保护范围相同，面积688万平方米。2004年，《故宫保护大纲》通过专家组评审论证，2005年获国家文物局批复同意。《故宫保护大纲》公布后，若干保护措施得到落实。由于国内经济的持续、高速发展使社会对文化建设提出了更高要求，另一方面世界遗产数量不断增长，保护思想理论与保护方式也发生了诸多变化，包括战略性调整。为深化故宫整体保护目标，全面贯彻《故宫保护大纲》、落实《"平安故宫"工程总体方案》，进一步提升故宫保护、利用与管理的科学性、合理性，适应中国当代社会的快速发展需求，发挥故宫作为国家重要文化遗产在民族振兴与文化自信等国家战略目标中特有的社会教育与文化传播作用，需要进一步完善故宫的保护规划。2012年，故宫博物院委托并协助中国建筑设计研究院建筑历史研究所编制《故宫保护总体规划（2013～2025）》（简称《故宫总规》），规划范围与故宫的世界文化遗产区和缓冲区范围相同，面积1463万平方米。2016年3月，《故宫总规》通过专家组评审论证，4月获国家文物局批复同意。2017年1月，《故宫总规》获北京市人民政府批准公布。

规划文件全面梳理了故宫遗产构成。故宫是以紫禁城为主体的明清皇家宫廷建筑群，占地面积合计106.09万平方米。遗产由不可移动文物和可移动文物两大物质实体组成，其中不可移动文物以紫禁城（含午门至端门地段）为主体，包括大高玄殿、皇史宬、清稽查内务府御史衙门等产权归属故宫博物院的明清皇家建筑群，文物建筑面积总计23.33万平方米。建筑群按照朝政礼仪、生活起居、宗教祭祀、园林休憩、内务管理等皇家功能需求与礼仪制度，形成不同的功能片区与围合的院落单元，几乎包含宫、殿、楼、阁、堂、亭、台、轩、斋、馆、门、廊等全部中国古代官式建筑类型与相关营造技艺。可移动文物以清宫旧藏为主

体，总数约180万件/套，包括中国古代艺术精品、明清宫廷历史文物、明清宫殿建筑构件遗存与相关档案等三大类，除与故宫遗产价值无关的"其他类文物"外，其余绘画、法书、碑帖、铜器、金银器、漆器、珐琅器、玉石器、雕塑、陶瓷、织绣、雕刻工艺、其他工艺、文具、生活用具、钟表仪器、珍宝、宗教文物、武备仪仗、帝后玺册、铭刻、外国文物、古籍文献、古建藏品等，可谓明清宫廷文化与生活方式的特殊见证。此外，作为相关遗存，皇城内与紫禁城同期建造的主要皇家建筑和苑囿还有景山、太庙、社稷坛、北海、中海和南海。

《故宫保护大纲》在开展大量基础工作基础上，评估指出"文物建筑利用功能不当是遗产保护面临的最突出问题"，"对文化遗产认识不足，对遗产管理机构定位不适当，导致了遗产利用功能不尽合理，对遗产保护和管理均造成明显问题"。根据评估结论，依据故宫文化遗产的历史信息和价值特征，制定了遗产"整体保护"的规划目标，探讨文物建筑（群）保护规划的两条重要规划对策与技术路线，即建筑群体的"整体保护"规划目标、建筑单体"保护与利用"结合方式。《故宫保护大纲》首先明确了故宫遗产的价值与构成要素，并通过专项评估分析遗产面临的主要问题，从而确立了规划的原则与框架。其中，故宫的总体价值评估从文物价值、社会价值和世界文化遗产标准三方面展开；专项评估涉及对遗产本体现状真实性、完整性、破坏因素、破坏速度等内容，以及遗产环境、管理、利用等方面。《故宫保护大纲》专项规划部分针对遗产的保护区划、功能区划、保护措施、保护

工程、环境整治、交通组织、工程管网调整、遗产管理等方面，或提出规划目标、对策、要求，或制定相关规定及具体措施。最后，《故宫保护大纲》确立了各项规划措施的分期实施重点，明确了规划实施的保障体系。

《故宫保护大纲》主要特点体现在5个方面。一是注重遗产历史格局的完整性，谋求遗产保护的总体策略和前瞻性、可操作性。二是强调保护故宫整体布局，以相对集中、合理布局的对策，全面调整文物建筑利用功能，限定保护管理机构规模，形成功能片区，实现"合理利用、加强管理"工作目标。三是以拓展开放、促进保护的对策，扩大开放总体规模、实施分片轮展等方式，促进文物建筑日常维护工作，有效改善文物建筑的延续性。四是以展存结合的对策，强调采用原状陈列和原状式陈列方式，突出宫廷文化展示主题，寻求故宫不可移动与可移动文化遗产的有效保护与优质展示，全面扩大遗产的文化传播影响，提升社会效益。五是以划定文物等级来规定文物建筑开放强度和利用功能，以细化工程类别来区分保护措施性质，强调保护工程"不改变文物原状"的原则，采取有利于保护和合理利用的技术措施，实现保存的真实性和保护的有效性。

《故宫总规》在开展大量基础工作后，归纳故宫在保护、管理、利用、研究等方面所面临的10个主要问题，涉及遗产价值研究、遗产要素构成、管理运行、遗产监测、传统营造技艺传承、可移动文物保存与保护、遗产价值阐释与展示、观众流量控制等诸多方面，以及遗产保护、观众流量与管理办公需求间的突出

矛盾和压力。针对上述问题，《故宫总规》提出了对应的10条对策。《故宫总规》遵照"保护为主、抢救第一、合理利用、加强管理"的文物工作方针，以及世界文化遗产保护有关真实、完整传承遗产价值的要求，立足于故宫遗产价值的整体保护，通过与遗产管理部门协同合作，策划针对性的规划策略、制定可操作的规划措施。在规划编制中，探讨实施文物建筑功能调整、院落空间环境整治、游客容量控制和建立传统修缮技艺传续机制等关键措施。在贯彻《故宫保护大纲》和落实《"平安故宫"工程项目总体方案》过程中，进一步深化遗产保护、利用、管理与研究等方面措施的系统性与合理性。

《故宫总规》的主要特色体现在5个方面。一是引入国际最新理念，以遗产价值为纲，首次构建了故宫完整保护的管理体系。二是首次将故宫不可移动文物的完整保护列为规划目标，针对各类遗产价值的承载要素所面临的保护与传承实际问题，创新一系列有效规划措施，且相当一部分获得落实。三是首次在不可移动文物的保护规划中，结合可移动文物的价值保护措施，并依据现状评估提出一系列规划措施。四是首次按三大价值主题策划展示体系，提升了管理服务水平。五是首次提出故宫游客容量控制指标与管理措施。

《故宫保护大纲》的保护区划分为保护范围（106.66万平方米）和建设控制地带（393.30万平方米），并根据元大内分布可能划定地下文物埋藏区（82.70万平方米）。其中，保护范围依据文物建筑的相对价值评估结论，以院落为单位分为重点区（66.29

万平方米）和一般区（40.37万平方米）；建设控制地带则依据保护故宫历史格局完整与景观风貌和谐的控制力度分为两类。规划项目的投资经费主要涉及故宫不可移动文物的保护和修缮，以国家和北京市财政投入为主。《故宫保护大纲》依据故宫事业发展总体规划和文物保护工作计划，分为近期（2003～2008年）、中期（2009～2014年）和远期（2015～2020年）规划。

《故宫总规》的保护区划分为保护范围（106.09万平方米）、建设控制地带（304.61万平方米）和环境控制区（约780万平方米）。其中，保护范围内保存有文物建筑的完整院落范围均划为重点保护区（93.67万平方米），其余为一般保护区（12.42万平方米）。规划项目的经费来源以国家和北京市投入为主，主要用于故宫遗产保护、管理和监测。《故宫总规》根据国家国民经济计划期和《"平安故宫"工程》的分期计划，分为近期（2013～2015年）、中期（2016～2020年）和远期（2021～2025年）规划。

《故宫保护大纲》最终成果由《规划文本》《规划图纸》组成。《规划文本》共14章132条，由项目概况、专项评估、规划总则、规划原则与框架、保护区划、功能区划、保护措施、保护工程、环境整治、交通组织规划、管理规划、规划分期和规划支撑体系组成。《规划图纸》共30幅，含现状图、评估图、规划图。

《故宫总规》最终成果由《规划文本》《规划图纸》《附件A·基础资料汇编》《附件B·专题研究报告系列》组成。《规划文本》共20章176条，由总则、遗产概况、价值研究、遗产构成、保存现状与评估、保护管理现状综合评估、现存主要问题、规划目标、原则与策略、保护区划、功能分区规划、不可移动文物保护规划、可移动文物保护规划、安全防范规划、遗产管理规划、遗产监测规划、基础设施规划、遗产利用规划、遗产诠释规划、遗产研究规划、规划分期与实施重点、规划实施保障、附则组成。《规划图纸》共45幅，含现状图、评估图、规划图。《附件A·基础资料汇编》含基础资料、文物保护相关资料、参考资料目录。《附件B·专题研究报告系列》含研究报告11个，包括故宫价值与遗产构成专题、皇宫博物馆对比研究、故宫保护区划专题、不可移动文物保存与评估专题、可移动文物保存保护专题、故宫遗产管理专题、故宫建筑利用专题、故宫展示与诠释体系专题、故宫观众管理工作专题、故宫遗产监测专题、故宫遗产研究专题。

《故宫保护大纲》是故宫遗产保护史上第一份按照国际文化遗产保护理念编制的专项保护规划，贯彻系统的、科学的精神，探索大型古建筑群保护总体规划的基本框架与内容，制定针对不可移动文物为主的规划原则与目标，以及相应的分项目标与规划对策。《故宫总规》为故宫的可持续保护提供了有效的管理工具，对故宫遗产价值延续具有重要意义，对文物保护规划技术具有示范价值。2006年，《故宫保护大纲》获评全国十佳文物保护工程勘察设计方案及文物保护规划。

**《敦煌莫高窟保护总体规划（2006～2025）》** 莫高窟位于甘肃省敦煌市，是

4～14世纪（北魏至元）的石窟寺遗址，地处敦煌盆地内鸣沙山、三危山、大泉河和千佛洞戈壁滩范围内，代表了中国佛教艺术的高度成就，是中西方文化交流、融合的重要见证，是符合世界文化遗产全部6条标准的具有世界影响的、综合历史信息含量丰富的重大文化遗产之一，是中国保存规模最大、历史延续最悠久、保存较完整的佛教艺术遗存。1961年，被国务院公布为第一批全国重点文物保护单位，文物类型属石窟石刻类。1987年，被列入《世界遗产名录》。1994年，鸣沙山月牙泉风景名胜区被公布为国家级风景名胜区（国家重点风景名胜区）。

莫高窟所在地为敦煌市城市建成区东南的荒野，随着经济的快速发展，莫高窟遗产保护与利用的问题日渐突出。为真实、全面保存并延续莫高窟历史信息及全部价值，将莫高窟建成世界级的遗址博物馆、符合国际遗产保护规范的文物保护单位、具有国际影响的敦煌石窟研究和资料信息中心、具有国际水准的石窟壁画保护研究中心，使其在促进国家经济建设和推进人类文化建设的历史进程中发挥应有作用，敦煌研究院按照全国重点文物保护规划要求编制保护规划。

1994年，敦煌研究院委托中国城市规划设计研究院编制《敦煌石窟窟区环境景观规划》，并实施部分规划内容。保护规划的编制工作历经20余年，分为3个阶段。第一阶段为相关规划编制阶段（1997～2002年）。由敦煌研究院、盖蒂保护研究所、澳大利亚遗产委员会合作，作为推广《中国文物古迹保护准则》的行动计划，编制《敦煌莫高窟保护

与管理总体规划（2006～2025）》（简称《莫高窟总体规划》）。第二阶段为规划形成阶段（2003～2006年）。2003年，敦煌研究院委托中国建筑设计研究院建筑历史研究所（简称历史所），按照《全国重点文物保护单位保护规划编制办法》和《全国重点文物保护单位保护规划编制要求》编制《莫高窟总体规划》。这是中国文化遗产保护领域的第一项国际合作规划项目，参编人员遵循国际遗产保护理念和《中国文物古迹保护准则》要求，投入极大的工作热情和艰辛的努力，并在中国敦煌、北京和美国洛杉矶组织4次集中研讨和修改，对莫高窟总体保护工作进行全面探讨。《莫高窟总体规划》提出"整体保护"目标，针对以往规划保护对象侧重洞窟、忽略文物建筑的倾向，第一次把莫高窟的全部文物建筑包括地下可能分布区列为保护对象，并充分关注遗产环境在遗产价值中的作用，划定"建设控制地带"和"环境控制区"，统筹规划遗产地的遗产保护、生态保护和旅游发展。第三阶段为规划调整阶段（2007～2010年）。规划编制组根据2006年国家文物局的批复意见，对部分规划内容修改调整，其中保护区划经调整后提交敦煌市人民政府征求意见，2010年5月收到回复。2011年，《莫高窟总体规划》获甘肃省人民政府批准公布。

《莫高窟总体规划》分析认为，莫高窟遗产由洞窟、文物建筑等本体及其相关环境组成，还包括窟前建筑群的遗存可能分布区、与遗址直接关联的可移动文物。总分布面积1344平方千米（"莫高窟"公布范围包括莫高窟和西千佛洞两处遗迹的分布区，但因西千佛洞规

划基础资料不全，有待资料补全后另行编制、报批）。经辨认，遗产本体包括分布于南、北两个窟区的窟崖总长度达1740米的734个洞窟（其中含壁画的洞窟486处），38003平方米壁画（含洞窟外露天壁画439平方米），2290余身彩塑，13处木构窟檐，4处木构天棚，33处文物建筑（包括3处佛寺、26座佛塔、3座牌坊、1处城堡遗址）。遗产环境包括山形水系、地貌景观、植被品种以及具有历史意义、纪念意义的人工遗迹。遗存可能分布区指历代佛教建筑群所在的莫高窟窟崖前至大泉河西岸线之间的阶地。可移动文物指收藏在敦煌研究院、国内外其他单位的莫高窟文物，总计6万余件。

在开展大量基础工作后，《莫高窟总体规划》评估出莫高窟存在的最大挑战是"石窟的保护与利用矛盾尖锐"。依据评估结论，坚持"保护为主"的立场，重点强调和策划"石窟利用强度控制"措施，从各角度探讨规划对策。强调以洞窟承载力研究为前提，要求确定和实施游客容量控制，同时探讨其他相关辅助手段，包括建立以系统解说莫高窟历史文化价值和优化石窟艺术展示效果的游客服务中心，以此作为缓解洞窟保护与利用矛盾的最佳途径。

《莫高窟总体规划》主要特点体现在两方面。第一，充分引入国际文化遗产保护理念，创新一系列规划技术。针对文化遗产保护规划领域在遗产保护对象确认、遗产现状评估、遗产保护规划理念方面的缺项，创新遗产构成分析，遗产环境分析，遗产保存的真实性、完整性、延续性现状评估，遗产保存环境评估和保护，遗产保护、利用、管理、研究分类专项评估和规划，遗产环境控制区，遗产保护功能分区，利用强度控制，遗产价值管理等9项保护规划理念。其中大部分创新技术被纳入新版《中国文物古迹保护准则》与修编版的《全国重点文物保护单位保护规划编制要求》。第二，针对大量历史资料，结合实地勘察，在遗产本体与环境的辨认方面开展大量的拓展和校核工作，包括拓展认定文物建筑、窟前建筑遗址的可能分布区，重新实测壁画留存面积，对洞窟编号的各个历史版本进行整合与补全，为规划的完整性目标奠定坚实基础。

规划的保护区划分为保护范围（23392万平方米）、建设控制地带（21230万平方米）、环境控制区（85046万平方米）三级。其中，保护范围分为重点区（1423万平方米）、一般区（21969万平方米），建设控制地带不分类，环境控制区依据景观控制要求分为三类。在与世界文化遗产保护管理衔接方面，保护范围即为遗产区，建设控制地带与环境控制区即为缓冲区。规划项目的投资经费主要涉及莫高窟的保护管理，列入地方财政承担。规划分期结合《敦煌研究院事业发展总体规划》，分为近期（2006～2010年）、中期（2011～2015年）、远期（2016～2025年）和不定期（2006～2025年）。

规划文件最终成果由《规划文本》《规划图纸》《规划附件》《规划附图》组成。《规划文本》共17章187条，由总则、规划原则及目标与框架、遗产概况、价值评估、遗产保存现状评估、遗产综合现状评估、保护对象与实施准则、分类专项规划目标、保护区划与管理规定、本体保护规划、环境保护规划、遗产利用规划、遗产管理规划、遗产研究规划、规划分期与实施重点、规划实施保障体系、附则组成。《规划图纸》共64张，含现状图、评估图、规划图。《规划附件》含规划说明、基础资料汇编、规划批复文件。《规划附图》共8张，包括佛爷庙-新店台古墓群图、中国佛教石窟寺分布图、莫高窟石窟景观图、莫高窟壁画图、莫高窟彩塑图、莫高窟文物建筑图、莫高窟环境景观图、敦煌文书图。

《莫高窟总体规划》通过在保护、利用、管理、研究方面的综合策划，为遗产的整体保护与和谐发展提供了有效的、可操作的技术支撑。作为中国第一项国际合作文化遗产保护规划项目，不仅在石窟类文物保护规划技术上具有系统的示范意义和显著的创新价值，而且将世界文化遗产保护管理的国际标准引入中国的文化遗产保护规划体例，被列为推广《中国文物保护准则》以及文化遗产保护规划编制技术培训的示范案例，对中国文化遗产保护规划科技水平的提升起到了重大推进作用。2007年，《莫高窟总体规划》获评全国十佳文物保护工程勘察设计方案及文物保护规划；2015年，获北京市优秀城乡规划设计奖一等奖、全国优秀城乡规划设计奖（城市规划类）二等奖。

## 《邺城遗址保护规划（2006～2020）》

邺城遗址位于河北省临漳县，在县城西南约20千米处，南距河南省安阳市区18千米。周庄王十二年（前685年），齐桓公始筑邺。东汉末年，曹操击败袁绍之后开始建造邺城。邺城先后为曹魏、后赵、冉魏、前燕、东魏、北齐六朝的都城，作为黄河流域政治、经济、军事、文化中心近4个世纪。邺城遗址由南、北两座相连的城址组成，邺北城是曹魏、后赵、冉魏、前燕的国都，邺南城是东魏、北齐的国都。邺城遗址包括邺北城、邺南城和邺南城时期的外郭城，以及和邺城遗址相关的自然与人文环境。邺城在中国古代城市建设史上具有里程碑的意义，不仅继承了古代城与郭的区分，还直接继承了汉代宫城与外城的区分，且区分更加明确，并把中轴线对称的手法从一般建筑群扩大应用于整个城市。这种规划手法对以后的都城，如唐长安等城市布局有很大影响。1988年，被国务院公布为第三批全国重点文物保护单位，文物类型属古遗址类。

迁徙频繁的漳河从西向东穿遗址而过，对邺城遗址造成很大威胁；邺城遗址地面上遗存的唯一标志性构筑物金虎台耸立在遗址西北部，接受着风雨的严峻考验；社会经济的发展及城镇建设和环境状况发生的新变化，对邺城遗址的有效保护提出新的挑战。在新的历史条件下，保护、管理、利用好邺城遗址这一对中国古代城市规划和建设产生过巨大影响的文化遗迹，是编制邺城遗址保护规划的初衷。

2003年，河北省临漳县文物保管所委托中国文物研究所主编，中国社会科学院考古研究所、东南大学建筑学院协编《邺城遗址保护规划（2006～2020）》（简称《邺城遗址保护规划》）。2007年，《邺城遗址保护规划》通过专家评审，获国家文物局批复同意。2008年11月，经河北省人民政府批准，由邯郸市人民政府公布实施。

根据大量的前期研究，邺城遗址存在的主

要破坏因素有漳河典型季节性河流对遗址本体的破坏、村落发展和建设对核心遗址区的占压和破坏。针对漳河的问题,《邺城遗址保护规划》提出在漳河两岸设置防洪阻水堤坝、在地下城门等重点区域设置拦洪坝、将漳河南堤北移(根据考古勘探,漳河南堤占压了邺南城宫殿区遗址)等相应措施,力求将洪水对邺城遗址的破坏减小到最低状态。对村落发展和建设对核心遗址区的占压和破坏问题,首次提出土地置换方法,即以考古发掘为依据,对邺城遗址重要遗址分布区内的14个村庄进行有计划的土地功能置换,在单元区域内,将保护范围外的耕地置换到保护范围内,把占压重要遗址的宅基地置换成耕地,从而在用地功能总体比例不产生变化或尽量小变化的情况下,解决建筑占压重要遗址区的问题,同时又能保证耕地面积不受损失。

《邺城遗址保护规划》在实现邺北城、邺南城、邺南城外郭城的"整体保护"问题上,一方面提出将遗址分布区的密集区、分布区、可能分布区作为保护范围的重点保护区、一般保护区和建设控制地带的划定依据;另一方面在建设控制地带外围划定"环境控制区",为城市、村镇规划提出相应的管理建议,从而有效支撑"建设控制地带"管理的有效性和可操作性。

规划的保护区划为保护范围(2939万平方米)、建设控制地带(5400万平方米)和环境控制区(11500万平方米)。其中,保护范围按照遗存分布密集程度分为重点区(858万平方米)和一般区(2081万平方米)。规划项目投资经费主要涉及土地征用和民居搬迁,列入地方财政承担。规划分期为近期(2006~2010年)、中期(2011~2015年)、远期(2016~2020年)。

规划文件最终成果由《规划文本》《规划图纸》《规划说明》《基础资料汇编》组成。其中,《规划文本》共13章57条,由总则、评估、规划指导思想原则及目标、保护区划及管理规定、保护措施、考古规划要点、展示规划、管理规划、交通规划、其他基础设施规划、绿化工程规划、城市规划建议、投资估算组成。《规划图纸》31张,含现状图和规划图。《规划说明》含综述、专项评估、规划框架、保护区划与管理规定、保护措施、考古规划要点、用地调整规划要点、基础设施规划要点、管理规划、展示规划、规划分期实施要点、投资估算等说明。《基础资料汇编》包括考古发掘资料、遗址相关研究资料、基础资料清单、参考文献目录等。

由于邺城在中国城市建设史上的重要地位,《邺城遗址保护规划》的总体目标是将邺城遗址建设为"古代都城研究基地",达到"区域性良性循环、可持续发展",最终目标是使邺城遗址获得有效保护和合理利用,使之在社会效益和经济效益获得双赢,使文物遗产保护进入可持续、良性循环状态,为宣传中国悠久历史和灿烂文化发挥积极作用。

**《周口店遗址保护规划(2005~2020)》** 周口店遗址位于北京西南郊房山区周口店镇西北部,是旧石器时代早期的古人类遗址。周口店遗址包括以第一地点猿人洞为核心,分布在低山浅丘地带的27个旧石器时代遗址点及周边区域,面积约4平方千米。在世界同时期古人类遗址中，周口店遗址内涵最丰富、材料最齐全，保存有纵贯60万年的古人类活动和古生物遗存，是中国古人类学、旧石器时代考古学和第四纪地质学等多学科的科研基地。1961年，被国务院公布为第一批全国重点文物保护单位，文物类型属古遗址类。1987年，列入《世界遗产名录》。

周口店遗址位于乡村腹地，从20世纪初开始发现、发掘、研究，因自然环境变迁、人为损害及管理不善等原因，部分遗址本体及其环境遭到严重破坏，迫切需要编制保护规划，以适应保护、利用和科学研究的需要。

2004年，周口店北京人遗址管理处委托中国文物研究所、北京建筑工程学院城市研究所编制《周口店遗址保护规划（2005～2020）》（简称《周口店保护规划》）。2005年，获国家文物局批复同意。2006年，北京市人民政府召开会议原则同意，并调整规划期限。

《周口店保护规划》评估出自然力对遗址本体所处岩体的破坏、人为对遗址周边环境的恶化是遗址保护面临的主要问题，并制定了对遗址本体的基础性、工程性、植物性、科技性、考古发掘控制保护措施，以及对环境整治的景观、绿化、生态环境保育规划。规划范围1368万平方米，保护区划分为保护范围（480万平方米）、建设控制地带（888万平方米）。其中保护范围按照遗存分布密集程度分为重点区（40万平方米）、一般区（440万平方米），建设控制地带根据不同的管理要求分为低山丘陵区域、周口店镇建设用地区域。规划项目投资经费主要涉及遗址保护与展示、工矿企业的拆迁，采用多渠道筹资制。

规划分期结合保护展示和搬迁时序分为近期（2005～2010年）、中期（2011～2015年）、远期（2016～2020年）。

规划文件最终成果由《规划文本》《规划图纸》《文本说明》《基础资料》组成。《规划文本》共13章52条，由前言、遗址价值评估、遗址概况和遗址区域古环境分析、遗址区域现状评估、规划框架、保护区划、遗址地点本体保护、环境整治规划、其他专项规划、科学研究规划、展示利用规划、规划分期与分期实施目标、资金估算与来源组成。

根据《世界文化和自然遗产公约》和《周口店保护规划》要求，周口店北京人遗址管理处开展了一系列基础调查和保护工程，确保周口店遗址的真实性、完整性得到有效保护。2006年，《周口店保护规划》获评全国十佳文物保护工程勘察设计方案及文物保护规划。

**《上林湖越窑遗址保护总体规划（2007～2025）》** 上林湖越窑遗址位于浙江省慈溪市桥头镇、匡堰镇、观海卫镇，为中国东南沿海的丘陵地带，是2～12世纪（东汉至宋）越窑青瓷的中心烧造区，在唐宋时期达到鼎盛并成为越窑烧造中心，是规模较大、遗存分布密集、保存较好的大型古代瓷窑遗址群，属中国古代制瓷工业最重要的窑址之一。其产品代表了中国唐代青瓷制造的最高水平，并作为中国南方青瓷全盛时期的代表，在9～11世纪对埃及、波斯地区、朝鲜半岛和日本列岛的陶瓷制作产生显著影响。1988年，上林湖越窑遗址被国务院公布为第三批全国重点文物保护单位，文物类型属古遗址类。2006年，寺龙口和开刀山遗址作为第六批全国重点文物保护单位归并入上林湖越窑遗址。

上林湖越窑遗址位于中国东南沿海经济高速发展的农村，当地居民在保护区划内的生产、生活对窑址历史环境要素造成一定破坏，也影响遗址本体安全。考虑到上林湖越窑遗址文化价值特性、窑址类大遗址在保存和保护方面特性、遗址位于江南经济发达地区等地理与经济背景条件，急需编制保护规划。

2004年，慈溪市文物管理委员会委托中国建筑设计研究院建筑历史研究所编制《上林湖越窑遗址保护总体规划（2007～2025）》（简称《上林湖越窑总体规划》）。编制过程主要分为4个阶段。第一阶段为规划前期工作阶段（2005年7月之前），包括收集、整理基础资料及现场考察。规划组研究踏勘遗址及其周边约83平方千米区域、近200处窑址地点。第二阶段为规划初稿编制阶段（2005年7月～2006年3月）。项目组依据相关法规，针对遗址保护规划实际问题探讨保护策略和技术路线。2006年3月初，完成《上林湖越窑总体规划（征求意见稿）》。第三阶段为规划协调阶段（2006年3～12月）。通过两次讨论会及会后沟通，经省级论证，完成《上林湖越窑总体规划（修改稿）》。第四阶段为规划论证阶段（2007年1月～2008年5月）。经进一步修改、完善规划方案，完成《上林湖越窑总体规划（送审稿）》编制。2007年8月，浙江省文物局将规划送审稿上报国家文物局；12月，国家文物局组织专家论证后批复，原则通过规划并提出补充、修改意见。依据国家文物局批复，经再次修改，由浙江省人民政府批准公布。

《上林湖越窑总体规划》中指出，上林湖越窑遗产由本体与相关环境构成。遗产本体内容包括作坊遗址、窑炉遗址、废料堆积、窑具遗物等人工遗迹和瓷土可能分布区，根据遗迹特点可分为地表遗存和地下遗存。上林湖越窑遗址发现瓷窑遗址近200处，已编号179处，面积约231.69万平方米，分为上林湖、古银锭湖、白洋湖、里杜湖四大片区。遗产环境包括历史上曾与窑业发展相关的薪材分布区、窑床分布坡地、水系及产品运输路线等自然环境要素。

《上林湖越窑总体规划》在编制过程中针对遗址文化价值的特性，针对窑址类大遗址在保存、保护方面的特性，针对遗址位于江南经济发达地区等地理与经济背景条件，重点探讨3个问题。一是整体保护。窑址的遗产构成不仅包括遗存本体部分的制作窑场、烧造窑床、瓷片匣钵堆积，还包括薪材分布与瓷土来源，以及产品运输路线等相关环境保护目标。遵照"整体保护"原则，改变以窑床或堆积为圆心进行外扩的窑址保护范围传统划分方式，将保护范围扩大到窑场可能分布区、薪材分布区和运输路线遗迹（东横河与游泾江）；将上林湖越窑遗址的环境视为遗产文化价值的主要组成部分，将保护区划扩大到与遗址相关的山形水系、地形地貌、植被特色等历史环境因素等。力求完整保护瓷窑遗址的遗产本体、整体格局及其相关环境，实现遗址本体与环境的整体保护，真实、全面地保护越窑遗址的文化价值与历史信息。二是和谐发展。慈溪市属于全国百强县，地方各项工作的法律法规与规章制度颇为健全。作为地方性法规执行主体，市政府要求遗产保护规划与已有的地方性法规、规定相衔接。规划衔接主要从遗址所具备的两个资源特性着手。第一，从城市发展资源的角度，协调遗产保护与城市规划目标。即将遗址保护列为地方社会发展规划的重要价值取向，使遗产保护规划与遗产地的城市总体规划、市域总体规划、村镇详细规划、生态省建设规划、市旅游规划、市环境保护规划、市水环境整治规划等一系列地方经济社会发展规划相衔接，使保护规划的需求和地方社会发展规划的目标协调一致。在高速发展的城镇化建设高潮中，谋求遗产保护与社会发展的双赢目标。第二，从文化资源的角度，整合区域各类资源的保护与利用。即使遗产保护规划措施与遗产所在地的生态资源、水资源、土地资源、矿产资源等各类资源的保护与利用规划相衔接，包括省土地利用规划、生态市建设规划、市绿地系统规划、市水利规划、市林业规划、市水土保持规划、市矿产资源规划和省级风景名胜区总体规划及分片详细规划等。力求在尖锐的资源紧缺条件下，发挥文化资源优势，统筹策划区域综合资源的保护与利用，发挥资源综合效益。三是价值评估。以《实施保护世界文化与自然遗产公约的业务指南》中有关文化遗产的价值评估标准，对遗址进行评估尝试，初步评定上林湖越窑遗址在全球的突出、普遍价值。规划范围为8231.6万平方米。按照国家文物事业"十一五"发展规划、国务院加强文化遗产保护总体目标、地方经济与社会发展规划及各相关专业规划、国家经济计划管理期划等，规划分期为近期（2007～2010年）、中期（2011～2015年）、远期（2016～2025年）、不定期（2007～2025年）。

规划文件最终成果由《规划文本》《规划图纸》《规划说明》《调查评估报告》《基础资料汇编》组成。《规划文本》共11章94条，由总则、遗产评估、规划框架、保护区划、遗产保护、遗产利用、遗产管理、遗产研究、居民社会调控、规划分期与估算和附则组成。《规划图纸》共37张。《规划说明》包括规划说明和相关规划参考图。《调查评估报告》含上林湖越窑遗址概况、上林湖越窑遗址现状调查与评估、上林湖越窑遗址现状评估结论。《基础资料汇编》含上林湖越窑遗址分区青瓷标本图录、学术研究资料汇编、地方概况基础资料汇编和遗产保护工作资料汇编。

《上林湖越窑总体规划》以充分、深入的遗产价值研究和遗产现状评估为基础，通过遗产构成分析和历史格局研究确定保护对象，并据此调整划定保护区划，为实现遗址本体与环境的"整体保护"奠定基础；与遗产地已有的各类地方性法规、规定、建设规划、资源规划相衔接，整合上林湖越窑遗址的遗产保护需求与慈溪市的城市发展需求和资源利用效益，谋求双方目标的协调一致，统筹策划遗产的保护和利用，在和谐发展的层面落实"整体保护"的核心措施；以符合世界遗产申报要求为目标编制管理、研究规划，促进突出、普遍价值的世界认同，最终实现规划总目标——上林湖越窑遗址的"整体保护"。2006年12月，在最新公布的《中国世界文化遗产预备名单》中，上林湖越窑遗址为唯一的窑址类遗产。

**《汉长安城遗址保护总体规划（2009～2025）》** 汉长安城遗址位于陕西省西安市未央区和莲湖区，处于黄土高原渭河谷地关中平原。汉长安城是中国古代建制布局完整的统一帝国的都城，也是中国古代延续使用时间最长的都城，始建于汉高祖五年（前202年），延续至东汉早期（1世纪）。汉长安城不仅在中国历史上具有不可替代的地位，而且在世界文明史上同样具有极为重要的地位，是当时世界上规模最大的都市。1961年，汉长安城遗址被国务院公布为第一批全国重点文物保护单位，文物类型属古遗址类。

汉长安城遗址区内社会经济发展与区外相比有较大差距。遗址区内居民人口和聚落发展失控，农村集体土地所有制与国有文物保护体制之间的矛盾突出；行政区划上分属6个街道办事处，没有统一的行政管理机构，难以协调遗址保护与当地社会和经济发展、居民生产生活的关系。随着西安市城市建设高速发展，汉长安城遗址保护现状不容乐观，急需编制规划以加强整体保护。20世纪90年代，开始规划编制的研究工作。

2004年，西安市文物局委托西北大学文化遗产保护规划中心主编，中国社会科学院考古研究所汉城工作队、西安市文物局汉长安城遗址保管所协编《汉长安城遗址保护总体规划（2009～2025）》（简称《汉长安城总体规划》）。2008年，通过专家组评审。2009年，由陕西省人民政府颁布实施。

《汉长安城总体规划》将遗址中心区域现状分为汉长安城城址区、建章宫遗址区、礼制建筑遗址区。其中，城址区由城墙、城门、城壕、城内外街道、渠道、宫殿、武库、东西市、官邸闾里区等遗迹构成；建章宫遗址区由建章宫前殿、双凤阙、太液池夯台、柏梁台、

太液池等遗迹构成；礼制建筑遗址区由宗庙、社稷、明堂辟雍等建筑基址构成。

在大量基础调查研究基础上，《汉长安城总体规划》评估认为对汉长安城遗址造成破坏的有自然因素和人为因素，后者是主要因素。遗址区内各类房屋建设面积和规模日益扩大，追求经济利益破坏遗址的行为不断加剧；遗址区内生态环境状况较差，大气污染和水污染严重，固体垃圾处理未纳入市政环卫系统；遗址保护范围内，土地利用以农业用地和村落用地为主，遗址保护用地面积小；遗址保护专业管理机构受管理权限制约，难以全面承担对汉长安城遗址的保护管理责任。《汉长安城总体规划》确定的指导思想是实行"整体保护、体现格局、重点展示、合理利用"的基本方针，协调处理遗址保护、遗址景观保护与当地居民生存发展关系，将遗址保护与区域生态环境整治改善和城市绿化相结合、与调整区域产业结构和促进区域社会经济发展相结合，改革体制，加强管理，发挥地方政府在遗址保护管理各方面的管理职能作用，促进遗址区域和周边区域协调发展。

规划范围总面积7502万平方米，保护区划分为保护范围（3871万平方米）、建设控制地带（1695万平方米）、遗址景观协调区（1936万平方米）。其中，保护范围按照遗存分布密集程度分为重点保护范围（1815万平方米）和一般保护范围（2056万平方米），建设控制地带针对建设压力和环境保护力度分为两类。

《汉长安城总体规划》最终成果由《规划文本》《规划说明书》《规划图纸》组成。《规划文本》共15章111条，由规划总则、遗

址价值与保存现状评估、其他专项评估、规划的指导思想与基本对策、保护区划与保护措施、遗址展示规划、遗址考古工作规划、遗址区人口与聚落调控规划、遗址区土地利用调控规划、遗址区环境整治与绿化规划、遗址区基础设施改造规划、遗址保护管理规划、投资估算与资金筹措、分期实施规划、附则等内容组成。《规划说明书》依据考古资料和遗址保存现状调查评估资料，遗址所在区域社会、经济、土地、环境、管理等方面的基础资料和调研评估结论，以及在此基础上形成的针对遗址总体保护和各专项问题处理思路、对策和措施的来龙去脉，对《规划文本》的条文内容进行详细说明。《规划图纸》共20张，包括遗址区位图、遗址现状和各专项评估图、规划范围和保护区划图、各专项规划图等。

《汉长安城总体规划》是全国编制完成的第一个位于大城市近郊的特大型遗址的保护规划，遗址保护所面临的问题和困难的复杂性远远超过其他遗址。在编制过程中，主编单位针对遗址保护所面临的各类问题多次组织深入、全面的实地调研，并对各类问题进行深入系统的研究，除编制完成规划之外，还完成和发表了一大批学术专著和论文，在国内外产生了较大学术影响。规划提出的建立西安大遗址保护特区的建议被当地政府采纳，促进了遗址保护管理体制改善。2008年，汉长安城遗址被列入"十一五"期间大遗址保护名单；2010年，被公布为第一批国家考古遗址公园建设项目。《汉长安城总体规划》在处理城市发展与遗址保护的严峻矛盾、实现汉长安城遗址作为"丝绸之路：长安-天山廊道的路网"的遗产点之

一被列入《世界遗产名录》发挥了重要作用。

### 《云冈石窟保护规划（2008~2025）》

云冈石窟位于山西省大同市南郊区十里河（武周川）北岸山麓，是始建于5世纪中叶，建成于6世纪初的大型佛教石窟寺，遗迹、遗物年代包括北魏、唐、辽、金、明、清等多个历史时期。云冈石窟是中国第一个佛教石窟艺术高峰的经典杰作，也是中国第一个皇家授权开凿的石窟寺，对其后中国石窟艺术的发展产生了深远影响。1961年，被国务院公布为第一批全国重点文物保护单位，文物类型属石窟寺。2001年，被列入《世界遗产名录》。

1995年，中国城市规划设计研究院编制完成《云冈石窟规划》，为云冈石窟的保护提供了法规依据，并为云冈石窟被列入《世界遗产名录》提供了技术支持。《云冈石窟规划》设定的部分目标，属于中国政府向世界遗产组织承诺的石窟本体保护和环境整治项目，但计划实施相关项目的时间距规划编制时间已近十年。为科学、准确实现各项目标，急需重新编制保护规划。

2004年，山西云冈石窟文物研究所委托中国建筑设计研究院建筑历史研究所编制《云冈石窟保护总体规划（2008~2025）》（简称《云冈石窟总体规划》）。2010年，通过专家组评审论证，获国家文物局批复同意。2012年，由山西省人民政府批准公布。

规划范围包括云冈石窟的核心分布区和窟前区，以及环境影响区——云冈峪。云冈石窟的遗产构成依据体现其文化价值的必要因素确定，包括遗存本体、相关遗存和历史环境三部分。其中，依据中原北方地区佛教石窟寺遗

址的特征，云冈石窟的实物遗存可分为石窟遗存、建筑遗存两大类，包括洞窟所在的岩体、窟顶及窟前阶地的所有北魏至清代的佛教石窟寺遗迹。石窟遗存以窟室遗迹和石雕造像为主，包括洞窟的窟室及其构件与陈设、雕刻和绘塑装饰、题记等。云冈石窟存有主要洞窟45个、大小窟龛252个、石雕造像5.1万余躯，遗迹沿崖面连续、密集分布，总长度约1000米，崖高约20米，凿深约25米。建筑遗存包括窟檐、寺院、建筑遗迹、佛塔及佛塔遗址等。已发现的遗迹呈片状分布于窟前、崖壁和窟顶，窟前和崖壁分布较密集，窟顶分布较零散。依据云冈石窟兴建时期的历史文化背景，相关遗存包括云冈峪内的同期佛教石窟寺遗存，即鲁班窑石窟、吴官屯石窟和焦山寺石窟。

为使云冈石窟的遗产保护和管理符合世界遗产的保护和管理要求，将云冈石窟建成优质世界遗产地，《云冈石窟总体规划》重点进行3个方面的探讨。第一，采用国际上文化遗产保护、管理和展示的相关文件作为评估依据和标准，并根据评估内容的特征确定评估视角、制定量化指标，为规划措施的策划提供科学的、针对性的评估结论。第二，结合大同市经济结构调整和城市功能转型以及大同市历史文化名城保护需求，制定以"大云冈"为目标的遗产地价值整体保护的云冈石窟保护和管理战略。第三，根据云冈石窟作为世界文化遗产的特殊地位，探讨在中国法律体系下世界文化遗产保护和管理规划的模式。

规划涉及范围约80平方千米，其中重点保护区948万平方米。规划项目投资经费主要涉及保护、环境、展示利用、管理、研究项目和

基本预备费。规划分期为近期（2008～2010年）、中期（2011～2015年）、远期（2016～2025年）。

规划文件最终成果由《规划文本·图集》《规划说明》组成。《规划文本·图集》的文本部分共14章135条，由总则、遗产概况、遗产构成、价值评估、现状评估、规划原则与目标、保护区划与管理规定、保护规划、环境规划、展示规划、交通组织规划、管理规划、研究规划、规划分期与投资预算、附件组成；图纸部分共33张，含现状图、评估图、规划图。

2008年3月，《云冈石窟总体规划（讨论稿）》编制完成，在其后的两年半时间内，规划环境整治主要措施基本实施完成，不仅履行了对世界遗产组织云冈石窟环境改善的承诺，而且"大云冈"作为大同市历史文化资源保护和管理的规划战略目标初现成果。

**《老司城遗址保护规划（2009～2025）》**　老司城遗址位于湖南省永顺县县城东约19.5千米的灵溪河畔，地处武陵源山区中段的黑山山脉。老司城是土司统治时期中国西南山区土家族重要的政治、经济、军事、文化中心，是中国古代土司制度的重要例证，对研究土司制度以及西南少数民族历史、文化等具有重要价值。2001年，被国务院公布为第五批全国重点文物保护单位，文物类型属古遗址类。

老司城的城市功能齐全，但因军事防御需求选址于高山峡谷之中，场地条件苛刻，故城市功能分区分散。作为城市采石场的润雅采石场，位于老司城东北20千米的润雅乡，是距离老司城遗址最远的功能区域。对这样一座城市功能分区以点状分布、水路和陆路相互联系的

城市进行保护分区并制定管理规定，是编制老司城保护规划必须面对的关键问题和难题。

2004年，永顺县文物管理局委托中国文物研究所主编，湘西自治州文物管理局协编《老司城遗址保护规划（2009～2025）》（简称《老司城规划》）。2009年，通过专家组评审，获国家文物局批复同意。2010年，湖南省人民政府公布实施。

经分析，老司城遗址整体上呈现"点状分布，线状联系"的城市特点，灵溪河宛若老司城的生命线，串联几乎所有的城市功能。重要的遗址包括宫殿区、衙署区、文化教育区、居住区、墓葬区（紫金山、雅草坪）在内的中心城区，以及中心城区外的祭祖区（祖师殿）、祭祀区（喻家堡）、作坊区（谢圃，兵器库）、军事训练区（博射坪）、行宫（碧花山庄）、休闲区（钓鱼台）、贵族及平民墓葬区（莲花座、象鼻山）、建筑材料供应场（润雅采石场）等其他城市功能区域。截至2008年，老司城遗址出土文物百余件，主要是瓷器、釉陶器、砖瓦等。老司城遗址涉及范围约25平方千米，中心城区面积约19万平方米。

经过大量的基础工作，使已丧失原有城市功能的老司城遗址在现实条件下得到有效保护，并展现和发挥其应有的历史和现实价值，是编制《老司城规划》的基本出发点。由于老司城遗址存在地处山区、单元场地有限、城市功能分散、城市消亡后村落叠压等问题，因此最大限度地保护老司城遗址的总体格局及其环境的完整性和真实性，充分有效整治其人文环境和自然环境，努力保护老司城原有格局和生态状况，在坚持"保护为主、抢救第一、合理

利用、加强管理"的文物工作方针基础上，正确处理文物保护和经济建设、合理利用之间的关系，弘扬中国土家族历史文化，发挥社会效益和经济效益，成为编制《老司城规划》的主要指导思想。

《老司城规划》的主要特点体现在两个方面。第一，通过保护区划划定，实现对功能分散的老司城中心城区和其他分散的城市功能区域及其历史环境的"整体保护"。第二，通过对14户占压在重点遗址上的民居进行村落内的调配、搬迁，保护遗址、保存村落、满足村民需求，实现遗址和村落共存、保护与发展兼顾的"整体保护，和谐发展"保护理念。

规划范围约25平方千米，保护区划分为保护范围（802.49万平方米）、建设控制地带（1855.6万平方米）。其中，保护范围按照遗存分布密集程度分为重点保护区（142.6万平方米）和一般保护区（659.89万平方米），建设控制地带针对建设压力和环境保护力度分为三类。规划分期分为近期（2009～2015年）和远期（2016～2025年）。

规划文件最终成果由《规划文本》《规划图纸》《附件》组成。《规划文本》分为两大篇15章节：第一篇为现状分析，包括遗址概况和专项评估；第二篇为保护规划，包括总则、规划指导思想原则及目标、保护区划与管理规定、保护措施、保护工程、考古规划要点、展示规划、管理规划、生态保护要点、课题研究计划、投资估算、实施保障体系、附则。《规划图纸》共30张，含现状图和规划图。《附件》包括现状照片、相关文件、基础资料清单等。

《老司城规划》通过深入分析老司城遗址

的城市特征，针对性地探讨有效的、可行性的规划对策。2010年，老司城遗址被列入首批国家考古遗址公园立项名单。此外，中国文化遗产研究院根据保护规划分期要求，承担《老司城遗址第一期文物本体抢救性保护方案》设计工作。2013年，湖南永顺县老司城遗址文物抢救性保护工程（一期）获评"2012年度全国十大文物维修工程"。《老司城规划》和《老司城遗址第一期文物本体抢救性保护方案》的编制和实施，为"中国土司遗址"申遗工作打下了基础。2015年，中国土司遗址被列入《世界遗产名录》。

**《隋唐洛阳城遗址保护总体规划（2007～2020）》** 隋唐洛阳城遗址位于河南省洛阳市，属黄河流域伊洛河冲积平原，是隋唐两朝都城所在地之一。隋唐洛阳城是中国古代重要都城之一，是丝绸之路东方起点之一，是隋唐大运河的兴建起点与枢纽城市，于7～10世纪在世界产生过显著影响。隋唐洛阳城遗址在中国文化遗产中具有极为突出的价值，在国家重大文化资源分布区域"洛阳片区"具有显著地位。1988年，被国务院公布为第三批全国重点文物保护单位，文物类型属古遗址类。

洛阳既是中国历史上若干重大遗迹的密集分布区，又是中华人民共和国成立后重点建设的工业城市之一，文物保护与城市发展的局部矛盾历来突出。2006年，在洛阳市第四期城市总体规划修编开展之际，在国家大力支持和推进文化遗产保护事业快速发展的形势下，在土地严重紧缺、人口与资源矛盾尖锐的条件下，为实现隋唐洛阳城遗址整体保护，统筹协调遗产保护与城市发展需求，洛阳市文物管理局委

托中国建筑设计研究院建筑历史研究所主编，河南省洛阳市文物管理局、中国社会科学院考古研究所协编《隋唐洛阳城遗址保护总体规划（2007～2020）》（简称《隋唐洛阳城总体规划》）。2010年，规划编制完成，通过专家组评审论证，获国家文物局批复同意，并由河南省人民政府公布实施。

规划分析认为，隋唐洛阳城遗址的遗产构成分为遗产本体、遗产环境、可移动文物、重要历史文献。遗产本体包括城址、西苑遗址及分布其间的水运水利遗址。遗产环境包括遗址周边的山形水系，其中山形主要包括邙山、龙门山、周山等洛阳盆地周边的低丘山陵，水系主要包括盆地中的洛河、伊河、瀍河、涧水水系与黄河局部地段。可移动文物主要出土于隋唐洛阳墓葬和里坊区，共3万余件，主要包括墓志、陪葬品、生活用品与建筑构件，材质涉及金、银、铜、陶、瓷、玉、砖、石等。与隋唐洛阳城遗址相关的重要历史文献，不同历史时期的文字记载，对遗产文化价值的认定和研究具有不可替代的重要作用。

大量开展基础工作后，《隋唐洛阳城总体规划》评估出隋唐洛阳城遗址保护面临的最主要问题是"在土地严重紧缺、人口与资源矛盾尖锐的条件下，合理协调遗址保护和城市发展对同一块土地提出的不同需求"，主要是土地资源、"三农"问题、城市发展问题、遗产价值整体保护问题。依据评估结论，提出"整体保护"目标，提出"整体保护、和谐发展、资源整合、集成创新、系统展示"的原则，采取分层级的保护区划、居民社会调控、土地使用性质、遗址经济结构等措施，以实现遗址整体

保护理念。

规划针对城市建成区大型考古文化遗址保护所面临的城市发展压力，围绕"整体保护"与"和谐发展"的规划目标，重点探讨文化资源保护与城市发展建设有机结合的规划策略，探讨大遗址保护与利用的需求、与遗产地居民利益和城市文化体系建设及经济发展的协调可能。运用考古、史学、城规与遗产保护等学科知识集成创新，在土地资源紧缺条件和高速发展的城镇化建设高潮中，寻求文化遗产保护与城市发展的双赢目标，以实现文化资源整合，支撑洛阳盆地中大遗址群保护和利用的综合效应。

规划范围2150.48平方千米，保护区划分为保护范围（5159.26万平方米）、建设控制地带（490.44万平方米）、环境控制区（209424.67万平方米）。其中，保护范围按照遗存分布密集程度分为重点区（704.19万平方米）、一般区（4455.07万平方米），建设控制地带针对建设压力和环境保护的力度分为两类，环境控制区依据景观控制要求分为三类。规划项目投资经费主要涉及土地征用、居民搬迁、本体保护、环境整治、考古研究、遗址展示、规划咨询，列入地方财政承担。规划分期为近期（2007～2010年）、中期（2011～2015年）、远期（2016～2020年）和不定期（2007～2020年）。

规划文件最终成果由《规划文本》《规划图纸》《规划说明》《基础资料汇编》组成。《规划文本》共20章120条，由总则、遗产概况、遗产价值评估、遗产保存现状评估、规划框架、城市保护区划、城址保护规划、西

苑遗址保护规划要求、其他时期遗址保护管理要求、遗产环境保护规划、遗产展示规划、遗产管理规划、遗产考古研究规划、洛南里坊遗址区居民社会调控规划、土地利用调整规划、与相关规划的衔接要求、规划咨询项目、规划分期与投资估算、规划实施保障、附则组成。《规划图纸》共59张，含现状图、分析评估图、规划图。《规划说明》含项目概况、遗产本体概况、相关遗存、价值评估、遗产保存现状评估、遗产综合现状评估、规划框架、保护规划综合说明。《基础资料汇编》含隋唐洛阳城历史文献摘录、遗址现状考古调查、建筑历史及考古研究、相关法规文件摘录、遗址保护工作调查、规划参考资料目录。

《隋唐洛阳城总体规划》作为隋唐洛阳城遗址保护管理的规范性技术文件，为及时开展隋唐洛阳城遗址的保护与利用工作，提供了可操作的、具有指导作用的规划策略，为洛阳城市建设与大遗址保护的协调发展提供了解决途径。同时，创新城市建成区的大遗址保护规划的若干关键技术，可供同类大遗址保护规划借鉴。2014年，隋唐洛阳城定鼎门遗址被列为世界文化遗产"丝绸之路：长安-天山廊道的路网"遗产点之一。2015年11月，《隋唐洛阳城总体规划》获"第四届新加坡城市规划奖"金奖。

**《承德避暑山庄及周围寺庙文物保护总体规划（2011～2020）》** 承德避暑山庄及周围寺庙位于河北省承德市双桥区。避暑山庄是中国保存规模最大的古典皇家园林，其周围寺庙是中国保存规模最大的皇家寺庙群，是清代始建且留存至今最为重要的古建筑群之一。

其中，避暑山庄、普宁寺、普乐寺、须弥福寿之庙、普陀宗乘之庙，安远庙、殊像寺，溥仁寺，普佑寺于1961～2006年相继被公布为第一、三、五、六批全国重点文物保护单位，文物类型属古建筑类；罗汉堂、广安寺分别于1982年、2008年被公布为河北省文物保护单位；广源寺、狮子园于1983年被公布为承德市文物保护单位，清坝于1983年被公布为双桥区文物保护单位。1994年，承德避暑山庄及周围寺庙（不含狮子园、清坝）列入《世界遗产名录》。

20世纪90年代，避暑山庄的保护面临极大压力。一方面，避暑山庄及周围寺庙位于承德市建成区中心，急速的城市化严重影响遗产景观。另一方面，避暑山庄与周围寺庙自清晚期以来失修、破坏严重，古建园林大量湮灭。经多年保护略复旧观，但遗产的真实性、完整性与延续性均存在很多问题，迫切需要编制全面、科学的保护规划来控制城市建设、合理安排保护工作并协调各方面不同的诉求。

《承德避暑山庄及周围寺庙文物保护总体规划（2011～2020）》（简称《总体规划》）的编制工作大致分为两个阶段。第一阶段为规划初步编制阶段（2006～2008年）。2006年7月，承德市文物局委托中国文物研究所编制《总体规划》；9月，国家文物局同意规划立项。2007年底，完成规划初稿。2008年底，各方取得基本一致的意见，形成规划文本及图纸。第二阶段为规划调整完善阶段（2009～2011年）。2009年5月，国家文物局组织评审，认为原则上可行，并在多个方面提出具体意见，编制人员据此对规划进行相应调整。2010年，中央领导的重要指示及承德市委、市政府提出的"大避暑山庄"战略，为全面保护避暑山庄及周围寺庙创造了政策条件，规划编制在全面保护遗产整体格局的基础上，力求支持地方经济发展与城市建设，达到双赢。2010年5月，完成规划文件修改，进一步明确保护范围和建设控制地带与遗产区及其缓冲区之间的关系与相关管理规定，加大对部分建设控制地带重要地段的控制力度，明确遗址复建的要求，完善实施项目。2010年11月，规划修改稿请专家函审；12月，专家会审反馈，进一步调整。2011年3月，原则通过专家评审；10月，提交规划最终成果。2012年2月，由河北省人民政府公布实施。

《总体规划》梳理了遗产构成。避暑山庄及周围寺庙，包括避暑山庄及其周围的十二座皇家寺庙以及相关设施，形成了以避暑山庄宫苑与皇家寺庙为主体，敕建祠庙及民间庙宇道观环拱四周，市肆、民居作为背景，人工营建与自然山水景观融合的总体格局。避暑山庄占地564万平方米，宫墙长达10千米，是一座宫苑一体的大型皇家园林，分为宫殿区和苑景区两大部分，苑景区又有湖区、平原区和山区之分。山庄内古建筑120余组，因山就水，遍布全园。山庄外围陆续修建十二座皇家庙宇，多为汉藏结合形式。狮子园为雍正为皇子时的赐园，后成为御园。清坝是避暑山庄旁武烈河的防洪坝。

避暑山庄及周围寺庙的保护区划的复杂性在于两方面：一是各级文物保护单位众多，二是文物保护单位与中心城区空间上相互交错。因此，从文物保护要求出发，需要对大部分中心城区进行建设控制，规划范围面积约30平方千米。在满足保护基本要求的同时，又必须考虑承德市的社会经济发展要求，因此在保护范围外共划定五类建设控制地带、两类环境协调区，目的在于有效保护遗产价值，同时兼顾社会发展，并提高行政审批效能，使规划具有可操作性。保护范围对应世界文化遗产的遗产区，建设控制地带与环境协调区对应世界文化遗产的缓冲区。此外，遗产构成中古建筑、园林、遗址等类型丰富，规划以详细的专项评估为基础，秉持主流保护理念，多学科协同，合理安排了保护措施与时序。

《总体规划》编制充分考虑到了利益相关方诉求的多样性及合理性、避暑山庄及周围寺庙与承德城市建设的密切相关性。避暑山庄与周围寺庙促成了承德市区的始建和发展，宫苑寺庙与市廛的滚滚红尘共同组成了遗产鲜活的生命，城市发展与遗产保护必须相辅相成。因此，《总体规划》在调控遗产与环境关系保护区划划定中，采取"有收有放"策略，一方面严控具有本体意义的喇嘛寺和狮子沟地段，另一方面将景观意义已获得各方共识的承德老市区大部分划为环境协调区，由承德市自行控制，简化行政程序。在文物价值评估方面，抓住宫苑格局及"景"与古建筑的离合关系，体现保护"景"要避免仅着眼于实体，而需保护其"场所精神"的思路，全面评估并在此基础上提出针对性强的保护措施。《总体规划》融合了城市规划体系中控规与详规的特点，既在保护区划方面体现法律条文的原则性，又在保护展示等章节充实内容，以便指导具体工作。

规划的保护区划分为保护范围（960万平方米）、建设控制地带（1700万平方米）、环境协调区（1250万平方米）。其中，保护范围根据文物本体保护强度差异及管理需求分为重点区（670万平方米）、一般区（290万平方米），建设控制地带分为五类，环境协调区分为两类。规划项目的投资经费主要涉及实地勘察测绘、基础资料收集、地图地理信息使用等，列入国家财政预算。规划分期为近期、中期和远期。

规划文件最终成果由《规划文本》《专项评估》《规划图纸》《规划说明》《基础资料汇编》组成。《规划文本》共21章130条，包括总则、遗产综述、遗产构成、价值评估、遗产本体评估、遗产环境评估、保护区划评估、保护现状评估、利用现状评估、管理现状评估、研究现状评估、保护规划框架、保护区划、文物本体保护规划、环境保护规划、展示利用规划、管理规划、世界遗产监测、研究规划、规划分期与附则。《规划图纸》共213张，包括评估图163张、规划图50张。《基础资料汇编》收入专项调查记录14篇，还包括大事记、年表、各类调查资料等。

《总体规划》保护对象级别高，类型全，范围广，面积大，且与城市用地错杂相间。从类型上讲，既是全国重点文物保护单位组群的保护规划，又是世界文化遗产保护管理规划的尝试。编制过程中，对此类大型、复杂的国家历史遗产地保护规划在评估内容与指标体系、保护区划界划、保护措施安排等方面取得一些经验。从实施情况来看，承德市基本做到了以保护规划为依据，按照行政许可程序审批规划建设方案，有效控制了中心城区建设活动对遗产格局与景观的破坏，保护效果显著。《总体规划》也为国家"十二五"期间实施避暑山庄及周围寺庙文化遗产保护工程的管理提供了技术依据。

**《延安革命旧址群保护利用规划（2018～2022）》** 延安革命纪念地旧址分布于延安市13个县、区，地处黄土高原的腹心地带，曾是解放区政治、经济、文化和军事中心，是举世闻名的革命圣地，也是全国保存最完整、覆盖面积最大的革命旧址群。在近代中国追求民族独立和人民解放的伟大革命历程中，延安具有重要历史地位和纪念意义，是重要的爱国主义、革命传统教育基地和红色旅游首选地。根据第三次文物普查统计，延安共有革命旧址445处，其中被公布为全国重点文物保护单位的有8处21个点，省级文物保护单位有134处，市级文物保护单位有92处，县（区）级文物保护单位有5处，文物类型属近现代重要史迹类。

中国共产党和各级人民政府对延安革命纪念地旧址的保护极为重视，但由于战争年代的战火破坏及自然损毁，特别是城乡建设快速发展对文物保护空间的限制挤压，使延安革命纪念地旧址的保护管理和科学研究面临新的困难与问题，一些旧址的保存状况和保存环境亟待改善，制定纪念地旧址群总体保护规划势在必行。

2006年，陕西省文物局、延安革命纪念地管理局委托陕西省文化遗产研究院编制《延安革命纪念地旧址总体保护规划》（简称《延安保护规划》）。在规划编制前期，对多数旧址进行实地勘察，查看参阅史料记载及相关研究成果，结合2008年延安革命纪念地管理局报送的《延安市文物局关于革命旧址调查的通知》

所列旧址调查表，进行全面归纳整理、分析分类，以所列旧址作为保护规划保护对象。根据《文物保护法》《陕西省文物保护条例》《延安革命旧址保护条例》等文物保护要求，与延安市文物局领导及相关专业人员多次座谈、沟通，制定了总体保护规划的基本章节、条目与框架。旧址数目于2011年参考第三次全国文物普查资料进行调整修改，及时将最新的调查成果纳入保护对象。2011年，《延安保护规划》通过专家组评审论证。2012年，获国家文物局批复同意。

经《延安保护规划》梳理，延安革命纪念地旧址建筑由中央机关、政府机关、商业、医疗、教育、经济、会议旧址、居住及公共建筑、军事构筑物等类别组成，形式包含依山开凿的土石窑洞、砖石面土窑洞、砖石平顶窑、砖石两坡顶建筑、砖木两坡瓦屋面建筑、中西合璧形式的礼堂、教堂、纪念碑、石碑石刻等，以及战场遗址等。旧址分布在37037平方千米的范围内，以市区宝塔区和子长县数量最多。

该规划不同于以往单点文物保护单位的保护规划，而是首次以一个市域范围内某一类型文物整体作为保护对象，对延安革命老区445处旧址点统筹考虑，提出保护措施建议，是针对文物保护进行区域性规划的积极探索。由于旧址数量众多，分布范围广泛，所处环境复杂多样，旧址破坏因素也并非单一来源，主要包括水土流失、洪水、山体塌方等灾害破坏，日晒、风吹、雨淋等侵蚀破坏，建筑构件糟朽、坍塌、杂草滋生等自然因素破坏，以及人为拆除、开山取石、人为改建、改变用途（饲养牲畜、堆积杂物等）、基础设施建设破坏、市政建设破坏等人为因素。

《延安保护规划》根据各县、区旧址的价值、区位、保存状况、展示利用基础、保护管理等级情况，对445处旧址实行分级、分期的保护规划，突出重点，形成示范。从本体保护、环境整治、展示利用、管理措施等方面，形成延安革命旧址连续性、完整性、真实性统一保存的保护利用与科学管理体系。将445处旧址划分为调查后记录备案的旧址、92处重点保护旧址、各级文物保护单位旧址3个层次的保护框架，开创性提出"以点、线、面、群为层次，形成一心、两线、三片区、五大主题的保护总体布局"，从而对旧址保护重点区域、进一步开展展示利用的基础与依据，作出阐释。2012年，延安市委、市政府确定"中疏外扩，上山建城"的未来城市发展战略，决定集资千亿元实现老城区疏解建筑密度、保护革命旧址、发展旅游产业，并向外拓展城市发展空间，突出"红色延安"和"现代延安"两个特色，为延安革命旧址本体保护及周边环境风貌的恢复提供了城市规划技术层面和还原历史政治层面的保障。2016年，随着国家对革命文物保护的重视，文物保护项目立项的细化，《延安革命纪念地旧址总体保护规划》更名为《延安革命旧址群总体保护规划（2018～2022）》进行修编完善。在原有区域性文物保护规划基础上，打破旧址分布的县域疆界，突破原有"北部""东部""南部"片区划分，以延安革命时期不同历史阶段、在延安发生的影响中国革命的历史事件为核心，提炼出西北革命根据地、中共中央所在地、全面抗战、新民主主义共和国的"试验区"和"示范区"、转战陕北5个核心主题，并涵盖陕西红色政权、中央红军结束长征落脚延安、东征西征战役、抗日民族统一战线、国共合作、陕甘宁边区政权建设、大生产运动、延安窑洞育英才等若干子主题，立体、多维展示延安在中国近代史和中国革命史上的地位。

规划的保护区划分为两级，即445处革命旧址各自的保护范围和建设控制地带。规划项目的投资经费主要覆盖旧址本体修缮加固工程、安全工程、展示利用工程、环境工程、立碑工程。规划分期为近期（2018～2019年）、远期（2020～2022年）。

规划文件最终成果由《规划文本》《规划图纸》《规划说明书》《规划表格》组成。《规划文本》共14章81条，由总则、旧址遗存构成、价值评估、综合现状评估、保护规划、环境规划、展示利用规划、管理规划、防灾减灾规划、分期规划、保障措施、项目概算、近期建设、规划附则组成。《规划图纸》24张，涵盖现状图、评估图、规划图及重要国保旧址区划图。《规划说明书》是对《规划文本》的细化与解释说明。《规划表格》是对445处旧址构成、等级、保存现状、管理现状、规划措施、项目概算等基础信息与实施计划的资料汇总。

《延安保护规划》落实延安"建设新区、疏解老城、保护圣地"的城市发展战略思路，以建设"革命博物馆城"为突破口，建立了符合革命旧址保护与展示的管理模式，加强了革命旧址历史环境风貌的恢复和塑造，彰显革命旧址价值特色，发挥了革命旧址保护在文化传承、生态建设、旅游发展、民生改善、推动区域经济社会和谐发展中的独特功能与重要作用。

**《汉魏洛阳故城保护总体规划（2008～2025）》** 汉魏洛阳城遗址位于河南省洛阳市的洛龙区、偃师市、孟津县，北依邙山，南临洛河，具有典型的都城选址特征。汉魏洛阳城是东汉、曹魏、西晋、北魏同址沿用的都城遗址，历代城市建设的承继和演进序列完整，具有汉族和鲜卑族民族文化交融的独特性，是中国古代文明发展史中期过渡和转折阶段的重要物证，是中国古代都城规划建设格局变革期的重要物证。1961年，被国务院公布为第一批全国重点文物保护单位，文物类型属古遗址类。

汉魏洛阳故城遗址区大部分位于农村地区，分布范围广，涉及大量农业用地、居住用地和各类建设用地。规划编制的目标是综合协调文化资源保护与社会发展需求关系，实现汉魏洛阳故城长期持续的保护管理。

2007年，河南省洛阳市文物管理局委托并协助中国建筑设计研究院建筑历史研究所主编、中国社会科学院考古研究所协编《汉魏洛阳故城保护总体规划（2008～2025）》（简称《保护总体规划》）。2010年，获国家文物局批复同意。同年9月，由河南省人民政府公布实施。

经《保护总体规划》梳理，东汉时期城市面积约10平方千米，北魏时期近80平方千米。由于历代变更和地层叠压，遗址现状整体格局以北魏为主，是典型的三重城规制，城市轴线、分区、路网遗迹信息丰富。保存有东汉至北魏各时期的城墙遗迹，宫殿、佛寺、礼制建筑、手工业作坊、墓葬等各类建筑遗迹，城市

水渠、水堰、漕运水道等水利系统遗迹，以及丰富的艺术品、石刻等出土文物。

《保护总体规划》针对汉魏洛阳故城多朝代沿用、规模广大、遗存庞杂的遗产特点，重点研究落实遗产价值特征与遗存要素的对应关系，明确保护对象和特征指标。针对遗址城郊地带的环境条件，摸清遗址的保存条件、主要影响因素以及保护和发展需求，作为遗址保护区划划定、遗存保护、展示利用、管理监测等措施制定及实施分期的直接依据。在管理措施中，借鉴世界遗产保护管理理念，在遗址原有的国保单位管理体系基础上，强调优化体系构成，加强执行手段，提升管理能力等。引入世界遗产监测理念，制定汉魏洛阳故城的监测规划，建立健全监测体系，加强遗产保护管理的科学性和有效性。

规划范围9970.44万平方米，其中保护范围总面积7927.63万平方米，建设控制地带总面积2042.81万平方米。投资经费主要涉及本体保护、环境整治、遗址展示。规划分近期（2008～2015年）和中远期（2016～2025年）两个阶段。

规划文件最终成果由《规划文本》《规划图纸》《规划说明》和《规划附件》组成。《规划文本》共16章，包括总则、遗产概况、遗产价值、遗产构成分析、现状评估、规划原则与目标、保护区划与管理规定、本体保护规划、环境保护规划、利用规划、管理规划、遗产监测规划、研究规划、规划分期及实施重点、投资估算及附件。

2013年，汉魏洛阳故城作为"丝绸之路：长安-天山廊道的路网"遗产点之一被列入

《世界遗产名录》。

### 《辽宁省兴城古城保护总体规划（2011～2030）》

兴城古城位于辽宁省葫芦岛市兴城市市区中心，东依首山，背靠九龙山，东临东河，西傍兴城河，依山傍水，易守难攻，军事地位十分重要，是东北地区唯一完整保存下来的明代古城。古城居辽东湾西岸、"辽西走廊"中段，是关内外交通的必经之地。明宣德三年（1428年），总兵巫凯和都御史包怀德向朝廷请建卫城，称宁远卫。后经明代多次兴修，成为边疆重地，并在明末抵抗清军入关时发挥过重要作用。兴城古城是明代辽东镇长城防御体系的重要组成部分，也是长城陆地防御和海上防御的交会地点，为关外仅存的军事重镇和防御据点，是宁远大捷和宁锦大捷的主战场，是研究社会史、政治史、军事史、城市史等学科和领域的珍贵史料。兴城古城是中国东北地区唯一完整保留城墙的城市，在城池选址、形制、建造特征以及与其他军事设施一起形成的军事防御体系等方面，均是明代卫所城市乃至古代军事城市的典型案例。2006年，兴城文庙、钟鼓楼和祖氏石坊与第三批全国重点文物保护单位兴城城墙合并，定名兴城古城，被国务院公布为第六批全国重点文物保护单位，文物类型属古建筑类。2006年和2012年，兴城古城作为明清城墙代表被列入《中国世界文化遗产预备名单》。

兴城古城在明代为内外两重城墙，且均有护城河。兴城古城内城墙基本保存完整，外城墙及内外护城河均已湮没，地上仅局部残存遗址；内城主要街巷格局基本完整，保存有文庙、钟鼓楼、祖氏石坊、城隍庙、郜家住宅和周家住宅等文物建筑，内城和外城均保存有一些具有典型地方特色的辽西民居。兴城古城是兴城市"山、海、城、泉、岛"特色资源的重要组成部分，也是东北地区重要的文化景观资源和旅游景区，保护好古城并进行适当展示，对该地区的经济文化发展可发挥巨大作用。古城内社会环境、景观环境、环境质量、交通现状等情况制约着兴城古城的旅游文化发展，现代化发展给兴城古城带来的建设压力不断加剧。随着国家对文物保护整体管理能力的不断提升和支持力度的加大，对兴城古城进行整体保护和规划，协调保护和可持续发展，紧跟现代化进程，成为一项紧迫任务。

2011年，辽宁省兴城市文化局委托东南大学建筑设计研究院编制《辽宁省兴城古城保护总体规划（2011～2030）》（简称《兴城古城总体规划》）。同年，通过专家组评审论证，获国家文物局批复同意。2012年10月，由辽宁省人民政府批准公布实施。

《兴城古城总体规划》对古城价值、本体保存现状、环境现状、管理现状、利用与展陈现状、研究现状、存在问题进行专项评估。依据评估结论制定评估框架，对兴城古城保护进行统筹规划，按照保护区划层次和保护现状设立保护措施。着重环境规划、展示与利用规划、旅游规划引导、管理规划、研究与考古规划、基础设施调整规划。结合城市交通发展需要，对规划范围内的道路交通进行调整，提出规划范围内用地调整建议，人口调控措施，对环境质量、生态环境、历史环境和景观环境进行规划。以兴城古城的文物保护为前提，科学、适度、持续、合理地展示利用，传递真实完整的历史信息，促进社会效益与经济效益协调发展。协调处理旅游活动与文化遗产保护的关系，保证旅游事业纳入可持续发展轨道，在有效保护兴城古城历史真实性和其历史、科学与艺术价值的前提下，适度开展旅游，并规范旅游收入的分配，确保旅游收入的一定比例能够纳入古城保护资金。在开展环境整治和市政设施建设的同时，对新的考古发现进行保护与深入研究。注重基础设施调整规划，包括给水工程、排水工程、供电工程、通信工程、燃气工程、供热工程、环卫设施规划以及防灾规划等，为古城保护及开发奠定重要基础。

规划面积505.41万平方米，保护区划分为保护范围（21.8万平方米）、地下文物埋藏区（12.7万平方米）、建设控制地带（215.0万平方米）和环境协调区（252.5万平方米）。其中，建设控制地带进一步划分为一类建设控制地带（80.5万平方米）和二类建设控制地带（134.5万平方米）。规划项目投资经费主要涉及居民搬迁，列入地方财政承担。规划分期为近期（2011～2015年）、中期（2016～2020年）、远期（2021～2030年）。

规划文件最终成果由《规划文本》《规划图纸》《规划说明》《基础资料》组成。《规划文本》共14章，由总则、保护对象、专项评估结论、规划框架、保护区域、保护措施、环境规划、展示与利用规划、旅游规划引导、管理规划、研究与考古规划、基本设施调整规划、规划分期、投资估算、附则组成。《规划图纸》由现状部分和规划部分组成。《规划说明》由编制说明、保护对象说明、专项评估说明、保护区划说明、保护措施说明、环境规划

说明、展示与利用规划说明、管理规划说明、基础设施调整规划说明、投资估算、实施保障组成。《基础资料》含内城墙保存现状分段评估、内城墙测绘图、古城传统民居测绘、古城传统民居历史研究、历史照片和图纸资料、历史研究资料。

为推进古城保护开发工作，兴城市政府召开专题会议，聘请知名专家学者担任工作顾问。在委托东南大学编制《兴城古城文物保护规划》的同时，委托同济大学编制完成《古城建设控制性详细规划》，委托东南大学、解放军总装备部设计院编制《古城利用修建性详细规划》，委托清华大学、东南大学和中国城市规划设计院编制《古城利用概念性设计》。这些规划的目的是明确兴城古城未来的发展方向和控制依据，合理利用古城内文物资源，实现古城可持续发展。相关规划措施大多已获得落实，有效推进了整体保护、和谐发展的规划目标，为兴城古城的发展奠定了良好基础。

**《青岛八大关近代建筑文物保护规划（2011～2030）》** 青岛八大关近代建筑位于山东省青岛市南区南部，西起汇泉角，东至太平角，背靠太平山，因纵横于此区域的8条以古代重要关隘命名的道路而得名，是中国近代别墅建筑群，占地2平方千米。八大关近代建筑融合西方古典主义、浪漫主义、现代主义等多种建筑风格，以及德式、西班牙式、俄式、日式等东西方建筑艺术的诸多形态，汇合了许多国家的建筑语言，有"万国建筑博览会"之誉。整个建筑群依山傍海，与周围自然环境融为一体。2001年，被国务院公布为第五批全国重点文物保护单位，文物类型属近现代类。

由于青岛八大关位于青岛市区，保护对象不确定，在本体保护、历史景观、展示方式、居民生活与基础设施等方面存在一些问题。2011年，青岛市文物局委托北京清华城市规划设计研究院文化遗产保护研究所编制《青岛八大关近代文物保护规划（2011～2030）》（简称《八大关保护规划》）。同年，通过专家组评审论证，获国家文物局批复同意。

《八大关保护规划》通过历史梳理分析和现状评估，摸清青岛八大关存在的各种问题。保护对象不确定，自然侵蚀严重，部分文物建筑年久失修，部分建筑维修不当等本体保护方面的问题。整个八大关区域的城市历史景观价值未受到重视，缺乏认知和保护。文物周边日益增长的城市发展建设压力及现有文物保护区划的不完善，文物建筑产权单位众多且分散，不利于管理和修缮统一性的执行，造成文物本体维修缺少标准和监督，存在文物周边建筑风貌和城市历史景观破坏管理方面的问题。八大关近代建筑展示方式单一、设施落后、空间不足，以零星文物建筑的单体展示为主，整个区域历史及文物价值缺乏必要的展示、阐释与宣传的展示利用问题。整个八大关区域交通道路空间相对紧张，缺乏必要的停车场及公共交通设施，大量非文物建筑缺乏统一的市政供暖设施等，需要解决区域的基础设施和民生需求。

《八大关保护规划》依据现状问题，制定了有针对性的规划措施。根据对建筑档案、历史地图及相关资料的搜集整理和分析，明确保护对象目录。根据对历史规划的梳理，明确城市历史景观的保护要素。本体措施方面，在每栋建筑评估研究的基础上，根据不同程度、不同类型的残损问题制定相应保养工程、维护工程、修缮工程和抢救工程等，并强调修缮原则，制定修缮导则。从文物本体安全及城市历史景观角度，结合周边实际情况，重新划定保护区划分级及范围。在管理规划中，成立多部门管理委员会，协调解决产权管理问题。利用环境规划，局部调整用地性质，结合城市整治工程，对影响文物周边景观风貌的建筑进行修整、改造、拆除，使区域内城市历史景观得以展现和保护。展示措施方面，重新梳理文化脉络，制定展示区域、展示线路、提升服务设施，利用城市景观绿地，设置八大关历史展示公园。针对市政基础设施和民生需求，提出相应设施铺设要求及规划。《八大关保护规划》综合考虑文物保护与城市发展衔接、与环境保护相结合，力求促进文物保护、价值阐释、社会效益与民生的协调统一。

《八大关保护规划》构思及特色可归纳为4个方面。第一，根据对单体建筑档案的整理，真实性的判定，明确原本数量不确定的文物建筑名录。在规划初期对整个八大关地区的1000余栋建筑进行逐一踏勘。详细查找八大关地区资料，包括文献、历史地图、单体建筑及区域规划档案等，通过对八大关近代建筑建立多元化评定标准，确定八大关文物建筑237处，并列出名录。根据历年城市规划，对保护对象进行详细分类和分级，除包括建筑单体，还包括院墙、道路、绿地、街区等城市历史景观。第二，考虑保护与发展的关系，将建筑改造再利用和区域适度发展进行结合。八大关近代建筑面积巨大（相对于普通文保单位），区域内建筑也很复杂，项目组利用文物保护真实性原则，对八大关建筑进行历史追溯与分析和文物现状评估分析，与八大关正在进行的建筑改造和文物保护充分结合，制定文物建筑修缮导则和非文物建筑风貌要求。整体保护方面，对比现状和历史格局，制定不同的保护级别和控制要求，划定具有针对性的分级保护范围和建设控制地带。为保护其山海城的历史景观及历史规划成果，将道路及海滨区域放入保护范围内，加强该地区一再弱化的历史景观控制力度，提高有效性和可操作性。第三，在与政府、管理部门、产权单位、使用单位等机构沟通可行性前提下，成立多部门组成的管理委员会，协调产权管理问题。由于历史原因，区域内文物建筑的产权分属于多个单位，而非居住者或文物部门所有，文物保护工作开展起来格外费力耗时。项目组在青岛市文物局带领下，在与青岛市领导沟通后，由青岛市规划、城建、文物、园林、国土、执法局等相关政府部门及八大关近代建筑各产权单位联合成立八大关管理委员会，负责八大关、太平角地区的风貌控制、建筑改造、环境整治、旅游组织等工作，协调文物建筑使用权和产权问题，并对文物部门与其他部门的工作进行详细责权分工。第四，利用历史上的规划体系、延续规划思想来完成文物保护规划，是对八大关建设制度真实性的延续，体现了历史文献对规划措施制定的指导作用。八大关历史面貌决定于1932年国民政府的规划，在规划中不仅对八大关地区的街区容积率、建筑密度等规划指标有明确规定，对建筑位置、样式、高度、立面、色彩，甚至内部功能设置和院落围墙造型等均有规定。《八大关保护规划》吸取前人成果，在规划中多次延续前人制度，保持八大关地区历史面貌。对八大关来说，延续的规划思想是对八大关真实性的全面保护与延续，从侧面说明了档案文献研究与使用对规划决策的重要作用。

规划范围461.7万平方米，保护区划分为保护范围（308.6万平方米）、建设控制地带（153.1万平方米）。其中，保护范围按照遗存分布密集程度分为重点保护范围（39.1万平方米）、一般保护范围（269.5万平方米）。规划项目投资经费主要涉及文物建筑和文物院落的修缮，文物安全的三防设施，相关文物环境的整治和基础设施的改善，由国家和地方财政共同承担。规划根据八大关近代建筑的保护目标，结合国家五年分期计划，分为近期（2011～2015年）、中期（2016～2020年）、远期（2021～2030年）和不定期（2011～2030年）。

规划文件最终成果由《规划文本》《规划图纸》《规划说明》《基础资料汇编》组成。《规划文本》共13章99条，由总则、遗产概况、专项评估、规划原则和策略、保护区划与管理规定、保护措施、环境保护规划、展示利用规划、文物管理与研究规划、规划实施分析、投资估算、附则、附表组成。《规划图纸》共31张，含总图、现状分析图、评估图、规划图。《规划说明》是对规划文本的条文解释，包含针对八大关近代建筑的详细历史沿革及对比分析整理，规划设计数据、图、表，其他规划文本涉及需要说明的内容和相关文件资料。《基础资料汇编》含236处文物建筑的相关资料、档案、工程图纸等；青岛八大关区域的历史地图、档案、涉及该区域的历史规划、相关建设及规划管理文件；与八大关近代建筑相关的研究资料、论文、参考文献等；八大关近代建筑保护工作概况、文物"四有"档案、相关法规及政府文件、保护管理大事记；规划区域涉及并需要协调衔接的相关规划的部分章节与图纸（如青岛市总体规划、青岛市历史文化名城规划等）。

《八大关保护规划》在对历史文献进行充分研究与解读的基础上，成功延续了文物价值及其历史真实性，并合理有据地调和了八大关地区文物保护与社会发展的矛盾，为该地区的发展及更新指出了合理可行的新方向。2013年9月，《八大关保护规划》获"北京市优秀城乡规划设计"一等奖；2014年12月，获"2013年度全国优秀城乡规划设计奖（城市规划类）"三等奖。

**《佛宫寺释迦塔保护规划（2014～2030）》** 佛宫寺释迦塔位于山西省朔州市应县，俗称应县木塔，为古代佛宫寺的主体建筑，是世界上遗存最高的古代木结构楼阁式建筑，在世界建筑史上具有不可替代的重要地位。释迦塔的建造年代，根据三层"释迦塔"牌匾题记"大辽清宁二年特建宝塔，大金明昌六年增修益完"，可解读为辽清宁二年（1056年）建成，金明昌六年（1195年）修缮；或辽清宁二年修建，至金明昌六年修建竣工，历时130余年。元延祐七年（1320年）、明万历七年（1579年）、清康熙六十一年（1722年）、清雍正四年（1726年）等多有修缮。释迦塔是研究中国古代高层木结构建筑的孤例，其结构性能和建筑技术显示了辽代木结构建筑设计和建造技术高超水平，刚柔相间的结构体对探索

优化现代建筑抗震设计具有重要的科学参考价值。释迦塔造型端庄，比例匀称，集建筑、佛教、彩塑、绘画、书法、石刻艺术于一身，是研究同时期历史文化艺术的珍贵实例。1961年，被国务院公布为第一批全国重点文物保护单位，文物类型属古建筑。

2011年6月，朔州市文物局委托中国文化遗产研究院编制《佛宫寺释迦塔保护规划（2014～2030）》（简称《释迦塔保护规划》）。经前期调查研究，与朔州市和应县政府部门协商，编制和修改规划文件等几个阶段。前期调查阶段，项目组对释迦塔周边进行全面翔实的现场考察，拍照记录，走访当地居民，详查释迦塔本体存在的问题，对佛宫寺可能分布范围、辽应州城和明清应县城的历史格局等进行确认，对规划范围内其他文物对象也做了了解。项目组先后到清华大学图书馆和资料室、北京大学图书馆善本库、国家图书馆善本库、应县档案馆和资料室等处查阅大量相关资料与文献，通过对相关文献及以往资料的研读、消化与梳理，掌握释迦塔遗存状况和保护情况，理清历史脉络，完成对释迦塔历史信息的解读。规划编制中，多次与山西省、朔州市、应县的各级相关部门座谈、沟通，广泛听取意见，了解各方面诉求，形成保护规划总体思路，将合理建议和设想纳入规划。与承担应县木塔申遗文本编制和应县木塔周边环境整治方案编制的有关单位互动交流，保证相应工作统一性和连贯性，避免关键环节的矛盾冲突。2012年3月，规划通过专家组评审，获国家文物局批复同意。2017年5月，由山西省人民政府公布实施。

《释迦塔保护规划》分析认为，从遗存地面建筑无法确认当初的寺院格局。山西省考古所曾对佛宫寺范围进行全面考古发掘，发现一些建筑遗址，但不足以诠释寺院早期范围和形态。除释迦塔外，遗存古建筑还有清代以后建造的牌楼、钟楼、鼓楼、拱桥、大雄宝殿，以及建筑遗址和石狮、铁狮、碑刻等附属文物。规划中重视释迦塔处在辽应州城的中心位置这一重要历史信息，并根据释迦塔与明清应州城的空间关系，将规划控制范围扩大，力争维护塔与城的历史关系。为建立规划的总体空间框架，最终提出以释迦塔为中心的两个"十"字形结构的总体规划布局图，使木塔和辽应州城、明清应州城的关系明确突出，并在此基础上划定新的保护范围和建设控制地带。针对执行保护区划部分界划表述不清楚，城市建设导致典型地标变化，未考虑释迦塔与应县历史城区的关联，对释迦塔周边景观视廊考虑不够和缺少明确保护管理规定等问题，《释迦塔保护规划》对保护区划作出大幅度调整：一方面扩大建设控制地带范围，兼顾保护管理的可操作性和应县城市建设实际需求，将建设控制地带划分为两类；另一方面在建设控制地带外围划出环境协调区，希望城市发展能为释迦塔保留必要的历史视廊。为使区划管理更加有效，更容易操作，在区划以内界定建筑高度控制分区，对明清应州城以内区域实施严格的高度限制。针对城市发展和旅游建设带来的环境问题，规划通过合理、适度的环境整治，重点改善遗产环境，加大对遗产环境保护控制。调整释迦塔核心区内的功能布局，将后建古玩市场改作办公管理用房；通过降层、外观整治等措施，全面改造木塔南侧和东西两侧后建仿古商业街；将释迦塔北侧停建仿古建筑的地上部分拆除，利用地下部分改建应县木塔博物馆。释迦塔特殊的建筑形制和所处地理环境特点，对景观视廊的控制提出较高要求。鉴于塔的东西方向为空阔的平原，南北方向有山峦，塔与山之间存在一定的景观视廊关系，规划重点控制南北方向上的视廊空间，适当放宽东西两侧的高度控制，为应县发展预留空间。《释迦塔保护规划》中提出禁建区和限建区要求，将文物保护范围、Ⅰ类建设控制区、环境协调区内北环路以北区域共601.1万平方米范围设为禁建区，将Ⅱ、Ⅲ类建设控制区和环境协调区北环路以南区域863.7万平方米范围定为限建区。这是该规划为加大文物及其环境保护力度而采取的特殊保护对策。

规划范围为1464.8万平方米，保护区划分为文物保护范围（5.1万平方米）、建设控制地带（403.2万平方米）、环境协调区（1056.5万平方米）。为维护释迦塔文物环境，针对城市发展需求、建设压力，又将建设控制带划分为三级，其中Ⅰ类建设控制地带235.1万平方米，Ⅱ类建设控制地带71.1万平方米，Ⅲ类建设控制地带97万平方米。规划期限为2013～2025年，根据文物保护和环境整治需求分为近期（2013～2015年）、中期（2016～2020年）和远期（2021～2025年）。

规划文件最终成果由《规划文本》《规划图纸》《规划说明》和《基础资料汇编》组成。《规划文本》共13章，包括总则、文物概况、现状评估、规划框架和保护、管理、展示利用、研究等方面的规划措施。

《释迦塔保护规划》获得批准公布后，山西省、朔州市和应县各级政府积极推进规划实施。除了释迦塔本体监测和保护工作有序推进，周边环境整治改造项目也获得国家文物局同意并逐步落实，规划积极作用已显现。此外，《释迦塔保护规划》还兼顾着释迦塔申报世界文化遗产的需求。2012年、2017年，释迦塔两次被列入《中国世界文化遗产预备名单》。

《黄田村古建筑群文物保护规划（2013～2030）》　黄田村古建筑群位于安徽省宣城市泾县榔桥镇，属皖南山区中部低山区，主要古建筑群呈东西走向分布在山水之间。黄田村古建筑群保持了明万历年间朱氏家族来黄田居住的初始格局，具有典型皖南文化特点；村落以自然地景作为聚落边界，充分体现了中国古代"理气派"思想的风水择地模式；古建筑秉承皖南民居顺应自然的建造技术。黄田村古建筑群延续至今，记录了中国乡村发展历史，具有很高的社会文化价值。2006年，被国务院公布为第六批全国重点文物保护单位，文物类型属古建筑类。

农村经济的发展和城市化进程，人丁凋零、年久失修和不恰当改建是黄田村保护面临的主要问题。如何真实、完整地保护古建筑群及其环境的历史信息，并延续其全部价值，保护好古村落选址的山水空间格局、乡土的家庭生活方式、传统工艺建造技术及传统节庆和当地的生活习俗与活动，并做到活态利用，统筹协调文物保护与乡村发展的可持续性，是迫切需要解决的实际问题。

2012年，安徽省泾县人民政府委托北京建工建筑设计研究院、北京建筑大学建筑遗产研究院编制《黄田村古建筑群文物保护规划（2013～2030）》（简称《黄田村保护规划》）。2013年4月，提交国家文物局进行专家论证；9月，根据国家文物局意见完成修改。2015年12月，由泾县人民政府发布实施。

《黄田村保护规划》通过现状评估，认为黄田村古建筑群的真实性与完整性较好，延续性面临一定问题。依据评估结论，确定"全面保护、科学保护、文物保护与生态环境、乡土景观协同保护、文物保护与居住者生活品质提高相结合、文物保护与地方社会发展双赢"的保护原则。确定合理的保护区划与管理规定，确定文物保护、环境景观保护、保护管理、文物展示利用、保护与地方社会经济发展协调共存的保护规划框架，确定文物本体保护、自然生态环境保护、与地方经济和社会发展相协调、展示利用等4个保护规划目标。

规划的主要特点体现在7个方面。第一，对古村落文物建筑开展大量细致的现场调查和评估工作，通过实物调查、文献查阅、居民走访等诸多环节，对每处文物建筑院落及其建筑进行编号，并充分重视古村落整体资源的梳理，对古建筑遗址、古道路、古水系、驳岸、古桥、选址的山水格局、景观均进行详细评估。第二，对原保护区划不尽合理的部分进行调整，将黄田村选址的"水口"和古桥划入保护范围，并补充划定徐村片保护区划，确定可操作的管理办法。第三，制定分期分批实施的本体保护措施，包括对文物建筑的维修加固及日常保养，古桥、石碑、影壁的清理加固及保养，古道路及古驳岸的修复与保护，空间及格局的保持，以及配合环境整治的建筑基址清理等。第四，对古村落的环境保护提出明确要求，包括对保护区划内自然地貌、山形地势及空间关系、农田、水系、植被的保护等，要求保持特色田园风光、山林地貌。第五，为黄田村古建筑群的展示利用编制专项规划，要求正确把握文物不可再生的特殊性，根据文物自身特点，合理布置展示路线，选择恰当的展示方式，积极引导，科学利用，以体现黄田村古建筑群的特征。同时调动地方使用者的积极性，展示"活"的古村落，有生命力的文物古建筑群。第六，提出与地方社会经济发展相协调的目标，要求正确把握新村建设与古建筑群保护的关系，在保护的同时兼顾地方经济建设的发展，提高当地居民的生活质量，培养民众文化遗产保护自觉意识，使文物保护与地方社会经济发展双赢。第七，确定合理的分期保护实施项目，提出项目经费初步估算，为保护工作的持续开展明确目标、步骤。

规划范围约252.25万平方米，其中文物古建筑密集分布区面积约50万平方米。保护区划分为保护范围（36.72万平方米）、建设控制地带（196.83万平方米）、环境协调区（18.70万平方米，黄田村发展新区），其中建设控制地带细划分为Ⅰ类（184.45万平方米）、Ⅱ类（12.38万平方米）。保护范围及Ⅰ类建设控制地带均划分为黄田、徐村两个片区，Ⅱ类建设控制地带细分为6个片区。规划项目投资经费主要涉及文物保护、科学研究、陈列展示、环境治理、土地征用、少量的搬迁、道路改扩建等，以地方财政投入、国家补助、社会集资为主。规划结合保护工作，分

为近期（2013～2015年）、中期（2016～2020年）和远期（2021～2030年）。

规划文件最终成果由《规划文本》《规划图纸》《规划说明》《基础资料汇编》组成。《规划文本》共16章，由总则、保护对象构成、文物价值评估、现状评估、保护规划原则与目标、保护区划与保护管理规定、文物本体保护措施规划、环境保护与治理规划、安全防灾规划、展示利用规划、保护管理规划、文物保护与村庄发展规划的协调、基础设施规划、项目实施分期规划、保护实施经费、附则组成。《规划图纸》共68张，含现状图、评估图、规划图。《规划说明》共10章，由区域自然情况、历史沿革及文物概况、价值评估、文物保护面临的问题、保护规划原则、保护区划与保护管理规定、文物本体保护措施、环境保护与整治规划、安全与防灾规划、展示利用规划组成。《基础资料汇编》含泾县简介、榔桥镇简介、黄田古村落文物保护规划相关文献索引、大事记、黄田村古建筑群保护范围和建控地带（2000年安徽省人民政府公布）和《泾县榔桥镇黄田历史文化名村保护规划》（2007年编制）相关图纸摘录、现状照片。

2013年，国家文物局为进一步做好文化遗产保护和利用，将黄田村古建筑群作为南方古民居村落的代表列入文物保护样板示范工程。根据《黄田村保护规划》，工程分四期实施，对泾县文化、旅游产业发展、文物保护工作水平的提高发挥了极大促进作用。在文物古建筑维修过程中积极探索利用途径与方法，促进了地方经济发展。2015年，游客接待量比2014年增长30%。2016年"五一"期间，黄田村接待

游客比2015年同期增长130%。随着文物保护工程的推进,村民文物保护积极性显著提高,文物人员的工作能力和业务水平也有大幅提高。

《赣南等原中央苏区革命遗址(旧址旧居)保护规划(2014～2018)》 根据《关于原中央苏区范围认定的有关情况》和《赣闽粤原中央苏区振兴发展规划》,江西省纳入原中央苏区范围的共54个县、市、区,涉及赣州、吉安、抚州、上饶、萍乡、鹰潭、新余和宜春8个设区市。根据第三次全国文物普查统计,江西省赣南等原中央苏区登记在册的革命遗址(旧址旧居)共有2096处,其中公布为全国重点文物保护单位的有19处106个点。

赣南等原中央苏区地跨赣、闽、粤三省,是土地革命战争时期全国最大最重要的革命根据地,在中共党史、军史和革命史上具有独特地位。2012年6月,国务院颁发《国务院关于支持赣南等原中央苏区振兴发展的若干意见》,赣南等原中央苏区的振兴发展规划上升为国家发展战略。中共中央办公厅、国务院办公厅先后印发《2004～2010年全国红色旅游发展规划纲要》《2011～2015年全国红色旅游发展规划纲要》,明确依托革命文物资源大力发展红色旅游的总体思路、总体布局和主要措施。为加大对赣南等原中央苏区革命遗址(旧址旧居)的保护、维修和利用力度,急需编制规划。

2012年7月,江西省文物局委托江西省文物保护中心编制《赣南等原中央苏区革命遗址(旧址旧居)保护规划(2014～2018)》(简称《革命遗址保护规划》)。2013年10月,获国家文物局批复同意。

《革命遗址保护规划》评估认定,赣南等原中央苏区革命遗址(旧址旧居)绝大部分是清末民初的民居建筑,多为土木或砖木结构,均已超过使用寿命,而且点多面广,大多分布在边远山区,保护状况堪忧。此外,保护资金投入严重不足,一些地方领导对保护革命遗址(旧址旧居)重大意义认识不足、重视不够,保护人员缺失、保护措施缺位等,使革命遗址(旧址旧居)面临自然与人为破坏因素的双重压力。

为便于保护利用,《革命遗址保护规划》按历史事件类型、革命遗址价值内在关联密切和地域分布相连成片原则,将遴选出的76个项目1089处革命遗址(旧址旧居)分为井冈山片区、东固片区、瑞金片区、信抚片区和油山片区。规划资金主要用于维修保护方案编制、文物本体维修、安全消防避雷、陈列展示、周边环境治理。规划分为三期,即启动期(2014年)、实施期(2015～2017年)、扫尾期(2018年)。

规划文件最终成果由《规划文本》《规划图纸》《规划表格》组成。《规划文本》共9章,包括总则,指导思想、目标与任务,价值评估,革命遗址概况,文物本体保护工程,展示利用工程,示范带动工程,规划实施步骤与经费预算,规划实施保障。《规划表格》包括保护项目、提升项目、维修项目的资金估算、年度安排等。

截至2017年底,中央财政共安排赣南等原中央苏区革命遗址保护项目750项。以全国重点文物保护单位为龙头,根据各遗址所反映的历史事件的内在联系,带动相关遗址列入全国重点文物保护单位立项范围，编制立项报告。保护工程分三年分步实施、统筹推进。结合江西实际，制定《江西省文物保护工程技术标准》《赣南等原中央苏区革命遗址文物保护工程导则（试行）》等一系列规范性文件；按照立项报告要求，组织编制维修方案和资金预算，并按程序进行报批；涉及工程严格按照《中华人民共和国招标投标法》和国家文物保护工程施工、监理管理等有关规定执行，项目管理方面坚持进度与质量并重，严把"准入关""进度关""验收关""管理关""利用关"。通过苏区工程的实施，较好地完成了规划涉及革命文物的抢救性维修和急需维修任务，全面排除了苏区革命文物的重大险情。如金溪县在后龚村革命文物保护利用工程中，做好"撬"的文章，解决资金难题；做好"推"的文章，解决合力难题；做好"拆"的文章，解决征地难题；做好"人"的文章，解决整治难题，快速推进项目实施。青原区将革命文物保护资金和传统村落建设资金一起使用，整合交通、水利、农业、环境保护、扶贫和美丽乡村建设等专项资金，统一调度、整体推进、精准实施，资金跟着项目走，项目跟着文物走，文物点亮村落，村落激活文物。

**《通江千佛岩石窟保护规划（2015～2035）》**　通江千佛岩石窟位于四川省巴中市通江县诺江镇千佛村，地处入川要道米仓道、汉壁道和洋壁道三道交会处，是蜀道的重要节点，反映了自秦汉时期以来的米仓道及相关的文化传播，体现了唐代佛教在巴蜀地区的兴盛和逐渐深入到社会各阶层的史实。通江千佛岩石窟与周边山形水系共同构成一处环境优美、风光独特的佛教旅游胜地，是研究四川地区石窟历史和石窟艺术的宝贵实物资料。2006年，被国务院公布为第六批全国重点文物保护单位，文物类型属石窟寺及石刻类。

通江千佛岩石窟是四川通江地区重要的石窟文物。为切实做好保护工作，改善保护条件，加大管理力度，对通江千佛岩石窟文化遗产所处的城市环境、自然环境进行活态的、可持续的保护，统筹协调遗产保护与城市发展，规划编制迫在眉睫。

2014年，四川省巴中市通江县文物局委托并协助清华大学建筑设计研究院有限公司编制《通江千佛岩石窟保护规划（2015～2035）》（简称《千佛岩石窟保护规划》）。2015年，通过专家组评审论证，获国家文物局批复同意。2016年11月，由四川省人民政府批准公布。

规划梳理通江千佛岩石窟存有龛窟54个，内含浮雕石塔1座、造像3000余身、题记4幅、重妆题记2幅、碑刻2通、崖墓1个。此外有窟檐建筑1座。雕凿区赋存岩体约38米，总分布面积200平方米。

在开展大量基础工作后，《千佛岩石窟保护规划》评估明确通江千佛岩石窟存在的主要问题。自然因素方面，主要是由风化、水害侵蚀对石质文物本体造成的雕刻层剥落、泛盐、水渍，以及彩绘层的剥落损害；石窟上部岩体表面的动植物病害与岩体裂隙，对文物赋存岩体的结构稳定性造成很大影响，间接威胁文物本体安全；文物周边的山林环境及窟檐的木结构特性，使得文物周边的耐火性差，有较大的火灾隐患。人为因素方面，造像头部在历史时期大多受到人为破坏，随后部分造像又受到不当修补，文物价值遭到破坏；当地民俗祭拜活动增加了文物的火灾隐患，焚烧的烟尘对石质文物表面造成一定程度损害；文物周边日益增长的城镇发展建设压力及现有文物保护区划的不完善，造成文物周边景观风貌的破坏；文物展示方式单一、设施落后、空间不足，不利于文物价值的展示与阐释。

依据现状问题，制定了有针对性的规划措施。从文物本体安全及文物景观视线的角度，结合周边实际情况，重新划定区划范围。本体措施方面，在前期实验性研究的基础上，根据不同程度、不同类型的石质问题制定相应的保养维护、保护清洗、保护加固等工程措施，并强调文物监测的重要性。周边环境整治方面，结合展示利用措施，对影响文物周边景观风貌的建筑进行修整、改造、拆除。展示措施方面，重新梳理文化脉络，结合当地民俗特点，重新制定展示区域、展示线路，提升服务设施。针对环境容量、应急预案、文物管理、宣传研究等提出相应的措施要求。

由于规划对象是石质文物，对其病害的分析以及劣化机理的勘察尤为重要。在规划前期，借助三维激光扫描以及无损分析技术等先进科学技术进行全面细致勘察，全面了解并分析石窟所面临的威胁因素，并在规划中有针对性地制定相应保护措施和合理的保护工作计划。同时，千佛岩是通江重要的民俗文化活动地点，但公共空间和道路交通空间极为紧张，城市建设与文物保护矛盾尖锐。规划从社区文化活动中心这个定位入手，正确引导文化空间布置、展示与利用，由山体地形的落差形成多个特定行为活动空间，促进文物保护工作与正

常文化民俗活动及旅游和谐发展，将千佛岩打造成通江的文化活动中心。《千佛岩石窟保护规划》注重文物历史格局，从文物本体到环境全面保护千佛岩石窟的完整性，并通过空间置换和合理的人流设计活化区域内的多种空间要求。规划前期的勘察、整体策略和规划措施具有前瞻性、可操作性，扩大了民俗文化传播影响，提升了社会经济效益，全面研究、深入挖掘和保存了文物的历史信息资料与价值。

规划范围为26.43万平方米，保护区划分为保护范围（0.62万平方米）、建设控制地带（25.81万平方米），其中建设控制地带针对建设压力和环境保护的力度分为两类。规划项目投资经费主要涉及文物本体保护、环境保护、基础设施及管理利用等，以国家支持为主，多渠道筹措资金。规划分期为近期（2015～2020年）、中期（2021～2025年）、远期（2026～2035年）。

规划文件最终成果由《规划文本》《规划图纸》《规划说明》《基础资料汇编》组成。《规划文本》共13章48条，由总则、文物构成、专项评估、规划原则和策略、保护区划与管理规定、保护措施、环境保护规划、展示利用规划、文物管理与研究规划、规划实施分期、投资估算、相关规划链接、附则组成。《规划图纸》共30张，含现状图、评估图、规划图。《规划说明》含文物构成、现状评估、保护区划划定、保护措施、环境保护规划、展示利用规划、文物管理与研究规划、分期实施重点及投资估算表。《基础资料汇编》含图纸部分、"四有"档案、相关文件、历史照片、文献资料。

《千佛岩石窟保护规划》是通江首个经国家文物局批复同意、由四川省人民政府公布的文物保护规划，是开展通江千佛岩石窟文物保护工作的法规性指导文件，其策略和措施在与地方政府协商讨论中逐步得到落实，使蕴含文物价值的文物本体与环境的真实性、完整性得到有效保护和延续，为通江县文物保护规划编制工作提供了系统的规划技术支持。2017年7月，《千佛岩石窟保护规划》获教育部颁发的"2017年度优秀工程勘察设计规划设计一等奖"。

### 《晋祠文物保护规划（2015~2030）》

晋祠位于山西省太原市晋源区晋祠镇，是中国遗存最早的皇家祭祀园林，是中国古代建筑艺术的集约载体，是国内宋元明清至民国本体建筑类型、时代序列完整的孤例。其中，圣母殿是中国古代建筑史上北宋时期的代表作，鱼沼飞梁是中国桥梁建筑史上的实物孤例，献殿是中国仅存的殿与亭结合的献殿，附属文物彩塑侍女像是中国雕塑史上宋代宫廷生活的真实写照，唐太宗御制御书的《晋祠之铭并序》碑开创了中国行书上碑的先河。1961年，被国务院公布为第一批全国重点文物保护单位，文物类型属古建筑类。

2015年，山西省太原市晋祠博物馆委托东南大学建筑设计研究院有限公司编制《晋祠文物保护规划（2015~2030）》（简称《晋祠保护规划》）。同年，通过专家组评审论证，获国家文物局批复同意。

经《晋祠保护规划》分析，晋祠地处悬瓮山前缓坡地带，地势西北高东南低。晋祠坐西朝东，中轴线上的建筑依次为山门、水镜台、会仙桥、金人台、对越坊、献殿、鱼沼飞梁和圣母殿，两侧还有钟楼、鼓楼、关帝庙、文昌宫、唐叔虞祠、三圣祠、奉圣寺等建筑群。晋祠建筑面积约2.5万平方米，其中文物建筑占63%。晋祠博物馆内存放有陶瓷器、青铜器、木器、竹器、玉器、刺绣、书画、碑刻等珍贵文物2000余件。

《晋祠保护规划》在各项评估结果基础上总结出存在的主要问题有6个。第一，文物建筑和室内外陈设普遍存在中度和轻度残损。第二，晋祠景观园林风貌有待重视。第三，文物历史环境保护严重不足。第四，存在防雷和消防隐患。第五，文物管理工作有待进一步完善。第六，展陈利用措施有待完善。规划提出的主要对策有5项。第一，采用有效措施，提升文物保护的力度。第二，加强法治程序下的保护管理工作。第三，明确地方政府的具体保护职责。第四，探索社会经济可持续发展的合理利用模式。第五，进一步增进公众参与意识，发挥晋祠在太原市社会文化生活中的作用。规划提出的主要保护手段有5项。第一，实施文物建筑保护工程。晋祠文物建筑本体的保护措施分为日常保养和现状修整两类。文物本体的修缮措施需在本规划要求基础上另行编制保护修缮工程设计方案。日常保养适用于所有文物建筑，主要包括测绘、日常文字和摄影记录、清洁除尘、定期除草、病害监测和沉降观测等。第二，实施室内外装饰与陈设保护工程。壁画方面，所有壁画均需做好日常保养工作，包括清洁除尘、描摹复制、病害监测、文字摄影记录、雨水渗漏检查和温湿度监测等。部分病害较为严重的壁画需采取相应的维修措施，主要包括污染部位清洗、酥碱和粉化部位加固、起甲和开裂部位回贴。壁画的具体保护和维修措施应委托专业机构和人员进行方案编制和实施，尽量采用原位保护方法。雕塑及铸像方面，对晋祠内的雕塑及铸像应做好日常保养工程，包括清洁除尘、三维测绘、文字及摄影记录和病害监测等，根据监测结果另行决定是否采取修缮措施。对难老泉附近常年遭受流水冲刷的汉白玉僧人像可考虑用复制品代替，将原作移入展室内保存。碑刻和器物陈设方面，对晋祠内的碑刻和器物陈设应做好日常保养工程，室外的碑刻和器物应尽量移入室内或檐下保存。匾额和楹联方面，对晋祠内的匾额和楹联应做好日常保养工程，包括清洁除尘、测绘、病害监测等，根据日常监测结果另行决定是否进行相应修缮，个别价值非常高的匾额和楹联可考虑移入室内保存和展示，并在原位置用复制品代替，复制品上应用文字进行相应说明。第三，实施晋祠景观园林保护工程。对晋祠园内各区做好日常保养工程，包括清除杂草、日常打扫、病害监测等。园内部分院落和景观空间需进行现状修整工程，主要包括围墙修复、铺地整修、改善绿化和垃圾治理。第四，晋泉水体及总河水利设施保护措施。严格执行《太原市晋祠泉域水资源保护条例》，对断流的晋泉采取节水保泉措施，并根据研究成果逐步实施泉水复流工程。对总河水利设施地面遗存进行日常保养，做好监测工作。对总河水利设施的地下遗存进行考古发掘，确认遗址保存情况并采取相应保护措施。第五，实施古树名木保护措施。对所有古树名木应做好日常保养工程，包括日常养护、文字及摄影记录、生长状况和病害监测等。长势较差的古树名木应委托相关专业技术人员对病害原因进行调查和分析，制定并实施树木复壮措施。濒死的古树名木应委托相关专业技术人员进行调查和分析，尽快实施抢救性保护措施。

规划范围为1170.40万平方米，保护区划分为保护范围（74.24万平方米）和建设控制地带（1096.16万平方米），其中建设控制地带进一步划分为Ⅰ类建设控制地带（527.74万平方米）和Ⅱ类建设控制地带（568.42万平方米）。规划估算投资经费主要涉及测绘、修整、监测、维护等。规划分期为近期（2015～2020年）、中期（2021～2025年）、远期（2026～2030年）。

规划文件的最终成果由《规划文本》《规划图纸》《规划说明》《基础资料汇编》组成。《规划文本》共14章145条，由总则、项目概况、遗产构成、专项评估结论、规划框架、保护区划、保护措施、环境规划、展示利用规划、管理规划、考古和研究规划、规划分期、投资估算、附则组成。《规划图纸》共67张，包括现状图53张、规划图14张。《规划说明》共11章，由编制说明、保护对象说明、专项评估说明、保护区划说明、保护措施说明、环境规划说明、展示与利用规划说明、管理规划说明、规划分期说明、投资估算、实施保障组成。《基础资料汇编》包括晋祠文物本体分布图、晋祠古树名木一览表、照片资料等。

## 二、中国世界文化遗产保护管理规划

1977年，联合国教科文组织发布第一版《实施〈世界遗产公约〉操作指南》时，已将世界文化遗产管理规划作为申报条件，并提出编制要求，但没有制定统一的规划编制指导意见。1993年，《世界文化遗产管理指南》出版，强调编制管理计划的重要性。之后世界文化遗产管理规划的编制要求一直处于探讨过程，2013年，《世界文化遗产管理》提出管理规划编制的一些基本要求及大致的规划编制建议目录，具有一定的指导意义。

20世纪80年代，中国申报世界文化遗产时尚未编制任何规划；90年代初，开始尝试编制规划，内容多以环境整治为主。2004年，国家文物局制定《全国重点文物保护单位保护规划编制要求》，成为中国申报世界文化遗产保护管理规划的主要参考体例。2008年后，引入世界遗产基于突出普遍价值（OUV）的保护管理理念，强调遗产价值研究、真实性完整性及保护管理保障，并结合中国的法律法规体系和操作模式，形成新的规划体例与编制内容，成为中国申报世界文化遗产的重要文件之一，对遗产保护与管理诸项工作具有直接指导意义。规划文件的实施主体为遗产地政府，国家文物主管部门组织专家评审，涉及法律法规的保护区划与管理规定主要通过与文物保护规划的衔接予以执行。

中国世界文化遗产管理规划并未出台统一编制体例，但以中国文物保护规划技术为基础、围绕遗产突出普遍价值（OUV）开展已成为共识，包括结合遗产地实际情况、重点制定针对遗产真实性、完整性和保护管理保障的规划措施。世界文化遗产管理规划的内容与体例分类可参照《实施〈世界遗产公约〉操作指南》有关文化遗产定义，以及文化景观、历史城镇和城镇中心、运河遗产、文化线路等一系列特定类型，受遗产分布特征和管理协调的影响（如跨越行政辖区的系列遗产）。早期的中国世界文化遗产并没有编制和形成专门的管理规划。2004年，国务院同意《关于加强我国世界文化遗产保护管理工作的意见》，要求制定管理规划，遂形成以全国重点文物保护单位保护规划技术为主要参照的体例。以下选取2008年后在遗产类型、规划技术创新两方面具有一定代表性的管理规划进行介绍。

**《杭州西湖文化景观申报世界遗产文本与管理规划纲要（2008～2020）》** 杭州西湖文化景观位于浙江省杭州市西湖区，是肇始于9世纪、成形于13世纪、兴盛于18世纪并传承发展至今的"东方文化名湖"，是中国山水美学景观审美的经典作品。

为配合杭州西湖文化景观申报世界文化遗产，杭州西湖风景名胜区管委会委托并协助中国建筑设计研究院建筑历史研究所编制《杭州西湖文化景观申报世界遗产文本》与《杭州西湖文化景观保护管理规划纲要（2008～2020）》（简称《杭州西湖规划纲要》）。规划范围10593.19万平方米。2007年，编制工作启动。2009年，通过专家组评审论证，获国家文物局批复同意，杭州市人民政府批准公布。2010年1月，全套文件提交联合国教科文组织世界遗产中心。2011年6月，杭州西湖文化景观被列入《世界遗产名录》。

杭州西湖文化景观作为中国首例按照"文化景观"类型进行世界遗产申报的项目，具有丰富的遗产要素，承载着复杂的传统文化价值系统，因而其价值阐述面临挑战。由于西湖地处中国城市化高速发展的核心地区，人口的快速增长、城市规模的急速扩大及旅游发展规模的不断提升，使得遗产区的保护和管理工作面临新的挑战。又因西湖位于国家级风景名胜区内，且与城市中心毗邻，各项规划措施应与《杭州城市总体规划（2002～2020）》和《西湖风景名胜区保护总体规划（2002～2020）》等相衔接。

该文本和管理规划在开展大量基础工作后，评估出"价值研究"及"基于价值的保护管理"是关键。首先，进行遗产辨认，通过分析支撑遗产价值的各种构成要素及其分布形态与范围界定来明确保护对象。其次，依据遗产本体与环境的各类构成要素／价值载体在真实、完整保存方面评估出的主要压力与威胁问题制定保护对策。最后，保护对策针对价值要素保存需求分门别类、针对保护问题的轻重缓急分级分类，如针对价值要素分别制定分项目标和分项保护措施。该文本和管理规划最终提炼出杭州西湖文化景观的价值及构成要素。杭州西湖文化景观是自9世纪以来中国历代文化精英秉承"天人合一"哲理、持续性创造与设计的中国山水美学景观设计最经典作品；是利用古潟湖创造优雅景观、显著改善人居环境的杰出范例；是因集中融会和吸附多种中国传统文化，成为景观元素特别丰富与独特、文化含量特别厚重的东方"文化名湖"。在9～20世纪世界景观设计史和与之关联的文化交流史上，西湖拥有杰出、重要的地位和持久、广泛的影响。景观整体由西湖自然山水（水域、群山与生态系统）、城湖空间特征（"三面云山一面城"）、景观整体格局（"两堤三岛"）、系列题名景观（"西湖十景"）、西湖文化史迹（儒释道主流文化的14处代表性史迹）、西湖特色植物（"四季花卉"与茶文化）共6种类型的景观要素组成，分布于杭州城市西部的西湖及其周边群山共4235.76万平方米范围内。

《杭州西湖文化景观申报世界遗产文本》的主要特点体现在对遗产的定义和特性的认定，对遗产构成要素及其时空范围的界定；明确了各要素在遗产整体价值中的历史文化语境；提出了"中国山水美学""题名景观"等一系列园林景观学上的重要理论；提出了作为同时具备文化景观三种特性的遗产提名标准和解释方法；提出了作为有机演变并持续至今的提名遗产真实性和完整性的判断视角和标准；提出了该类文化景观价值延续的机制。《杭州西湖规划纲要》的主要特点体现在按照六大价值要素分别制定保护措施，即依据遗产本体与环境的各类构成要素／价值载体在真实、完整保存方面的评估结论制定对策。

该文本和管理规划的保护区划分为遗产区（4235.76万平方米）、缓冲区（6357.43万平方米）。其中，遗产区根据遗产景观要素的实际地形和保护需求与《文物保护法》划出6处重点保护地块（合计保护范围879.73万平方米、建设控制地带227.41万平方米），缓冲区根据遗产所在地的实际地形、城市建设现状与发展趋势划分为8处地块。管理规定结合实际问题，按照环境保护要求分别制定。规划项目的投资经费主要涉及西湖水域的保护与治理、文物古迹的保护与维护等，列入地方财政以及所在管理机构旅游和相关产业取得的收入支出。规划分期结合工程项目与保护管理工作分为近期（2011～2015年）、远期（2016～2020年）。

《杭州西湖文化景观申报世界遗产文本》包括正文和附件两大部分。正文按照《实施保护世界文化与自然遗产公约的操作指南（2008）》规定，包括遗产的辨认、描述、列入理由、保护情况和影响遗产的因素，遗产的保护与管理、监测，文献，负责机构的联系方式，代表缔约国签名等。附件根据正文的基础资料支撑需要，包括文本说明附件、西湖景观要素清单与图集、西湖景观历史文化资料、管理和规划文件、监测和记录文件等。《杭州西湖规划纲要》由《规划文本》《规划图纸》组成。《规划文本》共15章，由总则、遗产概况、遗产价值评估、遗产现状评估、规划目标、保护区划、景观要素保护规划主要任务、发展压力抵御措施、西湖水体保护规划主要任务、景观环境整治主要任务、文化旅游规划主要任务、遗产管理规划主要任务、景观监测规划主要任务、保障体系等组成。《规划图纸》共20张，含现状图、评估图、规划图。

该文本和管理规划在大量学术研究工作基础上，以"西湖文化景观"突破世界文化遗产中"文化名湖"零的纪录，为中国文化景观类型的遗产识别定位、阐释方法和保护实践等方面提供认识论和方法论意义上的实际案例。作为世界遗产，西湖文化景观提升了杭州的世界影响力，带动杭州的旅游业、餐饮业、住宿业、娱乐业和交通业等大幅度提升，实现了西湖景观"文化名湖"的保护与杭州城市可持续发展的和谐共处。

**《丝绸之路（中国段）申报世界遗产管理规划（2012～2018）》**　丝绸之路（中国段）的22处遗产点分别位于河南省（4处）、陕西省（7处）、甘肃省（5处）、新疆维吾尔自治区（6处），是公元前2世纪至公元16世纪古代亚欧大陆长距离贸易与文化交流的交通大动脉，是东西方文明与文化的融合、交流和对话之路。

为配合"丝绸之路：长安-天山廊道的路网"申报世界文化遗产，陕西省文物局、甘肃省文物局、吐鲁番地区文物管理局、吉木萨尔县人民政府、新疆龟兹研究院、洛阳市文物管理局、陕县文化广电和新闻出版局、新安县文物管理局、汉长安城遗址保管所委托并协助中国建筑设计研究院建筑历史研究所主编，陕西省古建设计研究所等协编《丝绸之路（中国段）申报世界遗产管理规划（2012～2018）》〔简称《丝绸之路（中国段）申遗管理规划》〕。规划范围11153.06万平方米。

"丝绸之路：长安-天山廊道的路网"是丝绸之路极为重要的组成部分，不仅在丝绸之路整个交通体系中具有起始的地位，还因经由多种途径的人与自然的互动关系建立起跨区域的长距离交通，连接了多种文明地带，开展了东西方之间持续而广泛的商贸、宗教、科技、文化等交流活动，在游牧与定居、东亚与中亚等文明交流中拥有广泛而重要的影响和作用。

根据《实施世界遗产公约的操作指南》第108条、第132条要求，每项申报遗产都应有适宜的管理规划，并应包括在申报文件中提交联合国教科文组织世界遗产中心。与丝绸之路（中国段）部分遗产点已有的文物保护总体规划相比，管理规划需围绕每个遗产点"对丝绸之路突出普遍价值（OUV）的支撑价值"展开，因而有的遗产点的申报对象与国保单位存在差异（如汉长安城遗址等）。在内容及深度上，管理规划侧重"管理任务"，文保规划侧重"技术措施"，二者间有衔接。丝绸之路（中国段）的22个遗产点所在地涉及城市或城镇建成区、城乡接合部或城中村、乡村腹地、荒野或无人区等四种不同建设区位，因而各遗产点应编制单独的管理规划。

《丝绸之路（中国段）申遗管理规划》随着申报世界遗产项目不断推进。1988年，联合国教科文组织启动了"对话之路：丝绸之路整体性研究"项目。2003年，联合国教科文组织提出中亚和中国的丝绸之路系列申遗准备行动计划。2005年11月，联合国教科文组织中亚地区研讨会通过了将丝绸之路中亚段线路遗产申报列为优先项目的行动计划。2007年，中国段各遗产点编制工作启动。2009年5月，建立丝绸之路系列申遗跨国政府协调委员会。2011年5月，在协调委员会第二次会议上，就国际古迹遗址理事会《丝绸之路主题研究报告》提出的跨国廊道优先申遗方案达成一致。2012年5月，中国、哈萨克斯坦和吉尔吉斯斯坦三国联合签署《关于"丝绸之路：起始段和天山廊道的路网"跨国系列申报世界遗产和协调保护管理的协议》，确定其为2013年跨国申报世界遗产项目。2012年12月，中国段各遗产点管理规划通过专家组评审论证，获国家文物局批复同意。2013年1月，各规划分别获新疆维吾尔自治区、甘肃省、酒泉市、洛阳市、三门峡市、西安市、咸阳市、汉中市人民政府批准公布，

全套文件提交联合国教科文组织世界遗产中心。2014年6月，中国、哈萨克斯坦、吉尔吉斯斯坦三国联合申报的"丝绸之路：长安-天山廊道的路网"（共33处遗产点）被列入《世界遗产名录》。

规划分析，"丝绸之路：长安-天山廊道的路网"地处中原地区、河西走廊、天山南北、七河地区四段连贯的地理文化单元，是一段跨越5000千米、长达8700千米的路网。丝绸之路（中国段）的遗产点涉及中心城镇遗迹（未央宫遗址、大明宫遗址、交河故城等）、交通及防御遗迹（新安函谷关遗址、克孜尔尕哈烽燧等）、宗教遗迹（大雁塔、苏巴什佛寺等）、关联遗迹（张骞墓）共4类22处，沿途拥有高山与平原、森林与草原、沙漠与戈壁、绿洲与河谷等亚洲内陆极富特色的地貌景观。遗产类型兼具文化线路、系列遗产，文物类型涵盖古遗址、古墓葬、古建筑、石窟石刻。

该规划在对各遗产点进行大量调查工作后，评估出"现有法律保障体系主要适用于国保单位，急需按照世界遗产保护管理标准重新编制针对价值特征及载体保护管理的相关内容"。依据评估结论，各管理规划首先通过"遗产概况"中的"系列遗产属性"和"遗产价值及载体"中的"丝绸之路突出普遍价值综述"两部分进行陈述，由此"上挂下联"，建立起单个遗产点与项目整体的关系。各遗产点的规划技术路线主要呈现为"丝路价值关联特征—载体辨认—保护管理需求—现状评估—属地管理的规划措施—分期目标与执行计划"，或简化为"价值—载体—评估—对策—分期"。

该规划的主要特点体现在3个方面。第一，系列遗产集合状的管理规划编制体例。在不具备遗产管理总体规划编制的条件下，基于整体价值与属地管理两个基本点，设计了"上挂下联"的编制手法，开创系列遗产集合状规划编制体例："上挂"是基于遗产整体价值，建立各遗产点单体与整体之间不可分割的关系，由此构筑出具有内在整体性的系列遗产集合状的规划编制体例；"下联"是基于属地管理，建立各遗产点单体的规划目标与具体措施之间的操作途径，主要经由"评估"与"对策"一一对应的方式推进，亦可谓"问题模式"，不仅支撑申报点单体的规划可操作性，也为系列遗产集合状的规划编制提供了有效的落实途径。第二，立足基于价值的管理规划编制方针，有利于管理者理解和执行。较之以往国保单位保护总体规划编制体例的"系统模式"，该规划更侧重于为管理工作制定具有时效性的规划，并始终强调基于价值的保护管理立场。第三，设计"问题模式"的规划措施编制技术，显著提升规划措施的可操作性。受世界遗产的申报标准、程序与时间限定所致，设计"专项目标—基本策略—规划措施"的编制技术，为该项目满足联合国的验收要求提供了极为有效的技术保障。

该规划的保护区划分为遗产区（4203.19万平方米）、缓冲区（3573.27万平方米），并说明了与已有的国保单位保护区划（保护范围、建设控制地带）的关系。规划项目的投资经费主要涉及土地征用和居民搬迁，列入地方财政承担。规划以实现世界遗产有效、可持续管理为目标，分解为近期（2012～2013年）、中期（2014～2018年）和远期。

规划文件最终成果由《高昌故城管理规划（2012～2018）》《北庭故城遗址管理规划（2012～2018）》等22册组成，每册由文本、图纸、附件组成。文本由总则、遗产概况、遗产价值及载体、遗产价值管理现状与评估、管理目标与途径与策略、遗产区与缓冲区、管理任务、规划实施保障组成。图纸由区位图、遗产考古图、遗产价值特征载体／要素图、申报遗产遗存编号图、遗产区现状图、遗产区缓冲区地形图、遗产区缓冲区卫星影像图、与现有保护区划关系图、保护任务规划图、整治／管理任务规划图、展示规划图组成。附件由行动计划表、遗存编号详表、委托单位回复、国家文物局意见函、地方政府批准公开的相关通知组成。

《丝绸之路（中国段）申遗管理规划》是中国首例系列遗产集合状的管理规划，由国家文物局发文批准、各遗产地政府公布实施，为各遗产地迎接世界遗产中心专家现场验收提供了重要指导。2013年10月，82%的申报点完成全部规划措施与工程项目，18%的申报点完成部分规划措施与工程，22个遗产点全部通过联合国遗产中心派出的国际专家现场验收。成功申报世界遗产的同时，提升了各遗产点的保护管理能力。

**《红河哈尼梯田保护管理规划（2011～2030）》** 红河哈尼梯田广泛分布在云南省红河哈尼族彝族自治州的红河南岸，是以哈尼族为主的世居少数民族在哀牢山区千余年生存、发展历史的真实见证，所展现的可持续生态观、对山地水资源的认识和精湛的稻作农业技术，其生态理念与生态策略对当代社会发展具有启示意义。

为配合"红河哈尼梯田文化景观"申报世界文化遗产，红河州哈尼梯田管理局委托中国建筑设计研究院建筑历史研究所主编、元阳县哈尼梯田管理局协编《红河哈尼梯田保护管理规划（2011～2030）》（简称《哈尼梯田保护管理规划》）。规划范围461平方千米。2009年，启动编制工作。2011年，获国家文物局批复同意。2013年6月，"红河哈尼梯田文化景观"被列入《世界遗产名录》；11月，《哈尼梯田保护管理规划》获云南省人民政府批准公布。

该规划经研究认为哈尼梯田遗产由物质文化遗产和非物质文化遗产构成。其中，物质文化遗产由森林、村寨、梯田、水系四要素组成，各要素按照山地的海拔与功能关系分布，互相依存，共同构筑哈尼梯田农业生态体系；非物质文化遗产与当地少数民族的生产、生活紧密结合，包括民间传统音乐舞蹈、口传文学、传统习俗、传统制度、祭祀活动、传统手工艺等。

在开展大量基础工作后，《哈尼梯田保护管理规划》评估认为"传统梯田稻作农业的经济价值不高影响农业遗产延续的动力，外部建筑技术体系的进入影响乡土民居的变化规律，旅游发展模式影响遗产演进逻辑"。并按照"遗产价值分析、遗产元素识别和系统认知、遗产元素演进规律分析、价值延续的影响因素评估、规划应对策略、规划措施制定"的技术路线建立规划技术框架。基于遗产类型分析，确认哈尼梯田具备农业遗产和乡土聚落类型遗产的本质属性，而"景观性"只是其表象。因

此，《哈尼梯田保护管理规划》针对各类属性演进的"动态"特征，制定法规控制、政策引导、传统与现代管理机制结合等对策体系。主要包括探讨传统梯田稻作农业的"产业化"（非现代农业模式的），激发价值维护的动力；提供传统乡土民居的现代解决方案示范与政策引导，鼓励符合"乡土性"的合理变化；严格控制旅游设施和引导旅游模式，减少旅游对稳定的传统农业社会形态的负面影响；建立基于当地既有的、成熟的传统梯田稻作农业社会的维系模式与政府行政管理系统结合的管理机制，尊重遗产价值维护者的主导地位、加强政府的政策引导角色、减少外部对遗产演进规律的负面干预。

《哈尼梯田保护管理规划》特点体现在严格遵循红河哈尼梯田文化景观遗产的演化规律，通过法律和法规保护、公共政策引导、产业化传统经济支撑和综合管理资源模式，实现遗产价值的延续与遗产地社会经济发展的协调统一。具体而言，规划以区划和法规工具，保障哈尼梯田遗产构成元素的完整性和梯田文化的安全性；以政策为导向，引导传统价值观的回归，实现哈尼梯田遗产构成元素的真实性和延续性；以产业化经营模式，提升哈尼梯田传统农产品的经济价值，维护传统水稻梯田文化持续发展原动力；以现代管理与传统保护相结合的机制，保护哈尼梯田遗产持续演进的科学性。

**《大运河遗产保护与管理总体规划（2012～2030）》**　大运河始建于春秋时期，流经北京市、天津市、河北省、山东省、江苏省、浙江省、河南省、安徽省，贯通海河、黄河、淮河、长江、钱塘江水系，跨越3000余千米，北

至北京，南至浙江杭州，西至河南洛阳，东至浙江宁波。

大运河遗产是农业文明时代人工运河的杰出范例，在规划思想、工程设计和施工技术方面均体现了古代中国在建造水运、水利工程方面的最高成就，也是世界范围内具有代表意义的人类智慧的反映。大运河遗产是世界唯一为确保粮食运输安全，以达到稳定政权、维持帝国统一为目的，由国家投资开凿、国家管理的巨大工程体系。大运河遗产是人类和自然的大型联合工程，运河河道与沿线遗产及其周边环境，反映了自春秋以降中国东部平原地区广阔范围内人与自然之间长期持续的互动。

大运河遗产是超大规模的线性文化遗产，因丰富的遗产构成、复杂的保存使用状态、利益相关者众多、管理利用诉求多样化等特点，遗产自身和保护管理方面都具有突出的复杂性。总体规划编制之前，大运河全线资源调查和地市级规划的编制工作已基本完成。这些前期成果虽为大运河的保护提供了必要的基础资料，但在整体层面上存在各地认定遗产的标准不一致、跨省市分布的河段和遗产点无法整合、地市级规划提出的保护区划与文物保护单位保护区划概念不一致、沿线仍有诸多考古新发现、认定的遗产和保护管理措施未取得相关各部委的认同、国保和申遗范围无法确定等一系列问题，亟待从国家层面组织编制总体规划，为大运河的保护和申遗工作提供科学指导和决策依据。

为配合"中国大运河"申报世界文化遗产，国家文物局委托中国文化遗产研究院主编，东南大学、河北省古代建筑保护研究所、中国城市规划设计研究院、陕西省古迹遗址保护工程技术研究中心、天津大学建筑设计研究院、中国水利水电科学研究院等多家专业机构协编《大运河遗产保护与管理总体规划（2012～2030）》（简称《大运河总体规划》）。规划范围7661万平方米。2010年，启动《大运河总体规划》编制工作。2012年，通过专家组评审论证，获国家文物局批复同意，由大运河保护和申遗省部际会商小组公布实施。2013年1月，全套文件提交联合国教科文组织世界遗产中心。2014年6月，"中国大运河"被列入《世界遗产名录》。

《大运河总体规划》分析认定大运河遗产364项，遗产要素类型包括运河水工遗存、运河附属遗存、运河相关遗产。其中，运河水工遗存包括河道遗存，湖泊、水库、泉等水体遗存，水工设施遗存，共222项；运河附属遗存包括配套设施遗存、管理设施遗存和沉船遗址等其他附属遗存，共41项；运河相关遗产包括相关碑刻、古建筑、古遗址、近现代建筑与史迹等相关遗产点和相关历史文化街区，共101项。依据历史时期的分段和命名习惯，大运河共包括通惠河段、北运河段、南运河段、会通河段、中河段、淮扬运河段、江南运河段、浙东运河段、卫河（永济渠）段、通济渠（汴河）段十大河段，河段总长度约3166千米，总分布面积1233平方千米。

在开展大量基础工作后，《大运河总体规划》评估出"大运河遗产作为在用和活态遗产的价值载体并未得到明确界定""保护与利用的矛盾仍局部存在"等不利因素。制定了包含支撑大运河整体框架、承载遗产核心价值、优先关注具有代表性意义的运河工程及其遗址的整体性、优先关注体现中国古代独特的水运水利制度及运河文化的运河附属遗存和相关遗产的大运河遗产遴选依据。根据遗产特性，设定保护措施类别，并根据重要点段布局，明确整体保护、分段实施的要求。结合已有的相关规划，把符合大运河遗产价值演进规律的水利、交通项目纳入利用规划的主要内容。

《大运河总体规划》针对极其复杂的遗产对象，基于极其复杂的规划条件编制而成，是对国际、国内创新文化遗产保护理论与理念进行的一次科学严谨的文化实践，在文化遗产保护规划理论与理念、分析与评估、规划策略与措施等方面体现了一系列创新特性，主要包括3个方面。第一，遗产的识别与认定。针对大运河遗产自身的内涵和外延的复杂性，《大运河总体规划》运用系统的研究思路和方法，明确遗产性质、遗产构成和遗产分级，解决大运河"是什么"的问题。第二，遗产的分析与评估。针对大运河遗产时空界限和保存现状的复杂性，《大运河总体规划》构建宏观与微观结合的评估体系，对遗产价值和现状进行系统分析与评估，解决大运河"怎么样"的问题。第三，遗产的保护、利用与管理。针对大运河遗产保护管理的复杂性，《大运河总体规划》以维护遗产价值为根本目标，以统筹协调为主要手段，依托分层次滚动规划编制机制，对大运河遗产的保护、利用、管理进行科学规划，解决大运河保护和申遗"怎么做"的问题。

规划的保护区划分为保护范围（1233平方千米）、建设控制地带（6428平方千米）。其中，保护范围分为运河水工遗存与附属遗存重点保护区（465平方千米）、运河水工遗存与附属遗存一般保护区（706平方千米）、运河相关遗产保护范围（62平方千米），建设控制地带针对建设压力和环境保护力度分为三类。规划分期为近期（2012~2015年）、中期（2016~2020年）、远期（2021~2030年）。

规划文件最终成果除《规划文本》《规划图纸》《规划说明》《基础资料汇编》外，还包括根据项目特点编制的《分段规划》。《规划文本》共有13章91条，由总则，大运河遗产认定，遗产价值评估，遗产现状评估，规划原则、目标与基本策略，保护区划与管理规定，保护措施规划，遗产利用与展示规划，遗产管理规划，遗产研究规划，遗产环境保护规划，近期规划，附则组成。《分段规划》由构成大运河遗产的十大河段的详细遗产构成、保护区划、重要点段保护与展示规划等组成。《规划图纸》共有600张，含现状图、评估图、规划图。《规划说明》含规划编制背景与基本条件，大运河遗产概况，大运河遗产构成认定，遗产价值评估，遗产现状评估，规划原则、目标与基本策略，保护区划与管理规定，保护措施规划，遗产利用与展示规划，遗产管理规划，研究规划，遗产环境保护规划，规划分期与实施重点等。《基础资料汇编》含相关历史地图、相关文献资料索引、相关法律法规、相关规划、相关非物质文化遗产、十大河段遗产要素构成表等。

《大运河总体规划》为大运河保护和申遗工作提供了科学指导和决策依据，使大运河保护和申遗省部际会商小组的各成员单位就大运河遗产保护和申遗工作基本达成一致意见，进一步加强沟通协调，推进大运河遗产保护整治和展示利用工作，为大运河永续发展和利用奠定了坚实基础。通过规划编制和实施，在运河沿线的88万平方千米的广大区域、27个城市宣传、普及世界遗产的理念和信息。《大运河总体规划》及后来据其编制的第二阶段大运河遗产保护规划（省级规划）和多项、各类详细规划的实施，促进了大运河独特价值的充分发挥，以及运河遗产所在地经济、社会、文化的全面协调可持续发展。

**《左江花山岩画文化景观保护管理总体规划（2014～2030）》**　左江花山岩画分布于中国广西壮族自治区崇左市的宁明县、龙州县、江州区、扶绥县，是中国西南地区分布区域最广、规模最大的岩画群之一。左江花山岩画文化景观是岩溶地貌中以岩画为核心、利用特定的自然环境而形成的服务于祭祀仪式的"自然与人的共同作品"，展现出一套独特、内涵丰富、逻辑清晰的图像表达系统——以记录祭祀活动为统一主题、以"蹲式人形"为基础符号。岩画被绘制在大江转弯处、面对江水来向的直立崖壁的高处，与自然环境呼应融合，形成强烈的视觉效应和艺术表现力，展现了创作者强烈的精神追求、卓越的绘画技术和人类与自然沟通的独特方式。左江花山岩画成熟于约2000年前，是该时期世界岩画艺术的代表作之一。

为有效保护左江花山岩画文化景观，在全面保护遗产价值前提下，促进实现左江花山岩画所在地区经济、社会、文化的全面协调可持续发展，不断提高保护与维护左江花山岩画文化景观遗产价值的能力，并配合"左江花山岩画文化景观"申报世界文化遗产，崇左市人民

政府委托中国文化遗产研究院、广西文物保护研究设计中心编制《左江花山岩画文化景观保护管理总体规划（2014～2030）》（简称《左江花山岩总体规划》）。规划范围18770.61万平方米。2013年，启动编制工作。2015年1月，获国家文物局批复同意，将全套文件提交联合国教科文组织世界遗产中心。2016年7月，"左江花山岩画文化景观"被列入《世界遗产名录》。

《左江花山岩总体规划》分析认定，左江花山岩画文化景观是由分布在左江流域崇山峻岭中的众多岩画点与其崖壁载体，以及周边河流、台地、山峰等环境要素共同构成的文化景观类文化遗产，具有"青山环碧水，岩画面台地"的空间特征，每处岩画都与其所在的山崖、山崖下的河流、对面的台地构成一个相对独立、封闭的景观单元，在申报的遗产区内密集分布。主要规划对象包括分布在左江沿线郊野、村庄地区的38处岩画点、岩画所在山体，以及周边河流、台地、山峰、传统村落等景观要素。规划范围涵盖遗产分布范围及其在文化景观概念下的背景环境。

在文献研究和实地调查评估基础上，《左江花山岩总体规划》着重识别、保护在全国乃至世界层面具有重要价值的左江花山岩画文化景观。统筹安排保护、整治与展示措施，依据遗产与环境现状，加强规划实施的适应性和可操作性。规划保护范围6621.60万平方米，规划建设控制地带12149.01万平方米。

规划文件最终成果由《规划文本》《规划图纸》《规划说明》《基础资料汇编》组成。《规划文本》共有17章，由总则、遗产构成、价值评估、现状评估、规划框架、保护区划与

管理规定、本体保护规划、环境保护规划、协调与管理规划、展示利用规划、研究规划等组成。《规划图纸》共有93张图纸，含现状图、评估图、规划图。《规划说明》含规划编制背景与基本条件、遗产概况、价值评估、现状评估等部分。《基础资料汇编》含相关历史地图、相关文献资料索引、相关法律法规、相关规划、相关非物质文化遗产等。

# 第三节　重要保护工程

重要保护工程是保护对象价值较高、规模较大、社会影响力广泛，或项目技术难度较高，人员、资金和政策等方面支持力度较大的文物保护工程。20世纪30年代起，对明长陵、故宫、赵州桥、独乐寺、云冈石窟等重要古建筑、古墓葬、石窟寺等开展保护修缮，推动了文物保护维修理念、技术、方法的探索和发展。1952年起，财政部逐年拨专款用于重点文物保护维修，山海关、沈阳故宫等重要建筑遗迹得到保护。20世纪70年代，国家设立重点文物保护专项经费，实施永乐宫搬迁、南禅寺大殿维修、莫高窟加固等重要文物保护工程。20世纪80年代，国家实施布达拉宫、曲阜三孔、承德避暑山庄等重要文物保护工程。20世纪90年代，开展中华人民共和国成立以来规模最大的系列文物抢救保护工程，实施布达拉宫（一期）、曲阜三孔、承德避暑山庄、天津独乐寺、河北清东陵和西陵、青海塔尔寺（一期）、浙江天一阁、河北隆兴寺大悲阁在内的一批重要文物保护工程，并开展小浪底水库、三峡水利工程等国家大型基本建设项目文物保护工程，敦煌莫高窟、云冈石窟维修合作保护以及援助柬埔寨吴哥窟周萨神庙维修工程等重要的国际文物保护交流、合作项目。进入21世纪，西藏三大重点文物保护工程、故宫维修、山海关长城修缮工程、山西南部早期建筑保护

工程、震后文物抢险工程等重点维修工程硕果累累。

## 一、古遗址保护维修

**交河故城保护修缮工程**　交河故城又称雅尔湖故城，位于新疆维吾尔自治区吐鲁番市西约10千米的亚尔乡，是公元前2世纪至公元14世纪丝绸之路东天山南麓吐鲁番盆地的重要中心城镇，平面呈长方形，依土崖而建，南北长1000米、东西最宽处约300米。故城还有两处重要的附属遗址，即雅尔湖古墓群和雅尔湖石窟。1961年，被国务院公布为第一批全国重点文物保护单位。2014年，作为"丝绸之路：长安-天山廊道的路网"遗址点被列入《世界遗产名录》。

在自然界内外动力地质作用和人类活动影响下，交河故城遗址本体和台地破坏严重，部分墙体局部处于极度危险的状态，大部分墙体多种病害共同发育，有进一步恶化发展的趋势，崖体裂隙发育，随时都有坍塌的危险。1992～1995年，由联合国教科文组织和日本政府投资100万美元，中国政府投入配套资金，开展交河故城保护维修工程。1992年4月1日，交河故城、沟西沟北墓地及雅尔湖石窟保护工程开工，先后完成地上遗存加固维修工

程，复原东城门楼、南城门楼和塔林，完成东河床的全部防洪堤修复工程，修建旅游参观道路和防洪堤，复原和加固西北小寺，对出土建筑的保护和加固进行探索和试验。1998年，在交河故城南门修筑一条长约150米的防洪坝。1999年12月，对交河故城南门外河坝进行加固、维修，并修建一座横跨的桥梁。2003年10月～2004年5月，实施交河故城瞭望台加固工程。"十一五""十二五""十三五"期间，先后实施交河故城一、二、三、四期本体保护项目和交河故城防洪工程等文物保护工程，主要针对遗址的风蚀、水蚀、基础酥碱、裂隙发育、坍塌、洪水冲蚀等病害，实施表面防风蚀、雨蚀加固、墙体悬空面或坍塌区加固、顶面冲沟加固、洞顶加固、钢梁吊顶、失稳崖体加固等工程措施。

2005年，国家启动丝绸之路（新疆段）重点文物保护工程，交河故城被列入重点文物保护工程项目。同年，新疆维吾尔自治区文物局委托敦煌研究院和兰州大学文物保护研究中心编制完成《丝绸之路新疆段重点文物保护项目——交河故城抢险加固工程方案》，并获国家文物局批准。2006年5月，敦煌研究院文物保护技术服务中心及新疆昆仑监理有限公司分别中标为施工和监理单位。工程于2006年6月15日开工，2008年8月15日完工，投资预算4718万元。

交河故城抢险加固一期工程包括文物本体加固工程和崖体加固工程。本体加固工程包括大佛寺加固工程、东北佛寺加固工程、官署西洞口加固工程和东面崖体加固工程，主要工程措施包括钢梁吊顶、裂隙砌补及注浆、土坯拆

除及砌补、垛泥砌补、锚杆锚固、表面防风化处理等。崖体抢险加固工程主要是加固濒危的土质高边坡，属于边坡工程的范畴，此外在崖体的顶部和中部有部分遗址保留，故还有文物保护工程的性质，主要措施有变形监测、脚手架搭设、楠竹加筋复合锚杆锚固、钢筋锚杆锚固、土坯砌补、裂隙充填注浆、静压注浆、表面防风化处理等。2008年11月28日，新疆维吾尔自治区文物局组织专家对交河故城抢险加固一期工程进行竣工验收。交河故城遗址一期抢险加固工程的实施，抢救性解除了西崖遗址载体大面积坍塌危险，提高了遗址本体抗风蚀、雨蚀的能力，对遗址本体及崖体的保护起到积极作用，工程实际效果明显。

2008年，敦煌研究院和兰州大学文物保护研究中心对交河故城部分濒危文物进行抢险加固勘察与设计。二期抢险加固工程是在一期工程基础上的延续，设计内容分为崖体抢险加固和文物本体抢险加固两部分，工程对象包括交河故城西侧台地部分崖体、部分台地本体及官署。设计方案获国家文物局批准，工程总投资2150万元。2009年1月，敦煌研究院文物保护技术服务中心及新疆昆仑监理有限公司分别中标为施工单位和监理单位。二期工程于2009年3月15日开工，2010年11月15日完工。崖体加固主要措施有锚杆锚固、土坯砌补、裂隙充填注浆、PS表面防风化、作旧处理及变形监测等。本体加固主要措施有裂隙砌补及注浆、锚杆锚固、土坯拆除及砌补、钢梁吊顶、PS表面防风化及作旧处理等。2010年12月，组织专家对交河故城抢险加固二期工程进行竣工验收。交河故城遗址二期抢险加固工程的实施，抢救性解

除了西崖遗址载体大面积坍塌危险，提高了遗址本体抗风蚀、雨蚀的能力，对遗址本体及崖体的保护起到积极作用，工程实际效果明显。

2009年6～12月，敦煌研究院完成交河故城三期抢险加固工程设计方案。设计范围是官署遗址在交河故城一期和二期抢险加固工程中所有未加固区域、中央大道两侧墙体、沿参观路线两侧18个遗址单体及崖体8～10区。2011年4月，设计方案获国家文物局批准，工程总投资2518万元。2012年6月1日，敦煌研究院文物保护技术服务中心及新疆昆仑监理有限公司分别中标为施工和监理单位。三期工程于2012年6月30日开工，2014年12月28日竣工。工程措施主要包括遗址加固和崖体加固两部分。遗址加固主要采用表面防风化加固、墙体悬空面和坍塌区加固、裂隙加固、钢梁吊顶、顶面加固的方式。崖体加固主要采取锚杆锚固、裂隙充填注浆、变形监测、土坯砌补、槽钢支顶、渗透注浆、表面防风化加固等方法。2014年12月，组织专家对交河故城抢险加固三期工程进行竣工验收。交河故城遗址三期抢险加固工程的实施，抢救性解除了官署遗址及18处单体的危险，提高了遗址本体抗风蚀、雨蚀的能力，对遗址本体及崖体的保护起到积极作用，工程实际效果明显。

2013年2月，甘肃莫高窟文化遗产保护设计咨询有限公司完成交河故城四期抢险加固工程设计方案。设计范围是官署区B-1至B-7、东城区D-1街区至D-3街区和D-5街区、东门、东门南侧台地、中心岛等14处建筑遗址。2013年5月22日，设计方案获国家文物局的批准，工程总投资1150.08万元。2014年9月，敦煌研究院文物保护技术服务中心及新疆文物古迹保护中心分别中标为施工和监理单位。四期工程于2015年4月7日开工，2016年10月15日竣工。工程措施主要采用土坯砌补、玻璃化纤维锚杆锚固、裂隙充填注浆、钢梁吊顶、表面防风化加固、墙基排水、冲沟整治、变形监测等方法。

交河故城保护维修工程各项措施未对遗址外部色彩、形制造成不良影响，保护工程整体观感效果尚可，符合不改变文物原状的文物保护要求。截至2017年，一期工程实施近8年，遗址表面保护加固后未出现明显的颜色变化，各期实施工程也不存在明显色差，所采用的补砌、锚固、裂隙注浆、支护处理等工程措施仍起到良好的保护加固效果。交河故城一、二、三、四期工程整体效果良好，达到了预期的保护加固目标。遗址整体保存状态较为稳定，未见新的结构性病害发育。通过一系列保护工程，有效减少了裂隙发育、风蚀、虫鼠害等不利因素对文物本体的破坏，改善了文物的保存现状，交河故城的真实性和完整性得到有效保护，保障了文物安全和价值传承。

**永顺县老司城遗址文物本体保护工程**　老司城遗址位于湖南省湘西土家族苗族自治州永顺县城以东19.5千米的灵溪镇司城村灵溪河畔，中心城址分布范围约19万平方米，按功能可分为生活区、衙署区、墓葬区、街市区、本地族群信仰区、中央文教区等，各区域以正街、河街、右街、左街、紫金街等道路系统连通。2001年，被国务院公布为第五批全国重点文物保护单位。

老司城很多遗迹因人为破坏及年久失修、渗水、洪水吞噬、植被侵蚀等导致基础松动、水土流失，部分遗迹、遗存被损毁，出土器物存在不同程度的残损。生活区城墙、衙署区城墙及自然保坎多处垮塌、塌陷，水沟全部堵塞、沟边松动损毁、沟底卵石脱落，道路多处塌陷、卵石缺失、边界脱落，建筑基址残缺不全、内饰方砖及卵石缺失较多。2010年起，中国文化遗产研究院专家多次赴老司城现场踏勘，对古建筑进行测绘，对城墙、城门、保坎、道路、排水沟、建筑基址等进行规划设计，编制出第一期《湖南省永顺县老司城遗址文物抢救性保护工程施工方案》。2013年，湖南省文物考古研究所、湖南湘楚古迹遗址保护研究中心编制《永顺老司城遗址文物本体保护工程设计方案》第二、三、四期维修工程施工方案文本。

2014年，永顺县委、县政府投资2200万元对老司城遗址本体文物进行维修保护。工程建设单位为永顺老司城遗址管理处，设计单位为中国文化遗产研究院、湖南省文物考古研究所、湖南省湘楚古迹遗址保护研究中心，施工单位为湖南省文物考古研究所、湖南省弘古建筑有限公司，监理单位为辽宁文博古建工程有限公司。工程内容主要包括恢复遗址生活区、衙署区内的道路交通系统和排水系统畅通，修复部分垮塌的城墙和保坎，道路路面的卵石补砌、加固，修复建筑基址残损或缺失部分。

维修保护工程历时半年，分两个阶段进行，先对危重部分城墙、保坎进行抢救性保护维修，再对本体部分道路系统、排水系统、建筑基址进行加固、补砌等维修。城墙基础加固分为两类：一类是松动、松散基础拆砌和掏空基础补砌，一类是墙基保护。墙体结构补强分

为墙体补砌和拆砌两类，针对不同破坏采取相应保护措施。防渗、排水方面，在城墙上部进行清理，清除有害植物及现代堆积，墙体高度不足部分按缺失墙体的维修方法进行补砌，设置防渗层，并进行排水设计。

不同建筑遗存根据残损的不同程度，采取不同的保护方法。对南部建筑群采取回填保护；对生活区北部和衙署区建筑基址进行检测与实验；对保坎人工砍伐干垒、原始保坎墙体上生长的杂草、灌木外露枝叶进行彻底清除，加固墙体并对结构性失稳部位进行补砌和作旧处理；针对F26最大的建筑基址及F10的特殊功能，在完成遗址本体维修保护完成后，用钢架搭棚进行原址展示保护以供游客参观。

生活区、衙署区内部道路交通系统纳入本期工程的主要是内部使用的道路L1、进入南门后连通第二级台地南部建筑群与第三级台地的道路L8、沟通第二级台地南部建筑群与北部建筑群的内部道路L9、晚期改造使用的遗迹L10的路面及踏步。对保存较好的，用干灰扫缝加固；对残存的卵石铺装路面，用干灰扫缝加固，卵石铺装损毁处实行垫层硬化和夯实裸露的土质基础，灰土回填和夯实至与遗存卵石面齐平。根据路面残损情况，对相邻部位取样进行检测实验，先分析垫层土成分及配比情况，再进行路面维修。

生活区、衙署区外部街道针对不同问题采取相应保护维修加固工程。对地面已松动和小面积缺失的街道，用原材料和工艺进行局部揭取重铺和补铺；对农田或房屋占压的主要街道，先做考古勘探以摸清其边缘情况，对占压的农田及构筑物进行清理和搬迁，对被占压的

街道进行揭露并清理，再采取边缘加固、截取重铺和保护性复原等措施；对街道高差较大、边缘薄弱的，廓清边缘、清理杂物，按原形制加固边缘，进行保护性复原；对大部分保存较好、小部分缺失的街道，按原形制进行保护性复原；对构成老司城遗址"八街九巷"的重要街道、已毁坏街道但原址地形需要结构加固的区域，进行保护性复原；对重要遗址点街道进行功能性复原；城区内使用强度大且已毁坏的街道，按原形制进行功能性复原。以上维修和复原的部分街道，适当增加垫层厚度和防水性，达到防渗作用。

针对排水沟的保护措施，包括清除沟壁石缝生长的杂草及灌木根茎；扶正归安沟壁外墙体，加固扶正结构内沟壁墙体；硬化和夯实加固因卵石铺装缺失而暴露的土沟底基础，干灰扫缝加固沟底遗存卵铺装；扶正断裂塌陷的沟顶并低压灌浆胶结裂缝；加固和结构补强排水口两侧的墙体、清理排水口底部淤积。

针对老司城遗址墓葬区所有墓葬基本被盗、墓室内破坏严重的现象，进行杂草清除、墓围归安、封堵盗洞、头龛内饰归安、归安墓室内石雕、归安棺床、修暗沟防渗、回填封土、铺种结缕草、现状加固和结构补强、硬化和夯实加固、干灰扫缝等。对紫金山墓葬区的保护思路进行调整，补充墓葬封土回填、植草绿化、改排水暗沟用窄槽灌浆防渗，在墓四周形成一道地下防渗幕墙，防止地下水向下渗入墓室。

永顺县老司城遗址本体保护维修采取传统工艺和传统方法，选用当地原始材料，以最小的干预修缮获得最佳的保护效果。施工过程中严格遵守文物施工技术操作规程，人员安全、

质量保证齐头并进，通过全程、全方位的科学管理和严格的技术控制，工作界面科学组合，统筹调试，对工作中各环节和步骤实施技术、质量监督，保证了整个工作按计划保质保量顺利完成。永顺县老司城遗址文物本体保护工程的成功实施，为老司城成功申报世界文化遗产作出了重要贡献。2015年，永顺县老司城遗址文物本体保护工程获评第二届（2014年度）全国十佳文物保护工程。

**景德镇御窑厂遗址保护工程**　景德镇御窑厂遗址位于江西省景德镇市珠山区，是明清两代御用瓷器的专职制造场所。1983年被列入第一批景德镇市文物保护单位，2006年被国务院公布为第六批全国重点文物保护单位，2007年被列入全国100项大遗址保护规划，2013年被列为第二批国家考古遗址公园并挂牌。工程包括御窑厂珠山南麓、北麓遗址本体保护工程，御窑厂珠山南麓遗址保护房工程，御窑厂遗址安全防范工程，御窑厂窑址管理用房建筑保护工程。

御窑厂北麓遗址位于御窑厂遗址内东北角，2003～2004年考古发掘确定为明代窑炉作坊遗址，2003年被评为全国十大考古新发现。御窑厂珠山南麓遗址位于御窑厂遗址区西南，为明宣德至万历前期窑炉遗址，面积760平方米，主要遗迹有窑炉、轱辘坑及掩埋落选御用瓷器的小坑遗迹，2004年被评为全国十大考古新发现。两处遗址自发掘以来，仅建有一个简易的保护大棚，存在水患、植物病害、堆积垮塌、土体开裂和不当修补等问题，严重影响遗址本体安全。经景德镇市文物局申请，国家文物局批准立项，由北京大学考古文博学院与河

北省文物保护中心编制遗址本体保护方案，江西省文物局批准通过。2016年9月，项目开始实施，施工单位为广州市白云文物保护工程有限公司。经60天左右施工，完成北麓遗址表面清理、前期实验、仪器设备安装、缺损部位修复（表面未作旧处理）及窑墙修复。由于北麓遗址内环境的变化需重新进行实验，南麓遗址需修建保护房建设，2016年12月7日施工单位撤场，待实验和保护房修建完成后再次进场。撤场期间，广州白云公司每月派人员对遗址进行回访及采集数据。

御窑厂珠山南麓遗址在项目实施前仅有一个敞开式的简易保护棚，遗址常年存在植物病害、堆积垮塌、土体开裂和不当修补等病害，严重影响本体安全。由清华大学建筑设计研究院设计的南麓遗址保护房改建工程方案获国家文物局批准，于2016年8月开始实施，预计2018年底竣工，施工单位为潮州市建筑安装总公司。施工期间因对改扩建区域进行抢救性考古发掘，发现轳辘车、作坊建筑及御窑厂西侧围墙遗迹，方案经两次修改。

御窑厂遗址地处城市之中，周边与居民住宅、商铺紧邻，不法人员易对地下埋藏的文物进行盗掘盗挖，加大了御窑厂遗址安全防护难度。当地缺乏有效的安防技术，仅能实施保安人员和警犬防范。2014年，御窑厂遗址安全防范工程方案获国家文物局批准，获得项目补助资金878万元。2016年，项目在景德镇市公共资源交易中心公开招标，北京世纪之星应用技术有限公司为设计、施工单位，江西省文物保护中心为监理单位。

御窑厂遗址安全技术防范系统由报警系统与监控系统、电子巡查系统、紧急广播、三维声敏报警系统等子系统构成。2016年9月1日开始实施，2016年12月19日完成系统安装、调试、测试及实际运行，系统运行稳定良好，功能完全符合设计以及国家规范规定要求。2016年12月20日进入试运行阶段，情况良好。御窑厂遗址安全防范系统投入使用后，完善了御窑厂遗址区的安全防范功能，能够全面监控整个御窑厂遗址区，防范各种盗挖行为，为御窑厂遗址区的文物和遗迹安全提供了有力保障。

长期以来，御窑厂遗址缺乏完善的管理服务设施。按照《御窑厂遗址保护规划（2007～2020）》要求，御窑厂遗址必须具备管理服务设施，且建筑高度不超过6米。2013年，由清华大学建筑设计研究院设计的方案获国家文物局批准。2016年春节后，项目开始实施，施工单位是江西雄盛文物保护古建筑工程有限公司。施工前，景德镇市陶瓷考古研究所联合江西省文物考古研究所、北京大学考古文博学院、故宫博物院考古研究所对项目建设区域进行考古发掘，发现大量遗迹遗物，因此设计方案需要修改。2016年6月，项目复工，整个管理用房区域改为管理用房兼遗址保护大棚。2016年12月，工程全面竣工并投入使用。该工程的实施，极大解决了御窑遗址管理服务设施的短缺，并与新发掘的遗址保护大棚有机结合，在国内极为罕见。

## 二、古墓葬保护维修

**十三陵保护维修工程** 十三陵位于北京市昌平区北部的天寿山麓，是明朝迁都北京后十三位皇帝陵墓的总称。从明永乐七年（1409年）开始营建长陵，到清初建造思陵，历经200余年。十三座皇陵陵寝内埋葬了13位皇帝、23位皇后及数十位殉葬皇妃。1961年，十三陵被国务院公布为第一批全国重点文物保护单位。2003年，十三陵被列入《世界遗产名录》。清朝开始对十三陵采取保护政策，乾隆十一年（1746年），对思陵进行修缮；乾隆五十年至五十二年（1785～1787年），对十三陵进行较大规模维护，使十三陵建筑规制发生了一些变化。民国24年（1935年），北平市政府对长陵神道的大红门、神功圣德碑亭、龙凤门及长陵陵宫的陵门、碑亭、祾恩门、祾恩殿、内红门、牌楼门、明楼、神帛炉等进行修缮。

中华人民共和国成立后，对十三陵进行了大规模的维修和保护。1955年，对长、景、永三陵及长陵神功圣德碑亭进行修缮；1957年，在长陵祾恩门、祾恩殿、明楼三处安装避雷针；1982年，对长陵祾恩门、祾恩殿进行修缮；1987年，对昭陵进行全面修缮，复建祾恩殿、左右配殿、祾恩门、神功圣德碑亭、神厨、神库、宰牲亭等建筑；1992～1994年，复建思陵陵墙、宝城墙，修缮归安方城四壁；1994年4月～1995年5月，抢修献陵明楼，对陵墙、宝城、陵门、石桥等进行修缮；1994年5月～1995年7月，对神道进行修缮和环境整治，恢复龙凤门琉璃屏、华表石栏杆及散水，铺设神道石板；1998年，对未开放陵寝进行封闭管理，24小时巡查护陵；2001年，实施德陵抢险修缮工程；2003年，实施康陵和庆陵抢险修缮工程；2004年，对石牌坊周边环境进行整治，对定陵地宫入口进行改造。

经历几百年的风雨侵蚀和历史上的人为破坏，十三陵文物保护状况并不乐观，许多文物古建筑残破不堪。十三陵古建筑遭受的破坏主要有5个方面：一是屋面及墙体顶部瓦件破损、脱落；二是台基石构件残坏、走闪错位，需待归安；三是砖拱券酥碱，有待归安加固；四是木构件腐烂、斗拱脱落；五是排水沟壅塞不通，需要疏浚。2010年以来，十三陵启动了新一轮大修，包括大红门、悼陵、康陵、茂陵、庆陵、裕陵、长陵、昭陵修缮工程，石牌坊修缮工程，郑贵妃坟暨二李、刘、周四妃坟修缮工程等。工程的开展对维护明十三陵世界遗产的完整性、保护文物建筑、治理文物建筑环境都具有十分重大的意义。

裕陵位于天寿山西峰右侧的石门山下，是明英宗朱祁镇与皇后钱氏、周氏的合葬墓，始建于明天顺八年（1464年）。陵寝建筑主要由祾恩门、祾恩殿、棂星门、石供器及宝城、明楼等组成，占地面积约28954平方米，建筑面积约3348平方米。裕陵曾于清乾隆五十年至五十二年修缮（1785～1787年），拆大改小，此后日渐荒废，各处遗存残损严重。除方城明楼、三座门外，地面建筑多已缺失，仅余台基及残墙。碑亭及祾恩殿地上建筑大部分无存。三座桥、棂星门的主体大部分尚存。祾恩门地上建筑已无存，仅遗存清代台基及局部山墙叠压在明代祾恩门台明上。明楼建筑、三座门建筑尚存，但明楼瓦面仅余一小部分，几乎完全缺失。2010年裕陵全面修缮启动，2012年竣工，总资金为2200余万元。工程建设单位为十三陵特区办事处，设计单位为北京市文物建筑保护设计所，施工单位为北京市明十三陵建筑工程中心,监理单位为北京方亭工程监理有限公司。工程范围包括碑亭、三座桥、神道、裬恩门、裬恩殿、三座门、棂星门、方城明楼及宝城墙、墓冢土体、影壁基座、陵墙、树盂及石五供等地上遗存。工程内容包括对施工范围内遗存进行全面修缮,排除安全隐患;查找东西配殿(两庑)、焚帛炉等可能的遗址遗存,妥善保护;全面整治院内绿化及植被,清理疏浚、恢复原有排水系统;配置必要的防雷设施。工程分为两个阶段。第一阶段为前期勘察、检测及试验阶段。采用传统方式测绘建筑;对病害进行勘察记录,结合工作经验对病害成因及危害程度进行初判;引进现代检测手段,对方城进行结构安全监测;分析明楼木构件树种,检测内部缺陷,为修缮措施制定提供科学依据。第二阶段为修缮阶段。对碑亭及裬恩殿进行修整,对散落及走闪的石栏板、阶条石等构件进行归安;在三座桥、棂星门修缮中,进行杂土清理、走闪构件归安、残缺失稳构件局部补配及稳固;按明代裬恩门规制修建裕陵裬恩门;在明楼建筑、三座门建筑修缮中,对台明及地面酥碱砖、走闪阶条石进行归安,对缺失鼓闪的墙体抹灰进行补抹,重点修整几近坍塌的明楼上部大木结构和屋面;对方城明楼及宝城墙进行渣土清除,树木移栽,地面及礓磜坡道整修,坍塌墙体局部拆砌,垛墙、宇墙补砌等,对存在结构安全隐患的券洞进行加固;对陵园环境、墓冢、排水系统、外部道路系统等进行全面清理、修整,清除陵园庭院内大量杂土,露明原有地面,修整御路及神道,调整外部道路,停止机动车碾压神道;对五供及树盂等石质文物表面的黑色地衣进行

清除,修补风化、破损石材,归安散落构件;对墓冢缺失封土按原做法补培;对排水系统进行清理、修复及疏浚,现状维修、补配排水系统缺失的砖瓦件,疏浚原有排水暗沟,哑巴院西侧已缺失的排水暗沟处新做排水管沟。裕陵修缮以现状修整为主,严格控制补配、更新的工程量,通过整体及系统的修缮措施全面消除安全隐患,最小扰动、最大限度地保存历史构件及历史信息,保留历史风貌。

悼陵位于袄儿峪前,是明代嘉靖皇帝沈、文、卢三妃墓,平面呈纵向长方形,面宽为86.3米、进深为169米,院内设享殿、配殿、石供案(上置石贡器)及墓冢等建筑。悼陵自隆庆元年(1567年)孝洁皇后迁祔永陵后,殿庑先后毁坏,逐渐荒废,并多次发生文物被盗及破坏事件,陵墙自然损坏和人为破坏现象严重,地面建筑基址被渣土掩埋,排水设施不畅,土体冻融作用加剧遗址的破坏。2010年初,受十三陵特区办事处邀请,北京市文物建筑保护设计所对悼陵现场进行初步勘察,发现悼陵文物及建筑遗址破坏严重,与特区办事处协商后,决定对悼陵进行全面修缮。2011年初,国家文物局及北京市文物局批复,原则同意悼陵修缮立项文件。北京市文物建筑保护设计所对悼陵进行现场勘察,制定修缮设计方案,并召开专家论证会,于2012年5月获得方案批准文件。设计单位根据批复文件要求修改设计方案,进行施工图设计,2012年7月施工图文件报北京市文物局核准后,进入施工准备阶段。悼陵修缮工程目标是全面修缮陵墙,保证建筑遗存安全;建筑局部修复,展示原有历史风貌。工程范围为悼陵陵墙以内的全部建

构筑物基址，不涉及地下玄宫。总占地面积17950平方米，除陵墙全部恢复外，其余进行遗址保护。资金规模为660万元。工程实施时间为2012年9月～2013年11月。工程内容包括对悼陵范围内文物建（构）筑物遗址、陵墙、石供等进行全面修缮保护，排除安全隐患；全面整治院内绿化及植被，清理渣土，合理组织排水系统。悼陵修缮主要为现状修缮，局部重点修缮、修复。修缮总体目标是通过技术措施对悼陵陵墙及庑殿台基等建筑遗存进行保护性修缮，尽可能展示原有陵墓的建筑形态。在保护修缮设计中，尊重历史真实，体现安全第一原则、最小干预原则、历史可读性原则、修复手段可识别性原则。技术处理手段和具体保护修复技术均采用原材质、原工艺做法实施。

康陵位于陵区北部金岭东麓，是明代第十位皇帝朱厚照（明武宗）和皇后夏氏的合葬陵寝。陵园大致坐西朝东，占地面积约2.7万平方米，由东向西依次为碑亭、祾恩门、祾恩殿、三座门、棂星门、方城明楼、宝城、影壁、宝顶墓冢。明崇祯十七年（1644年），康陵明楼遭到焚烧、破坏。清乾隆五十年至五十二年（1785～1787年），全面修缮明陵，康陵得到修护，工程中对陵寝的若干建筑采取拆大改小、拆木构造改砖石的做法，一定程度上改变了建筑的形制。民国23～24年（1934～1935年），北平市政府委托北平市工务局修缮明长陵，并对陵区其他陵寝进行踏查。1998年，出于保护文物、封闭管理的目的，对康陵实施"抢救工程"，修复数段倒塌的陵墙，在祾恩门遗址前加装拦挡围栏。康陵修缮工程于2003年4月启动，2006年8月竣工，

修缮面积12622平方米，总资金427余万元。工程由北京市昌平区十三陵特区办事处自筹资金修缮，北京市文物建筑保护设计所设计，北京市明十三陵建筑工程中心承建施工，北京市方亭工程监理有限公司监理。康陵保护修缮工程范围涵盖陵寝主轴线全部建构筑物，具体包括碑亭遗存、祾恩门、祾恩殿遗址、三座门、棂星门遗存、三座门、方城和明楼、宝城墙和宝顶及墓冢、前院陵墙、地面铺装和甬道。工程内容包括拆除碑亭上后加的栏杆；在清代建筑台基上，根据实测并参考历史照片和其他资料完整修复木结构祾恩门；修整祾恩殿残存台基、月台，适当补砌、修护残存墙体，展示遗存现状；补配三座门槛框门扇，修整台基、踏道，加固并少量拆砌遗存墙垛；棂星门遗存保持现状；按现存实物形制修复完整方城及明楼，明楼墙身抹灰按保存现状形式处理，不加恢复，以展示各类砖体烧造戳记；根除对宝城墙墙体产生破坏作用的树木，修复内外墙面，城上倾闪的垛墙、宇墙原拆原砌，较完好的垛墙现状保留并适度补砌，不存的段落按实物形制做法修复完整；宝顶土体保持现状，周边清淤，揭露散排水系统后局部修整，宝顶前栏土矮墙按现存实物做法完整修复；墓冢清理积土，查明边界，补夯灰土，恢复完整；根据实测数据、散置构配件等，按原形式完整修复琉璃影壁；清理陵寝院内外填埋和淤泥，全面疏浚散排水系统，据实局部修整地面、沟壕铺装；陵前围合出封闭场地，保护碑亭遗存与中轴甬道等。康陵修缮全面消除了文物建筑存在的安全隐患，最大限度保存了历史信息，维护了陵寝的完整性和真实性。

**成吉思汗陵维修工程** 成吉思汗陵位于内蒙古自治区鄂尔多斯市伊金霍洛旗阿勒腾席热镇南25千米处的甘德尔山。整个陵区坐北朝南，陵园占地面积5.5万余平方米。主体建筑是坐落于1米多高台基上的3个相连的钢筋混凝土结构、八角飞檐穹隆顶蒙古包式建筑，包括正殿、东西殿和寝宫等，东西长100米，建筑面积1500余平方米。1982年，被国务院公布为第二批全国重点文物保护单位。

成吉思汗陵宫长期受自然环境侵蚀和人为破坏等影响，屋顶出现严重的漏雨现象，瓦件颜色被改制、脱节、碎裂，表面油饰起翘、脱落。严重影响陵宫的整体风貌，同时屋顶的漏雨情况严重影响文物建筑本体安全。

为有效保护成吉思汗陵的真实性、完整性和延续性，发挥其在地方文化建设中的积极作用，成吉思汗陵旅游区管委会决定实施成吉思汗陵旅游区陵宫及陵园修缮工程。工程建设单位为鄂尔多斯市成吉思汗陵旅游区管理委员会，设计单位为咸阳市古建园林设计研究院，施工单位为陕西建工第三建设集团有限公司与咸阳市古建筑园林设计研究院，监理单位为内蒙古益泰监理有限公司。工程总金额900余万元。

成吉思汗陵旅游区陵宫及陵园修缮工程修缮面积约2780平方米，修缮部位包括正殿和东西殿穹隆顶、宝顶，正殿、东西殿和寝宫的八角飞檐屋顶，东西连廊和后殿平屋顶，后殿寝宫的蒙古包式屋顶及八角平檐等。正殿和东西殿穹隆顶修缮面积719.86平方米，按原形状、色彩，部分更换穹隆顶屋面琉璃装饰板，修补底层砂浆抹灰，剔除勾抹砖缝的新材料，按原材料重新勾缝。正殿、东西殿穹隆顶的宝顶修缮面积27.9平方米，按原形状、色彩，部分更换宝顶瓦件，在可能条件下增加宝顶内的通气管道，归安、添配新构件。正殿、东西殿和寝宫的八角飞檐屋顶总面积为1152.62平方米，修补保存尚好瓦件，更换部分残缺严重的筒瓦、板瓦、当勾、脊兽等构件，增加檐口金属构造，减少"尿檐"现象。东西连廊和后殿平屋顶修缮面积1196.11平方米，更换老化防水卷材，完善落水口构造，提高材料质量，提升防水等级。后殿寝宫的蒙古包式屋顶及八角平檐修缮面积284.4平方米，按原形状、色彩，全部更换八角平檐屋面的脊兽、筒瓦、板瓦、当勾、滴水等构件，清除蒙古包顶的裂缝渗漏问题，重做寝宫蒙古包式屋顶的面层。其他零星维修，包括围墙铲除原有抹灰层重新挂网抹灰喷涂涂料，围墙顶部瓦片维修，神灯的石材维修，硬化零星维修，凉亭琉璃瓦翻新更换，六角亭琉璃瓦翻新，铁艺栏杆更换，祭台石材清洗、修复破损、结晶处理，宫殿周围石材清洗、修复破损、结晶处理，神灯铜像修复等。

成吉思汗陵修缮以现状修整为主，以消除文物建筑安全隐患、维护遗产的真实性和完整性为目的；严格控制工程量，尽可能保留保存状况较好的原构件，避免对古建筑造成过大干扰；对维修工程中修补和更换的构件，采用模印、墨书、色差等方法作出标识，并分别在构件隐蔽部位记录修缮时间，让后人在维修中易于识别；保证修缮过程中文物安全和施工安全，以安全拆解、修复和复原每个建筑构件为基本要求；在修缮过程中注重保留与传承传统工艺。通过整体及系统的修缮措施，全面消除了安全隐患。

**沈阳福陵保护修缮工程**　福陵位于沈阳市东部丘陵地带，始建于后金天聪三年（1629年），清康熙二十七年（1688年）形成遗存规模。陵寝建筑群南北长773.17米、东西宽302.97米，主要建筑包括隆恩门、角楼、隆恩殿、大明楼、棂星门、月牙城、宝城、地宫等。1988年，被国务院公布为第三批全国重点文物保护单位。

1949～1978年，福陵内各建筑一直没有进行大的维修。1962年5月，陵寝内的主要建筑之一大明楼因雷击引起的火灾而被烧毁，附近其他建筑也有部分破损。随着游人的增多，古建筑的地面、墙体等可触及处经人为踩踏、磨损，损害进一步加大。同时，风雨等自然因素造成的建筑病害也在加剧。

为改变清福陵保护现状，沈阳市园林管理处向沈阳市城市建设局和沈阳市文化局上报《以福陵大明楼为主的陵寝内建筑全面修缮工程实施方案》，项目估算资金为292万元。沈阳市城市建设局编写《关于沈阳东陵之陵寝修建工程计划说明书》。国家文物事业管理局对维修计划和经费作出批示，补助东陵维修经费30万元。辽宁省财政厅补助维修资金29.6万元。1979～1982年，对整个陵寝进行全面维修，工程范围包括正红门、隆恩门、隆恩殿、大明楼、角楼、方城城墙、碑楼、东配殿、西配殿、宝顶、红墙及陵寝内地面等。修缮内容主要包括：更换各建筑屋面破损、残缺的瓦件，瓦件形式按原样补配；对各建筑糟朽劈裂的木构件视具体情况分别进行墩接、挖补、粘接加固处理；对糟朽严重的角金柱等木构件进行抽换；对歪闪、脱榫的木构架进行拨正，更换檐头部

位糟朽的望板、连檐瓦口等木基层构件；补换地面破损严重的墁地砖，调整归安踏跺石；对大明楼红墙进行维修，拆除个别焦朽木件，加以维护保存；对方城城墙鼓胀、开裂、歪闪严重部分进行重新拆砌处理；清理铲除各建筑空鼓、开裂的木构件地仗，进行油饰保护；对红墙歪闪严重的墙体进行拆除后重砌。

福陵修缮以现状整修为主，以消除安全隐患为目的。修缮严格按照原工艺、原形制进行施工，严格控制补配、更新构件的数量，最大程度保留历史信息，确保清福陵的历史真实性。通过整体全面修缮，福陵建筑群得到有效保护。

**洞沟古墓群保护维修工程**　洞沟古墓群位于吉林省集安市郊的洞沟平原上，包含高句丽时期古墓葬7000余座及采石场遗址，年代跨越汉唐时期。1961年，被国务院公布为第一批全国重点文物保护单位。2004年，高句丽王城、王陵及贵族墓葬被列入《世界遗产名录》，包括洞沟古墓群中的高句丽王陵及贵族墓葬。

千百年来，洞沟古墓群中的古墓葬遗址受人为破坏、自然风化、雨水冲刷、冻融等因素影响，出现石材酥解、局部坍塌、封土流失、渗水、墓顶石裸露等现象。墓上植物根系生长，尤其是大型木本植物的发达根系加剧了洞沟古墓群墓葬破坏速度，并打破了墓葬内部壁画本体相对恒定的保存环境。遗存壁画墓不同程度存在潮湿、霉菌、渗水、氧化等问题。

针对上述病害问题，集安市文物局组织相关专家研究论证，根据洞沟古墓群文物本体损毁程度及工程施工性质，先后实施高句丽壁画墓原址保护项目、高句丽墓葬防渗治理保护项

目、高句丽墓葬本体修缮保护项目。

高句丽壁画墓原址保护项目 2008年起，集安市文物局对10余座高句丽时期壁画墓实施集三维重建测绘、壁画本体修复、墓室微生物微环境监测等内容于一体的修缮保护项目，由中国文化遗产研究院及总装备部工程设计研究总院两家专业机构负责实施。高句丽壁画墓三维重建测绘工程采用多基线数字近景摄影测量为主的三维技术，对壁画墓外部形制、内部墓道及墓室进行全方位、多角度测绘，根据测绘结果建立准确的三维模型和精细的壁画纹理，并建立壁画数据库，通过编辑软件合成壁画墓三维景观成果。在此基础上，集安市文物局继续实施高句丽麻线一号墓壁画修缮，高句丽五盔坟五号墓壁画保护加固，高句丽王城、王陵及贵族墓葬之五盔坟五号墓和麻线一号墓微生物和微环境监测等多项工程。工程依据尊重文物历史原状及最小干预的原则，对施工材料及工艺经过严格的科学分析和筛选论证，尽量做到可逆性的修缮保护，针对壁画不同的病害类型进行具有针对性的保护措施。通过大量系统的调查、勘察、试验研究等工作，基本打开了解决危害高句丽墓葬壁画保存主要病害的突破口，为编制实施各类保护方案、开展保护抢救工作奠定了坚实基础，也为考古研究人员研究高句丽壁画、分析破坏原因和设计保护方案提供了详尽准确的空间三维数据和影像数据，为壁画的高清展示提供了可能。

高句丽墓葬防渗治理保护项目 2012年起，集安市文物局先后对麻线一号墓、五盔坟五号墓、五盔坟四号墓、三室墓、将军坟墓室顶部进行防渗保护处理、回填封土及绿化等，

施工单位为沈阳故宫古建园林工程有限公司，监理单位为河南东方文物建筑监理有限公司。一是对墓葬本体周边保护范围内的施工现场进行全面的整治和清理工作，包括腐殖土清理、树木移栽等。二是对墓室外壁进行修缮保护。部分壁画墓封土缺失严重，墓室外壁残缺并裸露在外，通过选用与原砌筑石质相近的石材进行补砌。三是夯填亚黏土防渗层。对封土缺失严重区域进行修复找平，并回填夯实黄黏土防渗层，提高防渗效果。四是铺设膨润土防水毯。在黏土层基础上铺设膨润土防水毯，防水毯由天然钠基膨润土颗粒和相应的外加剂混合均匀后，经特殊的工艺及设备制作而成，具有优异的防水防渗性能。五是回填亚黏土保护层。在防水毯基础上继续回填并夯实黄黏土封土保护层，加强保护效果。六是绿化展示。在墓葬顶部回填腐殖土并进行绿化保护。七是修建排水沟渠。在墓葬外围四周修建截排水沟，截断外围地表水渗进墓室内。工程施工前，对墓葬内部进行稳定性监测工作，同时部分墓葬需在墓室内部设置必要的支护保护措施。高句丽墓葬防渗治理保护项目通过回填夯实亚黏土防渗层及铺设防水毯双重防渗保护措施，遏制了雨水渗透对墓葬内部环境的影响。在此基础上，通过补充夯填黄黏土保护层，防止植物根系穿透、破坏防渗保护措施，进一步提高了墓葬本体的稳定性，并有效改善了墓室壁画保护环境，延长了壁画存世时间。

高句丽墓葬本体修缮保护项目 多年来，集安市文物局组织实施了洞沟古墓群208座高句丽墓葬文物保护、洞沟古墓群山城下贵族墓葬区墓葬本体加固保护、洞沟古墓群山城下贵

族墓地9座高句丽墓葬文物本体保护等工程。一是墓葬考古清理。对墓葬本体进行全面的考古清理工作，分析病害成因并结合墓葬本体实际情况制定施工指导意见。二是墓葬修缮。对墓葬本体及周边区域杂草、灌木进行清理并留取文字和影像等原始资料。三是墓葬放线。根据考古指导意见及施工方案要求进行放线工作，积石墓确定墓葬的砌筑方法、病害原因等，封土墓确定墓葬方向、体量等数据。四是墓葬基础加固。根据实际情况，对基础失稳、坍塌较为严重的墓葬采用干砌毛石中间填充小块碎石的方法进行基础加固。五是积石墓归安。就近选用塌落的原石进行归安，归安方法与墓葬原始修建方式相同。六是封土墓夯填封土，由下至上逐层夯实。七是积石墓砌筑封堆。选用与墓葬封堆石质、大小相近的石材自然摆放，借鉴保存较好的相同形制及特点的墓葬封堆角度进行适当调整。八是封土墓回填种植土，根据墓葬形制均匀铺设种植土。九是场地清理。对施工现场的人员生活垃圾、生产资料垃圾等进行清理，并进行场地平整等相关工作。十是基础设施建设。通过设置标识系统、保护展示道路等设施，进一步提高展示效果。十一是绿化保护。在施工区域铺设草籽，使墓葬与周边环境协调统一。高句丽墓葬本体修缮保护项目的实施，在对存在安全隐患和保存较差的洞沟古墓群山城下贵族墓地内的高句丽墓葬进行有效保护修缮的同时，完善保护展示了道路等基础设施，并利用墓葬数量多、类型全的特点，将该区域重点打造成一座高句丽墓葬露天博物馆，增加了集安旅游资源吸引力，促进了集安旅游发展。

洞沟古墓群修缮保护项目在确保墓葬本体真实性、完整性的前提下，针对洞沟古墓群不同类型墓葬现状残损程度、破坏因素形成机制等问题，进行有计划的、科学合理的修缮保护，施工内容涵盖壁画本体研究、保护，墓葬本体考古清理、防渗归安，标识系统建设、保护展示道路改造、绿化展示等基础设施建设，是集文物本体保护及旅游开发于一体的综合性保护项目。项目的实施在对洞沟古墓群古墓葬本体进行科学有效保护的同时，极大提升了洞沟古墓群的展示效果，也为专家学者研究高句丽社会结构、丧葬文化等问题提供了科研平台。

# 三、古建筑保护维修

故宫保护维修工程　故宫又称紫禁城，占地72万平方米，建筑面积16.7万平方米，是世界上规模最大、保存最完整的皇宫建筑群。1961年，被国务院公布为第一批全国重点文物保护单位。1987年，被列入《世界遗产名录》。

中华人民共和国成立前，故宫坍塌严重，破败不堪。1952年，开始清理故宫垃圾，组织古建维修队伍，制定着重保养、重点修缮的全面规划并逐步实施，此后陆续进行宁寿宫、乐寿堂、奉先殿、端门、午门东雁翅楼、南薰殿等处修缮工程。1959年，为迎接中华人民共和国成立10周年，国家拨专款对故宫进行大修，选择太和殿、中和殿、保和殿等处进行彩画复原。此外，20世纪50年代还陆续在院内高大宫殿建筑上安装了避雷针。50～70年代，维修经费每年在100万～200万元；80年代，每年达400万元；90年代，增加到800万元；2001年，跃升至1200万元。

建福宫花园位于故宫西北隅，占地4240平方米，建于乾隆五年（1740年）。民国12年（1923年）6月，建福宫花园失火焚毁。1999年，经国务院批准，由中国文物保护基金会（香港）捐资、故宫博物院承担设计施工的建福宫花园复建工程正式启动。复建工程于2000年5月31日开工，2005年11月竣工。工程投资400万美元，复建面积4000余平方米。根据"保持现状、恢复原状"的古建修复法则，园内80%的石基座没有更换。复建工程遵循《清工部工程做法》中的技术规范，坚持"原形制、原结构、原工艺、原材料"的复建原则，最大程度保存历史信息。2006年，美国《商业周刊》和《建筑实录》联合举行建筑"中国奖"颁奖会，建福宫花园复建工程获得"最佳保护项目奖"。

2002年10月，故宫博物院启动以"完整保护，整体维护"为原则的大规模修缮保护项目，项目将持续到2020年紫禁城建成600年。2003年10月，文化部成立故宫博物院维修工程领导小组。2004年3月11日，故宫修缮工程专家咨询委员会第一次全体会议暨《故宫保护总体规划大纲（2003～2020）》论证会召开。2005年3月15日，规划文件获国家文物局批复同意。

2003年，实施武英殿修缮试点工程。2004年，故宫中轴线两侧古建筑修缮保护开工；2005年10月，主体基本完成。2006年1月起对太和殿进行维修，2008年7月太和门、太和殿、神武门修缮陆续竣工，重新开放。此外，午门正楼、钦安殿、戏衣库、倦勤斋内装修保护修缮工程也相继完工。故宫整体维修保护项目完成第一阶段任务，维修面积达38083平方米。2008年，召开故宫修缮工程专家咨询委员会第五次全体会议，对故宫修缮工程第一阶段进行总结。

2009年8月，寿康宫维修工程完工。同年，与世界建筑文物保护基金会（WMF）合作，全面启动乾隆花园保护。2010年12月，慈宁宫修缮工程完工。2011年5月，御史衙门区修缮工程完工。2012年11月，与中国文物保护基金会（香港）合作的中正殿复建工程竣工。2016年，故宫博物院确定故宫四大古建筑研究性保护项目，其中大高玄殿研究性修缮保护项目完成第一期工程，已对外发布最新研究成果；养心殿研究性保护项目顺利推进，已开展33项课题研究；城墙保护修缮工程开工；乾隆花园（遂初堂、萃赏楼、古华轩区）修缮工程准备开工。

**承德避暑山庄及周围寺庙文化遗产保护工程** 承德避暑山庄及周围寺庙始建于清康熙四十二年（1703年），总占地面积约6平方千米。1961年，被国务院公布为第一批全国重点文物保护单位。1994年，列入《世界遗产名录》。

由于自然和人为破坏因素，避暑山庄及周围寺庙在清末到民国时期曾一度破败不堪。1976～2005年，国家先后实施3个"十年整修"规划，对避暑山庄及周围寺庙进行抢救性保护修缮，迁出景区内大量单位和住户，使一批珍贵文物资源得到抢救和保护。但由于保护资金投入有限，且受到保护技术力量和保护理念制约，并没有使避暑山庄及周围寺庙得到全面整修保护。承德避暑山庄及周围寺庙世界文化遗产等级高、面积大、文物数量多，文物保护形势非常严峻，仍然存在大量亟待解决的问题和安全隐患。

2010年8月，财政部、国家文物局等六部委在承德召开现场办公会，确定国家财政投资6亿元，用于避暑山庄及周围寺庙的保护修缮，实施承德文化遗产保护工程。2011年8月23日，国家文物局组织专家对承德避暑山庄及周围寺庙文化遗产保护工程进行工地检查和前期工作部署，并对工程总体计划和实施内容进行讨论。2012年2月14日，国家文物局批复同意《承德避暑山庄及周围寺庙文化遗产保护项目总体计划》。

承德文化遗产保护工程范围包括避暑山庄、普陀宗乘之庙、须弥福寿之庙、殊像寺、普宁寺、普佑寺、安远庙、普乐寺、溥仁寺、广缘寺等10个文物保护单位，涉及古建筑本体保护修缮、安消防能力提升、古建筑遗址保护、文物科技保护、避暑山庄水环境综合整治、文物保护基础工作，共105个单体项目，总经费为58625万元，工程预计于2018年完工。

古建筑本体保护修缮工程是对避暑山庄及周围寺庙内遗存古建筑进行全面的保护修缮，涉及52个项目，经费总额28948万元。具体内容包括屋面的瓦面查补和局部揭瓦，更换糟朽严重的椽飞望板，对墙体酥碱部位进行局部挖补或择砌，整修加固古建筑装修，修补加固大木构件，对台基石构件归安加固，修补毛石台帮，补配建筑散水，做好古建筑的油饰保养工作，清除与古建筑环境不协调的现代干预，完善庭院排水系统等。重点实施普陀宗乘之庙大红台与万法归一金瓦殿、须弥福寿之庙大红

台、普乐寺阁城等主体建筑的重点修缮，防止因古建筑渗水出现安全隐患。对避暑山庄宫墙、须弥福寿之庙吉祥法喜抱厦、安远庙普度殿、殊像寺僧房等濒危古建筑进行紧急抢险修缮，排除险情。承德文化遗产保护工程还对避暑山庄的清代道路、驳岸、宫墙、假山、桥闸等重要文物本体进行了全面保护修缮。

安防、消防能力提升工程包括25个项目，经费总额12300万元。包括实施避暑山庄及周围寺庙安防、消防、防雷等设施系统达标建设，采用先进技术设备对遗存古建筑安防和防雷系统进行升级改造，完善古建筑周界报警监控，建设完善的消防给水系统，对重点目标和文物展室布置入侵探测系统和具有图像声音记录的电视监控系统，建立具有防范报警、视频跟踪、备案查询、预留升级等功能的现代文物安消防监控室，使避暑山庄及周围寺庙安全防范基础设施在"十二五"期间全部达到国家一级风险单位防范标准。

古建筑遗址保护工程包含5个项目，主要是对避暑山庄及周围寺庙古建筑遗址进行全面普查、勘测、研究，确定遗址规模、布局，编制《避暑山庄古建筑基址保护方案（专项规划）》，经费总额3662万元。"十二五"期间，实施避暑山庄遗址保护一期试点示范工程和殊像寺、普陀宗乘之庙、普乐寺、安远庙的古建筑遗址现状归安保护工程，对避暑山庄清舒山馆、澄观斋、福寿园等受自然灾害影响较大，破坏较为严重，濒临坍塌不存的古建筑遗址进行抢救性归安保护。

文物科技保护工程包含17个项目，经费总额6807万元。工程措施主要包括应用科技手段

保护古建筑石质文物、彩画、壁画、佛像等古建筑附属文物，在调查、试验基础上对风化严重的石雕、石刻类文物实施有效的科技保护，解决文物保护中的技术难题；采用彩画回贴保护技术，对殊像寺、普陀宗乘之庙、安远庙、溥仁寺的清代彩画进行现状加固保护；对安远庙遗存清代壁画的原始材料、工艺、病害成因、种类及发展趋势进行研究，通过实验确定壁画保护的适宜材料和技术流程，有效解决安远庙壁画保护难题；启动安远庙清代佛像和普宁寺善财、龙女佛像保护试点试验工程，对普乐寺遭虫蛀的木质佛像须弥座进行灭虫修复抢救性保护。

避暑山庄水环境综合治理工程涉及6个项目，经费总额6208万元。包括新建供水渠和渗渠，增加山庄水系水源补给能力；栽植水生植物和放养适宜的水生动物，改善避暑山庄水体质量；对避暑山庄山区沟谷和岸边裸露地进行治理，减少水土流失对湖区水的污染；将山庄内卫生间全部改造为无渗漏的玻璃钢化粪池，并建立小型污水处理站实现污水的初步处理能力；修复一孔闸清代水渠，提高东湖水体流动性，增强水体净化能力。通过实施避暑山庄水环境综合整治工程，改善了避暑山庄水体质量，解决了避暑山庄湖区生态景观缺水、水环境质量下降、点源污染严重等问题。

避暑山庄及周围寺庙文化遗产保护工程是继3个"十年整修"规划后，对承德文物古迹一次全面、系统、科学的较大规模的保护修缮。保护工程的实施排除了古建筑存在的安全隐患，使古建筑的历史信息和历史风貌得以更好地延续和展示，使承德文物安全防护能力从低水平的"人防"为主实现向现代"技防"为主的转变，探寻出多手段、全方位保护古建筑遗址的新思路，探索出适合承德文物科技保护的新道路，基本解决了避暑山庄湖水的点源污染治理难题，提高了水系进水能力和净化能力，使世界文化遗产承德避暑山庄及周围寺庙得到了有效保护。2015年，普乐寺保护修缮工程获评第二届（2014年度）全国十佳文物保护工程。

**长城保护工程**　长城分布于北京、天津、河北、山西、内蒙古、辽宁、吉林、黑龙江、山东、河南、陕西、甘肃、青海、宁夏、新疆等15个省、自治区、直辖市的404个县、市、区，修筑历史从西周时期直至明朝。各类长城资源遗存总数43721处／座／段，墙壕遗存总长度为21196.18千米。1961年起，八达岭、山海关、嘉峪关、玉门关、镇北台等32处长城重要点段被国务院公布为全国重点文物保护单位。1987年，长城被列入《世界遗产名录》。

中华人民共和国成立后，党和国家都十分重视长城保护工作。1952年，组织居庸关、八达岭和山海关长城维修工程，是中国第一批长城保护维修工程，此后慕田峪、金山岭等一批具有重要价值的长城代表性点段陆续得到修缮。1984年，邓小平号召"爱我中华，修我长城"，推动长城保护工作全面开展；2005年以来，国务院批准实施《长城保护工程（2005～2014年）总体工作方案》，中央财政拨付文物保护专项资金约19亿元，开展长城墙体、敌楼及关堡、烽火台等本体保护维修项目218项，维修、加固长城本体410千米、单体建筑1402处，最大限度保留了不同时期的重要历史遗存和信息，有效改善了遗产保护状况和环境景观。此外，各地还实施了一批环境整治、遗产监测、展示及保护性设施建设等工程，消除一大批长城点段突出的安全隐患。

通过多年的保护维修实践，逐渐探索形成了长城保护维修的理念：对地面仍存有建筑的长城段落，严格遵循"不改变文物原状"和"最小干预"的原则进行维修加固，严格保持其原形制、原结构，保证长城结构安全，最大限度保存历史信息，妥善保护长城沧桑古朴的历史环境风貌；对历史上地面部分已坍塌或消失的长城遗址，实施遗址原状保护，通过局部整理归安和日常养护避免残损加剧，不在原址重建或进行大规模修复；对面临自然灾害威胁的长城段落，加强预警监测，控制安全隐患，必要时可设置有针对性的保护性设施，缓解灾害风险压力，避免自然灾害的直接破坏；对价值突出或与重大历史事件有密切联系，具有展示潜力的长城点段，在严格保护其原形制、原结构的基础上，结合展示服务的需求，可适度进行局部修复展示。从1952年修复居庸关、八达岭等长城点段并对公众开放起，长城沿线各省、自治区、直辖市陆续开展对长城的保护维修和旅游开放。截至2017年，全国以长城展示或依托长城兴建的参观游览区有92处，其中以长城展示为核心的专门景区有45处，长城专题博物馆、陈列馆有8家。

以八达岭长城为例，具体说明长城典型重要点段的维修保护情况。

八达岭长城位于北京市西北60千米处延庆区军都山关沟谷道北口，始建于明弘治十八年（1505年），包含敌楼、墙台、岔道城、烟墩与烽台等遗存。中华人民共和国成立前，八达岭长城呈现残破不堪之局面，几近荒废。中华人民共和国成立后，八达岭长城保护修缮工程陆续立项实施。1953年，修补"居庸外镇"门洞及南四楼段城墙。1957年，重修"居庸外镇""北门锁钥"二门及南、北各4个墙台、敌台。1978年，将"居庸外镇"按原样修复。1983年，修复北四楼至北六楼段长城433米，敌台2座。1984年，修复北六楼至北八楼段长城334米，敌台2座。1985年，修复北八楼至北十楼段长城531米，墙台、敌台2座；修复南四楼至南七楼段长城426米，墙台、敌台3座。1986年，修复北十楼至北十二楼段长城578米，墙台、敌台2座。1987年，建"黔心亭"。1988年秋末、1989年春，修缮北一、二、四楼和南四楼楼顶。1989年秋，北门锁钥平台至南一楼之间内侧墙体外鼓，复原维修130米。1997年3月，南一楼和南二楼局部下沉、膨闪严重，楼基条石部分开裂，进行复原维修；北三楼墙体开裂，采取支撑加固的抢救性维修。1998年起，八达岭特区办事处自筹资金对关城内环境进行整治，拆除原有建筑4600平方米。1998年6月，修建关城东兵营。1999年8月，复建关城南城墙。2000年4月，复建关城南兵营；8月，修建察院公馆。2006年6月～2007年7月，对南七楼至南十六楼半的1245米长城进行抢险加固、保护修缮。

随着旅游开放，为缓解游人拥挤，2013年和2015年分别对未开放段的八达岭长城南七楼至南十六楼半、北十三台至北十九楼进行保护修缮。根据国家文物局、北京市文物局对工程实施方案的批复意见和中国文物研究所专家的评审意见，南七楼至南十六楼半修复工程于2013年4月18日开工，11月15日竣工，建设单位为北京市延庆区八达岭特区办事处，设计单位为北京市文物建筑保护设计所，施工单位为北京市文物古建工程公司，监理单位为北京方亭工程监理有限公司，监督单位为北京市文物工程质量监督站；北十三台至北十九楼保护修缮工程于2015年9月6日开工，2016年11月4日竣工，建设单位为北京市延庆区八达岭特区办事处，设计单位为北京市文物建筑保护设计所，施工单位为北京市文物古建工程公司，监理单位为北京华林源工程咨询有限公司，监督部门为北京市文物工程质量监督站。两项工程涉及的修缮内容包括对垛墙、宇墙、地面、敌楼及平台进行加固补砌等。施工前制定出详细的施工方案、质量保证措施及应急措施，以确保工程实施过程中长城本体的稳定和安全。施工中尽可能使用遗址塌落旧砖，在砌筑时使用传统工艺及传统材料，妥善处理新旧砌体之间的衔接。

**布达拉宫保护维修工程** 布达拉宫高踞西藏拉萨红山之巅，始建于7世纪，从17世纪中叶五世达赖喇嘛时期开始至十三世达赖喇嘛期间多次改扩建，遗产本体主要由红宫、白宫、各类大小经堂、达赖喇嘛灵塔殿、佛堂、僧舍等宫堡群组成，高117米，13层，房屋千间，主体建筑东西长约360米，南北宽约300米，总建筑面积90余万平方米，宫群里收藏和保存着超过13万件极为丰富的文物珍品和艺术瑰宝。1961年，被国务院公布为第一批全国重点文物保护单位。1994年，被列入《世界遗产名录》。

布达拉宫被列为第一批全国重点文物保

护单位后，每年都进行保养维护，但未开展过全面维修，大自然的剥蚀和难以避免的自身老化，使许多建筑物出现不同程度的基础下沉和破损、墙体开裂或坍塌、木构件虫蛀、变形等结构性破坏，此外还有消防和电路系统等安保设施老化等问题，小修小补已无法排除险情。1984年，布达拉宫顶层的强巴佛殿因电线老化短路而失火。国家文物局派出罗哲文等专家进行实地检查和勘测，初步确定险情。1988年，由财政部牵头，中央七部委组成联合考察组，对布达拉宫残损情况、维修范围、经费预算等重大问题做了详细的调查研究，同年决定维修布达拉宫，拉开了布达拉宫一期维修工程的序幕。

1988年3月，成立以中共中央政治局委员、国务委员李铁映为名誉组长，西藏自治区人民政府主席多吉才让为组长的布达拉宫维修工程领导小组。李铁映在京主持召开布达拉宫维修第一次工作会议，提出指导原则。西藏自治区成立以区人民政府副主席吉普·平措次登为组长的工程协调领导小组，并组织了由专业技术人员指导的工程技术队伍。1989年1月，设立以西藏自治区文物局局长甲央为主任的布达拉宫维修工程施工办公室，并决定由拉萨古艺建筑美术公司担任主要的施工任务；5月，国家文物局组织来自8个省市10家单位的古建筑保护技术人员30余人，与西藏古建专家共同对布达拉宫现状和残损情况进行详尽的测绘、记录，对建筑的各部位拍摄图片和影像资料，绘制设计图，并在此基础上形成工程总体设计图纸、草拟施工总计划。总装备工程设计研究院总院负责对保护区域进行全面详尽的地质勘查，绘制布达拉宫平面图、立面图、背立面和侧立面，建立"四有"档案和基本文物资料。

1989年10月11日，布达拉宫一期维修工程正式动工，包含111项内容，主要任务是对红宫、白宫等殿堂进行抢险加固，维修附属建筑雪城，解决殿堂内结构存在的险情。

红宫的病害主要集中在上部四层建筑，即西大殿底层柱网和上面三层回廊的木结构出现严重变形。维修工程对上部三层回廊采用局部落架和"打牮拨正""偷梁换柱"传统做法相结合的维修方法，对七世灵塔殿和上师殿的金顶原拆原盖，更换少量的望板和椽飞，对屋顶上的鎏金铜瓦、宝瓶、仙人和套兽采取妥善保护措施，并进行清洗擦拭。

白宫主要病害是地垄坍陷和东大殿不均匀下沉引起的墙体开裂和结构变形，维修的最大难点是在不落架或局部落架的前提下修复下面的地垄，并矫正建筑变形。经对白宫建筑结构进行分析，并对上部四层进行建筑荷载计算，东大殿维修采取"打牮拨正""偷梁换柱"方法，基本没有伤及壁画和彩绘，较好保持了白宫原貌。在解决地基下沉方面，用千斤顶将上面整整四层殿堂托起，地下增加钢筋混凝土地梁，地梁完工后再将上部结构平稳落下，完整保护了西日光殿等重要建筑。这是一期工程中唯一使用钢筋混凝土的地方，也是此次维修工程中比较有争议的部分。

壁画保护是布达拉宫一期工程中的重点项目之一。维修前，壁画存在裂缝、空鼓、脱落、起甲、雨淋、污染等多种病害，其中以白宫东大殿南墙东部、蔡巴拉康北墙西部、西日光殿卧室西壁等较为严重。采用清洗、加固、揭取、修复、复原等方法对壁画进行重点抢救

性维修和保护。技术人员根据壁画墙体的不同采用不同的保护措施，对白玛草（边玛草）墙体壁画采用拆墙揭取的方式进行修复；对石头墙体壁画用铲、揭方法进行揭取；对小面积空鼓采取科学的化学加固方法；对大片起甲、剥离的壁画层和清漆层，采用聚醋酸乙烯乳液进行贴附加固；对龟裂、粉化表面采用缩丁醛醇加固。壁画画面用表面活性洗涤剂清除油污和灰尘，用有机溶剂洗去油污和老化的清漆层。经过保护和处理的壁画面积300余平方米，壁画保护工程取得重要成绩。

1994年6月，布达拉宫一期维修工程竣工，完成工程项目111个，维修总面积达3.4万平方米，国家总投资5500万元。经过维修，消除了危及布达拉宫的险情隐患，结构缺陷得以纠正。维修工程充分尊重民族传统、尊重民族风格、尊重科学、尊重宗教需要，保持原有建筑群组合和建筑形式，采用原有建筑结构、材料、工艺。1994年，联合国教科文组织世界遗产委员会经过考察论证，确认布达拉宫重要的文化价值及良好的保护状况，将其列入《世界遗产名录》。

一期维修六七年后，布达拉宫的基础和屋面再次出现险情，局部倒塌数十处。国家文物局再次派遣古建专家实地考察，确认布达拉宫基础和屋面存在的问题，对受损部分实施抢修。同时，中央决定对布达拉宫实施第二次维修，并作为西藏"十五"重点文化工程项目之一。布达拉宫二期维修工程于2002年6月启动，2007年完成。主要任务有加固地垄、增强房屋或地面的抗水性、壁画修复等。国家批准项目共8大类64项，包括强庆塔拉姆坡道边墙、平措

堆朗、八世及九世达赖灵塔殿和菩提道次第殿维修工程，地垄灌浆加固工程，红山东北角围墙修复工程等；完成保护范围内大比例尺地形图测绘和工程地质勘查，对主体建筑的山地岩石基础稳定性进行评价，完成1722平方米的壁画保护修复，对5万余平方米雪城进行保护维修，搬迁303户居民，进行6万余平方米的环境整治，实施消防、安防、给排水、电器照明等辅助工程建设。工程总投资超过2亿元。

布达拉宫二期维修工程为西藏三大重点文物保护工程的重要组成部分，国务院成立以国家发展改革委牵头的碰头小组，自治区专门成立工程领导小组和施工办公室，并在施工第一线设工程指挥部，负责施工质量把关及监督检查工作。中国文物研究所总工程师付清远担任专家组组长，古代建筑与古迹保护中心主任张之平任总指挥。从1998年起，中国文物研究所先后4次组织多学科专家对布达拉宫现状进行勘察和研究，完成大比例尺布达拉宫地形图、工程地质详勘、建筑结构详勘及木结构虫害、腐朽和壁画现状勘察等基础工作。2001年6～8月，中国文物研究所在前期勘察的基础上，再次对各维修项目逐一进行现场详勘，完成15个工程项目维修方案的初步设计。此外，会同清华大学、北京建筑工程学院联合编制布达拉宫山下雪城保护规划和布达拉宫重点保护范围内的给水排水工程规划，会同加拿大凯莱斯公司进行阿嘎土材性分析化验和提高阿嘎土防水性能的室内和现场试验，编制阿嘎土屋面保护维修方案。维修施工主要由拉萨古建·苏州香山联营体承担，西藏轩辕文物古建筑保护工程有限公司等也参与此次工程，施工队伍中90%以上都是有传统藏式建筑施工经验的人员。

二期维修工程中着重对地下宫殿进行加固，对基础建筑（地下四层）进行维修改造、屋面修缮和建立防雷设施，采用低压灌浆法对红宫地垄的裂缝进行灌浆加固。维修中，针对不同部位和不同险情采取不同处理方法。对地垄石墙局部砌体松动坍塌部位，采取压力灌浆方法加固；对砌体开裂严重、险情仍在发展的地垄墙体局部拆除重砌；裂缝严重地带根据结构需要增设钢筋水平支撑；地垄内糟朽折断的椽子原则上仍用木椽更换，封闭在地垄底层的椽子改为钢筋水平支撑。在主体建筑维修方面，采取"打牮拨正"、"偷梁换柱"、局部揭顶修缮做法，纠正建筑变形，更换少量构件；红宫、白宫屋顶阿嘎土一律重铺改性阿嘎土；金顶维修主要为镏金、木构件更换，并对更换的新木构件补做油饰彩画。对附属建筑，原则上采取保养维护，保持不塌不漏，个别残损严重的建筑实施揭顶修缮；保养工程主要是为防止屋顶漏雨，对阿嘎土屋面出现的裂缝加以处理；对屋顶出现大面积裂缝的，一般重铺一层细阿嘎土面层，或将原阿嘎土铲掉，重新铺筑；室内阿嘎土的配料、夯打工艺和保护层做法，均严格按照西藏传统工艺进行。木材防腐与干燥方面，对所有新更换木构件采取注药防虫措施，注药方法根据构件、修缮方法和彩绘情况分别采用喷洒法、涂刷法和加压浸注法；维修中一方面请求社会各界调剂干木料，另一方面将木料科学堆放于四面敞开、通风良好的储料房内，强化其自然干燥，缩短干燥周期。

改性阿嘎土是二期维修工程中的重要成果。以往阿嘎土都是靠人力打碎，粗细参差不齐，抗水性差，地面容易开裂。科研人员对阿嘎土进行多次改性实验，通过机器打碎和添加改性外加剂的方法提高其抗压强度、抗冻融性及防水性，还大大节省了时间和人力。

壁画是二期维修的主要内容。布达拉宫壁画因长期缺乏维修，大量出现空鼓、起甲、开裂和覆盖油污烟渍。承担布达拉宫壁画保护设计和修复任务的是敦煌研究院敦煌文物保护技术服务中心。2002年起，敦煌研究院先后选派技术人员参与修复工程的勘察、试验、设计、论证和施工，对空鼓和起甲壁画采用聚醋酸乙烯乳液等粘合剂进行灌浆、锚固，对开裂壁画进行注浆、修补，对污浊部位进行表面清污。共修复22处殿堂的各类病害壁画1818.9平方米，效果良好。"西藏空鼓病害壁画灌浆加固研究"获得了2005年度文物保护科学与技术创新二等奖。

布达拉宫二期维修工程范围广、工程量大、工程项目复杂，设计技术难度和施工难度都很大。提高科技含量是二期工程的重点，地垄灌浆加固、阿嘎土改性、壁画灌浆和锚固等体现了传统工艺与现代科技的完美结合，取得了较好效果。布达拉宫二期维修工程指挥部被国家文物局授予"文物保护特别奖"。

布达拉宫一、二期维修工程共抢险维修红宫、白宫和雪域内古建筑150余处，壁画保护修复总面积2000余平方米，改造给排水、消防、安防、供电、避雷系统，进行环境整治，在古建维修方面树立了典范。维修工程坚持"保护为主、抢救第一、合理利用、加强管理"的文物工作方针，尊重传统、尊重民族风格、尊重科学，坚持原材料、原工艺、原形

制，在尊重历史原貌的前提下，针对布达拉宫的特点，进行阿嘎土改性试验，采用灌浆等现代建筑维修手法，广泛应用拥有千年历史的藏族建筑工艺，保持了布达拉宫的原貌，体现了传统工艺与现代科技的完美结合。

**山西南部早期建筑保护工程** 山西南部早期建筑保护工程是对山西南部地区长治、晋城、运城、临汾4个地级市所辖34个县、市、区内，第一至六批全国重点文物保护单位中105处元代及元代以前木构建筑的专项整体保护维修工程。这些早期木构建筑是中国古代建筑的实物例证，具有很高的历史、科学、艺术价值。

山西南部特别是晋东南的早期建筑，多数地处偏远山村，交通不便，自然环境比较恶劣。由于历史久远，自然损毁严重，险情日益加剧。在105处早期建筑中，近80%或墙体坍塌，或基础下沉，或梁架扭曲，或屋顶漏雨，或排水不畅，依附于文物本体的壁画、彩塑、彩绘、小木作等附属文物也都不同程度存在各种问题，相当数量的早期建筑面临坍塌、损毁的危险，亟待抢救保护。多年来，虽然不同程度进行过维修保护，但由于历史遗留问题，加之地区经济相对落后，山西南部早期建筑的保护问题一直未能彻底解决。

2004年以来，国家文物局在多次组织专家进行实地调研的基础上，决定于"十一五"期间，集中财力、人力对山西南部保存有元代以前木构建筑的105处全国重点文物保护单位进行专项整体保护。山西省文物局组织邀请清华大学城市规划设计研究院文化遗产保护研究所、河北省古建筑保护研究所、陕西省古建设

计研究所和山西省古建筑保护研究所对山西南部长治、晋城两市的17处国保单位进行勘测，编制文物保护规划和修缮设计方案，实行编制单位互审制度，有效提高了编制深度与质量。规划和方案采取专家看现场与审方案相结合的评审办法，保证规划和方案符合工程实际。山西省文物局成立山西南部早期建筑保护工程领导组及山西南部早期建筑保护工程办公室，负责工程管理、组织、协调等方面工作；成立由傅熹年、罗哲文、张之平、王丹华、吕舟、陈同滨等15位专家组成的山西南部早期建筑保护工程专家组，负责工程技术指导及规划、设计、施工等方面审核把关。为确保工程质量，提高资金使用效益，全面推行工程招投标制度，由建设单位或项目所在地文物行政部门委托招标公司招标确定施工和监理单位。

2008年7月23日，在平顺县九天圣母庙举行工程开工仪式，标志着山西南部早期建筑保护工程启动。国家文物局先后投入5.95亿元用于105处建筑的维修保护，包括文物本体维修、保护规划编制、资料收集和模型制作、竣工报告出版及部分附属文物保护。国家发展改革委投入2.42亿元、山西省发展改革委投入1.03亿元，用于周边环境整治和基础设施建设。

山西南部早期建筑保护工程的实施可分为前期准备、施工和工程验收3个阶段，各阶段采取针对性的制度和措施，达到了较好效果。工程中建立专门的组织管理机构和专项制度，编制了科学的规划和方案；发挥专家作用，组建专家组，及时解决工程遇到的技术难题，并加强施工单位管理，采取多种措施严把各环节；加强检查验收，做好工程资料收集整理，

实施严格的资质单位准入退出制度，保证了工程质量。

截至2016年3月底，105处项目都已编制完成维修保护方案并得到批复同意。105处项目已完工95处，正在进行工程扫尾的10处。2016年全面完成工程收尾工作。效果和质量得到了国家文物局专家的一致肯定，最大限度地保存并延续了这一区域内早期木构建筑的历史信息和文化价值，使这些珍贵的历史文化遗产永留后世。

高平二郎庙位于山西省高平市西北10千米的寺庄镇王报村，院落南北总长48米、东西总宽37.2米，建筑面积约1000平方米，占地面积1785.6平方米。庙内共保存金代建筑1座、清代建筑14座，其中建于金大定二十三年（1183年）的戏台是中国保存年代最早的戏剧舞台。2006年，高平二郎庙被国务院公布为第六批全国重点文物保护单位。自清末至今，二郎庙从未进行过修缮、保养，所有建筑已全部发生严重损毁、屋顶大部分坍塌、梁架走闪；墙体局部塌陷、各类木构件严重糟朽、建筑装修不存；台明坍塌，石构件缺失，东西两侧及南部的石砌护坡大面积坍塌，东西廊房后檐台基基础塌陷。

2006年6月，为进行科学维修保护，高平市文物局委托山西省古建筑保护研究所对二郎庙全部古建筑进行勘察测绘，分析存在的问题及形成原因，制定相应的保护修缮设计方案，2007年12月，设计方案经国家文物局专家论证组通过。2007年底，高平市二郎庙被确定为首批山西南部早期保护工程项目。高平市委、市政府高度重视，成立领导小组，并组织有关人

员对工程内容及有关事项进行研究讨论及明确分工。高平二郎庙修缮保护工程总资金530万元，用于全面维修资金430万元。2008年5月，国家文物局组织工程招标，确定项目施工单位为山西省古建筑保护工程有限公司，项目监理单位为河北木石古代建筑设计有限公司。

高平二郎庙保护修缮工程于2008年6月10日启动，2009年8月结束。工程项目分为重点修缮、局部解体修缮、揭顶修缮、复原、加固、重砌、整改、保护八类。重点修缮项目有戏台、东西廊房、东西掖门、西垛殿、西角楼；局部解体修缮项目有正殿、东垛殿、东角楼；揭顶修缮项目有献殿、东耳殿；复原项目有西耳殿、东西配殿；加固项目有南部护坡、片石台阶；重砌项目有东、西两侧石砌护坡；整改项目有庙院围墙、庙院铺装、院落排水；保护项目有各建筑梁、枋彩绘、石雕构件和各类艺术构件等。

2009年9月，高平二郎庙保护修缮工程竣工，通过山西南部早期建筑保护工程专家组、省市两级文物主管部门一次性验收，二郎庙残破状况得到全面改观。2009年，高平二郎庙修缮工程被国家文物局山西南部工程领导组评为优质工程，并作为指导山西南部其他早期木构建筑保护维修的范例。2014年，高平二郎庙修缮工程获评首届（2013年度）全国十佳文物保护工程。

山西南部早期建筑保护工程是中华人民共和国成立后国家首次主动开展的区域性文物建筑全面整体维修保护专项工程。工程的实施使一大批古建筑消除隐患，再现生机；通过以工代训方法，提升了一线匠人技能、技术人员业务能力，传统工艺和技术得以有效传承；在制度建设、项目安排、工地管理、质量监管、资料收集、经费控制等方面形成相对规范的工程管理模式和经验，对促进文物保护工程管理水平的提升发挥了积极作用；本次维修既是对早期木构建筑的全面体检，又是对这些建筑病害症状的全面治疗，体现了文物保护工程是研究性工程；工程实施中加强施工前期勘察和施工中资料的收集、整理、研究，在全国文物保护工程领域率先开展基础性工作；配合工程实施对周边环境进行整治，为建筑营造了良好的延续生存环境，极大改善了文物保护单位周边脏乱现象，使其重新融入当地民众生活。文物保护工程完工后在展示利用方面也进行了有益探索，有的成为当地文化旅游景点，有的恢复历史文化庙会，有的辟成乡村老年活动中心或农民图书馆等。

**真觉寺金刚宝座修缮工程**　北京真觉寺始建于明朝永乐年间，成化九年（1473年）真觉寺金刚宝座落成，因造型为在一平面呈长方形的高大基座上建五座小塔，故俗称五塔寺。1961年，真觉寺金刚宝座（五塔寺塔）被国务院公布为第一批全国重点文物保护单位。

清乾隆十六年（1751年）、二十六年，真觉寺经两次修缮，为山门、天王殿、大殿、配殿改换黄琉璃瓦顶，添建大墙、塔院、碑亭等建筑，将包括大殿、金刚宝座在内的各处建筑修缮一新；民国26～27年（1937～1938年），对真觉寺进行修缮，重修塔基，配齐金刚宝座塔刹铜顶、铁铃，收回寺院旧地，添建门楼、院墙等。在1976年唐山大地震中，金刚宝座受损严重，东北侧塔身通体出现2.8米长的裂缝，北侧沉降造成宝座顶部平台开裂，西北小塔塔刹震落，东南、东北、西南小塔塔刹华盖、宝珠、相轮错位。1979年6月～1980年10月，对东北、西北两座小塔采取全面拆除后复原方式，并替换东北小塔的中心木，还将宝座上平台砖面改为大理石面，更换佛像13尊、石檐20米，登上宝座上下通道安装木扶手，并以水泥制作部分罩亭斗拱；1984年，更换塔室方砖656块，根据实物资料配制塔上铁铃；1985年，为五座小塔安装避雷针。

针对金刚宝座出现的各类险情，北京石刻艺术博物馆（1987年成立）实施多次抢险修缮，其中以正觉寺（真觉寺）金刚宝座塔临时支撑抢险工程、真觉寺金刚宝座渗水抢险修缮工程、真觉寺金刚宝座（五塔寺塔）石栏板抢险加固工程为代表。

由于长时间风化作用与石材自身重量的影响，金刚宝座出现多处险情，基座四角出现裂隙和下垂现象，西北角和东北角病害表现最为突出，顶部檐口严重下垂，栏板接口处铁锔子缺失；二层五座小塔也出现不同程度的裂缝。2008年6月，二层小塔南面第三层檐脱落一块长约45厘米、宽约15厘米、厚约8厘米的三角形石挑檐。险情发生后，博物馆封闭金刚宝座二层，停止游客参观，并紧急采取措施，委托相关单位设计抢险工程方案报送北京市文物局。经国家文物局、北京市文物局批准，2009年实施正觉寺（真觉寺）金刚宝座塔临时支撑抢险工程。工程设计单位为北京市文物建筑保护设计所，施工单位为北京六建集团公司，2009年4月10日开工，7月20日竣工。工程以钢为加固支架，承托开裂石构件；塔身四角采用角钢焊

接构件为支顶，采用钢拉杆提供拉、压应力基础。工程实施后，在一定时间内基本排除了塔身继续开裂、下坠风险，避免了更大损失。

2012年6月，工作人员发现真觉寺金刚宝座塔北侧券门存在洞内渗水、外壁渗水点附近黑色苔藓和地衣生长严重等险情。经国家文物局、北京市文物局批准，实施真觉寺金刚宝座渗水抢险修缮工程。工程设计单位为北京市文物建筑保护设计所，施工单位为北京市文物古建工程公司，监理单位为北京市工程咨询公司，2013年5月开工，8月竣工，工程总面积约290平方米。工程内容包括金刚宝座塔顶部防水、重新墁砖，清洗四壁灰尘及局部石雕黑色生物污垢，洞内渗水部位重做抹灰及红浆。工程分为两个阶段，第一阶段为前期勘察及病害分析，第二阶段为实际修缮施工。经勘察，金刚宝座顶部平台防水层老化漏水，部分石板和水泥方砖开裂、起翘，多处勾缝材料缺失；雨后宝座四周外立面由佛像间隙向外渗水，雨水通过开裂的顶部平台地面和老化防水层渗入宝座内部，在压力作用下再从四面石材缝隙中渗出；金刚宝座券内北侧墙面顶部因雨水渗漏出现大面积盐析现象，总面积约13平方米；金刚宝座四周外壁发现粉化、开裂、剥落、缺失、空鼓、不可溶盐类形成的黑色结壳、雨水渗漏形成的绿色藻类、黑色生物污垢、鸟类粪便、植物生长、水泥砂浆污染、局部结构变形等病害。工程重做了金刚宝座顶部平台防水，具体操作为揭起顶部墁砖，铲除老化防水层，向缝隙中注射防水剂再用改性糯米浆配合青灰找平，待找平层干燥后重新铺砖并进行防水处理；清洗基座外壁石雕，用毛刷和去离子水将

石雕表面及缝隙中的尘土、积物清洗干净；用藻类苔藓去除剂去除黑色地衣及微生物；顽固污渍使用蒸汽清洗或粒子喷射等物理清洗方法去除；针对洞内渗水部位，铲除原污染抹灰及红浆，采用脱盐纸浆对污染部位脱盐三遍，在塔顶防水工程完成并充分干燥后重做抹灰及红浆。真觉寺金刚宝座渗水抢险修缮工程遵循"最小干预"和"不改变文物原状"原则，及时采取措施，消除了由渗水带来的隐患，保护了文物及其历史环境的真实性与完整性。

2013年1月29日，博物馆工作人员在巡视过程中发现金刚宝座石栏板出现松动，及时向北京市文物局进行汇报，并于2月23日向北京市文物局提出真觉寺金刚宝座（五塔寺塔）石栏板抢险加固工程立项申请。经国家文物局、北京市文物局批复同意，于5月立项。工程设计单位为北京市文物建筑保护设计所，施工单位为北京市文物古建公司，监理单位为北京市工程咨询公司，2013年6月28日开工，7月25日竣工，总面积32平方米。施工内容为真觉寺金刚宝座上一圈石栏板的加固。具体操作包括清理石栏板勾缝灰，重新勾缝；拆安归位石栏板铁件、添配缺失铁件；栏板排盐处理；制作安装栏板不锈钢加固铁件；用火山灰对石栏板进行修补。项目的设计和施工均符合文物建筑保护修缮相关技术规范，自竣工以来石栏板始终保持稳定。

**赵县安济桥修缮工程** 安济桥又称赵州桥，位于河北省赵县城南2.5千米处的洨河上，建于隋大业元年至十一年（605～616年），由著名匠师李春设计，长64.4米、宽9.6米，由二十八道独立石拱纵向并列砌筑，桥两侧栏板、望柱上有精美的雕刻。1961年，被国务院公布为第一批全国重点文物保护单位。1991年，被美国土木工程师学会选定为第十二处"国际土木工程历史古迹"。

安济桥历代多有修缮，有史料记载的维修达7次。中华人民共和国成立前，安济桥已残破严重：东侧三道拱券塌毁；第四、五两道拱券开裂外倾约20厘米，其他二十三道拱券稍有扭曲；桥面渗水，坎坷不平；拱券石底风化，四个小拱严重风化；栏板、望柱已非原物；桥体南端西侧部分石块被挤出，安济桥岌岌可危。

安济桥保护工程主要分为两部分：一是20世纪50年代对安济桥进行的全面修缮，二是"十二五"期间对馆藏石栏板及构件进行的保护修复。

1953年，国家拨款30万元对安济桥进行全面修缮，并派出专家与当地政府组成安济桥修缮委员会。工程于1955年开始，1958年11月竣工。工程修缮补齐东侧五道拱券，修缮四个小拱及护拱石栏板望柱等，在不影响大桥外观原则下对桥身进行必要的结构加固处理。为保持隋代安济桥的原始结构及风貌，修缮方案采用原来的护拱石、钩石、腰铁、铁拉杆及收分五种做法；在拱背与护拱石之间，将铁拉杆改置为钢筋混凝土盖板以增强横向联结力；全桥除二十三道主拱券和部分桥身金刚墙外，余皆拆除重砌，浇筑钢筋混凝土盖板，使用纵横钢筋，促使拱圈胶结为整体；盖板与护拱石的边缘连接采用锯齿咬接法，即护拱石内侧凿成倒锯齿与盖板咬接；所有旧石料尽量收集利用，不足部分从原建桥时采石的几个县采石场取同种青白色石灰岩补充；在桥面石下加设二层防水亚麻布和三层沥青以防止渗水腐蚀拱石；桥上两侧桥檐石、栏板望柱均按隋代原始构件尺寸、图案复制，基本上保持原始风貌。

2014年2月～2017年8月，赵县文物保管所启动馆藏石栏板及构件科技保护项目，对1953～1956年由河床挖掘出土的石质文物进行科学修复保护，使濒危文物得到有效保护。石质文物科技保护工程实施后还采取了一系列措施改善石质文物保存环境，改善工程完工后对游客开放。

**永乐宫搬迁保护工程** 永乐宫原名大纯阳万寿宫，是中国道教"全真派"三大祖庭之一，旧址在山西省运城市永济市永乐镇。宫宇始建于元代，前后历经110余年，建筑壮丽，壁画精美。1961年，被国务院公布为第一批全国重点文物保护单位。

20世纪50年代中后期，治理黄河工程开始，永乐宫位于三门峡水库淹没区内。为完整保护永乐宫文物，经文化部和山西省人民委员会研究，报请国务院批准进行迁移保存。1957年，山西古建筑技术人员柴泽俊开始负责永乐宫调查工作。同年，在陆鸿年、叶浅予、邓白等带领下，中央美术学院和中央美术学院华东分院师生开始临摹永乐宫壁画，颜料负责人是壁画传统世家出身的王定理。随后，以工程师祁英涛为主的古建筑技术人员在北京古建筑修整所研究试验寺观壁画的揭取方法。同时，在山西省人民政府和山西省文化局督促下，以柴泽俊为主的山西古建筑技术人员在太原郊区的芳林寺研究壁画揭取工作，并在初步试验基础上在纯阳殿外墙进行实地试验。

1958年，国务院批准对治黄淹没区永乐宫进行搬迁易地保护。8月，柴泽俊调到永乐宫工作，经几个月考察测定，初步选定7处符合新址条件的地点，并完成《关于新址问题》调查报告。1959年3月，成立永乐宫搬迁委员会办公室，下设工程股，以及设计、施工、材料、财务、业务等组，柴泽俊任施工组组长，祁英涛任设计组组长。永乐宫迁建委员会的成立和第一次会议的召开标志着永乐宫迁建工程开始。工程包括揭取壁画，迁运壁画，拆卸、包装和迁运古建筑，修复永乐宫古建筑，加固修复永乐宫壁画等5项内容。揭取壁画包括实地研究、工具设备、壁画保护、揭取壁画、包装壁画、存放壁画等6个步骤。其中，实地研究采取先揭取壁画、拆卸殿顶、分块揭取的方法；工具设备方面，材料主要是木材，设备和工具除现有的架杆、架板、大平板车、双向滑轮、手工截锯、麻花钻、螺栓、钢丝绳、锹、镐等外，还自行设计制作了揭取台、前壁板、木绞磨、偏心轮手摇机锯、大截锯、铁铲、大裁刀、平尺杆等；壁画保护方面，去除画面上的污土浮尘，封护画面，修补裂纹、裂缝和残洞；揭取壁画方面，首先是稳固殿宇和墙体，其次是安装揭取壁画设备，最后选择拆墙揭取画块的位置及方法；包装壁画方面，壁画分块揭取脱离墙体后，先用前壁板、帮板、螺丝、横挡板等贯牢，填塞画块四周空隙和泥背上的低洼处，然后平铺旧棉花或麻袋片并压实，最后在画块上面压木框、固定；存放壁画方面，壁画包装好后随即移至临时库房存放待运，注意防风、防潮、防压、防撞、防变形变相、防虫鼠侵害等不安全因素。迁运壁画包括迁建方案的确定和装车、卸车。永乐宫壁画最后确定用汽车迁运，装车与卸车方法为利用地坎挖槽装卸。迁建的古建筑包括龙虎殿、三清殿、纯阳殿、重阳殿及宫门和吕公祠，还有附近的玄帝庙大殿和礼教石牌坊等。每座古建筑的迁建工程都要经过拆卸、搭套、包装、迁运、存放、检修、加固、安装等八道操作工序，其中保质、保量、保护原有构件安全是关键。

1959年3月新宫址确定后，即进行过一次宫区总体布局初步规划测量，并选购和加工开采砖、瓦、沙、石、灰等地方材料，修理补配残缺琉璃构件，为修复工程做好了全面物资准备。古建筑修复工程包括旧木构件检修加固，原材料的保存与加工，台基与基础工程，安装柱础，安装斗拱，安装梁架，安装榑枋，安装椽、飞、栈，抹压灰泥苫背与宛瓦，安装脊、吻、兽，修复安装大殿装修，油饰断白与修补彩画等工序。其中，对各构件的完好程度、残损情况和处置办法进行检验评估，提出保留、修补方法、加固意见或建议及废弃复制等处理意见；对木材的用量严格按照设计图纸计算，并按比例预留损耗，砖瓦石料的加工安排在冬季以加快工程进度；台基与基础工程，一是刨槽夯基，二是基础砌体与填充，三是垒砌台明、月台，四是安砌压檐石与铺墁地面；柱础、柱子等先确定安装位置，然后依次安装，最后在普拍枋之上加施铁活固定；安装斗拱，先安外檐一周，后安内槽一周，自栌斗向上分层叠架归位；安装梁架分三阶段进行，每阶段每层梁架安装完毕都统一平衡，检校各架构件的高程和生起，进一步加固稳定；运用传统的榑枋安装方法，确保强化结构、加固措施有效，新采用拉杆椽稳定榑架；采用柏木或落叶

松照旧复制四大主殿腐朽的飞子；抹压灰泥苫背与宛瓦，先行排列瓦陇、钉固瓦口，然后再抹压灰泥苫背；安装脊、吻、兽，主要程序是稳固脊桩、砌筑脊座、拘抿缝隙与捉节夹陇；修复安装大殿装修，永乐宫各殿装修主要包括格扇横披与门楣雕刻、平棊与藻井、板门与牌匾，根据各殿不同的残损情况采取不同修复措施；油饰断白与修补彩画，一是做地仗，二是下架及檐部油饰，三是断白作旧，四是修复各殿受损彩画，五是临摹彩画小样。揭取下来的永乐宫各殿壁画画块，经减薄、加固、粘框、归位、修复等环节，原状重现。选择残损最严重的龙虎殿壁画试验整个加固修复过程，总结修复方案的成功和不足之处，为下一步工作积累经验。

从1959年永乐宫迁建委员会成立和第一次会议召开，至1966年搬迁结束，整个搬迁过程克服了重重困难，圆满完成了任务，是中国迁移保护不可移动文物的一大创举。

**五台山佛光寺文殊殿修缮工程**　文殊殿位于山西省五台山佛光寺第一进院落北侧，建于金天会十五年（1137年），面阔七间，进深八椽，单檐悬山仰合瓦布瓦顶。殿内当心间设神龛一间，遗存金代彩塑7尊，两山和后墙保存明宣德年间壁画169平方米。1961年，佛光寺被国务院公布为第一批全国重点文物保护单位。

根据寺内碑刻和题记，佛光寺建成后经历多次增建和重修。金天会十五年（1137年）重修；元至正十一年（1351年）重修；明宣德五年（1430年）正殿塑像并绘壁画，弘治十三年（1500年）重修真容殿一所；清康熙年间经历一次整饬和一次重修，乾隆至光绪年间经历五

次重修；民国19年（1930年）再次重修；1952年进行修缮，照旧有样式更换新的石料，包括踏跺与垂带。至20世纪90年代，文殊殿屋顶普遍漏雨，1952年更换的四椽栿四根均断裂，此外东次间的四椽栿原构件断裂、前金柱槽由额严重下垂，殿内壁画也有不同程度的碱化。

1993年5月下旬至8月初，对文殊殿进行勘察、测绘、设计工作。山西省古建筑保护研究所编制《山西省五台县佛光寺文殊殿维修工程设计》。山西省古建筑保护研究所负责勘察、设计及施工，山西五台佛光寺文物保管所负责施工管理。佛光寺文殊殿修缮工程于1999年9月开工，2001年7月竣工，修缮资金约150万元。工程内容为文殊殿建筑落架大修，包括台基、柱子、斗拱、梁架、屋顶、壁画。

工程分为前期准备和后期施工两个阶段。前期准备阶段工作包括修建蓄水池一座；购置及补配修缮时所需材料；建壁画修复室、木构件存放棚、木构件加固工作棚；工地配备干粉灭火器，安全、消防责成专人负责。后期施工阶段工作包括柱基础挖深，混合砂浆砌筑磉墩，然后筑墙基；前檐柱墩接四根，剔补两根；斗拱选用同种木材旧木料胶粘剔补；加固大殿梁架；修补、加固殿顶；加固修复壁画。

佛光寺文殊殿修缮工程达到设计要求，延长了文物本体的寿命，从而尽可能长地保护其上赋存的各类信息，为了解古人生产、生活等相关信息奠定了基础。维修后的文殊殿对游客开放。

**晋祠鱼沼飞梁保护工程** 晋祠位于山西省太原市西南悬瓮山麓，初建于西周、繁衍于北魏、发展于唐初、成熟于北宋时期，宋元明清至民国各种类型古代建筑遗存100余座。1961年，被国务院公布为第一批全国重点文物保护单位。

鱼沼飞梁坐落于晋祠中轴线上，为晋祠三大国宝建筑之一。20世纪50年代初，杜仙洲主持编制《太原晋祠鱼沼飞梁修缮设计》，并于1953年修缮竣工。至20世纪90年代，由于自然环境等原因，鱼沼飞梁多处损坏严重，甚至一些结构性梁枋构件随时有折断的可能，严重威胁文物安全。

1996年、2001年，太原市晋祠博物馆委托山西省古建筑保护研究所就鱼沼飞梁的残损现状进行勘测和修缮设计，报国家文物局、山西省文物局审核批准。山西省文物局印发《关于下达晋祠鱼沼飞梁维修保护任务的通知》，决定对晋祠鱼沼飞梁进行落架大修。2003年3月，晋祠博物馆委托山西省古建筑保护研究所按照设计方案对鱼沼飞梁进行保护修缮。开工前，成立由太原市晋祠博物馆和山西省古建筑保护研究所为主体的工程领导组，建立鱼沼飞梁修缮工程项目经理部；对原有设计文件、图纸等资料进行会审，并聘请古建筑专家柴泽俊为技术顾问；将参加过晋祠圣母殿、朔州崇福寺、大同华严经等大型文物保护工程的主要技术工人、班组长进行筛选、征调，并对工种进行合理配置；选择合理施工场地，解决大批工人进场后的作业场地和食宿问题；对鱼沼飞梁保护修缮工程所需主要材料进行市场调查，及时购置小型机械、工具和零星材料；汇总资料，对鱼沼飞梁现状进行摄影、文字记录，勾绘编号草图，制作有关档案表格。

保护工程于2003年3月1日开工，4月28日竣工。主要施工方法及技术措施包括脚手架、保护架、防护棚的搭建，构件检查和编号记录，桥面、石栏杆、石地栿、木基层、大木构件拆除，石、木构件保护、运输、存放，石、木构件修复、加固和复制，石、木构件安装，垫层铺设，防水处理，构件的防腐作旧，桥面、月台、散水铺墁等。修缮时遵循"修旧如旧"理念，能加固使用的构件尽量使用，能小修的则不大修，尽量使用原有构件，保存历史信息。

经过紧张、有序施工，鱼沼飞梁修缮保护工程如期竣工。经历数次保护修缮和日常养护，鱼沼飞梁得到很好保护，这座独特的文物建筑得以永续利用。

**华阴西岳庙维修工程** 西岳庙是历代帝王祭祀华山的场所，南距华山5千米，兴建于汉魏，发展于唐宋，完善于明清，占地12万平方米。整体建筑沿南北中轴线展开，左右对称布局。1988年，被国务院公布为第三批全国重点文物保护单位。

西岳庙在历代均备受重视，因腐圮或灾毁修治从不懈怠。自清同治元年遭严重毁坏后，先后于同治六年（1867年）、光绪四年（1878年）进行过修缮。民国20年（1931年），西北国民军据庙为兵工厂，庙内的内城、宫城等建筑被拆除，万寿阁主楼、寝宫、御书楼、钟鼓楼、廊房、道舍及庙前木牌楼等建筑相继被毁，历代碑石和古树也遭破坏。此后，西岳庙内及周边先后修建现代建筑70余座，庙貌受损，不少古建筑基址遭严重破坏，棂星门至金城门御道两侧的碑楼和灵官殿因年久失修、梁朽顶坍而被拆除，不少碑石被毁，古树有的枯死、有的被采伐。庙的外垣年久失修，跺墙全

毁，海墁砖被废，局部段落塌陷，垣顶杂草丛生。庙内建筑仅存门前影壁、灏灵门台、棂星门、金城门、灏灵殿、望河楼、西马厩、两座御碑亭和"天威咫尺""少暤之都""蓐收之府"三座石牌坊，此外还有北周碑及明清两代刻立的修庙碑、复制的唐宋碑和部分祭山石碑以及数十棵古柏。

1956年，陕西省文物管理委员会对灏灵殿、碑楼等建筑进行揭瓦亮椽翻修；1978年，对金城门、棂星门、御碑亭进行修缮；1982年，再次对灏灵殿进行揭瓦亮椽修缮；1994年，驻地部队将西岳庙全部移交当地政府部门管理；1995～2002年，先后拆除庙内和庙前区现代建筑65栋；2002年后，相继拆除庙内8栋现代建筑，扩展庙东区2万余平方米。经20余年，基本恢复庙内外环境。1996年，陕西省文物局启动西岳庙复修工程，复修月城、外城，维修灏灵殿。1998年8月，国家文物局、陕西省政府批准复修西岳庙工程规划，拨付经费2100万元，复修工程全面启动。至2002年，共复修各类建筑193间，修缮建筑38间，拆迁建筑5间，基本恢复昔日中轴线的恢宏庙貌。2003年，陕西省人民政府及省文物局拨付经费1000万元，恢复庙前广场，完成庙内复修古建筑的油漆彩绘工程。2011年后，国家文物局累计拨付维修经费1000余万元，相继对城墙、灏灵殿和庙内三座石牌楼进行维修保护。

西岳庙修缮工程建设单位为西岳庙文物管理处，设计单位为陕西省古建设计研究所，监理单位为陕西省古建设计研究所，参与施工单位有秦户古建公司、西安市古代建筑公司、中铁一局古建公司、临潼古建公司、长安细柳

古建公司、西安市园林公司、陕西省文物保护修复工程有限公司、咸阳市三木古建筑工程公司。工程范围包括城墙、灏灵殿、金城门、冥王殿、灏灵门、五凤楼、灵官殿、回廊、金水桥、寝宫、重城、放生池、御书楼、万寿阁、四座角楼、三圣母殿等地面遗存。工程内容包括对范围内遗存古建筑进行全面修缮，排除安全隐患；复修中轴线上的14座建筑；查找可能有的地面遗址遗存，妥善保护；全面整治庙内环境，清理杂土，进行院内绿化；增设室外水消防系统，配备古建筑的防雷设施。

工程分为两个阶段。第一阶段为勘察设计阶段。对原遗存古建筑坚持"保护为主、抢救第一"原则，采用传统方式测绘建筑，对病害进行勘察记录，结合工作经验对病害成因及危害程度进行初判，运用现代先进的检测手段对结构安全进行检测，分析木构件树种，检测内部缺陷，确定各种建筑构件的尺寸，为修缮措施制定提供科学依据。第二阶段为修缮阶段。主要包括城墙、灏灵殿、金城门、冥王殿和西马厩、石牌坊、建筑彩绘、木牌楼保护修复，琉璃窑址发掘保护，部分建筑复建，庙内环境整治等内容。城墙维修内容包括城墙局部的内外包砖，更换城顶海墁，增加雉堞；修补墙面酥碱部分，用原材料掏换，保证砖墙局部稳定；分段拆除墙段严重酥碱，重新砌筑墙体砖面；修补墙裂缝；运用瑞雷波检测手段对城墙空洞进行探测，对空洞进行砖填充回填和注浆填充；增设城墙内外护坡及散水，做好排水。灏灵殿维修内容包括揭瓦屋面，更换朽木基层、山花、博瓦板，更换脊兽、正吻及琉璃瓦屋面；大木架结构拨正，金柱加设抱柱加

固，梁坊、檩各节点的检查校正及加固，抽换变形严重的山柱、廊柱及柱础石；山柱底部糟朽部位的墩接保护；揭除室内外水泥地面、戏台，修复地面及室内外台明地面等；对灏灵殿天花藻井仙鹤图进行维修与复修，采用脱酸、清洗、回贴、加固等工艺流程，复制纸画700余张，复制条纹纸1500余张，修复原始纸画57张。金城门维修内容包括屋面维修，屋架横梁校正，更换山柱，金柱底部糟朽部位的墩接保护，地面墁砖及大木门安装。冥王殿和西马厩维修内容包括屋面维修、屋架横梁校正，更换门窗，修复地面。石牌坊维修加固内容包括基础加固，石构件节点的检查、校正及加固，修残补缺等。对西岳庙的棂星门、金城门、灏灵殿等古建筑的原有彩绘进行除尘、固色、防虫、防腐处理。对庙前木牌楼遗址进行修正，对散落的条石等石构件进行归安。发掘保护琉璃窑址，对重城遗址、金城门碑楼遗址、游岳坊遗址进行保护和展示。根据《敕建西岳庙碑图》和考古发掘报告，对灏灵门、五凤楼、灵官殿、回廊、金水桥、寝宫、重城、望华桥、放生池、御书楼、万寿阁、四座角楼和三圣母殿在原址进行复建，对五凤楼等10余座修复建筑进行防虫、防腐保护及油漆彩绘。清理庙内大量杂土，露明原始地面，拆除庙内所有混凝土地面及沥青路面，恢复中轴线御道两侧条石路面及青砖地面，对庙内进行绿化和环境整治。

西岳庙的修缮充分尊重西岳庙历史真实性，坚持"保护第一，抢救为主"和"有效保护、合理利用、加强管理"原则，严格保护文物实体，完整真实反映了庙区的历史格局，保留了历史风貌。

**卢沟桥主体修复工程** 卢沟桥始建于金大定二十九年（1189年），建成于金明昌三年（1192年），是华北地区保存最为完整的联拱石桥，全长266.5米、宽7.5米，十一孔联拱，桥栏上雕刻精美的石狮501个。1961年，被国务院公布为第一批全国重点文物保护单位。

卢沟桥长期经受风雨侵蚀、洪水肆虐、战火硝烟，加上车马行驶，受到不同程度的自然磨损及人为损坏。自卢沟桥建成后，历代都对石桥进行过不同程度的修缮。已发现的修缮记录自明代开始，明代共修缮6次，清代共修缮7次，民国期间也进行过修缮。尽管卢沟桥经过多次修缮，但大多只是个别添配栏柱和石狮，桥的基础从未动过。

1967年10月17日～1968年12月5日，实施卢沟桥桥面展宽工程，由北京市政工程设计院负责工程设计，北京市政工程局负责施工。工程内容包括拆卸栏杆和地栿石，在桥面石板上横向凿出57道沟槽，将预制混凝土悬臂梁置入槽内，桥面外侧安装预制步道构件，就地浇筑混凝土地栿，安装石标杆。

1985年8月11日，北京市人民政府成立卢沟桥修复委员会，统筹规划、动员各界，组织修缮卢沟桥，并成立卢沟桥修复工程指挥部。卢沟桥主体修复工程分为三期。一期工程（1985年9月～1987年7月）拆除1967年加宽的步道和混凝土挑梁，加固和归位了原石栏、望柱，清除了沥青，恢复桥面并修缮宛平城，复原东西两个城楼。二期工程（1988年3月～1991年6月）全面整修桥券、桥墩，局部勘察基础。三期工程（1992年4～8月）对古桥全部望柱、栏板、地栿、桥面、华表、石碑实

施防风化及防渗漏保护，桥面整修时中间空出印心，完全保留古桥原状。

卢沟桥原貌恢复工程完成后，截至2017年再未进行过大的维修，望柱、栏板等石构件表面存在大面积的石材裂隙、空鼓现象，地栿石、仰天石、撞券石、桥面石等石构件之间灰缝存在脱落现象，且还存在内券石脱落、下垂等现象，存在整体结构的安全隐患。针对这些问题，北京市丰台区领导和文委领导高度重视，计划进行卢沟桥保护修缮工程。

**曲阜孔庙维修工程** 曲阜孔庙位于山东省曲阜市明故城中心，始建于鲁哀公十七年（前478年）。孔庙占地面积9.6万平方米，前后九进院落，庙内有殿堂、坛阁、门坊等殿堂楼阁466间，门坊54座，碑亭17座，四周围以红墙，四角配以角楼。1961年，孔庙及孔府被国务院公布为第一批全国重点文物保护单位。1994年，孔庙与孔府、孔林一起被列入《世界遗产名录》。

因长期受自然和人为因素影响，孔庙古建筑存在瓦件残损、瓦垄变形松脱、捉节夹垄灰脱落、屋面漏雨，椽望、檩枋、梁架等木构件糟朽、墙体歪闪开裂、墙砖酥碱、墙皮脱落，地面沉降变形、墁砖残损、木构件地仗开裂破损、油饰脱落等病害。另外，部分建筑被用作管理用房，室内均进行了人为改造。石碑残缺、断裂，存在机械裂隙、表面溶蚀、浅表裂隙、灰浆修补、水泥修补、鳞片剥落、片状剥落、人为刻画、表面污染、孔洞、空鼓、变色等现象；椽望、连檐、瓦口、博缝油饰地仗脱落，椽头龙眼宝珠、飞头片金万字剥落；下架柱、槛、框、大门地仗油饰褪色，地仗龟裂、剥落；

彩画面层积有灰尘、水渍，因为木构件的局部糟朽、渗漏，局部彩画被雨水浸湿、污染、褪色。

中华人民共和国成立后，国家十分重视孔庙保护与管理工作。1949年，曲阜县古代文物管理委员会成立，主管孔庙及曲阜的文物保护。1949～1950年，整修孔庙围墙，清理各建筑瓦垄。1951～1952年，揭瓦维修大成殿四角檐，拆卸东山，维修十三碑亭栏杆。1955年，揭瓦维修阙里坊、礼器库。1956年，维修金声玉振坊，揭瓦维修东西庑、四角楼。1957年，维修大成殿西山四角、十三碑亭。1959年，曲阜对外开放，国家拨款对孔庙进行全面维修，揭顶维修圣时门、大中门、圣迹殿、诗礼堂等。1961年，为大成殿、奎文阁等建筑安装避雷设备。1963～1965年，相继揭顶维修大成寝殿、崇圣祠等建筑。1970～1977年，国务院和山东省陆续拨款维修大成殿、杏坛、金元碑亭、启圣王殿、启圣王寝殿等建筑，分别对大成殿外檐、东西庑前廊及杏坛内外檐彩绘。1978～1982年，先后揭瓦维修大成门、启圣王殿及寝殿、清代碑亭、大中门、同文门、大成门、圣时门、弘道门、圣迹殿、诗礼堂，封堵大中门被拆开的东西庙墙。1983年，恢复大成殿塑像、神龛及匾联、供桌等，揭瓦维修钟鼓楼、阙里坊。1985年，国务院拨专款1290万元全面整修曲阜文物古迹。1986年，揭瓦维修崇圣祠、家庙，外檐彩绘。1987～1988年，揭瓦维修大成殿、东西庑、诗礼堂、奎文阁东西掖门与值房、金丝堂、东西南角楼、东斋宿。1989～1992年，揭瓦维修大成门后檐及两山、大成寝殿、西北角楼，维修彩绘启圣门等。2008～2009年，孔庙大成殿、孔庙寝殿屋面揭瓦，更换糟朽严重的屋面基层

并重新苫背挂瓦。

2013年以后，国家加大对孔庙的保护力度，实施孔庙保护维修工程，包括古建筑群维修工程、石碑石刻修复工程、彩画修复维修工程及零修保养工程，总造价约7100万元。2013～2014年，对孔庙东路建筑进行保护维修；2014～2016年，对孔庙大成门、东西庑建筑组群实施维修；2015～2016年，对孔庙十三碑亭建筑组群实施保护修缮；2016～2017年，对孔庙西路建筑组群实施维修；2017年，对孔庙金声玉振坊至弘道门建筑组群实施维修。2014年，开始对石碑石刻进行保护修复。2015年，对孔庙大成门室内局部彩绘进行修复保护实验；2016年起，对孔庙大成门、东西庑建筑彩绘实施保护维修；2017年起，对孔庙东路建筑彩绘实施保护维修。

孔庙保护维修工程建设单位为曲阜市文物局，设计单位为曲阜市安怀堂文物工程设计有限公司，施工单位为曲阜市三孔古建筑工程管理处，监理单位为浙江省古典建筑工程监理有限公司和北京华源工程咨询有限公司。古建筑维修工程主要内容包括屋面揭顶与检修，更换破损瓦件、补配缺失瓦件，修缮严重漏雨的屋面；更换糟朽、开裂严重的木构件，加固修补糟朽的木构件，检修门窗；清除上架木构彩绘表面的灰尘，做好施工期间原有彩绘的保护；修补下架大木构件及门窗油饰地仗，按原样重做油饰；修补、打点青砖清水墙，挖补严重酥碱的青砖；拆砌加固因基础下沉而导致局部严重破损和变形开裂的墙体；修补空鼓脱落的墙皮并据原样重新进行粉刷；粘接、修补断裂的石构件，归位移位的石构件，剔补台帮酥

碱砖；补配残破及缺损的石构件；修补残损的地面与散水砖，疏通院落排水，铺设排水管沟。石碑石刻修复工程主要分为四类：一是露天环境下的，进行表面浮尘清理、钙质结构清理、生物痕迹清理、金属锈蚀清理、防霉处理、局部修补、风化部位加固、防水处理；二是露天嵌入墙体的，进行表面浮尘清理、生物痕迹清理、防霉处理、局部修补、风化部位加固、防水处理；三是室内环境下的，进行表面浮尘清理、金属锈蚀清理、动物痕迹清理、碑刻脱盐、局部修补；四是室内嵌墙的，进行表面浮尘清理、局部修补。彩画修复维修工程主要包括四类：一是椽望铲除原地仗后，按原形制做三道灰地仗并油饰，椽头按原形制绘制；二是上架木构件彩画除尘、回贴，现状保存原彩画，按现状补绘彩画；三是下架大木构件及门窗油饰地仗，按原形制重做一麻五灰地仗油饰；四是重新粉刷包金土子墙面，按原样重新绘制墙边彩画。

奎文阁位于孔庙大成门前，始建于宋天禧二年（1018年）。建筑面阔七间、进深五间，通面阔30.10米、通进深17.86米、高24.35米，建筑面积750平方米。奎文阁在清康熙、雍正、乾隆、嘉庆、同治年间均有维修，但基本保存明弘治重建时风貌。光绪二十四年（1898年），奎文阁屋面更换为黄琉璃瓦。1959年，国家拨款10万元作为奎文阁备料款，1961年、1962年，先后进行奎文阁和大成殿等建筑安装避雷装置与屋面维修。奎文阁主要病害包括建筑本体暗层以上存在的大木构架倾斜扭曲和因年久失修造成的木构件损毁糟朽，以及瓦兽件残损、门窗损坏缺失、内外

木构地仗油饰脱落、外檐彩绘剥落等。1983年4月，国家文物局文物保护科学技术研究所与曲阜市文物管理委员会共同对奎文阁进行全面勘察，绘制现状实测图纸和设计加固图纸，制定详细维修方案。1984年11月，国家文物局批准并委派文物保护科学技术研究所高级工程师祁英涛、孔祥珍指导奎文阁维修工程，曲阜市文物管理委员会古建修缮队承担施工。修缮工程于1985年1月4日开工，1987年5月1日竣工，共投入维修资金120万元。奎文阁维修工程的性质为重点修复工程。工程内容包括搭设施工脚手架及保护棚架；斗拱及木构件编号；揭取屋面瓦顶，更换添配残损缺失的瓦兽件；更换修配糟朽的椽望、檩枋等构件，对局部糟朽和开裂的木构件采用剔补拼接、嵌补并使用高分子材料粘接和传统铁箍加固等方法，最大限度保存原有木构件；解决暗层金柱插在隔架科斗拱上的结构弱点，在奎文阁暗层金柱之间加固木斜撑，并增加交叉拉筋加固，在暗层楼板上增铺一层木楼板，以增强柱根的稳定性；室内彩绘现状保存，对新换的木构件进行随旧断白和彩绘；木构件、木装修全部采用传统材料、工艺油饰；外檐及廊内重新油饰彩绘；更换方砖地面，刷桐油保护；屋面改避雷针为避雷带装置。维修工程中应用新材料与新技术，对暗层以上部分金柱中空部位使用环氧树脂灌注加固，对檩条、承椽枋等开裂构件采用环氧树脂与木条嵌缝和环氧树脂玻璃钢箍加固技术，木构件得到有效保护，原有的历史信息和文物价值得以延续。地面方砖采用涂刷桐油工艺，耐磨强度提高了20倍。1992年，奎文阁修缮工程获山东省文物局科技进步一等奖。1993年7

月，山东省文物局邀请国家文物局古建专家赴曲阜对奎文阁修缮工程进行技术鉴定，通过验收，被评定为质量优秀工程，后获1993年度国家文物局文物科技进步三等奖。截至2017年，奎文阁修缮工程经过30年实践检验，建筑保存完好，整体结构安全稳定。

大成殿是祭祀孔子的中心场所，为清雍正八年（1730年）所建。殿高24.8米，通面阔45.65米，通进深25.11米，建筑面积1448平方米。清嘉庆六年（1801年）修西北角，嘉庆二十一年（1816年）屋面揭瓦维修，光绪二十四年（1898年）维修后檐屋面；1952年，大成殿东山上下檐屋面揭瓦维修；1957年，西山上下檐屋面揭瓦维修；1961年，安装避雷针，屋面拔草到垄，国家拨款约2万元；1970～1971年，对大成殿屋面进行揭瓦维修，更换上下檐飞椽及上檐东北角梁，外檐及廊内重做金龙和玺彩画，国家拨款13万元；1983年，恢复大成殿内孔子与四配、十二哲塑像及神龛，国家拨款48.5万元，用黄金48两；1987～1988年，大成殿上下檐揭瓦维修，改避雷针为避雷带装置，国家拨款约90万元；2007年，东山下檐北侧局部揭瓦维修，更换飞椽45根；2009年，背立面及东西山面上下檐揭瓦维修，更换下檐部分椽望及东北角和西北角直角梁。历次维修过程中始终坚持"最小干预"和"不改变文物原状"的文物保护原则，严格控制工程范围和工程量，最大限度地保留原有构件及历史信息。每年坚持春秋两季拔草倒垄，通过对大成殿屋面实施系统维修和日常保养等措施，使大成殿大木构架得到有效保护，建筑整体结构始终处于安全稳定和良好的健康

状态。1984年起，曲阜于每年孔子诞辰期间举办"孔子诞辰故里游"活动，在大成殿月台演出仿古祭孔乐舞，有效促进了旅游事业发展。1989年，经中共山东省委、省政府批准，"孔子诞辰故里游"活动改为每年一届的"国际孔子文化节"，在海内外产生广泛影响，被国际节庆协会评为中国最具国际影响力的十大节庆活动。

**灵渠保护维修工程** 灵渠开凿于秦代，位于广西壮族自治区兴安县，修建于秦始皇时期，距今已有2200余年的历史，是中国仍在继续使用的世界上最古老的运河之一。灵渠总长36.4千米，由铧嘴、大天平、小天平、南渠、北渠、泄水天平、陡门、秦堤、水涵、堰坝等主体工程构成，集航运、灌溉功能于一体。1988年，被国务院公布为第三批全国重点文物保护单位。

灵渠开凿至今，随着地区环境变迁，在自然和人为等不利因素的影响下受到一定破坏。灵渠的铧嘴、大小天平被洪水淘蚀、冲刷破坏，大小天平与湘江故道之间的入口环境遭到破坏，秦堤部分地段石砌护坡坍塌、堤内路面塌陷、渗水严重，并有逐渐加剧趋势，病害严重影响灵渠渠堤自身稳定和通航、灌溉等灵渠枢纽工程的整体功能效果。对灵渠的铧嘴、大小天平、秦堤、泄水天平等主体工程进行全面防护治理，保障灵渠的长久安全运行和秦堤的稳定刻不容缓。

2011年，经国家文物局批准，广西壮族自治区兴安县灵渠渗水治理及环境整治工程由中铁西北科学研究院承担勘察和设计任务。经资料收集提取和整理，根据项目工程地质勘查

报告，于2012年2月底提交《广西兴安灵渠渗水治理及环境整治工程方案设计》。2012年4月，国家文物局评审通过该方案，拨付专项经费3700万元。2013年11月20日，完成一期工程招标，广西文物保护研究中心中标。一期工程于2014年2月开工，2014年11月15日完工。工程完成旋喷桩成孔17859米，高压注浆孔钻孔5802米，高压注浆孔注浆2360立方米，土石方工程124立方米，混凝土及钢筋混凝土工程336.56立方米。2014年7月，二期工程实施，广西文物保护研究中心为施工单位，四川省文物考古研究院为监理单位。工程完成旋喷桩成孔7180米，高压注浆孔钻孔2264米，高压注浆孔注浆2350立方米，土石方工程21220立方米，混凝土及钢筋混凝土工程336.56立方米，铺装青石板路面3400平方米，砌料石366.9立方米，维修鱼鳞石4774立方米，绿化面积6600平方米。工程维修中通过高压旋喷注浆，在秦堤内部形成一道长千余米的水泥墙，成功解决了渠水渗漏问题；南渠的水流增大；铺装的青石板路改变了塌陷高低不平的路况；环境治理和绿化改变了以往脏乱差的面貌。工程按照设计文件和相关规范要求控制施工程序，按照优质工程的标准指导和检验施工。广西文物保护研究中心配合兴安博物馆和四川省文物考古研究院进行质量控制、监督、检测，确保了工程施工质量和进度。

水街是灵渠穿越县城段，渠上建有粟家桥、马嘶桥、万里桥、娘娘桥、接龙桥。随着时代变迁，桥上亭阁经历代修缮，形制不断演变，破损严重，两岸是现代三层楼房和水泥路面，古北门亦改为水泥道路，难觅秦汉时期风

韵。2005年，兴安县人民政府启动水街修缮工程，设计单位为桂林市园林设计研究院，施工单位为桂林市政建设总公司。修缮工程历时两年，恢复重建古北门、秦文流殇秦砖汉瓦重檐楼阁；马嘶桥、万里桥、娘娘桥、接龙桥等古桥亭阁按秦汉风格设计重建；恢复两岸青石板路；重建五马坊石牌楼；灵渠两岸置园林花榭回廊、砖雕，对两岸建筑进行仿古改造。

铧嘴是湘江上一道分水石堤，原总长227.5米，清光绪十一年（1885年）被洪水冲毁，残存146.5米。2002年，国家文物局批复兴安县灵渠铧嘴修复方案。2004年初，兴安博物馆聘请广西文物保护研究设计中心编制维修方案。根据史料记载，经测量钻探后找到原铧堤基础，完成《广西兴安县灵渠铧嘴修复设计》方案。方案经国家文物局评审批复后，拨付维修经费200万元。修复工程于2006年10月开工，2007年4月竣工。工程施工单位为广西文物保护研究设计中心，监理单位为兴安县工程质量监督管理站。维修内容包括清理淤积的河道，深挖基础，安放混凝土水管为桩基，灌注混凝土承重平台，浆砌青石料石，土石方回填，铺装坝顶青石板。工程砌筑青料石691立方米，铺自然青石板1425平方米，恢复铧嘴石堤57米。在施工中，水面以上部分全部采用传统工艺和传统材料；水下隐蔽工程采用现代材料，将原松木桩基础改为安放水泥管，管中灌注毛石混凝土；料石墙用三合土勾缝。通过维修，恢复了铧嘴原状，新施工工艺的采用使得基础十分坚固，经受住了大洪水的多次考验。

北渠是人工开凿的一条引航道，全长3.5千米，主要由陡门、回龙堤、海洋堤组成。20

世纪六七十年代，北渠很大部分渠堤被拆毁，渠道改为水田，至80年代中期重新恢复渠道。受人为和自然灾害影响，加上年久失修，堤岸青石堤坝被拆除，陡门、回龙堤、海洋堤损毁严重，渠道淤积，两岸脏乱差，几成臭水沟。2001年，兴安博物馆委托广西文物产业中心勘察编制《兴安县灵渠北渠保护维修方案》，经国家文物局审批立项后拨付维修资金1400万元。2007年，兴安博物馆聘请广西文物保护研究中心勘察北渠全线，编制保护维修方案，报国家文物局审批立项后拨付维修经费1400万元，用于对北渠沿线堤坝进行维修和渠道清淤。维修工程于2011年11月启动，2015年竣工，业主单位为兴安经济建设总公司，施工单位为广西文物保护研究中心，监理单位为桂林高质建设工程公司。工程内容包括砌筑堤岸料石1848.3立方米，清淤挖土方1105立方米，绿化面积1.2万平方米，修复损毁的回龙堤、海洋堤。工程修复青石堤坝2.2千米，砌筑料石2200立方米，修复了损毁的黄龙堤。施工中，水面以上部分采用传统工艺，三合土浆砌料石，三合土勾缝；水下基础用水泥砂浆浆砌片石。通过维修，解决了渠水冲刷河岸的问题，绿化达到环境整治的目标。

秦堤是建于湘江左岸山坡上的一道人工渠堤，垂直湘江河道水面4～5米，堤坝面最窄处不足5米。秦堤段的堤坝和渠底受行水压力发生渗水、蚁害等，渠底一些部位形成巨大的空洞，堤坝受渗水形成的空洞甚至人可进入。渠水在秦堤段渗漏巨大，造成南渠下游水流量不足。2010年，兴安博物馆聘请中铁西北科学研究院对秦堤灾害进行治理勘察，通过钻探探明

秦堤地质，编制秦堤防渗及环境整治方案，对秦堤堤坝进行高压注浆防渗和道路绿化，进行大天平、小天平堤坝下河道整治。2011年，工程方案报国家文物局审批立项，2013年拨付维修资金3700万元。工程于2013年底开工，2015年3月完工，设计单位为中铁西北科学研究院，施工单位为广西文物保护研究设计中心，监理单位为四川省文物考古研究院。施工范围和内容包括对秦堤全段进行高压灌浆防渗，秦堤路面铺青石板和路两侧绿化，大天平、小天平环境整治。秦堤防渗采用的高压灌浆新技术，在不破坏秦堤本体前提下对秦堤钻孔，高压注入水泥与泥土1:1的混合浆，在秦堤坝体内部形成一道防渗墙，解决了两千余年来秦堤渗水的顽症，提高了南渠下游水流量。秦堤路面曾于20世纪70年代浇筑水泥，因受渗水危害造成路面塌陷，凹凸不平，甚至有七八处深坑。此次维修重整秦堤路面，铺装青石板路面，路两侧做绿化，秦堤面貌焕然一新。

灵渠维修以现状整修为主，对原有记载但无实物存在的文物不做重建，改变了破旧面貌，根治了长期存在的渗水问题，较完整还原了历史原状。

**大理崇圣寺三塔保护维修工程** 崇圣寺三塔位于大理古城西北1.5千米的苍山应乐峰麓。主塔为十六级密檐式方形空心砖塔，又称千寻塔，始建于南诏王劝丰祐时期（824～859年），高69.13米。南北小塔为十级密檐式八角形空心砖塔，建于大理国时期（937～1253年），高42.19米。1961年，被国务院公布为第一批全国重点文物保护单位。

崇圣寺三塔历代多有修缮，明成化年间修

缮千寻塔上下两台塔基座，下台塔基座四周加设青石围栏；明嘉靖年间李元阳修葺三塔，加主塔塔身青砖贴面保护层；明正统九年（1444年）地震，千寻塔震裂如破竹，旬日后复合如故，塔刹震歪，倒向东南；清乾隆年间亦曾修葺三塔。民国14年（1925年）地震，千寻塔塔刹震落，铜函内文物散落于地，被哄抢殆尽；主塔东照壁上明人沐世阶所书"永镇山川"四字中的"永镇山"三字碑石震落破碎，邑人严子珍捐资修碑壁，周子安道尹以双勾法将破碎三字"易石镌成"并原位装上。

由于年久失修及地震等自然原因，崇圣寺三塔残破不堪，存在塔身裂缝、塔檐残损等现象。1978～1981年，国家文物局拨款50万元，由云南省、大理州、大理县有关部门建立三塔维修工程领导小组，本着"加固为主、严格保持原状"原则对三塔进行维修。千寻塔五至十六层塔身隐蔽部位埋设钢筋混凝土圈梁，塔身裂缝灌注聚合水泥砂浆，拆除二至十四层塔身明代加砌的面层砖以恢复塔的原状，塔檐坍塌走闪部分补砌加固，重新装配塔刹并安装避雷设施，塔内修复简易木质楼梯，台基、栏杆照原状补配齐整。南北小塔仅加固塔身，修补塔檐、塔刹。

维修过程中在千寻塔塔顶、塔基清理出南诏、大理国佛像及写经等文物680余件，对研究南诏、大理国的历史有重要意义。

海宝塔保护维修工程　海宝塔又名黑宝塔、北塔，位于宁夏回族自治区银川市兴庆区进宁北街海宝塔寺内的中轴线上，是一座方形九层十一级楼阁式砖塔，由塔基、塔座、塔身、塔刹组成，通高53.9米。1961年，被国务院公布为第一批全国重点文物保护单位。

海宝塔于清康熙四十八年（1709年）和乾隆四十三年（1778年）有两次修缮。民国9年（1920年），宁夏海原发生8.5级地震，海宝塔塔身震裂。民国31年，宁夏官绅商募资对海宝塔进行维修，在塔顶下部和第九层围铁箍两道，塔内楼梯、楼板及塔外天桥均装饰一新，券门上安装小方格窗，下面装镶隔板，并添补塔角短缺的铁马，对塔身裂缝进行修补后又将铁箍取下。

中华人民共和国成立后，对海宝塔进行多次维修，在塔顶安装避雷针，对塔周围的排水条件等进行改善。1979年，筹备庆祝宁夏回族自治区成立20周年时，对海宝塔台基等进行维修，将原来的破烂大砖全部换成新砖，购买条石，更换台基、踏步，加固塔的楼梯，整修板门、栏杆、天桥等。1998年，为庆祝宁夏回族自治区成立40周年，对海宝塔内部进行修缮，参照西安大雁塔楼梯结构，将原楼梯、楼板全部拆除更换。2000年后，对寺院内文物保护简介碑、古树进行修缮保护，并对寺院环境进行整治。

2012年，经立项批准，开始实施银川市海宝塔寺文物保护设施项目建设。项目主要包括给排水工程、消防设施和安防设施及供电工程等设施建设。项目总投资601.69万元，其中申请国家专项资金500万元，银川市财政配套资金101.69万元。2014年，山西省文物技术中心向国家文物局报送海宝塔保护修缮立项报告。2014年11月，新疆维吾尔自治区文物古迹保护中心对海宝塔进行现状测绘、病害勘察、砌体材料无损检测，对塔体结构强度、稳定性进行数值模拟、分析，形成勘察报告和修缮设计方案，上报国家文物局。2015年7月、10月，根据国家文物局设计方案修改要求，新疆维吾尔自治区文物古迹保护中心对海宝塔现状进行勘测，修改完善设计方案。2016年11月，国家文物局同意海宝塔保护修缮工程设计方案并提出最终审核意见。2017年8～9月，完成政府采购招标程序，确定甘肃昊廷古建筑工程有限公司为施工方，赤峰长城文物古建筑工程监理有限责任公司为监理方。2017年9月底开始施工。

工程分为两个阶段。第一阶段为前期勘察阶段，勘察目的包括查明海宝塔保存现状，研究其建筑特点及构筑技法；查明海宝塔的赋存环境及水文地质特征；查明海宝塔的病害类型、分布规律、成因机制；评估塔体、台基、底座的安全性及耐久性。第二阶段为修缮阶段，工作内容包括修复塔内灰浆层，修复墙体原有灰缝，恢复原有墙面；塔体外部砌体开裂、局部风化、剥蚀严重等部位，剔除局部砌体，采用置换法进行局部修缮；塔座及基座砌体开裂、局部风化、剥蚀严重部位，剔除局部砌体，采用置换法进行局部修缮；塔座及基座甬道防水及修缮；修缮解决塔体内部各层角柱油漆层脱落、歇山顶瓦件松散、木横梁开裂、墙皮脱落问题；修缮塔座和基座顶面的青砖底面，增设防水和排水设施；修缮塔基座周边的散水和排水设施，防止水源对塔基座的侵入；基座及塔座、甬道及塔（券道）周外侧栏杆统一更为木质栏杆，与塔内楼梯栏杆一致；更换塔内各层手写的简易警示标牌，更换为金属材质仿古警示牌。

截至2017年，项目前期勘察阶段已完工，进入修缮阶段。海宝塔属于中国多民族文化相互交融的标志性建筑，以突出的遗产价值成为银川市文化资源的重要组成部分，在银川城市景观和历史文化遗产资源保护中具有核心地位，对地方城市景观建设和旅游发展有积极的促进作用。

**独乐寺修缮工程** 独乐寺位于天津市蓟州区渔阳镇武定街41号，始建于隋，重建于辽统和二年（984年）。独乐寺由东、西、中三路组成，中路由山门、观音阁、韦驮亭、报恩院组成，其中观音阁为中国遗存最早的辽代木构楼阁，有大型辽代室内木骨泥质彩塑观音像。1961年，被国务院公布为第一批全国重点文物保护单位。

独乐寺自重建以来经历37次地震，观音阁保存基本完整，历史上几次可考的修缮也都是小修、小补、油饰彩画等局部工程。修缮前的观音阁一层后檐柱歪闪变形，上檐转角斗拱普遍存在断裂、下沉现象，存在结构变形的重大隐患。

1984年，在独乐寺重建1000周年纪念学术研讨会上，专家们提出应对独乐寺进行保护大修。会后，天津市文物局牵头组织相关部门对观音阁、山门进行动力特性实测、整体变形观测、近景摄影测绘，并委托中国兵器工业部第五设计研究院对观音阁进行两次脉动测试，确定建筑振型，取得大量科学数据。国家文物局批准独乐寺作为国家重点工程进行大修，多次组织古建、结构、地震等方面专家亲临现场考察，反复研究论证，最终确定中国文物研究所设计的"局部落架拨正、加固维修"的观音阁维修方案。工程于1990年3月开始实施，

1998年10月竣工，投资800余万元。工程采取自营维修施工方式，施工组织单位为天津市文物局、蓟县文化局，施工单位包括天津市安裕建筑工程公司、河北省遵化市清东陵古建工程公司、山西省古建筑工程有限公司、中国林业科学院木材工业研究所。维修工程涉及主要内容有包括大木构架部分落架并拨正，木构件修配，屋面翻修，墙体修复，拱眼壁揭取并加固归安，观音像改装拉接装置，改装避雷设施，木构件油饰、彩画、壁画保护等。选择部分落架是从拨正的可行性和尽量减少扰动方面考虑，一是减少对辽代建筑木结构的扰动，二是减少对元代壁画的扰动。工程中，除根据文物保护原则大量使用传统技术外，还对主要建筑木构件的材质与含水进行检测，对旧构件进行防腐处理；对灰被等屋面材料进行检测，并对旧瓦件、屋面兽件和木构件等破损构件进行粘接。通过维修，观音阁歪斜变形的木柱梁架得以扶正，糟朽酥裂的斗拱木件得到葺补，解决建筑结构的安全稳定，此外保留续用了观音阁清代角梁戗柱，并对斑驳掉皮的油漆画修补规整。维修工程既注重传统建筑手法的继承，又注重现代科技手段的应用，维修后的建筑较好保留了建筑的真实性和完整性。独乐寺修缮工程获国家文物局2004年度文物保护科学和技术创新奖二等奖。

维修结束后，在独乐寺文物展厅开设"独乐寺维修展览"，展出观音阁和山门按实际比例微缩的模型和拆卸下来的梁拱实物、木构件及瓦件实物等，并配合文字说明。此后，蓟州区文物保管所又修缮附属建筑，整治院内环境，重现了独乐寺明清时期的风貌。

**苏州云岩寺塔排险加固工程** 云岩寺塔俗称虎丘塔，位于江苏省苏州市西北的虎丘山上。云岩寺塔建于五代后周显德六年至北宋建隆二年（959～961年），七级八面、双套筒结构，通体砖砌，仿木楼阁形制，塔身内外保存有宋明彩绘400余幅。1961年，被国务院公布为第一批全国重点文物保护单位。2014年，作为"中国大运河"项目苏州段遗产点被列入《世界遗产名录》。

云岩寺塔自17世纪向东北偏移，至20世纪末倾斜角已达2°48′、塔顶偏心距达到2.34米。云岩寺塔在建成后屡遭损毁，有记载的就有10次。

中华人民共和国成立初期，塔身已残破不堪，千疮百孔，岌岌可危。1956～1957年，对云岩寺塔进行第一次维修，在每层塔身的平座下、阑额处围箍三道，在每层楼面的东西、南北方向进行拉接，并浇筑混凝土楼层，加强了塔体的整体性，制止了塔体崩塌的发展趋势；1976～1986年，对云岩寺塔进行第二次维修，对塔基与地基进行加固，采用"围、灌、换、盖"的加固措施，使云岩寺塔维持稳定。

2011年，江苏省文物局上报云岩寺塔保养维修方案，2012年获国家文物局批复原则同意。2014～2015年，云岩寺塔进行第三次保养维修工程。工程于2015年3月10日开工，10月30日完工。工程设计单位为浙江省古建筑设计研究院，施工单位为苏州思成古建园林工程有限公司，监理单位为苏州建华建设监理有限责任公司，总投资450余万元。工程主要内容包括文物本体保护、环境整治和防雷设施改造。文物本体保护包括塔体杂树、杂草的清理，塔檐、平座掉砖的处理，华拱、令拱隐木的维护，砌体灰缝的处理，塔顶的维护，外壁裂缝的处理，外壁粉刷层的维护，外壁防水、防风化、室内裂缝与壁画等；环境整治包括更换场地铺装和修剪周边植物；防雷设施改造升级包括打磨接闪器、增加引下线、重做地网、增加防跨步电压等。

云岩寺维修工程以"最小干预"为原则，对塔体日积月累的"小病害"进行集中保养，重点、难点问题是塔体的防风化和防水处理，同时还开展了塔身历史材料检测与评估、砖石文物保护及三维数字化保护等前沿技术的应用与研究。

**泉州洛阳桥保护维修工程**　洛阳桥位于福建省泉州市洛江区洛阳江入海口，始建于北宋皇祐五年（1053年），嘉祐四年（1059年）竣工，是中国第一座跨海梁式大石桥。桥长731米、宽4.5米，有桥墩45座，桥上有4尊宋刻石将军、6座宋代石塔及众多的石碑、摩崖石刻。桥南蔡襄祠有蔡襄手书碑刻《万安桥记》，桥北有祭祀海神通远王的昭惠庙等史迹。1988年，被国务院公布为第三批全国重点文物保护单位。

洛阳桥虽历经飓风、大地震、战争和人为破坏，但始终是沟通福建南北交通的枢纽。据方志记载，自始建至民国22年（1933年），洛阳桥经过近20次修缮。民国22年，古石构桥被改建成钢筋混凝土桥。由于战争期间多次被人为爆破断桥、飞机轰炸，加之繁忙的现代交通运行对桥梁造成自然损耗，洛阳桥濒临倒塌。

1991年5月20日，国家文物局批复同意洛阳桥维修工程立项。6月起，泉州市文物管理部门投入修复方案的制定和论证工作。国家文物局先后三次组织专家就方案确定、经费落实等问题对洛阳桥进行实地考察。1991年7月起，文物部门两次组织对洛阳桥的勘测，提出勘察报告，并绘制、完善平面图、立面图等实测图。中国文物研究所受福建省文化厅、泉州市文物管理委员会委托，承担洛阳桥修缮工程设计任务。1992年8月，国家文物局批复同意洛阳桥修复工程设计方案。同年，泉州市人民政府成立洛阳桥修复委员会，负责对修复中的重大事项进行决策。工程于1993年3月7日启动，1996年10月8日竣工，耗资近700万元，施工单位为泉州市鲤城区城东建筑工程公司。

维修工程分一期试修、二期中洲以北攻坚、三期修复桥南七孔及扫尾3个阶段。工程主要内容包括：拆除、清运钢筋混凝土；起吊安装大型石梁板；修复主体桥段的石构桥墩、分水尖、桥面；清理桥下乱石和淤积海泥；打捞、安放部分原构件、碑刻；安装两翼栏杆、上下扶栏石；修缮石塔，保护石雕神像、碑碣等附属建筑；中洲和南北引桥降坡与桥区环境整饰等。

洛阳桥修复工程是中华人民共和国成立后福建省规模最大的文物维修工程。施工中采取传统与现代科技相结合的办法，特制一套适合维修跨海石桥的简易施工工具，既安全实用，又节约经费。

修复竣工后的洛阳桥，北起北渠岸，南至引桥南桥末端，全长731.29米，有桥孔47道、船形墩45座、金刚墙4座。主体桥段以中洲为界，其北有40孔，长458.21米，有船形墩39座、金刚墙2座；以南有7孔，长79.58米，有船形墩6座、金刚墙2座。工程遵循文物维修原则，重现了"骊水为四十七道，梁空以行"的历史风貌。2010年，泉州市文物局编《泉州洛阳桥修缮报告》出版，对修缮过程进行了详细记录。

**大明宫含元殿保护工程**　大明宫含元殿遗址位于陕西省西安市自强东路以北600米处的龙首原南坡上。殿前坡地被凿筑成三层大台，台上含元殿基台东西长76.8米、南北宽43米、高3.46米，基台上存留的隔墙、柱础和础坑遗迹表明含元殿面阔十三间、进深五间，是中国古代规制最高的殿堂建筑。1961年，被国务院公布为第一批全国重点文物保护单位。2014年，作为"丝绸之路：长安-天山廊道的路网"遗产点被列入《世界遗产名录》。

含元殿遗址暴露郊野千余年，在人为和自然力影响下，遗址本体十分残破，周围环境发生极大变化。1980年以来，国家设立专门管理机构，征购土地，构筑保护围墙。但遗址本体仍受冻融、风化、水土流失、垮塌、动植物生长等自然破坏，处于濒危状态。

20世纪90年代初，国家文物局向联合国教科文组织提交了包括含元殿遗址在内的亟待抢救保护的数十处重要文物项目清单。经多次考察和协商，最终同意通过国际合作形式，利用联合国教科文组织保护世界文化遗产日本信托基金共同保护含元殿遗址。1995年7月24日，国家文物局局长张德勤与联合国教科文组织北京代表处武井士魂在北京饭店签署《保护唐朝大明宫含元殿遗址行动计划书》，日本驻华大使佐藤嘉恭出席。经协商组成三方工作委员会和中日专家委员会，负责项目的组织实施和技术指导。设立含元殿遗址保护工程办公室，承

担现场施工管理及相关事务。日本文化财保存计划协会矢野和之作为教科文组织项目顾问全程参与管理。由杨鸿勋主持编制的保护方案和陕西省古建设计研究所主持编制的扩初设计及施工图设计获国家文物局审核批准。开工前，通过招标确定西安市古代建筑工程公司和西安市文物园林工程处为项目承建单位，由含元殿遗址保护工程办公室与两家公司签订施工合同。1998年4月，完成项目前期准备工作，陕西省文物局发文批准开工。5月7日，含元殿遗址保护工程开工典礼在西安唐华宾馆举行。

按照保护方案，含元殿遗址采取保护性复原的方式，即在真实、有效保护遗址的前提下，有限度地复原遗址结构，展现文化内涵。实施过程共分三步。首先，将历史时期形成的沟壑和塌毁的部分全部用夯筑黄土填补修复至唐代地平，恢复三层大台原始状态。其次，再用纯净黄土将全部遗迹覆盖回填，恢复遗址的原生状态，根绝人为和自然因素的侵扰。最后，在回填土上面依据考古数据复原出殿堂、阁楼、廊道、三层大台的基台，复原砌体全部使用仿唐砖和青石等传统建筑材料，施工采用传统技术，完整展现含元殿的规模与布局。

1998～2003年，含元殿遗址保护项目的土建工程按计划实现全面竣工。项目共利用日本提供的资金235万美元，用于考古发掘、方案编制和施工设计、遗址本体保护展示以及部分工作费用支出。中国方面提供配套资金760万元人民币，用于施工现场整理、供水和供电设施、道路和厕所等公共服务设施建设。土建工程的主要工程量包括清理外运现场长期堆积的杂土8591立方米、回填夯实土方113954立方

米、构筑砖石砌体5041立方米、铺砌仿唐砖地面10893平方米。

含元殿遗址保护工程主要分为含元殿殿身、殿陛、龙尾道、两阁大台及东台、东廊和西廊、殿前广场和含元殿东北窑址等分项保护工程。含元殿殿身保护即在殿身遗址夯土层上先铺一层细沙作为隔离层，然后在其上再做45厘米厚的覆土保护层，边沿部分用砖砌墙体保护，台上用陶砖铺地面，在每一柱位恢复柱础石；砌壁砖和地面砖均按考古发掘出土的形式和尺寸复制，力求砌筑反映传统工艺；在殿基上有夯土遗迹处用黄土加黄沙和胶粉材料，用传统夯筑工艺夯造80厘米高的矮墙。从平面上看，保护和修复工程能够显示含元殿殿身原有平面及柱网布置。殿陛修复即在原考古发掘遗址基础上，先铺细沙5厘米厚，再覆黄土45厘米厚，形成遗迹本身的保护层；台陛用砖砌挡土墙支护；上部为防水，在上部10厘米厚的面层夯土中加入白灰，形成灰土防水层；台陛上部铺砖地面；砖挡土墙的砌法仍用传统做法，下部用土衬石，上部用压栏石，但为了安全，挡墙的基础经过专门设计。龙尾道的修复根据文献记载和考古发现的坡道痕迹，沿阁内侧用漫道的做法直上殿身，先在遗迹上覆土保护，然后用仿唐大明宫含元殿出土的灰陶砖（素面与莲花纹）铺砌漫道表面。两阁大台及东台工程可分为保护残余部分阙台和恢复阁台，在修复阁台和阙台前，先恢复被破坏的地貌，用纯净黄土回填碾压夯实，再在其上砌筑阁台；据考古发掘和资料研究，翔鸾阁与栖凤阁均为三出阙，子母阙之间逐层跌落，虽然修复无法恢复到原有高度，但在保护阙台夯土的基础上仍

将残阙作出收进和跌落，以显示其原有形制；阙台及阁台的包砖根据考古报告和现场遗物仿制，用传统工艺砌筑，以求保持唐代风貌；栖凤阁三出阙北部做视窗，对其夯土进行局部展示。东廊和西廊按照考古遗址进行保护，其中西面观象门部分完全残毁，参照通乾门的形式复原；遗址表面经覆土保护后，用陶砖铺筑地面。殿前广场南北250米、东西280米，基本呈矩形，广场北高南低，坡度较大，破坏较为严重，采用回填夯实办法恢复原地面；广场地面相应升高，用纯净黄土满铺，然后机械压平；原广场地坪未发现铺砖痕迹，但考虑含元殿对外开放后的环境效果，对广场表面大部分分格栽种草皮，但不植乔木类树木，以免破坏广场下的遗迹。含元殿东北窑址保护工程在窑址上部建造覆盖结构，用于阻挡直接的雨水侵蚀；其余建筑分为前厅和窑址展示两部分，前厅为人流的组织和观众的停留空间，后部窑址展厅部分是真实、完整、封闭式的窑址保护和展示空间。窑址本体保护工程分两个阶段。第一阶段为保护工程前进行的预加固，保证工程进行过程中窑址土体和窑面的安全。第二阶段为窑址建设工程完工后对窑址地面和窑壁进行的正式加固，一部分用物理支撑方式，另一部分采取化学加固方式。在利用展示方面，整个室内通道采用木栈道，既提供了较好的观赏条件，又可避免观众和遗址本体的直接接触。该项目还有尚待完善的部分，主要是在小气候环境的调节方面，室内偶尔会出现冷凝水现象，通风条件也有待改善。

2002年11月，应西安市政府申请，中国外经贸部副部长龙永图与日本驻华大使阿南惟茂

互换照会，确立日本政府提供限额28000万日元的无偿文化援助项目，用于建设含元殿遗址陈列馆和砖窑址保护厅，以及进行周围环境整治。该项目由日本国JIC组织管理，日本航业株式会社受其委托承担工程监理，日本藤田株式会社经招标承担土建工程施工。2004年3月，1379平方米的展厅和砖窑址保护厅及相关设施竣工，经陕西省文物局组织验收后，连同援助器材一并移交给西安市大明宫遗址保管所。

2004年5月1日，实施保护工程后的含元殿遗址及陈列馆对公众开放。2010年，大明宫考古遗址公园建成，含元殿遗址成为公园的主体历史人文景观。

**乐都瞿昙寺维修工程**　瞿昙寺位于青海省海东市乐都区瞿昙镇新联村，始建于明洪武二十六年（1393年）。寺院总体布局呈长方形，占地面积1.4万平方米，由山门、围墙、金刚殿、护法殿、瞿昙殿、隆国殿、左右碑亭、回廊、大小钟鼓楼堂等组成（部分为清代复建）。1982年，被国务院公布为第二批全国重点文物保护单位。

瞿昙寺于明代未见损坏或修缮记载。清乾隆四十七年（1782年），主持僧宽卜图克图和常住木工谢天印等募款进行修缮。民国23年（1934年），对宝光殿进行维修，仍然保留原来的建筑风格；民国33年（1944年），地震对寺院造成破坏，灌顶净觉宏济国师及阖邑人士募化资材修补隆国殿、宝光殿、东西廊房和瞿昙殿等建筑，并在寺内增建喇嘛塔4座。

受地震破坏和风雨侵蚀，瞿昙寺受到不同程度的破坏，抱厦木构件破损出现险情；城墙整体上底部掏蚀、酥碱，受人为破坏和雨水冲刷，冲沟、风化、裂隙、孔洞较多；回廊及围墙木构件破损出现险情；壁画颜料层起甲、空鼓、地仗脱落、酥碱、污染、裂缝。

1995～1998年，对瞿昙寺部分建筑进行修缮。工程分三期：一期工程以抢险为目的，主要内容包括寺院西侧排水工程，护法殿等壁画保护、"打牮拨正"，山门、东西御碑亭、小钟鼓楼、东西回廊、东西斜廊等修缮工程；二期工程主要为宝光殿修缮工程、前院地面修复工程；三期工程包括大钟楼及南北廊、西抄手廊、大鼓楼及南北廊、东抄手廊等主体建筑维修工程。

2014年，向国家文物局报送《瞿昙寺（含药草台寺）文物保护修缮项目建议书》。根据国家文物局的立项批复，青海省文化和新闻出版厅下达工程立项批复。修缮工程分为5个阶段。第一阶段为瞿昙殿建筑本体修缮，对瞿昙殿存在险情部位进行维修，其他部位进行保养性维修，建筑面积约316平方米。工程建设单位为海东市乐都区文化体育广播电视局，设计单位为北京兴中兴建筑设计事务所，施工单位为北京市园林古建工程有限公司。工程内容包括大木构架维修与拨正、木构件与木基层修补与更换、屋面局部翻修、墙体整修与粉刷、石构件归安、地面铺装整修、油饰彩绘去污除尘等。第一阶段工程于2016年4月1日开工，12月31日竣工。第二阶段为瞿昙寺回廊及围墙修缮，建筑面积约2300平方米。工程建设单位为海东市乐都区文化体育广播电视局，设计单位为北京兴中兴建筑设计事务所，施工单位为北京市园林古建工程有限公司。工程内容包括大木构架维修与拨正、木构件与木基层修补与更换、屋面局部翻修、墙体整修与粉刷、石构件归安、地面铺装整修、油饰彩绘去污除尘、围墙及东西便门整修等。第二阶段工程于2016年4月1日开工，2017年8月31日竣工。第三阶段为瞿昙寺城墙修缮，建筑面积约316平方米。工程建设单位为海东市乐都区文化体育广播电视局，设计单位为北京兴中兴建筑设计事务所，施工单位为北京市园林古建工程有限公司。修缮工程进程确定为前期试验项目、城墙本体修缮、城墙两侧保护性设施建设、城墙周边环境整治。工程内容包括清理塌陷堆积物，清除城墙表面及墙根杂草；对塌陷残缺部位进行夯补完整，墙根处用土坯砖砌筑护角；对墙顶残缺部位夯补、砌补，以利于墙顶排水，保证墙体的整体稳定；对残缺部位、孔洞用特制的土坯砖填补；对墙体的正面进行防风化保护措施；对崖壁、城墙上的冲沟、凹陷坑用特制的土坯砖、垛泥、细小的木锚杆进行填补加固，对墙体较小的裂缝进行灌浆和木锚杆加固，对整体塌陷的土体采用复合锚杆加固。施工方法包括夯筑砌补、回填、生物病害的整治、冲沟整治。第四阶段为瞿昙寺壁画保护修复工程，工程的性质是修缮性保护修复，保护范围包括瞿昙殿、宝光殿、隆国殿、三世殿、大钟楼、大鼓楼、东回廊、西回廊等13处殿堂壁画。对壁画实施保护措施的时间为每年3～10月，施工过程中严把质量关，严格控制施工进度及施工工艺，确保壁画得到良好保护。第五阶段为瞿昙寺活佛囊谦修缮工程、药草台活佛囊谦保护修缮工程和瞿昙寺雷电防护工程。瞿昙寺活佛囊谦修缮工程范围为活佛囊谦遗存建筑（含围墙、院落地面）本体，建筑

修缮面积约2430平方米，院落地面整修约990平方米，围墙约68米。工程计划工期8个月。药草台活佛囊谦保护修缮工程范围为药草台寺贡哇活佛囊谦现存建筑本体、院落地面和围墙，建筑修缮面积约860平方米，院落地面整修约450平方米，围墙约60米。工程计划工期8个月。瞿昙寺雷电防护工程包括隆国殿直击雷防护、大钟楼和大鼓楼直击雷防护、宝光殿直击雷防护、小钟楼和小鼓楼直击雷防护、瞿昙殿及东西配殿直击雷防护、金刚殿直击雷防护、72间回廊直击雷防护、东御碑亭和西御碑亭直击雷防护、山门殿直击雷防护。

瞿昙寺维修工程通过对遗址本体外部结构、线条、形状、色彩等的理解、分析、试验等，对砌补部位通过修正、伪装，使其与遗址本体整体相协调。通过整体及系统的修缮措施，全面消除了安全隐患，最小扰动、最大限度地保留了历史风貌。

**颐和园四大部洲修缮工程** 四大部洲是北京市西北郊颐和园万寿山后山中部的一组庞大的藏式建筑群，始建于清乾隆年间，以香岩宗印之阁为中心，包括四大部洲、八小部洲、日月台等21座建筑。四大部洲建筑群南北长85米、东西宽130米，总占地面积11050平方米，总建筑面积2055平方米，院落地面面积5160平方米。

清咸丰十年（1860年），四大部洲建筑群遭到焚毁，全部木构建筑物荡然无存，只剩下砖石结构的塔台。光绪十四年（1888年），为收藏大报恩延寿寺佛像，原址重建香岩宗印之阁，改三层重檐为单层建筑，南赡部洲改为山门。1981年，参照清代历史档案和普宁寺现存

建筑式样，经专家考察论证，复建四大部洲、八小部洲和4座梵塔。修缮后的四大部洲建筑群基本恢复原有的建筑形式和风格。

四大部洲复建后近30年未进行大规模修缮，屋面、地面、油饰、墙体、山石等出现不同程度的残损。建筑群屋面出现损坏、局部漏雨；建筑彩画剥落、老化严重；院落地面暗排水走向不明、排水不畅，明排水石槽高低不平、塌陷积水，有渗水现象；金刚墙鼓闪，墙体上身水泥抹面大面积空鼓开裂严重；山石勾缝灰为现代水泥砂浆材质，局部山石堆砌杂乱，个别山石外闪、滚动情况明显。

根据北京市委办公厅、北京市文物局及颐和园文物保护规划的要求，2009年起，四大部洲修缮工程进行项目可行性调研，委托天津大学对四大部洲建筑群进行测绘、组织建筑病害调查等工作。2010年4月确定修缮方案，7月得到北京市文物局《关于颐和园四大部洲修缮工程核准意见的复函》。根据北京市财政局有关规定，颐和园委托北京科技园拍卖招标有限公司对四大部洲项目的设计、施工及监理单位进行公开招标，设计单位为北京兴中兴建筑设计事务所，施工单位为北京市园林古建工程公司，监理单位为北京华林源工程咨询有限公司。2010年9月1日工程开工，总资金2131.71万元。2011年11月11日竣工验收，报北京市文物工程质量监督站竣工备案。

四大部洲修缮工程定位为现状整修，要求保持现有结构，排除建筑安全隐患，进行整体保护修缮。工程遵照"不改变文物原状"和"不破坏文物价值"的修缮原则，保留四大部洲的建筑法式、不同时期的构造特点和历史遗存，尽量保留和使用原材料、原构件、原构造，对构件的更换掌握在最低限度，新添置的部分具有可识别性和可逆性。

工程范围东西至两侧跌落院墙、南至智慧海布瓦围墙、北至山门殿北侧台基，包括香岩宗印之阁、北俱芦洲、东胜神洲、西牛贺洲、南瞻部洲（山门殿）、日殿、月殿、白塔、黑塔、红塔、绿塔、一小部洲、二小部洲、三小部洲、四小部洲、五小部洲、六小部洲、七小部洲、八小部洲、东值房、西值房，以及院落地面、墙体、山石等。

工程内容包括建筑物本体修缮，涉及基础、石作、地面、墙体、木构架及木基层、斗拱、屋面、木装修、油饰、彩画等方面的修缮项目，石作与基础部分采取加固、归安、添配、修补、更换等方法；地面、墙体采用拆砌、择砌、剔补、新砌等方法；木构架及木基层采取剔补、包镶、墩接、加固、支撑、更换、拨正等方法；屋面采取揭瓦、挑顶等方法；油饰彩画采取新做、补绘、除尘保护等方法；院落地面拆除院内水泥方砖地面，重新铺墁传统青砖地面；院墙、扶手墙、护坡墙、金刚墙进行恢复、整修、加固、粉刷；重做排水沟槽，恢复地面排水系统；山石进行整修、添配。根据文物保护要求，在施工前和施工中对上述范围内的文物进行防护处理，采取软质或硬质包裹、隔断、支护等方法。建筑群基础设施的改造、升级包括上下水、电、设备、消防、技防、避雷、广播、通信系统、网络系统、安全防护设施的改造更新等，建立机房、监控室。建筑物外基础设施及各种管线的敷设包括水、电、设备管沟的挖、填、敷设以及保障物的穿越与外线的结合，景区内及施工通道周边树木、绿地和道路的保护及局部恢复。

此次修缮保护和恢复了光绪时期四大部洲建筑群的历史风貌，最大程度保留了古建的历史信息，消除了古建文物的安全隐患，提升了文物本体的安全状况。同时，改善颐和园后山的景观环境，满足游客游览需求，提升四大部洲的文化价值，对发展北京市旅游事业、促进经济发展具有积极意义。2013年，颐和园四大部洲修缮工程获评2012年度全国十佳文物维修工程。

**太原市窦大夫祠保护工程** 窦大夫祠位于山西省太原市尖草坪区上兰街道办事处寒泉社区新兰路733号，与保宁寺、观音阁、烈石寒泉、赵戴文公馆等构成一处古建筑群。窦大夫祠整体建筑为砖、木、石结构，其中献殿内的八卦藻井建筑手法独特、构思巧妙。2001年，被国务院公布为第五批全国重点文物保护单位。

窦大夫祠在明清两代有过多次修缮，1986年以来仅进行过局部修缮，献殿内的八卦藻井因年久失修，小构件脱落、梁架倾斜，整体建筑急需维修。太原市崛围山文物保管所将以上情况上报。2012年4月，窦大夫祠保护工程经国家文物局批复立项。2012年7月，委托山西重德古建筑规划设计院编制完成《窦大夫祠保护工程》方案。2013年2月，国家文物局拨付专项资金339万元；4月，进行工程招标，山西省古建筑保护工程有限公司中标为施工方。

窦大夫祠保护工程于2013年6月5日开工，2013年10月25日竣工。修缮范围包括南殿（山门）、献殿、后殿、东西配殿、后殿东西耳房、烈石寒泉正殿，修缮总面积1087.42平方米。工程主要内容为献殿藻井的补修，屋面揭瓦，墙面抹灰。设计理念是在对本体尽量少干扰的前提下，采用传统方法合理修葺补强，使其得到妥善保存。修缮过程中，设计单位持续跟踪、检查，对隐蔽部位的设计及时补充、各方签认，并参与编制施工方案。设计方与施工方共同研究制定献殿大木构架修缮措施，最大可能保留原结构，对有题记的辅柱进行原状保留。

通过对窦大夫祠及烈石寒泉遗址的勘测，针对残损内容、程度及原因，根据结构部位残损点可靠性评估及勘察结论确定修缮性质。南殿（山门）、烈石寒泉正殿为现状整修，揭瓦屋顶、补配椽望及瓦件脊兽，加固墙体，添配、加固各类残缺木构件，重墁地面、整修台明；献殿为重点修复，重修屋顶，拨正藻井，大木构架调整归安，调整斗拱，新添木构件钻生、作旧，台基整修，重墁地面；后殿、后殿东西耳殿、东西配殿为现状保养、局部整修，揭瓦屋顶、补配椽望及瓦件脊兽，加固墙体，添配、加固各类残缺木构件，重墁地面、整修台明；院落为院内整体铺墁，防潮处理，拆除后人增加部分，加固院墙。

在墙体剔补方面，凿除酥碱的砖墙时为避免对邻近砖体的震动破坏，采用人工手锯"拉锯法"锯除糟朽砖块；剔补砖体时为避免砖体内部灰浆干缩现象，采用"间歇剔补法"和"灌浆法"结合替补墙体，保证剔补的墙体背里灰浆饱满、墙体灰缝不出现裂缝及干缩变形现象。在木构件嵌补方面，用毛刷及气泵管清理裂缝内尘土，使用"溜浆法"由下而上灌注胶体至裂缝密实，再采用同种材质制成木楔，用环氧树脂嵌。在瓦件清理方面，用"软铜刷"清理瓦件表面杂物，再用干布擦拭干净分类码放。在题记保护方面，屋面拆卸过程中发现板瓦底有题记的，记录发现的部位，再用同样大小的瓦件，在瓦底标记原瓦件题记、注明更换日期并恢复原位，原瓦件妥善保存。使用"抬升法"修缮藻井，即在不落架的情况下对藻井进行抬升修缮（矫正、补配），恢复原貌，这在古建筑修缮中是首例。使用"甩泥法"对室内墙体进行抹灰，效果很好，经回访未出现任何起皮、空鼓、开裂、脱落等异常现象。

2013年10月30日，工程由质量监督站组织建设方、设计方、施工方、监理方进行验收。2015年，窦大夫祠保护工程获评第二届（2014年度）全国十佳文物保护工程。

窦大夫祠保护工程为太原市文物保护重点工程之一，严格按照传统工艺施工，达到修缮目的，总体修缮效果较好，南殿、献殿、后殿皆无漏雨、残损等现象。

## 四、石窟石刻保护维修

**敦煌莫高窟保护利用工程** 莫高窟位于甘肃省敦煌市鸣沙山东麓断崖上，始凿建于东晋太和元年（366年），至14世纪的元代停止开窟。遗存洞窟735个，全长1700余米，保存大量的彩塑、壁画，出土文物5万余件，具有极高的历史、艺术和科学价值。1961年，被国务院公布为第一批全国重点文物保护单位。1987年，被列入《世界遗产名录》。

1951年6月，中央文化部文物局组织清华大学、北京大学、古代建筑修整所的古建和考古专家，对莫高窟进行全面勘察，拟定维修保护方案。先后批拨专款抢修5座唐宋木构窟檐，对3处有崩塌危险的悬崖和数以百计的洞窟进行全面维修加固。

莫高窟文物受自然及人为因素影响，存在多种病害：窟前的积水灌入地势较低的洞窟，造成洞窟湿度增高，引起霉变、壁画酥碱等病害；细小的沙尘沉积在壁画和彩塑表面，磨蚀壁画、彩塑；降雨通过崖体裂隙渗入岩层到壁画地仗，岩体中可溶盐的移动造成岩体疏松，壁画出现空鼓、疱疹、酥碱等病害；降雨后潮湿空气进入洞窟，对壁画的损坏非常严重且难以控制；环境的综合作用导致岩体出现裂隙、风化等多种地质灾害，对洞窟造成毁灭性影响；大量游客进入洞窟，引起窟内湿度、温度和二氧化碳含量升高，对洞窟壁画的长期保存造成严重影响。

2003年3月，全国政协十届一次会议期间，樊锦诗联合25位政协委员提出建设敦煌莫高窟保护利用设施的提案，建议建设数字化保护利用功能的基础设施，采用数字展示技术，将莫高窟内的敦煌艺术搬到莫高窟外向游客展示。2003年8月，全国政协提案委员会联合调研组赴莫高窟进行实地考察调研，提出《关于敦煌莫高窟保护、利用设施建设的调研报告》。2003年11月6日，甘肃省文物局在敦煌莫高窟召开莫高窟保护、利用设施建设工作会议。11月19日，召开项目前期工作协调会，并建立联席会议制度。按照项目的立项程序，敦煌研究院委托中国建筑设计研究院承担《敦煌莫高窟保护利用设施建设项目建议书》（简称《项目建议书》）编制工作。2004年2月17日，国家文物局批复《项目建议书》。根据国家文物局批复意见，设计单位对《项目建议书》进行必要修改，甘肃省发展改革委综合有关内容使《项目建议书》内容更加完善。3月12日，国家发展改革委委托国家投资项目评审中心对《项目建议书》进行评估。6月14日，国家投资项目评审中心完成对《项目建议书》的评审。7月16日，甘肃省发展改革委会同甘肃省文物局、敦煌研究院在北京召开莫高窟保护利用设施可行性研讨会，初步确定数字展示内容及有关技术方案。敦煌研究院委托中国建筑设计研究院进行《敦煌莫高窟保护利用设施项目可行性研究报告》的编制，并开展数字展示技术实现验证工作。2005年9月8～9日，敦煌莫高窟保护利用设施项目数字展示技术验证专家论证会在上海和北京召开，观看项目验证小组制作的莫高窟洞窟展示样片和莫高窟洞窟柱幕样片，听取数字展示技术可行性调查研究和验证技术报告陈述。敦煌研究院完成莫高窟保护利用设施综合管理系统需要分析，确定了莫高窟保护利用设施综合管理系统的基本框架。2005年12月，敦煌研究院完成《敦煌莫高窟保护总体规划》的编制工作。2006年1月12日，将编制完成的《敦煌莫高窟保护利用项目可行性研究报告》文本上报国家发展改革委社会司。8月19日，甘肃省文物局在敦煌莫高窟召开莫高窟保护利用设施项目比选方案讨论会，决定在莫高窟保护范围以北、安敦公路以南范围内选择建设地点。12月，敦煌研究院向国家环境保护总局上报《敦煌莫高窟保护利用工程环境影响报告书》。2007年4月6日，国家环境保护总局批复，同意数字展示设施和游客接待设施选址在莫高窟保护区之外建设。敦煌莫高窟保护利用设施选址确定在国道

313线南、太阳村东侧500米处，距离莫高窟约15千米。6月20日，国土资源部原则同意通过用地预审，批准项目建设用地总面积4万平方米。

2007年12月4日，国家发展改革委批复莫高窟保护利用工程项目总投资26100万元，其中保护利用设施为20630万元、崖体加固及栈道改造工程1957万元、风沙防护工程1381万元、安防工程2132万元、国家发展改革委补助中央预算内投资18270万元，其余投资由甘肃省负责筹措解决。随后，敦煌研究院启动项目初步设计方案编制工作，先后对游客服务设施系统集成设计项目、游客服务设施工程勘察、游客服务设施建筑工程设计方案、栈道改造工程设计、安防工程方案设计等项目进行招标，选取有资质单位编制项目初步设计方案和投资概算，组织相关领域专家进行方案审查，将方案呈报国家文物局和国家发展改革委进行审批。2008年11月，敦煌莫高窟崖体加固工程、栈道改造工程、风沙防护工程初步设计方案先后获国家文物局批复原则同意。12月，国家发展改革委批复敦煌莫高窟保护利用工程初步设计方案，核定项目总投资26547万元，其中专项补助中央预算内投资18270万元、省内自筹8277万元。2012年6月，甘肃省发展改革委批复增加项目投资4875万元。调整后项目概算总投资为31422万元，中央预算内投资21270万元，其余资金由省上补助和项目单位自筹解决。

保护利用设施项目由游客服务设施（莫高窟数字展示中心）、保护研究设施等构成，其中游客服务设施项目是莫高窟保护利用工程的核心子项。该项目于2010年4月开工建设，2014年8月完成施工任务并投入使用，总投资36401

万元。占地面积约10万平方米，建筑大部分为一层，包括游客接待大厅、球幕影院、数字影院、贵宾接待厅、购物、餐饮、办公及设备用房等。由于工程地理环境特殊、建筑设计风格独特、结构复杂，在工程实施过程中，施工单位成功解决基础测量放线，沙漠土方回填，四号光井、球幕、大厅双曲面大坡度井字梁，多曲面建筑造型，球幕金属幕墙，广场测量放线，外墙材料选型等难题，克服2011年6月16日及2012年6月3日敦煌地区特大山洪对工程建设的影响，顺利完成全部建设任务。2017年，敦煌莫高窟保护利用工程——游客服务设施建安工程获第十四届中国土木工程詹天佑奖。

游客服务设施项目内容还包括球幕影院及数字影院系统设备采购及安装调试、主题电影制作（20分钟）、洞窟漫游节目制作（20分钟）、游客接待综合管理系统开发等。2004年，项目组开始实施球幕电影技术展示洞窟的探索与验证工作，2005年通过对该项目的认证。敦煌研究院制作的球幕电影是世界上第一部实景还原文物的球幕电影，也是世界上第一部采用8K画面分辨率的球幕电影。在影片制作过程中，采用航空测量、考古绘图、激光扫描、逆向工程与影视建模等技术，并自主开发了用于节目制作的软件和插件。保护研究设施包括大泉河二桥建设，保护所用房改造，数据、网络机房改造，以及洞窟数字化设备、壁画保护研究实验仪器设备、信息网络设备购置等内容。

崖体加固工程于2010年7月8日开工建设，2012年4月20日完成施工任务，总投资1252.96万元。崖体加固工程由敦煌研究院联合兰州大学先后进行可行性研究、方案初步设计、施工设计，敦煌研究院文物保护技术服务中心承担施工，国家古代壁画保护工程技术研究中心进行技术支撑，主要采用敦煌研究院多年研发的PS防风化技术、PS-F裂缝灌浆技术、薄顶洞窟加固技术、砂砾岩石窟崖体锚杆锚固等技术措施。在工程开工前，组织设计单位在莫高窟北区以北具有相同地质背景的岩体上开展大量现场试验，为工程的实施提供有力保障。莫高窟崖体加固工程对莫高窟南区未挡护的裸露风化崖面和崖面上方的缓坡地带进行整治加固，南北向延伸约996米，东西向宽10～40米。该工程施工内容包括锚索加固400平方米、窟檐维修加固640平方米、崖体表面防风化加固10793.79平方米、裂隙注浆388.4平方米、危石处理2234.3平方米、薄顶洞窟加固909平方米、挡沙墙加固及拆除81.72平方米等。2014年，莫高窟崖体加固工程获评首届（2013年度）全国十佳文物保护工程。莫高窟崖体加固工程解决了莫高窟绝大部分崖体的稳定性、坚固性等问题，有效防止了危岩坍塌等自然灾害对洞窟文物造成破坏。对薄顶洞窟的修复及加固，防止了降水入渗导致洞窟壁画产生酥碱、疱疹等病害。此外，崖体加固还解决了参观过程中落石、流沙等现象对游客构成的潜在威胁。通过崖体加固工程的实施，莫高窟崖面的风化得到明显遏制，石窟崖体稳定性进一步增强，刮风下雨时石窟崖面落石和沙砾明显减少，有效减少了风、雨、地震等自然因素对莫高窟崖体的破坏，并防止了大气降水入渗顶层薄顶洞窟，使洞窟壁画得到保护，对莫高窟文物的长久保存发挥了重要作用。

栈道工程于2010年6月开工建设，2011年10月底按计划完成预定工程量，总投资514.87万元。栈道工程完成效果与莫高窟整体形象密切相关，受到社会各界及参建各方高度重视和关注。项目实施前，通过招标确定工程的勘探、设计、监理与施工单位。栈道改造工程于2008年初开始勘探与设计工作，2009年初完成施工图设计。考虑到敦煌自然因素对栏杆的破坏，以及栈道设计对窟区整体色调的影响，施工前期经过多次试验，最终选用仿粗砂砾岩混凝土材质的栈道栏杆设计。栈道工程包括栈道加宽192米、面积450平方米，栈道道面改造1140米、面积2280平方米，扶手改造1332米。经过一年多建设，共完成栈道栏杆1718.4平方米，栈道地面3467平方米。莫高窟栈道改造工程通过适当加宽栈道宽度，改善栈道垂直联系的状况，提高栏板高度和安全度，给莫高窟的研究和管理带来了极大便利，也方便和保障了游客的参观，消除了游客游览路线存在的潜在危险。

莫高窟风沙防护工程于2008年12月15日开工，2010年10月15日按期完成项目施工任务，工程总投资1320.92万元。风沙防护工程包括3个部分：第一部分砾石铺压1677650平方米；第二部分新建高立式阻沙栅栏6395米、麦草方格沙障面积1152300平方米；第三部分新建植物固沙及滴灌系统、窟顶植物固沙带，林带面积为110160平方米，窟区防护林面积7440平方米。莫高窟风沙防护工程通过在莫高窟窟顶铺压砾石，建设麦草方格沙障、植物固沙及滴灌系统，形成防沙障阻沙、沙生植物林带挡沙、麦草方格沙障固沙和砾石压沙的综合防沙、治

沙体系。据监测，这一工程的实施使莫高窟的风沙减少70%左右，极大减缓了风沙对敦煌壁画和塑像的磨蚀。

安防工程于2009年7月16日开工，2012年12月完成工程施工并投入试运行，总投资2067.22万元。安防工程主要由入侵报警系统、视频监控系统、音频复核系统、出入口控制系统、安全照明系统、安防通信系统、在线电子巡更系统及供电子系统等组成。主要防护区域为南北窟区、藏经洞陈列馆、陈列中心、资料中心书库、散存文物及其他重要部位。莫高窟文物安全防范系统全面覆盖莫高窟所有洞窟和窟区要害部位及馆藏文物，具有报警部位显示及图像、监听复核等功能，可对布防实现全面有效监控。在"物防"与"人防"协调下，通过先进的安防设备，监控系统可及早发现、及时处置一些入侵盗窃、破坏的犯罪行为，从而提前防止文物被盗、被破坏的情况发生，极大提高了莫高区文物安防水平，确保了文物本体安全。

敦煌莫高窟保护利用工程各子项目为莫高窟文物本体和遗产环境的有效保护和合理利用发挥了重要作用。莫高窟崖体加固和栈道改造工程、风沙防护工程、安防工程的实施，有效提升了莫高窟文物本体和遗产环境的文物安全，也为莫高窟的合理利用提供了基础保障。游客服务设施的开放运营改变了以往单一游览模式，实现了高清数字电影与实地体验相结合的复合参观模式。通过高效配置旅游资源，优化参观流程，均衡分配客流，使游客在洞窟内平均滞留时间减少约40分钟，动态游客承载量从建设前的2920人次／日提升到6000人次／

日，实现了文物保护和旅游开放双赢的目标。莫高窟保护利用工程的实施，有效提升了游客接待能力，使世界文化遗产莫高窟真正"活"了起来，为实现敦煌莫高窟的"永久保存、永续利用"奠定了基础。

**洛阳龙门石窟保护工程**　龙门石窟位于河南省洛阳城南伊水两岸南北长达1千米的崖壁上，始凿于北魏孝文帝迁都洛阳之际（493年），保存有窟龛2340余个、造像10万余尊、碑刻题记2870余块／通、佛塔70余座。1961年，被国务院公布为第一批全国重点文物保护单位。2000年，被列入《世界遗产名录》。

龙门石窟自开凿以来，随着自然环境和社会生活的变迁，经历了由盛而衰直至荒废的过程。石窟围岩及雕刻品的崩塌、岩体侵蚀、风化等自然因素是造成龙门石窟损毁的首要原因，但历代毁佛灭法和20世纪三四十年代的蓄意疯狂盗凿等也是石窟被破坏的重要原因。国家先后实施奉先寺加固工程、五年综合治理工程、龙门石窟保护修复工程、龙门石窟双窟保护修复工程、龙门石窟东西山渗漏水治理工程等重要保护维修项目，及时排除险情，保证石窟安全。

奉先寺原名大卢舍那像龛，位于洛阳市龙门石窟西山南部，开凿于唐高宗李治年间，唐上元二年（675年）完成，南北宽约34米、东西深约36米，置于9米宽的三道台阶之上，龛雕一佛、二弟子、二胁侍菩萨、二天王及力士等十一尊像。根据1965年对龙门石窟损坏情况调查和1971年的重点调查，奉先寺九尊大像因裂缝切割同岩体壁面分离，且裂隙有继续发育的迹象，包括卢舍那大佛在内的雕刻有崩塌

危险。1971年4月，龙门文物保管所将相关情况上报。1971年6月，国务院组织工程技术人员协同河南省博物馆、龙门文物保管所共同试验，开始对龙门石窟重点危险洞窟进行抢险加固。其中，奉先寺加固工程自1971年开始，至1974年结束。工程主要由龙门保管所负责实施，国务院图博口从湖北"五七"干校抽调姜怀英、陆寿麟、陈中行、蔡润等协助龙门文物保护管理所工作人员现场调查损害情况，研究治理方案。维修工程涉及主要内容包括卢舍那大佛的维修加固，奉先寺北壁弟子、菩萨、天王、力士维修加固，北壁弟子、菩萨、力士、天王的维修加固，顶部排水沟的修建，西南部溶洞的支护等。奉先寺抢险加固保护工程针对龙门石窟奉先寺危岩崩塌病害进行了一系列的抢险加固，采用化学材料灌浆和钢筋锚杆加固相结合的现代工程技术方法，对行将崩塌的洞窟及雕刻品进行加固维修，有效防止了石窟围岩的倒塌崩落，极大提高了文物本体的稳定性，并利用新技术和传统修复工艺对文物表层进行处理，达到外观的协调一致。在保护修复原则和指导思想上，辩证理解"保存现状"和"恢复原状"，避免"创作复原"。奉先寺加固工程是中国第一个大型石窟维修加固工程，整修加固后的九尊大型雕刻，不但彻底改变了裂隙纵横、悬石累累、随时可能崩塌的残破面貌，而且经发掘清理还找到了若干年前塌落下来的许多残碎雕刻品，并妥善归安复原。1978年，奉先寺的加固保护工程获全国科学大会奖和河南省科学大会成果奖。1993年，龙门石窟研究院刘景龙编著的《龙门石窟保护》一书出版，对保护加固过程进行详细记录。奉

先寺加固工程实施效果良好，奉先寺整体处于稳定状态。

为系统解决东西两山2000余个洞窟存在的岩体失稳、坍塌、渗漏水等病害，加强安全保卫、参观游览等基础设施，国家文物局于1986年批准对龙门石窟进行综合治理。1987~1992年，龙门石窟研究院、中国文物研究所、中国地质大学共同研究制定《龙门石窟保护维修规划》，实施五年的龙门石窟综合治理工程。工程于1992年3月完工，投资330余万元。项目主要参与单位包括龙门石窟研究院、中国文化遗产研究院、中国地质大学（武汉）、中国人民解放军郑州测绘学院等。工程内容包括岩体及洞窟加固、修建窟檐、修建栏杆围墙、修建台阶栈道、修缮防水设施、危害石窟的杂草树木治理、洞窟漏水治理试验。通过工程实施，龙门石窟东西两山的岩体、主要洞窟和雕像得到加固，有效防止了石窟围岩及雕像的倒塌崩落，石窟岩体稳定性问题基本解决；洞窟渗水状况得到一定遏制，主要洞窟如潜溪寺、宾阳三洞、万佛洞、莲花洞、古阳洞的渗水状况有较大改观；窟檐的修建保护了石窟立面不受风吹、日晒和雨淋，一定程度上减缓了石窟及雕像风化速度；游览道路通达各主要洞窟，为石窟对外展示、开展考古研究及保护工作提供了便利条件。综合治理工程注重项目管理工作，体现工程管理规范化；严格工程资金管理，设立专用账户，专款专用；现场管理制度完善，各工程内容保质保量；工程记录、图纸资料专人负责，完整存档。1987~1992年的综合治理工程是有计划分步骤实施的东西两山治理工程，加固大部分岩体洞窟，基本解决龙门石窟的稳定性问题，在一定时期内改善了洞窟渗漏问题，此外修建保护围墙、游览栈道，形成了龙门石窟作为文物保护区和文物游览区的基本框架。经治理，石窟区环境风貌焕然一新，周边环境和窟区设施与石窟石刻文物的整体风貌相协调，再现了龙门石窟宁静优美、和谐古朴的历史风貌。

龙门石窟保护修复工程是联合国教科文组织利用遗产保存日本信托基金实施的无偿援助项目。2001年11月，联合国教科文组织龙门石窟保护修复工程项目签署，于2002年开始实施，2009年结束，总经费125万美元。项目组选定龙门石窟潜溪寺、路洞、皇甫公窟作为实验洞窟，对3个洞窟进行保护修复研究，在取得全面资料的基础上进行保护修复，再将取得的成功经验推广到龙门石窟众多石窟的治理中去。工程由洛阳市文物局和教科文组织北京办事处牵头组织相关部门实施，专家组成员包括黄克忠、方云、杜晓帆、胡东波、冈田健等，主要参与单位有龙门石窟研究院、北京大学、中国地质大学（武汉）、解放军测绘学院等。工程分两个阶段进行。第一阶段（2002年1月~2005年2月）主要是基础资料的收集和试验。工作重点包括对龙门石窟区域的地形、地质状况进行详细调查和勘测，收集勘察资料；开展石窟区域环境和石窟病害观测，采集数据照片资料，并对数据资料进行分析，得出对文物本体产生危害的各种因素；针对洞窟防风化、渗漏病害现状进行试验，选择合适的病害防治材料和施工工艺技术。第二阶段（2005年3月~2008年12月）主要是在第一阶段各种数据资料和试验工作基础上，针对选择的3个实验洞窟的典型病害进行综合性治理，为龙门石窟的全面治理提供样板。龙门石窟保护修复工程的实施对龙门石窟保护工作的开展起到了积极的推动作用，工程所进行的地质测绘、地质调查、地质勘测、区域环境监测、洞窟内环境监测、洞窟病害监测、大气污染物监测等，构成较为完善的环境监测框架，使龙门石窟的基础工作上了一个新台阶，同时各项数据资料的取得极大丰富了龙门石窟的基础资料，为试验洞窟治理方案的确定提供了翔实、可靠的依据。在项目进行中，龙门石窟研究院保护中心研究人员在专家指导下参与调查、试验、修复、施工全过程，提高了自身的科研保护水平和操作技能。保护工程的成功实施对龙门石窟的保护工作产生了巨大的推动作用，对龙门石窟这一世界遗产的长久保存产生了深远而积极的影响。

双窑位于龙门西山中段山麓的底层，又称双窟洞，是初唐时期的一座中型洞窟。2002年2月22日，中国、意大利政府在北京签署项目谅解备忘议定书，由中国文物研究所、意大利非洲和东方研究院以及图思雅大学负责龙门石窟双窑保护修复工程项目的执行。2004年8月25日～11月30日，来自全国各地的学员们在中、意专家指导下，采用国际上先进的保护修复理念和技术方法，在病害综合诊断分析的基础上，对龙门石窟双窑洞开展前期调查、测绘、病害分析与样品检测，实施包括清洗、粘接加固、封护等一系列完整的修复过程。通过清洗表面黑色污染物、局部粘接加固、出露裂隙的封堵、表面封护等环节措施，双窑洞多种病害得到有效治理与控制，修复后整体色调一

致协调，达到预期目标。双窑经修复，烟熏、凝浆等表面污损得以清除，还原了洞窟本来面貌；风化雕刻实施加固处理，阻止起翘、脱落病变的进一步发展；裂隙重新处理，替换为可重复处理且强度较弱的硅胶类材料。双窑修复工程使洞窟濒危风化部位得到加固保护，洞窟清洗效果良好，艺术品得以完美呈现。经保护修复后的双窑洞窟以崭新的姿态呈现在广大游客面前，展示了双窑这一唐代特殊洞窟的艺术魅力。双窑是龙门石窟第一个实施整体修复保护工程的洞窟，为龙门石窟引入了洞窟修复的概念，丰富了石窟保护的内涵。双窑修复过程完整，检测分析全面，档案资料翔实，积累了多方面经验。双窑修复保护工程是洞窟监测、洞窟岩土保护工程、洞窟修复工程等石窟保护环节上的一个部分，对龙门石窟的全方位保护和完美展示产生了积极影响。

洞窟渗漏水是危害石窟安全的主要病害之一，龙门石窟所有大中型洞窟均存在渗漏水病害，只是渗漏程度、持续时间、渗漏位置有所不同。渗漏水病害的存在，对文物原貌、文物价值、文物寿命等都有严重影响，因此对渗漏水等病害的治理是龙门石窟文物保护工作中的一项重要任务。龙门石窟东西山渗漏水治理工程项目是经国家文物局审核批准的保护工程项目，总投资1000万元，由中国地质大学（武汉）和中国文化遗产研究院承担勘察和设计工作，项目包括擂鼓台区域洞窟渗漏水治理工程、万佛洞区域综合治理工程和潜溪寺渗漏水治理工程。2011年11月，擂鼓台区域洞窟渗漏水治理工程、万佛洞区域综合治理工程开始施工；2013年7月，潜溪寺渗漏水治理工程开

始施工。2016年10月，工程全部完工并通过专家组验收。工程主要针对这3个区段的洞窟渗漏水和石窟危岩体进行治理，内容包括地表水的拦截与疏导、窟顶综合防渗处理、山体裂隙灌浆堵漏、危岩体和滑坡体加固等。利用石窟所在岩体存在大量裂隙及溶洞的构造特点，结合现代技术手段，精确计算封堵于岩体中水的渗流通道与方向，采用灌、堵、排相结合的方法，解决洞窟绝大部分的渗漏水病害。少量渗漏点则在后期收尾工作中一并治理，最终达到治愈渗漏水的目的。经检验，工程实施后，洞窟渗漏水基本得到治理，石窟的保存状况得到较大程度改善。工程实施中积累了丰富的经验，为后续渗漏水治理奠定了基础。

**大同云冈石窟保护工程** 云冈石窟位于山西省大同市城西16千米处的十里河（武周川）北岸，武周山南麓。石窟坐北朝南，依山开凿，东西绵延约1千米。云冈石窟存有洞窟254个，窟区自东而西依自然山势分为东、中、西三区，雕刻面积1.8万余平方米，佛龛约1100个，大小造像5.9万余尊。1961年，被国务院公布为第一批全国重点文物保护单位。2001年，被列入《世界遗产名录》。

大同云冈石窟保护工程包括"三年保护工程"、"八五"维修工程、109国道云冈段改线、周边环境综合治理工程、五华洞保护工程等。

1972年9月30日，国务院印发《关于云冈石窟等三处全国重点文物保护单位急需抢修保护问题的修复》，提出云冈石窟抢修保护工程应有计划地分期分批进行。山西云冈文物管理所编写《云冈五华洞区修护初步设计说明》，并首先开展第12窟的修复工作。1973年9月15日，国务院总理周恩来陪同法国总统乔治·蓬皮杜参观云冈石窟时指示，要用三年修好云冈石窟。"三年保护工程"从1974年开始至1976年结束，保护原则为"抢险加固、排除险情、保持现状、保护文物"。工程涉及范围包括五华洞（第9～13窟），昙曜五窟（第16～20窟），第5、6、51窟窟内及第7窟上方危岩局部加固。保护方法包括应用环氧树脂对洞窟东西向的岸边剪切裂隙进行灌浆粘接加固；对残断、脱落的石雕归安复位，补配必要的雕刻；应用楔缝式或螺栓式钢制锚杆，把裂隙前的危岩固定在裂隙后的稳定岩体上，应用环氧树脂灌浆将金属锚杆、危岩以及稳定岩体三者牢固粘合为一体；应用传统土建工程"隐蔽结构"的手段作崖壁支护，进行页岩风化蚀空带补砌、防渗排水、木构件生桐油断白加固。1976年10月中旬，国家文物局局长王冶秋率专家组对工程进行全面验收。工程中应用的"围岩裂隙灌浆加固技术"受到第一次全国科学大会嘉奖。"三年保护工程"的实施，挽救了一大批濒临崩塌的洞窟及雕刻，基本上解决了主要洞窟及雕像的稳定性问题；同时培养了人才，锻炼了队伍，为进一步开展对石窟的科学保护打下了良好基础。

云冈石窟的稳定性问题基本解决后，石窟的风化问题就显得分外突出。1990年，国务院副总理田纪云参观云冈石窟时发现石窟内的雕像损害严重，指示要尽快采取措施抢险保护，先解决渗水问题。9月5日，国家文物局批复云冈石窟石雕风化治理方案及经费预算。同年，在云冈石窟召开《云冈石窟风化治理规划》专家论证会。地质、水文、化学、古建及文物保护专家就石窟风化问题从地质地貌、大气降水、凝结水、毛细水及环境污染等方面进行研究与讨论,认为石窟风化是上述因素相互作用的结果,云冈石窟风化治理工程必须从改善环境、窟顶防渗和恢复保护性窟檐三方面综合治理。会后,有关部门根据会议精神完善《云冈石窟石雕风化治理方案》。1992年,"八五"维修工程("云冈石窟风化治理工程")拉开序幕。工程建设单位是云冈石窟"八五"维修保护工程领导组,设计单位为中国文物研究所、云冈石窟文物研究所,施工单位为河北遵化市清东陵古建工程公司、五台东雷建筑公司、山西省五台县五台山古建筑工程公司。工程中对石窟保护采取防渗排水、改善环境、修建保护性窟檐、加强基础设施等相应的综合性治理措施。工程内容包括降低窟前地面,考古发掘,修建排水渠道,增设安全监控、输电线路,硬化地面;修建保护性窟檐,恢复第8窟窟檐,设计第9、10、19窟窟檐;崖顶修建保护性围墙,旧围墙翻修扩建;洞窟保护维修加固;窟顶防渗排水试验研究;《大同市云冈石窟保护管理条例》及《云冈石窟规划》的研究制定。

由于云冈石窟位于大同煤田之中,距离石窟仅350米的109国道云冈段运煤车引发的粉尘和废气污染十分严重,给云冈石窟石雕的保存带来严重的威胁。1992年起,经对5个设计方案的反复筛选,并多次组织有关专家进行论证,最终形成一致意见。1996年2月,国家文物局同意了山西省文物局上报的《对109国道云冈石窟段改线方案的意见》。在经费十分紧张的情况下,国家拨出2.6亿元专款,在距离石窟1500米以外建设一条全长约30千米的运输新线,将原有公路开辟为云冈旅游专线。改线方案实施后,运煤公路远离石窟安全保护区,既解决了煤尘对石雕造成的污染,保护了石窟,又确保了煤炭的运输,真正体现了文物保护工作中的"两利"方针。

云冈石窟重点保护范围内有大量居民和工厂、企事业单位,建筑物、构筑物对石窟环境造成严重影响,同时单位和居民造成大量环境污染,破坏石窟的历史风貌。为配合云冈石窟申报世界文化遗产工作,大同市委、市政府集中财力、物力开展大规模的云冈石窟周边环境整治,对石窟前广场部分建筑物进行拆除,空地进行绿化、美化。截至2001年10月,共完成拆迁面积5.8万平方米,建成停车场6000平方米、广场1900平方米,种植草坪2万平方米,使窟前环境得到较大改善。2008年8月,云冈石窟周边环境综合治理工程全面启动。2009年9月,国家文物局批复云冈石窟景区主入口广场建筑群整改设计方案。2010年2月,山西省文物局批复同意实施云冈石窟保护和环境整治项目。3月,国家文物局批复云冈石窟保护总体规划。大同市成立云冈石窟周边环境综合治理工程指挥部,负责工程项目的实施建设。云冈石窟周边环境综合治理工程分为核心景区建设和辐射景区整治两大项目,涉及云冈镇及所辖云冈村、麻村、校尉屯、竹林寺、张寺窑村整体搬迁和安置工程,云冈峪绿化,十里河治理,339省道云冈段改线和旅游专线重铺,以及景区基础设施建设等20余个子项目,总投资约17亿元。2011年,工程完工。整治后的景区总面积扩大至224万平方米,其中核心景区面积120万平方米、辐射景区面积104万平方米。景区占地面积是治理前的10倍,游览面积是治理前的6倍。云冈石窟周边环境综合治理工程极大改善了云冈石窟的赋存环境,使云冈石窟石雕造像得到了有效保护。

五华洞是云冈石窟第9～13窟的俗称。由于石窟前立壁和列柱裸露在外,多年遭受雨水冲刷、风蚀日晒,五华洞岩体裂隙纵横、崖体失稳、列柱风化剥落变细,洞窟随时面临坍塌的危险,是云冈石窟文物病害最严重的区域。同时,窟内彩塑壁画也出现酥碱、空鼓、脱落等诸多病害。2011年,国家文物局批准《"五华洞"保护性窟檐设计方案》。2012年起,在建设保护性窟檐的基础上,国家文物局先后批准五华洞洞窟危岩体加固和彩塑壁画修复工程,以及洞窟文物本体及微环境监测系统建设方案。五华洞保护工程主要包括危岩体加固工程、彩塑壁画修复工程、保护性窟檐建设工程和监测系统建设工程。

承担五华洞保护性窟檐设计的山西达志古建筑保护有限公司,对五华洞遗迹进行多次勘测,结合窟前考古资料,拿出初步设计方案,经专家反复论证,最终设计编制北魏风格的保护性窟檐修建方案,报请国家文物局获批。2012年5月,通过公开招标,山西古建筑保护工程总公司、山西省古建筑工程监理有限公司分别承接五华洞保护性窟檐修建工程的施工和监理工作。施工中,对木材、砖瓦等选材用料层层把关,对构件加工、墙体垒砌等工程质量定期验收,整个施工过程高标准、严要求,真正做到规范严谨。保护性窟檐的修建完成,使千年古佛免受风雨侵蚀,窟内温湿环境趋于稳定,游览设施得到改善。修建后的窟檐古朴厚实,大气凝重,在有效保护洞窟的同时再现了北魏皇家寺院风采。

危岩体加固工程于2012年6月开工,2013年7月竣工。工程建设单位为云冈石窟研究院,设计单位为中国文化遗产研究院,施工单位为辽宁有色基础工程公司,监理单位为山西省古建筑工程监理有限公司。工程主要内容和工艺创新包括对第11～13窟岩壁危岩体进行锚杆加固,钻孔采用风冷作业,并加装吸尘设备,避免二次扬尘对文物本体的损害;选用进口改性环氧树脂对裂隙进行压力灌浆;加固第11～13窟窟顶人工砌体,通过锚固灌浆、表面封护达到充填加固人工砌体的目的,表面封护和灌浆材料摒弃传统的低碱水泥,改用更为适合的新型无机材料水硬石灰。工程的实施使危岩体得以归安复位,裂隙得以加固,有效提高了石窟的稳定性,并为保护性窟檐建设工程的开展奠定了坚实基础。

彩塑壁画修复工程于2014年开工,建设单位为云冈石窟研究院,设计单位为中国文化遗产研究院,施工单位为敦煌研究院文物保护技术服务中心,监理单位为北京方亭监理有限公司。工程主要内容包括颜料层起甲保护修复,酥碱、粉化病害保护修复,壁画大面积空鼓、地仗边沿破损、开裂的保护修复。施工中先对修复对象采取支顶保护措施,避免壁画在修复过程中坠落,然后对壁画破损边沿进行渗透加固并用麦草泥填补,在填补过程中预留注浆孔并植入注浆管,对壁画进行回位支顶,使壁画能够回复至原有形态并与麦草泥更好地粘接。接着对壁画背部的地仗层、岩体进行渗透加固，待加固完成并适当干燥后进行灌浆，最后进行支顶脱盐，确保壁画与岩体粘接更理想。通过第9、10窟彩塑壁画的修复，探索出适合云冈石窟彩塑壁画的加固材料和施工工艺。五华洞彩塑壁画修复工程完成后，再现了五华洞的绮丽多彩。

现场监测是文物保护科学的崭新课题。全面系统的文物本体及洞窟微环境监测不仅能为五华洞保护工程提供效果评价，也能为后续的石窟保护积累大量科学数据。云冈石窟研究院向国家文物局上报《"五华洞"文物本体及微环境监测系统设计方案》并获批。五华洞监测系统既有常规的气象监测、环境监测、洞窟微环境监测，又有针对洞窟病害开展的裂隙稳定性监测、渗漏水监测、危岩体稳定性监测和风化情况监测；既有采用先进技术开展的窟前列柱稳定性监测、窟檐变形及稳定性监测和凝结水监测，又有前沿理念的洞窟动态预警监测和游客承载量监测。全面有效的监测，不仅为五华洞文物安全提供了保障，也成为高标准保护云冈石窟的典型样板。

五华洞保护工程是云冈石窟历史上第一次立足于文物本体维护的全方位综合性保护工程，开创了国内石窟寺维修保护的先河，也为今后的保护工作树立了典型样板。

**麦积山石窟维修加固工程**　麦积山石窟位于甘肃省天水市东南小陇山丛林之中，由崖面遗迹（包括洞窟及造像、壁画、摩崖题刻等）、寺院、舍利塔等组成。麦积山石窟始建于后秦，保存有编号窟龛221个，各类造像3938件（10632身），壁画1000余平方米。1961年，被国务院公布为第一批全国重点文物

保护单位。2014年6月，作为"丝绸之路：长安-天山廊道路网"项目的遗址点被列入《世界遗产名录》。

因地震及其他自然因素影响，山体表面岩石和洞窟大面积坍塌，山体表面和内部有许多纵横交错的裂隙，存在多处危岩体，且部分危岩体有随时坍塌的危险。前期勘察发现，大部分坍塌的洞窟有67个、小部分坍塌的有28个，另外受裂隙切割破坏的有69个。

1952年和1953年，西北军政委员会文化部和中央文化部先后委派以常书鸿为组长和以吴作人为团长的勘察团对麦积山石窟进行全面勘察，提出"建议政府能考虑以现代工程上应用的科学方法（如横穿崖石裂隙，贯以钢筋和灰浆）来巩固这个危崖"。由于工程的特殊性和复杂性，麦积山石窟维修加固工程前期勘察设计历经多年，至1972年才确定方案初稿，后又经多次修改，于1976年确定加固方案。

麦积山石窟维修加固工程于1977年全面启动，1984年竣工，总投资305万元。工程建设单位为天水麦积山文物保管所，甘肃省建筑勘察设计院和麦积山加固工程办公室主要承担勘察设计任务，甘肃省建筑科学研究院主要承担科研任务，施工单位为甘肃省第五建筑工程公司。工程范围包括山体洞窟区域的崖壁及窟前的道路平整。工程内容包括对山体危岩体及裂隙的加固、替换原有木结构栈道为钢筋混凝土栈道、搭设西崖防雨棚、窟前道路硬化平整。

工程分为两个阶段。第一阶段为前期勘察和测绘、设计方案完善、现场试验阶段。1963年，国家文物局局长王冶秋赴麦积山石窟考察，认为山体稳定性是最紧迫的问题。1964

年，国家文物局协调和派遣地质、水文、文物保护方面的专业技术人员祁英涛、黄克忠等赴麦积山石窟进行地质地貌等方面勘察。1972年，在长期调研基础上，国务院图博口工程技术人员提出东崖加固、东西崖加固和东西崖裂隙危岩临时抢险加固3个方案，但都不甚理想。经再次勘察，甘肃省建筑勘察设计院提出全部崖壁采用锚杆挡墙、大柱支顶、化学灌浆粘接进行加固的新设计方案，将东西崖划分为10个工段，并在此后的两年时间里完成全部工段的加固方案设计和大部分工段施工设计图，绘制出精确度较高的麦积山石窟总体立面图和栈道分布图。1975年，承担工程科研任务的甘肃省建筑科学研究院根据锚杆挡墙加固方案要求，在麦积山石窟东崖进行锚杆锚固现场试验并获得成功。用预应力锚杆和非预应力锚杆配合钢筋挂网喷射混凝土的"喷锚粘托"加固方案很快得到国家文物局批准。第二阶段为施工阶段。1977年，麦积山石窟维修加固工程正式开始，由甘肃省建筑五公司负责施工。施工改预应力锚杆为非预应力锚杆配合喷、粘、托等方法，对麦积山进行加固。架设新栈道是加固工程的又一重要内容。1978年，在东崖卧佛洞前制作钢筋混凝土结构实验栈道，后改为直棂栏杆、变形莲花柱头，扶手、栏杆由钢管组合而成，其余部分采用钢筋混凝土结构。栈道首先在麦积山西崖架设完成，但栈道板出现温度裂隙，后在东崖栈道施工中改连续板为简支板、改实心柱为空心柱，既避免裂隙出现，又减轻栈道重量。

1984年4月，麦积山石窟维修加固工程全面竣工。喷护总面积9100平方米，其中打锚杆2300根，总进尺1.25万米；架设钢筋混凝土栈道1000米；搭设钢雨棚70米；做崖壁前的水泥散水坡，铺砌通往石窟东西门的条石台阶。同年7月，召开工程鉴定及竣工验收会议，工程获得肯定。麦积山石窟维修加固工程在总结国内岩体加固经验基础上，结合麦积山石窟岩体特点和"不改变文物原状"的原则，成功采用"喷、锚、粘、托"综合加固技术，为保护石窟文物开创出新的途径。1985年，麦积山石窟维修加固工程获国家科技进步三等奖。麦积山石窟维修加固工程是中国文物保护历史上的一个典型案例，在2008年汶川特大地震中经受住了检验，其成功经验也指导了新疆克孜尔石窟和固原须弥山石窟等维修工程。

**曲阳县北岳庙壁画保护修复工程** 北岳庙位于河北省曲阳县，始建于北魏。建筑规模宏大，中轴线上有御香亭、凌霄门、三山门、飞石殿（遗址）、德宁之殿，两侧为韩琦碑楼、洪武碑楼等。德宁殿于元至元七年（1270年）大修完工，是元代木结构建筑中最大的单体建筑遗存，其面阔九间、进深六间，周圈有大回廊，重檐庑殿绿琉璃瓦剪边顶，殿内保存有大量珍贵的元代壁画。1982年，被国务院公布为第二批全国重点文物保护单位。

1981～1987年，国家曾拨款对德宁之殿进行落架修缮。由于历经数百年自然与人为损害，德宁之殿壁画存在大面积颜料层起甲、粉化、脱落、污染，及地仗层空鼓、酥碱、裂隙、脱落和历史干预等多种病害。

2012年，曲阳县文物保管所委托敦煌研究院对北岳庙德宁之殿的东西壁和北扇面墙的三块巨幅壁画保存状况及主要病害情况进行调查。敦煌研究院利用先进的3D扫描和多光谱成像技术对建筑及壁画进行详细测量及调查，绘制出东西山墙的壁画病害现状分布图，并对三面墙壁的绘画工艺、制作材料等进行现场无损分析和实验室分析，在此基础上编写完成《河北省曲阳县北岳庙壁画保护修复方案》。2013年1月，国家文物局批复北岳庙壁画保护修复方案，原则同意保护修复方案，并提出修改意见。同年，河北省文物局印发《关于核准北岳庙壁画保护修复方案的意见》，对完善后的方案予以核准。

北岳庙壁画保护修复工程于2013年4月启动，2015年4月竣工验收，国家累计补助资金554万元。工程建设单位为曲阳县文物保管所，施工单位为敦煌研究院。工程主要内容包括对壁画表面进行清理处理，对空鼓进行灌浆加固，对酥碱、颜料层脱落进行粘合剂加固等，面积约252平方米。施工中依据壁画病害实际情况，遵循"最大兼容""最小干预"原则，选用粘接强度适中、无眩光、无变色、透气性好、耐老化的修复材料和易操作的修复工艺对不同病害进行修复；尽可能利用与壁画材质相同的材料以增强其兼容性，辅之以必要的添加材料和胶粘剂。根据壁画病害情况和严重程度差异，保护措施的实施有轻重缓急之分。壁画存在颜料层脱落、颜料变色、灰尘覆盖、酥碱、龟裂起甲、空鼓、水渍、生物粪便污染、裂隙、划痕、不当修复、人为刻画等病害，除颜料变色、画面残缺、画面不同时期补色（裂隙、孔穴补色除外）暂不处理外，其他病害均为此次的修复对象。修复次序为龟裂起甲、表面脱落、酥碱、水渍、生物粪便污染、灰尘

覆盖、空鼓、裂隙、划痕、不当修复、人为刻画。

德宁之殿壁画保护修复工程依次对存在的酥碱、起甲、空鼓、泥层断裂、脱落等病害及历史加固进行修复加固和处理。工程共完成壁画病害修复面积625.1平方米，其中颜料层起甲、脱落192.3平方米，空鼓灌浆加固156平方米，酥碱26平方米，污染（不含浮尘污染）199.7平方米，修补地仗脱落面积（含划痕、历史干预）51.1平方米，裂隙修复97.4米（不在统计的总面积之内）。修复前后对德宁之殿东西两壁壁画进行高精度数字化拍摄，并对修复完成的壁画进行整壁数字化拼接，既可对比修复效果，也为文物部门保留珍贵的文物资料信息，数据可用于北岳庙的宣传和相关文创产品的开发等。

北岳庙壁画保护修复工程的实施使壁画得到长久保护。为巩固修复成果，加强日常维护管理，曲阳县相关部门按照专家建议，对寄居在大殿内的鸽子、蝙蝠进行驱离，减少排泄物对壁画造成的伤害；交通管理部门限制省道S323线的通行标准，禁止重型车辆和煤炭运输车辆通行，以减少震动和粉尘对德宁之殿的影响；管理单位加强对文物的监测和日常维护，安装纱布作为遮挡材料，将生物排泄物及灰尘与壁画分离和清除。壁画修复后对观众开放。2017年，河北省曲阳县北岳庙壁画保护修复工程获评第三届全国优秀文物维修工程。

**花山岩画修复保护工程**　花山岩画位于广西壮族自治区左江流域的宁明县城中镇耀达村花山临江西壁上，分布有约1950个大小不等的赭红色人物、动物、道路，以及铜鼓、刀、

剑、钟、船等器械图形。画面宽212米，面积约8000平方米，最高处距江面约90米，最低处距江面约30米。1988年，被国务院公布为第三批全国重点文物保护单位。2016年，被列入《世界遗产名录》。

由于自然环境因素的长期作用，花山岩画岩体崩落掉块、片状鳞片状剥离脱落、岩画颜料褪色脱落、岩体开裂，对花山岩画造成严重破坏。其中岩画岩石片状剥离脱落病害最为严重，部分岩石片背面及大部分边缘风化，两侧及下部有裂隙，背面全部溶蚀成空隙，仅少部分与崖壁相连，轻微震动即可使其脱离掉落。2005年以来，受广西壮族自治区文物局委托，中国文化遗产研究院联合上海同济大学（上海德赛堡保护材料有限公司）、中国地质大学（武汉）、广州市白云文物保护工程有限公司、北京国文琰文物保护发展有限公司等相继开展花山岩画调查、勘察、监测、分析试验、保护材料调研及探索性试验研究、设计、应急性保护工程等工作，在保护材料、技术等方面取得突破。

花山岩画前期抢救性修复保护工程是花山岩画本体保护修复的前期试验工程，由中国文化遗产研究院、上海德赛堡建筑材料有限公司负责实施。2009年8月8日，在南宁组织召开广西花山岩画保护工程前期调查、勘察、试验成果验收和第一期抢救性加固工程设计方案评审会，落实工作方案。2009年10月15日，项目组进驻花山岩画保护站，开展岩画裂隙点加固工作，并对岩画裂隙进行全加固试验。项目主要采取应急性"点"粘接加固措施，对花山岩画第一期区域（约850平方米）本体开裂岩石中一级不稳定岩体（开裂面积大于三分之二的岩画开裂岩体）进行抢救性加固保护，防止开裂岩体掉落，确保全面修复加固工程实施前的岩画安全。此外，现场测试材料性能，现场试验研究加固材料工艺要求。项目于2010年4月26日完工，加固岩画总面积约80平方米，其中重点抢救部位23.7平方米。

花山岩画抢救性整体加固修复工程分为三期，分别由中国文化遗产研究院、广州白云文物保护工程有限公司、北京国文琰文物保护发展有限公司与上海德赛堡建筑材料有限公司联合实施。2009年12月8日，在宁明花山岩画保护站举行花山岩画保护工程开工仪式。三期修复保护工程均通过专家评审验收，资金总投入3250余万元。

第一期抢救性整体加固修复工程项目于2011年3月1日开工，2011年12月31日完成。工程主要对第一期保护工程区域约735平方米范围内发现的所有开裂岩体进行加固保护，维持岩画本体的现状，保证稳定与安全。粘接加固对象主要为《广西宁明花山岩画本体岩体开裂病害专项勘察报告》所列的3025处重要开裂岩体、19处小型危岩体，其次是部分经过应急性"点"粘接加固处理的开裂岩体和新发现的岩画开裂区。本期粘接加固开裂岩画块体及小危岩体3377块，面积85.807平方米。其中，归位粘接397块，填充粘接2821块，注浆粘接159块。在施工过程中对新发现的稳定性较差、极易脱落的开裂岩画块也进行了加固处理，新增保护对象221块，面积2.703平方米。

2012年6月27日，广州白云文物保护工程有限公司进驻花山岩画保护管理站，开展花山岩画第二期岩画保护维修区域的详细勘察和保护维修方案设计；7月13日，岩画勘察工作完成；8月12日，提交《广西宁明花山岩画第二期修复保护区域本体病害详细勘察报告》《广西宁明花山岩画第二期维修保护方案设计》；2012年12月1日～2013年4月30日，按照国家文物局对《广西宁明花山岩画第二期修复保护工程方案》批复意见，实施第二期修复保护工程，修复区域面积为749.588平方米。二期工程粘接加固开裂岩画块体1825块，面积232.678平方米。其中，归位粘接247块，面积31.354平方米；填充粘接1189块，面积106.4303平方米；注浆粘接369块，面积40.5477平方米；小型危岩体20块，面积54.346平方米。此外，对《广西宁明花山岩画第二期修复保护区域本体病害详细勘察报告》中载录的172块剥落开裂岩画块中的14处进行归位粘接，余下158处因无法找到剥落块，仅对断口进行填充粘接。

2013年3月，向国家文物局报送《广西宁明花山岩画第三期修复保护工程方案》。7月，修复保护工程方案获国家文物局批复。工程于2013年11月28日动工，2014年4月28日完成，实施单位为北京国文琰文物保护发展有限公司，监理单位为北京英诺威建设工程管理有限公司。宁明花山岩画第三期修复保护工程完成24个施工区域，共粘接加固开裂岩画块体3025块，面积532.035平方米。其中，归位粘接211块，面积41.916平方米；填充粘接2561块，面积429.104平方米；注浆粘接253块，面积61.014平方米。

花山岩画病害复杂多样，工程中针对各种病害分轻重缓急，有计划、分步骤实施，采用的保护技术有绝对的可靠性，最大限度避免保护性破坏；集中力量联合攻关，邀请岩溶地质、岩画保护及文物规划方面专家进行现场勘察，联合西北大学文博学院、中国文化遗产研究院等开展岩画保护前期调查研究，相继开展并完成"花山岩画本体病害详细勘察""花山岩画本体开裂岩体加固系统试验研究"等数十个项目课题，为花山岩画保护工程的实施提供了科学的技术支撑；保护方案设计单位直接参与方案实施，及时发现和解决新问题；严格履行报批手续，接受专家组中途检查评审和竣工验收。花山岩画保护工程在中国南方岩画保护方面具有典范性，提供了参照，也对中国北方岩画的保护思路和保护方法起到了借鉴作用。

### 大足石刻千手观音造像抢救性保护工程

大足石刻千手观音造像位于重庆市宝顶山大佛湾南崖，开凿于南宋淳熙至淳祐年间（1174～1252年）。造像龛高7.7米、宽12.5米，占崖立面面积88平方米，是中国最大的集雕刻、贴金、彩绘于一体的摩崖石刻千手观音造像。1961年，大足石刻被国务院公布为第一批全国重点文物保护单位。1999年，以北山、宝顶山、南山、石篆山、石门山为代表的大足石刻被列入《世界遗产名录》。

在长期自然应力和人类活动的影响下，千手观音造像表面的金箔开裂、卷曲、黯淡、剥落，彩绘层起甲、粉化、污染，石刻岩体缺失、断裂、脱落，严重危害石刻造像的保存。2008年，国家文物局将大足石刻千手观音抢救加固保护列为国家石质文物保护一号工程。中国文化遗产研究院牵头，组织相关单位对千手观音造像开展崖壁岩土体工程地质详细勘察、雕刻岩体稳定性测试与评估研究、三维信息留存、病害调查、工艺研究、环境监测、病害机理研究、凝结水监测与分析研究、修复材料研究、贴金层保护修复研究、修复试验、试验效果的跟踪监测等12项勘察研究，编制完成《大足石刻千手观音造像抢救性保护工程总体修复方案》。2011年，修复方案经国家文物局批准实施。

大足石刻千手观音造像抢救性保护工程分为前期勘察、方案设计、实施修复3个阶段。2015年5月，千手观音造像保护修复工程通过国家文物局验收，6月对公众开放。国家文物局共计拨付专项保护经费5620万元，其中前期勘察研究1120万元、修复工程4500万元。工程组织单位为重庆市文物局、大足石刻研究院，设计和施工单位为中国文化遗产研究院，监理单位为成都文物考古研究院、四川园冶古建园林设计研究有限公司、大足石刻研究院、敦煌研究院、中国地质大学（武汉）、清华大学环境学院、北京大学文博学院、洛阳古代艺术博物馆、北京建筑大学、江苏省宜兴市金陵文物保护研究所、北京帝测科技有限公司联合参与。工程实施内容主要包括造像石质本体修复、髹漆贴金层修复和彩绘修复，依据历史雕凿工艺痕迹，按照自上而下、由外至内、由易到难逐步开展本体修复工作。修复工程针对造像石质、贴金、彩绘出现的34种病害，在掌握高温高湿气候条件、凝结水、可溶盐等环境因素的时空分布规律，以及对病害机理深入认知的基础上，以本体修复技术的研究与实施为主线，发掘传统髹漆、贴金技艺，结合地域特点，在修复中延续使用大漆、金箔、矿物颜料

等原材料、原工艺，同时研发新型保护材料，组织微环境监测、微生物病害处理、三维扫描与虚拟修复、X探伤等多学科技术力量，顺利完成造像的保护修复工作。

工程的组织与实施遵循国家文物局批准的方案，符合《文物保护法》《中国文物古迹保护准则》《文物保护工程管理办法》及行业相关标准要求，坚持研究与修复并行原则，解决了诸多技术难题；尊重千手观音造像的宗教文物属性特点，在文物保护和艺术效果与满足社会和公众需求平衡方面进行了有益探索；在对传统工艺发掘与传承，现代科技和多学科研究应用等方面，开展了富有创新成效的工作，解决或缓解了长期威胁千手观音造像安全的病害，对同类型的石窟寺文物保护工作具有示范作用。2017年，大足石刻千手观音造像抢救性保护工程获评第三届全国优秀文物维修工程。

修复工程结束后，中国文化遗产研究院、大足石刻研究院组织各参与单位编写整理千手观音修复工程竣工资料，对修复工程进行详细记录和总结。此外，在大足石刻博物馆"保护·千秋功德"展厅开设"重生·盛世金光——千手观音造像抢救性保护工程展览"，展示千手观音保护修复过程，展出千手观音揭取下来的旧金箔、历史修复材料、泥塑残件及部分修复用具和修复材料等。

## 五、近现代重要史迹保护维修

中东铁路建筑群横道河子机车库及东正教圣母进堂抢救保护工程 中东铁路建筑群（海林市）大部分俄式建筑位于黑龙江省海林

市横道河镇，始建于清光绪二十三年（1897年），主要包括横道河子机车库、圣母进堂教堂、铁路治安所、俄式木屋等。横道河子机车库位于横道河子镇北铁路线旁，建成于清光绪二十九年（1903年），主要由机车库建筑、锅炉房、铁路中断调度室、可调整机车头方向的圆形调转盘及与之相连接的轨道组成，占地面积约5000平方米，建筑面积2160平方米，总体建筑平面布局呈扇形。圣母进堂教堂位于黑龙江省海林市横道河镇邮电路，是清光绪二十八年（1902年）年建造的一座全木质结构的东正教教堂，由教堂主体建筑、钟楼、院落组成，占地面积3490平方米，建筑面积614平方米。2006年，中东铁路建筑群被国务院公布为第六批全国重点文物保护单位。

横道河子机车库停止使用后一度处于年久失修的破败状态，如屋顶铁瓦腐蚀、漏水严重，墙体风化、酥碱且部分面砖剥落，门窗缺失、腐烂损坏严重，原地面全部损毁，框架梁锈蚀，拱壳混凝土脱落等。2000～2010年，对圣母进堂教堂进行过5次局部维修，先后投入160余万元。2010年，在教堂内建立中东铁路博物馆，设有图片展览。

2012年8月，受黑龙江省海林市文物管理所委托，哈尔滨工业大学城市规划设计研究院与牡丹江市文物管理站承担横道河子机车库抢救保护工程方案设计任务。2013年8月，工程设计方案获国家文物局批复。2014年，按照国家文物局批复意见进行修改后的方案获黑龙江省文化厅批准，总投资963万元。工程于4月19日开工，11月17日竣工验收。工程建设单位为海林市文物管理所，设计单位为哈尔滨

工业大学城市规划设计研究院、牡丹江文物管理站，施工单位为北京市文物古建工程公司，监理单位为吉林省工程建设监理有限责任公司。

横道河子机车库工程范围主要包括建筑主体、转盘、机车库周边环境等。工程内容主要包括结构加固、修缮修复、清除后加建的非文物部分、室外环境整治、附属建筑修复、锅炉房修复、转盘修复、轨道修复等。修缮时，砌体结构中红砖粉化剥落位置用预制砖进行补砌，保持外墙和原貌一致；原有破损砖过梁先将洞口可靠支顶，利于预制砖进行置换和补砌；对屋盖系统加固处理，在原有拱形屋面板下侧增设拱形轻钢桁架，支座设在原钢柱位置，支架横向间距为3.59米左右，并在钢柱之间水平铺设钢丝网防护，其余部分原状保留以供展示；对局部破损塌落的屋面采用恢复钢筋、重新浇筑混凝土的方法进行加固处理，新旧混凝土界面涂界面胶，以保证新旧混凝土共同工作；钢结构防腐处理前先对钢结构表面进行清理；外墙砖表面视酥粉程度采用现制修复料抹补、预制砖镶贴和挖补三种方法处理；外墙砖全部重做勾固；用预制砖补砌室内墙体人为破洞部分，墙面用生石灰粉刷；防潮层采用膏状防水剂，以防止冻胀作用对墙体的破坏；门窗更换构件，自然老化、开裂、糟朽、霉烂的门窗、生物侵害严重的门窗构件按原材料、原工艺、原有形式更换，人为灾害损坏的构件按原规格尺寸更换，建筑本体变形、移位破损的门窗构件按增大尺寸更换；按原材料、原工艺、原有形式修复现存的门窗，补配缺失的门窗，油饰处理。

圣母进堂教堂抢修工程范围主要包括教堂屋面铁皮、入口台基石、护墙、石台阶、围栏不当修复、门窗老化修复等。主要修缮内容包括门窗更换构件，自然老化、开裂、糟朽、霉烂的门窗、生物侵害严重的门窗构件按原材料、原工艺、原有形式更换，人为灾害损坏的构件按原规格尺寸更换，建筑本体变形、移位破损的门窗构件按增大尺寸将其更换；补配门窗，按原材料、原工艺、原有形式修复现存的门窗，补配缺失的门窗，油饰处理；屋面更换腐蚀的衬方、衬板和屋面铁皮，按原材料、原工艺补配全部缺失的衬方、衬板，做防腐、油饰处理；按原位置、原形式复原院落围栏、大门、院落台基石护墙及石台阶；原材料、原形式维修13扇门、216扇窗（包括铁艺护栏）；调整洋葱穹顶的尺度并重新安装。

在修缮过程中，充分考虑俄式建筑群的历史真实性，尽可能保留单体建筑与建筑群体的全部历史信息，所有保护行为做到对建筑遗存现状的最小干预与扰动，保持附属建筑和文物建筑的完整和健康状态，尽可能最大限度延续其历史真实性和完整性。横道河子机车库与东正教圣母进堂教堂经抢救性修缮恢复了历史风貌，达到了真实展示历史遗存的目的，成为牡丹江地区的文化标志，并作为中东铁路博物馆一展馆、二展馆免费对外开放，成为爱国主义教育基地和开展文化交流的窗口。2015年，中东铁路建筑群河子机车库及东正教圣母进堂教堂抢救保护工程获评第二届（2014年度）全国十佳文物保护工程。

**南京国民政府主席官邸旧址修缮工程** 南京国民政府主席官邸旧址坐落于南京中山陵园风景区内，也称小红山官邸、主席官邸、美龄宫，民国20年（1931年）开工，民国23年竣工，由主楼、警卫室等组成，主楼建筑面积2680平方米。2001年，作为原国民政府旧址之一被国务院公布为第五批全国重点文物保护单位。

南京国民政府主席官邸旧址除20世纪五六十年代进行过一次维修外，未曾进行过全面系统大修。由于长期受自然力作用及后期维护不及时、使用不当，建筑遭到一定程度的破坏，主要体现在地面、墙面、梁架、屋面、排水系统、室内、彩绘和钢门窗等方面。室内地面局部有裂缝和渗漏；墙体原饰面层剥落严重，多处大面积露出砖和混凝土本体，女儿墙局部起鼓；所有钢筋混凝土梁都超过使用寿命，顶部一榀木架受力存在问题；屋面琉璃瓦不同程度褪色，且局部有破损，造成多处渗漏；排水系统存在堵塞等问题；室内历史原貌遭到很大破坏，地板损坏严重，马赛克多处缺失；彩绘剥落严重，尤其是观风台前的彩画，几乎完全破损的有30块之多；钢门窗存在锈蚀、缺失等情况。警卫室也存在安全问题，建筑南侧的一角墙基下沉，导致西南和东南面墙体有明显的斜向裂缝；后增加的天花板多处受损；屋面瓦、正脊和角脊局部有破损；东北侧屋面檐口局部折断；部分门窗金属零件有损坏或门框局部朽烂。整个旧址建筑存在严重的安全隐患，解决其安全问题迫在眉睫。

2012年，南京国民政府主席官邸旧址整体移交中山陵园管理局实行统一管理。移交之前，中山陵园管理局即着手做修缮前期准备，委托东南大学土木工程学院对建筑地基基础、梁、柱、楼板、墙体、屋面及墙体砌筑质量等进行全面系统的调研、检测，提出修缮建议；委托江苏南京地质工程勘察院对修缮工程地基岩土进行勘察；委托东南大学建筑设计研究院有限公司编制修缮方案。2012年11月，国家文物局批复同意修缮方案。经公开招标，建设单位为中山陵园管理局，设计单位为东南大学建筑设计研究院有限公司，施工单位为江苏江都古典园林建设有限公司，监理单位为南京工大建设监理咨询有限公司。

南京国民政府主席官邸旧址修缮工程于2012年12月全面启动，2013年9月竣工，总投资为3439万元（含本体修缮、展陈、设计、勘察、道路、绿化等）。工程内容主要包括10个方面。一是针对原有屋面琉璃瓦破损面积大、漏雨渗水现象严重，采取不落架修缮方式，对原有屋面进行防水处理，更换屋面琉璃瓦。二是采用碳纤维布和窄钢板粘接方式，对建筑所有的承重构件进行加固，特别是对建筑顶部主要受力的木屋架进行补强加固。三是拆除警卫室至主楼中轴线两旁后建的管理用房、配电房、室外厕所，面积共380平方米。四是对原有污水管线进行改造升级，并与市政管网连接。五是对建筑立面进行数次打磨清理，恢复为初建时的墙面本色。六是对原有钢门、钢窗进行全面修复，修复面积500平方米。七是对室内外马赛克、水磨石地面进行修复，面积1400平方米。八是对建筑彩画重新绘制，面积2200平方米，并大量使用金箔装饰。九是对原有院墙大门进行改造，恢复民国时期样式。十是对道路和周边环境进行提档升级。修缮中突出3个理念。一是新工艺与老工艺相结合，新工艺主要体现在钢门窗、室外和室内

地面等方面，老工艺体现在屋面施工、彩画的绘制和局部木门扇的修复等方面。二是文物本体修缮与主题文化展示相结合，修缮后的南京国民政府主席官邸旧址除了面貌、空间布局和历史场景复原，还设置了文物史料陈列馆、民国影院等。三是文物本体保护和环境恢复相结合，以文物本体为中心，对影响环境的内容进行整治，做到文物与环境和谐统一。修缮工作体现3个特点。一是结构加固，采用最少扰动及可逆化加固方式。二是彩绘修缮根据历史图案，采用传统矿物颜料并贴金箔，修缮后整个建筑更显精神。三是最大限度恢复原状，如恢复外墙面原始面貌，通过牵引方法最大限度保留管线系统的历史信息，对小构件的修缮尽量保持原样等。地面修缮是工程的亮点，原有室外地面多处渗漏，此次采用揭皮加固做防水方式修缮，即去掉原有的找平、防水层，重新做加固和防水，处理完后用和原来相同的马赛克重新铺设，施工时难度较大。工程本着"按图施工""最大化保留历史信息""延续传统施工工艺""方案领衔、小样开道"原则，采取"揭瓦不落架"方式进行修缮，彩绘工程、屋面瓦作工程、木作工程均采用传统工艺做法，以保存并延续文物的真实历史信息和价值。在施工过程中发现问题，监理及时组织委托方、施工方和设计方协商解决。

本次修缮效果明显，确保了建筑物结构安全，恢复了建筑物外观的原有风貌。工程各项资料较完整，较好记录了整个工程过程。2015年，南京国民政府主席官邸旧址修缮工程获评第二届（2014年度）全国十佳文物保护工程，并获第四届江苏省文物保护优秀工程优秀设计奖。

南京国民政府主席官邸旧址修缮工程在确保文物本体安全和真实性基础上，力求更好地利用和展示文物，传承优秀文化遗产，共享文化遗产保护成果。2013年10月1日，修缮后的南京国民政府主席官邸旧址对外开放，吸引大量游客前来参观，年接待量从原来的10万人次增长到60万人次，是文物保护利用的成功案例，取得了较好的社会效益和经济效益。

**延安革命旧址群保护工程** 延安革命旧址群位于陕西省延安市，包括凤凰山革命旧址、杨家岭革命旧址、枣园革命旧址、中共中央西北局旧址等。1961年，延安革命遗址被国务院公布为第一批全国重点文物保护单位。

抗日战争和解放战争时期，延安革命旧址群曾遭炮火轰炸，多有受损。中华人民共和国成立后，对军委三局、军委二局、边区交际处、梁家河知青旧址、康坪知青旧址等30余处革命旧址进行维修改造，实施枣园、杨家岭、宝塔山、西北局等十大革命旧址保护提升工程。

中共中央西北局旧址位于延安城南花石崖砭，是1942年9月～1947年3月西北局的办公地，保存石窑洞及土窑洞80余孔、砖木结构瓦房4座，占地面积约7000平方米，建筑面积约3000平方米。2013年7月，持续强降雨使西北局旧址窑顶覆土含水量处于严重过饱和状态，加之排水系统不完善导致排水受阻，造成窑洞室内大面积渗漏、潮湿、抹灰脱落，表面形成霉斑；部分窑洞顶部土体及周边山体边坡滑坡，造成严重安全隐患。2013年8月，延安市文物局委托陕西省文化遗产研究院对西北局革命旧址进行现状勘察测绘；9月，完成《西北局革命旧址现状勘察报告》，陕西省文

物局《关于延安革命遗址文物抢救保护修复工程立项的请示》获国家文物局批复同意。2014年2月，陕西省文化遗产研究院联合延安市建筑设计院、西北有色勘测工程公司完成《西北局革命旧址抢险加固工程（方案）》。工程分两期进行：一期工程于2014年6月公开招标，陕西省文物保护工程有限公司中标，7月16日开始施工，10月14日完工；二期工程于2015年7月公开招标，陕西省文物保护工程有限公司中标，9月1日开始施工，11月20日完工。西北局旧址属于抢险加固工程。工程内容包括窑洞本体维修，砖木瓦房维修，山体边坡加固，道路、排水维修等。本体维修措施包括窑洞揭顶晾晒，洞体裂隙的严重部位进行上箍或键木加固，处理室内抹灰层脱落、霉变并重新抹灰罩面，青砖铺地，新砌窗台，制安门窗，院落灰土地面夯实。一期工程范围包括西北局办公处、警卫室、统战部、办公厅组织部、宣传部一号院、宣传部二号院、西北局工作人员住房、大门外一号院、大门外二号院，共有石窑洞18孔、接口窑洞28孔，建筑面积约1300平方米；二期工程范围包括文物本体维修（10个院落，62孔窑洞）、道路维修、排水渠维修、边坡加固维修、院落环境整修等。由于旧址大部分窑洞依山而建，路长坡陡，道路狭窄，导致施工所用材料无法直接运至施工场地，均需人工背运。2015年2月7日和2016年11月8日，陕西省文物考古工程协会组织文物保护专家及参建单位对一期、二期工程进行竣工验收。西北局革命旧址抢险加固工程用传统方法对窑洞进行维修和有效加固，最大限度保留了历史状态，展示了革命时期西北局旧址面貌。维修后

的西北局革命旧址，文物本体安全稳定，环境优美，道路平坦，排水设施齐全。

杨家岭革命旧址位于延安城北2.5千米处的杨家岭村，是1938年11月～1947年3月中共中央所在地，共有120余孔土窑洞、60余间砖瓦房、40余孔石窑洞和两座大型建筑，建筑面积5500平方米。1947年3月，杨家岭革命旧址遭到严重破坏，中央大礼堂顶部和舞台上部被飞机炸毁，中央办公厅被焚烧，许多窑洞在敌机轰炸下坍塌。1952年起，延安市政府、陕西省政府先后投资400余万元，将杨家岭中央大礼堂、中央办公厅楼等革命旧址按照原样陆续恢复，1953年对外开放。此后出现过旧居漏水、滑坡、水路不畅、房顶塌陷现象，按照不同专项报延安市政府、陕西省文化厅拨款维修，2013年7月，持续强降雨使毛泽东旧居、朱德旧居、周恩来旧居、刘少奇旧居、陈云旧居等窑洞顶部覆土含水量处于严重过饱和状态，加之排水系统不完善导致排水受阻，造成室内大面积渗漏、潮湿、抹灰脱落、表面形成霉斑；砖木建筑中央大礼堂、中共中央办公厅、高干招待所、统战部、组织部、宣传部、青组部、工会及后勤部屋面渗漏并出现不同程度裂缝；部分窑洞顶部土体及周边山体边坡滑塌，造成严重隐患。2013年8月，延安市文物局委托陕西省文化遗产研究院对杨家岭革命旧址进行现状勘察测绘；9月，完成《杨家岭革命旧址现状勘察报告》。2014年2月，陕西省文化遗产研究院联合西北有色勘测工程公司、延安市建筑设计院完成《杨家岭革命旧址抢险加固工程（方案）》。2013年9月18日，杨家岭革命旧址抢险加固工程获国家文物局批复立

项。工程建设单位为杨家岭革命旧址管理处，设计单位为陕西省文化遗产研究院、西北有色勘测工程公司、延安市建筑设计院，监理单位为延安恒瑞达建设项目咨询有限公司，施工单位为陕西省文物保护工程有限公司。工程主要维修内容包括窑洞本体揭顶晾晒，窑洞内墙面麦草泥打底、麦草泥罩面、青砖地面、门窗维修，窑洞外墙面抹灰，院落地面维修，砖木瓦房维修，山体及边坡加固，道路、排水维修等工程。2015年2月6日，受陕西省文物局委托，陕西省文物考古工程协会邀请有关专家对杨家岭革命旧址抢险加固工程进行竣工验收，工程合格，通过验收。同年，延安市审计部门对工程进行决算审计，审定决算价1097.6万元。通过维修，解决了毛泽东旧居、朱德旧居、周恩来旧居、刘少奇旧居、陈云旧居、中央大礼堂旧址、办公楼旧址、高干招待所旧址、统战部旧址、组织部旧址、宣传部旧址、青委旧址、工会旧址、后勤部等166孔窑洞及两座砖木瓦房屋面渗漏、结构不安全、排水系统不完善等问题。在维修中遵循"最小干预"和"不改变文物原状"的原则，以传统做法为主要维修手法，使用原材料、原工艺，保存并延续原形制、原工艺，最大限度保留了杨家岭革命旧址的历史原貌、建筑特色和历史真实性、完整性。

**泾县新四军军部旧址（种墨园）保护修缮工程**　新四军军部司令部旧址（种墨园）是第一批全国重点文物保护单位泾县新四军军部旧址重要组成部分，位于安徽省泾县云岭镇罗里村，原是地主陈冠群的宅院，建于清末，总占地面积约1700平方米，建筑面积约1300平方米。

种墨园屋架整体保存较为完整，但由于屋面年久失修漏雨，导致前进、中进、后进大木构架中的梁、柱、枋、檩条、格栅、地栿等构件局部糟朽；墙体抹灰鼓胀、霉烂、脱落现象严重；前入口处及庭院内地面破损、高低不平。

新四军军部司令部旧址（种墨园）修缮工程于2016年10月30日启动，2017年3月23日竣工，总资金103.7万元。工程建设单位为新四军军部旧址纪念馆，施工单位为江西九丰园林古建筑工程有限公司，监理单位为安徽中兴古建筑园林设计有限公司。工程内容包括屋面盖瓦及椽望整修添配、排水系统清理及疏通、天井整修、部分三合土地面修整、厢房内木地板及地下垄整修添配、木构件整修添配、木构件防腐防虫处理、部分墙体整修。

工程分为两个阶段。第一阶段为前期勘察、检测及实验阶段。采用传统方式测绘建筑；对损坏部分进行勘察记录，结合工作经验对损坏成因及危害程度进行初判；引进现代检测技术对旧址结构安全进行检测；分析损坏木质构件材料，并检测内部缺损情况，为修缮措施制定提供科学依据。第二阶段为修缮阶段。建筑屋面修缮中使用小青瓦和杉木望板两种材料，不采用现代防水材料，依靠结构、材料的自排水达到防水效果；木装修、门窗、地板等本着"修旧如旧"的修缮原则，尽可能对老构件进行剜补，减少使用新制构件，并添配纱网防虫，添配钢丝网防止烟头火星，修复后效果良好；内外墙壁采取分段作业、分层施工，确保抹灰质量的同时注重感官效果，西立面门厅墙采用仿淡黄色调，着重体现建筑物经日晒雨淋风化后的历史痕迹；对前入口处及庭院内地面进行归整，对歪闪、坍塌的阶岩石、石板路进行整理修复，对缺失、风化、破损部分进行更换，施工修复中遵循原有风格；对东披屋至南花园的排水暗沟进行管道埋设，基本解决旧址排水问题。

新四军军部司令部旧址（种墨园）修缮尊重旧址原状保护原则，以现状维护为主，控制补配、更新工程量。通过整体及系统修缮措施，消除了安全隐患，最小扰动、最大限度保存了历史构件及历史信息，保留了历史风貌。

**南昌"八一"起义指挥部旧址保护维修工程** "八一"起义指挥部旧址包括总指挥部旧址、朱德旧居、叶挺指挥部旧址、贺龙指挥部旧址、朱德军官教育团旧址，1961年，被国务院公布为第一批全国重点文物保护单位。

总指挥部旧址位于江西省南昌市中山路380号，建于民国11年（1922年），是一座"回"字形建筑，坐南朝北，主体建筑共四层，为中西合璧砖混建筑风格。根据档案记录，1949年以后的修缮维修共有7次。中华人民共和国成立初期曾维修一次，除加固、补漏、粉刷等项目外，还将大楼正立面正中上方圆弧形水泥顶墙拆掉，改为二层小吊楼。其余则分别在1956年、1963～1964年、1977年、1987年、1997年大修。

2013年4月，由于使用年代久远、参观人数众多及地铁工程施工等多种因素，总指挥部旧址墙体和钢筋砼梁存在结构性裂缝，屋顶阳台栏杆存在裂缝，建筑部分受力构件明显出现耐久性问题，楼梯梁底部钢筋锈蚀较严重，此外旧址建筑不具备抗震设防能力，存在重大安全隐患，须尽快开展对旧址的耐久性和抗震性加固。南昌八一起义纪念馆会同南昌轨道交通集团有限公司对旧址建筑物裂缝进行鉴定，并组织专题论证，决定实施加固修缮工程，修缮内容为地基基础加固、上部承重结构加固（砌体结构）、上部承重结构加固（混凝土结构）等，工程总投资预算1698.84万元，资金来源为国家重点文物保护专项补助资金。2016年12月7日、2017年2月8日，分别通过公开招标确认项目施工单位和监理单位，招标控制价为760.93万元。

2017年2月9日，总指挥部旧址保护工程开工。施工过程中发现旧址框架构架（钢筋、砼柱梁）残损程度远比建筑结构安全性技术鉴定意见和检测报告中所指出的问题更严重。南昌市建委组织专家对总指挥部旧址存在的安全隐患进行现场勘察并研究论证，根据检测报告数据调整加固方案。5月11日，变更后的设计方案获江西省文化厅批复同意。

贺龙指挥部旧址位于南昌市子固路165号，建于民国5年（1916年），临街是一幢传统中式风格的三层楼房，与楼房连接的有两层的礼堂和厢房，后院有一幢西式风格的两层小洋楼。民国16年7月下旬，贺龙率国民革命军第20军从湖北、九江来到南昌，将指挥部设在这里。贺龙指挥部旧址近20年未曾进行全面维修，屋面、墙体、油漆、排水等均出现不同程度损坏，亟须维修保护。2017年1月，南昌八一起义纪念馆聘请江西省文物保护中心编制贺龙指挥部旧址修缮设计方案，并将该项工程纳入南昌八一起义纪念馆建军90周年"一馆五址"基础设施部分维修改造项目，业主单位为南昌市文化广电新闻出版局，建设单位为南昌八一起义纪念馆。2017年3月27日，项目公开

招标，江西昇平园林仿古建筑工程有限公司中标。4月1日，中标单位开始对贺龙指挥部旧址进行修缮，施工过程中发现旧址屋面破损严重，无法按原方案维修，且预算中存在油漆、防水、强电等部分漏项。4月14日，南昌市文化广电新闻出版局组织召开《"八一"起义指挥部旧址——贺龙指挥部旧址修缮工程设计方案（修改稿）》专家论证会。经现场勘测和充分讨论，专家一致认为旧址屋顶局部揭瓦无法保证维修效果，建议采取屋面全部揭瓦维修。江西省文物保护中心根据专家意见对修缮设计方案进行修改。2017年11月9日，市发展改革委批复调整后的概算总金额490.36万元。工程增项部分由原中标单位继续实施。

贺龙指挥部旧址维修工程的修缮对象主要包括平面、墙体、梁架、屋面、地面、门窗、楼板、油漆、排水、水电等。主要措施包括对小楼二楼东北侧房间增设的板隔墙进行拆除；清除墙面长满的爬山虎，对门洞、窗洞、墙帽进行恢复，对墙面进行粉刷；用碳纤维布对主楼七架梁进行加固并附加短柱支顶；屋面全面揭顶维修，对龟裂严重、老化变脆、强度极低的瓦件以及糟朽的檩条、椽条、望板、封檐板、飞椽等进行更换，并铺设防水卷材；凿除水泥砂浆地面上加铺的瓷砖，恢复素砼地面；拆除原木地板表面加铺的木地板，对糟朽的原木地板进行更换；拆除门、窗洞封堵的青砖，按现存门、窗样式进行补配；更换糟朽的楼板及天花板条，拆除房间内增设的装饰塑料及石膏板吊顶；对各露明木构件表面起皮油漆进行重新油饰；对前楼进门处地面排水设施进行改造，并疏通主楼北面的排水沟；新装电表，开

挖电缆沟至配电间；新装强电、弱电，照明和空调分别使用单独线路，确保用电安全。

**虎门炮台旧址修缮工程** 虎门炮台旧址位于广东省东莞市，是中国近代海防工程中规模较大、保存最完整的立体军事防御设施，旧址遗存（东莞部分）主要包括沙角炮台和威远岛诸炮台。1982年，被国务院公布为第二批全国重点文物保护单位。

1982年，国家文物局拨款8万元维修沙角炮台的后捕鱼台；1987年，东莞市拨款6.5万元清理威远炮台，修复威远炮台后围墙；1996～2001年，投资600万元完成虎门炮台爱国主义教育基地第一期工程，对威远炮台、靖远炮台、镇远炮台和销烟池旧址进行维修。

受风雨侵蚀、年久失修等因素影响，部分文物本体及周边环境遭受严重破坏，虎门炮台的总体规模未得到充分展示和揭示，保护现状堪忧。部分文物存在一定安全隐患，如沙角指挥所围墙有倒塌风险，前捕鱼台门楼开裂严重，清兵营房梁架虫蛀严重，威远炮台围墙局部倾斜等。根据《国务院办公厅关于审定虎门炮台爱国主义教育基地规划方案的复函》中"一次规划，分两期建设"的要求，开展虎门炮台旧址一期维修工程，并配套建设鸦片战争海战博物馆和鸦片战争纪念广场等。虎门炮台一期修缮工程项目包括五炮台（威远、靖远、镇远、横档和永安炮台）、三古道（通往靖远、镇远、南山炮台的原有三条古道）、一路（群众参观路线）、一场（鸦片战争纪念广场），塑造林则徐、关天培塑像，拆除文物保护范围内的一切违章建筑等。维修炮台范围内的古道近4千米，修复文物建筑近10万平方米

以及暗道、暗室6000余平方米，清除淤泥3万余平方米，填土近7万立方米，绿化面积34万平方米。1997年6月，虎门炮台旧址一期维修复原工程竣工，完成虎门炮台爱国主义教育基地一期工程，对威远炮台、靖远炮台、镇远炮台和销烟池旧址进行维修，筹建海战博物馆。工程再现了"南海长城"雄姿，为研究近代历史和战争史提供了宝贵实物资料。

为更加有效保护鸦片战争时期历史文化遗产，鸦片战争博物馆开展虎门炮台旧址第二期修缮工程。根据文物遗址保存状况将第二期工程分为两个阶段：第一阶段主要包括沙角门楼、前后左右捕鱼台、濒海台及威远的南山营炮台等维修工程，第二阶段主要包括蛇头湾炮台、临高台、虎门水师提督衙署寨墙、定洋炮台等维修工程。2009年8月，对虎门炮台旧址第二期第一阶段修缮工程勘察设计进行公开招标。广西文物保护研究设计中心中标，及时完成虎门炮台旧址第二期第一阶段修缮工程设计方案，并获国家文物局和广东省文化厅批复同意。2012年，广西文物保护研究设计中心根据设计方案完成施工图。2013年，中国市政工程东北设计研究总院完成工程可行性研究报告。2015年5月25日，虎门炮台旧址第二期修缮工程在东莞市建设工程交易中心开标，广州市房屋开发建设有限公司中标。2015年7月，完成监理服务项目单一来源采购，广东立德建设监理有限公司中标。工程主要内容包括对沙角炮台旧址（沙角门楼，濒海台门楼，濒海台指挥所围墙，临高台门楼，前、后、左、右捕鱼台及清兵营房，捕鱼台门楼）、南山营炮台（南山营炮台、南山营练兵场、南山营掩体墙、

清兵营房遗址）、威远炮台（两个炮位PW1、PW2，两段围墙Ⅰ段、Ⅱ段）、靖远炮台（一段暗道）、镇远炮台（一段围墙）进行修缮，恢复遗址原貌。工程于2015年7月31日开始施工，优先修缮沙角片区，其次修缮威远片区。

为提高工程质量与效率，在施工过程中成立修缮工程现场管理小组、建立工程周例会制度、组织相关专家把关施工难点，严格推进工程施工进度。为确保靖远炮台修缮工程顺利进行，加强与虎门大桥公司沟通；为推进南山营练兵场修缮工程顺利开工，与虎门镇农林渔局就南山营练兵场树木移植问题进行多次交涉；为保障南山营掩体墙修缮工程科学施工，邀请广东省文物考古研究所专家实地查看，征询专业意见与建议；为提升沙角炮台修缮工程的质量水平，邀请专家对遗址外墙、彩绘颜色进行确定。

2016年11月30日，工程完工。虎门炮台旧址第二期第一阶段修缮工程对文物本体进行了有效保护，极大改善了遗址周边环境，恢复了遗址原貌，为广大观众提供了更加优质的参观环境。虎门炮台旧址修缮工程是东莞市一项重要的全国重点文物保护单位修缮工程，在工程立项、预算审核、工程招标等程序方面进行了有效探索，为文物保护工作积累了宝贵经验。

**北京大学红楼保护维修工程** 北京大学红楼（简称北大红楼）坐落于北京市东城区五四大街29号，始建于民国5～7年（1916～1918年），坐北朝南，四层砖木结构，平面为"凹"字形，总建筑面积10700平方米，是典型的近现代建筑遗存，也是新文化运动的主要营垒、五四爱国运动策源地、马克思主义在中国最早传播的地方、中国共产党早期组织的重要活动场所之一，在中国近现代史、革命史上具有重要意义。1961年，被国务院公布为第一批全国重点文物保护单位。

北大红楼历史上进行过多次维修：1961～1962年，西翼地下室和西翼一楼增加钢筋混凝土梁、柱，加设隔断，翻修屋面，增加望板、挂瓦条，安装避雷设施等；1971年，对东翼地基进行加固；1978～1980年，整体结构进行抗震加固，翻修屋面，整修全部木地板，重做室内隔断墙、天花板，室内粉刷及全部装饰油饰，整改上下水管道，暖气片现状整修，电线改造；1989年，室内供暖系统改装，改造厕所设施，屋面全面挑顶翻修；1993～1994年，室内装修；1995年，对顶层木屋架局部斜劈裂构件进行加固；2000年，更换部分挑檐木及油饰粉刷地下室墙面，更换卫生间小便池及墙面贴砖。此外还对庭院进行了数次改造：1978年，启用后院锅炉房，建东传达室；1994～1995年，前院平房改建，建后院车库；1996～1997年，翻建红楼东南硬山房及西南面的后建房屋，制作安装红楼南院墙外展示橱窗；2001年，维修东围墙及东门入口；2002年，按照老照片恢复南围墙铁栅栏门，将红楼院落东南房改造为新文化运动纪念馆展厅；2003年11月，对热力供暖系统及锅炉房内部进行改造。

北大红楼历经百年风雨，建筑墙体、屋面出现开裂，门窗变形，强弱电、消防等设施相继老化。2002年2月，国家文物局决定启动北大红楼保护维修工程。中国文物研究所委托相关单位对北大红楼进行现状勘察，包括木材质结构现状勘测，结构稳定性勘测，建筑环境、装修和设备现状勘测及分析等。2003年，北京市文物局批复同意北大红楼保护维修工程立项报告。2004年，中国文物研究所完成北大红楼现状勘测总评估报告。2006年12月，成立北大红楼保护维修工程领导小组，设办公室负责工程具体事务。2007年，北京建工建筑设计研究院编制完成保护维修工程设计方案，经北京市文物局批复同意，于年底完成工程深化设计。2008年1月，国家文物局批复同意工程开工；9月，工程开工。2009年5月，完成竣工验收。施工单位为北京房修一建筑业工程有限公司，监理单位为北京英诺威建设工程管理有限公司。

设计阶段，由设计单位根据建设单位使用要求进行建筑修缮保护、建筑结构加固、电气工程、采暖通风及给排水设计，以及南面围墙修缮设计和必要的展示规划。建筑修缮保护包括建筑平面改造、建筑外墙砖石整修、门窗整饰、室内装修和屋顶防火处理、室外配套工程。建筑结构加固包括对1978年抗震加固过的墙体进行检查、补强，对木结构防火涂层和后增钢结构水平支撑的防火防锈性能进行检查及修补，对现有木构件进行防腐、防虫、防火处理。电气工程设计包括供电系统改造、防雷与接地系统改造、安防系统改造、火灾自动报警系统改造、弱电系统改造等。采暖通风及给排水系统设计包括更换管道及阀门、室内外给水及市政消防给水管道改造、室外排水系统改造、卫生间更新及室内给水系统改造、空调系统改造等。南面围墙修缮主要是根据历史照片原貌翻修。展示规划包括标志牌设计、橱窗和展示标志设计、车辆出入口设计、游客服务中心设计，以及开放容量测算。

施工中，按照设计方案和施工图纸，以"修旧如旧"为原则，最大限度减少对文物本体的扰动，尽可能保留原材料和构件，确保真实性和完整性；加强工地现场安全和防火工作，杜绝破坏性维修现象发生，确保文物建筑安全。这是红楼建成以来较为完整和系统的一次保护维修活动。修缮后的北大红楼既保持了原有历史风貌，又拓展了整体功能，提升了展示与办公条件，解决了保护与利用的问题。

## 六、其他重要文物保护维修

**南水北调文物保护工程** 南水北调工程是为优化中国水资源配置、缓解北方地区严重缺水问题、保障中国经济社会全面协调和可持续发展而实施的一项具有重大战略意义的特大型工程。东、中线工程穿越中国古代文化、文明核心地区，涉及文物点近800处，其中包括燕长城、武当山遇真宫、北朝墓群、下寺楚墓、古运河等著名文化遗产。中共中央、国务院十分重视南水北调工程中的文物保护工作，多次作出重要批示，并组成联合调查组进行专题调研。2004年，国家文物局会同国家发展改革委、水利部、国务院南水北调办成立文物保护工作协调小组。国家发展改革委及时安排专项经费，用于文物保护各项工作。南水北调文物抢救保护工程依据《文物保护法》《南水北调工程建设征地补偿和移民安置暂行办法》，按照工程建设计划，实行"保护为主、抢救第一"的文物保护原则。南水北调工程沿线七省市文物局各自成立指挥机构，召开工作会议，制定相关制度，以确保南水北调工程文物保护工作的科学性、规范性和有效性。

南水北调工程文物保护工作主要为文物调查和考古发掘，地面文物保护工程主要集中于河北省、河南省、湖北省、江苏省，多为原址保护和搬迁复建，武当山遇真宫整体抬升保护工程是其中最为突出的文物保护工程。

河北省对调水工程线路涉及的文物遗迹非常慎重，积极与有关部门沟通，尽可能避开重要的不可移动文物；因特殊情况不能避开的，对文物保护单位尽可能实施原址保护，无法实施原址保护的迁移异地保护或拆除。各级文物主管部门全力支持，积极参与，为文物保护工作顺利开展提供了有力后勤保障。

河南省是南水北调工程所经线路最长且文物保护项目最多、保护面积最大的省，工作量占东、中线工程总工作量的30%以上。河南省文物局成立南水北调文物保护工作领导小组，下设南水北调文物保护办公室，抽调精干力量专职负责南水北调文物保护抢救的日常管理。国务院调水办中线建设管理局贷款2500万元，预拨付河南省用于考古勘探和文物保护。

南水北调中线工程是湖北省继三峡工程之后的又一特大型文物保护工程。湖北省丹江口水库淹没区涉及的古文化遗址、古墓葬、古建筑数量多、价值高，其中包括世界文化遗产武当山古建筑群。成立南水北调中线工程文物保护工作领导小组，下设办公室负责文物保护工作，聘请中国工程院、湖北省文物考古研究所、武汉大学等科研机构的专家担任顾问和规划组成员。淹没区的22处地面文物主要采用搬迁复建、原地保护、登记建档三种保护方式，对武当山遇真宫采取原地抬升保护措施，对另

属丹江口水库初期工程范畴的净乐宫采取部分建筑复建方案。在管理上实施项目合同制、招投标制、监理制、工程结算审计制，完善项目评估、验收结项等制度，确保工程科学、合理、有效开展。

南水北调工程江苏段的文物保护工作围绕遗产廊道大运河展开。江苏省文化厅成立南水北调文物保护工作领导小组和南水北调东线工程江苏段文物保护规划组，分别负责保护工作的实施和管理，同时和水利厅共同印发《关于进一步做好南水北调江苏境内工程文物保护工作的意见》，并组建南水北调文物保护工程协调小组。对工程中涉及的地面文物，主要采取原地保护和迁建的办法。原地保护主要采取围堤、筑坝、加固、防护等必要手段，尽可能使文物在原地、原环境中继续保存；搬迁保护则在充分科学论证的基础上，选择能够体现文物原环境的新址进行整体搬迁保护，并根据需要对地面文物及其构件进行加固、修复和脱水、防腐等保护处理。

丹江口库区地面文物搬迁复建工程是南水北调文物保护工作的重要组成部分。2003年，河南省文物局、河南省文物建筑保护设计研究中心、淅川县文化局组成调查组，深入淅川县丹江库区淹没区乡镇，对有保护价值的古建筑进行调查、登记、测绘。2005年初，编制完成《丹江口水利枢纽大坝加高工程水库淹没区（河南省）文物保护专题报告》，报长江水利勘测规划设计研究院汇总。2009年9月，国务院南水北调办公室批准河南省南水北调中线工程丹江口库区大石桥、王家大院、张湾土地庙等13项地面文物保护项目。2010年，淅川县启

动移民搬迁，淅川县文化局通过购买方式获得这批古建筑产权，派人进驻看管，加以保护。2011年，淅川县文化局按照河南省科学院地理研究所编制的《地面文物搬迁复建整体文物保护规划》，开始实施地面文物搬迁复建工程。2013年12月，丹江口库区地面文物保护工作完成搬迁面积3965平方米，登记存档面积1333平方米，原地保护面积150平方米，其中8处地面文物的主体部分复建完成。地面文物搬迁复建工程地点位于淅川县马蹬镇石桥村，距淅川县城65千米。复建后的民居区南北长410米，总面积约33400平方米。2014年起，丹江口库区地面文物搬迁复建工作转为复建后文物周边的配套设施完善工作。2016年3月，移民古建筑群被河南省政府公布为省级文物保护单位。

丹江口库区共完成15处（2处新增）地面文物保护工作，其中大石桥、印山祖师庙和全家大院进行原址保护，陈氏宗祠由村民自行拆迁复建，《重修雷山回阳观》碑、朱家桥、张湾民居搬迁后尚未复建，白亭村商业街、王家大院等8处地面文物搬迁复建完成。丹江口库区搬迁复建的古民居和古建筑是楚文化的重要体现，为研究宛西地区历史文化和中华文明历史渊源提供了宝贵实物例证。

武当山遇真宫位于丹江口市武当山特区遇真宫村，为明成祖朱棣为张三丰敕建，占地面积2.8万平方米，其中东宫遗址7700平方米，西宫遗址11822平方米，中宫文物建筑区8400平方米。1994年，遇真宫作为武当山建筑群的一部分被列入《世界遗产名录》。2006年，被国务院公布为第六批全国重点文物保护单位。

1949年前，遇真宫的东宫、西宫建筑已被毁。2003年，遇真宫主殿真仙殿被大火焚毁，仅存台基和半壁墙垣。中宫建筑沿轴线由前至后有八字山门、东西宫门、龙虎殿、东西耳房、东西配殿等，宫墙整体保持完整。武当山是南水北调工程涉及的唯一一处世界文化遗产。丹江口大坝加高后，水库水位将提高8～19米，遇真宫处于浸没区范围。2007年起，南水北调工程主管部门会同湖北省文物部门先后组织国内多家专业机构开展遇真宫保护方案讨论，提出围堰方案、原地抬高方案和易地搬迁方案等。经反复比较研究，综合考虑文物保护原则、文物安全、施工技术难度、工程费用、工程风险及可操作性等因素，最终选择原地抬高方案，即将遇真宫所在地面整体垫高11～15米，超出库区正常蓄水高度168.2米（黄海高程），摆脱被水浸没的威胁，最大程度保留文物历史环境的真实性和完整性。

遇真宫垫高保护工程由清华大学建筑设计研究院、长江委长江勘测规划设计有限公司负责设计。其中，清华大学建筑设计研究院负责文物保护方案设计，长江委长江勘测规划设计有限公司负责原地垫高工程设计，西安建筑科技大学配合清华大学负责顶升工程方案设计，北京市园林古建筑工程公司负责文物拆迁以及复原工程，河北省建筑科学研究院承建顶升工程。2011年，国家文物局对武当山遇真宫垫高保护工程方案给予批复。2011年9～11月，武当山特区文物局对武当山遇真宫垫高保护工程进行公开招标，分为文物解体复原工程、土石方垫高工程、山门宫门顶升工程3个标段。其中，文物解体复原工程由北京市园林古建工程公司中标承建，北京方亭工程监理有限公司实施监理；土石方垫高工程由新七建设集团有限公司中标承建，湖北东泰管理咨询有限公司实施监理；山门宫门顶升工程由河北建研科技有限公司中标承建，北京方亭工程监理有限公司实施监理。2012年3月，工程开工，首先启动文物解体工程，对东西配殿、龙虎殿、八宫门主要文物建筑进行拆解，拆解过程中对建筑构件进行编号，按建筑部位存放，并定期保养维护。在勘察记录阶段，按照建筑学方法对建筑遗址进行测绘制图记录，注重尺度空间关系，并结合考古学方法对遗址区进行分块划分，用定位坐标确定各块范围并互相连接，对各块进行测绘编号和详细拍照记录，保证还原遗址过程中在大地坐标系统内进行分块放样并精确复原。解体工程完工后，于2012年5月启动土石方垫高工程，在11万平方米基础上用土石方整体垫高15米。

山门宫门顶升工程于2012年8月启动，二、三标段工程交叉施工。山门宫门顶升工程包括6项内容。一是隔水与降水，采用深层旋喷桩深入弱透水层，在建筑物周边形成一道隔水帷幕，进而井点降水为施工提供基本操作环境。二是根据上部结构和施工特点对结构及构件强度、刚度进行加固。三是采用人工挖土掘进顶管施工技术顶进预制好的箱梁，使箱梁和浇筑后的芯梁形成阁体刚性基础。四是采用坑式静压桩在建筑物下方逐根压入钢桩，使之承载力达到设计要求两倍以上，上部结构直接作用于混凝土托盘并由钢桩基础支撑，完成基础托换工作。五是整体顶升，宫门各设置20组千斤顶于钢桩和混凝土基础之间，山门设置80组千斤顶于钢桩和混凝土基础之间，同步顶升，

逐渐完成上部结构整体顶升。六是加强观测，施工过程中进行应力与变形全程监控，多种备案，随时根据现场情况进行调整等。2013年1月，顶升工程竣工。2015年7月23日，湖北省文物局组织北京国文信文物保护有限公司、清华大学建筑学院等单位专家对遇真宫顶升工程、土石方垫高工程进行验收，一次性通过。

文物复原基础工程因蓄水未达到预期设计条件，经专家多次论证，最终在设计、勘察、监理及主管部门相互论证下决定采用筏板基础。2016年7月，基础工程竣工，同时文物复原工程开工。截至2017年底，山门和东、西宫门修缮工程完工，中宫建筑主体工程完工80%，宫墙完工80%。

武当山遇真宫垫高保护工程是南水北调工程文物保护工作中保护级别最高、单体规模和投资额度最大的文物保护项目，体现了国家在大型基本建设中对文化遗产保护的高度重视。该项工程技术复杂，施工难度大，其中山门和东、西宫门整体顶升15米，为国内文物建筑单体顶升高度之最。

**三峡文物保护工程**　三峡文物保护是为配合三峡水利枢纽工程建设而开展的国内规模最大的文物保护工程。重庆市、湖北省分别承担三峡库区文物保护工程任务的69%和31%。

1994年1月15日，国家文物局委托中国历史博物馆、中国文物研究所编制《长江三峡工程淹没及迁建区文物古迹保护规划》。2000年6月，国务院三峡工程建设委员会批准该规划。其中，重庆市文物工程752项，包括地面文物保护工程246项；湖北省巴东、秭归、兴山和宜昌四县文物工程335项，含地面文物点

118项。

1997年11月5日，重庆市人民政府召开三峡文物保护工作专题会议，决定由重庆市文化局（重庆市文物局）负责组织实施重庆市三峡库区文物保护工作。重庆市文物局成立三峡文物保护工作领导小组，下设办公室，负责编制年度计划、洽谈项目协议、检查工作进度、组织项目验收和出土文物汇总、移交、对外宣传及出版等工作。地面文物保护重点项目，实施白鹤梁、张桓侯庙、石宝寨等重点保护项目，由专门成立的重庆峡江文物工程有限责任公司负责；地面文物保护一般项目，由区县政府委托项目法人单位组织实施，库区8个核心区县除巫山县由县文广局组织实施外，其他区县由当地文管所负责组织实施。三峡文物保护工程经费按照移民资金管理要求专账、专户管理，在使用中严格资金拨付程序。

2008年，中共中央、国务院决定开展三峡后续规划工作。2008～2011年，开展三峡后续规划编制及相关准备工作。2011年6月15日，国务院印发《关于三峡后续工作规划的批复》。规划涉及重庆市自然遗产保护、物质文化遗产保护、消落区地下文物保护、非物质文化遗产保护、大遗址保护、文化生态保护区、文物征集保护及三峡移民纪念馆建设共7大类别的保护项目，投资估算13.38亿元，核定补助资金10.68亿元。2011～2017年，国家批复重庆市三峡后续文化遗产保护项目159项，项目总投资9.59亿元，发放三峡后续补助资金4.38亿元。截至2017年8月底，累计完成投资4.68亿元，其中使用三峡后续补助资金2.20亿元；已完工项目98个，在建项目57个，未开工项目4个，总体推进情况良好。

三峡文物保护工程在全国文物系统的共同努力下如期完成，确保了三峡工程按时蓄水，成功探索了大型基本建设中文物保护的新体制、新机制，有效抢救保护了三峡库区珍贵的历史文化遗产，推动了三峡库区文物事业建设，促进了三峡库区经济社会和谐发展，取得了良好社会效益。三峡文物保护工作为文物事业的发展提供了难得的宝贵机遇，极大地推动了库区及相关省市文物事业的大发展，促进了库区经济社会和谐发展。三峡文物保护中贯彻执行"保护为主、抢救第一、合理利用、加强管理"文物工作方针和"不改变文物原状"原则，重视环境建设和服务设施配套建设的理念被广泛运用。此外还体现了以人为本的理念，不仅妥善保护文物，还将保护的文物最大程度向社会开放。库区出土的众多文物在各博物馆陈列展出，白鹤梁、张桓侯庙、石宝寨及库区各区县文物复建区向社会开放，以新的文化资源构建了供百姓观赏休闲的文化平台。

截至2010年底，重庆市实施完成地面文物保护项目246项，包括原地保护57项，搬迁保护91项，留取资料98项，其中白鹤梁题刻原址水下保护、张飞庙搬迁保护等三大工程项目顺利实施并通过专项验收。在三峡文物保护项目实施中采用先进技术手段和方法，体现了中国文物保护的科技水平。白鹤梁水下博物馆是世界上第一座水下博物馆，"无压容器"的建设方案使水的压力释放，解决了由于水压问题而易使水下建筑移位的难题；忠县石宝寨保护工程被专家组评为中国文物构筑物工程具有代表性的合格工程，对此类工程开展起到了示范作用；张飞庙搬迁保护是继三门峡水利工程中永乐宫搬迁保护工程之后，国内规模最大的地面文物保护搬迁工程；大昌古镇的整体搬迁，为全国此类建筑迁建提供了有益经验。此外，在三峡沿岸兴建的云阳三峡文物园、丰都小官山古民居景区、忠县白公祠、巫山大昌古镇、巫山江东嘴、石柱西沱古镇、涪陵蔺市古镇等7处文物古建复建区，是国内规模最大、数量最多的文物古建复建区。重庆库区787项三峡文物保护工作档案资料较为完备，包括纸质档案7349卷（文字档案6992卷、图纸档案357卷）以及反转片34202张、照片122007张、光盘4065张、录像带603盒，全面反映了重庆市三峡文物保护情况。2014年5月，根据国家文物局《关于印发〈三峡工程文物保护专项验收工作大纲〉等文件的通知》，重庆市文物局开展三峡文物保护初验。2014年12月，重庆市政府批复市文物局报送的三峡文物保护初验报告，同意报请国家文物局终验。2015年4月，重庆三峡文物保护专项通过国家文物局、国务院三峡办组织的终验，重庆市移民局、市文化委、市文物局等相关市级部门参加验收。

张飞庙搬迁保护工程是重庆地区三峡保护工程的典型案例。张飞庙位于四川省阆中市古城区保宁镇西街59号，是纪念三国时蜀汉名将张飞的祠庙。保存有明清时重建的多重四合院式古建筑群，由山门、敌万楼、左右牌坊、东西厢房、大殿、后殿、墓亭、墓冢等组成，占地面积1.3万平方米，建筑面积约2200平方米，1996年，被国务院公布为第四批全国重点文物保护单位。张飞庙地势较低，蓄水后的三峡水库会淹没这座重要古迹。经专家多方讨论，确定采取易地搬迁保护方法。从1994年张飞庙搬迁工程立项开始，经历了近10年反复论证，争论的焦点是选址和环境再造。通过大量评估和勘察，最终确定离老张飞庙上游约32千米、新县城对岸的磐石镇为搬迁新址。搬迁前完成了规划论证、规划设计、专家评审、搬迁筹备与施工组织等环节。搬迁工作于2002年10月28日开始，2003年7月19日结束。张飞庙搬迁以"对原有环境的再现和文化价值的保护"为总体原则，严格按照原物、原状、原材料和原工艺，整体原样复建，要求97.8%以上的木构部件不得损坏。在解体过程中，按照屋面、墙体、装修、大木、台基、基础顺序对每个部件进行编号，全部共计10万余件。复建过程中，对拆下来的每部分构件进行防腐、防虫处理，同时将126株古树、200余株花草按原位移栽至新址。在新址上设一道18米高的现浇钢筋混凝土岩坎作为庙基，外表用岩石加以整饰。2003年7月17日，在重庆云阳县举行张飞庙古建迁建工程验收会，验收组专家认为张飞庙迁建工程较好执行了《文物保护法》中对古建保护的有关规定，贯彻了文物维修的基本准则，是中国古建搬迁的成功案例。张飞庙搬迁工程是三峡库区地面文物保护项目中规模最大的一项古代建筑群整体搬迁工程，也是继1959年永乐宫搬迁保护后的第二次大规模古建筑群整体搬迁。张飞庙整体搬迁工程的顺利实施，标志着三峡库区文物保护工作取得突破性进展，为库区及全国其他文物保护积累了丰富经验。

1995～1997年，湖北省垫支经费，率先进入三峡库区开展文物保护工作。1997～2003年，完成湖北库区135米水位线以下文物保护任务，不仅确保了三峡工程二期蓄水目标的实现，而且取得了一大批全面反映三峡地区历史文化信息的实物资料。2004～2010年，完成湖北库区175米水位线以下文物保护规划任务。经10余年的辛勤工作，累计完成193.7万平方米的勘探面积和45.05万平方米的发掘面积，118处地面文物得到有效保护。三峡工程湖北库区文物保护的创新与实践包括在地面文物保护方面运用新理念，提出"统一规划、集中保护、规模发展"理念，采取原地保护与搬迁复建结合多元保护模式，确保原地保护项目不改变原状、搬迁保护项目不改变原貌、仿古新建项目不改变原风格、留取资料项目全面完整；在文物保护管理方面，遵循"健全制度、强化程序，规范管理"思路，实施一系列规范管理的新举措；在文物保护科研方面，提出"边发掘、边整理、边合作、边科研、边出版"的工作导向，实行考古资料整理出版目标责任制和科研工作课题制。这些做法确保了三峡文物保护工作顺利、高效、圆满完成。湖北库区在三峡工程文物保护工作中实行的管理模式和取得的良好效果得到国务院三峡办、国家文物局肯定，一些好的做法被推广运用到整个三峡库区及国内基本建设工程文物保护管理工作中。湖北库区文物保护取得丰硕成果，系统廓清了三峡地区的历史文化面貌，具有峡江地方特色的传统建筑得到传承与发展，湖北库区文物保护技术力量水平得到快速提高，系统记录和积累了三峡地区文物的第一手资料，湖北库区文化遗产保护科研成果得到了显著提升。

凤凰山古建筑群位于秭归县茅坪镇凤凰山。三峡工程启动后，国家对三峡工程淹没区的文物进行抢救性发掘、搬迁、保护，将24处代表峡江文明的文物建筑集中搬迁到凤凰山复建，保护与传承地方优秀传统文化。古建筑群占地2.7万平方米，分为古民居、庙祠区及古桥梁、石刻、城门区，包括古民居15座、古桥梁4座、城门2座、牌坊1座、墓葬1座、古井1口。凤凰山古建筑群搬迁保护工程由湖北省文物事业管理局组织实施。2001年4月，湖北省文物事业管理局、省移民局委托北京建筑工程学院编制搬迁保护总体规划。搬迁工程由河南省古代建筑保护研究所、华中科技大学建筑与城市规划学院、山东省文物科技保护中心、湖北省文化厅古建筑保护中心、北京建工建筑设计研究院等单位负责勘察设计，由北京房修第二古代建筑有限公司、湖北太岳园林古建工程有限公司、湖北大冶殷祖园林古建筑公司负责施工，由河南东方文物建筑工程建设监理有限公司负责监理。随着凤凰山古建筑群24处单体建筑的复建工程结束，湖北省文物事业管理局将其移交给秭归县文化旅游局管理。凤凰山古建筑群搬迁工程总体上还原其依山就势的原貌，整个古建筑色彩效果统一协调，为研究三峡地区古代风俗、水文、川江航道提供了不可多得的实物资料，是区域内非常难得的历史文化遗产，对整个长江流域的历史长链来说是不可缺少的重要一环。2006年，凤凰山古建筑群被国务院公布为第六批全国重点文物保护单位。

屈原祠原位于宜昌市秭归县乐平里，唐元和十五年（820年）始建，元、明、清历次维修，中轴对称布局，保存有山门、配房、大殿、东西碑廊及屈原墓等建筑。中华人民共和国成立后曾对屈原祠维修过两次，第一次在1963年3～10月，主要维修其大门牌楼及梁架；第二次在1965年3～12月，主要维修其大殿屋顶和装饰。1976年7月，因葛洲坝水利枢纽工程，屈原祠迁于向家坪。1992年4月，七届全国人大五次会议通过兴建长江三峡水利枢纽工程决议。库区蓄水至175米水位后将淹至屈原祠山门内第三级台阶，屈原祠所在山体存在崩塌、滑坡等安全隐患。1996年，国家文物局在编制《三峡工程库区文物保护规划》中将屈原祠列为重点项目，国务院三峡建设委员会办公室将屈原祠和重庆白鹤梁、石宝寨、张飞庙作为三峡库区文物保护四大计划单列项目。2001年，湖北省文物事业管理局委托北京建工建筑设计研究院和北京国机方略工程设计顾问公司联合编制屈原祠保护设计方案。2005年，国务院三峡建设委员会办公室审查并批准设计方案，同意按仿古新建形式在秭归县茅坪镇凤凰山重建屈原祠，投资概算为4926.03万元。2006年，组织进行屈原祠仿古新建工程公开招标，北京房修二古代建筑工程有限公司中标为施工单位，河南东方文物保护工程监理有限公司中标为监理单位。2006年11月10日，屈原祠仿古新建工程开工。2010年1月15日，工程竣工并通过验收。屈原祠仿古新建工程占地面积19402平方米，建筑总面积5806平方米，坐西朝东，以中轴线左右对称布局，有山门、前殿、正殿、南北配房、南北碑亭、南北陈列室、南北厢房、屈原墓、享堂、消防监控室等15栋单体建筑。屈原祠仿古新建工程是三峡工程湖北库区最大的地面文物保护项目，继承了老屈原祠的地域特色与传统工艺，如立贴式山门等保留了老屈原祠的历史记忆，前殿、正殿等传统木结构形式建筑体现了较高的传统工艺水平。2010年1月15日，由罗哲文担任组长的专家验收组同意通过屈原祠仿古新建工程验收。6月16日，屈原祠对外开放。2017年12月，屈原祠仿古新建工程获得由中国勘察设计协会传统建筑分会组织评选的首届"中华建筑文华奖"二等奖。

**震后抢险维修工程** 中华人民共和国成立后的重要震后抢险维修工程主要有汶川抢险维修工程（包括都江堰古建筑群灾后抢救保护工程、桃坪羌寨灾后抢救保护工程等）、玉树震后抢险维修工程、允燕塔抗震抢险维修工程、三苏祠灾后文物抢救保护工程、茶马古道观音阁维修工程等。

2008年5月12日14时28分，四川省汶川县发生里氏8.0级特大地震，地震最大烈度11度。地震发生后，四川省文物管理局立即成立四川汶川大地震灾后文化遗产抢救保护领导小组，负责灾后文化遗产抢救保护工程的组织、协调工作。在国家文物局积极协调下，成立由省内外文物保护专家组成的四川汶川地震灾后文物抢救维修保护工程专家组，负责四川汶川地震灾后文物抢救维修保护规划、方案的技术指导、损失评估及规划、方案评审、工程预算审核等。灾后先后编制完成《四川"5·12"大地震灾后不可移动文物和可移动文物抢救保护修复经费估算报告》《四川省文物抢救保护修复规划大纲》《四川省汶川地震灾害文物损失评估报告》等，并迅速启动"世界文化遗产都江堰古建筑群抢救保护工程""羌族碉楼与村寨抢救保护工程""松岗直波碉楼抢救保护工程"等。

都江堰位于四川省都江堰市城北的岷江出山口处，为战国末期秦昭王（前325～前251年）后期蜀郡守李冰率众所筑，是中国保存年代最早的水利灌溉工程之一。都江堰古建筑群包括引水、分洪、排沙相结合的渠首工程和有分有合、排灌兼用的渠道体系组成的水工建筑，以及相关的纪念性古建筑二王庙、安澜索桥、玉垒关和古遗址（迹）离堆（含伏龙观）、凤栖窝（含卧铁）、斗犀台。在汶川特大地震中，二王庙古建筑群及相关环境受到非常严重的破坏，是灾区受损最严重的文物建筑群。地震是造成都江堰古建筑群遭受沉重和广泛破坏的主要原因，温度高、湿度大的气候环境及病虫危害和不尽完善的传统工艺也是造成破坏的重要原因。2008年6月13日，国家文物局、四川省文物管理局在成都召开都江堰古建筑群抢救维修组织实施工作会议。会议原则通过《都江堰二王庙古建筑群紧急抢救性清理及排险方案报告》，并组织专家就尽快启动抢救保护工程有关事宜进行研究。2008年6月18日，四川省文物管理局上报《关于对都江堰二王庙古建筑群灾后进行抢险维修的请示》；6月23日，国家文物局在《关于都江堰古建筑群灾后抢险维修工程的批复》中指出，由于工程的紧迫性和特殊性，依照《文物保护法》《中华人民共和国招标投标法》和《文物保护工程管理办法》有关规定，"同意该工程以清理、设计、施工同步进行的方式开工"。都江堰古建筑群灾后抢险维修工程范围为二王庙、伏龙观所有古建筑、主要历史建筑的重建、维修和道路、围墙、保坎及排水等场地历史要素的恢复等。工程总资金11000万元，由应急资金500万元、汶川地震灾后恢复重建公共服务设施建设专项规划项目资金9500万元和国家文物局追加资金（第一批）1000万元组成。2008年6月18日，都江堰古建筑群灾后抢救保护工程启动。工程建设单位为都江堰市文物局；设计单位为清华大学城市规划设计研究院文化遗产保护研究所；二王庙施工单位为福建泉州刺桐古建筑公司，伏龙观施工单位为广西文物保护中心；监理单位为河北木石古代建筑设计公司。此外，地质勘查、岩土加固设计由辽宁有色勘察研究院承担，二王庙岩土加固施工由辽宁有色基础工程公司承担，监理由甘肃铁科建筑咨询公司承担；防雷工程设计、施工由中国华云公司承担。工程内容包括根据范围内的文物建筑、主要历史建筑遗存不同受损情况，有针对性地进行修缮，尽可能保留遗存历史信息，通过地质灾害治理排除安全隐患；全面整治院内道路、挡土墙和围墙，清理、恢复原有排水系统；配置必要的防雷、消防设施。工程分为前期勘察阶段和清理、设计、施工两个阶段。在前期勘察阶段（2008年6月19～30日），设计单位采用传统方式测绘建筑，对震灾进行勘察记录，对遗存受损状况进行初判；引进现代检测手段对地质灾害进行监测、分析，为下一步更为细致的勘察、测绘打下基础，为近期的抢救措施制定提供方向。2008年6月30日起，清理、设计、施工同步全面展开。首先，基本清除地震造成的大量山石和建筑垃圾，仔细清理、收集散落的建筑装饰构件。其次，全面、详细进行勘察、测绘，并在充分研究基础上，分阶段、分项目编制和报批多个维修设计方案。再次，依据方案重建完全坍塌的二王庙戏楼及东西配楼、东客堂、东西字库塔，落架维修伏龙观玉皇殿及观澜亭、东西两廊，局部落架维修二王庙疏江亭及附廊、乐楼西配殿、老君殿、祖堂、文物陈列室、膳堂、灵官店、丁公祠、乐楼东配殿，修缮二王庙大殿、二殿、铁龙殿、上西山门、大照壁、三官殿、下东山门、乐楼、圣母殿（吉当普殿）、下西山门和伏龙观老王殿。特别重视清理、归安建筑装饰构件，尤其是木雕构件的清理、归安，完全垮塌的二王庙戏楼等文物建筑的木雕构件归安达到90%左右。对稳定性较差的二王庙老滑坡堆积体进行工程治理，提高堆积体整体性与稳定性，保证二王庙基础稳固性；修整道路、围墙、挡土墙、排水沟；修补风化、破损石质文物，根据可靠信息补配石碑、石构件。2009年11月30日，二王庙地质灾害治理工程竣工；12月26日，伏龙观维修工程通过验收；12月28日，工程竣工。2010年8月5日，二王庙维修一、二期工程和二王庙地质灾害治理工程通过验收；10月29日，二王庙文物建筑维修工程通过验收，并获评优良工程；11月18日，举行二王庙文物建筑维修竣工仪式，被国家文物局授予"文物保护优质工程特别奖"。2011年1月14日，二王庙遗产要素部分恢复工程竣工通过验收；5月5日，秦堰楼恢复工程竣工通过验收。都江堰古建筑群灾后抢救保护工程遵循"不改变文物原状"原则，在维修中严格控制补配、更新的工程量。通过整体及系统修缮措施，不仅全面消除了安全隐患，而且最大限度保存了历史构件及历史信息，保留了历史风貌。都江堰古建筑群灾后抢救保护工程竣工后经受多次特大暴雨考验，更经受了2013年芦山

地震考验。

桃坪羌寨位于四川省阿坝藏族羌族自治州理县县治东部约40千米处，是一个羌族自然聚居的自然村落，主要为明清建筑，对保护、研究羌文化具有重要作用。由于桃坪羌寨距汶川震中较近，加之曾先后经历1933年、1976年两次大地震，在此次特大地震中遭受了前所未有的损失。寨内两座代表性羌碉的顶部受损、塌陷，改变了原有景观特色；113幢羌寨民居全部受损，部分房屋倒塌，受损面积达36647.26平方米；过河大桥、桥头碉楼等建筑物不同程度受到破坏。灾情发生后，理县文化体育局及时对桃坪羌寨采取了一系列安全保护措施。一是会同桃坪乡党委、政府及村"两委"，组织人力在主要文物建筑周围拉起警戒线，严防次生、衍生灾害发生。二是第一时间开展文物毁损情况统计，准确掌握羌寨文物受损情况，及时将第一手资料上报省、州相关部门，为灾后重建提供重要依据。三是支护排危有序推进。2008年6月25日，国家文物局文保司一行8人深入桃坪羌寨进行灾情考察和恢复维修调研，确立抢救工作"原结构、原材料、原工艺、原风格"的原则，并商定规划、设计、施工等方面工作，敲定各工作阶段的时间节点，为实施羌寨灾后保护性重建奠定了坚实基础。2008年11月15日，桃坪羌寨抢救支护排危工作由北京凯莱斯建筑工程有限公司按期保质完成，桃坪羌寨恢复修缮工作取得阶段性成效。桃坪羌寨修缮是灾后保护和传承羌文化的一项重要工作，国家文物局对桃坪羌寨等文物建筑灾后抢险维修工程进行批复，四川省文物管理局对文物保护工程施工设计图纸提出审查意见。针对桃坪羌

寨修缮工程，依法依规先后完成工程可行性研究报告、立项审批等程序，完成《理县桃坪羌寨抢险维修保护工程岩土工程勘察报告》《阿坝州理县桃坪羌寨测绘成果》的编制。2008年7月15日，羌族碉楼与村寨抢救保护工程举行开工仪式，桃坪羌寨灾后抢救保护工程拉开序幕。工程设计单位为中国建筑设计研究院建筑历史研究所，施工单位为北京大龙建设集团有限公司，监理单位为四川园冶古建园林设计研究有限公司。工程主要内容包括拆砌墙体、墙面裂缝抹灰、重新抹灰灌浆加固、按照传统做法重新修建、更换木门、垮塌圈整体重建、木楼面修复等。桃坪羌寨一、二期保护性抢救修缮工程共涉及单元113个，其中属于文物保护Ⅰ级的13个、Ⅱ级的30个，Ⅲ、Ⅳ级的共70个；受地震破坏严重的11个、较严重的45个、一般或轻微的57个。施工完成任务内拆砌墙体约2万平方米，新增防水屋面1.3万平方米，维修木结构1.5万平方米，清运所有垃圾2万立方米。工程采取多种方式强化监管，严格规范项目审批程序，坚持"提速不越轨"原则，严格按照招标程序和管理权限，核准招标方式；进一步加强档案管理，深入清查项目资料，逐项清理、完善所需资料；严格执行文物修缮"四原"原则、"修旧如旧"原则和"最小干预"原则，落实"三检制"，通过纵向及横向组织，突出建设质检部门、施工监理、业主代表、村民代表、本地工匠代表5个环节的全过程监督，确保修缮工作沿用传统形式、传统工艺、传统方法，以传统材料恢复原状。工程严格施工，精益求精，由于桃坪羌寨建筑属于石木结构，没有明确的技术规范，更没有成熟的

可借鉴经验，因此项目部经常邀请当地老工匠和技术顾问进行技术探讨，对墙体的处理确定为整体拆砌、局部挖补和嵌补三种方式，并制定出墙体砌筑的技术标准，从内部、外部两方面及细节方面确保修缮质量和效果，得到广泛认可。尤其是三座碉楼的施工，体现了文物保护和修缮施工的精益求精：一是对其进行清理、查找资料，了解熟悉原状原貌，为制定施工方案打好基础；二是制定施工方案，组织强有力的管理团队及能工巧匠参与施工，力求达到墙体新旧的完美融合；三是对原材料进行严格筛选，力求与原材料基本一致，并确保施工工艺基本统一；四是尽最大努力保留原有木构件及特殊构件；五是墙体施工完成后，对整个碉楼内外进行仔细检查、清理，确保完成所有修缮工作；六是进行室内木结构修缮和作旧，恢复原有格调。此外，努力平衡文物修缮与住户民生、需求的矛盾，对圈的功能进行弱化和形象提升，使整体观感得到明显改善。在各级党委、政府领导下，业主、监理、设计、施工单位通力协作，桃坪羌寨的修缮工作圆满、安全、保质完成。2012年，桃坪羌寨灾后文物抢救保护工程获评2011年度全国十大文物维修工程。2016年，桃坪羌寨保护与复原获联合国教科文组织亚太地区文化遗产保护奖"杰出项目奖"。

2010年4月14日7时49分，青海省玉树藏族自治州玉树县发生7.1级地震，灾害范围内有4处全国重点文物保护单位、17处省级文物保护单位、3处县级文物保护单位、60处一般文物保护点受到不同程度损毁。受损文物类型主要有古遗址、古墓葬、古建筑、石窟寺及石

刻、近现代重要史迹及代表性建筑五类。地震发生后，按照青海省委、省政府和国家文物局部署，玉树灾后文化遗产抢救保护工作分阶段进行。第一阶段为实地调查和抢险救灾。在国家文物局支持下，组成国家级、省级专家组深入灾区，及时了解掌握文物受损情况，以紧急支护、设立警戒线、抢搬文物等多种形式全力抢救保护文化遗产。同时，启动玉树地震灾区文化遗产抢救保护工程，并明确责任，规定全国重点文物保护单位由青海省文化厅负责，省级以下文物保护单位由玉树州负责。第二阶段为科学编制灾后重建规划和修缮方案。在第一阶段实地调查基础上，最短时间内编制完成《玉树灾后文化遗产恢复抢救保护规划》，经省政府常务会议通过，印发相关部门和单位。同时，委托中国文化遗产研究院、北京清华城市规划设计研究院文化遗产保护研究所、辽宁有色勘察研究院、敦煌研究院壁画研究保护所等资质单位，编制完成全国重点文物保护单位青海玉树新寨嘉那嘛呢震后总体抢险修缮工程方案、藏娘佛塔及桑周寺总体保护规划、藏娘佛塔及桑周寺维修施工方案、贝大日如来佛石窟寺及勒巴沟摩崖灾后危岩体抢险加固工程方案、藏娘佛塔及桑周寺灾后场地稳定性评价及抢险加固工程外围数据采集方案、藏娘佛塔及桑周寺壁画抢救性保护方案等。玉树州文化局委托陕西省古建设计研究所等对认定受损的55处省级及以下文物保护单位编制保护维修方案。规划、方案的及时编制，为灾后文化遗产各项工作开展提供了法律依据和保障，也为灾后各项文物保护工程的顺利完工奠定了坚实基础。第三阶段为工程实施。及时完成东仓《大

藏经》珍藏馆附属设施恢复重建工作，该工程在科学制定维修设计方案基础上，于2010年7月12日开工建设，9月1日竣工验收，共投资50万元。该工程为玉树地震灾后文化遗产抢救保护工作中完成的首个项目，标志着玉树地震灾后文化遗产抢救保护工程项目进入实施阶段。玉树地震灾后重建文物抢救保护工程涉及对象包括文博设施4处、少数民族物质文化遗产2处、全国重点文物保护单位4处和省级及以下文物保护单位55处。其中，全国重点文物保护单位保护工程共有17个子项目，2010年7月开始，2014年8月完成验收，共涉及文物抢救保护工程经费2.1亿元。嘉那嘛呢共投资7020万元，工程项目有嘉那嘛呢石堆震后总体抢险修复工程、经堂佛塔抢险修缮工程、环境整治工程、安全防范工程；贝大日如来佛石窟寺及勒巴沟摩崖共投资5606万元，工程项目有贝大日如来佛石窟寺及勒巴沟摩崖危岩体抢险加固、石窟寺正殿及勒巴沟佛塔抢险修缮工程；桑藏娘佛塔及桑周寺共投资5400万元，工程项目有桑藏娘佛塔及桑周寺佛塔抢险加固修缮、佛塔修缮、壁画抢险保护修复、边坡加固防护、环境整治、文物库房复建工程；格萨尔三十大将灵塔及达那寺共投资3460万元，工程项目有格萨尔三十大将灵塔及达那寺灵塔抢险修缮、殿堂佛塔修缮、道路及附属建筑、安全防范、消防工程。玉树地震灾后文化遗产抢救保护工程均于2013年底前竣工。第四阶段为工程验收。2014年4月起，青海省文化厅组织专家验收组对玉树地震灾后文化遗产抢救保护工程项目进行验收。至8月中旬，验收工作结束，所有工程通过专家验收，并对项目工程资料进行移交、备案。2014

年12月，完成项目审计评审。玉树地震灾后文化遗产抢救工程以现状修整为主，传承当地传统做法，总体保持震前基本形制。维修对象以现状加固为主，运用传统材质；重建对象以恢复震前建筑形制为主，并保持震前建筑的用材特点。通过整体及系统修缮措施，最小扰动、最大限度保存历史构件及历史信息，全面消除安全隐患，保留历史风貌。玉树藏娘佛塔及桑周寺的小经堂壁画抢险修复工程获评2012年度全国十佳文物维修保护工程；新寨嘉哪嘛呢保护工程震后总体抢救修缮工程获首届（2013年度）全国十佳文物保护工程评选活动"特别荣誉奖"；达那寺建筑抢险修缮项目获评第二届（2014年度）全国十佳文物保护工程。

2011年3月10日，盈江县发生5.8级地震和4.7级、4.5级、3.6级余震，全县各级文物保护单位遭受不同程度破坏。允燕塔位于云南省德宏傣族景颇族自治州盈江县城以东约1千米处的允燕山西北山麓，始建于民国35年（1946年）。允燕塔占地面积372.5平方米，通高25.5米，由1座主塔和40座小塔组成。2006年，被国务院公布为第六批全国重点文物保护单位。1982年、1993年，允燕塔曾进行过两次维修。盈江地震后允燕塔损坏严重，塔基下陷约0.2米，开裂100余条缝隙，最长的裂缝约15米；主塔倾倒且塔身多处开裂，小塔倒塌20座，其余20座小塔全部松动、移位，文物本体严重受损、开裂、变形。灾情发生后，州县两级文化文物部门及时将文物受损情况向云南省文物局报告。根据省文物局指示精神，州文化文物部门在允燕塔周围制作危险标识、在花台周围约10米处设置两道围栏，防止闲散人员

进入危险区域，严防次生灾害发生。将倒塌的小塔及掉落的构件编号保存，为修缮提供原状依据。云南省文物考古研究所技术人员实地勘察，编制允燕塔抗震抢险维修工程设计方案，于2011年4月12日获云南省文物局批复同意。中央拨付工程专项资金1000万元。允燕塔抗震抢险维修工程中标价607.03万元，中标单位为剑川宏盛古建筑工程有限责任公司。2012年2月，允燕塔抗震抢险维修工程启动，主要进行现状加固、原状维修、局部拆除重砌、周边小环境整治等。工程实施内容包括允燕塔塔体修缮、赏建塔修缮、管理用房及展厅工程、消防水池建设、防雷工程、周边环境绿化和亮化工程。施工中以现状测绘研究为依据，恢复建筑原有整体风貌；尽量利用建筑原有材料，必须更换的构件采用相似材料及构造做法；现代建筑符合国家现行有关标准；在施工中遇到关键性问题，由甲、乙双方进行反复研究，始终坚持文物真实性；对关键部位，施工前对方案进行研讨，经商定后再实施；施工中严把质量关，精益求精，每完成一道工序均由建设单位、施工单位、监理单位共同组织自检，关键部位进行分项分部验收，经验收合格后方可进入下一道工序施工。工程得到各级领导及文物主管部门关心指导，结合地方民族特点，采用传统工艺，完成维修工程。2014年9月21日，经现场勘察，在盈江县文体广电旅游局三楼会议室召开允燕塔抗震抢险维修工程竣工验收会议，县、州、省相关人员一致表态同意通过验收。会议还同意将项目结余资金用于盈江县部分省、州级文物保护单位的维修。

2013年8月，位于四川省眉山市的三苏祠

受雅安芦山7级地震波及，古建筑群、安全设施、附属建筑等遭受严重损害。三苏祠灾后文物抢救保护工程被国家文物局列为一般灾区第一批开工的重点文物保护维修项目，并拨付维修专项资金6000余万元。受国家文物局、四川省文物局委托，古建筑专家许言、张之平、李永革、尚国华等多次赴三苏祠进行深度调查，研讨维修保护方案。按照眉山市委、市政府"多留遗产，少留遗憾"和"建精品工程，传千年经典"的目标要求，三苏祠闭馆维修。2014年1月，三苏祠灾后文物抢救保护工程开工，由四川开禧古建筑园林工程有限公司负责施工，四川文博工程监理有限公司负责监理。工程内容包括本体维修、安防工程、消防工程、防雷工程、保护维修三期（保护展示）工程、展览陈列改造提升工程，是三苏祠建祠史上最大规模的一次修缮。2015年3月，维修工程竣工并通过国家文物局验收，其余工程于2016年3月25日通过竣工验收。三苏祠灾后文物抢救保护工程是在突发事件下迅速开展文物抢救保护工程的一次成功实践。三苏祠灾后文物抢救保护工程主要解决了两类问题：一是全面排查地震对文物建筑造成的破坏，解决地震对其结构造成的稳定性破坏，如梁架倾斜、檐口下沉等；二是系统勘察由于自然侵蚀、年久失修导致的损坏，如墙面抹灰脱落、红砂石构件风化、板椽糟朽、木构件虫害、不当维修等，针对建筑既有问题实施维修。工作重点主要集中在以下方面：开展深入广泛的历史研究工作，收集大量历史文献、修缮沿革、历史图纸、老照片等，为制定合理、准确的修缮措施、修缮技术提供基础资料，决定修缮的干预

程度；现场进行详细勘测，深入研究、分析建筑构造做法、工艺技术、建筑材料等，并详细分析建筑损毁的程度及结构安全的状态；持续关注施工进展情况，与施工单位密切配合，确保工程顺利实施及技术路线、技术措施、修缮材料能够准确、有效落实与使用。三苏祠灾后文物抢救保护工程获得专家组认可，认为工程符合设计要求，达到文物抢救保护目的，彰显了四川乡土和蜀中园林特色，工程程序规范，重视施工安全，施工质量合格，工程档案资料齐全，满足对外开放条件，原则同意通过验收。三苏祠灾后文物抢救保护秉持科学、全面的态度，整体分析地震灾害造成的影响，对灾害造成的破坏进行分析、评估，确定有效的抢救、修缮技术路线，确保通过抢救保护措施把文化遗产损失减到最低。2017年，三苏祠灾后文物抢救保护工程获评第三届全国优秀文物维修工程。

观音阁又名月心阁，位于四川省雅安市雨城区县前街106号，始建于明洪武十七年（1384年），天顺元年（1457年）至正德九年（1514年）重建。建筑坐南向北，平面呈正方形，面积334平方米，通高12米，面阔五间22.4米，进深三间12.9米，殿内有一口明代古井。观音阁是雅安城内保存年代最早的木质结构，具有极高的文物价值，2013年被国务院公布为第七批全国重点文物保护单位。中华人民共和国成立后，观音阁长期作为粮站仓库，殿内塑像、壁画全毁，墙壁、门窗亦不存，台基下半部被抬高的地平掩埋。殿内添加有木板墙、红砖墙、高架木地板、砖砌台阶等。因年久失修，2002年发生屋面坍塌，大木构架

糟朽、倾斜严重，雅安市文物管理所及时进行临时抢险加固，用几十根圆木支撑屋架，石棉瓦遮盖屋面。2008年汶川特大地震和2013年芦山地震，雅安都处于重灾区。观音阁经两次地震，建筑整体严重倾斜，大木构件后加支顶柱及铁活加固，柱、梁、枋、檩等构件普遍糟朽严重，存在榫头糟朽、断裂现象，屋面瓦件残损、缺失，椽飞、望板糟朽、缺失、折断，斗拱等木构件缺失，亟待大修。国家文物局安排专家赴现场帮助制定观音阁维修方案和保护规划，并将观音阁维修工程作为灾后重建的先期启动项目。2013年5月，启动前期施工，包括搭建彩钢保护棚和满堂脚手架，拆除瓦屋面，将拆下的瓦件、脊饰分类码放。8月22日，"茶马古道·观音阁"文物抢救保护工程举行开工仪式。观音阁维修工程由北京国文琰文物保护发展有限公司设计、泉州市刺桐古建筑工程有限公司施工、成都文物考古研究院监理。工程于2014年3月开工，9月验收完毕。2015年，获评第二届（2014年度）全国十佳文物保护工程。观音阁维修工程遵循"不改变文物原状"原则，坚持"保护为主、抢救第一、合理利用、加强管理"文物工作方针，尽可能真实完整地保存观音阁的历史原貌和建筑特色。在维修过程中以建筑现有传统做法为主要修复手法，适当运用新材料、新工艺，最大限度延长建筑物寿命。施工中提出应尽可能保留现有建筑材料；加固补强部分要与原结构、原构件连接可靠；新补配的构件要完全按照现存实物进

行加工制作，不可擅自改变原来图案及样式等要求。施工中首先拆除两侧耳房，然后用钢缆将屋架拉住，避免落架时继续倾斜。落架工程中注意保护构件榫头，斗拱用铁丝整攒绑扎后整体吊运，落架时掌墨师亲自在构件上做标识，同时监理拍摄记录构件所在位置及外形特征，以备标识脱落时仍能归安原位；落架进行到一定程度时开始牮正，将钢缆垫地毯绑扎于几根主要柱头上，另一端通过手拉葫芦固定到地面桩子上，几处柱、枋交接处用戗杆和千斤顶顶住，同时拉葫芦、顶千斤顶；木构件修补主要采用剔补、拼补方式，用白乳胶或环氧树脂胶粘牢，梁枋类大构件若有榫头糟朽，则在构件底面用5厘米厚钢板加螺栓加固；新做木构件严格遵循旧构件形制，按旧构件轮廓描摹1:1等大模板制作，雕刻纹饰按拓片制作；柱子墩接加铁箍两道，柱心糟朽处清理后插入适合尺寸的木柱并用环氧树脂灌浆。更换可能有纪年题记的构件时，在新换构件背面书写发现经过，留下年代标识；按照旧瓦件中年代最早的规格统一定烧新瓦件，旧瓦件多用于砌屋脊及翼角处，旧脊饰也大多得到利用；台基、地面、石栏杆做翻砌，旧构件全部原位使用，仅少量缺失处做补配，保持原有石活的历史质感；在台基内部增砌一层条石；修缮维持平行布椽、大角梁加大刀木的做法，保留不同时期历史信息。观音阁的修缮使这一重要文化遗产得以保存，有利于建筑历史和文化遗产研究工作的进一步开展。

# 第三章

# 考古工作

中华人民共和国成立后，中央和地方考古专业机构建设不断完善，中断多年的殷墟发掘得以恢复，考古发掘和研究逐渐步入正轨。20世纪70年代后期，各省开始设立独立的文物考古机构，将考古职能由博物馆剥离出来。截至2017年，全国省级行政区基本设立有文物考古研究所（院），部分文物资源丰富的市也设立了独立的文物考古科研机构。

随着国家经济建设发展，配合基础设施和工程建设等进行调查与发掘成为考古工作重点。在铁路、公路建设，水利工程、输油输气管道工程、输变电线路工程及大型露天开采的矿业生产工程中，无一不是考古先行。抢救发掘保护地下文物，成为很长时期内中国考古工作的常态。

近百年来，中国重大考古发现成果众多，举世瞩目。本章所列举的考古重大发现项目，主要是依据专家评审公布的"中国20世纪100项考古大发现"、1990年以来历届"全国十大考古新发现"和中国社会科学院考古研究所"六大考古发现"筛选，时间跨度大，空间范围广，包括大型聚落、城址、墓葬群项目，特别关注与人类起源、农业起源、文明起源以及中华统一多民族国家形成等具有突出实证和研究价值的项目。

中国自古以来即有繁忙的海上交通线，特别是唐代以后海上贸易非常发达，由北向南的四大海域及内水有着丰富的水下文化遗存，水下考古事业具有很大的发展潜力。20世纪80年代以来，通过建立水下考古机构，制定水下考古管理条例，遴选高素质考古人才，以培训班形式进行潜水培训和水下考古专业知识培训，中国水下考古专业队伍日渐成熟。广东"南海Ⅰ号"南宋沉船遗址调查发掘、西沙群岛海域水下考古调查等所获的丰硕成果，为海上丝绸之路研究和中国历代海洋开发与权益研究提供了坚实的学术支撑。

20世纪90年代以来，中国先后成立了一批遥感考古研究机构，人员队伍和技术水平逐渐成熟。2001年，中国科学院、教育部、国家文物局遥感考古联合实验室成立，并在10余个省、自治区、直辖市建立工作站。2004年，以遥感考古联合实验室为依托的国家遥感中心自然与文化遗产遥感研究部成立。遥感考古在探查地下文物遗迹分布、进行文物实时保护监测等方面发挥着重要作用，内蒙古东南部航摄考古调查、秦始皇陵考古遥感与地球物理综合探查等项目成果为中国考古事业作出了重要贡献。

科技考古更是方兴未艾，包括人骨考古、

动物考古、植物考古、环境考古以及陶瓷考古、冶金考古等,涉及学科和领域不断扩展。进入21世纪,依托先进科学技术应用的新兴科技考古各专业成为中国考古工作不可或缺的有机组成部分,在史前绝对年代测定,农业、畜牧业的起源与传播,人类聚落与自然环境的交互关系,人类社会形态变迁与产业技术进步等重大考古课题方面都起到了关键作用。

# 第一节　考古机构

中国田野考古机构的正式设置，通常认为始于民国17年（1928年）中央研究院历史语言研究所考古组的设立。为方便在地方开展考古工作，中央研究院历史语言研究所相继与山东省、河南省政府合组山东古迹研究会、河南古迹研究会，以合作方式开展遗址发掘。民国18年，农矿部地质调查所新生代研究室成立，主要从事周口店北京猿人遗址的发掘及化石研究工作。民国22年，北平研究院参照中央研究院工作方式，与陕西省政府合组陕西考古会。同年，中央博物院筹备处成立，此后在抗战期间与历史语言研究所等机构合作在西南地区开展考古工作。民国23年，由容庚等发起成立考古学社，这是最早以考古为名义成立的社会学术团体组织，社员最多时达141人，曾编辑出版《考古社刊》杂志。类似的学术组织还有一些，但都难以长期维持，这是当时民间学术团体的共同特点。民国24年，浙江省立西湖博物馆与吴越史地研究会合作发掘了杭州古荡遗址，此后又对良渚遗址进行过发掘。南京曾设立古物保存所开展明故宫遗址发掘及相关考古勘察，四川华西大学博物馆等也开展过一些古迹调查或发掘清理工作。抗战时期，避居汉中的西北联合大学历史系考古委员会曾对张骞墓等进行过发掘。

中华人民共和国成立后，中国科学院设立考古研究所，承担田野考古发掘、研究任务和指导全国考古业务、培养考古专门人才等职责。1953年，新生代与脊椎古生物研究组由设在南京的中国科学院古生物研究所分离出来，在北京建立中国科学院古脊椎动物研究室，1957年升格为古脊椎动物研究所，1960年改称中国科学院古脊椎动物与古人类研究所。1954年，北京大学在历史系设立考古专门化，成为高等院校培养考古专门人才的开端，1958年改为考古专业。中华人民共和国成立之初，各地的考古工作主要由行政大区的文化行政管理机构负责，如南京博物院（华东文物工作队）、西南博物院（筹备处）以及东北博物馆等都作为行政大区的考古业务单位组织从事当地的考古发掘工作。随着行政大区的撤销，各省的考古工作多由设置在博物馆中的业务部门承担。河南、陕西、山西、河北等省由于地下文物埋藏丰富，所以较早设置了独立的文物考古机构。20世纪70年代后期，随着文物事业的发展，各省相继设立了独立的文物考古机构。改革开放以后，一些文物资源丰富的市也设置了独立的文物考古科研机构。

截至2017年，中国的考古机构已形成规模适度、层次合理的结构，各考古机构主要隶属于国家科学研究、文化事业和高等教育等不同系统，其中国家层面包括中国社会科学院、中国科学院的专业科研所和中国文化遗产研究院、中国国家博物馆、故宫博物院等机构的考古部门。各省、自治区、直辖市考古机构主要承担本行政区域内的考古科研工作。高等院校中的考古教学部门是田野考古的一支重要力量，设立考古专业本科教育的院校已达数十所，所承担的田野考古发掘等工作除配合完成教学与科研任务外，也为地下文物的保护发挥了积极作用。此外，一些针对大型不可移动文物所设立的专门保护管理机构也具有一定的田野考古能力，如秦陵研究院（秦始皇兵马俑博物馆）、敦煌研究院等机构的考古部门等。

## 一、中华人民共和国成立前的考古机构

**中国地质调查所新生代研究室** 民国2年（1913年），中国地质调查所成立，所长为丁文江。20世纪20～30年代是中国地质调查所的重要发展时期，先后建立了古生物研究室、新生代研究室、沁园燃料研究室、矿物岩石研究室、地震研究室和土壤研究室等。民国18年，中国地质调查所新生代研究室成立，这是中国新生代古脊椎动物的丰富埋藏逐渐被发现以及五四运动后中国人民要求发展科学的必然结果。

**中央研究院历史语言研究所考古组** 民国16年（1927年）4月17日，国民党中央政治会议第七十四次会议在南京举行，李煜瀛提出设立中央研究院案。民国17年6月9日，中央研究院成立。同年，历史语言研究所考古组成立，隶属于中央研究院，是从事考古研究的学术机构。民国18年，李济作为当时中国唯一具有近代考古学知识和发掘经验的学者，被聘任为历史语言研究所考古组主任。

**北平研究院史学研究会考古组** 民国18年（1929年）9月，北平研究院成立，李煜瀛为院长。同年11月，史学研究会成立，会址设于中海怀仁堂西四所，会员共25人，李宗侗为常务会员兼干事。民国20年，史学研究会成立考古和调查编纂组，徐炳昶为考古组主任。民国24年，北平研究院进行机构改革，成立"八所五会"，史学研究会为5个研究会之一，设有考古组和历史组，徐炳昶为考古组主任，吴敬恒为常务会员。此后人员建制日益完善，吴世昌、吴丰培、张江载为编辑，苏秉琦为助理员，会员有白眉初、朱希祖、朱桂辛、沈尹默、沈兼士、孟森、俞同奎、马衡、陈垣等20人。

史学研究会成立之后开展了诸多考古活动，如常惠、马衡、傅振伦等组织发掘了燕故都遗址，常惠撰有《易县燕都故址调查报告》。民国23年，与陕西省政府合作成立陕西考古会并发掘宝鸡斗鸡台周墓和西安唐中书省遗址，发表《斗鸡台发掘报告》《陕西调查古迹报告》；民国24年，调查河北磁县石窟石刻古迹，整理《南北响堂寺及其附近石刻目录》。此外，创办《考古专报》（不定期），民国24年1月出版第1期第1号；创办《史学集刊》（年出两期），民国25年4月出版第1期。

民国26年7月，史学研究会改为史学研究所，徐炳昶（旭生）任所长和专任研究员，冯家昇、王静如、黄文弼为专任研究员，苏秉琦为专任副研究员。民国27年4月，史学研究所迁往昆明。迁滇期间，徐炳昶著有《中国古史的传说时代》，苏秉琦根据陕西考古材料完成了《陕西宝鸡县斗鸡台发掘所得瓦鬲的研究》

《斗鸡台沟东区墓葬》。民国35年9月,史学研究所复员并重新办公,增设历史组学术会议,徐炳昶、陈垣、陈寅恪、顾颉刚、姚从吾、张星烺、董作宾、汤用彤、李俨为学术会议会员。

1949年11月,中国科学院在北京成立,史学研究所并入中国科学院考古研究所。

## 二、中华人民共和国成立后的考古机构

中国社会科学院考古研究所    中国社会科学院考古研究所是在原北平研究院史学研究所和中央研究院历史语言研究所一部分的基础上组建起来的。1950年8月1日,考古研究所在北京成立,是中国科学院建院伊始组建的研究所之一。1977年,中国社会科学院正式成立,考古研究所改属中国社会科学院。历任所长为郑振铎、尹达、夏鼐、王仲殊、徐苹芳、任式楠、刘庆柱、王巍、陈星灿。

作为中国考古学界中心科研机构,中国社会科学院考古研究所有重点地进行田野调查发掘,系统整理研究取得的各种实物资料,探索中国古代社会发展历史,先后在全国范围内开展田野考古工作,与国外考古科研机构展开广泛合作与交流,并派队赴乌兹别克斯坦、洪都拉斯等国合作开展考古发掘与研究。下设业务机构有史前考古研究室、夏商周考古研究室、汉唐考古研究室、边疆民族宗教考古研究室、文化遗产保护研究中心、考古科技实验研究中心、考古资料信息中心、考古杂志社,另在西安设有研究室,在洛阳和安阳设有工作站。主管中国社会科学院古代文明研究中心,也是中国考古学会的挂靠单位。主办《考古学报》《考古》《中国考古学(英文版)》等学术期刊,编撰出版各种考古学专刊,开办"中国考古"网站,主持举办年度"中国考古论坛",均具有广泛的社会影响。

中国科学院古脊椎动物与古人类研究所    中国科学院古脊椎动物与古人类研究所的前身是民国18年(1929年)4月在北京成立的农矿部地质调查所新生代研究室,主要从事周口店北京猿人遗址的发掘及化石研究工作。1951年,新生代研究室归入在南京创建的中国科学院古生物研究所,改称新生代与脊椎古生物研究组。1953年,新生代与脊椎古生物研究组从古生物研究所分出,在北京建立中国科学院古脊椎动物研究室,1957年升格为古脊椎动物研究所,1960年改称中国科学院古脊椎动物与古人类研究所。

中国科学院古脊椎动物与古人类研究所是中国唯一专门从事古脊椎动物学、古人类学及相关生物地层学研究的学术机构。截至2017年,研究所共设4个研究室(古低等脊椎动物研究室、古哺乳动物研究室、古人类及旧石器研究室、环境演化研究室)、1个研究中心(周口店古人类研究中心)、1个开放实验室(中国科学院脊椎动物演化与人类起源重点实验室),设有古生物学与地层学、地球生物学、科技考古专业博士、硕士研究生培养点和博士后科研流动站。研究所建有国内规模最大的古脊椎动物、古人类化石及石器标本的标本馆,馆藏标本达20万件;建有世界规模最大、条件最齐全的标本修理室,业务涵盖化石修理、模型制作、复原装架、标本清绘、生态复

原制图、化石照相等；拥有一个对公众开放的中国古动物馆。挂靠学会有中国古脊椎动物学分会、中国第四纪科学研究会古人类-旧石器专业委员会、中国第四纪科学研究会地层专业委员会。主办《古脊椎动物学报》《人类学学报》等学术期刊。

中国文化遗产研究院　中国文化遗产研究院是国家文物局直属的文物保护科学技术机构，主要从事历史文化遗产保护基础与战略研究、重大遗产地及大遗址保护、文物保存与修复的科技研发及推广、出土文献研究等工作，并负责整理、保存全国重点文物保护单位和馆藏一级文物档案，承担对各地文物保护专业骨干人员的培训任务。

中国文化遗产研究院前身为中国文物研究所，建于民国24年（1935年），时为旧都文物整理委员会，民国34年改称北平文物整理委员会。1949年更名为北京文物整理委员会，是中华人民共和国成立后的第一个文物保护管理机构。1956年更名为古代建筑修整所，1962年增名文物博物馆研究所，1973年更名为文物保护科学技术研究所，1990年与文化部古文献研究室合并为中国文物研究所，2007年更名为中国文化遗产研究院。

截至2016年，中国文化遗产研究院内设文物保护基础理论研究室、古文献与文物研究中心、古代建筑与古迹保护中心、文物保护科技中心、文物资料信息中心、文物保护修复培训中心等6个科研机构。科技中心配备超软X射线仪、XGT荧光能谱、派拉纶气相真空沉淀设备等大中型科学仪器37台／套；资料信息中心藏书30万册，线装古籍约19万册，包括善本、明

刻本、方志等珍贵资料，另有历史照片10.6万张、古建筑图纸7000余张、历代金石拓本3.6万张、古代建筑及各式斗拱模型40件；培训中心修复实验区面积约1000平方米，内建7个符合国际标准的修复实验室。中国文化遗产研究院同日本、德国、美国、英国、意大利、荷兰、奥地利等国家的研究机构有学术交流，与日本东京文化财研究所、日本奈良文化财研究所、美国盖蒂保护研究所等有合作关系，也是中国和意大利两国政府合作进行保护修复文物的培训项目基地。

国家文物局水下文化遗产保护中心　国家文物局水下文化遗产保护中心是国家文物局直属正局级事业单位，前身是中国文化遗产研究院国家水下文化遗产保护中心。

2009年9月，文化部、国家文物局依托中国文化遗产研究院设立国家水下文化遗产保护中心，2010年起相继在宁波、青岛、武汉、福建等地设立水下文化遗产保护地方基地。2012年6月13日，中央机构编制委员会办公室（简称中央编办）批复同意在中国文化遗产研究院加挂国家文物局水下文化遗产保护中心牌子。2014年6月4日，国家文物局水下文化遗产保护中心正式独立建制，负责统筹全国水下文化遗产保护业务工作，承担全国水下文化遗产保护政策法规研究、标准拟制和事业发展规划编制工作，承担全国水下文化遗产保护资源数据管理、监测系统建设，承担全国水下文化遗产保护项目初审和结项审核工作，负责基本建设涉及的水下调查、发掘项目的组织实施，实施重要的水下文化遗产调查、发掘、研究、保护、展示项目，承担水下文化遗产保护规划和保护

修复方案编制。中心还负责开展全国水下文化遗产保护技术研发、推广、咨询与服务工作，承担考古研究船等装备、设备的管理和使用工作，承担水下文化遗产保护专业人员的培训、管理工作，承担国家水下文化遗产保护基地、工作站的管理和业务指导工作，开展水下文化遗产保护国际合作与交流。

中心成立以来，先后组织编写《国家水下文化遗产保护"十二五"规划》《水下考古操作规程》等，参与国家水下文化遗产保护南海基地、北海基地、西沙工作站和地方基地建设，参与国内第一艘考古研究船"中国考古01"的设计、建造工作；在广东、福建、浙江、湖北、辽宁等11个沿海及内陆省主导协调或配合开展专业水下文化遗产调查或考古发掘项目20余个，包括"南海Ⅰ号"宋代沉船、"南澳Ⅰ号"明代沉船、"小白礁Ⅰ号"清代沉船等沉船发掘与保护项目，以及2013年湖北丹江口均州古城水下文化遗产调查和2013年南沙群岛海域水下文化遗产调查等；开展多个科研项目，包括与国家海洋局第三研究所合作开展海洋公益性课题"水下文物探测、保护技术体系研究与示范"，以及"南海诸岛文物考古相关资料收集整理及初步研究""加入2001年UNESCO《保护水下文化遗产公约》对中国水下文化遗产保护影响的研究""水下无源声呐防范系统在水下遗址保护中的应用与创新""水下文化遗产安全监控试点""青花类瓷器线图计算机提取工具研发"等；开展国际合作与交流，先后与法国、克罗地亚、意大利、美国、菲律宾、韩国等国家开展学术研讨交流。

# 第二节　配合基本建设重要考古项目

早在民国时期，建设工程对地下文物的破坏影响就已引起学者关注，其中陇海铁路陕西段施工中时有文物出土，适逢北平研究院与陕西省政府合组之陕西考古会在陕开展工作，遂进行相关铁路途经区域调查并派员进驻西安车站等施工工地收集出土文物。中华人民共和国成立后，大规模水利工程、铁路、公路等基本建设工程如火如荼展开，地下文物出露及相关保护问题愈发突出，为此国家专门制定了相应政策和制度。国家重点工程举世瞩目、影响深远，对文物保护亦采取重视态度，基本做到工程未动、文物保护先行。三峡、南水北调等超大型项目要求科学编制文物保护规划，并联合工程管理部门对相关发掘保护工作进行指导检查，为大规模考古发掘实施提供了坚实保障。

## 一、配合城乡建设考古

**配合城市建设考古**　城市发展离不开基本建设，而地下文物一旦遭到破坏就无法恢复。为尽可能保护文物资源，各地配合城市建设进行了大规模考古发掘清理工作。

1951年10月，中国科学院考古研究所派出夏鼐任团长的调查发掘团，对长沙近郊数百座楚汉墓葬进行了发掘。此后，由中南军政委员会文化部顾铁符和中山大学商承祚等率队，配合长沙近郊的基建工程，发掘清理古墓405座、出土文物3823件。1953年3月，湖南省专门成立了配合建设工程的文物清理工作队，在长沙近郊发掘清理古墓葬661座、出土文物6764件，其中长沙仰天湖25号木椁墓中首次出土了43件战国竹简和一批彩绘木俑，左家公山战国木椁墓、左家塘战国墓等墓葬的发掘清理中也获得了较多珍贵文物。历年来，长沙市配合基本建设工程的考古项目时有重要成果面世，如马王堆汉墓、走马楼三国吴简牍等都称得上是惊世发现，为学术研究提供了丰富的实物资料。

1952年11月21日，中央文化部社会文化事业管理局、中国科学院考古研究所、河南省文化局、洛阳专区文物管理委员会和洛阳市文化局联合组成洛阳考古发掘队，在洛阳烧沟发掘清理汉墓600余座，发掘成果由蒋若是等执笔汇总为考古报告《洛阳烧沟汉墓》（1959年）。1953年，洛阳市文物工作队配合基本建设工程开展清理发掘工作，上半年即清理墓葬246座、出土各类文物15768件。1954年1月30日，文化部社会文化事业管理局局长郑振铎邀请纺织部、卫生部、水利部、机械部专家，讨论配合洛阳城市建设保护和勘察文化古迹。1954年4月，中国科学院考古研究所在洛阳城市建设工程考古勘察中发现并确认汉河南县城；同月，中国科学院考古研究所、北京大学、文化部社会文化事业管理局、河南省文化局文物工作队和洛阳地区文物部门联合组成考古工作队，配合基本建设，在洛阳市东周王城、汉魏故城、隋唐东都和涧西区防洪渠工程等处进行勘察发掘。1954年10月，在洛阳市道路工程考古勘察中发现古遗址和大批古墓葬，探明古墓994座，在苏秉琦主持下，中国科学院考古研究所和河南省文物工作队对中州路西段区域古墓实施发掘，其中清理东周墓260座，经整理分析，确立起中原地区东周墓葬分期框架，为东周墓葬断代研究提供了标准，发掘研究成果汇总为考古报告《洛阳中州路（西工段）》（1959年）。1957年起，中国科学院考古研究所和河南省文化局文物工作队勘察了隋唐洛阳城的皇城、宫城及其附属小城的平面布局；1959年，对隋唐洛阳城重新进行勘察，基本判明了外郭城范围、形制和城门位置；1960年起，勘察隋唐洛阳城的皇城、宫城的平面布局，并对洛河两岸街道、里坊进行全面探讨。中华人民共和国成立以来，洛阳城市建设考古先后有东周王陵"天子驾六"车马坑、北魏宣武帝景陵、隋唐含嘉仓、隋东都回洛仓、隋唐东都诸城门、南市遗址、九洲池与亭台建筑、北宋衙署庭园遗址等重要发现。进入21世纪，在配合国家考古遗址公园建设和邙山陵墓群保护规划工作中也不乏唐东都宫城明堂和天堂遗址、曹休墓等曹魏大墓、北魏节闵帝元恭墓、朱仓东汉大墓等重大发现。

1953年1月，新设立的河南省文化局文物工作队对郑州二里岗遗址进行发掘，发现商代遗迹和战国墓葬，出土一批青铜器和原始瓷器、陶器、甲骨等重要文物，考古成果由安金槐执笔汇总为考古报告《郑州二里冈》（1959年）。1953年6月27日，郑州市人民政府召开由建设部门和宣传教育部门参加的保护文物工作会议，由文化部社会文化事业管理局传达国家保护文物政策，强调郑州市地下文物丰富，要求各有关部门密切配合，做好文物发掘和保护工作。1954年夏，鉴于郑州市基本建设文物保护面临的巨大压力，文化部社会文化事业管理局在郑州召开会议，决定抽调浙江、江苏、福建、山东、安徽等省专业人员，组建由南京博物院领导的华东文物工作队，支援郑州考古发掘工作。

1953年3月，西北行政委员会文化局组织有关部门成立西北地区工程文物勘察清理队，负责西北地区工程建设中文物的发掘清理工作，当月即在西安东郊浐河畔发现著名的半坡遗址。1954～1956年，在石兴邦主持下，中国科学院考古研究所和陕西省文物管理委员会对半坡遗址进行了联合发掘，首次大规模揭露出距今六七千年的史前聚落，并根据国务院副总理陈毅建议，在遗址上建立了中国首个遗址博物馆。1954年，西北地区工程文物勘察清理队和陕西省文物管理委员会在西安市附近清理发掘隋唐墓葬2000余座，出土一批纪年墓志，包括开皇、大业、贞观等各历史时期，为隋唐墓葬分期断代研究提供了丰富资料。1956年2月11日，陕西省人民委员会召开保护丰镐二京古遗址座谈会，会后组织有关单位和专家进行实地勘察，决定停止丰桥砖瓦生产，以保护丰镐古遗址。1957年，中国科学院考古研究所与陕西省文物管理委员会对西安隋大兴城唐长安城开展了全面调查和勘察清理，勘察发掘成果汇总为考古报告《唐长安大明宫》（1959年）。1958年2～12月，陕西省文物管理委员会、西安市文物管理委员会和中国科学院考古研究所对西安市和平门外的唐兴庆宫遗址进行了联合发掘。进入21世纪，西安城市建设中的考古工作在产业转型调整趋势下也进入了新阶段，除配合大明宫、大唐西市等建设开发，文物保护和利用也形成了"曲江模式"，考古成果的展示利用成为项目开发建设的重要支点。

1953年起，为配合城市建设，由广东省文物管理委员会和广州市博物馆组成的田野考古工作组对广州市郊的两汉墓葬进行发掘，清理墓葬400余座，基本确立了岭南地区两汉时期考古学文化的编年序列。

1955年，国家在侯马布置多个"一五"重点工业项目，新设置的侯马市随即展开大规模基本建设，山西省文物管理委员会组织力量进行文物普查，为侯马市的城市建设规划与设计提供依据。1956年10月，山西省文物管理委员会成立侯马工作站，这是全国省级文物管理机构在省会之外设立派出考古机构之始。1960年3月，侯马市考古发掘委员会成立；10月，国务院印发《关于加强侯马地区古城遗址的勘探发掘工作的通知》。1960年10月及1963年2月，文化部社会文化事业管理局两次邀请中国科学院考古研究所，并组织中国历史博物馆等机构以及上海、天津、陕西、江西、广东、福建、甘肃、河南、山东等省市考古业务人员支援侯马古城发掘工作，业内称作"侯马会战"。"侯马会战"大规模田野发掘工作由黄景略主持，文化部文物管理局副局长王书庄曾在现场驻守和指导。侯马发掘工作持续至1964年春，主要围绕侯马晋国古城遗址开展，先后发掘清理了出土数以万计陶范的大型铸铜遗址，分布数百座祭祀坑、出土5000余件盟书的盟誓遗址，规模达百万平方米、发现奴隶殉葬墓的乔村墓地，揭露墓葬数量达1383座的上马墓地等，具有极高的学术价值。

**配合农田建设考古**　20世纪50年代末，随着人民公社化运动兴起，农田改造活动大规模铺开，平整土地等行为对地下文物的破坏和影响十分突出，许多遗址遭到毁灭性破坏，一些重要城址面临严重威胁。

文化部文物管理局曾组织燕下都文物工作队配合农田水利建设，对河北省易县燕下都遗址进行勘察。1961年，河北省文化局文物工作队易县燕下都"四有"规划工作组开始对燕下都进行全面调查勘探，并进行重点试掘。1964年，文化部在河北易县燕下都遗址召开古遗址保护工作座谈会，就文物保护单位"四有"工作和农田建设改造中的文物保护问题进行座谈。1975年11月，国家文物事业管理局邀请河北等七省市文物管理部门负责人就文博工作如何为"农业学大寨"服务等问题进行座谈，提出要及时配合运动，采取有力措施，搞好文物保护。1977年，国务院批转国家文物事业管理局《关于在农业学大寨运动中加强文物保护管理的报告》，将"重点保护、重点发掘，既对基本建设有利，又对文物保护有利"的"两重两利"方针作为国家文物考古工作基本政策，并出台了相关政策和具体规定，文物保护不利局面有所扭转。

1962年发现的北京房山琉璃河遗址是配合基本农田建设工程实施文物保护与考古的典型

范例。在1972年大规模农田建设平整土地中，该遗址面临被铲平的危险，当时在琉璃河遗址进行考古发掘实习的北京大学业务负责人邹衡向学校进行了汇报，北京大学又很快将情况汇报到了国务院。国务院派农林部负责人带领相关部委领导赴琉璃河遗址现场办公指导，国家文物事业管理局局长王冶秋、中国科学院考古研究所夏鼐等参加。经咨询专家意见并慎重考虑，农林部负责人责令推土机开出琉璃河，遗址得以保留。琉璃河遗址此后由中国社会科学院考古研究所、北京大学以及北京市文物研究所等进行多次发掘，取得许多重要发现，并被确认为西周时期的燕国都城。琉璃河遗址的发现和确认将北京建城历史提前千余年，利用相关考古发现建设的遗址博物馆也成为北京重要的历史文化旅游资源。

## 二、配合水利工程考古

20世纪50年代初，国家开展了治理淮河、荆江分洪等水利工程建设，此后又相继实施了三门峡、丹江口、葛洲坝、长江三峡、小浪底、南水北调等大型水利水电工程建设，这些项目无一不是考古先行。

**配合治理淮河、荆江分洪等水利工程考古** 1950年冬，第一期治理淮河工程开始，由中央文化部部署，经华东军政委员会文化部批准，在治淮委员会下成立治淮文物工作小组开展文物保护收集工作。1951年1月29日，河南省人民政府文物保管委员会、河南省治淮总指挥部联合印发《配合治淮工程进行保护古迹文物的通知》。1951年冬，第二期治淮工程施工

前，治淮委员会政治部和华东军政委员会文化部在蚌埠召开配合治淮救护文物工作会议，决定成立治淮文物工作队，下设皖北组和苏北组开展工作。1951年12月，配合治淮工程的华东文物工作队赵青芳等在淮安青莲岗发现史前彩陶，并提出"青莲岗文化"的命名。1951年12月～1952年1月，河南省文物管理委员会、中国科学院考古研究所和文化部社会文化事业管理局等单位联合对河南禹县白沙水库工程涉及的古代墓葬实施发掘清理，主要成果由宿白编写成考古报告《白沙宋墓》（1957年）。1953年1月，华东文物工作队与治淮文物工作队合并，从华东各省调集考古工作人员赴淮河工地开展发掘清理工作，曾昭燏任队长。

国家在实施荆江分洪工程中也贯彻了加强文物保护的方针。工程开展之初，荆江分洪总指挥部发布了保护文物古迹指示，并编制了《荆江分洪工程中保护文物古迹工作大纲》。1952年4月15日，中南军政委员会文化部、民政部与湖北省、湖南省文教厅、民政厅、文物管理委员会以及荆江分洪总指挥部九单位联合成立荆江分洪文物管理委员会，并在荆江分洪总指挥部设置文物管理处，驻工程地区负责保护文物古迹工作，并制定了《荆江分洪委员会文物管理委员会暨荆江分洪总指挥部文物管理处工作计划》。此外还设置了湖北省沙市荆江分洪文物管理委员会，以做好群众的宣传教育和开展分洪工程区普遍调查工作。1955年1月31日，湖北省荆州地区水利工程总部政治部印发关于保护工地文物古迹的通知。虽然荆江分洪工程区受历史上长江改道和洪水侵扰等原因而没有重要发现，但工程对文物保护工作的重

视和管理却值得称道，为此后国家大型水利工程中的文物保护工作提供了可资借鉴的经验。

治理黄河水利工程考古　1955年7月18日，国务院副总理邓子恢在第一届全国人民代表大会第二次会议上作《关于根治黄河水害和开发黄河水利的综合规划的报告》，标志黄河治理工作的全面展开。工程实施前，由中国科学院和文化部联合组成黄河水库考古工作队开展了建设涉及区域的文物考古工作。为配合中国第一个大型水利工程——三门峡水利枢纽规划与建设，由夏鼐任队长的黄河水库考古工作队先后两次在三门峡水库库区开展考古普查，共发现化石产地10处、古代聚落遗址211处、古墓葬73处、古代纪念物13处，古遗址埋藏总面积达68634726平方米。根据调查结果，黄河水库考古工作队编制完成了文物保护和考古工作方案。由于水库库区从河南陕县上溯到陕西临潼，涉及河南、山西、陕西的相关市、县，故国家统筹组织黄河水库考古工作队分队进行遗址和墓地的发掘清理，发现了可能属于中石器时代的沙苑文化遗址、仰韶时代庙底沟遗址、三里桥遗址、上村岭虢国墓地、后川东周至西汉时期墓地，以及刘家渠东汉隋唐墓地等极具科学和历史价值的遗存。在复查基础上，各分队又选择了西关堡遗址、横阵墓地、芮城东庄村和西王村遗址等进行重点发掘。1956年，安志敏率领考古队在黄河刘家峡水库库区以及支流的洮河、大夏河和山丹四坝滩进行调查，发现古遗址和墓葬地点176个，总面积1168万余平方米，其中包括仰韶、齐家、辛店、寺洼、卡约等不同考古学文化，为重新认识甘肃、青海远古文化的性质和相对年代提供

了重要资料。此次调查结束后，在兰州举办了一个小型的成果展。1958年开始，主要由中国科学院考古研究所人员组成的黄河水库考古队甘肃分队在永靖、临夏对多处遗址进行发掘，发现了辛店文化晚于齐家文化的地层关系，提出辛店文化可分为张家嘴类型和姬家川类型，此外还丰富了对马家窑文化和齐家文化的认识。1958年，由北京大学考古专业师生组成的黄河水库考古工作队陕西分队华县队对元君庙仰韶墓地和泉护村遗址进行了发掘，此后在华县、渭南再度进行考古调查，并在虫陈村、南沙村、郭老村等地进行试掘，以进一步了解当地古文化遗址的类型与分布情况。在全面开展考古发掘清理的基础上，黄河水库考古工作队还组织人员对三门峡水库区域黄河古代漕运遗迹进行了调查。1958年9月，文化部文物管理局与中国科学院考古研究所在故宫联合举办"黄河水库考古展览"，集中展示配合三门峡、刘家峡水库建设的考古工作初步成果，反映了黄河流域古代文化的发达以及考古工作配合工程建设的意义。

除国家直接组织领导的工作外，中国科学院陕西分院考古研究所设立后组建了渭、汉、泾、洛四大水系考古调查组，与陕西省文物管理委员会合作开展考古调查，其中陕西彬县下孟村的发现对半坡与庙底沟两类仰韶时代遗存的年代关系研究具有重要意义。1956年，陕西省人民委员会印发《关于三门峡水库陕西工程区文物保护清理工作的规定的通知》，对相关文物保护与考古工作作出规定。1977～1981年，青海省文物考古工作队配合龙羊峡水电站建设工程，在龙羊峡库区贵南县尕马台等13个

地点进行考古发掘，揭露中石器时代遗址、新石器时代马家窑文化和青铜时代卡约文化遗址以及汉、唐、宋、明古城等，发掘面积7500平方米，清理各时期墓葬340余座，出土文物2.3万件。青海省文化厅还配合考古工作举办了亦工亦农考古训练班，并结合贵南拉乙亥遗址发掘清理进行了田野考古培训。

黄河水库考古是在较短时限内集中考古力量对重点工程涉及区域文物实施保护发掘的一次成功尝试，也是文物考古行业服务国家大型基本建设工程的一次练兵。

**丹江口水利枢纽工程考古** 1954年，长江流域发生特大洪水，长江流域根本性治理和控制性工程建设问题受到中共中央高度重视。1958年3月，鉴于三峡工程建设的复杂性，中共中央政治局扩大会议（成都会议）通过中共中央《关于三峡水利枢纽和长江流域规划的意见》，提出汉水丹江口工程应当争取在1959年进行施工准备或正式开工，并将丹江口水库工程作为长江流域开发的先行项目立项施行。丹江口水库位于汉江中上游，由丹江口大坝下闸蓄水后形成，水源来自汉江及其支流丹江，年平均面积700余平方千米，横跨湖北、河南两省，由汉江库区和丹江库区组成。1958年9月，丹江口水利枢纽工程开工；11月，丹江口右岸围堰工程启动。在三年困难时期受诸多因素影响而延期和调整，一期工程至1974年全部完成。

1957年，湖北省博物馆组织文物干部20余人配合丹江口水库建设开展文物考古调查。1958年4月，在文化部文物管理局部署下，中国科学院考古研究所派员前往丹江口地区开展

考古调查；5月，设立由张云鹏负责的长江工作队，在湖北郧县和均县进行考古调查和试掘，将工作范围扩大至湖北郧西和河南淅川；12月，文化部、中国科学院和长江流域规划办公室在武汉联合召开长江流域文物考古工作会议，决定由文化部文物管理局、中国科学院考古研究所及沿江各省文物考古单位共同组成长江流域规划办公室文物考古队，按照规划开展长江流域文物考古。1959年，在长江流域规划办公室文物考古队队长会议上，夏鼐以《长江流域考古问题》为题，就如何开展长江流域文物考古工作作学术报告和工作指导。

在配合丹江口水库一期工程建设中，文物考古部门发掘文化遗址29处，清理古墓群23处、墓葬千余座，拆迁地面文物11处，并对100余处无法搬迁的地面文物留取资料。1958～1962年，中国科学院考古研究所组成长江流域规划办公室文物考古队直属工作队，考古发掘了均县朱家台遗址、乱石滩遗址、观音坪遗址以及郧县青龙泉遗址、大寺遗址、徐家坪墓地等，相关工作由长江流域规划办公室文物考古队湖北分队配合开展。1959～1966年，长江流域规划办公室文物考古队河南分队发掘了淅川下集、双河镇和黄楝树遗址。此外，考古工作者于1967年、1968年对李家庄和雷嘴遗址进行了试掘，1971年开始则重点对淅川下王岗遗址进行大规模发掘。这些考古工作为进一步判明江汉地区新石器时代考古学文化年代序列，探讨长江中游与黄河流域新石器时代文化关系提供了重要资料。在文化部文物管理局协调下，丹江口水库考古工作得到了四川、湖南、江西、浙江、安徽、江苏、云南等省文物

考古工作者的支援，还举办了培训地方文物干部的长江流域文物考古工作人员训练班。

限于特定历史条件，丹江口一期工程文物考古规模和范围都存在一些缺陷，较多文物未能得到有效保护，留下了不少历史"欠账"，例如可能为楚国早期都城的龙城遗址、武当山八宫之首的净乐宫等价值极高的地下、地面文物，在缺乏科学工作的情况下永远淹没于水中。

**葛洲坝水利枢纽工程考古** 葛洲坝水利枢纽位于湖北宜昌的长江三峡末端河段上，距离长江三峡出口南津关下游2.3千米，是长江干流上第一座大型水电站。葛洲坝水利枢纽工程实际属于三峡水利枢纽工程的重要组成部分，因此有关葛洲坝工程的规划与设计于20世纪50年代即已展开。作为三峡大坝反调节水库，葛洲坝工程本应在三峡工程建设运行后进行建设，但三峡工程因为涉及地域广、情况极为复杂、投入巨大等而难以决策，所以国家决定先行开展葛洲坝工程建设，以便为三峡工程的设计与建设摸索和积累经验。1970年12月，葛洲坝工程破土动工。1974年10月，主体工程正式施工。工程分为两期：第一期工程于1981年完工，实现了大江截流、蓄水、通航和二江电站第一台机组发电；第二期工程于1982年开工，1988年底全部竣工。

20世纪60年代末至80年代，配合葛洲坝工程建设，相关文物考古机构在三峡地区进行了一定规模的发掘，抢救了一批面临淹没或施工破坏威胁的文物，发现古文化遗址和采集点以及古墓葬23处，对其中的17处进行发掘，发掘面积约7000平方千米。考古发掘主要项目有湖北宜昌前、后坪战国至两汉时期墓葬，宜昌中

堡岛、杨家湾、三斗坪、清水滩、白庙子、小溪口、路家河和秭归柳林溪、朝天嘴、龚家大沟、官庄坪、鲢鱼山等新石器时代至商周时期的古文化遗址。为配合葛洲坝工程古老背坝址方案比选，长江流域规划办公室文物考古工作队对宜都红花套遗址进行了长达5年的大规模发掘，发掘揭露面积3000余平方米。围绕葛洲坝工程的一系列考古工作，确立了长江三峡东部地区自距今8000年前后直至历史时期的考古学文化序列；确认了朝天嘴、柳林溪等新石器时代较早的遗存，发现白庙子等相当于二里头文化阶段的遗存；通过中堡岛、路家河等遗址的资料，为探索长江中上游远古文化联系以及早期巴文化面貌等创造了条件。

配合葛洲坝工程文物考古工作中，有两项由于工程规划设计本身所具有的特殊意义，也成为文物考古工作和研究对象，并对国家重大基本建设工程直接形成有力支撑的典范。其一是由长江流域规划办公室牵头，组织中国科学院考古研究所、湖北省博物馆、四川省博物馆和重庆市博物馆等单位参与的水文考古工作。重庆市博物馆与长江流域规划办公室文物考古工作队自1967年起分别组织对长江上游干、支流做过4次历史洪水调查，对沿江两岸与历史洪水有关的岩刻、碑记、古建筑物、古遗址、古城址、古墓葬等进行调查和测绘。1972～1974年，又进行3次枯水题刻碑记调查，发现11处历史枯水题刻群、枯水题刻362段。通过对这些历史上洪、枯水考古资料的分析与梳理，比较完整详细复原长江上游近两千年来的水文变化，掌握历史时期水文状况，为水利、水电建设提供科学历史资料，并直接为

葛洲坝工程设计提供历史依据。其二是直接关系到葛洲坝工程大坝选址。在葛洲坝水利枢纽工程设计中，对大坝所在江心洲地质、地层情况不够清楚，有观点认为这个江心洲是在近百年才淤积形成的，所以不能作为工程的坝址。1973年，考古工作者在江心洲等地进行考古发掘，出土的炭化古树经碳十四测年距今约6700年。此外还在葛洲坝和西坝发掘清理数座战国至六朝时期墓葬，为葛洲坝堆积形成年代的确认提供了坚强的考古实物证据，从而为大坝选址提供科学依据。作为特定时期的工程项目，葛洲坝工程初期的文物考古工作沿袭1958年以来确立的长江流域规划办公室主导的体制。为解决地方考古专业力量薄弱问题，曾通过举办长江流域考古人员训练班进行田野考古发掘实习等方式培养考古人员。在工作全面展开后，湖北省文物考古机构承担许多重要发掘工作，还有一些大学考古专业学生通过发掘实习参与到葛洲坝工程的文物考古工作之中。

葛洲坝工程的文物考古工作取得了一系列学术成果，《葛洲坝工程文物考古成果汇编》收录约60篇发掘报告和相关学术论文（长江流域规划办公室库区规划设计处编），是对葛洲坝工程考古工作成果的全面反映。

**三峡水利枢纽工程考古** 20世纪40年代，世界知名水利专家萨凡奇在三度实地考察三峡地区后写出《扬子江三峡计划初步报告》，认为三峡工程可行，但后因时处解放战争时期，此事无果而终。中华人民共和国成立后，特别是1954年长江流域遭受百年一遇的特大洪水，让三峡建设构想再次成为国家重要议题。20世纪50年代末，围绕三峡工程的勘察、论证

等前期工作，考古工作曾几度开展。1958年3月，中共中央政治局扩大会议（成都会议）通过《关于三峡水利枢纽和长江流域规划的意见》，明确推进长江流域治理工作。10月，为配合三峡水库建设前期工作，四川省博物馆与重庆市博物馆、四川大学历史系组成62人的队伍，对三峡水库四川省范围内的文物进行全面调查，发现地下文物93处，采集各时期遗物2458件。1958年10~11月，中国科学院考古研究所长江工作队在湖北宜昌、秭归、兴山和巴东四县进行考古调查，调查新石器时代遗址4处、周代遗址1处及遗物采集地点25处。1960年4~7月，在1958年调查基础上，中国科学院考古研究所长江队三峡工作组对西陵峡地区考古遗存进行第二次调查，复查23处、新发现15处地下遗存，并对其中的杨家湾、柳林溪、三斗坪和鲢鱼山4处遗址进行了试掘。

20世纪80年代，三峡工程建设动议再度升温，为配合相关前期工作，国家文物局组织考古力量在三斗坪周边开展一系列发掘，其中比较重要的是朝天嘴和中堡岛等遗址。1992年4月，第七届全国人民代表大会第五次会议通过关于兴建三峡工程的议案，三峡工程建设进入实施阶段。1993年，国家文物局组织编制三峡库区文物保护规划，委派中国历史博物馆和中国文物研究所共同组建三峡库区文物保护规划组。在库区21个县、区进行大规模调查和勘探、试掘，登记地下文物800余处，依据价值和受影响程度等因素确定保护方案和规模。1993~1994年，在文物保护规划编制基础上，为配合坝区工程建设，湖北省文物考古机构对多处重要地下遗存进行发掘清理，发掘规模2

万余平方米。

1997年开始，为不影响工程建设和移民进度安排，国务院三峡建设委员会办公室和国家文物局组织三峡库区大规模考古实施工作。按照2000年批复规划，三峡库区纳入保护序列的地下文物点共723处，其中重庆市506处、湖北省217处。此后由于工程设计变更等因素影响，又有41处地下文物先后被纳入三峡工程文物保护体系，故实际被国家纳入三峡库区文物保护序列的地下埋藏遗存共764处（重庆市541处、湖北省223处）。至2008年底，三峡库区大规模地下文物抢救保护的田野考古勘探与发掘工作基本完成，共对658处地下遗存实施考古勘探或发掘（有106处保存状况不好或价值较低的遗存在规划阶段已留取资料和登记建档，未安排勘探或发掘，另有高家镇等遗址因具重要价值在规划批准前已实施发掘），总勘探面积约1600万平方米，发掘面积近190万平方米，获取各类文物以及标本约24.7万件／套。出版各类文物考古研究成果90余部，发表学术报告或论文400余篇。

三峡工程建设是全国与基本建设有关的文物保护工程中，首次运用"规划在先，实施在后"模式，编制规划所投入的人、财、物力都达到空前程度，这也是全国文物与考古行业一次空前的会战。规划在对受淹和移民建设等影响程度不同对象的处理、工期影响与学术研究需要的综合平衡、经费定额及测算依据等方面均进行了一定探索。这一模式后在全国各重大文物保护项目中被广泛运用，并成为重大文物保护工程的基本模式。受水库蓄水时限要求，在规定时间内应完成的考古工作量远非库区考古专业机构所能承担。1997年以来，国家文物局先后协调70余个省、市级文物考古机构和高等院校等投入库区考古工作中。这也是国内首次将基本建设工程监理制度应用在地下文物保护中的考古发掘项目。在文物保管、资料验收、档案管理及课题研究、报告出版等方面，库区考古也都形成一些制度或办法，为大型工程中考古工作管理提供了经验或借鉴。

经大规模考古工作，三峡库区考古学文化基本情况得以廓清。限于部分重要资料的整理、分析和研究还在进行中，一些关键问题仍有待进一步研究。作为一项超大规模考古工作，在有限条件下难免产生一些消极因素或不良影响，其中主要表现在学术研究或学科建设领域尚存在一些不足。三峡库区特别是重庆一带长期以来考古工作基础相对薄弱，考古学文化基本时空框架尚未建立，许多领域处于空白，来自外地、缺乏当地考古知识积累的考古单位进入库区开展大规模抢救发掘时，也很难从原有基础升华出课题意识进而指导田野考古工作。当部分单位单纯以如期完成发掘工作量为目标，缺乏主动学术研究的情况下，这种现象表现就更为突出。故库区虽发掘揭露大量地下遗存，获取众多实物史料，但所取得的学术成果却远不能与之相适应。一些信息缺乏有效钩稽、分析和释读，进而对库区考古学基础研究产生不利影响。

**小浪底水利枢纽工程考古**　小浪底水利枢纽工程属于黄河治理系列重要工程之一。小浪底大坝地处黄河中游最后一个峡谷出口处，坝址以上控制流域面积69.4万平方千米，占黄河流域面积的92.3%。水库总库容126.5亿立方米，开发目标以防洪、防凌、减淤为主要目的，兼顾供水、灌溉、发电，主体工程1994年动工，1999年进入初期运行。水库淹没影响面积277.8平方千米，涉及河南省的济源、孟津、新安、渑池、陕县和山西省的垣曲、夏县、平陆共8个县、市，移民20万人。

小浪底水库工程移民是中国第一个利用世界银行移民专项贷款的独立项目，对文物保护工作也有较高要求。1992年起，河南省、山西省文物局组织所属各级文物考古部门开展前期调查勘察，确认淹没涉及地下文物41处，以新石器时代和商代遗存价值比较突出。1995年底，小浪底工程指挥部召开库区文物保护工作会议，要求水库淹没区的考古工作立即展开。河南省、山西省文物局除组织所属文物考古机构迅速投入工作外，还联合中国历史博物馆、西北大学、中山大学、中国科技大学、北京师范大学、中国社会科学院考古研究所、中国科学院古脊椎动物与古人类研究所等单位全面开展考古发掘清理工作。中国科学院古脊椎动物与古人类研究所考察队在垣曲县寨里村附近的土桥沟内发掘出一具相当完整的曙猿下颌骨，为曙猿是包括人类在内的一切高等灵长类动物共同祖先的论点进一步提供了实物证据。河南省的妯娌、长泉、麻峪、班村、交兑和山西省的垣曲商城、寨里、上亳等遗址的发掘与发现，建立起自新石器时代裴李岗文化时期起，经仰韶、龙山、二里头到商周阶段环环相扣的考古学文化序列。孟津寨根等遗址裴李岗文化时期的遗存，与新郑等地裴李岗文化既存在密切联系又表现出一定个性特点，有可能属于裴李岗文化的一个地方类型。垣曲宁家坡遗址发掘的庙底沟二期文化的陶窑，是迄今考古所见最为完整的史前陶窑，经成功整体提取后成为难得的考古遗迹展品。山西省在黄河北岸的平陆、夏县、垣曲沿河100余里地段内发现古代黄河栈道遗迹40处，累计长度达5000米。栈道上残存的壁孔、底孔、桥槽、历代题记与立式转筒等种类繁多、遗存丰富，对研究古代黄河漕运史、交通史、工程技术史及其在社会经济文化中的作用均有重要价值。类似的栈道遗存在黄河南岸的新安八里胡同峡谷也有发现，应当与发现于河南新安盐东黄河南岸的汉代函谷关仓储建筑存在密切关系，属于历史时期漕运体系的一部分。对新安后唐李存勖雍陵的勘察发掘，是对后唐陵墓遗存的首次发现与发掘。

小浪底工程有关考古遗存发掘成果均已正式刊发出版，其中既有发掘报告集，也有考古专题发掘报告，漕运遗迹和整体搬迁的西沃石窟等也均有报告出版。

**南水北调工程考古** 南水北调工程是一项前所未有的跨区域大型水利工程，可缓解中国北部地区水资源不足状态。按照规划，南水北调工程分作西、中、东三条输水线路，其中东线工程和中线工程分别于2002年和2003年动工建设。

20世纪50年代开始建设的丹江口水利枢纽工程是南水北调工程的有机组成部分，也是中线输水工程的关键性项目。1994年起，开展配合南水北调中线丹江口库区的前期文物考古勘察工作。1997年，在长江水利委员会组织下，开展编制规划大纲的前期工作。2003～2004年，长江水利委员会会同相关省市对工程涉及区域进行文物复查与核查。2004年，水利部水利水电规划设计总院组织评审通过由长江水利委员会、中水淮河工程有限公司与中国文物研究所共同编制的《南水北调东、中线一期工程文物保护规划大纲》。根据大纲要求，工程沿线各省市于2004年底前编制完成文物保护专题报告并报批。按文物保护专题报告所述，中线一期工程涉及609处不可移动文物，包括丹江口水库淹没区295处、输水干渠征地范围284处、引江济汉涉及30处，其中地下文物572处、地面文物37处；东线一期工程涉及101处不可移动文物，属于江苏的33处、山东的68处，其中地下文物86处、古脊椎动物与古人类化石点6处、地面文物9处。由于输水干渠京石段需要提前为2008年北京奥运会应急供水，南水北调工程文物保护工作采取控制性项目分批先期审批实施方式。2005年、2007年分两批核批216个文物保护项目进入实施阶段，2008年先期批复丹江口库区59个项目进入实施。2009年10月，国务院南水北调工程建设委员会办公室印发《关于南水北调东、中线一期工程初步设计阶段文物保护方案的批复》，对东、中线一期工程文物保护项目进行审批，核定文物保护投资52941.24万元。

国家高度重视南水北调工程文物保护工作。2003年6月，国家文物局、水利部联合印发《关于做好南水北调东、中线工程文物保护工作的通知》。2005年5月，全国政协组织整体调研组赴沿线各省市进行调研。11月，国家文物局在郑州召开全国支援南水北调工程文物保护工作动员大会，动员全国具有考古发掘资质的科研团体和教学机构全力支援南水北调工程文物保护工作。2008年3月，国家文物局、

国务院南水北调工程建设委员会办公室联合印发《南水北调东、中线一期工程文物保护管理办法》《南水北调工程建设文物保护资金管理办法》，对工程涉及文物保护工作的责任主体、工作程序、检查监督和资金使用等作出规定。

南水北调工程东、中线一期工程涉及范围恰属夏商文化、荆楚文化、郑韩文化、燕赵文化和齐鲁文化等重要历史文化区，涉及不可移动文物710处，其中包括世界文化遗产及全国重点文物保护单位等不同保护级别的文物。经过约10年大规模抢救发掘，完成发掘面积170余万平方米，出土各类文物30余万件／套。截至2012年底，工程涉及地下文物发掘工作全面完成，为工程提前输水创造了条件。南水北调工程考古工作取得丰硕成果，鹤壁刘庄遗址、安阳固岸北朝墓地、荥阳关帝庙遗址、荥阳娘娘寨遗址、新郑胡庄墓地、新郑唐户遗址、磁县北朝元祐墓、高青陈庄西周城址和郧县辽瓦店子遗址均先后入选相应年度全国十大考古新发现。胡庄墓地、唐户遗址、关帝庙遗址、辽瓦店子遗址及淅川沟湾遗址发掘工作获国家文物局田野考古奖。南水北调工程大规模考古工作为相关区域的考古学研究提供了弥足珍贵的实物资料。在丹江口库区围绕郧县人的一系列旧石器时代遗存的发现，汉水中游后冈一期文化的辨识与确认，冀豫干渠沿线先商文化的发现，汉水丹江流域早期楚文化遗存、邓县梁王城大汶口文化墓地、鲁北地区早期盐业遗存、高青陈庄西周城址、新郑胡庄韩王陵墓、丹江口库区大量高等级楚墓以及围绕邺城的系列北朝墓地等发掘，都取得了重要成果，为解决相

关学术问题或进一步研究发挥了重要作用。东线工程涉及的诸多大运河遗存的发现和清理，展示了大运河历史形象，丰富了大运河历史文化内涵，为中国大运河申遗作出了积极贡献。

## 三、配合交通运输工程考古

交通运输建设工程对地下文物的破坏影响，早在民国时期就已引起关注。民国17年（1928年），南京政府铁道部决定续建陇海铁路。陇海铁路陕西段施工中常有文物出土，适逢陕西考古会在陕开展工作，遂对相关铁路途经区域进行调查，并派员进驻西安车站等施工工地收集出土文物。

**成渝、宝成、兰新铁路建设工程考古** 20世纪50年代，配合基本建设工程的考古工作在许多省和自治区同时展开。1950年，国家开展成渝铁路建设，西南军政委员会文教部印发《为保护修建成渝铁路发现古物致各省（署）人民政府通知》，随即又印发《为保护文物致成渝铁路工程局通知》，要求迅速转告各工务段，在施工中注意保护文物。此外，专门组织成渝铁路文物调查征集工作组，开展相关文物考古工作。1951年3月，在成渝铁路资阳黄鳝溪铁路桥建设中发现一具人头骨化石。同年，在裴文中主持下对该遗址进行发掘，确认其属于旧石器时代晚期。在宝成铁路沿线，西南博物院等单位先期清理发掘220座古墓葬和多处古遗址，以汉墓和六朝墓为最多。1953～1955年，在成都羊子山发掘清理古墓500余座，并发掘西周时期土台建筑一处，出土文物4000余件。为配合兰新铁路建设，甘肃省文物考古机构调查发现9处新石器时代遗址和多处古墓葬，其中在永登县大同区发现大量石器、陶器和铜器，在古浪县黑松驿发现谷家坪新石器时代遗址，在陈家河台子发现汉代遗址。

**青藏铁路建设工程考古** 青藏铁路东起青海西宁，南至西藏拉萨，全长1956千米，被誉为"天路"，是实施西部大开发战略的标志性工程。20世纪50年代，为促进高原地区经济发展，国家着力研究解决进藏铁路建设问题。经1958年动工、1960年停工缓建、1974年复建，1979年青藏铁路西宁至格尔木段建成，1984年投入运营。青藏铁路格尔木至拉萨段东起青海格尔木，西至西藏拉萨市，全长1142千米，2001年6月29日开工兴建，是世界上海拔最高、在冻土上路程最长、克服世界级困难的高原铁路。

青藏铁路建设中的文物保护工作受到社会各界广泛关注，国家文物局部署铁路沿线青海、西藏文物机构开展全面调查与发掘清理，并针对西藏自治区文物考古专业力量不足等问题，协调陕西省文物考古研究所、四川大学考古系派员参与相关工作。2003年5月，西藏自治区文物局、西藏博物馆、陕西省文物考古研究所、四川大学考古系以及西藏拉萨、那曲、山南等地方文物机构专业工作者对青藏铁路格拉段西藏段进行考古调查、勘探和发掘清理等保护工作，发现37处文物点，其中包括古遗址和石器地点27处、列石与石构建筑遗迹3处、古墓葬遗迹1处、古碉楼遗迹2处、古井1口、古代建筑遗迹1处、玛尼石刻2处。在青藏铁路格拉段青海省工程范围调查中发现4处古遗址和8处古墓群。4处古代遗址包括位于格尔木河支流三岔河北岸的两处细石器遗址,采集石核、石条、雕刻器、刮削器、石片、石叶、砍砸器等64件;位于沱沱河北岸的沱沱河细石器遗址,海拔4560米,是地势最高的一处;位于昆仑河南岸的纳赤台细石器遗址,采集石器百余件。这些石器点的年代距今约3万～1万年。8处古墓群是南山口墓群、三岔口东墓群、那赤台积石墓群、那赤台西墓群、二道沟墓群、野牛沟西墓群、西大滩东墓群、西大滩墓群。除那赤台积石墓群位于平缓台地上外,其他几处墓葬所处地形基本一致,初步估计是隋唐时期吐蕃墓地。据推测,格尔木河南岸的那赤台积石墓群是距今约3000～1000年的古代羌人墓葬。青藏铁路西宁至格尔木段增建二线应急工程也是青藏铁路扩建、保障运输能力的一部分内容。青海省文物考古机构组成考古调查工作组对815千米铁路沿线进行实地踏勘,发现31处文物点,其中古遗址17处、古墓葬9处、古建筑2处、近现代重要史迹及代表性建筑1处、其他2处,其中有9处文物点为新发现。调查工作为青海省文物考古研究、民族学研究、社会文化、地质学研究等提供了新的资料。

青藏铁路工程沿线文物考古工作具有多方面重要学术价值,大量石器地点的新发现,谱写了青藏高原史前研究新篇章;早期祭祀遗迹的发现,真实再现了西藏原始宗教面貌;丰富多样的各类文物古迹,展现了各历史时期西藏文化的精粹;古代吐蕃、羌族等埋葬遗存的发现,为进一步认识古代民族的分布与活动提供了新的资料。在唐古拉山发现的石器地点,最高海拔达4900米,表明青藏高原早期人类活动足以越过5000米以上的高海拔地区。青藏铁路工程沿线文物考古工作是在极其艰苦环境条件下开展实施的,考古工作者面对高海拔、严寒等不利因素,认真细致实地踏查,在被视作生命禁区的高原发现与发掘先民活动迹象,再现古代人群生产与生活情境,在保护珍贵历史文化遗产的同时,也为工程建设提供了有力保障。

## 四、配合其他基础设施与工程考古

在相关基础设施和工程建设中,文物考古也发挥了重要作用。其中,以作为线性穿越的输油、气管道工程,架空跨越的输变电工程,以及大型露天开采的矿业生产工程等表现更加突出。

**西气东输工程考古** 西气东输工程属于系列工程,是解决天然气资源多位于西部而生产生活需求则更多集中于东部这一资源困局的有效手段。按照规划,除1997年建成投产的陕京天然气一期管线外,已实施的工程分为多条线路,并分为不同工期实施。

一期(线)工程于2002年2月启动,管线西起塔里木盆地轮南,东至上海,东西横贯新疆、甘肃、宁夏、陕西、山西、河南、安徽、江苏、上海等9个省、自治区、直辖市,全长4200千米,2004年12月全线建成投产。2002年6月,为加强工程涉及区域文物保护,国家文物局召开西气东输沿线省份协调会。沿线省份随即开展前期调查考古勘探工作,并与工程部门沟通协调,确定发掘工作量。工程建设之初,国家文物局与中国石油天然气集团公司(简称中国石油)联合印发《关于做好"西气东输"管道工程文物保护工作的通知》,确立

"管道建设让步于文物保护"的原则。为此，西气东输管道分公司制定《西气东输工程文物保护管理办法》，明确针对已知文物的"避让"原则和针对偶然发现文物的"停工"政策。建设部门会同当地文物部门，对沿线文物古迹进行实地勘察，绘制专门地图供施工单位参考。仅甘肃段就涉及地下文物52处，计划实施发掘清理面积37.8万平方米，其中酒泉西河滩等遗址的大规模发掘为河西走廊四坝文化研究提供了丰富翔实的资料。管线数次对长城墙体的穿越，全部采取顶管施工工艺，尽管增加许多人力、财力成本，但有效避免了对古长城的破坏。西气东输一期工程的考古工作为工程提供了坚强保障，国家在对工程作出突出贡献的集体和个人进行表彰时，特别授予陕西省考古研究所"国家西气东输工程建设先进集体"称号，授予甘肃省文物考古研究所副所长王辉、安徽省文物考古研究所所长杨立新、陕西省考古研究所研究员吕智荣、河南省文物考古研究所业务科长陈彦堂"国家西气东输工程建设先进个人"称号。

二线工程主气源为中亚进口天然气，工程输气主要目标是华南地区，并通过支干线兼顾华北和华东市场。工程包括1条干线和首批8条支干线，干线霍尔果斯至广州段全长4978千米，8条支干线总长3726千米，全线途经15个省、自治区、直辖市、特别行政区，工期为2008年2月～2012年12月。2010年，国家文物局、国家能源局和中国石油联合印发《关于继续做好西气东输二线工程文物保护工作的通知》，要求西气东输二线沿线省份能源和文物主管部门以及中国石油管道建设项目经理部积极配合，精心组织，加强管理，明确责任，进一步增强法律意识和法治观念，调整工作思路和工作模式，确保西气东输二线工程中各类文物得到有效保护。2008年起，配合西气东输二线管道工程，沿线省份开展野外考古调查、勘探和抢救性发掘工作，在工程沿线发现不可移动文物240余处，其中甘肃省在工程沿线的11个县市开展野外考古调查、勘探和抢救性发掘工作，先后勘探重要文物点28处，发现各类遗迹151处，抢救性清理墓葬41座，出土各类随葬品300余件／套，尤以在永昌县水泉子汉代墓葬抢救性发掘出土的1430余枚汉简具有极高历史价值。鉴于酒泉西河滩遗址重要价值，工程线路采取避让设计。宁夏回族自治区在二线东段建设中考古勘探近百万平方米，发掘文物点11处，时间跨度从新石器时代到唐宋时期，内涵比较丰富，有遗址、墓葬、城址，出土文物有陶器、瓷器、铜器等。工程线路涉及对长城和大运河等世界文化遗产的跨越，在文物与工程部门共同努力下，设计与施工基本将不利影响降至最低，在避免对重要文物形成破坏的基础上提升了工程的文明形象。

西气东输三线工程于2012年10月动工，2014年8月全线贯通。工程设计年输气量300亿立方米，总长度为7378千米，气源仍以中亚输入为主。管道干线经新疆、甘肃、宁夏、陕西、河南、湖北、湖南、江西、福建、广东等10个省和自治区。相关文物考古工作由各省区组织实施。其中湖南段管道长度约为290千米，途经岳阳、长沙、株洲3个地级市。湖南省文物考古研究所组织相关县市文物单位，在工程管道沿线进行全面考古调查和勘探，探明文物埋藏点8处，涉及古遗址7处、古墓葬1处。在株洲—郴州支干线探明文物埋藏点7处，涉及古遗址1处、墓葬群4处、古窑址2处，年代自商代至明清时期。在甘肃玉门关段勘察设计中对玉门关等重要遗址采取避让方式，火烧沟遗址、金鸡梁墓群、白土梁墓群等均由甘肃省文物考古研究所先行勘探、发掘，尽最大努力保护文物遗迹的完整性。

西气东输四线工程于2014年启动，相关文物考古工作有序展开。经多年实践磨合，文物考古机构与工程管理部门沟通协调十分顺畅，工程设计与施工部门对文物保护的认识也得到大幅度提升，这些都为做好西气东输工程文物保护工作奠定了基础。

由于西气东输工程在线路、规模以及工期等方面存在很大差别，工程中的文物保护工作主要以国家层面协调指导、各地具体组织实施的方式开展。其中西部诸省份先后有多条线路建设，而东部一些省份存在地方延伸线路等情况，因此相关文物考古工作情况也存在一定差别。

**平朔煤田考古**　平朔煤田是改革开放后中国引入外国资金与技术建设的第一个大型露天煤矿，主要包括安太堡露天矿区和安家岭矿区，其中安太堡露天矿区最初由中国煤炭开发总公司和阿曼德·哈默任董事长的美国西方石油公司等合作开发，曾被誉为改革开放的试验田，后因哈默离世，遂由中方独立完成建设。为配合煤田建设，国家文物局组织中国历史博物馆、山西省考古研究所、雁北地区文物工作站和大同市博物馆等单位组成平朔考古队，对山西省朔州市平朔煤矿涉及的平朔古墓群进行

大规模发掘。1983～2003年，先后配合80余个基本建设单位实施工程建设涉及的考古勘探与发掘，在朔县和平鲁县发现和发掘清理战国、秦、汉至辽金等不同时期古墓葬3300余座，出土文物2万余件。这批墓葬，特别是战国、秦汉墓葬，分布密集，排列有序，时代连续，随葬品组合系列清楚，具有强烈地方特点，是研究长城地带战国至秦汉埋葬制度和考古学文化的典型资料，为长城沿线地区秦汉考古建立了年代标尺，为探讨当时中原文化与北方地区游牧集团文化的交流与联系提供了资料。平朔汉墓的发掘，为改革开放之初配合大规模基本建设工程文物保护工作积累了宝贵经验，树立了典范。文物部门以文物保护法规为依据，坚持"两重两利"原则，围绕经济社会发展大局，通过耐心宣传和动员，极大提高了当地政府和社会各界的文物保护意识。许多建设单位主动与文物部门合作，取得互利双赢效果。

**铜绿山铜矿考古**　湖北省大冶市的铜绿山矿是一处现代机械化开采铜矿的大型矿。1965年建矿，在开采铜矿剥离层中不断发现古代采矿遗迹和遗物，暴露出大量古矿井支护木。1973年，在开采过程中发现13柄铜斧，矿务部门将其中一件大铜斧寄至中国历史博物馆，遂引起文物机构的重视，并派员与湖北省博物馆专业人员前往进行初步调查。

1974年，为配合矿山生产，由湖北省博物馆、黄石市博物馆、大冶县文化馆和铜绿山矿联合组成考古发掘工作队，选择两处古矿井进行发掘：一处在露天采矿坑北端，位于12号勘探线，被称为"12线老窿"；另一处在露天采矿坑南端，位于24号勘探线，被称为"24线老

窿"。两处"老窿"南北相距30米。经发掘确认，两处古矿井的时代分别属于春秋和战国时期，二者在开采技术应用方面存在一定差异，其中不晚于战国中后期的"24线老窿"应为铁制工具所开采。1979年，中国社会科学院考古研究所派出考古工作队，和地方考古队一起在几个地点同时进行发掘，发现冶炼遗址，清理炼铜炉一座，并进行仿制古代炼铜炉冶炼的模拟实验。

根据考古调查，铜绿山古矿区范围南北约2千米，东西约1千米，其中有10个矿体内发现古人采矿的"老窿"。在部分古矿井遗址附近发现有古人生活遗存的文化堆积，在Ⅶ号矿体地面上采集到商周时期陶片，在Ⅺ号矿体露天采矿区也采集到周代鬲、罐等陶片，可知早在商周时期已有人在铜绿山进行开采矿业的生产活动。建矿之前，铜绿山矿遍布于地面的古代炼渣堆积最厚达3米以上。经地质部门测算，在矿区14万平方米的地面上遗存古代炼渣数量约40万吨。取样化验得知，这些炼渣均是炼铜后弃置的，若以遗存古炼渣计算，当生产过10万吨以上的粗铜。铜绿山古铜矿的发现和发掘，对了解中国古代社会生产尤其是青铜业的生产具有重要意义。证实商周时期青铜器铸造业与采矿、冶炼业是分地进行的，且采矿、冶炼和铸造业之间，甚至这些环节内部都已产生分工。从铜绿山古铜矿获得的丰富资料，还说明东周时期楚国在铜矿开采和冶炼方面都已达到较高水平。

1979～1989年，国家文物局和冶金工业部与湖北省人民政府多次召开专门会议，商定铜绿山古铜矿的保护方案。1981年，经国家冶金和文物主管部门批准，决定将7号矿体作为古矿遗址永久保存，不再开采。在地面划出5万平方米保护范围，并修建保护围墙，竖立保护标志。1981年12月，国家文物局和湖北省人民政府对保护遗址相关单位和个人进行奖励。1984年12月，修建在7号矿体的铜绿山古铜矿遗址博物馆竣工开放。2011年后，为配合铜绿山国家考古遗址公园建设，湖北省文物考古研究所等机构对遗址又进行了全面勘察和重点发掘，取得一系列重要发现。

# 第三节　重大考古发现

近百年来，中国重大考古发现成果众多，举世瞩目。本节介绍的百余项考古重大发现，仅是依据由中国文物报社和中国考古学会1990年以来每年度评选的"全国十大考古新发现"，中国社会科学院考古研究所2001年评审公布的"中国20世纪100项考古大发现"和2002年以来每年评选的"六大考古发现"，从中考虑到学术价值、社会影响力、年代和区域分布等因素，遴选出部分予以例举记述。其中，大型聚落、城址、墓葬群项目归纳涵盖多年、多处相关考古成果，按照考古工作时间顺序叙述。

## 一、古遗址重大考古发现

**敦煌莫高窟考古发现**　莫高窟是建造于4～14世纪的佛教艺术瑰宝，位于敦煌东南鸣沙山东麓。在1700余米长断崖上，保存有735个洞窟、4.5万平方米壁画、2000余身彩塑，此外还有藏经洞出土的5万余件文献和艺术品。据武周圣历元年（698年）的碑文记载，东晋太和元年（366年），乐僔和尚在此开凿第一个洞窟，次有法良禅师开凿第二个洞窟。莫高窟营建由此开端，此后连续十个世纪、历经十个朝代不断营建，至元代后停止建窟。清光绪二十六年五月二十六日（1900年6月22日），莫高窟下寺道士王圆篆在清理今编第16窟积沙时，无意间发现藏经洞（今编第17窟），从中出土经卷、文书、文献典籍以及绢画和刺绣等文物5万余件。敦煌藏经洞文物出土，是20世纪初中国四大文献考古发现之一。

虽然藏经洞的发现使敦煌研究成为世界瞩目的显学，并由此产生敦煌学，但有关敦煌石窟的科学考古起步相对较晚。民国31年（1942年），参加西北史地考察团的石璋如先生用考古学方法对敦煌石窟形制进行测绘和记录，开启中国学者用考古学方法研究敦煌石窟的先河。1949年后，配合相关保护和建设工程相继开展了一些考古工作。1963年7月至1966年上半年，为配合莫高窟南区洞窟危崖加固工程进行窟前发掘，在窟前遗址发掘清理中发现北魏刺绣残片。1979年10月～1998年4月，在第130窟前发掘出窟前殿堂建筑遗址，新发现洞窟3个、小龛4个。窟前殿堂建筑遗址、新洞窟、小龛的发现，为认识和了解莫高窟历史面貌提供了大批实证资料。发掘出的殿堂建筑遗址没有五代以前的，表明唐代以前的洞窟绝大多数是在崖壁上凌空凿窟。五代以后，底层洞窟窟前地面升高，才在底层大型洞窟前建造殿堂建筑。发掘成果证明，底层五代以后的大型洞窟全部建有殿堂建筑，为前殿后窟形式。1988～1995年，敦煌研究院开展北区洞窟考古工作，清理北区洞窟数量和保存状况。敦煌成规模、有系统考古工作开展即以北区洞窟清理发掘为标志。此次共清理北区洞窟243个，其中严重残毁的洞窟56个，大体保存完好的洞窟187个。残毁洞窟数量约占北区洞窟的四分之一，其毁损多数发生在元代之后。初步判定北区有僧房窟74个（附禅室的僧房窟9个），禅窟78个（单室禅窟68个、多室禅窟10个），瘗窟23个，礼佛窟2个，仓储窟2个，性质不明洞窟5个，未完工洞窟3个。敦煌北区洞窟中发现的瘗窟是以往不清楚的，此外如多室禅窟、僧房窟等都为莫高窟南区所未见，具有重要的学术价值。1998年9～10月，敦煌研究院在下寺南大门以南和寺院内分别布设探方和探沟进行发掘，发现叠压在三清宫南大门门楼西墙下，早于下寺的建筑遗迹，可能是为香客居留临时圈马的马棚遗存。2001年，先后对上寺和中寺实施发掘，基本廓清上寺、中寺的埋藏状况。

敦煌石窟科学考古工作取得一批重要成果，通过对洞窟和地下遗存的清理揭露，基本厘清了相关洞窟、窟前殿堂或寺院等诸多学术问题，填补了研究空白，为敦煌学研究的持续深入提供了大量实物资料和信息，也为中国石窟寺考古深入与拓展提供了可借鉴的经验与实践范例。

**尼雅遗址考古发现** 尼雅遗址位于新疆维吾尔自治区民丰县，是丝绸之路南道上一处重要聚落遗址，为两汉魏晋时期西域三十六国之一"精绝国"的故地，曾作为东西交通的要塞繁盛一时，于3～4世纪废弃。

尼雅遗址的调查开始于英国人斯坦因第一次中亚探险。清光绪二十七年（1901年），结束对丹丹乌里克的调查后，斯坦因进入尼雅河流域的尼雅遗址，并从这里挖掘出封存千年的珍贵文物达12箱之多。斯坦因先后4次（1901年、1906年、1913年、1931年）到中亚探险，每次都会考察尼雅遗址。1959年，新疆维吾尔自治区博物馆对尼雅遗址进行调查，发现10处居住遗址和1处墓地，考察成果发表于《尼雅考古资料》。

1988～1997年，中日联合尼雅遗址考察队对遗址进行了大规模考古调查、发掘。尼雅遗址以佛塔及其附近官署、广场、大型房屋建筑为中心，北面有窑址，南端是具有防卫作用的古桥群。居址沿尼雅河道散布，形成小聚落大分散格局。居址周围有林带、涝坝、果园、田畦。墓地则在聚落群以西或西北部，与居址分隔开来。地表建筑均采用"木骨泥墙"构筑方法，部分遗址仍梁柱耸立，其房屋布局清晰，分工明确，建筑工艺考究，极具地域特色。此次调查发掘古城址1处、聚落遗址94处、手工作坊遗址17处、佛寺院3处、牲口棚12处、果园6处、古桥1处、墓地12处、建筑材料散布地24处、林带33处、栅栏12处。出土遗物数百件，采集文物标本近3000件，主要为佉卢文和汉文木简、陶器、铜器、铁器、石器、玻璃器、木器、骨器、皮革制品、钱币、画押、漆器、壁画、木雕佛像、生产工具、狩猎工具等，其中大量丝、毛、棉织物保存完好，纹饰精美罕见。在一处贵族墓地发掘出土身着华丽服饰的干尸，随葬品品类多样，有锦被、锦袍、锦面衣、锦裤、锦袄、绸衣、绣花靴、皮底勾花皮鞋、弓、弓袋、箭、陶罐、木器座、木碗、纺轮、晕染毛织袋、漆奁、蜻蜓眼料珠及小皮囊、铜镜、镜袋、梳篦、化妆品、皮腰带、木柄铁刀、漆皮压花刀鞘、束发锦带、葡萄、梨、糜谷饼等。其中有着大量吉祥语文字的织锦保存良好，引人注目。

经中日联合尼雅遗址考察队持续10年调查发掘，尼雅遗址全貌基本明晰，所获大批影像、图文资料及珍贵实物，对深化尼雅遗址乃至丝绸之路南道古代城镇布局研究具有重要学术价值。尼雅遗址出土的珍贵文物众多，丰富的文化内涵揭示出古代尼雅居民日常生活、社会活动、宗教文化观念及与周边地区的交流联系等方面信息，对汉晋时期丝路南道绿洲城邦诸国的人文地理变迁研究有重要价值。中日联合尼雅遗址考古发掘延续时间长、规模大、成绩显著，奠定了尼雅遗址研究的基础。

**楼兰故城考古发现**　楼兰故城是两汉王朝屯兵戍守的重镇、魏晋至前凉时期西域长史的治所，位于新疆维吾尔自治区若羌县。

清光绪二十七年（1901年），瑞典人斯文·赫定组织的探险队在罗布泊进行探险考察活动，因探险队中的维吾尔族向导艾尔得克偶然发现故城，获得大量汉文和佉卢文简牍。清光绪三十二年（1906年），英国人斯坦因考察并发掘楼兰故城。清宣统元年（1909年），日本人橘瑞超在楼兰故城发现《李柏文书》。清宣统二年至三年（1910～1911年），橘瑞超再次进入楼兰故城发掘。民国3年（1914年），斯坦因第二次考察并大规模发掘楼兰故城。1979年，新疆社会科学院考古所三次考察楼兰故城，重新校核故城位置。1988年，新疆维吾尔自治区文化厅文物普查队考察楼兰故城。2009年，第三次全国文物普查新疆特殊区域文物普查队对故城进行调查。

楼兰故城城址大致呈方形，东城墙长333.5米，南城墙长329米，西和北两面城墙各长327米，总面积108240平方米。城内建筑布局主要分为佛寺区、官署区和住宅区。佛寺区位于城东北部，以高耸的佛塔为主体。佛塔为土坯建筑，方形基座，边长12余米，基座上为圆形塔身，塔总高10.5米。佛塔东南残存一片较高平台，与塔基平面连接，平台表面散见方形、圆形等木质建筑材料，都经过精细加工，凿有排列有序的榫孔，还发现有装饰木柱，柱头和柱身旋成圆弧形。此地出土过佛教遗物，似为僧房遗址。官署区在城中偏西南部，是一组布局似四合院的宏大建筑，面积约2000平方米。内有三间土坯建筑物最为醒目（俗称三间房），西间宽1.5米，中间宽2.8米，东间宽1.2米。支撑屋梁的立柱高达4米，附近地面上散落大量建筑构件。于此处发现汉文简、纸文书300余件。住宅区主要位于城西南，残存10余处院落式、单间或多间排列的木构房屋，开间面积多为10平方米左右，均采用塔里木盆地常见的木骨泥墙结构。遗址散见的木构件主要包括柱、梁、椽、门板、地袱、篱笆墙等。部分梁雕刻有连续三角纹图形。木柱多圆形，两端有榫头。

楼兰故城是丝绸之路上最具代表性和影响力的名城之一。自1901年被发现，先后出土大量汉文、佉卢文、粟特文文书和简牍，陶器、木器、金属器、骨器、玻璃器等数以千计，具有极高研究价值。其中，《李柏文书》与《晋书·西域传》记载的前凉西域长史李柏事迹相符，具有很高的研究价值。

随着新的考古资料不断出现，学者将考古资料和文献结合，对故城历史地位和兴衰变迁论述颇多，提出许多极有价值的见解和论述。

**内蒙古巴林左旗辽上京及辽祖陵遗址考古发现** 辽上京曾是辽王朝最为重要的首都，是游牧民族在北方草原地区建立的第一座都城，遗址位于内蒙古自治区巴林左旗。

辽上京遗址于清道光二十六年（1846年）被历史地理学家张穆发现。清光绪三十四年（1908年）起，法国、日本等国学者曾先后对城址进行勘察和研究。1962年起，中国学者开始对辽上京遗址开展考古调查和试掘。2011年，中国社会科学院考古研究所和内蒙古自治区文物考古研究所联合组队，开始对辽上京皇城遗址进行全面的勘测和考古发掘。对皇城西门——乾德门遗址进行发掘，探明乾德门形制结构和历史沿革。西山坡遗址位于皇城西南部，是皇城内的制高点。2012年，对西山坡遗址北院后部的3座建筑基址进行发掘，基本确认这里是一处辽代始建、金代沿用的佛教寺院遗址。2013～2014年，对辽上京宫城北墙、西墙、南墙和东墙进行多处考古试掘和解剖，对宫城西门进行考古发掘，首次从考古学上确认辽上京宫城形制规模。2015～2017年，试掘或发掘宫城东门、宫城南门，以及一号院落遗址、二号院落遗址、一号建筑基址和二号建筑基址等，首次从考古学上确认辽上京城存在东向中轴线的布局特点。

考古发掘确认，辽上京遗址为辽代始建，金代沿用，金末元初废弃的重叠性城址。辽上京城平面略呈"日"字形，由北部的皇城和南部的汉城两部分组成，总面积约5平方千米。

皇城遗址保存较好，城墙范围基本完整，平面呈不规则六边形。皇城存东门、西门和北门，外有圆形瓮城。皇城墙体高6～9米，各侧均发现马面，东、北、西三面均发现护城壕。皇城内发现数处佛塔寺院遗址，其中西山坡佛寺遗址为东向，分为南、北两组院落，各有院墙（或廊房）。北组院落的西部为3座六角形佛塔基址，布局形式为一大两小、一字排开。位于中央的大型塔基，出土大量精美写实的泥塑佛教造像。南组院落中部和后部各有一个大型建筑基址。皇城内发现数条较为规整的街道，其中连接皇城东门和宫城东门的东门大街最宽，有40米以上。皇城西北部可能存在一个较大的液池，城内水系较为丰富，东门和西门南侧都发现与护城壕相连的涵洞。宫城位于皇城中部偏东，平面呈近方形，东、南、西各辟有一门。宫城东、西、北三面城墙主体保存较差，南侧城墙保存较好。皇城东门和宫城东门均为一门三道格局，皇城和宫城西门均为单门道。东门大街宽度为南门大街两倍以上；皇城南门和宫城南门的轴线上没有建筑基址，而皇城东门和宫城东门轴线上发现有一号院落、二号院落、一号建筑基址等成组重要建筑，从考古学上首次证明辽上京城存在东向的中轴线，即以东向为尊的情况。辽上京作为辽代首都沿用200余年，是中国历史上使用时间最长的草原都城。辽上京遗址也是保存状况最好的古代都城遗址之一，具有极高的社会、历史和科学价值。辽上京遗址大规模考古发掘，填补了辽代都城考古研究空白。

辽祖陵是辽帝国的第一座皇陵，为辽太祖耶律阿保机及其皇后陵寝。陵址位于巴林左旗石房子嘎查西北的山谷中，东北距辽上京遗址约20千米。清代张穆在《蒙古游牧记》中锁定辽上京城址后，辽祖陵的位置也逐渐浮出水面。随后，一些外国人率先对辽祖陵等进行了考察，如日本人岛田正郎等曾发掘辽祖陵的奉陵邑——祖州城遗址。20世纪60年代初，贾洲杰对辽祖陵进行了较为详细的踏查。

2003年、2004年，中国社会科学院考古研究所对辽祖陵遗址进行了全面考古调查和试掘。2007~2010年，中国社会科学院考古研究所和内蒙古文物考古研究所联合组成辽祖陵考古队，对辽祖陵遗址进行了保护性发掘，确认辽祖陵遗址由陵园、园外祭祀建筑遗迹、奉陵邑祖州城、陪葬墓区及附属设施等一系列遗存共同构成。陵园以"南岭"为界分内、外陵区，北部是以耶律阿保机帝陵为核心的内陵区，南部是以一号陪葬墓为代表的外陵区。辽太祖陵玄宫前建有巨大的封土丘，南侧底部附近置有一组石像生，有石翁仲和石犬等。在辽祖陵的南侧山岭上有二号建筑基址，即《辽史》所记"膳堂"。二号建筑基址的东高台基址为一处生活起居性质建筑，而西高台基址则是碑亭类建筑。在内陵园区东北部，三号建筑基址坐落在一道南北向山岭南端，应是一处祭祀性献殿建筑。在外陵区，一号陪葬墓位于山岭之间的谷地上，应是耶律阿保机第三子耶律李胡墓。在耶律李胡墓东南位有四号建筑基址，应是耶律李胡墓的献殿。

祖州城作为辽祖陵的奉陵邑，位于辽祖陵陵园东南，由外城和内城组成。外城西北存有石房一座，由巨大花岗岩石板砌筑，最早可能是权殡耶律阿保机尸体之地，后成为祭祀太祖

皇帝的重要场所。

辽祖陵的规制为其后的辽代诸陵寝制所遵从。通过辽祖陵遗址考古工作，对辽祖陵的营建理念、陵园布局、陵区规划和玄宫制度等有了初步认识，很大程度上弥补了文献记载的不足，填补了辽代早期陵寝制度研究的空白，进而推进了辽代陵寝制度乃至中国古代陵寝制度研究。

**北京周口店遗址及北京人与山顶洞人考古发现**　周口店遗址是更新世古人类遗址，也是北京人化石的出土地点，位于北京市房山区周口店镇龙骨山。

民国7年（1918年），美国化学家麦格雷戈·吉布在周口店鸡骨山发现与红色黏土胶结在一起的碎骨片。3月22日，瑞典学者安特生赴鸡骨山进行考察，在周口店一带发现古动物化石堆积。民国10年，奥地利古生物学家师丹斯基到周口店鸡骨山发掘古生物化石；8月，安特生与美国古生物学家格兰阶在周口店遗址地区考察时发现龙骨山地点堆积中的古生物化石与石英岩石制品，并发现一枚人类白齿化石，编号为53号地点，即北京猿人遗址。同年，发现周口店第2地点。民国12年，师丹斯基再次来到周口店遗址进行发掘，在相当于第4层和第5层下部堆积中发现一枚人牙齿化石。民国15年，北京猿人遗址发现的人类化石被命名为"北京人"。民国16年，瑞典古脊椎动物学家B.步林和中国地质学家李捷主持对周口店遗址进行大规模考古发掘，并将原编53号地点改名为"周口店第1号洞"。10月16日发现一枚保存完好的人类牙齿化石，同年在龙骨山上发现第3、4地点。

民国17年4～5月及8～11月，由杨钟健、步林主持发掘，在周口店遗址发掘区东面发现多件人类化石。民国18年春季及9月26日～12月31日，由裴文中主持发掘，将"周口店第1号洞"改编为"周口店第1地点"，于12月2日发现北京猿人第1具头盖骨，并于同年发现第5、7、8、9地点。民国19年，考古人员在周口店遗址顶部发现山顶洞人遗址，并对第9地点进行发掘。同年在进行室内整理时从堆积物里修理出一具猿人头盖骨，还发现经火烧的碎骨和鹿角，被视为古人类用火的证据。民国20年，对周口店遗址鸽子堂洞进行发掘，发现一层富含石英制品、化石层位和含有火堆遗迹的人类生活面，还有大量烧骨、烧石、烧过的朴树籽和紫荆木炭。民国25～26年，魏敦瑞、卞美年、贾兰坡主持周口店遗址第1、15地点发掘工作，发现人工用火遗迹，以及大量石制品和哺乳动物化石。民国25年4月7日～7月6日及9月16日至年底，贾兰坡主持周口店遗址第1地点发掘工作。11月15日，发现两具完整猿人头盖骨。11月26日，找到第3具猿人头盖骨。民国26年4月下旬至6月底，由魏敦瑞、卞美年、贾兰坡主持发掘，发现1件猿人眉脊骨，经拼对属于民国25年发现的第2具头盖骨，此外还发现一些头盖骨碎片、5枚牙齿、1段残股骨和猿人上颌骨，以及一些石制品。民国16～26年是周口店发掘史上连续时间最长的一次大规模系统发掘，出土了非常丰富和珍贵的资料。据不完全统计，仅在第1地点就挖取大约2万立方米岩石和沙土，采集1221箱、约合375立方米的有待整理的标本。仅北京猿人化石就有可代表40个左右的个体，包括5个比较完整的头骨、9件头骨碎片、6块面骨、14个下颌骨、152颗牙齿、7段股骨、3段肱骨、1段胫骨、1段锁骨、1块月骨。出土的文化遗物有10万余件石制品以及大量用火证据，还有两种植物化石、118种动物化石，其中哺乳动物化石94种。七七事变后，周口店遗址发掘工作中断。周口店遗址发掘出土的猿人化石和山顶洞人化石均在抗日战争期间遗失。

1949年9月27日～10月15日，贾兰坡、刘宪亭主持周口店遗址第1地点考古工作，清理垮塌下来的和民国26年回填的堆积，发现3枚猿人牙齿。10月16日开始发掘。1951年、1958年，由贾兰坡主持对周口店遗址第1地点、第20～23地点进行发掘，发现一些石制品和哺乳动物化石。1959～1960年，中国科学院古脊椎动物与古人类研究所赵资奎、李炎贤两次主持周口店遗址发掘，发掘区域为鸽子堂洞西部等，发现石制品、用火遗迹、哺乳动物化石和一具完整的猿人下颌骨。1966年3月15日～7月4日，由裴文中主持，恢复周口店遗址第1地点发掘，发掘区域为南裂隙顶部，发现猿人头骨2块、牙齿1枚，头骨与民国时期发现的两块正可拼合成一件完整的头盖骨，称为5号头盖骨。此外还发现了丰富的用火遗迹、百余件石制品和一些哺乳动物化石。2001年6月，北京市田园林场工作人员在承包的林场内发现周口店遗址第27地点——田园洞地点，此后由中国科学院古脊椎动物与古人类研究所开展发掘。

山顶洞是一个发育很好的漏斗状溶洞，因靠近龙骨山山顶而得名，和北京人遗址同属一个山洞。山顶洞的一部分堆积层直接叠压在北京人顶部堆积层之上，二者在时间上不衔接

（地质上称为不整合接触），间隔20余万年。山顶洞洞内分上室、下室和下窨三部分。入洞后是上室，东西长约14米、南北宽8米，至少保存两层灰烬，在灰烬中发现一些石器。下室在上室西面，实际上是一个深约8米的凹坑，和上室之间以陡坎连接。这里是山顶洞人的墓地，人类化石和陪葬品均出于此。由下室向下，洞穴逐渐收窄，形成下窨。下窨出土了许多保存完好的洞熊、虎、鬣狗等动物骨架，给人以天然陷阱的鲜明印象。山顶洞出土的人类化石包括3个完整头骨和部分体骨，大约代表10个个体，包括5个成年人和青少年，1个5岁幼儿和1个刚出生的婴儿或尚在母腹的胎儿，其中3个头骨分别属于1个老年男性、1个中年女性和1个青年女性。山顶洞遗址发现了内容翔实的旧石器时代墓葬遗迹和丰富多彩的陪葬装饰品，还发现了一些骨角制品和石制品。下室出露的人类骨架上撒有红色的赤铁矿粉末。陪葬品中串珠靠近头骨，穿孔兽牙靠近手臂。人骨架虽受后期扰乱，但仍保持原来的联结状态，表明这是刻意营造的墓地。出土的装饰品有穿孔小石珠、穿孔小砾石、穿孔海蚶壳、穿孔鲩鱼眼上骨、穿孔兽牙及有刻槽的骨管。其中穿孔兽牙数量最多，有120余颗，多半是獾、狐等小食肉类犬齿，也有鹿犬齿。兽牙上的孔是用锐利的石器从齿根两面剔刻出来的。有些兽牙因长期佩戴，孔道被带子磨光。穿孔小石珠有7件，用白色石灰岩薄片制成，轮廓近似四方形或多边形，底面磨平。穿孔小砾石用浅绿色火成岩卵石对钻穿孔，有一面磨光，长约39.6毫米。部分穿孔饰物的孔道用赤铁矿粉末染红。遗址还出土一件针眼残缺的骨针、

一件磨光鹿角。山顶洞人在体质进化上属晚期智人，文化发展上则处于旧石器时代晚期。

周口店遗址的考古发掘与科学研究是世界人类考古史上的重大事件，年代范围从500万年前至1万余年前。发现有生活在70万～20万年前的直立人、20万～10万年前的早期智人以及3万年前后的晚期智人化石。根据周口店遗址出土物可以证明，北京猿人在距今约70万～20万年居住于周口店地区，过着以采集为主、狩猎为辅的生活，早期为距今70万～40万年，中期为距今40万～30万年，晚期为距今30万～20万年。北京人属于从古猿进化到智人的中间环节的原始人类，这一发现在生物学、历史学和人类发展史研究上有着极其重要的价值。

**浙江南宋龙泉青瓷窑址考古发现**　龙泉窑是中国古代著名的青瓷窑场，其主体遗存和瓷业生产中心位于瓯江上游龙泉市，主要分为龙泉南区和东区两大区域。

早在清光绪年间，龙泉窑窑址即已引起人们关注。20世纪20～40年代，古陶瓷专家陈万里多次对其开展调查。20世纪50年代，在大窑、金村、溪口等地开展了相关考古调查与发掘。1959～1960年，浙江省文物管理委员会组成龙泉窑调查发掘组，对龙泉南区古代瓷窑进行调查，并对大窑和金村的数处窑址进行局部发掘和试掘，初步了解了龙泉窑主要发展脉络。至少在南宋时期，龙泉窑厚釉类产品可划分成黑胎与白胎两类。20世纪70～80年代，配合紧水滩水库建设对龙泉东区进行考古发掘，包括浙江省文物考古研究所、故宫博物院、中国历史博物馆、中国社会科学院考古研究所、南京博物院等单位的瓷窑址考古力量均参与其

中，此次发掘不仅奠定了龙泉窑的基本时空框架，也标志着中国瓷窑址考古在方法和理论上走向成熟。1980年，浙江省文物考古研究所对金村窑址进行调查，在断面上发现上下叠压的"五叠层"，从而建立了金村地区窑业发展的完整序列。依据五叠层堆积关系、龙泉大窑和金村窑址发掘所得的地层编序及龙泉东区大白岸、山头窑窑址地层编年资料，在明确划分龙泉青瓷两大系列、三个不同品种的类型学研究基础上，提出龙泉窑六大考古期别序列框架。

2006年9月～2007年1月，浙江省文物考古研究所和北京大学考古文博学院、龙泉青瓷博物馆联合对大窑枫洞岩窑址进行发掘，揭露出丰富的窑炉和生产作坊遗迹，确立了龙泉窑的窑场基本布局，出土数吨瓷片。2010年底至2011年夏，三家单位又对瓦窑垟窑址进行发掘，清理窑炉遗迹两处，其中年代最早的窑炉内出土两件黑胎青瓷。2011年9月～2012年1月，对龙泉市小梅镇瓦窑路窑址进行发掘，揭露窑炉一座、器物填埋坑若干，出土大量黑胎青瓷。

龙泉窑青瓷与宫廷用瓷有密切联系。早在北宋晚期形成自身风格之际，即通过"制样须索"方式承担高质量宫廷用瓷生产，南宋至元代早期发展至顶峰，并一直延续到明代早期。大窑垟底一带发现南宋早期产品，首次从考古学上证明龙泉的乳浊釉至少起源于南宋早期，并在南宋中期前段成为主流产品。

龙泉窑于南宋开创的粉青、梅子青厚釉青瓷，以失透如玉的效果在宋代瓷器中独树一帜，形成独特风格，并由此进入宋代名窑行列。南宋晚期是龙泉窑烧造的鼎盛时期，不仅窑场规模大、分布广，且产品种类丰富，质量高超。这一时期的窑址以大窑为核心，在大窑、溪口、金村、石隆、东区紧水滩水库等地区均有大量分布，几乎遍及整个龙泉地区，并扩张至缙云、庆元等外围地区。

龙泉窑的考古发现与研究，揭示了龙泉青瓷是文化内涵庞杂、生产地域广阔、规模十分壮观的青瓷窑业系统，是中国历代青瓷工艺技术发展的集大成者，在中国陶瓷史上占有极其重要的地位，对中国制瓷业、中国文化及中外文化交流等具有重要影响。元明时期，龙泉窑的制瓷技术呈放射状向外传播，除周边的丽水、金华、衢州、温州等县市均有生产外，还远及福建、江西、两广甚至贵州一带，形成庞大的龙泉窑系。龙泉窑产品不仅在国内有广泛分布，还大量远销日本、韩国及东南亚、南亚、西亚、东非诸国，是中外文化交流的重要载体。

## 河南渑池仰韶新石器时代遗址考古发现

仰韶遗址是黄河流域发现的年代最早的新石器时代遗址，也是中国田野考古发掘的年代最早的新石器时代遗址，位于河南省渑池县城北仰韶村。

民国9年（1920年），瑞典学者安特生在仰韶村收集到数百件石器，推测仰韶村一带可能存在史前时代遗址。民国10年，安特生在仰韶村进行首次发掘，并根据其文化内涵命名为"仰韶文化"。1951年，夏鼐、安志敏等对仰韶村进行了两次发掘。1980～1981年，河南省考古研究所与渑池县文化馆联合进行第三次发掘，证实该遗址不仅有仰韶文化遗存，还包括安特生没能知晓的龙山时期文化遗存。其中第三次发掘面积200余平方米，发现房基4座、窖穴41个，出土陶、石、骨、蚌器613件。地层堆积情况以路东2号探方、1号探方北壁剖面为例，主要分为8个文化层。根据地层堆积、遗迹的叠压关系和各层所出器物的特征，可分为四期文化遗存。

第8层、7层、6层为第一期文化遗存，发现灰坑1个。出土陶器有罐、釜、盆、钵、小口瓶、灶、瓮、钵、碗、甑和器盖等。另有骨锥和打制石器。陶器多素面，彩陶数量不多，有黑、红、白三色，其中以黑色为多，红彩较少，白色只用作陶衣。

第5层为第二期文化遗存，遗迹不多，遗物也不丰富。出土陶器有饰线纹、弦纹、绳纹和篮纹的，器形有罐、盆、釜、小口瓶等。另有石斧、石刀、陶铲，以及为数不多的铜、铁、陶、石制生产工具与生活用具。陶器多素面，陶的数量不多，花纹也比较简单。陶质以泥质红陶数量最多。

第4层、3层为第三期文化遗存，分布较普遍，遗迹多，遗物丰富。房屋为半地穴式，平面呈不规则圆形，周壁修筑不甚规整。房子周围和底部未发现柱洞，灶设在房内西北部，出土有鼎、罐、盆、器盖、碗等陶器残片及生产工具。有两座房为平地起建，地表以上建筑已不存，仅存房基面，即所谓龙山文化常见之"白灰面"。发现窖穴27个，其中袋形坑16个。袋形坑周壁修筑规整，容积大，出土遗物比较丰富，有生产工具等。

第2层、1层为第四期文化遗存，位于遗址最上部，破坏比较严重，遗迹不多，遗物也不丰富，出土一批铁器、石器、陶器等。

仰韶文化研究不仅成为中国近代考古学发端的一个重要标志，对中国新石器时代考古学的建立和中国近代田野考古学发展具有开拓性意义，也成为中国史前考古学中心课题之一，对研究史前时期人类社会有十分重要的意义。

**甘肃临洮马家窑新石器时代遗址考古发现** 马家窑遗址是一处新石器时代晚期至青铜时代的重要文化遗址，位于甘肃省临洮县洮阳镇马家窑村。

民国13年（1924年），瑞典学者安特生首次发现马家窑遗址。1949年，考古学家夏鼐提出"马家窑文化"命名。1957年起，甘肃省文物工作队对该遗址进行多次调查，1964年进行试掘。2014年9月起，中国社会科学院考古研究所、甘肃省文物考古研究所组成工作队，对马家窑遗址先后开展三次考古发掘，清理出不同时期灰坑29个、房址3处、沟3条、墓葬1座、窄沟状遗迹2处。马家窑遗址历年发掘清理房屋60余座、窖穴和制陶窑址100余座、墓葬1600余座，出土文物约6万件，发现罐、瓮、壶、鬲、尖底瓶、钵、豆、盆、碗等大量彩陶，以及大量陶片及大量石器、骨器和动物遗骸。马家窑类型陶器多为橙黄色，彩陶非常发达，许多器物口沿、外壁和大口器里面都施以彩绘，花纹为黑色，主要包括垂帐纹、水波纹、同心圆纹、重叠三角纹、漩涡纹、蛙纹和变体鸟纹等。夹砂陶多饰以绳纹，某些器物下部装饰绳纹、上部施彩。马家窑遗址发现多处大小各异的成排分布房屋遗址，各房屋面积不同，其中较大的一处有50余平方米。

马家窑遗址是研究史前文明的重要遗址之一，为探讨马家窑聚落社会结构和社会复杂化程度提供了很有价值的资料。马家窑遗址发掘出土的动植物遗骸，为农作物、家畜种类和人类活动遗迹研究，以及中西早期文化交流研究提供了佐证。马家窑遗址发现的成排分布的房屋遗址，表明到马家窑文化时期，黄河上游地区已不再是仰韶文化的地方类型，而是开启了该地区独具特色的文明化进程。对马家窑遗址进一步发掘与研究，对建立洮河流域乃至甘青地区史前文化序列、探索中华文明发展进程有十分重要的价值。

河南新郑郑韩故城遗址考古发现　郑韩故城是东周时期的列国都城之一，位于河南省新郑市，地处双洎河（古洧水）与黄水河（古溱水）交汇处。郑韩故城由郑国始建，韩灭郑后改为韩国都城，两国建都史长达539年，是当时的政治、经济、文化中心。

民国12年（1923年）郑公大墓发现后，郑韩故城逐渐被学术界所重视。1960年8月，河南省文化局文物工作队实地勘察确定城址范围。1964年6月，河南省文物工作队在阁老坟村北进行普探，勘察面积约占故城的60%，发现各种遗址及夯土台基1000余处、墓葬472座、灰区607处，其中有铸铁、铸铜、制骨等手工作坊遗址。1974年冬，发掘望京楼夯土建筑遗址。1982年，发现战国大规模建筑群并清理中型夯土建筑基址2座。1984～1988年，发现春秋时期密集大型建筑群，分布范围约4万平方米。1984年8～10月，在梨河乡蔡庄西地发现春秋中期至汉代庶民墓区。1985年，清理战国时期韩国小型铸铜遗址1处。1985年11～12月，在许岗发现韩王陵4座。1985年12月～1986年1月，在河李墓葬区发现东周墓葬8座。1987年，试掘王行庄韩王陵1号墓马坑，清理葬马56匹。1988年3～7月，在新登小铁路以南发掘墓葬2座。1988～1989年，在李家村、马家村发掘清理春秋中小型墓100余座。1993年5～8月，在东城中部偏南金城路发现多座郑国礼乐器坑和殉马坑。1994年12月～1995年3月，发现青铜礼乐器坑6座和殉马坑56座。1995年4～8月，发现缫丝作坊遗址1处。

1996年9月～1998年10月，在小高村西发现祭祀遗址1处，总面积2.2万平方米。清理商文化二里岗期灰坑8个，西周灰坑52个，东周灰坑731个，两周水井98口，青铜礼器坑7座、乐器坑11座，马坑45座，战国烘范窑3座，两周及汉代灶坑9个，各时期墓葬152座。其中大批编钟及钟架的出土，填补了以往少见中原地区社祀礼制实物的空白。

1999年起，陆续发掘清理中小型墓葬300余座和小型车马坑1座。2001年3月～2002年12月，在城关乡仓城村西，清理出特大墓葬1座、大中型墓葬14座和大型车马坑1座。2002年8～11月，在东城东北角、北依北城墙发掘出一座战国时期罕见的大型制陶作坊遗址。

2002年11月～2003年5月，在冯庄韩王陵北侧发现一处制陶遗址，清理灰坑370个、水井63口、作坊6个、陶窑22个，时代从春秋中期一直延续至战国晚期。2003年1月～2005年11月，在郑韩故城东城的东部清理出西周至战国时期墓葬150余座及夯土基址、灰坑、水井、马坑等遗迹。2006年2～9月，在龙湖镇王许村西部进行抢救性发掘，发现战国时期环壕，其中有40余具无头人骨架及大片经火焚烧的散乱人肢骨，出土器物有铁铤铜镞、铜镞、铜钱、陶钵、陶罐及铁镢头等。环壕周围地势较高，中间高台修整平坦且周边护以夯土，由此推测这一带应是韩国抵御秦国入侵的重要防线。从出土战国陶器和战国半两钱的情况，推断应是一处秦灭韩国的战争遗址。

2006年10月至2009年，对胡庄韩王陵进行抢救性发掘，发掘面积1.2万平方米，清理春秋中小型墓葬35座、战国中小型墓葬276座、战国末年韩王陵1处2陵。2011年8月，对郑韩故城东城区南部进行发掘，发掘面积1377平方米，清理春秋至汉代墓葬4座、灰坑4个、车马坑1座、马坑1座。马坑内葬马12匹，分两排放置，马头向西。车马坑内葬6辆车，出土精美骨饰和鎏金铜串珠。2012年5月，配合建设清理墓葬12座，其中春秋1座、战国1座、汉代9座、清代1座。另有灰坑75个、水井28口、沟1条、窑1座。出土各类文物100余件。

2013年6～10月，对西城褚庄路西侧进行考古发掘，布探方81个，清理遗迹主要包括战国时期灰坑200余个、水井5口、灰沟4条、窑址2座、灶1座、路3条、夯土宫城墙、护城壕沟1处、大型夯土基址1处、排水管道1处等。其中排水管道保存较为完好，还发现了与之相连的蓄水池等遗迹。此外清理汉唐时期墓葬92座，汉墓一般为长条形墓室，有的墓葬间有人为小洞相通，显系夫妻异穴墓葬，带有浓郁地方特色。

2014年7～9月，开展抢救性发掘，清理春秋战国至汉代墓葬6座、灰坑19个、水井1口，出土一批铜、陶、玉等不同质料的文物。对北城墙墙基的解剖发现，该段城墙墙基并不规整和深广，夯筑技术也粗率简单。对小（隔）城墙

段的发掘工作也取得较为重要的收获，除证明小城墙始建于战国时期外，还厘清了小城墙的建筑结构，并在小城墙东侧发现道路和壕沟。

2014年9月～2015年5月，对侯家台墓地进行抢救性发掘。清理春秋战国时期墓葬1000余座，车马坑2座。墓葬主要为竖穴土坑墓，分布较密集，年代集中。出土遗物丰富，器物组合齐全，尤其是单件器物的重复，是这次发掘一大特点。

2016年4月起，配合工程对郑韩故城北城门遗址进行考古发掘，清理出带车辙的道路、夯土建筑、活动硬面、踩踏面及壕沟等重要遗迹，为研究北城门营造体系以及城外防御设施等提供了重要科学依据；基本探明北城门遗址历史沿革和变迁，道路从春秋战国一直持续至明清时期，从侧面充实郑韩故城的筑城历史实物资料；首次以考古手段获取北城门的布局特征，显示郑韩故城具有早期瓮城雏形。

经多年考古工作，基本厘清郑韩故城范围、格局及形制，获得大量珍贵文物和实物史料。郑韩故城布局体现了当时东周列国都城的典型模式。韩王陵及不同规格等级墓葬的清理发掘，则为认识当时的社会制度和习俗提供了重要实证资料。持续开展的考古工作，也为城市发展中的文物保护提供了支撑。

**齐家坪遗址考古发现** 齐家坪遗址是洮河流域新石器时代晚期至青铜时代早期聚落与墓葬遗址，也是齐家文化命名地和代表性遗址，位于甘肃省广河县齐家镇园子坪村齐家坪社洮河西岸。

民国13年（1924年），北洋政府农商部矿政顾问、瑞典学者安特生进入甘肃、青海进行

考古调查，在洮河流域发现齐家坪、马家窑、半山、辛店、寺洼、沙井等文化遗存，并通过与以往认识的仰韶文化对比推断绝对年代，提出中国新石器时代考古文化"六期说"。民国34年，中央研究院历史语言研究所夏鼐在广河县阳洼湾发掘两座齐家文化墓葬，在墓葬填土中发现马家窑文化彩陶片，由此提出马家窑文化早于齐家文化，并撰《齐家期墓葬的新发现及其年代的改订》一文纠正安特生的"六期说"，齐家文化源于马家窑文化之认识逐步形成。民国36年，裴文中对齐家坪遗址进行调查与试掘，提出齐家坪遗址层位和出土陶器并不能证明齐家期早于仰韶期，建议将齐家期命名改为"齐家文化"，并视作与彩陶文化不同的系统。1957年，甘肃省文物管理委员会在临洮瓦坪、天水西山坪、渭源寺坪等遗址中均发现马家窑文化在下、齐家文化在上的地层叠压关系，从地层上证实齐家文化晚于马家窑文化，解决了齐家文化的相对年代问题。

1975年，甘肃省博物馆对齐家坪遗址进行抢救性发掘，清理墓葬118座、房址2座、灰坑17个、祭祀遗址2处，出土陶器、石器、玉器、骨器、铜器等2400余件，其中铜镜和空首斧是重大发现。

1987年，临夏州文物普查队对齐家坪遗址进行复查，发现大量白灰层居住面和灰土堆积，采集有陶片、石器、骨器及兽骨烧渣等遗物。陶片以泥质红陶和夹砂红陶为主，纹饰有竖绳纹和篮纹，器形有侈口鼓腹罐、双耳罐等。石器有单孔石刀、敲砸器和盘状器。

2008年10月，甘肃省文物考古研究所对齐家坪遗址进行全面勘探，勘探面积50万平方米，探明遗迹79处。其中，房址16座，灶址4座，灰坑25个，墓葬18座，灰土范围5处，灰沟3条，窑址5处，踩踏面2处，活土坑1个。厘清了遗存分布范围和埋藏情况，丰富了遗址内涵。

2013年起，北京大学、甘肃省文物考古研究所与美国哈佛大学合作开展洮河流域考古项目，齐家坪遗址为重点考察遗址之一。项目组对齐家坪遗址进行测绘，并开展了系统的地表调查和地球物理勘探。根据调查与勘探线索，项目组运用多学科手段，于2016年对齐家坪遗址进行小规模发掘，取得一些新收获。

齐家坪遗址相关考古工作的开展，为齐家文化的确立奠定了基础，为阐释中国文化与文明多元一体格局与动因作出了应有贡献。齐家坪遗址的聚落分区与功能划分，为认识史前社会形态特征与发展进程提供了新资料，而齐家坪遗址及齐家文化相对发达的早期铜器存在，对古代中国青铜技术起源、发展与传播的研究也具有特别重要的意义。

**河北阳原泥河湾旧石器时代遗址考古发现** 泥河湾遗址群由早更新世中期至晚更新世之末的近300处旧石器时代遗址组成，位于河北省西北部泥河湾盆地内，张家口市阳原县桑干河两岸的广大区域。

泥河湾原为阳原县东端桑干河北岸一个小山村的名字。20世纪初，泥河湾村天主教堂的法国神父文森特在村子附近发现古动物化石，并报告给天津北疆博物院院长、法国博物学家桑志华。民国13年（1924年），英国地质学家巴尔博闻讯前来考察，将泥河湾村附近发育的第四纪河湖相沉积物命名为"泥河湾层"。1965年，中国科学院古脊椎动物与古人类研究所在盆地中部的虎头梁发现两处旧石器时代晚期遗址，叩开了泥河湾盆地旧石器时代考古的大门。其后，中国科学院古脊椎动物与古人类研究所、河北省文物研究所等单位进行了长期持续的考古调查、发掘，取得一系列重要成果。

1972～1974年，中国科学院古脊椎动物与古人类研究所对虎头梁遗址群的9个地点进行发掘，确认这是一处旧石器时代晚期遗址群。1973年，在山西阳高许家窑村北的两叉沟发现动物化石和有人工打击痕迹的石制品。1974～1979年，对许家窑遗址先后进行4次发掘，得到丰富的石制品和哺乳动物化石，并发现古人类化石20件，后命名为"许家窑人"，其时代为中更新世之末或晚更新世之初。1978年，在盆地东端发现小长梁遗址，文化遗物埋藏在早更新世的泥河湾层中，发掘者认为其年代距今约100万年，这一发现具有划时代意义。随后，发现东谷坨、麻地沟、马梁等早更新世遗址。1983年，河北省文物研究所参与泥河湾考古工作，开展了大规模调查、发掘，先后发现飞梁、岑家湾等早更新世遗址及板井子、新庙庄、西白马营等旧石器时代中晚期遗址几十处，初步建立起泥河湾盆地旧石器时代文化框架。

1991～1992年，中国改革开放以来第一个涉外考古项目——中美合作泥河湾考古队对东谷坨遗址进行发掘，引进国际上通行的旧石器发掘与研究方法，取得重要成果。1992年，发现马圈沟遗址。1993年，确认第Ⅰ文化层，后经古地磁测定年代为距今155万年。

1995～1998年，河北省文物研究所、北京大学合作对于家沟、马鞍山、瓜地梁、姜家梁等遗址进行系统考古发掘。在马鞍山遗址发现由火塘、石制品、骨制品、装饰品、动物骨骼组成的古人类活动面。在于家沟遗址发现6个连续文化层，年代距今约1.6万～0.5万年，跨越旧石器时代晚期和新石器时代。半山、小长梁、马圈沟第Ⅰ～Ⅲ文化层的古地磁测年结果分别为距今134万年、136万年、155万年、164万年、166万年。根据小哺乳动物化石的生物地层学研究，马圈沟遗址第Ⅲ文化层年代即已早于距今180万年，其下第Ⅳ～Ⅵ文化层的时代则更早，是已知盆地内时代最早的遗址。

2013年起，中国科学院古脊椎动物与古人类研究所、中国社会科学院考古研究所、河北省文物研究所、河北师范大学等共同开展泥河湾旧石器时代遗址群发掘研究，对以往发现的遗址和空白区域进行全面复查，遗址数量增加至近300处，文化序列进一步完善。对重点遗址持续追踪，在马圈沟遗址第Ⅵ文化层下约1米的位置发现人工痕迹更加明确的石制品，其他部位发掘又发现多个新文化层，将马圈沟同一剖面距今176万～125万年有古人类活动的文化层增至15个。中更新世为主的马梁-后沟遗址群在狭小区域发现密集的古人类遗存，相邻剖面上距今80余万年至30余万年，确认9个文化层，填补了中更新世相关阶段旧石器时代文化空白。对以往发掘的侯家窑、板井子、西白马营、马鞍山等遗址开展多学科研究，取得可信的绝对年代数据。对油房、西沙河等遗址的发掘确认了石叶技术出现的时间和来源等。

泥河湾遗址群多个遗址发现了重要人类活动面。马圈沟遗址第Ⅲ文化层揭露一处古人类活动面，表明古人类在此进行过狩猎草原猛犸象并分割肢解尸体、刮肉进食、敲骨吸髓等活动。

泥河湾遗址群遗物主要为石制品、动物化石，另有少量骨制品，至旧石器时代晚期则出现磨制骨器、局部磨光的石器以及少量装饰品、赤铁矿染料等。古人类化石主要为许家窑人化石，发现于侯家窑遗址，化石非常零碎，共发现20件，包括顶骨、枕骨、颞骨、上颌骨、牙齿等，分属10余个个体，属于早期智人类型。

泥河湾遗址群遗址数量多、分布范围广、延续时间长、文化延续性强，在第四纪地质、环境、古动物、旧石器时代考古及人类起源演化等方面都具有重要学术意义。泥河湾遗址群遗址构建起近乎完整的旧石器时代文化序列，提供了东亚地区最早的人类生存证据，完整阐述了东亚地区古人类演化过程，为探讨旧石器时代向新石器时代过渡提供了科学可靠的依据，对旧石器时代向新石器时代过渡、农业起源、制陶业起源等重大学术课题研究具有重要意义。

泥河湾遗址群遗址提供了200余万年以来的古代地理环境、气候环境、植被环境、动物环境等科学信息，为探讨与人类生活息息相关的地理、气候、植被及资源环境等问题提供了资料，具有重要科学价值。

河南安阳殷墟商代晚期都城遗址考古发现 殷墟是商代晚期都城遗址，位于河南省安阳市西北郊。

清光绪二十五年（1899年），金石学家王懿荣在所服中药"龙骨"上发现契刻文字并确定是商朝人的文字，从此开始重金收购甲骨。王懿荣去世后，刘鹗根据王懿荣和他本人收藏

的甲骨编写了中国第一部甲骨文资料汇编——《铁云藏龟》。清光绪三十四年（1908年），罗振玉得知甲骨出于安阳小屯村。经过对甲骨文的研究，罗振玉指出小屯是《史记》和《水经注》等史书中所记载的殷墟，而小屯甲骨正是殷商王朝的遗物，并认为小屯是武乙之墟，或是武乙至帝乙之都。王国维进一步指出殷墟为盘庚至帝乙之墟。安阳小屯一带作为盘庚至帝辛的晚商都城，逐渐被世人所知。

鉴于甲骨以惊人的速度遭到盗掘和毁坏，中央研究院历史语言研究所（简称史语所）成立考古组之初就选定以殷墟为发掘点。民国17～19年（1928～1930年），史语所考古组对殷墟进行3次发掘，主要是人为划分地层深度。民国20年春至26年6月，史语所在殷墟进行第4～15次发掘，梁思永使用以自然堆积划分地层的科学方法揭开殷墟发掘新篇章。这一时期，主要是发掘宫殿宗庙和王陵遗址，进一步解决殷墟的年代与性质问题。1950年春，郭宝钧主持发掘武官大墓和祭祀坑。1958年，中国科学院考古研究所设立安阳工作队，负责殷墟勘探、发掘。同年秋，小屯大灰沟被发现。1960～1964年，安阳工作站发掘苗圃北地铸铜遗址，揭示殷墟时期青铜铸造业的辉煌。1969年春至1997年是殷墟发掘的兴盛时期，基本厘清殷墟范围和布局，对苗圃北地铸铜作坊、孝民屯西地铸铜作坊、北辛庄制骨作坊等手工业区陆续进行发掘，深入了解殷墟手工业情况；殷墟西区墓地、后冈墓地、妇好墓、郭家庄160号墓、戚家庄269号墓等墓葬的发掘，为讨论殷墟时期的家族结构、文化面貌提供了更为全面的资料；重启宫殿宗庙区发掘工作，确定

了小屯大灰沟具体位置，发掘54号建筑基址；进一步发掘王陵区；发现大量刻辞甲骨，集中出土在小屯南地和花园庄东地3号灰坑，引起甲骨学研究热潮。

殷墟发掘长期围绕探讨城市布局与其动态发展进程这一主线，发掘集中于对墓地探索，引发殷墟到底是都城还是墓地的疑问。1997年，考古工作者开始对殷墟布局进行深入调查，尽可能全面揭露道路系统、居住址、手工业作坊址、灰坑、窖穴、水井等生活遗迹，如黑河路家族墓地及族宗庙址、北徐家桥多处四合院建筑及墓地、孝民屯半地穴式建筑群及铸铜作坊和墓地、豫北纱厂大型夯土建筑群、刘家庄北地大型道路系统、洹河北部大司空村东道路系统等。

殷墟遗址总面积超过36平方千米，大体可分为宫殿宗庙区、王陵区、一般族邑、手工业作坊区、道路交通系统等。

宫殿宗庙区一般以"大灰沟"为界，主要位于洹河南岸的小屯、花园庄村。到殷墟晚期，大灰沟已被填平，宫殿宗庙区范围也有所扩展。在宫殿宗庙区内发现54座夯土建筑基址，其中民国19年（1930年）发掘的53座基址被发掘者从北往南分为甲、乙、丙三组，以乙组体量最大、结构形制也相对清楚。研究表明，乙组基址形制多数应是四合院式，即北部为主殿，东、西为配殿，南部为门塾。宫殿宗庙区北部、西部的中小型建筑可能与王室手工业有关，发现有铸铜、制骨、制玉、制石等手工业成品、半成品与废料等。宫殿宗庙区内还有大型池苑，修筑规整的排水沟，并利用自然冲沟与洹河构成水网系统。截至2017年，15万

余片甲骨主要出土于宫殿宗庙区内。在宫殿区内，除有诸如妇好墓、花园庄东地54号墓、小屯西地18号墓等王室贵族墓外，还有大量小型墓葬。

王陵区位于洹河北岸武官村、侯家庄村北一处叫西北冈的高地上，东西长约450米、南北宽约250米，发现带墓道大墓13座、祭祀坑2500余座（一部分未清理），分为东、西两区，规划严谨。虽然王陵全部于西周时期就被盗掘一空，但仍出土如牛鼎、鹿鼎等大量精美的王室用器。

殷墟时期采用"居葬合一"的族邑模式。宫殿区内以王族为主，其外围呈点状分布许多其他氏族。早期族邑分布较为分散，随着城市发展，人口增加，族邑之间的空白地带越来越少，有的族邑相互间可能还出现交叉与重叠现象。单个族邑内部主要有居住址、生活设施、家族墓地和手工业作坊等。

殷墟手工业作坊主要有铸铜、制陶、制骨和制玉等几种，相对集中分布在一起，呈现为"手工业作坊园区"形式，大体可分为以宫殿区为代表的中心园区，以苗圃北地铸铜、铁三路制骨、刘家庄北地制骨、任家庄南地铸铜为代表的南部园区，以孝民屯及其东南地铸铜、北辛庄制骨为代表的西部园区，以及以大司空铸铜、制骨、制陶为代表的东部园区。园区内既有生产的遗迹、遗物，也有从事生产的匠人墓葬。

殷墟发现多处道路遗存，其中以刘家庄北地及大司空村东地道路最为完善，分别代表洹河南北两岸的交通系统。刘家庄北地发现三条道路，为两条南北向主干道和一条东西向连

接道。使用时间较长,不晚于殷墟二期时即已使用,并沿用至殷墟四期偏晚阶段。道路宽8~20米,用鹅卵石、小砾石块、残陶片和碎骨头铺成。道路之上清晰可见多条车辙痕迹。主干道向北与宫殿宗庙区相连,贯穿殷墟都城。大司空村东道路系统呈东西走向,分多层、多条交叉分布,比刘家庄北地道路略窄,发现的车辙轨距也较窄。

甲骨文发现后,殷墟就被学者们认为是商代晚期都邑,但殷墟文化的分期编年体系则是依靠甲骨文和考古发掘资料逐渐完善建立的。20世纪50年代,邹衡综合比较郑州商文化和殷墟文化面貌,是学术界第一次对殷墟文化作出系统分期研究。50~60年代,安阳工作队根据大司空的发掘资料将殷墟文化分为四期。

据"夏商周断代工程"推定,盘庚迁殷至帝辛年代为公元前1300~前1046年。邹衡提出的殷墟一期约相当于盘庚、小辛、小乙时期。由于殷墟未发现早于武丁时期的甲骨卜辞,因而也有学者提出殷墟一期可能是武丁时期。随着洹北商城的发现,越来越多的学者认为洹北商城是盘庚之都,而小屯殷墟则是在武丁之后兴盛起来的都邑。

殷墟是中国考古学的摇篮,甲骨文的发现及殷墟的发掘成果充分证明《史记·殷本纪》关于商朝记载的真实性。

**山东章丘城子崖遗址考古发现** 城子崖遗址是中国学者发现的第一座史前城址,位于山东省济南市章丘区龙山街道龙山四村东北、山城村北,面积20余万平方米。

民国17年(1928年),吴金鼎在平陵古城调查途中偶然发现城子崖遗址。民国19年、20年,考古学者通过布设探沟对遗址南北、东西中轴线及边缘区域进行解剖。这是中国东部地区考古发掘的开端。在当时中国文化西来说流行一时的背景下,城子崖遗址的发掘是中国学者寻找和证明中国文化本土性的一次努力,也是在当时夷夏东西历史命题之下的一次尝试。这次发掘不仅首次发现了一种崭新的考古学文化——龙山文化,为商周文化的本土起源找到了线索,也是在田野工作中第一次发现古城址,并出版了中国首部田野考古报告集《城子崖——山东历城县龙山镇之黑陶文化遗址》,而且在田野考古工作方法上也向科学化和正规化迈出了重要一步。考古地层学原理开始运用到实际田野操作中,首次绘制探沟地层剖面图,从而为中国考古学发展,尤其是史前考古学发展铺垫了重要基石,成为中国考古学发展历程中的一个里程碑。

1989~1992年,山东省文物考古研究所对遗址及附近区域进行全面勘探,发现龙山、岳石、周代三个阶段的城址,对城内文化堆积状况有了比较全面的了解,掌握了城墙、壕沟、城门、道路、大范围淤土、居址等聚落的宏观布局。发掘工作揭示了遗址各阶段文化内涵,修正了民国19年认为黑陶期城址为龙山文化的判断,确认属岳石文化,并于其下新发现龙山文化城址。

2011年起,城子崖遗址考古工作可分为两个阶段。第一阶段以城子崖遗址为中心,向周边各辐射5千米开展调查,区域整体呈方形,基本在巨野河流域。调查发现大汶口文化遗址24处、龙山文化遗址62处、岳石文化遗址50处,其中,大汶口文化与龙山文化遗址重合者13处，龙山文化与岳石文化遗址重合者30处，岳石文化与商周遗址重合者46处。城子崖周围地区各阶段遗址数量及重合度情况的变化显示，从大汶口文化到龙山文化，社会在持续发展之中，并在后一时期达到史前社会发展的顶峰，然后在岳石文化阶段有所回落，但并非像山东其他地区一样，在岳石文化之后迅速转入衰落。龙山文化与岳石文化遗址较高的重合度显示，从前者到后者的过渡较为平稳，地区社会维持了长期繁荣的稳定局面。第二阶段为有针对性的考古发掘，主要是对纵中探沟的复掘和对岳石文化晚期南、北城门区域的发掘。发掘揭示了丰富的龙山文化、岳石文化和周代遗迹现象，虽是发掘老探沟，新获遗物标本不多，但提供了大量的多学科综合研究取样机会。通过对年代学、植物遗存（孢粉、植硅石、炭屑、植物大遗存等）、土壤微形态、动物遗存等取样显示，城子崖龙山文化岳石文化阶段农业遗存有粟、黍、稻等，以粟占绝对优势，余者均甚少。

龙山文化与岳石文化出土遗物非常有限，以陶器为主，器形包括鼎、罐、盆、甗、鬶、鬲、盖、盒、杯等，蛋壳陶类礼器仅发现残片，未见完整器；石器多为斧、钺、刀、锛、凿、镞等，武器类相对较少；骨角器以笄、锥、镞最多；蚌器多为镰、刀等生产工具。未见铜器和玉器。仅在岳石晚期一疑似祭祀坑内的人骨下发现席类编织物痕迹。

城址的龙山文化涵盖早、中、晚三期，早期为环壕聚落，城址主要修建于龙山中期偏早阶段。岳石文化可分为早、晚两期，最晚与二里岗上层大致同时。东周文化主要为春秋中期偏晚段。

2010年，国家科技支撑项目"中华文明探源工程"将城子崖遗址发掘和研究列入第三阶段子课题重点遗址之一，依托课题研究需要对遗址进行了新一轮发掘，取得重要成果：城子崖龙山城是泰沂山脉以北一连串龙山城址中的一座，为研究龙山文化时期聚落布局、聚落结构、城市发展、社会政治结构提供了重要城址材料；岳石文化时期城址建造技术高度发达，在相关研究资料稀缺的环境下，为认识岳石文化社会性质、城市规划、科技发展等问题提供了新的切入点，也为研究夷夏关系和夷商关系提供了不可多得的实物材料。

**河南安阳后冈三叠层考古发现** 后冈三叠层指在后冈遗址发现的殷墟文化、龙山文化、仰韶文化三种文化遗存相次叠压的考古迹象，堆积层位关系确立了三者的时间序列。遗址位于河南安阳，紧邻洹河南岸，因其在高楼庄村北，故名后冈。遗址总面积约10万平方米。

民国17年（1928年）10月，中央研究院历史语言研究所考古组开启殷墟考古发掘工作。民国20年春，李济提出"由外求内"，即先发掘小屯的四境，再探求小屯，提出后冈发掘的需求和目标。

民国20年4月16日，梁思永对后冈进行第一次发掘，历时27天，发掘面积216平方米，发现龙山时期遗迹、遗物。10月31日，梁思永赶赴安阳，对后冈进行第二次发掘，历时25天，发掘面积385平方米，发现龙山文化时期的白灰面式建筑等重要遗存，基本确定遗址范围。民国22年，梁思永撰文《后冈发掘小记》，记述两次发掘情况，并着重指出发掘取得的重要成果及意义。民国22年冬及23年春，对后冈遗址进行第三、四次发掘，发掘地点都在冈顶，发现了仰韶文化、龙山文化和殷墟文化的叠压关系，解决了三者之间的相对年代问题，并在龙山文化遗址边缘发现夯土墙遗迹。1959年春、1971年春、1972年春及1979年进行四次发掘，地点都在冈南及东南坡处，发掘面积1万余平方米，发掘到一批仰韶文化和龙山文化房屋、灰坑和墓葬等。

在经过前两次发掘后，梁思永判定后冈遗址以冈顶为中心呈不规则长圆形，南北长约175米、东西宽约130米，面积22750平方米。后冈遗址虽地层堆积十分深厚，地层关系十分复杂，但可以把不同颜色的土层归并为三大层，第一层以浅灰色土为主，土质颇松，土质和颜色都与小屯的灰土极相似，无论在冈之任何部分皆居遗存之上层；第二层以绿色土为主，为无数极薄之土层积叠成，土质紧黏，在冈之中北部居遗存之下层，在西南部居上层，在东南部占遗存之全层；第三层以深灰色土为主，土质紧黏，无论在冈之任何部分皆居遗存之下层。虽在全冈之上未发现第一、二、三层重叠情形，但梁思永认为，从后冈顺着一条西南至东北的直线发掘，可发现理想的后冈断面图，即在冈顶上一层浅灰土（上层），底下一层绿色土（中层），底下偏西南一层深灰土（下层）。三层包含不同的文化遗物，代表不同的文化：上层是白陶文化（小屯文化）遗物，中层是黑陶文化（龙山文化）遗物，下层是彩陶文化（仰韶文化）遗物。以上地层关系即后冈三叠层，在中国考古学史上具有划时代的意义。

后冈三叠层考古发现是考古地层学的第一次"实战性"成果。20世纪之初，考古地层学理论与方法尚不成熟，更未得到普及与推广。殷墟最初几次发掘，虽注意到地层的重要性，但未能从晚到早逐层有序进行发掘。后冈三叠层考古发现后，考古地层学与类型学成为指导中国考古学的基本理论与方法，被学者誉为考古学的"两个轮子"，缺一不可。

后冈三叠层考古发现为建立仰韶、龙山与殷墟文化年代序列提供了有力证据。1929年，小屯发现一片彩陶，李济两次撰文讨论仰韶与小屯文化的关系。城子崖遗址发现后，傅斯年、李济等纷纷讨论以黑陶为特征的考古学文化重要性。但仰韶文化、龙山文化及殷墟文化究竟是何种关系，最直接的还是层位证据，所以后冈三叠层的发现是中国田野考古一个极重要的里程碑。

## 河北易县东周时期燕下都遗址考古发现

燕下都遗址是东周时期燕国都城遗址，也是最早被发现的燕国都城遗址，位于河北省易县东南高陌乡，西依太行山，南临易水。

民国18年（1929年）11月，马衡、常惠和傅振伦等对燕下都故城开展调查。民国19年春，以马衡为团长的燕下都考古团成立，并对老姆台基址进行小规模发掘。

1957年春、秋，文化部文物管理局和河北省文物管理委员会分别对燕下都故城进行初步调查，并对西垣进行发掘。1958年1～5月，文化部文物管理局组织燕下都工作队对燕下都故城进行较详细的勘探和调查，发现东城西垣及武阳台北东西"隔墙"。1961年7月至1962年底，河北省文化局工作队对燕下都"四有"保护工作进行初步规划和建设，并进行全面勘察和小规模发掘。1964年4月，河北省文化局文化工作队在燕下都故城设置燕下都工作组，对燕下都故城进行长期考古勘察、遗址保护和科学发掘。

经多次勘察，基本厘清了燕下都遗址平面形制，其大体呈不规则的长方形，东西约8千米、南北4～6千米。中部有南北纵贯的1号古河道，将燕下都故城分成东城和西城两部分。东城位于1号河渠以东，平面呈"凸"字形，在城中间偏北处有一道东西横贯的"隔墙"把东城分成南、北两部分。隔墙以南的武阳台为中心宫殿区，与南部的手工业作坊区由3号河渠隔开。隔墙以北，东部为宫殿区，西部为军事手工业作坊区。西北隅为虚粮冢墓区，与南部的九女台墓区由2号河渠隔开。西城即1号河渠以西部分，基本由南、北、西三道城墙及1号河渠组成。西城除发现辛庄头墓区外，尚有两处居住址。故城四周有宽厚高大的城墙，有的城墙上还有附属建筑。

1964年，燕下都工作组发掘燕下都遗址九女台墓区16号墓。1977年，石永士对16号墓的车马坑进行发掘。16号墓出土大型仿铜陶礼器等，根据墓葬形制，应为战国早期燕王墓，但是何位燕王未定。1965～1982年，先后对城内、外进行大范围全面勘察，并配合农业进行多次考古发掘，获得丰富文物资料。1966年2月，在老姆台夯土基址东170米处出土龙凤饕餮纹铺首衔环1件，重21.5千克，环外径29厘米、内径16厘米、通高62厘米。

1973年3月，对燕下都23号作坊遗址发现铜戈的地点进行抢救性发掘，发现房址1座。房址中有灶1座，灶址西侧有1具头向西的人骨架，灶中出土铜戈108件，其中铜戈100件有铭文，98件铸有郾王的名字。1974年，对燕下都城南解村村东1、2、3号墓和14座人头丛葬中的5号人头丛葬进行发掘。5号人头丛葬清理出人头骨1446个，有的头骨上有砍杀痕迹，有的头骨中有铜镞，加上平整土地挖沟破坏的部分，5号人头丛葬人头骨原应在2000个以上，证明了《史记·燕召公世家》所记载，因燕王哙改革引起国内动乱，"构难数月，死者数万，众人恫恐，百姓离志"的历史事实。1976年，吉林大学历史系和河北省文物管理处发掘燕下都遗址内6号、7号居住址及虚粮冢墓区的8号墓和车马坑。1977年冬至1978年春，配合易满公路建设，发掘燕下都辛庄头墓区30号墓，出土金饰件上有记重铭文，为研究燕国的衡制提供了可靠的研究资料。

20世纪20～80年代，对不同宫殿附属建筑群、手工业作坊遗址和居住址的多次发掘，积累了丰富的地层依据和文化遗物，为综合研究商末周初至战国晚期文化分期、陶器纹饰和器形演变打下了坚实基础，基本厘清了燕下都遗址的时代、性质、范围及城内布局和功能划分，并对城址结构、性质和当时社会组织结构、经济发展各方面进行了深入研究。

燕下都故城以大型宫殿主体建筑为主，辅以宫殿建筑组群布局，其城市分区规划和城墙、壕沟等防御措施的设置，奠定了中国古代都城规划基础。燕下都故城导引地面水进入城内，解决城内供水问题的措施，对中国古代都城建设产生深远影响。熟铁或钢制品的发现，证明中国在公元前3世纪初叶（战国晚期）已流行块炼法，并用此法得到的海绵铁增碳来制造高碳钢，还掌握了淬火技术。

燕下都故城的营建，是东周时期燕国社会经济发展的必然产物，既适应当时政治、军事需要，又对燕国社会经济发展起到重大推动作用，成为东周时期燕社会经济迅速向前发展的重要标志。

**北京元大都遗址考古发现** 元大都是元代最重要的都城，位于北京市旧城的内城及以北地区。元大都是一座平地起建的新都城，北依燕山山脉，南为华北平原，始建于元至元四年（1267年），至元三十年基本完工。

20世纪20年代末，学者依据文献线索开展元大都古城地面遗迹的相关调查。50年代中期以后，赵正之和侯仁之等对元大都进行过相关研究。但是在没有对元大都遗址进行考古勘察前，学术界对元大都的城市规模不甚清楚。1964～1974年，中国科学院考古研究所与北京市文物管理处共同开展元大都野外考古工作，勘察元大都城垣、街道、河湖水系等遗迹。在明清北京北城垣外、元大都土城内，即元大都东北部，钻探元大都街道遗迹。从光熙门到北城角这一区域，钻探出东西向胡同22条。从东直门至朝阳门，即元大都崇仁门至齐化门，也探出胡同22条。钻探结果与史书记载基本吻合。为配合地铁工程，北京市开始大规模拆除明清内城城墙和建筑，先后发掘10余处不同类型的居住遗址和建筑遗存，出土大量建筑构件、陶瓷器等遗物。此后，徐苹芳等对元大都进行了较为深入的研究，为复原元大都城市规划奠定了基础。

这一时期，元大都考古工作主要是配合基本建设工程开展，其中比较重要的发现主要有后英房遗址、雍和宫后遗址、西绦遗址、旧鼓楼大街豁口遗址、后桃园遗址、福寿兴元观遗址、西四排水渠遗址等。在修建地铁拆除西直门箭楼过程中发现的元大都和义门瓮城遗址也具有重要意义。

后英房居住遗址在西直门里后英房胡同西北的明清北城墙基下。1965年秋先发掘东部，1972年上半年又发掘中部和西部。发掘表明这是一处规模较大的居住遗址，虽然发掘揭露的仅是一部分，但遗址布局仍清晰可辨。该处居住遗址是一处四合院住宅，呈东西长、南北窄的长方形。其布局分三部分，中部是主院，两旁为东、西院。东院较完整，西院仅残存北房及月台等。整个遗址平面布局充分显示出宋元时代向明清时代过渡的建筑形式。遗址出土多个窑口的精品瓷器和其他贵重物品，出土瓷器上有"内府"铭文，表明该居住遗址应是元大都中上层人物的住宅遗址。

雍和宫后居住遗址的发掘是元大都城内居住遗存的另一项重要考古发现。主要建筑物是三间北房，两明一暗，建于砖台基础之上。当心间面阔4米、进深5.42米。西暗间面阔3.75米、进深7.08米。两明间后檐墙向内收1.66米，形成两间后厦，这是以往未见的形制。类似形式建筑在其稍东的居址中也有发现，可能是元大都比较流行的建筑形式。屋内四周用砖、坯围砌成炕，宽的是火炕，窄的是实心炕，火炕有灶膛和烟道，烟囱立在墙外。北房墙有一方形砖砌月台，月台前用砖砌出"十"字形高露道，通往东、西厢房和南房。出土遗物除瓷器、铁器等生活用品外，还有玉雕带饰等，在一件漆器上有"内府公用"铭文，说明居者与皇室有一定关联。

1969年拆除西直门箭楼时，发现压在明代箭楼之下的元大都和义门瓮城城门，门洞内有元至正十八年（1358年）题记。城楼建筑已被拆去，只余城门墩台和门洞。楼上尚存向城门上灌水的灭火设备。木门已被拆去，仅余承门轴的半球形铁鹅台和门砧石。

1970年10月，在旧鼓楼大街豁口以东一处院落遗址中取土烧砖坯时，发现一处元代瓷器窖藏，经考古人员清理、收集拼对后，修复出10件青花瓷和6件影青瓷，年代属元代晚期。11月，在西四新华书店与同合居饭店之间，发现元大都南北主干大街两旁用石条砌筑的明渠，渠宽1米、深1.65米，底部顺铺青条石。在横穿元大都平则门大街时，渠顶部覆盖石条，在渠内石壁上发现工匠刻凿的"致和元年五月　日石匠刘三"字迹。

1974年3月，新街口豁口外发现元大都海子泊岸码头遗址。在南北长60米、东西宽40米范围内黑色淤泥中布满"地钉"（木桩），其上横铺宽17厘米、厚10厘米的柏木板，木板上再铺两层"衬枋石"。

改革开放后，在配合城市基本建设中也陆续发现一些与元大都有关的遗存。1982年5月，在灵境胡同西口外发现甘石桥旧址。这是一座南北方向的单拱弧面桥，全长38米。桥面平铺错缝青条石，石桥涵洞单拱券顶，涵洞下是一条东西偏北的沟渠，呈仰斗形，底部平铺大条砖，两侧沟壁错缝顺铺长方砖。沟底砖面以下散见元代平铺的小薄砖，沟身两侧墙外均有黑色淤泥，证明这里的沟渠和石桥是在元代旧水道基础上建造的。2002年，为配合元大都北土城花园路段环境整治，对该段城墙及水关进行清理，基本弄清城墙与水关的关系，水关结构、形制及建筑技法，并获得有明确纪年的刻石。

2015～2016年，在故宫隆宗门西广场发掘清理中，考古工作者在明代故宫建筑基础之下发现属于元代的夯土堆积，可能与元大都皇宫存在密切关系。这一发现为元大都"大内"以及大都城市中轴线等研究提供了重要线索，对研究紫禁城元明清三代和北京城中轴线变迁，乃至紫禁城历史及中国古代建筑史均具有重要意义。

元大都是典型的古今重叠式古代城市遗存，地下遗迹考古主要围绕现代城市建设而展开。考古工作者对元大都遗址格局进行揭示和复原，进一步阐明了元大都在中国古代城市发展史上的地位。

**曲阜鲁国故城考古发现**　鲁国故城是周代鲁国都城遗址，位于山东曲阜。鲁国是周公的封国，由于周公是兴周灭商、辅佐成王和创立周代礼乐制度的元老重臣，其封国在各诸侯国中具有特殊地位，享有立文王庙和郊祀等天子礼仪。自西周初伯禽就封，到战国末亡于楚，曲阜作为鲁国都城延续800余年。

对鲁国故城的考古工作很早就已开展。民国19年（1930年）即在城内出土过鲁国青铜器。民国31年、32年，日本学者关野雄、驹井和爱等对鲁国故城进行了两次考古调查和发掘，发现了周公庙所在宫城区的汉代夯土建筑基址。

1953年，在孔府花园西周中期墓葬出土了陶器和蚌器。1958年8月，国家文物局和山东省文化局文物干部培训班对鲁国故城进行了考古钻探和试掘。1977年3月～1978年10月，山东省文物考古研究所、山东省博物馆等单位对鲁国故城开展了较大规模的考古勘察和试掘，探明了其年代、形制、城市布局和基本文化内涵，掌握了周代至汉代鲁国故城的发展演变进程，成果汇总为考古报告《曲阜鲁国故城》（1982年），为鲁国故城遗址的保护和研究打下了良好基础。

1981年，山东省文物考古研究所在林前村发掘30余座东周墓葬，填补了望父台乙组墓春秋时期墓葬的缺环。2010年，国家文物局批准曲阜鲁故城国家考古遗址公园立项。2011～2017年，山东省文物考古研究所开展了一系列考古工作，取得重要成果。考古成果显示，鲁国故城郭城平面近扁方形，东西最长3.7千米、南北最宽2.7千米，面积约10.35平方千米。郭城东南、东、东北城墙的始建年代为两周之际或春秋早期延续至战国晚期。宫城位于郭城中部偏东，城内面积约12万平方米，年代为春秋晚期至战国晚期。勘探发现城门11座；城内交通干道10条，东西向、南北向各5条。城北部发现横贯东西且基本沿2号干道方向的排水道，可能是城内一条重要的供水、排水系统，其与城壕相连，使用年代应相仿。城内有手工业作坊和居住址，包括冶铜、冶铁、制骨、制陶遗址。城西部、西北部和北部大片地区发现西周文化堆积。在城西北部的药圃、西部的斗鸡台、西南部的孔府后花园以及西部偏东的望父台等4处墓地发掘墓葬129座，年代从西周延续到战国中期。出土器物有铜器、陶器、玉石器、骨器等，其中铜器有鼎、簠、

盘、匜、壶、簋、车马器、铃等，包括鲁伯愈、鲁仲齐等属卿大夫级别的铭文青铜器。城南部、西南部发现汉代城址，年代应在西汉早中期。周公庙建筑群基址东部有汉代宫殿建筑基址，延续了战国时期宫城建筑布局。

鲁国故城坐落在两大重要河流泗河、沂河之间，河流既能满足城内用水、交通和防御所需，又有发展农业之利，充分体现了古人利用自然地形地势的建城思想。宫城处在郭城中东部，在整个鲁城中地势最高。郭城城门、道路、排水、居址、手工业作坊遗址等布局规范，符合"筑城以卫君，造郭以守民"及"左祖右社，前朝后市"的都城建设原则。

从考古资料看，鲁国故城于西周中期应已建成，城墙最晚自西周晚期开始营建，大城套小城及中轴线的平面布局则最迟在春秋晚期就已形成。学者认为城内遗存年代最早为西周中期前半段，曲阜成为鲁国都城的年代当在"炀公克夷"之后。

鲁国故城的考古发现为研究鲁国故城城市布局、古代都城发展史、鲁文化及周礼研究等提供了科学资料。

**居延汉代遗址与简牍考古发现**　居延汉代遗址是一个延绵280千米长的军事塞防性质的大型综合型遗址群，包括卅井塞、殄北塞、甲渠塞、广地塞、橐他塞、肩水塞、地湾遗址、肩水金关、甲渠候官遗址、甲渠塞第四燧遗址。"居延"是汉代张掖郡下辖居延县，大致包括甘肃省酒泉市金塔县鼎新镇至内蒙古自治区额济纳旗从南至北黑河（内蒙古段称额济纳河）尾闾的绿洲区域。

汉代居延的塞防体系非常完善，由南至北

沿古弱水河下游至尾闾的古居延泽，西汉王朝陆续修筑了延绵约300千米的长城烽燧和障坞关城等一系列工程，大致呈"Y"形，以防御北方匈奴沿古弱水绿洲南下侵扰，对酒泉郡和张掖郡军事防御工程形成拱卫之势，有效保障了河西走廊丝绸之路畅通。居延汉简是对历年历次在汉代居延长城烽燧障坞遗址出土汉简的总称，根据出土时间和出土地点的不同，又称居延汉简、居延新简、肩水金关汉简、地湾汉简、额济纳汉简等。

民国19～20年（1930～1931年），中瑞西北科学考查团成员瑞典人贝格曼在汉代居延烽燧城障等遗址发掘的汉简出自20个地点，共1万余枚，学界称为居延汉简。民国20年，居延汉简被运抵北京。民国26年，这批汉简被送至香港，存于香港大学图书馆。太平洋战争爆发后，香港形势危急，居延汉简被运往美国国会图书馆存放。1965年，居延汉简交至台湾。

1972年秋，由甘肃省文化局文物处、甘肃省博物馆文物工作队、酒泉地区文教局以及额济纳旗、金塔县、酒泉县、玉门市、安西县、敦煌县驻军等有关部门组成的居延考古队，沿额济纳河流域，南起金塔县双城子，北至额济纳旗居延海，进行全面考古调查，采集到简牍和各类遗物800余枚／件。1973～1974年，分别对北部地区的居延甲渠候官遗址、甲渠塞第四燧和南部地区的肩水金关3处不同类型的汉代晋烽燧遗址进行全面发掘，总发掘面积4500平方米，新出简牍1.9万余枚、实物2300余件。其中，甘肃文物考古工作队于1973年先后在居延甲渠候官和第四燧出土汉简8000余枚，学界称为居延新简。1976～1986年，在额济纳

旗布肯托尼以北地区开展考古调查和地湾遗址发掘，采获木简千余枚。

居延新简绝大多数是木质，只有极少量竹简。居延新简最显著的特点是出土了大量简册，其数量之多、内容之丰富、价值之珍贵，均是前所未有的。简册内容包括诏书、律令、科别、品约、牒书、推辟书、爰书、劾状、各类簿籍，还有《九九术》、干支表、各种形式的历谱、医药方和《仓颉篇》《急就篇》等残简，特别是发现了详细记载有长安至河西20个驿置的里程简，途经京兆、右扶风、北地、安定、武威、张掖等郡，对确定西汉京城长安以西、敦煌以东的交通路线具有重大意义。居延汉简是珍贵的原始文献，忠实记录了汉代居延地区屯戍活动和兴衰历史，为研究汉代政治、军事、法律、民族关系、中西交通等提供了极为珍贵的第一手资料。

**临淄齐国故城考古发现**　临淄齐国故城是周代齐国、汉代齐国的都城，位于山东省淄博市临淄区中部，城址面积约15.5平方千米。

公元前11世纪，武王灭商建周，姜太公受封齐地，建立齐国，都治营丘。周厉王二十年（前859年），齐国第七任国君献公由薄姑迁都临淄。文献记载，姜氏自太公始，传位31世，治齐达600余年，史称姜齐。齐康公十四年（前391年），大夫田和迁康公于东海，篡权自立，史称田太公，仍都临淄。田氏历经八代君主，治齐173年，史称田齐。其中周赧王三十一年（前284年），燕国陷齐，临淄曾归燕属5年。秦王政二十六年（前221年），秦灭齐，临淄结束了作为齐国都城的历史。汉高祖六年（前201年）封长子刘肥为齐王，是为齐

悼惠王，以临淄为都。之后或置或废或削，最终于汉武帝元封元年（前110年）齐怀王去世后，因无子而国除，临淄也结束了作为封国都城的历史。

民国19年（1930年），中央研究院历史语言研究所李济、吴金鼎到临淄进行实地考察。民国23年春，山东省图书馆在临淄城内刘家寨收集周秦汉晋封泥534枚。民国29～30年，日本学者关野雄连续三次到临淄调查，收集瓦当、镜范等许多文物，并对齐国故城城垣进行测量。1964年，国家文物局批准开展临淄齐国故城考古工作。山东省文化局组织成立临淄文物工作队，对齐国故城进行全面勘察、钻探和试掘，明确了临淄齐国故城的城址形制、规模、文化遗存年代和大致分布范围。20世纪70年代末，考古机构对临淄齐国故城大城西墙北部的3号排水道口进行发掘清理。2012年，为配合临淄区齐国故城遗址保护与展示规划，山东省文物考古研究所对10号宫殿遗址进行考古发掘，对遗址中心战国夯土台基进行局部重点揭露。2011～2014年，山东省文物考古研究所与中国社会科学院考古所合作对临淄齐国故城内冶铸遗址进行调查、勘探和发掘，发掘地点位于阚家寨村南，发现汉代铸镜遗址。

临淄城最迟营建于西周中期，城内存在一定范围的西周早期遗存，出土了商代晚期较高规格的车马器。临淄城由大城和小城共同组成，但与一般周代诸侯国都城将小城作为宫城且置于大城之内的布局不同，小城基本独立于大城之外，仅东北部嵌入大城西南部。大城北墙东段营建年代为西周中期之前，且在西周晚期和春秋、战国时期进行过不同规模补修，而大城西墙营建年代不早于春秋晚期，证明临淄齐国故城的发展大体经历了大城始建、增建、扩建和小城营建、增建、修补等多个发展阶段。大城平面近似不规整的缺角长方形。东墙东临淄河，随着河流的蜿蜒曲折而形成多处曲折；西墙南端与小城北墙相交，随着城外水系的弯曲，城墙中部略向外鼓，北端稍内收，略呈弧形；北墙分东、西两部分，在西部与2号排水道相交处有一拐角，拐角以东墙体近直，略向东南倾斜；南墙近直，中部略外弧。大城城门共8处，其中北墙3处，东墙、南墙各2处，西墙1处；南北主干道2条，东西主干道2条，分别与城门相接；主要排水河道2条，与之相关的排水涵道5处。

大城内文化堆积比较丰富的地区主要在城东北部的阚家寨、河崖头村附近的韩信岭一带。1965年、1971年，工作队先后在阚家寨东南部、韩信岭西南部进行两次发掘，发现西周早期遗存，对研究齐国故城年代及相关问题具有重要参考价值。大城内主要有河崖头和刘家寨两处墓地。河崖头墓地位于大城东北角处的河崖头村一带，墓葬均盗掘严重，墓主属于春秋早中期齐国上层贵族。河崖头墓地的5号墓周围有大规模殉马坑，估算殉马当在600余匹，墓葬规模之大和殉马数量之多前所罕见。1989年，在为齐国故城5号东周墓殉马坑做防水处理时发现3座西周墓，时代属于西周中期偏早阶段。河崖头墓地是已知临淄齐国故城内规格等级最高的齐国贵族墓地。

考古所见临淄城最大的特点当属小城的营建。田氏代齐，国家权力中心的变更引起统治中心即都城的变化，最大、最明显的变化即田氏宫城的兴建，战国中期出现的小城应就属这一性质。位于小城东北部的第10号建筑基址占据小城东北部中心位置，俗称金銮殿，仅残存夯筑的建筑台基，此处出土了高大华美的彩绘木门及纹饰繁复的铜构件，反映出建筑具有相当高的规格，功能可能与桓公台宫殿建筑群有别，或与田齐设立的宗庙礼制建筑有关。

临淄齐国故城的勘探及试掘资料与文献记载基本相符，西周晚期的地层和铜器群为大城的建造年代提供了重要线索。而在大城东北部、南部、西部和小城南部等处试掘中，普遍保存丰富的东周时期遗迹与遗物，表明临淄齐国故城主要属东周时期。而秦汉时临淄城似沿用齐国故城，这从故城内特别是大城内遗留的丰富汉代遗迹和遗物可得到证明。齐临淄故城的延续时间较长，规模宏大，曾是当时最繁华的都邑之一。遗址保存较好、布局清晰，且埋藏丰富的遗存，对研究当时的社会、政治和经济文化具有重要价值。

**黑龙江宁安唐代渤海上京龙泉府遗址考古发现**　黑龙江宁安唐代渤海上京龙泉府遗址是唐代渤海国的都城故址，作为渤海五京之首，称为上京龙泉府。遗址位于黑龙江省宁安市渤海镇。

武周圣历元年（698年），靺鞨人东迁至东牟山、忽汗河一带（牡丹江上游地区），其首领大祚荣自立为振（震）国王，后受唐册封为忽汗州都督、渤海郡王。至第三代大钦茂时晋封为渤海王。渤海国传15世，历229年，曾是唐在东北亚地区重要的地方政权。上京城作为渤海国都城约始于唐天宝末年，除去短暂迁往东京龙泉府外，以此为都约160年。渤海国灭亡后，大批渤海遗民被契丹南迁，上京城逐渐废弃。

对渤海上京龙泉府的调查始于清代。对上京城的发现和认定，在清代中期大学士阿桂奉旨编纂并于乾隆四十三年（1778年）成书的《满洲源流考》中已有所描述。19世纪中叶至20世纪初，先后有多位俄国、日本学者到上京城进行调查。

民国20年（1931年）9月，东省特别区研究会组织综合考察队对北满进行考察，其中古民族学分队对渤海上京城遗址进行调查，并对"紫禁城"（宫殿区）、"御花园"等处进行发掘，获得许多遗物。民国22～23年，日本"东亚考古学会"假借伪满洲国"日满文化协会"邀请，由东京帝国大学教授原田淑人主持对渤海上京城进行大规模"发掘"，对部分宫殿址、寺庙址等进行揭露，获得一大批渤海时期珍贵资料，大体上探明宫殿区的布局，并将出土文物运往日本，发表《东京城——渤海国上京龙泉府址的发掘调查》。

1964年10月，中国科学院考古研究所和朝鲜社会科学院组成中朝联合考古队，对渤海上京城进行大规模调查、钻探和发掘，基本明晰渤海上京城外郭城形制、范围，以及城内街道坊市、宫殿和寺庙等遗址分布情况等，并获得一大批渤海时期遗物。代表性学术成果有《六顶山与渤海镇——唐代渤海国的贵族墓地与都城遗址》等。

20世纪80年代至2007年，黑龙江省文物考古研究所对上京城持续进行大规模调查和发掘，新发现一处门址和内城夹墙、御花园东墙外的道路、七层舍利函，发掘了外城"朱雀大街"基址、宫城部分门址、"御花园"50号建筑址等。以上成果发表在《渤海上京城——1998～2007年度考古发掘调查报告》中。

渤海上京城主要由郭城、皇城和宫城构成,三道城墙保存基本完好,可能是提前规划后分别修建的,采用了不同的建筑方法。郭城城墙底部有基槽,平砌数层石块后筑墙。皇城城墙的建筑方法是将原来的地面铲平至坚实的地层,然后在上面用石块砌筑城墙。宫城城墙是首先挖好和填充基槽,在地面上略窄于基槽的地方用石块砌筑墙体。

郭城平面为横长方形,中轴线对称分布,东半城略大于西半城。郭城周围有护城河,城墙总长16313米,总面积15.93平方千米。郭城城墙共发现10座城门,其中南、北城墙各3座,东、西城墙各2座。除正南门、正北门为三门道外,其他门址均为单门道,西侧北门为"水门"。已发现街道9条,为五纵四横,推测原来可能为五纵七横,这些街道将全城分为皇城和郭城两大部分。全城依道路可分为80余坊,坊的形状均为长方形,有大小之分。坊内以墙分隔成院落,有坊间路。

皇城位于郭城北侧,平面为横长方形,城墙为石砌。由东、西两区和两条大街构成,中间为呈"T"形的广场。东、南、西各开1门,南门为3条门道,其余两门为单门道。皇城范围内发现许多建筑址,性质尚不明确。

宫城位于皇城以北,大体为横长方形(西北角略有内折),划分为宫殿区、东掖城、西掖城和圆璧城等,宫城范围内发现建筑址50余处。

宫殿区发现有5座宫殿,自南向北排列在整个宫城的中轴线上。第1号宫殿位于宫城正

南门北侧,与两侧廊庑构成宫城最南部的单元,相当于唐大明宫含元殿。第2号宫殿位于宫城中心,是宫城内规模最大的宫殿,由正殿、掖门、廊庑等组成。正殿基址坐北朝南,是2号宫殿建筑群的中心建筑,相当于大明宫宣政殿。第3号、4号宫殿是宫城中轴线上的第三、四重宫殿,应是一组前殿后寝建筑。第3号宫殿担负朝堂的功能,相当于大明宫紫宸殿,第4号宫殿则是日常起居的寝殿。第3号、4号宫殿建筑应是渤海时期宫城的核心建筑。第5号宫殿正殿是宫城中轴线最北部的大型建筑,处于一个单独院落内,功能是对其以北宫城区域进行守望和警戒。

禁苑(俗称"御花园")位于宫城东部,为南北向长方形,其内有水池、建筑址、假山等遗迹。水池北岸有一个较大的建筑群体,即50号建筑基址,由正殿和东西廊、亭组成,附属建筑有房址、石墙等。正殿南中部有月台,整体呈倒"凸"字形,是渤海国王室贵族宴飨游乐之地。

中轴大街贯穿皇城南门和郭城正南门,将郭城划分为南、北两部分,全长2195米。

皇城南门址是一座单体建筑,根据柱础排列推测,应为东西面阔七间、南北进深两间的庞大建筑。

郭城正南门由中央正门、东西两个侧门及两段连接的墙体组成。郭城正南门是渤海上京城南向的门户,也是渤海礼仪之门,采用三门道结构,中间门址规模较大,设计规整,是重要活动通行之用;两侧门道较小,作为日常通行之用。

郭城正北门由中央台基式门、东西两侧门和

两段连接的短墙组成。根据础石结构推测原来台基上的建筑为东西面阔五间、南北进深四间。

渤海上京城是当时东北亚地区较大城市之一，使用时间较长，自盛唐延续到五代。其规划、设计和建筑均效仿唐朝的长安城，受唐文化影响颇深。尤为重要的是，在同时期的都城遗址中，渤海上京城保存较为完整，城垣、街坊、道路、佛寺和宫殿遗存都较为完好，为中国古代都城研究提供了重要资料。

**河南鹤壁刘庄遗址考古发现**　刘庄遗址属于仰韶时代晚期大司空类型文化遗址，并发现有下七垣文化时期墓地，位于河南省鹤壁市淇滨区大赉店镇刘庄村南。

刘庄遗址的西北与著名的辛村墓地相邻，东南1.5千米为大赉店遗址。民国21年（1932年），中央研究院历史语言研究所郭宝均等在发掘辛村墓地期间调查发现刘庄遗址。2005～2008年，经国家文物局批准，河南省文物考古研究所会同鹤壁市文物工作队，邀请郑州大学、山东大学组成联合考古队，分4次对遗址进行了考古勘探和发掘。发掘分南、北两个区域进行，发掘北区位于遗址东中部，发掘面积11150平方米；发掘南区在遗址西南部，发掘面积4000平方米。发现大批仰韶时代晚期大司空类型遗迹、遗物及较大规模的下七垣文化墓地。

大司空类型文化遗存在发掘的南、北两区均有广泛分布，有灰坑、房基、陶窑、灰土堆积、陶片铺垫遗迹、灰沟以及大批居址柱洞等遗迹和遗物。

房址主要分布在发掘区中北部和西部，房基仅残存南北向基槽，推知为地面式长方形房基，木骨泥墙。房址周围分布成片的圆形袋状窖穴，由此可知发掘北区的北部、西部应为居址区域。

灰坑有圆形、椭圆形、不规则形几种，多为浅坑。灰沟均为西北—东南走向，沟底人工铺垫石块，下为碎小石子和砂粒，当同流水有关，具有排水功用，这在以往史前遗址考古发掘中不多见。发掘所见灰土堆积、陶片铺垫遗迹现象值得注意，分布面积少则近百平方米、多则几百平方米，平面形状不规则，厚度仅10厘米左右，其性质尚待深入研究。

出土遗物主要为陶器、石器、鹿角器等。陶器装饰以附加堆纹最多，腹部装饰鸡冠耳、口部压印花边做法较为流行。彩陶数量不多，为红彩、黑彩，纹样有弧边三角纹、斜线纹、竖线纹、同心圆纹、水波纹、平行条带纹、睫毛纹等，饰于泥质罐、盆、钵、碗等器。石器有大型铲、斧、凿、锛、钻头、环、纺轮等。鹿角器见有角铲。骨器、蚌器极少。

下七垣文化墓地分布在发掘的北区，发现墓葬338座，出土器物近500件。墓地分为东、南、西三大块，三者相连，布局呈"U"形。以墓葬主流朝向为标准，可将其分为东、西两大区。东区墓葬多头向东、南北成行排列，西区墓葬多头向北、东西成行排列。各区均由若干排墓葬组成，少则七八排，多则十余排，排列较为规律。从墓区规模、墓葬数量上观察，西Ⅱ区规模最大，分布墓葬181座，西Ⅰ区、东区递次，其中东区分布墓葬不到60座。相对而言，东区墓葬分布稍显稀疏，西区墓葬排列较为密集。有趣的是，东区、西Ⅰ区之间有一排东向墓葬将二者连接，因此无法明确分界。

墓葬形制多为长方形竖穴土坑墓，个别口部为椭圆形，较为狭长，大小稍有差别。为单人一次葬，葬式为仰身直肢或俯身直肢，骨架保存较差，有的甚至仅见几颗牙齿。未见合葬墓和二次葬。多数墓葬不见葬具。墓主头向常见北向和东向。有随葬品的墓葬共212座，占墓葬总数的60%以上。一般随葬陶器1～6件不等，大多放置在墓主脚部、头端，器类以鬲、罐、豆、盆、圈足盘最为常见。陶器组合差异明显，有近40种之多，其中随葬单件陶鬲的墓葬最多，次为随葬单件夹砂罐的。少数墓葬随葬有石钺、绿松石串饰等。值得注意的是，东区随葬陶器中的鬲均为肥袋足鬲，此外多夹砂罐，而西区随葬的则大多为卷沿鼓腹鬲、夹砂罐少，且东区墓葬随葬品数量往往较少，东、西区墓葬主流朝向亦不同，其成因有待深入研究。还有一类墓葬无随葬品，有的可以看出墓主为少年。根据随葬陶器类型学特征，墓地年代应属下七垣文化一期，约与二里头文化二期的偏早阶段相当，下限不会晚于二里头文化第四期的偏早阶段。

夏代中原地区，如此规模公共墓地的发现尚属首次，为下七垣文化的研究填补了空白，是该研究领域一项重要的学术突破。该墓地布局清楚、保存完整、随葬品较为丰富，当属研究下七垣文化遗存最为丰富的资料之一。

### 陕西丰镐西周都城遗址与墓地考古发现

陕西丰镐西周都城遗址是西周王朝的国都遗址，丰京和镐京并称为丰镐，位于西安市长安区马王镇、斗门镇一带的沣河两岸。

民国22年（1933年），北平研究院史学会在沣河沿岸开展第一次考古调查。民国32年，中央研究院历史语言研究所对丰镐遗址进行第二次调查。20世纪50年代起，中国科学院考古研究所（中国社会科学院考古研究所）、陕西省考古研究所及西安市文物局等单位在丰镐遗址持续开展考古工作。考古发现的先周遗存包括半地穴式房址、灰坑、窖穴和不同等级墓葬等。

通过考古发掘与研究，丰镐周文化遗存被分为六期，第一期约相当于先周文化晚期的文王迁丰至武王伐纣时期，第二期约相当于西周初期的成王前后，第三期约相当于西周早期的康昭王时期，第四期约相当于西周中期的穆恭王时期，第五期约相当于西周晚期偏早时期的懿孝夷王时期，第六期约相当于西周晚期的厉宣幽王时期。

丰京遗址位于沣河以西，遗址总面积约8.62平方千米，大致跨客省庄、马王村、张家坡、大原村、冯村、新旺村、曹寨几个自然村。镐京遗址位于沣河以东，遗址总面积约9.2平方千米，分布在以郿坞岭为中心的区域内，大致跨张旺渠、官庄、下泉村、落水村、上泉村、普渡村、花园村、白家庄、斗门镇、马营寨、新庄几个自然村。丰镐的沣东、沣西遗址通过河流水系连成一个整体，沣河穿丰、镐之间而过，起着桥梁纽带作用。整个丰镐遗址西有灵沼河，北有渭河，东有昆明池，南有海子等水域。遗址内，沣西的曹寨村南至大原村西有一条人工河道，走向为东南—西北。曹寨村西北分布一处人工水面，面积约63500平方米，东部有一条水道与沣河相连。镐京范围内也有一条古河道西连沣河，自西南向东北穿遗址而过。

西周遗存包括大型建筑基址、手工业作

坊、居址与墓葬等。

丰京遗址的大型建筑基址群分布于客省庄西南、马王村北一带，包括14座夯土基址。最大的四号夯土基址呈"T"形，面积达1826.98平方米。基址内发现有陶排水管道和西周瓦片等。铸铜作坊遗址分布于客省庄南与张家坡东一带，制骨作坊遗址分布于张家坡村东、冯村东北、曹寨西北和新旺村西南一带。陶窑分布于客省庄西、马王村北、张家坡村东、大原村南、新旺村东西等地。墓葬分布广泛，其中最集中的分布区位于张家坡村至大原村之间的一片高地上，包括重要的西周贵族家族——井叔家族墓地。1983～1986年，在张家坡村西至大原村的高岗上钻探发现西周墓葬1500余座，发掘了其中390座，其中包括双墓道大型墓1座、单墓道大型墓3座、竖穴墓340座、洞室墓21座、车马坑3座和马坑22座。这些墓葬中出土多件含"井叔"铭文的青铜礼器，墓主人是不同世代的井叔。

镐京遗址的夯土建筑基址群集中分布于上泉村北、落水村北和花园村北至普渡村西官庄南一带，发现有13座夯土基址及大量的西周瓦片等建筑材料。居址分布区在落水村一带、花园村北、白家庄北、斗门镇及上泉村等地。墓葬区集中于花园村、普渡村一带，其中重要墓葬，如长甶墓出土了一批穆王时期的标准器。

丰镐遗址内还发现了多处西周青铜器窖藏，其中在沣西主要集中于马王村一带和新旺村周围，沣东的斗门镇东南也曾发现铜器窖藏。

丰镐是历史上最早称为"京"的城市，也是中国最早期的城市，作为西周首都沿用近300年，又称宗周。丰镐遗址考古工作确认了西周都城丰镐的存在，揭示了其基本布局和主要内涵，为西周史研究提供了非常重要的第一手实物资料。

**浙江余杭良渚文化遗址群考古发现**　良渚遗址群是以良渚古城遗址为核心的大型聚落群，距今5300～4300年，位于浙江省杭州市余杭区中部，跨瓶窑、良渚两镇，地处浙西山地与杭嘉湖平原交接处的"C"形盆地。

民国25年（1936年），西湖博物馆的施昕更在良渚镇一带进行调查与试掘。此后，梁思永在研究龙山文化时据此提出杭州湾区概念。1956年，夏鼐提出"良渚文化"命名。1981年开始，浙江省文物考古研究所陆续在吴家埠等遗址进行发掘。1986年，发掘反山遗址，清理良渚文化高等级大墓11座，出土精美玉器数千件，凸显出这一地区在良渚文化中的特殊地位。1987年，对瑶山遗址进行抢救性发掘，发现良渚文化高等级墓地及祭坛遗迹。是年冬，对莫角山遗址东南部进行发掘，确认莫角山土台是良渚文化时期人工堆筑的大型建筑基址。1992～1993年，通过对莫角山土台中部的考古发掘，进一步确定莫角山遗址的性状和地位。1996～1997年，对遗址群北部的"土垣"进行调查和试掘，确认其为人工堆筑的具有防护功能的长条形台地遗址，并发现玉料等与制玉有关的遗存及两座大型墓葬。2000年前后，考古工作发现的良渚遗址群内遗址点增加至135处，发掘庙前、文家山、卞家山等遗址。2006～2007年，以瓶窑葡萄畈遗址为始，通过钻探与局部解剖，发现并确认莫角山土台外一周四面围合的底部普遍铺垫石块、上面堆筑黄土的城墙遗址，其所围合范围东西约1700米、南北约1900米，总面积约300万平方米。这一发现将遗址群内众多遗址点有机组合为一个整体，开启了良渚文化研究新起点。

2008～2015年，浙江省文物考古研究所对良渚古城及外围约11平方千米范围进行详细勘探，明确了良渚古城城墙轮廓，以及城内外一定范围的古代水系和遗址分布情况。其中于2009年确认彭公岗公岭是人工堆筑水坝遗址，距今约4900年。2010年、2011年，对古城东面的里山和美人地以及北面的扁担山等高地进行解剖发掘，结合钻探调查，初步判断良渚古城外围的扁担山-卞家山等长条形高地构成了良渚古城的外郭形态，合围面积约8平方千米。2012年以来，为配合良渚古城申遗，重点对莫角山东坡、西坡及大莫角山等遗址点进行解剖发掘。至2014年，良渚古城上游水利系统调查又发现水坝10处，与原来发现的塘山共同组成良渚古城外围的治水体系。2015年以来，配合良渚古城申遗及国家考古遗址公园建设，对古城内莫角山遗址、姜家山遗址、钟家港河道等进行考古发掘，并启动安溪路以东大规模勘探工作。

良渚遗址群良渚古城遗址主要由古城核心区及城外祭祀遗迹和水利系统组成。核心区可分内外三重，中心为面积约30万平方米的莫角山宫殿区，其外为以6千米长的城墙围绕、面积约300万平方米的内城，最外侧为面积约8平方千米的外城。堆筑高度由内而外逐次降低，显示出明显的等级差异，形成类似后世都城的宫城、皇城、外郭三重结构体系。

古城核心区中心的莫角山宫殿区，是一座形制规整的长方形覆斗状土台，东西长约630米、南北宽约450米，顶部基本平面海拔约为12米。西部借助自然山体，东部为沼泽地。在莫角山大土台上，还有大莫角山、小莫角山和乌龟山3个小型台基，上有房基。宫殿区中部有一处7万平方米、平面近曲尺形的沙土广场，推测是莫角山宫殿区内举行重要仪式的场所。

宫殿区以西有一条东西向长条形岗地，从北到南依次分布着反山王陵、姜家山贵族墓地和桑树头贵族墓地等，是城内与宫殿区配套的王陵和贵族墓葬区。反山王陵海拔12.4米，人工堆筑厚4～6米，是良渚古城最高等级的墓地，清理了11座良渚文化大墓。姜家山墓地为家族式贵族墓地，其中既有高等级贵族墓葬，也有普通居民及小孩的墓葬。

古城城墙平面呈圆角长方形，正南北方向，南北长约1910米、东西宽约1770米，墙体宽约20～150米，保存较好的地段高约4米。城墙四面各有两个水城门以沟通内外的护城河道，南墙正中有一个陆城门。城墙主体底部普遍铺垫石块，墙体则用取自山上的黄色黏土夯筑。经钻探，城内外水系除护城河外，还存在大量纵横交错的古河道。考古人员对位于莫角山东侧的钟家港河道进行了系统发掘，其中钟家港南段台地边缘集中出土较多的黑石英石片、玉料、玉钻芯、石钻芯及漆木器坯料等遗物，显示此地可能存在漆器、玉石器作坊。由此推测，良渚古城城内除宫殿区、王陵和贵族墓地以外，核心区其他台地主要应是手工业作坊区。

城圈以外约8平方千米范围内为密集的遗址分布区。位于城南的卞家山遗址，城东的里山-郑村遗址，城北的扁担山-和尚地遗址，均为人工堆筑的长条形居住址，构成良渚古城的外城。其中，对美人地遗址的解剖发掘，发现了建筑精妙的木板河岸遗迹，与长江下游地区江南水乡临河而居的景象十分相似。

古城东北约5千米处的瑶山遗址及西北约2千米处的汇观山遗址，是古城外部两处结构相似的祭坛遗址。祭坛利用自然山体，在顶部修筑而成，四周垒筑石坎。祭坛近西侧挖出"回"字形灰土框。通过在祭坛顶部对一年中的日影变化及日出、日落方位进行观测，推测祭坛设计之初可能具有观象授时的功能。

古城北部和西北部分布着良渚古城建设之初统一规划的规模宏大的水利系统，可能具有防洪、运输、用水、灌溉等诸方面综合功能，与良渚遗址群及良渚古城的生产生活关系密切。已确认的11条堤坝，根据形态和位置的不同，可分为山前长堤、谷口高坝和平原低坝三类。整个水利系统可形成13.3平方千米的库区，库容量达六七千立方米。

在大遗址考古理念下，通过考古发掘和研究工作不断深化对良渚古城格局和功能的认识，已基本明确良渚古城总体格局。良渚古城考古正不断加强多学科研究：通过大量碳十四数据，初步解决良渚古城的年代学问题，确认莫角山、反山、水利系统均营建于公元前3000年前后；动植物考古研究显示，家猪骨骼在动物遗存中占比达80%左右，水稻是良渚先民唯一的主食，农业发展达到很高水平；大规模的周边岩矿资源调查，基本探明古城周边岩矿类型，并发现有玉矿存在的可能性；根据勘探成果及相关聚落、墓地的材料，估算良渚古城核心区居住人口约1.9万、郊区居住人口约2.4万；根据GIS系统分析，新发现3处水坝疑似溢洪道，确认水利系统具有防洪、蓄水、运输和灌溉等多种功能。

**山东济南大辛庄遗址考古发现**　大辛庄遗址是商王朝经略东方的统治中心，年代为商代前期后段至后期早段。遗址位于山东省济南市历城区大辛庄村东南。

民国28年（1939年）和29年，齐鲁大学文学院教授、英国人林仰山两次发表大辛庄遗址专门调查报告，此外还有两篇陶器、石器的综合性报道也涉及大辛庄出土遗物。尽管对个别陶器年代的判断有误，但林氏指出大辛庄遗址主体堆积是商文化，并根据少量精制的磨光陶片，认为该遗址伴存有黑陶文化遗存，这一点也为后来的调查和发掘所证实。

1952～1953年，山东省文物管理委员会对大辛庄遗址进行调查、测绘，采集和征集了部分文物（包括少量龟背骨）。1955年冬，山东省文物管理处对大辛庄遗址进行勘察，明确遗址中心大体上以蝎子沟为南北中线，文化堆积主要分布在沟的东西两岸，并首次揭示遗址中"汉代层—东周层—商代层"的堆积序列。1958年11月，山东省文物管理处组织省文物训练班学员对大辛庄遗迹进行短期勘探和试掘，基本探明大辛庄遗址总面积约30万平方米，初步确认遗址主要堆积和年代，将商文化层分作两层。1955～1963年，山东大学历史系师生对大辛庄遗址进行多次调查，采集到陶器、玉石器、骨角器和甲骨等大量遗物。

1982年4月，山东大学考古专业师生对大辛庄遗址开展测绘和调查，证实了林仰山早年关于大辛庄遗址存在黑陶文化的判断。1984年秋，多家机构联合对大辛庄遗址进行第一次大规模考古发掘，获得包括陶器、蚌器、骨角器和青铜器在内的大量文物，发现其中商代青铜器以商文化为主体，同时包含较多地方文化因素，提出商文化"大辛庄类型"的命名。

2003年3～6月，联合考古队对大辛庄遗址进行了考古发掘。其中最重要的发现为一片甲骨卜辞，这是在商都殷墟以外首次发现甲骨卜辞。此次发掘基本验证并细化了大辛庄类型商文化分期，揭示出当地"商化"的过程。

2009年4～6月，联合考古队开展抢救性考古发掘。2009年12月～2010年1月，山东大学东方考古研究中心对大辛庄遗址进行重点勘探，明确了文化遗迹的分布范围、文化堆积和文化遗迹分布状况。2010年3～12月，联合考古队对大辛庄遗址进行考古发掘，揭露商代房址、墓葬、灰坑、灰沟、窑址、灶、水井等遗迹。2014年3～7月，对大辛庄遗址进行再次发掘，发现陶窑、水井、灰坑等多处遗迹和大量陶器、青铜器、玉器、骨器等遗物，采集动植物、碳十四及植硅石等标本。

大辛庄遗址在商代前期后段至后期早段，为中国东部地区规格最高的一处遗址，在商代考古与历史研究中具有极其重要的价值。大辛庄遗址的发现，对山东地区商代文化编年的建立起到至关重要的作用，有力推动了山东地区史前考古研究和商史研究。

## 河北临漳三国至北朝邺城遗址考古发现

邺城遗址是三国至北朝时期最重要的都城遗址之一，位于河北省临漳县西南20千米的香菜营乡和习文乡，包括邺北城、邺南城和外部城区三部分。

20世纪30年代，北平研究院史学会考古组踏查邺城遗址。1957年，俞伟超曾对邺城遗址内的古迹进行勘测和考证。1976～1977年，河北省和临漳县的文物工作者对城址进行调查钻探。1983年，中国社会科学院考古研究所与河北省文物研究所联合组建邺城考古队，在邺城遗址开展考古调查、发掘和研究。1983～1996年，以探寻邺北城和邺南城形制布局为主要目标，以考古勘探为主，配合重点发掘，基本探明邺北城和邺南城形制布局，对城墙、城门、壕沟及主要宫殿建筑和街道有了初步认识。在对考古勘探发掘资料的研究中，逐渐认识到可能存在东魏北齐都城的外郭城。因此，更大范围探寻东魏北齐邺城外郭城成为第二阶段考古研究核心课题，1996年起分别在南郭城区发掘赵彭城北朝佛寺遗迹、核桃园北齐佛寺遗迹，东郭城区发掘北吴庄佛教造像埋藏坑、曹村窑址，西郭区发掘建筑及墓葬遗迹等。

邺北城略呈横长方形，东西长2400～2620米、南北宽1700米。邺南城内城略呈纵长方形，南北长3460米、东西宽2800米。邺北城和邺南城面积合计约13.5平方千米，推测外郭城略呈正方形，总面积约100平方千米。

遗址文化堆积丰富，主要包括战国至汉代文化层、魏晋十六国文化层、北朝文化层、唐宋文化层、金元文化层及明清文化层等。遗址类型复杂，包括城址遗迹、墓葬遗迹、手工业遗迹等。出土遗物主要包括砖瓦类建筑构件、日常生活用具、佛教造像类宗教用具等。

1986年，邺城考古队对邺南城正南门朱明门遗址进行全面揭露，发掘面积近4000平方米，辨明了城门形制、结构、地层关系和年代。据研究推断，朱明门遗址为东魏北齐邺城内城正南城门。2001年，在邺北城南城墙下发掘一处大型城防通道，总长40余米，青砖结构，残存有地面路土、砖砌墙壁、券顶、门砧石、门槛砖和排水沟等遗迹和遗物。城门顶部采用起券技术，其时代不晚于十六国时期。2002～2012年，对邺南城朱明门外、中轴线东侧赵彭城北朝佛寺进行勘探与发掘，取得重要收获。其中在塔基遗迹中心发现当时所见年代最早的刹柱础石和砖砌函室，出土有石建筑构件及贴金塑像、玻璃瓶残片等珍贵文物，证实塔基是该北朝佛寺的核心建筑。2012年，在北吴庄北地发现并发掘出一处佛教造像埋藏坑，出土佛教造像2895件／块，另有造像碎片数千件，为探讨历史上灭佛运动和佛像瘗埋制度提供了重要线索。造像时代明确，类型多样，题材丰富、造型精美，显示出北朝晚期邺城作为中原北方地区佛学中心和佛教艺术中心的历史地位。2012年，在赵彭城北朝佛寺东侧又发现一座大型皇家寺院——核桃园北齐佛寺，先后勘探发掘该佛寺塔基、门址、大型佛殿和廊房等。核桃园北齐佛寺的发现与发掘，对了解北朝晚期建筑技术和佛教瘗埋制度、探讨核桃园建筑基址群和邺城南郊宗教礼制建筑群的分布具有重要意义。

邺城遗址作为中国北方政治、经济、军事、文化中心延续近4个世纪之久，是民族融合、社会发展的见证；是3～6世纪中国思想文化的重镇、建安文学的发祥地，在文化史上占据着举足轻重的地位。曹魏邺城的单一宫城制度、中轴对称城市格局以及明确的功能分区布局，为南北朝及隋唐以后的中国历代都城建设

所沿袭，不仅对中国古代都城，甚至对古代东亚地区早期都城规划建造产生了深远影响。邺城遗址考古发掘成果丰硕，为研究中国古代城市规划、研究城市可持续发展提供了珍贵的实物资料。

**秦雍城遗址考古发现**　秦雍城遗址是春秋战国时期秦国都城遗址，位于陕西省凤翔县城南，由城址、秦公陵园、国人墓地和郊外宫区等组成，总分布范围达51平方千米。

雍城是春秋至战国中期秦国的都城，自秦德公元年（前677年）"初居雍城大郑宫，……卜居雍，后子孙饮马于河"，至秦孝公十二年（前350年）"自雍徙都咸阳"，秦置都雍城长达327年，有19位秦国国君在这里执政，为秦国定都时间最久的城市。献公东迁后，雍城虽失去政治中心地位，但列祖列宗的陵寝及秦人宗庙在此，故许多重要祀典仍在雍城举行。

20世纪30年代，北平研究院徐炳昶、苏秉琦等开展田野考古调查，在凤翔郊外渭水河畔探寻秦雍城。20世纪50年代后期，中国科学院考古所渭水队、陕西省考古研究所凤翔发掘队开始对雍城展开考古调查和发掘，曾误把雍水河左岸的"南古城"当作是雍城宫城所在。

1974年起，陕西省考古研究所对秦雍城遗址进行历时十年的考古发掘，初步摸清雍城位置、规模及城内三大建筑遗址区相对区域分布，勘探出位于城外的秦公陵园、国人墓葬区及离宫别馆区，发现市场、制陶作坊和城内道路系统等重要遗存，发掘秦公一号大墓和马家庄宗庙遗址等。秦公一号大墓规模宏大，出土遗物丰富，其柏木椁具是考古所发现时代最早

的黄肠题凑，为秦人丧葬制度研究提供了珍贵材料。

2011年，配合基本建设过程中，在秦国雍城遗址内勘察发现6条古道路，经发掘确认其中一条长达140米的古道为西汉时期国道。2012年，陕西省考古研究院发现秦国早期以河流为城的"城堑河濒"：战国时期，列国形势突变，攻伐谋略上升，秦国在原"以水御敌"的基础上再构筑城墙，加上因筑墙取土所形成的沟壕，形成多重防御屏障。同年，陕西省考古研究院在城址东南角瓦窑头发现大型宫室建筑，推测为文献所载"德公元年，初居雍城大郑宫"之所在。瓦窑头大型宫室建筑残长186米，系组合式结构，呈现"五门""五院""前朝后寝"格局。

2005年起，以雍城城外郊祀遗址的考古工作为重点，确认各类建筑、场地、道路、祭祀坑等遗存3200余处。2016年，由多家机构联合组队开展凤翔雍山血池秦汉祭祀遗址考古发掘。

秦雍城遗址系东周时期秦国"九都八迁"历程中置都时间最长、规模最大、保存较好的一处都城，秦都东迁后，这里直至汉武帝时期仍发挥着重要影响，成为"汉承秦制"的历史典范。雍城在秦文化发展过程中具有承前启后的作用，而随着秦实现对古代中国的统一，其影响的意义更为深远。

**金牛山遗址考古发现**　金牛山遗址是东北地区的旧石器时代早期遗址，位于辽宁省大石桥市西南金牛山东南隅。金牛山遗址包括金牛山A点和C点两处洞穴，前者在金牛山东南坡，后者在金牛山北坡。

20世纪40年代初，日本人在大石桥一带调查和开采菱镁矿石，于牛心山（金牛山）的一处石灰岩洞穴堆积物中发现一些哺乳动物化石。1950年，日本人鹿间时夫报道这批材料，认为该堆积时代大致与北京猿人文化期相当，属于更新世中期，并将这组地层定名为"牛心山组"。

1973年，营口市文化局到金牛山进行调查，征集到肿骨鹿下颌骨化石。4月，辽宁省博物馆在考察中发现3个含有动物化石的第四纪堆积地点。1974年、1975年、1976年，由辽宁省博物馆及营口市、县文化局组成的金牛山联合发掘队对金牛山A点和C点连续进行三次发掘。1978年，营口市博物馆单独对A点进行一次发掘。根据发现的动物化石将金牛山遗址地层分为上、下两组，即A点的第3、4层和C点的1～3层为金牛山上组，时代为晚更新世；A点的第5、6层和C点的4～6层为金牛山下组，时代为中更新世。在A点和C点的下组地层中都发现石制品和灰烬等用火遗迹，时代为旧石器时代早期。在C点上组堆积中还发现两件磨制骨器和一件骨椎，时代为旧石器时代晚期。1984年，北京大学考古系吕遵谔主持发掘金牛山A点和C点遗址，发掘区域选定在1978年发掘的平面，继续向下发掘第6层，面积约56平方米。发现人足部、头骨、腰椎、肋骨、髋骨、尺骨、指骨化石和颈椎残块，全部骨骼属同一个体，依照人类学和考古学惯例称为"金牛山人"。金牛山人化石是东亚地区最早出现的古智人化石，对研究直立人向早期智人过渡及现代人类起源都有十分重要的意义。金牛山人距今30万～23万年，平均为26.3万年，属古老型智人（Archaic Homo sapiens），推测为一女性个体，年龄20～22岁，身高约168厘米，体重约78.6千克。金牛山人头骨化石鼻颧角、颧上颌角的面部角度表明其颧面朝前，有较大的面部横向扁平度，这是现代东亚蒙古人种具有的显著特征；铲形门齿、第三臼齿退化等也是东亚地区人类连续进化的有力证据。1986年9月17日～12月4日，北京大学考古系与辽宁省文物考古研究所对金牛山遗址A点西壁剖面进行发掘，确定A点洞顶和北部洞壁的保存状况，进一步搞清A点地层堆积序列。1987年4月26日～6月11日，继续发掘西壁堆积，下挖至1984年发掘平面，西壁剖面发掘深度10.2～12.4米。1988年5月4日～6月4日，对金牛山遗址A点洞穴实施加固工程。1993年8月18日～12月6日、1994年8月20日～9月27日，北京大学考古系与辽宁省文物考古研究所合作，将金牛山A点洞穴发掘到洞底。

金牛山A点洞穴发掘南北最宽8.6米，东西最长11米。保存有洞顶，岩性是含镁大理岩，保存厚度0.15～0.70米，表面风化严重。洞穴的北壁已被老乡采石破坏，北部的堆积仅厚1～2米；南壁保存较完好，岩性为含镁大理岩夹灰岩条带。东面堆积已被发掘，清理出东面的石灰岩基岩，基岩与南、北壁相连，可以确定A点洞穴东壁范围。1986～1994年，发掘A点西壁剖面16米，从上往下可分为13层，根据堆积物岩性特征和动物化石，又可分为上、中、下三部分。上部地层为Ⅰ～Ⅳ层，由棕褐、棕黄色黏土质粉砂和洞穴角砾堆积为主，颜色较浅，发现19种哺乳动物化石，时代为更新世晚期。中部地层为Ⅴ～Ⅷ层，由胶结坚硬的洞穴角砾、棕红色砂质粉砂、粉砂质砂和巨砾组

成，颜色较深，发现51种哺乳动物化石、28种鸟类化石及龟鳖等爬行动物和河蚌化石等，时代为中更新世。其中第Ⅷ层是文化层，堆积物为棕红色砂质粉砂层，含有零星角砾，个别角砾个体较大，厚1.3～1.5米。下部地层为Ⅸ～ⅩⅢ层，是洞穴形成初期坍塌的巨砾堆积，时代为中更新世早期或更早。

金牛山人化石提供了生活于26万年前的中国东北地区青年女性古人类个体性别、年龄、身高、体重、肢体比例、活动方式及相对脑量等重要信息，结合遗物、遗迹等文化现象，对了解当时古人类体质时空差异及其适应含义、谱系发生、社会发展等都具有重要学术价值。

**辽宁凌源、建平牛河梁新石器时代遗址考古发现**　牛河梁遗址属于新石器时代晚期的红山文化，由多个积石冢地点和其他功能建筑遗迹组成，年代距今5500～5000年。遗址位于辽宁省建平县与凌源市交界处，地处大凌河水系的上游地区，努鲁儿虎山东南侧丘陵地带。

20世纪40年代，佟柱臣在牛河梁一带调查采集到后来确属红山文化的彩陶片及勾云形玉器残件。20世纪70年代，在该地区不断收集到红山文化玉器，但一直未找到明确的出土地点及层位关系。1979年，辽宁省文化局组织全省文物普查，在凌源县三官甸子村东北城子山遗址发掘3座出土玉器的墓葬，后确认属红山文化。1981年，辽宁省第二次文物普查时，工作人员从当地收集到斜口筒形玉器1件、双联玉璧1件，并根据村民提供的线索，在建平县马家沟村附近找到玉器采集地点，发现砌石墓葬及玉器，从而确定这类玉器为红山文化遗物。1983～2003年，辽宁省文物考古研究所在区域

内的考古调查中确认牛河梁遗址的16个地点，并对其中的第一、十三地点进行试掘，对第二、三、五、十六地点进行系统发掘，确认牛河梁遗址是由庙、坛（祭坛和金字塔建筑）、冢（积石冢）等多种类型遗存构成的大型礼仪性遗址，从而确定牛河梁遗址为红山文化晚期重要礼仪祭祀性遗存的地位。2007～2011年，第三次全国文物普查时在这一区域内又发现27处红山文化遗存，新发现的遗址点以积石冢为主。2014年，辽宁省文物考古研究所与中国人民大学历史学院联合对牛河梁遗址区进行区域性考古调查，初步完成调查面积约44平方千米，新确认第三次全国文物普查发现的红山文化积石冢6处，新发现疑似居住遗存1处。

第一地点发现4处建筑址及窖穴、灰坑等遗迹，主体遗迹为女神庙及其北侧的山台建筑。女神庙为半地穴式建筑，由北多室和南单室组成，穴口外缘发现炭化木柱，墙壁和仿木建筑构件上可见草拌泥痕迹，出土遗物多为各类塑像残块、彩绘壁画残块及少量器形较大、烧制火候较高的特异形陶器残片。此建筑可能与宗教等特殊礼仪行为有关，发掘者将其称为"女神庙"。山台建筑由东、西、北部偏西3个近"品"字形分布的山台组成，山台上有人工砌筑的石墙，在北部山台北缘采集到泥塑人像的手臂、耳，清理出泥塑仿木建筑构件残块。第一地点以各类建筑址为主，与其他地点差别明显，出土遗物除大量人及动物雕塑之外，还有相当数量的筒形器、塔形器等非日常生活用品。第十三地点的主体为直径40米的圆形夯土土丘，外侧砌筑石墙，未发现墓葬，性质也与其他地点的发现不同，可能是与特殊礼

仪行为有关的"金字塔式建筑"。

第二地点是牛河梁遗址发现的规模最大的遗存，由上、下层积石冢构成。下层积石冢较为简单，皆为一墓一冢。长方形土坑墓室位于积石冢中央，随葬品多为陶器，少见玉器。墓上堆积碎石，冢界外缘使用彩陶筒形器环绕。上层积石冢是6个单体积石冢（积石建筑）组成的群冢组合，可见圆形和方形两种，墓上筑冢台，外封土积石并砌冢界。一冢之下有多个墓葬，墓葬规模略有差异，有中心大墓、大型土圹墓和一般墓葬的等级差别，随葬品多只有玉器，包括龙、凤、龟、蚕蛹、草虫等动物形玉，以及方圆形璧、勾云形器和斜口筒形器等，具鲜明地域特色。彩陶器多作为墓上遗存出现，除下层积石冢常见的筒形器外，塔形器等也是彩绘纹样的重要载体。上、下层积石冢的确认为牛河梁遗址红山文化遗存的分期提供了地层依据，为牛河梁遗址红山文化社群埋葬方式的变化提供了线索。第二地点3号冢为现牛河梁遗址发现的唯一一座以立置石柱作为积石冢主体、无墓葬的积石冢，与牛河梁遗址发现的积石冢、第一地点的女神庙共同构成牛河梁遗址特有的庙、坛、冢组合。

第三地点位于第二地点南侧山梁上，为规模较小的单冢，发现中心墓、南侧的砌石墓及环绕冢体的壕沟。中心墓葬位于山冈最高处，其他规模较小的墓葬位于中心墓的南侧和西南侧，墓葬排列方式与第二地点有所不同，也未见第二地点那种砌筑规整的石墙。出土遗物主要为陶筒形器和玉器，玉器为墓葬随葬品，可见镯、环、斜口筒形器等，陶筒形器则见于冢体堆积中。

第五地点遗迹包括灰坑以及多个具有叠压关系的积石冢和墓葬，出土遗物可见陶器、细石器和玉器，发掘确认下层生活遗存（灰坑）、下层积石冢和上层积石冢之间的叠压关系。下层积石冢主要遗迹为东西排列的两个积石冢和祭祀坑，积石冢用碎石堆砌。上层积石冢直接修筑在下层积石冢上。上层积石冢中规模最大的墓葬出土玉鳖、勾云形玉器等造型较为复杂的玉器。

第十六地点位于辽宁省凌源市凌北镇三官甸子村下河汤沟村民组西北约1千米，当地俗称城子山的山丘顶部，中心区海拔为555.5米。遗迹以积石冢和墓葬为主，墓葬封土之间的叠压关系为判断积石冢的营建及墓葬的埋葬过程提供了线索，进一步明确了夏家店下层文化遗存与红山文化遗存的叠压关系。中心大墓出土有玉人、玉凤等遗物。

牛河梁红山文化遗址是中国新石器时代晚期保存较完整的集庙、坛、冢为一体的大型遗址，以确凿而丰富的考古资料证明，早在5000年前的红山文化晚期，社会形态就已发展至古国阶段，对中国上古时代的社会发展史、传统文化史、思想史、宗教史、建筑史、美术史研究都产生了重大影响。

**河南郑州商城遗址考古发现**　郑州商城遗址是商代早期都城遗址，距今约3600年，规模达25平方千米。遗址所在为河南省郑州市城市中心区。

郑州商城的发现与二里岗遗址的发现与发掘是分不开的。1950年秋，郑州二里岗遗址的发掘带动了郑州考古工作的全面开展，由此发现祭祀遗迹和外郭城墙的南墙东段，揭露南关外和紫荆山两处铸铜遗址、紫荆山以北的制骨作坊遗址、铭功路西侧的制陶作坊遗址，清理白家庄墓葬区和人民公园墓葬区。

1955年10月至1956年，根据白家庄遗址的线索发现商代内城夯土城墙，又在四面城墙开挖探沟22条，为确认郑州商城城墙年代、走向等提供重要证据。这是当时国内发现最早的一座具有夯土城垣的商代都邑遗址。1973年，在商城内东北部发现大型房屋基址7座，并对郑州洛达庙遗址、紫荆山北的铸铜遗址、铭功路西侧的商代墓地、杨庄墓葬区等进行清理，对郑州商城遗址的年代、性质有了总体认识，安金槐先生认为其属于商王仲丁所迁的隞都。1974年9月～1985年6月，商城东北部宫殿区清理出保存较好的建筑基址，还发现铜器窖藏坑，引发对郑州商城宫殿区年代、城址分期、性质和青铜器窖藏坑年代、铸造工艺的热烈讨论。邹衡先生提出郑州商城为汤都亳邑。1985～2017年，以配合城市基本建设工程项目进行的抢救性考古发掘为主，对郑州商城外郭城墙、内城西城墙及南城墙进行解剖，对城内三道夯土墙宫殿建筑基址进行发掘与解剖，对给排水设施进行调查发掘。

郑州商城以宫殿区为中心，逐步建造宫城、内城、外郭城等多重城垣，周边不断设立居民点、手工业作坊、祭祀区、墓葬区等城市设施。三重城池和宫殿区的整体形制奠定了中国城市发展的基础。内城平面近似长方形，城墙多是在平地直接分层夯筑而成，周长6960米，总面积约300万平方米。东城墙和南城墙保存状况较好，大多耸立在地面之上，西城墙和北城墙地面墙体基本不见。四周城墙上发现大小不同的缺口11处，部分可能与城门有关。在商城东南角外侧和西城墙北段外侧发现城壕迹象。宫殿区位于内城东北部一带，以东里路为中心，东西长约750米、南北宽约500米，面积40余万平方米。发现数十处大型商代夯土建筑基址，多数还保留排列有序的石柱础或柱础槽，建筑已使用板瓦。东部还发现较完整的供水系统，主要由石板砌筑的蓄水池、输水管道和水井组成，开城市供水系统建设之先河。部分边沿地带发现有夯土墙和深壕沟等设施。

外郭城位于内城墙南墙和西墙外约600～1000米，基本上呈"C"形对内城形成环护之势。北墙在西太康路、解放路一带有分支现象。南侧、西侧个别地带发现有护城河存在。

普通居民区、手工业作坊和墓葬区大多位于内城之外、外郭城之内。普通居民区围绕内城分布，有铸铜、制骨、制陶等手工业作坊类型。墓葬在宫殿区、内城、外郭城范围内都有发现，较为集中的有位于城东北角的白家庄商代墓地、城东南隅的杨庄商代墓地、城西的铭功路商代墓地和城南的郑州烟厂商代墓地。有迹象表明王陵区应在都城之西或西北一带。

祭祀遗址分布于郑州商城多个地点，较为集中的祭祀场位于内城东北部北城墙东端内侧，以排列有序的6块"埋石"为中心，周围有殉狗坑8个（殉狗100余只）、烧土坑2个，还有无随葬器物的单人葬坑12座、少量随葬物的小墓2座。此外还发现3处青铜器窖藏坑，距地表较深，坑的底部均坐落在生土之上。

郑州商城遗址出土遗物种类繁多，有大量陶器、青铜器、石器、骨器、蚌器、玉器、原始瓷器、占卜甲骨等。青铜器以3处青铜器窖藏坑出土的28件青铜礼器最具代表性，其中青铜方鼎8件。原始青瓷器形多为尊，也有少量罍和罐。璧、玦、琮、璜、璋、簪、铲、柄形器等玉器光泽晶莹，反映出郑州商城具有相当高的制玉工艺水平。商城出土的夔龙纹金叶片、象牙瓠和象牙梳，制作精美，确属罕见。还出土两片习刻字骨，其中一片牛肋骨上刻有10个字，另一片龟甲上刻有1个字，是在安阳殷墟之外难得的发现。白家庄商墓出土一件铜罍，其颈部铸3个龟形装饰图案，应是中国所发现的时代最早的青铜器铭文。在商城出土的一件大口尊残片上还发现刻有"目"字。这些发现，充分反映出郑州商城文化已达到相当高的程度。

郑州商城遗址作为商代前期政治、经济和文化中心，从文字、占卜习俗、青铜铸造、城市规划布局、宫殿建造、埋葬习俗、祭祀等方面为安阳殷墟文化找到源头，奠定了商文明的坚实基础，在中国城市发展史上是一个不可替代的里程碑。

郑州商城遗址分为四期，碳十四测定年代为距今3600～3300年。多数学者认为其与下七垣文化有密切联系，也包含二里头文化、岳石文化因素。关于郑州商城的始建年代，有二里岗下层一期和二里岗下层二期两种主流观点，形成郑州商城都城性质的"成汤亳都"与"仲丁隞都"两大派学说。

**山西侯马晋国故城遗址考古发现**　侯马晋国故城遗址是唯一已经确定的晋国都城遗址，年代主要为春秋晚期及战国时期。遗址位于山西临汾盆地南部，分布在临汾侯马市和曲沃县西南及运城新绛县东南，大部分遗迹分布在汾河和浍河的交汇处。

1952年，山西省文物管理委员会发现山西侯马晋国故城遗址。1955年，配合新兴的侯马市大规模建设，文物机构开展文物普查工作，发现大面积的东周时期文化遗址。1956年，顾铁符率队开展更为详尽的调查，初步确认这里是晋国最重要的都邑。同年设立山西省文物管理委员会侯马工作站，开展日常考古勘察、发掘与管理。1960~1963年，在两次全国性考古大会战中，重点对铸铜遗址进行全面发掘清理。此后，工作站初步探明牛村、平望、台神等古城范围及形制，并发现、发掘西侯马陶窑遗址、北西庄祭祀遗址、上马墓地、乔村墓地等，确认侯马晋国遗址就是晋国最后一个都城新田的所在地。1965年，发现盟誓遗址，发掘祭祀坑326个，出土盟书5000余片。1971年，在盟誓遗址以西的煤灰制品厂发掘祭祀坑200余个。1973年，对上马墓地实施全面勘探，发现墓葬约1400座，此后全面发掘揭露工作持续至1986年。20世纪80年代初，通过对北坞古城进行全面勘探与重点发掘，对这一规模较小的城址有比较详尽的了解。80年代中期，实施呈王古城和呈王路晋国宗庙群勘探与发掘，并对牛村古城南城墙进行解剖。80年代后期及90年代，考古项目较多，发掘西南张祭祀遗址、牛村古城东南居住遗址、下平望墓地，以及对呈王路晋国宗庙遗址、乔村墓地等持续发掘等。进入21世纪，考古工作主要配合城市建设，并对周边墓地进行大规模发掘。

经历次考古勘探与发掘，探明侯马晋国遗址分布面积50余平方千米，共发现古城8座、作坊遗址多处、祭祀遗址11处、墓地10处，出土各类文物10万余件，其中侯马盟书1000余件。古城遗址包括平望、台神、牛村、马庄、呈王、北坞、北郭马、凤城等。平望、牛村、台神古城为"品"字形宫城；马庄、呈王、北坞、北郭马古城为四座卿城；凤城古城为晋国晚期晋公所居住，也是战国、秦汉时期河东郡绛县县治。庙寝遗址，即晋国晚期都城新田时期宗庙建筑群遗址，位于侯马市呈王路中段，遗址面积40余万平方米。平望古城内的大型宫殿台基遗址是晋国的"公宫"，即晋公处理朝政的地方，位于侯马市西郊。铸铜遗址、制骨作坊、制陶作坊、石圭作坊散布于牛村古城南城墙外，部分铸铜遗址分布于台神古城南和呈王路东段等地，制陶遗址在浍河北岸也有分布。祭祀遗址共11处，包括以呈王路建筑基址为中心的环形祭祀带（可能是晋国宗庙祭祀区）、牛村古城南祭祀遗址、虒祁和西高祭祀遗址、西南张祭祀遗址等。墓葬群主要有上马墓地、下平望墓地、东高墓地、牛村古城南墓地和柳泉墓地等，其中柳泉墓地为晋公陵墓，分布面积大，墓葬规格高。

侯马晋国遗址考古工作的开展，确认了晋国晚期都城"新田"的所在，弥补了文献记述的不足，纠正了以往研究的舛误，揭示了一处内涵丰富、布局清楚、形制复杂、沿革清晰的都城遗址，展示了晋国的社会制度、政治制度和经济文化等，为研究先秦社会变革和晋国社会经济发展提供了实物资料。特别是铸铜遗址、盟誓遗址的发掘，填补了文献史学空白，深化了东周历史研究。

### 山西襄汾丁村旧石器时代遗址考古发现

丁村旧石器时代遗址是中国北方地区最为重要

的旧石器时代遗址群之一，位于山西省襄汾县丁村附近，分布于北起襄汾县城、南至柴庄火车站，南北长11千米的汾河两岸。

该遗址于1953年5月调查发现，1954年起先后进行3次较大规模调查发掘，发掘和研究历程大体可分为3个阶段。

第一阶段，1954～1958年。1954年9～11月，由贾兰坡带队，中国科学院古脊椎动物研究室、山西省文物管理委员会和襄汾县文教局共同组成发掘队，对遗址进行第一次大规模调查发掘。发现属于旧石器时代中期的文化遗存11处，并对其中9个地点进行不同程度发掘，获得石制品2005件、哺乳动物化石27种，54：100地点还发现3枚"丁村人"牙齿化石。

第二阶段，1976～1980年。1976年8～11月，对54：100地点进行抢救性发掘，发现数十件石制品和一块幼儿顶骨化石。在汾河西岸沿河地带进行调查，发现3处含有旧石器的地点，并对76：008地点进行小型试掘。1978年4～5月，确定一处旧石器时代晚期的典型细石器遗址。1979年，对第四系地层进行深入调查，并对一些典型剖面进行实测。在汾河IV级阶地的中更新世红色土及砾石层中，陆续发现属于旧石器时代早期晚段的4处含有石制品的地点。这一阶段发现旧石器时代文化遗存12处，其中属于旧石器时代早期的地点有6处，属于旧石器时代中期的地点有5处，属于旧石器时代晚期的地点有1处，获得石制品4630件、骨锥2件。通过本阶段发掘和研究，将襄汾丁村旧石器时代遗址的分布范围扩展至汾河两岸，其时代也由旧石器中期拓展为早、中、晚3个时期，还确定了丁村旧石器时代遗址3个

不同时期的传承关系。此后陆续开展一些零星调查和发掘，发现旧石器时代文化遗存7处，其中旧石器时代早期1处，旧石器时代中期4处，旧石器时代晚期1处，新旧石器时代过渡阶段1处，获得石制品150件。

第三阶段，2011～2017年。从2011年开始，在丁村遗址群周边进行深入广泛调查，在柴庄附近和汾河东岸至塔儿山之间黄土塬区的沟谷梁峁地带发现旧石器时代地点近百处。2013～2017年，对石沟遗址、老虎坡遗址、过水洞遗址、九龙洞遗址和洞门遗址进行连续、深入的考古发掘。其中襄汾石沟遗址出土的一块残破的人类枕骨化石很重要，推测可能属于早期现代人。通过本阶段的发掘研究，将襄汾丁村旧石器时代遗址探索范围从汾河河谷扩展至汾河两岸高阶地土状堆积或山前黄土塬区；丁村文化分布范围和丁村人活动范围也不再局限于柴庄以北的临汾盆地，而是扩展到汾河中下游沿岸较为广泛的区域。

襄汾丁村旧石器时代遗址文化遗存分为早、中、晚3个时期。早期文化遗存的地质时代为中更新世晚期。石制品原料大部分为角页岩，中小型石核居多，以锤击法、砸击或投击法生产石片、石核的台面来进一步处理。石器可分为石片石器和砾石石器两大类，前者占绝大多数。中期文化遗存中有应属同一主体的3枚牙齿化石，从磨损程度推测主体为十二三岁的少年，推断丁村人是介于北京人与现代人之间的人类，在人类史上属于早期智人阶段。1976年发现一块幼儿顶骨化石，显示出丁村人与北京人的亲缘关系。石制品的性状，表明丁村附近密集的石器地点可能是当时的石器制作

场。石器包括石片石器和石核石器两种，以石片石器为主。晚期文化遗存的石制品包括两种：一种是以角页岩为主要原料的粗大石器，主要有石核、石片、砍砸器、刮削器、三棱大尖状器和石球等；另一种是以燧石为主要原料的细石器，主要有锥状石核、楔状石核、细石叶、石核式刮削器等。

以刮削器、砍砸器、尖状器、三棱尖状器和石球为组合的丁村文化，风格细致，特征明显，带有浓厚的区域色彩，是在黄河中下游、汾河沿岸生活的一种人类特有的文化，构成了华北地区具有显著特征的文化体系。丁村遗址涵盖旧石器时代早、中、晚3个时期，对探讨丁村文化来龙去脉，建立中国北方地区石器文化序列有着极为重要的意义。

### 河南陕县庙底沟新石器时代遗址考古发现

庙底沟遗址是新石器时代一处仰韶文化和早期龙山文化遗址，位于河南省三门峡市湖滨区韩庄村。遗址总面积为24万平方米。

1953年，调查发现该遗址。1956～1957年，为配合三门峡水库工程建设，中国科学院考古研究所连续两次对该遗址进行发掘，发掘面积4480平方米，发现两期文化遗存，一期是仰韶文化遗存，二期是晚于仰韶文化、早于河南龙山时期文化的遗存。由于二期遗存既不同于仰韶文化，也不同于河南龙山时期文化，具有从仰韶文化到河南龙山时期文化的过渡性质，因此被命名为"庙底沟二期文化"。两次发掘共发现仰韶文化时期灰坑168个、房基2座，庙底沟二期文化时期灰坑26个、房基1座、窑址1座。清理的156座墓葬中绝大多数属于庙底沟二期文化，另发现有东周文化层及少数汉唐墓葬。出土有大量陶器、石器、骨器、角器、蚌器。2002年6月～2003年2月，为配合310国道拓宽工程，河南省文物考古研究所会同三门峡市文物考古研究所及郑州大学考古专业等单位，对庙底沟遗址进行大规模发掘，发掘面积1.8万平方米，发现仰韶文化庙底沟类型、西王村类型及庙底沟二期文化时期保存较为完好的房基10余座、灰坑和窖穴900余个、陶窑20座、壕沟3条等，还清理出唐宋元明时期墓葬270余座，出土大量珍贵文物。

庙底沟类型时期的遗迹主要有壕沟、房基、陶窑、窖穴、灰坑等。壕沟在遗址东部和西部都有发现，其深浅程度依地势而变，一般从东南向西北渐次增深。几段壕沟相连，可能构成当时的围壕，除防御入侵外，还具有防洪排水之功能。房基多为圆形或方形半地穴式和浅地穴式建筑。方形半地穴建筑可复原成木架结构的四角尖锥屋顶，居住面的柱洞下面还垫有石柱础，这是中国建筑史上最早的柱础。在同类房基中还发现有类似回廊结构的建筑，开启了由浅地穴到地上建筑的先河。陶窑主要集中在遗址西部，个体较小，且均为环形火道。窖穴多为圆形袋状，其底部一般还会向下掘出另一个口径较小的袋状小窖穴，有的多至三四个。窖穴内常发现有完好的小动物骨架，还有的在废弃后用来葬人。出土陶器以细泥红陶为大宗，其次为夹砂红陶；器表纹饰主要有线纹、附加堆纹等。大量精美的彩陶是此时期陶器主流，以圆点、弧线三角为母题，构成色泽鲜艳、变化多端的图案。

西王村类型时期遗迹较少，主要为灰坑等。出土陶器陶色多不纯正，主要为红褐陶和灰褐陶；纹饰以横篮纹为多，另有附加堆纹、线纹等。彩陶色彩单一，图案趋于几何化。

庙底沟二期文化遗迹有房基、灰坑、陶窑和墓葬等。房基多为圆形半地穴式，房内布置考究，多涂抹白灰面。陶窑火道已由环形发展为"北"字形和"非"字形。墓葬140余座，只有两座随葬有红陶小杯，其余均无随葬品。出土器物多为夹砂和泥质的灰陶，另有少量红陶和黑陶；器表纹饰以篮纹为主，此外有绳纹和方格纹等。彩陶数量极少。

从发掘情况推断，庙底沟类型时期以农业生产为主，渔猎和采集等生产活动也占有一定辅助地位。到庙底沟二期文化时期，农业生产水平有很大提高，家畜饲养业也渐趋兴旺起来。

庙底沟遗址的发掘在中国考古学史上具有重要意义。不仅极大地丰富了仰韶文化考古学材料，还揭示了多年来仰韶文化研究中的各种疑惑。特别是庙底沟二期文化的发现，确立了仰韶文化向龙山文化的过渡，为中华远古文化的渊源及发展提供了明确线索。西王村类型文化的再次发现，又填补了庙底沟类型到庙底沟二期文化之间的空白。

**湖北江陵楚都纪南城及周围东周墓群考古发现** 纪南城是战国时期楚国的都城，位于湖北省荆州市纪南生态文化旅游区。以纪南城为中心，沿周围丘陵岗地和山脉呈带状分布有八岭山、雨台山、纪山、马山等多处古墓群，不仅规格高，而且规模大、数量多，与纪南城年代演变相一致，构成了一个相对独立而又不可分割的整体。

1953年，湖北省文物管理委员会对纪南城展开初步调查。1961年，湖北省博物馆在纪南城周围开展工作，在张家山配合砖瓦厂取土清理了一批楚墓，又在配合纪南渠工程建设中发掘清理了一批遗址与墓葬。此后几年间，又陆续清理了数百座楚墓及汉墓。1964年，湖北省博物馆设立纪南城考古工作站，并请武汉测绘学院测绘纪南城平面图。1965年，工作站开始发掘太晖观、望山、沙冢以及陕家湾等地楚墓。1970年，湖北省博物馆在纪南城附近发现战国时期楚国彩绘石编磬。1973年，为配合新桥河疏通工程，发掘南城垣西边水门。经复原，水门为三层式建筑，下层为桥梁，中层安放门闸，上层作为瞭望楼台。1975年，国家文物局组织协调多家文博单位及高校参与纪南城考古会战，通过对城址进行全面钻探，发掘城内外多处地点，基本搞清城内大体布局，形成对城址性质及年代的判断。会战期间，全面揭露30号夯土台基、清理西城门遗址，还发掘了毛家山大溪文化遗址、陈家台冶铸作坊遗址和凤凰山167、168号汉墓、城内东岳庙春秋楚墓、雨台山墓地等。1979年，在纪南城内发掘陶井4口，对已探明的夯土台基设立保护标志，全城夯土台基统一编号。1981年，发掘摩天岭遗址，这是纪南城已知年代最早的遗址，时代在西周晚期到春秋早期。1987年，发掘新桥制陶作坊遗址，发现较多仿铜陶礼器，形制与城外墓葬出土随葬品相同。1988年，发现古河道2条、建筑台基2座、制陶作坊2处。1989年，清理出一处作坊平台，并在约500平方米范围内清理水井20余口。2011～2015年，湖北省文物考古研究所再次对纪南城宫城区展开调查考古，明确了宫城范围，确认两期夯土台基，发现台基附属窑场、连廊、殿前广场及环形界沟。

考古成果显示，纪南城城内面积约16平方千米，城垣周长约15506米。城垣大部分保存较好，由基槽、墙身和内外护坡构成。纪南城东南部为宫殿区，西南部为作坊区。宫城区平面呈长方形，南北长906米、东西宽802米，面积达726612平方米。通过重点勘探，在宫城区内确认东周时期夯土台基18座，宫城内台基规模较大、分布有序。已发掘宫殿基址有成排的磉墩、柱洞和隔墙，并有散水和下水管道等。包括30号台基在内的6座台基相继发现上、下两期夯土堆积，其余均只有第二期夯土堆积。考古工作者对松24号台基西侧被破坏的断面进行清理，发现两期夯土之间有黑色淤泥层，内含大量碎瓦片和陶器残片。由于两期夯土之间的黑色淤泥层普遍存在，而台基外的这一文化层几乎不见遗物，故推测第一期台基曾被洪水淹没，个别已建成的建筑遭毁。宫城区的环形界沟南北长565~575米、东西宽463~525米，面积约27万平方米。界沟宽7~18米、深约1.6米，发现的7处缺口疑似对应宫殿区的几座宫门。城内保存大量灰坑、冶铸遗迹、建筑遗迹以及400余口水井和成排的窑址，另有陕家湾墓地、东岳庙墓地两处东周时期墓地。

纪南城遗址是中国南方发现的保存完整、规模较大的古城址。经40余年发掘，纪南城考古工作取得多项重要成果，廓清了纪南城整体布局，如城墙面宽、底宽，城门位置，护城河宽度、深度，城内建筑遗迹分布、夯土台基数量与形状、部分道路走向，宫城城垣范围，河道与排水系统流向等，并厘清年代关系。这些参数，为纪南城整体研究打下了坚实基础，奠定了楚都探索和楚文化考古的重要基础。

## 陕西西安半坡新石器时代遗址考古发现

半坡遗址是新石器时代仰韶文化聚落遗址，位于陕西省西安城东浐河东岸的二级台地上。

1953年春，西北文物清理队发现该遗址。同年秋，中国科学院考古研究所陕西调查发掘团复查，确定遗址面积约5万平方米，内涵丰富，文化面貌独特。1954年9月至1957年夏，共发掘5次，发掘面积约1万平方米。1971年，西安半坡博物馆选择半坡遗址西南部进行发掘，获取碳素测年标本。2002~2005年，在配合半坡遗址保护大厅改造工程建设随工清理中，发现祭祀等重要遗迹和石砚等重要遗物。

1954~1957年，发现保存较好的房屋基址46座。平面形状分圆形和方形两类，每座面积20平方米左右，个别小的10平方米，最大达160平方米，基本特征相同。每座房址都有门道和门槛，中心有灶坑，内有支撑房顶的柱子，墙内有木骨，居住面和墙壁面均用草泥土抹成，房子大小视年代先后及形制而异。建筑结构有半穴居和地面上木架建筑两类，半穴居类早晚期均有，地面上木架类只见于晚期。全部房址集中分布，构成整个聚落居住区的一部分。在居住区内发现窖穴200余个，多是储藏食物用的，废弃后作垃圾坑用，有圆形袋状坑、长方形坑、椭圆形坑等。在居住区北部发现饲养家畜圈栏2处，为长方形建筑遗迹。在整个遗址内发现壕沟3条，一条是环绕居住区周围的大围沟，为防护设施；两条是居住区内的小沟，可能是氏族内不同家族或集团的分界。烧制陶器的窑址发现6座，多集中在聚落东北部，可分为横穴窑和竖穴窑，均由火膛、火道、窑室、窑门、窑箅组成。窑体很小，估计每窑烧的器物不多，大的1～2件，小的4～10件。

发现墓葬250座，其中成人墓174座，多埋在围沟以北的公共墓地内，少数埋在沟外的东部和东南部，只有两座埋在居住区内的窖穴内。儿童墓76座，其中73座是瓮棺葬，多埋在居住区房屋近旁。成人墓在西部和北部几乎排列成整齐行列，东部和南部比较凌乱。墓葬头向较一致，绝大多数头向西。多数为单人葬，只有两座例外，一座是四人合葬，一座是二人合葬。葬式中最多的是仰身直肢葬，其次是俯身葬（15座）、二次葬（5座）、屈肢葬（4座）。成人墓中71座有随葬品，共308件，类别有工具、用具和装饰品，其中实用陶器最多（277件），装饰品次之，随葬工具的是个别现象。随葬陶器的数目，少的1件，多的10件，一般常见5～6件。合葬墓随葬品较多，四人合葬墓出土17件，二人合葬墓出土8件。儿童瓮棺葬多集中成群埋葬，位于居住区东北部的一群多达24座。葬具以瓮为主，另用盆或钵作盖，盆或钵的底部往往有一个小孔，在小孔上盖一块小陶片。在儿童墓中有3座不用瓮棺，其中一座为长方形的土坑墓，有木棺痕迹，棺内葬一女孩，约三四岁。仰身直肢，头向西，骨架保存完好。随葬品丰富，有陶器6件、石珠69件、石球3件、玉耳坠1件，陶钵内装有粟粒。

上述居住区的众多房址、窖穴和大围沟及其以北墓地、东北窑址等，构成清晰的原始聚落布局。

在整个遗址发掘中发现大量生产工具和生活用具。生产工具按类别分：农业生产工具735件，其中石斧、石刀、陶刀、石锛最多；渔猎工具644件，其中石网坠和石、骨制箭头最多，也有石、骨制的矛和骨鱼叉、骨鱼钩；手工业工具1133件，其中石、陶、骨、角制的锥子和骨制的针最多；其他工具5350件，其中石、陶制的刮削器最多，石器除砍伐器、敲砸器及刮削器为打制外，其余绝大多数为磨制，骨制用具全为磨制。生活用具主要是陶器，共发现陶片50万片以上，完整及复原的陶器近1000件，按用途分为不同类别，饮食器有钵、碗、盆、壶、杯、盘、豆、盂等，炊器和储藏器有罐、瓶、釜、鼎、瓮、器盖、器座等，水器有小口尖底瓶、长颈壶、带流罐等。陶质可分为粗砂陶、细砂硬陶及细泥陶，以红色、红褐色最多。纹饰有绳纹、编织纹、线纹、弦纹等。彩陶纹样以几何形图案为主，由宽带、直线、斜线、三角、圆点、波折纹等组成不同图案。动植物形象花纹独具特色，有人面形、鱼形、鹿形及其他鸟兽形象，其中以鱼纹最多，植物花纹较少。

发掘者依据地层和遗迹叠压打破关系及出土物比较研究，将遗迹和遗物分为早、晚两期。杯形口短颈鼓腹双耳尖底瓶、卷沿深鼓腹平底盆、尖唇鼓腹平底罐、小口弧腹大平底带盖小罐、尖唇阔肩大口小平底弦纹罐、大口弧腹小平底人面鱼纹盆、大口鼓肩斜直壁小平底瓮及直口深腹圜底钵等，组成早期主要器物群。喇叭口鼓肩凹腰尖底瓶、尖唇鼓腹双錾附加堆纹平底罐、宽平沿浅腹平底盆、宽平沿腹较深凹底盆、敛口斜直壁双錾钵、直口斜直壁平底周沿呈锯齿状碗、卷沿折腹圜底盆、带流罐及直口阔肩斜直壁双耳瓮等，构成晚期器物群。

装饰品共发现1900余件，可分为发饰、耳饰、颈饰、手饰及腰饰等，包括陶、石、骨、牙、蚌、玉、介壳等不同质料，以陶质的最多。雕塑品7件，包括陶鸟、陶兽、陶人头、陶埙。

根据对半坡聚落布局等的研究，当时是以农业为主，饲养家畜、狩猎、捕鱼和采集为辅的经济形态，为发达的新石器时代，社会性质相当于母系氏族公社的繁荣时期。

1971年，发掘面积46平方米，主要是采集碳素断代标本。木炭测定年代为公元前3955±105年、公元前3890±105年，为半坡仰韶文化遗存绝对年代提供了可靠标准。

2002～2005年，发掘面积约300平方米，是继20世纪50年代后又一次较重要的发掘。发现房址、窖穴、小沟、墓葬和祭祀等遗迹，出土陶器近百件，还有少量石器和骨器。其中祭祀遗迹现象在以往同类文化或其他文化类型中从未发现过，十分奇特。祭祀遗迹以石柱为中心，周围分布有陶器坑、红烧土硬面或红烧土块堆积、墓葬等。石柱发现时直立于地面之上，横截面为椭圆形，柱身表面有明显的肌理纹，顶部呈斜平面，非常光滑，经人为加工。红烧土硬面和红烧土块堆积发现4处，位于石柱西侧和北面。陶器坑发现5组，均位于石柱北面，每组器形、大小和数量都不相同。在石柱南面发现墓葬4座，其中成人一次葬3座（长方形土坑墓穴），儿童二次葬1座（圆形土坑墓穴），均有随葬品。

遗物以陶器、石器和骨器为主，其中发现的石砚是最为重要和特别的。石砚质地为砂岩，呈不规则长方形，周边打制和打磨痕迹明显。正面经打磨，非常光滑，中部略低，在中部有一横向椭圆形砚池，在其一侧还有一竖向的椭圆形砚池。刚出土时，在两个砚池内及周边还附着有少量红色颜料。石砚背面也非常光滑，中部明显低于周边。这种造型有别于以往发现的石研磨器，而与砚台形制十分接近。彩陶是半坡遗址的代表性遗物。在墓葬中出土的完整器物上，有两件陶钵外口沿施有黑彩宽带纹，一件陶钵口沿有黑彩倒三角纹饰图案。在陶器残片上还发现鱼纹及刻划符号，鱼以写实手法表现，生动逼真。

半坡遗址的发掘，明确了仰韶文化半坡类型的内涵，其与同时期确立的庙底沟类型并驾齐驱，推动了中国新石器时代考古学的研究与发展。大面积揭露出的半坡史前聚落面貌，对研究聚落形态和中国原始社会历史具有重要价值。

**屈家岭遗址考古发现**　屈家岭遗址是长江中游地区发现最早的新石器时代遗址，包括油子岭文化、屈家岭文化、石家河文化等新石器时代遗存以及部分周代遗存。遗址位于湖北省荆门市屈家岭管理区屈岭村和京山县雁门口镇高墩村，是青木垱河及其支流青木河之间的三角地带。

1954年冬，湖北省文物管理委员会在配合石龙过江水库调查时发现屈家岭遗址。1955年2月，湖北省石龙过江水库指挥部文物工作队对遗址进行第一次发掘，中国科学院考古研究所、湖北省文化局、湖北省文物管理委员会、荆州专署、钟祥县文化馆等单位派员参加。此次发掘在水渠线路上开探沟4条，从出土的大量陶器、石器等遗存认识到可能属于新文化系统。

1956年6月～1957年2月，中国科学院考古研究所对遗址进行考古发掘，湖北省文物管理委员会派员参加。发掘地点位于屈家岭村北面，清理灰坑24个、墓葬3座以及大面积红烧土遗迹2处，发现大量独具特征的陶、石、玉器等，有风格独特的彩陶、彩绘陶和彩陶纺轮。在建筑物烧土中发现大量稻谷壳痕迹，经鉴定属栽培稻中的粳稻，由此将粳稻栽培从原来认识的汉代上推至距今四五千年，是原始稻作农业研究的重要成果。屈家岭遗址出土的遗存"具备了较多的特有的文化特征，应属于已发现的新的一个文化系统"，故被命名为"屈家岭文化"。

1989年7月10日～8月8日，湖北省文物考古研究所对遗址进行了第三次发掘，发现红烧土、柱洞建筑遗迹2处，墓葬13座、瓮棺2座、灰坑3个，出土大批陶、石器等遗物。文化堆积分为三期，分别对应前屈家岭文化、屈家岭文化初期、屈家岭文化早期，为研究屈家岭文化渊源、形成和内涵提供了直接证据，进一步丰富了屈家岭遗址的文化内涵。第三次发掘划分的前屈家岭文化后改称油子岭文化。1998年5月，在屈家岭遗址北部和东部新发现了3个同时期的遗址，分别为殷家岭、钟家岭、冢子坝遗址，深化了对屈家岭遗址聚落结构的认识。

2015年5月以来，为配合屈家岭考古遗址公园建设，湖北省文物考古研究所会同荆门市博物馆、屈家岭遗址管理处成立屈家岭遗址联合考古队，开展了相关调查、勘探和发掘，完善了屈家岭遗址文化发展序列，确认了遗址环壕布局，出土了一批铜矿原石、植硅体标本及少量与祭祀或奠基活动有关的扣碗、扣豆类遗物，并在遗址北部发现了圆形建筑遗存、南部发现了"8"字形陶窑群。

根据遗存分布范围，屈家岭遗址群面积约为2.36平方千米。其中，屈家岭遗址文化层分布最广、堆积最厚、保存也最好；其次为大禾场、殷家岭、钟家岭、冢子坝遗址，部分地段文化层保存较好较厚；杨湾、土地山、九亩堰遗址破坏最为严重，大部分已遭到毁灭性破坏。

屈家岭遗址的发掘，揭露出了一种面貌全新的新石器文化遗存，即屈家岭文化，极大地带动了该区域新石器时代遗存的探索，填补了长江中游地区新石器时代考古研究的空白。在屈家岭遗址发现的"前屈家岭文化遗存"，为研究屈家岭文化来源及过渡阶段遗存提供了有力的考古支持，完善了汉东地区新石器文化编年与谱系。屈家岭遗址群的确立及其环壕系统的探索，为学界了解大型堰居式聚落的特征提供了直接的研究载体，丰富了长江中游地区史前聚落的模式。屈家岭遗址发现的大量稻谷壳遗存，首次明确了中国距今四五千年的稻作遗存，开启了从植物遗存出发探索原始稻作农业的序幕。屈家岭遗址文化序列丰富，出土的精美蛋壳杯、薄胎磨光黑陶器以及种类丰富的纺轮等遗物，形制多样的房址、墓葬、陶窑等遗迹，展示了长江中游地区史前文明化的进程和社会发展状况。

**湖北天门石家河新石器时代遗址群考古发现** 石家河遗址又名石家河遗址群，是长江中游地区已知分布面积最大、保存最完整、延续时间最长、等级最高的新石器时代聚落遗址，距今约6500～3800年。遗址位于湖北省天门市石河镇北。

1954年冬，在配合石龙过江水库干渠工程的调查中，考古工作者发现了石家河遗址群。1955年2～8月，发掘了遗址群中的罗家柏岭、杨家湾（贯平堰）、石板冲、三房湾等4处遗址。1978年，荆州博物馆试掘了邓家湾遗址。1982年，湖北省博物馆试掘了谭家岭、土城遗址。1987年春，荆州博物馆和北京大学考古系联合发掘了邓家湾遗址。1987年6月，北京大学考古系、湖北省考古所、荆州博物馆联合成立石家河考古队，并从当年秋季开始对石家河遗址群进行了有计划的考古调查和发掘，发掘主要地点有邓家湾、谭家岭、肖家屋脊和土城等。1990～1991年，石家河考古队对范围接近8平方千米的各遗址点进行了踏查、钻探和铲探，并采集了地表和剖面上的遗物，发现了屈家岭文化至石家河文化时期的巨大城址，对整个聚落群布局及其变迁情况也有了一定的了解。2014年起，湖北省文物考古研究所重启了石家河遗址的考古工作，对石家河遗址实施了常态化发掘。2015年，在谭家岭遗址发现瓮棺葬9座，其中5座有玉器随葬，发现各类玉器240余件，有玉佩、玉如意、连体双人头像、鬼脸座双头鹰等。2015年底，在印信台遗址发现了数处人工黄土台基、套缸遗迹、土坑墓、瓮棺葬等。2016年，在谭家岭遗址发现了属于油子岭文化时期的城址。

石家河遗址群由以新石器时代晚期的大型城址和周边散点式分布的数十处聚落构成，占地面积近8平方千米，聚落的层级结构和功能区分比较明显。石家河古城面积120万平方米，是长江中游已知最大的史前古城。古城西垣和南垣保存较好，土城城垣高耸地面，城周围的护城河清晰可见。城垣是在石家河文化早期构筑的，由城墙、城壕和外围台岗共同构成。城墙墙基宽达50米，上宽4～5米，高6米多。墙体坡度很小，约25°。墙土堆积分两层，整个城墙用土约为76万立方米。城墙以外开挖环墙壕沟，再外为台岗。古城内部有明显功能分区，包括手工作坊区、居民生活区、祭祀区和墓葬区等。油子岭文化时期的谭家岭城址面积20余万平方米，城垣呈不规则圆形，墙体由较纯净的黄土堆筑而成。印信台遗址位于石家河古城西城壕的西侧，发现人工黄土台基、套缸遗迹等祭祀遗存。最大台基东西长30米、南北宽13米左右，全部由较为纯净的黄土夯筑而成。台基边沿有大量瓮棺、扣碗、立缸等相关遗迹。在低洼地发现两组由数十个红陶缸首尾套接而成的套缸遗迹，部分陶缸上见有刻划符号。经研究，其时代属于石家河文化晚期，是石家河古城鼎盛时期的遗存，也是已发现的长江中游地区规模最大的史前祭祀场所。

石家河古城是已被确认的新石器时代城址中规模较大的一座，其附属地点之多、分布面积之广为同时期遗址所罕见，在长江中游史前文化中具有核心地位。石家河文化玉器工艺水平代表了史前中国玉器加工工艺的又一高峰。大规模的史前祭祀场所反映了当时社会集团的信仰与礼俗。长江中游新石器时代文化是构建中华文化与文明的重要基石之一，而石家河遗址是其核心部位的典型遗址。石家河文化具有承上启下的性质，对研究中国史前社会的生产、生活、社会性质以及文明起源具有不可替代的作用。

**河南汉魏洛阳城（合并宫城阊阖门遗址）**

**考古发现** 汉魏洛阳城是东周、东汉、曹魏、西晋和北魏等王朝的都城，遗址位于河南省洛阳市区以东15千米。

1954年5月，中国科学院考古研究所调查发掘团踏查了城址。1962年，中国科学院考古研究所设立专门队伍以开展长期考察发掘。1962～1963年，对北魏内城（汉晋时期大城）进行全面勘探，初步探明城墙、城门、城壕、街道、宫城、金墉城、永宁寺及城南"三雍"遗址位置范围等。1963年，对北魏一号房址进行发掘。1964年，对南郊东汉刑徒墓地进行发掘。20世纪70年代至80年代中期，对南郊灵台、明堂、辟雍和太学遗址及内城永宁寺遗址进行系统发掘。20世纪80年代中期至90年代，对北魏外郭城、内城墙垣和金墉城址进行了勘察试掘，重点发掘了北墙一号马面和东墙建春门遗址。20世纪90年代末至2017年，先后发掘宫城阊阖门、二号和三号宫门、宫城西南角、太极殿与太极东堂等遗址。

北魏内城在地面尚存东、北、西三面墙垣，残高5～8米，城垣平面略呈南北向长方形。整个城垣周长约14千米，大致合汉晋时期三十里，符合汉晋洛阳城南北九里、东西六里的记载。内城三面墙垣上发现城门缺口10处，加上被冲毁的南墙4座城门，共有城门缺口14处。城门宽约30米，有3个门道，为夯土隔墙和大排叉柱支撑的大过梁式城门，单个门道宽约6米，隔墙宽4～5米，与"一门有三道，所谓九轨"的记载相符合。

内城中发现东西向和南北向道路各5条，分别正对各座城门。北魏道路多沿用前代，由于个别城门和宫城位置发生变化，部分道路也有时代差异。内城中最重要的道路是宫城阊阖门前呈"T"形相交的东西向和南北向道路，宽均约40米。东西向道路贯穿内城中部，将内城北部宫苑区与南部官署宅第区分隔开来。阊阖门前的南北向道路即著名的铜驼街，是中国历代王朝都城中最早设置的中轴线大街。

北魏一号房址位于横一道和铜驼街交叉处的东南角，出土的建筑瓦件规格较高，可能与太庙有关。由胡太后创建的皇家寺院永宁寺，位于铜驼街西侧200米，即太尉府西侧。寺院南北长301米、东西宽212米，四面院墙各设一门，南门规模最大。寺院正中有九层木塔基址，基座39米见方，上有木塔初层遗迹，塔心为土坯砌筑实体，东、南、西三面各筑5个佛龛。木塔之后有佛殿基址。这座寺院是佛教传入中国后以塔为中心的典型实例。

北魏外郭城北、西、东三面墙垣皆湮没在地下，系生土中挖槽夯筑，残厚0.1～0.5米。北郭墙位于内城北垣以北850米处，仅存1300米长，宽约6米。西郭墙距内城西垣3500～4250米，残长4400米，宽7～12米。东郭墙距内城东垣3500米，残长约1800米，宽8～13米。郭城内均发现自内城门引出的道路遗迹，西郭城大市遗址发现有地下房舍和烧窑作坊遗址。东、西郭城内还有人工渠道遗迹，内城建春门以东的东西漕渠较为宽阔，当与附近有仓储、市场和码头有关。

北魏宫城位于内城北部中央偏西，平面呈南北向长方形，长1398米、宽660米。墙垣皆湮没在地下，东、南、西三面墙基保存较好，均是在不晚于曹魏的宫墙基础上修建沿用。三面墙垣均有宫门遗迹。阊阖门是北魏宫城南面第一道正门，北面正对二号、三号宫门及正殿太极殿，南面直对南北轴线大街铜驼街和内城正门宣阳门，为一座门前两侧设置巨阙的殿堂式宫门，符合阊阖门夹建巨阙的记载。门址台基东西长44.5米、南北宽24.4米，台基上有础坑组成的柱网和门道、隔间墙、墩台。双阙坐落在宫墙缺口两端，阙间有宽41.5米的广场。单个阙台29米见方，平面为一个母阙带两个子阙的曲尺形子母阙式，左右对称分布。宫城被内城建春门至阊阖门的御道横穿成南、北两部分。御道以南为大朝正殿与朝堂区，东半部大司马门内是尚书朝堂；西半部最大院落即太极殿宫院，正前方是三号宫门，太极殿主殿和两侧的太极东、西堂居于宫院北部中间，始建时代均为曹魏初期。御道以北是后宫寝殿区，有西游园和内置冰井的陵云台。宫城以北则是皇家禁苑华林园。

金墉城是曹魏初年在大城西北隅建造的离宫小城，后世多有沿用或改建。由甲、乙、丙三座小城组成，位于大城西北角内的丙城是曹魏明帝修建至北魏沿用的金墉城，南北长310米、东西宽240米，四面有门，小城东北角有魏文帝建造的百尺楼基址；甲、乙两小城地势高，城防坚固，是隋末唐初作为军事堡垒重修的金墉城。

灵台、明堂、辟雍和太学均是汉魏洛阳城南郊的礼制建筑，始建于东汉光武帝建武年间，魏晋沿用，北魏增修或改建。灵台位于平城门外大道西侧，为观天象、望云气、察祥瑞、兴祭祀和执掌四时节气之场所，院落230米见方，中间有50米见方的高台建筑，上平无

屋，四面围绕有上层殿堂和下层廊房。明堂位于平城门与开阳门外大道之间，是帝王告朔行令、祭天享祖的场所，院落约400米见方，中间为外圆内方的大型殿堂建筑，直径60余米。辟雍位于开阳门外大道东侧，是帝王行礼乐、宣德化、释奠孔子的场所，四面有双阙与门屏，范围170米见方，北部中间有长45米的长方形殿堂，辟雍碑即竖立在殿南踏道右侧。太学是东汉至北魏的最高学府，遗迹主要有两部分：一在辟雍东北部，是魏晋重修的太学，四面院墙各筑一门，南北210米、东西150米，院内有排列整齐的房舍；一在辟雍北部，曾出土大量石经残石。

汉魏洛阳城城址历史悠久，从公元前11世纪的西周始建，一直到7世纪的唐初，沿用时间达1600年。作为中国古代早中期都城的典型代表，汉魏洛阳城遗址涵盖了丰富的历史文化信息，对研究中国古代建筑史、城市发展史有极其重要的科学价值。

**陕西西安汉长安城遗址考古发现**　汉长安城遗址是西汉都城遗址，规模较大，保存较好，城市面貌较为清楚。遗址位于陕西省西安市西北部，北濒渭河，南望秦岭，东有浐灞，西有滈沣。

1956年7月，陕西省文物管理委员会为配合基本建设，对辟雍遗址进行了发掘。10月，中国科学院考古研究所设立工作队，开始对汉长安城遗址进行长期、有计划的田野工作。首先对城址进行全面勘察，初步探明城墙范围。1957年春、秋，分别对霸城门、西安门、直城门和宣平门遗址进行发掘，了解了汉长安城城门的形制与结构。1958～1960年，对南郊礼制

建筑进行全面发掘。1961~1962年，对长安城主要道路及长乐宫、未央宫、桂宫和建章宫进行初步勘察。1970年，对武库遗址先后开展了12次发掘，并对长乐宫一号建筑遗址、未央宫前殿遗址进行发掘。20世纪80年代，围绕未央宫遗址开展大规模的考古工作，对长乐宫、东市与西市遗址、城内手工业作坊遗址等开展勘探与试掘。1996年起，对桂宫遗址开展全面的勘探与试掘。1997年起，中国社会科学院考古研究所与日本奈良国立文化财研究所合作开展了长安城桂宫遗址发掘项目。进入21世纪，重点实施了对长乐宫遗址的系统调查、勘探与发掘，并结合汉长安城的申遗和保护开展了相关的配合工作。

汉长安城平面近方形，城墙夯筑，周长2.57万米，面积约36平方千米。四面共12座城门，每座城门都有3个门道。除与未央、长乐二宫相对的4座城门外，其他8座城门均与城内大街相连，形成8条东西向或南北向的大街。街道将城内空间分割成11个区，南部、中部分布有未央宫（包括武库及其以南的"东第"住宅区）、长乐宫、桂宫、北宫和明光宫，约占5个区；桂宫、北宫之间可能为包括"北第"在内的邸第住宅区；西北部手工业作坊和市场可能占有3个区；东北部的两区应为闾里。

未央宫为皇宫，是汉初在秦章台建筑群基础上修建而成的，位于长安城西南隅，面积约5平方千米，约占长安城总面积的七分之一。长乐宫是在秦兴乐宫基础上改建而成的宫城，位于城东南，又称东宫，西汉初年高祖刘邦在此视朝，惠帝以后为太后所居。桂宫修建于武帝时期，为后妃所居，位于未央宫以北雍门大街、横门大街、直城门大街、长安城西城墙围成的区域内。北宫是西汉初年营建的一座宫城，汉武帝时进行增修，平面呈长方形，南北长1710米、东西宽620米。在长安城周围存在一定范围的郊区，建章宫即位于西郊，是汉武帝时兴建的新皇宫，规模颇大，宫内有神明台等大型建筑。建章宫前殿西北有一片低洼地，是太液池旧址。池东北有渐台，基址犹存。池西存一大型建筑遗址。

武库是汉初规划兴建的重要建筑之一，位于长安城南未央宫和长乐宫之间的安门大街西侧，外设围墙，平面呈长方形。遗址内出土大量铜、铁兵器，还有一些刻字骨签。手工业作坊遗址主要分布在城西北部由夯土墙围成的区域内，分布制陶、铸铁和制币作坊遗址。北宫以南分布有砖瓦窑址，性质应属官营。在西安门外的西南方发掘出一处大型建筑遗址，由围墙、主体建筑和附属设施组成，主体建筑共有12个院落，附属设施有道路、水井和排水管道等，出土大量建筑材料，推测可能用于驻军卫戍。长安城南郊分布众多礼制建筑，经考古发掘的有大土门（辟雍）遗址、1~12号（王莽九庙）遗址和13~14号（社稷）遗址。

汉长安城规模宏大，街道井然，布局规整，功能完善，在古代都城演进发展进程中具有重要意义。汉长安城遗址早期研究多是依据文献史料探讨城市营建以及宫殿建筑等问题，而随着考古工作的开展，学术界对汉长安城的认知与理解已远远突破了文献史学的局限。60余年来，汉长安城遗址成为中国古代都城考古中工作规模最大、成果最为突出、研究最为深入的都城遗址之一，为城址考古摸索积累了许多经验，也为遗址保护与利用提供了有力的支撑。

**云南剑川海门口遗址考古发现** 海门口遗址是一处从新石器时代晚期至青铜时代的大型滨水木构干栏式建筑聚落遗址，位于云南省剑川县甸南镇海门口村村北的剑湖出水口南部。

1957年，在拓宽剑湖出口工程施工中发现了大量古代木桩，出土石器、骨器、铜器以及较多动物骨骼，文物部门闻讯后进行了局部清理发掘，发现海门口遗址。1978年4月，对海门口遗址南部进行第二次发掘，发掘探方内发现木桩柱226根，粗细不等，疏密状况也不规则，应是古代水上建筑框架。前两次发掘共出土铜器26件、石器350余件。出土陶片的火候高低不一，以夹砂黄褐陶为主，其次是夹砂棕陶、红陶、灰陶、黑陶以及泥质灰陶、黑陶等。出土铁器22件，皆系锻造而成。此外还有木器、骨针、饰品、梳和牙饰件等。出土的动物骨骼种类包括梅花鹿、水鹿、轴鹿、水牛、狗、猪、麂等，植物遗存有炭化稻、稗子、橡子和桃核等。还发现几小块铜块、铜渣及矿石。

2008年1月8日～5月25日，云南省文物考古研究所会同大理州、剑川县文化部门组成联合考古队，对遗址进行第三次考古发掘。清理遗迹包括房址、火堆、木桩柱和横木、灰白色石块、人骨坑、柱洞等，发现木桩柱和横木4000余根，可辨认出两座房址。出土遗物3000余件，包括陶器、石器、骨角牙器、木器、铜器、铁器、动物骨骼和植物遗存等。

通过第三次发掘，基本搞清楚了遗址分布范围，尤其是木桩柱的分布范围。遗址区域南北长约350米、东西最宽约150米，总面积超过5万平方米，其中木桩柱集中分布范围达2万平方米。

海门口遗址是中国已发现的最大滨水木构干栏式建筑聚落遗址，为研究中国史前聚落类型提供了宝贵实例。遗址延续时间较长，文化遗存丰富，为建立滇西地区史前文化的序列和完善中国西南地区的文化谱系奠定了坚实基础。遗址的青铜时代遗存与大理银梭岛遗址时代基本相同，但文化面貌却存在相当大的差异，说明滇西地区青铜文化具有多样性和复杂性，对认识青藏高原东部地区史前文化交流和族群迁徙很有帮助。遗址出土的稻、粟、麦等多种谷物遗存，证明来自黄河流域的粟作农业的南界已延伸至滇西地区。而稻、麦的共存现象，为认识中国古代稻麦轮作农业技术的起源提供了重要信息。出土的铜器和铸铜石范，以确切的地层关系证明了滇西地区是云贵高原青铜文化和青铜冶铸技术的重要起源地之一。大量动物骨骼和人骨，以及众多的其他种类遗物，为考古学、人类学、民族学等相关领域的研究提供更多信息。

**陕西西安隋大兴唐长安城址考古发现** 陕西西安隋大兴唐长安城是隋唐两代的都城，位于陕西省西安市区及郊区。

大兴城于隋开皇二年（582年）创建，唐代将该城改名长安城，沿用为都，并有多次增修。大明宫和兴庆宫是唐代增建的宫城。经唐末战乱，长安城遭受巨大破坏。天祐元年（904年），唐昭宗迁都洛阳，长安城彻底废毁。

1957～1962年，中国科学院考古研究所西安唐城工作队对城址进行全面勘察和多次发掘，基本完成对宫城范围、形制布局的调查和实测，绘制出宫址实测图和初步复原图，并发掘了麟德殿、含元殿、玄武门、重玄门等遗址。1970～1994年，进一步调查或发掘三清殿、东朝堂、翰林院、清思殿、含耀门等遗址，厘清了郭城里坊中大小十字街的格局，丰富了对唐长安城内部结构和建筑遗址个体的认识。1978～1994年，通过多次考察和发掘，证实隋仁寿宫·唐九成宫遗址即在麟游县新城区，东西最长1700米、南北最长1900米，基本形制布局有宫城、缭墙、禁苑等。唐华清宫遗址先后发现星辰汤、太子汤、贵妃汤、莲花汤、尚食汤等5个结构各异的石砌浴池，以及作为宫内道场的朝元阁、老君殿遗址和一组庭院式建筑基址。唐玉华宫范围以及南风门、玉华殿、肃成殿的位置得到确认。1995年后，主要是配合遗址保护和展示开展考古工作，包括圜丘遗址发掘、含元殿遗址第二次发掘、大明宫太液池遗址中日合作发掘、大明宫丹凤门和御道遗址发掘等。一些重要的学术问题，如含元殿龙尾道位置和丹凤门门道数量等得以厘清，其中西安唐长安城圜丘系唐代17位皇帝的祭天活动场所，是已知全国保留下来的唯一一处早于北京天坛的圜丘遗址。2007～2017年，配合国家"十一五"期间大遗址保护和改造工程，对大明宫遗址重新进行全面勘探核查，对遗址进行准确定位和部分试掘。

隋大兴唐长安城规模宏大，面积达84平方千米，由宫城、皇城和外郭城三部分组成。外郭城平面为长方形，东西长9721米、南北宽8651米，宫城和皇城位于外郭城北部中央。外郭城内有南北向大街11条、东西向大街14条，以朱雀大街为中轴线，将城内划为110个里坊和东市、西市。里坊内分布居民住宅和寺观，东市、西市是商业区。整个都城规划整齐、布局严谨，是中国里坊制封闭式城市的典型。

### 上海青浦崧泽新石器时代遗址考古发现

崧泽遗址是以长江下游地区新石器时代文化遗存为主要堆积的古文化遗址，包含马家浜文化、崧泽文化、良渚文化、马桥文化以及周代至唐宋等时期的文化遗存。遗址位于上海市青浦区赵巷镇崧泽村北，作为崧泽文化的命名之地，是上海地区最早有人类居住的地方之一，被称为上海远古文化的发源地。

1957年，上海市文物保管委员会考古调查时，在假山墩上及其附近采集到数片新石器时代的夹砂红陶和泥质灰陶片。1958年，上海市出版局饲养场工作人员在村北挖鱼塘时，发现鹿角、陶片和几件石器，确认该处存在古文化遗址。1960年11～12月，上海市文物保管委员会联合上海博物馆对崧泽村东部、西部及假山墩进行试掘，清理灰坑1个、墓葬1座，试掘范围内普遍存在以几何纹印纹硬陶和原始瓷为特征的文化，而以夹砂红陶、泥质红陶和泥质灰黑陶为特征的新石器时代文化遗存仅发现于假山墩上。1961年5～6月，上海市文物保管委员会和上海博物馆联合对假山墩北部进行第一次有计划考古发掘，除发现春秋战国时期的文化堆积外，还在地层上明确了崧泽遗址新石器时代遗存可分为马家浜文化和崧泽文化两层，重点清理了崧泽文化墓葬50座和疑似窑场烧土面4处、马家浜文化灰坑9个。马家浜文化遗存的发现，将上海地区历史推至6000年前。1974～1976年，上海市文物保管委员会配合基本建设，对假山墩西北、东北进行考古发掘，发现崧泽文化墓葬46座，以及崧泽文化石器制作场地1处。1987年，上海市文物管理委员会进行对遗址抢救性发掘，首次在遗址中发现马桥文化遗存，清理马家浜文化水井2口、灰坑2个、室外活动场地1处，马桥文化灰坑1个，宋代水井3口、灰坑1个。1994～1995年，上海市文物管理委员会对假山墩北侧进行抢救性发掘，除马家浜文化地层堆积外，清理崧泽文化墓葬36座，发现崧泽文化墓葬"燎祭"土堆1处。2004年，上海博物馆对假山墩及墩北农田进行抢救性发掘，除明确下层堆积为马家浜文化堆积并清理崧泽文化墓葬12座外，新发现马家浜文化房址3座、墓葬17座、高地祭祀遗迹1处、灰坑25个和特殊遗迹2个，是上海地区首次发现马家浜文化墓葬和房址。2011年8～9月，上海博物馆对崧泽遗址外围进行考古勘探，在油墩港西侧与淀浦河交汇处发现有地下文物埋藏，基本确认崧泽遗址西南部边界。2014年，配合淮南—南京—上海1000千伏高压交流输变电工程建设，上海博物馆对工程涉及遗址区域进行抢救性发掘，第一次发现良渚文化地层、人工台地等遗存，填补了崧泽遗址历次发掘未发现良渚文化地层和遗迹的空白。

崧泽遗址的发现和崧泽文化的提出，为研究中国长江中下游人类发展史，特别是太湖地区的原始文化和上海地区的古代史，提供了重要资料。崧泽遗址马家浜文化籼稻的发现，证明长江下游地区的先民在距今6000年前后已掌握水稻种植技术。崧泽文化作为太湖流域考古学文化圈新石器时代文化发展序列的重要一环，为研究马家浜文化的去向、良渚文化的来源等问题提供了科学资料。

**河南新郑裴李岗新石器时代遗址考古发现**　裴李岗遗址是黄河流域较早确认的新石器时代偏早阶段的遗存，位于河南省新郑市新村镇裴李岗村西侧岗地上。

裴李岗新石器时代遗址揭示了中原地区新石器时代早期的一种新文化遗存，被考古学界命名为"裴李岗文化"，距今约8000年，绝对年代早于仰韶文化1000余年。1958年，裴李岗村群众耕地时发现该遗址，此后在群众生产生活中陆续出土过石磨盘、石磨棒以及人骨和陶器。1977～1979年，开封地区文物管理委员会、新郑县文物管理委员会、郑州大学历史系考古专业、中国社会科学院考古研究所先后对裴李岗遗址进行了三次发掘，发掘面积2157平方米，出土各种遗物400余件，基本明确了遗址的分布情况。

裴李岗遗址面积约2万平方米，文化层厚1～2米。遗址以水渠为界，东半部为聚落遗址，西半部为氏族墓地。遗址地层比较简单，除个别被汉代和晚期地层扰乱外，其余都属于裴李岗文化堆积。发掘灰坑22个，清理墓葬114座。墓葬分布密集，排列有序，有上下两层墓葬打破关系的现象。墓葬基本为南北向，长方形竖穴土坑墓，未发现葬具，葬式都是仰身直肢葬，都是头南脚北。裴李岗遗址渠东区域发现一座圆形结构的烧窑遗址，形制仍属横穴窑，很可能是仰韶文化横穴窑的前身。在遗址的居住区北部发现有草秸和植物秆痕迹的烧土，推测是房屋墙壁或顶倒塌后的遗存。

遗址出土的生产工具主要是石器，以磨制为主，琢磨兼制次之，打制石器较少。器形有磨盘、磨棒、铲、刀、斧、带齿镰、凿、弹丸等。用砂岩琢磨而成的石磨盘与扁圆柱状的磨棒配成一套，是裴李岗文化最明显的标志。

遗址出土生活用具主要是陶器，以泥质红陶和夹砂红陶为主。烧成温度为900℃～960℃，火候低。均为手制，多采用泥条盘筑法，在某些陶器内部可明显看到泥条痕迹，制成陶坯后，外部再加修削打磨。器底未加修削，所以一般较厚。器壁较薄，且厚薄不均。颜色为红色或橙红色，个别在烧制过程中因未能全部氧化而部分呈灰褐色。多为素面，极个别陶器磨光细致，与仰韶文化相类似。纹饰主要有篦点纹、指甲纹、划纹、乳丁纹等。器形主要有鼎、钵、壶、罐、碗、勺等，以小口双耳圜底壶的造型最具特点，有的还附有3个尖锥形足，其他如大口深腹罐、圜底钵、三足钵、椭圆形碗、假圈足碗、带乳丁纹鼎和瓢形器等也具有一定代表性。

装饰品和艺术品主要有骨簪、绿松石珠和陶塑猪头、羊头等，其他遗物还有动物骨骼和植物果核。其中，猪骨、羊骨及其牙齿的发现，说明裴李岗文化时期在农业生产基础上已出现猪、羊家畜饲养。结合石磨盘、石磨棒、石铲、石镰的存在，充分证明裴李岗文化时期的农业和畜业已有了一定程度的发展，为中国早期农业的起源提供了实物资料。

裴李岗遗址的发现为研究中国农业史、制陶史、纺织史以及仰韶文化的来源提供了新的资料，为探索中原地区新石器时代早期文化发展及其与仰韶文化的关系提供了重要线索，填补了中原地区仰韶文化以前新石器时代早期考古学文化的空白。

**山西襄汾陶寺龙山文化时期遗址与墓葬考古发现**　陶寺遗址是龙山文化晚期的大型遗址，位于山西省临汾市襄汾县县城东北约7千米处，分布于陶寺村、东坡沟、沟西村、中梁村、宋村5个自然村，以陶寺村命名。

陶寺遗址于1958年文物普查时被发现，发掘与研究历程分为4个阶段：第一阶段从20世纪50年代至1978年，为初步认识阶段。1959～1963年，中国科学院考古所山西队开展大规模晋南考古调查，重点复查陶寺遗址。1974年，对陶寺遗址进行了简单的试掘，认识到陶寺是属于龙山文化时期的大型遗址。第二阶段是1978～1985年，为连续考古发掘阶段。随着墓地和居址的发掘，确立了"陶寺文化"称谓，初步弄清了陶寺文化内涵、特征、年代，并建立起陶寺文化早、中、晚的文化序列。第三阶段是20世纪末至21世纪初，最重大的成果是发现了城址。第四阶段是21世纪以来，随着"中华文明起源与早期发展综合研究"（简称"中华文明探源工程"）等重大课题的推进，陶寺遗址发现了观象台遗迹、宫殿区大型夯土建筑、城北夯土建筑基址、手工业区夯土基址以及宫城城墙等。确立陶寺遗址史前都城聚落的地位，作为重要中心性城邑给予重点聚落布局考察。

根据碳十四测年数据，陶寺遗址上限当在公元前2500～前2400年，下限为公元前1900年。依地层关系及出土遗物分为早、中、晚三期。

早期陶器以夹砂灰陶和泥质灰陶为主，基本上是手制。器表除素面和磨光外，主要有绳纹。器形有釜灶、灶、斝、扁壶、大口罐、小口折肩罐、折腹盆、深腹盆、浅盘豆、单把杯、碗、钵等。釜灶由直口圆底罐形釜与桶状灶圈上下套接而成。斝式样较多，见有深腹圆底盆形斝、单耳罐形斝、折腹斝等。扁壶是陶寺文化最具代表性的器物之一。

中期陶器仍以夹砂灰陶为主，泥质灰陶次之。纹饰仍以绳纹为主，较早期深而细密。篮纹多见竖篮纹而少见早期的斜篮纹，且篮纹中间开始加细密的横丝。釜灶、直壁缸趋于衰落，鬲、甗开始出现。斝仍有较多数量，盆形斝腹变浅，折腹斝与罐形斝变敞口呈喇叭形。扁壶腹部扁平的一侧较早期明显，颈腹分明，双鋬移至口沿，饰绳纹或粗大方格纹。腹盆器形变高，上腹略斜收，底变小。新出现彩陶篮。

晚期陶器以泥质灰陶为主，夹砂灰陶次之，出现少量泥质红陶和夹砂红陶。绳纹所占比例减少。篮纹数量大量增加，竖行篮纹中盛行加排列整齐而细密的横丝。晚期陶器器壁较薄，火候较高，陶色纯正。器类基本同中期，釜灶和夹砂缸绝迹。盛行鬲，种类较多，其中双鋬鬲最多。斝有盆形斝和釜形斝两种。扁壶较中期粗短矮胖，扁平的一侧内凹，另一侧圆凸明显，器表多饰篮纹。小口折肩罐多喇叭口，折肩更加明显。

陶寺遗址面积400余万平方米，其中发现一座大型城址。城址内东北部是宫城和宫殿群所在的核心区，宫城西南近处为下层贵族居住区，宫城南部近仓储区。城址南部偏东是早期墓地所在，并单独围出一个小城作为特殊的宗教祭祀区，区内发现观象台遗迹和中期墓地。城址西南部为手工业作坊区，西北部为普通居民居住区。

陶寺遗址早期城址规模较小，面积近13万平方米，与中期始建的陶寺大城方向基本一致。城墙仅余基础部分，基本未见墙体。城址东南角有城门。城内钻探出多座大型夯土建筑基址，应为高等贵族居住区，性质类似后世的宫城。紧邻宫城西南部探出面积较大的夯土建筑多座，多为正方形或长方形，建筑相对密集，周围垃圾灰坑环绕，居住环境较差，推测为下层贵族居住区。在宫城外东南部发现一些较为集中的窖穴，据窖穴形制和周围有生土隔离带相对封闭等情况看，很可能是仓储区。宫城东南部是陶寺文化早期的大型墓地。

陶寺遗址中期是陶寺聚落最繁盛的时期，兴建起面积达280万平方米的大城。城址内发现有中期大城、中期小城、仓储区、墓地、大型建筑基址等重要遗存。早期13万平方米的城址成为真正意义上的宫城，形成内有宫城外有大城的内外双城布局。陶寺文化中期的大城南墙有两道，将这一区域封闭形成呈刀形的面积约10万平方米的中期小城。中期小城西北角发现中期墓地和大型建筑，建筑规模宏大，形制奇特，结构复杂，推测为兼观象授时与祭祀功能为一体的多功能建筑。大城西南部钻探发现有一定规律布局的制石、制陶、制骨等手工业生产遗存，应为手工业作坊区，面积至少10万平方米。还发现有一处呈"回"字形的大型夯土基址，可能与手工业生产管理机构有关。

陶寺文化晚期，宫城及宫殿区逐渐毁坏成为普通手工业作坊址，陶寺城垣被废弃，大型建筑被平毁废弃，陶寺遗址成为一般的聚落址。

陶寺遗址发现有大量墓葬和多处墓地，其中在陶寺小城外发现陶寺文化早期墓1309座，陶寺中期小城内西北部清理陶寺文化中晚期墓22座。陶寺文化早期墓葬分为大、中、小三型，墓葬等级越高，数量越少，而随葬品越多。中期墓葬也明显存在等级分化的现象，如在陶寺中期小城西北部清理出的22座墓葬中，大型墓仅1座，中型墓有9座，余均为小型墓。陶寺墓地有严格规划，如早期墓地可分为两大墓区，即北部墓区和中部墓区。在每个墓区中，按墓葬分布和排列情况又可大致区分出若干小区，也可称为墓群，每个墓群又包含多个墓排。墓地、墓区、墓群、墓排反映出当时至少存在四级社会组织，墓葬基于血缘关系布局整齐成排埋在一起，但不同的墓排之间、不同的小墓群之间出现明显的身份地位差别和分化。中期墓地与早期墓地处于不同茔域，且分布于封闭的小城内。晚期墓地以群组形式出现，规模很小，组与组之间排列无序，似乎以家族墓地为主体。

陶寺宫城规模宏大，自成体系，形制规整，并具有突出的防御性质，是考古发现的中国最早的宫城。陶寺都城要素完备，很可能是中国古代城郭之制的源头。宫城的存在意味着王权出现，陶寺早期五座规格最高的大型男性墓规划有序地集中于一区，社会地位显然是"王者"。陶寺社会形成按贵族等级身份依次有序使用礼器的制度，明显进入早期国家阶段。

陶寺遗址的发现与研究，对中华文明起源以及早期中国研究具有重要意义。

**大地湾遗址考古发现** 大地湾遗址是一处距今8000～4800年的史前遗址，位于甘肃省秦安县五营乡邵店村东南冯家湾村西，总面积约275万平方米。

1958年，甘肃省文物管理委员会在泾渭流域组织文物普查时首次发现该遗址。遗址西南部即清水河河湾台地上发现有仰韶文化晚期遗存，当地老乡称这一地带为"大地湾"，该遗址由此得名。1977年，陆续发现仰韶文化早期墓葬、房址，并出土一些精美的陶器。1978年，甘肃省博物馆文物工作队开始对遗址进行考古发掘，至1984年告一段落。1995年，为进一步了解仰韶早期村落围沟走向，又对河边台地进行补充发掘。2006年6月～2015年1月，中国科学院古脊椎动物与古人类研究所、甘肃省文物考古研究所、兰州大学对遗址进行多次小规模考古发掘，发现旧石器时代遗迹和遗物，再度确认大地湾遗址新石器时代层位下有连续的旧石器时代遗存。

大地湾遗址发掘面积14752平方米，累计清理新石器时代房屋遗迹240座、灶址98个、柱基2处、灰坑和窖穴325个、墓葬71座、窑址35座、沟渠12段。出土陶器4147件、石器1931件、骨角器和蚌器2227件、兽骨1.7万余件，以及数十万件残陶片。依据地层关系及出土遗物划分为5个文化期。

第一期文化遗存被视作前仰韶时期考古学文化，距今约7800～7300年。聚落建于较低的河旁二级阶地。房屋系地穴较深的圆形半地穴建筑。墓葬为单人仰身直肢葬。陶器以夹细砂褐陶为主，大多为圆底器、三足器，流行交错绳纹。钵形器口沿内外常饰红色彩带，是中国最早的彩陶。石、骨器种类较少，磨制较粗，有一定数量的打制石器。发现黍的炭化颗粒。

第二期文化遗存属于仰韶文化早期，距今约6500～5900年。聚落由壕沟围成椭圆形，中心为广场和公共墓地，房址以广场为中心呈扇形多层分布。房屋为半地穴建筑，大多为长方形或方形，居住面为草泥土。发现成人墓葬15座、儿童瓮棺葬6座。陶器以细泥红陶、夹砂红陶为主，典型器物为圜底钵、叠唇或卷唇盆、葫芦形口尖底瓶、侈口双唇深腹罐、弦纹浅腹罐、敛口瓮、尖底缸等。彩陶主要为黑彩，图案有宽带纹、鱼纹及各种直线、圆点、弧线构成的几何纹。有成套的农业加工工具，极少量的玉凿、玉锛，骨器以骨体石刃器独具特色。发现较多的炭化粟和黍。

第三期文化遗存属仰韶文化中期，距今约5900～5500年。聚落已扩展到河边三级阶地后缘以及山脚下。房屋仍为长方形或近方形半地穴建筑。袋状窖穴较前增多。陶器以细泥红陶、夹砂红陶为主，还有少量泥质橙黄陶和灰陶以及夹砂褐陶。彩陶发达，绝大多数为黑彩，偶见红、白彩，主要由圆点和弧线组成。与豫晋陕交界区的庙底沟类型陶器形制和彩陶花纹存在较明显差别。

第四期文化遗存为仰韶文化晚期，距今约5500～4900年。聚落主体坐落在背山面河的山坡上，以大型原始宫殿式建筑作为公共活动中心，周围分布数个房址密集居住区。房屋均为平地起建的长方形或近方形建筑，平面大多呈"凸"字形或"吕"字形。其中，占地面积420余平方米、多间复合式的F901代表了当时的建筑技术水平和成就。该期遗存总体面貌接近关中西部，但彩陶比例大于关中等地。

第五期文化遗存为常山下层文化，距今约4900～4800年，仅出土少量遗迹遗物。房址为平地起建的白灰面建筑。陶器以敛口钵、平底碗、平沿盆、浅腹平底盘、小口鼓腹壶、桶腹罐、单耳罐、尖底瓶等为主要器形，盛行横篮纹、附加堆纹。是仰韶文化向齐家文化的过渡性遗存。

大地湾遗址发现的房址类型多样，发展变化复杂，时间跨度约3000年，构成从早至晚的完整序列，为中国史前建筑研究提供了弥足珍贵的资料。四期遗存F901是考古发现的中国新石器时代面积最大、工艺水平最高的房屋建筑。大地湾遗址考古发现为甘肃东部史前考古树立了距今7800～4800年的断代标尺，提供了史前聚落从一般村落发展为中心聚落的演变过程。

**内蒙古赤峰夏家店青铜时代遗址考古发现** 夏家店遗址是西辽河流域一处重要的标尺性的青铜时代遗址，是夏家店下层文化和夏家店上层文化的命名地，位于内蒙古自治区赤峰市松山区夏家店乡三家村夏家店自然村北的平顶山南坡，总面积约38万平方米。

1958年，当地群众在修建水渠时，在遗址南端挖掘出一些完整的陶器和石器。1959年，中国科学院考古研究所内蒙古工作队考察夏家店遗址，发现被日本学者称为"赤峰二期文化"的遗物。1960年春，工作队在赤峰近郊药王庙和夏家店两地进行试掘，除大量陶器、石器、铜器、骨角器等遗物外，还获得一系列明确的层位关系。

早期文化遗迹主要为灰坑。遗物主要是陶器，以夹砂灰陶为主，泥质灰陶和夹砂褐陶次之，还有少量红陶和黑陶；纹饰以绳纹为主，少量素面和磨光；器形以鬲和罐最多，甗和盆次之，另有尊、钵、小口罐等。石器有铲、杵、球形器等。骨角器有镞、匕、匙、针、管等。还发现了卜骨和铜屑。出土动物骨骼，经鉴定有狗、羊、鹿科和牛科动物。

晚期文化遗迹包括灰坑、房址和墓葬。灰坑分为筒状和袋状两种，个别筒状坑坑壁上部用石块垒砌，袋状坑内有埋人现象。房址分为半地穴式和地面式两种，大致呈圆形，个别房址内有埋人现象。遗物以陶器、石器和骨角器为主。陶器均为夹砂陶，呈红褐色，素面；器形有鬲、甗、罐、豆、钵等。石器大都经打制成形，再经磨制加工，包括斧、锤斧、刀、杵、臼、磨石、范等。骨角器包括镞、匕、针、管、珠等。还发现有卜骨。出土动物骨骼，经鉴定有狗、猪、羊和牛科、马科动物。墓葬分为长方形竖穴墓和浅圹墓两种。前者墓坑较深，坑壁整齐，均有木葬具，葬具与墓壁之间填土夯打或填塞石块，合葬墓和单人墓并存。此类墓葬随葬品丰富。后者墓坑较浅，坑壁不整齐，个别墓葬有木葬具，坑壁四周围砌石块，上盖石块，形似石棺或石椁。此类墓葬以青年墓和儿童墓为主，随葬品相对较少，仅包括骨针和简单的装饰品等。

发掘者经分析研究提出"夏家店上层文化"和"夏家店下层文化"的命名，纠正了之前"赤峰二期文化"的错误认识。夏家店遗址系由多处相邻的、文化内涵基本相同的遗址所组成的遗址群，规模较大且延续时间较长，对研究辽西地区古代，尤其是青铜时代自然环境和生态变化、考古学文化演进、生业模式转变等具有非常重要的价值。因夏家店遗址发掘而命名的夏家店下层文化和夏家店上层文化，是东北地区建立的首个科学考古学文化序列和年代标尺。

**广东曲江马坝人遗址考古发现** 马坝人是发展形态介于北京猿人和现代人之间的古人类，属早期智人。马坝人遗址位于广东省韶关市曲江区马坝镇西南1.5千米的狮子岩。

1958年6月，当地农民在狮子岩狮头峰一山洞里挖掘洞内堆积物用来作肥料，在一条裂隙里发现了古人类头骨化石和古脊椎动物化石。经专家确认，此人类头骨化石被定名为"马坝人"化石。

1984年8月，曲江县博物馆工作人员在清理马坝人化石出土地点的地层堆积时，除发现大量脊椎动物化石外，还发现两件砾石打制石器，一件为长方形砍砸器，一件为扁圆形砍斫器。由于脊椎动物化石的组合情况与1958年马坝人化石出土层中动物群成分基本一致，两件石器打制方法原始粗犷，因此判断这两件砾石器是与马坝人同时期的，这一发现填补了马坝人没有石器工具的空白。

马坝人头骨化石发现时已碎成数块，包括额骨、顶骨的一部分，右眼眶和鼻骨的大部分，属于一中年男性个体。马坝人头骨形态上有些特征和直立人类似，眉脊粗壮且特别突出，说明马坝人还保留着北京猿人的部分原始性质。但马坝人的颅骨骨壁较薄，颅穹隆较为隆起，脑量1225毫升，超过北京人1059毫升的平均脑量。马坝人与同期的尼安德特人也有类似特征，如头骨厚度和高度，眼眶上缘呈圆弧形等，又说明马坝人具有早期智人（古人）的进步性质。与马坝人共生的19种脊椎动物，有肉食类、长鼻类、奇蹄类、偶蹄类、啮齿类和爬行类，都属于距今200余万年至1万年的更新世期间遗存。除参考伴生动物群的地质年代外，北京大学考古学系根据铀系法测定马坝人的生活年代为距今12.9万±1.0万年，属旧石器时代中期之初。马坝人介于直立人和早期智人之间，可能属于比较原始的早期智人，是广东乃至华南地区最早的早期智人。

从人类发展史看，马坝人头盖骨保存的部分仅次于金牛山人和大荔人头骨，作为亚洲地区原始类型早期智人的代表，为从直立人（猿人）进化到早期智人（古人）的研究提供了重要依据。

**河南偃师二里头遗址考古发现**　二里头遗址是中国已知最早的王国都城遗址，位于河南省偃师市西南约8千米的翟镇镇二里头村一带，北临洛河，南距伊河约5千米。遗址面积约300万平方米，包括二里头、圪垱头、四角楼和北许4个行政村。

1957年，偃师县文物干部在文物调查时首次发现二里头遗址。1959年4月，考古学家徐旭生组织进行"夏墟"调查，发现并公布该遗址调查成果。1959年秋开始，中国科学院考古研究所建立工作队，对二里头遗址进行发掘和研究工作。截至2017年，共进行20余次勘探、60余次发掘，累计发掘面积4万余平方米。二里头遗址的发掘与研究大体分为3个阶段。

第一阶段是20世纪50年代末至70年代末，工作目标主要是明确遗址的大致范围、文化内涵、文化分期、遗址性质等，工作重点是遗址中部宫殿区及其周围。重要成果包括建立一至四期文化框架和序列，揭露1号、2号宫殿基址，发现青铜冶铸遗存，清理等级不同的若干墓葬，确定遗址具有都邑性质，为夏文化探索和商文化研究提供了极佳平台。

第二阶段是20世纪八九十年代，配合基建的抢救性发掘多于根据学术课题展开的主动性发掘。学术目标侧重于明确遗址的文化分期和年代、性质等。重要成果包括大面积揭露铸铜作坊遗址，发现多座铜器浇铸场以及与铸铜有关的房址、窑址、灰坑、墓葬等遗迹和大量陶范、坩埚、铜渣等遗物；发现多处祭祀性遗址和与制骨作坊有关的遗迹、遗物；发掘数量可观的随葬铜器、玉器的高等级墓葬，为文化分期、年代以及遗址性质研究提供了新的资料。

第三阶段是1999～2017年，着重于明确遗址范围与城市布局，寻找城郭遗迹，发掘礼制建筑，厘清中心遗址与周围其他聚落的关系等。重要成果包括廓清遗址实有范围、找到遗址中部的"井"字形街道、勾勒出城市布局基本骨架；发现宫城城垣证实宫城的存在，揭露部分二、三、四期宫殿建筑基址，发现一些有关遗址布局的新线索；获得一些包括大型绿松石镶嵌龙在内的珍贵文物。

遗址中心区由东南部至中部一带的"井"字形道路系统、围垣作坊区、宫殿区、祭祀活动区和若干贵族聚居区组成。围垣作坊区位于宫殿区南邻，东墙与宫城东墙呈一直线，南墙与宫城南墙平行，在其东北部发现有绿松石器制造作坊，其南部发现有铸铜作坊。宫殿区外侧有四条"井"字形道路，所见最长的为东面的一条，沿围垣作坊东墙、宫城东墙外侧南北延伸，已探明长度近700米。南侧道路中段发现双轮车车辙1处。宫殿区位于遗址中心区"井"字形道路之内，遗迹自东向西可分为三路，具有中轴线布局的2号基址群、1号基址群分别位于宫城最东端、最西端，中部有其他大型夯土基址和卵石活动面。晚期在早期"井"字形道路内侧之上修建有宫城城墙，城墙略呈长方形，发现门道遗迹5处，其中东墙上3处，西墙南端、南墙西端各有1处。祭祀遗存有多处，主要位于宫殿区之北，发现圆形地面建筑、长方形半地穴建筑及与其有关的墓葬。宫殿区内东北部有面积约2200平方米的巨型坑，发掘数十平方米即发现多处以猪为祭品的祭祀遗迹。贵族聚居区位于遗址东部、东南部及中部的宫殿区周围，发现中小型夯土基址和中型墓葬。一般居民区位于遗址西部和北部，发现小型房址和墓葬。手工业有关的遗迹发现较少，作坊的分布情况不甚明了。未发现大型水利设施，只在2号宫殿庭院内，以及3号、5号基址之间发现有排水设施。

遗址已发现的青铜器有五大类130余件，包括已知中国最早的成组青铜容器鼎、斝、盉、爵等，最早的成组青铜兵器钺、戈、刀、镞等，最早的镶嵌绿松石的青铜牌饰、圆铜盘，以及凿、锥等铜工具。已经发明铜、锡合金甚至铜、锡、铅三元合金。规模巨大的铸铜作坊遗址和成组青铜容器的出土，证明二里头文化已进入青铜时代。

玉器多为象征军权或君权的大型片状器物，如圭、璋、戈、钺、戚、刀、铲、镞，也有可能用于祭祀的柄形器，以及用作工具的凿、纺轮，用作装饰品的圆箍形饰、环、坠饰等。绿松石器主要有象征王权的绿松石龙形器、嵌绿松石牌饰以及装饰用的管、珠、片等。

原始瓷器数量很少，为残片，胎、釉质地较好，器类主要为盉，是已知中国年代最早的原始瓷器。白陶（有些泛红或呈橙黄色）的胎土、烧成温度和原始瓷器相近同，器形有爵、盉、鬶、尊、圆腹罐、鼎、斗笠形器等，应属高规格陶器。普通陶器数量最多，可复原者近5000件，器形有罐、鼎、甑、盆、刻槽盆、三足皿、捏口罐、豆、尊、瓮、缸、盂、觚、爵等，部分器类制作精致，可能也属于礼器。

漆器数量和种类较多，有觚、豆、钵、筒形器、漆棺和漆鼓等，多出于贵族墓葬，其中器形明确者以觚最多。漆器上有饕餮纹等精美纹饰。石器主要有斧、铲、刀、镰、凿、锛、戈、矛、镞、钺、磬等。骨器主要有簪、锥、刀、针、铲、鱼钩、镖、匕、镞等。蚌器主要有铲、镰、刀、鱼钩、镞等。有少量牙制品，为象牙和其他动物的门齿或犬齿制成。还有一些子安贝，多是组合成一定图案作为装饰品。在一些贵族墓葬随葬的铜器和玉器上残留有纺织品的实物或痕迹。

龙山时代出现的多品种农作物在二里头遗址得到进一步完善和发展，除主要种植粟和黍外，水稻的比重显著增加，大豆和小麦开始普及。家畜饲养方面，家猪继续占据绝对优势，黄牛和绵羊的比例逐渐增加，还出现了山羊。

二里头遗址拥有已知中国最早的宫室建筑群和宫城遗存、最早的青铜礼器群和最早的青铜冶铸作坊，是当时中国乃至东亚地区最大的聚落，也是可确认的中国最早的王国都城遗址。高度发达的文化内涵和大范围、跨地域的文化吸收与辐射，使以二里头遗址为代表的二里头文化成为中国历史上最早出现的"核心文化"，与商周文明一道，构成早期华夏文明发展的主流，确立了以礼乐文化为根本的华夏文明的基本特质。二里头遗址地处古代文献所记载的夏王朝的中心区域，二里头文化的年代也大体在夏王朝纪年范围内，是探索夏文化和夏商王朝分界的关键性遗址。

**陕西咸阳秦咸阳城及秦宫殿遗址考古发现**　咸阳城是战国时期秦国的都城,也是中国历史上第一个中央集权的封建制国家——秦帝国的都城,遗址位于陕西省咸阳市。

秦咸阳城遗址考古始于20世纪50年代末。1959年,陕西省考古研究所和陕西省文物管理委员会联合对咸阳城遗址进行调查和发掘。1961～1966年,对秦咸阳城遗址进行考古调查、勘探。1973～1979年,持续开展秦咸阳城遗址考古调查、勘探,基本究明秦咸阳城遗址布局,发现秦咸阳宫宫城遗址,发掘具有重要学术意义的秦咸阳宫第一号宫殿建筑遗址与第三号宫殿建筑遗址。1980～1990年,全面发掘秦咸阳宫第二号宫殿建筑遗址,补充发掘秦咸阳宫第三号宫殿建筑遗址,清理残存的秦咸阳宫第四号宫殿建筑遗址;在宫殿区以西的聂家沟、胡家沟一带发现制陶(主要为砖瓦)、冶铜、铸铁的官府手工业遗址;在长陵车站附近发掘和清理手工业遗址,出土重要文物,如诏版、铜人头等。2016年起,发掘位于渭河以北的宫区西部秦咸阳城府库建筑遗址,发现府库的不同房间内曾存放纺织品和铜钟、石磬等礼乐器组合。

秦咸阳城遗址考古工作开展以来,发现了战国时代中晚期和秦代大量宫殿建筑基址、手工业作坊遗址、居址和墓地。在秦咸阳城遗址范围内考古勘探发现宫殿建筑遗址,并在宫殿建筑遗址群周围发现墙垣遗存,推断应为秦咸阳宫遗址。在宫殿建筑遗址群墙垣之外的东、西两面,勘探发现建筑遗址26座,其西部的聂家沟一带发现制陶、冶铸等官府手工业遗址;

其东部的杨家湾一带可能为“兰池”及“兰池宫”遗址所在地;其西南部发现大量手工业作坊遗址。此外,在秦咸阳城遗址西部发现并发掘大批秦墓。

秦咸阳宫在咸阳市渭城区窑店镇以北的13号公路以东至姬家道沟以西,勘探发现宫城遗址及墙垣遗迹,宫城内发现大面积宫殿建筑遗址。其中,咸阳宫第一号宫殿建筑遗址位于咸阳原上,遗址被牛羊沟分割为东、西两部分。勘探表明,殿址平面呈“凹”字形,东西长130米、南北宽45米,中间凹进部分南北宽约20米。建筑形制属战国时期流行的高台建筑,以夯土高台为宫殿建筑核心,不同建筑依高台而建,包括殿堂、过厅(F2)居室、坡道、平台、回廊等。殿堂下部(台基底部)的北、南、西三面分布有各种功能性建筑,宫殿建筑附近发现排水池4处、窖穴7个。

秦咸阳宫第二号宫殿建筑遗址位于宫城西北部,东南距一号殿址约93米。建筑形制也为高台宫殿建筑。二号殿址是秦咸阳宫宫城中已发掘的规模最大的宫殿建筑遗址,可能是处理政务的一处重要建筑。

秦咸阳宫第三号宫殿建筑遗址在二号殿址南73米、一号殿址西南10米,其东北和北部分别与一号、二号殿址相连。在南北向长廊的东、西坎墙墙壁之上首次发现秦宫殿建筑壁画,内容丰富多彩。长廊南北9间,壁画按“间”之东、西壁为单元分布,内容主要是车马图、仪仗图、建筑图和麦穗图,均有红色、黑色和蓝色几何纹图案作为底边。三号殿址西侧长廊之外出土壁画残块162件,在一号、二号殿址亦有大量壁画残块,内容有人物、车骑、建筑、动物、植物（花卉）、神灵怪异、几何纹图案等。壁画颜料主要是矿物质，如朱砂、石绿、石黄、赭石等。壁画以蜃灰打底，再行线描，然后平涂设色，局部重点渲染并以墨线勾勒外部轮廓，从而突出需要表现的部位。

三处大型建筑遗址出土的遗物主要有砖、瓦（板瓦和筒瓦）、瓦当、丝绸等。在陶建筑材料和其他陶器上发现陶文681个，其中以印文占绝大多数，刻文很少。

考古发现中央官署管理的手工业遗址主要有冶铸和制陶遗址，大多分布在宫殿遗址区西部，如在聂家沟附近发现冶铸金属器的各种陶范和生产砖瓦的陶窑等；在胡家沟附近发现陶窑址29座，其东西成排、南北成行，布局规整、排列有序，占地近8000平方米。市府和民营手工业作坊主要分布在秦咸阳城西南部，即长陵车站附近发现的3处"窖藏"，出土丰富遗物：车站北部"窖藏"出土铜器、铁器重逾千斤，有铜建筑构件、铜器装饰和诏版等。车站南部的"窖藏"出土铜器280余件、秦诏版3件，铜器有鉴、罐、鼎、盒等容器，矛、戈、镞、弩机等兵器，辖、盖弓帽等车器，以及带钩、铺首等。特别值得注意的是与上述遗物共出的140枚货币，其中除3枚秦"半两"外，均为关东列国货币。车站西南部"窖藏"出土铜器320件，器物种类有车饰、兵器、构件、生产工具、生活器皿、装饰品、人头像和诏版。

考古发掘表明，将各种不同建筑单元统一于一个整体的高台宫殿建筑群，在使用功能、采光、排水及结构诸多方面都作出了合理安排。建筑物平面主次有别，布局灵活自由，大小建筑均以高台为基础，高低错落、参差有致。战国秦汉时代是中国建筑史上的重要阶段，这座楼阁式高台建筑遗址把许多过去认为是汉代的建筑施工技术提前至战国时代中期或秦代。残存的长卷轴式壁画是秦咸阳城考古重要发现，也是中国古代宫殿建筑遗址考古中发现的时代最早、保存最好、规格最高的古代壁画。中国古代建筑属土木建筑，保存十分困难，秦咸阳宫遗址的发现极大地丰富了中国美术史、中国古代建筑史研究资料。

**河南隋唐洛阳城及洛阳宋代衙署庭园遗址考古发现** 隋唐洛阳城是隋唐时期规模仅次于国都大兴城的重要城址，位于河南省洛阳市区及近郊，南望龙门，北依邙山，东逾瀍水，西至涧河，洛水横贯其间。隋唐洛阳城由宫城、皇城、郭城组成。其中，郭城以洛河为界分南、北两部分，城内街道纵横、里坊毗邻。

中华人民共和国成立后，中国科学院考古研究所、北京大学历史系、河南省博物馆等参与了隋唐洛阳城考古。1954年起，对隋唐洛阳城进行多次钻探，基本掌握了城址范围、形制及平面布局。1965年，勘察皇城、宫城及其所属的圆璧城、曜仪城、东城、含嘉仓城，探测城内数十条街道、百余个里坊及三大市场。1971年，对含嘉仓城进行全面钻探，发掘出一批仓窖。20世纪80年代后，以中国社会科学院考古研究所洛阳唐城队和洛阳市文物工作队为主开展考古工作。1981~1983年，发现隋唐城西城。1986年，在宫城内发掘出武则天时期明堂遗址、宫廷御园九洲池遗址。1989年，在应天门内西侧唐代残房基中发现唐哀帝即位玉册等。1990年，在宫城内出土唐哀帝的即位玉册，并发掘宫城正门应天门遗址。1991年，发掘应天门东阙遗址。1992年，在东城东南部发掘北宋衙署庭园遗址。1992～1993年，对外郭城内的履道里进行发掘，经考证为白居易故居所在。2003年1月，在宫城遗址中发现一处瓷器窖藏遗址。2003年9月，通过全面考古钻探，查清南市遗址布局。2004年9月，对南市遗址进行考古发掘，工作持续数年。

含嘉仓城为隋唐两代的大型国家粮仓，遗址位于洛阳市老城城墙北侧西北部。考古发掘基本明确了含嘉仓城的布局、城墙范围、城门位置、粮窖数量与分布及其结构、储粮方法与粮源等。仓城东北部和南半部密集排列仓窖，已探明287个，依其分布推测总数应为400个以上。仓窖排列有序，东西成排，南北成行。在160号窖内保存有大半窖炭化谷子，推算满窖谷子储量应为25万千克左右。窖底部出土带铭文砖，铭文记有粮食入窖时间、粮源、产地、仓窖方位，还记载了仓城管理者的官职。仓窖中还出土了一些铁制生产工具、兵器和陶瓷生活用具。作为含嘉仓仓城北门的德猷门在北墙偏西处，为单门洞土木结构，建于夯土之上，宽4.9米，发现有门框、门墩等构件。两次修造痕迹证明文献所记初建是在隋炀帝时，后唐武则天时又增筑。

应天门是一座由门楼、朵楼、阙楼及其相互之间的廊庑连为一体的建筑群。朵楼遗址保存最好，基部四周砌有青石包边（土衬石），其上砌城砖，土衬石外平铺散水石。朵楼夯土基础呈方形，每面宽约18米，残高8米左右。阙楼基址东西残宽32.5米，南北仅存5米左右，其南被中州渠破坏。朵楼、廊庑及阙楼的土衬石外侧所铺石散水均为三排，整齐划一，

宽2.1米。阙楼遗址虽遭严重破坏，但从基址内侧残存基石和散水石分布情况观察，可判断阙楼为三出阙，其形制可能与西安懿德太子墓墓道两壁所绘出行图中的门阙相类似。

白居易故居位于外郭城内东南部的履道坊遗址西部。清理出唐代的较大灰坑8个、并行渠道2条（其中一条为五代至明清所修）、道路1条、宅院遗址1处、圆形砖砌遗迹（似酿酒作坊建筑遗迹）1处；宋代砖瓦砌筑遗迹1处。其中，唐代宅院遗迹位于发掘区北部，仅保存有墙基和散水，遗迹现象表明是一处坐北面南前庭后院式的两进院落。唐代遗物以生活用品为主，尤以瓷器居多，壶、罐、盆、澄滤器、碗、盆、盘、盂、杯、茶托、茶碾、盒等可复原者即达300件之多，另有瓷砚和石砚等文房用具。出土的石经幢尤为珍贵，文字中有"开国男白居易造此佛顶尊胜大悲"等内容。另有6通石碑出于遗址西南部宋代层下灰坑中。

永通门是郭城东面3个城门中最南边一门。永通门遗址有3个门道，平面为长方形，门址南北宽21.75米、东西残长13米，两壁及隔墙夯土残高约0.7米。其中，南门道南北宽4.8米、东西残长12米，门址内清理出柱础石、排叉柱遗迹、门砧石、车辙和路土；中门道的形制基本同南门道，东西残长6.1米、南北宽4.95米，门址内清理出柱础石、门砧石、立颊、将军石、门限石、路土和排叉柱遗迹等；北门道南北宽4.8米、东西残长约13米，门道内清理出柱础石、门砧石、门限石、路土等。

宁人坊是洛南里坊区内十分重要的里坊之一，被称为定鼎门街西第一坊。遗址平面呈南北向长方形，坊墙间距离南北长527米、东

西宽462米。遗迹现象多出现在唐代晚期地层下。发掘所见遗迹有坊墙、坊门、道路、水渠和灰坑等，可分早期遗迹和晚期遗迹。遗物多出土于沟、灰坑和路土中，均属唐代，主要是建筑材料和生活用品。

洛阳宋代衙署庭园遗址是北宋重要衙署和官邸所在，位于隋唐洛阳东城之东南隅。1984年，洛阳市文物工作队发现一处宋代门址，位于庭园遗址之南，同属衙署组成部分。洛阳唐城队对整个遗址进行发掘，发现遗迹10余处，包括殿亭、廊庑、道路、花榭、水池及明暗水道数条。其中，殿亭2座，位于遗址南部，东、西并列；廊庑2排，分东廊庑和西廊庑；通向衙署大门的南北向主干道1条；用柿蒂形卷草纹方砖铺成连接东、西廊庑的花砖路1条；花榭位于庭园遗址西部、西廊庑的中部；水池位于遗址中部偏西，北临花砖路，南接殿亭遗址，西靠西廊庑。

隋唐洛阳城见证了中国古代最辉煌的一段历史，包含丰富的文化内涵，是研究中国古代都城的宝贵资料，在中国古都发展史上具有重要地位。隋唐洛阳城平面布局、建筑形制不仅对中国后世影响深远，而且对东亚各国产生重大影响。含嘉仓的发现和发掘，不仅为隋唐时期经济、漕运、租税制度和国家仓库管理体制的研究提供了宝贵资料，也为探讨当时储粮技术，借鉴地窖储粮传统方法提供了实物资料。皇城正门应天门的发掘揭露出三出阙及连接阙与城垣的廊道，对研究隋唐门阙建筑形制有重要参考价值。

宋代衙署庭园布局巧妙，营建讲究，反映出当时的造园艺术水平。其营建制度与宋代《营造法式》所载大致吻合，是典型的宋代官府建筑，是中国古城中首次发现宋代园林，其保存情况之好、保存面积之大前所未见，为研究宋代大型官府衙署园林建筑布局的整体风貌提供了重要参考资料。

**山西夏县东下冯遗址考古发现**　东下冯遗址包含多时期文化遗存，而以二里头文化时期东下冯类型遗存最具代表性。遗址位于山西省夏县城北约17千米的东下冯村北，青龙河两岸台地上。此地东倚中条山，北枕鸣条冈，在山麓下的平原地带。

1959年，中国科学院考古研究所山西工作队在晋南调查时发现东下冯遗址。1974～1979年，中国科学院考古研究所（1977年改属中国社会科学院）与中国历史博物馆山西省文物工作委员会等单位合作对遗址进行大规模发掘，清理出大批遗迹与遗物。

东下冯遗址面积约25万平方米，文化层厚2～3米，发掘者将遗址分为东、中、西、北4个工作区。遗址东区、中区文化堆积，上层为商代前期文化层，下层为东下冯类型文化层。

东下冯类型遗存包括里外两圈沟，平面皆近梯形，里沟长、宽均约130米，外沟长、宽均约150米，两沟间隔5.5～12.3米。两沟关系恰呈"回"字形，沟壁保存较好，沟底比较平坦，在外沟和里沟两壁上发现窑洞式居住址10余个。居址共发现30余处，有地面建筑（平地建造）、半地穴和窑洞式3种，其中数量较多的是窑洞式居址。灰坑形状有圆形袋状、圆形锅底状和不规则状等，个别袋状坑有台阶可供上下，当是一种废弃储藏窖穴。水井两眼，平面呈长方形。其中一口井东、西两壁留有脚窝，西壁8个，东壁因坍塌仅存1个。陶窑3座，均在断崖边上掏挖而成。墓葬1座，为小型土圹墓，墓穴狭窄，未发现葬具痕迹，以陶器随葬。出土遗物包括铜器、石器、骨器、陶器等。

商代遗存发现有夯土墙，系城址南墙及西墙，墙宽约8米、残高1.8米，时代约为商代前期；圆形建筑基址10余个，台基排列前后有序，左右成行，间隔均约5米，十分规整，显然是一组经过规划的建筑群。灰坑以圆形为主，其中35号灰坑直径6米、深近4米，形状规则，直壁平底，应该是一种较大的储藏窖穴。水井两口，井口平面呈长方形，与东下冯类型水井情况相近。墓葬5座，均为小型单人土圹墓，随葬品1～6件不等。出土遗物包括铜器、石器、骨器、陶器等。

1980年发掘的龙山文化遗存属于东下冯遗址西区，遗址南北长约400米、东西宽约300米。发现房址12座、灰坑35个、墓葬21座。出土有石器、骨器、陶器以及原始青瓷片等，另出土石灰块20余千克。遗址文化层可分为两大层，上层为龙山晚期堆积，下层为龙山早期堆积。早期遗迹包括房基、灰坑。晚期遗迹包括房基、灰坑、路面和墓葬，其中竖穴土坑墓20座、圆坑葬1座，均未发现葬具痕迹，都是单人葬。早期遗物可分为陶器、石器、骨器和蚌器。晚期遗物有陶器、原始青瓷片、石器、骨器、蚌器、卜骨、石灰和自然遗物等。

晋南在文献上早有"夏墟"之称，也是早期盐资源的重要蕴藏区，在该地区的调查试掘中已发现与二里头文化近似的遗址三四十处。东下冯遗址的发掘为在晋南地区探索夏文化增添了一

批实物资料，对了解晋南地区夏代考古学文化内涵、探索夏文化具有积极意义，有助于研究中国古代城市的形成、发展及夏商文化的变迁。遗址龙山文化遗存以及商代遗存的发现与研究，对构建晋南地区考古学文化序列、探索该区域文化演进及历史脉络具有重要作用。

### 重庆巫山大溪新石器时代遗址考古发现

大溪遗址是长江中游新石器时代晚期的重要遗址，也是大溪文化的命名地。遗址位于重庆市巫山县城西45千米处，地处瞿塘峡东口长江南岸二级阶地上，面积约1.5万平方米。

1959年，四川省长江流域文物保护委员会文物考古队曾先后两次对遗址进行发掘，发现葬式和随葬品独特的墓葬74座。1975年，四川省博物馆等单位第三次对遗址进行发掘，发现墓葬133座，出土大量特征明显的陶器、石器、玉器、骨器、蚌器。长江中游及其支流沿岸也发现有同类型的文化遗存，考古学界将其命名为"大溪文化"。

1959年7～8月、11～12月，发掘面积共计228平方米，墓葬74座。文化层可分为上下两层，上层出土陶片除细泥红陶、彩陶、细泥黑陶和灰陶外，以夹砂红陶为最多，石器、骨器和兽骨也很丰富。下层出土遗物中，石制生产工具有锄、斧、锛、凿、刮削器、盘形器等；骨制工具有锥、针、矛等；生活用具主要是陶器，均为夹砂粗红陶，器形有釜、碗、盘、罐、鼎、纺轮等。分布在遗址北端的墓群排列非常紧密且叠压关系较多，从上至下共4层。墓向多为正北，人骨保存较好，未发现葬具痕迹，可分为仰身直肢葬、仰身屈肢葬、俯身葬和侧身屈肢葬。随葬品主要为陶器、石器、骨

器、玉器等。此外还发现用狗随葬等情况。

1975年第三次发掘清理文化层亦分为上下两层。上层陶器以细泥红陶最多，黑陶、灰陶次之，还有少量彩陶和夹砂红陶，器形有碗、豆、盘、罐、鼎足、器座等。石制工具有斧、刀、盘状器、砺石等，陶制工具有纺轮，骨制工具有锥、凿，装饰品有璜、坠饰等。上层发现墓葬64座，葬式以仰身直肢葬为主、屈肢葬次之，随葬品以陶器为主。下层陶器以夹砂陶为主，有少量细泥红陶，器形有豆、釜等。石制工具以锄、斧为主，骨制工具有锥，陶制工具只有纺轮。下层发现墓葬69座，以屈肢葬为主、直肢葬次之，随葬品以石制工具为主。

1985年11～12月，四川省文物管理委员会等对巫山县古遗址进行大范围调查，在大溪遗址采集到较多石器、骨蚌器和陶器等。1994年3～4月，为抢救三峡工程库区受淹文物，中国社会科学院考古研究所组织人员对巫山县地下文物进行全面普查，对大溪遗址进行重新调查、勘探和试掘，进一步明确遗址分布范围和性质。2000～2003年，为配合三峡工程建设，重庆市文物考古所对大溪遗址开展全面考古勘探、发掘，进一步明确大溪遗址分布范围，并初步确认早、晚期遗存分布区域和聚落内部的功能分区。发掘清理墓葬233座、灰坑950个、灶8座、沟8条、窑2座，出土陶、石、骨、蚌、瓷、铜、银、金、铁等质地的器物2000余件/套，遗存时代涵盖新石器时代晚期、商周、汉至六朝、隋唐、宋元明清等时期。

大溪遗址的发现与发掘，为识别并命名大溪文化奠定了坚实基础。大溪遗址墓葬层位关系清楚、人骨保存较好、随葬品丰富，为探索

大溪文化葬式演变、丧葬习俗及其所反映的社会结构等问题提供了重要参考；发现的大量器物坑、动物坑、鱼骨坑等遗存，为探索大溪文化先民对死者的祭奠等原始宗教观念提供了重要线索；大量动植物遗存，反映出大溪遗址大溪文化阶段以渔猎采集经济为主、旱作农业作为其重要补充的生业经济模式，与江汉平原地区以稻作农业为主的食物获取方式迥然有别，为探讨同一考古学文化人群根据自然环境资源差异选择不同的生业模式提供了实证资料。大溪遗址是长江中游地区首次确认为新石器时代文化的地点，揭示了长江中上游一种以红陶为主并含彩陶的地区性新石器时代文化遗存，为探索长江中游地区新石器时代文化面貌提供了珍贵的实物资料。

**大汶口遗址考古发现**　大汶口遗址是黄河下游地区新石器时代的大型聚落遗址，也是大汶口文化的命名地。分布于山东省泰安市泰岳区和宁阳县大汶河两岸的二级阶地上，东北靠近大汶口镇，西南部被大汶河淹没。

1959年，山东省文物管理处和济南市博物馆对遗址东南部进行抢救性发掘，发现墓葬133座，出土一批特征明显的随葬器物。此后，学术界根据这批遗存，将之命名为"大汶口文化"。1974年，山东省博物馆对大汶口遗址进行第二次发掘，清理了一批年代较早的房基、灰坑、墓葬等遗迹，出土了丰富的陶器、石器、骨器等遗物，为探索大汶口文化渊源及谱系研究提供了一批新鲜资料。1978年，山东省博物馆对大汶口遗址进行第三次发掘，获取了一批北辛文化的房基、灰坑等遗迹和石器、骨器、陶器等文化遗物，为研究大汶口文化早

期的社会结构和形态变化提供了重要依据。2009年，山东省文物考古研究所对大汶口遗址进行全面考古勘探，发现地势低洼区5处、居址区6处、墓葬密集区3处，基本摸清了大汶口遗址规模和文化堆积分布状况，对聚落布局也有了初步认识。2012~2016年，山东省文物考古研究所逐年对大汶口遗址进行考古发掘，最重要的收获是揭露出一片较完整的大汶口文化早期阶段居住区，清理大汶口文化房址12座。这批房址似乎经过规划，在平面分布上错落有致，形制、尺寸及建造方式相似。大汶口遗址堆积较为丰富，厚度大多在1~2米。依据地层和出土遗物，可划分为3个文化期。

第一期为北辛文化晚期，遗迹包括房址、墓葬、灰坑和窑址等。房址13座，房基有半地穴式、浅穴式和地面起建等不同结构，平面形状有圆形、近椭圆形和方形等，多为小型单间建筑，面积多在5平方米左右。墓葬10座，多为长方形竖穴土坑墓，都是小型墓，少见葬具，大多数墓葬无器物随葬。窑址1座，仅残存椭圆形火膛。陶器以夹砂红褐陶为主，泥质红陶次之，有少量灰陶和黑皮陶，粗陶中有少量夹蚌陶；器表以素面为多，鼎类器表常饰锥刺纹、划纹等组成的各样图案，泥质红陶多施红色陶衣；器类以鼎、钵、壶、支座、三足碗等为代表。

第二期为大汶口文化，遗迹包括房址、墓葬和灰坑等。20世纪70年代曾发现柱洞、柱洞坑等残存建筑痕迹和三座房屋残基，后又发掘揭露出一片较为完整的居住聚落，清理大汶口文化房址12座。这批房址分布错落有致，间距相当，基本没有相邻房址互相遮挡的情况，整

体性很强。房址上均堆叠大量烧土块，一般稍大于房址实际范围，中部较四周边缘处略高，烧土块堆积内均夹杂较多陶器、石器。房址形制规模基本一致，呈方形，属于地面建筑，四周可见排列有序的柱洞。室内地面较为平整，有的经过烧烤。出土器物以陶器最多，有夹砂和泥质两种，另有少部分夹蚌陶和夹云母陶；陶色以红色为主，灰黑陶数量较少；器表多为素面，泥质陶多经过打磨，表面平滑，部分施以深红色或橙红色陶衣，常见的装饰纹样有划纹、锥刺纹、附加堆纹、弦纹等，还有少量彩陶；器类以鼎、三足钵、三足碗、盆、钵、壶和缸等实用器为主。石器种类有斧、锛、刀、镞、弹丸、纺轮和砺石等工具，另有少量小型装饰品。骨器多为锥、凿、镞和雕刻器等。墓葬近200座，延续时间长，几乎横跨大汶口文化发展全部过程。墓葬基本特征一致，墓向大多朝东，形制以长方形竖穴土坑为主，有的墓葬内筑有二层台等结构。墓室规模以长2米、宽1米左右为主，大型墓葬或多人合葬墓规模远超于此。当时流行拔除一对上侧门齿和头骨人工变形的习俗。墓葬有集群分组埋葬迹象，同一墓组内会埋葬不同时期的死者，其规模也存在明显差别，随葬品数量和种类悬殊。随葬器物以陶器最多，玉、石、骨、角、牙器也占有相当比重。

第三期为龙山文化，仅有少量灰坑。出土遗物以陶器为主，有夹细砂灰黑陶、泥质黑灰陶和细砂红陶等，纹饰有凹弦纹和少量附加堆纹，器类有甗、鼎、鬶、罐、瓮和杯、盆等用具，还有一些镞和纺轮。根据弧裆甗、鸟首形鼎足、卷沿浅腹平底盆、细砂红陶白衣鬶、单

把杯等特征性陶器判断，大汶口遗址龙山文化为中期偏早阶段的遗存。

大汶口文化作为黄河下游区域考古学文化发展序列的重要环节，在中国史前文化研究中具有不可替代的作用。大汶口遗址的发掘，从地层关系和出土文物等方面，为大汶口文化的认定提供了明确直观的依据。大汶口遗址房屋建筑结构合理、科学实用，房址布局清晰似经过规划，是史前建筑史研究的重要范例；墓地反映出的集群分组埋葬模式以及贫富差距、阶级分化现象，可能暗示了大汶口文化处在新石器时代社会变革的敏感时期，对认识大汶口文化聚落形态和社会结构有着极为重要的意义。

**陕西铜川耀州窑遗址考古发现** 耀州窑是兴于唐、盛于宋、延烧至元明时期的民间窑址，位于陕西省铜川市黄堡镇、陈炉镇一带，沿漆水河两岸分布，东西约2500米、南北约1000米，有"十里窑场"之称。铜川古称"同官"，宋时属耀州，因此得名"耀州窑"。

1954年，在遗址区发现元丰七年（1084年）"德应侯碑"，记载了黄堡烧瓷的盛况与工艺流程。1954年、1957年，故宫博物院曾对窑址进行调查。1959年、1973年和1984～1997年，陕西省考古研究所先后对黄堡、立地坡、上店等地窑址进行调查和发掘，发现各时代制窑作坊30座，其中唐代9座、宋代14座、金代3座、元代4座。作坊分露天与室内两种。附近还发现有堆料场、晾坯场、堆货场、窑穴等遗迹。发现各时代窑炉45座，其中已判明的有唐代8座、五代2座、宋代29座、金代3座、元代1座。除瓷窑外，还有唐三彩窑、石灰窑、陶窑。窑炉平面大体均呈马蹄形，顶呈拱形，俗称馒头窑。窑炉的大小和局部结构各期都有变化，可分两类：一类以柴为燃料，主要使用年代为唐代；另一类以煤为燃料，共发现33座，为宋时创烧，金、元、明代延续。2002～2005年，对陈炉地区的立地坡、上店、陈炉三大窑址进行试掘。

耀州窑的产品主要是碗、盘、杯、缸、钵、瓶、罐、盒、枕等生活用具，其中以餐具、茶具、酒具为大宗。唐代瓷器多为黑、白、青、黄褐、茶叶末、花釉瓷，还有白釉绿彩、白釉褐彩、青釉白彩、素胎黑花、素胎青黑彩、黑釉嵌白、内黑外青、内黑外白等高温瓷及低温釉唐三彩、单彩、琉璃釉建材等。器多厚胎，质较粗。除晚唐外，施釉多不到底。五代主要生产青瓷，胎有深灰色与浅白色，器物种类以茶具和酒具最多，造型仿晚唐和五代的金银器。宋代主要烧制青瓷，兼有少量酱、黑、天目窑变釉产品。器物种类增多，造型多样化。器胎呈浅灰或灰白色，胎薄质细，釉色呈橄榄青，烧成温度达1300℃，达到较高的烧制水平。器物几乎全是匣钵内单件烧成。宋代遗址可分为早、中、晚三期。中期，即仁宗至神宗时期（1023～1085年）是耀州窑的鼎盛时期，器胎壁薄质细，器物底足增高，以施釉后再经二次精修的高窄圈足为特征。在划花和雕花工艺基础上创造出风格独具的刻花工艺，图案凸起在器壁上，具有浅浮雕效果。除盛行刻花外，还出现印花器。金元时期主要产品为姜黄色青釉瓷，同时烧造黑釉、月白色青釉及白釉黑彩等瓷器。器形中大件碗、盘最多，碗为直壁深腹。器物内底皆有叠烧遗留的砂圈，碗足深，胎、釉粗厚。

耀州窑遗址是中国古代北方著名窑址，历史悠久，《宋史·地理志》和《元丰九域志》等历史文献中均有记载，其制瓷工艺与釉色、造型、纹样装饰直接影响河南、甘肃等地的大批窑场及广东、广西一些生产外销瓷器的窑场，形成耀州窑系。耀州窑的发掘是中国对古瓷窑址进行的首次大面积发掘，其成果对北方青瓷的断代与研究有重要意义。

**浙江嘉兴马家浜新石器时代遗址考古发现**　马家浜遗址是一处新石器时代聚落遗址，位于浙江省嘉兴市南湖区城南街道天带桥村。

1959年春，当地村民在生产活动中发现大量文化遗物和兽骨。浙江省文物管理委员会派员调查确认为新石器时代遗址，并以遗址南邻马家浜村而命名为"马家浜遗址"。3月，浙江省文物管理委员会主持进行抢救性考古发掘，发掘面积213平方米，确认发掘区内有上下叠压的两个文化层堆积，发现新石器时代墓葬30座、房屋遗迹1处。墓葬分布较为密集，流行俯身直肢葬，多数无随葬品。出土和采集的器物有陶釜、陶豆、陶罐、石斧、石锛、玉璜、玉玦以及骨针、骨镞、骨锥、骨管等。石器以顶端斜直的舌形刃石斧、弧背石锛为特征。陶器以夹砂红陶和泥质红陶为主，器形以腰沿釜和牛鼻形耳罐为主。文化层堆积中还出土大量兽骨。20世纪70年代，夏鼐先生以马家浜遗址命名环太湖古文化区一支重要的考古学文化——马家浜文化。2005年11月，浙江省文物考古研究所对原划定的遗址保护范围和建设控制地带进行初步钻探。2009年4月，浙江省文物考古研究所再次在遗址保护范围内进行钻探调查，确认马家浜遗址的文化堆积平面范围大致呈西南—东北走向的不规则长方形，埋藏深度大约在地表0.5米以下，部分低洼水田耕作层之下即为遗址堆积。遗址文化堆积主要分布在九里港以南、坟屋浜以东、马家浜村原址以北、新建的图腾柱群以西的区域，分布面积约1.5万平方米。2009年11月～2011年1月，浙江省文物考古研究所与嘉兴博物馆组成联合考古队，对遗址进行第二次发掘。发掘区域位于第一次发掘区西北面高地，发掘面积300平方米，清理马家浜文化墓葬80座。墓葬大部分为长方形竖穴土坑墓，个别墓葬还留存木葬具，绝大部分墓葬都保存有人骨遗骸，葬式以俯身葬为主，个别侧身葬或仰身葬，极大地丰富了马家浜文化以俯身葬为主的葬制葬俗资料。墓葬中出土玉器、骨牙器、石器、陶器等随葬品120件，在地层堆积中还出土200余件玉器、石器、陶器、骨器及大量陶片标本和动植物标本。玉器仅有玉玦一种；骨牙器包括锥、玦等；石器有锛和钺；陶器以豆为主，其他有釜、鼎、盉、罐、匜等。结合出土遗物分析，马家浜遗址堆积的时代大约处在马家浜文化晚期。

马家浜遗址是环太湖古文化区较早确认并得以命名的新石器时代马家浜文化的命名地点。马家浜文化作为环太湖古文化区史前文化序列的较早环节，对后续考古学文化及周邻区域产生过重要影响。

**河南舞阳贾湖遗址考古发现**　贾湖遗址是新石器时代裴李岗文化时期的遗址，年代距今约9000～7500年。遗址位于河南省舞阳县北舞渡镇贾湖村，北临灰河，南依泥河，东为泥河洼蓄滞洪区。

20世纪60年代初，发现贾湖遗址。1983年

3~5月，河南省文物研究所首次对遗址试掘，发现窖穴11个、墓葬17座，陶器、石器、骨器数十件；1984年9~12月，进行第二次发掘，发现灰坑19个、墓葬14座，各类遗物数十件；1985年9~12月，进行第三次发掘，清理房址3座、灰坑42个、墓葬19座；1986年3~5月，对此前未发掘到底的堆积继续进行清理，清理灰坑20个、墓葬76座，各类遗物数百件，确认七孔骨笛3支；1986年9~12月，进行第五次发掘，清理房址12座、陶窑1座、灰坑60个、墓葬82座，各类遗物数百件，确认依次扩建的多间房基；1987年3~6月，进行第六次发掘，发现龟甲契刻符号，确认陶窑3座；2001年3~6月，进行第七次发掘，清理房址8座、陶窑3座、灰坑66个、墓葬96座，各类遗物数百件，发现大量炭化稻壳和炭化米及饰有精美图案的两孔骨笛；2013年9~12月，进行第八次发掘，清理房址8座、灰坑24个、兽坑2个、墓葬97座，出土陶器、石器、骨角牙器等600余件及大量陶片和动植物遗存。

历年发掘中，最著名的发现是一些墓葬中随葬的用鹤尺骨制作的骨笛和装有小石子的龟甲。骨笛均用鹤类尺骨截去两端骨关节再钻圆孔而成，应为先设计好孔位并刻标记，再在标记上钻孔。骨笛形状固定，多为7孔，个别有2、5、6、8孔，有的还在表面刻有精致的纹饰，这是已知年代最早的多音阶乐器。有些龟甲上刻有符号，某些符号与晚商甲骨文略相仿。叉形骨器为贾湖遗址的典型器物之一，多出自墓葬。在遗址中区一些分布集中的墓葬中出土有象牙雕板，表面打磨光滑并有浅浮雕状凸起和钻孔结构，其形制在新石器时代遗址中

极为罕见。

贾湖遗址主体遗存被发掘者命名为"贾湖文化"，是裴李岗文化时期具有中心聚落性质的遗址，对研究当时的聚落形态、考古学文化发展序列具有不可替代的重要价值。贾湖遗址二、三期与裴李岗文化大体同时，相互影响，但在陶器、生业形态、聚落布局和精神文化等方面有显著差别。贾湖遗址出土已知世界上最早的可吹奏管乐器——骨笛，具备四声、五声、六声和七声音阶，并出现平均律和纯律萌芽，对研究中国音乐起源、重新认识中国音乐发展史和新石器时代的音乐艺术具有重要意义。出土的叉形骨器、骨笛、内装石子的龟甲、契刻符号等，为研究原始宗教自然崇拜、巫术仪式和卜筮及汉字起源等提供了重要实物依据。贾湖遗址的出土器物反映了贾湖人在制陶、制石、制骨等工艺技术方面已达到比较成熟和完善的程度，在中国科技史研究上具有重要价值。

**河南安阳洹北商城考古发现** 洹北商城是商王朝中期都城遗址，位于河南省安阳市北郊，南邻洹河，西南角与传统意义上的殷墟范围略有重叠。

1964年，洹北商城西部的三家庄村东南方向出土了8件青铜器，这组青铜器在形制上早于殷墟文化但晚于二里岗文化，洹北商城初露端倪。1979年，董王度村村民在村北取土时发现铜鼎、铜镞、骨镞、钻孔残蚌器、人骨、棺漆等遗物。1980年，中国社会科学院考古研究所安阳工作队在洹北花园庄村北进行小规模发掘，清理灰坑1个、墓葬8座。根据出土遗物及地层关系判断，灰坑年代属于殷墟一期，墓葬的年代早于灰坑。1997年，安阳工作队与美

国明尼苏达大学合作进行"洹河流域区域考古调查"课题研究，在以往调查基础上得出洹北商代遗址"不小于150万平方米"的结论，并在洹北花园庄东部钻探出大面积夯土遗迹。1997年，为配合"夏商周断代工程"，在洹北花园庄展开发掘，清理灰坑15个、灰沟4条。1998～1999年，以洹北花园庄为中心开展两个季度的发掘和一次大规模钻探，发现灰坑、房基、水井、墓葬等各类遗迹，其中有与祭祀相关的建筑遗迹。在遗址区东部发现夯土城墙基槽，并沿基槽钻探发现一座面积4.7平方千米的商代城址，因其地理位置在洹河北岸，命名为"洹北商城"。1999～2001年春，进一步确认城墙基槽的存在，并弄清基槽修建方式。2001年，确认洹北商城一号宫殿基址，并于2001～2002年进行发掘揭露。通过对剖面修整，发现商代基址25座、灰坑7个。经钻探，在西侧又发现夯土建筑基址30余座。根据基址建造方法、规模和布局规划，此处应是商王室或其他贵族居住活动地，属洹北商城宫殿区的一部分。2007年，在宫殿区建筑基址群外围发现夯土城垣，经局部试掘确定为宫城城墙。2015年，在宫城北部发现铸铜、制骨手工业作坊区。

考古资料表明，洹北商城年代早于殷墟一期而晚于二里岗上层。由于二里岗时期属早商阶段，殷墟时期属晚商阶段，因此有学者将处在二者之间的洹北商城归入"中商时期"。

洹北商城的发现为建立完整的商文化序列填补了关键空白，形成"早商（郑州商城、偃师商城）—中商（洹北商城）—晚商（殷墟遗址）"的商代编年框架。洹北商城的考古发现，为商代宫殿建筑研究增添了新的资料，其一号建筑基址是已知面积最大的商代单体建筑，对了解夏商宫殿结构意义重大。洹北商城的规划布局充分体现出夏商时期城建布局思想的成熟。

**北京琉璃河西周燕国都城与墓地考古发现**　琉璃河西周燕国都城与墓地遗址位于北京市房山区琉璃河镇一带，地处北京平原之南端，西面与北面属燕山山脉及山前平原，南面是大石河及其洼地，总面积5.25平方千米。

1962年，北京市文物工作队曾在琉璃河遗址的董家林、刘李店进行过小型试掘。1973～1977年，中国科学院考古研究所、北京市文物管理处、房山县文教局组成的琉璃河考古工作队在黄土坡西周墓地进行发掘，清理西周墓葬61座、车马坑5座。其中52号墓出土的复尊及铜盾饰上皆有"匽侯"铭文。发掘者认为，琉璃河52号墓所出复鼎和复尊铭文末尾、54号墓所出铜盘铭文之中、亚盉的铭文开头都发现常见于殷代晚期的"族徽"，作器者应该是分给燕侯的殷遗民之首领。

1981～1983年，中国社会科学院考古研究所和北京市文物工作队组成琉璃河考古队，对京广铁路东侧、黄土坡村西北进行发掘。发掘面积达8900平方米，清理西周墓121座、车马坑21座。这批西周墓在年代上存在早、晚的差别，墓葬形制与排列有一定规律，大、中、小型墓葬在规模、葬具及随葬品等方面存在明显差别，显示出墓主人生前社会地位的差别。1986年，中国社会科学院考古研究所和北京市文物研究所组成琉璃河考古队，发掘了位于京广铁路东侧、黄土坡村打谷场西南角的1193号大墓。该墓有四条墓道，是遗址内发现的规模最大的墓葬，属燕侯墓，墓中出土的"克罍""克盉"，铭文意义十分重大，对早期燕国史及西周初年历史的研究都极为重要。

1995年，北京大学考古学系与北京市文物研究所对琉璃河遗址进行联合发掘，发掘地点在京广铁路以西、黄土坡村一居民点东侧，清理属于西周早、中、晚期墓葬10座。周代居址遗存主要在古城内，另外在古城外的黄土坡村也有发现。根据发掘结果，确认琉璃河古城始建于西周早期阶段，并将西周居址划分为早、晚两期。

1996年，北京大学考古学系、北京市文物研究所和中国社会科学院考古研究所联合组队，对琉璃河遗址开展"夏商周断代工程"专题发掘，试图通过对遗址的大规模钻探、发掘和相关研究，弄清城址年代、文化内涵和城市布局等，并结合以往包括燕侯墓等在内的考古发掘资料与研究成果，对遗址面貌予以全面揭示。除发掘两处西周时期城墙外，还发掘灰坑116个、墓葬1座，并首次发掘琉璃河城址的护城河。根据发掘所见，护城河在西周晚期已失去防卫功能，加上西周晚期墓地无高等级墓葬而仅见小型墓，因此认为琉璃河城址在西周晚期已从燕国都城变成一般居民点，即琉璃河古城是在西周早、中期作为燕国都城使用的。发掘中还发现三片西周时期的刻字卜甲，其中一片上刻有"成周"字样，是北京地区第二次发掘出土西周有字卜甲。

1997年，联合考古队继续发掘琉璃河遗址，主要发掘8座西周晚期墓。墓内出土的陶簋和琉璃河西周燕国墓地出土的西周晚期陶簋

形制相似，联裆鬲的特征也与西周晚期陶鬲相一致。2001年，北京市文物研究所琉璃河工作站在以前关注较少的城址东北部清理3座西周中、晚期墓，为探讨遗址西周中、晚期墓葬分布提供了线索。

琉璃河1193号燕侯墓所出土青铜罍、盉上的铭文内容涉及燕国始封等问题，充分证明琉璃河遗址是西周燕国的都城，将北京的建城建都史上推至西周初年，即3000年前。遗址灰坑里出土刻有"成周"字样的西周时期卜甲，成为该遗址分期与断代的新依据。

**陕西蓝田人考古发现** 蓝田猿人遗址是旧石器时代早期遗址，包括公王岭和陈家窝两个地点。公王岭遗址位于陕西省蓝田县公王村南500米的灞河南岸四级阶地上。陈家窝遗址位于蓝田县陈家窝子村南100米的灞河北岸四级阶地上。

1963年，中国科学院古脊椎动物与古人类研究所等单位在蓝田县进行新生代地质调查时，在陈家窝子村附近发现一具直立人下颌骨化石和10余枚牙齿。1964年，又在公王岭发现一具基本完整的直立人头骨化石，命名为"蓝田猿人"。1965年、1966年，对公王岭进行补充发掘，出土一批动物化石等重要资料。

公王岭猿人化石为一名30岁左右女性的头盖骨。头骨呈现明显的原始状态，如眉嵴硕大粗壮，在眼眶上方几乎形成一条直的横嵴，两侧端明显向外侧延展；眉嵴与额鳞之间部位明显缩窄，额骨非常低平。头骨骨壁极厚，脑容量为778毫升，较北京人更为原始，其地质时代属于早更新世晚期。陈家窝出土的直立人下颌骨化石总体形态与北京人接近，其地质时代

为中更新世早期。据最新磁性地层学研究和黄土-古土壤序列对比结果，公王岭人和陈家窝人的年代分别距今115万年和65万年。

在蓝田灞河北岸与公王岭猿人同层出土的石器主要为大尖状器、砍砸器、刮削器、石球和石片、石核等。加工方法为简单的锤击法，石片一般未经第二步加工即付诸使用。

与公王岭蓝田猿人共生的动物群化石共42种，包括啮齿类14种、兔形类3种、食肉类9种、奇蹄类6种、偶蹄类7种，以及食虫类、灵长类和长鼻类各1种。这些动物中，如大熊猫、东方剑齿象、巨貘、中国貘、中国爪兽、毛冠鹿、秦岭苏门羚等，都属于中国南方及亚洲南部更新世动物群，说明在蓝田猿人生活时期，陕西南部的气候比现代和北京猿人时期的华北要温暖。

陈家窝遗址中也发现了大量动物化石，共有14种动物，其中大部分是森林性动物，如北豺、虎、象、李氏野猪、獾等。此外，葛氏斑鹿、大角鹿角部粗大，不大可能生活在密林中，而适宜在开阔草原中生活；兔类是生活在草原或丛林中的动物；丁氏鼢鼠、方氏鼢鼠是栖息于草原和旷野上的小动物，有时也在林间空地上生活。当时的蓝田陈家窝地区应是以森林为主的森林草原环境。

蓝田猿人遗址是中国旧石器时代早期人类遗存的重大发现，特别是公王岭猿人化石地质时代属早更新世晚期，是已知亚洲北部发现年代最早的直立人化石。

**山东滕州前掌大遗址考古发现** 前掌大遗址是商周时期大型族墓地，位于山东省滕州市官桥镇前掌大村，坐落于薛河下游西岸阶地上，紧邻魏河。魏河以西为周代的薛国故城，城垣保存较好，有多段城墙耸立于地表。

1964年春，中国科学院考古研究所山东工作队在前掌大村北的台地上采集到商代遗物。20世纪70年代末，对该遗址进行数次复查。1981年秋，中国社会科学院考古研究所山东工作队对遗址进行首次发掘，清理一批中小型墓葬，并探明周边还存在一定数量的墓葬。1985～1998年，对遗址进行多次发掘，发现少量龙山文化时期遗存，以商代中晚期至周初遗迹（居住址和墓地）为主，其中尤以商末周初墓地和祭祀设施最为重要。

前掌大墓地分为南、北两区，两区相距约1000米，共发掘墓葬（包括车马坑）116座。北区地势较高，由北向南略呈倾斜状，墓葬规模大、等级高，带墓道的大型墓均发现于此；南区中部地势略高，墓葬规模相对较小，未发现带墓道的墓葬。北区墓地位于前掌大村西北称为"河崖头"的高台地上，共发掘墓葬35座，其中双墓道大墓3座、单墓道大墓9座，其余23座均为中小型竖穴土坑墓。大型墓往往两两成对，和邻近的中小型墓形成墓组，表明北区墓地应为以若干大型墓为核心构成的族墓地。同一墓组的大型墓存在多组打破关系，似乎具有某种特殊意义。大型墓等级很高，葬俗大致相同，双墓道大型墓的墓道大都在墓室南、北两端，单墓道大型墓的墓道都在墓室南端。墓室内都放置木棺椁，棺椁结构近同，有单棺或两重棺之别。墓底都有腰坑，坑内殉狗或殉一人一狗。墓室内都有殉人，数量不等，如201号墓殉有7人之多。部分大墓墓室之上筑有黄褐色夯土台基，台基上分布有立柱的地面建筑。南区墓地位于前掌大村南称为"南岗子"的高地上，发掘墓葬76座、车马坑5座，所有墓葬都是长方形竖穴土坑的中小型墓。墓葬之间很少有打破关系，存在多组左右并列的"对子墓"，成对的墓葬往往形制和葬俗相同，随葬品组合和数量相当，具有密切的姻亲或血亲关系。南区共出土数十件有"史"字族徽铭文的铜器，车马坑中也出土有带"史"字族徽铜器，南区墓地主要由"史"氏家族成员构成。

墓地内出土各类随葬品十分丰富，主要包括青铜器、金器、玉器、漆木器、骨器、牙器、陶器、原始瓷器，以及石器、绿松石、玛瑙、水晶和龟甲、海贝等。青铜礼器近200件，包括鼎、簋、斝、盉、罍、瓿、卣、壶、觯、盘、觚、爵、角和尊等，有6件密封完好的铜器中还发现有酒类饮料，兵器和车马器种类也相当丰富。出土各类玉器300余件，很多都是成对或成组埋葬的。玉雕技法成熟，圆雕、浮雕、透雕、线刻和抛光工艺高超，鹿、鹗、虎、牛、龙、兔、鱼、龟、鸟、蝉和螳螂等动物形配饰形象生动，还有钺、璧、琮、璜、柄形器等玉礼器，以及各种管饰、坠饰、兽面饰和镯、环等。漆器是随葬品中的稀有种类，有镶嵌蚌饰的漆牌、漆罍、漆盘和漆豆。容器中部分罐、罍、尊、瓿和豆为原始瓷质地。大型墓葬和车马坑中发现有彩绘木质牌饰、仪仗用具和彩绘贴金的棺饰。

前掌大墓地布局严整，北区主要是等级较高的、带墓道的大型墓，成组排列，并伴有祭祀和陪葬墓；南区以中小型墓为主，主要埋葬商周之际史氏家族成员。前掌大墓地的发现，反映出商王朝对东方的经略和影响，体现出商代方国的政治、文化状况，为了解和研究商代方国的埋葬制度与习俗提供了重要资料。

**大河村遗址考古发现**　大河村遗址是一处新石器时代大型聚落遗址。遗址坐落在河南省郑州市郑东新区龙源路大河村西南，一条古河道从遗址中部穿过，将遗址分为东、西两部分。

1964年秋，当地村民在遗址西半部发现一座唐墓，郑州市博物馆立即派人到现场进行调查，发现地面上散存大量红烧土、陶片、石器、骨器和蚌器等遗物，初步判断是一处仰韶文化和龙山文化新石器时代遗址。1972年春，郑州市博物馆对遗址进行复查，发现地面上散落大量红烧土块，还有丰富的白衣彩陶片；10月，对遗址进行试掘。截至2015年，先后对该遗址进行25次考古发掘，大体可分为两个阶段：第一阶段为1972年10月～1987年11月，初步探明遗址分布范围、主要遗迹分布情况和文化层堆积厚度，根据地形、地貌和耕地边界将遗址划分为五区。第二阶段为2010年、2011年、2014年、2015年，配合博物馆场馆升级改造分别进行发掘。遗址平面呈椭圆形，南北长700余米、东西宽600余米，面积40余万平方米，文化层最厚处达12.5米。考古发掘面积累计近7000平方米，清理房基57座、灰坑509个、墓葬406座、灰沟或沟壕5条，出土陶、石、骨、蚌、角、玉器等3500余件，各类标本2万余件。

大河村遗址距今6800～3500年，经仰韶文化、龙山文化、二里头文化、商文化，前后延续3300年。其中仰韶文化分七期，涵盖了仰韶文化从产生、发展到消亡的全过程。

大河村遗址中最典型的遗迹是仰韶文化房基。其中仰韶文化第二期（距今5500～5100年）房基1座，仰韶文化第三期（距今5100～4700年）房基17座，大河村仰韶文化第四期（距今4700～4400年）房基34座。最具代表性的仰韶文化房基F1～F4，是一组两面坡式排房建筑，"木骨整塑"而成，保留有完整的平面布局和1米余高的墙壁，是已知中国保存最完好的史前居住基址。仰韶文化四期用小孩奠基和带有大型版筑夯土柱础的F26亦属罕见。

郑州大河村遗址是郑州地区远古文化发展的历史缩影。这里发现了中国同时期保存最为完好的房屋建筑基址，其"木骨整塑"泥墙的建筑工艺和平地起建的建筑方法，对研究中国古代建筑史、探讨当时的社会组织结构及婚姻、家庭形态等具有重要意义。绘有天文星象图案的彩陶出土数量较多，内容丰富，如陶钵上绘有3个月亮纹或12个太阴纹，对研究中国古代天文学和历法的产生和发展具有十分重要的价值。

**新郑望京楼遗址考古发现** 望京楼遗址有二里头文化时期、二里岗文化时期两座城址。遗址位于河南省新郑市新村镇望京楼水库东部，遗址西南角有一高出地面约6.5米的夯土台基，当地人称"望京楼"，遗址因此而得名。

望京楼遗址发现于20世纪60年代。1965～1996年，孟家沟及杜村村民在平整土地时挖掘出土过四批青铜器及玉器。1996年6月，河南省文物考古研究所对遗址进行发掘，确认其时代属夏商时期。2006年，为配合南水北调中线工程，河南省文物考古研究所在遗址东南部发掘2000平方米。2010～2012年，为配合郑（郑州）新（新郑）快速通道建设，郑州市文物考古研究院于道路占压区域进行布方发掘。

二里岗文化时期城址位于聚落中部偏西，大致呈方形，总面积约37万平方米。该城始建年代为二里岗下层偏早阶段，废弃于白家庄期。城墙由基槽、主体城墙、护城墩及两侧护坡组成。城墙的建造方法是先在生土上挖基槽，然后填土逐层向上夯筑，主体城墙建成后在两侧修筑护城墩，之后再夯筑护坡。护城河紧贴城墙，河内堆积为淤土或淤沙，坡度较大。在城墙上发现缺口3处，其中东城墙2处、南城墙1处，按照发现顺序编为东一城门、东二城门、南一城门。东城墙上两座城门一南一北，基本将城墙分成三等分。东一城门最为完整，占地面积2000余平方米，由城墙、两侧护坡、门墙、城门洞及附属建筑组成。在城内发现道路四条，东西向两条、南北向两条，两条东西路和一条南北路对应城门。四条道路两纵两横，基本形成"井"字形，大致将城内分为九个区域。城中一处夯土基址位于中部偏南，平面为长方形，仅存基槽部分，占地面积近950平方米。出土少量碎陶片，时代多属二里头文化时期，少量为二里岗文化下层时期。夯土基址西部建筑东北部发现祭祀坑，从散乱的骨骼特征分析，坑内表层为人骨6具，其中男性5具、女性1具，骨骼断面有明显砍斫痕迹，均为非正常死亡。骨骼下压被打碎的陶器，器形以大口尊、瓮为主。坑南部有一处用海螺拼对的遗迹。祭祀坑时代属二里岗文化上层。发现小型房基10余座，门道基本朝向西南，可分为单间和多间两种形式。如F2为三间套房，其中西部两间、东部一间。房屋南部及西部为房外活动面，踩踏痕迹明显，应为院落。墓葬45座，多见随葬品，一般墓内仅葬一人，基本为仰身直肢。灰坑400余个，形状可分为圆形、椭圆形及不规则形，用途可分为窖穴和取土坑。水井2口，井口因塌陷呈不规则形，口大底小。

二里头文化时期城址位于商代城址外侧，面积为168万平方米。发现东城墙及东南、东北拐角墙体遗迹。城墙墙体被破坏较为严重，仅见基槽和城墙，未见护坡。夯土最底层为深褐色黏土，上部为黄灰色花土，夯层清晰，为水平夯打，夯窝较为稀疏。从城墙解剖沟剖面可清楚看出，二里头文化时期城墙基槽被二里岗文化时期护城河直接打破。城址东城墙外保存有较为完整的护城河，护城河上部被商代二里岗和白家庄期遗迹打破较严重。

望京楼商代城址是已发现的第七座早商城址，面积仅次于郑州商城和偃师商城。护城墩及城门两侧柱洞的形制为以往夏商时期考古所未见。东一城门规模之大、形制奇特，是夏商时期城市考古首次发现。"井"字形道路网也是以往商代城址中从未发现过的规整路网系统。这一系列发现为商代考古研究增添了新材料，对早商时期城池建制及防御体系研究具有重大学术意义。望京楼夏代城址是已知建于二里头文化时期的第四座二里头文化城址，为夏商城市考古提供了新的资料。

**云南元谋人考古发现** 元谋人遗址是旧石器时代早期人类化石发现地，位于云南省元谋县大那乌村北约500米山腰处，距县城7千米。元谋人化石是中国已发现最早的人类化石之一，被定名为"直立人元谋新亚种"。

1965年5月，为配合西南地区建设，地质研究所西南地区新构造研究组在元谋县上那蚌村西北小山丘的褐色黏土层中发现两颗人牙化石，还找到一个啮齿类动物的下牙床及其他一些化石碎片。共存的脊椎动物化石40种，其中包括第三纪残存的9种，包括剑齿虎、爪蹄兽、柱角鹿等；典型的早更新世动物有13种，包括元谋狼、鸡骨山狐、桑氏鬣狗、剑齿象、云南马、中国犀等。9月，人类牙齿化石被带回北京，经中国地质博物馆研究鉴定，比北京猿人、蓝田猿人化石早100余万年，属于直立人种中的一个新亚种，遂以发现化石的元谋县命名为"直立人元谋新亚种"，简称"元谋直立人"或"元谋猿人"、"元谋人"，为中国首次发现早更新世古人类。元谋猿人牙齿化石为上内侧门齿，属于一个成年人个体。牙齿化石程度很深，颜色灰白，形体硕大，呈铲形，较扁平。元谋猿人牙齿和北京猿人牙齿有相同之处：大小较接近，齿冠基部肿厚；舌面齿冠基部的底结节强烈凸起，自凸起部分向前作坡形延伸，并分隔成数个独立的指状突；齿冠舌面中部为一凹面，沿凹面两侧有褶起的凸棱。不同之处有：元谋猿人齿冠末端扩展，基部比较收缩，略呈三角形，而北京猿人的齿冠略作长方形；元谋猿人齿冠唇面较平坦，不像北京猿人具有强烈的凸起；元谋猿人齿冠舌面中部的凹面粗糙，北京猿人则比较光滑；元谋猿人舌面的指状突集中排列在靠近外侧的半面，而北京猿人则排列在舌面中部。

1973年，中国科学院古脊椎动物与古人类研究所、云南省博物馆、元谋县文化馆联合发掘元谋人遗址。在距地表50厘米以下地层中发现3件石器，都是石英岩制造的，一件是两刃刮削器，一件为复刃刮削器，一件是端刃刮削器。在元谋猿人化石的地层中发现大量炭屑，分3层，每层间隔30～50厘米，分布很不均匀。

1976年，通过古地磁方法测定元谋人的时代为距今170万年。1998年，用电子自旋共振法测定元谋人时代为距今160万年。

元谋人的发现将中国人类历史向前推进100余万年，表明云南是人类起源与发展的关键地区和核心地区，为人类起源与发展多元中心论提供了科学支持。

## 北京门头沟区东胡林史前遗址考古发现

东胡林遗址是距今1万年前后的新石器时代早期遗址，坐落在北京市门头沟区东胡林村村西清水河北岸的三级阶地上。受降水季节性分布影响，遗址中部在洪水冲刷下形成一条大冲沟，把遗址分割为东、西两区。遗址受到比较严重的破坏，保存面积约3000平方米。

1966年，北京大学地质地理系学生与东胡林村村民一起劳动时，在遗址上发现被扰动出的人骨。中国科学院古脊椎动物与古人类研究所随后对遗址进行清理，发现大致代表3个个体的残存人骨及螺壳项链、骨镯、石片等文化遗物，推断为新石器时代早期墓葬遗存。1995年，北京大学地质系师生又在遗址内采集到一具残破的人类遗骸及装饰品等文化遗物。2001～2006年，北京大学考古文博学院和北京文物研究所组成东胡林考古队，对遗址进行了4次发掘。发掘区集中在大冲沟西侧，发掘面积270余平方米。

发掘以位于条子堰上的探方发现遗迹和遗物最为丰富。发现遗迹有火塘、灰坑、墓葬等，出土遗物有打制石器、磨制石器、细石器、石块、陶片、骨器、蚌器及动植物遗骸等。浮选出的各类遗存也十分丰富。从地层堆积情况看，东胡林遗址文化遗存可划分为一、二两期，在文化面貌上有明显区别。一期石器以打制为主，有少量细石器及磨制石器。陶器均为夹砂陶，以夹砂红陶、红褐陶为主体，夹砂颗粒较小，较为均匀，器表处理较为光滑；从可见器形特征来看，有罐等类器物，多直口，口沿下常见凸棱或附加堆纹。墓葬发现一座，竖穴土坑墓，仰身直肢葬，随葬品仅在墓主人鼻下部发现一个方解石质棒形器，肩下一件骨笄。二期石器仍以打制为主，细石器数量有所增多。陶器以夹砂灰或灰褐陶为主体，一般夹砂颗粒较大，大小不均匀，个别粒径达0.4厘米以上，器表处理多不光滑，可见明显的工具刮抹痕迹；典型器物为唇沿加厚的深腹盆，唇沿加厚部位常见滚压印纹。墓葬发现一座，为竖穴土坑墓，仰身屈肢葬，随葬品有一串螺壳项链及一个磨光的小石斧。

东胡林人头骨虽已出现现代东亚人群的一些特征，但总体上无法将其划归到任何一个新石器时代人群内，其牙齿形态表现出更多的现代东亚人群特征。与晚更新世采集狩猎者相比，东胡林人的生活方式正发生明显改变，并在体质上有所反映。东胡林遗址不仅为全面了解生活在距今1万年前后的东胡林人的生活方式、埋葬习俗及生产方式等提供了十分宝贵的实物资料，对探索农业与家畜饲养起源、陶器起源与发展、古人类发展演化及新石器时代早期人地关系等也有重要的科学价值。东胡林人遗骸的发现及研究，填补了华北地区人类发展进程的一段空白，为了解北京人—山顶洞人—现代人的演化进程及其谱系提供了科学依据，对认识新石器时代早期人类经济方式、食物结构及环境变化对人类自身发展演化产生的影响也有重要的科学意义。

**河北武安磁山遗址考古发现** 磁山遗址是华北地区首次确认的新石器时代早期文化遗址，距今约7400年。遗址位于河北省武安市西南约16千米的磁山二街村，村北侧紧靠小摩天岭山脉一座盛产铁矿石的磁山。

1972年冬，磁山第二生产大队在开挖沟渠时，于地表50厘米以下意外发现成组的石磨盘、石磨棒、石斧、石铲及陶盂等器物。1973年7～8月，文物部门先后两次对遗址进行调查，并采集标本。12月中上旬，邯郸市文物保管所对遗址进行为期10天的调查性试掘，发现窖穴2个，出土文物30余件。1976～1998年，各级文物考古部门对磁山遗址进行了数次考古发掘，按照发掘目的及时间阶段，可以归为三次。

第一次发掘为1976～1978年，发现磁山文化房址2座、灰坑484个，出土陶器、石器、骨角器近2000件。根据发掘资料，磁山遗址的新石器文化遗存是中原地区新石器时代一个新的文化类型，暂定名为"磁山文化"。磁山遗址新石器时代文化堆积分为两层，即第一文化层和第二文化层，应是一个文化的两个发展阶段。据碳十四测定，H145距今7355±100年、H48距今7235±105年，表明磁山文化早于仰韶文化。

第二次发掘为1985～1988年，发现磁山文化灰坑及窖穴359个、灰沟1条、"组合物"42组，先商、早商时期灰坑及窖穴54个、灰沟1条、陶窑3座，宋金时期墓葬1座，共出土陶器、石器、骨角器等2300余件。数量众多的灰坑、粮食窖穴和密集的"组合物"遗迹群，为探索当时的农业发展水平和储粮方式、"组合物"遗迹的性质以及当时人的精神生活增添了新的资料。

第三次发掘为1994～1995年、1997～1998年，发现磁山文化灰坑和窖穴244个、房址6座、"组合物"3组，以及与磁山文化有别的新石器时代陶窑1座，并发现几处河卵石、石片、石块、残石器较集中的遗迹，出土陶器、石器、骨角器近600件。发现少量结构相对较明确的圆形半地穴式房屋基址和可能与石器加工相关的石片堆积等遗迹；进一步确定窖穴遗迹功能有所区别，并不全部属于粮食窖穴；对各类遗存的分布状况有了进一步的了解，房屋建筑相对较少，灰坑及窖穴较普遍并密集，"组合物"遗迹则呈现出由北向南、由西北向东南逐渐减少的趋势。

磁山遗址发现的遗迹可分为房址、灰坑、窖穴、"组合物"、石块和陶片堆积、沟等几类，其中长方形、直壁窖穴和"组合物"最具磁山文化特征。部分窖穴底部有粮食堆积，经鉴定包含粟和黍。磁山遗址粟和黍的发现，修正了世界农业史中对于植粟、黍年代的认识，将粟、黍的人工培育、种植时间大大提前，对农业起源的研究具有重要意义，磁山遗址也因此被确立为"世界粟的发祥地"。

磁山遗址的发掘，为研究和探索中国新石器时代早期文化提供了新的重要资料，将新石器时代遗存的年代上溯至距今8000年前后，从而拉开了新石器时代早期文化研究的序幕。

### 陕西临潼姜寨新石器时代遗址考古发现

姜寨遗址为新石器时代仰韶文化遗址，位于陕西省西安市临潼区骊山街办姜寨村西南临河东岸二级台地上，面积约5万平方米。

1972年春，村民平整土地时发现该遗址。3月，组建姜寨考古队负责遗址发掘。1972年4月～1979年11月，先后进行11次考古发掘，揭露面积17084平方米，清理出房址、灰坑、窑址、墓葬等多种遗迹类型，出土大量陶器、石器、骨器，器类涵盖生活用具和生产工具。

姜寨遗址文化堆积以仰韶文化半坡类型为主，另有史家、庙底沟、半坡晚期及少量龙山文化客省庄二期等性质的遗存。姜寨遗址半坡类型的聚落平面呈不规则圆形，面积2万余平方米，分为居住区、墓葬区及制陶作坊3个区域，发现房址120座、灰坑297个、墓葬380座、窑址3处，另有牲畜圈栏遗址2个、畜场2个、壕沟4条、道路2条及广场1处。

广场位于聚落中心位置，周围分布5个居住群体，每个群体有一座面积达80平方米的大房子及10余座或20余座面积约20平方米的中小房屋，门均朝向中心广场。除房址外，居住区内还分布有灰坑、家畜围栏、瓮棺葬及窑场。房址处于聚落的中心区域，按平面形状可分为方形、圆形以及不规则形，方形和圆形常见；按建筑方式可分为地穴式、半地穴式和地面木架结构三种，半地穴式和地面建筑两种建筑方式在圆形、方形两种房址中均可见到，地穴式建筑方式仅见于圆形房址。方形房址55座，以中小型房址居多，面积约20平方米，最大的128平方米，最小的4～5平方米。圆形房址65座，平面直径以4～5米多见。灰坑比较密集地分布于居住区内房址附近，个别分布于墓葬区边缘，根据平面形状及结构特征可分为圆形袋状、方形袋状、圆筒状、圆形锅底状及不规则形等。窑址数量较少，破坏严重，均为横穴式陶窑。

墓葬区主要分布在壕沟外。半坡类型墓葬包括174座土坑墓和206座瓮棺葬。土坑墓多为成人墓葬，主要分布于遗址东部墓葬区，葬式多为单人仰身直肢葬，也有少量的二人合葬和二次葬；瓮棺葬绝大多数分布于居住区内房址周边，少量分布于墓葬区。史家类型的墓葬大多叠压或打破半坡类型的墓葬，包括191座土坑墓和103座瓮棺葬。土坑墓以多人合葬最多，单人二次葬较少，单人仰身直肢葬最少。

遗物主要包括生产工具和生活用具，出土1万余件。生产工具主要有用于农业和日常生产活动的石斧、石铲、石锛、石凿、石刀、敲砸器、砍伐器、骨铲、骨凿、角铲、角凿、磨盘、磨棒，用于渔猎的石镞、石网坠、骨镞、骨矛、骨鱼叉、角镞、角矛，还有刮削器、纺轮、陶锉、骨针等。生活用具主要是各类陶器和装饰品。陶器可分为泥质陶和夹砂陶，泥质陶居多；陶色以红陶居多，褐陶、灰陶所占比重很小；纹饰以素面较多，绳纹次之，另外还有彩绘、线纹和弦纹等；器形主要有钵、碗、盆、尖底瓶、葫芦瓶、盘、杯、罐等；制法以手制为主，主要是泥条盘筑和手捏而成，个别器物口沿有轮修痕迹。彩绘多绘于陶器外壁，以红地黑彩为主，常见几何纹、人面纹、动物纹等。刻划符号也有发现，共102个，可分为30种。装饰品主要由石、骨、陶、蚌、牙等材料制成，器类可见笄、珠、牙饰、坠饰等。

姜寨遗址布局保存比较完整、遗迹单位和出土文物比较系统，为新石器时代仰韶文化聚落的深入研究提供了难得的实证资料。

### 广东曲江石峡新石器时代遗址考古发现

石峡遗址是广东新石器时代晚期遗址，距今4800～4200年。遗址位于广东省韶关市曲江区马坝镇西南1.5千米狮头山与狮尾山之间的山腰地峡，面积约3万平方米。

1972年冬，曲江县文化馆在石峡梯田里发现陶片、石器和红烧土。1973年1月，广东省博物馆派人前往调查，探明石峡遗址的分布范围约3万平方米。为进一步了解遗址地层堆积和文化内涵，考古人员试掘一条探沟，发现文化堆积。1973年11～12月，广东省文化局委托广东省博物馆在石峡遗址举办全省文物考古人员培训班，同时对石峡遗址进行第一次正式发掘，发现和清理墓葬、灰坑、柱洞、灶坑和红烧土等遗迹，并出土一批石器和陶器。随葬的陶器和石器多为当时广东乃至岭南地区前所未见的文化遗物，显示出石峡遗址的独特性和重要性。1974年7月至年底，第二期培训班揭露遗址面积1200平方米，清理墓葬78座，出土不同时期遗物1800余件。1977年12月20日～1978年1月30日，第三期培训班揭露遗址面积1290平方米，清理墓葬49座。1985年，在原发掘区东侧遗址范围内发掘300余平方米，清理出陶窑等遗迹，并出土一批陶器、石器等文物。历次发掘表明，石峡遗址自上而下包括5个不同时期的堆积，其中第4层是石峡遗址主体部分。第5层出土装饰绳纹、刻划纹、篦点纹的陶罐残片，为新石器晚期遗物，早于石峡文化。

石峡文化遗迹主要有房子和墓葬，也见有一定数量的灰坑。房址F1、F2、F3位于发掘区北部，三者东西向一字相连，仅见部分墙基槽，从残存遗迹现象分析，房屋平面为长方形。墓葬102座，分布在遗址东部岗顶平缓处，东西长60米，南北宽55米，大约3300平方米。其中，一次葬墓30座，一次葬已迁墓16座，二次葬墓56座。石峡文化墓葬有大、中、小等级之分，大型墓葬不仅有陶器、石器、稻谷随葬，还有琮、锥形器、钺等玉器随葬。根据石峡文化墓葬基本分布于同一墓地且有等级差别来看，社会分化已出现，在血亲家族内部出现社会等级和权力的显著差别，是广东地区新石器时代晚期文明进程的重要例证。

石峡遗址所见石峡文化典型器物有盘形鼎、盆形鼎、釜、带棱座豆、三足盘、圈足盘、壶等陶器，镬、锛、铲、镞等石器，琮、钺、锥形器、环等玉器。其中，陶器在石峡文化早、中、晚期3个阶段有一定变化；石器多为木作器具，石镬被认为是农耕器具，与石峡文化出土的稻谷密切相关；玉琮是神权和地位的象征，玉钺则与军事权力和地位相关。

石峡文化的稻谷有籼稻、粳稻之分。根据石器等发现综合其他因素，石峡文化稻作已发展到以男子为劳动力的锄耕农业阶段，但尚未形成较大规模的稻作农耕文化区。

石峡遗址的发现和发掘是广东考古工作的重大突破，填补了广东地区秦汉以前古文化的空白，为探讨与邻近省区及东南沿海地区同时期文化之间的关系提供了丰富的实物资料。石峡文化因石峡新石器时代遗址得名，其墓葬是广东史前时期社会等级化进程的重要实物资料，反映出岭南地区与长江下游史前考古学文化的交流。

**内蒙古敖汉旗大甸子夏家店下层文化遗址考古发现** 大甸子遗址是辽西地区一处重要的夏家店下层文化的区域性中心遗址，位于内蒙古自治区敖汉旗宝国吐乡大甸子村东南，南邻敖汉到宝国吐乡的公路，总面积约12万平方米。遗址由居址区和墓地两部分组成。

1973年，遗址所在的大甸子村在扩建校舍时屡次挖出人骨与完整陶器，敖汉旗文化馆亦采集到部分遗物。经中国社会科学院考古研究所调查确认，大甸子村中学伙房建在一处古墓地上，而墓地西侧的高台地（当地人称城子地）是居住遗址，二者均属夏家店下层文化。1974～1983年，中国科学院考古研究所内蒙古工作队对遗址进行了持续多年的发掘（其中1976年度的发掘为中国科学院考古研究所内蒙古工作队与辽宁省博物馆考古队合作进行）。

居住址内发掘3个地点。第一地点位于居址区东南部，发掘清理圆形、方形半地穴及地面土坯等各式建筑7座。第二地点位于居址区东北侧边缘，发现夯土墙内和墙外壕沟堆积。第三地点位于居址区南部边缘，部分揭露残存门道遗迹一座。居址区内发掘所获遗物丰富，包括陶器、石器、骨角器等，均系典型的夏家店下层文化遗物。

墓葬区累计发掘墓葬804座。墓地西部、西南部紧邻居住址，东北部及南部边界明显，是一处十分完整的墓地。墓葬分布密集，墓与墓之间的间隔多不到1米，且极少有打破关系。在墓地中间和偏南部各有一条宽4米左右无墓葬的东西向空白地带，整个墓地以这两条空白地带为界，分为北、中、南3个区域，北

区墓葬分布最为密集（北区545座、中区143座、南区116座），说明整个墓地是在有管理的、不间断的使用过程中形成的。墓葬均为竖穴土坑墓，西北—东南向，墓坑长短、深浅相差甚巨，最长者达4米，最短者1米左右，深者距地表7～8米，浅者已暴露在地表。多单人葬，少见成年人与儿童随葬现象。葬式以侧身直肢葬为主，面向依墓主的性别而异，女性向左侧卧面向东，男性向右侧卧面向西。墓主头向多为300°～320°。墓葬按规模可分为大、中、小型三类，小型墓多为儿童墓，大型墓和中型墓中存在殉牲现象。殉牲多在填土内，分为猪和狗两种，猪多为全牲，少见仅殉猪头者；殉狗多用头与四足，少见全牲。此外，在壁龛中亦见猪趾骨、鸡骨和狗头骨。大甸子墓地出土玉器94件，其中箍形器、勾云形器、勾形器等与红山文化同类器几乎完全相同。出土的陶器明显可分为两群。甲群以泥质陶为主，胎呈褐色或红褐色，器表呈黑色，手制，泥条盘筑或模制之后套接成型，器表有轮修痕迹，纹饰包括绳纹、刻划纹、附加堆纹，另有蚌壳镶嵌和器表彩绘者，器类包括鬲、甗、罐、鼎、壶、尊、钵、盂、豆、簋等，属于典型的夏家店下层文化。乙群为橙红色夹砂陶，手制，泥片套接成型，器表经修整磨光，少见纹饰，器类包括罐、钵、壶等，在质地、制法、形态等方面与夏家店下层文化特征迥然有别，而与高台山文化相同。出土的鬶、盉、爵等陶礼器24件，在造型上与二里头文化的同类器极为相似，一些陶器上的彩绘兽面纹也与二里头遗址出土陶器、漆器以及镶嵌绿松石铜牌饰上的饕餮纹相似，不仅表明夏家店下层文化与二

里头文化的年代相当，而且反映出二者之间曾发生过直接交往。大甸子墓地出土铜器57件，均为青铜，含锡量2.2%～24.5%（锻造与铸造铜器的含锡量有明显的差别），含铅量低于6.0%（平均为2.4%），具有早期青铜器成分特征。同时出土的含锡铅器以及彩绘陶器上含钨较高的赤铁矿颜料，明显具有赤峰地区北部矿产特征。因此，大甸子墓地出土的铜器很有可能是在当地生产，为进一步探讨夏家店下层文化冶金技术的起源提供了基础材料。

大甸子墓地是已发现的规模最大、保存最为完整，且经过全面发掘的夏家店下层文化墓地，不仅为研究夏家店下层文化的社会结构和家族组织提供了难得的材料，在探讨夏家店下层文化与其他文化的关系等方面也具有非常重要的意义。在大甸子墓地出土的陶器中，彩绘陶器达420件，大部分保存较好或尚可辨明图案，不乏颜色鲜明如新者。这批陶器不仅具有重要的学术研究价值，也是不可多得的古代艺术品。

**河姆渡遗址考古发现**　河姆渡遗址是新石器时代遗址，属于沿海湿地型聚落遗址，距今7000～5000年。遗址位于浙江省余姚市河姆渡镇芦山寺村浪墅桥自然村，总面积约4万平方米。

1973年，遗址在农田水利工程中被发现，6月进行试掘，确认在宁绍地区首次发现新石器时代遗址。同年下半年，由浙江省文物管理委员会和浙江省博物馆进行第一期考古发掘，出土丰富的干栏式建筑和木构水井、储藏坑等丰富的村落生活遗迹，以及夹炭黑陶器、骨耜、木器、石器等文物1600余件，还有稻谷壳、炭化稻米、其他植物种子、各种动物骨头等大量动植物遗存。1976年4月，在杭州召开河姆渡遗址第一期发掘工作座谈会，初步确定河姆渡遗址第三、四层文化内涵构成一种新的考古学文化，可命名为"河姆渡文化"。1977年下半年进行较大规模的第二期发掘，发现大片干栏式木构建筑遗迹，清理墓葬27座、灰坑28个，出土各类遗物4700余件、陶片20余万片，还有大面积的稻谷堆积层，以及丰富的动植物遗存（含芦苇编织物和绳索等）。

由于遗址下部文化层海拔很低，长期浸泡在弱碱性地下水里，地下遗存得以很好地密封起来，包括木头在内的各种有机质遗物异常丰富。特别是稻谷、稻秆、稻叶、谷壳、木构件、木屑、芦苇及其编织物、绳子，以及各种植物茎叶、果实等，多数色泽新鲜。

动植物遗骸的种类构成特征表明，河姆渡人生活时期是1万余年来动植物界最繁盛的时期。当时河姆渡遗址周围应是平原、湖沼、海边滩涂、丘陵、山地和草甸、水草丛、疏林灌丛、密林等地貌、植被类型的交接、混合地带，具有难得的多样性景观优势。加上高温多雨的热带、亚热带季风气候，造就了极为优越的生态环境，也造就了河姆渡文化鲜明的丰富性和特殊性。

最主要的聚落遗迹是干栏式木构建筑遗迹，由大量木桩、木板、木条和少量木柱等木构件组成，其中部分带有榫卯结构，大致呈长排房式的单元形态和平行排列布局，是中国考古发现年代最早、技术最先进的木构建筑遗迹，被公认为中国南方地区传统木构建筑的主要源头。出土遗物数量庞大，种类丰富。日用陶器以夹炭黑陶和夹砂灰黑陶为主，器形多样，以陶釜最具代表性，制作工艺比较复杂，泥圈叠筑拼接法为主要成型技术，凸脊与刻划装饰发达。此外，数量最多的是骨、角、牙器，以狩猎工具中的骨镞为最多。骨耜造型独特，数量较多，是稻作农业取得明显发展的重要体现。精美的象牙器集中体现了河姆渡人质朴的原始思维和高超的工艺技术。还有不少古朴的石器和早期漆木器。丰富的动植物遗存，表明河姆渡先民的生业手段（生产方式）仍以传统的狩猎、采集为主，以骨耜作为主要翻土工具的稻作农业已比较成熟，在整个经济生活中逐渐占据重要地位，但不太稳定，而家畜饲养业还不发达，仅部分饲养猪和狗。

河姆渡遗址稻作农业遗存的发现和研究成果纠正了中国栽培水稻中的粳稻从印度传入、籼稻从日本传入的认识，在学术界确立起中国栽培水稻本土起源的观点，为中国稻作农业的起源和发展过程研究提供了丰富的材料。

**河南禹州钧窑遗址考古发现**　禹州钧窑遗址位于河南省禹州市钧台及八卦洞一带，分布有窑址152处，绝大部分都生产钧釉瓷器，是钧窑的中心窑场。

20世纪60年代，故宫博物院曾对禹州市的古窑址进行考古调查，指出位于大刘山下的神垕镇刘家门窑址的产品最精、时代最早。70年代，文物工作者对钧台窑址进行了全面钻探和重点发掘，发现窑基、作坊、灰坑等遗迹，出土大量窑具、瓷器、瓷土、釉药、彩料和砖、瓦、瓦当等建筑材料。窑址所见瓷器，既有钧瓷、汝瓷、影青瓷，又有天目瓷和禹县扒村窑类型的白地黑花民用瓷。郑南公路以东为钧瓷烧造区，产品种类繁多，造型复杂，釉色光亮

莹润。发现的盆类底足按器形的大小排列，井然有序，并刻有"一"至"十"的汉字号码，解决了多年来对钧瓷编号的争论。特别是钧瓷铜红釉的烧造成功，还有玫瑰紫、海棠红、茄皮紫、鸡血红和鹦哥绿等多种窑变，是钧窑独特的成就。

2001年9月～2002年1月，北京大学考古文博学院和河南省文物考古研究所联合对钧窑中心窑场之一的神垕镇钧窑窑址群进行主动发掘。清理不同时代的窑炉遗迹8座、石砌澄泥池3座、灶1座以及窑前工作场所5处，出土大批瓷器残件、窑具，其中完整或可复原器物有数千件。下白峪窑址发现有中晚唐时期的遗存。中晚唐时期窑炉为浅火膛窑炉，采用砖砌建造方式，窄而长。河北地窑址一号窑炉时代约在北宋晚期到金代，是一座土洞式长形分室窑炉，形制特殊，既不同于北方常见的馒头窑，也不同于南方流行的龙窑，是从前到后依次生火烧制，可充分利用热能，提高烧成温度，为北方地区烧瓷窑炉发展史研究提供了新的资料。河北地三号元代窑炉是一座土洞式窑炉，平面近方形，由窑前工作面、进风道、火膛、窑床和烟囱构成。火膛内发现大量柴灰和炭屑，证明在北方地区已普遍采用煤为燃料的元代，钧窑仍以烧柴为主。其余还有砖砌深火膛窑炉等。禹州神垕镇西南部的古窑场中，钧釉瓷器的生产大体始于北宋晚期到金代前期。经过对刘家门窑址发掘资料的初步整理，可将钧窑的发展分为3个大的时期，即北宋时期到金代前期、金代后期和元代，为研究钧窑的生产历史和工艺发展历史提供了翔实的资料。

2011年9～12月，联合考古队对闵庄钧窑

遗址进行主动考古发掘。闵庄窑址位于禹州市鸠山镇东北部，地处禹州、汝州、登封交界地区。窑址的主体部分东西长约400米、南北宽约200米，面积约8万平方米。发掘清理各类遗迹26处，出土大量瓷器和窑具，其中完整或可复原标本数千件。闵庄窑址的生产大体可以分为4个大的时期：第一阶段为北宋晚期，主要以生产白瓷为主；第二阶段为北宋末期到金代早中期，出土较多精美的钧釉和青釉器物；第三阶段为金代后期到元代，器形单调，制作比较粗糙；第四阶段是元末到明初，以钧釉瓷器为主，还有少量白地黑花瓷器。发掘表明，闵庄窑是一个典型的民窑。

禹州钧窑遗址的系列发掘，确认了文献记载中钧窑中心窑场的位置，揭示了其基本生产状态，为深入研究钧窑的创烧年代提供了考古学依据。

湖北大冶铜绿山古铜矿遗址考古发现　铜绿山古铜矿遗址是中国古代重要的矿冶遗址之一，位于湖北省大冶市泉塘村、铜山村和冯光模社区。

遗址主要赋存于铜绿山矿区12个铜铁矿山（体）上，采矿前的地貌可分为丘陵残丘和湖盆两种。1973年10月，铜绿山出土的一件铜斧引起中国历史博物馆重视，经调查初步认定是一处十分重要的春秋战国时期大型采矿遗址。1974年，为配合采矿生产，湖北省博物馆主持成立联合考古队开展考古工作（1979年后由国家文物局组织指导）。

1979～1991年，发掘总面积4923平方米。对铜绿山矿区5个矿体（编号Ⅰ、Ⅱ、Ⅳ、Ⅶ、Ⅺ）暴露的6处采矿遗址进行发掘，揭露

古代采矿竖（盲）井231个、平（斜）巷100余条。对矿区进行考古调查勘探与地质雷达探测，在5个矿体上发现7个古代露天采场，露采坑深度一般为20～30米，早于井下开采年代，井巷开采年代始于殷商、迄于隋唐。在10个矿体上发现古人地下采区18个，井巷总长度推测为8000米，挖掘矿料和土石达100万立方米。古代采场内遗留的铜矿石达3万～4万吨（铜品位为12%～20%）、废土石达70余万立方米。对柯锡太村冶炼遗址和Ⅺ号矿体冶炼遗址进行抢救性发掘，出土物和采集品十分丰富，主要有铜、铁、木、竹、石等质地的采冶工具、冶炼遗物及生活用具。

2011年11～12月，为摸清铜绿山遗址保护区遗址底数，对遗址保护范围进行调查和普探，新发现12处冶炼遗址，采集一批冶炼和生活遗物。2012年3月，选择岩阴山脚遗址南区、北区发掘。遗址南区揭露春秋时期洗选铜矿的尾砂矿堆积1处、选矿遗弃的铁矿石堆积1处、冶炼场1处。遗址北区揭露战国晚期至西汉早期冶炼堆积1处、灰坑3个、灰沟2条、探矿圆井1口，出土一批铜铁矿石和残炉壁等冶炼遗物、陶器残片、松桃果核等。

2013～2017年，连续五次对四方塘遗址冶炼区和墓葬区进行发掘，揭露春秋时期冶铜场2处，西汉以降灰坑10个，宋、明、清时期焙烧炉13座，清理墓葬258座。两周墓葬皆为长方形竖穴岩／土坑墓，排列有序，少数有打破关系。多数墓葬呈西北—东南向，少数为东西向或西南—东北向。

卢家垴遗址位于遗址保护区西边的株林村一座矮丘上。2012年11月，对暴露的一座冶炼

炉进行发掘，揭露汉代冶炼场1处与清代残房址2个、灰坑3个，出土一批矿冶遗物和陶瓷器残片。

铜绿山古代从露天开采发展为井下开采，从简单冶铜炉发展为鼓风竖炉冶铜，反映了采冶技术的一次重大飞跃。其采矿技术自成体系，较好地解决了地下开采追寻矿脉、井巷开拓与支护、排水、通风、照明、提升等技术难题。东周时期，铜绿山工匠已掌握构筑鼓风竖炉技术，实现了冶铜流水作业，较好地掌握了冶铜流程中的选矿、整粒、配矿和造渣、鼓风、炉温控制、排渣、放铜等系列技术。检测数据显示，古人不仅掌握了氧化矿石的"氧化矿—铜"冶铜工艺，并至迟在春秋时期掌握了"硫化矿—冰铜—铜"工艺。铜绿山古铜矿遗址的发现和发掘开辟了中国古代青铜器研究的一个新领域，也是中国考古学的一个新领域。

**江西清江吴城商时期青铜文化遗址考古发现** 吴城遗址是夏商时代遗址，代表了与中原商文化不同的另一类青铜文化。遗址位于江西省樟树市山前乡吴城村，北部有萧江自西向东流过。

1973年8月初，为配合兴修吴城水库进行考古调查时发现吴城遗址。1973年9～12月，江西省历史博物馆考古队与清江县博物馆联合对吴城遗址进行第一次试掘。为保护遗址，经协商将吴城水库坝址位置上移100米，以避开遗址中心区。1974年3～8月，对吴城遗址进行第二次发掘。1974年，北京大学历史系考古专业、江西省历史博物馆考古队、清江县博物馆联合对吴城遗址进行第三次发掘，对城址北段、东段城墙进行局部解剖。三次考古发掘共揭露面积

1482平方米，清理出房基1座、窑炉1座、灰坑48个、墓葬13座，出土青铜器、石器、玉器、陶器、原始瓷器及石范、陶范等500余件，发现几何印纹陶纹饰30余种、陶文或符号66个。根据典型探方的文化堆积叠压关系和典型器物的演变特征，初步将吴城遗址的文化堆积分为3期，代表3个不同的文化发展阶段。

第一期文化的生产工具有石锛、石斧、石刀、石镰和陶刀等，石锛分有段和无段两种，陶刀基本上都是马鞍形，往往刻划有文字或符号。陶器以夹砂灰色软陶为主，次为夹砂红色软陶，印纹陶较少。有少量的釉陶和原始瓷。青铜器有长柄刀、直内戈和凤首器盖等。在14件陶器或工具上发现刻划文字、符号39个，形体大多与甲骨文中的同类字相近。

第二期文化的生产工具与第一期大体一致，新出凹刃石斧、凹刃石锛和长援直内戈。陶器仍以泥质灰陶为主，印纹硬陶、釉陶和原始瓷的比例明显上升。青铜器有锛、斧、凿、直内戈、长骹矛、斝、铜片残件，另有铸铜石范、泥芯、铜渣、木炭、孔雀石等。有两件铸范与遗址和墓葬中出土的青铜锛合模，说明当时已有青铜铸造工业。陶文多数是单字，形体大多与甲骨文中的同类字相近，属同一文字系统。

第三期文化的生产工具与第二期文化一致。陶器仍以泥质灰陶为主，兼有夹砂灰色、红色软陶，硬陶、釉陶和原始瓷比第二期文化有所增加。装饰纹样在第二期文化基础上有所创新。陶文少见，仅在8件陶器或工具上发现刻划文字或符号8个。

1992年9～12月，江西省文物考古研究所与中山大学人类学系考古专业、樟树市博物馆

组成联合考古工作队，对吴城遗址进行第七次发掘，围绕探索1986年发掘的"长廊式道路"遗迹，基本弄清其布局、结构和功能，初步判定这是一处由道路、建筑遗址、祭祀台座以及红土台地、柱洞群等组成的大型祭祀场所。1993年9月～1994年1月，江西省文物考古研究所、厦门大学人类学系考古专业与樟树市博物馆组成联合考古队，对吴城遗址进行第八次发掘，清理大量灰坑，出土一批可复原器物和小件青铜器。1995年下半年，江西省文物考古研究所与樟树市博物馆联合对吴城遗址进行第九次发掘，在不足2平方米的城壕底部发现四具商代颅骨，初步确定吴城遗址城墙年代为商代，城墙外侧有护城壕。2001年10～12月，江西省文物考古研究所和樟树市博物馆联合对吴城遗址进行第十次发掘，对吴城遗址西段城垣进行解剖，确认城墙始建于吴城遗址第一期，第二期进行大规模扩建，第三期废弃。城墙残高5～15米，一周有11个缺口，其中5个缺口两侧有墙垛，推定北缺口、东北缺口、东缺口、南缺口和西缺口应与城门有关。

从城墙遗迹观察，先民建城选址时根据地形条件，依托天然岗丘和河道，因而在平面形制上并不规则。根据南方地下水、地面水和降水量都较多等情况，在城外侧还挖筑了护城河。人工开凿的护城河与天然河道结合起来，这不仅减少了工程量，还使防御功能更为实用有效，把排水泄洪、防御护卫等多种功能有机结合在一起。

吴城遗址中发现的墓葬均系小型长方形竖穴土坑墓。随葬品组合以陶鬲和陶罐为中心，其他还有陶豆、陶尊、陶鼎、陶盆、陶刀、陶纺轮。少数墓葬随葬铜锛、铜凿等青铜工具。

吴城遗址的发现，使"商文化不过长江"的旧史得以改写，南方地区商代考古年代学标尺得以确立。

**湖北黄陂盘龙城商代遗址考古发现**　盘龙城遗址是二里头文化、二里岗文化向南扩张过程中，在江汉地区形成的规模最大、地位最重要的一处中心聚落。遗址位于湖北省武汉市黄陂区，坐落在伸入盘龙湖的半岛之上，东、南、西三面环水。

1954年，盘龙城遗址在取土抗洪时被发现。20世纪50～60年代，在杨家湾、楼子湾等地点发现墓葬及青铜器等随葬品，出土青铜器的形制特征与郑州商城同类器相一致，盘龙城的年代及性质初步得到确认。1974年、1976年，北京大学和湖北省博物馆对遗址进行两次联合发掘，解剖城墙，明确城垣修筑年代在二里岗文化时期，在城址东北发现3处宫殿基址，在李家嘴发掘2号墓等大型墓葬出土大批高等级青铜器。1975年，湖北省博物馆在盘龙城建立考古工作站，并在王家嘴发现属于二里头文化时期的遗存，在杨家湾岗地发现多座高等级墓葬，进一步廓清了遗址的年代、面貌与性质，奠定了盘龙城在夏商时期考古及中国早期文明发展及其学术研究中的地位。2012年，武汉市文物考古研究所、湖北省文物考古研究所和武汉大学历史学院联合对遗址核心保护区之外的一般保护区范围进行约220万平方米的考古勘探，在遗址较为边远的区域如大邓湾、小王家嘴等地发现遗址和墓地，基本弄清了盘龙城遗址外围遗存分布情况，对遗址范围有了较为准确的认识。2013年，武汉大学历史学院、湖北省文物考古研究所、武汉市文物考古研究所、盘龙城遗址博物馆组成考古队，继续围绕杨家湾南坡大型基址4号房址进行考古发掘，确认4号房址年代属于盘龙城第六至第七期，规模与城垣一号宫殿相当。发掘过程中，还在4号房址西北10余米处发现6座集中分布的墓葬。2014～2017年，考古队连续对杨家湾南坡等几处地点进行发掘，揭示出4号房址大型建筑之南阶地式分布着中小型建筑。在小嘴遗址发现沟状遗迹、铜渣、陶范、木炭等与铸铜生产相关的遗存，应为铸铜作坊。在小王家嘴发现墓葬21座、灰坑8个，扩充了遗址范围。

发掘表明，盘龙城主要建筑群位于城内东北部，其中的三座建筑坐落在一个大型夯土台基之上。台基南北长至少有100米，东西宽至少有60米。三座建筑朝向一致，都是南偏西，分前、中、后平行排列在台基上。已清理出的1号房址分为四室，周有回廊。四室均在南侧设门，中间的两室另在北侧设门。在基址两侧台基边缘设有南北向的陶水管，应是宫殿区的排水设施。城外遗址发现有长条形沟槽遗迹，以城北的杨家湾最为密集，多被认为是手工业作坊遗迹。

墓地在城外，贵族墓主要分布在李家嘴，中小型墓葬则分布在楼子湾、杨家嘴、杨家湾等地，均为长方形竖穴土坑墓。共发掘30余座，大致可分3类。甲种墓，墓室面积在10平方米以上，有棺、椁。椁板外壁雕刻精细的饕餮花纹，内侧涂朱漆，椁外有殉人。墓底设腰坑，随葬成套的青铜礼器、玉器和陶器。墓主的身份应为显贵阶层。乙种墓，有棺、椁和腰坑，葬式多仰身直肢，随葬品有青铜礼器和武器、工具以

及印纹硬陶器、原始瓷器，未见殉人。墓主应属下层贵族。丙种墓，为平民墓，形制与乙种墓近似，墓室窄小，面积在1平方米左右。仅有单薄木棺，无腰坑，随葬品以陶器为主。

盘龙城遗址发掘总面积1.5万余平方米，发现多处宫殿、大型建筑、手工业作坊基址及墓葬，出土各类文物近3000件。发掘成果表明，盘龙城遗址第一、二期遗存多分布在王家嘴一带，此时盘龙城城垣尚未形成。盘龙城遗址第三期开始有大型建筑和青铜器墓葬，第四、五期出现城垣，并在其东北分布有一、二号宫殿，宫殿区之东约150米有李家嘴墓地，李家嘴1号墓、2号墓的墓主应是当时盘龙城的最高首领，其时的核心区就在宫殿区到李家嘴一带。在盘龙城遗址第六、七期，杨家湾岗地南坡分布有大型墓葬，结合大型基址4号房址，可认定盘龙城最晚阶段的核心区在杨家湾南坡。盘龙城聚落发展的3个阶段，其核心区从王家嘴到宫殿区，再到杨家湾，位置越来越向北移动，在杨家湾以北还形成了新的功能区——小王家嘴墓地。

盘龙城遗址的发现，揭示了夏商文化在长江流域的传播与分布，为研究古代政治、经济、文化提供了宝贵的实物资料。盘龙城遗址为研究商文化在长江流域的发展过程提供了极其重要的实物资料，其大体经历了二里头文化晚期到殷墟文化第一期。考古发现的城址、宫殿、壕沟、手工业作坊以及出土大量精美的青铜器、玉器、石器等体现了盘龙城遗址极高的社会等级。

**陕西周原先周及西周遗址考古发现**　周原遗址为公元前11世纪～前8世纪的大型古遗

址，是周文化的发祥地和灭商之前周人的聚居地，也是西周时期周王朝的重要城邑。遗址位于陕西省扶风县和岐山县之间，总面积约33平方千米。

民国22年（1933年），为探索周人文化渊源和先周文化面貌，北平研究院组织人员部署发掘地点，派徐炳昶等前往陕西对关中西部进行考古调查。经调查，确定在斗鸡台附近进行发掘。民国23年4月～26年6月发掘三次，清理遗址、墓葬、灰坑等，重点在沟东区。发掘墓葬104座，其中82座有随葬品，墓葬分布十分密集。出土的主要器物为陶鬲，亦称瓦鬲。苏秉琦首次对瓦鬲墓进行整理研究，为以后寻找先周文化开辟了通道。

1960年，陕西省文物管理委员会在扶风、岐山两县清理发掘了一批西周墓葬，出土文物百余件。在扶风召陈村和白家村发现很多西周时期建筑用的板瓦、筒瓦等，在齐家村东壕采集到一块西周卜骨；在岐山县13个村庄发现有西周遗址和墓葬。1963年，陕西省考古研究所岐山考古发掘队在岐山京当乡贺家村西及其附近发掘54座先周和西周早期墓葬以及一座车马坑。1966年冬和1967年春，陕西省考古研究所在岐山贺家村村西发掘一座西周墓，出土簋、鼎、罍、斝、甒等铜器。1967年3月，贺家村村民在村东北修水渠时，挖出一件西周初期铜牛尊。1972年5月28日，在渭河以北的眉县眉站乡杨家村西北土壕边发现一件大鼎，为西周成王时期的标准器。1974年12月，在扶风县黄堆乡云塘大队强家村村东发现一处窖藏，出土铜器7件。1975年2月，在岐山县京当乡的董家村发现一处窖藏，出土铜器37件，其中30件有

铭文。1974～1975年，宝鸡市博物馆发掘两座西周墓葬及陪葬的车马坑，出土陶器、铜器、原始瓷器及玉石饰器1500余件。1974年春，扶风县图博馆在扶风县法门乡白家窑村发掘四座西周墓葬和一座马坑，出土文物300余件。

1976年后，陕西周原地区的考古调查、发掘工作得到大力发展，陕西省文物管理委员会、北京大学考古系、西北大学考古系联合对遗址进行了大规模的发掘。1976年1月，在扶风县黄堆乡云塘村发现一处西周青铜器窖藏。1976～1983年，探明西周都城的地望、范围，发掘两处西周早期和中期的宫室（宗庙）建筑基址，试掘了扶风县黄堆乡云塘村西周制骨作坊遗址，并于扶风县法门乡庄白村及岐山县京当乡贺家村发掘西周墓葬100余座，发掘清理庄白村、云塘村、凤雏村等多处西周青铜器窖藏，出土数以万计的西周时期文物。特别是规模宏大、布局完整的廊院式西周建筑基址的面世，以及2.7万余片西周甲骨以及150余件西周珍贵青铜器的出土，引起国内外学术界高度重视与关注。

1999年，周原考古队在周原的云塘、刘家等地进行了规模较大的发掘，揭露面积近6000平方米，出土青铜器、陶器、玉石器、骨器、漆木器、蚌器等数千件。在扶风县黄堆乡的云塘村西南揭露面积2400平方米，知悉此地是西周时期建筑基址分布区；在黄堆乡的齐家村东揭露面积3600平方米，清理西周时期墓葬96座、灰坑140个、小型房屋基址3座、道路遗迹1条。

周原遗址发现的甲骨卜辞对确定周原遗址性质和研究周人历史至关重要；出土的带铭文

的青铜器具有重要学术价值，是研究当时社会政治、经济、法律和社会关系的重要资料。周原铸铜作坊的发现，对西周青铜器产地研究、西周青铜器铸造工艺研究等具有非常重要的价值。周原遗址是周人灭商前的都邑，是周文化最具代表性的遗址，在已发现的西周文化遗址中面积最大、文化内涵最丰富、出土文物数量最多，无论是从地理位置还是从遗址性质而言，都是周文化的核心。

**陕西神木石峁遗址考古发现**　石峁遗址是已发现的新石器时代龙山文化晚期到夏代早期规模最大的城址，位于陕西省神木市高家堡镇石峁村洞川沟南岸山梁上，城内面积逾400万平方米。

石峁遗址玉器的出土可上溯至20世纪二三十年代。1976年1月，陕西省考古研究所对遗址开展调查，9月进行复查，征集玉器120余件。1981年，西安半坡博物馆对遗址进行初步发掘，发现房址、灰坑及土坑墓、石椁墓、瓮棺葬等，并发现了古城址。出土陶器、玉器、石器等数百件，尤以磨制玉器最为精细，颇具特色。1986年4月，陕西省考古研究所等对遗址进行踏查。此后，陕西省博物馆、陕西省文物管理委员会、中国社会科学院考古研究所及榆林市文管办、神木县文化馆、高家堡文化站等单位多次对遗址进行复查。2011年7月，陕西省考古研究院与榆林市文物考古勘探工作队、神木县文体局组成联合考古队，对石峁遗址进行区域系统考古调查。

2012～2016年，考古工作者先后发掘外城东门址、内城韩家圪旦高等级墓葬区、城外樊庄子"哨所"等地点。外城东门址体量巨大、结构复杂、筑造技术先进，由内外两重瓮城、门道、包石夯土墩台、门塾、马面等设施组成，周边地层及遗迹中出土玉器、陶器、壁画和石雕头像等重要遗物。韩家圪旦地点位于皇城台东南方向一处椭圆形山坳台地之上，系石峁城址内城的一处居葬遗址。樊庄子哨所系城外"哨所"类建筑，属于石峁城址预警体系的有机组成部分。考古中首次科学发掘出玉铲、玉璜等完整的玉器，埋藏情况分两种，一种是在倾斜的石墙缝隙中，另一种是在倒塌的石墙堆积里面，具有奠基祭祀的性质。还发现集中埋置人头骨的遗迹两处，共48个头骨。人头骨摆放方式似有一定规律，但没有明显的挖坑放置迹象。经初步鉴定，这些头骨以年轻女性居多，年龄在20岁左右。部分头骨有明显的砍斫痕迹，个别枕骨和下颌部位有灼烧迹象。

2016年起，考古发掘集中在皇城台地点。皇城台位于城址中部偏西，系一处四围包砌石砌护墙的高阜台地，是内城和外城重重拱卫之核心，三面临崖，一面以"皇城大道"与皇城台门址相接，蜿蜒通向内城。皇城台整体呈顶小底大的"平顶金字塔"状，若以东护墙北段墙体计算，石墙砌护的总高度超过70米，高大巍峨，气势恢宏。皇城台底部面积约24万平方米，顶部面积约8万平方米，台顶平整开阔，大型夯土台基（大台基）、"池苑"等重要遗迹分布其上。

石峁遗址皇城台是已知东亚地区保存最好的早期宫城，层层设防、众星拱月般的结构奠定了中国古代以宫城为核心的都城布局。石峁遗址出土20余件口簧，是世界范围内已知年代最早的口簧实物，在中国乃至世界音乐史上均称得上是重要发现。石峁出土的陶瓦，对探讨中国早期建筑材料及建筑史具有重要意义。石峁遗址出土的青铜器，对探讨中国早期青铜技术的来源与发展具有重要意义。

石峁遗址是一处经连续多年考古发掘的中国北方地区超大型史前中心聚落，始建于龙山文化中期，延续至龙山晚期至二里头早期阶段，对进一步探索中华文明起源，理解"古文化、古城、古国"框架下的中国早期文明格局具有重要意义。石峁遗址处于游牧文明与农耕文明的交错地带，是探索中国以及东亚早期文明的重要例证。

## 河南登封王城岗龙山文化遗址考古发现

王城岗遗址是规模较大的新石器时代龙山文化晚期城址，位于河南省登封市告成镇西部颍河流经的低平谷地上。

1951年，河南省文物保管委员会配合治淮工程时，发现告成八方遗址（王城岗遗址）。1959年，中国科学院考古研究所为探索"夏墟"到告成八方遗址考察，根据地面调查及钻探材料，初步判断八方遗址东部似以龙山文化为主，西部似以仰韶文化为主。

1977年，国家文物局召开河南登封告成遗址发掘现场会，以夏文化为主题，围绕王城岗城址的年代、性质及是否即文献记载的"禹居阳城"或"禹都阳城"之阳城展开讨论。河南龙山文化和二里头文化遂成为从考古学上探索夏文化的主要对象。1978年，河南省文物考古研究所与中国历史博物馆考古部合作发掘，发现龙山文化"小城"及东周时期的阳城。

1996～2000年，河南省文物考古研究所夏商周断代工程"早期夏文化研究"实施，对王城岗遗址重新进行发掘。对王城岗采集的各期含炭样品进行测试并经树轮校正，将王城岗龙山文化原分五期合并为三段，王城岗一段（一、二期）碳十四年代为公元前2190～前2103年，王城岗二段（三期）碳十四年代为公元前2132～前2030年，王城岗三段（四、五期）碳十四年代为公元前2041～前1965年。根据地层关系，王城岗小城的始建年代在一段偏晚阶段，至二段已衰落，其测年结果较夏商周断代工程夏代始年的公元前2070年明显偏早。王城岗小城面积1万余平方米，与其他龙山文化城址比亦较小。因此，在《夏商周断代工程1996～2000年阶段成果报告》中只表述为"河南登封王城岗古城、禹州瓦店都是规模较大的河南龙山文化晚期遗址，发现有大型房墓、奠基坑及精美的玉器和陶器，它们的发现为探讨早期夏文化提供了线索"，未涉及其是否"禹都阳城"的问题。

2002～2005年，由河南省文物考古研究所和北京大学考古文博学院承担的中华文明探源工程预研究"登封王城岗遗址及周围地区遗址聚落形态研究"实施，取得了新的重要发现和研究成果。发现王城岗龙山文化晚期大城城墙和城壕，大城由人工城墙、城壕与天然河流共同构成防御设施，复原后的大城面积可达34.8万平方米，是已知河南发现的龙山文化城址中面积最大的一座。发现王城岗龙山文化晚期大城城壕打破小城城墙的地层关系，证明王城岗大城和小城并非同时，小城始建于一段偏晚，二段已废弃；大城始建于二段，延续使用至三段偏早，三段偏晚已衰落下去。通过层位学和类型学研究，将王城岗龙山文化划分为两期三段，前期以王城岗小城、后期以王城岗大城为代表，发展演变的阶段性更加明晰。通过加速器质谱仪（AMS）测定和高精度碳十四树轮校正和拟合，建立了更加完善、细化的王城岗龙山文化碳十四年代标尺，确认王城岗小城的年代约为公元前2122年，王城岗大城的年代约为公元前2055年，与夏商周断代工程中夏代始年公元前2070年基本相符。根据地望、年代、等级，与二里头文化关系，以及对"禹都阳城"等有关文献记载的综合研究，王城岗龙山文化晚期大城应为"禹都阳城"，东周阳城当以"禹都阳城"在附近而得名，而王城岗龙山文化晚期小城可能是传为禹父的鲧所建造，从而为夏文化找到一个起始点。

## 西藏昌都卡若新石器时代遗址考古发现

卡若遗址是西藏自治区历史上首次科学发掘的新石器时代文化遗址，距今约5300～4000年。遗址位于西藏自治区昌都市卡若区卡若镇卡若村西南，在澜沧江右岸与卡若河交汇处的二级阶地上，南依扎日山，北接子隆拉山。

1977年，昌都水泥厂施工时发现，西藏自治区文物管理委员会通过采集、调查初步判定为一处遗物丰富的原始社会遗址。1978年5月22日～8月23日，西藏自治区文物管理委员会对遗址进行发掘。1979年，西藏自治区文物管理委员会对遗址进行第二次发掘。2002年，四川大学、西藏博物馆、昌都地区文物局联合对主要发掘区的西侧实施发掘。2012年，西藏自治区文物局委托四川大学历史文化学院考古系开展昌都卡若遗址的考古勘探和遗址区域测绘工作。在1978年、1979年发掘区围墙外西侧共发现遗迹6处，其中现代遗迹4处，属卡若文化

时期的有建筑遗迹F2、F3。

遗址分为南、北两区，分布面积约1.5万平方米。南区文化堆积分两层，厚0.7～1.5米、深约2.5米。北区文化堆积分四层，厚1.3～2米、深约3.2米。两区文化堆积虽存在厚薄及土质、土色的差异，但文化面貌有一致性，文化发展的早、晚具有连贯性。根据遗址地层关系和遗存特征，卡若文化可分为早、晚两期。

遗址内建筑遗存十分密集，有房屋、烧灶、圆形台面、道路、石墙、圆石台、石围圈和灰坑等。房屋遗存，根据房基剖面形状的不同可分为圆底房屋、半地穴式房屋和地面房屋三类，每一类房屋的平面形状又有圆形和方形之别。从墙体结构而言，属于早期的圆底房屋、半地穴式房屋及地面房屋均为草拌泥墙，而晚期的半地穴式房屋则以卵石砌成。屋顶均用草拌泥涂抹而成，有的并经烧烤。发现残断道路2条，以直径6～13厘米的石子铺成，其间有土填充，路基厚7～20厘米。发现石墙3段，均为平地起建，砾石夯筑。圆石台2处，用途不明，均用大块砾石垒筑周边，中间填充小砾石及碎石块，缝隙处无粘合料。石围圈3座，半地穴建筑，平面呈圆形或方形，面积不超过6平方米，周围均为砾石垒筑的石墙，其面积小且无柱洞、烧灶、门道和居住面等迹象，亦未发现任何遗物，应不是房屋，用途不明。灰坑4个，有圆形和不规则形两种，均口大底小。

出土石制品7968件，其中打制石器占85%，磨制石器、细石器各占约7%。骨器366件，包括骨锥、骨针、骨斧、骨抿子、骨刀梗、带锯齿骨片。纺轮6件，利用残陶片磨成

圆形，中穿一孔。陶器均为夹砂陶，以灰陶和红陶为主，另有少量彩陶。陶器均为手制，以泥条盘筑法为主，小型器物系捏制而成，均为平底器。烧制火候不匀，器表颜色斑驳，装饰纹饰繁缛。器形以罐、盆、碗为基本组合。装饰品50件，材质有玉、石、骨、贝，种类有笄、璜、环、珠、项饰、镯、贝饰、牌饰、垂饰等。其他还有数量较多的动物骨骼标本。

从经济形态上看，卡若文化以农业经济为主（发现有炭化粟类粮食颗粒），兼营狩猎和饲养业，采集经济比重最小，同时从事石器、骨角器、陶器制作和纺织等生产活动。其文化内涵与黄河上游及川滇高原等相邻地区的原始文化有诸多联系，鲜明的高原文化特征对认识新石器时代晚期西藏原始社会状况、探究青藏高原和相邻地区古代部族的交融和发展等具有重要意义，对研究高原民族的谱系结构和文化传统具有重要资料价值。

**湖南澧县城头山遗址考古发现**　城头山遗址是新石器时代屈家岭文化时期的古代城址，位于湖南省澧县城头山镇，地处洞庭湖西北岸、澧阳平原之西。

城头山遗址发现于20世纪70年代末。1979年，湖南省博物馆会同澧县文物管理所对遗址进行踏勘，认为是一座战国城址。1980年，再次对遗址进行调查，在城墙断面上发现大溪文化和屈家岭文化陶片，初步确定是屈家岭时期古城。

城头山遗址的考古工作可分为两个阶段。

第一阶段，1991年冬至2002年春，由湖南省文物考古研究所主持，发掘面积6064平方米，其中1998～2001年与日本考古学者联合进行发掘。多次勘察与发掘确证城头山古城墙有四次筑城行为，第一次筑城早至大溪文化一期，距今6000多年。城内文化堆积经历汤家岗文化、大溪文化、屈家岭文化和石家河文化四个时期。在第一期城墙下发现汤家岗文化时期的古稻田。屈家岭至石家河文化时期的大型墓葬区位于城址中北部，发掘出屈家岭文化时期的墓葬340座。发现大溪文化三期的制陶作坊区，全面揭露大溪文化早期大型祭坛，发现数十个祭祀坑。

第二阶段，2011年夏至2014年春，先后进行7次考古发掘，总发掘面积2131.5平方米。揭示出遗址东部城墙从大溪文化早期至屈家岭文化时期加宽、加高的时空演变过程，确认屈家岭文化时期城墙东部豁口和水门码头。发现从大溪文化早期至石家河文化时期的多组建筑遗迹，发现屈家岭文化时期城址北部和西部横贯护城河的陆地通道，确认北部城墙豁口的存在，并确定西部城墙无豁口。证明庙坟上台地为人工修建而成的大型台基。首次在城址外揭示出人类居住生活遗迹。清理揭露一处石家河文化时期人工堆筑的土台，判断是石家河文化时期城头山遗址外围护城河淤积废弃后，先民向南部城外扩展生活空间和清淤活动的产物。

城头山遗址两阶段考古工作总发掘面积8185.5平方米。揭示出距今6500年前后汤家岗文化时期的水稻田与环壕聚落；6000年前大溪文化早期的城壕系统与祭坛、祭坑等祭祀遗迹；大溪文化晚期成片集中分布的陶窑和泥坑、贮水坑、取土坑道、简易工棚等窑业附属遗迹；屈家岭文化时期高大巍峨的城墙与护城河系统，包括城门、道路、水岸码头、横亘于护城河间的陆地通道，以及开挖护城河取土筑城的取土作业区等一系列遗迹；屈家岭文化时期城内分区鲜明的高等级建筑区与墓葬区；屈家岭文化晚期至石家河文化时期城墙，以及人们在南门外护城河中堆筑高台扩展居住生活空间的遗迹等。

城头山作为中国最早的史前古城之一，价值和意义需要从不同角度加以阐释。从城内文化堆积和陶器形制与组合的变化可考察区域史前考古学文化的变迁，结合城墙修建、沿用和城内聚落结构布局的变化可考察考古学文化演进与聚落变迁之间的关系，进而研究整个区域的社会复杂化进程、文明起源与文明化进程等问题。从城头山出土的水稻标本与稻田遗迹等稻作农业遗存入手可考察稻作农业进展水平。以城头山遗址为代表的澧阳平原史前遗址群提供了史前社会，特别是稻作农业社会发展规律的一般性解释；城头山汤家岗文化时期的水稻田堪称稻源之一，发达的稻作农业是中国南方文明的史前基础，也是促进中国文明的重要支柱。利用城头山所出不同时期动植物遗存，结合周边自然环境调查，可考察城头山及其周边地区的环境演变。

**青海民和喇家齐家文化遗址考古发现**　喇家遗址是一处以齐家文化遗存为主的大型聚落遗址，也是一处罕见的地震和洪水灾难遗址。遗址位于青海省民和回族土族自治县官亭镇喇家村，总面积约67.7万平方米，主体叠压在喇家村下。

20世纪70年代中期，民和县一位民间文艺家发现了喇家村遗址。1982年，青海省文物考古队在第二次文物普查中调查喇家遗址，发现

文化堆积，采集到马家窑、齐家文化的陶片，认为是一处重要的遗址，建议进行保护。1998年，中国社会科学院考古研究所甘青队与青海省文物考古研究所重点调查喇家遗址。1999年，由中国社会科学院考古研究所甘青队和青海省文物考古研究所组成联合考古队，开始对喇家遗址进行发掘和研究工作。

喇家遗址的发掘和研究历程可大体分为两个阶段。第一阶段，1999～2012年。发现齐家文化时期地震和洪水多种灾难遗迹，揭露小广场、祭坛、祭祀坑（或陪葬墓）等具有特殊意义的遗迹现象，清理环壕和多座房址，发现已知年代最早的面条，发现窑洞式房址，对聚落布局有了一定认识，为更深入和更广泛的研究奠定了基础。第二阶段，2014～2017年。2014年为配合遗址公园建设，青海省文物考古研究所与四川大学、成都文物考古研究所、民和县博物馆等单位联合对喇家遗址进行了大规模考古发掘。齐家文化遗存主要包括房址近30座、清灰坑及灰沟百余个，出土权杖头、卜骨等功能特殊的遗物，首次发现陶窑，并发现三座房址共用一处门前场地的现象，进一步丰富了齐家文化内涵，为聚落形态布局和社会组织结构研究提供了新线索。在遗址东南角发现了马家窑文化遗存，东南部及吕家沟以北区域发现了辛店文化遗存，西部及西南部发现了汉代及以后时期的遗存。

房址大多是四周生土掏壁，其中一座保存较好，残留墙壁高2～2.5米，顶部略呈拱形，因建于断崖处，判断为窑洞式建筑。房址四壁或地面常见地震裂缝和地震造成的漏斗状喷砂。遗址东南角发现小广场，硬面系人工踩踏

而成，硬面上清理出弃有人骨的杀祭坑和出有卜骨的埋藏坑。广场活动面下发现壕沟和数座可能具有奠基性质的墓葬。北面发现祭坛，高于广场地面2米左右，系利用黄土高地经人工堆筑而成。祭坛东南边沿地势较低处发现10余座祭祀性墓葬，成人墓与儿童墓均有，应是祭坛墓葬的祭祀坑或陪葬墓。在遗址北部发现多座可能具有祭祀性质的儿童墓葬。小广场东南方向发现两座较特殊的建筑，为带柱洞的地面建筑或干栏式建筑。小广场、祭坛、特殊地面建筑和高、低等级墓葬等构成一群较为特殊又相互关联的多类遗迹组合群体。

遗址出土的齐家文化陶器普遍为手制兼慢轮修整，小型器则直接捏塑成形。有泥质陶和夹砂陶两种。泥质陶以红陶为主，橙黄陶次之，灰陶较少。石器数量最多，打制石器多于磨制石器。在遗址北区采集的长方形大型石磬是考古发现最大的史前石磬。玉器有璧、瑗、刀、斧、锛等，祭坛之上的墓葬中出土了两件三璜联璧，祭坛附近出土了一件折断一半的大玉刀。此外还有半成品和玉料出土，说明喇家遗址是当时的玉器生产地。

地震和洪水等一系列突发灾难形成的喇家遗址齐家文化时期的特殊遗迹现象，直观展示了这一时期真实的历史面貌和生产生活状态。喇家遗址的发现和研究远远超越了考古学的学科界限，对探讨4000年前黄河上游的生态环境、自然灾害、人地关系等问题都具有重要科学意义，这是有别于其他任何史前遗址的最大不同之处。

**柿子滩遗址考古发现** 柿子滩遗址是一处旧石器时代晚期向新石器时代过渡阶段（距今约3万～1万年）原地埋藏的细石器遗址，位于山西省吉县，分布于黄河支流清水河两岸的阶地堆积中。遗址群由数十处旧石器地点组成，形成以柿子滩、高楼河沟口和狮子河村为中心的3处旧石器时代古人类活动中心。发掘区域位于东城西村的清水河北岸二级阶地，因阶地面种植较多柿子树而得名。

柿子滩遗址于1980年被发现，当年4～8月由临汾行署文化局主持发掘，在100平方米（1号地点）发掘范围内出土遗物万余件，还发现两幅岩画遗存。21世纪以来，为探寻北方旱作农业起源、黄土高原东部旧石器时代晚期文化面貌、旧石器向新石器时代过渡时期的考古学证据，山西省考古研究所、山西大学考古专业和吉县文物管理所组成柿子滩考古队，在清水河流域展开了规模化的科学调查与发掘。

2000～2007年，发掘工作以第14、24、12和9地点为代表，形成以高楼河沟口为中心的一处中心营地。其中，第14、24、12地点的年代较早，距今约2.4万～1.8万年。第14地点发现确切人类用火的遗迹和丰富的文化遗物，并通过对磨盘微痕和残留物的分析揭示出华北地区最早存在的古人类对植物类食物的摄取活动。

2009年4月，为配合基本建设，考古工作者对遗址群保护范围内大田窝至霍家咀沿河两岸6千米区域开展抢救性调查和发掘。通过百余条探沟试掘，选择其中7个地点进行定点发掘，完成5处地点的科学发掘，获得重要收获。其中，在第29地点发现8个文化层，清理出旷野类型用火遗迹285处，出土遗物8万余件。集中分布的285处用火遗迹均为一次性使用形成，表明该地点属于人类临时活动营地遗址。

柿子滩遗址测得的碳十四数据，建立了距今3万~1万年完整的地层和年代序列，并通过土壤微结构分析、孢粉和非孢粉残留物分析以及动物群分析等多种方法，重建了两万年间该区域的古环境背景。对磨盘和磨棒进行残留物分析和石器使用微痕分析，显示石磨盘兼具植物食物加工、颜料研磨和装饰品磨制等多种功能。可以看出，人类已进入对野生谷类集约采集阶段，即农业起源的最初阶段。

柿子滩遗址是华北地区经过系统和科学发掘的、有确切地层和年代依据的少数遗址之一，对研究新旧石器过渡、华北粟作农业起源、更新世人类行为与环境适应等重大课题有重要学术价值。

**法门寺遗址考古发现**　法门寺遗址是南北朝至清代的佛教寺院遗址，位于陕西省扶风县法门镇，素有"关中塔庙始祖"之称。

传说法门寺始建于东汉桓灵年间，因寺内有"瘗佛手指骨一节"的阿育王塔，故自东汉至北魏亦名阿育王寺。隋开皇三年（583年）改名成实道场，唐武德八年（625年）始称法门寺。1981年8月，塔身西半部倒塌，瘗埋在塔身中散落的佛像、佛经由僧人和管理人员收集。1982~1985年，西北大学历史系、扶风县博物馆对坍塌废墟进行清理，共清理出佛像51尊、各时代佛经数百卷。1985年7月，政府决定拆除残塔5~13层危坠部分，并责成扶风县博物馆对残塔佛龛中以及废墟中遗留的文物进行彻底清理，出土佛像、舍利塔和佛经等。1986年拆除残存砖塔，1987年清理唐代塔基及地宫，1988年在原址依原貌修复砖塔。

法门寺遗址考古的重要成果主要来自法门寺塔唐代塔基地宫相关发现。法门寺塔本名"宝塔"，相传原为木结构的阿育王塔，屡建屡毁。唐贞观五年（631年）再度重修，仍为木塔。明万历七年（1579年）始建八角十三层楼阁式砖塔，清光绪年间及民国时修葺。塔通高47.8米，基座方形。塔身底层南面有砖券门，额嵌镶"真身宝塔"四字匾额，东、北、西面分别有"浮图曜日""舍利飞霞""美阳重镇"石匾，其余四面分别为八卦卦爻的方位符号；二层顶部辟有拱龛，共88龛，每龛置不同质地的佛像1~3尊。塔身层间叠涩出檐，施砖雕斗拱，各层出挑各异，顶部置铜铸宝瓶式塔刹。法门寺地宫位于法门寺塔基下，1987年清理塔基时暴露，为石砌地宫，长21.125米、宽2~2.55米，平面呈"甲"字形，总面积约31.48平方米，由踏步、漫步、平台、甬道、前室、中室、后室组成。地宫两壁为汉白玉质，顶为叠涩覆斗形，各室之间有石门相隔。

地宫封闭于唐懿宗咸通十五年（874年），清理出土一枚传为释迦牟尼佛的真身指骨和三枚舍利"影骨"，以及大量金银器、琉璃珠宝器皿和各类珠宝玉器、瓷器、石器、木杂器、铁器、丝织品等珍贵文物。

考古发掘表明，唐代法门寺是由殿、塔、楼、阁组成的以塔院为中心的多重院落佛寺，真身宝塔由北魏至明代有覆钵、楼阁、密檐等形制变化。法门寺重要文物出自塔身与地宫，塔身中以藏经、佛像为重，地宫中以金银珍宝与衣物丝绸为主。塔身所出文物时代均较地宫晚。

法门寺考古，特别是地宫的发掘清理是唐代考古的重要收获。法门寺是文献记载的中国供奉释迦牟尼真身舍利的名刹之一，出土的指骨舍利等为认识和研究佛指舍利瘗埋制度变化提供实物资料。出土的秘色瓷及衣物帐碑上有关秘色瓷的明确记载，解决了长期以来有关秘色瓷年代与釉色的争议。地宫出土金银器118件，其中21件有錾刻铭文，提供了唐代藩镇贡献、宦官擅权、宫廷作坊以及密宗活动等珍贵历史史料。出土丝绸衣物繁多，对唐代丝绸、服饰史以及纺织工艺的研究具有重要意义。此外，出土的伊斯兰玻璃器等反映了当时中西交流的史实。

**李家崖城址考古发现** 李家崖城址以商周时期遗存为主，位于陕西省清涧县高杰村镇李家崖村西1千米无定河东岸的二、三级台地上，东距黄河4.5千米。

1981年考古调查时发现李家崖城址。1983～1991年，陕西省考古研究所对古城址进行了数次考古发掘。

城址平面呈不规则长方形，东西长495米、南北宽122～213米，城内面积约6.7万平方米。城址因地势而建，东、西两面筑有城墙，南、北两侧为深达百米的悬崖。城墙依地势分段修筑，土石结构，由墙体和护城坡两部分组成。东城墙残存127.9米、西城墙残存25.7米。在西城墙北端残余一段东西走向城墙，长34.5米。东城门为城内通向城外的唯一出口。

城址中发掘出的遗迹有房址、窖穴和墓葬等。其中A区1号房址是一座殿庙性质建筑，外有带夯土围墙的院落，平面呈长方形，其内的房子呈"品"字形布局，总面积1000余平方米。发现一个窖穴，口和底均呈方形，中间为圆形的袋状，形制较为特殊。墓葬分布在城内和城外东、西两侧，均为小型竖穴土坑墓，多

有木棺，随葬品很少，个别墓仅随葬一件青铜兵器或陶器。瓮棺葬墓主大多是儿童，有长方形墓穴，以残陶瓮上部为葬具，两端用小石板封堵。

发掘出土遗物比较丰富。陶器有鼎、鬲、簋、豆、三足瓮、罐、盆、钵等；陶质以泥质灰陶为主，其次为夹砂灰陶，另有少量红陶；纹饰以绳纹为主，其次还有云雷纹、乳丁纹、弦纹、三角划纹、圆窝纹、附加堆纹等。骨器有铲、镞、匕、笄、针、纺轮以及卜骨等。石器有斧、刀、凿等。铜器有锥、镞，另有铜渣和陶范残块。出土的石雕像为阴刻，看似骷髅，可能与当时的祭祀活动有关。

从李家崖城址出土器物看，其时代上限不晚于殷墟文化第二期，下限应不晚于西周中期。城址文化内涵虽有商、周和以蛇纹鬲为代表的朱开沟文化因素，但以高领袋足鬲、深腹簋、云雷纹小口折肩罐、三足瓮等占主要地位的陶器与中原地区商周文化有明显差异，具有较强的地方特征。有学者将以李家崖古城址为代表的主要分布在陕北和晋西北地区的此类文化遗存命名为"李家崖文化"，推测李家崖城址可能是商代晚期鬼方等民族的遗存。

**河南偃师商城遗址考古发现** 偃师商城遗址是已知年代最早的商代城址之一，位于河南省偃师市。遗址北依邙山，南临洛河，西南距二里头遗址6千米，东接偃师市区。

1983年春，在配合首阳山电厂选址中发现城址遗迹，后由中国社会科学院考古研究所进行多次发掘，电厂选址为此进行避让。20世纪80年代，在对城址的勘探与试掘中，确认西、北、东面城垣位置、走向、长度及保存状况，

发现北城垣中部城门及由此向南的大道，在城外东南侧发现水泊遗迹，在城内南部发现3处大型夯土建筑群。1996～2001年，为配合"夏商周断代工程"，对遗址进行较大规模发掘，包括宫殿区西部复查勘探，大城城垣东北隅和东城垣发掘，小城城垣发掘，宫殿区数座夯土基址发掘，宫殿区北部大灰沟和池渠遗迹发掘等。2007～2008年，发现并发掘大城西垣北段的西三城门，以及西一城门外跨越护城壕的水道与桥梁遗迹，确认西垣中部的拐折现象。

偃师商城遗址由大城、小城、宫城三部分构成，整体平面略呈长方形，南北长1700余米，北部宽1215米、中部宽约1120米、南部宽740米，面积约190万平方米。城墙系夯土筑成，残高2米左右。南城墙已被洛河冲毁，西城墙残长1710米，北城墙总长1240米，东城墙残长1640米。发掘城门4座，推测应共有8座，其中东、西两边各3座，南、北两边各1座。城墙外侧有护城壕，主水道起自西一城门外古河道，经西一城门、宫城北部池苑和东一城门与城址东南的古湖泊相连。在城内发现有纵横交错的主干道若干条和用石块砌筑的方形排水道，其中一些道路与城门方位基本对应。城内南半部有三座小城，宫城居中，为正方形，内有成组的大型宫殿基址；另外两座小城位于宫城的东北和西南，均为长方形，内有成排建筑，可能是武库、粮仓或屯兵防卫的城堡。遗址内出土包括陶器、铜器、玉器、石器、骨器、蚌器和原始瓷器在内的丰富文化遗物。

偃师商城遗址不是二里头夏代都城的延续，而是重新选址兴建的一座新城邑，很有可能是商人代夏后在夏王朝腹地设置的一座重

镇。偃师商城城址布局更趋合理，更便于军事防守，并增加了游憩设施，更合于都邑功能。偃师商城遗址的发现，对研究中国古代文明和城市发展具有十分重要的价值。

**内蒙古敖汉旗兴隆洼新石器时代遗址考古发现**　兴隆洼遗址是新石器时代早期的聚落遗址，被誉为"华夏第一村"，位于内蒙古赤峰市敖汉旗宝国吐乡兴隆洼村，地处大凌河支流牤牛河上游右岸东西向的低丘岗地上。

兴隆洼文化的遗物早在20世纪50年代就有过记录。80年代初期，内蒙古自治区敖汉旗文化馆发现兴隆洼遗址。1983～1993年，中国社会科学院考古研究所对该遗址进行6次发掘，揭露面积3万余平方米，清理房址170座、窖穴300余个、居室墓葬30余座，此外还有一道完整的围壕，出土大量陶、石、玉、骨、蚌制品以及鹿、猪等动物骨骼。兴隆洼遗址可划分为三期，以第一期聚落最具代表性。

遗址所在岗地东高西低，西南坡编为A区，东北坡至西坡编为B区。1983年在A区发掘房址7间、灰坑3个和围沟1段，出土别具特色的陶、石、骨质器物群。兴隆洼A区地层关系比较简单，仅见少量红山文化遗迹打破兴隆洼遗存的遗迹，以及兴隆洼遗存房址之间的叠压关系。地表见有"灰土带"，呈不规则圆形，东北—西南长183米、东南—西北宽166米，发掘证明为聚落址的围沟，沟宽1.5～2米、深0.55～1米。在围沟所环绕的范围内，地表暴露有约百处"灰土圈"。这种"灰土圈"是半地穴房址被耕土扰乱部分，约计十一二排，每排约10个。

出土遗物数量较多，包括陶器、石器和骨

器。所出陶器均为夹砂陶质，器形以罐和钵两大类为主。石器种类较少，可分打制、琢制、磨制和压削四类。骨器种类较多，常见的有锥、匕形器、两端器和鱼镖等。

1992年，发掘兴隆洼文化房址66间、窖穴与灰坑173个、墓葬11座，以及环绕房址的一期聚落围沟。发掘前，地表可见数十个不规则形的"灰土圈"和一处弧形"灰土带"。弧形"灰土带"为兴隆洼一期聚落西段围沟。围沟内房址共有7排，每排3～7间，均呈西北—东南向分布，排列齐整。每间房址的面积50～80平方米不等，位于聚落中心部位的F184是发掘区内面积最大的，达140余平方米。窖穴主要分布在房址的外围，也有少部分位于室内。其中圆形直壁平底坑占绝大多数，有少量袋形坑，以及平面呈椭圆形、长方形或不规则形的，口径最大的约3米，小的不足0.5米。墓葬多位于房址内，墓壁一侧依房内壁下挖，打破居住面及生土。墓葬皆为长方形竖穴土圹墓，葬式为仰身直肢单人葬，墓主头向依墓葬在房址中的位置不同而有所区别，一类向西北，另一类朝东北。大多数墓葬有随葬品，数量不等。

遗物出土比较丰富，多集中在房址的居住面上，主要有陶器、石器、骨器、玉器、牙器和蚌器等不同种类。陶器均为夹砂陶，主要为罐、钵、碗、杯与盅。石器数量较多，分为打制、磨制、琢制、压削四类。骨器数量较多，保存较好，主要有刀、锥、针、两端器、叉状器等。玉器数量不多，皆为小型器物，主要出于居室墓葬中，以玦为主，其次有钻孔匕形器、斧等。牙饰系将野猪獠牙剖开磨制而成，

部分钻有圆孔。蚌饰数量较少，主要出于居室墓葬内。

兴隆洼遗址聚落内的所有房址成排分布，外围环绕椭圆形壕沟，是中国已揭示的最完整的原始村落，是中国8000年建筑史上的奇迹；发现成批的居室墓葬，是中国史前时期最奇特的埋葬习俗，人猪合葬现象在中国新石器时代遗址发掘中属首例；出土的玉器，是已知中国年代最早的磨光真玉器，是探索中国玉文化起源的宝贵实物资料；出土的墓主人腰部的蚌裙，是中国史前时期最完整的服饰资料；出土的完整骨笛，是中国东北地区最早的乐器；出土的大量动物骨骼，是兴隆洼先民从事狩猎活动的实证。兴隆洼文化的发现，解决了学术界讨论多年的红山文化的源头问题，进一步明确了辽西地区与黄河流域新石器时代是谱系有别、平行发展、相互影响的文化。

**湖南道县玉蟾岩遗址考古发现** 玉蟾岩遗址是中国南方旧石器时代晚期重要的洞穴遗址，遗存面貌具有旧石器时代向新石器文化转变的过渡特征。遗址位于湖南省道县，周围地势平坦开阔，水系发达。

1984年，湖南道县文化馆在进行第二次文物普查时发现一处洞穴遗址，采集到打制石器、人工蚌制品及螺蚌、鹿类角牙等动物标本。1986年后，湖南省文物考古研究所三次派员考察该洞穴遗址，推测为旧石器时代晚期遗存，并在山丘西北侧发现与南侧洞穴相通的洞穴，根据洞口崖壁上竖向排列的"玉蟾岩"三字确定遗址名称。考察中发现并采集骨蚌制品、牙饰及鹿、猪、熊、猫科等动物标本，并发现一批与玉蟾岩遗址文化性质相同的洞穴遗

址，其中在三角岩遗址采集到12000年前的样品，从而确定玉蟾岩遗址为旧石器文化向新石器文化过渡阶段的遗存。

1993年10～11月，湖南省文物考古研究所主持进行玉蟾岩遗址第一次发掘，除动物骨骼等标本外，在接近底部文化层的3H层发现一块质地疏松的夹砂陶片。1995年10～12月，组织多学科发掘团队进行第二次发掘，发掘中文化层的土样并进行系统浮选和筛选，发现陶片以及精美完整的磨制骨锥，打制石器、骨片、鹿角等均有出土。2004年，湖南省文物考古研究所、北京大学考古文博学院、美国哈佛大学人类学系启动合作。2004年11～12月、2005年10～11月，中美联合考古队分别进行玉蟾岩遗址第三、四次发掘，通过小规模发掘，对玉蟾岩遗址进行系统采样，开展多学科研究，建立玉蟾岩遗址可靠年代基础。除碳十四测年以外，还包括通过微形态学和矿物学方法研究遗址的形成过程，对动物遗存进行种属鉴定和埋藏学研究。遗址中发现的石制品以石核砍砸器和修理石片为主，与前两次发掘出土的石制品类型相同。还有少量骨角器发现。

陶器是玉蟾岩遗址最重要的发现。其陶质疏松、一碰即碎，说明火候很低。红外光谱显示，其主要成分为高岭土，烧成温度在400℃～500℃，推测为平地烧成。陶器可能采用泥片贴筑方法手捏制成，制作粗糙，胎体厚薄不匀，夹杂有河砂和人工破碎的石英砾石颗粒。玉蟾岩遗址所出陶器的年代早到距今18300～17500年（经校正），是已知世界上最早出现陶器的遗址之一。

学术界长期把陶器的出现作为新石器化进程的标志之一，中国南方发现距今约两万年的陶器，改写了世界陶器起源的历史。玉蟾岩遗址的多学科研究，是国内首次将地层微结构分析、红外光谱分析、生物结构分析等方法结合起来研究旧石器洞穴遗址沉积过程和沉积环境等，为准确测定陶器年代提供了扎实基础。玉蟾岩洞穴遗址还发现有人类活动面，文化堆积中有许多不连续的白灰土层状堆积，经地质微结构分析认为属灰烬层。生活遗迹主要是平地烧火的灰堆，无明显灶坑，通常直径为30～40厘米、厚不足10厘米。灰堆中有炭屑和动物烧骨富集。根据动植物遗存情况，玉蟾岩先民的生存方式为典型的采集狩猎模式。

**河南郑州大师姑夏代城址考古发现**　大师姑夏代城址年代和文化性质都十分明确，遗址位于河南省荥阳市广武镇大师姑村和杨寨村南地的索河二级台地上。遗址所在地属于邙山山前低缓丘陵区，北距黄河、西距荥阳市区均为13千米，东南距郑州市区22千米。

1984年，郑州市文物普查时发现大师姑夏代城址，命名为"杨拐遗址"。2002年春，郑州市文物考古研究院在郑州西北郊开展夏商周考古专题调查时，发现该遗址的夏、商文化遗存都很丰富，而且遗址面积较大，四至清楚，于是对遗址进行初步钻探。2002年10月，郑州市文物考古研究院对遗址进行试掘，试掘总面积为540平方米。发掘证实，钻探发现的南壕内侧硬土为二里头文化时期夯土城垣，环绕遗址的壕沟为城垣护城壕沟，在城垣与城壕之间平行分布有早商时期的环壕，证明大师姑遗址是一处二里头文化时期城址。2003年上半年，郑州市文物考古研究院对索河先杨寨村南地进行重点钻探，对索河东岸进行更为详细的钻探，发现索河东岸城垣和城壕越过索河继续延伸，证明索河西岸遗址也是大师姑二里头文化城址的一部分。

大师姑遗址文化层关系复杂，遗迹众多，堆积以二里头文化、二里岗早商文化遗存为主。二里头文化是遗址堆积的主体，分布范围遍及整个城址。二里岗下层时期早商文化的分布主要局限于城址内部，至二里岗上层时期则突破城址范围，扩大至距遗址东部400米左右。东周和汉代遗存极为零星，不见遗迹现象。

大师姑二里头文化城址始建于二里头文化二、三期之交，在二里头文化三期早段之前进行过大规模续建，约在二里头文化四期偏晚阶段至二里岗下层偏早阶段之间被废弃。二里头文化遗存十分丰富，文化层厚度一般在2~2.5米。遗迹包括灰坑、灰沟、墓葬、城垣和城壕五类。大师姑二里头文化城址被索河河道分为东、西两部分，大部分在河东岸，少部分在河西岸。城址由城垣与城壕两部分组成。城垣距地表深度不一，一般在1米左右，已发现南墙西段、南墙东段、东墙北段、西墙北段和北墙西段。城壕和已发现的城垣平行，除北壕西段被索河河道间隔以及城址西南角暂未发现，其余地段均已封闭。城垣周长发现长度为2450米，复原长度为2900米。二里头文化遗存全部集中在城垣和城壕以内，总面积为51万平方米。

城垣顶部宽7米，底部宽约16米，残高3.75米。夯土城垣经过多次的续建和修补。修筑方法为平地起建，倾斜堆筑，水平夯打。夯层厚0.1~0.4米不等，夯窝不甚清晰。城壕位于夯土城垣内侧，距夯土城垣约6米。遗存深2~2.8米，壕沟内侧因被早商城壕打破，原始宽度不知，形状为斜壁平底或圜底。出土遗物中陶器为大宗，以灰陶为主，褐陶占第二位，器类或形体特征与二里头遗址的同类器物一致，纹饰以绳纹为主，陶器内壁普遍饰较密的大麻点。另外出土有铜器、石器、骨器、蚌器，按照用途可分为生活用品、生产工具、装饰品、建筑材料和宗教遗物。城址中部发掘出土有成片倒塌的夯土墙体和大量陶排水管道，显示在城址内存在规格较高的大型建筑。

早商文化遗迹可分为壕沟、灰坑和墓葬三类。在二里头文化城址的四面均发现有早商环壕，与二里头文化晚期的壕沟平行分布，位于二里头文化晚期护城壕的内侧。环壕外侧或打破二里头文化晚期壕沟，或利用壕沟的外侧壕壁，内侧则为新挖。早商环壕的形制与二里头文化晚期壕沟不同，前者口部较宽，壁较缓，至中下部内收较陡直，底部较平。从东部和南部解剖情况看，出土陶器较少且十分破碎，经初步观察，东部为二里岗下层早、晚期之间；南部出土物复杂，有少量二里岗期遗物。

郑州大师姑夏代遗址的发现结束了"夏代无城"的历史。古代城址作为当时的政治、经济和文化中心，集中承载了丰富的历史文化信息，对探讨夏代晚期夏商文化关系等学术问题具有十分重要的价值。在夏代城址外侧发现有建于二里岗文化下层阶段的大型环壕，城址内部早商二里头文化上、下层遗存十分丰富，说明这里在早商时期仍是一处重要的大型遗迹，在已发现的夏商遗址中是不多见的，为进一步确定夏商文化的交替年代这一夏商考古学中重大学术问题提供了新的依据。

**湖南洪江高庙遗址考古发现** 高庙遗址是一处典型的贝丘遗址，主要遗存为史前居民房址、祭祀场所和茔地。遗址位于湖南省洪江市岔头乡岩里村，为沅水北岸的一级台地，遗存面积3万余平方米。

1985年9月第二次全国文物普查时发现高庙遗址，年代定为商代。1988年5月和1990年6月，湖南省文物考古研究所与怀化地区文物工作队先后两次对遗址进行复查，确认其主体堆积为新石器时代遗存。1991年、2004年、2005年，湖南省文物考古研究所组织部分市、县文物工作者对高庙遗址相继进行了三次发掘。

高庙遗址的文化堆积自上而下依次为明清时期、东周时期、新石器时代遗存。明清时期的遗存主要为零星墓葬和被毁坏的房基。东周时期的遗存保存甚差，为残留灰坑和文化层局部堆积。新石器时代遗存分为下、上部地层，是该遗址的主体遗存。下层遗存属于区域内新发现的考古学文化——高庙文化，年代距今约7800～6700年。房屋均为挖洞立柱的排架式木构地面建筑，多为单开间或双开间。流行屈肢葬，或在尸骨下铺垫编席，很少甚或没有随葬品。典型陶器组合为釜、罐、钵、盘、碗、簋形器，出土较多白陶，以戳印篦点为母纹的各种图像极其丰富。下层遗存中的生产工具绝大部分是打制石器，主要为砍砸器、刮削器、网坠、球、磨盘和磨棒等。磨制石器所占比例不足5%，仅有少量的斧和刀等器类。另有锥、针、刀等骨制工具，以及少量骨制装饰品。据出土石磨盘和磨棒上残留的淀粉粒分析，薏苡是当时最主要的食物资源之一，且已食用高

梁、橡子、栗子和莲藕。在下层遗存早期阶段未发现明显的稻作农业迹象，但在对晚期阶段土壤植硅石分析中发现少量稻属淀粉粒。总体而言，攫取式采集和渔猎经济是高庙下层遗存主人的主要生业方式。

上层遗存包括大溪文化和屈家岭文化高坎垅类型遗存。大溪文化遗存除地层文化堆积物外，还包括一大批房址和墓葬等遗迹。工具中的磨制石器较下层遗存明显增多，但打制石器依然是最主要的生产工具。打制石器中除不见网坠和磨盘外，其余器类和形制与下层遗存相因袭。在部分彩陶罐的内壁发现有稻壳印迹，可知当时已有较发达的稻作农业。屈家岭文化遗存主要是一批墓葬，大都有长方形墓穴，使用仰身直肢葬俗。随葬品中见有曲腹杯、圈足罐、平底壶、簋、豆和三联罐等陶器，多为泥质灰陶或黑衣陶。无论葬俗还是随葬品的器类和形态，较之于大溪文化已发生更替式的变化。这批屈家岭文化早期墓葬的年代约距今5300年。

高庙文化的发现和确立，为解决长江中游大溪文化的来源问题提供了依据。高庙文化早期陶器上出现已知年代最早的八角星图像，对探索早期历法起源、数理法则起源具有重要的学术价值。高庙遗址的发掘，显示中国史前白陶源自高庙文化，沅水中上游地区是其最初的发生地。遗址确立的由高庙文化向大溪文化演变，以及与此后出现的屈家岭文化的先后关系，表明该区域文化发展序列和进程与同时期洞庭湖西岸区域大体一致。

**古格故城考古发现** 古格故城是古格王国都城遗址，位于西藏札达县城西18千米的象泉

河南岸。

古格王国由吐蕃王室后裔德祖衮建于10世纪中叶，灭亡于17世纪。近代以来，陆续有外国探险家、藏学家对古格王国遗址进行考察。1957年，中央新闻电影制片厂赴阿里拍摄古格王国遗址纪录片。1961年，古格王国遗址被国务院公布为第一批全国重点文物保护单位。1979年，西藏自治区文物管理委员会和新疆维吾尔自治区文物管理委员会组织对古格王国遗址进行首次专题性文物调查。1980年，西藏工业建筑勘测设计院组织专业人员对古格王国遗址进行测绘。1985年，西藏自治区文物管理委员会开展全区文物普查，并组织队伍对古格故城做全面、深入考察，基本弄清楚遗址总面积、遗迹数量、形制和分布情况。

遗址区总面积72万平方米，建筑遗存主要分布在遗址西南部主体土山东、北两侧山腰和山顶台地上。根据1985年调查资料，共有房屋遗迹445座、窑洞879孔、碉堡58座、暗道4条、防卫墙10道、各类佛塔28座、洞葬1处，发现武器库1座、石锅库1座、大小粮仓11座、供佛洞4座、壁葬1处、土棺木葬1处。采集、清理、出土大批生活用具、生产工具、兵器和佛教艺术品。

王宫区建于土山之巅的台地上，是整个城堡的核心和最高点。遗存分为南、中、北三组，南部一组是古格王国最高统治者居住和处理政务的王宫建筑群，中部为宗教建筑及处理宗教事务的机构、人员驻地，北部为安全防卫、军事有关的机构设施以及人员驻地。

房屋遗迹大多是平民、贵族的住宅以及僧舍，还有为数不多的佛殿、经堂和仓库。除佛殿还保存有屋顶外，其他房屋都只存留高低不等的残墙。房屋形式多种多样，按层数有单层、二层、三层之分，按平面结构有单室、内外套间、多室套间、房屋与窑洞组合等。

古格遗址的窑洞是极具特色的建筑形制，在土山崖壁上开挖并稍加修整，窑洞形制有单室、双室、三室以至多室，用途有民居、仓库、作坊、佛堂等。

故城东侧的"干尸洞"开凿在距地表3米高的崖壁上。洞窟由主室和两个小侧室组成，大略统计应有30个以上个体。未见到颅骨，只找到两件下颌骨。

军事设施主要是碉堡和防卫墙，共有三道防线。最外围的防线由几个小据点和防卫墙构成；第二道防线在故城东北和北部建筑密集区外围，碉堡和防卫墙都临崖构筑，并与其他建筑紧密相连；第三道防线为山顶王宫区周围的防卫墙和碉堡。此外，在故城中发现大量武器，如弓箭、矛、刀、剑等进攻性武器，以及铠甲、头盔、盾牌等防御性武器。

故城北侧山坡的台地上集中有坛城殿、红殿、白殿、大威德殿、度母殿等佛殿，是佛教建筑密集区。

古格故城的调查发现，对研究西藏中世纪史、西藏艺术史、藏传佛教后弘期的发端均有重要价值。古格雕塑多为金银佛教造像，其中价值较高的是被称为古格银眼的雕像。古格壁画气势宏大，风格独特。由于所处地理位置及受多种外来文化影响，古格的艺术风格带有明显克什米尔及犍陀罗艺术特点。为抵御外部入侵，古格王国把都城和一些下属治所都建成军事据点，尤其是都城的军事防卫设施建筑，为研究西藏古建筑的防卫设施提供了资料。

**三星堆商时期祭祀器物坑考古发现** 三星堆遗址是古蜀国早期的都城遗址，年代从新石器时代晚期一直延续至春秋早中期，位于四川省广汉市南兴镇和三星镇。

三星堆以及周边的古代遗存在早年就有出土，并受到学术界关注。1986年7月18日、8月16日，广汉县南兴镇二砖厂工人发现一号、二号祭祀器物坑，四川省文物管理委员会、四川省文物考古研究所和广汉县文化局组成联合考古队进行抢救性发掘。

四川广汉三星堆遗址的文化遗存可分为五期：第一期为新石器时代晚期文化，即“三星堆一期——宝墩文化”遗存；第二期为新石器时代晚期向青铜时代过渡的文化，即“三星堆二期——鱼凫村文化”遗存；第三、四、五期文化遗存则属于青铜文化，亦即著名的“三星堆文化”。三星堆遗址一、二号祭祀器物坑在遗址分期上属第四期末段，在考古学文化上则属三星堆文化第二期末段，约相当于殷墟二期。

一、二号祭祀器物坑是三星堆遗址和三星堆文化精华所在，充分展现了古蜀国辉煌和独特的青铜文明，极大改变了人们对古蜀国发展水平的传统认识，是20世纪中国考古学重要发现之一，也是中华早期文明多样性的典型实例。两坑相距约30米，方向均为35°，为规整的长方形竖穴土坑，坑壁整齐，填土都经过夯打。

一号坑坑口长4.5~4.64米、宽3.3~3.48米，深1.46~1.64米。坑内出土各类器物505件及烧骨渣3立方米左右。青铜器主要有人头像、跪坐人像、人面像、人面具、爬龙柱形器、虎形器、尊、罍、盘、瑗、戚形方孔璧、戈等。金器有杖、面罩、虎形箔饰等。玉器主要有璋、琮、环、瑗、戚形璧、戚形佩、戈、剑、斧、锛、斤、凿等。石器有戈、矛、斧、铲、斤、凿等。陶器有尖底盏、器座、罐、平底盘等。其他还有琥珀坠饰、象牙门齿、海贝。坑内器物分层放置，首先放入玉石器和金器，其次投入人头像、人面像、人面具和罍、尊等铜器，然后再倒入混杂有玉石器、铜戈、铜瑗、陶尖底盏、陶器座等器物在内的骨渣，最后放入玉璋、玉戈等大型玉石器及部分陶尖底盏、陶器座等器物。象牙可能是与骨渣混杂在一起放入坑内的。大多数器物经过有意焚烧，或发黑、发白、崩裂，或变形、发泡、残卷、半熔化甚至全部熔化成团，一些玉石器碎成数块/段散见在坑的不同部位。

二号坑坑口长5.3米、宽2.2~2.3米，深1.4~1.68米。坑内出土各类遗物1495件（含残片和残件可识别出的个体）以及海贝4600枚左右。青铜器主要有大小立人像、兽首冠人像、跪坐人像、顶尊跪坐人像、持璋小人像、人身形牌饰、人头像、人面具、纵目兽面具、兽面、眼形器、眼形饰、眼泡、神树及挂饰、神坛、太阳形器、尊、罍、瑗、戚形方孔璧、璋形饰、戈、铃、蛇、龙形饰、鸡、鸟、鸟形饰、水牛头、鲇鱼、怪兽、六角形器等。金器有面罩、四叉形器、璋形箔饰、鱼形箔饰、圆形箔饰、带形箔饰等。玉器有璋、璧、环、瑗、戈、刀、斧、凿、斤、珠、管、盒、磨石等。石器有璧、瑗、戈等。其他有绿松石贝、绿松石珠、象牙门齿、象牙珠、象牙器及海贝。坑内器物分层放置，首先投放的是海贝、玉石礼器、青铜兽面和凤鸟、小型青铜杂件和青铜树枝、树干等，其后投入的是大型的青铜容器、立人像、人头像、人面具、树座等，最后满铺象牙。大多数器物夹杂在炭屑灰烬里，留下明显火烧和毁坏痕迹，或烧焦、崩裂，或残损、断裂，一些器物碎成数块／段散落在坑中不同位置。

根据地层叠压关系和出土器物，尤其是陶器形态比较，两坑的埋藏时代约为公元前13世纪前后，与殷墟二期大体同时。

三星堆遗址一、二号祭祀器物坑有两个十分突出的特点。其一，出土器物不仅数量巨大，而且种类丰富，文化面貌复杂、新颖，除部分中原和长江流域地区商时期常见的青铜容（礼）器、玉石器和商代晚期三星堆文化常见的陶器外，大多是从未见过的器物，如青铜雕像群、面具群、神树群、眼形器群、太阳形器、神坛、金杖、金面具等。其二，器物的埋藏现象十分独特，大多数器物在入坑前或掩埋时明显经过有意破坏和焚烧，受损非常严重，应是一种故意毁坏行为。同时，坑内器物掩埋似乎又体现出程序化过程，两坑器物皆分层放置，器物投放次序及各层主要器物类别也大体相同，推测是在经过某种特殊仪式后被埋入坑中的。两坑器物均体现出浓郁的神巫气息，推测原来应分别是两座宗庙类建筑里使用的成套像设、礼仪用器和祭祀用品。

三星堆文化所代表的古蜀文明是中国上古时期文明的重要类型，填补了中华文明演进序列的重要缺环，是中华早期文明多样性的典型实例，对研究中国古代文明起源和早期发展历程具有不可替代的重要价值。以神树、人像、人头像、人面像、半人半兽人像为代表的青铜圆雕作品在东方青铜文明中绝无仅有，以金杖、金面具为代表的金器所展现出辉煌的黄金工艺成就在东方农耕文明中极为独特，种类和形制十分丰富的玉器在中国青铜文明中十分耀眼。这批极具特色的祭祀用品，充分体现了古蜀文明的重要特质，为中国青铜文明史、艺术史和思想史研究提供了新的资料与研究视角。

**江苏张家港东山村遗址考古发现** 东山村遗址是环太湖地区崧泽文化时期的一处区域中心型聚落遗址，位于江苏省张家港市金港镇南沙街道办事处东山村内。遗址整体坐落于香山东脊向东延伸的坡地上，总面积约30万平方米。

1989年，南沙镇政府盖楼时发现遗址。1989年、1990年，由苏州博物馆分别进行两次小规模考古发掘，发现马家浜文化和崧泽文化时期遗存，并清理8座墓葬。2008年8～11月、2009年3月～2010年2月，由南京博物院主持，张家港市文管办、张家港博物馆等单位参加，分别对遗址进行两次抢救性发掘，发掘总面积约2300平方米。

东山村遗址马家浜文化时期遗迹包括遗址Ⅰ区墓葬7座，遗址Ⅱ区墓葬1座，遗址Ⅲ区墓葬8座、房址1处、灰坑15个等。墓葬基本为小墓，一般长为2米、宽0.7米、深0.2米，西北—东南向，随葬品一般在5件左右。在遗址Ⅲ区发现的101号墓，规格明显要高于其他墓葬，墓内随葬器物出土33件／套，墓主的人骨经鉴定为成年女性。无论是墓葬规模，还是出土随葬品的数量和质量，都超过以往发现的马家浜文化墓葬，对研究马家浜文化时期的社会生产力水平和社会性质具有重要意义。此外，在97号墓中还出土一件大口尖底瓶，与黄河流域出土的同类器非常相似，应是从后者传过来的，为研究环太湖北部与黄河流域的文化交流提供了重要实物。东山村遗址马家浜文化时期的遗存年代距今约6300～6000年。

东山村遗址崧泽文化时期遗迹包括遗址Ⅰ区墓葬22座，遗址Ⅱ区房址5处，遗址Ⅲ区墓葬15座。遗址Ⅰ区的墓葬可分为三期，分别相当于崧泽文化早期、中期和晚期。在遗址Ⅱ区揭示的崧泽文化时期房址有5处，其中1号和2号房址保存有大面积红烧土倒塌堆积，在红烧土倒塌堆积外围有成排柱洞；3～5号房址仅残存柱洞。1号房址揭示比较完整，平面近长方形，面积约85平方米。房址居住面未经特殊处理，起伏不平，在房址南部和北部的中间分别发现一个方形和长方形土柱础。1号房址可能为一通间的房址，利用中间柱支撑房顶。在红烧土堆积下发现有较多陶器、石器和少量玉器，从陶器形制分析，1号房址的年代属崧泽文化早期。遗址Ⅲ区揭露的崧泽文化时期墓葬主要是大中型墓葬，基本为西北—东南向，未发现有打破关系。除91号、95号等个别墓葬内人骨保存尚好，其余基本腐朽殆尽。墓葬规模及随葬品种类多寡有所差别，高等级大墓的墓坑一般长约3米、宽约1.6米，随葬品多在30件以上，个别达到67件／套。遗址Ⅲ区的崧泽文化大中型墓可分为两期，分别相当于崧泽文化的早期和中期。综合分析，整个遗址的崧泽文化遗存可以分为三期六段，绝对年代距今约6000～5300年。

东山村遗址崧泽文化时期的不同阶段，在随葬陶器、石器、玉器等方面有比较固定的组合和数量要求。陶器以鼎、鬶、豆、罐、壶

为稳定组合。陶壶在早期均随葬4件以上，到中期基本少见。大墓中常见有陶缸、陶钵和陶杯，陶缸多数随葬1件，常放置于墓底东南角。石器早期以钺、锛、凿为组合，并常见大型器，数量一般在两件以上。玉器早期以璜、镯、管为组合，中期以璜、镯、环为组合。大墓埋葬方向比较一致，分布亦比较集中。这些现象说明，崧泽文化早中期的大型墓埋葬已形成一套比较固定的规则。大型墓较高规格的墓坑以及众多的随葬品，反映出社会已出现明显阶层分化，少数人牢牢占据社会中稀缺的资源和大量的财富。

**跨湖桥遗址考古发现**　跨湖桥遗址是研究长江流域文明重要的新石器时代遗址，位于浙江省杭州市萧山区城厢街道原湘湖村。

1990年，遗址被发现。同年，浙江省文物考古研究所主持第一次考古发掘，发现木构建筑、橡子储藏坑等遗迹。该遗址内涵独特新颖，碳十四测定数据早于河姆渡遗址与罗家角遗址。2001年，浙江省文物考古研究所对遗址进行第二次考古发掘，一大批陶器得到修复，碳十四测定数据确认遗址年代上限为距今8000余年。2003年，在跨湖桥遗址附近又发现了下孙遗址，以这两个遗址为基础，2004年正式提出"跨湖桥文化"命名。

跨湖桥遗址的重要遗存为独木舟。独木舟的东北端保存基本完整，船头上翘，比船身窄，宽约29厘米。舟体最宽处52厘米，船体残长5.6米。经鉴定，独木舟材质为松木。紧贴独木舟两侧分布着有规律的木桩和桩洞，底部垫有横木和枕石。从现象推知，独木舟是由这些桩木结构固定的。独木舟两侧还各发现一支

木桨。木堆及独木舟周围发现砺石、石锛柄和多个石锛，锛柄的集中发现应与木作加工现场有关。在船侧舷还发现数片石锛锋部残片。

跨湖桥遗址出土文物主要包括陶器、石器、骨器、木器。陶器器类有釜、甑、支座、罐、钵、盘、豆、盆、纺轮、陶拍、线轮等。夹砂陶、夹炭陶是跨湖桥文化主要陶系。陶衣主要见于非炊器类容器，红衣是最醒目的陶衣装饰，不同器物有不同的装饰部位。除红衣陶外，还见有内外黑亮的罐、豆及外红内黑（光亮）的陶豆、陶钵、陶盆。彩陶是跨湖桥陶器的一大特色，主要施于罐、圈足盘、豆三种器形。除彩陶外，陶器装饰工艺还包括印、戳、刻、镂、贴等手法，饰有绳纹、篮纹、方格纹、菱格纹等。陶容器大多规整匀薄，器壁平均厚度约0.5厘米，体现出较高的陶器成型水平。陶器制作基本技术为泥条盘筑法、贴筑法和分段套接法，开始出现慢轮修正。跨湖桥文化的石器已进入成熟磨制石器阶段。石料以沉积岩为主，少量为火山岩，石料的选用与工具的用途相关。石器加工主要采用打、琢、磨、抛光的方法。石器大多经磨制，但也有少量毛坯。石斧的器身在磨制基础上加以细琢，使之毛糙，便于手握。穿孔技术仅用于装饰品，如云母制作的璜。从钻孔痕迹看，主要采用对钻的技术。骨器包括耜、镞、镖、锥、针、钉形器、匕、匙、哨、叉等，以动物肩胛骨、肢骨、肋骨、头骨及鱼骨、鹿角为原料，加工采用切、割、削、磨等方法。木器有锥、叉、镞、勺、桨、铲、浮标、梯、器柄等，加工技术包括砍、削、凿、刻、磨等，许多尖锥形器利用火烤法增加硬度，已出现榫卯技术。值得

一提的是，跨湖桥人懂得用不同的木材制作不同功能的工具，而且取用的都是芯材。经鉴定，共出现黄檀、黄楝、槭、楠、麻栎、桑、杉、楝、白蜡、白栎、柘、柏、松、流苏、桦等14种木材。跨湖桥遗址还发现了已知年代最早的漆器，系一张残弓。从保存情况看，漆皮带皱痕，局部脱落。实验室分析表明，漆弓可分为赤红色变质的漆表膜、漆层、单色漆下层、木胎四部分。变质表层呈暗红色，成分为氧化铁。

跨湖桥遗址面貌独特新颖，揭示了浙江地区新石器时代文化的多元性，拓展了考古界的认识视野。这类遗存的发现，表明浙江地区新石器时代文化有多个谱系源流。跨湖桥遗址中出现的长江中游的一些文化因素，第一次把长江中下游地区考古学问题直接联系起来，对整体上研究长江流域文化起到重要的作用。

**江西万年仙人洞与吊桶环新石器时代早期遗址考古发现**　仙人洞和吊桶环遗址是旧石器时代向新石器时代过渡阶段的文化遗存，位于江西省万年县大源乡石灰岩丘陵地区一个东西长近4千米、南北宽约1千米的山间小盆地。其中仙人洞位于盆地北部小河山的山脚下，为洞穴遗址；吊桶环位于盆地西部一座高约60米的小山顶上，为岩厦遗址。两者直线距离约800米。

1962年2月，江西省文物管理委员会到万年县考古调查时，在仙人洞洞口发现许多动物骨骼和大量螺壳，采集到穿孔石器和砺石各1件。洞口侧紧靠洞壁处有一大片胶结堆积，高约1.3米，断面上有不少动物骨骼、螺壳、蚌壳和少量红砂陶片。1962年3月进行试掘，发现烧火堆12处，以及人头骨3个、股骨1根和大

量动物骨骼等。烧火堆平面呈不规则圆形或长条形，一般中部稍厚、边缘较薄，厚7～65厘米。出土遗物有石器、陶器、骨器、牙器、角器和蚌器等。1964年4月，江西省博物馆进行第二次发掘，发现烧火遗迹10处、灰坑3个以及人类头骨1个、动物骨骼碎片近6000件，出土石器、陶器、骨器、角器、有孔蚌器、牙器等。遗址文化堆积较厚，延续时间较长。1993年和1995年，北京大学考古学系、江西省文物考古研究所和美国安德沃基金会组成考古队，对仙人洞遗址进行系统采样，并对吊桶环遗址进行小规模发掘。从遗址所处位置、地形、地貌及出土遗物考察，吊桶环遗址的文化内涵与仙人洞有密不可分的内在联系，应当是仙人洞的原始居民狩猎时的临时性营地和屠宰场。1998年8月，在早期地层中发现体量较大的陶片。其中一件陶片属于素面灰黑陶的一部分，口沿下锥刺不规则三角纹，残高15厘米，最宽处9厘米；另一件为夹砂灰白陶，满饰交错状粗绳纹，高16厘米，最宽处7厘米。从器形看，似是炊具罐或釜类。1999年的发掘，确认了遗址时代为距今2万～1.5万年的旧石器时代末期及距今1.4万～0.9万年的新石器时代早期。

两处遗址的文化堆积分属三个时期。早期以吊桶环下层为代表，不见磨制石器和陶器，绝对年代为距今2万～1.5万年，属旧石器时代晚期。中期以吊桶环中层和仙人洞下层为代表，属旧石器时代末期或中石器时代。晚期以吊桶环上层和仙人洞上层为代表，与陶器同层位的碳十四年代数据为距今19780±360～15050±60年。一般认为晚期绝对年代为距今10000～9000年，属新石器时代早期。

新石器时代早期出土遗物丰富，包括大量石器、骨器、蚌器、陶片等人工制品及人骨和水、陆生动物遗骸。陶器多为器腹片，也有少量器口片，无可复原器。器类单纯，可辨器形主要为圆唇或尖唇直口的圜底罐（釜）形器。陶土具粉砂质结构，并常见半氧化铁结核，说明陶土来源具有同一性。所有早期陶片的陶土中都加有掺和料，多数为粉碎的石英岩，也有少量长石，并有用绳纹碎陶片颗粒作掺和料的。陶色驳杂，有褐色、暗褐色、红褐色和灰褐色等，不少陶片胎心呈黑色，说明烧成温度不高，陶胎氧化不充分。陶器制作方法有两种，一为泥片贴筑法，一为泥条（圈）盘筑法。出土石器包括打制石器、穿孔石器、局部磨制石器和类似细石器的石片等。骨器有锥、簪、铲、凿、镞、镖和投掷器等，有的骨器和骨片上有刻划痕。

在仙人洞和吊桶环遗址虽未发现明确的水稻种子，但吊桶环遗址中层的硅酸体分析表明，野生稻早在旧石器时代末期就已分布到江西北部地区，且已被当时的居民采集食用。这是长江流域首次发现早于稻谷栽培的野生稻考古遗存，为在长江流域寻找栽培稻起源提供了重要依据。吊桶环上层新石器时代早期同时发现栽培稻硅酸体和野生稻硅酸体。说明初始阶段的稻谷栽培并未立即引发稻作农业产生，在栽培稻出现后很长一段时间内，吊桶环人的经济形态仍以渔猎和采集为主。

万年仙人洞和吊桶环遗址的地层堆积，涵盖由旧石器时代末期向新石器时代过渡的完整地层序列，提供了一个完整的文化演进过程。尤其为研究稻作农业起源、陶器发现、动物驯化等重大学术课题，提供了相关的考古学证据。

甘肃礼县大堡子山遗址考古发现　大堡子山遗址及墓群是西周至春秋时期的秦国遗址，位于甘肃省礼县永平乡和永兴乡交界处西汉水南北两岸，由大堡子山、赵坪（圆顶山）、山脚、蒙张、爷池遗址及墓葬组成，占地面积约150万平方米。

1992～1993年，大堡子山秦公大墓遭盗掘，大批珍贵文物流失海外。1994年，甘肃省考古研究所进行抢救性发掘，发掘大墓2座、小墓9座、车马坑1座。1998年，在圆顶山墓区发掘墓葬3座、车马坑1座。两次调查勘探面积21万平方米，确认该墓地为秦公西陲陵墓区。2004～2006年，甘肃省文物考古研究所、陕西省考古研究院、北京大学考古文博学院、中国国家博物馆、西北大学考古文博学院等单位组成联合课题组，开展早期秦文化考古调查、发掘与研究，钻探面积150余万平方米，发掘面积3000余平方米。截至2010年，发现房址、墓葬、车马坑、灰坑、陶窑、水井、古道等各类遗迹699处，中小型墓葬400余座，清理墓葬27座、车马坑2座、乐器祭祀坑1座、夯土建筑址26处、大型建筑基址1座（21号建筑基址）。

大堡子山墓区占地面积6万余平方米，遭严重盗掘，随葬品几乎无存，其中的"中"字形大墓属秦国国君级墓葬。圆顶山墓区有3座墓保存完整，均为长方形竖穴土坑墓，均向东，二层台上均有殉人，出土随葬品较为丰富。2号墓使用七鼎六簋，并有铜柄铁剑和鎏金铜柄铁剑。部分青铜器上铸有"秦公作铸用鼎""秦公作铸用壶""秦公作宝用簋"等铭文。

大堡子山城墙遗址依山坡修建，平面呈不规则长方形，城墙内总占地面积约25万平方米，已钻探出夯土建筑基址26处，有堆积丰富的文化层及少量小型墓葬等，被盗的秦公大墓、车马坑和新发现的乐器坑均位于城内。东北城墙外为中小型墓地分布区，墓葬分布密集，已钻探出400余座。21号建筑基址位于城址内南端，四周为夯土墙体，呈南北向分布，南北长103米、东西宽16.4米。留存西墙地面以上部分，残高0.3～0.6米，墙宽约1.5米，地下墙基宽约3米；其他三面均仅残存夯土墙基，宽约3米。东墙与西墙之间中央留存18个大型柱础石，一字平行排列，间隔约5米。该建筑基址似为大型府库建筑，约始建于春秋早期至中期，战国时期废弃，汉代时遭严重破坏。

乐器坑位于被盗秦公大墓（M2）西南部，二者相距约20米。乐器坑长8.8米、宽2.1米、深1.6米，东西向，坑口距地表深约2.1米。坑内南侧有一排木质钟架，已完全糟朽，留有痕迹，痕迹旁依次成排放置3件青铜镈、3件铜虎（附于镈）、8件甬钟，镈和钟各附带1件青铜挂钩；北侧有一排木质磬架，仅存朽痕，其下有两组（10件）石磬，保存完好。青铜镈一大两小，大者通高65厘米，舞部及镈体部饰蟠龙纹，鼓部素面，铸铭文20余字，与秦公镈、秦武公镈相似，属春秋早期。

大堡子山遗址及墓群的考古发现，证明这一带是商周之际秦国的活动中心，亦即《史记》记载的"西垂""西犬丘"所在地，对研究早期秦人在西汉水流域生产生活、祭祀、丧葬、青铜冶铸、文字发展、城郭建设等具有重要历史、文化和科学价值，填补了早期秦史研究的空白。

**湖南永顺老司城遗址考古发现**　永顺老司城遗址是反映13～20世纪中国土司制度历史及土司社会生活方式和文化面貌的重要遗址，位于湖南永顺县灵溪镇司城村。

老司城由彭氏第十一世首领彭福石宠于南宋绍兴五年（1135年）迁治所而始建，至明王朝正式设立永顺宣慰司后得以大规模营建，废弃于清雍正二年（1724年），是永顺彭氏政权统治古溪州地区近600年的治所，也是该地区的政治、经济、军事、文化中心。

1995～2014年，对老司城遗址进行四次较大规模考古发掘。1995年10～12月，着重对城区进行调查与勘探，基本查清城区内城墙、主体道路分布情况，并对生活区与墓葬区进行局部发掘。1998年10～11月，对10号房址进行发掘，并发掘墓葬区的数座墓葬。2010年5月～2012年6月，对生活区内遗址进行考古发掘，对墓葬区进行勘探和发掘，并对外围区域开展考古调查。这一阶段的考古工作，基本确定了生活区主体建筑和主干道大体位置和轮廓，揭示了生活区东南部遗址区从早到晚的多次建筑过程，探明了衙署区第一级平台的建筑结构、年代及地层堆积情况。对南城墙的解剖表明，在明代早期修建生活区城墙前，老司城已有很长的居住过程。在外围区域调查中，发现土司时期遗址60余处，包括烽火台、军事关卡、土司庄园、古墓群、宗教遗址、石刻题铭等，对军事设施、宗教中心、墓葬区、休闲区、王族封邑的空间分布有了更全面的认识。

老司城遗址格局包括核心区、主体区、外围区。核心区面积25220平方米，包括生活区和衙署区。主体区19万平方米，包括城址核心区及与核心区紧邻的街巷、礼制建筑区和墓葬区，是彭氏土司居住、办公、教化和居民集中居住生活的地方。外围区25平方千米，包括祖师殿建筑群、观音阁、俞家堡建筑群、监钦湾建筑区、碧花山庄、栈道、哨卡以及其他外围建筑遗存，为永顺老司城遗址延伸区，包括宗教、军事设施。

生活区位于城区北部，总面积1.4万余平方米。建筑依山而建，自上而下，形成4～5层阶梯状平台，东北高、西南低。围墙形状略呈椭圆形，长径147米、短径114米，东、西、北三面城墙保存较好，共有西门、北门、南门三座城门。经过系统考古发掘，生活区内大型排水系统至少可分为两个大时期，早期排水系统以呈南北走向的27、28、16、17、10号沟为代表。27号沟在明早期使用和废弃，废弃后在其上砌筑明中期的大型建筑群26号房址。28号沟位于生活区北城墙内侧，是依早期城墙修建的城内最北端的大型排水系统，排水沟向东沿山体一直延伸到生活区城墙东北角，主要承接生活区北侧及东侧不同平台及山体倾泻下来的雨水、生活用水。明代晚期生活区的西墙和北墙向外扩展形成新的城墙，西北部空间也随之向外扩展，排水系统在沿袭前期原有格局上进行增修和改建。

衙署区发掘两个平台，即第一、第三平台。第一平台由南北厢房、天井、散水、道路和其他遗迹共同构成，时代为明代中期。这些遗存的建筑格局与中原地区的州县衙署相吻合。包括谯楼、仪门、角门、戒石亭、甬道、大堂、月台及六房、穿廊等。第三平台由南、北两部分构成，中间以墙体相隔。北部平面共有12个磉墩，为三开间楼阁式建筑，中部为中轴线道路，后端及两侧为卵石铺就的排水沟。南部有另一条连接第二级与第四级台地的道路。

墓葬区位于城东紫金山坡与山脚，东以紫金山腰柏树林为界，西至紫金山山脚上街，长约140米、宽约110米，占地总面积约1.5万平方米。墓地历遭破坏、盗掘，是土司王族墓地，神道、石像生等部分尚存。墓区地形呈阶梯状，共5个台地，50余座墓葬。对部分墓葬进行考古发掘，出土墓志铭等。

祖师殿区为宗教建筑区之一，系永顺土司道教场所，隔河相望为佛教场所。祖师殿区为中轴线建筑，共11级平台，由下而上分别为外部道路、前庭、山门、庭院、内部卵石道路、主体建筑等。

老司城遗址轴对称的功能布局和具有典型汉民族特点的鸱吻、小兽等屋脊装饰的建筑结构，体现了中央政权礼制文化的营造特性；镶嵌花边图案的卵石道路、随山就势的吊脚楼等，则呈现出中国西南地区少数民族山地聚落自由布局的传统特征。上述现象，体现了土司制度管理下的土司社会在建筑技术与艺术、工程组织等方面对中央规制、汉族文化与生产经验的选择性吸收。

老司城遗址反映了13～20世纪中国土司制度的历史及土司社会的生活方式和文化特征，见证了多民族统一国家的中央政权与周边少数民族通过秉承"齐政修教、因俗而治"的传统理念谋求利益平衡与共同发展、实现文化多样性传承的民族生存和社会管理智慧。

**四川成都金沙遗址考古发现**　金沙遗址是成都平原商周时期古蜀文化的中心聚落遗址，位于四川省成都市。

1995～2000年，成都市文物考古工作队对金沙遗址范围内的三处地点进行了不同规模考古发掘，三处地点均位于金沙村以北的金牛区黄忠村，故原遗址定名为"黄忠村遗址"。当时仅认识到黄忠村遗址是一处典型的十二桥文化遗址，分布面积约1平方千米。

2001～2011年，成都市文物考古工作队开展大规模密集的文物勘探及考古发掘，探明遗址分布面积在5平方千米以上，主要分布于青羊区金沙村、龙嘴村和金牛区的黄忠村、红色村、郎家村等。依据发掘地点分布位置将遗址编为50个发掘区，并对遗址内30余处地点进行考古发掘，发掘面积7万余平方米，发现房址、灰坑、墓葬、窑址和礼仪性堆积等遗迹2000余处，出土金器、铜器、玉器、石器4000余件，以及数百根象牙和数以万计的陶器。2012年，随着金沙遗址周边地区大规模基本建设减少，勘探与发掘也相应减少，金沙遗址整理研究工作提上日程。

金沙遗址发现商周时期灰坑约8700个、墓葬2900余座、窑址261处、房址186座、灰沟670条、灶1座、墙基20处、祭祀遗迹66处。其中，梅苑地点"祭祀区"发现的66处祭祀遗迹及三和花园地点、郎寓地点和金牛城乡一体化5号地点发现的10座大型建筑基址是遗址最为重要的遗迹。遗址出土遗物包括金器、玉器、铜器、骨器、木器、陶器、石器等。从考古发现情况看，遗址具有明确的功能分区，包括比较明确的梅苑地点祭祀区，三和花园、郎寓地点及金牛城乡一体化5号地点大型建筑基址区，黄河、雍景湾、金沙国际地点等墓葬区，兰苑、博雅庭韵地点等一般居址区，表明金沙遗址是十二桥文化时期成都平原一处极为重要的遗址。

金沙遗址是成都平原继三星堆遗址之后发现的又一处商周时期考古学文化中心，对建立成都平原先秦考古学文化序列和深入研究巴蜀文化，以及破解三星堆文化衰亡之谜等具有重要学术意义。金沙遗址的发现极大丰富了成都平原古蜀文化的内涵与外延，极大延伸了古蜀文化内涵的广度与维度，为探索早期蜀国历史提供了大量实物资料。

**四川宝墩遗址考古发现**　宝墩遗址是西南地区龙山文化时期的城址，位于四川省新津县新平镇宝墩村和双石村。

1995～1996年，成都文物考古研究所先后组织两次调查与试掘新津宝墩古城遗址，确认宝墩古城是成都平原一处龙山时代城址，对宝墩古城内城年代与文化性质有了基本认识。以此为契机，先后调查确认都江堰芒城、郫县古城、温江鱼凫城、大邑高山、大邑盐店、崇州双河、崇州紫竹等7座史前城址，证实成都平原拥有距今四五千年、相当于中原龙山时期的古城址群。2009年，发现并确认宝墩遗址外城面积为276万平方米，绝对年代为距今4500～4200年。2010年，对内城中心区域鼓墩子进行较大规模发掘，发现较为规整的大型建筑基址，并对外城罗林盘地点进行试掘。2011年、2012年，除发现多组大型建筑基址外，还完成了对宝墩古城近200万平方米的系统钻探，大体清楚了城内文化堆积空间分布，以及古河道、湖泊的走向和范围。2013～2015年，为配合四川大学考古系本科学生田野实习，成都文物考古研究所以揭露田角林中心聚落为主，细化内城钻探，进一步探索宝墩遗址聚落结构。2016～2017年，除进一步揭示田角林聚落形态之外，选取内外城之间几处小型聚落进行发掘，用以比较不同区域聚落点的形态差异。

宝墩遗址外城墙体残宽15～25米，残高1.5～4米。墙体外侧壕沟宽10～15米。从平面形状看，城址大致呈不甚规整的圆角长方形，方向与内城一致，约北偏东45°，城墙周长近6.2千米。以壕沟外侧边为界，遗址面积约276万平方米。宝墩外城聚落点呈向心式分布于以田角林为中心的内城外围。宝墩内城主体文化层为宝墩文化一期、二期，局部有少量宝墩文化四期遗存。内城发现多组大型建筑基址，其中内城中心鼓墩子三组大型建筑基址分布于一条线上；田角林两组大型建筑基址不在一条线上，但方向相同；蒋林（杨机坊）三组建筑呈"品"字形分布，当为统一规划的大型建筑群。这些建筑基址规模大，筑坑规矩，筑网清晰，规格较高，当为宝墩文化的大型公共礼仪性建筑。外城西南发现一夯土台基，残长20余米、宽约6米、高约1米，方向为北偏东21°，台基东侧保留有长40米、宽约15米的活动面。内城蚂蟥墩内侧发现道路一条，路土直接叠压在蚂蟥墩城墙夯土，道路随城墙走向延伸。

宝墩遗址出土大量陶器和石器。陶器分泥质陶和夹砂陶两大类，泥质陶数量多于夹砂陶。泥质陶以灰白陶和灰黄陶为主，另有灰陶和个别橙黄陶；夹砂陶以灰陶为主，另有褐陶和外褐内灰陶。陶器纹饰发达，泥质陶以划纹

（多水波纹和平行线纹）、戳印纹、附加堆纹为主，有少量细线纹、瓦楞纹、弦纹等；夹砂陶的器表多饰绳纹。陶器均为平底器和圈足器，不见圜底器和三足器，主要器类有折沿罐、绳纹花边罐、敞口圈足尊、喇叭口高领罐、宽沿平底尊、宽沿盆和壶等，另有少量宽沿高领器、腰沿器、豆和敛口罐等。石器有打制和磨制两种，打制石器多为石片石器和切割器等；磨制石器多通体磨光，制作精致，以斧、锛、凿、纺轮等生产工具为主，也有少量兵器，如矛、镞等。

宝墩遗址是西南地区龙山时代最大的城址，也是三星堆文化的前身之一。宝墩遗址的发现，对建立四川地区新石器时代到青铜时代的文化发展序列，探索长江流域古代文明起源等具有重要意义。

**湖南里耶古城及出土秦简牍考古发现** 里耶古城遗址为战国晚期到秦汉时期城址，位于湖南省龙山县里耶镇，东临酉水。

1996年5月，湘西自治州和龙山县文物工作者发现古城遗址。1997年6月，湖南省文物考古研究所会同湘西自治州文物处确认古城的时代及相关遗址分布情况。2002年4～11月，为配合碗米坡水电站建设，湖南省文物考古研究所和湘西州、县文物部门，对里耶古城和电站库区涉及的古遗址、古墓葬进行抢救性考古发掘。里耶古城发掘面积5500平方米，基本弄清了城址布局，城墙、城壕和城内外各种遗迹关系，以及各时期文化的内涵。2005年10月～2006年6月，为配合里耶古城保护工程，湖南省文物考古研究所对城壕进行全面发掘清理，发现西城门、西门道、环城道路一系列遗迹及秦简等大量重要文物。

里耶古城城址平面呈长方形，四隅略带弧形。大量房屋、水井分布在道路两侧，路面略高于房基，城内筑有规模较大的黄土台。房屋为干栏式建筑，屋顶盖以板瓦、筒瓦。里耶古城两个时期城址结构变化不大，但建筑布局变化较大，水井则或存或废，或凿新井。汉代城址城区布局比较清晰，在城址中心部位有一条东西向大道，西端与西城门相连，东端与连通南城门的南北向大道垂直相交；城墙外有环城道路；在北城壕东端两侧有两个对称的大柱洞，应是吊桥桥墩遗存。通过发掘可知，里耶古城始建于战国中期，为楚国建立的军事性质的城池；秦统一后，成为秦代洞庭郡的迁陵县城；西汉时期再次修筑，成为西汉武陵郡下辖县城；东汉以后逐渐废弃。

城内最重要的遗迹是一号井。井内出土秦简3.82万余枚，包括残简和削衣。除简牍以外，还出土陶器、筒瓦、板瓦、铜矛、箭镞、铁锸、钱币、绳索、多种木构件等。一号井始凿于战国晚期，废弃于秦末。一号井有完整的井亭、井台、井道等遗迹，是考古发现规模最大、结构最完善的战国古井。

城壕位于里耶古城北、西、南城墙的外围，呈"匚"形环绕古城，仅在南城门有旱道与城外连通。南城壕的北端有一条黄土带，为城墙外围道路。西城壕最初是南北贯通，在第二次城墙修筑过程中，中段填实成为西城门向外的通道。在西城壕最北端和北城壕西段两处，两侧保留原始生土台，应是水闸遗迹。西门道位于西城墙中部，路表面平整，有车辙等痕迹。西城门和西门道是第二次修筑期间修筑，年代为西汉。城壕内包含物极为丰富，除大量陶瓦、陶器外，还出土铜器、铁器、漆木器、秦代简牍及动植物标本，丰富了里耶古城的文化内涵。

里耶古城所处的是中国从王国进入帝国的时代，是帝国形成与早期发展的时代，承载了特定历史时期的特定历史意义。从楚人在战国中、晚期大规模进入湘西到秦汉这段时期，是湘西地区古代文化研究的薄弱环节，里耶古城的发掘深化了这一时期的区域考古研究。里耶古城遗址发现的遗迹和遗物，是研究古城历史文化的重要资料。古城、古井、古简三位一体，更全面、更丰富、更科学地为秦代城址研究提供了极为珍贵的考古资料。

里耶秦简包括两部分，一部分是出土于里耶古城遗址一号井的3.8万余枚简牍，另一部分是2005年12月出土于护城壕十一号坑中的51枚简牍。这批简牍主要是秦朝洞庭郡迁陵县的公文档案，内容丰富，涉及政治、军事、民族、经济、法律、文化、职官、行政设置、邮传、地理、历法等诸多领域，极大地丰富了人们对秦王朝制度的了解和认识，为研究古代历史文化变迁提供了重要资料，具有重要的文物和文献价值。

**山东青州龙兴寺古代佛教造像窖藏考古发现** 青州龙兴寺古代佛教造像窖藏是重要的古代佛教造像瘗埋遗存，位于山东省青州市王府街道小赵庄北部。

1996年10月，青州市博物馆对窖藏进行发掘，发掘面积59.16平方米，出土文物以造像为主，相对完整的有400余尊。

2006年、2008年、2010年，山东省文物考

古研究所进行三次考古勘探，取得重要成果。在遗址勘探区域内发现20个/组遗迹单位，可大体分为三大部分，即中轴线三座主建筑、遗址西北遗迹群和东北遗迹群。中轴线主体建筑，前、中建筑均为大型建筑，中建筑东西、南北均20余米；后建筑较小，不知其功能。西北遗迹群最为复杂，中间有主体建筑，左右各有偏房，南部有亭阁，再向南有相对较大的东西对称建筑。东北区遗迹推测为建筑回廊遗迹，有面积较大的淤土，推测属池塘或放生池之类。西北遗迹群、东北遗迹群或为西院和东院。在遗址东部发现20余块石块，排列有序，推测为墙体和东门柱础，初步确认出院落的东墙和东南门，东南门为三进山门样式。

窖藏开挖于生土中，为一长方形坑，东西长8.7米、南北宽6.8米，坑底距地表3.45米，北偏东5°。偏东部有一南北向斜坡道，长6.3米、宽0.9米，将窖藏分成东、西两区。该斜坡略偏向东北，斜坡为生土，或为运放造像之用。窖藏坑壁垂直，拐角明显。窖藏坑底部整修平整，内填花土，未经夯打。窖藏西半部偏东有一直径1米的盗洞，盗洞中填土较乱，洞底有淤泥，填土中和洞底未发现包含物。窖藏西南角有一口直径2.5米的圆井，井深近8米，上部被灰色夯土破坏。井内填土较松散，内含部分明代砖、琉璃瓦的残件，清理出4件造像头像及部分造像残件。从出土遗物分析，此井毁于明代，开挖时间不详。

窖藏内造像全部为佛教造像。窖藏西区造像排放相对有序，局部按上、中、下三层排列摆放，有少量坐姿造像呈立式排放，出土时顶部不在同一平面上。窖藏东区出土造像相对

较少，但几件纪年造像均出土于东区。东区上层造像上发现有席纹，推测造像掩埋前曾用苇席覆盖。除造像外，窖藏内还出土有货币142枚，陶、瓷器各1件。

根据出土文物及地层推测，窖藏应掩埋于北宋末年或金朝早期。出土佛教造像种类有石灰石造像、汉白玉造像、花岗岩造像、陶造像、铁造像、泥塑造像、木造像，形式分为背屏式造像、圆雕造像、造像龛等；题材包括佛像、菩萨像、罗汉像、力士像、弟子像、供养人像等。造像大、小差异较大，高的达3.2米，小的仅20厘米左右，1~1.5米左右的造像占多数。雕刻内容繁简有别，背屏式造像有的雕有一佛、二菩萨、二弟子，有的雕出三尊，有的仅雕本尊。单体造像有立像、坐像之别。坐姿造像有结跏趺坐，也有倚坐。有纪年的造像最早为北魏永安二年（529年），最晚为北宋天圣四年（1026年）。以北魏晚期至北齐时期的造像数量最多，形体最大。经整理、拼对，窖藏出土各类佛教造像600余尊，相对完整者400余尊。

**长沙走马楼三国吴简考古发现** 长沙走马楼三国吴简记录了三国时期吴国的档案资料，出土于湖南省长沙市平和堂商厦建设工地一口古井之中。

1996年7月起，配合城市基本建设，长沙市文物工作队对平和堂商厦建设区域内的古井群进行抢救性发掘。1996年10月17日，长沙市文物工作队在建设工地发现带有文字的木牍、木简，展开抢救性发掘清理。

吴简的抢救性发掘与找寻、清理工作，分22号井与湖湘渔场建筑垃圾卸渣区两个地点同时进行。发掘所获吴简的形制分为大木简、木简、竹简、木牍、竹牍、木楬（签牌）等，分为竹质与木质两类。大木简形制特别，长42.2~56.2厘米、宽1.2~5.5厘米、厚0.1~1.5厘米。竹简形制分宽、窄两种，宽简长25~29厘米、宽1.2~1.5厘米、厚0.15~0.18厘米，窄简长22.5~23.5厘米、宽0.5~1.2厘米、厚0.05~0.1厘米。木简长24.2~29厘米、宽1.5~1.9厘米、厚0.4~0.5厘米。木牍长23.4~25厘米、宽6~9.6厘米、厚0.6~0.9厘米。竹牍长23~27厘米、宽1.4~3厘米、厚0.3~0.6厘米。木楬长7~11.2厘米、宽3.2厘米、厚0.3~0.4厘米。

1996~2015年，长沙简牍博物馆与项目合作单位，完成全部走马楼简牍的揭剥、清洗、脱水、脱色、拍照、修复入库及简牍出土文献资料的整理工作。共完成14万余个简牍清洗编号，其中计入总账编号并整理的有字简牍为7.6万余枚、残存字痕简牍2万余枚、无字残简4万余枚。

该批吴简内容种类繁多，大多为簿籍类文书，涉及土地制度、赋税徭役征调制度、户籍、仓库管理、司法案例、县乡行政、阶层社会等诸多方面。经专家学者整理，类别包括乡里吏民妻子口食簿、年纪簿、军吏父兄子弟簿、叛走人名簿、举私学簿、新占民簿、品户数簿、工师及妻子簿、库布账簿、库钱账簿、库皮账簿、仓库月旦簿等数十种簿籍，还有一些重要的、较完整的司法案卷（如《许迪割米案》）与吏民田家佃田租税莂券等。

走马楼三国吴简是三国孙吴荆州所辖长沙郡临湘侯国的行政文书，直接反映了基层地方的统治秩序。孙吴临湘侯国文书档案的出土，为研究孙吴县政提供了最佳材料，具有重要的文献史料价值。

### 贵州遵义海龙囤与杨氏土司墓考古发现

海龙囤是宋明时期的土司城堡遗址，始建于南宋宝祐五年（1257年），毁于明万历二十八年（1600年）的平播战火，位于贵州省遵义老城西北的龙岩山巅（又称龙岩囤），属遵义市汇川区高坪镇海龙囤村双龙组。杨氏土司墓系历代播州土司埋葬遗存，基本分布在遵义市市域内。

遵义旧属播州，杨氏于9～17世纪占据播州，至末代土司杨应龙时共传27代，30人先后出任播州统领。

对海龙囤的寻访自清中期便已开始。清儒郑珍曾在道光年间四次登囤，在《遵义府志》里留下"海龙囤""海朝寺""土月二城""海龙九关"等条目，还抄录了囤上残存的碑碣铭文。对海龙囤科学、全面的考古调查始于20世纪七八十年代。1999年秋，贵州省文物考古研究所、遵义县文化局等组建考察队，对海龙囤及周边诸囤进行较为系统的调查，并对"新王宫"和"老王宫"遗址进行小规模试掘，对新发现的"龙虎大道"和"三十六步"进行清理，海龙囤的格局逐渐明晰，与周边诸囤的关系也大致摸清。2012年4月～2013年1月，经国家文物局批准，贵州省文物考古研究所联合汇川区文体广电局对海龙囤遗址展开首次大规模科学发掘，重点是"新王宫"遗址，探明房址30组，出土器物上万件。

海龙囤环囤有约6千米长的石墙，依山势逶迤延伸，围合面积1.59平方千米。囤东有铜柱、铁柱、飞虎（三十步）、飞龙、朝天、飞凤（五凤楼）六关，囤西有后关、西关、万安三关，均大石筑就，巍峨雄壮。囤东朝天、飞龙两关遗有杨应龙手书榜额，知其分别建于万历二十三年（1595年）和万历二十四年（1596年）。囤西三关之间围合成的两座瓮城分别称为土城、月城。囤顶平阔，"老王宫"和"新王宫"是海龙囤两组最宏大的建筑群，面积均约2万平方米。此外，尚有金银库、四角亭、采石场、校场坝和绣花楼等遗迹。海龙囤周边数里内有养马城、养鸡城、养鹅池等同期遗存，共同构成庞大严密的军事防御体系。《平播全书·叙功疏》记载："海龙囤周围尚有龙爪、望军、海云等囤，养马、养鸡等城，皆海龙羽翼。"

"新王宫"遗址居于囤顶中部偏西处，是一组四周有封闭城墙、以中央踏道为中轴线、具有衙署性质的明代建筑群。环"宫"城墙由土、石混筑而成，局部地段高出地面0.5～1.5米，部分已坍塌并掩于土下。墙宽1.9～2.4米，周长504米，由其围合的"新王宫"面积1.8万平方米。整个"新王宫"在平面上大体呈三纵格局，遗迹有房屋、道路、池沼、排水沟和灶台等。房屋都建在台基上，墙基用硕大条石筑成，其上起砖墙，以瓦苫顶。屋内以砖墁地，屋外则用石。居中的大堂即海潮寺所在位置，寺前有天井，侧有两厢，中为甬道，前有九级踏道并大门，两翼有"八"字石墙，外接"宫墙"，门前复设踏道。后堂建于高台上，面阔五间，明间设须弥座雕龙石榻，传为杨应龙的"宝座"，此处当为正衙。后堂与大堂间有穿堂。大堂、后堂和穿堂形成一组

"回"字形建筑，构成"新王宫"中轴线。东路有园林、库房，西路"三星台"疑为寝宫。"新王宫"整体布局遵循"前堂后寝"布局。出土遗物有建筑构件、碑刻、瓷器、铁锁、瓦钉、钱币等。部分砖之端头或侧面有模印铭文"验""砖""甸""十六""十六砖""初一号"等。碑刻以传世"骠骑将军示谕龙岩囤严禁碑"最为重要。

"老王宫"位于囤顶中部山脊上，与西北侧的"新王宫"隔沟相望，两者相距约200米。房屋依山而建，尚未发现环"宫"城墙。"老王宫"东北侧大园子一带发现3处窑址，出土大量砖屑及未经火烧的砖坯，所出砖块尺寸与"新王宫"出土砖块一致，部分有"初一""十六"铭文，为明代砖窑。

杨氏土司墓的考古始于20世纪50年代，考古工作者先后对杨文、杨升、杨纲、杨辉、杨爱、杨粲等土司以及家族墓葬进行发掘，为了解播州杨氏土司的历史文化提供了新线索，其中杨粲墓等还被公布为全国重点文物保护单位。2014年，对新蒲播州的三座杨氏土司墓进行发掘，其中杨价墓未遭受盗掘，所以出土遗存比较丰富，填补了既往发现与研究的空白。

海龙囤和杨氏土司墓考古遗存，见证了中国少数民族地区政策由唐宋时期的羁縻之治到元明时期的土司制度，再到明代开始的"改土归流"的变迁，为从考古学角度深化中国土司制度和文化研究，探讨中央与地方互动关系提供了新的材料和视角。

**内蒙古赤峰兴隆沟聚落遗址考古发现** 兴隆沟聚落遗址为新石器时期聚落遗址，包含兴隆洼文化、红山文化和夏家店下层文化三种不同的文化遗存。遗址位于内蒙古自治区敖汉旗东部，地处大凌河支流牤牛河上游左岸，东南距离兴隆洼遗址13千米，面积4.8万平方米。

1982年冬，中国社会科学院考古研究所内蒙古工作队与敖汉旗文化馆联合对该旗的古代遗址进行普查，首次发现兴隆沟遗址。1998年5月下旬，对兴隆沟遗址进行复查，并对地表所见到的房址灰圈进行测绘，采集到一批典型陶片及数量较多的石器。发现房址灰圈145座，均沿东北—西南方向成排分布，可明确分成三区。采集到的遗物有陶器与石器。陶器均为夹砂陶，器表颜色不均，多呈灰褐、黄褐色，采用泥圈套接法制成。器类较少，以罐、钵为主。器表均施纹，施纹方法分为压印、压划、戳压等，还有的系附加而成。石器按加工方法可分为打制、琢制、磨制三种，器类主要有锄形器、刀、斧、球、饼形器、盘状器、磨盘、磨棒、砧石等。

2001～2003年，中国社会科学院考古研究所内蒙古第一工作队对兴隆沟遗址进行两次发掘，发掘3个地点。

第一地点位于兴隆沟村西南约1千米的坡地上。房址平面呈长方形或近方形，半地穴式建筑，均呈东北—西南向成排分布。房址分为大、中、小型三种，大型房址面积为70余平方米，中型房址面积为40～60平方米，小型房址面积为30～35平方米。居室葬是兴隆洼文化重要内涵之一，墓穴在房址中有固定位置，墓口呈长方形，墓穴竖直，底部平整，多数墓口被踩踏成硬面，与周围居住面连成一体。灰坑平面呈圆形、椭圆形或长方形，以直壁、平底坑为主。35号灰坑坑底中部相对放置两个猪头骨，并用陶片、残石器和自然石块摆放出躯体，大体呈"S"形，具有鲜明的宗教祭祀意义，这也是已知中国年代最早的猪首龙形态，对研究龙的起源及崇龙礼俗的形成具有重要意义。遗物主要有陶器、石器、骨器、玉器、蚌器和复合工具等。陶器以罐为主，钵、杯、盅次之。石器有打制的亚腰铲、球，磨制的斧、饼形器、大型磨盘、磨棒等。此外还有人头盖骨牌饰，石质、蚌质人面饰等。

第二地点位于兴隆沟村东北的坡地上，多数房址穴壁被破坏。出土一组具有红山文化晚期特征的典型陶器，包括双耳罐、瓮、圈足盘、三足盅、桥形纽器盖等。清理出红山文化房址4座、灰坑31个。房址大体呈东北—西南向排列，灰坑分布在房址的周围，如7号房址的西南和东南侧分布有9个灰坑，8号房址的西北侧分布有7个灰坑。居住区外围修筑有一道长方形围沟。

第三地点位于兴隆沟村西南约1.2千米的坡地上，2003年首次进行试掘。发掘区位于聚落中部，揭露面积250余平方米，清理出夏家店下层文化房址3座、灰坑42个。房址中仅有1号房址保存较完整，平面呈长方形，半地穴式建筑。紧靠房址东北侧穴壁的西北半段修筑一道火墙，入火口用石块垒砌，应为取暖设施。出土遗物较多，以陶器和石器为主。骨器磨制精良，骨链形制多样，具有很强的实用性。

2012年5月，在第二地点发现一尊红山文化时期精美陶塑人像，为泥质红陶。人像盘坐姿，背略弧，身体为筒罐状，略前倾，双手交叉放于双脚之上，头戴冠。人像五官比例协调，捏塑逼真，形神兼备，气韵生动，似属红山文化晚期巫者或王者，是红山文化时期先民创造的艺术珍品。

兴隆沟聚落遗址的发掘成果，为兴隆洼文化、红山文化和夏家店下层文化内涵与分期研究提供了新的依据，推动了西辽河流域乃至整个东北地区的史前考古研究。首次发现的红山文化晚期长方形围壕兼具防御和界定的双重功能。首次发现夏家店下层文化完整的取暖设施。祭祀坑内发现的猪首龙形态，对研究龙的起源及中国崇龙礼俗的形成具有深远的意义。第一地点首次发现经人工栽培的炭化粟，表明当时已出现了原始的农业经济。

**江西李渡元代烧酒作坊遗址考古发现**　李渡烧酒坊是已知中国年代最早且具有鲜明地方特色的生产蒸馏酒的元代作坊遗址，位于江西省进贤县李渡镇，遗存面积约1.5万平方米。

2002年6月，江西李渡酒业有限公司在改造老厂房时发现地下有古代酿酒遗迹。7～11月，江西省文物考古研究所对李渡烧酒作坊遗址进行抢救性发掘，发现水井、炉灶、晾堂、酒窖、蒸馏设施、墙基、水沟、路面、灰坑和砖柱等遗迹，分属元、明、清至近代等不同时期。其中水井始建于元代，底部建在流沙层上，后经增建、修补，至近代废弃，深4.25米。水井底部和井圈用红麻石修砌，井壁用青砖竖砌并以黄泥勾缝。井圈呈六边形，周围有三合土构筑的散水和用红色石块、青砖砌成的水沟。

灶是酿酒过程中原料蒸煮糊化和烤酒蒸馏的重要设施，用红色石块和青砖修砌，始建于明代。晾堂共两处，是酿酒过程中拌料、配料、堆积、扬冷酒醅和前期发酵的场地，用卵石和三合土铺成，边界用红色石块砌成，可防止酒醅的渗水漫流。酒窖分为圆形、腰形和长方形三种，是酿酒过程中经摊晾下曲后的糟醅进行前期发酵、主发酵和后期发酵的场所。酒窖建成后被长期使用，并多次增修和改造。部分酒窖一直沿用至今。蒸馏设施共两个，圆桶形砖座，内壁及底部用三合土填抹，分别属清代和明代。

出土遗物包括石器、陶器、瓷器、竹木器、铁器、铜器等，器类有碗、盘、碟、盏、盅、靶杯、压手杯、勺、罐、炉、灯、盒、缸、瓮、盆、擂钵、瓦、砖等，酒具最为丰富。部分砖上模印花纹和"李思捕堂"等铭文。少数瓷器的内、外底有题款和花押，年号款有"大明成化年造""大明嘉靖年制""大明年造""同治年制"等。

李渡酿造蒸馏酒的历史至少可追溯到元代，是继四川成都水井坊之后中国发现的又一处时代早、延续时间长，且具有鲜明地方特色的古代烧酒作坊遗址，不仅为中国蒸馏酒酿造工艺起源和发展研究提供了实物资料，也是中国首次发现小曲工艺的白酒作坊遗址。

### 河南内黄三杨庄汉代聚落遗址考古发现

三杨庄汉代聚落遗址是已发现的唯一一处性质明确、布局完整、保存较好的汉代农耕聚落遗址，位于河南省内黄县梁庄镇三杨庄村附近，地处黄河故道。

2003年6月23日，工人在开挖河道时于河底发现大片完整扣合的汉代板瓦和筒瓦，内黄县文物局立即派员进行初步清理。7月8日，在河南省文物局组织下，河南省文物考古研究院组成考古队开始对遗址进行考古发掘。首先对河道内的汉代房屋建筑遗存进行清理，又对距Ⅰ区约500米处河道底部发现的另一座汉代房屋建筑遗存进行清理。为保护这两处庭院遗存免遭破坏，水利部门决定在原已开挖河道以南约50米处开挖新的河道。

2005年起，为确定遗址范围，以三杨庄村为中心持续进行考古勘探。在约100万平方米范围内发现13处汉代庭院（含已发掘的4处庭院），以及规模超过1万平方米的砖瓦堆积区1处，陶窑、湖塘各1处，东西向道路3条／段，南北向道路3条／段。

第一处庭院仅清理了位于开挖河道底部的主房部分。清理出的建筑遗迹有庭院围墙、主房瓦屋顶、墙体砖基础、坍塌的夯土墙、未使用的板瓦和筒瓦、建筑废弃物堆积、拌泥池、灶、灰坑等。出土轮盘、盆、瓮等陶器。从部分板瓦、筒瓦出土时仍被整齐叠摞在庭院东部的情况，结合主房东北侧有一堆筒板瓦碎块、西南侧有一小拌泥池，推测主房正在维修时洪水来临，维修工作未能完成。

第二处庭院东距第一处庭院约500米。该处庭院总面积近2000平方米，平面布局从南向北依次为第一进院南墙及南大门、西门房、东厢房，第二进院南墙、西厢房、主房。南大门外东南约5米处有一口砖水井及通往水井的便道，水井西侧约5米处有一处编织遗存。庭院西北角有一座厕所，在庭院西侧还清理出一座椭圆形水池。该庭院东、北、西三面均发现有垄作农田遗迹，南门外为南北宽约40米的空场地，再外有一条宽约8米的东西向道路。

第三处庭院东北距第一处庭院约100米。庭院面积约为900平方米，平面布局从南向北依次为第一进院南墙及南大门、南厢房、东西两侧院墙，第二进院南墙、主房、后院墙等。庭院东、西墙外分别有一条宽窄、长度大致相同的水沟，西侧水沟分为南、北两段。南门外西侧有水井一口。庭院后附有一座厕所。庭院后（北侧）还发现有两排树木遗迹，多为桑树，也有榆树。在庭院东、西两侧水沟外和北侧清理出大面积排列整齐的田垄遗迹，南门外场地南侧也为农田。

第四处庭院位于第三处庭院东25米。平面布局接近第三处庭院，但西侧未有边沟，而是一行南北向的树木。院后也有一厕所，厕所后同样种植有树木，并有一方形坑。第三处庭院与第四处庭院之间为垄作农田，田地内发现有车辙痕迹及牛蹄痕迹。

遗址内地层堆积呈典型的河床淤泥与淤沙交替层状堆积形态，与历史上黄河在北宋以前长时期在此地流经相吻合。综合遗址出土板瓦、筒瓦、瓦当、陶器等器物群的时代特征，并结合相关历史记载，该遗址应形成于新莽后期某次水患。

三杨庄汉代聚落遗址首次展现了黄河下游两岸汉代乡间田园的直观景象，展示了黄河下游普通农民的居住环境和居住条件，并首次揭示黄河下游普通民居的建筑工艺和建筑形式，实景展示了黄河下游地区的农耕技术和农业文明。三杨庄遗址集中出土了较多数量的石臼、石磨、陶器、铁器等生产生活实用器，在汉代考古中也很少见。三杨庄遗址也为黄河变迁史的研究提供了珍贵的考古地层依据。

**隋代大型国家粮仓回洛仓考古发现**　回洛仓为隋代大型官仓代表性遗存，位于隋唐洛阳城外的东北部，地处河南省洛阳市瀍河区瀍河乡小李村、马坡村西一带。

2004年9月～2005年6月，洛阳市文物工作队配合建设钻探出71座仓窖，并选择其中3座进行试掘。在56号窖内出一块"大业元年"铭文残砖，因此初步推断仓窖始建年代不晚于隋代。2009年7月，洛阳市文物工作队对回洛仓范围进行大面积勘探，确定仓城东、北、南三面城墙的准确位置。2012年1月～2013年10月，为配合大运河申遗，再次对回洛仓进行大规模勘探、发掘，基本掌握了仓城遗址范围、道路、仓窖、管理区等总体布局及漕运相关情况，清理出仓窖、道路、漕渠、灰坑等遗迹。

回洛仓城平面呈长方形，东西长1140米、南北宽355米。仓城墙宽3米。仓城总体可分为中部管理区、漕渠、东西两个仓储区及道路。在东、西两个仓储区内，由呈"十"字形布局的宽阔道路将仓窖分隔为4个相对独立的部分，每一部分的仓窖成组分布，整齐排列，间距10～11米。位于南部东、西两个部分内的仓窖数量均为99座，位于北部东、西两个部分内的仓窖数量均为77座。根据仓窖分布规律推测，整个仓城仓窖总数有700座左右。

清理出完整仓窖7座，仓城内主要道路2条。7座仓窖中有6座开口于明清层下，1座开口于金元层下。仓窖形制结构相同，均呈口大底小的圆缸形。仓窖口和窖壁均塌落严重，保存较差，窖壁和底部保留有火烧过的青膏泥和木板及席组成的"防潮层"。在仓窖近底部，特别是仓窖壁周围，清理出较多散落的炭化草秆及草叶。草秆、草叶呈黑色，部分草秆还基本保持塌落前的"人"字形屋顶形状。在

"人"字形草顶顶端内侧清理出腐朽的圆形木棍，直径7厘米，推测为屋顶木梁或木攒。仓窖内为纯净的淤土堆积，无人为回填迹象。仓窖内未发现粮食朽痕，根据对仓窖底部采集的土样进行浮选和植硅石检测，确定143号仓窖存储粮食品种为单一的黍。在仓城内清理出东西、南北向道路各一条，呈"十"字形交叉，均分为两期。东西向道路踩踏面宽28米，仅在道路南侧发现车辙痕迹一组，辙痕无凹陷，宽12～15厘米。南北向道路踩踏面宽40米，在路面上清理出数条车辙痕迹，辙痕无凹陷，宽12～15厘米。从路土厚薄及车辙痕情况看，这两条道路使用时间均较短暂。漕运渠道位于仓城管理区南部，略呈东北—西南走向，渠深6.5～7米。

出土遗物很少，有隋代五铢铜钱、瓷片、布纹板瓦、素面灰陶片残件等。在管理区编号为1号灰坑的隋代灰坑中，清理出与回洛仓仓储有关的完整铭文砖1件、带铭文残砖7件。铭文详细记载了管理仓城机构为"太仓署"，仓城名称为"新都仓"；铭文还以"十"字道路为坐标，详细记载了仓窖位于回洛城中的具体位置，以及储粮品种、总数量，粮食来源，粮食入窖年、月、日，各地与回洛仓粮食有关的官员姓名等。

回洛仓的发现，是隋唐洛阳城考古的重要收获，明确了文献记载中回洛仓的具体位置，对研究隋代洛阳城兴建、仓储情况及中国储粮史等具有重要意义。回洛仓城遗址是大运河沿线最重要的粮仓遗址，是以洛阳为端点的隋唐大运河的实物例证之一，为中国大运河成功"申遗"提供了珍贵的实物证据。

**河南省新密市李家沟遗址考古发现** 李家沟遗址是中原地区旧石器时代向新石器时代过渡阶段的重要遗址，位于河南省新密市岳村镇岗坡行政村李家沟村西百余米处。

2004年，郑州市文物考古研究院组织旧石器时代考古专项调查时发现李家沟遗址。2009年秋季和2010年春季，北京大学考古文博学院与郑州市文物考古研究院联合对该遗址进行抢救性发掘。发掘探方分南、北两区，均包括从旧石器时代晚期至新石器时代早期的地层堆积。

旧石器文化遗存主要发现在南区第6层，北区第7层也有少量发现。细石器的发现显示遗址早期居民拥有十分精湛的石器加工技术，应用成熟的技术加工出典型的端刮器、石镞、雕刻器等。这些工具的原料多是不见于本地的优质燧石，是远距离采集运输所得。

李家沟遗址南侧发掘区发现数量较多的脊椎动物骨骼遗存，可鉴定动物种类有食草类包括牛、马及大型、中型和小型鹿类，杂食类有猪，还有食肉类、啮齿类与鸟类等。牛、马与大型鹿类等大型食草类比例高达半数以上，显示狩猎获得大型食草类动物是李家沟遗址早期阶段主要的生计来源。

除典型的细石器外，尤其重要的是在李家沟遗址南区第6层还发现了仅经过简单磨制加工的石锛，以及烧制火候较低、表面无装饰的夹砂陶片。还发现数量较多的人工搬运石块，这些石块当来自遗址附近的原生岩层，其用途尚不十分明确，但显然应与当时人类的居住活动相关。这些情况并不见于时代较早、流动性更强的旧石器遗址，而与稍晚的新石器时代的发现比较接近，应是过渡阶段出现的具有标志性意义的文化现象。

新石器文化遗存主要发现在北区4～6层。这一阶段的文化层明显增厚，说明遗址使用规模与稳定性远大于南区发现的细石器文化阶段。除数量众多的文化遗物，北区还发现有很清楚的人类活动遗迹，其中最具特色的是石块聚集区。遗迹中心由磨盘、石砧与多块扁平石块构成，间或夹杂数量较多的烧石碎块、陶片及动物骨骼碎片等。带有明显人工切割痕迹的食草类动物长骨断口，清楚显示遗迹区进行过加工动物骨骼的活动。大量烧石的存在则说明这里亦具有烧火功能。

另一项重要收获是100余件陶片，说明当时人类就在原地或附近使用陶器。已发现的陶片均为夹砂陶，颜色有浅灰黄色、红褐色等。部分陶片质地较坚硬，显示其烧成火候较高，已不是最原始的制陶技术特点。而其直接出现在不见陶片遗存的旧石器文化层之上，显示这种较为成熟的技术可能并不是本地起源，而与技术或人群的交流或迁徙有关。总体来看，李家沟遗址新发现的陶器不论是器物类型还是纹饰风格，均与本地区年代稍晚且广泛分布的裴李岗文化有比较明显的区别。

这一阶段发现的动物化石种类亦较丰富，但与早期明显不同，数量较多的是中型和小型鹿类，大型食草类动物则仅见零星的牛类与马类骨骼碎片，也可见到少量羊、猪及食肉类动物的骨骼遗存，啮齿类以及鸟类遗存则与早期没有明显区别。动物骨骼保存情况与本阶段石器工具组合变化情况吻合，大型食草类动物遗存数量锐减当与精制便携的专业化狩猎工具的消失有关联。李家沟遗址早期新石器阶段较成

熟制陶技术的突然出现，以及细石器技术的明显变化，显示本地区旧、新石器时代的过渡与华南、华北北部地区并不相同，有其独特的发展路径。

李家沟遗址包含旧石器时代晚期到新石器时代早期文化叠压关系的地层剖面，从地层堆积、工具组合、栖居形态到生计方式等多角度提供了中原地区旧、新石器时代过渡进程中的重要信息。李家沟遗址的发掘与研究，揭示了中原地区史前居民从流动性较强、以狩猎大型食草类动物为主要对象的旧石器时代，逐渐过渡到具有相对稳定栖居形态的新石器时代的演化历史。

**梁带村遗址考古发现**　梁带村遗址为西周晚期至春秋早期的芮国墓地，位于陕西省韩城市昝村镇梁带村，地处黄河西岸二级台地之上。

2004年12月～2005年3月，渭南市文物保护考古所和韩城市文物旅游局在梁带村勘探发现多座古墓葬。2005年4月，陕西省考古研究所与渭南市文物保护考古所、韩城文物旅游局组成联合考古队，开始对梁带村遗址及墓葬进行调查勘探和考古发掘。

经调查，在梁带村东北部和西南部均发现两周时期文化遗存。大规模考古勘探发现两周时期墓葬1300余座、车马坑64座，其中，诸侯级大型墓葬7座、士大夫级中型墓100余座、一般平民墓1100余座。截至2006年底，先后发掘"中"字形27号墓、"甲"字形19号墓和26号墓，出土金器、青铜器、玉器等大量珍贵文物。2007年，在梁带村3个区内发掘清理墓葬36座、马坑2座，其中"甲"字形大墓2座、中型竖穴土圹墓8座。2009年，发掘清理周代墓

葬25座，其中大型墓葬3座、小型墓葬22座。前后三次大规模发掘共清理出铜器、金器、铁器、玉器、石器、漆木器等各类珍贵文物3000余件，有极高的研究和观赏价值。如首次见到的两周之际的金剑鞘，已知国内年代最早的青铜镎于、等级最高的梯形牌饰和七璜联珠玉组佩等。在502号墓的椁室四角发现4个木俑，比秦始皇兵马俑早五六百年，开创了中国用俑制度的先河。

通过对出土文物的整理研究，基本可以确定梁带村墓地为西周晚期至春秋早期的芮国墓地，纠正了对芮国历史的错误认识。梁带村两周墓地的发掘，为研究周代封国历史、礼乐制度、丧葬习俗、琢玉工艺及铸铜技术等提供了宝贵资料。

**江西高安华林造纸作坊遗址考古发现** 华林造纸作坊遗址是中国首个经过科学发掘的造纸遗存，也是考古发现的时代最早、延续生产时间最长的造纸遗址。遗址位于江西省高安市华林风景名胜区管委会东溪行政村的周岭自然村，东南距高安市城区70千米，东北距奉新县城50千米。

2005年，在周岭村山间田地里发现水碓遗址16座。2007年9～10月，江西省文物考古研究所、高安市博物馆联合对华林遗址开展第一期考古发掘，揭露出大批与造纸工艺有关的遗迹。2009年10～12月，开展第二期考古发掘，清理各类与造纸相关遗迹28处、水碓遗址14座。

福纸庙造纸作坊遗址位于周岭村东南约500米处，考古人员于此发现了宋、元时期沤竹麻坑和烧灰料的灰坑，以及明代沤竹麻坑、烧灰料灰坑、蒸煮竹麻的大片烧土块、晒料与拌灰工作台、沤竹麻坑的尾砂坑、舂打竹麻的水碓等大批与造纸工艺有关的遗迹。发现因堆放石灰遗留下来的大片混砂土，呈长方形，面积6平方米，厚约0.2米。发现一间属于元代的抄纸房，是用木柱支撑的棚屋。以陶制水管为排水管，将抄纸房里的废水向东排入南边的水坑。

在周岭自然村的石脑头溪沿岸和相邻的西溪村西溪沿岸发现水碓遗址16座。水碓结构基本一致，由引水渠、水车池和工作间构成。引水渠一般先在水碓上游用石块或杉树做成水坝抬高溪流水位，再开挖引水渠或用竹木水槽将溪水引向水碓水车。水车池为方形，一般长3米、宽2～2.5米。四面用石块垒墙，后墙较高，其他三面墙高度一致，两侧石墙上部放置一块有榫槽的大石块以安放水车；前墙上部置一块或两块大石块，石块上有两组榫窝以承放两根碓杆。水车池一般有一条排水沟将水排回溪流。在水车池前有一个用砖石围成的工作间，内置加工工具。

华林造纸作坊遗址的时代可以早到南宋，共发现宋、元、明三个时期的造纸作坊遗迹，遗迹和地层叠压关系清楚。沤竹麻塘由南宋的长方形土坑发展到元代的石砌圆形水塘，再到明代石砌上游漂水塘与下游腌竹塘，可看到技术的改进，对研究造竹纸技术的发展史具有重要价值。

华林造纸作坊遗址是考古发现遗迹最多、最全的造纸遗址，反映出从伐竹到沤料、煮料、腌料、舂料、配药、制浆直至抄造成纸的一整套制纸流程，可完整再现明代宋应星所著《天工开物》中"造竹纸"的情景。遗迹选址布局和堤堰、引水渠等反映出古代劳动人民对水力资源的利用方式，水碓等则代表了古代机械制造的水平。

**福建漳平奇和洞遗址考古发现** 奇和洞遗址为一处旧石器时代向新石器时代过渡时期至新石器时代早期文化序列完整的洞穴遗址，位于福建省漳平市象湖镇灶头村。洞穴发育在石炭纪船山组厚层石灰岩中，洞内发育有北、东、东南3个支洞。

2008年12月，第三次全国文物普查时进行洞穴专题调查，在奇和洞的支洞发现种类丰富的哺乳动物化石，推测年代为距今10万～6万年。2009年初，龙岩文化与出版局邀请中国科学院古脊椎动物与古人类研究所人员开展进一步考察，随后在支洞内部和洞口大厅进行首次小范围探掘，从洞内两个支洞地层中采集到一批哺乳动物化石，在洞口大厅晚期地层中采集少量文化遗物。2009～2011年，福建博物院、龙岩市文化与出版局及漳平市博物馆组成奇和洞遗址发掘队，对该遗址进行了3次小规模发掘，发掘面积约120平方米，出土人类幼年个体、成年个体颅骨各一具以及部分肢骨，完成对奇和洞洞内地层划分及周围地质地貌构建工作。

奇和洞遗址出土遗物总数超过3万件，除打制石器、磨制石器、陶片、骨制品、装饰艺术品外，还有大量水生和陆生动物遗骨。

奇和洞遗址从旧石器时代向新石器时代过渡时期一直延续到新石器时代早期，地层堆积连续、清楚，三期文化一脉相承，体现了较完整的文化序列（距今17000～7000年）。该遗址的发掘不仅填补了福建乃至中国东南地区史前文化旧石器时代向新石器时代过渡阶段的空白，而且为探讨旧、新石器时代过渡期间人类生存环境、技术发展与生计模式转化等提供了重要的实物资料。不同层位出土的人骨代表着不同时期生活在奇和洞内的居民，为探讨旧、新石器时代转变过程中人类体质特征、南北方人种差异等问题提供了新的资料。在遗址中发现了中国南方地区最早的根茎类植物淀粉颗粒，为福建地区最早的野生稻植硅体，是农业起源课题研究的一个重大突破。

**内蒙古通辽哈民忙哈史前聚落遗址考古发现** 遗址位于内蒙古自治区科尔沁左翼中旗舍伯吐镇东南约20千米处。

2010年5～9月，为配合通辽至霍林河的铁路建设，内蒙古自治区文物考古研究所会同科尔沁左翼中旗文物管理所对铁路沿线进行文物调查，得知附近的哈民忙哈遗址遭到盗掘，便对北区遗址遭严重盗掘区域进行抢救性发掘，发掘总面积1300平方米，清理房址14座、灰坑28个、墓葬3座，出土陶器、石器、骨器、角器、蚌器等各类遗物350余件。

2011年4～11月，内蒙古自治区文物考古研究所联合吉林大学边疆考古研究中心对哈民忙哈遗址进行第二次发掘，在北区发掘2850平方米，清理房址29座、灰坑10个、墓葬3座、环壕1段，出土陶器、石器、骨器、角器、蚌器等各类遗物1000余件。2012年，进行第三次发掘。发掘北区1700平方米，清理房址11座、灰坑18个、墓葬6座、环壕2段，出土陶器、石器、骨器、角器、蚌器等各类遗物500余件。2013年7～9月，进行第四次发掘，发掘北区1350平方米，清理房址14座、墓葬1座、环壕1段，出土陶器、石器、骨器、角器、蚌器等各类遗物500余件。2014年7～10月，进行第五次发掘，对北区和南区分别进行发掘，发掘总面积1400平方米。北区发掘1000平方米，清理房址10座、灰坑4个、墓葬1座。南区发掘位置在北部边缘，发掘面积400平方米，清理房址3座。南、北两区共出土陶器、石器、骨器、角器、蚌器等各类遗物150余件。

通过发掘确认，遗址南、北两区总面积约25万平方米。北区面积较大，大致呈不规则椭圆形，南北长约900米、东西宽约200米，面积约18万平方米。边缘地带局部遭到破坏，其余部分保存较好。南区遗址面积较小，约7万平方米。

房址周围散布有灰坑、墓葬。房屋成排分布，均为南向半地穴"凸"字形建筑。墓葬为竖穴土坑式，多见叠肢和屈肢葬，少见随葬品。陶器主要是筒形罐和壶，成组出现，还伴有少量钵、盆和斜口器、素面罐等。石器种类丰富，有磨盘、磨棒、杵、斧、饼、镞等，制作精良。骨器数量多，有骨柄石刃刀、鱼镖等，多经磨光，制作精致。蚌器有刀和饰件等。玉器中单孔璧、双孔璧和三孔璧数量较多，还有斧、钺、饰件等，体量较大，造型精美，质感温润。

哈民忙哈遗址文化内涵单纯，遗物特征鲜明，有别于周邻遗址其他考古学文化，确立了一种新的史前考古学——"哈民文化"，为确定科尔沁地区史前发展序列提供了重要资料，促进了科尔沁地区史前时空框架的构筑进程。

**浙江东苕溪中游商代原始瓷窑址群考古发现** 东苕溪中游商代原始瓷窑址群是首次发现的大规模商代原始瓷窑址群，位于浙江省湖州市和德清县。

2010年初，浙江省文物考古研究所"瓷之源"课题组会同湖州市博物馆、德清县博物馆对东苕溪流域商代原始瓷窑址进行专题调查，发现商代窑址38处，集中于德清龙山片区与湖州青山片区两个区域。

龙山片区在约2平方千米区域内发现窑址16处，再加上县城西南的城山窑址，德清附近有17处窑址。产品以印纹硬陶为主，器类较为单一，多为器形巨大的罐或坛类器物，高领、圆肩、深腹、凹圜底或低矮大圈足，通体拍印云雷纹，纹饰细密、排列杂乱，内壁密布拍印纹饰撑垫形成的凹窝。器物胎色较深，多数呈深灰或紫红色，胎质细腻，火候较高，部分器物肩部见有极薄而不均匀的光亮层。原始瓷器数量较少，可见器形均为豆。豆柄呈高喇叭形，胎色灰白，胎质细腻坚致，火候极高；豆盘内壁有釉，釉层较薄，有一定玻璃质感。

青山片区位于龙山片区下游，两地直线距离不足10千米，面积与龙山片区接近。已发现商代窑址21处，按产品可分为两种类型。一类接近于龙山类型，以印纹硬陶为主，器形主要是大型罐或坛类器物，但胎质多呈橘红色，云雷纹方正规则、排列整齐。另一类几乎纯烧原始瓷，产品主要有豆、罐及盖、尊等。豆既有宽沿、深腹、足端带3个半圆形缺口的早期形态，也有敛口、高圈足的中间形态与直口、高圈足的晚期形态，胎色灰白或青灰色，胎质细腻坚致，火候高，釉层明显。代表窑址有南山窑址、周家山窑址等，时代初步判定均为商代，从商代早期一直延续至商代晚期。南山窑址位于湖州市东林镇南山村西边约100米处的小山上，遗迹现象较为丰富，揭露窑炉3条、灰坑8个、贮料坑2个、水沟1条、柱洞若干，出土大量原始瓷标本。窑址地层堆积丰富，窑炉保存完整，产品瓷土作胎、人工施釉痕迹明显，器物演变序列清晰，是已发掘最重要的商代原始瓷窑址之一。

南山窑址地层可到商代早期甚至更早，无论是产品的胎、釉、成型技术，还是窑炉装烧工艺，既有成熟性，又有原始性，其产品具有瓷器早期形态的特征，为探索瓷器起源和中国瓷器发展史提供了重要的实物资料。商代大规模原始瓷窑址群的发现，充分证明包括德清、湖州南部地区在内的东苕溪中游是中国瓷器的重要起源地。

江南及北方包括殷墟地区出土的罐、豆等原始瓷器，无论是器形还是胎、釉等特征均与南山窑址产品十分相近，可能是该窑址或该流域窑址的产品。南山窑址的发现与发掘，为探索南北方出土原始瓷器的产地问题提供了极为重要的资料。

使用原始瓷礼器而非青铜器随葬是越国墓葬最重要的特征之一，因此原始瓷在越及先越文化中极其重要，是使用者身份与地位的象征。商代原始瓷的规模化生产，表明当时的原始瓷制作不再依托遗址而是形成独立的窑区，是探索当时社会分工的重要依据；豆、尊、簋等礼器的出现，反映出该区域内有自身独特的礼器制度；相似原始瓷产品在殷墟商代都城区的出现，为探索中原与太湖地区的交往提供了重要线索。

**云冈石窟窟顶北魏辽金佛教寺院遗址考古发现**　云冈石窟窟顶北魏辽金佛教寺院遗址分为西区和东区两部分。西区是北魏佛教寺院遗址，位于山西省大同市南郊区云冈镇云冈石窟窟顶西部，在云冈石窟35窟以西至42窟之间。东区是北魏至辽金寺院遗址，西距军堡东墙约30米，在云冈石窟第5窟与第6窟之上。

2010年5月18日～2012年10月30日，山西省考古研究所牵头组成云冈联合考古队，对云冈石窟窟顶西区和东区两个北魏辽金寺庙建筑遗址进行考古发掘。

西区寺院遗址地势东北高西南低，呈缓坡向西南延伸，地层堆积相对简单，第1层为现代层、第2层为明清文化层、第3层为辽金文化层、第4层为北魏文化层。

发掘清理的北魏遗存主要有北廊房、南排房、西廊房和东排房。塔基坐北朝南，方向191°，平面接近方形。踏道位于塔基南部正中间，平面呈长方形。塔基西南部和东南部地面上有两个柱础石和一段小墙，塔基北边缘从中部向东及东部边缘用片石包砌。塔基上有建筑时期的柱洞7排，排列基本有序，每排5～8个柱洞，呈东北—西南走向。陶窑两座，由窑前工作面、窑门、火膛口、火膛、窑室、烟道等组成，平面呈瓶形，窑门面向西南。两窑共用一个窑前工作面，窑前有使用时期形成的踩踏面。出土有瓦、陶器、佛像石刻残件、陶莲花座、小柱础石、屋脊构件等遗物。

发掘表明，北魏佛教寺院遗址原来有塔有院，塔在院中，是塔、院结合的一组建筑，属北魏云冈寺院的重要组成部分。初建时间当在太和之前，甚至早到文成帝时期。补建时间在北魏迁都洛阳前，后来逐渐衰败，辽金时期有人利用遗址再次建房。就房址等级看，北魏遗址中的北廊房和西廊房均为前廊后室结构，有的房间有土炕，遗址中少见佛像残片、多见日用陶器残片，说明不是瞻仰参拜诸佛的礼佛区，而是僧侣生活区或者译经、藏经场所。有的墙面涂有朱红颜色，这种墙面涂朱红的情况仅在大同操场城北魏宫城遗址和方山永固陵前的陵寝遗址墙体上发现过，说明房间装饰等级较高。

在云冈窟顶八字墙以东发掘有一处北魏至辽金时期的佛教寺院遗址。地层分别为现代文化层、明清文化层、辽金文化层和北魏文化层。发现遗迹主要有塔基、石柱础、铸造井台、熔铁炉、灰坑、水井、建筑遗迹等。

塔基位于遗址最南部，平面呈正八角形。塔基和踏道用片石垒砌而成，在八边形塔基内包有一个近方形的夯土塔心。根据观察，中部方形夯土塔心应是北魏遗迹，外围以石块砌成的八角形状当为辽金扩充补建。塔基西北角的踏道，建造时间晚于八角形塔身。石柱础位于塔基东北，在第4层下发现北魏石柱础3个，均在一个平面，上半部为覆盆形状，下半部为方形。辽金铸造工场遗迹位于塔基北部，有辽金铸造井台和30座熔铁炉遗迹。铸造井台很特殊，为地穴式，西北和东南各有一条路进入。地穴内有一个圆形台面，圆形台中间有一个用土坯垒砌而成的模型内圈，口小底大，底部有灰烬和烟熏痕迹，底部有4个方孔通向作坊四角和用筒瓦扣制而成的通气管道相连，四条通气管道分别斜向伸出地面。水井位于遗址中部铸造遗迹西北处，井壁内外围填充物只有辽金器物残片，故推断时代为辽金。建筑遗迹位于遗址北部，平面呈拐角形，东侧南北向竖砌两层辽金长条砖，内平铺东西向辽金长条砖，西

侧也竖砌两层辽金长条砖。

东区寺院遗址出土有北魏时期及辽金时期的陶器、瓷器、建筑构件等。

种种迹象说明，东区遗址与西区寺院遗址一样，同样是云冈寺院的重要组成部分，东区遗址发现，有助于了解云冈寺院在北魏和辽金不同时期的布局、范围与繁盛程度。此外，铸造工场应与辽金寺院建设有密切关系。熔铁炉环绕铸造井台、井台低于地面的布局为首次发现，对研究冶金铸造史有重要价值。

**新疆鄯善吐峪沟石窟群和佛寺遗址考古发现** 吐峪沟石窟群是新疆东部开凿年代最早、规模最大的佛教石窟遗址群，是古代丝绸之路上一处重要的佛教地点。遗址位于新疆维吾尔自治区鄯善县吐峪沟乡麻扎村，地处火焰山东段腹地，南邻洋海坎，北通苏贝希，为连通火焰山南北的重要通道。

19世纪中叶起至20世纪初，外国探险者多次在吐峪沟进行探险与掠夺活动。民国17年（1928年）、19年，黄文弼曾两度到吐峪沟考察。1953年秋冬，西北文化局新疆文物调查组考察吐峪沟，这是政府组织的首次调查，根据记录，吐峪沟石窟90%以上的石窟已坍毁。1961年，北京大学受中国佛教协会委托，对吐峪沟石窟做进一步调查记录。2010年，为配合丝绸之路（新疆段）申报世界文化遗产项目和危岩加固工程，中国社会科学院考古研究所、吐鲁番学研究院、龟兹研究院组成联合考古队进行保护性发掘。发掘工作分春、秋两季进行，春季发掘沟东区北部石窟群和一处地面佛寺，秋季发掘沟西区北部。除洞窟之外，还清理出许多重要窟前遗迹，包括窟前殿堂、地

面、门道、阶梯等，发现壁画面积约200平方米，出土大量多种文字的文书残片以及绢画、木器、陶器等。

沟东区北部石窟群清理发掘洞窟56处，包括礼拜窟、禅窟、僧房窟与其他配套生活设施等，在稍南面紧邻的断崖壁上有石窟残迹4处。18号窟为一处塔殿遗址，系在山坡上垂直向下凿出一平台及中心柱，中心柱芯外以土坯包砌，四面则依山体用土坯垒砌成墙。中心柱窟平面呈长方形，中心柱正面立大像，两侧各有一矮墙，其余左、右、后三面为拱券顶甬道。地面铺青砖，仅存个别残砖。左、右、后三甬道内通壁绘有壁画，部分壁画因洞窟崩塌而损坏。塔殿下面一层为面阔三间的殿堂，明间三壁绘有壁画，殿堂地面也有铺砖痕迹。从墙体及倒塌堆积情况推测，殿堂屋顶可能为棚架结构。塔殿南侧为一组上下两层结构的禅窟、僧房窟，塔殿上层后部为一组禅窟、僧房窟。

沟西区北部石窟群揭露面积约600平方米。由于气候原因，下层遗迹未完全揭露。已发现的遗迹有中心柱窟、禅窟和僧房窟。中心柱窟在窟群东端，系凿山而成，前半部分崩坏，后甬道直接开凿在山体内，左、右甬道及中心柱则开凿在山坡上，其上加砌土坯。甬道地面抹白灰，顶部绘莲花，两壁上部绘成排立佛。后甬道中部及两端在略高于地面处各开一像龛，像已毁，仅存背屏。左、右甬道中部两侧各有一小像龛，左甬道内侧像龛存立像双足；右甬道内侧像龛残存人物壁画，并发现塑像手指残块。在中心柱窟西侧，从最下一层直至与中心柱窟窟顶平齐处残存一堵用土坯垒砌的高墙，将中心柱窟与西侧窟群分为两部分。

在中心柱窟以西，高度略低于中心柱窟处残存两处禅窟。在最西侧揭露三处僧房窟，僧房窟后壁均凿一小禅窟。

地面佛寺位于沟东区南部，大体按山坡形势略向下挖后用土坯垒砌而成，形成逐级抬升布局。已揭露区域为佛寺最东面，在其西、南、北三侧都有遗迹现象。已揭露部分包括一处佛堂和一组生活设施。南侧为佛堂，平面呈方形，面阔5.8米、进深5.8米，用土坯错缝垒墙，用红土方砖铺地。堂内中部偏后处残存像座，从倒塌堆积中出土的塑像残块可知塑像应为贴金彩妆。佛堂四壁下部残存壁画，部分壁画描金，内容主要为回鹘供养人礼佛行列，部分供养人旁附有回鹘文题名，据此可知该寺院建于高昌回鹘时期。

吐峪沟石窟寺遗址的考古发掘揭露出十分丰富的寺院遗迹，出土遗物种类及数量庞大，是中国佛教考古的一次重大发现。这些发现既对深入探讨吐峪沟石窟的创建年代、洞窟组合、题材布局、造像特征及塑绘技法等有重要价值，也为进一步研究古代佛教艺术从南向北、自西而东的传播，尤其是高昌石窟寺与龟兹石窟寺和内地石窟寺之间的关系等提供了重要的资料。

**高青陈庄西周城址考古发现**　陈庄遗址是山东地区确认的首座西周早中期城址，位于山东省高青县花沟镇。

2013年秋，在配合南水北调东线工程时，山东省文物考古研究所发现该遗址。2014年秋，对遗址进行勘探和试掘，发现大量西周、东周时期遗物，了解了遗址的大体形制范围及堆积保存状况。2008年10月～2010年2月，山东省文物考古研究所组织开展大规模发掘与勘探工作，发掘区域均在工程线路占压范围内，属遗址中东部偏南区域。

遗址东西约350米、南北约300米，总面积约9万平方米，为一座西周城址，西周晚期至春秋战国时期为环壕聚落，唐宋金时期为烧制砖瓦的场所。文化内涵以西周遗存为主，春秋战国以及唐宋金时期文化遗存仅有零星发现。

该城平面近方形，城内东西、南北间距各有180余米，面积不足4万平方米。东、北两面城墙保存略好，残高0.4~1.2米，顶部宽6~7米，底部宽9~10米。西墙大部分尚存，残高不足0.5米。南墙基本被大水冲掉，局部仅存底部。东南、西北及西南城墙拐角也遭破坏。南墙中部发现有缺口，为城门所在，但被唐代砖窑完全破坏，其余三面城墙未发现缺口。墙体四周有壕沟环绕，与城墙间距2~4米；西北角有小块低洼地，为积水区；东北角壕沟向东北方向延伸，应为城外排水沟。壕沟宽25~27米，最深约3.5米。从东墙中部探沟剖面堆积判断，壕沟经多次开挖、清淤、拓宽，从西向东可辨认出4条沟，分属西周、春秋与战国时期。该城始建于西周早期偏晚阶段，西周中期偏晚阶段废弃，西周晚期至春秋战国时期演变为环壕聚落。

城内除揭露西周时期近千座灰坑、窖穴及房基、水井、道路等生活居住遗迹外，还发现祭坛、贵族墓葬、车马坑、马坑等重要遗迹现象。祭坛位于城内中部偏南，坐落于生土上，与夯土城墙约同时建造使用，其中心部位近圆台形，北部略凸，直径5.5~6米，面积近20平方米。清理西周墓葬14座，其中"甲"字形大墓2座，中小型的长方形竖穴土坑墓9座，儿童瓮棺葬3座。墓圹皆为斜壁，从上口逐渐向内

收。大多一棺一椁，在头端的棺、椁之间随葬铜器和陶器，个别棺内有少量玉器或海贝串饰。车马坑长14米、宽3.4米，坑内放置三辆整车，前、中、后成列摆放。前两辆车各驾四匹马（两服马、两骖马），最后一辆车仅两服马。马匹均镶嵌在土槽坑中，直立跪伏，呈向西南拉车前行状。马头部均佩戴精美辔头，尾部覆盖编缀有海蛤壳的鞣红漆皮革。

陈庄遗址出土的大量遗物是山东地区所发现西周早中期最为丰富的一批实物资料。常见遗物是灰坑或窖穴中出土的日用陶器及骨器、蚌器，陶器主要有鬲、簋、豆、罐、盆、甑、瓿、盆形器等。较引人关注的是墓葬中出土的50余件青铜器、玉器等珍贵文物。青铜器多为礼器，器形有鼎、簋、觚、爵、甗、尊、卣、盉、觥、壶、盘等，其中多件有铭文，首次发现"齐公"铭文。

陈庄遗址的发掘成果，在许多方面填补了周代考古空白，对早期齐国历史的研究具有十分重要的意义。陈庄城址是山东地区所确认年代最早的西周城址，也是第一座有确凿文字资料证明与齐国有关的西周城址。祭坛为山东周代考古首次发现，为研究周代祭祀礼仪提供了宝贵的实物资料。多件"齐公"铭文铜器的集中出土，70余字的长篇铭文，两座带墓道的"甲"字形高规格的西周贵族大墓，都是早期齐文化考古工作的首次发现。

## 二、古墓葬重大考古发现

秦始皇陵考古发现　秦始皇陵是中国第一位皇帝嬴政的陵园，位于陕西省西安市临潼区

骊山北麓。

嬴政（前259～前210年），秦庄襄王之子，秦王政元年（前246年）立为秦王，秦王政九年亲政，历17年先后灭韩、赵、魏、楚、燕、齐六国，建立中国历史上第一个统一的封建中央集权国家，其推行的一系列统一政策对中国历史产生了深远影响。秦始皇三十七年，秦始皇病逝于河北沙丘。

对秦始皇陵园的勘测调查始自明正德八年（1513年），当时礼部郎中都穆在所著《骊山记》中较为详细地记录了陵园内外城及门址之规模。清光绪三十二年（1906年），日本学者足立喜六对陵冢开展详细测量。1962年，陕西省文物管理委员会对陵园开展全面的考古勘察，绘制出第一张陵园平面布局图。1974年，秦始皇陵园东部发现秦俑一号坑俑，拉开秦始皇陵园考古发掘序幕。此后近40年，经10余次发掘，基本探明秦始皇陵、陵园乃至整个陵区的布局和结构。

秦始皇陵封土呈覆斗形，南北长350米、东西宽345米，周长1390米，高76米。陵园以封土为中心，由内、外两重城垣构成，呈"回"字形。内城垣南北长1355米、东西宽580米，周长3870米，东、西、南面各有一门，北面设两门；外城垣南北长2188米、东西宽970米，周长6321米，东、西、南、北四侧各有一门。司马道两侧发现已知时代最早、级别最高的三出阙建筑遗址。在内城的中部、封土北侧，发现3处大型礼制性建筑遗址，疑为寝殿、便殿。内、外城之间西门的北部，发现南北排列的三组建筑遗址，为饮官、园寺吏舍遗址。外城北侧1300米处发现夯土墙垣、房屋、排水管道、水井、灰坑等，疑为修建陵园时的官邸等建筑。陵园外城东南骊山脚下的五岭，有夯土筑成的防洪堤遗址。

截至2012年，共发现从葬坑184座，其中陵园内77座、陵园外107座，重要的有兵马俑坑、铜车马坑、马厩坑、石铠甲坑、百戏俑坑、跽坐俑和珍禽异兽坑、动物坑等。

兵马俑坑位于外城之外东侧，由排列有序的四坑组成，其中四号坑为未建成而废弃的空坑。一号坑呈长方形，东西长230米、南北宽62米，系以步兵为主、战车与步兵相间排列的大型军阵（矩阵），推测有陶俑及陶马6000余件、战车50余乘。二号坑平面呈曲尺形，东西最长处96米、南北最宽处84米，为弩兵、车兵、步兵及骑兵的诸兵种混合编列，估计有陶俑及陶马1400余件。三号坑规模最小，平面呈"凹"字形，东西长17.6米、南北宽21.4米，出土战车1辆、陶俑68件、陶马4匹，似为指挥部（幕）所在。

铜车马坑位于秦始皇陵封土西侧约20米处，平面呈"巾"字形，东西和南北均长55米，面积为3025平方米。坑的底部及四壁铺砌枋木，上面搭盖棚木，形成一长方形盒状木椁。两乘铜车马面西，一前一后置于木椁内。车均为双轮、单辕，前驾四匹铜马。车上各有铜御官俑1件。车、马、俑的大小为真车、真马和真人的二分之一。铜车马通体彩绘，出土时色彩已大部分剥落。

马厩坑位于秦始皇陵外城垣东侧约350米处的上焦村西，象征宫廷厩苑。共发现马厩坑93座，分作南北向的三行，排列密集有序。已清理37座，其中马坑28座、跽坐俑坑3座、俑马同坑者6座。出土马骨架34具，踞坐俑9件，陶罐、陶盆、陶灯以及铁锸、铁镰等遗物124件。出土器物上刻有"中厩""小厩""大厩四斗三升""宫厩""左厩容八斗"等文字。

石铠甲坑位于外城的东南部，东西长130米、南北宽100米，面积1.38万平方米。出土大量石铠甲和石兜鍪，似为专储护体战服的武库之一。

百戏俑坑位于石铠甲坑南侧39米，东西长40米、南北宽15米，面积600平方米。出土造型奇特的彩绘百戏俑11件及大型铜鼎1件。鼎高60厘米，重212千克，为已知秦代体量最大的铜鼎。

陵区内发现墓葬7处。其中上焦村陪葬墓位于马厩坑西侧5～10米处，共17座。墓穴均为东西向，南北单行排列，间距2～15米。已发掘8座，形制有带斜坡道竖穴土圹墓和带斜坡道竖穴洞室墓两种。尸骨极其凌乱，似刑杀致死，墓主可能是被秦二世杀戮的秦始皇的宗室。

陵园外发现修陵人墓地4处。其中外城以西赵背户村西的墓地，墓葬形制均为长方形竖穴土圹墓，多数墓坑内有尸骨2～3具，发现18件刻有文字的残瓦片。

在秦始皇陵以北的新丰镇刘寨村一带，发现专为陵园建设而设置的"丽邑"建筑遗址。外城之外西北的郑庄附近发现石料加工场遗址。陵园周围发现多处陶窑遗址。

秦始皇陵是世界上规模最大、结构最奇特、内涵最丰富的帝王陵墓之一。秦俑坑的发现，是世界考古史上一次重大发现，体现了秦人驾驭宏大艺术题材、追求整体气韵和艺术创造的卓越才能。秦俑坑出土兵器明确印证秦简中的"为器同物者，其小大、短长"是一种标准化概念，这种标准化既是秦人管理艺术发展的代表，也是秦代科技水平的标志。秦始皇陵的相关考古发现，为深入研究公元前2世纪秦代的军事、政治、经济、文化、科学和艺术等提供了极为珍贵的实物材料。

**阿斯塔那墓葬考古发现** 阿斯塔那墓葬是晋唐时期高昌国贵族和平民的公共墓地，位于新疆维吾尔自治区吐鲁番市东南约40千米的阿斯塔那和哈拉和卓附近。

20世纪初，英、日等国探险队先后对该遗址进行过探查与盗掘。清宣统二年（1910年）、民国19年（1930年），张清、黄文弼先后对遗址进行发掘。1959～1975年，新疆文物考古工作者对阿斯塔那墓葬先后进行13次抢救性发掘，清理墓葬428座，其中西部（阿斯塔那）321座、东部（哈拉和卓）107座。

阿斯塔那墓葬包括阿斯塔那墓群和哈拉和卓墓群，整个墓地东北长5千米、南北宽2千米，方圆约10平方千米。墓葬皆为土洞墓，有的墓壁绘有壁画。墓葬分为3个时期。

第一期为晋至十六国时期（3世纪至6世纪初）。墓葬形制有斜坡墓道土洞墓和竖井墓道土洞墓两种。使用木质梯架式葬具或直接陈尸草席上，也有少量木棺。随葬品以素面灰陶器皿为主，壁画以描绘地主庄园生活为内容，墓志甚少见。

第二期为麹氏高昌时期（6世纪初至7世纪中）。墓葬形制以斜坡墓道土洞室墓为主，棺木逐渐消失。出现家族聚葬茔地，墓葬大体依死者辈分及长幼排列，体现封建宗法关系。随葬器皿趋于明器化，灰陶被彩绘陶器代替，墓内出现大幅伏羲女娲画像，砖质墓志流行。

第三期为唐西州时期（7世纪中期至8世纪中期），墓葬形制以斜坡墓道土洞室墓为主，但较二期墓葬墓道更长、墓室更大，一些墓室前增置甬道，甬道两壁凿有壁龛。出现带天井的前后室墓及刀形墓。常见陈尸席上。随葬品中俑类增多，以素面陶器为主。墓内出现伏羲女娲绢画，还出现有形制较大、文字较长的石质墓志铭。

墓葬中出土各种珍贵文物达万件，种类丰富，包括古代文书、丝毛棉麻织物、墓志、钱币、泥俑、木器、陶器、绢画、农作物、瓜果食品等。

阿斯塔那墓葬墓区占地面积大，年代跨度长，墓葬数量多，是反映晋唐时期高昌社会居民构成、思想文化、社会生活、丧葬制度的重要遗存。墓葬中清理出来的汉文文书，年代自晋至唐，种类有契约、籍账、官府文书、私人信札、随葬衣物疏和经籍写本等，具有很高的学术价值。出土丝织品种类丰富，以唐代丝织品的数量、花色品种、工艺技术为上，具有极高的文物与艺术价值。墓地地势高敞，气候炎热干燥，有大量保存完好的古代干尸，对高昌居民组成、族属、体格、营养等方面的研究具有特殊价值。

**河南洛阳偃师东汉帝陵与洛阳邙山陵墓群考古发现** 邙山陵墓群指洛阳邙山地区的东周、东汉、曹魏、西晋、北魏、后唐等六朝24位帝王的陵墓及其陪葬墓群，位于河南省洛阳市北部。整体可分为西段（北魏陵区）、中段（东周、东汉、后唐陵区）、东段（西晋、曹

魏陵区）、夹河段（东汉、西晋墓群）4个区段。偃师东汉帝陵即洛南东汉陵区，位于偃师市南部、万安山北麓。

东周陵区位于洛阳郊区白马寺镇金村附近，有王陵8座。民国17～21年（1928～1932年），加拿大传教士怀履光和美国人华尔纳在金村疯狂盗掘8座大墓，出土珍贵文物数以千计。有学者根据出土器物判断是东周时期的周王陵。

东汉陵区核心区域位于孟津县送庄镇三十里铺村一带，面积近40平方千米。有帝陵5座，即光武帝原陵、安帝恭陵、顺帝宪陵、冲帝怀陵、灵帝文陵。

曹魏、西晋陵区位于邙山东段首阳山南、北两侧。有曹魏帝陵1座、西晋帝陵5座。1982年，中国社会科学院考古所洛阳汉魏故城队对西晋帝陵进行勘察，发现位于偃师县南蔡庄北的晋武帝峻阳陵以及位于后杜楼西北的文帝崇阳陵，并对两处帝陵陵园遗址进行钻探和发掘。2002年、2008年，中国社会科学院考古所洛阳汉魏故城队分别在偃师首阳山镇香峪村北四方砖厂、新庄村北六和饲料厂各清理西晋墓两座，与峻阳陵墓地和枕头山墓地墓葬形制相同，与皇室关系密切。

北魏陵区位于孟津县朝阳镇、送庄镇、城关镇，以及西工区红山乡、老城区邙山街道、瀍河回族区瀍河回族乡、白马寺镇等7个乡、镇、街道的50余个村庄，面积近320平方千米。有帝陵4座，即孝文帝长陵、宣武帝景陵、孝明帝定陵、孝庄帝静陵。北魏陵区在规划时有意避开东汉陵区，帝陵多位于瀍河西岸，陪葬墓则集中在瀍河东岸。1991年，对景

陵进行考古发掘，基本清楚了北魏帝陵的墓葬形制。2004年，对长陵进行先期重点调查和钻探，首次发现北魏帝陵陵园遗址，确定了陵园遗址的范围、布局、结构和规模。

后唐陵区位于孟津县送庄乡护庄村西南。有帝陵1座，即明宗徽陵。早期航拍照片显示，墓冢附近区域存在对称的小土堆，可能和门址、角楼及神道上的阙台等陵园遗迹有关。根据文献记载，明宗徽陵建造以后，后唐闵帝、末帝也先后入葬于徽陵陵域之中。

偃师东汉帝陵有帝陵6座，分别为明帝显节陵、章帝敬陵、和帝慎陵、殇帝康陵、质帝静陵、桓帝宣陵。核心区域绝大多数墓冢位于沙河以东（即从南至北韩寨、沙沟、二教塔、刘李寨、九贤、苏窑、武屯一线以东），东沙沟以西（即从南至北经周村、吕桥、郜寨、姬家桥、石村一线以西）；集中陪葬墓区在白草坡夷平大冢（M1030）东北方向，以魏家窑、新彭店、彭店寨、阁楼至高崖，火神凹至逯寨一带最为集中。

2006～2008年，考古工作主要集中在吴家湾、火神凹、阁楼、白草坡等4个地点，清理各类墓葬34座，在白草坡发现东汉帝陵陵园遗址1处，在阁楼发现东汉陪葬墓园遗址1处。2008年，初步获取洛南东汉陵区内各时期墓冢分布情况，发现墓冢168座，其中实冢41座、夷平冢126座、无封土墓1座。2009～2010年，累计发掘墓葬177座，清理包括朝阳段北魏陪葬墓群、玉冢（M515）北魏陵园遗址和后沟东汉墓园遗址、大汉冢（M66）东汉陵园遗址和东汉陪葬墓，以及朱仓东段东汉陪葬墓群和刘坡段魏晋墓群等。2009年，在邙山东汉陵区陪

葬墓区内发现一处墓园建筑遗址，主要有大型夯土台基、院落、道路、排水渠、墓冢封土等遗迹。

通过开展"邙山陵墓群考古调查与勘测"和"洛阳邙山陵墓群文物保护工作规划"项目，邙山古墓冢分布、年代得以初步确定，邙山古墓冢文物资源总量开始明晰，古墓冢的分布规律和邙山陵墓群诸陵区的区域范围逐渐明朗。通过帝陵重点调查和钻探，东汉时期、北魏时期帝陵的陵园布局、结构、墓葬形制，各时代陵区布局、结构逐渐清晰。

**小河墓地考古发现**　小河墓地是罗布泊地区青铜时代最具代表性的遗址，位于新疆维吾尔自治区若羌县，地处罗布泊西部的孔雀河干河床南约40千米的沙漠中。

民国23年（1934年），瑞典考古学家贝格曼首次对该墓地进行调查发掘，清理墓葬12座。2002～2005年，新疆文物考古研究所对整个墓地进行发掘，清理墓葬167座，出土珍贵文物数以千计。

小河墓地外观为东北—西南向的椭圆形沙山，长74米、宽35米左右，面积约2500平方米，高7米余。墓地中部、南端各有一堵木栅墙，中部木墙将墓地分为南、北两区。南区墓葬139座，分五层上下叠埋；北区绝大部分墓葬都被破坏，仅存28座。大多数墓葬结构一致，为挖沙坑，坑中置棺具，棺前（东或东北）栽竖象征男根或女阴的立木以及高约3.5米的木柱。一墓置一棺，木棺由胡杨木制成，形似无底的独木舟，棺上蒙盖牛皮，木棺形制早晚有区别变化。一棺一般葬一人，仰身直卧，头戴毡帽，身裹毛织斗篷，斗篷外置草编

篓；个别为两人合葬，还发现奇特的木尸及组合干尸。发掘泥壳木棺墓4座，采用独木舟形木棺，棺中各葬一成年女性。墓地东北有一座木房式墓葬，由木柱和木板构筑，室内壁板以红、黑色涂绘几何纹样，室外壁蒙多层牛皮。墓室中出土权杖头、镜形铜器等，扰沙中清出牛头和羊头百余个。

小河墓地作为小河文化最具代表性的墓地，经全面发掘后已回填。干燥少雨的气候环境，使相当一部分墓葬保有埋葬时的原貌，除棺木、尸体、随葬品等人工遗物、遗迹保存较好外，大量动、植物遗存及其他自然遗物、遗迹等也得以保存。小河文化内涵的丰富性、独特性，遗存信息的完整性、多样性，引起国内外学术界的极大关注。

小河墓地遗迹遗物可大致分为早、晚两期，分界约在公元前1700年前后。结合环境考古，对墓地附近采集的枯胡杨树皮、芦苇、螺壳样本进行测年，结果显示距今3000年、1500年、1000年前后及19世纪50年代，小河区域都有水资源存在。出土人骨的线粒体DNA序列研究结果表明，小河早期人群是分别带有东部欧亚谱系和西部欧亚谱系的群体，其基因混合最初发生的地点可能是在南西伯利亚某地，后南迁至塔里木盆地。小河晚期人群的遗传构成更为复杂，既有西部欧亚成分，同时南亚成分和东亚成分增多。小河人群晚期成分较早期成分复杂，基因多态性增高，表明小河人群迁入塔里木盆地后不断与周边人群发生基因交流，以至于改变了人群原有的遗传构成，这可能是造成小河墓地早、晚期文化差异的主要原因。研究显示，小河牛和西部欧亚地区的驯化黄牛非

常接近，而与中原黄牛有别，说明距今4000年前西部欧亚的驯化黄牛就已向东扩散至新疆地区。小河还出土了大量植物种子，形态学鉴定有小麦、黍、画眉草。古DNA研究结果显示，小河小麦中存在普通六倍体小麦。六倍体小麦起源于近东地区，因此小河小麦的存在很可能是西部农业文化向东扩张的结果。西方来源的小麦与东方来源的黍在小河的共存，表明距今4000年前后东西方两大农业文化系统已相互接触并共存于新疆。小河墓地发现了中国已知年代最早的锡制品和金银合金制品，金属器皆以锻造成型为主。

围绕小河文化展开的多学科综合研究已取得重要进展，不同学科相互交融、相互支撑，为西域史前考古、丝绸之路早期东西方文化交流等诸多方面的深度研究开拓了全新局面。

**江苏南京东晋、南朝帝王陵墓和大族家族墓地考古发现**　南京东晋、南朝帝王陵墓和大族家族墓地是指317～589年东晋、宋、齐、梁、陈五代帝王的陵墓和世家大族的家族墓，墓葬的分布以南京地区为主，在丹阳、句容地区也有发现。

对东晋、南朝帝王陵墓和世家大族家族墓分布的研究始于20世纪30年代朱希祖、朱偰父子的调查，后中央古物保管委员会加入调查。20世纪四五十年代，南京市文物保管委员会和南京博物院相关人员再次开展调查，而考古发掘始于60年代。

1960年，南京市文物保管委员会在富贵山南麓东段发现晋恭帝玄宫石志，确定恭帝的下葬年月和葬地。1964年，南京博物院在石志以西约400米处发掘一座东晋晚期砖室大墓，由此

确定晋五陵所在的"钟山之阳"即为钟山余脉富贵山一带。1972年，南京大学历史系在鼓楼岗西麓发掘一座东晋早期砖室墓葬，由此确定晋四陵所在的"鸡笼山之阳"在鸡笼山以西的鼓楼岗一带。1981年，南京市博物馆在中央门外的南京汽轮电机厂发掘一座东晋砖室大墓，另据附近出土的有"莫府山"刻文的东吴买地券和史载葬于幕府山之西或之阳的东晋温峤墓，确定穆帝陵所在的"幕府山之阳"即为现郭家山及其东侧毗邻的张王山、北崮山一带。

2000年，南京市博物馆和江宁区博物馆在江宁隐龙山发掘三座南朝墓。三墓由西向东整齐排列，墓主可能是刘宋皇族墓或陪葬于岩山陵区的重要功臣贵族墓。

1965年和1968年，南京博物院在丹阳胡桥和建山发掘三座大墓，发现"竹林七贤与荣启期"砖拼壁画。其中胡桥仙塘湾墓被认为是景帝修安陵或武帝景安陵，胡桥吴家村墓被认为是和帝恭安陵或宣帝永安陵或高帝泰安陵，建山金家村墓被认为是东昏侯萧宝卷墓、和帝恭安陵、景帝修安陵、明帝兴安陵四者其一。

2007年，南京市博物馆围绕方旗庙周边地表石刻开展考古勘探，在附近的山岗发现一座南朝大墓，应为元帝萧绎陵墓。2013年，南京市博物馆在栖霞区狮子冲北象山发掘两座特大型南朝墓，两墓分别出土有"中大通二年"和"普通七年"纪年砖，墓主应是梁昭明太子萧统及其生母丁贵嫔。

1960年，南京博物院和南京市文物管理委员会在罐子山北的宫山北麓发掘一座大型南朝墓，发现"竹林七贤与荣启期"砖拼壁画，推测墓主可能为葬地不明的废帝陈伯宗。1961

年，南京博物院和南京市文物管理委员会在西善桥油坊村的罐子山发掘一座大型南朝晚期墓葬，其地望与显宁陵相符，墓主可能是陈宣帝陈顼。1973年，在麒麟镇灵山一座南朝晚期大型墓内出土一对堪称国宝的青瓷莲花尊，此墓曾被认为是文帝永宁陵，但有学者认为更有可能是葬于陵（灵）山陵区的陈朝某一宗室王侯。

尧化门、甘家巷、麒麟门等地至少分布有10座萧梁宗室王侯墓，其中7座已经考古发掘，除狮子冲大墓推测为昭明太子墓外，余皆应为萧氏王侯墓。1974年，南京博物院和南京市文物保管委员会在南京东郊甘家巷发掘一座南朝墓，推测墓主为安成康王萧秀。1979年，南京博物院在尧化门的老米荡发掘一座南朝墓，墓前神道石柱碑上有"梁故侍中中抚"等文字，推测墓主为南平元襄王萧伟，亦有学者推测墓主为吴平忠侯萧景。1980年，南京市博物馆在甘家巷一带的石油化工厂发掘一座南朝墓，出土梁桂阳王萧融墓志和桂阳王妃王慕韶墓志。1988年，南京博物院在炼油厂发掘一座南朝墓，墓主为梁桂阳敦王萧象。1994年，南京市博物馆和栖霞区管委会在麒麟门以西的白龙山发掘一座南朝墓，推测墓主为梁临川靖惠王萧宏。2008年，南京市博物馆在仙林灵山西北麓发掘一座南朝墓，墓主为齐梁宗室萧子恪。在甘家巷附近还有梁始兴忠武帝萧憺墓石刻、梁鄱阳忠烈王萧恢墓石刻等，散见于江宁淳化、上坊两地包括萧正立墓在内的一些神道石刻也多属梁代宗室王侯。

建康作为东晋、南朝都城所在，世家大族墓葬聚集。王氏家族墓地位于南京北郊象山，已发掘的11座墓葬均为砖室结构，依据长幼尊卑和时间先后规律分布在象山西麓、南麓（西段、中段）和东麓约5万平方米的4个埋藏区域。除2号墓时代稍晚外，其余均属东晋时期。根据出土墓志，墓主有名可考者皆属东晋豪门琅琊王氏王彬一支。颜氏家族葬于金陵幕府山西，已发掘9座砖室墓，其中5座保存较好。根据出土墓志和印章，墓主皆属东晋左光禄大夫颜含家族。陈郡谢氏是与琅琊王氏齐名的东晋世家大族，其家族墓地在南京南郊发现两处，一在戚家山，系豫章内史谢鲲一支的葬地；一在铁心桥大定坊村，系镇西将军谢奕子谢攸一支的葬地。高氏家族墓地位于南京东郊仙鹤观以南山麓。根据出土墓志，2号墓墓主为东晋侍中、建昌伯高崧及其夫人谢氏，另两墓墓主可能是高崧父母高悝夫妇及其子高耆。李氏家族墓地位于南京吕家山南麓，西距高崧家族墓约500米。根据出土墓志，墓主皆属广平李氏。温氏家族墓地位于南京北郊郭家山西南麓，4座砖室墓分前后两排布列。根据出土墓志，前排中一墓墓主为东晋大将军、始安郡公温峤，后排中一墓墓主为温峤次子散骑常侍、新建县侯温式之。

东晋、南朝帝王陵墓和世家大族墓葬中有不少出土了墓志等纪年材料，为南京地区六朝墓葬的分期断代研究提供了重要参考资料，对其他非纪年墓葬的年代判定也有重要意义。砖拼壁画和石刻是南朝帝陵的典型特征，经发掘的帝王陵墓和大族家族墓葬虽多被盗但仍出土不少遗物，对了解魏晋南北朝时期的历史，尤其是墓葬制度具有深刻的意义。

**江苏南京五代南唐二陵考古发现** 南唐二陵是五代十国时期南唐的皇陵，由钦陵和顺陵组成，位于江苏省江宁区东善乡境祖堂山西南的"太子墩"。

1950～1951年，南京市文物保管委员会会同江宁县有关单位对二陵进行发掘，是中华人民共和国成立后第一次发掘古代帝王陵墓。钦陵和顺陵相距50米，钦陵偏西9°，顺陵偏东5°，均坐北朝南，地面无建筑遗存，都是砖石结构的多室墓，虽早年被盗，但建筑较为完整，是晚唐五代时期陵墓结构的代表。

钦陵是南唐先主李昪及其妻宋氏的合葬墓，规模较大。陵墓上部为一圆形土墩，高约5米，直径30米。墓门外有石灰粉饰的"八"字砖墙，中为拱形墓门，表面涂朱。墓室分前、中、后三室，系仿地面木结构房屋式样，在壁面上砌出柱、梁、斗拱等，平面呈长方形。前、中两室为砖结构穹隆顶，东、西各有一间砖砌侧室；后室墓穴为石结构叠涩顶，东、西各有三间石砌侧室。主、侧室三进十三间，互有券门贯通。墓道全长21.48米、宽10.45米。前室南北长4.5米、东西宽3.85米、高4.3米，四壁正中各辟券门一，室的四角和券门两侧分别隐出八角形方形倚柱5根，柱上施以一斗三升式斗拱，拱承托柱顶枋。所有倚柱、斗拱、立枋均饰莲花、牡丹和卷草等图案。室顶为四壁起券合拱结构，地面用平砖横列平铺而成。中室长4.56米、宽4.45米、高5.3米，北壁门楣上浮雕双龙戏珠，门两侧浮雕守门武士，建筑形制与前室相似。中、后室之间有长2.9米、宽3米、高2.3米的甬道。后室规模最大，宽5.9米、长6.03米、高4.73米，正门为巨大青石板制成的方形石门，顶部彩绘日月星辰，青石板铺砌的地面刻有江河图案。室中为青石棺床，棺座两侧有六条飞龙，棺床平面浅刻卷草和海石榴花纹作边饰。侧室均设有陈放随葬品的砖石台。

顺陵是南唐中主李璟及其妻钟氏的合葬墓，形制与钦陵相似，但规模较小。后室两侧较钦陵各少一间侧室，主、侧室共三进十一间，悉用砖砌，无石刻浮雕等装饰。墓道长21.9米、宽10.12米。

二陵出土文物600余种，有大量男女陶俑和各种陶制神怪、动物形象。陶俑形象有宫廷内侍、宫官、宿卫、伶人、舞姬等，形貌生动，面相丰满，继承唐俑作风。出土的玉哀册、石哀册残片，钦陵有23片（玉）、顺陵有40片（石），前者刻字填金，据以判定李昪葬于943年。

南唐二陵的考古发现，对研究唐宋之际的建筑、绘画、雕刻、陶瓷、服饰以及帝王陵寝制度等具有十分重要的价值。

河南禹州白沙宋墓考古发现　白沙宋墓是北宋末年赵大翁及其家属的墓葬，位于河南省禹州市。

1951年12月～1952年1月，为配合治淮工程中禹县白沙水库的修建，在白沙村北发掘三座宋墓，均为砌在土洞内的仿木构建筑砖室墓。1号墓有阶梯式墓道、门楼式墓门、甬道、横长方形前室、过道、六角形后室。2号墓、3号墓结构较为简单，均为单室墓。

三座宋墓均为男女合葬墓，其中1号墓为迁葬；2号墓为同棺葬；3号墓无葬具，直接安置在棺床上。墓内随葬品很少。1号墓内有残铁器、长方形铁块、"绍圣元宝"铜钱、陶瓮、瓷碗，还有一合砖地券。券文朱书，字多

漫漶不清，可辨"大宋元符二年九月十□日起"。2号墓随葬有瓷碗、银钗、银耳环、铁钱和"天禧通宝""熙宁元宝"等铜钱。3号墓未发现随葬品。

最重要的发现莫过于琳琅满目的彩色壁画。1号墓壁画最多；甬道两侧绘有贡纳收租图。前室南壁入口处绘有门卫；北壁画有弓箭和枪、剑等兵器；东壁绘有伎乐图，正中一女子欠身扬袖作舞，左右两侧各有5个女乐人分持腰鼓、大鼓、拍板、横笛、箫、排箫、笙、琵琶、觱篥等乐器伴奏，形象生动；西壁绘墓主夫妻开芳宴图，男右女左坐在砖砌的椅上侧身观看东壁之乐舞，两人中间砖砌的桌子上置注子、瓷盏和盏托，两人身后绘屏风、男仆、女侍。过道东壁棂子窗下绘白色粮袋，最前一袋有墨书"元符二年赵大翁布"题记。后室为卧房，绘有对镜梳妆的妇人和侍女。2号墓绘有贡纳财物、夫妻对坐开芳宴图、砖砌妇人启门图等。3号墓亦绘有贡纳钱物、侍奉图等。

除壁画之外，在墓门、甬道、过道、墓室的仿木建筑部分，如门、倚柱、斗拱、阑额、盝顶等处还绘有大量建筑彩画，内容包括各种花卉、卷草、果品、云朵、瑞禽等，色彩鲜艳，富丽堂皇。

从1号墓砖地券及过道壁画题记看，该墓主人为赵大翁，下葬时间为宋元符二年（1099年）。而2号墓、3号墓稍晚一些，当为赵姓家族墓地。墓内均无墓志，壁画中皆有多处银铤、银饼、钱贯和贡纳钱物的场面，推测墓主人可能是地主兼营商业者。

白沙宋墓是北宋末期流行于中原和北方地区的仿木建筑雕砖壁画墓中保存较好的，其墓

室结构、室内布局和壁画内容，为研究宋代木构建筑、室内陈设家具变化及社会生活习俗和经济发展等提供了宝贵资料。

**长沙马王堆汉墓考古发现**　马王堆汉墓是西汉初期长沙国丞相、轪侯利苍的家族墓葬，位于湖南省长沙市芙蓉区东郊4000米处的浏阳河旁的马王堆乡，坐落于浏阳河下游左岸的河谷冲积平原上。土堆上东、西各有一圆而平的土冢，相距20余米，底部相连，曾被讹传为五代十国时楚王马殷的墓地，故称马王堆。

1951年，考古学家夏鼐率中国科学院考古研究所长沙工作队调查，判断此处为西汉时期墓葬群。1971年底，马王堆驻地医院建造地下病房时挖动一号墓。1972年1～4月，湖南省博物馆抢救性发掘一号墓，出土漆木器、纺织品、帛画、竹简等，还有一具保存完好的女尸。1973年11月19日～12月13日，发掘三号墓，出土帛书帛画、简牍、漆木器、纺织品等。1973年12月18日～1974年1月13日，发掘二号墓，墓室曾多次被盗，椁室已朽塌，仅残留印章、漆器、玉器、铜器等200余件。

三座墓葬皆为土坑木椁墓，由封土、墓道、墓坑和墓室四部分组成。墓坑呈不规则"品"字形分布，占地面积约6800平方米。墓底和椁室周围都塞满木炭和白膏泥，然后层层填土，夯实封固。一号墓规模最大，墓坑南北长19.5米、东西宽17.8米、深16米。一号墓的白膏泥堆积既厚又匀，封固严密，使深埋地下10余米的椁室形成恒温、恒湿、缺氧、无菌环境，基本排除物理、化学、生物等因素的损毁作用，故墓内多层棺椁、墓主遗体及随葬器物都完好保存下来。一、三号墓的葬具结构均为

"井"椁，一号墓有四层棺，三号墓三层棺，与《礼记·檀弓上》所说"天子之棺四重"的多层棺椁规制相吻合。西汉前期丧葬制度，如棺椁制度、用鼎礼制沿用先秦旧的礼制，但在一些方面也有突破，如利苍及其妻辛追墓的棺椁层数并不符合旧礼制规定，反映古代礼制在西汉前期已出现混乱现象。二号墓发现"长沙丞相""轪侯之印""利苍"三枚印章，表明墓主即第一代轪侯利苍本人。据《史记》和《汉书》记载，长沙丞相利苍于汉高后二年（前186年）卒。一号墓发现约50岁的女性尸体，墓内又出"妾辛追"名章，应是利苍的妻子。三号墓墓主遗骸为30余岁男性，可能是利苍的儿子。三号墓出土木牍上有"十二年十二月乙巳朔戊辰"等字样，下葬年代当为汉文帝十二年（前168年）。一号墓分别打破二号墓和三号墓，年代应再晚些。考古发掘与文献记载相印证，确认三座汉墓是第一代长沙国丞相利苍家族墓地。

马王堆汉墓出土简牍900余枚，内容主要是医学养生之道与随葬物品说明。帛书50余种，内容涉及哲学、历史、天文、地理、医学、军事等诸多领域。帛画7幅，彩绘神话与现实图景，其中两幅"T"形帛画是已发现保存最完整、色彩最鲜艳、内容最丰富、形象最生动的西汉帛画。马王堆汉墓还出土漆器700余件、丝织品和服饰100余件，其中最能代表当时纺织技术水平的有薄如蝉翼、轻软透明的素纱和手感绵厚、图案富丽的绒圈锦，还有花地清晰、立体感强的印花敷彩纱等。

一号墓出土的轪侯夫人辛追的遗体，是世界上发现的第一具年代久远且保存完好的软

体湿尸，学界亦将此类古尸命名为"马王堆尸"。其与"木乃伊""尸蜡""鞣尸""冰人"等古尸的保存方法不同，被认为"创造了世界尸体保存纪录中的奇迹"。

马王堆汉墓是第一次发现绝对年代明确、墓主见于史书记载的西汉初期大墓，为深入探讨当时的丧葬制度提供了可靠依据，为研究汉初的政治、经济、科技文化提供了翔实资料，丰富了人们对西汉文明的认识，也为汉初考古确立了年代标尺。

**河南洛阳烧沟汉墓考古发现**　　烧沟汉墓是一处自西汉中期延续至东汉晚期的大型墓葬群，位于河南省洛阳市西工区道北办事处烧沟村南的邙山南坡。该地南临陇海铁路，由于雨水长期冲刷形成许多南北走向的古老深土沟，烧沟村因其中一条最大的土沟而得名。

1952年11月，中央文化部、中国科学院、河南省文化局、洛阳专署文物管理委员会、洛阳市文化局联合组成洛阳考古发掘队，开始在洛阳北郊烧沟村钻探，共探出汉墓1000余座，至1953年8月发掘完其中的225座。

发掘的汉墓大多保存完整，皆为由墓道和墓室构成的洞室墓，可分作砖室墓和土圹墓两类。第一期墓室为平顶，一般较狭小。部分墓的墓室用空心砖砌筑，其余则为土洞墓。墓室前端一侧凿有简陋的耳室。墓道为长方形竖井式。墓门多数向南。葬式为直肢，部分墓存木棺痕迹。第二期墓室也是平顶，但一般较宽大。多数为空心砖墓，少数墓的墓室为土洞或用小砖铺地。墓室前端一侧或两侧凿有简陋的耳室。墓门多数向北。葬式亦为直肢，多数墓存木棺痕迹，个别为漆棺。第三期墓室绝大多数为弧形顶，只有少数为平顶或穹隆顶。墓室中有两棺或三棺以上合葬者，除夫妇合葬外，还有子女祔葬现象。墓室多用小砖券筑或用小砖铺地，也有土洞墓。空心砖只用作部分墓的墓门栏额。耳室增多，1～4个不等，不少耳室平面作"丁"字形，这一期是耳室最发达的时期。部分墓在墓室与墓道之间有甬道。墓门无一定方向。葬式为直肢。半数墓中有木棺遗痕，其中少数还有铁棺钉，个别木棺髹漆。第四期墓室可分为前室和后室两部分，前室作穹隆顶，后室仍为弧形顶。前室多数为土洞，后室多用小砖砌筑或用小砖铺地。封门也用小砖。耳室多为一对，个别墓有两个以上耳室。墓道和墓室之间都有甬道，墓道仍为竖井式。部分墓的墓道，在竖井之前加凿一道斜长的阶梯。葬式为直肢。木棺普遍使用铁钉，棺内往往铺一层白灰。第五期墓葬形制多和第四期相同，个别墓的前室和后室都为穹隆顶。前室附有侧室，个别砖墓的前室加宽成为横室。第六期多为土洞墓，前室平面多数为横长方形。墓室和墓道之间都有甬道。规模较大的墓使用斜坡式墓道，较小的墓仍沿用竖井或竖井附阶梯墓道。墓门以向南、向北者占多数。木棺普遍使用铁钉及白灰垫底。墓葬前室的四角还发现染有朱砂的卵石，疑作镇墓用。

墓葬中出土遗物丰富，包括陶器4713件，铜器、铁器、铅器、金银器、漆器、玉石器、琉璃器和骨蚌器等2000余件，钱币11200余枚。陶器、铜镜和钱币是墓葬分期的重要依据。第一、二期墓葬中，陶器有罐、壶、瓮、鼎、敦、仓、灶、井、奁等，以罐为最多。第一期的铜镜有星云纹镜、草叶纹镜等，以星云纹镜最为流行。第二期的铜镜，除星云纹镜外，开始出现日光镜和昭明镜。铜钱皆为西汉五铢。第三期墓葬的随葬品普遍增多。陶器中和前两期相同的器类器形有所不同，灶、井、奁数量大增，另有炉、釜、方盒、案、耳杯、碗等新器类出现。铜镜除承袭第二期的日光镜、昭明镜外，出现变形四螭纹镜和四乳镜，还有连弧纹镜和规矩镜。钱币仍为西汉五铢，稍后以王莽钱为主。第四期墓葬的随葬品，陶器组合方面和第三期差别不大，成套鼎、敦、壶的组合形式消失，杯、案、盘、勺占主要地位。铜镜有规矩镜和四乳镜。钱币以东汉五铢为主，亦有王莽钱。第五期陶器的种类较前期增多，出现鸡、狗、猪等家禽、家畜模型。铜镜主要是云雷纹镜。钱币和第四期相同。第六期陶器组合与第五期差别不大，陶仓已很少见，书写镇墓文字的扁腹平底罐是典型器物。铜镜以长宜子孙镜最为流行，新出现神兽镜、四凤镜、变形四叶镜、三兽镜等，此外还有铁镜。铜钱除沿用前期钱币外，还有东汉晚期所铸半两、五铢，以及剪轮五铢、綖环五铢等，亦有铁钱。

烧沟汉墓的发掘，为汉墓分期断代提供了新依据，构建起洛阳以及中原地区汉墓年代的序列，具有典型标尺意义。从随葬器物变化可看出，西汉中期以前基本上还是继承周秦旧制，随葬的陶器是战国以来习见的鼎、敦、壶等礼器；西汉中期稍后，增添仓、井、炉、灶等与日常生活有关的模型器；王莽时期及其以后，又增添杯、案、盘、勺等祭奠陈设用器，开启了墓中设奠的习俗。

**云南晋宁石寨山滇人墓地考古发现**　云南晋宁石寨山滇人墓地是战国至汉代滇王及其家族臣仆的墓地，是石寨山文化最早发掘的代表性遗存，石寨山文化（俗称滇文化）因该遗址而得名。遗址位于云南省昆明市晋宁区滇池东南。

1953年，云南省博物馆收购了几件以前未曾见过的青铜器，几经调查后找到了出土这些青铜器的地点——石寨山。1955年3月3～23日，云南省博物馆考古发掘组对石寨山进行了第一次发掘，共清理墓葬3座，出土包括筒形贮贝器、鼓形贮贝器、铜鼓以及铜俑等青铜器、玉器和金器在内的大量器物，在遗址的地层中还发现了一些陶片和螺蛳壳等遗物。从墓地出土的汉式铜镜，推测该墓地的时代为战国至西汉时期。1956年11月1日～1957年1月14日，云南省博物馆考古队对石寨山进行了第二次发掘，发掘面积776平方米，共清理墓葬20座，出土文物4000多件，包括铜鼓、贮贝器、铜俑，以及大量的玉石、玛瑙、金银器等。出土的金质"滇王之印"，证明了滇国的存在，并印证了司马迁《史记·西南夷列传》中汉武帝赐滇王印之史实。沉睡地下2000多年的古滇国的神秘面纱逐渐被考古学家揭开。1958年冬，云南省文化局配合云南少数民族调查组的工作，启动了对石寨山的第三次发掘，发掘面积200余平方米，出土文物400余件。其中大型墓M23保存较好，出土一些青铜器和陶器，并见有用鸡和狗殉葬的现象。1960年4月，云南省博物馆在石寨山最东边清理墓葬16座，墓坑多不完整，随葬器物也比较零散、残破，出土文物228件，在两座墓中发现有棺有椁。1996年5月5日～6月12日，云南省文物考古研究所、昆明市博物馆、晋宁县文物管理所等多家单位联合对石寨山进行了第五次抢救性发掘，共清理墓葬36座。其中，两座为大型墓葬，其余均为小型墓葬，共出土随葬品478件／套，有青铜器、铁器、铜铁合制器、金器、银器、玉石器、玛瑙器、绿松石器、陶器、木器等。

晋宁石寨山滇人墓地主要分布在石寨山东南缓坡地带，山腰以上为贝丘遗址的分布范围。墓葬均为长方形竖穴土坑墓，但形制及结构与一般土坑墓又有区别。石寨山西坡及西南坡的墓葬，一般在表土以下约30厘米即见墓口，墓室规模很小，仅容一人，而且建造很不规范，多数墓利用表土以下岩石间的空隙处掘坑而葬，除坑底及前、后坑壁略作修整外，其余均未经修削，以岩壁的自然形状为界。个别规模较大、随葬品较多的墓室，如表土以下岩石间的空隙呈不规则形，则在两侧另加1～2条木板（有的木板上加钉铜皮一层），略呈较规整的长方形墓室。石寨山东边的墓葬，由于地形较低，土层较厚，因此不仅墓室规模大，结构也较规整，很少用天然岩石作墓壁，属于比较正规的长方形竖穴土坑墓。

墓室结构因墓的大小及随葬品多少而有区别。一般小墓长约2米、宽1米、深0.5～1米，仅能埋葬一人或放置几件随葬品，也有的小墓长不及1.5米、宽不到1米。小墓大多利用岩石间的缝隙埋葬，没有棺木或其他葬具。大墓墓室规整，一般长3～4米，个别有长5米以上的；宽2～3米，最宽的达4.7米。全部为竖穴土坑墓，无墓道。少数大墓墓底一端有生土"二层台"，转角处有"脚窝"。有的大墓墓底铺一层木炭。已发掘的墓葬均无封土，但有的经过夯筑，有的在墓口填土上压一块带尖的大石头。

一般较大的墓中都有漆棺，轮廓全部为长方形，横头的一端较宽，另一端稍窄，与近代云南各地使用的木棺相似。大部分墓葬为东、西向，头多在西端。最常见的为仰身直肢葬，也有少量为仰身屈肢葬、俯身直肢葬、断肢葬、叠肢葬和"二次葬"等。

晋宁石寨山滇人墓地出土器物极其丰富，为西南地区青铜文化研究提供了重要的考古资料。从出土文物及周边地势地貌可知，当时的滇国人畔水而居，他们以农耕、畜牧、捕鱼、狩猎为主。出土器物上的图案纹饰再现了滇人的日常生活生产状态，可以看出滇人的服饰、发型都有自己的特点。部分贮贝器再现了滇人祭祀的场景，反映了滇人对自然的崇拜以及祭祀在生活中的地位。出土的大量兵器，为研究当时滇人与其他民族、部落之间的关系提供了强有力的实物资料。出土器物中大量的"汉式器物"，反映了滇文化和汉文化的碰撞和融合。

石寨山滇人墓地是石寨山文化中最早发掘的考古遗址，也是石寨山文化的命名地，是石寨山文化最具代表性的遗址之一，在中国青铜文化研究史上具有不可替代的价值。石寨山文化系由云南新石器文化发展起来的，是中国西南独树一帜的青铜时代考古学文化，与中原商周青铜文化、北方草原青铜文化、古希腊罗马青铜文化并称为古代世界四大青铜文明体系，对两广地区和东南亚国家的古代文化等有着明显的影响。滇国是石寨山文化发展到一定阶段建立的奴隶制国家，石寨山古墓群规模庞大、墓葬等级高、延续时间长，为"滇国"文化研究提供了极为丰富的实物史料。石寨山及其附近存在丰富的地下遗存，对揭示石寨山文化的起源和滇池地区早期文明具有重要的价值。

**芮城清凉寺史前墓地考古发现**　清凉寺墓地是新石器时代的埋葬遗存，位于山西省芮城县东北部，中条山南麓一座南北向山梁上的寺里村旁，总面积近5000平方米。

1955年文物调查时发现清凉寺墓地。1975年，当地居民挖窑洞时，在清凉寺大殿旁边的断崖上发现玉石器。1984年，因窑洞坍塌又发现一批玉器。2003年春，山西省考古研究所对遗址进行全面考察，确认遗址区存在从新石器时代到东周时期不同阶段的遗存。由于墓地面临被盗掘的严重威胁，山西省考古研究所与运城市、芮城县文物部门联合，于2003年深秋至2005年初冬对墓地进行大规模科学发掘，揭露355座史前时期不同阶段的墓葬，发现特殊葬式和特色鲜明的随葬品。墓葬可分为四期，第一期年代范围在公元前4050～前3770年，属于枣园文化晚期；第二期至第四期年代范围在公元前2470～前1700年，从庙底沟二期文化晚期延续到龙山时代。

第一期墓葬17座，为小型竖穴土坑墓，属枣园文化。墓内仅发现葬式为仰身直肢葬的死者，没有随葬品。属于这一时期的还有8座瓮棺葬。

第二期墓葬多为小型竖穴土坑墓，分布在发掘区的中部和西部，排列不是十分整齐，但有意分为几个区域。墓主人全部为仰身直肢一次葬，骨骼上多留有朱红色。少部分墓主人入葬规格较高，随葬有钺、带孔器、璧、环、多孔刀等玉石器，如鳄鱼骨板、猪下颌骨等具有财富象征的特殊随葬品和彩绘高领折肩陶罐、敞口陶盆仅见于少数墓中。个别墓内发现非正常入葬死者，可能是后来殉人制度的直接源头。

第三期墓葬有周密规划，排列比较整齐，间距相近，十分规范。中心区域为几座规模较大、埋葬较深的墓葬；中心区域的东、西两侧，墓葬规模逐渐变小，埋藏深度也相对较浅。多数墓内都有熟土二层台，其内缘范围可能就是当时放置棺材的位置。这一时期的墓葬全部被盗扰，尤其是中部的超大型墓葬，盗扰十分严重。葬式皆为仰身直肢葬，骨骼上一般都留有朱红色，有的墓葬整个墓底均为红色。墓葬约一半有殉人，1～4人不等，一般为10岁以下小孩，成人较少，多数是活埋进去的。随葬品的数量很少，主要是本地岩石制成玉石器，还有外地引进的部分透闪石软玉，琮、牙璧、方形璧、六边形高领环、多片联缀的大型玉璧、环及虎头状饰品等均十分精美。

第四期墓葬是分布在发掘区东部的竖穴土坑墓，只有少部分墓葬有二层台，葬具形制不明。葬式均为仰身直肢，骨骼上一般也留有朱红色，不见殉人。发现随葬品者很少，只有极少数玉石器，不太精致。根据发现的一件可复原的、属于陶寺文化晚期的陶鬲分析，墓地第三、四期墓葬被严重盗扰的年代不晚于龙山晚期。

清凉寺墓地是中原地区一处十分重要的遗存，墓主人生前从事的职业有别于同时期的其他地方居民，所以较早产生阶层分化和阶级对立，经历了初期礼制日益成熟的全过程，在中国古代文明起源研究中具有十分重要的意义。清凉寺墓地第一期墓葬及同时的瓮棺葬，对认识仰韶早期陕晋豫交界地区的文化交流和碰撞具有重要意义，是史前时期庙底沟文化的起点。其余前后相继的三期墓葬，对晋豫交界地区庙底沟二期到龙山时期文化进行重新整合研究具有标本性意义，尤其是在社会进程方式上具有示范作用。清凉寺史前墓地出土的器物具有文化汇聚特点，大量随葬玉石器现象与本地此前传统明显不同，显然受到其他地区影响。清凉寺墓地不同阶段的文化面貌特征、发展与变化和基本规律反映出中原地区庙底沟二期文化至龙山时期社会结构与精神文化方面的变迁，也揭示出当时人类的心智发育状况、成长历程。

**三门峡虢国墓地考古发现** 三门峡虢国墓地是一处规模宏大、等级齐全、排列有序、保存完好的西周晚期至春秋早期的虢国大型公墓地与邦墓地。遗址位于河南省三门峡市区北侧边缘，坐落在一道西北—东南走向的土岭（上村岭）上。

虢国是周文王时期分封的姬姓诸侯国，当时有两个虢国，国君分别是周文王的弟弟虢仲与虢叔。虢仲的封地在河南荥阳市一带，史称东虢；虢叔的采邑位于周王朝畿内之地，在陕西宝鸡市一带，史称西虢。西周末年，西虢东迁，居于河南三门峡市一带。至公元前655年晋献公"假虞灭虢"，虢国被晋国兼并，继而成为晋国领土的组成部分。因此，虢国墓地的起始年代被限定在公元前775～前655年。

1955～1957年，黄河水库考古队在豫、晋、陕等省进行一系列考古调查与发掘。1956年冬，在陕县上村岭发掘墓葬234座、车马坑3座、马坑1座，其中包括著名的虢太子墓等一批贵族墓葬，由此确认虢国墓地所在。因盗墓现象严重，1990年初至1999年，河南省文物考古研究所与三门峡市文物工作队联合对虢国墓地进行抢救性发掘，清理墓葬18座、车马坑4座、马坑2座，掌握了整个墓地布局情况，确认国君墓2座、国君夫人墓1座、太子墓1座、高级贵族墓5座、贵族夫人墓2座。

整个虢国墓地南北长590米、东西宽550米，占地32.45万平方米。墓葬总数约在500座以上（包括车马坑与祭祀坑），依各墓葬的排列情况，大致可分为南区、西北区、东北区，可细分为八组。南区分布少数几座高级贵族墓与众多平民墓；东北区主要是平民墓，有极少数贵族墓；西北区墓葬规格最高，墓主身份也最高，各位国君、国君夫人、太子及其他高级贵族的墓葬均位于这个区域。八组墓葬中，每一组均以几座较大的墓葬为中心相对集中在一起。墓地内墓葬依规格与墓主人身份高低，由北向南按顺序排列分布，各自成组，相对独立，呈现出典型"各以其族"的"族坟墓"特征。

虢国墓地所见墓葬均为长方形竖穴土坑墓，葬具有单椁单棺和单椁双棺两种，葬式大多为单人仰身直肢，头向朝北。随葬品主要是铜器、玉石器和陶器，也有金、铁、铅、骨、角、牙、蚌、木等类器物。铜器可分为礼器、工具、车马器、兵器、棺饰等，玉器可分为礼玉、佩玉、敛玉、装饰品等，陶器可分为生活用器和装饰品。贵族墓主要随葬铜器、玉器，铜礼器基本组合为鼎、簋、壶、盘、匜（或盉）等，国君墓还随葬有甗、盨、簠、铺等，且有铜编钟、铜钲、石编磬等三套乐器。一般平民墓中随葬品基本上都是陶器，以鬲、盂、豆、罐为主要组合，也随葬少量玉石器。尤以虢季墓与虢仲墓出土器物数量最多。

青铜器数量多、品种丰富，是虢国墓地一

大特色。铜礼器方面，国君与国君夫人墓大多随葬实用器和明器各一套，而太子墓与高级贵族墓则只有一套实用器。虢仲墓随葬铜鼎达27件，铜簋达30件，除一套实用器（11鼎6簋）之外，其他均为明器；编钟也随葬两套，即甬钟、纽钟各一套，每套8件。太子墓只有铜钲和石编磬，没有铜编钟。国君夫人用鼎（实用器鼎）数量相应减去2件，符合礼书所记载的"礼降一等"，并且没有乐器和兵器。

玉器品种多，数量大，可分为礼玉、佩玉、殓玉、装饰品等四类。礼玉计有戈、璧、璜、琮等；佩玉有组玉佩和单玉佩两种，其中组玉佩主要有发饰、项饰、胸佩、腕饰等，最引人注目的是多璜联珠组玉佩；单玉佩主要是动物形佩饰，有龙、虎、象、牛、羊、鹿、兔、鱼、龟、鸟、鸽、燕、蜻蜓、蜘蛛等；殓尸所用玉器包括口含玉、手握玉、脚踏玉、脚趾夹玉等，有的是专门制作的，有的则是用其他礼玉或佩玉及其碎片充当的。多璜联珠组玉佩只存在于国君与国君夫人墓。

古代丧葬礼仪中的饰棺制度，在虢国墓地中亦有所体现。通过虢国墓地的发掘，结合文献记载，得知以往高级贵族墓葬中发现的铜铃、铜鱼、蚌鱼、铅鱼、石贝、蚌贝、陶珠等均是装饰木棺的物品。有一种錾压花纹的薄铜片，原称为铜椁饰，经分析应是古代礼书中的铜翣，是高级贵族殡葬时所用丧葬礼器，其数量多少与墓主人身份等级有关。在国君墓与太子墓的椁盖板或外棺盖板上面放置由多根方木组成的木质框架，俗称棺罩，应是文献记载的"墙柳"；框架上面与四边覆盖或悬挂有红、黄、素色丝织品或麻织品，应是文献所谓"荒帷"，俗称帷幕；由二者组合而成的整个棺罩，正是《墨子·节葬》所记丧葬时搭建起来的"屋幕"，是专门放置木棺的所谓灵堂。

虢国墓地的考古发掘，为研究虢国历史、文化以及古代礼仪制度提供了珍贵的实物资料，为这一时期青铜器的断代研究树立了一个有明确纪年的重要标尺，成为中国夏商周考古学文化研究领域的里程碑。

**北京明代定陵考古发现** 定陵为明神宗朱翊钧和孝端、孝靖两皇后的合葬陵寝，位于北京市昌平区十三陵陵园北部偏西的大峪山下。

明迁都北京后，从成祖朱棣至思宗朱由检，除景帝朱祁钰别葬外，其他诸帝都在天寿山附近营葬，共13处，故称为十三陵。十三陵总神道从七孔桥以北分道后，有一支蜿蜒向西北而行，是为定陵神道，直达陵园前无字碑。无字碑螭首龟跌，碑身完整，明时建有碑亭，毁于清初。

定陵由朱翊钧亲选陵址预建。陵园东南向，陵园平面格局仿照永陵，轴线上分布有陵门、祾恩门、祾恩殿、棂星门、方城明楼、宝城宝顶，与明长陵相比少内红门，但与献陵、景陵等其余诸陵相比则多陵门。

1956年5月～1958年7月，中国科学院考古研究所与北京市文物调查研究组组成工作队对定陵进行发掘，是中国首次大规模科学发掘大一统王朝的帝陵玄宫。

定陵玄宫由隧道、甬道、前殿、中殿、后殿和左、右配殿构成。玄宫位于宝顶之下，从宝顶到玄宫地面深达31.5米，自明楼至玄宫后殿呈斜坡状，玄宫地面低于明楼宝城台面15.8米。玄宫纵深87.34米、横跨47.28米，总面积

1195平方米。玄宫内除甬道和部分殿内铺地砖外，全部为石结构。

隧道门在宝城南侧偏西，位于宫墙与宝城交接点稍西，砖隧道从隧道门内侧开始，略有弯曲，向东北延伸。宝城墙内侧在内券洞顶部正中石条上刻"隧道门"三字，隧道券洞中有石碣一座，上刻"宝城券门内石碣一座城土衬往里一丈就是隧道棕绳绳长三十四丈二尺是金刚墙前皮"。砖隧道近末端中部有小石碑一通，上刻"此石至金刚墙前皮十六丈深三丈五尺"。隧道底应为斜坡，即自隧道门至砖隧道末端逐步上坡。砖隧道止于一道矮墙，矮墙以西为石隧道，石隧道是帝后入葬玄宫的最后通道。金刚墙是横在石隧道末端的一堵大墙，墙面设有开口，为进入玄宫的孔道。甬道在金刚墙内侧、玄宫石门之前，青石铺地。甬道内东北部靠北墙放置两扇木栅栏，已腐朽，应是玄宫建成后用于甬道券门的临时木栏，入葬后废弃。甬道与前殿之间以券洞石门相通，券洞上以汉白玉雕出仿木构门楼外檐式样。券洞两下脚为束腰石须弥座，饰仰覆莲。石门后即玄宫前殿，平面呈长方形。中殿是长方形石室，高、宽与前殿同，唯较前殿长12米。中殿西端设石供案3个，案前置黄琉璃五供、长明灯等。中殿与前殿地面之上均铺木板，上有车辙痕迹，应与入葬棺椁有关。同中殿平行的左、右两路对称配置一座券室，即左、右配殿，结构相同，平面呈长方形，殿内各设一宝床，用澄浆砖平铺面，中设一"金井"。两座配殿后墙各设一石券洞和石门，石券洞外又有砖券洞，洞端以砖封砌，发掘中未拆开。结合宝城内石刻字迹分析，应分别为通向玄宫外的

隧道"左道""右道"。后殿是玄宫的主要建筑，为南北向横长方形石室，长30.1米、宽9.1米、高9.5米。后殿中部偏西设宝床（棺床），床四周作束腰仰覆莲须弥座。地面与床面均铺花斑石。床上置万历帝与两皇后棺椁，万历帝椁下凿一长方形孔，中填黄土，当是"金井"。各殿之间皆有门相通，石门用整块白石制成，有乳丁横纵各9排。殿堂封闭时，用"自来石"顶门。

万历皇帝和孝端、孝靖皇后都有木制朱漆棺椁各一重，外椁、内棺套置。万历帝棺椁居中，孝端后棺椁在左（北面），孝靖后在右（南面），皆头西足东。万历帝、孝端后棺俱楠木做成，棺盖上原放有织锦铭旌。帝后尸体皆已腐烂。

定陵玄宫内，中殿置有帝后石神座、石五供及长明灯等，左、右配殿内无随葬品，主要随葬器物分布在后殿。后殿随葬器物多放置在帝后棺内和宝床南、北两端的随葬器物箱中。随葬器物箱共29箱，宝床上放置22箱，孝端后棺北侧放置7箱。在三具椁上放置插有仪仗的仪仗架多件，为朱漆木质明器。出土各类随葬品2000余件。葬仪用具包括谥册、谥宝、圹志、木明器和铜、锡明器等。谥册7副，谥宝3件，木明器多为人俑和马俑。

在定陵出土的大量随葬器物中，有各种袍料、匹料和服饰644件，主要是丝织品，个别衣物为棉毛织品，为研究明代丝织品织造技术、加工工艺和明代帝后服饰制度提供了条件。丝织品中有大量腰封，其中袍料墨书题记记载袍料的颜色、纹饰、质地、用途、长度等，匹料题记则分别记载织品名称、产地、尺

寸、织造年月、织工姓名以至各类作坊主管人员及监督织造官员等，为研究明代丝织业组织分工情况，督造验收制度，织品产地、规格、品种等，提供了可靠的实物证据。

定陵出土金银器20余种、500余件，造型庄重。器物用打胎法制成胎型，主题纹样采用锤成凸纹法，细部采用錾刻法，结合花丝工艺，制成精美的图案，富有一定浮雕效果。有的器物上还嵌有珍珠和宝石，反映出明代金银细工的高度工艺水平。部分金银器或金银铤上刻有铭文，详细记载器物的制造年代、名称、纹饰、制作机构及金匠姓名等内容，为研究明代宫廷器物的制作、定名和用途提供了珍贵的资料。

帝后棺内及部分器物箱中出土大量冠服用品。万历帝的翼善冠由金丝编成，制作精美。衮服为皇帝祭天地、宗庙及正旦、圣节等大典时用服，上绣日、月、星辰、山、龙、华虫、宗彝、藻、火、粉米、黼、黻等十二章。两位皇后的四顶凤冠造型庄重，十分富丽。还有百子衣、佩饰等。出土玉器数量大、选料精、琢工细，万历帝棺内和器物箱内出土有玉圭，其中一件刻有四山纹，应为镇圭。瓷器包括青花和三彩瓷两类，其中青花梅瓶8件，有嘉靖或万历年款，对研究明代青花瓷器有重要价值。

**湖北枣阳九连墩楚墓考古发现**　九连墩墓地是东周时期楚国高级贵族墓地，位于湖北省枣阳市吴店镇东赵湖村和兴隆镇乌金村。墓地遗存封土堆9个，由南往北依次编为1～9号墓，当地俗称"九连墩"。

1958年，湖北省第一次全省文物普查时发现九连墩墓地。2002年9月～2003年3月，湖北省文物考古研究所联合省内八家文博单位组成九连墩考古队，对1号墓进行抢救发掘。通过为期近1个月的考古测量、勘探、调查，在距九连墩墓地以东4千米处，发现一座名为"忠义寨"的东周城址，城址平面呈方形，边长约300米；在1号墓北侧18米处，新发现一座封土在早年被夷为平地的墓葬，其形制、规格与1号墓相差不是很大，编为2号墓，并在其西部发现分别属于这两座墓葬的1号、2号车马陪葬坑；在1号墓墓道东部发现五花土遗迹，提示墓上遗迹的存在。

1号墓墓坑平面呈"甲"字形，方向105°。墓坑口东西长38.1米、南北宽34.8米，至坑底深12.8米。墓坑四壁设14级台阶，高度大致在60厘米左右，自上而下逐级内收至椁坑口。椁坑口东西长11.1米、南北宽8.85米，至坑底深4.18米。斜坡墓道位居墓坑东边的中部，墓道口长20.09米，坡长36.1米，坡度13°；墓道东端残宽约4米，西端上口宽约15米、下口宽4米。墓坑内填五花土，填土分层夯筑，圆形夯窝直径5～6厘米。

1号墓设二椁二棺。外椁长7.92米、宽6.74米、深1.8米，以隔板分成五室，东、南、西、北四室附在中室的四方，用以陈放随葬物品。内椁长3.25米、宽2.2米、深1.69米，置于中室内，其盖板、侧板、挡板、底板均以方木垒砌，挡板与侧板之间以浅槽套合，底板东西端下各置一南北向垫木。内、外二棺套置于内椁之中，外棺为长方盒形棺，长2.86米、宽1.7米、深1.4米；内棺为悬底弧棺，长2.48米、宽1.06米、深0.55米。内、外二棺皆内髹红漆，外髹黑漆。尸体置于内棺，出土时仅存骨架。棺、椁均有不同程度的腐蚀，椁盖板整体下陷，内、外棺室坍塌，墓主骨骼倾聚于一侧，其上丝织物已呈腐渣，随身佩戴的玉器、石器、料器、骨器等均已移位，但仍可见尸体放置方向为头东脚西。

1号墓随葬有祭器、乐器、燕器、兵器、车马器、工具、敛饰物、丧仪用器等计共4652件。

1号车马坑位于1号墓西壁外约25.2米处，坑口平面呈长方形，南北长52.7米、东西宽9.5米、残深2.3米。坑西壁开斜坡坑道3个。坑内共葬车33乘、马72匹。葬车呈双行自南而北横向并列陈放，车辕均朝西，轮、舆皆置于事先挖好的沟槽内。驾马头西尾东摆放于车辕两侧，其中两乘车未配驾马，除13号车配驾马6匹，6号车、12号车、15号车各配驾马4匹外，余车各配驾马2匹。从葬马骨骼自然摆放且6号车左服马胸肋骨尚存一枚箭镞等情况看，马匹应是杀死而后安葬的。车马坑内除了随葬个别车饰件、舆构件，大量车舆构件和乘马佩饰均葬置于墓坑的南室之中。

2号墓封土早年被夷为低平坡地，局部残高超出周围地面约1.4米。从残存的断面观察，封土的构筑方法仍为垒砌，亦不见明显的夯打痕迹。

墓坑平面呈"甲"字形，方向105°。墓坑口东西长34.7米、南北宽32米，至坑底深12米。坑壁设14级台阶，高度大致在55厘米左右，自上而下逐级内收至椁坑口。椁坑口东西长10.45米、南北宽9米，至坑底深3.62米。椁坑底中部挖有一圆角方形腰坑，腰坑东西长1.25米、南北宽1.2米、深0.4米。腰坑内葬羊1只，羊体用草类植物包裹，头向西南。斜坡

墓道位于墓坑东面，墓道口长20.15米、坡长33.65米，坡度14°。墓道东端宽约3.5米、西端上宽约14.5米、下宽4.2米。墓坑内填五花土，填土分层夯筑，圆形夯窝直径5厘米左右。

2号墓内设二椁二棺。外椁长7.45米、宽6.75米、深1.74米，其内以隔板分成东、南、西、北、中五室，各室布局、结构、功能等与1号墓相同。内椁置于中室内，长3.25米、宽2.2米、深1.62米。内、外二棺套置于内椁之中，外棺为长方盒形棺，长2.76米、宽1.72米、深1.4米；内棺为悬底弧棺，长2.36米、宽1.26米、深0.55米。内棺外附着的棺饰尚存，但均已炭化残腐，一部分垂落至外棺内底。内、外二棺皆内髹红漆，外髹黑漆。尸体置于内棺，出土时骨骼保存完好，可见葬式为仰身直肢，头顶向东，其上装殓的衣衾包裹均已腐烂，仅存遗痕。随身佩戴的玉器、石器、料器、骨器等均保存较好，但因串联佩饰的组带均已腐烂，故位置发生了改变。

2号墓随葬有祭器、乐器、燕器、兵器、车马器、工具、敛饰物、丧仪用器等计共2995件。

2号车马坑位于2号墓西壁外约26.8米处，南距1号车马坑19.5米。坑口平面呈长方形，南北长22.2米、东西宽6.2米、残深1.7米。坑西壁开斜坡坑道1个。坑内随葬车辆7乘，挖有轮槽安置车轮；另有1件形体较大的方形有盖车舆，置于车马坑的北部，未见轮、辕。全坑葬马16匹，其中1车配驾马4匹，其余6车各配驾马2匹，所有葬马均头顶向西、背朝车辕，姿势自然整齐，应是先杀后葬。2号车马坑出土有错银铜軜首、错银铜衡末、错银铜柱帽及青铜云纹车害、壁插等车舆构件等。

在1号、2号墓墓葬封土的发掘过程中，先后清理出了封土墙、墓基遗迹和墓上祭祀坑。

封土墙建筑遗存3处，一处位于1号墓封土南部边缘，一处位于1号墓封土北部边缘，另一处位于2号墓封土南部边缘。两墓封土之上未见其他建筑遗物。此3处墙体似乎不属墓上陵寝建筑的残留遗存，而是墓上封土的护墙。

墓基为两处，均由五花土夯筑而成。1号、2号墓的墓坑分别坐落于这两处墓基的中部（1号墓坑口北边与2号墓坑口南边相距约18米），2号墓的墓基遗存叠压在1号墓的墓基遗存之上。

墓上祭祀坑在1号墓基正东距墓道口约28米处，为方形烧坑，坑内有红烧土及炭灰堆积。

2号墓的墓基压在1号墓的墓基之上，表明2号墓下葬的时间相对晚于1号墓。但从随葬器物中同类器物特征近似看，两墓下葬的年代差距不大。两墓均为土坑木椁墓，"甲"字形墓坑，东向墓道，主要的随葬器物无论是器类、形制还是纹饰都与已发掘的战国楚墓类似，下葬年代应为战国时代无疑。出土青铜器整体胎薄、铸造工艺粗疏，明显体现出青铜时代尾声的风格，下葬年代似为战国中期晚段（前300年前后）。

九连墩1号、2号墓墓坑均为14级台阶，都是椁分五室，同样两椁两棺，一致随葬以鬼器五鼎、人器七鼎为组合主体的祭器，2号墓腰坑埋祭羊牲，两墓墓主等级均应为"大夫"。

根据两墓人骨鉴定材料，1号墓墓主为男性，年龄在35～40岁；2号墓墓主为女性，年龄在26～30岁。从两墓规格相等却并列埋葬，墓向一致且相距极近，下葬年代接近，1号墓

南室随葬大量兵器铠甲且内棺贴身随葬佩剑，2号墓南室随葬大量豆、笾、案、几等膳食类漆木器且内棺中不见佩剑等现象看，两墓墓主应为夫妻关系。两墓随葬器物的区别，恰好体现了先秦时期女主内、男主外的儒家思想。

枣阳九连墩楚墓的发掘，是继荆门包山楚墓之后又一次对楚国高级贵族墓地进行较为全面的科学揭露。其重要性主要表现在以下几个方面：1、2号墓出土的青铜及木制礼器组合齐全、保存完整，乐器种类较多，有助于深入认识楚国高级贵族用礼制度；1、2号车马坑完整清理面世，为研究楚国高级贵族的用车制度、先秦时期不同类型车辆的结构、车马器具的配置状况等提供了不可多得的第一手资料；墓上遗迹的发现，为探讨楚国墓地制度、埋葬制度，乃至由其所折射出的社会政治制度增添了新的实物信息；出土的7个种类90余件乐器（其中有编钟、编磬、鼓、琴、瑟、笙、竽、篪），在一定程度上填补了楚国音乐史的空白。

**西汉帝陵考古发现**　西汉帝陵包括高祖长陵、惠帝安陵、文帝霸陵、景帝阳陵、武帝茂陵、昭帝平陵、宣帝杜陵、元帝渭陵、成帝延陵、哀帝义陵、平帝康陵等11处西汉帝王陵园及其所属的后陵、陵邑及其陪葬墓、从葬坑等，除霸陵、杜陵分别位于西安市灞桥区与雁塔区外，其余9处帝陵均分布于渭河北岸的咸阳原上，最西为茂陵，最东为阳陵。西汉11处帝陵中，高祖至宣帝陵附近均建有陵邑，其中5处位于咸阳原上，故此地又称"五陵原"。西汉帝陵封土大多保存较好，陵园内分布有大面积礼制建筑遗址、陪葬墓园、从葬坑等。

中华人民共和国成立以来，陕西省考古研

究所、陕西省文物管理委员会、中国社会科学院考古研究所等单位对西汉帝陵开展长期的勘察与发掘，主要是对陵园进行调查与试掘，确认各陵以及奉陵邑的位置、范围、布局和结构等，了解陪葬遗存的分布并对部分遭到盗掘或破坏威胁的相关遗存进行发掘清理。在2006年开始实施的西汉帝陵大遗址考古项目中，陕西省考古研究院汉陵考古队采取"全方位调查、大面积普探、重点地区详探、关键部位试掘、高精度测绘及资料数据化"的工作思路，先后开展汉武帝茂陵、汉平帝康陵、汉元帝渭陵的考古调查与勘探，以及茂陵2号建筑遗址及茂陵帝陵南侧外藏坑（部分）发掘，取得较大成果。

长陵的封土呈覆斗形，陵园平面略呈南北向长方形，四面墙垣均有遗存，以西墙保存较好，没有明显的门阙遗迹。陵园建筑主要在陵冢北部和两侧。发现大量瓦片堆积和夯土台基，出土多件"长陵西当"瓦当。在长陵东1.5千米处发现"长陵东当"瓦当。长陵邑、陵园和陪葬区范围内均发现汉代遗物，有砖、瓦、瓦当、水管道、陶文瓦片和铁铲、铁夯头等。1956年以来，考古工作者曾多次调查长陵陪葬墓。1965年，发掘4号陪葬墓的从葬坑，出土大批彩绘兵马俑。1968年，长陵东北约1千米处出土"皇后之玺"玉印。1971~1976年，发掘4号、5号陪葬墓。

2006~2008年，西安市文物保护考古所对灞桥区被盗古墓及其周围200余万平方米范围进行调查勘探，发现大型古墓、从葬坑、墓园、窑址等大批重要遗迹，确认此地应为西汉文帝刘恒霸陵之所在。陵墓坐西向东，形制为大型四斜坡墓道竖穴土圹木椁墓。围绕墓圹四周发

现从葬坑115处，呈放射状分布。其外有方形陵墙，边长约400米。墓葬东南约300米处发现东西向14排22条从葬坑，长10~400米不等；墓葬南金星村西的台地上发现5排15处平面形状均为长方形的从葬坑；墓葬西侧坡地上发现从葬坑41处，其中新探出11处，另30处为1966年发掘后回填的从葬坑（1966年发掘从葬坑47处，当时认为是窦皇后陵从葬坑）。另外，在墓葬东南金星村东北台地上发现10处窑址。

阳陵是西汉帝陵中考古发掘和研究工作最为深入的一处，20世纪70年代开始对阳陵进行实地勘察。1990年5月，为配合西安至咸阳国际机场专用公路建设，对阳陵进行较大规模考古发掘。此后，为研究需要和配合基本建设，又陆续对陵园内帝陵、后陵及陪葬墓区进行一系列发掘和调查，基本确定汉阳陵格局、规模和内涵。陵园平面呈不规则长方形，面积约12平方千米，包括帝陵、后陵、南区从葬坑、北区从葬坑、刑徒墓地、礼制建筑、陪葬墓及阳陵邑等。帝陵坐西面东，居于陵园的中部偏西；后陵、南区从葬坑、北区从葬坑、一号建筑基址等分布于帝陵四角；嫔妃陪葬墓和礼制建筑（德阳庙）位于帝陵南、北两侧，左右对称；刑徒墓地及3处建筑遗址在帝陵西侧，南北一字排列；陪葬墓呈棋盘状分布于帝陵以东的司马道两侧；阳陵邑设置在陵园东端。整个陵园以帝陵为中心，四角拱卫，南北对称，东西相连，布局规整，结构严谨。南区从葬坑和北区从葬坑分别位于帝陵东南侧和西北侧。两处从葬坑范围均为东西320米、南北300米，各有从葬坑24处，排列成14行。从葬坑长25~291米，宽多为4米，平面形状有长

条形和"中"字形两类。出土有排列整齐的武士俑群，盛置粮食的陶仓，牛、羊、猪、狗、鸡等动物俑，以及陶、铁、铜质地的生活用具。在帝陵陵园和后陵陵园内，以及帝陵西北部、北部，南区从葬坑南部，发现建筑遗址12处，对其中的罗经石遗址进行了发掘。陪葬墓区主要分布在陵园东部，年代为西汉早期至东汉中期。发掘汉墓280座，墓葬形制有竖穴土圹墓、土洞墓、砖室墓，出土有陶、铜、铁、玉、骨、蚌、漆器等。帝陵陵园西北约1.5千米处为刑徒墓地，面积约8万平方米，1972年发掘其中的29座墓葬。阳陵邑遗址位于阳陵正东的泾河谷地，总面积约4.5平方千米。考古发现东西向道路11条，南北向道路31条，纵横交错，形成上百个里坊，出土有秦汉封泥、"阳陵泾置"和"阳陵泾乡"瓦当等重要文物5000余件。

茂陵是汉武帝刘彻陵园，20世纪60年代以来，陕西省文物管理委员会、陕西省考古研究所、咸阳市文物考古研究所、茂陵博物馆等机构曾对茂陵陵园进行多次勘探调查。出土鎏金铜马、鎏金银竹节熏炉、错金银铜犀尊、四神空心砖等大量珍贵文物，为研究西汉历史和文化艺术提供了宝贵的实物资料。茂陵陵区分为陵园、陵邑和陪葬墓区三大部分。汉武帝陵位于茂陵陵园中心偏南位置，四周有夯筑垣墙，垣墙中部皆有阙门，为三出阙结构，东、西、北三面土阙遗址尚存。四角有角阙建筑。陵园正中为封土，呈覆斗状。墓葬形制为"亞"字形，其中东墓道封土外的部分长28米、宽8～20米。李夫人墓位于汉武帝陵西北504米处，封土呈覆斗状，上部有二层台。墓葬形制

为刀把形。茂陵陵园东北部还钻探出刀把形墓葬一座，墓道位于封土东侧偏南，平面呈梯形。该墓园东侧分布有8座大型"甲"字形陪葬墓，南北向四组成对排列。茂陵发现大型陪葬墓50余座/组，封土尚存者有12座，包括卫青、霍去病、金日磾、阳信长公主、霍光等陪葬墓。其墓葬形制均为竖穴土圹"甲"字形墓，墓道方向不一，东、南、西、北均有。阳信长公主墓墓道南向，勘探发现从葬坑12处、建筑遗址1处、祔葬墓2座。霍光墓墓道东向，勘探发现从葬坑15处，封土旁有建筑遗址，四周有夯墙遗迹。霍去病墓封土为山形，象征祁连山，因墓园内有马踏匈奴、跃马、伏虎等众多大型石雕而闻名于世。茂陵陵园以西约4千米发现刑徒墓地，位于南位镇陈王村南，在墓葬中发现大量戴铁制刑具的骨架。

20世纪80年代以来，考古工作者曾对平陵陵园进行多次考古勘探。陵区建筑遗址发现6处，分别位于帝陵陵园外北司马道两侧、后陵陵园外北司马道两侧和后陵的西南部。1号建筑基址南北长90米、东西宽40米，发现大面积夯土、砖墙、瓦片、卵石、墙皮等，出土大量陶盆、罐、壶、瓮和石磨盘等，有的陶盆和瓮上刻有文字和符号，文字以吉祥语为主，如"山石大吉""金公大吉""日富昌"等。2001年，为配合县级道路建设，陕西省考古研究所与咸阳市考古研究所联合对道路穿过的部分从葬坑进行发掘，清理骑兵军阵、动物从葬、皇帝车驾3处从葬坑，出土大批文物。

20世纪80年代，中国社会科学院考古研究所对位于杜陵陵冢以东110米处的东门遗址进行调查发掘，出土砖、筒瓦和"长乐未央""长

生无极"瓦当等。陵园东南原有寝园遗址，寝园内有寝殿、外廊、便殿、殿堂等建筑，出土大量砖瓦建筑材料和鎏金铜构件。杜陵从葬坑位于陵园之北。1982年冬，考古工作者钻探发现4处形制各异的从葬坑，并对其中两个进行发掘。坑内遗物被盗严重，残留遗物也多被破坏。2008年起，陕西省考古研究所对位于凤栖原上的杜陵陪葬墓——西汉富平侯张安世墓进行考古发掘，出土陶瓷器、玉器、铁器、封泥、陶俑等众多文物，获得重要考古成果。

20世纪70年代以来，咸阳文物考古工作者曾多次对渭陵陵园进行考古调查。出土玉奔马、玉辟邪、玉熊、玉鹰等珍贵文物。渭陵从葬坑可分为陵园内和陵园外两部分。陵园内从葬坑在帝陵和后陵均有发现。

西汉帝陵在中国古代帝王陵寝发展史上占有重要地位，对汉代以后历代帝王陵寝制度发展有深远影响。通过西汉帝陵考古工作，基本究明部分帝陵文化内涵，明确帝陵陵园、陪葬坑、陵寝建筑、陪葬墓、陵邑等遗存的分布位置、范围、保存现状，有力推动了西汉帝陵保护工作的开展。

**山西曲沃北赵晋侯墓地考古发现** 北赵晋侯墓地是西周早中期之交到春秋初年的晋国公室墓地，是曲村-天马遗址的重要组成部分。曲村-天马遗址地处汾河下游，位于山西省曲沃县东部和翼城县西部交界处，总面积约11平方千米。

1962年，首次发现曲村-天马遗址。1963年，山西省文物管理委员会和北京大学首次对遗址进行发掘。1979年，北京大学和山西省考古研究所合作进行试掘。20世纪80年代，北京大学考古学系和山西省考古研究所合作进行了6次大规模发掘。

鉴于当地盗墓活动猖獗，从1992年春到2007年底，北京大学考古学系和山西省考古研究所联合组队进行了十多年的抢救性发掘。第一次发掘为1992年4～6月，发掘了晋侯夫妇墓M1、M2以及一座小型汉墓。第二次发掘为1992年10月16日～1993年1月11日，共探明西周时期"甲"字形大墓7座、车马坑2座，清理了其中5座大墓（M9、M13、M6、M7、M8）以及同时期祭祀坑8座、小型汉墓6座。第三次发掘为1993年上半年，发掘了晋侯夫人墓M31、M32以及M31的陪葬墓3座。第四次发掘为1993年9月11日～1994年1月6日，发掘了晋侯夫妇墓M64、M62、M63，以及附属的祭祀坑20余座，打破大墓的汉墓2座。第五次发掘为1994年5～10月，发掘了晋侯夫妇墓M33、M91、M92、M93、M102，以及祭祀坑20余座，汉墓1座。第六次发掘为2000年10月14日～2001年1月15日，清理大型西周墓葬M113、M114，以及打破这两座大墓的汉代墓葬5座。第七次发掘为2001年上半年，发掘晋侯墓地陪葬墓4座（M109、M110、M111、M112），以及一座M112附属的梯形车马坑。第八次发掘为2001年11月～2002年1月，对晋侯墓地的其他所有陪葬墓进行了发掘。第九次发掘为2006年2月至2007年底，对晋侯墓地1号车马坑进行最后阶段的发掘，是考古发现西周时期最大的车马坑，有车48辆，马至少105匹。

晋侯墓地东西长约170米、南北宽约130米，共有晋侯及夫人墓葬9组19座，陪葬墓18座，性质不明的墓葬1组2座。

墓地地层堆积比较简单，西周墓上普遍被东汉文化层覆盖，墓底局部打破西周早期地层。墓葬可分南北3排。各墓葬均南北向偏东，除M91、M92组晋侯及夫人头向朝南（墓道）外，其余皆朝北。墓葬形制分为竖穴土圹墓、"甲"字形墓（单墓道，墓道在南部）、"中"字形墓（双墓道，墓道分别在南、北部）三种。晋侯夫妇墓葬中，晋侯夫人墓M102为竖穴土圹墓，晋侯墓M93、晋侯夫人墓M63为"中"字形墓，其余晋侯及夫人墓葬均为"甲"字形墓。M112、M138组墓葬及所有陪葬墓都是竖穴土圹墓。各组晋侯及夫人墓中，除了M114、M113组及M9、M13组是晋侯居右（西）、夫人居左（东），其余均为晋侯居左（东）、夫人居右（西）。墓口以上叠压的最早堆积属东汉时期，说明晋侯墓地直至东汉都没有经过扰动。20世纪90年代以前保存基本完好，只有部分墓葬墓口部分可能在农事活动中遭到一些轻微的破坏。20世纪90年代开始遭到盗掘，晋侯及夫人墓葬8座被盗，陪葬墓多半被盗。晋侯墓地出土了大量珍贵的青铜器、玉器以及原始瓷器，达万余件，山西博物院的晋侯鸟尊和上海博物馆的晋侯稣钟均出土于此。大量的青铜器上刻、铸有铭文，见有6～8位晋侯的名字。可确认M114、M113组为晋侯燮父及夫人墓，M9、M13组为晋武侯及夫人墓，M6、M7组为晋成侯及夫人墓，M33、M32组为晋厉侯及夫人墓，M91、M92组为晋靖侯及夫人墓，M1、M2组为晋僖侯及夫人墓，M8、M31组为晋献侯及夫人墓，M64、M63、M62组为晋穆侯及夫人墓，M93、M102组为晋文侯及夫人墓。M112、M138组墓葬虽然没

有墓道，但是却处于墓地中心位置，并且配享有车马坑，且时代较早，推测其身份仅次于晋侯。每组晋侯及夫人墓葬均陪葬有车马坑，其中M114、M113组和M9、M13组陪葬的车马坑为南北向长方形坑，其余为东西向长方形坑。M8、M31组的陪葬车马坑K1经过全面发掘，为东西向，平面近长方形，口部东西长近22米、南北宽14.2～15.3米，西端略宽于东端，坑底距地表深约4.8米。以东西两边中线计，东向约为105°。分为马坑和车坑，马坑在东，车坑在西，中间以隔梁分开。马坑随葬至少105匹马，无规律摆放。车坑随葬各种车辆48辆，东西向摆放，车辕朝东，包括彩绘礼仪车、车身一周挂坠有青铜甲片的战车、运输车、妇童用车等。

晋侯墓地的发掘为研究周代埋葬制度、确定多种器物用途和期别、探讨晋国历史等提供了丰富材料。晋侯墓地出土青铜器上的铭文，对建立比较详细的西周考古分期标志、确立若干年代定点具有重大意义，为研究西周编年提供了重要依据。

**山东临沂银雀山汉墓考古发现**　银雀山汉墓是以西汉墓葬为主的规模较大的古代墓群，位于山东省临沂市兰山区银雀山西南麓。

1964年发现临沂银雀山墓群。1972～1986年，先后发掘墓葬100余座，大多是西汉前期墓葬，兼有战国至唐、宋、元、明、清历代墓葬群。

1972年4月，山东省博物馆和临沂文物组在临沂银雀山发掘一号和二号汉墓。两墓的墓室都是长方形竖穴，在岩石上开凿而成，墓室上部残损并有积水，椁室完整，在墓坑与木椁

之间填入质地细腻的灰白色黏土。两墓椁室结构基本相同，椁底板平铺在墓坑底部，一号墓铺两层，二号墓铺一层。椁框四角以榫相接，椁顶横铺盖板，一号墓盖板一层，二号墓盖板两层。椁内均在中间置一隔板，分椁为东、西两侧。一号墓椁室东侧置棺，西侧为边箱，安放随葬器物。二号墓西侧置棺，东侧为边箱。二号墓椁内隔板中部还有两扇小门，上下有枢，可以启闭。棺均用六面木板接榫构成，棺身外髹黑漆、里髹朱漆。两墓棺内各有尸骨一具，已腐朽松散，不能确定性别，为仰身直肢。墓室中发现《孙子兵法》《孙膑兵法》等大批竹简和竹简残片，还有漆木器、陶器、铜器和钱币等随葬器物。据初步整理，一号墓出土竹简4942枚，大部分为兵书；二号墓出土竹简32枚，系《汉武帝元光元年历谱》。简上的文字全部为隶书，系墨书，字迹有所不同，应是出自多人之手。在竹简之上有两枚"半两钱"和一枚"三铢钱"，可能是缀在竹简的绳上作装饰用的。根据遗迹、遗物特征，可断定为西汉前期的墓葬。一号墓年代上限不早于建元元年（前140年），下限不晚于元狩五年（前118年）。二号墓出土《汉武帝元光元年历谱》，故年代上限为汉武帝元光元年（前134年）。

银雀山古墓群发现的大量竹简，内容包括失传1700余年的《孙子兵法》和《孙膑兵法》，《汉武帝元光元年历谱》则是中国已知最早、最完整的古代历谱。这批竹简为研究中国先秦和汉初的政治、经济、军事、文化、哲学、文学、音训、简册、历法等提供了极为重要的文献资料。

**河北满城汉墓考古发现** 河北满城汉墓是西汉中山靖王刘胜及王后窦绾的陵园，位于河北省保定市满城区西南侧的陵山主峰的东坡。刘胜是汉景帝第十四子，前元三年（前154年）受封中山王，元鼎四年（前113年）去世，谥号靖。

墓葬位于陵山，墓道口距山顶仅30余米，高出山脚地面约150米。两墓南北并列，墓门均向东，一号墓在南，二号墓在北，墓门相距约120米。两座墓前有左右对峙的两个山头，可能是象征墓前的双阙。陵山上暴露在外面的小墓还有18座，分布在主峰南坡及其东南小山头的毗邻处，坟堆上圆下方，长、宽均为10～20米，残高3～5米，可能是刘胜的子孙或媵妾祔葬墓。

1968年在陵山施工时意外发现一号墓，中国科学院考古研究所和河北省文物工作队共同发掘了一号墓，随后又发掘了二号墓。

一号墓可分为墓道、甬道、南北耳室、中室和后室六部分。墓道口使用土坯封门，在土坯之间发现有凝结的外溢铁水，推测是在两道土坯之间灌入熔化的铁水，铸成一道铁门。墓道用石块填塞，顶部为拱形，两壁为弧形。甬道两边分别为南、北耳室，甬道、墓道、南北耳室之间均以排水沟相隔。甬道西部接近中室的地方凿有一个椭圆形渗井，渗井口部盖有一块厚15～20厘米的大石板。南耳室位于甬道南侧，中部和南部的地面上各有3道东西向的沟槽，可能与埋置车马有关。北耳室与南耳室基本呈对称状分布，东、西两壁底部有可能是开凿墓室时搭脚手架用的凹槽。中室平面大体为长方形，西壁弧形，上部逐渐内收略呈穹隆形。墓室中部发现一些经过火烧的痕迹，可能是放置随葬品之前先用火烧烤地面。四周沿石壁都有排水沟，用长短不等的石条砌出整齐的沟边。四壁上凿有一些略呈方形、长方形的凹槽，应该是开凿墓室时搭脚手架用的。在甬道、南耳室、北耳室和中室的随葬品及地面上覆盖一层瓦片，瓦片下均发现一些朽木痕迹，推测原来应搭建有木结构的屋顶，屋顶上面铺瓦。后室为穹隆顶形的岩洞，洞内用不同形状的石板建成石屋，放置棺椁和随葬品。整个后室可分为门道、主室和侧室三部分。主室在门道之西，平面为长方形。墓室顶上原来覆盖一层黑色草木灰，北部墓室仍有部分残留，有的草木灰随石板坠落后堆积在随葬品上，厚30～100厘米。北侧有一个用四块汉白玉石板做成的石棺床。侧室在主室之南，平面为长方形，平顶，略低于主室。环绕后室还开凿有一周回廊，顶部为拱形，可能是为排除后室周围的渗水，起到保护后室的目的。

一号墓的随葬品数量很多。甬道内放置车2辆、马4匹、狗11只、鹿1只。南耳室放置车4辆、马11匹。北耳室主要随葬品是陶器，还有石磨、铁炉、铜勺、铜镟和朱绘贝壳等。中室的随葬品有鎏金铜帐构、铜鼎、铜釜、铜盆、铜灯、铜熏炉、玉器、鎏金铜饰、五铢钱、小型车马器、铁斧、铜弩机和铜镟等。主室随葬品有石刻男俑、女俑以及金缕玉衣和大量玉器、铜器、铁器和陶器等。

二号墓墓门向东，与一号墓大致在同一高度上，墓室规模和开凿水准等均超过一号墓，平面与一号墓大同小异。墓道口以砖封门，墓门呈桃形，封门的两层砖之间浇灌铸铁水。甬道向西通往中室，北连北耳室，南接南耳室。南耳室为拱形顶，南端东、西两壁留有开凿洞室时立脚手架的方窝。北耳室结构与南耳室基本相同，北端西部发现有立脚手架方窝。中室为圆角长方形，略呈穹隆形。夯土地面可分为南、中、北三区，其间有排水沟作为分界。从南区、中区发现的础石、大量瓦片和木炭痕迹等推测，中室原来应有木构瓦顶的建筑。后室凿于中室之南，系先凿成洞室，而后使用石板构筑成墓室，平面略呈"凸"字形，分为门道、主室和侧室三部分。主室平面为长方形，顶为两面坡式。侧室与主室相连，平面为长方形，平顶。

二号墓随葬品主要在南北耳室、中室和后室内，少数放置在甬道内。在墓道填土内出土铁器19件，一些似是用后废弃的挖墓工具，另外一些则是作为浇铸铁门的原料而放入的。南耳室主要放置各类陶器。北耳室放置车马，在器物台上自南向北放置车4辆、马13匹。中室的随葬品大部分是明器，少数为实用器物，铜器最多，铁器、漆器次之，还有少量的陶器、玉器和骨器。后室随葬器物多为铜器、漆器和陶器，少量为玉石器，棺放置于主室西南部，后室门道口西侧放置鎏金长信宫灯，周围有玉器、漆器等。镶玉漆棺出土时已坍塌，底部玉版片保存较好，排列有序，另外还有一些玉璧压在玉版片上。根据棺灰遗迹以及漆皮分布范围，推测二号墓有棺无椁，棺经复原为内壁镶嵌玉版片、外嵌玉璧的施漆木棺。金缕玉衣出土时保存完好，除上衣前片和后片外，其余部分与一号墓玉衣基本相同。窦绾铜印出于主室，印为方形两面印，一面作"窦绾"，一面作"窦君须",主室内还有其他图像印章和生肖印章18件。

满城汉墓一号墓和二号墓均为洞室墓,有象征厅堂、卧室的中室和后室,反映出当时人们的丧葬理念。出土器物在一定程度上反映出当时的生产力,为研究汉代冶炼、铸造、漆器、纺织等手工业和工艺水平提供了重要资料,特别是金缕玉衣、鸟篆文壶、博山炉、长信宫灯、朱雀衔环杯等文物制作技术高超,极为珍贵。金、银医疗器具的发现,为研究中国古代医学提供了资料。完好的金缕玉衣是在汉墓中首次发现,对研究汉代诸侯王丧葬制度等极为重要。

**唐代帝陵陪葬墓、唐昭陵北司马门遗址考古发现** 唐代帝陵是唐代19位皇帝的陵墓,共18座,分布在陕西省富平、蒲城、三原、泾阳、礼泉、乾县,最东为玄宗的泰陵,最西为高宗与武则天的乾陵,东西绵延100余千米。

清乾隆年间,陕西巡抚毕沅曾对所谓的"关中十八陵"进行整修,并竖立碑石标志。20世纪60年代起,中国社会科学院考古研究所、陕西省考古研究所先后对唐十八陵进行考古勘探、调查和局部试掘,完成献、乾、建、贞、崇、桥、泰等13座陵的考古勘探和调查,发现寝宫遗址11处,出土石刻造像等大量文物,基本摸清唐代帝陵布局、结构特点、石刻组合及演变规律。调查中的一个重要收获是发现帝陵周围的陪葬墓,部分陪葬墓发掘清理出大量精美的壁画。

乾陵为唐高宗李治和武则天的合葬墓,陪葬墓有17座,以永泰公主墓、章怀太子墓、懿德太子墓中的壁画最为著名。

1960年8月～1962年4月,陕西省文物管理委员会对永泰公主墓进行了发掘。在长达87.5米的墓道内和前、后墓室的四壁与顶部都绘有彩画,内容各有不同,以宫女题材最具代表。壁画所描绘的宫女都正值芳龄,一个个高髻秀眉,肩披巾帛,身着曳地长裙,体态丰盈,充分展现出唐代社会开放的社会风气和以丰腴为美的审美取向。

1971年,陕西省博物馆和乾县文教局对懿德太子墓进行发掘,清理出大幅壁画约400平方米,比较完整的有40幅,内容有仪仗图、宫女图、伎乐图、天象图等。这批精美壁画,以流畅的墨线和绚烂的色彩,生动地勾勒出唐代的宫廷生活和当时的仪仗、车舆、服饰状况,具有非常重要的史料价值,其中《阙楼仪仗图》结构严谨、比例规范,形象地展示了唐代建筑的实况。

1971年7月～1972年2月,陕西省博物馆和乾县文教局对章怀太子墓进行发掘。在墓道及墓室壁上绘有54幅壁画,面积400余平方米。其中《狩猎出行图》高约2米、长近9米,画中人物比例匀称、和谐,造型逼真,绘画技巧娴熟,充分显示出唐代时期绘画水平的高超。《客使图》描绘的是唐代外交机构鸿胪寺官员接待异域使者的画面,是唐代外交活动的真实写照。《马球图》生动形象地再现了唐代马球运动的激烈场景,是有关马球运动最早的图像资料。

昭陵是唐太宗李世民的陵墓,发掘出10余座陪葬墓,墓壁多有壁画。1986年8月,昭陵博物馆在陕西礼泉县烟霞乡陵光村昭陵陪葬区内发掘了唐太宗第五女长乐公主墓。长乐公主墓是近年发现的唐初纪年墓中较重要的一座，在墓葬形制上是当时除皇帝外最高等级的墓葬，在墓道、甬道和墓室内都绘有壁画。其中《袍服仪卫图》真实形象地反映了唐朝社会生活中的仪卫制度，是了解唐代仪仗制度和服饰制度的珍贵资料。

这批唐帝陵陪葬墓的壁画题材大致有四神、狩猎、仪仗、社会生活、农牧生产、建筑及星象等七类。壁画内容丰富多彩，全方位展示了唐代皇室成员的生活场景，以及当时社会生产、生活的状况，具有极高的社会历史价值。同时，这些精美壁画也反映了唐代画师高超的艺术造诣和将近1300年前中国高度发展的绘画艺术水平。

2002年，为配合大遗址保护，陕西省考古研究所和昭陵博物馆联合对昭陵北司马门遗址进行发掘，揭露遗址主要为唐代及明清时期。明清遗址平面呈长方形，外围砖墙，围墙内建筑以北端山门到南端大殿间的通道为中轴东西对称。遗迹自北部第三台地到南部第五台地，每个台地有一组建筑，各组间距较大，向南逐级升高。至2002年底，唐代遗迹发掘清理范围南北约86米、东西最宽处61米，以两阙间南北中线为纵轴东西对称，并以门址为界分内、外两部分。门址以外最北部有东西对称的双阙和双阙后的长方形房址，门址位于阙南部正中，两侧与夯土围墙相连接；门址内西部遗存保存较好，其中最南端的长廊状房址形制基本完整；门址东南的遗迹大部不存。出土的唐代建筑构件有长方形砖、方砖、筒瓦、板瓦，以及各种纹样与规格的瓦当、鸱尾、兽面脊头瓦、柱头石构件等。出土有十四国君长像和六骏石

刻残块。

**甘肃张家川马家塬墓地考古发现** 马家塬墓地是战国晚期至秦初西戎某支的首领和贵族墓地，位于甘肃省天水市张家川回族自治县县城西北的马家塬上，面积3万余平方米。

20世纪70年代，在兴修梯田过程中曾发现过墓葬。2006年，甘肃省文物考古研究所对墓地被盗的三座墓葬进行抢救性清理。2007年，对墓地进行全面勘探，基本确认墓地范围及墓葬分布情况。2007～2011年，针对探明的墓葬进行发掘。2012年开始，采取分区域布探方、整体揭露地层再发掘墓葬的方式进行清理，截至2017年底，发现墓葬74座、祭祀坑2座，出土马车遗迹61辆及随葬品万余件。

马家塬墓地以大型墓葬6号墓为中心，其他中小型墓葬呈半月形分布于6号墓北部和东、西两侧，均呈东西向。墓葬中均存在殉牲现象，个别墓葬地表有墓祭现象，在墓地中部和东部还有专门的祭祀坑。动物头向均朝东，肢骨多为带肩胛的左前肢。墓葬根据结构和形制初步分为六类。

第一类是中间斜坡墓道两侧九级阶梯的"甲"字形竖穴土坑木椁墓。仅6号墓一座，位于整个墓地中心位置。墓口面积330平方米，棺椁位于竖穴东端，西侧斜坡墓道内残存有车3辆、狗1只、马4匹及部分马骨。

第二类为竖穴偏洞室墓，洞室开于竖穴长边一侧东端，即竖穴北壁东部或东北角，与竖穴垂直方向掏挖而成。这类墓葬共47座，墓葬规模中型、次中型、小型皆有，可分为有阶梯和无阶梯两类。有阶梯墓葬26座，墓葬结构由竖穴、竖穴西端阶梯墓道和偏洞室三部分

组成。无阶梯墓葬21座，由竖穴和偏洞室组成。竖穴内多随葬马车或车器和殉牲，马车数量1~4辆不等。中型墓除在竖穴内有4辆马车外，墓室内还随葬装饰豪华的马车1辆。

第三类为竖穴顺室墓，洞室位于竖穴东北角或竖穴北壁东部，平行于竖穴向东布局，有一座墓葬的墓室与竖穴平齐。这类墓葬共17座，也可分为有阶梯（2座）和无阶梯（15座）两类。

第四类为竖穴直洞室墓，洞室开于竖穴短边的东壁，与竖穴呈直线式布局。此类墓葬共6座，仅50号墓有一级台阶，其他无阶梯。

第五类为竖穴棺坑墓，小型墓。共2座。在竖穴中随葬车辆和殉牲，棺木放置于竖穴东北角的土坑中。

第六类为阶梯竖穴土坑墓，小型墓。仅1座。东西向长方形竖穴土坑，墓坑西侧有一级台阶，其余三壁下各有一生土二层台。墓坑内东西向置一木棺，葬有少量殉牲。

洞室墓在马家塬墓地具有绝对优势，约占出土墓葬总数的95%，其中又以竖穴偏洞室墓为主。墓葬规模与其阶梯数量、洞室面积、埋放马车数量、随葬品的多寡和精美程度成正比。中型墓皆为带阶梯墓道的竖穴偏洞室墓，有9级阶梯，洞室宽大，多为前后室。次中型墓以偏洞室墓为主，有少量的直洞室墓，洞室皆为单室，有大小之别，大者可容一车一棺，小者仅容棺木与器物。小型墓的类型多样，第二类至第六类皆有。洞室墓多在墓室内设置角龛或壁龛，龛内放置器物。除个别小型墓葬外，墓室门口都有竖立的木板封堵。

祭祀坑发现两座，分别位于墓地的最东端和中部偏北，说明墓地存在分区域祭祀的可能。祭祀坑内殉埋牲骨方式基本相同，其中17号墓坑内分层埋葬马、牛、羊头及蹄骨，头骨基本朝东。经鉴定，最小个体数马为99匹，牛为114头，羊为91头。马的年龄结构以老年为主。

马家塬墓地的墓葬除因被盗、葬式不明者外，全部为单人葬。墓主多为仰身直肢，少量为侧身直肢，头向东或向北。在墓主身体和身体周围随葬有料珠、绿松石珠、肉红石髓珠、金珠、银珠、煤精珠、金管、金牌饰等组成的装饰品，主要装饰在头、颈、腰、足4个部位。见有以各类珠子和金银饰装饰的帽子或发饰、耳环、项链、项圈、腰带、带钩、鞋面、鞋底等。衣服边缘以十字节约形铜饰、金银泡及各种质地的珠子装饰。腰带上悬挂有珠子和其他饰件组成的装饰品。墓主随身还佩有短剑、铁削、铜刀、镞、直銎斧和有銎啄戈等。墓葬级别不同，装饰品材质亦有所区别，高等级墓葬多使用金银，低级别墓葬多使用其他材质。

马家塬墓地的墓葬中，约有75%的墓葬内随葬数量不等的车辆，共发现61辆。随葬车辆的多寡、装饰材质的繁简反映出墓主人生前的社会地位和财富。

马车饰件是马家塬墓地出土文物的大宗，以平面造型和镂空花纹的金、银、铜、锡和鎏金银铁质饰件为最多。各类质地的珠子也经常用于车辆装饰，见于车舆边缘、车毂、车轮等部位，也用于制作飞铃及车辂坠饰。车器及构件主要有车軎、车辖、伞杠箍、盖弓帽、车铃等。马具及马饰有以泡、管、环、片形器组成的马衔、马镳、络饰、辔饰、肋驱、铃以及节约等。车马器和车马饰件多使用铜镀锡工艺。

生活用具主要为铜器和陶器。铜容器有鼎、甗、壶、茧形壶、鬲、敦、盆、耳杯、单耳杯、匜等。陶器相对较少，器形有泥质灰陶高领罐、广肩罐、侈口鼓腹罐、甑，夹砂红褐陶铲足鬲、鼎、单耳罐等。生活用具还有银杯和银、铜、铁质地的勺等。

武器有剑、戈、矛、镞、弓、甲胄等。剑有鎏金铜柄铁剑和铁剑两类，剑首多为蕈首。戈、矛既有以青铜制作的，也有以铁制作的。镞可分为有鋬三翼镞和管銎镞两种。弓的木质部分腐朽不存，多见骨质弓弭。甲胄以若干方形、长方形、梯形等不同形状的铁片拼接而成。

工具有直銎斧、啄、削刀、空首斧等。削刀形制基本相同，有铁质和铜质两种。

金银器的制作工艺丰富，包括剪切、錾刻、锤鲽、焊接、宝石镶嵌、铸造、金珠、掐丝等。造型艺术主要采用平面造型方式，立体造型较少。

从马家塬墓地出土遗物观察，墓地年代在战国晚期至秦代。碳十四测年为公元前350年前后。史料记载，甘肃东南部是西戎活动的主要区域，秦人是在和西戎的不断斗争中发展、壮大起来的。马家塬墓地的等级较高，应是秦人统治下的西戎某支首领和贵族的墓地，除西戎文化因素外，还包含有秦和中原地区文化、中国北方系青铜文化等多种文化因素。

马家塬墓地以独特的墓葬形制、装饰华丽的车辆、复杂的人体装饰和服饰以及出土的大批珍贵文物而闻名。该墓地的考古发掘反映了战国晚期至秦代西戎文化的面貌，是研究西戎文化、秦戎关系、早期中西方文化交流、中国古代车辆发展和演变以及古代工艺技术的重要实物资料。

**宁夏银川西夏陵考古发现**　西夏陵遗址是以西夏王朝历代统治者陵墓为主体的大型墓葬群，位于宁夏回族自治区银川市西郊约35千米的贺兰山东麓洪积扇区，东临银川平原和黄河，西傍贺兰山，地势西高东低，环境开阔，为戈壁草原地貌。面积57.6平方千米。

1971年冬，宁夏文物工作者在银川西部的贺兰山脚下意外发现长期被传言为"昊王坟"的地方即为西夏皇家陵园所在。随后，西夏陵的考古调查和发掘工作开始断断续续展开。西夏陵的考古研究和文物保护工作大体可分为3个阶段。

第一阶段为20世纪70年代，是对西夏陵初步认识阶段。对遗址范围、墓葬分类、墓葬形制结构进行初探，对6号陵及其周边4座陪葬墓进行试掘，对5号陵和7号陵碑亭遗址进行发掘，对陪葬墓和帝陵的区分有了初步界定；依据7号陵出土的残碑额，确定其为西夏第五代皇帝仁宗仁孝之寿陵，这是已知唯一能断定墓主的西夏帝陵。

第二阶段为20世纪80年代至90年代初，是对西夏陵深入调查、研究阶段。宁夏文物考古研究所对西夏陵开展了全面系统的调查和进一步发掘，重点探查西夏陵墓葬的分布范围和界定北端建筑遗址的性质。发现帝陵9座、陪葬墓206座，绘制了西夏陵的陵墓总分布图、区域分布图以及帝陵和典型陪葬墓平、剖面图50余幅，并对陵区所有陵墓进行了统一编号，揭露遗址区北端建筑遗址局部和3号陵东碑亭遗址，出土文物近300件。

第三阶段为20世纪90年代末至2017年，是考古调查发掘与文物保护工作并重及现状调查进一步完善阶段。在对3号陵和6号陵陵园地面建筑遗迹进行全面揭露的同时实施相应加固保护措施。探明两座帝陵各单体建筑基础结构和建筑格局,出土数以万计的建筑构件和汉文、西夏文残碑,为西夏陵寝制度研究提供了新的实物资料。

西夏陵遗址范围内包括帝陵9座、陪葬墓271座、北端建筑遗址1处、砖瓦和石灰窑址10余座及防洪工程遗址32处。自然分布的三条泄洪沟将遗址区自南向北划分为4个区域。一区包含1、2号陵和66座陪葬墓,二区包含3、4号陵和67座陪葬墓,三区包含5、6号陵和118座陪葬墓,四区包含7、8、9号陵和20座陪葬墓以及北端建筑遗址。帝陵是遗址区的主体部分,均坐北朝南,平面呈长方形,主要由角台、阙台、碑亭、月城、陵城、献殿、墓道封土、陵塔组成,有的陵园外筑有外城。陪葬墓与帝陵相较规模小、形制简单,复杂的有碑亭、月城、墓园、照壁、墓道封土、墓冢等,最简单的仅为一座积石冢。北端建筑遗址是一处三进院落,总面积约56000平方米。防洪工程遗址多分散在陵墓较密集处,可分为两种,一种为用石块和黄土堆砌的高出地面的防洪墙,另一种为从地面向下开挖的排水沟。

遗址出土文物既有金、铜、铁、石、骨、竹器和纺织品等随葬品,又有各类建筑材料和构件,还有石碑、石刻、泥塑壁画残块等。

建筑材料和构件出土数量最多,包括砖、瓦等普通建筑材料,以及造型各异的脊饰、雕龙望柱、石螭首、塔刹、柱础等制作精美的装饰性构件。砖有方砖、长方砖、楔形砖之分,

又有素面和花纹之别。瓦有板瓦、筒瓦、瓦当、滴水等,有红陶、灰陶和釉陶三种。以迦陵频伽、鸱吻、四足兽、摩羯鱼等为代表的各种脊饰,造型奇特,制作精美,体现了西夏特殊的艺术风格。

西夏文、汉文残碑最为珍贵,记录了西夏时期重要的人物、政治、军事等史实。碑上字体种类多样,反映了不同的书法风格。文字和碑缘纹饰雕刻精美,具有极高的艺术价值。人像碑座造型浑厚淳朴,是西夏石雕艺术的代表。

西夏陵遗址对研究西夏社会政治、经济和文化发展的历史及其民族特点有极其重要的意义。作为西夏王朝帝王墓葬群遗址,其不仅反映了当时的社会风尚和丧葬习俗,而且体现了西夏王朝物质文化的兴盛衰落。遗存的9座帝陵与史书所载西夏有墓号的皇帝数量一致,印证了西夏王朝君主世系的存在,是研究西夏物质文化、社会历史及与中原渊源关系的重要实物资料。西夏陵虽因袭唐、宋之制建造陵园,但并未照搬照抄,而是有选择性地继承和发展,既保留本民族固有的传统习俗,又接受佛教建筑的深刻影响,使汉族文化、佛教文化与党项民族文化三者有机结合在一起,构成别具一格的陵园建筑形式。

**河北平山战国中山王墓考古发现** 战国中山王墓是中山国最后一次复国后中山桓公、中山成公、中山王𫮤的墓葬,年代为战国中期,位于河北省石家庄市平山县上三汲乡中山国都城灵寿城城址西部。

中山国是白狄建立的国家,在战国晚期已中原化,中山王墓的发现为研究北方民族融入中原文化的进程提供了珍贵材料。中山王墓

出土以"中山三器"为代表的大量文字材料，揭示了不为人知的中山国国王世系和中山国与燕国关系等史实，填补了历史文献的空白。中山王墓出土大量精美绝伦的文物，如错金银神兽、四龙四凤方案、十七连盏铜灯等，体现了中山国经济、文化的发展水平。

桓公墓位于平山县上三汲乡访驾庄村南。该墓由河北省文物管理处做过调查和钻探，但未经发掘。从墓葬规模、封土大小及附近车马坑等推测应为中山国国王墓葬。封土高约14米，夯筑，呈覆斗形。自上而下分为三级台面，顶部原有享堂建筑，周围可见残瓦。封土前建有夯筑的平台，下埋葬外藏坑1座、车马坑2座。东侧并列有中型墓1座，为后或者夫人墓。桓公墓西北侧有陪葬墓6座，后或夫人墓西侧有陪葬墓1座。

成公墓位于平山县上三汲乡穆家庄村北650米，灵寿城西城北部王陵区南部。日伪时期曾在封土上建有炮楼，封土遭到严重破坏，享堂遗迹全部被毁，封土下地表可见一些大型板瓦和筒瓦残片。1974年，河北省文物管理处对遗址进行了发掘。封土为夯筑而成。墓圹平面为"中"字形，南北向，分为地上部分和地下部分，地上部分与封土为一体。墓室呈斗形，四壁向外倾斜，夯筑，抹细泥再刷白粉浆。四壁建有假柱，顶部有横梁，推测墓道内原有盖顶。椁室位于墓室中部地面下，上部为夯土筑成，下部在岩石中凿成。口大底小，四壁用大石料垒砌，以小卵石填补空隙；顶部用大石封盖，再堆积卵石。椁室内有积炭，多发现于积石外的空隙中。棺椁早年被盗，随葬品被盗一空。椁底部自下而上有卵石层、木炭层、垫木、垫板。墓室中部东、西两侧挖有库室。东库平面为长方形，未被盗。建有木椁，南、北两端的木板夹在东、西两侧椁板之间，下部有垫木和底板，木板均涂漆。东库内出土有铜"山"字形器、仿铜陶礼器和漆器、皮帐等。西库形制、结构与东库相似，木椁南、北壁板出头，把东、西壁板夹在中间，未经盗扰。出土有铜"山"字形器、青铜鼎、银首人俑灯、错金银牺尊、帐构、皮帐以及漆器、陶器等。一号车马坑位于南墓道西侧，北部放置车，南部放置12匹马，盗扰严重。二号车马坑位于南墓道西侧，与一号车马坑并列，北部放置车，南部放置12匹马，盗扰严重，仅存一组完整的车衡及零散车马器。成公墓有陪葬墓3座，两座位于封土以东偏北，一座位于封土以西偏北，头应朝向主墓，均为长方形竖穴土坑墓，被严重盗扰，出土有陶器、玉器等。墓主应为成公的妻、妾等。

王䁊墓位于平山县上三汲乡中七汲村西。1973年，群众取土破坏了大墓封土东侧、北侧，墓室露出。河北省文物管理处派人进行调查，确认是战国时代的诸侯王级墓葬。1974年11月～1978年7月，河北省文物管理处对遗址进行了发掘。王䁊墓除主墓外，还有陪葬墓、车马坑、殉葬坑等。王䁊墓东侧为哀后墓。墓东侧有陪葬墓2座，北面西侧有陪葬墓1座，西侧有陪葬墓3座。时间晚于王䁊墓，均为中型竖穴土坑墓，使用一棺一椁，出土有仿铜陶礼器，均为磨光黑陶，还有铜镜、铜璜、玉饰件等。王䁊墓封土为黄褐色黏土夯成，夯层厚2～16厘米。据残存遗迹推测，封土原为台阶状，应有4层，各层上建有回廊，顶部建有享堂。墓室分为地上和地下两部分。地上部分规模较大，夯筑而成，其外沿部分与封土平台连为一体。墓圹平面为"中"字形，南北向。墓道位于墓室南部两侧，有4级台阶。墓室呈斗形，上大下小，地面以下部分在岩石中凿成，包括椁室和放置器物的库室。椁室位于墓室中部，平面为"亞"字形，南面正中和北面正中各有一条斜坡道，在墓道之下，为修筑椁室和下葬时的甬道。曾遭盗掘和火烧，棺椁和易燃物均化为灰烬，封顶石大部分坍塌至墓室底部。墓室四壁及顶部有积石，为质地、形状、大小不一的石料垒砌而成，空隙填以卵石。封顶石为方形或长方形，有两层，底部为基岩。椁室已被盗，残留遗物主要有棺椁附件及其他小件随葬品。从棺椁附件分布位置、种类、数量看，棺椁有7重。西北部出土有铜版《兆域图》。东库位于墓室内东侧，坑壁夯筑，表面经修整，顶部盖有原木，下为苇席。置木椁，有盖板和底板、垫木，内外涂黑漆。东库未经扰乱，随葬品主要按类别放置，也有部分拆散分开放置的。南部主要放置铜器，以及陶器、漆器等。西库位于墓室西侧南半部，平面长方形，结构与东库相似。遗物多放置在西南和西北两处，不如东库整齐有序。有铜器、陶器、玉器、玛瑙器、漆器等。东北库位于墓室东侧北部，为东西向的长方形坑，未发现任何随葬品。一号车马坑位于墓南东侧，坑中间有间隔的木板，南半部殉马12匹，出土少量络头饰件；北半部放车，因遭严重盗掘，仅发现少量饰件。二号车马坑位于南墓道向南延伸线的西侧，与一号车马坑东西相对，结构与一号车马坑大体相同，南半部未遭盗掘，葬马12匹，与

一号车马坑马头向相对；北半部葬车4辆，出土有帐构3种，镞、剑、中山侯钺、戈等兵器和"山"字形器5件。杂殉坑位于墓前平台西侧，在二号车马坑以西，平面为长方形，形制基本与二号车马坑相同。南半部殉葬羊10只、马6匹，多身首分离，头骨乱置；北半部殉葬车、帐、狗等，已被盗掘。葬船坑位于杂殉坑以西封土之外的低下处，分南、北二室，南面和北面各有坡道，北面有一条狭长的沟道直通北室。顶盖结构与车马坑大体相同，但形制差别很大。南室原有三条大船，北室原有一条大船，被严重盗掘，遗物所剩无几。

**青海乐都柳湾新石器时代至青铜时代墓地考古发现** 柳湾墓地是黄河上游一处新石器时代至青铜时代的氏族公社墓地，位于青海省海东市乐都区高庙镇柳湾村，总面积近50万平方米，分为遗址区和墓葬区。

1974年，柳湾大队社员在平地造田、挖渠引水工程中发现柳湾墓地，青海省文化局派人前往调查，并随即组织队伍展开考古发掘。截至2017年，柳湾遗址的发掘和研究可分为3个阶段：第一阶段为1974～1980年，青海省文物管理处考古队与中国社会科学院考古研究所青海队承担发掘工作，主要目标是确定遗址文化内涵和文化分期，工作重点在墓地西区；第二阶段为20世纪80年代初至90年代末，以研究工作为主；第三阶段为2001～2017年，其中2000年11月～2001年4月，青海省文物考古研究所对彩陶博物馆建设区的遗址部分进行抢救性发掘。

柳湾墓地根据分布情况可分为东区和西区。东区未发掘。西区经连续发掘，揭露出半山类型、马厂类型、齐家文化、辛店文化等时

期的墓葬1730座，其中半山类型墓葬265座、马厂类型1041座、齐家文化419座、辛店文化5座，各时期墓葬分布相对集中，出土遗物约3.8万件，其中近两万件为彩陶。清理房址5座、灰坑78个、灰沟6条，出土遗物200余件，其中最重要的发现是一件铜镞。

半山类型墓葬主要分布在西区东南部，多为长方形或圆角长方形竖穴土坑墓，墓中普遍有梯形木棺和吊头棺。有单人墓和合葬墓两种，最多为七人合葬。葬式以二次葬、仰身直肢葬和俯身直肢葬较多，侧身直肢葬不甚常见。随葬品数量相差不大，绝大多数墓仅随葬一两件器物，也有相当一部分墓无随葬品。随葬品有陶、石、骨、角器等，摆放有一定规律：陶器多在墓主头部附近或脚下方，也有一部分埋在墓底一端的小坑内；石斧、石锛等生产工具多放在墓主腰部或手臂旁边；装饰品多挂在墓主颈部或胸部，少数佩于腰部。陶器手制，以泥质红陶为主，夹砂红陶次之，泥质灰陶少见。陶器均为平底，以彩陶壶、彩陶罐、侈口罐、单耳罐、盆、钵等比较常见，此外双耳彩陶罐、陶瓶、陶杯、粗陶双耳罐等颇具特点，颈腹部普遍有对称的环耳或鋬耳。器表装饰最常见的是彩绘，其次是绳纹、划纹和附加堆纹等。彩绘陶器比重较大，花纹以几何图案为主，颜色以黑、红为主。石器多为生产工具，有斧、锛、凿、刀、敲砸器、球、纺轮等。装饰品数量较多，有石质和骨质的串珠、绿松石、骨片饰和石臂钏等，以串珠数量最多。

马厂类型墓葬分布在西区中部，以长方形竖穴土坑墓为主，其次是带有墓道的"凸"字形墓。有木棺，为榫卯结构，据形制可分为吊头棺、长方形棺、独木棺与垫板四种，其中绝大多数为长方形棺。有单人墓和合葬墓两类，其中合葬墓骨架或并排摆放或叠压放置，最多者为六人合葬。葬式主要为仰身直肢葬，次为二次葬，亦有少数屈肢葬、侧身直肢葬。除极少数的墓无随葬品，绝大多数墓均随葬陶器，并不同程度伴有石、骨、角、蚌器及动物骨骼等。随葬品数量相差悬殊，少者仅一两件，多者达90余件。随葬品的摆放有一定规律：陶器多数置于木棺两侧，少数小型器置于棺内或棺盖之上；石斧、锛、凿、刀等多置于墓主腕骨旁，纺轮和骨凿多置于墓主头部周围，骨锥、镞一类多置于墓主手腕部或股骨旁；装饰品多佩于墓主头、颈和胸部。陶器多为手制，以泥质红陶为主，夹砂红陶次之，有少量的泥质灰陶和夹砂灰陶。陶器以平底器为主，圈足器次之，常见器形有彩陶壶、双耳彩陶罐、彩陶瓮、长颈壶、侈口双耳罐、侈口罐、盆、碗、壶、豆、杯、小口垂腹罐、敛口瓮、带嘴壶、粗陶双耳罐等，还有鸮面罐、人面彩陶壶、人像彩陶壶、提梁罐等造型别致。器表装饰以彩绘为主，绳纹、附加堆纹次之，多数泥质陶在器腹上半部施一层红色陶衣。彩陶数量众多，仅彩陶壶就有5700余件。彩绘主要有红地黑彩，其次为黑红两彩，白彩极少。纹样品类繁多，以圆圈纹、蛙纹和几何纹为基础。生产工具包括石斧、锛、凿、刀、研磨器、球、镞、纺轮，骨镞、锥、凿、针，以及角斧、牙刀、陶纺轮等，绝大多数经过使用。装饰品大致分为头饰、颈饰、臂饰，有绿松石饰、串珠、石骨合镶的珠饰、石臂钏、骨片饰、蚌壳、海贝及石贝等。

齐家文化墓葬主要分布在西区西部,在中部和东部有少量分布。既有长方形竖穴土坑墓,也有带墓道的"凸"字形墓。墓内多数有木棺,据形制分为长方形棺、独木棺和垫板三种,以独木棺为主,长方形棺次之。有单人墓和合葬墓两种,二人合葬较常见,最多为五人合葬。葬式以仰身直肢葬为主,二次葬次之,俯身葬、屈肢葬与断肢葬仅有个别。随葬器物以陶器为主,生产工具次之,装饰品较少。随葬品摆放有一定规律:绝大多数陶器置于墓室西侧与南侧或脚下方;石斧、锛、凿等生产工具多放在墓主头部与手臂附近,骨镞与石球分别放在墓主腰部和木棺侧旁,骨针置于墓主手指骨附近,纺轮多放在陶器内或其口沿上;装饰品多在墓主颈部、胸部及其附近。陶器以手制为主,开始使用慢轮修整。可分为泥质红陶、夹砂红褐陶和泥质灰陶,以泥质红陶为主,夹砂红褐陶次之,泥质灰陶较少,陶色多呈橙黄色。陶器以平底器为主,圈足器次之,有少量三足器,颈部比较发达,普遍在口颈部或腹部置一对称的环形耳或弧形大耳,肩腹部有明显的分界,常见的器形有侈口罐、双大耳罐、双耳彩陶罐、高领双耳罐、陶壶、粗陶双耳罐与粗陶瓮等。器表多为素面,绳纹、篮纹次之,此外还有方格纹、锥刺纹、划纹、附加堆纹与彩绘等。彩绘有黑彩和红彩两种,纹样简单,仅见于彩陶壶、陶盆与双耳彩陶罐上,特定花纹分别饰于相对固定的器类上,结构布局也有一定的规律。生产工具以石制为主,还有骨制与陶制,包括石斧、锛、刀、凿、镰、钻、矛、球、纺轮,骨锥、镞、针,陶纺轮等。装饰品包括绿松石饰、串珠、海贝、玉饰、石璧、石臂钏、石磬等。

辛店文化墓葬位于墓地西区北端,已发掘的只有5座,为圆形或椭圆形竖穴土坑墓,未见葬具,未见合葬墓。葬式有仰身直肢葬和二次葬。一般随葬有陶器,数量不多。陶器以手制为主,皆为夹砂红褐陶,陶色多呈红褐色或砖红色。多为圜底或小平底,颈部或腹部多置一对称环形耳,常见器形有小口高领壶和侈口双耳罐。器表装饰主要为绳纹与附加堆纹,绳纹较细密,排列较整齐。有的器物表面施一层白陶衣,未见彩陶。随葬品除陶器外,只有石叶一种。

柳湾墓地经大规模连续发掘,取得丰硕成果。一方面,其延续时间超过1000年,深厚的文化内涵和丰富的实物资料揭示出史前氏族公共墓地的真实面貌,为进一步研究各时期生产力发展水平、埋葬习俗、社会组织结构等奠定了基础;另一方面,对半山类型、马厂类型和齐家文化内涵有了新的认识和新的思考,为其文化源流研究提供了新的思路和新的线索。柳湾墓地最引人瞩目的发现当属近两万件的彩绘陶器,其数量之庞大、制作之精美、纹饰之繁缛、色彩之绚丽,无不反映出当时高超的制陶工艺水平和艺术创作水平。

**湖北云梦睡虎地秦墓与龙岗秦墓考古发现** 云梦睡虎地秦墓与龙岗秦墓均是战国末期至秦代的墓葬群,分别位于湖北省云梦县城关镇的西边与东南边。云梦县在春秋战国时期隶属于楚国安陆县,自秦昭襄王(前278年)始隶属于秦国的南郡安陆县。

1975~2009年,先后对睡虎地秦汉墓进行五次考古发掘。1975年第一次发掘,1977年10

月第二次发掘，1978年11月第三次发掘，2006年11月第四次发掘，2009年5月第五次发掘。历次考古发掘已发表资料的有42座秦墓。其中第四次发掘的小型西汉墓中出土2100余枚西汉竹简。

秦墓均为长方形竖穴土坑墓，没有墓道和封土堆。墓坑一般上部填五花土，下部为青灰泥。11号墓的东壁有一个双扇板门的壁龛，龛内出有带盖的木轺车1乘，并有挽车的彩绘木足泥马3匹和彩绘泥俑2件。9号墓有两个壁龛，近南壁的龛里殉羊1只，近北壁的龛里置陶釜、甑各1件。

葬具均为单椁单棺，保存较好。棺椁结构基本相同，主要采用平列、套榫、栓钉和扣接等四种方法。椁室均分为头箱与棺室两部分。以11号墓为例：这座墓的椁室上面横列10根底部削平的半圆筒形木椁盖板，其上横铺一层树皮，其下铺一层稻草。木椁四周砌有椁圈，圈内横嵌7块顶板，搭在椁墙板顶部的内侧，第二块顶板作直角形的榫头嵌入两侧椁圈的凹槽内，以加固椁圈并作横隔梁。椁室四壁均以3块厚木板平砌而成，椁底板以5块厚木板纵列。椁室由横梁分为头箱和棺室。头箱在距椁底板高0.76米处设一层长、宽与头箱相同的横隔板，将头箱分为上、下两层。7号墓椁室门楣上有阴刻的"五十一年曲阳士五邦"9个字。

人骨架大多已朽，只有几座墓的葬式尚可辨识。7号和9号墓为仰身直肢葬。11号墓为仰身屈肢葬，并存有萎缩成拳头大的人脑髓。随葬器物较少，主要放置于头箱椁底板上与横隔板上，如11号墓的头箱椁底板上放置漆器、竹器和木器等，横隔板上放置铜器和陶器等。11

号墓棺内人骨架头部、右侧、腹部和足部放置有竹简1155枚，墓坑四角各有一堆灰烬，可能与入葬时的祭祀仪式有关。

随葬品主要有文书工具及铜器、铁器、陶器、漆器、木竹器、玉器和丝织品等，其中以漆器最多。漆器上有许多烙印与针刻文字，标明是咸阳漆器作坊制作的，并有多道制作工序与"物勒工名"等情况。首次发现秦代毛笔、墨和石砚（附研墨石）等文书工具，斗兽纹铜镜和陶量等也十分重要。

这批秦墓均打破东周文化层，即建在楚人居址上。从4号墓的家信与11号墓《编年记》关于墓主"喜"的记载，这批秦墓的族属应是秦人，而不是改俗之楚人。两座纪年墓，7号墓入葬于秦昭王五十一年（前256年），11号墓入葬于秦始皇三十年（前217年），不仅弥补了江汉地区战国晚期至秦代墓葬资料的空缺，而且为云梦地区乃至长江中游地区秦墓的分期树立了标尺。

1989年10～12月，为配合基建工程，湖北省文物考古研究所在龙岗发掘9座秦汉墓，其中有6座秦墓，包括1座单棺墓、5座单棺单椁墓，墓坑均打破东周文化层。墓葬形制基本上与睡虎地秦墓相同。秦墓出土陶、漆、木、竹器等随葬品52件，以陶器数量最多，在小口陶瓮（5件）、陶罐（2件）、陶釜（2件）和陶盂（肩部或底部，1件）上见有"安陆市亭"陶文。漆器中有少量珍品，也有一些烙印与针刻文字。在6号墓棺内发现293枚秦代竹简和1件木牍。

云梦秦墓出土了大批珍贵的历史文物，其中保存完好的精美漆器占全国考古发现秦墓漆器的80%以上。出土竹简主要有《编年记》《语书》《秦律十八种》《效律》《秦律杂抄》《法律答问》《封诊式》《为吏之道》及《日书》甲种、乙种，共10篇，反映了秦国政治、经济、军事和文化等各方面的内容，其中秦律占一半以上，有许多律文所记为全国首次发现。《田律》是中国最早保护自然环境的律文；《工律》是关于标准化生产的最早记载；《封诊式》中的《经死》和《出子》案例是世界上最早的法医检验记录，《穴盗》案例是最早侦办盗窃案件的记录，《疠》案例是最早的麻风病诊断与防治记录。睡虎地4号墓发现的家信，为已知全国考古发现年代最早的家信，信中关于秦在统一六国战争中的兵士军需问题，传世文献中未见记载。

**曾侯乙墓考古发现** 曾侯乙墓是周代诸侯国曾国国君的墓葬，墓主人"曾侯乙"生活在战国早期。该墓葬位于湖北省随州市城关西郊擂鼓墩附近的东团坡，田野考古编号为"擂鼓墩一号墓"。擂鼓墩是传说中楚庄王为神射手养由基擂鼓助战的地方，处于㵐水入涢的三角地带，㵐水在其东，涢水在其南。东团坡是擂鼓墩附近的一座小山岗，曾侯乙墓高出㵐水河旁平地20余米。

1977年9月，随县文化部门接到中国人民解放军某部雷达修理所报告，称在扩建厂房时发现古墓。1978年3月，湖北省博物馆成立省、地、县联合勘探小组，确认首次在南方发现大型岩坑竖穴木椁墓，并判断下葬年代约在春秋战国之际，5月11日正式展开发掘。

曾侯乙墓的墓坑是在红色砂岩上挖竖穴而成，坑基属白垩纪与第三纪含钙质结核的含砾砂岩，呈紫红色和黄白色，其上只有20～40厘米的第四纪黄褐土。残存的墓口平面呈不规则多边形，方向正南北，总面积220平方米。墓壁垂直，修削比较规整。墓口最高处距椁盖板约7米。椁盖板上先铺一层竹席，竹席上铺一层绢，绢上铺竹网，竹网上填木炭，木炭上填一层厚10～30厘米的青膏泥，青膏泥之上为一层黄褐土与一层青膏泥交替填充，填到距椁顶2.8米处再铺一层大石板，石板层往上继续交替填青灰土和黄褐土直达墓口。

椁室由171根长条方木垒成，材质经鉴定全部为梓木。其构筑程序是在红砂岩墓底上先平铺底板，底板上垒12道椁墙，将椁室分隔成东、中、西、北4个部分。椁墙板缝隙中钉有一些木钉用于悬挂帷幔或香囊，椁墙底均有一小门洞彼此相通。椁室中，中室最大，东室、西室次之，北室最小。

东室放置墓主棺以及8具陪葬棺和1具体积较小的殉狗棺，有大量随葬品，包括漆木器、金玉器、兵器、礼乐器、车马器等。主棺分内外两层，外棺为近方形盒状，上部比底部略大，由巨大的青铜框架嵌巨型厚木板构成，整棺内髹朱漆，外壁包括铜足、铜框架均以黑漆为地绘朱、黄色花纹图案；内棺呈长方形盒状，系用巨型厚木板拼装组合而成，棺内外遍髹朱漆。东室出土各种金玉珠宝500余件，金器均置于墓主棺底，玉器置于墓主内棺以及内外棺之间的空隙中和棺盖上。在东室主棺与陪葬棺之间放置有5件长方体圆拱形盖的漆木箱，木箱通体髹漆彩绘，彩画内容与天文星象有关。其中一件衣箱的箱盖上绘有二十八宿图，中央写着一个篆书的"斗"字，即北斗七星。

北室主要放置车马兵器和其他器物。曾侯乙墓共随葬兵器4777件，除以短兵器为主的1473件置于东室外，包括全部长杆兵器在内的其余3304件均置于北室。北室中部有一个大木架，箭镞、皮甲胄等原来可能是置于架上的。两捆记载随葬车马兵甲清单的遣策竹简（240枚）被压在零星甲胄片之下。出土文物中体积最大、分量最重的一对大铜缶，并排列于北室南墙下。

西室放置13具陪葬棺以及一些残席、尸骨和小件饰品，一般认为是为曾侯乙陪葬的13位女乐手。在西室发现的鸳鸯形漆盒是反映中国古代音乐舞蹈及绘画艺术的罕见材料，漆盒腹部的两幅乐舞漆画生动描绘了钟磬鼓乐的表演场景。

中室主要放置礼器和乐器。南部是青铜礼器，出土时成组成排，放置井然有序。曾侯乙墓出土的青铜尊盘，反映出曾国的金属铸造技术已达到前所未有的高度，是重要的礼器。数量众多的象征墓主人身份等级及财富的青铜编钟悬挂于庞大的钟架上，与之为伍的是悬于青铜磬架上的石编磬，按轩悬之制陈于中室，其间有悬鼓、手鼓、琴、瑟、笙、箫、篪等成套乐器及大量青铜和漆木制的鼎、簋、簠、壶、鉴、尊、盘等礼器成排成行成组，琳琅满目，气势恢宏。

在汉水流域多次出土含铭文"曾"的青铜器，时空范围相当于历史文献中的"随"。21世纪以来的曾国考古发现，证实"曾""随"确为一国两名。

**湖北荆州熊家冢楚墓考古发现**　熊家冢楚王陵是代表楚国最高等级丧葬文化的重要墓葬遗址，位于湖北省荆州市荆州区川店镇张场村与宗北村交界处的一处岗地上。

20世纪六七十年代，在修建漳河水库二干渠工程中，熊家冢的主冢、祔冢均遭到严重破坏。1979～2001年，为加强对熊家冢楚王陵的保护，荆州博物馆先后数十次派专业人员到现场进行调查勘探，初步查清主冢、祔冢、车马坑、殉葬墓、祭祀坑等基本情况。

2005年11月29日，荆州博物馆对熊家冢墓地车马坑和部分殉葬墓进行抢救性发掘。2006年8月15日，开始正式发掘。

熊家冢墓地由主冢、祔冢、殉葬墓、车马坑、祭祀坑等五部分组成。整个陵园依自然地势营建，没有明显的壕沟。

主冢是熊家冢楚王陵的主体，高4～5米，直径约70米。主墓为"甲"字形土坑竖穴木椁墓，有多级台阶。墓口边长约67米，墓口距椁顶深约14米，椁室面积约400平方米。东边有斜坡墓道，长约33米，东端宽约6米，西端宽约30米。

祔冢在主冢以北，是楚王王后的陵墓。祔葬墓亦为"甲"字形土坑竖穴木椁墓，有多级台阶。规模约为主墓的一半，墓口边长约33米。东边有斜坡墓道，长约10米。

殉葬墓地是楚王、王后死后其近侍、妃嫔等被赐死后埋葬的地方。熊家冢楚王陵的殉葬墓地分为两块，分布在主冢南边和祔冢北边。

主冢南边的殉葬墓共92座，已发掘其中的52座，规模大体相当。均为长方形竖穴土坑墓，墓口长约4.7米、宽约3.3米、深约4.7米。排列井然有序，大体规律为四座一排，共24排，其中第16排为3座，第24排为1座。这些殉葬墓一般为单棺，少量有椁，仅存痕迹。人骨均朽，仅存牙齿。头向多朝东，多数随葬有玉器，如玉璧、玉佩、玉环、玉珠等，少量墓葬中伴出铜洗或铜削刀、铜铃铛。第16排以南的墓葬多数都有武器随葬，如铜剑。4号殉葬墓出土玉器最多，达435件（包含大量玉珠）。72号殉葬墓埋葬一条狗，可能是墓主的猎狗。推测第16排以北的殉人均为女性，可能是宫内的姬、妾；第16排以南的殉人均为男性，可能是墓主的侍卫。

袝冢北边的殉葬墓勘探发现40座左右，只发掘了其中的两座，规模较主冢南边的殉葬墓略小。发掘的两座殉葬墓也是长方形竖穴土坑墓，棺椁已朽，头向东，人骨仅存牙齿，都有玉器随葬，其中一座殉葬墓伴出铜鼎、铜壶各两件，纹饰精美。

车马坑位于主冢和袝冢西侧，共发掘揭露40座，排列有序，其中大车马坑1座、小车马坑39座。38座小车马坑分两列南北向排列于大车马坑西侧，还有一座小车马坑位于大车马坑中部东边5米处。所葬马匹数量有两匹、四匹和八匹3种，马均背向侧卧呈驾车状放置于坑底，面部一般都装饰有铜环，有的马头附近还发现有明显的藤条痕迹，疑为策马的藤鞭。大车马坑为长方形竖穴土坑，坑口南北长132.6米、东西宽11.4～12米，坑底宽9.6～9.95米。从出土车马情况看，大车马坑经过周密的规划设计，对于车辆之间的放置距离、马匹的数量等都有严格的计算和控制。坑内除最北边的一乘车外，其余的车马分东西（前后）两排放置，排列相当整齐、有序。已发掘大车马坑北部长79米的范围，面积约950平方米，共出

土车43乘、马164匹，皆舆东衡西。出土的车保存较好，涂刷的油漆、绘制的红色花纹依然清晰可见，青铜装饰也保留在原来的位置。马骨虽然只残留骨痕，但头骨、四肢骨、脊椎骨、肋骨都一目了然。发掘出土的车大部分为四马驾一车，共33乘；两马驾一车的有7乘；六马驾一车（所谓"天子驾六"）的有3乘。

在熊家冢墓地发现的众多古代遗迹当中，祭祀坑是数量最多的一类，主要分布在主冢的南侧、西侧、北侧和车马坑西北边，总计213座，大体排列有序。从已发掘的14座祭祀坑来看，坑口多呈方形或近方形，边长约0.8米，深浅不一（深的达8米，浅的不足1米），一般出土玉璧、玉璜、玉人俑等。

玉器是熊家冢墓地考古的主要收获之一，已出土近3000件，其中绝大多数出于殉葬墓。在车马坑中，有些马面饰有大量瓜子形玉片。殉葬墓和祭祀坑中出土的玉器种类比较简单，主要有璧、环、佩、珩、璜、串珠、管等。殉葬墓中的玉器皆为佩饰，且多数是以组佩的形式出现，也有一些玉器是入葬时临时散置的。有些殉葬墓随葬较多的玉饰半成品，应是专为埋葬而制作。从殉葬墓的形制及出土器物推断，熊家冢楚王陵下葬的年代应该是在战国早期，可能是楚惠王或楚简王的陵墓。

熊家冢墓地布局完整、规模宏大，车马坑与殉葬墓数量众多、独具特色，祭祀遗迹保存完好，是楚国最强盛时期、最高等级丧葬文化的重要载体，为推进楚文化研究提供了宝贵资料。

**江苏徐州地区汉代楚王陵考古发现**　汉代楚王陵为西汉时期分封在徐州的楚王及其王后的墓葬，位于江苏省徐州市城区以西约10千米

的铜山区彭镇楚王山北麓。

根据已掌握资料，学界对发现的楚王陵墓时代早晚和对应关系进行广泛讨论。一般认为年代顺序为楚王山楚王墓、狮子山楚王墓、驮篮山楚王墓、北洞山楚王墓、西卧牛山楚王墓、龟山楚王墓、东洞山楚王墓、南洞山楚王墓、卧牛山楚王墓。除龟山为第六代楚王刘注及其夫人墓葬外，其余楚王陵墓墓主尚不明确。

楚王山楚王（后）墓是最早见诸文献记载的西汉楚国王陵，20世纪80年代以来陆续发现，截至2017年共发现、发掘楚王（后）陵墓9处18座，分别是楚王山2座、狮子山2座、驮篮山2座、北洞山2座、西卧牛山2座、龟山2座、东洞山3座、南洞山2座、卧牛山1座。这些墓葬呈环状分布于西汉楚国都城彭城周围山上，距离多在10千米以内。楚王陵墓均为"因山为陵"的崖洞墓，一般选择独立开阔、相对低矮的山头，山体海拔多在100米以下。

徐州楚王陵比较明确的大型墓葬有4座，均有高大的覆斗形封土。一号墓规模最大，位于楚王山主山体向北延伸的一座小山上，墓道向东。1997年，一号墓遭盗掘，考古人员进行现场勘察，明确该墓为石室券顶结构，有斜坡墓道。二号墓位于一号墓北侧一座稍低缓的山丘上。三号墓位于二号墓的东侧，其东稍远的山坳中为四号墓。一般认为一、二号墓为楚王和王后墓，三、四号墓为陪葬墓。

狮子山楚王（后）墓位于云龙区兵马俑路1号，于1994～1995年由南京博物院与徐州汉兵马俑博物馆联合发掘。陵墓总长117米，由墓道、甬道、耳室、侧室、前堂、后室等部分组成。包括内墓道及甬道两侧的耳室在内，

共有墓室11个，根据功用可分为庖厨、武库、钱库、沐浴、宴宾、棺室等。出土陶器、铜铁器、金银器、玉石器等各类珍贵文物2000余件/套。羊鬼山楚王后墓位于狮子山北稍偏西，墓上有封土。2004年5月墓葬被盗，考古人员现场勘察后初步确定该墓有斜坡墓道，有墓室9个。除楚王（后）墓外，狮子山楚王墓还有一个范围很大的陵园区，包括兵马俑陪葬坑、羊鬼山陪葬坑、建筑遗址、绣球山陪葬墓等。

驮篮山楚王（后）墓位于中王庄村驮篮山两个山峰南麓，两座墓葬东西并列，相距约80米。徐州博物馆于1989～1990年对墓葬进行了考古发掘。两座墓葬均由斜坡长墓道、甬道及墓室组成，墓道内间置大型防盗块石，甬道内以双层双列塞石封填。一号墓为楚王墓，有墓室13个。二号墓为王后墓，有墓室11个。两墓墓室均有钱库、庖厨、武库、浴室、厕间、宴宾及棺室等。陵园内有四条陪葬坑，主要埋葬有陶器、乐俑、步兵俑、骑兵俑等，暂未发掘。陵园内还发现有道路、建筑等遗迹。

北洞山楚王（后）墓位于铜山区茅村镇洞山村，于1986年由南京大学历史系考古专业与徐州博物馆联合进行考古发掘。该墓由墓道、主体墓室及附属墓室组成，主墓室开凿而成，附属墓室为石条搭建而成。墓道后段及甬道用塞石封堵。主墓室由钱库、前堂、后寝、厕间等部分组成。附属墓室位于墓道东侧，有19间，结构复杂，呈四进院落，包括武库、歌舞厅、厕间、庖厨间、粮仓等。楚王后墓位于洞山东南桓山上，也称"桓魋石室"，由斜坡墓道、短甬道及前室、中室、后室、南北侧室组成，前后室之间有擎天柱。据《水经注》记

载，该墓最迟在北魏时期已被发现。墓内中柱和墓壁上有金元以降的题记数十方。1991年以来，徐州博物馆陆续在后楼山及北洞山北麓发掘可能为北洞山楚王墓的陪葬墓葬10余座。

西卧牛山楚王（后）墓位于泉山区火花村卧牛山西山头北麓，与卧牛山楚王墓埋葬于同一山体，相距约400米，这是已知徐州汉楚王墓群中唯一一座埋葬两位楚王的山体。徐州博物馆于2010年抢救性发掘西卧牛山楚王（后）墓。两墓东西并列，结构大致相同，中间有门道相通，都由墓道、甬道和墓室组成。东墓墓室开凿规整，有墓室8间，时代相对较早，应为楚王墓。西墓墓室宽敞高大，开凿相对粗糙，但内有木结构瓦顶建筑，时代相对略晚，应为楚王后墓。墓主人可能为第五代楚安王刘道。

龟山楚王（后）墓位于鼓楼区襄王路2号。1981～1982年，南京博物院发掘楚王墓主墓室和王后墓。1990年，徐州博物馆发掘楚王墓甬道两侧的3个耳室。根据墓内出土的"刘注"龟纽银印，墓主人为第六代楚襄王刘注及其王后，这是徐州地区唯一一座墓主人明确的楚王陵墓。该墓为夫妻同茔异穴合葬墓，两墓南北并列，中间有壶门相通。

南洞山楚王（后）墓位于云龙区段山村段山南麓。两座墓葬东西并列，为夫妻同茔异穴合葬墓，相距约10米，有门道相通。楚王墓居东，王后墓居西。南洞山楚王墓发现较早，1号甬道西壁上有"至大□年"题记，表明最迟在元代已被盗掘。

东洞山楚王（后）墓位于洞山路18号。墓葬开凿于洞山西麓，包括南北并列的三座墓葬。中间规模最大的为楚王墓，由墓道、甬道及7间墓室组成。北侧及南侧的为王后墓，规模都很小。

卧牛山楚王墓位于泉山区火花村卧牛山东山头北麓，仅发现墓葬一座。1980年，徐州博物馆对该墓进行清理。墓葬由斜坡墓道、甬道、前室、后室和侧室组成。后室地面遗留有大量瓦片堆积，墓室内原来应有木结构瓦顶建筑。

徐州汉代楚王陵墓时代特征明显，大致可分为前、后两期，分别与西汉早期、西汉中晚期相对应，不同阶段的墓葬形制和随葬器具表现出明显的变化和差异，对汉代考古学研究具有重要意义。徐州地区汉代楚王陵墓是中国发现并发掘的规模最大、发展序列最清晰的西汉时期诸侯王陵墓群，体现出独特的墓葬规制和器用习俗，为西汉分封制度和诸侯王埋葬制度研究提供了大量实物资料，具有较高的学术价值。

**安徽蚌埠双墩一号春秋墓考古发现** 双墩一号春秋墓是春秋时期淮河中游钟离国国君"柏"的王陵，位于安徽省蚌埠市淮上区小蚌埠镇双墩新石器时代遗址范围内的台地之上。双墩一号春秋墓和双墩二号春秋墓合称蚌埠双墩春秋墓，两墓相距80米，其中位于东北侧的为双墩一号春秋墓，位于西南侧的为双墩二号春秋墓。

双墩一号春秋墓发现于1985年第二次全国文物普查期间，1991年经安徽省考古研究所调查确认为"汉墓"。2006年12月～2008年8月，考古发掘成果始确认其为春秋墓。

双墩一号春秋墓为具有较大型封土堆的圆形竖穴土坑墓，单墓道，正东向。封土呈馒头状，残高约9米。墓坑口直径约20.2米，墓底直径约14米，深约7.5米。有宽约2米的生土二层台一周。

封土及墓坑内填土逐层夯筑，使用黄、灰（青）、黑、红、白等五色颗粒状混合土作为五色封土与填土。从墓坑口向下0.7米的填土层中沿墓坑有一周宽约2米的深色填土带，围绕着中间的放射线状遗迹。放射线状遗迹由深浅不同的五色填土构成，共有20条。土丘、土偶遗迹层叠压在放射线遗迹层下，距离坑口0.7～1.4米。土丘在沿墓坑边一周约2米宽的范围内分布，大小共18个，基本呈馒头状，底径2米左右。泥质土偶有1000余个，靠近墓坑周边的土偶多成组分布，而墓坑中间的土偶多呈分散状态。土偶墙是墓坑填土中揭露出的第三层遗迹现象，叠压在土丘与土偶遗迹层下。二层台上的土偶墙与生土墓壁之间形成一条宽约2米的环形巷道走廊，走廊内用黄色泥沙封填，上部平抹白泥土，与墓壁白泥层连为一体。墓坑东部有一条较短的长方形台阶式斜坡墓道，有14级台阶。墓室布局呈"十"字形。墓主椁室居"十"字形之中，略偏北。东、西、北侧均有3个较窄的单人殉人坑。南侧有1个单人殉人坑，殉人坑南侧为器物椁室，分南北两箱，北箱置器物，南箱置食物。

安徽蚌埠双墩一号春秋墓结构新颖独特，出土大量铜器、彩绘陶器、石器、玉器，还有少量几何印纹陶器、漆木器及海贝、蚌片、金箔饰件等。根据纽钟铭文推断墓主为钟离国国君"柏"。根据铜戟铭文"徐王容取其吉金自作其元用戈"，铜戈铭文"余子白司此之元戈""钟离公白获徐人"，可初步推断钟离国曾同徐国打仗并取得胜利，缴获这两件兵器作战利品。钟离国是淮河流域中游地区淮夷方

国，在《左传》中有零星记载。

双墩一号春秋墓封土与填土中"五色土""白土垫层""放射线""土丘""土偶墙""'十'字形墓底埋葬布局"等遗迹现象为首次在考古中发现。新颖、独特的墓葬形制，丰富的出土器物及重要的铭文，为研究钟离国、徐国历史提供了珍贵的考古资料，起到了证史、补史的作用。

**江苏句容及金坛周代土墩墓考古发现**　土墩墓是青铜时代江南地区特有的埋葬方式，主要分布在江苏省、安徽省南部、浙江省及福建省北部。江苏省南部句容市、常州市金坛区茅山两侧的丘陵地带土墩墓分布尤为密集。

20世纪70年代，于句容浮山果园发掘并命名土墩墓；80年代，江苏、浙江、安徽、福建等省先后多次发掘土墩墓。1987年，镇江博物馆与华东师范大学合作运用遥感技术进行土墩墓普查，仅在句容市即发现土墩墓2162座。2004年7月，南京博物院考古研究所对高速公路经过区域进行考古调查和勘探，发现土墩墓46座。2005年初，南京博物院主持10支考古队同时对高速公路沿线土墩墓进行大规模考古发掘，历时150余天，发掘土墩40座，最小的许家沟4号土墩底径12.9米、高2.3米，最大的许家沟1号土墩底径约34.8米、高约7.6米。其中，金坛市发掘22座，位于茅山东侧，属于石家山林场、东进、上水、茅东林场、许家沟、裕巷等6个土墩墓群；句容市发掘18座，位于茅山西侧，属于谷城、周岗、东边山、浮山果园、寨花头等5个土墩墓群。

句容及金坛周代土墩墓发掘是土墩墓发掘历史上规模最大的一次，共发现并清理墓葬

230座、器物群212个、建筑10座，出土文物近4000件。通过发掘，不仅丰富了江南土墩墓的内涵，而且在土墩墓形制结构、埋葬习俗等诸多方面取得重要突破。

"一墩一墓"与"一墩多墓"并存。除被破坏而埋葬情况不详外，本次发掘可以确定的"一墩一墓"土墩有3座，"一墩多墓"土墩有28座，每座土墩有墓葬2～45座。"一墩一墓"的土墩一般除中部一座墓葬外，四周不同层面上放置数量不等的器物群。"一墩多墓"的如浮山果园29号土墩，发现墓葬45座，是已发掘的单个土墩中墓葬最多的。土墩年代从西周晚期到春秋中期，营建经过较长时间，各层封土和墓葬是在不同时期逐渐形成的，不同时期的墓葬集中在土墩的不同区域。

竖穴土坑与堆土掩埋共存。本次发掘清理的230座墓葬规模较小，埋葬空间仅可容单棺。墓葬随葬器物不仅数量较少，且绝大多数为普通的陶瓷类实用器具，应属平民墓葬。墓葬位于土墩的斜坡面上，坑口呈内高外低的倾斜状，墓坑形状不规整，呈簸箕状，平地起小封土。

一墩多墓的向心布局。"一墩多墓"的土墩墓葬布局方式多样，其中向心结构的布局方式较为特别，即在土墩中心墓葬周围的不同层面安葬的多座墓葬方向均朝向土墩中心。这种布局与中原及周边地区的墓地布局有显著差别，具有浓郁的江南土著特色，在土墩墓考古中也是首次发现。

形式多样的丧葬建筑。发现10座建筑，包括墓上和墓下两种。墓上建筑建在土墩中心墓葬上，由基槽、两面坡的棚子、石床等部分组成，有的还可见通往墓葬的道路，在棚子上再堆土成丘。这类棚子建筑与浙江印山越王墓的较为类似，而时代明显较早，级别则较低，说明印山越王墓的丧葬建筑是有当时社会丧葬习俗背景的。墓下建筑建在中心墓葬下一层、墩子基础层面上，包括基槽和柱洞。这类建筑一般位于墩子中心，建在中心墓葬的正下方，与中心墓葬没有直接关系，推测可能与营造墓地或墓葬的祭祀活动有关。

墓地界域。东边山1号土墩有明显的界墙和护坡，上水4号土墩有土垄，在土墩墓考古发掘中是首次发现。东边山1号土墩界墙平面近方形，营造于土墩的基础层面上，外侧有一周护坡，在西、南两面有两个缺口，土墩堆积基本在界墙范围内，仅最后一层封土局部溢出墙外。上水4号土墩的土垄平面呈弧形，建造于生土面上，中部有一缺口，土墩的基础和各层堆积均在土垄范围内。可见界墙和土垄起到确定墓地四至的作用。在土墩基础铺垫完后，墓地范围也就确定了，尚未见改变墓地基础的现象，说明土墩作为墓地在建造之初就有明确规划。

明确土墩营造过程。首先平整土地，再在其上铺垫1～3层土，形成土墩的基础土台，即确定了墓地范围。在基础土台中心部位建造中心墓葬及相关建筑，封土形成最早的中心土墩；也有的在土墩中部生土面或基础面上建造丧葬建筑，在建筑基础上堆土再建造中心墓葬。在中心土墩外逐步多次堆加封土，使土墩增大、增高，过程中多伴随葬墓、放置器物群祭祀等活动。经数次堆土、葬墓或祭祀活动后，在一定时期进行最后一次封土，完成该土墩即墓地的营建过程。

土墩墓出土器物十分丰富，墓葬随葬器物完整，多排列于埋葬空间之外，集中放置，器物组合明确。鼎、坛、罐、瓿类器物多正置，其上扣置盆、钵、碗及器盖，有一件硬陶瓿内还存有鸭蛋。建造土墩时举行祭祀活动或仪式的器物多不完整，排列无序。发掘出土的各类器物近4000件，主要为陶瓷器，少量为玉石器。其中，夹砂陶器631件、泥质陶器1288件、硬陶器1143件、原始瓷器819件。器物年代从西周早中期之交至春秋晚期，基本涵盖周边地区同时期生活遗址和土墩墓内出土器物的所有类型。

江苏句容及金坛周代土墩墓发掘的土墩墓数量众多，发现的遗迹、遗物十分丰富。发掘的最大收获是凭借考古层位学还原了青铜时代江南土墩墓的营造过程，对土墩墓内的墓葬、器物群、建筑、界域的形制结构等诸多方面研究取得新突破，不仅廓清了长期以来学术界对土墩墓的模糊认识，也为江南地区青铜时代的丧葬习俗、土著文化和社会结构研究，以及土墩墓的源流、分期与分区研究提供了翔实的第一手资料。

**江西新干商代大墓考古发现**　新干大洋洲墓葬是一处商代中晚期的大型墓葬，位于江西省新干县大洋洲乡程家村劳背沙洲。其西面约20千米为著名的吴城遗址，相距约5千米处为商周时期的牛头城遗址。

1989年9月20日，新干县大洋洲乡农民在程家村涝背沙丘取土时发现青铜器，后江西省文物考古研究所对墓葬进行了发掘。

该墓系长方形竖穴土坑墓，棺椁已朽。椁室长约8.22米、宽3.6米。棺位于椁室中部偏西，长约2.34米、宽0.85米。骨骼已朽，仅存人牙24枚，经鉴定分属于3个不同个体。

墓内随葬器物1900余件，主要是铜器、玉器和陶器。铜器一般置于棺外椁室范围内，共480余件，包括礼器、乐器、工具、兵器、生活用器等。玉器大部分在棺室范围内，包括部分无色透明水晶、绿松石、蛇纹石化大理岩制品，共1072件。玉料以绿色为主，次为灰色、米黄色、牙白色、白色。陶器356件，其中釉陶和原始瓷约占20%。陶器主要置于东端二层台上，部分折肩罐集中置于椁室中部偏东，高圈足豆则放于椁室西部。部分陶器上发现有刻划文字或符号。除上述器物外，墓葬中还出土有骨镞、猪牙、象牙等。

新干大墓所出铜器，除个别年代属早商时期，多数属中商和晚商阶段。据陶器推断，该墓年代约当吴城文化二期。推测墓主应系吴城文化地域内的最高统治者。

吴城遗址的发掘从地层与年代分期等方面为江南商代考古工作打下了良好基础，但吴城出土青铜器太少，不足以反映当地青铜文化的面貌、特征、发展规律及其与周边各区系青铜文化间的关系。大洋洲青铜器的出土，为深入研究相关学术课题提供了不可多得的宝贵资料。大洋洲器物群包含中原商文化、西北先周文化以及江南土著文化、良渚文化等多种文化因素，在发展过程中既保持了固有文化传统，也吸收了周边地区先进的文化因素。

关于大洋洲商墓遗存的性质，学术界主要存在两种观点，一种主张墓葬说，另一种主张祭祀说。关于大洋洲商墓的年代，多数学者倾向于认为应在殷墟时期。关于大洋洲器物群属于吴城文化这一点，学术界观点基本上是一致的。学者们推断，赣江流域有过一支与中原商文化并行发展的土著青铜文化，即存在与中原殷商王朝并存的另一个地域政权。从墓葬规模和出土文物看，墓主人可能是这一政权的统治者或其家属，而非来自中原的商人。论及墓主人的族属，大致有四种看法，即越人说、戈人说、"句吴"说、"虎方"说。

高句丽王室与贵族墓葬考古发现 高句丽王室与贵族墓葬是高句丽王族、贵族丧葬制度的综合载体，属于洞沟古墓群的重要内涵。遗址位于吉林省集安市，东起青石镇长川村，西至麻线乡建疆村，北依禹山，南濒鸭绿江，东西长约40千米、南北宽2～4千米。

历史上，高句丽王室与贵族墓葬曾遭多次破坏和盗掘。中华人民共和国成立后，各级政府和文物部门多次组织对墓葬进行了全面、系统的调查和测绘，并对壁画墓和重要墓葬进行了维修。

已认定的王陵有13座，分别为将军坟、临江墓、太王陵、禹山992号墓、禹山2110号墓、山城下砖厂36号墓、七星山211号墓、七星山871号墓、麻线2378号墓、千秋墓、麻线2100号墓、麻线626号墓、西大墓。

将军坟是保存最为完整的石结构陵墓，推测为高句丽第20代长寿王之陵。阶坛石室墓，正方形，阶坛7级，砌石22层，第五级中开方形墓室，室内有石棺床两个，墓顶用巨石封盖。墓基环周有12块10余吨重的巨石依护。北侧有陪坟多座，西南200米有祭祀遗址。太王陵，因多次发现"愿太王陵安如山固如岳"铭文砖而被确定为高句丽第19代王好太王谈德之陵，是高句丽王陵中唯一确知年代、葬者的墓葬。阶坛石室墓，正方形。墓室西向，内有精致的硬山顶房屋形石椁。千秋墓，因墓上发现"千秋万岁永固"字样的铭文砖而得名。阶坛石室墓，正方形。阶坛尚存三级，环周有巨石依护。南部有祭祀遗址。

经历年调查和发掘，获得数量众多的文物，包括金、银、玉、玛瑙、铜、铁、铅、鎏金、釉陶、陶、瓷、石、漆器等各类生产工具、生活用具、武器、马具、装饰品等。

高句丽早期贵族墓葬也为积石墓，与王陵相比规格较小、形制不完备，如兄墓、弟墓、折天井墓等。晚期贵族墓葬受中原墓葬形制影响，由积石墓逐渐变为封土石室墓。以壁画墓最具特色，已发现30余座，其中舞踊墓、角抵墓、冉牟墓、长川一号墓、三室墓、四神墓、五盔坟四号墓、五盔坟五号墓等保存较好。早期壁画内容以社会风俗为主，彩色成稿后加黑线勾勒。晚期壁画以神仙题材为主，色彩鲜艳，构图紧凑。

高句丽墓葬的演变经历无坛积石、有坛积石、阶坛积石墓等不同进化阶段，王陵是这一历程的最典型代表，在同时期墓葬中规模最大、埋葬设备最完备。陪葬墓和祭台为高句丽王陵的重要特征。陪葬墓均在陵墓的侧面和后面，有独立的如将军坟1号陪葬墓、麻线62号墓后侧的积石墓，也有与祭台排成一列的如将军坟2号陪葬墓。在禹山992号墓见有左右对称分布的祭台。

高句丽墓葬早期特征之一是葬所居高，均在山麓高处或陡崖处，后渐向平地的高阜处转移。洞沟古墓群中明显表现出这种现象的是"串墓"，其埋葬特征是一列大小不等的积石墓自山上排至坡下，居高者为早。高句丽墓葬中独立为陵、均有墓域的特征在早期王陵中表现不明显，聚群埋葬的传统尚较浓厚。约2世纪以后，墓葬向谷地转移，墓周相对开阔，葬制也发生变化。其墓葬愈见高耸，墓域愈见宏大，往往一座王陵就占据一个高地，充分体现王者之威。

高句丽王室与贵族墓葬是高句丽王族、贵族丧葬制度的综合载体，不仅从侧面反映了高句丽的历史发展进程，也是研究高句丽建筑技术、艺术成就、历史文化，以及高句丽文化与中原及同时期东北亚其他民族、政权关系的重要实物资料。

**河南灵宝西坡新石器时代大型墓地考古发现**　西坡新石器时代大型墓地为仰韶文化中期核心地区大型聚落遗址，位于河南省灵宝市阳平镇，坐落于自西南向东北倾斜的黄土塬上。

2000～2006年，考古人员对遗址进行了6次主动发掘和系统钻探，发掘面积累计5000余平方米。前四次发掘了解了遗址的文化内涵，认识了房屋的建筑规模与结构，重点发掘了遗址南部和中心部位。其中，第四次发掘发现室内面积240余平方米的特大房址106号房址，并发现聚落的南、北壕沟及墓地。2005年4～7月，对遗址进行第五次发掘，揭露仰韶文化中期墓葬22座，发现并确认遗址壕沟的结构和走向。2006年3～5月，中国社会科学院考古研究所、河南省文物考古研究所、三门峡市考古所、灵宝市文管所组成联合考古队，对遗址进行第六次发掘，发掘面积约1600平方米，发现

仰韶文化中期晚段大型墓葬2座及其他中、小型墓10座，出土陶器、骨器、石器、玉器等随葬品。大型墓葬27号墓、29号墓因规模、结构和特殊的葬俗，引起学界关注。

2005年的第五次发掘，田野工作的重心转向了对聚落布局的探索上，基本掌握了壕沟、墓地、房址、灰坑等遗迹的大致分布情况。墓地位于南壕沟以南，发掘面积1240平方米，地层堆积2层以下见仰韶文化墓葬。22座墓葬中有15座出土随葬品，包括陶器、石器、骨器、玉器和象牙器等。陶器均集中放在墓主脚部，或放在低于人骨的脚坑中，或与人骨处于同一平面上。骨器多放在墓主头部，少数放在手臂两侧和脚部。玉器多数放在墓主手臂两侧，少数放在头部、腰下或脚部。石器（包括部分石块）多放在墓主头部右上方，部分放在手臂两侧，个别放在脚部。出土遗物以陶器为主，多数为红陶，少数为褐陶。基本组合是小口瓶／壶1件、釜灶1套、钵1件和簋形器1对，个别大墓有大口彩绘缸1对。玉器有10件，器形包括钺和环，多为蛇纹岩质地。石器有钺／铲、纺轮、不规则形石块等。骨器有簪、锥、匕、箍形器等。象牙器有镯和箍形器等。

西坡墓地是首次在仰韶文化中期的核心地区发现的该时期墓地，为认识这一时期的埋葬习俗、社会结构提供了十分重要的资料。西坡墓地与居住区的相对位置、墓葬排列特点、填土特征等，为寻找豫陕晋三省邻近地区的仰韶文化中期墓地提供了重要线索。玉器的发现，对研究中原地区的葬玉习俗、制玉技术与发展脉络，以及与其他文化的关系具有重要价值。墓葬规模出现显著差别，表明中原地区的史前

社会结构很可能从仰韶文化中期已开始出现意义深远的复杂化趋势，对探索中原地区古代文明的起源、进程与模式具有重大意义。

### 辽宁建昌县东大杖子战国墓地考古发现

东大杖子墓地是中国东北地区战国时期具有浓郁中原燕文化色彩的大型土著文化墓地。遗址位于辽宁省葫芦岛市建昌县西碱厂乡东大杖子村，背靠燕山余脉，面临大凌河川。

1999年，葫芦岛市文物部门与公安部门合作破获一起盗掘古墓、走私文物案件。据调查，在建昌县东大杖子村出土大量珍贵文物，有的已流失国外，收缴有蟠螭纹铜壶、短茎铜剑的金柄残件等。辽宁省文物考古研究所等单位随即组成联合考古队，对案发地进行考古调查与勘探，并于2000年8月开始对墓地进行第一次抢救性发掘，清理墓葬13座。2001年6～8月，清理墓葬2座；10～11月，清理墓葬12座。2003年10～11月，清理墓葬5座。2011年8～12月，发掘40号墓。2012年9～12月，发掘47号墓。2013年4～6月，组织大凌河上游地区的区域考古调查，调查范围约300平方千米，并对相关资料进行整理与研究；开展文物保护与科技考古工作，对墓地出土的木材、丝织品、彩绘陶器、铜器等进行检测与研究。

东大杖子墓地被村庄覆盖，墓葬多位于村民院中、屋下或村内便道上。发掘区内地层相对简单，地表基本为深褐色或黑褐色耕土或黄褐色路土，表土下即出现封土封石层或墓圹，墓葬打破黄褐色或浅黄色的生土。从已发掘的墓葬看，葬俗可分为两类。一类可称为"封石墓"，即在墓圹填土中夹杂石块，在墓口上平铺一层石块。如45号墓，尽管规格不大，但随葬品丰富，既有燕式铜器，也有土著陶器。45号墓人骨已腐朽不存，棺内满置青铜盖豆等容器、玛瑙环、珠串饰和玉璧等饰物，以及青铜短剑、戈、矛、镞等兵器。此外在头厢内还陈放青铜壶、鼎、洗等礼器和軎、衔等车马器，以及漆器等。另一类为填土墓，即仅填土，上部封土形成坟丘。小型墓随葬品较少，不见铜器，多随葬燕式陶器。大型墓葬随葬品丰富，如40号墓。40号墓墓圹平面呈"凸"字形，其南北壁长9米，东西壁宽约8米，有墓道。墓壁呈阶梯状，圹壁及阶面上局部抹有掺杂白石子的白灰或细黄泥。二椁一棺，外椁底、壁及顶皆由宽大木方制成。内椁位于外椁中间偏西部，四角有立柱。棺位于内椁中部，为梯形。尸骨仅存腐朽的牙齿，头向东。棺、椁所用木板上部皆抹膏泥，其上铺席。墓葬填土至与最上层阶面平齐的高度时，在东侧阶面中部放置大量动物头骨，种类有马、牛、羊、猪、狗，共74个个体。随葬品多数位于内、外椁之间东部的头厢部位，以仿青铜彩绘陶礼器为主，有鼎、豆、壶、盘等数十件，规格较大，动物造型逼真，彩绘鲜艳。在外椁底板上普遍放置（也可能为滑落至椁底板上）制作精美的镂空滑石饰件和陶串珠等。棺内随葬品有铜带钩、环首刀、玛瑙环、绿松石珠等。

东大杖子墓地地处燕山北部地区，遏控华北通往东北的大凌河谷道，其超过200座墓葬的墓地规模、有长宽近10米并带有墓道大型墓葬的等级、随葬成套大型精美燕文化铜礼器及金柄曲刃青铜短剑的现象等，对研究燕文化与东北及东北亚古代民族文化的融合、秦汉时代中央集权的多民族国家在这里建立的历史等有着极为重要的价值。

**太原隋代虞弘墓考古发现**　隋代虞弘墓是一座有准确纪年并有丰富中亚题材图像资料的墓葬，位于山西省太原市晋源区王郭村。

1999年7月9日，王郭村村民在修整土路时发现砖室墓。由山西省考古研究所牵头、太原市考古研究所与晋源区文物旅游局组成的联合考古队随即对墓葬进行了清理。

虞弘墓为单室砖墓，墓顶已毁，墓志和石俑、陶俑等残缺不全，墓室底部和石椁顶部均有唐"开元通宝"和唐后期白瓷圈足碗，显示可能早在唐代已被打开。墓葬坐东北向西南，方向南偏西25°。墓葬由墓道、甬道、墓门、墓室组成，总长13.65米。

墓室平面呈弧边方形。砖壁厚34厘米，残存最高1.73米，比墓室中部摆放的石椁顶部低27厘米。墓室地面仅在四周墓壁下用砖平铺一层，呈方形框，以作为砖壁基础，其他部分为取平的黄褐色原生土。

葬具仅存一具汉白玉石椁，在墓室和椁内未发现任何棺木痕迹，死者有可能是直接放在椁内底座盖板上，此椁实际上起到棺的作用，安放在墓室中部偏北之处。石椁外观呈三开间、歇山顶式殿堂建筑，由长扁方体底座、中部墙板和歇山顶三部分组成，每一部分又由若干块汉白玉组成。石椁四周内外皆为雕绘，由50余个单体图案组合而成，有宴饮图、乐舞图、射猎图、家居图、行旅图等。其中狩猎图多为骑马、骑象、骑骆驼搏杀狮子，人狮搏斗场面甚为激烈。人物皆深目高鼻黑发，属于地中海高加索人种。人物服饰、器皿、乐器、舞蹈及花草树木等均源于波斯与中亚诸国，典型的有带绶鸟、带绶马、"胡腾

舞"和带端为扇形的飘带及长帔等。有些画面和祆教有关，对研究丝绸之路与古代东西方文化交流有重要意义。

墓主夫妇形象见于第五块椁壁图案。该图案位于后壁中部，雕绘画面正对椁门，是所有图案中面积最大、人物最多的一幅。在亭前平台上坐一男一女，男左女右，似为夫妻。男子头戴冠，冠后有两条长达臂肘的飘带，深目高鼻，右手端一只碗举于胸前，目光温和平视对面的女子。女子屈腿坐于平台上，头戴花冠，身着半臂裙装，左手放于左膝，右手前伸举一高脚酒杯，陪男子饮酒。在二人后侧各有两名男女侍者，两两相对。在主人和侍者前面的场地上有六名男乐者，分左右跪坐于两侧，乐者之间有一大片空地，一男子在中间跳"胡腾舞"。

虞弘墓出土有石俑、陶俑、白瓷碗、人骨、墓志、石灯台、铜币等，共80余件。人物俑分为汉白玉和砂石两种材质，共16件，可分为侍从俑、伎乐俑和柱剑俑三种类型。在墓室底部清理出两方墓志，一方位于石椁前方，为男主人虞弘的；一方位于石椁右侧，为女主人的。据墓志记载，男主人姓虞名弘，字莫潘，鱼国尉纥驎城人，曾奉茹茹国王之命出使波斯、吐谷浑等，后出使北齐，在北齐、北周和隋为官。墓志上的"鱼"字有明显改动痕迹。

根据出土墓志，虞弘死于晋阳城，葬于隋开皇十二年（592年）。

**山西太原王家峰北齐徐显秀墓考古发现**北齐徐显秀墓是北齐太尉武安王徐显秀的墓葬，位于山西省太原市迎泽区郝庄乡王家峰村东"王墓坡"千亩梨园中。

2000年12月发现墓葬遭盗掘，村委会立

即报告了文物部门。考古人员现场勘察后认定此墓当属北齐时期，且有大规模壁画存在。山西省考古研究所、太原市文物考古研究所组成王家峰北朝壁画墓考古队对墓葬实施发掘，至2002年10月结束。

徐显秀（502年～571年），名颖，字显秀，恒州忠义郡人，生前为北齐太尉太保尚书令。墓葬由墓道、过洞、天井、甬道和墓室组成。墓向185°，通长30米、深8.5米。有夯筑封土堆，残高5.2米。斜坡墓道长15.2米，坡度23°，前宽后窄，上阔下狭，最宽处3.35米，最深处6.1米。过洞由墓道两壁回收生土挖成，长3.5米、宽约2.3米，高2.5米以上（顶部已塌陷）。天井长2.3米、宽2.5米。过洞中部有一直径约70厘米的盗洞，由过洞顶部斜穿天井达甬道口。青砖券甬道长2.75米、宽1.66米、高2.55米，南、北口各有一道封门墙。两道封门上部垒砖已被取掉，石墓门被推倒，盗贼由此进入墓室。石门构件均为细砂石，正面雕刻精细，背面粗糙。石门扇下部无枢，倒在甬道内。右扇上部刻一鸟身兽头蹄足怪兽，口衔瑞草，下部刻一青龙；左扇上部怪兽细节略有差异，下为一白虎。青龙和白虎被最后彩绘的鸟形象覆盖。墓室为穹隆顶砖券单室结构，平面呈弧边方形，东西长6.65米、南北长6.3米，顶高8.1米。墓壁在2.7米处穹顶回收。墓底砖错缝平铺。墓室靠西壁有砖砌棺床，边缘大部分残缺，长4.45米、宽2.4米、高0.32米。墓室淤土堆积约30厘米，多为现代灌溉进水所致。墓壁可见4个盗洞。葬具严重损毁，只残存一些木构件。

墓室随葬品较散乱，瓷器和陶俑多散布在东南部，墓志、志盖置于西南角，东北角清理出金戒指等物，棺床上有陶俑及瓷器碎片。出土器物大多残碎，共530余件。陶俑320余件，有镇墓武士俑、镇墓兽、三棱风帽俑、铠甲俑、笼冠俑、女侍俑、骑马俑等18种类型，大多残碎。其中有一件辫发骑俑，披肩长发分成十二辫，左右两侧各一辫系结于头后部中央，与贺拔昌墓出土的辫发骑俑相似但刻画更为细腻，应是当时北齐军队中突厥人或鲜卑人的形象，仅见于太原出土。瓷器约200件，有鸡首壶、尊、灯、盘、碗、罐、扣盒等，多为碎片。胎质疏松，黄绿釉，有冰裂纹。金戒指镶嵌有宝石，变形双狮指环衔拱蘑菇状台面，联珠纹戒盘镶嵌碧玺，宝石戒面阴刻人物图案，充盈着异国情调。

徐显秀墓最重要的收获是面积300余平方米的彩绘壁画。壁画分三部分，墓道、过洞、天井内为仪仗队列画面，甬道口与两壁是仪卫画面，墓室内为墓主人宴饮和出行等画面。彩绘人物200余个，马7匹、牛车1辆、神兽8个，各色仪仗、兵器、乐器、生活什物和装饰图案应有尽有。画面物象与现实同大且栩栩如生，内容纷繁但布局和谐，人物复杂但脉络清楚。壁画描绘了北齐达官显贵排场豪华的生活场景，准确反映出各色人物之间的社会关系，对于研究北齐社会历史文化是极为难得的视觉形象资料。

徐显秀墓是北朝晚期大型砖构壁画墓中保存最完整的一座，特别是墓室壁画，为研究北朝晚期的葬俗、葬制、墓室壁画的规制、题材以及表现出的衣饰、车饰、马具等细部，都提供了珍贵的图像资料。

**贵州赫章可乐遗址墓葬考古发现** 赫章可乐遗址墓葬是战国时期至汉代保存完好的具有独特地方文化特色的古代文明遗迹，位于贵州省赫章县可乐乡乌蒙山脉中段东缘的山间坝子上。

20世纪50年代后期，贵州省博物馆考古组和赫章县文化馆在该区域进行过考古调查。1960年底，发掘东汉墓葬7座。70年代，在可乐区水营乡雄所屋基发现一批铜器，此后勘察确认可乐河北岸分布有中原式汉墓39座，南岸则分布同时期和略早于汉墓的土著墓葬168座。2000年9～10月，贵州省文物考古研究所会同赫章县文物管理所在锅落包发掘4座墓（汉式土坑墓3座、土著民族土坑墓1座），在罗德成地发掘土著民族墓107座。

土著民族墓葬皆为竖穴土坑墓，平面基本为长方形，不甚规整。墓坑较小，长1.42～3.2米、宽0.4～1.45米。此外还有两种形制变异的墓坑：一种前后端各向两侧作弧形外扩，平面略似一哑铃状，共发现9座；另一种头端中部作弧形外凸，平面略似钟状，共发现8座。

这批墓葬最引人注目之处是存在多种特殊的埋葬方式。20世纪70年代曾在可乐发现过战国至西汉时期用铜釜或铜鼓套于死者头部的"套头葬"，但除一座墓中有用铁釜同时套于死者脚部的现象外，方式都很单一，对铜釜套头部位、是否使用棺木等问题也不甚清楚。此次发现的"套头葬"见于5座墓，包含不同的方式。

除"套头葬"外还发现了几类较特殊的埋葬方式。一类是用铜洗盖于死者脸部，共发现2座。铜洗下的头骨大部保存，而肢骨已完全朽坏。第二类是用铜洗垫于死者头下，仅发现1座。在铜洗内保存一对"U"形铜发钗，铜洗口沿边一对骨质耳环的残痕较清晰，两耳环间存留有几枚牙齿。还有一类是在死者头侧墓底插一柄铜戈，共发现4座。其余墓葬中发现的随葬铜戈一般都平置于死者胸前，但这4座墓的铜戈插于土中，似经人为形成，或与某种埋葬习俗相关。

共出土随葬器物50余件。不少墓内空无一物，有些墓内仅一两件器物；稍重要的墓常见一戈一剑组合，有的还附有其他器物；最重要的墓随葬器物100余件。随葬器物包括铜、铁、陶、玉、漆、骨等不同质地，器类有兵器、装饰品、日用器及印章等。

夜郎文化是战国秦汉时期西南地区地域文明的重要组成部分，可乐墓葬的发现为研究夜郎古国的社会结构、生活习俗、宗教信仰、文化交流等方面提供了极有价值的实物资料。

**内蒙古通辽吐尔基山辽墓考古发现** 吐尔基山辽墓为辽代契丹贵族墓葬，位于内蒙古自治区科尔沁左翼后旗毛道吐苏木吐尔基山行政村北1千米，西北距通辽市约50千米。

2003年3月8日，工人在吐尔基山开采石矿时发现一座墓葬。3月10日，通辽市博物馆的工作人员和市公安局民警一同到达现场，经初步勘察，断定为一座辽代墓葬。3月18日，由内蒙古自治区文物考古研究所、通辽市博物馆、科尔沁左翼后旗文物管理所组成的考古队对墓葬进行钻探，并制定发掘方案，3月21日开始发掘，5月16日发掘结束。

墓葬开口于表土层下，地表未发现封土。石室墓，由墓道、墓门、甬道、墓室、左耳室和右耳室组成，方向115°。墓室平面为长方形，叠涩顶，距地面约1.6米处开始叠涩起顶，藻井直径约1.78米。藻井中心有一圆洞，是镶嵌铜镜的地方。墓室四壁及顶部抹白灰，并绘有红、黑两色壁画。墓道为长斜坡形制，长48米。侧壁用打磨过的石块垒砌，石块之间用黑胶泥作粘合剂，外侧抹黑胶泥，在靠近墓门部位抹白灰面，绘有壁画。墓道内填充大量石块，有一盗洞。靠近墓门处有用石块层层垒砌的封门石。墓门为长方形，由整块巨石凿成。墓门与墓室之间由甬道连接，在甬道中间部位有一道木门，两扇对开。左、右耳室位于墓室前部，平面呈长方形，右耳室略小于左耳室。耳室均有木门，两扇对开。葬具放置在主室内，靠近北墙壁摆放，由棺床、外棺和内棺组成。棺床为须弥座式，上部有镂空的栏杆，首部开门，有通往地面的天梯。外棺头大尾小，棺首有一座小门，双扇门对开，棺外彩绘以红、黑色为主色。外棺内套有内棺，棺身与棺盖均由榫卯结构相连接，内、外棺之间夹有丝织品。

墓主单人躺在内棺内，仰身直肢。两根辫子盘于头顶，头戴棉帽，内有金箍状冠，外面包有贴金纹饰的丝织品，再外罩一个金箍。头两侧各有一个形制相似的鎏金银牌饰，牌饰上鋻刻鱼子地牡丹图案。耳上戴金耳坠，镶嵌宝石。颈部戴三条项链，由镂空金球、黑水晶、玛瑙串成。身穿十一层丝质衣服，外面六件带袖，左右衽，系如意扣；里面五件为无袖罗裙。衣服上有精美图案，其中第七层罗裙上有晚唐风格的对凤图案。两肩上各有一块圆形金、银饰牌，圆形金饰牌象征太阳，鋻刻三足鸟和祥云图案；圆形银牌象征月亮，鋻刻桂

树、嫦娥和玉兔图案。手臂上戴金镯和玛瑙手链，金镯的两端为龙首形。戴手套，外面套有金戒指，右手戴两个，左手戴三个。腰部有两件荷包，腿部有两个针线包。膝盖和脚部有铜铃，左脚边放置缠绕整齐的鞭子。墓主人面孔、骨架、指甲发黑，其腹腔部位发现大量滚动的水银。

经人骨鉴定，墓主人为女性，年龄在30～35岁，身高159.2厘米，为北亚蒙古人种。从身穿的华丽丝绸服装，以及描金彩绘漆棺、大量金银器和珍贵玻璃器皿等出土文物看，墓主人应是一位身份极高贵的契丹族女性。

随葬品丰富，共计出土200余件／套，主要有金器、银器、铜器、漆器、木器、马具、瓷器、铁器、玻璃器和丝织品等。金器有杯、手镯、戒指、耳坠、牌饰、针等。银器有壶、盒、盖碗、盆、盘、筷子、匙、牌饰、带饰、号角、铠等。铜器有镜、铃、铎、牌饰、铜泡等，绝大部分为铜鎏金。鎏金铜牌饰上鋻刻有十分精美的乐舞图案，有弹琵琶、击鼓、吹排箫、吹笛、吹笙等画面。漆器有案、盒、盘等。漆盒上见有贴银花、贴金银花和包银等工艺。木器有彩棺、枕、垫肩等。马具由龙头、璎珞、马鞍、马镫、盘胸、后鞧、配饰等组成。马鞍为木包银，有鋻花鎏金银前桥和金花银后桥。马镫有鎏金铜马镫和铁马镫等，带饰上镶嵌有鎏金铜牌饰和玉饰。瓷器有罐和碗等。高脚玻璃杯产自中亚地区，晶莹剔透、保存完好。此外还有铁刀、玳瑁勺、玛瑙骨朵、玛瑙手链、水晶饰件等。金银器多采用锤鍱、鋻刻、镶嵌等工艺，银器和铜器多鎏金，工艺考究，制作精美。

该墓葬除墓道和天井被部分破坏外，墓室保存完好，出土大量珍贵文物，完整的彩绘木棺和棺床为辽代考古中首次发现，大批图案精美的丝织品更是辽代考古罕见珍品，对研究辽代政治、经济、文化、宗教、音乐、艺术、服饰、生活习俗、丧葬制度等都有十分重要的意义。

**广东广州大学城南汉二陵考古发现** 南汉二陵包括南汉烈宗刘隐的德陵和高祖刘岩的康陵，是国内已发掘的为数不多的五代十国皇陵之一。德陵位于广东省广州市北亭村青岗北坡，在华南师范大学南校区内，占地面积约212平方米。康陵位于北亭村大香山南坡，占地面积约1.28万平方米。

2003年3月，为兴建广州地区高校新校区，广州市文物考古研究所对岛上文物进行全面调查。2003年6月～2004年10月，对施工范围发现的文物地点进行考古勘探和抢救性发掘，分别在小谷围岛西部的北亭村青岗和大香山发现两座南汉时期的砖室大墓，为德陵和康陵。

德陵墓室由墓道、封门、前室和后室组成。墓圹南北总长26.47米、宽3.4～5.82米，墓圹口距地表0.15～1.87米，残存封土最大高度在墓圹以上0.8米。陵园建制的其他部分无存。德陵出土青瓷罐190件（其中带盖罐149件）、釉陶罐82件（均无盖）。青瓷胎质坚硬，釉色青中闪灰，晶莹透亮。

康陵由陵墓、陵垣和陵前建筑组成。长方形竖穴砖室墓，由墓道、封门、甬道（门洞）、前室、中室和后室组成。前室近甬道处立有哀册文碑。墓室坐北向南，方位172°。墓室宽3.16米、进深10.65米，顶高3.28米。墓壁厚1.4米，为素面青砖错缝砌筑。陵坛位于墓室上方，方形覆钵状，由包砖的封土丘、方形基座、散水以及南面的台阶坡道等组成。陵园南北长96.8米、东西宽57.6米。墙体残高约0.5米，厚1.2～1.4米。墙垣四隅有一对子母双阙遗址，南垣正中有陵门。

出土的瓷器、釉陶器和玻璃器数量较多，此外还有银器、铜器、铁器、石器、玉器等。瓷器124件，有罐、盒、碗、碟等，均为灰白胎或土黄胎，施青釉、青灰釉、绿釉等。仿生的蔬果模型27件，有香蕉、木瓜、菠萝、柿子、桃、慈姑、荸荠等7种，为岭南本地物种，主要出于中室后部和棺床前端，后室后部有少部分。玻璃器共26件，其中可复原者1件，其他多为碎片，主要是瓶和壶。

康陵哀册文碑的发现，不仅明确了墓主人的身份和下葬年代，还订正了《番禺县志》等文献史志对德陵和康陵的错误记述，解决了历史悬案。康陵是已发现的南汉时期唯一布局完整的陵园，围垣四隅双角阙和陵前设廊式建筑的建制与历代陵寝制度有所不同，为研究中国古代陵寝制度发展提供了新的材料。

德陵和康陵是南汉考古的重要收获。德陵虽未发现陵园建制，且墓室被盗，但墓道中出土的青瓷罐和釉陶罐，为研究五代十国陶瓷器提供了实物资料。康陵是首次发现五代十国时期的陵园建筑遗存，陵园布局完整，对研究中国陵墓制度的发展演变具有重要参考价值。出土文物反映出南汉国的历史文化和生产生活状况，其中出土的玻璃制品对研究广州对外贸易交通及社会经济发展史具有重要参考价值。康陵出土的7种仿生水果较之清代晚期出现的仿生水果，其年代上推千年。康陵的哀册文碑是国内考古发掘中首次出土完整的哀册文碑石，也是已知年代最早的一块，极为珍贵。

**山西绛县横水墓地考古发现** 横水西周墓地为一处大型的周代倗国墓地，位于山西省绛县县城以西10余千米处的横水镇之北。墓地地处绛山南麓、涑水河北岸，南北长、东西窄，面积3万余平方米。

2004年，横水墓地被盗。2004年9月～2007年11月，山西省考古研究所、运城市文物工作站和绛县文物局联合组队对横水墓地进行大规模发掘，完整揭露了一处距今2700余年的大型墓地。共发掘西周墓葬1299座，可分为大、中、小三种类型。大、中型墓葬位于墓地中部偏北，呈南北排列。东、西、南三面多为小型墓葬。墓葬排列有序，极少见互相打破现象，说明当时对墓地实行了统一规划和管理。

墓地中除一座墓葬为南北向外，其余均为东西向。墓主绝大部分头向西，仅数十座头向东，一座头向北。所有墓葬均为长方形土圹墓，竖穴墓占绝大多数，且多为口小底大。绝大多数墓葬填土经过夯打。大多数墓葬有木棺椁葬具，有椁和无椁是区别墓主身份地位的一个重要指标。所有墓葬均为单人葬，贵族墓葬多为夫妻并穴合葬墓。葬式以仰身直肢、俯身直肢为主，有少量屈肢葬。俯身葬的墓主均为男性，其中还有两位国君倗伯的墓葬。墓主人死亡年龄集中在20～50岁，50岁以上的个体比较少见。墓葬流行腰坑和殉狗。墓地仅发现3座带墓道的"甲"字形大墓，斜坡长墓道位于墓室西部。30余座大、中型墓葬有殉人，1～7人不等，共100余人，多放置于二层台上。大多数殉人没有葬具和随葬品，少数有棺和小件

器物随葬，葬式有仰身和俯身，有女性俯身殉人。大、中型墓葬多有车马坑陪葬，共发现33座，位于主墓的东侧，除一座为东西向外，其余均为南北向。部分青铜容器墓葬随葬车，多放置在椁盖上。随葬品种类有青铜器、陶器、玉石器、海贝、蛤蜊、蚌器、骨器、漆木器、原始瓷器等。随葬品多放置在墓主头前、棺椁之间、棺内或二层台上。在1号墓发现了保存比较完整的棺束和帷荒。

横水西周墓地的墓葬年代从西周早期一直延续到春秋早期。考古所见，倗国人群埋葬礼仪明显融合有商文化、周文化和自身文化的因素，是一个融合多种文化因素的复合体。商文化特征主要表现在俯身葬、腰坑、殉人、殉狗，以及重视随葬酒器等方面。周文化特征主要表现在贵族墓主的夫妻并穴合葬现象、大墓内随葬车、青铜器重食重乐组合及陶器组合等方面。自身文化特征主要表现在墓地布局上贵族和平民墓葬没有非常明确区划。墓主头向以向西为主、向东次之，贵族墓主的头向均为西向，反映出人群相对单纯，倗伯及其家族是这里的统治阶层。

横水墓地的贵族墓葬出土了大量的青铜器，上面有铭文"倗""倗伯""倗公""倗孟""倗叔""倗姬""倗番生"等。倗为隗姓，与文献记载的隗国存在密切关系。倗氏最迟在商代晚期已经融入中原文化圈，成为晚商的一个重要族群。倗伯具有独立的外交和内政权力，享有国君的等级待遇。

横水墓地是首次完整揭露的西周墓地，其延续时代之长、保存之完整、出土文物之丰富，在同时期墓地中确属罕见。特别是发现保存较好的

西周帷荒，首次发现柱洞和斜洞，对研究西周社会和历史具有极为重要的学术意义。

**山西翼城大河口西周墓地考古发现**　大河口西周墓地是周代霸国的国族墓地，位于山西省翼城县城以东约6千米处的大河口村北高台地上。

2007年5月，大河口墓地被盗。截至2016年12月，山西省考古研究所、中国社会科学院考古研究所、临汾市文物局和翼城县文物旅游局组成的联合考古队先后三次对墓地进行抢救性考古发掘，发掘面积6万余平方米，清理西周墓葬2200余座，发现车马坑24座。

大河口墓地墓葬分布稠密，排列有序，极少见有叠压打破关系。大、中型墓葬位于墓地中部偏北，小型墓葬位于东、西、南三面，聚群分布特征明显。大、中型墓葬多有车马坑陪葬。车马坑位于主墓东侧，除一座为南北向外，其余均为东西向。均为长方形竖穴土圹墓，以东西向为主，墓主绝大部分头向西、少数头向东，也有一部分头向北的南北向墓葬。绝大部分墓葬口小底大，也有一部分墓壁竖直。填土多经夯打，夯层明显。部分墓葬发现脚窝和生土二层台，个别墓葬有壁龛。全部为木葬具，有一棺、一棺一椁或二棺一椁，以一棺为主。均为单人葬，墓主多为仰身直肢，个别为屈肢葬。墓主死亡年龄大多集中于20～50岁，50岁以上的个体比较少见。墓底有腰坑和殉狗的墓葬较多，未发现殉人。随葬器物多放置在墓主头前，其次为棺椁之间或二层台上。大、中型墓葬以随葬青铜器为主，小型墓葬以随葬陶器、小件器物为主，部分墓葬无随葬品。

大河口墓地发现不少有铭文的青铜器，如M1发现的铜鼎内壁有"伯作宝尊彝"，两件铜簋上分别铸有"霸仲作旅彝"和"芮公舍霸马两、玉、金，用铸簋"等铭文；M1017铜豆内底、铜尊口部内侧、铜簋内底铭文均见有"霸伯"，铜盂内壁更是铸有100余字的长篇铭文，其中有"霸伯"的名字"尚"。M2002发现的铜盘、盉上的铭文中多次提到"霸姬"。铭文和墓葬规模、随葬品数量，证明大河口墓地是一个以霸伯家族为主体的国族墓地。

霸国不见于文献记载，大河口霸国墓地的发现证实了霸国的存在。霸伯墓葬出土了数量巨大的青铜礼器，其随葬品数量甚至超过北赵晋侯墓葬，显然应属国君级别。从青铜器铭文可知，霸伯具有独立的外交和内政权力，享有国君的等级待遇。大河口墓地墓主阶层明确，等级森严。从礼制和习俗等方面看，以大河口墓地为代表的霸氏显然应是一个独立的国族，而不是晋国的一部分。

大河口墓地是一处由贵族墓和平民墓组成的多家族的族墓地，体现出商周时期中原地区墓葬的共同特征。从墓葬腰坑及殉狗等现象看，该人群至少在商代晚期就已受到商文化的强烈影响，或在晚商时期就已融入中原文化圈内，西周早期被迁封到大河口一带。大河口墓地保存较好，年代跨度较长且序列完整，大、中、小型墓葬俱全且等级分明，为西周墓葬基础研究和专题研究提供了丰富的考古资料，对研究西周年代、墓葬制度、分封制、礼制、宗法制和政体等学术问题具有重要价值。

**江西靖安李洲坳东周墓葬考古发现**　李洲坳东周墓葬是已发现时代最早、埋葬棺木最多的东周时期"一坑多棺"墓，位于江西省靖安县水口乡李家村茅屋组李洲坳山东坡。

该墓于2006年12月30日被发现，2007年1月6日～10月25日由江西省文物考古研究所与靖安县博物馆联合进行发掘。

墓葬封土高约12米，底部为圆形，直径30～35米，占地面积1100平方米。在封土正中下方挖有长方形竖穴土坑作为墓穴。墓穴南北长14.5米、东西宽11.3～11.7米，墓口至底部深约4米。墓穴四壁陡直，表面抹有一层青膏泥。墓葬东壁南端挖建一东西向斜坡墓道，与东壁基本垂直，墓道宽3.2米，坡度25°。

墓穴底部东南高、北部低，不甚平整。墓底垫有厚40～60厘米的青膏泥，在青膏泥上放置棺木47具。棺木底部普遍垫有一层竹席，席上保存有捆绑棺木的竹绳，层次关系清楚。棺木用多层竹席包裹，下葬之后用青膏泥覆盖墓葬及棺木，再用厚约10厘米的黄土覆盖棺木及墓底，夯打并火烤，形成致密的包裹层。黄土包裹层明显分为3个区域，其中主棺所在区域先封裹并火烤，独占墓葬东南一角。

墓穴内填土为由北往南逐层夯筑填起，分4层，每层颜色均有所不同，各层之间有大石块间隔。棺木主要为东西向分布，排列密集，大小基本一致，大多数保存完好，均为上下半圆形结构，是用整木对半剖开。棺木多数东西向，少数南北向。死者多数头东脚西，仰身直肢，少数为侧身屈肢。下葬时使用纺织品匹料或竹席包裹尸身，有的可能未穿衣物。随葬品放置在死者脚边或脚边的竹筒之中，最多的随葬19件，最少的有3件。随葬品组合有小型青铜手工加工工具、木纺织工具、竹纺织工具和陶纺轮、漆勺等。少数随葬原始青瓷、青

铜鼎、彩绘漆剑。棺木中有22具发现了人类遗骸，能检测的个体均为女性，年龄15～25岁。

出土各类文物650余件，其中竹木器144件、漆器12件、玉器13件、青铜器30件、原始青瓷器7件、金器1件、金属器5件、纺织品300余件。依据年代特征鲜明的原始青瓷器、越式青铜鼎等，初步推断李洲坳墓葬的年代当在春秋中晚期，距今约2500年。

李洲坳墓葬出土器物与江西贵溪崖墓出土的同类器物基本一致，与湖南地区越人墓葬的随葬品组合也相似，反映出南方越人集团所具有的特殊文化现象。从墓葬结构以及漆器的某些特点分析，又表现出一些早期楚文化因素。因此，李洲坳东周墓葬所代表的是一支具有深厚越文化因素并受到某些楚文化风格影响的新型青铜文化，反映赣西北地区在春秋时期可能还存在过一支具有高度青铜文明成果的大型政治集团。

"一坑多棺"的葬俗在中国考古史上属首次发现。保存的大量人类遗骸，填补了中国南方地区先秦人类遗骸研究的一项空白，为先秦时期南方地区体质人类学研究提供了重要标尺，对研究越系文化及其与周围青铜文化的关系也有重要价值。

**河南安阳曹操高陵考古发现** 曹操高陵为魏武帝曹操的陵园，位于河南省安阳县安丰乡西高穴村南一高台地上。陵墓所处位置海拔约102.3米，陵园坐西向东，面积约15万平方米。

2005年春节，盗墓分子多次对墓葬进行盗掘。2008年11月，考古队进驻对墓葬进行抢救性发掘，历时一年，墓葬本体清理工作结束。2011年3月中旬进行第二次发掘，清理地面建筑遗迹和二次葬遗迹。共清理墓葬两座，自北

向南依次编号为1号墓、2号墓。2号墓虽多次被盗，但墓室内仍出土大量文物，根据这些文物判断为曹操的陵墓。同时清理出高陵寝园北墙基槽及大量地面建筑遗迹。

2号墓坐西向东，平面呈"甲"字形，占地面积约700平方米，墓圹面积近400平方米。为大型多室砖室墓，由墓道、砖砌护坡、墓门、封门墙、前甬道、前室、左右侧室、后甬道、后室和左右侧室组成。整个墓室由长48厘米、宽24厘米、厚12厘米的特制大青砖砌成，墓壁厚约1米。墓室底部用大青石铺地。

墓道南北两壁各有七层台阶，呈梯状逐级内收。两边各有一道砖砌护坡，均为小青砖，护坡内各立有五根原木作为龙骨，其中南壁护坡上部有一道横放原木龙骨。墓门为双券子母拱形门，门两侧各有一道门槽，里面镶嵌门框。墓门外侧有三道封门墙。前室平面近方形，四角攒尖顶，大青石铺地。前室南、北两侧各有一个侧室。后室亦为四角攒尖顶，南北同样各有一个侧室。后室发现开口于南北朝地层下的盗洞，因此推测该墓早期已被盗。在后室南、北侧室内各发现一具木棺，木棺周围出土有大量铁棺钉、帐架构件和棺木上的铁饰件。后室底部和盗洞周围出土大量画像石残块，其中有瓦当、门、石柱等，推测应随葬有仿木结构的屋形石椁。墓内共出土三具人骨个体，经鉴定为一男二女，其中男性60岁左右，女性分别为50岁左右和20～25岁。

在后室中南部靠近南侧室门处，南北向平躺着一组漆木器，其上放置有一大型错金铁镜。根据出土石牌记载，该墓随葬有"镜台一"，推测应是镜台倒伏所致。在后室出土大量金丝，混杂在扰土中，其中个别还保留着图案形状，推测应为官服图案残存。在后室南侧室北部和门口处底部出土大量六边形刻铭石牌，均为汉隶，应是记录随葬品名称和数量的。在后甬道和前室内出土大量陶器残块和铁器残块，另有漆器残片，其中最重要的是出土有数块圭形石牌，刻铭内容均有"魏武王常所用"字样，如"魏武王常所用挌虎大戟""魏武王常所用挌虎短矛"等。

第二次发掘共清理出地面建筑3处，推测可能为享堂、下房等附属设施。在1号墓和2号墓周围清理出基槽，呈方形围护在两座墓周围，正对两座墓墓道的位置各有一个开口，推测应为高陵的寝园。在寝园东北角接近南北向闸门沟的位置，发现大面积夯土遗迹，推测应是为了陵园完整而进行过填筑加固。寝园的南北墙壁基槽一直向东延伸，抵达东面的闸门沟，形成一个封闭圈，据此推测寝园应分为东、西两部分。这种结构布局与曹魏邺城的十分类似，应是"事死如事生"传统丧葬观念在高陵中的具体体现。

西高穴墓葬规制和出土遗物都反映出与曹操生前身份地位相符的迹象。根据出土石牌记载，随葬的卤簿、辒车、竹翣等都是皇帝才能享用的礼仪。据《后汉书·礼仪志》"东园秘器"条，"皇帝用鼎，瓦鼎十二"，而墓中出土的陶鼎正好为12件。曹操是具有突出影响的历史人物，对其历史作用或地位历来存在不同评价。西高穴曹操墓的相关发现和研究，为厘清历史迷雾、还原真相提供了宝贵资料。

**蓝田吕氏家族墓地考古发现**　蓝田吕氏家族墓地是北宋时期吕氏家族墓地，位于陕西省蓝田县五里头村村北，灞河北岸黄土台塬之上。

2005年底，五里头村附近一座古墓葬遭盗掘，出土大批精美的宋代瓷器。经现场调查和对被盗文物进行综合分析，初步认为，此地应是北宋文坛名士及金石学家吕大临与兄弟大忠、大防、大钧等家族成员墓茔。2008年6月，在调查勘探基础上，陕西省考古研究院与西安市文物保护考古所联合对墓地进行抢救性发掘。

该墓地由墓葬、"门"字形围沟、家庙遗址三大部分组成。其中，成人墓葬20座，儿童墓葬9座。墓葬均为竖井墓道、土洞墓室，深8.5～15.5米。在已清理墓葬中有5座带有1～2个纵向排列的空穴，其形制在国内已发掘的宋代墓葬中为首次发现。围沟环绕于墓地东、西、北面，形同"门"字，南北长321米、东西宽274米，将整个墓地包于正中偏北处。沟深0.45～0.7米、宽8～12米。家庙遗址位于墓地中轴线南500米，为北宋时期吕氏家族所建，名曰"吕氏庄云阁寺"，金代毁于战乱。明朝蓝田县衙为纪念吕氏四杰，在其废墟上建立吕氏祠堂，经钻探为南北向三进院式砖木结构，前院正中建五开间式正房，中院亦居中设五开间正房，后院为四合院格局。自清代以来为学堂所在，中华人民共和国成立后改为五里头村民办小学，20世纪80年代中期因破败拆毁，并于中、后院间新建两层砖混教学楼，致中院后部、后院前部遗迹破坏殆尽。

墓地出土器物600余件／套，包括陶、瓷、石、铜、铁、锡、银、金、漆、骨、珠贝类，皆为实用器。陶器数量较少，以灰色陶罐、灰色铲形陶砚为代表。瓷器均属餐饮具，以陕西铜川耀州窑青釉瓷为主，还有景德镇湖田窑青白釉瓷、建窑黑釉茶具、定窑碗、碟等餐具和瓷盒。墓内还出土各类石砚、铜镜以及剪刀、犁头与棺环等铁器，茶具、餐具等锡器。出土石墓志和砖墓志24合，是珍贵的文字资料。石墓志多为一合，盝顶式志盖上篆刻墓主职官或封号，志石近方形，阴刻楷书志文。墓志尺寸差异较大，与墓主身份、家族荣衰有关。砖墓志皆为铺地方砖制成，面上刻划楷书，内容简单，主要用于家族中的未成年人。根据出土的众墓志铭文，得以确定大部分墓葬主人的名讳身份，并排列出家族墓葬的分布次序。墓葬布局呈马蹄状，最南端为高祖吕通墓，身后为祖吕英、吕黄墓，其后为一字排开的父辈7座墓葬，包括吕大临等兄弟。

通过考古发掘，较完整地揭示了北宋吕氏家族墓地全貌，为研究北宋家族墓地的构成提供了宝贵资料。根据出土墓志明确了大部分墓葬主人的名讳身份，可排列出家族成员墓穴的分布次序，为研究北宋家族墓葬礼制提供了重要线索。志文内容丰富，为研究北宋官制、科考制度以及河南汲郡吕氏家族的起源、分支、迁徙和定居陕西蓝田后的家族发展谱系、延续脉络提供了极其珍贵的第一手资料。

**江苏盱眙大山江都王陵考古发现** 大云山江都王陵是西汉江都王刘非的陵园，位于江苏省盱眙县马坝镇云山村大云山山顶。王陵南距汉代东阳城遗址1000米，西南与青墩山、小云山汉代贵族墓地相邻。

2009年初，大云山发生严重盗墓事件。2009年2～3月，南京博物院对现场进行了考古调查与勘探。2009年9月～2011年12月，南京博物院对大云山汉墓区进行了全面勘探与抢救性发掘。

陵园平面近似正方形，边长490米。东、西、南、北四面均筑有陵墙。陵园内发现主墓3座、陪葬墓11座、车马陪葬坑2座、兵器陪葬坑2座。主墓均分布于陵园南部，陪葬墓均分布于陵园北部，车马陪葬坑位于陵园南部，兵器陪葬坑分布于陵园北侧，紧靠陵墙。整体布局排列有序，严谨规整。

M1位于陵园东南部，发掘前地表留有大型封土堆。墓葬平面呈"中"字形，墓室平面呈长方形，口大底小。墓室南、北均为斜坡形墓道，墓道底端均高于墓室底部。墓室结构为黄肠题凑，包括外回廊、题凑、前室、中回廊、内回廊、内椁、外棺、内棺等部分。外回廊结构保存最为完整，回廊内随葬品几乎未受盗扰影响。回廊分为上下两层，上层放置模型车20余辆，车厢内放置大量铁剑、铁刀、铁戟、弩机、箭镞、弹丸等兵器，可以看出主要是战车。其中东回廊上层中部有大量明器编钟、编磬与12件铜虎帐座和车一起出土，反映了西汉高级贵族车马出行过程中的礼乐制度。东回廊上层南部所出模型车最为精致，伞柄与盖弓帽为银制，均刻有云纹并镶嵌大量宝石。南回廊上层东部车厢中出土了大量实用兵器，包括暗花纹铜矛、宽叶鎏金铜矛、龙纹铜矛、鸡鸣戟、铠甲、鎏金弩机、箭箙等，工艺精良。回廊下层随葬品按功能分区放置，南回廊下层西部为洗浴用品区，西回廊下层中部和南部为乐器区，北回廊下层为车马明器区，东回廊下层北部为钱库区、中南部为庖厨区（中部放置炊具，南部用陶器、铜器、漆器放置各类食物）。前室与内椁被盗严重，内外两重棺均遭砍砸，棺室周边出土大量金缕玉衣残片。残留迹象表明内棺为镶玉漆棺，做工极为精细。前室出土了一大批精美文物。玉器方面，玉戈、玉圭、玉璜、玉贝带等保存基本完好，尤其是两套玉贝带，带头为鎏金铜框嵌龙纹玉板，带身由几十枚贝形玉片用金丝穿缀而成，工艺精湛。铜器方面，鎏金铜象、鎏金铜犀牛与象奴俑、犀奴俑均为首次发现。

M2平面呈"中"字形，与M1东西并列，两墓封于同一个封土包内，南、北墓道均为斜坡结构。墓室结构由一棺一椁、东西边厢、头厢、足厢构成。头厢主要随葬漆笥、漆盒等漆器，足厢以随葬车马器为主。出土陶器、漆器、铜器、金银器、玉器等各类文物共计200余件/套。玉棺是M2最为重要的发现之一。尽管墓室中心部位遭遇盗扰破坏，但玉棺主体结构清晰，是考古发现最为完整的玉棺，为研究汉代玉器殓葬制度、玉匣制度等提供了材料，并为解决诸如玉片镶嵌于漆棺内壁还是外壁的争议提供了直接证据。

M8在M1以西140米处，墓葬平面呈"中"字形。南、北均为斜坡形墓道，南墓道破坏严重，北墓道相对完整。

陪葬墓共发掘11座，均为竖穴岩坑木椁墓，平面呈长方形或正方形。M9出土釉陶器、彩绘灰陶器、漆器、玉器、铜器、金器100余件，尤以雁形金带钩、兔形金带钩、动物纹金带板等最为精致。M10出土遗物种类与M9相似，漆器尤为精美，多件漆盘外底均针刻铭文"淖氏"。据《汉书·景十三王传》，江都王刘非有一名被称为"淖姬"的宠妃，M10墓主人极可能与淖姬有关。M13出土有陶器、漆器、玉器、铜器等遗物80余件，在清理过程中还发现了明显的方形墓域，即墓室开口向外处发现用碎石铺砌的方形范围。

陵园内共发现车马陪葬坑2座（K2、K7），兵器陪葬坑2座（K3、K6）。

K2位于一号墓西南侧，坑体平面呈长方形，为竖穴岩坑。坑体中部置长方形木椁，椁室未经盗扰，木椁侧板、底板、立柱、垫木等部件大体保持完好，结构清晰。椁室内自东向西放置真车马5辆。K7处于陵园东南角。坑口平面呈"甲"字形，墓道朝北。木椁置于岩坑中部，平面呈梯形，北窄南宽。

K3与K6分别位于陵园北墙外与西墙外，坑体均紧靠陵墙。K3平面呈长方形，东西走向，与北墙走向一致。K6平面呈长方形，南北走向，与西墙走向相同。两坑均清理出大量模型兵器，有弩机、箭镞、铁戟、铁剑、漆盾等。

从墓葬形制、规格、墓室结构、玉棺玉衣制度、高等级随葬品等方面，可以确定M1的墓主人为西汉诸侯王。从随葬品看，墓葬时代不晚于西汉中期。墓葬中出土刻有"江都宦者容一升重三斤"铭文铜行灯与"江都宦者沐盘十七年授邸"铭文银盘，表明这些随葬品当为江都国时期的手工制品。通过勘探与发掘，已基本明确了大云山西汉江都王陵园的基本结构和平面布局，对陵园内三座主墓的全面揭露，出土了大量漆器、玉器、铜器、金银器等精美文物，编钟、编磬、玉棺、金缕玉衣等都极为罕见，具有重要的学术价值。

## 湖北随州叶家山与文峰塔周代墓葬考古发现

叶家山与文峰塔周代墓葬是两处重要的曾国墓地，均位于湖北省随州市。叶家山墓地位于随州市东北部约20千米的淅河镇内。随州文峰塔墓地位于随州市文峰塔社区义地岗墓地的东南部。

2010年12月28日，淅河镇蒋寨村村民平整土地时发现一批青铜器。2011年1月，经湖北省文物考古研究所抢救性发掘和现场勘探，确认此地应为一处保存较为完好的西周早期高等级贵族家族墓地。2011年2～6月、2013年3～7月，湖北省文物考古研究所两次对叶家山墓地进行勘探和发掘，清理墓葬140座、马坑7座。

所有墓葬未发现封土、墓上建筑、墓垣和墓祭等相关遗迹。所有墓葬皆为长方形竖穴土坑墓，绝大多数都有葬具，根据痕迹可判明为一棺一椁、二棺一椁墓、单棺墓。葬式大多为仰身直肢，头皆向东。棺内全都有朱砂。大多数墓葬都有随葬品，都放在棺椁外的熟土二层台上。只有两座墓葬有腰坑。部分大型墓葬的坑边发现4～7个圆形、椭圆形或方形的斜向柱洞。已揭露的墓葬排列有序，未见有打破关系，显系一处经过规划的墓地。

在所发掘的这批墓葬中共出土陶器、铜器、瓷器、漆木器、玉石器等随葬品6000余件，其中青铜礼乐器300余件。根据形制特点，这批遗物的年代为西周早期。多座墓葬中见有"曾""侯""曾侯""曾伯""曾侯谏""曾侯犺"的铭文，可判定其国属为曾。

叶家山墓地是继曾侯乙墓发掘后在汉东地区的又一次重要考古发现，墓葬保存之好、出土文物之丰、时代特征之明确都为湖北以往考古发现所未有。更为重要的是，铜器铭文为揭示曾国的族姓、始封年代、受封者等问题提供了非常重要的文字学证据，解决了有关汉东曾国的一系列悬而未决的学术问题，也明确了西周早期曾国与古鄂国是同时并存于随州的两个古国。

2012年7月～2013年1月，为配合随州市城市建设工程，湖北省文物考古研究所对文峰塔墓地进行发掘。文峰塔墓地共清理墓葬66座，其中东周曾国土坑墓54座，另有车马坑2座、马坑1座；出土铜器、陶器、瓷器、漆木器、骨器、皮具、玉石器等文物1000余件／套，其中铜器500余件。部分铜器上有铭文，铭文中有"曾侯丙""曾""曾子""曾公子""曾孙""曾叔""曾大司马""随大司马"等字，判定其国属应为曾。

文峰塔墓地发掘了一座曾侯墓，即曾侯丙墓。该墓呈"亞"字形，墓葬南北长16.6米、东西宽15.6米。其南带有一条长方形阶梯墓道，墓圹的东、西、北三面各有一个2米×2米的方形附坑，这一墓葬形制为首次发现。在出土的铜缶和铜提梁壶上分别见有"曾侯"铭文。墓葬年代为战国中期偏早。

文峰塔墓地是继叶家山西周曾侯墓地后，在随州发现的又一处重要的东周曾国墓地。首次在曾国中心区域科学、完整地揭示出了一批春秋中晚期至战国中晚期的曾国墓葬，并出土了大批带有"曾"字铭文的铜器，对判定墓葬国属及墓主身份具有重大的学术价值。特别是新发现的曾侯丙墓、带有"随"字和"曾"字铭文的铜器，为破解曾国之谜提供了文字学上的证据。

叶家山和文峰塔两处侯墓地，分属西周和东周两个阶段，对揭示曾国政治中心的变迁具有重大学术价值。通过对文峰塔墓地诸多铜器铭文的解读，证实铭文中的"曾"和文献中的"随"应为一国。

**西藏阿里故如甲木墓地和曲踏墓地考古发现** 故如甲木墓地和曲踏墓地是西藏西部象雄国强盛时期的高级别墓葬，两个墓地均地处象泉河上游，相距约200千米。故如甲木墓地位于噶尔县门士乡故如甲木寺附近，海拔4300米。曲踏墓地位于札达县城西，海拔3710米。

2012～2015年，中国社会科学院考古研究所与西藏自治区文物保护研究所联合对两个墓地进行考古发掘，取得丰硕学术成果。

在故如甲木墓地，2012年共清理墓葬4座，其中合葬墓2座、单人葬墓2座，合葬墓尸骨较为凌乱，单人葬墓采用侧身屈肢葬式。出土遗物有丝绸、黄金面具、陶器、木器、铜器、铁器及大量动物骨骼。"王侯"铭文的鸟兽纹锦、小型黄金面具及大量铜器的出现，显示出该墓地存在较高级别的墓葬。2013～2014年发掘墓葬7座，墓葬均为竖穴土坑石室墓。其中4座规模较大，埋葬较深，文化面貌较为统一，属前吐蕃时期遗存；另外3座规模较小，埋葬较浅，根据碳十四测年数据推断应属吐蕃时期遗存。墓葬出土遗物数量不多，主要包括陶器、铁器及少量料珠等。

曲踏墓地可分为3个区，呈"品"字形分布，相互间距约1000米。Ⅰ区位于曲踏沟西侧山丘上，修建巴木公路的过程中在此区发现两座墓葬（2010M1、2010M2），墓道及部分墓室均损毁严重，但据残存迹象可推断为带墓道的洞室墓。Ⅱ区位于象泉河南岸一级台地边缘的断崖上，此区的地层堆积可分两层，墓葬叠压在第1层下，打破沙土层。此区发掘墓葬6座，皆为带竖穴墓道的洞室墓。Ⅲ区位于札达中学门前，已被破坏殆尽，尚未发掘。墓葬平面呈长方形，有二层台，其上铺设青石盖板，并用砾石填补缝隙；石板下的墓道形成空穴，无填土。葬具为木棺，存在二次葬的现象，使用马、羊等动物殉葬。出土遗物较为丰富，包括陶器、竹木器、金器、铜器、铁器、草编器、骨器、料珠等。

故如甲木墓地是西藏阿里地区已发现的规模最大、埋葬最为集中的古代墓葬群，与卡尔东城址具有密切的联系。曲踏墓地则是阿里地区首次主动性发掘的洞室墓群。两处墓地出土了一大批完整陶器，为研究西藏西部前吐蕃时期的考古学文化提供了非常重要的实物资料。墓葬中出土的其他器物同样反映出象泉河上游地区与周边地区的文化交流状况，如发掘出土的黄金面具、欧亚草原风格的带柄铜镜、铜铃项饰、木柄匕首、刻纹木牌等，类似的带柄铜镜在邻近的拉达克列城地区也有发现，为这一远距离的联系补充了中间环节。

**四川成都老官山西汉木椁墓考古发现**　老官山西汉木椁墓是西汉时期的一处大型墓地，位于四川省成都市金牛区天回镇土门社区卫生站东侧。

2012年7月～2013年8月，为配合地铁三号线建设，成都市文物考古工作队和荆州文物保护中心组成联合考古队，对位于成都市金牛区天回镇的一处西汉时期墓地进行了抢救性发掘，发掘西汉时期土坑木椁墓4座。出土大量漆木器、陶器，少量铜器和铁器等。老官山西汉木椁墓地是一处大型墓地，此次发掘的墓葬应只是其中一部分。

四座墓葬由南向北分布在蓉都大道两侧，均早期被盗。墓葬为竖穴土坑木椁墓，大小相近，方向近南北向。其中M1、M3有墓道，平面呈"凸"字形；M2、M4无墓道，平面呈长方形。建造方式是先挖一竖穴土圹，在土圹内建造木椁，木椁内髹红、黑漆，椁板榫卯结构镶嵌而成。椁内放置一具或两具木棺，棺内髹黑漆，棺外髹黑漆或红漆，棺外壁多用铜泡、木璧装饰。木椁外包裹青膏泥。最后在椁室上面逐层夯土，形成封土。封土破坏严重，形制不详。

墓葬分为无底箱和有底箱两类。无底箱的仅有M1。有底箱的有M2、M3、M4，即在椁室底部隔出一层，内部再分成若干箱，各箱按类别内置随葬品。出土遗物共计620余件，其中陶器130余件、漆器240余件、木器140余件、铜器（含钱币）100件，另有少量铁器、竹编器、草（棕）编器等。重要收获有M1出土的50余枚木牍、M2出土的玉印章和4件竹木制织机模型、M3出土的920余支竹简及人体经穴漆人像等。

M1出土木牍50枚，根据内容可初步分为官府文书和巫术两大类。官府文书类木牍涉及内容应与汉高祖时缴纳赋税的法令和汉武帝时"算缗钱"有关，为研究西汉时期赋税制度提供了重要资料。巫术类木牍涉及内容应与妇女求子术和禳灾术有关。M3出土医简920支，分两处存放，根据竹简长度、摆放位置、叠压次序和简文内容，经初步整理暂定名为《敝昔医论》《脉死候》《六十病方》《尺简》《病源》《经脉书》《诸病症候》《脉数》等。

其中编号M3：137共184支（含残简），内容为《医马书》。

M3出土的人体经穴髹漆人像高约14厘米，五官、肢体刻画准确，用白色或红色描绘的经络线条和穴点清晰可见，不同部位还阴刻"心""肺""肾""盆"等线刻小字，比绵阳边堆山汉墓出土的人体经络髹漆人像更为精致、完整。

M2北底箱出土织机模型4部，由竹木构成，部件上残存丝线和染料。一部织机略大，高约50厘米、长约70厘米、宽约20厘米；其他几部略小，大小相近，高约45厘米、长约60厘米、宽约15厘米。与织机伴出有10余件彩绘木俑，应是汉代蜀锦纺织工场实景的模拟再现。

老官山三座墓葬的形制和出土器物与凤凰山木椁墓非常接近，其年代当在景帝、武帝时期。尽管墓室被盗，但从墓葬形制和出土遗物分析，应是一处墓主有较高身份地位的西汉墓地。M1出土漆器上有"景氏"铭文，文献记载景氏曾为楚之望族，西汉初年景氏贵族迁至关中一带，后景氏一支又迁入蜀地，墓主或与此有关。M2出土多部织机，M3出土医简等文物，为了解墓主身份提供了重要线索。

出土的天回医简，是继马王堆之后出土数量最多、规模最大的医简，证实了《史记》关于仓公的记载出自实录。天回《医马书》的发现，很可能将中兽医有典籍可考的历史上溯至先秦，为探索中兽医的早期传承提供了重要线索。完整的人体经穴髹漆人像，是中国发现的最早、最完整的经穴人体医学模型。出土的织机为蜀锦提花机模型，是世界上最早的提花织机，填补了中国乃至世界纺织史和科技史的空白，对研究中国乃至世界丝绸纺织技术的起源和发展具有重要意义。

**陕西宝鸡石鼓山西周墓地考古发现**　石鼓山西周墓地为西周早期姜戎族户氏家族墓，位于陕西省宝鸡市渭滨区石鼓镇石嘴头村，南依秦岭、北临渭河、东濒茵香河、西有巨家河。

20世纪90年代，陕西省考古部门在石嘴头附近发现西周时期的墓葬，出土铜器若干。2012～2014年，陕西省考古部门对位于石嘴头的西周墓地进行发掘，发现M1、M2、M3、M4四座墓葬。

M1出土青铜鼎、簋、尊、罍、卣、弓形器、兵器、车马器以及玉、蚌、贝等器物18件。M2仅出土鼎1件、簋2件。

收获较为丰富的是M3与M4。M3为一长方形竖穴土坑墓，方向190°，墓长4.3米、宽3.6米、残深2.4米。墓葬上部有木车残存迹象，下部四周筑有熟土二层台，二层台上发现有随葬兵器、车马器、颜料、漆皮等物，二层台上部东、北、西壁向外挖有壁龛6个（编号为K1～K6）。葬具位于墓室中部二层台以内，依据腐朽痕迹判断是木质的两椁一棺墓，墓主人尸骨已腐朽。M3墓室内出土器物101件／套，主要有铜礼器、兵器、车马器等。其中，铜礼器有鼎、簋、禁、彝、卣、尊等14类31件；兵器有戈、戟、矛等30件；马器有铜泡、当卢、节约、马镳、弓形器等24件；铜工具有斧、锛、凿等5件；另有陶高领袋足鬲1件，铜饰、铜铃、玉璧、贝、蚌泡等杂器10件。

M4在M3东南约26.5米处，为一不规则的长方形竖穴土坑墓，中等规模，口小底大，墓向北。墓葬开口处长3.8米、宽3.5米，墓室底部长4.28米、宽3.8米，自深约6.6米。四周设有熟土二层台。亦为一椁两棺墓，墓主人尸骨已腐朽。墓葬二层台以上设有壁龛8个（编号为K1～K8）。M4出土器物主要有青铜器、陶器、海贝、蚌器、彩绘漆器、玉石器，另有动物骨骼，多放置于壁龛内。8个壁龛中有7个放置有青铜礼器，共50件，有鼎、簋、盂、簠、甗、瓿、罍、壶、尊、牺尊、盘等11类。K7内没有青铜礼器，而是海贝、石器和动物骨骼等。另外K5内还出土了两件陶器，棺室内出土有铜铃和项饰等。青铜牺尊共出土两件，一大一小，形制相同，形体厚重精致，纹饰风格奇特。

石鼓山墓地出土器物精美，组合完整，出土的户方彝是已知体量最大的方彝，铜簠是已知最早的青铜簠，一大一小铜禁是仅见的经科学考古发掘出土的西周铜禁，两件牺尊也属罕见。石鼓山墓地的年代在西周早期，上限可达商末周初，族属为姜戎族户氏家族。该墓地的发现填补了史书记载的空白，丰富了宝鸡地区商周封邑的分布区域。出土的器物资料，为研究商周青铜器以及西周埋葬制度提供了极其重要的资料，对西周历史、文化、礼制发展等方面的研究具有重要的意义。

**山西忻州九原岗北朝壁画墓考古发现** 九原岗北朝壁画墓为北朝晚期墓葬，位于山西省忻州市忻府区兰村乡下社村东北约600米处。

2013年9～11月，山西省考古研究所对墓葬进行抢救性发掘，清理出墓道和墓室。2014年，继续在墓葬周围进行考古工作，发掘大墓前的两座小墓，并寻找到墓园的围墙，对墓道进行了解剖。

墓葬为带斜坡墓道的单室砖墓，坐北朝南，方向为北偏西3°。由墓道、甬道、墓室三部分组成，南北总长41.5米。墓室上方有封土堆。封土堆为不规则圆形，直径6.5～10米，高4.2米。墓道位于墓室甬道南部，长31米，坡度15°，平面呈长方形，阶梯状，两壁用土坯垒砌。甬道为砖砌，位于墓道和墓室之间，平面呈长方形，长3米、宽1.86～1.95米，高3米。墓室砌筑于边长8米的方形土圹内，平面为弧边方形，墓室南北和东西长均为5.85米，高8.4米，穹隆顶，四壁厚0.45米。棺床用两层土坯垒砌而成，外包砖，床面铺有两层砖。棺床中部偏南白灰面上有席纹痕迹，偏北处发现彩绘痕迹。

由于墓室多次被盗，出土随葬品很少，都是破损的碎片，并离开原来摆放的位置。墓室出土的随葬品以陶俑残片最多，其次是陶器、瓷器残片等。陶俑有武士俑、侍女俑等，还有陶马、陶猪等家畜模型的残片。

壁画遗存是该墓发掘的主要收获。壁画均绘在白灰地仗之上，主要分布在墓道的东、西、北三壁，甬道顶部、墓室顶部也有一些壁画残存。墓道壁画的题材有狩猎场景及出行队列、马匹贸易、木构建筑门楼、侍从、侍女等，其他还有可能表现升天内容的仙人、畏兽、神鸟等，并以流云、忍冬纹作补白。甬道顶部绘有畏兽，门额中部彩绘口衔草叶的长尾神鸟，两旁绘一些云彩花草。墓室顶部壁画为星象图，中部为四神图，下部有牛车鞍马图等。

九原岗北朝壁画墓的建造有其独特之处，最典型的有两处：一是墓道两侧砌筑土坯墙的做法没有见过前例，反映出古代营造墓葬技术的地方性或多样性特征；二是在甬道上方修筑高墙并绘画门楼的做法颇为醒目。以往发现的北朝墓葬虽有修筑门楼的，但规模较小，结构简单。此墓修建墙壁并专门绘制大型门楼的式样是首次发现。

根据墓葬规模推断，墓主人应是北齐高氏核心人物。墓中保存壁画面积达200平方米，其中墓道东、西两壁发现的狩猎图面积达70平方米，是已知面积最大的北朝墓葬狩猎图。墓道北壁壁画上的建筑使用斜拱以及双柱式斗拱，对中国建筑史研究具有重要意义。九原岗北朝壁画墓壁画内涵丰富，许多内容不见于同时期其他墓葬，如有一定规模的升天图、马匹贸易图、狩猎图、大型门楼图及多种人物服饰等，多是北朝墓葬中少见或不见的，是研究北朝生活文化和军事演变轨迹的珍贵资料。

# 第四节 重要水下考古项目

中国自古以来即有繁忙的海上交通，特别是唐代以后海上贸易非常发达，由北向南的四大海域及内水保存着丰富的水下文化遗存，因而水下考古事业具有很大的发展潜力和前景。1985年，英国人米歇尔·哈彻私自在南中国海一条沉船遗址中打捞出大批清康熙年间的青花瓷器、金锭等文物，在荷兰首都阿姆斯特丹拍卖获利约2000万美元，引起中国政府及文物部门的关注。1986年7月，文化部文物事业管理局、海洋局等部门与中国社会科学院考古研究所、中国历史博物馆、北京大学考古学系等单位召开座谈会，讨论制定水下文物保护法规与建立水下考古机构等问题。

1987年3月，文化部文物事业管理局牵头成立国家水下考古协调小组。同年11月，在考古学家俞伟超推动下，中国历史博物馆考古部成立水下考古学研究室。1989年10月20日，为加强水下文物保护管理，发布《中华人民共和国水下文物保护管理条例》。2003年，经国家文物局批准，成立国家博物馆水下考古研究中心。2009年，文化部、国家文物局依托中国文化遗产研究院设立国家水下文化遗产保护中心。2011年1月8日，《中华人民共和国水下文物保护管理条例》修订。2012年，中国文化遗产研究院加挂国家文物局水下文化遗产保护中心牌子。2014年，国家文物局成立水下文化遗产保护中心，

国家博物馆水下考古职能、人员、资产整体划转至国家文物局水下文化遗产保护中心。沿海部分省市考古科研机构也相继设立水下考古研究室，如广东省考古研究所、福建省考古研究所、宁波市文物考古研究所等。

遴选人才，以培训班形式进行潜水培训和水下考古专业知识培训，组织中国水下考古专业队伍。国家文物事业管理局先后派出学员到荷兰、日本、美国学习潜水和水下考古；中国历史博物馆与澳大利亚阿德雷德大学东南亚陶瓷研究中心合作举办首期全国水下考古专业人员培训班；国家文物局委托国家博物馆、中国文化遗产研究院水下文化遗产研究中心举办水下考古培训，并尝试开展更高层次的深潜技术培训。截至2017年，全国有30余人掌握技术潜水技能，10余人学习洞穴潜水技能，水下考古工作区域从30米等深延伸至60米，并延伸到洞穴水下遗址。水下考古新设备、新技术的作用日益突出，特别是多波束声呐测深仪、旁侧声呐、水下机器人（ROV）、DGPS等一批新装备，对判别沉船位置、状态等起到重要作用。"十三五"以来，国家文物主管部门推进东海、黄海、渤海及内水重点区域水下文化遗产调查，基本掌握了西沙海域文物遗存状况，加强了明清海防设施、窑址、海岛文物调查研究，实施了一批海上丝绸之路文物保护修缮、

展示提升和环境整治项目，提升了水下文化遗产保护装备水平，建成国家水下文化遗产保护南海基地。

# 一、海洋水域水下考古

**致远号沉船调查与发掘**　致远号军舰为清代中国北洋水师所属英制巡洋舰，在1894年9月17日的甲午海战中沉没，沉没地点在辽宁省丹东市东港市海洋红港区，即丹东港西南方向约10海里，地理坐标为北纬41°49′27.24″、东经123°24′57.78″。

民国27～28年（1938～1939年），日本曾组织人力对致远舰残骸进行过打捞和拆卸，舰只遭到严重破坏，甲板以上的东西所剩无几，甲板以下大部分则淤在泥沙中。中华人民共和国成立后，国家有关部门曾先后三次试图打捞致远号，但均未成功。1960年、1964年，海军初步测得致远号位置。1988年，在进行探摸时一名潜水员不幸遇难，打捞搁浅。1997年4月30日～8月29日，在辽宁东港市大鹿岛海域，经仪器探测33.36平方千米，彩色声呐扫描22平方千米，潜水探摸31次，从26个概位中探摸辨析，最终确定致远号等四艘甲午沉舰位置。

2014年4月，国家文物局水下文化遗产保护中心和辽宁省文物考古研究所联合进行水下考古调查，发现一艘疑似中日甲午海战沉没战舰，由于其身份尚不明确，故暂命名为"丹东一号"。2015年8月起，国家文物局对"丹东一号"进行重点调查和打捞，一大批文物陆续出水。水下测绘图显示，舰体绝大部分深埋于沙下，从桅杆至艉部长约50米，宽9～10米，

船体外壳为铁板构造。铁板以铆钉连接，两侧舷边多因崩塌而平摊在沙层中。船体外轮廓形态尚可，但船舱受战火及其他因素影响受损较大。抽沙后，填土中多见碎木板和弯曲移位的铁板，并有多处火烧迹象，均与史料吻合。"丹东一号"被初步确定为甲午海战中的致远舰号。

2016年12月29日，国家文物局发布项目成果。致远号舰体损毁相当严重，残余部分在海底淤泥中保存较好。三年里，考古队发现（提取）文物200余件，大多是船体构件、船员生活用品及武器配件，其中包括盘心有"致远"二字的餐盘、加特林铜机枪、57毫米哈乞开司炮的肩托和炮弹壳。还有一单筒望远镜，物镜上刻有致远舰大副的英文名字。大副陈金揆是致远舰上官职仅次于舰长邓世昌的重要人物，这件望远镜成为证实沉船身份的又一有力物证。

**广东南海Ⅰ号沉船遗址调查与发掘**　南海Ⅰ号沉船遗址位于广东省阳江市东平港以南上下川岛附近海域，地理坐标为北纬21°31′38.25″、东经112°22′09.80″，距大陆约20海里。遗址所在海域水深24米左右，海底为泥沙底，能见度较差。

1987年8月，交通部广州救捞局与英国海洋探测打捞公司合作在广东南海川山群岛附近搜寻一艘东印度公司沉船时，意外发现一条中国古代沉船，船货以瓷器为主，年代为宋元时期。1989年8月，中国历史博物馆与日本国水中考古学研究所签订合作协议，成立中日联合中国南海沉船调查学术委员会。1989年11月，组成中国南海沉船水下考古调查队，对沉船遗址进行综合实地调查，并将沉船遗址命名为

"南海Ⅰ号"。2000年以后，南海Ⅰ号水下考古得到香港中国水下考古探索研究会的赞助和国家财政支持，并经国家文物局批准抽调全国水下考古专业人员组成了南海Ⅰ号沉船水下考古队，于2002年3～5月和6～7月、2003年4～6月、2004年4～6月，进行4次大规模水下探摸和局部试掘，较全面了解沉船的规模、堆积情况、保存状况和文物分布情况。水下考古人员在船舱内约4平方米范围，打捞出大量文物，仅陶瓷器就有6000余件，其中完好无损的4000件，分属于浙江龙泉、福建德化、江西景德镇等宋代几大著名窑系。为有效解决南海Ⅰ号沉船出水后文物收藏和保护问题，考古专家根据"原地保护、就地展示"原则，提出整体打捞的水下考古方案。2007年12月，南海Ⅰ号整体打捞出水并移至"水晶宫"保存。2009年、2011年，广东省文物考古研究所先后对南海Ⅰ号进行两次试发掘。2014年3月起，国家文物局水下文化遗产保护中心、广东省文物考古研究所联合实施南海Ⅰ号考古发掘。南海Ⅰ号船体表面覆盖的淤泥地层关系相对简单，但含有大量文物信息。已发掘深度100～180厘米，清理土方400余立方米（约800吨），移除部分凝结物。已揭露的最大船宽约9.55米，船长21.58米（残长），发现船体隔舱板12道，各舱跨度在1.2～1.8米。为尽量减少发掘过程中对沉船遗址造成的外来影响，随着发掘水平面的变化，考古人员通过对"水晶宫"内水位进行控制，以满足湿度、温度要求。清理完沉船上表层沙土、揭示船体轮廓线后，采取相关保护措施（防霉、防菌，雾化喷淋保护遗址环境），下一阶段再进入船体内部发掘。

此次发掘出水小件器物包括瓷器标本623件、漆木器11件、铜钱95组（5000余枚）、金器107件、残损标本2100余件，另有少量动植物残骸，并按计划进行了泥土采样、浮选。金属制品、钱币、漆器及金器、银铤等贵金属的大量存在对判断沉船背景与性质有重要意义。南海Ⅰ号为南宋时期商船，长30.4米、宽9.8米，据勘测情况推测船舱内保存文物总数为6万～8万件。这是世界上已发现海上沉船中年代最早、船体最大、保存最完整的远洋贸易商船。

**福建连江定海白礁一号沉船发掘**　白礁一号沉船遗址位于福建省福州市连江县定海湾，地理坐标为北纬26°17′24.6359″、东经119°49′00.0821″，在闽江入海处北侧，水深约10米，礁石底，水下能见度较差。

20世纪七八十年代，定海村附近渔民在海上作业时曾数次打捞出文物。1989年11月，中国和澳大利亚水下考古人员在白礁附近发现宋代黑釉盏等。1990年2～5月，中国历史博物馆水下考古学研究室与澳大利亚阿德莱德大学东南亚陶瓷研究中心合作，配合第一期全国水下考古专业人员培训班实习，首次开展对白礁一号沉船遗址的调查与试掘。1995年5～6月，中国历史博物馆与西澳大利亚海洋博物馆考古部合作，对遗址进行第二次水下考古发掘。1999年5～6月，结合第二期全国水下考古专业人员培训班实习，对遗址进行第三次发掘。2000年、2002年，进行第四次和第五次大规模发掘，基本上弄清白礁一号沉船遗址的分布范围、堆积状况、遗物面貌等问题。

白礁一号沉船的年代为南宋时期，即12世纪后期至13世纪前期。沉船出水遗物2000余件，以瓷器为主，还有少量铁器。瓷器分黑釉、白釉两种，器类以碗、盏居多，数量最多的黑釉盏属福建建窑系产品。该沉船遗址曾两次作为全国水下考古专业人员培训班的实习地点，为中国水下考古事业培养了一批骨干力量。通过系统调查、发掘，引入西方水下考古学理论、方法与技术，为中国水下考古学理论与方法体系的构建奠定了基础。

**辽宁绥中三道岗元代沉船发掘**　三道岗元代沉船遗址位于辽宁省葫芦岛市绥中县西南渤海的三道岗海域，地理坐标为北纬40°19′36.87″、东经120°20′25.18″，水深13～15米，水下能见度不足20厘米。

1991年7月，绥中县渔民在三道岗海域捕鱼作业中偶然打捞出一批古代瓷器和一些破碎的船板，绥中县文物管理所闻讯后征集到其中的585件瓷器，初步推定为元代磁州窑产品。这一重要线索很快由辽宁省文化厅上报国家文物局。1991年10月，国家文物局委派中国历史博物馆水下考古研究室专业人员赴绥中预备调查，对打捞出瓷器海域的1000平方米范围进行初步潜水探摸，表面采集各种遗物39件。其中三件完整的瓷器标本与渔民打捞出水的器物一致，一件疑为船板的木质标本经碳十四测定距今740±80年，初步确认这是一处元代前后的沉船遗址。1992～1998年，对遗址进行6次水下考古发掘，采用旁侧声呐、高精度磁力测深仪、浅地震剖面仪等在沉船位置周围1～2千米范围内进行探测，发现有异常点5处。其中，一号点水深11.1米，水下有大致呈南北向的条形物，类似船体结构。声呐图像显示出一号地点所在区域海底地面有被拖网严重扰乱的痕迹。沉船满载元代磁州窑瓷器和铁器，从残存情况观察，船舱内是将铁器置于下层，瓷器覆盖在上面，故散落的主要是瓷器。瓷器大部分是磁州窑的典型器物，不乏龙凤罐和婴戏罐一类精品，也有纯白釉的梅瓶，以及仿建窑的黑釉瓷和绿釉瓷。

散落的瓷器已大多被打捞出水，仅完整的磁州窑瓷器就有1000余件，推断载运的瓷器产于磁县观台窑。铁器很可能与瓷器产自同一地区，因磁县在宋元时期也是全国主要的冶铁地点之一。经过700余年的海水浸泡，铁器已被锈蚀凝结成大块。考虑到铁器出水后的保护、复原工作有一定难度，故暂未挖掘出水。有专家推测该沉船是"内河、近海兼用"的"方头、方尾、平底"船，在瓷器产地装船后，"沿漳水南支，在馆陶入御河，北上经临清、直沽，东行出界河口"入渤海湾，行至三道岗海域沉没。这条船的载重量应在100吨左右，沉没的确切年代应是元代晚期。这批水下文物的发现，为研究元代磁州窑瓷器生产销售情况，北方船舶制造史，河北、辽宁一带与朝鲜、日本的海上贸易史等提供了重要依据。三道岗沉船遗址是北方沿海地区为数不多的水下遗址之一，也是中国水下考古专业队伍成立后首次独立完成的大规模发掘工作。

**西沙群岛海域水下考古调查**　西沙群岛位于南海的西北部，海南岛东南方，地理坐标为北纬15°40′～17°10′、东经111°～113°，以永兴岛为中心，距海南省三亚市榆林港和文昌市清澜港都是330千米。

1996年4～5月，海南省文物保护管理办公室、中国历史博物馆对西沙群岛所属岛屿、沙洲和礁盘进行了水下文物调查，这次调查是国家文物局规划的"中国南海诸岛考古项目"之一。1998年12月～1999年1月，中国历史博物馆、海南省文物保护管理办公室开展了西沙群岛水下文物调查，以北礁为主要工作地点，在华光礁与银屿两地也开展了调查和试掘。2007年3～5月，中国国家博物馆、海南省文物局对华光礁一号沉船遗址进行了首次大规模水下考古发掘，出水瓷器、铁器、铜镜、铜钱等遗物近万件，还对华光礁、北礁、玉琢礁海域开展了水下考古调查。2008年11～12月，中国国家博物馆、海南省文物局对华光礁一号沉船遗址进行了第二次水下考古发掘，全面清理揭露了华光礁一号沉船的船体，并对船体构件进行了全部提取。华光礁一号沉船仅存船底部分，残长18.4米、残宽9米，船首方向320°，龙骨残长16.7米，残存隔舱板10道、船板6层。华光礁一号沉船遗址发掘是我国第一次在远海海域开展水下考古发掘工作。2009～2010年，中国国家博物馆与海南省文物局合作，陆续开展了西沙群岛海域水下文物普查工作，对永兴岛、东岛、浪花礁、赵述岛、玉琢礁、七连屿、华光礁、北礁、盘石屿、银屿、石屿、珊瑚岛等海域进行了水下文物普查。2011～2014年，为保护西沙群岛海域水下文化遗产，在西沙群岛海域开展了水下文化遗产保护状况巡查和文物执法督察。2015年4～5月，国家文物局水下文化遗产保护中心、海南省文物局发掘了珊瑚岛一号沉船遗址，并调查了金银岛一号沉船遗址和甘泉岛遗址。

经过长期、持续、系统的水下考古调查，西沙群岛海域已发现水下文化遗存106处，大多位于礁盘上，海洋特色鲜明、类型丰富多样、延续时间长，从五代以来屡有发现，主要集中于宋元、明清、近现代几个时期，与海上丝绸之路繁荣、兴盛的周期较为一致。遗物类别丰富，有陶瓷器、碇石、石构件、铁炮、铜钱、玻璃器等，为造船史、外销瓷、海外贸易以及海上丝绸之路等研究提供了重要资料，极大丰富了南海的历史文化内涵，是中国先民经略南海的重要证据，充分表明中国在西沙群岛海域从事航海活动的悠久历史。

**福建平潭碗礁一号清代沉船发掘**　碗礁一号沉船遗址位于福州市平潭县屿头乡北侧五洲群礁的中心——碗礁附近，地理坐标为北纬25°51′、东经119°78′，水深13～17米，海底为含沙淤泥土质，水下能见度约10～50厘米。

2005年7月，渔民发现该遗址。2005年7～10月，中国国家博物馆水下考古研究中心对沉船遗址进行第一次大规模发掘，基本完成对沉船内部承载物和遗址周围的发掘清理。2008年8～9月，进行第二次考古发掘，完成船体测量发掘及相关文物保护工作。

该沉船船体残长13.8米、残宽3米、残深1米。平面近椭圆形，头部尖，船底平。基本东西向，船头向东，船尾朝西。残存16个舱，多数隔舱板遭到破坏。沉船出水遗物以瓷器为主，有1.7万余件，多为青花瓷器，少量为五彩瓷器，依据造型、釉色、纹饰图案特征应为清康熙中期景德镇民窑产品。该船很可能是由赣东南进入闽江水系、顺江而下出闽江入海口，其所行路线是景德镇瓷外销的一条传统线路。沉船点地处海坛海峡交通要道，北可至长江流域及北方各港口，南可达泉州、广州等港以至东南亚地区，是古代海上丝绸之路的必经之路。

**广东南澳Ⅰ号明代沉船遗址发掘**　南澳Ⅰ号沉船遗址位于广东省汕头市南澳县云澳镇三点金海域的乌屿和半潮礁之间，地理坐标为北纬23°11′、东经117°19′，水深约27米，距南澳岛最近距离约2海里。

2007年，渔民潜入海底作业时发现沉船，广东省文化厅紧急调集10名水下考古人员组成南澳沉船水下考古队，在交通部广州打捞局协助下对沉船进行水下摸探、采集和测绘工作，绘制出外围文物分布图、沉船平面总图和沉船纵、横剖面图，并将沉船命名为"南海Ⅱ号"。结合考古勘探资料分析，初步判定沉船的年代为明万历年间，正式定名为"南澳Ⅰ号"。2007年6～7月，广东省文物考古研究所对南澳Ⅰ号进行首次调查与试掘。2009年9月26日，启动南澳Ⅰ号水下考古抢救发掘项目。2010年、2011年、2012年，中国文化遗产研究院、广东省文物考古研究所等单位对沉船进行三次水下考古发掘。据专家判断，南澳Ⅰ号的年代为明嘉靖至万历年间，瓷器主要来自中国东南沿海地区民窑。

南澳Ⅰ号沉船船体保存较好，全长约27米，有25个船舱，舱最宽达7.8米。截至2012年9月，出水文物近3万件，船载文物可能达6万件。其中瓷器最多，基本上为漳州市平和窑克拉克瓷，还有景德镇产的彩釉瓷器，以及铁锅、铜钱、铜板、锡壶等。还有不少于4门火炮和疑似炮弹的圆形凝结物。根据出水遗物形制、纹饰等工艺特征判断，南澳Ⅰ号应为明代晚期。明朝万历年间官府严禁民间将铜料销往

海外，因此有专家根据船上的铜材推测南澳Ⅰ号是一艘走私船。此外，该船是较为平稳地沉在海底，船体保存完好，价值很高。

**浙江省宁波小白礁Ⅰ号沉船遗址发掘**　浙江宁波小白礁Ⅰ号沉船遗址位于象山县石浦镇渔山列岛小白礁海域，所在海域水深24米。

该遗址发现于2008年。经国家文物局批准，2009年，中国国家博物馆、宁波市文物考古研究所、象山县文物管理委员会办公室等联合对遗址进行了重点调查与试掘；2011年，结合首届"国家水下文化遗产保护（考古）培训班"，对遗址进行表面清理；2012年、2014年，国家文物局水下文化遗产保护中心、宁波市文物考古研究所、象山县文物管理委员会办公室合作开展了船载文物与船体遗迹的水下考古发掘。

遗址所处海床南高北低，表面为海蛎壳夹沙堆积。遗址依海床地势呈南北走向，近似椭圆形，分布范围长约23米、宽约11.2米，面积约215平方米。遗址堆积为一艘木质沉船残骸和瓷器等船载遗物，中心偏南有五列南北向互相倾斜叠靠的石板裸露在海床表面，东、西两列长约85米，中间三列长约5米。石板仅一层，其下即为船体。船体残长约20.35米、宽约7.85米，保留有龙骨、肋骨、船壳外板、隔舱板、舱底铺板、桅座等，造船用材主要产自东南亚一带。该船既有中国古代造船工艺特征，也有一些外国的造船技术特征，是中外造船技术融合的实证。沉船的南端多见陶罐，北端多见青花碗，西北端多见五彩罐及器盖。船体周边除去地势最高的东南面外，均有零星的遗物散布其间，除少量为船上生活用品和船体

构件外，多为船货，器类包括瓷器、陶器、锡器、石器、木器和铜钱等。该遗址共出水船体构件236件、文物1060余件。其中，瓷器多为青花瓷，有碗、盘、杯、罐、器盖和灯盏等，器底多"道光年制"款，少量"嘉庆年制"款；陶器有罐、壶和砖等；铜钱有乾隆通宝、嘉庆通宝、道光通宝及日本宽永通宝、越南景兴通宝等，还发现有一枚西班牙银币。出水一方"源合盛记"阳文石印章，应属当时商号（帮）的凭信公章。经综合研究，小白礁Ⅰ号应为沉没于清道光年间的一艘从事海运贸易、具有远岸航行能力的木质帆船。

小白礁Ⅰ号沉船遗址内涵丰富，是研究清晚期中外贸易史、近代海外交通史、造船技术史等问题的重要实物资料。

**天津散化锚地沉船残存甲板调查**　天津地处河海交汇处，河网密布，水域内蕴藏着丰富的水下文化遗产。2009年12月～2010年5月，通过天津市考古人员的陆地调查走访，获得了许多有价值的水下文物点线索。2010年9月，天津市文化遗产保护中心与中国国家博物馆合作对部分水下文物点进行水下实地探摸，并在大沽口散化锚地发现一处沉船遗址。2011年10月，天津市文化遗产保护中心与国家水下文化遗产保护中心共同开展天津水下文物重点调查项目，对大沽口散化锚地沉船进行了物探扫测和水下调查。

散化锚地沉船遗址位于渤海湾西部、天津港以东约20海里处，考古人员通过侧扫声呐、多波束和浅地层相结合的方法确认了沉船位置以及沉态，同时进行了潜水作业、表层清理、水下测量与记录，并采集出水了一些沉船遗物和标本。

通过水下获取的资料，确定该船为铁木质结构，保存较为完整，长21.6米、宽5米，船体最高处高出海床1.1米，最低处低于海床0.9米。沉船表层覆盖后期渔网，舳、艉相向侧倾，中部为淤泥覆盖，推测其中部断裂。船主体为木头，船头、船舷包有铁甲。舳部发现部分船前甲板，还有隔舱板、缆桩、绞盘等。经初步研究，推测该沉船年代为民国时期。

**山东省青岛海域水下文化遗产调查**　2012年9月，国家文物局水下文化遗产保护中心、青岛市文物局、中国国家博物馆合作开展了青岛沿海水下文化遗产调查工作，主要围绕即墨鳌山卫海域和胶州湾海域进行了物探扫测和潜水作业，扫描范围25平方千米，发现水下文化遗存3处，位置相距不远，均在胶州湾海域，分别编为胶州湾一、二、三号遗存，海底环境基本一致。

胶州湾一号遗存，长约73米、宽12米，水深39米，方向142°，海床为泥沙。胶州湾二号遗存，长约60米、宽约8米，水深37米，方向107°。胶州湾三号遗存，长约60米、宽约10米，水深61米，方向153°。根据探测数据和图像判断，这3处遗存应为沉船，形体较大，尤其是一号、二号遗存的磁力反应敏感、明显，应含有大量铁系金属，可能为铁船。综合船体形态及文献资料等信息，初步推测可能为近代沉没的军舰。

青岛在中国近现代史进程中具有重要地位，是众多重大历史事件的发生地，尤其胶州湾是第一次世界大战日德海战的战场，遗留了大量珍贵的历史文化遗产。胶州湾海域的区域性水下考古调查，不仅初步获取了该海域水下文化遗存的信息，丰富了水下考古沉船遗存的类型，对深入研究近代军事史和世界历史进程也具有积极意义。

# 二、内水水域水下考古

**湖北中山舰打捞保护项目**　中山舰沉船是中国近现代历史纪念物。中山舰原名永丰舰，是清政府于宣统二年（1910年）向日本订购的炮舰，民国元年（1912年）6月造成下水，民国2年1月编入北洋政府海军，海军少校林霆亮为首任舰长。民国11年6月，孙中山于广州登临此舰，指挥平定陈炯明叛乱。民国14年3月孙中山去世后，永丰舰改称中山舰。

中山舰全长62.48米，最大宽度8.99米，排水量780吨，两台主机（蒸汽机）共1300马力，时速16海里，配备各种火炮8门，全船配员兵108名。中山舰历经"护国运动""护法运动""孙中山广州蒙难""中山舰事件""武汉保卫战"五大历史事件，是中国近现代史的重要见证物。民国26年7月，日本发动全面侵华战争，中山舰奉命调入长江巡防。民国27年10月，中山舰在武汉长江金口水域执行水面警戒和武汉疏散运输任务时被日本飞机炸沉。

1997年1月，中山舰整体打捞出水，2001年8月完成舰体修复保护工程，2008年5月整体迁移至为其量身建造的中山舰博物馆。中山舰出水文物总量达5340件／套，主要是木、纸、铁、铜、瓷、玻璃及由它们组合而成的复合品，包括中山舰的铭牌标志、舰载设施、武器装备、日常用品等。

**重庆白鹤梁原址水下保护工程**　白鹤梁位于长江三峡库区上游，重庆市涪陵城北的长江中，距长江南岸100米，东临长江与乌江的汇合处。地理坐标为北纬29°43′、东经107°24′。白鹤梁全长1600米，宽10～15米，自西向东延伸，呈"一"字形与江流平行。水位标高137.81米，梁脊高出最低水位2米，低于最高水位30米。白鹤梁题刻始刻于唐朝广德元年（763年）前，存题刻165段、3万余字，以及石鱼18尾、观音2尊、白鹤1只，其中涉及水文价值的题刻有108段。占地面积约2.4万平方米。每年12月至次年3月长江水枯期才露出水面。1988年8月，白鹤梁题刻被公布为全国重点文物保护单位，2006年被列入《中国世界文化遗产预备名单》。

三峡大坝蓄水175米后，白鹤梁题刻将永远淹没于江底。为妥善保护白鹤梁题刻，经十年反复论证，2002年，国家决定采用工程院院士葛修润提出的以"无压容器"的保护方式在水深40米处创造性修建白鹤梁水下博物馆的方案。白鹤梁原址水下保护工程是三峡工程四大文物保护项目之首。2003年2月，白鹤梁保护工程开工，分为A、B、C标段分别实施。在施工前进行水下考古，并对白鹤梁本体进行铆固、翻模、资料提取及表面化学处理等基础工作。A标段工程包括水下导墙基础钻探工程和保护体防撞墩工程，以及扩宽航道进行洗手梁、坳马石炸礁工程。B标段工程是白鹤梁题刻原址水下保护工程的核心部分，包括水下保护体、交通廊道、参观廊道、水下照明系统、水下摄像系统、循环水系统、监测系统、供气系统及消防、空调通风、给排水通信、自动扶梯等制造安装、装饰工程等。C标段工程主要是地面陈列馆建设，包括各项系统主机的制造、安装及整个系统的全面调试运行。2009年5月18日，白鹤梁水下博物馆落成。

**湖北丹江口水库均州古城水下考古** 均州城位于汉水中游，依山傍水，商船往来均州，下可通汉口，上可达陕西，为汉水交通咽喉。20世纪60年代兴建丹江口水库时，湖北省丹江口市均县镇旧址被整体淹没，基本保持了明代以来的官署、街坊格局。

2013年，国家文物水下文化遗产保护中心组队开展均州城水下考古调查，基本明确了城区周边建筑格局及其保存状况，为保护工作提供了客观依据。淹没于丹江口水库的城址为明代永乐年间始建，经清代不断修补增建而成。考古调查揭示，水下的均州城基本呈正南北向，地势西北向东南倾斜。平面近方形，城墙四角为圆弧形拐弯，城南、北、西三面有护城河，东面直接临近汉江，共设城门4个、瓮城门1个、水门2个。经物探测量，东城墙长1010米，南城墙长798米，西城墙长840米，北城墙长740米，瓮城直径65米，城内占地面积1平方千米。墙体结构外部包砖，内为夯土。按声呐图像复原，墙体底部宽25～30米，顶宽4～5米，高达6米。城楼台基呈四棱台形，以条石错缝叠砌，略有收分，墙内筑以夯土。门洞以条石双层起券。城楼上面门楼仅见砖瓦废弃堆积。南城楼，古称"望岳门"，南接官道，北为静乐宫，为均州城主要通道，城楼面阔29.6米、进深22.85米，保存状态最好。北城楼，古称"拱辰门"，城楼面阔28～30米（外墙稍宽2米）、进深22.8米，城楼中央门洞全部坍

塌，形成一道宽6～12米的浅沟。西城楼，古称"夕照门"，城楼面阔30米、进深22米，门楼建筑坍塌，仅有砖瓦废弃堆积。东城楼，古称"宗海门"，面阔34米、进深25米，尺寸稍大，受汉江冲刷，保存最差。北门设瓮城，外接沧浪洲，平面呈圆形，直径65米。此外，调查还发现了静乐宫、魁星楼、沧浪亭、码头等建筑的基址。

**四川"江口沉银"遗址考古发掘** 江口沉银遗址是清顺治二年（1645年）农民军将领张献忠与前明参将杨展交战的战场遗址，位于四川省眉山市彭山区江口街道，北距成都市约60千米，南距眉山市约20千米，地处岷江与锦江交汇处的河道内。

2005年，岷江河道内修建饮水工程，发现一段木鞘和7枚银锭。2011年，岷江河道内取沙，发现了金册、西王赏功金币等文物。2016年，四川省文物考古研究院、国家文物局水下文化遗产保护中心、眉山市文物保护研究所、眉山市彭山区文物保护研究所等单位联合启动了对江口沉银遗址的考古发掘。

江口沉银遗址的主要堆积为砂卵石，厚2～8米，覆盖于红色砂岩构造的河床之上。砂岩河床由于长期被岷江流水侵蚀，形成多条大致南北向的冲刷槽。出水文物多分布于这类河床的冲刷槽内，少量夹杂在砂卵石堆积之中。出水文物以金、银、铜、铁等金属材质为主，时代明确，自明代中期延续至明代晚期；来源地域广泛，北至河南、陕西，南至两广，西到四川、云南，东到江西；等级较高，包含了张献忠大西国及明朝的皇室文物。

通过考古发掘，证实了张献忠江口沉银的

传说，确认了遗址的性质，基本了解了遗址的分布范围和文物分布规律。出水的大量文物为研究张献忠大西国的政权结构、经济建设和军事征战等方面问题提供了丰富的实物资料，同时也对认识明朝的政治制度、社会经济、物质文化乃至明末清初以来的社会历史走向等具有重要意义。

江口沉银遗址的发掘，是国内首次利用围堰在内水水域开展大规模的考古发掘。在考古调查方面，通过口碑调查与磁法、电法等物探手段确定发掘区域。针对出水文物密集且体量较小的特点，在考古现场安装了大型筛选设备，对发掘出的砂石进行了水洗和筛选，避免了文物的流失。在信息采集和记录方面，对遗址进行了全面测绘并建立控制网，在发掘过程中应用RTK（实时动态差分定位技术）精准记录文物出水位置，通过延时摄影记录发掘过程，通过激光扫描、三维建模等方式复原遗址地貌及遗物保存状态。此外还搭建了考古数据管理系统，保证考古工作科学、高效进行。

在对江口沉银遗址进行考古发掘工作的同时开展公众考古活动，面向全社会招募考古志愿者，是全国首个全程有志愿者参与的考古项目，扩大了考古的公众影响力。

**浙江上林湖越窑遗址后司岙水域调查**　浙江上林湖越窑遗址位于宁波市慈溪市上林湖。经国家文物局批准，作为"上林湖越窑遗址2014～2018年考古工作计划"中后司岙窑址考古发掘项目的内容之一，宁波市文物考古研究所、国家文物局水下文化遗产保护中心、浙江省文物考古研究所、慈溪市文物管理委员会办公室联合于2016年11～12月、2017年12月，先后两次对上林湖后司岙水域开展了水下考古调查。

项目采用多种探测技术方法，积极探索内水浅水水域的水下考古新技术、新方法，使用了超短基线定位系统、潜水员手持声呐、DIDSON双频识别声呐、湖底底质取样等设备和方法，拓宽了水下考古物探方法，获得了更为精确、清晰的数据和图像。

调查过程中发现了沉埋在上林湖之下的古水道、古水坝等诸多水下文化遗存；同时采用湖底底质钻探取样的方式，进行相应的湖底底质土样的采集、分析、检测，初步了解了上林湖水下已知文化遗存的文化层、包含物、层位堆积和年代属性，了解了关键区域、典型位置沉积物的分布情况，为研究古上林湖的地形地貌、水位变迁和上林湖越窑产品的水路运输路线等提供了资料。

# 第五节　科技考古项目

中国的动物考古学发展可分为两个阶段。第一阶段为20世纪30年代至90年代中期，是中国动物考古学形成时期。民国25年（1936年），德日进和杨钟健通过对河南省安阳市殷墟出土动物遗存进行研究，发表《安阳殷墟之哺乳动物群》，拉开了中国动物考古学研究的序幕。20世纪50年代末，李有恒和韩德芬发表《陕西西安半坡新石器时代遗址中之兽类骨骼》，应用新思路对出土动物遗存进行鉴定和研究，注重探讨动物遗存与人类活动的关系，其编写体例和研究思路影响了后来几十年的中国动物考古学研究。1988年，祁国琴发表《姜寨新石器时代遗址动物群的分析》，首次使用统计最小个体数方法对姜寨动物遗存进行定量统计，定量分析由此成为动物考古学研究报告的主要内容之一。1989年出版的《浙江余姚河姆渡新石器时代遗址动物群》，不仅详细描述了河姆渡遗址出土的动物遗存，还进一步拓宽了动物考古学研究的范围。第二阶段为20世纪90年代中期以来，是发展时期。这一时期的专题研究，较形成时期的更为广泛和深入，主要有动物考古学研究的理论和方法、家畜起源、家畜饲养、获取肉食资源方式、随葬或埋葬动物、骨器制作工艺、家畜古DNA、动物同位素等方面的研究。1997年出版的《敖汉赵宝沟——新石器时代聚落》，把"动物骨骼概述"放入报告正文，一改以往动物考古学的研究结果作为考古报告附录的传统，标志着动物遗存研究结果开始得到考古学家的重视。2010年国家文物局发布的行业标准《田野考古出土动物标本采集及实验室操作规范》，对中国考古学研究人员和动物考古学研究人员如何在考古遗址采集动物标本、如何在实验室开展标本整理及后期资料处理作出了明确规定。袁靖、马萧林、侯彦峰等翻译了《考古遗址出土动物骨骼测量指南》《哺乳动物骨骼和牙齿鉴定方法指南》等著作，为国内从事动物考古学研究的人员提供了参照。

中国环境考古以1949年中华人民共和国成立和1987年北京环境考古工作启动为界线，可划分为3个阶段。1949年以前，中国学者进行的著名发掘基本上都以解决中国历史上的问题为目的。由于地质调查所及一批西方地质学家、古生物学家和考古学家（如葛利普、安特生等）所开展的工作，中国考古学从一开始就与自然科学紧密联系。如民国15年，李济主持的西阴村发掘部分得到地质调查所所长翁文灏的资助，地质学家袁复礼研究区域地形并鉴定各种岩石，教授葛利普鉴定贝壳的种类。中华人民共和国成立至20世纪80年代末，中国环境考古学有了新的发展。在此阶段，环境考古学主要取得3个方面明显进展。一是孢粉分析、植物残体分析在考古学中的应用。孢粉分析应用于考古遗址起始于周昆叔1963年对半坡遗址样品的分析。二是动物骨骼鉴定应用于对古环境的恢复，并获得长足进展。1977年，贾兰坡根据河南淅川下王岗遗址的动物群对环境的恢复成为该领域的范例。三是1972年竺可桢根据考古资料及其他方面证据完成《中国近五千年来气候变迁的初步研究》一文，得出近5000年来中国气候变化情况，后来经常为考古学家所引用。1987年北京地区环境考古研究工作的开展，标志中国真正意义上环境考古研究的开始。环境考古学领域有以下4个特点。一是自然科学，尤其是第四纪地质学、地貌学、地理学等领域的学者开始大规模介入考古遗址发掘。少量样品、单一古环境手段的分析被系统的古环境研究所取代，多种环境代用指标被应用于考古遗址或遗址周围的自然地层。二是对人类行为的重建取得巨大进展。聚落考古、地质考古、植物考古和动物考古等相关学科的发展揭示出更多的古代人类行为信息，如农业起源、动物驯化、土地利用、饮食结构、陶土选择等，从而为讨论人地关系奠定了基础。三是许多专题研究取得突破，如考古地层与自然地层的关系、环境变化在文化发展中的作用、自然灾害（尤其是洪水）的影响等。四是积累了大量的区域案例研究资料，逐步开始进行理论方面的探索。

中国的人骨考古肇始于20世纪20年代，以古人类化石的发现和研究为开端。民国11年，法国学者桑志华在内蒙古萨拉乌苏晚更新世地层中发现古人类小孩门齿是中国最早的古人类化石发现，国内学者最早发现的重要古人类化石是民国17年春裴文中在周口店遗址发现的北京人头盖骨。在方法论上，吴定良、李济和颜訚等海外留学归国学者最早于国内开展体质人类学教学与研究，所带来的人体测量学、人种学、生物统计学研究方法成为中国人骨考古研究的基础。中国人骨考古研究早期以对古人类化石和颅骨形态的研究为主，其他学科方向很少涉及，许多研究是医学、生物学、地质学、古生物学领域学者开展的，没有专门的学术期刊，考古发掘中对人骨遗存的收集和保存也不够重视。截至2017年底，人骨考古在中国已形成多分支学科并存的局面，而且培养出考古学领域的专门人才，考古研究中对人骨的重视程度也逐渐加强。主要的学术刊物为中国科学院古脊椎动物与古人类研究所主办的《人类学学报》。

# 一、动物考古

截至2017年，国内进行动物考古学研究的科研机构有中国社会科学院考古研究所、中国科学院古脊椎动物与古人类研究所、河南省文物考古研究院、陕西省考古研究院、湖北省文物考古研究所、湖南省文物考古研究所、浙江省文物考古研究所、山西省文物考古研究院、河北省文物考古研究院、吉林省文物考古研究所、宁夏文物考古研究所、成都市文物考古研究所、中国国家博物馆、上海博物馆、福建博物馆、广西民族博物馆、浙江省博物馆等。拥有动物考古研究人员的高校有北京大学、吉林大学、山东大学、复旦大学、西北大学、中山大学、郑州大学、兰州大学、武汉大学、陕西大学、重庆师范大学、河北师范大学、首都师范大学、辽宁师范大学、南京师范大学、中国科学院大学、澳门科技大学等。

2007年7月14~16日，河南省文物考古研究所在河南省郑州市举办"动物考古国际学术研讨会"，中国、美国、英国、澳大利亚、加拿大和日本等国学者共50余人参会，讨论动物考古学的最新研究成果和发展趋势，内容涉及多个国家和地区。这是首次在中国举办动物考古学国际会议。

2008年6月2~5日，第四届东亚考古学会召开期间，在中国社会科学院考古研究所召开"东亚动物考古的方法和问题"会议，中国、韩国、日本、印度、美国、英国、法国和加拿大等国学者10余人参加。这是国内外从事动物考古研究的学者首次聚焦东亚地区的动物考古，绝大多数议题是关于中国的动物考古学研究，包括动物考古研究方法、古代动物的DNA研究结果、家养动物起源、获取肉食方式的差异、利用动物祭祀、动物所反映的社会复杂化和动物考古教学等。

2009年，中国社会科学院考古研究所科技考古中心主持召开的首届"全国动物考古学研讨会"。

2010年2月1~5日，中国社会科学院考古研究所科技考古中心在考古研究所举办中欧生物考古学合作研究第一次学术研讨会。中国社会科学院考古研究所科技考古中心、中国科学院研究生院、吉林大学生命科学学院、英国阿伯丁大学和杜伦大学、法国国家自然历史博物馆、国家民族和民俗史博物馆和德国马普学会

进化人类学研究所等7个科研和教学机构从事动物考古、植物考古、环境考古、古DNA研究和同位素分析的研究人员、博士后及研究生20余人参加会议，共同搭建起动物考古学学术交流的国际平台。

2010年8月22~30日，在法国巴黎举办国际动物考古协会第11届世界大会。中国社会科学院考古研究所、中国科学院研究生院、中国科学院古脊椎动物与古人类研究所、国家博物馆、吉林大学、河南省文物考古研究所、湖北省文物考古研究所等7家科研和教学机构的学者和研究生共15人参加，开创了历届中国学者参加国际动物考古协会世界大会的人数纪录。袁靖和哈佛大学的梅多（Meadow）博士等共同主持题为"动物考古学在东亚、东南亚和南亚地区古代社会研究中的作用"学术讨论会，中国、印度、菲律宾、韩国、日本、美国、英国、法国和加拿大等国学者和研究生30余人参加。

2010年，国家文物局批准成立由中国社会科学院考古研究所科技考古中心动物考古实验室和植物考古实验室共同组建"动植物考古国家文物局重点基地"。2014年，经中国考古学会批准，成立下设"动物考古专业委员会"。

研讨会的召开和相关机构的建立，对推进中国动物考古学研究起到了积极作用。

**主要家养动物起源研究** 动物考古学研究已证明了中国六种主要家养动物出现的时间、地点和种类，即距今10000年前后，在河北省南部出现狗；距今9000年前后，在河南省南部出现猪；距今约5500~5000年，在甘青地区出现绵羊；距今约5500~5000年，在甘青和东北

地区出现黄牛；距今约4000～3600年，在甘肃省东部和内蒙古东部出现马。这些家养动物起源或出现于不同时间和不同地点，但基本上都位于中国北方地区。中国家养动物的起源和出现过程大致可分为两种模式。一种是古代居民在与一些野生动物长期相处中，根据需要逐步控制野生动物，将其驯化成家畜，以狗和猪为代表；另一种是古代居民通过文化交流，直接从其他地区引进已成为家畜的动物，以起源于西亚或中亚地区的马、牛和羊为代表。

**古代先民获取肉食资源方式研究**　通过对数百处遗址中出土的动物遗存进行研究，中国古代人类获取肉食资源的方式可归纳为依赖型、初级开发型和开发型三种。中国古代人类获取肉食资源的生存活动能力是逐步提高的，在认识这个发展过程时，既要考虑到文化传统因素，也要考虑到自然环境中野生动物资源状况对人类活动的影响。中国古代黄河流域和长江流域等多个地区表现出来的获取肉食资源的不同方式及其变化，是各地区人类在各自文化传统的基础上适应不同自然环境，因地制宜、逐步建立并完善的独特的生存方式的反映。这些不同的生存方式都是在自然资源的制约下被动建立起来的，由此可以确立被动发展论的观点。历史时期各地区获取肉食资源的方式，在延续各自新石器时代传统的基础上继续发展。随着人口增加、社会进步，家畜饲养业在各地区得到进一步巩固、发展、推广普及，这是与中国自然环境状况、文化和历史的具体发展过程密切相关的。

**祭祀与随葬用牲研究**　猪在中国新石器时代的随葬和埋葬活动中扮演着重要角色，各地区在随葬和埋葬活动中使用猪的形式既有同一性又有差异性。除猪之外，在随葬和埋葬活动中还使用狗，但在地域上远不及使用猪那么普遍。新石器时代晚期和末期，出现在随葬和埋葬活动中使用绵羊和黄牛的现象。商周时期，部分规格较高的墓葬中存在随葬家猪、黄牛和绵羊前肢的习俗。随着社会复杂化的加剧和等级制度的巩固，在商代都城一级遗址里，马、黄牛、绵羊、猪和狗在不同种类的祭祀活动中发挥着重要作用。而在周代聚落里，百姓似乎依然保持着自新石器时代延续下来的用猪和狗进行祭祀的传统，与商代统治者的祭祀用牲形成鲜明对照。

**开发动物资源方式其他研究**　包括对骨器与制骨作坊、绵羊饲养等次级产品开发方面的研究。

**骨器与制骨作坊**　马萧林讨论了骨骼特征、骨器生产特征、制骨作坊定义、分类和分析方法。余翀通过对新石器时代遗址出土骨器进行研究，发现早期制作骨笄使用鹿科动物的骨骼，至晚期则全部使用猪骨，可能与晚期饲养家猪数量明显增多有关；而制作骨锥、骨镞和骨铲等一直使用鹿科动物的骨骼，可能与这些工具对硬度有一定要求有关。李志鹏等通过对商代晚期大型制骨作坊遗址中出土的动物骨骼遗存进行鉴定、观察、测量和称重等研究，发现与制作骨器有关的动物骨骼遗存既包括成品、不同阶段的半成品及废品，也包括坯料和边角料等。骨料来源包括黄牛、水牛、猪、羊和鹿等动物骨骼，以黄牛骨骼占绝对多数，其中又以掌跖骨为多。取料方法主要是锯切，加工方法则包括切割、削、锉、凿、雕刻和打磨等。制骨生产的组织管理，包括对制骨活动的组织、各种工序阶段产品的督检和对工人的协调管理等。晚商开始注重发展面向普通市场的商业生产，这可能是制骨手工业发展最根本的内在动力。

次级产品开发及其他方面研究　博凯龄、戴玲玲等发现，在距今约4000～3700年的两处遗址存在以剪羊毛为主要目的的饲养绵羊行为。李悦、尤悦等对新疆巴里坤县石人子沟遗址出土的战国时期马骨和骆驼骨骼进行研究，确认当时已存在马匹骑乘的行为。袁靖通过对陕西临潼兵马俑遗址出土的马骨和陶马进行研究，确认至少在前221年已存在按照战争需要阉割家马的技术。

## 二、植物考古

随着植物考古方法渐趋成熟，机构建设和人才培养也取得了重要成果。自1999年中国社会科学院植物考古实验室建立以来，湖南、浙江、四川、河南、云南、吉林、重庆等省级考古研究院所都建立了植物考古实验室并有专人从事植物考古研究，其他省市的考古研究所也有人员从事植物考古尤其是农业考古研究。山东大学、北京大学、中国科学技术大学、中国科学院大学、厦门大学、四川大学、西北大学等院校相继开设植物考古课程，其他院校在科技考古等相关课程中也开始介绍植物考古方法。植物考古实验室的建立和植物考古方面人才的培养，为中国植物考古工作进一步深入开展奠定了基础。

2014年，经中国考古学会批准，成立下设植物考古专业委员会。2010年，国家文物局批准成立由中国社会科学院考古研究所科技考古中心动物考古实验室和植物考古实验室共同组建的"动植物考古国家文物局重点基地"。2012年，由中国社会科学院考古研究所科技考古中心主持召开第一届"全国植物考古学研讨会"。截至2017年，共召开6届。

农业起源问题探讨　包括对稻作农业起源、旱作农业起源、大豆起源等农业起源问题的探讨。

稻作农业起源研究　随着植物考古材料，尤其是植物大遗存资料的日渐丰富，基本可以确认最早的水稻驯化发生在长江中下游地区。理由主要有两点，一是长江中下游发现了距今11000～7000年的最早的一批水稻遗存，涉及众多考古遗址，包括长江下游的上山、小黄山、跨湖桥、湖西等遗址，长江中游的仙人洞、玉蟾岩、彭头山、八十垱等遗址；二是诸如江西仙人洞、吊桶环遗址和浙江上山遗址等旧石器时代晚期或新石器时代早期遗址出土的野生稻遗存，显示长江中下游地区在当时存在野生稻的自然分布。作为野生稻自然分布区，也是早期水稻遗存发现最为丰富的地区，长江中下游较之其他地区更可能为最早的水稻起源地区。但稻作农业起源究竟是单一起源还是多地起源，还有待于进一步的考古发现。仅就考古发现来讲，稻作农业开始的确切时间尚难以确定：一方面，由采集狩猎向稻作农业转化是一个缓慢的渐变过程，对其驯化节点的判断本身就存在很大难度；另一方面，不同学者对栽培稻鉴定标准这一技术问题尚存在比较大的分歧。常见的植物大遗存方面鉴定栽培稻的方法包括稻粒形状（稻粒长宽比等）鉴别法、小穗轴鉴别法和稻米胚芽形态特征鉴别法，学者们采用的鉴别方法不同，对稻作农业起源问题的认识也有不同。有学者认为上山遗址出土稻谷应已属栽培稻，推测稻作农业早在10000年前已开始出现在中国长江下游地区；有学者提出稻的驯化在10000年前已开始，但距今7000余年的田螺山遗址出土稻谷尚处于驯化过程中，是带有野生习性的原始栽培阶段；还有学者认为河姆渡文化的经济可能并未达到完全稻作阶段，直到距今7000～5000年，稻作农业才取代狩猎采集成为长江中下游地区古代经济的主体；另有学者认为，稻类资源的利用在河姆渡文化时期已有一定发展，但在整个生计活动中所占比例有限，稻作农业在长江中下游地区逐渐确立的时间为距今7000～6000年。这些鉴定方法存在各自的缺陷，即便是使用最多、认可度也较高的小穗轴鉴别法，对小穗轴栽培属性的判定也存在一定主观因素。在水稻驯化速率上，学界也存在明显分歧，有学者认为水稻最初驯化到完全驯化可能超过5000年时间，也有学者认为田螺山遗址水稻小穗轴形态表明驯化时间远低于这一时长。要进一步完善稻作农业起源研究，还要进行其他方面的尝试。可以确定的是，稻谷驯化是一个缓慢的渐变过程，人类与水稻之间的驯化关系存在逐渐加强的趋势。

旱作农业起源研究 研究对象主要为中国北方的粟和黍，粟的野生祖本是狗尾草（也有学者认为是谷莠子），黍的野生祖本尚不确定。学界普遍认为粟和黍是在中国北方被驯化并最终成为该地区的主要农作物，但具体驯化区域和时间尚不十分清晰。以浮选法为主要研

究手段，植物大遗存材料为人们了解旱作农业的起源问题提供了重要的材料和线索。发现早期粟、黍炭化籽粒的遗址包括北京东胡林遗址、内蒙古赤峰兴隆沟遗址、甘肃秦安大地湾遗址、山东济南月庄遗址、山东章丘西河遗址、河北康保兴隆遗址等。东胡林遗址（距今12000～9000年）发现炭化粟11粒、炭化黍1粒，其中炭化粟粒尺寸非常小，明显呈球状，胚芽部分爆裂成"U"形，应属于栽培品种。兴隆沟遗址第一地点（距今8000～7500年）为兴隆洼文化中期大型聚落遗址，出土炭化黍985粒、炭化粟41粒，其中黍粒在形态上保留较浓厚的野生祖本特征，应属栽培作物进化过程中的初期品种，可能是在当地栽培完成的。甘肃秦安大地湾遗址大地湾一期（距今7800～7300年）出土黍8粒，之后的仰韶文化早期（黍远多于粟）和晚期（粟远多于黍）都发现了大量黍和粟，为仰韶时期农业从以黍为主到以粟为主的变化提供了重要材料。属于后李文化（距今8000～7000年）的月庄遗址和西河遗址出土了数量不等、具有驯化特征的粟和黍。从上述关于粟、黍的早期发现看，除东胡林遗址以外，基本集中在距今8000～7000年，分布范围包括中国北方的西辽河流域、燕山南麓、渭河上游和黄河下游广大区域。当时的生业形态在总体上仍然是以采集狩猎为主。在距今6000年前后的仰韶文化时期，旱作农业在中国北方地区基本形成。以秦安大地湾遗址、西安鱼化寨遗址为代表的仰韶时代遗存中，粟、黍出土数量多且概率高，应为当时人们的主要食物资源。区别于之前黍的发现数量高于粟，仰韶时期进入以粟为主的旱作农业经

济形态。

大豆起源研究 大豆栽培是一个漫长的演化过程，大约经历数千年。在距今8000年前后的新石器时代早期，中国古代先民已开始种植大豆，当时所种植的大豆在尺寸大小和形态特征上主要表现为野大豆特征，但已开始出现栽培特征。种植大豆在形态特征上逐渐发生变化，直到新石器时代晚期的龙山时代才开始明显表现出现代栽培大豆的特征。商周时期以后，豆粒基本演变为现代栽培大豆形态。在判别考古出土炭化大豆粒的栽培和野生属性时，豆粒尺寸大小不能作为主要标准，还要考虑炭化后豆粒形态的变化，豆皮、子叶和豆脐的变化特征。除以上这些判断标准，有学者利用X-CT技术对大豆成分的历时性演变进行了观察，其含油量变化显示大豆栽培和驯化至迟发生于距今7500年；尺寸和含油量在距今4000～3500年都出现明显分化，表明当时大豆驯化已进入一个新阶段。

农作物传播研究 包括对稻米、小米、小麦等农作物的传播研究。

稻米传播研究 水稻驯化的起源地基本确定在长江中下游地区，而稻米遗存在全新世大暖期的开始阶段，即距今9000年前后已出现在周边区域遗址中，显示稻米的传播已经开始。在距今9000～8000年淮河流域的贾湖遗址、南阳盆地汉水流域的八里岗遗址、黄河下游的月庄遗址和西河遗址等均发现早期炭化稻米遗存，显示稻米传播跨越了淮河流域、汉水流域，以及黄河下游的长江以北广大地区。上述遗址发现的稻米遗址应属于当地狩猎采集经济的一部分，稻米的栽培属性有待于进一步判

断。值得注意的是，稻米在北传进入黄河流域之后，在很长一段时间内数量都相当有限，直到仰韶文化晚期才在个别遗址出现稻旱混种的农业模式，如陕西蓝田新街遗址；而进入龙山时代后，才在以黄河中下游为主的一些区域内被较为普遍接受。距今5000～4000年，稻米遗存开始出现在更为广阔的区域，包括长江上游及西南地区、华南地区、福建沿海地区等，稻米的传播路线开始向西、向南扩展。稻米进入成都平原的时间大概在距今约4500年的宝墩文化早期，而且农业经济结构似乎已是由稻作为主体。云南永仁磨盘地遗址浮选到比较多的炭化稻遗存，说明云南北部地区至少在新石器时代晚期已出现了稻作农业。岭南地区石峡文化晚期遗址中也有炭化稻米的发现，距今约4000年。此外，在距今约5000年的福建南山遗址也发现了炭化稻米遗存。

小米传播研究 小米的传播主要指粟、黍这两种小米从中国北方地区向周边传播。距今6000年前后，大溪文化早中期的城头山遗址出现了粟，小米由此向南传播至长江中游，之后的屈家岭晚期孝感叶家庙遗址、石家河古城谭家岭遗址等都有粟、黍发现；距今5300～4500年，可能源于马家窑文化的影响，在成都平原周边山区出现了粟、黍；而在距今约4500年的宝墩文化早期，小米进入成都平原；继而在青藏高原地区也出现了粟、黍。长江以南地区最早的粟遗存，发现于距今约6500年的浙江上山遗址（河姆渡文化时期），为两粒炭化粟粒。距今约5000年的福建南山遗址，除稻米外，也发现了粟、黍遗存；台湾南关里遗址，也发现了大量小米遗址。小米向东北的

传播可以早到距今5500年前后，粟、黍遗存在西伯利亚的沿海地区和朝鲜半岛南部地区栉文土器时代中期的遗址中都有发现。小米向西北中亚地区的传播，最早应是出现在以哈萨克斯坦东部的拜尕什（Begash）遗址为代表的青铜时代晚期遗址中，距今5400～5100年，所发现的皆为黍。

小麦传播研究　小麦在距今10500～9500年起源于西亚的新月沃地，之后开始向四周传播，距今7000年前后传播至中亚地区的西南部，再由中亚向中国传播。中国最早的小麦发现于山东胶州赵家庄遗址，距今4500～4270年。除这一处早于4000年前的发现以外，其他早期小麦的证据集中在西北地区的青海东部、甘肃河西走廊和新疆东部，绝对年代主要集中在距今4000～3500年。由此，有学者提出小麦传入中国至少有两个途径，黄河中下游地区与西北地区出土的早期小麦可能来自不同的途径，前者来自欧亚草原通道，后者来自绿洲通道。需要注意的是，来自中国西北地区的早期小麦遗存，在尺寸上与黄河中下游地区所发现的公元前两千纪的小麦明显不同，后者更为短圆。

**文明起源的农业经济背景研究**　农业经济的发展是古代文明形成的最为重要的前提条件之一。华夏文明起源于中原地区，在华夏文明形成过程中，中原地区的农业经济发生了多方面变化，这些变化对文明的形成产生了不可忽视的推动作用。通过对一系列龙山时代和夏商周时期的遗址开展浮选工作，显示在华夏文明形成过程中，中原地区包括粟、黍、稻、麦和大豆在内的农业经济多品种农作物种植制度已建立。中原地区普遍种植水稻，水稻提高了当地粮食作物的总体产量，为华夏文明的形成提供了坚实的经济基础。小麦至少在龙山时期传入中原地区，到二里岗时期已相当普及。小麦的传入促使当地农业种植制度逐步由依赖小米向以种植小麦为主的方向转化，还促进了北方地区灌溉系统的发展，加速了文明化的进程，预示了中国北方旱作农业种植制度的一次根本性改变即将到来，而这一改变为后来以黄河流域地区为政治和经济中心的、强大的秦汉帝国的建立创造了条件。

**古代人类经济生活与生产方式探讨**　古人依靠狩猎或畜养动物获取肉类食物，依靠采集或种植获取植物类食物。但不同的历史时期或不同的区域文化内，人们的食物取向和获得食物的方式存在很大差异，这种差异直接决定了经济生活和生产方式，并由此发展出不同的社会经济制度。以肉类食物为主的经济生活和以植物类食物为主的经济生活是可以相互转化的。长期以来，学术界认为在新石器时代向青铜时代过渡时期，中国西北地区考古学文化均不同程度由农耕经济转向畜牧经济。但是在青海东北部地区的民和喇家遗址和互助丰台遗址开展的浮选工作研究结果发现，情况并非尽然。

喇家遗址是一处新石器晚期的齐家文化聚落址，浮选出土的炭化植物种子中以粟和黍籽粒的数量最多，豆科苜蓿属植物籽粒数量也很突出。这证明甘青地区新石器时代晚期齐家文化确实是以农耕生产为主，与以往的推测是相吻合的。但是，苜蓿属植物大多是良好的牲畜饲料，浮选出土的苜蓿属植物种子很有可能是当时人们收割回来的牲畜饲料遗存。这说明，至少在某些区域或某些遗址，齐家文化的先民在经营农业生产的同时可能也经营家畜饲养。

丰台遗址是一处青铜时代卡约文化的村落址，浮选出土的炭化植物种子中70%以上是谷物遗存，包括大麦、小麦和粟3个品种，其他植物种子大多属于常见的田间杂草。谷物加杂草这种植物组合，总体上是农田收获物的遗存，说明丰台遗址卡约先民经济生活应该是以农耕为主。

历史时期植物资源利用研究　包括对墓葬、沉船出土/水植物遗存的研究，以及根据植物遗存对景观植被的复原研究等。

墓葬出土植物遗存　随着全国各地考古工作的不断深入，一批来自墓葬中的植物遗存得以被认识，这批材料以汉代最为集中，为进一步了解历史时期人们利用植物遗存的情况提供了依据。出土植物遗存比较有代表性的墓葬包括战国时期湖北塌冢一号楚墓、西汉安徽双墩一号汉墓、西汉汉阳陵外藏坑等。除塌冢一号墓以外，各墓葬或随葬器物中都出土大量谷物遗存，包括粟、黍、稻谷、薏苡、菰、大豆、小豆、大麦、小麦、大麻等。大量瓜果、蔬菜甚至调料种子（果实）则扩展了对当时植物资源利用的认识，其中包括甜瓜、皱皮木瓜、梅、枣、板栗、柿、菱角、花椒、当归、冬葵、油菜、藜属等。值得注意的是，以塌冢一号墓和双墩汉墓为代表的墓葬中，植物遗存皆为饱水环境下保存，故相对中国北方一般墓葬存留的植物种类更为丰富。新疆吐鲁番的古墓葬因当地极度干燥的气候环境而保存大量未炭化的植物遗存，代表性的墓葬遗址包括青铜

时代晚期到铁器时代的洋海墓地（距今约2800年）、汉代的胜金店墓地和唐代的阿斯塔纳古墓群。其中，洋海墓地发现黍、青稞和小麦三种粮食作物，以及葡萄和葡萄藤，还有大麻、小花紫草、芦苇、香蒲、胡杨、柳和稗子等。汉代的胜金店墓地发现的农作物包括黍、粟、青稞、大麦和小麦，也发现有葡萄。唐代的阿斯塔那古墓群发现的粮食作物有黍、粟、小麦、水稻四种，经济作物有棉花，园艺作物有葡萄、枣、梨和胡桃。上述三组墓葬所发现的植物遗存，一方面反映出青铜时代已存在东西交流，另一方面也体现出本地经济模式由畜牧业为主向绿洲农业的转变。

沉船出水植物遗存　历史沉船因为长期在海水中浸泡，有着与饱水环境下的墓葬类似的埋藏环境，往往留下大量珍贵的植物遗存信息。沉船出水植物遗存比较有代表性的如"南海Ⅰ号"沉船。广东阳江海域发现的"南海Ⅰ号"沉船是一艘属于南宋时期的海运商贸木船，植物遗存中绝大多数都是可食用的植物，可分为水果、瓜类、谷物和香料四大类，其中以锥栗和梅核的数量最为突出。利于保存的坚果和适于腌制的核果，说明"南海Ⅰ号"是要远洋航海的。所发现的植物种类皆为热带或亚热带植物，为"南海Ⅰ号"可能是自福建泉州起航的观点提供了依据。而船上所发现的年代最早的胡椒，说明至迟在南宋时期胡椒已传播到中国。

根据植物遗存对景观植被的复原　在一些特殊埋藏环境中，依靠大植物遗存的信息，一些古代庭院植被景观得以被复原。如通过分析广州南越王宫苑遗址水井中出土的各种植物种

子，对南越王宫苑植被景观所进行的复原。水井中出土的以观赏功能为主且数量惊人的植物种类，如杨梅树、榕树、悬钩子、眼子菜等，有可能原本就是御苑内种植的植物品种；以食用功能为主且出土数量较少的植物种类，如甜瓜、荔枝、柿子、枣、南酸枣、乌榄、方榄等，有可能是作为果品被带入御苑内的植物品种。南越王宫署御苑的植被在当时应该是十分繁茂的，宜地衬景栽植着各种花草树木，楼台亭阁之间，榕树、杨梅树等乔木参差错落，绿叶成荫；山石池渠周围，悬钩子属、石竹科等花草争奇斗艳，香气袭人；粼粼池水表面，眼子菜等水中植物浮叶碧绿，飘荡起伏。

**植硅体研究重要成果**　植硅体研究在水稻起源研究等方面取得了诸多重要成果。

水稻起源研究　相比植物大遗存方面的研究，植硅体研究在中国起步更早，尤其是针对水稻起源问题的探讨。20世纪90年代起，有学者通过江西吊桶环洞穴遗址出土水稻颖壳双峰乳突植硅体分析数据，判断野生水稻的采集在晚更新世已开始；在距今10000～8000年，采集野生水稻和收获早期驯化稻共存；直到距今7000年时，驯化稻才成为主体。亦有学者通过上山遗址出土陶片中稻叶片运动细胞植硅体的发现，判断当时陶坯里面的稻谷颖壳可能不是来自采集的野生稻，而是来自采用摘穗收获的栽培稻，即全新世早期已出现栽培稻。另有学者通过扇形植硅体分析方法，指出栽培稻在崧泽文化和良渚文化时期才出现。从以上研究可以看出，在水稻起源的植硅体研究方面，不同的研究方法导致对起源时间的认识有明显差异。

粟、黍起源研究　随着粟、黍的植硅体鉴定和判别标准日渐成熟，有学者将其应用在粟、黍起源研究探讨上。学者在磁山遗址采集的灰坑样品中发现了早期黍植硅体，其同层位出土炭屑测年显示距今超过10000年，以此认为最早的栽培黍驯化于磁山遗址。而最早的粟的植硅体则发现在距今8700年的古遗址中。而在河南新郑唐户遗址开展的植硅体分析则显示，在距今7800年前的黄河中游地区存在丰富的具有驯化特征的粟和黍。

早期茶叶的发现　通过对考古遗址出土植物样品的植硅体、植钙体和生物标志物进行分析，认定西藏阿里故如甲木寺遗址和西安汉阳陵出土了早期茶叶。这些早期茶叶遗存具有茶叶-植钙体（晶簇和毛状基部），以及丰富的氨基酸和咖啡因等可互相验证的系统性证据。西安汉阳陵陪葬坑出土的茶叶遗存距今2100余年，是考古发现年代最早的茶叶实物。西藏阿里故如甲木寺遗址发现的茶叶遗存，说明茶叶至少在1800年前已被输送到西藏阿里地区，故而推测汉代时的丝绸之路有一分支是穿越青藏高原的。

早期水稻田分析　水稻田和灌溉技术是衡量稻作农业水平的一个重要指标，而植硅体分析为判定水稻田提供了重要依据。水田遗迹在长江下游地区往往保存较好，结合孢粉分析、地质考古等手段，利用植硅体分析方法在草鞋山遗址、绰墩遗址、茅山遗址等遗址成功识别出其水田遗迹确实曾有水稻生长，从而确认了从马家浜文化到良渚文化时期史前水稻田的存在。而系统的植硅体研究也为黄河流域水田遗迹性质的确认提供了可能，包括山东胶州赵家庄遗址、栖霞杨家圈等龙山文化时期水稻田的确认。

**淀粉粒研究重要成果** 淀粉粒研究在探讨粟、黍起源，分析早期食物成分等方面取得了诸多重要成果。部分成果也同时运用了植硅体研究方法。

粟、黍起源研究 淀粉粒研究为了解粟、黍类禾草植物的早期利用，探讨粟、黍起源，尤其是9000年前的最早期阶段，提供了另一个角度的信息。山西柿子滩遗址第9地点（距今约9600～9000年）出土的磨盘和磨棒，残留物分析显示其上含有黍亚科和早熟禾亚科的淀粉粒遗存。华北地区新石器时代早期（距今12000～9000年）遗址中，北京附近的东胡林遗址、南庄头遗址等也都发现了小米（粟）的淀粉粒。比对大植物遗存的证据，上述遗址出土石器上的残留物也显示该时期人类是以利用野生植物资源为主。利用淀粉粒分析方法，在距今9000～7000年的一系列遗址中也发现了粟、黍的淀粉粒遗存。白音长汗遗址小河西文化（距今约8200年）的一件磨棒上残留少量淀粉粒，大部分具有类似黍的特征；兴隆洼文化的三件磨盘上均发现粟、黍和栎属的淀粉粒。北京平谷上宅遗址第5层（距今7500～6700年）的磨盘和磨棒上也发现了粟、黍的淀粉颗粒。裴李岗遗址石磨盘上残留的淀粉粒中比例最高的是栎属，此外还有粟或黍以及薏苡属。月庄遗址的磨盘、磨棒上鉴定出三类植物淀粉粒，包括栎属、稻属以及黍。研究者认为月庄遗址居民已开始农业种植，但坚果类食物则表示采集经济在当时生计模式中仍占有一定地位。

最早的面条成分分析 有学者通过对青海喇家遗址出土的4000年前面条残留物的淀粉粒、植硅体和生物标志化合物进行分析，提出该面条是以粟、黍为主制作而成的，并利用传统制作饸饹面条的工具，参考挤压糊化凝胶成型方法，复制出了与出土面条成分、形态一致的粟类面条。但也有学者表示，纯的粟、黍面粉制成的面团难以拉伸成面条，对粟、黍淀粉粒形态的鉴定也有不同认识。

最早的啤酒成分分析 陕西仰韶时期米家崖遗址出土陶制容器内的残留物是考古发现的中国年代最早的啤酒。基于植物淀粉粒、植硅体和化学成分分析，这一年代最早的啤酒是由黍、大麦、薏苡和植物块茎一同酿造而成的。淀粉粒分析方法显示，残留物中高比例的形态遭破坏的淀粉颗粒很有可能与酿酒过程直接相关；植硅体分析发现黍和大麦的植硅体；离子色谱检测（IC）分析显示了在啤酒酿造和储存过程中"啤酒石"的重要组成部分——草酸的存在。研究者认为，啤酒制造技术于距今5000年前已在该地区出现。通过植硅体研究所辨识出的大麦遗存比植物大遗存证据要早至少1000年。

# 三、环境考古

中国早期环境考古活动主要由著名历史地理学家侯仁之、孢粉学家周昆叔推动。中国环境考古研究的学术组织机构环境考古专业委员会设在中国第四纪研究委员会之下。截至2016年底，共举办6届环境考古学大会，除首届外均由环境考古专业委员会主办或共同主办。

中国开展环境考古研究的主要科研院所包括北京大学、中国社会科学院考古研究所、兰州大学、中国科学院地质与地球物理研究所、南京大学。其他还包括中国科学院古脊椎动物与古人类研究所、中国科学院大学、中国科学院地理研究所、中国科学院南京地理与湖泊研究所、中国科学院地球环境研究所、中国科学院南京地质古生物研究所、中国科学院遥感与地质研究所、中国国家博物馆、华东师范大学、北京师范大学、山东大学、陕西师范大学、吉林大学、西北大学、南京师范大学、厦门大学、河北师范大学、中国科技大学、中山大学、青海师范大学、四川大学、上海博物馆、郑州大学、首都师范大学、湖南省文物考古研究所、陕西省考古研究院、河南省文物考古研究院、河南省科学院地理研究所、山东省文物考古研究所、湖北省文物考古研究所等。

**商丘地质考古调查**　商丘地质考古调查是张光直极力促成的，他根据古籍和近代学者的考证，认为商丘是商昭明以降11个先公先王的经营地，因此提议组成中美联合考古队在商丘地区开展工作。1990年初春，张光直在商丘有关县市进行实地考察，根据地貌特点提出采用多学科途径进行调查。1990年秋，美国明尼苏达大学教授拉普和荆志淳赴商丘进行考察，为地质考古调查做准备。1991年夏，拉普、高天麟和荆志淳在商丘开展钻探调查工作。1992年，在钻探工作基础上，美方组织开展地球物理调查，使用磁力仪对老南关地区进行测试和调查。1993年，高天麟等在老南关村北地用洛阳铲进行勘探。1994年春，由中国社会科学院考古研究所和美国哈佛大学皮保德博物馆组成的中美联合考古队成立，对潘庙遗址和老南关周围地区进行地面穿视雷达调查。1994年秋，

在虞城县马庄遗址和老南关周围地区继续进行地质考古钻探和地面雷达调查。1995年春，荆志淳、王增林在老南关进行深入的地质考古钻探。1996年春，中美双方在老南关周围地区用荷兰铲、洛阳铲和汽车冲击钻等进行大规模地质考古钻探。1996年秋季至1997年春，做进一步钻探。

研究者根据土壤剖面的发育特征、地层对比、洪泛的历史记载、地层中包含的文化遗物和碳十四年代数据，绘制了全新世地层划分及年代表，列明了各类地层单元的年代及相互关系。在划分地层和分析沉积物介质的基础上，讨论了商丘一带全新世地貌变化历史及其对早期文化遗址形成、分布、破坏、保存的影响。结果显示，稳定的地貌条件开始于晚更新世末期，并持续至汉代前后，这种稳定的地貌给早期人类活动提供了有利的自然环境。汉代至北宋末年期间形成的堆积，使早期形成的文化遗存全部或部分被掩埋。而北宋末年之后黄河的不断改道和泛滥，使商丘一带的地貌彻底改变，巨厚的沉积物掩埋了之前的地面和遗迹。

**班村遗址环境考古**　班村遗址发掘本身只是河南小浪底水库建设过程中的一个抢救性发掘项目，但由于俞伟超的前瞻性设想，成为中国环境考古乃至考古学发展过程中的一个重要事件。

1990年12月23日，俞伟超在中国历史博物馆办公楼会议室召集会议，介绍在小浪底库区搞一个考古学"试验田"的基本想法，用以检验中外考古学理论和方法。为做好遗址选点工作，俞伟超委托中国科学院地质研究所的周

昆叔等到河南渑池、新安、孟津一带进行实地考察，从人地关系的视角来考虑不同遗址的意义。1991年4月30日，周昆叔等递交《小浪底水库南岸遗址综合研究选点调查报告》，提出以班村遗址为主要发掘点的建议。在裴安平、曹兵武、张广如等编制的遗址多学科综合发掘与研究初步规划中，将古代聚落遗址视为"首先是人类社会生活的具体单位，是这种生活各方面信息及其与环境发生相互关系的整体"。1991年7月23日，包括考古学、民族学、地质与环境、生物学等多学科的专家，在中国历史博物馆对规划初稿进行了专门讨论。10月16日，在对班村遗址进行小规模试掘的基础上，中国历史博物馆、中国科学技术大学和中国科学院地质研究所在河南三门峡市联合主持召开"班村遗址综合发掘与研究"项目论证会，邀请国内考古学、人类学、孢粉学、地质学、古脊椎动物学、结构成分分析等方面专家共同修订项目研究方案。

由于条件限制，班村遗址发掘并未完全达到预期效果。但其开放的工作理念，多学科合作的工作方式及对人地关系的重视都极大促进了新生的环境考古的发展。环境考古工作成为中国考古学研究中多学科合作的重要标志。

**岱海地区环境考古**　20世纪80年代和90年代初期，由内蒙古文物考古研究所田广金主持的岱海地区考古发掘项目，发掘了包括老虎山遗址、园子沟遗址、王墓山遗址、红台坡遗址等多处遗址，北京大学中国考古学研究中心参与了后期的资料整理和报告编写。由于岱海地处农牧交错带，经济方式对气候变化极为敏感，再加上其特殊的地理位置，该区域史前文化的兴衰变化和演进过程都深受自然环境影响。田广金很早就注意到了该问题的重要性，因此在考古调查和发掘期间与北京师范大学合作开展了大量古环境方面的研究，在环境及人地关系演变方面取得很多重要成果，并在20世纪90年代早期发表了环境考古方面的研究论文。可以说，岱海考古是中国最早在区域环境考古和人地关系研究方面取得突破的田野考古项目。

在《岱海考古》系列报告中，编写者系统梳理了区域人地关系的特征和演变过程。从仰韶前期至朱开沟文化乃至更晚的时期，区域文化发展与自然环境之间有着密切关系，生态环境及其演变对文化发展有明显的制约作用，人类对自然环境的影响也愈演愈烈。第一，农业人群进入位于气候敏感带的岱海地区，与距今7000年以后全新世中期的气候适宜期有直接关系。第二，不同时期居址的选择受到岱海水位升降的直接影响。第三，岱海地区文化的发展期恰巧是气候适宜期，而气候相对干冷的阶段文化发展亦较为低落，文化发展之间的一些缺环以及老虎山文化的中衰都可能与环境的变化有关。第四，人类活动可能加剧了水土流失和资源衰减的进程。

**杨庄遗址环境考古**　杨庄遗址位于河南省驻马店市，对其进行主动性发掘，一是为了填补长江流域与黄河流域之间淮河上游考古工作的薄弱环节；二是为了开展多学科综合研究，进行环境考古的尝试，以获取人地关系方面的新认识。

1992年秋冬，北京大学考古系与驻马店市文物保护管理所联合对遗址进行发掘，发掘面积486平方米。北京大学地质系和城市与环境学系的部分学者应邀对遗址区古环境和农业信息进行了考察。杨庄遗址从选点、发掘到整理研究，都是由考古学、地学等不同学科的研究者共同完成的。将人类生存环境与人类文化同等看待的学术思想在发掘报告《驻马店杨庄——中全新世淮河上游的文化遗存与环境信息》中有鲜明体现。该著作一改以往环境研究结果多放入附录的惯例，而是在对各期遗存的描述中，把环境信息与遗迹、遗物放在一起进行说明。该研究提供了全新世中期后段淮河上游地区的古环境信息，即龙山时代的气候环境以温暖湿润为主，中晚期变得略干燥。

杨庄遗址的考古工作中，较成功地应用了环境考古的理论与方法，为运用多学科方式开展考古工作起到了示范作用。同时，在考古发掘过程中积极提取环境信息，响应了苏秉琦提出的"考古学要在自然与人的关系方面给予科学的阐述"的倡议。

**跨湖桥遗址环境考古**　2001～2002年，浙江省文物考古研究所在对跨湖桥遗址进行抢救性发掘时，开展了包括环境考古在内的多学科综合研究。浙江省地质调查研究院在遗址区专门做了一个更新世晚期至全新世的地质剖面，对第四纪地质及古生态环境进行了深入研究。

根据孢粉分析结果，遗址所在的湘湖地区在全新世早、中期经历了6个植被演替阶段，分别是阔叶针叶混交林阶段，较稀疏林、草丛阶段，阔叶针叶混交林发展阶段，森林、沼泽植被发展阶段，阔叶针叶混交林、草丛、沼泽发展阶段，落叶常绿混交林、草丛发展阶段。根据对气候变化较为敏感的地球化学指标划分

的地球化学带，与孢粉资料所显示的变化基本一致。跨湖桥遗址发掘过程中，还发现了一些海侵的迹象。根据地层、硅藻化石和地球化学等方面的证据，跨湖桥遗址及其周围地区在全新世海侵影响下经常会被海水或潮汐淹没。因此，海侵可能是跨湖桥遗址被废弃的主要原因。

**田螺山遗址环境考古**　2004年起，对田螺山遗址的连续发掘发现了十分丰富且保存极好的有机质遗物。北京大学中国考古学研究中心与浙江省文物考古研究所合作，以"田螺山河姆渡文化遗址自然遗存的综合研究"为主题，就河姆渡文化时期的经济生活开展了系列研究。首先设计古环境复原内容，通过对孢粉、硅藻、植硅石、沉积物等分别进行系统取样和分析，结合动物植物群的研究结果，复原田螺山遗址的古微地貌环境和大环境。在此基础上，讨论古代海岸线变迁对人类活动的影响及其变化，早期人类定居社会的景观特点与规律，早期人类取食经济资源的人工选择与自然选择等问题。古环境研究的目的，是为恰当理解河姆渡文化时期的生计模式提供背景。

通过对区域环境条件进行考察，根据遗址剖面样品的粒度、磁化率、黏土矿物、微量元素硼以及植硅体等实验室分析结果，研究者认为全新世中期的田螺山、河姆渡一带具有多样的地貌和环境条件的组合，栖生着多种野生动植物，一方面为古代人类的丰衣足食提供保障，另一方面也在某种程度上降低了农业发展的迫切性。此外，海平面变化对田螺山遗址及其所处的宁绍地区的古文化发展产生了重要影响。田螺山文化层之下存在受海水影响的淤泥

沉积，下部文化层沉积中盐度含量较高，文化层之上的一层淤泥也受到过海水影响。

喇家遗址环境考古　喇家遗址位于青海省民和回族土族自治县。1999年，中国社会科学院考古研究所与青海省考古所合作开展了"青海民和官亭盆地古遗址群考古研究"，对喇家遗址进行发掘是其中的重要工作。2000年，在遗址北区的三座半地穴式房址中发现了令人瞩目的史前灾难现象，此后有关喇家遗址的灾难遗迹和遗址废弃原因等问题成为学界的研究热点。

夏正楷等通过对喇家遗址进行环境考古研究，发现遗址毁灭与当时发生的地震和洪水有关。根据房址中人类遗骸的形态特征以及古地震遗迹与上下地层的关系，判断这些人应是死于地震。喇家遗址所在的官亭盆地的黄河二级阶地上广泛分布的红黏土是黄河的洪水堆积，这种红色黏土也存在于房址中人类遗骸的周围。古地震首先对喇家遗址造成严重破坏，导致地面变形、断裂及房屋倒塌，紧随其后的古洪水则淹没了倒塌的房址及其中死于地震的遗骸。另有学者将喇家遗址中发现的红黏土定性为来自盆地北部山地的泥石流堆积，认为灾难性的泥石流仅仅覆盖并毁灭了喇家聚落的东部，并没有影响到聚落的西部。

三杨庄遗址环境考古　三杨庄遗址位于河南省内黄县，是性质明确、保存完整的一处大面积汉代聚落遗址。因遗存被黄河洪水泛滥的泥沙所掩埋，该遗址及其周边区域的古环境调查一直是一项重要的工作内容，研究重点是探讨遗址的成因及其与黄河的关系，并在此基础上探索黄河的变迁史。

在遗址区域内对5个地点深达12米的地层剖面进行考古发掘，揭示了基本相同的地层堆积过程，即距地表深约12米处为厚约1米的全新世早期钙质结核层，其上为新石器时代地层堆积；深8米处为厚约1米的商代农田层；深6.8米处兼有东周至西汉中期的耕土层；深约6米处为西汉晚期至东汉早期的耕土层；深约4米处为唐代地层；近地表处为宋及宋以后地层。这些文化层之间为黄河淤沙或淤泥层间隔。根据地层堆积状况，可以了解不同时期的地貌水文环境背景。

为探索黄河变迁，研究人员在以三杨庄遗址为中心的半径20千米区域范围内进行调查。调查区域在全新世早期均存在地势较高的丘陵或低山，这些地形限制了黄河摆动的范围，不同时期的黄河故道得以确认。此外还发现了商代墓葬区以及两周时期的黄河河堤、人工沟渠及湖泊等遗迹。

皂角树遗址环境考古　1992～1993年，洛阳市文物工作队与中国科学院地质研究所、四川大学历史系考古专业合作开展皂角树遗址发掘。在按照野外考古发掘操作规程进行常规发掘外，还在周昆叔指导下开展了环境考古研究工作。一是运用水选法浮选、筛选文化层及各典型遗迹单位内的填土，浮选出属于二里头文化时期的炭化粟、黍、稻、小麦、大麦和大豆农作物以及苍耳等野生植物种子或果实，筛选出鱼类和其他小型动物的遗骨及骨针等细小文化遗物。二是利用黄土断崖剖面进行考古文化层和自然地层关系研究，发现二里头文化的灰坑被褐色顶层埋藏土叠压并打破深褐红色顶层埋藏土，东周与汉代的灰坑夹在褐色顶层埋藏土之中，唐墓被新近黄土叠压而打破褐色顶层埋藏土。三是有选择地采集古环境研究标本，进行碳十四测年、孢粉、植硅体和土壤微结构等多方面分析，得知二里头时期人们生活在较为暖湿的亚热带北缘自然环境下，恰值前期降温到后期升温的环境改善阶段中。四是进行地质考古钻探，揭示出一条古河道，皂角树先民是在古河道中的牛轭湖畔生活。这条古河道在距今2000余年前逐渐淤浅，至唐宋后湮废。

该项目是与基本建设工程相关的考古工作，且皂角树遗址只是二里头时期的一个普通聚落，但由于注重与自然科学的密切结合而获取了大量有关生业和环境的信息，正如刘东生、俞伟超、严文明等所说，"展示了考古学与自然科学结合进行研究的必要性和良好前景"。

**二里头遗址环境考古**　2008～2010年，夏正楷带领工作团队在二里头遗址开展环境考古研究。通过在二里头遗址以南的伊河北岸、遗址以北的洛河北岸和以西的两河分水岭等3个地区进行地质钻探，初步揭示了全新世阶地的沉积结构，并据此探讨遗址周边地区全新世时期的河流演变历史，制作了二里头地区全新世水系演变图。

距今10000年前是马兰黄土堆积时期，形成山间堆积平原。距今10000年前后，河流开始间歇性下切，形成伊洛河河谷及其两岸的黄土台塬、三级阶地和二级阶地。距今10000～7000年，河流以侧方移动和加积过程为主，河谷展宽，河漫滩发育。距今7000年前后，河流再次下切，形成一级阶地。距今7000～4000年，水系处于相对比较稳定的时期，伊河和洛河分别从二里头遗址的南、北两侧流过。距今4000年

前后，发生异常洪水事件，一级阶地和部分二级阶地被洪水淹没，洛河决口改道进入伊河。距今4000～2000年，泛滥平原广泛发育。汉魏时期又发生异常洪水事件，掩埋了本区的一级阶地，并造成二里头遗址以南的伊河一级阶地之上出现一层湖沼相堆积。

距今4000年前后的古洪水对二里头都邑的出现产生了深远影响。在洪水发生之时，二里头地区是一片汪洋，只有部分二级阶地呈零星岛屿状突兀于水面之上。而在洪水过后，这里出现了广阔平坦的泛滥平原，土质肥沃，利于农业发展。洪水的另外一个环境效应是古洛河的决口和改道造成二里头北侧的洛河被废弃，从而在二里头北侧形成了一个统一的冲积平原。二里头地区一改之前两河相夹、地域狭小的封闭状况，成为伊洛河平原北岸冲积平原最南端的一个高地，南望嵩山巍然屹立，北靠邙山连绵起伏，成为王朝建都的首选之地。

**伊洛河流域环境考古**　1998年1月～2000年6月，中国社会科学院考古研究所与澳大利亚拉楚布大学考古系合组的中澳联合考古队在伊洛河下游地区进行了四次拉网式考古调查，调查面积124平方千米，发现汉代以前遗址117处，还开展了地质考古学和植物考古学研究。调查资料用于评估人口变化、环境变迁、社会结构、土地利用和农业生产等方面的波动情况。

地质考古学研究调查和记录了坞罗河和干沟河两岸的地层剖面，并根据河床沉积物钻孔资料建立了两条河流的沉积序列，结果表明伊洛河下游地区在晚更新世时期以流水冲积层和发育良好的古土壤层为特征，进入全新世后

曾发生过多次河流淤积和下切过程，可能与气候变化及人类活动有关。此外，对11个遗址中的17个植硅石样品进行分析，显示其中既有小米也有水稻的植硅石遗留。在坞罗西坡遗址浮选出4粒炭化小米，其形态呈现出半驯化的特征。在3个分别属于仰韶文化晚期和龙山文化晚期的遗址中发现了水稻植硅石，这些遗址坐落在坞罗河及其支流圣水河两岸。地质考古学研究表明，当时遗址所处的台地与河谷之间高差较小，为水稻栽培提供了可能。

**颍河流域环境考古** 1996年6月～2000年7月，河南省文物考古研究所和美国密苏里州立大学人类学系合作开展颍河流域调查，目的是对颍河上游长约100千米范围内龙山文化中晚期至二里头文化时期的聚落遗址进行综合考察。在工作方法上，除传统地面踏查和勘探之外，还使用GPS（全球卫星定位仪）、GIS（地理信息系统）以及环境考古技术。在调查和试掘过程中，运用手持式全球卫星定位仪获取各遗址经度、纬度和海拔数据，并使用地理信息系统对获取的遗址资料进行综合处理，用计算机绘制比较精确的各聚落遗址彩色位置图和地形图，并将河流、道路、地形、遗址等各种空间数据进行分层放置。在2000年夏的调查中，重点对颍河上游地形地貌进行调查，并在登封石道、禹州瓦店等遗址采集土样，进行年代、植硅石、孢粉和磁化率测定，在综合分析检测的基础上绘制区域环境考古图。

主要收获包括以下几点：一是通过对遗址地貌及附近地层的调查，发现颍河上游的各期遗址均坐落在二级阶地上，这与该级阶地较为宽阔和稳定有关，而且由于为黄土母质，适于农耕，故从古至今都是人类主要活动场所；二是揭示了颍河上游的生境适宜性和景观方面优势，主要表现为黄土母质的多级台地、众多的河流、复杂多样的景观组分等；三是对文化重心由颍河谷地向伊洛河盆地的转移进行了人地关系考察。

**赤峰地区区域调查与环境考古** 赤峰地区开展过两次区域系统调查。1996～2000年，由国家文物局合组的赤峰考古队对半支箭河中游地区先秦时期遗址进行系统调查，发现先秦时期古代遗址220处，所调查的大部分遗址都采集了GPS数据。1999～2001年，内蒙古文物考古研究所、吉林大学边疆考古研究中心和美国匹兹堡大学合作开展赤峰中美联合考古研究项目，在赤峰市西南部765.4平方千米范围内进行系统调查，发现兴隆洼文化、赵宝沟文化、红山文化、小河沿文化、夏家店下层文化、夏家店上层文化和战国至汉时期遗址1223处，并采用GPS信息对遗址进行精确定位及范围划分。

在调查过程中，利用地质与地貌学研究成果评估了环境作用对遗址存在状况的影响。在赤峰地区，侵蚀作用对位于高地甚至陡坡上的遗址破坏作用有限，但河谷地带的沉积作用对调查结果影响较大。对冲积平原区内不同时期河谷地带的形态进行研究，从而对不同地段冲积层的形成时间和速度作出判断，据此评估受冲积作用影响的程度。

在调查数据以及文物地图集资料基础上建立了遗址地理信息数据库，对不同时期、不同考古学文化遗址在不同环境类型中的分布状况进行考察，为在赤峰地区开展基于定量分析、更为深入的环境考古学研究提供了基础。

**胶东半岛环境考古** 1994～1996年，中国社会科学院考古研究所袁靖主持胶东半岛贝丘遗址环境考古研究，对20个贝丘遗址进行调查，并试掘了其中3个。该项研究在调查和发掘过程中进行全方位采样，研究内容涉及古代气候、地貌、动物、植物、考古文化类型特征及古代人类生存活动等，目的是利用考古学、地学和生物学方法及资料，探讨自然环境变迁及古代人类是如何在自然环境的制约下生存的，又是如何在适应环境生存、发展的同时影响自然环境的。

研究人员根据调查、试掘和实验室分析结果，对距今6000～4860年胶东半岛南北两岸的人地关系过程进行了论述。全新世以来气候变暖形成的海侵改变了研究区域的自然环境，古人适应这种环境变化，在海边的台地上建立居住地，充分依赖周边丰富的自然资源，以采集、捞贝、捕鱼、狩猎和家畜饲养等方式获取食物。随着时间推移，人类对环境的影响逐步体现出来，表现在贝类生长尺寸的变小以及对野猪的驯化和改造。"适应环境在先，影响环境在后"的模式在辽东半岛贝丘遗址中也表现明显。贝丘遗址的消亡，除了与自然环境的变化有关，更主要的是受大汶口文化东进带来的新的生存活动方式的影响。

**葫芦河流域古文化和古环境综合考察** 葫芦河流域古文化和古环境的综合考察是国家自然科学基金委员会支持项目、中国科学院重大项目"中国气候和海面变化及其趋势的影响的初步研究"的三级课题。该项目由中国科学院地理研究所张丕远、北京大学考古系严文明设计安排，是一次环境考古的综合作业。1990年

8月，项目由北京大学考古系、城市与环境科学系和甘肃省文物考古研究所具体执行，目的是通过葫芦河流域内古代遗址分布、位置、海拔、规模和埋藏厚度以及不同层位中土壤的矿物成分和化学成分检验，探索葫芦河流域古文化孕育、产生和发展、变化的背景，进而讨论全新世以来陇东一带的环境变迁和气候变化。

研究者对大地湾一期至东周时期各考古学文化分布的北界进行了调查，并将这些考古文化的空间分布视为农业人群与农业生产活动的空间分布，进而使用人类活动总量和单位遗址的平均面积和埋藏量来推断局部环境的稳定性和资源的丰富程度。根据对文化活动空间分布各变量的计算结果，利用简单的线性回归方程，对气候变化量值进行估算。对多个遗址的文化层和自然沉积物进行多种手段的实验分析，揭示葫芦河流域全新世以来环境变化的过程。研究者认为，温度、降水量和河面高度的变化是人类活动分布的纬度变化、海拔变化、离河高度变化，以及人类活动规模变化、植被变化的根本原因。

**澧阳平原环境考古** 1998年10月～2001年9月，湖南省文物考古研究所和国际日本文化研究中心合作开展澧阳平原环境考古学以及有关综合研究项目。项目的具体实施地点以澧县城头山遗址为主，目的是通过考古发掘和环境考古学调查探索与史前时期重大变迁有关的生态背景。

中日双方相关学科的学者在城头山遗址开展澧阳平原环境考古的多方面调查和研究，通过低空测量，掌握了遗址全貌；通过孢粉分析，揭示出城头山遗址位于常绿阔叶林覆盖下

较为干燥的高地上；通过植硅石分析，发现了接近7000年前的水稻田；通过木材分析，发现聚落的建筑材料多为枫香树；通过对昆虫化石和寄生虫进行分析，检出大量屈家岭文化时期以后的鞭虫卵，表明都市化的进展所引发的城内污染愈发严重；区域文化的衰落可能与4200年前的气候变化有关。

中华文明探源工程中的环境研究　中华文明探源工程是由科技部支持的一项多学科综合研究中国历史与古代文化的重大科研项目，从2001年"预研究"起，至2016年结项的"探源四"，环境课题都是重要组成部分。

相关内容可概括为4个方面。一是在中国文明起源的各中心地区，重建区域环境特征和全新世中晚期的环境演变历史，探讨各区域环境特征及其演变同古代人类文化发展以及文明化进程之间的关系。二是通过对都邑性聚落遗址环境要素（包括地质、地貌、气候、水文、土壤、植被、动物群等）进行高分辨率的系统重建，阐明环境对都邑性聚落功能、社会结构和兴废历史的影响，以及对中华文明进程的影响。三是对洪水、地震、降温等突发性灾害事件过程和机理进行研究，讨论这些事件对不同区域人类活动影响的差异。四是从人地关系角度对中华文明起源与发展的一些重大理论问题给出初步解释。课题负责人莫多闻认为，全新世时期有利的环境条件，孕育各地区新石器文化的长期发展和繁荣，为中华文明的多元起源奠定了悠久的历史和文化基础；各区域环境特征及其演变的差异是促成中华文明"多元一体"发展模式的重要原因；在对区域文化可持续性发展、整合规模以及文化

交流等方面产生影响的环境条件上，中原地区都明显优于其他地区，由此最终形成中原"一枝独秀"的格局。

长江流域环境考古　南京大学朱诚带领的研究团队在多项国家自然科学基金及科技部国家科技支撑计划项目资助下，通过大量野外调查和室内多指标实验分析，在长江流域上、中、下游多个遗址和区域开展系统的环境考古研究，并形成专著《长江流域新石器时代以来环境考古》。

研究成果主要包括3个方面：一是对长江流域新石器时代至夏商周时期人类考古遗址时空分布进行系统研究，揭示不同时期遗址时空分布变化与河流地貌演变和海侵事件之间的关系；二是对长江流域典型人类考古遗址的地层进行年代学、考古学、微体古生物学、地层学、沉积学和地球化学等各类环境代用指标的系统研究；三是将长江流域全新世典型自然剖面的环境变化记录与典型人类考古遗址地层进行集成对比研究，揭示区域人地关系演变的历史规律。

北京地区环境考古　北京地区的环境考古是按照"环境考古"理念和工作方法进行的首次田野实践，标志着中国学科意义上环境考古的出现。

1984年，平谷上宅遗址的发现引起长期研究北京城市历史的侯仁之的重视，并邀请中国科学院地质研究所周昆叔在上宅遗址就古环境问题开展合作研究。1987年1月，周昆叔与北京大学地理系历史地理教研室于希贤、武弘麟对上宅遗址进行了初步考察，并于2月14日在北京市文物事业管理局对踏勘结果进行了报

告。随后,在侯仁之主持下,北京市古籍管理与保护委员会环境考古分委员会成立,推动以平谷上宅遗址为重点的北京市环境考古研究工作开展。

北京的平原地区,以永定河和潮白河为界可分为三大台地,西南为房山-良乡台地,面积最小,而且被河流切割得比较破碎;中部至北部为昌平-北京城台地,面积最大;东部为杨各庄-平谷台地。这些台地的堆积主要形成于晚更新世,是新石器时代至商周时期遗址分布的主要地貌单元。战国至秦汉时期,郡县城址从二级台地逐渐转向靠近河床的低谷,这一过程与全新世晚期气候明显变干变凉有关。之前的泛滥平原呈现出水乡泽国的景观,发育有泥炭,而到距今2000年前后,随着河流的下切,大量湖沼被疏干,这一地貌单元上的土地才开始适于人类活动。总之,北京先民聚落迁移的整体趋势是由山地而平原,由台地而低谷。农业兴起于新石器时代早、中期的山前二级台地上,发达于历史时期的低谷平原地区。

**河套地区先秦两汉时期文化、生业与环境研究** 2003年3月,张忠培在对河套地区先期调查基础上发起和主持河套地区先秦两汉时期文化、生业和环境研究项目,并召集内蒙古、山西、陕西三省区课题负责人在故宫博物院举行会议,对课题目标和技术路线达成共识。其中与环境考古相关的目标是搞清楚该地区诸考古学文化的生业及其与环境的关系,并从对人地关系的认识中获取经验与教训。在技术路线上,要对所获得的遗存进行生物、物理、化学和地质学等方面的测试分析和研究,这项工作被视为课题成败的关键。

项目启动后,三省区的考古所分别选择内蒙古中南部的浑河流域、山西柳林县三川河流域以及陕北无定河支流大理河流域进行地毯式调查,并对一些遗址进行发掘。其中,陕北地区的调查有古环境研究方面的学者全程参与。此外还对先期发掘的神木新华遗址的古环境进行了重新研究,发现该地区古文化发展与自然地理特征及环境演化存在十分密切的关系,表现在全新世大暖期的适宜环境使古人能够以农牧兼营的方式在新华遗址这样的固定沙丘上生存。

# 四、人骨考古

中国科学院古脊椎动物与古人类研究所的前身为成立于民国18年(1929年)4月的农矿部地质调查所新生代研究室,是中国最早从事人骨考古研究工作的科研机构,主要是对旧石器时代的人类化石开展古人类学研究。1950年8月,中国社会科学院考古研究所成立,归中国科学院管理,1977年改归中国社会科学院管理。该所的科技考古研究中心是中国人骨考古研究的核心力量,主要研究新石器时代以后的古人种学、古病理学、古人口学等。20世纪80年代初期,吉林大学开始人骨考古研究;1985年,吉林大学考古学系建立体质人类学实验室;1987年,与吉林大学生命科学学院合作联合组建吉林大学考古DNA实验室。吉林大学人骨考古研究重点包括古人种学、古病理学、古人口学、分子考古学、法医考古学与骨骼功能压力和生物力学等领域。

随着考古学科跨越式发展,国内开设人

骨考古研究的大学和科研院所越来越多，包括北京大学、西北大学、四川大学、山东大学、中山大学、中国人民大学、中国科技大学、中国科学院大学、南京大学、复旦大学、浙江大学、厦门大学、郑州大学、辽宁大学、山西大学、中央民族大学、中国地质大学（武汉）、中南大学、南开大学、兰州大学、内蒙古师范大学、呼和浩特民族学院、河南大学、国家博物馆、南京博物院、辽宁博物馆、新疆博物馆、宁夏博物馆、河南省文物考古研究院、陕西省考古研究院、云南省文物考古研究所、湖南省文物考古研究所、湖北省文物考古研究所、内蒙古文物考古研究所、四川省文物考古研究院、成都文物考古研究院等。

**古人类学研究** 古人类学方面，以周口店遗址北京人化石为代表的众多古人类化石的发现与研究是该领域的主要工作。20世纪50～60年代，吴汝康提出"人类体质发展的不平衡性"和"从猿到人存在发展的过渡时期"学说；1984年，吴新智等提出现代人起源的"多地区进化"学说；1988年，吴新智提出中国古人类"连续进化附带杂交"假说；20世纪末以来，刘武通过对比中国和非洲、欧洲的直立人、智人化石（主要是牙齿和颅骨），发现中国古人类演化的镶嵌性特征。在古人类学的教育和普及方面，有贾兰坡《中国猿人》《人类的黎明》，吴汝康、吴新智、邱中郎、林圣龙《人类发展史》，吴汝康《古人类学》，吴新智《人类进化足迹》，李天元《古人类研究》，周国兴《人之由来》等著作。

**古人种学研究** 古人种学领域取得了诸多研究成果。1965年，颜訚对柳江人和山顶洞人进行对比研究，发现中国华南和华北地区晚期智人在形成蒙古人种的体质特征过程中存在显著差异。1984年，韩康信、潘其风对中国古代人种研究进行回顾与总结，指出中国智人与西方智人化石有不同的种属发展趋向，新石器时代和早期历史时期中国境内古代人的体质发展已经接近同地区现代人种类型，并对中国古代人种类型进行了初步划分。1985年，《安阳殷墟头骨研究》出版，整合了30余年来李济、杨希枚、韩康信、潘其风等学者对殷墟古代居民的人种学研究成果。

自20世纪70年代起，潘其风在对若干考古墓地出土的人骨进行研究时，将考古学研究和人种学研究相结合，这种研究模式成为中国古人种学研究特色，此外还提出以燕山山脉和长江为屏障的三大人种地理分布区，为中华民族多元一体格局的形成提供了人种学的依据。20世纪70年代以来，韩康信对西北地区的甘肃、青海、新疆、宁夏等地出土的古代人骨资料进行系统研究，描述中国西北地区的古代种族特征，探讨新疆古代居民存在的非蒙古人种体质特征因素，研究中所采用的多元统计学方法为学界广泛借鉴。20世纪末至21世纪初，朱泓发表一系列论文阐述并建立了中国先秦时期古代人种类型的划分体系，概括各类型的颅面形态特征，包括古东北、古中原、古华北、古西北、古华南等5个类型，成为中国古人种学研究的重要框架。近年来，刘武通过对牙齿形态进行研究，探讨中国新石器时代人类牙齿特征的表现特点及其在东亚地区蒙古人种起源与演化上的意义。

**古病理学研究** 古病理学领域取得了诸多成果。1959年，毛燮均、颜訚发表《安阳辉县殷代人牙的研究报告》，开中国古病理学研究之先河，此后古代人类口腔疾病研究成为中国古病理学研究的主流方向。北京医学院、中国社会科学院考古研究所、吉林大学、北京大学和中国科学院古脊椎动物与古人类研究所的多位学者，先后对从旧石器时代到明清时期人类的龋齿、牙周病、磨耗、根尖周病、颞下颌关节病、错颌畸形、釉质发育不全、氟牙症、智齿阻生、牙结石等进行研究，并将龋齿、磨耗、釉质发育不全、牙结石等与人类饮食结构、生业模式、行为习惯相关联，为考古学研究提供信息。除口腔疾病外，20世纪70年代以来，潘其风、韩康信在对各地考古出土人骨撰写的研究报告中，时常涉及对颅后骨骼创伤、退行性疾病、发育异常等病变的记录和描述。20世纪90年代，中国科学院古脊椎动物与古人类研究所对国内发现的古代人类骨折、强直性脊柱炎、麻风病和梅毒病标本进行了描述和诊断。1992年，北京大学对甘肃酒泉青铜时代人类骨骼肿瘤、氟骨症、骨包虫等病症进行了鉴定。此后，对考古发现的人类骨骼创伤、关节炎、肿瘤等常见病理现象进行的报道愈来愈多。

古病理学研究还包括对人类特殊行为和习俗造成的病理现象的研究。韩康信、潘其风对黄河下游、长江下游、汉水流域、珠三角一带发现的新石器时代拔牙现象进行过论述，认为可能与婚姻制度有关，并指出该习俗从北向南传播和衰退的趋势，大汶口文化居民可能是此习俗的源头。韩康信、谭婧泽、何传坤对中国发现的史前人类头骨穿孔现象进行整理，著成《中国远古开颅术》一书，在国内外引起较大

反响。韩康信、潘其风等对山东、苏北地区发现的新石器时代人类口含石球造成的颌骨、牙齿病理进行了研究。此外，众多学者对发现于山东、江苏、新疆等地古代人类颅骨的人工变形进行过描述。

**分子考古学研究**　分子考古学是结合尖端生物技术的新兴科学，主要指对古DNA分子的研究。1981年，湖南医学院对马王堆汉墓出土古尸中的核酸进行分离与鉴定，是世界最早的古DNA研究实践，为国际学术界普遍认可。

20世纪90年代以来，吉林大学考古DNA实验室、复旦大学生命科学学院、中国科学院古脊椎动物与古人类研究所、中国社会科学院考古研究所等相继开展人类古DNA研究。吉林大学对中国新疆青铜时代至早期铁器时代古代人群进行研究，以了解新疆地区不同人种和中西方人群之间的基因交流情况；对内蒙古中南部古代人群进行研究，以了解中国北方游牧文化与农耕文化人群之间的互动关系；对华北、东北、西北地区古代人群进行研究，以探索鲜卑、契丹等古代民族遗传学类型和北方汉族的起源问题；开展对蒙古族族源问题的考察。复旦大学对中国西北地区青铜时代至早期铁器时代、山东先秦至汉代、湖北悬棺葬、长江三峡地区古代人群进行mtDNA和Y-DNA研究，以探索古代人群之间的亲缘关系和考古遗址居民的族属、分布及发展过程。中国科学院古脊椎动物与古人类研究所对现广泛分布于台湾海峡、东南亚和太平洋西南部岛屿的南岛语系人群与新石器时代中国南方沿海地区人群进行遗传学联系研究等。上述分子考古学研究成果已引起国

内外学术界的密切关注，伴随着基于高通量测序技术的全基因组测序研究的推广，中国分子考古学研究展示出巨大的发展潜力。

古人口学研究　古人口学是一门较新颖的学科，但如果将对人骨性别、年龄的鉴定和统计作为此学科最早的研究内容，那么古人口学在中国的研究史也是比较久的。早在李济对殷墟的发掘中便进行过出土人骨的鉴定，但最早真正应用人骨鉴定结果的是1980年张忠培对华县元君庙仰韶墓地的研究。20世纪90年代，北京大学对中国新石器时代墓葬成年人骨性比异常问题、中国古气候和史前人口的相互关系进行过探讨，中国社会科学院考古研究所对姜寨遗址人口与社会组织进行过研究，这些是中国古人口学研究的早期成果。2011年出版的《黄河中下游地区史前人口研究》（王建华著），是中国古人口学领域的第一部专著。

截至2017年，国内该学科的研究方法仍以获取基本人口结构数据（如性别比、年龄结构、预期寿命）为主，尚处于起步阶段，在统计学方法、古人口模型构建和理论探讨等方面与国外学术界存在较大差距。

骨化学研究　骨化学研究主要是利用食谱分析来解决考古问题。1984年，中国社会科学院考古研究所蔡莲珍、仇士华在《考古》杂志上发表国内该领域首篇论文《碳十三测定和古代食谱研究》，对仰韶时代到近代的十处遗址人骨的碳十三数据进行分析。20世纪90年代，北京大学和广西医科大学等对古代人骨化学元素成分的分析具有开拓性意义，分析出了人骨中的多种常量元素和微量元素含量。21世纪以来，人骨的稳定同位素分析逐渐成为国内人骨

考古中不可或缺的部分，除中国社会科学院考古研究所外，中国科学院大学、中国科技大学、中国农业科学院、中国科学院地球环境研究所、吉林大学、西北大学、山东大学、山西大学等单位的科研人员都参与了骨化学的研究或合作。从研究方法看，主要是对C、N稳定同位素和Sr/Ca、Ba/Ca的研究，以获取对古代人群饮食结构的认识；中国社会科学院考古研究所对张掖黑水国遗址、襄汾陶寺遗址、禹州瓦店遗址，以及中国科技大学对舞阳贾湖遗址出土人骨进行的Sr同位素分析是较新的尝试。

骨骼功能压力和生物力学研究　骨骼功能压力研究一般包括对骨骼在沃夫法则（Wolff's Law）原理下所产生的肌腱韧带附着点改变、关节面形态改变和"假关节"等骨骼表现进行研究。骨骼生物力学研究是对骨骼几何形态的生物力学属性进行定量分析的一种方法，可以获知骨骼的粗壮度、身体惯用侧、肢体受力情况等信息，一般采用对长骨横截面的分析。研究目的是推测人类的行为，进而获得与古代人类经济形态、职业、生活习惯等方面的有关信息。中国在这方面研究还很少，有很大发展空间。比较重要的成果有"跪踞面"的发现，这是一种因经常保持跪姿而在第一趾骨近端造成的假关节面。中国社会科学院考古研究所对滕州前掌大遗址和殷墟花园庄东地54号墓出土人骨的研究中，四川大学对殷墟大司空和刘家庄北地遗址出土人骨的研究中，都发现了距骨"跪踞面"的存在。还有一种被称作"骑马小平面"的，是由特殊的功能性压力所致的股骨颈部形态的改变，被认为可能与人类长期的骑乘行为有关。吉林大学对新疆哈密黑

459

沟梁墓地出土西汉时期人骨研究，四川大学对山西泽州和村遗址出土春秋时期人骨研究中，都发现了"骑马人小平面"的存在。此外，北京大学对出土于江苏镇江的"高资人"股骨化石以及北京军都山墓地东周人群的股骨进行了横截面的生物力学研究。中国科学院古脊椎动物与古人类研究所近年来也利用CT扫描技术开展了多项古人骨生物力学研究工作。

# 第六节　遥感考古项目

20世纪50～70年代，中国的遥感技术发展虽尚不成熟，但已简单、零散应用于考古研究中。1955年，为配合三门峡水库建设，在考古调查和发掘工作中，就使用了林业部调查局航空摄影测量队对黄河中、下游地区航空摄影测量所获航空摄影影像，对三门峡水库区古代遗址、墓葬的分布进行分析研究。

20世纪80年代，中国遥感事业空前活跃，"六五"计划将遥感列入国家重点科技攻关项目，遥感技术得到迅猛发展。一些遥感和考古工作者开始进行遥感考古的有益尝试和探索研究。1980年，天津在工业项目施工时用遥感勘测了古运河水道。1982年初冬，北京大学在湖北沙市周梁玉桥遗址进行发掘时，借用一架喷洒农药的安-2型飞机拍摄了发掘工地全景。1984年4月～1985年3月，地质矿产部、城乡建设环境保护部、文化部文物事业管理局和北京市政府联合运用航空遥感技术对北京地区长城进行现状调查，查明长城空间分布格局、长城损坏状况并进行长度测量等。1985年底，为探查秦始皇陵地下文物遗迹分布以及滑坡等地质灾害对陵园文物的影响，煤炭航测遥感中心、陕西省考古研究所以及秦始皇兵马俑博物馆合作对秦始皇陵进行遥感探测，发现骊山北坡的唐华清宫南界有4处仍在活动的滑坡位置。

1987年，安徽省考古研究所和安徽省地质局遥感地质站合作，在安徽开展对战国晚期寿春古城的航空摄影考古，用早期航片、彩色红外像片及卫星影像确定了古城范围和护城河水道，并采用地球物理探测技术进行了验证。1989年，黄河委员会自动化测报计算中心利用遥感技术编制黄河下游古河道图，清晰反映出西汉以来的6次黄河大改道。同一时期，以华东师范大学地理学系教授刘树人为代表的研究小组开始对长江三角洲的江苏镇江地区的土墩墓和古城址进行遥感考古研究，取得了一些成果。

20世纪90年代，基于大量的实验研究，中国遥感考古事业进入专业化建设阶段，逐渐成立专业化的遥感考古应用研究机构，形成蓬勃发展的局面。1993年底，华东师范大学城市与环境考古遥感开放研究实验室利用遥感技术先后对镇江商周台形遗址长江中下游地区的土墩墓、中原地区大遗址以及丝绸之路、金界壕等北方重要考古遗迹进行遥感考古研究，取得大量成果。1994年，中国科学院遥感应用研究所与美国航空航天部门合作，利用航天飞机SIR-C图像探测宁夏与陕西交界处的隋代、明代长城遗迹。同年，国家文物局、中国历史博物馆与德国波鸿鲁尔大学史前史专业签订了开展遥感与航空摄影考古的合作意向书，为中国遥感考古专题项目的实施奠定了基础。1996年，文化部、国家文物局将发展航空考古列入《中国文物、博物馆事业'九五'计划及2010年远景目标纲要》，并将启动航空摄影考古工作列为文化部1996年工作重点。1996年4月26日～5月28日，中国历史博物馆与洛阳市文物局合作实施中国首次大规模航空摄影考古调查。1997年10月8～29日，中国历史博物馆和内蒙古文物考古研究所合作，在德国专家的协助指导下，于内蒙古东南部地区开展大规模航空摄影考古。1996～1999年，山东省文物考古研究所与德国波鸿鲁尔大学合作开展临淄地区遥感考古研究，通过判读美国国家档案馆馆藏二战时期航片，确定多处已在地面消失的遗迹，并于2000年出版《中国临淄文物考古遥感影像图集》。

进入21世纪，中国主要遥感考古科研单位的联合以及中国遥感考古机构与国际遥感考古机构的合作，把中国遥感考古事业推向发展的新高度。2001年11月29日，中国科学院、教育部、国家文物局遥感考古联合实验室在北京成立，并相继在安徽、浙江、四川、重庆、河南、湖北、福建、江苏、云南、内蒙古、陕西、新疆、河北等省、自治区、直辖市成立实验室遥感考古工作站。为解决申遗成功后的遗产保护难题，国家文物局与遥感测绘行业联手，将空间信息技术用于文物保护监测，建设互联互通、实时进行数据交互的国家级监测平台。2005～2012年，中国国家博物馆、故宫博物院与四川考古院等单位合作开展"穿越横断山脉"考古探险活动，对五尺道、米仓道等文化遗存进行考古探险调查，通过遥感技术手段获得基本遗存信息以及走向等重要线索。"十三五"期间，由湖南、湖北、福建、河南、河北、山西、内蒙古等省和自治区合作开展的"万里茶道"项目以及东南沿海明清海防项目，大量使用了遥感、地理信息系统等空间信息技术。这一阶段，中国和意大利政府合作开展了遥感技术在中华文明探源中的应用研究（2013～2015年）、吴哥遗产地环境遥感（2014～2016年）、中国典型遗址遥感与地球物理综合考古研究（2015～2017年）等科研项目。

## 一、遥感考古机构与队伍

1993年底，经国家教委批准，华东师范大学建立城市与环境考古遥感开放研究实验室，是中国第一个以遥感考古为主要研究方向的学术研究机构，刘树人任实验室主任。2003年，城市与环境考古遥感开放研究实验室通过教育部评审，更名为"地理信息科学教育部重点实验室"。

1995年，中国历史博物馆开始筹建航空摄影考古工作小组。1996年，中国历史博物馆获批在不增加编制情况下组建航空考古工作小组，俞伟超任组长。1997年，中国历史博物馆成立遥感与航空摄影考古研究中心，为测绘资料档案归口管理单位。2002年9月26日，国家文物局批复同意在中国历史博物馆设置遥感与航空摄影考古中心。

2001年11月29日，中国科学院遥感应用研究所、华东师范大学和中国历史博物馆共同组建成立中国科学院、教育部、国家文物局遥感考古联合实验室，郭华东任联合实验室主任。

联合实验室的办公室、研究部设在中国科学院遥感应用研究所，培训部设在华东师范大学，资料部设在中国历史博物馆。联合实验室成立后在10余个省、自治区、直辖市成立遥感考古工作站。2002年10月12日，安徽遥感考古工作站在安徽师范大学成立；2004年4月1日，江苏遥感考古工作站在南京大学成立；2004年9月22日，陕西遥感考古工作站在中煤航测遥感局成立，由中煤航测遥感局、陕西省考古研究所、西北大学和西安交通大学共同组建；2004年10月28日，云南遥感考古工作站在云南大学成立，由云南大学、云南省考古研究所、云南省博物馆共同组建；2004年，内蒙古遥感考古工作站在内蒙古文物考古研究所成立，浙江遥感考古工作站在浙江教育学院成立，河南遥感考古工作站在河南省科学院地理研究所成立；2009年6月8日，新疆遥感考古工作站在新疆文物考古研究所成立；2012年3月19日，河北遥感考古工作站在河北省文物保护中心成立。此外湖北遥感考古工作站（湖北大学）、福建遥感考古工作站（福州市考古队）、四川遥感考古工作站、重庆遥感考古工作站以及山海关长城遥感考古工作站也相继成立。

2004年4月9日，科技部高新技术发展及产业化司与国家遥感中心同意以中国科学院、教育部和国家文物局遥感考古联合实验室为依托成立国家遥感中心自然与文化遗产遥感研究部，业务接受国家遥感中心指导。

2011年7月24日，联合国教科文组织国际自然与文化遗产空间技术中心（简称HIST）在北京成立。该中心依托中国科学院遥感与数字地球研究所建设。

## 二、重要遥感考古项目

**宁夏和陕西交界古长城探测** 1994年，中国科学院遥感应用研究所在宁夏和陕西交界处进行古长城探测。

考古探测发现，在干沙覆盖区域，角反射器效应和雷达的穿透能力能有效识别长城，波段与极化在探测长城这类线性目标时具有重要作用。

利用多波段多极化成像雷达和野外实地调查识别出的古长城位于宁夏盐池县到陕西定边县、安边县。盐池县共有古长城三道，一道为隋代修筑，两道建于明代，明代长城向东延伸到陕西定边、安边。隋长城修建于隋开皇五年（585年），黄土夯筑，倾塌十分严重，断断续续呈残包状，宽约4米，残高1～3米。明长城分两道，称头道边及二道边。头道边修于明嘉靖十年（1531年），黄土夯筑，基宽6～8米，残高6～8米，夯层厚10～13厘米。二道边基宽6～8米，残高1～4米，顶宽1～3米，夯层厚13厘米，每隔百米左右筑方形敌台，大部分已倾塌殆尽。

**洛阳地区古代遗迹航摄调查** 1996年4月26日～5月28日，中国历史博物馆、洛阳文物工作队使用Y-5型飞机及R-22直升机对河南洛阳及周边地区的邙山墓群、汉魏故城、偃师商城、二里头遗址、隋唐洛阳城以及安阳、巩义、郑州等地部分古代遗址、陵墓进行航空摄影考古勘察工作。

考古飞行时间44小时，覆盖面积1000余平方千米，拍摄遗迹90余处。由于航摄时机恰当，地表植被标志较显著，发现诸多耕土下遗迹的分布状况。邙山墓群大小封土在国家测绘部门提供的1:10000地形图上基本上都已被标绘出来，部分封土还标出了名称，如"汉章帝家"等。此次勘察中，除观察研究已知封土外，还发现了一批地面上已无封土痕迹的墓葬以及封土周围的建筑遗迹。对汉魏故城城内及城外29处遗迹进行拍摄，大型夯土台基和建筑遗迹在麦田中得到不同程度反映。偃师商城区域内观察到7个地点，其中比较有代表性的是一处居住遗址。二里头遗址区域观察拍摄6个地点，遗迹现象十分明显。

**内蒙古东南部航摄考古调查**　1997年10月13～29日，中国历史博物馆、内蒙古自治区文物考古研究所在内蒙古赤峰、宁城、巴林右旗、锡林郭勒，使用Y-5型飞机，对汉黑城，辽上京、中京、祖州、祖陵、庆州、庆陵、缸瓦窑、金桓州城、界壕，元上都、应昌路、砧子山墓地、一棵树墓地、羊群庙祭祀址，以及小黑石等遗址进行全覆盖性的航摄考古调查。

**内蒙古中南部陕西北部航摄考古调查**　2002年10月11～25日，中国国家博物馆、内蒙古自治区文物考古研究所在内蒙古和林格尔、托克托和陕西榆林靖边，使用蓝鹰-Ⅱ型超轻型飞机对盛乐城、云中城、大红城、小红城、玉林城遗址进行航摄考古调查。

这是国内首次采用鸭式超轻型飞机进行航空摄影考古调查。航摄任务由一名驾驶员搭载一名摄影员完成，飞机进行了相应的改装，在机舱侧窗开摄影孔，摄影员手持相机进行航摄，获取数千张地面遗迹彩色照片。

**秦始皇陵考古遥感与地球物理综合探查**　2002～2003年，中国煤炭地质总局航测遥感局、中国地质调查局、中国测绘科学研究院、上海技术工程研究所、阎良试飞院、陕西省考古研究所，在陕西西安临潼区的骊山北麓，开展定量遥感物探考古应用关键技术探索和研究试验。

探测到由地宫开挖后回填夯土所引起的明显重力异常以及弹性波法的反射异常；主要由与开挖范围对应的封土堆中的细夯土墙引起的明显磁异常；由墓室引起的高电阻率异常；围限在上述开挖范围内的汞异常；由石质宫墙引起的重力异常、绕射点异常和定源瞬变电磁X分量高阻异常。

这些异常勾画出一座巨大的地下建筑群，即地宫的轮廓，地宫位于封土堆中部下方；开挖范围主体约东西长170米、南北宽145米；开挖范围主体和墓室均呈矩形；封土堆中细夯土墙高30余米，东西长约145米、南北宽（外沿）约125米；石质宫墙顶深约469米（海拔），高约14米，厚8米，东西长145米、南北宽125米；墓室位于地宫中央，顶深约475米（海拔），高15米、东西长约80米、南北宽约50米，主体尚未完全坍塌；阻排水渠的阻水效果仍然存在，墓室未进水；地宫中存放有大量水银；墓室中可能存有金属制品；地宫未发现类似东西墓道结构的南北墓道。

**丰镐地区历史与环境变迁遥感勘测**　2005年5月～2006年4月，中国国家博物馆、陕西省考古研究所、中煤航测遥感局及所属遥感应用研究院合作，在陕西西安长安区及户县，使用Y-12型飞机携带OMIS2成像光谱仪对丰镐两京遗址及文献所载西周王陵区进行高光谱遥感考古探测。

2005年5月，执行地面定标和日航、夜航多架次遥感飞行，获取计划测区的高光谱和热红外数据，收集该地区的多种遥感和地面勘测数据，并对数据进行细致、科学的处理和分析，通过可见光—短波红外波段高光谱图像处理、热红外波段图像处理提取一系列异常区域，为考古勘探划出重点范围。2005年6～7月，对不同的异常区进行分期野外调查和分析，最终圈定11处异常区。2005年冬至2006年春，陕西省考古研究所选择6处便于工作且面积较大的异常区域，采用2米×2米见方的布孔方式进行布点勘探。勘探过程中如发现迹象，一律加密探孔以确定范围和平面形制。经勘探，选择勘探的6处异常区均有古代墓葬或其他遗迹存在。共发现古代墓葬46座，古代灰坑8个，近现代墓葬数百座，活土坑约10处。为遥感技术在考古学研究领域的应用提供了验证依据，并填补了丰镐地区部分地段地下遗迹分布信息的空白。遥感考古工作还提出了沣河曾经改道的可能性，为下一阶段探寻丰镐城址提供了新线索。

**包头及鄂尔多斯地区航摄考古调查** 2005年11月，中国国家博物馆、内蒙古自治区文物考古研究所，在内蒙古包头、鄂尔多斯、和林格尔、清水河等地，使用Y-5型飞机对秦直道、秦长城、麻池城、盛乐城、云中城、界壕等古遗址进行航摄调查。

这次航摄调查是在地面调查基础上进行的，由于遗迹分散且多位于山区和丘陵地带，所以获取的遗迹点坐标数量较少，空中搜索较为困难。航摄人员与导航员、飞行员竭力配合，在有限航程中摄取了大量地面遗迹影像。

**居延遗址群航摄调查项目** 2006年4月，中国国家博物馆遥感与航空摄影考古中心、内蒙古自治区文物考古研究所、中国测绘科学研究院中测新图（北京）遥感技术有限公司在内蒙古额济纳旗，使用LARS-1超轻型飞机低空数码遥感系统，对汉居延城与烽燧、唐大同城、西夏黑城、元村落遗址与农业遗迹等进行航空拍摄。

这是国内首次将GPS导航数字航摄技术应用于考古调查，除获得居延遗址群、黑城等大型遗迹的高分辨率正摄数字影像外，还新发现两处寺院遗址及多处水渠、稻田遗迹。该低空数码航摄系统可车载运抵航摄区域附近，对起降场地要求较低，具有灵活机动、安全性较高和飞行成本较低等特点，所获垂直航摄影像分辨率高，可清晰判读地面遗迹并达到考古测绘要求。

**空间信息技术在大遗址保护中的应用研究（以京杭大运河为例）** 2006～2010年，清华大学、中国文化遗产研究院、中国国家博物馆、中国科学院遥感应用研究所、中国水利水电科学研究院组成课题组（参与单位包括北京市文物研究所、天津市文化遗产保护中心、河北省文物保护中心、山东省文物考古研究所、南京博物院、浙江省文物考古研究所、江苏省文物考古研究所、东南大学），开展了空间信息技术在大遗址保护中的应用研究课题，主要对地理信息系统（GIS）、遥感（RS）、全球定位系统（GPS）、虚拟现实系统（VR）等空间信息技术全面应用于中国历史文化遗产保护领域进行技术攻关，从而全面提高中国历史文化遗产保护的调查、规划、管理、监测、研究和宣传展示水平；以京杭大运河为例进行空间信息技术在大遗址保护中应用的示范研究，为京杭大运河保护规划提供先进的科学技术工具，建立京杭大运河时空演变框架，助力中国大运河申报世界文化遗产。主要任务是建立空间信息技术在大遗址保护中应用的框架体系和标准规范，研究空间数据在历史文化遗产保护中的应用方法，研发京杭大运河保护地理信息系统、京杭大运河保护规划辅助支持系统、京杭大运河保护虚拟现实系统、京杭大运河文物数据采集系统、南水北调东线工程文物抢救保护辅助支持系统等，为大遗址特别是京杭大运河历史文化遗产保护的规划、管理奠定基础，为线性历史文化遗产（如丝绸之路、长城等）和其他各种大遗址（如汉长安城、洛阳古城等）保护空间信息技术应用提供示范。

课题组以京杭大运河为研究对象，基于不同时相的遥感影像资料、地形图资料以及各类文献资料，结合现代勘察测量手段，对运河本体、附属文物、城市等进行详细调查，获取了运河全线的测绘资料，明晰了京杭大运河的时空变迁，建立了京杭大运河空间信息数据库。课题组将现代空间信息技术与考古学、文献学、科技史等学科研究成果融合，建立了空间信息技术在大遗址保护中应用的框架体系，起草国家标准1项、行业标准4项。研发"京杭大运河遗产保护地理信息系统""大遗址保护规划辅助支持系统""大遗址保护虚拟现实可视化系统""大运河野外数据采集系统"等一系列应用软件，为运河文化遗产的价值研究、保护规划、管理提供了新的技术手段和管理平

台，对大遗址保护的空间信息技术应用具有示范作用，为大遗址管理、研究、监测、展示提供了重要支撑。

**新疆特殊区域遥感考古调查** 2009～2010年，中国科学院遥感应用研究所、中国国家博物馆、新疆维吾尔自治区文物局利用遥感技术在新疆进行大范围考古调查与遗址分析。在人迹罕至的荒漠草原地区预测发现大量古遗址，填补了恶劣环境下地面调查的空白；对广阔区域内分布的遗址进行有效识别，弥补了地面调查的疏漏。

新疆大部分地区以及广阔的沙漠与戈壁等无人区的遗址预测与分析，建立了新疆不同地理环境下地面遗址疑似点遥感分析专题资料库，为深入研究提供了大量基础数据。

**遥感技术在中华文明探源研究中的应用研究** 2010～2015年，中国科学院遥感应用研究所、中国国家博物馆、清华大学、中国社会科学院考古研究所对山西临汾陶寺遗址、河南偃师二里头遗址、浙江余杭良渚遗址、湖北天门石家河遗址、山东章丘城子崖遗址、辽宁建平牛河梁遗址、河南灵宝西坡遗址、安徽含山凌家滩遗址、内蒙古敖汉旗刘家屯遗址、河南登封王城岗遗址、甘肃陈旗磨沟和齐家坪遗址、四川新津宝墩遗址等重点区域古遗址的波谱特性、几何特征、空间分布规律进行研究，为识别遗址的空间布局及重要资源的空间分布提供科学支撑，从空间角度研究中华文明的时空演变过程，应用虚拟技术重建古环境和历史原貌，建立遥感考古影像库及遥感考古理论体系和技术规范。

遥感技术在中华文明探源研究中的应用主

要包括获取研究区域内的低、中、高空间分辨率，可见光到微波波段的多光谱以及从二战航片到现代的高时间分辨率遥感图像，建立完备的中华文明探源遥感考古数据库；得出遗址／大型遗迹空间信息的可视化特征与最佳识别方法，为面向遗址／大型遗迹的图像解译、目标识别与图像融合提供基准波段／波长／分辨率等参数组合；提取长时序多源遥感数据遗址／大型遗迹本体时空分布信息，为遗址／大型遗迹现状评价与保护规划方案的制定及遗址／大型遗迹区域环境变迁研究提供重要依据；分析与重建遗址／大型遗迹时空分布与背景环境信息，并结合考古、历史、地学等知识，分析遗址／大型遗迹区域环境的演变。

**丝绸之路南道中段线路变迁及其驱动机制（且末—于阗段遥感考古研究）**　2013年1月～2016年12月，中国科学院遥感与数字地球研究所利用空间信息技术，研究干旱区人类遗迹和自然痕迹识别与提取新方法，建立遥感对自然与人文特定地物目标综合判释的标志，建立特征地物时空关联分析模型与古遗址预测模型，数字化再现重要历史时期丝绸之路南道且末—于阗段线路变迁空间格局；研究导致且末—于阗段线路变迁的直接原因与驱动机制，即气候变化、构造运动对水系变化的制约，水系变化与绿洲变迁对古城镇消亡与丝绸之路变迁的影响及机制，由此阐述自然过程对人类活动的深刻影响。

基于SIR-C、Landsat、SRTM、史料等多元地理数据，借助GIS技术，揭示克里雅河古河道的分布特征，对克里雅河尾闾主要考古遗址的赋存环境进行剖析，重建汉唐时期穿越塔克拉玛干大沙漠的克里雅河绿色走廊。基于Landsat长时间序列遥感影像，研究且末绿洲植被覆盖度的年际变化与驱动机制，结合多源遥感图像、文物普查数据、历史文献以及考古资料等，揭示车尔臣河古河道的分布特征，并初步划定汉代且末古城的疑似存在区。基于多分辨卫星影像、普查数据、历史文献以及考古资料等多元数据，借助3S技术，对瓜、沙二州间已消失的芦草沟古绿洲进行遥感考古调查与研究，发现5处古城遗址，采集到磨制石器、陶瓷残片、砖瓦残片、铁器残片和1枚王莽时期的"契刀五百"残币。根据汉代"都尉—候官—烽燧"的军戍建制，开展汉长城沿线军事防御体系的遥感考古研究。结合P.2005《沙州都督府图经卷第三》等史料，数字再现武周天授二年（691年）后瓜、沙二州间新驿道的走向、分布及诸驿的空间特征。

**新疆秦汉及其他长城专题数据检查与测量**　2013～2017年，中国科学院遥感与数字地球研究所在第三次文物普查成果基础上，重点开展新疆长城资源专题数据生产，结合虚拟仿真与空间测量技术，研究长城文化遗产等级分明的层次体系和相互依存的空间关系，深入挖掘长城资源分布的文化地理学内涵。

该项目主要进行长城资源专题数据生产，包括数字高程模型（DEM）、数字正射影像数据（DOM）、数字线划图（DLG）、长城专题影像地图数据等在内的基础地理信息数据。在高分辨率卫星影像上提取长城及附属设施的空间特征，按照特征进行分类统计与测量。参照大范围的田野调查资料，在带状高精度立体影像模型上测定长城资源点的空间分布，量算单体遗址周围的空间数据以及环境地貌信息。对长城资源数据进行全局空间统计分析与数据分类研究，测量线状分布的长城本体和点状分布的军事聚落之间的空间结构，以及交通和资讯传播线路，测量长城所处的文化梯度最大的自然环境过渡地带的空间信息，分析长城防御层次体系和空间依存关系，深入透彻理解长城整体性布局与"点—线—带"地理尺度层次的空间实体和文化遗存。构建带状区域立体影像模型，进行三维模拟与虚拟仿真，展示三维地理环境以及空间分布状态，客观、真实、生动展示长城资源调查与测量成果。采用虚拟仿真技术在空间数字模型中设置浏览轨迹和运动模式，根据遗址对象不同特点设计动画表现。最终实现以长城资源数据为基础，结合历史与考古资料，构建虚拟场景以及模拟相应的历史事件。

**中国典型遗址遥感与地球物理综合考古研究** 2015～2017年，中国科学院遥感与数字地球研究所、中国国家博物馆、新疆维吾尔自治区文物考古研究所针对中国典型遗址的埋藏特点和分布规律及其与自然环境关系，开展了典型遗址的遥感与地球物理综合考古关键技术研究。

课题组根据中国西部干旱区典型遗址分布、大小、留存状态、材质及地貌等特点，确定遥感探测最佳成像参数，对多源多时相遥感数据进行特征增强（可见光与近红外）、亮度温度反演（热红外）、极化分解（雷达）等处理，分析各种典型遗址在老航片、高分辨率影像、雷达图像和热红外图像上的特征，对影像进行弱信息提取和奇异检测等处理，挖掘考古弱信息，通过对弱信息进行分类和筛选确定考古异常区；确定如何选择物探设备和针对性的

处理方法，排除干扰获取地球物理考古信息；实验如何将遥感与地球物理两种探测结果进行数据融合，捕获与发现有效考古信息，提高综合探测效率和精度；将自主研发的矢量磁梯度仪用于研究区域典型遗址考古，为地球物理考古勘探提供新的信息源。

对新疆奎玉克协海尔古城的探地雷达、高密度电法和磁法数据进行采集，处理与解释后得到以下结论：一是探地雷达探测方法对地形较为平坦的测区有较为明显的效果，尤其是城墙异常区、城内建筑遗址和明显的松散沉积异常区，根据物性显著差异能有效定位城墙、建筑等异常信息；二是高密度电法具有成本低、效率高、信息丰富、解释方便等特点，此方法对城墙、古河道、墓室等均有显著效果；三是磁法考古是针对考古对象与周围物质间一定的磁性差别。考古目标的特点是范围小、强度低、梯度变化大，因此使用矢量磁梯度仪进行采集，提高了测量精度，更有效地反映了考古对象的磁性特征。针对奎玉克协海尔古城磁梯度结果，可明显区分出城墙和建筑遗址的位置，与探地雷达结果比较吻合。

**齐长城及其相关遗址的遥感识别与动态监测研究** 2015年开始，中国国家博物馆、山东省文物考古研究所、山东大学、山东农业大学合作通过遥感与地理信息系统等空间信息技术对齐长城及其相关遗址的遗址本体和带状区域环境进行调查研究，并开展齐长城及其相关遗址的地理信息系统空间分析和动态监测研究。

项目组通过收集齐长城及其相关遗址的遥感与考古数据，进行齐长城土壤采样及成分检测、齐长城夯土及土石混筑地表的光谱测试和

光谱特征分析以及多时相、多空间分辨率遥感数据图像处理和空间分析，取得了齐长城及其相关遗址的土壤理化性质和土壤及地表光谱特征，获取了齐长城周边春秋战国时代遗址和齐长城遗址本体等线性文化遗产的最佳遥感识别方法，弄清了齐长城的保存现状、各建筑类型准确的空间分布，并分析了齐长城与其相关遗址的空间关系、分布规律和分布特征。在此基础上，对齐长城及其相关遗址进行遥感动态监测研究，分析齐长城及其相关遗址环境变化、遗址破坏原因以及齐长城本体和环境变化趋势，为齐长城保护提供了科学依据。

齐长城及其相关遗址的遥感识别和动态监测研究，为遥感和地理信息技术在大型线性文化遗产的识别、分析、管理、监测和保护作出了有益探索，积累了经验。

国家出版基金项目
NATIONAL PUBLICATION FOUNDATION

中国文化遗产
ZHONGGUO WENHUA YICHAN

# 中国文物志

## 文物事业编 Ⅱ

博物馆工作

科技与信息化、标准化工作

国家文物局直属单位与社会组织

与港澳台地区文物交流合作

国际文物交流合作

教育培训工作

文物宣传工作

中国文物志编纂委员会　编

董保华　总编纂

李　季　副总编纂

文物出版社

# 总 目 录

综　述 …………………………………………………………………………………… 1

第一章　文物事业发展规划 …………………………………………………………… 7

第二章　文物保护工程 …………………………………………………………………… 49

第三章　考古工作 ……………………………………………………………………… 211

第四章　博物馆工作 …………………………………………………………………… 471

第五章　科技与信息化、标准化工作 ………………………………………………… 781

第六章　国家文物局直属单位与社会组织 …………………………………………… 905

第七章　与港澳台地区文物交流合作 ………………………………………………… 939

第八章　国际文物交流合作 …………………………………………………………… 971

第九章　教育培训工作 ………………………………………………………………… 1035

第十章　文物宣传工作 ………………………………………………………………… 1061

后　记 …………………………………………………………………………………… 1115

# 本册目录

## 第四章　博物馆工作

**第一节　博物馆建设** …………………… 475

一、博物馆类型 ………………………… 476

博物馆历史人文类博物馆 …………… 476

自然类博物馆 ………………………… 478

科技类博物馆 ………………………… 479

综合类博物馆 ………………………… 479

二、博物馆基础设施建设 ……………… 480

博物馆建筑风格演变 ………………… 480

博物馆选址 …………………………… 480

展陈设施 ……………………………… 481

教育服务设施 ………………………… 482

藏品保管设施 ………………………… 482

三、博物馆机构 ………………………… 483

中国国家博物馆 ……………………… 483

故宫博物院 …………………………… 486

北京鲁迅博物馆（北京新文化运动

纪念馆） ………………………… 489

中国农业博物馆 ……………………… 490

中国地质博物馆 ……………………… 492

中国人民革命军事博物馆 …………… 494

中国科学技术馆 ……………………… 496

首都博物馆 …………………………… 497

中国人民抗日战争纪念馆 …………… 498

周口店北京人遗址博物馆 …………… 499

北京自然博物馆 ……………………… 500

北京天文馆 …………………………… 501

天津博物馆 …………………………… 501

天津自然博物馆 ……………………… 503

周恩来邓颖超纪念馆 ………………… 503

河北博物院 …………………………… 504

西柏坡纪念馆 ………………………… 505

邯郸市博物馆 ………………………… 506

山西博物院 …………………………… 506

中国煤炭博物馆 ……………………… 507

八路军太行纪念馆 …………………… 508

内蒙古博物院 ………………………… 509

辽宁省博物馆 ………………………… 509

沈阳"九·一八"历史博物馆 …… 511

大连博物馆 …………………………… 511

旅顺博物馆 …………………………… 512

沈阳故宫博物院 ……………………… 513

吉林省博物院 ………………………… 514

吉林省自然博物馆 …………………… 514

黑龙江省博物馆 ……………………… 515

东北烈士纪念馆 ……………………… 516

铁人王进喜纪念馆 …………………… 517

瑷珲历史陈列馆 ……………………… 517

大庆市博物馆 ………………………… 518

上海博物馆 …………………………… 518

中国共产党第一次全国代表大会

　　会址纪念馆 ……………………… 521

上海鲁迅纪念馆 ……………………… 522

南京博物院 …………………………… 522

苏州博物馆 …………………………… 523

侵华日军南京大屠杀遇难同胞

　　纪念馆 …………………………… 524

扬州博物馆 …………………………… 525

南通博物苑 …………………………… 525

常州博物馆 …………………………… 526

南京市博物总馆 ……………………… 527

浙江省博物馆 ………………………… 528

浙江自然博物馆 ……………………… 530

中国丝绸博物馆 ……………………… 530

宁波博物馆 …………………………… 531

杭州博物馆 …………………………… 532

温州博物馆 …………………………… 533

安徽博物院 …………………………… 533

安徽中国徽州文化博物馆 …………… 534

福建博物院 …………………………… 535

古田会议纪念馆 ……………………… 536

泉州海外交通史博物馆 ……………… 536

中国闽台缘博物馆 …………………… 537

中央苏区（闽西）历史博物馆 …… 537

江西省博物馆 ………………………… 538

井冈山革命博物馆 …………………… 539

瑞金中央革命根据地历史博物馆 … 540

南昌八一起义纪念馆 ………………… 541

安源路矿工人运动纪念馆 …………… 542

山东博物馆 …………………………… 542

青岛市博物馆 ………………………… 543

中国甲午战争博物院 ………………… 544

青州市博物馆 ………………………… 545

烟台市博物馆 ………………………… 545

潍坊市博物馆 ………………………… 546

河南博物院 …………………………… 546

郑州博物馆 …………………………… 548

洛阳博物馆 …………………………… 549

南阳汉画馆 …………………………… 550

开封市博物馆 ………………………… 550

鄂豫皖苏区首府革命博物馆 ………… 551

湖北省博物馆 ………………………… 552

荆州博物馆 …………………………… 552

武汉博物馆 …………………………… 553

辛亥革命武昌起义纪念馆 …………… 554

武汉市中山舰博物馆 ………………… 555

湖南省博物馆 ………………………… 555

韶山毛泽东同志纪念馆 ……………… 558

刘少奇同志纪念馆 …………………… 560

长沙简牍博物馆 ……………………… 561

广东省博物馆 ………………………… 561

西汉南越王博物馆 …………………… 562

孙中山故居纪念馆 …………………… 563

深圳博物馆 …………………………… 564

广东民间工艺博物馆 ………………… 565

广西壮族自治区博物馆 ……………… 566

广西民族博物馆 ……………………… 568

海南省博物馆 ………………………… 569

重庆中国三峡博物馆（重庆博物馆）… 569

重庆红岩革命历史博物馆 …………… 570

四川博物院 …………………………… 571

自贡恐龙博物馆 ……………………… 572

邓小平故居陈列馆 …………………… 573

三星堆博物馆 ………………………… 574

成都杜甫草堂博物馆 ………………… 574

成都武侯祠博物馆 …………………… 575

成都金沙遗址博物馆 ………………… 576

自贡市盐业历史博物馆 ……………… 577

贵州省博物馆 ………………………… 578

遵义会议纪念馆 ……………………… 578

云南省博物馆 ………………………… 579

云南民族博物馆 ……………………… 580

西藏博物馆 …………………………… 581

陕西历史博物馆 ……………………… 581

秦始皇帝陵博物院 …………………… 582

延安革命纪念馆 ……………………… 582

西安碑林博物馆 ……………………… 583

西安半坡博物馆 ……………………… 583

汉景帝阳陵博物院 …………………… 584

西安博物院 …………………………… 584

宝鸡青铜器博物院 …………………… 585

大唐西市博物馆 ……………………… 585

甘肃省博物馆 ………………………… 585

天水市博物馆 ………………………… 586

敦煌研究院 …………………………… 587

宁夏回族自治区博物馆 ……………… 589

宁夏固原博物馆 ……………………… 589

青海省博物馆 ………………………… 590

新疆维吾尔自治区博物馆 …………… 591

吐鲁番博物馆 ………………………… 592

**第二节　博物馆藏品** ………………… 593

一、藏品收集 ………………………… 593

　中华人民共和国成立前的藏品收集 … 593

　中华人民共和国成立后的藏品收集 … 593

二、藏品保管 ………………………… 596

　中华人民共和国成立前的藏品保管 … 596

　中华人民共和国成立后的藏品保管 … 597

三、藏品保护修复 …………………… 600

**第三节　博物馆陈列展览** …………… 604

一、基本陈列 ………………………… 605

　中国国家博物馆基本陈列"古代
　　中国" ……………………………… 605

　中国国家博物馆基本陈列"复兴
　　之路" ……………………………… 607

　故宫博物院"明清宫廷史迹原状
　　陈列" ……………………………… 608

　故宫博物院书画馆 ………………… 610

　故宫博物院钟表馆 ………………… 611

　故宫博物院珍宝馆 ………………… 612

　故宫博物院青铜器馆 ……………… 613

　故宫博物院陶瓷馆 ………………… 614

　故宫博物院历代艺术馆 …………… 615

北京鲁迅博物馆基本陈列"鲁迅
　　生平陈列"……………………… 616
中国农业博物馆基本陈列"中华
　　农业文明陈列"………………… 617
中国人民革命军事博物馆基本
　　陈列…………………………… 618
中国科学技术馆基本陈列"太空
　　探索"常设展览………………… 619
文化部恭王府博物馆基本陈列
　　"清代王府文化"………………… 620
首都博物馆基本陈列"古都北京"… 621
周口店遗址博物馆基本陈列…… 622
北京自然博物馆基本陈列"人之
　　由来"…………………………… 623
北京天文馆基本陈列"中国古代
　　天文学"………………………… 624
天津博物馆基本陈列"中华百年看
　　天津"…………………………… 624
天津自然博物馆基本陈列"家园·
　　生命"…………………………… 625
周恩来邓颖超纪念馆基本陈列
　　"人民总理周恩来"……………… 626
河北博物院基本陈列"战国雄风
　　古中山国"……………………… 627
西柏坡纪念馆基本陈列"新中国从
　　这里走来"……………………… 628
邯郸市博物馆基本陈列"赵文化
　　陈列"…………………………… 629
山西博物院基本陈列"晋魂"…… 629
中国煤炭博物馆基本陈列"煤海
　　探秘"…………………………… 631

八路军太行纪念馆基本陈列
　　"八路军抗战史陈列"…………… 632
内蒙古博物院基本陈列"大辽契
　　丹——辽代历史文化陈列"…… 633
辽宁省博物馆基本陈列"古代
　　辽宁"…………………………… 633
沈阳"九·一八"历史博物馆基本
　　陈列"九一八历史陈列"………… 634
大连博物馆基本陈列"近代大连
　　1840～1949"…………………… 636
旅顺博物馆基本陈列"大连古代
　　文明"…………………………… 637
沈阳故宫博物院基本陈列………… 637
吉林省博物院基本陈列"白山松水的
　　记忆——吉林省历史文化陈列"… 638
吉林省自然博物馆基本陈列"长白
　　林海"…………………………… 639
伪满皇宫博物院基本陈列"从皇帝
　　到公民——爱新觉罗·溥仪的
　　一生"…………………………… 640
黑龙江省博物馆基本陈列"黑龙江
　　俄侨文化文物展"……………… 641
东北烈士纪念馆基本陈列"黑土
　　英魂——东北抗日战争时期烈士
　　事迹陈列"……………………… 642
铁人王进喜纪念馆基本陈列"铁人
　　王进喜生平业绩陈列"………… 644
瑷珲历史陈列馆基本陈列"瑷珲
　　历史陈列"……………………… 645
大庆市博物馆基本陈列"东北
　　第四纪哺乳动物"……………… 646

上海博物馆基本陈列"中国古代
　　青铜馆" ·············· 647

中国共产党第一次全国代表大会会址
　　纪念馆基本陈列"伟大开端——
　　中国共产党创建历史陈列" ····· 648

上海鲁迅纪念馆"人之子——鲁迅
　　生平陈列" ·············· 649

上海自然博物馆基本陈列"自然·
　　人·和谐" ·············· 650

南京博物院基本陈列"南都繁会·
　　苏韵流芳" ·············· 651

苏州博物馆基本陈列 ·········· 652

侵华日军南京大屠杀遇难同胞纪念馆
　　基本陈列"南京大屠杀史实展" ··· 653

扬州中国雕版印刷博物馆基本陈列 ··· 654

南通博物苑基本陈列"中国早期
　　现代化的先驱——张謇" ······· 655

常州博物馆基本陈列"龙腾中吴——
　　常州古代历史文化陈列" ······· 656

南京市博物馆基本陈列"龙蟠
　　虎踞——南京城市史" ········ 657

浙江省博物馆基本陈列"越地
　　长歌——浙江历史文化陈列" ····· 658

浙江自然博物馆基本陈列"自然·
　　生命·人" ·············· 658

中国丝绸博物馆基本陈列"锦程——
　　中国丝绸与丝绸之路" ········ 659

宁波博物馆基本陈列"东方'神
　　舟'——宁波历史陈列" ········ 660

杭州博物馆基本陈列"最忆是
　　杭州" ················· 661

温州博物馆基本陈列"温州人——
　　一个生存与发展的故事" ······· 662

安徽博物院基本陈列"安徽文明史
　　陈列" ················· 663

安徽中国徽州文化博物馆基本陈列
　　"徽州人与徽州文化" ········· 664

福建博物院基本陈列"福建古代
　　文明之光" ·············· 665

古田会议纪念馆基本陈列"古田
　　会议——党和军队建设史上的
　　里程碑" ················ 666

泉州海外交通史博物馆基本陈列
　　"刺桐——古泉州的故事" ······· 667

中国闽台缘博物馆基本陈列
　　"闽台缘" ·············· 668

中央苏区（闽西）历史博物馆基本
　　陈列"红色闽西" ··········· 669

江西省博物馆基本陈列"赣风鄱
　　韵——江西古代文明" ········ 670

井冈山革命博物馆基本陈列 ······· 671

瑞金中央革命根据地历史博物馆
　　基本陈列"人民共和国从这里
　　走来——中华苏维埃共和国史" ··· 672

南昌八一起义纪念馆基本陈列
　　"南昌起义" ·············· 673

安源路矿工人运动纪念馆基本
　　陈列 ················· 675

山东博物馆基本陈列"山东历史
　　文化展" ················ 675

青岛市博物馆基本陈列"青岛史
　　话——青岛地方历史陈列" ······ 676

中国甲午战争博物院基本陈列
　　"国殇·1894～1895——甲
　　午战争史实展" ……………… 677
青州市博物馆基本陈列"龙兴寺
　　佛教造像精品陈列" ………… 678
烟台市博物馆基本陈列"海风"… 679
潍坊市博物馆基本陈列"潍坊简史
　　陈列" ………………………… 680
河南博物院基本陈列"中原古代
　　文明之光" …………………… 680
郑州博物馆基本陈列"古都郑州"… 681
洛阳博物馆基本陈列"河洛文明"… 683
南阳汉画馆"南阳汉画像石基本
　　陈列" ………………………… 684
开封市博物馆基本陈列"八朝华
　　章——开封古代历史文明展"… 685
鄂豫皖苏区首府革命博物馆基本陈列
　　"红色大别山" ……………… 685
湖北省博物馆基本陈列"曾侯乙
　　墓——战国早期的礼乐文明"… 686
荆州博物馆基本陈列"江汉平原楚汉
　　青铜文化展" ………………… 687
武汉博物馆基本陈列"武汉古代
　　历史陈列" …………………… 688
辛亥革命武昌起义纪念馆基本陈列
　　"为天下先——辛亥革命武昌起义
　　史迹陈列" …………………… 688
武汉市中山舰博物馆基本陈列"一代
　　名舰——中山舰复原及史迹陈列"… 689
湖南省博物馆基本陈列"长沙
　　马王堆汉墓陈列" …………… 690

韶山毛泽东同志纪念馆基本陈列
　　"中国出了个毛泽东" ……… 691
刘少奇同志纪念馆基本陈列"伟大
　　的探索者，卓越的领导人——
　　刘少奇生平业绩陈列" ……… 692
长沙简牍博物馆基本陈列"文明之
　　路——长沙简牍博物馆专题陈列"… 693
广东省博物馆基本陈列"粤山
　　秀水　丰物岭南——广东省自然
　　资源展" ……………………… 693
西汉南越王博物馆基本陈列"南越
　　藏珍——西汉南越王墓出土文物
　　陈列" ………………………… 694
孙中山故居纪念馆基本陈列"孙中山
　　生平史绩" …………………… 695
深圳博物馆基本陈列"深圳改革
　　开放史" ……………………… 696
广东民间工艺博物馆基本陈列
　　"岭南民间百艺" …………… 697
广西壮族自治区博物馆基本陈列
　　"瓯骆遗粹——广西百越文化
　　文物陈列" …………………… 698
广西民族博物馆基本陈列"五彩
　　八桂——广西民族文化陈列"… 699
海南省博物馆基本陈列"南溟泛
　　舸——南海海洋文明陈列" …… 700
重庆中国三峡博物馆（重庆博物馆）
　　基本陈列"壮丽三峡" ……… 701
重庆红岩革命历史博物馆基本陈列
　　"千秋红岩——中共中央南方局历
　　史陈列" ……………………… 702

四川博物院基本陈列"蜀风汉韵——
　　四川汉代陶石艺术展" ·········· 703

自贡恐龙博物馆基本陈列"神奇的
　　侏罗纪世界" ················· 703

邓小平故居陈列馆基本陈列"我是
　　中国人民的儿子" ·············· 704

三星堆博物馆基本陈列"古城古国
　　古蜀文化" ················· 706

成都杜甫草堂博物馆基本陈列
　　"诗圣著千秋　草堂留后世" ······ 707

成都武侯祠博物馆基本陈列
　　"三国文化陈列" ·············· 708

成都金沙遗址博物馆基本陈列
　　"走进金沙" ················· 709

自贡市盐业历史博物馆基本陈列
　　"中国井盐科技史" ············· 710

贵州省博物馆基本陈列"多彩贵州" ··· 711

遵义会议纪念馆基本陈列"遵义会议
　　伟大转折" ················· 712

云南省博物馆基本陈列"文明之
　　光——青铜时代的云南" ········· 713

云南民族博物馆基本陈列"民族
　　乐器" ··················· 714

西藏博物馆基本陈列"历史的
　　见证——西藏地方与中央政府
　　关系史专题陈列" ············· 714

陕西历史博物馆基本陈列"陕西
　　古代文明" ················· 715

秦始皇帝陵博物院基本陈列"秦始
　　皇陵兵马俑一、二、三号坑遗址
　　陈列" ··················· 716

延安革命纪念馆基本陈列"延安
　　革命史" ················· 717

西安碑林博物馆基本陈列 ·········· 718

西安半坡博物馆基本陈列"半坡
　　遗址出土文物陈列" ············ 719

汉景帝阳陵博物院基本陈列"帝陵
　　外藏坑遗址保护展示" ·········· 720

西安博物院基本陈列"古都
　　西安" ··················· 721

宝鸡青铜器博物院基本陈列"青铜
　　铸文明" ················· 722

大唐西市博物馆基本陈列"丝路
　　起点　盛世商魂" ············· 723

甘肃省博物馆基本陈列"甘肃丝绸
　　之路文明" ················· 723

天水市博物馆基本陈列"八千年的
　　记忆——天水古代文明陈列" ··· 725

敦煌研究院基本陈列"1650——
　　文明的回响" ··············· 726

宁夏博物馆基本陈列"朔色长天——
　　宁夏通史陈列" ·············· 726

宁夏固原博物馆基本陈列"千年
　　固原　丝路华章" ············· 727

青海省博物馆基本陈列"江河源
　　文明——青海历史文物陈列" ··· 728

新疆维吾尔自治区博物馆基本陈列
　　"西域历史的记忆——新疆历史
　　文物陈列" ················· 728

吐鲁番博物馆基本陈列"丝路明珠
　　吐鲁番——吐鲁番博物馆通史
　　陈列" ··················· 729

二、临时展览 ………………………… 730
　　全国基本建设工程中出土文物展览… 730
　　全国拣选文物展览 ………………… 731
　　人民的好总理——纪念周恩来百年
　　　诞辰展览 ………………………… 733
　　世纪伟人邓小平——纪念邓小平同志
　　　诞辰 100 周年展览 ……………… 735
　　"丝绸之路"文物展 ……………… 736
　　中国文物精华展（第一届、第二届）… 737
　　清代宫廷包装艺术展 ……………… 738
　　铭心绝品——两晋隋唐法书名迹
　　　特展 …………………………… 739
　　兰亭特展 …………………………… 739
　　石渠宝笈特展 ……………………… 741
　　敦煌艺术大展 ……………………… 742
　　敦煌艺术系列展 …………………… 743
　　大唐壁画珍品展 …………………… 744
　　王后·母亲·女将——纪念殷墟
　　　妇好墓考古发掘四十周年特展 … 745
　　"伟大贡献——中国与世界反法西斯
　　　战争"专题展览 ………………… 746

第四节　博物馆公共服务 …………… 749
一、博物馆观众服务 ………………… 751
　　观众服务设施 ……………………… 751
　　博物馆门票与免费开放 …………… 752
　　博物馆讲解与导览服务 …………… 753
二、博物馆教育 ……………………… 755
　　博物馆教育政策措施 ……………… 755
　　博物馆教育基地 …………………… 757
　　博物馆青少年教育 ………………… 758

三、博物馆社会服务 ………………… 760
　　博物馆社区服务 …………………… 760
　　流动展览服务 ……………………… 761
　　博物馆志愿服务 …………………… 762
　　博物馆文创产品开发 ……………… 763
四、博物馆为科学研究服务 ………… 765

第五节　博物馆学术研究 …………… 768
一、博物馆基础理论研究 …………… 768
二、博物馆应用研究 ………………… 769
　　博物馆应用研究初始成果 ………… 769
　　对苏联学术研究和实践成果的移植… 770
　　博物馆学术队伍初期形成与实践 … 770
　　国家对博物馆学术研究的引导和管理… 772
　　应用理论学术研究成果不断增长 … 773
三、博物馆学术研究活动 …………… 775
　　博物馆学术组织机构和专业队伍
　　　发展 …………………………… 775
　　博物馆研究学术活动全面拓展和
　　　深化 …………………………… 777

## 第五章　科技与信息化、标准化工作

第一节　科技工作 …………………… 784
一、科研基地 ………………………… 784
　　古代壁画保护国家文物局重点科研
　　　基地 …………………………… 784
　　陶质彩绘文物保护国家文物局重点
　　　科研基地 ……………………… 785
　　出土木漆器保护国家文物局重点
　　　科研基地 ……………………… 786

砖石质文物保护国家文物局重点
　　科研基地 …………………………… 787
馆藏文物保存环境国家文物局重点
　　科研基地 …………………………… 788
文化遗产保护规划国家文物局重点
　　科研基地 …………………………… 788
空间信息技术在文化遗产保护中的
　　应用研究国家文物局重点科研
　　基地 ………………………………… 790
文物建筑测绘研究国家文物局重点
　　科研基地 …………………………… 790
古陶瓷科学研究国家文物局重点
　　科研基地 …………………………… 791
古陶瓷保护研究国家文物局重点
　　科研基地 …………………………… 791
博物馆数字展示研究国家文物局
　　重点科研基地 ……………………… 792
金属与矿冶文化遗产研究国家文物
　　局重点科研基地 …………………… 793
金属文物保护国家文物局重点科研
　　基地 ………………………………… 794
纺织品文物保护国家文物局重点
　　科研基地 …………………………… 795
动植物考古国家文物局重点科研
　　基地 ………………………………… 796
考古年代学国家文物局重点科研
　　基地 ………………………………… 797
考古发掘现场文物保护国家文物局
　　重点科研基地 ……………………… 798
纸质文物保护国家文物局重点科研
　　基地 ………………………………… 799

明清官式建筑保护研究国家文物局
　　重点科研基地 ……………………… 799
传统木构建筑营造技艺研究国家文物
　　局重点科研基地 …………………… 801
体质人类学与分子考古学国家文物
　　局重点科研基地 …………………… 802
文物保护领域科技评价研究国家文物
　　局重点科研基地 …………………… 802
乡土文化遗产保护国家文物局重点
　　科研基地 …………………………… 803
木结构古建筑安全评估与灾害风险
　　控制国家文物局重点科研基地 … 804
文物本体表面监测与分析国家文物
　　局重点科研基地 …………………… 805
城市考古与保护国家文物局重点
　　科研基地 …………………………… 806
石窟寺文物保护工程技术集成与
　　应用研究国家文物局重点科研
　　基地 ………………………………… 807
石窟寺文物数字化保护国家文物局
　　重点科研基地 ……………………… 808
馆藏壁画保护修复与材料科学研究
　　国家文物局重点科研基地 ……… 809
水利遗产保护与研究国家文物局
　　重点科研基地 ……………………… 810
二、重大科研项目 ……………………… 811
夏商周断代工程 ………………………… 812
中华文明探源工程及其相关文物
　　保护技术研究 ……………………… 812
指南针计划——中国古代发明创造的
　　价值挖掘与展示 …………………… 813

大遗址保护关键技术研究与开发 … 814

古代建筑保护技术及传统工艺科学

化研究 …………………………… 815

文化遗产保护关键技术研究 ……… 815

脆弱性硅酸盐质文化遗产保护关键

科学与技术基础研究 …………… 816

石质文物保护关键技术研究 ……… 816

文化遗产数字化公共服务平台与产业

化应用示范 …………………… 817

世界文化遗产地风险预控关键技术

研究与示范 …………………… 818

文物数字化保护标准体系及关键

标准研究与示范 ……………… 819

文物保护传承和创新技术应用研究

与示范 ………………………… 820

三、科研重要成果及应用 …………… 832

文化遗产价值认知综合技术及应用 … 832

预防性保护技术成果及应用 ……… 834

古建筑保护技术成果研究 ………… 836

石窟寺及石刻文物保护成果研究 … 839

土遗址保护技术成果研究 ………… 841

壁画保护技术成果研究 …………… 843

可移动文物保护成果及应用 ……… 847

考古发掘技术及应用 ……………… 854

文物安全防范技术及应用 ………… 856

文物展示利用技术成果及应用 …… 856

第二节 信息化工作 ………………… 865

一、政务信息化建设 ……………… 867

政府网站 ………………………… 867

政务新媒体 ……………………… 869

政务信息系统 …………………… 870

国家文物局网报网审平台 ………… 871

全国文博网络学院 ……………… 872

二、行业信息化建设 ……………… 872

文物资源数字化 ………………… 872

公众服务信息化 ………………… 873

世界文化遗产预警信息化 ………… 875

数字博物馆与智慧博物馆建设 …… 876

考古信息化建设 ………………… 879

三、国家文物信息资源库建设 …… 882

馆藏珍贵文物数据库 ……………… 882

第三次全国文物普查数据库 ……… 882

长城资源数据库 ………………… 883

第一次全国可移动文物普查数据库 … 883

第三节 标准化工作 ………………… 885

一、文物保护标准体系建设 ……… 885

标准制定与修订 ………………… 885

开展标准培训 …………………… 887

标准科学研究 …………………… 889

标准复审 ………………………… 889

二、文物保护标准体系 …………… 890

国家标准 ………………………… 890

行业标准 ………………………… 893

# 第六章 国家文物局直属单位 与社会组织

第一节 直属单位 …………………… 908

国家文物局机关服务中心（国家

文物局机关服务局） …………… 908

北京鲁迅博物馆（北京新文化运动

　纪念馆）　·················· 909

中国文化遗产研究院　·············· 910

中国文物信息咨询中心　············ 911

中国文物交流中心　··············· 912

文物出版社　···················· 914

国际友谊博物馆　················· 917

中国文物报社　·················· 918

国家文物局水下文化遗产保护中心··· 919

**第二节　社会组织**　·················· 920

一、国家文物局主管社会组织　······ 920

中国文物学会　·················· 920

中国博物馆协会　················· 921

中国文物保护基金会　············· 924

中国收藏家协会　················· 925

中国长城学会　·················· 925

中国紫禁城学会　················· 926

中国避暑山庄外八庙保护协会　····· 927

中国孔庙保护协会　··············· 927

中国古陶瓷学会　················· 928

中国书画收藏家协会　············· 929

中国海外交通史研究会　··········· 929

中国古代铜鼓研究会　············· 931

中国秦文研究会　················· 932

中国敦煌石窟保护研究基金会　····· 932

二、其他社会组织　··············· 933

中国文物保护技术协会　··········· 933

中国古迹遗址保护协会　··········· 934

中国考古学会　·················· 935

北京故宫文物保护基金会　········· 936

**第七章　与港澳台地区文物交流合作**

**第一节　与香港文物交流合作**············ 942

一、签署合作协议　··············· 942

二、展览交流　·················· 942

国宝——中国历史文物精华展　····· 942

人民的好总理——纪念周恩来百年

　诞辰　······················ 943

拥抱吉祥——西藏珍宝展　········· 943

法门寺珍藏唐代佛教文物展　······· 943

世纪伟人——纪念邓小平诞辰

　100 周年展　················· 943

走向盛唐——文化交流与融合　····· 944

和平正义事业的伟大胜利——纪念

　中国抗日战争暨世界反法西斯

　战争胜利六十周年展览　········· 944

扬帆万里——郑和下西洋纪念展　··· 944

开国大典——新中国成立大型图片

　文物回顾展　················· 944

一统天下——秦始皇帝的永恒

　国度　······················ 945

岭南印记——粤港澳考古成果展　··· 945

绵亘万里——世界遗产丝绸之路　··· 945

三、交流互访　·················· 949

辛亥革命百周年纪念国际学术

　研讨会　···················· 949

香港"内地贵宾访港计划"　········ 949

四、文物保护合作　··············· 949

五、文物捐助与捐赠　············· 950

文物捐助　···················· 950

文物捐赠 ……………………… 951

**第二节　与澳门文物交流合作**…………… 953

一、签署合作协议 …………… 953

二、展览交流 ………………… 953

三、交流互访 ………………… 955

四、文物捐赠 ………………… 955

**第三节　与台湾文物交流合作**…………… 957

一、展览交流 ………………… 957

兵马俑及金缕玉衣展览 …… 957

兵马俑——秦文化特展 …… 957

法门寺佛指舍利供奉 ……… 957

秦代新出土文物大展——兵马俑

展Ⅱ ………………………… 958

雍正——清世宗文物大展 … 958

山水合璧——黄公望与《富春

山居图》特展 …………… 958

赴台湾佛光山系列展览 …… 958

二、交流互访 ………………… 961

两岸文物保护领域专业交流互访 … 962

历史文化研习营 …………… 962

两岸文博机构交流互访 …… 963

三、学术研讨 ………………… 964

红山文化遗址考察团访问 … 964

中华海峡两岸传统建筑技术观摩

研讨会 …………………… 964

两岸博物馆事业与文物学术交流

活动 ……………………… 964

海峡西岸文化遗产保护论坛 … 964

海峡两岸文化遗产保护论坛 … 964

两岸文化论坛 ……………… 966

两岸物质文化遗产保护事业座谈会 … 966

海峡两岸——中原两周列国考古

与文化研讨会 …………… 966

两岸中小博物馆交流研讨会 … 966

海峡两岸民办博物馆论坛 … 967

两岸文博专业人员交流研习活动 … 967

台湾大学人类学系师生学术参访

活动 ……………………… 967

海峡两岸及港澳地区文化遗产活化

再利用研讨会 …………… 967

穷古通今——两岸唐三彩暨低温

釉陶学术研讨会 ………… 968

四、文物保护、捐赠 ………… 968

文物保护 …………………… 968

文物捐赠 …………………… 968

**第八章　国际文物交流合作**

**第一节　政府间交流合作**……………… 975

一、签署防止盗窃、盗掘和非法进出境

文化财产双边协定及谅解备忘录 … 975

二、签署文化遗产交流合作协议与谅解

备忘录 …………………… 978

三、外交活动 ………………… 981

政府首脑的外交活动 ……… 981

驻华使节走进世界文化遗产活动 … 983

**第二节　加入国际公约与国际组织交流合作** … 984

一、加入国际公约 …………… 984

《保护世界文化和自然遗产公约》 … 984

《关于禁止和防止非法进出口文化
　　财产和非法转让其所有权的方法
　　的公约》…………………… 985
《关于被盗或者非法出口文物的
　　公约》…………………… 985
《关于发生武装冲突时保护文化财产
　　的公约》…………………… 985
《联合国打击跨国有组织犯罪
　　公约》…………………… 986

二、与国际组织交流合作…………… 986
与国际博物馆协会交流合作…… 986
与国际古迹遗址理事会交流合作… 988
与国际文化财产保护与修复研究中心
　　交流合作…………………… 989
与联合国教科文组织等国际组织和
　　机构合作…………………… 991

**第三节　文物保护国际合作项目**…………… 996
一、中美文物保护合作……………… 996
与盖蒂保护研究所合作项目…… 996
与梅隆基金会合作项目………… 997
与世界建筑文物保护基金会合作
　　项目……………………… 997
与美国规划协会合作项目……… 998
二、中意文物保护合作……………… 998
西安文物保护修复中心合作项目… 998
龙门奉先寺遗址考古调查和保护
　　合作项目…………………… 998
世界银行"文化遗产战略总计划"
　　项目……………………… 998
故宫太和殿保护修复项目……… 999

政府性贷款项目……………… 999
三、中德文物保护合作……………… 999
秦始皇兵马俑博物馆与巴伐利亚州
　　文物保护局合作项目……… 999
西安文物保护修复中心与巴伐利
　　亚州文物保护局合作项目…… 1000
陕西省考古所与德国美因茨罗马–
　　日耳曼中央博物馆合作项目…… 1000
中国文化遗产研究院与德国考古研究
　　院合作项目………………… 1001
四、中日文物保护合作……………… 1002
敦煌石窟文物保护研究陈列中心
　　项目……………………… 1002
西安大明宫含元殿保护项目…… 1002
新疆库木吐喇石窟和河南龙门石窟
　　保护项目…………………… 1002
五、中英文物保护合作……………… 1003
六、赴蒙古国文物保护工程………… 1003
兴仁寺和夏宫维修设计工程…… 1003
博格达汗宫博物馆门前区维修
　　工程……………………… 1004
科伦巴尔古塔保护工程抢险维修
　　工程设计与施工项目………… 1004
七、赴柬埔寨文物保护工程………… 1005
吴哥古迹一期工程：周萨神庙维修
　　项目……………………… 1005
吴哥古迹二期工程：茶胶寺维修
　　项目……………………… 1005
八、赴乌兹别克斯坦文物保护工程…… 1006
九、赴尼泊尔文物保护工程………… 1006
十、赴缅甸文物保护工程…………… 1007

第四节　国际考古交流合作……………… 1008

一、中俄（苏）联合考古……………… 1008

中苏联合调查发掘中国宁夏水洞沟

遗址……………………………… 1008

中俄合作俄罗斯境内考古项目…… 1008

二、中美联合考古…………………… 1009

中美联合发掘中国江西万年仙人洞

和吊桶环遗址…………………… 1009

中美联合调查发掘中国山东日照

两城镇遗址……………………… 1009

中美联合调查中国赤峰英金河流域

遗址……………………………… 1009

三、中朝联合考古…………………… 1009

中朝合作调查发掘中国六顶山渤海

墓群……………………………… 1009

中朝合作调查发掘朝鲜渤海遗址… 1009

四、中日联合考古…………………… 1010

中日联合打捞、调查并发掘中国

"南海 I 号"沉船……………… 1010

中日联合调查发掘尼雅遗址……… 1010

中日联合调查发掘保护中国汉长安城

和唐大明宫遗址………………… 1010

五、中肯联合考古…………………… 1011

中肯合作水下考古项目…………… 1011

中肯联合发掘肯尼亚吉门基石遗址… 1011

六、中蒙、中乌、中哈、中塔联合考古… 1012

中蒙合作"蒙古国境内古代游牧民族

文化遗存考古调查与发掘研究"

项目……………………………… 1012

中乌联合考古乌兹别克斯坦安集延州

明铁佩古城遗址………………… 1012

中哈联合考古哈萨克斯坦拉哈特

古城遗址………………………… 1012

中乌、中塔合作中亚西天山区域

考古项目………………………… 1013

七、中印、中越、中孟、中老联合考古… 1014

中印联合发掘印度帕特南遗址…… 1014

中越联合发掘越南永福省义立遗址… 1014

中越联合调查与试掘越南北宁省

陇溪村汉唐城址………………… 1014

中孟联合发掘孟加拉国毗诃罗普尔

佛教遗址………………………… 1014

中老联合考古调查与勘探挝沙湾

拿吉省考古遗址………………… 1015

第五节　博物馆交流合作……………… 1016

一、馆际学术交流…………………… 1016

二、出国文物展览…………………… 1017

中华人民共和国出土文物展览…… 1017

伟大的中国青铜时代展…………… 1018

中国古代艺术珍宝展……………… 1018

中国古代文明展览………………… 1018

中国秦代兵马俑展………………… 1019

"中国清代帝后生活展""汉代文明展"

等五项文物展…………………… 1019

中国古代人与神…………………… 1019

中华五千年文明艺术展…………… 1019

陕西文物精华展…………………… 1020

中国考古的黄金时代展…………… 1020

"中国国宝展"和"世界四大文明

系列展——中国文明展"……… 1020

"中法文化年"期间四项文物展 … 1020

走向盛唐 ·········· 1021

走向盛唐：中国·美的十字路 ······ 1021

中国古代艺术集萃展 ········· 1021

中国秦始皇兵马俑展 ········· 1021

盛世华章——故宫博物院藏文物

精品展 ············· 1021

爱知世博会主题馆"中国文物展" ··· 1021

欧罗巴利亚艺术节"中国古代帝王

珍宝展""丝绸之路展" ······ 1021

中国、意大利合作"秦汉-罗马

文明展" ············ 1022

中华文明系列展 ·········· 1022

中国汉代地下珍宝展、中国古代绘画

名品 700 ～ 1900、明：皇朝盛世

五十年（1400 ～ 1450）········ 1022

汉风——中国汉代文物展 ······ 1023

斗品团香——中摩茶文化交流展 ··· 1023

华夏瑰宝 ············· 1023

天地之中——中华文明之源 ····· 1023

天涯若比邻——华夏瑰宝秘鲁行 ··· 1023

秦汉文明 ············· 1024

三、来华文物展览 ·········· 1024

"太阳王"路易十四——法国凡尔赛宫

珍品特展 ············ 1024

西天诸神——古代印度瑰宝展 ····· 1024

地中海文明——法国卢浮宫博物馆

藏文物精品展 ········· 1025

安纳托利亚文明：从新石器时代到

奥斯曼帝国 ·········· 1025

罗马尼亚珍宝展 ········· 1025

珍珠——来自江河海洋的珍宝 ····· 1025

阿拉伯之路——沙特出土文物 ····· 1025

启蒙的艺术 ············ 1026

玛雅：美的语言 ·········· 1026

梵天东土　并蒂莲华——公元 400 ～

700 年印度与中国雕塑艺术展 ··· 1026

大英博物馆 100 件文物中的世界史 ··· 1026

俄罗斯彼得霍夫博物馆藏文物

特展 ············· 1026

阿富汗珍宝展 ·········· 1026

东盟国家来华文物展览 ······· 1027

**第六节　合作人才培养** ············ **1028**

一、与澳大利亚合作人才培养 ····· 1028

二、与美国合作人才培养 ······· 1028

中国石窟遗址管理培训班 ······ 1028

盖蒂保护研究所中国文物保护人员

培训项目 ············ 1028

梅隆基金会中国博物馆馆长培训

项目 ············· 1029

故宫博物院与耶鲁大学博物馆实习

合作 ············· 1029

三、与瑞士合作人才培养 ······· 1029

与瑞士苏黎世大学无机化学研究所

合作 ············· 1029

与瑞士伊莎贝尔及巴尔兹·贝奇壁画

保护基金会合作 ········ 1030

四、与法国合作人才培养 ······· 1030

与法国国家文化遗产学院合作人才

培养 ············· 1030

与法国卡地亚当代艺术基金会合作

举办策展人交流培训项目 ······ 1030

五、与意大利合作人才培养…………1031
　　陕西历史博物馆唐墓壁画馆及壁画
　　　研究保护培训中心合作项目……1031
　　中国文物研究所文物保护修复培训
　　　项目……………………………1031
　　中意合作文物保护修复培训项目
　　　暨故宫文物保护修复技术人员
　　　培训班…………………………1032
　　中国政府TCCR非洲文物保护修复
　　　技术和管理人员培训班…………1032
　　故宫文物保护修复技术人员培训班
　　　项目……………………………1032
六、与亚非国家合作人才培养………1032
　　亚非国家文化遗产保护和管理
　　　研修班…………………………1032
　　阿拉伯国家文物修复专家培训班…1032
七、与东盟国家合作人才培养………1033
　　东盟国家文博考古专业人员培训班…1033
　　中国-东盟博物馆高级管理人员
　　　交流项目………………………1033

# 第九章　教育培训工作

第一节　行业培训…………………………1039
一、管理人员培训……………………1039
　　干部培训中心轮训式培训…………1039
　　文博干部专修班……………………1039
　　文物安全管理培训…………………1039
　　文物行政执法培训…………………1040
　　博物馆高级管理人员系列国际
　　　研修班…………………………1040

全国省级文物局局长、博物馆
　　馆长、考古所所长、古建所
　　所长培训班…………………………1041
西部地区文博管理干部培训班……1041
援藏援疆文博管理干部培训………1041
全国文物进出境审核机构负责人
　　培训班…………………………1041
地市文博单位干部培训班…………1041
非国有博物馆馆长培训班…………1042
全国重点文物保护单位石窟寺
　　及石刻类保护管理机构负责
　　人培训班………………………1042
二、业务人员培训……………………1042
考古业务培训…………………………1042
博物馆专业培训………………………1045
文物保护专业培训……………………1046
世界文化遗产保护培训………………1046
文物鉴定专业培训……………………1047
文物外事培训…………………………1048
文物宣传培训…………………………1048
文物行业相关标准编制与推广
　　培训…………………………1048
文物专项经费管理培训………………1049
涉外培训………………………………1049
其他文物保护培训……………………1049
三、重点项目培训……………………1050
长江流域文物考古工作人员训练班…1050
三峡淹没区旧石器时代考古训练班…1050
文物资源普查相关培训………………1050
"一带一路"沿线国家水下考古
　　培训班…………………………1051

第二节　高等院校教育培训…………1052

北京大学…………………………1052

西北大学…………………………1053

吉林大学…………………………1053

南京大学…………………………1054

山东大学…………………………1055

郑州大学…………………………1055

四川大学…………………………1055

浙江大学…………………………1056

武汉大学…………………………1056

中山大学…………………………1056

中国人民大学……………………1057

复旦大学…………………………1057

清华大学…………………………1058

天津大学…………………………1058

中央美术学院……………………1059

## 第十章　文物宣传工作

第一节　图书出版…………………1065

一、考古报告类图书………………1065

二、书画碑刻类图书………………1066

三、古代建筑和石窟类图书………1068

古代建筑图书……………………1068

石窟图书…………………………1071

四、出土文献类图书………………1072

五、文物图录类图书………………1077

六、近现代文物类图书……………1078

手稿墨迹图书……………………1078

纪念性图录………………………1078

资料性图录………………………1079

七、工具书…………………………1080

工作手册…………………………1080

辞典………………………………1080

图典………………………………1081

年鉴………………………………1082

目录及索引………………………1082

第二节　期刊出版…………………1084

《考古学报》……………………1084

《考古》…………………………1084

《文物》…………………………1084

《故宫博物院院刊》……………1085

《南方文物》……………………1085

《文物天地》……………………1085

《中原文物》……………………1085

《中国国家博物馆馆刊》………1085

《紫禁城》………………………1085

《考古与文物》…………………1085

《江汉考古》……………………1086

《北方文物》……………………1086

《敦煌研究》……………………1086

《人类学学报》…………………1086

《博物馆研究》…………………1086

《四川文物》……………………1086

《中国博物馆》…………………1086

《东南文化》……………………1086

《华夏考古》……………………1086

《收藏家》………………………1086

《中国文化遗产》………………1086

《国际博物馆（全球中文版）》……1086

《大众考古》……………………1086

第三节 报纸出版·····················1087
　　《中国文物报》·················1087

第四节 影视·······················1092
　一、电影纪录片···················1092
　二、电视纪录片···················1092
　　中央电视台制作的电视纪录片·······1092
　　国内文博单位与国外联合制作的
　　　纪录片·····················1094
　三、电视专栏节目·················1095
　　《探索·发现》·················1095
　　《国宝档案》·················1095
　　《博物馆之夜》·················1095
　　《国家宝藏》·················1095

第五节 网站和新媒体···············1096
　　网站·······················1096
　　微博·······················1096
　　微信·······················1097

第六节 宣传活动···················1098
　一、纪念日活动···················1098
　　文化和自然遗产日···············1098
　　国际博物馆日·················1101
　　国际古迹遗址日···············1104
　二、主题活动···················1106
　　全国政协组织的文化遗产考察活动···1106
　　国家文物局组织的大型文化遗产考察
　　　宣传活动·················1108
　三、成果推介活动·················1110
　　全国十大考古新发现评选活动·····1110
　　全国博物馆十大陈列展览精品推介
　　　活动·····················1110
　　全国十佳文物保护工程推介活动···1111
　　全国文化遗产十佳图书评选推介
　　　活动·····················1112
　　"文物保护好新闻"评选活动······1113

后　记···························1115

# 第四章

# 博物馆工作

博物馆建设是中国近现代社会文化发展的缩影。近代中国博物馆的出现与发展，一直伴随着民族文化与外来文化的交流和融合。中国最早的一批博物馆均为外国人创办，主要分布在沿海城市，以自然科技馆为主。随着西方博物馆文化不断传入，中国对博物馆的认识日渐深化。清光绪三十一年（1905年），张謇创办的南通博物苑便是一座兼具自然与历史的综合性博物馆。民国时期，博物馆类型逐渐丰富，出现了以故宫博物院为代表的历史类博物馆，以中央博物院为代表的综合性博物馆，以中央研究院自然历史博物馆为代表的自然科技类博物馆，以中国戏剧音乐博物馆为代表的艺术类博物馆等，博物馆常见类型已基本齐备。20世纪40年代，由于战争的破坏以及国统区经济的崩溃，中国博物馆数量锐减，博物馆事业几近停滞。

中华人民共和国成立后，博物馆事业迎来空前的发展机遇。博物馆除延续晚清民国以来各种类型外，还发展出新的类型。受苏联博物馆建设理念影响，地志性博物馆开始出现。遗址博物馆也在这一时期出现。这些博物馆有力推动了中国博物馆事业走向繁荣。改革开放后，特别是20世纪90年代，随着国际博物馆运营理念的传入，中国博物馆开始现代化转型，出现了以生态博物馆为代表的一批新兴博物馆类型。

中华人民共和国成立初期，博物馆藏品来源主要有社会各界人士捐献的传世文物；结合中央和各地博物馆建设，通过官方发文和广泛发动，征集的大量革命文物和其他文物；工农业生产过程中发现和考古发掘出土的文物移交，主要是古代文物。改革开放后，博物馆藏品来源主要有考古出土文物，调拨文物，捐赠文物，民间收藏文物，公安、海关等移交的涉案文物。随着文物藏品保管工作日益专业化，现代科学技术不断应用于文物保护实践，文物藏品保护修复能力得到长足发展，大多馆藏文物得到妥善保护。

博物馆性质和任务确定。1956年5月，全国博物馆工作会议召开，将博物馆性质任务归纳为"三性二务"：基本性质是科学研究机构、宣传教育机构和物质文化与精神文化遗存以及自然标本的主要收藏所，基本任务是为科学研究服务、为广大人民服务。地志博物馆区域性陈列展览、国家博物馆综合历史类展览、行业博物馆专题类展览、纪念性博物馆陈列展览等全面展开。改革开放以后，全国博物馆陈列进入主题性陈列、审美性陈列、原状性陈列共同发展的新时代。

博物馆、纪念馆系统管理加强。1990年，100家全国文物（文化）系统管理的博物馆、纪念馆获得国家文物局授予的"全国文物系统优秀爱国主义教育基地"称号，其中有50余家单位被列入1997年中共中央宣传部命名的首批"100家爱国主义教育示范基地"和国家教委、文化部等六部委命名的"100家中小学爱国主义教育基地"。2004年，浙江省博物馆在省级博物馆中率先向公众免费开放。2008年，一大批公益性博物馆向社会免费开放。进入21世纪，高科技手段开始运用于展览陈列设计中。2014年后，智慧博物馆在展览陈列方面充分运用虚拟现实、3D打印、人工智能等科技手段，丰富了博物馆的展览陈列新形式。

截至2017年底，一批新馆、大馆相继建成或完成改扩建，全国博物馆总数达4721家，每年举办展览近3万个，开展专题教育活动约20万次，参观人次约9亿。基本形成以国家级博物馆为龙头、省级博物馆和重点行业博物馆为骨干，国有博物馆为主体、非国有博物馆为补充的博物馆体系。博物馆功能更加健全，陈列展览水平全面提升。

# 第一节 博物馆建设

博物馆作为一种新事物被介绍到中国是在晚清时期，最早的一批博物馆大部分由外国教会主办，主要分布在中国沿海城市，类型上基本是自然历史科技博物馆。如清同治七年（1868年），法国耶稣会士韩伯禄（Pierre Heude）在上海创办徐家汇博物院，以收藏中国动植物标本为主，后改为震旦博物院。清光绪三十一年（1905年），张謇创建南通博物苑，为第一家中国人创办最早的近代意义博物馆，是一家融自然、历史与艺术为一体的综合性博物馆。民国元年（1912年）1月，南京临时政府成立，中央教育部决定在北京建立历史博物馆，并于7月9日在国子监旧址设筹备处，这是中国近代建立的首个国立博物馆。民国3年，内政部接收奉天、热河两地清廷行宫文物，运至北京故宫武英殿、文华殿等处，成立古物陈列所。民国14年10月10日，故宫博物院成立并对外开放。民国21年4月，国立中央博物院筹备处成立。此后，各省市一些公立博物馆也陆续成立。

中华人民共和国成立后，中国博物馆事业进入一个新的发展阶段。1956年5月，全国博物馆工作会议明确博物馆的基本性质是科学研究机关、文化教育机关、物质文化和精神文化遗存以及自然标本的收藏所。1957年，除青海、西藏外，各省级行政区都建立了综合性或专门性博物馆。1958年后，全国各地先后建成一批地、市、县级中小型综合与专门性博物馆。1959年，中国人民革命军事博物馆、中国历史博物馆和中国革命博物馆陆续在北京落成，成为中国博物馆发展史上的重要里程碑。1978年12月党的十一届三中全会召开后，全国博物馆事业系统伴随国家改革开放步伐进入健康发展轨道。1982年，中国博物馆学会成立，次年加入国际博物馆协会。1991年，陕西历史博物馆新馆建成开放，全国开启新一轮博物馆建设，并且涌现出中国茶叶博物馆、中国丝绸博物馆等各行业创办的专题博物馆，以及炎黄艺术馆等社会力量创办的非国有博物馆。1996年，党的十四届六中全会通过《中共中央关于加强社会主义精神文明建设若干重要问题的决议》，明确把博物馆、革命纪念馆作为社会主义文化事业的组成部分，确定为公益性事业单位。进入21世纪，以中国国家博物馆改扩建工程竣工和基本陈列改陈为起点，各地各类博物馆纷纷进行改建、扩建、新馆建设和基本建设改陈，形成了以国家级博物馆为龙头、省级博物馆和重点行业博物馆为骨干，国有博物馆为主体、非国有博物馆为补充，主体多元、类型多样、具有中国特色的博物馆体系。

中国博物馆在基础设施建设方面同样经历了由传统至现代的发展过程。清光绪三十一年，张謇开启国人自建博物馆时代，提出博物馆建筑设计的最初主张。至20世纪20年代，许多博物馆利用古旧建筑作为馆舍。随着"复古主义"建筑风格流行，中国博物馆在建筑设计上开始大量营建仿古式样馆舍。中华人民共和国成立之初，人民政府对民国时期建立的的21座博物馆进行改造与重组，这种"因陋就简"的建设做法使当时的博物馆建筑保留了一定的民国时期风格。此后受当时"向苏联学习"的影响，博物馆不仅在类别上模仿苏联，而且在建筑形态上也参照苏联博物馆样式。1959年建设完成的中国历史博物馆与中国革命博物馆、中国人民革命军事博物馆、农业展览馆等"建国十周年献礼工程"是这一时期博物馆建筑风格的杰出代表。改革开放后，中国博物馆在建筑设计上开始突破传统，逐渐接受国际博物馆建筑新理念。在建筑材料的运用上，更多采用钢筋混凝土取代传统木材，在内部设计风格上更多关注建筑设计与博物馆展示功能相融合。以陕西省博物馆新馆建成为标志，中国博物馆建设进入现代化转型时期。国家制定颁行《博物馆建筑设计规范》，对博物馆建筑设计、藏品防护、防火、建筑设备等方面作出科学、详尽的规定，以实现博物馆建筑行业的标准化运行。进入21世纪，中国博物馆建设进入快速发展时期，一大批博物馆开始实施改建、扩建或新馆营建工程。在国际化视野不断增强的背景下，中国博物馆建设类型更加丰富，建筑形式更趋多元化。在内部设施建设上，当代中国博物馆更加突出"以人为本"的服务理念，注重信息化管理。随着经济社会发展，博物馆与城市互动关系在当代中国社会日渐突出，建筑设计本身也成为城市文化不可或缺的重要标志。

# 一、博物馆类型

随着社会文化的不断发展，中国博物馆藏品不断丰富、类型不断细化，呈现多样化发展态势。基于博物馆藏品与展示内容，将博物馆类型划分为历史人文、自然、科技和综合4个基本类别。

历史人文类博物馆　该类博物馆以收藏和展示反映中国历史、文化、艺术等社会发展的藏品为主，其中包括历史博物馆、纪念馆、艺术馆等多种类型。

古物收藏自古就是中国文化的重要组成部分，单纯的历史博物馆在中国却出现较晚。中国人早期建立的一些博物馆多为综合类或自然科技类的，单纯以古物展示为主的博物馆十分少见。清宣统二年（1910年），端方在北京创办陶斋博物馆，收藏展出其收藏的金石文物，惜因端方去世而夭折。

民国元年（1912年），北京政府教育部决定筹建国立历史博物馆，馆址首先设定于国子监旧址，后迁至故宫端门到午门一带。民国3年，内务部在故宫文华殿与武英殿内设立古物陈列所，展出沈阳故宫与热河行宫的文物。民国4年，在南京明故宫旧址成立南京古物保存所，陈列明故宫遗物。民国14年，故宫博物院成立，下设古物馆和图书馆，后图书馆又分为图书、文献两馆，展品均为故宫收藏的历代文物与典籍。在各方努力下，故宫博物院迅速成为当时中国藏品数量最多、展品种类最为丰富的历史博物馆。民国17年，南京成立历史博物陈列馆。

民国26年，全面抗战爆发，中国博物馆事业陷入低谷。抗日战争胜利后，国民党又发动内战，国统区经济崩溃、民生凋敝，截至民国38年，全国仅剩下21家博物馆，历史类博物馆更是所剩无几。

中华人民共和国成立后，历史类博物馆获得迅速发展。1950年，中央文化部文物局最早进行改造的博物馆即为故宫博物院和北京历史博物馆。经过改造后的历史博物馆从展览内容到形式都努力贯彻辩证唯物主义与历史唯物主义思想。一批重要的遗址博物馆开始出现，如北京周口店猿人博物馆、陕西半坡博物馆。1959年，中国革命军事博物馆、中国历史博物馆与中国革命博物馆相继建成，成为中华人民共和国博物馆体系建设的里程碑。中国历史博物馆与中国革命博物馆建筑连成一体，以中央大厅将整栋建筑分为两座独立的博物馆。整个博物馆建筑无论规模还是质量，都堪称当时全国博物馆建筑中的精品。

改革开放后，中国博物馆事业迎来快速发展期，历史类博物馆在数量与展览质量上均获得快速发展。各类专门史博物馆数量也迅速增长，如碑刻博物馆、医史博物馆、茶史博物馆等。1996年，全国博物馆建设进入现代化转型时期。

进入21世纪，中国博物馆建设突飞猛进，历史博物馆建设也与时俱进，在展示当地历史发展的同时融入更多的科技元素，让参观者在获得历史知识的同时也获得最佳的参观体验。历史文化类博物馆逐步成为全国各地历史知识普及教育和爱国主义教育的重要平台。

纪念类博物馆是为纪念卓越人物和重要事件而修建的博物馆。民国时期已出现纪念类博物馆。民国19年，广西梧州建成第一座孙中山纪念馆——中山纪念馆。中国共产党在这一时期也进行了纪念类博物馆建设。1947年，东北解放区东北行政委员会在哈尔滨筹建东北抗日暨爱国自卫战争牺牲烈士纪念堂，次年10月10日开放，后改为东北烈士纪念馆。

中华人民共和国成立后，纪念类博物馆进入大规模建设时期。文化系统下辖的革命纪念馆最初只有北京鲁迅故居，此后上海鲁迅纪念馆（1950年）、延安革命纪念馆（1950年）、广州农民运动讲习所纪念馆（1953年）、杜甫草堂纪念馆（1955年）、景德镇陶瓷馆（1954年）等陆续建成。1957年，全国纪念性博物馆工作座谈会召开，进一步明确了纪念性博物馆的发展方向。1958年，丹东抗美援朝纪念馆建成。1959年，辽沈战役纪念馆和天津三条石博物馆建成。"大跃进"开始后，全国各地兴建革命纪念馆。据统计，整个"大跃进"时期，革命纪念馆数量一度增长至90家，至1964年回落至64家。

改革开放后，纪念类博物馆依然蓬勃发展。1988年，中国人民抗日战争纪念馆在北京卢沟桥建成开放。1985年，文化部发布《革命纪念馆试行条例》，对革命纪念馆内部设施建设提出较为明确的要求。与传统纪念类博物馆多呈现旧居、旧址原貌的展示方式相比，新时期博物馆更加侧重于运用声、光、电等技术再现历史瞬间，让参观者体验到更加鲜活的历史。21世纪，纪念类博物馆持续繁荣。2000年，陈云纪念馆在上海开馆。2004年邓小平同志百年诞辰之际，邓小平故居陈列馆在四川广安建成开馆。随着新媒体的普及，纪念类博物馆也在服务设施中加强了数字化科技的运用，观众能在手机上查阅参观路线和重要文物介绍，实现了现代科技与教育服务功能的结合。

艺术类博物馆以展示历代艺术品为主，藏品类别范围较广，展陈形式多样。艺术类博物馆在民国时期已经出现。民国23年，中国戏剧音乐博物馆在北京成立。至民国26年，全国艺术类博物馆已有58家。

中华人民共和国成立后，艺术博物馆发展焕发出新生机。1956年，上海美术展览馆（上海美术馆前身）开馆。1957年，天津艺术博物馆开馆。1962年，中国美术馆开馆。改革开放后，文化艺术领域日趋繁荣，艺术博物馆数量也随着经济社会的发展而持续增长。1987年，洛阳古代艺术博物馆开馆。1989年，中国工艺美术馆竣工，次年开馆。20世纪90年代，随着中国博物馆事业进入现代化转型阶段，中国博物馆的发展进一步与国际接轨，建筑风格与展陈方式更加强调个性化与艺术化。1997年，中国戏曲博物馆开馆。1999年，首家由大型国有企业兴办的博物馆——保利艺术博物馆开馆。2012年，上海当代艺术博物馆开馆。

**自然类博物馆** 该类博物馆是收藏、制作和陈列天文、地质、植物、动物、古生物和人类等具有历史意义的标本，供科学研究和文化教育的机构。中国最早的徐家汇博物院就是自然类博物馆，收藏品均为动植物标本。亚洲文会北中国支会创办的上海博物院、法国传教士创办的华北博物院，也都以动植物标本、矿石标本为主要展览内容。

民国初期，一批教育科学界知名人士呼吁建立教育和科学博物馆。在这一背景下，自然类博物馆建设取得较快发展。民国3年（1914年），法国神甫黎桑在天津创建北疆博物院。民国5年，农商部地质调查所地质陈列馆在北京成立，是中国人创办的第一家自然博物馆。民国16年，湖南地质矿产陈列馆成立。民国18年，北平农事试验场改组为北平天然博物院。民国20年，福建省立科学馆成立。

全面抗战爆发后，在大后方极端困难的情况下，中国博物馆人依然创建了一批自然博物馆，如中国西部博物馆、云南矿产地质调查所陈列室、四川省地质调查所矿物标本陈列馆等。

中华人民共和国成立后，自然类博物馆发展焕发出新的生机。国家发出"向科学进军"的号召，自然博物馆建设迎来了第一次大发展。1959年，中央自然博物馆落成开放，地质部地质博物馆建成，这是20世纪50年代中国具有标志性的两座大型自然博物馆。改革开放后，全社会出现"学科学，爱科学"的热潮，自然科技类博物馆建设迎来第二次大发展。四川自贡恐龙博物馆等新型自然博物馆大量出现。20世纪90年代后，新兴非国有博物馆中也开始出现自然博物馆，如广东中山蝴蝶博物馆。

进入21世纪，自然类博物馆充分吸收国际前沿理念，功能定位也进行了调整。各地自然博物馆开始增加体验功能、文化交流功能、生态园林功能等新的功能。与之相应的，博物馆基础设施建设进一步人性化与科技化，让参观者既能学习科学知识，又能获得休闲娱乐的身心享受。

**科技类博物馆** 该类博物馆是以展览教育为主要功能的公益性科普教育机构，通过展览，以参与、体验、互动性的展品及辅助性展示为手段，以激发科学兴趣、启迪科学观念为目的，对公众进行科普教育；也可举办其他科普教育、科技传播和科学文化交流活动。

中国科技类博物馆起步于改革开放后，并在20世纪80年代迎来第一次大发展。1979年，中国科学技术协会向各省、自治区、直辖市科协发文，要求各地积极筹建科技馆。1980年3月15～23日，中国科学技术协会第二次全国代表大会在北京举行，号召科研工作者"大力做好科学技术普及工作"。会后，全国各地掀起科技馆建设热潮，较有代表性的有1982年建成的广西科技馆、1985年竣工的新疆科技馆、1987年建成的深圳科学馆、1987年竣工的山西省科学技术馆等。截至1988年，全国共有中央直属科技馆3家，省级科技馆31家，地、市级科技馆85家，县级科技馆100余家。1988年9月22日，中国第一座大型的、全国性的科学技术馆——中国科学技术馆一期工程开馆。20世纪90年代，在国家科技政策带动下，全国科技博物馆事业突飞猛进。一批省级科技馆相继竣工并投入使用，如1994年竣工的天津科技馆，1998年竣工的安徽省科技馆等。

进入21世纪，中国科技馆建设规模与速度明显加快。2000年5月，中国科技馆二期展厅对外开放；同年，南京环境科技馆开馆。2001年，中国科技馆一期展厅改造工程完成；12月，上海科技馆对外开放，其科学影城是当时亚洲地区最大的科学影城。国家从制度层面为科技馆事业提供有力保障。2002年6月29日，

《中华人民共和国科学技术普及法》颁布实施。2007年8月1日，经建设部与国家发展改革委批准，中国科学技术协会编制的《科学技术馆建设标准》开始施行。在各项政策引导下，全国科技馆建设掀起新高潮。2008年，广东科学中心开馆，被授予世界"最大的科技馆／科学中心"称号，是中国绿色建筑代表工程。同时，一批建设较早的科技馆也开始进行改建和扩建或建设新馆，如2006年河北省科学技术馆新馆建成并对外开放，2008年新疆科技馆改扩建工程完成。

**综合类博物馆** 该类博物馆藏品范围广泛，多以地方文化为核心，既有历史文物、艺术展品，也兼有民族、自然、经济建设等方面内容。综合类博物馆在中国博物馆发展史上具有重要地位，南通博物苑就是一座集自然、历史、美术三类藏品于一身的综合性博物馆。民国时期，综合性博物馆的建设数量开始迅速增加。各地省立、市立博物馆多为综合性博物馆，如河南省博物馆、广州市立博物馆。

中华人民共和国成立后，综合类博物馆获得更大发展。在苏联博物馆建设思想影响下，地志类博物馆在20世纪50年代后大量出现，这种以展示"自然资源""历史发展""民主建设"为基本内容的综合性博物馆成为各地博物馆建设的重要内容。改革开放后，随着公共文化事业的繁荣，各地综合博物馆逐渐成为当地公共文化中心。

随着中国博物馆事业的现代化转型，一些大型博物馆也开始探索新的发展模式，如历史博物馆与自然博物馆结合、历史博物馆与科技馆结合、自然博物馆与科技馆结合等，由此诞

生一批特色鲜明的综合博物馆。广东省博物馆的基本展陈则包括历史文化、自然资源、岭南艺术等内容，吉林长春科技文化中心则将博物馆、科技馆和美术馆组成新的大型综合馆，西藏自然科学馆将自然博物馆、科技馆、展览馆合为一体。

综合性博物馆建筑规模大、藏品丰富，通常是区域内颇具影响力的大型博物馆，在各地文化教育和社会发展中发挥举足轻重的作用。

## 二、博物馆基础设施建设

中国最早一批博物馆由外国人创建，建筑风格与基础设施方面呈现出明显的西方艺术风格。自南通博物苑始，中国博物馆建筑多以传统文化风格为主。随着社会发展、科技进步，中国博物馆展陈、教育服务、藏品保管等方面的基础设施建设也不断丰富、完善。基础设施建设的发展演进反映出中国博物馆事业由草创到繁荣、再到实现现代化转型的历史进程。

**博物馆建筑风格演变** 清末传教士创办的博物馆明显带有西方审美色彩。清光绪三十一年（1905年）张謇创办的南通博物苑采用中国传统园林建筑风格，但在细节处理上也采用了西方建筑做法。民国时期，博物馆在建筑风格上更加注重民族化色彩，这与当时流行的"复古主义"建筑美学存在密切关系。中央博物院为当时最为现代的博物馆，也以辽代建筑为蓝本。整体而言，20世纪上半期的博物馆建筑风格充分体现了民族文化元素与西方建筑美学的碰撞与交融。

中华人民共和国成立后，苏联博物馆建筑风格深刻影响了中国博物馆建筑。这种苏式风格的博物馆建筑集中体现了社会主义意识形态，建筑形式主要吸收哥特式建筑、欧洲文艺复兴古典主义形式及其后新古典主义形式等元素，用纪念碑式的建筑来展示一个新时代的开始，体现出对严谨和秩序的偏好。同时，也存在坚持中国古典建筑形式的博物馆建筑理念，曾引发20世纪50年代关于博物馆建筑形式的争论。20世纪50年代末至60年代初建成的博物馆，多倾向于在现代建筑基础上适当添加中国传统建筑元素，体现出"古为今用，洋为中用"的建筑思想。

改革开放后，中国博物馆在20世纪80年代开始现代化转型，逐渐摆脱苏式风格，采用新的建筑工艺和建筑材料，风格日趋多元，为与国际接轨奠定基础。

进入21世纪，随着各大博物馆的新馆建设，博物馆建筑风格也更加丰富，外观设计与博物馆主题更加切合，走出一条现代建筑风格与区域文化传统完美融合的新路。除国内高水平建筑设计师外，许多博物馆得到国际一流设计师的加盟。苏州博物馆新馆延请国际建筑大师贝聿铭亲自设计，实现了现代博物馆建筑理念与江南地域文化的完美结合。

**博物馆选址** 晚清时期，博物馆选址主要考虑其建设用途。南通博物苑旨在"为本校师范生备物理上之实验，为地方人民广农业上之知识"（张謇《博物苑观览简章》），其选址于南通师范学校之西。民国时期，一些学者开始尝试摆脱原有的借用古建筑开办博物馆的做法，转向修建现代性博物馆，选址标准也开始考虑交通问题等区位因素。20世纪30年代，中央博物院和上海博物馆分别选址于南京市与上海市中心区，这些地区经济发达，人口稠密，交通便利，便于观众游览参观。

中华人民共和国成立后的前30年，新建博物馆的选址仍多基于交通便利的考量。1959年，中国历史博物馆、中国革命博物馆、民族文化宫博物馆、中国人民革命军事博物馆和中国农业博物馆等均选址于北京市中心城区，拥有完备的交通网络和良好的周边环境。

20世纪80年代以来，中国博物馆建设事业进入现代化转型期，各地掀起新一轮博物馆建设高潮。1991年，建设部与文化部制定中华人民共和国首部《博物馆建筑设计规范》，规定博物馆选址应遵循以下三方面要求：一是交通便利、城市公用设施比较完备、具有适当的发展余地；二是不应选在有害气体和烟尘影响较大的区域内，与噪声源及贮存易燃、易爆物场所的相关距离应符合有关部门的规定；三是场地干燥，排水通畅，通风良好。这也是20世纪90年代初中国现代博物馆在选址上的基本要求。

21世纪，中国博物馆建设快速发展，各地大型博物馆新馆陆续建设，对博物馆选址有了更高要求。2016年，住房和城乡建设部修订的新版《博物馆建筑设计规范》（简称新版《规范》）实施，要求博物馆选址应符合城市规划和文化设施要求；基地自然条件、街区环境、人文环境应与博物馆的类型及其收藏、教育、研究功能特征相适应；基地面积应满足博物馆的功能要求，并宜有适当发展余地；应交通便利，公用配套设施比较完备；应场地干燥、排水通畅、通风良好，与易燃易爆场所、噪声源、污染源的距离，应符合国家现行有关

安全、卫生、环境保护标准规定。新版《规范》还专门规定了现代博物馆选址工作中不应选择的地段，包括易因自然或人为原因引起沉降、地震、滑坡或洪涝的地段，空气或土地已被或可能被严重污染的地段，有吸引啮齿动物、昆虫或其他有害动物的场所或建筑附近。新版《规范》对现代性博物馆选址上的建筑独立性作出专门强调，博物馆建筑宜独立建造；当与其他类型建筑合建时，博物馆建筑应自成一区。

**展陈设施** 晚清民国时期博物馆的展陈设施，多采用较为普通的玻璃柜和木制展柜。也有一些博物馆运用了当时国际先进的文物展示设备。上海市立博物馆在展厅内安装温度自动调节装置，用以确保展厅内部环境的适宜；天津博物院首创"全景陈列法"，采用布景道具模拟自然环境。

中华人民共和国成立初期，博物馆展陈设施以玻璃展柜为主。中国历史博物馆采用金丝楠木的展柜，代表了当时全国博物馆展陈设施的最高水平。随着科学技术的发展，博物馆展陈设施科技含量也逐渐提高。1974年，为更好保存长沙马王堆汉墓出土文物，湖南省第六建筑工程公司、湖南省博物馆、湖南省建筑设计院共同修建"马王堆汉墓文物馆"：陈列室温湿度采用遥测控制；陈列室灯具使用磨砂玻璃灯罩，以减少紫外线对文物的照射。博物馆室内照明，最初多采用自然光源，后逐渐运用人造光等多种光源，以避免文物展出过程中受到光线损伤。

改革开放后，国际先进技术的引入，为博物馆文物保护工作水平提升注入新的力量。一些博物馆引进新型展柜，确保文物在恒温恒湿

状态下进行展出。一些大型博物馆利用复杂的中央空调系统确保不同功能区实现温度与湿度的最佳值。

以中国国家博物馆照明为例，20世纪80年代，陈列室采用以自然光为主、人工照明为辅的照明方式，即主要依靠展厅的高大侧窗采光，展厅顶部安装高压钠灯作为辅助光源，展柜本身没有光源。自然光受天气条件影响较大，且自然光和高压钠灯的紫外线容易对文物造成损害。20世纪90年代，国家博物馆对金丝楠展柜进行升级改造，在展柜内腔增设金属结构，顶部增加现代照明系统。进入21世纪，中国国家博物馆根据最新研究成果，对不同材质的文物分别进行专业的光线处理，在确保文物安全的前提下实现最佳的观赏效果。此外，一些博物馆开始打破传统的"文物＋文字"展示方式，综合运用文物、模型、音响、多媒体等展示技术，让参观者获得身临其境的体验。

**教育服务设施** 清末民国时期的博物馆已充分意识到建筑服务功能的重要性，早在南通博物苑成立时就已安排有讲解人员。限于当时历史条件，很多博物馆难以向参观者提供完善的服务。

中华人民共和国成立后，一些博物馆设置卫生间、长椅等观众休息设施。一些大型博物馆还在主体建筑之间修建绿地、池塘等园林景观，让观众在游览之余能够休闲放松。

改革开放后，博物馆服务设施在数量和种类上都有显著发展。特别是20世纪80年代末至90年代初，中国博物馆开始现代化转型，"服务观众"观念已成为博物馆行业的共识，博物馆建筑内部各项配套设施随之实现现代化。

1991年颁布的《博物馆建筑设计规范》，规定观众服务设施必须包括售票处、存物处、纪念品出售处、食品小卖部、休息处、卫生间等。

21世纪，中国博物馆建筑的配套服务设施进一步完备，实现"以人为本"的服务宗旨。2016年实施的新版《规范》中，可以看出博物馆行业对建筑配套服务设施的认识和理解发生了显著变化。新版《规范》在"总则"部分增加6条"博物馆建筑设计原则"，着重强调"以人为本"的服务理念，注重保障使用者安全，满足儿童、青少年、老年人、残障人士、婴幼儿监护人等使用和安全的要求。新版《规范》对服务设施有更为细致而全面的规定。如历史类博物馆公众区域的服务设施应包括售票室、门廊、门厅、休息室（廊）、饮水、厕所、贵宾室、广播室、医务室、茶座、餐厅、商店。新版《规范》还体现"节能减排"的绿色环保理念，强调博物馆建设应因地制宜，满足节地、节能、节水、节材和环境保护要求。

**藏品保管设施** 中国博物馆肇兴之初便设有库房和展室，但囿于当时博物馆财力不足，加之社会动荡不安，导致博物馆藏品保护方面多有疏漏，甚至造成藏品损坏、被盗。

中华人民共和国成立后，博物馆的藏品保护与展示能力均得到增强，各级人民政府投入大量人力物力改善博物馆重要藏品的保管条件。1954年，故宫博物院制定《关于加强防火、防特、防盗、防损伤四防暂行规定》和《延禧宫库房文物保管暂行办法》。同年，中国革命博物馆筹备处制定《库房管理办法》。条件较好的博物馆通常会使用坚固耐火的材料，房舍宽敞、通风、干燥，并配备有调节温度和湿度设备。这一时期，限于经济和技术发展水平，各地博物馆在库房建设上水平参差不齐，一些博物馆藏品保护情况并不理想。

改革开放后，藏品保管设施建设水平日渐提高，特别是20世纪90年代博物馆建设开始现代化转型以后，博物馆的藏品保管设施建设逐渐与国际接轨，对藏品的保管环境有了更加细致的规定。如安装空调设备的库房，冬季温度不应低于10℃，夏季温度不应高于26℃。没有空调的库房，相对湿度不应大于70%，昼夜相对湿度差不应大于5%。珍品库房开始设置安全监视系统和防盗自动报警系统。

21世纪，博物馆藏品保护技术进一步提高，博物馆藏品保护也日趋精细化、科学化。2016年新版《规范》规定博物馆藏品保存场所应具备下列条件：应有稳定的、适于藏品长期保存的环境；应具备防止藏品受人为破坏的安全条件；应具备不遭受火灾危险的消防条件；应设置保障藏品保存环境、安全和消防条件等不受破坏的监控设施。除上述条件外，对藏品保存场所的环境要求也有详尽规定，包括温度、相对湿度、空气质量、污染物浓度、光辐射的控制，以及防生物危害、防水、防潮、防尘、防震动、防地震、防雷等内容。随着信息时代的到来，信息化管理与智能化系统开始成为保管设施的重要组成部分，藏品保管设施的数字化成为必然趋势。

## 三、博物馆机构

中国国家博物馆　中国国家博物馆是一座国家级综合博物馆，位于北京市东城区东长安街16号，隶属于文化部。2012年被评为国家一级博物馆。

民国元年（1912年）7月9日，北京政府教育部决定设立国立历史博物馆筹备处，以北京国子监为馆址，京师大学堂文科教授胡玉缙任主任，是中国现代第一个由政府筹建并直接管理的国家级博物馆。

民国7年7月，国立历史博物馆筹备处迁至故宫端门与午门。民国9年11月，国立历史博物馆正式成立，符鼎升任主任。民国15年10月开馆。民国18年8月13日，划归中央研究院历史语言研究所，名称改为国立中央研究院历史博物馆筹备处。民国25年7月，划归国立中央博物院筹备处。

1949年10月1日，改名为国立北京历史博物馆，隶属中央文化部。11月1日，归口中央文化部文物局管理，韩寿萱为首任馆长，馆内设第一、第二、第三业务组和征集委员会、专门委员会。

1951年3月，中央文化部文物局明确国立北京历史博物馆的性质是"中国历史性质的博物馆"。5月，内设机构调整为陈列部、保管部、群众工作部和馆办公室。6月21日，国立北京历史博物馆更名为北京历史博物馆。1956年增设考古部，1962年撤销。

1950年3月，经中共中央宣传部、文化部同意，国立革命博物馆筹备处成立，中央文化部文物局副局长王冶秋兼任筹备处主任，初以北海团城为馆址，不久迁入故宫西华门武英殿。7月29日，经中央人民政府政务院批准，国立革命博物馆更名为中央革命博物馆，筹备处改为中央革命博物馆筹备处。1954年，内设陈列部、征集保管部、群众工作部和办公室。

1958年8月，中共中央政治局北戴河会议决定在北京兴建一批公共建筑，其中包括历史博物馆和革命博物馆。9月，两馆馆址选定在天安门广场东侧，于10月开工建设。同时，中共中央宣传部和文化部决定成立"革命博物馆、历史博物馆筹建小组"，负责两馆筹建工作，由文化部党组书记、副部长钱俊瑞任组长，中共北京市委书记邓拓、中共中央办公厅副主任田家英任副组长，成员有熊复、王宗一、刘大年、姜椿芳、李践为、刘桂五、王冶秋等。1959年1月15日，中共中央宣传部召开专题会议讨论两馆筹建工作，决定成立以王冶秋为主任的筹建小组办公室。8月31日，两馆大楼建筑工程竣工。

1960年8月31日，北京市文化局转发文化部批复，确定北京历史博物馆更名为中国历史博物馆，中央革命博物馆更名为中国革命博物馆。同年，调龙潜主持中国历史博物馆工作。1961年3月，中国历史博物馆成立学术委员会，聘请邓拓、尹达、齐燕铭、徐平羽、王冶秋、夏鼐、吴晗、翦伯赞、贾兰坡等15人为学术委员会委员，后聘请吴晗、夏鼐为正、副主任。7月1日，中国历史博物馆和中国革命博物馆向社会开放，分别展出"中国通史陈列"和"中国革命史陈列"。1962年2月，中国历史博物馆成立科学研究委员会。6月，国务院任命李兆炳为中国革命博物馆馆长。中国革命博物馆性质和任务，是以博物馆形式向全国广大人民进行中国革命史的宣传教育机构；内设机构为陈列部、征集保管部、群众工作部、党总

支办公室、办公室、资料室和人保科。7月，国务院任命龙潜为中国历史博物馆馆长。1963年，确定中国历史博物馆编制178人。1964年4月，文化部明确中国历史博物馆是中国通史性质的国家历史博物馆；馆内设立党委办公室，群工部与陈列部合并为群宣部。1966年，确定中国革命博物馆编制184人。

"文化大革命"开始后，中国历史博物馆和中国革命博物馆分别于1966年8月和11月闭馆。1969年9月，两馆合并为中国革命历史博物馆，成立革命委员会，下设政工组、业务组、办事组。1972年5月，杨振亚被任命为中国革命历史博物馆馆长兼党委书记。1974年，内设党史陈列部、通史陈列部、党史文物保管部、通史文物保管部、群众工作部、党委办公室、行政办公室等7个部门。1977年，行政办公室分为办公室和行政处。1978年5月，增设通史研究室和党史研究室和外宾服务部。1979年2月，恢复考古部。1980年7月，增设端门管理处。

1983年1月31日，国务院批复文化部，同意恢复中国历史博物馆和中国革命博物馆建制。2月5日，文化部文物事业管理局决定成立恢复两馆建制领导小组，王宏钧任组长。4月1日，文化部党组决定成立中国历史博物馆临时领导小组，王宏钧任组长；成立中国革命博物馆临时领导小组，沈庆林任组长。

1983年5月，文化部文物事业管理局同意中国历史博物馆的内设机构为机关党委、纪检委、办公室、行政处、人事处、保卫处、陈列部、文物保管部、群众工作部、美术工作部、考古部、研究室、端门管理处。1987年3月5

日，俞伟超任馆长。1991年，设立科技部。1997年4月，增设遥感与航空摄影考古研究室。1998年6月30日，设立馆长办公室和行政处。2000年7月4日，朱凤瀚任馆长。2001年5月，中央机构编制委员会批复国家文物局，同意中国文物交流中心建制及60名编制并入中国历史博物馆。6月，组建文物科技保护部。

1983年中国革命博物馆恢复建制后，内设机构为办公室、党委办公室、陈列部、研究室、群工部、保管部、图书资料室、行政处、人事处、保卫处。1992年7月7日，黄高谦任中国革命博物馆馆长（代理）。1998年11月24日，夏燕月任中国革命博物馆馆长。2002年4月，北京新文化运动纪念馆建成开放，由中国革命博物馆管理。

2002年9月，中央编办批复文化部，同意将中国历史博物馆、中国革命博物馆合并组建中国国家博物馆，隶属文化部，编制764人。中国文物交流中心划归国家文物局管理。2003年2月27日，文化部印发《关于组建中国国家博物馆的决定》，任命潘震宙为馆长、党委书记。28日，中国国家博物馆挂牌成立，国家主席江泽民题写馆名，国务院副总理李岚清出席挂牌仪式并揭牌。9月，设立28个内设机构，包括馆长办公室、党委办公室、人事处、外事处、发展企划处、资产财务处、安全保卫处、纪检监察审计办公室、后勤管理服务处、藏品保管一部、藏品保管二部、文物科技保护部、展览一部、展览二部、对外展览部、社会教育部、学术研究中心、田野考古部、水下考古部、遥感与航空摄影考古部、图书资料部、信息网络部、蜡像馆、经营中心、艺术品开发中

心、端门管理处、北京新文化运动纪念馆、工程筹建办公室。2005年9月，文化部任命吕章申为中国国家博物馆馆长。2007年3月，中国国家博物馆改扩建工程动工。2009年7月，根据中央编办批复和文化部通知，中国国家博物馆承担的全国水下考古事务性工作职能划转中国文化遗产研究院。2011年2月，中央编办同意国家博物馆增加事业编制332人。3月，中国国家博物馆经改扩建后开放，新馆建筑面积近20万平方米，是世界上单体建筑面积最大的博物馆，主要展览有"古代中国陈列"和"复兴之路"，并举办各种特展。6月，端门移交故宫博物院管理。8月24日，国际友谊博物馆划转中国国家博物馆。2016年10月，中国国家博物馆内设机构为30个，即馆长办公室、党委办公室、人事处、资产财务处、安全保卫处、外事处、法规处、纪检监察审计办公室、工会办公室、离退休人员服务处、藏品保管一部、藏品保管二部、文物科技保护部（文物科技保护中心）、展览一部、展览二部、展览策划与美术工作部、社会教育宣传部、蜡像艺术馆、研究部、科研规划与馆刊编辑部、综合考古部（田野考古研究中心、遥感与航空摄影考古研究中心）、图书馆（图书资料中心）、信息网络部、书画艺术研究创作中心、艺术品鉴定中心、经营与开发部、物业管理部、后勤管理服务处、设备管理处、改扩建工程办公室（临时机构）；核定编制1002人。

截至2017年底，中国国家博物馆共有研究馆员69人，副研究馆员178人；藏品140余万件；基本陈列包括"古代中国""复兴之路""复兴之路·新时代部分"，专题展览有

"中国古代钱币""中国古代玉器艺术""中国古代瓷器艺术"等。

**故宫博物院** 故宫博物院是在明清皇宫（紫禁城）及其收藏的基础上建立起来的国家级综合博物馆，也是中国最大的古代文化艺术博物馆，位于北京市东城区景山前街4号，隶属于文化部。2008年被评为国家一级博物馆。

辛亥革命后，紫禁城的外朝部分由北洋政府管辖，并在民国3年（1914年）成立古物陈列所。民国13年10月，冯玉祥发动"北京政变"，将溥仪驱逐出紫禁城，之后成立清室善后委员会，聘请李煜瀛任委员长，点查清宫物品，建立博物院等，陆续出版《清宫物品点查报告》。民国14年9月，清室善后委员会制订并通过《故宫博物院临时组织大纲》《故宫博物院临时董事会章程》。故宫博物院设立临时董事会协议全院重要事务，并成立临时理事会执行全院事务，李煜瀛为临时董事兼理事长；理事会下设古物、图书两馆及总务处，易培基任古物馆馆长，陈垣任图书馆馆长。10月10日，故宫博物院成立并向社会开放。

民国15年3月，李煜瀛、易培基因三一八惨案受到段祺瑞执政府通缉，被迫离开北京。故宫博物院临时董事、理事会联席会议推举卢永祥、庄蕴宽为维持员，主持院务。12月，在李煜瀛提议下，汪大燮、江瀚、庄蕴宽等邀请社会名流发起并成立故宫博物院维持会，推举江瀚为会长，王宠惠、庄蕴宽、叶恭绰为副会长，以维持故宫博物院各项事务。民国16年9月张作霖入主北京后，国务会议决定成立故宫博物院管理委员会，接管故宫博物院，王士珍任委员长。

民国17年6月北伐战争结束后，南京国民政府接管故宫博物院，更名为北平故宫博物院。10月，国民政府颁布《故宫博物院组织法》《故宫博物院理事会组织条例》，故宫博物院设立理事会，为院内议事及监督机关，议决及监督一切重要进行事项，理事会设理事长1人，常务理事3～5人；故宫博物院设院长1人，院内机构设秘书处、总务处、古物馆、图书馆、文献馆。另设各种专门委员会为院学术顾问组织，以及基金保管委员会保管无关历史之财产。第一届理事会37人，其中国民政府任命李煜瀛、易培基、蔡元培、汪精卫、庄蕴宽、江瀚、吴稚晖、蒋介石、谭延闿、宋子文、张学良等27人，理事会推举马衡、沈兼士、陈垣、俞同奎、李宗侗等10人。民国18年，国民政府任命李煜瀛为故宫博物院理事会理事长，易培基为院长。

九一八事变后，东北沦陷，华北告急。为保护院内珍贵文物，故宫博物院经审慎研究并报请国民政府同意，决定将院藏文物择其精要装箱运往上海暂存，以避战火，先后五批南迁文物计13427箱又64包。民国22年7月，马衡代理故宫博物院院长之职，张静江接任理事会理事长。8月，国民党中央政治会议第371次会议议决，故宫博物院及其理事会隶属于行政院。民国23年2月，国民政府公布《国立北平故宫博物院暂行组织条例》，院名改为国立北平故宫博物院，内设古物馆、图书馆、文献馆、总务处及驻南京与上海办事处，撤销秘书处。4月，故宫博物院理事会改选，蔡元培当选理事长。5月，行政院任命马衡为故宫博物院院长。民国26年1月，故宫博物院南京分院成立。驻上海、南京办事处裁撤。

七七事变后，南京局势转危，奉行政院令，故宫博物院文物西迁，分三批运往贵州、四川、重庆等地，成立安顺办事处、巴县办事处、乐山办事处、峨眉办事处，负责文物的日常保管与维护；重庆设总办事处，负责统一调度与安排。封存于南京库房的2954箱文物被占领南京的日军分别移存于北极阁、中央研究院、紫金山天文台、地质调查所等处。北平本院由总务处处长张庭济负责，"于可能范围内，尽力维持"。人事方面旧员不裁，去人不补。民国31年，伪华北政务委员会任命祝书元为故宫博物院代理院长，院内机构、馆处领导未更换，张庭济留任。

民国32年，故宫博物院改隶教育部。民国34年抗战胜利后，南京分院追查收回被日军转移的2954箱文物，存于朝天宫库房内。北平本院由教育部派沈兼士会同张庭济办理接收事宜。本院机构仍设古物馆、图书馆、文献馆、总务处，抗战前原有职工全部留任。民国35年起，西迁文物陆续集中于重庆，准备返回南京。民国35年12月，故宫博物院复属行政院，古物陈列所留在北平的文物及屋舍拨交故宫博物院。民国37年3月完成交接，故宫博物院开始统一管理。

民国38年，北平和平解放。2月，故宫博物院由北平军事管制委员会文化委员会文物部接管，马衡任院长，职工全部原职原薪留用。4月23日南京解放后，故宫博物院南京分院由南京市军管会文化教育委员会接收。军管结束后，故宫博物院改由华北人民政府高等教育委

员会图书文物管理处领导。中华人民共和国成立后，故宫博物院由中央文化部文物局领导，内设古物馆、图书馆、档案馆、办公处。1950年，院名改为国立北京故宫博物院，暂存南京分院的南迁文物开始陆续北返。6月，文化部颁布《国立北京故宫博物院暂行组织条例》，规定院内设古物馆、图书馆、文献馆及办公处。1951年，故宫博物院进行改组，性质定为陈列历代美术及美术工艺品的综合性的博物院；内部机构改为保管部、陈列部、群众工作部、档案馆、图书馆和办公处；更名为故宫博物院。1953年3月，南京分院收归故宫博物院领导。

1954年2月，故宫博物院改由文化部直接领导。6月，调吴仲超任故宫博物院院长，改政治处为人事处，南京分院为南京办事处，增设修建处。同年，文化部批准《故宫博物院整顿改革方案》，确定故宫博物院为艺术性质的博物院。同年底，故宫博物院改由社会文化事业管理局领导。

1955年底，故宫博物院档案馆档案及25名工作人员划归国家档案局，皇史宬由国家档案局管理。1958年，故宫博物院由文化部下放北京市文化局领导。1959年，故宫博物院开始实行党委领导制，吴仲超任党委书记。同年，南京办事处改为南京库房；后经文化部批准，南京库房移江苏省文化管理局管理，2176箱南迁文物暂存南京库房。1960年，故宫博物院撤销保管部、陈列部，新设美术史部、工艺美术史部，成立宫廷历史部、警保处，成立文物修复厂。1962年，故宫博物院重新由文化部领导。1966年，故宫博物院内设机构确定为院长办公

室、政治部、业务工作部、群众工作部、古建管理部及行政处。

"文化大革命"开始后，故宫博物院停止开放。1967年，国务院总理周恩来派部队进驻故宫博物院，实行军事保护。1968年12月，工人、解放军宣传队进驻故宫博物院，建立革命委员会，领导院务。1969年7月，中央档案局将明清档案交回故宫，称明清档案部（对外称第一历史档案馆）。9月，院内大部分职工下放至湖北咸宁的文化部"五七"干校劳动，少部分职工留院工作。1971年7月，故宫博物院恢复开放。1972年5月，国务院办公室批准恢复吴仲超院长职务；年底，下放职工多数调回院内。1973年，故宫博物院革命委员会撤销，院内建制逐渐恢复，设置党委办公室、院办公室、研究室、业务部（陈列、保管部合并）、明清档案部、群众工作部、古建管理部、警保处、行政处等机构。

1978年，故宫博物院重新成立保管部、陈列部，设立外宾服务部。1980年3月，明清档案部划归国家档案局领导，改称中国第一历史档案馆。1983年，成立紫禁城出版社。年底，故宫博物院内设机构调整为办公室、政治部、陈列部、保管部、群众工作部、古建管理部、服务部、研究室、出版社、图书馆、计财处、保卫处、行政处、工程队。1984年9月，吴仲超卸任，院务由副院长、党委代书记于坚主持。组织机构进一步调整，成立党委办公室、人事处（撤销政治部），成立开放管理处和基建办公室。

1987年6月，国务院任命张忠培为故宫博物院院长。7月，故宫博物院开始实行院长负责制。1988年，故宫博物院开始有计划地引进大批高等院校的专业人才，以完善人才知识结构和学术机构的设置。1988年，成立科学技术部。

1989年8月，故宫博物院成立临时领导小组负责全院工作。1991年1月，临时领导小组撤销，院内工作由魏文藻、王树卿、杨新三位副院长集体领导，分工负责。7月，故宫博物院改院长负责制为党委领导下的院长分工负责制。9月19日，国务院批准吕济民任故宫博物院代理院长，裴焕禄为党委书记。1994年6月，故宫博物院成立经营开发管理处（后与服务部合并，改称经营开发部）。1997年10月，谭斌任党委书记，并主持工作。1998年9月，朱成如任副院长、党委副书记、法人代表。

1998年，故宫博物院调整内设机构。1999年底，内设院办公室、党委办公室、人事处、监察处、审计处、工会、计财处、保卫处、古书画部、古器物部、宫廷部、展览宣教部、古建部、文保科技部、资料信息中心、出版社、图书馆、行政服务中心、开放管理处、经营管理处、工程管理处、离退休服务处等23个处室机构。

2002年10月，故宫博物院由直属国家文物局划转文化部，文化部副部长郑欣淼兼任故宫博物院院长。其后，院内机构调整，增设科研处、外事处、文物管理处、监察审计处、法律顾问处等。此后，成立古书画研究中心、古陶瓷研究中心、古建筑保护研究中心、明清宫廷史研究中心和藏传佛教文物研究中心。

2010年，故宫博物院接收大高玄殿南院及北院古建筑，大高玄殿主体部分回归故宫博物院。同年，设立故宫学研究所。2011年12月，成立世界文化遗产监测中心。

2012年1月，文化部任命单霁翔为故宫博物院院长、党委书记。2013年7月，国际博物馆协会国际博物馆培训中心在故宫博物院成立，是国际博物馆协会、国际博物馆协会中国国家委员会和故宫博物院合作建立的博物馆专业培训机构，也是国际博物馆协会首个建在中国的培训中心。8月，故宫博物院设立博士后工作站。10月，成立故宫研究院，是故宫博物院为与国内外专家学者开展合作研究和交流而成立的非建制综合性学术机构。同时，组建安全部，下辖保卫处、开放管理处、消防处和安全技术处。年底，成立故宫学院。

2016年，故宫博物院开始筹划设立文创事业部与事业发展部。年底，故宫文物医院在文保科技部基础上挂牌成立。

截至2017年底，故宫博物院共设37个部处，在编人员1454人，其中研究馆员109位；文物藏品186万余件；基本陈列除"明清宫廷史迹原状陈列"外，还有古建馆、青铜器馆、书画馆、陶瓷馆、珍宝馆、家具馆、数字馆等12个专馆陈列。

**北京鲁迅博物馆（北京新文化运动纪念馆）**  北京鲁迅博物馆（北京新文化运动纪念馆）由北京鲁迅博物馆和北京新文化运动纪念馆于2014年7月合并组建而成，包括鲁迅博物馆（北京市西城区阜成门内大街宫门口二条19号）和新文化运动纪念馆（北京市东城区五四大街29号）两个馆区，隶属于国家文物局。2008年被评为国家一级博物馆。

北京鲁迅博物馆是为纪念鲁迅先生而建立的历史人文类博物馆，北京新文化运动纪念馆是全国唯一一家全面展示五四新文化运动历史的历史人文类旧址博物馆。

北京鲁迅博物馆前身为北京鲁迅故居。民国13年5月～15年8月（1924年5月～1926年8月），鲁迅在此居住并完成《华盖集》《华盖集续编》《野草》以及《彷徨》《坟》和《朝花夕拾》中的部分文章。1949年北平解放后，北平军事管制委员会文化委员会文物部接收鲁迅故居，逐步将其恢复原状。同年10月19日，在鲁迅逝世13周年之际对外开放。1950年2月25日，许广平将北京鲁迅故居和故居内的藏书、文物全部捐献给中央人民政府。

1954年初，文化部决定在鲁迅故居东侧建立鲁迅博物馆，成立博物馆筹备处，归文化部社会文化事业管理局领导。1955年9月，文化部召开会议，审定鲁迅博物馆设计方案，会议由沈雁冰主持，周扬、夏衍、王冶秋、冯雪峰出席。1956年9月，陈列预展，郭沫若、沈钧儒、吴玉章、茅盾、胡乔木、周扬、郑振铎、邵力子、章伯钧、胡愈之、夏衍等参与审查指导。1956年10月19日（鲁迅逝世20周年纪念日），鲁迅博物馆开馆，内设陈列组、资料组、行政组3个部门。1958年7月，鲁迅博物馆下放北京市文化局领导。1959年初，下放西城区文化科领导。1961年8月，归北京市文化局领导。1974年10月28日，周海婴上书中央主席毛泽东，提出鲁迅书信整理，鲁迅著作注释、出版，以及在鲁迅博物馆增设鲁迅研究室等建议。11月1日，毛泽东批示同意。1976年元旦，鲁迅博物馆归国家文物事业管理局直接管理，李何林任馆长兼鲁迅研究室主任。

1976年2月27日，鲁迅研究室成立，研究人员从全国各地陆续调集。5月，鲁迅研究室分别设立《鲁迅研究资料》编辑部、《鲁迅年谱》编写组、《鲁迅手稿》编辑组、《鲁迅日记》注释组和资料组。

1978年，在鲁迅100周年诞辰前夕，鲁迅博物馆开始扩建。1981年8月，完成庭院拓展，增加绿化面积，新建研究楼、报告厅和部分办公用房。9月，改陈后的"鲁迅生平展"开放。1985年，内设办公室、鲁迅研究室、文物资料室、陈列部、群工部等5个部门。1994年9月，新展厅建设工程竣工。1996年9月，"鲁迅生平陈列"布陈完毕。2006年，鲁迅故居被评为第六批全国重点文物保护单位。2008年，北京鲁迅博物馆被评为国家一级博物馆。

北京新文化运动纪念馆于2002年依托北京大学红楼建立。北京大学红楼原为北京大学第一院，始建于民国5年，落成于民国7年，全楼以红砖红瓦建成，故称红楼，1961年3月被公布为第一批全国重点文物保护单位。2001年5月，中央编办批复成立北京新文化运动纪念馆，2001年7月成立筹备处。2002年4月28日，新文化运动纪念馆正式成立并对外开放，隶属中国国家博物馆，下设办公室和业务部两个部门。2007年3月，中央编办批复北京新文化运动纪念馆划转国家文物局管理，事业编制10人。

2014年7月11日，经中央编办批复，北京鲁迅博物馆和北京新文化运动纪念馆合并为北京鲁迅博物馆（北京新文化运动纪念馆），内设办公室（人事处、党委办公室）、资产财务处、安全保卫处、鲁迅研究室、新文化运动研究室、文物资料保管部、社会教育部、信息中心、文化发展服务中心（鲁迅故居管理处），编制82人。2017年10月16日，经国家文物局批准，北京鲁迅博物馆（北京新文化运动纪念馆）内设机构调整为办公室（人事处、党委办公室）、资产财务处、安全保卫处、研究室、陈列展览部、文物资料保管部、社会教育部、信息中心、文化发展服务中心（鲁迅故居管理处），编制77人。

截至2017年底，北京鲁迅博物馆（北京新文化运动纪念馆）人员编制71人，其中正高职称8人、副高职称15人；文物藏品3万余种、图书资料3万余件；北京鲁迅博物馆展区基本陈列包括鲁迅故居原状陈列和"鲁迅生平陈列"，新文化运动纪念馆展区基本陈列包括"新时代的先声——新文化运动陈列"、五四时期北大红楼七处旧址复原陈列和蔡元培、陈独秀专题展等。

**中国农业博物馆** 中国农业博物馆是一家在农业展览馆（简称农展馆）基础上筹建的反映中国农业历史、展示农业成就的国家级自然类博物馆，1986年9月建成开馆，位于北京市朝阳区东三环北路16号，隶属于农业部。2012年被评为国家一级博物馆。

1958年，中共中央政治局北戴河会议决定在北京兴建一批重大建筑以隆重庆祝中华人民共和国成立10周年，其中包括农业展览馆。1959年9月27日，农展馆建成开馆，农业部办公厅主任魏震五兼任农展馆馆长和党委书记，内设总馆办公室、党委办公室、人保处、加工处、行政处、生产处、农大教务处等职能部门及综合馆、农作物馆、水利馆、园艺特产馆、林业馆、措施馆、工具馆、畜牧馆、水产馆、气象馆、人民公社工业馆、农村电气化馆、沼气馆等分馆。1960年12月，根据国务院总理周恩来指示，党委会研究决定对全馆工作人员实行精减，由1211人减至400人。内设机构改设办公室（下设科、组、馆）和党委办公室。1962年，再次精减工作人员至180人。

1965年2月，农业部党组任命江干臣为农展馆党委书记兼馆长，内设机构调整为政治处、展览处、行政处。1966年3月，高产馆、副业馆、水产馆、畜牧馆、林业馆、水利馆、国营农场馆、农机馆相继开馆。

"文化大革命"开始后，军代表进驻农展馆。1978年9月，经农林部批准，撤销农展馆革命委员会。12月，核定农展馆编制460人。

1980年6月，第一届全国农业资源与区划展览开展。11月，国家农业委员会决定成立由农口各部及农展馆负责人组成的农展馆管理委员会。

1982年5月，国家农业委员会撤销，农展馆划归农牧渔业部领导。10月，金丰任农展馆党委书记、馆长。12月，农牧渔业部指示农展馆主要是办好农业博物馆、农业展览会和植物园。同月，农展馆加入中国自然博物馆协会。

1983年5月，经农牧渔业部批准，农展馆内设办公室、博物馆筹备处、展区管理处、植物园筹备处、设计加工处、基建维修处、人事处、党委办公室。

1983年7月，国务院批准由农展馆筹建中国农业博物馆，一个机构、两块牌子，不另设机构和编制，逐步增加少量的特约研究人员和顾问。1984年1月，郭爱民任馆党委书记兼馆长。

1986年9月，中国农业博物馆开馆。中国古代农业科学技术史、全国农业自然资源与区划及水产等3个陈列馆开始对外开放。12月，经农牧渔业部批准，组织机构进行调整，设党委办公室、馆办公室、人事处、展览处、基建维修处、展览服务处和中国农业博物馆研究室。

1987年9月，挂靠在中国农业博物馆的中国农学会农业历史学会成立。同年，馆刊《古今农业》创刊。1988年10月，增设保卫处。

1990年6月，孔照旭任中国农业博物馆馆长。9月，经国家人事部批准，中国农业博物馆为农业部部属事业单位，核定事业编制380人，内设馆办公室、党委办公室、展览处、展览服务处、人事处、保卫处、老干部管理处、基建维修处、财务计划处和中国农业博物馆研究室。1991年2月，白鹤文任中国农业博物馆馆长。3月，财务计划处成立。6月，"中国能源馆"开馆，"百草园"建成。至此，博物馆展陈面积已近万平方米。此后，推出"中国现代农业科技陈列""传统农具展""土壤标本展""水生动物展""陆生动物展"等展览。1992年2月，在园林队基础上组建园林处。8月，由中国农业博物馆牵头组建农业部图书、文博、档案系列中、高级专业技术职务评委会。

1993年，基建维修处分为基建房管处和修建服务中心，中国农业博物馆研究室更名为中国农业博物馆研究所。

1995年3月，中国农业博物馆增设陈列教育处、藏品资料处、后勤服务处，撤销展览处。1996年6月，增设博览会联络处。9月，徐国洪任党委书记、雷于新任馆长。同月，贸促会农业行业分会整建制划入中国农业博物馆。

1998年1月，调整内设机构，设16个处（室、所、中心）。8月，增设园林处。

2000年12月，内设机构调整为18个部（室、所、中心、公司）。2001年4月，中国农业博物馆学术委员会成立，雷于新任首届主任委员。2003年8月，王汝锋任馆长。

2005年8月，王红谊任党委书记。11月，王衍亮任馆长。12月，中国农业博物馆南京分馆——中华农业文明博物馆在南京农业大学开馆。

2006年2月，国家发展改革委批复中国农业博物馆改扩建工程项目。2008年3月，唐珂任馆长。2009年7月，改扩建项目场区市政工程、园林改造和后湖整治工程相继通过验收并交付使用。2010年5月，沈镇昭任党委书记。6月，隋斌任馆长。

2013年9月，中国农业博物馆庆阳分馆挂牌。2014年12月，馆常务会议审议通过《中国农业博物馆分馆管理办法》。2016年4月，刘新录任党委书记，王秀忠任馆长。

截至2017年底，中国农业博物馆共有在编人员217人，其中正高级职称人员26人、副高级职称人员38人；文物藏品5万余件；基本陈列包括"中华农业文明陈列""中国传统农具陈列""青少年科普陈列""中国土壤陈列"，还设有近万平方米的室外农业文化展示区。

**中国地质博物馆**　中国地质博物馆创建于民国5年（1916年），是中国成立最早的国家级自然类博物馆，位于北京市西城区西四羊肉胡同15号，隶属于国土资源部。2008年被评为国家一级博物馆。

中国地质博物馆前身为地质矿产陈列馆。

民国5年1月4日，袁世凯批准设立地质调查局，包含地质矿产博物馆。2月10日，北京政府农商部地质调查所于北京丰盛胡同3号兴办地质矿产陈列馆，地质调查所所长丁文江兼任地质矿产博物馆馆长，内设矿物岩石室、地质系统室、煤铁矿产室和金属矿产室。7月14日，中国人培养的首批18名地质学子从地质调查所毕业，在丰盛胡同3号举行"学生成绩展览会"，展出采集的矿物岩石标本899件，且附有详细图解及野外调查照片。这次展览标志着地质矿产陈列馆的正式成立，7月14日被定为中国地质博物馆建馆日。民国11年7月17日，地质调查所陈列馆新馆开幕典礼举行。民国17年10月，中央地质调查所取消地质股、矿产股和编译股，设置矿物岩石等4个研究室和陈列馆、图书馆；卢祖荫任地质矿产陈列馆主任。民国24年，中央地质调查所迁至南京，地质陈列馆1万余件藏品随迁南京，珠江路942号地质矿产陈列馆落成，全称为"地质调查所南京本所地质矿产陈列馆"，简称"南京总馆"；丰盛胡同3号称"地质调查所北平分所地质矿产陈列馆"，简称"北平分馆"。民国期间，北平分馆均由分所所长兼管。民国26年七七事变爆发后，地质矿产陈列馆开始南迁北守的艰难历程，将南京总馆大部分标本仓促装箱，由南京经长沙迁至重庆北碚。北平分馆不及撤离，一直处于闭馆状态。民国期间，包括南京总馆和北平分馆，陈列馆馆长（后称主任）先后为丁文江、翁文灏、安特生（瑞典人）、卢祖荫、徐光熙、盛莘夫、谢家荣、杨钟健、裴文中、李岐山（李明）、侯德封、高平。

1950年，中央人民政府设立中国地质工

作计划指导委员会，在南京设立由高振西负责的全国地质陈列馆工作领导机构，辖南京地质陈列馆和北京地质陈列馆。1952年9月1日，中央人民政府地质部成立，地质陈列馆被命名为中央人民政府地质部地质陈列馆。1953年1月6日，陈列馆领导机构由南京迁至北京，暂归地质部资料司代管，高振西任陈列馆馆长；陈列馆分北京、南京两地办公，领导中心在北京，工作中心在南京，两地一体。南京方面由刘之远、胡承志先后负责。后因建部需要，北京馆被拆除，标本被临时存放在故宫文华殿和六铺炕等处。1953年3月，南京地质陈列馆筹备工作完成，开放接待观众。

1955年，制定《地质部陈列馆组织编制表》，设馆长1人，内设秘书组、整理组、美工组、陈列研究组，南京分馆设正、副主任负责日常管理，编制14人。同年，原属于地质部教育司的标本供应组划归陈列馆。

1956年，地质部决定在北京西四羊肉胡同新建面积为1万平方米的全国地质陈列馆。1957年12月14日，地质部第十次部务会议决定，全国地质陈列馆直接由部领导，委托地质研究所管理日常工作。1958年4月11日，地质部决定将地质部全国地质陈列馆改名为地质部地质博物馆，内设办公室、陈列室和标本室，陈列室下设地质矿产组、地史古生物组、美工组，标本室下设典藏组和标本供应组。6月1日，南京地质陈列馆拨交江苏省地质局管理。

1959年10月2日，地质部地质博物馆开放。

1960年1月，地质博物馆划归地质部地质科学研究院领导，地质科学院副院长冯志爽兼任地质博物馆馆长，高振西任馆总工程师。

1961～1964年，地质博物馆部分工作人员下放，地质标本工厂撤销。内设机构精简为办公室（行政、财务、讲解员等）、地质组、典藏组和美工组。进行第一次陈列内容调整，新建工业矿产资源、农业矿产资源及矿床成因3个陈列室。1965～1966年，对陈列布局进行调整，将馆舍二层改为地层古生物陈列，三层则展示岩石、矿物与矿床有关陈列。

1966年"文化大革命"开始后，地质博物馆闭馆，1972年恢复工作。改革开放后，各陈列室的设计、施工陆续启动。

1980年3月1日，地质博物馆正式开馆。5月，中国地质学会成立科普委员会，挂靠地质博物馆，高振西为主任。科普委员会和地质博物馆联合筹办《地球》杂志，高振西任主编。同年，地质博物馆当选为中国自然博物馆协会副理事长单位。

1981年7月20日，王焕任地质博物馆党委书记；12月2日，高振西改任名誉馆长，刘涌泉任馆长。同年，地质博物馆与地质学会科普委员会合办的《地球》杂志创刊，成为中国第一本地学科普期刊。

1982年，地质部改为地矿部，地质部地质博物馆随后改称地矿部地质博物馆。

1983年3月1日，邹忠心任党委代理书记。6月13日，内设政治处、业务处、办公室3个职能机构和陈列研究室、藏品管理室、综合技术室、科普工作室、标本工厂5个业务机构。

1986年，地矿部地质博物馆更名为中国地质博物馆。

1995年6月13日，经地矿部党组研究决定，中国地质博物馆由地矿部直接管理。

1996年1月18日，地矿部党组聘任季强为中国地质博物馆代馆长。1997年，按照中国地质博物馆"三定"方案，博物馆人员编制128人（实有人员96人），内设办公室、党委办公室、人事保卫处、纪检监察室、科技处5个职能处室和岩矿研究室、古生物研究室、保管部、科普部、陈列艺术部、社会教育部、开发办公室7个业务处室。8月，地矿部任命季强为中国地质博物馆馆长。

1998年3月18日，国务院组建国土资源部，中国地质博物馆隶属于国土资源部。馆党政联席会议研究决定，内设机构调整为办公室、党群工作处、计划财务处、藏品保管部、社会教育部、科学研究部、陈列艺术部、学会工作部等8个处室。

2000年12月，程利伟任馆长。2002年9月，内设办公室、人事处、计划财务处、党委办公室、藏品保管部、社会教育部、展览部、岩矿研究室、古生物研究室、标本技术实验室、信息网络部、科普中心、标本中心、物业管理中心等14个处室。

2004年，中国地质博物馆大楼修缮改造工程竣工，于7月14日建馆88周年之际重新开馆。

2006年10月14日，刘随臣任馆长、党委书记。2009年，贾跃明任馆长、党委书记。

2009～2010年，中国地质博物馆先后增设国土资源科普基地管理办公室（2009年）、国家古生物化石专家委员会办公室（2010年）和国土资源史志办公室（2010年）。2010年，国土资源部颁行新的"三定"方案，规定中国地质博物馆主要从事地质科学研究、地质标本典藏和陈列展览、国土资源科普宣传以及培养高级地质与博物馆科技人才等；实行馆长负责制，设馆长1人，副馆长4人，专职党委副书记兼纪委书记1人；内设办公室、财务处、人事处、党群工作处、科技外事处、藏品保管部、社会教育部、展览艺术研究室、岩石矿物研究室、地层古生物研究室、标本技术研究室、信息网络部、宣传联络部、史志办／《地球》编辑部、国土资源科普基地管理办公室、国家古生物化石专家委员会办公室等16个处室；人员编制128人。

截至2017年底，中国地质博物馆建筑面积1.15万平方米，共7层，展陈面积5000余平方米，常设展厅有地球展厅、矿物岩石展厅、宝石展厅、史前生物展厅；藏有地质标本22万余件／套，涵盖地学各领域；在北京、辽宁、江苏、江西、河南、山东、黑龙江、贵州、湖北等地有分馆。

**中国人民革命军事博物馆** 中国人民革命军事博物馆（简称军博）是中国唯一的大型综合性军事博物馆，以反映在中国共产党领导下开展的军事斗争和国防建设成就的文物、实物、文献、资料的收藏、研究、展陈等为主，位于北京市海淀区复兴路9号，隶属于中央军事委员会政治工作部。2008年被评为国家一级博物馆。

1958年8月，中共中央政治局北戴河会议决定兴建军事博物馆等。9月10日，中央军委第155次会议决定在北京兴建军事博物馆，成立中国人民解放军庆祝建国十周年活动筹备委员会（简称总筹委），下设军事博物馆筹备办公室，另设建筑工程指挥部。10月12日，军博陈列大楼举行开工典礼。军博大楼建设的同时，陈列筹备同步展开。

1959年3月12日，中央军委167次会议决定军博定名为中国人民革命军事博物馆。5月27日，中国人民解放军总政治部报中央军委《关于调整军事博物馆总体规划的报告（草稿）》，明确军博首建6个分馆，即第二次国内革命战争馆（简称红军馆）、抗日战争馆（简称抗日馆）、第三次国内革命战争馆（简称解放馆）、保卫社会主义建设馆（简称现代馆）、抗美援朝战争馆和兵器馆。7月29日，军博展览大楼竣工。9月，军博明确建设的6个分馆和附设的友谊馆（后称礼品馆）、民兵馆共8个分馆，开始接受内部审查，进行预展。10月，总政治部批准军博筹办综合馆。

1960年4月，根据中央军委命令，中国人民解放军军人俱乐部成立，军博属军人俱乐部建制。8月1日，中国人民革命军事博物馆对外开放。

1961年11月29日，总政治部颁发军博暂行编制表，内设办公室、陈列处、群工处、征集保管处、政治处、管理处、创作室、解说大队、模型工厂等处室机构和综合馆、第二次国内革命战争馆、抗日战争馆、第三次国内革命战争馆、保卫社会主义建设馆、抗美援朝战争馆、兵器馆、礼品馆等8个分馆。军博与军人俱乐部建制分开，直接归总政治部领导。

1962年3月精简机构，将原8个分馆建制合并为历史馆（包括第二次国内革命战争馆、抗日战争馆、第三次国内革命战争馆）、现代馆（包括现代馆、抗美援朝战争馆、礼品馆）、兵器馆、综合馆4个分馆建制，并减少2个科、1个解说大队、1个工厂。1965年4月，礼品馆

撤除。

1967年1月，因"文化大革命"，军博闭馆。1970年7月15日，总政治部颁发军博试行编制表，内设政治处、陈列宣传处和管理处。10月13日，军博按试行编制组建领导机构。1972年5月23日，总政治部颁发军博试行编制表，将机构进行部分调整，内设编审陈列处、政治处、管理处及历史馆、现代馆、综合馆。

1978年10月18日，总政治部颁发军博新编制，内设办公室、政治部、陈列处、文物处、管理处和综合馆、历史馆、现代馆。1979年4月23日，军博成立陈列宣传工作科学研究组织，下设党史、军战史学术研究小组（包含第二次国内革命战争时期、抗日战争时期、第三次国内革命战争时期、保卫社会主义革命和建设时期4个小组），陈列形式研究小组，陈列宣传电器设备技术研究小组。

1980年12月，军博进行精简整编，内设秘书室、政治部、编辑研究处、文物处、宣传处、设计制作处、管理处和美术创作室。1981年7月，综合馆撤除。1982年10月，军博编制员额继续精简，机构设置进行调整，内设秘书室、政治部、编辑研究处、陈列宣传处、文物处、设计制作处、管理处和美术创作室。1984年1月，军博成立古近代战争馆筹备办公室。

1985年3月21日，军博成立馆刊《军事史林》编审委员会，8月1日创刊。1985年6月，全军进行精简整编。9月，总政治部颁发军博新编制，内设政治部、编辑研究处、宣传处、文物处、设计制作处、古近代战争馆筹备办公室、美术创作室和管理处。

1988年2月5日，军博召开学术委员会成立

大会暨第一届学术讨论会，委员会下设按业务分工组成的学术研究小组，制定《军事博物馆学术委员会条例》。1988年7月1日，军博中国古代战争馆、中国近代战争馆开馆。1991年8月，军博成立对外展览办公室和生产经营办公室，并将原编研处和古战办分别管辖的资料室合并为军博资料室。

1993年7月，军博编制体制调整，内设办公室、第一编辑研究处、第二编辑研究处、宣传处、文物处、设计美术处、政治部和管理处。1994年7月，军博成立革命战争馆、兵器馆、古近代战争馆3个分馆，8月1日开始试行分馆制。

1995年8月，军博编制体制调整，内设办公室、政治部、陈列宣传处、编辑研究处、文物处、设计制作处、安全保卫处和管理处，其中陈列宣传处下设革命战争馆、古近代战争馆、现代馆和兵器馆4个分馆。1998年3月，军博编制进行调整精简，内设办公室、政治部、管理处3个机关部门和陈列宣传处、编辑研究处、文物处、设计处4个业务处，其中陈列宣传处下设革命战争馆、古近代战争馆、现代馆和兵器馆4个分馆。8月，成立军博基本陈列调整领导小组，对革命战争馆、保卫社会主义馆、兵器馆、近代战争馆、古代战争馆5个基本陈列进行调整。1999年10月25日，改陈的基本陈列"保卫社会主义祖国馆·抗美援朝战争厅"举办开展仪式。2004年2月18日，军博土地革命战争馆、抗日战争馆、全国解放战争馆对外开放。2004年9月，军博编制员额精简，内设办公室、政治部、管理处3个机关部门和陈列宣传处、编辑研究处、文物处、设计处4个业务部门。

2012年，根据中央军委命令，军博编制体制进行调整，内设办公室、政治部、管理处3个机关部门和展陈管理教育部、展陈研究部、文物征管部、展陈设计部、安全保卫部5个业务部门。2016年9月，军委政治工作部决定成立军博基本陈列体系建设领导小组，加强对军博基本陈列体系建设工作的指导与管理。

**中国科学技术馆**　中国科学技术馆是中国唯一的国家级综合性科学技术馆，位于北京市朝阳区北辰东路5号，隶属于中国科学技术协会。2008年被评为国家一级博物馆。

1958年，经国务院批准筹建中央科学馆，后由于建筑材料紧张，为确保人民大会堂等项目建设，暂时停工缓建。此后，受"文化大革命"等影响，科学馆建设就此搁置。

1978年11月16日，中国科学技术协会向国务院提出在北京恢复中国科学技术馆建设的请示。11月29日，邓小平批示同意，并亲笔题写馆名。1979年2月23日，中国科学技术馆筹建委员会成立。1984年11月21日，中国科学技术馆在北三环安华桥西侧破土动工。1988年9月22日，中国科学技术馆建成并对公众开放，内设党委办公室、人事保卫处、办公室、设计部、教育部、展览部、信息咨询部、物资器材部等8个部门。

1996年11月，国家计划委员会批准中国科学技术馆在原工程基础上扩建4.5万平方米的总体规划方案。1998年2月24日，新展厅破土动工。2000年4月29日，新展厅对社会开放。馆内机构进行调整，内设社教部、技术部、研究部、展览开发处、办公室、人事处、党委办公室、财务科、行政处、保卫科、事业发展部、馆基金会秘书处等12个部门。

借2008年举办北京奥运会的契机，中国科学技术馆采取异地新建方案，在奥林匹克公园内建设中国科学技术馆新馆。2006年5月9日，新馆奠基。2009年9月16日，新馆建成开放，内设16个部门。随着中国科学技术馆事业发展，对内设机构进行部分增设和调整，设置办公室（党办）、人力资源部（离退办）、财务资产部、科研管理部、展览教育中心、展览设计中心、古代科技展览部（筹）、科普影视中心、展品技术部、影院管理部、观众服务部、资源管理部、网络科普部、后勤保障部、安全保卫部、中国科技馆发展基金会办公室、中国自然科学博物馆学会办公室等17个部门。

截至2017年底，中国科学技术馆在编人员352人，其中正高级职称人员12人、副高级职称人员32人；展品925件／套；常设"科学乐园""华夏之光""探索与发现""科技与生活""挑战与未来"五大主题展；科普设施包括公共空间展示区及球幕影院、巨幕影院、动感影院、4D影院等4个特效影院，其中球幕影院兼具穹幕电影放映和天象演示两种功能；设有多间实验室、教室、科普报告厅、多功能厅及短期展厅。

**首都博物馆**　首都博物馆是一座省级综合博物馆，位于北京市西城区复兴门外大街16号，隶属于北京市文物局。2008年被评为国家一级博物馆。

1953年4月27日，北京市副市长吴晗和中央文化部社会文化事业管理局局长郑振铎召开座谈会，邀请20余位专家学者和知名人士商讨博物馆筹建事宜。1954年2月，北京市人民政府批准首都历史与建设博物馆筹备处（简称首博筹）成立。北京市人民政府文化教育委员会文物调查组将收藏于财政局实物库的登记古物移交给首博筹，于3月举办筹备处首个展览——"北京市出土文物展览"。1955年10月29日，北京市编制委员会批准首博筹编制8人。1956年11月，首博筹与文物调查研究组在天坛长廊举办"首都出土历史文物展览"，展出1949～1956年北京地区出土文物。1958年，首博筹的编制扩充为43人，设办公室、陈列部、绘制部、保管部、田野考古群众工作组，先后举办"十三陵水库展览""首都十年经济建设成就展览""跃进中的北京工人"等反映北京建设成就的展览。1960年12月，首博筹与北京市文物调查研究组建立北京文物工作队。1963年12月，筹备处恢复并充实人员，定名为首都博物馆筹备处。1968年9月，受"文化大革命"影响，筹备处再次被取消。

1979年9月，筹备处恢复，以北京孔庙作为馆址开展工作。1981年10月1日，首都博物馆对外开放，设办公室、陈列部、绘制部、保管部、群工部，梁丹任馆长。推出"北京简史陈列"展览，奠定首都博物馆展览体系的基础；举办专题展览"李大钊同志纪念展""中国历代碑帖展"。1982年，《首都博物馆丛刊》创办。同年，为加大文物安全保护力度，增设人事保卫科。

1986年，北京市文物事业管理局将德胜门箭楼和白塔寺文物保管所划归首都博物馆管理，馆内机构进行调整，设古代史部、近代史部、技术部、群工部、馆长办公室、艺术服务部、图书资料室、行政科、保卫科。新增

"北京近代史陈列"与"北京简史（古代部分）"，形成较完整的基本陈列体系。1991年，"首都博物馆建馆十周年成果展"开幕。1995年，首都博物馆内设机构调整为14个部门；接受美国索思曼基金会捐助，建立索思曼文物修复中心。9月，"北京历史文物陈列"展出。1996年，初步完成库房4万余件／套文物的清理工作。1999年7月26日，北京市政府市长办公会决定建设首都博物馆新馆。2000年4月，确立复兴门外大街16号为首都博物馆新馆建设用地。12月25日，首都博物馆新馆建设工程举行奠基仪式。新馆建筑方案由中国建筑设计研究院与法国APER设计公司联合设计。首都博物馆为完善新馆业务工作，重新组建和恢复社会教育部和资料信息研究中心。

2005年12月16日，首都博物馆新馆试运行，占地面积24800平方米，总建筑面积63800平方米，主要功能区包括展览陈列区、文物藏品库区、社会教育区、综合服务区、业务研究区及行政办公区、楼宇设备区及地下车库等。2006年5月18日，乾隆御制碑在新馆东北的显著位置重新安置。2008年3月28日，首都博物馆实行免费开放。5月18日，"国家一级博物馆授牌仪式暨北京地区5·18国际博物馆日活动"开幕仪式在首都博物馆举行，首都博物馆成为首批国家一级博物馆。7月26日，"北京文物精品展"开展，展出285件／套代表性文物，通过瓷器、佛教造像、玉器、金银器、竹木牙雕、书画艺术和古典家具七大主题，折射出北京历史文化的风采。为配合奥林匹克运动会举办，7月29日推出"中国记忆——5000年文明瑰宝展"，展出26个省市55家博物馆提供

的169件／套文物。

2009年1月18日，财政部和国家文物局启动中央、地方共建国家级重点博物馆，首都博物馆被列为培育对象，享受中央财政设立的专项课题项目经费支持。2011年，首都博物馆内设机构进行调整，政工部撤销，设党委办公室、人事部，新设立督查办公室。2013年，设立科研管理办公室；配合第一次全国可移动文物普查，设立文物总账管理部。2015年5月，为完成基本陈列改陈工作，设立北京史研究部。

截至2017年底，首都博物馆在编人员193人，其中正高级职称人员8人、副高级职称人员35人；藏品12万余件／套（另藏有88万枚钱币）；基本陈列包括"古都北京·历史文化篇""古都北京·城市建设篇""京城旧事·老北京民俗展"，专题陈列有"古代瓷器艺术精品展""古代佛像艺术精品展""燕地青铜艺术精品展""古代玉器艺术精品展"等。

**中国人民抗日战争纪念馆**　中国人民抗日战争纪念馆（简称抗战馆）位于北京市丰台区卢沟桥畔的宛平城内，是全面反映中国人民伟大抗日战争历史的大型综合性专题纪念馆，隶属于中共北京市委宣传部。2008年被评为国家一级博物馆，是全国优秀爱国主义教育示范基地，全国首批国家级抗战纪念设施、遗址，也是国际二战博物馆协会、中国抗日战争史学会秘书处所在地。

抗战馆是国家"七五"计划重点建设项目，被评为20世纪80年代的北京十大建筑之一。

1987年7月6日，抗战馆落成，并于次日卢沟桥事变50周年之际对外开放，隶属北京市丰台区管理。1989年12月，经北京市编办批复，

在丰台区抗日战争纪念馆筹备处基础上，成立中国人民抗日战争纪念馆，并设立党组，内设机构为六部一室，即社会教育部、编研部、文物资料保管部、基建后勤部、技术生产部、保卫部、办公室。1994年2月17日，经北京市编办批准，抗战馆被北京市委、市政府定为副局级事业单位。

1997年4月，经北京市编办批复，增设党委办公室、陈列设计部、机电部、资料研究中心，事业编制134人。

1999年11月，经北京市委、市政府批准，隶属关系于2000年1月1日起由丰台区整建制调整至中共北京市委宣传部。2000年4月，经北京市编办批准，事业编制137人。

2013年4月，经北京市编办批准，内设办公室、文物保管部、展览陈列部、编辑研究部、教育交流部、信息资料部、行政保障部（保卫部）、财务部、人事部（机关党委）等八部一室，内设机构相当正处级。6月，经北京市编办批准，成立中国人民抗日战争纪念馆文化宣传推广中心，机构性质为馆所属相当正处级差额拨款事业单位，编制7人，从馆内编制划转，馆全额编制减至130人。

2015年8月，经北京市编办批准，独立设置保卫部。

2017年1月，经北京市编办批准，增加事业编制20人，增设对外交流部，并将教育交流部更名为宣传教育部。

截至2017年，抗战馆总编制增至150人；文物藏品2万余件，其中一级文物百余件／套；先后举办"伟大胜利　历史贡献——纪念中国人民抗日战争暨世界反法西斯战争胜利70周年主题展览"等四期大型基本陈列展览，"台湾同胞抗日斗争史实展""光辉典范——抗战时期中国共产党党风廉政建设""日本侵华罪证展"等90余个专题展览，为进一步加强爱国主义教育发挥重要作用。

**周口店北京人遗址博物馆**　周口店北京人遗址博物馆是一家以收藏研究古人类、古动物、文化遗物等为主体的自然科学类博物馆，位于北京市房山区周口店大街1号，隶属于北京市人民政府和中国科学院组建的周口店北京人遗址管理协调委员会。2008年被评为国家一级博物馆。

周口店遗址自民国10年（1921年）发掘至今，先后发现年代范围从距今500万～1万年为止的人类化石和文化遗物地点27处，这里曾生活着距今70万～20万年前的"北京人"、距今20万～10万年前的新洞人、距今4.2万～3.85万年前的田园洞人和距今3万年前的山顶洞人。这些地点被统称为周口店遗址。

1953年，周口店遗址在考古发掘基础上建立工作站。同年，由中国科学院拨款建成面积300平方米的中国猿人陈列馆。1972年，改扩建为面积1000平方米的北京猿人展览馆。1981年，周口店遗址管理机构定名为北京猿人遗址管理处。1994年，北京猿人展览馆更名为周口店遗址博物馆。

周口店遗址原由中国科学院古脊椎动物与古人类研究所负责管理，该所主导和协调与周口店遗址有关事务，在周口店遗址常设管理处，有固定人员编制从事遗址保护、管理、日常维持和博物馆工作，但由于遗址保护经费匮乏，导致在遗址保护与发展方面举步维艰。

2002年8月16日，北京市人民政府和中国科学院签署市院共建协议，成立由北京市副市长和中国科学院副院长担任主任的周口店北京人遗址管理协调委员会，组建周口店北京人遗址博物馆、周口店北京人遗址管理处和中国科学院古脊椎动物与古人类研究所周口店古人类学研究中心。北京市人民政府责成房山区人民政府代为管理。房山区人民政府及时组建周口店北京人遗址博物馆（周口店北京人遗址管理处），归口房山区文化委员会。

2003年，遗址管理处内设办公室、社教陈列部、安全保卫部、对外宣传部、开发建设管理部5个职能部室，核定事业编制40人，2004年，增设遗产办公室。2006年，成立风景名胜区管委会，办公室设在周口店北京人遗址管理处。

2006年，周口店北京人遗址博物馆开始筹划博物馆迁建，将博物馆迁出遗址保护范围。2011年7月，新馆开工建设。2014年5月18日，新馆落成并向社会开放。新馆建成后，原遗址核心区内的博物馆和办公建筑全部拆除。

截至2017年底，周口店北京人遗址博物馆内设办公室、遗产办公室、风景名胜区办公室、社教陈列部、安全保卫部、对外宣传联络部、开发建设管理部7个部门；全额拨款事业编制40人，自收自支事业编制5人；藏有化石标本7449件；基本陈列为"周口店遗址博物馆基本陈列"。

**北京自然博物馆**　北京自然博物馆是一家国家级自然类博物馆，位于北京市东城区天桥南大街126号，隶属于北京市科学技术研究院。2008年被评为国家一级博物馆。

1951年3月，中央文化部与中国科学院共同成立中央自然博物馆筹备委员会。1951年4月2日，中央自然博物馆筹备处正式成立，办公地点设在故宫博物院东华门内的文华殿、传心殿和清史馆。同年，原文化部科普局所属的标本制作所和中央人民科学馆职工并入中央自然博物馆筹备处。1954～1956年，中央自然博物馆筹备处先后举办"全国矿产资源展览""全国农业资源展览""治理黄河展览"等。1959年1月，中央自然博物馆筹备处正式开馆。"大跃进"期间，中央自然博物馆筹备处下放到北京市，隶属北京市文化局。

1962年，定名为北京自然博物馆，由古生物学家杨钟健任馆长。1975年，北京自然博物馆划归北京市科技局领导。1979年，成立中国自然科学博物馆协会。同年，古人类学家裴文中继任馆长。1980年，专业学术刊物《北京自然博物馆研究报告》和科普杂志《大自然》创刊。1984年，北京自然博物馆生态研究室在北京大兴南海子建立麋鹿生态实验中心，麋鹿引进工作结束后独立为新的科研机构。1985年，北京自然博物馆划归北京市科学技术研究院。

2005年2月，《北京自然博物馆研究报告》改为《自然科学与博物馆研究》，由北京自然博物馆、中国科学技术馆、中国地质博物馆和北京天文馆共同主办。

截至2017年底，北京自然博物馆内设办公室、行政保卫科、财务科、人力资源部、标本部、科学研究部、科普教育部、展览策划部、编辑部、信息中心、新馆筹建办公室和经营部等12个部门；人员编制140人，其中研究馆员9人、副研究馆员16人；文物藏品269385件；基本陈列包括"古爬行动物""古哺乳动物""植物世界""人之由来"等。

北京天文馆　北京天文馆是一家国家级科学技术类博物馆，位于北京市西城区西直门外大街138号，隶属于北京市科学技术研究院。2008年被评为国家一级博物馆。

1954年9月21日，中国科学院将《北京假天馆（天文馆）筹建计划》报请中央文化工作委员会。中国科学院由紫金山天文台抽调李元，中华全国科学技术普及协会由上海科普协会抽调卞德培，北京市由市文化委员会抽调王同义等，共同参加北京天文馆筹建工作。1955年4月22日，中华全国科学技术普及协会决定任命上海徐家汇观象台负责人、天文学家陈遵妫为北京天文馆首任馆长。9月8日，北京天文馆筹建办公室成立。10月24日，北京天文馆建设工程动工，总建筑师为张开济，室内装饰由吴作人和周令钊负责。1957年9月29日上午，北京天文馆举行开馆仪式，这是中国第一座天文馆，也是当时亚洲第一座大型天文馆，主要有天象厅、展览厅、演讲厅、门厅、天文台、气象台、天文广场等，直属机构北京古代天文仪器陈列馆（北京古观象台）位于建国门。

1991年，北京天文馆改造被提上日程。1994年，成立改造领导小组，北京市科委主任邹祖烨为组长。2001年12月26日，新馆建设工程开工。2004年12月12日，举行新馆（B馆）落成典礼，开始对外开放。

北京天文馆新馆包含A、B两馆，共4个科普剧场。A馆天象厅是专业的地平式天象厅，内部设备处于世界领先水平。B馆有宇宙剧场、4D剧场、3D剧场3个科普剧场，以及天文展厅、太阳观测台、大众天文台、天文教室等科普教育设施。

2008年，北京天文馆被评为国家一级博物馆。2009年5月，北京天文馆分别在大兴区第一小学、大兴区庞各庄镇第二中心小学建立"天文教育研究基地"和"天文观测实践基地"。2010年12月3日，北京天文馆3D剧场数字化改造后重新开放。2012年4月，北京天文馆和索尼中国联合打造的"索尼4D科普剧场"投入使用。2013年，经全国博物馆评估委员会重新定级评估，北京天文馆被调整为国家二级博物馆。2014年1月23日，中国大陆地区首家球幕立体宇宙剧场在北京天文馆落成。

2017年5月，经全国博物馆评估委员会重新评估定级，北京天文馆被评为第三批国家一级博物馆。

截至2017年底，北京天文馆基本陈列包括"快乐探索宇宙"、"宇宙时空穿梭机"、"玩转星空"、古观象台遗址展示等。

天津博物馆　天津博物馆由天津文博、社教、美术、博览4个系列馆、院汇集而成，是展示中国古代艺术及天津城市发展历史的省级综合博物馆，位于天津市河西区平江道62号天津文化中心区域内，隶属于天津市文化广播影视局。2008年被评为国家一级博物馆。

天津博物馆的前身可追溯到民国7年（1918年）成立的天津博物院（创办人严智怡），是国内较早建立的官办博物馆之一，民国12年2月25日对外开放。由于军阀混战，长期停馆。民国17年后逐渐恢复，11月更名为河北第一博物院。民国24年1月1日，更名为河北博物院。日伪时期，更名为天津特别市市立博物院。抗战胜利后，更名为河北省立天津博物馆。1949年1月天津解放后，天津市人民政府教育局接管，更名为天津市市立博物馆。1950年11月，天津市市立博物馆改属天津市文化局管理，更名为天津市市立第一博物馆。

天津社会教育办事处成立于民国4年，旨在推进社会道德教育。民国14年1月，在此办事处基础上建立天津广智馆，陈列内容较为广泛。民国26年7月，天津沦陷后闭馆。民国34年8月，日寇投降后逐渐恢复。1949年天津解放后，由天津市教育局接管。1950年11月，改属于天津市文化局，更名为天津市市立第二博物馆。

天津市市立美术馆建于民国19年10月1日，严智开为馆长，在中国堪称首创。抗战胜利后更名为天津市市立艺术馆。1949年由天津市教育局接管，1950年11月改属天津市文化局。

天津华北区城乡物资交流展览会始于1951年10月，在天津市六区马场设展览馆17个，1952年又于此举办物资交流会。1954年5月16日，在会址上建立华北人民博览馆。

1952年6月，天津市开始筹划对市立第一博物馆和第二博物馆进行合并。10月，合并完成，定名为天津市历史博物馆。年底，天津市市立艺术馆也并入天津市历史博物馆。1955年3月，华北人民博览馆并入天津市历史博物馆，天津市历史博物馆组建完成，迁址天津市河西区马场道335号，冯文潜任名誉馆长。1956年8月1日，以天津市历史博物馆艺术部为主体筹建天津市艺术博物馆，并将天津市历史博物馆藏部分传世历史、艺术类文物调拨该馆。1957年12月10日，天津市艺术博物馆在天津市解放北路77号开馆，文史馆秘书长张羽时兼任副馆长。1959年10月，附属于天津市艺术博物馆的"天津泥人张彩塑工作室"成立，由"泥人张"第四代传人张铭主持培养学员。

1968年8月，天津市历史博物馆、天津市艺术博物馆、天津市自然博物馆和天津泥人张彩塑工作室合并，成立天津市博物馆，张映雪任馆长。1971年7月，天津市毛泽东思想胜利展览馆并入天津市博物馆。1973年10月，撤销天津市博物馆建制，恢复1968年8月之前的建制。1974年，天津市历史博物馆迁址天津市河东区光华路4号。1984年2月，天津市考古队从市文化局文物管理处分出，并入天津市历史博物馆，成立考古部。20世纪80～90年代，基本陈列包括"天津历史陈列"、"近代天津民俗展览"、天津市首个文物园林"遂园"；率先引入蜡像艺术，创办天津近代人物蜡像馆。1995年5月2日，天津市艺术博物馆迁址承德道12号原法租界公议局办公大楼。

2000年3月1日，国家计划委员会批复《关于天津博物馆项目建议书》，原则同意合并天津市历史博物馆、天津市艺术博物馆，组建天津博物馆。2001年10月29日，国家计划委员会同意《天津博物馆项目可行性研究报告》，委托天津市计划委员会审批项目初步设计。2001年11月10日，工程开工奠基。2003年，天津市历史博物馆考古部并入元明清天妃宫遗址博物馆。

2004年12月20日，新建的天津博物馆开馆，馆址位于天津市河西区友谊路31号，总建筑面积35032平方米。

2005年7月19日，中共天津市委印发《关于组建天津博物馆成立天津文博院》的通知。2006年1月4日，陈克任天津博物馆、天津文博院党委书记，陈卓任天津博物馆馆长，李家璘任天津文博院院长。天津博物馆内设历史研究部、器物研究部、书画研究部、宣传教育部、文物保护部、图书资料中心、图像信息中心、展览设计中心、党办人事部、办公室、财务部、保卫部、设备行政部、经营部等14个部门。

2009年，天津市启动文化中心建设，包括天津博物馆新馆建设。8月21日，天津市发展和改革委员会同意建设天津博物馆新馆。2011年9月5日，天津博物馆闭馆，全力筹备新馆展览。

2012年5月19日，天津博物馆新馆建成并向公众开放。同期，天津美术馆在天津市河西区平江道60号开馆，内设综合办公室、学术典藏、展览统筹、保卫行政4个部门，编制隶属于天津博物馆。

截至2017年底，天津博物馆在岗职工184人，其中研究馆员7人、副研究馆员22人；文物藏品近20万件；基本陈列有"天津人文的由来""中华百年看天津""耀世奇珍——馆藏文物精品陈列"。

天津自然博物馆 天津自然博物馆是以收藏动物、植物、矿物、岩石标本以及古人类、古生物化石为基础的自然科学博物馆，位于天津市河西区友谊路31号，隶属于天津市文化和旅游局。2008年被评为国家一级博物馆。

天津自然博物馆前身是北疆博物院，由法国博物学家桑志华于民国3年（1914年）创建。1949年天津解放后，北疆博物院由津沽大学代管。1951年，中共天津市委宣传部接管。1952年5月，天津市人民政府批准组成人民科学馆筹备委员会，11月接管北疆博物院，建立天津市人民科学馆。1957年，更名为天津市自然博物馆。1959年，馆址迁至河西区马场道272号。1968年8月，天津市自然博物馆与天津市历史博物馆、天津市艺术博物馆合并，建立天津市博物馆。1971年，天津市红太阳展览馆并入天津市博物馆。1974年，恢复1968年8月之前的建制。

1997年，天津市委、市政府在原址翻建天津自然博物馆新馆。1998年，天津自然博物馆新馆建成并对外开放。2014年，天津自然博物馆改建完毕对外开放，总建筑面积3.5万平方米，展示面积1.4万平方米。

截至2017年，天津自然博物馆在编人员86人，其中研究馆员5人、副研究馆员17人；内设党务行政办公室、人事部、财务部、保卫部、信息部、生物多样性研究中心、昆虫研究中心、水生生物研究中心、标本技术研究中心、科普教育中心、北疆藏品研究中心、北疆管理中心等12个部门。

周恩来邓颖超纪念馆 周恩来邓颖超纪念馆是一家革命类纪念馆，位于天津市南开区水上公园西路9号，隶属于天津市文化和旅游局。2008年被评为国家一级博物馆。

1995年7月21日，天津市报请中共中央宣传部审批，在天津建立周恩来邓颖超纪念馆。10月25日，中共中央宣传部复函同意。1996年2月23日，周恩来邓颖超纪念馆奠基开工。1998年2月28日，纪念馆对外开放。2月9日，天津市机构编制委员会批准周恩来邓颖超纪念馆编制80人，内设办公室、群工部、保管部、陈列研究部、设备维修部、保卫部、财务后勤部。2003年4月10日，经天津市文化局批准，周恩来邓颖超纪念馆内设办公室、陈列保管部、信息资料部、宣教部、保卫部、后勤保障部、财务科。

截至2017年底，周恩来邓颖超纪念馆在编人员55人，其中研究馆员1人、副研究馆员7人；藏品7347件／套；展厅包括主展厅、仿建中南海西花厅和专机陈列厅，主展厅内设有瞻仰厅、"人民总理周恩来"周恩来生平陈列厅、"邓颖超——20世纪中国妇女运动的先驱"邓颖超专题陈列厅。

**河北博物院**　河北博物院是一家省级综合博物馆，由河北省博物馆、河北省民俗博物馆、河北省文物出境鉴定中心、河北省文物交流中心整合组建而成，包括主馆区、建华馆区、育才馆区，隶属于河北省文化厅。主馆区位于河北省石家庄市东大街4号，馆舍建筑分为南北两区，南区为新建区，是石家庄市标志性文化景观；北区建于1968年，原为"毛泽东思想胜利万岁展览馆"，外观仿北京人民大会堂廊柱式建筑，2001年被公布为河北省文物保护单位。建华馆区和育才馆区为文物库房，建华馆区位于石家庄市建华南大街，育才馆区位于石家庄市育才街。2008年被评为国家一级博物馆。

河北省博物馆于1953年4月在河北省保定市古莲池成立，1954年2月开放。1954年，与河北省文物管理委员会在莲池新馆舍联合举办"河北省出土文物"和"望都壁画"展。1955年，配合历史唯物主义和辩证唯物主义学习与宣传，举办"历史文物展"。1965年，河北省博物馆在正定隆兴寺筹办大型"河北历史文物专题展"。在河北省文物工作队协助下，至1966年5月完成战国文物馆等5个展馆的布展工作，旨在展示河北省文物考古工作成就，受"文化大革命"影响未能开展。

"文化大革命"开始后，河北省博物馆业务工作基本处于停顿状态。

1976年10月，河北省博物馆业务工作陆续恢复。1977年，与河北省展览馆合办"周恩来总理伟大革命实践"展。1979年，举办"平山战国中山王墓出土文物展"和多次战国中山国学术讨论会。1981年，河北省博物馆恢复建制，从保定搬迁至石家庄。1986年12月，河北省委、省政府决定撤销河北省展览馆建制，合并入河北省博物馆，梁志强任党总支书记，肖和任馆长；编制105人（后因安置部队转业干部增加编制2人，为107人）。设立六部（陈列部、保管部、研究部、征集部、美工摄影部、群工部）、四科（政工科、行政科、保卫科、经营科）、一室（办公室）。筹办基本陈列"满城汉墓复原陈列""河北古代简史陈列""河北革命史陈列"，专题展览"文物珍品馆藏书画展""祖国在我心中——广西边防部队英模事迹展"。

1993年，河北省文化厅任命张立柱为河北省博物馆馆长。1994年下半年，启动河北省博物馆整修复新工程。1997年7月，"神秘王国——战国中山国"陈列对外开放。1998年，李吉树任馆长。1999年10月，推出"金缕玉衣的故乡——满城汉墓"。2001年，谷同伟任馆长（兼河北省文物局副局长）、李吉树任党委书记。2001年，推出"古代河北"和"近代河北"两个陈列。2002年，推出"当代河北"陈列，河北省博物馆新的陈列体系完成。2003年，经河北省文物局批准，河北省博物馆文物移交河北省文物保护中心管理。2006年4月，国家发展改革委批准河北省博物馆新馆立项。9月6日上午，举行新馆开工仪式。2008年3月18日，河北省博物馆实行免费开放。5月，河北省博物馆被评为国家一级博物馆。

2012年3月，河北省编办批准组建河北博物院。2013年6月8日，河北博物院新馆试运行，并向公众免费开放，推出"北朝壁画""曲阳石雕""名窑名瓷"3个基本陈列。9月，推出"大汉绝唱——满城汉墓""战国雄风——古中山国"两个基本陈列。12月，罗向军任党委书记、院长。

2014年6月9日，河北博物院正式开放，展出文物5000余件／套。

2015年初，完成河北省博物馆、河北省民俗博物馆、河北省文物出境鉴定中心、河北省文物交流中心的整合，组建成新的河北博物院。9月，河北博物院推出基本陈列"抗日烽火——英雄河北"。

截至2017年底，河北博物院有藏品24万余件，基本陈列包括"石器时代的河北""河北商代文明""慷慨悲歌——燕赵故事""战国雄风——古中山国""大汉绝唱——满城汉墓""抗日烽火——英雄河北""北朝壁画""曲阳石雕""名窑名瓷"等。

**西柏坡纪念馆** 西柏坡纪念馆是一家历史人文类博物馆，位于河北省平山县西柏坡镇西柏坡村，隶属于中共石家庄市委宣传部。2008年被评为国家一级博物馆。

西柏坡是解放战争时期（1948～1949年）中共中央和中国人民解放军总部的所在地。中共中央机关迁往北平时，机关留守人员将办公用具、日用品及房舍等交付给建屏县政府，西柏坡中共中央旧址交由建屏县代管。1951年8月始，初步征集革命文物并妥善保管。1955年，河北省博物馆联合平山县政府成立西柏坡纪念馆筹备处，对旧址和文物进行维护和整理。

1958年，国务院批准修建岗南水库，西柏坡中共中央旧址被淹没。

1966年12月15日，国务院批准建设西柏坡纪念馆。1970年12月，西柏坡中共中央旧址北移搬迁500米，海拔升高57米，复原建设。1971年，兴建新的西柏坡村，大体保持原貌，于5月11日开始接待观众。1976年，中共河北省委成立西柏坡建设领导小组。1977年10月，新建西柏坡陈列馆12个展室。1978年5月26日，为纪念中共中央和解放军总部移驻西柏坡30周年，西柏坡纪念馆与中共中央旧址同时对外开放。1987年，各项旧址复原工作基本结束。

1993年，对中共中央旧址进行全面维修和部分复原。1994年，落实《爱国主义教育实施纲要》，制定《西柏坡爱国主义教育基地建设规划》。1995年，西柏坡纪念馆被评为"全国优秀社会教育基地"；1996年，被评为"百个全国中小学爱国主义教育基地"；1997年，被评为"全国百个爱国主义教育示范基地"。至1998年底，完成西柏坡石刻园、五位书记铜铸像、升国旗台、领袖风范雕塑园重新创作等工程项目建设。1999年，建西柏坡国家安全教育馆。2001年5月，在陈列展览馆西侧、中共中央旧址东岸建西柏坡青少年文明园。

2007年底，在展览馆广场东侧修建西柏坡廉政教育馆。2008年3月22日，西柏坡纪念馆向公众免费开放。2010年10月28日，西柏坡国家安全教育馆进行改造提升，2011年3月11日竣工。2011年5月，西柏坡纪念碑改造工程动工，6月25日竣工并向社会开放。2015年，西柏坡廉政教育馆启动改陈工程，2016年3月对外开放。

2015年5月11日，西柏坡中央部委旧址交接仪式在西柏坡纪念馆举行。西柏坡附近的中宣部旧址、中组部旧址、中央统战部旧址、中央妇委旧址、全国土地会议旧址以及西柏坡中央部委旧址区（12个下属部委旧址）共6处17个部委旧址移交给西柏坡纪念馆管理。

截至2017年底，西柏坡纪念馆内设办公室、宣教部、文物陈列保管部、研究部、行政科、保卫科、旅游开发科、园林科、西柏坡纪念馆宾馆、纪检监察室、外联部、财务科、国家安全教育馆、廉政教育馆、市场管理办公室和中央旧部委管理一部、二部、三部、四部等部门；藏品4000余件；基本陈列包括"西柏坡中共中央旧址""新中国从这里走来""无名丰碑""赶考永远在路上"。

**邯郸市博物馆** 邯郸市博物馆是一家综合性博物馆，位于河北省邯郸市中华北大街45号，隶属于邯郸市文物局。2017年被评为国家一级博物馆。

邯郸市博物馆的前身是邯郸展览馆。邯郸展览馆始建于1968年7月25日，落成于1968年12月26日，时名"毛泽东思想胜利万岁邯郸展览馆"。1984年7月5日，中共邯郸市委决定设立邯郸市博物馆，与当时的邯郸市展览馆一套班子、两块牌子，直属于中共邯郸市委宣传部。1986年8月30日，中共邯郸市委决定撤销邯郸市展览馆建制，只保留邯郸市博物馆，划归邯郸市文化局领导。1987年9月27日，邯郸市博物馆举办开馆典礼，内设办公室、保管部、陈列部、宣教部、保卫科。

1994年底，中共邯郸市委对邯郸市博物馆及其广场实施"启新工程"，建筑物内部进行全面维修，建筑物外部全面修葺维新，对广场进行改造，重新铺设地面。1997年，邯郸市博物馆隶属于邯郸市文物局。2000年6月～2001年9月，邯郸市政府实施博物馆改造扩建工程，并对全部基本陈列进行更新改造。2013年，博物馆部室调整，内设办公室、公众服务部、社会教育部、征集保管部、文保文创部、陈列信息部、保卫科、设备部等部门。

截至2017年底，邯郸市博物馆在编人员35人，其中正高级职称人员3人、副高级职称人员7人；藏品9000余件/套；有"磁山文化陈列""赵文化陈列""邯郸古代石刻艺术陈列""中国磁州窑瓷器陈列""方圆世界——中国历代钱币陈列"五大基本陈列。

**山西博物院** 山西博物院是一家省级综合博物馆，位于山西省太原市滨河西路北段13号，隶属于山西省文物局。2008年被评为国家一级博物馆。

山西博物院的前身为民国8年（1919年）10月10日于太原文庙开馆的山西教育图书博物馆。民国14年10月，山西教育图书博物馆更名为山西公立图书馆。民国22年10月，山西公立图书馆筹办山西省立民众教育馆。民国26年11月8日，太原沦陷，山西省立民众教育馆遭受惨重损失。民国34年抗战胜利后，恢复省立民众教育馆馆名。民国37年太原解放前夕，民众教育馆馆址文庙用于建兵工厂，再遭劫难。1949年4月，山西省立民众教育馆由人民解放军太原军事委员会文教接管组接管，更名为山西省图书博物馆，下设博物部，先后接收民众教育馆、省政府、太岳区移交及个人捐赠的大量文物，藏品总数增至13000余件，图书17万册。

1951年，按照"以改造原有博物馆为主"的方针，对原有陈列内容和藏品管理进行改造和整顿。1953年9月28日，山西图书博物馆与太原文物馆合并，更名为山西省博物馆，人员编制增至70余人。1956年，山西省博物馆按照地志博物馆模式陆续完成自然之部、历史之部和社会主义建设之部的基本陈列，并对公众开放。"文化大革命"开始后，山西省博物馆工作艰难维持。1971年11月，山西省博物馆逐步恢复业务工作。

随着经济社会发展，太原文庙的庙苑式古建筑格局已无法适应现代博物馆的功能需求。1992年，山西省人民政府决定筹建新馆，1997年项目批准立项，2001年新馆奠基，2004年告竣，定名为山西博物院。2005年1月，主题陈列"晋魂"面向社会预展，于9月26日向公众开放。基本陈列以"晋魂"为主题，形成由"文明摇篮""夏商踪迹""晋国霸业""民族熔炉""佛风遗韵""戏曲故乡""明清晋商"7个展厅组成的历史专题陈列和"土木华章""山川精英""翰墨丹青""方圆世界""瓷苑艺葩"5个展厅组成的艺术专题陈列构成的陈列架构，内容上展示突出山西历史文化亮点和反映山西历史发展进程的独特文物资源，形式上则以专题陈列替代传统的通史陈列，集中诠释三晋文明。2008年3月28日起，免费向公众开放。

截至2017年底，山西博物院内设办公室（党群工作部）、人力资源部、规划发展部、青铜馆部（山西青铜博物馆）、藏品研究部、学术研究部、文物保护研究部（山西省文物保护研究中心）、展览部、公众服务部、文创发展部、对外交流部、古籍保护部、文物鉴定部、文物数据部、运行保障部、安全保卫部等部门；文物藏品403658件；基本陈列为"晋魂"。

**中国煤炭博物馆** 中国煤炭博物馆是一家国家级自然类博物馆，位于山西省太原市万柏林区迎泽西大街2号，隶属于山西省煤炭工业厅。2008年被评为国家一级博物馆。

1982年初，山西矿业学院就筹建中国煤炭博物馆事宜向国家煤炭工业部请示。3月，高扬文部长批示尽快落实博物馆立项相关事宜。10月，全国人大五届五次会议上建议建设国家煤炭博物馆。1983年4月12日，煤炭部批准煤博馆计划任务书。

1983年12月13日，依托山西矿业学院成立中国煤炭博物馆筹建处，处长甘斯礼，内设办公室、基建组、征集组、陈列制作组。1985年5月22日，中国煤炭博物馆动工建设。1988年4月，煤炭工业部决定变更中国煤炭博物馆隶属关系，由山西矿业学院领导改为由山西煤炭工业管理局领导并负责筹集建设资金，事业编制50人。1989年10月1日，中国煤炭博物馆落成开馆，举办"晋煤四十年成就展"。

1989年11月，山西煤炭工业管理局决定将山西煤矿安全技术培训中心全部房产划归中国煤炭博物馆，成为中国煤炭博物馆西院。1990年3月，山西煤炭工业管理局决定将山西统配煤矿综合经营总公司设在中国煤炭博物馆，实行两块牌子、一套机构。1991年1月，中国统配煤矿总公司同意中国煤炭博物馆增挂山西统配煤矿多种经营局牌子，中国煤炭博物馆形成"三位一体"管理体制。10月7～9日，能源部会同中国统配煤矿总公司、东蒙公司和地方公司等单位联合在太原召开中国煤炭博物馆董事会及全国煤炭文物征集委员会成立大会，通过董事会章程、文物征集保护法、资金筹集办法等文件和大会决议。1993年6月，完成"模拟矿井""煤的生成馆""煤炭艺术馆"基本陈列。

1994年6月，山西煤炭工业管理局决定山西统配煤矿多种经营局工作与中国煤炭博物馆脱钩。1998年8月，中国煤炭博物馆随国家煤炭工业局直属和直接管理的事业单位下放山西省，由山西省人民政府管理。

2004年10月21日，山西古代壁画馆在中国煤炭博物馆落成，"华夏文明看山西——古代壁画艺术精品展"开展。2009年5月，三期基本陈列暨精品馆工程竣工并对外开放。2010年7月26日，中国煤炭博物馆学术委员会成立。2013年3月19日，中国煤炭博物馆四川嘉阳分馆在嘉阳国家矿山公园博物馆开馆。

截至2017年底，中国煤炭博物馆职工370人，其中高级职称人员42人；内设职能部门15个，其中征集陈列处、藏品保管处、科技处、中煤文化传播中心是文博主业的核心职能处室；藏品3.1万余件；基本陈列为"煤海探秘"和"山西古代壁画精品展"。

**八路军太行纪念馆** 八路军太行纪念馆是一家历史人文类博物馆，位于山西省武乡县城太行街363号，隶属于山西省文物局。2008年被评为国家一级博物馆。

抗日战争时期，武乡是八路军总部所在地，是华北敌后抗战的战略指挥中枢之一。1970年秋，在武乡县城新建武乡革命纪念馆，于1972年7月1日对外开放。因"文化大革命"，纪念馆工作停滞。1977年11月，武乡县决定恢复和扩建纪念馆，初步拟定馆名为八路军总部太行纪念馆，成立恢复和扩建筹备处。1979年9月28日，中共中央副主席邓小平确定"八路军太行纪念馆"馆名。1980年8月，中共山西省委就八路军太行纪念馆恢复扩建事宜请示中央。9月26日，中共中央宣传部同意恢复八路军太行纪念馆。中共山西省委确定将馆址选在武乡县城西凤凰山麓，并决定追加投资建设新馆。1985年10月，新馆破土动工。1988年9月3日，举行开馆仪式，中央军委主席邓小平题写馆名。

2002年，国家计划委员会立项，对八路军太行纪念馆实施二期扩建。2004年，国家和山西省共同投资，实施大型扩建改陈，于2005年8月竣工，推出大型主题基本陈列"八路军抗战史陈列"。2008年，百团大战半景画馆建成。2011年，八路军将领馆对外开放。

2015年，为纪念中国人民抗日战争暨世界反法西斯战争胜利70周年，八路军太行纪念馆对主题展览"八路军抗战史陈列"进行改造提升。

截至2017年底，八路军太行纪念馆内设办公室、宣教部、文物部、研究部、陈列部、保卫科和经营部等7个科室；干部职工140余人，其中高级职称4人；文物藏品8300余件；基本陈列为"八路军抗战史陈列"。

**内蒙古博物院**　内蒙古博物院是一家省级综合博物馆，位于内蒙古自治区呼和浩特市新城区新华东街27号，隶属于内蒙古自治区文化厅。2008年被评为国家一级博物馆。

1957年5月1日，配合内蒙古自治区成立10周年，内蒙古博物馆成立。2007年，新馆建成，建筑面积1.5万余平方米，展厅面积7000平方米。2008年，改称内蒙古博物院。

内蒙古博物院内设展览陈列部、文物保管研究部、文物保护中心、社会教育部、安全保卫部、人事部、办公室、财务部、文化产业部、文物保护研究信息中心等10个部室，下辖国家文物出入境审核内蒙古管理处、大窑旧石器时代文物保护管理所等机构。

文物陈列展览是内蒙古博物院的主要职能，包括"远古世界""文明曙光""边关岁月""大辽契丹""天骄蒙古""草原丰碑"六大基本陈列，以及"北疆桦歌""高原壮阔""飞天神舟""廉政文化""石破天惊"等专题展览。"北疆桦歌"是达斡尔族、鄂温克族、鄂伦春族3个少数民族的民俗风情陈列；"高原壮阔"重点展示内蒙古地区自然环境风貌与生物特点；"飞天神舟"介绍内蒙古对中国航天事业发展所作的巨大贡献；"廉政文化"展览展示内蒙古自治区廉洁政治的发展史；"石破天惊"展览将内蒙古地区的重大考古发现集中展示，突出草原文化发展的重大成就与深远的社会影响。

截至2017年底，内蒙古博物院有藏品15万余件／套，其中珍贵文物5600余件／套（一级文物650件／套）；基本陈列包括"远古世界""文明曙光""边关岁月""大辽契丹""天骄蒙古""草原丰碑"。

**辽宁省博物馆**　辽宁省博物馆是一家以历史艺术类文物为主体的省级综合博物馆，位于辽宁省沈阳市浑南新区智慧三街157号，隶属于辽宁省文化厅。2008年被评为国家一级博物馆。

民国22年（1933年），伪满洲国政府于沈阳市和平区十纬路26号原奉系军阀将领汤玉麟官邸设立国立博物馆奉天分馆。民国28年，改为伪满洲国国立中央博物馆奉天分馆。民国35年，改为国立沈阳博物院古物馆。1948年11月，东北人民政府文物管理委员会接收该馆。1949年春，东北人民政府将其定名为东北博物馆，由东北文物管理处处长王修兼任馆长，这是新中国第一座大型博物馆。7月7日，东北博物馆开放，推出"历史文物分类陈列"，展出生产工具、东北考古资料、铜器、陶瓷、货币、服饰、舆图、版画、书画、丝绣、拓本、家具、景泰蓝、文具、雕刻等文物共3321件。1949年，人员编制56人；设研究室、保管科，研究室负责发掘整理、展览设计、馆藏文物研究等工作，保管科负责文物登记、保藏等工作。

1950年8月，首创说明员制度。1952年，成立馆图书资料室，所有图书全部重新清点、造账，建立借阅制度，指定专人负责。1953年11月26日，按中国历史发展顺序，结合馆藏历史文物设计推出"历史文物陈列"。1954年，组成流动展览工作队，携带"伟大祖国历史文物展览""齐白石画展览""祖国伟大发明模型展览"，赴抚顺、锦州、大连、四平、长春、齐齐哈尔、承德等25地巡回展出，历时227天，为全国博物馆首创。1954年4月16日，经中央文化部社会文化事业管理局批准，成立东北地区文物工作队，由东北行政委员会文化局委托东北博物馆领导。5月28日，东北行政委员会决定将东北博物馆交由辽宁省文化局直接领导。6月9日，东北博物馆馆长张拙之兼任东北文物工作队队长。9月，东北文物工作队并入，称东北博物馆文物工作队，李文信任队长。1956年，人员编制增至85人。

1958年，博物馆机构调整，研究室、陈列部合并改为陈群部，负责陈列设计、美术加工、群众工作、图书管理等；秘书科改为办公室，负责人事、档案、财会、行政管理等；保管部、文物队合并改为文物保管部，负责文物征集、保管、登记、野外发掘、文物调查、抢救等。

1959年，东北博物馆改称辽宁省博物馆，并准备逐步过渡为省地志性质的博物馆。1960年，辽宁省委、省政府研究决定，辽宁省博物馆性质恢复为历史艺术博物馆。1962年，根据中央和辽宁省委关于精减职工和城镇人口指示精神，全馆职工减至61人。1963年，基本陈列"中国历史艺术陈列"对外开放，展出自原始社会至鸦片战争时期的5664件文物。

"文化大革命"开始后，辽宁省博物馆闭馆。1969年，辽宁省图书馆、辽宁省博物馆、辽宁省文物店合并，称辽宁省图书博物馆，赵明达为革命领导小组组长。1972年，辽宁省图书博物馆重新分为辽宁省图书馆和辽宁省博物馆两个单位，张坤生任辽宁省博物馆革命领导小组组长，李善义任副组长。1975年，人员编制增至90人。1979年，恢复馆长制，辽宁省委宣传部、省文化局任命李文信为馆长。同年，基本陈列"历史陈列"开放，展览以中国历史发展为主线，突出地方特色。

1980年，组成7人学术委员会，负责职称评定推荐相关业务学术工作。1980年，成立外宾服务部。1986年，人员编制为100人。1987年，以辽宁省博物馆文物工作队为主组建成立辽宁省文物考古研究所。1989年，人员编制153人。1995年，人员编制减至148人。

1997年，辽宁省博物馆（市府馆）建设立项，1998年动工，2003年底竣工，2004年11月12日实现第一期开馆。2004年，人员编制为143人。2006年，内设业务办公室、人事老干部科、党委办公室、行政科、财务科、物业部、保卫科、设计部、信息中心、保管部、历史部、艺术部、技术一部、技术二部、宣教部、产业部等16个部门。2013年，内设业务办公室、人事老干部科、党委办公室、行政科、财务科、物业部、保卫部、设计部、信息中心、保管部、历史部、艺术部、文保中心、宣教部、产业部等15个部门。2015年5月16日，辽宁省博物馆浑南新馆实现一期试开馆。2015年，人员编制156人，实际从业人员135人；内设业务办公室、人力资源科、党委办公室、行政科、财务部、物业部、保卫部、设计部、信息中心、典藏部、历史部、艺术部、文保中心、社教部、产品开发部等15个部门。2017

年，辽宁省文物保护中心并入辽宁省博物馆，新增鉴定科、工程科。

截至2017年底，辽宁省博物馆人员编制156人，其中研究馆员7人；文物藏品115863件／套，以晋唐宋元书画、宋元明清缂丝刺绣、红山文化玉器、商周窖藏青铜器、辽代陶瓷、古代碑志、明清版画古地图和历代货币等最具特色；基本陈列为"古代辽宁"，专题陈列有"满族民俗展""中国古代铜镜展""中国古代佛教造像展""中国古代货币展""明清玉器展"等。

**沈阳"九·一八"历史博物馆**　沈阳"九·一八"历史博物馆是中国唯一一家全面反映九一八事变历史及东北人民十四年奋起抗争史的抗战类博物馆，位于辽宁省沈阳市大东区望花南街46号（柳条湖附近），隶属于沈阳博物院（沈阳故宫博物院）。2008年被评为国家一级博物馆。

1991年5月，在九一八事变60周年前夕，沈阳市在大东区望花南街46号，即九一八事变发生地，建成一座标志性建筑——"残历碑"，并将其作为九一八事变陈列馆，于9月18日对外开放。陈列馆成立时内设群工部、办公室、保卫部、财务、资料室。1997年9月，进行第一次扩建。1999年7月1日，沈阳市机构编制委员会印发《关于沈阳"九·一八"事变纪念馆更名及核定人员编制、领导职数的批复》，规定纪念馆机构规格正处级，核定全民事业编制38人，正处级领导职数2人、副处级领导职数2人，内设宣教部、保管部、陈列部、工程部、保卫部、保洁部、综合办，并更名为沈阳"九·一八"历史博物馆。9月18

日，新馆落成并对外开放，馆名为中共中央总书记江泽民题写。

2002年，博物馆内设宣教部、保管部、陈列部、工程部、保卫部、保洁部、综合办、经营部、行政部等部门。2007年，博物馆内设研究室、宣教部、保管部、陈列部、保卫部、综合办、经营部、行政部等部门，成立沈阳文博展览中心。2008年1月31日，博物馆基本陈列改造工程竣工并重新开放。2009年，博物馆将人事、党务从综合办中独立出来，建立党委办公室和人事科，经营部更名为开发部，保留宣教部、保管部、陈列部、保卫部、综合办、行政部等部门。2013年、2014年，沈阳二战盟军战俘营旧址陈列馆和沈阳审判日本战犯法庭旧址陈列馆两个分馆对外开放。

截至2017年底，沈阳"九·一八"历史博物馆内设党群工作部兼信息中心、综合办公室、文创产业部、后勤保障部、保卫部、编辑研究部、社会教育部、藏品部、展览陈列部等部门；在职人员94人，其中正高级职称人员3人、副高级职称人员9人；藏品1万余件／套；基本陈列为"九一八历史陈列"，专题陈列有"勿忘九一八史实陈列展""白山黑水铸英魂""无声之营——沈阳二战盟军战俘营史实展"等。

**大连博物馆**　大连博物馆是一家展示大连地区历史文化的综合性博物馆，位于辽宁省大连市沙河口区会展路10号，隶属于大连市公共文化服务中心。2017年被评为国家一级博物馆。

1999年11月，大连博物馆动工建设，2002年3月对外开放。主体建筑地上四层、地下一层，馆址占地面积2.16万平方米，建筑面积

3.04万平方米，内设综合办公室、陈列展览部、征集保管部、宣教部、视听信息部、保卫部、管理工作部，编制73人。2007年，大连博物馆进行改陈。2013年4月，基本陈列"近代大连"向公众开放，以表现1840～1949年的近代大连历史为主题。2013年，馆内机构进行调整，设办公室、财务资产部、陈列研究部、典藏技术部、社教服务部、安全保卫部、物业服务部。2016年，为加强大连市城市历史文化研究力度，大连市机构编制委员会批准为大连博物馆增挂大连城市历史文化研究所牌子，实行馆所一体，内设办公室、财务资产部、陈列研究部、典藏技术部、社教服务部、城市历史文化研究部、安全保卫部、物业服务部等8个部门。

截至2017年底，大连博物馆在编人员70人，其中正高级职称人员1人、副高级职称人员6人；文物藏品1.5万件／套，其中珍贵文物150件／套；馆内设有1个基本陈列展厅、2个专题展厅和1个临展厅。

**旅顺博物馆** 旅顺博物馆是一家历史艺术性博物馆，位于辽宁省大连市旅顺口区列宁街42号，隶属于大连市公共文化服务中心。2008年被评为国家一级博物馆。

旅顺博物馆创建于民国6年（1917年），由于特定的社会历史条件，历经日本建馆、苏联接管及中国政府收回和发展等阶段。

日本管理时期共有13任馆长，除最后一任馆长岛田贞彦是以专业人员身份担任外，其余均由关东都督府、关东厅或关东局的总务局长等兼任。苏联接管时期的博物馆工作人员包括中苏两方人员，其中两任馆长均由挂有军衔的

苏联在职军人担当。1951年，旅顺博物馆回归中国政府。同年8月，大连劳动人民历史文化陈列所合并于旅顺博物馆，3名专业工作者也一同调入。博物馆设陈列、保管、群工"三部制"业务模式，还建立了自己的考古队伍。

1982年，旅顺博物馆编制57人。此后陆续成立保卫部、总务部等科室。1994年4月，旅顺万忠墓移交旅顺口区文化局管理。同年，考古队独立，成立大连市文物考古研究所。1997年10月，旅顺监狱旧址陈列馆脱离旅顺博物馆，归属大连市文化局直接领导。

2006年11月，旅顺博物馆进行机构调整，内设8个部（室、科），分别为陈列部、保管部、宣教部、办公室、财务科、保卫科、文物应用技术部和研究室。2008年1月，大连市文化局下发文件，委托旅顺博物馆对关东军司令部旧址统一管理。2009年，旅顺博物馆内设机构进行调整，增设近代史研究部。2011年12月，旅顺博物馆采取"垂直式"管理机制，依据藏品分类设置业务部门，划分为办公室、财务科、保卫科、文物应用技术部、书画研究部、陶瓷研究部、金石研究部、考古研究部、信息中心、宣教部、近代史研究部（2015年划出）等11个部门。2016年12月，内设机构再次进行整合，划分为办公室、财务科、保卫科、后勤物业科、书画文献研究部、器物研究部、文物保护中心、宣教部、信息中心等9个部门。

截至2017年底，旅顺博物馆在编员工53人，其中正高级职称4人、副高级职称7人；藏品57950件／套；基本陈列包括"吉金传古——旅顺博物馆藏传世青铜器精品

展""化土成玉——旅顺博物馆藏陶瓷艺术精品展""黄沙下的永恒——旅顺博物馆藏新疆干尸展""久久为功——明清雕刻艺术精品展""宝相庄严——旅顺博物馆藏中国古代佛教造像精品展""筷子春秋——旅顺博物馆藏箸文物""旅顺博物馆馆史展""大连古代文明"等。

**沈阳故宫博物院** 沈阳故宫博物院是一家清代历史与艺术性质的博物馆，位于辽宁省沈阳市沈河区沈阳路171号，隶属于沈阳市文化旅游和广播电视局。2017年被评为国家一级博物馆。

民国15年（1926年），奉天省地方文化界人士依照北京故宫内廷成立故宫博物院为例，将沈阳故宫主要宫殿区域改建成博物馆。根据奉天省议会决议，利用沈阳故宫中路清入关前诸建筑筹办东三省博物馆，组建东三省博物馆筹办处，组织机构设有管理股、文牍股、会计股、庶务股，人员16人。民国18年4月，东三省博物馆对公众开放，下设器物、图书二部。民国19年，职工20人。民国21年4月，东三省博物馆改名为奉天故宫博物馆，馆长下设总务、保管二股，总务股掌文书、会计、庶务，保管股掌陈列物品的搜集、整理、保存，职工25人。民国34年后，沈阳故宫被开辟为辽宁省立民众教育馆，内设教导组、生计组、艺术组、研究组，职工34人。民国35年底，国民党政府教育部决定在沈阳筹备国立沈阳博物院，以沈阳故宫为其古物馆。

1948年11月沈阳解放后，人民政府接管沈阳故宫。1949年3月，成立沈阳故宫陈列所，馆内机构设置尚不健全。1952年11月，成立秘书、业务、管理三科。1954年，增设群众工作组。同年，经上级批准，将沈阳故宫陈列所改设为清代历史、艺术性质的沈阳故宫博物馆。1955年5月1日，沈阳故宫博物馆启用新名。9月，机构整编为秘书、保管、陈列、群众工作4个组，职工54人。1957年，馆内机构改成部、室，组建陈列部、保管部、群工部、古建部、行政科等部门，增设研究室和图书资料室（次年撤销）。1959年，增设修建组，隶属于秘书室。

1970年6月，沈阳故宫博物馆改称沈阳故宫阶级教育馆，设革命委员会，下设政工组、陈列部、群工部、古建部和办公室等。1971年10月，恢复沈阳故宫博物馆名称。1973年，增设财会室、考古组，职工151人。1976年，成立外宾接待组。1978年，成立保卫科。1979年12月，成立沈阳故宫警卫队。1983年10月，增设研究室，将图书资料室划归研究室管辖。1985年，职工287人。

1986年，沈阳故宫博物馆改称沈阳故宫博物院，院内党总支辖有党办、工会和团总支，行政及业务机构设办公室等11个部门，职工287人。1988年，增设人事教育科、图书档案馆和旅游服务部。1994年，研究室改称调研组。2002年9月，组建门卫科。2003年12月，设立外展部。2004年，在联合国教科文组织世界遗产委员会第28次会议上，沈阳故宫作为"明清故宫"扩展项目列入《世界遗产名录》。截至2004年底，内设机构24个，职工284人。

2014年，沈阳故宫博物院进行机构设置调整，内设机构14个，分别为办公室、人力资源部、保管部、研究室、古建部、财务部、展览陈列部、图书档案部、党群工作部、保卫部、社会教育部、后勤保障部、信息中心、文创产业部;三产公司为沈阳故宫综合服务部、沈阳故宫旅游服务部。截至2014年底,沈阳故宫博物院职工198人,其中正高级职称人员12人、副高级职称人员18人。

截至2017年底,沈阳故宫博物院职工170人,其中正高级职称人员7人、副高级职称人员25人;藏品10万余件／套;基本陈列包括大政殿、崇政殿、清宁宫等原状陈列,专题陈列有"清前历史陈列""院藏清代钟表展""镂月裁云——院藏清代宫廷雕刻精品展"等。

**吉林省博物院**　吉林省博物院是一家以历史与艺术为主的省级综合博物馆,位于吉林省长春市净月高新技术产业开发区永顺路1666号,2003年在吉林省博物馆和吉林省近现代史博物馆基础上组建成立,隶属于吉林省文化厅。2012年被评为国家一级博物馆。

1951年5月,吉林省人民政府批准筹建吉林省博物馆,12月竣工。1952年1月27日,在吉林市江湾路12号开馆,举办"吉林省地方经济恢复和文化建设成就展览"。1954年9月,吉林省博物馆随省政府迁至长春市伪满洲国皇宫。1955年,吉林省博物馆主要业务部门迁至长春市西安大路7号。1964年7月,吉林省博物馆和伪满皇宫合署办公,内设7个机构,职工112人。

1978年12月,吉林省博物馆革命史部单独分离,成立吉林省革命博物馆,馆址设在长春市西安大路7号,吉林省博物馆再次迁至伪满皇宫。1976年11月至1979年,吉林省博物馆

举办"吉林省历史文物"基本陈列,展出历史文物1331件。1982年,伪满皇宫陈列馆筹备处从博物馆分离,成立伪满皇宫陈列馆。吉林省博物馆在伪满皇宫东侧同德殿等处办公。1983年,文物工作队从博物馆分离,成立吉林省文物考古研究所。1987年5月,自然历史部从博物馆分离,成立吉林省自然博物馆。2003年3月,吉林省博物馆和吉林省近现代史博物馆合并组建吉林省博物院,地址分别位于长春市人民大街3188号和长春市浦东路22号。

2016年1月,吉林省博物院迁入长春市净月高新技术产业开发区永顺路1666号。

截至2017年底,吉林省博物院有文物藏品12万余件,基本陈列包括"白山松水的记忆——吉林省历史文化陈列""吉林故事——吉林省非物质文化遗产展""张伯驹夫妇捐献书画作品展""足迹·回望·传承——吉林省考古成就展(1997～2016)"等。

**吉林省自然博物馆**　吉林省自然博物馆暨东北师范大学自然博物馆,是一家由吉林省人民政府与大学共建的综合性自然历史类博物馆,位于吉林省长春市净月大街2556号,毗邻净月潭国家森林公园,原隶属于吉林省文化厅,2001年整建制划归东北师范大学管理。2008年被评为国家一级博物馆。

吉林省自然博物馆前身为吉林省博物馆自然部,正式创建于1987年5月12日,馆址位于长春市光复北路3号伪满皇宫博物院院内,建馆初期编制18人,最终定编48人。

2000年12月25日,吉林省人民政府决定,自2001年1月1日起,吉林省自然博物馆整建制移交给东北师范大学管理,保留吉林省自然博

物馆牌子，保留其独立事业法人地位。2001年5月9日，东北师范大学决定设立东北师范大学自然博物馆，至此形成独特的一馆二牌——吉林省自然博物馆暨东北师范大学自然博物馆。同年，吉林省人民政府决定建设自然博物馆新馆，馆址位于吉林省长春市净月大街2556号，场馆占地面积54000平方米，建筑面积14700平方米，展厅面积6000平方米，库房面积3000平方米。工程于2006年9月10日竣工。2007年5月1日，吉林省自然博物馆向社会开放。

截至2017年，吉林省自然博物馆内设陈列设计研究部、藏品保管研究部、标本技术研究部、科普外联研究部和办公室、保卫科等6个部室；在编人员43人，其中中级职称及以上或本科及以上学历人员32人；藏有动物、植物、岩矿、土壤和古生物化石等标本近10万件，其中重要藏品有1989年吉林省扶余县出土的披毛犀完整骨架化石，1996年吉林省乾安县出土的原始牛完整骨架化石，以及德惠陨石、中华龙鸟化石、亚洲象、东北虎、丹顶鹤、中华秋沙鸭、金斑喙凤蝶等珍稀标本。

**黑龙江省博物馆** 黑龙江省博物馆是一家省级综合博物馆，位于黑龙江省哈尔滨市南岗区红军街50号，隶属于黑龙江省文化厅。2012年被评为国家一级博物馆。

黑龙江省博物馆馆舍建于清光绪三十四年（1908年），最初作为莫斯科商场使用。

民国12年（1923年），一批俄罗斯学者到哈尔滨，并倡议建立博物馆，经中国地方当局批准，由东省特别区铁路督办王景春担任会长，在莫斯科商场旧址基础上成立以中国地方官员为主的东省文物研究会。6月12日，研究

会的陈列所对外开放。民国18年，改称东省特别区研究会，张国忱任会长。民国20年，改称东省特别区文物研究所，周守一、魏绍周任所长。民国21年，伪称北满特别区文物研究所，梁禹襄任所长。民国25年，伪称滨江省立文物研究所。民国26年，伪称大陆科学院哈尔滨分院，直木伦太郎任院长。民国34年，伪称哈尔滨地质博物馆。民国35年，日本投降后由苏联接管，改称哈尔滨工业大学常设运输经济陈列馆，B.H.热尔纳科夫担任馆长。1950年，改称哈尔滨工业大学科学研究所。

1951年，改称松江省科学博物馆。1953年，改称松江省博物馆。同年，黑龙江省博物馆筹备处成立。1954年，随着松江省并入黑龙江省，松江省博物馆与黑龙江省博物馆筹备处合并。8月10日，定名黑龙江省博物馆，薛绥宸任馆长。1956年，李康任馆长。1957年，柳彦章主持工作（副馆长）。1962年，金革任馆长。1970年，江英主持工作，任领导小组组长。1973年，金革任馆长。1976年，杨志军主持工作（副馆长兼党支部书记）。1979年，高汝昌任馆长。1989年，孙秀仁任馆长。1990年，孙长庆任馆长。2000年，郑秀山任馆长。2009年，庞学臣任馆长。2016年，王军任馆长；博物馆内设党群人事部、综合办公室、历史研究部、自然研究部、艺术陈列部、保管与技术部、公共服务部、安全保卫部等部门。

博物馆建立初期，主要服务中东铁路经营与发展，工作范围遍及铁路沿线及周边地区，工作内容也涉及地方物产、地质、民俗风物、考古等方面。中华人民共和国成立后，黑龙江省博物馆成为全国首批集历史文物、自然标

本、艺术品于一体的综合类省级博物馆，承担黑龙江省历史文物、革命文物、民族文物和自然标本的保护、发掘、征集、采集以及研究、陈列等工作。

截至2017年底，黑龙江省博物馆有研究馆员6人、副研究馆员39人；文物藏品62万余件；基本陈列为"黑龙江历史文物陈列——以肃慎族系遗存为中心""自然陈列""于志学冰雪艺术陈列""黑龙江俄侨文化文物展""松花江的记忆——金源文化展""贝林捐赠世界珍稀野生动物标本特展"。

**东北烈士纪念馆**　东北烈士纪念馆是一家历史人文类博物馆，位于黑龙江省哈尔滨市南岗区一曼街241号，隶属于黑龙江省文化厅。2008年被评为国家一级博物馆。

东北烈士纪念馆为一个机构多处展馆，分为东北烈士纪念馆、东北抗联博物馆、中共黑龙江历史纪念馆3个编办备案展馆和伪满哈尔滨警察厅旧址陈列馆1个内设馆。东北烈士纪念馆大楼最初作为东省特别区区立图书馆修建，于民国20年（1931年）上半年竣工。民国21年5月，伪哈尔滨市政府筹备所占用此楼。民国22年9月13日，伪满洲国哈尔滨警察厅霸占此楼。

1946年4月28日，哈尔滨解放。1947年6月，东北行政委员会决定成立东北抗日暨爱国自卫战争殉难烈士纪念事业筹备委员会，负责纪念馆和纪念塔的建设事宜，选定南岗区山街的原伪满洲国哈尔滨警察厅旧址作为东北烈士纪念馆的馆址。馆址确定后，对大楼进行大规模改建维修。经过一年半的筹备，1948年10月10日，东北烈士纪念馆建成开馆，东北抗日暨爱国自卫战争烈士纪念塔举办落成典礼。建馆初期，主要陈列分为东北抗日战争烈士事迹陈列和解放战争时期烈士事迹陈列。1951年起，增设讲解员。

1961年，东北烈士纪念馆准备向中国革命类博物馆方向转型，陈列内容将全国党史同东北地方党史相融合。"文化大革命"开始后，东北烈士纪念馆工作全面中断，机构被撤销，工作人员被遣散。1972年4月，东北烈士纪念馆恢复工作。

1986年，根据中央批示，东北烈士纪念馆在原有展厅基础上修建黑龙江省革命博物馆，基本陈列为"黑龙江省革命史展"。1988年，增办"伪满洲国警察厅史实展览"。1995年，东北烈士纪念馆将"抗日战争馆基本陈列"改陈为"东北抗日战争时期烈士事迹展"。2005年8月15日，为纪念抗战胜利60周年，东北烈士纪念馆推出基本陈列"黑土英魂——东北抗日战争时期烈士事迹陈列"和"伪满洲国哈尔滨警察厅遗址及罪恶展"。2009年2月3日，黑龙江省革命博物馆更名为东北抗联博物馆。2010年8月16日，东北抗联博物馆扩建工程开工建设，2011年底工程完工。2015年8月1日，为纪念中国人民抗日战争暨世界反法西斯战争胜利70周年，推出基本陈列"抗战十四年——东北抗日联军历史陈列"。

截至2017年底，东北烈士纪念馆内设办公室、人事管理部、财务管理部、公众服务部、编辑研究部、陈列展览部、征集保管部、文献信息部、文创产品部、行政保障部、安全保卫部；在编人员76名，其中高级职称6人、副高级职称24人；藏品近1.1万件／套；基本陈列为"黑土英魂——东北抗日战争时期烈士事迹陈列""伪满洲国哈尔滨警察厅遗址及罪恶展""抗战十四年——东北抗日联军历史陈列"。

**铁人王进喜纪念馆** 铁人王进喜纪念馆是一家人物专题性博物馆，位于黑龙江省大庆市让胡路区中原路2号，隶属于大庆油田有限责任公司。2008年被评为国家一级博物馆，为全国爱国主义教育示范基地。

1970年12月，在铁人王进喜率领1205队赴大庆打的第一口油井——"萨55井"旁，兴建铁人王进喜同志英雄事迹陈列室，并于1971年7月1日对外开放。1974年3月，考虑到陈列室规模太小，大庆油田决定在大庆市区中七广场建设大庆展览馆暨铁人王进喜同志英雄事迹展览馆，1975年11月15日开放。

1989年，大庆油田发现30周年之际，在原事迹陈列室基础上扩建为铁人王进喜同志纪念馆，将纪念馆与"铁人一口井"原址相结合。1991年11月15日，铁人王进喜同志纪念馆开馆，实现向人物纪念馆的转变。

2003年2月，经黑龙江省委和中石油集团公司党组同意，大庆油田党委决定把铁人王进喜同志纪念馆迁建至油田世纪大道和铁人大道交会处，更名为铁人王进喜纪念馆。2006年9月26日，大庆油田发现47周年之际，铁人王进喜纪念馆新馆开馆。全馆总占地面积5.4万平方米，其中绿地面积3万平方米、主馆建筑面积1240平方米。

截至2017年，铁人王进喜纪念馆内设综合办、宣教部、馆藏研究室等部门；在编人员51人，其中高级职称人员5人、中级职称人员19人。

**瑷珲历史陈列馆** 瑷珲历史陈列馆是全国唯一一家以全面反映中俄东部领土演变历史为基本陈列的专题性遗址博物馆，坐落于中国东北边陲黑龙江中游右岸瑷珲新城遗址内，隶属于黑河市文化广电和旅游局。2008年被评为国家一级博物馆。

1975年，瑷珲历史陈列馆创建，初名爱辉反修教育展览馆，隶属于爱辉县文化科，展厅面积200平方米。1979年，根据国际、国内形势变化的需要，更名为瑷珲历史展览馆，后又更名为瑷珲历史文物陈列馆，最后定名为瑷珲历史陈列馆并对展览内容进行整体调整。1981年夏，展馆布展完毕，展出502件文物和118幅图表、照片、资料。

1998年，陈列馆调整为市直事业单位，隶属于黑河市文物管理办公室，更名为黑河市爱辉历史陈列馆。2000年9月开始改扩建。2002年6月15日，新馆落成并对外开放，占地面积10万平方米，展厅面积3800平方米。2004年7月，由正科建制升格为副处级建制，改隶市委宣传部，核定单位领导职数3人，内设办公室、陈列研究部、宣传教育部、征集保管部4个副科级部门，事业编制24人。2008年3月28日起，向公众免费开放。

2010年4月，启动外部维修改造和基本陈列改陈工作。2011年6月，提升改造工程完工，对外开放。2017年5月，更名为黑河市瑷珲历史陈列馆。

截至2017年底，瑷珲历史陈列馆在编人员24人，其中副高级职称人员3人、中级职称人员16人；藏品8000余件；基本陈列为"瑷珲历

517

史陈列"。

**大庆市博物馆**　大庆市博物馆是一家综合性博物馆,位于黑龙江省大庆市龙凤区文苑街2号,隶属于大庆市文化广电新闻出版局。2017年被评为国家一级博物馆。

1972年10月,大庆政治部在东风接待站二号院建立大庆展览馆,是为大庆市博物馆前身。1975年10月1日,展览馆建成开馆,馆址位于萨尔图区中七大路北侧,占地面积2.4万平方米,建筑面积3988平方米;内设编辑组、美工设计组、摄影组、模型组、装裱写字组、木工组、讲解队、维修班、电工班、锅炉班、后勤保卫组和办公室,定编81人。

1998年4月7日,市直机关机构改革,大庆展览馆改为大庆市博物馆,定编73人。2001年11月30日,大庆市文物管理站并入大庆市博物馆,加挂文物管理站牌子,实行馆站合一,内设编辑组、展览部、文物部、讲解队、维修班、电工班、锅炉班、后勤保卫组和办公室。

2005年7月,大庆市博物馆新馆破土动工,位于大庆市龙凤区文苑街2号,总建筑面积18700平方米。2008年6月18日,自然生态厅竣工并先期对外开放。2011年11月22日,新馆面向社会全面开放。

截至2017年底,大庆市博物馆内设综合办公室、财务部、总务部、安全保卫部、鉴定研究部、文物保管部、陈列设计部、展厅管理部、自然部、资料信息部、文物保护管理部、宣教部、技术部、服务部、活动中心等15个部室,编制73人;文物藏品54722件;基本陈列包括"东北第四纪自然环境""东北第四纪哺乳动物""大庆地区古代人类文明",系统展示大庆地区古自然环境变迁史、古动物生息演化史和古人类发展活动史。

**上海博物馆**　上海博物馆是一家大型的中国古代艺术博物馆,位于上海市黄浦区人民大道201号,隶属于上海市文化广播影视管理局。2008年被评为国家一级博物馆。

1950年9月13日,上海市文物管理委员会召开委员会议,决定筹建上海博物馆,由文管委古物整理处负责。1951年3月24日,上海博物馆筹备委员会成立,由徐森玉、沈迈士、沈羹梅、谢稚柳、杨宽、刘汝醴、曾昭燏等7人组成。上海博物馆馆舍,由上海市市长陈毅选定在南京西路325号原跑马厅大楼。

1952年4月,上海博物馆开始筹备陈列工作,蒋大沂负责陈列体系研究,承名世负责陈列说明文字撰写,杨宽负责陈列品说明书文字撰写。11月底,上海博物馆成立保管部、陈列部、研究部和群众工作部。12月16日起,上海博物馆陈列在南京西路325号预展5天。12月21日开馆,按照时代先后设有原始社会、殷商时代、西周春秋战国时代、秦汉时代、魏晋南北朝时代、隋唐五代、宋元时代、明代、清代、近代工艺品等10个陈列室,另举办"中国绘画展览"。杨宽任副馆长(馆长暂缺)。1953年7月24日,经中央文化部批准,上海博物馆划归上海市文化局领导。

1954年,征集编目组分别制定各类文物的定名凡例,上海博物馆文物编目和定名自此有统一标准。年底,上海博物馆基本形成较稳定的组织结构,即三部一室,馆长室(兼管图书资料组)、保管部(库房保管组、陈列室保管组、编目组和征集组)、陈列部(陈列设计组和技术组）、群众工作部（导引组和群众活动组），另有技工、警卫等岗位。

1956年，上海博物馆成立研究部（图书资料组和考古组）、出版组、文物修复组。1957年6月，中共上海市委常委王一平兼任上海博物馆馆长。1958年，文物修复组扩建为文物修复复制工场，从印刷厂、石膏模具厂等单位引进专业人才。1960年3月16日，原属上海市轻工业局领导的上海裱画合作社划归上海博物馆，进一步充实文物修复力量。20世纪60年代，上海博物馆文物修复复制工场拥有青铜器修复、陶瓷修复、竹木漆器修复、书画装裱、人工临摹和珂罗版印刷复制等各领域的专家。国家文物局先后于1975年、1978年、1979年委托上海博物馆举办青铜器、陶瓷器、书画装裱培训班，为国内博物馆培训文物修复人才。

1958年底，沈之瑜任上海博物馆副馆长，到任不久即开始进行搬迁新馆工作。1959年8月，上海博物馆开始从南京西路325号搬迁到河南南路16号（原中汇银行大厦）。9月22日，搬迁工作完成，上海博物馆恢复对外开放。迁馆之后，上海博物馆的基本陈列面积从1285平方米扩大至2642平方米，陈列品从2011件增加至2709件，陈列方式由时代排列改为按社会发展阶段排列，分设原始社会、奴隶社会、封建社会前期、后期、近现代工艺品等陈列室。

1960年7月，成立"上海博物馆之友"组织。7月起，连续编译《国际文物博物馆工作动态参考资料》。9月16日，上海市文化局决定上海博物馆与上海市文物管理委员会合署办公。11月5日，经上海市文化局批复，徐森玉兼任上海博物馆馆长。同时，上海博物馆在全国文博系统中率先成立文物保护技术实验室，开展防霉、防虫、防锈、防紫外线研究。"文化大革命"开始后，上海博物馆工作陷于半停顿状态，陈列室停止开放。这期间，上海博物馆职工为保护、抢救文物积极奔走，从"废铜"中抢救青铜器，先后抢救出西周晚期龙耳尊、静安寺洪武二年铸大铜钟等重要文物；配合海关鉴定出口文物，发现王羲之《上虞帖》等书法珍品；代管200余户收藏家文物，并在之后全部发还。

1972年起，上海博物馆业务工作逐步恢复。上海博物馆将保管部征编组与陈列部合并成立陈列研究部（金石组、陶瓷组、书画组、工艺组和美工组），基本陈列改为"中国青铜器陈列""中国陶瓷陈列""中国绘画陈列"，奠定了上海博物馆专题陈列的基本模式。1972年5月1日，举办业务恢复后第一个展览——"上海市出土文物展览"。1973年2月，"中国青铜器陈列"对外开放。

1976年3月，上海博物馆赴日本东京、京都举办青铜器展，开启了上海博物馆赴境外展览的序幕。1978年，上海博物馆举办第一个从国外引进的展览——"伊朗绘画展"。1979年2月26日，上海市文化局任命沈之瑜为上海博物馆馆长，黄宣佩为副馆长，谢稚柳为顾问。

1981年7月，《上海博物馆馆刊》（后改为《上海博物馆集刊》）创刊。1982年，上海博物馆成立监控中心，是国内较早独立设置监控中心并配备专职监控人员的博物馆。1984年5月，上海博物馆组建电脑组，开始探索博物馆数字化工作，成为中国博物馆界数字化应用方面的开拓者。电脑组从文物分类标准化的研究起步，陆续完成文物藏品管理检索系统、藏品编目图像系统、《商周青铜器铭文选》索引系统等应用开发。1985年2月25日，沈之瑜任上海博物馆名誉馆长，马承源任馆长，黄宣佩、李俊杰、汪庆正任副馆长，博物馆内设陈列设计部、青铜研究部、书画研究部、陶瓷工艺研究部、宣传教育部（含电化教育组）、文化交流办公室、文物修复技术研究室、人事科、保卫科。1986年，上海博物馆艺术品公司创建。4月22日，工艺品商店对外营业。1986年起，上海博物馆用五年时间分期分批改建完成青铜、陶瓷、书画、古代雕刻4个陈列室。

1987年10月，上海博物馆举办建馆以来第一个国际学术研讨会"清初四画僧绘画艺术国际学术研讨会"，美国、英国、加拿大、澳大利亚、日本和中国香港及内地专家学者50余人参会。1987年起，上海博物馆文物保护与考古科学实验室承担国家文物局文物保护技术上海检测站职责。1988年10月，上海市人民政府恢复上海市文物管理委员会建制，上海博物馆的隶属关系从上海市文化局划出，归上海市文物管理委员会领导。1989年1月13日，上海博物馆成立《文物保护与考古科学》编辑部，同年6月出版创刊号。1990年，上海博物馆在龙吴路1118号建造面积4000平方米的参考品库房和文物保护技术实验室，改善和加强文物保护工作。

1992年1月12日，上海博物馆组建新馆筹建处。1月29日，上海市计划委员会批准上海博物馆建造新馆立项。2月24日，上海市人民政府市长办公会议同意上海博物馆新馆建在人民广场中轴线南端，并把新馆建设列入"八五"期间上海市十大精神文明建设项目。9月，上海博物馆在虹桥路1286号增设上海博物馆分馆——中国钱币馆。1993年8月30日，上海博物馆举行新馆奠基。1995年12月30日，新馆局部建成并试行开放。1996年10月12日，新馆全面建成开放。上海博物馆新馆占地面积1.1万平方米，建筑面积3.9万平方米，馆舍是方体基座与圆形出挑相结合的建筑造型，寓意"天圆地方"。新馆楼宇自控系统能对空调、变配电、给排水、公共照明等重要设备实施24小时监控，是国内第一座通过国家建设部技术鉴定的智能建筑。新馆常设中国古代青铜馆、中国古代雕塑馆、中国古代陶瓷馆、中国历代绘画馆、中国历代书法馆、中国历代印章馆、中国古代玉器馆、中国历代货币馆、中国明清家具馆、中国少数民族工艺馆、暂得楼陶瓷馆、两涂轩书画专室、施嘉幹旧藏钱币专室和杜维善、谭端言旧藏丝路古币专室，另有3个临时展厅。

1999年3月4日，陈燮君任上海博物馆常务副馆长、党委副书记。2000年11月17日，陈燮君任上海博物馆馆长。2000年起，上海博物馆启动《上海博物馆藏品研究大系》的编纂和出版工作，以及上海博物馆信息化一期、二期工程。2001年起，根据《深化干部人事制度改革纲要》《关于全面推进事业单位人事制度改革实施意见》，上海博物馆实行全员聘用合同制。2002年10月21～24日，"国际博物馆协会亚太地区第七次大会"在上海博物馆召开，通过以保护亚太地区非物质文化遗产为宗旨的《上海宪章》。同年，上海博物馆在浦东浦三路4666号建造面积3万平方米的文物库房——周浦基地库房，进一步改善文物保存条件。2003年，上海博物馆被中共中央宣传部命名为"全国爱国主义教育基地"。

2003年起，上海博物馆团队作为"政府组"承担2010年世博会"中国馆""主题馆""世博馆"的展陈设计课题研究工作，后又承担2010年世博会城市足迹馆和世博会博物馆的展示设计项目。2005年11月，上海博物馆被国家文物局评定为馆藏文物保存环境国家文物局重点科研基地，2008年3月揭牌运行。2008年3月，上海博物馆实行免费开放。同月，上海博物馆获批成为第一批全国古籍重点保护单位。7月，上海博物馆被国家文物局评定为"甲级可移动文物技术保护设计资质单位"与"一级可移动文物修复资质单位"。

2009年11月，上海博物馆被列为8家中央、地方共建国家级博物馆之一。"十一五"期间，上海博物馆由中共上海市委宣传部直接领导，业务上接受上海市文物局指导。

2012年7月1日，上海博物馆新版网站上线。10月25日，上海博物馆龙吴路文物保护科技中心改建工程启动。

2014年12月2日，上海博物馆由上海市文物管理委员会划归上海市文化广播影视管理局（上海市文物局）管理。12日，杨志刚任上海博物馆馆长。

2015年9月11日，上海博物馆文物保护科技中心启用，实验大楼面积9142平方米，设有10余个实验室和保护室，配备世界一流的科研设备，拥有文物保护、科技考古、古代工艺技术等研究和应用功能，是国内规模最大的文物保护中心

之一。12月，上海博物馆东馆新建工程项目得到上海市发展和改革委员会批复立项，并被列入上海市建设"十三五"时期重大项目。

2017年9月27日，上海博物馆东馆建设项目在浦东花木10号地块启动。

**中国共产党第一次全国代表大会会址纪念馆** 中国共产党第一次全国代表大会会址纪念馆（简称中共一大会址纪念馆）位于上海市黄浦区兴业路76号，隶属于中共上海市委宣传部。2008年被评为国家一级博物馆，是全国爱国主义教育示范基地、全国廉政教育基地、国家国防教育基地。

民国10年（1921年）7月23日，中国共产党第一次全国代表大会在上海望志路106号召开，宣告了中国共产党的诞生。中共一大会址作为中国共产党诞生和发展的实物见证，成为中国革命的圣地。

旧址建筑属典型上海石库门风格，建于民国9年秋。中共一大会议旧址于1951年4月勘实，中共上海市委设立上海市革命历史纪念馆管理委员会，夏衍任主任委员，领导中共一大会址的修缮和建馆工作。

1952年9月，中共一大会址复原布置就绪，作为上海革命历史纪念馆第一馆实行内部开放。1961年3月4日，中共一大会址被国务院公布为第一批全国重点文物保护单位。1968年，上海革命历史纪念馆筹备处改名为中国共产党第一次全国代表大会会址纪念馆，并向社会开放。1988年10月以后，纪念馆改属上海市文物管理委员会领导。

1996年6月，中共上海市委决定实施中共一大会址纪念馆扩建工程。1998年6月10日开

工，1999年5月27日竣工并正式对外开放。新建筑位于中共一大会址西侧，占地面积715平方米，建筑面积2316平方米，与中共一大会址建筑风格相仿，仍为20世纪20年代上海典型的石库门民居风格。一层为观众服务设施，设有门厅、多功能学术报告厅和贵宾厅；二层为"中国共产党创建历史文物陈列"展览厅。2016年，纪念馆对基本陈列进行改造提升，推出"伟大开端——中国共产党创建历史陈列"，展出278件珍贵历史文物。

截至2017年底，中共一大会址纪念馆在编人员54人，藏品12万余件，基本陈列为"伟大开端——中国共产党创建历史陈列"。

**上海鲁迅纪念馆**　上海鲁迅纪念馆是中华人民共和国成立后创办的第一家人物类纪念馆，位于上海市虹口区甜爱路200号，负责管理全国重点文物保护单位鲁迅墓、上海市文物保护单位上海鲁迅故居。2001年被命名为全国爱国主义教育示范基地，2008年被评为国家一级博物馆。

1950年，华东军政委员会文化部筹建上海鲁迅纪念馆，7月批准建制。纪念馆设于山阴路大陆新村9号、10号。1951年1月，向公众开放。1956年鲁迅逝世20周年前夕，文化部决定将鲁迅墓由万国公墓迁至虹口公园，并于公园东南角建新纪念馆。1999年9月，上海鲁迅纪念馆在原址基础上改扩建后重新对外开放，新馆既保留原建筑特色，又融入现代博物馆功能。2016年，上海鲁迅纪念馆入选"首批中国20世纪建筑遗产名录"。

鲁迅墓建于1956年，由墓区、瞻仰平台、鲁迅坐像组成，面积约1600平方米。墓前草坪

中有雕塑家萧传玖所塑鲁迅铜像，墓穴后照壁式墓碑上镌刻着毛泽东题写的"鲁迅先生之墓"6个金字。1961年3月4日，鲁迅墓被国务院公布为第一批全国重点文物保护单位。

上海鲁迅故居位于山阴路132弄9号，是鲁迅在上海最后的寓所。1959年，上海鲁迅故居被列为上海市甲级文物保护单位，1977年调整为上海市文物保护单位。1999年，上海鲁迅故居被公布为上海市优秀历史建筑。

截至2017年底，上海鲁迅纪念馆在编人员51人，其中正高级职称人员4人、副高级职称人员4人；藏品8万余件，以手稿、遗物、文献和版画为大宗；基本陈列为"人之子——鲁迅生平陈列"。

**南京博物院**　南京博物院是中国第一家由国家投资兴建的大型综合博物馆，坐落于江苏省南京市中山门内北侧中山东路321号，隶属于江苏省文化厅。2008年被评为国家一级博物馆。

南京博物院的前身是蔡元培于民国22年（1933年）倡建的国立中央博物院筹备处，建院伊始便确立"提倡科学研究，辅助公众教育，以适当之陈列展览，图智识之增进"的宗旨。规划中的国立中央博物院拟建设自然、人文、工艺三馆，傅斯年担任首任筹备处主任，翁文灏、李济、周仁分别任自然馆、人文馆和工艺馆主任。民国22年10月5日，国民党中央政治会议第377次会议决议，将原藏于奉天及热河行宫，后归内政部所属古物陈列所的南迁文物，全部划给中央博物院作为基本藏品。其后，中央博物院筹备处又购进闽侯何氏"绘园"、东莞容氏"颂斋"、庐江刘氏"善斋"

等古物，并接收瑞典人斯文·赫定、中央研究院动植物研究所的大宗文物和标本。民国23年，成立中央博物院建筑委员会，梁思成为专门委员。民国25年，第一期工程开工。同年，原属中央研究院的北平历史博物馆筹备处连同其收藏的文物一同并入中央博物院。

民国26年7月7日，日本发动全面侵华战争，南京告急，保存在南京的南迁文物和中央博物院的文物奉命西迁。抗日战争期间，中央博物院筹备处的学者仍进行卓有成效的工作。抗战胜利后，西迁的文物全部运回南京。

1949年4月23日，南京解放；4月24日，人民解放军进驻中央博物院；5月7日，南京军事管制委员会接管中央博物院筹备处；6月29日，成立中央博物院院务委员会。1950年3月9日，遵照中央文化部令，中央博物院筹备处更名为国立南京博物院，属中央文化部文物事业管理局领导，徐平羽任院长、曾昭燏任副院长。1950年7月，改由华东行政委员会文化部领导。1954年，改属江苏省文化局领导。1952年，华东文化部延聘杨廷宝、刘敦桢、童雋等为南京博物院建筑委员会委员；大殿的琉璃瓦建筑工程开工，7月竣工，至此第一期工程彻底完工。1958年，南京博物院举办"中国历史文物陈列"，展出文物5600余件，是该馆举办的第一个大型通史陈列。1959年3月，江苏省博物馆与江苏省文物管理委员会迁入，与南京博物院合署办公，仍名南京博物院。

1960年，南京博物院举办"江苏历史陈列"，展示从远古至清末的江苏地区发展历程，展品2500余件。

1984年，由南京博物院自筹资金新建的

文物保护科技实验楼落成并投入使用。1992年11月，由江苏省古典建筑园林设计所设计的文物保管新库房开始兴建，建筑面积为3456平方米，于1994年11月竣工。1993年3月，值南京博物院建院60周年庆典之际，南京博物院扩建工程奠基。1999年9月26日，艺术陈列馆落成并对外开放，建筑面积16836平方米，设立珍宝、玉器、明清瓷器、书画、青铜、陶艺、漆艺、织绣等11个专题陈列馆，常年展陈馆藏珍品5000余件。2006年3月，南京博物院二期改扩建工程正式由江苏省发展改革委立项。2009年，南京博物院二期改扩建工程启动，2013年11月完工并重新开放。总建设面积84500平方米，展览面积26000平方米，实现"一院六馆"的建制，即历史馆、艺术馆、特展馆、民国馆、非遗馆和数字馆。

截至2017年底，南京博物院编制280人，其中研究馆员22人、副研究馆员45人；文物藏品45万余件；基本陈列包括"南都繁会·苏韵流芳"等。

**苏州博物馆**　苏州博物馆是一家地方综合性博物馆，位于江苏省苏州市姑苏区东北街204号，隶属于苏州市文化广电和旅游局。2008年被评为国家一级博物馆。

1958年8月，苏州市地志博物馆筹备处成立。1959年1月，苏州市地志博物馆筹备处迁至太平天国忠王府，更名为苏州历史博物馆筹备处。

1960年，苏州博物馆成立，此后根据博物馆事业发展及功能变化，机构设置多次调整并日趋健全。1987年，苏州博物馆定编67人。

1999年，苏州市委、市政府将筹建苏州博物馆新馆纳入全市"十五"发展规划，并邀请华人建筑师贝聿铭设计苏州博物馆新馆。2006年10月6日，苏州博物馆新馆对外开放。同年，苏州民俗博物馆成建制并入，增挂苏州民俗博物馆牌子，编制扩充至105人，内设办公室、考古部、保管部、民俗部、陈列设计部、文保科技修复部、保卫部、信息技术部、开放部、图书室等10个部门。

2007年，因苏州市考古研究所成立，从苏州博物馆划拨编制8人，重新核定苏州博物馆编制97人。2008年，撤销考古部，增设编辑出版部。

2015年，定编85人，内设办公室、编辑出版部、保管部、开放部、陈列设计部、文物科技修复部、保卫部、信息工程技术部、民俗部、图书室、合作交流部、文创部等12个部门。2016年，新增编制1人，定编86人。

截至2017年底，苏州博物馆在编人员79人，其中正高级职称人员4人、副高级职称人员9人、中级职称人员38人、初级职称人员16人；文物藏品21266件／套，其中一级文物222件／套、二级文物829件／套、三级文物8564件／套，尤以历年考古出土文物、明清书画、工艺品见长，此外还藏有古籍善本768种4177册、普本32194种103283册，为全国古籍重点保护单位；基本陈列有"吴地遗珍""吴塔国宝""吴中风雅""吴门书画"，太平天国忠王府的"太平天国忠王府复原陈列"和"藏书楼陈列"，民俗馆与过云楼的"民俗馆陈列"和"过云楼陈列"。

**侵华日军南京大屠杀遇难同胞纪念馆**  侵华日军南京大屠杀遇难同胞纪念馆是一家历史人文类博物馆，位于江苏省南京市建邺区水西门大街418号，隶属于南京市人民政府。2008年被评为国家一级博物馆。

20世纪80年代，日本文部省通过美化日本侵华的历史教科书，激起曾经受到侵华日军严重伤害的南京人民的义愤，中国政府对此高度关注。在邓小平同志关怀下，南京市人民政府准备在南京大屠杀28处集体屠杀遗址之一的江东门建立纪念馆。1983年12月13日，举行"侵华日军南京大屠杀遇难同胞纪念馆建馆奠基碑"仪式。1985年8月15日，纪念中国人民抗日战争暨世界反法西斯战争胜利40周年之际，纪念馆落成开放，成为中国第一家抗日战争史纪念馆。南京市人民政府还在全市范围内南京大屠杀集体屠杀遗址地草鞋峡、燕子矶、中山码头、煤炭港、鱼雷营、挹江门、北极阁、五台山、清凉山、汉中门、江东门、新上河、普德寺、正觉寺、东郊丛葬地等处建立南京大屠杀遇难同胞纪念碑。

纪念馆筹建之际，成立南京大屠杀史编辑研究办公室。1995年8月，侵华日军南京大屠杀史研究会成立。

侵华日军南京大屠杀遇难同胞纪念馆先后经过1995年、2007年、2015年共3次大的扩建扩容。一、二期工程主体包括标志碑、"古城的灾难"大型组合雕塑、"历史证人的脚印"铜版路、遇难者名单墙、"万人坑"遗址等。2007年、2015年的两次扩建将新老展馆巧妙融为一体，新建雕塑广场、集会广场、史料陈列厅、祭场、冥思厅、和平公园、"三个必胜"展厅等。

2004年，侵华日军南京大屠杀遇难同胞纪念馆在全国博物馆界率先实行免费开放。

2014年2月27日，第十二届全国人大常委会第七次会议审议通过关于设立南京大屠杀死难者国家公祭日的决定草案。12月13日起，纪念馆作为南京大屠杀死难者国家公祭仪式的固定举办地。2015年12月，利济巷慰安所旧址陈列馆作为纪念馆分馆对外开放。

2015年11月10日，南京大屠杀史与国际和平研究院成立，2016年3月1日挂牌运行，挂靠在侵华日军南京大屠杀遇难同胞纪念馆。

2017年，纪念馆对基本陈列进行全面改陈，在尊重和重点突出"人类浩劫"原有主题的基础上，增加"世界记忆"主题。

截至2017年底，侵华日军南京大屠杀遇难同胞纪念馆有文物藏品6000余件，基本陈列包括"南京大屠杀史实展""三个必胜主题展""利济巷慰安所旧址陈列馆"。

**扬州博物馆** 扬州博物馆是一家综合性地志博物馆，位于江苏省扬州市邗江区文昌西路468号，隶属于扬州市文物局。2008年被评为国家一级博物馆。

1951年10月，苏北行政公署于扬州史公祠内创立扬州文物馆，是扬州地区的第一家博物馆。1952年初，改扬州文物馆为苏北博物馆，12月改名为苏北扬州博物馆，隶属于苏北文化事业管理局，为省级地志性博物馆。1953年，苏南、苏北两行政区与南京市合并为江苏省，苏北扬州博物馆遂改名为江苏省扬州博物馆，隶属于江苏省文化局。1954年，撤销江苏省扬州博物馆，其职能转由扬州市文物管理委员会承担。1958年5月，扬州博物馆于史公祠内恢复成立，隶属于扬州市文化处。"文化大革

命"开始后，博物馆工作处于停滞状态。1969年起，扬州博物馆成为毛泽东思想宣传馆下设的文博组，1973年6月恢复正常工作。

1988年2月，扬州博物馆从史公祠搬迁至扬州天宁寺，编制44人，下设办公室、保卫科、陈列部、保管部、考古部、技术部、群工部、研究室等8个部门。

2002年，考古部分离出扬州博物馆，成立扬州市文物考古队。同年，扬州博物馆新馆与扬州中国雕版印刷博物馆开工建设，并于2005年4月竣工，10月对外开放。两馆建筑合一，实行两块牌子、一套班子的管理模式。人员编制62人，增设营销部、物管部，陈列部、群工部合并为展教部，技术部并入保管部。

2015年，扬州博物馆内部机构再次调整，增设科技保护部、天宁寺管理办公室，拆分展教部为展览部和宣传教育部，营销部改为文化创意产业部，调整后为10个部门。

截至2017年，扬州博物馆在编人员54人，其中正高级职称2人、副高级职称7人；藏品3万余件/套（另藏有古籍雕版版片10万余片）；基本陈列包括"广陵潮——扬州古代城市故事"等。

**南通博物苑** 南通博物苑是一家综合性博物馆，位于江苏省南通市崇川区濠南路19号，隶属于南通市文化广电新闻出版局。2008年被评为国家一级博物馆。

清光绪三十一年（1905年），张謇将兴建中的公共植物园规划为博物苑，隶属于通州师范学校，内设自然、历史、美术、教育4个陈列馆，是第一家由中国人兴建的公共博物馆。张謇为苑总理，孙钺为苑主任。民国元

年（1912年），改称南通博物苑，并脱离师范学校而独立。民国15年，张謇去世，张孝若子承父业，在财力极为困难的情况下，仍拨款对南馆进行大修。民国16年，博物苑附属于南通学院。民国24年7月，博物苑回归师范学校代管。

民国27年，日军侵占南通前，博物苑组织人力从南馆挑选文物50余件，从北馆选取书画、绣品43轴，悄悄移存农村，次年转存上海金城银行。博物苑遭到日军严重破坏，藏品大部分被劫、被毁，机构不复存在。抗战胜利时，博物苑已满目疮痍，保存在金城银行的文物大致完好。

1949年2月，南通解放。9月，在南通市第一届各界人民代表大会上，代表提出恢复博物苑提案。随后成立文物征集整理委员会，着手博物苑修复。1951年，修建工程结束，博物苑改称南通博物馆，南通市副市长钱啸秋兼任馆长；园林部分辟为人民公园。1952年8月，改称苏北南通博物苑，直属苏北人民行政公署文教处。1953年，改称江苏省南通博物馆，直属江苏省人民政府文化事业管理局，由其委托南通市人民政府文教科代管。1956年6月9日，改名为南通博物馆。1957年，南通博物馆重修，1958年10月正式恢复。

"文化大革命"期间，南通博物馆业务全面停顿。

1981年，南通市人民政府决定将张謇故居濠南别业划归博物苑范围并管理。1984年7月1日，恢复南通博物苑原名及原貌。1988年，南通博物苑被国务院公布为全国重点文物保护单位。1999年12月28日，南通市人民政府决定将

人民公园成建制并入南通博物苑，结束了原博物苑长期分离的局面。2003年，南通市人民政府拨款修缮张謇"濠阳小筑"住所，成立张謇纪念馆，归南通博物苑负责管理。

2005年9月，由两院院士吴良镛主持设计的南通博物苑新馆落成开放，推出基本陈列"江海之光——南通地域文化和自然资源陈列""艺苑撷英——苑藏精品书画展""鸿宝名器——苑藏工艺珍品展""腾飞之龙——恐龙专题科普展"。2006年5月1日起，园林景区及新展馆基本陈列向公众免费开放。10月，张謇故居濠南别业经过修葺及更新陈列后重新对社会开放。

2011年，南通博物苑游客服务中心建成。2012年，南通博物苑着手实施新馆基本陈列的全面更新工作。2015年，成立博苏堂南通博物苑店，自主开发具有南通文博特色的文化创意产品。同年，江苏省文物保护单位谯楼交由南通博物苑管理。

截至2017年底，南通博物苑有藏品49406件，基本陈列包括"江海古韵——南通地区历史遗存陈列""馆珍遗韵——南通博物苑精品文物展""巨鲸天韵——江海鲸类及生物资源专题陈列""中国早期现代化的先驱——张謇"。

**常州博物馆**　常州博物馆是一家集历史、艺术、自然为一体的地方综合性博物馆，位于江苏省常州市新北区龙城大道1288号，隶属于常州市文化广电新闻出版局。2017年被评为国家一级博物馆，是国家4A级旅游景区。

常州市博物馆于1958年8月开始筹建，10月16日成立，人员编制3人，办公地点设在红

梅公园红梅阁。"文化大革命"开始后，博物馆业务中断。1970年10月，成立中共常州市文图博党支部。1972年3月10日，恢复博物馆业务。

1975年，常州市博物馆以天宁寺为馆址开展工作。1979年2月，成立博物馆（包括文物商店）党支部。

1983年9月，常州市博物馆迁至清凉寺办公。1989年3月，编制扩充至32人。7月，内设机构调整为办公室、考古部、保管部、宣传陈列部、自然陈列部、群众工作部、保卫科、资料室。1990年7月，将陈列、群工两部合并，成立陈列群工部，增设研究室。1994年12月，经江苏省文化厅批准，成立常州市少儿自然博物馆，与市博物馆两块牌子、一套班子，不增加编制。1996年3月，内设文物部、展览部、自然部、保卫部、办公室。1999年1月，常州文物商店新建党支部，原博物馆（包括文物商店）党支部中文物商店党员转出至文物商店党支部。2004年1月，常州市人民政府决定建设常州市博物馆新馆。2005年3月，常州市博物馆、规划馆两馆工程立项，于5月26日开工建设，地址为常州市新北区龙城大道1288号，博物馆建筑面积2.8万平方米，展区面积近1万平方米。

2006年4月，常州市博物馆更名为常州博物馆。2007年1月，常州博物馆被批准为副处级事业单位，核定事业编制38人、社会化用工20人，内设办公室、保卫部、信息部、考古部、保管部、陈列部、开放部、自然部等8个部门。4月28日，新馆对外开放。2008年4月1日，常州市博物馆免费对外开放。2013年1月，博物馆事业编制增加至48人，社会化用工增加至30人。2016年1月，内设办公室、保卫部、信息部、考古部、典藏部、文物科技保护部、学术研究部、陈列部、开放部、自然部等10个部门。

截至2017年底，常州博物馆在编44人，其中高级职称人员1人、副高级职称人员8人。

**南京市博物总馆** 南京市博物总馆是实行总分馆制的国家一级博物馆，成立于2014年，是融汇南京古代史、近现代史、革命史、城市史、文保、民俗与非遗等诸多门类的综合性历史艺术类博物馆，位于江苏省南京市秦淮区中华路257号，隶属于南京市文化广电新闻出版局。2017年被评为国家一级博物馆。

南京市博物总馆由南京市博物馆、太平天国历史博物馆、中国共产党代表团梅园新村纪念馆、南京市民俗博物馆、渡江胜利纪念馆、江宁织造博物馆、六朝博物馆、南京市文化遗产保护研究所组成。其中，全国重点文物保护单位7处，瞻园、朝天宫为国家5A级旅游景区，梅园新村为国家4A级旅游景区。梅园新村纪念馆为全国爱国主义教育示范基地，渡江胜利纪念馆为全国首批百家红色旅游经典景区。

南京市博物馆成立于1973年，是一家综合性历史艺术类博物馆；太平天国历史博物馆成立于1956年，是国家设立的唯一一家太平天国史专题博物馆；中国共产党代表团梅园新村纪念馆成立于1961年，是纪念以周恩来为首的中共代表团于1946年5月~1947年3月在南京与国民党政府进行国共和平谈判的革命历史性纪念馆；南京市民俗博物馆成立于1992年，是研究、展示、保护南京民俗文化以及南京非物质文化遗产的专业性博物馆；渡江胜利纪念馆成立于1984年，是庆祝渡江战役胜利和南京解放的红色革命纪念馆；江宁织造博物馆成立于2013年，是展示江宁织造、南京云锦及《红楼梦》历史和文化的博物馆；六朝博物馆成立于2014年，是展示六朝历史文化的专题断代史博物馆；南京市文化遗产保护研究所成立于2014年，负责全市文化遗产保护和文物"四有档案"编制的单位。

截至2017年底，南京市博物总馆在编人员251人，其中正高级职称人员11人、副高级职称人员39人；文物藏品91239件／套，其中一级文物396件／套、二级文物1642件／套、三级文物45082件／套。

**浙江省博物馆**　浙江省博物馆是一家省级综合性博物馆，拥有孤山馆区（浙江省杭州市孤山路25号）、武林馆区（浙江省杭州市西湖文化广场E区）、文澜阁（孤山馆区西侧）、沙孟海旧居（浙江省杭州市龙游路15号）、黄宾虹纪念室（浙江省杭州市栖霞岭31号）、文物保护科研基地（浙江省杭州市天目山路古荡桥20号），隶属于浙江省文化厅。2008年被评为国家一级博物馆。

浙江省博物馆的创办缘于民国18年（1929年）举办的杭州西湖博览会。西湖博览会落幕后，为保存所遗物品，供民众参观及研究，浙江省政府于11月8日议决，聘任陈屺怀为馆长，筹备成立浙江省西湖博物馆，由省政府直辖。12月4日，浙江省政府规定博物馆的馆址、藏品来源、章程及办馆经费等具体事宜。馆址初设在西湖博览会原会址工业馆口字厅，因面积狭小，另由王阳明祠、忠烈祠、圣因寺之罗汉堂、红洋房等数处合并而成博物馆馆址。

民国19年12月，浙江省政府将文澜阁全部房屋拨给西湖博物馆使用。民国20年1月，王念劬任馆长。同年，博物馆改隶于浙江省教育厅，更名为浙江省立西湖博物馆。民国25年，董聿茂馆长在青岛会议上取到"庚子赔款"经费，用于建造博物馆第一幢两层的新式展览室——动物陈列室。

西湖博物馆成立伊始，以搜集保存并陈列研究本省及各地之文物天产及其他有关文化产业之物品为宗旨，设馆长1人，内设历史文化部、自然科学部与总务处；另设专门委员和名誉征集员若干人，不领薪金，不占博物馆职位。

民国26年七七事变爆发后，日军发动全面侵华战争。为保护文物财产，西湖博物馆先后辗转富阳、兰溪、永康方岩、丽水三岩寺、松阳南洲村等地，历尽艰险。

民国30年7月，浙江省教育厅下令西湖博物馆停办，人员遣散，文物、标本、图书、资料、仪器全部移交给松阳县民众教育馆。该馆既无保存条件，又无专业人员，董聿茂毅然决定以浙江生物学会的名义接收，自己出资将大部分文物运到龙泉。

民国32年6月，时局稍有好转，浙江省教育厅下令在龙泉恢复西湖博物馆。博物馆工作人员在馆长带领下节俭办馆，修正博物馆章程，征集文物，布置展览，坚持开放。民国34年秋，西湖博物馆由龙泉迁回杭州原址，设历史文化部、自然科学部、总务部、会计室，职员及雇员20人。

中华人民共和国成立后，根据中央文化部批复，西湖博物馆被确立为地志性博物馆。

1950年，董聿茂任馆长，从高校和社会上招聘一批大学生和有一定专业特长的青年及部队转业人员，通过业务学习，培训成为博物馆业务骨干。1951年6月，浙江省教育厅出资将原西湖博览会工业馆旧址买下，拨交博物馆使用，面积约900平方米。1953年，图书馆、博物馆党支部成立，李易当选党支部书记。同年6月，浙江省立西湖博物馆更名为浙江博物馆，在组织机构方面增添社会主义建设部。1957年6月，中央美术学院华东分院从外西湖迁至南山路，在外西湖的教学用房、宿舍等划归浙江博物馆使用。同年，浙江博物馆在西泠印社观乐楼建立吴昌硕纪念室。至1957年，浙江博物馆人员编制为60人。

1958年，浙江博物馆将栖霞岭的黄宾虹旧居改建成黄宾虹纪念室，对外开放。1971年3月，出土文物陈列室改建完成，建筑面积1038平方米。1962年，浙江省文物管理委员会与浙江博物馆合署办公，浙江省文物管理委员会的全部业务归属博物馆历史部，一批专业骨干充实到历史部，增强了博物馆历史部的业务力量。

"文化大革命"期间，浙江博物馆各项事业遭受严重冲击。1976年，更名为浙江省博物馆。1979年5月，恢复浙江省文物管理委员会，成立浙江省文物考古所、浙江省文物商店，浙江省文物管理委员会的行政管理职能从博物馆分离，浙江省博物馆恢复浙江省政府直属正厅级建制。12月，考古人员从博物馆分离，成立浙江省文物考古所。1983年，文物库房在古荡桥20号建成，结束了博物馆文物分散存放、无固定库房的状况。1984年，自然学科

的业务人员和动物、植物、地质矿产自然标本全部从博物馆分离，成立浙江自然博物馆。至此，浙江省博物馆经历三次功能和职能调整，从一个学科全面的地志性博物馆转变为集收藏、研究、教育于一体的综合性人文科学博物馆。

1990年12月，浙江省博物馆孤山馆区改扩建工程开工。1993年9月，工程竣工，博物馆占地面积2.04公顷，总建筑面积7360平方米。1999年，坐落在孤山馆区东南隅的浙江西湖美术馆落成开放，总面积2574平方米。

2000年，浙江省博物馆党总支部成立，下设离退休支部、馆区支部、古荡分部支部。2003年，浙江省博物馆被确定为纯公益性事业改革试点单位，成立改革领导小组，着手对博物馆人事制度、机构设置、分配制度进行改革，以将该馆建设成为"具有地域特色的省级一流的现代化博物馆"为目标。内设机构进行调整，分设15个部门，即业务部门10个，包括保管部、技术保护部、历史文物部（内设马定祥中国钱币研究中心）、党史部、书画部（内设黄宾虹研究中心、沙孟海研究中心）、陶瓷部（内设浙江古窑址标本中心）、工艺部（内设浙江传统工艺研究中心）、陈列部、宣教部、《东方博物》编辑部；行政管理部门4个，包括办公室、财务科、保卫科（内设经警分队、开放管理组）、经营管理部（浙江文博公司）；后勤保障部门1个，即后勤保障部。

2004年1月1日起，实行免费开放，年接待观众量突破历史纪录。2006年，浙江省博物馆党委成立。2008年7月12日，被国家文物局评定为首批甲级可移动文物技术保护设计资质单位、一级可移动文物修复资质单位。同年，浙

江省文物考古研究所移交良渚玉器573号2595件、雷峰塔出土文物123号5206件。2009年底，武林馆区和浙江革命历史纪念馆建成并对外开放。2014年10月28日，"浙江省博物馆漆器艺术馆开馆暨浙江省博物馆中国古代漆器研究中心成立仪式"在孤山馆区举行。2016年7月1日，信息资料中心（《东方博物》编辑部）拆分为信息资料中心、《东方博物》编辑部。

截至2017年底，浙江省博物馆在职人员141人，其中正高职称人员16人、副高职称人员28人；文物藏品8万余件；设有"越地长歌——浙江历史文化陈列""钱江潮——浙江现代革命历史陈列"两个基本陈列和"昆山片玉——中国古代陶瓷陈列""画之大者——黄宾虹艺术陈列""重华绮芳——宋元明清漆器艺术陈列"等专题陈列。

**浙江自然博物馆** 浙江自然博物馆是集科普教育、收藏研究、文化交流、智性休闲于一体的现代自然博物馆，分为杭州馆（浙江省杭州市下城区西湖文化广场6号）和安吉馆（浙江省湖州市安吉县梅园路1号），隶属于浙江省文化厅。2012年被评为国家一级博物馆。

浙江自然博物馆的前身是在民国18年（1929年）首届西湖博览会基础上创建的浙江省西湖博物馆，位于杭州西湖孤山南麓，是浙江首家综合性博物馆。西湖博物馆于1953年更名为浙江博物馆，1976年更名为浙江省博物馆。1984年7月，浙江省博物馆的自然科学部分出单独建制，成立浙江自然博物馆，编制30人。

1991年，位于杭州市教工路71号的浙江自然博物馆面积3700平方米的库房业务楼建成使用。1998年，面积3000平方米的陈列馆建成，博物馆对外开放，内设办公室、行政科、保卫科、征集保管部、学术研究部、展教部、策划部，编制63人。

2002年，易地建设浙江自然博物馆新馆工程，被列入浙江文化大省建设的总体规划和省"十五"重点建设项目。2005年，内设机构调整为综合管理部、生命科学部、地球科学部、科普服务部。2007年，根据新馆建设需要，额定编制75人。

2009年7月28日，经六年筹备建设，位于杭州西湖文化广场的浙江自然博物馆新馆建成开放，馆舍面积2.6万平方米。2010年，内设机构调整为办公室、安全保障部、经营管理部、财务部、生命科学部、地球科学部、科普服务部、陈列技术部。

2014年，浙江省委、省政府决策建设浙江自然博物馆安吉分馆，是浙江省级公共文化场馆第一个走出省会杭州，实行"省县共建"的创新探索项目。2015年，开展省级机关事业单位控编减编工作后，编制精简为68人。

截至2017年底，浙江自然博物馆在编员工62人，编外员工58人，其中正高级职称人员18人、副高级职称人员28人；藏品163037件；杭州馆以"自然·生命·人"为主题，设有"地球生命故事""丰富奇异的生物世界""绿色浙江""狂野之地""青春期健康教育展"5个基本陈列。

**中国丝绸博物馆** 中国丝绸博物馆是一家历史人文类专业博物馆，位于浙江省杭州市西湖区玉皇山路73-1号，隶属于浙江省文化厅。2012年被评为国家一级博物馆。

1986年7月11日，国家旅游局立项在杭州建设中国丝绸博物馆。12月，中国丝绸博物馆筹建处成立，由杭州市丝绸工业公司负责日常管理工作。1987年6月，中国丝绸协会发出《关于组建"中国丝绸博物馆筹建委员会"的函》，纺织工业部部长吴文英担任筹建委员会主任。12月28日，举行开工奠基仪式。

1990年9月，纺织工业部和浙江省人民政府对中国丝绸博物馆的管理体制进行调整，隶属于纺织工业部领导，委托浙江省人民政府管理（日常管理工作由浙江省丝绸公司负责），核定事业编制80人。1991年，凌人才兼任中国丝绸博物馆馆长，傅传仁、赵丰任副馆长，肖歌兼任副馆长；内设机构为业务部、办公室、基建处。1992年2月26日，中国丝绸博物馆开馆，内设机构为业务部、办公室、经营部、保卫科、宣教部，展厅分设序厅、历史文物厅、民俗厅、制丝厅、蚕桑厅、丝织厅、印染厅、现代成就厅、机动厅。1996年9月，浙江省丝绸公司任命徐德明、周也印任中国丝绸博物馆副馆长。1997年，开始实行全员聘用制，并成立工会。

1997年，将原有的9个厅压缩为序厅、历史文物厅、蚕丝厅、染织厅、现代成就厅。1999年3月，中国丝绸博物馆日常行政管理由浙江省丝绸公司划归浙江省人民政府属地管理，隶属于浙江省文化厅、文物局管理。2000年，国家文物局授权中国丝绸博物馆挂牌成立中国古代纺织品文物鉴定保护中心。2002年，核定中国丝绸博物馆事业编制45人。2004年1月1日起，中国丝绸博物馆对公众免费开放。2006年2月，俞志达任馆长。

2008年，根据《关于印发〈省文化厅所属事业单位机构改革方案〉的通知》，中国丝绸博物馆为浙江省文化厅所属公益性事业单位，规格相当于副厅级；事业编制45人，内设机构为办公室、陈列保管部、技术部和社会教育部。2009年，由赵丰主持日常工作。2010年，任命赵丰为馆长。2014年，中国丝绸博物馆改扩建项目被列为《浙江省文化发展"十二五"规划》的省本级重点文化设施项目，浙江省文化厅成立改扩建工程项目办公室。2016年9月，完成改扩建项目。9月23日，在时装馆大厅举行"锦绣世界"国际丝绸艺术展开幕暨中国丝绸博物馆新馆启用仪式。2017年5月14日，召开首届理事会成立大会。6月10日，中国丝绸博物馆女红传习馆挂牌。

截至2017年底，中国丝绸博物馆在编员工39人，其中研究馆员10人、副研究馆员6人；文物藏品6.64万件／套；基本陈列包括"锦程——中国丝绸与丝绸之路""天蚕灵机——中国蚕桑丝织技艺非物质文化遗产展示""更衣记——中国时装艺术展""从田园到城市——四百年的西方时装"。

**宁波博物馆** 宁波博物馆是以展示宁波人文、历史和艺术为主的具有地域特色的综合性博物馆，位于浙江省宁波市鄞州区首南中路1000号，隶属于宁波市文化广电新闻出版局（市版权局）。2012年被评为国家一级博物馆。

2000年，宁波博物馆建设工程被宁波市委、市政府确定为八大文化设施建设之一。2004年10月，宁波市人民政府正式批复同意宁波博物馆建设项目。11月，宁波市发展计划委员会正式批准宁波博物馆立项，筹建领导小组办公室（宁波博物馆筹建办）成立。2006年8月，宁波博物馆建设工程奠基开工。2007年11月，在宁波博物馆筹备处基础上组建宁波博物馆。2008年3月，宁波博物馆成立，内设办公室、事业发展中心、文物研究保护中心、展览教育中心、安全与物业管理中心。2008年10月，宁波博物馆建设工程竣工。12月5日，宁波博物馆免费对外开放。

2011年，宁波博物馆内设机构进行调整，内设办公室（对外联络部）、典藏研究部（科技保护中心）、策划展览部、宣传教育部（中国博物馆协会志愿者工作委员会秘书处）、产业发展部、安全物管部。

截至2017年底，宁波博物馆核定事业编制33人、"特控"人员（特定控制人员，用以弥补事业编制人员不足）40人，其中正高级职称人员2人、副高级职称人员2人；藏品7万余件；馆内展厅总面积8400平方米，其中一楼和三楼设临时展厅，二楼、三楼为常设展厅，基本陈列包括主题陈列"东方'神舟'——宁波历史陈列"，专题陈列"'阿拉'老宁波——宁波民俗风物展""明清竹刻艺术——秦秉年捐赠明清竹刻珍品展"。

**杭州博物馆**　杭州博物馆前身为杭州历史博物馆，是一家展现杭州历史变迁和城市文物珍藏的人文类综合性博物馆，坐落于浙江省杭州市吴山景区粮道山路18号，毗邻河坊街历史街区，隶属于杭州西湖风景名胜区管委会（杭州市园林文物局）。2017年被评为国家一级博物馆。

20世纪90年代，杭州市"九五"计划将筹建"历史博物馆"列为一项重要工作。1999年

底，博物馆整体建设工程启动，2000年底竣工。

2001年初，杭州市机构编制委员会批准同意建立杭州历史博物馆，与杭州市文物保护管理所（杭州市文物考古所）合署办公；在杭州市文物保护所（杭州市文物考古所）原定编制45人基础上新增编制25人，合计70人；内设办公室、人事保卫科、陈列学术部、藏品保护管理部、文保室、考古室。2001年10月8日，杭州历史博物馆对外开放。

2005年，杭州市文物保护管理所成建制从杭州历史博物馆（杭州市文物考古所）划出，单独设置。杭州历史博物馆（杭州市文物考古所）事业编制为34人，主要负责杭州市文物收藏、陈设展示、学术研究、考古发掘以及爱国主义教育等工作，内设办公室、人事保卫科、陈列部、藏品部、考古部。

2010年，杭州市委、市政府决定，将吴山博物馆划归杭州历史博物馆（杭州市文物考古所），整合组建成杭州博物馆，并启动博物馆提升改造工程。2011年底，杭州市文物考古所单独设置，杭州历史博物馆更名为杭州博物馆，主要负责杭州市历代可移动文物收藏、陈列展示、学术研究和宣传教育等工作，事业编制调整为37人。2012年2月，杭州博物馆与杭州市文物考古所完成交割，内设机构取消考古部。2012年6月9日，历经两年精心筹备和半年试运行，杭州博物馆对外开放，新开辟的北馆（原吴山博物馆）和南馆（原杭州历史博物馆）连成一体。杭州博物馆二期建设随即启动，2012年底完成南馆机动展厅改造。

2013年3月，为全面推进二期建设需要，杭州博物馆内设机构调整为办公室（保卫

部）、环境工程部、陈列研究部、藏品研究部。2016年5月，内设机构调整为办公室、人事保卫科、陈列研究部、藏品研究部、宣传教育部，增设二级机构文物修复室。

截至2017年底，杭州博物馆有编制33人，其中正高级职称人员3人、副高级职称人员2人；藏品23606件／套；基本陈列包括南馆"最忆是杭州"通史陈列和北馆"珍藏杭州"专题陈列。

**温州博物馆** 温州博物馆是一家综合性地方博物馆，位于浙江省温州市世纪广场西侧，隶属于温州市文化广电新闻出版局。2017年被评为国家一级博物馆。

1958年8月，温州区（市）博物馆创建，馆址位于鹿城江心屿。12月25日，为庆祝中华人民共和国成立10周年，温州区（市）文物管理委员会报经批准建立文物征集委员会，下设办公室，全面征集革命、历史文物。1969年3月，温州区（市）文物管理委员会、博物馆和图书馆合并，称温州市文化系统革命委员会图书文物组。1972年4月19日，温州区（市）文物管理委员会批准恢复，但未和图书馆分开。1974年，温州文物商店开业。1979年3月5日，温州区（市）文物管理委员会和图书馆各自恢复建制。8月27日，温州行署单独建立地区文物管理委员会。1981年6月6日，恢复博物馆建制。1982年2月18日，设立陈列、库房保管两个组。1984年1月25日，温州市文物管理委员会改为温州市文物管理处。2002年，温州市文物管理处并入温州市文化局，下设考古所、博物馆。2004年，温州博物馆新馆落成并对外开放，建筑面积约2.6万平方米，核定事业编制

30人，领导职数3人，内设综合部、陈列群宣部、征集保管部、信息中心、安保部、物业管理部。

截至2017年底，温州博物馆在编人员26人，其中正高级职称人员2人、副高级职称人员3人；内设办公室、陈列设计部、社会服务部、安保部（信息部）、征集保管部（学术部）；藏品22754件／套，以陶瓷器、彩塑、书画为特色，主要精品有东晋朱曼妻薛氏买地券，金沙塔出土唐代写经，白象塔出土北宋彩塑等；设有历史馆、书画馆、陶瓷馆、自然馆、工艺馆、临展馆等展厅，基本陈列为"温州人——一个生存与发展的故事"。

**安徽博物院** 安徽博物院是一家集自然、历史、社会教育于一体的省级综合类博物馆，共有两座场馆，老馆位于安徽省合肥市安庆路268号，新馆位于合肥市怀宁路268号，隶属于安徽省文化厅。2008年被评为国家一级博物馆。

中华人民共和国成立初期，合肥科学馆、皖北文物管理委员会、芜湖科学馆、皖南文物馆相继成立。1953年4月23日，在合并上述机构的基础上，成立安徽省博物馆筹备处。1954年8月，博物馆陈列大楼破土动工。1956年2月，工程竣工。11月14日，安徽省博物馆成立，李则纲任第一任馆长。成立时，安徽省博物馆有馆藏文物104684件，古籍109126册（善本8000余册），其中一级文物135件。

1956年，安徽省博物馆与有关厅局联合举办"安徽省工农业展览会"大型展览，由此成为全国四大样板馆之一。

1958年5月23日，马数鸣担任馆长兼党委书记。9月17日，中共中央主席毛泽东视察安

徽省博物院，并作出"一个省的主要城市，都应该有这样的博物馆，人民认识自己的历史和创造的力量是一件很要紧的事"的重要指示。1966年，在"文化大革命"破"四旧"中，安徽省博物馆展览大厅被破坏。1968年6月24日，安徽省革命委员会决定将安徽省博物馆展览用房全部交给"毛泽东思想胜利万岁"大型照片展览办公室统一使用，称"万岁馆"。1969年，"万岁馆"改名为"毛泽东思想宣传馆"，紧接着又挂出安徽省博物馆牌子，两牌并存。1971年9月14日，安徽省博物馆与毛泽东思想宣传馆合并为安徽省展览博物馆。

1977年8月19日，中共安徽省委撤销安徽省展览博物馆，恢复"安徽省博物馆"名称。1979年1月，安徽省博物馆设立专门的文物保护科研室。5月，祁超任馆长。

1994年，安徽省博物馆推出大型专题陈列"安徽古代文明陈列"，荟萃安徽历代文物珍品1000余件，展示安徽地域古代文明之精华，包括江淮青铜馆、淮北画像石馆、古瓷集览馆、文房四宝馆、徽州古建馆等专题馆。

2001年，安徽省委、省政府决定保留老馆，规划新馆。2005年12月，以新馆为主的文化博物园区项目正式立项。

2008年3月26日，安徽省博物馆向公众免费开放。2010年6月，安徽省博物馆被公布为第三批全国古籍重点保护单位。10月28日，经安徽省编办批准，安徽省博物馆更名为安徽博物院。2011年9月29日，安徽博物院新馆建成，新、老两馆同时对外开放。2014年5月26日，中共安徽博物院第一届委员会成立。

2016年4月，全国重点文物保护单位"安

徽省博物馆陈列展览大楼"闭馆进行修缮加固。8月，邓峰主持安徽博物院工作。2017年5月，胡敏任安徽博物院院长。6月，胡敏任安徽博物院党委书记。8月，陈列展览大楼主体工程竣工。

截至2017年底，安徽博物院内设办公室、人力资源部、财务部、开放管理部、社会教育部、文化服务部、展览设计部、策划交流部、保管部、学术研究部、文物科技保护中心、信息中心、后勤保障部、安全保卫部、离退休工作部等15个部门；在编人员198人，其中正高级职称人员8人、副高级职称人员27人；文物藏品22万余件/套；基本陈列为"皖风徽韵——安徽历史文化陈列"，包括"安徽文明史陈列""新安画派"等部分。

**安徽中国徽州文化博物馆**　安徽中国徽州文化博物馆是一家以徽州文化展示为主题的公益性综合性博物馆，位于安徽省黄山市屯溪区迎宾大道50号，隶属于黄山市文化广电新闻出版局。2017年被评为国家一级博物馆。

1963年，徽州地区博物馆成立，隶属于徽州地区文化局，馆址设在屯溪老街，林荫任馆长。1973年11月，徽州地区博物馆和徽州地区文物商店合并办公，编制7人。1978年9月，徽州地区展览馆并入，编制20人（包括文物商店5人）。1981年5月，徽州地区博物馆和徽州地区文物商店分别定编，合计20人，其中徽州地区博物馆12人；7月，徽州地区博物馆编制核减为11人。1982年，开始筹建徽州地区博物馆新馆。1986年1月，编制21人。

1987年，黄山市成立，徽州地区博物馆更名为黄山市博物馆，同年迁入屯溪区徽山路24号坞

山脚下新馆址办公。黄山市博物馆系地方综合性博物馆，隶属于黄山市文化局，编制21人，设有馆部、陈列群工部、保管研究部、保卫科。

2006年，黄山市委、市政府决定建设徽州文化博物馆，该项目被列为安徽省"861"行动计划和黄山市"443"行动计划的重点项目。2007年10月31日，黄山市编办批准设立安徽省徽州文化博物馆，以收藏、研究、展示、传播徽州文化为宗旨，原黄山市博物馆和黄山市文物商店成建制并入安徽省徽州文化博物馆，编制35人。2008年1月8日，安徽省徽州文化博物馆成立并对外开放。3月26日，向公众免费开放。5月28日，国务院办公厅、安徽省人民政府办公厅复函同意安徽省徽州文化博物馆更名为安徽中国徽州文化博物馆。博物馆园区由陈列区、收藏区、文化产业区、办公区组成，是一家功能齐全的现代化博物馆，集旅游、观光、娱乐、休闲为一体。

截至2017年底，安徽中国徽州文化博物馆编制核定为34人；文物藏品近10万件／套，其中一级文物34件、二级文物139件、三级文物3913件；基本陈列为"徽州人与徽州文化"，专题陈列有"薪火相传——黄山市非遗捐赠作品展""医艺馆——国医大师李济仁捐赠书画精品展"等。

**福建博物院**　福建博物院是一家省级综合性博物馆，位于福建省福州市鼓楼区湖头街96号，隶属于福建省文化厅。2008年被评为国家一级博物馆。

民国22年（1933年）春，福建省政府委员会会议决定设立福建省立科学馆。11月，黄开绳任科学馆馆长。科学馆内设物理、化学、

生活等部。1949年8月，改名福建省人民科学馆。1953年1月，福建省文化局撤销福建省人民科学馆，成立福建省博物馆筹备处。2月，福建省文物管理委员会撤出福州文庙，迁入筹备处。4月7日，福建省人民政府批准成立福建省博物馆筹备处。1959年2月，精选百余件文物支援中国历史博物馆。1962年2月，推出"郑成功收复台湾300周年文物资料展览"。1966年8月，博物馆库房全部封存。

1981年1月，出土文物展览经修改充实后作为固定陈列展出。10月7日，福建省文化局召开会议，处理博物馆与美术馆分离的善后工作。1983年1月，保管组改建新库房，至1984年完成。1993年1月2日，福建积翠园艺术馆落成开馆，展出馆藏珍品500余件，捐赠者陈英、金岚夫妇参加开馆仪式。

1998年6月12日，福建省博物馆新馆工程奠基典礼在新馆工地举行。2000年12月31日，新馆封顶。

2002年8月，经福建省委机构编制委员会批准，福建省博物馆更名为福建博物院。10月1日，举行新馆落成典礼，福建博物院挂牌。2005年4月，杨琮任院长。2010年5月，吴志跃任院长。

截至2017年底，福建博物院人员编制152人，其中正研究馆员18人、副研究馆员23人；内设办公室、信息工程部、人事教育部、财务部、安全保卫科、典藏研究部（文物保护中心）、文物考古研究所、陈列展览部、社会教育部、自然科学部、学术研究部、积翠园艺术馆、对外交流部、文创中心等14个部门；文物藏品28万余件；基本陈列为"福建古代文明之光""自

然馆基本陈列""福建古代外销瓷""意匠天工——福建传统工艺精品陈列"等。

**古田会议纪念馆** 古田会议纪念馆位于福建省上杭县古田镇古田路85号，是一座以古田会议会址群为依托建立的全面展示古田会议历史和宣传古田会议精神的专题纪念馆，为龙岩市人民政府直属正处级参公事业单位。2008年被评为国家一级博物馆。

1959年8月，在龙岩专署文物管理委员会直接管理下，筹建古田会址辅助陈列室。1960年6月，龙岩专区成立龙岩专区展览会办公室，负责管理古田会址和全区文物工作。1961年3月4日，古田会议会址被国务院公布为第一批全国重点文物保护单位。11月，由龙岩专区文物管理委员会负责管理包括古田会议会址在内的全区文物工作。1964年，古田会议纪念馆成立。1965年3月，古田会议纪念馆筹建工作基本结束，纪念馆移交给地区文物管理委员会办公室直接管理。

1972年1月，福建省革命委员会同意古田会址修建古田会议陈列馆。9月10日，福建省革命委员会政治部规定，古田会议纪念馆固定编制25人，列入省文化事业编制；内设办公室、宣传科、文物资料科。1976年1月22日，古田会议纪念馆编制增加为40人，列入文化事业经费开支。5月31日，福建省文化局决定，将古田会议纪念馆列入省属文化事业单位，由所在地区文化局主管。1981年4月14日，福建省文化局重申古田会议纪念馆为省属文化事业单位。1986年7月2日，古田会议纪念馆规格确定为相当副处级。2011年5月12日，古田会议纪念馆被确定为龙岩市人民政府直属相当正处

级参公事业单位，核定编制40人，内设办公室、宣传教育科、文物资料科、陈列展览科、安全保卫科。2015年，增设旧址保护科，编制维持40人不变，增加1名正科级、1名副科级领导职数。

截至2017年底，古田会议纪念馆内设文物资料科、陈列展览科、宣传教育科、旧址保护科、安全保卫科和办公室等6个科室；在编人员35人，聘用人员68人；负责管辖陈列馆1处和革命旧址13处（全国重点文物保护单位5处、省级文物保护单位8处），馆区及各旧址占地面积约15万平方米，建筑面积约1.9万平方米；文物藏品2万余件／套，其中珍贵文物2028件／套；基本陈列包括古田会议纪念馆陈列馆"古田会议——党和军队建设史上的里程碑"、廉政馆"苏区精神廉政丰碑——中央苏区廉政建设史主题展"等。

**泉州海外交通史博物馆** 泉州海外交通史博物馆（简称海交馆）是中国首家反映海上丝绸之路历史的博物馆，位于福建省泉州市丰泽区开元寺东侧，隶属于泉州市文化广电新闻出版局。2008年被评为国家一级博物馆。

1959年7月15日，海交馆成立，编制2人。首个陈列为"泉州海外交通史陈列馆"，借开元寺大殿展出，展品497件。1962年，海交馆移至小开元作临时馆舍。"文化大革命"开始后，停止办公。1972年，海交馆恢复工作，与文物管理委员会合署办公于小开元，新建小开元两廊作陈列场所。

1974年，泉州湾宋代古船发掘出土，文物保护部成立。1975年7月，海交馆被定为省属单位，并获准建设古船陈列馆。1979年10月，

泉州湾古船陈列馆在开元寺西侧落成并对外开放，同时开放的还有泉州外销瓷陈列馆、泉州宗教石刻陈列馆。

1986年，在东湖路征地建设海交馆新馆。1991年，联合国教科文组织海上丝绸之路考察团考察泉州时，海交馆新馆一期工程落成，馆址为泉州市东湖街425号，开放"泉州与古代海外交通""泉州宗教石刻"两个专题陈列。2001年，中国舟船世界陈列馆建成，展出中国历史上的著名船型近200种。2004年，泉州伊斯兰文化陈列馆主体建筑落成，20个伊斯兰国家驻华大使参加落成典礼。2008年10月，常设展览"阿拉伯—波斯人在泉州"对外开放。

截至2017年底，海交馆核定编制44人；设有办公室、学术部、文保部、文物征集部、陈列部、宣教部、保卫科；文物藏品1万余件，其中珍贵文物1442件；展厅面积1.1万平方米；基本陈列包括"泉州湾古船陈列馆""刺桐：古泉州的故事""泉州伊斯兰文化陈列馆""泉州宗教石刻陈列馆""中国舟船世界""泉州海交民俗文化陈列馆""庄亨岱藏品馆"等。

**中国闽台缘博物馆** 中国闽台缘博物馆是一家反映福建与台湾历史关系的国家级历史人文类专题博物馆，位于福建省泉州市北清东路212号，由中共福建省委宣传部和中共泉州市委共同管理。2008年被评为国家一级博物馆。

中国闽台缘博物馆的前身为泉州闽台关系史博物馆，原址在泉州天后宫内。1989年5月，泉州闽台关系史博物馆根据对台交流形势发展趋势，创办"闽台缘"专题展，产生较好影响。2004年11月24日，中央政治局常委李长春在视察泉州闽台关系博物馆时指示，要扩建或新建一座闽台缘博物馆，使之成为全国性对台宣传和交流基地。

2004年12月7日，中共泉州市委成立闽台缘博物馆筹建处，泉州市委宣传部常务副部长庄顺能任主任。12月29日，泉州市委、市政府成立闽台缘博物馆建设领导小组，市长郑道溪任组长。2005年2月16日，中共福建省委成立中国闽台缘博物馆建设指导小组，福建省委常委、宣传部部长、教育工委书记唐国忠任组长。

2005年2月24日，中国闽台缘博物馆方案设计通过有关专家和相关部门会审。2月25日，举行奠基仪式。2006年5月27日，中国闽台缘博物馆正式开馆，实行免费开放。

2006年7月，内设党政办公室、人力资源部、藏品部、展览开放部、研究部、文献信息中心、保卫部、财务部、服务部等9个部门，人员编制88人。11月16日，谢清海任党委书记，杨彦杰任馆长。

2013年8月30日，黄枀问任党委书记。11月16日，林建春任馆长、党委副书记。

截至2017年底，中国闽台缘博物馆人员编制88人，文物藏品10532件/套，基本陈列包括"闽台缘""乡土闽台""闽台姓氏与谱牒文化"。

**中央苏区（闽西）历史博物馆** 中央苏区（闽西）历史博物馆是一家全面反映闽西革命史、重点展示中央苏区（闽西）历史的国有纪念类综合性博物馆，位于福建省龙岩市新罗区北环西路51号，隶属于龙岩市文化广电新闻出版局。2017年被评为国家一级博物馆。

1981年4月，全国人大常委会副委员长谭震林视察福建时，提议建立闽西革命历史博物馆。1983年8月，龙岩地委、行署成立闽西革命历史博物馆筹建处，内设基建组、文物组、摄影组、陈列方案组、美工设计组。1986年，闽西革命历史博物馆、闽西革命烈士纪念馆实行统一领导，两块牌子、一套人马，属龙岩地区文化局、民政局领导的副县级事业机构，核定事业编制25人，其中闽西革命历史博物馆15人，列文物事业经费开支；闽西革命烈士纪念馆10人，列抚恤事业经费开支。10月，闽西革命历史博物馆大楼落成。1989年，博物馆对外开放。1月，博物馆内设办公室、文物科、资料科、宣传接待科。1990年2月，增设保卫科。12月，两馆机构分设，闽西革命历史博物馆保留副处级建制，核定事业编制15人。

1992年5月，经龙岩市文化局研究同意，成立闽西博物馆文博工艺部。

2014年4月，闽西革命历史博物馆更名为中央苏区（闽西）历史博物馆。5月，核定博物馆内设科室为办公室（加挂保卫科牌子）、宣传接待科、文物资料科、文化遗产保护科，事业编制15人，其中专门用于配备文化遗产保护工作人员3人。2017年3月，增加中央苏区（闽西）历史博物馆财拨事业编制3人，增设保卫科，办公室不再加挂保卫科牌子，文化遗产保护科更名为文化遗产保护与展陈科。12月，龙岩市文物保护中心成立，原挂靠中央苏区（闽西）历史博物馆的龙岩市文化遗产保护委员会办公室专门文化遗产保护工作人员3人，带编划拨龙岩市文物保护中心。

截至2017年底，中央苏区（闽西）历史博物馆有编制15人，其中正高级职称人员1人、副高级职称人员1人；文物藏品1万余件/套；基本陈列为"红色闽西"，专题陈列有"闽西红土名人""闽西英烈""中央苏区·福建"等。

**江西省博物馆**　江西省博物馆是一家省级综合博物馆，位于江西省南昌市新洲路2号，隶属于江西省文化厅。2008年被评为国家一级博物馆。

中华人民共和国成立之初，江西省委、省政府决定在原江西省科学馆基础上筹建江西省博物馆。1953年3月，成立江西省博物馆筹备处，下设保管组、历史组、社建组、自然组，周启中任副主任。同年，筹备处接收江西省土地局展览会的一批文物，江西省物资局、省财政经济委员会拨交文物176件。1955年，上海博物馆拨交文物1180件、故宫博物院拨交文物145件。

1957年7月开始，在南昌市八一广场南端建设陈列大楼。同年，冯钦夫任江西省博物馆筹备处副主任。1958年，钟澄彻任副馆长。1959年10月1日，江西省博物馆落成，展览有"江西省十年来社会主义建设成就展览""新民主主义时期革命文物展览""江西地方史""江西革命史""江西自然资源"。

1960年11月，江西省文物管理委员会与江西省博物馆合署办公。1961年，张汉城任江西省文物管理委员会秘书长兼省博物馆馆长。1961年7月1日，江西省博物馆正式开馆。

"文化大革命"开始后，江西省博物馆工作处于停顿状态。1968年9月30日，毛泽东思想万岁馆竣工。1968年10月，毛泽东思想万岁馆（江西省展览馆）负责人为杨池、雷光泽、李国彦。1969年6月，李学梦任江西省展览馆党支部书记。1971年，复制安源和井冈山纪念馆陈列并对外开放。同年3月，原江西省博物馆由革命烈士纪念堂迁入广场原馆址，抽调下放专业人员筹办出土文物展。

1971年8月，江西省博物馆工作恢复，成立临时领导小组，张汉城任组长。1973年4月，江西省文教办公室展览组成立，下辖革命博物馆（省展览馆）、历史博物馆（省博物馆），王朝俊为组长。1976年11月，江西省博物馆组成临时领导小组，组长汪丽娟。

1978年，江西革命历史博物馆改称江西革命博物馆，江西省博物馆改称江西历史博物馆。1979年10月，江西省文化局任命李成章为江西省历史博物馆负责人，张云根为江西革命馆负责人。1981年两馆合并，仍称江西省博物馆。1982年，姚柏森任江西省博物馆兼文物工作队临时负责人。1984年8月，彭适凡任江西省博物馆馆长兼省文物工作队队长，闫中恒为党支部书记。1985年3月，《江西革命文物》创刊。

1986年，江西省博物馆文物仓库落成。1989年8月，江西省博物馆主编的《江西历史文物》公开发行，1992年更名为《南方文物》。

1994年6月10日，中共江西省委决定建设江西省博物馆新馆。1995年12月20日，新馆奠基。1998年6月，孙家骅任馆长。1999年10月1日，新馆落成开放。2001年1月，江西省文化厅副厅长曹国庆兼任江西省博物馆馆长。2001年8月，蔡超任馆长。2004年9月13日，彭印䃜任馆长。2005年2月1日，熊莺任党委书记。2008年3月31日，向公众免费开放。2014年2月11日，曾敏任馆长。

2015年，江西省委、省政府决定建设江西省博物馆新馆。2016年7月28日，副馆长李荣华临时负责行政全面工作。2017年4月6日，陶涛任党委书记，叶蓉任馆长。

截至2017年底，江西省博物馆有藏品58916件／套，基本陈列包括"生态鄱湖""红色摇篮""赣风鄱韵——江西古代文明"等。

井冈山革命博物馆　井冈山革命博物馆是一家历史人文类博物馆，位于江西省吉安市井冈山市茨坪红军南路5号，隶属于吉安市人民政府井冈山管理局。2008年被评为国家一级博物馆。

1958年11月15～17日，文化部在江西南昌召开全国省级地志博物馆、革命纪念馆馆长会议，文化部文物管理局决定投资20万元，由井冈山综合垦殖场负责兴建井冈山革命博物馆。1959年4月9日，中共江西省委、江西省人民委员会决定成立江西省井冈山建设委员会，邵式平任主任，刘俊秀、黄先、汪东兴、朱继先任副主任，负责筹建工作。8月1日，中共江西省委决定宁冈县与井冈山管理局合并，成立井冈山管理局书记处，第一书记左克仁，书记袁林、陈志民、林史、刘义德；成立井冈山革命博物馆筹备处，主任委员林史（局党委书记兼宣传部部长），下设办公室、资料陈列组、美工组、文物征集组、群工组、秘书组等。10月1日，井冈山革命博物馆预展。1960年8月，井冈山管理局文教处副处长罗甡岳兼任井冈山革命博物馆主任。1960年9月18日，井冈山革命博物馆建设工程竣工，总建筑面积为1532平方米。

1965年5月22～29日，毛泽东主席参观黄洋界红军哨口工事遗址，审阅井冈山革命博物馆陈列大纲。

1966年12月，因"文化大革命"，井冈山革命博物馆闭馆。

1968年4月15日，馆标改成"毛主席创建井冈山革命根据地纪念馆"。1972年1月初，恢复"井冈山革命博物馆"馆名，修改后的陈列展览重新对外开放。1977年5月11日，井冈山革命博物馆明确为地市级博物馆。

1979年3月6日，中共井冈山管理局党委决定，博物馆由外事办公室移交给局党委宣传部领导，南山展厅和工农兵群雕划归文化馆管理。1982年6月17日，井冈山县委党史资料征集办公室成立，与博物馆合署办公，朱本良兼任办公室主任。1985年1月，博物馆内部管理机构由班组设置改为科室建制，设有馆长办公室、党史征集办公室（与博物馆合署办公）、文物资料保管科、陈列宣传科、总务科。1987年6月1日，内设机构为办公室、陈列宣传科、文物资料征研科、旧居旧址管理科。

2005年9月，井冈山革命博物馆重建工程开工。2005年，井冈山革命先烈纪念塔和井冈山红军烈士墓划归井冈山革命博物馆管理。2006年7月，博物馆重建主体工程竣工。2007年10月27日，井冈山革命博物馆正式开馆。12月，井冈山革命博物馆内设机构为办公室、编研陈列室、管理培训科、革命历史博物馆管理办公室、旧居旧址管理办公室、井冈山会师纪念馆管理办公室，核定事业编制130人。

2010年5月13日，井冈山革命博物馆成立学术委员会。2014年1月26日，井冈山革命博物馆首届理事会成立，刘宇祥当选理事长，袁海晓当选常务副理事长。

截至2017年底，井冈山革命博物馆人员编制130人，文物藏品3万余件，基本陈列以"井冈山革命斗争史"为主题。

**瑞金中央革命根据地历史博物馆**　瑞金中央革命根据地历史博物馆（瑞金中央革命根据地纪念馆）是为纪念土地革命战争时期中国共产党及其领袖毛泽东、朱德、周恩来等老一辈无产阶级革命家领导创建中央革命根据地和红一方面军、缔造中华苏维埃共和国的历史而建立的革命类纪念馆，位于江西省瑞金市象湖镇龙珠路1号，为瑞金市人民政府直属副处级事业单位。2008年被评为首批国家一级博物馆。

1953年，江西省文化局批准建设瑞金革命纪念馆。是年春，设立瑞金革命纪念馆筹备处。1957年，在象湖镇上龙尾选址兴建。1958年1月，瑞金革命纪念馆开馆，中心任务是举办陈列展览、接待参观来访、维修管理旧址、开展革命遗址调查和革命文物史料征集。建馆初期工作人员7人。

1965年，瑞金革命纪念馆改为宣传毛泽东在瑞金伟大革命实践活动委员会办公室。1973年2月，恢复瑞金革命纪念馆。1984年7月20日，核定瑞金革命纪念馆编制40人。1995年，更名为瑞金中央革命根据地纪念馆。1996年，升格为副处级事业单位。

2003年6月，编制扩充至45人，内设办公室、保管陈列部、宣传教育工作部、保卫科、叶坪旧址管理处、沙洲坝旧址管理处、陈列馆管理处。同年，启动新馆建设工程。2007年，瑞金中央革命根据地纪念馆整体搬迁至象湖镇龙珠路1号。

2008年7月，更名为瑞金中央革命根据地历史博物馆。11月，为加强瑞金中央军事委员会旧址群的管理、保护和利用，增设中央军委旧址管理处。2009年5月，编制扩充至70人。

2010年4月，为扩大红色旅游影响力，增设市场开发科和旅游行业管理科。2011年8月，编制增至75人。2014年12月，为便于管理，沙洲坝革命旧址管理处分为大礼堂旧址管理处和红井旧址管理处。

2015年，江西省文化厅批复在保留瑞金中央革命根据地纪念馆馆名基础上，增挂瑞金中央革命根据地历史博物馆牌子，实行两块牌子、一套人马。同年，博物馆下辖的中华苏维埃纪念园、叶坪革命旧址群、红井革命旧址群、二苏大旧址群等红色旅游景点整合成为共和国摇篮旅游区。7月，共和国摇篮旅游区被评为国家5A级旅游景区。

2017年3月，机构调整，增挂瑞金市共和国摇篮旅游区管理委员会牌子，增设规划建设科、旅游管理科、市场营销科，实行一个机构、三块牌子。

截至2017年底，瑞金中央革命根据地纪念馆在编人员71人，其中副高职称人员3人；管辖瑞金革命旧居旧址115处，其中全国重点文物保护单位35处；文物藏品11118件／套；基本陈列为"人民共和国从这里走来"，专题展览有"伟大的长征从这里出发""从瑞金走出的开国元勋""苏区精神永放光芒"等。

**南昌八一起义纪念馆** 南昌八一起义纪念馆（简称八一馆）是为纪念南昌起义而设立的专题纪念馆，一馆五址（南昌起义总指挥部旧址、贺龙指挥部旧址、朱德军官教育团旧址、朱德旧居、叶挺指挥部旧址），位于江西省南昌市西湖区中山路380号，由江西省文化厅和南昌市文化广电新闻出版局双重管理。2008年被评为国家一级博物馆。

1956年12月，文化部批准设立南昌八一起义纪念馆筹备处，办公地点设在原江西大旅社，即南昌八一起义总指挥部旧址内。1959年，南昌八一起义纪念馆成立并对外开放。1967年闭馆，1977年建军50周年之际重新对外开放。

1988年9月，南昌市机构编制委员会批准八一馆核定事业编制50人，经费由江西省文化厅拨给。1997年建军70周年前夕，中共中央总书记江泽民题词"军旗升起的地方"。1998年11月，八一馆增加自收自支事业编制8人。

2007年建军80周年之际，八一馆实施改扩建工程，新建一栋占地面积2005平方米的三层陈列大楼。扩建后，园区面积10155平方米，展陈面积3635平方米。2010年3月，八一馆增加全额拨款事业编制15人。2011年4月，八一馆内设办公室、群工科、陈列保管科、工程科、营销科、保卫科、叶挺指挥部旧址管理科，配备副县级职数1人（馆长）、科级职数3正（副馆长）7副（内设机构正职）。2016年4月，增设贺龙指挥部旧址管理科、朱德旧居管理科，内设机构正职增加2人。2017年，八一馆再次实施"一馆五址"陈列改造提升和外部环境优化项目，向建军90周年献礼。

截至2017年底，八一馆在编人员65人，其中正高级职称人员2人、副高级职称人员2人；藏品3671件，其中珍贵文物1107件；基本陈列包括"南昌起义""铁心跟党走——南昌起义时的贺龙""骁将的坎坷——叶挺生平展""南昌起义中的国民革命军第十一军""红土地上的朱德""江西武备学堂历史展""朱德军官教育团革命活动展"。

**安源路矿工人运动纪念馆** 安源路矿工人运动纪念馆是反映安源路矿工人革命运动的革命性专题纪念馆，位于江西省萍乡市安源镇，直属中共萍乡市委宣传部管理。2017年被评为国家一级博物馆。

1955年8月筹建，初称安源路矿工人俱乐部，办公地点设在俱乐部旧址内。成立初期无编制，都为兼职职工，隶属于安源煤矿工会。1956年1月1日，安源路矿工人俱乐部开馆。1963年11月29日，批准编制5人，设馆长1人、荣誉馆长1人、讲解员1人、资料管理员1人、花工1人。12月，更名为安源路矿工人运动纪念馆。

1967年2月10日，因"文化大革命"，安源路矿工人俱乐部封闭。1968年6月，江西省委革命委员会确定纪念馆更名为毛主席在安源革命活动纪念馆。7月1日，毛主席在安源革命活动纪念馆破土动工，在安源牛形岭山腰上兴建建筑面积3245平方米的陈列大楼，纪念馆内设办公室、宣传组、资料组、陈列组、报告团、创研队、政保组、工队建设指挥部、解放军驻馆部队等。1969年，毛主席在安源革命活动纪念馆编制扩充至50人，内设办公室、政保组、资料组、宣传队、照相组、摄影组、对外接待组等。1969年4月4日，毛主席在安源革命活动纪念馆预展。1970年1月1日，纪念馆对外开放。1972年9月，更名为安源路矿工人运动纪念馆。1982年，内设办公室、宣传接待科、人事保卫科、陈列资料科等。

2007年11月5日，安源路矿工人运动纪念馆向公众免费开放。2012年2月，安源路矿工人运动纪念馆编制60人，内设办公室、宣传科、保卫科、资料征集研究室、陈列设计室等。负责保护和宣传的文物保护单位15处，其中全国重点文物保护单位6处、江西省文物保护单位7处、萍乡市级文物保护单位2处，下设安源工运时期廉政建设陈列馆和中共湖南省委在安源革命活动展览馆两个专题展览馆。

截至2017年底，安源路矿工人运动纪念馆有研究馆员1人、副研究馆员6人；文物藏品2652件，文献史料和回忆录9700余件，照片、录音、录像资料7000余件，其中一级文物61件／套、二级文物67件／套、三级文物2050件／套；基本陈列以安源路矿工人运动史为主题。

**山东博物馆** 山东博物馆是一家省级综合博物馆，位于山东省济南市经十路11899号，隶属于山东省文化厅。2012年被评为国家一级博物馆。

山东博物馆的前身为清宣统元年（1909年）设立的山东金石保存所。山东金石保存所附设于山东省图书馆内，是国内省级地方政府创办的第一所博物馆性质的机构。1953年10月，经中央文化部批准，山东省博物馆筹备处成立。同年，中央文化部社会文化事业管理局副局长王冶秋在济南广智院小礼堂作《怎么样办博物馆》报告，为山东省博物馆建设提供了一份蓝图。1954年8月，中央文化部社会文化事业管理局在山东省博物馆筹备处启动全国省级博物馆地志陈列试点。8月15日，建馆筹备委员会成立，张静斋任主任，王献唐、徐眉生、秦亢青任副主任委员。山东省博物馆成立之初，馆址分为东西两院，东院位于济南市广智院街广智院旧址，西院位于济南市上新街世界红万字会济南母院旧址。1956年2月，"山东地志陈列"在山东省博物馆西院对外开放，展览分"自然""历史""新中国建设"三部分，是中华人民共和国成立后举办的第一个大型地志陈列。

1957年，徐眉生任山东省博物馆首任馆长。1961～1969年，秦亢青主持博物馆工作。1969～1973年，山东省博物馆实行军事化管理，由派驻单位的军代表张维训等主持工作。1973～1975年，孔益千任副馆长，主持工作。1977年，张学接任并主持工作。1977～1981年，任迪善任馆长。

1978年，山东省博物馆有工作人员124人，内设文物组、历史陈列组、自然陈列组、制作组、保管组、行政组、办公室。1979年，成立文物管理部和考古工作部。1980年10月，以山东省博物馆文物工作部和考古部为基础组建山东省文物考古研究所，编制40人。山东省文物考古研究所成立后，山东省博物馆人员编制定为95人。1981年，薛寿荩任馆长。1986年3月，卢传贞任馆长。

1990年，山东省博物馆新建馆址确定在千佛山北麓。1991年8月1日，举行奠基仪式。1992年10月，主体工程落成。1994年4月29日，新馆对外开放。1992年6月，牛继曾任馆长。11月，刘以文任馆长。2000年1月，鲁文生任馆长。同年，山东省博物馆内设办公室、政工部、物业管理部、保卫部、文物保管部、自然部、陈列部、宣传教育部、考古研究部和经营开发部等部门。2004年7月，内设机构增加文物资料信息部和鉴定部、文物保护部，从业人员133人。

2006年5月，山东省人民政府第67次常务会议确定建设山东省博物馆新馆，成立山东省博物馆新馆建设领导小组，省长姜大明为组长，副省长张昭福为副组长。2010年，山东省博物馆新馆落成，于11月16日开馆，更名为山东博物馆。2011年3月，山东省文化厅任命王斌为山东博物馆党总支书记。2012年7月～2013年3月，王斌主持工作。2013年3月，郭思克任常务副馆长、法人代表。7月，山东省博物馆内设办公室、财务部、政工部、典藏部、书画部、陈列部、宣教部、自然部、文物保护部、信息资料部、文物鉴定办公室、产业发展部、协会办公室、保卫部、机电设备部、基建办公室等部门，从业人员179人。

2015年12月，中共山东博物馆委员会成立，王斌任党委书记。2016年，山东省文物总店并入山东博物馆。同年6月，山东博物馆加挂山东省文物鉴定中心牌子，承担全省各类文物鉴定工作职责。

截至2017年底，山东博物馆在编人员207人，其中正高职称人员10人、副高职称人员24人；文物藏品142586件／套；基本陈列包括"山东佛教造像艺术展""汉代画像艺术展""山东历史文化展""鲁王之宝展""孔子文化大展""考古山东""山东名人馆""非洲野生动物大迁徙展""岱青海蓝　筑梦山东——山东区域发展战略主题展"等。

**青岛市博物馆**　青岛市博物馆是一家集历史、艺术为一体的综合性地志博物馆，位于山东省青岛市崂山区梅岭东路51号，隶属于青岛市文化广电新闻出版局。2008年被评为国家一级博物馆。

1959年4月，山东省青岛市人民委员会批准成立青岛市地志博物馆，编制12人。1959年10月，经青岛市人民委员会批准，青岛市地志博物馆改为青岛市博物馆，在未开馆前称青岛市博物馆筹备处。1965年，青岛市博物馆成立，位于青岛市大学路7号的红万字会旧址。1986年11月，编制62人。1994年1月，青岛市博物馆被认定为全额拨款事业单位。

1997年4月，青岛市博物馆在青岛市崂山区梅岭路27号举行新馆奠基仪式，建筑面积1.6万平方米。1999年9月，经青岛市政府批准，青岛市博物馆领导职数为馆长1人、副馆长3人，编制107人；内设办公室、政工部、财务经营部、保卫部、后勤部、陈列部、群工部、保管部、科研部、技术部、业务部、美术馆、美术研究部和资料部，均为科级。2000年9月30日，新馆试开放。2001年6月24日，新馆全面开放。2004年4月，编制核定为69人。2008年7月18日，青岛市博物馆向公众免费开放。2010年12月，编制调整为80人。2012年10月，馆址青岛市崂山区梅岭路27号变更为青岛市崂山区梅岭东路51号。2014年4月，编制调整为77人。2016年11月，编制调整为74人。

截至2017年底，青岛市博物馆在编人员68人，其中正高级职称人员2人、副高级职称人员5人；文物藏品12万余件／套；基本陈列包括"青岛史话——青岛地区历史陈列""彩瓷聚珍——馆藏明清瓷器陈列""古钱今说——馆藏古代币陈列""百工奇技——馆藏古代工艺品陈列""左臂丹青——高凤翰书画艺术陈列""乡间画记——馆藏山东民间木版年画艺术陈列""李汝宽家族捐赠陈列"等。

**中国甲午战争博物院**　中国甲午战争博物院是以北洋海军和甲午战争为主题内容的纪念遗址类博物馆，位于山东省威海市刘公岛景区内，负责管理保护全国重点文物保护单位刘公岛甲午战争纪念地所属北洋海军和甲午战争28处文物遗址，隶属于威海市文化广电新闻出版局。2008年被评为国家一级博物馆。

1985年3月21日，威海市人民政府批准成立威海市北洋海军提督署文物管理所，性质为全民文化事业单位，编制4人，隶属于威海市文化局。1987年12月，威海市北洋海军提督署文物管理所划为市直文化单位，隶属于威海市教育文化体育委员会。1992年3月1日，威海市北洋海军提督署文物管理所划归威海市文化委员会领导；4月25日，经国家文物局批准，威海市北洋海军提督署文物管理所更名为中国甲午战争博物馆，编制20人，内设办公室、陈列业务部、文物科技保护部、宣教部、安全保卫部、财务经营部、水师学堂管理部、研究资料中心。2003年6月30日，中国甲午战争博物馆划归威海市刘公岛管理委员会领导。

2009年9月11日，威海市委、市政府研究同意，将中国甲午战争博物馆更名为中国甲午战争博物院，规格调整为副县级，并增加编制10人，内设办公室（挂财务科牌子）、陈展设备科、文物保护科、北洋海军提督署管理部、水师学堂管理部、陈列馆管理部、学术研究中心。

截至2017年底，中国甲午战争博物院在编人员28人，其中正高级职称人员1人、副高级职称人员4人；文物藏品5035件／套，其中一级文物70件／套；基本陈列包括"北洋海军提督署原状复原陈列""国殇·1894～1895——甲午战争史实展""丁汝昌纪念馆复原陈列""刘公岛水师学堂复原陈列""北洋海军将士陈列"。

**青州市博物馆** 青州市博物馆是一家综合性地志博物馆，位于山东省青州市范公亭西路1号，隶属于青州市文物事业管理局。2008年被评为国家一级博物馆，是首批83家国家一级博物馆中唯一的县级综合性博物馆。

1959年10月1日，益都县博物馆成立，工作人员仅1人，与县图书馆合署办公，隶属于图书馆，馆址为人民公园内原冯氏祠堂三间房屋。1961年6月26日，图书馆、博物馆两馆经费开始单列，各自核算。1962年10月，山东省人民委员会批准保留益都县博物馆，为调整后全省唯一的县级博物馆，编制4人。"文化大革命"开始后，博物馆关闭。

1970年8月，文化馆、图书馆、博物馆合并建立益都县文化服务站。1973年3月，县革命委员会发文恢复博物馆建制。1986年3月1日，改为青州市博物馆。1989年5月1日，新馆迁至范公亭路西端，为仿古式民族建筑群，建筑面积1.2万平方米。

1994年5月，成立青州市文物事业管理局，与文化局合署办公。1997年1月6日，青州市文物事业管理局与青州市博物馆合署，隶属于市政府，规格为正科级，市文化局不再加挂市文物事业管理局牌子。

截至2017年底，青州市博物馆在编人员59人，其中正高级职称人员3人、副高级职称人员4人；藏品4万余件／套；基本陈列包括"青州历史（史前至1840）""龙兴寺佛教造像精品陈列""青州近现代史陈列"等。

**烟台市博物馆** 烟台市博物馆是中华人民共和国成立以来较早建立的一家综合性博物馆，位于山东省烟台市芝罘区南大街61号，隶属于烟台市文化广电新闻出版局。2017年被评为国家一级博物馆。

1958年6月18日，烟台市人民委员会文化科发文设立烟台市博物馆，馆址最早设在烟台福建会馆内，位于山东省烟台市芝罘区毓岚街2号。1962年，烟台专区文物陈列馆成立，馆址设在烟台市北大街72号。1975年，烟台地区博物馆成立。1976年，烟台地区文物管理组成立。1978年，烟台市博物馆与烟台市展览馆合并，成立烟台市博展馆。

1980年11月，烟台地区文物管理组改为烟台地区文物管理委员会，与烟台地区博物馆一个机构、两块牌子。

1983年，烟台撤地设市，原烟台市博物馆与烟台地区博物馆合二为一，组建新的烟台市博物馆。1984年3月，"烟台市博物馆"名称启用。6月7日，烟台市政府印发文件，明确烟台市博物馆与烟台市文物管理委员会是一个机构、两块牌子。

1999年6月，烟台市展览馆撤销，工作人员18人调入烟台市博物馆。2006年11月，烟台市文物店工作人员15人调入烟台市博物馆。2009年1月，在烟台市委、市政府支持下，作为烟台市文化中心的组成部分，烟台市博物馆新馆开工建设，于2011年10月竣工并免费对外开放。2012年10月，隶属于烟台市博物馆的烟台民俗博物馆改造完成并免费对外开放，馆址设在烟台福建会馆。

烟台市博物馆共辖主馆和民俗馆两处馆区，面积2万余平方米。主馆位于烟台市文化中心，建筑面积1.7万平方米，展厅面积7000平方米，基本陈列"海风"分为"山海古韵""世纪之路"两部分，此外有"笔墨丹青""许麟庐艺术馆""瓷苑掇英""绳墨神工""古钱今览"等专题陈列。烟台民俗博物馆位于福建会馆，占地面积3500平方米，是全国重点文物保护单位，也是中国北方唯一一处具有闽南风格的古建筑群，是一家集中展示烟台地方民俗风情、弘扬妈祖文化的民俗博物馆，馆内设有"旧时风物""渡海传薪"等多个展览。烟台市博物馆有文物藏品6.8万余件／套，其中三级以上珍贵文物1.1万余件／套，是山东省馆藏最为丰富的博物馆之一。

**潍坊市博物馆**　潍坊市博物馆是集文物收藏、陈列展览、文博研究、文物保护、考古发掘、宣传教育、文创研发等于一体的综合性地志博物馆，位于山东省潍坊市高新区东风东街6616号，隶属于潍坊市文化广电新闻出版局。2017年被评为国家一级博物馆。

1962年，山东省潍坊市人民政府委员会批准成立潍坊市博物馆，馆址位于山东省潍坊市潍城区十笏园内。1995年4月15日，潍坊市博物馆新馆于潍坊市高新区东风东街6616号开工建设。1999年12月20日，新馆建成，占地面积24053.5平方米，建筑面积18669.7平方米。2007年11月，单位类别划为公益一类事业单位。

截至2017年底，潍坊市博物馆内设办公室、财务科、宣教科、陈列科、保管科、文保科、考古科、物管科、保卫科等9个正科级部门；核定编制56人，其中研究馆员5人、副研究馆员5人；文物藏品近8万件，其中潍坊象化石、大汶口文化薄胎高柄杯、唐代铁佛、唐玄宗《纪泰山铭》朱砂拓、清郑板桥《峭壁兰图》等皆为馆藏珍品。

**河南博物院**　河南博物院是一家省级综合性博物馆，位于河南省郑州市金水区农业路8号，隶属于河南省文化厅。2008年被评为国家一级博物馆。

民国16年（1927年）7月，在国民革命军总司令、河南省国民政府主席冯玉祥将军"教育为立国根本要政"理念的积极倡导下，河南省国民政府委派郭须静、徐金泉、何日章为河南博物馆筹备委员，隶属于省教育厅，并指定开封法院西街前法政学校校舍为馆址。

民国17年5月，河南省国民政府将河南博物馆改名为河南省民族博物院，改由省政府直接领导，委任陈维新为院长，并划拨刘师古堂充公遗产的一部分为专款，限期开放。河南省民族博物院广泛征集历史、自然科学、农业、艺术、生理卫生等方面的实物资料，制定河南省民族博物院组织简章，设立照相、塑造、绘画、鉴定四部。

民国19年12月1日，恢复馆名为河南博物馆，隶属于省教育厅。12月23日，关百益任馆长，并收回民众师范房舍为古物陈列室。

民国20年1月20日，河南省教育厅颁布《河南博物馆组织条例》，设立保管部、搜集研究部，成立由省民政厅厅长、省教育厅厅长、河南大学校长、河南博物馆馆长等组成的7人理事会。

民国25年4月，河南省教育厅修改《河南博物馆组织条例》，委任王幼侨为馆长，成立儿童科学馆，向青少年宣传科学文化知识。7月，《河南博物馆馆刊》创刊，每月一期，至民国27年3月因战乱停刊。

民国26年七七事变爆发后，为避免文物被毁，将馆藏文物68箱移运重庆，后大部分文物被转运台湾。民国28年6月，河南博物馆被日伪政府改名为河南省立博物馆，次年委任关美廷为馆长，下设事务部、保管部。

民国34年10月，河南省国民政府派谢孟刚为接收委员、庞骥为管理委员，接收河南省立博物馆，更名为河南省博物馆，组织恢复博物馆工作。

1948年10月开封解放后，河南省博物馆划归开封市文教局领导，委派以赵干亭为主的三人管理小组进驻博物馆，整饬馆务。1949年11月，河南省博物馆隶属于河南省文教厅，省文教厅副厅长曲乃生兼任馆长，组织人员开展业务活动。

1950年8月，河南省博物馆性质确定为学校教育的辅导机构，内设总务室、古物室、自然科学试验室和仪器制造所。1951年10月，河南省博物馆改组，自然科学试验室划出成立河南人民科学馆；仪器制造所划出成立河南教育用品供应社；河南省博物馆由河南省文化局领导，内设总务组、整理组、分类编目组、保管陈列组。

1953年，根据中央文化部颁发的《对地方博物馆的方针、任务、性质及发展方向的意见》，河南省博物馆与河南人民科学馆合并，成立河南省地志博物馆。1954年6月，恢复名称为河南省博物馆。1961年，河南省博物馆由开封迁至郑州，河南省展览馆并入河南省博物馆。

1968年，成立河南省博物馆革命委员会。1970年，根据"精简机构，干部下放"精神，撤销河南省文物工作队，并入河南省博物馆成立内设机构文物队，负责全省重要的田野调查与考古发掘工作。1976年，经上级批准，河南省博物馆将收藏多年的动植物标本全部调拨给新乡师范学院生物系，河南省博物馆由地志性博物馆变为以展示历史和艺术为主的综合性博物馆。

1977年，河南省博物馆主办的全国第一家省级文博期刊《河南文博通讯》创刊。1980年改为国内外公开发行，1981年更名为《中原文物》。

1980年，河南省博物馆成立集体所有制的河南省博物馆工艺厂，负责文物修复、仿制、复制、碑刻拓片、壁画临摹、囊盒装潢、新旧书画装裱等工作。1981年，分出文物队，成立河南省文物研究所。

1988年11月，制定《河南省博物馆改革方案》，实行馆长负责制、全员聘任制和岗位责任制。

1997年3月，河南省机构编制委员会批准河南省博物馆更名为河南博物院，由河南省博物馆、中原石刻艺术馆、河南博物馆建设工程指挥部组成，规格为副厅级，编制190人，内设11个部门，并组建中共河南博物院委员会。

1998年5月1日，河南博物院新馆落成开放。同年，河南博物院将古代史陈列部和近现代史陈列部合并，增设公共关系部，文物保护中心、计算机中心、社会服务中心分别归属保管部、图书资料部和后勤处管理。2001年，取消公共关系部，与社会教育部进行职能合并；整合计算机中心、文化网站、博物院网站、多功能厅和多媒体编辑室等资源，成立产业处。2008年起，河南博物院实行免费开放。2010年，产业处改名为信息管理处，服务中心与社会教育部合并成立社会教育服务部，后勤处与设备处合并成立后勤管理处。

2015年10月，河南省文物交流中心整体划转到河南博物院，河南博物院挂河南民俗博物馆牌子，设立文物征集交流部，承担原省文物交流中心的职责任务。11月，河南博物院理事会成立，制定《河南博物院理事会章程》。

2017年5月，中共河南省委组织部任命万捷为河南博物院党委书记、马萧林为河南博物院院长，实行院党委领导下的院长负责制，设办公室、后勤管理处、保卫处、财务处、陈列部、社会教育服务部、研究部、藏品管理部、图书资料部、文物保护研究中心、信息管理处、河南文化信息中心、文物征集交流部、华夏古乐团等14个部门。

截至2017年底，河南博物院有正高级职称人员12人、副高级职称人员49人；文物藏品17万件；主展馆正进行功能提升，于西配楼推出"大象中原——河南古代文明瑰宝展"等临时展览。

**郑州博物馆** 郑州博物馆是一家具有区域文化特色的地方综合性博物馆，位于河南省郑州市中原区嵩山南路168号，隶属于郑州市文物局。2008年被评为国家一级博物馆。

1956年，郑州市文化局抽调人员对建设路中段南侧碧沙岗公园内的三民主义烈士祠堂进行维修整理，并在河南省文物工作队的帮助指导下布置了出土文物陈列。1957年7月1日，郑州市文物陈列馆成立并对外开放，仅有职工3人，文物藏品2000余件。陈列馆除馆内日常工作外，还兼管着郑州商城遗址。1961年，博物馆开始设立专职文物管理人员。1962年后，陆续调整面积约70平方米的房屋作为文物库房，文物藏品来源主要有省文物工作队调拨和文物征集。1963年，郑州市文物工作队并入文物陈列馆，文物陈列馆又承担起了全市文物普查、保护以及配合城乡基本建设开展考古钻探发掘的职责，职工22人。1964年，内设陈列组（陈列展览、文物保管、群众工作）、发掘组（考古发掘、文物勘探）、后勤组。1965年，经郑州市人民委员会批准，郑州市文物陈列馆更名为郑州市博物馆，隶属于郑州市文化局，职工22人，并设立了新的图书资料室。1966年起，受"文化大革命"影响，博物馆业务工作几近停止。

1976年以后，博物馆各项工作逐步走上正轨，藏品管理由一人统管账物发展为账物分开管理。1984年，成立郑州市商城遗址保护管理工作所、郑州市古荥汉代冶铁遗址保护管理所、郑州市大河村遗址保护管理所，三所均隶属于郑州市博物馆。1985年12月，郑州市文物工作队成为独立单位，博物馆部分工作人员调入文物工作队工作；博物馆内设办公室、陈列部、保管部、群工部。1989年，郑州市博物馆事业编制增加至30人，内设陈列社教部、保管部、技术部、保卫科、办公室、多种经营部。之后，郑州大河村遗址保管所、商城遗址保管所和古荥汉代冶铁遗址保管所先后从博物馆分离出去，直接隶属于郑州市文化局。

20世纪90年代，郑州市委、市政府明确提出要筹建郑州市博物馆嵩山路馆。1991年10月，建筑面积2967平方米的新文物库房落成。1997年12月18日，郑州市博物馆嵩山路主展馆工程隆重奠基。1999年10月14日，新馆工程建设全面竣工。

1999年12月28日，嵩山路馆落成并对外开放，郑州市博物馆随之更名为郑州博物馆，事业编制45人，党委书记、馆长各1人，副馆长2人，内设陈列部、社教部、保管部、保卫科、办公室、设备部；另招收讲解员、保卫队员、物业管理等聘用人员70多人。

2004年7月1日起，郑州博物馆实行免费开放。2011年11月15日，郑州市人民政府市长办公会决定，将原世界客属文化中心作为郑州博物馆新馆。2015年，郑州市委、市政府调整思路，决定重新选址建设郑州博物馆。2016年，正式立项在郑州西区文博中心建设郑州博物馆新馆，总建筑面积14.7万平方米。2017年6月28日，郑州博物馆新馆工程主体结构正式开工。

截至2017年底，郑州博物馆在编人员43人，其中正高级职称人员2人、副高级职称人员7人；藏品5.2万余件，其中一级文物79件、二级文物238件、三级文物9067件；基本陈列包括"古都郑州"和"郑州古代石刻艺术"。

**洛阳博物馆**　洛阳博物馆是较早建立的地方性综合性博物馆之一，位于河南省洛阳市洛龙区聂泰路与文博路交叉口西北角，隶属于洛阳市文物局。2008年被评为国家一级博物馆。

1958年5月，洛阳博物馆成立，以关林庙为馆址，洛阳市文物管理委员会与博物馆合署办公，编制14人，关林庙大殿和厢房被辟为展厅。1969年，博物馆工作人员到农村接受再教育，解放军某部接管关林庙。博物馆人员返回后暂住西关，业务处于停滞状态。1972年，博物馆借王城公园的一座简易花棚，举办"'文化大革命'时期洛阳出土文物展"，这个花棚成了洛阳博物馆的第二个临时馆址。

1972年，洛阳市政府批准建设博物馆新展楼，由洛阳市设计院李传泽设计，分期施工建设。1974年5月，展楼一期工程完工并投入使用。1975年，洛阳博物馆负责白马寺的修复和对外开放，白马寺成为博物馆的下属股级单位。

1980年，解放军某部将关林庙交还洛阳博物馆，博物馆将关林庙改造为墓志、石刻陈列馆。1981年10月，根据职能分工，洛阳博物馆一分为三：展览楼归洛阳博物馆，西关博物馆办公地划归新成立的洛阳市文物工作队，在关林庙成立洛阳古代艺术馆。洛阳博物馆的主要任务是陈列、宣教和收藏保管，事业编制15人，下设陈列股和行政股。

1986年10月，洛阳博物馆兴建文物库房，面积3141平方米，为全封闭砖混结构，文物保存环境得到很大的改善。1989年7月，洛阳博物馆升格为副县级事业单位，人员编制50人。1990年，调整健全内部机构，设置陈列室（后为陈列部）、群工部（后为宣教部）、保管部、政保科（后为保卫科）和办公室，同时修订细化了各项规章制度。1991年底，建设文物精品展览楼和文物保护修复综合楼，1993年建成并投入使用，精品楼面积1048平方米，综合楼面积1500平方米。

2007年11月29日，洛阳博物馆新馆奠基开工，建筑面积42270平方米，2009年4月建成投入使用。

2011年5月，洛阳博物馆重新核定编制69人，领导职数4名、中层领导职数5名，内设办公室、保卫部、陈列社教部、资料保管部、文物保护与产业开发中心等部门。2013年4月，陈列社教部分为陈列部、宣教部，增加中层领导职数1名（副科级）。

南阳汉画馆　南阳汉画馆是一家收藏、陈列、研究汉代画像石刻的专题性艺术类博物馆，位于河南省南阳市卧龙区汉画街398号，隶属于南阳市文化广电新闻出版局。2008年被评为国家一级博物馆。

民国24年（1935年）夏，河南省第六行政区公署辟南阳民众教育馆内空地一块，筹资兴建汉画馆。建单檐廊庑式展室3间、廊房26间，采用壁间镶石的陈列方法，展出汉代画像石118块。

1957年，河南省人民政府拨专款改造七孔桥，从桥下拆出汉画像石数十块，入藏汉画馆。1958年，河南省人民政府拨专款2.8万元，在南阳卧龙岗武侯祠北侧再建一座汉画馆。1959年，建工字房11间、廊房20间，展厅面积900余平方米，仍采用壁间镶石的陈列方式，展出南阳汉画像石331块。9月8日，郭沫若题写"汉画馆"三字门额，在馆前竖立《汉画馆创修记》碑，建汉碑厅。10月1日，汉画馆开馆。

随着考古工作的不断进行，汉画馆收藏的汉画像石增至1000余块，藏品严重饱和。1976年7月，南阳市人民政府在汉画馆东北百米处新建一座汉画馆大楼。1978年冬，汉画馆大楼基建竣工，建筑面积3560平方米，展厅面积2000余平方米。先后复原唐河针织厂汉画像石墓和郁平大尹冯君孺人画像石墓，作为基本陈列的补充。1979年1月20日，汉画馆对外开放，展出画像石精品187块，馆藏画像石总量已达1500余块。

1985年7月23日，汉画馆脱离南阳市博物馆的管理，独立建制，为南阳市文化广播事业局直属二级事业单位。1988年7月1日，南阳汉画馆新馆建设工程奠基开工，新馆建筑面积6000平方米。

1994年南阳撤地设市后，南阳汉画馆划归南阳市文化局管理。1997年，汉画馆被批准为科级事业单位，编制45人。1999年12月27日，南阳汉画馆新馆建成并对外开放。

2002年，南阳汉画馆升格为副处级事业单位。2003年，增加编制1人。2005年，南阳市机构编制委员会核定汉画馆领导职数4人、科级领导职数5人，内设办公室、陈列宣传部、汉画研究室、文化产业开发部、保卫科。

截至2017年底，南阳汉画馆编制46人，实有人员55人，其中研究馆员1人、副研究馆员9人；藏品1753件，其中一级文物101件、二级文物194件、三级文物1100件；基本陈列为"南阳汉画像石基本陈列"，专题陈列有"南阳汉画精品拓片展""汉石丹青——南阳陈棚汉代彩绘画像石墓拓片展"等。

开封市博物馆　开封市博物馆是一家地方综合性博物馆，位于河南省开封市新区郑开大道第六大街北侧，隶属于开封市文化广电新闻出版局。2017年被评为国家一级博物馆。

1962年3月3日，开封市博物馆成立，馆址在三圣庙街，内设办公室、陈列部、保管部。"文化大革命"开始后，博物馆工作基本停止。1970年12月，文化馆、博物馆、图书馆、文物商店合并成立毛泽东思想宣传站，在相国寺文物商店办公。1974年4月，恢复博物馆建制，并返回原馆址办公。

1981年11月，河南省文物研究所和开封市博物馆联合组成开封宋城考古队，开展考古发掘工作。1984年2月，经河南省文物局批准，河南省文物研究所退出宋城考古队，考古队属开封市博物馆，对内为考古部。1985年3月，开封市城建局下发文件，批复同意在包公湖南岸新建开封市博物馆，占地面积15000多平方米。1986年1月，新馆奠基。1988年6月，开封市博物馆编制75人，新增群工部、行管科、保卫科和编辑室，形成四部两室两科组织架构。1988年9月，包公湖新馆竣工，10月1日正式对外开放。1992年1月，宋城考古队从开封市博物馆分出，划出编制10人。

1995年，开封市博物馆内设机构调整，增设革命文物部、文博信息部。1997年，增设多种经营办公室。1998年8月，撤销多种经营办公室，并入办公室；《开封文博》编辑部、资料室和摄影室合并组成技术资料部。1999年8月，开封市编制委员会核准开封市博物馆编制53人，内设办公室、陈展策划部、保管研究部、社会教育部、技术资料部、保卫科。2005年，增设开封朱仙镇木版年画开发与研究中心。

2011年11月22日，开封市博物馆新馆选址定于开封新区五大街与六大街之间的郑开大道北侧，2014年3月开工。2016年4月21日，开封市博物馆旧馆闭馆。

截至2017年底，开封市博物馆在编人员42人，其中高级职称人员5人；内设办公室、陈展部、保管部、社教部、场馆部、文创部（开封朱仙镇木版年画）、保卫科；文物藏品21762件／套；基本陈列包括"八朝华章——开封古代历史文明展""东京梦华——北宋东京城历史文化陈列""宋代历史陈列""开封革命史展""梁苑古韵——馆藏文物精品展"，专题陈列有"开封朱仙镇木版年画展""馆藏石刻精品展"等。

**鄂豫皖苏区首府革命博物馆** 鄂豫皖苏区首府革命博物馆是一家革命历史类博物馆，位于河南省信阳市新县首府路文博新村4号，隶属于鄂豫皖苏区首府旧址管委会。2017年被评为国家一级博物馆。

1984年，由河南省委、省政府投资兴建。1988年5月，根据信阳地区编制委员会、信阳地区财政局批复，鄂豫皖苏区首府革命博物馆为副科级事业单位，隶属于新县文化局，编制10人，内设办公室、社会教育部、陈列保管部、安全保卫部。1990年，博物馆对外开放。2008年，实行免费开放。

2010年，新县文化局与新县广电局合并为新县文化广电新闻出版局，鄂豫皖苏区首府革命博物馆为该局二级机构。2013年，鄂豫皖苏区首府革命博物馆升格为正科级事业单位，编制25人，增设科学研究部；成立鄂豫皖苏区首府革命博物馆游客服务中心和大别山国防教育园，均为鄂豫皖苏区首府革命博物馆股级事业单位。

截至2017年底，鄂豫皖苏区首府革命博物馆在编人员26人；文物藏品2436件，其中一级文物21件、二级文物110件、三级文物1096件；基本陈列为"红色大别山"，专题陈列有"鄂豫皖苏区将帅馆""新县籍省部级领导生平事迹展""中国女红军专题展""红色廉政文化展""千里跃进大别山"。

**湖北省博物馆** 湖北省博物馆是一家省级综合博物馆，位于湖北省武汉市武昌区东湖路160号，隶属于湖北省文化厅。2008年被评为国家一级博物馆。

1949年5月，武汉解放，军代表韩克华、科学工作者李振凡等负责接收原湖北省立科学馆，组建湖北人民科学馆。1953年，在湖北人民科学馆的基础上，于水陆街建立湖北省博物馆（筹备处）。同年9月，湖北省文物管理委员会与湖北省文物整理保管委员会合并成立湖北省文史研究馆，办公地址暂设武昌水陆街湖北省博物馆（筹备处）内。1954年4月，湖北省人民政府恢复湖北省文物管理委员会，与湖北省博物馆筹备处合署办公。1956年秋，湖北省博物馆（筹备处）迁至东湖。

1959年春，兴建陈列展览大楼。1960年，大楼落成。

1963年，湖北省博物馆（筹备处）撤销，成立湖北省博物馆，内设田野考古、古建维修、文物保护、保管、美工陈列、通史、讲解等部门。1981年，辛亥革命纪念馆从湖北省博物馆分离，成为独立机构。1989年，考古部、古建部从湖北省博物馆分离，成立湖北省文物考古研究所。

1999年1月18日，湖北省博物馆一期扩建工程完工，湖北省博物馆编钟馆对外开放。2000年，湖北省博物馆二期扩建工程启动。2002年10月10日，湖北省博物馆、考古所合并，一套班子、两个牌子。2005年12月，楚文化馆落成。2007年10月18日，湖北省博物馆免费开放试运行。11月6日，举行综合馆落成典礼，实行免费开放。2011年4月22日，以湖北省考古研究所为依托单位的国家水下文化遗产保护武汉基地揭牌仪式在黄陂木兰湖举行。7月，湖北省博物馆编钟馆改造工程启动。12月22日，湖北省博物馆三期扩建工程举行开工仪式。

2016年3月1日，因三期扩建工程项目建设需要，经报请省委、省政府同意，湖北省博物馆闭馆，闭馆时间约4个月。

截至2017年底，湖北省博物馆有文物藏品24万多件/套，基本陈列包括"楚文化展""曾侯乙墓——战国早期的礼乐文明""九连墩纪事""屈家岭""郧县人""盘龙城""秦汉漆器展""明清书画展""书写历史——秦汉简牍展""土与火的艺术——陶瓷展""荆楚百年英杰""梁庄王墓出土文物展"等。

**荆州博物馆** 荆州博物馆是一家国有历史类博物馆，位于湖北省荆州市荆州区荆中路166号，隶属于荆州市文化新闻出版广电局。2008年被评为国家一级博物馆，是国家4A级旅游景区。

荆州博物馆的前身是1951年成立的湖北省文史馆荆州工作组、湖北省文物保护管理委员会荆沙分会。1958年，经荆州专署办公室批准，正式成立湖北省荆州专区博物馆，隶属于荆州专区文教局，以古建筑开元观为馆址。1973年4月，更名为湖北省荆州地区博物馆，人员编制16人，内设行政组、业务组、后勤组。

1980年，馆址迁至开元观对面西侧，内设文物组、接待组、保管组、后勤组、办公室。1985年，馆址迁至开元观东侧，新陈列大楼对外试展。1986年6月，新建的陈列大楼正式对外展出，全馆干部职工63人。1988年，内设办公室、考古部、群工部、保管部、文保部、总务科、保卫科，人员编制72人。1989年，珍品馆建成，于1990年正式对外开放。

1990年，增设革命文物部，全馆干部职工增至90人。同年，荆州市、沙市市合并，称荆沙市，博物馆更名为荆沙市荆州博物馆。1995年，湖北省文化厅同意博物馆设立湖北省文物总店荆沙市分店。1997年，更名为湖北省荆州市博物馆。1999年，更名为荆州博物馆，为副县级单位，同时成立荆州市文物考古勘探大队，挂靠荆州博物馆，实行一套班子、两块牌子；内设办公室、总务科、财务科、保卫科、考古部、文物保管部、陈列部、群工部、旅游服务部、流散文物工作部、楚乐宫、票务科，全馆干部职工94人。

2005年，荆州博物馆第一届学术委员会成立。荆州市委编办批复设立荆州博物馆熊家冢考古工作站。2007年5月，成立信息技术部，全馆干部职工97人。2008年，荆州博物馆实行免费开放，全馆干部职工104人。

2011年，荆州市委编办批准荆州博物馆加挂荆州市简牍研究所牌子，全馆干部职工106人。

2013年7月，成立中共荆州博物馆委员会，全馆干部职工115人。

2014年8月，在事业单位分类改革中，荆州城文物管理处并入荆州博物馆，荆州博物馆被定位为公益一类事业单位，隶属于荆州市文物局，加挂荆州市文物考古研究所、荆州市简牍研究所、荆州市文物考古勘探大队牌子，内设办公室、考古部、古建部、保管部、宣教部、陈列部、财务科、保卫科、熊家冢遗址博物馆、市场营销部。2015年10月28日，荆州市委编办批复同意，在荆州博物馆办公室挂信息技术部牌子。

**武汉博物馆** 武汉博物馆是一家反映武汉地区历史文化的现代化综合性博物馆，位于湖北省武汉市江汉区青年路373号，隶属于武汉市文化新闻出版广电局。2008年被评为国家一级博物馆。

1983年7月，中共武汉市委党政机构改革办公室批准建立武汉市博物馆筹建处。1986年11月，经武汉市编制委员会批准，武汉市博物馆正式建立，编制20人，办公地点设在武昌毛泽东同志旧居陈列馆内，与武昌中央农民运动讲习所旧址纪念馆、武汉市文物考古队合署办公，属武汉市文物管理办公室领导，内设办公室、古代文物部、近现代文物部、保管部、文物建筑维修部、武汉国民政府旧址管理部、美工制作组等。

2001年1月，新馆落成，位于武汉市江汉区青年路373号，事业编制50人。9月30日，新馆对外开放，内设办公室、陈列部、保管部、宣教部、总务部、保卫部。2002年，增设开发部。

2008年12月，经武汉市机构编制委员会批准，武汉市文物商店与武汉市博物馆合并，组建武汉博物馆（武汉市文物交流中心），实行两块牌子、一套班子，核定人员编制85人（含原武汉市博物馆事业编制47人）。2009年9月，武汉博物馆人员编制调整为106人，内设办公室、综合管理部、财务部、物业管理部、安全保障部、宣传教育部、展览交流部、藏品管理部、信息编辑部、开放服务部、经营开发部、商品保管部、武胜路门市部、水塔门市部、香港路门市部。

2016年12月，武汉博物馆核定编制101人，内设办公室、财务部、物业管理部、安全保障部、文物鉴定中心、文物征集部、社会教育部、展览交流部、藏品管理部、信息部、编研部、开放服务部等12个部门。

截至2017年底，武汉博物馆在编人员85人，其中正高级职称人员1人、副高级职称人员10人；文物藏品50896件／套；基本陈列包括"武汉古代历史陈列""武汉近现代历史陈列"，专题陈列有"历代文物珍藏""古代陶瓷艺术"。

**辛亥革命武昌起义纪念馆**　辛亥革命武昌起义纪念馆是为纪念辛亥革命武昌起义而建立的专题性博物馆，位于湖北省武汉市武昌区武珞路1号，即中华民国军政府鄂军都督府旧址，隶属于湖北省文化厅。2017年被评为国家一级博物馆，是全国爱国主义教育示范基地、海峡两岸交流基地。

武昌起义军政府旧址的前身为清政府于宣统二年（1910年）建成的湖北省谘议局大楼，1961年被国务院公布为首批全国重点文物保护单位。1979年，湖北省政协160号提案建议将武昌起义军政府旧址辟为辛亥革命纪念馆。

1981年，经中共湖北省委批准，同意依托武昌起义军政府旧址设立辛亥革命武昌起义纪念馆，并于10月对外开放，与湖北省博物馆合署办公。

1985年1月，经湖北省编制委员会批准，辛亥革命武昌起义纪念馆与湖北省博物馆分设，成为湖北省文化厅直属事业单位，内设办公室、陈列保管部、群工部。1987年7月，增设保卫科。1989年9月，部门调整为办公室、陈列部、保管部、群工部、保卫科、行政科。1992年10月，部门调整为办公室、研究室、陈列宣教部、藏品收集保管部、经营开发部、保卫科、行政科。1998年4月，部门精减至5个，即办公室、基础部、展览部、保卫科、产业办。

2002年10月，经湖北省编办批准，在辛亥革命武昌起义纪念馆的基础上加挂辛亥革命博物馆牌子。

2004年4月，部门调整为办公室、文物保管与展览部、旅游与社会教育部、财务部、展室管理部、保卫部、市场部。

2011年，对旧址议员公所进行较大规模改扩建工程，复原南楼西段、东楼、西楼和北楼，约占议员公所全部工程的80％。2013年，改扩建工程竣工，武昌起义军政府旧址得以全部复原。

2011年，为纪念辛亥革命100周年，武汉市政府在首义广场南端新建辛亥革命博物馆，辛亥革命武昌起义纪念馆不再使用辛亥革命博物馆名称。2014年7月，经湖北省编办同意，设立辛亥革命研究所，与辛亥革命武昌起义纪念馆两块牌子、一套班子。

2016年8月，内设部门再次进行调整，设办公室、财务部、后勤部、安全保卫部、藏品与展览部、社会教育部、展室管理部和研究部。

截至2017年底，辛亥革命武昌起义纪念馆在编人员48人，其中正高级职称人员2人、副高级职称人员10人；文物藏品20932件/套；基本陈列包括"湖北谘议局史迹陈列""为天下先——辛亥革命武昌起义史迹陈列""鄂军都督府旧址复原陈列"，专题陈列有"辛亥革命武昌起义纪念馆导览"。

**武汉市中山舰博物馆** 武汉市中山舰博物馆是一家专题性、纪念性博物馆，位于湖北省武汉市江夏区金口街中山舰路特1号，隶属于武汉市文化新闻出版广电局。2017年被评为国家一级博物馆。

1996年7月，经湖北省人民政府批准，成立湖北省打捞修缮陈列保护中山舰领导小组，并完成中山舰的整体打捞出水组织工作。1997年1月，中山舰在长江金口水域被整体打捞出水。1999年5月，经湖北省委、省政府研究，中山舰修缮陈列保护工作整体移交武汉市管理。6月，经武汉市委、市政府批准，成立武汉市修缮保护陈列中山舰工作领导小组。12月，经武汉市人民政府批准，成立武汉市中山舰博物馆，为市属副处级公益性文化事业单位，定编20人，在武汉市修缮保护陈列中山舰工作领导小组统一部署下，负责中山舰维修保护和博物馆筹备建设工作。2001年12月，完成中山舰修复保护工程，恢复民国14年（1925年）永丰舰易名为中山舰时的历史原貌，保留民国27年"武汉保卫战"中被敌机炸沉的历史痕迹。2006年12月，武汉中山舰博物馆新馆开

始兴建。2008年底，完成中山舰博物馆主体建筑工程和迁移工程，中山舰由武昌（修复地）迁移至金口（陈列地）博物馆舰体陈列大厅内。2010年底，完成馆内三大基本陈列布展工作。2011年9月26日，武汉市中山舰博物馆对外开放，编制26人，内设办公室、总务科、保卫科、宣传教育部、陈列部、资料信息保管部、开发部、研究部。2016年，博物馆内设机构调整为综合办公室、文物保管与学术研究部、社会教育与公众服务部、陈列策划部、安全保卫部。

截至2017年底，武汉市中山舰博物馆编制26人，在职在编人员23人，其中正高级职称人员1人、副高级职称人员3人；文物藏品6250件/套；基本陈列包括"一代名舰——中山舰复原及史迹陈列""中山舰出水文物精品陈列"。

**湖南省博物馆** 湖南省博物馆是一家以展示历史、艺术为主的综合性博物馆，位于湖南省长沙市东风路50号，隶属于湖南省文化厅。2008年被评为国家一级博物馆。

1951年3月，湖南省文教厅奉中央文化部指示，在长沙留芳岭百琴园成立湖南省博物馆筹备处，定编8人，实到职5人，主任及秘书皆缺，由湖南省文物委员会委员朱少希负责。1952年3月，湖南省文教厅决定将湖南省博物馆筹备处并入湖南省文物管理委员会，成为博物馆组。1953年3月，筹备处从文物管理委员会分出，与湖南省科学馆筹备处合并，馆址设在长沙市浏正街原科学馆；初由彭寿泉任秘书，后由彭承植、胡有谊相继接任；职工12人，主要工作仍系征集文物标本。1954年5

月，筹备处将馆址迁至长沙市烈士公园内原平大中学，杨其昌任秘书。7月5日，湖南省文物管理委员会在烈士公园内举办"长沙左家公山战国墓及楚文物精品展览"。

1955年4月，文化部社会文化事业管理局派人来湘考察文博工作，认为湖南省博物馆筹备处已具备条件建馆开放。1956年初，建成陈列大楼。湖南省文化局办公室副主任梁宜苏主持开馆事宜，后兼任主要负责人。2月19日，湖南省博物馆对外开放，推出"湖南省农林水利展览"及"湖南手工艺品陈列""湖南矿产资源陈列""湖南农业资源陈列""湖南楚文物陈列""中国历代货币陈列""中国历代陶瓷陈列"6个专题陈列。1956年10月，"湖南革命文物展览"对外开放。

1957年10月15日，湖南省人事局任命梁宜苏为副馆长。1958年3月，湖南省文化局任命熊子烈为馆长。6月，建立中共湖南省博物馆支部，熊子烈兼任党支部书记。同月，湖南省文物管理委员会被撤销，人员并入湖南省博物馆，原文物队改名文物部（后更名为考古部），湖南省文物管理委员会库存文物移交至湖南省博物馆。7月1日，经湖南省文化局批准，湖南省博物馆成立，分设陈列设计、考古、保管等部，总务、群工、美术复制等组，在职人员60余人。"湖南省新民主主义革命历史陈列"对外展出。1959年5月，撤销陈列设计部和保管部，将陈列设计部改设历史发展、自然资源和社会主义建设3个部。1959年，举办"湖南革命历史陈列"。

1963年5月22日，向湖南省文化局建议明确博物馆和展览馆的分工，凡是1949年10月1日前皆属湖南省博物馆业务范围，自然、社建两部拟并归展览馆，湖南省文化局同意这一建议，湖南省博物馆自此朝历史类型博物馆方向发展。9月，湖南省文物管理委员会恢复，地址暂设湖南省博物馆内。

1965年，湖南省文化局批准在湖南省展览馆内建文物仓库，面积约500平方米。1966年1月，房吴生任专职中共湖南省博物馆支部书记。10月，"湖南革命历史陈列"因"文化大革命"停展。

1969年1月，馆内大多数职工集中到湖南省委党校学习，学习结束后大部分下放江永县松柏公社，留馆工作者仅17人。11月4日，湖南省文化局任命侯良为博物馆负责人。

1972年1月，崔志刚任湖南省博物馆革命委员会第一副主任。1月16日，湖南省博物馆开始发掘长沙马王堆一号汉墓，出土大批珍贵文物，包括一具保存完好的女尸。5月，马王堆一号汉墓出土文物在长沙展出，观众达20万人次。6月，馆内职工增至48人。1974年7月，专供保护长沙马王堆汉墓出土文物的新仓库建成，同时兴建文物修复楼一栋。1975年9月，"湖南省历史文物展览"对外展出。1976年，湖南省文化局决定由湖南省博物馆筹备湖南省文物商店。

1979年1月16日，崔志刚任馆长。3月，设办公室、政工科及考古部、历史部、保管部、陈列部和文物商店；撤销文管组，业务人员划归省文物管理委员会办公室。10月1日，"湖南历史文物陈列"对外开放，展出历代文物1000余件。

1981年1月，湖南省文物商店从湖南省博物馆分出，归湖南省文化局直接管理。4月，经湖南省社科联批准，分别成立湖南省博物馆学会和湖南省考古学会筹委会。9月21日，改陈列部为群工部，改历史部为陈列部，新建美工复制部。

1983年5月，动工兴建面积约3500平方米的文物仓库。7月18日，王启初任馆长；设立临时党委会，俞兴堂任书记。8月1日，湖南省文化厅决定将湖南省文物商店复并入馆内，馆长王启初兼任文物商店经理。8月11日，设置办公室、行政科、保卫科、考古部、陈列部、群工部、保管征集部及文物复制厂。

1984年4月，湖南省文化厅撤销馆临时党委会，成立党总支，王振善任党总支副书记。10月，湖南省文化厅决定成立湖南省文物考古研究所，暂与博物馆合署办公。

1985年10月25日，湖南省文化厅免去王启初馆长职务，改任调研员；王振善负责党务和后勤；高至喜负责博物馆业务；何介均负责考古及筹备文物考古研究所；馆领导班子由王振善牵头。12月，举办"三湘人杰 一代楷模——湖南近现代著名历史人物生平业绩展览"。

1986年3月8日，湖南省编制委员会批准湖南省文物考古研究所单独设置，暂定业务人员编制36人。10月8日，高至喜任馆长。同月，推出"湖南省博物馆开馆三十周年成果展览"。

1987年3月，邹赤彬任党总支书记。6月，湖南省博物馆文物鉴定委员会成立。7月3日，邹赤彬任湖南省博物馆、湖南省文物考古研究所党总支书记。同月，湖南省博物馆首批文博系列职称改革（试点）工作基本完

成，馆内42人分别被湖南省文物博物馆系列专业职务初级评审委员会评定为文博管理员和助理馆员职称。1989年6月，湖南省博物馆恢复研究室。1990年3月30日，湖南省博物馆学术委员会成立。

1991年3月1日，湖南省博物馆撤销原陈列部，设立近现代史部、古代史部、美术设计部、财务科。7月1日，湖南省博物馆馆藏一级文物清库建档工作全面展开。

1992年1月24日，熊传薪任馆长。3月，中共湖南省博物馆党委成立，熊传薪任书记，同时成立纪委。12月26日，为隆重纪念毛泽东同志100周年诞辰，湖南省博物馆和韶山纪念馆联合举办"东方巨人毛泽东"展览。

2000年8月23日，陈建明任馆长，游文新任党委书记。2002年9月，内部机构调整为办公室、政工科、财务科、保卫科、后勤保障部、经营管理部、古代文物部、近现代文物部、典藏技术部、开放管理部、展览部、图书资料信息中心，在职人员119人。

2003年1月18日，湖南省博物馆新陈列大楼五大基本陈列"马王堆汉墓陈列""湖南商周青铜器陈列""湖南名窑陶瓷陈列""馆藏明清绘画陈列""湖南十大考古新发现陈列"对公众开放。10月，在人事制度改革基础上，继续开展分配制度改革，制定并实施《湖南省博物馆分配制度改革实施方案》。

2004年2月13日，五大基本陈列对全省中小学生团体实行免费开放。2005年10月14日，与中南大学联合组建的湖南省马王堆古尸和文物研究保护中心成立。2006年2月，将内设机构分为事业和产业两大部分，事业部分设立馆

长办公室（兼对外文化交流办）、人事教育科（兼党委办、老干科）、财务科、保卫科、后勤保障部，产业部分设立古代文物部、近现代文物部、典藏技术部、开放管理部、图书资料部、计算机信息中心和科研办公室（兼馆学术委员会办事机构和馆刊编辑室）；在职人员130人。

2006年4月14日，湖南省博物馆改扩建工程由湖南省发展改革委批准立项。9月15日，湖南省博物馆"十一五"改扩建工程办公室成立。

2008年3月20日，湖南省博物馆实行免费开放。10月8日，湖南省博物馆游客服务中心建设项目破土动工，2009年竣工并投入使用。

2009年5月31日，将原有部门合并为综合办公室、安全与后勤保障部、典藏与展示研究部、教育与公众服务部、信息与编辑部，成立学术研究机构博物馆学研究所；在职人员139人。12月26日，湖南省人民政府同意启动湖南省博物馆就地改扩建工作。2010年5月31日，湖南省发展改革委对湖南省博物馆改扩建工程（二期）进行正式立项批复。2011年7月4日，举行湖南省博物馆改扩建工程开工仪式。

2012年2月17日，对湖南省博物馆机构设置、领导分工及岗位职责进行调整，湖南省博物馆与基建办公室合署办公，改扩建、改革和日常工作统一管理；设综合处、改制办、财务处、工程处、业务处、开放保卫处、馆工会，并进一步完善部门职能。5月，湖南省文化厅任命段晓明为党委书记。6月18日，暂停对外开放服务。8月1日，包括"马王堆汉墓陈列""湖南名窑陶瓷陈列""湖南商周青铜器

陈列""湖南十大考古新发现陈列"在内的数字展厅上线。2014年7月，明确湖南省博物馆改扩建工程基建办为改扩建工程指挥部的办事机构，调整后机构设置分别为综合处、设计预算处、工程设备处、业务处、改制办、财务处、开放保卫处、监察审计室、馆工会。2015年11月30日，湖南省博物馆理事会成立并召开第一次理事会会议。2016年7月，湖南省文化厅任命段晓明为馆长、党委副书记，李建毛为党委书记。2017年11月29日，湖南省博物馆新馆对外开放。

截至2017年底，湖南省博物馆内设部门21个，即综合办公室、党委办公室、人事教育科（老干科）、财务科、招标采购办、后勤管理部、保卫科、监察审计室、陈列部、保管部、展览与文化交流部、技术部、文物技术保护中心、开放接待部、教育中心、信息中心、编辑出版部、文创研究中心、科研办、工程管理与设计部、报建办；在岗人员235人，其中编内员工125人，正研究馆员11人（含专业二级1人）、副研究馆员25人；文物藏品18万余件；基本陈列包括"长沙马王堆汉墓陈列""湖南人——三湘历史文化陈列"，有青铜、陶瓷、书画、工艺4个专题展馆。

**韶山毛泽东同志纪念馆** 韶山毛泽东同志纪念馆是一家人物类纪念馆，位于湖南省湘潭市韶山市韶山乡韶山冲，隶属于湖南省韶山管理局。2008年被评为国家一级博物馆。

韶山毛泽东同志纪念馆依托毛泽东同志故居而建。1949年8月，韶山解放，湘潭县人民政府接手管理毛泽东同志故居，并派共产党员毛月秋、毛泽东弟媳王淑兰负责看管房子和收集

失散的家具、农具。1951年2月6日，将征集的毛泽东同志故居原有家具、农具44件和革命文物6件进行复原陈列，并对外开放。1952~1959年，中共湖南省委先后在毛氏宗祠、韶山招待所、韶山学校、毛泽东故居西侧休息室、南岸等处举办辅助陈列。1956年9月，毛泽东故居管理人员定编3人（干部），由湘潭专署领导。1962年8月29日，毛泽东故居改由湖南省文化局领导，12月开始清理移交。1963年，毛泽东故居管理人员编制增至5人。

1963年，中共中央中南局第一书记陶铸提议在韶山建立陈列馆，陈列、宣传毛泽东的生平事迹。经中共中央同意后，中共湖南省委选择距毛泽东同志故居500米的引凤山下筹建场馆，1964年5月10日动工，8月20日竣工，10月1日对外开放，隶属于湖南省文化局。在陈列馆筹建期间，工作人员增至13人。1965年10月，陈列馆改由湖南省韶山管理局领导，业务工作仍归湖南省文化局管辖。1966年4月，成立临时领导小组主持全馆工作。1967年1月，临时领导小组中止活动，成立"'文化革命'领导小组"，内设办公室和资料研究室负责日常事务和宣传接待工作。2月，调入讲解员50余人，职工增至70人。1968年，职工增至73人。1969年1月，韶山陈列馆改由湖南省韶山区革命委员会领导。5月，韶山陈列馆革命委员会成立。7月，增加职工28人，充实讲解员队伍，原职工调出一部分。10月1日，陈列内容经全面修改、扩充后开放，分序厅和10个展室陈列。1971年，调进、招收宣传员40余人。9月，讲解员仿照军事编制组成两个排进行工作。1972年5月，讲解员中陪同外宾人员重新

编制，分成亚非组、欧美组、同胞华侨组、预备（综合）组安排任务。截至1975年6月底，职工104人。

1976年2~4月，成立全国博物馆系统最早的一支宣传队。12月，招进讲解员20余人，职工增至117人。1978年4月，内设办公室、资料研究室、宣传组等。10月，韶山陈列馆革命委员会撤销。该年招收讲解员30人，原有职工调出很大一部分，总人数降至107人。1979年6月，中共韶山区委明确韶山陈列馆为科级单位，馆级干部由区委任免。1981年2月，韶山陈列馆重新归属湖南省韶山管理局领导。12月，韶山毛泽东同志塑像管理所划归陈列馆管辖。1982年7月，招收应届毕业生9人。11月3日，中共中央同意将馆名改为韶山毛泽东同志纪念馆。1984年，招收应届毕业生5人。1987年，升格为处级事业单位，设群众工作部、陈列保管部、办公室和研究室。1989年3月，韶山毛泽东图书馆筹建处成立，韶山纪念馆馆长兼任处长，筹建处办公室由纪念馆负责日常工作。1991年4月，设保卫科。1993年，经中共中央批准兴建的纪念毛泽东100周年诞辰重点献礼工程毛泽东铜像在韶山落成，划归韶山毛泽东同志纪念馆管理。1994年，设立韶山毛泽东铜像管理所，与韶山毛泽东同志塑像管理所合并管理。1995年，陈列保管部分为陈列部和保管部；韶山毛泽东图书馆成立，独立核算，筹建处办公室从韶山纪念馆析出，部分工作人员调入图书馆。

1993年5月3日，纪念馆基本陈列改陈，12月26日对外开放。2003年12月24日，为纪念毛泽东110周年诞辰，改陈后的基本陈列"中

国出了个毛泽东"对外开放。2004年，中共中央、国务院将韶山与井冈山、延安一起确立为全国爱国主义教育示范基地"一号工程"。2005年，韶山毛泽东同志纪念馆新建展馆一座，于12月26日举行奠基典礼，2008年12月20日竣工并开放，馆名为"毛泽东遗物馆"，设专题陈列"风范长存——毛泽东遗物展"。

2008年，毛泽东铜像管理所带10个编制成建制剥离，成立毛泽东广场管理处；纪念馆部门重组，内设办公室、财务部、文物部、编研部、陈列部、动力部、技术部、宣教部、保安保洁部、群团部和文化产业开发中心。同年，纪念馆实行免费开放。2012年，对老馆舍和基本陈列"中国出了个毛泽东"进行改造，2013年12月25日竣工并开放。

2013年，韶山毛泽东同志纪念馆和毛泽东遗物馆统一为韶山毛泽东同志纪念馆，两大展馆分别命名为生平展区和专题展区。

截至2017年底，韶山毛泽东同志纪念馆在编人员97人，其中研究馆员1人、副研究馆员7人；内设办公室、财务部、文物部、编研部、陈列部、动力部、技术部、宣教部、保安保洁部、人力资源部和文化产业管理部；文物藏品4.4万余件；基本陈列包括"中国出了个毛泽东""毛泽东与反腐倡廉""风范长存——毛主席文物展""大笔乾坤——毛主席诗文书法""英烈忠魂——毛主席一家六烈士""永远的缅怀"。

**刘少奇同志纪念馆**　刘少奇同志纪念馆是一家人物类纪念馆，位于湖南省长沙市宁乡市花明楼镇炭子冲村，隶属于中共长沙市委办公厅。2008年被评为国家一级博物馆。

1959年，刘少奇故居被湖南省人民政府确定为省级文物保护单位，属宁乡县人民委员会文教科主管，未成立管理机构。8月对外开放，由专职人员2人负责管理、接待工作，隶属于中共宁乡县委宣传部。

1963年，中共宁乡县人民委员会研究决定，拟在花明楼修建刘主席生平展览馆。1965年，所建项目规划向湘潭地委报告，并报省委同意。1966年"文化大革命"开始后，刘少奇故居遭受严重破坏，10月31日停止开放，计划施工项目亦停止。

1980年2月，中共中央十一届五中全会为刘少奇平反后，根据中央指示和湖南省委决定对刘少奇故居进行修缮，于3月5日重新对外开放，隶属于宁乡县革命委员会文教局。

1982年，刘少奇故居归属宁乡县文化局管理，仍属宁乡县委宣传部领导；设置刘少奇同志故居接待室，定编3人。

1984年6月，中共湖南省委决定，并报中共中央同意，由省、市、县有关部门联合组成湖南省修建刘少奇同志纪念馆领导小组，下设建馆办公室，筹划建馆工作。1986年8月13日，湖南省委宣传部函复长沙市委，将纪念馆定名为花明楼刘少奇同志纪念馆。12月2日，中共中央宣传部发函，同意在花明楼建立刘少奇同志纪念馆。

1988年，刘少奇同志纪念馆落成。1989年9月，经湖南省委办公厅批准，同意刘少奇同志纪念馆为市属正县级全民事业单位，行政上隶属于长沙市，由宁乡县人民政府代管。2000年9月6日，长沙市编办确定刘少奇同志纪念馆管理体制，由市委办公厅和宁乡县共管，以市委办公厅为主。2004年6月26日，长沙市编委同意刘少奇同志纪念馆加挂刘少奇故里管理局牌子，实行两块牌子、一套人马管理模式。

截至2017年底，刘少奇同志纪念馆在编人员68人，文物藏品12171件/套，基本陈列包括"伟大的探索者，卓越的领导人——刘少奇生平业绩陈列""刘少奇故居复原陈列"。

长沙简牍博物馆　长沙简牍博物馆是一家历史类专题博物馆，位于湖南省长沙市天心区白沙路92号，隶属于长沙市文化旅游广电局。2017年被评为国家一级博物馆。

1996年10月17日，在五一广场商业特区湖南平和堂商厦施工现场一古井中发现大批珍贵三国吴简。1999年9月27日，湖南省计委批准长沙简牍保护研究中心建设工程立项，同意长沙市政府建设长沙简牍保护研究中心。2000年6月8日，选址于长沙城南天心区的长沙简牍博物馆馆舍动工兴建。

2002年11月16日，长沙简牍博物馆被批准成立，核定事业编制10人，馆长1人、副馆长1人。2005年4月，编制调整为15人。2006年2月，增设副馆长1人，内设办公室、研究保管部、对外联络部、保卫部，均为正科级。

2008年9月，编制调整为16人。12月，编制调整为21人，其中管理人员编制5人、专业技术人员编制16人。

截至2017年，长沙简牍博物馆在编人员19人，其中正高级职称人员1人、副高级职称人员5人；藏品8万余件/套；基本陈列为"文明之路——长沙简牍博物馆专题陈列"。

广东省博物馆　广东省博物馆是一家省级综合博物馆，位于广东省广州市天河区珠江东路2号，隶属于广东省文化厅。2008年被评为国家一级博物馆。

1957年4月24日，成立广东省博物馆筹备处，杜若任负责人。7月19日，成立筹备委员会，商衍鎏任主任，商承祚、胡肇椿、蔡语邨任副主任，蔡语邨兼任筹备处主任，内设行政、业务、基建3个组。

1958年2月4日，广东省博物馆筹备处与广东省文化局文物工作队合并。4月18日，中共广东省委办公厅通知，馆址确定在文明路原中山大学旧址，大钟楼作为广州鲁迅纪念馆。

1959年10月1日，陈列副楼建成开放，举办"广东省历代文物展览"；广州鲁迅纪念馆于同日对外开放。

1960年4月1日，中共广东省委同意成立广东省博物馆。1971年10月19日，"鲁迅生平事迹展览"开放，是广东省博物馆自"文化大革命"停馆后的首次复展。

1973年2月，组建广东省第一间综合性文物修复室。1976年10月15日，广州鲁迅纪念馆重新开放。1979年10月22日，任发生任广东省博物馆馆长。

1980年10月6日，光孝寺管理所成立，隶属于广东省博物馆。1984年1月28日，广东省博物馆内设陈列部、保管部、群工部、行政科、保卫科、人事科、技术制作部、文博研究室、文物工作队、鲁迅纪念馆、光孝寺保管所等11个部门。1986年9月22日，薛连山任馆长。10月19日，广东省博物馆大院内中国国民党第一次全国代表大会旧址重新开放。12月27日，光孝寺移交广东省宗教局管理。

1987年4月8日，内部机构调整为办公室、人事科、保卫科、技术制作部、陈列部、保管部、群众工作部、文物工作队、文博研究室、鲁迅纪念馆、服务部。1994年9月21日，广东省博物馆陈列大楼新楼开放。12月31日，邓炳权任馆长。

1995年7月7日，明远楼移交广东省博物馆管理。1996年11月9日，"孙中山文物文献展"暨国民党第一次全国代表大会旧址重新复原开放开幕式在广东省博物馆举行。

2001年4月4日，古运泉任馆长。2003年，广东省委、省政府决定兴建广东省博物馆新馆。2004年11月16日，广东地质博物馆馆藏3.9万件地质标本移交广东省博物馆。12月12日，广东省博物馆新馆开工典礼举行。2005年11月24日，肖洽龙任馆长。2008年3月28日，广东省博物馆向公众免费开放。

2010年5月18日，国际博物馆日中国主会场活动启动暨广东省博物馆新馆开馆仪式在广东省博物馆新馆举行。2012年7月16日，魏峻任馆长。2013年7月，广东省博物馆下属的广州鲁迅纪念馆（国民党"一大"旧址纪念馆）独立建制，直接归广东省文化厅管理。8月，位于广州市越秀区的省级文物保护单位简园划归广东省博物馆管理。2014年8月28日，内设机构调整为15个。12月25日，召开全馆职工大会，投票产生广东省博物馆第一届理事会省博物馆及社会公众代表理事。

截至2017年底，广东省博物馆编制170人，在编人员148人，其中高级职称人员21人；藏品172745件／套；基本陈列包括"广东历史文化陈列""粤山秀水　丰物岭南——广东省自然资源展览""潮州木雕艺术展览""馆藏历代陶瓷展览""紫石凝英——端砚艺术展览"。

**西汉南越王博物馆**　西汉南越王博物馆是一家历史类考古遗址博物馆，位于广东省广州市越秀区解放北路867号，隶属于广州市文化广电新闻出版局。2008年被评为国家一级博物馆。

博物馆基于西汉南越国时期第二代文王赵昧之陵墓建立。1983年6月9日，南越国文王墓被发现，广州市人民政府决定保护原址并辟建博物馆。

1984年10月29日，广州市编制委员会批准成立西汉南越王墓博物馆筹建办公室，事业编制23人。

1987年9月18日，广州市编制委员会批准成立西汉南越王墓博物馆，按局属处级事业单位管理，隶属于广州市文化局，内设办公室、保卫科（与办公室合署办公）、保管部、陈列部、群众工作部，事业编制66人。

1988年1月18日，广州市文化局批准设立西汉南越王墓博物馆服务部。2月8日，西汉南越王墓博物馆对外开放。12月26日，内设办公室、保卫科、保管部、陈列部、群工部和服务部。

1993年5月，西汉南越王墓博物馆事业编制扩充为93人。12月25日，广州市文化局批准成立南越史研究中心。1999年11月30日，经广州市文化局批准，西汉南越王墓博物馆暂设办公室、保卫科、宣教部、陈列保管部。

2001年11月27日，西汉南越王墓博物馆更名为西汉南越王博物馆。2006年3月，西汉南越王博物馆事业编制由93人缩减为78人。

2013年11月14日，广州市机构编制委员会批准《广州市文化广电新闻出版局所属事业单位分类改革方案》，西汉南越王博物馆属公益一类单位，正处级，内设办公室、陈列研究部、文物保护保管部、宣传教育部、技术部、保卫部。2015年11月，西汉南越王博物馆事业编制缩减为77人。

截至2017年底，西汉南越王博物馆在编人员61人，其中正高职称人员1人、副高级职称人员5人；藏品2667件／套；基本陈列包括"南越文王墓遗址展示""南越藏珍——西汉南越王墓出土文物陈列""杨永德伉俪捐赠藏枕专题陈列"。

孙中山故居纪念馆　孙中山故居纪念馆是以孙中山故居为主体组建的人物类纪念馆，位于广东省中山市翠亨村，隶属于广东省中山市文化局。2008年被公布为首批国家一级博物馆。

清光绪十八年（1892年），孙中山先生在家乡翠亨村亲自设计并主持修建了一座中西合璧的两层小楼（孙中山故居主楼）。民国25年（1936年），中国国民党中央为纪念孙中山先生，特派专员至中山要求捐赠故居，以供国人瞻仰，孙中山胞兄孙眉长孙孙满慨然允诺。此后，孙中山故居由国民政府委托人员和孙中山的亲属管理。

1956年5月，中山县成立孙中山故居纪念馆筹备委员会，李旭昭主持工作。11月，孙中山90周年诞辰之际，孙中山故居纪念馆成立。1958年，孙中山故居进行大修。1962年7月，孙中山故居被公布为首批广东省文物保护单位。1966年，孙中山100周年诞辰之际，兴建一座占地面积约600平方米的陈列馆。

"文化大革命"期间，孙中山故居并未受到太大冲击，馆藏文物也得到了比较妥善的保存。1971年，孙中山故居陈列馆修改基本陈列，重点突出孙中山先生一生的革命史迹。1978年冬至1979年春，孙中山故居陈列馆再次修改基本陈列。1979年，成立孙中山故居纪念馆服务部。1980年，方泽炎任馆长，编制8人。1983年2月，工作人员增至36人。8月，孙中山故居纪念馆孙中山研究小组成立。1984年3月27日，广东省人民政府批准孙中山故居保护范围及建设控制范围。6月，于平任馆长。1986年8月，孙中山史迹播映厅落成。10月，孙中山故居被列为第三批全国重点文物保护单位。11月，为纪念孙中山先生120周年诞辰，孙中山故居陈列馆重新布展并对外开放，展品650余件。1987年，孙中山听故事铜像《根》落成。1988年11月，新建的"天下为公"牌坊及故居公园大门落成。1989年起，负责管理广东省文物保护单位杨殷故居及陆皓东故居。1990年8月，"孙中山与亚洲"国际学术研讨会在翠亨召开，是海峡两岸学术界第一次研讨孙中山思想与功业的盛会。

1991年，孙中山故居纪念馆内设行政股、接待股、纪念品服务股3个股，行政、接待股下设办公室、财会部、文物资料保管部、保安部、园林绿化部等10余个部门，编制30人。1992年1月，萧润君任副馆长，主持全面工作。1994年1月，萧润君任馆长。4月，国家文物局专家组对馆藏一级文物进行鉴审和认定。同年，开通馆内电脑局域网，是全国博物馆系统首个内部局域网。1996年，内部机构设置调整为行政办公室、保卫股、文博接待股、纪念品服务部，其中文博接待股分管研究室、文物资料保管部等部门。9月，孙中山故居陈列馆拆除。11月，孙中山纪念馆奠基典礼举行。12月，孙中山故居纪念馆升格为副处级单位。

1997年起，租用翠亨村孙中山及其父辈耕作过的"龙田"开辟翠亨农耕展示区。1998年7月28日，孙中山故居纪念馆网站开通。9月，"孙中山与广东"展览赴台北孙中山纪念馆展出。12月，增挂中山市民俗馆博物馆牌子。

1999年11月12日，孙中山纪念馆落成并对外开放，基本陈列"孙中山生平史绩""孙中山的亲属与后裔"对外开放。同年底，孙中山故居纪念馆导入ISO9001国际质量管理体系和ISO14001国际环境管理体系，并通过认证。2002年8月，增挂中山市孙中山研究所牌子，内设办公室、研究室、保管部、陈列部、宣教部、信息技术部、保卫部，编制40人。10月，国内首座"孙中山与宋庆龄"铜像落成。

2004年底，孙中山故居封闭进行维修。2005年11月，逸仙图书馆挂牌成立。2006年起，开始编辑出版"孙中山与翠亨历史文化丛书"。2007年起，开始编辑出版"孙中山著作丛书"。2007年，全馆事业编制56人。

2008年3月28日，孙中山故居纪念馆实行免费开放。2009年，开展藏品信息化工作。2011年11月，为纪念辛亥革命100周年，中山市投资建设的辛亥革命纪念公园落成，由纪念馆负责管理。

2012年，内设办公室、研究室、宣教部、保管部、陈列部、保卫部、信息技术部，事业编制人员66人。

2013年，启动第一次全国可移动文物普查

工作。2014年12月，孙中山故居纪念馆理事会成立，胡颂科担任理事长。

2015年，黄健敏任副馆长，主持全面工作；全国廉政教育基地"孙中山廉政思想及实践"展览开放；为纪念孙中山150周年诞辰，启动孙中山故居纪念馆基本陈列改造、基础设施全面提升项目、中国历史文化名村翠亨村核心保护区全面保护及活化利用项目。

2016年，黄健敏任馆长；陆皓东故居及纪念展览、杨日暄杨日韶烈士故居及纪念展览、杨心如故居及纪念展览等陆续对外开放，接收孙妙茜故居、朱卓文故居捐赠；完成全国第一次可移动文物普查工作；与广东省古籍保护中心在本馆共建古籍修复室；推动中国社科院近代史研究所与中山市委共建孙中山研究院，并承担日常管理工作；推动新编《孙文全集》（20卷）的出版及中山史上规模最大的地方历史文献汇编项目"中山文献丛刊"（60册）编辑工作。

截至2017年底，孙中山故居纪念馆在职人员135人，基本陈列展示区包括纪念展示区、翠亨民居展示区、农耕文化展示区、杨殷陆皓东纪念展示区、非物质文化遗产展示区、辛亥革命纪念公园等。

**深圳博物馆** 深圳博物馆是集收藏、保护、研究、展示、教育于一体的大型总分馆制博物馆，拥有历史民俗馆（福田区市民中心A区）、古代艺术馆（福田区同心路6号）和东江游击队指挥部旧址（罗湖区南庆街13号）3处馆址，隶属于深圳市文体旅游局。2012年被评为国家一级博物馆。

1980年8月26日，深圳经济特区建立，在

城市建设中发现了许多古迹，出土了大量文物。1981年10月17日，深圳市政府批准设立深圳经济特区博物馆，科级建制，事业编制5人。1982年，博物馆基建立项，并被列入深圳市八大重点文化设施，1984年2月开始建设施工。1984年3月，事业编制增至45人，内设办公室、陈列部、保管部、群工部、考古部。1985年10月，事业编制增至70人。1988年11月，深圳博物馆建成开馆。1989年6月，升格为正处级单位，增设研究部。1995年1月，编制增至100人，含事业编制80人、经费自筹编制20人。

1998年底，深圳博物馆新馆动工建设。2004年11月，考古队从博物馆分离，成立独立法人单位深圳市文物考古鉴定所，博物馆事业编制减至73人。2008年3月，应新馆的建设和运营需求，深圳博物馆人员编制扩充至176人，含事业编制122人、雇员编制48人、经费自筹编制6人。2008年12月，新馆建成开放，定位为历史民俗馆，老馆定位为古代艺术馆。

2010年1月，深圳市非遗保护中心划归深圳博物馆，实行一个机构、两块牌子，人员编制增至194人，含事业编制122人、雇员编制48人、经费自筹编制4人、员额编制20人。同年，东江游击队指挥部旧址划归深圳博物馆管理，闭馆进行维修改造。

2014年底，深圳博物馆建立理事会。2015年8月，古代艺术馆暂停开放，进行维修改造。12月，员额编制被政府收回，雇员停止招聘，员额及空缺的雇员编制由市财政给予专项经费，实行社会化购买服务。2017年底，东江游击队指挥部旧址维修改造完毕，重新开放。

截至2017年底，深圳博物馆在编人员130人，包括事业编制100人、经费自筹编制3人、雇员编制27人，其中专业技术人员100人，含正高级职称人员6人、副高级职称人员23人、中级职称人员49人；内设行政财务部、馆长办公室、深圳历史文化研究部、深圳改革开放史研究中心、古代艺术研究部、信息技术部、文博资料中心、文物保护部、展览部、教育推广部、社会服务部、保卫部、市非遗保护中心办公室、基建办公室、文化创意部等部门；藏品15480件／套，其中三级以上珍贵文物5438件／套；基本陈列包括"古代深圳""近代深圳""深圳改革开放史""深圳民俗文化""走进野生动物的情感世界——贝林先生捐赠世界野生动物标本展""叶挺将军与深圳"。

**广东民间工艺博物馆**　广东民间工艺博物馆是一家历史人文类博物馆，位于广东省广州市荔湾区中山七路恩龙里34号陈家祠内，隶属于广东省文化厅。2017年被评为国家一级博物馆。

1959年，广东民间工艺博物馆成立，以广州陈家祠为馆址。陈家祠又名陈氏书院，始建于清光绪十四年（1888年），清光绪十九年落成，是广东各地陈氏宗族合资建造的合族祠，作为陈氏宗族子弟在广州城参加科举考试、缴纳赋税、办理诉讼等的临时居所。

1950年，广州市人民政府在陈家祠设立广州市行政干部学校。1957年，陈家祠在第一次文物普查中被指定为文物建筑。同年，广州市人民代表联名就陈家祠的保护提出要求，年底广州行政干部学校迁出陈家祠，并于12月31日与广州市文化局办理移交手续。1958年1月

1日，广州市文物管理委员会主持开展陈家祠维修复原工程。1959年10月1日，以陈家祠为馆址成立的广东民间工艺馆对外开放，李震任馆长。

1962年1月，广州市规划局同意将陈家祠门前马路段封闭，划归广东民间工艺馆。

20世纪60年代，在国内"备战、备荒、为人民"的大环境下，广州市文博党支部与广东省图书馆、广东省博物馆于粤北连平县建立战备后方文物仓库，广东民间工艺馆与广州博物馆等五家单位将重要文物都转移至后方仓库存放。

1966年"文化大革命"开始后，广东民间工艺馆停办展览并闭馆。9月，广州新华印刷厂进驻陈家祠。1967年，电影机械厂在后院兴建三层厂房。1968年以后，前院被广州市第32中学占用为操场，并建起一幢四层教学大楼。

1979年5月28日，撤销广州市纪念馆博物馆革命委员会，恢复广东民间工艺馆等单位直属广州市文化局领导建制，广东民间工艺馆与广东革命历史博物馆组成联合党支部。1980年，恢复广东民间工艺馆，成立筹备小组，缪菁为组长，负责催收、接收和筹备修缮复原陈家祠工作。12月31日，新华印刷厂从广东民间工艺馆迁出。1981年1月1日，筹备小组开始对陈家祠进行全面修缮复原。1983年2月13日，广东民间工艺馆恢复开放，伍忠任党支部书记，何民本任馆长。1986年1月10日，内设办公室、陈列部、保管部、接待部、服务部。

1991年5月8日，广州市文化局决定广东民间工艺馆实行馆长负责制，李卓祺任副馆长，主持全面工作。1993年3月15日，李卓祺任馆长。1994年6月23日，广东民间工艺馆更名为广东民间工艺博物馆。1996年7月5日，按处级事业单位管理，编制和隶属关系不变。1996年底，广州复印机厂迁出陈家祠后院，历史遗留问题得到解决。

1999年，广东民间工艺博物馆设立综合档案室。2000年，开展主体建筑维修保护工作。2002年，增设研究室。同年，黄淼章任馆长。2005年9月，开展事业单位人事制度改革。

2008年，广东民间工艺博物馆被评为国家二级博物馆。2011年，成立图书资料信息部。2015年6月，成立文物保护修复中心和讲解接待中心及资产管理办公室。2015～2016年，完善人事规章制度。

截至2017年底，广东民间工艺博物馆在编人员57人；内设办公室（含资产管理办公室）、陈列研究部、文物保护保管部（含文物保护修复中心）、图书资料信息部、宣传教育部（含讲解接待中心）和保卫科；文物藏品17523件／套；基本陈列包括"岭南民间百艺"与"百年陈氏书院"。

**广西壮族自治区博物馆**　广西壮族自治区博物馆是一家以历史与艺术为主的省级综合性博物馆，位于广西壮族自治区南宁市青秀区民族大道34号，隶属于广西壮族自治区文化厅。2008年被评为国家一级博物馆。

20世纪30年代初，广西省政府委员兼教育厅厅长李时任向广西省政府提议，在省会南宁筹建广西省立博物馆。民国22年（1933年）8月2日，广西省政府第79次常委会通过《广西省立博物馆办法大纲》，任命廖葛民、雷荣甲、黄立生为广西省立博物馆筹备委员会委员，并指定廖葛民为筹备委员会主任。9月15日，广西省立博物馆筹备处成立。民国23年7月1日，广西省立博物馆开馆，在南宁市共和路省教育厅旧址办公，设自然科学部和历史文化部，廖葛民为馆长兼自然科学部主任，成启宇任历史文化部主任；全馆职工27人，馆藏文物和自然标本共27305件。

民国25年10月5日，广西省政府迁至桂林。广西省立博物馆改名为广西省立南宁博物馆。抗日战争时期停办，部分藏品和图书资料由广西省科学馆和通志馆收藏。

民国33年4月1日，广西省立博物馆改名为广西省立科学馆，高国材任馆长。6月，侵华日军大肆进犯湘北，桂林各机关奉命疏散，将文物及西南展览会物品存封于七星岩内，拣选部分价值较高且易于搬运的文物装成50余箱，于7月2日运抵平乐，9月又将文物迁往贺县。民国35年3月，广西省政府指定桂林王城内省临时参议会旧址、省府花园旧址、独秀峰下水塘全部以及前绥署宿舍等地为馆址。9月，馆长高国材率队前往贺县将疏散文物运回桂林，新旧职员陆续到馆开展工作，馆内有工作人员10余人，设编审室、修理室、实验室和4个展览室。同年冬，博物馆从省立科学馆分离出来，并入广西省通志馆。民国36年1月6日，广西省政府指定桂林市中正路八桂厅广西建设研究会旧址为省文献委员会会址。5月5日，广西省文献委员会成立，黄旭初为主任委员，合并博物馆、通志馆、图书馆等功能，成立各专门委员会，设置历史文物审查鉴定委员会、文献期刊编辑委员会、战时散佚文物委员会、总务组、整理组、编纂组。民国37年6月9日，广西省文献委员会归民政厅主管。

1950年4月1日，广西省文物馆筹备处在桂林成立，接管广西省文献委员会工作，民族学家刘介任筹备处主任，馆址设在八桂厅，设总务组、革命文物组、历史文物组、民族文物组。5～11月，接收原广西省通志馆移交文物924件，印章100枚，石刻拓片3467张；8～11月，接收原广西省科学馆移交文物318件。1953年1月4日，举办"广西民族文物展览"，是广西解放后举办的第一次大型文物展览。6～7月，广西省文物馆筹备处改组，分别成立广西省文物保管委员会筹备处和广西省博物馆筹备处。1954年3月中旬，由桂林搬迁至南宁，在南宁市经文街南一里五号，与文史研究馆合署办公。广西省文化局派社文科兰启辉任秘书，管理全馆日常事务；馆内设采集组、研究保管组、总务组，有职工19人。

1956年5月，广西省立博物馆大楼竣工，馆址位于南宁市人民公园。8月，筹备处改名为广西省博物馆，开放"广西自然标本和出土文物"展览。

1958年3月5日，广西壮族自治区成立，广西省博物馆改名为广西壮族自治区博物馆，内设历史考古组、展览标本组、文物保管组、总务组。1959年底，馆党支部建立，赵荆生任党支部书记。

1963年1月，经广西壮族自治区文化局批准，博物馆与自治区展览馆合并，馆址由南宁市人民公园迁往民主路展览馆。同年，李予同任副馆长。1964年7月，机构改革，保管组负责文物保管、文物修复复制、书画装裱修复、自然标本保管等工作。

"文化大革命"开始后，博物馆业务工作停止，机构合并，干部下放，文物受损严重。1971年，任命何乃汉为馆领导小组副组长。

1977年，为迎接广西壮族自治区成立20周年，自治区人民政府拨出专款在南宁市民族广场新建博物馆大楼。1978年，广西壮族自治区博物馆新陈列大楼建成。1982年，贾鸿起任馆长兼党支部书记。1979年，全馆干部职工114人，内设机构包括办公室、文物队、文物商店、保管部、陈列部、群教部。1988年，广西壮族自治区自然博物馆成立，机构、人员从广西壮族自治区博物馆自然组分离；广西民族文物苑对外开放，是博物馆室内陈列的延伸和补充，"馆苑结合"模式系中国首例。

1989年9月，馆内设机构调整，设历史考古组、展览标本组、文物保管组、总务组。12月29日，广西考古学会、广西博物馆学会成立。

1991年6月7日，馆内设机构调整，设业务办公室、陈列部、群众教育部、文物队、图书资料室、民族文物苑、保卫科、财务科。

1992年4月，民族文物苑铜鼓楼建成开放。9月1日，成立开发部。2006年3月，经自治区文化厅党组批准，馆内设部门广西文物工作队更名为广西文物考古研究所，独立建制。

2006年，将几千件馆藏民族文物移交给新成立的广西民族博物馆。2008年3月26日，广西壮族自治区博物馆向公众永久性免费开放。2015年，文物保护修复中心建设完毕并揭牌启动。

截至2017年底，广西壮族自治区博物馆在编人员78人，其中正研究馆员5人、副研究馆员15人；文物藏品（含古籍）7万余件／

套；基本陈列包括"瓯骆遗粹——广西百越文化文物陈列""瓷美如花——馆藏瓷器精品展""丹青桂韵——馆藏山水画精品展"等。

**广西民族博物馆** 广西民族博物馆是一家民族类专题博物馆，位于广西壮族自治区南宁市青秀区青环路11号，隶属于广西壮族自治区文化厅。2017年被评为国家一级博物馆。

2001年，广西壮族自治区党委、自治区人民政府决定建设广西民族博物馆。10月，广西壮族自治区文化厅成立广西民族博物馆项目领导小组，并设立广西民族博物馆建设办公室，筹建工作启动。

2003年9月，广西壮族自治区机构编制委员会同意成立广西民族博物馆，核定全额拨款事业编制5人。截至2004年9月，内设综合部、人事财务部、事业发展部、建设工程部。2005年4月，根据建设和业务发展需要对内设机构进行调整，设综合部、人事财务部、建设工程部、基础工作部、信息资料部、研究发展部、社会工作部。2007年9月，核定全额拨款事业编制65人。

2008年10月，内设机构调整为馆办公室（下设人事党群管理科、综合文秘科、财务科）、文物保管与保护研究部、事业发展研究部、信息资料部、社会宣传工作部、物业与安全管理部、露天展示园管理部。

2010年2月，成立产业开发部。2011年10月，成立研究一部、研究二部、研究三部。2012年2月，馆办公室文秘科更名为馆办公室；馆办公室人事科、财务科合并，更名为人事财务部；社会宣传工作部更名为社会教育部。截至2012年2月，内设机构10个。2012年3

月，根据工作需要成立研究四部。7月，核定全额拨款事业编制89人。

2013年4月，成立陈列部。2014年2月，成立文物保护实验室。5月，成立藏品部，撤销文物保管与保护研究部。2016年6月，成立党群工作部。2017年5月，成立广西古人类研究中心。6月，撤销人事财务部，成立人事部、财务部。

海南省博物馆　海南省博物馆是一家省级综合博物馆，位于海南省海口市国兴大道68号，隶属于海南省文化广电出版体育厅。2012年被评为国家一级博物馆。

1984年9月，广东省海南行政区在海口成立海南博物馆筹建办公室。1990年，海南省政府批准成立海南省博物馆，裘之卓任馆长。但很长一段时间，馆舍工程迟迟未开工，海南省博物馆是当时全国唯一没有馆舍的省级博物馆，只有临时文物库房和办公场所。1995年，乔德龙任馆长。1996年，海南省文物考古研究所成立，与海南省博物馆合署办公。2002年，丘刚任馆长。

2004年下半年，海南省文化公园整体建设方案出台，其中海南省博物馆占地4万余平方米。2005年底，海南省博物馆基建工程开工，2008年11月15日，博物馆建成开馆并向公众免费开放。

2012年11月，海南省博物馆二期工程动工兴建。2013年，海南省博物馆建立出水文物保护实验室。2016年，陈江任馆长。2017年5月18日，海南省博物馆二期开馆。

截至2017年底，海南省博物馆在职人员126人，其中高级职称人员11人；内设办公室、陈列部、文物考古工作队、藏品征集部、藏品保管部、文物保护与修复部、安全监管部、南海水下考古研究中心、公共服务部；文物藏品24749件；基本陈列包括"南溟泛舸——南海海洋文明陈列""方外封疆——海南历史陈列""仙凡之间——海南风情陈列"，另有两个专题陈列"木中皇后——海南黄花梨陈列""香中魁首——海南沉香陈列"，以及非遗陈列"琼工坊——海南传统手工技艺陈列""琼肴街——海南饮食文化陈列""琼崖村——海南少数民族非遗陈列""琼戏台——琼州表演艺术陈列"。

重庆中国三峡博物馆（重庆博物馆）　重庆中国三峡博物馆（重庆博物馆）是一家省级综合博物馆，位于重庆市渝中区人民路236号，隶属于重庆市文化局。2008年被评为国家一级博物馆。

重庆中国三峡博物馆的前身是始建于1951年3月的西南博物院，重庆市中华路287号为临时院址。1952年，确定桂花园160号重庆市工农干部文化补习学校校址为西南博物院院址，徐中舒任院长，冯汉骥、周素园、方国瑜任副院长。1953年10月，西南人民科学馆（馆址在北碚）并入博物院，并更名为西南博物院自然博物馆。1954年9月，全院在编人员107人，其中所属自然博物馆47人、历史馆（含院部）60人。西南博物院藏品以西南文教部拨交的2万余件文物为基础，至1954年底增至102478件，曾先后举办17个有社会影响的专题展览，如"西南区文物展览会""宝成铁路出土文物展览""西南主要矿产展览""川黔革命文物调查汇报展"等。1955年6月，西南博物院更名为重庆市博物馆,马耕渔任馆长,邓少琴任副馆长,馆址迁至枇杷山正街72号。

1958年5月,由重庆市博物馆筹建并代管的红岩革命纪念馆开放,西南博物院规划的"五馆"中之革命馆,继历史、自然两馆之后建成。1964年,筹建美蒋罪行展览馆。截至1995年,由重庆市博物馆筹建衍分为重庆市独立文博单位的有红岩革命纪念馆(1964年)、美蒋罪行展览馆(1964年)、重庆自然博物馆(1991年)、黄山陪都遗址陈列馆(1993年)、重庆大韩民国临时政府旧址陈列馆(1995年)。这一时期的基本陈列仍以"历代文物艺术品陈列""重庆城市发展史展览""四川恐龙化石陈列""四川脊椎动物陈列"为基础,逐渐构建起以西南民族文物、重庆历史文物、自然标本、革命文物、历代瓷器、书画展览为主体的基本陈列体系。

2000年9月27日,国务院办公厅复函重庆市人民政府、国家文物局,重庆市拟建的新博物馆名称定为重庆中国三峡博物馆,并加挂重庆市博物馆牌子。12月29日,启动建设工程。2004年11月4日,内设办公室、财务处、人力资源部、纪检监察审计处、安全保卫处、藏品部、巴渝文化研究部、城市发展研究部、陈列展览部、文物信息中心、文物修复中心、物业管理处等12个部门,核定编制185人。同年,重庆市文物考古所独立建制,由重庆市博物馆管理改由重庆市文化广电局直接管理。2005年6月18日,新馆建成并开放,馆址位于渝中区人民路236号,在重庆人民大礼堂与人民广场中轴线上。11月6日,中共重庆市委任命王川平为重庆中国三峡博物馆馆长。2006年3月28

日,将陈列发展部、票务科、经营科等部门组建为开放接待中心。2007年4月18日,成立馆学术委员会。6月18日,重庆文博物业管理有限公司、重庆市恭州文物保护有限公司在博物馆挂牌成立。10月12日,重庆市文物商店建制撤销,并入博物馆,增设馆内二级机构社会文物征集鉴定部。2008年11月20日,重庆三峡古人类研究所成立,为博物馆二级机构。2009年3月19日,合并城市发展研究部、巴渝文化研究部为研究部和策划发展部。至此,全馆内设机构14个,即办公室、财务处、人力资源部、纪检监察审计处、安全保卫处、物业管理处、藏品部、研究部、策划发展部、文物信息中心、文物保护修复中心、陈列展览部、社会文物征集鉴定部、三峡古人类研究所。2010年,设立重庆文博展览有限公司。同年12月,涪陵白鹤梁水下博物馆并入重庆中国三峡博物馆,馆内新设涪陵白鹤梁保护管理处。

截至2017年底,全馆在编人员178人,其中正高职称人员8人、副高职称人员19人;文物藏品11.35万余件/套;基本陈列包括"壮丽三峡""远古巴渝""重庆·城市之路"等。

**重庆红岩革命历史博物馆** 重庆红岩革命历史博物馆(简称红岩博物馆)是一家革命历史类博物馆,位于重庆市渝中区化龙桥街道红岩村52号,隶属于重庆市文化广播电视局。2012年被评为国家一级博物馆。

红岩博物馆下辖红岩革命纪念馆、重庆歌乐山革命纪念馆及其所属革命旧址群。1958年5月1日,红岩革命纪念馆在红岩村八路军重庆办事处旧址建成开放。1963年11月27日,在"中美合作所"集中营旧址建成重庆中美合作所集中营美蒋罪行展览馆。1984年，更名为重庆歌乐山烈士陵园。1986年，邓小平题写园名。1993年11月，增挂重庆歌乐山革命纪念馆牌子。2001年"两馆"联合运作，2004年"两馆"资源整合，成立重庆红岩联线文化研究发展中心。2006年9月6日，经中共重庆市委二届143次常委会同意，将重庆红岩联线文化研究发展中心、红岩革命纪念馆、重庆歌乐山革命纪念馆合并成立重庆红岩联线文化发展管理中心，同时加挂重庆红岩革命历史博物馆牌子，为正局级事业单位。

2007年，红岩博物馆核定内设机构15个，即办公室、计划财务处、产业发展处、后勤物管处（遗址保护部）、文物保管部、党史研究部、统一战线史研究部、历史研究部、社会教育工作部、参观接待部、陈列展览部、技术设备部、监察处（审计处）、人事处、保卫处（景区管理办公室）。2013年，调整优化内设机构，数量仍为15个，人事处更名为组织人事处，监察处（审计处）更名为纪检审计处，文物保管部更名为文物征管部，后勤物管处（遗址保护部）更名为遗址保护部（后勤物管处），党史研究部、统一战线史研究部、历史研究部整合为研究部，设立科研处，参观接待部分设为参观接待一部、参观接待二部。

截至2017年底，红岩博物馆核定事业编制305人，在编人员273人，其中正高级职称人员9人、副高级职称人员14人；管理不可移动文物53处，对外免费开放36处；藏有文物、档案、图书资料等103059件／套，其中可移动文物6638件／套；基本陈列包括"千秋红岩——中共中央南方局历史陈列""红岩魂——白公馆、渣滓洞的革命烈士斗争事迹展览"，还有中共中央南方局暨八路军驻重庆办事处旧址、曾家岩50号周公馆旧址、桂园——重庆谈判暨"双十"协定签字处旧址、白公馆、渣滓洞等复原及辅助陈列16个。

四川博物院　四川博物院是一家省级综合博物馆，位于四川省成都市浣花南路251号，隶属于四川省文化厅。2012年被评为国家一级博物馆。

民国28年（1939年），四川省政府拟以原四川大学博物馆筹备委员会所搜集的2000余件文物为基础，与四川大学协同筹备、合办四川博物馆。民国29年8月31日，四川省古物保存委员会第一次会议决议通过四川省政府成立四川博物馆提案，与四川大学合作组建四川博物馆筹备处。民国30年1月22日，四川博物馆筹备委员会第一次全体会议推选四川大学教授冯汉骥为四川博物馆馆长，馆址选定在郫县犀浦东岳庙，市内办公地设在城守东大街四川省图书馆二楼，会议还通过了《四川博物馆理事会组织规程草案修正案》并转送省政府核办。3月，教育部部长陈立夫签令将原四川大学所保存的全部古物移交四川博物馆，四川地区第一家国立综合性省级博物馆由此诞生。四川博物馆设有古物收藏与展览部、考古研究与技术部、行政事务部，最初组成人员有陈仰之（任秘书）、曹增荣（任文书）、柏复武（任事务）、蒙敬学（任抄录）等10人。同年春起，四川博物馆每周日对外开放陈列室。抗日战争胜利后，四川省政府批准四川博物馆迁入成都市区明远楼，馆藏文物开始陆续搬迁，期间郫县犀浦东岳庙馆址保留并改称四川博物馆分馆。

1950年，文物全部搬迁回成都市区。4月初，成都市军事管制委员会教育处派员接管四川博物馆。4月10日，四川博物馆更名为川西人民博物馆，馆长1人，设历史考古组、人类民族组、秘书室、技术室，有雕刻、裱拓、摄影等技术员工多人。12月，川西人民博物馆由明远楼搬迁至少城公园内的佛学社和国术馆。1952年10月20日，川西人民博物馆更名为四川省博物馆。1958年，四川省文物管理委员会与四川省博物馆合署办公。1961年5月，成都市东城区如新旧货店古玩组移交四川省文化厅，在此基础上成立四川省文物商店，委托四川省博物馆代管。文物商店先后向四川省博物馆调拨了大量字画文物。1965年9月1日，四川省博物馆由成都市半边桥街35号迁至成都市人民南路四段原苏联和平利用原子能展览馆。1973年，四川文物商店脱离四川省博物馆，实行企业管理单独核算。1977年3月，冯汉骥馆长逝世，由四川大学历史系主任、教授徐中舒担任四川省博物馆名誉馆长。

1982年，四川省文物管理委员会脱离四川省博物馆，单独建制。1983年12月，范桂杰任馆长。1996年9月，马家郁任馆长。1999年，高大伦任代理馆长。2001年，焦入川任馆长。

2001年12月25日，四川省博物馆新馆在浣花溪畔奠基。2002年7月，四川省博物馆老馆闭馆。2004年12月30日，新馆建设破土动工。2008年，盛建武任馆长。

2009年3月11日，四川省博物馆更名为四川博物院。5月，四川博物院新馆落成，9日起对外免费开放，馆内以四川地域特色和巴蜀文化特色为主线设置9个展馆，包括"巴蜀青铜器馆""四川汉代陶石艺术馆""万佛寺石刻馆""陶瓷馆""四川民族文物馆""工艺美术馆""书画馆""藏传佛教文物馆""张大千艺术馆"。6月，四川博物院学术中心和文物保护修复中心先后成立。11月，四川博物院首创"大篷车"流动博物馆，以1台大型多功能文物展示车、7台辅助展示车组成流动博物馆车组，集文物展示、互动于一体。2013年12月，四川博物院成为第一批四川省古籍重点保护单位。

2015年9月16日，四川博物院和四川省教育科学研究所联合发起成立四川省博物馆教育研究所，推广博物馆教育。2016年9月，中国博物馆协会批准成立流动博物馆专委会，四川博物院担任主任委员单位。2017年8月8日起，四川博物院全面推行延时开放至晚9时，为观众提供更加充裕的观展时间。

截至2017年底，四川博物院在编人员149人，其中正高级职称人员4人、副高级职称人员16人；实行理事会管理制度，内设办公室、人事部、陈展部、财务部、典藏部、后勤服务中心、文物保护中心、公众教育部、安全保卫部、政府采购办公室、信息中心、学术中心、图书馆、产业办公室；文物藏品32万余件；基本陈列包括"蜀风汉韵——四川汉代陶石艺术展"等。

**自贡恐龙博物馆** 自贡恐龙博物馆是由国家投资兴建的国内第一家恐龙遗址博物馆，也是亚洲建成最早、影响最大的恐龙博物馆，位于四川省自贡市的东北部，隶属于自贡市文化广电新闻出版局。2008年被评为国家一级博物馆。

1983年3月，中共自贡市委批准成立四川省自贡恐龙博物馆筹建领导小组，成立四川省自贡恐龙博物馆筹建领导小组办公室。10月，经自贡市委、市政府同意，自贡市编制委员会正式发文成立四川省自贡恐龙博物馆、四川省自贡恐龙研究所，实行馆、所合一。1984年初，在筹建办公室领导下，陆续建立了基建组、后勤组、科研发掘队、装架陈列队、资料组、接待组、保卫组、旅游服务部、开馆筹备组。

1985年以前，自贡恐龙博物馆无固定馆址。1984年11月以前，一部分职工在自贡市盐业历史博物馆内办公，一部分职工在大山铺川西南矿区综合队办公楼内办公。1984年11月，所有职工搬到大山铺，一部分职工在川西南矿区综合队办公楼办公，一部分职工在原再生橡胶厂内办公（临时展览）。1985年底，在大山铺238号修建的自贡恐龙博物馆主馆工程全部竣工，自贡恐龙博物馆有了正式馆址。

1986年5月，核定人员编制115人。12月，自贡恐龙博物馆内设研究部、科学教育部、陈列部、旅游服务部、保卫科、政工科、办公室。1987年2月，内设研究部、科学教育部、陈列部、旅游服务部、保卫科（派出所）、政工科、办公室。3月16日，自贡市编制委员会正式发文将四川省自贡恐龙博物馆、四川省自贡恐龙研究所更名为自贡恐龙博物馆、自贡恐龙研究所，仍实行两块牌子、一套机构。5月，内设研究部、科学教育部、陈列部、旅游服务公司、保卫科（派出所）、政工科、办公室。1989年3月，内设研究部、科学教育部、

陈列部、旅游服务公司、保卫科（派出所）、行政科、政工科、办公室。

1993年2月，内设研究部、科学教育部、旅游服务公司、保卫科（派出所）、行政科、办公室，原政工科并入办公室。

1994年8月，内设研究部、科学教育部、旅游服务公司、保卫科（派出所）、行政科、办公室、技术部。

1997年4月，自贡恐龙博物馆技术部更名为自贡恐龙博物馆陈列部，内部机构变为研究部、科学教育部、旅游服务公司、保卫科（派出所）、行政科、办公室、陈列部。

2003年，自贡恐龙博物馆实施扩馆建园工程，修建了外环境及游客中心，使得自贡恐龙博物馆的占地面积扩大了近一倍，由27000平方米扩大到了66700平方米。

2004年11月，经自贡市机构编制委员会同意，自贡恐龙博物馆内部机构调整为研究部、陈列部、科教部、旅游服务部、市场开发部、行政科、保卫科、办公室，原旅游服务公司改为旅游服务部，保卫科不再对外称派出所，增加市场开发部。

2014年，为适应信息化的发展需要，自贡恐龙博物馆增设信息中心，馆内部机构调整为研究部、陈列部、科教部、旅游服务部、市场开发部、行政科、保卫科、办公室、信息中心。

截至2017年底，自贡恐龙博物馆在编人员53人，其中正高级职称人员2人、副高级职称人员4人；化石藏品10221件。

邓小平故居陈列馆 邓小平故居陈列馆是全国唯一一家以邓小平同志生平事迹为专题的

纪念馆，位于四川省广安市广安区协兴镇牌坊村，隶属于四川省广安市委直属单位邓小平故里管理局。2008年被评为国家一级博物馆。

1989年12月，成立广安县邓小平旧居管理所。1997年12月，旧居管理所更名为广安县邓小平故居管理所。2001年，四川省委、省政府批准设立邓小平故居保护区；管理所内设综合处、经济发展处、规划建设处、社会事业处。11月18日，经中共中央办公厅秘书局批准，在四川省广安市修建邓小平故居陈列馆。

2004年2月26日，中共广安市委机构编制委员会印发《关于设立邓小平纪念馆的通知》，决定设立邓小平纪念馆，为中共广安市委管理的正县级单位，核定事业编制16人，内设办公室、经营部、文博部、环境部、保卫部。12月21日，邓小平纪念馆更名为邓小平故里管理局，编制扩充为21人，内设办公室、财务科、环境科、经营科、保卫科、邓小平故居陈列馆（下设文管部、展研部、技术部）。2005年，增加事业编制5人。2010年，设立佛手山景区管理所。2011年，增设展宣科。2013年，经中共四川省委组织部批准，邓小平故里管理局为参照《中华人民共和国公务员法》管理事业单位。2015年，邓小平故居陈列馆内部增设综合部，邓小平故里管理局设立正科级事业单位翰林院子管理所。

截至2017年底，邓小平故里管理局在编人员42人；藏品1834件／套；基本陈列包括"我是中国人民的儿子""小平您好""邓小平廉政思想与实践专题展"，专题陈列有"军事家邓小平专题展""邓小平经典图片展""纪念邓小平同志决策恢复高考特别展""平凡至伟——邓小平夫人卓琳专题展"等。

**三星堆博物馆** 三星堆博物馆是一家大型现代化的专题性遗址博物馆，位于三星堆遗址东北角，地处四川省广汉市城西鸭子河畔，隶属于广汉市人民政府。2008年被评为国家一级博物馆。

1988年，四川省编制委员会批准三星堆博物馆成立，核定人员编制30人。1992年8月，馆舍奠基。1997年10月，三星堆博物馆正式开放，基本陈列为"古城古国古蜀文化陈列"，核定人员编制20人。

2011年6月，核定人员编制35人，内设办公室、文物保管部、陈列展览部、学术研究部、公众服务部、文化产业部、安全保卫部、物业管理部、财务部；文物藏品1100件／套，包括一级文物436件、二级文物243件、三级文物107件；拥有两个展馆，展示面积近12000平方米，分为第一展馆（综合馆）和第二展馆（青铜馆）。

**成都杜甫草堂博物馆** 成都杜甫草堂博物馆是古建筑类博物馆，位于四川省成都市青羊区青华路37号，隶属于成都市文物局。2008年被评为国家一级博物馆。

成都杜甫草堂博物馆依全国重点文物保护单位杜甫草堂而建。唐上元二年（761年），避安史之乱的杜甫，在友人帮助下，成都西郊浣花溪畔建成茅屋，称"成都草堂"，在此居住四年。其后近1300年历时代风雨，屡有兴废，其中明弘治十三年（1500年）和清嘉庆十六年（1811年）两次修葺奠定后世格局。1952年，杜甫草堂全面整修后正式对外开放。1955年，成立杜甫纪念馆。

1984年，根据《关于杜甫草堂、武侯祠成立博物馆的通知》，成都市文化局批准成立成都杜甫草堂博物馆，编制50人。1987年，博物馆征用周围大量土地，部分农民被纳入事业编或以大集体的方式进入博物馆。同年，根据《关于下达成都市文化局所属事业单位人员编制控制数的通知》，确定成都杜甫草堂博物馆编制140人，内设办公室、计财科、基建办公室、门票科、服务部、群工部、园林部、保卫科、保管部、研究部、陈宣部。

2004年，根据《关于成都杜甫草堂博物馆增挂牌子的通知》，成都杜甫草堂博物馆增挂杜甫草堂诗书画院牌子，内设办公室、人力资源部、财务部、保卫部、票务管理部、营销部、保管研究部、陈列宣传部、基建园林部。

2008年，内设办公室（人力资源部）、保卫部、陈列研究部、产业发展部、宣传营销部、票务管理部、古建园林部、财务部。

2013年，增设人力资源部、古建部、园林部，加上原办公室、陈列研究部、产业发展部、宣传营销部、保卫部、票务管理部、财务部，共计10个部门。

2014年，古建部改名为古建保护部。2015年，根据《中共成都市委机构编制委员会关于成都杜甫草堂博物馆机构编制事项的调整》，将浣花溪纳入博物馆管理范围，增核事业编制8人，编制总数123人。

2016年，根据《中共成都市委机构编制委员会关于在成都杜甫草堂博物馆增挂成都中国书法馆牌子的通知》，成都杜甫草堂增挂成都中国书法馆牌子。同年，成都市文广新局印发《关于同意成都杜甫草堂博物馆内设机构设置

的批复》，同意成都杜甫草堂博物馆在原10个部门的基础上增设设计展陈部、信息中心、采购保障部。

截至2017年底，成都杜甫草堂博物馆有藏品57220件，其中一级文物11件、二级文物85件、三级文物1181件；基本陈列包括"诗圣著千秋 草堂留后世"等。

**成都武侯祠博物馆** 成都武侯祠博物馆是一家中国三国文化古遗址、古墓葬、古建筑专题博物馆，位于四川省成都市武侯区武侯祠大街231号，隶属于成都市文物局。2008年被评为国家一级博物馆。

1952年7月，武侯祠正式对外开放。1953年，成都市文化教育局正式接管武侯祠。随后，成都武侯祠与西邻川军抗日将领刘湘陵园合并，统称为成都市南郊公园。

1961年，成都武侯祠被国务院公布为第一批全国重点文物保护单位，设立专职文物保护干部两名。

1973年，成都市革命委员会决定将武侯祠从南郊公园中划出，成立独立机构进行管理，隶属于成都市文化局。

1974年1月，成都武侯祠文管所正式成立，并建立中共成都武侯祠文管所支部；职工41人；内设办公室、绿化组、服务组，后又从绿化组中分出草花组、绿化组。

1976年，文博业务干部从原有的3人增加到7人，增设文博业务组。

1982年，成都市武侯祠文管所职工101人，其中固定职工82人。1984年6月28日，成都武侯祠博物馆成立，编制40人，原文管所牌子保留，实行一套机构、两块牌子，内设办公

室、保卫科、宣传陈列部、保管研究部、建筑园林保护部、服务部等部门。

1998年，馆内文博干部中有正高级职称人员3人、副高级职称人员2人。

2000年1月，内设办公室、人事科、行政科、财务科、宣教部、研究部、保管部、保卫科、古建园林保护部、经营管理科、招待所。

2003年12月，成都市南郊公园和成都武侯祠博物馆合并，编制190人，实有职工292人，其中在编职工187人，离、退休职工105人；专业技术人员65人，其中正高级职称人员3人、副高级职称人员5人、中级职称人员18人。

2004年，博物馆内设办公室、人力资源部、物业管理部、财务部、宣教部、研究保管部、保卫部、古建园林保护部、经营部、票务部。2005年5月30日，中共成都武侯祠博物馆支部委员会改建为中共成都武侯祠博物馆总支部委员会。

2008年9月，内设机构职能精简整合，设办公室、人力资源部、财务部、保卫部、票务部、陈列研究部、宣传营销部、古建园林部、产业发展部，中层干部职数19人；实有职工308人，其中在编职工141人；专业技术人员67人，其中正高级职称人员3人、副高级职称人员7人、中级职称人员22人。

2013年8月，内设机构11个，包括办公室、人力资源部、财务部、保卫部、陈列研究部、宣传营销部、古建园林部、票务部、产业发展部、信息中心、后勤管理部；实有职工305人，其中在编职工133人，大集体10人，离、退休职工145人，离岗待退17人；专业技术人员84人，其中正高级职称人员4人、副高级职称人员7人、中级职称人员24人。

**成都金沙遗址博物馆** 成都金沙遗址博物馆是一家遗址类博物馆，位于四川省成都市青羊区金沙遗址路2号，隶属于成都市文物局。2012年被评为国家一级博物馆。

2001年2月8日发现的金沙遗址，被誉为"21世纪初中国第一个重大考古发现"。同年10月，金沙遗址工作站正式成立，专门负责遗址考古工作。

2003年，经成都市机构编制委员会批准，成立成都金沙遗址博物馆，与成都博物馆、成都市文物考古工作队（成都文物考古研究所）、成都船棺遗址博物馆、成都十二桥古蜀遗址博物馆整合组建为成都博物院，负责金沙遗址的管理工作。

2004年11月，国家文物局通过《金沙遗址保护总体规划》。同年底，博物馆建设正式立项并全面启动。

2006年，金沙遗址被国务院公布为全国重点文物保护单位，并被列入国家大遗址保护名录，还与三星堆、成都商业街船棺遗址一起被列入《中国世界文化遗产预备名单》。

2007年4月16日，金沙遗址博物馆正式对外开放，设办公室、陈列研究部、宣传营销部和保卫科。2009年，增设开放部。2010年，金沙遗址成为首批国家考古遗址公园。

2015年12月，撤销成都博物院，设立成都金沙遗址博物馆，办公地点设在成都金沙遗址博物馆陈列馆。根据《关于撤销成都博物院设立成都博物馆和成都金沙遗址博物馆的通知》，成都金沙遗址博物馆为正处级事业单位，核定事业编制55人。

2017年11月，机构设置调整为13个部门，分别是办公室、财务部、人力资源部、保卫部、陈列保管部、遗产保护与研究部、宣传推广部、文创与营销部、公众服务与社会教育部、工程及设备管理部、文物保护与修复中心、科技与信息中心、文化艺术中心。

截至2017年底，成都金沙遗址博物馆在编人员29人，其中正高级职称人员1人、副高级职称人员4人；藏品2976件／套；基本陈列"走进金沙"由遗迹馆、陈列馆两部分组成，其中陈列馆包括"远古家园""王国剪影""天地不绝""千载遗珍""解读金沙"5个展厅。

**自贡市盐业历史博物馆** 自贡市盐业历史博物馆是一家专业科技博物馆，位于四川省自贡市自流井区解放路173号，隶属于自贡市文化广电和新闻出版局。2017年被评为国家一级博物馆。

1958年2月，邓小平同志考察西秦会馆后提出建立博物馆的倡议。1959年5月，中共自贡市委组织成立自贡市博物馆。1960年3月，自贡市博物馆工作人员由2人增至5人，年底增至11人。1960年10月，更名为自贡市盐业历史博物馆。

1985年，自贡市盐业历史博物馆核定编制35人，为全额拨款事业单位。1988年4月，自贡市编制委员会同意自贡市盐业历史博物馆升格为县级事业单位，升格后其隶属关系、人员编制不变，领导职数3人（一正两副）。

1990年5月，自贡市文化局批复，自贡市盐业历史博物馆内设机构调整为7个，包括井盐史研究部、《盐业史研究》编辑部、科学教育普及部、技术部、旅游服务部、文物保管部和办公室（保卫科和办公室为一套机构、两块牌子）。1990年8月，自贡市编制委员会批准从自贡恐龙博物馆人员编制中划拨10人给自贡市盐业历史博物馆，编制增至45人。

1999年2月，经自贡市机构编制委员会办公室批准，自贡市盐业历史博物馆内设机构调整为7个，包括办公室、经营部、保卫科、宣教部、盐业史研究部、文物保管部、陈列部。

2005年11月，自贡市机构编制委员会批复，将自贡盐业出版编辑室并入自贡市盐业历史博物馆，保留自贡盐业出版编辑室牌子；核定自贡市盐业历史博物馆（自贡盐业出版编辑室）事业编制51人，领导职数由3人调整为4人（一正三副）。

2006年1月，自贡市文化局批复，自贡市盐业历史博物馆内设机构调整为8个，包括办公室、盐业出版编辑室、经营部、保卫科、宣教部、盐业史研究部、文物保管部、陈列部。

2011年9月，自贡市盐业历史博物馆人员编制调整为46人。2013年3月，撤销自贡盐业出版编辑室牌子，收回自收自支编制6人，自贡市盐业历史博物馆编制由46人调整为40人。

2015年2月，中共自贡市委机构编制委员会办公室批准自贡市盐业历史博物馆内设机构调整，盐业史研究部增挂盐业史编辑部牌子，经营部更名为信息中心，博物馆内设机构调整为办公室、盐业史研究部（盐业史编辑部）、文物保管部、陈列部、宣教部、信息中心、保卫科。

截至2017年底，自贡市盐业历史博物馆编制40人，在编人员35人，其中副高级职称人员4人；藏品1.8万余件／套；基本陈列有"中国井盐科技史""自贡盐税史""自贡盐业地质"等。

**贵州省博物馆** 贵州省博物馆是一家省级综合性博物馆，位于贵州省贵阳市观山湖区林城东路107号，隶属于贵州省文化厅。2013年被评定为国家二级博物馆。

1953年1月，贵州省人民政府决定在省科学馆的基础上改组成立贵州省博物馆筹备委员会（隶属于省文化局），办公地址在贵阳市科学路科学馆内，下设办公室、清理发掘组、历史调查征集组、民族资料征集组、保管组（包括文物及图书资料），人员编制13人；成立文物鉴定委员会，由馆内外专家5人组成。1954年2月，筹备委员会改组为筹备处。1955年，筹备处迁往南郊太慈桥原医学院院址。1956年，迁往文化路雪涯洞，库房暂留太慈桥原址。筹备初期，职工14人，其中业务人员9人。1957年，经贵州省人民政府批准，决定在六广门外北京路建馆。同年，职工充实至29人，其中业务人员20人。

1958年5月4日，贵州省博物馆基本陈列正式开放，人员增至31人，内设办公室、社建自然组、历史组、美术组、群工组、保管组。1960年，撤销博物馆筹备处建制，正式启用"贵州省博物馆"公章。1964年，业务人员增至39人。1970年，内设机构调整，社建自然组分出自然部分成立自然组，社建部分合并于历史组，另增设考古组，连同原有的保管组、美术组、群工组、办公室，共7个内设部门。1979年，核定编制80人。1985年，增设保卫科，成立学术和文物鉴定两个委员会。1995

年，博物馆考古队改组为贵州省文物考古研究所，划出15人编制，博物馆编制缩减为65人。

2000年前后，动议贵州省博物馆新馆建设，2007年立项，2010年于观山湖区林城东路107号开工。2014年，贵州省博物馆扩编至111人。2015年1月24日，林城东路新馆建成并试运行。2016年11月，贵州省博物馆由北京路馆搬迁至新馆，筹备开馆工作。2017年9月30日，新馆正式对外开放。2017年，划出5人编制到贵州美术馆。

截至2017年底，贵州省博物馆核定编制106人，在编人员72人；内设保管部、陈列部、自然部、研究室、文物科技保护中心、后勤部、文创研发部、社教部、信息中心、办公室和组织人事部等11个部门，另设有贵州省涉案文物鉴定中心、贵州生态博物馆研究发展中心等；藏品36万余件；基本陈列"多彩贵州"分为"民族贵州""古生物王国""历史贵州""黔山红迹"4个部分。

**遵义会议纪念馆** 遵义会议纪念馆是为纪念遵义会议而建立的革命纪念馆，位于贵州省遵义市红花岗区子尹路96号，隶属于遵义市文体广电新闻出版局。2008年被评为国家一级博物馆。

1951年1月，为庆祝中国共产党成立30周年，中共遵义地委成立遵义会议纪念建设筹备委员会，开始遵义会议相关历史文物资料的调查征集工作。1955年2月，遵义会议纪念馆筹备处正式成立，初定编制为馆员4人，暂由纪念遵义会议建设筹备委员会领导，合署办公，由老红军孔宪权兼任第一任馆长。同年7月，经贵州省文化局明确，遵义会议纪念馆由遵义市文化科领导，筹备处迁入遵义会议会址内办公。

1959年，遵义会议纪念馆正式对外开放，人员配置为11人，分为征保组、群工组、研究组，分别负责业务及行政工作。1972年，纪念馆与图书馆、文化馆分开，单独成立纪念馆党支部，全馆工作人员中业务人员有60人，内设办公室、宣传接待组、业务组、服务部。

1984年，为贯彻中共中央关于领导班子"四化"精神，将原有组室分为陈列部和办公室两个部分，陈列部辖资料研究组与解说组，办公室辖服务部；全馆职工61人。

1985年3月15日，按照遵义地委办公室、地区行署办公室的批复意见，遵义会议纪念馆移交遵义市管理，仍为县级事业单位，同年6月15日办理移交手续。

2004年，遵义会议纪念馆内设机构调整为党政办公室、会址管理所、陈列馆管理所、总政旧址管理所、旧居管理所、苏维埃银行旧址管理所、博古旧址管理所、研究室、宣传教育部、保卫科、文物保管部、第三产业管理部，核定事业编制56人。

2007年1月，遵义红军烈士陵园管理所成建制划遵义市管理后，委托遵义会议纪念馆代管；纪念馆增加事业编制11人，其中管理人员8人、工勤人员3人。

2015年，根据工作发展需要，内设机构调整为党政办公室、资料研究室、文物保管部、宣传教育部、安全保卫部、游客服务部、会址管理所、陈列馆管理所、总政旧址管理所、旧居管理所，设正副科级职数19人，其他机构编制事项不变。

截至2017年，遵义会议纪念馆管理遵义会议会址，红军总政治部旧址，遵义会议期间毛泽东、张闻天、王稼祥住处，遵义会议期间邓小平等人住处，遵义会议期间博古住处，红军遵义警备司令部旧址，中华苏维埃国家银行旧址，红军干部大会会场等8处文物建筑及遗址和遵义会议陈列馆、红军烈士陵园等10个纪念景点；在编人员37人，其中正高级职称人员4人、副高级职称人员2人；文物藏品1470余件/套，其中一级文物11件、二级文物24件；基本陈列为"遵义会议伟大转折"，专题陈列有"陈云与遵义会议""肩挑的银行""长征时期政治工作""毛泽东诗词书法艺术展""遵义红军警备司令部资料图片展"等。

**云南省博物馆** 云南省博物馆是一家省级综合博物馆，位于云南省昆明市官渡区广福路6393号，隶属于云南省文化厅。2008年被评为国家一级博物馆。

清宣统二年（1910年），昆明人何秉智、康学文、杨煦从京师大学堂博物专业毕业回到云南图书馆工作。之后，云南图书馆开办博物实习科，面向全省招收两年制博物专科学生。清宣统三年，云南图书馆的博物馆工作初具规模，在馆内成立云南博物馆，云南图书馆改名为云南图书博物馆。民国18年（1929年）7月，云南图书博物馆一分为二，博物馆迁往昆明文庙，改名为云南博物院。

1951年，先后成立云南省文物委员会和云南省博物馆筹备委员会。1959年春，云南省博物馆筹备委员会更名为云南省博物馆，办公地点先后辗转于圆通寺、圆通山接引殿和连云宾馆。1965年，博物馆迁入位于昆明市五一路118号的一幢苏式建筑，一直使用50年。1973

年，云南省博物馆创办《云南文物》。

20世纪90年代，云南省博物馆考古队从博物馆分离出来，独立为云南省考古研究所。

2005年，成立云南省文物技术保护中心。2006年，在经历半年多闭馆提升改造后，云南省博物馆推出"滇国——云南青铜文明陈列""南诏与大理——佛光普照的国度""金玉满堂——云南省博物馆馆藏精品展"3个基本陈列。2008年5月18日，云南省博物馆实行免费开放。2015年5月18日，云南省博物馆新馆开馆。

截至2017年底，云南省博物馆在职人员74人，其中研究馆员10人（含高级工程师1人）、副研究馆员9人；文物藏品225664件/套；基本陈列包括"远古云南——史前时期的云南""文明之光——青铜时代的云南""南中称雄——东汉至魏晋时期的云南""妙香佛国——唐宋时期的云南""开疆成边——元明清时期的云南""风云百年——近现代时期的云南"。

**云南民族博物馆**　云南民族博物馆是一家行业性国有博物馆，位于云南省昆明滇池国家旅游度假区滇池路1503号，隶属于云南省民族宗教事务委员会。2008年被评为国家一级博物馆。

1986年11月初，云南省委决定，云南省人大立法通过，在昆明兴建民族博物馆，由省民委负责筹建。1988年5月11日，云南省编委会同意成立云南民族博物馆筹备组，暂定事业编制5人，其人员从省民委机关及所属事业单位调剂解决，办公地点设在昆明市大观路37号。1991年7月17日，云南省编委会同意增核云南民族博物馆筹备组编制10人，总编制15人。9月，对民博（筹）职工进行分工，设立服饰管理、文物资料调研征集、基建等小组。1993年3月23日，经云南省编委会同意，撤销云南民族博物馆筹备组，成立云南民族博物馆，暂核定事业编制35人。1994年6月24日，云南省编委会同意增加云南民族博物馆事业编制35人，总编制70人。8月22日，设置管理部、文物部。1995年5月30日，经云南省编委会研究决定，云南民族博物馆事业编制110人。9月29日，内设管理部、科教部、陈列部、保管保养部、艺术部、研究部、开发部。11月9日，云南民族博物馆建成开馆并向社会开放。

1996年11月5日，增设保卫科（属管理部管理）。1998年12月1日，陈列部、艺术部合并成立新的陈列部，撤销开发部。2001年4月3日，内设管理部（含保卫科）、文物部、陈列部、研究部、科教部和开发部。2005年2月21日，馆内设机构进行调整，为一室五部，即办公室、文物部、陈列部、研究部、科教部、开发部。

2013年4月2日，内设办公室、文物部、陈列部、研究部、科教部、开发部，新增对外合作交流部。2015年4月1日，内设办公室、藏品部、陈列展示部、科学研究部、学术交流部、教育推广部、公众服务部、开发经营部、保卫科。

截至2017年底，云南民族博物馆在编人员84人，其中正高级职称人员10人、副高级职称人员18人；藏品2万余件/套；基本陈列包括"民族服饰与制作工艺""民族工艺美术""民族乐器""民间瓦当""民族文字古籍""民族民间面具"等。

**西藏博物馆** 西藏博物馆是一家省级综合博物馆，位于西藏自治区拉萨市罗布林卡路19号，隶属于西藏自治区文化厅。2008年被评为国家一级博物馆。

1992年，西藏博物馆开始筹建，中共西藏自治区党委、政府联席会议决定组成西藏博物馆筹建领导小组，由西藏自治区人民政府副主席拉巴平措担任筹建领导小组组长，成立隶属于文化厅的博物馆筹建领导小组，设办公室负责具体工作。

1994年6月30日，西藏博物馆筹建领导小组第五次会议决定，西藏博物馆筹建领导小组办公室更名为西藏博物馆建设办公室，同意办公室增设人员编制和机构。

1994年7月，中央第三次西藏工作座谈会确定西藏自治区成立30周年大庆援藏62项工程，其中便有西藏博物馆，由中央直接投资近1亿元修建。1996年3月，一期工程（包括主馆、文物库房、配电房等）动工，1997年10月竣工。1998年4月，二期工程（包括民俗村、办公及生活附属设施）动工，1999年5月竣工。

1999年10月1日，西藏博物馆正式开馆，"西藏历史文化展"对外开放；内设保管部、陈列部、研究部、保卫科、办公室、经营部。2009年7月1日，西藏博物馆向公众免费开放。

2014年10月，国家文物局重点科研基地西藏联合工作站在西藏博物馆成立。2016年10月，西藏博物馆改扩建项目被列为"十三五"期间西藏自治区最大的文化惠民工程，经研究决定在博物馆原址进行改扩建，主要包含库区、展示陈列区、公共服务区、业务研究区等

用房。12月5日，启动馆藏文物搬迁。2017年3月24日，西藏博物馆馆藏文物搬迁工作结束。4月30日，整体搬迁结束。

2017年9月，西藏自治区展览中心职责整合至西藏博物馆，西藏博物馆内设机构调整为综合办公室、公共开放部、宣传教育部、展览部、文物科技保护中心、典藏研究部、文物信息资源中心、安全保卫部、文创开发部。

截至2017年底，西藏博物馆人员编制100人。

**陕西历史博物馆** 陕西历史博物馆是一家以展示历史和艺术为主的省级综合性博物馆，位于陕西省西安市小寨东路91号，隶属于陕西省文物局。2008年被评为国家一级博物馆。

陕西历史博物馆的前身为陕西省博物馆，设于西安碑林。1977年8月，根据国务院总理周恩来生前关于"在适当的时候，新建一个博物馆"的嘱托，陕西省革命委员会文化局向国家文物事业管理局呈送《关于新建陕西省博物馆的初步设想方案》。11月19日，陕西省革命委员会向国务院呈送《关于新建陕西省博物馆的请示报告》。1978年3月，国家计委批准报告。1985年，陕西历史博物馆被列为国家"七五"计划建设项目，目标定为现代化国家级博物馆。1986年11月28日，馆舍奠基动工，工程总投资1.44亿元，1991年6月20日建成开馆。2008年3月，陕西历史博物馆向公众免费开放。

截至2017年底，陕西历史博物馆内设党政办公室、人力资源部、财务管理部、后勤保障部、安全保卫部、科研规划部、藏品管理部、保护修复部、陈列展览部、社会教育部、

信息资料部、纪检审计室、公众服务部、文化产业部、工会办公室；文物藏品1717950件／套；基本陈列为"陕西古代文明"，专题陈列为"大唐遗宝——何家村窖藏出土文物展"和"唐代壁画珍品馆专题陈列"。

**秦始皇帝陵博物院**　秦始皇帝陵博物院是一家历史人文类遗址博物馆，位于陕西省西安市临潼区秦陵街道，隶属于陕西省文物局。2008年被评为国家一级博物馆。

秦始皇帝陵位于西安市临潼区骊山脚下，包括秦始皇陵封土、已探明的主要建筑遗址，以及已建成保护展示厅的百戏俑坑博物馆、文吏俑坑博物馆等。

1974年，在位于秦始皇帝陵东侧1.5千米处发现秦兵马俑坑。1975年8月，国务院决定在秦兵马俑坑遗址上建立博物馆。11月，成立秦始皇兵马俑博物馆筹建处。1976年6月，成立秦始皇兵马俑博物馆筹备处。1979年10月1日，秦始皇兵马俑博物馆建成开放。至1995年，先后建成秦俑一号坑、二号坑和三号坑保护展示大厅并陆续开放。2009年2月11日，陕西省文物局决定，在保留秦始皇兵马俑博物馆前提下成立秦始皇帝陵博物院，负责秦始皇陵遗址总体规划、长远建设、考古发掘、科研业务和日常管理等工作。

截至2017年底，秦始皇帝陵博物院内设行政办公室、党委办公室、工会、监察室、人事科、财务部、公安科、陈列部、保藏部、文物保护修复部、研究室、考古部、宣教部、信息资料中心、文管所、后勤部、动力设备科、创优办、基建科、票务科、经营部和秦始皇陵旅游开发有限公司；基本陈列包括"兵马俑一、二、三号坑遗址陈列""铜车马展""文官俑坑""百戏俑坑""真彩秦俑展"。

**延安革命纪念馆**　延安革命纪念馆是一家历史人文类博物馆，位于陕西省延安市宝塔区王家坪路，隶属于延安革命纪念地管理局。2008年被评为国家一级博物馆。

延安革命纪念馆始建于1950年7月，馆址位于延安南关的陕甘宁边区政府交际处旧址内。1954年，迁往杨家岭的中共中央机关旧址，定名为延安博物馆。1956年春，迁至凤凰山麓。1973年，迁至王家坪路。"文化大革命"期间，该馆馆名屡有变更。1981年，恢复延安革命纪念馆名称。2006年10月，作为中央确立的全国爱国主义教育示范基地"一号工程"，延安革命纪念馆新馆建设工程开工。2009年8月，新馆落成开放。

延安革命纪念馆分为纪念广场、纪念馆建筑、纪念馆园区三部分，广场上矗立着16米高的毛泽东铜像，东西对称的"窑洞墙"前为延安时期工农兵各界群众的塑像。2009年开馆后，延安革命纪念馆展出革命历史文物1260余件，历史照片670余幅，涵盖中共中央在延安和陕甘宁边区13年领导中国革命的历史。基本陈列分为"红军长征的落脚点""抗日战争的政治指导中心""新民主主义的模范试验区""延安精神的发祥地""毛泽东思想在全党指导地位的确立""夺取全国胜利的出发点"等6个单元。多年来，延安革命纪念馆还负责王家坪、杨家岭、枣园、凤凰山等革命旧址管理和开放工作，2010年起，相关旧址独立管理，归延安革命纪念馆管理的为王家坪和南泥湾革命旧址。

截至2017年底，延安革命纪念馆内设机构为行政办公室、党委办公室、展厅管理处、保管部、陈列部、编研部、旧址部、宣教部、技术部、财务科、总务科、保卫科、广场管理处、工会、妇委会、工程筹建处、文化产品开发部；文物藏品3.5万余件；基本陈列为"延安革命史"和"铸魂——延安时期的从严治党"。

**西安碑林博物馆** 西安碑林博物馆是一家以收藏、研究和陈列历代碑石、墓志及石刻造像为主的专题性艺术博物馆，位于陕西省西安市碑林区三学街15号，隶属于陕西省文物局。2008年被评为国家一级博物馆。

西安碑林博物馆是在具有900余年历史的西安碑林的基础上，利用西安孔庙古建筑群扩建而成的，其建制可追溯到北宋元祐二年（1087年）。照壁、牌坊、泮池、棂星门、华表、戟门、碑亭、两庑等明清建筑保存至今，并遵循着孔庙固有建筑格局，经金、元、明、清、民国历代的维修及增建，规模不断扩大，藏石日益增多。

民国27年（1938年）5月1日，西安碑林管理委员会成立，是碑林有史以来第一个专门的管理机构。民国33年4月，陕西省政府委员会决定以西安碑林和孔庙为基础，并接收省立图书馆、省考古会、民众教育馆等单位所藏文物及陈列品，成立陕西省历史博物馆。

1950年5月9日，陕西省历史博物馆更名为西北历史文物陈列馆。1952年11月18日，西北历史文物陈列馆更名为西北历史博物馆。1955年6月，西北历史博物馆更名为陕西省博物馆，碑林为基本陈列内容。

1991年6月，新建的陕西历史博物馆落成开放。经陕西省编委批准，设立西安碑林石刻艺术馆，撤销陕西省博物馆，人员编制120人，内设办公室、政工科、书法研究室、陈列研究室、保管部、图书室、宣传教育科、总务科、公安科、复制部、旅游服务部。

1992年8月，西安碑林石刻艺术馆更名为西安碑林博物馆，级别、编制和经费渠道均不变。2004年，西安碑林博物馆内设机构调整为办公室、人事科、创优办、经营开发部等13个部门。2007年，西安碑林博物馆按照博物馆职能划分，将内设机构调整为党政办公室、陈列研究部、信息资料部、文物保管部、宣传教育部、财务管理科、旅游票务科、后勤管理科、公安保卫科、文化产业科等10个部门。2010年，人事工作从党政办公室业务工作中分离出来，设置人事老干科。2011年，在宣传教育部下设西安碑林书法交流中心。2013年，在陈列研究部下设科研工作办公室。2014年，设立监察审计室。

截至2017年底，西安碑林博物馆在编人员104人，其中正高级职称人员4人、副高级职称人员16人；文物藏品9370件/套，其中珍贵文物2267件/套，含一级文物306件/套、二级文物770件/套、三级文物1191件/套；基本陈列包括孔庙、陵墓石刻艺术馆、第一至第七碑石墓志展室，专题陈列有"长安佛韵——北周五佛特展"。

**西安半坡博物馆** 西安半坡博物馆是一家历史人文类遗址博物馆，位于陕西省西安市灞桥区半坡路155号，隶属于西安市文物局。2008年被评为国家一级博物馆。

1953年春，发现半坡遗址。1954年秋至

1957年夏，考古人员先后对半坡遗址进行了5次较大规模发掘，取得重要考古收获。1956年3月，国务院副总理陈毅在考察半坡遗址时，指示应建设半坡博物馆。在筹建过程中，曾先后使用陕西省博物馆半坡村分馆、西安半坡村博物馆等名称，1957年定名为西安半坡博物馆。1958年4月，西安半坡博物馆建成开放，是中国第一座史前聚落遗址博物馆，为陕西省文物事业管理局直属事业单位。

2006年，对展馆建筑进行改造，新建遗址保护大厅保持原建筑外形风格，展示内容包括大小环壕、房屋、陶窑、窖穴、灶坑、圈栏、柱洞、祭祀遗址等遗迹。西安半坡博物馆馆区院落南北两侧还建有文物陈列室，基本陈列为"半坡遗址出土文物展"。2009年，西安半坡博物馆改隶西安市文物局。

截至2017年，西安半坡博物馆有文物藏品3万余件／套，基本陈列包括"半坡遗址出土文物陈列"等。

**汉景帝阳陵博物院**　汉景帝阳陵博物院是一家历史人文类遗址博物馆，位于陕西省咸阳市渭城区正阳镇咸阳国际机场专线公路东段，隶属于陕西省文物局。2008年被评为国家一级博物馆。

汉阳陵位于西安以北约20千米渭河北岸的二级台塬地上。1990年后，配合修建咸阳国际机场专用公路，陕西省考古研究所在陵园内探明各类从葬坑190余个。1999年，在陵区建成汉阳陵考古陈列馆并对外开放。2003年，在10个外藏坑原址建设帝陵外藏坑保护展示厅，2006年3月建成开放。2008年，更名为汉阳陵博物馆。

2017年，汉阳陵博物馆更名为汉景帝阳陵博物院，下设党政办公室、人事管理部、陈列保管研究部（考古）、科技保护部、社会教育部、安全保卫部、财务管理部（项目办）、工程管理部、公众服务部、后勤保障部、纪检审计室、西咸新区汉晖工程有限公司；基本陈列包括"考古陈列""帝陵外藏坑遗址保护展示""南阙门遗址保护展示""宗庙遗址"。

**西安博物院**　西安博物院是一家以小雁塔为中心，由博物馆、唐代荐福寺遗址和小雁塔历史文化公园三部分组成的综合性博物馆，位于陕西省西安市碑林区友谊西路72号，隶属于西安市文物局。2012年被评为国家一级博物馆。

2000年2月，西安博物院筹建处获批成立，编制5人，办公地点设在西安市小雁塔保管所。11月，博物院主馆工程奠基。2007年，西安市编委会批复同意成立西安博物院，加挂西安市小雁塔历史文化公园牌子，核定事业编制163人；撤销西安博物院筹建处、西安市小雁塔保管所、西安市小雁塔苗圃3家事业单位，整建制划入西安博物院；将西安市文物保护考古所文物库房专业技术人员10人划入西安博物院；西安博物院内设办公室、藏品保管部、业务研究部、陈列展览部、安全保卫部、物业管理部、教育推广部、文物修复部、小雁塔保管部、动力设备部、信息网络部等11个部门。5月18日，西安博物院对外开放。

2010年，西安博物院实行免费开放，同年被列为全国古籍重点保护单位。2014年6月，小雁塔作为"丝绸之路：长安-天山廊道的路网"遗产点之一被列入《世界遗产名录》，西安博物院增设小雁塔遗产监测室和档案室，统一划入业务研究部管理。

截至2017年底，西安博物院在编人员140人，其中正高级职称人员2人、副高级职称人员2人；藏品11万余件／套；基本陈列为"古都西安"，专题陈列有"宝相庄严——佛教造像艺术陈列""天地之灵——古代玉器陈列""三真六草 镂月裁云——古代书画艺术陈列""方寸天地——印章""丝路明珠小雁塔"等。

**宝鸡青铜器博物院** 宝鸡青铜器博物院是以集中收藏、研究和展示周秦时期青铜文化为主的博物馆，位于陕西省宝鸡市渭滨区滨河大道中华石鼓园内，隶属于宝鸡市文物局。2017年被评为国家一级博物馆。

宝鸡青铜器博物院的前身是1956年成立的宝鸡文物历史陈列室，1958年更名为宝鸡市博物馆，馆址坐落在宝鸡市金台观内。1998年9月，馆址迁至宝鸡市公园南路，并更名为宝鸡青铜器博物馆，成为全国第一座以青铜器命名的青铜文化专题博物馆，编制25人，内设办公室、陈列保管部、保卫科、宣教部。

2005年，宝鸡青铜器博物馆内设机构进行调整，陈列保管部拆分为陈列研究部和文物保护管理部，编制扩充为28人。2006年，宝鸡市委、市政府决定在石鼓山建设宝鸡青铜器博物馆新馆。2010年9月28日，宝鸡青铜器博物馆新馆向公众免费开放。

2011年5月，宝鸡青铜器博物馆更名为宝鸡青铜器博物院，为正县级全额事业单位，加挂中华石鼓园管理处牌子，编制扩充为38人，内设办公室、创优办、安全保卫部、陈列研究部、文物保护管理部、宣传教育部、文化产业部、后勤管理部。2013年，宝鸡青铜器博物院编制扩充为43人。

2017年8月，宝鸡市文物保护中心整建制并入宝鸡青铜器博物院，核定编制47人，内设办公室、安全保卫部、陈列研究部、文物保护管理部、宣传教育部、文化产业部、后勤管理部。

**大唐西市博物馆** 大唐西市博物馆是一家民办历史人文类遗址博物馆，位于陕西省西安市莲湖区劳动南路118号，由西安大唐西市文化产业投资集团董事局主席吕建中投资建设。2017年被评为国家一级博物馆。

2006年，中国社会科学院考古研究所对西市遗址进行大规模考古发掘。2007年4月，大唐西市博物馆成立。2010年4月7日，博物馆对外开放。大唐西市博物馆遗址保护面积2500平方米，遗址展示区面积550平方米，主要反映唐代西市"十字街"布局，涉及道路、石板桥、排水系统和部分作坊遗址。

截至2017年底，大唐西市博物馆内设办公室、文保科研部、展览宣教部、经营开发部、保卫部、财务部、后勤保障部、文物修复中心；文物藏品2万余件；基本陈列包括"丝路起点 盛世商魂"，专题陈列有"货币中的丝路故事——丝路古币""丝绸之路'百工'体验""贞石千秋——大唐西市博物馆珍藏墓志展"。

**甘肃省博物馆** 甘肃省博物馆是一家省级综合博物馆，位于甘肃省兰州市七里河区西津西路3号，隶属于甘肃省文化厅。2012年被评为国家一级博物馆。

甘肃省博物馆的前身是民国28年（1939年）成立的甘肃科学教育馆。民国25年春，管理中英庚子赔款董事会决议拨款补助绥、甘、宁、青四省教育，拟在甘肃设立科学教育馆。民国26年秋，顾颉刚、陶孟和等组成考察团考察甘青两省，确定在甘肃创立甘肃科学教育馆。民国27年，梅贻宝任首任馆长，教育馆于次年元旦开馆。民国32年，国民政府教育部接管甘肃科学教育馆，更名为国立甘肃科学教育馆，袁翰青任馆长。1949年8月26日兰州解放后，国立甘肃科学教育馆由西北军政委员会接管。1950年4月后，划归西北军政委员会文化部管理，并改名为西北人民科学馆，馆长卢寿梽。1953年1月，根据中央文化部建议各省建立地志性博物馆精神，成立甘肃省博物馆筹备处，刘庆贤、乔国庆为正、副处长，按照省级地志性博物馆业务要求设置机构。

1956年2月12日，甘肃省博物馆成立，陆长林任馆长，内设保管、展览、群工3个机构，陈列展览为"甘肃自然富源"。1958年，甘肃省文物管理委员会与甘肃省博物馆合并，内设自然部、历史部、社会主义建设部和群众工作部，并增设文物工作队。1959年，甘肃省博物馆新馆大楼竣工开馆，展出"建国十年成就展览"。

1975年，甘肃省博物馆的自然科学工作者以合水出土的黄河剑齿象材料为主，举办"黄河古象"陈列展览。1985年6月，初世宾任馆长，高有勋任党委书记。1986年6月，甘肃省文物工作队从甘肃省博物馆分出，成立甘肃省文物考古研究所。

2006年12月26日，展览大楼经改、扩建对外开放。2009年，实行免费开放。

2010年，牵头成立中国博物馆协会丝绸之路沿线博物馆专业委员会。2013起，甘肃省博物馆成立少儿活动中心，针对未成年人教育活动制定详细的实施方案并付诸实践。

2016年12月28日，甘肃省博物馆第一届理事会成立，俄军当选为理事长，马玉萍、郑炳林、贾建威当选为副理事长。

截至2017年底，甘肃省博物馆馆内设办公室、党委办公室、历史部、研究部、文物保护与修复中心、社会教育部、自然部、产业经营处、陈列展览部、开放部、信息资料中心、网络中心、工程设备部和安全保卫处；在编人员147人，其中正高级职称人员7人、副高级职称人员24人；文物藏品8万余件／套；基本陈列包括"甘肃古生物化石""甘肃彩陶""甘肃丝绸之路文明""红色甘肃——走向一九四九""庄严妙相——甘肃佛教艺术展"。

**天水市博物馆**　天水市博物馆是天水市级历史文化综合性博物馆，位于甘肃省天水市秦州区伏羲路110号，隶属于天水市文化和旅游局，承担着伏羲庙、胡氏古民居建筑（南宅子）的保护管理利用以及非物质文化遗产太昊伏羲祭典礼仪的保护与传承。2017年被评为国家一级博物馆。

1979年11月6日，成立天水地区博物馆，办公地点在天水地区文化局。同年，馆址从天水地区文化局搬迁到城隍庙（天水地区文化馆）内，配备工作人员2人。1985年，因天水撤地建市，更名为天水市博物馆，工作人员增至4人。1986年，天水市博物馆由城隍庙迁至伏羲庙内，形成"馆庙合一"格局，工作人员增至8人。1988年，天水市博物馆内设办公室、文物组、保管组、基建组、保卫组，工作人员增至15人。

1991年，内设机构调整为办公室、宣传组、保管组、接待组、保卫组、基建组，职工增至23人。1992年，天水市文化局同意成立伏羲庙文管所，隶属于天水市博物馆。1995年，内设机构调整为办公室、宣传接待组、文物保管组、保卫组、伏羲庙文管所。1997年，天水市博物馆级别由正科级升格为副县级。

2001年6月25日，伏羲庙和胡氏古民居建筑被国务院公布为第五批全国重点文物保护单位。2003年，天水市博物馆内设机构为办公室、保卫科、文物保管研究部、接待服务部、陈展宣传部。2004年，天水市博物馆启动伏羲庙、胡氏古民居建筑（南宅子）保护维修工程。2009年4月23日，天水市编委会办公室批复同意天水市博物馆将文物保管研究部更名为文物保管修复室，并增设历史文化研究部、古建筑保护与园林部。5月，天水市博物馆被评为国家二级博物馆。9月26日，天水市博物馆面向公众免费开放。

2012年1月18日，天水市编委会批复同意天水市博物馆加挂天水市伏羲庙管理局牌子，并由副县级升格为正县级，设馆长1人、副馆长2人。12月17日，增设文物保护修复中心、太昊伏羲祭典保护传承中心、文化旅游部、美术研究部。2015年3月6日，增设天水市文物考古研究所（科级），设所长1人、副所长2人。

截至2017年底，天水市博物馆内设部门14个；在编人员99人，其中文博研究馆员1人、副研究馆员6人；藏品36227件／套，其中一级文物50件／套、二级文物179件／套、三级文物886件／套；基本陈列为"八千年的记忆——天水古代文明陈列"。

**敦煌研究院** 敦煌研究院是负责敦煌莫高窟、瓜州榆林窟、敦煌西千佛洞、天水麦积山石窟、永靖炳灵寺石窟、庆阳北石窟寺的保护、研究、弘扬和管理的综合性机构，为省直文化系统地级学术研究事业单位，本部位于甘肃省敦煌市东南25千米处的莫高窟，分院位于甘肃省兰州市滨河东路292号，隶属于甘肃省文化厅。2017年被评为国家一级博物馆。

民国32年（1943年），教育部接受著名教育家于右任提议，成立国立敦煌艺术研究所筹备委员会，聘高一涵为主任委员，常书鸿为副主任委员，王子云为秘书，张庚由、郑通和、张大千、窦景椿等任委员，开始艰难的筹备组建工作。民国33年2月1日，国立敦煌艺术研究所在敦煌莫高窟正式成立，隶属于国民政府教育部，常书鸿任首任所长。民国34年8月，教育部下令撤销敦煌艺术研究所，专业人员纷纷离去，文物保护工作陷于停滞。民国35年5月，经常书鸿、向达、傅斯年等专家学者的奔走呼吁，研究所得以恢复，改隶中央研究院，常书鸿重任所长。

1951年1月，敦煌艺术研究所改组为敦煌文物研究所，划归中央文化部国家文物事业管理局直接管理，常书鸿任所长，内设美术组、保管组、资料组和行政组。1951年初，遵照周恩来总理指示，敦煌研究院携带莫高窟的精美壁画、实物、图表及摄影资料等1120件展品在故宫午门举办大型敦煌艺术画展，取得巨大成功。

1959年，敦煌文物研究所划归甘肃省文化局管理，研究所下设研究室、秘书室、美术组、保管组、群工组等部门，全所职工46人。

1961年，莫高窟被公布为第一批全国重点文物保护单位。1963年，中央政府批准拨专款100万元用于大规模抢修工程，修缮濒临坍塌的莫高窟崖体及358个洞窟。

"文化大革命"期间，保护、研究工作基本停滞。"文化大革命"结束后，中共甘肃省文化局党组恢复敦煌文物研究所，任命常书鸿为所长。1979年，敦煌市被国务院列为全国第一批对外开放城市，同年批准敦煌莫高窟为对外开放文物点。1982年2月，中共甘肃省文化局党组任命段文杰为敦煌文物研究所所长，任命常书鸿为敦煌文物研究所名誉所长，实行党委领导下的所长分工负责制，内设办公室、文物保管室、考古研究室、美术室、资料室、接待室和学术委员会。1983年底，全所职工123人。

1984年，甘肃省委、省政府决定将敦煌文物研究所扩建为敦煌研究院，常书鸿任名誉院长，段文杰任院长。8月，成立敦煌研究院，一院两地（本部敦煌，分院兰州），编制规模五年内达到300人，内设保护研究所、考古研究所、遗书研究所、艺术研究所、资料中心、编辑部、接待服务部。1986年3月，甘肃省编委批准设立榆林窟文物保管所。8月，榆林窟文物保管所由敦煌研究院负责代为管理，编制5人。1989年8月，敦煌研究院成立保卫处。

1994年8月，敦煌研究院敦煌石窟文物保护研究陈列中心开馆，下设文物收藏管理、陈列展示、讲解服务、设备管理等部门。1998年4月，甘肃省人民政府任命段文杰为敦煌研究院名誉院长，樊锦诗为院长。

2003年，甘肃省人民代表大会常务委员会通过并颁布实施《甘肃敦煌莫高窟保护条例》。2005年1月，敦煌研究院成立民族宗教文化研究所。2007年5月，敦煌研究院内设保护研究所、考古研究所、敦煌文献研究所、美术研究所、数字中心、信息资料中心、编辑部、民族宗教文化研究所、敦煌石窟文物保护研究陈列中心、接待部等10个处级业务部门，党委办公室（加挂人事处牌子）、院长办公室、科研管理处、计划财务处、总务处、外事处（兼兰州院部办公室职能）、保卫处等7个处级行政处室，榆林窟、西千佛洞文物保管所2个科级文物保护管理单位，文物保护技术服务中心、工艺美术服务公司2个文化产业单位。

2014年1月，敦煌研究院信息资料中心更名为敦煌研究院敦煌学信息中心。同年，成立敦煌石窟监测中心和敦煌研究院网络中心，均为院内设处级部门。8月，经国家发展改革委批准立项的敦煌研究院数字展示中心落成，核心展示内容为"数字敦煌"与"虚拟洞窟"。12月，甘肃省人民政府任命樊锦诗为敦煌研究院名誉院长，王旭东为院长。

2015年，成立文化创意研究中心，为院内设处级部门。2016年，天水麦积山石窟、永靖炳灵寺石窟、庆阳北石窟寺划归敦煌研究院管理。同年12月，敦煌研究院撤销党委办公室、院长办公室，设立办公室、审计处，将人事处更名为人力资源处，在国际合作与交流处加挂港澳台处牌子。敦煌研究院直属事业单位麦积山石窟艺术研究所、炳灵寺文物保护研究所、北石窟寺文物保护研究所、榆林窟文物保护研

究所为处级建制，西千佛洞文物保护研究所为
副处级建制。

截至2017年底，敦煌研究院人员编制421
人，其中研究馆员33人、副研究馆员64人；除
石窟实物陈列外，陈列中心基本陈列内设录像
演播厅和3个展区。

**宁夏回族自治区博物馆** 宁夏回族自治区
博物馆是一家省级综合博物馆，位于宁夏回族
自治区银川市金凤区人民广场东街6号，隶属
于宁夏回族自治区文化厅。2012年被评为国家
一级博物馆。

1959年9月，设立宁夏地志博物馆筹备处，
与宁夏展览馆为一套人马、两块牌子，内设历
史组、办公室、陈列部、宣传部等部门。1973
年1月，宁夏地志博物馆筹备处更名为宁夏回
族自治区博物馆，馆址从宁夏展览馆迁进银川
市承天寺院内，内设办公室、研究部、情报
资料室、保管部、陈列技术部、宣教部、派出
所。2004年，宁夏回族自治区博物馆新馆建
设被列为自治区成立50周年大庆献礼工程。
2005年，新馆建设工程举行奠基仪式，馆址为
银川市金凤区人民广场东街。2008年9月，新
馆建成并向公众免费开放；内设办公室、研
究部、信息中心、保管部、陈列技术部、文
展部、征集部、宣教部、文保中心、保卫科等
部门；基本陈列包括"朔色长天——宁夏通史
陈列""石刻史书——宁夏岩画展""盛世回
乡——宁夏回族文物展""红旗漫卷——宁夏
党史展"。

截至2017年底，宁夏回族自治区博物馆人
员编制95人，其中正研究馆员2人、副研究馆
员13人；文物藏品42975件；基本陈列为"朔

色长天——宁夏通史陈列"等。

**宁夏固原博物馆** 宁夏固原博物馆是一家
以展示历史和人文为主的综合博物馆，坐落于
宁夏回族自治区固原市原州区西城路133号，
隶属于宁夏回族自治区文化厅。2008年被评为
国家一级博物馆。

20世纪七八十年代，固原地区相继发掘
西周、北魏、北周、隋唐等朝代墓葬多座，出
土大量珍贵文物，收藏、展示和研究出土文物
成为当务之急。1981年12月5日，宁夏回族自
治区人民政府第40次常务会议专门研究自治区
文化局提出的成立文物机构报告，原则上同意
成立宁夏固原博物馆。1983年12月30日，宁夏
回族自治区机构改革领导小组批准在固原县文
物工作站基础上成立宁夏固原博物馆，编制20
人，隶属于宁夏回族自治区文化厅。

1984年2月，内设办公室、保管陈列部、
文物工作队。1988年，宁夏固原博物馆举行开
馆仪式，基本陈列为"固原古代文明"。1990
年8月，内设部门调整为办公室、保管部、陈
列部、群工部和保卫科，文物工作队划归宁夏
回族自治区文物考古研究所。1995年，核定
编制25人。1998年7月，内设部门调整为办公
室、保管部、保卫科、陈列宣教部、研究部和
综合服务中心。2002年2月，内设部门调整为
办公室、保管部、保卫科、陈列宣教部、研究
部、综合服务中心、文物保护部，核定编制42
人。2008年，内设部门调整为办公室、宣教
部、保管部、文物保护部、保卫科。

截至2017年底，宁夏固原博物馆人员编制42
人，其中高级职称人员6人；文物藏品近2万件／
套；基本陈列包括"千年固原 丝路华章""隐

形将军韩练成""古墓馆""石刻馆"。

**青海省博物馆** 青海省博物馆是一家省级综合博物馆，位于青海省西宁市城西区西关大街58号，隶属于青海省文化和新闻出版厅。2017年被评为国家一级博物馆。

1957年，青海省博物馆筹建，筹建处与青海省文物管理委员会合署办公，位于隍庙街。筹建处组建伊始，除进行文物征集外，还参与考古发掘，举办展览及参加全国文博界业务活动等。1959年10月中华人民共和国成立10周年之际，参加"青海省十年成就展"，推出"历史文物""柴达木出土文物""新旧对比"3个专题展览。1961年7月，为庆祝建党40周年，举办"中国共产党成立40周年文物资料展览"。此时筹建处有工作人员50余人，博物馆业务初具规模。

1962年8月，国家机构精减，青海省文物管理委员会和青海省博物馆筹建处一并撤销，赵生琛、陈国显、苟相全等另组成省文物工作组，直属青海省文卫厅文化局，负责文物保护工作。

1977年5月，经青海省革命委员会批准，文物保护单位"馨庐公馆"移交至青海省文化局，拟作为青海省博物馆馆舍。1978年8月，青海省编委会批复成立青海省博物馆筹备处，隶属于青海省文化局，下设业务科、行政科。同时，青海省文化局同意启用"青海省博物馆筹备处"印章。青海省博物馆筹备处成立后，立即进行馆藏文物征集工作。

1986年9月11日，经青海省编委会研究，同意更改青海省博物馆筹备处为青海省博物馆，马吉祥为第一任馆长，事业编制40人不变。9月25日，经青海省文化厅批准，青海省

博物馆内设办公室、政保科、保管部、陈列部、宣传教育部、研究室。

1992年，成立青海省博物馆学术委员会，并于1993年12月召开首届学术研讨会。

1998年，随着青海省文博事业的发展，原有馆舍已无法满足青海省博物馆业务工作需求，新馆建设被提上议事日程。1999年4月21日，新馆建设工程开工，馆长李智信。同年，接收青海省考古所移交400件文物。2000年10月23日，新馆竣工。2001年4月30日，青海省博物馆新馆向社会开放。

2002年，青海省编员会批复同意青海省博物馆事业编制46人。2004年，祝君任馆长。2006年，青海省博物馆进行基本陈列改造，筹办4个专题陈列，即"七彩经纬——藏系织毯艺术展""造像艺术""唐卡艺术""环青海湖国际公路自行车赛事陈列"。2007年5月，基本陈列改为"江河源文明——青海历史文物展"，分为"史前文明遗珍"和"历史文物精粹"两部分。6月，接收青海省考古所移交文物1900件，青海省文物商店及省内州、县文博单位调拨文物600余件。

2010年12月，青海省编委会批复青海省文化和新闻出版厅，同意青海省博物馆加挂青海民族博物馆牌子，新增业务范围，负责征集、鉴定、收藏、保管和展览民族文物，开展馆藏民族文物及民族学、民族历史、民族博物馆学等方面研究，组织民族文化交流活动。

2011年12月，经青海省文化新闻出版厅研究决定，将青海省文物商店归属青海省博物馆进行管理。归属后的青海省文物商店具有独立法人资格，其企业性质不变，人员由青海省博

物馆统一管理。

2012年9月，青海省编委会印发《关于省文化和新闻出版厅所属事业单位编制划转的通知》，将青海省民族歌舞剧院和青海省戏剧艺术剧院编制20人划转青海省博物馆，青海省博物馆编制增加至69人。12月，成立文物保护中心。2015年12月29日，成立青海省博物馆理事会，制定《青海省博物馆章程》。

2016年，青海省委、省政府决定对青海省博物馆进行升级改造。3月，青海省文物局副局长董志强兼任青海省博物馆馆长。2017年10月开始，青海省博物馆升级改造工程分批逐步实施。

截至2017年底，青海省博物馆内设机构9个；核定编制69人，在册职工130人；文物藏品14932件/套（46141件）；基本陈列包括"江河源文明——青海历史文化陈列""青海省非物质文化遗产"等。

新疆维吾尔自治区博物馆　新疆维吾尔自治区博物馆是一家省级综合博物馆，位于新疆维吾尔自治区乌鲁木齐市沙依巴克区西北路581号，隶属于新疆维吾尔自治区文化厅。2008年被评为国家一级博物馆。

1953年4月，新疆博物馆筹备处成立，办公地点设在乌鲁木齐人民公园元宝楼，筹备处负责人为玉素甫·别克、李遇春等。1957年8月，新疆维吾尔自治区文物管理委员会筹备处与新疆博物馆筹备处合署办公，一套编制、两块牌子。1959年8月，新疆博物馆筹备处撤销，新疆维吾尔自治区博物馆成立，办公地点暂设在西大桥新疆印刷厂行政楼内，编制26人，内设文物队、陈列组、保管组、征集组、

行政办公室。1962年，新疆维吾尔自治区博物馆与自治区农业展览馆合并，办公地点从西大桥新疆印刷厂迁至西北路新馆址，人员编制43人，内设文物队、陈列组、保管组、行政办公室等部门。同年，博物馆对外开放。

1972年，原中国科学院新疆分院民族研究所考古组与博物馆文物队合并，成立考古队。1978年9月，考古队从博物馆分出，成立新疆维吾尔自治区考古研究所。

1984年底，新疆维吾尔自治区博物馆内设四部二室一科，即保管部、技术部、陈列部（包括群工在内）、研究室、办公室、公安科，同时代管文物商店；编制113人，其中业务人员86人，含研究馆员1人、副研究馆员9人；文物藏品3.2万余件。1988年，文物商店从博物馆分出，独立经营管理。1990年3月，群众教育工作自陈列部分出，设立群众工作部。1995年，博物馆研究室改为考古部，增设资料室。

2000年9月30日，新馆工程动工建设；2005年9月20日，新馆落成开馆。2008年，实行免费开放。2011年6月，博物馆内设保管部、技术部、陈列部、宣教部、研究室、考古部、资料室、办公室、文物行政执法督查科和后勤管理科；职工124人，其中在编人员102人。

2015年，博物馆内设办公室、后勤管理科、保卫科、陈列部、保管部、资料信息中心、技术保护部、考古部、研究室、社会教育部。

截至2017年底，新疆维吾尔自治区博物馆人员编制116人，文物藏品3.2万件，基本陈列包括"西域历史的记忆——新疆历史文物陈列""新疆民族风情陈列""逝而不朽惊天

下——新疆古代干尸展览""历史的丰碑——新疆革命史料展览"。

吐鲁番博物馆 吐鲁番博物馆是以展示、收藏、保护和研究为一体的综合性博物馆，位于新疆维吾尔自治区吐鲁番市木纳尔路1268号，隶属于吐鲁番市文物局。2017年被评为国家一级博物馆。

吐鲁番博物馆的前身为吐鲁番县展览馆文物小组，成立于1964年。展览馆占地面积300平方米，主要陈列出土文物、干尸等。1966年，展览馆更名为吐鲁番文物陈列馆。1979年，陈列馆纳入吐鲁番地区文物管理所，在编人员6人。

1986年，开始筹备成立吐鲁番博物馆，博物馆工程建设也在同年进行。1989年，成立吐鲁番博物馆，隶属于吐鲁番地区文物保护管理所，馆址为高昌北路224号。博物馆占地面积5000平方米，展陈面积约650平方米，预设展厅3个。1991年，博物馆对外开放，设置"吐鲁番历史文物陈列厅"和"古尸陈列厅"。1997年，"巨犀化石陈列厅"落成，建筑面积约1000平方米。同年，博物馆展览陈列调整为3个常设展厅和1个临时展厅；在编人员20人，聘用人员10人；内设办公室、文物库房、导游部、丝路开发公司。2006年，吐鲁番博物馆新馆开工建设，2009年9月26日对外开放，隶属于吐鲁番市文物局。新址位于吐鲁番市木纳尔路1268号，建筑面积13291.3平方米，展陈面积4126平方米。

截至2017年底，吐鲁番博物馆在编人员12人，聘用人员52人；内设办公室、社会服务部、保卫部、展览策划与文物保管部；藏品20637件；基本陈列包括"丝路明珠吐鲁番——吐鲁番博物馆通史陈列""吐鲁番巨犀化石陈列"，专题陈列有"吐鲁番出土钱币陈列""吐鲁番出土文书陈列""沉睡千年——吐鲁番出土干尸及随葬遗物陈列""丝绸之路上的交河故城、高昌故城陈列"等。

# 第二节　博物馆藏品

博物馆藏品是国家珍贵的历史遗产和文化财富，也是博物馆业务活动的物质基础。加强藏品收集、保护、管理，确保藏品的安全，发挥藏品作用，是博物馆的基本职能。

## 一、藏品收集

**中华人民共和国成立前的藏品收集**　中华人民共和国成立前，全国博物馆数量稀少，主要系私人和社会团体所举办，藏品也多来源于私人收集，藏品数量、种类、规模都十分有限。

清同治七年（1868年），震旦博物院创建，藏品大多系修道院院长达维特在华北采集的生物标本和韩伯禄、柏永年在长江流域各省采集的珍奇标本，贮藏中国所产植物标本十分丰富，有"远东第一"之称。院内设生物研究部和古物部，有自然标本及中国文物两大陈列室。自然标本展出动物、植物、矿石、昆虫等标本，中国文物展出青铜器、陶瓷器、玉器、钱币等，甚至还有鸦片烟枪和女子绣花小脚鞋等。该院经常选择有特色的标本供学者研究，并在接待各国学者来院研究的同时寄往世界各地供专家研究。

清光绪三十一年（1905年），张謇在江苏南通创办南通博物苑，在创建伊始就十分重视藏品的征集和管理，其文物、标本来源于各地人士和寺院的捐赠、售予。张謇亲自为藏品考证源流，鉴定真伪，评定价值，并请专家参与编订《南通博物苑品目》上、下两册，分天然、历史、美术、教育四部，录藏品31类，共2973号。张謇的博物馆藏品管理和实践，为中国近代博物馆树立了典范。

除南通博物苑的范式，也有依循皇家古物旧规的保管程序。光绪三十一年，清政府学部侍郎严修在天津城隍庙开办教育品陈列馆。光绪三十二年，京师乐善园开设农商部农事试验所，陈列自然标本。光绪三十四年，山东泰安"自日本购到教育品多种，一一陈列，任人观览"。两江总督端方也以个人收藏在北京琉璃厂海王村开办陶斋博物馆。

民国时期开始设立国有博物馆，前清旧藏等成为博物馆藏品的重要来源。如故宫博物院以清宫旧藏、用品为基础，国立历史博物馆以国子监旧藏等为基础，并逐步增加考古发掘品等加以充实。清理旧藏、建档造册、维修保养等藏品保管工作也逐步开展起来。

**中华人民共和国成立后的藏品收集**　中华人民共和国成立后，党和国家十分重视博物馆建设和藏品收集保护，社会各界人士捐赠文物一时成为风尚。同时，政府印发文件广泛征集革命文物、生产建设中的出土文物等，并有计划征集自然标本，博物馆藏品来源渠道显著拓展，文物藏品类型日益丰富，藏品数量极大增加。

从中华人民共和国成立至"文化大革命"前，国家有关部门颁布了一系列文物征集、保护的文件。1950年5月24日，中央人民政府政务院令发布《古文化遗址及古墓葬之调查发掘暂行办法》，指出全国所有名胜古迹以及藏于地下、流散各处的有关革命、历史、艺术的一切文物图书"皆为我民族文化遗产"，要求"今后对文化遗产的保管工作，为经常的文化建设工作之一"。由于中华人民共和国刚成立，百废待兴，因此政府对文物标本的抢救与保管，仅能要求"由各该地方人民政府文教部门及公安机关妥为保护，严禁破坏，损毁及散佚；并详细登记（孤本、珍品并应照相）呈报中央人民政府文化部"。1950年6月16日，中央人民政府政务院发布《关于征集革命文物的命令》，指出："中央革命博物馆，业已在京成立筹备处，正式开始征集整理工作。全国各地区对一切有关革命的文献与实物，即应普遍征集。"全国各地纷纷响应，掀起征集革命文物的热潮。

1951年5月7日，中央人民政府文化部、内务部以命令形式发布《关于管理名胜古迹职权分工的规定》《关于地方文物名胜古迹的保护管理办法》和《地方文物管理委员会暂行组织通则》。其中《地方文物管理委员会暂行组织通则》规定："各地方征集到的文物、图书和革命遗物，委员会得暂时接收、保管并加以鉴定。凡地方上已有图书馆、博物馆机构的，应即行移交各该机构保管。如发现有特别珍贵的文物、图书和革命遗物时，应即行报告地方

的主管机关转报中央人民政府文化部处理，不得自行处置或移交其他机关。"1953年10月12日，中央人民政府政务院《关于在基本建设工程中保护历史及革命文物的指示》指出："各地发现的历史及革命文物，除少数特别珍贵者外，一般文物不必集中中央，可由省（市）文化主管部门负责保管，并应就地组织展览，对当地群众进行宣传教育。"1954年11月30日，中国人民银行总行《关于保护具有历史艺术价值的古金银器物的通知》要求："凡群众携带出土古金银器物时，故意隐匿消灭出土痕迹，改变器物原状，但收兑时如认为有可能是出土的文物时，应即通知当地文物管理委员会或文化主管机关鉴别。若确属文物时，为了保全文物的完整，不得视作一般金银，采用剪开或打磨方式验看成色，以免使器物破碎而减低或消失其历史艺术价值，可以目力估计成色按牌价收兑，然后以原价转售文物机关保管。"1956年4月2日，国务院《关于在农业生产建设中保护文物的通知》明确要求："地下蕴藏的文物，都是国家的文化遗产，为全民所共有。在农业生产建设中，如果有所发现，应该立即报告当地文化部门并且把出土文物移交文化部门保管。"1956年9月3日，文化部、全国供销合作总社《关于加强保护文物工作的通知》要求："各地供销合作社在收购的废旧物资中如发现有文物或类似文物的物品不能鉴别时，应分出另行集中保管，通知当地文化部门鉴定，并给予文化部门以鉴选工作的便利。"1961年3月18日，国务院转发中国科学院《关于保护古脊椎动物化石问题的请示报告的通知》所附报告指出："为了有效地配合和加强化石的保

护工作，满足各地文化部门和博物馆古生物部门发展的需要，各省、自治区、直辖市人民委员会要重视古生物化石的收藏和保管。"1964年9月17日，《古遗址、古墓葬调查、发掘暂行管理办法》经国务院批准由文化部发布施行，第十条规定："一切发掘单位在写完发掘学术报告后，应将出土文物（指完整器物和可以粘对成形的碎片）和标本（指可供研究用的碎片）移交发掘地区的省、自治区、直辖市文化行政部门（或其指定单位）保存。旧石器时代的文物标本，需要进行较长时间的研究工作，可以暂缓移交。"

在中央高度重视下，文物藏品收集工作得到迅速发展。中华人民共和国成立之初，中央文化部文物局系统接收了20余家博物馆，其中一个重要任务就是组织专门人员点交接收各博物馆藏品资料，并建立健全保管制度，整顿藏品管理，用新思想、新观点揭示藏品价值，为新式陈列展览提供服务。如北京历史博物馆从1950年1月起对39500余件藏品、23000余册图书、3300余件拓本资料进行清点，至3月初全部完成。

1950年6月，中央政府政务院发布《关于征集革命文物的命令》，以抢救革命文物为起点开展全面的文物保护和抢救运动。此后，广州农民运动讲习所纪念馆、西柏坡革命纪念馆、遵义会议纪念馆相继建立，革命文物藏品数量与日俱增。1952年，天津接收北疆博物院，清点移交22万件自然标本。同年，上海接收震旦博物院，上海文化局点收陈列品、文物藏品，中国科学院上海办事处点收所有图书、标本、仪器等，至1953年1月清点完成。经几

年时间，各地接收、清理原有博物馆藏品200余万件。

1953年起，国家开始实施第一个经济建设五年计划，各项基本建设工程大规模启动，如兴修水利和农业生产建设，既带来文物保护问题，也给文物征集工作创造了难得的机遇。随着地志性、专门性和纪念性博物馆纷纷建立，至1957年，仅文化系统博物馆即达73家，博物馆藏品总数350余万件，比1952年增长1.35倍。

1958年，中国历史博物馆和中国革命博物馆、中国人民革命军事博物馆筹建，全国博物馆工作者和广大人民群众中蔚然形成征集文物与捐赠文物的热潮。有77家单位向中国历史博物馆捐赠、借调文物资料3万余件。中国革命博物馆增加革命文物6万余件。三四个月的时间，全军征集革命战争时期文物、照片等资料近百万件，经鉴定送交北京的达14万件。各地博物馆也以多种形式开展文物资料和自然标本征集，其规模之大、收藏之丰富为中华人民共和国成立以来所少见。截至1959年，征集到革命文物40余万件，历史文物80余万件，古旧图书180余万册。20世纪50年代，博物馆事业取得很大发展，但也有不少失误。1958年"大跃进"中，博物馆事业在指导思想上一度受到急躁冒进、过分夸大主观意志力影响，发起"县县有博物馆，社社有展览室"的群众运动。在这种指导思想影响下，藏品保管工作也受到干扰，以群众为主开展的藏品征集往往缺乏原始记录和原始资料，库藏各项制度和程序也未能得到很好执行。

20世纪60年代初，对1958年以来的经验教训进行总结。1962年8月，文化部文物管理局

制定《关于博物馆和文物工作的几点意见（草稿）》，提出博物馆工作指导原则，强调要加强流散文物的收集和管理工作。"文化大革命"期间，博物馆藏品收集工作基本停滞。

1976年"文化大革命"结束后，中国博物馆建设事业进入新的历史发展阶段。20世纪80年代中期，全国博物馆藏品近800万件，其中文化系统博物馆藏品600余万件。

1999年2月12日，国家文物局印发《关于加强我国社会主义时期文物征集保护工作的通知》，要求各级文物部门和有关博物馆、纪念馆要充分认识社会主义时期文物征集保护工作的重要性和紧迫性，制订计划，完善措施，下大力气开展社会主义时期文物征集保护工作。文物征集从古代文物、传世文物等延伸至当代代表性实物，博物馆藏品类型和时间跨度极大拓展。文物藏品收集部门成为全国各大博物馆的重要机构，藏品收集成为广大博物馆的一项基础性日常工作。20世纪末，博物馆藏品合计约1200万件，其中文化系统博物馆藏品980余万件。藏品30000件以上、建筑面积10000平方米以上的大型博物馆约占5%；藏品5000～30000件，建筑面积4000～10000平方米的中型博物馆约占20%；藏品不足5000件，建筑面积不足4000平方米的小型博物馆约占75%。据国家文物局统计，截至2004年底，文物系统博物馆1552家，馆藏文物1283万件（其中珍贵文物330万件）。除拥有186万件藏品的故宫博物院外，上海博物馆藏品也有百万件，其中珍贵文物12万件；南京博物院藏品44万件，其中一级文物3000余件；陕西博物馆藏品37万件；天津自然博物馆藏品（标本）38万件。此外不少中小型博物馆的藏品数量都有显著增长。

根据2017年4月7日公布的第一次全国可移动文物普查成果，截至2016年10月31日，全国国有可移动文物共计1.08亿件／套，其中博物馆、纪念馆藏品数量约占总数的65%。此外，全国众多非国有博物馆也有数量可观的藏品。

# 二、藏品保管

中华人民共和国成立前的藏品保管　中华人民共和国成立前，中国博物馆的藏品保管多采取仓储式展览，加之战争频仍等因素，博物馆藏品管理处于粗放阶段。

20世纪20～30年代，中国博物馆事业取得显著发展，不仅博物馆数量有较大增长，而且一些较大规模的新型博物馆陆续建立，如浙江省西湖博物馆、中央博物院筹备处、上海市博物馆等，吸收博物馆现代意识，反映了新的价值趋向。一些在国外受过现代科学教育、具有博物馆理念的博物馆管理人才的参与，为藏品管理注入了新的活力。如北平故宫博物院在马衡主持下，古物馆继续清点和整理古物，依据文物性质设立书画、金石、陶瓷、珐琅、织绣、雕嵌、杂品等6个部，进行登录、编撰、流传、展览、典藏、装潢等工作；此外组建文物分类整理委员会，对全院文物进行分类、整理、编目。

民国20年（1931年）九一八事变后，时局不断恶化，为保护文物，经国民政府同意，故宫博物院将院藏文物中的精品装箱南迁，其中属于古物馆的共计2631箱（63735件）。上海市博物馆制定了一系列规章制度，如《征集陈列品办法》《捐赠寄存陈列品办法》《处理陈列品规则》及《陈列品编号办法》等,对藏品的接收、登记、编目、保管、维修、销毁和馆陈交换等都有具体规定,至民国22年藏品增至3605号,每号一件至数件不等。南通博物苑的藏品以历史文物与自然标本并重,总数近5万件。

20世纪30年代是中国博物馆藏品管理卓有成效的时期,全国各大博物馆努力追踪与学习欧美博物馆先进的藏品管理经验,以现代藏品管理理念指导保管工作,传统的古物典藏和保护经验也得到发扬,形成了较为可行的藏品管理机制,达到了一定管理水平。上海、北平、南京等地较大型的博物馆藏品管理做得较好,但一些地方性小馆管理规范性较差,甚至有些博物馆家底不清、管理混乱。

民国26年抗日战争爆发后,中国博物馆事业遭到很大破坏。有的博物馆毁于日本侵略军炮火,更多的博物馆被迫关闭或内迁,故宫博物院、中央博物院、河南省博物馆、浙江省博物馆等为保护珍贵文物藏品都不得不辗转迁徙。20世纪40年代,受战争影响,中国博物馆数量锐减,藏品管理工作也因条件所限难以正常开展。

**中华人民共和国成立后的藏品保管** 中华人民共和国成立后,随着博物馆事业发展,藏品数量迅速增多,博物馆藏品收集保管工作的规范化也随之被提上议事日程。1949年10月,中共中央宣传部向各中央局、分局宣传部发出《关于收集革命文物的通知》。1950年6月,中央政府政务院发布《关于征集革命文物的命令》,要求全国各级人民政府普遍征集一切有关革命的文献与实物。以抢救革命文物为起点,全国上下开展了全面的文物保护和抢救运动,不仅使大批珍贵文物得到保护,也为中华人民共和国博物馆事业奠定了藏品基础。

1962年8月22日,文化部文物管理局《关于博物馆和文物工作的几点意见(草稿)》强调博物馆的藏品是一切业务活动基础,必须大力加强:要做到彻底清理藏品,健全保管制度和改进保管方法;有条件的博物馆应逐步开展藏品研究、鉴定和对修复、保养技术、保管方法等方面的科学研究工作;征集工作需要有目的、有计划地作为日常工作来进行,既不要中断,也不要乱买;加强对流散文物的收集和管理工作等。

"文化大革命"全盘否定中华人民共和国成立后文化战线的工作,博物馆被诬为"封、资、修的黑窝"与"藏污纳垢之所",馆藏文物成为破"四旧"的对象。各地博物馆文物库房不同程度遭到冲击,一些单位的文物破坏、散失情况严重。在破"四旧"行动中,大多数博物馆被勒令关闭。在文物博物馆工作者和广大群众保护下,许多博物馆得以顶住冲击。1967年5月14日,中共中央发布《关于在"无产阶级文化大革命"中保护文物图书的几点意见》,有效制止了大规模的文物破坏活动。全国博物馆除革命圣地纪念馆外,基本全都关闭;有些博物馆被撤销或裁并,如东北烈士纪念馆被撤销,中国革命博物馆和中国历史博物馆合并为中国革命历史博物馆;个别博物馆场地被移为他用,如福建省博物馆除保留文物库房和部分用房外,场地被改为农场和养猪场。全国博物馆事业基本陷于瘫痪状态。

1970年5月，国务院批准成立图博口领导小组，恢复图书馆、博物馆方面工作。因战备而装箱疏散到山区保存的一级文物得以调回原单位，恢复保管条件。各地博物馆建制也陆续恢复，下放人员陆续调回，文物清理、保管、保养等基础工作也加紧进行。部分博物馆开始组织力量，配合政治教育筹办新的展览。1971年7月1日，在国务院总理周恩来推动下，关闭五年之久的故宫重新对外开放。与此同时，国务院图博口领导小组开始在北京筹办"文化大革命"期间全国出土文物展览和出国文物展览。在故宫开放的同一天，"'无产阶级文化大革命'期间出土文物展览"在慈宁宫开幕。8月17日，国务院向各地博物馆发出《关于选送出土文物到国外展览的通知》。1974年1月，"批林批孔"运动开始，博物馆事业再次受到冲击。8月8日，国务院发出《关于加强文物保护工作的通知》，要求各级政府在"批林批孔"运动中进一步加强文物保护工作，同时针对一些革命纪念馆大兴土木，装修过于富丽堂皇，对革命文物任意篡改、拔高，对其他方面文物则置之不理、不加保护等错误做法指出："革命纪念建筑，必须妥善保护，严禁乱拆乱改。修缮时，要严格注意保持原有建筑和周围环境的原貌。不要喧宾夺主，另搞富丽堂皇的新建筑。"

1977年8月，国家文物事业管理局在大庆召开"文博图工作学大庆"座谈会，初步总结正反两方面经验，提出"加强政治责任心""建立健全规章制度""严格岗位责任制""加强保管措施""改善文物库房和设备"等文物保管工作要求。10月，国家文物事业管理局在苏州召开博物馆文物保管工作座谈会。1978年1月，国家文物事业管理局颁布《博物馆藏品保管试行办法》，对博物馆的藏品接收、鉴定、登账、编目、建档，藏品库房的管理，藏品的保护、修复、复制，以及藏品提用、注销等作出较为详明的规定，是中国第一部专门的博物馆藏品保管规范性文件。

改革开放后，博物馆藏品工作更加规范化，政府通过财政拨款、鼓励捐赠等方式加强博物馆文物藏品收集。1979年5月29日～6月4日，全国省、自治区、直辖市博物馆工作座谈会在安徽合肥召开，讨论修改《省、市、自治区博物馆工作条例（草案）》。6月29日，国家文物事业管理局印发《省、市、自治区博物馆工作条例》，其中对藏品收集、保管等作出明确规定。1981年2月，国家文物事业管理局在北京召开革命纪念馆调整工作会议，为纪念馆整顿作出部署，为《革命纪念馆工作条例》制定作准备。1986年，文化部印发《博物馆藏品管理办法》和《文物藏品定级标准》。随后，为把管理办法真正落到实处，从根本上扭转中小博物馆藏品底数不清、等级不分、无案可查、管理混乱等现象，给藏品管理创造现代化建设条件，国家文物局着重落实各地博物馆馆藏文物清库、登记、建档工作。国家文物局将该项工作提交全国文物工作会议讨论，并于1989年5月5日下发文件，要求各地博物馆限期完成，经上级主管部门验收合格后由省、自治区、直辖市文物行政管理部门汇总所辖地区馆藏文物统计表，于1990年底前报国家文物局备案。这是中华人民共和国成立以来在全国博物馆行业开展规模最大的一次清库、登记、建档工作，基本摸清了博物馆藏品"家底"。

随着国家现代化建设步伐和博物馆现代意识深入，博物馆藏品管理理念和管理方法的变革被提上日程。2001年9月起，财政部、国家文物局先后在山西省、河南省、辽宁省、甘肃省启动"文物调查及数据库存管理系统建设"项目试点，经三年多努力取得显著阶段性成果，基本摸清了四省馆藏珍贵文物家底。此后，国家文物局又开展了全国馆藏一级文物纸质档案备案工作和全国馆藏文物腐蚀损失调查项目、馆藏文物达标建设项目，并着手研究制定馆藏文物和一级文物建档备案的有关管理法规和技术规范。

20世纪80年代后，全国博物馆藏品在安全保卫的现代化建设领域获得长足发展，一些大型博物馆和有条件的中型博物馆都配备了烟感自动报警系统、安全防范系统。此外，国家对藏品库房设施的财政投入逐年加大。"六五"和"七五"期间，国家以地方项目国家补助的方式拨款2125万元，在22个省市建成国家文物库房。1992年开始，国家发展改革委每年拨款2500万元用于文物保护基础设施建设补助资金，其中60%～70%用于建设库房。"十五"期间，各地一批省级博物馆和中央部委所属博物馆改建与扩建工程，特别是新馆建设成就瞩目。随着这些博物馆改扩建工程或新馆的完成，馆藏文物保存环境得到较大改善。

改革开放以来，博物馆行业对藏品管理人员提出了更高要求，掌握传统工艺技术的老专家与具有现代科学知识的中青年专家相结合，共同探索具有中国特色的文物藏品保管技术，中国博物馆保管队伍迅速成长。1987年10月，中国博物馆学会成立保管专业委员会，出版了不少学术论著，如《藏品保管工作手册》《中国文物精华大典》《博物馆藏品保管文集》等，其中《博物馆藏品保管文集》收录了中国博物馆学会保管专业委员会1987～2000年召开的13次学术研讨会的论文194篇，近百万言，是几代藏品保管工作者经验的集中反映。

随着博物馆事业发展，针对藏品保护的设计标准也在逐渐健全。1991年，行业标准《博物馆建筑设计规范（JGJ 66）》发布，对藏品防护提出具体要求。该标准于2015年进行修订，修改补充了对藏品保存环境、采光与照明等方面的要求。2009年，国家标准《博物馆照明设计规范（GB／T 23863—2009）》颁布实施。

为改善全国馆藏文物保存环境，降低自然因素对文物的损毁，在财政部支持下，国家文物局开展了馆藏文物保存环境达标建设试点项目。2001年11月，国家文物局以委托课题形式组织"馆藏文物保存环境基础技术标准"前期研究，编制《馆藏文物保存环境试行规范（草案）》（简称《试行规范》）。2004年3月，国家文物局通过公开招标确定甘肃省平凉市博物馆和湖北省武汉市博物馆为"馆藏文物保存环境达标建设试点"单位。经过一年多的努力，试点工作取得显著效果，两馆库房、展厅设施得到充实和更新，馆藏文物保存环境得到有效控制，基本达到不同材质文物的存放要求。结合试点工作实践，对《试行规范》进行修改完善。2005年，国家文物局确定辽宁旅顺博物馆、湖南常德博物馆、四川绵阳博物馆、广西桂林博物馆和陕西西安半坡博物馆为"馆藏文物保存环境达标建设试点"单位，以五家博物馆库房环境改善为目标，探索发挥中心库房集中保管本区域馆藏珍贵文物的方法和途径，并结合各馆实际情况，对《试行规范》加以检验、修改和完善，为项目的全面开展积累经验。

20世纪80年代初，中国博物馆数字化、信息化工作相继开展，如中国历史博物馆计算机考古年代序列分析系统和上海博物馆微机在热释光测定年代中的应用等。国家科技专项"中国珍贵文物数据库"完成，文物调查及数据库管理系统建设项目的试点目标基本实现，一批文博网站先后开通，中国文化遗产展示中心"中国数字博物馆"立项工作的启动标志着文博系统信息网络系统初具规模，全国更广泛的平台建设呼之欲出。博物馆数字化把博物馆和公众紧密联系起来，从而扩大了博物馆的服务对象，增添了博物馆功能，使博物馆（这里专指数字化博物馆）和数字化档案馆、数字化图书馆并列成为三大信息中心。全国许多博物馆在互联网上建立了网站或网页，数字化博物馆建设方兴未艾。上海博物馆在1984年5月就成立了"电脑组"，开始规划博物馆的电脑应用工作，近年来又采用三维扫描手段将馆藏12万余件文物输入数据库，并在信息化基础上将上海博物馆升级为全方位的数字化博物馆。陕西历史博物馆、故宫博物院的藏品数字化管理也都取得了重要进展。"十五"期间，国家文物局把"中国数字博物馆"发展战略提上议事日程，完成《全国文物、博物馆事业信息化"十五"规划》《全国文物资料普查和文物保护项目管理系统总体方案》以及《中国博物馆藏品信息暂行规范》等文件的制定。全国博物馆信息化工作进入了一个有机构、有人员、有目标、有计划的发展阶段。

## 三、藏品保护修复

中国的文物保护技术始于传统的修复工艺和保养方法，经由历代默默无闻的文物修复匠师通过长期的实践积累和师承而发展延续。随着科学技术的发展，现代科技人员在继承传统修复技艺的基础上引入新科技手段，促成传统工艺与现代科技的融合。

中国现代文物保护工作始于20世纪20年代，当时仅有少量科技人员针对以瓷器或青铜器为主的藏品进行化学成分和工艺研究。中华人民共和国成立后，文物保护工作力度不断加大。1956年，中国文物科学技术保护研究所在北京成立。1958年，上海将原来古玩店或装裱铺的传统修复匠师集中到地方文物管理部门，并输送到全国的一些博物馆从事文物修复专业工作。1962年，中国历史博物馆、上海博物馆、甘肃省博物馆相继成立文物保护技术实验室，具有中国特色的集现代科技和传统工艺于一体的文物保护修复队伍逐步发展起来。

改革开放后，馆藏文物保护修复工作从国家层面得到全面加强。1978年1月20日，国家文物局颁布《博物馆藏品保管试行办法》，对引起藏品自然损害的温度、湿度、光线、尘埃、虫害等进行观察记录，应用传统经验及现代科学技术方法防止藏品侵害，并对藏品修复原则、操作规程、特殊情况下从藏品上取下部分样品进行分析化验、采用新的保护修复技术方法等作出详细规定。1986年6月19日，文化部印发《博物馆藏品管理办法》，强调要逐步加强藏品保护科技力量，并对藏品修复技术的应用等作出严格的规定。2002年，《文物保护法》修订，规定："修复馆藏文物，不得改变馆藏文物的原状；复制、拍摄、拓印馆藏文物，不得对馆藏文物造成损害。"2007年5月11日，国家文物局印发《可移动文物技术保护设计资质管理办法》和《可移动文物修复资质管理办法》，对可移动文物技术保护设计、修复的内容、技术要求、相关机构和人员资质等作出规定。2014年8月1日，国家文物局印发《可移动文物修复管理办法》，强调修复可移动文物应当坚持不改变文物原状原则，全面保存和延续文物的历史、艺术、科学信息与价值，将科学研究贯穿于修复全过程，应认真执行文物修复操作规程和相关技术标准等。

藏品保护标准规范走向完善。从2008年起，由文博单位、国家文物局重点科研基地、高校等机构负责编写的文物保护行业标准陆续发布实施，包括《古代壁画病害与图示》《可移动文物病害评估技术规程 陶质文物》《石质文物保护修复方案编写规范》《馆藏金属文物保护修复档案记录规范》《馆藏文物保存环境质量检测技术规范》等。经过修订，《古代壁画保护修复档案规范》等一批标准由行业标准提升为国家标准。

藏品保护科学技术水平大幅度提升。敦煌莫高窟壁画和石窟加固、秦始皇兵马俑彩绘保护和铜车马修复、法门寺地宫出土丝织品的揭取等取得重大技术突破，国家珍贵文化遗产得以保护与传承。国家重大项目"文物保护技术与中华文明探源工程"的开展，带动文化遗产保存和修复技术综合水平的提高。此外，国家加大财政投入，启动了馆藏文物保存环境规范研究和示范工程。2005年以来，科学技术在文物保护领域的重要作用日益凸显，中国文物保护科技进入前所未有的活跃时期，文物保护科技取得跨越式发展，行业创新体系初步形成，成为国家创新体系的重要组成部分。国家先后启动实施"中华文明探源工程（二）""文化遗产保护关键技术研究""大遗址保护关键技术研究与开发""古代建筑保护技术及传统工艺科学化研究""石质文物保护关键技术研究""中华文明探源工程及其相关文物保护技术研究""指南针计划——中国古代发明创造的价值挖掘与展示"等一批重大科研项目。通过联合攻关，在系统揭示文化遗产价值、探究中华文明形成与早期发展的特征与规律、现代科学技术在考古领域应用、大遗址保护与管理、馆藏文物保护修复技术与材料、馆藏文物保存环境监测与控制、传统工艺科学化、不可移动文物保护、文物保护集成装备等方面取得具有自主知识产权的共性技术和关键技术研究成果，文物保护科技水平显著提高。白鹤梁题刻原址水下保护工程研究与实践、文物出土现场保护移动实验室、"南海Ⅰ号"整体打捞及保护等一批优秀科技成果涌现，一批优秀科技工作者获国家级和省部级科技奖励。许多科技成果在第三次全国文物普查、长城资源调查、重点文物保护工程、大遗址保护工程、灾后文化遗产抢救性保护、可移动文物保护、馆藏文物保存环境改善、博物馆文物防震保护、博物馆展示服务提升等重大工程和重点工作中得到应用，有效提升了文物保护的科技含量，取得了显著社会效益和经济效益。

文物保护专用装备产业加速升级。2013年底、2015年初，国家相关部门先后印发两批文物保护装备产业化及应用指南，至2016年底，推动16个系列40项文物保护专用装备产业化及应用示范项目实施，建成／改造生产线16条，开发新产品91种、芯片9种、传感器36种，转化科技成果65项。一批自主研发的文物保护装备在文博单位得到示范应用，如基于国家科技支撑计划"馆藏文物保存环境应用技术研究"课题成果所开发的免加水调湿器、调湿剂、无酸纸等产品，不仅填补了国内空白，而且性能达到或超过国际同类产品；基于《馆藏文物防震规范》所研制的馆藏文物防震系统，在乐山金口河5.0级地震中，有效保护了雅安博物馆馆藏文物。同时，国家积极推动产业集聚，于2015年在重庆设立了首家文物保护装备产业基地。《馆藏文物防震规范》作为国际上第一部颁布的馆藏文物防震技术标准，获得国际同行专家的高度评价。

馆藏文物保护修复科研机构和队伍建设不断加强。改革开放以来，一批博物馆和一些考古单位先后建立了文物保护修复实验室，西安文物保护修复中心等专业研究机构相继成立，文物保护修复技术人员队伍有一定程度的发展。根据2004～2005年《全国馆藏文物腐蚀损失调查》统计，全国各类国有文物收藏单位2803家，馆藏文物1500余万件／套，有保护修复和保管人员4949人，其中保管人员占60%，保护修复人员不足2000人，能修复馆藏文物的人员不足1000人，能熟练修复馆藏文物的人员不足200人。这一时期，全国文物保护技术人才队伍规模偏小、文化程度偏低、专业性不强、后备力量亟待加强。"十一五"期间，随着国家规划、管理和投入力度加大，文物保护领域科研组织规模迅速扩大，多元化、结构化的科研组织体系和发展模式基本形成。国家级科研机构实力增强：中国文化遗产研究院实现了改所建院，创新活力和创新动力不断提高；古代壁画保护国家工程技术研究中心获准成立；依托文博单位、高等院校和科研院所分4批设立的17家行业重点科研基地，成为整合文物保护及相关领域创新资源、培育创新人才、开展科技攻关和学术交流的重要平台。专业性研究机构数量快速增长：文博单位、高等院校、科研院所设立的区域性、专题性文物保护科技中心发展至80余家，建成实验室近500个，科技基础条件得以改善；在加强自身建设同时，部分科研机构积极参与本区域大型科学仪器协作共用网，科技资源共享程度得到进一步提高。合作网络多元发展：国家文物局与中国科学院积极探索全方位的战略合作，针对文物保护重大需求，联合组建技术创新平台；与中国科学技术协会开展战略合作，利用其全国专业技术协会的资源优势，推动文物保护科技研究和科学普及工作；与浙江省人民政府联合启动实施国家文化遗产保护科技区域创新联盟试点建设项目，有效整合和发挥中央与地方在政策、组织和技术等方面的优势；陶质彩绘文物保护专业技术创新联盟签约运行，实现研发链条各环节间的优势互补。人才培养和创新团队建设取得显著成效：系统内文物保护科研人员数量较以往大幅增加，高素质科技人才比例快速提升；系统外科研人员大量涌入，人才队伍得以充实壮大；一批行业领军人物脱颖而出，一些科技专家进入国际科技组织的领导层；以优秀创新人才为主体的科研团队建设初见成效，逐步成为推动文物保护科技进步的核心力量。"十二五"期间，相关部门继续针对行业科技小队伍与大需求矛盾，加强对国内外优质资源的整合，探索建立新型科技创新组织模式。国家文物局与中国科学院签署全面战略合作协议，为文物界和科技界的强强联合提供重要平台；与浙江省人民政府共建区域创新联盟取得实效，通过体制机制创新，使资源得以合理配置，浙江省整体科技实力大幅提升。新增两批13家行业重点科研基地，形成30个行业重点科研基地和3个专业技术创新联盟，各科研基地在全国设立35家工作站；针对西藏文物的特点，实施可移动文物保护科技援藏项目，建立对口帮扶长效工作机制；古代壁画保护国家工程技术研究中心在建设验收中被评为"优秀"；实施"文物保护科技优秀青年研究计划"，一批优秀青年科技人才和创新团队脱颖而出。2011～2016年，全国文物保护机构数量由2735家增加至3318家，增长21.3%；各地博物馆加大馆藏珍贵文物修复力度，更多珍贵文物得到有效保护，一些濒危文物日益受损等问题得到缓解。2013年，全国博物馆行业完成6000余件馆藏濒危文物保护修复，启动8000余件馆藏文物保护修复。2014年，中央财政安排经费6.6亿元，实施一批可移动文物修复项目和53个博物馆藏品预防性保护项目，完成8000余件／套珍贵文物和2万余枚简牍的修复。此外，国家还着力推进了文博行业标准的制修订。

21世纪以来，全国馆藏文物保护科研组织迅速发展，科研平台与人才队伍建设成效显著，但不足之处依然很多，如结构不尽合理、专业人员比例偏低、技术力量分散、资源利用率低、管理机制落后等。各级博物馆的藏品保护工作依然任重道远。

# 第三节　博物馆陈列展览

中国博物馆事业虽在诞生时间上晚于欧美各国，但在陈列设计上始终紧跟国际趋势。清光绪三十一年（1905年），张謇在创建南通博物苑时已遵循分类陈列法，将藏品分为天然、历史、美术三类。辛亥革命后，全国博物馆数量迅速增长，展览陈列方式也更加丰富，如民国3年（1914年）成立的古物陈列所在陈列设计上已注意到藏品分类展示与空间分隔，并注重展品与环境的有机结合；民国16年筹设的河南省博物馆（次年改为民族博物院）先后开辟安阳殷墟出土器物、新郑出土周代青铜器、洛阳古物、服饰民俗、动植物标本等陈列室。但由于战争影响，民国26～38年国内博物馆事业陷于困境，展览陈列工作停滞不前。

中华人民共和国成立后，各地开始有步骤组织博物馆改造工作，全国博物馆展览事业走上社会主义轨道。1951年，由考古学家裴文中、贾兰坡负责的"原始社会陈列"在故宫午门外东朝房对社会开放，此次展览是中国博物馆人首次尝试运用历史唯物主义组织的文物陈列。整个20世纪50年代，中国博物馆展览设计理念深受当时苏联模式影响，其中最具代表性的是地志性博物馆的出现。地志性博物馆展览内容主要包括当地"自然资源"（包括地理、民族、生物、资源等）、"历史发展"（包括革命史）、"民主建设"（包括政治、经济、文化等方面的建设成绩）3个部分。1959年，中国历史博物馆的"中国通史陈列"和中国革命博物馆的"中国革命史陈列"在思想性、科学性、艺术性上都达到前所未有的高度，成为中国博物馆陈列展览的里程碑。同时，一些博物馆还举办流动展览，把陈列送到群众中去。

截至1966年，全国博物馆陈列呈现出如下特点：陈列具有思想性、科学性和艺术性，政治性和科学性通过一定的艺术形式来体现；主题陈列独领风骚，"中国通史陈列"模式遍及全国各类人文博物馆；讲求平衡、对称的四平八稳的陈列平面布局，展壁、展柜、展台按规定陈列线顺序排列，陈列形式程式化；受时代要求和影响，陈列具有强烈的政治宣传色彩，博物馆人文精神和人文关怀被掩蔽。

"文化大革命"开始后，全国博物馆展览工作停滞。1973年2月成立国家文物事业管理局后，各地博物馆陆续恢复，重新开展基本陈列研究，在一定程度上挽回了"文化大革命"对博物馆造成的损失。

改革开放后，中国博物馆行业开始探索思想性、科学性和艺术性相结合的陈列方式。在主题性陈列寻求新出路之际，以实物为核心要素，强调展品美感的审美性陈列显现出其特有的生命力和感染力。1988年，辽沈战役纪念馆新馆落成，首创"《攻克锦州》全景画馆"，融合绘画、塑形、灯光、音响等多种艺术形式，生动再现攻克锦州场景。1989年，南京博物院将原有常设展览"江苏历史陈列"更新为"长江中下游5000年文明陈列"，以实物陈列为主，大大减少传统主题陈列常见的说教式文字和图表等辅助展品，突出江南地区物华天宝、人杰地灵的地方特色。

20世纪90年代后，随着全国博物馆行业现代化转型的全面展开，"以人为本"理念逐步成为博物馆陈列的共识。全国博物馆陈列开始进入主题性陈列、审美性陈列、原状性陈列共同发展的新时代。1997年"全国十大陈列展览精品"评选活动开始启动，大批具有较高学术、文化含量，形式与内容和谐统一，制作精良，具有相当社会影响力，甚至国际水平的陈列不断涌现，将全国博物馆陈列工作推向独特的综合艺术新境界。

进入21世纪，随着中国博物馆行业的现代化转型，高科技手段开始越来越多地被运用于展览陈列设计中。如2001年"上海城市历史发展陈列"成功运用场景和模型的艺术手法，辅以音响、多媒体资料查询装置及多媒体影视模式合成装置等展示手段。2005年，入围第六届"全国十大陈列展览精品"初评的陈列，绝大多数不同程度运用了场景和模型陈列手法以及多媒体影视等现代高新科技。现代高科技特别是信息技术在博物馆陈列中的运用，有效解决了一直困扰博物馆的陈列实物与辅助展品关系难以处理的问题，也解决了长期以来许多陈列信息量不足、面对不同观众需求顾此失彼的无奈，同时又增强了博物馆陈列的趣味性、参与互动性，使博物馆陈列的吸引力进一步提

升。随着网络技术的发展，很多博物馆开始建设网上展陈平台，观众足不出户即可参观展览。2014年，国家文物局将广东省博物馆、苏州博物馆等6家博物馆确定为智慧博物馆试点单位。智慧博物馆在展览陈列方面运用虚拟现实、3D打印、人工智能等科技手段，推动了博物馆展览陈列工作进入新的历史阶段。

# 一、基本陈列

**中国国家博物馆基本陈列"古代中国"**
"古代中国"陈列的前身是1959年的"中国通史陈列"，反映的是从原始社会到明清时期中国政治、经济、社会生活、文化等方面的发展历程。

1949年10月1日，北平历史博物馆改名为国立北京历史博物馆。1950年，国立北京历史博物馆开始筹备"原始社会陈列"。1951年2月6日，"原始社会陈列"开展。6月21日，国立北京历史博物馆更名为北京历史博物馆，并于8月开始筹办"中国通史陈列"。1954年，文化部确定《"中国通史陈列"的原则》。1955年，陆续完成"夏商周陈列""秦汉陈列""魏晋南北朝陈列""隋唐五代陈列"。1959年8月，中国历史博物馆和中国革命博物馆大楼工程完工，两馆陈列在新馆试展。10月2日，经中共中央批准，"中国通史陈列"公开预展。为向中国共产党成立40周年献礼，中国历史博物馆于1960年11月拟定"中国通史陈列"修改方案，根据中央提出的修改原则，对"中国通史陈列"中"农民起义""原始、奴隶、封建社会三个历史阶段的转变""历史人

物""生产斗争""民族关系和中外关系"5个方面内容进行重点修改。"中国通史陈列"按照社会发展分期和中国历史朝代排列，分为原始社会馆、奴隶社会馆、封建社会馆，展出文物资料9000余件。1961年7月1日，中国历史博物馆向社会开放，展出"中国通史陈列"。

1970年春，按照国务院图博口领导小组指示，中国革命历史博物馆开始研究修改"中国通史陈列"。1971年4月，根据"按历史发展分期，打破王朝体系，突出阶级斗争是推动历史发展的动力，劳动人民是历史的创造者"的原则拟出陈列大纲，使陈列内容延伸至五四运动。1972年5月，将原中国革命博物馆的"旧民主主义革命史陈列"移至"中国通史陈列"。根据周恩来总理的指示，1973年初，调整"农民战争陈列"位置，重点表现中国作为一个统一的多民族国家的发展过程，适当增加一些历史人物。1973年4月底，"中国通史陈列"第二次修改，从原始社会到五四运动，分为原始社会、奴隶社会、封建社会、半殖民地半封建社会（旧民主主义革命时期）4个部分，展出文物资料9000余件。1975年10月，"中国通史陈列"预展。

1983年1月31日，国务院批复同意恢复中国历史博物馆和中国革命博物馆建制。两馆恢复建制后不久，"中国通史陈列"近代史部分移交中国革命博物馆。1984年5月，中国历史博物馆开始调整"中国通史陈列"，主要修改极"左"的内容。1987年11月，中国历史博物馆决定对"中国通史陈列"进行较大修改。1990年9月，"中国通史陈列"（原始社会至魏晋南北朝）的布展工作完成，保持既按社会

发展阶段又按朝代顺序的陈列体系，展出文物4000余件，新展出考古出土文物约500件。9月22日，修改后的"中国通史陈列"（原始社会至魏晋南北朝）和1984～1985年修改的后半段陈列（隋唐至明清）重新向社会开放。1995年起，对隋唐至明清时期的陈列内容进行修改。

2003年2月28日，中国国家博物馆在原中国历史博物馆和中国革命博物馆基础上组建成立。为筹备新馆开馆，中国国家博物馆决定以"中国通史陈列"为基础，筹备"古代中国"基本陈列。

2011年5月17日，"古代中国"基本陈列开始预展，2012年3月1日开展。"古代中国"基本陈列以王朝更替为主要脉络，分为8个部分。第一部分"远古时期"，通过文物展示旧石器时代人类从直立人、早期智人到晚期智人的进化过程，新石器时代人们制作陶器、发明农业和养畜业以及形成的各具特色的地域文化。第二部分"夏商周时期"，展示中国古代早期国家形态的形成与初步发展，王权政治的强化，西周礼制的建立，辉煌灿烂的青铜文明以及汉字的早期形态等。第三部分"春秋战国时期"，展现西周礼制分崩离析，铁器的广泛使用促进生产力和社会经济的发展，学术思想百花齐放，民族间相互融合，华夏民族主体形成。第四部分"秦汉时期"，展现专制主义中央集权制的建立，中国历史进入大一统时代，新工艺技术的发明和应用加速社会经济发展，中外文化交流空前繁荣。第五部分"三国两晋南北朝时期"，展现社会动荡、政权更迭频繁、民族融合加强的历史特点，同时南方经济得到开发、青瓷制作技术精湛，社会的变革和

中外文化的交融使思想文化呈现全新面貌。第六部分"隋唐五代时期"，展现中国历史的全面繁荣阶段，隋唐前期的鼎盛局面，唐朝后期至五代十国的社会变革和发展转折，宏大的格局、开放的气势、壮阔的场面均为前代所无法比拟。第七部分"辽宋夏金元时期"，展现农业和手工业的重大发展、商品经济的活跃、城市生活的丰富多彩和文化的高度发展，海外贸易和对外文化交流繁盛。第八部分"明清时期"，展现中央集权专制统治走向巅峰，统一多民族国家得到巩固和发展，社会经济呈现出超越前代的繁荣，但中国这一农业文明古国正与后起的工业文明大国悄然拉大差距，预示着一个新时代的到来。

"古代中国"陈列展出展品2500余件，其中珍贵文物2000余件，含一级文物500余件，包括仰韶文化鹰形陶鼎、红山文化玉龙、三星堆面具、商四羊青铜方尊、秦兵马俑、满城汉墓金缕玉衣、唐三彩陶釉马、宋官窑粉青釉三足瓷炉、明万历太后凤冠等，较为全面展示了古代中国不同历史时期在政治、经济、文化、社会生活以及中外交流等方面的发展状况，突出展现了中华文明绵延不断的发展历史和各族人民共同缔造多民族国家的历史进程，展现了中华民族所取得的辉煌成就和对人类文明所作出的杰出贡献。

**中国国家博物馆基本陈列"复兴之路"**
"复兴之路"是全国唯一一个全面展示中华民族自1840年鸦片战争以来从衰弱走向复兴宏大时代主题的基本陈列。

2007年，为迎接党的十七大召开，并展示100多年来中华民族伟大复兴的光辉历程，中共中央决定举办"复兴之路"大型主题展览。中国国家博物馆先后修改内容方案10稿、陈列设计方案5稿。鉴于中国国家博物馆馆舍正在改扩建，2007年10月13日，"复兴之路"大型主题展览在中国人民革命军事博物馆开展，展出文物630件／套，图片760张。至当年12月底，接待观众260余万人次。12月31日，闭展进行修改。2008年3月1日，展览重新开放。2009年5月24日，展览闭幕，文物回迁中国国家博物馆。在此期间，共接待观众340余万人次。

根据中共中央指示，中国国家博物馆复展中从8个方面修改"复兴之路"基本陈列，进一步呈现大气庄重的陈列风格，增强历史的厚重感、文化的丰富感。2009年9月25日，经中共中央批准，"复兴之路"基本陈列在中国国家博物馆北门外举行开幕仪式。11月29日，因工程施工和展览修改需要，展览暂停开放。

2010年2月28日，中共中央宣传部召开会议，决定启动新的陈列修改工作。按照中央领导和中央宣传部及修改工作领导小组办公室提出的修改意见，中国国家博物馆遵循主题不变、线索不变、框架基本不变原则完成修改任务。9月20日，陈列内容方案修改稿上报中共中央宣传部。9月25日至12月底，完成现场布展施工。

2011年2月25日，中共中央政治局常委李长春，中共中央政治局委员、中央书记处书记、中共中央宣传部部长刘云山，中共中央政治局委员、国务委员刘延东，全国政协副主席、中国社会科学院院长陈奎元和中央宣传思想工作领导小组成员赴中国国家博物馆展厅审查修改后的"复兴之路"基本陈列。这次修改使陈列主题更鲜明，更加突出"四个选择"和"三个坚持"，展陈方式有很多亮点和创新，使陈列更加生动活泼。整个展览方案比较成熟，经审查同意对外展出。2011年3月1日，中国国家博物馆举办改扩建工程竣工暨"复兴之路"基本陈列复展仪式。

"复兴之路"基本陈列展出面积约12345平方米，通过1280余件/套珍贵文物和870余张历史照片，回顾1840年鸦片战争以来陷入半殖民地半封建社会深渊的中国各阶层人民在屈辱和苦难中奋起抗争，为实现民族复兴进行的种种探索，特别是中国共产党领导各族人民争取民族独立、人民解放、国家富强、人民幸福的光辉历程。

陈列分为5个部分。第一部分"中国沦为半殖民地半封建社会"包括"鸦片战争前的世界与中国""帝国主义列强对中国的侵略""中国人民的抗争和觉醒"3个单元。第二部分"探求救亡图存的道路"包括"对国家出路的早期探索""辛亥革命推翻封建帝制""辛亥革命失败和新文化运动兴起"3个单元。第三部分"中国共产党肩负起民族独立人民解放历史重任"包括"开天辟地的大事变""探索中国革命新道路""全民族抗战的中流砥柱""为新中国而奋斗"4个单元。第四部分"建设社会主义新中国"包括"中国人民站起来了""确立社会主义基本制度""社会主义建设在探索中曲折发展""国际地位提高与国际环境改善"4个单元。第五部分"走中国特色社会主义道路"包括"开辟社会主义事业发展新时期""开创改革开放现代化建设新局面""开创全面建设小康社会新篇章"3个单元。

## 故宫博物院"明清宫廷史迹原状陈列"

故宫博物院在太和殿、中和殿、保和殿和乾清宫、交泰殿、坤宁宫设有恢复宫廷陈设的"明清宫廷史迹原状陈列"。

太和殿是明清两朝举行重大仪式的地方，每位皇帝登极典礼均在此举行。每年元旦、冬至、万寿三大节，皇帝驾临太和殿接受朝贺。皇帝大婚的册立奉迎礼及命将出征等仪式，清代乾隆、嘉庆帝授受大典等也在太和殿举行。太和殿正中摆放金漆宝座，宝座前设脚踏一个。金漆宝座安放在七层台阶之上，左右陈设有香几、甪端，宝座后面设有雕龙髹金屏风，宝座上方悬挂乾隆御笔匾"建极绥猷"。

中和殿始建于明永乐十八年（1420年），曾历经3次火灾，遗存为天启七年（1627年）重建。该殿初名华盖殿，后改中极殿，清顺治二年（1645年）始称中和殿。每逢皇帝在太和殿举行典礼，御辇先停留在中和殿，皇帝登上中和殿宝座接受朝廷重要辅臣和近臣的跪拜礼。在祭祀太庙、祭地、籍田、祭孔等仪式前一日，皇帝都要在此阅读祝版。皇室每十年修一次玉牒，告成之日，皇帝在中和殿举行仪式，之后玉牒被转送至皇史宬收藏。殿内悬挂乾隆御笔匾"允执阙中"，两边柱上联曰"时乘六龙以御天，所其无逸；用敷五福而锡极，彰厥有常"。

保和殿位于太和殿、中和殿北侧，坐落在同一座台基上，合称三大殿，共同构成了紫禁城外朝的中心。保和殿于明代初建时称为谨身殿，明嘉靖时改名建极殿，清顺治时始称保和殿。明清时期，保和殿曾作为册封皇后、皇太子，会见宴请外藩及一、二品大臣的场所。清乾隆五十四年（1789年），改为殿试地点。保和殿内高悬的匾额"皇建永极"为乾隆皇帝御笔，匾额下面的屏风、宝座坐落在五层的台基上。

乾清宫是内廷后三宫之一，位于保和殿北侧，遗存建筑为清嘉庆时期重建。乾清宫正中的"正大光明"匾是清顺治皇帝御笔。雍正皇帝创立秘密立储制度，其亲自书写一封传位密诏，将密诏封在铁匣中，再将铁匣放在"正大光明"匾后面，另外写一封同样的密诏随时带在身上。后世的乾隆皇帝、嘉庆皇帝、道光皇帝均遵循这一制度立储。匾下方的楹联，前面为康熙皇帝御笔，后面为乾隆皇帝御笔。金漆五扇屏风上刻有康熙皇帝从儒家典籍中辑录的格言，屏风前金漆宝座显示皇家的威严。皇帝的御榻通常设在东、西暖阁。至清代，西暖阁被改为书房，用于收藏清代历朝实录、圣训和玉牒。皇帝时常在此恭读前朝实录，有时还在此召见朝廷重臣。

交泰殿位于后宫乾清宫与坤宁宫之间，形制为方檐渗金圆顶。据《明史》记载，交泰殿始建于明永乐十八年，但为孤证，需进一步考证。交泰殿内为清代陈设布局，即正中藻井悬轩辕镜，明间正中置宝座，宝座上方悬挂乾隆皇帝摹康熙皇帝匾曰"无为"，宝座后为乾隆皇帝御笔《交泰殿铭》。殿内东西两侧分别安放体积庞大的铜壶滴漏和自鸣钟。

坤宁宫位于故宫中轴线的最北端，是明清两代后三宫之一，始建于明永乐十八年，正德九年（1514年）、万历二十四年（1596年）两次毁于大火，万历三十三年重修。清顺治二年（1645年）重修，顺治十二年仿沈阳故宫清宁宫规制再次重修。嘉庆二年（1797年），乾清宫失火，烧及坤宁宫前檐，嘉庆三年重修。坤宁宫在明代为皇后寝宫；在清代正间为萨满教祭祀场所，西暖阁作为萨满教祭祀时人员出入场所，东暖阁则作为皇帝大婚洞房。1959年，进行原状恢复陈列。"文化大革命"中，坤宁宫萨满教祭祀原状被拆除，文物被收入西暖阁临时库房保存。2002年，重新恢复清代坤宁宫萨满教朝祭、夕祭、求福祭等原状展示。其中，坤宁宫西墙设置的关帝像及神幔、低桌、供器、髹漆黄亭、叩头桌为朝祭陈设；坤宁宫北墙设置的蒙古神、画像神、无字神牌及神幔、低桌、腰铃、手鼓、花梨木拍板、供器等为夕祭陈设；坤宁宫万字炕前地面铺设宝相花纹饰地毯，地毯上陈设坐垫，为祭神仪式后大臣吃肉的位置；坤宁宫灶间前置有锡面的杀猪案桌，案前设盛装猪血用的两只锡里木槽。

寿康宫展览为复原展，由"万岁千秋奉寿康——寿康宫原状陈列展"和"庆隆尊养——崇庆皇太后专题展"两部分组成，2015年10月10日开展。

寿康宫为清朝奉养皇太后的宫殿，也是中国历史上保存最为完好的太后宫殿，位于紫禁城外西路慈宁宫西侧，由寿康门、寿康宫、东西配殿、后殿、转角围房、顺山房、净房等75间房屋组成，分三进院落。寿康宫是乾隆皇帝为生母钮祜禄氏（乾隆皇帝即位后尊其为崇庆皇太后，逝后谥号孝圣宪皇后）所建，崇庆皇太后（孝圣宪皇后）、恭慈皇太后（孝和睿皇后）、康慈皇太后（孝静成皇后）先后在此颐养天年。晚清逊帝时期，同治帝的慧妃

（敦宜皇贵妃）与瑜妃（敬懿皇贵妃）亦曾在此居住。

寿康宫展览复原时间定位为崇庆皇太后居住时期，在整理分析大量史料与文物后，又将复原时间具体至乾隆三十六年皇太后八旬万寿庆典之后至乾隆四十二年去世之前。随着皇太后宫的命名，"寿康"亦成为崇庆皇太后的代称之一，"万寿千秋奉寿康"在御制诗中多次出现，是乾隆皇帝对母亲奉养的写照，故原状展以此命名。该展览选取文物的下限为乾隆时期，陈设理念为"陈之有据"，即文物选取标准有所依托，陈设布局尽量归位，力求尽最大可能接近历史原貌。原状陈列旨在展示崇庆皇太后日常生活场景，选用文物约220件／套。正殿明间内为皇太后节日时接受朝贺的礼仪空间，将八旬大寿时特设的缂丝攒竹嵌玉石屏风、宝座物归原位。后殿东暖阁，御笔联屏、钟表、盆景、玉器、雕漆炕几、多宝格等各式器物琳琅满目，墙上醒目的位置贴落着描绘皇太后八旬万寿的庆寿图。西暖阁之西一间置一对黄花梨木雕云龙大柜，旁边墙上悬挂着乾隆御笔《汉柏图》；西二间为皇太后寝宫，墙上贴落着乾隆皇帝御笔《冬至月廿五日圣母皇太后八旬大庆慈宁宫行礼喜成长什》与相关对联。后罩殿（北围房正中五间）内也进行了陈设，只有西二间的戏台因仅存遗址而没有复原。东配殿即为皇帝问安时等候传奏的临时休憩之所。

"庆隆尊养——崇庆皇太后专题展"作为原状陈列的补充，旨在讲述皇太后生平与母子之间的情感，在东西围房内陈列。"庆隆尊养"四字出自乾隆皇帝为崇庆皇太后临御的慈宁宫所题写的匾额，高度概括了对皇太后的尊崇与礼遇，与专题展览的内容比较贴切，故以此命名。展览分3个单元：一为"母仪天下"，以宝玺、徽册、朝珠、特磬、镈钟、谥册等典章文物加以表现；二为"慈寿无疆"，分为"万寿如意""御制寿礼""六旬寿礼""七旬寿礼""八旬寿礼"，特别选取一柄青玉御制赞如意，是皇太后八旬大寿当天由乾隆皇帝亲自捧进寿康宫敬献的；三为"母子情牵"，分为"母子情牵""欢度节令""奉母出行""宫中用度""死后殊荣"。最为著名的寿康宫收藏是西晋陆机的《平复帖》，皇太后去世后，作为"遗念"赏给皇孙永瑆。由于展室条件所限，《平复帖》只以展板形式出现。需要特别说明的是，贮藏皇太后生前落发的金塔，原在正殿东暖阁佛堂内，被移至专题展厅。展览以皇太后遗诰作为结束语。该展览选取文物284件，其中御笔64件，彰显出皇太后的尊崇与皇帝的孝行，承载了母子之间的骨肉亲情。

**故宫博物院书画馆**　故宫博物院收藏有丰富的中国古代书画，既有晋唐宋元稀世孤本，也有明清各画派名家代表作品，清晰、系统地反映出中国古代书法与绘画艺术的发展脉络。故宫博物院自建院起就设有书画馆，20世纪30～50年代，故宫将钟粹宫辟为书画馆。60～80年代，书画馆移至皇极殿及东西庑展厅。进入90年代，故宫书画馆又增设保和殿西庑展厅。

2008年，故宫博物院将武英殿展区开辟为故宫书画馆，并推出常设"故宫藏历代书画展"，展览分为"晋唐宋元书画""明代书画""清代书画"3个部分,以中国美术史为脉络来展示院藏古代书画,所选展品均为中国美术史上的经典之作。每一部分都以这一历史时期内的绘画特点、画风转变、主要流派和代表画家为展示重点,每件作品都具有很强的代表性,较为完整体现了中国美术史体系。"故宫藏历代书画展"共9期,自2008年起每年3期,2012年起每年2期进行轮展。众多深藏宫中难得一见的书画国宝呈现在广大观众面前,既适于一般观众普及美术史知识,也为专家学者与高等院校相关专业学生的学术研究提供实物参考。书画馆结构布局分为序厅、展区、景观区,另有多媒体影像区。序厅位于展厅入口处,提供中英文前言及领取说明折页的空间,引导参观者进入展区。为塑造展览主题氛围效果,序厅的一面墙被改造为景观,以晋、唐、宋、元、明、清各朝代书画代表作为中心依次彩喷贴敷于墙面,前置玻璃屏风作为各时期书画分隔,玻璃表面为深棕色喷漆,图像采用南宋马远《水图卷》水纹,后墙书画喷绘与玻璃屏风之间有适当空间以加入射灯,光直射在画面与屏风背面,用照明使整体景观分出主次关系,《水图卷》中波涛的水流引领观者感受中国书画艺术的源远流长。"中英文前言"安排在屏风对面的墙上,文字有底图做衬,底图画面同样是马远《水图卷》局部,令序厅气氛整合统一。前言旁边安置说明折页免费领取架,设计风格与前言相同。

2016年,"故宫藏历代书画展"完成最后一轮展出。2017年,武英殿书画馆推出"四僧书画展""赵孟頫书画艺术特展"专题展览,在形式设计及策展理念上进行大胆革新及

改变,在打造专业性较强的专题展时,不再局限于某一类别文物简单摆放,书画类文物固然是展览主体,但展品却并不仅限于书画。为营造文人雅士氛围,特别在展柜中增加盆景、奇石、文玩摆件等辅助展品。在展厅中搭建场景,营造出小空间的同时引入插花、香道、古音等方式,以叙事手法全方位表现主题,使展览有丰富的精神世界,从而改变以往书画展千篇一律、枯燥乏味的形式。2017年清新淡雅的书院风奠定了故宫新时代书画展的整体调性。

**故宫博物院钟表馆** 清宫留存有1500余件钟表,是故宫博物院藏品中一个十分特殊与珍贵的种类,在世界博物馆同类收藏中名列前茅。清宫钟表按来源可分为两部分:一部分是舶来品。或为传教士进献,或由清政府直接从国外购进,或是地方官员从洋商手中购买再进贡宫中,或根据帝后喜好专门定做。另一部分是中国制造。宫廷造办处设有做钟处,在传教士指导参与下制造与修理钟表,最盛时有多达上百人。当时全国唯一的对外通商口岸广州以及手工业相当发达的长江中下游地区也趁势而起,钟表生产很快形成一定规模。故宫收藏的一座座钟表远不止是计时工具,更是一件件精美绝伦的工艺美术品。英、法、瑞士等国制造的钟表采用齿轮联动的机械构造,在钟的外表装饰人、禽、兽及面具等,能够定时表演,出现耍杂技、演魔术、写字、转花、鸟鸣、水流等景观,动作复杂,形态逼真,配上悦耳的音乐,令人惊叹不已。受文艺复兴运动的影响,这些钟表反映出文艺复兴之后欧洲在造型艺术、装饰艺术等方面的特点。中国皇家制造的钟表则多用紫檀木、红木为外壳,以亭台楼阁

的传统建筑形式为造型，上嵌珐琅或描以金漆等，烘托出古朴与威严。

故宫钟表馆的设立可追溯至20世纪30年代，当时在永和宫举办过钟表专题陈列。中华人民共和国成立后，故宫博物院从50年代开始展出院藏钟表，60年代设立专馆展览。1985年，奉先殿设为钟表馆。1998年，奉先殿大修，短期将展览移至保和殿东庑，后又重归奉先殿。钟表馆精选162台钟、23只表，其中中国钟53台、英国钟83台、法国钟21台，其他还有美国、日本、瑞士、意大利钟共5台。为丰富和完善陈列内容，所选23只表系由英、法、瑞士等国制造，属首次公开展出。故宫保存的最大的自鸣钟和铜壶滴漏也被移置钟表馆内，以增强陈列效果。因此，故宫钟表馆可称得上是一座世界性钟表工艺品陈列馆。为更好地为观众服务，故宫博物院从1999年起对奉先殿展馆进行改造，极大改善了展陈条件。

2004年，钟表馆进行一次大规模改陈，在展柜、照明光源、展览形式以及室温控制和安全保卫等方面都有较大改善和提高，琳琅满目、金彩绚烂的各式精致钟表与气势恢宏、富丽堂皇的殿堂原状风格交相辉映。改陈后的钟表馆展出故宫所藏钟表精品167件。前殿主要展出中国钟表和英国钟表以及西洋袖珍表，中国钟表分为"清宫造办""广州精华""苏州之韵"3个部分，英国钟表则分为"英伦遗珍""世家杰作""名匠精品"3个部分。后殿东部展出瑞士、美国、日本等多国钟表；西部展出法国钟表；北面中央明间设钟表演示区，9件钟表分时分批启动演示。东侧梢间设景观陈列，西侧梢间为视频演播间。

**故宫博物院珍宝馆**　故宫博物院收藏的文物中，大部分为清代宫廷所遗留。清朝统一全国后，将明代皇家收藏尽括囊中，其中包括颇多明代良匠之作以及明代以前的珍品。清宫造办处更汇集来自全国各地的能工巧匠，专为皇室服务。三织造、两淮盐政、粤海关等，亦同时承担皇家器用的制造任务。此外还包括逢年节庆典地方官吏的朝贡，以及少数民族政权或西方国家外交往还的礼品。这些文物大都材质名贵，以金、银、玉、翠、珍珠及各种宝石为主，由著名匠师设计制造，竭尽巧思，不惜工本，代表当时最高的工艺技术水平，具有深厚的历史文化内涵与精神意蕴，处处显示出皇权至高无上的气度与尊严，皇家富丽精致的品位与好尚，具体而微地折射出一个时代的风貌。

珍宝馆是从百万件藏品中（绘画、青铜、陶瓷除外）遴选出各类精品而设立的专馆，以展示清代宫廷文物珍玩为主，包括金、银、珠宝、玉器等珍贵文物。1958年，为迎接中国共产党的生日，故宫博物院仅用一个星期便完成了珍宝馆的展览陈列工作，于7月1日首次开放，"乾隆花园"部分和"珍妃井"也同时对外开放。珍宝馆设在养性殿、乐寿堂，养性殿陈列文物181件，乐寿堂陈列文物622件。故宫博物院请郭沫若为珍宝馆题写了馆名。

1958年12月，陈列部对珍宝馆展览布局和结构进行调整。调整后的珍宝馆分为3个单元：第一单元为养性殿，主要陈列金器和一部分玉器；第二单元为乐寿堂，主要陈列明朝的银元宝、清代的金质礼器和供器；第三单元为颐和轩，以文玩为主。1962年5月～1963年5月，陈列部对珍宝馆又进行小规模调整，更换展品75件。为确保小件珍宝的陈列安全，采用在斜坡座上缝缀固定的方法。

1964年11月～1965年6月，珍宝馆进行第一次改陈，在文字和结构上进行大的调整。陈列分为5个部分，即"序幕""封建礼制用品""生活用品""宗教用品""陈设"，展品592件。重新撰写了总说明，每个展室增加了单元说明。

1972年1月～1973年3月，珍宝馆进行第二次改陈。展品801件，其中养性殿367件、乐寿堂160件、颐和轩274件。除总说明和单元说明外，还对重点展品进行专门介绍。

1980年，针对珍宝馆系统性不强、各室陈列多类展品状况进行第三次调整，取消分室说明，对总说明和重点说明进行修改。修改后的说明为实事求是的客观介绍，删去了空洞的批判词句，尽可能增加知识性和故事性。

1990年，珍宝馆进行第四次改陈。这次改陈较之前三次改陈有很大变化，主要体现在3个方面。首先，展陈地点由养性殿、乐寿堂、颐和轩改至皇极殿和宁寿宫。其次，展览内容与建筑使用功能呼应。皇极殿陈列重点反映代表国家重大政务活动的朝廷典礼仪制，分典章制度、宗教、武备、礼乐、祭祀等；宁寿宫陈列与后妃生活及日常起居相关，包括帝后服饰、日用陈设品及餐具等。最后，陈列方式有明显改进与提高。展室内采用人工照明与自然照明相结合的方法，环境照明为专馆陈列首次使用，是展览形式上的重大突破。

2004年，珍宝馆展陈地点再次调整。调整后的展陈地点由宁寿宫东庑南屋、宁寿宫西庑、养性殿、乐寿堂、颐和轩组成。陈列分

"礼制文物"（养性殿）、"佛教文物"（颐和轩）、"帝后饰品"（西庑北屋）、"赏玩珍品"（西庑南屋）、"日用器具"（东庑南屋）、"陈设器物"（乐寿堂）6个单元。除分类说明以及重点文物说明外，展览还增加了相关知识链接。配合展览，故宫博物院出版学术图录《故宫珍宝》。

随着时代发展、社会进步，观众对博物馆的陈列形式、内容都提出新的期待和要求，而与陈列展示相关的新材料、新工艺、新理念的出现，也为博物馆改陈提供了技术保障。为使参观路线更具合理性和连贯性，2016年对皇极殿东庑展厅进行大规模改陈，东庑南屋设为"珠光宝气——珠宝饰品与珠宝镶嵌类器物"展室，东庑北屋为"金昭银辉——清宫收藏金银器"展室。此次改陈的整体设计理念主要突出两部分内容：第一部分突出皇家宫廷珍品珍贵之重，为此平面设计运用简单明快的色彩，将展示重点集中在具体文物上，观众可一目了然看到皇家珍品的贵重之处；第二部分展示内容为皇家金银器，展厅主色调设计为红色，将清代金银器的皇家气派传达给观众，展现清代皇帝对黄金的喜爱及清代金银器的风格与工艺。本次改造的另一亮点是根据每件文物的形状制作金属展架，令文物可立起展示。在支架制作过程中，从文物尺寸测量到随形材料的运用都经过多次测试，在确保文物安全的前提下，使文物得到全方位的展示。

自1958年7月1日开放以来，珍宝馆是故宫博物院展出时间最长的常设展览。

**故宫博物院青铜器馆** 故宫博物院的青铜器藏品以清宫旧藏为主，辅以历年收购、私

人捐献及考古发掘之器，数量15000余件，是国内外收藏中国青铜器数量最多的博物馆。故宫博物院的青铜器馆历经数次变迁。20世纪50年代，寿康宫为故宫青铜器馆。70年代后，青铜器馆迁至斋宫、诚肃殿及景仁宫展厅。90年代，承乾宫东庑作为青铜器馆展厅。2005年，故宫博物院将承乾宫开辟为青铜器馆。2013年，青铜器馆进行升级改造，增设永和宫及同顺斋展厅。

青铜器馆的展览共分为4个部分。第一部分为"青铜与礼制"。该部分通过青铜器再现商周时期"明贵贱、辨等列"的礼制。青铜器作为贵族祭祀、朝聘、宴飨、丧葬等礼仪活动中的礼器，代表使用者的身份地位和权力等级，即"器以藏礼"，在社会政治生活中起着非常重要的作用，是维护奴隶制宗法礼制社会的工具，并被当时的统治者神圣化。由此，西周"天子九鼎、诸侯七、大夫五、元士三也"的"列鼎"制度日臻成熟。第二部分为"青铜与军事"。早在夏代，中国就已有青铜兵器，通过考古手段证实的中国最早的青铜兵器是二里头文化（前1900年～前1500年）出土的戈。"国之大事，在祀与戎"，青铜器的铭文记载了王朝内部斗争和王室与周边强族间的矛盾。此外，带有征战痕迹的单一标志作为器物的铭文更为常见，如"车""甲""戈"等。其后，争霸中原的斗争愈加激烈，青铜兵器、车马器的制作也更加广泛。纹饰方面对现实战争生活也有表现，如"水陆攻战纹"等。第三部分为"铜与音乐"。青铜乐器是青铜时代礼乐文化精神的直接反映和典型代表，大致包括铙、镈、钟、钲、铎、句鑃、铃、鼓、錞于、

编钟等，常用于祭祀宴享或宫廷乐舞，在王室中是地位显赫的礼仪重器。还有一些青铜乐器是军乐器。这些乐器在冶炼铸造和后期编排、调音设计上有极高要求，涉及形制、音域、音量、音色、音律、编组、和声及音准调音等各方面，反映了当时的审美追求和音乐观念，在中国古音乐史上占有重要地位。第四部分为"青铜与生产、生活"。本部分青铜器以西周晚期以后的生活用器为主流，不仅揭示文化内涵，更突出工艺的先进性和造型的艺术性。青铜器由人们尊神、敬鬼的载体转变成为人服务的一般用器或艺术品，甚至是商品。表现在器形上，总的趋势是逐渐摆脱庄重典雅的传统，往富丽华贵的方向发展。有轻便实用的，也有体量巨大的。纹饰有瓦纹、重环纹、三角云纹、燕乐以及采桑等反映现实生活的内容。铭文不限于仪礼内容，春秋晚期甚至出现装饰性强、富有艺术感的鸟虫书。此类器物包括镜、炉、灯、带钩等。

**故宫博物院陶瓷馆**　故宫博物院收藏有约35万件陶瓷文物、数千件基本完整的古陶瓷实物资料和从全国各地采集的3万余片古陶瓷残片标本，藏瓷数量几近院藏文物的四分之一。这些藏品的年代上起新石器时代，下迄近现代，几乎涵盖中国陶瓷发展史上所有品种，在世界上独一无二。20世纪50年代，故宫博物院开辟陶瓷陈列专馆，并在1985年和1995年进行两次大规模改陈。两次改陈在陈列内容上虽有所改进，但变动不大。1995年的陶瓷馆设在乾清宫西庑，展出面积约700平方米，尽管条件有限，但仍产生较大影响。2002年，故宫启动大规模维修，把殿堂的修缮与其使用功能结合

起来，对全院展览格局进行了较大调整。2008年，新陶瓷馆对外开放，展厅位于文华殿正殿及东西两庑。此次改建与历次相较，无论展览内容还是形式设计皆有质的飞跃。文华殿展厅面积约1000平方米，利于展览内容的连贯性。改建后的新陶瓷馆充分利用故宫陶瓷藏品丰厚的优势，尽最大可能陈列馆藏精品文物，绝大多数展品都是首次公开亮相，给观众耳目一新之感。陶瓷馆展览以中国陶瓷发展史为纲，分为"文明曙光——新石器时代的陶器""瓷国寻踪——商、周、秦、汉的陶瓷""青瓷独秀——三国、两晋、南北朝的陶瓷""南青北白——隋、唐、五代的陶瓷""名窑迭出——辽、宋、金、西夏的陶瓷""瓷都奠基——元代的陶瓷""繁荣昌盛——明代景德镇官窑及其他地方窑陶瓷""清新雅致——明末清初的景德镇窑瓷器""登峰造极——清代康熙、雍正、乾隆景德镇官窑及其他地方窑陶瓷""复有起色——清代晚期瓷器""蜚声中外——中国陶瓷的外销"等11个部分。展览以宋朝之后历代官窑瓷器为精彩亮点，还特别展示出以往少有亮相的故宫专藏清代晚期官窑瓷器，既力求全面反映中国陶瓷的发展历程，又充分展示故宫博物院收藏陶瓷的丰富内涵。

在借鉴以往展示基础上，新陶瓷馆在形式设计上进一步提升。首先是尊重古建原貌。新陶瓷馆的馆址文华殿是故宫外朝东侧的一座重要建筑，其殿内雕梁画栋，地面为民国时期安装的彩色瓷砖，上下呼应，和谐完美。考虑到古建本身的装饰美，在设计展览时决定保留原地面，不再铺设木地板，既不破坏古建原貌，又使其环境与展示内容相吻合。其次，陶

瓷类文物本身就具有色泽华美、流光溢彩的特点，为达到突出文物、营造欣赏陶瓷氛围的目的，陶瓷馆在陈列形式上坚持简约而不简单的宗旨。灯光的运用是一个展览成功与否至关的重要环节，陶瓷馆展览灯光设计从每件文物特点出发，全部采用光纤照明，通过灯光艺术照明让文物变得"鲜活"起来。以往博物馆展览的灯光基本是从上下两个方向给光，陶瓷馆改为根据文物所需从不同角度给光，使观众能够了解不同文物的重点。如明斗彩鸡缸杯，从展柜周边向文物中部打光，用灯光来突出文物腹部的精美花纹，用灯光展现出文物层次。在文物说明牌设计上，除名称、年代、收藏地点等文物基本信息外，充分考虑陶瓷类文物的特殊性。陶瓷在鉴别上有一个重要部位，就是底部的做法以及是否有款识。基于这个特性，陶瓷馆在每件文物说明牌设计上都附上相应款识，以使一般观众和专业人员了解和掌握陶瓷款识的变化规律。在展室环境设计上，为充分展现和烘托陶瓷文化氛围，在展柜上方采用大幅陶瓷图版，一方面弥补文华殿太高而展品过小的矛盾，另一方面巧妙遮挡文华殿高大窗户的自然光源，防止紫外线进入展室。

**故宫博物院历代艺术馆** 历代艺术馆是故宫博物院于1959年9月布置完成的一个大型陈列专馆。展览分布于保和殿、东庑及西庑，面积4140余平方米，是故宫博物院迎接中华人民共和国成立10周年的献礼之一。

历代艺术馆是一个综合陈列馆，按中国艺术发展历史进行布置，扼要展示中国各时期艺术发展概况，陈列品具有高度的历史价值、艺术价值和科学价值。展品大部分为皇宫旧藏，

随着朝代更迭辗转流传，在明清时陆续复归大内，有些则是明清宫廷的原状陈设、装饰。此外，还有许多展品为中华人民共和国成立后，通过国家调拨、故宫收购、私人捐献、兄弟单位支援等途径入藏故宫的。一些重大考古发现出土的珍贵文物，如长沙马王堆汉墓丝织品、西安秦始皇陵兵马俑也曾于历代艺术馆陈列。

历代艺术馆的陈列以时代先后为序，展出绘画与雕塑、铭刻与法书以及陶瓷、青铜、织绣、玉石、漆器、金属器、竹木牙雕、文房四宝等门类的工艺美术品1583件／套，可使观众了解各艺术门类的起源、发展和盛衰历程。历代艺术馆于20世纪80年代重新进行改陈，一直持续至90年代，是一部形象的中国古代艺术发展史。

**北京鲁迅博物馆基本陈列"鲁迅生平陈列"** "鲁迅生平陈列"是1955年8月，人民文学出版社鲁迅全集编辑室协助北京鲁迅纪念馆筹备处编拟陈列提纲。1956年10月19日，鲁迅博物馆开馆，推出第一个展览"鲁迅生平展"。陈列内容共分5个部分43个展组，其中生平部分33个展组，纪念部分10个展组，利用图片、文字、文物、美术品组合的形式，展现鲁迅一生。第一部分介绍鲁迅在绍兴的童年学习及生活，在南京求学，在日本前期医学学习与科学文章的发表。第二部分介绍鲁迅在日本弃医从文所从事的文艺运动，回国至杭州、绍兴、北京工作及文学著作。第三部分介绍鲁迅在北京成为五四新文化的主将，在厦门和广州的教学等活动。第四部分介绍鲁迅在上海参与文艺运动、翻译马克思主义文艺理论著作、倡

导革命文学等。《一九五七年鲁迅博物馆工作计划》中对展品数量进行了详细介绍："全馆共展出展品1301件，其中手稿185件，实物204件，照片326张，书刊546册，图表、语录13件，美术品27件。"展览序幕厅里引用毛泽东对鲁迅的评价："鲁迅是中国文化革命的主将，他不但是伟大的文学家，而且是伟大的思想家和伟大的革命家。鲁迅的骨头是最硬的，他没有丝毫的奴颜和媚骨，这是殖民地半殖民地人民最可宝贵的性格。鲁迅是在文化战线上，代表全民族的大多数，向着敌人冲锋陷阵的最正确、最勇敢、最坚决、最忠实、最热忱的空前的民族英雄。鲁迅的方向，就是中华民族新文化的方向。"

1961年，为纪念鲁迅80周年诞辰和逝世25周年，"鲁迅生平陈列"首次改陈。1965年、1969年、1972年又进行3次陈列修改。1966～1974年闭馆。1974年，基本陈列经反复修改后重新开放。重新开放的展览包括4个部分，主要表现鲁迅作为倡导新文化、反帝反封建的旗手形象，在激烈的阶级、路线斗争中是如何努力学习和运用马列主义领导战斗的左翼文艺运动、反对侵略的。

1981年，北京鲁迅博物馆随着大规模扩建工程修改"鲁迅生平展"。新修改的"鲁迅生平展"分为9个部分，即"绍兴""南京""日本""杭州·绍兴·南京""北京""厦门""广州""上海""纪念鲁迅、学习鲁迅"。1994年，为迎接1996年的鲁迅逝世60周年，召开"鲁迅生平展"陈列形式设计听证会，鲁迅研究室召开新展厅陈列大纲讨论会。1995年11月，基本陈列布陈。1996年，新

展开放，1000平方米的陈列厅分上下两层，以鲁迅生平为主线，划分为"在绍兴""在日本""在北京""在上海"等展区，在代表不同地域风格的隔断墙和门窗造型烘托之下，运用黑白灰色、本木色和暗红色等色调，陈列手稿、书籍、照片等展品，场景复原"三味书屋""上海鲁迅故居"，并采用模型、音像等展示手段。

2005年10月12日，国家文物局决定对"鲁迅生平陈列"进行改陈。2006年7月，博物馆开始改陈施工。10月19日，"鲁迅生平陈列"对外开放，展厅一层中心展区的"什么是路""铁屋中的呐喊""麻木的看客""这样的战士"4个主题形象，为理解鲁迅思想提供了启示。展览以鲁迅一生的足迹为脉络，分为"在绍兴""在南京""在日本""在杭州、绍兴、南京""在北京""在厦门""在广州""在上海"8个部分。"鲁迅生平陈列"在每一部分开篇均有巨幅历史黑白照片并配以鲁迅当时使用过的桌椅复原，营造出一个个历史的、地域的典型环境。序厅地面和天花板均为白色，正中是乳白色大理石雕塑，造型为处于自然阅读状态的鲁迅自传手稿。展厅大环境包括地面、展墙、展柜框架均采用中性灰色，大通展柜底色采用姜黄色的暖色调。整个展览有70余块文摘展板，展示了上百件手稿，在继承以往"鲁迅生平陈列"优良传统的基础上，尽可能实现"还原鲁迅、贴近鲁迅"的展示宗旨。

中国农业博物馆基本陈列"中华农业文明陈列" "中华农业文明陈列"突出纵横两条主线：纵向反映农业发展历史变迁主线，再现源远流长的中华农业文明；横向全面反映农业、农村、农民问题，宣传"三农"政策和普及农业科技知识，服务农业现代化建设。两部分形成一个连接中国农业历史、现实与未来的有机整体。

20世纪80年代初建的中国农业博物馆有"中国古代农业科学技术史""全国农业自然资源和区划""中国农村能源""中国水产资源"等基本陈列，展陈面积8000余平方米。"中国古代农业科学技术史"陈列由"古代农业科学技术的发展概况""古代农业科技成就""历史的经验"3个部分组成，较为系统、形象地反映了中国古代农业科技发展概貌，以及各族人民共同创造的伟大农业历史成就。

2001年9月，"中国现代农业科技陈列"向社会开放。展陈面积1600平方米，分"序厅""现代农业科技史""农业高新技术""农业科普园地"4个部分。

2006年3月，中国农业博物馆开馆以来的第一次改扩建工程开工建设，改扩建后的室内陈列面积达到6600平方米，室外展园面积近10万平方米。

2009年6月，改陈后的"中华农业文明陈列"试运行，9月正式对外开放。改陈后的"中华农业文明陈列""中国土壤标本陈列""中国传统农具陈列""彩陶中的远古农业""青少年科普馆"专题陈列以及室外展园，共同构建了弘扬中华农业文明、展示农业农村发展成就的陈列展览体系。

"中华农业文明陈列"分布在2号馆和4号馆，展厅相接成"L"形。陈列内容由"大地曙光（序厅）""农业文明的起源与传播""农具的发明与传承""水利工程与水力利用""养殖业的起源与发展""纺织业的起源与传播""西学东渐与实验农学""前进中的共和国农业"8个部分组成。展陈面积约5250平方米，展线长935米，文物展品1200余件／套，辅助展品100余件，其中珍贵文物239件。

"中华农业文明陈列"可分为古代农业、近代农业和现代农业3个部分，以农业科技史为主线，辅以农村经济、社会、文化等相关内容。古代部分面积3000平方米，突出展示中国传统社会的生产和生活、生产工具的发明和传承、畜牧纺织的起源和传播、水的治理与利用。展品中有反映中国稻作农业起源的距今8000～7000年的江苏高邮出土的炭化稻、浙江余姚河姆渡遗址出土的炭化稻、河南舞阳贾湖遗址出土的炭化稻；反映原始饲养业的新石器时代的猪、鸡、狗、牛等出土骨骼标本等；反映农业文明起源中心的黄河流域龙山文化石制生产工具、长江流域河姆渡文化骨耜、北方红山文化石斧石耜、良渚文化时期的骨耜和破土器等；反映汉代农业的种类繁多的明器，如劳作俑、执锸执箕俑及陶仓、猪圈等；反映中国4000余年前养蚕缫丝织绸的陶纺轮、浙江钱山漾丝织残片等。近代部分面积350平方米，展示西方农业科技的引进与实验农学的确立过程。代表性展品主要有清光绪时期的诏书、《请兴农会奏》，清末民初的农学研究器材与教材等。现代部分面积1500平方米，以农业政策与科技为主线揭示现代农业的发展与成就。展示内容包括《中国土地法大纲》颁布、小岗村村民秘密签订包产到户协议的场景以及三次

水稻单产飞跃展区等；代表性展品有河北省灵寿县农民王三妮设计铸造的青铜"告别田赋鼎"，超级稻、碧玛1号小麦等标本，育种八号卫星回收舱等。另有新建的二十四节气三幕影院，面积400平方米。

展陈形式设计以专题为基本结构，以事件、人物、技术为亮点。在展品组合设计方面讲究层次和空间序列上的变化，通过与场景及动态视频相组合，更丰富表达文物所传达的信息。新技术、新材料应用方面，运用互感式投影设置增强参与和互动性、丰富空间层次，强化视觉语言，增加观展沉浸感和体验感。

**中国人民革命军事博物馆基本陈列**　中国人民革命军事博物馆是中国唯一的大型综合性军事博物馆，其陈列体系建设历经3个时期，在主题和形式上不断完善、拓展，在服务观众和服务部队上不断探索、贴近，在走向国家一流和世界知名博物馆的道路上不断奋进、提升。

第一个时期是建馆至20世纪70年代末，基本陈列以中国共产党领导的人民军队的历史和成就为核心展开。1959年5月27日，总政治部报中央军委《关于调整军事博物馆总体规划的报告（草稿）》，明确军博首建6个分馆，即第二次国内革命战争馆、抗日战争馆、第三次国内革命战争馆、保卫社会主义建设馆、抗美援朝馆和兵器馆。9月，军博第一个时期的基本陈列布置就绪，6个分馆和附设的友谊馆（也称礼品馆）、民兵馆共8个分馆开始内部审查，进行预展，展品2万件左右。1960年8月1日，中国人民革命军事博物馆对外开放。1962年3月，军博将原8个分馆建制合并为历史馆（包括第二次国内革命战争馆、抗日战争

馆、第三次国内革命战争馆)、现代馆(包括现代馆、抗美援朝战争馆、礼品馆)、兵器馆、综合馆4个分馆建制。1965年4月,礼品馆撤除。8月15日,为纪念抗日战争胜利20周年,抗日战争馆充实后重新开放。1977年4月,第二次国内革命战争馆、抗日战争馆和第三次国内革命战争馆对内开放。

第二个时期为20世纪80年代初至2012年,基本陈列展示党领导人民军队成长、发展、壮大的辉煌历史,展示党领导人民军队完成革命战争,保卫、建设祖国的光辉成就,展示中国历代军事文明等。1984年,古代战争馆和近代战争馆开始全面筹备。1988年4月14日,古代战争馆、近代战争馆陈列筹备就绪,开始内部审查,于7月1日开放。2004年2月18日,调整后的土地革命战争馆、抗日战争馆、解放战争馆开馆。1985年8月13日,新调整的抗日战争馆开放。2016年,展览大楼加固改造工程主建筑结构基建项目完成,新的展览大楼建筑面积15.9万平方米,有43个展厅,陈列展览面积近6万平方米。

第三个时期自2017年开始。2017年1月,基本陈列开始进场实施布展。7月,兵器陈列的一层中央大厅开放。11月,兵器陈列的负一层大型装备展区开放。基本陈列包括以中国人民解放军军史为主线的"中国共产党领导的革命战争陈列"、"新中国国防和军队建设陈列"(未建成开放)和军事历史类的"兵器陈列"、"中国历代军事陈列"、"军事科技陈列"、"军事艺术陈列"(后改名"红色记忆——馆藏革命军事艺术作品陈列")等。

"中国共产党领导的革命战争陈列"

位于二层,展示面积6300平方米,主要展示1921~1949年党领导新民主主义革命的辉煌历程和取得的伟大成就。"兵器陈列"分3个展区,展示面积18500平方米,展出大型武器装备近300件,轻武器、弹药和刀具等2500余件,主要展示人民军队缴获和使用的武器装备,特别是人民军队历史上的功勋武器,力图从一个侧面反映人民军队武器装备发展史。"中国历代军事陈列"位于一层东侧,展示面积3152平方米,以历代战争和军队建设为主线,主要展示先秦至民国成立中华民族数千年的军事文明,重点是战争实践、军事制度、兵器装备、军事思想等。"军事科技陈列"分布在7个展厅,展示面积7474平方米,通过介绍国防科技、诸军兵种军事技术知识,开展国防教育和军事科普教育,填补中国综合性军事科技馆建设空白。"军事艺术作品陈列"位于北楼三层,展示面积3700平方米,主要陈列以军事为主题的艺术作品,分油画厅、雕塑厅、国画厅,展示油画54幅、雕塑43件、国画49幅。

**中国科学技术馆基本陈列"太空探索"常设展览** 中国科学技术馆是中国唯一的国家级综合性科技馆,1988年9月22日建成开放,2009年9月16日新馆建成开放。新馆设有"科学乐园""华夏之光""探索与发现""科技与生活""挑战与未来"五大主题展厅。"太空探索"常设展区设置在"挑战与未来"主题展厅内,展区面积1000平方米,展品18件。随着中国航天技术的快速发展,"太空探索"展区展示内容显得相对落后。此外新的展示技术不断出现,对展品互动形式和技术手段提出升级需求。

2015年，在中国科学技术协会领导下，中国科学技术馆以中国航天事业创建60年为契机，对"太空探索"展区进行全面更新改造。9月19日，中国科学技术协会与中国航天科技集团公司达成共建中国科学技术馆"太空探索"展厅合作协议。此外，中国科学技术馆还联合中国宇航学会、中国载人航天工程办公室、中国航天员科研训练中心、国家国防科技工业局高分观测专项办公室、中国科学院国家天文台、中国卫星导航系统管理办公室等多家航天相关单位，共同实施"太空探索"展厅更新改造。

2016年12月1日，全新"太空探索"常设展厅面向公众开放，展陈面积2000平方米。展览以太空探索的梦想、重点发展领域及对未来的展望为主体架构，设置"6＋1"展览框架，包括"飞天之梦""登天之梯""人造卫星""载人飞天""奔向月球""迈向深空"6个主题单元及1个教育活动区（太空秀场）。以人类探索太空的历程为切入点，按照中国航天事业创建60年跨越式发展中的里程碑成果逐步展开，展览内容涵盖火箭、人造卫星、载人航天、月球与深空探测等多个航天技术领域。故事线包含主、副线，主线以互动体验展品展现科技成就，副线涵盖钱学森等老一代航天人以及杨利伟等新一代航天人的航天精神。展览将科技文物、互动体验、信息化充分融合，展示87件珍贵文物，包括神舟一号返回舱、YF-77火箭发动机（新一代运载火箭长征五号的芯一级主动力装置）、嫦娥四号着陆器与巡视器、墨子号量子科学实验卫星备用机等；37件融合机电、多媒体、虚拟现实、增强现实、体感等热门技术的精彩互动展品，包括火箭发射、神舟飞船与空间实验室、太空行走、月球科考等，使公众在参观体验中"动手、动脑、动情"，升华展览效果。展览围绕"太空探索"主题，环境背景选取深邃的星空，局部点缀星云图案，空中吊挂各类航天器模型，以简洁明快、沉稳大气的艺术风格营造浩瀚太空中探索未知的氛围。

**文化部恭王府博物馆基本陈列"清代王府文化"** 2008年，恭王府府邸修缮完成，向社会开放。为让公众能够较为全面了解清代王府文化，文化部恭王府管理中心在恭王府全面开放之时推出"清代王府文化基本陈列"。"清代王府文化基本陈列"布设在恭王府府邸主路（中路）正殿——银銮殿（俗称银安殿）及东、西配殿内，展览总面积约600平方米。

"清代王府文化"基本陈列在内容上分为4个部分。第一部分"清代的封爵制度"分为两个单元：第一单元为"封爵制度的确立"，介绍清代封爵制度，宗室取得爵位的途径，以及服饰、器用等所表现的身份等级；第二单元为"世袭罔替的'铁帽子王'"，介绍清代爵位承袭制度，即每承袭一次要降一级，而世袭罔替的"铁帽子王"以原爵位承袭，如十二家"铁帽子王"等。第二部分"王府的建筑和规制"分为两个单元：第一单元"京城王府的分布"，介绍京城王府的分布；第二单元"王府的规制和建筑特色"，通过文献、遗存王府遗址对王府的院落格局、建筑形制等进行介绍。第三部分"身系国家的大清王公"分为两个单元：第一单元"王公的军事、政治作用"，介绍清朝王公辅佐皇帝管理国家大事、为维护国家统一和领土完整作出的重要贡献；第二单元"王公与外交"，介绍清政府成立总理各国事务衙门后开展的通商、签订条约等活动，以及晚清王公出国访问和女眷开展的民间外交。第四部分"王府的生活"分为3个单元：第一单元"王府的艺术"；第二单元"王公的信仰"，介绍王府内保留的满族传统萨满教信仰；第三单元"王府的日常生活"，介绍王公和家眷的衣食住行及王府日常生活的资金来源。

形式设计上，通过对清代王府文化的历史梳理，结合恭王府古建筑群的环境以及利用王府正殿作为展厅的特点，采取与清代王府古建环境相适应的设计方案。同时考虑到对古建的保护，最大限度减少现代化的声光电手段，整体设计古朴、简洁、大气，色彩稳重。遵从形式服从内容的原则，把展线分成可衔接的4个部分，达到让观众顺畅、舒适参观展览的形式设计目的。

**首都博物馆基本陈列"古都北京"** 1981年10月1日，首都博物馆在北京孔庙建成开馆，反映北京历史发展的基本陈列"北京简史陈列（古代部分）"同期对外开放。1989年10月，"北京简史陈列"完成首次改陈，增加北京近代史部分，形成完整的北京通史陈列。1995年，首都博物馆对北京通史陈列进行第二次改陈。1996年9月22日，推出"北京历史文物陈列"，展览面积约1500平方米，采取框架专题形式，以历史发展为线索，以文物标本为主体，通过800余件文物展示北京悠久的历史和灿烂的文化。2000年，进行第三次改陈，"北京历史文物陈列"经调整、充实，9月重新对外开放。

1999年2月，北京市委、市政府确定在西城区复兴门外大街16号建设首都博物馆新馆。2000年，首都博物馆启动新馆展陈策划、总体设计工作。北京通史陈列"古都北京"作为全部展陈的根基和灵魂，以北京地区出土文物为基本素材，吸收北京历史、文物、考古、博物馆学以及相关学科的科研成果，借鉴国内外博物馆成功经验，运用新颖的设计理念和展陈技术，内容和形式力求和谐统一，构成独具北京特色的现代博物馆展陈。

在新馆展陈策划、设计阶段，首都博物馆邀请中国社会科学院、北京大学等单位相关领域专家对展陈思路、展陈大纲与形式设计方案进行多轮论证与把关，力求展览内容既体现最新学术成果又贴近观众，形式新颖雅致、适度使用现代化科技手段，总体风格追求"形式高雅、内容通俗"。

2005年12月16日，首都博物馆新馆对外试开放。北京通史陈列"古都北京"由"历史文化篇""城市建设篇"两部分组成。

"历史文化篇"位于方形展馆二层，展览面积约1600平方米，展出文物675件/套。该篇以历史文化为视角，展示从46万年前的远古时期至中华人民共和国成立这一漫长岁月中，北京从原始聚落形成城市，从北中国的政治中心跃升为大一统封建王朝的都城、中华人民共和国的首都，直至发展为建设中的国际大都市这一不断攀升的历史进程。展陈形式采取内外环同心圆相结合、模块化展柜与嵌入式场景相结合的理念。内环为"历史文化篇"的主体"北京历史文化"，分为"文明曙光（史前）""燕蓟神韵（夏商周）""千年蓟城

（秦汉至北朝）""幽燕风云（隋唐）""都城序幕（辽）""帝王之都（金）""国际都会（元）""日下积胜（明）""落日余晖（清）"等10个部分。内环严整划一的模块化展柜构成一座方城，展柜内的详细说明形成一条连贯的信息带；方城里面沿展线隐藏6个嵌入式场景，成为主线中的高潮。外环为"世界文明概览"，位于展厅四壁，以图、文为北京史的展示提供一个以世界为范围的广阔背景，从而加深观众对北京历史文化内涵的理解和思考，烘托古都北京的国际视野与站位。

"城市建设篇"位于方形展馆三层，展览面积约1600平方米，展出文物146件／套。该篇以城市建设为视角，通过对北京城市起源、城址位置与变迁、对环境的利用和改造、城市规划与布局、建都理念与哲学思想、城市功能定位与嬗变、重要建筑与宫苑等多领域的勾勒，结合北京独特的地缘与区位优势，系统展示北京从城市肇始逐步成熟、从帝王之都改造为人民城市的发展历程，再次揭示北京从边疆城市跃升为全国首都的历史进程，对北京迈向国际都市的前景进行展望，讴歌北京作为传统都城文化的集大成者为中华民族辉煌文明作出的不朽贡献。内容由"山水之居（史前）""建城之始（商周）""北方重镇（秦汉隋唐）""北国之都（辽金）""大汗之城（元）""皇都典范（明清）""近代都市（民国）""建筑艺术"8个部分组成，多角度全方位展现北京光辉灿烂的城市历史文化。陈列形式以北京"城"为设计理念，与"历史文化篇"的同心圆相呼应。形式设计以北京城市建设演示模型为核心，依据北京城市发展各时期的文化特征，设计各具特色的陈列氛围：城市起源时期，展壁采用夯土版筑城墙的剖面形式；帝王都城时期，依次以夯土城墙、砖裹城墙形式设计展柜，构成核心区元、明、清环形陈列带；建筑艺术区，以清代学部大门原物为主体，包括土儿胡同等处的广亮门、垂花门等原物，形成城市建筑艺术原生态陈列环境。

"古都北京"陈列一改陈旧的传统陈列手法，大胆探索利用国内外高新科技成果，使博物馆展陈焕发了新的活力。"历史文化篇"内环展柜以多媒体视屏构成上层解读信息带，嵌入式场景使用幻影成像技术、集群分布成像技术等国际领先的多媒体视听技术。"城市建设篇"使用合成投影技术设置巨型"城市发展演示设施"，使用立体空间多幕成像技术重现古都历史风貌。

**周口店遗址博物馆基本陈列**　周口店遗址博物馆基本陈列于2014年5月18日向公众开放，主办单位是周口店北京人遗址博物馆和中国科学院古脊椎动物与古人类研究所，承办单位是周口店北京人遗址博物馆。周口店遗址博物馆展厅面积3818平方米，分5个展厅，围绕主题精选最典型的标本1048件／套进行展出，其中包括古人类化石、石器、动物化石和文化遗物等。

周口店遗址博物馆基本陈列以旧石器时代古人类演化为主线，以遗址出土的丰富文化遗存为内容，利用建筑固有异形、借景、下沉式等特点进行展览设计策划，全面系统反映周口店遗址的发现、发掘、研究和保护。基本陈列从"发现""研究""保护"3个单元对周口店遗址进行全面、系统展示。第一单元"发现"，主要介绍周口店遗址的发现、民国16～26年（1927～1937年）间的系统发掘、中华人民共和国成立后的发掘及研究成果等。第二单元"研究"，主要介绍"北京人"的生产、生活、环境，"北京人"制造石器的方法、种类以及石器的密集展示，第1地点（猿人洞）的13层剖面，遗址区域其他人类化石地点的发现、发掘以及出土化石展示，周口店遗址其他化石地点的发现、发掘及实物展示。第三单元"保护"，介绍"北京人"化石的丢失、寻找历程以及近年来社会各界对周口店遗址的关注与保护工作。展览注重最新科研成果转化，包括美国《考古学》杂志"十大考古发现——最早穿鞋的人"、英国《自然》杂志对"北京人"年代的最新测定值为77万年、对猿人洞剖面进行的保护性清理发掘及火塘的发现等。

展览整体设计充分考虑文物与环境关系，文物在学术研究中的地位、作用等，在此基础上解决文物容纳、保护问题。展板设计以内容为导向，按照时间先后顺序，为观众整理出一目了然的线索，并延续建筑多边形分割的独特风格。展览中所用图片、图表、场景、油画等设计安排与文物紧密结合。同时，利用科技展项、互动等手段辅助文物展示也是展览设计亮点。光源采用重点照明，突出文物，为科技展项预留适宜的光环境；为适应博物馆展厅从地上到地下再到地上等特点，充分考虑把自然光源与人工光源有机结合起来。

### 北京自然博物馆基本陈列"人之由来"

"人之由来"陈列主要从自然科学的角度反映人类起源及演化历程，重点展示人类起源与演化过程中出现的人类化石及其文化。展览面积500平方米，展出标本及模型160余件、科学图片300余张、原创雕塑5组、原创多媒体5项。

1976年，为纪念恩格斯写作《劳动在从猿到人转变过程中的作用》100周年，北京自然博物馆决定筹建"古人类陈列室"，主要从社会发展史角度讲述人类的演化。1977年10月，"古人类陈列"开展。

1986年，为普及"古人类学"相关知识，北京自然博物馆着手对"古人类陈列"进行改陈，筹备组决定突破社会发展史的角度，从自然史角度尤其是自然科学角度，阐述人类起源与进化历史的陈列，并将新陈列命名为"人之由来"。1988年10月，"人之由来"向公众开放，反映了"古人类学"最新的科研成果。

随着古人类学的发展，2014年1月，北京自然博物馆决定对"人之由来"进行改陈。新版"人之由来"延续旧版框架，补充近年来新发现及科研成果。2015年10月22日，新展开展。

"人之由来"以人类起源与演化为主线，分为两个展厅，主题分别为"认识你自己"和"现代人之由来"。前者分为"个体人之由来""对人类起源的解释""人在自然界中的位置""人是特殊的动物""作为特殊动物的人之由来""人类的远祖"6个单元；后者主要展示在人类起源与演化历史中出现的人类化石及其文化，分为"地猿群""南猿群""能人群""直立人群""智人群""石器时代"6个单元。

在陈列设计上，设计人员首先将科学内容提炼归纳出两大层面，即"发问与探索"和"解答与反思"。通过空间分析与内容分析，陈列将4个核心概念串联形成两条主线，构成完整的参观动线。为彰显大纲内容的两条主线，展厅空间采用两种迥异的风格。设计上，提取展陈内容中关键元素作为设计语汇，营造出现代与远古环境的"穿越感"，与表达的展陈内容高度契合。

在表现形式上，一切以文物为中心，以挖掘文物的科学内涵为目标，采用多种展陈手段，包括多媒体、雕塑、复原场景等。在多媒体表现形式方面，利用幻影成像新媒体技术手段，以实物背景叠加虚拟影像的展陈方式重现古人类生活片段；在复原场景方面，根据科学研究素材，制作雕塑复原不同地质历史时期的人类形象，生动再现当时人类体质和文化特征。

### 北京天文馆基本陈列"中国古代天文学"

"中国古代天文学"是隶属于北京天文馆的北京古观象台（简称古台）的基本陈列之一，1983年4月1日对外展出，展览内容包括"古代天文仪器""天文历法""古台历史"3个部分。

为迎接2008年北京奥运会，2007年对陈列进行更新设计、改陈，于5月1日对外展出。更新后的"中国古代天文学"展览主要分为"中国星空""西学东渐""仪象神韵"3个部分，展品54件／套，以中国传统文化天人合一观念为背景，全面展示中国传统天文学的伟大成就。"中国星空"以古人对各种天文现象的观测为故事线，由浅入深，从不同角度展示天文现象的奇妙，内容涵盖中国星象（日、月、五星及彗星、流星、超新星）、观象授时、中国历法基本要素。"西学东渐"分5个单元介绍欧洲天文学及其在中国的传播。"仪象神韵"介绍北京古观象台的历史，内容涵盖北京古观象台在世界天文台中的位置、明清观象台

的历史、灵台劫难、古台新貌。展览中还展示了10余架精美的大型青铜古代天文仪器，在介绍其科学原理的同时告诉观众，这些珍贵的历史文物曾经被外国列强瓜分掠夺，提醒国人勿忘国耻，珍惜自己的文化传统。

展览中新增了一批不同时期较为重要的古代天文仪器复制品，以补充以往仪器展览的空白，让观众更加完整地了解中国古代天文仪器的发展过程，包括明代浑象、元代玲珑仪、明代星晷、明代月晷、唐代日月五星二十八宿星象图壁画等；新增了中国古代天文仪器的多媒体演示，以互动、分解的形式形象直观展示古台仪器的结构、原理和使用方法。古台原有6尊古代天文学家的雕塑，是中央美院的数位教授于20世纪80年代设计制作的，惜为石膏像，极易损坏，也一并翻模铜制。

2017年，在汤若望来华400年之际，恢复汤若望在古台办公室，制作汤若望和南怀仁的铜像，汤若望办公室的展室内陈设汤若望的地平式日晷和南怀仁谨献给康熙的浑仪复制品，并设计制作多媒体介绍汤若望、南怀仁的科技贡献。

### 天津博物馆基本陈列"中华百年看天津"

"中华百年看天津"基本陈列于2002年8月开始筹备，2004年12月在天津设卫建城600年之际对外展出。陈列以在天津发生的具有全国影响的历史事件和人物为主要素材，揭示天津在中国近代史上所具有的战略地位和发挥的不可替代作用。

陈列内容分为9个部分："天津的历史积淀"，简要展示自1404年天津设卫筑城至1840年第一次鸦片战争前的天津古代历史；"英勇

悲壮的抗争"，主要表现近代天津人民抵御外来侵略的悲壮历程；"工业文明的启蒙"，主要展示天津在洋务运动中的成就与地位；"殖民统治的见证"，主要内容为天津九国租界的形成与收回；"北洋新政的诞生"，主要表现天津在清末新政中的历史地位；"中西文化的交汇"，主要表现近代天津的文化贡献；"北方经济的中心"，主要表现洋务运动后的近代天津经济发展成就；"日本侵华的基地"，主要展示日本侵略者对天津的侵略与掠夺；"红色风暴的雷鸣"，主要反映中国共产党领导天津人民进行革命的艰难历程。

2012年5月，天津博物馆新馆落成开放，"中华百年看天津"基本陈列更新后对外展出，展厅面积约2600平方米，展线长624米，展出文物、文献480余件。在形式设计方面，文物陈列分别为裸展、柜展、专室展等，做到了文物信息传达与主题紧密结合。

更新后的陈列分为7个部分："引子"，展示第二次鸦片战争前以英国为代表的西方殖民势力觊觎天津的历史过程，揭示天津被迫开放为通商口岸的宏观历史背景；"抵御外侮——从三次大沽口之战到抗战枪声"，详述天津军民抵御外来侵略的历史壮举，向世人昭示天津军民同侵略者血战到底的气概；"外患深重——租界的建立与军事殖民统治"，展示英国、美国、法国、德国、日本、俄国、意大利、比利时和奥匈帝国九国租界的建立过程，八国联军在天津的殖民机构"都统衙门"的存废以及日本对天津的侵略，揭示天津是近代中国半封建半殖民地的典型代表；"政治变革——从三口通商衙门到特别市的建立"，表

明自洋务运动开始，天津就成为部分官僚和学者在北方探求民族和国家出路的大本营，成为近代新政治理念在中国北方的实践中心；"经济中心——北方最大的工商业和港口城市"，展示天津成长为中国北方经济中心的曲折历程；"中西交汇——城市文化与社会变迁"，展示近代天津文化发展与社会生活变迁；"奔向光明——中国共产党领导的新民主主义革命实践"，展示中国共产党领导天津人民推翻黑暗统治，获得彻底解放的光辉历程。

### 天津自然博物馆基本陈列"家园·生命"

"家园·生命"以生命的起源与演化为主线，以演化中的大事件为线索，以时间演化为顺序，通过具有连贯逻辑的内容构建了一个能相对完整展示"家园"与"生命"协同演化的展览知识体系。

"家园·生命"基本陈列于2014年1月25日开幕，2015年进行展厅改陈，主要包括展线和展厅调整，增加标本和其他展陈内容，展品位置和展览形式调整。标本原有的临时说明牌也基本更换为正式说明牌。

"家园·生命"基本陈列位于天津自然博物馆二层展厅，展示面积5700平方米，展线1200米，采用古今结合的展示方式，依托新的地球观和最新科学研究成果，展示地球家园38亿年来生命世界从单细胞到多细胞、从低等到高等、从简单到复杂的演化历程。展览选用标本5139件，种类丰富，以可视性好、信息量丰富、科学性强，能体现馆藏特色并兼顾部分地域特点为原则，同时征集和补充少量演化关键位置标本。展览分3个部分：前部展区以大海为主调，衬托水母造型的空间形式，科学化体

现出海洋环境与海洋生物在家园生命中的起源意义；中部展区利用陆地色调进行环境营造，结合陆生动物的龟壳结构，象征性诠释出生命演化由水到陆的主题意象；结尾的哺乳动物和人类展区代表生命演化的高级阶段，设计中提取出大脑的概念作为灵感来源，实现展陈设计的环境塑造和视觉传达理念。

第一部分包括3个主题单元：第一主题单元"生命诞生　地球不再荒寂"，介绍地球诞生、地球力量、地球内部环境；第二主题单元"神奇爆发　生物从此繁盛"，介绍最初生命的形成、生命大爆发及五次生物大灭绝事件；第三主题单元"各显其能　争霸喧嚣海洋"，以古今结合方式介绍海洋无脊椎动物及鱼类。第二部分包括两个主题单元：第四主题单元"从水到陆　开拓崭新家园"，介绍包括植物展区、以昆虫为主的无脊椎动物展区以及两栖动物展区；第五主题单元"多样演化　爬行鼎盛一代"，以古今结合的方式介绍两栖爬行动物。第三部分包括3个主题单元：第六主题单元"鸟儿飞天　天空的新主人"，介绍鸟类的演化以及现生鸟类的几大类群；第七主题单元"兴衰更替　哺乳动物辐射"，介绍哺乳动物的起源和发展，并古今结合介绍哺乳动物类群；第八主题单元"人猿分野　智慧生物起源"，介绍人和猴子、猩猩、大猩猩、黑猩猩等动物之间的区别和联系，以及人类的演化与发展。

"家园·生命"展厅设计立足于地球家园与自然生命协同发展的"平衡"理念，依据八大主题单元将"生命辐射"的自然演化概念抽象为关系起伏的空间形式，局部通过"古今对比"的内容组织实现对生命演化中古今海洋、水陆转折、三大生物转型等重要节点的立体解读，深入揭示自然选择的进化理论。

空间规划中首先确立总体限定性观众流线的全局思维，按照从古到今的分布逻辑确定以海洋到陆地顺序模式为主的"生命家园"规划方针，依据从无脊椎动物到脊椎动物的"家园生命"演化过程引导展示动线。功能上遵循八大主题展区的科学结合，通过序厅的设置和环境因子的元素导入体现出"生命家园"的有机统一，并利用跨展区大展项进行重要节点的呼应设计，以展陈形式演绎时间发展状态与生命平衡规律。

**周恩来邓颖超纪念馆基本陈列"人民总理周恩来"**　"人民总理周恩来"陈列以时间为序，按专题形式展示周恩来作为民族英雄、党的领袖、开国元勋、人民公仆、世界伟人的重大历史贡献。

周恩来邓颖超纪念馆于1998年2月28日周恩来100周年诞辰纪念日前夕建成开放，基本陈列"周恩来邓颖超生平陈列"按照历史年代和专题分为"风采""追求真理""拯救中华""总理国务""领导妇运""力挽狂澜""继承伟业""英灵永驻""遗愿化宏图"9个部分，介绍周恩来、邓颖超的光辉历史和丰功伟绩。

2006年，对"周恩来邓颖超生平陈列"进行改陈，2010年6月12日完成并重新对外开放。改陈后纪念馆基本陈列包括主展厅、按1∶1比例仿建的北京中南海西花厅和专机陈列厅，3个展区既独立成篇又有内在联系，各具特色。其中主展厅内设有瞻仰厅、"人民总理周恩来"周恩来生平陈列厅、"邓颖超——20世纪中国妇女运动的先驱"邓颖超专题陈列厅。基本陈列以"情"为主线，以尊重历史文化遗存的现状、体现博物馆社会功能、最大限度展示馆藏文物为原则，全面展示周恩来和邓颖超将伟大的情怀融汇到对祖国的情、对人民的爱之中，再现周恩来、邓颖超全心全意为人民服务的一生。

改陈后的周恩来生平陈列展览"人民总理周恩来"分为3个部分：第一部分"为追求真理不懈探索"，包括"求学南开奠定坚实学识基础""东渡日本初涉马克思主义""领导学运经受五四运动洗礼""远赴欧洲确立共产主义信仰"4个单元，展示周恩来在天津求学以及如何由爱国的青年学生成长为坚定的马克思主义者的历程；第二部分"为民族解放建立功勋"，包括"南昌起义""遵义会议""西安事变""团结抗战""迎接胜利"5个单元，以时间为序介绍周恩来在中国共产党历史上几个重大历史关头所作出的重要历史贡献；第三部分"为人民幸福鞠躬尽瘁"，包括"总理国家事务""奠基外交事业""心系人民群众""苦撑'文革'危局"4个单元，采取专题的形式介绍周恩来作为共和国第一任总理在中华人民共和国初创阶段内政外交等方面的重要历史贡献，以及在周恩来身上所体现的公仆精神和全心全意为人民服务、鞠躬尽瘁、死而后已的崇高品格。

在内容设计方面，展览既全面介绍周恩来生平，更突出天津特色。第一部分主要展示周恩来青年时代。周恩来青年时代在天津度过，留下大量珍贵文物，这些文物是纪念馆与其他

馆相比最具特色之处。第二部分定位在展示周恩来的重大历史贡献上，根据馆藏采用高度浓缩的展示手法，如"南昌起义"单元突出展示馆藏一级文物"艰难缔造"锦旗，"遵义会议"单元重点展示馆藏油画等。此外，陈列中的4个复原场景中有3个与天津有关，如南开学校、觉悟社等。把人物放在特定历史环境中展示，既可增加展览的可视性，又能传播地方革命史知识和文物遗址保护的理念。

在形式设计方面，增加互动项目及高科技展项，如文件墙、互动数码桌、电子翻书等。文件墙的设计突破传统展览对文献的展示模式，直接采用中央档案馆档案盒作展具，把能够展出的周恩来共和国时期签署的236份文件分类进行开放式陈列，观众可以拿在手中阅览。互动数码桌展示周恩来各历史时期有代表性的42张照片以及照片背后的感人故事，观众可以自主选取照片、收听故事。在电子翻书展项，选取中外名人对周恩来的评价作为展示内容，并在电子翻书上方配备电视屏幕，以适应团体观众的阅读需求。

影视资料是人物纪念馆的特有收藏。《伟大的外交家周恩来》以电视片的形式对展览内容进行必要补充，采用定向音响技术控制声源，避免了展厅中的音效互相干扰。尾厅采用弧幕电影《永恒的怀念》回顾周恩来一生对中国革命和建设的不朽功勋，十里长街送总理的珍贵历史镜头展现出"人民总理爱人民，人民总理人民爱"的动人画面。

**河北博物院基本陈列"战国雄风 古中山国"** "战国雄风 古中山国"陈列分为"古国风貌"和"王室宝藏"两个展厅，展陈面积

1845平方米，展出文物1399件／套。

第一展厅"古国风貌"分为"国史""国都""经济""文化""征战""王陵"6个单元，总体反映中山国跌宕起伏的历史和国家概貌。第二展厅"王室宝藏"设"青铜器""陶器""玉石器"3个单元，展出精美的青铜器、陶器、玉石器，展现中山国奇思妙想的艺术创造和精湛的手工技艺。展览充分展示了战国时期狄族鲜虞部在河北中南部建立的中山国的历史和带有鲜明游牧民族风格的中山国文物，其中错金银四龙四凤方案、错金银虎噬鹿屏风底座、银首人俑铜灯、错银双翼神兽等文物造型奇特、工艺精湛，在战国出土文物中绝无仅有。

"战国雄风　古中山国"展览形式设计主要包括展厅装饰。中山国展厅以灰色为基调，配合黑灰和深木色，环境色彩与展览的主题定位协调一致。展厅中还大量采用文物的代表性纹饰进行装饰，形成隽永雅致的文化空间。

展柜造型大方，展柜玻璃全部采用进口低反射玻璃，反射率低、透光率高，防火、防爆性能好，既使展厅显得通透明亮，又让观众能够清晰欣赏文物。

遵照《博物馆规范照明标准》，展览中对环境照明和文物照明分别予以精心设计，让观众感觉明亮而舒适。展览设计注重艺术性、生动性和趣味性，辅助展示手段丰富多样，尤其是大型壁画、多媒体互动项目和展厅影院的设置，生动形象地讲述了战国故事。

**西柏坡纪念馆基本陈列"新中国从这里走来"**　"新中国从这里走来"展示以毛泽东为核心的中国共产党人在西柏坡创下的丰功伟绩和孕育的以"两个务必"为核心的西柏坡精神，展厅建筑面积6100平方米，陈列面积4400平方米，展出展品421件／套。

1978年5月26日，为纪念中共中央移驻西柏坡30周年，西柏坡陈列展览馆对外开放，推出8个展室，以毛泽东在西柏坡的伟大革命实践为重点，展出毛泽东革命战斗的一生。1993年，为纪念毛泽东100周年诞辰，对陈列展览进行大的改展，第一次提出"新中国从这里走来"的主题。12月26日，新展对外开放，增加为11个展室，展出照片240张、文物100余件。1995年4月～1996年6月，对陈列展览进行全面改造，6月25日试开放，展出图片400张、文物约350件。1998年，在中共中央和解放军总部移驻西柏坡50周年之际，对陈列展览进行第三次修改。5月26日，新展对外开放，陈列面积718平方米，展线长342米，展出照片409张、文物336件、景观3个、雕塑2尊、油画8幅、文字版37块、图表13幅。

2003年，西柏坡陈列展览馆在原有建筑基础上扩建第三层，并对原建筑和陈列进行整合改造，建筑面积6100平方米，陈列面积4400平方米，展线长1100米。2004年6月20日，新展对外开放。陈列围绕"新中国从这里走来"这一主题，以"两个务必"精神作为贯穿整个陈列的灵魂，以中共中央和中央工委在西柏坡的伟大革命实践为陈列主线，系统介绍党中央在西柏坡为建立中华人民共和国而作出的卓越贡献。陈列吸收最新科研成果，增加"描绘蓝图"展厅，从多角度、多方面突出陈列主题；增加"继往开来"展厅，寓意"两个务必"精神薪火相传，激励人们在全面建设小康社会的征程中艰苦奋斗、永不懈怠。

展览共分"序厅""走进西柏坡""废除封建土地所有制""指导晋察冀的军事斗争""统一解放区财经工作""决战前夕""大决战（一）""大决战（二）""中国共产党七届二中全会""描绘蓝图""难忘的岁月""继往开来"12个展厅。展出图片258张、文物308件，其中增加新征集的照片35张、文物60余件以及场景景观、现代化展示设施和艺术品40处/件。中共七届中央委员和候补委员的大型群雕、三大战役半景画和"两个务必"雕塑墙成为整个展馆中的亮点。

**邯郸市博物馆基本陈列"赵文化陈列"**
"赵文化陈列"主要展示战国和汉代两段赵国的历史文化，其前身是邯郸市博物馆2000年展出的"赵文化陈列"。2015年，邯郸市博物馆对"赵文化陈列"进行改造升级，2017年完成。

陈列分为"三家分晋 赵国建立""定都邯郸 王城典范""胡服骑射 武灵强国""经济繁盛 百家争鸣""赵国抗秦 巍巍王陵""赵都汉韵 邯郸中兴"6个部分。展陈面积约600平方米，展出文物700余件，诠释了战国时期赵国和汉代赵国的历史、政治、艺术、文化面貌。

第一部分"三家分晋 赵国建立"，通过文物、图片、文字和版画的形式介绍西周末年三家分晋，赵氏家族开始活跃在晋国政治舞台上的历史。展出的文物以涉县北关凤凰台一号春秋墓随葬品为代表，主要有青铜鼎、青铜莲瓣壶、青铜盘等。第二部分"定都邯郸 王城典范"，讲述公元前386年赵敬侯定都于邯郸，以及之后邯郸作为赵国都城历时158年的历史。展陈的文物中既有表现赵国王权的礼器

如鼎、钟等，也有出土于赵王城遗址和大北城遗址的建筑材料如瓦、瓦当、陶水管等。第三部分"胡服骑射 武灵强国"，讲述赵国定都邯郸后，政局形势内忧外患，赵武灵王于公元前307年突破重重阻力实行胡服骑射改革，由此赵国迅速实现富国强兵的目的，疆域空前辽阔，迎来雄强之国的全盛时代。展出文物有兵器、车马器和礼器。第四部分"经济繁盛 百家争鸣"，讲述胡服骑射改革后，赵国开创的领土辽阔、和平安定的崭新局面。这部分展品有农业工具、铁器、陶器、铜镜、钱币等。第五部分"赵国抗秦 巍巍王陵"，主要讲述战国末期的秦赵战争和赵王陵。展品有战国车马坑和赵王陵出土的器物，还有一些兵器。通过图表和文物展品结合的方式对秦赵战争进行诠释说明，通过大幅全景图片形式展现赵王陵的结构和规模。第六部分"赵都汉韵 邯郸中兴"，讲述秦始皇统一六国之后，邯郸成为邯郸郡的治所，政治地位下降，经济地位也受到削弱。展品以张庄桥汉墓出土文物为主要内容，从中可见汉代赵国的历史文化面貌。

形式设计方面，通过对邯郸两个时代赵文化的梳理，展现战国时期赵国和汉代赵国文化的脉络。在赵国王城区域，通过大型沙盘和景观复原再现赵王城的宏大规模和气势，并借助多媒体投影技术展现赵王城复原后的景象以及王城的防御系统和排水系统。对重点文物金银涂乘舆大爵酒樽，则通过多媒体投影形式展现其文物内涵。

**山西博物院基本陈列"晋魂"** "晋魂"基本陈列荟萃了山西省文物精华，以山西博物院特有的陈列语言与形式，科学、真实、艺术

地诠释了山西悠久的历史、古老的文明和灿烂的文化。

2001年7月1日，山西省文物局成立陈列设计领导组，抽调部分业务人员组成陈列内容方案设计组，专门负责和从事内容文本编写工作；同月，陈列内容方案设计组初步草拟展览整体思路及内容框架。10月，召开省城史学界、文博界专家论证会，确认展览思路与内容大纲框架。11月，陈列设计组一行7人赴陕西历史博物馆、湖北省博物馆、武汉博物馆、江西省博物馆、厦门博物馆、浙江省博物馆、杭州博物馆、浙江省自然博物馆、上海博物馆、南京博物院、南京市博物馆、河南博物院、河北省博物馆等博物馆进行考察、调研。2002年12月中旬，在山西省文物局和陈列设计组领导的指示与安排下，从上海博物馆、河南博物院、陕西历史博物馆、南京博物院、浙江省博物馆、南京艺术学院等博物馆与艺术院校邀请专家对新馆陈列内容设计方案第三稿进行研讨、论证。2003年2月底，陈列内容设计方案完成第四稿，4月底完成了第五稿。5月，经多次酝酿、论证、编撰和修改，内容大纲定稿。2004年5月，陈列设计进行招标。6月，山西博物院馆舍建设完成，成立山西博物馆行政筹备办，由展览组启动展览制作布展工作。8月，陈列制作工程启动。展览筹备期间，展览组同步进行展品筹调工作，从山西省考古研究所、中国社会科学院考古研究所、北京大学考古系先后调拨晋侯、赵卿、娄睿墓部分文物展品，从太原市文物考古研究所及山西各市、县文物收藏单位借展部分文物展品。2005年1月8日～4月10日预展，广泛征求社会各界意见，

共接待观众12万人次。4月11日，暂时闭馆，进行调整改陈。2005年9月26日，正式向公众开放。"晋魂"陈列展出面积共计10068平方米，展线长2689米，展出文物4456件、图片280余张、场景15个、复制品31件。

"晋魂"基本陈列以"体现先进文化的发展方向"，"有鲜明的地域特色，充分体现山西风采"，"体现强烈的时代感和时代精神"，"始终坚持以人为本的原则"，"树立精品意识，打造精品陈列"作为陈列内容设计的指导思想，并将这一思想贯穿于展览实施的始终。"晋魂"主题的确立，就是要通过表现山西在中华文明发展进程中，在政治、经济、文化诸领域引领时代潮流、推动社会发展的历史事实，让观众感悟晋之魂魄、晋之风韵。"晋魂"基本陈列的结构体例是在许多大馆采用的物质文化史和通史陈列两种模式的基础上兼取二者之长，再结合山西历史文化的特点，在100余万年的历史长河中提炼7个历史专题，形成"以点带线"式的陈列结构体系。这种结构体系有效避免了通史陈列追求大而全所产生的冗长和烦琐，同时也避免了因文物不足而大量辅陈图版文字，妥善解决了"历史与现实"的矛盾。

展览以12个展览专题，形成历史专题和艺术专题两个序列。历史专题序列以史为线，分7个历史时段的亮点为主题，全面系统地展示山西悠久灿烂和独具特色的历史文化。"文明摇篮"展厅通过省内具有代表性的新、旧石器时代遗址及出土遗物，揭示史前人类的生存与发展状况，以及文明和国家的形成。"夏商踪迹"展厅以大量精美的陶器和青铜器展示山西

多元的文化面貌。"晋国霸业"展厅集中展现了从西周初年创立晋国到秦灭赵国近800年间的历史画卷。"民族熔炉"展厅通过汉代至隋时期各民族的历史文化遗存，展示山西在民族融合中的重要地位。"佛风遗韵"展厅以模拟石窟和寺庙殿堂场景的形式展示山西佛教艺术珍品。"戏曲故乡"展厅展示山西各地的戏曲文物，通过多媒体播放展示山西的地方戏曲名段。"明清晋商"展厅解读晋商的重要文化遗存，乔家大院、王家大院等古建筑模型则呈现了清代北方民居独有的风韵。

艺术专题序列从山西地域文化特色出发，用5个专题、1300余件文物艺术精品补充历史专题表现之不足，展现山西在书画、瓷器、钱币、玉器和建筑艺术方面的卓越成就。"翰墨丹青"展厅展出元、明、清时期具有代表性的书画家作品，重点展示以傅山为代表的山西籍书画家的作品。"山川精英"展厅展示山西历代玉器精品，其中以缀玉覆面、玉鼓、玉戈等两周时期墓葬出土的玉器最为珍贵。"瓷苑艺葩"展厅展示上迄北朝，下至明清的瓷器精品，其中以朴实简率的山西地方瓷最具特色。"方圆世界"展厅通过绵延有序的馆藏钱币，再现中国古代货币产生与发展的历史轨迹，其中品类丰富的三晋货币描绘了先秦时期三晋地区商品经济繁荣发展的图景。"土木华章"展厅通过古建模型以及壁画、彩塑、琉璃作品等展示山西古代建筑艺术的魅力。

"晋魂"基本陈列按照贴近实际、贴近生活、贴近群众的要求，在内容、创意、设计、制作和展示等方面积极借鉴国内外博物馆的成功经验，引进新理念、尝试新模式，努力实现思想性与艺术性、科学性与观赏性、教育性与趣味性的完美结合，以满足观众多样化、多层次、多方面的文化需求。复原场景的制作严格按照考古发掘图纸施工，尽量恢复遗址环境外貌，真正做到逼真的艺术效果。陈列布展实施阶段，根据中央领导的指示，对陈列方案的内容和表现形式进行调整，强化观众参与项目的比重以及知识性、趣味性看点的内容，使陈列展览与观众产生"互动"，实现观众喜欢看、看后有收获的效果。

在布展施工过程中严把质量关，无论是展厅的基础制作还是艺术品的设计制作，都力争精益求精。展厅顶、地、墙、柜、灯光等设施设备按照展示内容组合进行专项设计，体现形式与内容的和谐统一。展览中辅助展品艺术创作成为静谧展厅中的"亮点"，对陈列主题起到了很好的渲染作用。在加强知识性、趣味性、观赏性方面，"晋魂"基本陈列在材料选择和艺术造型等方面做了许多大胆尝试。在文字内容编写上，使用通俗的陈列语言表达加以文学化的修饰，对生僻字配注音，真正做到了雅俗共赏、老少咸宜。在"晋魂"基本陈列各专题展览中穿插设置了多处触摸屏、幻影成像、互动编钟等设施，大大提高了观众的参与性和互动性。

"晋魂"基本陈列是山西最重要的文化品牌之一，也是山西对外开放、宣传山西历史文化的重要窗口，在山西打造文化强省战略中发挥了重要作用。

### 中国煤炭博物馆基本陈列"煤海探秘"

"煤海探秘"基本陈列分模拟矿井、二期陈列、三期陈列暨煤炭精品馆3个时期完成。其中，模拟矿井于1993年建成开放，二期和三期陈列分别于2003年8月和2009年4月完成布展并对外开放。陈列面积8361平方米，以煤炭为主题，包括"煤的生成""煤炭与人类""模拟矿井""煤炭精品馆"4个部分。

"煤的生成"展厅主要讲述煤炭上千万年甚至上亿年的形成过程，讲述植物是如何变成煤炭的。通过微观的显微镜观察、宏观的炭化"树干"，再辅以化学成分的相似性，给出"植物成煤"的结论。四维动感影厅利用立体画面和特殊动感效果，将观众带入亿万年前神秘的远古森林，让观众在7分钟惊奇愉悦的时间内感悟上千万年地质成煤的变迁。

"煤炭与人类"展厅主要讲述煤炭与人类几千年的密切联系，展示古代劳动人民发现煤炭、挖掘煤炭、使用煤炭的历史画面；展示近代社会煤炭推动工业革命的功绩；展示现代社会煤炭给人们生活带来的便利，并预测煤炭的未来前景，提醒人们必须坚持科学发展观，科学规划并合理利用煤炭。

"模拟矿井"厅通过古代煤窑巷道及采煤工作场景复原，再现中国宋代前后的煤矿井下环境和古代采煤工艺；通过建设近代煤巷、近代采煤工作面，再现中国近代采煤的场景。

"煤炭精品馆"一方面突出中国煤炭博物馆"国家级"的定位特点，陈列内容的范围包括全国31个省、自治区、直辖市和两个特别行政区；另一方面突出"煤炭"的主题，从展品图文到影视片始终围绕煤炭的储藏、生产、运输、使用等展开介绍。

在形式设计方面，沿着两条主线展现煤炭的"立体印象"：一条主线是沿着煤炭千万年和上亿年形成的脉络，介绍煤的形成过程；另一条主线是沿着人类社会自身的发展脉络，展示人类发现煤炭、开发煤炭、利用煤炭的过程。

除煤壁展墙背景、陈列展柜、4D动感影厅、观众互动项目和单元合理划分外，最具特色的是模拟矿井中场景再现的应用。通过古代采煤场景复原、近现代采煤现场建设，声光电技术的应用等手法，讲述中国上千年的采煤历史，讲述中国采煤技术的发展轨迹。

**八路军太行纪念馆基本陈列"八路军抗战史陈列"** "八路军抗战史陈列"集中反映了1937～1945年中国共产党领导八路军同日本侵略者进行英勇斗争的光辉历史。

1964年，国务院决定将武乡县确立为全国第一批对外开放县，作为向世界各国人民特别是第三世界国家民众宣传中国共产党抗日游击战争的教育实践基地。1970年秋，经上级批准，在武乡县城新建武乡革命纪念馆，1972年7月1日对外开放，重点展示八路军的战略战术，以及八路军总部发动群众开展游击战争。

1988年9月，扩建后的八路军太行纪念馆举行开馆仪式，展陈内容进一步丰富，主要展示八路军总部、第一二九师和太行根据地人民8年抗战历史。为全方位展示抗战时期八路军的光辉历史，八路军太行纪念馆进行大型扩建改陈，2005年8月竣工，主题展览更名为"八路军抗战史陈列"并对外开放。展陈面积扩大至8000平方米，展线长1450米，展出图片、图表609张，文物1091件，油画作品13幅，木刻版画36件，并辅以仿实景观、雕塑、多媒体演示等16组。主要展品有"抗战联盟旗"、"八路军行军锅"、"百团大战战役部署图"、响堂铺战斗中缴获的汽车发动机残骸等。

基本陈列共分6个部分：第一部分"日本全面侵华 八路军出师抗日"，第二部分"开展敌后游击战争 创建抗日根据地"，第三部分"粉碎日军'扫荡' 巩固和发展抗日根据地"，第四部分"战胜严重困难 坚持敌后抗战"，第五部分"进行局部反攻 恢复和扩大抗日根据地"，第六部分"举行全面反攻 夺取抗日战争最后胜利"。

2015年，为纪念中国人民抗日战争暨世界反法西斯战争胜利70周年，对"八路军抗战史陈列"在形式设计方面进行改造提升。作为全国唯一全面反映八路军8年抗战历史的大型主题展览，以珍贵的图片、文物为基础，综合运用声、光、影技术，配以幻影成像、立体景观、触摸屏等辅助手段，真实生动再现了八路军同日本侵略者进行英勇斗争的光辉历史。在形式设计上，展线流畅，设计新颖，装饰得体，布展空间典雅大气，展陈语言表述诗化。最具代表性的是长达80米的"八路军抗战文化墙"，集中展示了抗战时期八路军部队及抗日根据地出版的图书、报刊、绘画等文化艺术珍品，形成了一条视野广阔、信息量较大的展览辅线。

**内蒙古博物院基本陈列"大辽契丹——辽代历史文化陈列"** 2017年8月，内蒙古博物院推出"大辽契丹——辽代历史文化陈列"，是内蒙古博物院的基本陈列之一，展厅面积800平方米，汇集金银器、玉石器、玻璃器、瓷器、壁画等文物精品170件／套，包含陈国公主墓、耶律羽之墓、吐尔基山墓等考古新发现成果。

陈列分为"契丹肇兴""因俗而治""开放交融""崇释尚儒""事死如生""消亡之谜"6个部分。通过全面解读契丹民族起源，"因俗而治"的政治体制，开放包容的文化特征，萨满教与儒释道并行的宗教政策，礼法中原的丧葬制度，民族消亡的不解之谜及女真族的崛起等方面内容，综合运用最新的考古发掘与研究成果，采用全方位、多角度、数字化的展示手段，讲好契丹人"从哪里来"和"去了哪儿"的故事，让观众在直观感受历史事件的过程中认知中华文化多元一体格局的演进过程，从而不断增强文化自信和文化认同，铸牢中华民族共同体意识。

进入序厅，蓬勃如火的红色标题墙和充满视觉震撼的辽代巨幅绘画，共同烘托出神秘而又苍凉的契丹文化氛围。展厅以"河"为动线，以"山"为空间造型，营造引人入胜的独特氛围，传达出展览的文化内涵。展览汇集中华人民共和国成立以来内蒙古文物考古工作中发现的文物精品，其中不乏初次面世的重器，如陈国公主墓出土银丝网络、琥珀璎珞及吐尔基山辽墓出土彩绘木棺等。

**辽宁省博物馆基本陈列"古代辽宁"** "古代辽宁"陈列由辽宁省文化厅、辽宁省文物局主办，辽宁省博物馆承办，辽宁省文物考古研究所等省内27家文博机构协办。展览面积6069平方米，展出馆藏文物1196件／套、外借展品1020件／套，其中馆藏一级文物139件／套、外借一级文物53件／套。

2007年6月28日，位于沈阳市府广场的辽宁省博物馆新馆第二期开馆。基本陈列"辽河文明"分为"文明曙光""商周北土""华夏一统""契丹王朝""满族崛起"5个专题馆，展览面积3100平方米，展品1200余件。

随着辽河流域考古发现与研究的丰富，随着"以人为本"理念的日益深入人心，随着现代展示手段的日新月异，系统生动展示辽宁的历史文化成为可能。在"辽河文明"的基础上，"古代辽宁"陈列于2017年9月向公众开放。"古代辽宁"是对"辽河文明"展览的增容与改造，以辽宁历年重大考古发现为依托，补充原"辽河文明"展中缺项的金、元两个时代，对展现不充分的明、清部分做增改，力求以文物完整展现辽宁地区的古代历史，共分5个展厅14个单元，呈现了比较完整的古代辽宁历史知识体系。

第一展厅"史前时期"分为"开拓洪荒　洞穴岁月""走出蒙昧　文明曙光"两个单元，从金牛山人近于早期智人的体质特征和用火遗迹表现出进步性开始，引导观众跟随历史足迹，从庙后山人、鸽子洞人、仙人洞人的蒙昧洪荒走向查海、新乐、小珠山到红山文化的文明曙光。第二展厅"夏商周时期"分为"与夏为伍　北土方国""华风北渐　商鼎周彝""游牧民族　北方铜器""濊貊遗踪　曲刃短剑"4个单元，选取诸如夏家店下层文化等代表性的考古学文化，向观众展现辽宁青铜时代文化面貌。第三展厅"战国至隋唐时期"分为"开疆设郡　秦汉一统""民族融合　魏晋风云""边关重镇　隋唐营州"3个单元。秦皇汉武的功业为辽宁两汉时期带来经济文化的繁荣，东汉末至三国时期辽东公孙氏政权延续中原文化，对东北及东北亚地区古文化产生了较大影响。随着秦汉帝国解体后各民族的

大迁徙和大融合，北方民族兴起，慕容鲜卑的三燕文化和高句丽文化，唐王朝对辽东的经营及其羁縻制度，都有重大的考古发现为支撑。第四展厅"辽金时期"包括"铁骑帝国　契丹索迹""金戈铁马　女真建国"两个单元，展示陶官屯遗址等考古发掘成果，突出辽金时期的民族文化特色。第五展厅"明清时期"包括"划省而治　蒙元一统""关东风雨　大明气象""紫气东来　清皇祖地"3个单元，明代长城的调查、新宾赫图阿拉城的布局及盛京城考古的启动，是辽宁地区明代防御体系、满族关外崛起、天眷盛京历史事件的具体诠释。

在形式设计方面紧扣展览主题，力求充分体现展览内容，为观众营造良好的参观氛围。"古代辽宁"展分5个展厅，各展厅的色彩各有特色，如青铜时代展厅以绿色为基调，配色由单一化向多样化层层递进，体现出辽宁不同历史时期的文化特征。总序厅设置在第一展厅，提取明代城墙的元素，在汉白玉石材上雕刻古代辽宁的大山大水，寓意城墙捍卫古代辽宁山河；提取辽宁抚顺特产黑煤精的元素，将前言文字雕刻在仿制的黑煤精石上。5个展厅的分序厅选取本展厅内的典型文物，充分体现所要反映的历史时期的文物特点。如辽金时期的四号厅选用鎏金银捍腰、双鹿银饰，极具北方游牧民族特色。

**沈阳"九·一八"历史博物馆基本陈列"九一八历史陈列"**　"九一八历史陈列"最早完成于1999年，后经2005年、2008年底至2009年初的两次改陈。展馆面积9180平方米，展出珍贵历史照片1000余幅，文物、资料500余件／套，大小场景21个，雕塑5组，油画、

国画20余幅。

"九一八历史陈列"共分6个部分19个单元，以时间为脉络，将重要历史事件贯穿到一起，既保持每个展厅的独立主题，又突出展览本身的整体性。展览通过大量文物、历史照片及多种现代展示手段，真实反映日本帝国主义策划、发动九一八事变及对中国东北进行残酷殖民统治的历史，生动再现东北人民和全国人民在中国共产党领导下不屈不挠、浴血奋战，最终取得抗日战争伟大胜利的历史画卷。

第一部分"九一八事变的历史背景"分4个单元。第一单元"日本大陆政策的形成及早期侵华"，介绍日本形成军国主义和大陆政策后极力进行对外侵略，确定在中国南满的侵略势力。第二单元"日本扩大侵华与东方会议"，介绍第一次世界大战后日本积极扩大侵华的史实。第三单元"九一八事变前的东北局势"，介绍日本制造皇姑屯事件，以及张学良改旗易帜积极抵制日本势力的史实。第四单元"日本发动九一八事变的周密准备"，介绍日本大肆制造武装入侵舆论，加紧策划侵略阴谋。第二部分"九一八事变的爆发与东北沦陷"分两个单元。第一单元"九一八事变的爆发"，介绍日本制造柳条湖事件，突袭北大营，爆发九一八事变的史实。第二单元"东北四省一区的沦陷"，介绍九一八事变后，东北四省一区在18个月内全部沦陷。第三部分"日本在中国东北的血腥统治"分4个单元。第一单元"拼凑傀儡政权"，介绍日本为长期霸占中国东北拼凑伪满洲国。第二单元"法西斯军事恐怖统治"，介绍日本帝国主义任意抓捕、监禁、残害、屠杀东北人民，东北大地处于极

度的白色恐怖之中。第三单元"摧残民族意识"，介绍日本帝国主义在中国东北强制推行殖民地的思想文化教育政策。第四单元"疯狂的经济掠夺"，介绍日本垄断东北经济，掠夺东北资源。第五单元"掠夺和压榨劳动力"，介绍日本帝国主义在伪满强制推行劳动统制，大量掠夺劳动力。第四部分"东北军民抗日斗争"分3个单元。第一单元"中国共产党领导的抗日斗争"，介绍九一八事变后中国共产党发出抗日号召，并创建抗日游击队、东北抗日联军等抗日武装，同日军展开了长期、顽强、艰苦、卓绝的斗争，用鲜血写下中国抗战史上最悲壮的一页。第二单元"东北军爱国官兵与东北义勇军的抗战"，介绍东北军和东北抗日义勇军广大官兵在白山黑水间的抗战。第三单元"东北人民的抗日救亡运动"，介绍沈阳人民及东北人民的抗日救亡运动。第五部分"全国抗战、东北光复与日本侵略者的最终下场"分4个单元。第一单元"全国抗战"，介绍抗日民族统一战线正式形成。第二单元"世界反法西斯战场的新形势"，介绍1941年苏德战争和太平洋战争爆发后，世界反法西斯战场形势发生的深刻转变。第三单元"东北光复"，介绍1945年8月15日日本宣布无条件投降。第四单元"日本侵略者的最终下场"，介绍日本战争罪犯被押上历史的审判台，受到正义的审判。第六部分"以史为鉴，企盼和平，警惕日本军国主义复活"分两个单元。第一单元"中日友好往来"，介绍中日邦交正常化。第二单元"警惕日本军国主义复活"，介绍日本右翼势力的猖獗活动，要时刻警惕其复活。

陈列设计在918米长的展线中，结合陈列

内容设置14项用高科技手段来实现的重点表现展示项目；在空间布局上根据展示内容和文物展品的历史价值进行合理布局和面积分配；打破以往展览划块分室的格局，立体几何形的展墙设计使展览一气呵成，观众可连贯参观展览，不走回头路。

**大连博物馆基本陈列"近代大连 1840～1949"** "近代大连 1840～1949"主要展示大连近代百年历史，时间跨度从1840年鸦片战争前后到1949年中华人民共和国成立。展览于2013年4月28日向公众开放，展览面积3120平方米。

展厅位于大连博物馆的二楼。进入序厅，首先映入眼帘的是一支铁锚雕塑以及与之相对的五组人物群雕。第一单元"1840～1894 旅大的开发与海防建设"，叙述甲午战争前的旅大，旅顺口炮台电子沙盘、北洋水师视频和海军公所大门构成庄严肃穆的气氛。第二单元"1894～1895 中日甲午战争中的旅大"，通过图片、文字和实物的展示，叙述中日甲午战争的爆发、黄海海战以及旅顺大屠杀。半景画"旅顺大屠杀"是这一部分的重点展示内容，通过声光电、布景与写实画面的结合，揭露侵略者的凶残，反映旅顺人民的苦难。第三单元"1896～1904 俄国租借旅大与港口城市的形成"，以大量建筑轮廓作为墙面的底纹和小结的区隔，呈现大连由小渔村发展成为现代城市的历史轨迹。电子沙盘"俄国统治时期的大连街区"结合语音播放和LED灯光效果，详细介绍城区的规划和建设。第四单元"1904～1945 日俄战争与日本殖民统治"，叙述日俄争夺旅大地区和日本统治时期的历史。其中"日统时期的大连市区"电子沙盘详细介绍大连城市规划和建设的过程；《老电车》油画、《码头工人》群雕和"红房子"场景复原的组合则反映了外来劳工的悲惨境遇，以及外来劳工对大连城市发展作出的不可磨灭的贡献。第五单元"1840～1945 近代大连多元文化的交流与融合"，有大量场景布置，包括国家级非物质文化遗产"辽南皮影"，微缩景观"青泥洼""浪速町""小岗子"，大连老街景场景复原、农舍场景复原等，以直观的方式反映近代大连地区人们的物质生活和文化娱乐。第六单元"1840～1945 近代大连人民的反抗斗争"，利用数幅美术作品，包括国画《抗击英军侵扰》《庄复抗日武装》、油画《抗税暴动》《四二七大罢工》、雕塑《抗日放火团》等，再现大连地区人民不屈不挠、反抗压迫的斗争场面。第七单元"1945～1949 大连解放与人民政权的建立"，利用大红的底色、红旗飘扬的轮廓、大幅《人民日报》建国号的背景板等烘托大连人民获得解放的胜利气氛。油画《苏军进入大连》和雕塑《建新公司生产群像》是这一单元的展示重点，前者展示大连人民脱离日本殖民统治的欢愉，后者表现大连人民在中国共产党领导下艰苦奋斗、不屈不挠的实干精神。在展厅的最后，由清政府时期的旅顺口、1899年的达里尼港、1931年的大广场、1990年的大连市4张全景画代表大连的百年沧桑。步出展厅可以看到一面图片墙，几百张照片构成一座灯塔，象征着光明与希望，经历百年风雨洗礼的大连必将迈向光明的未来。

整个展览以千余件组文物、800余张照片

全面展示大连百年历史，陈列动线顺畅，空间舒适，节奏跌宕起伏，色调富于变化，是海内外观众了解近代大连历史文化的窗口。

**旅顺博物馆基本陈列"大连古代文明"**
"大连古代文明"展主要展示大连古代历史文化，时间跨度从17000年前至清代，其前身源于1954首次改陈的"中国历史文物综合陈列"之"辽东半岛考古资料陈列"部分。

1954年的"辽东半岛考古资料陈列"，将日本管理时期、苏军接管时期、中华人民共和国成立后新发掘的考古品系统展示出来，按照器物类别，依据时代顺序确定展览路线。1958年，该陈列按地域划分陈列内容，调整为3个单元，即"旅顺地区""大连地区""金县以北地区"。1964年，打破按地域划分单元方法，开辟"原始社会""奴隶时代""隋唐至明""清代"4个展厅，展览中加入部分复制品、图表等辅助展品。1997年，随着大量考古成果的充实重新布展，展览定名为"大连历史文物陈列"，按照新的考古编年规划展览序列，充分体现大连考古成就。

2001年5月，旅顺博物馆分馆落成开放，建筑面积4900平方米，陈列面积2560平方米，新展览名称定为"大连古代文明"，位于新馆一楼。

"大连古代文明"展分"石器时代""夏商周至魏晋时期""隋唐至明清时期"3个单元，以大连地区近一个世纪的考古发掘和史料研究成果为依据，以近千件展品为根本，配合景观、模拟复原陈列、图表、绘画、照片等大量辅助陈列手段，直观描绘大连地区古代物质文化和精神文化发展的历史。第一单元分"古

龙山圣火（17000年前的大连）"和"聚落田园（新石器时代）"两个部分，展现大连的史前文明；第二单元分"半岛神韵（夏商周时期）"和"边陲繁荣（两汉时期）"两个部分，介绍大连的建置特别是汉代的繁荣；第三单元分"海上通衢（隋唐辽金元时期）"和"京津门户（明清时期）"两个部分，介绍大连重要的地理位置和近代海事防御情况。

"大连古代文明"展在形式设计上进行了新的尝试。一是以大型景观、模拟复原场景对陈列空间进行调整。展览制作"大连新石器时代人类生活""台子屯大石棚""东汉营城子壁画墓""金代摩崖造像""明代战略防御图"5个表现不同内容、不同风格特征的景观，用以打破展厅建筑举架高度不够所产生的环境压抑感和地方史资料缺乏带来的遗憾。二是以展线的艺术构思升华展览内容。石器时代展厅内17.5米的景观与文物陈列的壁龛式展柜形成两组平行对比的展线，文物和景观在两个展线中相互呼应，产生对话，景观回归文物的社会文化属性，并将文物的内涵直观传达给观众。

**沈阳故宫博物院基本陈列** 沈阳故宫博物院自民国18年（1929年）4月开馆以来，始终以反映清代早期帝后办公、生活场景的原状陈列为主线。复原陈列展厅有东路大政殿、左翼王亭、右翼王亭，中路崇政殿、清宁宫、关雎宫、麟趾宫、衍庆宫、永福宫，东所颐和殿、介祉宫，西所迪光殿、保极宫、继思斋，西路文溯阁以及太庙，展厅面积共计4452.29平方米。

东路建筑始建于清太祖天命十年（1625年），是清太祖努尔哈赤迁都沈阳后修建的宫殿，主要建筑包括大政殿、十王亭等，清太宗

皇太极继位后使用，是当时处理国家政务和举行庆典活动的主要场所之一。大政殿复原陈列于1954年对外开放，还原清初时期帝王办公和举行庆典陈设，陈列文物有金漆屏风、金龙宝座（宝座脚踏）、嵌珐琅象驮宝瓶、乾隆款嵌珐琅角端、六角重檐顶镂空香亭等18件／套。1995年，左翼王亭、右翼王亭恢复历史原貌，再现清初八旗首领办公场面，原状陈列对外开放，陈列文物12件／套。

中路建筑建于清太宗天聪年间（1627～1636年），分别为朝会区、居住区和生活服务区，整体上按照"前朝后寝"的布局设计而成，主要宫殿建筑包括大清门、崇政殿、凤凰楼、台上五宫等。开馆之初，陈列室主要设在崇政殿和台上五宫。崇政殿是清太宗皇太极临朝听政之处，民国18年4月首次以原状陈列面貌对外开放，后多次进行陈列调整，展出文物有金漆云龙屏风、透雕金龙宝座（附脚踏）、铜镀金嵌石料蟠龙香筒、紫檀木雕云龙竖柜等21件／套。1954年，清宁宫按照历史原貌复原开放，为寝宫、祭祀原状陈列，展出文物65件／套。1994年，关雎宫、永福宫、麟趾宫、衍庆宫改建为复原陈列并相继对外展出，陈列文物96件／套。

中路建筑两侧的建筑群建于乾隆十一年至十三年（1746～1748年），主要是皇帝东巡驻跸盛京故宫期间处理政务和生活之处，以及供随驾同来的皇太后居住，主要建筑有迪光殿、保极宫、继思斋、崇谟阁、颐和殿、介祉宫、敬典阁等。迪光殿为清高宗弘历东巡驻跸盛京故宫时处理政务和生活之处，1973年根据在历史上的使用功能将其复原，复原年限为清乾隆

十九年至道光九年（1754～1829年），展出文物20件／套。保极宫为清帝东巡驻跸盛京皇宫期间的寝宫，1973年根据在历史上的使用功能将其复原，展出文物30件／套。继思斋为清帝东巡时随驾妃子居住的寝宫，原状陈列于1986年开放，展出文物25件／套。颐和殿、介祉宫为清帝东巡祭祖期间，随驾皇太后居住生活之处，原状陈列于1986年开放，展出文物19件／套。太庙建于乾隆四十三年至四十六年，用于收贮清代诸帝后玉册玉宝，其原状陈列于1986年开放。

西路建筑建成于乾隆四十六年至四十八年，是沈阳故宫最晚建成的一批建筑，主要由戏台、嘉荫堂、文溯阁、仰熙斋、九间殿等建筑组成。1985年5月，"嘉荫堂、戏台复原陈列"对外展出，用塑像形式再现嘉庆帝看戏及宫廷戏班演戏场面。同年，文溯阁原状陈列对外开放，展出文物18件／套。

沈阳故宫博物院在尊重历史的基础上，以文物保护为前提，依据文献档案和最新学术研究成果改善陈列环境，使复原陈列更趋于历史原貌。经过调整改陈，沈阳故宫博物院的原状陈列形成基本稳定布局，原状陈列室的参观环境得到明显改观，全面提升了陈列展示水平。

**吉林省博物院基本陈列"白山松水的记忆——吉林省历史文化陈列"** "白山松水的记忆——吉林省历史文化陈列"展厅面积2300平方米，遴选3395件／套典型文物，其中包括一级文物57件／套、二级文物48件／套、三级文物45件／套。

2007年5月8日，吉林省博物院新馆奠基，"白山松水的记忆——吉林省历史文化陈列"

进入筹备阶段。2015年12月，吉林省博物院迁入新馆址。2016年4月28日，吉林省博物院在新馆开始试运行，"白山松水的记忆——吉林省历史文化陈列"与观众见面。2017年，根据试运行期间的反馈意见，对"白山松水的记忆——吉林省历史文化陈列"中的部分展品进行调整。

"白山松水的记忆——吉林省历史文化陈列"分为"文明曙光""汉唐古韵""松漠雄风""明清华章"4个部分，生动展现自有人类活动以来吉林省的沧桑历史与变迁，反映边疆各族人民不断交流融合，共同创造中华民族文化的恢宏历史进程。

"文明曙光"展示远古时期、氏族社会时期、青铜文明时代的吉林风貌。约100万年前的王府屯已留下远古人类的遗物，榆树人、安图人化石的发现更加丰富了吉林省古人类历史的内涵。以腰井子、靶山、左家山、西断梁山等遗址为代表，揭示了吉林省新石器时代人类开创文明的艰苦历程。商周至汉初，吉林省是东北地区汇纳中原和周邻各部族文化的重要地区之一。西团山文化、兴城文化、汉书文化则展示了多彩的青铜文化面貌。"汉唐古韵"记载吉林上自西汉、下至隋唐时期的历史。吉林大地有连绵的崇山峻岭和黑土平原，流淌着松花江、鸭绿江、图们江，散布其间的帽儿山、国内城、丸都山城、好太王碑、西古城、八连城、六项山、灵光塔等众多遗址、遗迹，成为吉林历史发展的见证。"松漠雄风"展现宋、辽、金时期吉林大地的风起云涌。宋、辽、金时期，吉林是汉、契丹、女真等各族人民纵横驰骋的舞台，演绎了无数可歌可泣的风云故事。稠密的人口、繁荣的经济以及城市的大量涌现，各民族在这里不断交流融合。春水秋山、城邑墓地和碑碣窖藏，如塔虎城、农安辽塔、大金得胜陀颂碑、完颜希尹家族墓、完颜娄石墓等，共同见证了各族人民的遒劲雄风。"明清华章"书写了明清时期吉林大地的历史传奇。源远流长的先世余韵，历经几百年的沉淀、融合，谱写出悠久绵长的古韵华章。

"白山松水的记忆——吉林省历史文化陈列"围绕各历史时期重点文物，合理采用辅助展品，以相关的图表及文字内容提升展示效果。复原情景、雕塑、绘画、多媒体等多种辅助展品合理安排，还原了吉林先民生产和生活的真实状态。

**吉林省自然博物馆基本陈列"长白林海"** "长白林海"以巍峨壮丽的长白山为背景，以长白山丰富的野生动物资源及其生活环境多样性为主题，运用植物仿真和声、光、电及多媒体技术，展示长白山的自然景观带，令观众产生"一山分四季、十里不同天"的感叹；以特有的开放式展示营造出"游林海、观鸟兽"的独特氛围，使观众认识到长白山野生动物及其生活环境的多样性对维持生态平衡不可或缺的重要作用，唤起人们坚持"人与自然和谐共生"的意识。

长白山是吉林省和欧亚大陆东部最具代表性的自然综合体，在世界上享有"绿色宝库""动物王国"的美誉。1991年，吉林省自然博物馆推出"美丽富饶的长白山"展览，从"旖旎风光""三江之源""浩瀚林海""植物王国""动物乐园"5个方面为观众呈现自然知识和视觉盛宴。这也为之后的"长白林海"基本陈列奠定了基础。

吉林省自然博物馆根据"充分利用吉林省地方资源优势,彰显本馆标本收藏和科学研究特色,追求个性化,体现现代化,打造精品陈列"的新馆工作目标,结合前期调查研究结果,将"长白林海"列为新馆的基本陈列之一。展览从2001年的"内容初步设计构想",历经多次研讨和修改,逐步形成"内容设计大纲""内容设计方案"和可实施的"形式设计方案"。2006年,"长白林海——吉林省自然博物馆基本陈列"进入布展招标和实施阶段。2007年5月1日,布展完成并向公众开放。

"长白林海——吉林省自然博物馆基本陈列"包含"林之韵"和"山之魂"两个展区,展陈面积约2250平方米,展出60余种130余件动物标本和数十种长白山仿真植物。

"林之韵"展区以长白山的垂直分布带为主题,利用从一楼至六楼的楼梯及两侧约300平方米的展陈空间,模拟长白山从山脚到山顶,随海拔增加,气候、土壤、植被及动物等自然条件发生的明显垂直分布变化,呈现出从山脚的温带落叶阔叶林带,逐步到温带针阔混交林带、寒带针叶林带、岳桦林带,最后到达山顶的山地苔原带的不同自然景观带。这一部分主要展示花尾榛鸡、刺猬、雕鸮等10余件动物生态标本和10余幅自然博物馆原创拍摄的长白山野生花卉照片。此外还通过4D超大屏幕投影设备展示长白山天池风光。

"山之魂"展区的展示空间被分割为六楼和五楼两个部分。六楼为半层空间,展陈面积大约450平方米,主要展示长白山岳桦林带和高山苔原带的代表性植被和动物。从六楼展区

通过一座旋转楼梯可到达五楼大约1500平方米的展陈空间。这一空间通过微型景观和数十种长白山仿真植物模拟长白山不同分布带的生态环境,将针叶林景观带和红松阔叶混交林景观带以及低山带湖泊湿地中的代表性植被和动物在同一平面上进行分区域展示。在这一展区中不仅设计了东北虎和野猪水塘争斗、苍鹰捕捉松鼠、猞猁捕捉狍子等场景,还通过3D影片向观众展示大杜鹃巢寄生的生态习性。

"长白林海——吉林省自然博物馆基本陈列"在形式设计上充分利用楼梯、半层等展示空间,设计不同的景观类型,将栩栩如生的长白山代表性动物生态标本放置到仿真的生态环境中,将动物、仿真植被和环境背景有机结合起来,进行开放性展示。观众进入展示空间,仿佛置身于茫茫的长白林海之中,身临其境的体验可以激发观众的参观热情和兴趣,促使观众主动探究长白山动物、植被和生态环境的相关知识以及科学文化内涵,树立"人与自然和谐共生"的理念。

**伪满皇宫博物院基本陈列"从皇帝到公民——爱新觉罗·溥仪的一生"** "从皇帝到公民——爱新觉罗·溥仪的一生"通过展示溥仪从末代帝王转变为新中国公民的人生经历,以小见大地用一个人的故事展示一段历史的变迁,批判专制制度的腐朽没落,深刻揭露日本侵略者操纵伪满洲国傀儡政权对东北人民进行血腥殖民统治的罪行,歌颂中国共产党的博大胸襟和人道主义政策。

"从皇帝到公民——爱新觉罗·溥仪的一生"的前身为1986年建馆初期在伪满宫廷西厢房旧址展出的"从皇帝到公民",展览以溥仪

政治地位和政治立场转变过程中的重大事件为脉络，分为"末代皇帝""伪满皇帝""十年改造""新中国公民"4个部分。

随着社会的发展，展示空间、展览手段以及时代背景等方面的制约日益明显，展览已不能满足观众需求。1995年，将展览内容更改为"末代皇帝""伪满皇帝""囚'龙'""新中国公民"4个部分。2004年，再次改陈，将展览名称更名为"从皇帝到公民——爱新觉罗·溥仪的一生"，并于8月对外开放。改陈后的展览新增"天津寓公"部分，更加着重溥仪这一历史人物的多面性、复杂性，将溥仪的个人命运置身于历史大背景下，折射出中国近代社会转型的不同历史时期和时代背景。

"从皇帝到公民——爱新觉罗溥仪的一生"为大型编年体式历史人物展览，按照溥仪人生阶段划分为5个部分22个单元。展览设于嘉乐殿内，展厅面积680平方米，展线长240米，展出历史照片421张、文物260余件，真实展现了溥仪从清朝末代皇帝、复辟皇帝、伪满傀儡皇帝、战犯到被改造成为新中国公民的传奇经历。第一部分"末代皇帝"，包括"三岁登极""第二次当'皇帝'""宫中教育""紫禁城逊帝""被逐出宫"4个单元，讲述从1908年登极至1911年辛亥革命、1917年张勋复辟至1925年被冯玉祥驱逐出宫，溥仪在紫禁城深宫内高高在上的专制帝王生活。第二部分"天津寓公"，包含"寓居张园""寻求复辟""静园不静""前往东北"4个单元，一方面讲述溥仪醉心于租界繁华，过着开放、奢侈的西式生活；另一方面讲述其始终梦想复辟大清，多方拉拢的种

种政治活动。第三部分"伪满皇帝"，分为"就任执政""出卖东北主权""第三次'登极'""受控关东军""两次访日""支持日本侵略战争""'退位'溃逃"7个单元，讲述溥仪成为"伪满洲国"的傀儡皇帝，在日本关东军操纵下出卖东北主权、支持日本侵略战争，以及协助日本殖民统治者残害东北人民的罪恶。第四单元"特殊战犯"，分为"囚居苏联""抚顺改造""特赦"3个单元，讲述在十年改造中，党和政府各级干部润物无声的耐心细致工作启发溥仪的良知，使其从恐惧怀疑企图蒙混过关到灵魂受到触动，最后低头认罪的过程。第五部分"普通公民"，包括"回到北京""公民生活""政协与文史工作""病逝"4个单元，讲述溥仪被特赦后，在党和政府关怀和帮助下建立幸福家庭，并积极参加人民政协活动，先后在北京植物园和全国政协文史资料研究员岗位上，通过自己的双手和劳动为国家和人民作出了一些贡献。

形式设计方面，根据嘉乐殿遗址的空间特点，讲求写实与写意相结合，巧妙设计不同场景，既体现遗址原状性特点，又使之与展览内容有机结合；以时间为脉络将历史资料、院藏照片、历史照片进行整理编排，将图片展示设为重点，配以简单文字说明进行叙事，提高观众对展览内容的接受度和记忆度。展区内还设置了历史场景还原、幻影成像、历史视频播放等辅助展示手段，以丰富观众游览体验。

**黑龙江省博物馆基本陈列"黑龙江俄侨文化文物展"** "黑龙江俄侨文化文物展"反映20世纪初哈尔滨城市化的进程，以及黑龙江地区多元的移民文化和开放包容的城市精神。

2016年，黑龙江省博物馆完成相关文物征集、内容陈列大纲和形式设计大纲工作，2017年2月进行展厅施工与陈列布展工作。展厅位于黑龙江省博物馆一层展区，即莫斯科商场旧址内，建筑为艾尔诺贝新艺术风格。展览无论在内容上还是形式上都与建筑风格相互辉映，建筑成为展览的重要组成部分。展厅面积为750平方米，布展设计以中东铁路为线索，依次展示"哈埠初成""商场峥嵘""尊师重教""凝固华彩""科研曙光""百花齐放""纸媒风云""日常生活"8个单元。

"黑龙江俄侨文物文化展"遵循"一以贯之"展陈理念，在序厅浮雕墙设计中以抽象方式将铁路穿插于哈尔滨的标志性老建筑中，并塑造中俄设计施工者形象，使观者一目了然铁路带来的中西方文化的交融。

序厅位置的设计是一组时光隧道，隧道内一列由俄国开往哈尔滨的老火车徐徐驶来。序厅和展厅连接处，一条玻璃栈道下的铁路引领观众走入时光隧道重返老哈尔滨，使观众在第一时间感受到中东铁路在文化中的桥梁作用，也使展览自然过渡到后续展厅。

"黑龙江俄侨文物文化展"为国内首个综合介绍黑龙江俄侨文化的实物展览，展出444件／套极具特色的文物藏品。"科研曙光"单元中展示东省文物研究会时期收集的各类标本，让观众直观看到该研究组织对哈尔滨乃至整个黑龙江科研所作出的贡献与推动作用。"纸媒风云"单元通过实物和多媒体手段展示大量俄文历史文献。数量庞大的文献资料真实反映历史，让展览更具立体性和震撼性。"日常生活"单元展出老熨斗、净水器、缝纫机等贴近生活的老物件，勾起到此参观的老俄侨和老哈尔滨人的无限回忆。

展览具有3个特点：一是文化符号与展陈主题的融合。如"凝固华彩"单元积极运用冰雪符号和老建筑符号；"百花齐放"单元将芭蕾符号运用在舞台场景中；"纸媒风云"单元将俄文老报符号装饰于展厅灯箱之上，勾勒老哈尔滨出版业的繁华景象。二是文物与情景设计的融合。如"日常生活"单元原汁原味复原俄侨的客厅、厨房和卧室场景。三是展出内容与科技手段融合。如"纸媒风云"单元的触摸屏内展示俄文期刊、俄文报纸、俄文图书三大类近百本从未面世的俄文文献资料扫描件；"凝固华彩"单元的投影区分别展示保存完好的老建筑——黑龙江省博物馆和已消失的尼古拉教堂的三维动画片；"日常生活"单元设计有"新老街名互动体验区"，展示哈尔滨建埠之初的老城区地图与哈尔滨新城区地图。

**东北烈士纪念馆基本陈列"黑土英魂——东北抗日战争时期烈士事迹陈列"** "黑土英魂——东北抗日战争时期烈士事迹陈列"全面展示东北抗日战争时期烈士们的英雄事迹。

1948年10月10日，东北烈士纪念馆建成开馆，建馆伊始的陈列分为东北抗日战争和解放战争时期烈士事迹陈列，即包括抗日战争馆和解放战争馆。随着馆藏文物史料的不断丰富和认识的提升，东北烈士纪念馆基本陈列的内容和形式不断充实提高。截至2017年底，在建馆初期陈列基础上共进行6次较大规模的更新。

1952年，为迎接出席在北京召开的"亚洲及太平洋区域和平会议"的代表参观，对基本陈列从内容和形式上进行第一次大的调整。增加党领导东北人民革命斗争历史背景，突出展示烈士事迹，既反映当时的艰苦斗争，又表现烈士的革命乐观主义精神。此外增加了一些党的文献和毛主席语录，增设党的领导陈列室和日、美、蒋罪行附设陈列室。1957年3月，扩大至11个陈列室，其中抗日战争部分5室，解放战争部分4室，党的领导1室，日、美、蒋罪行1室。

1958年，为纪念建馆10周年，对抗日战争馆进行较大更新，补充陈列新征集的一批文物，实现历史背景和烈士事迹相互结合，以展示烈士事迹为主。

1961年，进行一次全面更新陈列，是在贯彻中央提出的"以全国为纲，突出地方"的基本原则，学习中国革命博物馆、中国人民革命军事博物馆建设经验，准备向革命博物馆过渡的思想指导下进行的。抗日战争馆分为"九一八事变""中国共产党领导人民进行反侵略斗争""东北抗日游击队的建立""东北抗日游击根据地的建立""中国共产党为建立抗日民族统一战线而斗争""中国共产党为实现全面总抗战而斗争""东北抗日联军配合全国总抗战""坚持持久抗战""日寇在东北法西斯统治的加剧""艰苦斗争和整风学习""中国共产党第七次全国代表大会""中国人民抗日战争最后胜利"12组。共展示57位烈士的事迹。

1977年冬，复馆更新陈列，总结经验教训，清除极"左"路线对陈列展览工作影响。在内容上贯彻实事求是原则，正确处理个人和历史、个人和群众、个人活动和党的领导等关系，努力做到真实、形象反映历史和烈士革命

事迹。陈列内容按历史发展阶段分为"发动群众，创立抗日武装""建立统一战线，组成抗日联军""艰苦奋斗，配合全国抗战""坚持抗战，争取最后胜利"4个单元。抗日战争馆展示124位烈士的事迹，其中罗登贤、杨靖宇、赵尚志、赵一曼、魏拯民、陈翰章、李兆麟等7位烈士和"八女投江""十二烈士"两组英雄集体的事迹为陈列重点。复馆陈列于1978年清明节完成开放。

1995年，在纪念世界反法西斯战争胜利50周年暨中国人民抗日战争胜利50周年之际，对东北抗日战争时期烈士事迹陈列再度更新。陈列内容分"抗日怒潮""地下风火""血染沙场""黑土英魂"4个部分。此次更新不仅突出中国共产党对东北抗日斗争的领导和影响，还较大幅度增加了义勇军、东北军的重要烈士事迹，适当补充朝鲜烈士和各党派烈士事迹，并着意反映人民群众对抗日斗争的支援。在陈列形式上力求以简洁明快的手法反映陈列内容。

2005年8月15日，在全国隆重纪念抗战胜利60周年之际，东北烈士纪念馆进行第6次基本陈列更新，推出"黑土英魂——东北抗日战争时期烈士事迹陈列"。这次更新陈列立足世界反法西斯战争必胜的历史高度，以1931年九一八事变至1945年抗战胜利，东北人民抗击日本侵略14年的历史为主线，集中展示在民族危亡之时，有血性的华夏儿女从自发到有组织抗击侵略者的不朽业绩，讴歌中华儿女为民族独立和解放、为世界和平而战的牺牲精神。陈列分"民族危亡时刻""创建人民抗日武装""夜幕下的抗日斗争""东北抗日武装的脊梁""抗日战争的最后胜利"5个部分。展示

265位烈士的事迹以及619位烈士名录，配以照片478张、图表10张、景观8处、艺术品66件。

**铁人王进喜纪念馆基本陈列"铁人王进喜生平业绩陈列"** "铁人王进喜生平业绩陈列"以"爱国、创业、求实、奉献——石油魂"为主题，采用编年、专题相结合方式，以现代科技展览手段，全方位、多侧面、立体化塑造王进喜的英雄形象。

"铁人王进喜生平业绩陈列"展出面积4790平方米，展线长917延长米。展览包括9个部分，分布在4个展厅，展出文物943件、文照48件、文献184件，全面翔实展示了王进喜的生平业绩及体现的大庆精神、铁人精神。

展览序厅"石油魂"，反映以王进喜为代表的大庆石油会战英雄头顶蓝天、脚踏荒原、满怀爱国豪情，在沸腾的石油大会战中走来的群体形象。第一部分"历经苦难，倔强不屈，靠自信和勇敢与黑暗旧社会抗争"，简称"不屈的童年"，以沉重的低灰色调，截取王进喜童年生活的几个典型片段，形象化、艺术化表现王进喜在童年时代的苦难经历和与旧社会抗争的不屈精神。第二部分"翻身解放，当家做主，一腔赤诚报效社会主义祖国"，简称"赤诚报国"，主要展示王进喜成为中华人民共和国第一代钻井工人、加入中国共产党，以主人翁的姿态忘我劳动，报答党的恩情，并光荣出席全国群英会和全国工交群英会。第三部分"为国分忧，发奋图强，在艰苦的石油大会战中当先锋"，简称"艰苦创业"，是整个展览的"重中之重"，分一条主线一条副线，主线是王进喜在艰苦卓绝的石油大会战中的英雄事迹，副线为大庆石油发展历史，形象、生动、宏观地再现了以王进喜为代表的会战职工克服极端困难，义无反顾地投入史无前例、气壮山河的石油大会战中。第四部分"求真务实，实事求是，坚持冲天干劲与科学态度相结合"，简称"科学求实"，主要展示王进喜识字搬山、苦练过硬技术本领，坚持革新、刻苦钻研的科学求实形象。第五部分"艰苦奋斗，无悔奉献，甘愿为人民当一辈子老黄牛"，简称"无悔奉献"，主要展示王进喜功高不自傲、位高不自居，始终保持谦虚谨慎作风，对工人和家属关怀备至，而对自己和家人却严格要求，一辈子甘当党和人民的"老黄牛"。第六部分"放眼未来，鞠躬尽瘁，为发展祖国石油工业奋斗终生"，简称"鞠躬尽瘁"，主要展示王进喜在残酷的迫害面前铁骨铮铮、坚贞不屈，在油田生产形势恶化的危难关头，坚决与错误思想斗争，表现出鲜明的党性原则，发挥了党的先锋战士作用，为党、为人民呕心沥血。第七部分"英灵千古，精神永存，铁人精神永远激励我们前进"，简称"精神永存"，主要展示在铁人精神鼓舞激励下，大庆石油人自力更生、艰苦奋斗，在一片荒原上创造了世人瞩目的辉煌成就。尾厅"永远的铁人"，汉白玉旗帜浮雕造型以大庆现代油城为背景，镶嵌王进喜要"快快地发展我国的石油工业"的誓言，体现王进喜的毕生追求。

铁人王进喜纪念馆作为全国第一座工人纪念馆，遵循革命性纪念馆布展陈列规律，坚持以人为本，突出英雄人物和铁人精神主题，按照编年与专题相结合体例，运用现代展陈手段，专题突出，脉络鲜明，内容丰富；做到了建筑与布展有机结合，馆内与馆外遥相呼应，实现了事迹陈列与精神升华的完美相融；体现了传统与现代、人文与自然、艺术与科技、内容与形式的统一，塑造王进喜的英雄形象，讴歌铁人功绩、弘扬铁人精神、传承铁人文化，着力发挥了纪念、展示、教育、保藏和研究功能。

**瑷珲历史陈列馆基本陈列"瑷珲历史陈列"** "瑷珲历史陈列"采用编年与专题相结合的体例，利用黑龙江沿岸地区出土的文物和征集的文物资料，从经济、政治、文化等方面，展示黑龙江由中国内河成为中俄两国界河、瑷珲城由繁盛至衰败的历史变迁。

1975年建馆时，展览内容分为"黑龙江流域自古以来就是中国的领土""祖国边疆的历史名城'瑷珲'""各族人民对瑷珲的辛勤开发""瑷珲人民抗俄斗争史"4个部分。

1979年，瑷珲历史陈列馆对展览内容进行整体调整，改为"黑龙江流域自古以来就是中国的领土""瑷珲古城的历史沿革""各族人民对黑龙江流域的开发建设""瑷珲人民英勇壮烈的抗俄斗争"4个部分。1981年夏，新展对外开放，展出文物502件和图表、照片、资料等。

2002年新馆落成后，基本陈列调整为"黑龙江——中国北方民族的母亲河""十七世纪中叶的中国黑龙江流域和中俄《尼布楚条约》""十七世纪末至十九世纪中叶的中国黑龙江流域""十九世纪下半叶的中国黑龙江流域和中俄《瑷珲条约》""庚子俄难和重建瑷珲"5个部分。

第一部分"黑龙江——中国北方民族的母亲河"分3个展览单元：第一单元"美丽富饶的黑龙江流域"，介绍黑龙江的自然风光、地理环境、民族分布等情况；第二单元"黑龙江流域的古代文化"，介绍黑龙江流域的古代文化及其创造者，与中原地区有着千丝万缕、密不可分的联系；第三单元"中国历代政府对黑龙江流域的管辖"，介绍从唐朝开始，中国历代政府对黑龙江流域的管辖措施。第二部分"十七世纪中叶的中国黑龙江流域和中俄《尼布楚条约》"分4个单元：第一单元"十七世纪中叶及其后的黑龙江流域各民族"，介绍17世纪中叶清政府管辖下黑龙江流域各民族；第二单元"黑龙江流域各族人民的灾难"，介绍1643年俄国哥萨克武装陆续侵入黑龙江，给当地各族人民带来巨大灾难，清政府多次派出军队和当地各族一起驱逐外敌、捍卫疆土；第三单元"中俄雅克萨战争"，介绍俄军两次入侵雅克萨城，清政府在多年交涉无效情况下不得不以武力捍卫主权和领土完整；第四单元"中俄尼布楚谈判和《尼布楚条约》"，介绍中俄两国在尼布楚签订中俄历史上第一个边界条约。第三部分"十七世纪末至十九世纪中叶的中国黑龙江流域"分两个单元：第一单元"清政府对黑龙江以北、乌苏里江以东领土管理的加强"，介绍中俄《尼布楚条约》签订后，清政府采取多种有力措施加强对外兴安岭以南、黑龙江以北和乌苏里江以东大片领土的管理；第二单元"瑷珲——黑龙江将军和副都统驻地"，介绍《尼布楚条约》签订后，驻瑷珲的黑龙江将军和副都统担负起镇守外兴安岭以南、黑龙江中上游两岸国土的重责，瑷珲发展成为黑龙江中上游地区的政治、经济、文化中心。第四部分"十九世纪下半叶的中国黑龙江流域和中俄《瑷珲条约》"分两个单元：

第一单元"俄国武装船队侵入中国内河黑龙江",介绍《尼布楚条约》签订后,俄国加速对黑龙江的武装占领;第二单元"俄国武力逼签《瑷珲条约》",介绍清咸丰八年(1858年)中俄签订《瑷珲条约》,俄国强占中国黑龙江以北60余万平方千米的土地,并将乌苏里江以东至海的40余万平方千米土地定为中俄"共管"。第五部分"庚子俄难和重建瑷珲"分3个单元:第一单元"黑龙江两岸的中俄边境贸易",介绍俄人移民黑龙江左岸之初,物资匮乏,为生存需要而强行与中国居民互市贸易;第二单元"'热尔图加共和国'和漠河金矿",介绍《瑷珲条约》签订后,俄国越界掠夺黑龙江中上游地区中国一侧的黄金资源,在中国漠河地区建立"热尔图加共和国",清政府驱逐盗采者后派李金镛重办漠河金矿,以兴利实边;第三单元"江东六十四屯问题",介绍江东六十四屯地区的地理分布、历史归属、俄国侵占等情况;第四单元"'庚子俄难'瑷珲被毁",介绍1900年俄国在参加八国联军进攻京津、镇压义和团的同时,又以保护中东铁路为名单独出兵中国东北,制造举世震惊的"黑龙江上的悲剧",并将古城瑷珲夷为废墟;第五单元"收复失地 重建瑷珲",介绍1907年俄国军队撤回,瑷珲得以收复并重建。

形式设计方面,序厅以象征血与火的红色断裂带为背景,展示《尼布楚条约》《瑷珲条约》《北京条约》签订和"庚子俄难"发生的时间;展陈中辅以签订《尼布楚条约》《瑷珲条约》的大型复原场景、《海兰泡惨案》半景画、"瑷珲被毁"开放式复原场景等,使陈列更具感染力、影响力、震撼力,观众能够更为深刻地感受历史、铭记历史。

**大庆市博物馆基本陈列"东北第四纪哺乳动物"** "东北第四纪哺乳动物"陈列由大庆市文化广电和旅游局主办,大庆市博物馆承办。展览位于大庆市博物馆二层展厅,展出面积3400平方米,展出文物(标本)816件。

2010年5月,开始策划展览。2011年11月,展览面向社会开放。展览分"神奇的长毛巨兽""丰富的动物种群""繁盛的草原大军""不懈的探索研究"4个单元,重点展示第四纪哺乳动物的分类叙述与进化比对、国际国内对第四纪的发现研究、大庆博物馆对第四纪化石的收藏保护、第四纪与人类的关系等内容,展示大量珍贵的第四纪哺乳动物化石,揭示东北第四纪猛犸象——披毛犀动物群的起源、演化、分类特性和繁衍生息的历程,用多媒体等形式逼真营造出远古第四纪动植物及人类的生态变化。

展览充分发挥馆藏及科研优势,选用800余件化石精品和动物标本,有中国发现最完整的猛犸象化石和体型最高的猛犸象化石,也有国内仅见的狼化石骨架;配合科普教育,选取7件从幼年至老年的猛犸象下颌骨化石做对比展示。展览深刻挖掘猛犸象、披毛犀第四纪动物群特点,彰显动物群的庞大气势和共融关系,探索和反思动物灭绝的原因,诠释东北第四纪哺乳动物化石这份珍贵遗产的研究价值和展示价值,打造出独具地域特色的自然科普陈列。

大庆市博物馆以打造化石版的"东北第四纪自然史"为建设方向,展品构建的生动场景是全馆的视觉中心,也是最朴实、最具说服力的陈列语言。围绕展示主题,展览调动多种手段，打造猛犸象群、东北野牛群迁徙两个大场景，12架猛犸象群浩浩荡荡、气势雄伟，昂首领先的两具镇馆之宝——真猛犸象化石王者之风尽现；50具野牛化石狂奔而来，组成气势庞大的"沸腾牛群"，给人带来极度震撼的视觉冲击力；105个野牛头骨整齐排列，和自然奔放的野牛群形成强烈的对比。

在化石骨架的陈列设计上，利用化石组成生态场景，提升参观兴趣。对每一具化石设计不同姿态，营造立体的、整体感很强的化石陈列方式，使冰冷沉重的化石骨骼焕发出灵气。

展览以深灰色为主基调，在通畅的参观线路上合理错位分布展柜和景箱，以舒缓观众的视觉疲劳。展墙用略带素描感的图片与文字印刷于皮革之上，力图追求古朴、素雅的艺术风格，留给观众无尽遐想。

上海博物馆基本陈列"中国古代青铜馆"　"中国古代青铜馆"基本陈列主要反映从夏代晚期至战国时期青铜器艺术发生、发展的历程。

"中国青铜器陈列"于1972年11月开始筹备，陈列目的为阐明"奴隶们创造历史"这一基本观点，介绍商、西周、春秋、战国（包括秦汉至隋唐的衰退期）的青铜工艺发展阶段，介绍中国古代各民族文化融合的历史趋势实例，向观众和外宾宣传中华人民共和国成立以来青铜文化考古中取得的重要成就。1973年2月，"中国青铜器陈列"在河南南路16号一楼展出。陈列分为4个板块：第一板块"中国青铜工艺产生的历史背景"，下设"奴隶社会的阶级关系""奴隶社会的经济发展""文化繁荣"等部分。第二板块"中国

青铜器的铸造技术"，下设"铸造青铜器的合金比例""用陶范法铸造青铜器""青铜器铸造技术的新发展"等部分。第三板块"中国青铜器工艺发展各阶段"，下设"育成期青铜器（商代早中期）""鼎盛期青铜器（商代晚期—西周早期）""转变期青铜器（西周中晚期—春秋早期）""更新期青铜器（春秋晚期—战国）""青铜工艺的衰弱期（秦汉—唐）"等部分。第四板块"中国古代少数民族青铜工艺"，下设"越族青铜工艺""巴族青铜工艺""匈奴族青铜工艺""滇族青铜工艺""西南少数民族的铜鼓"等部分。展馆面积900平方米，展出各类藏品784件。展览主要以自然光照明为主。

1974年10月，对"中国青铜器陈列"进行修改，主要将第一板块改为"中国青铜器时代的社会概况"，下设"奴隶制社会的阶级关系""奴隶制时代的社会经济情况""奴隶制社会的政治制度""奴隶制社会的阶级压迫和阶级斗争"等部分。1975年5月对外展出。

1981年4月，开始调整"中国青铜器陈列"，主要是修改极"左"内容，另外在"中国青铜器工艺发展各阶段"板块中增加"初始期青铜器（夏代）"部分。1982年3月对外展出。

1985年，决定对"中国青铜器陈列"进行改陈，要求陈列体系要体现科学性、展品内容要具有观赏性、形式设计要突出先进性。陈列体系以中国青铜艺术发展史为线索，按青铜工艺发展过程中的阶段性特点分为5个时期，在每一时期内以器类排列。展品挑选以能充分表现不同时期青铜工艺特点为宗旨，以各时期中最具代表性的器形、纹饰以及铭文重要、铸造

精致的青铜器为主，让展品反映出中国青铜工艺的发展，让展品表现出中国青铜艺术的辉煌灿烂。陈列设计方面，展厅气氛符合青铜时代特点，展品突出重点，灯光设计表现出展品的细部。1986年10月，"中国青铜器陈列"完成从内容到形式的现代化改建。新的陈列在墨绿色的壁墙环境中，全封闭、人工采光方式使展柜中的展品明亮清晰，代表了20世纪80年代中国博物馆展览陈列设计的先进水平。

1995年12月，上海博物馆新馆在人民广场建成试开放，"中国青铜器陈列"更名为"中国古代青铜馆"，在内容设计上体现最新考古发现和科研成果，整个陈列更精细、更科学。展厅位于一楼，面积1376平方米，展品485件。陈列分为7个部分：第一部分"萌生期青铜器（夏代）"，展品5件，代表性展品有束腰爵、管流爵。第二部分"育成期青铜器（商代早、中期）"，展品18件，代表性展品有兽面纹斝。第三部分"鼎盛期青铜器（商代晚期—西周早期）"，展品90件，代表性展品有戉箙卣、鄂叔簋、龙纹扁足鼎、甲簋、四羊首瓿、小臣单觯、鲁侯尊、德方鼎、厚趠方鼎等。第四部分"转变期青铜器（西周中、晚期—春秋早期）"，展品72件，代表性展品有大克鼎、倗生簋、龙纹大钟、师遽方彝、效卣、趞曹鼎、齐侯匜、梁其钟、晋侯稣编钟等。第五部分"更新期青铜器（春秋中、晚期—战国）"，展品58件，代表性展品有牺尊、宴乐画像杯、邵王簋、镶嵌狩猎纹豆、邵钟等。第六部分"边远地区的青铜艺术"，展品84件，代表性展品有龙耳尊、镶嵌棘刺纹尊、八牛贮贝器、五牛枕、越王州句剑、兽面

纹戈、虎形饰、蛙饰大鼓等。第七部分"中国青铜器的冶铸技术"，展品158件。

形式设计方面，"中国古代青铜馆"以稳重的墨绿色为主调，橱柜则刻意腐蚀出旧木材的质感，以突显青铜文化特有的凝重肃穆；400余件藏品陈列在300米长的展线上，利用壁橱和中心柜的组合形成10个不同空间，从而打破单一沉闷的空间模式，使观众能在参观时始终保持新鲜感。

**中国共产党第一次全国代表大会会址纪念馆基本陈列"伟大开端——中国共产党创建历史陈列"** "伟大开端——中国共产党创建历史陈列"于2016年7月开放，主要展示中国共产党创建的历史，时间跨度从1840年到1922年，其前身是中共一大会址纪念馆1999年开放的"中国共产党创建历史文物陈列"。

1999年的"中国共产党创建历史文物陈列"，分为"中国共产党的成立是中国近代历史发展的必然结果""中国共产党的成立是马克思列宁主义与中国工人运动相结合的产物""中国共产党的成立是开天辟地的大事变"3个部分，以珍贵的文物和图片串联起中国共产党创建的历史。

2016年6月，中共一大会址纪念馆改扩建工程竣工。7月1日，中共一大会址纪念馆完成"伟大开端——中国共产党创建历史陈列"布展工作并正式对外开放。展览空间分布在一楼和二楼两个展厅，展陈面积998平方米。展览以叙事性手法推进，内容较原陈列进行了成倍扩容，始于标志中国近代史开端的鸦片战争，一直推进到中共二大，展品278件。

"伟大开端——中国共产党创建历史陈

列"分为5个部分8个单元，对建党历史进行了通史性梳理。序厅由青铜浮雕"起点"、巨型党旗、党徽组成。第一部分"前赴后继 救亡图存"分两个单元：第一单元"中国逐步演变为半殖民地半封建社会"，介绍自1840年鸦片战争以来，中国开始遭受西方列强的大肆侵略和掠夺，逐步演变为半殖民地半封建社会，人民日益贫困，中华民族陷入严重的民族危机；第二单元"探寻救亡图存的道路"，介绍为了挽救国家和民族的危亡，中国人民进行的英勇抗争和艰苦探索，这些斗争和探索虽然在一定程度上推动了中国社会的进步，但都未能改变中国的社会性质和人民的悲惨命运。第二部分"风云际会 相约建党"分3个单元：第一单元"五四运动与马克思主义的传播"，介绍新文化运动掀起了思想解放的浪潮，在俄国十月革命的影响下，陈独秀、李大钊等一批先进知识分子经过五四运动的洗礼，从纷然杂陈的各种观点和学说中毅然选择了马克思主义；第二单元"建党前夕的上海社会 共产国际的推动"，介绍了近代上海作为中共成立之地的有利条件，以及俄共（布）和共产国际推动中国共产党成立开展的工作；第三单元"共产党早期组织的建立"，介绍在共产国际的关注和推动下，在陈独秀、李大钊等人的领导下，上海、北京等地相继组建共产党早期组织，开展革命活动。第三部分"群英汇聚 开天辟地"分3个单元：第一单元"中国共产党第一次全国代表大会代表"，介绍了参加中国共产党第一次全国代表大会的13位代表与两位共产国际代表的生平；第二单元"中国共产党第一次全国代表

大会召开"，介绍了中国共产党第一次全国代表大会的会期、会议日程以及会议取得的重要成果；第三单元"中国共产党成立初期的活动"，介绍了中国共产党成立后，中央局领导各地党组织开展的各项工作。尾厅包括六大圣地浮雕、毛泽东题词、缅怀墙，以及视频"追梦"。整个展览紧扣中国共产党创建历史的主题，萃取学界新的研究成果，充分挖掘馆藏文物，突出重点，详略得当，内容翔实，可看性强。

形式设计做到了创新性与实用性的统一，根据叙事性展览的特点对文物与图片进行合理布局，充分利用展陈空间，设计多样的重点展项以辅助重点内容的表现。展览使用青铜浮雕、置景、半景画、沙盘、铜版画、多媒体、油画、白铜群雕等丰富的形式和手段，将艺术品与多媒体结合，创新表现手法，全景式展现了中国共产党创建的历史背景、历史进程以及重要成果，具有较强的观赏性。

**上海鲁迅纪念馆"人之子——鲁迅生平陈列"** "人之子——鲁迅生平陈列"于2011年9月23日改建完成开放。展厅面积1020平方米，展品1152件／套。

上海鲁迅纪念馆基本陈列于1951年首次在上海大陆新村10号开放，介绍鲁迅生平与业绩。1956年，上海鲁迅纪念馆新馆在上海虹口公园落成，新的基本陈列也随之布置于内，依然以鲁迅生平时间为序，从4个时间段分别进行叙述，即1881～1906年、1906～1918年、1918～1927年、1927～1936年。之后40余年中，基本陈列"五年一小改，十年一大改"，经数次修改、更新和完善。1999年，新馆改扩

建工程完成，基本陈列"鲁迅生平陈列"以崭新面貌呈现，以专题式陈列展现鲁迅人生轨迹，弘扬鲁迅精神，力求再现"民族魂"思想历程。展览分为5个部分：第一部分"新文学开山——文学成就"，第二部分"新人造就者——培养青年"，第三部分"文化播火人——致力中外文化交流"，第四部分"精神界战士——战取光明"，第五部分"华夏民族魂——深远的影响"。

2010年起，吸收鲁迅研究新成果，融入世博新理念，对基本陈列进行改建，2011年完成，定名为"人之子——鲁迅生平陈列"。展览以"立人"为主题，通过民族生存、文学活动、文化活动、社会政治活动、逝世及影响等专题，突显鲁迅作为"人之子"的伟大，也展现鲁迅作为普通人的一面。

该陈列除序厅外分为6个部分，展现鲁迅的一生和其精神世界：第一部分"生命的路"，第二部分"首在立人"，第三部分"画出国人的魂灵"，第四部分"保存者、开拓者、建设者"，第五部分"精神界之战士"，第六部分"人之子"。

序厅采用高浮雕的"呐喊""彷徨"，集中展示鲁迅的文学成就和精神特质，并与室外五色草制作的鲁迅面容植物雕塑互相映衬呼应。各展区采用浮雕、蜡像组雕、多媒体投影、互动游戏、沙画等多种展陈手段。对展陈手段进行创新，如在国内率先使用阴雕技术，利用阴雕的光影效果，仿佛鲁迅的双眼在注视观众，栩栩如生；引进世博新理念，设计三维立体投影；以鲁迅笔下人物组合成鲁迅头像的大面积弧形墙和有刻刀痕迹的木刻墙，增强视

觉冲击力。根据人体工程学原理，错落有致地设置摆放展板和展柜，以达到最佳视觉观赏效果。充分利用顶面、地面的空间，根据内容演绎的需要选择辅助展示手段，如用倾斜墙面制造压迫感，用镜面拓展视觉空间。

展品以纸质文物为主，根据展示内容，充分考虑展品的几何尺寸、材质、展陈要求，以通柜、坡柜、壁龛柜的柜内展示形式为基础，结合柜外立面多角度支架展具的辅助展示手段，打造立体多视角的参观体验。在展柜造型与开启结构设计上打破传统模式，利用展厅空间，全部采用正面开启方式。围绕"纸质有衬，实物有托"的设计思想，为展品量身定制包布积木、托架展架、镜框装裱等辅助展具，结合各立面的展示内容及空间环境设计，采用层次丰富、高低错落的摆放布局。同时，运用多媒体展示手段渲染重点展示内容，丰富展示形式，增加观众参观体验，增强陈列的趣味性和互动性。

**上海自然博物馆基本陈列"自然·人·和谐"** "自然·人·和谐"基本陈列的前身是20世纪60年代开放的上海自然博物馆老馆基本陈列。

自1960年1月上海自然博物馆动物分馆向社会开放，至1984年9月"古动物史""从猿到人"古尸陈列室、植物陈列馆相继对外开放，上海自然博物馆基本陈列展览全部就绪，内容包括动物学、古生物学、人类学和植物学4个方面，分设两个地点。一处是位于延安东路260号馆本部的基本陈列，包括"古动物史""古人类史""中国历代古尸"3个陈列厅以及动物学分馆的"无脊椎动物""鱼

类""两栖动物""爬行动物""鸟类""哺乳动物"6个陈列厅。其中"古动物史"陈列展品180件;"古人类史"陈列厅经几年调整改陈,于1993年1月5日再次对外开放,展品370件。另一处是位于上海植物园内的植物进化陈列厅,面积2200余平方米,展品323件,从原始菌藻类、苔藓、蕨类植物到最高等的种子植物,展示植物通过遗传变异、自然选择,从水生到陆生、从简单到复杂、从低等到高等的进化过程。

2015年,上海自然博物馆新馆建成对外开放,基本陈列以"自然·人·和谐"为主题,通过"演化的乐章""生命的画卷""文明的史诗"三大主线,呈现"起源之谜""生命长河""演化之道""大地探珍""缤纷生命""生态万象""生存智慧""人地之缘""上海故事""未来之路"等10个常设展区,面积16050平方米。常设展区展品展项4400余项,陈列来自七大洲的11000余件标本模型,其中珍稀物种标本近千件。

上海自然博物馆的展示内容和形式注重经典与前沿并重、科学与艺术融合、国际与本土兼顾,综合运用标本、模型、多媒体、视频、封闭式景箱、开放式场景、步入式剧场、动态演示装置等多元化的展示手段,寻求创新与突破。其中,由60余万片不规则马赛克镶嵌块组合成的壁画长廊,浓缩自然精彩片段;近1500平方米的步入式复原场景,逼真再现生机勃勃的"非洲大草原";"跨越时空的聚会"大型标本阵列,汇聚古今中外200余位动植物明星;"逃出白垩纪"等5个沉浸式剧场,再现演化史上的大事件;300部纪录片风格的微电影,让人们用心贴近自然之美;"自然之窗"等26组复原生态景箱,致敬自然博物馆的经典展陈;400个视觉媒体和1套网上博物馆系统,满足自媒体时代公众需求;1500组科学绘画,直观展现艺术与科学的结合;300平方米的活体养殖区,可零距离触摸自然;1200平方米的"探索中心",构筑观察发现、动手实验、对话探讨的教育活动乐园;细胞墙"自然史诗"多媒体秀,打造集科技、人文于一体的绚丽视听盛宴。

### 南京博物院基本陈列"南都繁会·苏韵流芳"

"南都繁会·苏韵流芳"是南京博物院二期工程基本陈列,主要展示江苏地区的历史文明,时间跨度从远古时期至民国时期,其前身是南京博物院1961年开放的"江苏历史陈列"。

"江苏历史陈列"利用江苏出土和征集的文物资料,从经济、政治、文化等方面反映江苏历史文化。1971年,"江苏历史陈列"改陈。1972年,改陈后的展览对外开放,以历史发展阶段为主要脉络,分"原始社会""奴隶社会""封建社会""半殖民地半封建社会"4个部分。1989年,改陈推出新的基本陈列"长江下游五千年文明",分为"历史的创造者""古代文明之光""向近代文明过渡"3个部分。

2013年11月,南京博物院二期改扩建工程竣工,南京博物院完成"南都繁会·苏韵流芳"布展工作并对外开放。

"南都繁会·苏韵流芳"包括"江苏古代文明"和"民国风情展"两个部分,分布在两个展厅,展陈面积11000余平方米,展览内容始于历史馆的"江苏古代文明",结束于民国馆的"民国风情展",展出文物1.5万余件/套,诠释了江苏地域从古代文明到民国时期历史、艺术、文化的整体性与多样性。第一部分"江苏古代文明"包括7个单元：第一单元"天地造化 史前神韵"，介绍江苏旧石器时代、新石器时代遗址以及古城（国）的诞生；第二单元"列国风云 吴越春秋"，介绍夏商周至春秋时期，江苏方国林立、吴越争霸的历史进程和文化遗存；第三单元"郡国华章 汉家故里"，以江苏发现的两汉时期诸侯王陵反映当时社会的政治、经济、文化面貌；第四单元"江东风流 六代迭兴"，介绍以南京为都的三国吴、东晋、宋、齐、梁、陈等六朝文明；第五单元"东南都会 隋唐华彩"，介绍隋唐时期江苏空前繁荣的经济社会和兼容并蓄的文化空间；第六单元"江淮多姿 宋元气象"，讲述宋元时期全国经济重心南移后江苏的手工业经济和社会市井生活；第七单元"盛世江南 明清辉煌"，表现江苏经济发达、文化鼎兴的"盛世江南"景象。第二部分为第八单元"民国风情"，通过场景复原和互动体验再现民国历史文化街区，其陈设、匾额、器具等皆为征集的民国文物，从整体到细节体现民国特性，杂货店、银行、邮局、书店、南北货店、照相馆、火车站、老爷车、黄包车等复原再现了当时南京市民的生活状态。

形式设计方面，通过对江苏的历史和人文风貌进行通史性梳理，在展现时代特征的同时营造古代艺术殿堂。根据藏品丰富的特点，在展线相关区域设置5个标本室，室内四面墙上摆放上千件文物标本，视觉效果震撼。

**苏州博物馆基本陈列** 苏州博物馆基本陈列位于苏州博物馆新馆一层、二层，总展陈面积约1900平方米，展出文物466件／套。展览在内容设计上考虑吴文化特色与馆藏文物特色，设立4个富有苏州地方特色的常设主题展览，分别是"吴地遗珍""吴塔国宝""吴中风雅""吴门书画"。

"吴地遗珍"主要是展示苏州历史的考古出土文物展。展览截取苏州历史的4个精彩片段以及最具代表性的墓葬，设置4间展室。第一展室"晨光熹微"，介绍距今约5000年的新石器时期良渚文化。挑选陶器从艺术角度出发，注重原始刻划、彩绘、造型艺术等方面；挑选玉器则从原始宗教艺术出发，注重祭祀功能。第二展室"争伯春秋"，介绍吴国的青铜兵器、玉器及精湛的青铜礼器。展示的重要文物有真山吴王墓、严山窖藏的吴国王室玉器，虎丘东周墓的提梁盉、鼎和何山东周墓的楚途盉等。第三展室"锦绣江南"，介绍六朝时期苏州地区的开发，展示的文物有苏州平门城墙、黑松林、狮子山、何山等六朝墓出土的青瓷等。第四展室"都会流韵"，展示元末张士诚母曹氏墓及明晚期王锡爵墓中出土的冠服、首饰、佩饰、刺绣、明器家具、生活用具等。

"吴塔国宝"展示苏州两座标志性佛塔内珍藏的佛教文物。尤其以虎丘塔发现的五代越窑秘色瓷莲花碗和瑞光塔发现的北宋真珠舍利宝幢，代表当时高超的制瓷以及雕刻、镶嵌、漆工、金银细工等技术水平。

"吴门书画"在学术研究基础上，以主题展示明中叶以来盛极一时的"吴门画派""吴门书家"及其传承的书画作品，这也正是馆藏书画的精髓及画旨所在。以沈周、文徵明、唐寅、仇英四位书画家为代表的"明四家"，既是领挈一代风气的艺术巨匠，也是体现苏州文化精神的标志性人物。

"吴中风雅"主要展示明清工艺类文物，尤其是苏州独擅的工艺瑰宝。陈列分布在8个大小不一的展室，分别是"书斋长物"（明书斋陈设）、"攻玉巧技"（玉器）、"雕镂神工"（竹木牙角器）、"陶冶之珍"（瓷器）、"闲情偶寄"（赏玩杂件）、"迎神纳财"（民俗小摆设）、"锦绣浮生"（织绣服饰）、"草堂墨戏"（宋斋陈设），真实而直观地展示古城苏州最具影响力、最具人文内涵的城市文明及文人文化。

在形式设计方面，每个展厅都根据展品特点量身定做，在展示方式上各有千秋。"吴地遗珍"系列以质朴、凝重为特色，在展厅的色调上采用与泥土颜色接近的土黄色系。"吴塔国宝"建筑体是八角形的仿砖塔结构，主次分明，充溢圣洁的宗教情怀。"吴门书画"展厅设在二楼，是两个对称的八角形空间，巧用九宫格，中间贯通，展厅顶部为玻璃天顶，展厅内部简洁、通透。"吴中风雅"展厅不采用大开间，而是根据藏品情况进行分割。此外，每个展厅的风格也与建筑和谐统一，展厅都很精致、简洁，和苏州园林及新馆建筑互相适应，互为表里；布局也巧妙独到，突出"移景""取景""借景"等苏州园林特色，序列感、韵律感十足。

**侵华日军南京大屠杀遇难同胞纪念馆基本陈列"南京大屠杀史实展"** 1982年，日本修改历史教科书，将"侵略中国"改为"进入中国"，激起中国人民的强烈反对。1983年，南京市启动编史建馆立碑工作，竖立侵华日军南京大屠杀遇难同胞纪念馆奠基碑。1985年8月15日，纪念馆建成开放。

2007年12月13日，纪念馆在以往所办展览基础上进行全面改陈布展，推出基本陈列"人类的浩劫——侵华日军南京大屠杀史实展"。展览内容从上万件史料和文物中提炼，吸取南京大屠杀史研究新成果。表现形式吸取国内外同类纪念场馆经验，采取仓储式、裸露式、前台式文物陈列方式。

2016～2017年，对基本陈列进行全面改陈布展，以南京大屠杀发生背景、过程和影响为主线，吸收近10年来南京大屠杀研究的新史料、新论述、新成果，通过照片、文物、档案、影像、亲历者证词等人证和物证，展示侵华日军在南京制造的烧杀淫掠暴行，表现中外人士合作开展救援行动的人道精神和无畏义举，展现东京审判与南京审判对南京大屠杀案的法律定论。

改陈后的基本陈列定名为"南京大屠杀史实展"，由门厅、情景中庭、序厅、八部分展厅、尾厅构成。第一部分为"南京沦陷前的形势"，主要展现南京沦陷前的中国形势，交代日军入侵南京及制造大屠杀的背景。第二部分为"日军进攻南京与南京保卫战"，主要展现南京保卫战中中国守军与日军展开的殊死战斗。第三部分为"日军在南京的暴行"，主要展现日军实施的屠杀、强奸、抢劫和纵火等暴行。第四部分为"人道主义救援"，主要展现南京大屠杀期间一些身处南京的中外人士对难民的人道主义救援行动。第五部分为"世界所了解的事实与日本的掩饰"，主要介绍当年国际主流媒体对南京大屠杀的客观报道，以及日本媒体对日军暴行的掩饰。第六部分为"大屠杀后的南京",主要展现南京大屠杀发生后,日伪统治下南京市民的悲惨生活。第七部分为"战后调查与审判",主要展现战后远东国际军事法庭与南京审判战犯军事法庭对南京大屠杀案的审理与判决。第八部分为"人类记忆 和平愿景",主要展现南京大屠杀历史从个人记忆到城市记忆、民族记忆、世界记忆的演变历程,以及人们对和平的坚守和期盼。

展览共展出900余件文物资料,其中一级文物170余件,包括美国牧师约翰·马吉在南京大屠杀期间拍摄使用的摄影机及其胶片,贴有326张反映日军从上海进攻南京全过程原版照片的《上海派遣军司令部纪念写真贴》,在光华门战斗中牺牲的中国守军第八十七师二五九旅少将旅长易安华烈士的瓷板画像,英国报刊记者田伯烈于民国27年(1938年)撰写的《外人目睹中之日军暴行》,美国华裔女作家张纯如撰写的《南京浩劫——被遗忘的大屠杀》的英文原稿等。这些文物诉说了当年的黑暗历史,是南京大屠杀的铁证。

为增强生动性和互动感,展览中专门制作了场景复原和艺术装置,如被日军飞机轰炸后的残破建筑造型,表现中国守军英勇抵抗日军进攻的光华门战斗场景,放置20个南京大屠杀丛葬地泥土的玻璃罐与证人证言墙,表现南京大屠杀幸存者夏淑琴证言的"证言新维度"互动区等。

**扬州中国雕版印刷博物馆基本陈列** 扬州中国雕版印刷博物馆基本陈列由"中国雕版印刷展"和"扬州雕版印刷展"两部分组成,分布在两个展厅,以"中国雕版印刷展"展厅中庭的雕版印刷互动体验区为衔接。展陈总面积约4100平方米,展线长800余米,陈列文物、展品10万余件/套。展览以馆藏版片为展示主体,结合出土文物和征集资料,梳理雕版印刷的起源与发展脉络,讲述雕版印刷的工艺流程,全面展示中国雕版印刷对世界文明进程的重要推动作用。

"中国雕版印刷展"由5个单元组成,系统介绍雕版印刷的发展情况及实际操作流程,通过展示大量雕版印刷的工具、版片和印刷物,展现雕版印刷对中国古代社会政治、经济、宗教、文化、教育等方面的重要作用及对世界文化的深远影响。第一单元"雕版印刷的起源",介绍雕版印刷产生的社会文化背景、物质基础和技术条件,讲述雕版印刷在隋唐之际发展起来的两条不同途径。第二单元"雕版印刷的工艺流程",依次介绍雕版印刷的工艺流程,包括备料、写样、雕版、刷印、装帧等,并对雕版印刷使用的工具、各式样本进行集中展示。第三单元"雕版印刷与古代中国社会",以时间为序,分别讲述唐、五代、宋(辽、金、西夏)、元、明、清时期雕版印刷的发展历程,展示在生活日用、宗教传播、文教科技、政府管理、商业贸易、美术作品等方面的雕版印刷物。第四单元"雕版印刷与活字印刷",介绍北宋时期在雕版印刷之外开辟的一条新的印刷之路——活字印刷。第五单元"雕版印刷的世界传播",分别介绍雕版印刷在东方和西方的传播情况,讲述雕版印刷术的发明对世界发展的伟大贡献。

"扬州雕版印刷展"分3个单元,系统讲述扬州地区雕版印刷的发展与繁荣,展现扬州雕版印刷艺人对古城文化繁荣作出的极大贡献，以及扬州在雕版印刷技艺传承与保护方面作出的不懈努力。第一单元"清代以前的扬州雕版印刷"，从唐代开始，按时间顺序依次介绍扬州地区的雕版印刷起源和发展情况。第二单元"扬州诗局与清代扬州雕版印刷"，展示扬州雕版印刷的繁盛期，分别介绍清代扬州的官刻、家刻、坊刻，并重点介绍扬州诗局及其刊刻的《全唐诗》。第三单元"广陵书社与当代扬州雕版印刷"，介绍近现代及以"广陵书社"为代表的当代扬州雕版印刷业对古代雕版印刷的继承和发扬。

展览在形式设计方面，以柔和的浅灰、白、米黄为基调。平面规划力求扬长避短、因势利导，利用弧形界面进行科学合理的铺陈，展厅呈弧线围合状，中部为采光顶中庭，空间形态具有一定的个性，活泼而有变化。光源处理将人工照明与自然采光相结合，自然光通过遮光帘控制，以达到理想的光照效果。采用科学的信息组团陈列手法，通过展品、展板、场景等的排列组合，形成一个个既统一又富有变化的艺术空间。在"扬州雕版印刷展"中开创性地以"仓储式"陈列手法展示了10余万件明清古籍雕版版片，透过玻璃，观众可以清晰地看到雕版版片的保管方式及日常维护情况。这种保护与陈列并举的手法，成为博物馆多元化展陈方式的典型代表。

**南通博物苑基本陈列"中国早期现代化的先驱——张謇"** "中国早期现代化的先驱——张謇"是南通博物苑最重要的基本陈列，在张謇故居濠南别业内常年展出。该展览的前身为"开拓者的足迹——张謇业绩展"，主要反映张謇生平和他在家乡南通通过对实业、教育、文化和社会公益等方面进行一系列改造，推动南通近代化进程的艰难历程和重要成就。

1995年，为迎接南通博物苑建苑90周年，南通博物苑精心制作"开拓者的足迹——张謇业绩展"，在濠南别业三楼对外展出。2001年，展览进行改版，增加水利建设、社会公益等方面内容，以"张謇业绩展"为名，在濠南别业底层进行展出。2005年，南通博物苑迎来百年华诞，对展览进行改造，恢复濠南别业故居原貌，采取图片展与故居原貌陈列相结合的设计方向，展览改名为"中国早期现代化的先驱——张謇"。2006年6月，展陈改造完成。

"中国早期现代化的先驱——张謇"在濠南别业二层的3个展厅展出，其他房间均实现故居复原，形成"展中观展"的沉浸式陈列效果。新改版的"中国早期现代化的先驱——张謇"基本陈列分为"张謇生平""实业肇基 强国富民""教育广兴 启智育才""公益溥施 示范全国"4个部分。整个展览选用珍贵历史照片312张、文物及相关展品104件，其中包括张謇与孙中山互赠的照片、大生纱厂纺纱机器铭牌、大生纱厂股票、产品商标、张謇夫人刺绣作品、张謇儿子用过的钢琴等。故居复原与图片展相结合的形式，较全面展示了张謇一生参与的重大政治事件，以及在实业、教育、文化、城市建设和社会公益等方面加速推进南通近代化发展的状况，突出表现张謇勇于担当的家国情怀、敢为人先的创业精神、宽广深邃世界眼光、大公无私的奉献精神与平等和谐的民生关怀。

"中国早期现代化的先驱——张謇"基本陈列采用"展览＋复原"的方式，优化陈列展览、丰富故居情境。张謇故居濠南别业是仿英式的四层建筑。展馆复原展示主要集中在二层与三层，根据濠南别业建筑结构以及空间格局，保证展览与复原的合理性，整体分为18个功能厅室。二层以主题展览及观众服务为主，即议事大厅、生平展厅、实业展厅教育及社会公益展厅、贵宾接待室、管理办公室。三层以故居复原陈列为主，即先像室、张謇夫妇卧室、张謇书房、餐厅、议事室、西式会客厅、张孝若书房、张孝若夫妇卧室。

**常州博物馆基本陈列"龙腾中吴——常州古代历史文化陈列"**　"龙腾中吴——常州古代历史文化陈列"于2007年4月对外开放，位于常州博物馆二楼，展示面积1500平方米，时间跨度从新石器时代直至明清时期，展出文物600余件／套，全方位、多角度展现常州6000余年的悠久历史和人文景观。

"龙腾中吴——常州古代历史文化陈列"以"人文常州"为主题，以时间为主线展开叙述，主体内容由"史前常州""延陵季子""齐梁故里""中吴要辅""儒风蔚然"5个部分构成，通过再现常州历史演变、经济文化、乡土风情、生活习俗，反映常州人生活态度、思想情感、道德观念、价值取向等，使观众能够比较全面、清晰了解常州的古代历史，以及政治、经济、文化领域的发展与变迁。2011年，对该展览进行一次改陈。

第一部分"史前常州"，分为"马家浜文化""崧泽文化""良渚文化"3个单元，介绍常州地区新石器时代的重要遗址，包括圩墩遗址、三星村遗址、新岗遗址以及寺墩遗址。通过珍贵的出土文物和墓葬复原，较为全面展示常州地区灿烂的史前文明。第二部分"延陵季子——先秦时代的常州"，分为"古越人""人文始祖季札""神秘的淹城""争霸战争中的时代变迁"4个单元，讲述先秦时期文化的交融与变迁。由"断发文身"的古代吴越人，到泰伯奔吴带来中原文化，尔后季札受封于延陵，建邑立邦，中原文明与土著文明交融而产生吴文化。该部分还着重介绍江南土墩墓、春秋淹城等独具吴地特色的遗址，以及东周时期激烈的争霸战争对常州的影响。第三部分"齐梁故里——秦汉六朝时期的常州"，分为"连绵的'汉墓墩'""南渡士族与兰陵侨郡""齐梁帝王家""六朝世相""画像砖世界"5个单元，讲述常州地区在秦汉时期正式被纳入中央王朝版图。西晋"八王之乱"后，大量中原人移居淮南江南。东晋政权在常州地区设置侨郡兰陵郡。兰陵的萧氏先后建立齐朝与梁朝，并出现像萧统、萧子良等一批杰出的文人学者。第四部分"中吴要辅——隋唐宋元时期的常州"，分为"屯田治水""茶山古道""运河与漕运""优雅的宋人生活""苏东坡的最后归宿""纸城铁人"6个单元。随着屯田治水的展开和运河漕运的开通，唐宋时期常州的社会经济得到迅速发展，并逐渐成为重要的粮食产地、商业口岸和财赋来源地区。同时通过展示一系列精美的文物，反映宋代常州地区浓郁的人文气息和人们优雅精致的生活方式，以及苏东坡与常州的不解情缘。而优雅的生活并没有磨灭常州人的血性，宋元之交常州人民抗元保卫战的英勇精神使常州赢得"纸城铁人"称号。第五部分"儒风蔚然——明清之际的常州",分为"市浮于农""龙城象教""灵动的刻刀""地方戏曲""毗陵古驿""辉煌金榜""经世致用的学者们"7个单元。这部分主要展示明清两代常州经济、文化生活的各方面,尤其是在科举、宗教、文艺等领域的繁荣昌盛。在这样的氛围下,常州孕育出一大批经世致用的学者,其辉煌的文化成就永垂史册。

"龙腾中吴——常州古代历史文化陈列"在形式设计上以物为中心,强调直观性和通俗性。陈列以儒雅的书卷气息为设计语言,色彩系统、空间安排、造型元素都以此为据。在多媒体、艺术品的使用上,以有效融入和扩展展示内容为原则,通过墓葬复原、场景再现、幻影成像、雕塑沙盘、数字检索等手段,重点展示常州历史上的重要遗迹、杰出人物、重大事件和地方非物质文化遗产。整个展陈在形式设计上紧扣内容、节奏合理、张弛有度。

**南京市博物馆基本陈列"龙蟠虎踞——南京城市史"** "龙蟠虎踞——南京城市史"陈列于2010年9月建成开放,陈列面积约4200平方米,展出文物2100余件/套,分为"山川形胜 宜居之地""六代相承 定鼎金陵""数代兴亡 几经沉浮""江山一统 南都繁会""共和肇始 近代新都"5个部分。

"龙蟠虎踞——南京城市史"以城市历史发展为脉络,以历史文献和科研成果为支撑,以馆藏文物和地上文化遗存为基础,以发生在南京的大事件、大人物、大思潮、大文化为重点内容,突出表现古都南京的特殊地位,重点展示南京六朝、明代和民国时期都城的特

点和对中国历史发展的贡献。以"龙蟠虎踞"点睛,凝练"古都"的主题,构建展览框架。在内容结构搭建上,以"建都以前(远古到秦汉)—建都(六朝)—失去都城地位(隋唐宋元)—再次建都、发展(明与清初)—近代都城(晚清民国)"五段式层级结构渐次推进,展示"六朝南京承前启后,传承华夏正统;明代南京全国一统,达到封建晚期高峰;民国南京西风东渐,成为近代社会城市典范"等重点,营造展览亮点,勾勒出南京绵延不断的"波浪形"阶段性发展的个性化特征。陈列各部分按重点、次重点铺陈展开,抓住典型文物、典型人物、典型事件,设计出"城市奠基—古都辉煌—涅槃承接—都市重光—共和新都"的故事线和城市历史兴衰荣辱的情感线,展示南京历史前进的节奏、南京古都的风采和南京文化的神韵。

形式设计艺术风格突出,通过环境设计、版面设计、实物展示设计、场景复原、多媒体视听、模型复制、图画创作及照明设计等,将体现南京建城史的文物与历史文化背景流畅而巧妙地进行有机结合,体现"龙蟠虎踞"之气势,突出南京古都之辉煌。在展览空间布局上,以陈列内容结构为主导,创造出与古都主题匹配的雄浑、大气的展陈空间和展示环境。通过密集、阵列、对比的展陈方式,完整传达文物历史信息。适当的场景、创作画、艺术品、复制品等辅助展品,起到烘托主题和提升展厅整体品质的作用。在重点场景设计上运用"融入式陈列"理念,将文物陈列结合到场景环境中去,两者起到相互诠释的作用。灯光设计着重于利用照明光线合理突出文物,营造恰

如其分的展示氛围。根据展陈设计对展览大纲的表现，为场景、展柜、版面及展品量身定做照明方案，呈现最合理的展示效果。

"龙蟠虎踞——南京城市史"基本陈列以寻根方式为观众打开南京城市历史的大门，让观众清晰地看到南京这个古老城市的来龙去脉、文明传承，从而追寻城市之根、文明之根。

浙江省博物馆基本陈列"越地长歌——浙江历史文化陈列"　"越地长歌——浙江历史文化陈列"的前身是20世纪50年代开放的"浙江历史文物陈列"。"浙江历史文物陈列"作为西湖博物馆基本陈列之一，展示从新石器时代至当代浙江的历史，其中突出近代史和革命史的内容，强调社会主义建设成就，反映几千年来浙江社会经济的发展。

1981年，浙江省博物馆推出展示地方历史文化的基本陈列"杭州史迹陈列"，系统展示从原始社会至中华人民共和国成立杭州历史发展的进程。

1993年，浙江省博物馆孤山新馆建成开放，将"浙江历史文物陈列"设置在主楼，共3层。一层为"文明曙光"，展示浙江新石器时代的河姆渡文化、马家浜文化、崧泽文化和良渚文化的出土文物。二层为"东南翘楚"，展示浙江出土和传世的从商周至宋元时期各类文物。三层是"时代风雷"，展示明清至辛亥革命时期的浙江历史。1999年11月，浙江省博物馆建馆70周年，对固定陈列进行较大幅度修改和完善，将原"浙江历史文物陈列"定名为"浙江七千年"，重点展示具有浙江地方特色的河姆渡文化、良渚文化和越国、吴越国、两宋等历史时期文化，以及近现代浙江革命思潮

和运动情况。

2009年底，浙江省博物馆武林馆区和浙江革命历史纪念馆建成，浙江省博物馆对基本陈列内容进行重大调整。12月22日，"越地长歌——浙江历史文化陈列"对外开放。展厅位于浙江省博物馆武林馆区一楼，展示面积约2000平方米，展出文物约2000件／套，分为"文明曙光""古越王国""三吴都会""东南翘楚""富庶两浙"5个单元。"越地长歌——浙江历史文化陈列"以区域文化为陈列内容，以信息传播为陈列形式，结合场景复原、模型构建、图画创作、多媒体视听等多种展示手段，为观众呈现了浙江大地在不同历史阶段的独特风貌。

浙江自然博物馆基本陈列"自然·生命·人"　1984～1990年，浙江自然博物馆馆舍建设期间，在浙江省博物馆举办的基本陈列有"动植物陈列""水生生物陈列""浙江省中药材真伪鉴别展览"等。1998年，教工路陈列馆建成开放，基本陈列有"恐龙陈列"、"海洋动物陈列"、"地质史陈列"（2001年改为"古生物陈列"）、"动物陈列"、"植物陈列"和"认识自己"展览（2001年改为"男孩·女孩"展览，2002年改为"青春期教育"展览）、"传统农具"展览及"科技角"等，为中华人民共和国成立后浙江省首次举办的规模最大、内容最为丰富的自然科学综合陈列展览。同年，以贯彻实施浙江省文博系统精品工程为切入点，对"恐龙陈列"和"海洋动物陈列"进行精心修改和完善。

2009年7月，位于西湖文化广场的浙江自然博物馆新馆建成开放，其中基本陈列主题凝

练为"自然·生命·人",由"地球生命故事""丰富奇异的生物世界""绿色浙江"三大板块来支撑主题,有效建立起远古与当下、自然与人类的连接,体现自然历史的科学体系,展示"人与自然和谐共生"的现代理念,突出浙江的地域特色。

"序厅"由古老的海百合化石、千年阴沉木、灰鲸骨骼等标本组成大型生物展示墙,无声叙述着生命的神秘与恢宏,提示观众即将进入一段自然与生命的探索之旅。"地球生命故事"设置"生命家园""生命诞生""生命登陆""恐龙时代""哺乳动物时代"5个单元,讲述地球46亿年的生命进程,揭示生命在一次次灭绝与爆发中顽强地进化,激发人们对生命的珍惜与关爱。"丰富奇异的生物世界"设置"多样的生态系统""丰富的生物类群""遗传与变异""生物对环境的适应""生物与人类"5个单元,集聚地球上各生物门类的物种代表(从低等到高等分门别类展示),再现极地、荒漠半荒漠、热带雨林、红树林湿地、海洋等不同区域典型的生态系统景观,解读生物与环境、生物与人类的关系,引发人们对人与自然如何和谐相处的思考。"绿色浙江"设置"浙江的自然""浙江的生态""环境保护与可持续发展"3个单元,展示宣传浙江大地自然之精华,解读浙江自然概况,展现沿海岛屿、内陆湿地、丘陵山地等具有浙江特色的生态景观、丰富的自然资源以及生态省建设成果,揭示浙江的富饶秀美、和谐安康。

陈列探索"双二元配置结构""情景再现""观众体验"等形式设计,创新设计理念,实现内容与形式设计的有机统一、良性互动,营造良好的参观氛围。一是运用"双二元配置结构"的展示形式,以仓储式标本展示和常规展示满足专业人士和一般观众不同的参观需求。二是运用"情景再现"展示手法,通过空间、色彩、造型等设计要素,科学提炼、自然还原、艺术概括、高仿真制作,在有限空间营造富有意境的生态场景。三是通过声光电等科技手段的组合运用,再现历史真实与生命跃动,通过互动装置引导和驱动观众在体验中获取知识。四是科学应用基本照明、间接照明、演示照明等方式,合理安排展览灯具布点,并应用灯效控制技术、开关机远程控制技术,做到照度既符合展藏品的保护要求,又展现光的魅力,同时避免光污染。

**中国丝绸博物馆基本陈列"锦程——中国丝绸与丝绸之路"** "锦程——中国丝绸与丝绸之路"陈列于1992年开放,分序厅、历史文物厅、民俗厅、蚕桑厅、制丝厅、丝织厅、印染厅、现代成就厅和机动厅9个展厅,对丝绸文化进行全方位、有重点的展示。1997年,对陈列布局和形式进行局部调整,将9个展厅压缩为序厅、历史文物厅、蚕丝厅、染织厅、现代成就厅。2002年,为提升参观体验,对基本陈列进行全面改造。2004年,改造完成后的基本陈列以"中国丝绸的故事"为主题,分为文物厅和服饰厅两大部分。2012年建馆20周年之际,中国丝绸博物馆开始规划改扩建及改陈。

2015年8月,为配合宣传"一带一路"倡议和迎接G20杭州峰会,中国丝绸博物馆闭馆进行整体改扩建,常设展览全部重新设计和规划。2016年7月,完成陈列布展并试运行,9月全新亮相。

改造后的"锦程——中国丝绸和丝绸之路"陈列，展陈面积约2200平方米，分8个单元，全方位呈现中国丝绸5000年历程。二层展厅分为"源起东方"（史前时期）、"周律汉韵"（战国秦汉时期）、"丝路大转折"（魏晋南北朝时期）、"兼容并蓄"（隋唐五代时期）、"南北异风"（宋元辽金时期）5个单元，展示从史前社会到宋元时期中国丝绸的历史及各个时期丝绸之路沿线东西方文化的交流。三层展厅分为"礼制煌煌"（明清时期）、"继往开来"（近代）、"时代新篇"（当代）3个单元，展现具有高超织造技艺的明清丝绸服饰，讲述20世纪二三十年代中国丝绸的近代工业化转变，再现中华人民共和国成立后当代丝绸的风采。展品集中体现最新纺织考古发现、新近征集藏品及丝绸修复成果，精选展品300余件，其中四川成都老官山汉墓出土的提花织机模型填补了世界纺织史空白，此外还有甘肃敦煌悬泉置遗址、马圈湾烽燧遗址和莫高窟出土的汉代织锦残片、唐代锦彩百衲、佛幡，香港梦蝶轩捐赠的辽代服饰，浙江黄岩赵伯沄墓出土的南宋对襟双蝶串枝菊花纹衫等丝绸精品。

展陈以空间的单纯性来烘托展品形态的复杂性，以空间色调的统一性来映衬展品色彩的丰富性。展览图版统一以精致的双宫绸面料为底衬，与丝绸展品的质地保持统一；提炼各历史时期的典型丝绸纹样应用到相应的各单元展板设计中，统一又不失变化。

为帮助观众理解织绣工艺和生产过程，在展厅的外圈以宋人《蚕织图》为蓝本，通过微缩模型立体展示古代蚕桑丝绸生产工艺；陈列绫、罗、绸、缎和各种绣法的放大模型，并引用历代诗句等文字说明。

**宁波博物馆基本陈列"东方'神舟'——宁波历史陈列"** "东方'神舟'——宁波历史陈列"位于宁波博物馆二楼，面积3150平方米，展出文物850件/套，于2008年12月5日对外开放。展览以宁波港与城的发展历史为两大脉络，充分利用宁波地区出土文物和馆藏精品，采用编年与专题相结合的形式，以物证史，从政治、经济、文化、宗教等方面多维度阐述宁波7000年的历史进程和辉煌成就，突显宁波海上丝绸之路发展主脉和东亚核心港口的重要地位，诠释宁波地域历史文化的独特魅力。

"东方'神舟'——宁波历史陈列"包括7个部分和1个专题陈列。第一部分"远古四明"，展示宁波地区以河姆渡遗址为代表的新石器时代文化丰富的面貌与内涵，以及先秦时期古越人创造的别具特色的文化遗存，表现越人精勤耕战的文化品格。第二部分"拓地三江"，介绍秦汉六朝时期宁波依托三江流域的土地与物产资源不断开拓，从多区域各自发展到联动开发，三江口地区逐步形成大规模居民聚落，不仅被确立为浙东区域中心，还成为早期海外商品贸易集散地和文化交流传播地。第三部分"州城确立"，讲述唐五代时期宁波城市空间的确立和城市功能的不断完善，以及宁波港依托海上丝绸之路的兴起与发展，在对外商品贸易与文化往来，尤其是在中国与日本、朝鲜半岛文化交流及越窑青瓷外销方面所扮演的重要角色。第四部分"国际港城"，介绍宋元时期宁波城市功能逐渐向商业中心转变，成为具有对外贸易繁荣、农业及手工业发达、文化思想厚重之特色的浙东中心城市，同时随着北方士族移民的涌入，宁波的城市文化精神有巨大提升。第五部分"海定波宁"，讲述在明代"海禁"政策和勘合贸易制度下，宁波成为朝廷接待日本"贡船"的唯一口岸，继续发挥中外经贸与文化交流的窗口作用。第六部分"东南都会"，介绍明末清初宁波凭借港口的区位优势，进入对外贸易的又一全盛时期，文化界则涌现出黄宗羲、万斯同、全祖望等学者，形成以兼收并蓄、经世致用为特点的"浙东学派"。第七部分"开埠通商"，介绍鸦片战争后宁波经历抗击与挫败、开放与融合的过程，在西风东渐中风气先开，成为早期中国近代化城市之一，宁波港也逐渐从传统走向现代。专题陈列"越窑青瓷的风采"位于展厅中部，以"馆中馆"的形式呈现，详细介绍越窑青瓷自东汉成熟、唐五代鼎盛到北宋衰微的发展过程，集中展示宁波博物馆藏各时期的越窑青瓷精品近70件／套。

"东方'神舟'——宁波历史陈列"融合室内场馆与景观庭院，空间布局开合有致，不拘一格。参观动线清晰流畅，服务设施完备，观展节奏张弛有度。文物陈列运用独立式、密集式、序列式等形式，配合场景复原、沙盘模型、雕塑绘画、多媒体展示等辅助手段，保证了展览内容诠释的丰富性与信息传递的有效性。

**杭州博物馆基本陈列"最忆是杭州"**

"最忆是杭州"通史陈列是杭州博物馆二期工程基本陈列，立体展示杭州历史文化变迁，时间跨度从史前到民国，其前身是杭州博物馆（原杭州历史博物馆）2001年推出的"杭州通史陈列"。

2001年10月8日，杭州历史博物馆"杭州通史陈列"对外开放，以朝代轨迹布展，始于远古，迄至清末，特别突出吴越、南宋两代，充分反映杭州历史及地域特色。2011年底，杭州历史博物馆更名为杭州博物馆。2015年，杭州博物馆二期建设竣工。10月1日，"最忆是杭州"通史陈列全新亮相。

"最忆是杭州"通史陈列以城为主体，以史为脉络，以人为线索，以"感受杭州"为核心，借助"城、史、人"的结合，塑造杭州的整体个性、演绎杭州的故事百态，是系统展示杭州历史发展、文脉传承、人文精神的叙事性展览，展现杭州八千年文明史和五千年建城史，再现吴越安邦、南宋盛景、人文渊薮的人间天堂。展厅面积3000平方米，展线长820米，展出文物547件，其中珍贵文物242件。展览分为"天赐佳渚 钱唐故址"（史前至六朝）、"邑屋繁会 东南乐土"（隋唐五代）、"天阙皇城 百年行都"（两宋）、"江南名城 人文渊薮"（元明清）、"湖山依旧 再续文脉"（民国）5个单元。

第一单元"天赐佳渚 钱唐故址"，主要讲述杭州史前文明至六朝的历史。五万年来，杭州这片土地上，生命在繁衍，文明在续写，经历吴越争霸、秦汉一统，杭州渐向天堂之路。建德人牙齿、跨湖桥稻米、良渚玉器、吴越礼器、六朝青瓷，无不彰显杭州地域特色、见证杭州城市文明的形成与发展。第二单元"邑屋繁会 东南乐土"，以表现杭州隋唐五代时期为主。隋文帝立州，始筑城垣，湖山从此唤"杭州";隋炀帝开凿运河沟通南北,杭州的繁华由此启航;唐代李泌疏湖浚井,白居易设闸筑堤,杭州井邑日富、物阜民丰;五代十国,中原战乱,钱镠建立吴越国,营保境安民之策,奠定杭州城市规制、经济富庶和政治地位的基础。第三单元"天阙皇城 百年行都",聚焦杭州两宋时期。北宋杭州有"地有湖山美,东南第一州"之美誉,至宋室南迁,将临安定为行都,从此杭州跃升为南宋政治、文化、经济中心,依托"南宫北市"都城格局,御街纵贯全城,皇家风韵、市井繁华相映生辉。南宋虽偏安东南一隅,然经济之繁荣、文化之辉煌、贤能之济济,成为杭州城市发展史上的巅峰。第四单元"江南名城 人文渊薮",提炼杭州元明清时期的华彩。杭州在经济、文化上延续南宋的繁华景象,京杭大运河的全线贯通促进南北方物资的流通、文化的交流;文人雅士多眷恋江南山水,这座山水城市愈益文气蕴藉,于富庶繁华中别有一种优游林下的闲适,书院林立,"浙派"诞生,武林画派崛起。第五单元"湖山依旧 再续文脉",呈现杭州的民国时期风貌。西博会的成功举办,浙大、艺专、杭高等新教育、新文化的勃兴,西泠印社的闻名寰宇……杭州既保留了五代南宋以来的雅趣闲适,又接纳了西风东渐中的变革创新,显示出开放和文化包容的地域特色。

形式设计上以内容为基础,视觉线提炼人文亮点、逻辑线梳理历史脉络、学术面延展文化专题,以点、线、面的三级表达体系,在有限空间中用丰富的手段展现杭州历史的深厚博大,感受杭州文化的精致隽永。空间在素雅和多彩之间有机切换,意在反映不同时期的杭州性格。展馆在原有老建筑的基础上设计改建,最大限度利用原有建筑的特点,空间布局化整为零,呈中轴线布局陈列,重点内容置于中轴线核心区,串联起各时代板块。以展示手段适当延伸展线长度,主线与辅线层次分明、表达从容。充分考虑受众观看展览的心理,采用先抑后扬、先紧后松的布局,并将休憩、观景等功能与展览内容有机结合在一起。公共空间功能的配备和形式风格紧扣主题定位,风格和谐统一。

**温州博物馆基本陈列"温州人——一个生存与发展的故事"** "温州人——一个生存与发展的故事"通过历史发展、文脉传承、人文精神等精髓塑造出"温州人"这一特色群体的故事百态与整体风貌。该展览的前身是温州博物馆2004年推出的"温州人——一个生存与开拓的故事",分古代篇、现代篇和当代篇3个部分。2015年,基本陈列厅提升改陈启动。2017年5月18日,改陈后的基本陈列"温州人——一个生存与发展的故事"对外开放。

"温州人——一个生存与发展的故事"展厅面积2100平方米,展出文物(标本)1087件/套、辅助展品107件/套,其中珍贵展品117件/套。展览以温州5000年文明史发展为时间轴,依照通史的纵线划分出5个单元,每个单元之间既相互联系又相对独立,不同年龄段的观众都易于接受领会。

第一单元"瓯居海中——从史前到西汉":温州古为瓯地,也称东瓯。先秦古籍《山海经》载"瓯居海中",表明当时瓯人已居住在岐海中。曹湾山等新石器文化遗址出土的石器、陶器、玉器，仙岩穗丰西周土墩墓出土的青铜器、玉器，见证了温州依山拓海的发展历程。汉惠帝三年（前192年），东瓯王国建立，温州被正式纳入西汉王朝的版图。第二单元"一郡之巨会——从东汉到魏晋南北朝"：东瓯国融入中央王朝后，经济文化有一定程度发展，特别是手工业和商业发展较快，在经济形态中占有重要地位。西晋末年，大批中原人士南下，其中一部分迁至浙江南部。为适应人口增加和经济发展的需要，东晋太宁元年（323年）设立永嘉郡。南朝丘迟在《永嘉郡教》中称其"控带山海，利兼水陆，东南之沃壤，一郡之巨会"。第三单元"一片繁华海上头——从隋唐到明清"：隋唐以后，温州水利、农业进一步发展，商业、手工业日渐繁盛，并随着海上丝绸之路兴起成为滨海重要商贸城市，北宋知州杨蟠诗句"一片繁华海上头"就是最真实的写照。至宋室南渡，域内经济文化发展达到新的高峰，造就务实事功的"永嘉学派"，诞生中国最早的戏曲形式——南戏。明清之际，朝廷实施严厉海禁，加之倭寇侵扰频繁，社会商贸等方面发展迟滞。第四单元"海涌波澜——从清末到建国"：1879年，中英《烟台条约》签订，温州被辟为通商口岸。众多外国公司及机构纷至沓来从事商贸活动，洋货源源不断涌进温州。至20世纪初，温州城已是"瓯为海国，市半洋商"。西方文化和晚清治学兴业的理念冲击着人们的思想观念，加之与生俱来的务实进取、敢为人先的秉性，激励温州人开始重新认识世界，探索革新，寻求自强之路。第五单元"敢为人先"：改革开放以来，温州人坚持创新创业不止步，

以"敢为天下先"的精神、"抱团运作"方式和"智行天下"的胸怀，使温州成为中国改革开放的先行地、民营经济的领跑者、创新创业的试验区。

陈列形式设计以文物增强厚重感、以科技亮出时尚感。基本陈列厅在布展中运用国内前沿科技，在原材料、设施、灯光使用上均做到绿色低碳环保，达到节能、时尚、简约、有内涵的效果。在展线上，以组合展墙、展架、展柜、壁龛、场景和电子显示等灵活多变的方式，使展陈内容与形式达到高度统一。在展览内容上，遴选温州各历史时期代表人物作为重点和亮点来展示，"抓大放小"，使展览层次分明；艺术品、背景画等辅助展品选择温州当地的名家大师作品，除制作手法具有本地特色外，也体现温州非遗的工匠精神；布展语言通俗易懂，通过精选出的1300余件代表性文物将温州的历史从远古至当代娓娓道来；巧妙运用"空间展示方法"，三维和二维结合，运用电子智慧化展示手段、观众VR互动体验等生动再现各时期的历史空间。

**安徽博物院基本陈列"安徽文明史陈列"**
"安徽文明史陈列"于2011年9月对外开放，展厅面积约4000平方米，展品982件／套，主要展示安徽各历史阶段社会发展代表性的文化遗存、历史事件和历史人物，从不同侧面反映安徽历史文明发展脉络，系统展示安徽地域文化在中华文明进程中的重要地位和影响力。

2015年8月，安徽博物院启动"安徽文明史陈列"展览提升项目。2017年9月26日，完成布展并对外开放，展品1230件／套，内容分为5个部分。

第一部分"人类遗存　涂山会盟——史前时期的安徽",分为"人类踪迹"和"原始文化"两部分,展示亚欧大陆最早的人类活动遗存、长江中下游最重要的旧石器文化、中国最完整的猿人头盖骨、玄奥丰富的刻划符号、举世震惊的远古玉器、独具特色的薛家岗文化、恢宏完整的原始聚落等内容。第二部分"青铜礼乐　夷楚华章——夏商周时期的安徽",主要分为"皖南吉金""铸客大鼎""钟鸣鼎食""诸侯方国""楚辉照耀"等内容,重点展示楚大鼎的历史变迁及铸客内容、鄂君启金节铭文及释读等。通过系列展示青铜酒器、食器、乐器等重器,深刻反映青铜时代的礼乐文化,并展示楚文化和方国文化,反映夏商周时期多姿多彩的文化面貌。第三部分"王侯风流　曹操雄略——汉魏晋时期的安徽",主要分为"汉晋风情""六安王墓""曹操及其家族墓""汉画像石"等内容,以全息投影多媒体技术全面解析黄肠题凑的结构,让观众直观了解黄肠题凑的框架结构及建造过程。第四部分"河运通达　清名流芳——隋唐宋元时期的安徽",主要分为"运河繁盛""陶瓷菁华""名臣包拯""金银璀璨"等内容,以当时贯通中国南北,在一定意义上维系王朝经济命脉的大运河为线索,以大运河安徽段出土的各大名窑瓷器为重点,营造运河的繁华场景,展示包拯家族墓出土遗物在内的该时期文物精品。第五部分"中都基业　天下徽商——明清时期的安徽",分为"洪武皇帝""中都皇城""桐城文派""天下徽商"等内容。通过明中都和明皇陵及相关文物营造"帝王之乡"的效果,展示明中都城、明南京城、明北京城

城市布局对比等内容;压缩"桐城文派"的内容,扩大"天下徽商"的空间,将徽州教育纳入其中,点出徽商"贾而好儒"思想形成的人文因素,从经济和独具特色的徽派文化两个方面对徽商进行介绍。

改陈后的"安徽文明史陈列"注重形式和内容统一,突出文物观赏性、真实性和知识性。少量使用必要的复仿制品,合理引进具有较高艺术水准的动漫等多媒体技术。将数字化博物馆的理念融入展陈形式中,增强观众对传统文化的解读;将模型与视频投影形成联动模式,使展示内容更加灵动具象。配合文物和历史事件、历史阶段制作的图片、图表生动、形象、简约,在展览中起到归类和注释作用。光源的选择以保护文物为首要原则,以人工光为主,全部采用博物馆专用灯具;立体照明理念强调"物"的表现,层次清晰,以"一切皆以文物在空间的视觉占主导"为要。

**安徽中国徽州文化博物馆基本陈列"徽州人与徽州文化"**　"徽州人与徽州文化"于2008年1月8日对外开放,集中展示中国徽州文化,时间跨度从远古到现代,重点是徽州文化的鼎盛时期——明清时期。

"徽州人与徽州文化"利用徽州(包括安徽省黄山市的歙县、黟县、休宁县、祁门县、屯溪区、徽州区和黄山风景区,安徽省宣城市的绩溪县和江西省上饶市婺源县等地)出土文物和征集文物资料,从物质文明和精神文明史角度,从历史、经济、文化、生活等方面,反映徽州的历史沿革和徽州文化的灿烂辉煌,勾勒徽州文化以新安山水为依托、以徽州宗族为纽带、以新安理学为核心、以徽商经济为基

础，奠基于汉唐、崛起于两宋、鼎盛于明清、影响于当今的整体风貌，展现徽州文化各领域的风貌。

"徽州人与徽州文化"基本陈列分布在5大展厅，有7个单元，展陈面积9600平方米，展出文物1000余组件。第一单元"走进徽州"，通过出土文物、徽州文献、照片图版、电子地图、场景沙盘、场景复原、影像视频等展示徽州"大好山水"、悠久历史，介绍徽州人的由来和徽州"一府六县"格局的形成。第二单元"天下徽商"，从兴起原因、交通路线、四大行当（盐典茶木）、小本起家、诚信经营、著名徽商等多个角度，讲述富甲天下、创造"无徽不成镇"奇迹的明清徽商。第三单元"徽州女人"，通过模拟场景和各种实物展示徽州女人启蒙教育、生产生活等方面内容，介绍徽商背后徽州女人的悲喜故事。第四单元"徽州教育"，介绍徽州在古代特别是明清时期，在崇文兴教等方面取得的显著成就，重点介绍徽州教育名家、科举教育、新安理学、徽州宗族等。第五单元"徽州科技"，以新安医学为重点，介绍徽州历史上在医学、数学、天文学、地理学、物理学、农学、生物学和工程学等众多领域取得的科技成果。第六单元"徽州艺术"，展示明清时期徽州的徽墨歙砚等文房瑰宝和新安画派、徽派篆刻、徽派版画、徽州刻书、徽州戏曲等艺术成就。第七单元"徽州建筑"，通过村落沙盘、场景复原、建筑构件等，由整体而局部，由户外而室内，介绍包括世界文化遗产地皖南古民居黟县西递宏村等在内的徽州村落、徽派民居和徽州楹联、徽州三雕等具有鲜明地域特色的乡土建筑艺术。

形式设计方面，通过对徽州文化在各大领域的突出成就进行专题整理，突出徽州历史文化特点和优势，展示徽州文化是中华优秀传统文化的重要组成部分。在内容的选择以及布展的形式上追求通俗易懂、轻松愉快的风格，总体要求是"版面展示立体化，实物场景一体化，景观模型动态化，展示手段科技化"，将展览内容的丰富性与展览方式的多样化有机结合，形象且深刻地揭示展览的主题和内涵，增强展览的故事性、情节性、生动性、观赏性、趣味性，提高观众的参与性和体验感，更好展示徽州文化的丰厚底蕴与独特魅力。

**福建博物院基本陈列"福建古代文明之光"** "福建古代文明之光"于2002年福建博物院新馆开放之际推出，2009年启动提升改造工程，2010年12月29日重新开放。展厅面积1400余平方米，展出文物500余件／套。

"福建古代文明之光"在结合旧版展览精华的同时展示最新考古与研究成果，撷取福建古代文明中闪耀的亮点并连缀成线，涵盖不同地域间的文化差异，探索福建悠久而独特的山海文化之源，追仰历代先贤风范。

陈列分为6个部分。第一部分"山海家园 闽之先民"，还原石器时代福建原始先民的生活图景。从人们在旧石器时代与毒虫猛兽为伴、披荆斩棘的艰难生存，到新石器时代山海间古聚落的星罗棋布，原始农业、手工业等日趋成熟，古朴的陶器及渔猎、农业等生产工具折射出远古的经济形态和生活方式。昙石山文化为代表的东南海洋文化与牛鼻山为代表的闽北山区文化交相辉映，以彩陶等文物作为展示重点。第二部分"青铜辉映 礼乐初萌"，主要介绍福建青铜时代历史。这一时期，"七闽"部族活跃在福建，并为中原所知。考古发现的古老的青铜器、造型多样的陶器和原始青瓷，验证着福建文明之火的初萌。以"大铙之王"——建瓯出土青铜大铙（礼乐重器）及"越王剑之祖"——浦城出土西周青铜剑为展示重点。第三部分"越魂不灭　王族世家"，以闽越族人在秦汉之际立国近百年、称雄东南的历史为背景，反映这一时期闽越国经济、文化、生活、军事等各方面情况。以万岁瓦当、龙纹大玉璧（祭天之玉）等具有王者气派的文物为展示重点。第四部分"衣冠南渡　闽中隆兴"，跨越魏晋隋唐时期。在闽越国湮灭于历史的烽烟中以后，福建地区与中原更紧密地融为一体。大批南下移民改变了福建的族群构成，也带来了先进的生产技术、多元的生活方式与文化因素。第五部分"丝路云帆　海国雄风"，以福建历史上的鼎盛时期——宋元时期为背景。这一时期，福建在海外贸易的推动下，百业兴旺、人才辈出，各方面的发展都取得长足进步。宋代航海技术的先进、文士市井的雅趣生活通过文物精品组合一一呈现。以黄昇墓出土宋代丝绸宝库为展示重点。第六部分"风云际会　东西交流"，涵盖明清时期郑和下西洋、郑成功收复台湾等波澜壮阔的历史事件，荟萃福建博物院众多馆藏瓷器珍品，五彩斑斓的釉色之光照亮了这一时期瓷器的外销之路。

陈列内容上，闽越文化的形成、中原文化的滋润哺育、海洋文明的生生不息、闽台两岸的千古渊源等主题随主线展开，反映了不同时期福建的时代气象与精神风貌。展品选取最具时代特征、带有深远文化烙印的文物，旨在沟通古今，引起观众最直接的联想和回应，也能保证高层次的鉴赏及研究需求。独立展品强调独特性和典型性，突出唯一性；群组展品注重关联性和叙事性。通过文物的有序组合分出层次与重点，形成立体展示效果。

内容述说上尽量避免繁杂和琐碎，在保留清晰脉络的同时，提取最能反映时代与地域特色的元素，从博物馆角度生动讲述历史，避免通史陈列如教科书式平铺直叙、面面俱到；更多关注和探索文物背后蕴含的丰富人文元素，在此基础上串联起雄浑厚重的时代大背景；力求简明直观，融入故事性与情节化元素，避免艰深的学术化与专业化。

在陈列形式设计上，展览空间布局根据结构的主次划分，富于变化，宽敞通透。展线设计流畅，避免迂回和交叉，观展过程流畅有序。以庄重又柔和的色调为主，营造出舒适典雅的整体氛围。版面、墙体等装饰细节，选取海浪、帆影等寓意海洋文明特征的元素进行创作。

**古田会议纪念馆基本陈列"古田会议——党和军队建设史上的里程碑"**　"古田会议——党和军队建设史上的里程碑"从突出古田会议召开的历史背景和基本精神入手，让观众了解一支以农民为主要成分的军队建设成为中国共产党新型人民军队的史实及确立思想建党、政治建军原则的历史。

1964年，为纪念古田会议召开35周年，利用古田会议会址展出"古田会址辅助陈列"。1965年12月，陈列对外展出。1969年，为纪念古田会议召开40周年，进行改陈。

1971年，筹建古田会议陈列馆。1974年10月，陈列馆对外开放。陈列馆依山而建，采用

"回"字形布局，分10个展厅，面积1200平方米。1979年，古田会议召开50周年，陈列版面改陈。

2009年，为纪念古田会议召开80周年，"古田会议——我党我军建设史上的里程碑"改版完成。2014年，为纪念古田会议召开85周年，迎接即将在古田召开的全军政治工作会议，对基本陈列进行改版提升。10月1日，基本陈列"古田会议——党和军队建设史上的里程碑"对外展出。

展陈围绕古田会议精神这一主题，以人民军队发展历史和思想政治工作史为主线，以"思想建党 政治建军"为重点，以"星星之火 可以燎原"为亮点，突出古田会议"铸三个魂、奠两个基、开辟一条成功胜利之路"（即铸党建之魂、军魂和思想政治工作之魂，奠定群众路线和实事求是思想路线之基，开辟具有中国特色的革命成功之路）的光辉历程。

展览用"思想建党和政治建军原则""实事求是和群众路线思想""政治思想工作"三条红色主线贯穿，分为"古田会议召开的历史背景""建党建军的光辉里程碑""建党建军的纲领性文献""星星之火可以燎原""古田会议永放光芒"5个部分。"古田会议——党和军队建设史上的里程碑"主题鲜明、定位深远，脉络清晰、结构严谨，全面系统展示了中国人民在中国共产党领导下前赴后继、英勇斗争的光辉历程；阐明了毛泽东、朱德等老一辈无产阶级革命家在闽西这块红土地上的伟大实践和理论建树，以及古田会议在中国革命史上"思想建党、政治建军"的重要地位和作用；系统展示了党的历届领导人继承和发扬古田会

议精神，在加强党和军队建设方面的重要阐述和贡献。

各部分根据主题内容选择文物展品，与历史照片、文献史料相呼应，辅以场景、油画、国画、漆画、题词、模型、雕塑、多媒体等展品，组合为有机联系的整体，把厚重的历史、深邃的思想轻松展现在观众面前，增强思想教育的效能和趣味性。

形式设计方面，序厅正面为著名画家何孔德创作的大型油画《古田会议》，再现古田会议召开的伟大历史画面，四周安放由福建省军区捐建的毛泽东、朱德、陈毅、周恩来大理石半身雕像，墙面背景为闽西山水题材的浮雕，古田会议四位领导人仿佛置身于闽西山水之中。展厅入口处则为由古田会议旧址群组合的大型浮雕。展厅背景以闽西独有的门楼风格为基调，色调以黄褐色为主，辅以淡黄色墙裙，充分体现闽西红色文化和客家文化内涵。改版提升坚持"生态办馆、节俭办展"理念，利用自然采光、通风等和人工光源（以冷光为主）相结合；重点文物和展品、需要声光电技术的展示项目，结合文物特点合理布置灯具数量和布点安排。展览建筑布局师法自然，突出人性化的自然环境和变幻的空间设计，并与原建筑空间有机结合。

**泉州海外交通史博物馆基本陈列"刺桐——古泉州的故事"** "刺桐——古泉州的故事"是泉州海外交通史博物馆东湖街主体馆的基本陈列，主要展示宋元时期作为世界商贸中心的泉州的城市状况，以及因贸易而引发的不同民族的相遇相容、各种文明在泉州交织传递的历史场景。

泉州海外交通史博物馆的前身是泉州海外交通史陈列馆。"泉州海外交通史陈列馆"是1959年建馆时首个开放的陈列，设于开元寺大殿内，1972年迁至开元寺内小开元两廊，展示泉州从远古时期至明清的海外交通史，突出宋元海上丝绸之路巅峰时期的泉州盛景。1991年，泉州海外交通史博物馆新馆落成，展览仍以历史发展为主要脉络，包括远古时期闽越人的海上活动、唐五代时期泉州海外交通的发展、宋元繁荣的海外贸易以及明清时期的海外交通状况等内容。2015年，陈列关闭进行改陈。

2017年，泉州申报世界文化遗产，通史馆被改为遗产展示总馆，陈列名为"刺桐——古泉州的故事"，仍以泉州古代海外交通发展为主线，突出一批宋元时期泉州独有、世界仅存的精美文物展品和文物史迹，向公众讲述中国古代海上丝绸之路故事，传递中国与世界交流与合作的愿景。2017年10月，展览对外开放。

展览以时间为轴线，既交代历史过程，又突出宋元时期这一重点，内容分为4个部分。第一部分"向海而生"，介绍泉州走向繁荣的历史和地理原因。第二部分"东方大港"和第三部分"多元荟萃"，全面诠释泉州海上丝路巅峰时期活跃的商贸活动和多元文化。第四部分"永续传承"，宣传文化遗产保护、利用和传承的重要意义。

在空间布局上，展览力图让有限的展陈面积呈现出连贯开敞的空间感觉，以流畅的动线划分出四大展区，利用文物的场景性满足不同类型观众的参观需求。为避免观展疲惫，充分考虑展览节奏，展线中每5米左右设有重点文物展品，每20米设有多媒体辅助展览。亮点部分放在展览中场，小景箱剪贴连环画形式与半景画大场景配合3D多角度投影，再现宋元时期泉州作为"东方大港"的繁荣景象。

### 中国闽台缘博物馆基本陈列"闽台缘"

中国闽台缘博物馆的前身是泉州闽台关系史博物馆，其主题为反映祖国大陆（福建）与宝岛台湾血浓于水的历史关系。1997年，在"闽台民俗展""闽台民间艺术展""闽台妈祖信仰源流展"等基本陈列的基础上，于泉州天后宫后殿举办常设"闽台缘"专题展。展览以海峡两岸（尤其是福建与台湾）"一家亲"为主题，包括"地缘相近""血脉相连""外侮共御""文化相承""习俗相通"等5个部分。

2005年2月，在中央和省市支持下，博物馆新馆开始施工建设。2006年5月27日，展览提升后对外开放。

"闽台缘"陈列位于博物馆二楼，面积3466平方米，展线长1000米。陈列通过7个部分21个单元87个组合，以丰富的实物、文献、图片等资料，用举证的方式和对比的方法，科学、真实、直观、生动阐述台湾自古是中国的领土，祖国大陆人民与台湾同胞一脉相承、手足情深的历史事实。

第一部分为"远古家园"，以沙盘模型再现远古时期海峡陆桥相连与古人类、古动物互相迁徙的地貌景观，并展示闽台史前四个文化类型的考古实物资料，印证闽台的"地缘"关系。第二部分为"血脉相亲"，介绍闽越族东徙和历史上大陆民众移居台湾的几次浪潮，其中"唐山过台海"的大模型刻画了早期移民过台海的艰辛。第三部分为"隶属与共"，反映闽台的"法缘"关系，"早期经略""府县初设""清初统一""台隶闽省""台湾建省""回归祖国"等实物图片组合，雄辩地阐述台湾自古以来就是中国的领土。这一部分的另一板块反映的是"共御外侮"，除藏品展示，还运用历史创作、巨幅浮雕与影视组合、高科技幻影成像技术、视频演示、超写实主义仿真硅胶雕塑等现代展示手段，以可歌可泣的英雄事迹向观众进行爱国主义教育。第四部分为"开发同功"，通过大量实物资料，多元化、全方位介绍两地农耕水利、手工制作和商贸、交通等方面的交往，以及相互促进、共同发展的过程。第五部分为"文脉相承"，大比例塑造"孔庙""古戏台"，演示两地祭孔和民间演艺节目，气势宏大。第六部分为"诸神同祀"，介绍两地共同的宗教信仰。第七部分为"风俗相通"，以闽台两地岁时节庆、生命礼俗和衣食住行等共同的习俗为主要内容。

**中央苏区（闽西）历史博物馆基本陈列"红色闽西"** "红色闽西"陈列重点展示闽西人民在中国共产党领导下开展土地革命、于闽西革命根据地开创中央苏区的光辉史实，时间跨度从闽西党组织的建立到解放战争全面胜利。其前身为闽西革命历史博物馆1989年展出的基本陈列"闽西人民革命史陈列""闽西儿女战斗在祖国大地"。

"闽西人民革命史陈列""闽西儿女战斗在祖国大地"采取闽西党史革命史编年体方法，全面反映新民主主义革命时期（1919～1949年）闽西人民在中国共产党领导下的革命斗争历史。"闽西人民革命史陈列"分为"中共闽西地方组织的建立 工农运动的兴起""中国共产党创建闽西革命根据地""艰苦卓绝的三年游击战争""坚持团结抗日 开展反顽自卫""广泛开展游击战争 解放闽西全境"5个部分。"闽西儿女战斗在祖国大地"陈列作为"闽西人民革命史"陈列主线的延伸展览，反映闽西子弟兵在全国各地的革命斗争情况。

2009年4月，闽西革命历史博物馆对基本陈列进行改版。12月，改版工程竣工，"红色闽西"基本陈列对外开放。

"红色闽西"基本陈列包括6个部分18个单元，展陈面积2097平方米，展线长407米，展示文物502件，其中珍贵文物103件。第一部分"红色星火 燎原闽西"，以"马列主义在闽西的传播""中共闽西地方组织的建立""工农革命运动的兴起"3个单元介绍早期闽西党组织的建立与发展。第二部分"红色土地 开创伟业"，以"开创土地革命先河""闽西苏区的创建与中央苏区的形成""中央苏区的经济中心"3个单元介绍闽西苏区在中央苏区时期的历史地位。第三部分"红色理论 闽西奠基"，以"党和军队建设纲领的制定""中国革命道路思想的提出""党的实事求是思想路线的初步形成"3个单元介绍中国共产党在闽西开展治国理政实践的历史脉络。第四部分"红军故乡 长征起点"，以"十万工农当红军""长征的重要出发地""长征中的闽西儿女"3个单元介绍闽西儿女在长征中为争取革命胜利作出的巨大贡献。第五部分"红旗不倒 走向胜利"，以"艰苦卓绝的三年游击战争""坚持团结抗日与开展反顽斗争""坚持斗争迎接解放"3个单元介绍闽西儿女在三年游击战争、抗日战争及解放战争中艰苦奋斗、保存土地革命成果的英勇事迹。第六部分"红色摇篮 功在千秋",通过"党和国家领导人在闽西""开国将帅在闽西""闽西籍的党、国家领导人和开国将军"3个单元介绍大批治党、治国、治军的优秀领导骨干在闽西锻炼成长,许多人成为党和国家领导人,成为共和国著名将帅的光辉历程。

形式设计上,展览采用史学编年体与纪事体相结合的形式,以闽西革命斗争发展为主线,结合重要事件专题,涵盖政治、军事、经济、文化各层面,在展线相关区域设置辛耕别墅、汀江码头、苏区一条街、寥廓江天临江楼、古田会议、才溪乡调查等模拟还原场景,令观众如身临其境。

**江西省博物馆基本陈列"赣风鄱韵——江西古代文明"** 1961年7月1日,江西省博物馆在位于南昌市八一广场南端的馆舍推出基本陈列,主要介绍江西各时期考古发现、历史情况特别是代表性历史人物。1977年以前,举办有"江西省出土文物展览",按石器、铜器、铁器、陶瓷器、金银玉石5个专题进行陈列。1977年6月,对原展览进行重要修改和充实,修改为原始社会、奴隶社会、封建社会3个部分。1984年10月,改陈为"江西历史文物陈列",展出各类历史文物近千件。1989年10月,经过5个月的重新组织筹备,基本陈列更名为"江西古代文明史陈列",以历史发展顺序为线索,从石器时代至清代,分为10个部分。

1999年10月,江西省博物馆搬迁至南昌市新洲路,开馆之际推出基本陈列"灿烂的赣文化",展出面积1094平方米。2006年3月,对展览内容进行大幅度修改,展览更名为"江西古代文明",展览面积1800平方米,展出文物近500件。2013年6月,基本陈列提升为"赣风鄱韵——江西古代文明"。

展览根据突出江西特色,既有科学性、知识性又有趣味性的总体要求,按照以江西古代历史发展的时代为轴线,穿插若干小专题的总体思路进行设计。展览以专题带通史的形式,通过大量历史文物以及照片、绘画、雕塑、模型和复原景观等辅助手段,再现江西古代先民在物质文明、精神文明方面所创造的辉煌成就,秦汉以前重点表现考古学文化,汉唐以后重点表现区域性的文明成果。

展览分5个部分,展出文物500余件,其中珍贵文物400余件。第一部分"石器时代",首次展出中国稻作农业起源的重要遗址——万年仙人洞与吊桶环遗址出土的一套农业工具,包括穿孔重石器、蚌镰、石磨盘等。第二部分"青铜时代",首次将吴城遗址出土陶文进行汇集,体现吴城的国家文明形态;新干大洋洲商墓出土的青铜器、玉器,表现了江西在青铜时代的辉煌;瑞昌古铜矿出土的木滑车,表现出高超的机械设计水平。第三部分"汉唐时期",洪州窑出土的精美青瓷器物,体现卓越的生产技术创新及浓郁的时代文化风韵;精美的佛教塑像、佛塔,表现江西对南禅佛教发展发挥的重要作用。第四部分"宋元时期",通过南宋宗室墓出土水晶及玉带板组合,吉州窑、七里镇窑、景德镇窑创烧的各具特色的瓷器,矿冶技术成就,以及宋元时期包括欧阳修、王安石、曾巩、黄庭坚、朱熹、文天祥在内的众多杰出历史人物的遗迹、遗物，展现江西在宋元时期的辉煌鼎盛。第五部分"明清时期"，明代藩王家族墓出土的金银器、玉器、瓷器精美绝伦，体现出古代工艺的杰出水平。

展览在形式设计上，以面向观众、服务观众，展现馆藏优势和江西地方特色为指导思想，树立精品意识，突出展览艺术性。通过氛围营造，让观众在温馨而不失庄重、典雅而不失活泼的环境中进行艺术欣赏。展览着力打造"仙人洞人的一天""千古悬棺""豪富皇寝"3个重要场景，使观众如身临其境，与历史文化的记忆产生共鸣，反映了"以人为本"的设计理念。

井冈山革命博物馆基本陈列　井冈山革命博物馆基本陈列全面、系统地展示了毛泽东、朱德等老一辈无产阶级革命家创建井冈山革命根据地，开辟"农村包围城市、武装夺取政权"的中国特色革命胜利之路的光辉历程。该陈列自1959年10月1日预展开始，先后编制过近50个陈列方案，进行过大小10余次修改。

1959年，在"介绍井冈山革命斗争历史，突出毛泽东思想"主题思想的指导下，先后制定几个简单、朴素的陈列方案。10月1日，首次预展，向观众展示两大部分共7个单元28个小组的内容，其中第一部分为井冈山的历史、第二部分为社会主义建设。同年底，对陈列方案进行修改，增加"总路线、'大跃进'、人民公社"的内容。1961年5月开始，在江西省博物馆协助下对展览进行第三次预展修改。同年冬，经修改后再次预展的基本陈列分为6个单元，展览突出井冈山斗争历史，并把井冈山根据地的建设比较科学地划分为"初创""全盛""纠正""坚持"4个时期，展示时限为1927～1934年。

1962年3月，全国人大常委会委员长朱德重上井冈山，参观井冈山革命博物馆，并提出增加有关内容的意见。8月，博物馆拟出一个修改方案，将整个陈列浓缩为4个单元，第一单元"井冈山革命根据地创立前国内政治形势"，第二单元"井冈山革命根据地的初创时期"，第三单元"井冈山革命根据地全盛时期"，第四单元"坚持斗争时期"，另加结束语"星火燎原"。11月，按修改方案对博物馆陈列进行调整。1963年，随着革命文物、史料征集工作的不断深入，并根据上级对博物馆陈列工作要"少而精""宁精毋杂"的指示精神和观众的意见，在原有陈列展览基础上先后四易其稿，4月确定最终展览方案。7月1日，井冈山革命博物馆基本陈列对外开放，包含"井冈山革命根据地创立前的国内政治形势""井冈山革命根据地的创立""井冈山革命根据地的发展""红四军向赣南闽西进军"4个单元的主体内容和一个序幕厅、一个"星火燎原"结尾。1965年5月下旬，中共中央主席毛泽东重上井冈山，对陈列方案表示肯定。1968年，展览又一次进行修改，分为3个部分，第一部分"伟大的进军"，第二部分"井冈山革命根据地的创立和发展"，第三部分"星火燎原"。

1971年，根据国务院总理周恩来关于"要正确反映井冈山斗争的历史，要按1965年的陈列方案修改"的指示修改基本陈列，主要内容分"秋收起义和向井冈山进军""井冈山革命根据地的创立""井冈山革命根据地的发展""坚持井冈山的斗争"4个部分，结尾

"星火燎原"，于1973年2月对外开放。

1980年后，根据党的十一届三中全会精神对陈列内容加以调整和充实。在形式上，采用电影、电视、录音、录像、油画、雕塑、蜡像等现代化表现手段，做到政治性、历史性、形象性和生动性的有机统一。1987年10月1日，新展对外开放，内容布局为4个主体部分加一个序和两个实景。大厅巨型丙烯画《井冈路》反映井冈山斗争的主题寓意。序馆展示大革命失败后的国内形势、秋收起义以及罗霄山脉中段的政治、经济形势。第一部分"井冈山革命根据地的创立"，第二部分"井冈山革命根据地的发展"，第三部分"井冈山革命根据地的恢复"，第四部分"坚持井冈山的斗争"。利用馆舍二楼中厅原有左右两个楼梯间，分别制作布展黄洋界保卫战和金狮面红军游击洞两个大型实景复原。

2004年，井冈山革命纪念地建设项目列入全国爱国主义教育示范基地"一号工程"，新建井冈山革命博物馆。按照中央领导"见人、见物、见事、见精神"的指示精神，在广泛征集文物、历史文献的基础上，充分吸收党史最新研究成果，紧扣井冈山斗争历史的内容，突出强调井冈山精神深刻内涵，对陈列内容和体例进行较大修改。2007年10月27日，井冈山革命博物馆新馆"井冈山革命斗争史"提升后对外开放。整个陈列采用"红色经典，现代表述"的总体设计理念，突出对井冈山道路的叙述和井冈山精神的诠释，通过现代化的展示手段和丰富的表现形式，宣传、展示井冈山革命斗争时期的大量珍贵文物、图片、资料。内容设计采取编年体为线兼及专题的方式，分

为"中国革命道路的艰难探索""井冈山革命根据地的创立""井冈山革命根据地的发展""井冈山革命根据地的新局面""走向全国胜利""井冈山精神永放光芒"。共展出文物800余件、历史图片2000余张、大型场景21处、电视短片7个、动漫1个、美术作品34件。运用声光电和多媒体技术，将半景画、壁画、背景照片、文物、圆雕、浮雕、蜡像、旧址复原、模拟实景、幻影成像、移动视频、多屏无缝拼接视频等多种形式和场景结合起来。

**瑞金中央革命根据地历史博物馆基本陈列"人民共和国从这里走来——中华苏维埃共和国史"** "人民共和国从这里走来——中华苏维埃共和国史"陈列主要展示中国共产党领导苏区军民进行反"围剿"斗争，创建巩固革命根据地，建立中华苏维埃共和国临时中央政府的艰难历程，以及进行治国安邦伟大实践，积极开展武装斗争、土地革命和根据地建设所取得的辉煌成就，再现中华苏维埃共和国历史演变的全过程，诠释中华苏维埃共和国与中华人民共和国传承关系。

1958年1月，"中央革命根据地历史陈列"开放，系统展示中央革命根据地创建和红一方面军发展的历史。1979年，为纪念中央革命根据地创建和红四军向赣南闽西进军50周年，举办"中央革命根据地文物展览"，展品800余件，其中文物602件。1991年，为纪念中央革命根据地创建暨中华苏维埃共和国临时中央政府成立60周年，"中央革命根据地历史陈列"改陈，分"赣南闽西工农武装暴动，为建立革命根据地创造了条件""红四军向赣南闽西进军，中央革命根据地的形成""红一方面

军三次反'围剿'胜利，中央革命根据地的发展""王明'左'倾错误的严重危害，中央革命根据地军民坚持斗争""艰苦卓绝的三年游击战争"5个部分。

2007年10月，"人民共和国从这里走来——中华苏维埃共和国史"陈列对外试运行。2008年11月，修改提升后向公众免费开放。

"人民共和国从这里走来——中华苏维埃共和国史"陈列展厅分上下两层，面积4800平方米，展线长840米，展出珍贵文物300余件、照片近千张，采用场景、多媒体、幻影成像、雕塑、超现仿真雕像等现代陈列思路和手段，再现中华苏维埃共和国如火如荼的革命历史，诠释从中华苏维埃共和国到中华人民共和国、从瑞金到北京的历史轨迹，阐述共和国摇篮瑞金的历史地位。主体内容分6个部分。第一部分"中华苏维埃共和国诞生的前夜"，分3个单元展现中国红色政权理论的形成以及毛泽东、朱德率工农红军开辟赣南、闽西根据地，粉碎国民党三次"围剿"，为中华苏维埃共和国的诞生奠定基础。第二部分"中华苏维埃共和国定都瑞金"，分两个单元展示召开第一次全国苏维埃代表大会、成立中华苏维埃共和国临时中央政府、定都瑞金的历史。第三部分"中华苏维埃共和国的巩固与发展"，分4个单元展示中华苏维埃共和国临时中央政府成立后，在中国共产党领导下取得第四次反"围剿"胜利；第二次全国苏维埃代表大会在瑞金召开，中央苏区进入全盛时期。第四部分"中华苏维埃共和国治国安邦的伟大实践"，分8个单元展示中华苏维埃共和国临时中央政府领导与管理国家的伟大实践活动，以及在政

权建设、武装、社会管理、土地改革、经济、法制、文化教育、体育卫生、干部作风建设等方面取得的成就。第五部分"中华苏维埃共和国大迁徙"，分4个单元反映王明"左"倾错误给苏区带来的严重危害，红军第五次反"围剿"失败，迫使中华苏维埃共和国战略转移，完成二万五千里长征。第六部分"中华苏维埃共和国辉煌永铸"，分两个单元简要展示从中华苏维埃共和国中央政府西北办事处到陕甘宁边区政府的演变过程；中国共产党在抗日战争和解放战争时期继续进行人民政权理论的探索与实践，最终取得新民主主义革命的胜利，建立中华人民共和国。

陈列形式设计上从多层次、多视角出发，突出红都瑞金地域特色，将红色文化与客家元素相互融合，陈列风格大气、端庄又不失活泼、灵动。结合陈列内容与空间布局，在重要区域运用多媒体技术与场景结合方式重点展示，使观众加深对展览的理解。

**南昌八一起义纪念馆基本陈列"南昌起义"** 1956年12月，南昌八一起义纪念馆在南昌八一起义总指挥部旧址内开始筹建。1957年8月1日，"中国人民解放军军史展"开展，陈列以照片为主，内容时限从北伐战争至抗美援朝。1958年8月1日，"八一起义"陈列开始对内展出。1959年10月1日，南昌八一起义纪念馆成立，陈列对外开放。

1964年，经江西省委、省人委和南昌市委、市人委批准扩大场地，辅助陈列起止时间改为从北伐战争胜利发展至井冈山会师。1965年10月1日，陈列重新对外开放。1967年1月17日，因故闭馆。

1974年，恢复辅助陈列，但只对内开放。1977年7月31日，为纪念毛泽东创建井冈山革命根据地和建军50周年，纪念馆陈列更新并对外开放。南昌起义五位领导人的石膏胸像摆放于旧址二楼序厅，成为展览的亮点；浙江美院黎冰鸿创作的《欢呼胜利》油画，成为纪念馆的镇馆之宝。

1980年，根据党的十一届三中全会精神修改陈列大纲，重新布展后于1981年8月1日对外开放。1987年5月，南昌八一起义纪念馆闭馆，维修旧址，更新辅助陈列。7月12日，"南昌起义"布展完成，在原有陈列的基础上对内容进行适当调整、修改，并在总指挥部旧址的陈列中运用历史文献、图表、照片、实物、声光电等手段，全面介绍八一起义的酝酿、决定和战斗经过等。在三楼增设沙盘模型室和大型屏幕录像机，沙盘灯光显示和录像画面同步并配有解说词。

1997年5月5日，为迎接建军70周年，纪念馆闭馆改造，8月2日重新开放。此次陈列一改过去沉闷单调的陈列形式，采用多种现代化的陈列手段，如电脑喷绘电脑写真、大小灯箱、大屏幕彩电、声光电三同步沙盘模型、形象生动的图表、电脑多媒体景箱等。艺术品（如绘画、图片、雕塑、立碑等）以及实物的陈列手段都进一步提高了质量，改善了观瞻体验。陈列中还充实了史学界最新研究成果，包括对南昌起义部队序列表和104位南昌起义参加者的展示，得到各界好评。由著名雕塑家程允贤创作的《一代英豪》主题雕塑，成为展览的亮点之一。

2005年5月，为纪念建军80周年，南昌八一起义纪念馆进行改扩建工程。2007年7月28日，纪念馆举行开馆仪式。陈列布展于新的陈列大楼，展出各类图片、图表495张，文物237件/套，艺术品43件，景观及多媒体展示13组，电动沙盘3组，雕塑6组。主体陈列有"南昌起义""人民军队发展历程""党和国家领导人参观南昌八一起义纪念馆"3个部分，并在尾厅附有"英雄城南昌"新貌图片。

为纪念南昌起义暨建军90周年，南昌市启动南昌起义"一馆五址"展陈提升和外部环境优化项目。提升后的展览于2017年7月28日开幕，展出各类图片、图表509张，文物407件/套，艺术品51件，大型景观及多媒体展示8组。"南昌起义"陈列共分6个部分、21个展示单元，此外还设有3个专题展，分别是"军旗、军衔、军服展""亲切关怀""光辉历程　强军伟业"。展览特点鲜明：一是展览内容更丰富。增加"早期探索"，南昌起义参加者名录增至1042位；新增文物150余件，充分发挥文物在纪念馆陈列中的原始感染力。二是展览形式更立体、更先进。序厅采用全景性雕塑，主展线设计综合运用立体展墙、壁饰景观、场景等多种艺术表现形式，增加艺术作品，增设天心圩军人大会组合场景、五万人大会微缩模型。采用大型多媒体场景、360度全息多通道环幕投影技术，如多媒体场景"攻打敌总指挥部"还原贺龙第二十军攻打敌军指挥部的战斗过程；南昌起义战斗过程沙盘投影，集结声、光、电等多媒体形式，采用360度全息柜系统将三维画面悬浮在实景的半空中成像，实景与虚拟影像相结合，将南昌起义战斗过程呈现出来。三是注重观众互动体验。在二楼多媒体展厅增加一组多媒体魔墙，采用最先进的大屏拼接与多点触摸进行融合，支持多人操作，参观者可自主查询浏览党史军事内容、扫描二维码下载图片等，支持多种交互体验。

**安源路矿工人运动纪念馆基本陈列** 安源路矿工人运动纪念馆基本陈列主要展示毛泽东、刘少奇、李立三等老一辈革命家为践行中国共产党最早的初心和使命，到安源开辟和领导工人革命运动的历史。

该陈列于1969年、1972年、1980年、1992年、2002年、2007年、2012年进行大规模或局部的陈列修改。经陈列提升改造，陈列内容不断充实，陈列形式不断更新。

2012年7月，提升改造后的"安源路矿工人运动史"陈列开放，陈列面积2339.26平方米，展出各种文物及复制品500件／套，展线长380米。陈列主体分为序厅和"路矿规模 工业重镇""组织起来 建立团体""罢工斗争 成功范例""硕果仅存 坚持发展""工农联合 支援北伐""秋收暴动 武装割据""安源荣光 精神永存"等7个单元。重要展品有油画《毛主席去安源》、安源路矿工人消费合作社股票、安源路矿工人大罢工胜利时签订的《十三条协议》、安源工人编写的歌谣《劳工记》、革命刊物《安源旬刊》、安源路矿工人补习学校编写的《小学国语教科书》等。

**山东博物馆基本陈列"山东历史文化展"** 1956年2月13日，山东省博物馆完成基本陈列"山东地志陈列"对外开放，全面展示山东省自然、历史、社会面貌。展陈面积1800平方米，展览内容包括"自然之部""历史之部""社会主义建设之部"。同年，文化部文物管理局确定山东省博物馆通史陈列模式为全国博物馆陈列展览设计样板。

1992年10月，山东省博物馆新馆落成对外开放。"齐鲁文化风采展"作为基本陈列，陈列面积1000平方米，展出文物542件。展览分布在两个展厅，第一展厅为"原始社会至汉"，第二展厅为"三国至清"。2008年，山东省博物馆对"齐鲁文化风采展"进行改陈并向社会免费开放，展览包括3个部分，即"文明之光""齐鲁风采""汉魏辉煌"，展出文物2000余件，涉及45处遗址或墓葬发掘项目，从不同侧面展现改革开放30年山东考古发掘与科学研究工作成果。

2010年11月16日，山东省博物馆新馆向社会开放，并更名为山东博物馆。基本陈列"山东历史文化展"展陈面积3000平方米，展出文物近2000件／套，以时间为脉络，分"史前""夏商周""秦汉至明清"3个展厅。

史前展厅展出新石器时代之前山东地区的文化遗存。与"北京人"同时代的"沂源人"的头盖骨残片及7枚人牙化石，是所知山东地区最早的原始人类。山东地区新石器时代的遗存十分丰富，以"后李文化—北辛文化—大汶口文化—龙山文化—岳石文化"为代表的新石器时代文化发展谱系脉络清晰，说明这里是中国古代文明的重要起源地之一。反映这一时期的文物展品，从远古蛮荒到定居农业，从粗糙的打制石器到工艺精湛的玉器，从简单的粗制陶器到精美绝伦的蛋壳黑陶，特别是蛋壳黑陶高柄杯壁厚仅有0.5毫米，制作工艺达到制陶史上的巅峰。

夏商周展厅主要展出青铜器，以青州苏埠

屯商代遗址出土的亚醜钺、东更道泰山祭器为代表。这一时期的青铜器皿已脱离实用功能，成为重要的礼仪用器。以齐、鲁为核心的山东诸国经历西周、春秋和战国时期的发展，逐步在政治、经济、文化、科技等各方面走在时代前列。齐桓公通过"尊王攘夷"实现首霸；鲁国则忠实捍卫光大周以来的礼乐制度为己任；稷下学宫的兴盛和儒墨显学的诞生、传播深深影响几千年中国传统思想与文化。大辛庄商代甲骨是现在商朝都城安阳殷墟之外发现的唯一一片商代刻字卜甲，山东博物馆收藏商代甲骨1万余片。

秦汉明清展厅重点展示汉代丧仪礼制、魏晋佛教东兴以及明清时期山东漕运等颇具地域特色的文化遗存。自秦始皇兼并六国，齐鲁大地也被纳入大一统的版图。山东在汉代是全国最发达的地区之一，农业进步，手工业强盛，尤其冶铁和纺织业领先全国，西汉所设50处铁官中山东就有12处，临淄、定陶、亢父在汉代并称为三大纺织中心。魏晋十六国时期，匈奴、鲜卑、羯、氐、羌等多个游牧民族陆续进入山东，与本地居民相互融合，为山东的发展增添新动力。隋唐以后，山东作为最为富庶的经济区之一，人民的物质与文化生活相对富足，与海外经济贸易交流十分活跃，加之京杭大运河裁弯取直纵贯山东西部，极大促进了山东中西部的发展。

展览创新形式设计，以对山东博物馆陈列内容、特点、规律的科学探索与研究为基础，较好处理内容和形式、空间和历史、整体和局部、重点和一般、保护与展示、照明与色温的关系，采用多种展示手法和高科技辅助手段，把学术性、专业性、知识性、观赏性、趣味性统一起来，实现了内容和设计形式的完美统一。

**青岛市博物馆基本陈列"青岛史话——青岛地方历史陈列"** "青岛史话——青岛地方历史陈列"主要展示青岛地区的历史文明，时间跨度从约7000年前的东夷文明至1949年青岛解放。其前身是青岛市博物馆1984年展出的"青岛历史陈列"。

"青岛历史陈列"分古代史和近代史两部分，以青岛地区出土文物和征集文物史料为基础，以历史发展时间线为主要脉络，从政治、经济、文化等方面反映青岛地方历史文化。

2000年9月30日，青岛市博物馆在梅岭路27号新馆完成"青岛历史文明之光"布展并对外开放。该陈列分为"文明曙光""三代融汇""秦汉雄风""盛世口岸""胶澳重镇"5个部分，以青岛地区古代史的发展为脉络，从约7000年前青岛地区文明曙光至1891年青岛建置，陈列文物300余件／套，内容丰富、资料翔实，展现诸多重大的历史事件，较为系统讲述了青岛古代历史文明的发展进程。

2008年，为迎接举办第29届奥运会帆船比赛，对青岛市博物馆内部基本陈列和配套设施进行全面改造完善。6月28日，青岛市博物馆"青岛史话——青岛地区历史陈列"完成布展并对外开放。

"青岛史话——青岛地区历史陈列"包含"古韵悠长——青岛古代史"和"岁月回眸——青岛近代史"两个部分，陈列空间分布在场馆西区一层、二层的4个展厅，展陈面积2100余平方米，陈列内容上起新石器时期、下迄中华人民共和国成立，展出文物500余件／

套，诠释青岛地区自东夷文明的起源到民族独立、人民解放的历史变迁与文化演进的全过程。"古韵悠长——青岛古代史"部分包括"东夷文明溯源""齐国经济重镇""秦皇汉武巡疆""北方千载古港""道教鼎盛崂山""明清海防要地"6个单元。青岛有着悠久的文明历史和丰富的文化遗产，早在7000余年前，当史前文明曙光初照大地的时候，这里便有先民繁衍生息。从赖以生存的原始工具制作，到精美陶器和青铜器，昭示着告别原始蛮荒，向着文明不断前行；从齐国霸业的旌旗，到古港船队和道教的鼎盛，绽放出地域文化的异彩。该部分展现上起新石器时期北辛文化、下迄清代末年青岛建置前，青岛地区古代历史发展的基本脉络及诸多重大历史事件。"岁月回眸——青岛近代史"部分包括"清朝设防建置""德国殖民开发""日本强占掠夺""民族主权回归""八年抗日战争""人民获得解放"6个单元。青岛在中国近现代历史上具有重要地位。清朝末年列强入侵，中国海疆危机加深，清政府在胶州湾驻兵设防，青岛建置。其后，德国、日本先后强占青岛20余年，进行殖民掠夺。五四运动震惊中外，中国人民的反帝爱国斗争，揭开新民主主义革命的序幕。在中国共产党领导下，青岛于1949年6月2日获得解放。由于近代的特殊经历，青岛地区保存着许多富有个性特征的遗迹、建筑、街景，构成独具风貌的城市景观。该部分通过200余件文物和历史照片，从市政建设、经济、文化、教育、科研等方面，全面展现近代青岛从城市建置至获得解放的发展历程。

形式设计方面，通过对青岛地方历史文化的系统梳理和研究，提取具有青岛地域特征和人文风貌的设计元素，巧妙运用场景、沙盘、多媒体设备等烘托陈列氛围，强化青岛地区在各个历史时期的文化遗存特点，营造出独具青岛历史文化风貌的陈列展示空间。

**中国甲午战争博物院基本陈列"国殇·1894～1895——甲午战争史实展"**
2006年3月，中国甲午战争博物院启动甲午战争陈列馆工程，陈列馆建筑创造性地将象征北洋海军舰船的主体建筑与巍然矗立的北洋海军将领塑像融为一体。2008年10月，陈列馆开馆，基本陈列为"国殇·1894～1895——甲午战争史实展"，展出文物217件/套、历史照片650余张，复制了大量甲午战争时期的武器装备，展厅面积4500余平方米。

"国殇·1894～1895——甲午战争史实展"全面展示中日甲午战争历史及其对中国近代历史产生的深远影响，陈列内容分为4个部分。第一部分"战前的中国和日本"包括两个单元：第一单元"中国构筑近代海防"，展示鸦片战争后，清政府创办洋务事业，订造先进军舰，筹建近代海军，加强海防建设，增强了海上防务能力；第二单元"日本蓄谋侵略战争"，展示日本通过明治维新确立天皇专制政体，学习西方资本主义，奉行"脱亚入欧"理论，制定并推行大陆扩张国策，侵略目标直指中国和朝鲜。第二部分"日本打开战争魔盒"分4个单元：第一单元"启衅朝鲜半岛"，展示了日本在朝鲜东学农民革命爆发后，以保护在朝使馆和商民为借口大举派兵入朝，随后不宣而战，在丰岛击沉中国运兵船，挑起侵略战争的史实；第二单元"黄海大海战"，展示了

1894年9月17日中日黄海海战过程，北洋海军损5舰，日本海军遭重创，北洋海军丧失了黄海制海权；第三单元"鏖战辽东半岛"，展示了黄海海战后，日军分两路突破鸭绿江防线，从辽东花园口登陆，攻陷旅顺基地，威逼山海关和京津的战争过程；第四单元"决战山东半岛"，展示了日军发起山东半岛战役，北洋海军被困孤岛、顽强抵抗直至弹尽援绝、全军覆没的战争过程。第三部分"甲午巨痛　国耻民辱"分3个单元：第一单元"马关谈判"，展示了清政府被迫派李鸿章赴日和谈、签订《马关条约》、支付巨额战争赔款、割让领土、开放通商口岸，导致中国半殖民地程度大大加深的史实；第二单元"反割台抗日斗争"，展示了日本强占台湾，台湾军民与日军浴血奋战、沉重打击侵略者的过程；第三单元"列强掀起瓜分狂潮"，展示了西方列强趁机掀起瓜分中国的狂潮，激发了中国人民民族意识的觉醒和救亡运动蓬勃兴起的史实。第四部分"警钟长鸣"，通过党和国家领导人题词，警示勿忘屈辱历史，学习仁人志士奋起抗争、不懈探索的精神，追求民族复兴和国家富强目标。

**青州市博物馆基本陈列"龙兴寺佛教造像精品陈列"**　"龙兴寺佛教造像精品陈列"主要展示龙兴寺遗址窖藏出土佛教造像精品，体现"青州风格"佛教造像的个性化魅力。

龙兴寺遗址佛教造像于1996年7月被发现，经过抢救性发掘，共出土造像400余尊，是1996年"全国十大考古新发现"之一和"中国20世纪100项考古大发现"之一。1997年3月，"龙兴寺佛教造像展"在青州市博物馆东厅二楼开展，采取边整理修复边对外展出的形式，观众既可以看到修复后的精美造像，也可以近距离了解修复的过程。1999年12月，"龙兴寺佛教造像精品展"在青州市博物馆西厅一楼开展。2006年9月，时值龙兴寺遗址窖藏发现10周年，对展厅进行提升改造，展览在博物馆北厅二楼开放。

为充分展示精美的龙兴寺造像，展厅于2011年6月10日起进行提升改造，改造后的陈列于9月16日对外开放，面积400平方米，展出文物55件，时间跨度自北魏至北宋时期，包括最具代表性的高浮雕背屏式造像和单体圆雕造像、坐佛像、菩萨像、供养人像和罗汉像等，其中背屏式三尊佛像10件、单体佛像及菩萨像36件、精品小残件9件。展品以石灰石质造像为主，兼有部分汉白玉和花岗岩等质地的造像。

展览以中国佛教发展史为序，以龙兴寺造像为载体，展示佛教文化和佛像艺术在青州的发展历程。展览分为5个单元。第一单元为"'青州风格'的形成期"。龙兴寺窖藏出土的佛像中最早的纪年为北魏永安二年（529年），距佛教传入中国已有500余年。此期造像仍保留有北朝晚期造像秀骨清像、褒衣博带的特点，但是"青州风格"已初见端倪。第二单元为"'青州风格'的发展繁荣期"，最突出的是背屏式造像走向成熟，且形成完整的变化序列。单体佛像肉髻由高变矮，多螺发，面带微笑，体态修长，服饰轻薄体贴。菩萨面相、体态与佛像同。无论是3米多高的巨像，还是几十厘米的小型造像，无一处不精致，集中体现了古青州地区造像既大气磅礴又细致入微的特点。第三单元为"'并蒂梵花'——另一种形式的'青州风格'"。这一时期造像风格发生巨大变化，背屏式造像几近消失，单体圆雕造像蓬勃发展起来，且在体态、服饰等各方面与以往造像形成强烈对比。佛造像肉髻低圆，螺发多样，曹衣出水式的服饰展现得淋漓尽致。菩萨面相、体态与主尊相同，装饰趋向华丽。第四单元为"花落人间"。龙兴寺在唐宋时期发展盛极一时，规模宏伟，但是这一时期的出土佛像数量并不多。从出土的佛像可以看出，唐代与宋代风格有明显差别。唐代佛像多丰满圆润，服饰贴体；宋代造像则体积较小，较前代雕刻也略显粗糙，且多以罗汉像出现，坐于束腰须弥座上。古青州地区特有的造像风格消失殆尽。第五单元为"精品小件"。展示龙兴寺佛像艺术形成、发展、演变的过程，选择各时期具有代表性的佛教造像精品，按从早到晚的时代脉络衔接排序。整个展览根据学术界关于龙兴寺造像艺术风格等最新研究成果来展示文物，个体搭配合理，造型穿插有序，根据有限空间合理摆放，最大限度延伸展线长度，用生动的文字及图像等辅助展品加以衬托、说明。

陈列形式设计围绕龙兴寺佛教造像的主题展开，整体布局更是抓住青州佛教石刻艺术这一内容进行精心合理设计。展览按时代排序顺时针展示，各部分都有吸引观众的不同看点，重点部分有独立的展览空间，采用明暗环境的对比突出文物，引导观众的情绪保持在兴奋状态。图版采用最能代表龙兴寺风格的飞天为背景，通过准确、翔实、生动的展览文字让观众深入认识和接受信息。

**烟台市博物馆基本陈列"海风"** "海风"陈列主要展示烟台地区的历史文明，时间跨度从远古时期至中华人民共和国成立。

2011年，烟台市博物馆新馆落成，"海风"展览对外开放。展览充分利用烟台地区出土文物和征集文物等资料，运用现代科技手段和形式多样的艺术手法，展开一幅烟台古代海洋文明、近代开埠文化以及百年来烟台人民对独立和解放不懈追求的历史长卷。陈列彰显烟台独特的历史文化，突出其在中华文明发展史上的重要地位，是观众了解烟台历史文化的窗口。

"海风"展览展陈面积4100余平方米，展出各类文物1142件／套，在两个展厅布设"山海古韵""世纪之路"两部分内容，以历史发展阶段为主要脉络，生动展示烟台地区悠久的古代历史及丰富的近现代生活。第一部分"山海古韵"为烟台古代历史陈列，以馆藏文物为基础，辅以图片、绘画、雕塑、模型等，采用场景、沙盘、多媒体等手段，分"史前初曙""东莱兴衰""盛世仙乡""文化港湾""海防锁钥"5个单元，展现烟台地区自1亿年前生活的古生物种群至清朝末年的历史发展进程，重点展示具有烟台地域特色的贝丘文化、莱夷文化、青铜文化和海防文化等，谱写烟台地区古代文明的灿烂华章。第二部分"世纪之路"为烟台近现代历史陈列，通过丰富的实物、文献资料，辅以图片、场景、多媒体、背景油画、主题群雕等，分"开埠风云""辛亥激浪""星火燎原""抗日怒潮""烟台解放"5个单元，展现作为中国北方滨海商贸重地的烟台地区自清末开埠至新中国成立的百年风云，集中反映烟台人民反帝反封建、追求近代化进程、为中华民族独立和解放而奋斗的英雄伟业。在中西文明的碰撞融合中，烟台在城市面貌、经济结构、文化教育、生活方式等方面呈现中西合璧的新景象，形成独具特色的近代海滨城市。

形式设计方面，通过空间设计和内容设计、自由空间与秩序空间的有机结合，合理布局展览空间，注重整体空间氛围对展示内容的烘托和解读，根据展示内容营造空间造型和色彩，在声、光、电烘托下引导观众思考，增强陈列的感染力。注重通过多种艺术手段表达展品信息，科学合理排列组合文物展品和辅助展品，突出重点，层次分明，增强视觉识别力和认同感。

**潍坊市博物馆基本陈列"潍坊简史陈列"**
"潍坊简史陈列"以时代为顺序、文物为铺垫、人物为引线，并辅助以声、电、光现代科技手段，把潍坊8000年人类历史发展的长卷，形象而又直观地展现在观众面前。

展览分5个部分。第一部分"文明初曦"，集中展示原始社会4000年人类进步的历程，主要介绍潍坊地区发现的古文化和出土文物，包括距今8000余年的后李文化，以及北辛文化、大汶口文化、龙山文化和岳石文化等。第二部分"三代英华"，主要介绍潍坊地区在夏商周时期的历史发展沿革。潍坊地区有夏代都邑斟鄩、斟灌以及寒国等，商周时期分属莱、纪、亚醜、齐、莒、杞等国。有关文物古迹主要分布在潍、弥、汶三河流域。第三部分"汉唐风韵"，展现北海故郡的概况。潍坊是山东地区保存汉画像石最多的地区之一，通过画像石展览，让人们了解汉代政治、经济、军事、思想、文化、艺术及风俗习惯。佛教自东汉传入中国后，在南北朝时期迅速发展，到唐代达

到全盛，在潍坊地区留下大量佛教艺术品，有栩栩如生的佛教造像，也有内容丰富的石窟造像。第四部分"宋清撷珍"，主要介绍宋代金石学家赵明诚与著名词人李清照夫妻二人在潍坊青州生活的场景。第五部分"沧桑之变"，对老潍县的旧城街市、风俗民情与潍坊新城的勃勃英姿做对比展示。潍坊居山东中部，胶济铁路、烟潍公路贯穿其中，北邻渤海，盛产鱼盐，民族手工业发展极快，号称"八百铜铁匠、九千绣花女、十万织布机"，是商贸集散地。展览展示了潍坊近代的发展和潍坊劳动人民为争取和平和自由进行奋斗和拼搏的历程。

**河南博物院基本陈列"中原古代文明之光"** "中原古代文明之光"的前身为1949年举办的"河南历史"陈列。

1961年，河南省博物馆由开封迁至省会郑州，与省文物队联合举办"河南省历史文物展览"，展出文物2000余件。1964年，在"河南省历史文物展览"的基础上，经过深入研究、设计、制作，举办迁郑后的第一个基本陈列——"河南地方历史陈列"，集中反映河南古代历史概况。1981年，恢复"河南历史"陈列，增加新的内容，并采用新的陈列设备和手段。1998年5月1日，河南博物院新馆落成开放，推出"河南古代文化之光"基本陈列，展厅面积3200余平方米，由"序厅""文明曙光""三代辉煌""兼容并蓄""盛世英华""余光明媚"等部分组成，汇集文物精品2000余件。

2009年，河南博物院开始实施展陈与服务功能提升工程，展厅面积增加至13000余平方米。"河南古代文化之光"更名为"中原古代

文明之光"，展品数量从2000余件增加至4000余件。

"中原古代文明之光"共分7个单元。第一单元"文明曙光——原始社会时期"，着重展现中原地区远古人类和文明起源的历史过程。通过遗址群组合与文物组合的对照，直观、形象地表现从裴李岗文化、仰韶文化到河南龙山文化，从农业起源、部落氏族到城邦出现的历史过程。第二单元"定鼎中原——夏商时期"，重点展示国家的产生与青铜的辉煌。通过二里头遗址、夏代宫殿、《尚书·禹贡·九州图》表现夏文化。商代部分将郑州商城文物集中在一个高台上展示，高台下是复原的牛角祭祀坑，尽头是立国重器——铜方鼎。第三单元"制作礼乐——西周时期"，通过洛阳出土文物表现"营建洛邑——周文化入主中原"，通过鹿邑太清宫长子口墓出土的商代风格铜器表现"商承周制"，通过三门峡虢季墓文物组合解释"西周封国与宗法等级"。第四单元"逐鹿与争鸣——东周时期"，展厅中线"鼎路"构成主轴，上部竹简的吊顶是论语《学而》篇。新郑文物组合表现出礼崩乐坏，不同诸侯国的文物表现出文化的多元性。展厅最后点出秦统一中国的主题。第五单元"有容乃大——两汉魏晋南北朝时期"，由两个展厅组成：第一展厅反映汉魏洛阳城、许昌城、帝乡南阳及永城芒砀山梁王陵等内容，显示出汉代特别是东汉时期中原的核心地位；第二展厅通过运用陶俑组合、"建筑明器"组合和画像砖墙表现汉代丰富多彩的庄园文化，科技部分表现先进的冶铁技术与农业生产。南北朝部分重点表现文化的兼容并蓄与民族融合。第六单

元"盛世荣华——隋唐时期"，通过洛阳考古与文物、丝绸之路、大运河表现洛阳城的重要地位。张盛墓出土文物展示隋代生活的方方面面，武则天金简与陶俑、铜镜表现唐代人文风貌，唐三彩制作过程与陶瓷精品显示唐代工艺水平，佛教造像艺术是宗教世俗化的写照。第七单元"东京梦华——宋金元时期"，通过开封城与《清明上河图》模型，结合壁画、戏曲俑与人物雕砖表现宋代商业的繁荣、世俗文化的发展及以孝为主的礼学；通过货币与帝王展示宋代世系的传承和文化贡献；通过汝瓷、钧瓷、张公巷瓷以及众多民窑瓷器表现瓷业的辉煌。

形式设计注重展览历史文化的体现，展品展示采用精品展示、组合展示及仓储式展示等多种方式；注意对展示墙、复原坑、多媒体技术的利用，多角度展示文化；运用现代高科技手段增加展览的信息含量、增强展览的艺术效果和加深对观众的感染力。此外，提升工程中新增加面积为650平方米的华夏古乐厅和400平方米的历史教室作为陈列的外延。"历史教室"是融教学、休闲、观摩、查询、实验为一体的与观众亲密接触的综合性空间，可满足社会各界的不同需求。"华夏古乐"以中原出土音乐文物的复原开发和表演为核心，将展演和观众互动融于一体，从平面到立体，从静态到有声，拓展博物馆陈列的空间；从文化鉴赏到文化体验，创新博物馆的功能。

**郑州博物馆基本陈列"古都郑州"** "古都郑州"是郑州博物馆为适应全国博物馆免费开放，进行全面改造提升后的基本陈列。该陈列以馆藏文物为依托，以郑州辉煌灿烂的夏、商、周三代青铜文明为主线，集中展现出郑州

地区在华夏文明起源和中国早期都城发展史上的重要地位。

"古都郑州"陈列最早源于1957年展出的"郑州出土文物陈列"。"郑州出土文物陈列"共有4个展室，展示原始社会时期、商代、周代及汉唐宋等时期的出土文物。

1965年8月，结合郑州历史特点和考古新成果，推出"商代历史陈列"。1970年起，根据馆藏文物的特点，先后筹备展出"郑州出土古象化石陈列""商代历史陈列""郑州新石器时代文物陈列""古代珍宝陈列""古代石刻艺术陈列"等基本陈列。随着郑州商城遗址考古发掘工作的深入，新的考古资料和珍贵文物不断增加，博物馆于1975年对该陈列做了较大的修改。1978年冬，对陈列进行充实，于1979年2月以崭新面貌与观众见面。

1984～1986年，对基本陈列内容进行调整，以艺术专题陈列的形式推出"古代珍宝陈列""古代石刻艺术陈列"等。其中"古代珍宝陈列"精选郑州地区出土的文物珍品，突破了通史、断代史的陈列格局，荟萃了120件郑州地区出土的文物珍品，组成一幅幅历史画面，展现了本地区历史发展的轨迹和光辉灿烂的文明史。1999年12月28日，郑州博物馆嵩山路馆建成开放，基本陈列以郑州历史发展为依据，以郑州出土的珍贵文物为基础，分为"郑州文明曙光""郑州古都风采""古代文化神韵"3个部分，展示郑州的悠久历史和灿烂文化。

2008年，"古都郑州"陈列对外开放，展出各种精美文物1000余件，绝大部分为最新考古发掘成果，其中包含有4项"中国20世纪100项考古大发现"——裴李岗遗址、王城岗遗址、郑州商城遗址、郑韩故城遗址，以及入围"全国十大考古发现"的新密古城寨遗址、荥阳大师姑遗址、郑国东周祭祀遗址等，不仅提升了展览的学术品质，而且使展览更富有深度和内涵。"古都郑州"陈列打破了原有的通史类体例，以独立专题的形式，分为"山河颂·文明沃土""商都赋·王者之都""郑韩风·故都春秋"3个部分，撷取历史闪光点，精彩演绎古都主题，形成一种外分内连、透视聚焦悠远历史的新风格。"山河颂·文明沃土"着重表现郑州地区山河壮丽，古迹荟萃，从洪荒至上古，由聚落到城邦，华夏文明的起源、发展都在这里留下了清晰的轨迹。众多的早期聚落和古城遗址显示郑州地区是中华文明肇始、国家诞生核心区域之一。"商都赋·王者之都"是陈列的核心展区，分"王权国威""繁华商都""商邑民生""商都之谜"4个单元，从政治、经济、社会生活等视角全面展示早商王都的风貌。数量众多的青铜瑰宝，雄浑大气、古朴凝重，威严神秘之中彰显出王者气魄。考古成果证明郑州商城为商汤亳都，享誉世界的商文明在这里起步，并由此走向辉煌。"郑韩风·故都春秋"重点表现群雄蜂起的春秋战国时期，作为万家之邑的郑韩故都绵延横跨500年，风云人物叱咤纵横、逐鹿中原，先秦诸子的睿智泽被后世、影响深远，郑、韩疆域内出土的青铜器数量众多、鼎彝萃集，堪为绝唱。

形式设计方面，通过声、光、电等高科技手段增加与观众的互动；通过多角度、多层次的展示集中展现郑州地区在华夏文明起源和中国早期都城发展史上的重要地位，着重表现"郑州商都和郑州古都群"这一特有的标志性历史文化遗存。总体设计简约大气，古朴厚重，体系完整，结构谨严；形式设计紧扣主题内容，空间规划科学，展线设置通顺流畅；互动参与设施设计精巧，生动有趣，专业性、学术性和知识性、趣味性、观赏性有机结合，在文物藏品、展示主题、表现形式、空间布局、语言运用等方面都突出了自己的个性和特色。

**洛阳博物馆基本陈列"河洛文明"** "河洛文明"系洛阳博物馆自主策划举办的大型通史类文物陈列，位于新馆展厅一楼，展示面积近4000平方米，展出文物2000多件。

"河洛文明"陈列的前身为洛阳博物馆老馆的基本陈列"洛阳历史文物陈列"，是1974年5月洛阳博物馆老馆展楼落成后举办的首个大型基本陈列，展出面积1700平方米，展出文物2100余件／套。陈列内容分"原始社会时期""奴隶制时代——夏商周时期""封建社会——两汉魏晋南北朝时期""封建社会——隋唐五代宋时期"4个单元。1989年改陈后，分为"文明序幕""夏商""两周""汉魏""隋唐宋元"5个部分，展出文物1300余件／套。此次改陈精简了文物展品，在"文明序幕"部分复原了菱齿象化石和房屋模型，在展览形式和内容上做了有益的探索。1999年，为迎接中华人民共和国成立50周年，洛阳博物馆基本陈列再次改造提升，更名为"永恒的文明——洛阳文物精品陈列"，分"史前时期""夏商时期""两周时期""汉魏时期""隋唐时期"5个部分，展出文物精品1016件／套。

2011年4月，洛阳博物馆新馆开馆，基本陈列"河洛文明"对外开放。"河洛文明"基本陈列以文物为载体，以洛阳5000年文明史为脉络，以五大都城遗址为重点，以儒、释、道、玄学、理学在洛阳的诞生、发展为背景，全方位多角度阐释了"河洛文明"的内涵及其在中华文明发展史上的重要地位。"河洛文明"的时间跨度从旧石器时代延续到北宋，以顺时针方向分布在展馆一楼的3个大展厅：史前及夏商周厅、汉魏厅、隋唐五代北宋厅。各展厅均以时代顺序划分为若干单元，结构严谨而富于变化。史前及夏商周厅主要展出洛阳出土的石器、古菱齿象化石、仰韶文化彩陶、龙山文化黑灰陶、二里头文化陶器、商周青铜器等文物精品。汉魏厅主要展出洛阳出土的汉魏陶器、陶俑、石刻、青铜器、金银器、玉石器等。隋唐五代北宋厅主要展出洛阳出土的隋唐建筑构件、唐三彩、铜镜、金银器以及宋代各窑口瓷器、瓷枕等精品文物。

"河洛文明"的3个展厅各具特色。史前厅与夏商周厅连为一体，暗合夏代脱胎于原始社会这一历史大背景。史前厅依托古菱齿象化石的复原展示，构建沉浸体验式的原始先民狩猎场景。为形象直观地说明二里头遗址的重要发现，在夏商周厅入口处的地面以下，等比例缩建了1号、2号宫殿建筑基址和出土绿松石龙形器的贵族墓。汉魏厅重点展示东汉、曹魏、西晋、北魏文物，运用了较多的多媒体，进一步解读文物背后的时代背景。隋唐厅以宫廷红为主色调，简洁大气，展现了恢宏的时代气息。五代北宋厅与隋唐厅相连，中间以月门相隔，跨过月门，展柜中琳琅满目的宋瓷将人们带入两宋的清新婉约。"河洛文明"的形式设计紧扣展览主题，将河洛地区的代表性文物及其背后的时代风貌融为一体，营造出较好的展览氛围。

## 南阳汉画馆"南阳汉画像石基本陈列"

"南阳汉画像石基本陈列"是南阳汉画馆新馆基本陈列，展厅面积2400平方米，共展出172块精品汉画像石，主要展示南阳地区的汉代文明，时间跨度从西汉中期偏晚至东汉晚期，其前身是1978年展出的"南阳汉代画像石陈列"。

1978年，采用具有南阳汉代画像石墓特点的"回"字形结构，从馆藏1000余块汉代画像石中精选189块陈列展出，按画像内容分为"汉代科学""汉代艺术""汉代生活""历史故事与谶纬迷信"4个部分。

1999年，南阳汉画馆新馆工程竣工，完成"南阳汉画像石基本陈列"布展工作，12月27日对外开放。2010年11月、2015年8月，先后两次进行改陈。

"南阳汉画像石基本陈列"分7个单元。第一单元为"序厅"，有民国24年（1935年）罗震专员题写的"汉画馆"门额和《南阳汉画馆创修记》碑，南阳赵寨汉墓、邓州市长冢店汉墓、中原机校汉墓沙盘模型，前言中英文版面、汉画版面、汉画像石版面、陈棚彩绘汉墓照片等辅助展品，以及方城县东关汉墓墓门原状展出等。第二单元"综合厅"，有三部分内容：生产劳动画像主要有耕耘、捕鱼等；建筑类画像主要有双阙、厅堂、门楼等；历史故事类画像主要有二桃杀三士、鸿门宴、西门豹除巫治邺、赵氏孤儿等。第三单元"社

会生活厅"，有达官显贵投壶宴饮、车骑田猎、斗鸡走狗、往来拜谒等生活场景，也有拥彗、端灯、捧奁、执戟和持盾等诸多奴婢侍吏的形象。第四单元"天文与神话厅"，有日月同辉、日月合璧、北斗星、彗星、牛郎织女星座、东宫苍龙星座、四神天象等具有天文学价值的画像，还有与天文密切相关的神话形象和故事，诸如阳乌、日月神、嫦娥奔月、羿射十日、雷公、风伯、雨师、河伯以及伏羲、女娲等，这些画像融天象与神话为一体，具有自然科学与人文科学的双重价值。第五单元"角抵厅"，有击技、搏熊、刺虎、斗牛等画像，这些画像中的人和动物形象夸张，富于感染力。第六单元"舞乐百戏厅"，有各种舞蹈、杂技和乐器演奏形象，建鼓舞、七盘舞各展风姿，飞剑跳丸、倒立异彩纷呈。第七单元"祥瑞升仙厅"，有鹊、龙、凤、鹤、鹿、龟、大象、双头兽、九头兽、大螺等诸多祥禽瑞兽的形象，以及西王母、羽人戏龙、乘龙骑虎的升仙场景。

陈列的形式设计改变以往单调乏味的石块罗列方式，采用现代化的装饰材料和独具风格的设计构想，迎门大厅内是一对昂首而立的汉代大型石雕——天禄、辟邪，序厅入口处由粗粝而又厚重的石墙连接挺拔的双阙营造出浓郁的汉文化氛围。

该陈列中拓片与照片适当相映，单元说明版面与个别展品辅助版面及其他辅助展品为展览主题与内容点睛服务，注重整体背景与氛围的营造，在合理的多样化布局下使展览主题突出，内容与形式达到有机结合。如以石刻画像为主要展品，辅助以清晰度较高的拓片弥补个别展品模糊不清的缺憾，以照片形式表现展品

的艺术肌理感，观众能够轻松参观学习。

在辅助展品上侧重设置互动内容与器物，如投壶、仿古乐器、汉服等。在参观间隙，观众可体验投壶等游戏的乐趣、欣赏悦耳娱目的仿汉乐舞表演。

**开封市博物馆基本陈列"八朝华章——开封古代历史文明展"** "八朝华章——开封古代历史文明展"主要展示从新石器时代到元、明、清时期直至民国时期"八朝古都"开封的发展沿革和兴衰历史，阐释开封在中国都城发展史上的重要地位。

"八朝华章——开封古代历史文明展"位于开封市博物馆二层北厅，以历史发展为序，分为"新石器时代""夏商周时期""春秋战国时期""秦汉时期""魏晋南北朝时期""隋唐时期""五代和宋时期""金元时期""明清时期""民国时期"10个部分，集中展示古都开封的发展沿革、兴衰历史和文化繁荣景象。

展览自2008年开放以来进行过多次调整，尤以2010年、2015年和2016年调陈的内容和格局变化最大。2010年，开封市博物馆遴选文物充实展览，设计并增添相关辅助展具展品，提升该展的历史文化价值。2015年，根据专家学者对夏都老丘的论证和认可，开封市博物馆对该展进行重大调整，将展览标题中的"七朝"变更为"八朝"，即"八朝华章——开封古代历史文明展"。

2016年，对展览的大纲文字内容进行重新设计，由原来的7个部分扩充为10个部分。展览总展线长136米，展陈面积520平方米，展出文物480余件/套。第一部分展示尉氏县断头岗新石器早期裴李岗文化遗址、椅圈马遗址、龙山文化遗址和杞县竹林仰韶文化遗址、鹿台岗遗址的发掘情况。第二部分展示夏都老丘即在开封城东北20千米处的"国都里"，以及商周之交周文王之子毕公高在开封一带修筑城池的历史情况。第三部分主要展示春秋时期郑国及郑庄公、启封城的历史，以及魏国争霸和秦将王贲水灌大梁城的历史。第四部分主要展示秦毁大梁后，大梁的行政设置沿革。第五部分展示魏晋时期开封籍名士阮籍、阮瑀及社会名流的生活，以及南北朝时期城市称谓由浚仪到梁州再到汴州的变动发展。第六部分展示隋炀帝开大运河，促进南北经济的交流和发展，以及宣武军节度使李勉扩筑汴州城。第七部分展示五代时期开封作为后梁、后晋、后汉、后周都城以及宋代东京的历史地位。第八部分主要展示金朝开封沦为陪都，以及元代河南江北行中书省省会开封的境况。第九部分展示明代周王封藩之地、清代中原首府以及明清河南社会经济繁盛的景象。第十部分展示开封在民国和抗战时期不同阶段的发展境况。

展览依据大纲将主体建筑、公共空间、陈列空间进行一体化整体形式设计，在136米长的展线上着力打造出突出古代开封历史文化元素的全景式展览空间。展览图文并茂，通过实物呈现、场景复原、虚拟演示、互动展演等艺术表现手段，使文物和展板有机融合，使广大观众能够从展览中获得丰富的历史文化和文物知识，全面系统了解古代开封的历史脉络。

**鄂豫皖苏区首府革命博物馆基本陈列"红色大别山"** 1990年，鄂豫皖苏区首府革命博物馆开馆，基本陈列重点展示第二次国内革命战争时期党和红军在鄂豫皖苏区十年革命斗争史。整个展览分为"门厅（序厅）""鄂豫皖苏区的形成""苏区首府的建立""苏区的政权建设和土地革命""苏区的经济、文化建设""苏区的扩大与红军的发展""苏区的游击战争"7个部分，着重展示鄂豫皖苏区首府建立前后的基本情况、苏区党和红军及人民群众的英勇斗争，反映苏区首府的历史地位和作用。

2001年，为加强鄂豫皖苏区首府革命博物馆的社会教育功能作用，在充分吸收大别山革命历史研究最新成果及最新博物馆展陈技术手段基础上对基本陈列进行全面改陈，确定主题为"风云大别山"，展示从土地革命战争时期到解放战争时期大别山风起云涌的革命史。

展览共分4部分。第一部分"奋起斗争·鄂豫皖苏区初步形成"：在中国共产党的领导下，大别山区开展如火如荼的武装斗争，1927年黄麻起义后开辟了鄂豫皖边界地区武装斗争的第一个立足点——柴山保根据地，在长江北岸率先树起"井冈山"的旗帜。此后，柴山保"工农武装割据"的星星之火迅速在大别山形成燎原之势，鄂豫边、豫东南、皖西北根据地先后建立，鄂豫皖苏区初步形成。第二部分"大放异彩·新集成为鄂豫皖苏区首府"：1931年，红军攻克位于鄂豫皖苏区中央的新集，将其改为新集市，根据地党、政、军领导机关相继迁至新集，新集成为鄂豫皖苏区的首府和政治、经济、军事、文化中心。苏区军民在党的领导下，军事斗争取得节节胜利，政权建设、经济建设、文化建设和土地革命运动也广泛开展起来。1932年，红四方面军第四次反"围剿"失利后，红军主力被迫转移。第三部

分"重组红军·坚持大别山区的斗争"：红军主力转移后，国民党残酷的清剿没有吓倒英勇的大别山人民。在党的领导下，大别山人民投入新的战斗，重建红25军，新建红28军，为保卫和恢复苏区进行了艰苦卓绝的斗争。第四部分"红旗不倒·迎接全国革命的胜利"：抗战爆发后，大别山区人民配合新四军与日伪进行了长期不懈的斗争。抗战胜利后，国民党公然抢夺人民胜利果实，调集重兵大举进攻中原解放区，发动全面内战。大别山区人民全力配合人民解放军与国民党展开针锋相对的斗争，经中原逐鹿、支援渡江、剿匪建政，彻底摧毁国民党在中原地区的反动统治。

2013年，结合"党的群众路线教育实践活动"开展，鄂豫皖苏区首府革命博物馆对基本陈列进行部分调整和完善，主题更名为"红色大别山"，彰显大别山28年红旗不倒的历史地位；丰富内容，重点充实建党初期、大革命时期、抗日战争和解放战争时期大别山革命斗争史实；灵活形式，增加现代科技展陈手段。通过改陈，显著提高了基本陈列的感染力和教育功能。

**湖北省博物馆基本陈列"曾侯乙墓——战国早期的礼乐文明"** "曾侯乙墓——战国早期的礼乐文明陈列"是湖北省博物馆重要基本陈列，历次筹展、改陈与曾侯乙墓文物的出土、整理、研究基本同步。

1978年，曾侯乙墓发现于湖北随县（随州市）城郊擂鼓墩，墓主人为战国早期曾国国君乙，墓葬出土文物万余件。1979年，湖北省博物馆在曾侯乙墓发掘成果基础上设"随县曾侯乙墓出土文物"基本陈列，展厅面积800平

方米，着重强调考古的重大发现、礼坏乐崩时代的阶级斗争、楚文化的体现、编钟在音乐文化和金属铸造技艺上的成就以及中国古代劳动人民血汗和智慧的结晶等。1988年，陈列主题改为"曾侯乙墓出土文物展览"，采用李学勤提出的"曾随合一"假说，淡化曾侯乙墓属于楚文化的说法，强调该墓的发现在考古学、历史学、天文学、冶金铸造、物理声学、音乐和艺术上等多方面取得的成就。展览结合编钟现场展演，使湖北省博物馆基本陈列有了全新面貌。1999年，陈列主题改为"曾侯乙墓"，放弃以往考古学器形描述和楚文化的相关介绍，着重介绍先秦的礼乐制度、科技水平、音乐文化、漆器和玉器艺术，文字说明首次增加英文。以曾侯乙主棺为代表的一大批漆木器原件脱水和髹漆甲胄的复原展出，使陈列的内容丰富性、观赏性都有很大提升。

2007年，湖北省博物馆二期综合馆建成，提供2000平方米的空间陈列曾侯乙墓文物。展览以"曾侯乙墓——战国早期的礼乐文明"为题，分为"序厅""曾国之谜""墓主与年代"等部分。展览吸收最新研究成果，采用"曾随合一"以及曾国虽受楚国影响但本质仍是中原文化的学术观点，将曾侯乙墓文物置于公元前5世纪的世界文明中进行比较。在展览中介绍考古学家谭维四以及解放军在发掘工作中的贡献，并展出中国科学院古脊椎动物与古人类研究所复原的曾侯乙塑像。强调曾侯乙墓文物的科技含量，增加"衣箱"单元，介绍战国时期的天文学成就。应用高新技术，通过多媒体展示编钟音乐性能、键盘演奏编钟、二十八宿等天文学知识视频等。

在形式设计上突出4点：一是前次改陈为突出文物降低的照度重新恢复；二是曾侯乙编钟展示空间采用天圆地方、全透明玻璃展柜形式；三是先秦礼乐制度、天文、律学、声学、冶金铸造、青铜纹样艺术和古文字多方面成就的展板图像化、检索数字化和网络化，为建设虚拟博物馆打下基础；四是全部墙柜、中心柜采用制式金属柜，重要文物有独立的安防、恒温、恒湿系统。

**荆州博物馆基本陈列"江汉平原楚汉青铜文化展"** "江汉平原楚汉青铜文化展"的前身是1986年荆州博物馆陈列大楼建成后举办的"铜器通史"陈列。1999年，展陈全面升级为"江汉平原楚汉青铜文化展"，展陈面积400平方米，展出江汉平原考古发掘出土的商周、秦汉时期具有代表性的青铜器256件/套。

"江汉平原楚汉青铜文化展"分为3个单元。第一单元"殷商南土　周道尊尊"，展现孕育于江汉平原的原始土著文化在夏、商时期的发展脉络及青铜器遗珍，在西周时期逐渐形成区域青铜文化特色。代表性展品有花纹繁缛、体现"重酒"制度臻于完善的商代晚期牺首栖鸟兽面纹铜尊、羊首兽面纹铜罍、平底铜斝等，以及反映列鼎制度完善、"重食"礼制与宗法制度成熟的西周中期铜鼎、簋、虎尊、曾国铭文铜簋等。第二单元"问鼎中原　逐鹿群雄"，展现东周楚国高度发达的青铜文化。展品包括鼎、簋、盏、盘、匜等春秋楚国青铜器，重点展出制作精细、工艺发达的战国青铜器，代表性展品有天星观一、二号楚墓铜编钟、升鼎、簋、罍、炉、炭篓、漏铲、盘、匜等及四代"越王剑"。中国南方的楚国青铜文化与中原等地区的青铜文化交相辉映，创造了中国古代青铜文明继商末周初之后的又一个高峰。第三单元"秦汉一统　楚风遗韵"，展现秦汉时期中华民族大一统、大融合之中的青铜文化遗韵。代表性展品有秦代铜蒜头壶、扁壶、鍪、镜等。汉代铜器沿袭秦代简洁实用之传统，生活日用器丰富，尤以鼎、壶、镜居多，器形小巧，贵族铜器仍不失精致华美，颇具先楚遗韵。

形式设计方面，照片、线图、表格、文字、模型、影视等与内容设计相得益彰、精彩互现，文物阐释详细，历史文化丰富，互动体验良好。

**武汉博物馆基本陈列"武汉古代历史陈列"**　"武汉古代历史陈列"展陈面积1400平方米，展出文物1000余件，通过最能代表和反映武汉地区人类文明史和智慧结晶的历史文化遗产，以历史学、考古学等学科研究成果为依据，展示武汉地区自旧石器时代至1949年武汉解放期间数千年的历史发展脉络，重点突出商代盘龙城、三国军事要津、隋唐双城繁盛、宋代制瓷业、明清九省通衢等重要历史阶段。

展览分为5个部分。第一部分"江汉曙光"（史前时期），通过新石器时代屈家岭文化和石家河文化遗址出土文物反映武汉地区人类文明发展的渊源。第二部分"商风楚韵"（夏商周时期），展示约3500年前的商代方国宫城盘龙城遗址的历史面貌和春秋战国时期楚文化的风采。第三部分"军事要津"（秦汉魏晋南北朝时期），再现从秦统一天下至三国两晋南北朝动荡分裂、武汉渐成逐鹿之地的时代画面，将武汉地区的政治、军事地位及发展变

化作为展示重点。第四部分"水陆双城"（隋唐宋元时期），从多角度、概括性地呈现武汉地区隋唐盛世的辉煌及其发展、宋代文人治下的经济繁荣与衰退、元代社会剧变与民族交融。第五部分"九省通衢"（明清时期至汉口开埠前），以明楚昭王朱桢陵寝发掘出土的文物为主线，辅以历史文献、考古资料、建筑模型、雕塑绘画等多种陈列设计手段，真实再现明清时期至汉口开埠前武汉资本主义萌芽阶段商贾辐辏、帆樯林立的历史。

展览把满足观众的欣赏需求作为出发点，将传统陈列制作工艺与现代科技材料结合、静止的文物展示与流动的数字动画结合、大型的场景复原与精美的展示道具结合、武汉地方历史的厚重写实与陈列艺术的浪漫轻灵结合，真实展现武汉地区从人类史前文明逐步发展至明清商贸繁盛的历史进程，精彩呈现汉文化在楚文化与长江流域文化中独特的个性特征，营造出具有地域色彩的人文主义艺术氛围。

"武汉古代历史陈列"自开展以来，武汉博物馆依据考古研究成果、考古新发现以及观众需求的变化，多次对展览进行调整提升，更新展品，创新展陈技术手段，增加展览的知识性和趣味性。

**辛亥革命武昌起义纪念馆基本陈列"为天下先——辛亥革命武昌起义史迹陈列"**　"为天下先——辛亥革命武昌起义史迹陈列"展览面积2000平方米，展品595件，其中文物202件/套。展览以文物、历史图片为主干，辅以艺术与科技展品，全景式展现武昌起义的背景、经过、结局与影响，讴歌孙中山和辛亥革命先驱推翻帝制、创建共和的伟业，揭示和弘扬湖北

辛亥首义志士"为天下先"的革命精神。该陈列的前身为1981年展出的"辛亥革命武昌起义纪念展览"。

"辛亥革命武昌起义纪念展览"自1981年辛亥革命武昌起义纪念馆建馆伊始就对外展出，布展在该馆所依托的武昌起义军政府旧址主楼一楼，展览分为"起义前湖北社会概况""武昌起义的准备""武昌起义""湖北军政府的成立""武汉保卫战""推翻帝制 建立民国"6个部分。1986年，为纪念孙中山120周年诞辰暨辛亥革命75周年，辛亥革命武昌起义纪念馆对展览进行改陈，增加"纪念武昌起义"部分，展题改为"辛亥革命武昌起义史迹陈列"。2001年，为纪念辛亥革命90周年再次进行改陈，在旧址西配楼上下两层布展，展览以武昌起义为基本线索，展现辛亥革命全貌，分为"清朝末年的湖北武汉""反清革命的孕育""武昌起义""鄂军都督府的建立""阳夏保卫战""各省响应 民国肇建""纪念武昌起义"7个部分。

2013年，纪念馆议员公所旧址完整复原，"辛亥革命武昌起义史迹陈列"改在议员公所旧址北楼布展。为更好彰显辛亥革命武昌起义纪念馆的主题与特色，并适应扩大的展场面积，展览方案从结构到内容进行较大变动与调整，武昌起义的内容更加突出，展品数量尤其是文物展品数量大大增加，展题改为"为天下先——辛亥革命武昌起义史迹陈列"。展览分为4个部分，第一部分之前有序厅，第二、三部分之间有影院，内容环环相连，有历史的系统性和连续性，形式则各自独立，以别具的特色营造整体的风格及美感。2014年10月18日，

新展对公众开放。

第一部分"风动汉上"，分为"欧风美雨下的湖北""张之洞与湖北新政""湖北谘议局及其活动""革命的孕育"4个方面。第二部分"武昌首义"，分为"湖北共进会与文学社""起义的准备""起义的发动""省内各属响应"4个方面。第三部分"走向共和"，分为"鄂军都督府的创立""都督府的文告与举措""阳夏保卫战""各省响应与民国肇建"4个方面。第四部分"复兴之光"，分为"辛亥革命的历史地位""辛亥革命百年纪念"两个方面。

影院配置动感平台、高流明投影机、高品质音响以及巨型"L"形屏幕，以声音、影像、动感、热感等给观众以置身首义之夜的体验。影片名为《首义之夜》，时长6分钟，由"序曲""工八营起义""抢占楚王台""炮队马队入城""进攻督署""尾声"6节组成。

展览形式设计围绕主题内容，突出重点，并注重营造环境展示"史迹"类重要展品，使文物在原有环境中给予观众最真切的认识和感受。

**武汉市中山舰博物馆基本陈列"一代名舰——中山舰复原及史迹陈列"** "一代名舰——中山舰复原及史迹陈列"以"舰"为主体，通过"背景篇""历程篇""尾声篇"全方位展示一代名舰的风雨航程。

"一代名舰——中山舰复原及史迹陈列"包含"中山舰舰体复原陈列"和"中山舰史迹陈列"，分布在一楼展厅和二楼展厅，面积5000余平方米，展线长近1000米，展出文物400余件。展览内容包括中山舰经历的"护国运动""护法运动""孙中山广州蒙难""中

山舰事件""武汉会战"五大历史事件，全程展示名舰传奇经历。

"中山舰舰体复原陈列"将舰体作为主体文物陈列于大厅内，展示按照民国14年（1925年）中山舰原貌复原的中山舰舰体外观、舰载装备以及大官厅、驾驶室、士兵舱、无线电报房等舱室，保留武汉会战时期的战争痕迹，四周展区分别布置中山舰被整体打捞、修复、迁移及中山舰大事记、历任舰长简介等相关辅助展项内容。

"中山舰史迹陈列"按照历史时间、事件的先后顺序向观众介绍中山舰（永丰舰）从日本订购、归国后跟随孙中山先生经历的一系列重大事件以及在武汉保卫战中被日军击沉在武汉长江金口流域的过程，揭示中山舰在中国近现代史上特有的贡献以及留给后人的启示。第一单元"国运艰危　名舰出世"，介绍在中国近现代屈辱的历史背景下，中国海军的成长及中山舰（永丰舰）诞生的来龙去脉。第二单元"风雨航程　血染大江"，介绍中山舰在中国近现代史上的特殊历史地位和价值，以孙中山避难永丰舰、中山舰金口海空大战的重点场景为亮点，讲述中山舰跌宕起伏的传奇故事。第三单元"昂首重生　永铸丰碑"，介绍中山舰打捞、修复、保护及博物馆开馆的过程。

形式设计方面，舰体复原部分按照修旧如旧的原则，还原中山舰更名时的外貌，并对各舱室进行场景复原，如大官厅、二官厅、厨房、旗房、电报室、士兵舱、盘机舱等部位；整个陈列将大环境、大空间与大事件、大主题相结合，运用建筑装饰艺术、陈列艺术、虚拟艺术、纯艺术以及物理原理的表现语言，较为

真实地反映历史原貌，在博物馆"大陈列"展览理念和实践上作出新的尝试和探索。

**湖南省博物馆基本陈列"长沙马王堆汉墓陈列"**　"长沙马王堆汉墓陈列"展示马王堆西汉轪侯利苍家族墓地出土文物。

1974年4月，湖南省博物馆文物库房建立"长沙马王堆汉墓出土文物陈列"专馆，总面积3510平方米。该陈列以马王堆一号墓木椁为设计蓝本，结合马王堆汉墓考古成果，展出文物100余件。该陈列于1974年7月至2002年底对外开放，期间进行若干次调整。

20世纪90年代初，湖南省博物馆新建一幢面积为1.4万平方米的现代化陈列大楼，2003年1月对外开放。其中"马王堆汉墓陈列"面积1500余平方米，展品230余件／套，陈列内容分为"考古大发现""走进轪侯家""彩棺巨椁""千古遗容"4个单元。

2008年，湖南省博物馆免费开放后，为能容纳更多观众参观，对原馆舍实行改扩建。2017年11月29日，湖南省博物馆新馆对外开放。改建后的"长沙马王堆汉墓陈列"面积5000余平方米，展出文物1000余件。

展览分为4个单元。第一单元"惊世发掘"，展出木柄铁锸、"利苍"玉印、帛画《车马仪仗图》、兵器架等文物。利用文献和考古材料，用客观、真实的视角讲述马王堆谜一般的传说及马王堆三座墓葬的发现、发掘情况及影响，介绍墓主的身份及其所生活的年代，让观众了解汉代葬制和相关考古学知识。第二单元"生活与艺术"，展出漆屏风、奏乐俑、彩绘木俑、二十五弦瑟、食物标本、漆食具、丝织品、朱红菱纹罗丝绵袍等文物。利用

出土文物对墓主一家的衣食起居状况进行还原，进而反映当时农业、手工业取得的卓越成就，漆器、丝织品制造所达到的艺术水平，以及音乐文化的昌盛。第三单元"简帛典藏"，展出《天文气象杂占》《五星占》《五十二病方》《导引图》《老子》《周易》《相马经》等帛书，集中展示帛书所记载的天文、医学等方面成就。第四单元"永生之梦"，通过"T"形帛画、黑地彩绘漆棺、朱地彩绘棺、木椁和遗体标本，反映汉代人"事死如生"的观念。

陈列在内容和形式设计上有两个鲜明特点：一是内容设计在原有基础上体现新的学术成果，既有对文物基本信息的简要说明，又通过辅助展板对文物作深层次解读，让观众能够深入了解展品社会功能及相关的礼仪、典章制度、风俗等，更是延伸展示；通过现代多媒体技术进行深入解读与比较研究成果展示，满足观众更深层次的需求。二是形式设计上简练明快，突出重点文物，实现内容与形式的完美结合。

**韶山毛泽东同志纪念馆基本陈列"中国出了个毛泽东"** 1959年，韶山毛泽东故居曾陈列与毛泽东童年、少年生活有关的文物和革命活动文物，毛泽东致韶山群众的重要信件，以及国际友人赠送的礼品等。

1962年10月1日，陈列内容主要有"毛泽东同志青少年时代的生活和初期革命活动""毛泽东领导中国共产党在民主革命时期的革命历史""部分外宾赠送的礼物、照片和题签"3个部分。

1964年10月1日，韶山毛泽东同志旧居陈列馆建成并对外开放，基本陈列以"毛泽东同志的青少年时代及其革命活动"为主题，分4个展厅展示毛泽东的青少年时代直至领导创建井冈山革命根据地的历程。1965年，增加第五展室"毛泽东在抗日战争时期"，第六展室"毛泽东在第三次国内革命战争时期"，第七展室"毛泽东在社会主义革命和社会主义建设时期"。其后几经修订。

1979年至1981年初，对陈列进行部分调整和修改，注意贯彻实事求是的精神，把毛泽东的生平业绩摆在党和人民的集体奋斗中，摆在党的领导集体贡献中来反映。1983～1986年，陈列馆改陈，按党史分期分为8个展室。

为纪念毛泽东100周年诞辰，从1993年5月起对陈列进行重大修改，于12月26日对外开放。陈列改造牢牢把握"韶山毛泽东同志纪念馆"名称个性：一是从"韶山"地方特点的角度考虑，在陈列中注意突出毛泽东的家庭、青少年时代直至上井冈山以前的革命活动；二是从馆名主体"毛泽东同志"考虑，在陈列中既突出毛泽东生平业绩，也按照党的决议实事求是宣传毛泽东；三是从"纪念馆"考虑，陈列着眼于毛泽东的"一生"，立足于反映"第一位的"毛泽东的历史功绩和重大贡献。在内容上，将过去按党史分期的传统做法改为按毛泽东生平业绩特点和毛泽东思想发展阶段分为5个展室17个专题陈列。修改后的陈列有版面312块、展柜83个，展示文献资料245份、照片172张、毛泽东手稿100件、毛泽东文章和著作101篇／本、实物72件、雕塑6尊、模型5个、场景复原6处、图表37张、油画6幅、国画4幅。重点进行陈列形式改革，采用大手笔、形象化手法，适当缩小陈列面积，使内容更加精练和集中，重点和特色更为突出和鲜明。适当运用场景复原、画图点缀、雕塑模型烘托以及声、光、电配合等多种形式。

为纪念毛泽东110周年诞辰，从2002年起对陈列进行改陈，于2003年12月26日对外开放。这次改陈第一次选用"中国出了个毛泽东"作为展标，展出版面386块、实物436件、照片378张、艺术品22件、置景12个、多媒体12个、触摸屏5台。

2012年8月，为纪念毛泽东120周年诞辰，纪念馆对原馆舍进行重建，基本陈列"中国出了个毛泽东"从内容到形式重新改陈布展。2013年12月24日，改造后的陈列对外展出，延续2003年形成的陈列主题——"中国出了个毛泽东"。

**刘少奇同志纪念馆基本陈列"伟大的探索者，卓越的领导人——刘少奇生平业绩陈列"** "伟大的探索者，卓越的领导人——刘少奇生平业绩陈列"于2008年11月刘少奇110周年诞辰之际重新布展，采用生平与专题相结合的展示方法，全面介绍刘少奇的生平、思想及功绩。

陈列采用将珍贵历史照片、文献资料、馆藏珍品文物、场景复原、视频播放相结合的展现手段，生动再现刘少奇的一生。陈列展陈面积1600平方米，展线长600米，展出藏品190余件，重要展品有刘少奇用过的放大镜、望远镜、棕黄色牛皮箱、地球仪，以及花明楼农民罗德明"文化大革命"中冒死保存的刘少奇主席标准像等。其中一张1952～1969年刘少奇用过的写字台是一级文物，陈列于纪念馆第三展厅。

陈列分为5个部分。第一部分"不懈奋斗，为了中华民族的独立和解放"，表现刘少奇是新中国缔造者之一的形象。该部分采用半景画场景复原、幻影成像、声光电地图、模型展示等辅助陈列手段。如用半景画场景复原形式呈现刘少奇与毛泽东、杨开慧在长沙清水塘会面的场景，三人的雕塑与场景完美结合。再如使用幻影成像设备还原刘少奇领导安源大罢工的场景、使用声光电地图描绘刘少奇与红军长征的示意图、使用模型复原新四军重建后军部泰山庙、使用硅胶塑像还原中共中央作出抢占东北决策的场景、使用半景画复原刘少奇指导解放区土地改革运动场景等。第二部分"艰辛探索，为了开创社会主义建设道路"，集中表现刘少奇领导国家经济建设的卓越功绩和对有中国特色社会主义道路的可贵探索。该部分巧妙将中南海复原陈列融入基本陈列当中，充分体现刘少奇严于律己、甘当人民公仆的崇高情怀。等离子电视循环播放刘少奇在中共八大会议上的讲话："一个好党员、一个好领导者的重要标志，在于他熟悉人民的生活状况和劳动状况，关心人民的痛痒，懂得人民的心。"如晨钟暮鼓，振聋发聩。第三部分"殚精竭虑，为了建设一个好的党"，表现刘少奇创立共产党员修养理论、系统阐述毛泽东思想的杰出理论贡献和致力于执政党建设的伟大功绩。该部分复原刘少奇在陕北窑洞内伏案写作的场景，充分展现刘少奇为建设一个好的党而呕心沥血的伟大形象。展厅设电子书互动置景，观众可以阅读的方式了解刘少奇的伟大思想和卓越品质。第四部分"共和国主席的风采"，从各不同侧面表现共和国主席刘少奇的风采和形象，特别是与人民群众血肉相连、工作务实求真的光辉形象。该部分复原20世纪60年代刘少奇回乡调查的两个场景，充分展现了刘少奇切切实实搞调查研究、真真正正关心百姓生活的光辉形象。尾声"好在历史是人民写的"，表现刘少奇在"文化大革命"中的不屈抗争和始终相信"历史是人民写的"博大情怀。该部分特别采用大海背景并展示一尊刘少奇的雕塑，显得庄严肃穆、博大厚重。

**长沙简牍博物馆基本陈列"文明之路——长沙简牍博物馆专题陈列"** "文明之路——长沙简牍博物馆专题陈列"以中国简牍的产生、发展、演进、沿革为基础，再现中国简牍的源流历史。

"文明之路——长沙简牍博物馆基本陈列"于2005年完成陈列布展，2007年对外开放，2008年面向公众免费开放。展览由4个部分组成："三国吴简"部分系统介绍三国吴简的形制、内容及学术界的研究成果，重点展示吴简中关于赋税、籍簿、司法、户籍、职官、纪年等内容，通过复原、动漫、宣传片等形式再现古代简牍制作及简牍发现、发掘场景。"中国简牍"部分主要通过图文和实物相结合的形式，按时代序列介绍战国至魏晋时期各地区简牍发现与研究的主要成果，使观众能清晰了解中国简帛学的发展历程。"世界文字载体"部分主要介绍世界各地自古以来文字书写载体的基本情况，使观众充分了解作为文明基本要素的文字在世界各地的承载与传播。"中国简牍书法"部分主要以图版形式介绍简牍书法演变、发展和成熟的过程。

展厅形式设计以简洁明亮的现代感为特色，使用大面积玻璃幕墙、壁挂展柜等创造出整体、灵活、流动的空间氛围。在展示手段方面，充分利用动漫、视频等技术突出展览的丰富性。

**广东省博物馆基本陈列"粤山秀水 丰物岭南——广东省自然资源展"** "粤山秀水 丰物岭南——广东省自然资源展"于2010年5月对外开放，立足于展示广东地区的自然资源，在面积近4000平方米、展线长1221米、高8～22米的空间内展出1557件展品，突出反映自然资源的多样性、独特性以及相关的独具特色的传统文化，并进行自然科学知识的基础普及。

展览自然类陈列分7个部分，其中"地质地貌馆""矿产资源馆""宝石馆"三者是息息相关的整体，是地球物质的基本构成；"中草药馆""陆生野生动物馆""海洋馆""古生物馆"是从植物到动物再到消逝的生命，以自然环境保护结束。第一部分"我们的家园——地质地貌馆"，利用大型模拟景观、大型背景画和在显示屏上不断滚动展示的高清地貌图片，展示广东的丹霞山、湖光岩、西樵山、阳春、深圳大鹏半岛、封开、恩平等7个国家地质公园和七星岩、鼎湖山、罗浮山、莲花山等景貌，并重点展现广东最具代表性的丹霞、岩溶、海蚀遗迹、火山、花岗岩奇峰等地质地貌。第二部分"我们的宝藏——矿产资源馆"，与"地质地貌馆"同处一个空间，"矿产资源馆"的展柜被巧妙嵌入在模拟的大型山体之中，恰似埋藏于山体中之宝藏，与展览所要表现的主题有相互呼应之妙趣。展览通过矿石标本、矿山图片、趣味模型、漫画等形式，向观众介绍广东特有的矿产资源以及这些资源的重要用途。第三部分"石之精灵——宝石馆"，以宝玉石原矿、琢型宝石、玉石雕件和相关文物对应展出，着重介绍宝石、玉石、有机宝石、人工宝石及文房石等，并突出介绍广东在宝玉石生产、加工、贸易等方面的龙头地位。第四部分"岭南本草——中草药馆"，通过百余件腊叶标本、包埋标本、塑化标本等不同类型标本，展示作为全国中医药材主产区之一的广东所拥有的岭南道地药材和民间药材，使观众初步了解何首乌、巴戟、沉香、春砂仁等"南药"，并通过广东医事、百草堂等场景使观众了解广东独特的中医药文化。第五部分"陆生的动物居民们——陆生野生动物馆"，重点向观众介绍地处热带、亚热带的广东所拥有的丰富而独具岭南特色的陆生野生动物资源，分为"山地森林生态景观""灌丛、田间、草地景观""湿地景观"，采用大量的剥制和模制标本与相应的生态环境相结合。第六部分"海洋动物世界——海洋馆"，利用新馆特有的大空间营造辽阔深邃的海洋环境，展示拥有全国最长海岸线的广东所具有的丰富海洋动物资源。第七部分"探寻消失的生命——古生物馆"，以生物进化过程中发生的重大事件为线索，以各地质时期具有代表性的化石和以恐龙为代表的大型古脊椎动物骨架标本为载体，结合复原图、科普漫画和多媒体等表现形式，详细讲述包括人类在内的地球生物从无到有、从海洋到陆地的漫长演化与发展历程。

展品选择方面，以反映地方特色的采集标本为主，如部分矿石、中草药、动物和化石标本以及部分宝玉石、化石标本。形式设计方面，以耳目一新的系列"像素"方形挂片作为装饰元素贯穿展览始终，使观众在心理上形成各自"合理"空间。

**西汉南越王博物馆基本陈列"南越藏珍——西汉南越王墓出土文物陈列"** "南越藏珍——西汉南越王墓出土文物陈列"的前身是1988年开放的"西汉南越王墓出土文物陈列"。

1983年，在广州市象岗发现南越国第二代文王赵眜之墓，是岭南地区所发现的规模最大的汉代彩绘石室墓。墓中出土文物1000余件/套，其中"文帝行玺"金印、玉角杯、错金铭文虎节、印花铜板模、平板玻璃铜牌饰等文物具有重大历史、科学、艺术价值，集中反映了两千余年前岭南政治、经济、文化等多方面内容。

1988年2月8日，西汉南越王墓博物馆第一期工程（综合陈列楼）竣工并对外开放，"西汉南越王墓出土文物陈列"展出西汉南越王墓出土文物珍品400余件。1993年2月8日，西汉南越王墓博物馆第二期工程（主题陈列楼）竣工开放，"西汉南越王墓出土文物陈列"同日开幕，展览面积4262平方米，分5个展厅展出文物1079件。展览分为"墓主印玺""主室瑰宝""墓中殉人""御库藏珍""钟鸣鼎食"5个单元，以文物出土信息分室陈列，并结合文物功能进行专题介绍，系统展示墓中各室出土状况，反映两千余年前岭南地区政治、经济、文化等方面的情况，以及冶铸、制陶、雕刻、丝织等手工业发展情况，借此说明南越国与中原在各方面的密切关系。

2010年，西汉南越王博物馆对原有基本陈列进行改造。11月，推出"南越藏珍——西汉南越王墓出土文物陈列"。展览吸纳新的研究成果，丰富文字说明牌的内容，增加更多辅助展示信息和背板图片资料；采用新的博物馆展陈理念，引进三维全息展示、触摸屏、展示屏、视频、卡通等表现形式，新设玉作坊等互动设施，极大丰富了展示效果。展览分为"南越文帝""美玉大观""武备车马""生产工具""生活用具""宫廷宴乐"6个单元。其中，"南越文帝"单元展出墓中出土的大量印玺，是揭示墓主及殉人身份的直接证据，也体现了南越国独特的用印制度。"美玉大观"单元展示南越王墓出土的精美玉器，充分体现当时高超的治玉技艺。"武备车马"单元展示墓中随葬的大量铜铁兵器，是南越国当时武备发展的一个缩影。"生产工具"单元反映南越国时期渔农并举和手工业迅速发展的历史状况。"宫廷宴乐"单元展示墓中出土的大量烹饪、饮食、盛储、盥洗器具，具有秦、汉、越、楚、蜀等多种文化特征，而大型金石、丝弦、土陶等乐器则展现墓主人钟鸣鼎食、弦歌乐舞的奢华生活。调整后的展陈空间没有增加，参展文物有所调整，共展出文物珍品1697件。

2010年的基本陈列，在总体形式设计构思方面注重展厅空间的节奏变化，根据原建筑情况和展示效果的需要，重视整体空间艺术效果以突出文物。展厅空间设计增加突出南越国文化特色的疏朗共享大空间，使观众在参观过程中舒适轻松，享受在大视觉环境里的"闲庭信步"之感，消除参观的视觉疲劳。展厅共享大空间的周围使用南越国时期宫殿遗址出土的八棱柱文物元素；地下一层至一层的通层大墙上以原木透雕形式放大展示南越王墓出土的精美玉器，进一步体现秦汉时期南越国的文化氛

围，再现南越王墓文物珍宝令人喟叹的艺术品位。序厅使用一个开间的弧线形序厅墙加大进深与美感，形式上以秦汉文化、岭南文化为母题，以典型的秦汉文化与岭南文化的融合浮雕造型元素营造独特的南越国文化氛围。展览前言板的设计则以秦汉竹简的形式浓缩在多文化内涵的主题艺术浮雕中，突显南越国文化特点。

展览的采光照明设计不拘泥于单一的人工光照明，以严格执行文物保护措施和突出文物陈列展示艺术效果为目的设计柜内文物、展板、辅助照明与景观照明，科学设计人工光。

设计者将绿色陈列与可持续发展的陈列理念应用于此次提升改造，包括陈列的隐蔽工程、饰面装饰材料的应用和施工制作等，采用新型节能、环保材料与减少碳排放量工艺。

**孙中山故居纪念馆基本陈列"孙中山生平史绩"** "孙中山生平史绩"陈列全面系统展示孙中山为近代中国的民族独立、社会进步、人民幸福而无私奉献的一生及其伟大思想和不朽精神。

1956年，孙中山故居纪念馆成立，对孙中山故居进行有效保护，复原孙中山生活时代的布置，并积极开展文物征集和史料调查工作，利用故居东南侧一幢两层小楼作为陈列室展示孙中山史迹。1966年，在孙中山故居西北侧新修建一座面积约600平方米的陈列馆。11月12日（孙中山100周年诞辰纪念日），"孙中山生平陈列"开放，展览内容时限从孙中山出生前至1949年中华人民共和国成立。1970年3月至1971年7月底，孙中山故居陈列馆暂停对外开放。1971年7月，对"孙中山生平陈列"大纲重新修改，以中共中央主席毛泽东在纪念孙

中山90周年诞辰时的讲话《纪念孙中山先生》一文为指导。展览分"民主主义的思想产生和发展""和改良派作尖锐的斗争""领导人民举行辛亥革命""明确革命方向百折不挠"4个部分,共展出图片110余张、实物11件,突出纪念孙中山"为国为民鞠躬尽瘁,死而后已"的革命精神。

1978年冬至1979年春,按照中央"各有特点,避免重复"的指示精神,孙中山故居纪念馆再次修改基本陈列。展览分为"早期经历和走向革命""为民主革命奋斗终生""永恒的纪念"3个部分,展出图片120余张、实物80余件,侧重孙中山出生到初期革命活动,对爱国侨胞在民主革命过程中所起的积极作用予以适当反映。1986年,为纪念孙中山120周年诞辰,孙中山故居纪念馆对原有陈列进行大幅度修改。展览分"早期经历探索前进""建立民国反袁护法""发展三民主义实行国共合作"3个部分,展出图片140余张、实物75件,内容方面主要扩充孙中山早期活动的文物资料,增加民国建立初期孙中山颁布的各项政策法令、各地关于振兴实业的呈文等;陈列形式上改变以往手段单调的状况,采用多头幻灯机、录像机、布景箱等设备,雕塑与彩灯相配合,增强陈列宣传效果。

1996年,重建孙中山故居陈列馆,撰写"孙中山生平史绩"陈列大纲。1999年11月12日,陈列馆落成,更名为孙中山纪念馆,辟一楼为"孙中山生平史绩"陈列展厅,面积约1000平方米,展线长约180米。展览分为"孙中山出生的时代背景""推翻帝制创立共和国""捍卫共和制度愈挫愈奋""与时俱进""壮志未酬"5个部分,展出图片240张、实物255件,包括翠亨孙氏家谱、孙达成三兄弟批耕祖尝山荒合约、孙中山从檀香山带回的煤油灯、孙中山在美国进行革命活动时使用的火车票、美洲金山国民救济局革命军筹饷征信录、各地呈孙中山实业建设章程及请示等。展览形式设计富有地方文化特色,结合适当的数字化展示手段,具有较强的表现力、吸引力、感染力。

**深圳博物馆基本陈列"深圳改革开放史"**　1984年1月,邓小平视察深圳并题词:"深圳的发展和经验证明,我们建立经济特区的政策是正确的。"充分肯定深圳经济特区的发展成就和取得的成功经验。深圳市博物馆决定将经济特区研究和展示列为重要工作内容。考虑到深圳市博物馆是中国第一个在经济特区创建的博物馆,《深圳市博物馆〈建馆陈列大纲〉》将"深圳历史"陈列内容从时间上延伸至现当代。1985年4月,深圳市博物馆成立专门研究特区历史的部门——特区部,负责征集特区建立和发展过程中有一定价值的图片、文献和实物资料,并筹备"今日深圳"陈列。1988年11月,深圳市博物馆开馆,"今日深圳"陈列展出,成为展示经济特区发展成就的一个缩影。

1990年初,深圳市博物馆向市委、市政府提议筹办"深圳特区十年成就展",得到批准。11月23日,"深圳经济特区十年成就展"开幕,展览分"开拓篇""繁荣篇""进步篇""未来篇"4个部分,主要反映经济特区的创立和改革实践、经济社会发展成就和经济特区的未来规划。

1995年9月28日，为庆祝中华人民共和国成立46周年暨深圳经济特区建立15周年，由深圳市委、市政府主办，市委宣传部和市计划局承办的"深圳经济社会发展成就展览"在深圳市博物馆隆重开幕。展览由"伟大决策""石破天惊""一夜新城""文明之光""东方奇迹""信息天桥""科技精华""五洲窗口""飞越时空""再创辉煌"等展区组成，全方位展示深圳建市15年来两个文明建设和社会发展进步的伟大历程。

1998年12月28日，深圳中心区重点工程奠基，深圳博物馆新馆（历史民俗馆）位于市民中心A区，功能定位为"以地志性为主的综合型现代化博物馆"，以反映深圳历史文化和地方民俗为主题，拟定"古代深圳""近代深圳""深圳改革开放史""深圳民俗文化"4个基本陈列。

1999年，深圳市建市20周年之际，深圳博物馆筹办"深圳市建市二十周年成就展览"，并参与深圳市委、市政府主办的"崛起的深圳——深圳市改革开放历史与建设成就展"总体设计。

2003年初，深圳市博物馆组织专家草拟《"深圳改革开放史"陈列大纲》，经32次修改完成。2008年12月26日，深圳博物馆新馆开馆，"深圳改革开放史"展开幕。展览面积3200平方米，展出文物展品1644件／套、照片1200余张、历史文件213份、影视资料23份。展览分三篇：第一篇"经济特区开创阶段（1978～1992年）"，重点表现深圳经济特区建立初期大规模城市建设、大胆突破旧体制和市场取向改革、实行外引内联、发展外向型经济和邓小平视察深圳等内容。第二篇"增创新优势阶段（1992～2002年）"，以深圳在全国率先建立社会主义市场经济体制为核心，全面展示深圳增创体制改革、对外开放、产业升级、法制建设等方面新优势，充分体现特区的示范辐射作用。第三篇"实践科学发展观阶段（2002年至今）"，以深圳建设国际化城市为中心，反映深圳深化改革、扩大开放、建设国家创新型城市和环境友好型城市，加快发展、率先发展、协调发展取得的成就以及对全国的带动作用。展览大纲采用编年体和纪事本末体相结合的结构，将重要史事分别列目、独立成篇、集中展示，如蛇口开发、国贸建设、工程兵工棚、土地拍卖、股票市场等场景，既突出改革开放主线，又使这些专题给人以更完整的印象。

2010年，陈列增加深圳在自主创新、生态文明城市建设、和谐社会构建、深港合作和深化体制改革等方面的内容。

2014年，深圳市纪委与深圳博物馆合作，在"深圳改革开放史"陈列中补充关于廉政建设的内容，深圳博物馆成为深圳市廉政教育基地。

2017年党的十九大召开后，深圳博物馆及时总结深圳自2012年以来深入贯彻落实党的十八大精神，以及习近平总书记对深圳和广东工作的重要指示批示精神，在"深圳改革开放史"陈列中增加第四篇"勇闯新局迈向新时代（2012年至今）"，使得陈列结构更加完备、内容更为丰富完善。

**广东民间工艺博物馆基本陈列"岭南民间百艺"** "岭南民间百艺"陈列设3个展厅，面积624平方米，展品根据文物保护需要定期轮换，数量约130件／套。"岭南民间百艺"展起源于1959年建馆时的征集收藏及专题展示。

1959年10月1日，以修复后的陈家祠为馆址的广东民间工艺馆举办开放以来首个专题大展——"广东民间工艺美术作品展览"，作为向中华人民共和国成立10周年献礼。全馆设8个展厅，分别陈列来自珠三角、潮汕、粤东、粤西等多个重要工艺美术产区的几十种材质的工艺品类。此后，以馆藏为基础，展示岭南地区民间工艺成为该馆的基本陈列内容，并不断进行调整和补充。

2015～2016年，根据展览内容的扩展，重新整合、调整展厅与展线结构，特别新增馆内中心展厅聚贤堂展厅的"岭南民间百艺"之珍品陈列。2017年开始，广东民间工艺博物馆对陈列大纲内容及展厅展柜进行改造，"岭南民间百艺"陈列得以全面更新。新版陈列的筹展凝结近年田野调查、藏品征集研究以及展厅升级改造的成果，突出了岭南地区民间工艺的地域差异性、多样性与丰富性。

新版"岭南民间百艺"陈列整体拓展为两大部分。第一部分为"百艺总览"，展品涵盖24个岭南民间工艺品类。通过全新的设计、实物场景和一体机、视频等互动设备，全面呈现展品背后匠心巧手的故事，带领观众领略以广州为中心的珠三角地区民间工艺，并深入到潮汕平原，一览岭南山海间多姿多彩的工艺大观。重点展示中西交汇、兼容并蓄、锐意创新的广州象牙雕刻、刺绣、珐琅等，反映珠三角乡村民俗风情与商业化繁荣的佛山剪纸与增城榄雕，荟萃多个端溪名坑的肇庆端砚，活跃

在传统宗族和神诞活动以及在发达的海上贸易中催生的潮汕木雕、嵌瓷、金漆画、泥塑、潮绣、抽纱、剪纸、麦秆贴画等。第二部分为"精品汇聚"，展品齐集广彩瓷、枫溪瓷、坭兴陶、石湾陶、广州木雕、潮汕金漆木雕等闻名中外的工艺品类，汇聚名师名作和祭祀神器、建筑构件等体量巨大的珍贵精品。展览特意选择在陈家祠正中心的聚贤堂展出，与聚贤堂的复原陈列相呼应，极具震撼力。

形式设计方面，陈列风格与作为展厅的全国重点文物保护单位陈家祠古建筑协调、和谐、匹配，色彩运用协调，展线通畅，辅助陈列丰富。

**广西壮族自治区博物馆基本陈列"瓯骆遗粹——广西百越文化文物陈列"** "瓯骆遗粹——广西百越文化文物陈列"展示广西地方从石器时代至两汉时期历史文化发展，于2017年向公众开放。瓯骆是西瓯、骆越的简称，是战国至汉代百越族群中活跃在岭南的两大部族。

该陈列梳理广西史前文明和广西两大族群西瓯、骆越先秦到三国时期所创造的文明成就，反映广西悠久灿烂的历史文化面貌，体现广西人民的伟大创造力和对于缔造统一多民族国家所作出的卓越贡献，彰显广西古代劳动人民的勤劳勇敢与聪明才智。陈列展出的文物富有浓郁的广西地方特色，突出展示以百色手斧和大石铲为特征的石器文化，以炭化稻为代表的稻作文化，以绳纹陶和几何印纹陶为特点的陶文化，以铜鼓和錾刻花纹铜器为代表的青铜文化，以"干栏"建筑为代表的建筑文化，以花山壁画为代表的艺术文化，以玻璃、水晶器

为特色的海上丝绸之路文化。

展览以时间为序，集中展示广西古代文明的发展进程和取得的巨大成就。展厅面积1200平方米，展出文物235件／套，分为"远古神奇""上古华章""汉文越风"3个部分。"远古神奇"包括"石出天惊""稻花飘香""石铲探秘"3个单元，展出百色手斧、大石铲、炭化稻谷等。"上古华章"包括"藏之幽谷""勤耕善战""鼓声悠远""百谜画廊""千古灵渠"5个单元，展出兽面纹提梁铜卣、翔鹭纹铜鼓、人面纹羊角纽铜钟等。"汉文越风"包括"青铜奇珍""土火结晶""碧海丝路"3个单元，展出罗泊湾1号汉墓出土系列文物、西林普驮铜鼓墓出土系列文物，以及羽纹铜凤灯、大铜马、方形合院式庑殿顶陶楼、长方形五俑三眼红陶灶、蝉形水晶坠、金饼等。

陈列设计充分利用墙壁、天面、地面的空间构造，巧妙融入岩画、铜鼓图案、稻穗图案、漓江等文化元素，营造浓郁的百越文化氛围。展览将实物与场景复原相结合，配以音像和多媒体等手段，动静结合；辅以色彩和声光电的艺术烘托，营造历史感和神秘感，全景式呈现瓯骆文化的饕餮盛宴。"远古神奇"以"那赖遗址局部模型"场景生动再现石器遗址挖掘场面。"上古华章"以大型实景还原形式，辅以意境勾勒和多媒体演示，以震撼的视觉突显左江岩画的神秘色彩。电子灯光模型和多媒体系统形象逼真展现灵渠的奥秘。扬帆起航的商船和意境悠远的碧海蓝天场景式再现繁荣的海上"丝路"。

展墙、展柜、场景、模型等内容的设置遵循"空间利用最大化"的设计理念，合理布局，突出重点和亮点。展线采用折线和起伏的造型展壁，形成迂回曲折的"几"字状，整体展线以逆时针参观路线为主，自然、流畅。蜿蜒曲折的造型线条结合展品和艺术手法，如放映历史大观般跌宕起伏地呈现百越文化的魅力。

**广西民族博物馆基本陈列"五彩八桂——广西民族文化陈列"** "五彩八桂——广西民族文化陈列"是广西民族博物馆于2008年推出的基本陈列，展示面积约4000平方米，展出民族文物及其他实物资料1800余件。

展览通过"序厅""家园""霓裳羽衣""匠心神韵""和谐乐章"5个部分，以能够代表广西各民族优秀文化特征为标准，选取各民族的民居建筑、生产生活用具、服饰、印染、刺绣、织锦、银饰以及陶瓷、岩画、雕塑、乐器等，全面生动地展现广西12个世居民族丰富深厚、独具魅力的民族文化。

"五彩八桂——广西民族文化陈列"按文化板块划分为4个展区。第一展区"家园"，主要展示各民族生产生活习惯、居住传统等。第二展区"霓裳羽衣"，展示广西12个世居民族多姿多彩的服饰及纺织工艺，梳理广西各民族纺织服饰的发展脉络，展示各民族独特的历史文化和审美情趣。第三展区"匠心神韵"，主要介绍广西各民族的民族技艺和工艺，包括制陶、岩画、雕刻、绘画、木工、编织、造纸等，充分展示各民族工匠技艺的精湛和工艺品的精美，突出民族民间技艺、工艺保护与传承的重要作用。第四展区"和谐乐章"，主要展示广西各民族丰富多彩的节日文化、礼仪文化、信仰文化和歌舞文化等非物质文化遗产。

内容设计方面，力求在全面展示文化整体性的基础上突出各民族优秀传统文化的特点，做到内容全面系统，重点亮点突出。通过展示内容的有机组合和展示结构的匠心布局，以反映优秀民族传统文化为基点，适当追溯文化的历史渊源和发展脉络，注意兼顾各种传统文化的民族性、原真性、融合交流性和历史发展性。

整个展览中采用实物陈列与场景复原相穿插、静态陈列与活态表演相结合的方式，加上声、光、电的艺术烘托，营造出浓郁的民族文化氛围，增进观众的现场感，增强陈列的观赏效果，满足全景式文化展示需要。通过开辟玩艺坊和不定期举办各类非物质文化展演等方式，培养青少年对民族文化的兴趣爱好。展厅色彩和元素选择得体，恰当体现民族文化的特征。观众参观线路流畅，光源布点合理、照度适当，符合民族类文物陈列展示要求。

**海南省博物馆基本陈列"南溟泛舸——南海海洋文明陈列"** "南溟泛舸——南海海洋文明陈列"以"华光礁Ⅰ号"沉船作为切入点，以南海海洋人文为背景，对南海海洋文明进行系统展示。

2017年4月30日，海南省博物馆二期工程完工。海南省博物馆创新展览体例，以明代理学名臣丘濬名篇《南溟奇甸赋》为纲，策划推出"南溟奇甸"系列基本陈列，尽展海南人文历史、尽现琼州风情、尽显南海风物。其中"南溟泛舸——南海海洋文明陈列"以南宋沉船"华光礁Ⅰ号"的发现为牵引，让观众穿越历史帷幕，抵近800年前波澜壮阔的海贸盛况，认知南海海洋文明的独特肌理。

"南溟泛舸——南海海洋文明陈列"位于海南省博物馆二期一层，展厅面积2659平方米，展线长396米，展出海南出土、出水文物、标本等实物1021件／套。

"南溟泛舸——南海海洋文明陈列"内容设计精彩纷呈。第一部分"丝路帆影"，以"华光礁Ⅰ号"沉船为主题，分为4个单元进行全面展示。第一单元"南溟沉舸"，主要展示"华光礁Ⅰ号"遗址原貌和水下考古过程。第二单元"华光重现"，主要讲述"华光礁Ⅰ号"出水文物的保护修复情况。第三单元"陶瓷遗珍"，主要展示"华光礁Ⅰ号"等遗址出水的海贸陶瓷珍品。第四单元"福船远航"，主要展示福船船型和远洋航线。南海海域是古代海上丝绸之路最为重要的航段，丰富的水下沉船遗址遗物再现了东方航路云帆高悬的海外贸易文化交流历史盛景，是东方先民认识海洋、征服海洋漫长历史的缩影。第二部分"祖宗之海"，主要介绍海南岛滨海而居、因海而生的沿海渔民的生产生活情况，设有"日夕北部湾"和"日出南海"两个单元。"日夕北部湾"主要介绍海南渔民耕海牧渔的特色文化。"日出南海"主要展示海南渔民开发利用这片"祖宗之海"的历史过程。展览全面展示海南渔民从事海洋捕捞、海洋养殖、造船赶海、煮海晒盐等多种多样的生产生活方式。重要文物《更路簿》记录了南海作为我国渔民传统作业渔场的历史，也从侧面展示了海南岛在古代海上丝绸之路及近现代海外贸易中的重要地位。

"南溟泛舸——南海海洋文明陈列"形式设计匠心独具。作为开篇布局之巨制，"南溟泛舸"展览以"探索发现"为核心理念，引领观众拨开历史迷雾，探寻历史的繁华。以中厅带全馆，定义"南溟奇甸"之序。中厅采用美国科视DLP激光投影机与潘多拉播放系统设备，以倒叙的手法讲述海贸泛舸、沉帆折戟的历史灾难瞬间。通过"华光礁Ⅰ号"沉船及出水文物展示，溯本追宗，发现南溟奇甸之美，揭示文明远播之路。整体形式设计上提取海洋独特的语言符号进行创作，采用重点光源、环境光源及氛围光源调协展厅间、器物间相互关系，营造出暗藏在展品与空间之内的意境，利用灯光与参观者形成对话。在空间规划上强调展览的"以人为本"，即在保证展览内容丰满的前提下，注意充分发挥建筑空间性，注重氛围营造及展览空间的开合性，利用空间形成展览独特的语言；注重参观的舒适感，力求让观众在轻松愉快的氛围中获取相关知识信息，寓教于乐。同时给观众留出宽敞的休憩空间，配置必要的服务设施，提供多方位的服务。

**重庆中国三峡博物馆（重庆博物馆）基本陈列"壮丽三峡"** "壮丽三峡"是重庆中国三峡博物馆（重庆博物馆）于2005年推出的基本陈列，以展现长江三峡的"壮丽"为中心，以浓缩长江三峡的自然和人文景观为手段，使观众在愉悦的氛围中感受三峡，了解三峡历史文化遗产保护的重要成果，体验凝固在观众视觉前的"永远的三峡"。

序厅"李白诗意"，利用切割的三峡瀑石、夔门滟滪堆和大型油画等元素，营造朝霞中的白帝城夔门雄姿气氛。把即将被淹没的具有自然遗产价值和文化符号意义的三峡石切割下来直接用于陈列和场景，自然伟力的展示给观众造成强烈的视觉震撼力，突显

了长江三峡的壮美和神奇，营造出了大山大水的展览气场。第一部分"造化三峡"，由"三峡形成"和"自然与人"两个单元组成，主要表现三峡自然生命的历史与和谐之美。利用图表、展板、展品、多媒体、标本、复原环境、文物等手段，呈现三峡8亿年前以来的自然历史。展品大量使用矿石、动植物标本，呈现三峡的自然环境。展览中注重运用地质、地貌、气候、动物、植物、矿产等学科知识，综合反映三峡的自然历史面貌。第二部分"山水之间"，由"三峡民居""三峡舟楫""三峡放歌"3个单元组成。"三峡民居"单元，复原一处三峡民居和其门前陈列的汉代文物。"三峡舟楫"单元，展示江边经历千百年纤藤磨砺的"纤夫石"、雕塑《纤夫行》以及航行于三峡的船只等，铺就三峡民众生生不息的生命历史轨迹。"三峡放歌"单元，观众利用触摸屏点听1910年采集的"川江号子"三峡民歌珍贵录音。第三部分"三峡风流"，由"三峡风云"和"千年遗韵"两个单元组成。"三峡风云"分为"巴人勇锐""三峡与三国""钓鱼城·1259""'大夏'明玉珍""巾帼秦良玉"5个小节，从三国至宋明，从刘关张到明玉珍、秦良玉，截取文化片段，用文物述说历史，连缀起三峡文明的历史画卷。"千年遗韵"分为"皇宋中兴圣德颂碑""水文题刻""千古绝唱""原始信仰""宗教文化"5个小节，展示丰都玉溪坪出土的唐代鎏金铜佛像等发掘文物，以及对涪陵白鹤梁水文题刻和瞿塘峡"皇宋中兴圣德颂"碑的保护等。第四部分"三峡工程"，由"三峡寻梦""百万移民""文物保护""千秋伟

业"4个单元组成。陈列关于三峡工程的各种文件、照片，重点突出"感动中国"奖杯，辅以三峡移民的浅浮雕，向观众展示三峡人的巨大贡献。在展览尾声设置三峡大坝数字沙盘，演示三峡水利枢纽工程的建设概况、主体结构，尤其是防洪、发电、通航等方面的巨大效益，给观众以强烈的视觉冲击。与沙盘对应的展墙设为图片墙，展示三峡的自然风光和人文景致，让观众回顾和寻找永远的三峡。

作为展线延伸的360度环幕电影《大三峡》是展览的又一亮点。影片在三峡工程135米水位蓄水前拍摄，全长26分钟，从自然、人文和三峡工程等角度真实记录21世纪以前的三峡风貌，其中绝大多数镜头已成为人们记忆中的历史，是博物馆运用现代影视手段保存自然和人文遗产，满足观众追溯需求的成功之作。这部影片也是世界上第一部数字化的360度环幕电影，能够更好满足博物馆长远保存和长期播放的要求。

**重庆红岩革命历史博物馆基本陈列"千秋红岩——中共中央南方局历史陈列"** "千秋红岩——中共中央南方局历史陈列"布展于红岩革命纪念馆陈列馆，生动展现了毛泽东重庆谈判的辉煌篇章，全面展现了以周恩来为书记的中共中央南方局在极其险恶的政治环境和特殊社会环境中的奋斗历程和历史贡献，集中呈现了中共中央南方局及其领导下的共产党人培育和形成的伟大红岩精神。该陈列的前身是红岩革命纪念馆2000年展出的"中共中央南方局历史陈列"。

2000年，随着红岩革命纪念馆陈列馆的竣工，"中共中央南方局历史陈列"完成布展

并对观众开放。2006年，重庆红岩革命历史博物馆正式成立。2008年，启动对"中共中央南方局历史陈列"的全面改陈工作。改陈后的展览名称变更为"千秋红岩——中共中央南方局历史暨文物陈列"，共分为"南方局和八路军办事处在重庆的建立""《新华日报》与《群众》周刊""高举抗日民族统一战线的旗帜""代表和引导先进文化""秘密战线的斗争""抗战胜利后的国共重庆和谈""精神不朽 风范长存""千秋红岩 高山仰止"8个部分，于2010年9月3日正式向观众开放。

2017年，重庆红岩革命历史博物馆以"千秋红岩——中共中央南方局历史陈列"为题对该基本陈列进行全面改陈，重新架构内容体系，突出原创性和客观性，并成功申报为中共中央宣传部和重庆市重点文化项目。展览布展面积约3100平方米，展线长约700米，共展出珍贵历史照片600多张、大型历史油画10余幅，陈列文物、档案302件／套，其中一级文物9件／套、二级文物8件／套、三级文物10件／套。展览内容分为"共赴国难——抗日民族统一战线形成""雾都明灯——中共中央南方局结庐红岩""抗战号角——新华方面军""坚持团结抗战 维护合作大局""团结各界人士 发展壮大民主力量""荟萃文化群英 推动抗战进步文化运动""肩负特殊使命 开辟秘密战场""扩大对外交往 争取国际广泛支持""争取和平民主 为新中国努力奋斗""红岩精神 光耀千秋"10个部分。

展览形式上以庄重大气的设计风格，精心陈设的历史文物，制作精良的展板、展具及辅助展品为主要展示手法，并以"红色山岩"

这一独具特色的艺术符号贯穿于整个展览。珍贵文物借助艺术场景及声光电技术，增强了视觉表现力，拉近了文物与观众的距离，提升了文物展示效果。图片、图表设计美观、排列有序，说明文字排版规范统一，重要图片及图表采用灯箱及多媒体技术展示，在扩充信息量的同时增强展墙立体感，避免视觉疲劳，做到史实与艺术融合、形式与内容统一。在展览结尾精心打造了"红岩记忆"数字体验厅，集成运用现代科技手段，再现毛泽东重书《沁园春·雪》、重庆大轰炸等历史场景。

**四川博物院基本陈列"蜀风汉韵——四川汉代陶石艺术展"** "蜀风汉韵——四川汉代陶石艺术展"是四川博物院最具地方特色的陈列展览之一，其蓝本为20世纪60年代和80年代四川省博物馆的"四川汉代艺术展""四川汉代陶、石艺术陈列"。

2009年，四川博物院新馆推出"蜀风汉韵——四川汉代陶石艺术展"，通过石刻、陶塑、画像砖三部分组成四川陶石艺术陈列体系，再现2000余年前四川的历史和文化，展示盛世气象的古蜀陶石艺术之辉煌风采。

第一部分为"粗犷古朴、气势撼人的石刻艺术"。四川是汉代石阙遗存最多的区域，有19处，多属陵墓阙，其中刻有画像的石阙有10余尊。一尊尊雕塑型建筑屹立千秋，述说千百年前的风风雨雨和人情世事。本部分包括5个单元：第一单元"意象传神——石像、石俑、石禽兽"，第二单元"幻化飞升——石棺（石函）、画像石棺（包括石函）"，第三单元"述说千秋——汉阙拓片和石棺拓片"，第四单元"石石皆工——石础、插座"，第五单元

"遒劲俊逸——汉碑和石墓门"。第二部分为"多姿多彩、神韵俱佳的陶塑艺术"。东汉陶塑以特有的棱光折射出当时社会生活、经济、文化各种面貌，质朴自然的风格和生动传神的表现手法所形成的独特艺术魅力亦为中国雕塑艺术增添绚丽的光彩。本部分包括7个单元：第一单元"农事百工——劳作俑"，第二单元"盛世余音——舞乐俑"，第三单元"家居事情——生活俑"，第四单元"驱邪佑主——镇墓俑"，第五单元"精巧奇绝——建筑"，第六单元"天趣自然——禽畜"，第七单元"求财升仙——摇钱树"。第三部分为"以形传神、风情尽现的画像砖艺术"。画像砖是汉代墓葬（主要是砖室墓）中用于装饰的一种模制的图画砖，以丰富多样的深、浅浮雕和线雕的形式表现各种画面，形象而真实地展现汉代社会生活各个方面。本部分包括7个单元：第一单元"天府风物——劳作生产"，第二单元"世态人情——社会生活"，第三单元"千载留韵——舞乐、杂技"，第四单元"寄寓玄黄——神话传说"，第五单元"升天之门——阙砖"，第六单元"车骑出行——车马砖"，第七单元"装饰记事——花纹砖、铭文砖"。

"蜀风汉韵——四川汉代陶石艺术展"的形式设计总体风格以大气、庄重、新颖、艺术为主，石刻侧重阳刚、凝重、浑厚，陶塑侧重生动、活力、浪漫，画像砖突出情趣性、注重内容的完整性。

**自贡恐龙博物馆基本陈列"神奇的侏罗纪世界"** "神奇的侏罗纪世界"陈列包括"序厅""恐龙世界""恐龙遗址""中央大厅""恐龙时代的动植物""珍品厅"6个部

分。该陈列是在1987年开馆时展出的"大山铺'恐龙群窟'陈列"基础上，经1997年、2002年、2014年的多次充实、调整、改造、提升而成。

该基本陈列主题突出，特色鲜明，较好实现了由传统陈列向现代化陈列的转变。从展台、展柜、展板式陈列过渡到更为生动、更具活力的生态式陈列，从单一的照明式陈列过渡到艺术陈列灯光的应用和渲染，从单向传输式陈列过渡到互动式陈列。

自贡恐龙博物馆作为一家专题性自然博物馆，同时也是拥有恐龙化石原始埋藏现场的遗址类博物馆，其基本陈列以科学的态度，力求系统生动地向观众介绍有关恐龙的各种知识，使之成为一处别开生面、引人入胜的科学殿堂。从颇具创意的岩窟般的入口进入"龙宫"，观众可按序厅—"恐龙世界"标本厅—"恐龙遗址"埋藏厅—中央大厅—"恐龙时代的动植物"厅—珍品厅的顺序参观。

"恐龙世界"标本厅共展出20余具大小不等的自贡恐龙化石骨架标本。它们以不同的复原装架姿态，按照生活习性或生存关系组合陈列在一起，构成一组组生动有趣的画面。在这个栩栩如生的"恐龙世界"里，观众可以直观地了解到各类恐龙的不同生理特征、生活习性以及它们各自的生存之道，感受恐龙时代鲜活的生活气息。

该基本陈列的最大亮点和特色是规模浩大、遗存丰富的化石原始埋藏现场。珍贵的恐龙化石埋藏遗址被保留在"恐龙遗址"埋藏厅和"中央大厅"（地下室）内，总面积约1350平方米，是世界上最为壮观的室内恐龙化石埋藏现场。在化石埋藏遗址上散布着1.6亿年前以恐龙为主的大量古脊椎动物化石，它们或首尾相接，排布有序；或重叠堆积，交错横陈。其数量之众多、埋藏之丰富，犹如夏夜的繁星镶嵌在深邃的夜空，令人眼花缭乱，叹为观止。这便是被称作"世界奇观"的大山铺恐龙化石群遗址。

在恐龙统治地球的时代，陆地上除了各式各样的恐龙，还生活着一些扮演配角的其他动物。"恐龙时代动植物"厅展开了一幅万物勃发的生命画卷，翼龙、鱼龙、蛇颈龙、龟、鳄以及鱼类中的古老成员，两栖类、哺乳类，各种动物同样有自己的一片天地。恐龙时代的植物也很繁盛，既有高大的乔木，也有低矮的蕨类，它们共同将恐龙生活的时代装点得色彩斑斓，充满生机。

自贡恐龙博物馆是世界上收藏和展示侏罗纪恐龙化石最丰富的场所，这里不仅有着数量巨大的馆藏恐龙骨骼化石，还珍藏有诸如世界首例剑龙皮肤化石、中国首例蜥脚类恐龙皮肤化石、世界首例蜥脚类恐龙尾锤化石、世界上最小的兽脚类恐龙脚印化石，以及世界上已知生存年代最早、最完整的剑龙（太白华阳龙）头骨化石和亚洲已知最大、最完整的兽脚类恐龙（和平永川龙）头骨化石等国宝级的化石珍品。"珍品厅"将部分馆藏珍贵化石呈现出来，在环境与灯光的烘托下给人以强烈的视觉震撼。

**邓小平故居陈列馆基本陈列"我是中国人民的儿子"**　2004年邓小平同志100周年诞辰之际，经中共中央批准，在邓小平同志家乡四川广安修建了邓小平故居陈列馆。"我是中国人民的儿子"是邓小平故居陈列馆的基本陈列，于2014年邓小平同志110周年诞辰之际进行了改陈。

邓小平故居陈列馆展陈面积2600平方米，由序厅和3个陈列展厅以及电影厅等组成，展出实物265件／套、图片408张，复原场景4处。展览结合现代科学技术的先进手段，采用多媒体展示系统以及数字电影放映技术，共同组成鲜活的立体空间，生动、全面、形象地展示了邓小平伟大辉煌又富有传奇色彩的人生历程，再现了一个又一个重大的历史场面，体现了主题鲜明、特点突出、内容丰富、设计新颖的总体思路。展览集历史性与现实性、思想性与艺术性、时代性与互动性于一体，极具视觉冲击力、精神感染力和心灵震撼力。

序厅由邓小平肖像圆雕《坚定的步伐》和一幅浮雕壁画组成。雕像以改革开放时期的邓小平同志形象为基础设计，高3.9米，由青铜铸造。序厅左侧墙面镌刻着邓小平同志的名言："我是中国人民的儿子，我深情地爱着我的祖国和人民。"这是小平同志对祖国和人民最深情的告白，也是他毕生的追求。右侧墙面上镌刻着："中国社会主义改革开放和现代化建设的总设计师。他为中华民族独立、人民解放和新中国的诞生立下赫赫战功；他为中国社会主义制度的建立、巩固和发展进行艰辛探索；他为成功开辟建设中国特色的社会主义的道路建立不朽功勋。"简练的文字准确概括了邓小平同志一生的丰功伟绩。

展览主体分"走出广安""戎马生涯""艰辛探索""非常岁月""开创伟业"5个部分，每一部分起始处均精选了邓小平的讲话来概括

他这一时期的经历，既朴实简洁又生动贴切。第一部分"走出广安"分为"意气风发的广安少年""走上革命道路""投身国内革命洪流"3个单元，反映邓小平的家世、童年和少年读书生活，留法勤工俭学走上革命道路，以及在莫斯科中山大学学习后回国投身革命洪流等早期革命生涯。第二部分"戎马生涯"分为"红旗飘过左右江""从瑞金到延安""战斗在太行山""最高兴的三年"4个单元，反映邓小平从领导广西革命斗争、参加长征到战斗在抗战前线，再到挥师解放战场，为建立新中国、实现中华民族的独立和解放立下的赫赫战功。第三部分"艰辛探索"分为"从西南到中央""最繁忙的十年"两个单元，反映共和国时期邓小平主政大西南，特别是作为以毛泽东为核心的党的第一代中央领导集体的重要成员，为建立和巩固社会主义制度进行的艰辛探索。第四部分"非常岁月"分为"最痛苦的日子""领导全面整顿"两个单元，反映"文化大革命"中邓小平在江西的生活和他第二次复出主持中央日常工作大刀阔斧进行全面整顿的经历。第五部分"开创伟业"分为"拨乱反正打开一条新路""发动和领导改革""开启对外开放大门""绘制现代化宏伟蓝图""领导新时期军队和国防建设""新时期爱国统一战线的奠基人""提出'一国两制'伟大构想""为了世界的和平与发展""聚精会神抓党的建设""'一个老共产党员'的情怀"10个单元，反映在新的历史时期，邓小平领导党和人民实现伟大的历史转折，开辟中国特色社会主义道路，进行改革开放和现代化建设的伟大功绩。

展览在形式设计上，无论是展板、展柜的选择，还是色彩的处理、灯光的运用、建筑的用材、复原场景的构造、数字化手段的运用等，均可谓精致考究、别具匠心，富含人文关怀的理念。为使观众更多地了解小平当时所处的历史环境，在展板与展柜之间设置了一条10厘米宽的色带，贯穿整个展览。色带内容为所在展板同时期国内外重大事件，与展览内容相互映衬，让观众能准确把握邓小平所处的重要历史节点。展览构思同样寓意深刻，各单元依次采用了熟褐色、军绿色、深赭石色、蓝色、紫红色，表示邓小平人生的不同阶段，也寓意中国从贫穷落后走向繁荣昌盛。此外，3个展厅以不同具体表现形式，如面积由小到大、地面由粗糙到平细、光线由弱到强、颜色由单一到多彩、展线由短到长、文物图片数量由少到多，综合隐喻邓小平同志从平凡走向伟大的人生历程。

**三星堆博物馆基本陈列"古城古国古蜀文化"** "古城古国古蜀文化"陈列展示三星堆遗址及一、二号大型商代祭祀坑出土的各类独具古蜀文化特色的珍贵文物，彰显三星堆文化的辉煌成就，诠释重要文物包含的历史文化艺术价值，勾勒古蜀社会生活画卷，反映古蜀与中原、长江中下游文明交往互动之史实，揭示三星堆实证中华文明多元一体起源的重要学术价值和遗产价值。

三星堆博物馆于1992年筹建，1997年正式对外开放，其基本陈列以科普化与艺术化融合之特色，甫一面世即引起轰动。

1997～2000年，"古城古国古蜀文化"陈列设于馆区螺旋形主体建筑内，展示面积约3200平方米，在3层楼的展示空间中设4个展区：第一展区为"序厅"和"雄踞西南"单元，介绍古蜀史与巴蜀考古概况，反映古蜀农业和手工业成就；第二展区"众神之国"，展示青铜神巫群像，模拟古蜀祭祀场景；第三展区"千载蜀魂"，重点展示三星堆祭祀坑出土重器10余件／套；第四展区"三星永耀"，介绍三星堆发现发掘的历程、重大影响及其在学界的重要地位，尾厅设组画《三星堆之谜》和艺术装置演绎科普有待探究的三星堆学术课题。

2001年，三星堆博物馆进行首次扩展，利用展馆的临时展厅与展馆一楼西南隅一处露天场地，新增"玉石器厅"与"神树厅"，面积700平方米。此次扩展主要对归属专厅的展品进行了相应调整，总体内容架构未作变动。

2003年，三星堆博物馆将新竣工的游人中心主体建筑改建为展馆，基本陈列由此扩为综合馆、青铜馆两大展馆。

综合馆展示分题为"三星伴月——灿烂的古蜀文明"，展览纵向贯通和横向展开，以三星堆各类文物为载体，全面系统地介绍古蜀史及三星堆古蜀国在各个领域取得的辉煌成就，重在展示古蜀社会物质生活。共设一厅（序厅）六单元，展陈面积约4000平方米，展出文物350件／套。第一单元"雄踞西南"，勾勒上起新石器时代晚期、下迄商末周初的古蜀沧桑史，全方位展示三星堆古蜀王都的宏大规模，揭示三星堆遗址作为西南地区文明社会初期繁荣昌盛的古城、古国的性质，彰明其中国早期城市文明的重要地位；第二单元"物华天府"，说明古蜀国以农业为主、家畜饲养为辅的生业模式，反映古蜀商贸之盛况；第三单元"化土成器"，展示独具特色的各类陶器，反映古蜀成熟高超的制陶工艺；第四单元"以玉通神"，重在凸显三星堆玉石器文物价值与艺术价值；第五单元"烈火熔金"，反映古蜀铸铜与冶金工艺；第六单元"通天神树"，旨在揭示神树在古蜀文化中"宇宙树"的象征意义。

青铜馆展示分题为"三星永耀——神秘的青铜王国"，旨在通过全面系统地展示三星堆阵势雄浑、威赫森严的青铜雕像群及造型神秘诡谲的青铜神品，揭示古蜀先民的精神世界。共设一厅（序厅）四单元，展陈面积约4000平方米，展出文物121件／套。第一单元"人神浑成"，全面展示三星堆一、二号坑出土的各型青铜人物造像、兽面具等；第二单元"正大神容"，专门展示大型纵目面具与戴冠纵目面具，揭示先民求索初原与终极的生命意识；第三单元"千载蜀魂"，展示10余件祭祀坑出土的颇具神秘意味的蜀人秘宝；第四单元"星月流光"，介绍三星堆发现发掘历程、在海内外的重大影响及研究进展；末以专栏"千古之谜"与"金沙觅踪"呼应，提示三星堆古蜀国政权中心之去踪。

两馆各具特点，合构为一部总题为"古城古国古蜀文化"的专题陈列，构建起三星堆博物馆陈列体系。

2005年，为提高展陈水平和质量、使内容设计与展品组合更为合理，将青铜馆展区调整为序厅、考古厅、宗教厅、神器厅、学术厅，展陈内容有所增改。2007～2008年，进一步将青铜馆陈列调整为序厅和青铜面具展区、青铜人头像展区、祭祀场景展区、青铜立人展区、青铜神器展区、互动展区，同时将陈列分题更名为"青铜铸就 人间神国"。

2009～2011年，对综合馆陈列进行3次改陈，形式方面主要是重新设计展馆顶面造型、更换展墙背衬板色等，陈列内容的调整主要涉及第一、二单元。随着三星堆发掘工作取得新进展和当代博物馆展陈艺术的发展，该馆陈列内容和展示艺术亟待更新。2015年夏，启动综合馆陈列总体改造工程，对序厅及各单元的内容和形式均进行相应调整。

三星堆博物馆基本陈列的形式设计以体现时代感和强调创意为宗旨，注重空间氛围营造，追求陈列的艺术性及观赏性。通过空间设计、灯光、色彩、辅助展品、艺术装置的互融互彰及连续递进的场景组合，营构出动静相生的展线节奏与神秘奇幻的内容意象，有力揭示了三星堆文物的深刻内涵，彰显了三星堆文化的辉煌灿烂。

**成都杜甫草堂博物馆基本陈列"诗圣著千秋 草堂留后世"** "诗圣著千秋 草堂留后世"是成都杜甫草堂博物馆为纪念杜甫诞生1290周年而推出的基本陈列，位于草堂正门中轴线诗史堂东西两侧古建筑内，总面积620平方米。2001年5月开始筹展，2002年8月21日正式对外展出。

该基本陈列以朱德同志为草堂题写的对联"草堂留后世 诗圣著千秋"为主题和基本框架，包含两个部分，空间分布在两个展厅，展出文物100余件／套。第一部分"诗圣著千秋"展厅以诗人生平为序分为5个单元：第一单元"少年"，主要介绍杜甫的家庭情况和成长过程，表现其崭露头角的聪颖与文采；第二单元"壮游"，讲述青年杜甫游历名山大川，结交诗友，特别是与李白的友谊成为千古佳话，体现青年时代诗人的雄心壮志；第三单元"在长安"，主要介绍杜甫在长安十年间的生活经历和诗歌创作活动，重在表现杜甫思想和诗歌内容的转变；第四单元"陷贼与为官"，主要介绍杜甫在"安史之乱"中的经历和生活，着重突出杜甫诗歌对社会现实的批判和强烈的忧国爱民思想；第五单元"漂泊西南"，主要介绍杜甫在成都、夔州和荆湘时期的生活和创作。第二部分"草堂留后世"展厅分为3个单元，包括"杜甫与草堂""草堂诗作中的杜甫世界""杜甫离去后的草堂"，分别介绍杜甫寓居成都草堂的生活、杜甫在成都草堂的重要诗作及其精神世界、杜甫离开后成都草堂的历史沿革。

陈列内容策划总体力求做到既有史诗性的宏大构架，又洋溢着散文诗般的抒情色彩；既展示悲剧性的崇高主题，又突出生活细节的情感诉说。形式设计充分发挥馆藏历代杜诗书法、杜甫诗意画以及杜集版本的作用，使其成为营造展厅中国古典诗歌艺术氛围的重要文化符号。着力在突出视觉形象和营造场景氛围上下功夫，强化三维空间的视觉效果，最大限度地发挥陈列品的展示效果，精心营造唐文化氛围和唐诗意境，让观众能够直观感受到唐代文化风貌，努力传达出中国诗歌文化的高雅气息。在单元区分与隔离时采用半通透的方式增加空间进深感，各层次辅以相应的光源，使展厅空间呈现出丰富和富有立体感的光色，增加了展览的愉悦感和亲和力，增强了展览整体效果。

**成都武侯祠博物馆基本陈列"三国文化陈列"** "三国文化陈列"最早于20世纪90年代对外开放，通过三国文物和文物资料，全面展示三国时期的政治军事、社会经济、文化流传等，探讨从分裂走向统一过程中相对稳定的"天下三分"特定历史形势，蜀汉地区的经济开发与社会发展情况，以及魏蜀吴三国同处在业已形成的中华文化圈内，共享同宗同源、心理共通、人文交融的历史地理格局。

"三国文化陈列"自开放后进行了文物增补、新装改陈等维护工作，力图重现真实三国历史风貌，打造三国文化艺术盛宴。该基本陈列展陈面积400余平方米，展品共计157件/套，分为"战争风云""民俗采风""流风遗韵""蜀汉揽胜"4个单元。

第一单元"战争风云"，重点展示从东汉末年到三足鼎立的历史风云。从群雄割据，到历史上著名的官渡、赤壁和夷陵三大战役，再到三国鼎立，以历史时间为线索介绍汉末三国时期的风云变幻；铜车马队为观众还原三国战争的场面，也反映了汉代的乘舆制度；向成都市文物考古研究院借入的三国蜀汉时期的铺地砖刻有"勿相忘寿万年"和"宜宫堂宜弟兄"吉祥语，帮助观众想象蜀汉宫城的历史面貌。第二单元"民俗采风"，展示战乱时期的社会经济文化状况。各类陶俑、钱币、铜镜等文物，展示了汉末三国时期农桑、艺文及风物的情况；各类生动写实的陪葬器物，呈现了古人生前的生活实况与"事死如生"的生命态度；以灰陶说书俑为中心，配以舞俑、抚琴俑、听俑等，复原当时乐舞百戏的场景，向观众呈现乱世中艺术的活力；以诸葛亮对蜀汉的治理为线索，体现儒家治国平天下的家国情怀和温良恭俭让的修身标准；梳理魏蜀吴钱币式样的演变情况，反映蜀汉经济情况；古蜀道褒斜道上的亮丽风景——曹操的"衮雪"拓片让观众一饱眼福。本单元阐释了封建社会政治制度、治理方式和经济形态在波折中破立改易、重塑肌理的情形，赋予了三国时期革故鼎新的非凡底色。第三单元"流风遗韵"，展示三国文化的深远影响。该单元通过后世的书画、戏曲、瓷器等向观众呈现三国文化丰富的生命形态，从成都市京剧院和成都市川剧院借入的"刘备"和"关羽"戏袍，丰富了展陈的戏曲元素；以孔明万卷书帽、孙尚香凤冠等为代表的三国人物戏剧佩帽制作精美、流光溢彩；各类承载着三国故事的书画、瓷器让观众看到三国文化已融入生活及艺术的方方面面。本单元勾勒出古代中国社会真实流转的物质世界与人文风貌，同时也展示了成都武侯祠博物馆近年来的相关三国文化研究出版成果。第四单元"蜀汉揽胜"，展示2011年以来成都武侯祠博物馆"三国文化遗存调查"大型学术考察活动的成果，将四川、云南、贵州、重庆、陕西等地三国文化遗存重要点位考察成果集中呈现。

"三国文化陈列"主题鲜明、内容连贯、格调统一，秩序感与艺术感并存。展厅柜体红黑配色，还原汉末三国时期恢宏沉稳的审美风格，柜内空间配合各单元主题以赤红、明黄、钴蓝、浅赭等不同背景色进行直观区分，清晰而有序。除了资料、图片与文物搭配，为增加展陈层次，还特意为每个单元营造相关场景，全方位再现三国时期的军事、经济、民俗以及后世遗风等。同时，"三国文化陈列"外景

区的构思与设计将文物陈列与园林艺术进行有机结合，陈列的外环境占地面积1500平方米，设有"汉宫残柱""三分桥""天禄辟邪""三国鼎立示意图""兵争社稷""古词残壁""仿汉灯柱""东汉石棺"等，将观众迅速引入三国历史的氛围中。

**成都金沙遗址博物馆基本陈列"走进金沙"** "走进金沙"以展示金沙文化和古蜀文明为主题，由遗迹馆和陈列馆两部分组成，实现了发掘现场原状展示、主题文物展示与室外文化景观辅助展示的有机结合。遗迹馆展示面积7855平方米，陈列馆展厅面积5000平方米，展线长共计1200余米，展出文物2000余件。2007年4月16日，基本陈列"走进金沙"正式对外开放。2017年，对第四展厅"千载遗珍"进行整体提升改造。

遗迹馆采用大跨度钢结构，高19米，跨度63米，无柱大空间的构造将建筑对地下文物本体的影响降到最低，为保护、发掘、展示提供了灵活的空间。馆内保留了中国保存最为完整的商周时期大型祭祀遗迹场所，以考古现场的原状展示为主，辅以多样化的展示手段和趣味性的互动设施，保持历史遗迹本体的完整性与真实性。

陈列馆由5个展厅组成。第一展厅"远古家园"，主要展示金沙时期的动物、植物标本和27号陶器遗迹，通过精心设计的大型半景画与实景画结合，真实再现金沙先民的生活环境。第二展厅"王都剪影"，巧妙使用"碎片拼接"形式连接不同内容的展示岛，从居所、工具、烧陶、冶铸、制玉和墓葬等方面介绍古蜀金沙王国的建筑形态、生产生活和

丧葬习俗。第三展厅"天地不绝",集中展示的金器、铜器、玉器、石器、象牙、卜甲等精美文物彰显出金沙王国曾有的璀璨与神奇,并运用灯光、纱网等多种形式营造出庄严、神秘的氛围。第四展厅"千载遗珍",汇集30余件精品文物,展现金沙先民关于族群的历史记忆,凝聚一个时代文化艺术的精髓。在空间上,充分利用圆形中央藻井搭配整体抬高的圆形展台的空间,烘托出精品文物的崇高与神圣。第五展厅"解读金沙",展示了古蜀文明的分布区域及其与周边文化的紧密联系,并从"背景""溯源""遗韵""迷雾"4个方面解读"宝墩文化—三星堆文化—金沙·十二桥文化—晚期蜀文化"的文明发展历程。展览尾声,根据古蜀国相关文献记载与神话传说制作四维特效电影《梦回金沙》,让观众身临其境地回到3000年前的金沙王国。

博物馆室外区域呼应室内展陈内容,同时充分结合博物馆特有的自然环境,打造太阳神鸟雕塑、乌木林、玉石之路、金沙鹿苑等系列特色文化景观,将文物、艺术与活态展示融于一体,进一步延伸金沙遗址的文化内涵。

**自贡市盐业历史博物馆基本陈列"中国井盐科技史"** "中国井盐科技史"展览地点位于该馆馆址西秦会馆。主要展示两千多年来中国在钻井、采卤、制盐和天然气开采等方面的成就,再现井盐生产技术的演进和发展。该展览的前身是自贡市盐业历史博物馆1981年展出的"井盐生产技术发展史"。

1981年,"井盐生产技术发展史"正式对外开放。展览包括"凿井""汲卤""制盐"3个部分,再现以自贡为代表的四川井盐生产技术的产生、发展过程,展示古代井盐生产传统工艺。1986年,自贡市委和市人民政府组建"更新自贡井盐生产发展史陈列领导小组"。8月,完成《自贡井盐生产发展史陈列提纲》第6稿,开始基本陈列更新。1987年1月,"自贡井盐生产发展史"陈列正式对外开放。

2005年,对自贡市盐业历史博物馆基本陈列进行改造。2007年,完成"中国井盐科技史陈列"布展工作并对外开放。

"中国井盐科技史"包括"人工挖掘井时期""顿钻凿井时期""旋转钻井时期"3个部分。展览依托古建筑设置,分布在5个展厅,展陈面积约2000平方米。展览以600余件文物、标本及大量的历史照片,再现井盐生产技术的演进和发展,揭示世界油气钻采技术起源于中国这一事实,表现以深井钻凿技术为中心的古代井盐生产工艺,体现历代劳动人民的伟大智慧和创造才能。第一部分"人工挖掘井时期"包括3个单元:第一单元"古井溯源",以甲骨"井"字实物、古水井遗址说明中国古井源远流长;第二单元"井盐开拓者李冰",介绍李冰在修建都江堰工程时开凿了中国第一口盐井——广都盐井,成为中国井盐生产的先驱;第三单元"大口浅井",通过相关史籍、出土文物、凿井工具、古井模型,介绍古盐井结构及开采工艺。第二部分"顿钻凿井时期"包括6个单元:第四单元"卓筒井",介绍卓筒井的发明过程及其钻探工艺技术在冲击式顿钻凿井法、套管护井法、单向阀提捞工具方面的成就;第五单元"自流井深井钻凿技术",介绍自贡自流井地区钻井技术在清代道光年间已趋于成熟,形成了周密的凿井工序,完善了纠正井斜、补腔和叼换木柱工艺；第六单元"燊海井"，介绍世界第一口超千米的深井——燊海井的成功开凿，标志古代顿钻开凿技术已臻完善，是人类钻井史上的一块丰碑；第七单元"采卤技术的演进"，介绍中国盐井采卤技术，从自然盐泉的采集、秦汉时期大口盐井的楼架提汲卤水和木龙采卤，发展为卓筒井时期的单向阀汲卤筒采卤，再演进为明清时期的深井提捞法采卤的过程；第八单元"输卤技术的发展"，介绍中国井盐输卤技术，从早期的渠道输卤和管道输卤，发展到宋代肇始、明清时逐步完善的竹笕输卤工艺；第九单元"制盐技术的发展"，介绍随着盐井的钻凿，以牢盆、镬、釜、铁锅盛煎卤水，蒸发制盐的技术逐步发展，形成了一整套浓缩卤水、除去杂质、提高盐质的工艺。第三部分"旋转钻井时期"包括两个单元：第十单元"旋转钻井技术的引进和应用"，介绍旋转钻井法于抗战时期开始尝试，中华人民共和国成立后逐渐代替了顿钻凿井法；第十一单元"采卤技术的发展和现代采卤"，介绍自20世纪20年代以来，卤水开采开始使用蒸汽和电力作为动力，中华人民共和国成立后实现了气举、水举法采卤，抽油机采卤，水力压裂法、油垫法采卤以及潜卤泵采卤等现代技术。

"中国井盐科技史"陈列在形式设计方面，通过展示井盐、湖盐、海盐内容及景观模型、互动参与模型、大型灯箱、多媒体技术、图表、绘画等，运用新型材料和先进的声、光、电技术，融科学性、知识性、参与性、趣味性于一体，科技含量高，趣味性、参与性、互动性强，陈列内容丰富、展示形式新颖，提

高了基本陈列的展示水平和展览效果，突出了博物馆以"盐"为专题的特色，有利于开展爱国主义和科普教育，为弘扬中国盐史文化起到积极的推动作用。

### 贵州省博物馆基本陈列"多彩贵州"

"多彩贵州"陈列主要展示贵州地区汉族、苗族、布依族、侗族、土家族、彝族、仡佬族、水族、回族、白族、瑶族、壮族、畲族、毛南族、满族、蒙古族、仫佬族、羌族等18个世居民族共同创造的多彩文化。

从2009年面向社会征求意见，到2016年迁居新址，至2017年9月30日完成布展工作，"多彩贵州"陈列历时9年终于完成并对外开放。

"多彩贵州"陈列分为"民族贵州""古生物王国""历史贵州"3个部分。展览空间分为三层，展陈面积约6000平方米，展出文物1500余件/套。第一部分"民族贵州"，从人地和谐、人际和谐、人神和谐3个层面，分"共同家园""服饰王国""纷彩民俗"3个单元，展示贵州18个世居民族的衣食住行、婚丧嫁娶、宗教仪式、节日庆典等，从历史和空间两个维度揭示贵州民族文化的多样性。第二部分"古生物王国"，揭示了地处中国西南腹地素有"古生物王国"之称的贵州，从距今6.35亿年的埃迪卡拉纪到距今258万年的第四纪的贵州生态面貌。陈列以三叠纪海生爬行动物化石为重点，对瓮安生物群、凯里生物群以及关岭、兴义和盘县等几大生物群的展示将罕见的史前海洋世界呈现在人们面前，从中可窥见生命的爆发及演化历程。第三部分"历史贵州"，以贵州历史发展脉络为依据，展示了自旧石器时代到明清时期贵州的历史文

化发展状况。该部分有"探访观音洞""夜郎寻踪""建省之路""文教兴延""黔山红迹"5个单元，反映贵州历史发展中的大节点、大进程，以及本土文化与外来文化的相互碰撞、交流与融合，大量极具地域特色并包含着丰富历史信息、艺术价值的出土文物和传世文物，以点带面地阐述了贵州各族人民所取得的巨大成就和对中华文明所作出的重要贡献。"多彩贵州"陈列以多元的、包容的、开放的姿态将贵州古老、多彩、神奇、和谐的文化表现出来，同时兼顾有趣、新颖、贴近大众。

形式设计上内外交相呼应。外秉承"菱石虽小，内蕴文化千岛"的设计理念，博物馆建筑酷似五块被切削的菱石，体现了贵州多元的山地文化和多彩的民族风情。内则运用大量的技术化手段，如触摸屏、扫码等作为辅助展示，通过吊脚楼、风雨桥、水上粮仓、鼓藏节、龙舟竞渡等场景的还原，以及对服饰、乐器、面具、手工业产品和用具等多方面馆藏精品的选取，配合图片、文字、场景复原、多媒体互动等辅助展品，既直观形象又引人遐思，大大丰富了展览的内容和背景资料，更好突出了民族文物这一馆藏亮点，完美呈现了贵州省少数民族原生态的生活图景。

展览准确把握了文物展品的历史文化内涵，再现了贵州异彩纷呈的民俗与历史文化，展示了传统文化中人与生态、人与社会、人与信仰的关系。同时，力求实现场馆展示与"大千世界"的互动，使文化遗产地成为展览无边界的展示空间，将活态的文化遗产传承融入展览，充分发挥贵州省博物馆陈列展览立足于当下的社会价值，让贵州省博物馆成为共享文化资源、共建和谐社会的文化中心。

**遵义会议纪念馆基本陈列"遵义会议伟大转折"** "遵义会议伟大转折"初始是配合遵义会议会址复原陈列的辅助陈列。1955年1月，按照文化部决定，成立遵义会议纪念馆筹备处，并按照"修缮遵义会议会址时，以恢复原貌"为原则筹备展出，进行内部开放。

1957年10月，遵义会议会址对外开放。开放初期，遵义会议会址布置中央红军长征经过贵州留下的部分文物，辅助陈列与复原陈列相结合。辅助陈列从红军强渡乌江开始，经四渡赤水河，到南渡乌江为止。

1964～1965年，闭馆维修。"文化大革命"期间，仍以复原陈列与辅助陈列相结合。1968～1970年，会址主楼除复原会议室、作战室外，余下房间系统陈列土地革命战争（1927～1937年）的历史，以秋收起义开始，以毛泽东著作《矛盾论》《实践论》结束。1970～1972年，将辅助陈列改为由1930年第一次反"围剿"开始，到中央红军四渡赤水河，延至红军长征到达陕北。内容突出党内两条路线的斗争和遵义会议。

1972年，遵义会议陈列馆辅助陈列对外开放，内容包括"坚持武装夺取政权的道路""红军长征 进军贵州""具有伟大历史意义的遵义会议""毛主席军事路线的伟大胜利——中央红军四渡赤水""毛主席率领红军到达抗日前进阵地——陕北"5个单元。

党的十一届三中全会后，根据实事求是的精神，陈列逐步恢复历史的本来面目，如实宣传参加遵义会议的全部人员，充实部分陈列内容。

1983年，辅助陈列内容改为"红军长征进军贵州""具有伟大历史意义的遵义会议""运动战的光辉典范——四渡赤水之战"3个部分，展出各种图片、文字、图表、实物236件。同年10月，按照文化部文物事业管理局意见，遵义图书馆另迁新址，维修红军政治部旧址作为遵义会议辅助陈列室。1985年1月15日，遵义会议召开50周年，维修竣工后的陈列室开放。

2015年1月，经改扩建后的遵义会议陈列馆开放，设"遵义会议伟大转折"基本陈列，展厅面积8000平方米，展线长1200米，展品856件。陈列内容除序厅外分为5个部分。第一部分"战略转移 开始长征"，由"保卫苏区""战略转移""血战湘江"3个单元组成。第二部分"遵义会议 伟大转折"，由"遵义会议前奏""遵义会议召开""遵义会议参加者情况""遵义会议的延续"4个单元组成。第三部分"转战贵州 出奇制胜"，由"创建苏区""四渡赤水""兵临贵阳"3个单元组成。第四部分"勇往直前 走向胜利"，介绍长征中各路红军将士突破敌重兵的围追堵截，巧渡金沙江，强渡大渡河，飞夺泸定桥，战胜张国焘的分裂活动，纵横十余省，长驱数万里，胜利到达陕甘宁地区，实现红军主力的大会师。第五部分"遵义会议 精神永存"，展出历代国家领导人和遵义会议参加者对遵义会议的论述，以及外国人论长征和遵义会议等资料。

陈列在深入研讨、尊重历史的基础上，以声、光、电、多媒体等现代化手段，以文物陈列、图片资料布展等形式，运用雕塑、绘画、景观、场景模拟等方法，突出遵义会议鲜明主题；采用室内空间布局、平面展示、模型展示、实物展示、多媒体展示、灯光设计辅助等展示手段，通过体验性设计和情景规划，使参观者切身感受遵义会议精神、体验长征文化。

**云南省博物馆基本陈列"文明之光——青铜时代的云南"** "文明之光——青铜时代的云南"陈列的前身是2006年展出的"滇国——云南青铜文明陈列"，以全省为视角，以滇国为重点，全方位、多角度向世人揭露云南青铜文化的真实面貌，再现辉煌的云南青铜文化。

1972年5月23日，云南省展览馆举办"云南省出土文物展"。1973年，云南省博物馆举办"云南历史文物陈列"，分为"云南石器时代"和"青铜器时代"两个部分。1977年3月，举办"云南历史文物陈列"展。

1992年2月16日，第三届中国艺术节文化艺术展览开幕式在云南省博物馆举行，"云南青铜器展"等5个展览对外开放。艺术节结束后，"云南青铜器展"保留下来，成为20世纪90年代中后期云南省博物馆的基本陈列之一。

2006年1～6月，云南省博物馆对陈列大楼进行提升改造。7月1日，"滇国——云南青铜文明陈列"对外开放，展品近千件。

2015年5月18日，云南省博物馆新馆开放，"滇国——云南青铜文明陈列"升级为"文明之光——青铜时代的云南"，展出文物近500件/套。该展览以《史记》《汉书》中对战国、西汉时期云南的记载为依据，汇集云南青铜文化中最具代表性的文物，全方位、多角度向世人揭露云南青铜文化的真实面貌，再现司马迁笔下神秘的"滇国"是如何从一个小小的边疆部落，发展成为具有前国家性质的"酋邦"社会，最终并入西汉帝国大一统版图的具体历程。展览分为"云南青铜器时代的开端""云南青铜时代概况""滇中地区辉煌的青铜文化——滇国""云南青铜时代的落幕"4个部分，通过生动的历史事件形象化的展现，以及精美文物的直观陈列，做到历史感与审美效果的统一，使观众"重返滇国"，重新认识云南青铜文化的光辉灿烂，感受中华文化多元一体进程的连续性。

**云南民族博物馆基本陈列"民族乐器"**
"民族乐器"陈列于1995年博物馆建成开馆时展出，主要展示云南26个世居民族的传统乐器文化。

1995～2013年，对"民族乐器"陈列进行局部修改、调整，展陈内容分为"弹奏乐器""击奏乐器""拉奏乐器""吹奏乐器""古代乐器"5个部分。2013年，该陈列得到云南省民委"云南省少数民族文化精品工程"专项经费支持，进行整体改造提升。

2015年4月3日，"民族乐器"陈列以崭新面貌向社会开放，展陈面积440平方米，展出云南各民族材质多样、形制丰富、音色各异的民间乐器文物约300件／套。展陈内容分为5个部分。第一部分"吹奏乐器"：云南民族民间吹奏乐器品种繁多、结构独特，发音方式多样，分为边棱音类、簧管类和唇振类。其中边棱音类分为埙类、笛类；簧管类分为单簧、双簧及笙簧类；唇振类又称号角类，分直形管、锥形管和螺旋管3种形制。展出吹奏乐器120余件／套。第二部分"拉弦乐器"：考虑到历史上云南与南亚东南亚文化交往的特点，除重点

展出胡琴类、槽腔类的代表性乐器，如佤族独弦胡、壮族马骨胡和傣族的水牛角胡、椰胡、瓦罐胡等不同品类外，还展出与印度槽腔类乐器有相似形制和发声的傈僳族牛腿琴"吉吱"。第三部分"弹拨乐器"：云南弹弦乐器形制丰富、品类繁多，细分为琵琶类、月琴类、三弦类、琴筝类。重点展出流行于彝族、哈尼族、佤族、白族的三弦，以及傣族、哈尼族的马腿琴琵琶等。充分展示云南少数民族乐器文化兼容并蓄、多元互补的特征。第四部分"打击乐器"：展览中把云南少数民族打击乐器分为鼓类、锣类、钹类、钟铃类和板类，展示竹、木、皮、铜等不同材质，敲击、拍击、互击、落击和摇击等不同演奏方法的民族民间文物30余件／套。第五部分"民族民间器乐乐种"：云南民族民间器乐乐种分为丝竹乐、鼓吹乐、锣鼓乐、合奏乐等形式，至今仍流传有云南洞经音乐、唢呐鼓吹乐和景颇族"文崩"鼓吹乐、滇南彝族"跳跳总"丝竹乐、纳西族白沙细乐、基诺族竹筒乐等。重点展示"礼乐""雅乐"流传于云南汉、白、彝、壮、傣、纳西等民族中的洞经音乐乐器20余件／套，满足专家、学者和观众观、学、研的不同需求。

"民族乐器"基本陈列形式设计以突出展品为主要宗旨，营造简洁、舒适、活跃的观展空间，结合数码影像音频技术，将传统美妙的乐曲传播给观众，提供视觉、听觉享受。

**西藏博物馆基本陈列"历史的见证——西藏地方与中央政府关系史专题陈列"** "历史的见证——西藏地方与中央政府关系史专题陈列"是对"西藏历史与文化"陈列的全面改造

与提升，陈列主题是历代中央政府对西藏地方的主权行使与有效治理。

西藏博物馆建成于1999年，基本陈列"西藏历史与文化"于同年向社会开放。至2015年，"西藏历史与文化"陈列接待数十万海内外观众，有效承担了正确宣传西藏、弘扬西藏优秀传统文化的历史重任。

2015年7月1日，"历史的见证——西藏地方与中央政府关系史专题陈列"在经多次修订后对外开放。2016年12月31日，配合西藏博物馆新馆建设项目的实施，该陈列撤展。

"历史的见证——西藏地方与中央政府关系史专题陈列"以西藏历史为主线，以介绍西藏地方与历代中央政府的政治隶属关系为核心，着力展现和强调藏汉民族友好交往和西藏是中国不可分割领土的史实，展现西藏各族人民在社会主义祖国大家庭中的幸福生活和社会主义新西藏在现代化建设中取得的伟大成就。展陈面积800平方米，展出文物200余件。展览内容分为7个单元：第一单元"唐代"，介绍吐蕃王朝建立、唐蕃和亲，反映唐蕃友好交往的历史；第二单元"宋代"，介绍西藏分裂割据时期政治态势、古格王朝以及与中原的关系；第三单元"元代"，介绍元朝中央对西藏地方的有效治理及萨迦地方政权；第四单元"明代"，介绍明朝中央对西藏地方的治理以及帕竹噶举与噶玛噶举地方政权的更替；第五单元"清代"，介绍清朝中央政府对西藏地方的有效治理以及噶厦政权机构；第六单元"民国时期"，介绍民国时期西藏局势和中央政府治藏措施；第七单元"新时期"，反映和平解放、平叛、民主改革、自治区成立等重大历史事件。

形式设计与艺术体现方面，对展览中的亮点部分，主要采用形象墙、场景、大幅油画、多媒体、辅助展板、拓片等手段予以烘托和着重体现。如序厅中的浅浮雕印章墙，唐代宫廷建筑景观与《步辇图》长卷的有机组合，《普度明太祖长卷图》滚动屏，"五世达赖觐见顺治帝"半景壁画复原，大型油画《翻身农奴焚烧契约》等。作为历史、政治题材的展览，总体风格强调恢宏、大气、厚重、简洁，避免过度修饰。整体氛围以中原文化为主基调，以藏文化为辅，将两种文化元素提炼并有机融合。

**陕西历史博物馆基本陈列"陕西古代文明"** "陕西古代文明"陈列，反映从史前时期至清代陕西古代文明的发展历程，其前身是1991年展出的"陕西古代史陈列"。

1991年，陕西历史博物馆推出基本陈列"陕西古代史陈列"，上起史前，下至清代，采用历史王朝的分段原则，以通史体例全面反映陕西古代史的发展历程。2006年下半年，随着陕西省考古发现，新的研究成果相继问世，陕西历史博物馆在原陈列基础上重新策划，设计思路由表现"史"转变为通过典型文物表现古代文明成果，形成"陕西古代文明"的主题。2007年4月启动改陈，12月开始预展，2008年3月27日对外开放。

"陕西古代文明"展出面积5051.64平方米，展线长1247米，展出文物3002件，其中珍贵文物2998件。陈列分3个展厅，以"人猿揖别""凤鸣岐山""东方帝国""大汉雄风""冲突融合""盛唐气象""告别帝都"7个单元，集中展示陕西古代文明孕育、产生、发展和鼎盛的过程及其对中华文明的贡献。

"陕西古代文明"主题明确定位于突出表现陕西古代文明的丰硕成果及其对中华文明的贡献。陈列内容以陕西古代文明发展历程为主线，突出周、秦、汉、唐文明成果，通过珍贵文物展现陕西文明史及地域历史文化特色。展品不仅萃取馆藏文物精华，而且汇聚全省重大考古新发现文物448件，珍贵文物占总体展出文物的99%以上，展品不仅等级高、历史价值和科学价值高，而且艺术价值高、观赏性强，是"陕西古代文明"基本陈列在内容方面的一大亮点。如眉县杨家村西周窖藏青铜重器，秦始皇陵新出土的铜水禽、彩绘跪射俑，靖边郝滩汉墓壁画，西安北郊北周安伽墓巨型彩绘贴金石榻，蓝田宋代著名金石学家吕大临家族墓地出土文物等。此外，首次集中展出西安何家村唐代窖藏金银器，增加展出古代科技、艺术方面的文物。

"陕西古代文明"陈列的形式设计，树立了"科学、创新、特色，完美表现内容并有效提升内容"的理念和方针。展陈设计重点体现以人为本、增强互动、趣味盎然的特点。文字说明体现雅俗共赏的文风，大量采用诗经、汉赋、唐诗、宋词中的相关内容，生僻字加注拼音，标注文物用途，重点文物增加关于价值、特点等内容的介绍。展板、说明牌的版式设计追求新颖、易读和美感。类型多样的场景、模型、浮雕、硅胶塑像、图片、图表等辅助展示方式，紧密围绕陈列主题、重要内容和重点文物提炼加工，为观众提供丰富的信息，既直观又方便。

**秦始皇帝陵博物院基本陈列"秦始皇陵兵马俑一、二、三号坑遗址陈列"** "秦始皇陵兵马俑一、二、三号坑遗址陈列"是在考古发掘的基础上，以保存遗址原始风貌为前提进行的原址展示，最大程度还原历史，为观众展示原真性的文化遗产。

1974年3月，陕西省西安市临潼区西杨村村民在抗旱打井时意外发现兵马俑坑。7月15日，陕西省文化部门抽调有关专家组成考古发掘队进行清理工作。1976年，在一号兵马俑坑遗址上建立博物馆展览大厅。1979年10月1日，秦始皇兵马俑博物馆对外开放，陈列只有一号坑遗址。一号坑东西长230米、南北宽62米，总面积14260平方米。俑坑东端是一个长廊，站着三排面东而立的战袍武士俑，每排68尊，是一号坑军阵的前锋部队，长廊后边军阵陈列以遗址原貌的方式呈现，考古发掘出的遗址、遗迹以及文物都在原址展出，重现2000余年前真实的秦俑面貌。在遗址坑坑沿前方和两侧的观众参观路线边设置展板和灯箱，以图文并茂的方式对遗址坑的内涵、遗迹和文物进行介绍和阐释，让观众在参观遗址坑时对兵马俑有更深层次的了解。

1976年5月，考古队员在一号兵马俑坑的北侧东端发现二号兵马俑坑。二号坑平面呈矩尺形，面积6000平方米。1994年10月14日，二号坑陈列以边考古发掘、边对外展出的形式和观众见面。除遗址坑原貌展示之外，在展厅北侧展出遗址坑中出土的典型陶俑、兵器和建筑材料。坑沿四周则以灯箱的形式向观众介绍二号坑的布局、多兵种编列的军阵和典型的遗迹、遗物等。

1976年5月，考古队员在一号兵马坑的北侧西端发现三号兵马坑。三号坑平面呈"凹"字形，面积520平方米。1989年，三号坑遗址大厅建成并对外展出。三号坑完成全部发掘，坑内文物采取修复二分之一、保留发掘现场二分之一的陈列方法，使观众既看到三号坑完整的陶俑形象，又看到陶俑发掘出土时的原状。坑沿四周和展厅的墙上以灯箱的形式分专题介绍三号坑的陶俑排列和出土文物。

3个兵马俑坑生动而形象再现了秦代军队的形象，反映出秦代的兵种、兵器和军队陈列等丰富内容。一号坑气势最为壮观，是一个由步兵和车兵组成的长方形军阵；二号坑是由车兵、步兵、骑兵、弩兵组成的多兵种混合军阵；三号坑最小，内设3个隔间，有专家认为其可能与议事、祈祷战争胜利有关，是统帅一、二号坑军阵的指挥机关。

**延安革命纪念馆基本陈列"延安革命史"** "延安革命史"陈列的主题是"在毛泽东的旗帜下胜利前进"，陈列面积10677平方米，展出文物2500余件、历史照片1400余张。

1950年7月1日，延安革命纪念馆成立，馆址设在延安南关原陕甘宁政府边区交际处院内，展出面积150平方米，展示历史文物、革命文物和生物化石，是一个小型的综合展览。随着征集文物的不断增多，原来的馆舍不能满足陈列的需要，故于1955年夏在凤凰山麓筹建新馆。1956年春，遵循"以中央为纲，突出地方"的原则，将原来的历史文物和自然文物去掉，按照时间顺序呈现中国共产党的革命历史。1958年，对原陈列进行调整，分为12个单元。1963～1965年，对陈列内容进行第3次调整，展览以中共中央在陕北13年活动为主要内容，分为9个单元。1973年，延安革命纪念馆

王家坪新馆布展工作全面完成，受极"左"思潮影响，这次布展突出少数领导人的活动。6月9日，国务院总理周恩来在参观纪念馆时指出"一个党史陈列，就是一部党史教科书"，"要尊重历史，要实事求是"。根据周恩来的指示，延安革命纪念馆在基本陈列中增加30余位老一辈革命家的照片，在一定程度上纠正极"左"思潮的影响。1980～1981年，进行建馆以来第6次陈列大调整，内容分为11个单元，展示党中央和毛泽东、周恩来、刘少奇、朱德等老一辈革命家在延安领导中国革命走向胜利的丰功伟绩。1990年7月，对基本陈列进行第7次大的调整，调整后仍为11个单元。1996年，进行第8次陈列调整，把党中央在延安13年的革命历史集中为10个单元展出，在3500平方米的陈列面积和425米长的展线上展现2000余件革命文物、文献和照片。

2004年5月，中共中央宣传部、文明办公室等部门联合印发《关于加强和改进爱国主义教育基地的建议》，组织实施全国爱国主义教育示范基地"533工程"，其重点是推动井冈山革命博物馆、韶山毛泽东同志纪念馆和延安革命纪念馆三大爱国主义教育示范基地建设的"一号工程"。2006年，延安革命纪念馆闭馆建设。2009年8月28日，新馆对外开放。基本陈列"延安革命史"突出两点：一是以编年体与专题相辅相成的方法，取代以历史顺序加专题的陈列手法；二是以突出宣传党中央在陕北13年的历史经验和历史功绩，取代过去突出宣传历史背景。

展览分为"红军长征的落脚点""抗日战争的政治指导中心""新民主主义的模范试

区""延安精神的发祥地""毛泽东思想指导地位的确立""夺取全国胜利的出发点"6个单元，重点展示毛泽东思想和延安精神。在"延安精神的发祥地"单元，深入挖掘延安精神的源头和内涵，展示抗大精神、延安整风精神、张思德精神、白求恩精神、南泥湾精神、延安县同志们的精神和劳模精神7种最具代表性的原生态精神，具体形象地说明延安精神不只是一个抽象概念，而是具有丰富内涵的完整理论体系。在"毛泽东思想指导地位的确立"单元，介绍毛泽东思想的形成与发展、延安整风运动、中国共产党第七次全国代表大会等内容。

在形式设计上，突出地域特色，进行多处场景复原，并综合运用现代展示手段。

**西安碑林博物馆基本陈列**　西安碑林博物馆基本陈列分布在西安碑林展区、石刻艺术室和石刻艺术馆3个展区。

西安碑林展区主要陈列历代碑志，范围包括西安碑林第一至第七展室以及附设的6个墓志廊，展出汉代以来的石刻文物1180件，其中碑石293件、墓志163件、刻帖724件。第一至第六展室改建于民国26～27年（1937～1938年），第七展室建于1982年。第一展室面积1079平方米，主要陈列唐开成二年（837年）刊刻完成的《周易》《尚书》《诗经》《周礼》《仪礼》《礼记》《春秋左氏传》《春秋公羊传》《春秋谷梁传》《孝经》《论语》《尔雅》等12部儒家经典，共114石、228面、650252字，史称《开成石经》。清康熙三年（1664年）补刻《孟子》，与《开成石经》同室陈列，合称"十三经"。第一展室南侧陈列刻于唐天宝四年（745年）的《石台孝经》，由唐玄宗李隆基作序、注释并书写。第二展室面积186平方米，陈列以唐代名碑为主。欧阳询书《皇甫诞碑》、颜真卿书《多宝塔碑》《颜家庙碑》、柳公权书《玄秘塔碑》、褚遂良书《同州三藏圣教序碑》、僧怀仁集王羲之书《大唐三藏圣教序碑》、欧阳通书《道因法师碑》、史惟则书《大智禅师碑》等，历来是人们学习书法的范本。《大秦景教流行中国碑》《不空和尚碑》是研究唐代中外文化交流的宝贵资料。第三展室面积273平方米，陈列汉代以来的历代碑刻，各种书体兼备。篆书有唐《美原神泉诗序碑》、宋《篆书目录偏旁字源碑》等；隶书有汉《熹平石经》残石、《曹全碑》，前秦《广武将军碑》《邓太尉祠碑》等；由隶向楷演变的有晋《司马芳残碑》；楷书有隋《孟显达碑》，唐《颜勤礼碑》《郭家庙碑》《臧怀恪碑》；草书有隋《智永千字文》、唐《怀素千字文》等。第四展室面积222平方米，展品除苏轼、黄庭坚、米芾、祝允明等宋、明时期的名家诗文书迹刻石外，还有宋代至清代的石刻线画。宋刻《长安城残图》《唐兴庆宫图》、清刻《太华山全图》《关中八景》等对研究古代建筑和名山胜迹有重要参考价值。宋刻《王维画竹》、清刻《孔子像》《达摩像》《松鹤图》《关帝诗竹》等也具有很高的艺术价值。第五展室面积281平方米，陈列宋、元、明、清各代碑石，以清代碑石为主。内容多为修庙、记功、拨田、赡学、浚渠、葺城及官箴、格言等，部分碑刻记载西安文庙及碑林史的相关史料。此外，宋代重刻的秦《峄山刻石》以及王铎、左宗棠、清圣祖玄烨等书写的碑刻，在书法艺术上有很高的价值。第六展室面积308平方米，陈列的碑石除少数是元、明两代士人所写诗文作品外，大部分都是清人所作诗词歌赋。第七展室面积174平方米，陈列清顺治三年（1646年）刻陕西本《淳化阁帖》，前五卷为历代帝王、名臣和著名书法家的字迹，后五卷为王羲之、王献之书迹，是中国古代著名法帖。墓志廊主要展出于右任在20世纪30年代捐赠的"鸳鸯七志斋藏石"和馆藏唐宋墓志中的精品，其中《元桢墓志》《穆亮墓志》《元遥墓志》等具有极高的书法艺术价值。

石刻艺术室建于1963年，面积1462平方米，展出文物85件，展室匾额为陈毅所题。陈列内容为汉代至明清两代的陵墓石刻，包括昭陵六骏、老君像、唐李寿石椁及墓志、东汉双兽、陕北地区出土画像石，以及石犀、石虎、石羊、石灯等石刻文物。

石刻艺术馆建于2010年，面积1800平方米。陈列以"长安佛韵"为主题，分为造像碑区、小型造像区、大型造像区，展出约150件北魏至宋代的石刻造像。造像碑区的"邑子六十人造像碑""田良宽造像碑""朱辅伯造像碑"等，反映魏晋南北朝时期社邑、家族、宗教活动等情况，史料价值突出。小型造像区的"皇兴造像""和平二年释迦造像"等背屏式单体佛教造像，背屏后均刻有佛传和本生故事，是北魏时期佛教造像的杰出代表；被誉为"东方维纳斯"的"唐残菩萨立像"韵味高妙。大型造像区刻有"北周大象二年"纪年的"北周五佛"造像，为研究北周至唐初的佛教造像特点提供了明确依据。

**西安半坡博物馆基本陈列"半坡遗址出土文物陈列"** "半坡遗址出土文物陈列"的前身为1955年半坡遗址考古现场举办的小型展览。

1955年11月17日，为满足社会对半坡遗址考古发掘的关注需求，中国社会科学院考古研究所在半坡遗址考古现场举办小型展览，展览内容分为考古现场和出土文物两部分。1956年，由国家拨款建博物馆。1958年3月22日，出土文物陈列就绪，进行内部展出，进一步征求意见。

1958年4月1日，西安半坡博物馆对外开放。8月7日，出土文物陈列面向公众开放，共两座陈列室，展出文物296件，并配以绘画26幅、模型23件、标本29件等辅助展品，放大和拍摄照片31张。展览采取分单元展出方式，从半坡先民的生产活动、半坡先民的采集生产与编织、半坡先民的生产工具、半坡先民的埋葬制度与习俗等方面，讲述6000年前生活在黄河流域的史前人类生活状况。9月，为迎接国庆，复原半坡先民居住的圆形房子与方形房子各一座，面积约10平方米。

1959年春节、"五一"、"十一"期间，对陈列内容进行3次较大的调整，调整陈列次序，补充陈列内容，加强文字说明，加强辅助陈列，使内容更加完善，在形象化、通俗化方面有所改进，在思想性和科学性上亦有所提高。经过调整的文物展品达到977件。

1960年3月，为贯彻全国文物博物馆工作会议精神，修改辅助陈列内容。同年，出土文物陈列停止对外开放，进入改陈筹备阶段。10月1日，原有陈列进行调整后重新开放。1963年，再次充实、调整原有陈列内容，广泛收集有关半坡遗址新的研究成果并加以应用，增加植物与动物部分。

1971年，出土文物陈列再次计划调整，于3月3日拟出调整方案上报陕西省文化局。1972年5月23日，调整后的出土文物陈列对外开放。

1988年，西安半坡博物馆建馆30周年之际再次进行改陈。10月底，调整后的出土文物陈列对外开放，在内容方面吸收新的史前研究成果；在形式设计和制作方面采用先进的手段和技术，以浅浮雕形象图解展柜中的文物内涵，形式古朴大方；在艺术形式、思想内容方面都有创新。

2006年6月，博物馆决定对出土文物陈列进行改造，将原来互不连接的两个展厅，通过新建的序厅和半景画展厅连成一体。

2010年8月6日，改陈后的"半坡遗址出土文物陈列"对外进行试开放。2011年6月11日，基本陈列向公众开放。陈列分为序厅、半景画展厅和两个文物展厅，展出文物352件／套。各部分既主题鲜明、风格各异，又遥相呼应、和谐统一。序厅部分以高度概括的手法，把半坡文化的主要元素新石器时代、母系氏族、彩陶和鱼纹一一展示出来。西展厅以绿色、直线、矩形元素，通过展板、图表、标本、模型、文物，把半坡人所处的环境、生产劳动和生活方式展现给观众。东展厅则以红色（陶器的颜色）、曲线、圆形元素，把装饰品、陶器、彩陶艺术和刻划符号、人面鱼纹等半坡人精神层面的深刻内涵表现出来。半景画展厅通过把绘画、模型、雕塑、标本等实物场景与声光电模仿的虚拟场景相结合，具象、直观地把半坡人生活中的采集、狩猎、捕鱼、建筑、集会等内容展示在观众面前。

**汉景帝阳陵博物院基本陈列"帝陵外藏坑遗址保护展示"** "帝陵外藏坑遗址保护展示"是汉景帝阳陵博物院四大基本陈列中最具特色的一处。该陈列对汉景帝陵园陪葬系统——外藏坑的发掘现场进行原址展示，并结合辅助的文物展区展示汉阳陵考古成果，诠释西汉时期"事死如事生"的丧葬观念，彰显皇家威仪，再现"文景之治"蓬勃向上的时代面貌。

陈列由两大部分组成：一是遗址本体展示区，面积6800平方米；二是中厅文物展示区，面积1000平方米。展示内容分为三大类：一是外藏坑原址，共10座，包含漆木遗迹、粮食遗存等大量遗迹现象；二是出土文物原址展示，共2586件／套；三是中厅文物展示，共1009件／套。作为全地下式的博物馆展示区，该陈列采用中空镀膜电加热玻璃分隔遗址区和观众通道，在维持文物保存环境恒温恒湿的同时，让观众近距离参观真实的古遗址，成为古代文明与现代科技有机结合的典范之作。

帝陵外藏坑保护展示以陕西省考古研究所1998年在汉景帝陵东侧的考古发掘成果为基础，通过在汉阳陵南区8号外藏坑进行局部封闭式保护实验，确定中空镀膜电加热玻璃能够有效实现遗址区的温湿度控制并满足参观需求。1999年11月，开始进行帝陵外藏坑保护展示厅工程设计。2003年，设计方案获国家文物局、陕西省发展改革委批准，并由陕西省政府批准成立汉阳陵博物苑工程指挥部付诸实施。2004年，帝陵外藏坑保护展示厅在试桩工程基础上破土动工，于2006年3月31日竣工开放。

帝陵外藏坑保护展示厅覆盖汉景帝陵东侧12~21号外藏坑，位于帝陵东墓道之北，整体与遗址环境、游览路线相协调。入口设于帝陵东阙门北阙台遗址下，外侧用形象墙展示西汉十一帝的生平事迹，重点突出景帝，引导观众走入历史氛围；内侧通过复原沙盘说明汉景帝陵园形制结构，使观众初步明晰遗存性质。外藏坑开口所在的汉代地表为遗址本体展示区所在地，距现代地表约4米，两者由带有汉代画像元素设计的斜坡通道相连。遗址展示区先以开阔的前厅结构展示全貌，再通过环绕遗址外沿的悬空玻璃长廊对21~14号外藏坑依次进行展示和介绍。对占地面积大、出土文物丰富的14号和13号外藏坑，除遗址上方俯视视角的玻璃通道外，还去除了两坑间的土隔梁，用立面玻璃让观众更进一步观察坑底内容；对占地面积极小、历史上受损严重但内涵深厚的12号外藏坑，依据考古发掘资料对历史原貌进行开放式复原展示，深度诠释外藏坑系统的文化内涵。中厅文物展示区合理利用遗址区旁的可利用空间，采用"汉家陵阙"的意象设计，分"职官制度""祭祀礼仪""社会生活"等专题展示汉阳陵陵区考古发掘成果，文物实物与车马、陶俑复仿制品搭配诠释汉代文化，并通过对陵区出土陶器的集中展示营造西汉"文景之治"朴素而向上的历史氛围；借助新技术"幻影成像"放映，直观讲述景帝时期的历史故事，增强观众的参观兴趣，使观众对汉阳陵的认知更为立体。展厅出口通道两侧用文字版面对汉阳陵和景帝时代进行总结，引导观众进一步思考与展望，并与环景帝陵封土游览路线无缝衔接。遗址区文物和遗迹现象包括陶俑、陶塑动物、陶明器、陶酒食器、车马遗迹、动物骨骼、粮食遗迹、"世界最早的茶叶"遗迹等，全方位揭示帝陵外藏坑的象征意义——西汉中央官署机构。中厅文物展示区作为遗址本体展示区的补充，进一步拓宽了以外藏坑本体为核心的参观视角。

**西安博物院基本陈列"古都西安"** "古都西安"陈列位于西安博物院展馆负一层，共3个展区，展陈面积2350平方米，展出文物605件/套，从城市变迁和人文历史两个方面综合反映西安1000余年的建都史和3000余年的城市发展史。2012年，对原有展柜、展厅和柜内灯光进行提升改造，展览内容保持不变。

"古都西安"陈列分为3个部分。第一部分"千年古都"，分为"西周丰镐""秦阿房宫""汉长安城""隋、唐长安""明、清西安"5个单元，通过展示各个时期的建筑遗物和城郭模型，直观反映古代西安在不同时期的风格面貌。其中，唐长安城模型中心地面为方形下沉式，吊顶配以穹顶，隐喻"天圆地方"之意。辅以汉长安城、宋元城、明清西安城模型，形象展示西安城市发展的历史脉络。第二部分"帝都万象"，将西安地区出土各时期代表性的文物精品分为"周秦文明"和"汉唐风采"两个板块，按时代顺序陈列展示。"周秦文明"分为"钟鸣鼎食　车马人殉""土室火膛　石犁木耒""郡国辐辏　财货汇聚""斧钺金戈　战车铁驷"4个单元，"汉唐风采"分为"物阜民安""人文荟萃""丝路起点""皇家陵阙"4个单元。西周永盂、卫簋，西汉鎏金铜锺，唐彩绘仕女陶俑、三彩腾空骑马俑、三彩牵驼俑等一大批珍贵文物，印证了古长安城的国都地位。第三部分"府城华章"，主要展示西安自唐以后作为西北、西南的交通要冲，在保障西部稳定、维系中原安全重镇方面所发挥的作用。宋元明清各朝对西安城的建设高度重视，城内店肆林立，商贸发达。城墙、钟鼓楼、西安碑林、关中书院等重要遗迹，集中体现了这座城市的深厚文脉。

"古都西安"陈列通过大量的精美文物，结合内容翔实的文字图版、三维动画、多媒体触控屏、景观模型等多种形式，多层次、多角度展示辉煌的古都西安文明。为拉近文物与观众之间的距离，增强观众的参与性，让观众更好地了解展品的文化内涵，在静态陈列展示文物的同时，采用多媒体触摸屏、DMS数字虚拟演示系统、电子翻书系统、3D动画场景展示、瓷器复原模型等多媒体互动展示。观众通过简单有趣的触摸、点击等操作方式，可亲身体验、参与并了解更深层次的展览相关背景资料和辅助信息，增强了整个陈列的趣味性和互动性。

### 宝鸡青铜器博物院基本陈列"青铜铸文明"

"青铜铸文明"陈列主要展示宝鸡地区周秦文明的青铜文化，其前身是宝鸡青铜器博物馆1998年展出的"周秦文明之光"陈列。

"周秦文明之光"陈列以史为纲、以物明史，荟萃宝鸡地区出土和征集的文物资料，通过"西周王朝从宝鸡发祥""森严肃穆的西周礼制""发达的西周经济文化""秦国从宝鸡崛起"4个单元，展示周秦时期一系列的重大史实，充分体现周秦文化在中华文明史中的重要地位。

2010年，位于中华石鼓园景区内的宝鸡青铜器博物院新馆建成，"青铜铸文明"基本陈列于9月28日对外开放。"青铜铸文明"包含4个展厅，面积4000余平方米，展出文物1500余件，从不同角度揭示了文物丰富的内涵。第一展厅"青铜器之乡"，以眉县杨家村窖藏复原为核心，通过"周秦故地·国宝频现""后世吉金·子孙永保""腜腜周原·姬周根基"3个单元，展现宝鸡窖藏青铜器的出土之盛，以及民风淳厚的宝鸡乡民保护国宝的义举。第二展厅"周礼之邦"，以周礼治下的青铜盛世为展览核心，并以见证历史的青铜礼器为线索，通过"封建亲戚·以藩屏周""周公制礼·天下归心""国之大事·在祀与戎""赫赫宗周·黯然东迁"4个单元，展现西周王朝的历史发展脉络，以及周礼治下的等级秩序。第三展厅"帝国之路"，以周王室的衰败和东迁与秦帝国的崛起之路为展览线索，通过"襄公救周·赏宅受国""千渭之会·秦风烈烈""光美穆公·称霸诸侯""壮哉雍城·帝国基业"4个单元，展现秦人从非子养马到始皇加冕的辉煌之路。第四展厅"智慧之光"，以青铜器铸造为圆心，通过"天工开物·彰显慧光""青铜艺术·神韵昭彰""崇礼慕古·周风流韵"3个单元，多角度、多层次诠释青铜器的工艺技术和思想内核，让观众能够深刻体会到西周青铜器及蕴含其中的礼制对后世的深远影响。

形式设计上，通过对宝鸡出土周秦青铜器本身的历史文化内涵进行梳理，营造出凝结周秦社会、风尚、文化艺术、审美特点的观展氛围。整个场馆的建筑造型犹如一件破土而出的吉金重器，暗合宝鸡"青铜器之乡"的美誉。适当运用复原、模型以及演示、声、像等形象表现手段，将文物还原到场景中，使观众易于理解和接受。对典型墓葬的展示打破常规，墓葬出土殉葬品全部集中展出并辅以考古资料，使观众可以真正"走进考古"。展厅内陈列设施使用中性色调，辅以光线调节，营造一种平和、稳重的与周秦青铜器文化相协调的氛围，使观者达到从现实步入历史的初步印象效果。

**大唐西市博物馆基本陈列"丝路起点 盛世商魂"** 2010年4月7日，在唐代西市遗址发掘成果基础上，大唐西市博物馆建成并对外开放，基本陈列为"丝路起点 盛世商魂"。"丝路起点 盛世商魂"陈列介绍历史上西市作为"丝路"起点的重要地位、交易品类、商业文化和繁华胜景，体现盛唐生活诸多方面的文化，强调其作为当时的国际商贸中心在古代中国以及世界文化中的重要历史地位。展览面积1.1万平方米，展品近千件。

"丝路起点 盛世商魂"陈列以隋唐长安城西市遗址为基础，紧扣隋唐西市的历史地位，分为5个单元。第一单元"大唐繁华留胜迹——西市遗址"，通过对西市遗址的裸露展示和覆盖展示，反映唐代西市的规模宏大、建筑密集、人流如织、水陆交通便利，以及当时所处的社会环境和人文状态。第二单元"万里丝路由此启——西市概况"，通过考古和文献资料及复原西市模型，结合建筑遗迹和西市发掘的文物，再现西市建筑格局以及庞大而合理的市场运行模式、完善的市场管理体系、健全的交易规范、初具形态的金融体系，阐释大唐西市被称为"丝路起点"的展览主题。第三单元"百业兴旺铸金市——西市行肆"，通过文献中对西市行、肆、店、铺的记载展示其商业形态、行业分工，结合

出土、馆藏的隋唐文物并辅以适当的复制和辅助展品，展现西市二百二十行的繁华景象。第四单元"十字井街汇东西——文化交融"，重点强调商品交易的同时文化也在此融会，由此构成西市极为宏富的多元文化特色，通过宗教造像、青铜胡俑、银铂饰品等反映西市胡商云集、商品集散、西运东输的繁荣景象。第五单元"盛世千秋续商魂——西市佳话"，复原和再现发生在大唐西市的几则商人故事，寓有令今人深省借鉴的商业智慧与商业道德，点明中华"商魂"之主题。

形式设计方面，展览空间规划借用西市的九宫格形态作为基本格局，将每个独立空间联系起来，使每个独立的空间成为一个个宝匣，在宝匣中满载珍贵遗存。展区通过提炼唐文化的元素，将墙体处理成含蓄深沉的红色，配搭唐朝雍容华贵的花纹，并与黑色的展柜相呼应，整体空间体现唐文化的大气辉煌。从展览情节上考虑，前半部分采用静态展示，后半部分则以动态影像结合文物展示。展览图文版面设计采用固定模块，能简洁清晰传达展览内容，和文物相互照应，而且容易更换。展品组合设计，通过辅助信息让观众能清晰了解到文物的背景资料及文化信息。观众穿行在各个空间时，如同置身展开的历史长卷，将大唐西市的历史故事一一铺陈开去。

**甘肃省博物馆基本陈列"甘肃丝绸之路文明"** "甘肃丝绸之路文明"陈列以丝绸之路的发展为脉络，通过东西方文化在丝绸之路甘肃段交流和融合时留下的历史文化艺术珍品，反映丝绸之路在甘肃的发展历程，重点突出先秦、汉唐时期的丝绸之路文明。展览面积1200

平方米，展出珍贵文物560余件、辅助展品116件。

"甘肃丝绸之路文明"陈列源于1988年甘肃省博物馆与中国历史博物馆在北京联合举办的"甘肃丝绸之路文物展"。1992年，首届中国丝绸之路节在兰州开幕，甘肃省博物馆筹办"丝绸之路文物精华展"，展览分为"辉煌的远古彩陶文化""东西方文明的酝酿""丝绸之路的开拓""面向世界的隆盛时代""后期丝绸之路上的多民族文化"5个单元，展出文物1200余件，侧重展示汉代丝绸之路遗存，通过富有本地特色的文物强化丝绸之路这一主题，同时显示民族团结共荣的历程，较全面地还原甘肃古代文化面貌。

2003年，"甘肃丝绸之路文明"作为甘肃省博物馆新馆开展后的基本陈列之一开始筹备，2006年12月随新馆开馆对外开放。该陈列汇集甘肃省博物馆及全省各地县博物馆珍藏，囊括400余件历史文物精品，分为"丝绸之路的前奏""丝绸之路的开拓""丝绸之路的繁荣""丝绸之路的绵延"4个单元。2015年12月7日，闭馆提升改陈，重点提升展览软、硬件，包括升级安防消防设备、调整部分文物、更换辅助展品，更换展柜、增加"智慧博物馆"数字化成果等。2016年5月，展览重新对公众开放。

改陈后的"甘肃丝绸之路文明"，通过丝绸之路路线景观图、丝绸之路东西方流传往来的奇珍异物，以及包括丝绸之路沿线重要地点及其历史背景、自然景观等信息的触摸屏，给观众以再现历史的直观印象。该陈列分为4个单元。第一单元"丝绸之路的前奏"：时间

段从新石器时期至先秦时期，反映以黄河流域为中心的农耕文明与北方草原文化的碰撞交融。本单元展出文物226件，主要展品有仰韶文化彩陶权杖头、齐家文化中国早期青铜器（玉器）、灵台白草坡出土西周青铜器、大堡子山出土先秦金饰片等。第二单元"丝绸之路的开拓"：汉代伊始，丝绸之路将长安和罗马连接在一起，东西方之间频繁交往，商胡贩客日款于塞下，呈现空前活跃的局面。魏晋时期，中原地区社会动荡，陇右河西相对稳定，从而保证了丝绸之路的畅通无阻。本单元展出文物237件，主要展品有武威雷台汉墓铜奔马及车马仪仗队、武威磨嘴子汉墓群出土的以汉代《仪礼简》为代表的简牍、以《邮驿图》为代表的河西地区魏晋壁画砖等。第三单元"丝绸之路的繁荣"：隋唐时期，国家统一，经济发展，政策包容，使东西方的物质和文化交流更加广泛，河西走廊作为交流纽带和商贸中转站的作用尤显突出。佛教艺术自十六国时期传入河西，不断发扬光大，逐渐传播至全国。本单元展出文物72件，主要展品有唐代三彩牵马俑、武威天梯山唐代泥塑佛像、唐代大云寺五重舍利宝函、唐代胡腾舞俑、唐代东罗马鎏金银盘等。第四单元"丝绸之路的绵延"：海上丝绸之路兴起后，陆上丝绸之路依然如故。宋、金、西夏、河湟吐蕃通过丝绸之路和西域诸国保持密切联系。元代，东西方交流频繁，显示出多元文化的景观。本单元展出文物31件，主要展品有宋代官窑瓜棱瓶、元代玻璃莲花托盏、元代汪氏家族墓出土文物、明代阿文铜香炉等。

在形式设计中，遵循"突出文物本体，

辅助知识表现"原则，在平面布局和展线设计上使用大跨度的直线和大弧度的曲线来表达西北的辽阔地域特征。另外，通过统一的通柜外形，保证观众在参观过程中视觉的连贯性。在色调运用上，整个展馆以沉稳的暖色为主调，而以灰色来串联、协调。在具体设计细节中，通过较多绘画、图表和说明文字等辅助展品进一步诠释。注重多媒体及互动项目的运用，设置多媒体互动触摸屏，利用三维展示技术提升观众的观展感受。

**天水市博物馆基本陈列"八千年的记忆——天水古代文明陈列"**　"八千年的记忆——天水古代文明陈列"主要展示天水地区的历史文明，时间跨度从史前到民国时期。其前身是2009年展出的"文化天水——通史陈列"。

"文化天水——通史陈列"利用天水地域出土文物、重大考古发现和征集文物资料，从政治、经济、文化等方面较为全面反映天水历史文化。

2017年，天水市博物馆对"文化天水——通史陈列"进行提升改造，更名为"八千年的记忆——天水古代文明陈列"。展览内容以历史时代为序，始于史前时期的"文明曙光"，结束于元明清时期的"古城遗韵"，展陈面积3200平方米，展出文物450余件/套，辅以文字和图片展板，全面展示天水深厚的历史文化底蕴和藏品特色，诠释天水地区从史前文明到明清时期的历史、艺术、文化的整体性和多样性。

"八千年的记忆——天水古代文明陈列"共分8个单元。第一单元"文明曙光"：介绍旧石器时代晚期至新石器时代大地湾、西山坪、师赵村、傅家门等遗址的考古成果。第二单元"嬴秦故园"：天水是早期秦文化的发祥地，在800余年的漫长岁月中，秦人艰苦创业、东进西伐、封侯建国，最终建立秦朝。第三单元"两汉物华"：天水作为中原连接西域的商贸重镇，出土数量众多的汉代陶器、青铜鼎、壶、镜、炉、陶屋模型和陶塑等文物，反映了经济繁荣、生活富庶的历史景象。第四单元"魏蜀兵戈"：东汉、三国时期，作为陇上军事重镇的天水是魏蜀双方争夺的战略要地，发生了许多著名战事，涌现出姜维、庞德等天水籍著名将领。第五单元"渭水梵音"：早在东晋时期，天水就有高僧译经传教。十六国时期的后秦，麦积山开窟造像。随后，沿渭河流域开凿麦积区仙人崖、武山水帘洞和木梯寺、甘谷大像山等石窟，形成百里石窟走廊。天水成为陇右地区佛教文化的传播中心。第六单元"隋唐盛景"：隋唐时期，东西方文化、商贸交流融合进一步加强，商贾络绎不绝，促进了天水地区经济文化的大发展。第七单元"茶马大市"：北宋时期，天水是中原与西北少数民族经济文化交流的重要地区。南宋时期，宋、金在天水展开军事争夺战，并设立榷场发展贸易。第八单元"古城遗韵"：元明清时期，天水是陇右商贸重镇，经济繁荣，秦州古城得到较快发展。

"八千年的记忆——天水古代文明陈列"采用沿墙柜、三面柜和独立柜相结合的形式对藏品进行展示，结合仿古建筑特点，使内部展陈形式和外部建筑环境协调统一；展陈设计以时代发展为序，突出天水历史文化主体面貌；展示手段结合多种现代科技成果，运用声、光、电等手段和视频、语音效果全方位展现天水"五大文化"。

### 敦煌研究院基本陈列"1650——文明的回响"

"1650——文明的回响"基本陈列是敦煌研究院为纪念敦煌莫高窟开凿营建1650年而设立，沿时间轴梳理敦煌莫高窟的1650年跌宕起伏的历史、精美绝伦的文化艺术在中华文明中的地位和意义，全面展示敦煌石窟艺术精华。该陈列由敦煌研究院主办，敦煌石窟文物保护研究陈列中心承办，展出地点在莫高窟前敦煌研究院老美术馆，335件展品分布在4间展室内，展厅面积为840平方米。展览自2015年9月开始筹备，2016年9月15日开展。

展览内容分为"众生营造""庄严净土""东西融贯""万象人间""砥砺新生"5个部分，对敦煌莫高窟1650年的历史进行全面的回溯与整理。"众生营造"展现的是在虔诚的信仰中，无数人持续为敦煌石窟的营建而奉献力量。"庄严净土"展现的是莫高窟承载着宗教与信仰的深刻内涵，描绘轮回与超脱的故事，最终形成庄严的佛国世界，并在多元文明的交融中不断吸纳其精华。"东西融贯"通过展示莫高窟千年图像中丝绸之路上的各种交通工具，从一个侧面体现丝绸之路上东来西往的交流盛况。"万象人间"分为"百工所成""霓裳美仪""万物有情""人间百态"4个单元："百工所成"单元通过展示敦煌壁画中的多种建筑形象，体现出敦煌壁画所承载的古代建筑多元样貌；"霓裳美仪"单元通过展示敦煌壁画中多民族的服饰图像，呈现历史悠久、异彩纷呈的敦煌石窟服饰文化；"万物有情"单元展示敦煌壁画中千年来多种

多样的动物；"人间百态"单元为大众展现了一个生动、真实而直观的历史风俗画卷。"砥砺新生"部分不但展示了藏经洞的价值及其流散史，还展示了敦煌研究院为敦煌石窟的久远长存而结出的多学科、国际性的成果。

展览的形式设计基于老式建筑空间，经过主体加固后，内部完全依据旧有格局进行设计。展区内部以藏红色为主色调，配置对应作品的灯光，塑造宗教般温暖祥和的色彩导引。通过板块设计，以顺时针方向的展线引导观众，在静态展品和动态多媒体间，张弛有度地感受敦煌石窟经典艺术品之美。通过艺术装置和建筑模型合理分割空间，使观众在不大的展厅中不觉狭促且留有足够的观赏时间。

### 宁夏博物馆基本陈列"朔色长天——宁夏通史陈列"

"朔色长天——宁夏通史陈列"通过宁夏古代文明发展各个阶段的重要历史遗物，展现宁夏自远古至明清时期形成的渔猎文化、畜牧文化、农耕文化、丝路文化、西夏文化、回族文化等具有鲜明地域和民族特色的多元文化。展览面积3000平方米，展出文物2500件/套，其中一级文物88件，包括鎏金铜牛、石雕力士志文支座、石刻胡旋舞墓门等。

展览分为6个部分。第一部分"文明曙光"：介绍宁夏旧石器时代文化和新石器时代磨光石器、陶器、农业萌芽的出现，然而农业的发展并没有冲击到狩猎、畜牧的主导地位。第二部分"西戎春秋"：通过孙家庄、姚河塬文化遗址和固原杨郎与彭堡、彭阳草庙、西吉新营等墓地的考古发掘成果，揭示宁夏古代义渠戎、乌氏戎、胸衍戎3个戎族方国游牧民族生活的景象和青铜文化在欧亚草原广大地区传

播交融的脉络，证明宁夏先民是草原丝绸之路上的先行者、开拓者。第三部分"帝都藩屏"：秦统一全国，建都咸阳，宁夏属北地郡。秦始皇曾出巡西北，经固原，登六盘山。又遣大将蒙恬率兵30万北击匈奴，筑长城、修直道，内迁人口屯田戍边，宁夏自此逐渐开发并兴盛。第四部分"丝路重镇"：魏晋南北朝至隋唐时期是中国与周边甚至遥远国家交往最为频繁的时期，宁夏作为丝绸之路东段北道上的必经之地，贡使、商贾、僧侣等大都经过此地进入中原地区，因此留存有大量中西交流的遗迹遗物。第五部分"大夏寻踪"：1038年，党项首领元昊建立西夏，定都兴庆府，先后与两宋辽金对峙鼎立。西夏地处中西方文化交流的丝绸之路上，形成受中原汉文化影响为主的多元文化，又表现出很强的民族特色。第六部分"塞北江南"：元明清三代，宁夏地区社会经济相对稳定，文化多元，中原农耕文化和边塞草原文化交流、融合，呈现出"塞北江南"的美丽景象。

展览形式设计方面，在陈列手段上，采用组合陈列法、中心陈列法、对称陈列法、密集陈列法等不同的陈列方式，将独具宁夏地域特色的历史文物，错落有致、主次分明地进行展示，突出文物的历史价值、文化价值和艺术价值；在色彩选择上，根据大纲不同的历史章节，展厅版面、展品说明牌、展台色彩随之变化，在把握整体的基础上注重细节，使展览在具有知识性、学术性的同时，还具有趣味性、观赏性；在展厅空间的处理上，注重节奏的变化，根据展览的内容和展示效果的需要，运用照壁、隔断、通柜、壁龛、独立展柜、场景复

原等多种形式进行有效的划分组合，使观众移步换景，在不同的空间里获得新鲜的感受；在辅助展示上，以史物结合为原则，配合图文并茂的展板、绘画、雕塑、模型和多媒体组成的场景还原以及声光电技术，来增加整个展览的深度和广度，让观众在阅读水洞沟遗址、丝路宁夏、西夏王陵、塞北江南情景等过程中得到"观其文、触其物、闻其声"的身临其境的真实感。

**宁夏固原博物馆基本陈列"千年固原 丝路华章"** "千年固原 丝路华章"基本陈列的前身是1988年宁夏固原博物馆推出的"固原历史文物"基本陈列和"丝绸之路在固原"专题陈列，文物以时代为序依次排列。固原既是历代的西北边防重镇，又是古代丝绸之路东段北道的必经之地，中原农耕民族、草原游牧民族以及西域各族于此杂居相处，形成不同历史时期独具特色的地域文化。

2004年，"固原历史文物"陈列升级为"固原古代文明"。2008年，宁夏回族自治区成立50周年之际，"丝绸之路在固原"专题陈列调整展览形式，补充新发现文物。2014年，按照宁夏回族自治区文化厅、文物局"突出丝绸之路主题"的要求，宁夏固原博物馆展览提升改造，要求既与固原城市总体规划相协调，又要与文物保护、科研研发、文物市场有机结合起来。

2016年10月，"千年固原 丝路华章"通史展面世，展陈面积3327平方米，展出文物2000余件／套。展览从序厅开始，分"文明序曲——史前时期""华戎交响——先秦时期""萧关纪颂——秦汉时期""金石鸿篇——南北朝至隋唐时期""边塞咏叹——宋

夏金至元明清时期"，反映固原不同历史时期的文化，承载固原数千年的历史文化缩影。

**青海省博物馆基本陈列"江河源文明——青海历史文物陈列"** 2014年，青海省博物馆拟定基本陈列"江河源文明——青海历史文物陈列"方案，用文物反映青海地区历史发展脉络，从不同角度反映青海世居民族由古代民族直接或间接发展而来的历史以及共同创造的辉煌历史文化。展览于2015年1月全面对外开放，展厅面积1600平方米，展出文物418件／套，集中展出青海省博物馆所收藏的历代文物精品，按时代顺序组合，力求生动全面反映青海历史发展脉络，体现青海古代先民在生产劳动、文化艺术、工艺技术等方面所取得的不朽成就。

展览内容由"史前文明遗珍"和"历史文物精粹"两个部分组成。"史前文明遗珍"设为"凿石创业""抟土成器""雕骨为饰""琢玉以祀""熔金造物"5个单元，展品按石器、陶器、骨器、玉器、青铜器质地归类，同类器物按时序排列，清晰而明确地揭示该类文物由早期产生、发展过程中的规律和特征，并配以文字、图片、绘画、示意图等进一步揭示文物内涵。各单元相对独立又相辅相成，完整表现出青海地区史前文明的全貌。"历史文物精粹"分"道通东西 汉风西渐""唐蕃遗事 千古传诵""弓马天下 江山一统""多元归一 文化荟萃"4个单元，以珍贵的历史文物为主，辅以适当比例的多种艺术形式，诠释所展文物的工艺特征及其蕴含的历史文化知识，介绍青海地区古代民族及民族政权的活动情况，突出在社会发展历程中产生过深远影响的历史人物和重大事件。

展览在内容设计上，注重了解和吸收学术研究的新成果，补充新的考古发掘出土文物。在整个空间划分及形式上，关注参观者的感受，合理计算参观路线。根据青海人文特点，结合点、线、面的结构主体表现，全面反映青海历史文化渊源，使参观者在空间起伏中多角度立体参观，力求做到空间更加通透生动。在展线设计中，运用多种手段和形式，全方位多层次、多角度体现展览内容，以期达到形式与内容的高度统一。序厅设计砂岩浮雕效果的馆名墙，体现青海原始社会的生活场景，两侧用巨幅青铜浮雕表现青海各历史时期历史闪光点以及民族大团结的主题。此外，多处亮点内容分别采用沙盘、多媒体视频以及绘画等形式体现，力求观众能够充分认识和了解青海各历史时期政治、经济、文化等方面的发展和演化。重点展品说明采用二维码技术，观众只需用手机扫描即可获得相关的语音讲解及图文展示。展柜采用最新技术工艺，灯光照度可控，开启方式灵活，干湿度实时检测。重点展柜采用国外最新的超白玻璃，透光度可达98%。展厅环境光源设计遵循既有利于观赏文物又能保护文物的原则，做到基础照明、重点照明合理设计，并达到节约能源、维护方便的要求。展厅空间中还分布有观众互动区，有效提升观众参与积极性的同时，还可让观众能够更好地了解江河源文明的展陈内容。

**新疆维吾尔自治区博物馆基本陈列"西域历史的记忆——新疆历史文物陈列"** "西域历史的记忆——新疆历史文物陈列"的前身是2005年展出的"找回西域昨日辉煌——新疆历

史文物陈列"。

2005年9月20日，新疆维吾尔自治区博物馆新馆建成，并推出通史类基本陈列"找回西域昨日辉煌——新疆历史文物陈列"。该陈列分为8个部分，展品涵盖石器、玉器、金银器、纺织品、纸质文书、泥塑等多种门类，开启了新疆维吾尔自治区博物馆陈列展览与社会教育的"新时代"。

2013年2月，新疆维吾尔自治区博物馆决定提升原有通史展，提出6点要求：一是以新疆"三史教育"为主线、培育"四个认同"为落脚点；二是精选丝绸之路出土的精品文物；三是力求全面利用最新考古研究成果，充分运用史学研究最新成果；四是清晰架构展览话语逻辑体系；五是系统应用智慧展示科技手段；六是鲜明展示多元一体之新疆篇。拟将该展打造成开展爱国主义和民族团结教育的基地，中华历史文化科普宣教的课堂，丝绸之路历史文明交流互鉴的殿堂。

2014年8月21日，"西域历史的记忆——新疆历史文物陈列"大型通史展对外开放。该展以时序为脉络，分为"西域文明的曙光""金石之光耀天山""汉统西域开先河""群雄逐鹿趋融合""大唐雄威置安西""漠北回鹘迁天山""蒙古西征立汗国""大清一统治新疆"8个部分，在面积1800平方米的展厅内展示有新疆历年出土的各类精品文物700余件／套，其中珍贵文物270件，包括距今2800年的木箜篌，距今2500年的青铜武士俑，汉代的"五星出东方利中国"锦护膊，唐代的彩绘天王踏鬼木俑、"伏羲女娲"绢画、木亭模型、宝相花纹云头锦鞋、焉

者文《弥勒会见记》、回鹘文《弥勒会见记》等。该展全面展现从两万年前的旧石器时代至清代各历史时期的新疆政治、经济、文化的发展历程；系统、形象、生动讲述新疆历史、新疆民族发展史和新疆宗教演变史，将新疆历史发展进程与丝绸之路融为一体；全面系统反映古代新疆的物质文明与精神文明；展示世界四大文明在古代新疆交流融汇的历史轨迹；阐释自古以来新疆就是祖国不可分割的一部分，是多民族聚居、多宗教并存、文化一体多元的地区。

形式设计方面，展厅总体设计突出主题、强化空间，以文物展示为核心，整体展览空间设计为参观流线，围绕主、辅两个展线，依据展示内容的不同，突出重点、亮点，以地图、图表、照片、拓片、浮雕、圆雕等多种艺术形式体现。此外，辅以场景复原、幻影成像等高科技展示手法，增强展览的多样性和互动性，使文物的展示更生动，更富有表现力和感染力。

**吐鲁番博物馆基本陈列"丝路明珠吐鲁番——吐鲁番博物馆通史陈列"** "丝路明珠吐鲁番——博物馆通史陈列"是在原"吐鲁番地区通史陈列"的基础上改进的项目。

"吐鲁番地区通史陈列"展厅面积1080平方米，分为"早期人类的活动""姑师文化的发现""西域都护府统辖下的车师""高昌郡及麹氏高昌国""唐西州经济文化的繁荣""回鹘文化的发展""清代的吐鲁番郡王"7个单元，展出文物303件／套。该展以时间为线索，从刀耕火种的远古到经济繁荣的唐西州，再到清代的吐鲁番郡王，向观众展示吐鲁番灿烂悠久的文化积淀，展现吐鲁番是古代

四大文化的交汇点、是古代丝绸之路重要的枢纽，再现古代吐鲁番丰富的政治、经济、文化生活。

"丝路明珠吐鲁番——博物馆通史陈列"展览面积790平方米，展览内容根据中国通史的纪年顺序，结合吐鲁番的历史变迁，划分为序言、石器时代、两汉时期、魏晋至隋朝时期、唐朝时期、五代宋元明时期、清朝时期及结束语9个部分，展出文物364件／套。序言部分介绍由于特殊的地理位置，吐鲁番自古就是多民族聚居地区，先后有塞人、车师、匈奴、汉人、柔然、高车、吐蕃、回纥（回鹘）、蒙古、满、回等民族迁徙汇聚于此，生动体现了新疆各民族在中华民族大家庭中融合的史实。第一单元"远古文明　曙光初现——石器时代"：以新旧石器时代遗留在吐鲁番盆地的大量石器标本与盆地周边地区进行比较，表现石器时代吐鲁番先民在原始社会的生活情况。第二单元"绿洲农牧　神秘萨满——先秦时期"：以吐鲁番盆地多处考古遗址出土的大量文物为基础，表现夏商周时期吐鲁番古代先民——塞人、姑师人的社会、文化及生活状况，以及与中原和周边地区的交流。第三单元"开通丝路　都护西域——两汉时期"：西汉神爵二年（前60年），在乌垒城设立西域都护府。东汉建武元年（25年），交河城成为吐鲁番的政治、经济、文化中心。第四单元"郡县确立　多元一体——魏晋至隋朝时期"：这是吐鲁番盆地民族融合、文化交融和经济贸易大发展时期，丝绸之路畅通，祆教、佛教、道教等在吐鲁番相继传播。第五单元"安西都护　丝路繁华——唐朝时期"：唐贞观十四

年（640年），唐朝中央政府在交河城设置安西都护府管辖天山以南广大西域地区，高昌成为西域政治、经济、文化、宗教的重要中心之一。第六单元"甥舅藩属　文化荟萃——五代宋元明时期"：唐代末期，漠北蒙古高原西迁的回鹘人定居吐鲁番，建立高昌回鹘政权。及至明末，吐鲁番成为多种宗教、多个民族、多元一体的中华文化共存的地区。第七单元"爱国卫疆　维护统一——清朝时期"：清康熙至乾隆年间，额敏和卓带领吐鲁番广大民众，积极配合并参与清政府平定准噶尔叛乱和大小和卓叛乱，维护了祖国的统一与安定。结束语部分，介绍吐鲁番这个中国地势最低、气温最高、气候最干、降水最少的地方，自古以来就以其独特的自然环境和地理位置吸引着各民族在这里劳动生活、繁衍生息，共同创造了丰富多彩的历史和光辉灿烂的文化。

陈列总体设计采用线装书风格，观众进入博物馆就像翻开一本厚重的历史书，每个单元就是一个章节，在阅读中可以了解吐鲁番厚重的历史。陈列整体遵循主题明确、建立个性化标志、注重参观者体验的设计思路，用特有的艺术语言营造与展览主题相统一的氛围，诠释历史文化的深刻内涵，让参观者在艺术享受中品味人类历史文化。

## 二、临时展览

**全国基本建设工程中出土文物展览**　中华人民共和国成立之后，在恢复和发展国民经济过程中实施了治水、筑路、建厂、立校、发展农业等大规模土木建设工程，全国范围内发

现大量古代文化遗址和墓葬，出土大量珍贵文物。为展示这些珍贵历史文物，激发广大人民的民族自豪感，1954年4月，由中央文化部主办，北京历史博物馆和中国社会科学院考古所联合筹办"全国基本建设工程中出土文物展览"，将最具代表性的精品汇集到一起，在北京历史博物馆（中国国家博物馆前身）午门楼上先举办内部预展，随后向公众开放。

展览按照展品来源地和出土时所在工程项目的性质、年代划分，共展出各地基本建设工程中的出土文物3700余件。华北区包括北京市和河北、山西两省，在基本建设工程中出土文物4850余件，此次入选的有古生物化石和上自旧石器时代下至明清各代的文物625件。华东区的基本建设工程中，最重要的是皖北苏北的治淮工程，其次是山东、江苏的导沭整沂工程以及其他水利工程、交通建设和城市建设工程，在这些工程中出土文物17800余件，时代上起新石器时期下至明清，还有属于地质时代第四纪初期的古生物化石，此次入选代表性文物334件。济南元墓出土的陶俑和南京明墓出土的铜灶，都是这一部分展览中的精品。东北区在建厂、建矿以及其他工程中，清理多处新石器时期以及战国、汉、魏、渤海、辽、金、明、清等各代遗址和墓葬，出土文物89700余件（包括一部分钱币），此次入选代表性文物735件。中南区有河南治淮和湖北荆江分洪两个大规模的水利工程，还有洛阳、郑州、长沙、广州等城市的基本建设工程，仅1953年就出土较完整的文物30000余件，此次入选文物1032件。西北区为配合兰新铁路工程和西安、咸阳、岐山等地的建厂工程，在25个基建工地

发掘24处古文化遗址和179座古墓葬，出土文物2400余件，此次入选代表性文物598件。西南区展品以四川省出土文物为主，大部分是修建成渝、宝成铁路工程以及成都市政建设等工程出土的，该区于1951～1953年在两处文化遗址和220余座墓葬中发现文物6800余件，此次入选439件，其中包括最重要的是四川资阳黄鳝溪人头骨化石和骨锥。

为纪念这次展览，有关单位编印《全国基本建设工程中出土文物展览图录》，收录参展文物600余件，成为之后同类性质出版物的范本。

"全国基本建设工程中出土文物展览"创造了一种沟通的机制，征集工作加快了出土文物信息的汇总和流通，甄选工作促进了专业领域内的学术交流和意见交换。各地珍贵文物陆续入选展览，进一步提高了群众保护文物的积极性。得知在自己身边的甚至亲自参与或见证发掘的文物在北京历史博物馆展出，即便是对考古并不了解的人也感到由衷的自豪。展览增强了文物的魅力，吸引了社会各界参观者，展览开放后，前往参观的观众络绎不绝，参观人次达17万。各地基建部门看到其大力配合所取得的成绩，在分享荣光的同时，也对考古工作更加重视和支持。

**全国拣选文物展览** 1984年，为宣传文物保护工作的重大成果，引起社会各界对文物保护工作的重视，文化部文物事业管理局和中国历史博物馆共同举办"全国拣选文物展览"，参加展览的有25个省、自治区、直辖市的近50家单位。送展文物1700余件，都是各地文物工作者与冶炼、造纸、物资回收和银行等部门同志通力合作，从废旧物资中拣选出来的，反映

了中华人民共和国成立以来文物拣选工作的巨大成就。展览于1984年8月10日开幕，12月23日闭幕。

从1984年6月开始办理文物点交手续至8月初布置陈列工作，展览筹备工作历时近两个月。展览原定在故宫博物院展出，后因客观原因改在中国历史博物馆展出，中国历史博物馆保管部在较短的时间内和故宫博物院有关同志办理文物点交工作，并将1700余件文物按单位分别登记进库，为文物鉴选和提陈工作提供了有利条件。文物鉴选方面，在10天内将送展的1700余件文物进行断代定名，并从中精选出1300余件供展览陈列。内容设计方面，将1300余件文物按类别、年代分别组合进柜陈列，设计并认真撰写相应的内容说明和简介。形式设计方面，完成广告、展卡、说明牌、插图等设计工作。此外，保管部复制组派出骨干力量参加拓裱、铜器修复工作，为展览按期开幕提供保障。南开大学历史系博物馆专业81级同学利用假期参加筹展工作，在鉴选文物、布置陈列及其他繁杂工作中积极主动完成筹展专家等交给的工作。展览共分10个部分，分别展出革命文物和古代铜器、铁器、金银器、货币、瓷器、民族文物、民俗文物、文献书画、外国文物。

革命文物是展览的第一部分，展出广西送展的红军手榴弹，江苏送展的中国共产党成立初期出版的刊物、马列著作和毛主席著作等。最引人注目的是周恩来《警厅拘留记》手稿，是周恩来在五四运动期间领导天津学生运动而被警厅拘留时撰写的，其中记载了学生代表们在狱中斗争的情形。该手稿是王冶秋于1951年在旧书摊上发现，此次是首次公开展出。同时展出的还有周恩来、邓颖超对这份手稿的有关批示和信件。

古代铜器是展览的主要部分，是文物拣选工作中取得成就最大的。天津送展的商素爵是年代最早的一件，约为二里头时期，为探讨中国铜器起源提供了重要线索。各地送展的铜器中还有不少商代二里岗时期的青铜器，比较重要的有从安徽六安县土产公司仓库拣选的青铜觚和斝，是当时在安徽发现的时代最早的青铜器。展品中有一些十分珍贵的重器，如北京送展的西周时期的班簋、伯椃虘簋，上海送展的西周贤簋和春秋时期的宗妇鼎、宗妇簋，这些器物著录于《宣和博古图》《愙斋集古录》《愙斋贞松堂集古遗文》等著作。展品中还有一些时代相当于商末至西周中期的铙、钲、甬钟，如福建送展的雷纹大铙、江苏送展的雷纹钲、湖南送展的象纹大铙、江西送展的叶脉纹甬钟等。这些器物均发现于南方地区，有共同特点，为研究商铙向周钟的演变提供了重要线索。有些拣选文物对发现重要古遗址和古墓葬发挥了作用，如云南送展的蛤蟆纹桃形矛、蛤蟆纹钺和铜锛是从旧货摊和废品站收购的，根据其来源线索发现了著名的石寨山古墓群和昆明西山小邑村的铜石并用时代遗址。特别值得一提的是河北送展的金代烧酒锅以及福建送展的郑和钟，前者的发现将中国烧制白酒（蒸馏白酒）的历史提早至宋金时期，后者的发现为研究郑和特别是郑和第七次下西洋的行程提供了新的资料。

古代铁器容易生锈，不易保存，但仍有一些重要的文物被拣选出来，如新疆送展的清代甘州府同治五年校准官秤、河北送展的秦始皇诏铁石权等。展出铁器中最精美的一件是福建送展的李纲铜，李纲是宋代著名的抗金名将，其遗物传世很少，这件李纲铜保存完好，是难得的珍品。

从银行收购的金银器中拣选古代金银器是文物拣选工作的重要内容，此次展出的有北京送展的清代金凤饰、四川送展的宋代双鱼耳银杯、河北送展的辽代契丹银覆面等。展览将金银货币也归入金银器部分，展出浙江送展的战国楚郢爰，福建送展的台湾铸府库军饷、郑成功铸漳州军饷银币等。

从废铜中拣选的古代钱币数量很大，此次展出的只是其中极少的部分。展览中利用照片重点介绍山西太原电解铜厂在保护文物方面作出的贡献，该厂几十年如一日，不论生产多么繁忙，铜材多么缺乏，共计从炉口抢救古钱币达40吨之多。展出的钱币中有不少精品，如北京送展的宋九叠篆皇宋通宝是全国此种钱币仅存的两枚之一，湖北送展的良金四铢是钱币史上失记的古钱币，山西送展的西周布币是最原始的布币。此外，展出的战国刀币、布币等也十分珍贵。展品中还有不少钱范，如陕西送展的新莽货泉铁范、大布黄千钱范等，其中比较珍贵的是安徽送展的两件蚁鼻钱范。

文物拣选工作的另一个重要收获是纸质文物，包括文献、古籍、书画、档案资料等。展览展出浙江送展的《通志》和《大明会典》等善本，安徽送展的两件太平天国田契，浙江送展的太平天国侍王李世贤劝四民投诚归顺谆谕和太平天国黄呈忠、范汝增致英法水师将领照会，江苏送展的《南通博物苑图》。展品中

还有一些抢救得来的珍贵书画作品，如明谢缙《少陵诗意图》轴、清朱耷《双雀图》轴等。

古代瓷器主要展出河北送展的磁州窑瓷枕，福建送展的越窑磁观音，山东送展的定窑白瓷盘等。

民族和民俗文物展品比较有代表性的有新疆送展的维吾尔族净手壶、刻花铜碗，北京送展的剃头挑子、茶汤壶，中国历史博物馆从云南思茅银行和勐海银行拣选的傣族银臂镯、透雕卷草纹八棱银盒、花草纹银片带扣银丝腰带等。

外国文物主要展出湖北、天津、北京等地送展的日本、朝鲜铜镜，云南送展的缅甸铜造像等展品。

展览开幕后观众络绎不绝，据不完全统计，至展览闭幕时观众达10万人以上。许多观众在留言簿上留下热情的赞言、中肯的建议和宝贵的意见。

**人民的好总理——纪念周恩来百年诞辰展览** 1998年2月10日，由文化部、国家教委、国家文物局、全国总工会、全国妇联、共青团中央、中共北京市委主办，中国革命博物馆承办的"人民的好总理——纪念周恩来百年诞辰展览"在中国革命博物馆开幕，共展出90天。

"人民的好总理——纪念周恩来同志百年诞辰展览"是中央纪念周恩来百年诞辰系列活动的重要活动，展览工作得到社会各界的广泛关注和大力支持。1997年上半年，中国革命博物馆开始展览的酝酿筹备，8月成立展览总体组，9月筹展工作全面展开。

展览设在中国革命博物馆中央大厅，面积1100平方米，展出典型文物450余件、珍贵照

片300余张、灯箱片4幅、图表9张、油画4幅、雕塑1尊，复原中南海西花厅的门廊和周恩来办公室。展览以鲜明的主题、丰富的内容、翔实的文物资料和新颖的设计形式，概括表现周恩来为中华民族腾飞英勇奋斗、波澜壮阔的一生，受到社会各界的普遍欢迎。

展览分为"立志，为了中华之崛起""奋斗，为了新中国的诞生""奉献，为了祖国的昌盛""最后的岁月""永恒的怀念"5个部分。前四部分概括周恩来光辉的一生，最后一部分表现周恩来的崇高精神和人格力量永远铭记在人民心中。展览除主线部分的处理寓情于史、以情感人外，还在大厅中央布置以"清正廉洁""心系人民""亲情友情""情趣爱好"为主题的4个专柜，重点表现周恩来为中国革命和建设作出的卓越贡献，着力弘扬周恩来全心全意为人民服务的公仆精神。

展览注重文物、图片和辅助展品的有机组合。中国革命博物馆收集的大量文物、图片为展览的成功提供了很好的物质基础，从中精选出的450余件文物，有不少是首次与观众见面。文物、图片以及文摘、图表等辅助展品的有机组合，在效果上既具有很强的历史真实感和说服力，又突出和强化了主题。如将周恩来在南开学校读书时写的52篇作文集中布置成一个专柜，并摘选其中的一段话制作成背板："自海禁大开，强邻逼处。鸦片之役，英人侵我；越南之战，法人欺我；布楚之约，俄人噬我；马关之议，日人凌我；及乎庚子，诸国协力以谋我。瓜分豆剖，蚕食鲸吞，岌岌乎不可终日。莽莽神州，已倒之狂澜待挽。茫茫华夏，中流之砥柱伊谁？弱冠请缨，闻鸡起

舞，吾甚望国人之勿负是斯也。"显示青年周恩来的非凡才识和忧国忧民、立志救国的远大志向。又如设计者将周恩来亲赴邢台地震灾区看望受灾群众讲话时站过的木箱，与讲话时的照片及探望受灾群众的照片组合在一起，展现周恩来时刻想着人民、与人民心连心的光辉形象。结尾部分，周恩来"笑看未来"的雕塑与反映中国正在进行社会主义现代化建设的图像巧妙结合，老一辈革命家的遗愿和未竟事业正在变成现实的一组彩色喷绘照片——卫星上天、三峡截流、香港回归等交相辉映，使展览主题得到升华。展览较好地处理了纪念缅怀、深层思考、发扬光大的关系。

展览在形式设计上与内容相结合，追求新意；在设计立意上，寻求朴实无华而极具包容性的手法，贴近周恩来这个平凡而伟大的人物。如将周恩来工作生活26个春秋的中南海西花厅门廊局部同展厅大门结合在一起，将实景和虚景结合起来，作为序曲，起到内外衔接的作用。空间垂吊的海棠花造型，前后做梯次变化，借用类似舞台美术的手法，除了使立体空间层次更加丰富，也使西花厅门廊、屏风和中南海办公室这个中轴线形成一个完整的有机整体，让人仿佛置身于中南海周恩来故居之中。展厅色调呈中性，透着平和、肃穆、凝重和庄严，红、白、灰三色既有对百年恩来的追思，又有对继往开来的鼓舞。

为充分满足人民群众纪念和学习周恩来的愿望，在观众人数多、展览场地相对狭小的情况下，为确保参观质量和安全，中国革命博物馆采取早开馆、晚闭馆，组织晚间专场、星期一不休息、团体票提前预订等措施，还两度延长展出

时间，将闭展时间从3月20日延至5月10日。

为更好宣传展览，为展览做好服务，内容设计组编写讲解词，设计专家组给讲解员授课并进行现场辅导。在展览中，博物馆根据不同层次的观众，分别安排设计人员、群工部讲解员、大学生志愿者进行讲解。根据广大观众需要，将展览前言、部分说明、讲解词和部分文物介绍编印成册，印制的15万册全部销售完毕。

展览引起社会各界的普遍关注和强烈反响。展览期间，展厅内外人潮如涌，观众达90.4万人次。参观结束后，数千名观众在留言簿上写下自己的肺腑之言。展览还赢得国际友人的高度评价，来自澳大利亚、比利时、日本、加拿大、新西兰、美国、俄罗斯等十几个国家的近百位在华工作专家，以及一些驻华使馆的工作人员兴致勃勃参观展览，称赞展览办得好。

为扩大展览的社会影响，中国革命博物馆编辑成套展览图片提供给青海、湖北、山东、四川、福州等地展出，并应邀到珠海、大连等地巡展。此外，博物馆还应邀赴香港、澳门巡展，展览中增加"心系港澳同胞"单元，加强总理致力于祖国统一大业的表现力度。

**世纪伟人邓小平——纪念邓小平同志诞辰100周年展览** 2004年，在邓小平同志100周年诞辰前夕，中共中央宣传部、中共中央文献研究室、中共中央党史研究室、文化部、中央档案馆、中国国家博物馆共同举办"世纪伟人邓小平——纪念邓小平同志诞辰100周年展览"，于8月10日在中国国家博物馆开幕，展出至9月17日。

展览以党的十六大精神为指导，向干部群众进行了一次生动的邓小平生平业绩和思想理论宣传教育，使干部群众更进一步了解邓小平为中国革命、建设和改革作出的伟大贡献，了解邓小平理论的丰富内容，了解邓小平在长期革命实践中锤炼出来的鲜明的革命风格和崇高品德，激励广大干部群众高举邓小平理论伟大旗帜，全面贯彻"三个代表"重要思想，更加坚定走中国特色社会主义道路的信念，为全面建设小康社会而努力奋斗。

展览主题鲜明，内容丰富，形式活泼，庄重大气，通过大量生动的照片、档案文献和珍贵的文物，展示邓小平伟大光辉和波澜壮阔的一生。展览共分4个部分：第一部分为"中华民族的独立、解放和中华人民共和国的诞生，立下赫赫战功"；第二部分为"中国社会主义制度的建立、巩固和发展，进行艰辛探索"；第三部分为"开辟中国特色社会主义道路，建立不朽功勋"；第四部分为"高举邓小平理论、'三个代表'重要思想伟大旗帜，全面建设小康社会，为实现中华民族伟大复兴而奋斗"。展览以1978年邓小平视察吉林的一幅照片作为主形象照，时年74岁的邓小平身着灰色中山装，神采奕奕，精神矍铄，微笑着向人们招手走来，展现了邓小平作为中国社会主义改革开放和现代化建设总设计师的光辉形象。展览的另一个特色是用邓小平自述来概述其主要人生经历，即让展览的主人公成为展览叙述的主角。展览项目部从《邓小平文选》《邓小平年谱》和邓小平有关档案材料中精选44段自述，并将其中讲述人生经历的26段自述合理编辑，作为展览第一、二、三部分中的"组说明"文字，使"组说明"有别于其他层面的文字风格，成为独具特色的"自述式说明"。展览以邓小平的幸福家庭生活为切入点，精选几幅不同时期的夫妻合影和"全家福"，表现邓小平与妻子、儿女间浓厚真挚的感情。尤其是通过邓小平与孙辈们在一起的生活照，以及孙辈们为其敬奉"子孙满堂吃蛋糕"的生日贺卡和童趣十足的生日礼物，反映晚年邓小平含饴弄孙，与家人在一起的天伦之乐。展览还围绕邓小平广泛的兴趣爱好，展示邓小平海中搏击、牌桌斗智、院中散步、登高远望等多幅精彩照片，形象直观表现一代伟人热爱生活的真实形象。

**"丝绸之路"文物展** 为宣传贯彻习近平总书记提出的"一带一路"倡议，发挥文化在实现"一带一路"倡议中的桥梁和引领作用，2014年11月16日，由文化部、国家文物局与陕西省、甘肃省、宁夏回族自治区、青海省、新疆维吾尔自治区、河南省人民政府联合主办，中国国家博物馆承办的大型文物展览"丝绸之路"在中国国家博物馆西大厅开幕。

"丝绸之路"文物展汇集16个省、自治区、直辖市44家文博单位调集的490件文物精品，重现古代东西方交流的盛况，传达不同国家和文明之间平等对话、交流互惠、共同发展的理念。展览通过代表性历史文物，多层面、立体地向世人展示丝绸之路的历史文化与灿烂成就，以史为鉴，提倡人类平等、包容、交流、互鉴的共同发展理念。这些文物与草原丝绸之路、绿洲丝绸之路和海上丝绸之路关系密切，其中大部分为一级文物，年代跨度从战国至明清，类别包括青铜器、金银器、玻璃器、陶瓷器、丝绸、文物、壁画、石雕等。既有何

家村窖藏出土的兽首玛瑙杯、舞马衔杯银壶，法门寺地宫出土的捧真身菩萨，新疆民丰县尼雅遗址出土的"五星出东方利中国"锦护膊以及北周李贤墓出土的鎏金银壶瓶等国宝级文物，也有文化价值、历史意义重大的张骞墓出土的封泥、新疆出土的剪轮五铢和贺思敬租庸调麻布等文物，还有诸如考古新发现的马家塬墓地出土文物、沉船出水文物。

在展览内容方面，"丝绸之路"文物展依托国际学术研究的最新成果，整个展览分为6个单元，全方位展现丝绸之路上的人情风物、商贸往来、文化交流等。展览的6个单元自成体系，各有侧重，共同服务于丝路交通及中西方文化交流的大主题，确保展览的整体性。在序厅中，通过丝绸之路示意图和对丝绸之路概念的解释，让观众在参观展览之前对丝绸之路有比较清晰的时空概念。需要特别强调的是，中国国家博物馆地图组专门为展览编绘的丝绸之路示意图陆上线路（绿洲丝绸之路和草原丝绸之路）采用的是国家文物局申遗时使用的丝绸之路线路图，海上丝绸之路线路则参考了中国国家博物馆"古代中国"基本陈列及《丝路帆远》等著作中的相关线路图。第一单元"黄金草原与中国的早期交流"，通过战国至西汉早期中国丝绸和铜镜的西传、草原动物纹样的东传及被中原文化的吸收与借鉴，展示欧亚草原与中国的早期文化交流，点出草原丝绸之路，为第二单元做铺垫。第二单元"汉营西域与丝路交通"，强调张骞出使西域，丝绸之路凿通，中国与西方交流进入新纪元，由早先的自发、间接交流阶段进入由王朝国家主导经营下的自觉和直接交流为主。重点介绍汉至唐历

代政权对西域的经营管理和丝绸之路开通后的商贸往来、文化交流与传播，重现丝绸之路昔日繁华。第三单元"胡人来华与胡风浸润"，包括"北朝望族对异域文化的追逐""来华粟特人的天国记忆""乐居大唐的外国人""唐人生活中的胡风印迹"四组。通过出土文物结合文献记载，对来华胡人及其生活进行全面展示；通过北周李贤夫妇墓出土的外来物品，展示中原望族对异域文化的青睐；通过隋代虞弘墓的石椁及石人雕塑，展示来华定居的中亚人对汉文化的认同和对自身文化传统的态度。第四单元"厚重多元的宗教艺术"，全面展现传入中国的多元宗教艺术，尤其是佛教造像和石窟壁画，清楚再现中印佛教艺术的交通融合以及佛教艺术在中国传播、发展和再创造的光辉历程。第五单元"包容四方的大唐文化"，包括"雍容华贵的金银器""辉煌灿烂的唐三彩""丹青描绘的大唐风韵""李唐王室成员的排场"四组，挑选的金银器、三彩器、秘色瓷和壁画件件堪称国宝，属于唐代文化艺术的巅峰之作，充分展现唐王朝对异域文化的包容、吸收和借鉴。第六单元"碧波中的帆影"，包含"唐代外销瓷上的异域色彩""鼎盛的宋代海外贸易""盛开在丝路上的元青花""明清外销品上的中国风与异国情调"四组，重点通过瓷器贸易展现唐代至明清时期海上丝绸之路的盛况。展览结束部分把章怀太子墓出土的《客使图》壁画放大成一面墙，使展览最终定位在"文明因交流而多彩，文明因互鉴而丰富"。中国与世界紧密相连，中国将以平等、包容、交流、互鉴的理念追求，沿着新的丝绸之路继续走下去。

展览增设多媒体、设置小场景等辅助展示手段，以期对展览进行深层次和多角度展示。除常规的多媒体播放手段外，项目组特地为展览设计制作多媒体互动展示，包括"丝绸之路上的著名人物""丝绸之路上的重要文物古迹""经由丝绸之路传入中国的动植物"等专题模块。另外，在文物展示中加入造景手段，如用《胡商牵驼图》壁画和10件骆驼俑营造丝路驼队。

为让公众深入了解此次展览的内涵，中国国家博物馆撰写7万余字的讲解词，并配备专职讲解员20人和志愿讲解员30人，为公众提供义务讲解服务数百场。展览开幕后受到国内外广大观众欢迎，累计观众近30万人次，参观高峰期日观众量达8000余人，外交官专场也收到良好效果。该展览的成功举办掀起了2014年冬季参观博物馆展览的热潮。

展出期间还推出了4场以"重游丝绸之路"为主题的公共教育活动。活动对象以6～12岁少年儿童为主体，通过"绘制地图""展厅参观""动手体验"等环节，让少年儿童比较系统全面地了解丝绸之路所带来的中西方文化交流与融合。

### 中国文物精华展（第一届、第二届）

1990年6月29日，由国家文物局、故宫博物院和中国文物交流中心共同举办的"中国文物精华展"在故宫文华殿隆重揭幕。展品汇集28个省、自治区、直辖市及中国社会科学院考古研究所提供的文物精品245件／套，上自400万年前的古猿颐骨化石，下至明清的各种工艺品，包括陶瓷器、玉器、青铜器、金银器、漆器、牙骨雕刻、织绣品、甲骨、竹简、玺印、雕塑、文房四宝和唐卡等，件件堪称国宝。展览跨越年代之久，文物精品之多，历史、科学、艺术价值之高，是以往任何文物展览所不能比拟的。展览一经推出即引起社会广泛关注。

第一届"中国文物精华展"的成功举办引发民众的参观热情，为满足国内外观众要求，国家文物局决定举办"第二届中国文物精华展"。1992年4月，从25个省、自治区、直辖市选调的200余件／套文物在故宫博物院永寿宫展出。此次展览保持文物精华展所具有的新颖、独特、精美、珍稀等特色，采取按类排列和集中展现重要遗址出土文物的陈列方法，以"少而精"体现丰富与辉煌。展览中涉及的遗址都是近两年的重大考古发现，参展文物中许多是第一次公之于世。展览受到国内外观众好评，起到了弘扬中华优秀传统文化的作用。

**清代宫廷包装艺术展**　1999年，故宫博物院推出"清代宫廷包装艺术展"，展览位于故宫博物院斋宫展厅，展陈面积约296平方米，展期为1999年11月17日～2000年5月17日。该展览由故宫博物院与法国东方中国公司——阿姆都斯（AMEDEUS）公司联合举办，展品以清代宫廷包装为主，兼有部分原始社会至元明时期以及近现代的中国民间包装，共156件。除故宫博物院藏品外，另展出法国吉美博物馆展品8件，香港乔治·布洛克先生收藏品7件，法国杜泽林先生收藏品34件。

中国有悠久的包装历史，长期以来形成独具东方神韵的包装文化。从远古先民的简单绳草包装到历代皇家使用的豪华包装，用材、方法及构思不断改进和演变，经历了从简单到复杂、幼稚到成熟、单纯实用到实用与艺术兼备的发展过程。清代承袭前代包装传统，创造了丰富多彩的形式，具有高超的艺术水准。清乾隆时期，宫廷包装得到前所未有的发展。御用作坊造办处"集天下之良材，揽四海之巧匠"，专门负责设计和制作宫廷皇家用品的包装。宫廷包装既重视实用保护功能，又表现和强调艺术创新，选材考究，精雕细琢，不惜工本，追求包装的审美情趣和寓意哲理，在包装的造型设计和装潢设计上处处体现出至高无上的皇权思想和皇家的豪华气派，形成与民间包装风格迥异的宫廷包装艺术。展览内容分为"包装历史的回顾""清代宫廷包装""中国民间包装"3个部分。为突出主题，"清代宫廷包装"又分为"宫廷诗文书画包装""文玩玉器包装""宗教经典与法器包装""生活娱乐用具包装"4个单元。通过对宫廷和民间两大包装体系，尤其是对中国传统包装艺术顶峰和集大成者的清代宫廷包装的展示，生动勾勒出中国古代包装发展概貌，再现绚丽多彩的包装艺术及先人的审美情趣，也从一个独特的角度折射出清代宫廷生活的时尚。

清代宫廷包装艺术展在陈列形式设计上体现出统一与变化、整体与局部的辩证关系，并追求一种淡化设计的思路，着力追求包装美的丰富多彩的变化和历史文化内涵，突出各个展室陈列文物的特点。为起到画龙点睛的作用，在各展室均设计不同的景观，以强化和烘托展览主题。第一展室序厅以虚拟的交泰殿为景观，将"二十五宝"的包装陈列在前言之前，这样首要且醒目的位置正是为突出展览"清代宫廷包装艺术"这一主题特色。第二展室清代

书画、文玩包装部分，用清宫最具代表性的玉
器包装"黑漆描金一统车书"套装箱设计了一
个华美有趣的景观。第三、四展室展出的是清
代宫廷生活、娱乐用具包装和民间包装，以丰
富的宫廷生活用品和民间贡品包装来展示皇家
生活细节，其中采用堆积现代绳子包装的陶缸
来强化历史上绳子在包装中的作用及其延续
性，烘托出浓郁的生活气息。

在展览的同时，故宫博物院还出版了《清
代宫廷包装艺术》图录，以展览带动科研，以
科研深化展览。

**铭心绝品——两晋隋唐法书名迹特展** 为
庆祝隋人书《出师颂》离开故宫80年后重回宫
中，故宫博物院于2003年8月24～29日在保和
殿西庑绘画馆举办"铭心绝品——两晋隋唐法
书名迹特展"。原藏清宫、后流散于民间的隋
人书《出师颂》，弥补了故宫博物院藏品中隋
代法书的不足，使故宫博物院两晋隋唐之早期
法书名迹蔚成系列。与《出师颂》共同展出的
还有该院收藏的西晋陆机《平复帖》、东晋王
献之《中秋帖》和王珣《伯远帖》、唐代冯承
素摹《兰亭序帖》等存世名迹。展览共展出法
书墨迹5件、刻帖6种11件，将诸墨迹和与之相关
的法帖拓本中上佳者一并展出，以期使观众更加
深入了解这些作品的艺术价值和历史影响。

《出师颂》卷，纸本，本幅纵21.2厘米、
横29.1厘米，章草书，无款。引首有篆书"晋
墨"二字和花押"伍"以及乾隆皇帝御题一
段，后隔水亦为乾隆皇帝御题，后纸接米友仁
跋。《出师颂》自唐代以来，其递藏一直清晰
有序。唐代经太平公主、李约、王涯先后鉴
藏；南宋绍兴年间入内府；明代归王世懋；清

初由安岐收藏，后于乾隆时期入藏宫中，收
入《三希堂法帖》，被编入《石渠宝笈·续
编》；民国11年（1922年），溥仪以赏赐溥杰
的名义将其携出宫外，民国34年后散落于民间
不彰60余年。1997年，嘉德拍卖公司偶然征集
到张达善跋文部分，以25万元价格卖出。2003
年，在嘉德征集拍品过程中，《出师颂》的前
半段神奇般出现。2003年6月19日，故宫博物
院请书画鉴定专家徐邦达、启功、朱家溍、傅
熹年、杨新等对其进行鉴定。专家们通过对原
迹仔细观察，一致认为该作品确为见于历代著
录的隋人书《出师颂》，具有极高的历史、艺
术价值。2003年7月10日，《出师颂》被故宫
博物院行使优先购买权以2200万元购藏，使宫
藏国宝重归故里。

该展览得到社会广泛关注，中央电视台、
中国文化报社、中国文物报社、北京日报社等
全国多家新闻媒体对其进行了广泛报道。

**兰亭特展** 2011年，故宫博物院推出年
度大展"兰亭特展"，展览位于故宫博物院午
门展厅，展陈面积约800平方米，展品110件，
展期为2011年9月21日～12月5日。展览以独特
的角度，通过"王羲之的兰亭""唐太宗的兰
亭""乾隆皇帝的兰亭""谁的兰亭：中国特
有的文化现象"4个部分，展现《兰亭序》的
产生、至尊地位的确立以及对后世的影响，剖
析在威权社会中帝王对文化艺术的巨大引导和
推动作用，以及后世书法追踪的方向、文人的
生活情趣、生活方式的潮流和对普通人生活的
示范效应。

《兰亭序》是中国书法艺术的巅峰，是
中国书法史上最具代表性的作品之一，对历代

书法的发展具有一定的推动作用，其作者王羲之更被尊为书圣。《兰亭序》真迹相传被唐太宗随葬山陵，但自唐代起不断被摹拓传播，化身可谓成千上万，对历代书家都有巨大影响。与"兰亭"息息相关的修禊文化虽不是自"兰亭"开始，却因"兰亭"而不朽。"兰亭"和修禊的主题表达的是人们高邈的精神追求、高逸的艺术品位、平等的人间友谊和豁达的人生态度。

"兰亭特展"展出书法、碑帖、绘画和器物等各类"兰亭"文物。其中外借展品16件，包括日本东京国立博物馆2件，香港中文大学10件，南昌市博物馆2件，黑龙江省博物馆1件，南京市博物馆1件。故宫博物院藏品则有晋陆机《平复帖》、王珣《伯远帖》，以及唐代虞世南、褚遂良和冯承素等最早、最接近《兰亭序》原作的摹本和历代名家临本。清乾隆集诸家大成的《兰亭八柱》帖首次全部与观众见面。另有陶瓷、玉器、文房用具等与兰亭有关的文物共同展出。

"兰亭特展"可谓是对兰亭文化最集中的全面展现，不仅从文化、历史等多层面展示兰亭文化发展历程，还通过兰亭文化在各个时代的变化赋予其更多内涵，对人们深入了解兰亭书法和这一独特的文化现象具有重要意义。"兰亭特展"分为4个部分。第一部分"王羲之的兰亭"：汉末魏晋六朝的中国大地，旧有礼教崩溃、社会秩序解体，失去束缚压抑的思想信仰自由奔放，艺术创造激情勃发，特立独行。"书圣"王羲之生活在这个时代，开创了一个时代的书风，流美飘逸、韵高千古的《兰亭序》亦在此时产生。第二部分"唐太宗的兰亭"：一代帝王之尊的唐太宗疯狂痴迷于王羲之的书法，亲自为《晋书·王羲之传》写《赞论》，认为王羲之是"尽善尽美"的书法家，是后代学习的典范。唐太宗大规模搜访、收藏王羲之真迹，并令人进行整理，在派萧翼智赚兰亭真迹后，又命赵模、韩道政、冯承素、诸葛贞各摹数本，赐予皇太子、诸王近臣。自太宗始，羲之书法被推至首位，兰亭文化历代兴盛。第三部分"乾隆皇帝的兰亭"：唐太宗之后，《兰亭序》不断深入人心。至宋代，由于皇室的推动，大量拓本出现，传播形式的变化使其影响越来越大，在文人中广为流行。延续至清代，其风气影响至宫廷，清初的几位皇帝受赵孟頫、董其昌等名家影响，学习书法也多遵从《兰亭序》帖，而乾隆皇帝对《兰亭序》的重视程度远胜元明两朝的皇帝，兰亭文化掀起又一高潮。第四部分"谁的兰亭：中国特有的文化现象"：唐太宗之后，以对《兰亭序》的临摹、传拓和收藏研究为核心，并伴随对兰亭曲水流觞、雅集赋诗的延续，兰亭题材图像的绘制以及兰亭故事的编撰、流传等形成一种特有的文化现象。后世对兰亭的喜爱远远超乎其本身的意义，《兰亭序》文中由向自然的超越、精神的自由而至对生命的通达成为兰亭文化永恒的精髓。

设计师将展览形式表达划分为3个层次：一是表现书法艺术的美感；二是对书法创作背景的展现；三是文人雅集，即对传统文人精神的传递。设计师最终将展览基调界定为"随心所欲、顺其自然"，以最简洁的形式出现，从展墙到文物展台不带有任何装饰。在展厅空间规划中，确定书法与自然的理念，为观众营造一种可供联想的空间意象，将山、水、石、竹、云、亭等元素加以抽象融于展厅。展厅以灰白色为主色调，象征粉墙、白麻纸，突出"雅"的主题，间以墨绿色做点缀，象征竹林、小溪、墨色，表现《兰亭序》的气韵与季节抒怀。设计师还用原木拼接成剪影，将绍兴市兰渚山下的兰亭还原于展厅中，并将展线以修禊中的溪水形式展现，让观众如身临其境。

配合展览，故宫博物院出版《兰亭图典》《兰亭纪实》等图书，并于2011年10月29～31日举办"2011年兰亭国际学术研讨会"。"兰亭特展"进行了大量宣传推广活动，以国际博物馆日、中国文化遗产日以及展览开幕式为宣传契机，播放展览预告宣传短片，开展故宫知识课堂兰亭专场、"北京城中寻找兰亭印记"、征集临摹作品、集字创作诗文对联、志愿者宣教等一系列活动，30余家媒体通过报纸、电视、广播、网络全方位、多角度对展览进行报道，取得良好效果。在两个半月展期内，"兰亭特展"观众达13万余人次，许多观众专程为参观展览而来。为推广服务展览，故宫博物院根据展览内容开发相应的文化产品，以书法产品、文学产品、典故产品为类别组成兰亭文化产品系列，并设置高、中、低不同价位，满足不同观众的消费需求。展览的文化内涵随文化产品延伸至观众日常生活，随展销售取得良好的经济效益。

为全面真实掌握"兰亭特展"的社会影响力，故宫博物院首次对专题展览进行观众调查，通过问卷对参观人数、观众流量变化等进行统计。不同年龄背景的观众对展览内容、形式、展厅环境、宣传效果等各方面作出反馈。

**石渠宝笈特展** "石渠宝笈特展"是2015年故宫博物院90周年院庆系列展览之一。展览分为武英殿及延禧宫两个展区，分为"典藏篇"和"编纂篇"两个部分，其中武英殿展区展陈面积1122平方米、延禧宫展区展陈面积453平方米。展览于2015年9月8日上午开幕，分为两期，第一期为2015年9月8日～10月11日，展出文物138件／套；第二期为2015年10月13日～11月8日，展出文物176件／套。展览以《石渠宝笈》著录书画为主轴，详细介绍作品的流传经过、递藏经历，展示故宫博物院在建院90年中征集、保存、维护书画所取得的成就。

"石渠宝笈特展"展出的作品大多为宋元时代的一级文物，如展子虔《游春图》、韩滉《五牛图》、张择端《清明上河图》、王珣《伯远帖》、冯承素《摹兰亭帖卷》、赵昌《写生蛱蝶图》、王诜《渔村小雪图》、宋徽宗赵佶《听琴图》、商喜《明宣宗行乐图》等家喻户晓的名家书画作品。

武英殿展区主要展出故宫博物院藏《石渠宝笈》著录的书画精品，展览分为3个单元。第一单元为"皇室秘赏"，以《石渠》体例为本，将展品分作历代书画与清代书画两大部分。历代书画陈列以时代为序，反映古代书画作品的时代性；清代书画陈列兼顾观众的欣赏习惯，将清帝宸翰和清代书画家作品合并展出。第二单元为"重回石渠"，展出中华人民共和国成立后重回故宫的书画。第三单元"考订辨伪"，展出《石渠宝笈》著录的摹本、伪本和误定作者及时代的作品。延禧宫展区以故宫所藏《石渠宝笈》著录的文物为依据，分为

"皇家庋藏""君臣编著""精覈无遗""皇家宝藏""皇朝秘笈"6个部分，概述清内府书画来源，《石渠宝笈》的编纂人员、编纂体例，展示《石渠宝笈》书画贮藏地点以及《石渠宝笈》的版本与玺印等。两个展区相互呼应、共为一体，使观众得以深入全面了解《石渠宝笈》及其著录的书画珍品。

展览在形式设计上体现《石渠宝笈》编纂者乾隆皇帝的文人理想与艺术品位，在展厅中营造宫廷书屋与庭院的意境。展厅格局不做大的改动，仍符合大殿的规制，主要改变轴线景观与装修风格。前殿演播厅被改为一间半封闭的小屋，模拟书房；后殿增加高柜，既具有屏风效果，又可以展画。连接前后殿的工字廊，一是调整参观节奏，二是前后殿对景，三是适于烘托氛围。过廊的两端设计形式简洁的隔扇，具有划分空间、增添宫廷内檐味道的作用。展厅的色调也做了改变，用米色的壁纸代替原有的暗红色，使墙面到柜内的整体感更强。壁纸也有细微变化，既像绢又像宣纸。主要结构和重点位置的线条，如立柱、门框、隔扇都刷成楠木色，与宫廷内檐相呼应。展览中摆放手卷的展台重新设计，折边钢板包裹米白色的布料作为斜台，深棕色的底座仿照条案的形式，形成宣纸铺在画案的意境，既突出展品又带有几分现代感。"石渠宝笈特展"的形式设计注重细节，以低调方式阐释中国书画意韵，展现皇帝的审美趣味，向传统文化致敬。

为配合展览，故宫博物院于2015年9月8日举行"石渠宝笈特展"新闻发布会、开幕式与《故宫博物院藏清内府抄本合编石渠宝笈精选配图版》发布仪式；9月17～18日，举办"2015年《石渠宝笈》国际学术研讨会"。

作为故宫博物院建院90周年院庆系列展览中的重点项目，"石渠宝笈特展"自开展以来便引起社会各界的极大关注，展览期间17万余人慕名前来，争相一睹《清明上河图》《伯远帖》《五牛图》等国宝级传世书画风采。武英殿展厅每日均出现观展盛况，引发全国各大媒体争相报道。第一期展览期间，武英殿客流量平均每日达2600人次，其中10月10日、11日分别出现4600人、4800人的参观高峰，参观结束时间分别延长至次日2时和4时，呈现出难得一见的文化盛况。

**敦煌艺术大展** 2000年7月4日，为纪念敦煌藏经洞发现暨敦煌学创立100周年，由甘肃省人民政府、国家文物局主办，敦煌研究院和中国历史博物馆承办的"敦煌艺术大展"在中国历史博物馆开幕。

"敦煌艺术大展"从展览大纲拟定、展品目录选定、设计思想确定、展品修补到展出共历时两年。展览展出敦煌研究院及国内外其他收藏单位保存的敦煌文物和部分散存于国外的敦煌文物。为做好展览筹备工作，国家文物局先后向敦煌研究院、甘肃省博物馆、敦煌市博物馆、上海博物馆、四川省博物馆、北京图书馆、北京大学图书馆和中国历史博物馆借展书画、文献类一级文物38件。

"敦煌艺术大展"展出复制洞窟4个、壁画临本30幅、雕塑临摹10件、藏经洞写经真迹14件、复制品10件、藏经洞绢纸画真迹6幅、复制品44幅，以及反映藏经洞发现及文物流散情况的珍贵图片80余张，内容丰富全面，是规模最大的一次敦煌艺术展，也是体现"最精最新"

的一次敦煌艺术展。按原大小复制的4个洞窟，除莫高窟第17窟外，其余的莫高窟第158窟、249窟及榆林窟第25窟均是首次来京展出。

展览以摹本形式集中敦煌石窟艺术的精髓，展出不同时期风格特点的彩塑、壁画摹品，是常书鸿、段文杰等老一辈敦煌艺术专家精心临摹的艺术珍品。所有反映藏经洞内容的照片均为第一次与观众见面。展览还首次汇集国内全部绢画藏品，并展示敦煌文物保护、宣传工作和敦煌学的产生、发展及取得的主要成果。中央电视台、人民日报社、新华社等海内外几十家媒体对展览进行了及时、充分的报道。"敦煌艺术大展"推出的同时，"敦煌藏经洞发现暨敦煌学百年纪念座谈会""纪念敦煌藏经洞发现一百周年国际学术研讨会"先后在北京举行。

展览展出至2000年8月31日，在59天的展期内，观众非常踊跃，北京一时形成"敦煌热"。据统计，展览接待观众20余万人次，其中高峰日达8000余人，展厅外排起100余米的长队。为满足观众参观需求，由中国历史博物馆、敦煌研究院与大学生志愿者组成讲解团提供中、英、日文讲解。专门为展览设立的互联网站"敦煌2000"也吸引了大量访问者。

**敦煌艺术系列展** 民国33年（1944年），国立敦煌艺术研究所成立，常书鸿任所长，标志着敦煌莫高窟保护与研究工作开始。民国37年7月，为向外界宣传敦煌、介绍敦煌、保护敦煌，敦煌艺术研究所工作人员在常书鸿带领下，整理几年来临摹的各时代壁画500余幅，几经辗转来到南京，在南京国立中央研究院举办了敦煌第一个主题展览——"敦煌艺展"。

开幕之日，国民政府外交部与教育部联合邀请驻华外交使节前来参观。后该展移上海复展，两番展出形成轰动效应，使敦煌走入国人视野当中。

1950年，国立敦煌艺术研究所更名为敦煌文物研究所。1951年春，在中央文化部的指示下，"敦煌文物展览"在故宫午门展出。这场展出1220件敦煌文物、文献及壁画摹本的展览是当时抗美援朝爱国主义教育活动的重要内容，也是中华人民共和国成立以来规模最大的一次文物展览。

随着时代的发展，传播的手段、方法在不断丰富，敦煌艺术系列展的内容也在不断拓展，从单一临摹品、复制品展出，到逐渐搭建起比较完善的展览构架体系，并开始展示展品背后的故事，从丝绸之路上多元的语言与宗教、敦煌的文化背景、莫高窟的营造历程、石窟艺术的内容分类、丝绸之路上的交通、华夏文明的古代建筑、多民族的传统服饰、壁画中的音乐舞蹈、薪火相传的莫高窟保护等多层面深度解析展示敦煌文化蕴含的现代精神，展示敦煌石窟艺术的博大精深，展现更基础、更广泛、更深厚的文化自信。

辅以高保真图片资料、多媒体影片、线上线下的展览互动为展示手段，运用二维码扫描、VR互动、手绘临摹等交互体验方式为展览技术，可使观众近距离、深层次体验敦煌艺术的魅力，成为敦煌艺术系列展内容当中不可或缺的部分。2016年5月，"敦煌莫高窟：中国丝绸之路上的佛教艺术"展在美国洛杉矶盖蒂中心（Getty Center）开幕，是敦煌艺术展首次在北美地区展出。展览不仅将洞窟设置在绿洲环境当中，更运用了3D立体科技，观众可透过3D眼镜体验莫高窟第45窟的立体影像遗址，这也是独特的3D立体科技首次运用在博物馆展览当中。

截至2017年，敦煌研究院共举办敦煌艺术系列展百余场，足迹遍及日本、法国、美国、土耳其等15个国家以及北京、上海、香港、台湾等国内18个城市和地区，其数量之多、规模之大、级别之高，在其他同等性质的博物馆中是首屈一指的。70余年间的百余场敦煌艺术系列展，从单纯的壁画临摹品到整窟复原展出，从单一展览到各地巡展，展示内容不断丰富，将莫高窟的内涵深度挖掘整理并展现出来，让不同的人群感受莫高窟之美、了解莫高窟深厚的文化底蕴；运用多种科技手段，使得敦煌壁画中静态的艺术以动态的形式"活起来"，与观众近距离互动。这百余场的敦煌艺术系列展在向世人展示了敦煌研究院作为石窟艺术的守护者，与世界携手共同保护敦煌文物的愿景。

**大唐壁画珍品展**　唐墓壁画是陕西历史博物馆最具特色的藏品。唐代帝王陵墓和贵族墓葬主要集中在陕西，已出土的唐墓壁画主要收藏于陕西历史博物馆。陕西历史博物馆收藏近600幅唐墓壁画，不仅有很强的艺术观赏性，而且对研究唐代历史文化有极重要的价值，是举世瞩目的文物瑰宝。自免费开放，陕西历史博物馆倾力打造崭新展陈格局，唐墓壁画展是其常设精品陈列的重要组成部分。"大唐壁画珍品展"于2011年6月20日开幕，萃集唐墓壁画珍品近百幅，并精心设计内容和形式，以期向海内外观众展示唐墓壁画的原真风貌及其极高的艺术与历史价值，弘扬中华优秀传统文化。

"大唐壁画珍品展"展厅面积3400平方米，展线长800米。展览内容按年代顺序、壁画题材与艺术风格分为12个单元，多方面反映唐代制度、礼仪、风俗、文化、宗教、建筑以及绘画艺术成就，突出展示唐墓壁画的布局、题材、风格的时代和艺术特点；充分反映最新学术成果，如唐代壁画墓的分布、墓葬等级及特点，各时期壁画内容、题材、特点与艺术风格，壁画的揭取、修复和保护，壁画的价值、意义和影响。展览"故事线"设计为唐墓壁画的发现、揭取、收藏、修复、研究、保护、展示和传播。

展品共134件／幅，由精心挑选的唐代珍贵壁画以及与壁画内容密切相关的唐代文物和复制品组成。展览重点选择在内容题材、绘画布局、技法特点与艺术风格方面具有重要性、代表性和时代性的壁画作品，尤其是章怀太子、懿德太子、永泰公主三座著名高等级墓葬的壁画。辅助展品包括与壁画内容相关的唐代陶俑、三彩、金银器、瓷器等精品文物25件，唐墓壁画复制品6幅，与唐墓壁画时代、风格、题材相近相关的传世唐画复制品12幅，以及介绍展品、背景知识等相关信息的展板、说明牌、图表、示意图、景箱、沙盘模型等。介绍背景知识的辅助展品主要集中于前厅和序厅一周，查询及互动性演示多媒体布置于展览区结尾，高清数字影院安排于序厅附近、前言之后。与壁画直接相关的展板、图表、说明牌等随展线、展品布置。

博物馆还专门开设了网上同名虚拟展览，运用数字影像技术在实体博物馆基础上建立三维立体的虚拟历史空间，从壁画到展示环境

（如展厅、墓室场景再现）均运用数字影像技术完美再现。

王后·母亲·女将——纪念殷墟妇好墓考古发掘四十周年特展　2016年3月8日～6月26日，由中国社会科学院考古研究所、北京市文物局、河南省文物局联合主办，首都博物馆、河南博物院承办的妇好专题展在首都博物馆一层展出，展览面积1200平方米。

妇好墓作为中国考古史上第一座墓主人与甲骨人名对应的商代墓葬，也是殷墟考古发掘中唯一保存完好的商代王室墓葬，在殷商史和商代考古领域具有里程碑意义，是殷墟古都的文化名片。2016年恰逢殷墟妇好墓考古发掘40周年、殷墟遗址入选《世界遗产名录》10周年，也是首都博物馆新馆对外开放10周年。在北京市、河南省共同推动策划下，展览的设计与筹备工作于2015年9月在首都博物馆启动。

首都博物馆结合多年策展实践，确定展览定位为见微知著的历史展、传播价值观的艺术展、闪现人性光辉的人物展、与观众建立情感沟通的文化展。据此设定展览的内容要素，确定妇好是故事的唯一主人公；展览视角是让观众观察另一个普通人的生活，通过挖掘亲情、爱情、勇气、责任等情感激发观众的共鸣；故事的戏剧冲突是展现人物平凡与不凡的两面。

展览的结构层次扁平化，以4个单元概括妇好的传奇一生。各单元之下不再设二级单元，而是通过空间分割成若干小故事，如同"散点透视"把展览线索串联起来。展览共展出文物411件／套，来自中国社会科学院考古研究所与河南博物院，其中407件／套是从妇好墓出土的1928件／套随葬品中精心遴选的。

该展览是首次大规模集中展示妇好墓出土文物，其中相当一部分玉器系首次展出。

序厅矗立着妇好墓上享殿的建筑复原场景，享殿里陈列着雄伟庄重的司母辛大方鼎，给予观众强烈的视觉冲击，营造倒叙语境，引出故事主人公。极为简洁的前言以"她是谁"进行设问，进一步吸引观众的注意。第一单元"她的时代"，介绍商王朝的起源、商文化面貌，以多种展示元素铺垫妇好的历史背景。包括用结绳象征文字起源，用《诗经·商颂》表现商人气概，以青铜礼器解读商人信仰和风俗，以多种玉器诠释商代地理环境特点、商人的世界观乃至衣冠服饰，辅以图版介绍有关商史与考古发掘的前沿成果。第二单元"她的生活"，妇好开始登场。本单元主要通过有关妇好的甲骨卜辞拓片、妇好墓出土的成组铜礼器与精美的饰品及生活用器，展示妇好的家庭生活、宫廷生活。甲骨卜辞着重以武丁为妇好的生育、疾病等事由占卜为切入点，呈现妇好作为妻子、母亲的一面。文物展示则重点渲染妇好对饰品的品位、对古玉收藏的偏爱等，使妇好作为王后的形象渐趋丰满。第三单元"她的故事"，通过介绍妇好掌控的军权与致祀权，展现妇好不让须眉的特质，营造戏剧冲突。"国之大事，在祀与戎。"祭祀与军事在中国古代被视为政权根本，为男性所垄断。本单元展出妇好墓出土的以大铜钺为代表的大批铜玉兵器和以玉礼器为代表的祭祀器具，与甲骨卜辞相互印证，展现妇好既是中国有史记载的第一位巾帼女将，也是已知商代唯一有致祀权的女性，为妇好的形象增添了光环。第四单元"她的葬礼"是又一个高潮，也为妇好的传奇故事画上句号。本单元文物的遴选和解读，着重烘托妇好家人、臣属对其的不舍与追思。本单元复原了妇好墓室，并以多媒体技术重现妇好墓的埋葬过程，通过没有墓道的独特墓室结构、紧邻宫殿池苑的选址、在填土中层层掩埋随葬品的复杂葬制，从另一个角度再次强调妇好在丈夫、家人心目中的地位，进一步渲染阴阳相隔、生死相依的氛围。尾声部分，披露妇好墓的考古发掘经过，与序厅互为呼应。通过考古学家执着探索从而揭开妇好墓惊世发现的故事，进一步启迪观众思考女性的历史贡献。

展厅空间规划"分而不隔"，广泛使用半透明材质围合出方正的空间组合，营造出通透的视觉轴线，烘托主人公的高贵身份。艺术氛围"古而不旧"，以暖色为基调营造女性宫闱的气氛，依据商代考古发掘成果选用红、黑、金为主色调渲染商代宫廷气氛，并借鉴舞台艺术的设计手法着力进行光影的营造。装饰材质"柔而不弱"，使用金属珠帘、帷幔、麻、竹、木等多种柔软又富有垂感的古朴材料，烘托妇好的人物个性，辉映各单元的主题。

文物展示高度重视灯光设计与展示视角的结合。尽量不使用有碍视线的放大镜，大量小件玉器在特制的两面柜中竖立展示，既方便观众两面极近观看，也通过灯光将玉质之美释放出来。通过起伏的地面给予观众丰富的观赏视角和人性化的参观体验。

展览为期三个半月，接待观众34.82万人次，微博阅读量约600万次，社会效益显著。两本展览图录——根据上展文物编撰的《综合篇》和囊括妇好墓700余件玉器的《玉器篇》，兼顾通俗性和专业性。此外，提取妇好墓及商代文物的设计元素，开发4个系列共9种文创产品。

**"伟大贡献——中国与世界反法西斯战争"专题展览**　2014年2月27日，第十二届全国人民代表大会常务委员会第七次会议通过决议，将9月3日确定为中国人民抗日战争胜利纪念日，将12月13日设立为南京大屠杀死难者国家公祭日。为向世界展示中国人民为世界反法西斯战争胜利作出的巨大贡献，中国人民抗日战争纪念馆于2014年初开始策划于9月3日推出纪念中国人民抗日战争暨世界反法西斯战争胜利69周年专题展览。

2014年9月3日上午，习近平、李克强、张德江、俞正声、刘云山、王岐山、张高丽等党和国家领导人来到中国人民抗日战争纪念馆，与社会各界群众代表一起，参加中国人民抗日战争暨世界反法西斯战争胜利69周年纪念仪式。纪念仪式后，习近平等党和国家领导人与各界代表参观"伟大贡献——中国与世界反法西斯战争"专题展览。

该展览由中共北京市委宣传部、中国人民抗日战争纪念馆主办，中国抗日战争史学会协办。展览着力展现中国人民抗日战争在世界反法西斯战争中的重要地位和作用，客观真实全面展示中国人民抗日战争的伟大历程；着力揭露日本军国主义者的侵略罪行，追究日本军国主义者的战争责任，坚决反对日本右翼势力否认、美化和歪曲侵略历史，警惕日本军国主义复活；着力展现中国人民抗日战争胜利的伟大历史意义。

整个展览分为5个部分。与以往的抗战题材类展览相比，此次展览不仅展现中国作为世界反法西斯战争东方主战场的内容，还讲述了中国军队成为亚太地区英美盟军同日本法西斯作战的重要战略支柱的过程。中国不仅派出十万远征军入缅作战，还向盟国提供了有价值的战略情报，这也是中国在世界反法西斯战争期间的重要贡献之一。第一部分"中国率先揭开了世界反法西斯序幕 开辟了第一个大规模反法西斯战场"：民国20年（1931年）9月18日，日军在中国沈阳制造柳条湖事变，武装侵占中国东北，随后进犯上海和华北部分地区。面对日本法西斯的侵略，中国共产党发表系列宣言，高举反法西斯的正义旗帜，与中国军民一道同日本侵略者展开艰苦卓绝的斗争，揭开世界反法西斯战争的序幕。第二部分"中国抗战打破德意日瓜分世界图谋 保障同盟国'先欧后亚'战略实施"：德、日、意轴心国为实现瓜分全球、称霸世界的图谋，从签订《反共产国际协定》起就不断追求在政治、军事等方面进行广泛而紧密的合作。日本法西斯发动全面侵华战争后，德、日、意又进一步相互勾结，谋求战略上的协同配合，相继签订轴心国同盟条约及在全球划分作战范围和任务的军事协定，企图实现欧亚战场的联合作战。由于中国战场坚持持久抗战、顽强不屈，抗击和牵制了日本陆军主要兵力，保障了反法西斯同盟国"先欧后亚"战略的实施，并打破了日本"北进"侵苏的计划，遏制和迟滞了日本"南进"的侵略步伐，使其深陷在中国战场的战争泥潭，无法同德军采取战略上的联合军事行动，从而使德国法西斯企图勾结日本法西斯夹击苏联和德日两军会师中东的计划彻底破灭。第三部分"亚太地区盟军重要的战略支柱 盟军对

日作战重要的后方基地"：太平洋战争爆发后，日本法西斯席卷东南亚，盟军丧失太平洋沿岸一系列战略据点，缅甸成为盟军与日军必争的战略要地。中国应盟军请求派出十万远征军入缅作战，取得仁安羌大捷等重大胜利。此后，中国驻印军和远征军率先发起缅北、滇西反攻作战，挽救盟军在东南亚战场的危局，支援了东南亚人民的解放事业。第四部分"倡导和推动国际反法西斯统一战线 成为反法西斯四强参与联合国创建"：在中国共产党积极倡导下，中国在成功建立国内抗日民族统一战线的同时，还积极倡导和有力推动了国际反法西斯统一战线的建立。中、苏、美、英四国领衔26个国家签署《联合国家宣言》，标志着国际反法西斯统一战线的正式形成。中国人民对反法西斯战争的卓越贡献，使得中国逐渐取得在国际事务中的发言权，赢得大国地位。第五部分"捍卫世界反法西斯战争胜利成果 坚持和平发展道路维护世界和平"：德、日、意法西斯发动侵略战争，挑起世界大战，公然与世界人民为敌，最终走向失败，世界反法西斯战争取得最后胜利。第二次世界大战结束后，盟国继在欧洲设立审判德国战争罪犯的纽伦堡国际军事法庭之后，又在东京设立远东国际军事法庭，审判日本甲级战犯，惩办侵略元凶。中国和苏联、英国及有关亚洲国家对日本乙、丙级战犯也进行了审判。为庆祝世界反法西斯战争的胜利，铭记历史，珍视和平，中国与世界各国纷纷开展多种形式的纪念活动。战后国际和平是在世界反法西斯战争胜利基础上建立的，是用几千万生命换来的胜利果实，决不允许破坏。中国人民深知和平的可贵，将始终坚定不

移走和平发展道路，坚定不移地与世界上爱好和平的国家和人民一道维护人类持久和平。

展览共展出珍贵照片200余张、珍贵文物150余件／套、历史资料视频4个，大部分展品为首次向社会公开展出。其中民国34年（1945年）9月9日第三方面军副参谋长苟吉堂将军参加南京中国战区受降典礼的邀请函是首次公开展出。一批从中央档案馆复制的珍贵档案也是首次公开展出，包括中国共产党为号召全体华侨应与各友邦政府及各本地民族协同一致，建立世界反法西斯统一战线而发表的《中共中央关于开展太平洋反日民族统一战线及华侨工作的指示》《中国共产党为太平洋战争的宣言》；45名战犯之一榊原秀夫的认罪书、日军第731部队原队员田村良雄关于细菌武器使用的口供复制件等。

2014年9月17日，展览开幕后仅半个月，网络三维虚拟展即完成制作并上线。该虚拟展不仅能在电脑网页上观看，而且能在包括手机在内的多种移动终端观看，几乎涵盖所有主要网络平台终端和各种主流操作系统。

"伟大贡献——中国与世界反法西斯战争"专题展览先后在南京、上海、南昌、郑州等地展出，社会反响强烈。据不完全统计，参观人次超过20余万。展览影响力扩大的同时，也使得社会大众对中国人民为世界反法西斯战争的巨大贡献有了更为生动、深入的理解。

2014年8月底，7语种精装版《伟大贡献——中国与世界反法西斯战争》画册出版，该书图文并茂，展示专题展览的主要内容，被中共中央宣传部遴选为"纪念中国人民抗日战争暨世界反法西斯战争胜利70周年重点出版物"之一。

"伟大贡献——中国与世界反法西斯战争"专题展览通过翔实的历史照片、丰富的文物展品、创新的展陈设计手段和形式，全面而深入地呈现了中国抗日战争作为世界反法西斯战争东方主战场为世界反法西斯战争作出的巨大贡献，以及中国人民为世界反法西斯战争最终胜利所付出的巨大牺牲。

# 第四节　博物馆公共服务

博物馆是公共文化服务机构。2015年，国务院颁布《博物馆条例》，将博物馆定义为以教育、研究和欣赏为目的，收藏、保护并向公众展示人类活动和自然环境见证物的组织，即博物馆主要向社会提供教育、研究和欣赏服务。

服务社会贯穿博物馆事业发展的始终。清光绪三十一年（1905年）张謇开办南通博物苑，作为"广见闻""开风气""启心思"的机构，提出博物馆的教育职能。但在当时形势下，实难真正发挥广泛的社会教育作用。民国元年（1912年）后，国民政府教育部设有专门管理博物馆的机构，体现了政府对博物馆文化教育职能的基本定位。但当时社会大众对博物馆还很陌生。

中华人民共和国成立后，博物馆事业迅速发展。1956年5月召开的全国博物馆工作会议将博物馆的性质任务归纳为"三性二务"，其中的"二务"即博物馆的基本任务是为科学研究服务、为广大人民群众服务，指明博物馆的社会服务职能。强调"为科学研究服务"，主要与当时文物博物馆行业贯彻落实党和国家提出的"向科学进军"的指示精神有关，但博物馆"为科学研究服务"的理念和要求一直传续下来。1958年，中共中央主席、国家主席毛泽东视察安徽省博物馆时指示："一个省的主要城市都应该有这样的博物馆。人民认识自己的历史和创造力量，是很要紧的事。"强调了博物馆的社会教育作用。

1976年"文化大革命"结束，博物馆事业迎来新的发展时期，博物馆社会教育重新提上议事日程。1979年，国家文物局颁布《省、市、自治区博物馆工作条例》，将"二务"修订为坚持为人民服务、为社会主义服务的方向，并专设"群众工作"单元，共3条。其中第十二条规定："群众工作是博物馆联系群众、进行宣传教育的第一线。它的主要任务是通过组织观众，进行讲解，更好地发挥陈列展览的宣传教育作用。讲解员要热心为观众服务，热爱自己的专业，努力掌握专业知识和提高讲解水平，善于组织观众，结合当时当地和宣传对象的实际，进行观点鲜明、内容准确、史物结合、表达生动的讲解。"第十三条规定："根据博物馆的性质和陈列的内容，举办讲座，配合学校教学，编写宣传材料和组织流动展览等，加强科学普及工作。恢复和建立'博物馆之友'群众性组织，密切同人民群众的联系。"第十四条规定："认真总结群众工作经验，建立业务档案，逐步采用先进的宣传工具，提高宣传教育效果。"

随着改革开放的深入，特别是进入21世纪以来，博物馆办馆理念从传统的"以物为中心"转向"以人为中心"。2003年12月22日，中共中央宣传部、文化部、国家文物局印发《关于进一步加强博物馆宣传展示和社会服务工作的通知》，对博物馆贴近实际、贴近生活、贴近群众的"三贴近"工作作出部署，要求博物馆坚持以人为本，强化服务意识，把社会和观众的需求作为博物馆工作的出发点和落脚点；改进服务理念，突出自身优势，向社会提供独具特色的文化产品；积极推出丰富多彩、生动活泼、引人入胜的社会普及活动，通过新闻媒体和其他方式进行广泛宣传，实现博物馆与观众的相互认知，建立良好的互动关系；要注意与人们日益增长的旅游休闲需求相结合，注重营造高雅的人文环境与舒适的参观环境，以优美环境、优质展览和优良服务奉献观众；善于借鉴国内外博物馆依靠社会力量，特别是借助博物馆之友、会员和志愿者促进博物馆发展的成功做法；激励和培养公众参与意识，积极探索博物馆联系公众、服务社会的新思路和新举措；把社会效益放在首位，有条件的博物馆，要对中小学生参观实行免费或优惠。2005年，文化部颁布《博物馆管理办法》，规定博物馆应当发挥社会教育功能，传播有益于社会进步的思想道德、科学技术和文化知识；博物馆应当根据办馆宗旨，结合本馆特点开展形式多样、生动活泼的社会教育和服务活动，积极参与社区文化建设；鼓励博物馆利用电影、电视、音像制品、出版物和互联网等途径传播藏品知识、陈列展览及研究成果；开放时间、服务项目要根据公众的时间节律安排；全年开放时间不少于10个月，非国有博物馆全年开放时间不少于8个月；博物馆应当逐步建立减免费开放制度，国有博物馆对未成

人集体参观实行免费制度，对老年人、残疾人、现役军人等特殊社会群体参观实行减免费制度；鼓励博物馆研发相关文化产品，传播科学文化知识。

2008年，中共中央宣传部、财政部、文化部、国家文物局印发《关于全国博物馆、纪念馆免费开放的通知》，全国各级文化文物部门归口管理的公共博物馆、纪念馆逐步向全社会免费开放，博物馆的社会服务职能得到前所未有的强化，年观众量迅猛增长。1982年，年观众量为0.44亿人次。1990年，增长至1亿人次。2003年，达到1.5亿人次。而在2008年免费开放后的一年中，仅500家免费开放试点博物馆的观众量就达到1.18亿人次，有的博物馆第一年观众量增长10倍之多。2017年，全国博物馆观众量约9亿人次。2015年，国务院颁布《博物馆条例》，将博物馆法定职能在传统的为教育和研究服务基础上，增加为大众欣赏服务，并设"博物馆社会服务"专章，对博物馆向公众开放、陈列展览及其讲解、免费开放、社会教育和服务活动、与文化创意和旅游等产业的结合、与学校教育的对接，以及博物馆为高等学校、科研机构和专家学者等开展科学研究工作提供支持和帮助等作出明确规定，反映了改革开放以来特别是21世纪以来中国博物馆事业取得的巨大成就，以及博物馆向社会提供全方位、多元化服务的客观现实和发展态势。

免费开放以来，博物馆服务设施更加完备、服务内容极大丰富、服务方式更加人性化。借助互联网技术，博物馆的服务范围从"馆舍天地"拓展至"大千世界"。据统计，2010年全国有200余家文博单位开通了自己的

网站，至少500家博物馆开通了微博。2008年以来，持续开展的全国博物馆评估工作将网站的有无与运行情况纳入博物馆定级和运行评估指标体系，有力促进了博物馆网站建设，全国三级以上博物馆一般都创建了网站或网页，微博、微信公众号等也很普及。博物馆利用本馆网站、网页创建虚拟博物馆、虚拟展览等，并借助馆内外众多媒体，将本馆藏品资源以多种形式进行展示，极大提高了远程文化服务能力。

党的十八大以来，在党和国家的高度重视下，文物保护利用工作呈现出前所未有的繁荣局面，"让文物活起来"已深入人心。博物馆的社会服务意识和能力显著增强，各类传统媒体和新兴媒体都把博物馆的优质、稀缺资源作为争相获取和报道的对象。博物馆成为传播中华优秀传统文化、革命文化，开展社会主义核心价值观教育的主阵地，社会服务功能得到显著拓展。

## 一、博物馆观众服务

改革开放前，在全国博物馆服务职能方面，有关政策主要强调为教育和科研服务。与之相对应，博物馆的服务工作以接待各种教育参观团队和专家学者为重点。改革开放以来，随着人民生活水平的日益提高，文化、旅游消费成为普通百姓的日常行为，博物馆也迅速成为大众高雅文化休闲和旅游参观的重点场所。以文化休闲为主要目的的个人观众、家庭观众和旅游团体观众在数量和比重方面迅速上升。特别是2008年开始实行的全国博物馆、纪念馆免费开放，作为政府为全社会提供公共文化服务、实现和保障人民群众基本文化权益的重大举措，极大增强了博物馆的公共文化服务职能，服务设施、服务理念、服务意识、服务内容和服务方式等都取得了显著改进。

**观众服务设施** 博物馆公共服务经历了从单一到多元、从简陋到完备的过程。清光绪三十一年（1905年），张謇在《上南皮相国请京师建设帝室博览馆议》中提出博物馆建筑中的公共空间问题："馆中贯通之地，宜间设广厅，以备入观者憩息。"中华人民共和国成立后，博物馆"为人民服务"的功能进一步得到确立，但由于不少博物馆是利用已有建筑设立开放，因陋就简，除展厅外缺乏其他公共服务空间，而当时新建设的博物馆对公共服务空间的设计则较为重视。总体而言，限于经济水平和技术条件等，作为参观者游览通道的公共空间和相关设施在改革开放以前的大多数博物馆内并未得到充分规划。除一些休息设施外，博物馆的公共空间未承载更多的公共服务职能。大部分博物馆的服务设施相对有限，一般只有售票室、门廊、门厅，提供售票、验票、衣包寄存等基本服务。

党的十一届三中全会后，随着公共休闲和旅游业的快速发展，对博物馆设施条件提出了新的要求，众多博物馆也与大众休闲和旅游参观进行对接。2002年1月，中国国家博物馆向旅游行业协会提出入会申请，于2002年2月加入，并先后与200余家旅行社签订合作协议。大批博物馆被列为各条旅游线路上的重要景点。同时，随着中央和地方政府经济实力的快速增强，中央及省级、地市级党委、政府密集启动博物馆改扩建工程。改扩建之后的博物馆与大批新建博物馆，在公共文化服务设施方面实现了全面现代化。除传统售票、验票、衣包寄存等简单设施外，绝大部分国家三级以上博物馆都具备比较健全的观众服务设施和服务项目。特别是大中型博物馆，安检设施、休息椅、卫生间、餐厅、商品部、书店、视听室、互动体验区、咖啡厅、婴儿车、轮椅、无障碍通道、停车场等一应俱全。有的博物馆还配有妇婴室、老花镜、伞具、保险柜、急救箱等特色服务。

随着免费开放工作的深入，各地博物馆为了更好地服务公众，普遍设置意见簿，定期或不定期开展公众调查，就陈列展览、参观导览、设施设备、服务态度、卫生条件、餐饮休息、咨询存包、纪念品购买、特殊人群服务等方面征求意见，有的大中型博物馆还聘请专门的社会调查机构实施观众调查，为提升服务质量提供数据支撑。总体而言，免费开放以来，博物馆观众服务的专业化、规范化水平逐步提升，观众参观休闲的便利性、舒适度显著提升，服务质量得到社会普遍认可。

**博物馆门票与免费开放**　自清光绪三十一年（1905年）南通博物苑实行门券制度以来，博物馆门票制度便一直起着沟通博物馆与参观者之间的纽带作用。当时，博物馆门票称为参观券，在价格上并不统一，也有部分博物馆实行免费参观。1949年2月7日，故宫博物院将门票价格定为"每路人民券5元"（逢单日开放中路及内外东路，双日开放中路及西路）。1958年，南京博物院门票价格为3分，1972年重新开放后定价5分。

党的十一届三中全会后，随着经济的快速发展，博物馆门票的价格也不断提高。以重庆市博物馆为例，在"文化大革命"前，该馆实行免费参观。1972年恢复开放后，实行购票参观，起初每人5分，后调整为每人1角，1985年后调整为每人2角，1987年调整为每人4角，1990年经物价局核准调整为每人8角。随着旅游业的繁荣，部分博物馆也出现门票价格过高的情况。例如，陕西省博物馆1983年接待国外观众86960人次，其中参观珍贵文物展的仅有8377人，原因就是珍贵文物展的票价定得太高。

进入21世纪，各地逐步推行博物馆门票免费制度。2004年，中共中央、国务院《关于进一步加强和改进未成年人思想道德建设的若干意见》（简称《意见》）颁布。《意见》明确要求："充分发挥爱国主义教育基地对未成年人的教育作用。各类博物馆、纪念馆、展览馆、烈士陵园等爱国主义教育基地，要创造条件对全社会开放，对中小学生集体参观一律实行免票，对学生个人参观可实行半票。"同年，为落实《意见》精神，文化部、国家文物局下发《关于公共文化设施向未成年人等社会群体免费开放的通知》，文化部、国家发展改革委、教育部、科技部、民政部、财政部、国家文物局、解放军总政部、全国总工会、共青团中央、全国妇联、中国科协印发《关于公益性文化设施向未成年人免费开放的意见》，推动各级各类博物馆、纪念馆向未成年人等特殊群体实施免费和优惠开放。当年，浙江省博物馆在省级博物馆中率先向社会免费开放，引起强烈反响。2007年，党的十七大报告提出，要兴起社会主义文化建设新高潮，推动社会主义文化大发展大繁荣，使人民基本文化权益得到更好保障。国家文物局以中部地区率先免费开放的湖北省博物馆为重点，开展博物馆免费开放专题调研，以及博物馆纳入国民教育体系专题调研。2008年，第十一届全国人民代表大会第一次会议《政府工作报告》明确提出："具有公益性质的博物馆、纪念馆和全国爱国主义教育示范基地，今明两年实现全部向社会免费开放。"同年，中共中央宣传部、财政部、文化部、国家文物局印发《关于全国博物馆、纪念馆向社会免费开放的通知》。根据通知，全国各级文化文物部门归口管理的公共博物馆、纪念馆以及全国爱国主义教育示范基地于2008～2009年全部实行免费开放。免费开放成为全国博物馆的重要政策，免费的程度、覆盖的范围超过世界其他任何国家。博物馆迎来观众参观热潮，观众数量激增。各博物馆纷纷探索适合自身特色的措施，有的实行"免费不免票"制度，有的实行预约参观制度，有的实行基本陈列免费、特展收费制度。

截至2009年底，全国免费开放博物馆、纪念馆总数达1743家，约占文化文物部门归口管理博物馆、纪念馆以及全国爱国主义教育示范基地总数的77%。2008～2009年，全国免费开放博物馆、纪念馆接待观众8.2亿人次，平均观众量比免费开放前增长近50%。2009年，中共中央提出博物馆要创新发展观念，要牢固树立群众观念，要在积极探索贴近实际、贴近生活、贴近群众的新思路、新方法上下功夫，把观众满不满意作为博物馆全部工作的出发点和落脚点。贴近实际、贴近生活、贴近群众即"三贴近"成为考察博物馆、纪念馆公共服务

水平的重要标准。2013年，全国免费开放博物馆、纪念馆达2400家，举办各类展览1.6万余项，接待观众5亿人次。

博物馆免费政策的实施，并不意味着长期执行的门票制度就此退出历史舞台。一方面，行业博物馆、非国有博物馆等实行免费参观者数量有限，仍有不少博物馆需要门票收入维持其运营；另一方面，在实行免费政策的博物馆中，一般都有实行免费不免票的制度，门票仍然发挥着控制参观人数、引导参观者游览等服务功能。部分免费博物馆的门票甚至具有优惠券的作用。如陕西历史博物馆门票上印有"凡持此门票参观西安碑林博物馆享受全价票8.5折优惠"和"凡持此票参观汉阳陵博物馆享受全价票8折优惠（银杏节除外）"。在相当长时期内，门票将继续作为参观者进出博物馆的有效凭证，发挥服务大众的功能。

**博物馆讲解与导览服务** 博物馆讲解工作与博物馆教育职能具有密切关系，也是博物馆公共文化服务的重要组成部分。中华人民共和国成立后，博物馆讲解工作也经历了由单一向多元化的发展。

20世纪50年代初，中国博物馆各项工作全面向苏联学习。受苏联博物馆建设经验的影响，中国博物馆模仿苏联博物馆群众文化教育工作部模式设置群众工作部，是当时博物馆的三大部门（保管部、陈列部、群工部）之一，部内设有专业说明员（讲解员）。当时说明员队伍普遍存在人数少、文化水平偏低等情况。如南京博物院1951年有说明员5人，1953年增至8人，其中高中文化程度1人、初中毕业3人，其余4人为初中一、二年级文化程度。

1956年，全国第一次博物馆工作会议在北京举行，文化部文物管理局副局长王冶秋强调："讲解工作是博物馆文化教育工作的最前线，讲解的效果直接影响广大观众，讲解员就是观众的老师。"随后，全国博物馆开始致力于提升讲解工作的专业化水平。

改革开放后，随着博物馆事业快速发展，传统的依靠讲解员以文字说明为主的讲解工作难以满足观众需求。改革开放初期，很多博物馆的讲解员是从文艺团体中抽调，工作性质的差别严重影响了讲解工作质量。但也是这一时期，全国博物馆行业开展讲解艺术大讨论，涌现出以江苏博物馆讲解员"五朵金花"等为代表的一批优秀讲解员。1981年，中国博物馆学会成立大会暨首届学术讨论会在北京举行，讲解员王继红总结的"讲解员基本功训练法"，成为此后博物馆讲解员的重要培养方式。自20世纪90年代开始，各地博物馆定期或不定期举办讲解员培训班，讲解员队伍整体水平不断提升。国家文物局和中国博物馆学会自1992年开始举办全国规模的讲解员大赛。随着全国范围内博物馆的现代化转型，讲解工作也实现了从形式到内容质的提升。

首先是讲解主体多元化。改革开放前，博物馆讲解工作人员均为博物馆群众工作部的专业讲解员，个别情况下则会由馆内研究人员进行讲解，称为专家讲解员。改革开放后，博物馆在积极建设专业化讲解员队伍的同时，也充分吸收了一批志愿讲解员。志愿者的广泛参与使博物馆讲解工作主体进一步多元化。各地博物馆也在这一过程中实现了与观众更为广泛的互动，从而得以更好发挥公共服务职能。

如2000年以来各地博物馆开展的"小小讲解员"选拔活动，不仅培养了小讲解员们的综合素质，也丰富了博物馆社会公共服务的形式。仅2015年上半年，成都杜甫草堂的小讲解员们就参与义务讲解志愿服务854人次，服务时间逾3246小时，为1.2万余名观众提供义务讲解2562次。随着旅游业的快速发展，特别是博物馆免费开放政策的实行，博物馆参观人数逐年增长，原有的讲解手段难以满足观众参观需要。导览设备的提供有效缓解了讲解员与观众之间的失衡。参观者携带导览机，可在展品前自行收听相关展品讲解音频。导览设备的大量应用，在一定程度上使讲解员由台前转入幕后。当然，无论是讲解员还是导览设备，都属于博物馆有偿服务项目，部分博物馆则提供免费定时讲解。

其次是讲解内容与手段多元化。随着讲解主体的多元化发展，对展品的讲解内容也发生了变化。博物馆讲解内容的撰稿者由陈列内容设计人员逐渐转变为讲解员本人，在内容上逐渐改变了以往讲解词虽能把握展览主旨但文辞艰深的弊病，讲解员也能够根据实际情况灵活把握讲解内容。在语种方面，传统的博物馆讲解用语以汉语为主，外语讲解主要为英语，少数民族地区的博物馆通常提供汉语和民族语言讲解服务。随着参观者构成的日趋国际化，外语讲解服务的语种开始进一步丰富。各地博物馆所开发的外语讲解服务在语种数量上也有所不同，如中国国家博物馆设英语、日语、韩语、法语、西班牙语、俄语、阿拉伯语等讲解服务，上海博物馆设英语、日语、法语、德语、韩语、西班牙语和意大利语讲解，四川博物院设英语、法语、日语、韩语、德语和意大利语讲解，陕西历史博物馆设英语、法语、日语、韩语讲解。在讲解手段上，当代博物馆从原有讲解员讲解与展品文字说明的二元讲解模式，逐渐发展为利用多媒体技术，灯光、音响、影像全方位展示展品的现代化讲解模式。多媒体讲解手段的广泛使用使观众能够更加直观地理解展品的时代背景与相关故事，有效弥补了传统讲解方式在历史情境渲染方面的不足。在非物质文化遗产或民俗类博物馆中，讲解手段更加侧重现场展示，通过非物质文化遗产的制作过程展示和民族风情表演，使观众可以更好理解展品内容。

## 二、博物馆教育

强调教育功能是中国博物馆的历史传统。早在20世纪初，张謇上书清廷的《上南皮相国请京师建设帝国博物馆议》和《上学部请设博物馆议》中，就提出各类器物博览兼收，"以为益智集思之助"。民国时期，博物馆隶属于教育部门，突显了博物馆的教育职能。中华人民共和国成立后，博物馆改属文化文物部门归口管理，但博物馆的教育功能并未减弱，而是日益得到加强。博物馆教育的内容和方式在不同历史时期具有不同的时代特征，但爱国主义和革命传统教育始终是不变的主题。

博物馆教育政策措施　中华人民共和国成立前夕，中国共产党和人民政府在接管各地博物馆工作中，十分强调博物馆教育职能的发挥。1949年3月，北平市军事管制委员会派尹达、王冶秋为军代表，于坚为联络员，接管北

平历史博物馆，要求清点全部藏品上报并按照社会发展规律组织新的历史陈列，把博物馆办成民族的、大众的、科学的社会教育机构。4月，北平市军事管制委员会文化接管委员会文物部确定国立北平故宫博物院新的业务方针时指出，要利用文物为教育人民之工具，以启发其反帝、反封建的革命思想，并以协助国家建设事业为工作目标。因此，全部陈列室要重新布置，不事炫奇尚异，而以教育为主旨。10月11日，中共中央宣传部向各中央局、分局宣传部发出《关于收集革命文物的通知》，指出"革命博物馆为即将设立之重要宣传教育机构"。1951年10月27日，中央文化部发出《对地方博物馆的方针、任务、性质及发展方向的意见》，提出博物馆事业的总任务是进行革命的爱国主义教育。1953年1月1日，周恩来总理参观东北烈士纪念馆时指出，革命先烈抛头颅、洒热血才换得人民的解放和胜利，要广泛地宣传革命的历史和烈士们的英雄事迹，教育人们。1956年5月21日，文化部在北京市召开第一次全国博物馆工作会议，会议提出的博物馆基本性质任务中，将"文化教育机关"确定为博物馆的基本性质之一。1957年1月，北京历史博物馆根据文物事业方针任务精神，提出该馆方针任务，明确要根据中国经济、政治、文化的发展，按照年代、人物、事件顺序反映中国历史的发展规律，向广大人民群众进行唯物主义和爱国主义教育。4月22～26日，文化部文物管理局在湖南长沙市召开第一次全国纪念性博物馆工作座谈会，会议提出纪念馆要对广大人民进行革命教育，普及历史知识。1958年11月15日，文化部在江西南昌召开全国省级

地质博物馆、革命纪念馆馆长会议，会议向全国发出《配合全国开展社会主义共产主义教育运动，大力开展革命文物工作的倡议书》。同年冬，中国革命博物馆、中国历史博物馆筹建小组组长钱俊瑞召集筹建小组会议，传达中共中央关于革命博物馆陈列应遵循的六项原则，其中第二条是要严格遵循以高度的政治性和真实性相结合的原则，对历史事件和人物的表现，在政治上应着眼于对人民群众的积极教育作用，同时应符合历史的真实。1960年，中国人民革命军事博物馆对外开放，其办馆宗旨包括"教育全军同志，教育全国人民，教育后代"。

1979年6月29日，国家文物事业管理局印发《省、市、自治区博物馆工作条例》，规定博物馆是文物和标本的主要收藏机构、宣传教育机构和科学研究机构，博物馆通过举办陈列展览，传播历史和科学文化知识，对人民群众进行爱国主义教育和社会主义教育。1983年11月，中共中央办公厅、国务院办公厅、中央军委办公厅印发《关于调整充实军事博物馆陈列内容的通知》，指出要收集、研究、陈列中国历史上有关军事的、战争的、武器的史料，充分利用中国丰富的军事遗产教育人民。1986年10月20日，文化部文物事业管理局在天津召开全国博物馆群众教育工作座谈会。同月，北京市委、市政府印发《关于"七五"期间加强社会主义精神文明建设的若干措施》，规定"要把参观博物馆列入中小学教育计划"。1988年9月21日，中国博物馆学会社会教育专业委员会在北京成立。1989年3月1～7日，国际博物馆协会中国国家委员会和中国博物馆学会联合举办的国际博物馆协会第四届亚洲、太平洋地

区大会在北京市召开，大会主要议题之一是博物馆在亚太地区社会教育中的作用。1989年12月3日，中共中央宣传部和国家文物局在湖南长沙召开革命文物宣传座谈会，提出要充分运用革命文物加强爱国主义、革命传统教育，培养有理想、有道德、有文化、有纪律的社会主义新人。1991年8月28日，中共中央宣传部、国家教委、文化部、民政部、共青团中央、国家文物局印发《关于充分运用文物进行爱国主义和革命传统教育的通知》，强调要对全党和全国人民特别是青少年加强爱国主义教育，并要求博物馆、纪念馆利用文物优势对青少年进行教育。1993年3月3日，国家文物局印发《关于开展地县博物馆评比创优和遴选"优秀社会教育基地"活动的通知》。5月14日，中共中央宣传部、国家文物局邀请首都文博界部分人士举行座谈会，研究如何在改革开放中运用文物博物馆开展爱国主义教育。12月，国家文物局公布1993年全国优秀地县级博物馆和优秀社会教育基地各10家单位。1994年8月23日，中共中央印发《爱国主义教育实施纲要》，提出搞好爱国主义教育基地建设，各类博物馆、纪念馆等是进行爱国主义教育的重要场所。10月8日，国家文物局邀请部分文博界的专家及博物馆、纪念馆、全国重点文物保护单位负责人，为贯彻落实《爱国主义教育实施纲要》进行座谈。12月13日，国家文物局在北京召开专家评审会，遴选出21家单位为1994年全国优秀地县级博物馆和优秀社会教育基地。1995年10月16～20日，国家文物局在江西井冈山召开省、自治区、直辖市、博物馆工作座谈会，就贯彻、落实全国文物工作会议精神和《爱国

主义教育实施纲要》，加强基地建设，发挥教育功能，开创博物馆工作新局面等进行讨论交流。1996年1月，在27个省、自治区、直辖市推荐的近百家文博单位中，有29家单位被评定为1995年全国文物系统优秀爱国主义教育基地。2000年5月11～13日，国家文物局在河北石家庄召开全国爱国主义教育示范基地工作座谈会。2004年6月28日～7月7日，第28届联合国教科文组织世界遗产委员会会议在江苏苏州举行，会议通过《世界遗产青少年教育苏州宣言》。10月24～29日，全国文物宣传教育工作会议在江西南昌召开。2009年9月23日，"我的祖国"爱国主义教育基地网上数字展馆集群在央视网开馆。2010年11月5日，由国家文物局、英国驻华大使馆教育处及湖北省文物局共同主办的中英文化连线"博物馆馆藏的教育功能"研讨会在湖北省博物馆召开。2011年9月5日，全国博物馆教育研讨会在四川博物院举行。12月13日，"变化世界中的博物馆：新挑战、新激励"中国博物馆教育研讨会在广东广州召开。2014年1月21日，国家文物局印发《关于开展"完善博物馆青少年教育功能试点"申报工作的通知》。12月29日，国家文物局"完善博物馆青少年教育功能试点工作总结推广会"在北京召开。2015年，《博物馆条例》颁布，规定博物馆应当根据自身特点、条件，开展形式多样、生动活泼的社会教育和服务活动。

**博物馆教育基地** 博物馆爱国主义教育基地建设是改革开放以来在党和国家爱国主义教育工作持续加强背景下产生和逐步深化的。博物馆、纪念馆的爱国主义教育基地建设是全国爱国主义教育基地建设的重要组成部分，在爱国主义和革命传统教育中发挥出独特优势。

1993年3月，国家文物局印发《关于开展地县博物馆评比创优和遴选"优秀社会教育基地"活动的通知》。12月，国家文物局公布1993年全国优秀地县级博物馆和优秀社会教育基地各10家单位，其中优秀社会教育基地包括广东鸦片战争博物馆、陕西延安革命纪念馆、贵州遵义会议纪念馆、湖南韶山毛泽东同志纪念馆、上海嘉定县博物馆、山东甲午战争博物馆、江西井冈山革命博物馆、北京中国人民抗日战争纪念馆、江苏南京中国共产党代表团梅园新村纪念馆、福建古田会议纪念馆。

1994年12月13日，21家文博单位被评定为1994年全国优秀地县级博物馆和优秀社会教育基地，其中优秀社会教育基地14家，包括广东中山翠亨村孙中山故居纪念馆、湖南长沙市博物馆、浙江绍兴鲁迅纪念馆、江西安源路矿工人运动纪念馆、黑龙江萧红故居纪念馆、江苏瞿秋白纪念馆、河南郑州市二七纪念馆、湖北省红安县革命博物馆、四川重庆歌乐山烈士陵园、广西八路军桂林办事处纪念馆、北京焦庄户地道战纪念馆、内蒙古鄂尔多斯博物馆、贵州毕节地区博物馆、青海湟源县博物馆。

1996年1月，有29家文博单位被评定为1995年全国文物系统优秀爱国主义教育基地，分别是北京首都博物馆、天津杨柳青博物馆、河北隆化县博物馆、西柏坡纪念馆、山西洪洞县博物馆、内蒙古敖汉旗博物馆、辽宁旅顺日俄监狱旧址陈列馆、吉林伪皇宫陈列馆、黑龙江东北烈士纪念馆、上海中共一大会址纪念馆、上海市历史博物馆、江苏苏州民俗博物馆、浙江余姚河姆渡遗址博物馆、安徽省博物馆、福建泉州海外交通史博物馆、江西瑞金中央革命根据地纪念馆、河南汤阴岳飞纪念馆、湖北辛亥革命武昌起义纪念馆、湖南刘少奇纪念馆、广东湛江市博物馆、广西右江革命纪念馆、海南海口市海瑞墓管理处、四川成都王建墓博物馆、贵州黎平县文物管理所、云南腾冲国殇墓园管理所、西藏布达拉宫管理处、陕西八路军西安办事处纪念馆、甘肃八路军兰州办事处纪念馆、新疆维吾尔自治区博物馆。

1996年11月，国家教委、民政部、文化部、国家文物局、共青团中央、解放军总政治部决定命名和向全国中小学生推荐百个爱国主义教育基地。中共中央宣传部分别于1997年7月、2001年6月、2005年11月、2009年5月和2017年3月命名公布五批次共428个全国爱国主义教育示范基地，以带动、促进和引领全国爱国主义教育基地的建设。在这五批全国爱国主义教育示范基地中，属于或包含博物馆、纪念馆、陈列馆的有260余个，占总数的60%以上。中共中央宣传部要求全国爱国主义教育示范基地要把保护修缮作为重中之重，紧紧抓住保护修缮和管理、使用环节，在文物资源保护、基本陈列水平、规范内部管理、发挥教育功能等方面努力实现更大进步，大力发扬红色传统、传承红色基因，成为爱国主义教育和革命传统教育的重要载体，成为培育和践行社会主义核心价值观的生动课堂。

地方各级党委、政府和有关部门也先后公布了不同级别的爱国主义教育基地以及其他类型的教育基地，如国防教育基地、科普教育基地、红色旅游基地、青少年教育基地等，全国正常开放的县市级以上国有博物馆几乎都属于某种级别和类型的教育基地。这些博物馆、纪念馆与附近的学校、厂矿、部队、社区等联合共建教育基地，选择重大历史事件发生的时间节点、各种节庆日等开展多种形式的教育活动，发挥了当地社会教育中心阵地的作用，不少博物馆、纪念馆的社会教育活动产生了广泛的社会影响，有些甚至承办了重要的国家活动。如2014年9月3日在中国人民抗日战争纪念馆举行的中国人民抗日战争暨世界反法西斯战争胜利纪念日活动，12月13日在南京侵华日军南京大屠杀遇难同胞纪念馆举行的南京大屠杀死难者国家公祭活动等，产生和发挥了广泛的社会影响力和教育作用。

**博物馆青少年教育**　博物馆青少年教育主要以与学校教育相结合的方式进行。党的十一届三中全会后，博物馆青少年教育职能的发挥越来越明显，特别是2008年全国博物馆纪念馆免费开放以来，各地文物部门、教育部门积极合作，推动博物馆融入学校教育。博物馆与学校之间的互动越来越频繁，馆校合作的内容和方式越来越丰富多样，青少年教育作为博物馆教育的重中之重取得显著成效，博物馆成为在校学生社会实践的重点场所。

辛亥革命以前的近代中国，尚不可能产生博物馆与学校教育结合的时代命题。民国时期的博物馆归属教育部门管理，在一定程度上突出博物馆的教育职能，蔡元培、曾昭燏、李济等在相关著述中都论及博物馆在美育、实物教育和精神教育等方面的作用。但限于当时的社会历史条件，博物馆与学校教育特别是与中小学基础教育实践的结合并未真正落到实处。

中华人民共和国成立后，各地逐步开始重视博物馆对学校教育的作用。1958年3月，东北博物馆在沈阳市中小学举办历史文物流动展览。5月，山西省博物馆举办下乡、下厂、下学校巡回展览。同年，中央革命博物馆筹备处制作"红军二万五千里长征""抗日根据地人民的反'扫荡'斗争""抗日战争时期生产运动""反对英美帝国主义对中东地区的侵略"等图片展，分赴十三陵水库工地、部队、学校等巡回展出近两个月。但总体而言，上述活动并未形成博物馆与学校的常态化互动。

改革开放以来，各级党委、政府开始逐步推动博物馆与学校教育的常规合作。1986年10月，北京市委、市政府印发《关于"七五"期间加强社会主义精神文明建设的若干措施》，规定"要把参观博物馆列入中小学教育计划"。1987年9月，湖北红安县革命博物馆与董必武纪念馆组成革命传统教育小分队，分赴武汉地区10余所大专院校巡回展出"红安革命历史图片"和"董必武同志革命风范展览"。1992年4月22日，中国历史博物馆与北京市第一实验小学建立德育教育基地。1993年2月，国家文物局与中国儿童报社举办"全国小学生从小爱文物知识竞赛"，40天收到各地寄来的答卷30余万份。随着博物馆向社会开放程度的提高，观众量也迅速增加，其中中小学生所占比重达50%左右。1988～1991年，首都博物馆接待观众70万人次，其中中小学生占40%。1993年，北京自然博物馆接待观众50余万人次，其中学生占50%以上。

进入21世纪以来，随着学校教育对学生社会实践的日益强调和博物馆对社会教育工作的日趋强化，博物馆教育与学校教育的结合成为历史必然。2000年，中共中央办公厅、国务院办公厅印发《关于加强青少年学生活动场所建设和管理工作的通知》，2003年，中共中央宣传部、文化部、国家文物局联合印发《关于进一步加强博物馆宣传展示和社会服务工作的通知》，2004年，中共中央、国务院印发《关于进一步加强和改进未成年人思想道德建设的若干意见》《关于进一步改进和加强大学生思想政治工作的若干意见》，文化部、国家发展改革委、教育部、科技部、民政部、财政部、国家文物局、解放军总政治部、中华全国总工会、共青团中央、全国妇联、中国科协等部委联合印发《关于公益性文化设施向未成年人免费开放的实施意见》，对深化博物馆教育、服务功能提出一系列较为具体的政策，特别强调博物馆要向未成年人等特殊群体免费或优惠开放。2005年，国务院印发《关于加强文化遗产保护的通知》，进一步指出"教育部门要将优秀文化遗产内容和文化遗产保护知识纳入教学计划，编入教材，组织参观学习活动，激发青少年热爱祖国优秀传统文化的热情"。

随后，各地文物、教育部门有力推进相关工作。2007年8月28日，陕西省文物局、省教育厅联合印发《关于将博物馆教育纳入国民教育体系的实施意见》，提出以下具体措施：一是将全省文物系统的104家博物馆、纪念馆纳入国民教育体系，与教育部门实现文化资源共享，以激发青少年对祖国优秀传统文化热情，并培养青少年参观和利用博物馆资源的良好习惯；二是在对中小学生集体预约全年免费开放基础上，将博物馆建设成中小学校日常教学实习和综合实践基地；三是将博物馆教育列入中小学校教学计划，并把相关知识编入地方教材和校本教材。2008年，经市委、市政府同意，北京市教委印发《中小学生社会大课堂建设方案》，并分批发布市级社会大课堂资源单位，将几乎所有北京地区的国有博物馆纳入其中，为学校教育与博物馆教育的衔接架设了重要桥梁和平台。2013年，北京市教委、市文物局印发《关于开展"博物馆之春"活动的通知》，进一步推动北京市博物馆资源与学校教育的融合，实现广大中小学生走进博物馆的常态化。博物馆与学校教育的融合日益常态化，各地建立了各种类型的馆校合作机制，开展丰富多彩的教育活动，与学校开展教育合作已经成为各地博物馆的一项核心业务。

2015年，《博物馆条例》颁布，规定国务院教育行政部门应当会同国家文物主管部门，制定利用博物馆资源开展教育教学、社会实践活动的政策措施；地方各级人民政府教育行政部门应当鼓励学校结合课程设置和教学计划，组织学生到博物馆开展学习实践活动；博物馆应当对学校开展各类相关教育教学活动提供支持和帮助。同年，国家文物局、教育部印发《关于加强文教结合、完善博物馆青少年教育功能的指导意见》，对依托博物馆丰富资源开发教育项目、建设教育资源库和项目库、加强课程教材中博物馆教育有关内容、实施流动教育项目、实施远程教育和网络教育、加强博物馆教育资源统筹、建立中小学生利用博物馆学习的长效机制，以及各地文物、教育部门建立协调机制、联合师资培训、加强督导等作出安排。

## 三、博物馆社会服务

博物馆不仅以"请进来"的方式向广大参观者提供文化服务，还以"走出去"等方式向周围社区和社会大众提供灵活多样的文化服务。

**博物馆社区服务**　博物馆与周围社区具有紧密的关系，特别是广大中小博物馆通常将博物馆教育与社区服务结合起来。各馆根据自身资源特色，发挥社区文化阵地作用，使博物馆教育与社区文化服务有机融合。改革开放以来，博物馆学界所关注的社区博物馆、邻里博物馆、生态博物馆等学术热点显著体现了博物馆与社区的密切关系。此外，全国各地规模不等的专题类博物馆、纪念馆，如北京新文化运动纪念馆、韶山毛泽东同志纪念馆、井冈山革命博物馆、延安革命纪念馆、八路军太行纪念馆、中共一大会址纪念馆、中国人民抗日战争纪念馆、孙中山故居纪念馆、南昌八一起义纪念馆、遵义会议纪念馆、侵华日军南京大屠杀遇难同胞纪念馆等，不仅是全国性爱国主义教育示范基地，在社区文化服务和加强社区思想政治教育方面也一直发挥着不可替代的阵地作用。

南京中共代表团梅园新村纪念馆自1977年对外开放以来长期致力于社区服务，逐步发展成为"社区学习中心"，社区内的机关、学校、社团都把纪念馆作为自己政治活动、教育活动、文艺活动的基地，机关企事业单位的党课和组织生活、学生夏令营、老年书画、教师诗社、社区合唱队，乃至社区居民晨练都到纪念馆里进行。纪念馆根据不同观众的需求设计不同的展览，如"党风楷模——周恩来"展览观众定位是南京市党员干部，"为中华之崛起——周恩来、邓颖超青少年时代业绩展览"观众定位是南京市中小学生。纪念馆还与周围学校联合创建"周恩来班""邓颖超班"，并与有关部门联合设立"周恩来奖学金""邓颖超奖学金""邓颖超青年教师育人奖"；与学校配合，先后组织"为中华之崛起而读书"夏令营、"红色之旅"夏令营、"走进博物馆"夏令营等；成立小分队送教上门，带着小型展板、幻灯片和VCD到边远山区和交通不便的学校、单位巡展；分别与公路收费站、客运交通管理处共建"职工思想教育基地"等。

全国数量众多的县、区级博物馆，其功能定位主要是面向社区和区域性服务，发挥社区和区域性文化中心、思想教育阵地的作用。

流动展览服务　博物馆送展下乡、送展进社区、进工厂、进军营等，通常被称为流动展览或流动博物馆服务，这是中国博物馆服务社会的一种重要形式，从中华人民共和国成立之初便开始推行。博物馆流动服务以小型展览或袖珍"博物馆"等形式，将展示文物藏品图片（有的还带上少量实物展品）和主题宣讲相结合，到广大农村、边远山区、工矿企业、部队等精心组织小型文化活动，丰富当地民众、职工、军人的精神文化生活，进行思想文化教育。

1954年4月，东北博物馆组成流动展览工作队赴东北各地巡回展出，历时227天，观众达41万人次。1955年2～5月，吉林省博物馆举办"我省几年来基本建设出土文物"等流动展览，先后到10个市县及9个重点工地展出。1958年6月，北京历史博物馆组织的中国原始社会和中国近代史流动图片展览在十三陵水库工地

及附近农村展出，观众3万余人。8月，北京鲁迅博物馆制作的流动展览图片分三路展出，一路赴东北辽宁、吉林、黑龙江流动展出，一路赴山西、陕西、四川、湖北等省流动展出，一路在京津地区巡回展出，共接待观众114万人次。同年，故宫博物院、河北省博物馆、东北博物馆等也开展了规模较大的流动展览。1959年1月，北京鲁迅博物馆与全国各省联系，共同组织联合展出，将15套流动展览图片分别发往河北、山东、四川、广东、甘肃等15个省，至年底，观众达120万人次。1964年4月，陕西省博物馆与省文物管理委员会在陕北、陕南、关中的50余个县流动展出"长安马丁村地主庄园与咸阳白良村贫农住宅图片"。1977年秋，新疆维吾尔自治区博物馆举办的新疆出土文物图片流动展览赴库尔勒、昌吉、伊犁等地巡回展出，至1978年夏结束。1980年5月，东北烈士纪念馆流动展览小分队携带抗日民族英雄杨靖宇、赵尚志、李兆麟、魏拯民、赵一曼、李红光等烈士事迹小展板，赴吉林盘石县、靖宇县和通化市展出，截至6月15日，展出22场，观众1.8万人次。1987年，北京鲁迅博物馆制作的"鲁迅生平流动展览"先后赴新疆、青海、甘肃、贵州、广东、湖南等地展出。

1997年5月7日，由国家文物局组织故宫博物院、中国历史博物馆、中国革命博物馆、北京鲁迅博物馆和国际友谊博物馆共同组成的流动博物馆——"汽车博物馆"在北京顺义进行首展。展览包括迎接香港回归、中国古代农业科技成就、故宫概览、鲁迅的一生、国际珍贵礼品5个专题，共50余块展板。2010年，四川博物院面向"三区一基层"推出"大篷车"

流动博物馆服务。三区指少数民族地区、边远山区、革命老区，基层指远离大城市的县、乡村、学校、部队、工厂、矿山等。"大篷车"流动博物馆由博物院院长兼任馆长，配副馆长一人，下设讲解组、公众服务组、保卫组、宣传组，由16名工作人员组成。流动博物馆以车为载体，把文物展览办到边远山区、民族地区、革命老区，把悠久的历史文化知识和爱国主义教育以通俗易懂的方式和朴实的语言传达给群众，把各种实用技术和党的最新政策带到基层。2013年，"内蒙古博物院流动数字博物馆"启用，在草原牧区进行流动展览宣传。

近几年，像四川博物院"大篷车"流动博物馆、"内蒙古博物院流动数字博物馆"等每年坚持送展下乡的博物馆在全国越来越普遍。这些博物馆送展到社区、边远地区、部队、厂矿、学校等，主要是借展览开展农村精神文明建设、社区文化服务和宣传教育服务。

**博物馆志愿服务**　博物馆之友、博物馆志愿者、博物馆会员等既是社会人士参与博物馆服务的重要形式，也是博物馆服务社会的一种重要方式。博物馆之友、博物馆会员对沟通博物馆与社会各界人士信息、调动社会力量支持博物馆事业，以及将更多人士吸引到博物馆、培养更多文博爱好者等起到了独特作用。而博物馆志愿者在馆内服务，不仅可以弥补专职人员的不足，节省馆内开支，更能缩短博物馆和参观者的距离，增强参观者的参与感，在平等交流中实现教育和传播博物馆知识的目的。

中华人民共和国成立初期，各地开始成立"博物馆之友"组织，属于较早的博物馆志愿组织。1956年，陕西博物馆组织"博物馆之

友"等志愿组织，发动学校和事业单位的社会力量参与博物馆的工作；南京博物院在曾昭燏院长主持下成立"博物馆之友"组织，搭建博物馆与观众之间的桥梁。1960年4月，中国历史博物馆为加强馆外联系，宣传并促进博物馆事业发展，成立"博物馆之友"组织。1963年5月，上海博物馆举办"上博之友所藏文物展览"，展品303件。1966～1976年，各地博物馆志愿组织先后中断。

党的十一届三中全会后，博物馆志愿组织逐步恢复和发展壮大。1981年，中国历史博物馆恢复"博物馆之友"组织。苏州博物馆从1985年开始先后发展两批"博物馆之友"，第一批以大学和中学历史老师为主，第二批是苏州市有关单位的一些文博爱好者，大学、中学历史教师以组织学生参观和协助举办历史访古夏令营为主，文博业余爱好者则举办"民间收藏铜镜展览"等。1996年，上海博物馆志愿者服务团队成立。2000年，上海博物馆制定《上海博物馆志愿工作者章程》及其细则。截至2017年，上海博物馆注册志愿者298人，累计提供志愿服务约20800小时，人均开展志愿服务约70小时，志愿服务项目包括基本陈列的讲解导览、协助组织公共讲座、博物馆体验活动的辅导、参与博物馆举办的学校及社区教育、观众阅览室的管理等。故宫博物院的志愿者团队成立于2004年12月，截至2017年注册志愿者近3000人次，累计提供志愿服务达13万小时，服务观众近60万人次。故宫志愿者主要负责讲解、咨询、参与教育项目、志愿宣讲等工作。

博物馆志愿组织的发展壮大一方面与人民生活水平日益提高，可以并愿意抽出一部分

闲暇时间用于生计之外的社会公益服务，同时丰富自己的精神文化生活和人生阅历等有关，另一方面也与党和国家对志愿服务的积极倡导密不可分。2005年，党的十六届六中全会第一次把志愿服务写进党的全会文件，提出要"以相互关爱、服务社会为主题，深入开展城乡社会志愿服务活动，建立与政府服务、市场服务相衔接的社会志愿服务体系"。同年，中国社会工作协会出台《中国社区志愿者注册管理办法（试行）》。2007年12月5日，为迎接奥运会，北京市人大通过《北京市志愿者服务条例》。2009年7月，中央文明办印发《关于深入开展志愿服务活动的意见》，要求切实加强对志愿服务活动的领导，开展各种形式的志愿服务活动，建立健全长效机制，搭建志愿服务平台。

2008年以来，中国博物馆协会为鼓励并规范博物馆志愿者活动，持续举办全国范围的优秀志愿者评选活动，每年在国际博物馆日活动当天公布，分为团体十佳和个人十佳。2009年12月4日，中国博物馆学会志愿者专业委员会成立大会在宁波博物馆举行，宁波博物馆以此为契机创新志愿者服务模式，组建了一支包括国外学者150人参加的国际化志愿者队伍。该馆还以专业委员会为平台，于2010年11月在上海召开的国际博物馆协会第22届大会期间牵头组织了"全球博物馆志愿者开放论坛"。

据不完全统计，截至2016年，全国博物馆志愿者组织已有400余个。

**博物馆文创产品开发**　博物馆文创产品开发是以提取博物馆藏品的内涵、外形特征或标志性图案等方式，经传统和现代工艺技术设计制作成各类文物复仿制品、工艺品等文化产品，作为博物馆纪念品等进行销售。博物馆文创产品蕴含着文物藏品的文化要素，使观众在参观博物馆之余能够把博物馆文化带回家，是博物馆文化服务和文化传播的重要形式，也是博物馆增加收益以用于更多公益服务的重要手段。

1949年以前，国内博物馆的文化产品开发基本上是空白。中华人民共和国成立后至改革开放前，博物馆内部已经存在商品因素。当时博物馆通常设有小卖部、书店等机构，一些大型博物馆甚至设有饭店。但受计划经济模式影响，博物馆的商业行为仅限于此。

1976年后，特别是党的十一届三中全会以后，博物馆文化产品开发逐步受到政府部门和博物馆的重视。随着经济增长和旅游业的蓬勃发展，博物馆观众迅速增多，对博物馆纪念品的需求也日益旺盛。1979年8月11日，国务院批转轻工业部、旅游总局印发的《关于进一步发展旅游纪念品、工艺品生产和销售中有关问题的请示报告》，要求国务院各部门、各地方政府对报告中所提出的问题积极予以支持和解决，各地轻工、商业、外贸、文物、园林等部门要紧密配合，通力合作。其中提到要抓好古文物的复制、仿制工作。1980年7月1日，国务院转发国家经委《关于旅游纪念品工艺品生产和经营若干问题的暂行规定》，强调各地区和有关部门一定要加强领导，充分发挥旅游纪念品、工艺品投资少、收效快、换汇率高的特点，及时研究解决生产和经营中出现的问题。其中再次强调了关于古文物复制品和仿制品的生产问题。在国家政策的鼓励下，一些博物馆开始尝试设置商店销售与馆藏文物相关的商品。

1980年，湖北省博物馆开办文物复制工厂，不仅解决了当地青年就业问题，也打开了博物馆增收新途径。1982年，美国加利福尼亚大学伯克莱分校教授简慕善赠送康有为书法条幅给中国历史博物馆，中国历史博物馆副馆长陈乔主持赠送仪式并回赠纪念品。1983年3月，四川省博物馆复制的东汉说唱俑在中国国际旅游会议纪念品评比中被评为优秀作品并获金奖。甘肃武威市博物馆复制的铜奔马于1984年获甘肃省仿古着色工艺试验研究科技成果三等奖，1991年被评为甘肃省优质产品，并在第六届甘肃省工艺美术品百花奖评会上被评为优质新产品。成都武侯祠博物馆自1984年后开设文物复制、旅游纪念品、茶点及摄影服务部，全年纯收入10万余元。上海博物馆在商店运营方面具有代表性：1978年，上海博物馆建立外宾卖品部，经营一定数量的文物仿制品、复制品等，年收入近20万元。1986年，上海博物馆将卖品部改为艺术品商店，扩大经营范围，并代销、经销各种工艺美术品、旅游纪念品，营业额上升至70余万元，获纯利15万元。1987年，上海博物馆又将代销逐渐改为经销，营业额增至116万元，获纯利60余万元。1991年3月28日～4月1日，国家文物局在上海召开全国博物馆工作座谈会，强调"要始终不渝地坚持把社会效益放在首位，在这个前提下，适当开展服务性经营，不断增强自身发展的活力"。

随着20世纪90年代文创产业概念的兴起，博物馆文化创意产业理念开始迅速发展。2006年，国家文物局在广东惠州召开博物馆文化产品开发座谈会，提出"把博物馆带回家"理念，得到广泛认同。在博物馆行业文化创意产业蓬勃发展的背景下，博物馆公共服务职能也不再局限于传统展览、教育等业务，而是扩展为满足社会公众多方面的精神文化消费需求。2010年2月3日，国家文物局在北京召开全国博物馆文化产品开发工作座谈会。2011年，国家文物局颁布《博物馆事业中长期发展规划纲要（2011～2020年）》，其中对博物馆文创产业进行更为明确的部署。2012年，中国博物馆协会、中国自然科学博物馆协会、北京市文物局共同举办"2012博物馆及相关产品与技术博览会"，在博览会第一天举行"全国博物馆文化产品创意设计推介活动"颁奖仪式。2013年5月21日，中国博物馆协会文创产品专业委员会在北京成立。2015年，国务院颁布《博物馆条例》，第三十四条规定："国家鼓励博物馆挖掘藏品内涵，与文化创意、旅游等产业相结合，开发衍生产品，增强博物馆发展能力。"2015年底，首届全国博物馆文化产品示范单位推介活动举办，推介中国国家博物馆等10家单位为首批"全国博物馆文化产品示范单位"。

2016年4月8日，国家文物局协调中央有关部门，组织各省主要文博单位在故宫博物院召开推进文化文物单位文化创意产品开发座谈会。同年，国务院《关于推动文化文物单位文化创意产品开发的若干意见》提出："力争到2020年，逐步形成形式多样、特色鲜明、富有创意、竞争力强的文化创意产品体系，满足广大人民群众日益增长、不断升级和个性化的物质和精神文化需求。"随着"互联网＋"时代的到来，博物馆商品销售与文创产业得到更快发展。以故宫博物院等为代表的一批博物馆通过淘宝商店、微信销售、App销售等模式，在互联网时代迅速拓展市场。

各级各类博物馆根据自身实际，通过自主研发或与文化企业合作研发等方式提供富有特色的文化产品已经成为潮流。博物馆研发的文化产品有各种仿古制品如青铜器、陶瓷器、玉石器、书画等，有小型纪念品如小挂饰、手机链和笔记本、笔等，也有编钟演奏、文物建筑介绍等各类音像制品，种类丰富，价格从几元至几千元不等。选择购买文创产品，成为观众参观博物馆时不可或缺的一项重要内容。

## 四、博物馆为科学研究服务

博物馆的科研工作，包括社会科学研究，也包括自然科学研究；包括基于对藏品历史、艺术、科学研究，也包括基于保护利用藏品的科学研究；包括本馆专家的科学研究，也包括馆外专家学者参与或利用本馆资源开展的科学研究，以及本馆专家参与馆外科研工作、本馆科研成果向外界的推广应用等。博物馆的科研工作一开始就体现出开放性、科学研究与为科学研究服务紧密结合等特点。中华人民共和国成立以来，博物馆的科学研究和为科学研究服务的具体内容、方式和手段不断发展变化，但其基本宗旨和方向未发生根本性改变。

中华人民共和国成立之初，国家处于大规模文化设施建设开创阶段，为领导图书馆、博物馆、文化馆和科学馆等事业建设，1950年于中央文化部内设文物局和科学普及局。1951年9月，两局合并，成立社会文化事业管理局。当时，自然科学和社会科学研究受到党和国家高度重视，在博物馆领域，中央自然博物馆、

中央人民科学馆、中央革命博物馆等项目的筹建工作先后启动，各地自然博物馆、人民科学馆和综合博物馆亦纷纷启动建设（后来有的自然博物馆、人民科学馆成为综合博物馆的自然部，有的则独立发展成为自然博物馆）。1956年5月，全国博物馆工作会议提出博物馆的基本性质之一是"科学研究机关"，博物馆的基本任务之一是"为科学研究服务"，兼具科学研究和为科学研究服务的双重职能。党和国家发出向科学进军、建设社会主义科技强国号召，并指出"为了实现向科学进军的计划，我们必须为发展科学研究准备一切必要的条件，必须加强图书馆、档案馆、博物馆工作"。随后几年，大批自然科学和社会科学领域专家学者云集于博物馆建设和陈列展览筹备中，博物馆科研职能得到充分发挥。例如中央自然博物馆的古生物陈列和动物陈列、中国历史博物馆的中国通史陈列、中国革命博物馆的中国革命史陈列等，由当时国内最顶尖的自然科学家、历史学家、考古学家等积极参与进行学术把关，有力促进了展览及相关领域科学知识体系的建设。博物馆藏品及其保护还是联合科研攻关的重点项目。例如1973年1月，国务院图博口领导小组在北京召开关于长沙马王堆一号汉墓女尸解剖科学研究座谈会，讨论女尸解剖和保存问题，中国医学科学院、北京医学院、军事医学科学院等单位有关专家40余人出席会议。2月，湖南省革命委员会向国务院呈报《关于长沙马王堆汉墓出土女尸的研究工作》报告。经批示后，北京、上海等有关科研单位承担研究任务。4月，湖南省革命委员会在长沙召开马王堆一号汉墓女尸科研座谈会，到会

的有来自35家科研单位、医药院校的科学工作者83人。9月29日，周恩来总理对国家文物事业管理局上报的马王堆二、三号汉墓发掘报告批示："此事请待王冶秋同志回京后，偕同国家文物事业管理局、科学院考古研究所和各地有关科研单位和医学科研及医务人员前往长沙协助省委办理此事。并请文化组派科教电影制片厂、新影，总政派八一制片厂担任影片工作。务期这一次发掘工作要取得比上次更多的成绩和收获。"

1979年，国家文物局颁布《省、市、自治区博物馆工作条例》，规定博物馆"是文物和标本的主要收藏机构、宣传教育机构和科学研究机构"，其中专列"科学研究"单元，共两条。第十五条规定："博物馆的各项业务活动，都应该在科学研究的基础上进行。博物馆应积极开展博物馆学和有关的专业学科的研究工作。专业学科的研究，应从本馆的性质和任务出发，以藏品为基础，结合文献资料进行，研究成果主要体现在陈列展览上，也可以编写学术专著。要加强基础资料工作和对国内外博物馆情报工作，并积极配合有关部门的专业学科的研究。"第十六条规定："博物馆的科研工作，应当贯彻'百花齐放，百家争鸣'的方针，根据目前和长远需要，分别制订近期和远景科研规划，按轻重缓急，作出全面安排。有条件的博物馆，应给专家配备助手，采用传、帮、带的办法，从事科研工作和培训科研人员。成立学术研究委员会，发挥咨询、评议和指导作用。"1986年，文化部颁布《博物馆藏品管理办法》，规定："博物馆对藏品负有科学管理、科学保护、整理研究、公开展出和提供使用（对社会主要是提供藏品资料、研究成果）的责任。""积极开展藏品保护科学技术研究活动、运用传统保护方法和现代科学技术、设备防止自然因素（温度、湿度、光线、虫害、污染等）对藏品的损害。根据需要与可能，建立藏品消毒、修复、复制、标本制作和科学实验等设施。培养专门技术人员，逐步加强藏品保护科技力量。"20世纪80～90年代，国家及中央各部门、省级人民政府及有关部门普遍设立不同类别、级别的科研（科技）成果（进步）年度奖励项目，当时大部分省级以上综合博物馆和基础较好的专题博物馆都获得过不同奖项。例如，南京博物院完成的"旧纸张保护技术"科研项目，获1981～1982年度文化部科技成果一等奖；湖北省博物馆、中国科学院自然科学史研究所、武汉机械工艺研究所、佛山球墨铸铁研究所、武汉工学院、哈尔滨科学技术大学合作完成的"曾侯乙编钟的研究与复制"科研项目，获1983～1984年度文化部科技成果一等奖；上海博物馆、上海材料研究所完成的"东汉'水银沁'铜镜表面处理技术"科研项目，获1985～1986年度文化部科技成果一等奖；湖北省博物馆完成的"乙二醛脱水加固定型古代饱水漆木器"科研项目，获1988年度文化部科技进步一等奖和1989年度国家科技进步三等奖；南京博物院、中国第二历史档案馆、江苏省档案局、南京化工设计研究所完成的"纸张气相脱酸扩试研究"项目，获1990年度国家文物局文物科技进步二等奖和1991年度国家科技进步三等奖；上海博物馆、华东理工大学合作完成的"出土铁器文物脱盐缓蚀保护研究"项目，获1994年度国家文物局文物科技进步一等奖和1996年国家科技进步三等奖；苏州丝绸博物馆、中国历史博物馆完成的"青海都兰热水出土唐代织锦复制研究"项目，获1995年度国家文物局文物科技进步一等奖；上海博物馆完成的"严重朽蚀饱水竹简的真空冷冻干燥研究"项目，获1998年度国家文物局文物科技进步一等奖；浙江省博物馆、浙江舞台电子技术研究所完成的"长效防霉防蛀装裱粘合剂"科研项目，获1998年度国家文物局文物科技进步一等奖。此外，上海博物馆的《中国青铜时代陶范铸造技术研究》和上海博物馆、上海材料研究所、宝钢钢铁研究所合作的《东周铜兵器菱形纹饰技术研究》两个课题研究报告，于1997年12月通过上海市科学技术委员会技术鉴定，被认为达到国际领先水平。这些科研成果中少部分是博物馆单独完成，大部分则是与高等院校、科研机构、科技企业等合作完成，对博物馆科研工作和为社会提供科研服务起到了重要推动作用，博物馆的科研职能得到强化。

2005年，文化部颁布《博物馆管理办法》，规定："博物馆应当以本馆藏品为基础，开展有关专业学科及应用技术的研究，提高业务活动的学术含量，促进专业人才的成长。在确保藏品安全的前提下，博物馆应当为馆外人员研究本馆藏品提供便利。"2015年，国务院颁布《博物馆条例》，规定："博物馆应当发挥藏品优势，开展相关专业领域的理论及应用研究，提高业务水平，促进专业人才的成长。博物馆应当为高等学校、科研机构和专家学者等开展科学研究工作提供支持和帮助。"全国省级以上博物馆以及部分专题博物馆设立科研处、科技部、学术研究中心或相似部门，承担本馆学术科研工作，以及与馆外开展科研合作。制订科研规划，设立年度科研项目，立足本馆藏品资源向社会开放，在馆际之间、博物馆与高等院校、学术科研单位之间提供科研服务、开展科研合作成为大中型博物馆的工作常态，故宫博物院、敦煌研究院、秦始皇帝陵博物院、湖北省博物馆、上海博物馆、湖南省博物馆、中国国家博物馆、中国丝绸博物馆、南京博物院、陕西历史博物馆等被列入国家文物局重点科研基地，这些博物馆在社会科学相关研究领域也发挥着不可替代的重要作用。在国家有关部门、高等院校、科研院所、企业及其研究人员的共同推动下，博物馆科研服务能力得以进一步增强。

1996年启动、2000年结题的国家"九五"科技攻关重点项目"夏商周断代工程"和2004年启动、2016年结项的国家"十五"重点科技攻关项目"中华文明探源工程"开展过程中，全国博物馆馆藏资源成为重要研究对象和重要研究成果物证，众多博物馆专家也参与了两个工程的研究工作。博物馆为国家重大科研工作发挥了不可替代的重要作用，也有力促进了博物馆自身科研能力和水平的提升。

## 第五节　博物馆学术研究

### 一、博物馆基础理论研究

中国学者对博物馆的研究肇端于20世纪初。自清光绪三十一年（1905年），张謇数次上书清朝中央政府陈述国家博物馆的筹建、地方博物馆的规划，以及文物标本的征集保管、陈列展览与规章制度建设等。辛亥革命后，中国博物馆学术研究进入重要发展时期，一批论著相继问世，如费畊雨、费鸿年的《博物馆学概论》（上海中华书局，1936年），陈端志的《博物馆学通论》（上海大众书局，1936年），陈端志的《博物馆》（上海商务印书馆，1937年），荆三林的《博物馆学大纲》（中国文化服务社陕西分社，1941年），曾昭燏、李济的《博物馆》（正中书局，1943年）等。

20世纪50年代至60年代中期，中国博物馆建设进入快速发展时期，除改造已有的博物馆外，重点建设一批国家级和省级大馆，市、县级博物馆也陆续建立，全国博物馆体系框架初步形成（时称建设"博物馆网"）。博物馆建设高潮的到来也带动了博物馆学术研究的开展，博物馆专业人才队伍逐步发展壮大，学术研究领域范围逐步拓展，专业化程度明显提高。这一时期的博物馆学术研究，无论是对博物馆性质任务的全国大讨论，还是对苏联博物馆学术研究和实践成果的移植，都是在中共中央、国务院文化文物主管部门领导下进行的。

随着博物馆建设事业展开，博物馆学界首先兴起的是对博物馆性质、任务、宗旨、功能等问题的大讨论，讨论结合当时政治形势、博物馆业务实践和学术研究。1956年5月，文化部召开全国博物馆工作会议，明确中华人民共和国博物馆的基本性质是"科学研究机关""文化教育机关""物质文化和精神文化遗存以及自然标本的主要收藏所"；博物馆的基本任务是"为科学研究服务"和"为广大人民群众服务"。会议明确提出："科学研究是博物馆全部活动的基础，是不断提高博物馆各项业务工作质量的关键。""三性二务"是中国博物馆主管部门和专家学者对博物馆基本性质和基本任务的理论概括，成为指导全国博物馆实践和学术研究的基石。"三性二务"论具有明显的中国特色和时代特征，其内涵与同时期国际学者提出的博物馆具有收藏、研究、教育等基本功能的普遍观点基本一致。

中华人民共和国成立后的10余年，学术界发表的博物馆学术研究文章数量远多于中华人民共和国成立前，介绍博物馆学理论和工作方法的书籍也有多种，如1957年傅振伦所著《博物馆学概论》、1961年文化部文化学院编写的《博物馆工作概论》等。在学术研究中确立马列主义、毛泽东思想指导地位，学术研究的理论性、系统性明显增强，为建立具有中国特色的博物馆学作出有重要意义的探索和努力。"文化大革命"期间，博物馆各项工作受到极大干扰，博物馆学术研究基本停顿。

改革开放后，在行业主管部门推动和专家学者共同努力下，博物馆学界撰写出一大批博物馆基础理论学术专著。由文化部文物事业管理局主编的《中国博物馆学概论》于1985年出版，全书包括"中国博物馆事业的发展道路""博物馆的性质和任务""博物馆的类型""搜集工作""保管工作""陈列工作""群众教育工作""科学研究""建筑和设备""科学管理"等10章。由王宏钧主编的《中国博物馆学基础》于1990年出版，全书包括"博物馆学的研究对象和任务""博物馆的社会功能和类型""博物馆历史""中国博物馆事业建设""藏品（上、下）""陈列（上、下）""观众""博物馆科学研究""博物馆管理""博物馆建筑"等12章，该书所述博物馆理论框架完整，博物馆基础业务规范清晰明确，对博物馆工作队伍的专业化建设起到了重要作用。由谢辰生和吕济民主编的《中国大百科全书·文物博物馆》卷（博物馆部分编委会主任吕济民，副主任沈之渝、傅振伦）于1993年出版，有专家600余人参与条目编写，历时数年完成，其中博物馆部分包括"博物馆学""博物馆陈列""博物馆展览""博物馆管理""中国博物馆""外国博物馆"等项，共有条目432条，是中国博物馆学术研究成果的集中体现。2001年，为适应博物馆事业发展新形势，国家文物局组织对《中国博物馆学基础》进行修订，充实博物馆学研究成果，增补数字技术在博物馆中的应用和博物馆信息化建设等内容。修订后的全书结构分为"博物馆学基本理论和博物馆历史""博物馆专业工作""博物馆管理""博物馆信息化"等四编，章节扩展到24章，内容有了极大丰富，对博物馆实践的指导作用更为显著。2009年，《中国大百科全书·文物博物馆》卷第二版出版，主编胡骏，副主编郑广荣，顾问苏东海。为方便普及，第二版在第一版基础上进行精简，其中博物馆部分经过增删共有条目150条。

此外，还有一些学者撰写了一批基础理论专著，如安廷山主编的《中国纪念馆概论》（1996年），吴永琪等主编的《遗址博物馆学概论》（1999年），宋才发的《民族博物馆研究》（2011年），李慧竹的《博物馆学体系初探》（2016年）等。

## 二、博物馆应用研究

**博物馆应用研究初始成果** 20世纪30～40年代，中国博物馆学界编印了一批博物馆概述性成果，如民国21年（1932年）的《北平故宫博物院报告》《北平故宫博物院古物馆概览》《河南博物馆概要》、民国35年的《天津特别市市立博物馆概况》、民国36年的《浙江省立西湖博物馆概况》以及民国37年的《上海市立博物馆要览》等。专题研究成果也开始出现，主要有各博物馆对其藏品的整理清单、梳理报告，以及藏品陈列展览方法手段说明书等，藏品和展览成为博物馆专题研究最先受到关注的领域。民国24年，中国博物馆协会成立，开展各种学术活动，创办会报，并于民国25年编印《中国博物馆一览》，对开展博物馆学术研究起到了积极的推动作用。民国18年，故宫博物院专门委员会组建，后经过民国23年调整和民国37年重建，聚集一大批当时全国最著名的专家学者，开展审查鉴定文物、整理明清档案、清点古籍图书、筹备文物展览等工作，推进故宫博物院的学术研究，成为中国博物馆学术研究的早期范例。此外，在建造南京国立中央博物院过程中，对该馆建筑设计方案的论证比选，从国家层面有力推动了对博物馆建筑设计研究的关注。这一时期，中国学者对国外博物馆也有一些介绍，包括少量对外国学者作品的译介。

**对苏联学术研究和实践成果的移植** 中华人民共和国成立初期，国内博物馆主要学习苏联博物馆经验。中央文化部社会文化事业管理局等先后组织编译了一批苏联博物馆学术专著，如《地志博物馆的陈列方法：自然之部》《地志博物馆的陈列方法：苏维埃时期之部》《地志博物馆的陈列方法：革命前之部》，以及《博物馆藏品的管理（实用手册）》《地质博物馆地质标本资料的接收、保管和统计规范》《博物馆藏品科学编目法》《苏联博物馆学基础》《博物馆藏品的保管与修复》《博物馆陈列的组织与技术》等。这些译著有力促进了中国博物馆学术研究和各项工作的开展。如《苏联博物馆学基础》一书，系统提出在马克思主义世界观指导下的博物馆各种理论问题，回答苏联博物馆学研究的认识论、方法论问题，以及博物馆的本质特征、起源、功能问题等，成为中国博物馆学界必读的教科书，指导

了中国博物馆理论研究和业务实践。

中央文化主管部门在系统译介苏联地志博物馆论著的同时，还积极推动国内地志博物馆的发展。1951年，中央文化部印发《对地方博物馆的方针、任务、性质及发展方向的意见》，以建设地志博物馆为主导思想，要求各大行政区或省、市博物馆应当是地方性的和综合性的，要以当地自然富源（包括地理、民族、生物、资源等）、历史发展（包括古代史与革命史）、民主建设（包括政治、经济、文化等方面的建设成绩）为博物馆的陈列内容，使之与地方密切结合，但又要注意全国性与地方性配合，避免强调地方而忽略全国的偏向。全国各地随即围绕地志博物馆建设以及地志博物馆陈列中自然之部、历史之部、社会主义建设时期之部的构成，以地方性的表达方式以及地方性与全国性配合等主题开展广泛的学术讨论和陈列展览实践，深刻影响了地方博物馆的发展和学术研究的方向。

**博物馆学术队伍初期形成与实践** 中华人民共和国成立后，党和国家十分重视博物馆建设，要求博物馆将学术研究与思想教育紧密结合起来。20世纪50年代初，中央文化部要求各主要博物馆设立学术委员会，聘请社会各界专家学者参与博物馆展陈体系的规划、陈列展览设计等。1956年1月，国务院总理周恩来在全国知识分子问题会议上号召向科学进军，指出"为了实现向科学进军的计划，我们必须为发展科学研究准备一切必要的条件，必须加强图书馆、档案馆、博物馆工作"。5月，文化部召开全国博物馆工作会议，对该指示精神进行学习贯彻，文化部副部长、文物管理局局长郑

振铎在题为《为科学研究服务的博物馆事业》的大会开幕致辞中指出，博物馆要"尽快地展开为科学研究服务的事业"，并提出具体工作建议，要加强博物馆藏品鉴定和整理工作，使藏品成为可靠的科学研究的依据和基础；要联系群众，加强博物馆藏品征集工作；要建立健全的保管制度和科学的陈列方法，使藏品得到更科学的保护，并提供学生学习和专家研究；要提供学校、研究机构和专家们藏品信息；要成立学术委员会，延聘馆内外专家等。

博物馆学术研究组织首先在国家级大馆中设立。1953年2月，故宫博物院设立学术工作委员会，唐兰为主任委员，陈万里、陈炳、张景华、单士元为常务委员，委员包括沈士远等10人。1955年7月，故宫博物院学术委员会撤销，在陈列部下设研究室和绘画、铜器、陶瓷、建筑、雕塑、工艺美术等研究工作组。此后，故宫博物院又先后成立文物与非文物审查委员会、文物鉴别工作委员会、编辑工作委员会、文物收购委员会、铜器专门委员会、陶瓷专门委员会、文物修复委员会等。

1955年9月7日，北京历史博物馆设立学术委员会。1961年3月，为加强对中国历史博物馆基本陈列"中国通史陈列"的学术指导，文化部聘请历史学界、考古学界和文物博物馆界的著名专家学者组成新的学术委员会，吴晗为主任委员，夏鼐为副主任委员，委员有邓拓、尹达、齐燕铭、徐平羽、王冶秋、翦伯赞、吕振羽、侯外庐、张政烺、邓广铭、王振铎、郭宝钧、贾兰坡等。由于学术委员会成员基本上由中国历史博物馆馆外专家组成，为便于组织本馆的学术活动，1962年又成立了以馆内专家组成的科学研究委员会，在学术委员会的指导下开展工作。科学研究委员会由13人组成，龙潜为主任委员，陈乔、韩寿萱为副主任委员，委员有沈从文、贾兰坡、王振铎、郭宝钧、王镜如、李石英、李遇寅、尹伯休、史树青、耿宗仁等。在中央高度重视和专家团队的共同努力下，"中国通史陈列"经过反复讨论修改，思想性、系统性、科学性、艺术性达到前所未有的历史高度，成为博物馆基本陈列的典范，并由此形成中国博物馆陈列展览与学术研究结合的工作机制。围绕陈列体系的构建，对本馆及馆外相关文物藏品进行系统的梳理和深入细致的研究，成为博物馆学术研究的基本任务。

在"中国通史陈列"筹展过程中明确提出了"突出红线"的要求，坚持政治挂帅，反对实物挂帅，强调运用辩证唯物主义和历史唯物主义的观点表现历史发展的客观规律，而不是有什么文物摆什么文物，也不是罗列历史现象，明确突出阶级观点和政治观点。这一时期对博物馆政治意识形态功能的强调，还体现在全国各地博物馆普遍举办各种配合政治工作需要的展览，如土地改革展览、革命运动史展览、社会发展史展览等。

1962年8月，文化部文物管理局印发《关于博物馆和文物工作的几点意见（草稿）》，要求认真总结博物馆建设规律，加强博物馆基础业务建设。文件指出："（博物馆）本身同时应该又是一个学术研究机构，因此，培养训练干部是做好工作的关键。首先要学习马克思列宁主义、毛泽东著作。并要学习业务，精通业务，这是提高工作质量的关键。"该文件将博物馆学术研究与博物馆专业人员队伍建设结合，要求通过学习、举办学术讨论会、参加学术活动等方式，与有关学术团体保持经常联系，提倡学术研究，"培养出这一行的又红又专的队伍"。

### 国家对博物馆学术研究的引导和管理

1976年"文化大革命"结束后，博物馆事业开始复苏。改革开放以后，特别是21世纪以来，博物馆相关学术研究的专业组织机构和人员队伍规模不断发展壮大，学术活动领域持续拓展深化，学术研究成果丰富多样并呈现迅猛发展的态势，建设中国特色博物馆学学科体系成为专家学者的共识和努力的方向。

1977年8月2～15日，经国务院批准，国家文物事业管理局在大庆、哈尔滨召开全国文物、博物馆、图书馆工作座谈会，明确要"拨乱反正，建章立制，保护文物"。1979年5月29日～6月4日，国家文物事业管理局在安徽合肥召开全国省、自治区、直辖市博物馆工作座谈会，肯定1956年对博物馆性质和任务的阐述，并根据时代发展对"三性二务"的文字表述进行调整。博物馆的定位是文物和标本的主要收藏机构、宣传教育机构和科学研究机构，是社会主义科学文化事业的重要组成部分；博物馆工作为工农兵服务，为社会主义服务。座谈会提出要加强科研："从本馆的性质和任务出发，以藏品和文献资料为基础，为博物馆多项业务活动服务，其科研成果首先并主要体现在陈列展览中。"座谈会上讨论了《省、市、自治区博物馆工作条例（草案）》，其后经广泛征询意见，印发《省、市、自治区博物馆工作条例》。该条例是中国博物馆制度建设的重要文件，对博物馆机构和主要业务流程及工作标准进行了原则规定。基于全国博物馆行业的发展经验和工作任务，该条例中第五章对博物馆科学研究的方针、任务、内容、成果、队伍建设和工作领导等方面作出具体规定，要求"博物馆的各项业务活动，都应该在科学研究的基础上进行。博物馆应积极开展博物馆学和有关的专业学科的研究工作"，指出博物馆科研工作"应当贯彻'百花齐放，百家争鸣'的方针"，博物馆科学研究"要加强基础资料工作和对国内外博物馆情报工作，并积极配合有关部门的专业学科的研究"，专业学科研究"应从本馆的性质和任务出发，以藏品为基础，结合文献资料进行，研究成果主要体现在陈列展览上"。此外，博物馆科学研究工作要制订规划，要"成立学术研究委员会，发挥咨询、评议和指导作用"。

20世纪80年代以来，博物馆持续加强制度化、规范化、专业化建设，博物馆科学研究贯穿到各项业务活动中。2000年10月，全国博物馆工作会议在北京召开，国家文物局局长张文彬在报告中强调要加强博物馆科学研究、人才培养和队伍建设，并强调"科学研究不仅是博物馆的重要职能之一，也是提高博物馆工作水平的前提和基础"，此外还总结了中国博物馆科学研究经验，提出博物馆特殊优势"就是依托丰富的藏品"。博物馆科学研究一方面是文物学、历史学、考古学、博物馆学、管理学以及相关学科和专题研究领域中的科学研究，另一方面是博物馆业务工作的历史和实践，要加强博物馆科学研究，确立博物馆工作在整个文化、学术界的重要地位和影响。

2005年11月14日，全国博物馆工作座谈会在湖南长沙召开，重点探讨提高博物馆管理水平，增强博物馆创新与发展能力问题。国家文物局局长单霁翔在报告中谈到，要适应国家财政管理体制改革，加强科学研究的项目管理，做好项目的申报、贮备和管理。12月22日，文化部印发《博物馆管理办法》，第三章"藏品管理"第二十五条规定："博物馆应当以本馆藏品为基础，开展有关专业学科及应用技术的研究，提高业务活动的学术含量，促进专业人才的成长。在确保藏品安全的前提下，博物馆应当为馆外人员研究本馆藏品提供便利。"

《国家文物事业"十一五"发展规划》第六章"八、博物馆工作"中，要求"推进博物馆学、博物馆工作基础理论研究，构建中国特色的博物馆学体系。加强实用技术研发推广，力争产生若干在全国乃至世界具有一定影响的学术和科技成果"。《国家文物博物馆事业发展"十二五"规划》第四章"（五）文物博物馆科学研究和技术创新"中提出，要"加强文物博物馆基础理论、发展战略和政策法规研究，推动文物博物馆学科建设，为文物博物馆事业创新发展提供有效支撑"。《博物馆事业中长期发展规划纲要（2011～2020年）》的"发展战略"中，强调要"加强博物馆领域的基础性研究，运用现代科技手段，建设高素质人才队伍，增强博物馆事业发展的创新能力"；提出提高博物馆科学研究和科技保护水平的保障措施是"健全博物馆科研组织体系。加强省级以上博物馆和国家一级博物馆科研能力建设。支持博物馆与社会科技力量共建科研联合体，建立一批博物馆科技创新联盟和区域

创新联盟。构建博物馆科技基础条件共享平台，建立博物馆科技基础数据库（群）"；提出博物馆科学研究的评价标准是"省级以上博物馆和国家一级博物馆的研究水平和能力达到与普通高校基本相当"；要求加强对博物馆事业发展的研究，"加强博物馆基础理论、发展战略和政策法规研究。深入开展博物馆学基础理论研究，强化博物馆建筑、藏品保护、陈列展览、教育传播、社会服务、运行管理等实践重点领域基础研究，建立博物馆理论框架体系和学科建设战略布局"。

2015年2月，国务院颁布《博物馆条例》，第四章"博物馆社会服务"第三十六条规定："博物馆应当发挥藏品优势，开展相关专业领域的理论及应用研究，提高业务水平，促进专业人才的成长。博物馆应当为高等学校、科研机构和专家学者等开展科学研究工作提供支持和帮助。"

**应用理论学术研究成果不断增长** 随着博物馆学术研究工作的拓展和深化，学术研究成果不断增加。据《中国博物馆学研究论著目录》（新华出版社，2010年），1905～2009年全国有关博物馆学研究专著（含译著）共743种，其中1977～2009年共633种，占85%；论文（含译文）23174篇，其中1977～2009年共22355篇，占96%；藏品图录405种，其中1977～2009年共378种，占93%；硕士学位论文437篇，博士学位论文21篇，绝大部分是在21世纪完成的。统计数据表明，无论是专著、论文还是藏品图录，其数量在改革开放前和改革开放后存在显著差异，且在改革开放后呈现出逐年快速增长态势，体现了改革开放深入、

博物馆事业发展对博物馆学术研究的极大促进作用。这种趋势在2009年后仍在持续（表4-4-1）。

这些专著和论文除了在数量上快速增长，研究范围也日趋广泛，研究主题更加丰富，研究领域更趋专门化。分类统计显示，博物馆学术研究的重点主要集中在博物馆发展与管理、陈列展览、宣教服务，以及博物馆基础理论和藏品征集保护等博物馆主体业务方面；博物馆数字化以及博士、硕士学位论文等学术成果几乎全部出现在21世纪后，充分体现博物馆学术研究与时俱进的趋势。不同类型专著、论文的研究主题、具体内容和研究方法丰富多样，涉及博物馆与自然科学，博物馆与文物学、信息学、管理学、历史学、考古学、建筑学等多学科融合，并逐步发展出博物馆管理学、博物馆藏品学、博物馆陈列学、博物馆信息学、博物馆教育学、博物馆建筑学等学术概念和交叉研究领域或分支学科，一方面极大丰富了博物馆学术研究视域，展现出博物馆学术研究正在吸纳不同学科的最新成果以丰富、深化和拓展自己，另一方面也对博物馆学学科的独立性提出挑战。（表4-4-2）

截至2017年，越来越多的博物馆界专家学者呼吁加强博物馆基础理论和各专门领域系统研究，为早日构建起中国特色博物馆学学科体系积极努力。

中国博物馆界亦积极关注国际博物馆学研究进展，借鉴学习外国博物馆工作经验，翻译介绍各国博物馆学著作。

表4-4-1　1905～2009年中国博物馆学研究论著统计表

| 类别 | | 1905～1948年 | 1949～1965年 | 1966～1976年 | 1977～1999年 | 2000～2009年 | 合 计 |
|---|---|---|---|---|---|---|---|
| 专著 | 总数 | 52 | 54 | 4 | 230 | 403 | 743 |
| | 年均数 | 1.2 | 3.2 | 0.4 | 10.0 | 40.3 | |
| 论文 | 总数 | 97 | 680 | 42 | 9612 | 12743 | 23174 |
| | 年均数 | 2.2 | 40.0 | 3.8 | 417.9 | 1274.3 | |
| 硕士论文 | 总数 | 0 | 0 | 0 | 23 | 414 | 437 |
| | 年均数 | | | | 1.0 | 41.4 | |
| 博士论文 | 总数 | 0 | 0 | 0 | 0 | 21 | 21 |
| | 年均数 | | | | | 2.1 | |
| 藏品图录 | 总数 | 3 | 23 | 1 | 115 | 263 | 405 |
| | 年均数 | 0.07 | 1.35 | 0.09 | 5.0 | 26.3 | |

注：本表数据根据段勇主编《中国博物馆学研究论著目录》收录名单统计（新华出版社，2010年）。

表4-4-2　1905～2009年中国博物馆学研究论文分类统计表

| 类别 | 1905～1948年 | 1949～1965年 | 1966～1976年 | 1977～1999年 | 2000～2009年 | 合计 |
|---|---|---|---|---|---|---|
| 基础理论 | 5 | 14 | 0 | 694 | 554 | 1267 |
| 博物馆史 | 47 | 47 | 2 | 479 | 394 | 969 |
| 藏品征集与保管 | 3 | 57 | 10 | 954 | 828 | 1852 |
| 陈列展览 | 6 | 149 | 8 | 1540 | 1935 | 3638 |
| 宣教与服务 | 0 | 22 | 3 | 1244 | 1779 | 3048 |
| 博物馆文物、遗产保护 | 4 | 48 | 7 | 637 | 1327 | 2023 |
| 博物馆数字化 | 0 | 0 | 0 | 54 | 716 | 770 |
| 发展与管理 | 6 | 128 | 3 | 2390 | 3920 | 6447 |
| 博物馆建筑与设备 | 1 | 8 | 0 | 171 | 441 | 621 |
| 规章制度 | 3 | 20 | 3 | 42 | 23 | 91 |
| 国外博物馆、博物馆学译介 | 22 | 187 | 6 | 1407 | 826 | 2448 |

注：本表数据根据段勇主编《中国博物馆学研究论著目录》收录名单统计（新华出版社，2010年）。

## 三、博物馆学术研究活动

博物馆学术组织机构和专业队伍发展　改革开放以来，博物馆学术研究的专业组织机构蓬勃发展，为学术研究活动的开展提供了平台，专业研究队伍迅速发展壮大。

截至2017年，全国所有国家一级博物馆和绝大部分国家二级博物馆都设立了专门的学术科研机构，或在业务部门职能中明确规定学术研究任务，博物馆学术研究组织形式呈现多样化、常态化。这些内设学术科研机构承担对本馆藏品进行整理鉴定和深入研究，围绕陈列展览主题和内容组织馆内外专家学者开展系统学术研究等任务；内设教育部门则负责观众调查、社会教育活动、公共文化服务等方面研究。博物馆内设学术科研机构随着本馆的发展

壮大不断得到加强，不仅成为本馆学术研究的中坚力量，有的还产生了广泛的社会影响力。

为体现科学研究的专业性和独立性，适应科学研究的长期性，加强全馆范围内科学研究工作协调，大型博物馆通常还成立有学术委员会，由馆内外专家学者组成，对本馆科学研究工作的目标、范围、规划和研究课题审议评估等进行专业指导，并为本馆学科研究队伍建设提供专业支持。1980年2月27日，故宫博物院院务会议通过设立院学术委员会筹备会，吴仲超任主任，成员有吴仲超、萧正元、单士元、顾铁符、罗福颐、徐邦达、冯先铭、于倬云、杨伯达、吴空、欧志培。2013年10月23日，故宫研究院成立，整合故宫博物院学术研究力量，下设"一室一站四所五中心"，即研究室、博士后科研工作站、故宫学研究所、考古研究所、古文献研究所、明清档案研究所。

2015年7月21日，故宫研究院新增书画研究所、陶瓷研究所、藏传佛教文物研究所、明清宫廷历史档案研究所、中国画法研究所、中外文化交流研究所等机构，共设置建制和非建制机构"十四所一室"。中国历史博物馆学术委员会在"文化大革命"期间被撤销，于1998年重新建立，俞伟超为主任委员，孔祥星为副主任委员，委员有14位，主要是馆内专家。2010年，中国国家博物馆学术委员会成立，吕章申为主任，委员由18位馆内专家组成。学术委员会的主要职责是组织博物馆学术研究中长期规划和年度计划论证、科研课题立项和验收评审、科研成果奖励评审、学术成果水平评估，并为学术研究和发展的相关决策提供咨询和建议。学术委员会办公室设在学术研究中心，主要负责学术委员会活动组织和日常工作管理。

21世纪以来，一些博物馆与其他博物馆或馆外科研教学机构开始合作成立研究组织。2010年11月，四川博物院与四川大学博物馆组建"科研规划与研发创新中心"，实行项目负责制，由双方人员混编组成学术研究团队，负责科研项目的实施。2015年9月16日，四川博物院与四川省教育科学研究所合作共建的"四川省博物馆教育研究所"成立，致力于研发博物馆教育课程，探索学校利用博物馆资源育人的有效途径，促进学校博物馆教育的开展。

博物馆学术研究的第二个支撑平台是行业学术组织。1982年3月，中国博物馆学会成立，2010年8月更名为中国博物馆协会，至2016年共发展出36个专业委员会。1980年，中国自然科学博物馆协会成立，至2017年发展出16个专业委员会和工作委员会。1980～2015年，近30家省级博物馆学会（协会）先后成立，部分省辖市如辽宁锦州，山东淄博、烟台，江苏徐州、连云港、苏州、扬州、无锡，甘肃兰州，浙江舟山，安徽黄山，广东肇庆，河北保定，陕西西安，山东济南等地也先后成立了博物馆学会（协会）。一些非国有博物馆数量较多的省市还成立了地方性非国有博物馆协会，如陕西省民间博物馆协会、内蒙古民办博物馆协会、河南民办博物馆协会、洛阳市民营博物馆协会、浙江宁波市非国有博物馆协会、海南民办博物馆协会、江苏民办博物馆、河南开封市民办博物馆协会等。中国博物馆协会的各专业委员会以及地方性的博物馆学会、协会，大部分是21世纪成立的，这些行业组织汇集全国绝大部分的博物馆专家学者和专业人员，开展形式多样的区域性、全国性和国际性的学术研究和学术交流活动，取得了丰硕的学术成果，成为全行业开展学术研究的纽带和支撑平台。

博物馆学术研究的第三支主要力量是相关高等院校和科研院所。1949年，北京大学设立博物馆专修科。1951年，教育部召开专家座谈会，讨论在高校中设立博物馆学系的问题。1960年，文化部文化学院成立文物博物馆学系。"文化大革命"期间，这些专业先后停办。1980年2月，教育部批准在南开大学历史学系下设立博物馆专业。1984年，南开大学与复旦大学相继设立文博干部专修科。1988年，北京大学考古系创办博物馆专业。同年，教育部颁布高等学校本科专业目录，规定博物馆学为二级学科，高等院校开设的博物馆学学历教育、人才培养更加规范化。据不完全统计，截至2016年，全国开设博物馆专业的高校和科研机构有30所以上，包括北京大学、中国人民大学、中央民族大学、北京师范大学、中国社会科学院、首都师范大学、南开大学、天津师范大学、太原师范学院、内蒙古大学、吉林大学、复旦大学、南京师范大学、浙江大学、安徽大学、厦门大学、江西师范大学、山东大学、郑州大学、河南大学、武汉大学、中山大学、重庆师范大学、四川大学、西南民族大学、西北大学、陕西师范大学、兰州大学、西北师范大学、天水师范学院、新疆师范大学等。这些高校和科研机构不仅培养新一代博物馆专业人才，还开展广泛的国内外学术交流，注重博物馆学科建设和前沿理论探讨，成为博物馆学术创新的核心阵地。

**博物馆研究学术活动全面拓展和深化** 改革开放以后，全国博物馆事业的蓬勃发展推动了学术研究活动的活跃，特别是进入21世纪，各级各类博物馆、行业协会和相关大专院校等十分重视博物馆学术研究和学科建设工作。不少大中型博物馆不仅设立专门学术科研机构，还制订科研计划，设立科研课题，开设论坛，学术研究活动成为常规工作。大型博物馆每月举办专题讲座或学术研讨会成为常态，故宫博物院、中国国家博物馆、上海博物馆、南京博物院、湖南省博物馆、辽宁省博物馆、河南博物院、陕西历史博物馆、湖北省博物馆、浙江省博物馆、重庆中国三峡博物馆、首都博物馆、山西博物院等多数省级综合馆都常设学术讲堂、讲座，配备专门学术报告厅，经常邀请国内外专家学者举办学术讲座。故宫研究院、国博讲堂等几乎每周都举办学术专题讲座。

跨机构、跨区域的博物馆学术活动通常由中国博物馆协会及其各专业委员会、各地博物馆行业组织牵头或参与组织，一些有影响的国内外学术活动也都由行业协会主办或参与其中。众多的博物馆行业组织及其分支机构几乎每年都举办不同范围的学术讨论会。

1994年9月12～18日，国际博协中国国家委员会、中国博物馆学会、国际博协博物馆学委员会联合举办的国际博协博物馆学委员会1994年年会在北京召开，来自15个国家的28位博物馆学学者出席会议。年会主题是"实物与资料"和"博物馆与社区"。

2008年9月14～21日，由国际博协博物馆学委员会、国际博协中国国家委员会和中国博物馆学会主办，湖南省博物馆承办的国际博协博物馆学委员会年会在湖南长沙召开，来自15个国家和地区的110余位代表参加会议。会议主题是"博物馆、博物馆学与全球交流"，两个分项议题是"博物馆：当代博物馆学的全球论坛"和"博物馆和博物馆学：变化中的角色"。会议通过强化全球文化交流和对话的《长沙宣言》，声明博物馆在全球交流中扮演着不可替代的角色，博物馆应植根于其所在的社区，应倡导多元化，关注其所在地方的发展，与观众进行更有效的对话。

2002年10月20～24日，中国博物馆学会、国际博协亚太地区委员会、国际博协中国国家委员会联合主办的"国际博协亚太地区第七次大会暨博物馆与无形文化遗产国际学术研讨会"在上海召开。会议议题包括"博物馆与无形文化遗产""博物馆与无形文化遗产的档案记录""博物馆与无形文化遗产的管理""博物馆与无形文化遗产的保护""博物馆与宣传无形文化遗产""博物馆的协调与合作"。会议通过以保护亚太地区无形遗产为宗旨的《上海宪章》，确认民族、地域和社区创造性、适应性与独特性的重要意义，声音、价值、传统、语言、口述历史和民间生活等应在所有博物馆与遗产保护活动中得到认可与促进，呼吁博物馆应承担保护人类非物质遗产建设性合作伙伴关系推动者的责任。

2012年9月，国际博协亚太地区联盟会员大会在湖北武汉召开，国际博协亚太地区联盟理事会决定开展"亚太地区博物馆现状与公共需求调查项目"，以了解亚太地区博物馆发展状况和公众需求，并决定由中国博物馆协会负责该项目的具体实施。同年，中国博物馆协会首先在中国博物馆中开展预调查。2014年3月，中国博物馆协会在28个亚太国家和地区开展调查，在蒙古国、阿塞拜疆、孟加拉国、韩国、尼泊尔、伊朗、巴基斯坦、日本、土耳其、马来西亚等国家委员会的大力支持下，调查工作顺利进行。2015年12月，中国博物馆协会在国际博协亚太地区联盟大会期间试发布调查项目报告。2016年7月，在国际博协米兰大会期间，《亚太地区博物馆调查报告》发布。此次调查所获取的真实信息，有助于世界对亚洲地区博物馆进行更深入、全面和客观的了解，强化了亚洲地区博物馆对自身文化身份及使命的共识。

21世纪以来，中国博物馆协会所属各专业委员会学术活动十分活跃，在博物馆职业化、专业化建设方面发挥了积极作用。专业委员会广泛联系国内博物馆相同领域的专业工作人员，就专业理论、最佳工作方法、技

术应用、实践经验、项目管理、专业人员培养等问题组织学术研讨活动。专委会每年从各自专门领域出发开展丰富多样的专题性学术活动，彰显博物馆学术研究向各专门领域纵深发展趋势。例如博物馆学专业委员会自2008年成立以来，先后召开了"博物馆、博物馆学与全球交流"（2008年）、"博物馆致力于和谐社会"（2009年）、"新的全球伦理下文化遗产的处置、注销与归还"（2010年）、"博物馆藏品与陈列"（2011年）、"原创性展览研究"（2012年）、"博物馆与教育"（2013年）、"博物馆个性化研究"（2014年）、"未来的博物馆"（2014年）、"博物馆学术影响力定量评价体系建设"（2014年）、"致力于社会可持续发展的博物馆"（2015年）、"反思  前瞻：博物馆在中国——南通博物苑110年暨中国博物馆事业发展110周年"（2015年）、"学术研究在博物馆协同创新发展中的价值"（2015年）、"博物馆的社会价值研究"（2016年）等专题学术研讨会；博物馆数字化专业委员会自2003年成立以来，先后召开"博物馆数字化建设的探索及其成果、今后发展规划"（2003年）、"数字博物馆建设"（2006年）、"多媒体展览陈列的应用"（2006年）、"博物馆的数字化展示"（2007年）、"新技术拓展——博物馆展示与服务"（2010年）、"数字化时代，文化遗产的影像表达"（2011年）、"博物馆与新媒体"（2012年）、"中国博物馆数字化建设十年回顾与未来展望"（2012年）、"文化遗产三维影像的采集与应用"（2012年）、"信息化建设支撑博物馆整体品质提升"（2013年）、

"数字博物馆建设"（2014年）、"智慧博物馆"（2015年）、"博物馆建筑·新技术应用"（2016年）等专题学术研讨会。各地方博物馆行业组织也结合专业发展和区域特点开展了形式多样的学术活动。

此外，自2003年开始，由中国首都博物馆、日本江户东京博物馆和韩国首尔历史博物馆共同发起的"中日韩博物馆国际学术研讨会"轮流在中日韩的不同博物馆举办，至2016年举办15届；由陕西西安大唐西市博物馆主持的民办博物馆发展西安论坛从2010～2016年举办5届。

相关高等院校不仅在博物馆学学理研究方面走在行业前列，还主动参与博物馆建设管理、藏品保护、陈列展览、社会服务等方面的应用实践及其研究，成为基础研究和应用研究融合发展的重点平台，以北京大学、复旦大学、浙江大学、南开大学等高校为代表。

# 第五章

# 科技与信息化、标准化工作

中华人民共和国成立后，文物科技对文博行业的支撑能力明显增强。进入21世纪，信息技术与文博行业深度融合，文博标准化工作全面深化。科技、信息化、标准化建设是文物与博物馆事业发展的重要支撑，为全国文博事业的发展作出了应有贡献。

20世纪60～80年代是文物科技事业发展的初始阶段，文物保护科技研究机构相继成立，文物科学保护实验室、文物保护科学技术研究所不断涌现。20世纪80年代至21世纪初，是文物科技保护事业迅速发展时期，特别是陆续设立国家文物局重点科研基地，有效推动了相关科技成果转化。2011年后，文物科技工作注重扩大学科间、机构间、部门间、中央与地方、国内与国外的交流与合作，深化基础研究、技术研发、装备研发、保护制度与规范标准研究，加强保护研究平台建设及人才培养，初步形成以技术创新为核心、组织创新为支撑、制度创新为保障的行业科技创新体系，文物科技工作取得令人瞩目的成果。

文物政务信息化、文博行业信息化建设稳步推进。20世纪80年代，利用数字化技术开展文物信息采集，开启了文博行业信息化建设历程。2000～2010年，"文物调查及数据库管理系统建设项目"全面展开，带动了文博行业信息化发展，信息化技术在政府管理、业务工作、行业服务等方面得到广泛应用，数字博物馆、数字考古、数字保护等概念逐步形成。2001年，国家文物局组建中国文物信息咨询中心，开展全国文物、博物馆事业信息化宏观管理和业务指导。互联网、物联网、大数据等信息技术与文博行业深度融合，中国世界文化遗产监测预警总平台建设完成，智慧博物馆、"互联网＋中华文明"三年行动计划等信息化重大项目不断推进，博物馆展陈水平和观众参观体验感显著提高。2011～2017年，随着数字技术、信息技术的发展，文物信息资源得到广泛应用和开放共享，信息系统整合成效显著，智慧博物馆建设初见成效。

21世纪初，国家文物局根据国家标准化管理委员会、建设部、公安部等部门发布的关于实施古建筑保护、博物馆建筑设计及文物安全等标准，开始筹划文物保护标准化工作。2005年11月，全国文物保护标准化技术委员会成立，文物保护行业标准管理范围涵盖不可移动文物保护、可移动文物保护、博物馆管理、文物调查与考古发掘、文物博物馆信息化等方面。截至2017年底，共立项国家标准55项（已发布33项）、行业标准267项（已发布85项），基本建立起文物保护标准的框架体系。

# 第一节　科技工作

中华人民共和国成立以来，文物科技事业发展经历了稳步发展和快速发展两个阶段。稳步发展阶段为1949～1977年，文物科技机构逐步建立，文物科技工作在吸取传统保护修复技术的基础上，实施了永乐宫壁画搬迁、汉中十三品石刻搬迁、唐墓壁画揭取保护等重大保护项目，保护修复大批珍贵文物。同时，开展国际科技交流，向苏联、波兰等国家学习，一批科技专家投身文物科技保护事业，取得一系列科研成果。快速发展阶段为1978年至21世纪初，全国各地对文物科技工作愈发重视，相关投入不断增大，文物保护科研机构逐步发展壮大，通过积极引进、消化吸收、自我发展等手段，现代科学技术被广泛应用于文物保护实践中，并取得众多文物保护科技成果。多项科研成果获国家级及省部级奖励，其中"青铜器的腐蚀与保护"等获全国科学大会奖、"潮湿环境下石窟围岩裂隙灌浆补强材料研究"等获年度国家科学技术进步奖（简称国家科技进步奖）。

## 一、科研基地

中华人民共和国成立以来，文物保护领域专业性研究机构由弱到强，稳步发展。2004年起，国家文物局依托文物博物馆单位、高等院校和科研院所分批设立行业重点科研基地，成

为整合文物保护及相关领域创新资源、培育创新人才、开展科技攻关和学术交流的平台，通过系统内外科研机构的参与合作，提高了文物保护和博物馆行业的创新能力和承担重大项目能力。开展跨行业合作，国家文物局与中国科学院、工业和信息化部等积极探索全方位战略合作，联合组建技术创新平台，形成多元化、结构化科研组织体系和发展模式。截至2015年底，全国文博单位、高等院校、科研院所设立的区域性、专题性文物保护科技中心已发展到80余家，实验室近500个；省级博物馆普遍设立文物保护技术机构，并不同程度拥有各类分析检测仪器和文物保护修复设备。

**古代壁画保护国家文物局重点科研基地**
2004年，依托敦煌研究院建设，批准成立古代壁画保护国家文物局重点科研基地，于2005年11月正式运行。科研基地主要研究方向为古代壁画和土遗址保护，主要研究内容包括壁画、彩塑制作材料分析研究，壁画病害机理研究、修复工艺与修复材料研发、赋存环境监测与调查研究（包括防沙、治沙综合治理研究）、数字化存储及数字技术应用研究；石窟、土遗址保护加固技术与加固材料研究、预防性保护研究、保护加固工程技术规范与技术标准研究编制；科技成果转化、信息交流、服务咨询、教育等。

截至2017年，基地拥有仪器和设备总数近900台／组，总价值近4500万元，拥有自主研发考古现场移动实验室1台、材料研发中试基地1个。基地与兰州大学、西北大学联合培养相关专业硕士16人、博士11人、博士后1人，通过举办国家文物局委托培训班等方式培训相关人才2000余人。基地先后在新疆、西藏、内蒙古、宁夏、河南、河北、山西等省、自治区建立7个古代壁画与土遗址保护技术推广与应用相关技术推广工作站。基地先后承担完成古代壁画和土遗址保护领域国家级课题31项、参与完成6项，承担省部级课题44项。承担完成敦煌石窟加固及壁画、彩塑修复、加固工程，以及新疆、青海、甘肃、河南、宁夏、西藏、浙江等省、自治区壁画、彩塑修复及土遗址加固等重大文物保护维修项目。完成甘肃省科委重点科技攻关项目"敦煌壁画的计算机贮存与管理系统的研究"、国家科委"九五"国家重点攻关科技项目"濒危珍贵文物信息的计算机存贮与再现系统"、国家"863"计划项目"曙光天演Power工作站在文物保护中的应用"、国家自然科学基金委"多媒体与智能技术集成及艺术复原"等科研项目。科研成果先后获国家级科技奖励3项（其中主持完成2项、参与完成1项）、省部级科技奖励11项，其中"文物出土现场保护移动实验室研发与应用""干旱环境下土遗址保护关键技术研发与应用"获国家科技进步二等奖、"甘肃省石窟及古代壁画生物病害机理与防治研究""干旱环境下土遗址保护加固技术集成与推广应用"获甘肃省科学技术进步一等奖、"文物出土现场保护实验室研发"获文物保护科学和技术创新一等奖等。

基地开展系列国际重大科研合作，与美国盖蒂保护研究所合作开展敦煌莫高窟游客承载量研究、与日本东京文化财研究所合作开展莫高窟第285窟壁画保护研究、与英国国家图书馆合作开展国际敦煌项目、与英国牛津大学合作开展中国西北地区石窟寺和土遗址保护研究等。在人才培养方面，与兰州大学、美国盖蒂保护研究所、英国伦敦大学考陶尔德艺术学院联合举办壁画保护研究生班，培养壁画保护领域专门人才。科研基地每年还选派科研人员赴美国盖蒂保护研究所、英国牛津大学以及日本东京文化财研究所、东京艺术大学等机构研修。

2009年，在古代壁画保护国家文物局重点科研基地和甘肃省古代壁画和土遗址保护工程技术研究中心基础上，联合中国科学院上海硅酸盐研究所、兰州大学、浙江大学组建的国家古代壁画与土遗址保护工程技术研究中心，是文物保护领域第一个国家工程技术研究中心，也是在社会公益领域设立的首家国家工程技术研究中心。

**陶质彩绘文物保护国家文物局重点科研基地** 2004年，依托秦始皇帝陵博物院建设，批准成立陶质彩绘文物保护国家文物局重点科研基地。主要开展陶质彩绘及相关文物保护修复领域基础理论与应用技术研究，并进行相关领域创新性研究，促进科技成果转化与应用等。下设彩绘文物修复保护实验室、微生物实验室等7个专业文物保护修复实验室，实验室拥有扫描电镜、显微拉曼光谱仪等大型科研设施。

基地主持承担国家"十一五"科技支撑计划项目"中华文明探源及其相关文物保护技

术研究之考古发掘现场出土陶质彩绘文物保护关键技术研究"、国家"十二五"科技支撑计划项目"遗址博物馆遗址本体保护关键技术研究"、国家"973计划"项目"脆弱性硅酸盐质文化遗产保护关键科学与技术基础研究",以及"陕西省陶质彩绘类文物调查与研究""馆藏陶质彩绘文物保护修复技术规范化预研究"等多项国家文物局课题,编制国家标准《文物彩绘保护修复技术要求》、行业标准《陶质彩绘文物病害与图示》等。"秦俑彩绘保护技术研究"先后获陕西省科学技术一等奖、国家科学技术进步二等奖,"秦俑土遗址及相关文物防霉保护研究"获文物保护科学和技术创新二等奖,"考古发掘现场出土脆弱遗迹临时固型材料研究"获"十二五"文物保护科学和科技创新一等奖等。基地还为榆林窟、定陶汉护、昭陵、南昌海昏侯、彬县冯晖墓等文物保护修复工程项目提供技术支持和指导,为山东省青州市博物馆、陕西省陇县博物馆、陕西省榆林市文物保护研究所、河南省焦作市博物馆、山东省临淄齐国故城遗址博物馆等文博单位保护修复各类陶质及彩绘文物1000余件／套。在人才培养方面,与西北大学联合培养文物保护方向硕士研究生,举办全国性保护修复培训班和省级培训班。联合中国科学院上海硅酸盐研究所、上海有机化学研究所、上海光学精密机械研究所和西安文物保护修复技术中心组建产学研联合体——"陶质彩绘文物保护技术创新联盟"。

基地开展多个国际合作项目,与德国合作建立彩绘分析和陶质彩绘文物修复实验室,与英国伦敦大学开展关于秦时期手工业生产、专业化及劳动力组织研究,与比利时杨森公司联合开展秦始皇帝陵博物院与西安杨森制药有限公司文物保护修复科技项目,与美国莱特大学签订中国秦始皇帝陵博物院与美国莱特州立大学合作意向书。先后参与承办全国第十四届"考古与文物保护化学学术研讨会"(2016年),主办两届"秦俑及彩绘文物保护与研究国际学术研讨会"(2009年、2013年)和"秦时期的冶金及相关社会考古学涵义国际学术研讨会"(2011年)。

**出土木漆器保护国家文物局重点科研基地** 2004年,依托湖北省博物馆和荆州文物保护中心建设,组建出土木漆器保护国家文物局重点科研基地。基地主要研究方向有应用类研究,包括出土竹木漆器类文物考古现场保护、脱色脱水、修复工艺、保护材料应用效果评价及成果转化与推广研究;应用基础类研究,包括出土竹木漆器类文物材料与制造工艺研究及病害机理研究与控制等;管理类研究,包括出土竹木漆器类文物保护修复项目质量风险控制及信息化建设等。

基地专业结构包括化学、生物、物理、美学、管理等学科,经批准建有"文化名家工作室"2个、"楚式漆器修复非遗传承项目团队"1个,拥有高光谱图像分析系统、扫描电镜、激光拉曼、X射线衍射、手持式三维激光扫描仪以及智能雕刻机器人等专用设备600余台,科研与项目实施用房建筑面积1万平方米。在全国建立7个科技成果推广工作站。累计承担各类科研课题58项,其中科技部"十五"攻关和"科技支撑计划"项目5项、国家文物局文化遗产保护关键技术研究类课题及其他省部级课题18项、基地自主与开放课题35项。承担科技部"十五"攻关课题包括"高新技术在出土竹木类文物修复复原与保存技术中的应用研究（以简牍为主）""遗址大型饱水木构件原址脱水保护研究"等，此外承担"十一五"科技支撑计划"古代简牍保护与整理研究"、"十二五"科技支撑计划"出土有机质文物现场提取技术研究与应用示范"，并发明专利"一种饱水简牍的脱水方法"（受理号：201210116760X）和"一种考古竹简的整理方法"（专利号：201410257307X）。承担完成国家文物局"全国馆藏文物腐蚀损失调查"项目、"指南针计划"项目"中国山西大河口西周墓出土漆木器制作工艺及复原研究"等研究课题，编制《馆藏出土竹木漆器类文物保护修复方案编写规范》《馆藏出土竹木漆器类文物病害分类与图示》等行业标准。完成长沙马王堆汉墓、河南长台关、江西李洲坳东周墓、荆州谢家桥汉墓以及山东菏泽古船、天津张湾沉船等文物保护工作，完成成都老官山汉墓、荆州望山桥一号楚墓、荆州夏家台楚墓、南昌海昏侯西汉墓、枣阳郭家庙曾国春秋墓等考古发掘现场保护工作。

基地先后与武汉大学、清华大学、中国科学技术大学、北京大学等高校建立科研与人才培养合作关系。承办中国文物保护技术协会第四次、第八次学术年会，与清华大学联合举办学术交流会，于2013年、2017年举办两次出土木漆器保护修复学术交流会。

**砖石质文物保护国家文物局重点科研基地** 2005年，依托陕西省文物保护研究院（原西安文物保护修复中心），联合陕西省考古研究所、西北大学文博学院共同建立砖石质文物保护国家文物局重点科研基地，此后又申报为科学技术部国际科技合作基地。主要研究方向包括古代砖石质文物制作工艺和材料研究、年代鉴定、风化机理与风化程度分析检测技术等保护基础科学研究；砖石质文物清洗、除盐、渗透加固等保护技术工艺、材料和方法研究、示范和推广；砖石质文物保护技术、方法标准化研究，包括风化机理及程度表征、分析测试方法、保护修复效果科学评价指标体系和规范做法；砖石质文物实时在线监测技术、预防性保护技术等。

基地具有文物保护工程勘察设计甲级资质、可移动文物保护设计甲级资质以及可移动文物修复一级资质，拥有高功率转靶X衍射仪、扫描电镜、红外显微镜等便携式仪器约30台／组。建成"砖石质文物分析检测实验室""保护材料评估实验室""生物保护实验室""数字化实验室""保存环境监测实验室"等研究模块，"石质文物清洗实验室""砖石质文物修复实验室""大型砖石质、泥塑、壁画修复车间"等保护修复模块。

基地承担"遗址博物馆环境监测与调控关键技术研究""遗址博物馆遗址本体保护关键技术研究"等国家科技支撑计划课题，"法门寺地宫出土鎏漆平脱秘色瓷器保护修复研究""石刻计算机三维彩色图像处理研究——以陕西唐陵石刻为例"等国家文物局课题。承担并完成《馆藏砖石文物病害与图示》《馆藏砖石文物保护修复记录规范》等国家标准的编制工作。在砖石质文物保护、古建彩画及遗址博物馆预防性保护等领域取得显著成绩，"古代建筑油饰彩画保护技术及传统工艺科学化研究"获国家文物局文物保护科学和技术创新二等奖；参与"古代壁画脱盐关键技术研究"，获国家文物局文物保护科学和技术创新二等奖；参与"石质文物保护关键技术研究"（牵头单位云岗研究院），获"十二五"文物保护科学和技术创新一等奖；主持"遗址博物馆环境监测与调控关键技术研究"，获"十二五"文物保护科学和技术创新二等奖。另外，"陕西紫阳北五省会馆壁画保护修复项目"获2013年度全国十佳文物保护工程奖、"福州三坊七巷古建筑壁画保护修复项目"获"2015年亚太区文化遗产保护荣誉奖"等。

基地广泛开展国内外科研合作。与德国慕尼黑科技大学合作开展金川湾石窟保护研究，与缅甸文物保护机构合作开展蒲甘震后文物勘察和保护修复工作，与日本东京文化财研究所共同开展对唐顺陵、乾陵与桥陵的考古调查、保护修复与环境规划、整治工作。2017年10月，基地及依托单位与法国文化遗产科学基金会在凡尔赛宫召开"乾陵、茂陵和凡尔赛宫石刻保护修复现场研讨会"。

**馆藏文物保存环境国家文物局重点科研基地** 2005年，依托上海博物馆建设，批准设立馆藏文物保存环境国家文物局重点科研基地，2008年3月挂牌运行。基地主要研究方向为馆藏文物保存环境领域基础科学和应用技术研究，并涵盖标准化技术、文物有害微生物和自然灾害预防技术研究等。

基地成立后，承担包括"馆藏文物保存环境应用技术研究""珍贵文物保存环境控制关键技术研究""南京报恩寺遗址地宫及出土文物保护技术研究""脆弱易损出土文物预防性保护技术研究"等国家科技支撑计划、国家自然科学基金项目等在内的文物保存环境相关科研课题、成果示范和标准研制项目71项，研制发布展柜国家标准2项、文物保护行业标准8项。

基地承办由国家文物局主办的文物预防性保护技术培训班3次，承担或指导29个省、自治区、直辖市的176家文博单位完成200余项馆藏文物预防性保护设计方案，并开展文物科技保护援藏、援疆工作。基地研发的各类产品在国内多家博物馆以及2008年北京奥运会期间的"奇迹天工——中国古代发明创造文物展"、2010年上海世博会中国国家馆、世博会博物馆和城市足迹馆等文物展示活动中应用。在四川雅安市博物馆完成全系统防震技术示范应用，成功经受了2015年1月14日四川乐山地震的考验。

基地与华东理工大学、上海高等研究院、复旦大学等高校联合培养研究生。与华东理工大学合作建立联合实验室，与中国电子科技集团、敦煌研究院、重庆三峡博物馆等在重庆建立文物保护装备联合实验室，与机械工业仪器仪表综合技术经济研究所、敦煌研究院共同成立文物保护装备检验检测实验室。

**文化遗产保护规划国家文物局重点科研基地** 2005年，依托中国建筑设计研究院有限公司建设，批准设立文化遗产保护规划国家文物局重点科研基地，2008年1月挂牌运行。基地工作内容主要包括国家重大项目技术攻关、技术标准制定与培训、国内外合作交流、示范案例成果推介、信息平台建设等5个方面，并结合自身特点，重点针对文化遗产保护工作中的关键环节——文化遗产保护规划展开技术攻关，分为国家文化遗产保护规划理论与技术标准体系研究、中国大遗址保护规划理论与关键技术研究、国家文化遗产（含世界文化遗产）辨认与价值研究、世界文化遗产保护理论及其分类管理规划技术研究、城镇化进程下文化遗产保护区划关键技术研究、文化遗产阐释与展示（含遗址公园）专项规划与工程技术研究等6个方向。

基地拥有科研用房1200平方米，保存专业图书资料上万种、历史照片和图纸10余万张。基地有员工40人，其中中国工程院院士1人。基地设有文化遗产研究与保护方向博士后流动站和硕士培养点，毕业论文涉及石窟寺、古建筑群、古遗址、文化线路等遗产类型研究与保护规划对策研究。

承担完成《全国重点文物保护单位保护规划编制审批办法》《全国重点文物保护单位保护规划编制要求》《"十一五"国家重要大遗址保护规划纲要》《大遗址保护规划规范》等重要技术文件编制工作，完成"中国大遗址保护规划主要对策研究""《全国重点文物保护单位保护规划编制要求》修编""文化遗产保护规划标准体系预研究""传统民居保护修缮指南研究""城市建成区大型城市考古遗址保护规划关键技术研究——以临安城遗址保护为例"等国家文物局课题。完成文化遗产保护规划及工程设计项目300余项，包括《高句丽王城、王陵与贵族墓地》《故宫保护总体规划》《敦煌莫高窟保护总体规划》《云冈石窟保护规划》《长城保护总体规划》等一系列中国世界文化遗产保护规划编制，以及全国重点文物

保护单位保护规划200余项、国家考古遗址公园规划与工程设计50余项、传统村落保护规划与民居修缮工程10余项。完成《桃坪羌寨抢救维修保护规划及保护工程》等灾后重建文物保护技术研究，《新疆吐鲁番地区文物保护与旅游发展总体规划》等区域性文物保护关键技术研究，《贵州省黔东南州榕江县大利村、占里村综合规划及整治设计项目》等传统村落保护规划技术研究，《良渚遗址保护总体规划》《隋唐洛阳城遗址保护总体规划》等城镇化进程下文化遗产保护关键技术研究，《海昏侯墓遗址公园规划》《安吉遗址公园规划》《嘉峪关世界文化遗产保护与展示工程核心区详细规划》《汉长安城未央宫遗址公园规划》《锁阳城遗址展示设计》等文化遗产阐释与展示（含遗址公园）专项规划与工程技术研究等。完成杭州西湖文化景观、元上都遗址、土司遗址等申遗项目保护管理规划编制。

基地共获得国内外重要科学技术奖励20余项，包括联合国教科文组织亚太地区文化遗产保护奖、新加坡城市规划奖，文物保护科学和技术创新奖、华夏建设科学技术奖、中国建筑师学会科技进步奖等。累计培养和合作培养硕士11人、博士3人。组织行业专业技术培训4次，内容包括文物保护规划技术、大遗址保护规划技术、世界文化遗产研究与保护以及丝绸之路、长城、灾后文物保护等专项技术培训等。

基地积极参加国内外技术交流活动，组织学术会议和各种国内外技术交流活动30余次。技术合作涉及保护规划编制、保护规划相关课题研究、行业标准制定等。代表性合作项目有《敦煌莫高窟保护总体规划》（与敦煌研究

院、盖蒂保护研究所、澳大利亚遗产委员会合作）等。

**空间信息技术在文化遗产保护中的应用研究国家文物局重点科研基地** 2008年，依托清华大学建设，批准设立空间信息技术在文化遗产保护中的应用研究国家文物局重点科研基地。主要研究方向包括文化遗产保护理论与业务流程再造研究，空间信息技术在文化遗产保护中集成应用研究，3D-3R技术在文化遗产保护中应用研究，物联网、大数据、云计算等新技术在文化遗产保护中应用研究，传统建筑测绘与古建筑修复信息技术方法研究。

基地主持完成国家级科研项目15项，发表论文百余篇，编写出版相关专著10部，并获得相关软件著作权及专利10项。其中，国家科技支撑计划课题有"空间信息技术在大遗址保护中的应用研究（以京杭大运河为例）""GIS技术与VR技术在中华文明探源中的应用研究"等，国家文物局课题有"基于3S技术的历史文化遗产动态监测方法研究""文化遗产资源调查与评估的科技问题研究""灾后文化遗产抢救性保护综合信息平台""国家文物局科技发展'十二五'规划战略研究课题"等。完成指南针门户网站开发，指南针门户网站水利发明创造专题文本编制。承担并完成《中国大运河空间信息要素分类编码》国家标准、《大遗址基础地理数据分层分类编码》《大遗址保护地理信息系统数据字典》《大遗址保护地理信息系统图式图例》《大遗址保护空间数据库建设标准》等行业标准制定。科研成果应用到大运河保护、扬州城保护、颐和园保护、"5·12"地震灾后文化遗产抢救等工作中，

为大运河保护与申遗、扬州城规划与保护、颐和园规划与保护、灾后文化遗产抢救等发挥作用。其中，"智慧颐和园规划与建设"获华夏建设科学技术奖二等奖，"三坊七巷历史文化遗产保护规划"获联合国教科文组织亚太文化遗产保护奖，"重庆两江新区智慧城市规划与设计"获北京市优秀城乡规划设计三等奖，"京津冀地区城乡空间发展规划研究"获华夏建设科学技术奖一等奖，"城乡规划决策支持平台"获地理信息科技进步一等奖。

在人才培养方面，基地开设一系列课程，面向本科生、硕士研究生及博士研究生进行学历教育。基地先后举办3期培训班，为文物保护行业培训文化遗产保护信息化人才150余人。

基地和北京大学、同济大学、南京大学、浙江大学、东南大学、中国文化遗产研究院、中国社会科学院考古研究所、中国科学院遥感应用研究所、中国水利水电科学研究院等联合开展科研攻关，并与莫斯科建筑学院合作开展"中俄城市空间发展模拟研究学术交流"项目。

**文物建筑测绘研究国家文物局重点科研基地** 2008年，依托天津大学建筑学院建设，批准成立文物建筑测绘研究国家文物局重点科研基地。基地秉承天津大学建筑学院70余年古建筑测绘传统，联合建筑工程学院、计算机学院等多学科研究团队组成。基地研究方向为文物建筑测绘与记录工作体系研究，文物建筑测绘技术应用开发，文物建筑专项分类测绘研究，文物建筑测绘规范化，文物建筑信息管理和应用等。

基地承担并完成"文物建筑测绘与图像记录规范化研究""清代建筑世家样式雷及其建

筑图档综合研究"等自然科学基金项目课题，"指南针计划专项试点——中国古代建筑与营造科学价值发掘研究""河北正定隆兴寺测绘研究""可移动文物保护领域的科技研究问题"等国家文物局课题。编制三维激光扫描、摄影测量等技术操作指南，出版东亚首部《古建筑测绘》教材，创编野外测绘标准化记录手册，编制完成中国首部《文物建筑测绘技术规程》。承担并完成柬埔寨吴哥窟古迹保护工程二期茶胶寺测绘、形制与复原研究，大明宫复原研究，福建泉州开元寺大雄宝殿测绘研究，清东陵、北京景山公园、故宫养心殿和景福宫、安阳袁林、聊城光岳楼、沈阳故宫和清昭陵等古建筑群测绘研究。基地共获国家级教学成果特等奖1项、二等奖1项，省部级教学成果一、二等奖各1项；获专利及软件著作权等10余项，数字化图纸1万余幅；在核心期刊发表论文21篇，出版专著8本。"建筑遗产测绘关键技术研究与示范"获教育部科学技术进步二等奖，"颐和园清外务部公所修缮工程"获全国优秀工程勘察设计行业奖和传统建筑专业专项奖二等奖。

**古陶瓷科学研究国家文物局重点科研基地** 2008年，依托中国科学院上海硅酸盐研究所建设，批准成立古陶瓷科学研究国家文物局重点科研基地，2009年10月运行。基地主要以古陶瓷综合数据库建立与应用、古陶瓷科技发展史研究、脆弱性硅酸盐质文化遗产保护为研究方向。基地拥有大型设备30余台／组，自主或合作开发紫外可见分光光度计、可测陶瓷器内部结构数据光学设备等，能进行古陶瓷化学组成、物理性能、显微结构、烧成温度、物相组成、力学性能、色度、三维扫描等方面的测试，具有古陶瓷物理化学基础研究、无损检测与真伪鉴定、古陶瓷显微结构以及古陶瓷工艺再恢复研究、脆弱性硅酸盐质文化遗产保护等经验。

基地承担并完成"973计划"项目"脆弱性硅酸盐质文化遗产保护关键科学与技术基础研究"，国家科技支撑计划课题"古代建筑琉璃构件保护技术及传统工艺科学化研究"子课题"原位保护材料和技术部分"、"3500BC-1500BC中国文明形成与早期发展阶段的技术与经济研究"子课题"陶瓷部分"、"土遗址保护关键技术研究"子课题"PS材料与土作用机理部分"；完成"中国古代建筑琉璃构件的保护研究""中国宋代官窑青瓷的显微结构化学研究"等国家自然科学基金课题；完成"中国古代白瓷发明创造科学价值挖掘与标本库建设""宋代建窑油滴釉和兔毫釉的机理研究"等国家文物局课题。制定古代陶瓷科技信息提取规范系列行业标准。获授权专利4项，申请专利3项。

基地与秦始皇兵马俑博物馆、中国科学院上海有机化学研究所、中国科学院上海光学精密机械研究所、西安文物保护修复中心于2009年10月共建"陶质彩绘文物保护技术创新联盟"，搭建陶质彩绘文物保护技术创新协作平台。基地还多次参加国内外学术研讨会议及交流活动，并联合培养硕士、博士。

**古陶瓷保护研究国家文物局重点科研基地** 2008年，依托故宫博物院建设，挂牌成立古陶瓷保护研究国家文物局重点科研基地。研究方向包括古陶瓷科技发展史研究、古陶瓷传统工艺复原研究、古陶瓷真伪鉴定研究等。基地依托故宫博物院文保科技部仪器设备，并配备微区X射线衍射仪、光学热膨胀分析仪、X射线荧光能谱仪、拉曼光谱仪、大型CT等重要仪器，建成古陶瓷传统工艺再现实验室，配置拉坯机、釉料研磨机、真空喷釉机、高温实验电炉等设备，开展古陶瓷原料、工艺、产地、年代、显微结构及物理化学性能等方面科学研究，以及成型工艺、釉料配方和烧成工艺等工艺实验研究。

基地承担并完成国家科技支撑计划项目"古代建筑琉璃构件保护技术及传统工艺科学化研究"子课题"原位保护材料和技术部分"，国家自然科学基金项目"拉曼技术对中国古代高温釉瓷釉烧温度的无损分析研究"之"故宫博物院藏传世哥窑及相关窑址标本的关联研究""古陶瓷产地溯源的锶同位素方法初探和应用研究"，以及国家文物局项目"黄瓦窑琉璃制作工艺科学揭示与建立多媒体数字化展示平台""古陶瓷物相的X射线全谱拟合定量分析研究""南宋官窑青瓷的科学分析：类群关系和产地的揭示""窑变成因与钧瓷窑变釉的形成机理"等。完成文物保护行业标准《清代官式建筑修缮材料 琉璃瓦》编制。

基地研发拉曼光谱无损检测高温釉瓷釉烧成温度技术、古陶瓷物相X射线衍射全谱拟合定量分析方法及X射线荧光用陶瓷标准物质，建立古代建筑琉璃数据库，建立宋代五大名窑胎釉化学成分数据库及古陶瓷研究资源标本库。2014年11月，受国家文物局委托，古陶瓷基地承办"陶瓷藏品保护与修复培训班"。

基地积极与国内外科研机构合作，承办"宋代五大名窑科学技术国际学术讨论会"等国际会议。2016年12月，故宫博物院与上海光源签署合作协议，成立联合实验室，开展乾隆时期紫金釉中晶体研究。与河南宝丰清凉寺汝窑管理处、景德镇陶瓷大学、浙江省文物考古研究所签订合作协议，成立古陶瓷研究联合实验室，在古陶瓷科学研究、修复保护、人才培养等方面开展合作。与英国牛津大学合作，在南宋官窑、汝窑原料方面开展合作研究；与美国亚利桑那大学合作，对南宋官窑、龙泉黑胎青瓷开展合作研究；与美国特拉华大学合作，在五大名窑（汝、官、哥、钧、定）岩相分析方面开展研究；与西班牙加泰罗尼亚理工大学合作，在钧瓷呈色机理方面开展研究。2014年，与印度喀拉拉邦历史研究委员会签署考古合作交流谅解备忘录，协助对方建立科技考古实验室，在仪器配置、功能以及具体操作方面给予指导和培训。

**博物馆数字展示研究国家文物局重点科研基地** 2008年，依托湖南省博物馆建设，成立博物馆数字展示研究国家文物局重点科研基地。基地主要有3个研究方向。一是博物馆数字展示理论研究，包括研究数字时代博物馆展示需求任务、作用目标、途径模式，以博物馆高度融入公众生活为目标，研究面向未来博物馆展示形态，在博物馆数字展示理念、文物数字内容和知识体系构建、展览设计与实施、观众服务、文物价值传播、文创等方面开展理论、方法研究。二是博物馆数字展示关键技术与装备研发，包括开展文物高精度、无损信息采集，高清摄影、三维几何采集与重建、多光谱高光谱文物信息采集研究，文物知识采集、整理、加工、存储、标注、数字资产管理、知识图谱构建等关键技术和装备研发。三是博物馆数字展示应用与推广，包括完成重要（典型）文物数字化与知识加工，制定内容加工、发布、管理等相关标准规范，围绕马王堆、湖南人、馆藏音乐类文物等开展数字人文研究项目。

基地下设基地办公室及文物数字化、数字展览、数字教育与传播、数字文创、数字人文等5个研究室，组建由博物馆、信息技术、数字媒体、数字展示等领域12位专家学者组成的学术委员会。基地研究人员学科领域涵盖博物馆学、历史学、社会学、信息技术、平面设计、信息管理、公共关系等。

基地承担并完成"古代建筑保护知识库系统与知识处理关键技术研究""古代建筑虚拟修复及WEB表现技术研究""基于文物素材创意设计集成系统及示范应用"等国家科技支撑计划重点课题，"古代墓葬虚拟展示技术研究""博物馆藏品电子标签管理与库房环境监测系统""多通道影像投射全景显示技术在博物馆数字化展示中的应用研究""基于无线局域网的博物馆个性化观众导览系统关键技术研究"等国家文物局重点课题，编制行业标准3项，获软件著作权10余项。基地研发湖南省博物馆VR数字体验馆项目。研发制作26集动漫片《时空博物卡》，开发设计一款专门针对6~12岁儿童家庭的亲子游戏App，研发国内首个博物馆MR虚拟展示教育项目"长沙窑——千年窑望"，开发15款具有原创知识产权的博物馆文化创意产品。基地积极参加"文物保护领域物联网建设技术创新联盟""丝绸之路文物科技创新联盟""文物保护装备产业化及应用

协同工作平台"及"国家文物局重点科研基地西藏联合工作站"等平台交流共建，先后为罗布林卡管理处、西藏博物馆、布达拉宫管理处编制藏品数字保护及展示方案，协助多家博物馆进行藏品数字保护、数字展示及智慧化建设方案设计和实施。

基地与清华大学、中国科学院、西安交通大学、复旦大学、国防科技大学、天津大学、湖南大学、湖南师范大学谷歌文化研究院、巴黎CiTu数字媒体实验室等国内外科研院所及企业展开交流，与谷歌文化研究院、巴黎CiTu数字媒体实验室就合作利用在线平台展示湖南省博物馆精品文物达成共识。

基地通过定向培养、委托培养等方式培养人才，并派员参加香港中文大学第三届"博物馆专业培训工作坊"、国家艺术基金2015年度资助项目"中青年视觉艺术策展人赴美策展工作坊"、"互联网＋中华文明"三年行动计划培训等。

**金属与矿冶文化遗产研究国家文物局重点科研基地** 2008年，依托北京科技大学建设，设立金属与矿冶文化遗产研究国家文物局重点科研基地，2012年揭牌运行。基地围绕国家文化遗产保护领域科学技术发展战略，聚焦金属与矿冶文化遗产价值挖掘与保护利用基础理论、方法体系和应用技术研究，在全国开展矿冶文化遗产调查、研究、保护与展示利用工作。

基地全职研究人员21人，其中国务院学位委员会学科评议组成员1人、教育部"长江学者"讲座教授1人、国家"万人计划"领军人才和青年拔尖人才各1人、教育部"新世纪优秀人才"3人、国家文物局文物保护科技优秀青年人

才1人。基地下设科技考古实验室、文物保护实验室、信息资料室、矿冶遗物标本室，拥有液热裂解气相色谱质谱仪、显微傅里叶红外光谱仪、激光诱导击穿光谱仪、三维激光扫描仪、超景深视频显微镜、扫描电子显微镜、X射线荧光分析仪、热机械分析仪、高光谱成像系统、无线传输全自动环境监测系统等各类仪器设备140余台／组，分为文物分析检测平台、文物保护修复平台和技术仿真平台3个单元。基地资料室藏有图书资料约3.6万册，以及文渊阁四库全书、中国古籍基本库、晚清民国期刊全文数据库等电子出版物和数据库，"中国古代金属技术数据库"和"金属技术与传统工艺展示平台"已初步建成。基地在新疆文物考古研究所设立工作站，在陕西省考古研究院、西安市文物保护考古研究院、河南博物院设立"科技考古与文物保护教学科研基地"。

基地承担并完成"铁质文物综合技术研究""中华文明形成过程中的资源、技术和生业研究"等国家科技支撑计划课题，"夏家店上层文化青铜冶金""广西平南六陈冶铁遗址研究""滇西地区出土古代青铜器的技术研究""陕西省洛南县辣子洞绿松石采矿遗址综合研究"等国家自然科学基金课题，以及"中国古代生铁发明创造挖掘与展示""黑水河流域早期冶金技术研究""陕西汉中出土商代铜器的科学分析研究：区域性特征的解释及其意义""古代墓葬遗址及其出土文物虚拟展示研究""中国古代镍白铜发明创造与技术传播研究"等国家文物局课题，获得国家自然科学奖三等奖、教育部科学技术进步奖等多项科研奖项。2014年，基地科学技术史团队获评"全国教育系统先进集体"。科研基地参与的"北京延庆大庄科辽代矿冶遗址群发掘项目""湖北大冶铜绿山四方塘遗址墓葬区考古发掘项目"等入选全国十大考古新发现。

在人才培养方面，基地有科学技术史和文物与博物馆两个研究生专业。科学技术史学科是国家一级重点学科，入选"双一流"建设学科；文物与博物馆专业硕士学位下设文物保护与科技考古两个专业方向。基地与英国、美国、日本、韩国、德国等国科研机构开展人员互访与合作研究。

基地开展多种形式交流与合作，与英国剑桥大学、伦敦大学学院、美国耶鲁大学等国际知名学术机构建立密切联系，与故宫博物院、中国文化遗产研究院、陕西省考古研究院等文博机构签署战略合作协议。

**金属文物保护国家文物局重点科研基地** 2010年，依托中国国家博物馆建设，设立金属文物保护国家文物局重点科研基地。基地研究方向为金属文物保护方法和材料基础及应用技术研究，金属文物修复基础研究和应用技术研究，建立和普及金属保护领域行业规范标准。基地拥有总面积约4000平方米的文物分析、环境监测和保护修复工作室，有场发射环境扫描电子显微镜、面探X射线衍射仪、X射线荧光分析显微镜、能量色散X射线荧光分析仪、恒压式X射线探伤机、显微共聚焦激光拉曼仪、显微红外光谱仪、电感耦合等离子体发射光谱、离子色谱仪、气质联用仪等大型科研设备30余台／组。基地有专兼职专业技术人员39人，由国内外相关研究领域专家21人组成学术委员会。先后在河北省、山东省、甘肃省设立工作站。

基地承担并完成"金属类文物的病害及其防治的研究""铁质文物综合保护技术研究"等国家科技支撑计划课题，"金银饰铁器的保护""甘肃省一二级青铜文物保护修复""山西蒲津渡遗址铁器群保护研究""博物馆金属文物预防性保护研究与案例分析"等国家文物局课题。主持编制《馆藏金属文物保护修复记录规范》《馆藏青铜质和铁质文物病害与图示》两项国家标准和《可移动文物病害评估技术规程 金属类文物》行业标准；参与编写《室外铁质文物封护工艺规范》《文物保护项目评估规范》和《文物修复师职业技能 金属》3项行业标准；主持或参与编写《博物馆青铜文物保护技术手册》《博物馆铁质文物保护技术手册》《金属文物保护——全程技术方案》等技术手册。出版专著4部，发表论文60余篇，获相关专利两项。完成中国国家博物馆馆藏后母戊鼎、陈侯壶、偶方彝等一批国宝级青铜器的保护修复，完成"山东滕州市博物馆馆藏青铜器保护修复项目""山东章丘博物馆馆藏金属文物保护修复项目""湖北省博物馆馆藏青铜器保护修复项目""湖北宜昌博物馆馆藏楚国甲片保护修复项目""大钟寺古钟博物馆铜、铁钟保护修复项目"等多个保护修复项目。

在人才培养方面，累计培养博士3人、硕士3人，鼓励并支持科技人员积极参加金属文物保护相关国际学术会议、合作研究和互访，多次派专业保护修复科研人员到美国、德国、法国、意大利、瑞士、韩国、日本等参加国际学术研讨会。组织承办全国金属文物保护修复技术培训班和全国金属文物保护方案编写培训班。

基地广泛开展与国内外相关机构、相关领域的合作与交流，先后召开中国博物馆协会藏品保护专业委员会2011年、2014年、2016年学术年会。

**纺织品文物保护国家文物局重点科研基地** 2010年，依托中国丝绸博物馆建设，批准建立纺织品文物保护国家文物局重点科研基地，2012年11月底揭牌运行。基地研究方向为纺织品文物保护，主要包括纺织品相关文物分析检测鉴定、保护修复关键技术研究、传统工艺与价值挖掘等。2015年，以丝绸之路出土纺织品为研究对象，联合国内外研究机构，成立"丝路之绸国际联盟"。

基地内设分析测试室、修复保护、修复技术研究室和传统工艺研究室，并设置基地管理办公室、资料信息中心、教育培训中心，外设新疆工作站、西藏联合工作站、甘肃工作站和内蒙古工作站4个工作站。配备激光共聚焦显微镜、液相色谱质谱联用仪、分光测色仪、氨基酸分析仪、红外光谱显微镜、稳定同位素比质谱仪、锶同位素质谱仪、水解透析系统、光稳定性和耐候性氙灯试验箱等大型精密成套仪器设备。建有纺织品文物、现代茧丝、现代皮毛、天然染料、天然矿石和生态标本等标本库。基地共有科研人员、文物修复技师、传统工艺技师等39人，拥有中共中央宣传部"四个一批"人才及浙江省特级专家1人、国家"万人计划"科技创新领军人才1人、文化部拔尖青年人才1人。

基地承担并完成"考古发掘现场遗存鉴别与保护关键技术研究""中国丝绸文物分析与设计素材再造关键技术研究与应用"等国家

科技支撑计划课题，"基于酶联免疫的丝织品微痕检测技术研究""基于微型光纤光谱的丝织品上易褪色染料的光老化研究""纺织品文物数字化保护研究及示范应用"等国家文物局课题。先后为50余家博物馆提供纺织品保护修复技术服务，完成清朝圣旨修复、辽代褐色罗面丝绵帽保护修复、西藏博物馆藏明清丝绸服饰保护修复、西藏罗布林卡格桑颇章陈设经幡保护修复、敦煌莫高窟北区出土纺织品测试、"五星出东方利中国"织锦护臂复制、新疆营盘墓地M15出土纺织品文物保护与修复、甘肃武威磨嘴子汉墓出土纺织品保护修复、甘肃花海毕家滩26号墓出土丝绸服饰保护修复等博物馆纺织品保护修复等项目近百项。完成国家社会科学基金及国家重点出版项目3项，获发明专利8项，制定纺织品文物保护行业标准3项。"基于丝肽-氨基酸的脆弱纺织品接枝加固技术研究与示范应用"获"十二五"文物保护科学和技术创新二等奖，《原始腰机动画展示片》获全国科技活动周重大示范活动优秀作品。

在人才培养方面，基地注重与高等院校联合培养纺织文化遗产保护高级人才，与东华大学合作招收纺织品研究、纺织品文物保护及纺织科技史研究方面硕士生和博士生，和浙江理工大学合作招收纺织品文物保护和纺织传统工艺硕士生。基地多位年轻科研人才入选科技部中青年科技创新领军人才、文化部青年拔尖人才、浙江省"151人才工程"等人才计划。与美国大都会博物馆、波士顿大学、布莱恩特大学、费城艺术博物馆以及意大利帕多瓦大学等国外高校、文博机构建立人才互访机制。举办专题培训班3期，培训学员52人。基地专业人员还在国家文物局主办的2010年度馆藏纺织品文物保护修复技术培训班、2010年度全国新任考古领队岗前培训班、中日韩合作丝绸之路沿线纺织品文物保护修复培训班上应邀授课。采用"以修代培"形式，为新疆、甘肃、西藏、山西等地培养纺织品文物保护专业人员。

基地加强同国内外高校、文博科研机构合作，如欧亚青铜至铁器时代毛织物保护与研究（丹麦国家基金纺织品研究中心）、丝绸产地和染料品种鉴别研究（美国布莱恩特大学、波士顿大学）、王店明墓出土丝织品修复与研究（韩国传统文化大学）、北高加索地区出土中世纪纺织品研究（俄罗斯斯塔法罗波尔地区考古所）等。围绕"丝绸之路"和"丝路之绸"重大方向，多次主办纺织品文物保护、传统工艺研究、科技考古等国际、国内学术会议和展览，自2015年每年举办"丝路之绸研究国际联盟"年会。

**动植物考古国家文物局重点科研基地**

2010年，依托中国社会科学院考古研究所建设，批准设立动植物考古国家文物局重点科研基地。基地总体定位为建设符合现代考古学发展需要、具备极强科研创新能力、在国内动植物考古学研究中处于领军地位、在国际上极富学术影响力多学科综合研究基地。发展目标为坚持创新意识，采用开放、流动、联合、竞争运行机制，收集和整理动植物考古资料和信息，规范动植物考古研究方法，深化动植物考古研究内容，在国内外开展学科内和跨学科之间学术交流，培训动植物考古研究人员，为学术研究和文化教育提供服务。主要研究方向为动物考古和植物考古。通过田野考古发掘系统地发现和获取古代动植物遗存，应用规范实验室操作程序鉴定和分析动植物遗存，认识和了解古代人类与动植物相互关系，从特定角度复原古代人类生活方式和经济基础，揭示人类文化发展过程与动力机制。科研基地下设动物考古、植物考古、木材分析、年代测定、食性分析、锶同位素分析和古DNA研究等专门研究室。基地拥有全基因组测序设备、全自动电泳工作系统、全自动核酸电泳和片段回收系统、纯水系统、核酸扩增仪、超微量核酸蛋白测定仪、荧光定量仪、离心机等多台设备，完成古DNA实验室、碳十四测年实验室、扫描电镜实验室升级改造。已建成和完善动物、植物、DNA、食性分析、锶同位素、碳十四年代等6个专题数据库和标本库。基地有科研人员9人，另有固定实验员和技术员6人。

基地承担20余项国家级、省部级科研项目以及数十个委托合作课题，包括"中华文明探源工程（四）：技术与生物研究子课题"国家科技支撑计划、"环境考古与古代人地关系"等国家社会科学基金课题，"殷墟遗址的动物考古学研究"等国家自然科学基金课题，"中美合作研究兴隆沟文化家猪起源研究项目""中日合作研究中国古代家鸡项目"等中外合作项目。编制行业标准4项，出版专著2部、论文集2部，发表各类研究论文140余篇，参编考古发掘报告15部。基地科研人员研究成果多次获中国考古学会金鼎奖、金爵奖等奖项，其中"小米起源研究"获中国敖汉小米产业发展突出贡献奖和敖汉史前考古突出贡献奖。

在人才培养方面，基地累计培养硕士研究生15人、博士研究生16人、博士后研究人员1

人，并不定期接收中国科学院大学、中国人民大学、首都师范大学、西北大学、浙江大学、河南省文物考古研究院、北京市文物研究所等数十家高校和科研单位人员实习和培训。

基地通过学术会议、学术讲座和学术访问等多种形式开展学术交流。主办或承办全国植物考古研讨会和全国动物考古研讨会等学术会议，参加国际植物考古学和国际动物考古学世界大会，宣讲中国植物考古和动物考古研究最新成果。与北京市文物考古研究所、重庆市文化遗产研究院等多家单位开展动植物考古方面的合作，对多个考古遗址出土的动植物遗存进行研究。与美国华盛顿大学圣路易斯分校等合作开展相关研究项目。

## 考古年代学国家文物局重点科研基地

2010年，依托于北京大学，以北大考古文博学院科技考古实验室为建设主体，批准建立考古年代学国家文物局重点科研基地。基地目标和任务是依托北京大学多学科优势，发挥科研基地年代测定设备齐全等特点，利用学校双一流建设计划的有利条件，制定和完善考古年代学研究样品采集和前处理操作规范，开展各类年代研究方法与考古相关实验方法研究，建立并完善中国考古学各阶段精细年代框架，为考古学和其他学科研究提供可靠年代数据，在考古年代学研究领域达到国际领先水平，建成国际知名考古年代学研究中心，不断推动文物考古事业发展；利用高校教育优势加强考古年代学研究人才培养，在国家文物局指导下，依托基地有利条件与国内外高水平师资力量，开展不同层次、不同形式的考古年代学研究培训班，加强田野考古、年代测定专业人员合作与交流，为各级文物、博物馆、考古研究和管理机构培养技术骨干。主要研究方向包括年代测定技术与方法、考古年代学研究和考古相关实验技术研究等。

基地拥有扫描电子显微镜、显微红外光谱仪、便携式红外光谱仪、便携式X射线荧光光谱仪、稳定同位素质谱仪等仪器设备。基地有在岗科研人员19人，专业有传统考古学、科技考古、物理、化学、地学等。

基地承担并完成"中华文明探源中区域聚落与居民研究"等国家科技支撑计划课题，"前丝绸之路青铜文化的年代研究"等国家社会科学基金项目，"田野考古与文物保护信息提取和定量处理技术研究"等国家文物局课题，并开展相关行业标准制定。参与发掘的延庆大庄科辽代矿冶遗址、湖北大冶铜绿山四方塘遗址、湖南桂阳桐木岭矿冶遗址被评为全国十大考古新发现。"中国古代车舆价值挖掘及复原研究"获"十二五"文物保护科技与技术创新二等奖。

基地面向国内外接受合作项目、人员互访，举办学术会议等相关学术研究活动。与英国牛津大学、美国哈佛大学等国外高校和学术科研机构开展年代学技术和与考古相关实验技术方面的合作，建立人员互访机制。接收国内进修学者，为国内相关机构培养年代学方面的科研人才。

**考古发掘现场文物保护国家文物局重点科研基地** 2010年依托陕西省考古研究院建设，批准成立考古发掘现场文物保护国家文物局重点科研基地。基地主要研究方向包括现场文物保护关键技术研究、现场文物保护基础理论研究以及现场文物保护标准化、规范化研究等。

基地拥有X射线探伤仪、扫描电子显微镜-能谱仪、超景深显微镜（数字图像采集系统）、便携X射线荧光光谱仪、偏光显微镜、红外相机等仪器设备，下设金属陶瓷文物保护实验室、丝绸文物保护实验室、壁画文物保护实验室、泾渭基地文物保护实验室以及文物保护分析室、文物保护材料库房等，总面积超过2000平方米。基地有研究员17人，副研究员21人。

基地承担并完成"唐代丝绸文物装饰捻金银线工艺与劣化机理研究""陕西省洛南县辣子洞绿松石采矿遗址综合研究"等国家自然科学基金课题，"秦都雍城城址区域考古调查、发掘与专题研究"等国家社会科学基金课题，"考古现场有机质文物残留保护材料研究""实验室技术在出土现场保护和信息获取应用研究与示范（以陕西凤栖原汉家族墓出土文物为例）""秦始皇帝陵园K0007陪葬坑出土彩绘青铜水禽保护修复"等国家文物局课题。编制《馆藏砖石文物病害与图示》国家标准。完成"陕北米脂出土玉覆面室内清理及复原"等发掘项目。配合张安世家族墓、宝鸡石鼓山商周贵族墓、澄城刘家洼周代墓地、西汉凤栖原遗址、宝鸡石鼓山遗址、汉阳陵东阙门遗址、韩休夫妇壁画墓、秦汉血池遗址等多项考古发掘项目开展现场科学调查，获得大量科学数据，为后续考古发掘和文物保护提供技术支撑和依据。开展考古现场及馆藏文物病害调查并编制文物保护方案。2015年，在新疆文物考古研究所设立"考古现场文物保护国家文物局重点科研基地新疆工作站"，开展新疆莫呼查汗、新疆巴里坤东黑沟、宁夏王大户等遗址出土金属文物科学研究和保护修复及喀拉苏墓地出土棺木室内考古清理工作。赴哈萨克斯坦、吉尔吉斯斯坦等中亚国家开展联合考古发掘。

基地开展多种形式的交流合作。与德国、英国、日本、澳大利亚等国家科研机构开展人员互访与合作研究，与北京大学、北京科技大学、西北大学、西北工业大学、上海博物馆、甘肃省文物考古研究所、新疆文物考古研究所、宁夏文物考古研究所等国内高校或文博单位通过联合申请科研项目或保护修复专项的方式开展合作。

**纸质文物保护国家文物局重点科研基地**
2014年1月，依托南京博物院建设，批准成立纸质文物保护国家文物局重点科研基地。基地以纸质文物保护基础性研究和应用性研究为两大科研方向，其中又以传统书画装裱修复工艺与现代科技融合、古籍档案类修复技术、近现代纸质文献脱酸保护工艺为主要研究特色。基地配备偏光显微镜、拉曼光谱仪、扫描电子显微镜、红外光谱分析仪、纸张拉力试验机、纸张耐折度测试仪、非接触在线分光测色系统等专用设备，实验室面积2000余平方米。基地下设出土文书保护室、传统书画保护室、古籍经卷保护室、传统造纸研究室和纸质文物脱酸研究室等专业分室，并在新疆设立工作站。基地有固定人员27人，科研团队流动人员主要包括南京博物院和南京各大专院校的科研人员，形成一支囊括化学、物理、生物、造纸、材料、林学以及分析检测、修复、鉴定等多学科高、中、初级保护科技人员与修复技师的专业队伍。

基地共承担20余项面向全国纸质文物保护的研究课题，其中省部级（及以上）科研课题15项，包括国家科技支撑计划课题"近现代文献脱酸关键技术研究及集成应用示范"、国家文化科技提升计划课题"智能化脱酸技术在整本书保护中的应用研究"等，国家文物局课题"传统纸本字画污斑清洗用凝胶材料应用及安全性研究"等。编制《馆藏纸质文物病害分类与图示》《馆藏纸质文物保护修复方案编写规范》《馆藏纸质文物修复档案记录规范》等行业标准7项（已颁布3项）。申报发明专利3项、实用新型专利2项、外观设计专利1项。受联合国教科文组织驻华代表处委托，承担《中国书画文物修复导则》编写工作。在纸质文献脱酸、自动翻页、古旧字画颜料固色、装裱工具等方面取得研究成果。

基地先后为南昌八一起义纪念馆、青海省博物馆、吉林省博物院、福建博物院、新疆维吾尔自治区博物馆、宁夏回族自治区博物馆、广西民族博物馆等文博单位提供技术支持，编制馆藏纸质文物保护修复方案。完成山东大学博物馆、青海省考古研究所等兄弟单位数百件／套纸质文物的保护修复工作。

在人才培养方面，举办3期"新疆馆藏纸质文物保护修复培训班"。在学术交流方面，召开"东亚纸质文物保护学术研讨会"，组织"纸载千秋——传统记忆与保护技艺"特展并推出线上展览活动。

**明清官式建筑保护研究国家文物局重点科研基地** 2014年，依托故宫博物院建设，成立明清官式建筑保护研究国家文物局重点科研基地。科研基地以明清官式建筑发展史、建筑形制、营造技艺、保护修复研究为主要研究方向，开展明清官式建筑分布和基本现状调查，逐步建立建筑琉璃、木构、彩画、瓦石等明清官式建筑构件信息数据库，制定维修保护工程勘察及设计方案标准，梳理明清官式建筑发展演变过程并绘制明代建筑和清代建筑范式图谱，进行营造技艺抢救性研究，探索符合中国明清官式建筑特征保护理论。基地由故宫古建部、修缮技艺部、文保科技部、工程管理处共4个部／处组成。基地科研用房总面积3000余平方米，其中故宫修缮技艺部用房面积2000平方米、古建部用房面积760平方米、文保科技部古建筑保护实验室面积100余平方米。故宫博物院专门建设"文物医院"，其中设立针对明清官式建筑保护研究的检测分析科室。基地在明清官式建筑档案研究、管理与保护方案设计、监测等方面的在编常设研究人员有37人，形成了年龄结构合理、多专业综合研究的梯队建设。2015年，与山东省文物局合作设立曲阜基地。

基地开展"中美合作宁寿宫花园保护项目""养心殿研究性保护项目""大高玄殿研究性保护项目"等研究性保护项目，与中国林科院木材研究所联合开展故宫木结构树种检测和木构件安全状况勘察工作。在官式建筑琉璃瓦等构件方面，基地承担科技部"十一五"重点科研课题研究，对官式建筑不同类型琉璃构件原料、工艺等问题进行研究。基地在官式建筑内外檐彩画方面，总结出基于清洁、回贴、加固等工艺在内的基本保护方法与工作方案，并在午门、皇极殿、东华门等建筑内檐彩画中使用；在建筑工艺方面，对不同类别工艺技术进行研究，进行病害分析、复制研

究和保护修复研究；在营造技艺整理与研究方面，开展"故宫官式古建筑营造技艺"非物质文化遗产挖掘、整理、研究、应用系列项目，以传承人口述历史结合相关传统材料、工艺调查研究工作开展营造技艺数字化记录，并结合故宫古建修缮工程和研究性保护项目开展"裱糊作""搭材作"等营造技艺挖掘、整理与研究。2015年，与中冶建筑研究总院有限公司合作开展"古建地面砖病害与损伤机理分析、保护修复材料与工艺研究"项目，完成《古建地面砖病害种类及损伤机理分析研究》《古建地面砖保护修复材料研究》《古建地面砖保护修复工艺研究》《古建地面砖保护修复技术规程》等成果，并应用到故宫寿康宫区域室内地面修复、军机处室内地面修复等实际工程项目中。受国家文物局委托，完成《古建筑修缮工程施工规程》编制。

在人才培养方面，基地每年开展"故宫官式古建筑营造技艺培训"，形成常态化工匠专业培训。同时开展"养心殿研究性保护项目"培训。与世界建筑文物保护基金会及清华大学合作，举办三期"故宫-WMF内檐装修与家具保护培训班"，培养学员30余人。

自2014以来分别邀请日本、韩国、德国、美国等国科研机构专家来院访问交流，并与德国考古研究院、美国世界建筑文物保护基金会签署合作协议，开展乾隆花园修复、灵沼轩勘测与保护、树木年轮学培训等项目和课题活动。与天津大学、东南大学等高校签署合作协议，就养心殿、景福宫、文渊阁碑亭等项目开展精细测绘和木构研究。2015年12月，在澳门艺术博物馆"太乙嵯峨——紫禁城建筑艺术特

展"中举办"故宫官式古建筑营造技艺"展示教育活动。2016年6月，于"第二届京津冀非物质文化遗产联展"中开展"故宫官式古建筑营造技艺"展示教育活动。2016年起，与北京国际职业教育学校合作开展"故宫官式古建筑营造技艺"课程。接收香港康乐及文化事务署"故宫青年实习计划"多名实习生进行彩画方面的知识学习与技能培训。

**传统木构建筑营造技艺研究国家文物局重点科研基地** 2014年，依托东南大学建设，批准成立传统木构建筑营造技艺研究国家文物局重点科研基地，以东南大学建筑学院为主体，整合城市与建筑遗产保护教育部重点实验室、东南大学建筑设计研究院有限公司，以及土木、材料、化学等学科科研、教学、实验和实践平台诸多优势，协同浙江省古建筑设计研究院作为传承应用中心共同构成。基地以中国传统建筑核心内容——传统木构建筑营造技艺为研究对象，旨在开展传统木构建筑营造技艺的保护传承、科学分析、理论建树及其在建筑遗产保护修缮应用领域的实践创新。主要研究方向包括传统木构建筑营造技艺系统调查、区系研究和数据库建构，传统木构建筑营造技艺科学分析及科学保护，传统木构建筑营造技艺在文物建筑保护中特色理论创新和传承应用实践。基地拥有三维激光扫描仪系统、全站仪、亮度成像测试系统、老化试验箱、气密性测定仪、人工气候环境模拟试验箱等仪器设备。基地有固定研究人员41人，其中中国工程院院士1人、教授14人（含"长江学者"2人）、副教授15人，另有博士后、博士、硕士研究生等流动研究人员40余人。

基地承担并完成传统木构建筑研究相关国家科技支撑计划、国家自然科学基金等省部级以上科研课题30余项。基地尤其关注传统木构建筑营造技艺非物质传承，完成江南地区传统工匠访谈记录；持续开展传统木构建筑测绘教学与实践，包括江南传统园林测绘、南方传统村落建筑测绘等；与明清官式建筑国家文物局重点科研基地持续合作，开展故宫古建筑测绘和研究，包括庆寿堂、太极宫、琉璃门等。基地承担并完成全国重点文物保护单位和省级文物保护单位保护规划和修缮设计40余项，其中"古代建筑营造传统工艺科学化研究"获"十二五"文物保护科学和技术创新二等奖、"基于活态遗产的江苏段大运河遗产保护技术创新与应用"获教育部科学技术进步二等奖、"镇江北固山北固楼等建筑工程"获江苏省城乡建设系统优秀勘察设计二等奖。获"一种面向景观规划的空间精确定位的图像获取技术"等专利7项，"古建聚落保护规划可视化设计软件"等软件著作权4项。

在人才培养方面，与联合国教科文组织亚太地区世界文化遗产培训与研究中心（苏州）合作，举办亚太地区古建筑保护修复技术培训班（每年一届），积极推进传统工艺继承和传扬；与瑞士苏黎世联邦理工学院举办木构主题联合教学，将传统木构技术与现代结构学研究结合；持续开展传统木构建筑设计课程，鼓励学生进行木构建筑创新设计。基地传承应用研究中心（浙江省古建筑设计研究院）持续开展江浙地区古代建筑修缮传统工艺培训班，对古建筑从业人员进行专业训练。

在学术交流方面，加强与中国文化遗产研

究院、故宫博物院、南京博物院等科研机构，以及清华大学、天津大学、同济大学、华南理工大学等高校合作，联合开展传统营造技艺调查、培训、应用等项目。持续开展"东南学人谈"系列学术活动，围绕木构营造保护理论和实践研究、传统园林营造等展开讨论。

**体质人类学与分子考古学国家文物局重点科研基地** 2014年，依托吉林大学建设，批准成立体质人类学与分子考古学国家文物局重点科研基地。基地以考古发掘出土各类生物遗存，特别是以人类骨骼、牙齿、毛发、器官组织为研究对象，以现代自然科学方法综合应用为技术支撑和科研创新点，以体质人类学、分子考古学为主要研究方向，以自然科学和社会科学交叉研究、多学科合作研究为主要特色，以中华民族形成过程中体质构成和变化重大理论问题、国内外学术前沿问题和国家重大需求为主要研究内容。基地科研用房面积1500平方米，拥有DNA测序仪、凝胶成像仪、冷冻磨牙机等专业仪器设备。基地科研团队固定研究人员19人，包括教育部文物与博物馆专业学位研究生教育指导委员会委员、教育部跨世纪优秀人才，教育部优秀骨干教师、全国模范教师，教育部"青年长江学者"等高层次人才。

基地共承担各类科研课题50余项，其中国家自然科学基金课题12项、国家社会科学基金课题9项（含重大项目2项）、国际合作课题1项、教育部人文社会科学课题8项、其他省部级课题30余项。承担编制国家标准2项，发表各类论文200余篇。在体质人类学研究方面，重点研究中华民族多元一体人群构成及中国古人种学研究理论构架体系，特别是匈奴、东

胡、鲜卑、契丹等边疆地区古代民族人种问题，在古病理学研究、牙齿人类学研究、骨化学研究以及应用计算机虚拟技术从事颅骨三维人像复原等方面取得突破。在分子考古学研究方面，重点开展古代人类和动植物遗骸中古DNA分子分析和研究；依托CT技术，在古代疾病研究、古代人群全基因组测序与分析、骨骼生物基保护方面开展具有学科交叉特色的创新性研究；结合国家社会科学基金重大项目"汉民族起源的生物考古学研究"，将比较解剖学、同位素化学、分子生物学、古病理学、牙齿人类学、生物统计学等学科进行整合；通过"中国古代人类骨骼资源的生物基保护体系"课题研究，建立古代人骨保存环境评估系统，研发可用于古代人类骨骼资源保护生物基保护剂，并获专利。

在人才培养方面，基地依托吉林大学考古学国家级重点学科，加强历史学博士后流动站建设，培养博士后1人、博士研究生22人、硕士研究生72人，获评"吉林省优秀博士学位论文"2篇，李济考古奖4项。

在学术交流方面，主办或承办国际（地区）学术会议2次，主办或承办国内学术会议3次、协办2次，主办人类骨骼考古暑期学校3期。

**文物保护领域科技评价研究国家文物局重点科研基地** 2014年，依托北京化工大学建设，批准成立文物保护领域科技评价研究国家文物局重点科研基地。基地重点依托公共管理、管理科学与工程、技术经济与技术创新等学科，并与材料科学、信息科学与技术等相关领域校内外专家、学者合作开展深入合作。主要研究方向为开展行业发展规划前、中、后期评估方法研究与实

践，不断强化行业发展顶层设计；开展科技项目和科技成果评估方法研究与实践，促进科技成果转化、应用和推广；开展科技机构评估方法研究与实践，引导、规范和强化科研组织体系建设；开展科技政策评估方法研究与实践，提升行业政策和制度保障能力和水平；开展文化遗产风险评估与管理研究，提高文化遗产风险预控能力。基地有研究人员10人，其中教授7人、副教授2人、讲师1人。

基地承担并完成世界文化遗产地风险管理、国家文物局"十二五"规划中期评估、文物拍卖企业评估、可移动文物普查项目评估、文物修复资质机构评估、博物馆运行质量评估、国家文物局重点科研基地运行评估（前四批）等政府采购咨询服务活动，为政府相关部门提交研究报告、咨询意见、评价成果等；完成行业标准《博物馆运行评估指标》《铁质文物缓蚀材料要求》编制。与敦煌研究院、天津大学、西北大学、北京工业大学等单位合作开展国家科技支撑计划"世界文化遗产地风险管理与决策支持系统研发与集成示范"课题研究，编制《世界文化遗产地风险管理指南（草案）》和《莫高窟风险管理手册（草案）》。基地受文物、博物馆相关科研机构与单位委托，针对文物保护规划设计、保护方案、保护成果和适用性技术选择开展技术评价与方法研究，先后承担20余项相关研究、评价和咨询服务。发布"一种砖石建筑修补用轻质高强天然水硬性石灰砂浆及其制备方法"等3项发明专利。

基地通过联合申请项目、举办学术会议、派出留学人员、引进留学回国人员等方式与渠道开展合作交流，举办"大数据安全与应急决策高端论坛"等国际学术会议。

乡土文化遗产保护国家文物局重点科研基地　2015年，依托山东建筑大学建设，批准成立乡土文化遗产保护国家文物局重点科研基地。基地整合山东大学民俗学研究所、山东师范大学齐鲁文化研究中心、山东工艺美术学院及山东省古建筑保护研究院等科研机构组成。基地主要任务是结合国家新农村建设总体战略和国家文物局传统村落保护实施，针对乡土文化遗产保护和利用面临重大理论和实践问题组织开展相关课题研究，逐步建立中国特色乡土文化遗产保护和利用理论框架；应对传统村落及其文化遗产资源的认知与构成、特色资源与核心价值评估、乡村文化遗产灾害防控、生态宜居传统村落建设等迫切问题，开展多学科视野下基础性科技工作与创新性对策研究；向国家及省市地方相关部门建言献策，为各级文物保护与管理机构培养专业人才；组织评估、总结、推广和宣传乡土文化遗产保护规划和保护项目取得的成果和经验；组织相关学术交流活动；作为驻地科研机构，协助山东各地推进"乡村记忆"工程和传统村落、历史文化街区等相关文化遗产保护工作。基地有科研人员25人，驻基地国际人才交流合作中心有博士研究员3人。

基地承担并完成山东省传统村落467处资源实地调研，主要成果包括建设山东省传统村落可集中成片保护资源数据库、山东省民间传统营造技艺研究、山东省民间营造匠师资源现状与信息库、山东"乡村记忆"抢救性记录数字化保护工程等。完成"山东地域传统村镇资源与类型调查研究及数据库建设"（山东省政府委托项目）、"山东地区传统乡土聚落典型单元聚类分析及其信息数据库构建研究"（山东省自然科学基金项目）、"山东省地域民间传统营造技艺保护与传承研究"（山东省政府委托项目）、"运河沿线山东段传统聚落保护研究"（山东省社科项目）、"太行古道典型传统聚落形态及生态适应性机制研究"（国家自然科学基金项目）等各类课题21项。构建传统村镇价值评估网络信息系统。完成国家"十二五"重点图书规划项目《山东古建筑》《山东省"乡村记忆"工程政策法规选编》等。完成山东省"乡村记忆"工程实施规划、山东省滨海区域海草房传统村落保护与利用总体规划、鲁中山区95处传统山村总体保护实施规划等大型实践项目11项。编制《历史文化名村保护与修建技术指南》等国家及地方标准3项。

基地拥有国际学术交流中心与国际联合项目流动站，培养博士研究生4人、硕士研究生26人、本科生36人。受山东省人力社会资源厅、山东省委托，完成山东省文物保护管理与从业人员培训、乡土文化遗产保护利用专题培训活动，就文物保护管理、文物保护技术要求、山东省乡村记忆工程技术导则等内容开展培训。

基地利用山东建筑大学博物馆群，设立中国传统村落与民居展馆、山东省"乡村记忆"展馆以及乡约、地契与地图展馆等专题展馆。建设青州市井塘古村、淄博市李家疃村、荣成市留村等3处乡土文化遗产保护与利用样板示范项目。举办基地年度学术合作交流项目——乡土文化遗产保护（国际）论坛。

**木结构古建筑安全评估与灾害风险控制国家文物局重点科研基地** 2016年，依托北京工业大学建设，批准成立木结构古建筑安全评估与灾害风险控制国家文物局重点科研基地，2017年6月揭牌。基地依托于北京工业大学北京城市与安全减灾中心、世界文化遗产保护研究中心和北京市历史建筑保护工程技术研究中心，下设工程抗震与结构诊治北京市重点实验室、城市与工程安全减灾省部共建教育部重点实验室、土木工程国家级虚拟仿真实验中心等。基地主要研究方向有4个。一是针对木结构古建筑面临残损和各种风险，开展木结构古建筑风险监测与安全检测研究，包括对结构本体、热湿环境、灾害环境变化的在线监测研究，对各类残损无损或微损以及材料性能检测研究，对监测或检测得到的信息进行识别研究，在风险识别基础上研究风险预警响应技术。二是针对木结构古建筑现状安全性不明和防灾能力不清的问题，开展各种灾害对古建筑木结构影响机理，以及在灾害影响场下结构动力响应规律；开展针对木结构古建筑的模型试验和仿真分析研究，并在此基础上研究木结构古建筑整体稳定性与可靠性。三是灾害风险控制实用技术研究，研究针对高风险区灾后应急评估技术、适宜性修复技术、各类适宜性加固技术，如隐蔽式修复加固技术等。四是安全评估与风险控制标准化技术，联合国内相关科研单位将此领域成果标准化，从而在国内推广应用，从整体上提高木结构古建筑防灾减灾能力。基地拥有三维激光扫描仪、X射线荧光能谱仪、非金属超声波仪、应力波仪、阻抗仪、FARO机械臂、QUV紫外线加速老化试验机等专业仪器设备140余台。基地有固定科研人员10人，其中教授3人、副教授（副研究员）6人、讲师1人。

基地承担并完成"木结构古建筑安全性评价关键技术研究""村镇建筑抗震综合保障关键技术研究""面向重要用户的供水管网抗震防灾规划布局方法研究""提高城市韧性的抗震对策研究""京津冀地区抗震防灾综合防御体系基础研究"等国家科技支撑计划课题,"世界文化遗产地风险管理和决策支持系统研发与集成示范""北方木结构古建筑构件残损检测适宜性关键技术研究""文物建筑健康评价关键技术研究"等国家科技支撑计划子课题。完成"基于定量分析的20世纪遗产建筑修复技术策略整合研究""中国古建筑精细测绘""北京文物保护建筑三维数据信息采集与存储""北京故宫雨花阁东西配楼三维激光测绘"等研究项目。研发局域定位网测系统、二维影像与三维点云模型高精度无缝拟合技术、计算机自动识别与成图系统、历史建筑GIS空间信息+3D+动态监测数据三位一体数据库技术、激光位移监测技术、木结构古建筑整体变形激光监测可视化系统、阻抗仪与应力波仪混合使用技术方法、木结构古建筑微创修复技术方法、木结构古建筑安全性能评估软件系统。编制《古建筑木结构检测技术标准》等行业标准。申请专利5项,其中获授权发明专利1项、实用新型专利4项。完成国内40余处木结构古建筑的信息采集、安全监测和检测,20余处木结构古建筑的结构安全评估和抗震性能鉴定。在文化遗产防灾减灾方面,制定国家文化遗产防灾减灾框架体系,提出国家文化遗产防灾减灾政策法规体系、技术标准体系、防灾技术体系、灾害防御与应急体系、管理体系需求内容。建立不可移动文化遗产典型灾害风险评估方法。

基地培养博士研究生3人、硕士研究生30余人,并每年举办"古建营造培训班",面向工程师、教师、施工单位、学生等群体进行授课。

基地与中国文化遗产研究院、北京市文物局、陕西省文物保护研究所等相关研究机构、文物管理部门开展木结构古建筑精细测绘、文物保护信息平台数据库开发、文物病害检测以及全国重点文物保护单位申报、保护规划编制等方面合作。与日本、韩国、意大利、法国、瑞典、荷兰等国相关机构签订合作协议,定期举行学术会议与交流学习。

**文物本体表面监测与分析国家文物局重点科研基地** 2016年,依托天津大学智能与计算学部、文化遗产保护与传承信息技术研究中心建设,批准成立文物本体表面监测与分析国家文物局重点科研基地。基地旨在依靠计算视觉、模式识别、机器人、可视分析、精密仪器、自动控制、数据科学等信息技术方向及与实验室仿真、传统理化监测手段深入融合,研发各类无损或微损技术方法和装备,发现并测量各类型文物本体在真实赋存环境下缓慢发生的细微变化。通过对本体和环境等监测数据进行协同分析,研究文物病害发生机理,最终达到盘活历史监测数据、完善文物监测方法体系、推动文物预防性保护发展的目标。研究适用于壁画、彩塑、土遗址三类代表性文物本体多要素协同视觉感知理论与微变监测的方法,进行多要素文物本体表面监测大数据管理和协同分析研究。研发并逐步演化出若干套适用于石窟寺、博物馆、寺庙、墓葬等不同真实赋存环境，并满足不同精度需求文物本体表面微变监测的软硬件系统。为遗产地文物保护工作提供监测技术支持、人员培训等服务。基地下设文物本体监测与数字采集实验室、可视计算实验室、图形图像及视觉媒体实验室等科研用房，拥有三维激光扫描仪、独立式眼动仪、高精度全景相机系统等科研仪器设备。

基地承担与文物相关的科研项目20余项，研究成果获得发明专利15项、软件著作权17项，发表代表性论文32篇。所承担的国家科技支撑计划课题有"中国民间美术非物质文化遗产的信息化保护和传承关键技术及集成与示范""可移动文物数字化保护关键标准研究与示范（以古书画和青铜器为例）""世界文化遗产地风险预控关键技术研究与示范项目之课题一：敦煌莫高窟风险监测与评估关键技术研究""世界文化遗产地风险预控关键技术研究与示范项目之课题五：世界文化遗产地风险管理和决策支持系统研发与集成示范""文物知识分析与设计素材再造关键技术研究与应用"等，国家社会科学基金课题有"我国线性文化遗产保护及时空可视分析技术研究"等，国家自然科学基金课题有"基于图像分析的古代壁画病害演变监测技术的研究""基于高光谱图像分析的古代壁画病害监测及艺术风格化恢复方法研究"等，国家文物局课题有"基于无线局域网的博物馆个性化观众导览系统关键技术研究""多通道影像投射全景显示技术在博物馆数字化展示中的应用研究"等。"中国水墨画计算机仿真绘制新技术"获天津市技术发明奖，"用于建筑仿真设计的分布式虚拟现实系统""网络安全信息可视化关键技术研究及应用"获天津市科技进步奖，"计算机入侵取证关键技术"获天津市科技发明奖。

基地与微软亚洲研究院（MSRA）合作开展"博物馆文物数字化及可视化研究"。积极牵头举办系列国际化学术会议与展览，在瑞士、德国、英国举办样式雷研究成果展，2014年主办东方文化遗址保存维护国际研讨会，2016年举办历史空间信息与中国长城防御体系国际研讨会。基地参与"2011协同创新中心"项目，加入"中国传统村落与建筑遗产保护协同创新中心"，与清华大学、山东大学、北京建筑大学、故宫博物院、中国文物保护基金会、中国长城学会等进行战略合作。

**城市考古与保护国家文物局重点科研基地** 2016年，依托河南省文物考古研究院建设，批准成立城市考古与保护国家文物局重点科研基地。基地总体定位为面向全国的城市考古与文化遗产保护科研与应用推广平台，遵循"立足中原，逐步推广"原则，促进文化产业与经济、社会相关产业的融合发展，为全国城市考古与文化遗产保护的科研和运作提供理论支持和实践经验，使科研基地成为全国性的城市考古与城市文化遗产保护示范基地。基地研究方向为城镇化进程中古代城市考古与文化遗产保护。研究内容包括城市考古基础理论与方法、城市文化遗产本体保护技术、保护方案和展示利用等。基地设有学术委员会，聘请学术委员顾问和学术委员。基地有固定专职科研人员35人，其中城市考古基础研究组人员13人、技术与装备组人员11人、科技保护组人员11人。基地下设分析检测室、无机文物保护实验室、有机文物保护实验室、显微分析室，有金属文物、石质文物、漆木器文物修复室，拥有金相显微镜、偏光显微镜、共聚焦干涉显微镜、环境扫描电子显微镜、傅里叶变换显微红外光谱分析仪、拉曼光谱仪、X射线荧光光谱仪、X射线衍射仪、离子色谱仪、同步热分析仪、文物现场视频及环境实时监控管理系统等专业科研仪器设备。

基地承担并完成"禹州瓦店遗址聚落形态研究"等"十二五"科技支撑计划课题，"河南灵宝西坡遗址综合研究""河南三门峡大唐火电厂秦人墓地腹土寄生物研究"等国家社会科学基金课题，"基于光学相干层析成像（OCT）技术对中国古代青瓷瓷釉断面结构特征的研究"等国家自然科学基金课题，以及《田野考古钻探记录规范》等标准编制。为配合河南省郑州、开封、新郑、洛阳、许昌、南阳、安阳等城市基本建设，基地对50余处文化遗存进行科学考古发掘，发掘面积7万余平方米，清理各时期古墓葬1300余座。完成信阳城阳城遗址、鄢陵县鄢国故城、淮滨县蒋国故城等多处城址或大遗址的保护规划编制，郑州商城遗址城北路夯土遗址、洛阳东周城墙、郑州商城遗址南仓变电站项目夯土遗迹、信阳城阳城遗址8号墓、洛阳回洛仓遗址等保护方案设计编制。完成信阳城阳城8号墓出土彩漆竹席保护修复、讲武城遗址汉代窑址易地搬迁复原、开封市永宁王府遗址出土木质匾额现场保护提取迁移、汝州万达广场M1壁画墓整体搬迁、河南鹤壁辛村遗址大型砖石墓整体搬迁保护等工作。"高湿／饱水状态脆弱质文物的液氮冷冻提取与实验室处置技术研究"和"考古出土干缩变形木质文物润胀复原关键技术研

究"分别获第二届中国考古资产保护金尊奖和"十二五"文物保护科学和技术创新二等奖。《郑州小双桥——1990～2000年考古发掘报告》获河南省社会科学优秀成果二等奖，《平顶山应国墓地Ⅰ》获河南省社会科学优秀成果二等奖，《淅川楚国青铜器精粹》获第七届河南省社会科学普及优秀作品一等奖。参与主持的"河南省不可移动文物地理信息系统研发及文物特征分析"成果获河南省科学技术进步三等奖。

基地与郑州大学、河南大学等高校、科研院所合作培养相关研究方向的本科生和研究生。2017年8月，派员参加"国家文物局城市考古专题研修班"；12月，派员赴英国参加"城市考古与文物科技保护及修复"培训班。

基地与国内20余家单位开展形式多样的合作研究，并与7个国家和地区的10余家大学、研究机构建立和开展合作研究与学术交流。主办或承办"汉代城市和聚落考古与汉文化国际学术研讨会""纪念郑州商代遗址发现60周年专家座谈会""国际动物考古理事会骨器研究组第九次学术研讨会""彩陶中国——纪念庙底沟遗址发掘60周年暨中国首届史前彩陶学术研讨会""濮阳与华夏文明学术研讨会""湘鄂豫皖楚文化研究会第十四次年会"等学术会议。

**石窟寺文物保护工程技术集成与应用研究国家文物局重点科研基地** 2016年，依托中铁西北科学研究院有限公司建设，批准成立石窟寺文物保护工程技术集成与应用研究国家文物局重点科研基地。基地主要研究方向包括基于精细化尺度的石窟浅表层岩体保护修复成套技术研究，石窟水害治理成套技术研究，石窟

岩石材料劣化机理及保护技术研究等。基地下设文物保护与特种工程新技术研发中心、特种工程新技术推广中心、中试基地等功能性科技创新研究发展平台，拥有由知名岩土工程专家组成的专家委员会。基地拥有用于材料性能检测、力学试验、模拟试验，文物保护材料微观测试、结构分析及特种工程技术研究、信息化展示和高原冻土地区特种工程技术研究等工作的科研用房，配有全站仪、无人机、空压机、便携式拉曼光谱检测装置等用于工程测量、特种修复工程技术、现场无损检测、现场试验的仪器设备。基地联合香港大学、中南大学、武汉大学、兰州大学、敦煌研究院等高校和科研院所，麦积山石窟艺术研究院、炳灵寺石窟文物管理所、广元千佛崖石刻艺术博物馆和吐鲁番学研究院等文物保护管理研究单位，形成大跨度交叉和高度综合创新研究模式，形成石窟寺保护工程技术集成与应用研究体系、岩土工程病害防治专有技术体系、石窟保护效果综合评估方法体系等创新科研攻关体系。

基地承担并完成"石质文物保护关键技术研究——石窟危岩体治理关键技术研究"等国家"十一五"科技支撑计划项目，"基于精细化尺度石窟保护关键技术集成研究与推广"等国家文物局课题，"基于低空摄影测量技术文化遗产空间信息数据采集及处理关键技术研究""石窟文物保护监测预警系统研发""结构修复补强新材料设计关键技术及其工程适用性研究""既有建筑改造与病害处理工程动态安全保障关键技术研究""古建筑与古遗址修复补强材料及加固技术应用研究""土遗址施工机具研制与配套工艺研究""取土迫降纠倾

法模型试验及计算方法研究""改性纳米硅复合材料体系加固土遗址应用研究"等中铁科学研究院课题。获专利授权26项，其中发明专利7项、实用新型专利19项，涵盖材料研发、施工机具和环保方法等方面。技术和科研成果荣获勘察设计类、QC小组类和科学技术类等多类型行业级、省部级和国家级奖项。

基地成立后，组织科研技术人员赴外进行学习交流和技术培训20余次。与美国、德国、意大利、英国、日本、马来西亚等国同行保持交流、合作，参加中国土木工程学会、中国岩石力学与工程学会等20余个学术团体。2016年7月，敦煌研究院、兰州大学、甘肃省博物馆、中铁西北科学研究院有限公司联合发起倡议，成立"甘肃省文物保护技术创新战略联盟"。2017年，中国丝绸博物馆、敦煌研究院、中铁西北科学研究院有限公司等联合成立"丝绸之路文物科技创新联盟"。

**石窟寺文物数字化保护国家文物局重点科研基地** 2016年，依托浙江大学建设，批准成立石窟寺文物数字化保护国家文物局重点科研基地。基地集石窟寺文物数字化保护科学研究、技术开发与转化、标准与规范研究、服务咨询、信息、培训教育于一体。基地主要任务包括研究数字化采集理论和感知机理等基础问题，研发专门的文物本体数字化关键技术与核心装备，形成文物大数据永久存储与智能分析处理能力，制定相应标准，为石窟寺等文物数字化保护领域的可持续发展提供国家战略支撑；针对文物本体所隐含的历史、文化、艺术与科技价值信息，研究突破文物大数据的知识挖掘与发现等技术，并构建针对相关学科的数

字化学术研究平台，服务于人文艺术与考古研究以及博物馆的展陈利用。基地下设浙江省科技考古与文物保护研究试验基地、文物数字化采集实验室、文物监测与感知数据处理实验室等，拥有三维激光扫描仪、巨幕投影、高保真数字化采集等文物数字研究专用设备。基地自主研发的壁画、书画高保真数字化采集技术设备广泛应用于文化遗产数字化项目中，自主研发的"基于多图像的三维重构软件""三维高精度纹理映射软件"等，也在全国多个重要考古遗址和文博单位得到广泛应用。

基地承担并完成"文化遗产数字化公共服务平台与产业化应用示范""不可移动文物数字化保护关键标准研究与示范（以石窟寺为例）""环塔里木文化旅游区域地理信息地图构建及其关键技术研究"等科技部课题，"中国石窟寺考古中3D数字技术的理论、方法和应用研究""敦煌遗书数据库关键技术研究与软件系统开发"等国家社会科学基金课题，"文物出土现场多媒体信息管理系统与数字化记录解决方案（子课题）""木构古建筑健康状态分析评估方法研究"等国家文物局课题。研究出一系列文物高保真采集新技术与自主专利方法，包括石窟寺壁画自动采集设备及软件、先进大幅面馆藏书画采集设备及软件、遗址调查航空拍摄设备及软件、考古发掘现场采集设备及软件、馆藏器物采集设备及软件。研发一系列文物监测新技术与自主专利方法，以及具有独立自主知识产权的文物预防性保护监测系统。提出一系列文物数字化元数据标准，开发建立大学数字博物馆、敦煌壁画数字资源库。相关研究成果已推广应用到20余个省、自治区、直辖市的100余家文博单位及遗址点，主要项目包括宁夏须弥山石窟文物数字化、河南龙门石窟文物数字化、浙江省文史馆档案数字化、山西水神庙数字化、西安碑林国宝文物数字化、登封嵩阳书院大唐碑数字化、成都地区壁画数字化等。2017年，科研基地与山西云冈石窟研究院联合攻关，运用3D打印技术对云冈石窟第3窟进行了1:1复制。在文物保存环境监测方面，开展温州博物馆预防性保护监测项目、浙江省博物馆展厅保护监测项目、宁波保国寺古建筑博物馆结构稳定性监测项目、长江口二号沉船木质船体构件脱水保护过程监测项目、辽宁盖州玄贞观大殿预防性保护监测项目、辽宁锦州奉国寺大殿预防性保护监测项目等。

基地每年在文物数字化保护相关方向培养硕士研究生和博士研究生，每年开展两次文物数字化保护工程师业务能力培训。

基地与国内其他文博单位、高校和科研机构合作开展文物数字化领域研究与应用工作，吸引国际一流大学和科研机构成立文物数字化方向国际联合实验室。

**馆藏壁画保护修复与材料科学研究国家文物局重点科研基地** 2016年，依托陕西历史博物馆，联合西北工业大学以及陕西省壁画保护修复研究基地成员单位建设，批准成立馆藏壁画保护修复与材料科学研究国家文物局重点科研基地。基地以突出馆藏壁画文物资源特点和馆校科研合作特色为发展方向，开展馆藏壁画保护修复与材料科学研究，研发高效、安全保护材料用于保护修复馆藏壁画，并通过研究古代壁画艺术源流、历史价值及所表现科学内涵弘扬中华优秀传统文化。基地已形成一支涉及艺术史、考古学、壁画研究、文物保护修复、物理学、分析化学、计算机、历史、材料学等学科，由高、中、初级保护科技人员与修复技师组成的专业队伍。研究团队共48人，其中文物科技保护与修复研究人员16人，历史文化、考古及艺术史研究人员12人，壁画临摹及艺术研究人员7人，材料科学研究13人。基地建有X射线探伤室、壁画保护科学实验室、材料制备实验室等科研用房，拥有X射线荧光分析仪、激光拉曼分析仪、扫描电子显微镜、超景深视频显微镜、多光谱成像系统、偏光显微镜、色度仪等专业仪器设备，并通过"壁画保护修复实验室改造提升"项目，打造了集科研、展示、交流为一体的新型实验室。

基地承担并完成"彩绘文物颜料层微结构的光学相干层析成像技术研究""唐代墓葬中的胡人形象研究"等国家自然科学基金课题，参与"文物移动实验室在考古发掘现场应用支撑"国家科技支撑计划课题，主持完成"江苏南京堂子街太平天国时期建筑壁画保护修复""馆藏珍贵文物无酸纸包装中试研发与示范"等国家文物局课题。在壁画保护修复方面，完成唐韩休墓壁画揭取、搬迁、保护修复项目；完成陕西历史博物馆馆藏唐墓壁画病害调查项目，建立壁画病害数据库、馆藏唐墓壁画基础数据信息管理系统，并利用高清图像数据进行壁画三维数据重构，建立起数字化虚拟陈列环境，其中部分成果已应用于陕西省历史博物馆"唐墓壁画高清数字精品展"；开展章怀太子墓、永泰公主墓等20幅壁画的数字化信息采集和病害变化检测分析工作。在博物馆文物环境监测与控制技术研究方面，开展唐代壁

画珍品馆大型展柜微环境监测研究，获国家专利1项，申报软件著作权2项。"古代壁画、文物彩绘病害治理关键技术研究"获陕西省科学技术奖，"长寿命耐高温氧化／烧蚀涂层防护机理与应用防护基础"获国家自然科学奖二等奖。出版中意合作保护修复成果《西安手册》及专著《唐墓壁画保护修复研究报告》。

基地"唐代壁画珍品馆建设及壁画保护修复技术培训中心"项目列入陕西省重点项目。举办年度壁画培训班，基地专家多次应邀在全国举办的馆藏壁画保护修复培训班授课。

基地与日本、意大利、法国、英国等国文物保护研究机构合作，运用国际先进技术、工艺及材料开展唐墓壁画保护修复、馆藏壁画保护修复，通过举行双边或多边国际会议探讨保护修复技术及材料、馆藏壁画面临病害等相关问题。基地依托西北工业大学发起并主办"一带一路"文化遗产国际合作联盟成立大会暨文化遗产保护首届学术研讨会，围绕"一带一路"创新馆藏壁画等文化遗产保护利用研究；依托陕西省历史博物馆连续举办多届"唐墓壁画保护国际学术研讨会"，针对唐墓壁画考古和艺术史、唐墓壁画揭取保护、馆藏壁画保护修复技术、数字化应用及展陈技术等，与国内外相关博物馆、文物保护机构进行交流。与故宫博物院、宁夏固原博物馆、洋县智果寺等单位合作，完成一批重要文物保护修复项目。与意大利开展系列合作，建立集陈列保护于一体的"唐代壁画珍品馆"。

**水利遗产保护与研究国家文物局重点科研基地** 2016年，依托中国水利水电科学研究院建设，批准成立水利遗产保护与研究国家文物

局重点科研基地。基地主要任务包括系统开展水利遗产科技价值挖掘与研究工作，为水利遗产保护提供知识储备；开展水利遗产保护技术研究，为水利遗产修复提供技术支撑；培养专业技术人才，通过研究生教育、访问学者等形式，培养具有水利史、水利遗产保护基本素养的科技人员；促进学术交流，利用依托单位中国水利水电科学研究院与各国际组织联系，提升中国水利遗产世界影响力；加强宣传，提升水利遗产社会认可度，为全民保护水利遗产作出贡献。基地主要开展水利遗产体系构架、价值评价、保护利用等基础理论研究，古代水利工程或工程遗址保护与利用技术、政策及保护规划研究，水利遗产保护信息技术研究，水利工程遗产生态效应、景观价值及生态修复技术研究，古代水利工程管理机制及其演变研究，水利考古研究，水利遗产价值评估体系及分级标准研究等。基地研究队伍由16人构成，涉及岩土工程、水工结构、水文水资源、水利技术史、防灾减灾、遥感测量、泥沙、信息化等专业技术领域。

基地承担并完成《清史·水利志》以及"淮河与洪泽湖演变研究""古代水利工程发明创造项目可行性研究""古代水利工程保护科技支撑示范""大运河遗产保护与管理水利专项规划""三峡工程博物馆工业遗产展陈规划""京杭运河保护规划编制的前期研究""在用古代水利工程及水利遗产保护规划"等省部级以上课题，完成"河道总督奏疏馆展陈设计方案""古代钱塘江灾害与管理研究""太湖水利同知署太湖水利展示馆展陈""淮安市清宴园有关历史文化的研究与咨询""太湖水利同知署太湖水利展示馆陈列大纲和深化设计""寿县水利文化发展规划编制及芍陂农业文化遗产价值评估""寿县芍陂农业文化遗产保护与发展规划编制及中国重要农业文化遗产申报"等委托项目。基地积极参与国家大运河文化带建设工作，参加大运河规划纲要、水利专项规划等研究。在水利遗产认定关键技术研究方面，完成《水利工程遗产认定标准》等水利行业标准编制。完成10余项"世界灌溉工程遗产"申报工作推荐和咨询服务。"鲍屯古代乡村水利工程与保护规划研究"获联合国教科文组织亚太文化遗产保护卓越奖，《中国科学技术史·水利卷》获郭沫若中国历史学奖。

基地利用中国水利学会水利史研究会、水利部江河水利志指导委员会、中华水文化专业委员会等学术交流平台及机制，开展水利史、水利遗产保护国际国内学术交流，与国内外相关机构开展世界灌溉工程遗产保护、其他水利工程类世界文化遗产、农业文化遗产保护学术、技术交流与合作。

## 二、重大科研项目

重大文物保护科研项目是由国家文物局、科技部等组织规划，在文物保护领域有重大影响的科研项目。1972年，在国务院总理周恩来关心下，长沙马王堆汉墓发掘与出土文物保护首次集中全国考古、科技、医学等领域专家联合攻关，完成了对女尸、帛画、简牍、丝织品、漆器的提取和保护工作，成为跨学科联合攻关保护重要出土文物的典范。1996年起，先后启动实施"夏商周断代工程""中华文明探源工程及其相关文物保护技术研究""指南针计划——中国古代发明创造的价值挖掘与展示"等一批重大科研项目。通过联合攻关，在系统揭示文化遗产价值、探究中华文明形成与早期发展规律与特征、现代科学技术在考古领域应用、大遗址保护与管理、馆藏文物保护修复技术与材料、馆藏文物保存环境监测与控制、传统工艺科学化、不可移动文物保护、文物保护集成装备等方面，取得一批具有自主知识产权的共性和关键技术研究成果，提升了文物保护科技水平，解决了若干制约文物、博物馆事业发展的重点、难点和瓶颈问题。加强跨部门、跨行业科研合作，与工业和信息化部合作，启动实施第一批文物保护装备产业化及应用试点项目。2001～2010年，国家文物局设立300项课题，在可移动文物、不可移动文物、考古、博物馆领域以及基础性研究和宏观管理与政策等方面开展研究，取得一系列成果。（表5-1-1）

**夏商周断代工程** 夏商周断代工程为"九五"国家重点科技攻关项目，1996年5月16日启动，2000年9月15日结题。工程以自然科学与人文社会科学相结合的方法，研究中国夏、商、周历史时期年代学科学研究项目，共设置9个课题44个专题，组织来自历史学、考古学、文献学、古文字学、历史地理学、天文学和测年技术学等领域的学者170人进行联合攻关。

1995年底，国务院成立夏商周断代工程领导小组，成员由国家科学技术委员会、自然科学基金委员会、中国科学院、中国社会科学院、国家教育委员会、国家文物局、中国科学技术协会等单位领导组成，并聘请历史学家李学勤、碳十四专家仇士华、考古学家李伯谦、天文学家席泽宗为工程首席科学家。

夏商周断代工程对传世古代文献和出土甲骨文、金文等材料进行搜集、整理、鉴定和研究，对其中的天文现象和历法记录通过现代天文学给予计算从而推定年代；对有典型意义的考古遗址和墓葬材料进行整理和分期研究，进行相关考古发掘工作，获取样品后进行碳十四测年。2000年11月9日，夏商周断代工程公布《夏商周年表》。《夏商周年表》定夏朝约开始于公元前2070年，夏商分界大约在公元前1600年，盘庚迁都约在公元前1300年，商周分界（武王伐纣之年）定为公元前1046年。依据武王伐纣之年和懿王元年的确立，建立了商王武丁以来年表和西周诸王年表。

夏商周断代工程给出了夏商周大致年表，对后续学术研究起到了推动作用，为开展自然科学和人文社会科学相结合的大型合作项目和交叉研究提供了经验。

**中华文明探源工程及其相关文物保护技术研究** 中华文明探源工程及其相关文物保护技术研究工程是继国家"九五"重点科技攻关项目"夏商周断代工程"之后，又一由国家支持的多学科综合研究中国历史与古代文化的重大科研项目。项目首先进行为期三年（2001～2003年）的预研究。在预研究基础上，2004年，启动"十五"重点科技攻关项目"中华文明探源工程"。

2004～2005年，实施"中华文明探源工程（一）"。科技部、文化部、中国社会科学院和教育部为组织单位，重点探索公元前2500～前1500年中原地区的文明形态。中国社会科学院为第一项目执行单位，参加单位有北京大学、北京科技大学、郑州大学、河南省文物考古研究所和郑州市文物考古研究所等。通过对中原地区几座都邑性遗址进行有计划的考古调查和发掘，并对遗址出土遗存开展包括科学测年、古植物、古动物、古环境、冶金史、化学成分分析、古人类食谱分析等学科综合研究。

2006～2008年，实施"中华文明探源工程（二）"，为国家"十一五"科技支撑项目。研究年代上限向前延伸到公元前3500年，空间范围由中原地区扩展到文明起步较早、资料丰富的黄河上、中、下游和长江中、下游及西辽河流域。

2011年5月，在北京召开项目三期启动会，重点围绕中华文明起源与早期发展综合研究、中华文明探源工程中现代科学技术应用与支撑研究、文物保护与展示关键技术研究开展工作。通过开展若干重大考古发现和多学科研究，对文明起源不同时段有更加科学、系统的认知，阐述并印证中华5000年文明发展时空脉络，提出符合中华文明特质的文明标准，揭示中华文明起源与发展历程的主要特征；通过考古学、历史学、动物学、植物学、体质人类学和空间技术、冶金技术、DNA分析技术等多学科研究和协同合作，有效提取、挖掘重要遗址、遗迹、遗物蕴含的历史、艺术、科学价值，凝练中华文明特征；出版《中华文明探源工程文集》"环境卷""技术与经济卷""社会与精神文化卷"等，有效提升中国在文明起源研究

领域的整体学术水平。国家文物局与科技部组织举办"早期中国——中华文明起源展"系列展，对中华文明探源工程的实施进行系统总结和汇报，也为全面推进该工程进行宣传。

**指南针计划——中国古代发明创造的价值挖掘与展示** 2005年，国家文物局提出系统开展实证中国古代发明创造的文化遗产的价值挖掘与展示专项的构想，并得到了财政部、科技部、教育部、文化部等有关部门的大力支持和帮助。该专项被命名为"指南针计划——中国古代发明创造的价值挖掘与展示"。

国家文物局组织中国科学院、中国社会科学院、北京大学、中国文物研究所、河南博物院等单位的有关专家开展了项目的可行性研究工作，编制完成了专项可行性研究报告。"指南针计划"立项可行性研究和整体实施方案通过专家论证，并分别被纳入《国家"十一五"时期文化发展规划纲要》《国家文物事业"十一五"发展规划》以及《文化遗产保护科学和技术发展"十一五"规划》。

项目分为3个阶段。第一阶段为2006～2008年，是区域试点和重点专题研究及展示宣传阶段。第二阶段为2009～2013年，是全面展开和多领域专题研究及展示宣传阶段。第三阶段为2014～2015年，是完善和健全科研与展示宣传相关规范标准，建立长效机制，以及中国古代发明创造研究理论提升阶段。国家文物局组织有关高等院校、科研院所和文博单位，完成了农业、人居环境、材料加工、纺织、医学及诊治保健器材、水利工程、数字化展示等主体类项目分专项规划及实施方案编制；选择国内一批研究基础较好、文物史料丰富的古代发明创

造，围绕青铜器、陶瓷、纺织品、水利工程、盐业、营造和人居环境、造纸印刷等领域，从重点研究、科普教育、展览展示、学术交流等方面开展试点，探索对中国古代发明创造的调查方式、评估方法、展示手段和科普途径；组织中国古代发明创造文化遗产调查，汇集整理国内外有关史料并进行系统科学验证，逐步公布中国古代发明创造国家级名录。国家文物局和中国科学技术学会在2008年北京奥运会期间共同主办"奇迹天工——中国古代发明创造文物展"，再现了中国在丝绸印染、青铜铸造、造纸印刷和瓷器制作等方面取得的历史成就和古代科技内涵。进一步夯实文化遗产保护基础性工作，促进研究资源共建、共享，促进多学科交叉融合，催生文化遗产保护新学科增长点，推动中国古代科学技术研究学理化、规范化、系统化。

**大遗址保护关键技术研究与开发**　大遗址保护关键技术研究与开发项目为国家科技支撑项目，研究期限为2006年12月～2008年12月。项目承担单位为敦煌研究院、清华大学、兰州大学、西北大学、中国科学院地质与地球物理研究所、浙江大学、北京大学、中国科学院上海硅酸盐研究所等10余家科研机构。

项目分为空间信息技术在大遗址保护中应用研究（以京杭大运河为例）、土遗址保护关键技术研究、古代壁画脱盐关键技术研究和文物出土现场保护移动实验室研发4个课题。空间信息技术在大遗址保护中应用研究方面，通过空间信息技术，解决大遗址现状调查和海量数据存储、传输关键问题，建设大遗址保护数据库和虚拟现实可视化系统，建立"大遗址

保护地理信息系统"数据库和系统平台架构及"大遗址保护规划辅助支持系统"。在土遗址保护关键技术研究方面，针对大遗址中土遗址存在病害问题，应用岩土工程化学、非饱和土力学和岩土力学等多学科交叉理论，研究土遗址保护关键技术问题，建立中国土遗址保护数据库，形成土遗址保护技术标准。在古代壁画脱盐关键技术研究方面，针对中国壁画普遍存在盐害问题，探索和试验运用壁画盐害分析检测技术，揭示盐害壁画发生和发展规律，研发壁画脱盐吸附材料并形成盐害壁画脱盐技术及有关技术标准。在文物出土现场保护移动实验室研发方面，针对大遗址考古调查技术装备率低及现场文物保护问题，通过现代调查工具适用性研究，提高大遗址考古现场信息提取技术，开展出土文物应急处理技术研究等。

经三年技术研发，项目解决了大遗址现状调查和海量数据存储、传输关键技术，完成"大遗址保护地理信息系统""大遗址保护规划辅助支持系统""大遗址保护虚拟现实可视化系统"等建设方案研究；完成土遗址病害分类与评估研究、土遗址信息系统研发、土遗址风化机理研究、土遗址加固材料研究、土遗址锚固灌浆技术研究；完成洞窟壁画脱盐修复工艺筛选、工程实施，形成了技术规范；研发了文物出土现场移动实验室等。项目共申请国内专利12项，其中发明专利10项；获国内专利授权2项，其中国内发明专利授权1项。所研发的多个空间信息平台及土遗址信息系统均具有自主知识产权。项目发表科技论文144篇，出版《洪泽湖—清口水利枢纽的形成与演变》《土遗址保护初论》等著作。所取得的成果在大运

河保护、扬州城保护、"5·12"汶川特大地震灾后文化遗产抢救、交河故城抢险加固工程、敦煌莫高窟98窟壁画保护、山东及陕西考古发掘现场等得到应用，取得良好示范作用。

**古代建筑保护技术及传统工艺科学化研究** 此项目为国家科技支撑项目，2006年6月实施，2008年12月通过结项验收。

项目设置古代建筑油饰彩画保护技术及传统工艺科学化研究、古代建筑琉璃构件保护技术及传统工艺科学化研究、古代建筑保护知识库系统与知识处理关键技术研究、古代建筑虚拟修复及Web表现技术研究等4个课题。针对古代建筑保护中存在的技术工艺传承与新技术应用等问题，运用文物保护学、化学、建筑学、材料学、陶瓷学、环境学、历史学等相关学科理论与方法，完成古代建筑油饰彩画、琉璃构件传统工艺科学认知与科学化，研发古代建筑原位保护修复材料和技术，开发拥有自主知识产权、达到国际先进水平的古代建筑知识库，建设计算机辅助保护修复系统平台架构及个性化文化遗产信息服务平台，提高古代建筑保护与传承能力，建立有中国特色的古代建筑保护修复技术体系。

**文化遗产保护关键技术研究** 文化遗产保护关键技术研究项目为国家科技支撑项目，2006年实施，2008年通过结项验收。项目承担单位为中国文化遗产研究院、上海博物馆、敦煌研究院、故宫博物院等。

项目针对文化遗产保护中馆藏文物保存环境、丝织品文物保护新技术和室外大型铁质文物保护等存在的问题，采用文物保护科学、环境科学、生物化学、材料学、冶金等多学科，共同研究开发拥有自主知识产权、达到国际先进水平的馆藏文物保存环境监测控制技术及装置、生物化学保护丝织文物新材料和室外铁质文物综合保护技术，提高文化遗产保护与传承能力。

项目重点围绕三方面的内容与目标开展研究。一是针对环境有害因素是造成文物病害的主要原因，开展环境对文物主要影响因素评价和控制技术研究，形成文物保存环境监测、评价、控制等系列技术及相关产品，形成博物馆文物环境保存控制技术及装置自主知识产权，达到国际同类产品及技术先进水平。二是针对丝织品文物保护技术中存在的性能不稳定、效率低下等问题，开展生物化学技术在丝织文物保护修复中的应用研究，进行保护材料筛选与纯化，开发2～3种拥有自主知识产权的生物化学保护新材料及新工艺。三是针对室外大型铁质文物锈蚀问题，开展铁质文物脱盐清洗、缓蚀钝化、加固封护保护等技术研究，研发室外大型铁质文物保护封护、除锈系列关键技术和专用材料。

项目在铁质文物保护方面，系统总结中国古代大型铁质文物材质和制作工艺，研发除锈、脱盐、缓蚀和封护材料以及实施方法，以沧州铁狮子为例，示范性开展室外大型铁质文物保护技术研发与综合运用。在馆藏文物保存环境控制方面，开发环境监测技术、材料质量预防性快速评估筛选技术、集成净化技术及小型设施等，最终集成相关技术，研发出稳定相对湿度、控制或净化污染气体的多功能小环境控制一体化文物展柜设施，确定质量评价方法并制定了相应质量检测技术规范。

**脆弱性硅酸盐质文化遗产保护关键科学与技术基础研究** 脆弱性硅酸盐质文化遗产保护关键科学与技术基础研究项目是科技部"973"项目，依托上海市科学技术委员会、中国科学院和国家文物局，2011年立项，2016年通过结项验收。项目由中国科学院上海硅酸盐研究所、敦煌研究院、秦始皇兵马俑博物馆、浙江大学、西安交通大学、上海中科高等研究院、上海光学精密机械研究所、兰州化学物理研究所、中国文化遗产研究院、北京航空航天大学联合承担，依托两个国家重点实验室、一个国家工程技术研究中心、三个国家文物局重点科研基地、一个教育部重点实验室。

项目设置脆弱性硅酸盐质文化遗产及病害科学认知，已用典型保护材料功能及失效规律研究，考古发掘现场抢救性保护技术基础研究，有机／无机保护材料设计与功能实现，保护材料与工艺系统评价方法及其应用示范，高精度原位、无损表征体系构建等6个子课题，以脆弱性硅酸盐质文化遗产中最典型、最脆弱的壁画和陶质彩绘文物为研究对象，聚焦"发掘—保护—保存"全过程共性科学与技术基础问题，开展多学科交叉与集成研究。项目共申请20余项专利，阐明了可溶盐对壁画和陶器脆弱性硅酸盐质文化遗产的破坏机制；首次构建了脆弱性硅酸盐质文物原位无损分析体系；建立了以薄荷醇、香豆素以及乙基麦芽酚等日用固体香料为代表的具有梯度熔点的考古发掘现场临时固型材料库；揭示了有机／无机结合方式、协同构效、分散剂对材料的调控作用及对保护兼容性的影响规律，建立了具有自主知识产权的保护材料体系；构建了跨学科的协同创新科研团队。

**石质文物保护关键技术研究** 石质文物保护关键技术研究为国家科技支撑项目，2009年7月立项，2012年9月通过结项验收。项目由云冈石窟研究院、中国文化遗产研究院、中铁西北科学研究院有限公司、陕西省文物保护研究院、中南大学等联合承担。

项目以云冈石窟为例，针对中国砂岩类石窟寺普遍存在的水侵害、石窟岩体失稳、石雕风化以及表面污染等共性问题开展综合研究，分为无损或微损检测技术在石窟保护中应用研究、石窟水分来源综合探查技术研究、石窟岩体结构稳定性分析评价系统研究、石窟危岩体治理关键技术研究、石窟文物表面有害污物清除技术研究、石质文物防风化保护和施工工艺研究、南京报恩寺地宫及出土文物保护关键技术研究等7个子课题。项目建立了较为完善的石质文物保护技术体系与工作方法体系，形成石质文物检测、监测、评估及重点病害治理技术、材料和设备创新性成果。在石质文物保护无损（微损）检测、水分来源探测及评估、岩体稳定性评估、危岩体加固治理、防风化加固材料及工艺、表面污物清除等关键技术方面取得重大突破，包括适合从纵深、梯度对石质文物风化程度、深度等方面进行检测和评估的微损钻芯取样技术，可半定量检测表层岩石元素成分的便携式X射线荧光无损检测技术，适合定量评价风化病害程度和风化深度的贯入阻力仪及抗钻系数Dr试验统计分析模型；适合探测岩石空鼓的红外热成像技术，适合定性探测、评估表层岩体微裂隙发育分布状况及危害程度的超声探伤检测技术，以及适合裂隙灌浆效果探测与评估的红外热成像技术和超声波检测技术；可用于清洗效果检测评估的色差仪和三维形貌仪等技术应用研究；应用六氟化硫（$SF_6$）混合气体示踪探测方法对石窟围岩渗流通道进行探查；研发文物保存环境无线远程控制除湿系统；采用无线传感网络技术作为实时、动态信息采集手段，结合太阳能技术等构建石窟区环境监测系统；建立较完善的石窟岩体稳定性分析评价系统，明确石窟岩体稳定性评价分析程序、步骤、内容、要求、方法、安全标准等，建立洞窟蠕变本构模型，应用三维流变力学有限元分析方法完成第9、10窟蠕变时效稳定性分析评估等。通过项目研究，建立了石窟典型病害和保护效果评价无损检测技术体系，对石窟危岩体治理关键技术进行适用性研究和改进并取得关键成果，研发适用于砂岩裂隙加固的无机矿物聚合物灌浆材料，研制锚固施工粉尘监控新装置，完善石窟危岩体锚固施工工艺；采用锚固质量检测仪等技术，完成锚固体质量和工作性能无损检测，实现了锚固及灌浆质量动态控制。项目还明确了化学清洗、蒸汽清洗、微粒子喷射清洗、激光清洗等技术影响清洗效果的指标参数，全面梳理和总结其技术特点及适用性，并针对有害污物建立起综合评估流程和处理方法，形成中国石窟文物表面有害污物清洗集成技术，建立砂岩激光损伤理论模型和激光清洗理论模型，研发完成具有自主知识产权的文物激光清洗设备。项目首次将数据挖掘中的决策树分类方法应用到石质文物风化影响因素研究中，并与风化影响因素非条件Logistic模型相结合；成功研制疏水性纳米复合薄膜专用防风化材料；通过高能机械球磨结

合超声分散方法，制备无机（$TiO_2$包覆$SiO_2$复合纳米颗粒）-有机（含氟有机物）杂化超疏水性薄膜；研发以四甲氧基硅烷和甲基三甲氧基硅烷为基体，以甲基三乙氧基硅烷和正硅酸乙酯为补充，并添加少量含氟有机物和纳米二氧化硅／石质石粉颗粒的有机-无机杂化防风化材料。项目取得的一系列研究成果填补了中国石质文物保护技术方面的诸多空白，并在云冈石窟保护等石质文物保护研究或工程项目中得到应用，取得良好效果。

**文化遗产数字化公共服务平台与产业化应用示范** 文化遗产数字化公共服务平台与产业化应用示范项目为国家科技支撑项目，2012年立项，2015年通过验收。项目由浙江大学、快威科技集团有限公司、浙江省博物馆、易游无线科技（北京）有限公司、新华网股份有限公司等单位联合承担。

该项目围绕制约中国数字博物馆、文化遗产公共服务发展的瓶颈问题，突破文化遗产数字信息采集、存储与处理传输、互动展示与时空导览等行业化关键核心技术，开发基于石窟寺壁画的文化遗产动态表现与影视系统技术，制定基于数字博物馆文化遗产的公共服务平台关键技术标准与规范，集成研发自主知识产权专业化成套系统与装备，构建开放文化遗产数字化公共服务平台，开展面向手机、电脑等终端的应用示范并支持第三方应用服务，实现典型文化遗产数字化旅游服务，探索建立B2C、B2B等商务模式，构建完整基于数字博物馆的文化遗产公共服务平台产业链，培育新兴产业业态，培养专业队伍，建设产业基地，为赶超国际先进水平、发展基于数字博物馆的文化遗

产公共服务产业奠定基础。

通过研发与应用示范，研发一套文化遗产专用化采集装备，包含大幅面壁画二维信息采集装置及可移动文物三维信息采集装置；研发一套文化遗产动画辅助制作系统，在文化遗产采集装置研发基础上，利用采集装置实施大范围数字化采集工程。重点围绕杭州西湖及浙江省博物馆等主要应用示范场所开展数字化采集，共采集建设入库数字资源总量6603件，其中全景数字资源170余件、三维环拍模型70余件、真三维模型120余件、高清图片资源6000余份、语音120余份、媒体视频30余份、文献材料110余份。完成文化遗产综合应用服务平台建设，面向实体博物馆构建博物馆云端录入服务功能及应用拓展支撑功能，针对不同文化遗产数字化资源类型研发多重展示服务功能模块，包括面向实体展陈全景展示服务模块、面向文物三维展陈服务功能模块、面向文物高清图像展陈服务功能模块、面向文物视频全景融合播放服务功能模块等。项目申请并获得发明专利8项，软件著作版权13项，形成各类标准规范草案9项。在数字化采集、动态展示、数字影视制作等方面取得一定技术突破，完成文化遗产公共服务平台开发建设。

**世界文化遗产地风险预控关键技术研究与示范** 世界文化遗产地风险预控关键技术研究与示范项目为国家科技支撑项目，2013年立项，2015年12月结项验收。项目由敦煌研究院、西北大学和北京工业大学牵头，联合天津大学、浙江大学、兰州大学等10余家高校或科研院所联合承担。

项目以风险管理理论为指导，在大量测试和室内外模拟分析的基础上，利用现代科技，开展敦煌莫高窟、长城、古建筑保护技术和基于风险控制决策的管理系统研发，实现世界遗产地"变化可监测、风险可预报、险情可预控、保护可提前"的预防性保护管理目标。主要包括敦煌莫高窟风险监测与评估关键技术研究、长城保存状态智能感知关键技术研究、古建筑木结构安全性评价关键技术研究、敦煌莫高窟微环境控制关键技术研究和世界文化遗产地风险管理和决策支持系统研发与集成示范等5个子课题。

项目通过高精度图像分析、智能仿真、大规模物联网监测、多模态数据融合分析、智能监测与控制、无损检测、网络与信息处理等技术，在大量测试和模拟分析的基础上，针对敦煌莫高窟存在的风险，研发相机重定位技术，实现了壁画病害变化微小识别；采用原创性降雨模拟试验、风化落石和振动损伤试验与数值模拟相结合的方法，确定风沙、降水（洪水）、振动和崖体稳定性风险阈值并建立预控体系；建立长城类土遗址风险评估方法体系，设计研发微（无）损部署"夯土温湿度分布传感器""酸雨及降水强度实时传感器""夯土盐分传感器"等专用传感器，提出实现感知数据多跳、多路径的可靠传输技术；建立基于海量感知数据的长城风险智能预警评估模型，实现长城保存状态智能感知示范系统；研发材质性能与残损信息定量识别与分类分级技术，研发古建筑木结构整体变位检测技术，配合使用阻抗仪法与应力波法提高古建筑木结构内部缺陷检测精度，研发古建筑木结构残损构件试验与仿真分析技术，提出古建筑木结构抗震性能评估方法和安全性评价方法；研发游客量实时监控、洞窟微环境实时控制等技术和管理手段，实现对洞窟微环境的提前预测和主动调节，优化设计莫高窟游客分组游览路线；在国内首先提出并定义了能够完整支持风险管理过程各个环节的世界文化遗产地风险管理信息系统框架和功能模型，设计和开发国内首个"世界文化遗产地风险管理与决策支持系统"。项目共申请国内技术专利67项（其中发明技术专利62项、实用新型专利5项），获专利授权19项（其中发明专利14项）；授权计算机软件著作权69项；编制完成技术标准草案或征求意见稿16项；发表或录用研究论文158篇；形成技术应用示范点14处。项目首次将风险管理理论和文化遗产预防性保护目标结合，研发关键技术、科学研究方法及规范标准等重要成果，对实现中国世界文化遗产保护模式从抢救性保护向预防性保护过渡、从经验粗放型保护向科学精细化保护转变具有重要作用。通过多学科科技攻关，促进了各学科知识和技术在文化遗产保护领域的综合应用和深入研究，促进了世界文化遗产地的保护利用和谐发展。

**文物数字化保护标准体系及关键标准研究与示范** 此项目为国家科技支撑项目，2014年1月启动，2017年10月通过结项验收。项目由故宫博物院与敦煌研究院牵头承担。

项目针对中国文物的不同属性和类别，通过研究、挖掘、集成国际先进数字化技术，建立文物数字化保护标准体系，以解决中国文物数字化保护标准建设滞缓、方式方法不统一、人力和财力重复投入、易形成信息孤岛等问题。项目通过分析文物数字化保护文物分类

体系和文物数字化生命周期模型，研究建立文物数字化保护体系，以此为基础研究提出文物数字化保护核心元数据、专门元数据、管理元数据等规范体系，并开发研制文物元数据管理系统，实现对元数据著录、检索、浏览、管理及相关编码体系的管理。针对可移动文物（以古书画和青铜器为例）制定采集、加工、存储、服务系列标准，针对不可移动文物（以石窟寺为例）制定壁画数字化、虚拟漫游、塑像三维重建和三维空间结构等方面采集、加工、存储、传输、服务和交换的一系列标准，并以敦煌研究院和故宫博物院为示范基地验证所制定标准的正确性、合理性和完整性。项目下设文物数字化保护标准框架体系研究、文物数字化保护元数据标准研究、可移动文物数字化保护关键标准研究与示范（以古书画和青铜器为例）、不可移动文物数字化保护关键标准研究与示范（以石窟寺为例）等4个课题。

项目在实际工作调研基础上，制定适应中国文物保护现状文物的数字化保护关键技术相关标准与工作规范，建立文物数字化保护关键技术标准示范基地，围绕文物数字化保护过程中信息采集、著录加工、存储表达、传输机制、交换共享、展示服务各流程，开展全流程验证测试与示范工作，并面向国内文博从业人员提供相应标准化技术解决方案和参考性工作指南。项目研究制定文物数字化保护标准体系框架标准、核心元数据标准，以及可移动文物（以书画与青铜器为例）和不可移动文物（以石窟寺为例）信息采集、加工、存储、传输、服务和交换标准等共87项；研发文物数字化保护标准体系管理平台；申请软件著作权

3项；发表论文15篇。项目所制定的文物数字化保护标准框架，覆盖文物数字化分类体系全部类别和生命周期各阶段，是较为全面并具权威性的标准规范；设计的多维度文物分类主题一体化词表，填补了中国文物数字化工作中缺乏统一、基于知识层面分类体系和数据值标准的空白。

**文物保护传承和创新技术应用研究与示范** 文物保护传承和创新技术应用研究与示范项目为国家科技支撑项目，2016年立项。项目面向文博展陈及文物遗址两类应用场景，突破制约文物保护与利用领域发展的一系列技术瓶颈，研发博物馆观众行为信息处理与优化系统、计算机辅助文博陈列展览设计平台、重大历史事件虚拟仿真与可视化系统、古代遗址遥感影像数据处理系统、古建筑工程结构安全保障系统，开展传统蒙古族建筑传承提炼创新和实现传统蒙古族建筑文化在地域城乡建设和文化发展上的应用，构建具有自主创新和应用价值的中国文化遗产勘测保护展示平台，并在博物展陈、历史回放、古建维护等领域实现应用示范。项目主要有中国典型遗址遥感与地球物理综合考古研究、古建筑结构监测与状态评估关键技术研究、传统蒙古族建筑传承与创新关键技术研究与示范、移动互联网环境下面向观众的智慧博物馆关键技术研究及示范、博物馆展陈智能化设计平台关键技术研究与应用示范、重大历史事件时空关联信息虚拟仿真再现技术及其支撑平台等6项主要任务。

通过研究，对新疆沙漠、戈壁、雅丹地貌典型遗址的地球物理探测能力达到以下指标：探地雷达探测深度为3～5米，水平分辨率为0.1～0.3米；高密度电法探测深度为15～20米，水平分辨率为0.2米；地面高精度磁法探测精度为0.1nT。提出基于识别误差最小化的指标的损伤识别传感器优化布置方法和考虑多重不确定性因素的损伤识别传感器优化布置方法。根据古建筑木结构构造特点，研发监测传感器在古建筑中无损安装新装置，研发古建筑木结构监测与状态评估系统软件。系统研究木结构关键节点受力性能和环境温度、风、人群和振动等多类型荷载作用下古建筑木结构整体受力性能。开发典型蒙古族建筑本底数据库系统，采集10个以上典型蒙古族建筑本底数据；开发蒙古族建筑三维可视化应用平台。构建秦始皇帝陵博物院综合信息云平台。开发智慧导览App应用及文博管理App应用，满足功能要求。在秦始皇帝陵博物院兵马俑二号坑建立数字互动体验展示厅，使观众体验近距离参观和与文物互动的娱乐体验。扫描采集众多馆藏文物三维数字信息，并通过不同渠道对模型进行收集整理。完成基于CBR技术的展陈辅助设计系统平台搭建。针对文物的不同材质，如金属、玻璃、玉石、木质等，绘制法线贴图、高度贴图、遮罩贴图等，在Unity3D引擎和Unreal引擎中均达到至少30帧／秒速率。利用Leap Motion深度传感器提供手部骨骼结构，创建包含8类不同手势动态的手势数据集合，并应用于虚拟博物馆展陈设计交互。设计使用HTC Vive头戴式显示设备与手柄配合实现虚拟博物馆展陈辅助设计系统，其中利用手柄的交互操作方式达到9种。研发用于重大历史事件时空关联信息虚拟仿真再现的软件系统，提供包含多种构建和可视化技术在内的信息技术工具集，包括场景构建和历史事件分析可视化工具作为支撑平台。构建宋、明、清开封城宏观场景区域，覆盖整个开封城区；完成古建筑建模几何面片数累计超过2300万片，经城市布局重用后预计在十亿量级。

以上技术在秦始皇帝陵博物院、湖南省博物馆、长沙市博物馆、开封市博物馆、河北清西陵、山西万荣东岳庙、新疆轮台奎玉克协海尔古城及奇台石城子古城等开展应用示范，促进了文化遗产保护技术进步。

表5-1-1 国家文物局文化遗产保护科学和技术研究课题一览表（2001~2010年）

| 序号 | 名称 | 承担单位 | 负责人 | 起止时间 |
|---|---|---|---|---|
| （一）可移动文物保护领域 | | | | |
| 1 | 博物馆内 $NO_2$ 检测方法的优化研究 | 上海博物馆 | 罗曦芸 | 2001年3月~2002年12月 |
| 2 | 南宋经折加固材料与修复工艺研究 | 宁波市天一阁博物馆 | 徐良雄 | 2001年9月~2003年9月 |
| 3 | 西汉玉衣片表面彩绘保护研究 | 徐州博物馆 | 李银德 | 2001年10月~2003年12月 |
| 4 | 有机硅材料用于成都金沙遗址出土象牙器封存保护的研究 | 成都市文物考古研究所 | 王 毅 | 2002年1月~2003年12月 |
| 5 | "聚对二甲苯"封护金属文物的应用 | 中国历史博物馆 | 孙振翔 | 2002年9月~2004年3月 |
| 6 | 居延汉简册书的整理复原与研究 | 甘肃省文物考古研究所 | 张德芳 | 2002~2003年 |
| 7 | 古代文物丝织品的霉斑清除研究 | 故宫博物院 | 田金英 | 2003年10月~2005年12月 |
| 8 | 熏蒸灭菌剂三甲基硼在文物上的应用研究 | 浙江省博物馆 | 卢 衡 | 2003年10月~2006年9月 |
| 9 | 木质文物劣化机理及新型脱水加固剂的研究 | 南京博物院 | 张金萍 | 2004年4月~2005年12月 |
| 10 | 赫哲族文物的调查与研究 | 黑龙江省民族博物馆 | 张敏杰 | 2004年4月~2006年12月 |
| 11 | 糟朽纺织品的保存修复技术 | 荆州市文物保护中心 | 吴顺清 | 2004年11月~2006年10月 |
| 12 | 利用细菌纤维素修复保护木质文物的应用与研究 | 湖北省博物馆 | 周松峦 | 2005年1月~2006年12月 |
| 13 | 破碎文物的数字化保护与虚拟修复技术研究 | 西北大学 | 周明全 | 2005年1月~2006年12月 |
| 14 | 纺织品修复规范、纺织品保护的技术规范研究 | 中国丝绸博物馆 | 赵 丰 | 2005年1月~2006年12月 |
| 15 | 馆藏文物保存环境综合研究 | 上海博物馆 | 吴来明 | 2005年1月~2006年12月 |
| 16 | 吐尔基山出土金银器保护的综合性研究 | 中国国家博物馆 | 马燕如 | 2005年12月~2007年12月 |
| 17 | 变形漆木器文物的整形技术研究 | 出土木漆器保护国家文物局重点科研基地（湖北省博物馆） | 胡希玉 | 2006年12月~2009年12月 |
| 18 | 法门寺地宫出土髹漆平脱秘色瓷器保护前期研究 | 砖石质文物保护国家文物局重点科研基地（西安文保中心） | 杨军昌 | 2007年11月~2009年11月 |
| 19 | 馆藏锡铅器保护研究 | 中国国家博物馆 | 杨小林 | 2008年1月~2009年12月 |
| 20 | 成都中国皮影博物馆馆藏皮影文物的保护研究 | 成都文物考古研究所 | 李明斌 | 2008年6月~2010年12月 |
| 21 | 博物馆展陈环境颗粒物监测及评价研究 | 馆藏文物保存环境国家文物局重点科研基地（上海博物馆） | 徐方圆 | 2008年11月~2010年11月 |

| 序号 | 名称 | 承担单位 | 负责人 | 起止时间 |
|---|---|---|---|---|
| 22 | 博物馆环境中氧化型气态分子污染物对金属文物影响的评价研究 | 馆藏文物保存环境国家文物局重点科研基地（上海博物馆） | 周　浩 | 2008 年 11 月～2011 年 11 月 |
| 23 | 半干旱环境出土漆木器的发掘清理与保护 | 中国社会科学院考古研究所 | 李存信 | 2009 年 10 月～2011 年 10 月 |
| 24 | 出土干缩变形木质文物的再饱水复原与脱水定型研究 | 河南省文物考古研究所 | 陈家昌 | 2009 年 10 月～2011 年 12 月 |
| 25 | 博物馆有机材质珍贵文物保护关键技术研究 | 中国科技大学 | 龚德才 | 2010 年 5 月～2010 年 11 月 |

## （二）不可移动文物保护领域

| 序号 | 名称 | 承担单位 | 负责人 | 起止时间 |
|---|---|---|---|---|
| 1 | 云冈石窟泥塑加固方法的研究 | 山西云冈石窟文物研究所 | 苑静虎 | 2001 年 5 月～2002 年 12 月 |
| 2 | 水对云冈石窟石雕的作用及防治对策 | 山西云冈石窟文物研究所 | 黄继忠 | 2001 年 8 月～2003 年 6 月 |
| 3 | 全数字摄影测量在敦煌莫高窟文物保护中的应用研究 | 敦煌研究院 | 樊锦诗 | 2001～2003 年 |
| 4 | 防止沿海地区现存夯土长城风化的研究 | 河北省秦皇岛市山海关区文物局 | 周之镖 | 2002 年 1 月～2004 年 12 月 |
| 5 | 广西宁明花山岩画风化机理与治理研究 | 广西壮族自治区文物工作队 | 蓝日勇 | 2002 年 9 月～2004 年 9 月 |
| 6 | 唐陵石刻超声断层扫描研究 | 西安文物保护修复中心 | 马宏林 | 2002～2006 年 |
| 7 | 非水分散乳液研究及在潮湿土遗址保护中的应用 | 北京大学考古文博学院 | 周双林 | 2003 年 10 月～2006 年 6 月 |
| 8 | 古建筑木构件年代测定与材质材性评价 | 中国文物研究所 | 张之平 | 2003 年 10 月～2006 年 10 月 |
| 9 | 木构件腐蚀的科学分析及新型环保防腐蚀剂的应用 | 中国文物研究所 | 高　峰 | 2003 年 10 月～2006 年 10 月 |
| 10 | 四川省古建筑维修中传统工具的运用与研究 | 四川省文物考古研究所 | 王小灵 | 2003 年 10 月～2006 年 10 月 |
| 11 | 韩城元代建筑调查与研究 | 西安文物保护修复中心 | 贺　林 | 2003 年 12 月～2005 年 12 月 |
| 12 | GIS 在文化遗产地资源管理中的应用研究——以秦始皇陵区为例 | 秦始皇兵马俑博物馆 | 吴永琪 | 2004 年 4 月～2007 年 4 月 |
| 13 | 现代建筑保护研究——以浙江为例 | 浙江省文物考古研究所 | 张　苹 | 2004 年 4 月～2007 年 4 月 |
| 14 | 旧石器时代遗址现状与保护对策研究 | 中国科学院古脊椎动物与古人类研究所 | 高　星 | 2004 年 10 月～2006 年 4 月 |
| 15 | 中心城市的传统街区保护——以福州三坊七巷朱紫坊传统街区研究为例 | 福建省文物局 | 郑国珍 | 2005 年 1～12 月 |
| 16 | 木结构古建筑勘察技术规范预研究 | 中国文物研究所 | 沈　阳 | 2005 年 1 月～2006 年 6 月 |
| 17 | 微生物在石质文物加固保护中的应用研究 | 中国文物研究所 | 陈　青 | 2005 年 12 月～2007 年 12 月 |
| 18 | 多光谱无损分析技术在敦煌壁画中的应用研究 | 古代壁画保护国家文物局重点科研基地（敦煌研究院） | 范宇权 | 2006 年 12 月～2009 年 12 月 |
| 19 | 石刻计算机三维彩色图像处理研究——以陕西唐陵石刻为例 | 砖石质文物保护国家文物局重点科研基地（西安文保中心） | 周伟强 | 2007 年 12 月～2008 年 12 月 |
| 20 | 壁画空鼓缺陷的红外线检测技术研究 | 中国建筑科学研究院 | 张荣成 | 2008 年 1～12 月 |

| 序号 | 名称 | 承担单位 | 负责人 | 起止时间 |
|---|---|---|---|---|
| 21 | 安阳殷墟大遗址保护与展示综合研究 | 河南省安阳市文物管理局 | 段振美 | 2008 年 1 月～2009 年 12 月 |
| 22 | 古建保护与修复中的微生物灌浆高新技术研究 | 清华大学 | 程晓辉 | 2008 年 1 月～2010 年 12 月 |
| 23 | 莫高窟第 254 窟图像研究与数字动画展示 | 敦煌研究院 | 侯黎明 | 2008 年 1 月～2010 年 12 月 |
| 24 | 基于"3S"技术的历史文化遗产动态监测方法研究 | 空间信息技术在文化遗产保护中的应用研究国家文物局重点科研基地（清华大学） | 周文生 | 2008 年 11 月～2009 年 11 月 |
| 25 | 正硅酸乙酯为主剂的潮湿环境下壁画修复材料的研究 | 古代壁画保护国家文物局重点科研基地（敦煌研究院） | 苏伯民 | 2008 年 11 月～2010 年 10 月 |
| 26 | 麦积山石窟数字化技术应用研究 | 麦积山石窟研究所 | 花平宁 | 2008 年 12 月～2009 年 6 月 |
| 27 | 军队建筑遗产普查及其评估 | 中国人民解放军理工大学工程兵工程学院 | 奚江琳 | 2009 年 10 月～2010 年 10 月 |
| 28 | 基于高光谱与微波遥感图像的古遗址信息处理分析方法研究 | 陕西省文物局西北大学文化遗产保护规划中心 | 王旭红 | 2009 年 10 月～2011 年 10 月 |
| 29 | 敦煌壁画数字图像智能拼接系统 | 敦煌研究院 | 吴健 | 2009 年 10 月～2011 年 10 月 |
| 30 | "文物建筑健康评价关键技术研究"项目前期可行性研究 | 北京工业大学 | 苏经宇 | 2010 年 5～11 月 |
| 31 | 遗址博物馆生物病害防治关键技术研究 | 西北工业技术研究院 | 于忠 | 2010 年 5～11 月 |
| 32 | 古代生铁冶炼遗址研究与展示——以延庆水泉沟冶铁遗址为例 | 北京科技大学 | 潜伟 | 2010 年 7 月～2011 年 7 月 |
| 33 | 中国古建筑精细测绘 | 北京工业大学 | 戴俭 | 2010 年 8 月～2011 年 8 月 |
| 34 | 基于激光雷达扫描技术的颐和园标志建筑——佛香阁精细测绘 | 北京市颐和园管理处 | 丛一蓬 | 2010 年 8 月～2011 年 8 月 |
| 35 | 中国古建筑精细测绘——晋祠圣母殿精细测绘 | 东南大学 | 诸葛净 | 2010 年 8 月～2011 年 8 月 |
| 36 | 中国古建筑精细测绘——山西万荣稷王庙 | 北京大学 | 徐怡涛 | 2010 年 8 月～2011 年 8 月 |
| 37 | 山西平遥镇国寺天王殿与万佛殿精细测绘 | 清华大学 | 刘畅 | 2010 年 8 月～2011 年 8 月 |
| 38 | 北京先农坛太岁殿古建筑精细测绘 | 北京建筑工程学院 | 汤羽扬 | 2010 年 8 月～2011 年 8 月 |
| 39 | 基于传感器集成融合的武当山南岩宫两仪殿精细测绘与三维建模技术研究 | 湖北省文化厅古建筑保护中心 | 吴晓 | 2010 年 8 月～2011 年 8 月 |

### （三）考古领域

| 序号 | 名称 | 承担单位 | 负责人 | 起止时间 |
|---|---|---|---|---|
| 1 | 益阳楚墓 | 湖南益阳市文物管理处 | 盛定国 | 2001～2002 年 |
| 2 | 汉画像石上的文字研究 | 南京博物院 | 欧阳宗俊 | 2001～2003 年 |
| 3 | 巴中石窟研究 | 成都市文物考古研究所 | 雷玉华 | 2001～2003 年 |
| 4 | 织机洞遗址古人类活动及年代学与环境背景的研究 | 中国文物博物馆学院 | 王幼平 | 2001～2004 年 |
| 5 | 浦阳江流域新石器时代遗址的调查与研究 | 浙江省文物考古研究所 | 蒋乐平 | 2001～2004 年 |
| 6 | 四川地区宋代金银器研究 | 成都市文物考古工作队 | 谢涛 | 2001～2004 年 |

| 序号 | 名称 | 承担单位 | 负责人 | 起止时间 |
|---|---|---|---|---|
| 7 | 古玉器与中国文明 | 四川省博物馆 | 高大伦 | 2001 年 3 月～2004 年 9 月 |
| 8 | 声波 CT 技术在文物探测中的应用方法研究 | 四川省文物考古研究所 | 袁金泉 | 2001 年 6 月～2003 年 6 月 |
| 9 | 考古发掘潮湿朽胎漆器的现场及实验室保护的研究 | 北京大学考古文博学院 | 胡东波 | 2002 年 11 月～2005 年 11 月 |
| 10 | 云南新石器时代考古学文化研究 | 云南省文物考古研究所 | 戴宗品 | 2002～2003 年 |
| 11 | 城洋商代铜器群整理与研究 | 西北大学文博学院 | 赵丛苍 | 2002～2003 年 |
| 12 | 英国收藏的甘肃敦煌、新疆米兰和麻札塔格出土古藏文写卷文书研究 | 重庆市文化局 | 杨 明 | 2002～2003 年 |
| 13 | 隋代墓志铭汇考 | 西安碑林博物馆 | 王其伟 | 2002～2004 年 |
| 14 | 随州孔家坡汉简研究 | 武汉大学考古学系 | 李天虹 | 2002～2004 年 |
| 15 | 宁德市虹梁式木构廊屋桥考古调查与研究 | 宁德市文化局 | 钟 亮 | 2002～2004 年 |
| 16 | 长江中下游地区先秦时期古铜矿输出方向及与中原青铜器文化的关系研究 | 中国科学技术大学科技史与科技考古系 | 秦 颍 | 2002～2004 年 |
| 17 | 西南地区汉代摇钱树研究 | 四川省广汉市文物管理局 | 邱登成 | 2002～2004 年 |
| 18 | 岷江上游新石器时代文化研究 | 成都市文物考古研究所 | 蒋 成 | 2002～2005 年 |
| 19 | 古代的符节牌 | 中国历史博物馆 | 杨桂梅 | 2002～2005 年 |
| 20 | 良渚文化与大汶口文化关系利用多学科对江苏北部史前文化遗存的新探索 | 中国文物博物馆学院 | 吴小红 | 2002～2005 年 |
| 21 | 早期楚文化探索 | 湖北省文物考古研究所 | 张昌平 | 2002～2006 年 |
| 22 | 浙江新石器时代木制器物材质特点的研究 | 浙江省文物考古研究所 | 郑云飞 | 2003 年 1 月～2005 年 12 月 |
| 23 | 南京明代纪年墓瓷器研究 | 南京市博物馆 | 白 宁 | 2003 年 5 月～2005 年 12 月 |
| 24 | 澧阳平原史前水稻籼粳比例结构演变分析 | 湖南省文物考古研究所 | 顾海滨 | 2003 年 6 月～2005 年 12 月 |
| 25 | 浙江金衢盆地宋元时期窑业遗存的调查和研究 | 浙江省博物馆 | 蔡乃武 | 2003 年 9 月～2005 年 11 月 |
| 26 | 秦甲胄研究 | 秦始皇兵马俑博物馆 | 张卫星 | 2003 年 10 月～2004 年 12 月 |
| 27 | 刘家文化研究 | 陕西省考古研究所 | 张天恩 | 2003 年 10 月～2004 年 12 月 |
| 28 | 周原遗址出土青铜器整理 | 陕西省考古研究所 | 曹 玮 | 2003 年 10 月～2005 年 6 月 |
| 29 | 重庆巫山大溪墓地史前人群基因结构的分子考古学研究 | 复旦大学 | 高蒙河 | 2003 年 10 月～2005 年 9 月 |
| 30 | 汉金文研究 | 西安市文物保护考古所 | 孙福喜 | 2003 年 10 月～2005 年 10 月 |
| 31 | 薛家岗文化综合研究 | 安徽省文物考古研究所 | 吴卫红 | 2003 年 10 月～2005 年 10 月 |
| 32 | 中国家畜的起源和发展 | 中国文物博物馆学院 | 黄蕴平 | 2003 年 10 月～2005 年 10 月 |
| 33 | 新蔡楚简研究 | 河南省文物考古研究所 | 贾连敏 | 2003 年 10 月～2005 年 10 月 |
| 34 | 中原北方地区宋墓研究 | 北京大学考古文博学院 | 秦大树 | 2003 年 10 月～2005 年 10 月 |
| 35 | 山西晋东南地区石窟寺研究 | 山西省考古研究所 | 张庆捷 | 2003 年 10 月～2005 年 10 月 |
| 36 | 秦直道的考古调查与综合研究 | 西安文物保护修复中心 | 张在明 | 2003 年 10 月～2005 年 10 月 |
| 37 | 河北北部辽金元城址调查、勘测与保护 | 河北省文物研究所 | 张春长 | 2003 年 10 月～2006 年 10 月 |
| 38 | 对散落于内蒙古各地蒙元时代碑铭整理与研究 | 内蒙古博物馆 | 邵清隆 | 2003 年 10 月～2006 年 10 月 |

| 序号 | 名称 | 承担单位 | 负责人 | 起止时间 |
|---|---|---|---|---|
| 39 | 巴蜀文化区的形成及其进一步整合的历史过程 | 四川省成都市文物考古研究所 | 江章华 | 2003 年 10 月～2006 年 10 月 |
| 40 | 长治市宋金元墓室建筑艺术研究 | 长治市文物旅游局 | 王进先 | 2003 年 10 月～2006 年 10 月 |
| 41 | 安宁河谷文化遗存调查研究 | 凉山彝族自治州博物馆 | 刘 弘 | 2003 年 11 月～2005 年 12 月 |
| 42 | 北方草原早期游牧民族遗存的考察与研究 | 中国文物研究所 | 乔 梁 | 2003 年 12 月～2005 年 12 月 |
| 43 | 河南境内京杭大运河遗址的考古学研究 | 河南省文物考古研究所 | 陈彦堂 | 2003 年 12 月～2005 年 12 月 |
| 44 | 魏晋北朝墓葬文化的区域性与阶段性研究 | 北京师范大学历史系 | 李梅田 | 2004 年 4 月～2005 年 1 月 |
| 45 | 山西垣曲古城东关早期文化遗存与仰韶文化研究 | 中国国家博物馆 | 许志勇 | 2004 年 4 月～2005 年 12 月 |
| 46 | 两汉帝陵研究 | 郑州大学 | 韩国河 | 2004 年 4 月～2005 年 12 月 |
| 47 | 湘江下游商周青铜文化研究 | 湖南省文物考古研究所 | 向桃初 | 2004～2006 年 |
| 48 | 藏传佛教寺院美岱召、五当召调查与研究 | 内蒙古包头博物馆 | 王磊义 | 2004 年 4 月～2006 年 4 月 |
| 49 | 北朝长城东部遗迹综合考察与分析 | 山海关区文物局 | 于占海 | 2004 年 4 月～2006 年 4 月 |
| 50 | 先秦时期南海渔业文化研究 | 珠海市博物馆 | 肖一亭 | 2004 年 4 月～2006 年 6 月 |
| 51 | 古代太行山交通孔道（含战国时期的长城）调查和研究 | 河南省焦作市文物队 | 罗火金 | 2004 年 4 月～2006 年 12 月 |
| 52 | 耀州窑陈炉地区窑址调查与研究 | 耀州窑博物馆 | 薛东星 | 2004 年 4 月～2006 年 12 月 |
| 53 | 大足北山石窟考古学研究 | 重庆大足石刻艺术博物馆 | 黎方银 | 2004 年 4 月～2007 年 4 月 |
| 54 | 中原及北方地区早期古矿冶遗址考察研究 | 北京科技大学 | 李延祥 | 2005 年 1 月～2006 年 12 月 |
| 55 | 稳定同位素碳十三、氮十五分析应用于流水墓地和前掌大遗址古人类食物结构研究 | 中国社会科学院考古研究所 | 张雪莲 | 2005 年 12 月～2007 年 12 月 |
| 56 | 重庆丰都炼锌遗址群综合研究 | 中国文物博物馆学院 | 陈建立 | 2005 年 12 月～2008 年 5 月 |
| 57 | 柴达木地区年轮年表建立与考古定年、古文化 | 中国社会科学院考古研究所 | 王树芝 | 2005 年 12 月～2008 年 11 月 |
| 58 | 西辽河上游地区史前农业的形成和发展以及与当地生态环境演变的关系 | 中国社会科学院考古研究所 | 赵志军 | 2006 年 1 月～2008 年 6 月 |
| 59 | 中国北方古人群口腔病生理状况与经济文化发展关系研究 | 中国文物博物馆学院 | 何嘉宁 | 2006 年 1 月～2008 年 9 月 |
| 60 | 动物骨骼图谱 | 中国社会科学院考古研究所 | 袁 靖 | 2006 年 1 月～2008 年 12 月 |
| 61 | 基于多源遥感的古墓葬遗址信息提取研究——以汉五陵原遗址为例 | 西北大学 | 刘咏梅 | 2008 年 1 月～2009 年 12 月 |
| 62 | 漳州窑等古外销瓷的科技考古研究 | 中国科学院研究生院 | 朱 剑 | 2008 年 1 月～2010 年 1 月 |
| 63 | 居延地区历史时期环境考古研究 | 中国社会科学院考古研究所 | 齐乌云 | 2008 年 1 月～2010 年 12 月 |
| 64 | 内蒙古中南部地区汉代居民体质人类学的综合研究 | 吉林大学边疆考古研究中心 | 张全超 | 2008 年 1 月～2010 年 12 月 |
| 65 | 中国家猪饲养的早期发展 | 武汉大学历史学院 | 罗运兵 | 2008 年 1 月～2010 年 12 月 |
| 66 | 甘肃汉魏至元明时期壁画墓研究 | 甘肃省文物考古研究所 | 杨惠福 | 2008 年 1 月～2011 年 2 月 |

| 序号 | 名称 | 承担单位 | 负责人 | 起止时间 |
|---|---|---|---|---|
| 67 | 黑水河流域早期冶铜技术 | 金属与矿冶文化遗产研究国家文物局重点科研基地（北京科技大学） | 李延祥 | 2008年11月～2011年11月 |
| 68 | 郧县人文化——兼论中国旧石器时代南方砾石石器文化传统 | 中国科学院古脊椎动物与古人类研究所 | 冯小波 | 2009年10月～2011年9月 |
| 69 | 水阳江旧石器地点群年代框架和环境背景研究 | 南京博物院 | 房迎三 | 2009年10月～2011年10月 |
| 70 | 青海民和喇家遗址出土人骨研究 | 中国社会科学院考古研究所 | 王明辉 | 2009年10月～2011年12月 |
| 71 | 明代藩王陵墓调查研究 | 南开大学 | 刘毅 | 2009年10月～2012年10月 |
| 72 | 越国迁都琅琊城址地望考古调查与研究 | 绍兴博物馆 | 彭云 | 2009年10月～2012年10月 |

### （四）博物馆领域

| 序号 | 名称 | 承担单位 | 负责人 | 起止时间 |
|---|---|---|---|---|
| 1 | 馆藏文物保护管理综合研究 | 中国历史博物馆 | 周保中 | 2001～2002年 |
| 2 | 博物馆与社区经济文化发展关系的研究 | 上海大学 | 吕建昌 | 2001～2003年 |
| 3 | 民族文物基础理论与民族博物馆建设 | 云南民族博物馆 | 谢沫华 | 2001～2003年 |
| 4 | 关于光在陈列艺术中的运用与研究 | 南京博物院 | 陈同乐 | 2001～2004年 |
| 5 | 故宫网站文档管理系统 | 故宫博物院 | 胡锤 | 2002年1～10月 |
| 6 | 中国博物馆学史研究 | 湖南省博物馆 | 陈建明 | 2002～2003年 |
| 7 | 中国私立博物馆管理与发展 | 北京大学考古文博院 | 宋向光 | 2002年1月～2004年12月 |
| 8 | 博物馆职业道德建设研究 | 浙江省博物馆 | 蔡琴 | 2002～2004年 |
| 9 | 梭戛生态博物馆的本土化理论与实践 | 贵州省民族研究所 | 黄才贵 | 2003年5月～2004年11月 |
| 10 | 馆藏文物保护管理办法的前期研究 | 四川大学 | 李永宪 | 2003年8月～2003年12月 |
| 11 | 数字博物馆研究 | 北京航空航天大学 | 齐越 | 2003年9月～2004年3月 |
| 12 | 博物馆陈列布展工程行业规范和标准研究 | 复旦大学 | 陆建松 | 2003年10月～2004年9月 |
| 13 | CURATOR体制——中国博物馆改革思路之一 | 中国丝绸博物馆 | 俞敏敏 | 2003年10月～2005年4月 |
| 14 | 世界遗产地博物馆建设和管理 | 四川省博物馆 | 谢志成 | 2003年10月～2006年4月 |
| 15 | 中国民族文物分类及藏品管理等若干问题研究 | 内蒙古博物馆 | 安丽 | 2003年10月～2006年10月 |
| 16 | 中国博物馆现状与发展战略研究 | 南开大学 | 黄春雨 | 2004年2～8月 |
| 17 | 博物馆建筑评价体系研究 | 浙江大学人文学院 | 项隆元 | 2004年4月～2006年4月 |
| 18 | 古代墓葬遗址及其出土文物虚拟展示研究 | 湖南省博物馆 | 陈建明 | 2006年10月～2008年10月 |
| 19 | 博物馆用电安全节能技术及其标准研究 | 华北电力大学 | 张建华 | 2007年1～12月 |
| 20 | 数字博物馆的系统架构与知识推送模型研究 | 首都博物馆 | 刘绍南 | 2009年10月～2010年10月 |
| 21 | 围绕博物馆展览的前中后三阶段教育活动的策划与实施研究 | 复旦大学 | 郑奕 | 2009年10月～2011年5月 |
| 22 | 公共文化视野下的近代中国博物馆 | 郑州大学 | 徐玲 | 2009年10月～2011年6月 |
| 23 | 近现代工业遗产保护模式研究——以近现代工业遗产博物馆为例 | 上海大学 | 吕建昌 | 2009年10月～2011年10月 |

| 序号 | 名称 | 承担单位 | 负责人 | 起止时间 |
|---|---|---|---|---|
| 24 | 《博物馆文化公共服务平台建设关键技术研究》项目前期可行性研究 | 北京化工大学 | 易军凯 | 2010 年 5 ~ 11 月 |
| （五）基础性研究 | | | | |
| 序号 | 名称 | 承担单位 | 负责人 | 起止时间 |
| 1 | 遗址、陵墓博物馆环境标准研究 | 西安文物保护修复中心 | 马 涛 | 1996 ~ 2000 年 |
| 2 | 石质文物保护工程勘察技术规范的研究 | 中国文物研究所 | 李宏松 | 1999 ~ 2001 年 |
| 3 | 《墨子》城守诸篇疏证 | 秦始皇兵马俑博物馆 | 史党社 | 2001 ~ 2002 年 |
| 4 | 泥范铸型司母戊大鼎工艺研究 | 南京博物院 | 徐湖平 | 2002 年 8 月 ~ 2005 年 2 月 |
| 5 | 商周青铜器铸造工艺的研究 | 中国历史博物馆 | 姚青芳 | 2002 年 9 月 ~ 2004 年 9 月 |
| 6 | 晋侯墓地青铜器的金属成分、铅同位素组成和铸造技术研究 | 中国文物博物馆学院 | 李伯谦 | 2002 ~ 2004 年 |
| 7 | 上海外滩人文地理和建筑历史的变迁 | 上海市历史博物馆 | 钱宗灏 | 2002 ~ 2004 年 |
| 8 | 敦煌饮食文化研究 | 敦煌研究院 | 高启安 | 2002 ~ 2004 年 |
| 9 | 古代中国青铜器专题研究 | 中国历史博物馆 | 朱凤瀚 | 2002 ~ 2004 年 |
| 10 | 秦汉简牍文书分类辑解 | 中国文物研究所 | 李均明 | 2002 ~ 2006 年 |
| 11 | 重庆地区明清佛教造像研究 | 重庆市博物馆 | 王 豫 | 2003 年 10 月 ~ 2004 年 10 月 |
| 12 | 山西晋中明清民居建筑布局与使用功能研究 | 山西省文物技术中心 | 丁凤萍 | 2003 年 10 月 ~ 2005 年 5 月 |
| 13 | 陕甘宁边区文化建设的理论和实践研究 | 甘肃省博物馆 | 李永平 | 2003 年 10 月 ~ 2005 年 6 月 |
| 14 | 红花套石器工艺研究 | 中国文物博物馆学院 | 张 驰 | 2003 年 10 月 ~ 2005 年 10 月 |
| 15 | 高句丽金属器物工艺研究 | 吉林省文物考古所 | 贾 莹 | 2003 年 10 月 ~ 2005 年 10 月 |
| 16 | 藏传佛教造像研究 | 中国国家博物馆 | 李 翎 | 2003 年 10 月 ~ 2005 年 10 月 |
| 17 | 北大红楼历史沿革考证 | 中国国家博物馆 | 郭俊英 | 2003 年 10 月 ~ 2006 年 10 月 |
| 18 | 明清民居建筑木装修地域分区与艺术流派之"徽派民居文化圈"研究 | 中国国家博物馆 | 谢小铨 | 2003 年 10 月 ~ 2006 年 10 月 |
| 19 | 豫南及邻境地域青铜文化 | 中国国家博物馆 | 李维明 | 2003 年 10 月 ~ 2006 年 10 月 |
| 20 | 晋国青铜器艺术 | 山西省考古研究所 | 李夏廷 | 2003 年 10 月 ~ 2006 年 10 月 |
| 21 | 清代蒙古族妇女头饰研究 | 内蒙古博物馆 | 苏婷玲 | 2003 年 10 月 ~ 2006 年 10 月 |
| 22 | 9 世纪~14 世纪西藏造型艺术 | 西藏博物馆 | 索南航旦 | 2004 ~ 2006 年 |
| 23 | 故宫古建筑木构件树种配置模式及物理力学性质的变异性 | 故宫博物院、中国林业科学研究院木材工业研究所 | 晋宏逵 | 2004 年 4 月 ~ 2005 年 12 月 |
| 24 | 流失海外克孜尔石窟壁画原位考证 | 新疆龟兹石窟研究所 | 赵 莉 | 2004 年 4 月 ~ 2005 年 12 月 |
| 25 | 巴蜀代纹青铜兵器的锈蚀机理及表面工艺研究 | 成都市文物考古研究所 | 肖 璘 | 2004 年 4 月 ~ 2005 年 4 月 |
| 26 | 清代官窑青花及相关高温颜色釉的元素成分分析研究 | 上海博物馆 | 何文权 | 2004 年 4 月 ~ 2006 年 10 月 |
| 27 | 两汉、南北朝时期钱范与铸钱工艺的研究 | 上海博物馆 | 廉海萍 | 2004 年 4 月 ~ 2006 年 12 月 |
| 28 | 古滇国冶金技术与金属工艺研究 | 北京科技大学 | 李晓岑 | 2005 年 12 月 ~ 2007 年 12 月 |
| 29 | 皮毛文物退质与传统鞣制工艺关系的研究 | 内蒙古博物馆 | 张晓岚 | 2005 年 12 月 ~ 2008 年 11 月 |

| 序号 | 名称 | 承担单位 | 负责人 | 起止时间 |
|---|---|---|---|---|
| 30 | 中国蓝和中国紫研究 | 秦始皇兵马俑博物馆 | 夏　寅 | 2005 年 12 月～2008 年 12 月 |
| 31 | 南宋"关子钞版"的交叉科学研究 | 安徽省文物局 | 李修松 | 2006 年 1 月～2007 年 12 月 |
| 32 | 碳酸盐石质文物劣化定量分析与评价系统研究 | 中国文物研究所 | 李宏松 | 2006 年 1 月～2008 年 1 月 |
| 33 | 陕西省陶质彩绘类文物调查研究 | 陶质彩绘文物保护国家文物局重点科研基地（秦始皇兵马俑博物馆） | 周　铁 | 2006 年 12 月～2009 年 12 月 |
| 34 | 文化遗产资源特性研究 | 中国文物研究所 | 于　冰 | 2008 年 1 月～2009 年 6 月 |
| 35 | 中国古代传统刺绣工艺的研究与保护 | 中国丝绸博物馆 | 薛　雁 | 2008 年 1 月～2009 年 12 月 |
| 36 | 越窑瓷器的热释光特性及其元素成分分析研究 | 上海博物馆 | 夏君定 | 2008 年 1 月～2010 年 5 月 |
| 37 | 中国东北与东北亚古代交通史 | 辽宁省博物馆 | 王绵厚 | 2008 年 1 月～2010 年 12 月 |
| 38 | 昆虫对壁画的损坏机理及防治研究 | 古代壁画保护国家文物局重点科研基地（敦煌研究院） | 汪万福 | 2008 年 1 月～2010 年 12 月 |
| 39 | 陕西汉中出土商代铜器的科学分析研究——区域性特征的揭示及其意义 | 金属与矿冶文化遗产研究国家文物局重点科研基地（北京科技大学） | 梅建军 | 2008 年 11 月～2010 年 10 月 |
| 40 | 宋代建窑油滴釉和兔毫釉的形成机理 | 古陶瓷科学研究国家文物局重点科研基地（中国科学院上海硅酸盐研究所） | 李伟东 | 2008 年 11 月～2010 年 10 月 |
| 41 | 古陶瓷物相的 X 射线衍射全谱拟合定量分析研究 | 古陶瓷保护研究国家文物局重点科研基地（故宫博物院） | 康葆强 | 2008 年 11 月～2010 年 10 月 |
| 42 | 拉曼光谱在陶质彩绘文物保护研究中的应用及方法学研究 | 陶质彩绘文物保护国家文物局重点科研基地（秦始皇兵马俑博物馆） | 夏　寅 | 2008 年 11 月～2011 年 10 月 |
| 43 | "指南针计划"专项信息资源框架体系标准化研究 | 国家图书馆 | 孙一刚 | 2009 年 7 月～2009 年 12 月 |
| 44 | 吉林省渤海时期金属冶炼及工艺研究 | 吉林省文物考古研究所 | 贾　莹 | 2009 年 10 月～2011 年 10 月 |
| 45 | 五至八世纪汉地佛像服饰研究 | 北京理工大学 | 陈悦新 | 2009 年 10 月～2011 年 10 月 |
| 46 | 古代纺织品色度及染料的非接触无损分析研究 | 北京大学 | 张晓梅 | 2009 年 10 月～2011 年 10 月 |
| 47 | 荧光纳米粒子传感器的研制和对青铜器等文物表面腐蚀状况的无损分析研究 | 陕西师范大学 | 郑行望 | 2009 年 10 月～2012 年 10 月 |
| 48 | 商周青铜器陶范铸造技术标本数据库研究 | 北京大学 | 陈建立 | 2010 年 7 月～2011 年 6 月 |
| 49 | 中国古代白瓷发明创造价值挖掘与标本库及数据库建设 | 中国科学院上海硅酸盐所 | 罗宏杰 | 2010 年 7 月～2011 年 7 月 |
| 50 | 北京城市环境史研究 | 北京大学 | 唐晓峰 | 2010 年 7 月～2012 年 7 月 |
| （六）宏观管理与政策 | | | | |
| 序号 | 名称 | 承担单位 | 负责人 | 起止时间 |
| 1 | 田野考古工作规程修订完善的研究 | 河南省文物考古研究所 | 张志清 | 2001～2003 年 |
| 2 | 文化遗产保护与风景名胜区建设 | 东南大学旅游学系 | 喻学才 | 2001～2005 年 |

| 序号 | 名称 | 承担单位 | 负责人 | 起止时间 |
|---|---|---|---|---|
| 3 | 西南山地历史小城镇文化遗产保护与发展规划研究 | 重庆大学建筑城规学院 | 李和平 | 2002～2003 年 |
| 4 | 全国文博系统评奖活动现状调研及未来对策 | 中国文物报社 | 曹兵武 | 2002～2004 年 |
| 5 | 文物科技工作建立"课题制"管理制度研究 | 西安文物保护修复中心 | 齐 扬 | 2002～2004 年 |
| 6 | 文物建筑保护工程监理工作研究 | 河南省古代建筑保护研究所 | 牛 宁 | 2002～2004 年 |
| 7 | 敦煌石窟的保护与利用 | 敦煌研究院 | 樊锦诗 | 2002～2005 年 |
| 8 | 长江三角洲地区文明化进程中人地关系的研究 | 上海博物馆 | 陈 杰 | 2003 年 1 月～2005 年 7 月 |
| 9 | 文物法制机制的解析与建构 | 苏州大学 | 于晓琪 | 2003 年 6 月～2004 年 12 月 |
| 10 | 文物保护事业科学和技术发展战略与规划研究 | 中国文物研究所 | 吴加安 | 2003 年 8 月～2003 年 12 月 |
| 11 | 国家文化遗产保护中长期科学和技术发展规划的研究 | 敦煌研究院 | 樊锦诗 | 2003 年 9 月～2003 年 12 月 |
| 12 | 国家博物馆事业发展规划与立法研究 | 上海市行政法制研究所 | 刘 平 | 2003 年 10 月～2004 年 3 月 |
| 13 | 长城保护、管理和研究现状调查及对策研究 | 中国文物学会 | 成大林 | 2003 年 10 月～2004 年 6 月 |
| 14 | 文物保护法律制度研究 | 国务院法制办公室 | 刘晓霞 | 2003 年 10 月～2004 年 10 月 |
| 15 | 景德镇古瓷业文化遗产体系保护和城市化发展 | 景德镇市文物管理委员会 | 姚亚平 | 2003 年 10 月～2005 年 4 月 |
| 16 | 文物科技成果应用现状、问题及对策 | 中国文物报社 | 郭桂香 | 2003 年 10 月～2005 年 10 月 |
| 17 | 重庆抗战文物遗迹的有效保护与合理利用 | 重庆市博物馆 | 张荣祥 | 2003 年 10 月～2005 年 10 月 |
| 18 | 田野考古资料档案管理现状调研及思考 | 河北省文物研究所 | 胡金华 | 2003 年 10 月～2006 年 10 月 |
| 19 | 洛阳城市发展与文物保护的经验与教训研究 | 河南科技大学 | 杨茹萍 | 2004 年 4 月～2005 年 3 月 |
| 20 | 我国民间文物市场管理体制研究 | 复旦大学文物与博物馆学系 | 朱顺龙 | 2004 年 4 月～2005 年 12 月 |
| 21 | 为实现整体保护目的的京杭大运河遗产廊道研究 | 北京大学环境学院 | 俞孔坚 | 2004 年 4 月～2006 年 12 月 |
| 22 | 文物保护事业信息化发展战略与规划研究 | 清华大学 | 熊澄宇 | 2004 年 5～12 月 |
| 23 | 中国世界文化遗产管理动态信息系统和预警系统 | 国家图书馆 | 孙一钢 | 2004 年 6～10 月 |
| 24 | 加强标准化建设，促进文化遗产保护的科学化、规范化 | 中国文物研究所 | 高 峰 | 2004 年 9～11 月 |
| 25 | 实施人才培养科技行动，造就一支高素质的文化遗产科技保护队伍 | 北京科技大学 | 刘建华 | 2004 年 9～11 月 |
| 26 | 系统的、跨学科的文化遗产保护发展战略与相关政策研究 | 西安文物保护修复中心 | 齐 扬 | 2004 年 9～12 月 |
| 27 | 我国文化遗产的科学调查与评估可行性研究报告 | 中国科学院自然科学史所 | 苏荣誉 | 2004 年 9～12 月 |
| 28 | 大力加强文化遗产保存与修复的基础科学研究，实施关键技术攻关行动 | 西安文物保护修复中心 | 齐 扬 | 2004 年 9～12 月 |

| 序号 | 名称 | 承担单位 | 负责人 | 起止时间 |
|---|---|---|---|---|
| 29 | 推进传统核心科技体系的科学化、现代化进程 | 北京科技大学 | 李晓岑 | 2004 年 9 ～ 12 月 |
| 30 | 实施重大文化遗产地综合性保护示范行动研究 | 中国建筑设计研究院 | 陈同滨 | 2004 年 9 ～ 12 月 |
| 31 | 实施监测及安全预警相关技术行动，提升文化遗产保护的安全防范能力 | 西安文物保护修复中心 | 齐 扬 | 2004 年 9 ～ 12 月 |
| 32 | 文物保护事业对国民经济及社会发展贡献的预研究 | 北京化工大学 | 王明明 | 2004 年 10 月 ～ 2005 年 7 月 |
| 33 | 文物保护事业对国民经济及社会发展贡献的预研究 | 中国社会科学院金融所 | 李扬志 | 2004 年 10 月 ～ 2005 年 7 月 |
| 34 | 文物保护事业对国民经济及社会发展贡献的预研究 | 四川省文物考古研究所 | 高大伦 | 2004 年 10 月 ～ 2005 年 7 月 |
| 35 | 临潼文物资源与区域发展比较研究 | 西安建筑科技大学文化遗产保护中心 | 刘克成 | 2004 年 10 月 ～ 2005 年 10 月 |
| 36 | 敦煌文物资源对当地经济发展的贡献 | 敦煌研究院 | 樊锦诗 | 2004 年 11 月 ～ 2005 年 10 月 |
| 37 | 中国文物旅游的现状、问题及前景研究 | 清华大学经济管理学院 | 李子奈 | 2004 年 11 月 ～ 2005 年 12 月 |
| 38 | 文物商店管理体制和机制研究 | 中国文物研究所 | 于 冰 | 2005 年 1 ～ 12 月 |
| 39 | 木质文物科技成果推广应用现状的调查研究 | 湖北省文物科技成果推广应用中心 | 李 劲 | 2005 年 1 月 ～ 2006 年 1 月 |
| 40 | 国家文物局科研课题管理制度体系研究 | 北京化工大学 | 王明明 | 2005 年 2 月 ～ 2005 年 12 月 |
| 41 | 发行文化遗产保护彩票的必要性与可行性研究 | 河南科技大学 | 谢敬佩 | 2005 年 3 月 ～ 2006 年 3 月 |
| 42 | 丽江古城保护与利用对当地经济社会发展的贡献研究 | 云南省文物局 | 张永康 | 2005 年 5 月 ～ 2005 年 12 月 |
| 43 | 我国文物统计方法、制度与数据分析 | 中国文物研究所 | 郑子良 | 2005 年 5 月 ～ 2006 年 6 月 |
| 44 | 楚文化资源的区域分布、遗址保护与文化产业开发模式研究 | 华中师范大学 | 傅才武 | 2005 年 8 月 ～ 2007 年 8 月 |
| 45 | 国家文物局科研基地管理评估体系研究 | 北京化工大学 | 王明明 | 2006 年 4 ～ 10 月 |
| 46 | 我国经济转型期的博物馆事业发展预研究（以陕西为例） | 西北大学 | 冯 涛 | 2006 年 6 月 ～ 2007 年 6 月 |
| 47 | 馆藏文物保护资质管理研究 | 西安文物保护修复中心 | 齐扬 | 2006 年 10 ～ 12 月 |
| 48 | 国家文物局关于国家科技支撑计划课题管理制度研究 | 北京化工大学 | 王明明 | 2007 年 1 ～ 6 月 |
| 49 | 民间收藏文物调查及发展规划编制 | 浙江省文物局 | 鲍贤伦 | 2007 年 1 ～ 12 月 |
| 50 | 可移动文物技术保护管理制度建设研究 | 北京化工大学 | 王明明 | 2007 年 6 月 ～ 2008 年 6 月 |
| 51 | 大遗址价值取向与管理体制关联性研究——以陕西省为例 | 西北大学 | 权东计 | 2007 年 6 月 ～ 2009 年 6 月 |
| 52 | 中国大遗址保护管理模式研究——以陕西省为例 | 西北大学 | 刘军民 | 2007 年 6 月 ～ 2009 年 6 月 |
| 53 | 文物警察体制问题研究 | 山西警官高等专科学校 | 张子荣 | 2008 年 1 月 ～ 2009 年 12 月 |
| 54 | 我国文化遗产保护科技传播策略研究 | 科学时报社 | 詹正茂 | 2008 年 1 月 ～ 2009 年 12 月 |
| 55 | 历史文化名镇（乡）、名村的保护现状与发展对策——以福建历史文化名镇（乡）、名村研究为例 | 福建博物馆 | 郑国珍 | 2008 年 1 月 ～ 2010 年 12 月 |
| 56 | 大运河遗产保护规划编制第一阶段要求研究 | 中国文化遗产研究院 东南大学 | 侯卫东 朱光亚 | 2008 年 3 ～ 7 月 |

| 序号 | 名称 | 承担单位 | 负责人 | 起止时间 |
|---|---|---|---|---|
| 57 | 文化遗产保护领域科研联合体建立机制研究 | 北京化工大学 | 王明明 | 2008 年 7 月～2009 年 8 月 |
| 58 | 建设项目文物影响评估制定研究 | 武汉大学 | 洪 松 | 2008 年 9 月～2009 年 3 月 |
| 59 | 可移动文物保护修复管理信息系统建设 | 中科软科技股份有限公司 | 张天伴 | 2008 年 10 月～2009 年 6 月 |
| 60 | 成立国际标准化组织文化遗产保护技术委员会的可行性研究 | 中国文化遗产研究院 | 范家翱 | 2008 年 11 月～2009 年 5 月 |
| 61 | 可移动文物保护标准化体系研究 | 中国文化遗产研究院 | 高 峰 | 2009 年 10 月～2010 年 2 月 |
| 62 | 博物馆领域的科技问题研究 | 湖南省博物馆 | 陈建明 | 2009 年 10 月～2010 年 2 月 |
| 63 | 不可移动文物保护标准化体系研究 | 西安文物保护修复中心 | 齐 扬 | 2009 年 10 月～2010 年 2 月 |
| 64 | 文物调查与考古发掘标准化体系研究 | 北京大学 | 雷兴山 | 2009 年 10 月～2010 年 2 月 |
| 65 | 博物馆标准化体系研究 | 湖南省博物馆 | 刘 春 | 2009 年 10 月～2010 年 2 月 |
| 66 | 文物保护、博物馆信息化及信息建设标准化体系研究 | 南京博物院 | 张小朋 | 2009 年 10 月～2010 年 2 月 |
| 67 | 考古领域的科技问题研究 | 北京大学 | 陈建立 | 2009 年 10 月～2010 年 3 月 |
| 68 | 不可移动文物保护领域的科技问题研究 | 敦煌研究院 | 王旭东 | 2009 年 10 月～2010 年 3 月 |
| 69 | 可移动文物保护领域的科技问题研究 | 西安文物保护修复中心 | 齐 扬 | 2009 年 10 月～2010 年 3 月 |
| 70 | 世界文化遗产保护的科技问题研究 | 敦煌研究院 | 苏伯民 | 2009 年 10 月～2010 年 3 月 |
| 71 | 新型文化遗产保护的科技问题研究 | 河南科技大学 | 杨晋毅 | 2009 年 10 月～2010 年 3 月 |
| 72 | 社会文物管理领域的科技问题研究 | 陕西省文物信息咨询中心 | 徐 涛 | 2009 年 10 月～2010 年 3 月 |
| 73 | 文化遗产资源调查与评估的科技问题研究 | 清华大学 | 周文生 | 2009 年 10 月～2010 年 3 月 |
| 74 | 文化遗产安全防范的科技问题研究 | 中国文物信息咨询中心 | 姚 兆 | 2009 年 10 月～2010 年 3 月 |
| 75 | 文化遗产保护传统技术与工艺科学化问题研究 | 中国文化遗产研究院 | 梁宏刚 | 2009 年 10 月～2010 年 3 月 |
| 76 | 文化遗产保护科技成果转化问题研究 | 北京化工大学 | 王明明 | 2009 年 10 月～2010 年 3 月 |
| 77 | 基于泛在网络理念的文化遗产信息化建设可行性研究 | 工业和信息化部电信研究院 | 王育民 | 2009 年 10 月～2010 年 3 月 |
| 78 | 文化遗产保护领域科技发展总体战略研究 | 敦煌研究院 | 樊锦诗 | 2009 年 10 月～2010 年 6 月 |
| 79 | 世界文化遗产保护与遗产地经济发展研究 | 清华大学 | 张 杰 | 2009 年 10 月～2010 年 9 月 |
| 80 | 文物保护规划实施情况跟踪监测体系研究 | 中国文物信息咨询中心 | 王立平 | 2009 年 10 月～2010 年 10 月 |
| 81 | 当代中国文化遗产社会教育模式的构建及其政策问题 | 武汉大学 | 傅才武 | 2009 年 10 月～2011 年 10 月 |
| 82 | 文化遗产地旅游影响监测与管理研究 | 中山大学 | 张朝枝 | 2009 年 10 月～2011 年 10 月 |
| 83 | 文化遗产保护公众参与机制研究 | 中国文化遗产研究院 | 刘爱河 | 2009 年 10 月～2012 年 3 月 |
| 84 | 中国的世界文化遗产保护管理问题研究 | 中国文化遗产研究院 | 彭跃辉 | 2009 年 12 月～2010 年 12 月 |
| 85 | 文物保护装备"十二五"专项规划研究 | 北京智和诚信财务咨询有限公司 | 韩 昭 | 2010 年 2～3 月 |
| 86 | 国家宝藏工程——珍贵文物保护专项"十二五"规划研究 | 西安文物保护中心 | 齐 扬 | 2010 年 4～8 月 |
| 87 | 世界文化遗产地监测关键技术研究 | 北京化工大学 | 王明明 | 2010 年 5～11 月 |

| 序号 | 名称 | 承担单位 | 负责人 | 起止时间 |
|------|------|----------|--------|----------|
| 88 | 文物行政执法预警机制预研究 | 航天量子数码科技（北京）有限公司 | 刘志荣 | 2010 年 8 月～2011 年 7 月 |
| 89 | 文物行政执法案例研究 | 南京大学 | 李有根 | 2010 年 9 月～2011 年 9 月 |
| 90 | 丝绸之路总体研究 | 中国建筑设计研究院 | 陈同滨 | 2010 年 11 月～2011 年 8 月 |

# 三、科研重要成果及应用

中华人民共和国成立以来，全国文物保护科技工作者通过科研课题、项目实施，抢救保护了大量珍贵文物，取得了一系列科研成果，其中数十项获国家科技奖励，百余项获文化部、国家文物局科技进步奖及文物保护科学和技术创新奖，在文物保护领域的支撑和引领作用逐步显现。（表5-1-2～5-1-4）

现代科学技术在文物保护中应用日益广泛，保护领域从最初仅针对受损文物进行技术处理和消除病害，发展到对文物价值认知，文物病害检测分析及机理研究，文物保存状况和保存环境研究，文物材质及保护材料研究，文物修复技术、养护技术和复制技术研究，以及对文物进行预防性保护和微环境控制等。文物保护逐步成为涉及对象广泛、多学科交叉融合的复合科学。尤其是"十五"时期以来，通过联合攻关，在文物科学认知、保护与管理、保护修复技术与材料、传统工艺技术科学化、保护集成装备以及文明起源研究等方面形成了一批关键核心和共性技术，解决了一些文物保护重点、难点和瓶颈问题，在文物出土现场提取材料、石窟寺壁画脱盐、石窟寺水源综合探查、糟朽丝织品揭展与加固、建筑彩绘和糯米灰浆传统

工艺科学化等方面取得突破。生物技术、无损分析检测技术、物联网等新技术革命成果被引入文物保护领域，并开展了大量适用性研究与科技示范。通过技术培训、工程示范、专利实施许可、专利权转让等方式，推动重大科技成果转化，广泛应用于重点文物保护工程和可移动文物保护项目中，取得显著效果。

**文化遗产价值认知综合技术及应用**　文化遗产价值认知是文物基础研究的重要组成部分。中华人民共和国成立以来，经过文物科研工作者努力，元素成分分析技术，碳十四、热释光等测年技术，电阻率法、电磁法和卫星定位等现代勘测技术迅猛发展，为文物本体价值认知提供了新理论、新手段。现代科技和传统工艺结合得到进一步重视，青铜文物保护传统工艺科学化研究、木结构建筑保护传统工艺科学研究等方面取得重要成果。

**用TLD测量α、β年剂量的细粒热释光测定年代技术**　热释光测定陶器年代细粒方法中，测定年代有两个基本参数——样品自然累积剂量和年剂量，前者通过测量热释光直接得到，后者一般用化学分析和各种放射性测量等间接方法获得α和β年剂量。上海博物馆、上海市工业卫生研究所对年剂量的4个组成部分，即物体内部贡献α和β剂量率及环境贡献γ和宇宙射线剂量率，全部采用热释光技术进行测定。

获1983～1984年度文化部科技成果三等奖。

软X射线对书画、漆木器等文物的无损检测 上海博物馆、上海新跃仪表厂应用钼钯特征X线谱软X射线，对古文物书画、漆木器等进行无损检测，为内部工艺结构鉴定提供了有效手段。在有效范围内控制适宜穿透条件（透照电压及波长），根据被检测文物对软X射线吸收所显示的影像反差，达到检测文物的目的。对书画纤维组织、画笔接笔、模糊印章、破残重裱，漆木器内部结构组织、排列、胎骨材质、木质品种、损坏及修补状况等均有独特分辨能力。获1983～1984年度文化部科技成果四等奖。

应用直流电阻率法等综合方法勘探地下文物 安徽省滁县地区文物保护科学技术研究所、文化部文物保护科学技术研究所、故宫博物院采取以地球物理勘探中直流电阻率法为主，航空照片判释和传统考古方法为辅的综合考古技术勘探地下文物。工作原理是利用地下文物与周围介质层存在的电阻率差异，在不破坏地下文物的情况下勘探并确定位置，根据不同类型勘探对象选择不同装置和方法，控制勘探深度。通过对21例地下古墓葬、古城墙和古建筑基址的勘探试验证明该技术手段科学、先进，准确率较高，不损伤文物，符合文物保护原则。且仪器设备轻便，价格适中，特别适用于流沙层、地下高水位及坚硬地层等特殊情况下的大面积地下文物普查。获1985～1986年度文化部科技成果二等奖。

不测剂量的热释光断代技术 热释光断代技术中的关键因素是标本年剂量量度。上海博物馆、上海医科大学研究用高灵敏度超薄型热释光元件测定换算出标本年热释光量，直接与累积热释光比较，计算出标本热释光年代。这一成果使热释光断代技术取得新突破，新技术与原来的剂量测定法相比具有较明显优越性。获1988年度文化部科技进步四等奖。

唐三彩真伪测定研究——热释光、中子活化综合鉴定技术 故宫博物院用热释光方法得到器物年代信息，用中子活化方法分析器物中微量元素含量，得到不同产地器物微量元素的分布模式，建立器物产地判别标准，通过由此得到的器物时域和地域特征达到综合鉴定陶质文物真伪的目的。该技术克服了热释光测定中存在的对器物人为大剂量辐照和后期受热干扰，特点是取样少，对文物几乎无损，是一种可行的陶器真伪测定方法。获1991年度国家文物局文物科技进步三等奖。

史前漆膜的分析鉴定技术研究 上海博物馆、浙江省博物馆、华东理工大学分析测试中心研究了漆膜分析的三种主要方法，即裂解质谱、红外光谱及裂解色谱。通过大量实验比较各种方法的适应性和可靠性，确定了以裂解色谱／傅里叶红外光谱联用技术作为漆膜鉴定方法，并对影响裂解的反应因素及色谱条件进行深入研究，获得了可以重复、具有特征性的漆膜高分辨裂解色谱图。对裂解色谱图中的主要组分进行定性鉴定，提高了裂解色谱法分析漆膜可靠性。该方法具有灵敏度高、样品用量少、共存杂质影响小、重现性好、便于定性分析和操作简便等优点，适用于古代文物漆膜涂层的鉴定。获1994年度国家文物局文物科技进步三等奖。

瓷器热释光断代及其真伪鉴别研究 瓷器热释光断代是文物科学鉴定中的一项重要手

段。上海博物馆提出的瓷片实验室β辐射剂量率校正，应按每个实验室各自辐照条件进行刻度，瓷器样品在年代测定前应先观察热激活特性曲线、熄灭灵敏度变化、瓷片样品两断面剂量测定和平均剂量计算等，是实验技术的一大进步，具有很高的学术价值。项目在瓷片样品制备、前剂量技术应用、热激活特性曲线选取、β剂量积累和衰减等方面做了深入细致研究，并进行了大量测试，为瓷器热释光测定提供了可靠依据。在瓷器热释光断代及其真伪鉴别领域，特别是用前剂量技术对瓷器断代及其真伪鉴定可能性研究方面，达到同类研究世界先进水平。获1997年度国家文物局文物科技进步二等奖。

中国文物古迹保护准则　该准则由中国古迹遗址保护协会制定，第一次把"日常保养"规定为保护工程中最有效的方法；第一次提出文物保护审美标准，指出文物古迹审美价值主要表现为其历史真实性。准则对不可移动文物保护相关条款作专业性的可操作阐释，对文物保护从业者作行业性规定，可以作为文物保护成果的评价依据和处理文物保护事务的依据。获2004年度文物保护科学和技术创新一等奖。

前剂量饱和指数法测定瓷器热释光年代　上海博物馆对前人提出的"前剂量饱和指数"原理进行了重要理论推导和大量系统的实验研究，并开创性将其应用于中国古瓷器真伪鉴定和年代测定。用前剂量饱和指数法测定了39件历代瓷器的热释光年代，结果与考古年代标准偏差为29%以内，一致性良好，这样的误差在瓷器年代测定中是可以接受。获2004年度文物保护科学和技术创新一等奖。

古陶瓷产地及年代判别的科学研究　故宫博物院在无损前提下，以青花瓷器和唐三彩为研究对象，采用现代仪器分析方法、多元统计分析方法，对科技检测古陶瓷产地和真伪的方法进行研究。获2004年度文物保护科学和技术创新二等奖。

古代建筑营造传统工艺科学化研究　浙江省古建筑设计研究院、东南大学、中国美术学院对江浙地区传统建筑及其营造工艺进行系统调查和科学认知，主要从木构营造技术、木构榫卯节点和青砖灰瓦营造工艺3个角度，对江浙地区古建筑设计和施工一体化营造的整体做法、工艺特征和技术要点等做科学分析与阐释，建立营造工艺数据库，开发三维模型软件，为保护和传承古建筑遗产，解决其中的核心技术问题建立知识基础。研究成果具有创新性，是对以往经验的继承和提升，可提高江浙地区传统建筑修缮设计、施工和质量管理水平，克服工艺失真失传和修缮性破坏。所形成的工艺规程和评估规范可作为地方性操作标准，对其他地区古建筑营建工艺研究和修缮也具有借鉴意义。获"十二五"文物保护科学和技术创新二等奖。

预防性保护技术成果及应用　为实现文物保护工作从抢救性保护为主向抢救性与预防性保护并重转变，加强科技支撑，系统开展文物自然劣化、突发灾害、人为破坏等风险因素的识别、分级、预测、评估和处理研究，建立文物风险预控理论及方法体系。在不可移动文物方面，通过实施不同类型的文物预防性保护科研项目，如敦煌研究院综合运用风险管理、游客承载量研究、环境监测等理论及其研究成果，为莫高窟预防性保护和应对旅游高峰期超大客流压力提供科技支撑；应用于遗址博物馆气幕阻隔-辐射调控技术等。在可移动文物方面，通过开展科技支撑计划课题"馆藏文物保存环境应用技术研究"及"影响文物保护环境因素及环境质量标准""全国馆藏文物腐蚀损失调查"等专项研究，针对馆藏文物保存现状，研究保存环境温度、湿度、光线、大气污染物、持久性有机释放物对文物影响机理，初步探明建立适合馆藏文物保存环境特点监测系统的解决方案，初步建立博物馆环境质量评估、监测和调控技术支撑体系，为预防性保护理念的实现提供技术支撑。

AC-1型防紫外线胶片的研制及应用 文化部文物保护科学技术研究所在总结国内外防紫外线研究的基础上，研制出紫外线防护材料，其原理是将紫外线吸收剂直接溶于三醋酸纤维素中。测试结果表明，该材料不影响照明度和展品陈列、观赏效果，对日光和人造光源中的紫外线均具有防护作用。该材料表面光滑、平整、透明度好，无眩光，机械强度高，耐磨、耐老化，不易污损，适用于博物馆、艺术馆、图书馆和档案馆中的文物、图书、文献、档案等保护。获1985～1986年度文化部科技成果三等奖。

BMC湿度调节剂研发 上海博物馆、华东化工学院应用化学研究所研制的罩硅交链蒙脱石调湿剂具有较优异的调湿性能，能保持密闭环境内相对湿度稳定，为密闭环境中的文物保存提供新方法。该材料主要技术指标均达到国际水平，如响应速度、相对湿度40％～70％范围内调湿量等。具有生产工艺简易可行、能耗低、无三废等优点，成本远低于进口同类产品，可根据需要制成条状、颗粒状及调湿纸、调湿板等。可在博物馆、艺术馆、图书馆等封闭保存环境中推广应用，还可用于名贵药材保管。获1991年度国家文物局文物科技进步三等奖。

博物馆内主要污染气体的检测及其分布状况的研究 上海博物馆、华东化工学院应用化学研究所采用TEA纸带法检测博物馆内主要污染气体$SO_2$、$NO_2$分布含量，为研究大气污染对文物的影响及治理博物馆环境提供了新方法。该方法在国内博物馆中为首次使用，通过对层析纸化学处理、干扰物质排除、最佳工艺选择、换算系数测定计算等实验研究，使TEA纸带法具有实际应用价值。此法简便易行，灵敏度高，适用于博物馆内低浓度污染气体$SO_2$、$NO_2$检测。获1991年度国家文物局文物科技进步四等奖。

书画展柜空气净化过滤系统的研究 广东省博物馆、广东半导体材料研究所在广东省博物馆书画厅空调机房内安装了一套空气净化过滤主机，用两路送风管将三组书画展柜连接成一个循环系统。该系统运行实现低投入、低能耗、低维护费用，净化后的空气测试数据基本达到国际标准或仪器检测极限。该项研究和实施达到国内该研究领域领先水平，适于国内博物馆、美术馆、图书馆、档案馆应用。获1997年度国家文物局文物科技进步三等奖。

馆藏文物保存环境应用技术研究 上海博物馆、华东理工大学、复旦大学基于文物预防性保护原则，立足博物馆文物藏、展实际状况和潜在需求，针对馆藏文物保存环境主要危害因素，围绕博物馆微环境监测与评价、净化与调控技术开展综合研究，建立了基于洁净概念的文物保存微环境评估体系理念和内容框架，形成了具有自主知识产权的博物馆微环境采样检测、连续监测、材料评价、湿度调控、空气净化、集成控制等系列技术与产品。项目研究成果中有11项得到示范应用。获2009年度文物保护科学和技术创新二等奖。

遗址博物馆环境监测与调控关键技术研究　陕西省文物保护研究院、西安交通大学、秦始皇帝陵博物院、中国科学院地球环境研究所、汉阳陵博物馆、西安建筑科技大学、西安元智系统技术有限责任公司首次提出集中类型博物馆保存环境，揭示了遗址博物馆条件下大气环境、土环境、水环境与文物病害的关联关系，发现高湿度下遗址博物馆仍存在水汽单向移动从而造成遗址土干裂和可溶盐破坏等问题。集成开发并优化提升遗址博物馆环境监测、分异调控和建筑设计理念与手段，构建能够有效评价、调控和改善文物保存环境质量的遗址博物馆文物预防性保护技术体系。该项目研制了国内唯一的开放式和封闭式多场耦合实验舱，构建了系统遗址文物环境监测综合集成系统，编制了遗址博物馆建筑设计导则，揭示了文物遗址环境水分单向迁移机制并提出可行补水技术措施，为遗址博物馆文物预防性保护提供了关键技术系统解决方案。该项目研究成果为遗址博物馆环境监测和调控研究打下了良好基础，为文物预防性保护研究创造了条件，对研究遗址博物馆文物保存、开展具体保护工作具有重要指导意义，可有效提高遗址类博物馆环境监控和文物保护技术和装备水平。获

"十二五"文物保护科学和技术创新二等奖。

敦煌莫高窟风沙灾害预防性保护体系构建与示范　敦煌研究院、中国科学院西北生态环境资源研究院、盖蒂保护研究所针对敦煌莫高窟的风沙灾害，研究莫高窟地区风沙活动规律，揭示风沙尘及水盐运移对石窟文物的损害机制。研发戈壁风沙流危害防治新技术——地表人工砾石铺压技术，实现以自然之力还治自然之害，最大程度地减轻风沙尘对壁画的危害；在确定洞窟水分来源和洞窟蒸发水分来源及数量变化特征的基础上，发明利用地下潜水恢复荒漠土地生态的新方法，解决遗产地风沙防护林带建植和生态环境恢复中的需水问题。该研究成果运用多学科深度融合交叉研究理论与方法，科学构建莫高窟风沙灾害预防性保护体系，有效减轻风沙尘对石窟围岩及壁画彩塑的损害程度，改善窟区旅游生态环境，为干旱区生态恢复、文化遗产地预防性保护和旅游可持续发展提供了技术支撑。获"十二五"文物保护科学和技术创新二等奖。

**古建筑保护技术成果研究**　随着新材料和新技术的应用，古建筑科技保护发生巨大变革，文物保护、材料科学、分析化学、信息技术等相关学科有机交叉与融合，使古建筑科技保护成为一门综合性专业，不仅包括建筑维修、保护及与防治有关的物理、化学方法与材料，还包含材料性能、操作工艺和勘察、分析检测等研究与应用。制定了《古建筑木结构维护与加固技术规范》，古建筑防火、防蚁、防腐、防潮和力学性能衰减等研究成果不断涌现。《中国文物保护与修复技术》（中国文化遗产研究院主编）收录的《文物建筑及遗址保

护技术研究》较全面收录了古建筑木构方面文物保护与修复技术经验，体现了现代科学技术在古建筑木构保护与修复上诸多应用成果。

聚乙烯醇水泥压力灌浆法加固砖塔 文化部文物保护科学技术研究所采用聚乙烯醇水泥压力灌浆法修补加固塔身裂缝和增设圈梁，复原塔刹等。聚乙烯醇水泥压力灌浆法是一项关键性新工艺。维修后的古塔符合"不改变文物原状"原则，并且缩短了工期、节约了经费。施工中采用的新工艺已在文物建筑维修中得到广泛应用。获1981～1982年度文化部科技成果三等奖。

北京大学红楼抢险抗震加固工程 国家文物事业管理局红楼设计组确定的维修方案是用钢筋拉固加强原来横向墙，在楼板层内增设水平桁架，在墙内嵌入槽钢、角钢壁柱圈梁使之与水平桁架固结成一个框架式整体，从而与原结构相结合达到抗地震强度。由于这一桁架壁柱结构体系均暗藏在楼层和墙身之间，既保护了文物原貌，又加强了原结构抗震能力。经竣工后使用检验效果良好，是文物保护工程中利用现代科学技术既保持原貌又加固结构的重要成果，对类似重点文物建筑维修加固有参考价值。获1981～1982年度文化部科技成果三等奖。

用锚固法整修荆州古城墙工程 文化部文物保护科学技术研究所根据荆州古城墙内土外砖、四周环水的特点，研制出一种混凝土锚定桩与砂浆锚杆结合的新结构，称锚固法，并以荆州古城墙破坏比较典型的第5号马面作为现场实验工程。实验效果较好，达到古城墙整修加固和节约开支目的，符合文物保护原则。锚固法突破了古城墙传统维修方法，适用于由于侧压力所造成的鼓闪、开裂或行将倒塌的类似古城墙维修加固。获1983～1984年度文化部科技成果四等奖。

古塔复原抗震设计（蓟县白塔工程） 文化部文物保护科学技术研究所、天津市文化局采用在塔身内增加抗震钢筋及底盘锚杆灌浆技术，既保护了白塔原状，又使其具备了一定抗震能力，是现代工程技术应用在古塔维修中的成功例证。获1983～1984年度文化部科技成果四等奖。

开封相国寺八角罗汉殿不落梁架整体升高1.67米工程 河南开封相国寺管理处研究采用传统技术撬升法实现八角罗汉殿整体升高。利用杠杆原理，在外廊24排立柱（每4根为一排）中，每排选两根受力最重的金柱做升点，8人手持4根撬杠在金柱之下左右两边同步升起，下垫机砖。依此法一排排螺旋式撬升，升到1.67米原高度，更换朽木配件，加固尾架。中心亭升高采用千斤顶技法。全构架升高技术具有设备简单、操作安全、节约投资、缩短工期等特点，对保持古建筑原貌具有较好效果。获1985～1986年度文化部科技成果四等奖。

苏州云岩寺塔排险加固工程（稳定塔基的不均匀沉降、控制塔体倾斜） 苏州市修塔办公室在工程中采用了地下围桩、钻孔注浆、壳体基础及地基防水、底层塔墩（塔体）砖砌体补换等综合加固方法，创新点是将壳形基础与围桩并用。竣工后监测报告表明，塔基不均匀沉降和塔体倾斜发展基本上得到控制。该项工程是现代科学加固技术与传统操作工艺相结合的例证，为抢救类似古塔、古建筑提供了新途径。获1990年度国家文物局文物科技进步三等奖。

司马台长城修缮工程设计 北京市古代建筑研究所综合运用传统工艺材料和现代工程手段相结合进行长城修补加固，既保护了文物，又展示了长城沧桑岁月风貌，且节约投资，有明显社会效益和经济效益。工程设计建立在科学考证和详细勘察论证基础上，工程完毕后编写了保护研究专著，保存了较为完整详细的档案资料。这种"考证—勘察—规划—设计—施工—研究—档案"的"一条龙"方法，在国内文物保护工作中值得推广。获1992年度国家文物局文物科技进步三等奖。

曲阜孔庙奎文阁修缮工程技术 曲阜市文化局采用局部落架整修，针对原结构薄弱环节，在暗层中增加木斜撑和铁拉杆，增强了木构架的整体稳定性。在工程中运用高分子化学材料粘接加固各种木构件，节约了原材料，保留了建筑科学、历史和艺术价值，达到文物修缮"修旧如旧"的目的。运用生桐油浸刷加工磨制后的方砖地面，使其耐磨度大大增加。对工程中更换的新木构件进行作旧彩画，并使新绘彩画与原有彩画协调一致。该项目是修缮高层木结构古建筑的成功经验，有广泛推广、应用价值。获1993年度国家文物局文物科技进步三等奖。

古建筑彩绘面滚清污除尘法 沈阳故宫博物院研究的全面滚清污除尘方法，将现代技术和传统工艺相结合，通过试验将多种化学材料合成试剂对彩绘进行清污除尘，对古建筑没有损害。该项技术试剂配制合理、操作方便，节省人力、物力，效果显著，具有一定推广应用价值。获1994年度国家文物局文物科技进步四

等奖。

天津蓟县独乐寺维修工程 中国文物研究所将观音阁维修保护工程作为一个系统工程，在整个维修过程中坚持以价值评估为保护依据的思维方式和维修设计理念，将现状及价值研究与维修保护研究相结合，使维修保护工程突出文物保护的意义和价值。获2004年度文物保护科学和技术创新二等奖。

苏南建筑遗产评估体系及应用研究 苏州市文物管理委员会办公室、东南大学建筑系从城市改造现实需要出发，应用系统工程理论，研制了一套古建筑价值评估量化模型和工具，可操作性强。获2005年度文物保护科学和技术创新二等奖。

古代建筑油饰彩画保护技术及传统工艺科学化研究 西安文物保护修复中心、陕西师范大学、西北大学、颐和园管理处、西安交通大学针对当前古代建筑油饰彩画保护修复中存在的传统工艺传承与原真保护技术应用问题，通过"油饰彩画传统工艺科学化""重点地区古建油饰彩画保存现状调查及历史序列数据库制作""油饰彩画原真保护材料与技术"等研究，完成了古代建筑油饰彩画传统工艺科学认知与科学化、规范化。研发古代建筑彩画原位保护修复材料，建立原位保护修复技术方法，解决彩画空鼓、开裂地仗层加固、脱胶粉化颜料层加固，以及彩画表层防紫外线、防雨水漂淋防护等问题，为提高古建油饰彩画保护与传承能力提供了有益研究和支撑。在此基础上编制《古代建筑彩画病害分类及图示记录规范》《古代建筑彩画保护修复技术规范》，明确了彩画保护的原则和程序，基本能够解决风

化彩画的多种病害问题。该技术保护效果比较理想，为彩画保护工作提供了支撑和帮助。获2009年度文物保护科学和技术创新二等奖。

**石窟寺及石刻文物保护成果研究** 石刻文物材质具有多样性，所处环境具有复杂性，保存受到不同自然因素威胁。针对南方地区石窟围岩开裂、环境潮湿等问题，科研人员研究试制了新型补强材料，解决了潮湿或饱水条件下石窟围岩裂隙加固问题；针对西北地区古代石窟建筑岩体胶结性差，岩性松散、干燥、孔隙率大，以及岩体力学强度低等问题，研制新型材料以渗透加固疏松裂隙岩面。

石窟加固工程中检测新方法的研究 文化部文物保护科学技术研究所、铁道科学院西南分所、水电部成都勘测设计院科研所结合大足石刻维修工程，利用现代科学技术手段，解决了以往无法解决的石窟渗水、漏水探测、灌浆效果检测和强风化岩石力学强度测试等问题。为石窟保护检测技术提供了新方法，提高了石窟保护技术的科学性。勘探渗水途径采用四级对称剖面法、联合剖面法、中间梯度法等。检测灌浆效果采用声波穿透测速法及平面测速法。点荷载试验提供石窟造像表现岩石力学强度指标。获1983～1984年度文化部科技成果三等奖。

MSG-8风化岩石雕刻品封护加固材料研究 四川省文物管理委员会、四川省文物考古研究所采用MSG-8有机硅玻璃树脂和防水剂为主剂作为风化砂岩雕刻品封护加固材料。该材料是一种介于有机物和无机物之间的聚合物，在催化剂作用下生成聚硅烷，具有抗水性、透水性和透气性，其老化产物是二氧化硅，即石英（砂岩主要成分），对石质文物没有破坏作用，不影响再次封护加固处理。此材料施工工艺简单，操作方便，价格低廉。在大足宝顶山、北山和广元千佛崖、皇泽寺等处应用试验，证明效果良好，适用于风化砂岩石雕封护加固及其他质地疏松硅酸盐类文物（如脆弱陶器、砖瓦和泥土中文物印痕等）加固。获1985～1986年度文化部科技成果三等奖。

潮湿环境下石窟围岩裂隙灌浆补强材料的研究 四川省文物管理委员会在总结呋喃-环氧树脂体系灌浆补强材料的基础上，经科学试验，成功研制新型呋喃环氧树脂灌浆补强材料。此材料具有微裂隙中可灌性，能在潮湿或饱水条件下固结，粘接强度超过砂岩本身抗拉强度20千克／平方厘米（劈裂法）。在大足北山摩崖造像第136号窟中应用取得成功。此材料适用于类似石质文物保护。获1983～1984年度文化部科技成果二等奖，1986年度国家科技进步三等奖。

应用PS-C加固风化砂岩石雕的研究 敦煌研究院通过试验，采用PS-C材料作为改变砂岩胶结状况的渗固材料。该材料渗透性强，耐水性和稳定性都比原砂岩好，基本上保持了石质文物原貌，是加固和防治含蒙脱石较多风化砂岩的有效材料。PS-C材料在庆阳北石窟应用后效果较好，可在同类石窟寺及石质文物保护中推广应用。获1988年度文化部科技进步二等奖。

砖石结构古塔建筑的抗震性能研究 西北工业大学通过对11个不同类型的砖石结构古塔进行调研、动力试验及抗震分析，找到了适用于古塔抗震评估的可行方法，即"测量—动力试验—结构参数识别—建立数学模型—抗震分析"，研究提出古塔抗震性能分类"抗震指数法"。使用火箭地下激振法，使古塔微振不受损坏；通过参数识别，建立古塔数学模型；计算机模拟与现场试验相结合，完成古塔抗震评估。该项研究为砖石结构古塔维修提供了较为可靠的科学依据，社会效益和经济效益显著。获1991年度国家文物局文物科技进步二等奖。

治理乐山大佛的前期研究　中国文物研究所、四川省文物考古研究所、铁道部科学研究院西南研究所等综合应用调研、考证等新方法，结合地质测绘、修补材料试验研究，对乐山大佛进行多维度全面系统研究。基本弄清乐山大佛建造与修缮历史，精确测出乐山大佛外部形态、高度及各部位尺寸，探明乐山大佛内部结构、残损具体部位及状况，查明乐山大佛存在的多种病害及病因，并提供四种可供选择的表层修补材料配方，提出综合治理乐山大佛的具体措施。该项目在大体量石刻摩崖造像治理前期研究方面达到国际先进水平，可在类似文物保护治理工程中推广应用。获1992年度国家文物局文物科技进步二等奖。

千佛崖石窟加固维修技术　济南市文化局将传统工程修缮技术与现代化学保护方法相结合，在千佛崖石窟加固方面取得较好效果。经实际检验，工程质量可靠，取得了较好的社会效益和经济效益。获1992年度国家文物局文物科技进步四等奖。

龙门石窟洞窟漏水病害的治理研究　龙门石窟研究所经分析和对岩体温度、粘接强度、温差应力进行对比计算，找出了施工温度及环氧树脂材料堵漏不足点，在施工温度上进行研究分析，解决温差应力造成灌浆后再破坏问题，研究在龙门石窟地区适宜灌浆施工温度范围，是石窟化学灌浆领域一大突破。为增强灌浆材料弹性，选择环氧-硫化橡胶低温灌浆材料防堵漏在石窟保护科研及工程中运用并获得成功，在石窟灌浆领域有重大突破。该成果已在龙门石窟应用，对其他地区的石窟防水工程具有应用价值。获1993年度国家文物局文物科技进步三等奖。

砂砾岩石窟岩体裂隙灌浆研究　敦煌研究院、甘肃省建筑科学研究院、兰州大学地质系研制新型无机灌浆材料PS-F浆材，通过PS模数和浓度来控制浆液结石体强度，使其略高于砂砾强度，适合砂砾岩岩体裂隙灌浆。浆液结石体基本无收缩，工艺流程合理，操作方便。PS-F浆材有很好的物理、化学性能，且成本低廉，工艺简便，对环境无污染，对人体无害，在砂砾岩石窟加固保护方面有很好的推广前景。获1995年度国家文物局文物科技进步二等奖，1997年度国家技术发明奖四等奖。

敦煌莫高窟地震防灾文物保护研究　敦煌研究院、国家地震局兰州地震研究所通过科学研究，较好解决了长期以来莫高窟地震数据缺乏这一难题。该项目通过对距莫高窟250千米和30千米范围内断裂进行考察研究，同时研究区域深部地震物理场、区域地震活动性、新构造运动及区域应力场特征，求得区域地震活动性参数及烈度、地震动衰减规律，对历史地震活动性、潜在震源划分进行系统研究，并在此基础上求得场地50年基准期内超越概率63.5%、10%、2%风险地震烈度。该研究为莫高窟保护提供了强有力的科学依据，为保护措施的制定奠定了基础。研究方法、成果可推广应用到其他石窟文物保护区。获1996年度国家文物局文物科技进步四等奖。

敦煌莫高窟崖体及附加构筑物抗震稳定性研究　敦煌研究院、兰州大学地质系对莫高窟窟区环境地质、水文地质与工程地质进行调查研究，对莫高窟洞窟的地层时代、工程地质岩组进行划分；测定洞窟地层物质组成和物理力学性质；查清莫高窟环境地质病害；针对洞窟围岩，对洞窟地层进行地震法弹性波测试；在洞窟崖体顶部开挖探坑并进行现场渗水试验；对石窟附加构筑物运行状况进行调查；对窟区环境问题进行调查分析；对石窟崖体及附加构筑物稳定性进行评价计算。该项研究为莫高窟抗震保护研究提供了可靠依据，为加固保护技术改进奠定了良好基础。该研究方法可推广应用到其他石窟文物保护区。获1996年度国家文物局文物科技进步四等奖。

工业粉尘对云冈石窟石雕的影响　山西云冈石窟文物研究所首次采用室内模拟实验，定量分析粉尘、降尘、二氧化硫等大气污染物对云冈石窟石雕表面产生的腐蚀作用，并阐明其腐蚀机理。根据实验结果，影响云冈石窟保护的109国道云冈段改线。获2005年度文物保护科学和技术创新二等奖。

白鹤梁题刻原址水下保护工程研究与实践　长江勘测规划设计研究有限责任公司、上海交通大学、中国船舶重工集团公司第七一九研究所、重庆峡江文物工程有限责任公司、中国科学院武汉岩土力学研究所采用"无压容器"原理，创建循环水技术，保持水下保护体内外水压平衡，保证结构安全和水质，维护白鹤梁与长江水环境的相互关系；创建LED深水

照明和CCD摄像技术，攻克水下观察、照明等方面技术难题，涉及文物、水利、建筑、市政、航道、潜艇、特种设备等多专业、多学科技术。该项目克服施工环境恶劣、施工时间紧、耐腐蚀要求高等难题，实现了白鹤梁题刻的原址、原样、原环境保护和观赏，为水下文化遗产原址保护提供了成功范例。获2009年度文物保护科学和技术创新一等奖。

云冈石窟凝结水监测研究　云冈石窟研究院、中国地质大学（北京）建立洞窟环境监测系统并进行连续观测，确定了控制凝结水生成的4个主控因子；掌握了洞窟内部凝结水形成的条件和规律；发现凝结水不仅在砂岩表面形成，而且可通过与外界相通的孔隙网络在一定深度的岩石内部形成。利用密闭气流循环干燥原理，研制成功第一台岩石表面凝结水水量测量装置，首次测定出不同时段石窟内部形成凝结水量和不同季节洞窟岩壁渗水量。采用除湿机降低空气相对湿度，找到了减少石窟表面凝结水形成的方法。该技术成果成功应用于云冈石窟，为云冈石窟全面治理凝结水提供了科学依据和可行方法。研制出的凝结水水量测量装置和石窟凝结水研究方法，在龙门石窟、大足石刻大悲阁千手观音造像研究中得到推广应用。获2009年度文物保护科学和技术创新二等奖。

土遗址保护技术成果研究　随着近景摄影、航空遥感、地震物探、面波仪、声波仪等现代测试手段的大量应用，土遗址病害及破坏机理研究、土遗址风化机理研究、环境和土遗址关系研究、土遗址建筑形制研究等均取得长足进展，土遗址保护加固技术、土遗址表面防

风化加固材料、灌浆材料和锚固技术取得突出成果，为土遗址保护提供了科技支撑。

考古发掘泥土质遗址现场加固　龙门文物保护管理所选用以氯偏乳液为主的化学材料，结合竹质锚杆对含嘉仓仓窑和松散窑壁、木板、席片进行加固保护，效果较好，可保持文物原貌。在施工工艺上，改传统喷涂渗透为滴注渗透，并在第二次滴渗时用清水冲洗表面，保证加固表面无光亮。为增加材料渗透深度，提高强度，将"水玻璃＋氧化钙"用于窑体基础加固。此成果已推广到河南三门峡车马坑及宁夏北魏土筑房的加固保护。获1988年度文化部科技进步三等奖。

广州西汉南越王墓墓室加固工程　中国文物研究所、龙门石窟研究所应用土木工程、化学灌浆及粘接、地质勘查、仪器分析检测等多专业、多学科结合的综合治理方法，成功解决了广州西汉南越王墓墓室防渗漏、墓室整体加固、石雕刻风化等问题。该项目为国内类似古墓葬和其他文物修缮保护提供了借鉴。工程采用无损检测方法，为制定石质文物保护规范积累了资料。获1991年度国家文物局文物科技进步三等奖。

临淄东周墓殉马坑防潮保护技术　齐国故城遗址博物馆采用钢筋混凝土连续拱券整体架空保护技术，使殉马坑遗址与周围土壤环境隔离，改变了马骨霉变的状况。经过汛期检验，证明此项技术防潮效果较好，且坚固耐久、抗腐蚀，整体稳定性好，便于通风、维修、监测。该项技术为全国同类遗迹的防潮保护提供了一种行之有效的方法，适用于地下骨骼保护及较大面积的遗址保护。获1991年度国家文物局文物科技进步三等奖。

高分子灌浆防水加固技术对砂土层文物的原位保护　北京市古代建筑研究所、中国科学院广州化学研究所利用丙烯酰胺高分子化学灌浆材料与砂土在地下形成高强度弹性橡胶的原理，对车马坑地基进行防水加固，成效显著。获1992年度国家文物局科技进步四等奖。

交河故城西北小寺生土建筑遗址保护加固　新疆维吾尔自治区文化厅交河故城保护修缮办公室使用与原建筑相似的土料作为主要加固材料，用以增加强度和调整外观效果，所添加的钙质结核也是原建筑材料中的固有成分。保护加固在保证达到足够补修效果的前提下，尽量采用仿古工艺。该项目保护加固效果好，工艺技术简单，易于推广，在工艺、材料、技术和方法上均有创新，对干旱地区生土建筑遗址保护具有一定借鉴意义。获1996年度国家文物局文物科技进步三等奖。

古代土建筑遗址的加固研究　敦煌研究院、兰州大学、新疆维吾尔自治区博物馆对筛选出的PS加固材料与遗址土体作用机理作进一步研究，发现PS材料与土遗址作用后能够改变土体微观结构，形成一种网状、性能稳定的硅酸岩胶凝体，可明显提高土遗址抗风蚀性和耐水性。通过在交河故城等不同类型遗址进行大量现场加固试验，总结出了完整、行之有效的工艺方法。该成果材料价廉易得，施工工艺简单，可在大范围土遗址加固保护中推广应用。获1999年度国家文物局文物科技进步二等奖。

秦俑土遗址及相关文物防霉保护研究　秦始皇兵马俑博物馆通过对秦俑坑遗址霉害现状、形成原因、霉菌菌种来源进行调查，掌握了遗址中霉菌活动规律，研制或筛选出适用于秦俑坑遗址的防霉制剂，形成了一套科学化、系统化和规范化的大型遗址及文物防霉保护研究方法。获2005年度文物保护科学和技术创新二等奖。

**壁画保护技术成果研究** 中国作为壁画遗存最为丰富的国家，随着现代科技发展逐渐建立了科学的壁画保护系统，对壁画制作材料、制作工艺、壁画结构、自然环境以及壁画病害成因等有了全新认识。在石窟寺壁画保护方面，主要针对壁画大面积脱落、起甲、酥碱等病害进行抢修试验，研究出新型修复配方，在甘肃、青海、新疆石窟壁画保护中应用。在古建筑壁画保护方面，永乐宫壁画、朔州崇福寺弥陀殿壁画、太原晋祠圣母殿壁画、大同市上华严寺大雄宝殿壁画等相继得到保护、加固。在墓葬壁画保护方面，原址保护和迁址保护方法逐步完善，揭取保护、临摹照相提取资料等技术日益成熟。

敦煌莫高窟起甲壁画修复技术 文化部文物保护科学技术研究所、敦煌研究院在调查壁画起甲脱落原因的基础上，通过近百次试验、筛选，找到了较佳修复配方，即聚乙烯醇水溶液与聚醋酸乙烯乳液混合剂。采用这一配方修复的壁画，经过日晒、夜冻、雨露、沙打等恶劣气候检验，性能稳定。此项技术已在青海乐都瞿坛寺、新疆库车库木吐拉石窟部分壁画保护中应用。获1985～1986年度文化部科技成果一等奖。

剑阁觉苑寺壁画揭取复原 四川省文物考古研究所采用大面积整铺揭取、重装复原新技术，使有坍塌危险、面积分别为8.2平方米

和13.6平方米的两铺壁画得到较好保护。根据测试数据，选用环氧树脂玻璃钢直接做壁画底衬，具有轻、薄、结实等特点，适用于大面积整铺壁画的重装复原。此项修复技术可使壁画免遭切割损伤，是以往壁画修复技术的发展，而且具有工艺简单、施工方便、效率提高等优点，对可拆背墙壁画保护有推广价值。获1985～1986年度文化部科技成果二等奖。

北周李贤墓壁画揭取修复技术 文化部文物保护科学技术研究所、宁夏固原博物馆采用的"框套法"系活动形式框架，以拉杆固定，长、宽、厚薄均可以灵活调整，尤其是先上框架后上前壁板的新工艺，使壁画揭取方便又安全，解决了揭取此类壁画的技术难题。揭取修复过程中采用聚乙烯醇缩丁醛乙醇溶液加固画面、聚乙烯醇溶液作贴布材料等均取得较好效果。此项技术方法简便实用，已在宁夏羊坊唐代史氏墓出土朱雀壁画的揭取保护中应用。获1985～1986年度文化部科技成果四等奖。

出土彩绘陶俑的保护处理方法 文化部文物保护科学技术研究所、宁夏固原博物馆在多次试验基础上，筛选出化学固色剂——文保841彩绘陶器加固液。此加固液属醇溶性，其固体成分为白色粉末，软化温度60℃～65℃，比重为1.107，吸湿率＜4，耐气候性强，成膜后无色、透明，耐光、耐热性能好，机械强度高，且具有操作方便安全、固色性能好、能保持器物色泽原貌等优点。此项成果已应用于新集北魏早期墓葬出土多件彩绘陶俑固色保护，解决了潮湿环境下彩绘陶器保护问题。获1985～1986年度文化部科技成果四等奖。

莫高窟第220窟甬道重层壁画的整体揭取

迁移技术 敦煌研究院研究设计出整体揭取和搬迁壁画工、模、夹具和安全施工的工艺流程，即整体模具支撑固定表层壁画，通道左右上端同时切割剥离，模具及壁画层整体迁移至通道外空地，按原状就地固定复原表层壁画、清理修复中层壁画。该项技术所用材料、工具简单易得，操作方法易于掌握，安全可靠，为类似洞窟壁画的揭取保护提供了借鉴经验。获1985～1986年度文化部科技成果四等奖。

壁画揭取复原保护技术 河南省古代建筑保护研究所在揭取复原保护河南少林寺千佛殿壁画工程中，研究采用聚醋酸乙烯乳液作为补做泥层增强剂。根据千佛殿墙体较薄情况，将壁画直接挂在新墙预砌的挂画铁件上，另做一铁件安装在画块底托上，安装时把画块挂在墙体铁件上，中间以钢筋串联。这种安装方式结构简单，操作方便，既能保证安装质量，又能节约大量木材，且不受墙体厚度影响，适应性较强。壁画背面设置防震层，具有防震、防潮、防腐三重作用。在挂画肩墙处设置经防腐处理过的木板，既能隔断地下水毛细上升，又起到增加墙体整体性的作用。此项新技术经实践检验证明效果较好，已在壁画揭取保护中推广应用。获1988年度文化部科技进步四等奖。

敦煌莫高窟环境及壁画保护研究 敦煌研究院、兰州化学工业公司化工研究院采用现代科技手段，对敦煌石窟保护与环境因素的关系进行多学科、综合系统研究。通过对窟区环境质量评价污染源调查、窟内小气候观测、壁画颜料变色原因探讨、洞窟内异味气体成分分析、霉变壁画霉菌菌种分离鉴定等问题进行研究，探讨引起壁画病害的某些环境因素，提出切实可行的保护建议，为壁画保护提供科学依据。该成果在文物环境保护科研工作中具有开拓性意义，为开展石窟环境保护研究奠定了基础，社会效益显著。获1991年度国家文物局文物科技进步三等奖。

聚苯乙烯泡沫塑料板在壁画揭取保护技术中的应用 辽宁省博物馆成功将壁画揭取保护中传统的木板夹固壁画改为聚苯乙烯泡沫塑料板夹固壁画。聚苯乙烯泡沫塑料具有良好的物理、化学性能，防潮、防火、耐腐蚀，且质轻、强度高、弹性好。采用此种材料工艺简单，操作方便，便于运输，可在现场一次完成，提高了壁画揭取的效率和质量。经在辽宁省北票莲花山辽耶律仁先家族墓和凌源富家屯元墓壁画保护中应用，效果较好。该成果不仅适用于墓葬壁画的揭取保护，而且适用于古建筑内壁画的揭取保护，具有较高推广价值。获1991年度国家文物局文物科技进步四等奖。

集安高句丽壁画霉菌清除 吉林省文化科技研究所、吉林省博物馆、集安市博物馆通过对壁画生霉原因、霉菌种类、壁画颜料进行调研、分析、检测，并对灭菌药剂进行实验对比，筛选应用氯化汞清除高句丽壁画霉菌，取得较好效果。该技术可在类似的壁画灭菌保护中应用。获1991年度国家文物局文物科技进步四等奖。

济南元代壁画墓整体迁移技术 济南市博物馆用传统工艺和现代化学方法对壁画进行封固保护，在整体迁移技术中采用钢板底托，内部一点多支，外加钢筋混凝土筒壁，整体吊运，墓室完好无损。在壁画封护技术上，将传统工艺胶矾水和现代合成树脂材料相结合，用气压电动喷枪喷涂、细软毛刷轻涂及红外线灯烘干等工艺，进一步加固壁画表面并起到保护作用。该项目为同类文物保护工程提供了行之有效的科学方法。获1993年度国家文物局文物科技进步四等奖。

潮湿环境下壁画画面加固保护与霉菌防治技术 甘肃省博物馆、化工部涂料研究所、兰州大学生物系用环氧-有机硅改性树脂加固松散壁画画面层，防止因松散脱落造成画面模糊不清；同时利用F20、F24复合型防霉剂处理画面，防止微生物引起霉变造成画面侵蚀与污染。环氧-有机硅改性树脂固化成膜时胀缩效应小，能使画面层与地仗层保持相同压力。该材料形成膜透气透水，可防止因应力作用造成画面层与地仗层剥离脱落；形成膜具有疏水性，能阻止冷凝水在壁画表面凝结。该项保护技术在潮湿墓葬壁画保护领域处于国内领先水平，加之材料来源方便、操作简单易行，具有良好推广前景。获1996年度国家文物局文物科技进步二等奖。

嘉峪关魏晋壁画墓五号墓的搬迁与半地下复原研究 甘肃省博物馆采用半地下式复原，利用地穴热稳定性缩小墓内温差。墓内年温差比室外缩减30℃，日温差缩减18.5℃，年温度在-2℃～21℃，湿度在60%～80%，可有效防止霉菌生长和发育，也不利于昆虫生存，在防止生物破坏方面可起到一定作用。五号墓墓室壁画保存良好，墓内未见霉迹，也未发现结露和结冰现象，证明在北方地区用半地下式搬迁复原墓葬壁画是可行的。获1996年度国家文物局文物科技进步三等奖。

陕西蓝田水陆庵泥质彩绘壁塑风化机理及加固技术研究 陕西省文物保护技术中心在查明水陆庵壁塑主要病害原因及其活动性和破坏性的基础上，建立了一整套对壁塑彩绘类文物进行现场保护的前期研究科研路线和先进测试技术，首次将工程土质分析方法移植到泥塑土性质研究和修复土筛选之中，将传统工艺与现代科技相结合。该研究为科研成果如何与实际保护工程相结合提供了经验，同时也为雕塑史、美术史、佛教史等方面研究提供了参考资料。获1995年度国家文物局文物科技进步三等奖。

敦煌莫高窟第85窟保护修复研究 敦煌研究院、盖蒂保护研究所、中国文物研究所科学解释壁画酥碱、空鼓等典型病害形成原因，在保护修复方面，通过建立壁画修复材料筛选原则以及进行多种材料实验室筛选，确定治理壁画空鼓的灌浆材料，并独创科学灌浆工艺和脱盐技术。首次在国内规定了壁画保护科学程序、状况调查科学方法和各种病害记录符号，以及壁画洞窟环境监测和壁画制作材料、病害检查科学方法，壁画修复材料筛选原则和空鼓壁画修复材料等标准体系。项目成果在安西榆林窟和西藏布达拉宫、罗布林卡和萨迦寺等处壁画灌浆加固修复中得到应用，并对敦煌莫高窟壁画和国内其他同类文物的保护工作产生深远影响。获2004年度文物保护科学和技术创新二等奖。

汉唐墓室壁画规范化保护修复 陕西省考古研究所针对汉唐墓室壁画极易受环境影响，如受潮或遇水变软造成不同程度破坏的现象，分析壁画结构及其材质特征，经大量实验研究，制定出规范化的壁画保护修复工艺流程，选择具有优良性能的"轻型蜂窝板材＋丙烯酸类粘合"系统，取代"铝合金框架＋环氧树脂粘合"等系统，完善传统保护修复工艺，并有所突破和创新。其方法和工艺已运用到定边县郝滩东汉墓、富平唐献陵陪葬墓、虢国夫人墓、蒲城唐李宪墓、西安郭杜工业园唐墓群、西汉长安城长乐宫建筑基地等出土壁画保护中。获2004年度文物保护科学和技术创新二等奖。

风化褪色的古代壁画、文物彩绘、建筑彩画的恢复与保护　陕西历史文化遗产保护科学研究中心经模拟褪色机理研究，首次发现褪色的真正原因是存在于文物颜料、胶料层中的空气、空隙-粒子散射界面导致了颜料与胶料原有色彩淡化与消失。项目研制了由非挥发性液态抗氧、抗风化稳定剂和耐候、抗腐蚀有机氟材料等组成的显现加固剂，使严重风化褪色的古代壁画、文物彩绘、建筑彩画显现原貌，并以上述材料协同功能加固颜料、胶料层，防止其继续褪色，是文物彩绘保护研究领域的重大突破。获2004年度文物保护科学和技术创新二等奖。

西汉"四神云气图"壁画综合保护研究　河南博物院提出壁画正面采用与原有保护材料相近材料进行处理、使用高分子弹性发泡材料作为干涉层、蜂窝铝板作为可移动高刚性支撑层的技术路线；采用弹性结构胶粘剂作为层间过渡，以减少应力集中，确保胶结体系稳定。获2004年度文物保护科学和技术创新二等奖。

潮湿环境下壁画地仗加固保护材料与技术研究　甘肃省博物馆针对潮湿环境下微生物对有机材料有很强破坏作用这一特点，确定将无机碱胶凝材料作为潮湿环境下壁画地仗加固保护材料，并形成一套潮湿环境下壁画地仗现场

修复方法与适用技术。获2004年度文物保护科学和技术创新二等奖。

西藏空鼓病害壁画灌浆加固研究　敦煌研究院筛选出以PS为主剂，粉煤灰掺加适量壁画地仗材料阿嘎土为填料，氟硅酸钠为固化剂，开发针对西藏寺院空鼓壁画的新型无机灌浆材料，并辅助于小木质锚杆锚固补强加固工艺。获2005年度文物保护科学和技术创新二等奖。

古代壁画脱盐关键技术研究　敦煌研究院、兰州大学、中国科学院兰州化学物理研究所、西安文物保护修复中心选择甘肃敦煌莫高窟5个不同位置、不同盐害类型的洞窟，系统研究洞窟温湿度环境变化规律和盐分分布规律，建立洞窟壁画可溶盐分析快速检测方法，模拟酥碱壁画发生、发展现象和变化趋势，发现盐分聚集和分布规律，揭示酥碱、疱疹两类壁画盐害的发生和发展规律，提出壁画安全含盐量和环境条件临界数值，摸清殿堂壁画盐分活动规律。针对以NaCl为主要成分的壁画盐害，研发出新型脱盐材料及壁画脱盐专用工具，总结、提出与酥碱壁画修复相配套的脱盐工艺，改进空鼓壁画灌浆脱盐工艺。针对酥碱壁画修复和空鼓壁画灌浆加固，建立了一套脱盐效果评价方法。在此基础上编制了中国第一部壁画保护修复标准《古代壁画脱盐技术规范》。该项研究重点解决盐害壁画保护关键性问题，所取得的一系列成果、关键技术不仅可解决莫高窟酥碱壁画修复和壁画空鼓灌浆加固脱盐问题，更对石窟寺、墓葬、殿堂中古代壁画保护修复产生深远影响，基本解决了古代盐害壁画修复难题。获2009年度文物保护科学和技术创新二等奖。

高句丽墓葬壁画微生物病害防治研究 中国文化遗产研究院、南开大学、中国科学院微生物研究所、深圳华大基因研究院运用优化克隆文库、变性梯度凝胶电泳、宏基因组、ATP生物发光法等生物技术，检测高句丽墓葬壁画微生物，结合宏基因组技术和文物环境条件、微生物代谢途径等综合分析菌害原因，确定了高句丽五盔坟5号墓壁画的微生物种属、优势菌群和病害治理方法。提出墓葬壁画菌害防治不可依赖抑菌剂，而应在维系生态系统平衡的原则上，建立起包括病害清除、环境控制、长期监测、规范管理、基础研究的综合体系；指出自然界绝大部分微生物都不可人工培养，要发展免培养技术，引进克隆文库、DGGE、宏基因组等分子技术检测主要致害菌，开展致害机理研究；优化了ATP生物发光法测试抑菌剂效力；揭示了长期被忽略的有机高分子材料招致菌害问题。高分子材料能为菌群生长提供养分，墓葬中的微生物与朱砂、含铜颜料有密切关系，优势菌群对Ag和Cu有较强抵抗作用。研究思路和方法在国内均属首创，在墓葬壁画微生物病害防治方面取得重大突破，对墓葬壁画微生物科学防治具有指导意义。获"十二五"文物保护科学和技术创新二等奖。

**可移动文物保护成果及应用** 经文物科技工作者几十年艰难探索，可移动文物保存、修复技术取得重要进步。文物保护材料由以天然材料为主并辅以常用化学试剂，逐渐引入其他领域已成功应用的材料和技术，大量新材料研制并应用于文物保护工作。在已有关键技术成果基础上开展保护修复技术规范化研究，传统修复技术得到继承和发展。各种质地的出土文物、馆藏文物保护、加固、修复技术取得突出成果，形成一批具有广泛推广价值的共性技术，如以脱水加固定型古代饱水漆木器、旧纸张保护技术，秦始皇陵铜车马修复技术，饱水简牍脱水保护，PS无机文物保护材料系列，出土铁器文物脱盐锈蚀保护，长效防霉防蛀装裱粘合剂等。

**金属文物保护** 金属文物保护从恢复其使用功能到保存保护好文物内涵信息，实现了跨越式进步。现代科技分析手段在金属文物保护研究中得到广泛应用，保护材料、工艺等研究成果日益丰富，特别是出土铁器文物保护、青铜器腐蚀机理研究等方面取得了重大突破和创新。

浸渗处理青铜器有害锈的研究 上海博物馆采取$BTA-H_2O_2$对青铜器上的活性和非活性粉状锈迅速作出科学鉴别，并在较短时间内清除活性粉状锈。利用$BTA-Na_2MoO_4-NaHCO_3$新型复合缓蚀剂协同效应，对腐蚀青铜器进行浸渗处理，达到稳定。处理后的青铜器能保持文物原有外观，符合文物保护要求。该技术适用于带有害锈的青铜器保护，具有实用价值。获1988年度文化部科技进步二等奖。

简仪、浑仪修复与室外带锈防护研究 南京博物馆、中国科学院南京紫金山天文台、华东工学院、南京市化工设计研究所联合对紫金山天文台收藏的简仪、浑仪开展室外带锈防护工作。围绕已严重受损、由铜铁双金属制造的明代简仪、浑仪进行结构力学分析、稳定性研究及腐蚀状况研究。修复中采用先银钎焊后铜钎焊的复合焊接技术，解决了双金属电化学腐蚀问题。自行合成的双唑胺和SA树脂，可提高抗大气腐蚀性能。本成果以多学科相结合形式，安全有效解决了修复和保护室外大型青铜文物的复杂问题，其研究方法和实施应用技术可在其他室外大型青铜文物保护研究中推广。获1992年度国家文物局文物科技进步三等奖。

出土铁器文物脱盐缓蚀保护研究 上海博物馆、华东理工大学研究铁器脱盐缓蚀保护综合技术，关键技术和创新点如下：一是用缓蚀剂、表面活性剂和多种助洗剂组成碱性脱盐清洗液对铁器文物进行脱盐清洗处理，消除环境污染给铁器文物带来的腐蚀因素影响；二是通过磷化处理改善铁器表面的耐腐蚀性，提高铁器文物在大气中的抗腐蚀能力；三是对磷化后的铁器文物进行钝化封闭处理，进一步阻止基体与大介质直接接触，从而更有效抑制腐蚀；四是对经磷化、钝化处理的铁器文物进行薄层防锈蜡封存处理，使铁器表面产生疏水性，以控制水汽在表面凝聚成水膜；五是对防锈蜡封存处理后的铁器表面进行消光处理，使符合"不改变文物原貌"的保护要求。该成果所采用的缓蚀方法，材料来源方便，可操作性、实用性强，且具有可逆性，防腐蚀效果与以往有明显提高，具有推广应用价值。获1994年度国家文物局文物科技进步一等奖，1996年度国家科技进步三等奖。

青铜文物保护新技术的研究 南京博物院、南京化工大学在总结已有防治方法的基础上，进一步探讨简便、实用方法，可有效清除腐蚀青铜器的粉状锈，提高青铜器耐腐蚀能力。项目研制的新型缓蚀剂AMT填补了国内空白；ACN1（AMT＋C＋N）复合配方研究成功，突破了国外单一AMT或MT＋$HNO_3$处理青铜文物表面变色的问题。新技术将传统去除粉状锈、提取氯离子、缓蚀保护青铜文物的三步工艺简化为一步。此外，对处理后的青铜器表面状态、表面成分、结构和耐蚀性进行分析和研究，尤其对缓蚀剂在铜器上的成膜机理进行分析和探讨，提出新见解。项目所需材料来源方便，操作简单易行，工艺简化，缩短了青铜文物的处理周期，已在江苏、河南、湖北等省数家博物馆和考古研究所推广应用。获1997年度国家文物局文物科技进步二等奖，1998年度国家科技进步三等奖。

吴国青铜器综合研究 镇江博物馆、中国科学院自然科学史研究所以多学科协作方式，将人文科学和自然科学研究有机结合，对吴国青铜器的形制、分期、人文特色、合金成分、冶铸及加工工艺进行综合性研究，阐明了吴国青铜器制作发展过程、人文技术特征及吴国冶铸技术水平。此外还对青铜器件中纯铜晶粒的赋存形态和形成机理进行了深度探讨，具有较高学术价值。获1998年度国家文物局文物科技进步二等奖。

秦陵一号铜车马修复技术 秦始皇兵马俑博物馆科学总结秦陵二号铜车马修复经验教训，对一号铜车马具体情况进行了详细调查、分析、测试和研究，制定了"合理运用粘接、焊接、机械连接，适当附加加强件"的综合性修复方案，成功修复秦陵一号铜车马。项目中将传统修复技术与现代科技有机结合，在大型青铜文物修复领域达到国际先进水平。项目在多方面有所创新，一是整体修复方案设计思想在保持"修旧如旧"和尽量保护文物现状前提下，沿用传统修复技术，利用现代科技手段，引用其他工艺技术，对铜车马进行多种工艺技术的综合修复；二是利用专用工具，如压力矫形机和专用卡具、模具，对变形的青铜构件进行矫形；三是针对一号铜车马实际情况，研制新型胶粘剂；四是研制Sn-Pb-Cu-Cd四元合金低温焊料，温度低，工艺简便，综合性能较佳；五是对青铜彩绘文物进行科学保护，开发8701型保护剂，修复后的铜车马彩绘保存状态良好。秦陵一号铜车马的修复成功，为古代科技、美术、车马制及宫廷御服制度等方面提供了极为珍贵的实物资料。项目中研发的先进技术和新的修复产品，在青铜器保护中具有广阔推广应用空间。获1995年度国家文物局文物科技进步二等奖，1997年度国家科技进步二等奖。

银器文物抗变色处理研究 上海博物馆、华东理工大学采用三种杂环类缓蚀剂（PMTA、MBO、MBI）对银器文物进行复合缓蚀保护处理；根据银器文物腐蚀变色特点，自行设计并建成银器文物在大气环境中抗变色性能评价（紫外、荧光）曝露加速腐蚀试验装置。获2005年度文物保护科学和技术创新二等奖。

丝织品保护 通过与化学、物理学、考古学、古代纺织科技史、古代纺织艺术、纺织科学和生物学等学科相结合，从长沙马王堆一号汉墓发掘开始实践，越来越多的先进科学技术被应用到纺织品文物保护中，在纤维、组织、染料和颜料分析检测等方面取得重要研究成果，为丝织品文物保护提供了重要技术支撑。

青海都兰热水出土唐代织锦复制研究 苏州丝绸博物馆、中国历史博物馆使用组织状态记录方法，将图案结构造型准确描绘在意匠纸上，测得织物结构；探索古代练丝、染丝工艺，采用植物染料进行染色，使丝的光泽、色泽接近原文物；对织机进行改造，采用双经轴，攻克经向织造张力不均引起梭口不清等难点，解决高纬密织难题。该项目高水平的复制工艺有很高的推广应用价值。获1995年度国家文物局文物科技进步一等奖。

古代丝织品的加固保护研究 山东省文物考古研究所通过实验，确定使用接枝加固法，选用保护材料为丙烯酰胺和2-羟基甲基丙烯酸乙酯。在研究中对自由基接枝反应条件，单体、引发剂组分及其浓度、酸度、反应温度、反应时间进行严格筛选实验，方法科学，操作严谨，结论可靠，有一定学术价值。经加固的丝织品手感、质感和色泽等均"不改变文物原貌"。该项目在古代丝织品加固技术领域属开创性工作，完成预期目标。获1995年度国家文物局文物科技进步四等奖。

生物技术在文物保护领域的应用研究——出土丝织物加固处理 荆州市文物保护中心利用生物通过新陈代谢作用跟周围环境进行物质交换的特性，修复填充织物内损失物质，活化出土丝织物被损坏物质结构，有效解决了出土丝织物腐、脆等根本性难题。获2005年度文物保护科学和技术创新一等奖。

东周纺织织造技术挖掘与展示（以出土纺织品为例） 中国丝绸博物馆、江西省文物考古研究所、苏州丝绸博物馆、苏州钱小萍古丝绸复制研究所、荆州博物馆以江西靖安大墓和湖北马山一号楚墓出土纺织品为对象，针对东周时期纺织织造技术，开展纺织文物研究及织造技术实物复原研究，首次以出土纺织机为原型，真实客观地复原出两种与出土纺织品织造技术相适应的东周素织机。成功复制4件织锦和中空斜编组带，并以陈列为手段全方位展示东周纺织织造技术。项目实施中形成一套完整的工作思路和研究方法。获2009年度文物保护科学和技术创新二等奖。

基于丝肽-氨基酸的脆弱丝织品接枝加固技术研究与示范应用　中国丝绸博物馆、浙江理工大学针对脆弱丝织品丝蛋白发生严重变性的状况，提出基于丝肽-氨基酸的脆弱丝织品接枝加固技术，即利用丝蛋白多肽成膜的特性，以丝肽-氨基酸为加固材料，选择合适助剂，在常温、常压条件下对脆弱丝织品进行有效加固，不影响丝织品特性和外观，为馆藏丝织品提供了适用性好、可低成本简便实施的安全保护手段。该技术曾应用于丹麦博物馆女王漆器用品上绿色丝带的加固保护、南宋史嵩之墓出土糟朽饱水丝织品抢救性保护和故宫博物院乾隆花园内檐装修丝织品加固保护等，取得良好保护效果。获"十二五"文物保护科学和技术创新二等奖。

**饱水漆木器保护**　采用现代科技和传统工艺相结合的技术手段，通过探明漆木器类文物材质、分析其制作材料与工艺、检测与评估病害机理，在脱水、脱色和修复等方面取得重要进展，较好解决了严重朽蚀漆木器的脱水加固问题。

乙二醛脱水加固定型古代饱水漆木器　湖北省博物馆配制了两种含有催化剂乙二醛的水溶液将漆木器所含水置换出来，乙二醛在器物干燥过程中起聚合反应，从而加固定型漆木器；采用红外光谱、木材鉴定、抗拉、显微照相等检测手段，确证乙二醛聚合体充盈于木胎

木质结构中，并与纤维素分子产生一定交联作用，使木胎定型加固。处理后的漆木器色泽同出土时一致，木质感好，收缩率为零或接近零。该方法适用于多种材质的漆木器，安全可靠，成本较低，有推广应用价值。获1988年度文化部科技进步一等奖，1989年度国家科技进步三等奖。

河姆渡饱水木质文物的室外冷冻脱水　浙江省博物馆根据固态水直接升华成气态水可克服水表面张力的原理，避免木材干燥应力；选择聚乙二醇作为尺寸稳定剂，采用自然干燥—冷冻干燥二步法工艺，成功解决了河姆渡遗址出土严重降解大型饱水木质文物的脱水定型问题，在同类研究中处于领先地位。此方法具有费用低、简便实用、一次性处理量大、安全可靠等优点。处理后的器物形态稳定，纹理自然，色泽良好。该方法适用于出土古建筑木构件、古海船及其他大型木质文物的保护。获1991年度国家文物局文物科技进步三等奖。

河南信阳长台关出土饱和漆木器脱水定型研究　河南省古代建筑保护研究所、河南省文物研究所、郑州工学院采用蔗糖作为饱水漆木器脱水定型的主要填充固定剂，成功解决了河南信阳长台关出土部分漆木器的脱水定型问题。该方法对漆皮无损伤，处理后的器物基本保持原貌，对环境适应能力强，且具有可逆性，为保护饱水漆木器文物提供了一种新途径。获1992年度国家文物局文物科技进步二等奖，1995年度国家科技进步三等奖。

饱水漆木器大分子-水非渗透压交换填充脱水定型法　湖南省博物馆采用的"大分子-水非渗透压式交换填充法"即利用特定物理条

件，借助外加压力注入含填充物的水溶液，使水分子不断被替换出来，而含PEG-4000的水溶液逐渐浓缩，由内而外形成均匀、完全的填充。该方法能够精确掌握填充量，经过处理的漆木器能较好保持原形和色泽。此方法是PEG-4000填充工艺的重大突破，尤其适合处理腐朽严重、含水率高的漆木器。获1992年度国家文物局文物科技进步三等奖。

莱西西汉墓出土木偶脱水修复保护技术　青岛市文化局、莱西市文物管理所运用化学保护和传统修复工艺相结合的方式，成功对木偶进行了脱水定型和拼合复原。脱水采用乙醇、乙醚替换脱水法，具有科学理论依据。在实施中采用不同浓度溶液，进行分期分批药液循环及时间调控，用松香代替乳香胶填充剂加固定型。在拼合复原中，用环氧树脂粘接、竹筋相连、新木材贴皮加固的方法。整体脱水修复技术达到国内先进水平，为同类较大型的木质文物保护提供了经验，用松香代替乳香胶等高分子材料节省了大量物力、财力，有良好推广和应用价值。获1993年度国家文物局文物科技进步四等奖。

残朽木质雕刻品加固修复技术　宁夏回族自治区西夏文木雕版加固修复实验小组选用新型化学试剂进行加固修复实验，并针对不同修复对象采用不同材料配比和浸泡时间及操作方法，总结摸索出一套防止起粉脱屑、酥脆断裂、起翘变形的化学加固粘合修复炭化残朽木雕版保护操作方法。该成果抢救保护了具有重大价值的西夏文雕版，也为同类文物的加固保护提供了经验。获1993年度国家文物局文物科技进步四等奖。

蓬莱元代木船脱水修复保护技术　登州古船博物馆对蓬莱元代木船的结构、工艺特点、保存状况和环境、船材腐朽及强度降低病因进行研究分析，历经四年，成功保持船材内外平衡，达到理想脱水脱盐效果。在船体拼装复原中采用"船壳法"，完成全部拼装复原工作，恢复蓬莱元代木船原有面貌。在船体加固中，研究配制5％聚醋酸乙烯酯丙酮溶液进行渗透、加固，阻止木材继续腐朽，增加船材机械强度，使古船整体得到加固。蓬莱元代木船脱水修复保护技术的研制成功，解决了古船保护工作中一些技术难题。采用该研究成果对同时出土的紫檀木船舵杆等一批木件进行处理和保护，均取得较好效果。获1994年度国家文物局文物科技进步四等奖。

严重朽蚀饱水竹简的真空冷冻干燥研究　上海博物馆在吸收国内外先进技术和经验基础上，利用真空冷冻干燥技术，经两年多工作，完成了对1000余枚记载有重要史料的战国严重腐朽竹简的脱水处理，效果良好。该项目对朽蚀程度不同的竹简分别采用水真空冷冻干燥和GX-PVB-t-BuOH真空冷冻干燥，不仅较好解决了严重朽蚀竹简的脱水加固问题，且大大缩短了处理时间。该项成果科技含量高，具有实用性和推广意义。获1998年度国家文物局文物科技进步一等奖，2000年度国家科技进步二等奖。

干缩变形木质文物润胀复原关键技术研究　河南省文物考古研究院、郑州大学、河南博物院、南京市博物总馆基于国内外干缩变形木质文物复原研究现状，阐明木质文物干缩变形的基本原理，根据木材纤维素所具有的润胀特性，进行润胀复原材料设计及相关制备技术研究，研制出适于不同种类木质文物的润胀材料。润胀材料在浸渗过程中和木材纤维素发生润胀作用，可达到恢复干缩变形木质文物原有形状的目的，润胀复原后的木质文物可通过正常脱水方法实现脱水定型。试验表明，干缩变形木质文物的最大膨胀度可达420%，干缩木质文物外观形态复原度在98%以上，再经脱水加固定型，基本可恢复木质文物原始形态。研究成果在多家单位获得较好应用效果，拓展了木质文物保护技术及其应用技术基础研究，对提高木质文物保护技术整体水平具有重大意义。获"十二五"文物保护科学和技术创新二等奖。

**纸质文物保护**　保护纸质文物的药物防虫技术是历史悠久的传统工艺。文物科技工作者应用现代科技手段和方法，探究纸张病害产生原因及劣化降解机理，结合传统手工工艺和经验保护方法，通过传统修复保养工艺发掘应用和研究改进，研制中草药防虫防霉剂、聚乙烯醇缩丁醛（PVB）和TJ-1脱胶剂等新材料，研究脆弱纸质文物的丝网加固技术、整本图书脱酸技术、派拉纶成膜技术、文献修复浆防腐方法、充氮封存珍贵文献保护技术等应用技术，在抢救保护珍贵古文献和馆藏纸质文物中起到积极作用。

旧纸张保护技术　南京博物院采用丝网加固术，由蚕丝和树脂制成网，通过热压将丝网固结在纸张上。经加固处理的纸张具有很好的透明度，不影响阅视；能保持加固对象原貌，手感好；能防霉抗老化，有可逆性。此项技术对增加纸张强度、延长使用寿命有显著效果，适用于加固糟朽脆弱、破碎的纸张，尤以薄纸见长，特别适用于两面书写或印刷的脆纸以及遇水或溶剂字迹渗化而不便使用传统托裱的纸质对象，在全国文物、档案、图书等单位得到推广使用。获1981～1982年度文化部科技成果一等奖。

纸张气相脱酸　南京博物院、中国第二历史档案馆、江苏省档案局、南京化工设计研究所吸取国外成功经验，利用酸碱中和原理，将二乙基锌气体注入真空容器中，对酸化纸张进行真空气相脱酸处理，使酸性纸转变为碱性或中性。处理后的纸张色彩和原貌基本无变化，且可缓解继续酸化作用，延长纸张寿命。本成果属国内首创，适用于纸质文物、图书、档案等。获1983～1984年度文化部科技成果三等奖。

溴甲烷熏蒸剂在文物保护中的应用及其废气治理　上海博物馆、华东化工学院采取的溴甲烷溴杀虫灭菌技术，是保护纸张、丝织品、金属等文物的有效途径。试验证明，在溴甲烷50克／立方米浓度下，熏蒸48小时能杀灭所试的16种霉菌。采用复合薄膜材料制作的熏蒸袋，既解决了澳甲烷泄漏问题，又具有轻便灵活、制作方便、造价低廉等优点。废气治理工艺合理，装置简便，回收后的溴甲烷可循环使用，符合环境保护要求，气相色谱法和改进分光光度法可为环境监测提供简便有效的监测手段。获1985～1986年度文化部科技成果二等奖。

山东临沂金雀山帛画揭裱技术　文化部文物保护科学技术研究所、大庆文物站采取粘揭法，以富强粉糨糊为胶粘剂，三层棉纸，趁"热"即上干下湿之际分层分段揭取，揭取后采用十字折叠法多层次还原修复，取得良好效果。该成果解决了粘贴在硬质物品上糟朽丝、帛、纸质文物的揭取问题，是对传统书画揭裱技术的发展。已应用于云南大理三塔经卷和纸咒语等文物的揭裱。获1985～1986年度文化部科技成果三等奖。

**热气渗透法修复北宋丝质经袱** 西泠印社研究采用热气渗透法对北宋丝质经袱进行揭取获得成功。修复后的经袱经纬均匀，绣面清晰，色泽未变，为研究古代丝织、染色、图案、刺绣等工艺发展提供了重要实物资料。该方法适用于出土丝织品的保护。获1985～1986年度文化部科技成果三等奖。

**蒸气法揭取北宋纸质经卷** 西泠印社研究采用已失传的蒸气法进行揭取，将破碎成上万片的7卷经卷修复完整。既挽救恢复了失传的蒸气法，又抢救了珍贵的历史文物。获1985～1986年度文化部科技成果三等奖。

**环氧乙烷安全气体在文物消毒中的应用** 故宫博物院采用环氧乙烷与二氧化碳、环氧乙烷与氟利昂相混合的安全气体作为熏蒸药剂，使用安全，杀虫灭菌效果可靠，对纤维质地文物的强度、色度基本无影响。关键设备熏蒸器设计合理，操作方便，造价低廉。经过反复实验，对应用环氧乙烷消毒的关键性参数相互关系提供了参考，在纤维质地文物保护方面有推广价值。获1985～1986年度文化部科技成果三等奖。

**复方中草药杀虫剂** 南京博物院根据中草药相互配伍后效果加强的特点，在上百种中草药中筛选出10余种复合使用。经多次模拟试验及应用试验，证明该种杀虫剂对毛衣鱼、烟草甲幼虫具有毒杀和熏杀作用，且对纸质、纺织品等不同质地文物的色彩、物理性能均无影响。所用原料均属常用中草药，价格低廉，利于推广应用。获1989年度文化部科技进步四等奖。

**纸张气相脱酸扩试研究** 南京博物院、中国第二历史档案馆、江苏省档案局、南京化工设计研究所在1984年研究试验阶段成功的基础上，于1987年再次进行中试研究。在中试研究中，解决了前次研究提出而尚未解决的加温、投料、尾气处理问题，确定了较合理的脱酸温度、真空度和处理时间等工艺参数。采用2立方米的真空脱酸处理设备，一次处理量达到300千克。此项技术进入实用阶段，并处于国内领先地位，社会效益显著，在文物、图书、档案部门有较大推广价值。获1990年度国家文物局文物科技进步二等奖，1991年度国家科技进步三等奖。

**文物微波杀虫** 泉州海外交通史博物馆将微波技术应用于有机质地文物杀虫灭菌研究。自行设计和研究微波文物处理机（包括主机、微波照射器、文物处理转台和微波安全屏蔽设施等），应用微波生物效应和微波选择性加热原理，杀灭文物介质中的害虫和霉菌，不损伤文物，并兼有均匀去湿、改善应力分布、防止文物变形和开裂的功效。经实际应用，杀虫效果显著，方法简便，费用低廉，不破坏或损害文物。该项技术适用于木质、纸质、丝织品（丝、棉毛、麻等）、皮革等有机介质文物的保护，有一定社会效益，可在文物保护部门普遍推广使用。获1992年度国家文物局文物科技进步三等奖。

**3号中药气相防霉剂的研制和在书画保护中的应用** 上海博物馆、上海医药工业研究院在对22种中药材进行抗霉菌活性试验的基础上，筛选出3种中药材，提取、分离配制成防霉剂。试验表明，该防霉剂对46种霉菌有较好抑制作用，具有较高防霉效能，对书画纸张、竹木器等文物无不良影响，安全、实用。该防霉剂适用于纤维质地文物及图书、档案保护，也可用于食品、轻工易发霉产品的保存。获1983～1984年度文化部科技成果三等奖。

长效防霉防蛀装裱粘合剂的研究　浙江省博物馆、浙江舞台电子技术研究所以淀粉变性作为主要研究方向，以粘合剂特性与淀粉衍生物取代元素（或基团）关系作为研究重点，既具有书画装裱粘合剂基本特征，又具有防霉防蛀性能。SDK防霉防蛀装裱粘合剂以淀粉为原料，直接合成具备装裱性能和防霉防蛀双重功能的装裱粘合剂。SDK防霉防蛀装裱粘合剂使用方便，成本较低，可逆性、稳定性好。装裱件柔韧性接近麦面粉糨糊，平服度优于麦面粉糨糊，且对宣纸、绫绢强度无不良影响。对国画颜料、绫绢染料影响均小于麦面粉糨糊，是一种传统书画装裱粘合剂替代品。获1998年度国家文物局文物科技进步一等奖。

**其他可移动文物保护技术研究**　包括在古尸、考古发掘现场脆弱遗迹遗物等领域的研究。

马王堆古尸"整体—细胞—分子"三级保护模式的建立与运用　湖南省博物馆、中南大学、湖南省马王堆古尸和文物研究保护中心建立了马王堆古尸保存"整体—细胞—分子"的三级保护模式，由过去单一大体形态保存转化为大体形态和分子结构并重。建立古尸保存环境模拟体系、无菌层流空气净化系统、古尸保存微环境调控和监测体系，有效控制古尸骨组织脱钙与蛋白质降解。项目研发完善了西汉古尸防腐、降霉、防变色等技术，并成功应用到全国科普教育基地及湖南省解剖学会24个会员单位数千件人体标本的保存中，确保了标本完好保存、展示与使用。获2009年度文物保护科学和技术创新二等奖。

考古发掘现场出土脆弱遗迹临时固型材料研究　秦始皇帝陵博物院、中国科学院上海硅酸盐研究所、上海大学、中国科学院上海有机化学研究所基于考古发掘现场脆弱遗迹遗物提取、防止其急剧劣化技术难题，系统研究薄荷醇类材料以喷雾方式对脆弱遗迹遗物进行定型加固工艺技术与脆弱遗迹遗物提取相互关系。与其他不同质地和形态脆弱遗迹提取应用和工艺比较，左旋薄荷醇加固定型材料对脆弱遗迹遗物具有良好固型性，对脆弱遗迹遗物本体无不良影响，且容易消除还原，使用安全，可最大限度抢救珍贵出土文物和遗迹信息等。该项目研发成果在多处重要考古发掘现场应用并取得良好示范效果，为考古发掘现场脆弱遗迹提取临时性保护提供有力技术支撑，对提高考古发掘现场脆弱遗迹提取和临时性保护技术与装备水平具有重要意义。获"十二五"文物保护科学和技术创新一等奖。

**考古发掘技术及应用**　随着考古学和文物保护科学不断发展，两个学科的联系越来越紧密，特别是考古发掘现场的文物保护技术研发与应用发展较快。进入21世纪，考古发掘现场文物安全、科学提取成为现场文物保护关注重点，脆弱遗迹提取技术研究重点多集中在新型加固材料研发和应用上。"十二五"期间，针对多维信息提取、识别、释读与现场应急保护等考古领域关键技术问题，通过加强多学科结合，初步构建起较完善的考古技术方法体系，出土文物无损提取、遗迹鉴别技术取得重要突破。尤其是"文物出土现场保护移动实验室"的研发，实现了传统实验室和保护修复室与考古发掘现场的统一，为最大限度地获取信息和及时保护出土文物提供了技术可能。

镇江商周台形遗址与土墩墓遥感考古调查研究　镇江市文化局、华东师范学院在选定大比例黑白立体航空片基础上，用普通光学和计算机图像处理相结合的方法进行图像处理，按照古遗存形态特征建立航空遥感判读标志来确定其数量及分布规律。该项技术具有速度快，节约人力、物力、财力等特点，适用于大面积地区内突出于地面的遗址和古墓葬调查，尤其适用于已被发掘或被后期破坏掉的遗迹调查。这一成果是中国遥感技术在考古调查上首次应用，综合效益好，推广前景广阔。获1990年度国家文物局文物科技进步三等奖。

应用磁法勘探地下文物研究　安徽省滁州市文物保护科学技术研究所、安徽省文物考古研究所通过分析古窑址、古墓葬、古冶炼遗址等地下文物遗存磁性反应特征分布，研究磁探方法应用特点和有效资料解释方法，在磁法勘探技术应用于田野考古学调查探测技术和效果方面达到国内先进水平。磁法勘探研究从应用理论机制、模拟实验和实例应用方面研究磁探应用前提、方法、技术，展示了磁探新技术的实用价值、推广价值和文物保护价值，具备操作简单、设备轻便、智能化程度和探测效率高等特点。此方法为彻底无"源"探测，从微观上实现了"无损伤考古"探测，广泛适用于田野考古勘探。获1998年度国家文物局文物科技进步三等奖。

"南海Ⅰ号"整体打捞及保护　广东省文物考古研究所、交通运输部广州打捞局在南宋沉船"南海Ⅰ号"水下考古过程中，研究出拥有自主知识产权的创新型古沉船整体打捞及保护技术。采用钢沉箱整体打捞法和保护环境构建技术，于2007年12月将沉没于外海恶劣海况下的"南海Ⅰ号"整体打捞出水，并安全移入广东海上丝绸之路博物馆，实施人工调控水环境综合保护。用沉箱法对古沉船进行整体打捞，实现水下文物迁移式保护，在世界水下考古史上是第一次，是中国打捞技术和水下考古技术相结合的一次重大创新性尝试，为实现水下文物有效保护、最大限度地提取考古信息探索出一条新技术途径，开创了多学科、跨学科联合开展水下文化遗产保护的新模式。获2009年度文物保护科学和技术创新一等奖。

文物出土现场保护移动实验室研发　敦煌研究院、中国国家博物馆、中国社会科学院考古研究所、清华大学充分吸收国内外相关行业移动实验室研发经验，从文物出土现场保护科学工作实际需求出发，吸收现代科学技术最新成果，设计移动实验室技术，达到在考古现场快速采集自动分析处理、对未知空间信息智能化预探测、出土文物埋藏环境和文物材质病害快速分析、出土现场环境检测、出土文物科学化及时保护等目标，最大限度地抢救珍贵出土文物和遗迹信息。围绕移动实验室技术功能，开展3S系统集成、智能化预探测系统、考古现场环境实时监测系统、埋藏环境和文物材质病害分析系统框架和仪器功能筛选、各种文物处置所需专有技术方法和使用工具研制等核心技术内容研究工作，获多项创新性研究成果，成功设计制造出国内乃至世界上首台具有综合功能的文物出土现场保护移动实验室。获2009年度文物保护科学和技术创新一等奖。

文物安全防范技术及应用　1960年，中国第一台声控报警系统诞生并在故宫珍宝馆开始安装投入使用，填补了利用科学技术手段加强防范安全的空白。20世纪70年代后，尤其是改革开放后，技术防范得到迅猛发展。技术防范手段不断增加，产品不断更新，安全技术防范普遍进入文物防范领域，发挥了重要作用。

博物馆文物防震关键技术创新与应用　中国航空规划设计研究总院有限公司、上海博物馆、北京交通大学、株洲时代新材料科技股份有限公司、雅安市博物馆、成都博物院借鉴国内外已有技术，针对博物馆文物防震实际需求，在馆舍、展柜及文物全系统防震设计和关键技术方面取得创新成果。在理论分析基础上，提出博物馆全系统防震方法，为设计博物馆文物防震保护系统提供依据；研发出文物全系统防震关键技术和设备，为馆藏文物防震提供技术手段；编制《馆藏文物防震规范》和《博物馆文物预防性保护防震装置技术要求》。该项目共获16项国家发明专利，研究成果示范应用在上海博物馆、雅安博物馆和成都博物馆等单位，特别是雅安博物馆文物经受住了2015年1月14日乐山地震的考验，验证了创新成果的有效性。获"十二五"文物保护科学和技术创新二等奖。

文物展示利用技术成果及应用　博物馆注重引进和合理运用现代科学技术，文物交流与展览科技含量不断增加，有效提升了藏品保护、陈列展示、信息传播和社会服务整体水平。特别是"十五"以来，运用信息技术和现代传播技术，拓展博物馆现代化建设理念，提高文物展示和传播水平，在文物信息资源数字化基础上，文物虚拟现实技术研究取得重大突破，现代声光电技术、虚拟现实、人机交互、知识工程和新媒体技术等现代技术不断在文物系统得到应用推广，基于智慧博物馆建设在智慧服务、智慧保护、智慧管理等方面形成一批系统解决方案，整体提升了文物展示利用科技含量，提升了博物馆陈列展览文化与艺术表现能力。在文物复制方面，通过全面分析和检测获得大量古代信息资料，为研究各类文物的制作工艺史、科技史和艺术史提供了极为宝贵的资料。

曾侯乙编钟的研究与复制　湖北省博物馆、中国科学院自然科学史研究所、武汉机械工艺研究所、佛山球墨铸铁研究所、武汉工学院、哈尔滨科学技术大学在研究复制曾侯乙编钟过程中，掌握了古代编钟的设计依据，在材质上摸清了合金成分和其影响音乐效果的基本规律。运用激光全息摄影、电镜扫描、电子探针、闪光音准仪等多种科学技术手段，对原钟冶铸工艺的合金配制、金相组织、几何结构、发声机制和频率等进行系统深入检测与研究，取得几千个科学技术数据。采用现代先进工艺，复制的65件编钟和钟架质量较好，在声乐上成功再现古代一个编钟发多个乐音的效果。获1983～1984年度文化部科技成果一等奖。

藏品编目图像管理系统　上海博物馆组织

研发藏品编目图像管理系统，采用专门微电脑和录像机接口板，保证接口与主机用中断方式联系，再配合相应软件，由微电脑对录像带进行预置编码，半脱机地对编码处理录像带进行同步帧检索和自动放映，实现了录像与文档的同步检查管理。检索结果不仅显示文字档案，还提供时长8秒钟的对应动态图像，充分反映藏品全貌和细部。在数据结构上采用"品名拼接公式"和分段链表方法，极大减少存储冗余，针对原始数据共同性、顺延性和相关性编制快速登录程序。该成果不仅实现了博物馆藏品科学管理电脑化，而且提供了文物研究可不提实物的新手段，改变了传统藏品管理和藏品一般研究方式，为博物馆和馆藏文物进一步向社会开放创造了条件。获1988年度文化部科技进步四等奖。

秦始皇兵马俑博物馆二号坑遗址陈列照明技术的试验研究　秦始皇兵马俑博物馆、中国科学院西安光学精密机械研究所通过调查研究，实地考察、测量，模拟实验和技术，布光和灯具、灯箱优化设计及实验数据综合分析处理，形成试验研究报告，为秦俑二号坑照明工程设计提供了实验和理论依据。该研究创新性将菲利浦三基色高显色性荧光灯管用于大型遗址坑文物陈列照明，实现了无紫外线、冷光、防眩光的照明要求，在国内外尚属首次。用光学设计原理和方法对灯具进行优化设计，选用非对称镜面和斜格栅，提高灯具效率，防止眩光，增加俑坑照度，改善照明质量，实现了大面积均匀照明。照明控制系统设计合理，实施方便，安全可靠，实现了陈列照明三种照度可调要求以及夜间照明、事故照明、安全照明

等多种照明需要。该研究成果为大型遗址博物馆陈列艺术照明与文物保护相结合开辟了新途径。获1995年度国家文物局文物科技进步三等奖。

保定地区三维地形和文物分布图　河北省保定地区行政公署文化局、中国科学院地理研究所、中国科学院自然资源综合考察委员会以保定地区为例，设计建立文物信息系统方法和步骤，系统生成硬件设备和软件环境，在计算机三维地图编制技术方面达到同领域研究国际先进水平。该项目由保定地区文物资料库、DTM地理信息库、印刷色标库、真实感图形支撑系统及应用软件包等集成声、像、图、文多媒体、多窗口交互式文物综合开发信息系统。该成果集成源程序20余万条，汇编革命及历史文物文档资料，实现了计算机文献检索、存档、编辑、修改、文物及地貌景象仿真显示，开辟了文物研究和管理多媒体用户界面开发环境，并出版了国内第一幅计算机三维地形文物分布图。获1996年度国家文物局文物科技进步三等奖。

秦始皇兵马俑博物馆计算机多媒体文物管理系统　秦始皇兵马俑博物馆、西安理工大学信迪高新技术开发总公司、西安交通大学开发以秦始皇兵马俑博物馆为主体的计算机多媒体文物管理系统，在实现博物馆多媒体文物管理方面接近同领域研究国际先进水平。该系统以藏品卡为主线，以藏品档案、修复档案、保护档案为核心对文物资料实施管理，并可利用多媒体技术对文物资料各种信息进行处理，可进行直观、组合、快速检索，达到资源共享，为文物管理、保护和研究提供服务。该系统在博

物馆应用计算机进行管理方面具有创新意义，为博物馆界特别是一些中小型博物馆实现文物管理现代化、科学化、标准化开辟了新途径。获1996年度国家文物局文物科技进步三等奖。

博物馆藏品图文管理系统　云南省博物馆、云南华能高科技发展公司把计算机技术引入博物馆藏品管理中，系统以文化部颁发《博物馆藏品管理办法》为基础，遵循各文博单位工作程序，由日常处理、综合查询、综合统计、初始化、系统管理、帮助等六大模块组成，可提供入馆、入库、出库和回库等凭证，藏品登记卡2套，藏品清单1个，级别、质地、分类等统计表5个，可自动生成表格式文件13个。该系统为全中文界面，操作简单、直观、快速。获1996年度国家文物局文物科技进步四等奖。

东周铜兵器菱形纹饰技术研究　上海博物馆、上海材料研究所在吸收国内外对菱形纹饰兵器研究分析的基础上，运用现代分析手段进行系统分析检测，揭开中国青铜兵器菱形纹饰技术之谜，发现早在2500年前中国已创造出精湛金属表面合金化装饰和保护技术。项目研究发现菱形纹饰剑表面非纹饰区存在富锡细晶区；发现菱形纹饰剑表面纹饰区处组织与基体为同时铸出，该处 α 相严重腐蚀，铜流失，形成以锡为主的氧化物；首次应用电子背散射实验证实标本纹饰区表面存在以 $SnO_2$ 为主"釉质"的氧化物薄膜；模拟古代实施方法，筛选出金属膏剂扩散法工艺，制出黄（基体）白（非纹饰区）相间具有细晶区的菱形纹饰样品。本研究属科技考古范畴。获1998年度国家文物局文物科技进步二等奖。

吴越青铜技术研究　上海博物馆、南京博物院运用科技方法进行考古学研究尝试，模拟古法将吴越青铜兵器技术三绝（非机械镶嵌菱形纹饰、两种成分青铜铸于一体的青铜复合剑以及底部有凸起的绳纹剑首同心圆）复原成功。获2005年度文物保护科学和技术创新二等奖。

中国古代车舆价值挖掘及复原研究　甘肃省文物考古研究所、北京大学考古文博学院、陕西省考古研究院、西北工业大学、北京东方艺珍花丝镶嵌厂、河北省承德金枋传统艺术开发有限公司利用多学科最新技术提高车舆解剖发掘工作水平，揭示了古代车舆制作蕴含的科学和技术，利用传统工艺和现代科技结合展示古代社会工艺技术发展状况，实现了车辆实物及模拟复原，形成了田野考古发掘、文物出土现场保护、实验室检测分析、实验室考古清理、实验考古和展览展示紧密结合的链条协同研究模式。在对张家川马家源战国墓地陪葬车遗迹进行发掘时，利用新技术全面提取车舆及其装饰件形制、结构和尺寸等信息，最大限度提取原始信息，提高了田野考古发掘操作水平；借助科技实验手段，对木材、表面髹漆、金属构件和珠饰等进行材质和制作工艺检测分析。项目具有多个创新点：一是建立了古代车辆复原和复制完整体系，原工艺、原材料、数字与实物相结合的复原方式是重要突破；二是在古代材料和工艺研究和复制中有新突破和创新性发现；三是开展学科交叉创新研究，从考古、艺术与技术角度揭示了中国古代车辆所蕴含的丰富信息，通过多学科合作，成功将田野考古、科学检测分析、文物保护和展览展示等结合了起来。该项目深入挖掘古代车舆制作技术和文化价值，对古车发掘、信息提取、研究和保护具有指导和借鉴意义，对推动考古学、

文物保护、传承与展示利用理论和方法创新具有重要示范意义。获"十二五"文物保护科学和技术创新二等奖。

表5-1-2 1978～2017年国家科技奖部分获奖文物保护项目

| 项目名称 | 获奖等级 | 时间 | 承担单位 |
|---|---|---|---|
| 青铜器的腐蚀与保护、已失传的古代防蠹纸试制成功、古代竹简脱水变形的防止与加固、古代漆器的脱水变形的防止与加固、永乐宫壁画揭取加固技术等13项 | 全国科学大会奖 | 1978年度 | 文化部文物保护科学技术研究所、中国历史博物馆、故宫博物院、上海博物馆等 |
| 甘肃麦积山石窟维修加固工程"喷锚粘托"方案 | 国家科技进步三等奖 | 1985年度 | 甘肃省建筑科学研究所、甘肃省建筑勘察设计院、甘肃省第五建筑工程公司、山西云冈石窟文物保管所、陕西省综合勘察设计院等 |
| 潮湿环境下石窟围岩裂隙灌浆补强材料的研究 | 国家科技进步三等奖 | 1986年度 | 四川省文物管理委员会 |
| 乙二醛脱水加固定型古代饱水漆木器 | 国家科技进步三等奖 | 1989年度 | 湖北省博物馆 |
| 近景摄影测量技术在石窟中的应用研究 | 国家科技进步三等奖 | 1990年度 | 文化部文物保护科学技术研究所、建设部勘察院 |
| 纸张气相脱酸扩试研究 | 国家科技进步三等奖 | 1991年度 | 南京博物院、中国第二历史档案馆、江苏省档案局、南京化工设计研究所 |
| 河南信阳长台关出土饱和漆木器脱水定型研究 | 国家科技进步三等奖 | 1995年度 | 河南省古代建筑保护研究所、河南省文物研究所、郑州工学院 |
| 出土铁器文物脱盐缓蚀保护研究 | 国家科技进步三等奖 | 1996年度 | 上海博物馆、华东理工大学 |
| 秦陵一号铜车马复制技术 | 国家科技进步二等奖 | 1997年度 | 秦始皇兵马俑博物馆 |
| 砂砾岩石窟岩体裂隙灌浆研究 | 国家技术发明四等奖 | 1997年度 | 敦煌研究院、甘肃省建筑科学研究院、兰州大学地质系 |
| 五度双音石编磬 | 国家技术发明三等奖 | 1997年度 | 湖北省博物馆 |
| 青铜文物保护新技术的研究 | 国家科技进步三等奖 | 1998年度 | 南京博物院、南京化工大学 |
| 严重朽蚀饱水竹简的真空冷冻干燥研究 | 国家科技进步二等奖 | 2000年度 | 上海博物馆 |
| 秦俑彩绘保护技术研究 | 国家科技进步二等奖 | 2004年度 | 秦始皇兵马俑博物馆 |
| 文物出土现场保护移动实验室研发与应用 | 国家科技进步二等奖 | 2012年度 | 敦煌研究院、中国国家博物馆、中国社会科学院考古研究所、浙江大学、清华大学、上海博物馆、陕西省考古研究院 |
| 干旱环境下土遗址保护关键技术研发与应用 | 国家科技进步二等奖 | 2017年度 | 敦煌研究院、兰州大学、西北大学、中国文化遗产研究院、敦煌研究院文物保护技术服务中心 |

### 表5-1-3　1981～1989年文化部科技成果奖部分获奖文物保护项目

| 项目名称 | 获奖等级 | 时间 | 承担单位 |
|---|---|---|---|
| 旧纸张保护技术 | 文化部科技成果一等奖 | 1981～1982年度 | 南京博物院 |
| 聚乙烯醇水泥压力灌浆法加固砖塔 | 文化部科技成果三等奖 | 1981～1982年度 | 文化部文物保护科学技术研究所等 |
| 北京大学红楼抢险抗震加固工程 | 文化部科技成果三等奖 | 1981～1982年度 | 国家文物事业管理局 |
| 绛州陶砚的研制 | 文化部科技成果四等奖 | 1981～1982年度 | 山西省博物馆 |
| 激光全息无损探伤 | 文化部科技成果表扬奖 | 1981～1982年度 | 安徽省博物馆 |
| 曾侯乙编钟的研究与复制 | 文化部科技成果一等奖 | 1983～1984年度 | 湖北省博物馆、中国科学院自然科学史研究所、武汉机械工艺研究所、佛山球墨铸铁研究所、武汉工学院、哈尔滨科学技术大学 |
| 石窟加固工程中检测新方法的研究 | 文化部科技成果三等奖 | 1983～1984年度 | 文化部文物保护科学技术研究所、铁道科学院西南研究所、水电部成都勘测设计院科研所、大足县文物管理委员会 |
| 用TLD测量α、β年剂量的细料热释光测定年代技术 | 文化部科技成果三等奖 | 1983～1984年度 | 上海博物馆、上海市工业卫生研究所 |
| 3号中药气相防霉剂的研制和在书画保护中的应用 | 文化部科技成果三等奖 | 1983～1984年度 | 上海博物馆、上海医药工业研究院 |
| 纸张气相脱酸 | 文化部科技成果三等奖 | 1983～1984年度 | 南京博物院、中国第二历史档案馆、江苏省档案局、南京化工设计研究所 |
| 大汶口——龙山文化黑陶制作方法模拟实验第一次成果 | 文化部科技成果三等奖 | 1983～1984年度 | 山东省博物馆 |
| 战国曾侯乙编磬复制研究 | 文化部科技成果三等奖 | 1983～1984年度 | 湖北省博物馆、中国科学院武汉物理研究所 |
| 古塔复原抗震设计——蓟县白塔工程 | 文化部科技成果四等奖 | 1983～1984年度 | 文化部文物保护科学技术研究所、天津市文化局 |
| 用锚固法整修荆州古城墙工程 | 文化部科技成果四等奖 | 1983～1984年度 | 文化部文物保护科学技术研究所 |
| 用全息照相时间平均法研究明代"游鱼喷水洗"喷水原理 | 文化部科技成果四等奖 | 1983～1984年度 | 上海博物馆 |
| 宋代漆器圈叠胎制作工艺 | 文化部科技成果四等奖 | 1983～1984年度 | 上海博物馆、常州博物馆 |
| 软X射线对书画、漆木器等文物的无损检测 | 文化部科技成果四等奖 | 1983～1984年度 | 上海博物馆、上海新跃仪表厂 |
| 敦煌莫高窟起甲壁画修复技术 | 文化部科技成果一等奖 | 1985～1986年度 | 文化部文物保护科学技术研究所、敦煌研究院 |
| 东汉"水银沁"铜镜表面处理技术 | 文化部科技成果一等奖 | 1985～1986年度 | 上海博物馆、上海材料研究所 |
| 溴甲烷熏蒸剂在文物保护中的应用及其废气治理 | 文化部科技成果二等奖 | 1985～1986年度 | 上海博物馆、华东化工学院 |
| 应用直流电阻率法等综合方法勘探地下文物 | 文化部科技成果二等奖 | 1985～1986年度 | 滁县地区文物保护科学技术研究所、文化部文物保护科学技术研究所、故宫博物院 |
| 剑阁觉苑寺壁画揭取复原 | 文化部科技成果二等奖 | 1985～1986年度 | 四川省文物考古研究所 |

| 项目名称 | 获奖等级 | 时间 | 承担单位 |
|---|---|---|---|
| 山东临沂金雀山帛画揭裱技术 | 文化部科技成果三等奖 | 1985～1986年度 | 中国文化部文物保护科技研究所、大庆文物站 |
| 环氧乙烷安全气体在文物消毒中的应用 | 文化部科技成果三等奖 | 1985～1986年度 | 故宫博物院 |
| AC-1型防紫外线胶片的研制及应用 | 文化部科技成果三等奖 | 1985～1986年度 | 文化部文物保护科学技术研究所 |
| 微机在热释光测定年代中的应用 | 文化部科技成果三等奖 | 1985～1986年度 | 上海博物馆、中国科学院上海原子核研究所 |
| 热气渗透法修复北宋丝质经袱 | 文化部科技成果三等奖 | 1985～1986年度 | 西泠印社 |
| 蒸气法揭取北宋纸质经卷 | 文化部科技成果三等奖 | 1985～1986年度 | 西泠印社 |
| 河南安阳修定寺塔模制花砖的复制及补砌镶嵌工艺 | 文化部科技成果三等奖 | 1985～1986年度 | 河南省古代建筑研究所 |
| MSG-8风化岩石雕刻品封护加固材料研究 | 文化部科技成果三等奖 | 1985～1986年度 | 四川省文物管理委员会、四川省文物考古研究所 |
| "文保841"浸泡加固液 | 文化部科技成果四等奖 | 1985～1986年度 | 文化部文物保护科学技术研究所 |
| "框套法"加固揭取技术 | 文化部科技成果四等奖 | 1985～1986年度 | 文化部文物保护科学技术研究所 |
| 北周李贤墓壁画揭取修复技术 | 文化部科技成果四等奖 | 1985～1986年度 | 文化部文物保护科学技术研究所、宁夏固原博物馆 |
| 出土彩绘陶俑的保护处理方法 | 文化部科技成果四等奖 | 1985～1986年度 | 文化部文物保护科学技术研究所、宁夏固原博物馆 |
| 开封相国寺八角罗汉殿不落梁架整体升高1.67米工程 | 文化部科技成果四等奖 | 1985～1986年度 | 河南开封相国寺管理处 |
| 莫高窟第220窟甬道重层壁画的整体揭取迁移技术 | 文化部科技成果四等奖 | 1985～1986年度 | 敦煌研究院 |
| 乙二醛脱水加固定型古代饱水漆木器 | 文化部科技进步一等奖 | 1988年度 | 湖北省博物馆 |
| 浸渗处理青铜器有害锈的研究 | 文化部科技进步二等奖 | 1988年度 | 上海博物馆 |
| 应用PS-C加固风化砂岩石雕的研究 | 文化部科技进步二等奖 | 1988年度 | 敦煌研究院 |
| 计算机考古序列分析系统 | 文化部科技进步三等奖 | 1988年度 | 中国历史博物馆 |
| SWB-4型多功能文物防盗报警系统 | 文化部科技进步三等奖 | 1988年度 | 潍坊市博物馆 |
| 考古发掘泥土质遗址现场加固 | 文化部科技进步三等奖 | 1988年度 | 龙门文物保护管理所 |
| 藏品编目图像管理系统 | 文化部科技进步四等奖 | 1988年度 | 上海博物馆 |
| 不测剂量的热释光断代技术 | 文化部科技进步四等奖 | 1988年度 | 上海博物馆、上海医科大学 |
| 壁画揭取复原保护技术 | 文化部科技进步四等奖 | 1988年度 | 河南省古代建筑保护研究所 |
| 复方中草药杀虫剂 | 文化部科技进步四等奖 | 1989年度 | 南京博物院 |
| 西汉齐王墓出土铜镜复制技术 | 文化部科技进步四等奖 | 1989年度 | 淄博市博物馆 |
| EB-1型磁波感应式报警器 | 文化部科技进步三等奖 | 1989年度 | 鄂州市博物馆 |

表5-1-4　1990～1999年国家文物局科学技术进步奖部分获奖项目

| 项目名称 | 获奖等级 | 时间 | 承担单位 |
|---|---|---|---|
| 纸张气相脱酸扩试研究 | 文物科技进步二等奖 | 1990年度 | 南京博物院、中国第二历史档案馆、江苏省档案局、南京化工设计研究所 |
| 《鲁迅全集》微机检索系统 | 文物科技进步三等奖 | 1990年度 | 鲁迅博物馆、北京计算机三厂 |
| 明代针灸铜人复制 | 文物科技进步三等奖 | 1990年度 | 南京博物院 |
| 苏州云岩寺塔排险加固工程——稳定塔基的不均匀沉降、控制塔体倾斜 | 文物科技进步三等奖 | 1990年度 | 苏州市修塔办公室 |
| 镇江商周台形遗址与土墩墓遥感考古调查研究 | 文物科技进步三等奖 | 1990年度 | 镇江市文化局、华东师范学院 |
| 中国悬棺研究 | 文物科技进步四等奖 | 1990年度 | 同济大学、江西省文博系统、美国加州大学圣地亚哥分校 |
| 仿吉州窑彩绘、黑釉剔花瓷和虎皮釉瓷的制作技术 | 文物科技进步四等奖 | 1990年度 | 江西省博物馆 |
| 非金属材料复制青铜文物的新工艺技术 | 文物科技进步四等奖 | 1990年度 | 河南省博物馆 |
| 砖石结构古塔建筑的抗震性能研究 | 文物科技进步二等奖 | 1991年度 | 西北工业大学 |
| 唐三彩真伪测定研究——热释光、中子活化综合鉴定技术 | 文物科技进步三等奖 | 1991年度 | 故宫博物院 |
| BMC湿度调节剂研发 | 文物科技进步三等奖 | 1991年度 | 上海博物馆、华东化工学院应用化学研究所 |
| 古代丝织品的复制研究 | 文物科技进步三等奖 | 1991年度 | 苏州丝绸博物馆、中国历史博物馆 |
| 河姆渡饱水木质文物的室外冷冻脱水 | 文物科技进步三等奖 | 1991年度 | 浙江省博物馆 |
| 临淄东周墓殉马坑防潮保护技术 | 文物科技进步三等奖 | 1991年度 | 齐国故城遗址博物馆 |
| 广州西汉南越王墓墓室加固工程 | 文物科技进步三等奖 | 1991年度 | 中国文物研究所、龙门石窟研究所 |
| 敦煌莫高窟环境及壁画保护研究 | 文物科技进步三等奖 | 1991年度 | 敦煌研究院、兰州化学工业公司化工研究院 |
| 聚苯乙烯泡沫塑料板在壁画揭取保护技术中的应用 | 文物科技进步四等奖 | 1991年度 | 辽宁省博物馆 |
| 集安高句丽壁画霉菌清除 | 文物科技进步四等奖 | 1991年度 | 吉林省文化科技研究所、吉林省博物馆、集安市博物馆 |
| 博物馆内主要污染气体的检测及其分布状况的研究 | 文物科技进步四等奖 | 1991年度 | 上海博物馆、华东化工学院应用化学研究所 |
| 治理乐山大佛的前期研究 | 文物科技进步二等奖 | 1992年度 | 中国文物研究所、四川省文物考古研究所、铁道部科学研究院西南研究所、铁道建筑研究所、建设部综合勘察研究院应用测量研究所、四川省文化厅文化科技研究站、乐山市大佛乌尤文物保护管理局 |
| 河南信阳长台关出土饱水漆木器脱水定型研究 | 文物科技进步二等奖 | 1992年度 | 河南省古代建筑保护研究所、河南省文物研究所、郑州工学院 |
| 司马台长城修缮工程设计 | 文物科技进步三等奖 | 1992年度 | 北京市古代建筑研究所 |
| 简仪、浑仪修复与室外带锈防护研究 | 文物科技进步三等奖 | 1992年度 | 南京博物院、中国科学院南京紫金山天文台、华东工学院、南京市化工设计研究所 |
| 文物微波杀虫 | 文物科技进步三等奖 | 1992年度 | 泉州海外交通史博物馆 |

| 项目名称 | 获奖等级 | 时间 | 承担单位 |
|---|---|---|---|
| 饱水漆木器大分子–水非渗透压式交换填充脱水定型法 | 文物科技进步三等奖 | 1992 年度 | 湖南省博物馆 |
| 高分子灌浆防水加固技术对砂土层文物的原位保护 | 文物科技进步四等奖 | 1992 年度 | 北京市古代建筑研究所、中国科学院广州化学研究所 |
| 水银沁形成机理及其应用前景 | 文物科技进步四等奖 | 1992 年度 | 上海博物馆、复旦大学、上海材料研究所 |
| 千佛岩石窟加固维修技术 | 文物科技进步四等奖 | 1992 年度 | 济南市文化局 |
| 第二代考古情报检索系统 | 文物科技进步四等奖 | 1992 年度 | 湖南省文物考古研究所 |
| 曲阜孔庙奎文阁修缮工程技术 | 文物科技进步三等奖 | 1993 年度 | 曲阜市文物局 |
| 龙门石窟洞窟漏水病害的治理研究 | 文物科技进步三等奖 | 1993 年度 | 龙门石窟研究所 |
| 济南元代壁画墓整体迁移技术 | 文物科技进步四等奖 | 1993 年度 | 济南市博物馆 |
| 莱西西汉墓出土木偶脱水修复保护技术 | 文物科技进步四等奖 | 1993 年度 | 青岛市文物局、莱西市文物管理所 |
| 残朽木质雕刻品加固修复技术 | 文物科技进步四等奖 | 1993 年度 | 宁夏回族自治区西夏文木雕版加固修复实验小组 |
| 出土铁器文物脱盐缓蚀保护研究 | 文物科技进步一等奖 | 1994 年度 | 上海博物馆、华东理工大学 |
| 史前漆膜的分析鉴定技术研究 | 文物科技进步三等奖 | 1994 年度 | 上海博物馆、浙江省博物馆、华东理工大学分析测试中心 |
| 蓬莱元代木船脱水修复保护技术 | 文物科技进步四等奖 | 1994 年度 | 登州古船博物馆 |
| 古建彩绘面滚清污除尘法 | 文物科技进步四等奖 | 1994 年度 | 沈阳故宫博物院 |
| 秦陵一号铜车马复制技术 | 文物科技进步四等奖 | 1994 年度 | 秦始皇兵马俑博物馆、西安钟表材料厂、西安陵江工艺美术制品厂 |
| 青海都兰热水出土唐代织锦复制研究 | 文物科技进步一等奖 | 1995 年度 | 苏州丝绸博物馆、中国历史博物馆 |
| 秦陵一号铜车马修复技术 | 文物科技进步二等奖 | 1995 年度 | 秦始皇兵马俑博物馆 |
| 砂砾岩石窟岩体裂隙灌浆研究 | 文物科技进步二等奖 | 1995 年度 | 敦煌研究院、甘肃省建筑科学研究院、兰州大学地质系 |
| 秦始皇兵马俑博物馆二号坑遗址陈列照明技术的试验研究 | 文物科技进步三等奖 | 1995 年度 | 秦始皇兵马俑博物馆、中国科学院西安光学精密机械研究所 |
| 陕西蓝田水陆庵泥质彩绘壁塑风化机理及加固技术研究 | 文物科技进步三等奖 | 1995 年度 | 陕西省文物保护技术中心 |
| 古代丝织品的加固保护研究 | 文物科技进步四等奖 | 1995 年度 | 山东省文物考古研究所 |
| 潮湿环境下壁画画面加固保护与霉菌防治研究 | 文物科技进步二等奖 | 1996 年度 | 甘肃省博物馆、化工部涂料研究所、兰州大学生物系 |
| 保定地区三维地形和文物分布图 | 文物科技进步三等奖 | 1996 年度 | 河北保定地区行政公署文化局、中国科学院地理研究所、中国科学院自然资源综合考察委员会 |
| 玉泉铁塔修缮与防腐蚀技术 | 文物科技进步三等奖 | 1996 年度 | 当阳市玉泉铁塔维修办公室、中国文物研究所、湖北省文物考古研究所、当阳市文化局、中国人民解放军第5710工厂、北京化工大学 |
| 秦始皇兵马俑博物馆计算机多媒体文物管理系统 | 文物科技进步三等奖 | 1996 年度 | 秦始皇兵马俑博物馆、西安理工大学信迪高新技术开发总公司、西安交通大学 |

| 项目名称 | 获奖等级 | 时间 | 承担单位 |
|---|---|---|---|
| 嘉峪关魏晋壁画墓五号墓的搬迁与半地下复原研究 | 文物科技进步三等奖 | 1996年度 | 甘肃省博物馆 |
| 交河故城西北小寺生土建筑遗址保护加固研究 | 文物科技进步三等奖 | 1996年度 | 新疆维吾尔自治区文化厅交河故城保护修缮办公室 |
| 博物馆藏品图文管理系统 | 文物科技进步四等奖 | 1996年度 | 云南省博物馆、云南华能高科技发展公司 |
| 敦煌莫高窟地震防灾文物保护研究 | 文物科技进步四等奖 | 1996年度 | 敦煌研究院、国家地震局兰州地震研究所 |
| 敦煌莫高窟崖体及附加构筑物抗震稳定性研究 | 文物科技进步四等奖 | 1996年度 | 敦煌研究院、兰州大学地质系 |
| 青铜文物保护新技术的研究 | 文物科技进步二等奖 | 1997年度 | 南京博物院、南京化工大学 |
| 瓷器热释光断代及其真伪鉴别研究 | 文物科技进步二等奖 | 1997年度 | 上海博物馆 |
| 书画展柜空气净化过滤系统的研究 | 文物科技进步三等奖 | 1997年度 | 广东省博物馆、广州半导体材料研究所 |
| 严重朽蚀饱水竹简的真空冷冻干燥研究 | 文物科技进步一等奖 | 1998年度 | 上海博物馆 |
| 长效防霉防蛀装裱粘合剂的研究 | 文物科技进步一等奖 | 1998年度 | 浙江省博物馆、浙江舞台电子技术研究所 |
| 东周铜兵器菱形纹饰技术研究 | 文物科技进步二等奖 | 1998年度 | 上海博物馆、上海材料研究所 |
| 吴国青铜器综合研究 | 文物科技进步二等奖 | 1998年度 | 镇江博物馆、中国科学院自然科学史研究所 |
| 新型文物古建筑白蚁防治剂 | 文物科技进步三等奖 | 1998年度 | 南京博物院、滁州市白蚁防治研究所 |
| 应用磁法勘探地下文物研究 | 文物科技进步三等奖 | 1998年度 | 滁州市文物保护科学技术研究所、安徽省文物考古研究所 |
| 微生物在丝织文物保护中的应用 | 文物科技进步一等奖 | 1999年度 | 荆州博物馆实验室 |
| 古代土建筑遗址保护加固研究 | 文物科技进步二等奖 | 1999年度 | 敦煌研究院、兰州大学、新疆维吾尔自治区博物馆 |

# 第二节 信息化工作

20世纪80年代，部分文物单位逐渐尝试开展信息化建设工作，全国文物博物馆信息化建设处于起步阶段。1990年11月，国家文物局印发《全国文物科技工作座谈会纪要》，提出"要安排力量投入利用现代科技的探测、测定、检验技术参与文物考古研究、传统工艺原理和文物复制研究以及计算机信息处理系统的研究等"。2000年10月，《中共中央关于制定国民经济和社会发展第十个五年计划的建议》指出，要把推进国民经济和社会信息化放在优先位置，要在全社会广泛应用信息技术，提高计算机和网络的普及应用程度，加强信息资源开发和利用。政府行政管理、社会公共服务、企业生产经营要运用数字化、网络化技术，加快信息化步伐。为推动国民经济和社会信息化发展规划实施，推动信息化在文博行业的应用，增强文博事业综合实力，2001年，国家文物局印发《全国文物、博物馆信息化事业建设"十五"规划》，是国家文物局首次发布信息化建设专项规划。规划提出建设全国文博事业信息资料库、开通"中国文博"网站、启动"中国数字博物馆"建设、建设考古发掘管理专题数据库、与其他部委全面联网等十项重点工作，建设重点在文物信息资源库和网络等方面。2001年8月，为适应政府职能转变和信息化发展趋势，中国文物流通协调中

心更名、改组，成立中国文物信息咨询中心，承担国家文物局电子政务系统建设和维护，收集、管理与文博相关的信息资料和数据库，配合国家文物局对全国文博事业信息化工作进行管理和业务指导。"十五"期间，全国文博信息化建设快速发展，全国文物资源核查、建档工作取得明显成效，初步摸清全国文物资源家底，基本掌握国有不可移动文物和馆藏文物数量、质量、分布和保护状况，为制订工作计划，有效保护文物，提供了科学依据和可靠保证。山西省、河南省、辽宁省、甘肃省作为文物调查及数据库管理系统建设试点，组建文博信息化工作机构和队伍，建立文物数据中心，搭建文博信息网络，初步实现文物数据动态管理。2006年6月，国家文物局印发《国家文物事业"十一五"发展规划》，持续推进文物数据资源建设，并注重引导和加强对文物数据资源的利用。规划中明确了信息化发展的主要任务，要求开展文物事业信息化体系和发展趋势等重大战略问题研究，编制重点信息化工程项目和信息化专项规划，初步建立行业信息化技术标准规范体系；开展以全国馆藏珍贵文物和全国重点文物保护单位基础数据库（群）为核心的国家文物超级数据中心建设；以国家文物超级数据中心为底层支撑，启动中国数字博物馆建设；逐步建设不可移动文物二维、三维空

间信息数据库（群）及虚拟模型库，搭建以不可移动文物管理、研究与信息服务为主体的应用平台；逐步建设和完善以文物行政管理、信息服务为核心的国家文物综合管理服务平台；开展适应信息时代传播特点和受众需求的文化遗产数字产品研究与开发。2006年6月，为适应文博信息化事业发展需要，在中国文物信息咨询中心基础上增加"国家文物局数据中心"名称。"十一五"时期，文物博物馆信息化建设快速发展，第三次全国文物普查、长城资源调查等文物资源调查项目持续推进，国家文物资源数据库初步建成并逐步完善，政务信息化建设逐步推进。2011年6月，国家文物局印发《国家文物博物馆事业发展"十二五"规划》，提出文物博物馆信息化建设要求，即加强现代信息技术特别是物联网技术在文物博物馆行业中的推广应用，提高文物博物馆各领域信息化水平；建设国家文物资源基础数据库、文物预防性保护信息平台、文物博物馆公共服务平台和文物安全监测平台，开发文物地理信息系统；建设文物保护、考古发掘、陈列展示、监测预警、安全防范、公共服务、动态管理与辅助决策的信息技术支持系统，推动文物博物馆重要信息系统互联互通、资源共享和业务协同；推进数字博物馆工程；加强电子政务建设；加强文物信息的社会化服务和传播普及工作。要求通过国有可移动文物普查、国家文物安全监测平台建设、国家文物博物馆资源基础数据库建设等重大基础工程部署实施，建设大遗址保护监测预警平台、世界文化遗产监测预警系统、文物进出境审核信息管理系统，加强文物博物馆行业电子政务建设，推进文物博

物馆政务信息公开，大力推进数字博物馆建设，建立博物馆藏品共享平台，建设面向社会、惠及全民的文物博物馆公共文化资源共享平台和公共文化服务信息平台，基本形成覆盖城乡的文物博物馆数字文化服务体系。同年8月，国家文物局在《国家文物保护科学和技术发展"十二五"规划》中明确要求建立基于GIS技术的考古发掘信息记录系统，加强考古工作数理统计方法研究。2016年12月，为贯彻落实国务院《关于进一步加强文物工作的指导意见》及国家信息化战略部署，国家文物局、国家发展改革委、科技部、工业和信息化部、财政部印发《"互联网＋中华文明"三年行动计划》，提出四大文物工作信息化任务，即推进文物信息资源开放共享，研究统筹建立大数据平台；调动文物博物馆用活文物资源的积极性，对文物价值进行挖掘创新和数字化展示利用；激发企业活力，重点开展互联网＋文物教育、文物文创产品、文物素材创新、文物动漫游戏、文物旅游等工作；完善业态发展支撑体系，加强新技术新装备应用支撑体系、授权经营体系、双创空间体系等三大支撑体系建设。2017年2月，国家文物局印发《国家文物事业发展"十三五"规划》，提出实施"互联网＋中华文明"三年行动计划和全国可移动文物资源共享工程，推动文物合理利用；加快急需标准制定，推进文物信息化建设；全面推进文物保护、利用、管理、研究信息化整合共享工作，建设国家文物大数据库，建成国家文物主管部门综合行政管理平台，完善文物部门政务公共服务系统；继续推进智慧博物馆建设工程；以博物馆和大遗

址为对象，开展智慧博物馆技术支撑体系研究。提出智慧博物馆建设工程，运用物联网、大数据、云计算、移动互联等现代信息技术，研发智慧博物馆技术支撑体系、知识组织和"五觉"虚拟体验技术，建设智慧博物馆云数据中心、公共服务支撑平台和业务管理支撑平台，形成智慧博物馆标准、安全和技术支撑体系。建设智慧故宫、智慧敦煌、智慧秦始皇帝陵博物院。同年12月，国家文物局印发《国家文物局关于推进第一次全国可移动文物普查数据公开共享的通知》，要求各级文物行政部门、各文物收藏单位利用信息技术，推动社会共享普查成果，促进文物信息资源的创造性转化和创新性发展。

## 一、政务信息化建设

文物政务管理信息化起步于政府网站建设。随着信息技术不断应用，为提高政府工作效率，政府信息系统如业务审批系统、办公自动化系统等逐步建设完成。2017年，为解决政务信息化建设中存在的信息孤岛等问题，国家文物局建设国家文物局综合行政管理平台，打通流程和数据通道，实现了国家文物局行政管理业务流程集成和信息共享。

**政府网站** 1998年12月，国家文物局开通"中国文物"网站，属于较早开通政府网站的中央国家机关之一。1999年，国家文物局参与发起"政府上网"工程，在全国文物系统掀起信息化建设的热潮。2002年，中共中央办公厅、国务院办公厅印发《国家信息化领导小组关于我国电子政务建设指导意见》，明确提出政府网站建设部署。各级文物行政主管部门网站建设工作全面拉开。截至2010年底，全国省级文物行政单位政府网站开通率为100%。（表5-2-1）

表5-2-1　2001～2010年全国各省、自治区、直辖市文物部门开通网站一览表

| 序号 | 省（区、市） | 网站名称 | 网站域名 | 网站主要栏目 |
|---|---|---|---|---|
| 1 | 北京 | 北京文博网 | www.bjww.gov.cn | 政府信息公开、政务公开、政务互动、在线服务、文博讯息、文博数据等 |
| 2 | 河北 | 河北省文物局 | www.hbww.gov.cn | 文博园地、新闻中心、政务大厅、党建工作、行政执法公示、服务指南等 |
| 3 | 天津 | 天津文化信息网 | www.tjwh.gov.cn | 政务服务板块下设包括艺术舞台、社会文化、市场管理、产业动态、文物博览、文化交流等栏目，公众文化信息服务板块下设包括文化讲座、非物质文物化遗产、天津曲艺、天津民俗、名人故居、旅游文化等栏目 |
| 4 | 山西 | 山西文物网 | www.sxcr.gov.cn | 文博信息、文物资源、文物欣赏、交流平台、政务公开、政策法规、党建工作、网上办事等 |
| 5 | 内蒙古 | 内蒙古自治区文化厅 | www.nmgwh.gov.cn | 文化服务板块下设非物质文化遗产名录、文物标本、文化资源库、公共基础设施等栏目 |
| 6 | 辽宁 | 辽宁省文化厅 | www.lnwh.gov.cn | 文化集锦板块下设世界文化遗产、文物保护单位、考古发现、文化旅游等栏目 |
| 7 | 吉林 | 吉林省文化厅 | wht.jl.gov.cn | 文化政务和文化宣传服务两大板块下设文化动态、政务公开、互动交流、党建专栏、工作快讯、文化动态、公告通知、信息公示、公共文化等栏目 |

| 序号 | 省（区、市） | 网站名称 | 网站域名 | 网站主要栏目 |
|---|---|---|---|---|
| 8 | 黑龙江 | 黑龙江省长城资源调查网 | www.hljcc.gov.cn | 成果展示、三普专栏、知识天地等 |
| 9 | 江苏 | 江苏文物网 | www.jsww.gov.cn | 新闻中心、政务信息、服务信息、行政权力、双公示专栏等 |
| 10 | 上海 | 上海市文物局 | wgj.sh.gov.cn | 要闻动态、政府信息公开、政民互动、网上政务大厅、公众服务、走进文广等 |
| 11 | 浙江 | 浙江文物 | www.zjww.gov.cn | 信息公开、网上办事、工作动态、服务信息、市县机构等 |
| 12 | 安徽 | 安徽省文化厅 | www.ahwh.gov.cn | 信息公开、政务服务、在线互动等 |
| 13 | 福建 | 福建省文化厅 | www.fjwh.gov.cn | 文化政务、网上办事、公众参与等 |
| 14 | 江西 | 江西省文化厅 | www.jxwh.gov.cn | 政务公开、文化资讯、在线办事、公共服务、互动交流等 |
| 15 | 山东 | 山东省文物局 | www.sdww.gov.cn | 新闻中心、政务信息、政务大厅、互动交流、热点专题、党建工作等 |
| 16 | 河南 | 河南文物网 | www.haww.gov.cn | 文博资讯、政策法规、文物资源、文物旅游、陈列展览、考古发现、文保科技、学林漫步、保护鉴赏、文物掌故等 |
| 17 | 湖北 | 湖北省文物局 | www.hbwwj.gov.cn | 机构资源、文物资源、博物馆资源、文物安全与执法、政务信息、专题板块等 |
| 18 | 湖南 | 湖南文化遗产 | www.hnwhyc.com | 包括新闻中心、政务服务、信息公开、专题专栏四大板块,其中专题专栏板块下设申遗工作、文物普查、"四有"工作、考古勘察、虚拟展厅等栏目 |
| 19 | 广东 | 广东省文化厅公众服务网 | www.gdwht.gov.cn | 包括政务公开、政务服务、文化服务、专题等五大板块,下设机构设置、政策法规、政府文件、发展规划、重大项目、文化产业、统计数据、政府公报等栏目 |
| 20 | 广西 | 广西壮族自治区文化厅 | www.gxwht.gov.cn | 政务公开、文化资讯、在线服务、公共服务、互动交流等 |
| 21 | 海南 | 海南省文化广电出版体育厅 | wtt.hainan.gov.cn | 动态资讯、通知公告、专题专栏、政务公开、网上服务、公众互动等 |
| 22 | 重庆 | 重庆市文物局 | www.cqww.gov.cn | 文博资讯、政务公开、文物资源、政策法规、服务信息、项目申报等 |
| 23 | 四川 | 四川省文化厅 | www.sccnt.gov.cn | 政务信息、网上办事、政府信息公开、互动交流四大板块 |
| 24 | 贵州 | 贵州省文化厅 | www.gzwht.gov.cn | 文化长廊、文化建设、文化机构、新闻中心、政务公开、在线服务、专题专栏等 |
| 25 | 云南 | 云南省文化厅 | www.whyn.gov.cn | 政府信息公开、文化动态、公开文件、网上办事、文化场所地图等 |
| 26 | 西藏 | 西藏文物网 | xzwwj.sach.gov.cn | 公告、机构设置、新闻中心、文物保护、文物资源、政策法规等 |
| 27 | 陕西 | 汉唐网 | www.wenwu.gov.cn | 新闻、文化遗产、保护管理、博物馆院、展览拍卖、收藏鉴赏、学林漫步、文化长廊、大观园、汉唐论坛等 |
| 28 | 甘肃 | 甘肃省文物局 | www.gsww.gov.cn | 政策机构、文物资源、政务公开、新闻动态、图片新闻、通知通告、资料信息等 |
| 29 | 青海 | 青海民族文化网 | www.qhwh.gov.cn | 在线服务、特色文化、信息公开、专题专栏等 |
| 30 | 宁夏 | 宁夏回族自治区文化厅 | www.nxwh.gov.cn | 文化资讯、政务公开、回乡文苑、在线服务等 |
| 31 | 新疆 | 新疆维吾尔自治区文物局 | www.xjww.com.cn | 文物保护、博物馆之窗、政务公开等 |

为更好推动政府网站建设，自2002年起，国务院信息化工作办公室启动政府网站绩效评估工作。文物行政主管部门网站在国务院相关政策指导下进行数次改版和升级改造，总的方向是不断加强网站内容建设和提升便民交互服务。2002年，国家文物局将"中国文物"网站改版为"中国文博"网站，兼顾政府网站特点和文博行业特色，设有文博法规、文博新闻、文博机构、文博大观、文博信箱等栏目。2003年，国家文物局对"中国文博"网站进行全面改版建设，制定"中国文博"网站及文博行业网站发展规划与实施方案，推出在线文物保护法规宣传专栏和人事教育培训专门网页，并决定由中国文物信息咨询中心承担国家文物局政府网站建设和维护任务。2005年，在国务院信息化推进办公室对国务院部委及直属机构共71个政府网站进行的综合评估中，国家文物局政府网站排名22位。2006年被称为电子政务"政策年"，中央政府门户网站的开通标志着由中央政府门户网站、国务院部门网站、地方各级人民政府及其部门网站组成的政府网站体系基本形成。2007年，国家文物局按照《关于加强政府网站建设和管理工作的意见》对网站再次改版。2008年，国家文物局对网站系统进行升级改造，开设政府信息公开专栏。新版网站在5月1日上线运行，作为行政权力透明运行试点，建成支撑行政权力公开透明运行的信息化管理系统，实现网上办事、办事流程、办事结果等信息全部记录和监督；增设省级文博机构重点网站链接，突出政府网站门户功能。2010年，国家文物局政府网站在加强政府信息发布、加强年度重点工作报道的基础上，进一步

丰富网站信息展示技术手段，对文博行业年度重大事件进行网络直播，提高了信息时效性、可看性。在2010年国际博物馆日、中国文化遗产日活动期间，国家文物局政府网站分别推出"5·18相约广州关注博物馆"的博物馆日专题及"2010年中国文化遗产日"专题。2012年，国家文物局网站再次改版，解决了原网站技术架构落后、互动功能缺失等问题，增强了行业资讯、行业数据库等功能，提高了网站服务能力和水平。2017年，国家文物局落实《政府网站发展指引》要求，持续开展政府网站抽查和通报工作，不断提高政府网站管理服务水平。

**政务新媒体** 政务新媒体是各级行政机关、承担行政职能的事业单位及其内设机构在微博、微信等第三方平台上开设的政务账号或应用，以及自行开发建设的移动客户端等，是移动互联网时代党和政府联系群众、服务群众、凝聚群众的重要渠道，是加快转变政府职能、建设服务型政府的重要手段，是引导网上舆论、构建清朗网络空间重要阵地，是探索社会治理新模式、提高社会治理能力的重要途径。2014年4月8日，国家文物局政务微博"@中国文博"在新浪微博上线。国家文物局通过微博权威发布、解读重要政策法规，适时公布重点工作进展，及时回应舆情热点和社会关切，普及文化遗产保护利用知识等。2016年3月25日，国家文物局完成微信认证，微信公众号名称为"国家文物局"。国家文物局通过微信权威发布文博新闻动态、重要政策文件、重点工作进展、分享文博知识等。各省级文物行政主管部门也逐步开通微信公众号进行信息发布。（表5-2-2）

表5-2-2 2015～2017年全国各省、自治区、直辖市文物部门开通微信公众号一览表

| 序号 | 认证时间 | 文物行政主管单位 | 微信公众号名称 |
|---|---|---|---|
| 1 | 2015年5月25日 | 陕西省文物局 | 陕西省文物局汉唐网 |
| 2 | 2015年6月2日 | 甘肃省文物局 | 甘肃省文物局 |
| 3 | 2016年3月28日 | 北京市文物局 | 北京文博 |
| 4 | 2016年11月8日 | 新疆维吾尔自治区文物局 | 新疆文物局 |
| 5 | 2017年4月10日 | 山东省文物局 | 文物山东 |
| 6 | 2017年4月27日 | 重庆市文物局 | 重庆文物 |
| 7 | 2017年5月10日 | 湖北省文物局 | 湖北省文物局 |
| 8 | 2017年5月19日 | 河北省文物局 | 河北文物 |
| 9 | 2017年9月4日 | 宁夏回族自治区文物局 | 宁夏文物局 |

**政务信息系统** 20世纪80年代，计算机开始在政府机关普及使用，国家文物局人事、档案部门开展办公自动化，设计开发的"国家文物局人事档案数据库管理系统"是国家文物局首个业务信息系统。2001年，国务院办公厅制定《全国政府系统政务信息化建设2001～2005年规划纲要》，提出"三网一库"（机关内部办公网、办公业务资源网络、公共管理与服务网络和电子政务信息资源库）建设目标。同年10月，国家文物局印发《全国文物、博物馆事业信息化建设"十五"规划》，提出建成以国家文物局机关为中心的全国文博行政业务管理系统，实现国家文物局对直属单位和省级文物行政管理部门的公文流转、项目审批管理等业务办公自动化。2003年，国家文物局信息化领导小组提出"实行机关无纸化办公，建立国家文物局电子政务办公自动化系统，推进电子政务应用，推动工作高效运转，改进和完善机关业务的运转方式和工作方法"的电子政务办公OA系统建设目标。2006年，国家文物局办公自动化OA系统上线运行，由中国文物信息咨询中心承担系统建设和运维。2007年5月，国家文物局办公自动化OA系统投入使用，实现了国家文物局内部公文处理无纸化办公，提高了行政管理效率，降低了行政管理成本。2009年，国家文物局落实国家电子政务建设与应用总体要求，启动新版办公自动化OA系统建设。2010年，中国文物信息咨询中心根据国家文物局机关业务流程开发了新版OA系统，针对涉及信息公开各环节予以补充修订，实现了网上办事、办事流程、办事结果等信息的全部记录及监督。

国家文物局电子政务业务应用系统建设把握从管理型政府向服务型政府转变方向。2006年4月，国家文物局制定《文物事业信息化"十一五"发展规划的基本思路》，提出重点建成网上行政许可申报审批平台。此后，国家文物局逐步开展以公文流转、政策法规、执法督察、人事、党建、财务、外事与科技为主要内容的综合事务管理信息系统建设。"十一五""十二五"期间，"国家重点文物保护专项补助资金申报及年报系统""国家文

表5-2-3 "十一五""十二五"期间全国文物主要信息系统建设一览表

| 序号 | 信息系统名称 | 主管司室 | 系统主要功能 | 上线时间 |
|---|---|---|---|---|
| 1 | 文物调查及数据库管理系统建设项目 | 博物馆司 | 采集珍贵文物信息，摸清馆藏珍贵文物家底，数据已导入全国可移动文物信息平台 | 2001年 |
| 2 | 文化遗产保护科技平台 | 文保司 | 科研管理相关信息发布 | 2003年 |
| 3 | 国家文物局考古发掘电子审批系统 | 文保司 | 考古发掘项目在线申报、审批、检查、结项、汇报 | 2004年 |
| 4 | 全国重点文物保护单位综合管理系统 | 文保司 | 实现全国文物保护单位信息的动态更新、数据浏览、检索、查询、统计、分析等 | 2007年 |
| 5 | 文物安全与行政执法管理信息系统 | 督察司 | 文物行政执法季报上报管理，行政执法人员年检和行政执法人员管理，实现安全事故上报、上报信息审核、上报信息整理、上报信息查询等功能 | 2008年 |
| 6 | 博物馆年检管理信息系统 | 博物馆司 | 实现博物馆年检的网上无纸化办公 | 2012年 |
| 7 | 博物馆评估管理系统 | 博物馆司 | 包括博物馆评估定级、国家一级博物馆运行评估两个子系统 | 2012年 |
| 8 | 国家重点文物保护专项补助资金申报及年报系统 | 文保司 | 用于文物保护专项补助资金的预算填报，包括项目预算评审、申请年度资金、资金决算、统计分析等 | 2012年 |
| 9 | 全国重点文物保护单位安全管理数据库（1271—安全） | 督察司 | 实现全国重点文物保护单位安全管理信息的动态更新和数据浏览、检索、查询、统计、分析等 | 2013年 |
| 10 | 全国可移动文物信息平台（登录子系统） | 博物馆司 | 用于采集登录查询一普数据，生成统计报表 | 2013年 |
| 11 | 国家文物局科研项目管理系统 | 博物馆司 | 科研项目网报网审 | 2013年 |
| 12 | 国家文物进出境审核信息管理系统 | 博物馆司 | 文物进出境审核信息管理 | 2013年 |
| 13 | 全国文博网络学院 | 人事司 | 实现面授班线上报名、审核、录取，实现在线学习 | 2016年 |
| 14 | 全国可移动文物信息平台（综合管理子系统、社会服务子系统） | 博物馆司 | 用于管理"一普"数据，发布网站信息 | 2016年 |
| 15 | 网报网审平台 | 办公室 | 用于国家文物局部分行政审批事项的在线申报评审 | 2016年 |

物局网报网审系统"等建设完成并上线运行，实现了线上行政审批事项的申报。（表5-2-3）

国家文物局网报网审平台 2013年，国家文物局第12次局务会提出"2014年起各类文物保护技术方案实行网络报审"要求。为配合国家文物局审批制度改革，中国文物信息咨询中心于2013年开发上线"国家重点文物保护项目网络报审系统"，解决重点文物保护项目网上评审需要，提高项目评审效率，取得良好效果。2014年，中国文物信息咨询中心在网络报审系统建设经验基础上开发"国家文物局网报网审平台"，涵盖文保工程、安防方案和可移动文物修复、预防性保护、数字化保护方案的网报网审，实现了国家文物局、省级文物行政部门、第三方评估机构、专家、收藏单位的在线申报、审批及五方在线沟通协调。2015年，根据国家文物局行政审批改革要求，进一步简化项目审批业务流程，系统进一步升级完善。

2016年2月，改版的安全防护工程和可移动文物方案网报网审平台上线。截至2017年底，申报总数量10785个，其中文物保护工程立项2667个、文物保护工程方案3795个、文物保护规划立项1031个、文物保护规划447个、涉建项目1310个、考古计划156个、预防性保护方案235个、数字化保护方案182个、文物修复方案71个、安防工程方案387个、防雷工程方案190个、消防工程方案314个。2017年初，根据《关于加快推进"互联网＋政务服务"工作的指导意见》《关于印发政务信息系统整合共享实施方案的通知》等要求，国家文物局启动"国家文物局综合行政管理平台建设"项目，12月15日上线试运行。该平台将互联网和信息通信技术与国家文物局日常行政管理业务深度融合，打通流程与数据通道，实现各司室之间的业务流程集成和信息共享，实现所有业务在线审批、移动办公以及事中事后监管，使国家文物局可随时随地为公众提供政务服务，提高公共服务的效率和质量，实现国家文物局的治理能力现代化。截至2017年底，"国家重点文物保护专项补助资金申报及年报系统""网报网审平台""文物安全与行政执法管理信息系统""全国重点文物保护单位安全管理数据库（1271—安全）""全国重点文物保护单位综合管理系统""国家文物局考古发掘电子审批系统""国家文物进出境审核信息管理系统"等业务信息系统均被整合至国家文物局综合行政管理平台。

**全国文博网络学院**　2015年，国家文物局启动全国文博网络学院建设。2016年9月，系统上线，实现面授班在线报名与局机关干部在线学习视频课程功能；持续开展课程资源建设，开设"守纪律、讲规矩主题教育""国保单位保护管理机构负责人网上专题班"，实现学员在线学习需求。课程内容涵盖通识课、行政管理与能力建设、文物保护管理与利用、文物与博物馆、考古、文物安全执法督察、文物保护政策法规等方面。

# 二、行业信息化建设

20世纪80年代，个别文博单位已开设有网站，信息系统亦开始应用于藏品管理、考古资料整理等业务方面。2000～2010年（"十五""十一五"规划时期），"文物调查及数据库管理系统建设项目""第三次全国文物普查"全面开展，为文博行业信息化发展奠定了数据基础，促进了文物信息资源开发利用，文化遗产数字化记录保存、数字化展示和传播、数字博物馆建设等成果显著。2010～2017年（"十二五""十三五"时期），互联网、物联网、大数据等信息技术的发展推动文博行业与信息化技术实现深度融合，文物信息资源得到广泛应用和开放共享，智慧博物馆建设、世界文化遗产监测预警平台建设等取得显著成效。

**文物资源数字化**　文物资源数字化是推动文博行业信息化建设的基础性工作，包括对文物信息资源的采集和加工。文物信息资源包括文物的影像、视频、文字、图纸等。文博行业文物资源数字化建设开始于20世纪80年代，从拍摄测绘到应用三维激光扫描、全景拍摄等技术，各单位逐步建立起文物资源管理数据库。

1986年，云冈石窟与建设部城市综合遥感与制图中心合作，运用当时先进的近景摄影测量技术进行洞窟测绘，开启了云冈石窟数字化记录时代。1997年，敦煌研究院与浙江大学合作，承担国家自然科学基金"多媒体与智能技术集成及艺术复原"项目，以数字化方式展示敦煌莫高窟的壁画彩塑艺术。1998年，故宫博物院成立故宫资料信息中心，开展文物信息资源开发建设。2000～2010年，国家文物局着力推动信息化技术在文物普查工作中的应用，随着"文物调查及数据库管理系统建设""第三次全国文物普查"等项目开展，文物资源数字化项目在文博行业大范围开展，三维激光扫描、全景摄影、虚拟现实等新技术逐步应用于文物信息采集。2000年，故宫博物院和日本凸版印刷株式会社在日本东京签订关于"故宫文化资产数字化应用研究"的合作协议书，2003年双方又合作创立文化资产数字化应用研究所。2000年9月，敦煌研究院与梅隆基金会签订合作协议，在敦煌壁画数字化技术方面开展合作。2006年，敦煌研究院成立"数字中心"。2008年，敦煌研究院完成敦煌莫高窟149个A级洞窟的文物影像拍摄、加工处理和数据库建设。

2001～2015年，早期开展文物资源数字化的文博单位逐步完成相关拍摄、测绘工作，开始建设本单位的文物资源数据库，为文物数据利用奠定基础。2012年，云冈石窟研究院成立云冈数字中心。2013年2月，大足石刻研究院建立大佛湾文件管理数据库系统。同年，国家文物局启动"全国重点文物保护单位彩塑壁画数字化勘察测绘试点工程"，在全国重点文物保护单位中选择有代表性且文物价值较高的典型案例，实施彩塑壁画数字化勘察测绘试点，为全国重点文物保护单位中彩塑壁画的保护修复提供必要的基础数据和修复依据，对完善彩塑壁画遗产记录档案、提高彩塑壁画监测水平具有重要意义。2014年，宝梵寺壁画类数字化勘察测绘代表项目启动。2015年，觉苑寺、曹溪寺、麦积山石窟彩塑类数字化勘察测绘代表项目陆续启动。2016年，筇竹寺、寿国寺、天梯山石窟、观音寺等不同地区、各具代表性的彩塑壁画数字化勘察测绘项目启动，觉苑寺、曹溪寺彩塑数字化勘察测绘项目完成。2017年，《古建筑壁画数字化测绘技术规程》发布，罗东舒祠、广元千佛崖摩崖造像数字化勘察测绘项目启动，麦积山石窟、双林寺彩塑壁画数字化勘察测绘等项目通过验收。

**公众服务信息化** 文博行业公众服务信息化始于单位网站建设。1998年8月11日，河南博物院国际网信息中文站点建成开通，为博物馆信息传播开辟一条新途径。1998年10月，孔子博物院网页开通。截至2000年，全国有60余家博物馆设立了网站或网页。21世纪初，文博单位网站建设加速。2000年2月22日，中国历史博物馆网站开通。2001年7月16日，故宫博物院网站开通。2002年，上海博物馆网站采用数据库的管理系统，以动态网页的形式多视角、大容量传播和普及文博知识。2002年8月1日，由中国社会科学院考古研究所主办的专业类学术型门户网站"中国考古网"建成，包括中、英文两大主站，以展示最新考古发现、学术动态和科研成果为主；11月11日，数字敦煌中文网站开通。2006年5月18日，首都博物馆网站开通，在全国文博界率先实施视像化、视频化网站展示模式。2008年6月16日，中国文化遗产网开通。2010年，云冈石窟官网旅游版上线，采用正射影像图与动漫风格相结合的方式，向访问者介绍景区动态、研究成果、遗产保护等相关信息，以及大同市和周边景点特色、路线等旅游信息。2010年，受国家文物局委托，中国文物信息咨询中心开展"文物博物馆行业信息化发展'十二五'规划调研"。调研结果显示，截至2010年，网站对文博单位宣传、弘扬优秀文化的重要作用已得到广泛认同，70%左右的省级及以上文博单位有自己的网站（或网页）。调查的745个文博单位中，165个拥有网站，69个拥有专属网页，370个博物馆中111个有自己的网站。

智能手机的普及为文物博物馆展示服务提供了更多途径，微博、微信、App等成为文博单位对外展示服务的新窗口。2009年10月，深圳博物馆开通微博，成为国内第一家开通微博服务的博物馆。2010年，国家一级博物馆注册新浪微博数量逐渐增多。2011年是国家一级博物馆开设新浪微博的高峰年，当年开设的官方微博账号约占2011年所有国家一级博物馆官方微博账号总数的39%。2012年12月21日，中国国家博物馆开通官方微信公众平台，是全国最早建立微信平台的博物馆。此后，故宫博物院、广东省博物馆、南京博物院、浙江省博物馆、辽宁省博物馆、首都博物馆、上海博物馆等纷纷开通官方微信平台。博物馆通过微信公众平台实现对外宣传和公众互动，提供微信二维码语音导览等服务，更好地拉近了博物馆与公众距离。2013年5月，故宫博物院"胤禛美

人图"App上线，这是故宫博物院首次开发制作App。截至2017年，故宫博物院共开发9款App，得到社会公众的好评。2017年5月，"故宫社区"App上线，改变了以往数字产品的单向传播模式，整合了包括故宫资讯、导览、建筑、藏品、展览、学术、文创在内的10余类故宫文化资源与服务形态，并邀请用户成为文化参与者甚至创造者，围绕博物馆资讯创造、分享内容，与故宫博物院共同构建故宫文化。这是故宫博物院以"互联网＋"模式构建社区化、参与式博物馆的全新尝试。苏州博物馆、广东省博物馆等也都开发了相关App，增加了与社会公众的互动。

随着文物资源调查普查项目开展，文物资源数字化成果显著，博物馆信息化水平得到明显提升，文物信息化资源建设稳步推进，博物馆积极推动文物资源利用，数字博物馆建设成果涌现，为展示服务的提升提供了数据基础，虚拟展厅等应运而生。2013年5月18日，内蒙古博物院推出"内蒙古博物院流动数字博物馆"，是全国第一个全数字化、高集成度的流动数字展车，使用了三维数字文物技术、触摸互动技术、AR增强现实技术及大数据远程传输与控制技术等大量先进技术。2014年，武汉博物馆"智慧武博数字武汉博物馆"上线，观众可通过手机或电脑实现虚拟场馆360度参观，浏览藏品图像、文献、视频、三维模型等信息，而且可借助个人平台发布自己的藏品照片，与其他爱好者交流。2016年4月29日，"数字敦煌"资源库平台第一期上线，首次通过互联网在线发布莫高窟30个洞窟的高精度图像和VR全景漫游。2017年12月，国家文物局印

发《关于推进第一次全国可移动文物普查数据公开共享的通知》，向社会公众开放普查文物信息40.8万件。

全国可移动文物资源普查调查积累了大量文物资源数据，为建立省级博物馆公众服务平台建设提供了条件。2012年，陕西省文物局利用馆藏珍贵文物数据库建设项目数据成果，依托陕西文物数据中心，建成陕西数字博物馆并上线。2016年，第一次全国可移动文物普查全面收官，各省在普查基础上积极推动省级博物馆大数据与公众服务平台建设。2016年12月，"吉林省数字博物馆在线服务平台"上线，集中展示全省117家博物馆的文化资源，公开第一批次可移动文物25854件，并将线上展示与博物馆现场信息化服务相结合，从根本上提高了吉林省文化遗产保护管理能力和展示传播水平，在全国起到示范带动作用。2017年5月18日，"山东省可移动文物数据库综合管理服务平台"上线，整合山东400余家博物馆资源，公开第一批次可移动文物24552件。同年，"博物四川"公众服务平台上线。2017年底，北京市文物局启动"北京市博物馆大数据平台"建设，整合北京市博物馆公共服务资源，实现全市博物馆在统一平台上的展示和公众服务。此后，浙江省、江西省、天津市等陆续开展了省级公众服务平台建设。

世界文化遗产预警信息化 2004年2月15日，国务院办公厅转发文化部、建设部、文物局等九部门印发的《关于加强我国世界文化遗产保护管理工作的意见》，提出"要加强对世界文化遗产保护管理工作规律性的研究，掌握世界文化遗产的各类基础资料和信息，充分发挥高新技术在保护管理工作中的作用，提高世界文化遗产保护管理工作的科技含量。要加强档案建设工作，尽快建立全国世界文化遗产管理动态信息系统和预警系统，加强对世界文化遗产保护情况的监测"。同年6月，国家文物局开展"中国世界文化遗产管理动态信息系统和预警系统论证研究"。2005年4月26日，"中国世界文化遗产管理动态信息系统和预警系统"项目通过验收。2006年11月，《世界文化遗产保护管理办法》发布并施行，其中第十二条提出"国家文物局应当建立中国世界文化遗产保护记录档案库，并利用高新技术建立世界文化遗产管理动态信息系统和预警系统"。2012年11月，经国家文物局同意，中国文化遗产研究院挂牌成立中国世界文化遗产中国文化遗产研究院监测中心。2013年，中国世界文化遗产监测预警系统建设启动。2014年11月，中国世界文化遗产监测中心上线运行。

2015年1月23日，经国家文物局批复同意，中国世界文化遗产监测中心作为中国文化遗产研究院内设机构成立并开展工作，主要职责包括建设和维护中国世界文化遗产监测预警系统，开展反应性监测和遗产地监测报告评估，为各遗产地监测工作提供技术指导、专业咨询和培训，开展与中国世界文化遗产相关的工作与研究，负责编制相关规划，起草相关技术标准、规范和制度，组织、实施重大项目和关键技术研究，开展国际合作和学术交流等。初步搭建起以总平台功能模块、监测数据和指标体系、预警信息与处置、监测业务流程与功能等为内容的中国世界文化遗产监测预警总平台，初步确定文物保护管理中对遗产价值有影响的17大类59项监测数据和指标体系。启动大运河、苏州园林和龙门石窟等3个地方平台与总平台的对接，逐步实现了国家和遗产地两级平台的互联互通。中国世界文化遗产监测中心的成立，是中国世界文化遗产保护管理迈入新阶段的重要标志，对提升中国世界文化遗产管理水平起到了重要推动作用。2016年2月24日，"中国世界文化遗产地监测预警体系建设评估（一期）"课题通过国家文物局验收，中国世界文化遗产基础数据库、监测指标体系及监测预警系统总平台基本形成。同年7月，基于总平台采集的年度报告数据和统计结果，中国世界文化遗产中心发布《中国世界文化遗产监测2015年度总报告》。截至2016年12月，大运河、苏州园林和龙门石窟等5处地方遗产地实现了与总平台的对接，进入逐步实现国家和遗产地两级平台互联互通的实施阶段。2017年3月，中国世界文化遗产中心"遗产地"专员制度开始试运行，专员利用中国世界文化遗产监测预警总平台积累的基础数据、监测数据及遗产地其他数据资料，及时掌握各遗产情况与动态，全力配合世界文化遗产地相关保护、管理、监测等工作开展。同年6月，基于总平台采集的年度报告数据和统计结果，中国世界文化遗产中心发布《中国世界文化遗产监测2016年度总报告》。

**数字博物馆与智慧博物馆建设**　博物馆管理信息化起步于藏品管理信息系统建设，以提高博物馆藏品管理信息化水平。随着博物馆藏品数字化工作推进，博物馆利用数字化成果和信息技术提升展陈水平，在公众服务信息化方面取得了显著成果。2014年，为解决博物馆信息化建设中信息孤岛等问题，对博物馆建设进行顶层规划，国家文物局启动"智慧博物馆"建设工程，通过梳理和构建博物馆业务等相关数据的关联，强调博物馆保护、管理和公众服务的协同。

1988年，上海博物馆首创"藏品编目图像管理系统"，开创文物管理新格局。秦始皇兵马俑博物馆、故宫博物院等文博单位也开发了文物信息管理系统，其中故宫博物院开发的管理系统和文物数字影像数据库在全国文博系统居领先地位。1998年，由北京市文物局组织研发的"精宝藏品管理系统"单机版推向市场，辽宁、福建等省的博物馆开始使用该藏品管理系统，推动了计算机技术在博物馆藏品管理中的应用。2006年，中国文物信息咨询中心协调有关单位研制开发"馆藏文物信息管理系统软件"，并根据《博物馆藏品信息指标体系规范（试行）》编制适用于该软件的著录规范。

2014年4月，国家文物局启动智慧博物馆建设，批准确定甘肃省博物馆、山西博物院、四川博物院、内蒙古自治区博物院、广东省博物馆、苏州博物馆、金沙遗址博物馆等7家国家一级博物馆为试点单位。截至2017年，智慧博物馆项目示范建设取得阶段性成果。通过试点，夯实实施单位信息化建设基础，搭建和加强博物馆基础信息系统，加强对文物数字化资源采集和著录管理，提升博物馆公众服务能力，提升博物馆管理效率，研制一系列相关标准规范，为后续博物馆开展智慧博物馆建设树立了典范。

苏州博物馆智慧博物馆项目于2014年6月立项，2014年9月专项资金到位，2015年12月项目预算执行完毕。项目构建面向服务的信息集成架构体系，将馆藏管理、库房管理等现有系统集成到智慧博物馆架构，在此架构基础上建设数字资源管理、数字化观众管理、陈列展览管理、保护修复管理、文创产品管理等博物馆数字化管理体系，以及面向智慧服务的智能导览、门户平台、新媒体平台、VR互动应用等数字化展陈互动体系。利用新技术设计丰富多彩的服务方式，包括信息推送、虚拟参观、条码凭证、互动展览、数字导览、微信社交分享等，建立起与观众的互动交流平台。通过手机AR技术，将手机摄像头对准展品可提示藏品相关图文、音视频、三维模型或相关导览地图，为观众带来崭新的导览参观体验。项目完成4万余件藏品的数字化存档，完成160件馆藏珍品的三维建模，103种古籍和家谱的数字化与编纂整理，15种国家珍贵古籍和昆曲抄本、鱼鳞册的数字化工作。

金沙遗址博物馆智慧博物馆项目于2014年6月立项，2014年9月和2015年10月专项资金分两批到位，第一期项目于2016年11月完成，第二期项目于2017年10月完成。2016年完成蓝牙定位的微信智能导览系统、微信会员系统、AR展示系统、智能售检票系统和金沙门户网站建设。2017年完成团队智能导览系统与手机导览App、数字资源管理系统、数据集成与可视化系统、观众数字化管理系统、网络信息采集分析监控系统、陈列展览可视化系统、遗迹馆考古发掘展示系统"时光宝盒"、"智慧金沙"多媒体交互书以及官方网站升级（青少年版、学术版、国际版改版）等，提升了金沙博物馆文物数字化保护手段和创新服务水平。根据博物馆核心业务需求，全面梳理整合金沙遗址考古及文物数据资源，完成博物馆虚拟三维场景4.6万余平方米、实景三维场景390余站的采集与制作，完成博物馆高清航拍影像、视频和2.5D效果图等数据建设。在文物数字化资源利用方面，有1097件文物图片和9件文物的三维模型在"锦点"（成都文化文物应用展示系统上）展示，近100件文物的图片、文字、语音等二维信息在官方网站、百科数字博物馆、谷歌文化学院等平台上展示，45件文物图片、语音、动画等二维信息在展厅多媒体展示，20件文物的三维模型在展厅触摸屏展示。金沙遗址博物馆从文物保护、内部管理、外部展示等方面实现全面升级，制定统一的数据整合和交换标准，搭建了智慧博物馆应用总体框架。

广东省博物馆智慧博物馆于2014年6月立项，2014年9月和2015年10月专项资金分两批到位，第一期项目2016年9月完成，第二期项目2017年1月完成。广东省博物馆智慧博物馆建设主要围绕智慧保护、管理、服务展开，完成智慧博物馆顶层设计和平台升级。智慧保护方面，建成文物环境监测系统、文物保护智能服务系统；智慧管理方面，建成藏品管理系统、数字资源管理系统、门户系统等；智慧服务方面，建设新媒体管理系统、智能服务平台App、客流监测系统、观众数字化管理系统、预约系统、大数据平台等。广东省博物馆重点研发藏品综合信息管理系统、数字资源管理系统；重新梳理业务流程，以项目为驱动的业务管理系统定义新模式；优化以观众体验为核心的智能服务平台App，通过室内实时定位系统、移动互联网、多媒体、空间数据库等技术的融合与应用，让公众充分了解博物馆藏品及藏品文化内涵，为观众提供个性化参观服务；搭建集多源数据的观众数字化管理系统，工作人员既能准确掌握观众基本信息和行为偏好，也能实时统计客流量空间信息，及时开展有关展览、活动、服务效果的评估；加强新媒体应用深度，完成对官方网站和微信后台的升级改造；建成博物馆大数据平台，汇集博物馆藏品、观众、展览和新媒体数据，构建满足面向博物馆应用场景的大数据特征数据模型，可分析观众行为，为观众、展览和学术研究等提供精准服务；集成统一的应用总线和门户系统，实现博物馆精细化管理。全部藏品文字信息录入藏品管理系统，含高精度的二维图像60万张以及170件/套文物的三维数据。

甘肃省博物馆智慧博物馆项目于2014年6月立项，2014年9月专项资金到位，2017年4月完成项目实施。甘肃省博物馆以馆藏文物为基础进行知识梳理和数据采录，围绕丝绸之路珍贵文物、彩陶类珍贵文物、嘉峪关壁画墓进行三维数据采集、内容加工制作和内容数据优化展示互动等建设，采集彩陶100余件、"丝路"文物100余件，对壁画墓整体四大区域100余处细节进行扫描和拍照。建成文物三维数据统一管理平台，将博物馆三维数据集中在一个平台上进行管理和展示。通过对馆藏特色文物资源进行系统梳理和内容挖掘，提升陈列展览水平。

内蒙古博物院智慧博物馆项目于2014年6月立项，2014年9月专项资金到位，2016年6月完成项目实施。建设内容主要包括顶层数据管理平台、网上数字展厅、在线导览应用、观众流量分析管理系统、展厅智能管理系统、3D数字文物数据库等。项目存储藏品照片373980张，数据量约1.5TB；制作藏品展示与宣传教育类音视频资料1000余部，数据量约6TB；完成3D数字化文物1004件，数据量约2TB，其中近百件/套数字化文物在展厅进行多媒体展示。内蒙古博物院顶层数据管理平台集成了馆藏珍贵文物数据库管理系统、内蒙古第一至五批全国重点文物保护单位档案地理信息系统、协同办公系统、藏品动态管理系统、图书管理系统、档案管理系统、文物库房温湿度监控系统、展厅人流量监控系统、智能导览系统等。内蒙古博物院以契丹文物为主搭建网上数字展厅——"梦幻契丹"文物精品展览，挑选辽代墓葬出土文物精品114件/套，与吐尔基山辽墓3D数字化文物50件/套进行交互展示。通过3D数字文物数据库对馆内三维采集文物相关信息、文物三维模型进行管理，可实时更新和虚拟展示。依据3D数字化文物数据基础，内蒙古博物院文创团队设计开发文创产品100余类别，取得较好社会效益和经济效益。

四川博物院智慧博物馆项目于2014年6月立项，2014年9月和2015年10月专项资金分两批到位，第一期项目2016年12月完成，第二期项目2017年7月完成。四川省博物院采用基于面向服务的体系架构设计，以数据为核心，建设智慧博物馆统一架构的基础平台系统，并综合应用无线定位技术、多媒体展示技术等，开发统一的门户与应用总线系统、藏品管理系统、多媒体导教可视化系统、票务管理和OA系统，形成数据资源的高度融合，实现文物数字化管理、数字化保护及数字化展陈展示创新应用，构建可扩展的四川省博物院文物数字化保护体系。四川省博物院智慧博物馆项目整合利用已有信息化基础，建立统一架构的基础平台系统和数据交换系统，将博物院各业务子系统集中到一个平台，统一进行业务数据管理、交互、分析；文物数字化资源存储、检索及管理等功能，实现了文物数字化资源为公众服务及对各类数据资源的全生命周期进行精细化管理。构建文化遗产数字化资源库，其中文物图片84523张、三维数据2组、场景复现视频数据1组、五国语言讲解音频数据文件1230条。多媒体导教可视化系统是面向观众设计的移动导教可视化终端系统，作为四川博物院巴蜀文化新型传播窗口，基于互动视频、定位导教技术、观众行为分析技术，提供针对观众个体的个性化、智能化且具备多种互动方式的数字化展陈展示。系统分为青少年版和标准版，可根据观众位置推送藏品相关信息，实现较好的展示互动效果。

山西博物院智慧博物馆项目于2014年6月立项，专项资金分两批下达，2017年底完成项目实施。山西博物院智慧博物馆建设采取知识化驱动建设模式，借力新技术发展，实现以人为中心的信息传递模式，展示山西历史文化长河、重要历史文物及考古成果，突显山西特色，实现"资源利用知识化、公众服务智慧化、信息传递双向化"，构建全面感知、泛在互联、智能融合的新型博物馆。该项目具有三方面的特色。一是知识化核心。围绕保护、管理、服务的业务需求，以知识图谱知识平台为核心，通过应用总线驱动文物数字化采集、展示展陈、游客导览、馆务管理、文物保护等功

能子系统，杜绝信息孤岛，打通业务壁垒，形成知识驱动下的智慧博物馆知识大平台。二是智慧化、个性化服务。导览服务面向游客提供基于移动设备拍照访问的全馆文物识别服务，基于动态用户兴趣趋向捕获和大数据分析，实现个性化导览内容自动生成。三是双向"活"化模式。让面向游客的导览内容不再固化，成为可随动态兴趣演变而变化的多模态"活"内容，使核心知识库内容随着大众认知发展而演变。

2017年，《国家文物事业发展"十三五"规划》中提出要继续推进"智慧博物馆建设工程"，"运用物联网、大数据、云计算、移动互联等现代信息技术，研发智慧博物馆技术支撑体系、知识组织和'五觉'虚拟体验技术，建设智慧博物馆云数据中心、公共服务支撑平台和业务管理支撑平台，形成智慧博物馆标准、安全和技术支撑体系。建设智慧故宫、智慧敦煌、智慧秦始皇陵博物院"。

**考古信息化建设** 现代信息技术的飞速发展深刻改变着原有工作和生活方式，考古学也不例外。数字考古、信息考古等概念早已深入人心，遥感、地理信息系统（GIS）已是区域系统调查的必备工具，田野考古发掘数据库、多基线数字摄影测量和三维激光扫描等技术越来越普遍地应用在考古发掘过程记录和研究分析中。

计算机技术最早应用于考古是在考古资料整理利用工作中。受技术限制，早期考古现场的信息采集仅限于文字记录、绘图记录、影像采集等传统方法。1987年12月，湖南省文物考古研究所研发"考古专业计算机情报检索系

统"，将数字化手段用于考古资料整理利用。1988年6月，中国历史博物馆研发"计算机考古年代序列分析系统"，利用计算机开展器物类型分析整理，为排列考古单位序列提供辅助。1992年6月，中国历史博物馆水下考古学研究室考古队在辽宁省绥中县三道岗海域对一艘元代沉船进行水下勘察，使用遥感扫描、水下测量、水下摄影等方法。1993年，国家文物局立项"中国地下文物基本情况数据库系统"研究课题，由吉林大学考古学系主持开发，供三峡库区文物保护使用，实现数据库记录文物信息并进行简单管理，1996年完成网络版研发。1993年，南京博物院等单位以Foxbase＋2.10为平台，开发"旧石器考古软件的开发与应用"系统，实现石制品数字化系统管理，1994年增加野外发掘标本平剖面图形处理功能。1996年，秦始皇兵马俑博物馆在秦兵马俑二号坑考古发掘工作中尝试对发掘资料信息进行数字化处理，将考古工地现场用全景摄影进行数字化保存，并研发出"秦始皇兵马俑考古发掘信息处理系统"，建成相关数据库。2000年4月，广东考古所开发用于田野考古资料信息化处理的《田野考古2000》软件，实现考古调查、考古勘探、考古发掘、考古资料整理、考古报告编写等功能。

随着现代科技发展，计算机图形图像、现代测绘、遥感、地理信息系统、虚拟现实及数据库等技术被逐渐应用于考古发掘与研究中，越来越多的考古信息通过影像拍摄、超低空遥感、全站仪与RTK测绘、三维重建等方式收集到数据库中。2004年3月，由陕西省考古研究所和北京大学联合组成的周公庙考古队，钻探发现西周时期最高等级的大型陵坡墓葬群，并首次将GPS（全球卫星定位系统）、GIS（地理信息系统）、RS（遥感）技术综合应用于该遗址考古全过程，进行创建"数字考古"体系的全新实践。2005年，秦始皇兵马俑博物馆启动"秦始皇兵马俑博物馆二号坑遗址三维数字建模"项目，该项目是国内大型遗址保护领域首次应用三维数字模型技术，对大型遗址的信息提取、管理及数字博物馆的建立有典型示范作用。2006年，江西省文物考古研究所用航空模型，对新干大洋洲牛头城遗址等进行首次航空遥感考古。2007年8月，浙江省文物考古研究所对田螺山遗址进行三维数据采集，并完成考古现场的点云数据拼接、等高线的自动生成、数字建模等信息处理。同年9月，成都文物考古研究所、成都金沙遗址博物馆在金沙遗址墓葬区考古发掘中对房屋遗迹进行三维扫描和数字复原。2010年，"南澳Ⅰ号"沉船打捞项目启动，考古工作者在水下文化遗产调查和发掘中综合利用雷达扫描、远红外线监控、旁侧声呐、浅地层剖面仪、水下无线通话系统、实时差分定位系统、多波束声呐、超短基线定位系统、数字描图建模和水下机器人等高科技设备，有效解决各种难题。2011年11月～2012年12月，陕西省考古研究院在宝鸡西周墓葬遗址发掘时用三维扫描仪对大墓进行全方位扫描，建立三维影像立体档案。2011年，江西省文物考古研究所使用载人三角翼飞机对靖安东周大墓遗址进行航空遥感考古勘测。2012年，云冈石窟窟顶遗址考古发掘项目中，使用RTK、全站仪、三维激光扫描仪、高清数码相机、高清摄像机等设备进行跟踪记录，对个别重点遗迹的发掘进行全程记录，根据记录信息数据制作探方及遗迹分布图、发掘区三维模型等。2012年4月，天津张湾明代大运河沉船考古发掘中，使用三维测绘和全景漫游航拍等技术动态记录发掘过程。2015年7月，中乌联合考古队对撒马尔罕市的萨扎干遗址大型贵族双墓进行发掘，中方队员在遗址现场布设靶标用三维激光扫描仪，记录考古发掘现场遗迹、遗物的三维空间分布状态，为后期分析研究积累信息数据。2015年11月14日，江西南昌西汉海昏侯墓（M1）主椁室考古发掘启动，发掘过程中采用电子全站仪测量、构建GIS地理信息系统，使用三维扫描成像、无人机航拍等技术，实时获取考古信息，并将调查资料信息化，复原出海昏侯国大遗址的全貌。在良渚古城发掘过程中，浙江省文物考古研究所用古城区域线画图制作数字高程模型，探索古城外围结构，使发掘工作更加有针对性和目标性；利用无人机航拍航测获得良渚遗址群高清数字正射影像图，试验将普通数字单反相机的照片通过软件处理获得遗迹和遗物的平剖面图、正射影像、三维模型等。

多种数字技术的综合应用促进了数字考古学科的产生与发展，数字考古逐渐成为考古学研究中不可缺少的一环。1989年10月20～22日，全国第二次实验室考古学术讨论会在合肥召开，讨论在考古中使用计算机等内容。2004年10月，国际遥感考古大会在北京举办，以历史文化遗产信息的空间认识为主题，研讨内容包括遥感及相关技术在考古学研究及文化遗产保护管理等方面的应用，并就综合遥感技术与

数字技术等多学科手段对古代遗迹的探寻、古环境的分析和虚拟复原进行研究，与会代表提出数字考古（Digital Archaeology）、数字遗址（Digital Site）概念。2008年1月，国家文物局颁布修订版《田野考古工作规程》，明确将田野考古作为一个技术体系看待，田野发掘项目中的测绘、发掘、采样、记录、管理等相互关联的子系统协同运作，共同组成田野考古技术体系。规程对整个田野工作中各种信息产生和互通的系统性要求大大增强，强调建设考古资料信息库的重要性。同年4月，科技部立项国家科技基础工作专项"中国古人类遗址、资源调查与基础数据采集、整合"项目启动，由中国科学院古脊椎动物与古人类研究所、中国科学院地质与地球物理研究所和北京大学联合承担，项目组利用现代科技和信息手段进行大规模野外调查、材料采集，对重要的古人类和旧石器遗址进行勘察，收集、整理与古人类演化相关的材料，对重要档案资料进行保护性恢复和解读等一系列工作。2009年11月28日，由湖南省文物考古研究所承办的"田野考古信息技术研讨会"在长沙召开，与会代表结合实际介绍考古信息化技术在田野考古领域运用情况，并讨论考古信息系统软件开发等事项。2010年1月，国家文物局推荐的"文物虚拟修复和数字化保护技术的研究与应用"项目获2009年度国家科技进步二等奖，该技术为文物保护、考古、古人类学研究开辟了新途径。2011年4月，第39届数字考古国际会议（CAA 2011）在北京举行，众多学者集中展示研究成果，指出数字考古已成为信息时代对考古研究提出的要

求，数字技术将在文物的保护、整理、开发和利用等方面发挥重要作用。2012年4月，全国考古工作会议在杭州举行，国家文物局工作报告提到，"跨学科、跨行业合作加强，现代空间技术、测绘技术、数字信息采集和材料提取技术逐步推广，数字考古和实验室考古在湖南铜官窑遗址、甘肃马家塬墓地成功使用，多学科合作研究的带动作用显著"。2013年1月，由国家文物局组织推选，由敦煌研究院承担完成的"十一五"国家科技支撑课题"文物出土现场保护移动实验室研发与应用"获2012年度国家科技进步二等奖，项目针对文物出土现场重大技术需求，引入多学科相关技术并进行二次开发和联合攻关，研发了针对文物考古工地的三维信息采集与重建系统、智能化预探测系统、考古现场无线环境监测系统以及出土文物应急处置系统技术及装备等，建立了考古现场埋藏环境和出土文物现场分析方法，实现了考古现场数字化测绘、空间复原和重建等信息的快速精准采集与分析处理，并首次研发制作出能支撑各项技术子系统集成运行的可移动实验研究平台。2014年，国家文物局在湖北启动"考古工地数字化管理平台运行支撑技术系统示范工程"，以《田野考古工作规程》为基础制定国家层面的田野考古数字化标准与规范，为国家文物局对田野考古发掘项目进行监管提供相关数字化技术标准和支持，示范项目在湖北天门石家河遗址、枣阳郭家庙墓地、武汉盘龙城遗址、荆州望山桥墓地4个考古工地落地，于2016年完成项目验收。

## 三、国家文物信息资源库建设

2001年起，国家文物局根据中共中央、国务院对信息化工作的部署，将信息化技术运用于文物普查工作，通过"文物调查及数据库管理系统建设""第三次全国文物普查""长城资源调查""第一次全国可移动文物普查"，建设形成全国文物信息资源数据库。在项目实施中形成众多信息化建设标准、推动信息化基础设施建设、培养信息化专门人才，为文博行业信息化发展奠定了基础。

**馆藏珍贵文物数据库**　2001～2010年，历时十年的"文物调查及数据库管理系统建设"项目共完成1660275件／套馆藏珍贵文物的数据采集，其中一级文物48006件／套，二、三级文物1612269件／套。共拍摄照片3869025张，录入文本信息3.05亿字，数据总量15.16TB，采集馆藏一般文物数据137万余条，建立了国家、省、收藏单位三级分布式的文物信息存储体系。该调查项目的实施有效推进了文博信息化基础设施建设，建成国家文物局数据中心和17个省级文物数据中心机房，机房总面积2066平方米，数据存储设备总容量229.7TB，为文博信息化事业提供了有力支撑和保障。2016年，第一次全国可移动文物普查完成后，馆藏珍贵文物数据库数据迁移至第一次全国可移动文物普查数据库中。

**第三次全国文物普查数据库**　第三次全国文物普查自2007年4月开始，至2011年12月结束。2011年11月，国务院第三次文物普查领导小组办公室完成对全国31个省、自治区、直辖市的2871个普查基本单元的数据核定，共调查登记各类对象810851处，其中不可移动文物766722处、消失文物44129处；制作电子数据包2868个，其中文本文件4621846个；绘制各类图纸1568381幅，拍摄照片2281595张；采集各类标本超过25万件。中国文物信息咨询中心（国家文物局数据中心）在涉密机房统一存放第三次全国文物普查电子数据，并按照规范对数据进行备份。

长城资源数据库　2006～2012年，国家文物局组织完成长城资源调查与认定工作。认定工作基于各省、自治区、直辖市资源调查成果和已有研究基础，并根据相关专业机构和专家意见，将春秋战国至明等各时代修筑的长城墙体、敌楼、壕堑、关隘、城堡及烽火台等相关历史遗存认定为长城资源，将其他具备长城特征的文化遗产纳入《长城保护条例》保护范畴。根据认定结论，全国各时代长城资源分布于北京、天津、河北、山西、内蒙古、辽宁、吉林、黑龙江、山东、河南、陕西、甘肃、青海、宁夏、新疆15个省、自治区、直辖市的404个县、市、区。共认定各类长城资源遗存43721处／座／段），其中墙体10051段，壕堑／界壕1764段，单体建筑29510座，关、堡2211座，其他遗存185处。墙壕遗存总长度为21196.18千米。长城资源调查制定了统一的调查技术规范，采用遥感影像、地理信息、三维扫描、数字摄影测量等多项现代技术进行科学、精确的测量，获取大量文字、照片、录像及测绘数据等长城保护第一手资料，包括各类登记表格46111张、照片册页196588份、图纸

册页20606份、录像31070份、拓片和摹本596份，制作了高分辨率长城数字正射影像、数字高程模型和数字线划图，形成田野调查数据3112GB、测绘数据890GB。该项工作系统记录了全国长城资源保存状况，形成了较为全面、丰富的长城资源调查记录档案。

第一次全国可移动文物普查数据库　2011～2016年，根据国务院《关于开展第一次全国可移动文物普查的通知》，全国开展了第一次全国可移动文物普查。普查标准时点为2013年12月31日，普查对象是全国（不包括港澳台地区，下同）各级国家机关、事业单位、国有企业和国有控股企业、中国人民解放军和武警部队等各类国有单位收藏保管的可移动文物，包括普查前已认定和在普查中新认定的国有可移动文物。通过普查，全面掌握了国有可移动文物的数量分布、保存状况、保管权属和使用管理等情况。全国共有12630家收藏单位在普查平台登录全国可移动文物信息，31个省级普查办、334个地级市普查办、2854个区县级普查办，共9884名用户登录统一平台审核数据、填写审核意见和审核结论，并报送数据。中国文物信息咨询中心负责全国可移动文物数据处理。普查共登记文物108154907件／套，其中按照普查统一标准登录完整信息的为26610907件／套（实际数量64073178件），全国各级综合档案馆馆藏的纸质历史档案为81544000卷／件。按文物级别统计，珍贵文物共3856268件，数量占比6.02%；一般文物24353746件，数量占比38.01%；未定级文物35863164件，数量占比55.97%。普查中采集27项收藏单

位信息和15项文物基础信息，建成全国馆藏文物资源数据库，登录文物照片超过5000万张，数据总量超过140TB。按照统一标准为每件文物赋予永久、唯一的22位数字编码，建立起文物实物、藏品档案、电子信息关联一体的"文物身份证"编码和数据管理系统，为实现文物资源标准化、动态化管理打下了坚实基础。

# 第三节　标准化工作

20世纪90年代至21世纪初，国家标准化管理委员会、建设部、公安部等先后发布实施古建筑保护、博物馆建筑设计及文物安全等方面标准，如《古建筑修建工程质量检验评定标准（北方地区）》《博物馆建筑设计规范》《古建筑木结构维护与加固技术规范》《博物馆和文物保护单位安全防范系统要求》《风景名胜区规划规范》《文物系统博物馆风险等级和安全防护级别的规定》《中国古典建筑色彩》《历史文化名城保护规划规范》《古建筑修建工程质量检验评定标准（南方地区）》等，在古建筑保护与维修、博物馆与文物保护单位安全防范等方面发挥了重要作用。21世纪初，国家文物局开始筹划文物保护标准化工作。2003年，国家文物局在国家中长期科技发展规划纲要指导下，组织力量开展文化遗产保护中长期科技发展战略研究，并将行业标准化建设作为其重要内容。

## 一、文物保护标准体系建设

**标准制定与修订**　2006年全国文物保护标准化技术委员会成立以来，围绕文物博物馆事业发展重大急需问题，按照开放性和指导性原则，通过一系列标准的立项、审查、实施等，丰富了文物保护行业标准内容，完善了文物保护标准体系。截至2017年12月，共立项国家标准55项（已发布33项）、行业标准267项（已发布85项）。标准涵盖可移动文物保护、不可移动文物保护、博物馆管理、文物调查与考古发掘、文物博物馆信息化等领域，初步构建了文物保护标准体系。

**《馆藏金属文物保护修复记录规范》**　在金属文物保护管理方面，不少文博单位积累了大量基础资料，形成了许多形式不同的档案。随着科技发展，社会信息化进程深入，若档案记录不规范，不仅会制约现实文物科技保护工作，更会影响未来该项工作的管理。2009年，国家文物局委托中国国家博物馆承担国家标准《馆藏金属文物保护修复档案记录规范》编制工作，并于2014年发布实施。该标准对馆藏金属文物保护修复记录的构成、记录方法、记录格式等作出规定，主要内容包括前言、范围、规范性引用文件、术语和定义、保护修复记录文本内容、保护修复记录形式、书写要求、保护修复记录的存档等，适用于所有文物收藏单位馆藏金属文物保护修复过程的记录。《馆藏金属文物保护修复档案记录规范》对馆藏金属文物档案进行了科学、系统地记录和整理，对馆藏金属文物保护修复规范化有重要意义。

**《馆藏文物预防性保护方案编写规范》**　2013年，国家文物局委托上海博物馆承担《馆藏文物预防性保护方案编写规范》编制工作，并于2015年发布实施。该标准规定了馆藏文物预防性保护方案编写的文本内容和格式，主要包括范围、规范性引用文件、术语和定义、预防性保护理念、预防性保护方案编写资质、预防性保护方案文本内容和格式。标准的制定对厘清馆藏文物预防性保护概念、规范馆藏文物预防性保护方案编写具有重要意义。

《馆藏文物登录规范》 2008年，国家文物局发布实施《馆藏文物登录规范》，规定了馆藏文物登录的操作流程和所需相关文档（包括纸质文档和电子文档）的基本内容和填写要求。2012年，为满足第一次可移动文物普查重大项目需求，国家文物局委托首都博物馆对2008年发布实施的、由秦始皇帝陵博物院编制的《馆藏文物登录规范》进行修订，根据馆藏文物登录和管理发展需要，充实文物基本信息、文物管理信息、文物影像信息等馆藏文物登录主要信息，修订、完善馆藏文物登录流程部分内容；补充登录规范填写具体要求，如文物定名说明、文物年代标示说明、文物类别说明、文物完残状况说明；以国家文物局账册为依据，重新规范"总登记账"准确名称及各项内容名称，并结合实际工作需要对其他各项内容进行补充，如《文物鉴定表》的"鉴定单位"等，对部分内容进行调整，如《馆藏文物分类账》中的"库房位次"调整为"库房（库区）名称及编号"。《馆藏文物登录规范》对可移动文物普查工作的有序规范开展发挥了重要作用。

《石质文物保护工程勘察规范》 为统一全国石质文物保护工程勘察技术要求，指导石质文物保护工程勘察技术行为，提高石质文物保护工程勘察工作科学性，2012年国家文物局委托中国文化遗产研究院承担《石质文物保护工程勘察规范》编制工作，并于2015年发布实施，规定了不可移动石质文物保护工程勘察工作中测绘、调查、勘探、取样、测试分析及报告编制等技术要求。

文物建筑维修基本材料系列标准 2014年，国家文物局颁布实施文物建筑维修基本材料系列标准，根据青砖、青瓦、木材、石材四种文物建筑维修基本材料性质及技术要求的差异，分为《文物建筑维修基本材料 青砖》《文物建筑维修基本材料 青瓦》《文物建筑维修基本材料 木材》和《文物建筑维修基本材料 石材》，规范外观、力学性能、物理化学性能等相关指标，对文物建筑材料的传统加工生产工艺进行必要描述。文物建筑维修基本材料系列标准对推进中国文物建筑维修保护材料选用的规范化进程具有重要意义。

《文物保护利用规范 名人故居》 随着城市化进程加速，大规模建设与名人故居保护之间的矛盾日益突出。名人故居类型、现状、产权情况等错综复杂，各级文物主管部门在名人故居保护利用中经常遇到各种问题。2014年，国家文物局委托中国文物报社承担《文物保护利用规范 名人故居》编制工作。标准规定了对名人故居进行保护、管理和利用的要求，共分为6个部分，包括范围、规范性引用文件、术语和定义、保护、管理、利用。标准在遵循文物保护利用法律法规和相关技术规范的前提下，针对名人故居保护利用中的实际问题和困难作出针对性的具体规范，增强了名人故居保护利用中的针对性和可操作性。标准的颁布对名人故居保护利用规范化水平的提升起到了积极促进作用。

《古代壁画可溶盐测定 离子色谱法》 可溶盐是壁画产生复杂病害的重要因素之一，测定和评价壁画及壁画保存环境的可溶盐成分和含量是壁画保护、修复及预防性保护等工作的重要环节。2011年6月，国家文物局委托敦煌研究院承担《古代壁画可溶盐测定 离子色谱法》行业标准的编制，规范壁画中可溶盐从取样到分析结果处理、评估等过程的工作方法。标准规定了离子色谱法在古代壁画主要可溶盐离子测定或脱盐效果评价中样品采集、处理和测定的方法。该标准对提高中国壁画保护基础工作的规范性有重要意义。

开展标准培训 截至2017年，国家文物局共举办21期标准宣传贯彻培训班，全国文博领域技术骨干累计2000余人参加学习。培训班聘请有关专家讲授标准主要内容及在本领域的应用和相关专业知识等，采取理论与实践相结合方式，有效提高了受训人员对标准的了解和认知。同时，全国文物保护标准化技术委员会不定期举办文物保护标准编制培训班，从国家标准化形式和政策、标准制定工作程序、标准化基本概念、标准编写的基本方法、文物保护标准制修订要求和细则等方面进行讲解，使有关人员掌握标准编制基本原理、程序和要求，对提高标准起草人员业务水平起到指导和推动作用，取得良好效果。

国家文物局官方网站向社会免费公开行业标准信息，公众可免费下载，有效促进了标准推广和应用。《全国文物保护标准化技术委员会（SAC／TC289）工作通讯》通报文物保护标准化工作进展情况及全国标准化工作资讯，是全国文博单位及相关科研院所了解标准化信息的途径之一。

石质文物保护修复行业标准培训班 2012年10月25～31日，国家文物局在西安举办石质文物保护修复行业标准培训班。培训班由陕西省文物局承办、陕西省文物保护研究院暨砖石质文物保护国家文物局重点科研基地协办，全国从事馆藏文物修复的技术骨干108人参加培训。培训班采用授课与现场实践相结合方式，专家讲授石质文物保护修复基本理论、石质文物保护修复方案编制及标准化基础知识等，对《石质文物保护修复方案编写规范》等行业标准进行讲解。学员系统学习石质文物保护修复规范，了解石质文物保护修复基本程序、步骤及主要内容和要求，并在乾陵和泰陵完成石质文物病害调查和记录现场实习。

可移动文物病害评估技术规程系列标准培训班 2014年9月21～27日，由国家文物局主办、湖北省博物馆承办的可移动文物病害评估技术规程系列标准培训班在武汉举办，全国具有可移动文物保护相关资质单位和国家文物局重点科研基地的技术骨干98人参加培训。培训班邀请中国文化遗产研究院、中国国家博物馆、上海博物馆、秦始皇帝陵博物院、荆州文物保护中心、敦煌研究院等单位专家，讲授文物保护修复理念与实践方法，以及陶质类、瓷器类、馆藏壁画类、金属类、石质类、丝织品类和竹木漆器类等七大类文物病害评估技术规程，系统介绍病害检测评估方法和手段、文物病害评估报告撰写格式和要点等。培训促进了文物保护行业标准的宣传贯彻和推广实施，提高了可移动文物保护修复工作科学化、规范化水平。

《石质文物保护工程勘察规范》培训班 2015年11月16～20日，由国家文物局主办、中国文化遗产研究院承办的《石质文物保护工程勘察规范》培训班在北京举办，来自25个省、自治区、直辖市具有文物保护勘察设计资质单位和文博系统内相关单位的专业人员100人参加培训。培训着重讲解《石质文物保护工程勘察规范》的适用范围、与现有石质文物相关标准关系及使用中应注意的问题，并对勘察工作原则、阶段、程序、深度要求及相关核心章节、条款结合实例进行解读。讲授工程测绘、岩土工程勘察等方面基础知识、相关技术及规范，安排勘察案例介绍和分析及汇报交流，邀请有丰富实践经验的专家进行点评分析。参加培训的学员进一步开阔了视野，加强了对标准核心内容的认识。

馆藏文物预防性保护系列标准培训班 2015年12月13～19日，由国家文物局主办，上海博物馆（馆藏文物保存环境国家文物局重点科研基地）承办的馆藏文物预防性保护系列行业标准培训班在上海举办。来自76家文博单位的84名学员参加培训，其中大多数为国家一、二、三级博物馆及具有可移动文物修复资质单位的技术骨干。培训采取集中授课、实训实习、交流点评和考查等教学方式，开设13个专题讲座，讲授馆藏文物预防性保护的理念、核心内涵、技术关键和发展对策；对《馆藏文物保存环境质量检测技术规范》《馆藏文物保存环境控制　甲醛吸附材料》《馆藏文物保存环境控制　调湿材料》《馆藏文物预防性保护方案编写规范》《馆藏文物防震规范》进行解读；讲解文物保护专用无酸纸囊匣及示范、博物馆照明技术需求分析、博物馆藏展材料的评估筛选、馆藏文物生物病害防治技术、博物馆微环境污染气体的无动力扩散采样——仪器分析方法。在上海博物馆文物保护科技中心实验室安排4次实习，进行微环境被动调控材料的使用和检测、馆藏文物保存环境监测、气体扩散采样检测方法、馆藏文物保存微环境调控实训，并在上海博物馆进行现场教习。使学员们了解馆藏文物预防性保护方面的最新科技成果和经验，为各单位科学做好文物预防性保护工作开阔思路、提供经验，为提高文物保存环境检测评价水平和质量调控能力发挥作用。

《土遗址保护工程勘察规范》等标准培训班 2016年10月，由敦煌研究院、国家古代壁画与土遗址保护工程技术研究中心共同举办的《土遗址保护工程勘察规范》等标准培训班在敦煌举办，来自22个省、自治区、直辖市近80家文博勘察设计与施工单位的一线人员100人参加培训。培训班旨在宣传贯彻《土遗址保护工程勘察规范》《土遗址保护试验技术规范》《干燥类土遗址保护加固工程设计规范》等相关技术标准，邀请中国文化遗产研究院、兰州大学、西北大学和敦煌研究院等文博单位和高等院校在土遗址保护等领域具有丰富经验的专家、学者9人授课。授课内容包括相关技术规程和行业标准解读，文物保护标准化现状，涉及土遗址的保护理念和原则，土遗址保护发展历程，勘测方法及理论，主要勘察、探测仪器与使用方法，保护关键技术与研究现状，岩土类遗址保护勘察报告、设计方案、保护工程技术档案的编写原则及编写方法等。使学员了解国际先进的文物保护与修复理念，以及标准的基础知识和国内外文物保护标准化现状，掌握已形成的土遗址保护相关技术规程和行业标准，了解土遗址保护关键技术与研究现状，提高从事土质文物保护工程人员的专业技术水平，缓解保护专业人才严重紧缺现状，提升中国土遗址保护技术整体水平。

**标准科学研究** 2006年以来，国家文物局开展"文物术语研究""进出境文物管理及古陶文物检测重要标准研究""馆藏文物保护与管理基础标准研究"等3项国家质检性公益项目和国家科技支持计划项目"文物数字化保护标准体系及关键标准研究与示范"，开展文物保护标准体系研究等，使科技工作与标准化工作有机结合，为深化文物行业术语研究、推进文物保护标准化建设奠定了基础。

2013年，国家文物局委托中国标准化研究院开展文物保护标准框架体系研究，明确行业标准化建设发展方向和重点项目，避免标准缺失、交叉重复等问题。中国标准化研究院会同中国文化遗产研究院、陕西文物保护研究院、湖南省博物馆、南京博物院、北京大学共同开展研究工作，在以往课题研究成果基础上，对中国文物保护标准体系现状和问题进行深入调查分析，对国外已有文物标准进行全面调研。通过深入调查和广泛征求意见，针对行业特点提出构建标准体系框架方法与原则，分别提出截至2015年和2020年的中长期标准制修订计划建议，为下一步完整构建行业标准化体系奠定基础。同时，为推进文物保护行业消防安全标准化建设，国家文物局委托公安部天津消防研究所开展文物保护行业消防标准体系研究项目，针对中国文物保护消防工作实际需求，对国内外文物保护行业消防标准进行比较研究，划分文物消防标准专业和门类，提出标准制定建议。

2014年，科技部批复设立"文物数字化保护标准体系及关键标准研究与示范"项目（项目编号2014BAK07B00）。该项目面向全国文物数字化保护领域，研究制定文物数字化保护标准体系框架标准、核心元数据标准，以及可移动文物（以书画与青铜器为例）和不可移动文物（以石窟寺为例）信息采集、加工、存储、传输、服务和交换标准等；研发文物数字化保护标准体系管理平台。项目成果在敦煌研究院和故宫博物院进行应用示范。该项目共申请软件著作权3项，发表论文15篇。项目所制定的文物数字化保护标准框架覆盖了文物数字化分类体系全部类别和生命周期各阶段，此外还设计了多维度文物分类主题一体化词表。

**标准复审** 2014年6月25日，国家文物局委托中国文化遗产研究院开展文物保护标准复审工作，对标龄满5年的4项国家标准和18项行业标准进行复审。通过开展编制单位标准自评估活动、文物保护标准实施问卷调查活动和专家意见征询及会议等，进行标准编制单位自查和自评；广泛调查标准的实际应用情况，深入了解标准使用单位意见。通过开展复审，掌握标准的实际应用情况，包括标准在文物保护实际工作中所发挥的作用以及文物保护标准化工作中存在的突出问题。复审结果为"继续有效"的标准4项，"需要修订"的标准18项。

《石质文物保护修复档案记录规范》《馆藏

出土竹木漆器类文物保护修复档案记录规范》《馆藏金属文物保护修复档案记录规范》《馆藏丝织品保护修复档案记录规范》的制定及应用，对促进和指导文物保护修复档案记录和文物的科学保护修复发挥了重要作用，提升了行业的技术水平，达到了标准制定目的。根据应用实践，建议对这四项标准进行整合修订，具体意见如下：四项标准格式体例相同，文字内容及有关表格60%以上重复，建议合并为《馆藏文物保护修复档案记录规范》，并进行修订，使其更具有可操作性；进一步完善表格有关内容，增加表格填写说明；增加修复资料目录、文物分类及分类代码，以利于检索和利用；建议将已发布实施的标准电子版公布在国家文物局官方网站，以利于标准的推广和使用。

《文物保护单位标志》的制定及应用，对规范文物保护单位标志形式和内容等发挥了重要作用，达到了标准制定目的。具体意见如下：根据标准应用实践，建议对标准进行修订，建议标准名称修改为《文物保护单位标志设立规范》，增加一章"总则"，对文物保护标志的设立提出整体要求，如每处文物保护单位均应设立文物保护单位标志等；标志牌涉及少数民族文字的，不另立标志牌，应在同一块标志牌上书写；在标志牌上增加保护范围、建控地带等有关内容；对古遗址、古墓葬类别，增加树立界桩的有关要求。

## 二、文物保护标准体系

文物保护标准的发布实施对文博事业的发展产生了积极影响。如馆藏文物保护修复方案编写规范系列标准的制定及应用，使馆藏文物维修方案通过率由20%提高到70%。《馆藏文物登录规范》《文物运输包装规范》等标准成为全行业遵循的规范要求，有效促进了文物保护和管理的科学化、规范化。部分企业依据《中国文化遗产标志》，将文化遗产标志应用到企业文化建设，推动了全国文化产业发展。文物保护标准化推动了文物保护技术创新，促进了科技成果推广和应用，如《馆藏文物保存环境质量检测技术规范》完善了馆藏文物保存环境检测制度，为开展文物保护技术研究、提高馆藏文物预防性保护管理水平提供了技术保障；《古代壁画脱盐技术规范》在涉及古代壁画盐害的保护研究和工程项目实施中得到应用，取得了良好的社会效益和经济效益；《田野考古出土动物标本采集及实验室操作规范》为考古学研究中科学提取和整理动物遗存、研究动物遗存提供了可靠保证。

**国家标准** 截至2017年，文物保护领域的国家标准共发布33项，涵盖不可移动文物、可移动文物、博物馆3个方面，在文物调查与考古发掘、文物保护、博物馆信息化及信息建设方面尚未发布国家标准。

在不可移动文物方面发布的标准有《文物保护单位标志》《文物保护单位开放服务规范》《古代壁画病害与图示》《古代壁画保护修复档案规范》《古代壁画保护修复方案编制规范》。

《文物保护单位标志》于2008年发布，起草单位为敦煌研究院。标准规定了文物保护单位标志的形式、内容、字体格式及树立形式等，适用于中国各级文物保护单位。

《文物保护单位开放服务规范》于2008年发布，起草单位为敦煌研究院。标准规定了文物保护单位开放服务中所涉及的术语和定义、总则、开放管理机构应具备的基本条件、开放要求、开放服务及安全方面要求等，适用于全国各级开放文物保护单位的开放服务。

《古代壁画病害与图示》于2013年发布，起草单位为敦煌研究院。标准规定了古代壁画相关术语、病害定义及病害相对应图示符号，适用于全国古文化遗址、古墓葬、古建筑、石窟寺、近现代建（构）筑物壁画及馆藏壁画病害调查和保护修复工程。

《古代壁画保护修复档案规范》于2013年发布，起草单位为敦煌研究院。标准规定了古代壁画保护修复档案构成、记录方法、记录格式，适用于石窟寺壁画、建筑壁画、馆藏壁画保护修复技术资料的记录与归档。

《古代壁画保护修复方案编制规范》于2013年发布，起草单位为敦煌研究院。标准规定了古代壁画保护修复方案编制的文本内容和格式，适用于石窟寺壁画、建筑壁画、馆藏壁画保护修复方案的编制。

在可移动文物方面发布的标准有《文物运输包装规范》《可移动文物保护修复室规范化建设与仪器装备基本要求》《陶制文物彩绘保护修复技术要求》《馆藏青铜质和铁质文物病害与图示》《馆藏金属文物保护修复记录规范》《馆藏砖石文物病害与图示》《馆藏砖石文物保护修复记录规范》以及文物出境审核规范系列标准。

《文物运输包装规范》于2009年发布，起草单位为秦始皇兵马俑博物馆等。标准规定了文物运输包装过程中的基本技术要求、文物包装箱内部环境控制及文物包装信息编制要求等。

《可移动文物保护修复室规范化建设与仪器装备基本要求》于2013年发布，起草单位为中国国家博物馆。标准规定了从事可移动文物保护修复工作单位所设立的保护修复室任务、能力、人员等规范化建设，以及对场所、环境条件和仪器装备（不包括常用保护修复手工工具）的基本要求，适用于可移动文物保护修复室建设和达标验收，在保护修复室建设中发挥直接指导和规范建设行为作用。

《陶制文物彩绘保护修复技术要求》于2013年发布，起草单位为秦始皇兵马俑博物馆。标准规定了陶质文物彩绘保护修复中的术语、定义、保护修复技术要求和彩绘状况记录要求，适用于陶制文物彩绘保护修复方案的制定及保护修复。

《馆藏青铜质和铁质文物病害与图示》于2014年发布，起草单位为中国国家博物馆。标准规定了馆藏青铜质和铁质文物病害的基本术语、病害及其图示，适用于博物馆、考古所等文物收藏保管单位收藏青铜质和铁质文物的病害记录与图示。

《馆藏金属文物保护修复记录规范》于2014年发布，起草单位为中国国家博物馆。标准规定了馆藏金属文物保护修复记录的文本内容、记录格式、书写要求、记录存档及封面格式，适用于各级各类文物收藏单位金属文物保护修复工作的记录。

《馆藏砖石文物病害与图示》于2014年发布，起草单位为陕西省文物保护研究院（国家文物局砖石文物保护重点科研基地）等。标准规定了馆藏砖石文物相关术语、病害类型及与病害相对应的图示，适用于馆藏砖石文物病害调查、认定、分类、评估等文物保护实践中的病害认知和图示工作。

《馆藏砖石文物保护修复记录规范》于2016年发布，起草单位为陕西省文物保护研究院。标准规定了馆藏砖石文物保护修复记录的文本内容、记录形式、书写要求、保护修复记录的存档、记录封面格式，适用于各级各类文物收藏单位砖石文物保护修复工作的记录。

文物出境审核规范系列标准，包括《文物出境审核规范 第1部分：总则》（2016年发布，起草单位为国家文物进出境审核浙江管理处）、《文物出境审核规范 第2部分：度量衡》（2016年发布，起草单位为国家文物进出境审核浙江管理处）、《文物出境审核规范 第3部分：法器》（2016年发布，起草单位为国家文物进出境审核浙江管理处）、《文物出境审核规范 第4部分：仪器》（2016年发布，起草单位为国家文物进出境审核浙江管理处）、《文物出境审核规范 第5部分：仪仗》（2016年发布，起草单位为国家文物进出境审核浙江管理处）、《文物出境审核规范 第6部分：家具》（2016年发布，起草单位为国家文物进出境审核浙江管理处）、《文物出境审核规范 第7部分：织绣》（2016年发布，起草单位为国家文物进出境审核浙江管理处）、《文物出境审核规范 第8部分：陶瓷》（2016年发布，起草单位为国家文物进出境审核广东管理处）、《文物出境审核规范 第9部分：生产工具》（2016年发布，起草单位为国家文物进出境审核广东管理处）、

《文物出境审核规范 第10部分：金属器》（2016年发布，起草单位为国家文物进出境审核广东管理处）、《文物出境审核规范 第11部分：明器》（2016年发布，起草单位为国家文物进出境审核广东管理处）、《文物出境审核规范 第12部分：钟表》（2016年发布，起草单位为国家文物进出境审核广东管理处）、《文物出境审核规范 第13部分：兵器》（2016年发布，起草单位为国家文物进出境审核广东管理处）、《文物出境审核规范 第14部分：漆器》（2016年发布，起草单位为国家文物进出境审核广东管理处）、《文物出境审核规范 第15部分：乐器》（2016年发布，起草单位为国家文物进出境审核广东管理处）、《文物出境审核规范 第16部分：笔墨纸砚》（2016年发布，起草单位为国家文物进出境审核江苏管理处）、《文物出境审核规范 第17部分：烟壶和扇子》（于2016年发布，起草单位为国家文物进出境审核天津管理处）。系列标准规定了文物出境审核程序、审核内容、审核文件和档案管理要求，适用于出境文物审核，不适用于临时进境复出境文物、临时出境文物审核。

在博物馆方面发布的标准有《博物馆照明设计规范》《博物馆讲解员资质划分》《文物展品标牌》。

《博物馆照明设计规范》于2009年发布，起草单位为中国建筑科学研究院等。标准规定了博物馆照明设计原则、照明数量和质量指标，展品或藏品的保护，陈列室天然采光设计，照明供配电与安全，照明维护与管理等，适用于新建、改建、扩建或利用古建筑及旧建

筑的博物馆照明设计。

《文物展品标牌》于2013年发布，起草单位为河南博物院等。标准规定了各种类型的陈列展览中文物展品标牌内容及平面设计、制作规格、摆放等要求。文物展品标牌内容应包括主项、副项、辅助项及类目项。主项是提供给观众的文物展品的基本信息，包括名称、时代、著作权人、质地、来源、收藏单位等。副项是展品名称的补充要素，包括名称副标题、展品用途、性质及完残情况等。辅助项是在主项和副项的基础上对展品进行更深入的解读，包括说明、配图等，可满足不同层次观众对文物信息的需求。类目项提供各种类别编号，帮助观众使用和查询有关展品的配置工具和资料。在标牌语言方面，对简化字、异体字和古文字、少数民族语言文字和外语在标牌中的使用也制定了相应标准。在标牌形式设计方面，对标牌规格、字号应用、排版及摆放都作出与展品内容相应的设计要求。标准适用于文物展品标牌设计制作、摆放等，其他相关展品可参照执行。该标准总结归纳了陈列展览文物展品标牌的实践成果，对规范文物展品标牌内容、形式设计等具有重要作用。

在文物保护行业内其他领域发布的标准还有《中国文化遗产标志》。该标准于2011年发布，起草单位为中国文物信息咨询中心等。标准规定了中国文化遗产标志形式、内容、比例、文字书写格式、颜色和允许误差，适用于中国文化遗产标志的制作。

**行业标准** 截至2017年，文物保护领域的行业标准共发布85项，涵盖不可移动文物、可移动文物、文物调查与考古发掘、博物馆等4个方面，在文物保护、博物馆信息化及信息建设方面尚未发布标准。

不可移动文物方面发布的标准有《文物保护工程文件归档整理规范》《砂岩质文物防风化材料保护效果评估方法》《长城资源要素分类、代码与图式》《古代建筑彩画病害与图示》《古建筑保护工程施工监理规范》《古建筑彩画保护修复技术要求》《干燥类土遗址保护加固工程设计规范》《土遗址保护试验技术规范》《土遗址保护工程勘察规范》《室外铁质文物封护工艺规范》《近现代历史建筑结构安全性评估导则》《文物建筑维修基本材料 青砖》《文物建筑维修基本材料 青瓦》《文物建筑维修基本材料 木材》《文物建筑维修基本材料 石材》《石质文物保护工程勘察规范》《砖石质文物吸水性能测定 表面毛细吸收曲线法》《大遗址保护规划规范》《清代官式建筑修缮材料 琉璃瓦》《室外铁质文物缓蚀工艺规范》《文物保护利用规范 名人故居》《近现代文物建筑保护工程设计文件编制规范》《古建筑壁画数字化测绘技术规程》《文物保护单位游客承载量评估规范》《文物建筑保护工程预算定额（南方地区）》《文物建筑保护工程预算定额（北方地区）》《古代壁画现状调查规范》《古代壁画脱盐技术规范》《古代壁画地仗层可溶盐分析的取样与测定》《古代壁画可溶盐测定 离子色谱法》。

《文物保护工程文件归档整理规范》于2010年发布，起草单位为浙江省古建筑设计研究院等。标准规定了文物保护工程文件归档整理范围、内容和质量要求，统一文物保护工程文件归档整理审查标准，界定文物保护工程文件归档整理基本术语，内容包括基本规定、工程文件的归档范围及质量要求、工程文件立卷、工程文件归档与移交，适用于文物保护工程文件归档整理及审查移交。

《砂岩质文物防风化材料保护效果评估方法》于2010年发布，起草单位为国家文物局砖石质文物保护重点科研基地（西安文物保护修复中心）等。标准规定了砂岩质文物防风化材料保护效果评估中的相关术语、检测内容、检测程序及具体检测方法，规范材料安全性检测、材料防风化性能参数检测、防风化材料耐候性及耐老化检测和实验等防风化材料保护效果检测实验技术方法和程序，形成集实验室研究、人工加速老化、现场实验等为一体的保护用材料保护效果评估技术框架，适用于风化砂岩质文物保护中渗透加固和表面防护材料效果评估。标准的发布实施，有助于中国砂岩质文物防风化材料评估工作规范化、科学化。

《长城资源要素分类、代码与图式》于2010年发布，起草单位为中国文化遗产研究院等。标准规定了长城资源要素分类、代码与图式，适用于长城资源要素数据的采集、更新、管理和应用，以及长城文化遗产保护、长城专题地图制作和长城出版物的出版发行。

《古代建筑彩画病害与图示》于2010年发布，起草单位为西安文物保护修复中心等。标准规定了古代木结构建筑彩画病害及相对应的图示符号，用于中国古代木结构建筑彩画病害调查、彩画保护方案设计和保护实施等工作。标准归纳古建（木结构）彩画的常见典型病害，并给出对应照片和使用示例，为开展彩画病害调查、保护修复研究和实施提供了一定参

考和帮助。

《古建筑保护工程施工监理规范》于2012年发布，起草单位为河南省古代建筑保护研究所等。标准规定了监理单位和监理人员的工作范围、程序、内容、原则及职责，定义古建筑保护工程监理工作各类术语，提供适合监理工作各阶段的常用表格，适用于被核定公布的文物保护单位，其他具有文物价值的不可移动文物古建筑保护工程施工监理工作可参照执行。标准的颁布施行为全国文物保护工程引入工程监理机制提供了可靠依据，可促进中国文物保护工程施工与管理水平的提高。

《古建筑彩画保护修复技术要求》于2012年发布，起草单位为陕西省文物保护研究院等。标准规定了古代建筑彩画保护修复的相关术语、定义、原则及工艺技术要求，适用于古代建筑彩画保护修复方案设计和工程实施。该标准不适用于古代建筑彩画整体重画。标准的实施对提高和促进中国古代建筑彩画科学保护水平、尽可能保护好各历史时期遗留下来的古代建筑彩画起到重要的规范和促进作用。

《干燥类土遗址保护加固工程设计规范》于2012年发布，起草单位为敦煌研究院等。标准规定了干燥类土遗址保护加固工程设计的术语和定义、基本规定、本体及载体加固技术的设计要求、报告编制要求，适用于干燥类土遗址保护加固工程设计。

《土遗址保护试验技术规范》于2012年发布实施，起草单位为敦煌研究院等。标准规定了土遗址保护相关试验的内容、程序和方法，适用于土遗址保护相关试验中遗址土体本身、加固技术及效果评价等测试。

《土遗址保护工程勘察规范》于2012年发布，起草单位为敦煌研究院等。标准规定了土遗址保护工程勘察的工作阶段、工作内容、工作方法和勘察报告的相关格式。

《室外铁质文物封护工艺规范》于2012年发布，起草单位为中国文化遗产研究院等。标准对室外铁质文物的作业条件提出具体要求，以保证实施人员人身安全并避免不适宜的环境影响封护效果；对铁质文物封护工艺流程所涉及的涂覆、干燥、涂层检验、缺陷补涂及记录等具体实施环节进行规范；对涂层封护常用的刷涂、喷涂、搓涂等涂覆方法的操作要点进行规定；对封护后封护层的干燥条件提出要求；对涂覆后封护层检验提出一些简便易行、可现场实施的方法。

《近现代历史建筑结构安全性评估导则》于2014年发布，起草单位为上海市房地产科学研究院等。内容包括前言、适用范围、术语和定义、基本规定、评估基本原则、地基基础安全性评估、上部结构安全性评估、安全性综合评估、重点保护部位完损评估、建筑抗震性能评估等。标准根据近现代历史建筑特点，采用定性、定量相结合的办法，评估结构安全性。标准适用于各级人民政府公布为文物保护单位和不可移动文物点的近现代历史建筑结构安全性评估，其他历史建（构）筑物结构安全性评估可参考使用。

文物建筑维修基本材料系列标准于2014年发布，起草单位为故宫博物院。《文物建筑维修基本材料 青砖》，对文物建筑维修用青砖的尺寸允许偏差、外观质量（包括缺棱、掉角、蜂窝、层裂、石灰爆裂、欠火、过火、裂纹、颜色等）提出要求，对抗压强度、抗折强度、体积密度、吸水率、抗冻融性能、泛霜等物理化学性能作出规定，给出具体测量及试验方法，规范检验判定规则，并在资料性附录中介绍传统生产工艺的基本流程。《文物建筑维修基本材料 青瓦》，对文物建筑维修用青瓦的尺寸（包括长度、宽度、厚度、瓦高）允许偏差、外观质量（包括砂眼、起包、磕碰、石灰爆裂、变形、欠火、分层、裂纹、纹饰、颜色等）提出要求，对抗弯曲性能、抗冻融性能、吸水率、抗渗性能、泛霜等物理化学性能作出规定，给出具体测量及试验方法，规范检验判定规则，并在资料性附录中介绍传统生产工艺基本流程。《文物建筑维修基本材料 木材》，根据文物建筑不同木构件的质量技术要求，对腐朽、木节、扭纹、虫蛀、裂纹、髓心等分别提出要求。针对木材含水率问题，考虑全国各地区干湿环境差异，使用各地区平衡含水率作为木材干燥程度的判定基础，并在资料性附录中给出全国53个城市的木材含水率指标。《文物建筑维修基本材料 石材》，对文物建筑维修用石材平整度、角度、外观质量（包括裂纹、缺棱、缺角、色斑、砂眼）、尺寸允许偏差等提出要求，对体积密度、干燥压缩强度、干燥弯曲强度、水饱和弯曲强度、放射性、吸水率、耐磨度、肖氏硬度、耐气候性软化深度、干湿稳定性等物理化学性能作出规定，提出或引用具体测量和试验方法，规范检验判定规则，并在资料性附录中介绍传统石材加工方法。文物建筑维修基本材料系列标准适用于文物建筑保护维修工程，包括建筑设计、环境设计、建筑施工及建筑工程中选用材料等；适用于文物建筑材料厂家加工生产文物建筑材料的标准要求；适用于文物保护单位、施工单位定购文物建筑材料的质量依据；适用于文物保护单位和监理单位材料验收的质量评定依据；适用于文物建筑工程行政管理部门对维修用基本材料进行质量监督和执法依据。

《石质文物保护工程勘察规范》于2015年发布，起草单位为中国文化遗产研究院等。标准规定了不可移动石质文物保护工程勘察中测绘、调查、勘探、取样、测试分析及报告编制等技术要求，适用于石窟寺及摩崖造像、摩崖题刻、岩画、崖墓、石质建筑物及构筑物、大型碑刻、大型单体石刻、文物建筑石构件等不可移动石质文物保护工程勘察工作。石塔、石桥、石牌坊等勘察工作可参照执行。

《砖石质文物吸水性能测定　表面毛细吸收曲线法》于2015年发布，起草单位为中国地质大学（武汉）等。标准规定了砖石质文物表面吸水性能测定——表面毛细吸收曲线法的相关术语和定义、测试方法、测试程序及数据计算与记录方法，适用于砖石质文物病害调查、保护材料筛选、保护效果评估等过程中涉及本体材质表面吸水性能测定的工作。本标准提出的现场原位检测方法，不适用于表面带有彩绘层的砖石质文物检测。该标准对砖石类文物病害调查起到了规范指导作用。

《大遗址保护规划规范》于2015年发布，起草单位为中国建筑设计研究院等。标准规定了大遗址保护规划的术语和定义、基本要求及基础资料、总体规划、专项评估、保护区划与管理规定、分项规划内容、分项规划主要措施与要求、规划分期与经费估算、与相关规划和标准的衔接、规划深度与成果，适用于被列入国家文物局大遗址项目库的全国重点文物保护单位的保护规划。

《清代官式建筑修缮材料　琉璃瓦》于2017年发布，起草单位为故宫博物院。标准规定了清代官式建筑琉璃瓦的分类、技术要求、试验方法、检验规则、标志、包装、运输和贮存等内容和要求。适用于以陶土或煤矸石为坯体主要原料，经成型、素烧、施铅釉、釉烧等传统烧制工艺制得，用于清代官式琉璃建筑保护修缮工程的琉璃瓦。其他琉璃饰件可参照执行。

《室外铁质文物缓蚀工艺规范》于2017年发布，起草单位为中国文化遗产研究院。标准规定室外铁质文物缓蚀工艺的作业条件和操作规范。适用于室外铁质文物缓蚀工艺，也可作为馆藏铁质文物缓蚀处理工艺参考。

《文物保护利用规范　名人故居》于2017年发布，起草单位为中国文物报社。标准规定了对名人故居进行保护、管理和利用的各项要求，包括范围、规范性引用文件、术语和定义、保护、管理、利用，适用于被公布为各级文物保护单位、登记为不可移动文物的名人故居的保护利用。其他具有保护利用价值的名人故居可参照执行。

《近现代文物建筑保护工程设计文件编制规范》于2017年发布，起草单位为北京市古代建筑研究所等。标准规定了近现代文物建筑保护工程设计文件编制的基本原则及内容、现状勘察及文件、方案设计文件、施工图设计文件、工程造价经济文件、格式，适用于全国近现代文物建筑保护工程设计。尚未确定为文物，但确认为具有文物价值的近现代历史建筑的保护工程设计文件可参照编制。

《古建筑壁画数字化测绘技术规程》于2017年发布，起草单位为北京国文琰信息技术有限公司。标准规定了古建筑壁画数字化勘察测绘项目中以三维扫描、数字摄影测量、矩阵式高清晰数字摄影为主的测绘和摄影的技术手段、技术流程、数据指标、工作成果及成果验收要求，主要包括前言、引言、范围、规范性引用文件、术语和定义、基本原则、测绘、摄影、工作成果、质量验收，适用于古建筑壁画的数字化测绘和摄影工作。该标准的实施可指导古建筑壁画数字化勘察测绘技术有序开展，在相关数字化过程中有效保护古建筑和古建筑壁画安全，保证数字化成果质量，并为相关部门进行项目检查、验收提供依据。

《文物保护单位游客承载量评估规范》于2017年发布，起草单位为敦煌研究院。标准规定了开放文物保护单位游客承载量评估目标与内容、评估步骤、游客承载量计算方法等内容，适用于对游客开放的全国各级文物保护单位。该标准对有效解决文物保护单位保护与开放的矛盾具有重要意义。

《文物建筑保护工程预算定额（南方地区）》于2017年发布，起草单位为浙江省古建筑设计研究院。标准规定了南方地区文物建筑保护工程中基础工程、砌筑工程等十个分部工程的工程量计算规则、分项工程划分和计量单位依据，以及完成规定计量单位分项工程的人工、材料、机械台班消耗标准，适用于南方地区文物建筑保养维护工程、抢险工程、修缮工程、迁建工程。标准按修缮工程工序关系确定子目，设置拆解、制作、整修、安装等工序，

使每道工序都可独立计算，解决了缺项问题，体现了文物修缮子目的实际人工消耗量，并以图示形式统一构件名称，对规范南方地区文物建筑保护工程管理具有重要意义。

《文物建筑保护工程预算定额（北方地区）》于2017年发布，起草单位为山西省文物局等。标准规定了北方地区文物建筑保护工程编制预算要求，内容包括前言、引言、范围、术语和总则、基础与砌筑工程、石作工程、地面工程、屋面工程、抹灰工程、木构架及椽望、斗拱、装修工程、油饰彩画工程、脚手架工程、场外运输等。适用于北方地区各类文物建筑的修缮工程、文物建筑复建、保护性易地迁建工程，以及随同上述各类工程施工的零星（建筑面积在300平方米以内）添建、扩建工程。标准的制定进一步提升和加强了文物建筑保护修缮工程的经费管理，提高了工程预算编制的科学性和准确性，确保工程经费科学、合理，满足施工需求。

《古代壁画现状调查规范》于2008年发布，起草单位为敦煌研究院。标准规定了古代壁画现状调查的工作内容、工作程序、工作方法和现状调查报告的相关格式，适用于中国古文化遗址、古墓葬、古建筑、石窟寺、近现代建（构）筑物壁画及馆藏壁画的病害调查和壁画保护修复工程。

《古代壁画脱盐技术规范》于2010年发布，起草单位为敦煌研究院。标准规定了酥碱壁画修复加固的脱盐工艺和空鼓壁画灌浆加固后的脱盐工艺，从脱盐环境、脱盐工艺、采用的工具等方面提出详细要求，并列出技术参数和指标，适用于古代壁画保护修复工程中酥碱壁画修复加固

脱盐和空鼓壁画灌浆加固后的脱盐。

《古代壁画地仗层可溶盐分析的取样与测定》于2010年发布，起草单位为敦煌研究院。标准规定了古代壁画地仗层中可溶盐分析的取样和分析项目、分析方法。

《古代壁画可溶盐测定　离子色谱法》于2017年发布，起草单位为敦煌研究院。标准规定了离子色谱法在古代壁画可溶盐离子测定或脱盐效果评价中样品采集、处理和测定的方法，主要包括前言、范围、规范性引用文件、术语和定义、方法原理、样品采集与处理、试剂、仪器和色谱条件及分析步骤、计算方法、检测报告编写等内容。

在可移动文物方面发布的标准有可移动文物病害分类与图示系列标准、可移动文物保护修复方案编写规范系列标准、可移动文物保护修复档案记录规范系列标准、古代陶瓷科技信息提取规范系列标准、可移动文物病害评估技术规程系列标准。

可移动文物病害分类与图示系列标准，包括《石质文物病害分类与图示》（2008年发布，起草单位为西安文物保护修复中心）、《馆藏出土竹木漆器类文物病害分类与图示》（2008年发布，起草单位为荆州文物保护中心等）、《馆藏青铜器病害与图示》（2008年发布，起草单位为中国国家博物馆）、《馆藏铁质文物病害与图示》（2008年发布，起草单位为中国国家博物馆）、《馆藏丝织品病害与图示》（2009年发布，起草单位为中国丝绸博物馆）、《陶质彩绘文物病害与图示》（2010年发布，起草单位为秦始皇兵马俑博物馆）、《馆藏纸质文物病害分类与图示》（2010年发

布，起草单位为南京博物院）。系列标准分别规定了相关可移动文物病害分类类别、定义和与之相对应的标识符号及相关术语、图示等，适用于可移动文物病害调查、病害评估、保护修复文本编制、保护修复档案制作及可移动文物保护工作中涉及文物病害的分类及表述工作。系列标准的制定对全国可移动文物病害的认知、病害记录、统计等基础工作具有重要指导作用。

可移动文物保护修复方案编写规范系列标准，包括《石质文物保护修复方案编写规范》（2008年发布，起草单位为西安文物保护修复中心）、《馆藏出土竹木漆器类文物保护修复方案编写规范》（2008年发布，起草单位为荆州文物保护中心等）、《馆藏金属文物保护修复方案编写规范》（2008年发布，起草单位为中国国家博物馆）、《馆藏丝织品保护修复方案编写规范》（2009年发布，起草单位为中国丝绸博物馆）、《陶质彩绘文物保护修复方案编写规范》（2010年发布，起草单位为秦始皇兵马俑博物馆）、《馆藏纸质文物保护修复方案编写规范》（2010年发布，起草单位为南京博物院）。系列标准规定了相关质地文物保护修复中的基本术语，确定了保护修复方案编写的文本内容和格式，适用于相关文物保护修复方案、文物保护工程设计、施工方案的编写。

可移动文物保护修复档案记录规范系列标准，包括《馆藏金属文物保护修复档案记录规范》（2009年发布，起草单位为中国国家博物馆）、《馆藏出土竹木漆器类文物保护修复档案记录规范》（2009年发布，起草单位为荆州文物保护中心等）、《石质文物保护修复档案

记录规范》（2009年发布，起草单位为西安文物保护修复中心）、《馆藏丝织品保护修复档案记录规范》（2009年发布，起草单位为中国丝绸博物馆等）、《陶质彩绘文物保护修复档案记录规范》（2010年发布，起草单位为秦始皇兵马俑博物馆）、《馆藏纸质文物保护修复档案记录规范》（2010年发布，起草单位为南京博物院）。系列标准规定了馆藏相关质地文物保护修复档案中的术语、文本内容、记录格式、记录用文字、记录信息源及记录方法和规则，适用于全国馆藏相关质地文物保护修复档案的记录。

古代陶瓷科技信息提取规范系列标准共3种。《古代陶瓷科技信息提取规范　方法与原则》于2014年发布，起草单位为中国科学院上海硅酸盐研究所。标准规定了古代陶瓷科技信息的提取方法与原则，包括术语、采样原则和样品处理、科技信息提取项目和检测方法等。《古代陶瓷科技信息提取规范　化学组成分析方法》于2014年发布，起草单位为中国科学院上海硅酸盐研究所等。标准规定了古代陶瓷化学组成分析方法的技术内容及要求等，适用于对古代陶瓷胎釉中主次量及微量元素含量进行测定。《古代陶瓷科技信息提取规范　形貌结构分析方法》于2014年发布，起草单位为中国科学院上海硅酸盐研究所。标准规定了古代陶瓷形貌结构分析方法的技术内容和要求等，适用于对古代陶瓷宏观和微观形貌结构进行观察。

病害评估是对可移动文物进行科学保护的重要基础性工作，综合反映了文物病害、文物本体、保存环境、历史传承等方面信息。可移动文物病害评估技术规程系列标准，包括《可移动文物病害评估技术规程　陶质文物》（2014年发布，起草单位为秦始皇帝陵博物院）、《可移动文物病害评估技术规程　瓷器类文物》（2014年发布，起草单位为上海博物馆）、《可移动文物病害评估技术规程　金属类文物》（2014年发布，起草单位为中国国家博物馆）、《可移动文物病害评估技术规程　丝织品类文物》（2014年发布，起草单位为中国科技大学等）、《可移动文物病害评估技术规程　竹木漆器类文物》（2014年发布，起草单位为荆州文物保护中心等）、《可移动文物病害评估技术规程　馆藏壁画类文物》（2014年发布，起草单位为敦煌研究院等）、《可移动文物病害评估技术规程　石质文物》（2014年发布，起草单位为陕西省文物保护研究院）。系列标准针对不同类别文物的各种病害，制定相应检测技术及数据分析处理操作规程，确定了各种病害的评估方法。一是明确标准，针对病害类型及性质，根据不同病害发展趋势及其对文物稳定性的影响，分为稳定病害、活动病害和可诱发病害。二是制定文物病害评估流程，对基本信息、修复历史信息和保存环境信息进行收集。三是针对各类别文物的病害类型，确定合理的、便于操作的病害识别、检测与测量仪器与方法，明确分析设备的技术指标、分析目的、取样量及样品制备相关的技术要求。四是给出各种病害性质的判定方法及可操作分析步骤。五是规定文物病害评估报告编写格式。文物病害技术规程系列标准的制定，有助于了解全国可移动文物病害现状，为文物健康评测和文物修复工作等提供实施依据。

在博物馆方面发布的标准有《馆藏文物登录规范》《馆藏文物出入库规范》《馆藏文物展览点交规范》《文物藏品档案规范》《馆藏文物保存环境质量检测技术规范》《馆藏文物保存环境检测 气体扩散采样测定方法 甲酸和乙酸的测定》《馆藏文物保存环境检测 气体扩散采样测定方法 氨的测定》《文物出境展览协议书编制规范》《馆藏文物预防性保护方案编写规范》《馆藏文物保存环境控制 甲醛吸附材料》《馆藏文物保存环境控制 调湿材料》《馆藏文物防震规范》《馆藏文物包装材料 无酸纸质材料》。

《馆藏文物登录规范》于2008年发布，起草单位为秦始皇兵马俑博物馆；2013年发布修订版，起草单位为秦始皇兵马俑博物馆、首都博物馆。标准规定了馆藏文物登录的操作流程和所需相关文档的基本内容和填写要求，适用于文物收藏单位进行文物登录工作。

《馆藏文物出入库规范》于2009年发布，起草单位为秦始皇兵马俑博物馆。标准规定了馆藏文物出入库的操作流程和所需的相关工作文档，适用于文物收藏单位的文物出入库操作、登记，不适用于新增文物入库。

《馆藏文物展览点交规范》于2009年发布，起草单位为秦始皇兵马俑博物馆。标准规定了馆藏文物展览点交的必要条件与要求、工作流程、操作规程及相关文档记录方法。模型、复制品、展具等相关展品的点交可参照执行。

《文物藏品档案规范》于2009年发布，起草单位为中国文化遗产研究院等。标准规定了文物藏品档案的归档范围、立卷和装帧要求等内容，适用于一级文物藏品建档。其他级别文物藏品的建档工作可参照执行。

《馆藏文物保存环境质量检测技术规范》于2009年发布，起草单位为上海博物馆等。标准给出了馆藏文物保存环境质量检测技术指南，主要内容包括布点和采样、样品的运输与保存、检测项目与分析方法、检测数据处理和报告、质量保证与质量控制、检测安全等。标准适用于博物馆馆藏文物保存环境的质量检测，包括对文物的库房、展厅及文物展柜、文物储藏柜等空间环境的质量检测。

《馆藏文物保存环境检测 气体扩散采样测定方法 甲酸和乙酸的测定》于2012年发布，起草单位为上海博物馆等。标准规定了馆藏文物保存环境中甲酸、乙酸的扩散采样离子色谱测定方法，适用于对馆藏文物保存环境和其他室内环境中甲酸、乙酸的测定。

《馆藏文物保存环境检测 气体扩散采样测定方法 氨的测定》于2012年发布，起草单位为上海博物馆等。标准规定了馆藏文物保存环境中氨的扩散采样离子色谱测定方法，适用于对馆藏文物保存环境和其他室内环境中氨的测定。

《文物出境展览协议书编制规范》于2015年发布，起草单位为中国文物交流中心。标准规定了文物出境展览协议书的基本原则和内容要求，对编写格式、涉及内容及相关用语提供示例。

《馆藏文物预防性保护方案编写规范》于2015年发布，起草单位为上海博物馆。标准规定了馆藏文物预防性保护方案编写的文本内容和格式，其中预防性保护方案文本内容是该标准的核心，包括前言、设计依据、馆藏文物预防性保护现状、馆藏文物保存环境检测与评估、工作目标、具体措施、实施进度、保障措施、经费预算、各方签章、附件。

《馆藏文物保存环境控制　甲醛吸附材料》于2015年发布，起草单位为上海博物馆等。标准规定了馆藏文物保存环境调控用甲醛吸附材料的术语和定义、技术要求、检验方法、检测规则、标志、说明、包装、运输、贮存，适用于博物馆文物库藏、展示、运输等文物保存环境甲醛吸附材料的生产、检验和使用。该标准有助于指导博物馆掌握甲醛吸附材料检验技术，减少吸附材料选用上的盲目性，提高文物预防性保护能力，在标准化、科学化调控文物环境空气质量方面发挥了积极作用。

《馆藏文物保存环境控制　调湿材料》于2015年发布，起草单位为上海博物馆等。标准规定了馆藏文物保存环境调控用调湿材料的术语和定义、技术要求、检验方法、标志、包装、运输和贮存，适用于博物馆文物库藏、展示、运输等文物保存环境调湿材料的研制、生产、使用和检验。

《馆藏文物防震规范》于2015年发布，起草单位为上海博物馆等。标准规定了馆藏文物及展柜、储藏柜、展具在地震作用下的防震设计、防震措施和地震应急管理，适用于对博物馆陈列和库藏文物的防震保护，也适用于对各种艺术品的防震保护。《馆藏文物防震规范》有助于增强博物馆文保人员的防震意识，指导博物馆掌握文物防震分析设计方法、基本防震技术措施、减隔震技术措施和地震应急管理等基本方法，减少地震区博物馆对文物防震的忽视和盲目性，提高文物预防性保护能力，在规范化、科学化防震保护中发挥了积极促进和推动作用。

《馆藏文物包装材料　无酸纸质材料》于2017年发布，起草单位为上海博物馆等。标准规定了馆藏文物包装用无酸纸质材料的术语和定义、分类、技术要求、试验方法、包装、运输和贮存要求等，规范了馆藏文物包装无酸纸质材料的技术要求和评价方法，适用馆藏文物库藏、展示、运输等包装用无酸纸质材料的研制、生产、使用和检验。

在文物调查和考古发掘方面发布的标准有《田野考古出土动物标本采集及实验室操作规范》《田野考古制图》《田野考古出土人类遗骸DNA获取技术规范》《碳十四年代测定考古样品采集规范》《碳十四年代测定骨质样品的处理方法》《田野考古植物遗存浮选采集及实验室操作规范》《碳氮同位素食性分析　骨质样品采集及实验室操作规范》《田野考古钻探记录规范》《考古发掘现场环境监测规范》《考古现场土壤化学指标检测规范》。

《田野考古出土动物标本采集及实验室操作规范》于2010年发布，起草单位为中国社会科学院考古研究所。标准规定了田野考古工作中出土动物标本的采集与实验室整理的各项操作规范，内容涉及在田野考古工作中采用全面采集、抽样采集及整体提取等方法全方位采集动物标本，在实验室对采集动物标本进行清洗、粘对、观察、鉴定、测量、称重及建立数据库等基本流程和具体操作。

《田野考古制图》于2012年发布，起草单位为中国社会科学院考古研究所。标准规定了田野考古制图中考古测绘和考古绘图的工作内容和基本要求，并给出有关表现形式，适用于考古测绘、考古绘图的制图。文物、考古出版物的插图绘制可参照执行。

《田野考古出土人类遗骸DNA获取技术规范》于2012年发布，起草单位为吉林大学。标准规定了田野考古出土人类遗骸DNA获取的基本操作技术及要求。该标准对推动古DNA技术进步具有重要意义。

《碳十四年代测定考古样品采集规范》于2012年发布，起草单位为北京大学考古文博学院。标准规定了碳十四年代测定考古样品采集的基本原则与要求、采集操作和样品登记等，适用于考古发掘、馆藏及其他碳十四年代测定考古样品的采集。

《碳十四年代测定骨质样品的处理方法》于2012年发布，起草单位为北京大学考古文博学院。标准定义了骨质样品碳十四年代测定的基本术语，规定了骨质样品采集、骨胶原和明胶的提取方法，适用于碳十四年代测定用骨质样品采集和实验室处理等相关工作。

《田野考古植物遗存浮选采集及实验室操作规范》于2012年发布，起草单位为中国社会科学院考古研究所。标准规定了田野考古工作中植物遗存浮选采集与实验室整理的各项操作规范，适用于在田野考古中为获取植物遗存（如种子、果实、根、茎等）而进行的土样采集和浮选，以及对浮选物进行的实验室整理工作。

《碳氮同位素食性分析　骨质样品采集及实验室操作规范》于2012年发布，起草单位为中国社会科学院考古研究所。标准提供了考古出土人和动物骨骼碳氮同位素食性分析的依据，并规定了样品采集、实验室分析操作规程、样品处理等实验流程记录和同位素质谱分析报告等内容与要求，适用于对古代人与动物进行食性分析。

《田野考古钻探记录规范》于2017年发布，起草单位为河南省文物考古研究院等。标准规定了田野考古钻探记录的种类、要点、格式等内容，主要包括钻探记录相关术语，钻探记录具体内容，考古钻探数据库及考古钻探地理信息系统，考古钻探报告。该标准的制定、实施和推广，对田野考古钻探与文物保护工作产生了较大影响，对促进考古钻探和资料整理工作进一步规范化具有重要意义。

《考古发掘现场环境监测规范》于2017年发布，起草单位为敦煌研究院。标准规定了考古发掘现场环境调查、监测内容及要求、监测设备部署、监测报表、监测报告的编写。

《考古现场土壤化学指标检测规范》于2017年发布，起草单位为敦煌研究院。标准规定了考古现场土壤样品采集方法、土壤化学指标检测方法、检测报告撰写格式，适用于考古现场对土壤含水率、酸碱度、可溶盐等化学指标的检测。

在项目评估方面发布的标准有《文物保护项目评估规范》《文物保护项目评估机构服务质量评价规范》。

《文物保护项目评估规范》于2015年发布，起草单位为北京国文信文物保护有限公司。标准规定了文物保护项目评估的原则、程序、方法、内容、成果要求，适用于不可移动文物和可移动文物保护项目前期、中期、后期评估及预（概）算评估。

《文物保护项目评估机构服务质量评价规范》于2015年发布，起草单位为中国文物信息咨询中心。标准规定了文物保护项目评估的服务质量评价所涉及的术语和定义、评价原则、评价内容、评价方法、评价方式、评分细则与评分等级、评价流程和评价报告等内容，适用于委托方自行组织或委托有关机构对文物保护项目评估机构的服务质量进行评价。

# 第六章

# 国家文物局直属单位与社会组织

国家文物局直属单位是受国家文物局领导，面向社会履行文物保护利用公共服务职能的法人实体。截至2017年底，国家文物局直属单位共有8个，包括国家文物局机关服务中心（国家文物局机关服务局）、北京鲁迅博物馆（北京新文化运动纪念馆）、中国文化遗产研究院、中国文物信息咨询中心、文物出版社、中国文物报社、中国文物交流中心、国家文物局水下文化遗产保护中心。另有国际友谊博物馆，于2011年8月并入中国国家博物馆。这些单位具有人才、技术和信息的资源优势，在各自业务范围内承担文物保护、研究、展示、宣传等职责，是国家文物局落实文物保护利用各项方针政策和措施的具体实施者，是文物事业改革与发展的实践者，履行公共文化服务职能，提供文化产品，具有服务社会、人才密集、专业多元的优势。

文博领域社会组织分为由国家文物局管理和其他单位管理两部分。国家文物局管理的社会组织包括中国文物学会、中国博物馆协会、中国文物保护基金会、中国古迹遗址保护协会、中国收藏家协会、中国长城学会、中国紫禁城学会、中国避暑山庄外八庙保护协会、中国孔庙保护协会、中国古陶瓷学会、中国书画收藏家协会、中国海外交通史研究会、中国古代铜鼓研究会、中国秦文研究会、中国同泽书画研究院、湘鄂豫皖楚文化研究会、中国敦煌石窟保护研究基金会。其他单位管理的社会组织包括中国文物保护技术协会、中国考古学会、北京故宫文物保护基金会。文博领域社会组织具有明确的专业方向和稳定的专业团队，在文博行业各领域开展活动，保持非营利性、公益性的社会组织性质。社会组织依据国家规定，制定组织章程，建立领导集体和分支机构，定期召开会员代表大会、理事会、常务理事会。社会组织的团体会员和个人会员以文博行业专业机构及专家学者为主体，并广泛接纳积极参与文物保护、博物馆建设的社会各界人士。各社会组织围绕文博事业发展中心，在业务范围内开展活动，有效拓展了文博事业发展主体的组织结构，开辟了新的投入渠道，凝集了广泛的人才资源、技术资源和物质资源，扩大了公共文化服务空间，充满生机与活力。

# 第一节　直属单位

**国家文物局机关服务中心（国家文物局机关服务局）**　国家文物局机关服务中心（国家文物局机关服务局）是国家文物局机关后勤服务事业单位，具有独立事业单位法人资格，实行主任负责制。

1992年6月，根据国务院政府机构改革方案实施政企分开、政事分开的总体要求，为转变机关职能、改革后勤服务工作机制，国家文物局成立机关服务中心，为机关附属事业单位（处级）。机关服务中心成立初期，承担局机关行政处原有部分职能，包括机关办公楼北京大学红楼的后勤服务管理、车队交通管理、供水供电供暖和电话总机管理、会务服务、医务室和职工生活服务等。工作人员有机关行政编制内干部职工和编制外员工，计20人。

1994年5月30日，中央编办印发《关于文化部及国家文物局机关后勤服务机构编制的批复》（中编委〔1994〕114号），同意成立国家文物局机关服务中心（对外工作需要可使用国家文物局机关服务局印章），核定事业编制20人。1996年12月17日，国家文物局根据国务院办公厅《国家文物局职能配置、内设机构和人员编制方案》，制定《国家文物局内设机构、职能配置及人员编制实施方案》，其中规定机关服务中心为机关附属事业单位（司级），设服务管理处、经营管理处、实业开发处；事业编制20人，

其中司级领导职数2人、处级领导职数4人。机构改革中，撤销局机关内设行政处，行政处机关办公用品管理职能划分到机关服务中心。

1998～2002年，由国家文物局出资，机关服务中心在北京市朝阳区高原街2号中国文物研究所院内筹建文博大厦。1999年8月，根据国家文物局《关于国家文物局机关后勤体制改革的意见》（文物人字〔1999〕06号），机关服务中心的管理机制和工资制度改革开始启动。2000年4月，机关服务中心正式与局机关脱钩，人员实行岗位聘任制和事业单位工资制度。2002年1月，文博大厦竣工，成立北京文博大厦物业管理有限责任公司，为机关服务中心下设全资企业，承担文博大厦经营管理，并为机关后勤服务保障派遣工作人员。

2001年4月，国家文物局搬迁至位于北京市东城区朝阳门北大街10号的新建办公大楼内办公。2001年10月31日，国家文物局批复，同意机关服务中心增设红楼管理处，负责全国重点文物保护单位北京大学红楼日常管理工作。

2006年9月29日，国家文物局研究同意《国家文物局机关服务中心机构设置、职能配置、人员编制方案》，规定国家文物局机关服务中心内设办公室，承担中心的综合协调、人事管理、文书档案、安全保卫及国家文物局委托的社会管理等工作；资产财务处负责中心的

财务管理，以及国家文物局委托的资产管理、政府采购、职工住房管理等工作；服务处负责局机关办公后勤保障，包括办公用房及家具管理、文件印刷、电话通信、车辆交通、会务服务、工作用餐等；红楼管理处负责北京大学红楼日常管理、保护维修、消防安全等工作，以及国家文物局委托的基本建设项目；物业管理处负责对北京文博大厦物业管理有限责任公司进行业务指导，管理中心开展的经营活动。定员30人，其中编制内20人、编制外10人，司局级领导职数3人、处级领导职数5人。

2008年9月，国家文物局印发《关于国家文物局机关服务中心岗位设置方案的批复》，批准设置岗位30个，其中编制内岗位20个、编制外岗位10个。

2012年10月，国家文物局机关搬迁至北京市东城区北河沿大街83号的新办公楼办公。机关服务中心服务处转变职能，承担局机关办公楼安全管理、文印服务、会议服务、交通服务、食堂服务等工作。2014年5月，机关服务中心承担国家文物局水下文化遗产保护中心南海基地项目建设，预计2020年12月竣工。

**北京鲁迅博物馆（北京新文化运动纪念馆）** 北京鲁迅博物馆（北京新文化运动纪念馆）是国家文物局直属事业单位，由原北京鲁迅博物馆和北京新文化运动纪念馆合并组建而成，包括北京鲁迅博物馆和北京新文化运动纪念馆两个馆区，主要负责鲁迅和新文化运动时期著名人物、重大事件有关实物、资料的征集、保管、研究和宣传展示等工作。

北京鲁迅博物馆位于北京市西城区阜成门内大街宫门口二条19号，是为纪念中国现代文学家、思想家、革命家鲁迅而建立的社会科学类人物博物馆，是国家一级博物馆。前身为北京鲁迅旧居。民国13年5月～15年8月（1924年5月～1926年8月），鲁迅在此居住，完成《华盖集》《华盖集续编》《野草》等文集。1949年1月后，中国人民解放军北平军事管制委员会文化接管委员会文物部接收鲁迅旧居，逐步恢复其原状。1949年10月19日，鲁迅逝世13周年之际，旧居对外开放。1950年2月25日，鲁迅夫人许广平将鲁迅旧居和旧居内藏书、文物全部捐献给人民政府。1954年初，文化部决定在旧居东侧建立鲁迅博物馆，并成立鲁迅博物馆筹备处，隶属于文化部社会文化事业管理局。1956年10月19日，鲁迅博物馆开馆。博物馆包括鲁迅旧居和陈列厅，馆内设陈列组、资料组、行政组。1958年7月，鲁迅博物馆下放至北京市文化局管理；1959年初，下放至北京市西城区文化科管理；1961年8月，收归北京市文化局管理。

1974年10月28日，鲁迅之子周海婴上书中共中央主席毛泽东，提出鲁迅书信整理，鲁迅著作注释、出版及在鲁迅博物馆增设鲁迅研究室等建议。11月1日，毛泽东在周海婴信上批示："我赞成周海婴同志的意见。请将周信印发政治局，并讨论一次，作出决定，立即实行。"12月25日，鲁迅博物馆自1976年1月1日起隶属于国家文物事业管理局。1976年2月27日，北京鲁迅博物馆成立鲁迅研究室，地点暂在北京市西黄城根北街2号。

1978年，北京鲁迅博物馆开始扩建，至1981年8月鲁迅100周年诞辰前夕完成庭院拓展，新建研究楼、报告厅。1981年9月，修改后的"鲁迅生平展"开放。1985年，北京鲁迅博物馆设办公室、鲁迅研究室、文物资料室、陈列部、群工部。1993年5月24日，北京鲁迅博物馆新展厅工程动工，1994年9月竣工。1996年9月，"鲁迅生平陈列"在新展厅开放。2006年5月，北京鲁迅旧居被国务院公布为第六批全国重点文物保护单位。

北京新文化运动纪念馆位于北京市东城区五四大街29号，原址北京大学红楼曾是新文化运动重要营垒、五四运动策源地、马克思主义在中国早期传播基地。1961年3月，北京大学红楼被国务院公布为第一批全国重点文物保护单位。2001年5月12日，中央编办批复成立北京新文化运动纪念馆，由中国革命博物馆调剂事业编制10人。2002年1月，国家文物局组成北京新文化运动纪念馆筹备领导小组。4月28日，北京新文化运动纪念馆建成开放。

2007年3月，中央编办印发《关于调整北京新文化运动纪念馆隶属关系的批复》，同意北京新文化运动纪念馆及其财政补贴事业编制10人，由文化部所属中国国家博物馆划转国家文物局管理，核定该馆局级领导职数3人。2008年1月1日，北京新文化运动纪念馆因北京大学红楼进行整体维修闭馆，2009年4月22日重新对外开放。该馆设办公室和业务部，展出"新时代的先声——新文化运动陈列"，复原展示五四运动时期北京大学红楼部分旧址（包括图书馆主任室、登录室、第二阅览室、第十四书库，以及新潮社、学生大教室和红楼大门等），设蔡元培、陈独秀专题展等基本陈列。

2014年7月11日，根据中央编办批复，原北京鲁迅博物馆和北京新文化运动纪念馆合并为北京鲁迅博物馆（北京新文化运动纪念馆）。馆内设办公室（人事处、党委办公室）、资产财务处、安全保卫处、鲁迅研究室、新文化运动研究室、文物资料保管部、社会教育部、信息中心、文化发展服务中心（鲁迅旧居管理处）等，编制82人。

2017年10月16日，经国家文物局批准，北京鲁迅博物馆（北京新文化运动纪念馆）内设机构调整为办公室（人事处、党委办公室）、资产财务处、安全保卫处、研究室、陈列展览部、文物资料保管部、社会教育部、信息中心、文化发展服务中心（鲁迅旧居管理处），编制77人。

**中国文化遗产研究院**　中国文化遗产研究院是国家文物局直属单位，是以文物研究、保护、修复和培训为主要职责的公益性事业单位。

中国文化遗产研究院的前身可追溯至民国时期的旧都文物整理委员会实施事务处。民国24年（1935年）1月11日，根据国民政府行政院训令及所颁布的《旧都文物整理委员会组织规程》，旧都文物整理委员会（简称文整会）在北平宣告成立。文整会隶属于国民政府行政院驻北平政务整理委员会，以政务整理委员会委员长，河北、察哈尔两省政府主席，北平市政府，国民政府内政、财政、教育、交通、铁路各部及中央古物保管委员会、国立北平故宫博物院代表为当然委员。同时成立具体办事机构文整会实施事务处，北平市市长袁良任处长，工务局局长谭炳训任副处长。

中华人民共和国成立后，北平文物整理委员会及其工程处更名为北京文物整理委员会，是全国第一个由中央政府主办并管理的文物保护专业机构。1956年1月，文化部决定北京文物整理委员会更名为古代建筑修整所。1958年7月，文化部根据中央机构精简下放干部精神，将古代建筑修整所下放至北京市文化局。1960年，古代建筑修整所又划归文化部。

1962年，文化部决定在古代建筑修整所和成立于1956年12月的文化部博物馆科学工作研究所筹备处基础上，合并组建文化部文物博物馆研究所，保留古代建筑修整所名称，并将业务范围扩大，除古建筑修缮设计、调查研究外，新增馆藏文物化学保护、石窟寺与木构建筑化学加固及文物与博物馆工作研究等。办公地点在北京大学旧址红楼。

1969年9月，文物博物馆研究所职工下放湖北咸宁的文化部"五七"干校。1973年6月，国务院图博口领导小组批准成立文物保护科学技术研究所，先后隶属于文化部和国家文物事业管理局。

1974年，随着简牍、帛书等文献的出土，国家文物事业管理局在文物出版社陆续成立银雀山汉墓竹简整理小组、马王堆汉墓帛书整理小组以及吐鲁番唐代文书、睡虎地秦简、居延汉简等整理小组。1978年1月23日，以简帛整理组为基础成立文化部古文献研究室，以整理和研究甲骨金文、秦汉简牍、敦煌吐鲁番文书、碑刻墓志、石窟雕塑、长城考察和古代工艺等中国出土古代文献资料为主，唐长孺为主任。

1989年2月，人事部印发《关于国家文物局所属事业单位机构和编制的批复》，同意撤销文物保护科学技术研究所和文化部古文献研究室，组建中国文物研究所，事业编制117人。1990年，中国文物研究所成立。1994年，办公地点迁至北京市朝阳区高原街2号。2007年8月，中央编办批复同意中国文物研究所更名为中国文化遗产研究院，财政补助事业编制仍为117人。2012年6月，中央编办批准加挂国家文物局水下文化遗产保护中心牌子。2014年6月，国家文物局水下文化遗产保护中心独立建制，中国文化遗产研究院不再加挂国家文物局水下文化遗产保护中心牌子。

根据中央编办批复，中国文化遗产研究院的主要职责是开展国家文化遗产资源调查、登录工作；承担文化遗产科学基础研究、专项研究，开展文化遗产保护应用技术研究，推广技术研究成果；承担国家重要文化遗产保护项目具体工作；开展文化遗产保护科学研究国际合作、学术交流和教育培训工作等。内设机构有办公室（党委办公室、人事处）、科研与综合业务处、预算财务处、文物研究所、文物保护工程所、中国世界文化遗产中心、文物保护修复所、教育培训学院、文献研究室（图书馆）、安全保卫处（物业处）等。

**中国文物信息咨询中心** 中国文物信息咨询中心的前身是文物商店总店。1978年11月28日，经国务院、中共中央宣传部批准，文物商店总店成立，为国家文物事业管理局直属事业单位，负责人为吕朗。文物商店总店成立初期，与国家文物事业管理局流散文物处是一套班子、两块牌子，1980年初改为独立建制，内设办公室、业务组、保管组和资料组。1980年10月28日，文物商店总店更名为中国文物商店总店。至1985年5月，中国文物商店总店内设办公室、业务部、保管部。办公地点在北京市东城区五四大街29号北京大学红楼内。

1989年3月，经国务院机构改革领导小组办公室批准，中国文物商店总店改为中国文物流通协调中心，为国家文物局直属事业单位，刘巨成任主任。中心主要任务为：对全国文物商店等文物经营单位进行业务指导；研究修订文物价格，对文物销售进行计划调节；对全国文物流通情况进行调查统计；保护管理国家文物局委托保管的各类文物；统筹办理特许文物出口和文物拍卖业务。中心内设机构仍为办公室、业务部、保管部。1991年4月，业务部划分为管理信息部、经营协调部。1997年11月，国家文物局印发《关于中国文物流通协调中心转变职能进行改革试点的通知》，规定中国文物流通协调中心主要职责为：对全国文物商店进行业务指导；对国内外文物流通情况进行调查统计；办理国家文物局委托的事务性工作；对代管国库文物进行清产核资、产权界定，包括"文留"文物的清核工作；保护管理国库文物；办理因国际交流和外交等特殊需要的特许文物出口事宜。职能调整后的中国文物流通协调中心不再直接从事文物经营活动，由中心筹建下属公司经营文物收购、销售、拍卖等业务。1998年1月，根据国家文物局批复，中国文物流通协调中心内设办公室、协调管理处、文物保管处。

2001年5月12日，中央编办印发《关于国家文物局部分事业单位调整的批复》，中国文物流通协调中心更名为中国文物信息咨询中心。同年10月，游庆桥任中心主任。2002年，中国文物信息咨询中心办公地址迁至北京市朝阳区高原街甲2号的文博大厦内。2006年8月5日，中央编办批复同意中国文物信息咨询中心加挂国家文物数据中心牌子。根据国家文物局批复的"三定方案"，中国文物信息咨询中心实行经费自理，主要职能为：负责国家文物局电子政务系统建设和维护；收集、管理与文物博物馆相关的信息资料和数据库；配合国家文物局对全国文物博物馆事业信息化工作进行管理和业务指导；承担文物保护工程、设施建设和博物馆维修、建设项目以及安防、消防、技防工程的咨询、招标、审核和监理；对历史文化名城和城市保护、发展、建设规划、方案进行咨询和评议；开展与文物博物馆事业有关的调查、咨询、鉴定和培训；对文物拍卖标的进行备案；承担国家文物局委托办理的其他事项等。2017年11月，刘铭威任主任，吴东风任党总支书记。

截至2017年底，中国文物信息咨询中心内设机构为办公室、政务信息部、信息部、网络部、规划部、资质资格认证部、文博大数据研究所、研究部。

中国文物交流中心　中国文物交流中心是国家文物局直属事业单位。

1971年7月24日，为筹备中华人民共和国出土文物展览，国务院总理周恩来批准《关于筹办出国文物展览并成立筹备小组的报告》，随即成立筹备小组，国务院办公室主任吴庆彤任组长，图博口领导小组王冶秋任副组长。1973年1月，国务院批准《关于增加出土文物展览工作领导小组成员》和《组织中华人民共和国出土文物展览工作委员会》报告。出土文物展览工作委员会由王冶秋任主任、夏鼐担任副主任，下设出国文物展览工作室。展览筹备期间，出国文物展览工作室借调干部和专业人员最多时达百余人，内设政工组、编辑组、翻译组、保管组、照相组、美工组和办事组。1973年2月，国家文物局成立，出国文物展览工作室直属国家文物局领导。1978年9月，国家文物局任命局外事处处长郭劳兼任出国文物展览工作室主任，于坚任副主任。出国文物展览工作室为处级事业单位，编制50人。

1979年11月，国务院批准出国文物展览工作室对外改称中国对外文物展览公司，编制50人。从1980年起，中国对外文物展览公司组织商业性出国文物展览，并向部分国家销售复仿制品、工艺品。20世纪80年代，中国对外文物展览公司内设经理办公室、陈列保管处、设计摄像处和行政处。

1989年2月3日，人事部印发《关于国家文物局所属事业单位机构和编制的批复》，同意撤销中国对外文物展览公司，组建中国文物交流服务中心，事业编制60人，经费自理。1989年3月7日，经国务院机构改革领导小组办公室批准，国家文物局印发《关于成立"中国文物交流服务中心"的通知》，成立中国文物交流服务中心，为国家文物局直属事业单位，中国对外文物展览公司原有业务纳入中国文物交流服务中心。中国文物交流服务中心职能为组织、协调全国有关文物展览、复制等交流、咨询、服务各项经营活动，并对经营活动行使一定管理职能，进行业务指导。

1992年11月30日，国家文物局印发《关于将"中国文物交流服务中心"更名为"中国文物交流中心"的批复》，经人事部批准，中国文物交流服务中心更名为中国文物交流中心。

2001年5月12日，中央编办印发《关于国家文物局部分事业单位调整的批复》，中国文物交流中心建制及其经费自理事业编制60人并入中国历史博物馆，保留中国文物交流中心名称。2002年9月14日，中央编办印发《关于故宫博物院变更隶属关系和组建国家博物馆的批复》，将中国文物交流中心及其经费自理事业编制60人从中国历史博物馆分离出来，仍由国家文物局管理。2004年2月5日，国家文物局印发《关于成立中国文物交流中心筹备组的通知及职务任命》，成立中国文物交流中心筹备组。2004年12月15日，国家文物局印发《关于成立中国文物交流中心的批复》，决定成立中国文物交流中心。2006年7月5日，国家文物局印发《关于中国文物交流中心职能配置、内设机构和人员编制的批复》，规定中国文物交流中心设办公室、业务部两个部门，人员编制20人。

2011年1月31日，国家文物局印发《关于中国文物交流中心职能配置、内设机构和人员编制方案的批复》，规定中国文物交流中心主要职能是组织、协调和承办文物出境（含港澳台地区）展览和境外来华文物展览、出境文物展归国汇报展，举办境内文物展览；组织、协调和承办文化遗产国际合作交流项目及文物、博物馆工作国际合作、学术交流和业务考察项目；提供信息咨询并承办业务培训；配合文物展览开发、经营文物复仿制品和纪念品；开展文物旅游服务活动等。编制60人，其中在编40人、编外20人。内设机构有办公室、业务部、事业发展部。领导职数为主任1人、副主任2人。2011年10月，中国文物交流中心内设部门调整为办公室、展览交流处、综合业务处。

2015年1月20日，国家文物局印发《关于中国文物交流中心事业单位分类的通知》，明确中国文物交流中心为公益二类事业单位，事业编制50人，经费自理。

2015年8月10日，国家文物局批复同意在中国文物交流中心加挂国家文物局文物违法举报中心牌子，增加编制12人。2017年5月19日，中共国家文物局党组决定撤销在中国文物交流中心加挂的国家文物局文物违法举报中心牌子，对外不再使用国家文物局文物违法举报中心名义。

**文物出版社** 文物出版社是财政部履行出资人责任、国家文物局直属的中央文化企业，是编辑出版发行文物考古、博物馆等类图书的专业出版社。文物出版社以抢救和保护中国优秀文化遗产为己任，以展示中华优秀传统文化的内涵和艺术魅力为宗旨，形成了以文物考古、博物馆、艺术、人文、科技保护、古籍整理与出土文献六大图书板块为龙头，以考古调查发掘与古建维修保护报告，精品图录（博物馆藏品、出土文物、文物古迹、艺术设计、摄影）、学术研究（考古、博物馆、文物、文化遗产、专题研究）、古籍整理与出土文献、近现代文物、书法玺印、绘画雕塑、大众读物、资料工具书、教材与技法、收藏与鉴定、政策法规等12条产品线为主干，文物考古知识服务数字系列平台、期刊和文物复制品等业务协调发展的系列产品格局。

文物出版社的前身是中央文化部文物局资料室。1950年起，中央文化部文物局资料室编辑出版《文物参考资料》和一些图书。1956年4月，文化部第十次部务会议通过成立文物出版社的决定；8月25日，中共中央宣传部批准成立文物出版社。1957年1月，文物出版社在东四头条正式成立，内设图书编辑组和《文物参考资料》月刊编辑部，员工30人，张珩任副总编辑。同时，以故宫博物院铜版印刷厂为基础成立文物出版社印刷厂。同年秋，文物出版社成立了以郑振铎为主任委员，徐森玉、马衡、夏鼐、王冶秋为成员的编辑出版委员会，并由张珩兼任副总编辑（未设总编辑）。1958年7月，北京胶石印刷厂和科学出版社印刷厂两个珂罗版车间的技术人员、设备调拨文物出版社印刷厂。此后，珂罗版印刷古代书画图书成为文物出版社的一个重要特色。同年8月，图书编辑组分为历史文物、革命文物与博物馆两个编辑组。1959年，《文物参考资料》更名为《文物》。1973年，文物出版社按文物类别组建由国内一流专家参加的编辑审稿小组：古建组的成员有莫宗江、汪季琦、祁英涛；石窟组的成员有金维诺、宿白、邓建吾；古籍组的成员有张子高、张絅伯、郑天挺、周珏良；书画组则聘请谢稚柳、启功为顾问。强大的专家力量支持，极大提升了文物出版社图书的品质。

建社之初的十年，文物出版社密切配合文物调查保护、考古发掘和博物馆事业的开展，年均出版新书三四十种。宿白《白沙宋墓》（1957年）、陈明达《应县木塔》（1966年）等图书中对基本信息、地理测绘、文物绘图、摄影资料、数据表格等基本资料以及图文相得益彰的专题研究的精心编排，为业界出版考古报告和古建筑研究图书提供了可供遵循的范式；《两宋名画册》《故宫博物院藏花鸟画选》《故宫博物院藏瓷选集》《宋张择端清明上河图卷》《南京博物院藏画集》等一批精品画册的出版，奠定了文物出版社文物图录、墨迹手稿、法书碑帖等图书在业界的地位。

"文化大革命"早期以出版毛泽东诗词手迹为主。1970年5月，全社干部下放湖北咸宁的文化部"五七"干校劳动；6月，出版社业务合并到人民美术出版社。1972年1月，经周恩来批准，《文物》月刊复刊，是全国最早复刊的3种学术刊物之一。1973年1月，文物出版社重建，原合并到人民美术出版社的出版业务回归，金冲及任副总编辑，高履芳任副社长兼副总编辑；4月，文物出版社印刷厂重建。这期间，文物出版社先后在故宫城隍庙、沙滩五四大街29号、故宫博物院西华门新楼等处辗转办公。1974年6月开始，为抢救整理一系列重大考古发现的出土文献，由唐兰、商承祚、张政烺、唐长孺、朱德熙、罗福颐、顾铁符、裘锡圭、孙贯文、李学勤、马雍等学者领衔，先后成立了银雀山汉墓竹简、马王堆汉墓帛书、吐鲁番唐代文书等整理小组，出版包括《银雀山汉墓竹简（壹）》《睡虎地秦墓竹简》等一批精品图书，所创立的出土文献整理体例一直是后来同类图书的编辑范例。1974年10月，成立革命文物编辑部。

1979年9月，金冲及任总编辑。1981年10月，王仿子任社长。1982年1月，《书法丛刊》创刊。1983年6月，中共中央、国务院《关于加强出版工作的决定》确定了"为人民服务、为社会主义服务"的方针，图书出版业进入稳定发展期。文物出版社业务全面恢复，出书规模稳步扩大，图书门类逐步健全，

对外合作出版在国内出版界率先取得突破，"高、新、精"精品战略基本形成，一批具有重要文化价值的出版工程陆续完成，一系列重点图书相继荣获国内外大奖。在此期间，王代文、杨瑾、许爱仙、苏士澍先后任社主要领导。至2000年，人员编制由建社初期的43人扩充至150人，内设机构也增至16个部室，其中编辑部5个，年均出版新书100多种，新增重要革命文物图集、影印善本古籍、书法碑帖、古建石窟和国外文物考古资料等图书品种。这一时期，《乾隆版大藏经》《常熟翁氏世藏古籍善本丛书》《中国古代书画图目》《中国美术全集》《中国绘画全集》《中国青铜器全集》《清代宫廷绘画》《中国博物馆》《中国考古文物之美》《中国石窟》《中国古代建筑》《新中国出土墓志》《中国书迹大观》《历代碑帖法书选》《中国金石集萃》等一系列图书的出版，赢得了国际声誉，奠定了文物出版社在书画图书编辑出版方面的业界领先地位，文物出版社逐步成长为一家融图书、期刊、音像、文物复制于一体的全国著名出版机构。

2003年6月，国家启动图书出版业的市场化改革。2004年，张全国任党委书记、法人；年底，文物出版社按照市场经济规则，以优化图书结构、转换机制为重点和突破口，强化岗位目标和责任目标管理，启动管理机制、人事管理和分配制度的全面改革。2005年，葛承雍任总编辑。2009年，新闻出版总署印发《关于进一步推进新闻出版体制改革的指导意见》，为出版业体制改革制定了时间表和路线图。2010年7月，文物出版社正式转制为企业（文物出版社有限公司）。通过改革，领导责任增

强，职工积极性提高，考古、博物馆、艺术、人文、科技保护五大传统板块的出版规模和品种同步放大，古籍图书和文物普及图书出版迅速发展。2012年底，张自成任社长，文物出版社启动数字化转型，搭建了文化遗产数字多媒体资源库、多功能视讯云平台和3D制作体系技术系统，依托项目成立了数字技术制作中心和数字出版中心。2015年，张广然任总编辑。至2017年，文物出版社内设部门19个，员工150余人，其中编辑业务部门8个，编辑人员50余人，年出版图书400余种。21世纪以来，文物出版社编辑出版了《20世纪中国文物考古发现与研究》《中国法书全集》《中国竹木牙角器全集》《中国文博名家画传》《银雀山汉墓竹简（贰）》《长沙东牌楼东汉简牍》《中国记忆——五千年文明瑰宝》《殷墟甲骨辑佚——安阳民间藏甲骨》《殷虚书契考释原稿信札》《闻宥落照堂藏青铜器拓本》《成都出土历代墓铭券文图录综释》《清代家具》《秦始皇帝陵出土二号青铜马车》《中国皮影戏全集》和龙鳞装的《毛泽东诗词六十七首》《三十二篆金刚经》《红楼梦》等一大批既有良好社会效益又深受市场欢迎的图书，同时发力数字出版，旨在实现线上线下优势互补、媒体融合、创新商务模式的新型出版模式正在形成。

2017年是文物出版社成立60周年。60年来，文物出版社坚持"高（高品位、高标准、高质量）、新（资料前所未有或首次发表）、精（内容精、装帧良）"出版特色，文物版图书以其资料的科学性和原创性，图版的高标准和高质量，编辑工作的严谨、规范以及多种类型图书编撰体例的独创而享誉海内外。60年

来，文物出版社累计出版各类图书8000余种，占全国文物考古图书发行总量的90%，先后荣获各类国家级或国际大奖近300种，全面展示了新中国文物事业的发展历程和辉煌成就，是中国文物出版事业的中坚力量。

**附：文物出版社印刷厂**　文物出版社印刷厂是国家文物局下属二级企业，创建于民国20年（1931年），原为故宫印刷厂。1953年，文化部出资收购了上海著名的三色版制版专家鹿文波的开文制版设备，选调了部分技师和技工到北京，成立了照相、制版和印刷3个组，行政上隶属故宫群工部，主要负责印刷故宫明信片、单张画一类的产品。

1957年，文物出版社成立后，故宫博物院印刷厂划归文物出版社，对内为文物出版社生产科，对外称文物出版社印刷厂，主要是用三色版技术印制精品画册和仿制手卷。

1958年7月，为了加强和配套古代字画的仿制工作，北京胶石印刷厂和科学出版社印刷厂两个珂罗版车间的技术人员、设备调拨至文物出版社印刷厂。

1971年，文物出版社印刷厂被合并到人民美术印刷厂。

1973年，经周恩来总理批示重建文物出版社印刷厂，文物出版社印刷厂遂从人民美术出版社印刷厂分离出来，人员、设备迁回故宫城隍庙内；同时，人民美术出版社印刷厂的珂罗版工作人员、机器设备合并到文物出版社印刷厂。厂址设在西城区西黄城根北街21号，购进了一批新机器设备，成立了领导小组，设有生产科、办公室、照相制版车间、彩铜印刷车间和装订车间。

1976年10月，新厂建成并正式开工生产，厂房占地7229.72平方米，建筑面积14249.1平方米，职工275人，为独立的企业单位。1979年3月，印刷厂实行厂长负责制。设有彩铜车间、珂罗版车间、胶印车间、活版车间、装订车间、铅印车间、制版车间、总务科、物资科、设备科、财务科、生产科、技术科、办公室和政工组。

1986年7月，文物出版社印刷厂通过中国对外贸易咨询公司的联系，与英国香港怡和印刷（中国）有限公司合资成立了文怡印刷有限公司，由中方任董事长、副总经理。这是改革开放以来印刷行业中第一家合资企业，开创了印刷业对外合资的先河。

1990年9月，文物出版社印刷厂被评为北京市级先进企业。1991年5月，被新闻出版署定为国家级书刊印刷定点企业；6月，被评为国家二级企业。

2002年，文物出版社印刷厂与香港利奥纸制品集团合作，共同出资成立了北京文博利奥印刷有限公司，主要负责印刷前期的制版工艺，由印刷厂方担任董事长，设行政部、财务部、生产部和经营部。2013年，文博利奥公司转为国有独资，行政办公职能与印刷厂合并，保留制版制作部门。

2014年，为响应北京市政府提出的蓝天保卫战行动计划，文物出版社印刷厂经过多方论证、考量，将被列入污染名录的印刷主营业务外迁至北京市大兴区西红门镇顶佳文化创业园内，内设办公室、财务科、物业管理部和生产经营部，其中生产经营部下设生产科、对外合作部、制版科和珂罗版，职工286人。外迁后

的原厂址以物业服务为主营，逐步打造具有文化特色和品位的皇城21号文化产业园。

**国际友谊博物馆** 国际友谊博物馆是收藏、保护、研究和展示中华人民共和国对外交往中，中国共产党和国家领导人接受的外交礼品的专题博物馆。

1981年1月30日，中共中央宣传部批准成立国际友谊博物馆筹备处，国家文物事业管理局调剂事业编制21人。国际友谊博物馆筹备处为处级机构，内设办公室、行政科、陈列组、保管组等机构，办公地点设在故宫博物院文华殿东西配殿和临时板房内。筹备处成立之后，陆续接收中共中央办公厅、中共中央直属机关事务管理局、国务院机关事务管理局、全国政协办公厅等单位保存的各个国家的领导人和知名人士向中国领导人和知名人士赠送的礼品。1985年1月，国际友谊博物馆筹备处内设机构调整为办公室、行政管理科、保卫科、陈列组、保管组、群工组等科级机构。1987年，国际友谊博物馆筹备处设专人负责礼品征集工作，征集的范围和渠道由中央国家机关单位扩大至省、自治区、直辖市机关单位。1989年，筹备处办公地点迁至北京劳动人民文化宫内。1990年，国际友谊博物馆筹备处办公地点又迁至位于北京市东城区纳福胡同的景山服装厂内，文物藏品库房迁至故宫博物院南薰殿。

1991年12月25日，人事部印发《关于国际友谊博物馆编制的批复》，同意撤销国际友谊博物馆筹备处，成立国际友谊博物馆，事业编制51人。国际友谊博物馆正式建馆后，内设机构调整为办公室、行政管理部、保卫部、陈列部、保管部、群工部。1992年9月，办公地

点和文物藏品库房迁至位于北京市东城区戏楼胡同的北京柏林寺藏经楼院内。1997年5月，毛佩琦任馆长。2000年7月，罗伯健任馆长。2003年5月，内设机构调整为办公室、展览信息部、藏品管理部、行政管理部、保卫处。

国际友谊博物馆建馆30年，收藏保管来自五大洲170多个国家和地区的礼品16000多件，大致分为30类、100多个品种；举办展览130余项，遍布20多个省、自治区、直辖市和香港特别行政区，观众数千万人次；编辑出版23部有关国际礼品的大型图录和论文集。

2011年7月18日，中央编办印发《关于国际友谊博物馆机构编制调整的批复》，同意撤销国际友谊博物馆，将该馆承担的中央礼品保管、研究和展示等职能及51名财政补助事业编制划转到中国国家博物馆。8月24日，国际友谊博物馆全部人员、文物藏品、业务职能和资产划转入中国国家博物馆。

**中国文物报社**  中国文物报社是国家文物局直属企业单位。

《中国文物报》前身为《文物报》，1985年8月创刊于河南省郑州市，由河南省文物管理委员会、河南省文化厅主办。《文物报》为4开4版胶印，1986年定为两周一期。

1987年10月，经国家文物事业管理局批准，《文物报》更名为《中国文物报》，改为对开版周刊，由国家文物委员会主办、国家文物局代管。

1989年3月，国家文物局决定将《中国文物报》改为局机关报，任命彭卿云为中国文物报社社长兼总编辑，编辑部迁至北京市东城区交道口中学院内。1990年1月1日，《中国文物报》首次在北京出版发行，为对开四版周报。1992年11月，中国文物报社迁入北京市东城区雍和宫大街戏楼胡同1号柏林寺院内。

1998年1月，《中国文物报》由周一刊改为周二刊，每周三、日出版，每期对开4版。2001年1月，《中国文物报》改扩版，每期由对开4版扩为对开8版。5月，中国文物报社主办的中国文物信息网开通。7月，国家文物局决定将中国文物研究所主办的《文物天地》移交中国文物报社主办，10月出版改扩版试刊号。2002年1月，《文物天地》改扩版创刊号发行。2月，中国文物报社迁入北京市朝阳区北四环东路高原街甲2号文博大厦。2004年1月，《文物天地》扩版。3月，中国文物报社主办的《中国文化遗产》杂志创刊，为季刊。2005年，《中国文化遗产》杂志改为双月刊。

2006年6月，中国文物报社迁入北京市东城区东直门内北小街2号楼。2012年，根据中共中央部署，按照非时政类报刊出版单位体制改革工作联席会议办公室要求，中国文物报社启动转企改制，成立中国文物报社有限公司。2013年10月，国家文物局决定将国家文物局政府网站交由中国文物报社进行内容管理和维护。同年，中国文物报社被注销事业单位法人登记，核销事业编制。2014年7月，全新改版的国家文物局政府网站上线运行。2016年，国家文物局委托中国文物报社管理的中央文化产业发展专项资金项目"文博在线——文博数字化传播与服务平台"上线运行。2017年，国家文物局官方微信交由中国文物报社运行维护，中国博物馆协会会刊《中国博物馆》杂志（季刊）交由中国文物报社编辑出版。同年，中国文物报社完成转企改制工作。

中国文物报社经30余年探索发展，形成"一报二网二刊一平台"的基本格局和新媒体矩阵，每年开展文博事业发展调研、传播、推介、策划、咨询等行业品牌活动。其中，中国文物报社主办或承办的全国十大考古新发现评选、全国博物馆十大陈列展览精品推介、全国文化遗产十佳图书推介、全国十佳文物保护工程推介、全国十佳文博技术产品推介等活动影响广泛。截至2017年底，中国文物报社内设机构为办公室（党总支办公室）、总编室（运营发展部）、融媒采编中心（通联工作部）、报纸编辑中心、期刊编辑中心和经营开发中心，在岗员工52人。

**国家文物局水下文化遗产保护中心** 1987年3月，国务院批准成立由文化部文物事业管理局牵头的国家水下考古协调小组。11月，中国历史博物馆成立水下考古学研究室。1989年10月20日，国务院颁布《中华人民共和国水下文物保护管理条例》。2002年9月，国家文物局印发《关于中国历史博物馆增设机构的批复》，在中国历史博物馆设立水下考古研究中心。2009年9月28日，文化部、国家文物局在中国文化遗产研究院设立国家水下文化遗产保护中心。

2010年7月7日，中央编办印发《关于中国文化遗产研究院增加有关职责和事业编制的批复》，将中国国家博物馆组织、指导全国水下考古的事务性工作职能交由中国文化遗产研究院承担，从中国国家博物馆划转4名财政补助事业编制到中国文化遗产研究院。

2012年6月，中央编办批复同意在中国文化遗产研究院加挂国家文物局水下文化遗产保护中心牌子，负责全国水下文化遗产调查、发掘、研究和保护等工作。

2014年6月4日，中央编办印发《关于成立国家文物局水下文化遗产保护中心的批复》，批准成立国家文物局水下文化遗产保护中心，组织实施全国水下文化遗产调查、发掘、保护、科研、培训及国际交流与合作等工作，核定财政补助事业编制21人。2014年7月15日，国家文物局水下文化遗产保护中心成立，内设办公室（人事处、党办）、预算与财务处、水下考古研究所、水下文物保护所、技术与装备处、基地管理与服务处。

2015年1月，根据中央编办批复，从中国国家博物馆划转事业单位编制9人到国家文物局水下文化遗产保护中心，中国国家博物馆水下考古职能、资产等也一并划转至国家文物局水下文化遗产保护中心。3月，国家文物局印发《关于国家文物局水下文化遗产保护中心主要职责、内设机构和人员编制规定的批复》，国家文物局水下文化遗产保护中心内设办公室（人事处、党办）、预算与财务处、水下考古研究所、水下文物保护所、技术与装备处、基地管理与服务处，编制30人。

# 第二节　社会组织

## 一、国家文物局主管社会组织

国家文物局管理的社会组织包括中国文物学会、中国博物馆协会、中国文物保护基金会、中国收藏家协会、中国长城学会、中国紫禁城学会、中国避暑山庄外八庙保护协会、中国孔庙保护协会、中国古陶瓷学会、中国书画收藏家协会、中国海外交通史研究会、中国古代铜鼓研究会、中国秦文研究会、中国同泽书画研究院、湘鄂豫皖楚文化研究会、中国敦煌石窟保护研究基金会。

中国文物学会　中国文物学会是国家文物局主管的，由文物工作者和专家学者、文博机构及关心、支持文物保护的有关人士和单位自愿组成的全国性、学术性、非营利性社会组织。

中国文物学会前身是中国老年文物研究学会，经中国老龄问题全国委员会批准，1984年6月21日成立。陆定一、陈野苹为名誉会长，原国家文物事业管理局副局长金紫光为会长。会员主要是离退休老同志、文物界专家学者和专业技术人员。此后，学会成立了秦文研究所、音乐研究所、书院研究所。

1986年1月17日，中国老年文物研究学会召开常务理事会，决定更名为中国文物学会，挂靠中国国际文化交流中心。1988年6月10日，中国文物学会召开常务理事会，选举国务院原副秘书长郑思远为会长。12月，中国文物学会针对有关单位计划在北京八达岭长城修建客运索道一事，组织专家21人紧急呼吁有关部门停建这一工程，得到北京市政府重视，八达岭长城索道工程最终停建。

1991年9月，经民政部核准，中国文物学会办理社团登记手续。1993年2月12日，召开中国文物学会第三次会员代表大会，选举郑思远为会长。学会设传统建筑园林委员会、文物修复委员会、文物摄影委员会、玉器研究委员会等6个分支机构。

1997年6月27日，召开中国文物学会第四次会员代表大会，选举郑思远、单士元、贾兰坡、柴泽民为名誉会长，全国政协委员王定国、古建筑专家罗哲文当选为会长。8月25日，中国文物学会举办世界民族建筑国际会议，以民族建筑和民族文化为主题，汇集民族建筑与建筑文化的研究成果，表达继承弘扬民族建筑遗产、创造新一代民族建筑风格的良好愿望。2000年8月25日，中国文物学会召开常务理事扩大会议，选举罗豪才、郑思远、罗涵先、王定国、谢辰生、杨伯达、金枫、沈廷杲、熊克锟为名誉会长，罗哲文为会长。12月15日，学会主办中国文物保护百年回顾与展望研讨会。

2004年9月28日，召开中国文物学会第六次会员代表大会，选举王定国、沈廷晃、金枫、罗哲文、罗豪才、罗涵先、郑思远、杨伯达、梁从诫、黄景略、谢辰生为名誉会长，国家文物局原副局长彭卿云为会长。2006年1月，中国文物学会主办的《中国文物科学研究》创刊，并先后与中国文物研究所（2007年更名为中国文化遗产研究院）、故宫博物院联合主办，系文物科学研究综合性学术刊物。2009年12月4日，中国文物学会、中国风景名胜区协会等在武夷山市共同举办中国武夷山世界遗产保护高峰论坛，通过《中国世界遗产保护高峰论坛武夷山倡议书》，呼吁有关部门尽快完善世界遗产保护、管理和监督制度，推动中国世界遗产保护步入法治化轨道。

2012年6月13日，召开中国文物学会第七次会员代表大会，选举王定国、谢辰生、彭卿云为名誉会长，故宫博物院院长单霁翔为会长。7月4日，中国文物学会与中国博物馆协会修订并发布《中国文物、博物馆工作者职业道德准则》。2013年7月14日，中国文物学会与全国政协文史和学习委员会在河南省登封市举办"保护世界遗产、建设美丽中国"研讨会，呼吁各级政府重视世界遗产地旅游环境建设。12月，学会牵头主办贵州屯堡文化暨鲍家屯遗产保护研讨会，为基层文物和非物质遗产保护建言献策；围绕安徽寿县安丰塘、云南保山、福建永泰山庄和尤溪土堡、广东连南排窑文物保护举办系列研讨会。2014年8月8日，在大运河申报世界文化遗产成功背景下，中国文物学会举办中国大运河世界文化遗产保护座谈会，通过《加强大运河保护的倡议》。10月13日，围绕"丝绸之路：长安-天山廊道的路网"申报世界文化遗产成功，学会在甘肃省敦煌市举办丝绸之路文化遗产保护研讨会，强调增进丝绸之路经济带沿线城市之间文化交流。2015年9月25日，中国文物学会与全国政协文史和学习委员会主办纪念中国加入《保护世界文化和自然遗产公约》30周年座谈会，呼吁各级政府、各类遗产工作者扎实做好世界遗产保护与管理工作，接受国际社会监督，履行神圣责任。2015年12月17日，中国文物学会荣获民政部公布的"全国先进社会组织"称号。

截至2017年底，中国文物学会设立27个分支机构。

中国博物馆协会　中国博物馆协会是国家文物局主管的，由开展博物馆相关业务的组织和个人自愿结成的全国性、行业性、非营利性社会组织。

民国24年（1935年）5月18日，中国博物馆协会成立大会在北平景山绮望楼召开，通过《中国博物馆协会组织大纲》，确定协会宗旨是研究博物馆学术，发展博物馆事业，并谋博物馆之互助。大会推选马衡为会长，建立专门委员会分工负责博物馆学术研究、博物馆建筑和陈列、审查出版博物馆学专著和论文，召开学术讲演会。协会共发展团体会员30余个，个人会员120余人。当天下午，中国博物馆协会执行委员会召开第一次会议，产生协会执行委员15人，选举马衡为执委会主席。1935年9月，中国博物馆协会经民国中央执行委员会民众指导委员会审核批准，经教育部准予备案。协会成立后，主要工作是组织参观各博物馆，以收切磋观摩之效；发行刊物并举办学术讲演，促进博物馆学理论与应用技术进步。在此期间，《中国博物馆协会会报》创刊。

民国25年7月19日，中国博物馆协会和中华图书馆协会在青岛联合召开第一届年会，印发《联合年会的希望》，主张"图书馆博物馆亟应增设，以补充学校教育之不足，且可保存文艺，提高学术"，呼吁"愿政府与社会时锡匡助，以期促进图书馆及博物馆事业"。年会通过博物馆行政、建筑、陈列、保管、考古发掘、整理档案等决议35项，并决定以"𡧛"代表"博物馆"三字，这一设计作为协会的标识被沿用下来。七七事变后，中国博物馆协会陷于停顿。民国37年，中国博物馆协会恢复，马衡继续担任会长。1949年，协会自行解散。

1979年，南京博物院和上海博物馆发出《关于成立中国博物馆协会的倡议书》，得到全国博物馆响应。国家文物事业管理局向中共中央宣传部报送《关于成立中国博物馆协会的请示报告》。1981年4月16日，中共中央宣传部下达关于成立中国博物馆学会的批示中指出："名称以'中国博物馆学会'较好，更加符合学术团体的性质。"同年，中国博物馆学会筹备委员会主办的《中国博协通讯》（后改名为《中国博物馆通讯》）出版。

1982年3月23日，中国博物馆学会成立大会暨首届学术讨论会在北京举行。国家文物事业管理局副局长孙轶青当选为理事长。1983年2月4日，中国博物馆学会在北京鲁迅博物馆召开迎春座谈会，中共中央政治局委员、书记处书记胡乔木出席座谈会并发表题为《中国博物馆事业要逐步有一个大的发展》的讲话。1983年4月，国际博物馆协会秘书长致电中国博物馆学会，邀请中国参加该组织。同年5月，经

国务院批准，国际博物馆协会中国国家委员会成立，与中国博物馆学会合署办公，孙轶青任国际博物馆协会中国国家委员会主席。随后，孙轶青致信国际博物馆协会主席，表达了中国参加该组织的愿望。7月24日，中国博物馆学会正式被国际博物馆协会接纳为会员。7月25日，中国博物馆学会理事长孙轶青率代表团赴英国伦敦参加国际博物馆协会第13届大会。1984年6月，中国博物馆学会会刊《博物馆》（后改名为《中国博物馆》）创刊。1984年1月～1985年11月，中国历史博物馆临时领导小组组长王宏钧担任代理事长。

1985年11月6日，中国博物馆学会在北京召开第二届代表大会，选举中国革命博物馆副馆长沈庆林为理事长。

1991年7月，中国博物馆学会召开第三届会员代表大会，国家文物事业管理局原局长吕济民当选为理事长，学会设3个分支机构。9月19日，吕济民出席在加拿大魁北克召开的国际博物馆协会第16届大会，作题为《我对博物馆职能范围的认识》的发言，并当选为国际博物馆协会亚太地区联盟主席。1994年5月10日，中国博物馆学会与国家文物局、国际博物馆协会人员培训委员会、荷兰莱茵瓦尔德博物馆学会联合在国家文物局泰安培训中心举办中国博物馆中高级管理人员国际研讨班。1995年7月2日，中国博物馆代表团出席在挪威斯塔万格召开的国际博物馆协会第17届大会，吕济民在亚太地区联盟会议上被任命为联盟顾问。1997年10月23日，国家主席江泽民和挪威国王哈拉尔五世、王后宋雅出席中国博物馆学会和挪威政府合作开发的中国第一座生态博物馆——贵州

省梭嘎生态博物馆的协议签字仪式。1998年10月9日，在澳大利亚墨尔本举行的国际博物馆协会第18届大会上，国际博物馆协会中国国家委员会副主席、国家文物局副局长马自树当选为亚太地区联盟副主席。

2002年4月28日，中国博物馆学会第四届会员代表大会在北京召开，国家文物局局长张文彬当选为理事长，学会设5个分支机构。10月2日，中国博物馆学会参加在韩国汉城召开的国际博物馆协会第20次大会暨21次全体会议，中国博物馆学会理事长、国际博物馆协会中国国家委员会主席张文彬当选为亚太地区联盟副主席，中国博物馆学会副理事长、中国自然科学博物馆协会理事长李象益当选为国际博物馆协会执委会执委。2006年5月31日，国际博物馆协会第68次咨询委员会会议上，中国上海获得2010年国际博物馆协会第22届会员代表大会举办权。8月19~24日，在奥地利维也纳召开的国际博物馆协会第21届会员代表大会上，张文彬被推举为国际博物馆协会亚太地区联盟名誉主席，李象益连任国际博物馆协会执行委员会委员。

2008年12月9日，中国博物馆学会第五届会员代表大会在北京召开，选举国家文物局副局长张柏当选为理事长，学会设21个分支机构。

2010年7月，民政部批准中国博物馆学会名称恢复为中国博物馆协会。11月7日，国际博物馆协会第22届大会暨第25届全体会议在上海世博中心举行，大会的主题是"博物馆致力于社会和谐"。这是国际博物馆协会首次在中国举办会员代表大会，来自全球122个国家、地区和国际组织的3300余名博物馆及相关领域

的代表注册参加大会。中国博物馆协会在会议期间举办了博物馆及相关产品与技术博览会。

2011年3月2日，中国博物馆协会第五届常务理事会第六次会议，国家文物局副局长宋新潮当选为中国博物馆协会理事长。2012年9月23日，国际博物馆协会亚太地区联盟2012年大会在武汉举行，主题为"多学科视域下的博物馆：包容与协作"。大会期间还召开了亚太地区联盟工作会议，宋新潮当选为国际博物馆协会亚太地区联盟主席。2013年7月1日，国际博物馆协会、中国博物馆协会和故宫博物院合作建立的国际博物馆协会培训中心在故宫博物院成立。8月10日，国际博物馆协会第23届大会在巴西里约热内卢举行，宋新潮连任国际博物馆协会亚太地区联盟主席。

2014年11月23日，中国博物馆协会第六届会员代表大会暨"2014博物馆及相关产品与技术博览会"在福建厦门召开，选举宋新潮为理事长。

2016年7月9日，在国际博物馆协会第24届全体大会上，中国博物馆协会秘书长安来顺当选为国际博物馆协会副主席。9月14日，中国博物馆协会与中国自然科学博物馆协会联合主办的第七届中国博物馆及相关产品与技术博览会在成都举办，主题是"博物馆的新驱动：科技引领、创意未来"。同日，中国博物馆协会召开第六届二次理事会，通过宋新潮不再担任理事长，国家文物局副局长关强主持协会工作。

2017年12月22日，中国博物馆协会启动2014~2016年度国家一级博物馆运行评估工作和第三批国家二、三级博物馆评估定级复核备案工作。

截至2017年，中国博物馆协会设有36个分支机构。

**中国文物保护基金会** 中国文物保护基金会是国家文物局主管的全国公募性公益基金会。1990年8月，中国文物保护基金会经中国人民银行、民政部批准成立，中共中央宣传部原副部长廖井丹为第一届理事会会长。

2005年4月26日，中国文物保护基金会召开第三届理事会第一次会议，选举马自树为理事长。中国文物保护基金会内设资金筹集部、项目管理部、事业发展部和那迦文物研究中心，组建有顾问委员会和专家委员会。8月18日，中国文物保护基金会启动古建筑保护工程，广州力迅投资有限公司认捐100万元首笔义款。2006年底，民政部向中国文物保护基金会颁发中国3A级社会组织证书。

2008年，中国文物保护基金会举办首届"薪火相传——中国文化遗产保护年度杰出人物评选活动"。同年，四川汶川特大地震后，中国文物保护基金会紧急启动"为抢救保护四川灾区文化遗产，中国书画家作品赈灾义卖活动"，当代书画家200余人积极捐出书画参加义卖，支援灾区文化遗产抢救性保护和修复。2009年3月27日，举办中国文物保护基金会灾区文物重建专场，拍卖著名艺术家书画作品260余幅，筹集汶川地震灾区文物保护和修缮所需资金。2009年，中国文物保护基金会成立酒文物、古陶瓷、文物档案、修复鉴定、开平碉楼等专项基金。

2011年9月22日，中国文物保护基金会召开第四届理事会第一次会议，选举张柏为理事长。11月12日，中国文物保护基金会与中国民族建筑研究会联合主办"2012中国文化探访之旅——走进吐鲁番"活动。

2014年9月1日，中国文物保护基金会与中国长城学会在北京人民大会堂召开"邓小平等'爱我中华，修我长城'题词30周年纪念大会"。

2016年1月28日，中国文物保护基金会召开第五届理事会第一次会议，选举励小捷为理事长。2月15日，基金会确定实施"拯救老屋行动"，在浙江省松阳县进行整县推进试点，发挥示范作用。6月25日，中国文物保护基金会编、高等教育出版社出版的《中国文化遗产知识读本》发行座谈会在故宫博物院建福宫花园召开。7月8日，召开中国文物保护基金会专项基金工作座谈会，提出必须坚持围绕宗旨、必须坚持公益属性、必须坚持注重实效、必须坚持公开透明、必须坚持全程监管等要求。7月21日，受财政部、国家文物局委托，中国文物保护基金会在湖南省怀化、株洲举办文物价值研究与传播计划项目试点培训。9月1日，由中国文物保护基金会发起、在腾讯公益乐捐平台进行网络公募的"保护长城 加我一个"公募活动在北京人民大会堂启动，公募所得资金用于河北省宽城满族自治县、迁西县喜峰口长城段落和北京市怀柔区箭扣长城段落修缮。

2017年1月10日，受国家文物局委托，中国文物保护基金会完成印度索拉普尔市柯棣华故居博物馆收藏"毛泽东悼念柯棣华挽词"真迹修复工作。6月6日，由国家文物局、北京市文物局、天津市文物局、河北省文物局指导，中国文物保护基金会联合中国文化遗产研究院、中国古迹遗址保护协会共同主办的"长城保护维修理念与实践论坛"在河北山海关举行。6月20日，由中国文物保护基金会发起的首个海外文物修缮项目"中国北洋水师英国墓地修缮项目"在英国纽卡斯尔市的圣约翰墓园开工。6月30日，中国文物保护基金会被民政部认定为慈善组织。

中国收藏家协会　中国收藏家协会是由收藏家、收藏爱好者、收藏组织自愿组成的全国性、行业性、非营利性社会组织。

1995年3月，中国收藏家协会经国家文物局批准成立，9月在民政部注册登记。1996年3月12日，中国收藏家协会召开成立大会。会议选举中国历史博物馆研究员史树青为会长。2001年5月，中国收藏家协会在上海召开中华收藏文化国际研讨会。2002年11月，在广东省广州市召开第二届全国民间收藏文化研讨会。

2003年2月，中国收藏家协会召开第二届会员代表大会，选举国家文物局原副局长闫振堂为会长。同期举办全国民间收藏文化高层论坛，促进民间收藏事业健康发展。

2006年起，中国收藏家协会与河南省开封市政府连续五年共同举办中国收藏文化开封论坛，并举办中国收藏文化学术研讨会、全国艺术品收藏博览会等60余项大型文化活动，形成国内收藏界的品牌项目。

2011年5月，中国收藏家协会召开第三届会员代表大会，选举国家文物局机关服务中心主任罗伯健为会长。协会制定《2012～2016年中国收藏家协会第一个发展规划》，把握"依法设立、自主办会、服务为本、治理规范、行为自律"的办会原则和"团结、诚信、创新、服务、发展"的办会方针。出版《中国收藏拍卖年鉴（2011）》，此后每年度出版一册。

2013年，中国收藏家协会以纪念张伯驹115周年诞辰为契机，举办学习张伯驹论坛，在收藏界宣传收藏家张伯驹精神。6月，与德州市委宣传部、德州市收藏家协会在山东德州共同举办"纪念毛主席诞辰120周年全国红色收藏精品展"。2015年1月，组织文博单位专家学者与民间鉴定家、民间收藏者编纂《中国民间收藏陶瓷大系》，列入国家新闻出版广电总局"十二五"重点项目。

2015年11月，为落实中共中央办公厅、国务院办公厅《关于印发〈行业协会商会与行政机关脱钩总体方案〉的通知》，中国收藏家协会被民政部列入第一批脱钩试点单位，至2016年11月完成与国家文物局脱钩工作。协会业务指导和监督管理机关分别是民政部、中央和国家机关行业协会商会临时党委。

2017年11月，中国收藏家协会召开第四届会员代表大会，罗伯健继续当选为会长。至2017年底，中国收藏家协会设10个办事机构、31个分支机构。

中国长城学会　中国长城学会是国家文物局主管的，由关心和支持长城研究、保护、维修、宣传、开发工作的人士或团体自愿组成的全国性、学术性、非营利性社会组织。

中国长城学会由王定国、魏传统、罗哲文、杨国宇、阮崇武、白介夫、郑孝燮、侯仁之、单士元等老前辈和老专家发起并筹备。1987年6月25日召开成立大会，会议推举全国人大常委会副委员长黄华为会长。中国长城学会成立后，不断在长城沿线乃至全国扩大长城保护队伍。学会配合中央电视台拍摄《长城》《望长城》等专题片，与部队协调配合拍摄37

集《万里长城》纪录片。

2004年底，全国人大常委会副委员长许嘉璐接任会长。2006年，国务院颁布《长城保护条例》，学会工作目标相应转变为传承和发扬长城文化、长城精神，做好长城研究和宣传，促进长城的保护和利用。

2014年9月，中国长城学会和联合国教科文组织自然与文化遗产中心联合举办遥感技术在长城保护中的应用国际研讨会，推动长城数字化工程。2017年，该工程被国家文物局公布为2017年度"互联网＋中华文明示范项目"。

学会每年召开长城文化研讨会，编印《万里长城》和《中国长城博物馆》等内部杂志。组织专家学者编撰的《中国长城志》于2016年出版。

**中国紫禁城学会**　中国紫禁城学会是国家文物局主管的，由从事古建筑及历史文化等相关科学研究的专家、学者以及有关单位自愿组成的全国性、学术性、非营利性社会组织。

1990年9月，在纪念紫禁城建成570周年学术讨论会上，国内古建筑界专家学者倡议，成立研究紫禁城学术性组织。1993年11月，由罗哲文、郑孝燮、单士元、侯仁之等27位专家学者发起，推选于倬云为组长，成立中国紫禁城学会筹备组。1995年9月18日，经国家文物局、民政部批准，中国紫禁城学会在北京召开成立大会，选举故宫博物院原副院长单士元、古建筑专家于倬云为会长。

1995年9月19日，中国紫禁城学会在北京召开第一次学术研讨会，对紫禁城建筑思想、形制沿革、古建筑技术与物料、建筑美学与园林艺术、古建筑科学保护等问题进行学术交流。会后编印《中国紫禁城学会论文集（第一辑）》。1997年10月，学会创办《中国紫禁城学会会刊》（半年刊）。11月13日，在北京召开第二次学术研讨会，围绕"紫禁城学"学科内涵及范围的构想进行讨论。1998年，中国紫禁城学会理事会决定增补故宫博物院副院长朱诚如为会长。2000年10月13日，中国紫禁城学会在北京召开第三次学术研讨会，对文物建筑的保护、维修、复原等进行交流。

2000年10月15日，中国紫禁城学会第二次会员代表大会召开，选举朱诚如为会长。2002年8月27日，中国紫禁城学会在北京召开第四次学术研讨会，围绕文物建筑保护维修理论与实践问题进行研讨。

2006年5月19日，中国紫禁城学会第三次会员代表大会在北京召开，会议选举故宫博物院院长郑欣淼为会长。2007年10月29～31日，中国紫禁城学会召开第六次学术研讨会。2010年9月27日，故宫博物院古建筑研究中心与中国紫禁城学会联合在北京举办庆祝故宫博物院成立85周年暨中国紫禁城学会第七次学术研讨会，围绕皇家建筑文物价值的完整保护主题，从多层次、多角度对皇家建筑文物进行探讨。

2012年9月26日，中国紫禁城学会在湖北武当山特区召开第四次会员代表大会，会议选举郑欣淼为会长。9月27日，学会召开第八次学术研讨会，围绕中国古代都城规划与营建、故宫学与紫禁城学的关系、永乐皇帝"北建皇宫，南修武当宫观"的战略思想，以及古建筑维修保护等问题进行研讨。2015年10月23日，中国紫禁城学会在北京召开第九次学术研讨会，围绕故宫学和紫禁城学，从不同角度和视点，对中国古代宫廷建筑的历史、科学、艺术价值以及维修保护理念、工程实践等方面进行论述。会议期间召开第四届理事会第四次会议，决定聘请郑欣淼为名誉会长，选举晋宏逵为会长。2017年10月30日，学会在北京召开第十次学术研讨会，150余名专家学者参加，并有文化遗产研究与保护领域的专家学者17人发表主旨演讲。

2016年，民政部对中国紫禁城学会进行综合性评估，定为3A级社会组织。

**中国避暑山庄外八庙保护协会** 中国避暑山庄外八庙保护协会（简称外八庙保护协会）是国家文物局主管的，以文化遗产保护传承和活化利用为宗旨，以学术研究、文化交流、国际合作、咨询服务为业务范围的公益性社会组织。

1991年11月5日，中国避暑山庄外八庙保护协会成立，阿沛·阿旺晋美、杨静仁、赵朴初、程思远、周谷城等应邀担任名誉会长，爱新觉罗·溥杰为特别顾问，中共河北省委副书记、省政协主席李文珊任会长。1994年3月，承德市机构编制委员会办公室批准在市文物园林管理局设立外八庙保护协会办事机构，编制5人。2001年7月30日，国家文物局委托河北省文物局指定承德市文物园林管理局作为外八庙保护协会挂靠单位。

1993年12月10日，外八庙保护协会在故宫博物院召开理事会议，研究承德避暑山庄外八庙申报世界文化遗产工作。协会在承德避暑山庄外八庙申报世界文化遗产过程中，发挥宣传动员、外联协调、技术咨询作用。

2014年10月18日，外八庙保护协会第二次会员代表大会在承德召开。大会审议通过

《中国避暑山庄外八庙保护协会章程（修订稿）》，选举产生新一届理事会理事72人，其中常务理事24人，于列当选为会长。12月，外八庙保护协会配合承德市精神文明建设委员会办公室、文物局共同组建避暑山庄外八庙保护志愿服务总队，在承德大剧院设立畅达公益基地，在河北旅游职业学院设立总队工作营地，在北京设立专家、企业家、艺术家文创志愿者联络部，组织30余支志愿服务队、千余名志愿者参加各类公益活动。12月27日，外八庙保护协会与承德避暑文化产业园区联合举办避暑文化论坛，以"传承优秀传统文化、同心共筑中国梦"为主题，研究探讨中华民族传统文化的发展及社会主义核心价值观的传播。

**中国孔庙保护协会** 中国孔庙保护协会是国家文物局主管的，由各地孔庙（文庙）、书院以及孔庙配祀人物之庙宇、纪念馆的管理机构和管理者自愿联合组成的全国性、行业性、学术性、非营利性社会组织。

1989年，曲阜孔庙倡议成立中国孔庙联谊会，得到全国各地孔庙响应。1994年4月，中国孔庙联谊筹备会在曲阜召开，并向民政部提出成立申请。9月，在曲阜召开第二次筹备会，将中国孔庙联谊会更名为中国孔庙保护协会。1995年9月4日，中国孔庙保护协会获民政部批准成立。

1995年11月8日，中国孔庙保护协会第一次年会暨第一届会员代表大会在浙江衢州召开。大会选举曲阜孔庙为会长单位，北京孔庙为秘书长单位，宣布31个单位为中国孔庙保护协会第一批会员。1996年10月，中国孔庙保护协会编印内部刊物《孔庙通讯》。11月10日，

中国孔庙保护协会第二次年会在北京召开，国家文物局副局长张柏应邀担任名誉会长。

1998年7月30日，中国孔庙保护协会第四次年会暨第二届会员代表大会在吉林省吉林市召开，曲阜孔庙继续担任会长单位。1999年10月9日、2000年10月12日和2002年9月20日，中国孔庙保护协会召开3次学术研讨会暨年会，就儒学研究成果进行交流。

2003年9月3日，中国孔庙保护协会第八次年会暨第三届会员代表大会在辽宁兴城召开，曲阜孔庙继续当选会长单位。2004年10月14日和2005年9月15日，中国孔庙保护协会两次召开孔子文化学术研讨会暨年会，并出版《中国孔庙保护协会论文集》和《世界孔庙（第一卷）》。

2007年10月，中国孔庙保护协会第十一次年会暨第四届会员代表大会在山东曲阜召开，曲阜孔庙继续当选为会长单位，确定在曲阜和北京设孔庙保护协会办事机构。

2011年2月，中国孔庙保护协会被民政部国家民间组织管理局评为3A级社会组织。

2011年7月11日，中国孔庙保护协会第十四次年会暨第五届会员代表大会在黑龙江哈尔滨召开，曲阜孔庙再次当选协会会长单位。年会以"和谐社会孔庙保护与利用"为主题，就孔庙保护与修复、孔庙展陈、孔庙祭祀社会活动开展等议题进行学术交流研讨。

2014年10月11～13日，中国孔庙保护协会第十七次年会暨第六届会员代表大会在广西南宁召开，曲阜孔庙继续当选协会会长单位。2015年10月10日，中国孔庙保护协会第十八次年会期间举办《中国孔子庙》图书首发仪式。

2016～2017年，在国家文物局指导下，中国孔庙保护协会和曲阜市文物局在全国组织实施儒学遗产保护利用项目，完成儒学遗产的现状调研，建成儒学遗产管理系统，实现了基础数据的存储、查询、检索和更新等功能。

**中国古陶瓷学会** 中国古陶瓷学会是国家文物局主管的，由从事、关心、支持、参与中国古陶瓷研究的专家学者、业余爱好者及有关单位和个人自愿组成的全国性、学术性、非营利性社会组织。

中国古陶瓷学会前身是中国古陶瓷研究会和中国古外销陶瓷研究会。中国古陶瓷研究会成立于1981年10月，夏鼐为名誉会长，冯先铭为会长。中国古外销陶瓷研究会成立于1980年7月7日，冯先铭为会长。1982年10月～1988年11月，中国古陶瓷研究会和中国古外销陶瓷研究会每年联合举办学术讨论会，讨论全国各窑口陶瓷的渊源兴衰、窑口窑址、釉色品种、工艺技术、外销路线及相互关系问题。

1991年5月，按照民政部意见，中国古陶瓷研究会与中国古外销陶瓷研究会合并，定名中国古陶瓷研究会。业务主管部门为中国社会科学院，会址挂靠在厦门大学。

1993年10月，中国古陶瓷研究会1993年年会暨德化瓷学术讨论会期间召开中国古陶瓷研究会第二届理事会，通过中顾委常委黄华为名誉会长，厦门大学教授叶文程为会长。1995年，研究会业务主管部门变更为国家文物局。1997年，研究会会址设在故宫博物院。1993年10月～2001年10月，中国古陶瓷研究会每年召开学术讨论会，围绕德化白瓷、青白瓷、北方古陶瓷、南方古陶瓷、青花梅瓶文化与中国古代陶瓷发展史等问题进行研讨。

2001年，中国古陶瓷学会召开第三届理事会，选举上海博物馆原副馆长汪庆正为会长。2002年12月，经国家文物局批准，中国古陶瓷研究会更名为中国古陶瓷学会。2006年，中国古陶瓷学会召开第四届理事会，选举故宫博物院研究员耿宝昌为会长。

2011年，中国古陶瓷学会召开第五届理事会，通过张永珍、叶文程、耿宝昌为名誉会长，选举故宫博物院研究员王莉英为会长。

中国古陶瓷学会编印《中国古陶瓷学会通讯》《中国古陶瓷学术动态》等内部刊物，出版《中国古陶瓷研究》等图书。

**中国书画收藏家协会** 中国书画收藏家协会是国家文物局主管的，由书画收藏家、鉴赏家、理论家以及书画家、篆刻家等自愿组成的全国性、专业性、非营利性社会组织。

1995年10月1日，中国书画收藏家协会成立，原国家文物事业管理局副局长金紫光任会长。

1999年6月，中国书画收藏家协会召开第二次会员代表大会，选举国家文物局原副局长闫振堂为会长。

2004年4月，中国书画收藏家协会召开第三次会员代表大会，选举闫振堂为名誉会长，苏士澍为会长，聘请艺术家、学者组成顾问委员会和艺术家委员会。协会下设秘书处和办公室、组织部、财务部、宣传展览部、联络基金福利部，设立绘画研究委员会、碑帖研究委员会、装裱委员会、鉴藏委员会等分支机构。举办当代书画名家作品展，出版《百名书画家作品集》。

2010年4月，中国书画收藏家协会被民政部评为3A级社会组织。

2011年，中国书画收藏家协会召开第四次会员代表大会，选举苏士澍继续担任会长。

2013年，为纪念毛泽东120周年诞辰，中国书画收藏家协会与中央档案馆合作举行大型书画展，在北京新文化运动纪念馆展出。

2014年，为纪念邓小平110周年诞辰，中国书画收藏家协会与企业合作举办书画联展，110名著名书画家创作的书画作品在北京新文化运动纪念馆进行首展，又陆续在上海、山海关、珠海、佛山、深圳等地展出。

2016年，为纪念中国人民抗日战争暨世界反法西斯战争胜利70周年，中国书画收藏家协会主办"干城曲——纪念抗日战争胜利70周年书画展"。2016年，为庆祝中国共产党成立95周年，中国书画收藏家协会在上海举办"党的光辉照我心"书法展。

2015年11月，落实中共中央办公厅、国务院办公厅《关于印发〈行业协会商会与行政机关脱钩总体方案〉的通知》，中国书画收藏家协会被民政部列入第一批脱钩试点单位。经过一年多的准备，协会与国家文物局脱钩，党建工作由中共中央直属机关工作委员会管理。

2017年8月，中国书画收藏家协会召开第五届会员代表大会，通过苏士澍为名誉会长，选举崔志刚为会长。同年，为庆祝文物出版社成立60周年，协会邀请著名书画家题诗绘画，征集书画作品170件，协助文物出版社在北京鲁迅博物馆举办"丹青达意 书法传情——文物出版社60华诞书画展"，并出版书画集。

**中国海外交通史研究会** 中国海外交通史研究会是国家文物局主管的，由海外交通史领域的研究者、该研究领域的相关单位以及爱好者自愿组成的全国性、学术性、非营利性社会组织。

1979年4月4日，中国社会科学院历史研究所、中山大学东南亚历史研究所、暨南大学历史系等单位联合成立中国海外交通史研究会，推选暨南大学教授朱杰勤为会长，秘书处设在泉州海外交通史博物馆，业务挂靠单位为中国社会科学院。会议决定出版《海交史研究》学术刊物。8月20日起，研究会与泉州海外交通史博物馆联合编印内部资料《海交史研究动态》（自总第24期起易名《海交史研究副刊》）。1980年3月2日，中共福建省委宣传部批复同意《海交史研究》（年刊）公开发行。10月27日，中国海外交通史研究会联合福建省东南亚学会等单位举办晋江地区华侨史学术讨论会，内容涉及华侨历史、华侨社团、华侨和侨居国人民的反压迫反侵略斗争、华侨与祖国的关系、中外人民经济文化交流和友好往来等问题。12月21日，中国海外交通史研究会联合浙江省文物管理委员会、浙江省社会科学研究所、杭州大学等单位，在宁波召开宁波港海外交通史学术讨论会。出席会议的专家学者80余人，围绕宁波港的兴起、发展、繁盛和衰落过程，研究宁波海外交通历史。

1984年2月14～19日，中国海外交通史研究会在泉州召开中外科技文化交流讨论会暨中国海外交通史研究会第二次会员代表大会，围绕中外科技文化交流、海外交通史和造船航海史等议题进行学术交流。在中国海外交通史研究会第二次会员代表大会上，朱杰勤继续当选会长。1985年7月25日，中国海外交通史

研究会与中国太平洋学会在山东长岛联合举办中国太平洋暨海外交通史学术讨论会。出席会议的专家学者100余人，围绕古代太平洋区域政治、经济、文化，以及中国北方港口的地位、航线、中外海上交通遗迹遗物等展开讨论。

1987年11月30日，中国海外交通史研究会召开第三次会员代表大会，朱杰勤继续当选会长。1991年2月17日，中国与海上丝绸之路综合考察泉州国际学术讨论会在杭州召开，中国海外交通史研究会为主办单位之一，研讨内容涉及海上丝绸之路与海外贸易、中外科技文化交流、造船、航海技术等。1997年12月1日，研究会参与主办于泉州召开的中国与东南亚国际学术讨论会，探讨东南亚地区与世界历史、中国与东南亚交往历史，对当代东南亚政治、经济、文化状况等进行分析，显示多学科之间相互协作、交融的综合研究成果。

1991年2月20日，中国海外交通史研究会理事会选举中国社会科学院历史研究所所长陈高华担任会长。7月9日，经民政部核准，中国海外交通史研究会办理社团登记手续，业务主管单位为国家文物局中国文物交流中心。1997年，民政部对全国性社会团体进行清理整顿和重新登记，中国海外交通史研究会主管部门变更为国家文物局。

2003年10月25日，中国海外交通史研究会召开第四次会员代表大会，陈高华再次当选为会长。

2008年11月27日，中国海外交通史研究会召开第五次会员代表大会，陈高华继续当选为会长。2012年4月，中国海外交通史研究会被

民政部评定为3A社团组织。2013年10月27日，中国海外交通史研究会召开"历史上中国的海疆与航海"学术研讨会，对有关钓鱼岛、黄岩岛及南海问题、历史上中国与周边海洋国家关系、海图航海针路簿研究、中国航海贸易史研究及闽南人与海洋文化等进行研究。

2013年10月28日，中国海外交通史研究会召开第七次会员代表大会，选举福建师范大学教授谢必震为会长。2014年8月14日，中国海外交通史研究会与上海中国航海博物馆在上海联合主办"人海相依：中国人的海洋世界国际学术研讨会"，围绕中国海洋史研究前沿动态与发展趋势主题展开研讨。

2017年12月18日，中国海外交通史研究会举行第八次会员代表大会，选举山东大学教授陈尚胜为会长。

研究会与泉州海外交通史博物馆合办《海交史研究》，是全国第一本以古代海上丝绸之路历史研究为主题的学术性期刊。研究会联合其他学术单位，编写出版20余部专著，如《泉州湾与古代海外交通》《泉州湾宋代海船发掘与研究》《海上丝绸之路的著名港口——泉州》《海上丝绸之路与伊斯兰文化》《海峡交通史论丛》《海上丝绸之路研究》等。

**中国古代铜鼓研究会** 中国古代铜鼓研究会是国家文物局主管的，团结从事古代铜鼓以及南方青铜文化与民族社会、历史等研究工作者，深入开展古代铜鼓及有关问题研究的学术性社会组织。

1980年4月3日，中国古代铜鼓研究会成立。研究会第一届理事会推选中国社会科学院考古研究所所长夏鼐为名誉理事长，选举中央

民族学院教授石钟健为理事长。秘书处由理事会委托广西、云南、贵州、四川、广东五省区博物馆轮流组织。研究会成立之初，由广西壮族自治区博物馆成立铜鼓调查组，进行铜鼓资料普查，基本摸清全国铜鼓收藏家底，对1383面铜鼓进行登记、观察、测量、传拓、摄影，完成《中国古代铜鼓实测记录资料汇编》。1981年，研究会创办《中国古代铜鼓研究通讯》，及时交流各地铜鼓新发现和铜鼓研究的新成果。

1984年，中国古代铜鼓研究会召开第二届理事会，推选夏鼐为名誉理事长，四川大学教授童恩正为理事长。1988年，研究会出版《中国古代铜鼓》，是中国第一本全面研究铜鼓的专著。1988年10月11日，研究会主办首届中国南方及东南亚地区古代铜鼓和青铜文化国际学术讨论会，对有关铜鼓研究的学术观点和研究方法进行交流探讨。

1989年5月23日，中国古代铜鼓研究会召开第三届理事会，选举童恩正为理事长。1991年10月16日，研究会主办中国南方及东南亚地区古代铜鼓和青铜文化第二次国际学术讨论会，就古代铜鼓、中国南方及东南亚地区青铜文化、青铜时代民族和社会等问题进行研讨。

1996年11月9日，中国古代铜鼓研究会召开第四届理事会，选举广西壮族自治区博物馆馆长蒋廷瑜为理事长。会议期间召开中国南方及东南亚地区古代铜鼓和青铜文化第三次国际学术讨论会，研究中国南方及东南亚地区古代铜鼓和青铜文化内涵。1998年10月20日，研究会主办中国南方及东南亚地区古代铜鼓和青铜文化第四次国际学术讨论会，把铜鼓文化研究

与现代民族民俗研究相结合，深化和拓宽铜鼓研究领域。

2012年2月，中国古代铜鼓研究会在邕理事扩大会议于南宁召开，选举广西壮族自治区文化厅副厅长覃溥担任第五届理事会理事长。此时研究会有单位会员30余个，个人会员400余人。

中国古代铜鼓研究会成立后，组织专家学者编撰出版了一批学术专著，翻译了一批国外关于铜鼓的著作及文章。

中国秦文研究会　中国秦文研究会是国家文物局主管的，由长期从事秦文研究的历史学家、古文字学家、文物考古学家与书法篆刻家以及秦文史研究的爱好者、支持者等自愿组成的全国性、学术性社会组织。

1983年，中国秦文研究会成立，其前身是文化部于1979年成立的中国秦篆研究组。研究会成立时有团体会员6个，个人会员300余人，由高校科研机构教学研究人员、企事业单位管理者、离退休专家学者等组成。

中国秦文研究会成立后开展的主要工作有：编纂《中华篆文大词典》；与中国社会科学院等单位秦文、秦史、秦文化研究领域的专家学者合作开展秦史研究编纂；成立秦文长城书画院；组织书画创作与交流，拓展研究会服务社会范围和功能；举办新中国古汉字学及汉字科技文化成就学术研讨会。2010年10月13日，主办中国第三届黄帝文化学术研讨会。2012年6月1日，主办全国首届出土文献与秦文化研究高层论坛。2015年9月12日，中国秦文研究会、中国先秦史学会主办首届"鬼谷文化节"。2016年8月24日，中国秦文研究会、先

秦史学会与凤翔县人民政府主办全国首届秦文化学术研讨会。2017年12月23日，研究会举办中国秦文化论坛暨李斯思想文化研讨会，围绕秦文化暨李斯思想文化研究主题展开研讨。

2011年起，编印会刊《中国秦文化研究》，交流秦文、秦文化研究领域理论成果，介绍各地秦文化研究动向。同时，学会建立"秦文物考古信息数据库""秦文研究信息数据库"等，汇集和整理有关秦文的文献与文物考古信息。

中国敦煌石窟保护研究基金会　中国敦煌石窟保护研究基金会是国家文物局主管的全国性公募基金会。

1994年，中国敦煌石窟保护研究基金会经中国人民银行批准成立，1995年在民政部注册登记。基金会总部设在中国甘肃省兰州市。基金会的宗旨是遵守国家法律、政策，遵守社会道德风尚，用公募资金从事中国敦煌石窟保护、研究、弘扬的公益活动。基金会公益活动的任务是接受关心和支持敦煌保护、研究事业的自然人、法人或其他组织的自愿捐助；资助敦煌石窟的科学保护与修复；资助有关敦煌学的科研项目和科研成果出版；资助国内外敦煌保护、研究的学术交流和人才培养；同国内外有关团体、研究机构或个人合作举办与敦煌有关的讲座、学术研讨会等活动；为国内外有关团体、研究机构或个人提供敦煌学研究资料、科研成果、信息咨询等服务。

基金会最高领导机构为理事会，理事会下设办公室和专家委员会。办公室负责基金会日常事务、财务管理、募捐及公益活动。专家委员会是审议、咨询机构。基金会名誉理事长为樊锦诗，理事长为杨秀清。

## 二、其他社会组织

其他单位管理的社会组织包括中国文物保护技术协会、中国古迹遗址保护协会、中国考古学会、北京故宫文物保护基金会。

**中国文物保护技术协会** 中国文物保护技术协会是由从事文物保护工作的科技人员组成的全国性、学术性、公益性社会组织，业务主管单位是中国科学技术协会，挂靠单位为故宫博物院。中国文物保护技术协会的宗旨是促进文物科技学科的发展和推广，培养文物科技研究和技术人才。主要任务是团结全国文物保护科技工作者，开展学术交流活动，促进文物保护科技水平提升；开展继续教育，培训文物保护专业人才，更新文物保护理论、知识和技术，提高文物保护科技工作者的学术水平和业务能力；与国外相关学术团体和机构建立密切联系，积极开展国际学术活动，促进国际科技合作，促进国际友好往来；编辑出版专业学术刊物，推荐优秀学术论文和著作；发挥政府联系文物保护科技工作者的纽带和开展文物保护工作的助手作用，承担相关部门的科技评估、决策咨询等。

1980年12月24日，经中国科学技术协会批准，中国文物保护技术协会第一次代表大会在北京召开。会议通过《中国文物保护技术协会章程》，选举产生第一届理事会。1980年12月29日，中国文物保护技术协会在北京市正式宣布成立，茅以升任名誉理事长，王书庄任理事长，蔡学昌、陈滋德、叶作舟、余鸣谦、于倬云任副理事长，蔡学昌兼任秘书长。第一届

理事会期间，协会共举办20次座谈会和调研考察，出版《文物保护技术》前三辑。

1986年12月3日，中国文物保护技术协会第二次代表大会在河南省洛阳市召开。会议选举王书庄为第二届理事会理事长，于倬云为代理事长。此起至1991年，出版《文物保护技术》系列辑刊后三辑。

1994年10月，中国文物保护技术协会第三次代表大会召开。会议选举于倬云为第三届理事会理事长。

2000年，中国文物保护技术协会召开理事会扩大会议调整领导班子，陆寿麟暂代理事长。2001年5月26日，中国文物保护技术协会在江苏省苏州市召开首届学术年会。

2002年7月3日，中国文物保护技术协会第四次代表大会在陕西省西安市召开。会议选举陆寿麟担任第四届理事会理事长。同期召开中国文物保护技术协会第二次学术年会，会议主题为"新形势下文物科技可持续发展战略"。2004年5月11日，中国文物保护技术协会第三次学术年会在浙江省杭州市召开，会议主题为"贯彻新《文物保护法》，促进文物科技发展"。2005年11月，中国文物保护技术协会第四次学术年会在湖北省荆州市召开，会议主题为"以科学发展观，促进文物科技发展"。

2007年9月4日，中国文物保护技术协会第五次代表大会在江苏省南京市召开。会议选举李化元为第五届理事会理事长。同期召开中国文物保护技术协会第五次学术年会，会议主题为"传统工艺和现代科技的对话"。2009年6月22日，中国文物保护技术协会第六次学术年会在新疆维吾尔自治区乌鲁木齐市召开，会议

主题为"东方文物保护的理念与方法"。2012年9月12日，中国文物保护技术协会第七次学术年会在江苏省南京市召开，会议主题为"传统工艺与现代科技结合的创新研究"。

2007年11月1日，由中、日、韩三国文化遗产保护团体联合发起的东亚文化遗产保护学会在韩国首尔成立。学会总部设在日本奈良，中国委员会挂靠于中国文物保护技术协会，陆寿麟当选第一任副会长。中国文物保护技术协会分别于2009年10月、2011年8月、2017年8月承办三届"东亚文化遗产保护学会国际学术研讨会"。

2012年9月11日，中国文物保护技术协会第六次代表大会在江苏省镇江市召开。会议选举李化元为第六届理事会理事长。2014年10月16日，中国文物保护技术协会第八次学术年会在湖北省武汉市召开，会议主题为"文物科技事业现状与展望"。2016年11月22日，中国文物保护技术协会第九次学术年会在重庆市召开，会议主题为"新时期文物保护的理念、任务与方向"。2014年起，协会承接国家文物局"可移动文物保护修复项目组织管理服务"工作，2014～2017年组织专家4000余人次对1600余项文物本体保护修复、预防性保护、数字化保护项目进行立项评审。

截至2017年底，中国文物保护技术协会设有6个分支机构。

**中国古迹遗址保护协会**　中国古迹遗址保护协会是文化部主管、国家文物局业务指导，由全国从事文化遗产保护与研究的专家学者、管理工作者和有关单位自愿组成的全国性、专业性、非营利性社会组织。

2004年8月6日，中国古迹遗址保护协会第一次会员代表大会在北京召开，选举国家文物局副局长张柏为理事会主席。2005年4月29日，中国古迹遗址保护协会经文化部、民政部批准注册，秘书处挂靠中国文物信息咨询中心。同年，中国古迹遗址保护协会参与在中国召开的国际古迹遗址理事会第15届大会筹备工作。会议期间，中国古迹遗址保护协会与盖蒂基金会共同举办《中国文物古迹保护准则》论坛。

2007年4月11日，协会参与筹办"中国文化遗产保护无锡论坛——乡土建筑遗产保护"，通过《关于保护乡土文物建筑的倡议》。

2008年4月28日，中国古迹遗址保护协会第二次会员代表大会在北京召开，选举国家文物局副局长童明康为理事长。5月12日，四川汶川发生特大地震，受国家文物局委托，协会组织专家参与文物保护规划、抢险救灾任务，并参与组织传统建筑工艺培训班和震后文化遗产保护国际研讨会。10月30日，协会与北京市文物局承办东亚地区木结构彩画保护国际研讨会，形成《关于木结构建筑彩画保护的北京备忘录》。

2009年4月10～11日，协会参与筹办第四届中国文化遗产保护无锡论坛，围绕文化线路遗产科学保护主题，结合中国大运河、丝绸之路、茶马古道等文化线路遗产保护实践进行探讨。

2010年4月10日，协会参与筹办第五届中国文化遗产保护无锡论坛，主题为文化景观遗产保护，通过《关于文化景观遗产保护的无锡建议》。

2011年4月10日，协会参与筹办第六届中国文化遗产保护无锡论坛,主题为运河遗产保护,通过《关于大运河遗产保护的无锡备忘录》。4～12月,协会召开数次研讨会,对《中国文物古迹保护准则》修订稿逐条讨论,完成文本修订。

2012年5月23日,中国古迹遗址保护协会第三次会员代表大会在北京召开,选举童明康继续担任理事长。4月10日,受国家文物局委托,协会协办中国文化遗产保护无锡论坛,主题为"世界遗产:可持续发展",通过《"世界遗产:可持续发展"无锡倡议》。

2013年4月10日,协会承办中国文化遗产保护无锡论坛,以"文化遗产保护与利用——发展中的平衡"为主题,探讨文化遗产传承与发展,以实现新形势下文物工作与社会文化发展互利共赢。

2014年,受国家文物局委托,协会开始承担文物保护工程单位资质管理和文物保护工程专业人员资质管理有关工作,制定勘察设计、施工、监理3个文物保护工程资质管理办法,建立"全国文物保护工程资质单位信息管理系统"数据库。11月4～5日,受国家文物局委托,协会与中国文物报社在北京主办首届(2013年度)全国十佳文物保护工程评选终评会。11月9日,协会秘书长陆琼参加国际古迹遗址理事会第18届大会并当选执委。

2017年5月23日,协会第四次会员代表大会在北京召开,国家文物局副局长宋新潮当选理事长。

中国古迹遗址保护协会自成立以来,参与中国申报世界文化遗产工作,为中国代表团参加历年联合国教科文组织世界遗产委员会会议提供技术服务,为中国申报项目成功列入《世界遗产名录》付出了努力;参与协办中国文化遗产保护论坛,为拓展文化遗产领域,促进文物保护理论与实践的交流作出了贡献。

**中国考古学会** 中国考古学会是中国社会科学院主管的,由从事考古工作的事业单位、科研院所、社会团体及个人自愿结成的全国性、学术性、非营利性社会组织。

中国考古学会于1979年4月6日在陕西省西安市召开成立大会,通过《中国考古学会章程》,推选由64人组成的第一届理事会。夏鼐任理事长,裴文中、尹达、苏秉琦任副理事长,王仲殊任秘书长,王振铎、安志敏、陈乔、陈滋德、张政烺、贾兰坡、顾铁符、宿白为常务理事。

1983年5月9日,中国考古学会第四次年会在河南省郑州市召开,通过修订的《中国考古学会章程》,选举由64人组成的第二届理事会。夏鼐任理事长,尹达、苏秉琦、贾兰坡任副理事长,王仲殊任秘书长,王振铎、安志敏、张政烺、顾铁符、宿白、谢辰生为常务理事。经常务理事会讨论决定,自1983年起编辑出版《中国考古学年鉴》。会议以"商文化的研究和夏文化的探索"和"中国各地的青铜文化"为重点展开讨论。

1989年5月15日,中国考古学会第七次年会在湖南省长沙市召开,选举由77人组成的第三届理事会。苏秉琦任理事长,宿白、徐苹芳、黄景略任副理事长,徐光冀任秘书长。会上通过修订的《中国考古学会章程》。年会的中心议题是"中国南方的古代文化"。

1999年11月26日,中国考古学会第十次年会在四川省成都市召开，通过修订的《中国考古学会章程》，选举产生由81人组成的第四届理事会。宿白任名誉理事长，徐苹芳任理事长，俞伟超、张忠培、严文明任副理事长，刘庆柱任秘书长。年会的中心议题是"西南地区和三峡地区的考古学问题"。

2008年10月22日，中国考古学会第11次年会暨第五届会员代表大会在北京召开，通过修订的《中国考古学会章程》，选举产生由104人组成的第五届理事会。宿白任名誉理事长，张忠培为理事长，王巍、童明康、赵辉为副理事长，陈星灿为秘书长。年会的中心议题是"改革开放三十年来的中国考古学"。

2013年10月23日，中国考古学会第16次年会暨第六届会员代表大会在陕西省西安市召开，选举产生由126人组成的第六届理事会。宿白任名誉理事长，王巍任理事长，童明康、赵辉、李季为副理事长，陈星灿为秘书长。年会的主题为"全球视野下的古代中国——以周秦汉唐为中心"。

2016年5月21日，中国考古学会主办的首届中国考古学大会在河南省郑州市召开。会议的主题为"走向世界、走向未来的中国考古学"。大会组织十几场公共考古讲座和考古发掘现场考察活动。大会颁发"田野考古奖""研究成果奖（金鼎奖）""青年学者奖（金爵奖）"等奖项，宿白获中国考古学终身成就奖。

截至2017年底，中国考古学会设立20个专业委员会。

**北京故宫文物保护基金会**　北京故宫文物保护基金会（简称故宫基金会）是由北京市文物局主管的非公募基金会，其宗旨是保护民族文化遗产，扩大故宫博物院国内国际影响力；其业务范围是资助故宫博物院建设、藏品保护利用及其他社会文化公益活动，奖励文物、博物馆学相关领域的教学和研究。

2010年9月28日，北京市民政局正式批准成立北京故宫文物保护基金会。10月10日，故宫基金会在故宫博物院建福宫花园举行成立仪式。2010年12月23日，故宫基金会召开第一届第一次理事会，通过故宫博物院院长郑欣淼为名誉会长，选举李季为理事长。2011年9月，资助故宫博物院在法国卢浮宫博物馆举办"重扉轻启——明清宫廷生活文物展览"。该展览由中法两国元首亲自见证签署协议，是第一次在卢浮宫这一西方主流古典文明的核心地带高水准、大规模地展示中华文明。

2014年，故宫基金会接受中国嘉德国际拍卖有限公司和红树白云楼主人陆牧滔共同捐赠的文物《元代张达善跋〈隋人书出师颂卷〉》，并交由故宫博物院收藏，使故宫博物院书法收藏系列更为完整。2015年9月17日，资助故宫博物院举办"《石渠宝笈》国际学术研讨会"，推动了《石渠宝笈》及相关书画、碑帖的研究。10月，启动资助故宫博物院对养心殿进行研究性保护修缮工作。2015年12月15日，故宫基金会召开第一届第十次理事会，选举李季为理事长。

2016年2月25日，著名书画家崔如琢向故宫基金会捐资成立"崔如琢故宫事业发展专项基金"，用于故宫文化遗产保护和博物馆事业发展。8月，启动资助故宫博物院对奉先殿进行研究性保护工作，以还原历史原貌为目的，通过复原奉先殿的原状陈设，恢复皇家祭祖这一中华传统礼仪文化。9月，资助故宫博物院专家赴美国洛杉矶参加国际文物修护学会第26届国际专题会议，来自30多个国家和地区的近400位专家和学者，就当代艺术品的保护修复问题、文物保护修复技术进行了深入交流与探讨。2016年9月，资助故宫博物院在午门展厅举办"梵天东土　并蒂莲华——公元400～700年印度与中国雕塑艺术展"。该展览是中印古代同时期雕塑艺术首次在中国进行对比展示，是中印两国文化交流项目的重要部分。10月，由故宫博物院和故宫基金会主办的"太和·世界古代文明保护论坛"在北京举办。2016～2017年，资助故宫博物院对西藏阿里地区石窟寺壁画和青海乐都瞿昙寺壁画进行数字化采集。该项目的实施，对故宫博物院研究藏传佛教文化遗产起到了重要的促进作用。

2017年，资助故宫博物院对神武门城楼上的展厅进行改造，应用全新的技术和设施，提升了展览的展示空间和展览效果。

2017年7月17日，故宫基金会被民政部门认定为慈善组织。

# 第七章 与港澳台地区文物交流合作

长期以来，内地和港澳、大陆和台湾积极致力于文物领域交流合作，密切联系，增强港澳台同胞对中华文化的认同，促进港澳台同胞共享中华优秀文化遗产，为维护祖国统一、增强中华民族团结、构筑中华民族共有精神家园、打击"台独""港独"等分裂势力作出积极贡献。

内地与香港文物交流合作和人员往来密切，粤港地区交流更是由来已久。香港爱国人士出资出力，支持内地文物事业。内地与香港合作开展的考古发掘、学术研究、文物展览等取得丰硕成果。国家文物局开展内地与香港在文化遗产领域交流与合作，促进规范化、常态化发展，对稳定香港收藏界人心发挥积极作用。1996年，以香港大学建筑学院院长、教授龙炳颐为团长的香港古物咨询委员会代表团访问北京，是香港文物管理部门代表首次来京访问。2011年，国家文物局与香港文化遗产主管部门签署《国家文物局与香港特别行政区政府民政事务局关于深化文化遗产领域交流与合作的协议》，推动了内地与香港在文化遗产保护、文物展览、人员培训与交流、打击文物走私等方面的合作常态化、制度化。

自20世纪50年代起，澳门爱国人士就长期关心支持内地文物事业。2005年，国家文物局支持澳门历史城区申报世界遗产成功。2011年，国家文物局与澳门文化遗产主管部门签署《国家文物局与澳门特别行政区政府社会文化司关于深化文化遗产领域交流与合作的谅解备忘录》。"十二五"期间，内地文物部门赴澳门举办文物展览，并引进澳门文物展览到内地展出。

1992年，两岸达成"九二共识"，文物交流合作由此起步，文物展览和人员参访日益频繁。中国文物交流中心接待台湾中华文物学会组织的红山文化遗址考察团，是大陆接待的首个台湾文物参访团。中国文物交流中心、台湾展望文教基金会联合举办的"兵马俑及金缕玉衣展览"在台北展出，是1949年后大陆首个赴台的大型文物展览。进入21世纪，两岸文物交流呈现多渠道、多方位发展态势，相继举办"山水合璧——黄公望与《富春山居图》特展"等近百个展览，人员往来稳定增长，学术交流持续深入，文物捐赠显现亲情，增强了两岸同胞的文化认同。

# 第一节　与香港文物交流合作

内地与香港的文化遗产交流合作形式主要有签署合作协议、展览交流、交流互访、文物保护交流合作、文物捐赠等。

## 一、签署合作协议

1980年2月，国家文物事业管理局首次派出以副局长齐光为团长的代表团访问香港，并签订建立业务合作关系的协议。

1999年，中华文物交流协会与香港中国文物保护基金会签订《关于复建故宫建福宫花园的协议书》，香港中国文物保护基金会提供复建工程费，用于恢复和修葺故宫建福宫花园内建筑物。

2011年12月15日，国家文物局与香港文化遗产主管部门香港特别行政区政府民政事务局签署《关于深化文化遗产领域交流与合作的协议》。根据协议，国家文物局与香港特别行政区政府民政事务局成立联合工作组，在展览交流、文物保护、专业人员培训和打击文物走私等方面开展更加广泛、更加紧密的交流与合作，全面拓展双方交流与合作的领域和渠道。该协议的签署，标志着内地与香港在文化遗产领域的交流与合作进入常态化新阶段。

2017年11月28日，在文化部部长雒树刚与香港特别行政区行政长官林郑月娥见证下，国家文物局局长刘玉珠与香港特别行政区政府民政事务局局长刘江华在香港签署《关于文化遗产领域交流与合作更紧密安排协议书》，对内地与香港文化遗产既有合作机制进一步扩展和深化，为双方交流与合作带来新的活力。双方表示，愿意在协议书框架下开展更加丰富、更加深入的交流合作，让广大香港同胞，特别是香港青少年加深对祖国历史文化的认识，增强国家意识，增强民族荣誉感。

## 二、展览交流

1997年香港回归，与内地展览交流日趋增多。据不完全统计，1978～2017年，内地文物部门赴香港举办展览近百个；2007～2017年，与香港文博机构合作在内地举办展览10余个。（表7-1-1、7-1-2）

**国宝——中国历史文物精华展**　1997年12月16日～1998年3月1日，为庆祝香港回归祖国，加深香港民众对中华传统文化的认识，促进内地与香港的文化交流，由国家文物局和香港特别行政区临时市政局主办、中国历史博物馆和中国文物交流中心承办的"国宝——中国历史文物精华展"在香港艺术馆展出。这是中国人民第一次以主人的身份在香港举办全国性文物大展，是全国文物、考古、博物馆界为香港回归伟大祖国献上的一份厚礼。展览从全国30余家文博单位遴选160余件珍贵文物，其中一级文物超过50%，包括虢季子白盘、长信宫灯、秦兵马俑等，可谓精品荟萃，内涵丰富，成为香港文化界的一件盛事，接待观众超过22万人次。

人民的好总理——纪念周恩来百年诞辰 1998年6月9～14日，"人民的好总理——纪念周恩来百年诞辰"展在香港展览中心展出。该展览由香港中华文化城有限公司、香港大公报、中国革命博物馆联合主办，受到香港同胞的热烈欢迎，观众达1.5万人次，获得高度评价。

拥抱吉祥——西藏珍宝展 2001年11月25日～12月2日，西藏自治区文物局、中国历史博物馆和香港星际文化集团在香港会议展览中心联合举办"拥抱吉祥——西藏珍宝展"。展览共展出文物80件／套，包括历代封诰、印章、佛像、唐卡、经书、首饰、医疗器具、日常用品等，展示了西藏悠久的历史和灿烂的文明。展品包括11件元朝至清朝历代中央政府赐予西藏的官印和圣旨，如"大元帝师统领诸国僧尼中兴释教之印"白玉印、明《嘉靖帝封阿旺扎西扎巴袭阐化王职诰书》、清"西天大善自在佛所领天下释教普通瓦赤拉呾喇嘛达赖喇嘛之宝"青玉印等，说明中国自古以来对西藏管辖的历史事实。吐蕃时期的《婆罗门行续》贝叶经、8世纪的"释迦牟尼鎏金铜像"、分治时期的"佛陀及二弟子像"唐卡等都属于非常珍贵的宗教文物。展出的西藏唐卡中有4幅属于藏医题材，反映了西藏医学成就。长期供奉在罗布林卡的"十一面千手千眼观音"

鎏金铜像等11件文物，首次通过展览对外公开展示。展览受到香港同胞的热烈欢迎，电台、电视台、报纸等各种媒体都做了大量报道，并予以高度评价。

法门寺珍藏唐代佛教文物展 2004年5月26日～6月5日，应香港佛教联合会、香港会议展览中心邀请，法门寺佛指舍利及20件法门寺地宫出土的一级文物在香港会议展览中心展出。5月26日，举行佛指舍利瞻礼祈福大会开幕典礼，同时"法门寺珍藏唐代佛教文物展"开幕。

世纪伟人——纪念邓小平诞辰100周年展 2004年8月26日～9月4日，为纪念邓小平100周年诞辰，香港中华文化城有限公司、香港大公报、香港特别行政区政府民政事务局、中国国家博物馆、香港中华文化总会等8家机构，在香港展览中心联合举办"世纪伟人——纪念邓小平诞辰100周年展"。展览分"戎马生涯""艰辛探索""开创伟业""情系香港""生活情趣"5个部分，展出照片230张、文物80件，重点文物包括邓小平和张云逸署名发布的红七军司令部政治部布告、邓小平庆贺成渝铁路通车题词、任命邓小平为国务院副总理的任命通知书、《中英联合声明》签字笔等，还展出了"邓小平小道"模型、邓小平办公室复原场景等。展览生动形象地展现邓小平的一生，全面反映出邓小平在中国革命、建设和改革各个历史时期的伟大贡献，尤其重点表现邓小平为中华民族振兴和祖国统一大业所建立的不朽功勋。该展览是首次在香港展出的较为系统展示邓小平生平业绩和伟人风采的大型专题展览，为香港同胞提供了"走近"小平，缓怀伟人的机会。

**走向盛唐——文化交流与融合**　2005年，为增强香港同胞对中国传统文化的认知和认同，加强联系和交流，应香港特别行政区政府康乐与文化事务署请求，国家文物局促成"走向盛唐——文化交流与融合"展于3月14日～6月10日在香港文化博物馆展出。展期内参观人次29.6万，高峰时一天观众达1.3万人，不得不采取措施控制流量。

**和平正义事业的伟大胜利——纪念中国抗日战争暨世界反法西斯战争胜利六十周年展览**　2005年8月10～18日，为纪念中国抗日战争暨世界反法西斯战争胜利60周年，中国国家博物馆与香港大公报、香港中华文化城、凤凰卫视、香港文汇报、中国人民抗日战争纪念馆联合主办的"和平正义事业的伟大胜利——纪念中国抗日战争暨世界反法西斯战争胜利六十周年展览"在香港展览中心展出。展览分为6个部分：第一部分"争霸剧烈，法西斯战云笼罩全球"；第二部分"共赴国难，筑成中华民族血肉长城"；第三部分"同仇敌忾，东西方反法西斯战场协同作战"；第四部分"患难与共，港澳台同胞英勇抗战"；第五部分"血泪欢歌，人民赢得反法西斯战争的伟大胜利"；第六部分"维护世界和平，促进共同发展"。展览展出文物104件，其中一级文物8件，图片370余张，图表10余张。展厅设有电影放映厅，连续放映十几部抗日战争题材经典故事影片。参观者络绎不绝，观众总人次达12万。

**扬帆万里——郑和下西洋纪念展**　2005年是郑和下西洋六百周年，由文化部和中国国家博物馆主办的"云帆万里照重洋——郑和下西洋六百周年纪念展"是纪念活动的重点项目，展览开幕后引起巨大社会反响。应香港康乐及文化事务署邀请，2006年2月22日～5月15日，香港康乐及文化事务署和中国国家博物馆在香港历史博物馆举办"扬帆万里——郑和下西洋纪念展"。展览通过60件／套珍贵展品和100余张照片，从"郑和生平""郑和下西洋的历史背景""郑和下西洋的船队""从中国东南沿海到印度洋""郑和下西洋的影响"5个方面介绍郑和下西洋所创造的辉煌壮举。展品包括长11米、于南京宝船厂遗址出土的大舵杆，附有郑和名字的铜钟、《妙法莲华经》，以及记载下西洋的典籍和郑和一号宝船模型，配合下西洋详尽的时间表及路线图，让观众对郑和下西洋的历史有更深的认识。展厅设计独具匠心，在天花板上挂有帆布，配合海浪声模拟海上航行，使观众有身临其境之感。配合展览，香港历史博物馆还印制了适合小观众参观学习的《教育小册子》，以小学生的角度，在小册子中绘制郑和探险记、郑和船队及珍奇大观园等，由简单的填充、配对及问答游戏所组成，以丰富有趣的小知识点增加观众的参观兴趣，并以"宝船压章"作为纪念品。展览在香港展出期间，轰动一时，受到香港各界人士，特别是中小学生的普遍欢迎，成为中小学生的第二课堂。

**开国大典——新中国成立大型图片文物回顾展**　2009年10月5～15日，为庆祝中华人民共和国成立60周年，应香港文汇报邀请，中共中央文献研究室、中国国家博物馆、香港特别行政区政府民政事务局、香港文汇报联合在香港中央图书馆举办"开国大典——新中国成立大型图片文物回顾展"。展览分为"迎接民主人士到解放区""中共中央进驻北平""筹备新政治协商会议""迎来曙光的盛会""开国大典"5个部分，展出照片260张、文物文献图片30张、文物14件，重点文物有中国国民党革命委员会在香港响应中共"五一"号召发表的《我们对于新政协的意见》、香港文汇报全体职工献给人民解放军的"没有你们就没有新中国"的锦旗等，大部分图片和文物都是首次在香港展出。展览以反映中华人民共和国建立历程为切入点，加深香港观众对中华人民共和国筹建历史的认知。特别是展览第一部分"迎接民主人士到解放区"，侧重表现中华人民共和国成立前夕爱国人士齐聚香港再转道解放区、参加新政协、筹建新中国的历史，展现了香港为筹建新中国作出的历史贡献。展览接待观众2.1万余人次。

**一统天下——秦始皇帝的永恒国度**　2012年7月25日～11月26日，应香港特别行政区政府邀请，为庆祝香港回归及香港特别行政区成立15周年，陕西省文物局在香港历史博物馆举办"一统天下——秦始皇帝的永恒国度"展览（原名"秦始皇文物大展"）。展品123件／套，其中文物展品120件／套，分别从陕西的13家文博单位精选而来，包括完整的秦俑16件、残俑1件、俑头1件、陶马2匹。文物时代涵盖春秋时期的秦国至秦始皇一统天下后的秦朝，重点探讨统一帝国与中华文明产生和发展的关系，以全新视角展示秦人的发展史以及秦文化在中华文明发展进程中的重要作用。展览接待观众36万余人次，创香港历史博物馆参观展览人数新纪录。该展览曾被列入香港特别行政区政府2010

年与2011年请求中央政府支持的事项。

**岭南印记——粤港澳考古成果展**　2014年6月11日～9月1日，由广东省文化厅、香港特别行政区政府民政事务局、澳门特别行政区政府文化局联合主办，广东省博物馆、香港历史博物馆、澳门博物馆联合筹划的"岭南印记——粤港澳考古成果展"在香港历史博物馆展出。展览展出粤、港、澳三地重要考古遗址出土的文物700余件，探讨三地从旧石器时期至明代的历史和文化发展，全面展示三地的考古成果、考古技术的进步及公众考古的发展。

**绵亘万里——世界遗产丝绸之路**　2017年11月29日～2018年3月5日，由国家文物局、香港康乐及文化事务署联合主办，香港历史博物馆、陕西省文物局、甘肃省文物局、新疆维吾尔自治区文物局、洛阳市文物局、中国社会科学院考古研究所联合承办，香港历史博物馆、陕西省文物交流中心具体执行的"绵亘万里——世界遗产丝绸之路"展，在香港历史博物馆展出。该展览是庆祝香港特别行政区成立20周年的重点项目之一，亦为第十届亚洲文化合作论坛的一项主要活动。展览以世界文化遗产"丝绸之路：长安-天山廊道的路网"为核心，通过来自路网所跨越的中国陕西省、河南省、甘肃省、新疆维吾尔自治区与中亚哈萨克斯坦、吉尔吉斯斯坦两国的珍贵文物，展现路网的历史及文化价值。展品中陕西、河南、甘肃及新疆的文物共160余件／套，其中超过一半为一级文物，另有50余件／套文物来自哈萨克斯坦和吉尔吉斯斯坦。展品包括玉器、丝织品、三彩胡人俑、金银器、青铜器及大型壁画等。

表7-1-1　1978~2017年内地文物部门赴香港举办部分展览信息表

| 序号 | 展览名称 | 展览时间 | 展览地点 |
|---|---|---|---|
| 1 | 中华人民共和国出土文物展览 | 1978 年 4 月 18 日 ~ 6 月 11 日 | 中国出口商品陈列馆（九龙尖沙咀星光行） |
| 2 | 中国古窑址瓷片展 | 1981 年 9 月 16 日 ~ 10 月 14 日 | 香港大学冯平山博物馆 |
| 3 | 上海博物馆珍藏青铜器 | 1983 年 1 月 2 日 ~ 3 月 4 日 | 香港艺术馆 |
| 4 | 秦始皇兵马俑展 | 1986 年 2 ~ 6 月 | 香港中国文物展览馆 |
| 5 | 上海博物馆藏良渚文化珍品展 | 1992 年 4 月 11 日 ~ 8 月 9 日 | 香港历史博物馆 |
| 6 | 丝绸之路——长安瑰宝展 | 1993 年 10 月 15 日 ~ 1994 年 1 月 2 日 | 香港艺术馆 |
| 7 | 物华天宝——唐代贵族的物质生活展 | 1993 年 11 月 ~ 1994 年 2 月 | 香港沙田大会堂 |
| 8 | 国宝——中国历史文物精华展 | 1997 年 12 月 16 日 ~ 1998 年 3 月 1 日 | 香港艺术馆 |
| 9 | 人民的好总理——纪念周恩来百年诞辰展 | 1998 年 6 月 9 ~ 14 日 | 香港展览中心 |
| 10 | 战国雄风——河北省中山国王墓文物展 | 1999 年 10 月 1 日 ~ 2000 年 1 月 9 日 | 香港艺术馆 |
| 11 | 山东青州龙兴寺出土佛教造像展 | 2001 年 1 月 19 日 ~ 4 月 15 日 | 香港艺术馆 |
| 12 | 明清花鸟画展 | 2001 年 9 ~ 11 月 | 香港中文大学文物馆 |
| 13 | 拥抱吉祥——西藏珍宝展 | 2001 年 11 月 25 日 ~ 12 月 2 日 | 香港会议展览中心 |
| 14 | 战争与和平——秦汉文物精华展 | 2002 年 12 月 4 日 ~ 2003 年 3 月 16 日 | 香港历史博物馆 |
| 15 | 万寿无疆——乾隆八旬贺寿 | 2000 年 12 月 17 日 ~ 2001 年 3 月 15 日 | 香港文化博物馆 |
| 16 | 山西馆藏道教文物展 | 2003 年 3 月 31 日 ~ 6 月 25 日 | 香港大学美术博物馆 |
| 17 | 秋猎怀远——承德避暑山庄文物大展 | 2004 年 3 月 24 日 ~ 6 月 7 日 | 香港历史博物馆 |
| 18 | 法门寺珍藏唐代佛教文物展 | 2004 年 5 月 26 日 ~ 6 月 5 日 | 香港会议展览中心 |
| 19 | 世纪伟人——纪念邓小平诞辰 100 周年 | 2004 年 8 月 26 日 ~ 9 月 4 日 | 香港展览中心 |
| 20 | 猎鹿与剽牛——云南古滇国文物展 | 2004 年 11 月 10 日 ~ 2005 年 2 月 21 日 | 香港历史博物馆 |
| 21 | 陕西考古新发现 | 2004 年 11 月 21 ~ 29 日 | 香港会议展览中心 |
| 22 | 走向盛唐——文化交流与融合 | 2005 年 3 月 14 日 ~ 6 月 10 日 | 香港文化博物馆 |
| 23 | 和平正义事业的伟大胜利——纪念中国抗日战争暨世界反法西斯战争胜利六十周年 | 2005 年 8 月 10 ~ 18 日 | 香港展览中心 |
| 24 | 东西汇流——粤港澳文物大展 | 2005 年 9 月 28 日 ~ 2006 年 1 月 2 日 | 香港历史博物馆 |
| 25 | 扬帆万里——郑和下西洋纪念展 | 2006 年 2 月 22 日 ~ 5 月 15 日 | 香港历史博物馆 |
| 26 | 虽小道　亦可观——中国古代消闲娱乐 | 2006 年 3 月 22 日 ~ 6 月 26 日 | 香港文化博物馆 |

| 序号 | 展览名称 | 展览时间 | 展览地点 |
|---|---|---|---|
| 27 | 似与不似——辽宁省博物馆藏齐白石书画精品 | 2006 年 8 月 25 日～11 月 26 日 | 香港艺术馆 |
| 28 | 礼乐之邦——河南夏商周文物展 | 2007 年 2 月 14 日～5 月 14 日 | 香港历史博物馆 |
| 29 | 大道流行——《道德经》版本文物展 | 2007 年 4 月 26 日～5 月 10 日 | 香港九龙公园文物探知馆 |
| 30 | 三星闪耀　金沙流采——神秘的古蜀文明 | 2007 年 6 月 6 日～9 月 9 日 | 香港文化博物馆 |
| 31 | 国之重宝——故宫博物院藏晋唐宋元书画展 | 2007 年 6 月 28 日～8 月 11 日 | 香港艺术馆 |
| 32 | 中国考古新发现 | 2007 年 7 月 25 日～9 月 24 日 | 香港历史博物馆 |
| 33 | 玉玦与白陶起源展 | 2007 年 11 月 23 日～2008 年 4 月 30 日 | 香港中文大学文物馆 |
| 34 | 从钱庄到现代银行——沪港银行业发展 | 2007 年 11 月 28 日～2008 年 3 月 24 日 | 香港历史博物馆 |
| 35 | 书斋与道场——道教文物艺术展 | 2008 年 2 月 22 日～5 月 11 日 | 香港中文大学文物馆 |
| 36 | 庄世平生平史迹展 | 2008 年 5 月 28 日～6 月 7 日 | 九龙观塘展览厅 |
| 37 | 居巢、居廉绘画展 | 2008 年 6 月 18 日～8 月 31 日 | 香港艺术馆 |
| 38 | 天马神骏——中国马的艺术和文化 | 2008 年 7 月 16 日～10 月 13 日 | 香港历史博物馆 |
| 39 | 贺兰山阙——宁夏丝绸之路文物展 | 2008 年 12 月 12 日～2009 年 3 月 15 日 | 香港大学美术博物馆 |
| 40 | 闪亮的青春——纪念五四运动 90 周年大型图片展 | 2009 年 3 月 23 日～4 月 12 日 | 香港大会堂 |
| 41 | 摩登都会——沪港社会风貌 | 2009 年 4 月 29 日～8 月 17 日 | 香港历史博物馆 |
| 42 | 香港与共和国同行——中华人民共和国建国 60 周年大型展览 | 2009 年 6 月 16～23 日 | 香港大会堂 |
| 43 | 百年中国 | 2009 年 9 月 23 日～2010 年 1 月 4 日 | 香港历史博物馆 |
| 44 | 开国大典——新中国成立大型图片文物回顾展 | 2009 年 10 月 5～15 日 | 香港中央图书馆 |
| 45 | 开科取士——清代科举展 | 2011 年 11 月 9 日～2012 年 2 月 6 日 | 香港历史博物馆 |
| 46 | 雍雅华贵——汉代贵族生活 | 2010 年 2 月 12 日～5 月 3 日 | 香港历史博物馆 |
| 47 | 中山舰出水文物特展 | 2010 年 6 月 20～22 日 | 香港中央图书馆 |
| 48 | 港深古代文化根源展 | 2010 年 7 月 10 日～2011 年 6 月 30 日 | 香港中文大学中国考古艺术研究中心 |
| 49 | 革命再革命——从兴中会到广州政权 | 2010 年 9 月 17 日～2011 年 3 月 16 日 | 香港孙中山纪念馆 |
| 50 | 辛亥革命百周年展 | 2011 年 3 月 2 日～5 月 16 日 | 香港历史博物馆 |
| 51 | 衣服的起源——树皮衣展览 | 2011 年 8 月 5 日～2012 年 1 月 4 日 | 香港中文大学文物馆 |

| 序号 | 展览名称 | 展览时间 | 展览地点 |
|---|---|---|---|
| 52 | 龙行香港 | 2012 年 2 月 10 日～2013 年 1 月 27 日 | 香港中文大学文物馆 |
| 53 | 有情世界——丰子恺的艺术 | 2012 年 5 月 25 日～10 月 7 日 | 香港艺术馆 |
| 54 | 颐养谢尘喧——乾隆皇帝的秘密花园 | 2012 年 6 月 22 日～10 月 14 日 | 香港艺术馆 |
| 55 | 一统天下——秦始皇帝的永恒国度 | 2012 年 7 月 25 日～11 月 26 日 | 香港历史博物馆 |
| 56 | 抗日英雄——东江纵队港九独立大队文物展 | 2013 年 4 月 26 日～10 月 23 日 | 香港海防博物馆 |
| 57 | 国采朝章——清代宫廷服饰 | 2013 年 7 月 31 日～10 月 7 日 | 香港历史博物馆 |
| 58 | 地下的中国——凤翥龙翔 | 2013 年 10 月 25 日～2014 年 3 月 2 日 | 香港中文大学文物馆 |
| 59 | 纸上风云——辛亥革命在广东 | 2013 年 11 月 29 日～2014 年 5 月 14 日 | 香港孙中山纪念馆 |
| 60 | 岭南印记——粤港澳考古成果展 | 2014 年 6 月 11 日～9 月 1 日 | 香港历史博物馆 |
| 61 | 卓椅非凡——穿梭时空看世界 | 2014 年 6 月 7 日～9 月 15 日 | 香港文化博物馆 |
| 62 | 瓯骆汉风——广西古代陶制明器 | 2014 年 7 月 16 日～9 月 15 日 | 香港历史博物馆 |
| 63 | 甲午——争与战 | 2014 年 8 月 22 日～2015 年 3 月 11 日 | 香港海防博物馆 |
| 64 | 敦煌——说不完的故事 | 2014 年 11 月 28 日～2015 年 3 月 16 日 | 香港文化博物馆 |
| 65 | 汉武盛世——帝国的巩固和对外交流 | 2015 年 6 月 24 日～10 月 5 日 | 香港历史博物馆 |
| 66 | 西洋奇器——清宫科技展 | 2015 年 6 月 26 日～9 月 23 日 | 香港科学馆 |
| 67 | 仙工奇制——故宫珍藏痕都斯坦玉器精品展 | 2015 年 11 月 27 日～2016 年 2 月 27 日 | 香港中文大学文物馆 |
| 68 | 跨越海洋——中国海上丝绸之路点·线·面 | 2016 年 10 月 26 日～12 月 27 日 | 香港历史博物馆 |
| 69 | 宫囍——清帝大婚庆典 | 2016 年 11 月 30 日～2017 年 2 月 27 日 | 香港文化博物馆 |
| 70 | 万寿载德——清宫帝后诞辰庆典 | 2017 年 7 月 2 日～10 月 9 日 | 香港历史博物馆 |
| 71 | 绵亘万里——世界遗产丝绸之路 | 2017 年 11 月 29 日～2018 年 3 月 5 日 | 香港历史博物馆 |

表7-1-2 2007～2017年与香港文博机构合作在内地举办部分展览信息表

| 序号 | 展览名称 | 展览时间 | 展览地点 |
|---|---|---|---|
| 1 | 香港特别行政区成立十周年成就展 | 2007 年 6 月 27 日～7 月 17 日 | 首都博物馆 |
| 2 | 施塔福与辛亥革命 | 2009 年 4 月 10 日～8 月 31 日 | 孙中山大元帅府纪念馆 |
| 3 | 交融——两依藏珍选粹展 | 2011 年 4 月 29 日～6 月 27 日 | 故宫博物院 |

| 序号 | 展览名称 | 展览时间 | 展览地点 |
|------|---------|---------|---------|
| 4 | 气吞河岳——辛亥风云人物墨迹展 | 2011年9月21日～10月20日 | 广东省博物馆 |
| 5 | 海上瓷路——粤港澳文物大展 | 2012年11月13日～2013年6月13日 | 广东省博物馆 |
| 6 | 闲事与雅器——泰华古轩藏宋元珍品 | 2016年1月22日～3月27日 | 北京大学赛克勒考古与艺术博物馆 |
| 7 | 百年时尚——香港长衫故事展 | 2017年9月8日～12月10日 | 宁波博物馆 |

## 三、交流互访

内地与香港文博机构往来密切，粤港地区的交流更是由来已久。1988年6月，国家文物局局长张德勤率团访港。1992年5月，国家文物局在香港设立"中国文物咨询中心"。1996年9月，香港古物咨询委员会代表团访问北京。2001年8月，国家文物局局长张文彬访问香港，出席香港历史博物馆开幕典礼，并与香港特别行政区政府交流文物保护管理意见。此后，历任国家文物局局长均对香港进行过工作访问，推动了内地与香港地区在文化遗产领域的相互支持合作。

辛亥革命百周年纪念国际学术研讨会 2011年，为纪念辛亥革命百年盛事，香港特别行政区政府与社会各界举办不同形式的纪念活动，包括大型展览、研讨会、创作比赛和历史考察等。5月6日，由香港浸会大学历史系、香港历史博物馆及香港中国近代史学会主办，香港中华文化促进中心、孙中山文教福利基金会及中山大学近代中国研究中心协办的"辛亥革命百周年纪念国际学术研讨会"在香港历史博物馆召开。海内外专家学者约50人就辛亥革命历史意义进行深入讨论。研讨会议题涉及"香港与辛亥革命""孙中山与辛亥革命"及辛亥革命时期人物与思想、教育与文化等领域。

香港"内地贵宾访港计划" 香港特别行政区政府根据"内地贵宾访港计划"，多次邀请国家文物局有关领导赴港参加文物保护相关活动。2011年12月11～19日，应香港特别行政区政府发展局邀请，国家文物局局长单霁翔访问香港，参加发展局主办"文物保育国际研讨会"，并发表《保育与发展——中国视野》演讲，随后参观香港中文大学文物馆、香港景贤里古迹维修项目、香港海防博物馆"博物馆展览以及文物修复项目"等。2013年11月27～30日，应香港民政事务局、康乐及文化事务署、发展局邀请，文化部副部长、国家文物局局长励小捷访问香港，对香港特别行政区文物、博物馆、文化事务进行考察，并于11月29日出席由香港发展局主办的"文物保护国际研讨会"。

## 四、文物保护合作

从20世纪80年代古文字考证开始，内地与香港的学术合作研究从未间断。香港方面多次邀请内地专业人员赴港协助进行考古发掘、文物普查等工作，其中与中国社会科学院考古所合作发掘扫管笏项目、与广州中山大学合作发掘蚝涌遗址项目等取得丰硕成果。香港也积极参加国家重大文物科研项目，如香港中文大学中国古代艺术研究中心教授邓聪应邀参与中华文明探源工程玉器课题研究工作。

2008～2010年，香港发展局与广东省文物局合作开展景贤里修复工程，成为香港文物保护标志性建筑工程，堪称内地与香港在文物保护领域合作的典范之作。

2016年12月23日，香港西九文化区管理局与故宫博物院在北京签署《就兴建香港故宫文化博物馆合作备忘录》，拟合作兴建香港故宫文化博物馆。香港特别行政区政府政务司司长兼西九文化区管理局董事局主席林郑月娥与故宫博物院院长单霁翔代表双方签约，文化部部长雒树刚与副部长丁伟、国家文物局局长刘玉珠、国务院港澳事务办公室副主任周波，香港特别行政区行政长官梁振英等出席。香港特区政府规划出面积3万平方米的建筑作为"香港故宫文化博物馆"，分别从"文物展览""数字多媒体展示""故宫学术讲座""故宫知识讲堂""故宫文化创意产品营销"5个方面展现故宫博物院学术成果及其代表的中国传统文化。2017年6月29日下午，国家主席习近平在香港特别行政区行政长官梁振英、候任行政长官林郑月娥陪同下，在香港西九文化区，见证香港特别行政区政府政务司司长兼西九文化区管理局董事局主席张建宗与故宫博物院院长单霁翔签署《兴建香港故宫文化博物馆合作协议》。

## 五、文物捐助与捐赠

文物捐助　　香港爱国人士出资出力，大力支持内地文物事业。1984年，香港某爱国人士向敦煌文物研究所捐赠2857239.6元人民币。1985年，邵逸夫捐款1000万港元为敦煌莫高窟安装保护设施。1997年，钟华培与敏求精舍同仁出资在国家文物局设立"郑振铎-王冶秋文物保护奖励基金"，以褒奖内地基层文物保护单位和个人。

1993年3月，全国人大代表、香港金利来集团有限公司董事局主席曾宪梓应邀参观圆明园遗址时，决定捐资800万元人民币用于修复圆明园围墙，抢救、保护圆明园遗址。12月18日，捐款仪式在北京钓鱼台国宾馆举行。曾宪梓的捐款对圆明园大遗址保护起到了重要作用，改变了圆明园界限不清的状况，实现了圆明园"圈起来、清出去、管起来"口号的第一步。截至2008年10月，正觉寺遗址东围墙、北围墙及西围墙修缮工程全部竣工，圆明三园外围墙基本修复完毕。

1999年5月，中国文物保护基金会（香港）通过中华文物交流协会捐助资金400万美元，专用于与故宫博物院共同进行建福宫花园复建工程。复建建福宫花园是故宫第一个由私人机构出资开展的大型复建工程。2000年5月31日，建福宫花园复建工程开工典礼在建福宫花园遗址举行。复建工程包括建福宫花园及建福宫后半部分建筑，占地面积3850平方米，复建建筑面积4000余平方米，一期工程首先恢复主体建筑延春阁，预计五年左右完成全部工程，由故宫博物院承担施工。2001年4月3日，建福宫花园复建一期工程延春阁上梁仪式在建福宫花园遗址举行。2005年11月15日，建福宫花园复建工程落成仪式在建福宫花园举行。2006年5月16日，建福宫花园竣工移交典礼在静怡轩举行，由中国文物保护基金会（香港）捐助，经国务院批准，历时五年复建的建福宫花园竣工移交故宫博物院。

文物捐赠 1982年9月10日，香港收藏家杨令茀女士向故宫博物院捐献绘画等文物138件。9月23日，捐献仪式在故宫漱芳斋举行。10月25日～11月25日，杨令茀女士捐献文物展在故宫博物院绘画馆展出。

1985年1月22日，遵照遗嘱，香港已故著名医生叶义先生收藏的80件犀牛角工艺品捐献给故宫博物院。5月6日，在故宫乾清宫西庑举办"已故香港叶义先生捐献犀角杯展览"，展品80件，展览于6月6日结束。

1988年5月18日，香港收藏家杨永德夫妇向故宫博物院捐献明青花炉及南明永历年款褐釉炉等文物，捐献仪式在香港世界贸易中心举行。10月22日，在故宫漱芳斋举行嘉奖仪式。

1994年7月，香港嘉银国际集团有限公司董事会主席叶肇夫在澳门以120万英镑购得春秋子仲姜青铜盘，并决定捐赠给上海博物馆。1997年6月11日，春秋子仲姜盘捐赠仪式在上海博物馆举行。

1997年6月24日，香港建筑师何弢向中国革命博物馆赠送"香港九七纪念笔"仪式在中国革命博物馆举行。为庆祝香港回归，何弢设计了一款"香港九七纪念笔"，限量生产1997支。其中1997（号）笔赠送给香港博物馆，

1949（号）笔赠送给中国革命博物馆。

2002年5月，全国政协常委、香港中华总商会副会长张永珍在香港苏富比拍卖会上以高价拍得清代雍正年间景德镇官窑烧造的一件粉彩蝠桃纹橄榄瓶。2003年10月，张永珍决定把这件文物捐赠给上海博物馆，捐赠仪式于2004年2月14日在上海举行。

2003年12月22日，香港北海集团董事局主席徐展堂向徐州博物馆捐赠一件唐三彩巨型镇墓兽。徐州市政府向徐展堂回赠苏轼《放鹤亭记》刺绣屏风，并聘请他为徐州博物馆名誉馆长。

2006年，首都博物馆开馆之际，香港徐氏艺术基金会向首都博物馆捐赠一件明代三彩元始天尊像。

2007年9月20日，全国政协委员、香港企业家郭修圃将个人收藏的147件文物捐赠给国家。经鉴定，147件文物中包括二级文物6件、三级文物74件，具有较高的历史、艺术和收藏价值。此前，郭修圃还曾于2000年将两件唐三彩镇墓兽和一件唐三彩天王俑捐赠给北京大学赛克勒考古与艺术博物馆。

2007年，香港嘉木堂、研木得益向首都博物馆捐赠27件／套明代黄花梨家具。

2008年10月29日，香港国学大师饶宗颐先生向故宫博物院捐赠《瘦马图》等10件作品，同时"陶铸古今——饶宗颐学术·艺术展"在故宫神武门展厅开幕。展品共53件／套，于11月12日结束。

2010年10月9日，辛亥革命武昌首义99周年纪念日前夕，香港著名收藏家哲夫先生向武汉市捐赠23件辛亥首义相关文物。

2011年11月19日，香港企业家郭炎向中国

国家博物馆捐赠两件大堡子山鸷鸟形金饰片和一套大堡子山金铠甲片，由文化部、国家文物局举办的"郭炎先生捐赠文物仪式"在中国国家博物馆举行。

2011年12月，香港文物收藏家、实业家严辉，将磁州窑清代白地黑花葫芦瓶无偿捐赠给磁州窑博物馆永久收藏、展览和研究。此后又向内地多家博物馆捐赠文物。

# 第二节　与澳门文物交流合作

内地与澳门文化遗产交流合作形式主要有签署合作协议、展览交流、交流合作、文物捐赠等。

## 一、签署合作协议

2011年7月，国家文物局副局长顾玉才率团赴澳门参加国家文物局与澳门社会文化司签署《关于深化文化遗产领域交流与合作的谅解备忘录》第一次工作组会议。

2011年12月，经国务院港澳办批准，国家文物局与澳门社会文化司签署《关于深化文化遗产领域交流与合作的谅解备忘录》。根据备忘录，双方成立工作组，每年定期举行工作组会议，评估和商讨展览交流、世界遗产地监测和管理、文物保护、专业人员培训、打击文物走私等领域的合作情况和工作计划。双方交流进入机制化和常态化新阶段。

2017年，国家文物局与澳门特别行政区政府社会文化司签署《关于文化遗产领域交流与合作更紧密安排协议书》，合作不断深化。同年，国家文物局将澳门纳入中国海上丝绸之路申遗整体框架。

## 二、展览交流

1990年起，为增强澳门同胞对中国传统文化的认知和认同，加强澳门与内地的联系和交流，内地文物部门相继赴澳门举办文物展览，逐步形成交流机制和著名品牌。通过文物展览，澳门同胞得以更深入了解中华民族历史文化和祖国发展历程。2009年12月，为庆祝澳门回归十周年，故宫博物院在澳门举办"九九归一——庆祝澳门回归祖国十周年故宫珍宝展"，引起强烈反响。通过多年合作，澳门艺术博物馆与故宫博物院的展览合作已形成固定交流机制，成为著名的文化品牌，不仅社会影响逐渐扩大，而且学术水平、展陈水平和组织水平也逐年提高，双方博物馆都受益匪浅。

据不完全统计，1990～2017年，内地文物部门赴澳门举办文物展览40余个。（表7-2-1）

表7-2-1　1990～2017年内地文物部门赴澳门举办部分展览信息表

| 序号 | 展览名称 | 展览时间 | 展览地点 |
|------|----------|----------|----------|
| 1 | 马年马展 | 1990 年 1 ～ 3 月 | 卢廉若公园 |
| 2 | 西安碑林藏石拓本展 | 1991 年 1 月 2 ～ 7 日 | 澳门中华总商会三楼礼堂 |

| 序号 | 展览名称 | 展览时间 | 展览地点 |
|---|---|---|---|
| 3 | 盛世风华——故宫藏清代康雍乾书画器物精品展 | 1999年12月12日～2000年11月3日 | 澳门艺术博物馆 |
| 4 | 走向世界的唐代文明展 | 2000年9～10月 | 澳门市政厅临时展厅 |
| 5 | 至人无法——故宫、上博珍藏八大、石涛书画精品展 | 2004年9月4日～11月21日 | 澳门艺术博物馆 |
| 6 | 世纪伟人邓小平 | 2004年12月2日～2005年2月26日 | 澳门博物馆 |
| 7 | 日升月恒——故宫珍藏钟表文物展 | 2004年12月18日～2005年3月20日 | 澳门艺术博物馆 |
| 8 | 南宗北斗——董其昌诞辰四百五十周年书画特展 | 2005年9月3日～11月20日 | 澳门艺术博物馆 |
| 9 | 邃古来今——庆祝故宫博物院建院八十周年清宫仿古文物精品展 | 2005年12月18日～2006年3月19日 | 澳门艺术博物馆 |
| 10 | 东西汇流——粤港澳文物大展 | 2006年4月29日～7月30日 | 澳门博物馆 |
| 11 | 乾坤清气——故宫、上博珍藏青藤白阳书画特展 | 2006年9月9日～11月19日 | 澳门艺术博物馆 |
| 12 | 永乐文渊——清代宫廷典籍文化艺术特展 | 2006年12月16日～2007年3月18日 | 澳门艺术博物馆 |
| 13 | 与古为徒——吴昌硕逝世八十周年书画篆刻特展 | 2007年9月8日～11月18日 | 澳门艺术博物馆 |
| 14 | 天下家国——以物见史故宫专题文物特展 | 2007年12月15日～2008年3月16日 | 澳门艺术博物馆 |
| 15 | 中国古代文物展 | 2008年4月15日～2009年3月31日 | 澳门博物馆 |
| 16 | 像应神全——明清人物肖像画特展 | 2008年9月27日～11月30日 | 澳门艺术博物馆 |
| 17 | 钧乐天听——故宫珍藏戏曲文物特展 | 2008年12月13日～2009年3月15日 | 澳门艺术博物馆 |
| 18 | 闪亮的青春——纪念五四运动90周年大型图片展 | 2009年5月4～28日 | 澳门市政厅广场 |
| 19 | 豪素深心——上海博物馆珍藏明末清初遗民金石书画特展 | 2009年9月5日～11月22日 | 澳门艺术博物馆 |
| 20 | 九九归一——庆祝澳门回归祖国十周年故宫珍宝展 | 2009年12月16日～2010年3月14日 | 澳门艺术博物馆 |
| 21 | 永锡难老——唐云百龄诞辰纪念展 | 2010年6月26日～8月22日 | 澳门艺术博物馆 |
| 22 | 海峤儒宗——利玛窦逝世四百周年文物特展 | 2010年8月8日～11月7日 | 澳门艺术博物馆 |
| 23 | 秣陵烟月——南京博物院藏明末清初金陵画派精品展 | 2010年9月11日～11月21日 | 澳门艺术博物馆 |
| 24 | 御窑遗彩——景德镇出土明宣德官窑珍品展 | 2010年12月10日～2011年3月6日 | 澳门民政总署画廊 |
| 25 | 斗色争妍——故宫博物院藏清代御窑瓷器精品展 | 2010年12月18日～2011年3月20日 | 澳门艺术博物馆 |
| 26 | 山水正宗——故宫、上博珍藏王时敏、王原祁及"娄东派"绘画精品展 | 2011年9月8日～11月13日 | 澳门艺术博物馆 |
| 27 | 玉貌清明——故宫珍藏两宋瓷器精品展 | 2011年12月8日～2012年3月11日 | 澳门艺术博物馆 |

| 序号 | 展览名称 | 展览时间 | 展览地点 |
|---|---|---|---|
| 28 | 海月星辉——邓散木艺术展 | 2012 年 3 月 12 ~ 17 日 | 澳门民政总署画廊 |
| 29 | 云林宗脉——安徽博物院藏新安画派作品展 | 2012 年 9 月 6 日 ~ 11 月 18 日 | 澳门艺术博物馆 |
| 30 | 君子比德——故宫珍藏清代玉器精品展 | 2012 年 12 月 13 日 ~ 2013 年 3 月 10 日 | 澳门艺术博物馆 |
| 31 | 盛世之风——四川博物院藏汉代画像砖珍品展 | 2012 年 12 月 15 日 ~ 2013 年 3 月 3 日 | 澳门民政总署画廊 |
| 32 | 物本天成——景德镇官窑博物馆藏出土成化官窑瓷器展 | 2013 年 5 月 17 日 ~ 7 月 7 日 | 澳门民政总署画廊 |
| 33 | 山水清晖——故宫、上博珍藏王鉴、王翚"虞山派"绘画精品展 | 2013 年 9 月 5 日 ~ 11 月 17 日 | 澳门艺术博物馆 |
| 34 | 盛唐回忆——洛阳博物馆唐三彩珍品展 | 2013 年 12 月 13 日 ~ 2014 年 3 月 2 日 | 澳门民政总署画廊 |
| 35 | 清心妙契——故宫博物院及英国国立维多利亚与艾伯特博物馆藏中西茶文物特展 | 2013 年 12 月 14 日 ~ 2014 年 3 月 9 日 | 澳门艺术博物馆 |
| 36 | 岭南印记——粤港澳考古成果展 | 2014 年 9 月 25 日 ~ 2015 年 1 月 10 日 | 澳门博物馆 |
| 37 | 梅影秘色——故宫、上博珍藏吴湖帆书画鉴赏精品展 | 2014 年 9 月 27 日 ~ 11 月 16 日 | 澳门艺术博物馆 |
| 38 | 朱艳增华——故宫珍藏清乾隆漆器精品展 | 2014 年 12 月 13 日 ~ 2015 年 2 月 18 日 | 澳门艺术博物馆 |
| 39 | 正经补史——西周霸国文物特展 | 2014 年 12 月 13 日 ~ 2015 年 3 月 1 日 | 澳门民政总署画廊 |
| 40 | 太乙嵯峨——紫禁城建筑艺术特展 | 2015 年 12 月 12 日 ~ 2016 年 3 月 13 日 | 澳门艺术博物馆 |
| 41 | 平安春信——故宫珍藏花器精品展 | 2016 年 12 月 17 日 ~ 2017 年 3 月 12 日 | 澳门艺术博物馆 |

## 三、交流互访

2001年8月，国家文物局局长张文彬访问澳门，与澳门特别行政区行政长官何厚铧会晤商谈国家文物局支持澳门历史建筑群申报世界文化遗产等事宜。2005年，"澳门历史城区"通过联合国教科文组织第29届世界遗产委员会审议被列入《世界遗产名录》，成为中国第31项世界遗产。澳门历史城区成功申遗，是对澳门特别行政区政府多年来保护文化遗产努力的肯定，体现了中央政府及特区政府对澳门文化遗产保护及申报世界遗产工作的高度重视。澳门历史城区列入《世界遗产名录》，有利于宣传澳门历史文化，提升澳门在国际上的形象，促进澳门旅游业的可持续发展，直接带动澳门经济社会的持续繁荣和发展。澳门历史城区成为澳门新名片后，全方位向世界展示出澳门文化内涵和历史积淀，以及澳门回归祖国后的崭新面貌，极大增强了澳门社会的凝聚力。

## 四、文物捐赠

澳门爱国人士长期关心支持内地文物事业。1956年，澳门中华总商会理事长何贤先生向故宫博物院捐赠玫瑰紫釉菱花式花盆托等文物。1985年9月2日，澳门爱国企业家何鸿燊先生向故宫博物院捐赠书画等文物147件。1987年7月3日~9月24日，"澳门何鸿燊先生捐献文物展览"在乾清宫西庑展出，展品147件。1988年，何鸿燊向故宫博物院捐赠黄杨木雕达摩像。2003年9月，何鸿燊把价值600余万元的圆明园猪首铜像捐赠给保利艺术博物馆。2007年9月，何鸿燊以6910万港币购得圆明园马首铜像，并在港澳地区公开展示，希望借此带动更多人参与保护中国文物的工作，共同宣扬爱国爱民族意识。2007年9月，何鸿燊将5件纪念香港回归的珍贵艺术品捐赠给国家博物馆，包括油画《南京条约》《世纪大典》《毛泽东会见希思》等。

# 第三节 与台湾文物交流合作

1992年，两岸达成"九二共识"，交往日益热络，两岸文物交流硕果累累，不仅加强了大陆与台湾地区文化遗产领域的交流与合作，提升了文化遗产保护和利用水平，也为加深同胞亲情、增强中华民族凝聚力发挥了积极作用。

## 一、展览交流

1992年，中国文物交流中心与台湾展望文教基金会联合举办的"兵马俑及金缕玉衣展览"在台北市展出。2012～2016年，中华文物交流协会与台湾佛光山文教基金会连续五年在佛光山佛陀纪念馆举办以佛教艺术为主题的文物展览，观众总人次达400余万。据不完全统计，1992～2017年，大陆文物部门赴台湾举办文物展览80余个，与台湾文博机构合作在大陆举办文物展览20余个。（表7-3-1、7-3-2）

兵马俑及金缕玉衣展览 1992年12月～1993年5月，中国文物交流中心与台湾展望文教基金会联合举办的"兵马俑及金缕玉衣展览"在台北市玉山庄艺术馆展出。展品选自河北省、陕西省、河南省出土的珍贵文物，共111件。这是自1949年以来大陆首个赴台大型文物展览，台湾民众以极高热情欢迎这批"老祖宗的遗宝"。展览展期6个月，观众累计达38万人次。

兵马俑——秦文化特展 2000年12月15日～2001年5月10日，由中华文物交流协会、陕西省对外展览公司，以及台湾财团法人历史科学博物馆文教基金会、广播公司、历史博物馆等单位联合举办的"兵马俑——秦文化特展"在台北历史博物馆和台中自然科学博物馆展出。展览引起台湾同胞的普遍关注，观众累计达165万人次，海峡两岸以及香港的众多媒体都予以关注。中央电视台《东方时空》节目、凤凰卫视、台湾无线卫星电视台，以及《联合报》《民生报》《中国时报》《联合晚报》《星报》等重要媒体对展览进行连续跟踪报道。为配合展览、满足普通观众和少年儿童的需要，举办方先后组织编印《兵马俑——秦文化特展》《秦始皇和他的军队》《兵马俑探秘》《秦始皇和他的兵阿哥》等图书，颇受观众欢迎。

法门寺佛指舍利供奉 2002年2月23日～3月31日，在台湾举办法门寺佛指舍利供奉活动。仅37天就有400余万人争相瞻奉，堪称两岸多年来规模最大、影响最大的宗教文化交流活动。前往陕西恭迎佛指舍利的台湾著名法师星云大师感慨："佛指舍利在台湾供奉，对台湾佛教振兴，提高对佛教的认识，促进海峡两岸的交流都有积极作用，亦是佛光普照的慈悲。"

**秦代新出土文物大展——兵马俑展Ⅱ**
2006年11月15日~2007年8月2日，陕西省文物局应台湾台中自然科学博物馆和台北历史博物馆邀请，在台中市、台北市举办"秦代新出土文物大展——兵马俑展Ⅱ"。展览主要展出1994年以来秦始皇陵园和秦俑坑内新出土文物，共116件／套，其中绿面跪射俑是首次在台展出。该展览是继2000年后兵马俑再次赴台展出，从新的角度向台湾民众展示新出土秦代文物精品和秦代绚丽多彩的时代风貌。展览受到台湾民众广泛欢迎，观众累计达62万人次。

**雍正——清世宗文物大展** 2009年10月7日~2010年1月10日，故宫博物院和台北故宫博物院首度合办的"雍正——清世宗文物大展"在台北故宫博物院展出。该展览共展出246件文物，包括档案、史籍、地图、肖像、绘画书法、瓷器、琉璃等，全面展示雍正皇帝的文治武功和艺术品位。此次展览实现了两岸故宫直接交流的历史性突破，两院院长首次互访，两院文物首次同场展出。

**山水合璧——黄公望与《富春山居图》特展** 元代画家黄公望所绘《富春山居图》是中国绘画史上的旷世名作。360余年前被分为两段——《剩山图》与《无用师卷》，后分藏浙江省博物馆和台北故宫博物院。2010年3月，国务院总理温家宝在答全国两会记者问时提到希望两幅画能合璧展出。2011年5月30日~6月4日，经国务院批准，中华文物交流协会会长单霁翔率中华文物交流协会代表团赴台湾访问。2011年6月1日~9月5日，由中国文物交流中心与台北故宫博物院共同主办、浙江省博物馆等协办的"山水合璧——黄公望与《富春山居图》特展"在台北故宫博物院展出。6月1日上午，展览开幕仪式在台北故宫博物院举行，《富春山居图》"剩山图"与"无用师卷"时隔360余年首次"合璧"展出。为期3个月的展出接待观众84万余人次，创造了台北故宫博物院单日接待观众19941人的最高纪录。

**赴台湾佛光山系列展览** 2011年，为促进海峡两岸文化交流，中华文物交流协会与台湾佛光山文教基金会就连续五年在佛光山佛陀纪念馆举办以佛教艺术为主题的系列文物展览达成共识。2012~2016年，受国家文物局委托，中国文物交流中心与台湾佛光山佛陀纪念馆合作举办"千年重光——青州龙兴寺佛教造像展"（2012年）、"光照大千——丝绸之路的佛教艺术展"（2013年）、"七宝瑞光——中国南方佛教艺术展"（2014年）、"以法相会——明清水陆画展"（2015年）、"紫禁佛光——清宫佛教文物展"（2016年）5个展览，观众累计达400万人次。

表7-3-1 1992~2017年大陆文物部门赴台湾举办部分展览信息表

| 序号 | 展览名称 | 展览时间 | 展览地点 |
|---|---|---|---|
| 1 | 兵马俑及金缕玉衣展览 | 1992年12月~1993年5月 | 台北玉山庄展览馆 |
| 2 | 妈祖民俗文物特展 | 1993年12月25日~1994年6月26日 | 台南正统鹿耳门圣母庙、高雄妈祖庙 |
| 3 | 三星堆传奇——华夏古文明的探索 | 1999年3月26日~7月4日 | 台北故宫博物院 |

| 序号 | 展览名称 | 展览时间 | 展览地点 |
|------|----------|----------|----------|
| 4 | 汉代文物大展 | 1999 年 9 月 20 日～2000 年 2 月 28 日 | 台北故宫博物院 |
| 5 | 中国历代龙文物精品特展 | 2000 年 1～4 月 | 台北历史博物馆 |
| 6 | 兵马俑——秦文化特展 | 2000 年 12 月 15 日～2001 年 5 月 10 日 | 台北历史博物馆、台中自然科学博物馆 |
| 7 | 法门寺佛指舍利供奉 | 2002 年 2 月 23 日～3 月 31 日 | 台北金光明寺、南投中台禅寺、高雄佛光山 |
| 8 | 天可汗的世界——唐代文物大展 | 2002 年 4 月 20 日～10 月 6 日 | 台北故宫博物院、高雄市立美术馆 |
| 9 | 康雍乾盛代精华展 | 2003 年 2 月 23 日～8 月 17 日 | 高雄市立美术馆、台中港区艺术中心、台北孙中山纪念馆 |
| 10 | 郑和与海洋文明——郑和下西洋 600 周年特展 | 2005 年 9 月 16 日～10 月 23 日 | 台北历史博物馆 |
| 11 | 雷峰塔出土文物特展 | 2005 年 6 月 10 日～2006 年 3 月 10 日 | 台北历史博物馆、台中美术馆、高雄科学工艺博物馆 |
| 12 | 古中原王朝秘宝展 | 2005 年 12 月～2006 年 5 月 | 台北历史博物馆、高雄市立美术馆 |
| 13 | 中国科举文化展 | 2006 年 9 月 23 日～11 月 26 日 | 高雄孔庙、宜兰传统艺术中心 |
| 14 | 秦代新出土文物大展——兵马俑展 Ⅱ | 2006 年 11 月 15 日～2007 年 8 月 2 日 | 台中自然科学博物馆、台北历史博物馆 |
| 15 | 大观——北宋汝瓷特展 | 2006 年 12 月～2007 年 3 月 | 台北故宫博物院 |
| 16 | 婆娑之眼——国姓爷足迹文物展 | 2007 年 4 月 28 日～8 月 12 日 | 台南郑成功文物馆、台北历史博物馆 |
| 17 | 丝路传奇——新疆文物大展 | 2008 年 12 月 6 日～2009 年 3 月 15 日 | 台北历史博物馆 |
| 18 | 微笑的俑——汉景帝的地下王国 | 2009 年 6 月 27 日～9 月 27 日 | 台北历史博物馆 |
| 19 | 千峰翠色——浙江龙泉青瓷特展 | 2009 年 9～10 月 | 台北十三行博物馆 |
| 20 | 地涌天宝——浙江省博物馆藏雷峰塔天宫地宫出土文物暨中台山博物馆佛教文物展 | 2009 年 10 月 3 日～2010 年 3 月 14 日 | 南投中台山博物馆 |
| 21 | 跃出草原——宁夏岩画特展 | 2009 年 10 月 6 日～11 月 8 日 | 台北十三行博物馆 |
| 22 | 雍正——清世宗文物大展 | 2009 年 10 月 7 日～2010 年 1 月 10 日 | 台北故宫博物院 |
| 23 | 英雄再起——大三国特展 | 2010 年 6 月 5 日～9 月 5 日 | 台北历史博物馆 |
| 24 | 圣地西藏——最接近天空的宝藏特展 | 2010 年 7 月 1 日～2011 年 1 月 9 日 | 台北故宫博物院、高雄科学工艺博物馆 |
| 25 | 黄金旺族——内蒙古博物馆大辽文物展 | 2010 年 2 月 6 日～5 月 16 日 | 台北故宫博物院 |
| 26 | 中山舰出水文物展 | 2010 年 9 月 21～27 日 | 台北孙中山纪念馆 |
| 27 | 文艺绍兴——南宋艺术与文化特展 | 2010 年 10 月 8 日～12 月 26 日 | 台北故宫博物院 |
| 28 | 法门寺地宫与唐代文物大展 | 2010 年 10 月 29 日～2011 年 4 月 24 日 | 台北历史博物馆、高雄科学工艺博物馆 |
| 29 | 福建船政——清末自强运动的先驱 | 2010 年 12 月 23 日～2011 年 9 月 25 日 | 台北长荣海事博物馆 |

| 序号 | 展览名称 | 展览时间 | 展览地点 |
|---|---|---|---|
| 30 | 大清盛世——沈阳故宫文物展 | 2011 年 1 月 29 日～5 月 1 日 | 台北故宫博物院 |
| 31 | 齐白石绘画精品展 | 2011 年 2 月 23 日～5 月 8 日 | 台北历史博物馆 |
| 32 | 山水合璧——黄公望与《富春山居图》特展 | 2011 年 6 月 1 日～9 月 5 日 | 台北故宫博物院 |
| 33 | 话江南——河姆渡文化特展 | 2011 年 6 月 27 日～8 月 31 日 | 新北十三行博物馆 |
| 34 | 康熙大帝与路易十四特展 | 2011 年 10 月 3 日～2012 年 1 月 3 日 | 台北故宫博物院 |
| 35 | 智慧华严——北京首都博物馆佛教文物珍藏展 | 2011 年 11 月 9 日～2012 年 2 月 19 日 | 台北世界宗教博物馆 |
| 36 | 神秘北纬 30 度线——古蜀文明秘宝展 | 2012 年 1 月 18 日～6 月 10 日 | 台湾新光三越台北信义新天地、台中市新光三越中港展馆、新光三越高雄专营店 |
| 37 | 皇家风尚——清代宫廷与西方贵族珠宝特展 | 2012 年 6 月 9 日～9 月 9 日 | 台北故宫博物院 |
| 38 | 千年重光——山东青州龙兴寺佛教造像展 | 2012 年 7 月 14 日～9 月 30 日 | 高雄佛光山佛陀纪念馆 |
| 39 | 闽台近代名人文物展暨林则徐纪念馆藏品文物展 | 2012 年 8 月 9 日～9 月 30 日 | 南投台湾文献馆 |
| 40 | 半坡文化陶器展 | 2012 年 9 月 24 日～2013 年 3 月 20 日 | 新北十三行博物馆 |
| 41 | 赫赫宗周——西周文化特展 | 2012 年 10 月 8 日～2013 年 1 月 7 日 | 台北故宫博物院 |
| 42 | 商王武丁与后妇好——殷商盛世文化艺术特展 | 2012 年 10 月 19 日～2013 年 2 月 19 日 | 台北故宫博物院 |
| 43 | 溯源与拓展——岭南画派特展 | 2013 年 6 月 1 日～8 月 25 日 | 台北故宫博物院 |
| 44 | 天工开物——中国盐史展 | 2013 年 11 月 1 日～2014 年 1 月 1 日 | 台南台湾盐博物馆 |
| 45 | 金玉良缘——梁庄王墓文物展 | 2013 年 5 月 18 日～8 月 4 日 | 新北十三行博物馆 |
| 46 | 永远的孔子——走进衍圣公府展 | 2013 年 10 月 31 日～11 月 | 高雄佛光山佛陀纪念馆 |
| 47 | 佛国墨影——河南巩义石窟寺拓片展 | 2013 年 10 月 5 日～2014 年 1 月 5 日 | 高雄佛光山佛陀纪念馆 |
| 48 | 光照大千——丝绸之路的佛教艺术特展 | 2013 年 9 月 14 日～12 月 8 日 | 高雄佛光山佛陀纪念馆 |
| 49 | 十全乾隆——清高宗的艺术品味展 | 2013 年 10 月 8 日～2014 年 1 月 7 日 | 台北故宫博物院 |
| 50 | 弘一法师·丰子恺《护生画集》真迹展 | 2013 年 12 月 15 日～2014 年 3 月 2 日 | 高雄佛光山佛陀纪念馆 |
| 51 | 七宝瑞光——中国南方佛教艺术展 | 2014 年 9 月 23 日～12 月 7 日 | 高雄佛光山佛陀纪念馆 |
| 52 | 铜与瓷的交辉——江西古代文明文物精品展 | 2014 年 7 月 15 日～8 月 30 日 | 台北历史博物馆 |
| 53 | 神游武当——道教千年文物特展 | 2014 年 12 月 20 日～2015 年 3 月 29 日 | 台北历史博物馆 |
| 54 | 神笔丹青——郎世宁来华三百年特展 | 2015 年 10 月 6 日～2016 年 1 月 4 日 | 台北故宫博物院 |
| 55 | 以法相会——宝宁寺、毗卢寺明、清代水陆画展 | 2015 年 11 月 14 日～2016 年 2 月 28 日 | 高雄佛光山佛陀纪念馆 |
| 56 | 紫禁佛光——清宫佛教文物展 | 2016 年 11 月 27 日～2017 年 2 月 26 日 | 高雄佛光山佛陀纪念馆 |

表7-3-2 1993～2017年与台湾文博机构合作在大陆举办部分展览信息表

| 序号 | 展览名称 | 展览时间 | 展览地点 |
|---|---|---|---|
| 1 | 中国古代玻璃珍藏暨现代玻璃创作展 | 1993 年 10 月～1994 年 1 月 | 故宫博物院 |
| 2 | 清玩雅集收藏文物精品展 | 1995 年 9 月 20 日～10 月 30 日 | 故宫博物院 |
| 3 | 张大千绘画艺术回顾展 | 2001 年 10 月～2002 年 1 月 | 中国历史博物馆 |
| 4 | 人间四月天——中国近代名人书法大展 | 2002 年 3 月 20 日～5 月 15 日 | 中国历史博物馆 |
| 5 | 孙中山先生生平事迹展 | 2003 年 12 月 23～28 日 | 黑龙江省博物馆 |
| 6 | 笔墨留声——溥心畲书画展 | 2005 年 4 月 22 日～9 月 22 日 | 文化部恭王府博物馆 |
| 7 | 南张北溥——台北历史博物馆藏张大千、溥心畲书画作品展 | 2009 年 7 月 3 日～8 月 3 日 | 辽宁省博物馆 |
| 8 | 花好月圆——两岸文物精品邀请展 | 2009 年 9 月 21 日～11 月 21 日 | 中国闽台缘博物馆 |
| 9 | 胡适文物图片展 | 2011 年 12 月 8 日～2012 年 1 月 7 日 | 北京新文化运动纪念馆 |
| 10 | 海峡两岸玄览堂珍籍合璧展 | 2012 年 10 月 18～19 日 | 南京图书馆 |
| 11 | 台北世界宗教博物馆宗教艺术文化展 | 2012 年 12 月 28 日～2013 年 3 月 10 日 | 首都博物馆 |
| 12 | 丹青风华——台湾鸿禧美术馆藏十九世纪中国绘画展 | 2015 年 4 月 18 日～7 月 19 日 | 大连现代博物馆 |
| 13 | 盛世风华——两岸唐三彩交流展 | 2016 年 1 月 20 日～3 月 20 日 | 河南博物院 |
| 14 | 瑞兴祯祥——清代织锦珍品特展 | 2017 年 3 月 9 日～5 月 20 日 | 苏州丝绸博物馆 |

## 二、交流互访

1992～2011年，台湾人员赴大陆进行文物交流76次，2000人次；大陆人员赴台湾进行文物交流30次，500人次。

1994年11月13～24日，应台湾海峡交流基金会和沈春池文教基金会邀请，中华文物交流协会会长张德勤率领"海峡两岸博物馆事业与文物交流学术访问团"一行14人赴台湾访问。1998年5月5～15日，应台湾中华文物保护协会邀请，以中华文物交流协会会长张文彬为团长的"大陆博物馆事业与文物交流学术访问团"一行16人赴台湾参访交流。两岸文博工作者就保护中华文物、加强两岸交流、联手打击文物走私等问题进行探讨交流。此后，国家文物局两任局长单霁翔、励小捷先后率团赴台访问。2010年，中华文化联谊会会长、文化部部长蔡武率中华文化联谊会代表团和两岸文化论坛专家团赴台湾访问，参加"2010年两岸文化论坛"。两岸文化交流层次与水平逐步提高，为两岸文化文物交流制度化进入务实协商阶段奠定了良好基础。

进入21世纪，中国国民党名誉主席连战、中国国民党主席吴伯雄、亲民党主席宋楚瑜、新党主席郁慕明、台湾海峡交流基金会董事长江丙坤、新竹市市长林政则、台南县县长苏焕智等台湾政界人士相继到大陆参访世界文化遗产、重点文物保护单位和博物馆、纪念馆。高雄市、台南市和台中市文化局参访团先后赴大陆参观博物馆和文物保护单位，探讨两岸文物交流事宜。

**两岸文物保护领域专业交流互访** 1993年3月26日～4月7日，由海峡两岸关系协会、国家文物局及台湾海峡交流基金会和沈春池文教基金会共同组织的"长江三峡文化资产维护考察团"对长江三峡重庆至宜昌段文物进行考察，并在北京召开"海峡两岸长江三峡文物保护座谈会"，研讨两岸共同保护三峡库区文物的可行办法。这是海峡两岸首次共同组织成规模、深层次的文物学术考察活动。此后，两岸文博机构联合举办了一系列学术研讨会，互派专家学者进行学术讲座、授课教习、兼职研究和交流研修，推动了两岸学术交流的深入和实质合作的互动。

1999～2001年，为纪念水利先贤曹谨业绩，台湾高雄"纪念水利先贤曹谨公河南省沁阳市故园参访团"先后四次参观曹谨故居，拜谒曹谨墓，并交流保护事宜。

2004年11月15～26日，沈春池文教基金会组织以台南艺术大学校长黄碧端为团长的"台湾文博专业人士交流访问团"一行14人参访四川省、河南省、北京市等地博物馆、美术馆与文化遗址，加深两岸文博专业人士的相互学习与交流。

2005年11月14～23日，应沈春池文教基金会邀请，以中华文物交流协会副会长童明康为团长的大陆文博代表团一行9人赴台参访交流，并出席"两岸博物馆经营管理与文化产业发展座谈会"。两岸学者就博物馆与都市计划、观光旅游、建筑等资源相结合创造新的经济效益进行探讨交流。

2006年4月17～27日，沈春池文教基金会组织以台湾艺术大学校长黄光男为团长的

"台湾文博专业人士访问团"一行12人参访山西平遥古城、云冈石窟、晋侯墓地等文化遗址，并在北京召开"两岸文化遗产保护管理座谈会"。

2012年9月14～22日，在"两岸文博专业人员互访"项目框架内，由中华文物交流协会主办，台湾文博专业人士代表团一行12人赴新疆开展以"走进新疆文化遗产 弘扬中华文明价值"为主题的文化遗产考察交流活动。考察期间，代表团先后对阿勒泰地区、阿克苏地区库车县、吐鲁番地区的文物古迹进行考察，并与新疆龟兹研究院、新疆维吾尔自治区博物馆、新疆文物考古研究所进行交流。9月22日，在新疆举办"扩大文化共识，传承中华文明"两岸文博专业人士座谈会。国家文物局副局长顾玉才致辞，强调考察交流活动秉承"保护、共享、交流"宗旨，以促进两岸文博专业人员友好交往，加深相互了解与认识，搭建文化遗产交流平台与桥梁，不断深化两岸在文化遗产领域的交流与合作。

2013年8月，国家文物局代表团赴台开展海峡两岸文博专业人员交流互访项目，与台湾文化资产主管部门进行交流。

**历史文化研习营** 2011年，由中国宋庆龄基金会、蒋经国学术交流基金会、台北"中央研究院"共同主办，四川大学协办的"第一届两岸历史文化研习营——巴蜀文化"在四川成都举办。参加研习营的台湾教师、专家学者和学生，与四川文化文物界专家、学者、文博人员、文史学人共同探讨三星堆传奇，认识古蜀文明，追寻源远流长的中华文化。2012年，"第二届两岸历史文化研习营——徽州"由上海复旦大学与安徽黄山

市举办。2012年7~8月，中华文物交流协会、山东省文物局、台湾佛光山佛光缘美术馆合作举办"海峡两岸青少年文物保护学习营"。

2013年起，由国家文物局主办，陕西省文物交流协会承办的"台湾中华历史文化研习营"连续三年在陕西举办。2013年8月5~11日，"第一届台湾中华历史文化研习营"邀请台湾中南部历史教师20人参加，主要包括实地参观与座谈交流。2014年8月6~14日，第二届"中华历史文化研习营"邀请台中市和台南市中小学校长、教师及大学教授等25人参加。2016年8月5~13日，第三届"中华历史文化研习营"邀请台湾大、中、小学的校长和教师23人参加。通过参访文化遗产地、举办文博专家讲座和文化体验活动等，增强了台湾教师对中华历史文化的直观感受，加深了对中华历史文化的认同。

**两岸文博机构交流互访**　20世纪80年代末起，海峡两岸文博界逐渐开展交流。1992年，"兵马俑及金缕玉衣展"首次赴台展出，标志着两岸文物交流掀开新的篇章。此后，故宫博物院与台北故宫博物院、南京博物院与台北故宫博物院、辽宁省博物馆与台北历史博物馆、厦门市郑成功纪念馆与台中市郑成功纪念馆、伪满皇宫博物院与台北历史博物馆相继签订合作协议，探讨建立两岸文物交流的常态化合作机制。

1993年，故宫博物院与台北故宫博物院首次合作编撰出版大型图册《国宝荟萃》，在北京举办首发式。2001年9月10~25日，应故宫博物院邀请，台北故宫博物院前任院长秦孝仪参访北京、西安、南京和浙江溪口、杭州等地。

2007年，郑成功文化节在台南市隆重开幕。台南市立文化中心、台北历史博物馆、厦门市郑成功纪念馆联合举办"国姓爷足迹文物特展"，共展出文物174件，其中来自厦门郑成功纪念馆的41件展品是首次赴台湾展出。2009年，郑欣淼院长和周功鑫院长实现两院院长首次互访，被誉为"破冰"之举。两院达成一系列合作项目，建立了实质性交流机制。2010年6月3~18日，为纪念故宫博物院建院85周年、紫禁城肇建590周年，反法西斯战争胜利65周年，由故宫博物院倡议，并联合台北故宫博物院、南京博物院共同举办"重走故宫文物南迁路"考察活动，追寻文博前辈守护民族文化遗产的光辉足迹。两岸专家30余人踏访四省一市，考察当年文物迁移路线。

2010年9月28日，适值孔子2561周年诞辰纪念日，北京市台办、北京市文物局和北京市东城区政府在北京孔庙联合主办"第三届中华文化快车——两岸师生联合祭孔大典"。来自台湾中南部地区的师生150余人和北京师生500余人共同参与祭奠活动。

2011年，为纪念辛亥革命100周年，两岸举办纪念辛亥百年图片展、文物展、研讨会、纪念大会等一系列纪念活动。台北孙中山纪念馆举办"精诚笃爱——孙中山与宋庆龄文物特展"，这是台湾首次以孙中山和宋庆龄为主题举办文物展览，也是北京宋庆龄故居馆藏文物首次赴台展出。是年，宋庆龄基金会以"历史为根，文化为魂"为理念，组织两岸青少年参与"追寻历史足迹"主题活动。

2012年，由福建省文物局、台湾保生大帝信仰总会联合主办的"慈济行宫民俗文物巡台展示暨第六届海峡两岸保生文化节交流活动"在台北、台中、彰化、南投、台南、高雄等地举办。10月30日～11月6日,为纪念两岸文物交流20年,国家文物局、国务院台湾事务办公室、沈春池文教基金会在重庆市、湖北省联合主办"海峡两岸文物交流20年纪念活动"。该活动被列入国务院台湾事务办公室2012年对台重点交流项目,包括座谈会、回顾展览、"重走三峡"文物保护考察活动,并出版回顾展图录和纪念文集。活动由中国文物交流中心承办,中央电视台、人民日报社、新华社及重庆、湖北媒体进行跟踪报道和系列访谈。此后,两岸文物交流20年回顾展览应邀到中国闽台缘博物馆展出。

# 三、学术研讨

20世纪90年代以来,两岸文博机构联合举办了秘色瓷学术座谈会、海峡两岸艺术文物市场研讨会、中国古代白瓷学术研讨会、马祖群岛考古遗址出土陶瓷器学术研讨会、文物保存与科技维护学术研讨会、简帛学术讨论会、纪念民族英雄郑成功驱荷复台340周年学术研讨会等一系列学术研讨会。两岸文博专家学者交流研究成果、研讨文物保护问题,形成了广泛共识。此外,两岸文博机构还互派专家学者进行主题演讲、学术讲座、授课教习、兼职研究和交流研修等,推动了两岸双向文物学术交流的深入和实质合作的互动。

**红山文化遗址考察团访问** 1992年,台湾中华文物学会组织红山文化遗址考察团访问大陆。这是大陆接待的第一个台湾文物参访团,中国文物交流中心承担参访团接待工作。

**中华海峡两岸传统建筑技术观摩研讨会** 1994年5月16～22日,应中华海峡两岸文化资产交流促进会会长吴永成先生邀请,由罗哲文任团长,单士元、郑孝燮为高级学术顾问的中国文物学会传统建筑园林研究会访问团赴台湾参加"中华海峡两岸传统建筑技术观摩研讨会"。访问团一行13人,参观访问台南、台中、彰化、鹿港、台北等地,着重观览地方文物建筑。

**两岸博物馆事业与文物学术交流活动** 1994年11月13日,中华文物交流协会会长张德勤率团赴台进行两岸博物馆事业与文物学术交流活动,被誉为两岸文博学界精英的一次超级聚会。访问团与台北故宫博物院等共同举办海峡两岸博物馆事业之交流及展望学术研讨会,就海峡两岸博物馆文物的研究、搜集、保存与维护,博物馆的展示与建筑设计,博物馆专业人才培训,大陆考古新发现等进行探讨和交流。

**海峡西岸文化遗产保护论坛** 2007年4月25日,由福建省人民政府、国家文物局、台盟中央委员会联合主办的"海峡西岸文化遗产保护论坛"在福州召开。40余名专家学者围绕加强海峡西岸文化遗产的研究和保护建言献策。

**海峡两岸文化遗产保护论坛** 2008年起,两岸文物保护部门和沈春池文教基金会联合举办海峡两岸文化遗产保护论坛,截至2017年底已举办七届,主题涉及红砖建筑保护传承、预防性保护、法制与管理、考古与遗产地管理等。该论坛是两岸文化遗产领域交流与合作的知名品牌，得到国务院、国务院台湾事务办公室和文化部的重视和支持，是经国务院核准的论坛类会议项目，是国务院台湾事务办公室和文化部对台工作的重点项目，也是两岸同行保护传承中华优秀文化遗产的重要平台。

2008年11月25～26日，由沈春池文教基金会与台湾艺术大学合办的"承先启后，再造辉煌——第一届海峡两岸南系古建艺术学术研讨会"在台湾艺术大学召开。应沈春池文教基金会邀请，中华文物交流协会会长单霁翔一行20人于2008年11月23日抵达台北参加研讨会，并赴台湾各地考察博物馆建设、研究资源、古迹及遗址保护等。单霁翔在研讨会上作题为《中国文物建筑保护中的"不改变文物原状"原则》的专题演讲。福建省文物局局长郑国珍、中国文化遗产研究院副总工程师侯卫东、台湾艺术大学古迹艺术修护学系助理教授刘淑音等两岸古建保护专家，分别就古建筑专业名词编纂的价值与意义、古民居维修技术、吉祥图案运用的深层含义、地震区域内的古建保护技术等主题发表论文。

2010年12月15～16日，由中华文物交流协会、福建省文化厅、沈春池文教基金会、台湾地区文化资产总管理处（筹备处）主办，泉州市人民政府、福建省文物局承办，福建省人民政府台湾事务办公室协办的"海峡两岸文化遗产保护论坛——闽系红砖建筑的保护与传承"在福建省泉州市召开。中华文物交流协会会长单霁翔出席论坛开幕式并作题为《加强涉台文物保护促进两岸文化交流》的主题发言。在两天的研讨中，中国文物学会、中国文化遗产研究院、清华大学、北京大学、厦门大学、浙江

省古建设计研究院、广西文物保护中心、福建博物院，台北艺术大学、文化大学、台湾中国科技大学、云林科技大学等单位的专家学者40余人，围绕闽系传统建筑特色、红砖建筑文化、砖造建筑震害模式与保护、维修技术研究与保存等方面问题进行了广泛研讨与深入交流。

2011年10月12～13日，由两岸文化遗产管理部门与沈春池文教基金会共同主办的"第三届海峡两岸有形文化资产（物质文化遗产）论坛"在台中文化创意园区召开。国家文物局副局长宋新潮在开幕式上致辞，并以《从遗址到遗址博物馆》为题作主旨报告。论坛以"保存与经营管理"为主旨，来自台湾地区文化资产总管理处、台南艺术大学、台北故宫博物院、台湾清华大学、成功大学和中原大学，以及中国文化遗产研究院、中央民族大学、中国国家博物馆、敦煌研究院、上海博物馆的专家学者，围绕古迹、古物、聚落、遗址等文化遗产的保存技术、防灾防险措施等，从实践经验出发进行研讨、交流。

2012年12月3～4日，由中华文物交流协会与沈春池文教基金会主办，广东省文物局承办，广东省博物馆协办的第四届海峡两岸文化遗产保护论坛在广东省博物馆召开，为国务院台湾事务办公室2012年对台重点交流项目。论坛以"文化遗产的法制与管理"为主题，两岸法学界和文博界专家学者30余人围绕文化遗产法制建设、文物进出境监管、水下考古、大遗址保护等话题展开讨论。国家文物局副局长董保华在论坛开幕式上致辞。论坛主题从南系建筑艺术这一单一主题，演进到对文化遗产的法制与管理等深层次问题，对两岸文化遗产保护

工作具有现实指导意义。

2013年11月4～5日，由中华文物交流协会与沈春池文教基金会联合主办的第五届海峡两岸文化遗产保护论坛在台南市台湾文化资产保存中心召开。国家文物局办公室主任朱晓东作题为《考古管理与大遗址保护的实践与探索》的主题报告，介绍大陆现有考古管理政策、法规，以及在大遗址保护方面的措施和成果。论坛以"考古与遗产地管理"为主题，来自中国社会科学院考古研究所、台北"中央研究院"历史语言研究所等单位的专家20余人，围绕两岸考古新成果、遗址保护、展示与利用、出土文物管理、古村落保护等专题阐释各自学术观点，并与到场的百余名各界人士交流互动，分享学术研究与管理实践中的心得。

2014年10月29～30日，由国家文物局指导，中华文物交流协会、沈春池文教基金会、江苏省文物局主办，苏州市文物局承办的第六届海峡两岸文化遗产保护论坛在江苏苏州召开。国家文物局副局长顾玉才出席开幕式并致辞。国家文物局科技司副司长罗静和台湾地区访问团团长、文资专家简玉华分别作题为《馆藏文物保护的有关进展》和《台湾古迹的科学保护》的主旨报告。与会专家学者围绕"文化遗产的科学保护"这一主题，针对"预防性科学（环境监测）""抗震、防灾科学""砖石保护科学""修复技艺传承与人才培养"等议题进行报告和综合讨论，深入探讨两岸文化遗产保护领域的探索与实践。

2016年11月1～2日，由国家文物局指导，中华文物交流协会与沈春池文教基金会共同主办的第七届海峡两岸文化遗产保护论坛在西安召开。来自两岸文化遗产主管机构、研究机构、博物馆、高校、专业院校的专家学者50余人出席论坛开幕式，并围绕"推进文物保护修复人才培养，促进两岸合作共赢"这一主题展开交流与讨论。

**两岸文化论坛** 2010年9月2～8日，应沈春池文教基金会邀请，以中华文化联谊会名誉会长蔡武为团长，中华文物交流协会会长单霁翔等为成员的访问团一行44人，赴台湾出席首届"两岸文化论坛"。

**两岸物质文化遗产保护事业座谈会** 2011年4月11～20日，应沈春池文教基金会邀请，以中华文物交流协会副会长顾玉才为团长的大陆文博专业人员代表团一行10人赴台湾参访交流。代表团实地考察台湾相关博物馆、民间信仰文化等，参加"两岸物质文化遗产保护事业座谈会"，并与台湾文博界交换物质文化遗产保护、合作举办展览等方面的意见。

**海峡两岸——中原两周列国考古与文化研讨会** 2011年12月21～23日，由河南博物院与台北历史博物馆合作举办的"海峡两岸——中原两周列国考古与文化研讨会"在河南博物院召开。

**两岸中小博物馆交流研讨会** 2011年12月3～8日，台湾地区民间博物馆协会理事长贾裕祖一行21人来大陆参访，参观考察陕西省相关博物馆、文化遗产地，并于12月7日在陕西历史博物馆参加"海峡两岸中小博物馆交流研讨会"。座谈会上，两岸博物馆馆长代表发言积极踊跃，有数家博物馆初步达成文物双向交流意向。会后，双方达成次年适当时候在西安举办两岸博物馆交流论坛，组织相关博物馆到台湾举办联合展览等合作意向。大唐西市博物馆、大明宫遗址博物馆和西安博物院分别向台湾布袋戏博物馆、娃娃社区合作社、王秀杞艺术馆等发出邀请，希望台湾方面组织展览到陕西展出。

**海峡两岸民办博物馆论坛** 2012年4月6～10日，"第三届民办博物馆发展西安论坛暨海峡两岸民办博物馆论坛"在西安大唐西市召开。本届论坛由陕西省文物局、陕西省海峡两岸交流促进会主办，西安市文物局、陕西省博物馆学会协办，大唐西市博物馆、陕西省民间博物馆协会承办。论坛以"海峡两岸民办博物馆的健康可持续发展"为主题，特邀台湾民间博物馆协会理事长、秘书长以及其他民办博物馆馆长20余人参加。两岸嘉宾围绕海峡两岸民办博物馆的发展，就进一步加强海峡两岸民办博物馆之间的交流与合作，促进两岸文化及博物馆事业的繁荣等话题进行探讨交流。论坛围绕主题设置9个分论题，内容涉及民办博物馆生存特质、管理特色、资金来源等。论坛同期举办"海峡两岸文化创意产品展示会"，有14家单位参展。

**两岸文博专业人员交流研习活动** 2012年，国家文物局与沈春池文教基金会合作，在5月和11月分别以"博物馆的公务服务与管理"和"文化遗产与创意产业"为主题举办两期两岸文博专业人员交流研习活动，选派大陆博物馆专业人员60人赴台研习交流。

2012年9月14～23日，在"两岸文博专业人员互访项目"框架下，国家文物局邀请台湾历史博物馆馆长张誉腾等10人赴新疆实地参访丝绸之路文化遗产保护工作。

2012年11月16～25日，应台湾自然科学博物馆邀请，国家文物局组织全国16家自然科学类博物馆馆长、副馆长29人赴台参加海峡两岸博物馆实务经营研习活动，在博物馆创意、活动策划、宣传教育、培训管理等方面与台湾同行进行深入交流与讨论。该活动由国家文物局、沈春池文教基金会联合举办。

**台湾大学人类学系师生学术参访活动** 2013年8月，国家文物局委托河南省文物考古研究院邀请台湾大学人类学系师生5人开展为期4周的学术参访活动，对河南省部分世界文化遗产地、博物馆、考古发掘现场等进行访问和专业交流。参访活动为进一步增进海峡两岸考古工作者的相互了解，加强海峡两岸考古同行特别是青年学人之间的学术交流起到了积极作用。

**海峡两岸及港澳地区文化遗产活化再利用研讨会** 由国家文物局发起，台湾沈春池文教基金会、香港特别行政区政府发展局与澳门特别行政区政府社会文化司共同主办的"海峡两岸及港澳地区文化遗产活化再利用研讨会"是文化遗产领域海峡两岸及港澳地区共同参与的第一个机制性交流平台和明星品牌，在四地轮流举办。2013年在天津举办第一届，2015年在台湾举办第二届，2017年在香港举办第三届。

2013年7月23日，由国家文物局、天津市人民政府、台湾沈春池文教基金会、香港特别行政区政府发展局与澳门特别行政区政府社会文化司主办的"海峡两岸及港澳地区建筑遗产再利用研讨会"在天津开幕。会议聚焦"建筑遗产再利用"主题，以"分享、交流、发展"为宗旨，围绕建筑遗产再利用的原则和方式、支持政策和管理模式、利益相关方的合作机制、社会效益及展望等4个方面，展示海峡两岸及港澳地区建筑遗产再利用的成果，交流实践经验。

2015年5月25日，由国家文物局、台湾沈春池文教基金会、香港特别行政区政府发展局与澳门特别行政区政府社会文化司共同主办的"第二届海峡两岸及港澳地区文化遗产活化再利用研讨会"在台中开幕。来自两岸及港澳地区的文化遗产主管部门负责人及专家学者逾百人出席会议。研讨会以"分享、交流、发展"为宗旨，邀请专家学者、文化遗产主管部门、参与活化利用的社会机构等，围绕政策法规与管理、社会力量参与及营运模式、教育推广、社会与经济效益等4个方面，共同探讨文化遗产保护与合理利用的平衡发展之路。

**穷古通今——两岸唐三彩暨低温釉陶学术研讨会** 2016年1月19～21日，国家文物局委托河南省文物局主办、河南博物院承办的"穷古通今——两岸唐三彩暨低温釉陶学术研讨会"在郑州召开。为配合研讨会召开，2016年1月19日～3月20日，在河南博物院举办"盛世风华——两岸唐三彩交流展"。这是两岸展览交流中一次新的尝试，台湾历史博物馆提供10件文物展出，其中5件文物为河南博物院旧藏，首次实现1949年运台文物回大陆展出，具有开拓性意义。

## 四、文物保护、捐赠

两岸文化交流务实发展，文物捐赠尽显友情。多年来，台湾同胞采用捐款或捐赠文物

方式，大力支持大陆文物保护工作。1999年和2008年，台湾和四川汶川特大地震后，两岸文博界对震灾后文物保护互致关切和慰问。

**文物保护** 2004～2005年，安徽省博物馆与台湾李氏文化保存修复中心合作修复潘玉良油画作品108幅。这是台湾与大陆博物馆合作修复馆藏油画的第一例，在文物保护领域具有开创性和示范意义，成为两岸合作修复文物的成功范例。

2008年12月16日，国务院台湾事务办公室、国家文物局、福建省人民政府共同举办涉台文物保护工程启动仪式。涉台文物是中华民族文化遗产的重要组成部分，是联系海峡两岸同胞感情的重要纽带，是台湾作为中国神圣领土不可分割的重要组成部分的历史见证，具有重要的历史、艺术、科学价值。积极开展对涉台文物的保护，深入发掘、展示和宣传涉台文物丰富的历史文化内容，对促进祖国和平统一大业，推动中国文化遗产事业的全面发展具有重要现实意义。

**文物捐赠** 1994年，台湾著名画家陈洪甄向故乡福建省东山县博物馆捐赠40幅精品画作。同年，故宫博物院和台湾鸿禧美术馆互赠陶瓷片、陶瓷研究设备。

1996年，台湾震旦集团董事长陈永泰先后从香港、台湾等地购得明代十八罗汉头像，在查明为1993年失窃的山西省灵石县资寿寺明代十八罗汉彩塑头像后，慨然表示将头像全部捐赠回祖国大陆。1999年，明十八罗汉彩塑头像返回故地山西省灵石县。

2002年12月21日，台湾法鼓山文教基金会向山东无偿捐赠从海外高价购回的济南四门塔

被盗隋朝佛首,使佛像法体合一,恢复昔日的庄严与神采。圣严法师在捐赠仪式上说:"这尊有着1400多年历史的佛头是先民智能的遗产,中华民族的血脉是相通的,文化是相通的,把佛头送回来,远比保留在法鼓山更有意义。"

2004年10月26日,台湾鸿禧美术馆副馆长廖桂英将乾隆官窑珐琅彩双联瓶瓶盖交给上海博物馆。这件瓶盖由鸿禧艺术文教基金会董事张益周收藏,在得知瓶身收藏在上海博物馆后,张先生慷慨捐出瓶盖,使这件珍品得以完整再现。

2005年6月21日,"老故宫人"那志良教授的家人,将那教授逝世后遗留的有关故宫文物南迁的史料100余件捐赠给故宫博物院,补充了相关史料的空白。

2006年3月16日,著名学者李敖先生向故宫博物院捐赠《乾隆题〈王著书千字文〉》,捐赠仪式在故宫漱芳斋举行。

2013年10月24日,数名台湾同胞向中国人民抗日战争纪念馆捐赠30余件珍贵的抗日文物。这些文物大都来自台湾抗日志士后代以及台湾抗日史研究专家、文物收藏家,对纪念馆台湾同胞抗日斗争展厅的筹建具有重要的现实意义。

2014年,佛光山星云大师同意向国家文物局无偿捐赠河北省幽居寺北齐佛首造像珍贵文物。2016年,佛首入藏河北博物院。

# 第八章

# 国际文物交流合作

1949～2017年，中国政府不断开展文物对外交流与合作，与相关国家政府签署双边协定、协议、谅解备忘录，与国际组织在文物保护和博物馆等领域进行多方面合作，实施文物保护援外工程，组织国际合作人才培养，推进中外合作考古项目建设，促进出国及来华文物展览数量持续增长，在维护国家利益、塑造国家形象、宣传中华优秀文化、促进文明交流互鉴等方面发挥独特而重要的作用。

签署双边协定、协议、谅解备忘录。1998～2017年，中国与韩国、澳大利亚、肯尼亚等34个国家签署40个文化遗产领域双边合作协议、谅解备忘录。2000～2017年，中国与秘鲁、意大利、印度等20个国家签署防止盗窃、盗掘和非法进出境文化财产双边协定、谅解备忘录，成为中国与其他国家双边关系发展的重要成果。

在文物保护和博物馆等领域与国际组织进行多方面合作。中国先后加入联合国教科文组织《保护世界文化和自然遗产公约》等4个国际公约，以及国际博物馆协会、国际古迹遗址理事会和国际文化财产保护与修复研究中心，参与国际会议及活动组织工作。

赴境外合作开展文物保护工程。截至2017年，国家文物局先后与美国、意大利、德国、日本、英国等国政府文化遗产管理机构、非政府组织开展文物保护合作项目；中国在柬埔寨、蒙古国、乌兹别克斯坦、尼泊尔、缅甸等国家开展文物保护工程，为"一带一路"国际大环境发挥建设性作用。

重视国际合作人才培养，文博人才培养采取"走出去，请进来"的方式。国家文物局与美国梅隆基金会，法国国家文化遗产学院、卡地亚当代艺术基金会，意大利国际文化财产保护与修复研究中心等，联合完成专业人员培训项目。中国文物研究所（2007年更名为中国文化遗产研究院）承办两期亚非国家文物保护管理研修班。

中外合作考古呈现不断发展的态势。1991～2017年，经中国政府批准的中外合作考古项目近60项，合作机构来自美国、加拿大、法国、英国、德国、日本、澳大利亚等多个国家，研究领域涉及农业起源、文明探源、聚落考古、城址考古、环境考古、盐业考古等众多学术热点。中国考古研究机构先后赴柬埔寨、俄罗斯、蒙古国、肯尼亚、越南、沙特、印度、老挝、埃及、哈萨克斯坦、吉尔吉斯斯坦等地开展合作考古项目。

出国及来华文物展览数量持续增长。20世纪50～90年代举办对外文物展览120余场，涵盖各大洲32个国家和地区的140个城市，观众超过4300万人次。2000～2017年，举办对外文物展览800余场。文物展览为中国文物对外交流与合作搭建人员交往和学术交流平台。

# 第一节　政府间交流合作

中华人民共和国成立后，中国政府文物部门开始全方位参与文物领域国际事务。进入21世纪，中国对外文化交流空前活跃，文物对外交流与合作也进入快速发展阶段，呈现多层次、多渠道、全方位的发展势头，中外国家元首举行双边会谈时经常谈及文物领域双边合作问题。2000～2017年，中国与20个国家政府签署了文物领域的双边合作协定，在文物返还、文物展览、合作考古、文物保护、信息交流、成果共享、人员培训等方面取得许多实质性合作成果。

## 一、签署防止盗窃、盗掘和非法进出境文化财产双边协定及谅解备忘录

盗窃、盗掘、非法交易及走私文物是世界性难题，给世界许多国家文化遗产带来难以估量的损害。开展国际合作是打击文物犯罪、保护文化遗产的有效途径。中国政府一贯重视打击盗窃、盗掘、非法交易和走私文物等犯罪活动，不断完善法律制度框架和管理机构体系，注重加强政府各有关部门的协调合作，加大工作经费投入。中国政府积极响应并先后加入联合国教科文组织《保护世界文化和自然遗产公约》、联合国教科文组织《关于禁止和防止非法进出口文化财产和非法转让其所有权的

方法的公约》、国际统一私法协会《关于被盗或者非法出口文物的公约》、联合国教科文组织《关于发生武装冲突时保护文化财产的公约》等4个国际公约，并参与《保护水下文化遗产公约》起草。中国政府始终坚持履行国际公约，参加多边和双边国际合作，与有关国家签署防止盗窃、盗掘和非法进出境文化财产的双边协定，通过国际社会共同努力，切实保护人类共同的文化遗产。2000～2017年，中国先后与秘鲁、意大利、印度、菲律宾、希腊、智利、委内瑞拉、美国、土耳其、埃塞俄比亚、澳大利亚、埃及、蒙古国、墨西哥、哥伦比亚、尼日利亚、瑞士、塞浦路斯、柬埔寨、缅甸等20个国家签署防止盗窃、盗掘和非法进出境文化财产政府间双边协定或谅解备忘录。（表8-1-1）

2000年3月30日签订的《中华人民共和国政府和秘鲁共和国政府保护和收复文化财产协定》，是中国与外国政府签订的首个双边协议。通过双边协议的签订与实施，中国政府对文物保护的认识不断加深，更加重视依靠国际合作保护文物，中国政府保护文物的方式更加多样化，有了更强的国际表达意识。

秘鲁是第一个与中国签署防止盗窃、盗掘和非法进出境文化财产协定的国家。中秘两国同为文化遗产资源丰富的国家，也同是联合

表8-1-1 2000～2017年中国与20国签署防止盗窃、盗掘和非法进出境文物等政府间双边协定、谅解备忘录一览表

| 序号 | 国家 | 协议名称 | 签署时间 |
|---|---|---|---|
| 1 | 秘鲁 | 《中华人民共和国政府和秘鲁共和国政府保护和收复文化财产协定》 | 2000 年 3 月 30 日 |
| 2 | 意大利 | 《中华人民共和国政府和意大利共和国政府关于防止盗窃、盗掘和非法进出境文物的协定》 | 2006 年 1 月 20 日 |
| 3 | 印度 | 《中华人民共和国政府和印度共和国政府关于防止盗窃、盗掘和非法进出境文物的协定》 | 2006 年 11 月 21 日 |
| 4 | 菲律宾 | 《中华人民共和国政府和菲律宾共和国政府关于防止盗窃、盗掘和非法进出境文物的协定》 | 2007 年 1 月 15 日 |
| 5 | 希腊 | 《中华人民共和国国家文物局和希腊共和国文化部关于防止盗窃、盗掘和非法进出境文物的谅解备忘录》 | 2008 年 2 月 26 日 |
| 6 | 智利 | 《中华人民共和国政府和智利共和国政府关于防止盗窃、盗掘和非法进出境文物的协定》 | 2008 年 4 月 14 日 |
| 7 | 委内瑞拉 | 《中华人民共和国政府和委内瑞拉玻利瓦尔共和国政府关于防止盗窃、盗掘和非法进出境文物的协定》 | 2008 年 9 月 24 日 |
| 8 | 美国 | 《中华人民共和国政府和美利坚合众国政府对旧石器时代到唐末的归类考古材料以及至少250年以上的古迹雕塑和壁上艺术实施进口限制的谅解备忘录》 | 2009 年 1 月 15 日 |
| 9 | 土耳其 | 《中华人民共和国政府和土耳其共和国政府关于防止盗窃、盗掘和非法进出境文化财产的协定》 | 2009 年 6 月 25 日 |
| 10 | 埃塞俄比亚 | 《中华人民共和国政府和埃塞俄比亚联邦民主共和国政府关于防止盗窃、盗掘和非法进出境文物的协定》 | 2009 年 9 月 16 日 |
| 11 | 澳大利亚 | 《中华人民共和国国家文物局与澳大利亚环境、水、遗产和艺术部关于文物保护的谅解备忘录》 | 2009 年 10 月 30 日 |
| 12 | 埃及 | 《中华人民共和国政府与阿拉伯埃及共和国政府关于保护和返还从原属国非法贩运被盗文化财产的协定》 | 2010 年 10 月 12 日 |
| 13 | 蒙古国 | 《中华人民共和国政府和蒙古国政府关于防止盗窃、盗掘和非法进出境文化财产的协定》 | 2011 年 6 月 16 日 |
| 14 | 墨西哥 | 《中华人民共和国政府和墨西哥合众国政府关于保护、保存、返还和追索文化财产及防止盗窃、盗掘和非法进出境文化财产协定》 | 2012 年 4 月 6 日 |
| 15 | 哥伦比亚 | 《中华人民共和国政府和哥伦比亚共和国政府关于防止盗窃、盗掘和非法进出境文化财产的协定》 | 2012 年 5 月 9 日 |
| 16 | 尼日利亚 | 《中华人民共和国政府和尼日利亚联邦共和国政府关于防止盗窃、盗掘和非法进出境文化财产的协定》 | 2013 年 7 月 10 日 |
| 17 | 瑞士 | 《中华人民共和国政府与瑞士联邦委员会关于非法进出境文化财产及其返还的协定》 | 2013 年 8 月 16 日 |
| 18 | 塞浦路斯 | 《中华人民共和国政府和塞浦路斯共和国政府关于防止盗窃、盗掘和非法进出境文化财产的协定》 | 2013 年 10 月 29 日 |
| 19 | 柬埔寨 | 《中华人民共和国政府和柬埔寨王国政府关于防止盗窃、盗掘和非法进出境文化财产的协定》 | 2015 年 9 月 10 日 |
| 20 | 缅甸 | 《中华人民共和国政府和缅甸联邦共和国政府关于防止盗窃、盗掘和非法进出境文化财产的协定》 | 2017 年 4 月 10 日 |

国教科文组织1970年《关于禁止和防止非法进出口文化财产和非法转让其所有权的方法的公约》缔约国，都致力于保护人类文化遗产。2000年3月30日，外交部部长唐家璇和秘鲁外交部部长费尔南多·格兰达分别代表中秘两国政府在北京签署《中华人民共和国政府和秘鲁共和国政府保护和收复文化财产协定》。通过签署双边协定，两国文化遗产主管部门建立了经常性交流机制，密切联系，不断深化两国文化遗产领域交流合作，对推动两国文化遗产保护工作产生了积极影响，促进了国际社会更加重视保护人类共同的文化遗产。

在中外政府签署的20个防止盗窃、盗掘和非法进出境文化财产双边协定中，《中华人民共和国政府和美利坚合众国政府对旧石器时代到唐末的归类考古材料以及至少250年以上的古迹雕塑和壁上艺术实施进口限制的谅解备忘录》签署过程耗费时间最久，长达11年。美国是世界上最主要的中国文物非法进口国之一，也是联合国教科文组织1970年《关于禁止和防止非法进出口文化财产和非法转让其所有权的方法的公约》缔约国。美国政府多次将所查获非法运抵美国的中国文物返还给中国，为防止文物非法流入美国作出积极努力。1998年，美国政府根据联合国教科文组织1970年《关于禁止和防止非法进出口文化财产和非法转让其所有权的方法的公约》和美国关于实施该公约有关规定，主动邀请中国政府开展缔结关于防止盗窃、盗掘和非法进出境文物的双边协议工作。中国政府对美方提议予以积极回应。2002年，经国务院批准，外交部将申请文本送交至美国驻华使馆。由于美国使馆相关工作人员变

动，中方申请于2004年底方被送交美国国会文化财产咨询委员会审查。2005年2月17日，美国国会文化财产咨询委员会派美国国务院教育与文化局文化遗产中心官员赴中国考察相关法律法规、管理体制及其实施情况，为3月下旬的听证会做准备。中国政府派员参加了此次听证会。2008年10月23～24日，中国政府代表团赴美，与美国政府代表团就商签文本进行逐条讨论磋商，形成并签署会议纪要。2009年1月15日（美国东部时间2009年1月14日），在中美建交30周年之际，中国驻美国大使周文重与美国国务院助理国务卿戈利·阿玛利在美国国务院签署《中华人民共和国政府和美利坚合众国政府对旧石器时代到唐末的归类考古材料以及至少250年以上的古迹雕塑和壁上艺术实施进口限制的谅解备忘录》，有效期五年。2014年1月14日，中美双方通过外交照会形式，同意将《中华人民共和国政府和美利坚合众国政府对旧石器时代到唐末的归类考古材料以及至少250年以上的古迹雕塑和壁上艺术实施进口限制的谅解备忘录》，有效期延续至2019年1月14日，并对部分条目进行修订。中美谅解备忘录是两国文化遗产合作的重要文件，有利于制止中国文化遗产非法流入美国，在保护中国文物免遭盗窃、盗掘方面发挥作用。执行10年来对国际犯罪集团贩卖中国文物产生强烈震慑，中方据此追回两批珍贵文物，履约工作也变为提升文物安全、规范文物市场的推动因素。

在中外政府签署的20个防止盗窃、盗掘和非法进出境文化财产双边协定中，有4个是在国家元首见证下签署的。2006年11月21日，在

国家主席胡锦涛和印度总理辛格见证下，签署《中华人民共和国政府和印度共和国政府关于防止盗窃、盗掘和非法进出境文物的协定》。2008年4月14日，在智利总统巴切莱特见证下，国家文物局局长单霁翔与智利外交部部长阿尔贝托·冯·克拉维伦分别代表两国政府签署《中华人民共和国政府和智利共和国政府关于防止盗窃、盗掘和非法进出境文物的协定》。2008年9月24日，在国家主席胡锦涛和应邀来华访问的委内瑞拉总统查韦斯见证下，国家文物局局长单霁翔和委内瑞拉人民权利文化部部长赫克多尔·索托分别代表两国政府在人民大会堂签署《中华人民共和国政府和委内瑞拉玻利瓦尔共和国政府关于防止盗窃、盗掘和非法进出境文物的协定》。2013年7月10日，在国家主席习近平和尼日利亚总统古德勒克·乔纳森见证下，文化部副部长、国家文物局局长励小捷与尼日利亚联邦旅游、文化和民族事务指导部部长埃德姆·杜克分别代表两国政府在北京人民大会堂签署《中华人民共和国政府和尼日利亚联邦共和国政府关于防止盗窃、盗掘和非法进出境文化财产的协定》。

## 二、签署文化遗产交流合作协议与谅解备忘录

1998年以来，国家文物局与各国文化遗产部门广泛签订文化遗产领域交流合作协议，内容涉及文化遗产保护、考古、展览交流、人员培训等方面。各轮双边文化交流合作协议的续签和更新，使合作协议涉及文化遗产领域相关条款得到逐步补充和完善。1998～2017年，国家文物局与34个国家文化遗产部门签署40个交流合作协议或谅解备忘录，其中11个是在国家元首见证下签署的，为促进双边文物交流合作取得实质性成果提供了重要依据和保障。（表8-1-2）

表8-1-2　1998～2017年国家文物局与34国文化遗产部门
签署文化遗产交流合作协议、谅解备忘录一览表

| 序号 | 国家 | 协议名称 | 签署时间 |
|---|---|---|---|
| 1 | 韩国 | 《中华人民共和国国家文物局和大韩民国文化财管理局关于文物交流的协议书》 | 1998 年 6 月 5 日 |
| 2 | 澳大利亚 | 《中华人民共和国国家文物局与澳大利亚遗产部和澳大利亚遗产委员会关于文化遗产合作谅解备忘录》 | 1999 年 11 月 26 日 |
| 3 | 柬埔寨 | 《中华人民共和国国家文物局与柬埔寨王国吴哥文物局关于加强文物保护合作的谅解备忘录》 | 2004 年 4 月 20 日 |
| 4 | 韩国 | 《中华人民共和国国家文物局和大韩民国文化财厅关于开展文化遗产方面交流合作的协议》 | 2005 年 11 月 3 日 |
| 5 | 肯尼亚 | 《中华人民共和国国家文物局与肯尼亚共和国国家遗产部关于在拉穆岛开展合作考古的协议》 | 2005 年 12 月 22 日 |
| 6 | 意大利 | 《中华人民共和国国家文物局与意大利共和国文化遗产与艺术活动部关于文化遗产保护合作的谅解备忘录》 | 2006 年 1 月 20 日 |

续表

| 序号 | 国家 | 协议名称 | 签署时间 |
|------|------|----------|----------|
| 7 | 柬埔寨 | 《中华人民共和国国家文物局与柬埔寨王国文物局关于保护吴哥古迹二期项目的协议》 | 2006 年 4 月 8 日 |
| 8 | 蒙古国 | 《中华人民共和国国家文物局与蒙古国教育文化科学部关于合作保护博格达汗宫博物馆门前区的协议》 | 2006 年 5 月 27 日 |
| 9 | 阿富汗 | 《中华人民共和国国家文物局与阿富汗伊斯兰共和国信息、文化、旅游、青年部关于维护与保护文化遗产谅解备忘录》 | 2006 年 6 月 19 日 |
| 10 | 意大利 | 《中华人民共和国国家文物局与意大利共和国文化遗产部关于合作建立中意文化遗产保护中心的谅解备忘录》 | 2006 年 9 月 18 日 |
| 11 | 越南 | 《中华人民共和国国家文物局与越南社会主义共和国文化通讯部文化遗产局关于文化遗产保护合作谅解备忘录》 | 2006 年 10 月 11 日 |
| 12 | 印度 | 《中华人民共和国国家文物局与印度共和国考古局关于合作保护文化遗产的谅解备忘录》 | 2006 年 11 月 21 日 |
| 13 | 菲律宾 | 《中华人民共和国国家文物局与菲律宾共和国国家文化艺术委员会关于文化遗产保护的协议》 | 2007 年 1 月 15 日 |
| 14 | 伊朗 | 《中华人民共和国国家文物局与伊朗伊斯兰共和国文化遗产手工业旅游局关于合作保护文化遗产谅解备忘录》 | 2007 年 9 月 7 日 |
| 15 | 波兰 | 《中华人民共和国国家文物局与波兰共和国文化与国民遗产部意向书》 | 2007 年 11 月 6 日 |
| 16 | 斯里兰卡 | 《中华人民共和国国家文物局与斯里兰卡民主社会主义共和国国家遗产部关于合作保护文化遗产的协议》 | 2008 年 1 月 31 日 |
| 17 | 智利 | 《中华人民共和国国家文物局和智利共和国国家遗迹委员会关于开展文化遗产领域交流合作的协议》 | 2008 年 4 月 14 日 |
| 18 | 哥伦比亚 | 《中华人民共和国国家文物局与哥伦比亚文化部意向书》 | 2008 年 8 月 11 日 |
| 19 | 埃塞俄比亚 | 《中华人民共和国国家文物局与埃塞俄比亚民主共和国文化遗产研究与保护局关于合作保护文化遗产谅解备忘录》 | 2009 年 2 月 25 日 |
| 20 | 美国 | 《中华人民共和国国家文物局与美国盖蒂保护研究所关于第七期合作的协议书》 | 2009 年 12 月 |
| 21 | 意大利 | 《中华人民共和国国家文物局与意大利共和国文化遗产与活动部关于促进文化遗产合作的谅解备忘录》 | 2010 年 10 月 7 日 |
| 22 | 新加坡 | 《中华人民共和国国家文物局与新加坡共和国国家文物局关于博物馆合作的谅解备忘录》 | 2010 年 11 月 15 日 |
| 23 | 厄瓜多尔 | 《中华人民共和国国家文物局和厄瓜多尔共和国自然与文化遗产协调部 2011 年至 2014 年谅解备忘录》 | 2010 年 12 月 26 日 |
| 24 | 罗马尼亚 | 《中华人民共和国国家文物局与罗马尼亚文化和国家遗产部关于开展文化遗产领域交流合作的共同声明》 | 2011 年 4 月 14 日 |
| 25 | 秘鲁 | 《中华人民共和国国家文物局与秘鲁共和国文化部关于在文化遗产保护、保存及归还和博物馆发展领域的合作与培训的谅解备忘录》 | 2011 年 4 月 28 日 |
| 26 | 英国 | 《中华人民共和国国家文物局与苏格兰政府关于河北省清东陵数字保存项目的协议》 | 2011 年 12 月 5 日 |

| 序号 | 国家 | 协议名称 | 签署时间 |
|---|---|---|---|
| 27 | 哈萨克斯坦、吉尔吉斯斯坦 | 《中华人民共和国国家文物局和哈萨克斯坦共和国文化与信息部、吉尔吉斯斯坦共和国文化与旅游部关于"丝绸之路：起始段和天山廊道的路网"跨国系列申报世界遗产和协调保护管理的协议》 | 2012 年 5 月 15 日 |
| 28 | 丹麦 | 《中华人民共和国国家文物局与丹麦王国文化部关于促进文化遗产保护和博物馆领域交流与合作的谅解备忘录》 | 2012 年 6 月 16 日 |
| 29 | 摩洛哥 | 《中华人民共和国国家文物局与摩洛哥王国文化部关于在索维拉合作创办摩洛哥国家茶博物馆的协议》 | 2012 年 6 月 18 日 |
| 30 | 土耳其 | 《中华人民共和国国家文物局与土耳其共和国文化旅游部关于互办文物展览的备忘录》 | 2012 年 10 月 11 日 |
| 31 | 匈牙利 | 《中华人民共和国国家文物局与匈牙利共和国人力资源部关于合作举办中国文物展览的备忘录》 | 2014 年 10 月 |
| 32 | 蒙古国 | 《中华人民共和国国家文物局与蒙古国文化体育旅游部关于合作保护科伦巴尔古塔的备忘录》 | 2014 年 6 月 10 日 |
| 33 | 缅甸 | 《中华人民共和国国家文物局与缅甸联邦共和国文化部关于促进文化遗产领域交流与合作的协议》 | 2014 年 6 月 27 日 |
| 34 | 法国 | 《中华人民共和国文化部副部长、国家文物局局长与法兰西共和国文化与新闻部部长关于中法文化遗产领域交流与培训计划的行政协议》 | 2014 年 10 月 21 日 |
| 35 | 西班牙 | 《中华人民共和国国家文物局与西班牙王国教育、文化与体育部关于促进文化遗产领域交流与合作的谅解备忘录》 | 2015 年 6 月 18 日 |
| 36 | 沙特阿拉伯 | 《中华人民共和国国家文物局与沙特阿拉伯王国旅游和民族遗产总机构关于促进文化遗产领域交流与合作的谅解备忘录》 | 2016 年 1 月 19 日 |
| 37 | 希腊 | 《中华人民共和国国家文物局与希腊共和国文化和体育部关于水下文化遗产合作的谅解备忘录》 | 2016 年 7 月 4 日 |
| 38 | 印度尼西亚 | 《中华人民共和国国家文物局与印度尼西亚共和国教育和文化部关于促进文化遗产领域交流与合作的协议》 | 2016 年 8 月 1 日 |
| 39 | 沙特阿拉伯 | 《中华人民共和国国家文物局和沙特阿拉伯王国旅游和民族遗产委员会古器物与博物馆部关于联合考古发掘项目合作的协议》 | 2016 年 12 月 21 日 |
| 40 | 沙特阿拉伯 | 《中华人民共和国国家文物局与沙特阿拉伯王国旅游和民族遗产总机构"阿拉伯之路——沙特出土文物展"补充协议》 | 2016 年 10 月 24 日 |

2004年4月20日，《中华人民共和国国家文物局与柬埔寨王国吴哥文物局关于加强文物保护合作的谅解备忘录》签署，双方就中柬文物保护二期项目达成合作意向。2006年4月8日，在国务院总理温家宝和柬埔寨首相洪森见证下，《中华人民共和国国家文物局和柬埔寨王国文物局关于保护吴哥古迹二期项目的协议》签署。根据协议，中国在柬埔寨实施保护吴哥古迹二期项目——茶胶寺修复工程。

2006年5月27日，在蒙古国总理见证下，

《中华人民共和国国家文物局与蒙古国教育文化科学部关于合作保护博格达汗宫博物馆门前区的协议》签署。中国政府派出专家和工程技术人员，赴蒙古国合作开展古建维修保护工程。

2006年9月18日，在国务院总理温家宝与意大利总理普罗迪见证下，国家文物局局长单霁翔与意大利外交部副部长玛格丽塔·博尼韦尔签署《中华人民共和国国家文物局与意大利共和国文化遗产部关于合作建立中意文化遗产保护中心的谅解备忘录》。中意两国以中意文化遗产保护中心为平台，在打击文物走私、人员培训、文物科技保护、丝绸之路联合申报世界遗产等方面开展全方位合作。

2006年11月21日，在国家主席胡锦涛和印度总理辛格见证下，《中华人民共和国国家文物局与印度共和国考古局关于合作保护文化遗产的谅解备忘录》签署。自此，两国文化遗产保护、联合考古和学术研究合作不断得到推进和深化。

2008年1月31日，在斯里兰卡总理马欣达·拉贾帕克萨见证下，国家文物局局长单霁翔与斯里兰卡国家遗产部代部长签署《中华人民共和国国家文物局与斯里兰卡民主社会主义共和国国家遗产部关于合作保护文化遗产的协议》。

2011年4月28日，依据《中华人民共和国政府和秘鲁共和国政府保护和收复文化财产协定》，《中华人民共和国国家文物局与秘鲁共和国文化部关于在文化遗产保护、保存及归还和博物馆发展领域的合作与培训的谅解备忘录》签署。主要内容包括：双方支持专家培训及交流领域合作，鼓励联合举办工作室和研究班，帮助并推动在文化遗产保护、保存及归还

方面的成功经验交流；双方各相应职权机构间签署展品借用协议来举办文物展览；在培训项目中，双方鼓励通过对考古地区，特别是世界遗产地的总体规划，开展文化遗产旅游地管理的培训，推动开展可移动文物，特别是瓷器、金属制品和木制品保存及修复的博物馆技术培训，开展针对文化财产掠夺贩运的保护政策经验交流培训等。

2014年6月27日，在国家主席习近平和缅甸总统吴登盛见证下，文化部副部长、国家文物局局长励小捷与缅甸文化部副部长杜珊达钦在北京人民大会堂签署《中华人民共和国国家文物局与缅甸联邦共和国文化部关于促进文化遗产领域交流与合作的协议》。

2016年1月19日，在国家主席习近平与沙特国王萨勒曼见证下，国家文物局局长刘玉珠与沙特旅游与民族遗产总机构副主席哈班签署《中华人民共和国国家文物局与沙特阿拉伯王国旅游和民族遗产总机构关于促进文化遗产领域交流与合作的谅解备忘录》。内容包括人员交流、世界遗产申报与管理、博物馆运营、打击文物走私经验交流等，是中国与沙特首个政府层面的文化遗产合作文件，也是中国与海湾阿拉伯国家首个政府层面的文化遗产合作文件，标志着中阿文化遗产合作迈入机制化轨道。

# 三、外交活动

政府首脑的外交活动 中华人民共和国成立后，越来越多的国家与中国建交，各国元首参观历史文化遗址或博物馆成为国事访问的重要内容，以中国文物为主题制作的礼品成为中

国国家领导人赠送外国政府首脑的佳品。

1955年，越南、民主德国领导人先后来华访问，都参观了故宫博物院。1963年12月，国务院总理周恩来出访亚欧14国，以《故宫博物院藏瓷选集》一书为礼品赠送各国领导人。1972年9月，中共中央主席毛泽东将《西汉帛画》一书作为礼品赠送来华访问的日本首相田中角荣。1973年9月15日，国务院总理周恩来陪同法国总统蓬皮杜参观山西大同云冈石窟。1978年，法国总理希拉克参观陕西秦兵马俑发掘工地后题词："世界上曾有七大奇迹，秦俑的发现可以说是第八大奇迹。不看金字塔，不算真正到过埃及；不看秦俑，不算真正到过中国。"1992年10月26日，日本明仁天皇及皇后首次访华并访问西安碑林，天皇在第一展室《开成石经》上观看到有关"平成"年号出处的碑刻文字。此后，这块石碑成为日本游客每到碑林的必看文物，也带动日本一些大企业来碑林寻找公司名称出处。1993年5月13～21日，日本广播协会专务理事、放送总局长中村和夫人率日本放送协会访华团，与国家文物局进行工作会谈，并签约合作拍摄《故宫》《中华文明五千年》电视系列片。国家主席江泽民会见代表团，对日本广播协会与国家文物局合作拍摄文物电视片表示赞赏。

进入21世纪，中华文化国际影响力不断提高，文物双边交流合作日益增加。2004年1月，国家主席胡锦涛访问法国时，在法国总统希拉克陪同下专程参观在巴黎吉美博物馆举办的"孔子文化展"；10月，法国文化年开幕，国务院总理温家宝与来访的法国总理拉法兰共同出席在故宫博物院举办的"路易

十四时期艺术展"开幕式，为展览剪彩并参观展览；12月，国家主席胡锦涛出访英国期间，在英国女王伊丽莎白二世陪同下参观"盛世华章——故宫博物院藏文物精品展"。2006年9月18日，国务院总理温家宝在人民大会堂与意大利总理普罗迪举行会谈时，普罗迪表示愿与中方在文化遗产领域建立战略伙伴关系；12月7日，国家主席胡锦涛在人民大会堂与塞浦路斯总统帕帕佐普洛斯举行会谈时，表示愿与塞方"进一步开展考古、文物等方面的交流与合作"。2007年，法国总统萨科齐上任后首次访华，将参观秦始皇兵马俑博物馆作为第一站。2008年4月14日，智利总统巴切莱特出席在首都博物馆举办的"智利的起源：马普切文明展"开幕式并参观展览，这是智利文物首次在中国展出。2014年11月13日，中国国家博物馆、墨西哥国家文化和艺术委员会及墨西哥国立人类学历史学研究所共同主办的"玛雅：美的语言"文化展在中国国家博物馆开幕，国家主席习近平和夫人彭丽媛、墨西哥总统培尼亚和夫人里维拉出席开幕式并参观文化展，培尼亚、习近平先后致辞。2015年1月30日，国务院总理李克强和法国总理瓦尔斯参观在中国国家博物馆举办的"永远的思想者——罗丹雕塑回顾展"，出席中法建交50周年纪念活动闭幕式并讲话。2016年11月21日，国家主席习近平和夫人彭丽媛在秘鲁出席中拉文化交流年闭幕式并参观"天涯若比邻——华夏瑰宝秘鲁行"大型文物展览。2017年3月16日，"阿拉伯之路——沙特出土文物"展在中国国家博物馆举办闭幕式，国家主席习近平和沙特国王萨勒曼参观展览，出席闭幕式并致辞。

驻华使节走进世界文化遗产活动 为宣传中国文化遗产保护事业，进一步提升中国文化遗产的国际知名度，为中外文化遗产领域交流合作创造条件，促进中国文化遗产事业健康发展，经外交部批准，国家文物局自2005年起举办"驻华使节走进世界文化遗产活动"，至2016年共举办10届。该活动先后走进新疆、湖南、四川、福建、河南、山东、安徽、贵州、陕西、云南等文化遗产地，有40余个国家的驻华使节参加。

# 第二节 加入国际公约与国际组织交流合作

1979年以来，中国综合国力不断增强，国际地位逐渐提升，中国与国际组织间交流与合作日益紧密。中国先后加入《保护世界文化和自然遗产公约》《关于禁止和防止非法进出口文化财产和非法转让其所有权的方法的公约》《关于被盗或者非法出口文物的公约》《关于发生武装冲突时保护文化财产的公约》《联合国打击跨国有组织犯罪公约》，并加入国际博物馆协会、国际古迹遗址理事会和国际文化财产保护与修复研究中心等3个与文化遗产有关的国际组织。积极加入并履行国际公约、参与国际会议及活动组织工作，发挥中国在国际文化遗产领域作用，传播国际文化遗产保护先进理念，促进文物返还的国际合作。

## 一、加入国际公约

《保护世界文化和自然遗产公约》 1972年11月16日，联合国教科文组织大会第17届会议在巴黎通过《保护世界文化和自然遗产公约》，规定文化遗产和自然遗产的定义、文化和自然遗产的国家保护和国际保护措施等条款。各缔约国可自行确定本国领土内的文化和自然遗产，并向世界遗产委员会递交其遗产清单，由世界遗产大会审核和批准。凡是被列入世界文化和自然遗产的地点，都由其所在国家依法严格予以保护。公约旨在促进各国和各国人民间的合作，为合理保护和恢复全人类共同的遗产作出积极贡献。

世界遗产委员会（World Heritage Committee）是联合国教科文组织根据《保护世界文化和自然遗产公约》成立的政府间国际组织。第一届委员会于1976年11月产生，1977年举行第一次会议，通过委员会的议事规则。委员会有21个成员国，由两年一度的缔约国大会选举产生，任期六年，每次缔约国大会改选三分之一。委员会每年召开一次会议，讨论新的世界遗产申报项目，听取并审议世界遗产保护情况的报告，研究制定世界遗产事业发展战略，并审议项目和预算。世界遗产委员会有3个顾问咨询机构：国际古迹遗址理事会（ICOMOS）、国际文化财产保护与修复研究中心（ICCROM）、世界自然保护联盟（IUCN）。

自1975年公约正式生效后，在全球范围内共有178个国家或地区加入《保护世界文化和自然遗产公约》，成为缔约成员。1985年，中国加入《保护世界文化和自然遗产公约》。1987年12月11日，中国首批申报的泰山、长城、故宫、莫高窟、秦始皇陵及兵马俑、周口店北京人遗址在第11届世界遗产委员会会议上被列入《世界遗产名录》。1991年，在联合国教科文组织第26届大会期间举行的第八届

《保护世界文化和自然遗产公约》缔约国大会上，中国首次当选为世界遗产委员会委员。1992～1993年，中国连续当选为世界遗产委员会委员。中国世界遗产进入数量快速增长的发展阶段。2015年11月25日，"纪念联合国教科文组织成立七十周年暨中国加入《保护世界文化和自然遗产公约》三十周年成果发布会"在故宫博物院敬胜斋举办。

**《关于禁止和防止非法进出口文化财产和非法转让其所有权的方法的公约》** 为防止文物流失，联合国教科文组织于1970年制定《关于禁止和防止非法进出口文化财产和非法转让其所有权的方法的公约》（简称"1970年公约"），该公约于1970年11月14日在法国巴黎举行的联合国教科文组织大会第16届会议上通过，是预防文化财产贩运和追索流失文物的主要国际公约。1978年，联合国教科文组织成立"促进文化财产归还原属国或返还非法占有文化财产政府间委员会"（ICPRCP），由联合国教科文组织大会选举出22个委员国，以协调联合国教科文组织成员国和准成员国在文物追索上产生的纠纷。1989年9月25日，中国正式加入《关于禁止和防止非法进出口文化财产和非法转让其所有权的方法的公约》，并连续当选为联合国教科文组织"促进文化财产归还原属国或返还非法占有文化财产政府间委员会"的成员国，在推动"返还第二次世界大战期间流失出境的文物"、起草"促进流失文物返还宣言"等活动中发挥关键作用。自2012年联合国教科文组织启动"1970年公约"的实质性改革以来，中国政府积极参与其中。2013年7月1日，联合国教科文组织在法国巴黎召开的联合国教科文组织《关于禁止和防止非法进出口文化财产和非法转让其所有权的方法的公约》特别会议上，中国当选该公约首届附属委员会委员国，任期两年。公约附属委员会由来自6个地区组别的18个国家组成，主要职能为落实"1970年公约"各项目标，审议关于公约执行情况的国家报告，交流实践经验并制订公约操作指南，以及开展能力建设等。当选公约首届附属委员会委员国后，中国政府积极支持和参与公约操作指南的起草和通过。

2014年9月9～10日，第四届文化财产返还国际专家会议在甘肃省敦煌市召开。这是中国政府第一次举办文物返还领域的国际会议，来自联合国教科文组织、国际刑警组织、世界海关组织、联合国毒品和犯罪问题办公室和国际统一司法协会等国际组织的官员和近20个国家的政府代表以及专家学者与会。会议通过了旨在促进考古类文物返还的《关于保护和返还非法出境的被盗掘文化财产的敦煌宣言》，这是中国第一次主导制定的文物返还国际法律文件。

**《关于被盗或者非法出口文物的公约》** 1995年通过的国际统一私法协会《关于被盗或者非法出口文物的公约》是打击文化财产贩运的主要国际法律文件，是对联合国教科文组织"1970年公约"的补充。1997年3月7日，经中华人民共和国国务院批复，中国正式加入《关于被盗或者非法出口文物的公约》。2012年6月19日，在法国巴黎召开国际统一私法协会特别委员会，是国际统一私法协会第一次就该公约召开专门会议。

**《关于发生武装冲突时保护文化财产的公约》** 第二次世界大战给人类带来毁灭性灾难，也激发国际社会反对侵略战争、要求世界和平的思潮。在此背景之下，联合国应运而生。1946年，在联合国的支持与协调下，联合国教科文组织成立，取代国际联盟的知识协作组织。依据联合国教科文组织《组织法》，"保证对图书、艺术作品及历史和科学文物等世界文化遗产之保存与维护，并建议有关国家订立必要之国际公约"为该组织的宗旨之一。

1949年，联合国教科文组织大会要求总干事于次年向其提交报告，就"为确保有关国家进行合作以保存、维护及修复古董与古迹而适宜采取的措施"进行详细说明。总干事于1950年召集专家开会，并在会议上作出决定，启动《关于发生武装冲突时保护文化财产的公约》的起草工作。公约条款以国际博物馆办公室草拟的《保护艺术与科学机构与历史性遗迹的公约》为基础，相关工作推进相当顺利。1954年，鉴于公约草案已臻成熟，荷兰政府遂邀请各国派代表于该年4月21日赴海牙参加缔结公约的外交会议。经过近两周的谈判，大会最终于5月14日通过《关于发生武装冲突情况时保护文化财产的公约》（简称1954年《海牙公约》）以及《关于发生武装冲突时保护文化财产公约的实施条例》（简称《海牙公约实施条例》），同时通过的还有一份可供各国选择加入的议定书（通称《第一议定书》）。这一公约及其议定书的通过，标志着保护文化财产免受武装冲突影响的当代国际法体系基本建立，具有里程碑式的意义。

1954年《海牙公约》及《第一议定书》于1956年8月7日生效。中国于2000年加入1954年《海牙公约》及《第一议定书》。截至2016年1月，1954年《海牙公约》及《第一议定书》的缔约国数量分别达到126个与103个。

**《联合国打击跨国有组织犯罪公约》**　2000年11月15日，第55届联合国大会通过《联合国打击跨国有组织犯罪公约》（简称《打击犯罪公约》），为联合国在刑事司法领域制定的重要国际法律文书，旨在加强国际合作与交流，促进更有效预防和打击洗钱、腐败、非法贩运文化财产等有组织犯罪。截至2016年8月，已有187个国家加入《打击犯罪公约》。

2003年8月，第十届全国人民代表大会常务委员会第四次会议批准《打击犯罪公约》，并声明对《打击犯罪公约》第35条第2款关于通过仲裁和国际法院解决争议条款作出保留。2003年9月23日，中国政府向联合国秘书长交存批准书，公约于2003年10月23日对中国生效，同时适用于澳门特别行政区。2006年10月27日适用于香港特别行政区。

2014年，经中国代表团和与会各国代表共同努力，《关于贩运文化财产及其他相关犯罪的预防犯罪和刑事司法对策国际准则》在联合国毒品和犯罪问题办公室（UNODC）第三次"保护文物免遭贩运问题政府间专家组会议"上通过，规定了文物犯罪预防、定罪、国际合作等内容，为各国提供打击和预防非法贩运文物刑事司法对策。

## 二、与国际组织交流合作

**与国际博物馆协会交流合作**　1946年11月，国际博物馆协会成立。国际博协是与联合国教科文组织保持官方联系的非政府组织，在联合国经济与社会理事会享有谘商地位，致力于在世界范围内鼓励并支持各类博物馆的建立、发展及专业管理，组织博物馆各领域专业合作，宣传博物馆和博物馆事业，履行为国际社会服务使命（打击走私、自然或人为灾害后博物馆急救项目等），规范博物馆职业道德。国际博协所制定的《国际博物馆协会博物馆道德准则》是国际博物馆界普遍承认的参考文本。国际博协大会每三年举行一次，执行委员会是国际博协重要决策机构。中国是国际博协成立时最早发表声明表示支持的27个国家之一。

1983年，经文化部和外交部批准，中国博物馆协会代表团出席在英国伦敦举行的国际博协第13届大会，中国正式加入国际博协。同年，成立国际博协中国国家委员会，与中国博物馆协会秘书处合署办公。（表8-2-1）

1989年，国际博协中国国家委员会在北京承办国际博协第四届亚洲太平洋地区委员会大会。1994年，在北京举办国际博协博物馆学专业委员会年会，国际博协中国国家委员会与国际博协合作在山东省举办国际博物馆管理人员研讨班。2002年，在北京举办国际博协科技馆专业委员会会议和国际博协钱币与银行专业委员会年会。同年10月，在上海举办国际博协亚太地区委员会第七届大会，通过关于"博物馆与无形文化遗产"的《上海宪章》，是国际文化遗产界涉及博物馆与无形文化遗产的第一个专业指导性文件，在博物馆领域引起强烈反响。2008年，在湖南长沙召开国际博协博物馆学专业委员会年会。

2006年5月，在国际博协巴黎大会上，上海获得2010年国际博物馆协会第22届大会主办权。2010年11月7～12日，国际博协第22届大会暨第25届全体会议在上海世博中心举行。122个国家、地区和国际组织的博物馆相关领

表8-2-1　2001～2016年中国参加的部分国际博物馆协会会议

| 序号 | 会议名称 | 时间 | 地点 |
|---|---|---|---|
| 1 | 国际博协第 19 届大会暨 20 次全体会议 | 2001 年 7 月 | 西班牙巴塞罗那 |
| 2 | 国际博协亚太地区第七次大会暨博物馆与无形文化遗产国际学术讨论会 | 2002 年 10 月 | 中国上海 |
| 3 | 国际博协第 21 届大会暨第 22 次全体会议 | 2007 年 8 月 | 奥地利维也纳 |
| 4 | 国际博协展览交流专业委员会年会 | 2009 年 11 月 | 美国芝加哥 |
| 5 | 国际博协第 22 届大会暨第 25 届全体会议 | 2010 年 11 月 | 中国上海 |
| 6 | 国际博协年会 | 2011 年 6 月 | 法国巴黎 |
| 7 | 国际博协文学专业委员会 2011 年年会 | 2011 年 9 ～ 10 月 | 意大利洽威乐 |
| 8 | 国际博协亚太地区联盟 2012 年大会 | 2012 年 9 月 | 中国武汉 |
| 9 | 国际博协第 23 届大会 | 2013 年 8 月 | 巴西里约热内卢 |
| 10 | 国际博协第 24 届大会 | 2016 年 6 ～ 7 月 | 意大利米兰 |
| 11 | 国际博协执行委员会第 134 次会议 | 2016 年 12 月 | 法国巴黎 |

域代表3542人参会，其中境外代表1493人。30个专门委员会会议和博物馆志愿者、博物馆与城市经济、新技术等3个开放式主题论坛，为中外博物馆工作者提供了广阔的学术交流平台。176个展位的博物馆展览会，吸引国内外众多博物馆及相关领域专业公司参展，反映了博物馆及相关文化产品与技术最新成果与发展动态。会议通过《关于博物馆致力于社会和谐的上海宣言》，发布《中国濒危文物红色目录》，推进预防和遏制国际上针对中国文物的盗卖和走私，呼吁国际社会对中国文物保护共担责任。大会通过在中国设立国际博协培训中心建议，并选举产生国际博协和下属各国际专门委员会的新一届机构人员，许多中国代表进入国际博协执行委员会或国际博协下属国际专门委员会，扩大了中国博物馆的国际影响力。根据国际博协第22届上海大会通过的决议，经近三年筹备，2013年国际博协、中国博物馆协会和故宫博物院合作建立国际博物馆协会国际博物馆培训中心。7月1日，国际博物馆协会国际博物馆培训中心成立仪式在故宫博物院举行，国际博物馆协会主席汉斯-马丁·辛兹（Han-Martin Hinz）、国际博物馆协会中国国家委员会主席宋新潮、故宫博物院院长单霁翔代表合作三方签署《国际博物馆协会中国国家委员会、故宫博物院与国际博物馆协会关于在北京建立国际博物馆协会国际博物馆培训中心框架协议》，并为中心揭牌。2013年11月，培训中心举办博物馆运行管理国际培训班，邀请世界各地知名专家学者授课，来自国内外的30余名学员参加培训。

1997～2005年，中国博物馆学会与挪威合作开发署合作，在贵州建成包括苗族、布依族、汉族和侗族4个民族生态博物馆群，使中国博物馆建设与国际文化遗产保护理念进一步接轨。2013年，中国博物馆协会利用亚太地区博物馆联盟主席国平台开展区域性博物馆学术交流与合作，与世界博物馆之友联盟建立合作关系；与世界最佳博物馆利用机构达成合作共识；与美国博物馆协会签署合作谅解备忘录，联合主办"中美博物馆标准和最佳做法研讨班"；与加拿大洛德文化资源公司签署战略合作谅解备忘录；与俄罗斯博物馆协会建立战略合作关系等。

**与国际古迹遗址理事会交流合作** 1965年，国际古迹遗址理事会在波兰华沙成立，是联合国教科文组织为促进人类不可移动文化遗产保护专门成立的国际组织，是世界遗产委员会的专业咨询机构，负责世界遗产申报的专业审评机构。国际古迹遗址理事会由世界各国文化遗产专业人士组成，是古迹遗址保护和修复领域唯一的国际非政府组织，拥有93个国家委员会，是国际文化遗产保护领域最具影响力的非政府组织。国际古迹遗址理事会通过世界遗产专员和世界遗产国际秘书处工作人员，对申请进入《世界遗产名录》的古迹遗址进行评估，也通过主题研究和比较研究，提供技术支持和专业培训，监督《世界遗产名录》上文化遗产的保护和管理。国际古迹遗址理事会全体大会是该组织的最高管理机构，每三年召开一次，选举执行委员会并制订下一个三年的战略计划和纲领。执行委员会是国际古迹遗址理事会管理机构。

1993年，经国务院批准，由国家文物局

牵头成立国际古迹遗址理事会中国国家委员会（ICOMOS China），即中国古迹遗址保护协会，并于当年加入国际古迹遗址理事会。该协会为从事文化遗产保护与研究的专家学者和管理工作者自愿组成的全国性、群众性、非营利性学术团体，具有独立社团法人资格，遵守中华人民共和国宪法、法律、法规和相关政策，遵守社会道德风尚，团结广大文化遗产保护、研究和管理工作者，贯彻"保护为主、抢救第一、合理利用、加强管理"文物工作方针，承认并遵循国际古迹遗址理事会章程，从事文化遗产保护理论、方法与科学技术研究、运用、推广与普及，为文化遗产的保护工作提供专业咨询服务，促进对文化遗产的全面保护与研究。（表8-2-2）

2004年7月10～11日，国际古迹遗址理事会亚太地区会议在北京召开。国际古迹遗址理事会主席、秘书长、司库以及主管亚太地区的副主席等和亚太地区10个国家的代表出席会议。会议由国际古迹遗址理事会中国国家委员会承办。

2005年10月17～21日，经国务院批准，国家文物局在西安承办国际古迹遗址理事会第15届大会暨国际科学研讨会，86个国家和地区的代表1000余人参加会议，是中国首次承办该组织大会。会议就文物古迹的周边环境保护问题通过《西安宣言——关于古建筑、古遗址和历史区域周边环境的保护》（简称《西安宣言》），对古建筑、古遗址和历史区域的周边环境提出评估、管理和保护办法，并要求通过立法、政策制定、规划和管理等方式进行干预，以减小城市化进程对文化遗产真实性、整体性和多样性的破坏。《西安宣言》体现了国际古迹遗址保护理念新变化。2006年10月1日，国际古迹遗址理事会西安国际保护中心（IICC-X）成立。国际古迹遗址理事会委托中国古迹遗址保护协会主持协调相关业务活动，与国家文物局、西安市人民政府共同管理，通过国际协作推进对丝绸之路沿线文化遗产研究与保护，遵循《中华人民共和国宪法》和其他法律、法规及政策，承认并遵循国际古迹遗址理事会章程、宪章和其他相关文件，致力宣扬国际古迹遗址理事会文化遗产保护理念，特别是《西安宣言》的研究与推广，开展文化遗产保护和相关技术人员培训。2006年，经合作组织间讨论，并经国际古迹遗址理事会执行委员会决定，国际古迹遗址理事会西安国际保护中心是由国际古迹遗址理事会、中国古迹遗址保护协会、国家文物局和西安市人民政府代表组成的指导委员会，由合作组织国际古迹遗址理事会、中国古迹遗址保护协会和西安市人民政府代表组成的管理委员会，以及由专家组成的科学顾问委员会领导。

2012年10月28日，国际古迹遗址理事会顾问委员会和执行委员会会议暨国际科学研讨会在北京举行，56个国家的代表112人出席会议。会议期间，举办科学理事会会议、世界遗产申报培训等活动，以及"减少自然和人为灾害对文化遗产的风险"主题科学研讨会。

**与国际文化财产保护与修复研究中心交流合作** 1959年，联合国教科文组织与意大利政府签署协议，在意大利罗马设立国际文化财产保护与修复研究中心，这是联合国教科文组织创设的独立国际科学机构，是文化遗产专业领

表8-2-2　2002～2016年中国参加的部分国际古迹遗址理事会会议

| 序号 | 会议名称 | 时间 | 地点 |
|---|---|---|---|
| 1 | 国际古迹遗址理事会咨询委员会和执行委员会会议 | 2002 年 11 月 | 西班牙塞维利亚 |
| 2 | 国际古迹遗址理事会第 13 届大会 | 2002 年 12 月 | 西班牙马德里 |
| 3 | 国际古迹遗址理事会执行委员会会议 | 2003 年 3 月 | 法国巴黎 |
| 4 | 国际古迹遗址理事会执行委员会和亚太地区会议 | 2004 年 7 月 | 中国北京 |
| 5 | 国际古迹遗址理事会第 15 届大会暨国际科学研讨会 | 2005 年 10 月 | 中国西安 |
| 6 | 世界遗产保护杭州论坛暨 2008 年国际古迹遗址理事会亚太地区会议 | 2008 年 6 月 | 中国杭州 |
| 7 | 国际古迹遗址理事会第 16 届大会暨科学委员会会议 | 2008 年 9 ～ 10 月 | 加拿大魁北克 |
| 8 | 国际古迹遗址理事会主席团会议 | 2010 年 6 月 | 法国巴黎 |
| 9 | 国际古迹遗址理事会世界遗产工作组会议 | 2010 年 9 月 | 法国巴黎 |
| 10 | 国际古迹遗址理事会咨询委员会、执行委员会和科学委员会会议 | 2010 年 10 月 | 爱尔兰都柏林 |
| 11 | 国际古迹遗址理事会文化线路委员会年会 | 2010 年 11 月 | 西班牙马德里 |
| 12 | 国际古迹遗址理事会世界遗产专家组会议和世界遗产工作组会议 | 2010 年 12 月 | 法国巴黎 |
| 13 | 国际古迹遗址理事会第 17 届大会、科学研讨会和咨询委员会会议 | 2011 年 11 ～ 12 月 | 法国巴黎 |
| 14 | 国际古迹遗址理事会顾问委员会和执行委员会会议暨国际科学研讨会 | 2012 年 10 月 | 中国北京 |
| 15 | 国际古迹遗址理事会第 18 届大会、科学研讨会和顾问委员会会议 | 2014 年 11 月 | 意大利佛罗伦萨 |
| 16 | 国际古迹遗址理事会执行委员会会议 | 2014 年 11 月 | 意大利佛罗伦萨 |
| 17 | 国际古迹遗址理事会成立 50 周年纪念活动、国际古迹遗址理事会主席团会议 | 2015 年 6 月 | 波兰华沙、德国波恩 |
| 18 | 国际古迹遗址理事会创伤后重建国际研讨会、国际古迹遗址理事会执行委员会会议、咨询机构与《世界遗产公约》缔约国代表通气会 | 2016 年 3 月 | 法国巴黎 |
| 19 | 国际古迹遗址理事会年会 | 2016 年 10 月 | 土耳其伊斯坦布尔 |

域唯一的政府间国际组织，也是联合国教科文组织世界遗产中心三大咨询机构之一。其基本宗旨是保护古代建筑、历史遗迹和世界艺术珍品，以及进行专业队伍培训和修复工作改进。国际文化财产保护与修复研究中心研究并传播世界文化遗产保护及修复信息，负责举办国际性会议，出版有关刊物并组织专家讨论；致力推动文物保护技术探讨，研究制定文物保护及

修复问题解决方案，调整文物保护措施。作为联合国教科文组织密切合作伙伴，其协助世界遗产中心落实《保护世界文化和自然遗产公约》，培训遗址管理者，为世界各地遗址保护提供技术支持。该组织在文化遗产保护理念传播、专业人员培训等方面开展大量有益工作，影响广泛。国际文化财产保护与修复研究中心共有132个会员国，国际文化财产保护与修复

研究中心执行委员会是该组织决策机构，由25位执行委员构成，可以连选连任，但不能超过两届。

2000年，中国加入国际文化财产保护与修复研究中心，在培训方面积极开展合作。（表8-2-3）

2007年，设立于同济大学的联合国教科文组织亚太地区世界遗产培训与研究中心（上海中心）和国际文化财产保护与修复研究中心签订合作协议，每两年举办一次国际培训班。2008年、2009年，国际培训班主题为"文化遗产规划管理"。2009年9月，国家文物局和国际文化财产保护与修复研究中心等国际组织合作，在北京举办"预防性保护：博物馆藏品风险防范"培训班，课程包括回顾风险管理内涵及其在文化遗产领域的各种应用，了解评估博物馆和档案馆藏品风险，将所学应用于实际案例，对前沿科研成果进行介绍和推广等。11月16～30日，国家文物局与国际文化财产保护与修复研究中心等国际组织合作，举办博物馆高级管理人员国际研修班。2011年3月7～18日，由国家文物局和国际文化财产保护与修复研究中心联合主办的"世界遗产监测与管理国际培训班"在苏州举办，介绍世界遗产监测管理现状、动态和方法；讲解遗产规划管理，对遗产规划和国家、地区、遗产地分级管理评估并进行案例研究和实习交流。2013年，国家文物局与国际文化财产保护与修复研究中心签署《关于合作开展文化遗产保护国际培训的框架协议》，将双方合作机制化、常态化。2017年8月14～25日，由国家文物局与国际文化财产保护与修复研究中心联合主办，中国文化遗产研究院和红河学院承办的世界遗产监测管理培训班，在云南红河学院举办。国际文化财产保护与修复研究中心及国内外等世界遗产保护管理领域知名专家12人为学员授课，学员们通过理论学习，根据自身遗产地监测经验，并结合哈尼梯田文化景观监测开展实践与研讨。

**与联合国教科文组织等国际组织和机构合作**

中国与联合国教科文组织、世界银行等国际组织、机构开展文化遗产领域合作，承办国际组织大型国际会议，开展文物保护合作项目和培训合作，保护修复了一批珍贵文化遗产，提升了中国文化遗产保护水平和文物保护研究水平，培养了大批文物保护人才，积累了丰富的文物保护国际合作经验。（表8-2-4）

表8-2-3 2003～2015年中国参加的部分国际文化财产保护与修复研究中心会议

| 序号 | 会议名称 | 时间 | 地点 |
|---|---|---|---|
| 1 | 国际文化财产保护与修复研究中心第23次大会 | 2003年11月 | 意大利罗马 |
| 2 | 国际文化财产保护与修复研究中心第27届大会 | 2011年11月 | 意大利罗马 |
| 3 | 国际文化财产保护与修复研究中心保护科学论坛 | 2013年10月 | 意大利罗马 |
| 4 | 国际文化财产保护与修复研究中心第28届成员国大会 | 2013年11月 | 意大利罗马 |
| 5 | 国际文化财产保护与修复研究中心第29届成员国大会 | 2015年11月 | 意大利罗马 |

表8-2-4　1994～2016年中国参加的部分联合国文化遗产相关会议

| 序号 | 会议名称 | 时间 | 地点 |
|---|---|---|---|
| 1 | 世界遗产委员会主席团第18届会议 | 1994年7月 | 法国巴黎 |
| 2 | 世界遗产委员会第六次特别会议 | 2003年3月 | 法国巴黎 |
| 3 | 促进文化财产归还原属国或返还非法占有文化财产政府间委员会第12届会议 | 2003年3月 | 法国巴黎 |
| 4 | 第28届世界遗产委员会会议 | 2004年6～7月 | 中国苏州 |
| 5 | 促进文化财产归还原属国或返还非法占有文化财产政府间委员会第13届会议 | 2005年2月 | 法国巴黎 |
| 6 | 促进文化财产归还原属国或返还非法占有文化财产政府间委员会第14届会议 | 2007年6月 | 法国巴黎 |
| 7 | 联合国教科文组织第34届大会（部分会议） | 2007年10～11月 | 法国巴黎 |
| 8 | 第32届世界遗产委员会会议 | 2008年7月 | 加拿大魁北克 |
| 9 | 促进文化财产返还给原属国政府间委员会成立30周年特别会议 | 2008年11月 | 韩国首尔 |
| 10 | 关于第二次世界大战转移文物原则宣言政府间专家第三次会议 | 2009年3月 | 法国巴黎 |
| 11 | 促使文化财产归还原属国或返还非法占有文化财产政府间委员会第15届会议 | 2009年5月 | 法国巴黎 |
| 12 | 第33届世界遗产委员会会议 | 2009年6月 | 西班牙塞尔维亚 |
| 13 | 关于第二次世界大战流失文物返还原则宣言议题的讨论会议 | 2009年10月 | 法国巴黎 |
| 14 | 吴哥窟国际协调委员会会议 | 2010年6月 | 柬埔寨 |
| 15 | 第34届世界遗产委员会会议 | 2010年7～8月 | 巴西巴西利亚 |
| 16 | 《水下文化遗产保护公约操作指南》修订工作组会议 | 2011年2月 | 法国巴黎 |
| 17 | 《关于禁止和防止非法进出口文化财产和非法转让其所有权的方法的公约》40周年纪念活动 | 2011年3月 | 法国巴黎 |
| 18 | 《保护水下文化遗产公约》第三届缔约国大会和其科学技术咨询机构第二次会议 | 2011年4月 | 法国巴黎 |
| 19 | 联合国教科文组织政府间专家会议 | 2011年5月 | 法国巴黎 |
| 20 | 促使文化财产归还原属国或返还非法占有文化财产政府间委员会第17届会议 | 2011年6～7月 | 法国巴黎 |
| 21 | 联合国教科文组织第36届大会文化委员会会议和第18届《世界遗产公约》缔约国大会 | 2011年11月 | 法国巴黎 |
| 22 | 《保护水下文化遗产公约》科学与技术咨询委员会第三次会议 | 2012年4月 | 法国巴黎 |
| 23 | 第36届世界遗产委员会会议 | 2012年6～7月 | 俄罗斯圣彼得堡 |
| 24 | 《保护水下遗产公约操作指南》修订工作组会议 | 2012年9月 | 法国巴黎 |
| 25 | 《联合国打击跨国有组织犯罪公约》第六次缔约方会议 | 2012年10月 | 奥地利维也纳 |
| 26 | 联合国犯罪预防与刑事司法委员会第22届大会 | 2013年4月 | 奥地利维也纳 |
| 27 | 2001年水下公约组织会议 | 2013年5月 | 法国巴黎 |
| 28 | 1970年公约操作指南制定非正式工作组第三次会议 | 2014年3月 | 法国巴黎 |

| 序号 | 会议名称 | 时间 | 地点 |
|---|---|---|---|
| 29 | 《保护世界文化和自然遗产公约》缔约国大会议事规则开放工作组第二次会议 | 2014 年 3 月 | 法国巴黎 |
| 30 | 第 38 届世界遗产委员会会议 | 2014 年 6 月 | 卡塔尔多哈 |
| 31 | 1970 年公约第三次成员国大会 | 2015 年 5 月 | 法国巴黎 |
| 32 | 联合国教科文组织专家研讨会（壁画的利用、研究和保护） | 2015 年 6 月 | 德国柏林 |
| 33 | 第 39 届世界遗产委员会会议 | 2015 年 6 ～ 7 月 | 德国波恩 |
| 34 | 2016 年文化财产的流动、监管、国际合作和尽职调查圆桌会议 | 2016 年 3 ～ 4 月 | 法国巴黎 |
| 35 | 1970 年公约非正式工作组会议 | 2016 年 6 月 | 希腊德尔斐 |
| 36 | 第 40 届世界遗产委员会会议 | 2016 年 7 月 | 土耳其伊斯坦布尔 |
| 37 | 水下文化遗产、遗址保护国际会议 | 2016 年 9 月 | 法国巴黎 |

1998年6月，在联合国教科文组织资助下，国家文物局举办首次中国打击走私和非法交易文物国际研讨班。联合国教科文组织、国际刑警组织、世界海关组织、文化财产返还促进委员会，中国公安部、海关总署、工商管理总局和文物、博物馆系统等部门高级行政管理人员、海关工作人员参加会议。培训围绕反对非法交易的国际公约、法规，以及中国有关法律、法规，邀请有关专家授课。

2000年7月，国家文物局、建设部和联合国教科文组织、世界银行共同在北京举办"首届文化遗产保护与可持续发展国际会议暨中国文化遗产保护和城市发展：机遇与挑战"国际会议。围绕文化遗产保护清单标准和记录技术、历史保护区的合理规划与有效保护、文化遗产保护与文化旅游关系、古建筑与遗址合理利用等专题展开讨论，为中国文化遗产保护事业与国际接轨进行有益尝试。

2001年10月，由联合国教科文组织资助，国家文物局在广东深圳举办第二次"中国防止非法贩运文化财产研讨会"。国家文物局、文化部、公安部、国家工商总局、海关总署、国家经贸委，有关省市文化、文物、公安、工商、海关等管理部门代表，国际刑警组织、加拿大、英国等机构官员参加研讨会。

2004年6月28日～7月7日，第28届世界遗产委员会会议在苏州召开，这是世界遗产委员会会议第一次在中国举办，也是中国政府第一次承办联合国教科文组织世界遗产委员会最高级别国际会议。这次会议参会人数是历届最多，讨论议题也是历届最多。联合国教科文组织总干事、联合国教科文组织执行局主席、世界遗产委员会主席、世界遗产中心主任和三大专业咨询机构主席参加会议，是世界遗产保护史上一次重要的会议。会议讨论和审议了世界各国新申报的世界遗产项目，世界遗产基金使用情况及有关世界遗产保护管理中的问题。大会还通过了《世界遗产青少年教育苏州宣言》，呼吁国际社会和世界各国要更加重视青年人在世界遗产保护中的作用，加强针对青年人的世界遗产保护教育，并指出世界各国政府和机构要采取一致行动，制订本国本地区青年世遗教育目标，定期举办全球论坛，帮助欠发达地区开展针对青少年的世界遗产教育。《世界遗产青少年教育苏州宣言》对2000年"凯恩斯决议"作出重要修改，2006年起，《保护世界文化和自然遗产公约》各缔约国每年申报的世界遗产项目从一项改为最多两项，其中至少包括一项自然遗产提名。

2006年5月31日～6月2日，由国家文物局、建设部和联合国教科文组织、世界银行共同主办，浙江省文物局、绍兴市人民政府承办的第二届文化遗产保护与可持续发展国际会议在绍兴举行。20余个国家和地区的专家学者和官员200余人，围绕"遗产保护、管理和监测""作为一种保护工作方法的合理旅游""遗产融资：公共和私有机构"开展研讨。会议发表了《绍兴宣言》，提出遗产保护与可持续发展成功结合的关键问题是：第一，"做好遗产保护、管理和监测"；第二，"作为遗产保护手段之一的旅游"；第三，"遗产融资：公共和私人部门的参与"。只要我们共同努力，应对上述这些优先问题，人类的文化遗产就能够得到保护，并继续作为基石，支持世界各国在21世纪的发展与繁荣。

2007年5月24～28日，东亚地区文物建筑保护理念与实践国际研讨会在北京举行。会议由国家文物局和三大文化遗产国际组织——联合国教科文组织、国际文物保存与修复研究中心、国际古迹遗址理事会共同举办。来自20个国家的60余名专家针对世界遗产委员会第30届大会（维尔纽斯）就北京故宫、天坛和颐和园当前修复工作所提出的关切与建议进行研讨。此次会议也是针对遗产保护原则和实践所产生的争议展开的一次后续行动。会议形成"不仅对东亚地区有指导意义，而且在世界范围内有参考价值"的《北京文件——关于东亚地区文物建筑保护与修复》，是综合科学理念合理途径与实践经验的文献。会议还通过了《关于北京地区三大世界遗产地（故宫、天坛、颐和园）保护状况的评论和建议》，对北京世界遗产保护工作给予基本肯定，并提出一些有益的建议。

2008年10月29日～11月1日，东亚地区木结构彩画保护国际研讨会在北京举行。会议由国家文物局、联合国教科文组织世界遗产中心、国际古迹遗址理事会和国际文化财产保护与修复研究中心共同主办，中国文化遗产研究院、北京市文物局和中国古迹遗址保护协会承办。联合国教科文组织世界遗产中心、国际古迹遗址理事会和国际文化财产保护与修复研究中心、盖蒂保护研究所等国际组织代表以及来自14个国家的专家、学者和代表50余人参加会议。与会代表考察北京三处相关遗产地，探讨东亚地区木结构建筑彩画的价值，回顾其保护理念、实践和历程，并交流经验。会议形成《东亚地区关于彩画保护和修复的北京备忘录》，对中国木结构建筑彩画保护原则、修缮方法、研究与诠释、专业资质及培训、传统技艺传承及国际合作等问题进行阐述，提出价值评估是对木结构建筑彩画实施保护的基础。该备忘录对中国古代木结构历史建筑彩画保护具有指导意义，也标志着日本、韩国、越南和中国在内的东亚地区国家合作开展彩画保护与研究的开始。

2009年9月26～29日，文化和自然遗产地旅游可持续发展国际研讨会在敦煌莫高窟召开。会议由国家文物局、甘肃省人民政府和澳大利亚环境遗产部主办，甘肃省文物局、敦煌研究院、盖蒂保护研究所、中国古迹遗址保护协会承办，23个国家的专家学者60余人代表40余个世界各国机构或国际组织参加研讨。各国专家就可持续发展的旅游业、与旅游机构的合作、遗址游客体验管理、社区利益最大化4个主题发表演讲并进行交流；结合遗址实地参观，对莫高窟游客承载量和游客管理研究成果进行考察和研讨；对世界遗产操作指南及政策方针提出修改意见和建议，探讨形成《世界遗产地可持续旅游准则》提交世界遗产中心，供2010年举行的第34届世界遗产大会审议。

# 第三节 文物保护国际合作项目

20世纪90年代起，中国文物保护机构先后与美、加、法、英、德、日、澳等国高校和文物保护机构合作，开展不同形式的文物保护项目，与美国盖蒂保护研究所、梅隆基金会等国外民间机构以及联合国教科文组织等非政府组织的合作也开始启动，取得一系列成果，为中国文物保护事业争取了更多资金、技术和人才支持。进入21世纪，中国对外文化交流空前活跃，文物保护国际合作进入持续稳步发展阶段，与各国政府文化遗产管理机构、国外民间机构和非政府组织的合作初显规模效应，文物保护国际合作体系形成。

## 一、中美文物保护合作

1996年以来，世界建筑文物保护基金会为中国多个文物保护项目筹集超过300余万美元资金。2001年，中国故宫博物院与世界建筑文物保护基金会签订合作协议，启动故宫博物院倦勤斋修缮保护工程。2006年，再次合作进行故宫博物院乾隆花园修复保护工程。全球文化遗产基金会资助山西平遥古城、福建土楼、丽江古城、佛光寺等古城、古建的保护和发展。中国文博机构与美国多家大学和科研机构进行多个合作项目，中国社会科学院考古研究所、山东省文物考古研究所与美国哥伦比亚大学东

亚语言和文化系合作开展山东龙口归城遗址考古调查项目，辽宁省文物考古研究所与美国匹兹堡大学人类学系合作开展红山文化遗址考古项目，云南省文物考古研究所与美国密歇根大学合作开展滇池区域史前聚落形态考古项目，成都市文物考古研究所、北京大学考古文博学院与美国哈佛大学合作开展成都平原史前聚落考古调查和研究项目。故宫博物院、上海博物馆等先后接收多批美国耶鲁大学学生实习。

**与盖蒂保护研究所合作项目** 盖蒂保护研究所隶属于J.保罗·盖蒂信托。盖蒂信托是1982年成立的私立非营利机构，由盖蒂保护研究所、盖蒂基金会、盖蒂博物馆和盖蒂研究中心组成。1989年，经联合国教科文组织牵线，国家文物局与盖蒂保护研究所签署合作协议书，开展文物保护合作。2006年1月，盖蒂保护研究所高级项目专家内维尔·阿格纽被授予2005年中华人民共和国国际科学技术合作奖。

《中国文物古迹保护准则》（简称《保护准则》）项目 1997年5月，国家文物局请盖蒂保护研究所协助编写文物保护方面宪章，也提到澳大利亚的《巴拉宪章》编写经验将会对中国文物古迹保护起到有益的借鉴作用。10月，国家文物局、盖蒂保护研究所和澳大利亚遗产委员会在北京召开会议，启动三方合作。2000年，经国家文物局批准，中国古迹遗址保

护协会颁布《保护准则》，包括中、英双语版本，其中英文版本由盖蒂保护研究所专家编辑。2005年，中国派员出席在澳大利亚亚瑟港举办的文物古迹保护与规划高级研讨班。2007年，在盖蒂基金会的课程大纲计划资金支持下，国家文物局组织培训课程，向全国推行《保护准则》。2010年，中国古迹遗址保护协会对《保护准则》进行修订并扩充主题内容，盖蒂保护研究所在咨询、考察和外文出版方面给予支持。2011年，在美国召开《保护准则》修订委员会会议，由盖蒂保护研究所组织承办。2014年，《保护准则》修订及翻译工作完成，2015年正式颁布。

敦煌莫高窟合作项目 1998年，敦煌研究院作为中国壁画修复方面权威，盖蒂保护研究所作为全球知名壁画保护研究机构，双方启动合作。其间，合作开展莫高窟环境监测、风沙防治、壁画颜色监测、薄顶洞窟加固、《敦煌莫高窟保护总体规划》编制及莫高窟游客承载量研究等一系列重大项目。特别是莫高窟第85窟壁画保护项目，不但破解了莫高窟本身诸多难题，还总结出一整套既符合国际惯例又适合中国国情的先进壁画保护理念和遗址管理方法。合作中取得很多成果，并在中国许多重大文物保护工程项目中得到广泛应用。

承德避暑山庄及周围寺庙项目 2001年，承德市文物局在国家文物局与盖蒂保护研究所合作框架下，与盖蒂保护研究所开展承德殊像寺文物保护研究合作项目。2007年，殊像寺合作项目完成现状勘察、测绘和基础研究工作，并整理出版了内部研究成果《承德殊像寺评估报告》和《承德殊像寺概念性规划》。在此基础上，承德市文物局按照国家文物局要求，委托具备文物保护工程甲级资质的设计单位编制各项保护工程方案，并组织实施文物保护工程。盖蒂保护研究所以顾问形式参与其中，关注殊像寺环境数据监测分析、彩画科技保护试验研究、保护工程方案设计、保护工程实施等项目进展，提供数据分析并提出合理化建议。

与梅隆基金会合作项目 安德鲁·W.梅隆基金会是按照美国纽约州法律组织的一家非营利性基金会。1998年起，梅隆基金会与中国文物保护界开展第一个合作项目"敦煌壁画计算机存储与再现关键技术攻关项目"，通过数字化技术的应用，提高敦煌壁画信息采集水平及敦煌学研究水平。在梅隆基金会资助下，敦煌研究院和美国西北大学合作开展敦煌壁画数字化摄影，运用计算机技术对敦煌石窟艺术进行高清晰度数字化永久性存储，培养中国壁画数字化工作队伍，建立起梅隆国际敦煌档案。

与世界建筑文物保护基金会合作项目 世界建筑文物保护基金会（简称基金会）先后对四川三星堆、北京先农坛等遗址和建筑修复项目给予援助，并与故宫博物院合作开展了倦勤斋和乾隆花园修复项目。2004年5月18日，故宫博物院与基金会合作开展倦勤斋保护工程新闻发布会在故宫兆祥所召开。2006年2月28日，故宫博物院与基金会签署协议，共同对故宫宁寿宫花园（乾隆花园）实施全面保护。2008年11月10日，在故宫博物院举行倦勤斋修复工程竣工仪式暨新闻发布会。2010年10月20日，由基金会捐资的故宫-WMF家具与内檐装修保护培训中心在故宫成立。

**与美国规划协会合作项目**　2005年3月，国家文物局与美国规划协会在美国旧金山签署交流合作谅解备忘录，以增进两国在城市规划和文化遗产保护方面的合作与交流，共享研究与实践成果。根据备忘录，美国规划协会在文物保护规划方面给予中国技术支持。

## 二、中意文物保护合作

1988年，意大利政府首次派出有关文物考古、保护的代表团访华。此后中国政府和意大利政府间有关文物领域访问、交流和合作不断加强与深化。

**西安文物保护修复中心合作项目**　1992年6月9日，中意两国政府签署《建设陕西文物保护与修复中心》协议书。10日，陕西省文物局与意大利中远东研究所签署《建设西安文物保护修复中心实施计划协议的备忘录》。

1995～1998年，中意合作建设西安文物保护修复中心。意大利政府提供约48亿里拉的对华援助。项目的意方执行机构是意大利中远东研究院和罗马文物修复中心，中方执行机构是陕西省文物局和陕西省文物保护技术中心。陕西省文物局提供1200平方米的工作场地和200万元人民币的配套资金，并将宝鸡戴家湾考古发掘现场作为实习工地。项目的主要内容是建设中国西北五省区文物保护和修复的区域性技术中心，完善中国西北五省区文物保护技术、方法和工艺；建立科学有效的现代化管理和保护模式；建立以抢救和保护文物为主要任务的科学实验室和修复实验室；培养一支能够掌握科学理论和方法，并能正确使用设备仪器开展文物保护的科学研究队伍；培养一支能够掌握科学的文物修复理论、修复工艺及正确的修复方法，具有较高素养的文物修复队伍；培养一批从事与考古发掘工作相适应的保护管理工作人才。

中意合作建成的西安文物保护修复中心，标志着两国在文物保护领域的合作进入实质性阶段。两国文物保护合作取得有目共睹的成绩，对促进中国文物保护理论探讨、技术水平提升和专业化人才培养起到积极作用，尤其是颇具特色的合作模式引起国际文化遗产保护界普遍关注。

**龙门奉先寺遗址考古调查和保护合作项目**　洛阳市文物局、龙门石窟研究所与意大利那波里东方大学、意大利非洲和东方研究所合作开展了龙门奉先寺遗址考古调查和保护。1995～1997年，合作双方进行了大量协商和准备工作。1997年起，在洛阳奉先寺进行第一期联合考古调查，对遗址位置、保存状况、背景研究等信息进行研究。此后，在第一期合作及调查研究的基础上，双方进行了第二期合作调查。双方合作发表了第一期和第二期发掘简报，在探求奉先寺遗址历史背景、埋藏情况、保存现状，以及上下层建筑揭示、建筑时代探明等方面进行了大量工作，并根据调查结果共同对唐代奉先寺建筑遗存进行保护研究、制订展示计划。

**世界银行"文化遗产战略总计划"项目**　世界银行"重庆文化遗产战略总计划"旨在通过修复／复原湖广会馆馆址，在现有基础上进一步促进旅游经济发展，为城市的持续发展提供良好的文化环境。"四川文化遗产战略总计划"的工作重点则放在保护、加强、修复乐山大佛像和凌云寺的景观。

1998~2000年，在世界银行文化遗产信贷框架下，意大利政府为重庆市和四川省文化遗产战略总体规划和评估提供145万美元的无偿援助。2001年，又追加了25万美元，用于双方专家组完成湖广会馆古建筑群的维修施工设计。2003年12月28日，保护和修复计划开工实施。

**故宫太和殿保护修复项目**　合作进行故宫太和殿保护修复前期勘察及研究，是故宫博物院和意大利文化遗产部根据2003年达成的协议，按照故宫整体维修计划所开展的一项修复研究活动。罗马修复中心的专家，在一年时间里采用三维激光扫描技术对太和殿进行测绘，针对不同材质不同部位的病害实施科学测定，编制了500页的保护修复方案。经论证，2005年5~6月，组织中意双方三个专业修复小组选择性实施太和殿石质台基、墙体表面、木质彩绘的科学修复，验证了方法、材料和工艺的可靠性，为开展大面积保护修复工程实施提供了科学依据。

**政府性贷款项目**　根据2004年中国与意大利两国政府间协议，意大利政府拟向中国中西部省份提供新的软贷款资金援助，用于环境、医疗、文物保护三个领域。其中文物保护领域软贷款总额1000万欧元，项目总目标是支持保护文化遗产和文物及发展文化机构（博物馆、修复中心），按照《文物事业"十五"发展规划以及2015年远景目标纲要》，通过合理利用文化遗产促进经济和社会发展，促进中意文化体系共同发展。项目具体目标是改善、加强大

约10个历史文化遗址和（或者）中国中西部省的地方博物馆，完善历史文化机构的组织结构和物质条件；培训和加强人员素质。项目主要针对管理和保护国家级或省级（中西部省份）文化遗产的博物馆、博物馆系统、历史遗址、地方管理部门（包括城镇和其他责任机构），由这些机构单位提出申请。意大利政府援助性贷款用于文化遗产保护已有先例，但资金量如此之大、涉及领域如此之广还是首次。财政部对此给予高度重视，2005年4月，财政部、国家文物局与意方相关人员进行初步沟通和协商，按照政府议定程序，于9月启动该项目。

## 三、中德文物保护合作

1988年，德意志联邦共和国研究技术部处长多尔、美因茨罗马-日耳曼中央博物馆馆长康拉德·魏德曼及巴伐利亚州文物保护局局长米歇尔·佩策特应邀前往西安，商讨合作保护文物项目之重点，中德文物保护科技合作拉开序幕。

**秦始皇兵马俑博物馆与巴伐利亚州文物保护局合作项目**　1989~1990年，秦始皇兵马俑博物馆用德国无振动钻机内牵引加固方法，对秦俑坑隔梁进行加固处理，加固隔梁总长约80米，加固面积240平方米。1991年10月，陕西省文物局和巴伐利亚州文物保护局在西安签署《陕西省文物局、巴伐利亚州文物保护局关于秦俑文物保护合作研究意向书》。1992年6月，根据国家文物局的批准意见和中德科技合作委员会第十次会议纪要有关原则，在德国慕尼黑签署《陕西省文物局、巴伐利亚州文物保

护局关于秦俑文物保护技术合作研究的协议书》。合作内容涉及秦俑坑土遗址加固、秦俑彩绘分析加固、石质铠甲修复技术及秦俑修复技术改进等。1998年5月，秦始皇兵马俑博物馆和巴伐利亚州文物保护局签订《秦俑保护和修复技术的实验和优化协议书》。1999年3月，在西安召开"秦俑及彩绘文物研究保护国际研讨会"。2003年，"秦俑彩绘保护技术研究项目"获陕西省科技进步一等奖。同年，由德方资助6.7万欧元、中方配套30万元人民币，完成秦俑彩绘保护实验室的建设，实验室从功能上分为环境监测室、彩绘分析研究室、综合化学实验室、彩绘及相关文物修复室。2004年，"秦俑彩绘保护技术研究项目"荣获国家科技进步二等奖。同年，秦始皇兵马俑博物馆科学保护实验室被确立为国家文物局首批三家重点科研基地之一——陶质彩绘文物保护国家文物局重点科研基地（秦始皇兵马俑博物馆）。2004～2005年，巴伐利亚州文物保护局出资在秦始皇兵马俑博物馆建设秦俑彩绘保护修复实验室和金属文物修复室。秦始皇兵马俑博物馆还与德方开展了石铠甲修复、秦俑坑土遗址加固技术研究合作。

**西安文物保护修复中心与巴伐利亚州文物保护局合作项目** 包括彬县大佛寺大佛窟项目和磁测考古项目。

彬县大佛寺大佛窟项目 陕西省彬县大佛寺始建于唐贞观二年（628年），在107个大小洞窟、254个佛龛中共造像1498尊。彬县大佛寺曾是西出长安第一大寺，也是丝绸古道上佛教兴盛的重要寺庙之一，其历史及艺术价值不言而喻。经过1000余年的自然变迁，彬县大

佛寺岩体裂隙的产生和发展导致窟顶岩石和佛像头部有脱落危险，入窟甬道和窟前建筑物也由于地基不均匀沉陷而产生静力学问题，温湿度变化、盐分渗入及通风不畅形成的湿气导致岩体自然风化极为严重。1991～1996年，陕西省文物保护技术中心与巴伐利亚州文物保护局合作进行陕西彬县大佛寺石窟保护前期研究项目，采用相关研究中的新技术、新材料和新工艺，对大佛寺石窟历史沿革、窟内小气候监测、石窟区域水文及工程地质勘探、石窟及佛像三维有限元数值模拟和分析、窟内危岩监测与评估、大佛寺砂岩及彩绘造像风化原因及保护修复方法等进行研究，在此基础上改善通风、湿度等条件，使大佛寺砂岩及彩绘造像风化问题得到基本治理。合作成果见于《大佛寺大佛》（中、德、英三种文字）一书。

磁测考古项目 瓦子岗遗址与户县汉代铸钱遗址探测是陕西省文物局与巴伐利亚州文物局合作开展的考古探测项目，由西安文物保护修复中心与巴伐利亚州文物局考古部执行。该项目于1999年8月开始至2002年10月完成，运用了新的考古磁测技术，实测了该技术在中国黄土地质环境的考古探测应用，取得了很好的效果。

**陕西省考古所与德国美因茨罗马-日耳曼中央博物馆合作项目** 包括金属等材质文物修复项目、考古勘测项目、壁画修复实验室及丝绸保护实验室项目。

金属等材质文物修复项目 陕西省考古研究所文物保护修复实验室是根据1990年底中德联合委员会决议筹建的，1992年10月建成，面积约140平方米。德方提供实验室设备和材

料，并派遣专家与中方人员一起进行修复工作，主要是对金属器、陶器、琉璃器进行修复。中德两国专家运用现代化科技手段，先后完成法门寺唐代地宫出土金属器、琉璃器、漆木器文物修复保护，唐代韦氏家族墓地、北周孝陵、汉景帝阳陵从葬坑、唐李倕墓出土文物修复保护，保护数千件／套出土珍贵文物。

考古勘测项目　德方筹资50万马克，与陕西省考古研究所合作开展陕西帝陵勘测、计算机图文信息数据库建设，不仅提高了陕西省考古研究所数万件出土文物的图文资料利用率，也为中国考古学走向现代化提供了支持。中德专家对陕西麟游唐慈善寺及蒲城唐睿宗桥陵、唐穆宗光陵、唐宪宗景陵等陵园进行联合野外调查和测绘，加深了对唐代帝王陵园布局、形制及特点的认识，为后人留下了宝贵的资料。

壁画修复实验室及丝绸保护实验室项目　2001年3月，在中德文物保护科技指导委员会会议上，德方代表提议进一步扩大中德双方文物保护修复合作范围，尝试在壁画和丝绸项目上进行新一轮合作。提议得到中方赞同，双方签订协议，在陕西省考古研究所建立壁画修复及丝绸保护实验室。壁画修复方面，双方合作对旬邑东汉百子村壁画进行了揭取、保护和修复研究，并对唐让皇帝惠陵的壁画局部进行加固及清理；总结完成了一套系统的壁画揭取保护方法，出版《考古发掘出土的中国东汉墓（邠王墓）壁画》。丝绸修复方面，进行揭取、加固、修复保护工作，建立了一套规范的方法。2002年3月起，由德国著名丝绸修复专家安格丽卡·斯里夫卡主持，对法门寺地宫出土的一个丝绸包袱进行实验性揭展。经数月精心工作，从这个在冰柜中封存达15年的包袱中，成功揭展出6件衣、裤、裙等皇家服饰，丝绸揭展保护这一世界文物保护科技难题取得重大突破。

中国文化遗产研究院与德国考古研究院合作项目　德国考古研究院（Deutsches Archäologisches Institut）是德国最古老的研究机构之一，隶属于德国外交部，其前身是1829年在意大利罗马成立的考古通讯研究院（Instituto Di Corrispondenza Archeologica），主要致力于对古希腊、古罗马艺术的研究和传播。

2009年，中国文化遗产研究院与德国考古研究院在北京签署《中华人民共和国文化遗产研究院与德意志联邦共和国考古研究院关于考古和文化遗产保护合作的谅解备忘录》，在考古研究、人员培训、专家互访、学术交流、编辑出版等方面进行合作，并成立德国考古研究院北京代表处。自1979年中德两国签订文化交流协定以来，两国在考古领域的合作持续深入，德国考古研究院成为全球第一个在中国设立专注于考古和文化遗产领域分支机构的外国研究单位。2013年4月～2017年12月，"丝路霓裳——中亚东部公元前十世纪至公元前后的服饰对话"国际合作项目由中国文化遗产研究院、新疆维吾尔自治区文物局、德国考古研究院联合开展。项目以新疆出土公元前1000年至公元300年左右各类材质（毛、皮、丝等）的服饰文物为研究对象，开展科学研究、保护修复、复原展示、数据库建设等。

# 四、中日文物保护合作

**敦煌石窟文物保护研究陈列中心项目** 敦煌石窟文物保护研究陈列中心是在日本著名画家平山郁夫热心推荐下，于1988年日本首相竹下登访华期间确立的项目，1992年破土动工，1994年3月落成。敦煌石窟文物保护研究陈列中心是日本政府首次通过经济援助形式向中国文物保护领域投入的规模较大的项目。

**西安大明宫含元殿保护项目** 大明宫始建于唐太宗贞观八年（634年），唐高宗在位时扩建。大明宫被作为唐王朝的政治中枢达200年之久，在唐代末年毁于战火。含元殿是大明宫正殿，位于大明宫丹凤门正北，是举行国家仪式、大典的场所。1995年7月24日，由联合国教科文组织、中国政府、日本政府三方合作的大明宫含元殿保护项目签字协议在北京举行。协议利用日本信托基金会提供的235万美元对含元殿遗址实施保护工程，并组成中、日专家委员会指导保护工程实施。这是继新疆交河故城之后，日本政府通过联合国教科文组织日本信托基金援助中国重点文物保护单位的第二个项目。2001年3月，陕西省文物局与藤田株式会社在日本东京签订"大明宫含元殿遗址保护及周边环境整治计划"合同书。2003年，保护工程全面竣工。2004年，日本政府无偿文化援助的文物陈列馆和砖窑址保护厅也相继建成，并于陈列馆展出大明宫遗址出土的文物标本。

**新疆库木吐喇石窟和河南龙门石窟保护项目** 库木吐喇千佛洞位于新疆库车县西北20千米处的渭干河龙口东岸崖壁上，是国务院公布的第一批全国重点文物保护单位。共有洞窟112个，保存壁画约2500平方米。壁画有早期龟兹风、中期汉风和晚期回鹘风格三种类型，尤以来自中原的汉风特征壁画最为突出，此外还保存有大量汉文墨书题记，是中原文化影响龟兹的历史见证，也是丝绸之路上的珍贵文化遗产。库木吐喇千佛洞开凿建造1500余年不断遭到自然影响和人类活动的破坏，石窟损毁严重，亟待抢救保护。

龙门石窟位于河南洛阳市城南13千米，1961年经国务院批准为第一批全国重点文物保护单位，2000年被联合国教科文组织列入《世界遗产名录》。历经1500余年风霜侵蚀的龙门石窟，面临风化、渗水、崩落等多种病害威胁。

2001年起，联合国教科文组织利用日本政府为保护丝绸之路地域文化遗产所提供的经费，开始援助库木吐喇千佛洞和龙门石窟保护修复。在为期四年的一期工程中，完成了对库木吐喇千佛洞的测绘、勘察、试验工作和规划、基础保护设计；完成了对龙门石窟的地形测绘和地质调查，进行了石窟环境和洞窟病害观测，查清了三个洞窟的主要病害。2005年，启动保护库木吐喇石窟和龙门石窟第二阶段合作，9月2日在北京举行修复工程签字仪式。库木吐喇石窟是针对岩体开裂、垮塌情况，对洪水和风沙侵蚀破坏严重的窟群区第66～72窟和79窟进行抢救性加固保护。龙门石窟在第一期保护材料试验基础上，补充进行修复材料现场试验研究，确定适合三个选定洞窟的修复材料和施工工艺，并对选定洞窟实施保护修复工程设计与施工。2009年2月21日，由国家文物局与联合国教科文组织合作主办的联合国教科文组织保护文化遗产日本信托基金项目成果报告会在北京举行。

## 五、中英文物保护合作

2011年1月9日，英国苏格兰地方政府首席大臣亚历克斯·萨蒙德在中英双方会谈时邀请中国参加苏格兰十大世界文化遗产项目。"苏格兰十大世界文化遗产项目"是由苏格兰政府制定的一项为期五年的计划，由苏格兰文物局负责实施，将采用先进技术为苏格兰的5个世界遗产地及其他国家的5个世界遗产地制作精确的数字模型，以更好地保护和管理这些遗产地。为推动这一合作项目，3月24日，国家文物局与苏格兰文物局签署《关于合作开展苏格兰十大世界文化遗产项目之河北省清东陵数字记录工作的联合声明》；12月6日，签署《中国国家文物局与苏格兰政府关于河北省清东陵数字保存项目协议》。根据协议内容，清东陵数字保存工作包括利用两周时间制作清东陵孝陵、景陵建筑数字文档；在项目范围内，以合理的工作方式测绘古迹。苏格兰政府提供数字保护支持，包括高分辨率文件编制（HDD）测绘服务（采用陆地激光扫描，并结合传统测绘和高动态范围全景摄影）。格拉斯哥艺术学院与促进世界各国历史遗迹数字化文件编制的非营利组织CyArk，是苏格兰十大世界文化遗产项目落实过程中的主要合作伙伴，这个合作团体名称为数字文件编制和可视化中心。协议还就项目工作范围、技术规格与要求、数字文件编制和可视化中心责任与义务、现场安全要求、风险承担等内容做了详细约定。根据协议及项目计划，2012年11月，苏格兰工作组赴河北省清东陵进行实地工作，完成清东陵孝陵、景陵数据采集。2014年底，苏格兰文物局将数字扫描项目成果交付国家文物局。清东陵数字保存项目通过扫描、测绘，最终形成了高分辨率的清东陵孝陵、景陵建筑数字档案，可用于文物保护、文物状况监控，虚拟现实游览、教育、解说等。

## 六、赴蒙古国文物保护工程

**兴仁寺和夏宫维修设计工程** 1957年，文化部指示古代建筑修整所派员赴蒙古国协助拟定兴仁寺和夏宫两处古建筑修缮设计方案。这两处古建筑位于蒙古国首都乌兰巴托，均系晚清时期所建，既有同时期中国北方木结构古建筑风格和做法，也带有喇嘛庙特有的细部处理手法。中国技术人员在现场勘察测绘基础上，历时3个月完成维修方案设计。1959年，应蒙古国政府邀请，中国政府选派文物保护专家赴蒙古国指导兴仁寺和夏宫维修工程施工；1960年夏，又从国内抽调有经验的古建筑技术工人25人赴蒙古国充实施工队伍。维修工程所需青砖灰瓦、油饰彩画等修复材料均由中方提供。兴仁寺山门为重檐歇山顶，结构严重倾斜变形，建筑本体残损点多，分布广。夏宫山门为密檐木结构牌楼，结构构件腐朽程度严重，地基基础不均匀沉降变形并引起上部结构歪闪。对这两处单体建筑均落架大修。夏宫主殿面阔九间，重檐，体量大，整体结构倾斜变形，对该建筑采取打牮拨正维修技术。其他建筑主要是屋面揭瓦重做，修配残损木构件。项目按要求于1961年7月11日蒙古国国庆日前竣工。

**博格达汗宫博物馆门前区维修工程** 博格达汗宫位于蒙古国首都乌兰巴托市南郊的博格达汗山下，是蒙古国最高宗教领袖八世哲布尊丹巴居住和进行政教活动的场所，是蒙古国具有代表性的重要文物古迹。由于年久失修，该建筑已出现整体倾斜险情。2005年，经文化部、国家文物局和蒙古国教育文化科技部协商，由中国与蒙古国合作启动"蒙古国博格达汗宫博物馆门前区保护维修工程"。中国政府斥资600万元人民币，派出专家和工程技术人员赴蒙古国进行古建维修工程，包括博格达汗宫大门、东西便门的整体维修和彩画、砖照壁维修加固等10个单体工程。国家文物局委托西安文物保护修复中心负责勘察设计和组织施工，并对蒙方文物保护技术人员进行培训，这是陕西省首次赴境外进行古建维修。2006年5月27日，中蒙代表在乌兰巴托签署《中华人民共和国国家文物局与蒙古国教育文化科学部关于合作保护博格达汗宫博物馆门前区的协议》。2006年7月起，中方研究人员赴蒙古国开展博格达汗宫博物馆门前区彩绘前期研究，完成背景资料调研搜集、彩绘保存环境调查、彩绘制作工艺调查、病害调查及成因分析等现场勘察和实验室研究分析工作，并提交中英文版的彩绘保护修复研究报告。在勘察中对不同层次位置、不同时期彩绘的制作材料采取样品，共采集各类颜料样品50个、剖面样品12个、地仗层配比样品5种、土成分样品6类，用显微剖面分析、激光拉曼、能谱等手段进行相互印证分析。对博格达汉宫周边的环境、气象、地质等相关资料进行走访、调研，并通过对彩绘制作工艺及本身材质的分析检测，揭示两者相互作用而产生病变的因果关系，为保护修复实施提供可靠依据。2007年10月8日，工程顺利完工。该项目是中蒙两国在文化遗产保护领域开展的首次合作，也是蒙古国博格达汗宫博物馆40年来实施的规模最大的一次文物保护修复项目，对中蒙两国文化遗产保护领域的进一步交流合作产生了积极影响。

**科伦巴尔古塔保护工程抢险维修工程设计与施工项目** 科伦巴尔古城是蒙古国境内遗存的辽代遗迹，也是东亚地区仅存的唯一的辽代建筑群。古城遗迹位于蒙古国东方省乔巴山市以西12千米处，坐落于科伦河畔。据文献记载，古城始建于10世纪契丹时期。残存古塔塔体结构高约16.4米，为七层八边形砖木结构塔。塔体残损较为严重，二层入口及其下一层墙体局部塌落形成空洞，二至三层东部墙体开裂宽度达100毫米；外墙砖块出现不同程度脱落，表面风化酥碱，外层抹灰普遍剥落；各层木楼板绝大部分缺失，木梁大部分缺失，残存木构件严重糟朽。2014年6月10日，中蒙代表在乌兰巴托签署《中华人民共和国国家文物局与蒙古国文化体育旅游部关于合作保护科伦巴尔古塔的备忘录》。国家文物局委托中国文化遗产研究院，蒙古国文化体育旅游部委托蒙古国文化遗产中心负责项目的执行。科伦巴尔古塔保护工程分为3个阶段：第一阶段为前期勘察、测试及方案设计；第二阶段是施工准备，烧制青砖；第三阶段为保护修缮阶段。2016年6月，维修工程现场工作全部完工；8月，工程通过蒙古国文化遗产中心验收；11月1日，中蒙双方举行工程竣工仪式。

## 七、赴柬埔寨文物保护工程

1992年，柬埔寨吴哥古迹被列入《世界遗产名录》。1993年，柬埔寨王国政府和联合国教科文组织共同发起"拯救吴哥古迹国际行动"，中国政府承诺与国际大家庭一道为保护吴哥古迹而努力。

保护吴哥古迹国际行动是中国政府第一次参与大规模文物保护国际合作。中国文物工作者不仅为修复吴哥古迹作出积极努力，还借助在暹粒的国际合作得以系统、全面地了解不同国家和机构的文物保护修复理念、方法、材料、技术，有效提升了自身能力建设，促进了中国文物保护事业的成长与进步。

**吴哥古迹一期工程：周萨神庙维修项目**

1996年初，国家文物局派出工作组赴柬埔寨考察吴哥古迹，并于1997年选定周萨神庙（Chau Say Tevoda）作为修复对象。1998年2月9日，国家文物局指派中国文物研究所承担吴哥古迹周萨神庙的保护修复工作，并成立中国吴哥古迹保护工作队。1998年2月至2008年底，中国文物研究所（2007年更名为中国文化遗产研究院）组织对周萨神庙进行建筑测绘、工程地质勘测、考古调查、石材修复研究等，全面实施保护修复工程。项目前期基础研究与勘察成果主要有《吴哥遗迹周萨神庙考古报告》《吴哥遗迹周萨神庙岩土工程勘察报告》《柬埔寨吴哥遗址周萨神庙建筑材料工程性能研究》《昭（周）萨寺复原设计论说》等。1999年5月，工作队完成《吴哥古迹周萨神庙保护与发展项目修复工程前期研究报告》和《柬埔寨周萨神庙南藏经殿、高架甬道及东神坛维修工程设计说明书》。前者制定周萨神庙总体保护思路和维修原则，对建筑破坏原因进行综合分析，初步确定施工技术与方法，编制了工程进度安排计划和工程概算。后者主要包括实测图、维修设计图、工程做法、施工进度安排及工程预算。维修工程于2000年3月开工，2008年12月竣工验收。工作队采用原物重建方法，对周萨神庙除西楼门外的8座建筑进行了整体维修。经全面维修后的周萨神庙，单体建筑结构、形式得以展现，建筑的真实性和完整性得以提升，周萨神庙再现昔日风采。周萨神庙保护工程是中国尝试性的援外文物保护项目，中国的文物保护理念、技术和方法及实践获得国际层面的检验、认可，并获得联合国教科文组织推广。2017年出版的《世界遗产·柬埔寨吴哥古迹：周萨神庙》一书，对周萨神庙保护与修复工程进行了介绍。

**吴哥古迹二期工程：茶胶寺维修项目**

2005年，《中华人民共和国国家文物局与柬埔寨王国吴哥文物局关于加强文物保护合作的谅解备忘录》签署，就文物保护二期项目达成合作意向。2006年4月，《中华人民共和国国家文物局和柬埔寨王国吴哥文物局关于保护吴哥古迹二期项目的协议》签署。根据协议，中国将在柬埔寨实施文物保护二期项目——茶胶寺（Ta Keo）修复工程。中柬第二期文物保护修复工程由中国文化遗产研究院承担。工作队在茶胶寺开展多点段修复工程、考古发掘、三维激光扫描记录和现状测绘、工程地质勘测、结构有限元研究、石刻防风化试验等工作，并编制了《茶胶寺保护修复工程总体方案》作为技术指导文件。该项目计划于2018年整体竣工。

## 八、赴乌兹别克斯坦文物保护工程

乌兹别克斯坦位于亚洲腹地，历史悠久，希瓦古城即始建于10世纪的花剌子模国强盛时期。希瓦古城南北长约650米，东西宽400余米，格局保存较完整，1967年被公布为文化遗产保护区，1990年被联合国教科文组织列入《世界遗产名录》。古城内分布有经学院、清真寺、宫殿、宣礼塔、陵墓等多处遗存点。在东、西、南、北城墙上各设有一座城门，城内有南北向和东西向相交的两条主干道，文物建筑多集中于主干道附近。2014年4月，中乌双方决定在希瓦古城选择两处历史古迹进行保护修复。经反复调研与磋商，双方商定项目内容包括阿米尔·图拉（Amir Tura）经学院与哈桑·穆拉德库什别吉（khasah Murad）清真寺本体保护及环境整治。希瓦古城修复项目是中国政府参与柬埔寨吴哥古迹保护修复之后，第二次大规模在周边国家参与文化遗产保护行动。经商务部和国家文物局批准，中国文化遗产研究院为项目设计和施工单位，四川省文物考古研究院为项目管理单位，计划2019年12月竣工。2016年，中国文化遗产研究院编制完成了阿米尔·图拉经学院与哈桑·穆拉德库什别吉清真寺保护工程及周边环境整治工程勘察设计方案。阿米尔经学院东南角因基础不均匀沉降引起上部墙体开裂、倾斜变形，严重威胁建筑整体结构安全。修复措施包括对经学院地基及基础进行整体加固，使其达到相对稳定

状态；对开裂、倾斜严重墙体进行局部拆砌；对部分开裂墙体采取灌浆加固手段进行保护修复；对构件缺失、抹灰脱落、屋面漏雨、排水不畅及形制改变等状况，均在"不改变文物原状"及"最小干预"原则下开展保护修复工作。哈桑清真寺本体建筑形制完整，但因地基土质不良，造成建筑基础不均匀沉降，导致上部墙体开裂。修复重点为地基基础的加固补强，通过灌浆及扩大基础面的方式，提高地基和基础承载力，使上部墙体达到稳定状态。该项目是中国在中亚地区实施的第一个文物保护工程援助项目，把国内的文物保护技术、理念及管理经验带入了中亚地区，从国际视野上提升了中国的文物保护工程技术水平。

## 九、赴尼泊尔文物保护工程

尼泊尔位于喜马拉雅山脉南麓，位于首都加德满都的杜巴广场是世界文化遗产"加德满都谷地"的重要组成部分。2015年4月25日，尼泊尔发生8.1级地震，造成重大人员伤亡和财产损失，加德满都杜巴广场多处古迹坍塌，九层神庙及其附属建筑局部坍塌。九层神庙建筑群由罗汉宫院（Lohan Chowk）及其西北角克提布塔（Kirtipur Tower）、东北角巴克塔普尔塔（Bhaktapur Tower）、西南角巴桑塔普尔塔（Basantapur Tower，即九层神庙）和东南角拉利特普尔塔（Lalitpur Tower）组成，为典型的尼泊尔传统砖木结构建筑，占地面积约1300平方米，建筑面积约5600平方米。6月，按照商务部意见，民政部牵头，国家文物局选派文物保护专家对加德满都等地的世界

文化遗产开展灾后调查评估。7月23日，《中华人民共和国商务部和尼泊尔财政部关于地震灾后重建援助项目规划的谅解备忘录》签署，中国政府承担"尼泊尔加德满都杜巴广场九层神庙修复项目"。2017年8月，加德满都杜巴广场九层神庙修复工程启动，计划工期58个月。受商务部和国家文物局委托，中国文化遗产研究院担任项目工程总承包单位，河北省文物与古建筑保护研究院担任项目管理单位。

九层神庙修复项目主体工程包括对震后存在险情的单体建筑进行排险支护，对局部基础沉降变形部位进行基础加固，对包括九层神庙顶部三层及东北角塔顶层在内的毁坏严重建筑进行修复重建；对现存建筑进行重点修缮，包括墙体拆砌、结构补强加固、梁柱加固归位、披檐揭瓦与修复、木构件修补安装、木构件补配安装、构件替换安装、地面铺墁、屋顶防水等；对院落进行排水、散水综合整治。修复项目实施过程坚持"最小干预"原则，尊重当地传统做法和工艺，最大限度保留建筑群落历史、文化和艺术信息。

## 十、赴缅甸文物保护工程

2016年8月24日，缅甸发生强烈地震，蒲甘佛塔严重受损。地震发生后，国务院总理李克强向缅甸国务资政昂山素季发去慰问电，表示中方愿为蒲甘等地古迹修复提供帮助和支持。国家文物局针对缅甸蒲甘震区文物建筑的地域特点和受灾实际情况，抽调文物保护、建筑、岩土、壁画、规划、结构、工程管理、考古、博物馆等方面专家12人，组成缅甸蒲甘佛塔震后修复联合专家工作组，携带相关专业设备赴缅甸蒲甘开展震后文物受损勘察和评估，并向中缅两国政府提交蒲甘震后文物受损情况评估报告。

# 第四节　国际考古交流合作

中华人民共和国成立后，中国与世界各国的政治、经济、文化交流逐渐步入正轨，文化合作范围不断扩展，中外合作考古也呈现不断发展态势。1991～2017年，经国家批准的中外合作考古项目近60项，合作机构来自美国、加拿大、法国、英国、德国、日本、澳大利亚等多个国家，研究领域涉及农业起源、文明探源、聚落考古、城址考古、环境考古、盐业考古等众多学术热点。中美联合在江西万年仙人洞、吊桶环遗址进行考古发掘，为探讨稻作农业起源和陶器起源提供了重要线索；中美联合在赤峰英金河流域进行考古调查，为文明探源、国家形成等课题研究提供了重要资料；中日合作开展汉长安城、唐大明宫、汉魏洛阳城等一系列古代都城宫殿遗址考古发掘，对促进城址考古研究开展具有重要意义。合作考古和相关研究工作的开展，使国内考古工作者有机会学习考古学新理论、新方法，尝试新技术手段，也让中国考古界得以了解国际学术热点问题，及时把握国际学术动态。

在"请进来"的同时，中国具有较高科研水平的考古研究机构和学者也积极走出国门，赴国外开展考古和学术交流活动。中国考古研究机构先后赴柬埔寨、俄罗斯、蒙古国、肯尼亚、越南等国开展合作考古项目，并协助合作国培养考古专业人才。中国还多次参与、承办"世界考古学大会""世界东亚考古学大会"等大型国际会议和考古学论坛，展示中国考古工作成果。2012年后，中外联合考古项目成为中国文化外交新亮点。

## 一、中俄（苏）联合考古

**中苏联合调查发掘中国宁夏水洞沟遗址**
水洞沟遗址位于宁夏回族自治区灵武市临河镇水洞沟村。1959年8月，中国和苏联组建的中苏古生物考察队在水洞沟遗址进行标本采集。1960年，中苏古生物考察队对水洞沟遗址进行发掘，出土石器2000余件，还发现一件用鸵鸟蛋壳制成的钻孔装饰品。此次发掘查清水洞沟遗址文化层第7层以上为新石器时代文化层，其下第8层才是真正的水洞沟文化层，碳十四法测定年代为距今26190±800年或17250±210年。

**中俄合作俄罗斯境内考古项目**　2015～2016年，南京大学历史学院与俄罗斯阿尔泰国立大学合作，在俄罗斯境内苏联路遗址和卡勒望湖遗址开展考古调查与发掘工作，发现伊尔敏等文化遗存，为厘清俄罗斯青铜文化的年代、探明阿尔泰地区冶金技术传播情况提供重要资料。

2015年10月，黑龙江大学考古学系与俄罗斯阿穆尔州文化遗产保护中心签署合作协议并成立"中俄黑龙江流域文化遗产保护与研究中心"。2016年7月,组成"黑龙江大学赴俄罗斯联合考古发掘队",同俄方考古人员合作对遗址进行钻探和发掘,首次将中国特有的探铲钻探技术引入俄罗斯。

2017年8月,重庆市文化遗产研究院与俄罗斯科学院西伯利亚分院考古学与民族学研究所组建联合考古队,合作开展西伯利亚地区考古,对叶尼塞河库尔塔克考古区(地质区)的卡缅内洛卡遗址进行试掘,发现一处旧石器时代遗址——马特盖奇克遗址。对完善库区旧石器时代文化年表及空间分布具有重要价值。

## 二、中美联合考古

**中美联合发掘中国江西万年仙人洞和吊桶环遗址** 1993年和1995年,北京大学考古系、江西省文物考古研究所和美国安德沃考古基金会组成中美农业考古队,对中国江西万年仙人洞和吊桶环遗址进行发掘。发掘发现1.2万年前的野生稻植硅石和1万年前的栽培稻植硅石,还发现年代超过万年的夹粗砂条纹陶、绳纹陶。遗址的地层堆积涵盖旧石器时代末期向新石器时代过渡的完整地层序列,为人类由旧石器时代向新石器时代的过渡研究提供了清晰完整的地层关系证据,为稻作农业起源、陶器出现、动物驯化等重大课题研究提供了考古学依据。

**中美联合调查发掘中国山东日照两城镇遗址** 1994年,山东大学和美国考古学者合作,采用聚落考古学方法研究中国东部地区晚期史前社会发展进程。1995年,经国家文物局批准,中美双方组成联合考古队,对山东日照两城镇遗址周围地区进行区域系统调查和发掘。

该项目历时7年,累计调查面积超过600平方千米,取得大量第一手资料和丰硕的学术成果,是国内规模较大、持续时间较长的中外合作考古研究项目。1998年12月～1999年1月,联合考古队对两城镇遗址进行第一次发掘,后于1999～2001年又连续进行了三次较大规模的发掘,发现龙山文化的围壕、房址、灰坑、墓葬等遗迹,出土大量陶器、石器等遗物,利用自然科学方法开展了多学科综合研究。

**中美联合调查中国赤峰英金河流域遗址** 经国家文物局批准,由内蒙古自治区文物考古研究所、吉林大学考古系、中国社会科学院与美国匹兹堡大学考古系组成的中美联合考古队,于1999～2001年在赤峰地区英金河流域进行首次区域系统调查,在765平方千米范围内发现新石器时代至辽代遗址1069处,并尝试利用调查资料进行人口水平分析。考古队主要在红山区、松山区、喀喇沁旗开展调查,任务为确认遗址所在地点,标记遗址准确位置并进行地表采集。

## 三、中朝联合考古

**中朝合作调查发掘中国六顶山渤海墓群** 六顶山渤海墓群位于吉林省敦化市六顶山南坡山坳,是唐代渤海国前期王族墓地。1963～1964年,根据中国和朝鲜签署的文化交流协议,中朝两国考古工作者组成联合考古队,在宁安渤海上京遗址及敦化六顶山渤海早期王室贵族墓地进行了考古发掘。

**中朝合作调查发掘朝鲜渤海遗址** 2008～2015年,延边大学渤海史研究所和朝鲜社会科学院考古学研究所对朝鲜境内的渤海遗址进行了调查和发掘。其中，2008~2009年，对富居里一带的渤海遗迹进行调查并在达莱沟和延次沟发掘13座墓葬，出土很多具有地区特色的陶器；2012~2013年，在会宁一带调查仁溪里土城、云头山城、童巾山城、弓心墓群，并在弓心墓群发掘62座墓葬，出土金制耳环、银器、青铜器及很多陶器，为进一步深入研究渤海文化提供了丰富实物资料；2014~2015年，对北青一带的渤海遗址进行调查发掘，主要调查青海土城、龙田里山城、安谷山城、居山城、梧梅里寺址、坪里墓群，并在坪里墓群发掘31座渤海时期的墓葬和5座高句丽时期墓葬。

# 四、中日联合考古

**中日联合打捞、调查并发掘中国"南海Ⅰ号"沉船** 1987年8月，交通运输部广州救捞局与英国海洋探测打捞公司联合在中国南海水域进行勘探作业时，在广东省台山县川山群岛附近意外发现一艘沉船，从沉船中打捞出一批南宋或元代的德化窑白瓷、建窑黑釉瓷、龙泉窑式青瓷和其他货物。经国家文物局与国家水下考古协调小组研究，决定对沉船进行科学考古勘察、调查及发掘。1988年5月，经国务院批准，国家文物局、中国历史博物馆与广东省有关部门对沉船进行初步调查。根据调查结果，国家文物局经同国家水下考古协调小组研究，认为可与外国水下考古科研机构合作进行沉船调查与发掘。1989年7月31日~8月1日，中国历史博物馆与日本国水中考古学研究所签订《关于合作进行南海沉船考古调查发掘的意

向书》和《关于合作进行南海沉船考古调查的协议书》。11月16~21日，中日联合调查队对沉船进行初次调查。1990年2月19日，中国南海沉船调查学术委员会在北京成立，成员包括中日两国9位考古界知名学者。

**中日联合调查发掘尼雅遗址** 尼雅遗址是汉代"精绝国"故地，主要是魏晋鄯善国时期的遗存。尼雅遗址位于新疆维吾尔自治区和田地区民丰县，地处昆仑山山脉北麓、塔克拉玛干沙漠腹地的尼雅河尾闾地带。遗址沿尼雅河古河道呈南北向条带状分布，周围被沙丘、红柳环绕。1988~1997年，中日双方组成学术考察队，对尼雅遗址进行考古调查发掘，共调查古城、聚落、墓葬等遗迹215处，集中分布在尼雅古河道两岸台地上南北长约25千米、东西宽约5千米的范围内。遗址内发现有官署、民居、蓄水池、果园、林带、小桥、佛寺、佛塔、陶窑、冰窖、窖穴、农田、畜厩、墓葬等遗迹100余处，还有大量与居民生活息息相关的道路、水渠、蓄水池、果园、林带等遗迹。出土各类遗物数百件，采集各类文物标本近3000件。清理出佛、菩萨等壁画残片，对研究佛教及佛教艺术在丝绸之路南道的传播有重要学术价值。出土织锦10余种，"王侯合昏千秋万岁宜子孙""五星出东方利中国"锦等保存良好。经调查发掘，尼雅遗址全貌基本明晰，所获大批影像、图文资料及珍贵实物，对深化尼雅遗址乃至丝绸之路南道古代城镇布局研究有重要意义。

**中日联合调查发掘保护中国汉长安城和唐大明宫遗址** 中国社会科学院考古研究所和日本奈良国立文化财研究所有长期、友好和卓

有成效的合作历史。1991年，两所签署以中日都城考古学研究为主要课题的友好合作协议。1997年，在上述合作协议基础上，两所就合作调查发掘中国汉长安城遗址提出专项申请。经国务院特别许可、国家文物局批准，中日合作开展了汉长安城桂宫遗址勘探、发掘和研究。这是首次采取中外合作方式对中国统一王朝的都城进行的大规模考古发掘，中日两国学术交流进入更深层次。

为有效保护含元殿遗址，中日双方组成"中日共同保护大明宫含元殿遗址工作委员会"，实施对含元殿遗址展馆和砖窑的保护工作。受国家文物局委托，中国社会科学院考古研究所与日方共同制订保护方案，对大明宫含元殿遗址采取复原性保护方法恢复唐代殿基风貌。2004年，含元殿遗址保护工程竣工，具备公开展示条件。

# 五、中肯联合考古

**中肯合作水下考古项目** 2005年，《中华人民共和国国家文物局与肯尼亚共和国国家遗产部关于在拉穆群岛进行合作考古的协议》签署。根据协定，2006年10～11月，受国家文物局委托，北京大学考古文博学院组织调研组，前往肯尼亚沿海地区进行部分实地勘测和试探性研究，对拉穆群岛的上加遗址，以及塔纳河流域的乌加纳遗址和姆瓦纳遗址出土的中国瓷片进行绘图研究，对曼达遗址和帕泰遗址出土的部分瓷器进行整理，并据此编制赴肯尼亚开展联合考古发掘和中国古代瓷器研究工作计划和经费预算。2007年，中肯签订合作在拉穆群岛开展合作考古项目的换文，项目经费由中国商务部从援外经费中列支。2010年起，中国组织专业人员赴肯尼亚开展"肯尼亚出土的中国古代瓷器调查与研究"和"中肯合作水下考古"项目。这是中国首次与非洲国家合作开展考古发掘项目，中非在文物领域的实质性合作走出第一步。受国家文物局委托，中国国家博物馆水下考古研究中心与北京大学考古文博学院承担中国和肯尼亚合作实施的拉穆群岛地区考古项目。2010年2月23日《中国和肯尼亚合作实施拉穆群岛地区考古项目实施合同》在北京签署，项目为期三年。2010年7～8月，北京大学考古文博学院组织有关专业人员赴肯尼亚开展"中国和肯尼亚合作实施拉穆群岛地区考古项目"陆上考古发掘。在肯尼亚马林迪市周边的曼布鲁伊地区和卡提布清真寺发现一处11世纪的聚落遗址以及与卡提布清真寺相关的早期建筑遗址，为了解马林迪市城市发展史、卡提布清真寺布局和建筑历史、中非交流史等提供珍贵资料。同时，中国文化遗产研究院派员随队监理，积极探索中国境外考古管理模式。11月下旬，中国国家博物馆组织水下考古专业人员赴肯尼亚开展为期两个月的"中国和肯尼亚合作实施拉穆群岛地区考古项目"水下考古调查，对拉穆群岛、马林迪海域水下遗存线索进行较为细致的陆地调查、物探调查和潜水调查，并及时对获取的资料进行整理。水下调查面积46963平方米，共发现6处水下文化遗存和3处滨海散落遗存。

**中肯联合发掘肯尼亚吉门基石遗址** 2017年，由河南省文物考古研究院、山东大学和肯尼亚国家博物馆组成的中肯联合考古队，完成对肯尼亚吉门基石遗址考古发掘和巴林戈地区考古调查，吉门基石遗址考古发掘面积66平方米，出土旧石器时代中期石制品551件，哺乳动物化石数十件。巴林戈地区考古调查发现13处旧石器地点，发现石制品和动物化石近千件，时代包括旧石器时代早期、中期和晚期。其中位于肯尼亚裂谷地区纳库鲁郡玛卡里亚瀑布，是中国考古学家在非洲发现的第一处旧石器地点。东非大裂谷巴林戈地区分布有非常丰富的旧石器时代文化遗存，对探索早期人类起源、现代人起源等学术课题具有重要意义。

## 六、中蒙、中乌、中哈、中塔联合考古

**中蒙合作"蒙古国境内古代游牧民族文化遗存考古调查与发掘研究"项目** 2005～2006年，内蒙古自治区文物考古研究所与蒙古国游牧文化研究国际学院、蒙古国国家博物馆等单位，合作实施"蒙古国境内古代游牧民族文化遗存考古调查与发掘研究"项目，在蒙古国10余个省市开展考古工作，取得较为丰硕成果。

2006年起，中蒙联合考古队对蒙古国后杭爱省浩滕特苏木的四方形墓园与突厥祭祀遗址、布尔干省达欣其楞苏木的詹和硕遗址及后杭盖省乌贵诺尔苏木的和日门塔拉遗址等进行考古发掘，总发掘面积约1.5万平方米。考古发现回鹘砖室墓壁画，是在漠北蒙古高原发现的最为精美的回鹘美术作品。

2009年8月17～22日，国家文物局组织"中蒙合作考古项目工地检查组"赴蒙古国进行实地检查，听取中蒙联合考古队2009年合作考古情况汇报，查看部分出土遗物，并检查中方考古队的资料记录。通过双方科研机构和学者的合作，中蒙两国考古学界加深了了解和互信，对推动两国历史文化交流具有重要意义。检查组建议在已有基础上加强与蒙方交流合作，寻找新的合作项目，不断拓宽双方合作研究领域。

**中乌联合考古乌兹别克斯坦安集延州明铁佩古城遗址** 2011年12月，中国社会科学院考古研究所与乌兹别克斯坦共和国科学院考古所组成联合考古队，并于2012年9月～2017年10月先后对乌兹别克斯坦境内的明铁佩古城遗址进行了6次大规模有计划的考古勘探发掘，是该遗址史上最大规模的考古工作。联合考古队在明铁佩遗址勘探面积累计约15万平方米，发掘探沟、探方16处，发掘面积近1800平方米；完成遗址的数字化地图绘制和三维建模工作，建立起覆盖全城的测绘系统。

中乌联合考古队通过持续考古工作，对明铁佩古城遗址内城城墙城门、道路建筑基址等有新的发现与了解，还发现了外城城垣遗迹、墓葬区等，明确了该城址的时代为公元前2世纪至公元6世纪前后。明铁佩古城作为汉晋时期丝绸之路上的大型城邑，在东西方文化交流中扮演了重要角色。

**中哈联合考古哈萨克斯坦拉哈特古城遗址** 拉哈特遗址位于哈萨克斯坦境内的天山北麓，属于伊塞克国家历史文化博物馆保护区域，是丝绸之路一处重要遗址点，当地传说是塞人王族的居住遗址。著名的伊塞克金人墓葬就位于该遗址附近。2017年5～7月，陕西省考古研究院与哈萨克斯坦伊塞克国家历史文化博物馆组

成联合考古队，对拉哈特遗址进行了调查勘探与试掘。调查、试掘结果显示哈特遗址沿用多个时代，早期可到早期铁器时代，晚期可至13世纪前后。结合调查、试掘收获，初步认为在伊塞克区域东西长约30千米的天山北麓地带内面貌、内涵近似的遗址中，拉哈特遗址面积和规模最大，可能具有中心聚落的地位。

### 中乌、中塔合作中亚西天山区域考古项目

2000年起，西北大学考古队在甘肃和新疆的东天山地区持续进行了16年考古调查、发掘与研究，在国际游牧考古研究领域取得重大突破。在东天山地区考古基础上，进入中亚地区开展工作是古代月氏文化考古研究继续深入的必然选择。西北大学丝绸之路文化遗产与考古学研究中心协同多家单位，分别与乌兹别克斯坦、塔吉克斯坦考古机构合作，于2009年开始进行多次联合考古调查、发掘，获得丰硕成果。

2013年12月，西北大学与乌兹别克斯坦共和国科学院考古研究所在撒马尔罕签署关于"西天山西端区域古代游牧文化考古调查、发掘与研究"项目合作协议。2014年4～5月、8～10月和2015年4月，西北大学与乌兹别克斯坦共和国科学院考古研究所合作，并联合陕西省考古研究院、郑州大学等多家机构，先后在乌兹别克斯坦东南部西天山北麓的撒马尔罕盆地、西麓的卡什卡河流域以及南麓的苏尔汉河流域开展详细的考古调查。在考察的39处古代遗址点中，有31处是新发现遗址。其中，位于苏尔汉河州的陶达洞穴遗址、位于卡什卡河州的多处希腊化时期至中世纪城堡、古城遗址和

分布在西天山山区的多处古代游牧文化聚落遗址都是重要新发现。通过考古调查，中乌联合考古队初步了解该区域各时期各类遗存，尤其是游牧民族遗存的考古学文化特征，为后续开展深入考古发掘与研究奠定了良好基础。新发现的一批遗址填补了该区域考古学研究的诸多空白。

2015年7～8月，西北大学与塔吉克斯坦科学院历史、考古、民族学研究所合作，对塔吉克斯坦西部片治肯特谷地和西南部瓦赫什盆地、吉萨尔盆地等地进行考古调查，发现一批重要遗址。

2015年9～11月、2016年6～9月，中乌考古队对乌兹别克斯坦撒马尔罕州萨扎干遗址进行考古发掘，共清理早期铁器时代中小型墓葬5座、超大型墓葬1座、石围居住遗迹1处和中世纪墓园1处。墓园周边分布大量中世纪墓葬和墓碑等遗迹、遗物。

2017年5～7月，中乌考古队对乌兹别克斯坦拉巴特遗址进行发掘，共清理墓葬53座、灰坑1个。出土遗物较为丰富，以陶器、玻璃器、石器、铜器、铁器、金器为大宗。通过初步分析，拉巴特墓地为北巴克特里亚地区希腊化时期后的游牧文化遗存。拉巴特遗址的发掘，为研究该区域人群埋葬方式、社会组织结构等提供了宝贵材料；丰富了该区域古代文化面貌，为构建苏尔汉河流域考古学文化谱系提供了重要依据，也为研究北巴克特里亚地区早期铁器时代古代文化交流与融合、人群迁徙与交融提供了参考。

# 七、中印、中越、中孟、中老
联合考古

**中印联合发掘印度帕特南遗址** 2014年2月，故宫博物院与印度喀拉拉邦历史研究委员会签订了为期五年的合作谅解备忘录。受印度喀拉拉邦历史研究委员会委托，故宫博物院考古研究所于2014～2015年与该委员会以及英国牛津大学在印度喀拉拉邦、帕特南遗址开展联合考古调查发掘和学术研究。

2014年4～5月，故宫博物院派考古工作组前往印度，与喀拉拉邦历史研究委员会商定考古发掘研究计划，并初步整理帕特南遗址自2007年出土的中国及欧亚其他地区的陶瓷器标本和自2014年2月在奎隆港口出土的大量中国宋元时期文物，并与牛津大学考古队参加帕特南遗址的田野考古发掘工作。2015年4～6月，故宫博物院派考古工作组前往印度，继续参与帕特南遗址考古发掘，并扩大在喀拉拉邦沿海地区港口、城址的调查范围。发掘期间，中方专业文保科技人员与印方合作，对帕特南遗址及奎隆港口遗址出土的文物进行系统分类及金属元素采样工作。

**中越联合发掘越南永福省义立遗址** 2005年，四川省文物考古研究院和陕西省考古研究院，分别派出相关专业人员对越南北部的诸多博物馆和相关遗址进行学术考察。2006年12月～2007年1月，上述两家单位与越南国家历史博物馆在成都签订长期合作框架性协议，并选定越南永福省义立遗址作为考古发掘地点。义立遗址冯原文化遗存出土器物与越南富寿省的仁村遗址、朋丘遗址出土器物极为相似，根据碳十四测定，其年代主要集中在距今3700～3500年。中越联合考古队对该遗址进行了全面勘探，查明遗址分布范围约10万平方米。发掘清理各类遗迹303个，包括灰坑34个、墓葬1座及与房屋建筑有关的柱洞或小坑268个。出土器物标本834件，主要包括陶器、石器和玉器。该遗址的考古发掘为了解三星堆文化与冯原文化的关系、三星堆文化的辐射范围、南方丝绸之路的走向等问题提供了重要的考古材料。

**中越联合调查与试掘越南北宁省陇溪村汉唐城址** 陇溪村汉唐时期城址位于越南北宁省顺城县清姜社，地处红河三角洲冲积平原。2016～2017年，中山大学与越南河内国家大学组成联合考古队，对陇溪村汉唐时期城址城墙、城壕和城外墓葬群，以及城址周边地区的古建筑进行调查，并在城内中心区域进行试掘。试掘文化层平均厚度2米，发现瓦棺葬、砖砌排水暗渠、灰坑等遗迹现象。出土遗物以汉唐时期的砖瓦建筑构件、陶瓷器为主，其中人面纹瓦当、莲花纹瓦当最具特色。还对城外一座被盗掘的东汉砖室墓进行了抢救性发掘。

西汉元鼎六年（前111年），汉武帝设置交趾、九真、日南郡，其中交趾郡下辖的各县皆位于红河三角洲地区。根据相关学者考证，陇溪城址很有可能是东汉时期交趾郡嬴县或龙编县治所。

**中孟联合发掘孟加拉国毗诃罗普尔佛教遗址** 毗诃罗普尔（Vikrampura）佛教遗址位于孟加拉国中东部，西北距首府达卡市区约34

千米。孟加拉国地方文化组织阿哥拉萨-毗诃罗普尔（Agrashar Vikrampur）。2013年底，该基金会通过孟加拉国外交部，向中国驻孟加拉国大使馆提出合作请求，希望得到资金和技术力量方面援助。2014年4月17～22日，湖南省文物局代表团访问孟加拉国，实地考察毗诃罗普尔遗址，确定中孟联合发掘意向。湖南省文物考古研究所与阿哥拉萨-毗诃罗普尔基金会签订考古工作协议，并于2014年12月～2015年2月派出考古人员赴孟加拉国，和阿哥拉萨-毗诃罗普尔基金会聘请的欧提亚·欧耐斯恩（Oitihya Onneswan）考古研究中心组成联合考古队，对纳提什瓦遗址点进行大规模考古发掘，发掘面积1746平方米。2015年6～7月，湖南省文物考古研究所再次派出考古人员赴孟加拉国，完成对出土文物的整理和陶器修复。2015年11月～2016年1月，湖南省文物考古研究所第三次派出考古人员，对纳提什瓦遗址区进行大规模联合发掘，发掘面积2122平方米，并于2016年9月完成整理工作。通过地层学和一系列测年数据，得以勾勒出该遗址变迁的历史过程，所获取的信息对建立孟加拉国的历史编年具有重要意义，也为后弘期藏传佛教找到了源头。

**中老联合考古调查与勘探挝沙湾拿吉省考古遗址** 2014年11月，云南省文物考古研究所和老挝历史研究所组成联合考古调查队，先后对老挝沙湾拿吉省的Vilabouly盆地、川圹省的石缸群、琅勃拉邦省的洞穴遗址和一些湄公河台地进行野外实地调查。经调查，发现了集开采、冶炼和加工铸造为一体的大规模青铜时代遗址群。川圹省的石缸群为老挝著名文化遗产，联合考古调查队对第一、第二和第三地点的近千座石缸进行详细测绘等资料收集，还对地处高山的第四地点进行实地调查，获得大量第一手资料。通过此次调查，对老挝文物考古现状和老挝古代文化发展脉络有了基本认识，为双方更深入的合作奠定了基础。2015年11～12月，云南省文物考古研究所联合四川大学历史文化学院、老挝历史研究所等单位组成考古调查团，对老挝沙湾拿吉省的Vilabouly地区开展了考古调查和勘探。

# 第五节 博物馆交流合作

博物馆国际交流合作主要包括中国博物馆与外国博物馆的馆际学术交流、中国博物馆举办的出国文物展览和外国博物馆在中国举办的来华文物展览。在民国初期，中国的博物馆即开始举办出国文物展览，但为数不多。中华人民共和国成立后，随着外交工作的开展和改革开放深化，中国各级各类博物馆与世界各国博物馆广泛开展馆际学术交流，不仅赴世界各国举办各种类型和规模的文物展览，也引进了各国博物馆多种类别的文物展览，呈现出合作与交流良好局面。

## 一、馆际学术交流

2002年以来，故宫博物院先后与法国卢浮宫博物馆，英国大英博物馆、维多利亚与阿尔伯特博物馆，美国博物馆联盟、大都会博物馆、波士顿美术馆、弗吉尼亚美术博物馆，俄罗斯艾尔米塔什博物馆、克里姆林宫博物馆，澳大利亚维多利亚州国家美术馆，印尼国家博物馆等世界级博物馆签署全面合作协议。2005年，故宫博物院举办了题为"紫禁城对话"的博物馆馆长高峰论坛。2016年起，故宫博物院每年举办"太和·世界古代文明保护论坛"，邀请国际组织以及埃及、希腊、印度、伊朗、伊拉克、以色列、意大利、墨西哥、叙利亚等文明古国文化遗产

领域同仁及专家相聚北京，探讨世界文化遗产保护所面临的共同问题，寻求人类文明可持续传承有效途径。2017年11月28日，故宫博物院举办主题为"传统文化×未来想象"的"文化＋科技"国际论坛。论坛通过学术研讨、业界交流和成果展示，整合文化与科技领域的优势资源，为传统文化的数字化保护、研究、展示提供具有国际性和前瞻性的理论支撑和应用途径，推动传统文化传承与发展。

中国国家博物馆长期致力于与世界各大博物馆机构合作。2006年，"中日韩国家博物馆馆长会议"机制建立，通过组织定期会议、联合举办文物展览、加强专业人员交流、联合开展学术交流等举措，探索构建高层次、宽领域、立体化合作交流平台。2011年起，中国国家博物馆陆续与澳大利亚国家博物馆、巴西国家博物馆、阿布扎比文化与旅游局等组织和机构签署合作谅解备忘录，在展览交换、学术研究、文物保护、藏品征集、教育推广、人才交流、博物馆信息化、文化创意产业等方面达成一系列合作意向。

上海博物馆广泛开展各种馆际学术交流。2003年3月，首届"国际博物馆馆长高峰论坛"在上海博物馆举办，为首次在中国举办博物馆界高层论坛。2012年起，上海博物馆先后与埃及博物馆、挪威蒙克美术馆等签署合作备

忘录。2014年起，上海博物馆先后派出工作人员出访德国、英国、美国、日本、韩国、哈萨克斯坦等国家，以专业培训、研修、访问、举办讲座等形式与海外同行进行交流。2015年9月，上海博物馆举办"文物保护与博物馆建设——国际博物馆馆长高峰论坛"，来自国内外近50家文博机构的文物保护、修复领域专家50余人参加，就博物馆建设和文物保护活动交流经验与心得。2016年起，上海博物馆与德国、美国、法国、匈牙利、俄罗斯、荷兰等国开展展览业务洽谈，达成多项合作。

## 二、出国文物展览

民国20年（1931年），华北地区的几个博物馆与日本东京、大阪等城市合作举办了中日古今绘画展览和元明清名画展览。民国24年11月，故宫博物院、古物陈列所、河南博物馆等参加伦敦中国艺术国际展览会，展品包括铜器、瓷器、书画、玉器、雕漆、折扇、家具、文具等文物，是故宫藏品首次在海外大规模展出，引起西方社会的强烈震动。民国28年7月，故宫博物院藏品又赴苏联展览。此外，德国法兰克福也曾举办过中国文物陈列。

中华人民共和国成立后，出国文物展览承担了"宣扬中华文化、树立中国形象、交流感情、巩固友谊"的使命。20世纪50年代，中国先后赴苏联、瑞士、印度、波兰、日本等国家举办文物展览，以文物精品向世界介绍中国及中国文化。截至20世纪60年代，中国陆续举办了赴苏联及捷克的中国艺术展，赴印度的中国佛教艺术展，赴波兰及捷克的敦煌艺术展，以

及赴日本的中国敦煌艺术展、中国永乐宫壁画展等。

1971年7月，国务院总理周恩来批准《关于筹办出国文物展览并成立筹备小组的报告》。1973～1978年，新中国首项大型文物展览——"中华人民共和国出土文物展览"在法国、日本、英国、美国、菲律宾等14个国家和中国香港地区展出，观众650余万人次。展览拉近了中国与展出国间的距离，拉开了大型出国文物展览序幕，为实现中国外交的突破作出了重要贡献，被誉为"文物外交"。20世纪70年代，中国举办出国文物展览50余场，场均展品数量约110件／套，场均展出时间约2个月，涵盖亚洲、欧洲、北美洲及大洋洲的17个国家和地区的38个城市，参观人次超过900万。

1978年后，中国进入改革开放和现代化建设时期，国际地位和影响力不断提高，办展机构探索改革，出国文物展览相关政策出台，举办了赴美国"伟大的中国青铜时代展"、赴欧洲"中国古代艺术珍宝展"等有影响力的展览。改革开放不断深入和市场经济进一步确立，为出国文物展览创造了有利契机和广阔发展空间，出国文物展览彰显出勃勃生机。

进入21世纪，中国文物对外交流与合作日趋繁荣，成为国家年、文化年等国家双边活动的亮点。文物对外交流让世界了解中国、让中国走向世界。出境文物展览在重要国事访问、国家重大外交活动中发挥独特作用，尤其是赴"一带一路"共建国家举办文物展览，为服务国家外交发挥了独特的积极作用。

中华人民共和国出土文物展览　1973～1978年，"中华人民共和国出土文物展览"分别在

法国、日本等14个国家和中国香港地区展出，观众达650余万人次，赢得诸多赞誉。该展览以表现中华民族悠久历史文化为主题，时间跨度从旧石器时代蓝田人起至17世纪明代止。文物展品400余件，大部分省、自治区、直辖市都有展品参展。该展览为世界了解社会主义中国提供了窗口，为树立新中国良好国际形象、实现中国外交突破作出了历史性贡献。（表8-5-1）

**伟大的中国青铜时代展**　1980年4月~1981年9月，"伟大的中国青铜时代展"在纽约大都会艺术博物馆等5个美国博物馆展出，观众共计131.9万余人次。展品共105件／套，集中了中国自夏、商、西周至春秋战国时代珍贵的青铜

器、玉器和兵马俑，是在国外举办的展出青铜器最为精美的展览。（表8-5-2）

**中国古代艺术珍宝展**　1980年5月，"中国古代艺术珍宝展"首展在丹麦哥本哈根举办，这是丹麦第一次举办中国文物展览。随后，展览又分别赴瑞士苏黎世艺术博物馆、联邦德国柏林东亚艺术博物馆、希尔德斯海姆罗米伯力西斯博物馆、科隆东亚艺术博物馆和比利时布鲁塞尔皇家历史艺术博物馆展出。展览至1982年4月结束，观众达98.6万人次，是当时在欧洲举办的极具影响力的文物展览。

**中国古代文明展览**　1984年9月2日，应南斯拉夫克罗地亚共和国邀请，中国历史博物馆

表8-5-1　1973~1978年"中华人民共和国出土文物展览"国外展出信息表

| 序号 | 展出国家 | 展览地点 | 展览时间 | 观众（万人次） |
|---|---|---|---|---|
| 1 | 法国 | 巴黎市美术馆（小宫殿） | 1973年5月8日~9月2日 | 36.5 |
| 2 | 日本 | 东京国立博物馆、京都国立博物馆 | 1973年6月9日~9月30日 | 53 |
| 3 | 英国 | 伦敦皇家艺术学院 | 1973年9月28日~1974年1月23日 | 77.1 |
| 4 | 罗马尼亚 | 布加勒斯特国家艺术博物馆 | 1973年12月28日~1974年2月28日 | 10 |
| 5 | 奥地利 | 维也纳奥地利工艺美术博物馆 | 1974年2月21日~4月20日 | 24 |
| 6 | 南斯拉夫 | 贝尔格莱森人民博物馆 | 1974年4月3日~6月2日 | 7 |
| 7 | 瑞典 | 斯德哥尔摩国家远东古物博物馆 | 1974年5月12日~7月16日 | 19.4 |
| 8 | 墨西哥 | 墨西哥国立人类学博物馆 | 1974年7月5日~10月3日 | 15 |
| 9 | 加拿大 | 多伦多安大略皇家博物馆 | 1974年8月8日~11月16日 | 22.8 |
| 10 | 荷兰 | 阿姆斯特丹国家博物馆 | 1974年12月4日~1975年1月26日 | 11.5 |
| 11 | 美国 | 华盛顿国家美术馆、纳尔逊艺术博物馆（堪萨斯）、旧金山亚洲艺术博物馆 | 1974年12月13日~1975年8月28日 | 180 |
| 12 | 比利时 | 布鲁塞尔美术宫 | 1975年2月19日~4月6日 | 10 |
| 13 | 菲律宾 | 马尼拉市立法大厦 | 1976年10月1日~1977年1月1日 | 80 |
| 14 | 澳大利亚 | 墨尔本维多利亚博物馆、悉尼新南威尔士美术馆、阿德莱德南澳美术馆 | 1977年1月19日~6月29日 | 50 |
| 15 | 日本 | 名古屋市博物馆、北九州市立美术馆、东京西武美术馆 | 1977年10月2日~1978年2月26日 | 32 |

表8-5-2 "伟大的中国青铜时代展"赴美国展出统计表

| 序号 | 展出城市 | 展览地点 | 展览时间 | 观众（万人次） |
|---|---|---|---|---|
| 1 | 纽约 | 大都会博物馆 | 1980年4月12日～7月9日 | 33 |
| 2 | 芝加哥 | 自然历史博物馆 | 1980年8月20日～10月29日 | 25.9 |
| 3 | 沃斯堡 | 金贝尔艺术博物馆 | 1980年12月10日～1981年2月18日 | 28.1 |
| 4 | 洛杉矶 | 洛杉矶艺术博物馆 | 1981年4月1日～6月10日 | 25.7 |
| 5 | 波士顿 | 波士顿艺术博物馆 | 1981年7月22日～9月27日 | 19.2 |

"中国古代文明展览"在南斯拉夫克罗地亚萨格勒布开幕。

中国秦代兵马俑展 20世纪80年代，随着秦兵马俑坑的发现和考古工作展开，以秦兵马俑为主题的文物展成为对外交流的重要内容。1982年12月～1983年9月，"中国秦代兵马俑展"在澳大利亚墨尔本、悉尼等6个城市举办，是首次以秦兵马俑为主题的出境展览，观众达80余万人次。1983年10月～1984年5月，"中国秦代兵马俑展"在日本东京等地巡展，观众达200万人次。1984年12月～1986年1月，"中国秦代兵马俑展"先后在瑞典、挪威、奥地利、英国、爱尔兰等欧洲五国巡展。其中，在瑞典国家艺术博物馆展出期间，观众13.5万人次；在挪威奥斯陆汉尼尔-奥恩斯坦艺术中心展出期间，观众近7万人次，创该馆历年展览参观人数和日流量新高；在奥地利维也纳人类博物馆展出期间，观众约12.9万人次；在爱丁堡艺术中心展出期间，观众22万人次；在爱尔兰首都都柏林文化艺术中心"皇家医院"展览馆展出期间，观众约10万人次。展览所到之处都掀起一场"中国热"，秦兵马俑成为文物展中最受外国观众青睐的展品。

中国清代帝后生活展""汉代文明展"等五项文物展 1989～1995年，中国文物交流中心在新加坡文物馆连续举办"中国清代帝后生活展""汉代文明展""中国唐代文明与丝绸之路展""荆楚雄风——中国楚文化展""宋元明三朝文物展"5项中国文物展。每个展览展出一年左右，观众累计达181万人次，引起当地华人对中华文化的共鸣。这些展览不仅吸引当地观众，而且成为旅行社定点项目，每天都有来自东南亚、欧洲等地游客赴文物馆参观。

中国古代人与神 1994年10月，国家文物局、中国文物交流中心和德国埃森鲁尔基金会、慕尼黑海伯基金会及瑞士苏黎世艺术之家、伦敦大英博物馆、丹麦路易斯安那现代艺术博物馆签署《借展协议书》，于1995年6月～1997年5月先后赴德国、瑞士、英国、丹麦举办"中国古代人与神"展。

中华五千年文明艺术展 1998年2月6日～6月3日，"中华五千年文明艺术展"在美国纽约所罗门·古根海姆博物馆展出，观众达45万人次。该展览由古代和现代两部分组成，分别在纽约上城的古根海姆博物馆本馆和下城的分馆展出。展览在美国社会引起很大反响，舆论认为该展览是美国"以一种全球的、前瞻性的态度对待优秀的中华文明的表现"，并为美国以至多国观众提供了加深理解中国文化的过去和现在的宝贵机会。1998年7月18日～10月31日，展览转场到西班牙毕尔巴鄂展出。位于西班牙北部的毕尔巴鄂市人口仅30余万，前来参观该展览的观众竟高达53万人次。

**陕西文物精华展**　1999年，为庆祝中华人民共和国成立50周年，受大英博物馆邀请，"陕西文物精华展"赴英国展出。展品共140件/套，大多是20世纪70年代后陕西省考古发现的最新成果。

**中国考古的黄金时代展**　1999年9月～2000年9月，为庆祝中美建交20周年、中华人民共和国成立50周年和华盛顿建城200周年，应美国华盛顿国家美术馆邀请，经国务院批准，国家文物局在美国华盛顿国家美术馆、休斯敦美术馆和旧金山亚洲艺术馆举办"中国考古的黄金时代展"。"中国考古的黄金时代展"，是继1974年中国在美国华盛顿举办"中华人民共和国出土文物展览"后又一次举办大型文物展览。展品来自中国38家收藏单位，共234件/套，不仅反映了中国5000年文明史与艺术成就，也向西方世界展现了中华人民共和国成立以来田野考古取得的可喜成就。展览最后一站在旧金山亚洲艺术博物馆，是该馆历史上首次举办展品数量大、级别高的中国出土文物展。

**"中国国宝展"和"世界四大文明系列展——中国文明展"**　21世纪初，中日关系一度处于低潮。在外交部、文化部和中国驻日本大使馆支持下，国家文物局推出一系列赴日文物展览，本着"以史为鉴、面向未来"方针，用文物展览、文化交流推动中日关系改善。

2000年，中国文物交流中心与日本东京国立博物馆合作举办"中国国宝展"，同时"世界四大文明系列展——中国文明展"也在日本横滨开幕。2005年，中国文物交流中心与东京国立博物馆再次合作举办"中国国宝展Ⅱ"。展览唤起日本民众和社会各界对两国历史的全面回顾与反思，为中日关系健康发展营造了良好氛围。

**"中法文化年"期间四项文物展**　2003年10月～2004年7月中国文化年期间，文化部、国家文物局组织"中国四川省出土文物展""孔子文化展""康熙时期艺术展""神圣的山峰展"4个大型综合性文物展览先后赴法国展出。国家文物局首次在展览中试行策展人制度，由中法两国学术界与博物馆界共同确定展品，编写展览图录，推动专业领域的交流趋向活跃。

2003年10月13日～2004年1月31日，"中国四川省出土文物展"在巴黎市政厅展出，由国家文物局与法国巴黎博物馆协会共同举办。展品共96件，汇集四川三星堆遗址和成都金沙遗址出土的文物精华，展示了新石器时代晚期至商末周初中国长江上游的三星堆文化。观众近20万人次。

2003年10月28日～2004年2月29日，"孔子文化展"在法国巴黎吉美博物馆展出，由国家文物局与法国国家博物馆协会、吉美博物馆共同主办。展品包括孔子故乡提供的37件文物精品与国外博物馆收藏的126件孔子相关文物，展现了孔子"儒家思想"对中国文化的深刻影响。观众近20万人次。

2004年1月27日～5月31日，"康熙时期艺术展"在法国凡尔赛宫博物馆展出，由国家文物局与法国凡尔赛宫管理委员会共同举办。展出文物300余件，其中200件来自故宫博物院。展示了与法国"太阳王"路易十四同时代的中国康熙皇帝的生活画面。观众近20万人次。

2004年3月30日～6月28日，中国"神圣的山峰展"在法国巴黎大宫殿博物馆展出。由中法专家共同确定的114件展品，汇集了中国历代山水画精品，较为完整地叙述了中国古代绘画史。观众近20万人次。

**走向盛唐** 2004年10月12日～2005年1月23日，由国家文物局和美国纽约大都会博物馆主办的"走向盛唐"展在纽约大都会艺术博物馆展出。展品共404件，来自中国47家文博单位，展示了东汉至盛唐期间中国文化艺术的发展历程。观众约26万人次。"走向盛唐"展以独特视角展现了3～8世纪的中国艺术，规模大、规格高，产生了较大学术和社会影响力，是对外文物展览精雕细琢的成功范例。

**走向盛唐：中国·美的十字路** 2005年7月1日～2006年6月18日，应日本株式会社大广邀请，中国文物交流中心与日本株式会社大广举办"走向盛唐：中国·美的十字路"。展品共171件/套，来自中国50家文博单位。展览分别赴日本东京森美术馆、滋贺MIHO美术馆、福冈九州国立博物馆、仙台东北历史博物馆展出。展览在日本展出期间，观众达57.9万人次，为推动中日关系发挥了积极作用。

**中国古代艺术集萃展** 2007年10月16日～2008年1月13日，文化部、国家文物局与俄罗斯文化和大众传媒部、俄罗斯文化电影署在俄罗斯艾尔米塔什博物馆合作举办"中国古代艺术集萃展"。展品共72件/套，包括佛教造像、陶瓷和绘画珍品等。2008年2月1日～3月15日，展览赴俄罗斯诺夫格勒德国立联合博物馆继续展出。

**中国秦始皇兵马俑展** 2007年9月13日～2008年4月6日，陕西省文物局与英国大英博物馆联合举办"中国秦始皇兵马俑展"。展品共120件/套。观众85万人次，创下大英博物馆专项展览预售票历史纪录。

**盛世华章——故宫博物院藏文物精品展** 2005年11月～2006年4月，故宫博物院主办的"盛世华章——故宫博物院藏文物精品展"在英国皇家艺术学院展出。2005年11月9日，展览开幕式在皇家艺术学院序厅举行。该展览展示了清代康熙、雍正、乾隆三朝的陶瓷、工艺、绘画、织绣等珍贵文物400余件，反映了清代宫廷祭祀、武备及东西方文化交流等史实。观众30余万人次。

**爱知世博会主题馆"中国文物展"** 2005年3月25日～9月25日，爱知世博会在日本中部地区爱知县举办。在长久手会场举办的"中国文物展"和中国馆的文物展示成为世博会的一大亮点。展览展示通过文物与现代科技手段的结合，浓缩中国5000年文明和现代城市发展历程，展现了传统与现代、自然与城市的和谐关系。爱知世博会期间，中国馆一直是观众人数最多的外国馆。中国馆开馆日当天观众突破150万人次。

**欧罗巴利亚艺术节"中国古代帝王珍宝展""丝绸之路展"** 2005年6月，比利时国王阿尔贝二世访华，邀请中国参加2009年欧罗巴利亚艺术节。2008年10月，欧罗巴利亚艺术节框架协议签字仪式在中国举行，中国作为唯一受邀国，与比利时共同庆祝欧罗巴利亚艺术节40周年。"欧罗巴利亚-中国艺术节"围绕"古老的中国""当代的中国""多彩的中国""中国与世界"四大主题展开，由文化部主办的"中国古代帝王珍宝展"和"丝绸之路展"是艺术节的重要组成部分。

2009年10月～2010年1月，"中国古代帝王珍宝展"在比利时布鲁塞尔美术宫举办。展览分为"宗教祭祀""贵族礼乐""盛世帝国""宫廷生活"四部分，展出包括兵马俑、金缕玉衣、浑天仪等在内的160余件／套文物，并通过多媒体展示方式，从历史、文化、艺术角度全方位展示中华文化的博大精深。

2009年10月～2010年2月，"丝绸之路展"在布鲁塞尔皇家艺术与历史博物馆展出。展览品来自中国国家博物馆等24家文博单位，共150件／套，包括武威雷台汉墓的铜车马仪仗俑、宁夏固原李贤墓的鎏金银壶、法门寺的弦纹蓝色琉璃盘等。展览重点介绍古代中西方在文化、技术、军事和艺术领域交流，展示古代丝绸之路灿烂辉煌的历史。

中国、意大利合作"秦汉-罗马文明展" "秦汉-罗马文明展"是中国与意大利政府间首个文物交流合作项目，由国家文物局与意大利文化遗产与活动部主办。其中，中国展品211件／套，来自61家文博单位；意大利展品278件／套，来自10家博物馆。展览分为"序幕""帝国的建立""物质文明""日常生活""精神世界""日益融合的世界"六部分，再现了公元前3世纪至公元2世纪欧亚大陆东西的秦汉和罗马帝国的辉煌文明。展览先后于2009年7月30日～10月7日在北京中华世纪坛世界艺术馆，2009年10月～2010年1月在河南省洛阳博物馆，2010年4月～2011年2月在意大利米兰王宫、罗马威尼斯宫博物馆展出。

中华文明系列展 2010年10月，《中华人民共和国国家文物局与意大利共和国文化遗产和活动部关于促进文化遗产合作的谅解备忘录》在罗马签署，双方商定在五年内互送5个交流展览。2013～2017年，受国家文物局委托，由中国文物交流中心承办的"早期中国（公元前3500～前221年）——中华文明系列展Ⅰ"、湖南省博物馆承办的"马王堆汉墓传奇——中华文明系列展Ⅱ"、河南博物院承办的"汉唐中原——河南文物精品展"，上海博物馆承办的"上海博物馆藏中国古代瓷器珍品：10～19世纪"展览，广东省博物馆承办的"海上丝绸之路"展，先后在意大利罗马威尼斯宫博物馆展出。

中国汉代地下珍宝展、中国古代绘画名品700～1900、明：皇朝盛世五十年（1400～1450） 2012～2014年，中国文物交流中心连续在英国参与举办"中国汉代地下珍宝展"和"中国古代绘画名品700～1900"展、"明：皇朝盛世五十年（1400～1450）"展，从侧面反映出中英两国文化交流之频繁。

2012年5～11月，"中国汉代地下珍宝展"在英国剑桥大学菲茨威廉博物馆展出，观众12万人次。展览汇集来自徐州博物馆、西汉南越王博物馆的文物精品182件／套，体现了中国古代不同地区葬制和习俗上的相同与独特之处。其中，"年代最早、玉片最多、工艺最精、等级最高"的徐州西汉楚王墓出土的金缕玉衣也赴英展出。该展览在2012年伦敦奥运会期间举办，适逢中英建交40周年，被列入伦敦2012奥林匹克文化活动之一。

2013年10月～2014年1月，"中国古代绘画名品700～1900"展在英国维多利亚和阿尔伯特博物馆展出，观众达3万余人次。该展览是继1935年英国皇家美术学院举办首个大型中国传统绘画展之后，在英举办的第二个重要的中国传统绘画精品展，展出了来自世界各地20余家博物馆及私人收藏的中国传统绘画和书法艺术精品共79件，跨越唐代至清代的1200年时间。故宫博物院、上海博物馆、敦煌研究院、辽宁省博物馆、天津博物馆提供了大量展品，其中不少是首次走出国门的文物精品。

2014年9月18日～2015年1月5日，中国"明：皇朝盛世五十年（1400～1450年）"展于英国大英博物馆展出。展览策划历时五年，280件展品中有108件来自中国的10家博物馆，其余来自大英博物馆等，其中不乏《永乐大典》、《宣宗行乐图》、青花勾莲纹扁瓶等绝世珍品。展览在揭示明初50年这一时期的考古发现和最新研究成果的同时，以"对外交流"为主线，通过绘画、雕塑、金器、陶瓷和服饰等展品，从宫廷生活、军事文化、文人艺术、宗教信仰和外交贸易等方面探秘明代皇室和藩王，展现明代历史文化。观众近10万人次。

**汉风——中国汉代文物展**　2014年10月～2015年3月，为庆祝中法建交50周年，由国家文物局与法国文化部主办的"汉风——中国汉代文物展"在法国吉美博物馆展出。展览以中国汉代政治制度、社会生活、文化发展与对外交流为主线，突出中华民族艺术与人文之美，成为中法建交50周年系列活动的热点与亮点。展品共153件／套，来自中国27个文博单位。观众8万余人次。

**斗品团香——中摩茶文化交流展**　2013年11月25日～2014年9月15日，"斗品团香——中摩茶文化交流展"在摩洛哥港口城市索维拉展出，由国家文物局、中国驻摩洛哥王国大使馆、摩洛哥王国文化部联合主办，中国文物交流中心、中国茶叶博物馆、摩洛哥王国文化部文化遗产局合作承办。展览展出了中国茶叶博物馆的71件文物展品以及摩洛哥茶文化展品。观众约1.2万人次。

**华夏瑰宝**　2012～2015年，落实"中华文化走出去"方针，中国文物交流中心组织了一系列以"华夏瑰宝"为主题的文物展览，分别在土耳其伊斯坦布土耳其托普卡帕老皇宫、罗马尼亚国家历史博物馆、捷克布拉格城堡、匈牙利工艺美术馆等地展出，观众总数约18.7万人次。"华夏瑰宝"文物展览成为展出地文化盛事，观众人数创各馆临时展览新高。

**天地之中——中华文明之源**　2015年5月23日，为配合中国-拉丁美洲文明互鉴系列活动，由文化部、中国驻秘鲁大使馆主办，国家文物局支持，中国文物交流中心承办的"天地之中——中华文明之源"图片展在秘鲁利马人类历史考古博物馆开幕。展览通过文物图片形式，展现了自新石器时代晚期至秦汉王朝（约公元前3500年至公元220年）中华文明孕育、萌芽、生长、壮大的发展进程。

**天涯若比邻——华夏瑰宝秘鲁行**　2016年是中国与秘鲁建交45周年，也是"中拉文化交流年"。2016年10月7日～12月8日，由文化部、国家文物局、中国驻秘鲁大使馆及秘鲁文化部主办，中国文物交流中心与秘鲁国家考古人类学历史博物馆承办的"天涯若比邻——华夏瑰宝秘鲁行"展览，在秘鲁国家考古人类学历史博物馆举办。该展览是继2010年秦兵马俑赴智利展出后，中国在拉美地区举办的又一项大型文物展览，也是中国赴秘鲁的首次大型综合性文物展览。展品共118件/套，包括秦兵马俑，以及反映自秦至清代社会风貌、宫廷生活及中西交流的精美文物。观众超过10.6万人次。根据观众需求，博物馆修改周一闭馆制度，连续开放了两个多月。

**秦汉文明** "秦汉文明"展是2016年中美两国元首杭州会晤的成果之一，也是第七轮中美人文交流高层磋商机制会议上确定的2017年中美文化交流重点项目，既为中美关系正常化45周年献礼，也为展期内在北京举办的首届"一带一路"国际合作高峰论坛添彩。2017年3～7月，由国家文物局、美国大都会艺术博物馆主办，中国文物交流中心承办的"秦汉文明"展在纽约展出。展览根据西方观众的观展习惯，做好语言转换，打造中美文化融通的新表述，不仅介绍中国秦汉时期历史，更是通过文化比较方式，展示生动包容的中国形象。展品共163件/套，遴选自中国32家文物收藏单位，文物种类多，涉及地域广。展览期间，主办方推出了专场参观、学术研讨、论坛、讲座等一系列配套活动，著名音乐家谭盾应邀为展览专门创作《色彩交响乐：陶俑》，通过影像与现场交响乐再现和重塑2000余年前秦汉文明的壮阔豪迈。"秦汉文明"展为促进中美两国

民心相通，巩固并扩大中美两国的社会与民意基础作出了积极贡献。"秦汉文明"展成为美国大都会艺术博物馆2017年最受欢迎的展览，观众35万余人次。

# 三、来华文物展览

据国家文物局审批展览资料，2003～2012年，来华文物展仅有7项；2013～2016年，来华文物展览累计举办116场，其中2013年18场、2014年23场、2015年30场、2016年45场，呈现出逐年增加态势。随着中国博物馆事业发展、展览陈列条件的改善和人民精神文化需求的不断增长，来华展览数量和规模不断增加，展品属地范围不断扩大。合作也从单纯引入境外文物展览，逐渐向寻求馆际交流、参与展览策划模式发展。

**"太阳王"路易十四——法国凡尔赛宫珍品特展** 2004年3～5月，故宫博物院在法国凡尔赛宫博物馆举办了"康熙时期艺术展"。作为展览互换交流项目，故宫博物院在2005年建院80周年之际，与法国凡尔赛宫博物馆联袂举办"'太阳王'路易十四——法国凡尔赛宫珍品特展"。展览展出了凡尔赛宫博物馆提供文物精品84件/套，故宫博物院收藏的康熙时期法国传教士带来的和宫廷仿制的科学仪器类文物16件/套，展示了法国路易十四时期的政治、军事、生活、艺术以及与中国的早期文化交往等内容。

**西天诸神——古代印度瑰宝展** 2006年12月27日～2007年10月10日，由国家文物局、印度考古局主办，中国文物交流中心承办的"西

天诸神——古代印度瑰宝展"在首都博物馆、河南博物院、重庆中国三峡博物馆、西汉南越王博物馆巡回展出。展品共100件,观众达30万人次。"古代印度瑰宝展"是中印两国领导人确定的2006年"中印友好年"的重要文化交流项目。作为交换展,"华夏瑰宝"展于2011年2~11月在印度国家博物馆、孟买CSMVS博物馆、海德拉巴的萨拉江博物馆、加尔各答国家图书馆分别展出。

**地中海文明——法国卢浮宫博物馆藏文物精品展** 2013年10月29日~2014年2月10日,"地中海文明——法国卢浮宫博物馆藏文物精品展"在中国国家博物馆展出。该展览是中国国家博物馆与卢浮宫博物馆之间的首次重要合作。卢浮宫博物馆精选280件珍贵藏品,呈现了地中海地区重要历史时期的文明发展历程。展览将地中海东西岸的古希腊语系文明与拉丁语系文明、南北两侧的伊斯兰文明与基督教文明作为一个共同体进行展示,较全面反映了地中海地区不同文明的兴衰沉浮。

**安纳托利亚文明:从新石器时代到奥斯曼帝国** 2013年11月18日~2014年2月20日,由国家文物局、土耳其共和国文化旅游部主办,中国文物交流中心、上海博物馆和土耳其共和国文化旅游部文化遗产及博物馆总司联合承办的"安纳托利亚文明:从新石器时代到奥斯曼帝国"展在上海博物馆展出。该展览是2013中国"土耳其文化年"的一项重要内容。展品122件,来自托普卡帕老皇宫博物馆、土耳其及伊斯兰艺术博物馆、伊斯坦布尔考古博物馆等,展现了从新石器时代至奥斯曼帝国末期5000余年间的安纳托利亚文明精粹。该展是土

耳其首次在中国举办文物展览,所有展品均是首次来华。观众近5万人次。

**罗马尼亚珍宝展** 2016年1月28日~5月8日,由国家文物局、中国国家博物馆、罗马尼亚文化部共同主办,罗马尼亚国家历史博物馆与中国文物交流中心承办,罗马尼亚驻华大使馆、中国驻罗马尼亚大使馆协办的"罗马尼亚珍宝展"在中国国家博物馆展出。展览为2013年赴罗马尼亚"华夏瑰宝展"的交换展,展品共445件/套,来自罗马尼亚31家文博机构,涵括石器、陶瓷器、金银器、铜器、玻璃器、壁画、书稿及织物等门类。展览以罗马尼亚历史沿革为序,由"罗马尼亚文明的诞生"、"罗马尼亚民族形成的序曲"及从中世纪到近代早期身处"东西方交汇处的罗马尼亚文明"三大主题组成,是罗马尼亚珍贵文物首次在中国展出。2016年6月5日~8月5日,展览巡展至四川博物院。

**珍珠——来自江河海洋的珍宝** 2016年9月27日~2017年1月8日,由文化部、中国国家博物馆、卡塔尔博物馆管理局共同主办的"珍珠——来自江河海洋的珍宝"展在中国国家博物馆展出。该展览为2016年中国赴卡塔尔"华夏瑰宝展"的交换展,是2016年中卡文化年庆祝活动的重要部分。展览展示了卡塔尔超过7000年的珍珠采集史,由"珍珠的自然历史""海湾地区的珍珠""历史中的珍珠""天然淡水珍珠""养殖珍珠的开拓者""中国方式的养殖珍珠"等单元组成。

**阿拉伯之路——沙特出土文物** 2016年12月20日~2017年3月19日,由国家文物局、中国国家博物馆和沙特旅游与民族遗产总机构共

同主办，中国文物交流中心承办的"阿拉伯之路——沙特出土文物"展在中国国家博物馆展出。该展览是中国与沙特阿拉伯王国建立全面战略伙伴关系后，在文化交流与合作方面取得的一项重要成果。展览展出的466件/套文物为沙特各博物馆馆藏精品，全面反映了沙特阿拉伯考古学文化发生、发展的历史进程。大量文物出土于历代香料之路、朝圣之路沿线，是阿拉伯本土文化与半岛内外的东西方文化之间交流互动的重要物证。

**启蒙的艺术**　2011年4月1日～2012年3月31日，中国国家博物馆联合德国柏林国家博物馆、德累斯顿国家艺术收藏馆及巴伐利亚国家绘画收藏馆举办"启蒙的艺术"展。展品共579件/套，包括绘画、雕塑、版画、手工艺品、服饰及科学仪器等，全方位展示了欧洲特别是德国启蒙运动以来的艺术与生活。

**玛雅：美的语言**　2014年11月14日～2015年3月8日，由中国国家博物馆、墨西哥文化和艺术委员会及墨西哥国立人类学历史学研究所主办的"玛雅：美的语言"展在中国国家博物馆展出。该展览是中国国家博物馆新馆开馆后首个关于中美洲文明的大型展览，展出了来自墨西哥20余家文博机构的艺术精品238件/套。展览分为"身体之美""服饰之美""动物之美""神灵之美"4个单元，展示了玛雅文明瑰丽而生动的艺术遗产。

**梵天东土　并蒂莲华——公元400～700年印度与中国雕塑艺术展**　2016年9月～2017年1月，"梵天东土　并蒂莲华——公元400～700年印度与中国雕塑艺术展"在故宫博物院展出。展品包括印度笈多与后笈多时期、中国北魏至初唐时期极具代表性的175件石质雕塑作品和少数铜质、陶泥质造像等。该展览是中印古代同时期雕塑艺术首次在中国进行对比展示。2017年1月～2018年1月，展览在福建博物院、浙江省博物馆和四川博物院巡回展出。

**大英博物馆100件文物中的世界史**　2017年3～5月、6～10月，大英博物馆分别与中国国家博物馆、上海博物馆联合举办"大英博物馆100件藏品中的世界历史"特展。展览通过"100件来自大英博物馆的展品＋1件来自中国的展品"的方式，从全球视野展现世界文明。中国国家博物馆收藏的"宣布中国重返世贸组织的木槌和签字笔"作为第101组展品参展。

**俄罗斯彼得霍夫博物馆藏文物特展**　2017年6～8月，"帝国夏宫——俄罗斯彼得霍夫国家博物馆藏文物特展"在成都博物馆展出。其后，陆续在贵州省博物馆、河北博物院巡回展出，展览名分别为"帝国记忆　夏宫往事"和"走进帝俄时代"。2017年恰逢中国接任金砖国家轮值主席国，展览是持续开展与"一带一路"共建国家展览合作、增进文化交流举办的又一文化艺术盛宴。

**阿富汗珍宝展**　代表20世纪阿富汗考古发掘成果的231件/套文物，自2006年于法国吉美博物馆开启全球巡展之后，在全世界范围内举办近20场。2017年，"阿富汗珍宝展"来到中国，于3月17日～6月17日在故宫博物院（"浴火重光——来自阿富汗国家博物馆的宝藏展"）、8月23日～10月20日在敦煌研究院（"丝路秘宝——阿富汗国家博物馆珍宝展"）展出。展览在讲述阿富汗历史的过程中，让观众更深入了解古老的文化之路，更直观地理解"丝绸之路"的历史意义与"一带一路"的现实意义。"阿富汗珍宝展"在世界巡展，除了宣传阿富汗文化，也是保护这批文物的有效方式之一。展览在向世人宣扬阿富汗历史文化的同时，也复苏了中断的阿富汗研究，每巡展到一地，都配合多场相关学术讲座。

**东盟国家来华文物展览** 2011年9～11月，广西民族博物馆与印度尼西亚国家博物馆合作"多彩而独特的民族文化——印度尼西亚国家博物馆与中国广西民族博物馆联展"。

2011年10月～2012年1月，广西壮族自治区博物馆与越南国家历史博物馆合作举办"东方文明之光——越南国家历史博物馆馆藏文物精品展"。2011年10月～2012年1月，广西民族博物馆与缅甸国家博物馆合作举办"佛风梵韵——缅甸佛文化展"。2014年12月～2015年3月、2015年4～6月、2015年7～10月，由中国文化遗产研究院等单位与柬埔寨王国政府文化部合作举办的"高棉的微笑——柬埔寨吴哥文物与艺术"先后在首都博物馆、广东省博物馆、陕西历史博物馆巡展。

# 第六节　合作人才培养

中华人民共和国成立初期，已有一批文博从业人员赴东欧学习文物保护技术。改革开放后，文博人才培养工作开始进入"走出去、请进来"的发展阶段，除选派人员赴荷兰、日本、意大利、英国、德国等国学习水下考古、博物馆管理、文物保护等专业技术，还邀请日本、澳大利亚等国专家学者来华讲授文物保护技术。

1992年，全国文物工作会议通过《关于加强文博教育培训工作的意见》，涉外人才培养进入一个新的历史时期，先后举办石窟遗址管理培训班、中国古建筑保护规划与管理国际研讨班、木结构建筑保护技术培训班、中国博物馆中高级管理人员国际研讨班、历史文化遗产城市保护管理监测培训班、中国石窟文物保护培训班等。

进入21世纪，中国除了与美国、法国等相关机构合作开展文物保护修复培训项目，还承办了非洲国家文物保护技术与管理培训班、亚非国家文物保护人员培训班、阿拉伯地区文物保护人员培训班等援外项目。特别是2013年后，合作人才培养对推进"一带一路"倡议发挥了积极作用，中国与东盟国家、蒙古国、乌兹别克斯坦、尼泊尔等国高校及文化遗产保护机构开展了深入合作与交流。

## 一、与澳大利亚合作人才培养

1989年9～12月，中国历史博物馆与澳大利亚阿德莱德大学东南亚陶瓷研究中心合作，在山东青岛举办水下考古专业人员培训班。来自中国历史博物馆水下考古学研究室、广东省博物馆、深圳市博物馆、广西壮族自治区博物馆、福建省博物馆、福州市文化局、厦门大学人类学系、山东省青岛市文化局等单位的学员11人，参加潜水、水下考古理论、水下考古调查、水下发掘技术、水下绘图、摄影及计算机应用等课程培训。1990年2月，在福建连江县定海进行古代沉船调查与试掘。

## 二、与美国合作人才培养

**中国石窟遗址管理培训班**　1990年，国家文物局与盖蒂保护研究所签署合作保护莫高窟和云冈石窟协议，并于1992年10月10～29日在云冈石窟举办"中国石窟遗址管理培训班"，学员22人参加培训。培训结束后出版《国际文化遗址管理参考资料》一书。

**盖蒂保护研究所中国文物保护人员培训项目**　盖蒂保护研究所积极参与中国文物保护人员培训项目，先后组织中方人员赴盖蒂保护研究所和澳大利亚亚瑟港文物古迹保护与规划高级研讨班学习。

2005年，国家文物局、中国文物研究所、敦煌研究院等单位5人赴盖蒂保护研究所交流学习，为期一个月。

2008年8月2～31日，国家文物局、敦煌研究院3人赴盖蒂保护研究所交流学习。学习期间围绕中国汶川地震震后文化遗产抢救保护、信息数据采集、地震遗址博物馆建设设想、美国博物馆与科技馆地震防护相关情况等问题召开数次座谈会。

**梅隆基金会中国博物馆馆长培训项目**

2001年，梅隆基金会启动中国博物馆馆长培训项目，培训内容由参与博物馆实际工作和参观考察两部分组成。2006年10月18～20日，国家文物局与梅隆基金会合作，在故宫博物院召开中美博物馆论坛，系统总结培训工作，展示项目成果。来自中国各地近百位博物馆馆长参加论坛。（表8-6-1）

**故宫博物院与耶鲁大学博物馆实习合作**

2005年起，故宫博物院每年接收耶鲁大学学生进行实习，这是中国博物馆界第一次批量接受国外学生实习，不仅有助于扩大中国博物馆在国际社会影响，而且有助于传播和弘扬中华历史文化。

## 三、与瑞士合作人才培养

**与瑞士苏黎世大学无机化学研究所合作**

2007年，中国文化遗产研究院与瑞士苏黎世大

表8-6-1　梅隆基金会中国博物馆馆长培训项目一览表

| 培训开始时间 | 培训时长 | 培训地点 |
| --- | --- | --- |
| 2001 年 6 月 15 日 | 12 个月 | 芝加哥艺术学院 |
| 2001 年 10 月 19 日 | 12 个月 | 美国自然历史博物馆 |
| 2002 年 3 月 15 日 | 12 个月 | 大都会博物馆 |
| 2002 年 5 月 3 日 | 5 个月 | 美国自然历史博物馆 |
| 2002 年 6 月 21 日 | 12 个月 | 大都会博物馆 |
| 2002 年 6 月 21 日 | 12 个月 | 史密森学会 |
| 2004 年 6 月 11 日 | 15 个月 | 史密森学会 |
| 2004 年 6 月 11 日 | 12 个月 | 大都会博物馆 |
| 2004 年 6 月 11 日 | 12 个月 | 克利夫兰美术馆 |
| 2005 年 9 月 17 日 | 12 个月 | 大都会博物馆 |
| 2007 年 3 月 16 日 | 30 个月 | 史密森学会 |
| 2007 年 3 月 16 日 | 12 个月 | 大都会博物馆 |
| 2007 年 3 月 16 日 | 47 个月 | 大都会博物馆 |
| 2007 年 7 月 23 日 | 9 个月 | 大都会博物馆 |

学无机化学研究所签署为期两年的合作协议，在中国古代颜料及相关文物的科学研究、科技人员交流互访和培训人才等方面开展合作。2011年，中国文化遗产研究院再度与瑞士苏黎世大学无机化学研究所签署为期三年的合作协议，与该所及瑞士联邦工学院无机化学研究室开展"中瑞科学技术合作计划项目"，就中国古代早期颜料制造的化学工艺和技术开展进一步合作研究。

**与瑞士伊莎贝尔及巴尔兹·贝奇壁画保护基金会合作**　2002～2009年，西藏自治区文物局与瑞士伊莎贝尔及巴尔兹·贝奇壁画保护基金会合作，开展全国重点文物保护单位托林寺白殿壁画保护工作。2010年7月，项目通过国家文物局专家组验收。2013年，敦煌研究院与瑞士伊莎贝尔及巴尔兹·贝奇壁画保护基金会签署为期两年的合作协议，就敦煌莫高窟第465窟壁画保存状况调查研究及保护方案编写、技术人员交流、培养等工作开展合作。

# 四、与法国合作人才培养

**与法国国家文化遗产学院合作人才培养**
2003～2008年，国家文物局与法国国家文化遗产学院合作举办8期中国博物馆高级管理人员培训班。该项目被列为中法两国政府间文化交流项目，由专门培养文化遗产保护人才的法国国家文化遗产学院承办，参加培训的中国文物保护专业人士在接受理论培训的基础上，实地考察法国文化遗产保护和博物馆管理情况。法国文化部官员、全国文物督察员和博物馆专家讲授法国博物馆管理体制、藏品定期清查制

度、博物馆藏品的预防性保护、博物馆的改建和扩建、展览设计制作、公众宣传策略制订与实施等方面课程。学员还实地观摩法国国家文化遗产学院的实验室、修复室和资料中心，参观著名博物馆、历史建筑和世界遗产地。

2007年7月1～15日，国家文物局和法国国家文化遗产学院联合举办的中国文物专家法国夏季学校培训班在法国巴黎举办。来自中国15个省、市博物馆、文保中心等单位从事文物保护工作的业务骨干参加培训。学员聆听法国文化遗产保护专家授课，参观巴黎及其周边地区20余家博物馆和文化遗产研究机构，撰写学习心得，与法国同行进行座谈交流。2016年，中国文化遗产研究院与法国国家文化遗产学院进修计划启动，中国文化遗产研究院首批青年文保骨干3人在法国国家文化遗产学院注册学习。

**与法国卡地亚当代艺术基金会合作举办策展人交流培训项目**　2015年4月，中国文物交流中心与法国卡地亚当代艺术基金会签署合作框架协议，在信息交流、展览、人员培训、文创产品开发等方面开展合作。根据协议相关内容，2015年开始，中国文物交流中心与法国卡地亚当代艺术基金会合作举办策展人交流培训项目。2015年10月，首期交流项目落地，来自中国文物交流中心、故宫博物院和上海博物馆的策展人员3人，赴法国及瑞士参与为期四周的学术交流活动，活动围绕当代艺术、展览布陈、文化遗产传承和文化政策等主题展开。2016～2017年，中国文物交流中心、西藏博物馆、北京当代艺术基金会、北京鲁迅博物馆、广东省博物馆、南京市博物馆、四川博物院、上海民生现代美术馆的策展人代表9人，先后

远赴法国与瑞士，围绕博物馆展览策划、展陈设计、博物馆新技术、博物馆运营政策等主题展开第二、三期学术交流活动。培训学员围绕主题与各领域资深专业人士面对面，深度剖析策展与展陈设计新思路，接触跨界合作，思考和实践展览策划与创意。

## 五、与意大利合作人才培养

陕西历史博物馆唐墓壁画馆及壁画研究保护培训中心合作项目 陕西历史博物馆唐代壁画珍品馆是中国第一座唐墓壁画馆，由中意两国合作建设。2000年，意方向中方提供资金支持建设陕西历史博物馆唐墓壁画馆及壁画研究保护培训中心。意大利发展合作司技术中心派出专家组，对展厅布局、参观路线等方面给予技术指导，与中方共同完成壁画馆和培训中心施工设计及技术招标文件。援助建立壁画保护培训研究中心，利用科学技术专业知识满足有关机构需求，解决专业人员短缺问题。计划以考古壁画为特长，借由意大利专业理论、方法、技术和设备培训中方人员，逐步形成一个全国馆藏壁画研究保护培训中心。

中国文物研究所文物保护修复培训项目 2002年2月，中意两国政府签署合作谅解备忘录，启动"支持北京中国文物研究所文物保护修复培训项目"，是中意两国在文化领域进行交流与合作的一项重要成果，被国家文物局列为重点合作项目。项目通过招标选定意大利非洲和东方研究所、图思雅大学担任意方执行机构，中国文物研究所为中方项目执行单位。该项目是继1995～1998年中意合作成功建设西安

文物保护修复中心的延续。在中意两国政府支持及双方专家共同努力下，项目培训实施两期。通过两期计划的实施，培训中心建成了陶瓷、金属、石质、纺织、壁画、纸张、物理诊断等7个文物修复实验室及修复诊断测试室、技术档案制作编辑室、多功能电化教学室，还配备了一辆装置齐全（环境检测、无损分析、计算机、显微镜、自备发电机等器材）且适应不同环境条件的流动实验车。先后有中意两国专家近100人参与该项目，在7个专业领域培养技术人员120余人。中意双方在项目实施中对专业技术人员培养的课程构架和培训模式开展有益探讨，在多学科知识与文物修复实践的结合方面形成基本稳定模式，取得良好培养效果。

2003～2005年，第一期中意两国政府合作文物保护修复培训项目在中意两国政府文化遗产保护合作与交流框架协议下实施。项目包括北京理论教学和河南洛阳实习教学两个阶段。来自中国23个省、自治区、直辖市从事文物保护修复工作的专业技术人员67人，分为陶瓷和金属文物保护修复、石质文物保护修复、古建筑文物保护修复和考古遗址保护修复等4个方向接受培训。教学内容涉及应用物理、应用化学、科技考古、微生物、地质、结构工程、信息技术等。2005年2月，中意双方组织73人赴意大利考察，并接受意方项目执行机构颁发的结业证书。培训中还完成对57件各种材质文物的保护修复，以及洛阳龙门石窟第521、522窟的保护修复，山陕会馆戏楼、山门、照壁的保护设计和现场施工，隋唐洛阳城南市遗址发掘现场出土文物的保护与修复，并为龙门石窟研究院建立了一个石质文物修复实验室。

中意合作文物保护修复培训项目暨故宫文物保护修复技术人员培训班　中意合作故宫文物保护修复技术人员培训班，是根据中意合作保护修复培训项目指导委员会洛阳会议的纪要内容，作为中意合作培训项目的拓展而组织开展的。2004年，该项目由中国文物研究所和意大利非洲和东方研究所执行，培训目的是促进中意两国在文物保护修复方面理念和技术的交流，加强保护修复实践中多学科融合，并根据故宫维修计划，传授现代修复方法、技术和材料。培训对象为故宫博物院保护修复技术人员14人。培训课程分为理论和实践两个阶段。由中国文物研究所、北京大学、北京质量监督站等相关单位专家授课，教授修复理论、建筑结构、岩石矿物等课程。学员配合意大利罗马修复中心专家和技术人员共同对故宫太和殿进行试验性局部修复，为太和殿的整体维修培养了技术力量。

中国政府TCCR非洲文物保护修复技术和管理人员培训班　2004年，中国举办文化遗产保护领域内首届中国政府TCCR非洲文物保护修复技术和管理人员培训班，是中华人民共和国成立以来文博系统首次面向国际招生的文物保护技术与管理培训班，由中国文物研究所和意大利外交部、意大利非洲和东方研究所、图思雅大学合作实施。培训课程涉及国际文化遗产管理法规、宪章及发展现状，中国文物保护管理体系的机构与管理，中国传统文物保护技术，现代科技在文物保护中的应用等4个方面。授课教师15人，都是文博系统及有关科研院所、国际组织、高等院校的资深专家学者，全部采用英文授课。该项目是中国文博事业发展日益得到国际社会关注的一个重要标志，对中国在文化交流领域加深与世界各国的合作具有深远影响及重要意义。

故宫文物保护修复技术人员培训班项目　2005年3～4月，举办"中意合作故宫文物保护修复技术人员培训班"，中意合作文物保护修复培训项目向更深层次和更广领域进行拓展，同时为中意合作故宫修复项目提供必要的技术支持，是中意文物保护修复培训合作项目又一重要成果。来自中国文物研究所、北京大学、北京市文物局的专家为故宫专业技术人员15人开设石质和木质彩绘修复专题培训，涉及修复理论、建筑结构、物理、化学、岩石矿物、生物等方向，交流中外修复理念，研讨传统修复和现代修复结合问题。

## 六、与亚非国家合作人才培养

亚非国家文化遗产保护和管理研修班　2006年和2007年，亚非国家文化遗产保护和管理研修班分别举办两期，均由商务部委托中国文物研究所（2007年8月更名为中国文化遗产研究院）承办。一期研修班有学员23人，来自15个国家；二期研修班有学员47人，来自24个国家，均为所属国家文化遗产保护官员。培训采取讲座研讨和参观考察方式，涉及中国国情介绍、文化遗产管理体系、文化遗产保护的政策、法规和准则、国际文物保护公约、宪章及文物保护理论等。

阿拉伯国家文物修复专家培训班　2007年8月1～30日，阿拉伯国家文物修复专家培训班由中国文化遗产研究院在北京举办，是中国文化遗产领域首次针对阿盟成员国进行招生培训的项目。培训班有学员13人，来自6个阿拉伯国家。课程涵盖文物保护修复理论、实验室实习、座谈研讨及考察等内容，为学员提供金属、陶瓷、石质文物、纸张、纺织品、壁画等保护修复培训，使学员系统了解现代科学分析技术在文物修复中的应用，掌握保护修复理念和技术方法。

# 七、与东盟国家合作人才培养

**东盟国家文博考古专业人员培训班** 2016年9月，为践行"一带一路"倡议，庆祝中国-东盟建立对话关系25周年，由国家文物局主办，中国文化遗产研究院、广东省文物考古研究所联合承办的"东盟国家文博考古专业

人员培训班"在广州举办，为期两周。培训面向东盟国家文博和考古专业人员，向各国展示中国丰富的文化遗产和中国文博考古的最新理念、技术和管理经验。培训班共有学员18人，来自柬埔寨阿普萨拉局、缅甸国家博物馆、新加坡国家遗产董事会在内的东盟8国13个文博机构。

**中国-东盟博物馆高级管理人员交流项目** 2017年8月，故宫博物院、新加坡国家文物局、中国博物馆协会和国际博物馆协会新加坡国家委员会在新加坡亚洲文明博物馆联合举办"中国-东盟博物馆高级管理人员交流项目"，为期6天，主题为"博物馆的未来：社会包容与社区建设中的观众参与"。各国博物馆同仁通过讨论与对话，为博物馆未来发展提供新视角、新理念和新方法。

# 第九章

# 教育培训工作

文物博物馆教育培训主要包括在职业务培训和高校专业教育两种形式。

在职业务培训以国家文物行政部门组织培训和与高等院校合作培训相结合的方式进行。1952～1955年，为配合社会主义建设，中央文化部社会文化事业管理局（1954年9月后为文化部社会文化事业管理局，1955年1月后为文化部文物管理局）组织举办了四期考古训练班和古建维修培训班。1960～1964年，文化部文物管理局举办全国博物馆保管干部业务读书班、革命纪念馆领导骨干学习班，交流学习博物馆业务经验。改革开放初期，为尽快恢复文博业务工作，国家文物行政部门举办一系列业务培训班，并把发展文博职业技术学校作为文博人才培养的一个重要方向。文化部文物管理局与北京市相关学校联合创办文博职业高中班，开设青铜器、古建筑、书画、陶瓷、传拓等课程。文化部文物事业管理局于1983年11月制定《关于加强文博干部培训教育工作的意见》，1984年1月制定《文博干部培训工作规划》。这一时期先后在河北承德、江苏扬州等地建立了8个文博干部培训中心，进行机构管理、文物基础知识和文博专业技术知识培训，培训文博干部数千名。与高等院校合作开办文博干部进修班是文博人才培养的一项重要内容。20世纪80年代，国家文物行政部门及20余个省、自治区、直辖市的文化、文物行政部门委托中国人民大学等几十所高校举办文博干部专修班，招收在职文博干部，系统传授文物、博物馆、考古等专业知识。1992年，国家文物局制定《关于加强文博教育培训工作的意见》，按照岗位职务规范标准开展文博管理干部岗位培训。2002年，全国文物工作会议决定把加强文博干部培训作为文物工作四项基础工作之一。2003～2008年，国家文物局委托北京大学、清华大学、复旦大学、南开大学、四川大学、西北大学等举办6期全国省级文物局局长班、考古所所长班、博物馆馆长班、古建所所长班。2011年，国家文物局为解决全国县级文物行政部门机构不健全、编制紧缺、专业水平和管理能力亟待提高等问题，决定在"十二五"期间对全国2700余个县的文物行政部门负责人进行全员培训，并首次对非国有博物馆馆长进行培训。2014年，国家文物局制定《国家文物局文博人才培养"金鼎工程"实施方案》，明确文博行业人才培养基本思路。

中华人民共和国成立后，逐步形成了具有中国特色的文博专业高等教育体系。1949～1965年，较早开设文博专业的高校有北京大学、四川大学、西北大学等。"文化大革命"后期，吉林大学、南京大学、山东大学、中山大学、厦门大学、武汉大学、郑州大学等高校先后设立考古学专业。1978年改革开放后，杭州大学、南开大学率先设置博物馆学本科专业。截至2017年，全国共有44所高等院校设置考古学、博物馆学、文物保护技术等专业。

# 第一节　行业培训

## 一、管理人员培训

中华人民共和国成立初期，博物馆人才主要通过在实际工作中培养。1956年12月，文化部文物管理局组织湖南、四川、天津、上海、山东等地博物馆业务干部参加首都建设，在实践中为各地博物馆培训业务骨干。1959年，文化部文物管理局先后从全国各地博物馆抽调业务干部近百人参与中国革命博物馆和中国历史博物馆的筹建与陈列工作。

1960年3月，全国文物博物馆工作会议提出要重视博物馆干部的培养和提高工作。11月19日，文化部文物管理局在北京举办"全国博物馆保管干部业务读书班"。

1964年6月26日至7月底，文化部文物管理局在北京举办"革命纪念馆领导骨干学习班"，交流革命博物馆业务工作经验。

**干部培训中心轮训式培训**　1980～1984年，国家文物行政部门先后在河北承德、四川成都、湖南长沙、江苏扬州、河南郑州、陕西咸阳、山东泰安、山西太原建立8个文博干部培训中心。培训采用轮训方式，学制3个月左右。其中1981年7月承德培训中心的第3期学员，在《博物馆工作概论（初稿）》基础上编写完成《中国博物馆学概论》（文物出版社，

1985年）。

**文博干部专修班**　20世纪80年代，遵照教育部等部门联合发出的《关于高等学校、中等专业学校举办干部专修科和干部培训班暂行办法的通知》，文化部文物事业管理局先后委托中国人民大学和复旦大学举办文博干部专修班，共4期，学员255人。1989年3月，国家文物局和复旦大学共同筹建的复旦大学文博学院成立，学院先后承办两期文博干部专修班，学员69人。1989年9月和1991年9月，国家文物局委托南开大学举办两期文博干部专修班。干部专修班学制均为两年。

除了开办有学制的干部专修班，国家文物局还通过与高校合办短期研讨班的形式，组织文物行政管理干部参加学习。1999年9月10日和11月1日，国家文物局与北京大学合作，先后举办"全国文物、博物馆高级研讨班"和"全国文物系统博物馆馆长高级研讨班"，各省、自治区、直辖市文物系统管理人员67人参加学习。

**文物安全管理培训**　1987年12月，国家文物事业管理局在辽宁沈阳首次举办"全国文物单位安全技术防范培训班"，60余人参加培训。1990年12月，国家文物局和湖南文物防范技术研究所联合在湖南长沙举办"文博系统防范技术培训班"，73人参加培训。1997年10月，为推动和落实《文物系统博物馆风险等级

和安全防护级别的规定》，国家文物局在山东泰安培训中心举办"一级风险单位负责人培训班"，78人参加培训。2000年5月30日～6月8日，国家文物局在河南郑州举办"博物馆安全技术防范业务培训班"，85人参加培训。2001年6月21～29日，国家文物局在山东青岛举办"保卫干部业务培训班"，60余人参加培训。2002年11月26日～12月2日，国家文物局在四川成都举办"安全技术防范业务培训班"，70人参加培训。2004年6月23～29日，国家文物局在河北石家庄举办"安全技术防范业务培训班"，74人参加培训。2011年6月，由国家文物局主办、湖北省文物局和武汉大学联合承办的"首届世界文化遗产安全管理培训班"在湖北武汉举办，78人参加培训。2014年11月，国家文物局主办的"2014年全国文物安全管理人员（广东片区）培训班"在广东珠海举办，70余人参加培训。2016年8月22～26日，国家文物局组织的"全国文物安全管理人员培训班（江苏片区）"在江苏南通举办，100余人参加培训。2017年3月，由国家文物局主办、河北省文物局承办的"全国文物安全监管骨干人员培训班"在河北石家庄举办，130余人参加培训。

**文物行政执法培训**　1993年11月15～25日，国家文物局在湖南长沙举办"文物行政执法培训班"。1998年6月8～17日，国家文物局在北京举办"中国打击文物非法交易和走私国际研讨班"，80余人参加研讨班。2001年7月，国家文物局与海关总署就打击文物走私对缉私警察进行专业执法培训。2005年11月，国家文物局主办、浙江省文物局和浙江省文物监察总队协办的"全国文物行政执法培训班"在浙江杭州举办，60余人参加培训。2011年11月5～6日，由公安部和国家文物局联合主办、陕西省公安厅承办的"全国文物犯罪信息管理系统"数据录入工作培训班在陕西西安举办，60余人参加培训。

**博物馆高级管理人员系列国际研修班**　国家文物局通过指派文物部门管理骨干出国考察访问、与国际组织或合作开展培训等方式，将国际文化遗产保护的先进管理经验和保护理念引入中国。1994年5月10～30日，国家文物局、国际博物馆协会人员培训委员会、中国博物馆学会、荷兰莱茵瓦尔德学院联合举办的"中国博物馆中高级管理人员国际研讨班"在山东泰安培训中心举行，来自18个省、自治区、直辖市的47名学员系统学习科学管理知识，了解国际博物馆管理发展概况。2001年，国家文物局与梅隆基金会合作开展"中国博物馆高级管理人员赴美培训项目"。该项目先后举办7期，培训包括中国国家博物馆、故宫博物院、上海博物馆、湖南省博物馆、云南省博物馆等博物馆高级管理人员在内的中国博物馆工作人员18人。

2003年，受国家文物局和法国驻华大使馆委托，中央美术学院和法国国家文化遗产学院联合举办的"中国博物馆高级管理人员培训班"在中央美术学院开课，课程包括藏品修复，藏品预防性保护，博物馆的组织、管理与运作，博物馆与公众及法国博物馆管理概况等。2009年11月，国家文物局与国际文化财产保护与修复研究中心合作举办"博物馆高级管理人员国际研修班"。

**全国省级文物局局长、博物馆馆长、考古所所长、古建所所长培训班**　2003年1月4～5日，由国家文物局主办、复旦大学承办的"文博教育培训工作研讨会"在上海召开，这是国家文物局首次与高校合作举办研讨会。会议提出"自2003年起开始举办全国各地各级文物局局长、博物馆馆长、考古所所长、古建所所长培训班"。2003年9～10月，国家文物局先后举办首期省级文物局局长（处长）、博物馆馆长、考古所所长、古建所（保护中心）所长（主任）4个管理干部培训班。截至2008年，国家文物局与北京大学、清华大学、复旦大学、南开大学、四川大学、西北大学和中国文化遗产研究院合作，连续六年举办全国省级文物局局长、博物馆馆长、考古研究所所长、古建保护所所长专业管理干部培训班，培训省级文博管理干部近500人。

2004年10月12日，受国家文物局委托，北京大学考古文博学院承办的"全国省级考古研究所所长专业管理干部培训班"在北京大学开课，学员27人。培训班为期一个半月，课程包括中国考古学专题、科技考古、行政领导学、现代管理科学、法学、文物考古技术、文化遗产保护，以及参观考察、田野实习等。

**西部地区文博管理干部培训班**　2004年8月，由国家文物局主办、青海省文物局承办的"首届西部文博管理干部培训班"在青海西宁开课，西部地区11个省、自治区、直辖市的文博管理干部28人参加培训。2008年7月13～20日，第二届"西部地区文博干部培训班"在北京大学举办，来自四川省、重庆市、陕西省、甘肃省地震灾区，受到国家文物局表彰的文物系统抗震救灾先进集体代表和先进个人26人参加培训。

**援藏援疆文博管理干部培训**　2008年，国家文物局委托西北大学文化遗产学院开展"西藏文博管理干部培训"，并成立西藏文博管理干部培训基地，至2012年，共举办3期"西藏文博管理干部培训班"，累计170余人参加培训。2015年11月23～27日，受国家文物局委托，山西省文物局在山西太原举办"西藏自治区文物局长培训班"，23人参加培训。2016年7月28日～8月6日，由国家文物局主办、西藏自治区文物局承办的"全国重点文物保护单位（西藏自治区）管理机构负责人培训班"在西藏拉萨举办，全区文物系统80余人参加培训，通过课堂讲解、互动交流等形式，学习文物遗产保护、文物消防安全、建筑遗产监测管理、博物馆藏品管理和保护利用、文物保护相关法律法规解读、文物建筑日常保养与维护等内容。

2010年9月5～12日，由国家文物局主办、新疆维吾尔自治区文物局和石河子大学联合承办的"新疆地市文博管理干部和全国重点文物保护单位管理机构负责人培训班"在石河子大学举办，80人参加培训。

**全国文物进出境审核机构负责人培训班**　2007年4月26日～12月7日，由国家文物局主办、复旦大学文物与博物馆学系承办的"全国文物进出境审核机构负责人培训班"在复旦大学举办，27人参加培训。2014年，国家文物局委托复旦大学文博系举办"第七期全国省级博物馆馆长专业管理干部培训班"，40人参加培训。

**地市文博单位干部培训班**　2008年4月，国家文物局印发《关于推进地市文博单位管理干部和全国重点文物保护单位保护管理机构负责人培训工作的意见》，指导各省、自治区、直辖市文物局开展地市文博干部和全国重点文物保护单位负责人培训，提高基层文博管理干部队伍素质。

2009年4月7～17日，中央组织部、中央党校和国家文物局共同举办"地市领导干部文化遗产保护专题研讨班"。文化遗产保护重点城市分管书记、市长50人参加培训。

2010年11月14～27日，国家文物局主办、山西省文物局承办的山西省市、县文物局长培训班和重点文物保护单位保护管理机构负责人培训班在山西省委党校举办。全省各市文物局长、文物科长和各县、市、区文物局长150人参加文物局长培训，全省市属文博单位、县属重点文物保护单位161人参加重点文物保护单位保护管理机构负责人培训。

2011年起，国家文物局将培训重点深化到全国县级文物行政部门负责人，并作为实施国家文物事业发展"十二五"规划的一项重要工程。2011年5月10日，由国家文物局主办的"全国县级文物行政部门培训班（第一期）"在中央文化管理干部学院开班，来自全国31个省、自治区、直辖市的县级文物行政部门负责人111人参加培训。2015年11月11日，"第25期全国县级文物行政部门负责人培训班"在北京结束，标志着贯穿"十二五"期间的全国县级文物行政部门负责人培训项目顺利完成。该项目累计培训学员2716人，覆盖全国31个省、自治区、直辖市和新疆生产建设兵团的县级文物行政部门。

**非国有博物馆馆长培训班** 2011年，国家文物局开始面向非国有博物馆馆长组织培训。

11月29日，国家文物局主办了第一期"全国民办博物馆馆长培训班"，培训为期一周，学员41人，就博物馆学相关理论研究和博物馆业务开展主要环节等问题进行学习讨论。截至2016年6月，国家文物局共主办6期非国有博物馆馆长培训班，培训261人。

**全国重点文物保护单位石窟寺及石刻类保护管理机构负责人培训班** 2017年6月4日，由国家文物局主办、重庆市文物局协办的"全国重点文物保护单位石窟寺及石刻类保护管理机构负责人培训班"在重庆市大足区开班，229人参加培训。

# 二、业务人员培训

**考古业务培训** 1952年8月11日，中央文化部社会文化事业管理局联合中国科学院考古研究所和北京大学举办"第一期考古工作人员训练班"。裴文中任训练班主任。经三个月课堂学习和田野实习，训练班于11月结业，学员71人。此后三年，考古工作人员训练班每年举办一期，连同1977年5月在陕西周原举办的考古训练班，共5期，夏鼐、苏秉琦、裴文中、宿白等参与授课，共培训学员360余人。这5期培训班奠定此后二三十年间中国考古事业发展的人才基础，基本解决了地方考古人才匮乏问题，被誉为考古界的"黄埔班"。参训学员很快成为考古工作一线主力，在基本建设工程考古、科研性主动发掘和相关文物保护方面发挥了重要作用。

**田野考古培训** 1984年9月10日，文化部文物事业管理局在山东兖州举办"第一期田野考古领队培训班"。截至1991年，田野考古领队培训班共举办6期，培训学员140余人。1993年11月29日，国家文物局在河南郑州西山培训基地举办"全国第七期考古领队培训班"，学员27人，培训为期半年，除接受考古发掘、整理研究、专业理论等方面系统培训外，还参加了西山遗址考古发掘，发现了一批重要遗迹和珍贵文物。举办考古领队培训班提高了中国田野考古工作的整体水平，同时也促进了中国考古领队管理制度的制定。《文物保护法实施条例》和《考古发掘管理办法》对考古领队管理进行了明确规定，领队负责制成为中国田野考古管理基本制度。2007年6月，国家文物局委托中国文物研究所培训中心，在陕西韩城举办"全国考古领队发掘现场保护技术培训班"。考古领队44人参加培训，取得由国家文物局颁发的考古领队资格证。2009年6月，国家文物局委托北京大学考古文博学院，面向全国具有考古发掘领队资格在职人员举办"新修订《田野考古工作规程》培训班"，累计培训627人。2010年5月23日，国家文物局委托中国文化遗产研究院在湖北荆州举办"全国新任考古领队岗位培训班"，45人参加培训。9月，国家文物局在河南南阳举办"全国田野考古培训班"，对长期从事田野考古工作、非考古专业毕业的在职人员进行为期四个月的培训，学员16人。2011年5月12日，国家文物局委托中国文化遗产研究院在河南洛阳举办"2011年全国新任考古发掘领队岗前培训班"，52人参加培训。2014年9月9～29日，国家文物局委托北京大学考古文博学院，在南京博物院考古所江南（茅山）工作站举办"田野考古高级研修

班"，19人参加培训。2015年9月7日，由北京大学考古文博学院承办，湖南省文物局、湖南省文物考古研究所协办的国家文物局"田野考古高级研修班"在湖南省文物考古研究所铜官窑基地开班，学员24人参加为期三周的学习。2016年9月6～26日，国家文物局委托北京大学考古文博学院主办，南京博物院、江苏省考古研究所承办的"田野考古高级研修班"在南京博物院江南考古工作站举办，来自25家考古科研单位的一线中青年学者参与研修。2017年9月，国家文物局"田野考古实践训练班"在陕西周原国际考古研究基地举办，20人参加培训。

水下考古培训 1987年6月，文化部文物事业管理局派出杨林、张威等组成水下考古学习组，前往荷兰学习考察。1988年9月～1990年7月，中国历史博物馆与澳大利亚阿德莱德大学东南亚陶瓷研究中心合作在山东青岛举办"水下考古专业人员培训班"，学员11人。1990年2月，培训班学员对福建连江定海古代沉船进行了调查与试掘。1998年7月5日，国家文物局在浙江宁波举办"第二期全国水下考古专业人员培训班"，18人参加培训。截至2009年6月，全国水下考古专业培训班共举办5期。2011年6月8日，国家文物局委托国家水下遗产保护中心举办"首届国家水下文化遗产保护（考古）培训班"，20人参加培训。2014年2月16日～3月11日，国家文物局水下文化遗产保护中心主办的"国家水下考古专业人员专项技能强化培训班"在海南万宁举办，学员14人。此次培训是首次采用全委托方式开展的一次潜水专项技能进阶培训，为探索水下考古专业人才培训总结

了新的经验。2015年4月25日，"2015年全国水下文化遗产保护（考古）培训班"在广东阳江开班，是国家文物局水下文化遗产保护中心独立建制以来承办的首个专业人才培训项目，沿海及相关内陆省学员21人参加培训。课程针对中国水下考古、水下文化遗产保护实际需求设计，由水下考古潜水技能培训、水下考古理论方法学习、水下考古实习等板块构成，培训班9月25日在辽宁绥中结业。

石窟考古培训　1988年7月5日，国家文物局委托大同市文化局在云冈石窟举办"国家文物局首届石窟考古专修班"，学员22人。1992年10月4～30日，国家文物局和盖蒂保护研究所联合在山西大同举办"中国石窟遗址管理培训班"，学员22人。1995年5月15日，国家文物局主办，新疆龟兹石窟研究所承办的"中国第二届石窟考古专修班"在克孜尔千佛洞开班，为期两个月，课程包括中国石窟寺考古、石窟保护、西域佛教史、佛籍目录、犍陀罗和秣菟罗艺术、印度石窟寺、西文文献目录及石窟寺考古方法论等。1999年9月，国家文物局在甘肃敦煌研究院举办由联合国教科文委员会资助的"中国石窟文物保护培训班"，国内外学员30人参加培训。

联合或委托高校举办考古进修班　1980年3月，国家文物事业管理局与吉林大学联合举办田野考古进修班，在山西太谷白燕遗址进行田野考古实习，学员32人，学制一年。1981年7月，国家文物事业管理局委托吉林大学举办考古进修班，学员50人，学制一年。1982年9月，文化部文物事业管理局委托南京大学举办考古进修班，学员50人，学制一年。1984年9

月，文化部文物事业管理局委托吉林大学举办考古专业干部专修班，学员30人，学制两年。1986年9月，文化部文物事业管理局委托北京大学举办考古研究生班、石窟考古研究生班，学员共24人，学制两年。1987年9月，国家文物事业管理局委托吉林大学举办考古研究生班，学员5人，学制两年。1989年9月8日，国家文物局与北京大学合办的"中国考古学理论研究班"开班，学员11人。

其他业务培训　2008年4月，国家文物局在北京举办"考古发掘报告编写工作高级研修班"，各考古发掘团体资质单位负责人、有关出版社编辑等60余人参加培训。2011年9～10月，国家文物局先后委托陕西省文物局、洛川县文物局在西安和洛川举办两期考古发掘电子审批系统培训班（西北片区、中原片区），235人参加培训；12月13日，由国家文物局主办、湖南省文物局与湖南省文物考古研究所共同承办的"国家考古遗址公园工作研修班"在湖南长沙举办，近60人参加研修。2012年6月，"国家文物局考古发掘电子审批系统（南方二区）培训班"在四川成都举办，四川、云南等9个省、自治区、直辖市的文物主管部门相关业务负责人和180余位考古领队参加培训。2016年9月，由国家文物局主办的"东盟国家文博考古专业人员培训班"在广东广州开班。"东盟国家文博考古专业人员培训班"是国家文物局践行"一带一路"倡议的新举措，面向东盟国家文博专业人员，在管理、技术、研究等方面交流成果与经验；12月5日，国家文物局主办的"生物遗存采样及实验室操作系列标准培训班"在甘肃兰州开班，学员100余人，来自67家考古院所、博物馆及高等院校。

**博物馆专业培训** 1978～1983年，国家文物事业管理局（1982年4月后为文化部文物事业管理局）委托山东省文化局、四川省文化局、故宫博物院、上海博物馆、安徽省博物馆、甘肃省博物馆、南京博物院，以及浙江省、江苏省、辽宁省、四川省、北京市、上海市文物商店，举办碑刻拓片、糊囊匣、青铜器修复、陶瓷器修复、书画装裱、玉器鉴定等短期训练班，为各地文博部门培训技术人才。2000年后，国家文物局通过自办培训、委托培训、合作培训等形式，面向博物馆从业人员开展各种文物保护与修复技术培训。2009年7月，国家文物局在山东青州市博物馆举办"陶质彩绘文物保护修复专业技术培训班"。2011年5月4日～9月30日，国家文物局举办"2011年近现代文物保护修复技术培训班"，20人参加培训；7月，国家文物局举办"2011年彩绘文物保护修复技术培训班"，14人参加培训。2012年5月28日～6月6日，国家文物局在山西太原举办"金属类可移动文物保护修复方案编制培训"，65人参加培训；7月，国家文物局主办的"2012年陶质彩绘文物保护修复专业技术培训班"在陕西西安临潼开班，45人参加为期两个月的基础理论课和实践技能课。2013年10月，国家文物局在合肥举办"油画保护与修复基本技能初级培训班"，是中国文博行业第一次举办油画保护修复培训班，18人参加培训，为期两个月。2015年10月，国家文物局再次举办"全国油画保护与修复技能高级培训班"，16人参加培训，为期两个月。2017年7

月2日，国家文物局主办的"国家文物局壁画保护修复技术培训班"在甘肃敦煌开班，30人参加培训。

为更好履行博物馆文化传播功能，提高策展能力和展览水平，国家文物局还举办了一系列展览策划培训。2008年9月，国家文物局在陕西西安举办"全国文物外事工作座谈会暨文物出国（境）展览培训班"。2013年1月6～12日，国家文物局主办、中国文物交流中心承办，云南省文物局及云南省博物馆协办的"博物馆展览策划专题培训班"在云南昆明举办，是中国首次举办以"博物馆展览策划"为主题的培训。2014年5月6日，国家文物局主办的"全国文博系统展览策划培训班"在甘肃兰州开班，110余人参加培训。2015年4月20日，国家文物局主办的"全国文博系统展览策划培训班（2015）"在安徽合肥开班，200余人参加培训。2016年5月，国家文物局主办的"2016年展览策划暨陈列设计培训班"在山西大同举办，150余人参加培训。2017年4月17日，国家文物局主办"第九届全国文物交流学术培训暨展览策划培训班"在河南博物院开班，130余人参加培训；10月，国家文物局、广东省文化厅、香港康乐及文化事务署、澳门文化局、广东省博物馆协会、深圳市文体旅游局等单位支持的"首届粤港澳博物馆陈列展览培训班"在深圳博物馆举办，150余人参加培训。

国家重视对少数民族文博队伍的培养，举办了一系列有针对性的理论和技能培训。1991年9月15日～11月30日，国家文物局在新疆维吾尔自治区博物馆举办"全自治区文物保护技术培训班"，学员30人。2010年10月11日，国家文物局主办、新疆维吾尔自治区文物局和中国丝绸博物馆承办、吐鲁番地区文物局协办的"全疆博物馆专业人员纺织品修复培训班"在吐鲁番博物馆开班，28人参加为期3个月的纺织品修复理论和实践技能培训。2014年7月15～22日，国家民族事务委员会、国家文物局联合主办的"全国少数民族文化遗产保护专题研修班"在中央民族干部学院举行，80余人参加研修。2015年11月，国家文物局主办的"藏传佛教文物保管与保护培训班"在故宫博物院开班，15人参加培训。

　　随着国际合作与交流程度不断加深，专业人才的国际培养成为重要的培训形式。2006年5月，国家文物局、日本文化财保护和艺术研究助成财团合作进行"中日韩合作开展丝绸之路沿线文物保护修复技术人员培养计划"在北京启动。2009年10月，国家文物局与国际文化财产保护与修复研究中心等国际组织合作举办"博物馆藏品预防性保护国际研修班"，亚太地区10个国家的18名学员参加为期三周的培训；12月，中国文化遗产研究院和日本东京文化财研究所承担的"中日韩合作丝绸之路沿线文物保护与修复人员培养计划"举办古建筑保护培训班和博物馆藏品保护技术培训班。2010年12月，国家文物局在北京举办"中日韩丝绸之路沿线文物保护修复人员培训计划结项国际研讨会"。历时五年的培养计划为河南、陕西、甘肃、宁夏、青海、新疆培养了8个专业门类的专业技术人员102人，搭建了中、日、韩文化遗产保护领域合作平台。

　　**文物保护专业培训**　20世纪50年代，北京文物整理委员会举办了3期古建人员训练班。

1994年1月22～29日，中国联合国教科文组织全国委员会和国家文物局在河北易县清西陵联合举办"中国古建筑保护规划与管理国际研讨班"，40余人参加学习。1995年10月25日，国家文物局和联合国教科文组织在河北遵化清西陵联合举办为期两周的"木结构建筑维修保护培训班"。1998年10月8日～12月28日，国家文物局在福建漳州举办"全国古建筑培训班（南方片）"，30余人参加培训。1999年5月6日～7月30日，国家文物局在河北易县清西陵举办"全国古代建筑培训班（北方班）"，28人参加培训。

　　2001年10月29日，国家文物局主办的"中国石质文物保护技术培训班"在重庆开班，80余人参加培训，为期一个月。

　　2016年4月10～29日，国家文物局主办、故宫博物院故宫学院承办、美国世界建筑文物保护基金会协办的"古建筑装饰表面涂层保护培训班"在故宫博物院举办。

　　2017年10月12日，国家文物局主办的"2017年度石质文物保护修复技术培训班"在四川广元千佛崖开班，22人参加培训。

　　**世界文化遗产保护培训**　2005年5月23日～6月4日，国家文物局主办的"第二期世界文化遗产保护管理机构负责人培训班"在四川成都举办，71人参加培训。2009年11月9日，国家文物局主办的"世界文化遗产地保护管理的理念与实践"高级培训班在福建厦门鼓浪屿开班。2014年11月14日，由国家文物局指导、中国文化遗产研究院主办的"2014年度中国世界文化遗产监测培训班"在北京举办，200余人参加培训。2016年6月21日，受国家文物局委托，中国文化遗产研究院与北京市颐和园管理处共同承办的"国际文化财产保护与修复研究中心世界遗产监测管理培训班"在北京开班，为期两周；8月3～10日，国家文物局主办的首届"文化遗产保护与数字化培训班"，作为国际文化遗产保护与记录科学委员会（CIPA）首次在亚洲地区举办的"国际青年专家暑期训练营"，在北京举办。2017年8月14日，国家文物局与国际文化财产保护与修复研究中心联合主办的"世界遗产监测管理培训班"在云南红河哈尼族彝族自治州红河学院开班。

**文物鉴定专业培训** 国家文物局组织文物鉴定培训主要包括两类，一是面向海关执法人员及公安、检察、法院和工商系统工作人员，提高查缉文物走私专业技能和文物鉴定评估相关知识的培训；二是面向文物鉴定站人员的文物审核鉴定培训。此外还有其他针对特定类型文物的鉴定培训，如1988年8月国家文物局委托辽宁举办的"外国文物鉴定研讨班"，2016年5月国家文物局主办的"清代书画鉴定培训班"等。

对海关执法人员及公安、检察、法院和工商系统工作人员的培训 1987年7月1日～8月11日、9月2日～10月10日，国家文物局与海关总署合作，分别在山东泰安培训中心和北京海关总署培训基地举办文物鉴定培训班。1988年5月15～28日，国家文物局委托河北省文物局，在正定县举办长江以北15个省、自治区、直辖市公安、检察、法院、工商系统文物鉴定知识培训班；10月5日，国家文物局委托江西省文化厅在新余市举办长江以南14个省、自治

区、直辖市公安、检察、法院、工商系统文物鉴定知识培训班。1991年11月25日，国家文物局受海关总署委托，在北京海关培训基地举办为期一个月的文物鉴定培训班，学员30人。1992年4月4～28日，中国文物交流服务中心和国家文物局驻深圳办事处组织陶瓷、书画专家在深圳博物馆举办文物鉴定培训班，学员50余人；9月8～28日，国家文物局与海关总署在九龙和广州两地分两阶段联合举办文物鉴定知识培训班，学员28人。2002年2月，国家文物局在安徽合肥举办"杂项责任鉴定员考核培训班"。2009年7月，国家文物局、公安部和海关总署在北京联合举办"执法人员文物专业知识（陶瓷器鉴定）培训班"，60余人参加培训，为期15天。2010年12月21日，海关总署和国家文物局联合主办的文物专业知识培训班在海关总署广州莲花山教育培训基地开班。2012年8月，国家文物局与海关部署在天津武清联合举办玉器鉴定培训班，40余人参加培训。

对文物鉴定站人员文物审核鉴定的培训 1994年7月14～27日，国家文物局在内蒙古呼和浩特举办"全国藏传佛教文物鉴定员培训班"，19人参加学习。2007年10月31日～11月9日，国家文物局在江苏南京举办"全国陶瓷类文物出境审核鉴定培训班"，30余人参加培训。2009年10月，国家文物局在陕西西安举办"青藏地区文物进出境审核鉴定培训班"；12月，国家文物局在江苏南京举办"杂项类文物进出境审核鉴定培训班"。2010年11月3日，国家文物局和公安部刑侦局联合主办的"全国文物进出境审核陶瓷类责任鉴定员培训班"在河北磁县开班。2012年7月，国家文物

局在北京举办"文物进出境责任鉴定员碑帖类文物鉴定培训班"，40余人参加培训，为期15天；7月24日，国家文物局在西藏拉萨举办的"文物进出境责任鉴定员培训班"开班，来自拉萨海关、西藏博物馆等机构的学员34人参加培训，为期15天；10月，国家文物局在新疆维吾尔自治区博物馆举办"文物进出境责任鉴定员培训班"，新疆维吾尔自治区文博系统、海关负责文物进出境审核工作的专业人员35人参加培训，为期15天。2016年5月，国家文物局在江苏苏州举办"国家文物进出境玉石器文物鉴定培训班"，30余人参加培训。2017年6月28日，国家文物局在拉萨举办"国家文物进出境审核文物鉴定培训班"，西藏文物鉴定中心、各市（地）文物局、文博单位及拉萨海关各口岸的20余名学员参加培训。

国家文物局还举办了诸多针对特定文物类型的鉴定培训。1988年8月，国家文物局委托辽宁省举办"外国文物鉴定研讨班"，35人参加培训。1994年7月14～27日，国家文物局委托内蒙古自治区文化厅在呼和浩特市举办"全国藏传佛教文物鉴定员培训班"，19人参加学习。2014年7月7～23日，国家文物局在故宫博物院举办"明清瓷器鉴定培训班（提高班）"，37人参加培训。2016年5月，国家文物局主办的"国家文物局清代书画鉴定培训班"在北京开班，具有五年以上书画保管和鉴定经验的学员21人参加培训。

**文物外事培训**　2012年6月16日，国家文物局主办"全国文物外事工作业务培训班"在吉林长春开班。2013年9月，国家文物局主办的"全国文物外事工作业务培训班"在山东文登开班。2015年11月23日，国家文物局主办的"全国文物外事工作业务培训班"在江苏南京开班。2017年11月28日，"全国文物外事工作业务培训班"在湖北武汉开班，60余人参加培训。

**文物宣传培训**　2012年7月31日～8月3日，国家文物局在山东海阳举办"全国文物宣传工作培训班"。2013年10月28日，国家文物局主办的"全国文化遗产创意产业培训班"在陕西西安开班。2015年3月22～26日，国家文物局在浙江绍兴举办"全国文物宣传骨干培训班"。2016年9月25～29日，国家文物局在陕西西安举办"全国文物新闻宣传骨干培训班"。2017年9月19日，国家文物局主办的"文化创意产品开发与运营培训班"在上海开班；12月4～8日，国家文物局在湖南长沙举办"全国文物新闻宣传和舆情应对培训班"。

**文物行业相关标准编制与推广培训**　2003年11月5日，国家文物局主办的首期"全国重点文物保护单位记录档案备案工作培训班"在北京开班。2006年10月30～31日，国家文物局委托全国文物保护标准化技术委员会秘书处在北京举办"2006年文物保护标准编制工作培训班"，中国国家博物馆、敦煌研究院、上海博物馆、北京市文物局工程质量监督站、中国建筑设计研究院建筑历史研究所和中国文物研究所承担文物保护标准研究制定项目的负责人和主要编制人员30余人参加培训。2007年10月25日～11月5日，由国家文物局指导、中国古迹遗址保护协会主办的"《中国文物古迹保护准则》培训班"在河南洛阳举办，40家文博单位从事文物保护管理工作的业务骨干参加培训。

2009年3月6日，国家文物局委托全国文物保护标准化技术委员会在北京举办"2009年文物保护标准编制工作培训班";9月18日,国家文物局主办的"2009年文物保护行业标准培训班"在浙江杭州开班;10月12~19日,国家文物局在江苏南京举办"纸质文物保护行业标准推广实施培训班",110人参加培训。2013年5月7日,国家文物局主办的"2013年全国文物保护行业标准培训班"在西安临潼开班,百余名学员参加培训,为期一周。2017年10月16日,国家文物局主办的"全国'藏品·展览·服务'博物馆系列标准培训班"在河南郑州开班,100人参加培训。

**文物专项经费管理培训** 2005年9月21~23日,国家文物局在广西桂林举办"文物保护专项经费年报管理系统培训班",70人参加培训。2011年3月16~18日,国家文物局在湖南长沙召开"2011年度文物保护专项补助经费申报工作布置及培训会议",80余人参加会议。2013年1月22日,财政部教科文司和国家文物局办公室共同举办的"《文物事业单位财务制度》培训班"在北京开班,120人参加培训。

**涉外培训** 1987年,文化部文物事业管理局开始派专业人员到荷兰、日本、意大利、英国、德国等国家学习水下考古和文物保护等专业。1988年10月,国家文物局邀请日本东京文化财保护专家来华讲授文物保护技术。1989年9月,中国历史博物馆与澳大利亚阿德莱德大学东南亚陶瓷研究中心合作在山东青岛举办"水下考古专业人员培训班";同月,国家文物局派专业人员分别赴意大利和英国进修文物保护专业。1991年5月,国家文物局派专业人员分赴英国、荷兰、德国进修博物馆管理和文

物保护专业。1992年10月,国家文物局和盖蒂保护研究所联合举办"中国石窟遗址管理培训班"。1994年1月,中国联合国教科文组织全国委员会和国家文物局合作举办"中国古建筑保护规划与管理国际研讨班"和"木结构建筑保护技术培训班";5月,国家文物局、国际博物馆协会人员培训委员会、中国博物馆学会、荷兰莱茵瓦尔德学院联合举办"中国博物馆中高级管理人员国际研讨班"。1999年9月,国家文物局在敦煌研究院举办由联合国教科文组织资助的"中国石窟文物保护培训班"等。2002年2月,中意两国政府在北京签署支持和加强中国文物研究所修复培训中心的项目谅解备忘议定书,启动"支持北京中国文物研究所中国文物保护修复培训"项目。2004年,意大利外交部与中国商务部合作,在中国创办中意合作文物保护修复培训中心;8月,中意合作文物保护修复培训项目洛阳实习基地开学典礼在河南洛阳举行。2007年4月,中意合作文物保护修复培训(二期)项目启动。

**其他文物保护培训** 2000年9月29日,国家文物局委托敦煌研究院举办的"土遗址保护培训班"开班,26家文博单位的文物保护专业技术人员参与培训。2008年3月20日,国家文物局和中国佛教协会联合举办的"全国佛教寺庙文物保护培训班"在北京开班,200余人参加培训,为期7天;6月19~25日,国家文物局和法国国家文化遗产学院在山东青岛联合举办"中法合作工业遗产调查与保护利用培训班",70余人参加培训。2009年10月18~22日,国家文物局在西藏拉萨举办"西藏自治区文物保护工程培训班",200余人参加培训。

2011年11月15～17日，国家文物局、中国人民解放军总后勤部共同主办的第二期"军队营区文物保护与管理培训班"在中国人民解放军理工大学举办，全军各大单位基建营房部门负责人50人参加培训。2012年5月8～11日，国家发展改革委、国家文物局联合举办的全国发改系统"文化遗产保护专题培训班"在北京大学考古文博学院举办。2016年6月27日～7月3日，国家文物局在宁夏银川举办的"长城保护管理培训班（第一期）"，70余人参加培训；7月6～11日，国家文物局在山东淄博举办"2016年度全国大遗址保护管理培训班"，50余人参加培训。2017年6月19日，国家文物局在甘肃敦煌举办"第二期全国长城保护管理培训班"，58人参加培训。

# 三、重点项目培训

**长江流域文物考古工作人员训练班**　20世纪六七十年代，为配合水利建设工程，开展长江流域文物工作，国家文物局与相关部门合作开展两次"长江流域文物考古工作人员训练班"。1960年5月，文化部文物管理局、中国科学院考古研究所、长江流域规划办公室和湖北省文化局联合举办为期两个月的"长江流域文物考古工作人员训练班"。1973年7～9月，国家文物事业管理局、长江流域规划办公室考古队和湖北省博物馆在荆州博物馆举办"第二期长江流域考古人员训练班"。训练班学员发掘了宜都县红花套新石器时代遗址，是第一次在湖北发现距今6000余年的大溪文化遗存；发掘了江陵凤凰山西汉文景时期墓葬8座，出土

竹简（400余枚）、木牍（9枚）等文物。

**三峡淹没区旧石器时代考古训练班**　1992年，三峡大坝工程启动，国家文物局在三峡举办考古领队培训班，组织专业人员对大坝坝址所在的中堡岛遗址进行大面积发掘。1995年10月，为更有效抢救三峡工程淹没区旧石器时代文物和脊椎动物化石，国家文物局三峡工程文物保护规划组委托中国科学院古脊椎动物与古人类研究所在四川丰都举办"三峡工程淹没区旧石器时代考古训练班"。

**文物资源普查相关培训**　2007年3月9～20日，国家文物局、国家测绘局在北京昌平居庸关古客栈联合举办"全国长城资源调查培训班"，来自文物部门和测绘部门的127名学员参加培训。

2007年5月16～25日，国家文物局主办的"第三次全国文物普查培训班"在河南郑州举办，31个省、自治区、直辖市文物系统和全军环保绿化委员会办公室的103人参加培训。2008年12月24～25日，"国家文物局第三次全国文物普查2008年度西部片区冬季轮训班"在陕西西安举办，陕西、甘肃、青海、四川、西藏、宁夏、新疆、重庆8个省、自治区、直辖市的文物普查业务骨干100余人参加培训。

2013年1月8～9日，"全国可移动文物普查办主任第一次会议暨骨干培训班"在北京举办，80余人参加培训；5月12日～6月9日，国家文物局普查办先后在北京、重庆和广西柳州举办第二、三、四期"全国第一次可移动文物普查骨干培训班"，采取片区轮训方式，由各省级普查机构选派学员参加培训学习，累计培训314人。2016年4月14日，国家文物局在北京

举办"普查数据审核与普查总结报告编制培训班",全国各省、自治区、直辖市普查办、文物收藏单位一线普查工作人员200余人参加培训。

"一带一路"沿线国家水下考古培训班 2017年9月22日,国家文物局水下文化遗产保护中心主办的首届"'一带一路'沿线国家水下考古培训班",在国家文物局水下文化遗产保护中心阳江基地开班。来自伊朗、沙特阿拉伯、泰国、柬埔寨等国的外籍学员6人和中国学员15人共同参加潜水和水下考古基础理论培训。

# 第二节　高等院校教育培训

**北京大学**　民国11年（1922年），北京大学国学门的考古学研究室成立，成为中国高等院校中最早的考古学教学研究机构，马衡为该室第一任主任，师资力量依靠外聘，其中罗振玉、伯希和等被聘为考古学通讯导师。考古学研究室开设的专业课程主要偏重金石学，涉及近代考古学较少。民国35年，北京大学成立文科研究所古器物整理室，向达为室主任，聘梁思永、裴文中为导师。民国37年，北京大学历史系开设考古学课程，设立博物馆学专修科，韩寿萱任科主任，设有历史博物馆、美术博物馆和科学博物馆三组。

1949年，北京大学文学院开办博物馆专修科，学制两年，共办两期（1952年全国院系调整时撤销并入考古专业）。1952年，中央文化部、中国科学院共同支持北京大学在历史系创办考古专业，原古器物整理室划归历史系。苏秉琦、向达共同筹办考古专业，成立考古教研室。同年，北京大学联合中央文化部社会文化事业管理局、中国科学院考古研究所举办第一期考古工作人员训练班。1954年，考古专业改为历史专业考古专门化，学制由四年改为五年。1958年，考古专门化改为考古专业。

1972年，北京大学历史系考古专业招收第一批工农兵学员。1978年，北京大学考古专业开始招收硕士研究生。

1981年，国务院学位委员会批准北京大学考古专业为博士点。1983年，北京大学考古专业从历史系分出而独立建立考古系，是中国高校第一个考古系。1988年，考古系更名为考古学系，考古学被国家教委确定为全国高校重点学科。同年，设立博物馆学专业。1991年，博物馆学教研室和陶瓷研究室成立。1992年，考古学系与历史系共同建立北京大学历史学博士后流动站。1998年，北京大学与国家文物局联合办学，北京大学考古学系扩办为北京大学考古文博院，又名中国文物博物馆学院。李伯谦任第一任院长。同年，文物建筑专业成立。1999年，文物保护技术专业开始招收本科生。

2002年，北京大学考古文博院更名为北京大学考古文博学院。2007年，考古文博学院下设考古学系、文化遗产学系，另设信息资料中心。2011年，北京大学考古学通过国务院学位委员会一级学科博士点认定。2017年，在教育部学位与研究生教育发展中心组织的第四轮学科评估中，北京大学考古学进入A＋学科序列。考古文博学院设有考古学与博物馆学系、文物保护与科技考古系，下设考古学、博物馆学两个本科专业，本科阶段有古代建筑、文物保护两个专业方向；研究生阶段有旧石器时代考古、新石器及夏商周考古、汉唐考古、宋元明考古、古文字、佛教考古、陶瓷考古、中西亚考古、科技考古、中国古代文物、博物馆学、文物保护科学等专业方向。考古文博学院还设有考古学及博物馆学博士点、考古学博士后流动站。

西北大学 西北大学的考古学研究，起始于民国27年（1938年）西北联合大学历史学系考古学组对张骞墓的调查发掘。民国27年，西北联合大学历史系成立"考古委员会"，黄文弼任历史系教授。次年，西北联合大学改名为国立西北大学，历史系成立考古室。民国31年，黄文弼任历史系主任，从事西北史地和考古学研究，并开设考古学、史前史等课程。民国34年，国立西北大学历史系成立西北文物研究室。民国36年，西北大学历史、边政两系学生成立考古学会。

1954年，在武伯纶等推动下，西北大学历史系设立考古班。1956年，西北大学服从国家文物事业整体布局，设置全国第二个考古学专业——考古专门化，马长寿任考古科研室主任。1961年，考古专门化改称考古专业，不久因精简专业而停止招生。

1972年，西北大学考古专业恢复招生，考古教研室重建。1975年，西北大学招收考古专修班20人，学制一年半。1977年，西北大学招收首届考古专业学生。

1986年，经国务院学位委员会批准，西北大学获考古学及博物馆学专业硕士学位授予权。1988年，西北大学同陕西省文物局签订联合办学协定，成立西北大学文博学院，增设博物馆学专业。1989年，增设文物保护技术专业。1990年，西北大学文物陈列室更名为西北大学文物陈列馆，1996年又更名为西北大学历

史博物馆。

2003年，西北大学考古学及博物馆学专业获博士学位授予权。2004年，西北大学文化遗产与考古学研究中心成立，并与陕西省文物局联合成立文化遗产保护规划中心。2008年，考古学专业设立文化遗产管理方向。2011年，西北大学获批考古学一级博士学位授权点。2014年，西北大学增设文物与博物馆学专业。2017年，在教育部学位与研究生教育发展中心组织的第四轮学科评估中，西北大学考古学进入A＋学科序列。

西北大学形成了以考古学为核心的文化遗产研究、以文物保护技术为核心的文化遗产保护和以大遗址保护规划为核心的文化遗产管理"三位一体"学科体系，确立了"立足长安、面向西域、走向世界"的学科发展战略。

吉林大学 吉林大学考古学科教学科研活动肇始于20世纪50年代中期，于省吾为学科带头人，在历史系门下设古文字研究室，招收考古研究生。1962年，吉林大学历史系考古教研室成立。

1972年，吉林大学设立考古专业，张忠培为专业负责人，1973年起招收本科生。

1981年，吉林大学考古学成为国务院学位委员会颁布的第一批博士学位授权点。1983年，于省吾、金景芳、张忠培筹划创建吉林大学古籍研究所，为全国高等学校古籍整理研究工作委员会重点研究所。1985年，吉林大学增设博物馆学专业，开始招收本科生。1986年，吉林大学中国北方考古研究室成立。1987年，考古学专业和博物馆学专业从历史系独立出来成立考古学系，下设考古学、博物馆学两个专

业，与古籍研究所合署办公。1995年，吉林大学考古学及博物馆学成为吉林省重点学科，吉林大学入选国家基础学科（历史学）人才培养和科学研究基地。1998年，吉林大学获批历史学一级学科博士学位授权点，并入选国家基础科学人才培养基金特殊学科点。1999年，在原北方考古研究室基础上，组建吉林大学边疆考古研究中心。2000年，吉林大学边疆考古研究中心入选教育部百所人文社会科学重点研究基地，并获准设立历史学博士后科研流动站，吉林大学考古学被列入国家"211工程"学科建设项目。

2001年，吉林大学合校后进行院系调整，原考古学系并入文学院，分设考古学系、博物馆学系。2005年，依托考古学科建立的吉林大学"中国边疆史地创新基地"被确定为国家"985工程"哲学社会科学创新基地。2007年，吉林大学考古学及博物馆学被增补为国家重点学科。2010年，吉林大学文化遗产保护研究中心成立。2011年，吉林大学考古学通过国务院学位委员会一级学科博士点认定。2012年，吉林大学考古学在教育部学科评估中名列全国第二位。同年，古籍研究所组建校级重点研究基地"中国古文字研究中心"。2013年，吉林大学体质人类学与分子考古学国家文物局重点科研基地成立。2014年，吉林大学古籍研究所中国古文字研究中心成为国家"2011计划"出土文献与中国古代文明研究协同创新中心的核心协同单位。同年，吉林大学高句丽渤海研究中心成立，并与文化遗产保护研究中心一起被批准为吉林省人文社会科学重点研究基地。2015年，吉林大学高句丽渤海研究中心入

选吉林省特色新型高校智库。2017年，在教育部学位与研究生教育发展中心组织的第四轮学科评估中，吉林大学考古学进入A学科序列。

吉林大学考古学科形成了中国考古、外国考古、科技考古、文字考古、文化遗产、博物馆学"六位一体"的教学与科研体系，建立了完整的高水平人才培养体系。

**南京大学**  20世纪20～40年代，南京大学前身中央大学及后来并入南京大学的金陵大学中从事文物研究与考古教学工作的有柳诒徵、朱希祖、胡小石、商承祚、徐中舒、夏鼐、曾昭燏、李小缘等。1953年起，南京大学历史学系每年邀请南京博物院考古专家到校讲授《考古学通论》《秦汉考古学》等课程。

1972年，南京大学历史学系成立考古专业，开始招收本科生。1978年，南京大学开始招收考古学与博物馆学专业硕士研究生。

1997年，南京大学历史学系获一级学科博士学位授予权。1998年，南京大学开始招收考古学与博物馆学专业博士研究生。

2003年，南京大学建立文化与自然遗产研究所、跨学科的遥感考古研究中心等新兴科研机构，在文物保护与规划、科技考古等领域形成新的学科增长点。2011年，南京大学考古学科通过国务院学位委员会一级学科博士点认定。2014年，南京大学撤销历史学系，成立南京大学历史学院，下设中国历史系、世界历史系、考古文物系、国际关系研究院、中国边政研究所。2017年，在教育部学位与研究生教育发展中心组织的第四轮学科评估中，南京大学考古学进入B＋学科序列。

南京大学考古专业形成了完备的教学体

系，在长江中下游地区史前文化研究、夏商周时期边疆地区青铜文化研究、六朝考古及历史研究、陶瓷考古、明清时期南京城市考古等研究领域颇具专长。

山东大学 山东大学考古学科的发端可追溯至20世纪30年代。民国21年（1932年），加拿大籍甲骨学家明义士被聘为齐鲁大学文理学院教授，讲授《甲骨文研究》《考古学通论》等课程。民国34年，吴金鼎受聘到西迁成都的齐鲁大学任教，讲授《田野考古学》等课程。

1952年院系调整，齐鲁大学历史系并入山东大学。1953年，刘敦愿任教山东大学历史系，讲授《考古学概论》及相关课程。1972年，山东大学设立考古专业。1975年，山东大学创建考古专业实验室。

1982年，山东大学开始招收考古学方向硕士研究生。1986年，经国务院学位委员会批准，山东大学获考古学硕士学位授权点。1996年，山东大学历史文化学院成立，考古专业更名为考古学系，下设考古学和文物与博物馆学两个专业。2000年，山东大学获批考古学及博物馆学博士学位授权点。2002年，山东大学组建成立东方考古研究中心，下设史前考古、历史考古和环境考古3个研究室。2006年，山东大学东方考古研究中心被列为山东省级人文社科研究基地。同年，山东大学考古学及博物馆学被列为山东省级重点学科。2010年，山东大学考古实验教学中心入选国家级教学示范中心。2011年，山东大学考古学及博物馆学入选山东省"十二五"省级特色重点学科，环境考古实验室入选山东省"十二五"高校重点实验室。同年，山东大学考古学通过国务院学位委员会一级学科博士点认定。2017年，在教育部学位与研究生教育发展中心组织的第四轮学科评估中，山东大学考古学进入B＋学科序列。

考古学及博物馆学是山东大学优势学科，在考古学理论与考古学史、史前考古与海岱考古、夏商周考古、第四纪地质与环境考古、汉唐考古及美术考古等学术领域有重要影响。

郑州大学 郑州大学考古学科成立于1976年。1988年，郑州大学开始招收考古学硕士研究生。1993年，郑州大学获批考古学及博物馆学硕士学位授权点。2003年，郑州大学获批考古学及博物馆学博士学位授权点。2007年，郑州大学历史考古学教学团队被批准为河南省省级教学团队。2011年，郑州大学考古学获批为一级学科博士点。2012年，郑州大学获准设立考古学博士后科研流动站。2017年，在教育部组织的第四轮学科评估中，郑州大学考古学被列入B＋学科序列。

1976年成立以来，郑州大学考古学专业围绕中原考古开展教学研究，在中原史前文化、夏商周考古、秦汉宋元考古、田野考古、科技考古等领域形成较突出的学科优势和科研特色。

四川大学 四川大学考古学专业创建于20世纪60年代，考古学家徐中舒、冯汉骥、童恩正等曾长期执教于四川大学考古专业。

1960年，四川大学在历史系设置考古专门化，开设《中国考古学》等专业课程。1981年，国务院学位委员会批准四川大学考古专业为全国首批博士点之一。1995年，四川大学被评为国家文科基础学科（历史学）人才培养和科学研究基地。1996年，四川大学考古学被评为四川省重点学科。2000年，四川大学成立教育部人文社会科学重点研究基地——中国藏学研究所。2002年，四川大学考古学被评为"211工程"重点建设学科。2004年，四川大学成立教育部"985工程"哲学社会科学创新基地——"文化遗产与文化互动"平台等。2010年，四川大学成立"区域历史与民族"平台，成为国家重点学科历史文献学、专门史的重要支撑。2011年，四川大学考古学被教育部核准为一级学科博士授权点。2017年，在教育部学位与研究生教育发展中心组织的第四轮学科评估中，四川大学考古学进入B+学科序列。

四川大学考古学科拥有国家级考古学实验教学中心，下设考古技术、博物馆学、文物保护、石器分析、体质人类学、环境考古、植物考古等实验室和专业图书资料室、文物标本室。四川大学考古学科主要在先秦考古学、秦汉至元明考古学、专门考古学、文化遗产及博物馆学、文物学与艺术史等方向开设专业课程，在汉唐时期考古、历史时期考古学理论与研究方法、考古文献学、中国考古学史、考古学与中外文化交流研究等领域具有重要影响力，在西藏考古、巴蜀考古、道教考古、藏传佛教考古方面具有国内首创地位或领先水平。

**浙江大学**　杭州大学于1978年起筹建历史系文物与博物馆学专业。1981年，文物与博物馆学专业开始招生。1982年，设立文博教研室。

1998年，杭州大学并入浙江大学。2008年，浙江大学在文物与博物馆学专业基础上组建文物与博物馆学系。2011年，浙江大学考古学通过国务院学位委员会一级学科博士点认定。2017年，在教育部学位与研究生教育发展中心组织的第四轮学科评估中，浙江大学考古学被列入B学科序列。

浙江大学文物与博物馆学专业遵循"重基础、重实践、重交叉、重创新"办学思路，形成以博物馆管理、展示设计、文物鉴定、文化遗产保护为主要方向的办学特色。博物馆学理论研究、文物多媒体管理系统研究、博物馆展示策划与设计、博物馆建筑评价体系研究、中国物质文明史研究、书画鉴定等集理论性与应用性于一体的研究成果在国内处于先进水平。

**武汉大学**　武汉大学考古学科于1976年由石泉、方酉生、彭金章等学者创建，隶属于武汉大学历史学院。2011年，武汉大学考古学通过国务院学位委员会一级学科博士点认定。2012年，设立考古学博士后流动站。2013年，武汉大学考古学成为湖北省一级学科重点学科。2017年，在教育部学位与研究生教育发展中心组织的第四轮学科评估中，武汉大学考古学进入B学科序列。

武汉大学考古学科建有多个田野考古实习基地、图书资料室、文物陈列室和考古实验室，拥有科技考古研究中心、非物质文化遗产保护中心、世界遗产保护研究中心、青铜文化研究中心等平台，并依托国家文科基础学科（历史学）人才培养和科学研究基地、教育部人文社科重点研究基地中国传统文化研究中心等平台，形成了比较完整的教学、科研体系。

**中山大学**　中山大学考古学专业教学研究工作主要集中在中山大学人类学系。民国16年（1927年），国立中山大学筹办语言历史学研究所，傅斯年任筹备主任。语言历史学研究所下设人类学研究组，倡导田野调查实践，主张利用语言学、人类学、社会学、民俗学、民族学、考古学、天文学等作为研讨学问的工具，并开启西南民族调查之先声，调查结果以《西南民族研究专号》《广东民族概论专号》《云南民族调查报告》等专号形式出版。民国37年，成立人类学系。

1956年，中山大学历史系考古教研室成立，梁钊韬任教研室主任。1961年，考古教研室招收民族考古方向研究生。1972年，筹建考古学专业，第二年设立并开始招生。

1981年，中山大学复办人类学系，考古专业并入人类学系，梁钊韬任系主任。同年，中山大学人类学获博士授予权（国家首批博士点之一）。1987年，教育部批准建立中山大学"人类学博物馆"，其前身是岭南大学文物馆。

2002年，中山大学人类学被批准为国家重点学科。2005年，中山大学人类学系与广东省文物考古研究所签订共建广东田野考古研究基地协议书，与贵州各级政府合作在黔南三都水族自治县建立"水书研究基地"。2007年，中山大学人类学通过国家重点学科复评。2008年，中山大学人类学系、社会学与社会工作系联合组建社会学与人类学学院。2011年，中山大学考古学获批为一级学科博士点。2017年，在教育部学位与研究生教育发展中心组织的第四轮学科评估中，中山大学考古学进入B学科序列。

中山大学考古学专业具有本科、硕士、博士和博士后完整的考古人才培养层次，拥有博物馆、考古实验室、实习基地等完整的科研教学体系及团体考古发掘领队资格。中山大学考古学专业在中外文化交流考古、南方民族考古、出土文献、艺术史与艺术考古、宗教考古、性别考古等研究领域成果突出，在珠江流域文明起源与进程研究、东南亚考古、水下考古等领域也取得一定成绩。

**中国人民大学**　2004年，中国人民大学在历史学院设立考古学及博物馆学专业。2005年，中国人民大学组建北方民族考古研究所，并设置考古学及博物馆学博士、硕士学位授予点，硕士研究生有中国考古、北方民族考古、中亚考古与中西文化交流3个培养方向，博士研究生有中国考古、北方民族考古两个培养方向。2007年，中国人民大学博物馆成立。2010年，中国人民大学获准设立考古学博士后科研流动站，并开始招收博士后研究人员。2011年，中国人民大学设置文物与博物馆专业硕士学位授予点。同年，中国人民大学考古学通过国务院学位委员会一级学科博士点认定。2013年，经教育部批准，中国人民大学设置考古学本科专业并开始招生，10月成立考古文博系。2017年，在教育部学位与研究生教育发展中心组织的第四轮学科评估中，中国人民大学考古学进入B-学科序列。

中国人民大学考古学科确立了"立足北方，重视西域，挺进中原，发展长江流域"的教学与科研方向，考古文博系设北方民族考古、先秦考古、汉唐宋元考古、文博科技4个教研室，形成了完备的人才培养体系。

**复旦大学**　复旦大学于1984年创办文物与博物馆学系，1985年设置博物馆学本科专业。1989年，复旦大学与国家文物局联合创建了文博学院，下设文物与博物馆学系、文物保护技术科学系、历史学系等。1996年，文物与博物馆学系和文物保护技术科学系合并为文物与博物馆学系。

复旦大学文物与博物馆学系下设文物与考古、博物馆学、古建园林、文物保护4个方向，形成本科、硕士、博士3个层次的人才培养体系，拥有文物与博物馆学本科专业，考古学学术硕士点和博士点，文物与博物馆专业硕士点，考古学博士后流动站。主要专业方向有考古学、博物馆学、文化遗产、文物学、文物保护。

**清华大学** 清华大学文博相关专业，一为历史系，一为建筑系。

民国14年（1925年），清华大学国学研究院考古学开始招收学生，并聘请王国维为导师。次年，李济任清华大学国学研究院人类学讲师。民国35年，清华大学开始在历史系外设考古学，考古学单独成系。1952年，院系调整，历史系并入北京大学等。20世纪80年代后，清华大学逐渐恢复包括历史学科在内的人文学科。1993年，清华大学历史系恢复。2001年，中央工艺美术学院并入清华大学，原中央工艺美术学院具有重要影响的艺术史学科成为清华大学史学一个重要组成部分。2008年，历史系与化学系、图书馆等单位合作，成立清华大学出土文献研究与保护中心，从事清华简等出土文献的保护整理与研究。2011年，以出土文献研究与保护中心为主建立的"出土文献与中国古代文明研究中心"获批为教育部人文社会科学重点研究基地。

民国35年，清华大学设立建筑系，聘请梁思成为系主任、吴良镛为助教，学制四年。1952年以后，中国科技史、建筑史等学科在清华得到大力发展。1978年，清华大学恢复建筑

学专业招生，其中本科生学制五年，研究生学制三年。1981年，清华大学开始招收建筑学专业博士研究生。1988年，清华大学在原建筑系基础上成立建筑学院，下设建筑系、城市规划系以及若干专业研究所。2003～2008年，清华大学和北京大学、复旦大学、南开大学等6所高校与国家文物局、中国文化遗产研究院合作，连续六年举办全国省级文物局局长、博物馆馆长、考古研究所所长、古建保护所所长专业管理干部培训班。

**天津大学** 天津大学建筑学院的办学历史，可上溯至民国26年（1937年）创建的天津工商学院建筑系。1952年全国高校院系调整后，津沽大学建筑系（原天津工商学院建筑系）、北方交通大学建筑系（原唐山工学院建筑系）与天津大学土木系组建了天津大学建筑工程系。1954年，天津大学设立建筑系。1960年，天津大学建筑系招收第一届研究生，1966年停止招生，1978年恢复招生。1997年6月，在原建筑系基础上成立天津大学建筑学院。1999年，获准设立建筑学一级学科博士后流动站。2001年，建筑设计及其理论二级学科被评为国家级重点学科。2007年，建筑技术科学二级学科被评为国家级重点学科，建筑学一级学科成为国家级重点学科。

建筑学院下辖建筑历史与理论研究所，主要研究方向为中国古代建筑与园林、史学、图像学，遗产保护理论与实践，近代工业遗产研究与保护，古建筑信息采集等。建筑历史与理论研究所成立后，在承担本科生与研究生课程教学基础上，继承并发展了具有悠久历史的中国古建筑测绘课程，以此为依托拓展文物建筑

信息采集、研究、保护与利用、监测等相关领域研究和实践，探索多学科协同合作，培养了一批遗产保护的高级专业人才。

**中央美术学院**　中央美术学院美术史系成立于1957年。2004年，中央美术学院人文学院文化遗产学系成立，以原美术史系和民间美术研究室（暨非物质文化遗产研究中心）为基础，形成文化遗产理论和管理、美术考古、书画鉴定、书画修复和非物质文化遗产与民间美术5个专业方向。

作为中国第一个文化遗产学系，中央美术学院人文学院文化遗产学系学科体系以视觉文化遗产为中心，覆盖文化遗产发现、发掘、研究、鉴定及保管、推广和修复整个流程，形成融物质文化遗产和非物质文化遗产、传统精英艺术与传统民间艺术、西方文化遗产先进理念与传统文化宝贵经验为一体的鲜明特色，培养美术史与美术理论专业人才。

# 第十章

# 文物宣传工作

文物宣传工作是指以文物资源和文物保护利用为内容，依托图书、报刊、广播电视、互联网等媒介，向公众普及文化遗产知识，进而提升全社会文物保护意识、历史文化素养的各类传播活动。

中华人民共和国成立之初，在百废待兴、条件比较艰苦的情况下，党和国家依然十分重视文物宣传工作，创办了一批高质量期刊，陆续出版了一批重要的文物考古类书籍，还制作了数部电影纪录片。20世纪50年代，《文物》《考古学报》《考古》相继创办。1956年起，科学出版社陆续出版了由中国科学院考古研究所编纂的考古报告、文物资料汇编和考古文物研究专著等。1957年，文物出版社创立，于一两年内出版了《南唐二陵发掘报告》《白沙宋墓》等重要考古发掘报告、文物图录等。人民美术出版社等出版机构在这一时期也陆续出版了一批文物图录等。1958年起，中央新闻纪录电影制片厂陆续出品了以《地下宫殿》为代表的一批反映文物考古发现的电影纪录片。

1966年"文化大革命"开始后，各类期刊和图书出版工作相继停止。1972年，《文物》《考古》《考古学报》复刊。1973年，《长沙马王堆一号墓发掘报告》出版。

1978年改革开放以后，文物类书籍大量出版，种类遍及考古报告、书画碑刻、古代建筑和石窟、近现代文物和工具书等。各类文博期刊在20世纪八九十年代纷纷创刊。1985年，《文物报》于河南创刊，1987年更名为《中国文物报》，由国家文物委员会主办、国家文物局代管。中央新闻纪录电影制片厂相继推出了多种文博类电影纪录片。

20世纪90年代以后，随着电视在大众生活中的全面普及，文博影视制作和传播更趋兴盛，如中央电视台制作的大型电视纪录片《望长城》及国家文物局、深圳市委宣传部组织拍摄的电视纪录片《中国博物馆——源自100个博物馆的往事》等。一些文博机构和出版单位开始与国外纪录片摄制单位合作拍摄反映中国古代文化的纪录片，如中日合拍的系列专题片《中华文明五千年》等，在国内外播放，引起了良好的社会反响。1991年后，国家文物局组织开展全国十大考古新发现评选活动、全国博物馆十大陈列展览精品推介活动等。

21世纪以来，随着公众需求、社会关注的不断攀升，文物题材成为大众传媒持续聚焦的热点。文物宣传借助互联网传播优势，以其内容生动、形式灵活和贴近生活等特质产生了较好的社会反响。各地文物部门通过官方网站及时发布文博资讯。2010年后，移动互联网飞速发展，为文物信息传播和文物知识普及搭建了新的平台。

从4月的国际古迹遗址日，到5月的国际博物馆日，再到6月的文化和自然遗产日，每年4～6月成为全国性的文化遗产集中宣传期。此外，国家文物局亦组织新闻媒体采访报道党中央、国务院部署的文物重点工作和事业发展成就。

# 第一节 图书出版

在全国文物宣传工作中，图书出版是开展最早、规模最大、学术性最强的，图书可完整、科学、全面地呈现文物工作面貌和研究成果。相关出版机构先后出版了一大批优秀文博类图书，主要有考古报告、书画碑刻、古代建筑和石窟、出土文献、文物图录、近现代文物、工具书等。考古报告是记录、反映田野考古工作过程和发掘成果的著述，是考古学的基础性资料、原创性成果。中华人民共和国成立以来，随着考古事业的发展，相关出版机构出版了大量考古报告，在积累文物考古资料、推动文物考古学术及事业发展，促进中国物质文明史、科技史、美术史、历史学、古文字学等诸多学科研究方面，均发挥了不可替代的作用。古代书画碑刻是中国传统文化艺术的重要组成部分，也是文物类图书的重要选题。古代建筑和石窟是中华优秀传统文化乃至东方文明中最具鲜明特质的重要物质遗存，古建筑和石窟的研究、保护是中国文物工作的重要内容之一，科学严谨、类别齐全、品质上乘的古代建筑和石窟类图书一直是文物类图书中的重要构成。出土文献是指出土文物中的文字资料，包括甲骨文献、金文文献、石文献、简帛文献及其他出土文献（玺印、砖瓦文字）等，内容涉及政治、经济、文化、军事、法律、宗教、哲学诸多领域，为各学科研究提供了新材料。经过众多学者的抢救、保护与整理，大部分出土文献已经得到整理出版。文物图录设计精美，印刷精良，能够充分表现文物细节和色彩，是文物类图书中重要的一类。近现代文物作为中国近现代历史进程中具有代表性、典型性的重要历史文化遗物，既是中华民族伟大复兴的历史见证，也是中国革命、建设、改革中凝结的革命文化和社会主义先进文化的物质载体。工具书是系统汇集某学科资料，并按特定方法编排，可供专业学术工作者和普通读者查阅资料、获取基础知识信息的工具性图书。

## 一、考古报告类图书

中国田野考古发掘肇始于20世纪20年代。民国16年（1927年），清华学校研究院丛书第三种出版了李济著《西阴村史前的遗存》，虽然发掘面积较小，发表的材料较为简略，但依然可看成中国考古发掘报告的先声。民国18～22年，李济任总编辑的《安阳发掘报告》（一至四册）是20世纪20年代末中央研究院历史与语言研究所在安阳发掘成果的初步报告。民国23年，由李济任总编辑，梁思永、董作宾任编辑，傅斯年、李济、董作宾、梁思永、吴金鼎、郭宝钧、刘屿霞合著，民享印务公司制版、中国科学公司印刷的《城子崖——山东历城县龙山镇之黑陶文化遗址》（中国考古报告集之一），是中国第一部正式出版的考古发掘报告。此外，民国期间还有一些零星介绍考古成果的专著出版，如民国31年吴金鼎等著《云南苍洱境考古报告》等。民国37年，苏秉琦著《斗鸡台沟东区墓葬》出版，反映了北平研究院20世纪30年代在陕西所做的考古工作。同年，黄文弼著《罗布淖尔考古记》出版，其后所著《吐鲁番考古记》《塔里木盆地考古记》分别于1954年、1958年出版，是20世纪30年代中国西北科学考察团在新疆等地进行考古调查的工作报告。

中华人民共和国成立后，随着文物考古工作的全面展开，中国科学院考古研究所于1952年创办了"考古学专刊"这一全国性的考古学论著系列丛书，并根据内容性质的不同分为甲种（研究性著作）、乙种（资料性著作）、丙种（通论性著作）、丁种（田野考古报告）四类。1956年，中国科学院考古研究所编著、科学出版社出版的《辉县发掘报告》为"中国田野考古报告集第一号"，是中华人民共和国成立后出版的第一部大型田野考古报告。1956～1966年，丁种田野考古报告陆续出版到第十八号，主要由科学出版社出版。1956年3月，由南京博物院和山东省文物管理处合编的《沂南古画像石墓发掘报告》由文化部文物事业管理局出版。1957年文物出版社正式成立后，先后出版了《南唐二陵发掘报告》《白沙宋墓》，其中《南唐二陵发掘报告》是1949年以后最早发掘的帝陵的考古报告，《白沙宋墓》以其融发掘报告与考古研究于一体的做法而成为中国田野考古纪实的奠基之作。20世纪60年代，所有考古报告均纳入"丁种"范畴，

由文物出版社和科学出版社分别出版。"文化大革命"开始后，文物类图书出版陷于停滞。20世纪70年代，文物出版社出版了《长沙马王堆一号汉墓》（1973年）和《大汶口——新石器时代墓葬发掘报告》（1974年）。改革开放后，中国的考古工作步入正轨，并获得了前所未有的发展，考古报告出版量迅速恢复并超越"文化大革命"之前的水平。20世纪80年代出版几十部考古报告，大多数是极为重要的考古发现。20世纪90年代，随着各地考古力量的迅速崛起和基建考古的兴起，考古工作远超以往，考古报告出版数量随之剧增。进入21世纪，考古报告出版呈现突飞猛进的趋势，年出版量在40部左右。一些重要遗址的考古发掘报告先后推出，如五女山城遗址、国内城遗址、舞阳贾湖遗址、良渚遗址、侯马墓地、梁庄王墓、渤海上京城遗址、元中都遗址、牛河梁遗址、二里头遗址、襄汾陶寺遗址、天马—曲村遗址、两城镇遗址、隋唐洛阳城遗址、临淄齐故城等遗址考古报告，以及长江三峡工程库区考古报告系列、南水北调工程考古报告系列、长城遗址考古调查报告系列等，及时满足了学界和社会需求。

此外，我国水下考古和援外考古工程报告也陆续推出，如《南海Ⅰ号沉船考古报告之一——1989～2004年调查》《南海Ⅰ号沉船考古报告之二——2014～2015年发掘》《柬埔寨吴哥古迹茶胶寺考古报告》等。

## 二、书画碑刻类图书

文物书画碑刻类图书的出版自中华人民共

和国成立之初就已开始。20世纪五六十年代，一批国有博物馆藏书画碑刻的图书陆续出版，印刷质量不断提高，所收录的古代书画及碑刻均具有重大历史和艺术价值，大多为初次发表。这一时期书画碑刻图书的出版主要由文物出版社承担。20世纪50年代末，文物出版社建社之初便出版了一批博物馆收藏的传世名画。为更好忠实于原作，实现最佳出版效果，在制版印刷过程中对彩铜、珂罗版等印刷工艺进行探索并取得良好效果。1954～1966年，先后出版《宋人画册》第1～20集，收录故宫博物院等10余家文博单位所藏的宋代绘画作品，每集10幅，6开，以绢裱、纸裱和散装单页出版。1958年出版《宋人书翰（第一集）》，1959年出版《宋人书翰（第二集）》《西晋陆机平复帖》。此后陆续出版《晋人书度尚曹娥碑》《晋王献之鸭头丸帖》《晋王献之洛神赋十三行》《唐欧阳询行书千字文》《唐欧阳询梦奠帖》《唐张旭草书古诗四帖》等名家法书和碑帖，以及《元人画册（第一集）》《元人画册（第二集）》。1961年，出版《辽宁省博物馆藏法书选集（第一集）》。1963年，出版《故宫博物院藏历代法书选集（第一集）》。同年，出版《两宋名画册》，并从鉴定角度对每幅绘画做扼要叙述和考订。1964年，出版《上海博物馆藏历代法书选集》等一批重要名家翰墨。1965年，出版大型图书《故宫博物院藏花鸟画选》，采用4开卡纸贴页形式。此外，还出版了《唐人纨扇仕女图》《宋人花鸟》《李鱓花卉册》《蓝瑛山水》《蓝瑛澄观图册》《金农山水人物》等大批绘画精品，以及《天津市艺术博物馆藏画集》《辽宁省博物馆藏画集》《南京博物院藏画集》《苏州博物馆藏画集》等馆藏精品，并影印《唐韩滉五牛图》《宋人百花图》《宋马远山水图》《宋杨无咎雪梅图》《沈周东庄图册》《陈洪绶画册》《恽寿平画册》《梅清黄山图册》《道济画册》等一批艺术价值很高的绘画作品。

20世纪70年代末至80年代，文化事业复苏和快速发展，一批重要的书画碑刻学术成果由文物出版社出版。1978～1982年，罗福颐编《汉印文字征》《古玺印概论》及主编的《古玺汇编》《故宫博物院藏古玺印选》相继出版。1980年起，文物出版社"中国书法"丛书，先后出版《龙门二十品》《柳公权》《颜真卿》专辑，展现原作风貌。这一时期，珂罗版印刷得到恢复，相继推出《辽宁省博物馆藏法书选集（第二集）》《故宫博物院藏历代法书选集（第二集）》《故宫博物院藏历代法书选集（第三集）》及历代名家法书、碑帖。1981年，徐邦达著《古书画鉴定概论》出版。1984年，河南省文物研究所、河南省洛阳地区文管处编《千唐志斋藏志》出版，收录千唐志斋藏志全部拓片。

此外，1983年8月起，国家文物局组建中国古代书画鉴定组，历经8年，鉴定各地古书画8万余件，制作资料卡片3.4万余份，基本掌握了全国国有收藏单位（不含港澳台地区）古代书画收藏情况。1984年起，文物出版社汇集该项工作成果，陆续出版《中国古代书画目录》分册，并将鉴选出的书画按地区及收藏机构编成总目以便检索。

1984～1989年，为系统反映中国古代美术遗产和艺术成就，由人民美术出版社牵头，文物出版社、中国建筑工业出版社、上海人民美术出版社等单位联合编撰出版60卷《中国美术全集》，汇集中国古代美术代表作品，内容丰富，在海内外引起强烈反响。

20世纪80～90年代，书法对外合作出版取得重要成果。这一时期，《中国书迹大观》系列由文物出版社和日本讲谈社合作陆续出版，集故宫博物院、南京博物院、辽宁省博物馆、上海博物馆等几大博物馆的书法珍品，包括陆机的《平复帖》、王珣的《伯远帖》、王献之的《鸭头丸帖》、李白的《上阳台诗帖》等。1995年，启功与村上三岛联合主编的《中国真迹大观》由文物出版社与日本同朋舍合作出版，精选2000件珍品，按时代排序，全书分晋、唐、五代、宋金、元、明、清、民国、现代、名品选共27卷。

随着全国出现书法热潮，文物出版社陆续编辑出版系列字帖百余种，20世纪90年代后期又推出"历代碑帖法书精品选""历代碑帖法书珍品选"系列丛书，以其版本精良、编辑规范、价格合理赢得良好的市场信誉，成为书法图书市场著名品牌。1996年起，文物出版社以《中国古代书画目录》为基础，陆续出版《中国古代书画图目》，将20117件入选目录的古代书画作品高清出版，计23册，5.7万余幅图，对全国古书画典藏、保护起到重要作用，获2001年第五届国家图书奖荣誉奖。

进入21世纪后，书画碑帖类图书出版迎来崭新局面，呈现欣欣向荣态势。各出版社纷纷进入传统书画领域，推出品类各异的图录、史论著作。文物出版社完成《中国美术分类全集·中国法书全集》的出版，共18卷，以中国

古代书画鉴定组在全国巡回鉴定中遴选的法书精品为基础，酌收国内外博物馆所藏的部分重要作品，时间跨度上起先秦、下至晚清，包括甲骨、铜器、玉石、砖陶、竹木简牍、绢、纸等诸多质地的传世书法、墨迹。每件作品除本幅外，还尽可能收录题跋，并附作品尺寸、质地、收藏单位、释文、钤印、著录、赏析等基础资料信息。故宫出版社先后推出《米芾书法全集》《王羲之王献之书法全集》等，其中《米芾书法全集》几乎囊括海内外重要文物收藏机构中全部的米芾墨迹碑帖珍藏，共215件，集成《法书》8卷、《碑刻》4卷、《法帖》17卷、《综览》4卷。浙江大学出版社推出中国历代绘画大系《宋画全集》《元画全集》，是具有工具书性质的大型绘画资料总集。

## 三、古代建筑和石窟类图书

古代建筑和石窟类图书的出版是随着20世纪50年代对古代建筑和石窟寺的调查、研究、保护、维修工作而展开的。20世纪五六十年代，国内陆续出版了一系列相关图录和调查报告，反映古代建筑、石窟寺保护和研究方面的成果。20世纪八九十年代，古建方面出版了大量具有深度和广度的研究专著等，石窟寺图录的出版引起国内外关注。进入21世纪，随着古建筑、石窟寺保护和研究的全面铺开，大量古建筑修缮保护报告陆续出版，一系列重要石窟寺的全面调查报告面世。

**古代建筑图书** 1950年，清华大学根据20世纪30年代梁思成研究宋《营造法式》所绘图样翻印，内部刊行《宋〈营造法式〉图注》。

1957年12月，由中国科学院土木建筑研究所、清华大学建筑系合编，文物出版社出版的《中国建筑》，对170余处古建筑的历史沿革、规模、结构、形式、技术或艺术特点详加考证、评论，展现史前至清代中国建筑发展概况。该书是中华人民共和国成立后出版的第一部综合性大型古建图录。1959年，建筑工程部建筑科学研究院建筑理论及历史研究室编的《北京古建筑》由文物出版社出版，按宫殿、坛庙、园林、住宅、宗教建筑和陵墓等分类展现北京文物古迹。该书收录200余张图片，除了数张建筑组群鸟瞰图，对京城私宅亦给予相当篇幅进行展现。

20世纪50年代初期，随着大规模国民经济建设的开始，全国范围的文物保护与维修工作随之展开。1966年，文物出版社推出陈明达编著《应县木塔》，集研究成果与实测图、照片资料于一体，为建筑界及文物保护类图书出版树立了典型范例。

20世纪八九十年代，古建图书出版呈现繁盛发展态势。在法式制度和专题理论研究图书大量出版的基础上，修缮保护工程报告成为这一阶段古建图书出版的又一重要内容。1980年，文物出版社再版《应县木塔》，在保留原书全部照片及实测图基础上，增收陈明达根据《营造法式》研究对木塔所做的补充说明。1981年，文物出版社出版陈明达著《营造法式大木作制度研究》，着重对过去在《〈营造法式〉注释》中薄弱之处进行深入阐述，证明至少在北宋时期中国就已存在一整套建立在以材份为模数基础上的设计方法。这一研究成果，被学界公认为是继梁思成、刘敦桢之后建筑历史学

科最重要的突破性研究成果，为研究和保护早期木结构建筑提供了权威性技术参照。1983年，中国建筑工业出版社出版梁思成遗著《〈营造法式〉注释（卷上）》，首次对《营造法式》做了较为全面的诠释和图解。同年，中国建筑工业出版社出版由文化部文物保护科研所主编的《中国古建筑修缮技术》，介绍有关古建筑工程的做法和古建筑维修中的传统做法，总结老一代古建筑修缮工人的实际操作经验，并对新材料、新工艺做简要介绍，具有很强的实用性。1984年，中国建筑工业出版社出版刘敦桢主编的《中国古代建筑史》，根据考古发现、现存实例和文献资料，对中国古代建筑发展和成就进行全面阐释，是最为系统的中国古代建筑历史研究理论著作，1988年获全国高校优秀教材特等奖。1985年，科学出版社出版由中国科学院自然科学史研究所主编的《中国古代建筑技术史》，全面总结中国古代建筑工程做法、技术经验等，是1949年以来第一部全面反映中国古代建筑技术成就的专史，对深化研究中国古代建筑技术等具有重要参考价值。

20世纪80年代中期，文物出版社推出陈明达主编的"中国古代建筑研究丛书"，包括井庆升著《清代大木作操作工艺》（1985年）、祁英涛著《中国古代建筑的保护和维修》（1986年）、陈明达著《中国古代木结构建筑技术（战国—北宋）》（1990年），从技术层面对古建维修进行规范。随后，文物出版社推出河南省文物研究所等编《安阳修定寺塔》（1983年）、萧默著《敦煌建筑研究》（1989年），中国建筑工业出版社推出南京工学院建筑系、曲阜市文物管理委员会著《曲阜孔庙建

筑》（1987年），科学出版社出版张驭寰、罗哲文著《中国古塔精萃》（1988年）。这些专题类图书的出版，极大推动了中国古建筑研究、保护发展。

随着标志性文化工程《中国美术全集》于1984年启动，大规模的建筑图书出版工作有序展开。《中国美术全集》由五家专业出版社合作，历时五年完成，是全国艺术类图书中最具权威性的出版物之一，分为绘画编、雕塑编、工艺美术编、建筑艺术编、书法篆刻编。1988年，《中国美术全集·建筑艺术编》（6卷）由中国建筑工业出版社出版，对原始社会至清代的宫殿、陵墓、园林、宗教、民居、坛庙分册进行介绍，收录大量图片资料，辅以专题论文，较为全面展现中国古代建筑遗产状况。1993年，中国建筑工业出版社出版《中国古建筑大系》（10卷），以图文相辅形式对不同时代、不同地域的代表性古建筑进行分类介绍。该书于1996年获第二届国家图书奖荣誉奖。

20世纪90年代初期开始，延续古建维修保护类图书出版传统，文物出版社陆续推出中国古建筑修缮工程报告系列图书，包括《朔州崇福寺弥陀殿修缮工程报告》（1993年）、《西藏布达拉宫修缮工程报告》（1994年）、《青海塔尔寺修缮工程报告》（1996年）、《太原晋祠圣母殿修缮工程报告》（2000年）、《西安长乐门城楼修缮工程报告》（2001年）、《海南丘濬故居修缮工程报告》（2003年）等，以文字、实测图及图版相结合的形式记录修缮工程，为维修保护提供翔实资料。20世纪90年代中期，文物出版社出版大型系列图书《中国古代建筑》，包括《朔州崇福寺》

（1995年）、《西夏佛塔》（1995年）、《西藏布达拉宫》（1996年）、《社旗山陕会馆》（1999年）等。其中《西藏布达拉宫》对中华人民共和国成立以来最大的古代建筑维修工程进行了科学记录，展现了通过维修工程对布达拉宫进行多层次、多侧面的深入研究后所取得的丰硕成果，为中共中央宣传部组织的第六届精神文明建设"五个一工程"奖入选作品。同期，文物出版社推出"中国古建筑史论丛书"，收录《陈明达古建筑与雕塑史论》（1998年）、《傅熹年建筑史论文集》（1998年）、《罗哲文古建筑文集》（1998年）、《柴泽俊古建筑文集》（1999年），从理论角度对古建维修进行系统总结。1999年，萧默主编的哲学社会科学"八五"国家重点项目《中国建筑艺术史》由文物出版社出版，是中国第一部建筑艺术史专著，在中国建筑史研究中具有里程碑意义，2001年获第十二届中国图书奖。1999年，《中国美术分类全集·中国建筑艺术全集》（24卷）由中国建筑工业出版社出版。

进入21世纪，随着经济发展，中国科学研究与技术开发体系渐趋完备，古建图书出版亦呈现出更为丰富多元的特色。汇集一代建筑大师重要理论的学术论著《梁思成全集》（10卷，2001年）、《刘敦桢全集》（10卷，2007年）先后由中国建筑工业出版社出版。2003年，《梁思成全集》获第六届国家图书奖荣誉奖。2008年，《刘敦桢全集》获第一届建筑图书奖。文物出版社大型系列图书《中国古代建筑》继续推出《正定隆兴寺》（2000年）、《解州关帝庙》（2002年）、《洪洞广胜寺》（2006年）、《蓟县独乐寺》（2007年）、

《义县奉国寺》（2011年）。其中《义县奉国寺》以多年实地测绘为基础，从历史文献梳理、实测数据采集与分析、建筑设计手法与理念等方面，对义县奉国寺大雄殿建筑艺术等课题进行全面、深入探讨，是一部集研究理论与测绘图、摄影资料于一体的建筑实例专集，具有较高学术价值。2005年，天津大学出版社引进出版李允鉌著《华夏意匠——中国古典建筑设计原理分析》。该书以现代科技观点和建筑艺术语言对中国传统建筑进行全面阐述和分析，获首届中华优秀出版物奖。2007年，陈明达遗著《蓟县独乐寺》由天津大学出版社出版，除收入陈明达绘制的建筑分析图及专题论文外，中国营造学社、中国文物研究所、天津大学等单位收藏的独乐寺观音阁和山门的测绘图、照片资料也附于其中，是中国古代建筑史研究领域建筑经典作品个案分析方面的一部力作，获第一届中国建筑图书奖。随着科学技术不断发展，新技术、新材料在古建勘察修缮保护中应用越来越广泛。2011年，清华大学建筑设计研究院文化遗产保护研究所、北京清华城市规划设计研究院文化遗产保护研究所编著的《佛光寺东大殿建筑勘察研究报告》由文物出版社出版，报告中首次将三维激光扫描技术应用于古代木构建筑勘察和结构安全评估。为配合各地维修保护工程，文物出版社陆续推出《朝阳北塔考古发掘与维修工程报告》（2007年）、《苏州云岩寺塔维修加固工程报告》（2008年）、《武当山紫霄大殿维修工程与科研报告》（2009年）、《都江堰二王庙震后抢险保护勘察报告》（2010年）、《新城开善寺》（2013年）、《元代木构延福寺》（2013

年）等一批古建勘察修缮报告。

石窟图书 中华人民共和国成立后，文物调查工作陆续展开，石窟类图书也陆续出版。1957年，文物出版社出版山西云冈古迹保养所编《云冈石窟》。1958年，文物出版社推出宋伯胤编著《剑川石窟》，内容是1951年初次调查的记录。1961年，文物出版社出版龙门保管所编《龙门石窟》。1963年，文物出版社出版陈明达著《巩县石窟寺》，除收入近350张照片外，还附有28张实测图和77张题刻拓本。这部专著遵循"科学记录、系统研究"原则，成为石窟保护研究类图书编辑出版的范例。

20世纪七八十年代，大型图录成为石窟类图书的主流。1977年，文物出版社推出山西省文物工作委员会等编《云冈石窟》。1980年起，大型系列图书《中国石窟》中文版、日文版由文物出版社与日本平凡社合作陆续出版，系统全面发表中国石窟重要内容和论文等，图文并茂，印制精良。其中《敦煌莫高窟》（5卷）获首届中国优秀美术图书奖特别金奖和首届国家图书奖；《克孜尔石窟》（3卷）获首届夏鼐考古学研究成果一等奖。1980年，敦煌文物研究所编《敦煌的艺术宝藏》图录由文物出版社和生活·读书·新知三联书店香港分店联合出版。此后，文物出版社又陆续推出《炳灵寺石窟》（1982年）、《大足石窟》（1984年）、《陇东石窟》（1987年）等一批中型普及类图录。

1993年，国家文物局教育处编《佛教石窟考古概要》由文物出版社出版，是学习、研究、欣赏佛教石窟美术的必备读物。1996年，宿白著《中国石窟寺研究》由文物出版社出版，全面记录中国石窟寺考古学创建历程，以中国石窟寺严谨的区系研究与编年体系的全面视野确立了历史考古学方法在石窟寺研究中的地位。该书获首届国家社会科学基金项目优秀成果一等奖、北京市第五届哲学社会科学优秀成果特等奖，并于1997年获美国史密森学院和日本京都大都会远东艺术中心联合设立并颁发的第三届"岛田著作奖"。

20世纪90年代中期开始，文物出版社陆续推出系列石窟类图书，包括工具类的《敦煌石窟内容总录》（1996年）、《须弥山石窟内容总录》（1997年）、《库木吐喇石窟内容总录》（2008年）、《森木塞姆石窟内容总录》（2008年）、《克孜尔石窟内容总录》（2009年）、《庆阳北石窟内容总录》（2013年）等，考古报告类的《新疆克孜尔石窟考古报告·第一卷》（1997年）、《敦煌莫高窟北区石窟》（2004年）等，为石窟研究提供了重要基础资料。

2000年，国家重点出版工程《中国石窟雕塑全集》（10卷）由重庆出版社出版，是中国首次推出全面、系统、深入反映石窟研究的最新成果。2011年，敦煌研究院编《敦煌石窟全集·第一卷：莫高窟266～275窟考古报告》由文物出版社出版。《敦煌石窟全集》出版计划最早由郑振铎在20世纪50年代提出，规划出版一百卷，运用文字、测绘和照相等各种记录手段，逐窟记录洞窟位置、窟外立面、洞窟结构、塑像、壁画、洞窟保存状况，以及附属题记等内容，是洞窟最翔实的"档案资料"，可为洞窟修缮乃至全面复原提供科学依据。2012年，中国社会科学院考古研究所和日本京都大

学人文科学研究所开始编译中文版及日文版的大型考古报告《云冈石窟》，计划出版20卷，其中中文版的第一期（一至七卷）于2014年由科学出版社出版，第二期（八至十六卷）于2016年由科学出版社出版。

## 四、出土文献类图书

出土文献相对于传世文献而言，具有原真性、唯一性、残缺性等特点，可补证传世文献的不足。出土文献主要包括甲骨文、金文、简牍帛书、敦煌吐鲁番文献等，其中简牍帛书为大宗。简牍的出土古已有之，著名的有西汉时期的孔子壁中书和西晋的汲冢竹书。1901年，斯文·赫定和斯坦因在新疆汉晋遗址发现了简牍，开启了我国近代简牍整理与研究的序幕。20世纪以来，古代简牍大量面世，数量大，内容丰富。截至2017年，全国发现的简牍总量约30万枚，分布于甘肃、青海、内蒙古、新疆、四川、河北、河南、山东、山西、安徽、江苏、江西、湖北、湖南、广东、广西等地。

随着简牍的不断出土，出土文献资料也亟待公布和出版。1949年以前，出土文献整理以个人专著为主。民国3年（1914年），罗振玉、王国维合撰《流沙坠简》，1934年校正后重印。全书共3册，收录斯坦因在中国盗掘的敦煌汉简、罗布泊汉晋简牍及少量纸片、帛书等，共计588枚／件。该书分为小学术数方技书、屯戍丛残、简牍遗文三部分，有释文和考释，是中国近代最早的简牍研究著作，为近代简帛学的奠基之作。1931年，张凤撰写的《汉晋西陲木简汇编》，由上海有正书局编辑出

版，该书分初编和二编，内容包括居延汉简和敦煌汉简的图版、释文、考证等，对于研究汉晋历史以及边塞地区政治、经济、军事、文化等具有重要价值。

中华人民共和国成立后，文物保护和科学考古发掘工作不断进步，国家重视专业人才的培养，无论是在对简牍的保护还是整理研究方面，都取得了令人瞩目的进展和成就。

武威汉简出土于甘肃省武威市，时代为西汉至新莽时期。包括《仪礼》简、王杖诏令简和医药简等。其中《仪礼》简共9篇，1篇写于竹简、8篇写于木牍，不仅揭示了西汉晚期的简册制度，并且提供了不同于郑玄注的《仪礼》版本。1960年，甘肃省博物馆、中国科学院考古研究所对这批汉简进行了整理和研究，撰写叙论、释文和校记，编为《武威汉简》一书，作为"考古学专刊乙种第十二号"，于1964年由文物出版社出版。2005年，中华书局对该书进行再版，在保持原书不变的前提下，将陈梦家先生《武威汉简补述》一文作为附录刊于书后。

20世纪70年代以来，国家文物局在文物出版社陆续成立了由唐长孺、唐兰、张政烺、商承祚、顾铁符、朱德熙、李学勤、裘锡圭参加的马王堆汉墓帛书、银雀山汉墓竹简、睡虎地秦墓竹简、吐鲁番唐代文书、居延汉简等5个整理小组，负责这5个项目的整理出版工作。后来，在整理小组基础上组建了文化部古文献研究室，专门从事出土文献的整理和研究。

马王堆汉墓简牍和帛书出土于湖南省长沙市马王堆两座汉墓中。一号汉墓出土竹简312枚，内容为随葬物品记录，另有木楬49枚。三号汉墓出土竹简600余枚、木牍6枚，此外还有大量帛书。竹简中有400余枚为遣册、200余枚为医书，帛书除《周易》《老子》《战国纵横家书》等文献外，其他多为古佚书，内容涉及思想、军事、天文、医学、地理等各领域，此外还有两幅古地图，对研究中国古代哲学、术数、自然科学等具有不可估量的价值。1973年，湖南省博物馆、中国科学院考古研究所编著的《长沙马王堆一号汉墓》由文物出版社出版，刊登了一号汉墓出土简牍的全部照片和释文；1980～1985年，马王堆汉墓帛书整理组编著的《马王堆汉墓帛书》由文物出版社出版，收录了三号汉墓出土的帛书和竹简本医书；2014年，复旦大学出土文献与古文字研究中心、湖南省博物馆编纂的《长沙马王堆汉墓简帛集成》由中华书局出版，首次将马王堆三座汉墓出土的简帛文献集中完整公布，该书获得2014年度全国优秀古籍图书奖二等奖、上海第十三届哲学社会科学优秀成果奖·著作类特等奖、首届宋云彬古籍整理奖·图书奖和第四届中国出版政府奖图书奖。

银雀山汉墓竹简出土于山东省临沂市银雀山两座汉墓中。共计有完整简、残简4942简，此外还有数千残片。内容包括《孙子兵法》《孙膑兵法》《六韬》《尉缭子》《晏子》《守法守令十三篇》《元光元年历谱》等先秦古籍及古佚书。简文书体为早期隶书，写于西汉文景时期至武帝初期。这些古籍均为西汉时期写本，对于研究中国历史、哲学、古代兵法、历法、古文字学、简册制度和书法艺术等提供了宝贵的资料。文物出版社于1975年出版《银雀山汉墓竹简（壹）》线装本，1985年出版修订本。2010年，文物出版社出版《银雀山汉墓竹简（贰）》，包括竹简图版和释文注释，该书获第三届中国出版政府奖提名奖和第26届全国优秀古籍图书奖一等奖。

睡虎地秦墓竹简出土于湖北省云梦县11号秦墓，是首次考古发现秦简。该批简牍共1255枚，另有残片88片，内容可分为《编年记》《语书》《秦律十八种》《秦律杂抄》《法律答问》《封诊式》《为吏之道》《日书》等10种。竹简文字为墨书秦隶，写于战国晚期及秦始皇时期，反映了篆书向隶书转变阶段的情况，其内容主要是秦朝时的法律制度、行政文书、医学著作以及关于吉凶时日的占书。1977年、1978年、1990年，睡虎地秦简整理小组编著的《睡虎地秦墓竹简》线装本、平装本、精装本陆续由文物出版社出版。其中精装本收录了该批简牍的全部照片、释文和注释，为研究秦帝国的政治、法律、经济、文化、医学等提供了基础资料，具有十分重要的学术价值。该书获第一届全国优秀古籍图书奖一等奖。2014年，武汉大学出版社出版了陈伟主编的《秦简牍合集》第一卷《睡虎地秦墓竹简》，吸收了学界的相关研究成果，对释文做了校订，并附集释和红外图版。

我国对吐鲁番进行科学考古始于20世纪二三十年代。黄文弼先生随中瑞西北科学考察团，于民国17年、19年两次到吐鲁番，发掘了众多墓葬，后来出版了《吐鲁番考古记》一书。1959～1975年，新疆维吾尔自治区博物馆等单位对阿斯塔那、交河故城等地进行考古发掘，获得大量文书和简牍等文字资料。1981年起，文物出版社陆续出版了由国家文物局古文

献研究室、新疆维吾尔自治区博物馆、武汉大学历史系合编的《吐鲁番出土文书》平装本10册、图版精装本4册，收录了4～8世纪的汉文文书，包括高昌地区官府的符、帖、牒、状、手实、户籍等文书，以及历书、医方、古籍写本、佛经残卷等民间资料，内容十分丰富。平装本获全国第一届古籍整理图书奖提名奖。图版精装本获第三届国家图书奖提名奖和全国第二届古籍整理图书奖一等奖。

居延汉简通常是指民国19年前后西北考查团在额济纳河流域的汉代烽燧遗址所获的一万余枚简牍，其内容绝大部分为汉代边塞上的屯戍档案，另有少量书籍、历谱和私人信件等。居延汉简以当时边塞屯戍的日常生活档案为核心内容，兼及汉代社会和生活的各个方面，重点通过当时吏卒勤务及日常生活的各项记录，体现当时汉塞的防御体系，丰富了人们对汉代边疆史的认识，对研究汉朝的文书档案制度、政治制度具有极高的史料价值，被誉为20世纪中国档案界的"四大发现"之一。该批简牍先后辗转多地，存于台北"中央研究院"历史语言研究所。1980年，中国社会科学院考古研究所编《居延汉简（甲乙编）》由中华书局出版；1987年，谢桂华、李均明、朱国炤对释文做了校订，由文物出版社出版《居延汉简释文合校》，成为居延汉简研究的范本。1972～1982年，居延考古队在额济纳河流域进行多次考察，在甲渠候官遗址发现简牍8000余枚，在肩水金关遗址发现简牍12000枚。1990年，文物出版社出版《居延新简——甲渠候官与第四燧》，收录了甲渠候官遗址简牍释文，作者为甘肃省文物考古研究所等。1994年，中

华书局出版《居延新简》精装本，公布了简牍图版。2011～2016年，肩水金关汉简材料陆续由中西书局出版，作者为甘肃简牍保护研究中心等。

1977～1988年，甘肃省文物考古工作者在敦煌附近陆续发现1500余枚简牍，内容多为与屯戍相关的官私文书，包括账本、名册、历谱、日书、习字简等，时代为西汉中期至新莽时期。简牍内容涉及大量玉门候官和大煎都候官之事，为确定两候官的位置、规模和管辖范围提供了依据。1991年，甘肃省文物考古研究所编《敦煌汉简》由中华书局出版，公布了上述诸简的图版和释文。2013年，张德芳编著的《敦煌马圈湾汉简集释》由甘肃文化出版社出版，吸收了学界的相关研究成果，对释文做了校订。

包山楚简出土于湖北省荆门市包山二号战国楚墓，共有竹简278枚和竹牍1枚，包括司法文书简、卜筮祭祷简和遣策。竹简内容丰富，纪年明确，为研究战国时期楚国的政治、经济、法律以及文字、书法等提供了珍贵的资料。1991年，湖北省荆沙铁路考古队编著的《包山楚简》由文物出版社出版，书中收录全部照片和释文，详细介绍了包山楚简的出土情况、简牍形制和主要内容。

郭店楚简出土于湖北省荆门市，共804枚，其中有字简730枚。简文内容包括16篇先秦时期的文献，其中道家典籍3篇，分别为《老子》《太一生水》《语丛四》；儒家典籍13篇，分别为《缁衣》《鲁穆公问子思》《五行》《穷达以时》《唐虞之道》《忠信之道》《成之闻之》《五行》《尊德义》《性自命出》《六德》《语丛一》《语丛二》《语丛三》。郭店楚简具有重要的学术研究价值，被誉为"改写中国思想史的典籍"。1998年，荆门市博物馆编《郭店楚墓竹简》由文物出版社出版，该书获得第四届国家图书奖和第二届全国优秀古籍图书奖一等奖。

长沙走马楼三国吴简出土于湖南省长沙市古井窖群中，共出土三国时期简牍10万余枚，其中有字简7.2万余枚，内容为三国吴嘉禾元年至六年（232～237年）长沙郡的部分档案，包括券书、司法文书、长沙郡所属人名民簿、名刺和官刺、账簿等。这批简牍填补了出土文献三国时期的空白，是"中国20世纪100项考古大发现"之一。1999年，长沙市文物考古研究所、中国文物研究所、北京大学历史学系编著的《长沙走马楼三国吴简·嘉禾吏民田家莂》由文物出版社出版，拉开了走马楼三国吴简整理出版的序幕，此后文物出版社陆续出版了《长沙走马楼吴简·竹简》第1～9辑。

额济纳汉简出土于内蒙古额济纳旗汉代烽燧遗址，共500余枚。内容与居延汉简相似，以文书为主，涉及汉代政治、经济、军事等，时代为西汉中期至东汉早期。2005年，魏坚主编的《额济纳汉简》由广西师范大学出版社出版，收录相关发掘调查概况和简牍图版、释文等。

张家山汉墓竹简出土于湖北省江陵县二四七号汉墓，共1236枚。简文内容包括二年律令、奏谳书、盖庐、脉书、引书、算术书、历谱、遣册等，其中二年律令共500余枚，有贼律、盗律、具律、告律、捕律、金布律、史律、蛮夷律等，为研究西汉初期的法律提供了较为完整的资料。2001年，张家山汉简二四七号汉墓竹简整理小组编著的《张家山汉墓竹简〔二四七号墓〕》由文物出版社出版，公布了该批简牍的图版、释文和注释。2006年，文物出版社出版《张家山汉墓竹简〔二四七号墓〕（释文修订本）》。2007年，武汉大学简帛研究中心等编著的《二年律令与奏谳书》由上海古籍出版社出版，辑录各家意见，对简文进行了解读，并附有简牍的红外照片。

随州孔家坡汉墓竹简出土于湖北省随州市，简牍近800枚，内容包括日书、历日及告地书。2006年，湖北省文物考古研究所、随州市考古队编著的《随州孔家坡汉墓简牍》由文物出版社出版。

里耶秦简出土于湖南省龙山县里耶古城1号井中，共36000余枚。简文内容丰富，多为官署档案，涉及当时社会政治、经济、文化的各个层面，极大增添和充实了秦代的历史文献和档案资料，对研究秦的统一和秦文化的传播有重要意义，也是研究秦王朝地方政权的标本。2012年、2017年，湖南省文物考古研究所编著的《里耶秦简（壹）》《里耶秦简（贰）》由文物出版社出版。

凤凰山汉简出土于湖北省江陵县纪南城，六座汉墓中出土简牍634枚。简牍内容涉及赋税、徭役、户籍、借贷、贸易等方面的经济文书、账册、契约等，另有多份遣册。2012年，湖北省文物考古研究所编著的《江陵凤凰山西汉简牍》由中华书局出版，集中公布了全部简牍的照片、摹本、释文及相关考古资料、研究资料。

除了上述数量较多、较为集中的简牍，全国各地还零散出土了大量简牍。广西贵县罗泊湾汉墓木牍、江苏连云港花果山云台汉墓简牍、江苏扬州仪征胥浦汉墓简牍、江苏邗江胡场汉墓木牍、甘肃张掖高台晋墓木牍等，均收录于文物出版社1990年出版的《散见简牍合集》中（李均明、何双全编）。

1994年，上海博物馆从香港购藏一批战国楚竹书，约1200枚，内容为先秦典籍；2001～2012年，马承源主编的《上海博物馆藏战国楚竹书》第1～9册由上海古籍出版社出版。2007年，湖南大学岳麓书院从香港购藏一批秦简，其中较为完整的简1300余枚，内容包括律令、数书、占梦书、为吏治官及黔首、质日等；2010年起，陈松长主编的《岳麓书院藏秦简》陆续由上海辞书出版社出版。2008年，清华大学入藏了一批战国楚简，共2400余枚；2010年起，李学勤主编的《清华大学藏战国楚简》陆续由中西书局出版。2009年，北京大学从海外购藏一批竹简，共有762枚，内容包含数学文献、饮酒诗歌、数术方技、记账文书等；2015年起，朱凤瀚主编的《北京大学藏西汉竹书》由上海古籍出版社出版。这些简牍虽然不是经科学发掘出土的，但均经过相关专家鉴定，确系真品。除岳麓秦简外，其他简牍内容多为书籍类文献，包含多种佚书，丰富了战国时期的典籍资料。

除了汉文简牍帛书，少数民族文字材料也多有发现。新疆各地出土了大量汉文和佉卢文简牍和纸文书，年代亦为汉晋时期，共约1000件。林梅村综合各家刊布的文书内容，对原整理释文进行校订，编著《楼兰尼雅出土文书》和《沙海古卷——中国所出佉卢文书（初集）》，两书分别于1985年和1988年由文物出版社出版。吐蕃简牍是吐蕃文献三大部分之一，文物出版社于1986年出版了由王尧、陈践编著的《吐蕃简牍综录》一书，对所见国内外吐蕃简牍463枚进行分类整理、解读并译为汉文，为研究吐蕃时期的历史、语言、宗教、军事等提供了翔实的资料。1990年，宁夏贺兰县拜寺沟西夏方塔出土了30余种西夏文书，其中西夏文《吉祥遍至口和本续》佛经被认为是遗存最早的木活字版印本，受到中外学者的广泛关注。2005年，文物出版社出版了宁夏文物考古研究所编著的《拜寺沟西夏方塔》，收录了方塔出土的所有材料。

除简牍帛书之外，出土文献还包括甲骨文、金文、碑刻等。1978~1982年，中华书局出版《甲骨文合集》，由郭沫若主编，选录殷墟出土的甲骨拓本、照片和摹本，共41956片，是中国现代甲骨学方面的集成性资料汇编。1984~1994年，中华书局出版了《殷周金文集成》，由中国社会科学院考古研究所王世民、陈公柔等在夏鼐先生的指导下集体编纂完成，收器总数近12000件，其学术价值之高、影响之巨有目共睹。1994年起，大型丛书《新中国出土墓志》由文物出版社陆续出版，是国内首次对1949年以后新出墓志进行大规模整理出版，该书第一期共10卷出版后接连获得国家级大奖。

## 五、文物图录类图书

中华人民共和国成立后，中央和地方的文史、古籍、艺术类等相关出版社编辑出版了大量精美的文物图录。其中文物出版社在建社之初就采用彩色铜版、珂罗版、铅印、凹印和新兴发展的胶印技术编辑出版了一批精美图录，如《西藏佛教艺术》《五省出土重要文物展览图录》《中国版刻图录》《故宫博物院藏瓷选集》等。

"文化大革命"期间，文物出版社除出版大量单幅毛主席手书墨迹和小开本的毛主席诗词外，还编辑出版了《丝绸之路——汉唐织物》和《西汉帛画》等精装文物图录。

改革开放以后，文物出版社一批重点文物图录图书相继问世，并在对外合作出版上率先取得突破，先后编辑出版了《中国博物馆》（14卷）、《中国考古文物之美》（10卷）、《中国石窟》（17卷）、《中国书迹大观》（7卷）、《中国美术全集》（16卷）、《中国青铜器全集》（16卷）、《中国绘画全集》（30卷）、《中国古代书画图目》（24卷）、《中国古代地图集》（3卷）、《中国古代建筑》系列、《中国文物精华》系列等一批具有重要文化价值的文物图录。

进入21世纪，文物图录出版呈现前所未有的丰富多彩，除了文博系统的出版社，美术类出版社、古籍类出版社和一些综合性出版社亦纷纷涌入这一出版领域。故宫博物院、中国国家博物馆和一批省级博物院（馆）、考古院（所）陆续推出了有关藏品精粹、专题性图录、展览图录、馆藏大系图录、出土文物图录等。其中文物出版社出版了《蒙古民族文物图典》《中国竹木牙角器全集》《秦始皇帝陵》《中国皮影戏全集》《花舞大唐春》《复兴之路》《中国记忆》《丝绸之路》《海上丝绸之路》《永远的北朝》等一系列编排新颖、印制精美的图录，获得了社会各界的广泛好评。

# 六、近现代文物类图书

以革命文物为主的近现代文物保护，是中国文物工作一大特色，其相关图书主要包括手稿墨迹、纪念性图录和资料性图录等。20世纪五六十年代，以文物出版社为代表的出版机构出版了如毛泽东、鲁迅等革命领袖和文化名人的手稿墨迹，以6开、12开、16开本为主，装帧有平装、精装和线装等。随着革命文物和遗址保护修复，一批资料性图录也相继出版。"文化大革命"期间，手稿墨迹的出版依然进行。20世纪八九十年代，一批老一辈无产阶级革命家和中国民主主义革命先驱的纪念性图录陆续出版。进入21世纪，为配合革命历史与建设成就展览，出版了一批展览图录和相关普及类读物。

**手稿墨迹图书** 主要有毛泽东诗词系列。1958年，文物出版社出版《毛主席诗词十九首》，12开，宣纸，线装，木板刻印。1963年，文物出版社出版《毛主席诗词三十七首》，12开，宣纸，线装，珂罗版影印，其中七律《人民解放军占领南京》、七律《到韶山》、七律《登庐山》、七绝《为女民兵题照》等10首诗词系首次发表。1973年，文物出版社编选出版《毛主席诗词墨迹》，6开，宣纸影印，线装，收入毛主席手书诗词15首。1983年，文物出版社出版中共中央文献研究室、中央档案馆编《毛泽东书信手迹选》，6开，线装，收录84封书信手稿，绝大部分为首

次发表，原件照相影印。此外，文物出版社还出版了一些名人手稿、墨迹。1986年，为纪念孙中山120周年诞辰，出版刘大年主编《孙中山书信手迹选》，16开，平装，系孙中山书信手迹首次刊行。1976年，由国家文物局组织，文物出版社陆续出版六函共60卷《鲁迅手稿全集》，包括文稿、书信、日记等部分，是当时鲁迅手稿最完整的汇集。

**纪念性图录** 20世纪80年代起，陆续出版了一批关于老一辈无产阶级革命家和中国民主主义革命先驱的纪念性图录，内容包含历史照片、手迹、遗物、遗址等。1980年，文物出版社出版中国革命博物馆革命文物编辑部编《纪念彭德怀同志》，12开，收录彭德怀珍贵照片约500幅。1981年，文物出版社出版中国革命博物馆革命文物编辑部编《纪念贺龙同志》，12开，收录贺龙珍贵照片390余幅，配有文物和遗址照片50余幅，图片附有详细说明。1982年，文物出版社出版宋庆龄故居编《纪念宋庆龄同志》，收录400幅历史文物照片（多为首次发表）和近万字的前言，配以大事年表，介绍宋庆龄对中国革命的独特贡献。1985年，为纪念周恩来逝世10周年，文物出版社出版中国革命博物馆编《纪念周恩来》，收录珍贵图片540余幅（多为首次发表），是周恩来生平事迹图集的增订重编。1986年，文物出版社出版中国革命博物馆编《纪念朱德》，收录照片491幅（多为首次发表），并附有比较详细的文字说明，书后附有朱德生平事迹年表。同年，文物出版社出版中国革命博物馆编《纪念毛泽东》，是为纪念毛泽东逝世10周年而出版的大型图录，收入毛泽东各个历史时期照片

400余幅（多为首次发表）；出版中国革命博物馆编《纪念刘少奇》，收录刘少奇各个历史时期照片近500幅。此外文物出版社还相继出版了《纪念任弼时》《纪念李大钊》《纪念廖仲恺何香凝》等纪念老一辈无产阶级革命家和中国近代民主革命家的图录。

资料性图录　反映中国近现代社会历史变革及有关社会历史发展，介绍重要的近现代纪念性建筑、重要历史人物等方面的图集。1952年，为纪念太平天国革命运动100周年，上海出版公司出版太平天国革命展览会编《太平天国革命文物图录》，收录太平天国遗存印信、文书告谕等遗物，是研究太平天国的重要资料。此后，绝大部分近现代文物图录由文物出版社出版。1958年，出版中央革命博物馆筹备处编《二万五千里长征》，收入有关长征史迹的重要照片资料50幅，书前有长征路线图，并附有文字说明。1959年，出版延安革命纪念馆编《延安革命纪念建筑》，收入杨家岭、枣园、王家坪等处建筑物照片52幅；出版延安革命博物馆编《延安革命博物馆》，系统介绍该馆1958年11月底开放陈列的珍贵革命文物；出版毛泽东同志主办广州农民运动讲习所旧址纪念馆编《毛泽东同志主办广州农民运动讲习所旧址纪念馆》，介绍毛泽东在广州主办农民运动讲习所的历史，以及讲习所旧址的复原修缮、原状陈列等。1977年，出版中国历史博物馆编《中国工农红军长征文物选辑》，介绍长征时期的革命文物；出版中国历史博物馆编《纪念周恩来总理文物选编》，根据同名展览编辑而成，系统汇集周恩来各个时期的照片、文物和资料。1978年，出版韶山毛泽东同志旧居陈列馆编《韶山》，介绍韶山毛泽东青少年时代旧居和相关革命活动的文物。1981年，出版广东省社会科学院历史研究室、中山大学历史系孙中山研究室、广东省中山县翠亨孙中山故居联合编《纪念孙中山先生》，收录孙中山历史照片322幅。1986年，出版湖北省博物馆、武汉大学历史系等单位（《辛亥武昌起义》编辑组）编《辛亥武昌起义》，以丰富的历史文物资料，介绍武昌起义的历史背景、发生经过、结果及历史意义。1990年，出版中国革命博物馆编《抗日战争时期宣传画》，收录抗日战争期间的宣传画200余幅。1992年，出版姬乃军著《延安革命旧址》，介绍延安革命根据地旧址177处。2003年，出版中国革命博物馆编《中国革命博物馆藏品选》，介绍中国革命博物馆馆藏精品。2006年，为纪念孙中山故居纪念馆建立50周年，出版《孙中山故居纪念馆》编辑小组编《孙中山故居纪念馆》，图文并茂地介绍孙中山故居纪念馆创建50年来的历程、孙中山生平事迹和相关文物。2006年起，出版孙中山故居纪念馆、中山市孙中山研究所编"孙中山与翠亨历史文化丛书"，包括《李仙根日记·诗集》《孙眉年谱》《翠亨村》《我所认识的孙逸仙：童年朋友陆灿的回忆》《姚观顺传》《孙中山研究综目（1990～2015）》等。

此外，文物出版社还出版了许多近现代普及读物，如《黄花岗》《集美学村》《翠亨孙中山故居》《广州鲁迅故居》《北京鲁迅故居》《延安鲁艺》《延安抗大》《闽西革命根据地旧址》《武昌起义军政府旧址》《刘志丹烈士陵园碑刻》等，图文并茂，通俗易懂，在弘扬爱国主义精神、普及近现代历史知识方面发挥了重要作用。2004年起，文物出版社推出"带你走进博物馆"系列丛书，其中包括一些纪念馆和人物故居，如《中国人民抗日战争纪念馆》《北京鲁迅博物馆》《八路军武汉办事处旧址纪念馆》《老舍纪念馆》《梅兰芳纪念馆》《北京李大钊故居》《旅顺日俄监狱旧址博物馆》《周逸群故居》《铁人王进喜纪念馆》等。

## 七、工具书

随着文物工作展开，科学研究不断积累，文物保护技术不断提高，对工具书的需求也日益提高。20世纪六七十年代，为配合文物工作，各地陆续编写文物工作手册，部分公开出版。20世纪80年代，随着全国文物工作全面展开和快速发展，尤其是1982年《文物保护法》颁布后，各地文物工作手册在不断完善的基础上陆续出版。这一时期是文物工具书全面系统出版时期，以《中国大百科全书·考古学》《中国大百科全书·文物博物馆》为代表的全面而系统的文博研究工具书问世；《考古学年鉴》从1984年开始逐年出版；以《中国文物精华大辞典》为代表的各种文物图典出现；以《中国古代书画图目》《中国考古学文献目录》为代表的资料索引陆续问世。进入21世纪，陆续出版《中国考古学》系列丛书、《中国考古学大辞典》、《中国文物年鉴》等具有重要影响力的工具书。

**工作手册**　围绕工作需要编写的关于文物博物馆基本知识、法律法规、操作规程等内容的工作指导性用书。中华人民共和国成立后，随着文物事业发展和文物保护工作需要，各地文物部门陆续编写印制《文物工作手册》，如安徽省文化局（1960年）、四川省文化局（1973年）、天津市文物管理处（1974年）、河南省革命委员会文化局（1976年）等都编写了本省市的《文物工作手册》，均为内部资料。这些手册收录中央关于文物保护相关文件，如《中共中央关于在"无产阶级文化大革命"中保护文物图书的几点意见》《国务院关于加强文物保护工作的通知》《一九六〇年文化部、对外贸易部送发关于文物出口鉴定标准的几点意见》等，并汇集各地第一批文物保护单位名单及中国历史年代简表等内容。1985年，贵阳市文物管理委员会以1982年11月公布的《文物保护法》为依据汇编《文物工作手册》。北京市文物事业管理局在1985年、1990年、1996年编写多版《文物工作手册》，其中1996年版除汇集国家及北京市文物保护法律法规、文件资料外，还收录了《北京文物事业发展五年规划（1995～1999）》《北京城市总体规划（摘录）》等内容。2006年，由国家文物局博物馆司主编、华龄出版社出版的《博物馆工作手册》，收录《博物馆管理办法》等有关博物馆工作的法律法规和文件资料。2015年，由上海市文物局编、科学出版社出版的《上海市文物工作手册》内容较为全面完整，分为综合、不可移动文物、考古发掘、博物馆、社会文物、文物科技、文物安全与执法、附录，收录文物工作适用法律、法规、规章，以及行业标准、规范、导则和相关业务参考资料等。

**辞典**　中华人民共和国成立之初，国家曾打算出版中国百科全书，但未能实现。1978

年，中国大百科全书出版社成立，负责全国第一部大型综合性百科全书《中国大百科全书》的出版工作。1986年，《中国大百科全书·考古学》出版，由考古学专家贾兰坡、安志敏、宿白等担任各分支学科主编。书中列有各考古时期条目分类目录，并附有索引、外国人名及地名译名、动物化石中文及拉丁文学名对照表等。书中收录的中国考古资料截至1981年底，个别条目资料收集到1983年或1984年，较全面反映了20世纪80年代考古学发展概况。1991年，中国大百科全书出版社在《中国大百科全书·考古学》基础上编辑出版《考古学辞典》，全书收录词条1622条。1993年，《中国大百科全书·文物博物馆》出版。该卷包括文物及博物馆两个学科：文物卷由谢辰生担任主编，分为文物概论、文物保护史、文物管理、全国重点文物保护单位、古器物、古书画、古文献、文物保护技术、外国文物及其他等；博物馆卷由吕济民担任主编，分为博物馆学、博物馆史、博物馆藏品、博物馆陈列、博物馆教育与社会服务、博物馆建筑、博物馆管理、中国博物馆、外国博物馆等。另附条目分类目录、汉字笔画索引、外文索引、外国人名译名对照表等。中国社会科学院考古研究所编著、中国社会科学出版社出版的《中国考古学》系列丛书，以庞大体量、丰富资料，对中国考古学近百年发展历史进行了系统全面回顾、总结和研究，并对21世纪的中国考古学发展给予科学前瞻。该套丛书从1996年开始组织编写，共分9卷，分别为绪论卷、旧石器时代卷、新石器时代卷、夏商卷、两周卷、秦汉卷、三国魏晋南北朝卷、隋唐卷、宋辽金元明

卷。2014年，王巍总主编的《中国考古学大辞典》由上海辞书出版社出版，收词5000余条，分为概论、史前、夏商周、秦汉至元明清、遗址与文物保护、科技考古六编。全书附有"中国考古学大事记""全国重点文物保护单位名录""第一批国家考古遗址公园名单和立项名录""全国各省（自治区、直辖市）考古学会名录""全国考古发掘单位名录（不包括港澳台地区）"等5个附录。正文前面刊有目录、分类词目表，书末附有词目笔画索引，提供多种检索方法，是极具权威性、科学性和实用性的大型专科工具书。

**图典** 将有关科目的图形、图样分门别类编辑整理，加上条目索引，进行详细注解说明的工具书。1989年，文物出版社出版国家文物局组织编撰的《中国古钱谱》，是一部为古钱保护、整理、研究及鉴赏提供参考的工具书。1995年，文物出版社出版朱活著《古钱小辞典》，以中国先秦至清末的历代钱币为主题，兼录流传到朝鲜、日本等邻邦的古钱，详述形制、版别、铸造、质地、流行地区等，兼论其鉴别方法。1982年，上海辞书出版社提出编写馆藏文物辞典的构想，得到国家文物局支持，后历经10余年完成《中国文物精华大辞典》，是一部兼具学术性和艺术性的权威工具书。该书从10万余件国家一级文物中选取5000余件，纵贯中国各个历史时期，按器物类型分为陶瓷卷、青铜卷、书画卷、金银玉石卷四卷，分别由耿宝昌、马承源、刘九庵、史树青担任各卷主编，1995～1996年由上海辞书出版社、商务印书馆（香港）联合出版。1992年起，文物出版社陆续出版一批文物图典，如《中国铜

镜图典》（1992年）、《中国历代纪年佛像图典》（1994年）、《藏传佛教金铜佛像图典》（1996年）、《中国古陶瓷图典》（1998年）、《中国古代瓦当图典》（1998年）等。此类图典图文对照，查检便捷，具有较高参考价值。《文物藏品定级标准图例》系列图书是国家文物局国家文物鉴定委员会依据文化部颁布的《文物藏品定级标准》编纂的一套图集，按文物质地或使用功能分为玉器卷（2006年）、铜器卷（2006年）、文房用具卷（2008年）、家具卷（2009年）、造像卷（2011年）、兵器卷（2011年）、陶瓷器卷、书法卷、绘画卷、拓本卷、善本图书卷、钱币卷、漆器卷、石刻砖瓦卷、印章卷、鼻烟壶卷、竹木牙角卷、铜镜卷、乐器卷、印染织绣卷、金银铅锡铁器卷、度量衡钟表仪器卷、玻璃珐琅器卷、甲骨简牍、文书档案卷、邮票邮品卷。每卷筛选具有代表性的一、二、三级珍贵文物和一般文物，以言简意赅的文字阐明文物特征及定级要点，并配以印制精良的图片。该套书已由文物出版社陆续出版6卷。

**年鉴** 汇辑每年重要时事、文献和统计资料，按年度连续出版的工具书，具有资料权威、反映及时、连续出版、功能齐全的特点，属信息密集型工具书。《中国考古学年鉴》由中国考古学会编，中国社会科学院考古研究所考古资料信息中心组稿、编辑，1984年起每年出版一期，为文物考古工作者及相关文史研究人员常用工具书。1984～2013年卷由文物出版社出版，2014年卷起由中国社会科学出版社出版。初始设置的主要栏目有"考古学研究"，按时代分载综述性文章，将一年内考古学研

究新成果加以介绍并注明出处；"考古新发现"，按各省、自治区、直辖市分别叙述新发现的文物、遗迹、墓葬等；"考古研究、文博机构一览"，介绍各省、自治区、直辖市考古所、博物馆、文物工作队、文物管理委员会、出版机构等；"文物展览、学术动态"，介绍国内外大型展览及学术会议；"对外学术交流"，反映中国考古学家和代表团在国外访问、讲学及外国代表团来访情况。此外还有"高等院校考古、文博专业一览""考古学会一览"等栏目。《中国文物年鉴》是国家文物局组织编写的全面、系统反映中国文物、博物馆事业基本状况的资料性工具书。在国家文物局指导下，各省、自治区、直辖市文物行政部门共同参与，2003年起由中国文物信息咨询中心组织编写、科学出版社出版，2013年起改由文物出版社编辑出版。《中国文物年鉴》初始设置"概述篇""事业篇""地方篇""纪事篇""文献篇"。"概述篇"总体描述全年文物博物馆事业发展情况，包括全国文物局长会议及其他重要讲话；"事业篇"包括党建、博物馆、世界文化遗产、文物保护、文物外事、大遗址保护等工作概览；"地方篇"由各省、自治区、直辖市文物工作部门概括该年度工作大事；"纪事篇"以月为单位，按时间顺序梳理全年有影响的事件和活动；"文献篇"收录当年的文物博物馆相关政策法规及管理办法。

**目录及索引** 1962年，国家文物局组建古代书画鉴定小组，拟对全国所藏中国古代书画进行全面系统的鉴定。1983年，再次组建的中国古代书画鉴定组经几十年努力，凡真迹佳品均汇编入账目式《中国古代书画目录》，1984

年由文物出版社出版，各件作品著录编号、时代、作者、作品名称、形式、质地、墨色、创作年代、纵横、备注等项，部分书画收录不同鉴定意见。结合全国古书画鉴定组1983年起赴各地巡回鉴定工作中遴选的古书画佳作，由文物出版社出版单色图录《中国古代书画图目》。《中国考古学文献目录》为中国现代考古学文献目录工具书，由中国社会科学院考古研究所图书资料室编，文物出版社先后出版

1949～1966年卷（1978年）、1971～1982年卷（1998年）、1983～1990年卷（2001年）。该书辑录所涉及年代期间发行的中国考古学有关论述、期刊、报纸、论文、报告、简报等，以公开发行的书籍、报刊为主，兼收一些内部资料，酌情收录若干相关学科文献。书目、报刊索引包含田野考古资料、考古学分论、考古学专论、美术考古、古代科学技术、古代文化生活、历史地理与名胜古迹等篇目。

# 第二节　期刊出版

随着20世纪20～30年代现代考古学在中国确立，中国考古文物类学术期刊也应运而生。中华人民共和国成立后，专业性较强的文物考古乃至博物馆类期刊陆续创刊，数量不断增加，范围逐渐扩大，专业性也持续提高。其中创刊最早、历史传统最悠久、最具权威性的期刊有《考古学报》《考古》《文物》，被文博学术界称为"三大杂志"。此外还有《故宫博物院院刊》《南方文物》等。1966年"文化大革命"开始后，各类期刊相继停刊。1972年《文物》复刊，是中国期刊复刊和新期刊开始创立的标志性事件。同年，《革命文物》（《文物天地》前身）创刊。1977～1989年，随着文物事业各项工作全面展开、学科框架建立和不断完善，在考古、文物、博物馆等领域涌现出大批学术期刊，且定位更加细化，各地域和各分支学科方面都有对应的期刊。进入21世纪后，新兴的文化遗产学和公共考古领域也有期刊创立，反映出学科发展的新特点、新趋势。

《考古学报》　由中国社会科学院主管、中国社会科学院考古研究所主办的考古类学术期刊，为中国最早的考古类期刊之一。其前身为民国25年（1936年）出版的《田野考古报告》，民国36年改名为《中国考古学报》，以季刊发行，1953年改名为《考古学报》。1954年变更为半年刊，1956年变更为季刊，1960年变更为半年刊，1978年变更为季刊，此后固定为季刊。《考古学报》为面向国内外的中国考古学专业学术性刊物，发表考古发掘调查报告，刊登考古学理论和专题研究论文，报道考古学与古代历史的研究成果，以及古代建筑、古人类、古生物鉴定的研究动态。

《考古》　由中国社会科学院主管、中国社会科学院考古研究所主办的考古专业学术性资料性期刊。创刊于1955年，初名《考古通讯》，为双月刊，1958年改名为《考古》。1972年变更为双月刊，1983年变更为月刊。《考古》主要栏目有考古发现、考古学研究、荆楚史地、楚文化专栏、科技考古、古建研究、信息交流、简牍研究等。主要刊载考古学研究论文，发表野外考古发掘调查简报、考古资料的综述和书刊评介，亦反映自然科学在考古中的应用成果，报道重要的学术动态，是考古类综合性专业期刊。

《文物》　国家文物局主管、文物出版社主办的学术性与资料性并重的专业性学术期刊。1950年1月创刊，名为《文物参考资料》，1959年更名《文物》。"文化大革命"期间停刊5年（1967～1971年），1972年复刊。创刊以来，《文物》及时报道考古新发现、新资料，发表文物、考古领域的前沿研究成果，主要栏目有考古新收获、研究与探索、青铜器集粹、陶瓷赏析、简牍文书、石窟造像、碑刻墓志、画像石·画像砖、书画艺苑、古代建筑、古代钱币、古代镜鉴、古代玺印、古籍版本、文房四宝、玉石工艺、近代文物、古代科技、科技考古、博士论坛、遗址·文物保护、书刊评介、学术动态、文保单位、古邑名村、博物藏珍、展览巡礼等。1999年，《文物》月刊获首届中国期刊奖，并被新闻出版署评为"第二届全国百种重点社科期刊"。2001年，被新闻出版总署确定为"中国期刊方阵"中的"双高"期刊。2003年，获第二届国家期刊奖。2005年，获第三届国家期刊奖。2009年，被中国期刊协会、中国出版科学研究所评为"新中国60年有影响力的期刊"。2013年，被国家新闻出版广电总局推荐为"百强报刊"，并获第三届中国出版政府奖期刊奖提名奖。同年，《文物》月刊获国家社会科学基金第二批学术期刊资助。2013年，《文物》月刊与美国东方瞭望出版社合作出版《文物》英文版。2017年，被国家新闻出版广电总局推荐为第三届全国"百强报刊"。截至2017年12月，《文物》月刊已出刊739期。

**《故宫博物院院刊》** 1958年创刊，双月刊，主办单位为故宫博物院。该刊注重挖掘故宫博物院的学术资源和科研力量，以明清宫廷史研究为主要特色，延伸至明清史、文物、考古、文物保护技术等领域，主要栏目包括考古学研究、文物研究、明清历史、宗教艺术、文物保护与科技修复、博物馆研究、图像与历史、古建筑研究、学术动态等。

**《南方文物》** 1962年创刊，季刊，江西省文物考古研究所主办。主要刊登中国南方地区考古调查、发掘报告及文博事业研究文章，栏目包括调查与发掘、研究与探索、文物与历史等。

**《文物天地》** 由国家文物局主管，中国文物报社主办的文物考古普及性刊物。1972年创刊，名为《文物·革命文物特刊》，由文物编辑委员会编辑，文物出版社出版，不定期出版。1976年4月更名为《革命文物》，1981年定名《文物天地》，双月刊，由文化部古文献研究室编辑。1990年8月，随文化部古文献研究室并入中国文物研究所，由其编辑出版。2002年1月，变更为月刊，由中国文物报社编辑出版。《文物天地》为文物艺术收藏类权威月刊，设有馆藏珍萃、收藏大观等栏目。

**《中原文物》** 1977年创刊，双月刊，主办单位为河南博物院。该刊立足中原，面向国内外，是集考古、文物研究和文物保护于一体的综合性学术期刊。

**《中国国家博物馆馆刊》** 1979年创刊，月刊，中国国家博物馆主办。该刊主要内容涉及馆藏文物、考古学、文物学、艺术史、近现代史、博物馆学等，注重反映中国古代史研究、考古研究和文物研究的最新成果。

**《紫禁城》** 1980年创刊，月刊，故宫博物院主办。该刊是以明清历史、中国古代宫廷文化为经，以古代文物艺术、建筑营缮、历史掌故为纬的文化艺术类杂志。

**《考古与文物》** 1980年创刊，双月刊，陕西省考古研究院主办。该刊依托文物大省的丰厚资源优势和科研实力，面向全国，主要报道文物考古工作的成就，是综合性考古类期刊。

《江汉考古》 1980年创刊，双月刊，湖北省文物考古研究所主办。该刊在长江中游史学研究、楚文化及简牍研究方面独具特色，是地方性文物考古杂志。

《北方文物》 1981年创刊，季刊，黑龙江省文物考古研究所主办。该刊主要探讨中国东北地区文物考古，兼顾中国北方地区民族史和地方史等内容。

《敦煌研究》 1981年创刊，双月刊，敦煌研究院主办。该刊是中国敦煌学重要期刊，为推动敦煌学发展而创办。除敦煌学领域外，还刊登中国佛教史、美术史、古代汉语、古代民俗学、古代科技、古代音乐舞蹈等方面的研究成果。

《人类学学报》 1982年创刊，季刊，中国科学院古脊椎动物与古人类研究所主办，中国旧石器考古权威期刊。主要发表人类学、旧石器考古学和其他学科的原始研究报告及综合性学术论文，在人类起源和现代人起源理论、中国旧石器文化方面多有建树。

《博物馆研究》 1982年创刊，季刊，吉林省博物馆学会、吉林省考古学会主办。该刊以博物馆学研究为主，兼顾历史与文化遗产研究，是博物馆领域的重要学术刊物。

《四川文物》 1984年创刊，双月刊，四川省文物局主办。该刊是西南地区的综合性文物考古杂志。

《中国博物馆》 1984年创刊，季刊，中国博物馆协会主办。该刊以博物馆学为主要内容，是中国博物馆学研究领域最权威的学术刊物。

《东南文化》 1985年创刊，双月刊，南京博物院主办。该刊定位于对中国东南地区及港澳台地区乃至日、韩等东亚诸国文化遗产的探索、研究、保护、展示与利用，带有明显的东南地域特色。

《华夏考古》 1987年创刊，季刊，河南省文物考古研究院主办。该刊立足河南，面向全国，是重要的考古类学术刊物。

《收藏家》 1993年创刊，月刊，北京市文物局主办。该刊立足文物研究和艺术品收藏市场分析，是文物收藏领域的重要期刊。

《中国文化遗产》 2004年创刊，双月刊，国家文物局主管，中国文物报社主办。该刊探讨文化遗产领域前沿学术问题，揭示文化遗产价值，关注文化遗产热点，传播文化遗产保护利用新理念。

《国际博物馆（全球中文版）》 2008年创刊，季刊，译林出版社编辑出版。该刊以《国际博物馆》杂志原始内容为基础，优选中国学者对博物馆研究的论文，内容从博物馆延伸到文化遗产领域各方面，鼓励跨学科、跨领域研究，是非常国际化和学术多元化的学术刊物。

《大众考古》 2013年创刊，月刊，江苏人民出版社主办。该刊是公众考古迅速发展大背景下的产物，也是考古人进行考古公众化尝试的园地。

# 第三节　报纸出版

**《中国文物报》**　《中国文物报》是全国性的文物行业报，前身是河南省文物局于1985年8月创办的《文物报》，1990年1月改为国家文物局机关报。《中国文物报》的办报宗旨是：宣传国家文物法律、法规和文物工作方针、政策；介绍中华民族丰富多彩的文物，进行爱国主义和革命传统教育；报道国内外考古新发现和文物维修、保护、研究的新成果；传播文物知识，开展学术讨论；交流国内外文物工作信息和经验。

《中国文物报》自2002年4月3日出版第1000期起，形成每期对开8版、周双刊的基本格局。在"新闻板块＋专业板块"的整体架构下，屡经探索、调整和充实，构建了渐趋完备的版面布局，第1版为要闻，第2版为新闻，第3、4版为综合，第5～8版为专业版（包括《考古》《展览》《保护》《鉴赏》《图书》《文旅》《文创》《科技》等专刊）。

要闻版以宣传报道党和国家关于文物工作的决策部署、国家文物局重点工作安排、全国文博事业重要成就、交流各地文物工作典型做法和先进经验、面向公众传播文物保护理念和文化遗产知识为主要内容。

新闻版以宣传报道各地文物部门贯彻落实国家文物局的工作部署，推进全国全行业中心工作的举措、做法，交流各地文物系统典型经验为主要内容。

综合版报道"新闻背后的新闻"，包括各地文物工作的先进经验、典型事例、人物事迹，内容贴近基层、贴近社会、贴近实际。

《考古》专刊内容涵盖考古及出土文物研究、考古发掘及围绕考古工作开展的公众考古、大遗址保护、考古遗址公园、水下文化遗产保护等相关探讨。

《展览》专刊着力宣传报道国家文物局有关博物馆方面的重要决策部署、全国博物馆重点工作，介绍博物馆在陈列展览方面的新做法与思考。

《保护》专刊着力宣传报道文化遗产保护工作，针对文化遗产保护领域的热点难点问题进行深度报道。

《鉴赏》专刊重在普及文物收藏鉴赏知识，赏析与历史、民族文化、传统习俗相关联的文物，引导树立积极健康的收藏理念。

《图书》专刊关注全国文博图书出版最新资讯，交流各地文博单位和出版机构编辑出版文博图书的经验做法，全方位提供图书信息。

自创刊以来，《中国文物报》记录文物事业过程，彰显文物人业绩，履行媒体职责，镌刻下一个又一个文博行业发展印记。

1992年5月，全国文物工作会议在西安召开，明确提出"保护为主，抢救第一"的新时期文物工作方针。5月17日，《中国文物报》第1版刊发《全国文物工作会议在西安开幕》《高占祥同志在全国文物工作会议上致开幕词》《国家文物局在西安举行新闻发布会》等文章；5月24日第1版刊发《李瑞环在全国文物工作会议上强调要把抢救放在文物工作的首位》，以及李铁映在会议上的讲话《一定要把文物保护好》；5月31日第1版刊发张德勤代表国家文物局向会议作的工作报告《抓住有利时机　加快改革开放　把我国文物保护事业推上新台阶》；6月21日第1版全文刊发李瑞环代表党中央发表的题为《保护为主　抢救第一》的重要讲话，第2版配发社论《把"保护为主，抢救第一"的方针落到实处》，把全国文物工作会议持续两个多月的宣传推向高潮。6月7日第1版刊发《河南广东等省领导谈文物工作》，第2版刊发郑孝燮在座谈会上的发言《要协调好文物保护与城市建设的关系》；6月28日第1版刊发《燃眉之急话文物》，7月12日第2版刊发罗哲文在座谈会上的发言《要防止古建筑的保护性破坏》，从多个角度记录了中央领导同志和代表们座谈的情况。

1995年10月15日，当时仅有4版的《中国文物报》全文刊登国务院副秘书长刘奇葆的《摆上位置　形成合力　抓好落实——在全国文物工作会议上的讲话》、文化部副部长高占祥的《务实求实　开拓进取把全国文物工作会议精神落实到实处——在全国文物工作会议结束时的讲话》、国家文物局局长张德勤的《开创新时期全民保护文物的新格局——在全国文物工作会议上的工作报告》及记者报道《五纳入：新时期文物工作的重要保证——全国文物工作会议侧记之一》，用3个版面对9月在西安召开的全国文物工作会议进行报道。

1997年3月30日，国务院发布《关于加强和改善文物工作的通知》，明确提出国家保护为主并动员全社会参与的文物保护体制，要求各地方、各有关部门应把文物保护纳入当地经济和社会发展计划，纳入城乡建设规划，纳入财政预算，纳入体制改革，纳入各级领导责任制。1997年4月27日，《中国文物报》第1版全文刊发《国务院发出〈关于加强和改善文物工作的通知〉》，配发特约评论员文章《当前加强和改善文物工作的纲领性文件》；同期第2版刊发国家文物局局长张文彬答记者问《加强和改善文物工作的重要举措》。5月4日第1版刊发《国家文物局就落实国务院通知举行座谈会》，配发特约评论员文章《建立文物保护新体制，关键在"五纳入"》。

2002年10月28日，第九届全国人民代表大会常务委员会第三十次会议通过修订的《文物保护法》。11月6日，《中国文物报》推出16版的《文物保护法特刊》，第1版刊发新修订的《文物保护法》通过并公布的消息、国家文物局局长单霁翔专访，配发评论员文章《依法加强文物保护管理工作　促进文物事业繁荣发展》；第2～3版刊登《文物保护法》全文；第4～7版刊发全国各地文博专家领导谈新修订的《文物保护法》；第8版介绍《文物保护法》修订的背景和过程；第9～11版是文博专家评说新修订的《文物保护法》条文；第12版回顾中华人民共和国文物保护法制建设的历史进程；第13～15版是中国加入世界性文化遗产保护公约的情况和中国加入的4个世界性文化遗产保护公约摘要。11月15日，第1版刊发文化部、国家文物局通知，要求各地文化文物部门做好《文物保护法》宣传贯彻工作。11月20日，推出"学习贯彻《文物保护法》"专栏。2003年6月25日，推出"《文物保护法》答问"专栏。6月20日，第1版刊发消息，启动由国家文物局主办、中国文物报社承办的"全国《文物保护法》知识大赛"活动，进一步向文博界和全社会宣传普及文物法律知识。

2005年12月22日，国务院发布《关于加强文化遗产保护的通知》，明确了文化遗产保护的指导思想、总体目标和具体措施，并决定设立"文化遗产日"。2006年2月10日，《中国文物报》全文刊登《国务院关于加强文化遗产保护的通知》，刊发国家文物局下发《关于贯彻落实国务院〈关于加强文化遗产保护的通知〉的意见》。2月24日，第1版刊发国家文物局召开贯彻落实《国务院关于加强文化遗产保护的通知》座谈会等相关消息，刊登文化部部长孙家正、国家文物局局长单霁翔在座谈会上的讲话和两个版面的会议发言摘要，把这一指导文化遗产保护事业发展的纲领性文件的宣传推向深入。

2007年4月4日，国务院印发《关于开展第三次全国文物普查的通知》。4月13日，《中国文物报》第1版刊发通知全文。4月20日，第1版刊发国家文物局《关于落实国务院通知精神认真做好第三次全国文物普查的通知》和国家文物局局长单霁翔专访。5月4日开始，在第3版开设"专家访谈"专栏。第三次全国文物普查期间，及时报道工作进展。2011年12月29日，国务院第三次全国文物普查领导小组办公室、国家文物局在京组织召开"第三次全国文物普查成果发布会"。《中国文物报》刊发《刘延东在第三次全国文物普查工作电视电话会议上强调——总结经验　巩固成果　在新起点上推动文物事业实现新跨越》和《第三次全国文物普查成果正式对外发布》，向全社会郑重发布普查成果和已通过国家统计局审核的基础数据。

2008年1月23日，中共中央宣传部、财政部、文化部、国家文物局联合印发《关于全国博物馆、纪念馆免费开放的通知》（简称《通知》）。2月1日，四部门在京召开全国博物馆纪念馆免费开放工作会议，部署博物馆纪念馆免费开放工作。2月6日，《中国文物报》第1版刊发会议消息，以及文化部党组书记、副部长于幼军在全国博物馆纪念馆免费开放工作会议上的讲话和《通知》全文。2月8日，刊发评论员文章《免费开放：博物馆发展的机遇与挑战》，阐述博物馆免费开放的影响和深远意义。

"5·12"汶川特大地震发生后，全国文物系统卓有成效地开展了救援速度最快、动员范围最广、投入力量最大的灾后文化遗产抢救保护行动。2008年5月14日，《中国文物报》第1版刊发中央和国家文物局紧急部署相关稿件，派出记者跟随国家文物局工作组赴地震灾区及时了解情况并采写《国家文物局召开四川抗震救灾现场会》《金沙，灾难中的家园》《四川省文物考古研究院抗震救灾纪实》等现场报道。后期持续数月密集跟进震区情况介绍、各地支援、震后保护维修工程和遗址博物馆建设等相关报道，并在地震发生百日、一周年、三周年等节点推出多版专题报道。

长城资源调查是由国务院批准开展的综合性文化遗产保护工程——长城保护工程的重要组成部分。2007年，国家文物局联合国家测绘局开展长城资源调查。2009年4月18日，明长城的调查成果发布——明长城全长8851.8千米。4月22日，《中国文物报》第1版刊发调查成果，第5版整版刊登国家文物局局长单霁翔有关明长城资源调查的专访。10月21日，第1版刊发《全国长城资源调查工作会议在西安召开》，对长城资源调查工作进行阶段性总结和交流。

中国共产党第十八次全国代表大会于2012年11月8日在人民大会堂开幕。12月5日，《中国文物报》第1版刊发新华社消息《习近平在参观〈复兴之路〉展览时强调　承前启后　继往开来　继续朝着中华民族伟大复兴目标奋勇前进》，配发新华社记者评论《团结奋进在复兴之路上》，宣示了实现中华民族伟大复兴的决心和信心。

第一次全国可移动文物普查是我国首次针对可移动文物开展的普查，是在我国文化遗产领域进行的又一重大国情国力调查项目。2012年10月15日，中国政府网公布《国务院关于开展第一次全国可移动文物普查的通知》。10月17日，《中国文物报》第1版刊发消息，介绍了《通知》的主要内容。10月19日，第1版刊发通知全文。12月12日，用一个整版对普查的意义和重要性进行了阐述。在此后4年多的时间里，《中国文物报》及时刊发普查各阶段，包括制定标准和规范、培训试点、调查、文物认定、信息采集和审核、调查资料的整理和汇总、数据库建设等工作报道。2017年，第一次

全国可移动文物普查圆满收官。4月8日，《中国文物报》第1版刊发相关新闻报道3篇，答记者问1篇，评论员文章1篇；第2～12版为《第一次全国可移动文物普查总结表彰暨成果发布特刊》，对普查工作进行了全方位、多角度的总结和数据公布。

2015年，中央主流媒体集中宣传习近平总书记关心历史文物保护工作实践和关于文物保护重要指示批示精神。1月9日，《中国文物报》第1版转发《福建日报》文章《"像爱惜自己的生命一样保护好文化遗产"——习近平在福建保护文化遗产纪事》。1月13日，第1版刊发新华社消息《留住历史根脉　传承中华文明——习近平总书记关心历史文物保护工作纪实》，以及报社自采稿件《国家文物局部署全国文物系统学习贯彻习近平总书记文物保护重要论述精神》《文物系统学习贯彻习近平总书记关于加强文物保护重要论述精神座谈会召开》，国家文物局党组署名文章《文物事业改革发展的根本指南——学习习近平总书记关于加强历史文物保护、传承优秀传统文化重要论述体会》，配发人民日报评论员文章《守护文化遗产才能开创未来》；第2版转发《光明日报》文章《保护是我们必须担当的责任——访国家文物局局长励小捷》。1月13日，推出"学习贯彻习近平总书记文物保护重要论述精神"专题，持续数月陆续刊发文物部门和文物工作者学习体会。2015年《文化遗产日特刊》中对习近平总书记文化遗产保护大事进行了回顾。

2015年1月14日，国务院第78次常务会议通过《博物馆条例》。1月16日，《中国文物报》第1版刊发消息《李克强主持召开国务院

常务会议审议通过〈博物馆条例（草案）〉》和《坚守职业伦理　守住保护红线　专家解读〈博物馆条例（草案）〉》。3月3日，第1版刊发消息《李克强签署国务院令公布〈博物馆条例〉》，并在第2版全文刊发该条例。3月6日，推出"聚焦《博物馆条例》"专栏，持续刊发相关解读和思考文章。

2016年4月12日，全国文物工作会议在北京召开。4月13日，《中国文物报》第1版刊发新华社消息《习近平对文物工作作出重要指示强调　切实加大文物保护力度　推进文物合理适度利用　努力走出一条符合国情的文物保护利用之路　李克强作出批示》《"平语"近人——习近平谈文物工作》和自采稿件《贯彻落实全国文物工作会议精神座谈会在京召开　雒树刚出席并讲话》，配发社论《努力走出一条符合国情的文物保护利用之路》；第2～4版刊发贯彻落实全国文物工作会议精神座谈会上代表发言摘要。后陆续刊发各地组织学习情况。

2016年11月10日，国际博物馆高级别论坛在广东深圳开幕。11月11日，《中国文物报》第1版刊发《习近平向国际博物馆高级别论坛致贺信》《刘延东在国际博物馆高级别论坛上强调　深化国际合作　推进博物馆事业繁荣发展》《国家文物局组织全国博物馆代表学习贯彻习近平总书记关于博物馆工作的重要指示精神》等消息。后陆续刊发各地组织学习情况。

2016年3月，经李克强总理签批，国务院印发《关于进一步加强文物工作的指导意见》。3月11日，《中国文物报》第1版刊发消息《国务院印发〈关于进一步加强文物工作的指导意见〉》《擦亮文物的文化内涵与时代价值——国家文物局局长刘玉珠就〈关于进一步加强文物工作的指导意见〉答记者问》《开创文物事业发展新局面——国家文物局召开学习贯彻国务院〈关于进一步加强文物工作的指导意见〉座谈会》，配发社论《在保护中发展　在发展中保护》，并于第3版刊发指导意见全文。

2017年9月，国务院办公厅印发《关于进一步加强文物安全工作的实施意见》。9月22日，《中国文物报》第1版刊发消息，第2版刊发《实施意见》全文。

# 第四节　影视

影视作品既是直接的动态记录，又能给人以生动、直观的印象，是受众面很广的传播载体。20世纪中期，中华人民共和国成立不久，物质条件仍较为匮乏，但还是将成本高昂的电影拍摄技术应用于部分考古发掘项目的同步记录，并以此为基础制作电影纪录片。作为当时中国唯一生产新闻纪录影片的专业机构，中央新闻纪录电影制片厂是这一时期纪录片的主要制作者。其成立后的30余年间拍摄了数十部反映考古发现和文物工作的电影纪录片，如《地下宫殿》《考古新发现——长沙马王堆一号汉墓》等，是当时非常稀少的重大考古发现第一手影像记录。

改革开放后，随着电视的不断普及和人民群众的需求，电视纪录片逐渐成为文博类纪录片的主力。中央电视台制作的文博类电视纪录片，如《望长城》《复活的军团》《故宫》《敦煌》《我在故宫修文物》《如果国宝会说话》等均为电视纪录片中的力作。与此同时，由于对外开放，越来越多的外国媒体来到中国，希望拍摄有关中国古代文化的影视作品。各大文博机构根据工作职责和专业特长，和外国媒体合作制作了大量的文博类电视纪录片。21世纪以来，在电视纪录片迅速发展的基础上，出现了大量文博类电视专栏节目，如《探索·发现》《国宝档案》《国家宝藏》《赢在博物馆》等，以其形式灵活、内容生动的特点受到观众的好评。

## 一、电影纪录片

中央新闻纪录电影制片厂（简称新影厂）自1953年成立以来，以纪录影片的方式记录中国共产党和中华人民共和国的发展历程，反映文物工作成就和中国灿烂古代文化的纪录片是其中的重要内容。1953～1990年，新影厂在考古文物、古代建筑、文化遗产等方面拍摄了30余部纪录片。最早的文博类电影纪录片是1958年出品的，由中国科学院考古研究所与新影厂合作拍摄的《地下宫殿》，记录了定陵的挖掘过程，是中国最早的记录考古发掘过程的影像资料。此后还拍摄了《古建筑精华》（1962年）、《考古新发现——长沙马王堆一号汉墓》（1972年）、《周总理关怀云冈石窟》（1978年）、《长城》（1979年）、《三千年前的文物》（1980年）、《敦煌之恋》（1985年）、《中国陶瓷》（1986年）、《汉魂追踪》（1990年）等。

## 二、电视纪录片

中央电视台制作的电视纪录片　《望长城》是中央电视台、日本东京广播公司联合出品的12集大型纪录片，1991年11月在中央电视台和日本东京广播公司同时播出，在中、日两国均创下电视纪录片的最高收视率。这部纪录片采用主持人串联的形式，考察长城修建、变迁，全面介绍长城在中国历史上的作用、长城对人民物质和精神生活的影响、长城与当今自然生态及人类迁徙变化的关系等。全片不仅考察了长城本身，还表现了长城遗址沿线居民的生活状态。《望长城》是中国第一部纪实风格的大型电视纪录片，对以后电视片的影响巨大。有学者认为，中国新纪录片运动始于本片。该片荣获"范长江新闻奖"。

《复活的军团》是2004年播出的由金铁木执导的历史纪录片，共6集。该片以考古证据和历史研究为依托，借鉴故事片的表现形式，层层揭示秦军之所以能够一统天下的历史真相。该片获得中国广播电视学会纪录片大奖、中国广播电视学会最佳编导奖、中国电视金鹰奖纪录片大奖、最佳导演奖、中国电视纪录片学术奖系列片大奖、最佳编导奖、最佳摄像奖、最佳录音奖。

2005年播出的12集大型纪录片《故宫》，从故宫的建筑艺术、使用功能、馆藏文物，以及从皇宫到博物院的历程等方面全面展示故宫辉煌瑰丽、神秘沧桑的宫殿建筑和丰富多彩的珍贵文物，讲述不为人知、真实鲜活的人物命运和历史事件。

《敦煌》是中央电视台继《故宫》之后推出的又一部大型纪录片，旨在记录敦煌地区历史文化的发展脉络，深入揭示敦煌两千多年来的文化内涵。该片由周兵等执导，季羡林为总顾问，郭长虹为总撰稿，共10集，于2010年播出。

《当卢浮宫遇见紫禁城》是上海东方传媒集团有限公司、中央新闻纪录电影制片厂等联合出品的人文历史纪录片，于2010年10月和2011年2月播出。该片演绎了古代中亚、埃及、希腊、罗马以及中世纪文艺复兴等不同时空背景下的东西方艺术演进历史，穿插各领域专家学者的最新评析，同时呈现了卢浮宫和故宫依托宫殿建筑设立博物馆的精妙构思与创意。

《南海Ⅰ号》是中央电视台和国家文物局联合出品的纪录片，共3集，于2011年12月在央视纪录频道播出。该片展示了"南海Ⅰ号"从1987年被中英联合打捞队偶然发现到2001年开展大规模探查的历史，首次全面、细致地展现了南宋商船"南海Ⅰ号"的打捞过程，以及沉船背后的故事。

《故宫100》是继大型纪录片《故宫》之后又一次以故宫为主题打造的影像作品，于2012年播出。该片由故宫博物院和中央电视台历数年策划筹备，每集用6分钟的时长讲述故宫100个空间的故事，透过"看得见"的空间，将"看不见"的紫禁城建筑的实用价值和美学价值加以演绎，为故宫创建一座超越时空的影像博物馆。

2013年1月，中央电视台、中国国家博物馆联合推出6集历史人文纪录片《国脉——中国国家博物馆100年》。该片聚焦国家博物馆百年历程，对历史上三次文物大征集、两大基本陈列从无到有、基础工程的创新开拓、令人瞩目的"两馆合并"以及改扩建工程建设和国际文化交流等内容进行了详细而深入的讲述，并首次披露和呈现了众多难得一见的国之瑰宝。

《我在故宫修文物》是中央电视台出品的文物修复类纪录片，共3集，2016年1月播出。该片重点纪录故宫书画、青铜器、宫廷钟表、木器、陶瓷、漆器、百宝镶嵌、宫廷织绣等领域珍奇文物的修复过程和修复者的生活故事。片中第一次完整呈现世界级的中国文物修复过程和技术，展现文物的原始状态和收藏状态；第一次近距离展现文物修复专家的内心世界和日常生活；第一次完整梳理中国文物修复的历史源流；第一次通过对文物修复领域"庙堂"与"江湖"互动，展现传统中国四大阶层"士农工商"中唯一传承有序的"工"的传承密码，以及他们的信仰与变革。该片获得2016年度优秀国产纪录片奖。

2017年6月10日，中央电视台科教频道推出大型融媒体文化特别节目《中国记忆》。2017年是中国第一批世界文化、自然遗产，即长城、明清皇宫·北京故宫、秦始皇陵及兵马俑坑、敦煌莫高窟、周口店北京人遗址、泰山（自然、文化双遗产）申遗成功30年。《中国记忆》节目组在摄制中首次利用VR技术进入兵马俑坑，以360度全景式视野呈现了景区和3个兵马俑展厅。

《如果国宝会说话》是由中央电视台纪录频道制作，中共中央宣传部、国家文物局、中央电视台共同实施的国家涵养工程百集纪录片。2017年10月27日，中央电视台纪录频道在"2018纪录频道推介盛典"上宣布将于2018年元旦推出纪录短片《如果国宝会说话（第一季）》，并首发先导片。12月25日，在中国国家博物馆举办首映式。摄制组足迹遍布全国，拍摄了近百家博物馆和考古研究所、50余处考古遗址、千余件文物。首次用文物讲文物，用文物梳理文明。

**国内文博单位与国外联合制作的纪录片**

1992～1994年，文物出版社与日本放送协会（NHK）合作拍摄《始皇帝》，与美国新大地制片公司合作拍摄《失落的文明》。

1993年，中国文物报社和日本大阪电视台联合拍摄的大型文物史迹电视专题节目《三国万里行》在全日本电视网播送。

1996年，文物出版社与美国新大地制片公司合作拍摄《神秘的商王朝》，与日本放送协会（NHK）合作拍摄《中华文明五千年》（12集）。1998年，《中华文明五千年》翻译成中文在中央电视台播放，同时出版DVD光盘。

1998年，文物出版社与英国CAFÉ制片公司合作拍摄《长城》。

2000年，文物出版社与日本放送协会（NHK）合作拍摄《中国文明》，与英国CAFÉ制片公司合作拍摄《不朽之谜》。

2001～2003年，文物出版社与日本放送协会（NHK）合作拍摄《文明之道》（8集），后将该片翻译成中文出版DVD光盘。

2004年，文物出版社与日本铁木真制片公司合作拍摄《追赶天山花蜜的采蜂人——6000公里大追踪》，获2015年NHK优秀节目奖。

2005年，文物出版社与日本铁木真电视制作公司合作拍摄《空海入唐之路》。

2005～2007年，文物出版社与日本放送协会（NHK）合作拍摄《世界遗产探秘——长城》《世界遗产探秘——苏州》《世界遗产探秘——澳门》《世界遗产探秘——故宫》《世界遗产探秘——峨眉山、乐山大佛》《世界遗产探秘——秦始皇》《世界遗产探秘——丽江》《世界遗产探秘——殷墟》《日本冶铁技术探源——中国》等。

2007年，文物出版社与敦煌研究院、日本铁木真电视制作公司共同合作拍摄30集系列电视专题节目《敦煌》。2009年，文物出版社将该片翻译成中文、英文并制作成DVD出版发行。《敦煌》DVD中文版荣获2012年中国出版协会"第三届中华优秀出版物奖——音像出版物提名奖"，英文版荣获2013年中国出版协会"第四届中华优秀出版物奖——音像出版物提名奖"。

## 三、电视专栏节目

《探索·发现》 是中国电视史上第一个大型人文历史与自然地理类的纪录片栏目，由中央电视台制作，于2001年7月9日开播。该栏目已经播出的节目中，考古文物类占据了大部分。《探索·发现》是中国第一档系统介绍考古发现的电视专栏节目，近年来越来越注重紧跟考古发现前沿，将最新的重大考古发掘成果及时呈现到观众面前。《探索·发现》栏目中播出的重要文物考古类纪录片有《考古中国》

《世界遗产之中国档案》《文明之路》等。

《国宝档案》 栏目是中央电视台第一次以电视栏目的形式为"国宝级"文物重器进行揭秘建档，对文物的去向和传承轨迹进行实地跟踪拍摄，每期介绍一个具体的文物。《国宝档案》2014年荣获国家新闻出版广电总局颁发的"中国广播影视大奖——广播电视节目奖"（第23届"星光奖"）和"2012～2013年度优秀国产纪录片及创作人才扶植项目优秀栏目"两个国家级奖项。

《博物馆之夜》 是中国教育电视台于2015年推出的一档周播节目。该节目以"大众科普"为看点，以各家博物馆的相关实景区域作为节目讲述空间，以充满神秘感的"引路人"逐步剥离出每期的故事线索，充分利用全国各地博物馆资源优势，揭示中国五千年历史之秘，洞悉无奇不有的万千世界。

《国家宝藏》 是由中央广播电视总台、央视纪录国际传媒有限公司制作的文博探索节目。该节目融合应用纪录片和综艺两种创作手法，以文化的内核、综艺的外壳、纪录的气质，创造一种全新的表达。节目第一季于2017年底播出。

# 第五节　网站和新媒体

进入21世纪，随着网络的普及，各主要文博单位相继建设了自己的网站，并根据工作开展实际情况及时向社会发布文博资讯。这些网站是21世纪第一个十年文博业内和社会比较迅捷获取文博资讯的主要平台。2010年之后，微博开始流行。各文博单位紧跟步伐注册开通微博，不仅实现了文博资讯更加迅捷的发布和更大范围内的传播，还利用微博强有力的粉丝互动性实现了宣传，产生了一定的舆论影响。2013年之后，随着移动互联网的发展，根植于基于移动互联网和朋友圈的传播方式，微信作为社会交流和资讯传播的主力，和微博一道成为资讯传播和宣传的主要渠道。国家文物局，以及各地文物局、考古所、博物馆等单位，甚至一些公司和个人都开通了文博类微博和微信公众号。文博类微博和微信公众号等新媒体建立和发展的意义不仅在于信息的发布和传播，更因其强烈的互动性成为宣传和影响舆论的阵地，使得公众更加关注文博和文物事业，加强了对文物工作的理解和支持。

**网站**　2000年7月，故宫博物院官方网站（www.dpm.org.cn）创建，内容以故宫博物院的观众服务、新闻资讯、藏品介绍、学术资源为主。2002年3月，国家文物局官方网站（www.sach.gov.cn）创建，作为国家文物行政部门对外宣传文物工作的重要窗口，是政府信息公开、提供公众服务的重要渠道，内容以文博行业新闻资讯、国家文物局政务信息与服务为主。2003年3月，中国考古网（www.kaogu.cn）创建，由中国社会科学院考古研究所设立，内容以考古领域的新闻资讯、学术资料等相关信息为主。2007年11月，中国文化遗产研究院官方网站（www.cach.org.cn）创建，内容以院内的科研工作、教育培训、文献资源等为主。2008年5月，中国国家博物馆官方网站（www.chnmuseum.cn）创建，内容以观众服务、新闻资讯、藏品介绍、学术资源等为主。

**微博**　2010年3月，故宫博物院官方微博"故宫博物院"开通，综合介绍故宫博物院的馆藏、活动、学术、展览、景色。4月，中国国家博物馆官方微博"国家博物馆"开通，综合介绍国家博物馆的展讯、活动、展览、资讯。2011年2月，《中国文物报》官方微博"中国文物报"开通，内容以《中国文物报》导读为主。同年5月，中国社会科学院考古研究所设立的中国考古网官方微博"中国考古网"开通，内容以考古新闻资讯、书籍介绍、学术研究介绍为主。2013年5月，文物出版社官方微博"文物出版社"开通，内容以文博考古类图书介绍、《文物》杂志介绍为主。2014年4月，国家文物局官方微博"中国文博"开通，内容以国家文物局和文物领域的新闻资讯、重要活动介绍为主。

**微信** 2013年2月，"国家博物馆"开通，微信号ichnmuseum，是中国国家博物馆开设的微信服务号，主要提供微信导览、票务展讯等服务。9月，"国博君"创建，微信号iguoxiaobo，是中国国家博物馆开设的微信订阅号，内容以藏品介绍、展览讯息和教育活动为主。2014年1月，"微故宫"创建，微信号weigugong，是故宫博物院开设的微信公众号，内容以故宫博物院的藏品、展览、活动资讯为主，同时提供一些故宫博物院网络互动项目服务。2月，"社科院考古所中国考古网"创建，微信号zhongguokaogu，是中国社会科学院考古研究所开设的微信公众号，内容以考古工作动态、考古讲座信息和考古书籍介绍为主。5月，"文化遗产"创建，微信号Culturalheritage，是中国文物信息咨询中心（国家文物局数据中心）开设的微信公众号，内容以文物新闻、文物知识普及为主。同月，"中国文物交流中心"创建，微信号gh_039d16493ccf，是中国文物交流中心开设的微信公众号，内容以中国文博机构组织的进出境展览资讯为主。2015年4月，"文博中国"创建，微信号wenbozhongguo，是中国文物报社开设的微信公众号，以介绍《中国文物报》内容为主。2016年6月，"文物出版社"创建，微信号wenwuchubanshe，是文物出版社开设的微信公众号，以介绍文博考古类图书内容、《文物》杂志内容为主。同月，"国家文物局"创建，微信号guojiawenwuju，是国家文物局政策法规司开设的微信公众号，权威发布文博新闻动态、重要政策文件、重点工作进展，分享文博知识。

# 第六节 宣传活动

有关文物的宣传工作主要围绕纪念日活动、主题活动和成果推介活动展开，注重从研究阐释和宣传普及环节发力，推动形成人人了解文化遗产、保护文化遗产的生动局面。

文博行业全国范围的纪念日活动包括文化遗产日（自2017年起扩展为文化和自然遗产日）、国际博物馆日和国际古迹遗址日活动。国际博物馆日由国际博物馆协会于1977年正式设立，时间定于每年的5月18日。国际古迹遗址日由国际古迹遗址理事会于1982年提出并于次年设立，时间定于每年的4月18日。文化遗产日的概念最早诞生于法国。1984年，法国文化部部长贾克朗发起一项名为"历史建筑开放日"的活动，在该年9月的第三个周日向公众免费或低价开放大量历史建筑，活动大获成功并得到多个国家效仿。1991年，欧洲理事会正式确立"欧洲文化遗产日"，是《欧洲文化公约》50个缔约国的联合行动。中国的文化遗产日始设于2006年，时间为每年6月的第二个星期六。

从4月的国际古迹遗址日，到5月的国际博物馆日，再到6月的文化和自然遗产日，每年的4～6月作为全国文化遗产宣传的密集期，被业界统称为"文化遗产宣传季"。这三个纪念日的设立，一方面体现了国家对文化遗产事业的高度重视，另一方面也反映了全社会对文化遗产保护利用的日益关注，公众的文化遗产理念正在逐步增强，全社会共同参与文化遗产保护的美好愿景正在逐步实现。

选取历史与现实的结合点、切入点，围绕中心、服务大局，由全国政协和国家文物局等部门组织的各类文化遗产考察活动，是中国文化遗产保护事业的工作方法和特色之一。由国家文物局主办或者指导的各项成果推介活动，为文化遗产保护的各项工作设立了一些有针对性的奖励，在业内发挥了引导和示范作用。

## 一、纪念日活动

**文化和自然遗产日** 自20世纪90年代起，一些有识之士开始呼吁设立中国的文化遗产日。在2005年召开的中国人民政治协商会议第十届全国委员会第三次会议上，国家文物局局长单霁翔提交了《关于设立"文化遗产日"的提案》，得到文物专家的呼应。2005年7月19日，郑孝燮、宿白、谢凝高、黄景略、李伯谦、吴良镛、舒乙、徐苹芳、傅熹年、常沙娜、谢辰生等11名学者联名致信中共中央、国务院领导同志，倡议设立文化遗产日："我们认为，通过设立'文化遗产日'使人民群众更多地了解祖国文化遗产的丰富内涵以及国家对保护文化遗产的各项政策，关注文化遗产的保护动态，自觉参与文化遗产保护与传承的行动，既是加强文化遗产保护工作的客观需要，也是保障人民群众分享文化资源，参与监督文化遗产保护的权利和义务。"中共中央、国务院领导同志对来信作出重要批示，并指示国务院办公厅会同有关部门研究提出意见。

为进一步加强中国文化遗产保护，继承和弘扬中华优秀传统文化，推动社会主义先进文化建设，2005年12月22日，国务院印发《关于加强文化遗产保护的通知》，决定从2006年起，每年6月的第二个星期六为中国的文化遗产日。通知将文化遗产保护提升到"对国家和历史负责的高度"和"维护国家文化安全的高度"，指出设立文化遗产日旨在"进一步加强中国文化遗产保护，继承和弘扬中华优秀传统文化，推动社会主义先进文化建设"。通知指出，要认真举办文化遗产日系列活动，提高人民群众对文化遗产保护重要性的认识，增强全社会的文化遗产保护意识；各级各类文化遗产保护机构要经常举办展示、论坛、讲座等活动，使公众更多地了解文化遗产的丰富内涵；教育部门要将优秀文化遗产内容和文化遗产保护知识纳入教学计划，编入教材，组织参观学习活动，激发青少年热爱祖国优秀传统文化的热情；各类新闻媒体要通过开设专题、专栏等方式，介绍文化遗产和保护知识，大力宣传保护文化遗产的先进典型，及时曝光破坏文化遗产的违法行为及事件，发挥舆论监督作用，在全社会形成保护文化遗产的良好氛围。同年8月15日，国家文物局第15次局长办公会研究决定，采用四川成都金沙遗址出土的太阳神鸟金饰图案作为中国文化遗产标志。

每年文化遗产日前，国家文物局通过遴选征集，提出当年的活动主题、宣传口号以及推荐活动安排。为进一步推动社会各界关注文化遗产保护事业，调动地方政府的积极性和创造性，示范推广各地在文化遗产保护方面的经验，共享文化遗产保护成果，国家文物局从2009年开始建立文化遗产日活动主场申办机制，每年与主场城市共同举办文化遗产日活动。活动期间，各级各类文博机构通过悬挂活动主题、宣传标语，举办展览、讲座、咨询、免费鉴定、培训，印发宣传材料，选择部分考古发掘工作现场、文物保护实验室对外开放，以及举行文博单位公众开放日等形式，大力宣传《文物保护法》和文物工作方针，大力宣传人民群众参与文化遗产事业的典型事例，大力宣传文化遗产事业惠及人民群众的积极成果。

2006年文化遗产日主题为"保护文化遗产　守护精神家园"。从3月开始，国家文物局通过媒体向全社会征集文化遗产日宣传口号1500余条，选出20条优秀口号在《中国文物报》上公布，供文化遗产日活动期间各地选用。5月25日，国务院新闻办公室召开新闻发布会，文化部部长孙家正、副部长周和平和国家文物局局长单霁翔介绍中国文化遗产保护状况及第一个文化遗产日相关活动情况，并答记者问。5月下旬，国务院公布了第六批全国重点文物保护单位和第一批国家级非物质文化遗产名录，国家文物局作出关于授予郑孝燮等"文物保护特别奖"的决定和关于表彰"全国文物保护工作先进个人"的决定。6月5日，由文化部、财政部、国家文物局共同主办的"文化遗产日特别展览"在中国国家博物馆开幕，参展文物系统反映了近年来文化遗产保护的显著成果，重点表现了在国家财政支持下抢救征集具有重大价值文物精品的突出成绩。6月6日，由文化部、国家文物局和四川省人民政府共同举办的"中国文化遗产日·四川成都周"活动开幕，开展了四川省民族民间文化遗产项目展览表演、"非物质文化遗产中国皮影大观"艺术展、《金沙》音乐剧慰问演出、中国文化遗产标志出土地——金沙遗址考古发掘现场中央电视台直播、世界文化遗产地青城山群众登山等活动。6月9日晚，文化部举办大型文化遗产展演文艺晚会。

2007年文化遗产日主题为"保护文化遗产 构建和谐社会"。6月8日，人事部、文化部、国家文物局在人民大会堂召开表彰大会，共同表彰文化遗产保护先进集体和先进个人；国家文物局表彰长城保护员和陕西宝鸡护宝农民。文化遗产日期间，国家文物局与中央电视台社教中心合作，举办"中国记忆文化遗产博览月"大型电视媒体行动。6月9日文化遗产日当天举办直播活动，在陕西韩城、广州南越国遗址和四川金沙设立直播点，全面展现中国文化遗产保护的工作力度。文化部组织中国非物质文化遗产珍稀剧种展演、"中国非物质文化遗产保护专题展"等系列活动，并公布了第一批国家级非物质文化遗产项目代表性传承人和第一批国家级文化生态保护区。

2008年文化遗产日主题为"文化遗产人人保护 保护成果人人共享"。6月14日，"人文奥运·魅力北京——北京2008年'文化遗产日'宣传推广主题活动"在北京孔庙拉开帷幕，修缮后的国子监古建筑群游览区在当天开放；

"改革开放30年——山东考古成果展"在山东省博物馆开幕，山东省26家博物馆率先向社会免费开放；山西启动"寻古集结号——山西文物新发现大搜索"活动，收到近百条线索。

2009年文化遗产日主题为"保护文化遗产 促进科学发展"，主场城市为浙江杭州。举办了"2008年度全国重要考古新发现文物展"、全国非遗绝技绝活展演、大遗址保护良渚论坛，以及茶艺表演、陶瓷拉坯展示、桐庐剪纸展示等主题活动。国家文物局向从事文物、博物馆工作60年和30年以上的老同志颁发了荣誉证书。

2010年文化遗产日主题为"文化遗产在我身边"，主场城市为江苏苏州。本次文化遗产日活动的亮点之一是在苏州太湖之畔举行的"城市更新与文化传承"主题论坛。论坛上，中国北京、上海、杭州，意大利威尼斯，西班牙巴塞罗那等17座历史文化名城结成"世界历史城市联盟"，并发布共同宣言《苏州展望》。

2011年文化遗产日主题为"文化遗产与美好生活"，主场城市为山东济宁。举办了保护文化遗产万人签名广场活动、"众志成城 雷霆出击——全国重点地区打击文物犯罪专项行动成果展"、全国青少年文化遗产知识大赛等系列活动。2011年的文化遗产日是《中华人民共和国非物质文化遗产法》实施后的第一个文化遗产日，因此文化部组织的文化遗产日活动主题确定为"依法保护，重在传承"，活动包括《中华人民共和国非物质文化遗产法》宣传展、中华典籍与非物质文化遗产特展等。

2012年文化遗产日主题为"文化遗产与文化繁荣"，主场城市为河南郑州。举办了非物质文化遗产展演、第四届中国历史文化名街授牌、"华夏文明之源——河南文物珍宝展"、登封"天地之中"历史建筑群世界文化遗产监测中心揭牌等活动。

2013年文化遗产日主题为"文化遗产与全面小康",主场城市为陕西咸阳。举办了全国青少年文化遗产保护知识大赛、"陕西文物之美·乾陵杯摄影图片展"、乾陵博物馆"武则天时代主题展"、公众参与文物知识有奖问答、汉阳陵东阙门遗址考古发掘现场模拟考古等系列活动。

2014年文化遗产日主题为"让文化遗产活起来",主场城市为江西景德镇。举办了"景德镇市第一次全国可移动文物普查成果展""历史与记忆文化遗产摄影图片展""御窑保护工程成果图片展"等十几项展览,以及古陶瓷鉴赏、现场修复技艺演示、景德镇清代镇窑复烧点火、仿明代葫芦窑开窑等活动。

2015年文化遗产日主题为"保护成果　全民共享",主场城市为重庆大足。6月13日文化遗产日当天,宝顶山石刻千手观音像抢救性保护工程举行竣工仪式,大足石刻博物馆正式开馆,大足石质文物保护中心、大足石刻监测预警中心正式挂牌。此外还举办了中国石质文物保护国际学术研讨会、"记忆·传承·中国梦——'十二五'全国文物保护成果展"、"留住乡愁——中国传统村落摄影展"以及"重庆中国三峡博物馆之夜"活动。

2016年文化遗产日主题为"让文化遗产融入现代生活",主场城市为河北承德。6月11日文化遗产日当天,举办了向普宁寺僧人志愿消防队授旗、向长城保护员代表颁发工作证书、向社会力量参与文物保护典型事例代表赠送锦旗等活动,承德避暑山庄及周围寺庙文化遗产保护工程重点项目——普陀宗乘之庙修缮工程举行了竣工仪式。此外还开展了文化遗产知识进校园活动,通过主题讲座、知识竞赛、文博动手体验活动等形式,拉近了文化遗产与青少年的距离。

2016年9月,国务院批复住房城乡建设部,同意自2017年起,将每年6月第二个星期六的"文化遗产日"调整设立为"文化和自然遗产日"。

2017年文化和自然遗产日主题为"文化遗产与'一带一路'",主场城市为河南洛阳。举办了"文化遗产与'一带一路'""'一带一路'与大遗址保护"两个主题论坛以及"丝绸之路与中原""丝路遗珍"等主题展览,开展了青少年教育和知识普及系列活动,举行了二里头遗址博物馆建设工程奠基仪式。文化部非遗宣传展示活动的主题为"非遗保护——传承发展的生动实践",全国有包括"成都非遗节"在内的1700多项活动同步开展。

**国际博物馆日**　为提高公众对博物馆开拓性努力及重要潜能的认识,博物馆界希望能为这项对社会发展具有重大影响力的事业创建一个特殊的节日。1977年5月28日,在莫斯科召开的第11届国际博协大会上,确定每年的5月18日为"国际博物馆日"(International Museum Day,简称IMD),在这一天,世界各地的博物馆都会举办各种宣传、纪念活动庆祝自己的节日。

随着越来越多国家和地区的博物馆加入国际博物馆日的庆祝行列,从1992年开始,国际博协每年都会提出一个国际博物馆日的主题，创作一幅官方宣传海报，以吸引观众并指出博物馆所面临的问题，此外也鼓励会员根据实际情况制定自己的宣传活动方案。国际博物馆日的设立让博物馆得以更广泛地传播其在人类进步发展方面的成就及思考，同时也为博物馆专业人员提供了一个与公众面对面交流的绝佳机会。

1992年国际博物馆日主题为"博物馆与环境"（Museums and Environment）。1993年国际博物馆日主题为"博物馆与土著居民"（Museums and Indigenous Peoples）。1994年国际博物馆日主题为"博物馆幕后"（Behind the Scenes in Museums）。1995年国际博物馆日主题为"响应与责任"（Response and Responsibility）。1996年国际博物馆日主题为"为明天收藏今天"（Collecting Today for Tomorrow）。1997～1998年国际博物馆日主题为"与文物的非法贩运、交易行为作斗争"（The Fight Against Illicit Traffic of Cultural Property）。1999年国际博物馆日主题为"发现的快乐"（Pleasures of Discovery）。2000年国际博物馆日主题为"博物馆致力于社会和平与和谐"（Museums for Peace and Harmony in Society）。2001年国际博物馆日主题为"博物馆：建设社区"（Museums: Building Community）。2002年国际博物馆日主题为"博物馆与全球化"（Museums and Globalisation）。2003年国际博物馆日主题为"博物馆与朋友"（Museums and Friends）。2004年国际博物馆日主题为"博物馆与无形遗产"（Museums and Intangible Heritage）。2005年国际博物馆日主题为"博物馆：沟通文化的桥梁"（Museums Bridging Cultures）。2006年国际博物馆日主题为"博物馆与青少年"（Museums and Young People）。2007年国际博物馆日主题为"博物馆与共同遗产"（Museums and Universal Heritage）。2008年国际博物馆日主题为"博物馆：促进社会变革与发展的力量"（Museums as Agents of Social Change and Development）。2009年国际博物馆日主题为"博物馆与旅游"（Museums and Tourism），中国主会场设在重庆。2010年国际博物馆日主题为"博物馆致力于社会和谐"（Museums for Social Harmony），中国主会场设在广东广州。2011年国际博物馆日主题为"博物馆与记忆"（Museum and Memory），中国主会场设在辽宁沈阳。2012年国际博物馆日主题为"处于变革世界中的博物馆——新挑战，新启示"（Museums in a Changing World: New Challenges, New Inspirations），中国主会场设在广西南宁。2013年国际博物馆日主题为"博物馆（记忆＋创造力）＝社会变革"[Museums（Memory ＋ Creativity）= Social Change]，中国主会场设在山东济南。2014年国际博物馆日主题为"博物馆藏品架起沟通的桥梁"（Museum Collections Make Connections），中国主会场设在江苏南京。2015年国际博物馆日主题为"博物馆致力于社会的可持续发展"（Museums for a Sustainable Society），中国主会场设在河北石家庄。2016年国际博物馆日主题为"博物馆与文化景观"（Museums and Cultural Landscapes），中国主会场设在内蒙古呼和浩特。2017年国际博物馆日主题为"博物馆与有争议的历史：博物馆讲述难以言说的历史"（Museums and Contested Histories: Saying the Unspeakable in Museums），中国主会场设在北京。

1983年7月，经文化部和外交部批准，中国博物馆学会派代表团出席了在伦敦召开的国际博协第13届大会，正式宣布中国加入国际博协，并于同年建立了国际博协中国国家委员会。从1987年开始，在国家文物局的指导下，国际博协中国国家委员会在各级政府部门和博物馆专业团体的支持下，每年5月18日都根据国际博协确定的主题开展形式多样的纪念活动，产生了良好的社会影响，增进了全社会对博物馆事业的了解和支持。从2009年起，国家文物局采用主会场活动的方式开展博物馆日宣传活动，至2017年相继在重庆、广州、沈阳、南宁、济南、南京、石家庄、呼和浩特、北京举办了9届博物馆日主会场活动。

1996年5月18日，北京市首次举办国际博物馆日大型系列活动。在民族文化宫门外路旁，由北京市文物局和市博物馆协会组织的宣传咨询活动东起中国农业博物馆、西至中国人民革命军事博物馆，并紧密配合北京市推出的"做现代文明北京人——双休日行动计划"主体活动之一的"我喜爱的博物馆展览"评选活动。在故宫太和门前设立了由国家文物局和中国博物馆协会组织的宣传咨询点。首都各家博物馆均在馆内举办纪念宣传活动，部分博物馆还在这一天实行了门票优惠。

1997年5月18日，在中国人民革命军事博物馆门前设置了北京市宣传活动的中心会场。故宫博物院、中国历史博物馆、中国革命博物馆、中国人民革命军事博物馆、中国农业博物馆、中国航空博物馆等首都数十家博物馆的工作人员，围绕"与文物的非法贩运和交易行为进行斗争"这一主题，向观众宣传国家有关打击文物犯罪及文物博物馆方面的法律、法规和政策，开展有关博物馆事宜的咨询活动。中心会场还举办了展示北京博物馆事业现状及发展概况的展览。北京近百家博物馆、纪念馆及具有博物馆性质的开放单位也纷纷设置分会场，以多种形式开展纪念活动。一些博物馆还对观众实行了门票优惠。

1997年国际博物馆日到来之际，辽宁在全省举办宣传纪念活动。锦州的宣传活动在5月16日拉开帷幕，朝阳市博物馆从河南省三门峡市博物馆引进专题展览，辽宁省博物馆、旅顺博物馆举办特色陈列。5月18日，各种纪念活动掀起高潮，辽宁省博物馆、辽宁省近现代史博物馆、沈阳故宫博物院、沈阳"九·一八"历史博物馆等在沈阳的繁华地带进行阵地宣传；大连、锦州、朝阳、鞍山等地或邀观众免费参观，或将流动展览送到广大农村。全省各文博单位都在门前打出横幅，各开放文博单位敞开大门免费接待观众。

1999年，江西南昌、九江等11个地市的文物部门，按照省文物局的统一部署，将国际博物馆日宣传与每年一度的文物保护法宣传周活动结合在一起，开展了形式多样、内容丰富的宣传活动。

2000年5月18日，由国家文物局、北京市委宣传部、北京市文物局等9家单位联合举办的国际博物馆日纪念活动，在北京劳动人民文化宫拉开序幕。庆祝活动持续4天，北京市的112家博物馆全部参加。

2001年5月18～20日，北京市各家博物馆会集于主会场北京劳动人民文化宫，开展文物鉴定、展览、文艺表演、讲座、科普大篷车、科普擂台、知识竞赛、爱国主义教育基地百花园、博物馆长廊、观众动手操作等活动。天津于主会场文庙博物馆举办全市博物馆宣传活动，市电视台与博物馆合作拍摄专题宣传节目，各博物馆于5月18日免费向公众开放。上海博物馆邀请盲人代表参观博物馆，同时与光明中学的师生联手举办互动式主题展览，上海东方电视台作专题报道。河北、山东、安徽、陕西、甘肃、黑龙江等地博物馆以赠送纪念品、发放宣传材料、邀请专家提供咨询等多种形式，宣传文物法规、文物知识，走向社会，服务大众。

2010年5月18日，国际博物馆日主会场活动在刚刚落成使用的广东省博物馆举行。活动期间举办了广州国际博物馆高峰论坛，全方位预演11月在上海召开的国际博物馆协会第22届大会。

2011年5月18日，在辽宁沈阳，国家文物局围绕"博物馆与记忆"的主题与辽宁省文物部门共同策划组织了包括第九届全国博物馆十大陈列展览精品评选、"辽河寻根　文明溯源——中华文明起源展"、"博物馆与记忆"演出、辽宁十大馆藏文物评选等丰富多彩的文化活动。

2012年5月18日，由国家文物局、广西壮族自治区人民政府共同主办的国际博物馆日中国主会场活动，公布了2011年度博物馆免费开放最佳做法评选结果，还举办了博物馆免费开放最佳做法研讨会。5月18日～6月9日，南宁市举办了丰富多彩的广场宣传活动以及一系列展览、展演、学术研讨等，充分发挥博物馆的公共文化服务职能，使博物馆融入公众的日常生活中。

2016年5月18日，由国家文物局、内蒙古自治区人民政府主办的国际博物馆日中国主会场活动在内蒙古博物院举行。开幕式上宣布了"第十三届（2015年度）全国博物馆十大陈列展览精品推介活动"和"第一届全国博物馆学优秀学术成果奖"获奖名单。活动期间推出了"识珍录宝　典守文明——第一次全国可移动文物普查成果展"、"梦幻契丹"数字文物展、呼和浩特地区非物质文化遗产展演等丰富多彩的节日活动。

2017年5月18日，由国家文物局和北京市人民政府共同主办，中国博物馆协会、北京市文物局协办的国际博物馆日中国主会场活动在北京首都博物馆举行。活动期间公布了"第十四届（2016年度）全国博物馆十大陈列展览精品推介活动"获奖项目、全国最具创新力博物馆名单，为第三批国家一级博物馆授牌，还举行了丝绸之路国际博物馆联盟发起成立仪式，举办了"'一带一路'国际博物馆合作"学术研讨会等。

**国际古迹遗址日**　国际古迹遗址理事会，是世界遗产公约确定的实施公约的专业咨询机构，负责对世界遗产中与文化相关的项目提出评估意见，对保护工作提供技术支持，是国际上古迹遗址保护和修复领域最大的非政府专家组织。

1982年4月18日，国际古迹遗址理事会在突尼斯举办科学研讨会，同期在哈马马特召开的执行局会议上，有代表提出设立"国际古迹遗址日"（International Day for Monuments and Sites），并在每年的这一天举办全球性的庆祝活动。这一建议经执行委员会讨论后通过，并于次年11月召开的联合国教科文组织第22届大会得到批准。

从该纪念日设立之初到2000年，国际古迹遗址日在全球层面并没有统一的纪念主题，主要是由国际古迹遗址理事会的国家委员会各自组织纪念活动。2001年开始，国际古迹遗址理事会每年都会为国际古迹遗址日确定一个活动主题，号召其国家委员会在纪念日前后围绕该主题举行各类活动，包括为公众免费提供参观古迹、遗址和各种修复工程的机会，利用电视、广播、报纸、杂志等媒体进行宣传，邀请国内外专家学者参加会议和采访，举办展览等，以此引发社会各界对于古迹遗址保护的关注。

为古迹遗址日设立主题的初衷，是让某一类型的遗产更多地得到世界各地专业人员和民众的关注，促进对它们的研究和保护。因此，被选择的一般是需要加大宣传力度以便被更多人熟悉和了解的，或者是在全球范围内都面临着威胁、亟须加强保护的遗产类型。

2001年国际古迹遗址日主题为"拯救我们的历史村镇"（Save Our Historic Villages）。2002年国际古迹遗址日主题为"20世纪遗产"（20th Century Heritage）。2003年国际古迹遗址日主题为"水下文化遗产"（Underwater Cultural Heritage）。2004年国际古迹遗址日主题为"土建筑遗产"（Earthen Architecture and Heritage）。2005年国际古迹遗址日主题为"ICOMOS成立40周年"（40th Anniversary of ICOMOS）。2006年国际古迹遗址日主题为"工业遗产"（Industrial Heritage）。2007年国际古迹遗址日主题为"文化景观和自然纪念物"（Cultural Landscapes and Monuments of Nature）。2008年国际古迹遗址日主题为"宗教遗产和圣地"（Religious Heritage and Sacred Places）。2009年国际古迹遗址日主题为"遗产与科学"（Heritage and Science）。2010年国际古迹遗址日主题为"农业遗产"（Heritage of Agriculture）。2011年国际古迹遗址日主题为"水文化遗产"（The Cultural Heritage of Water）。2012年国际古迹遗址日主题为"世界遗产"（World Heritage）。2013年国际古迹遗址日主题为"教育遗产"（Heritage of Education）。2014年国际古迹遗址日主题为"纪念性遗产"（Heritage of Commemoration）。2015年国际古迹遗址日主题为"ICOMOS成立50周年"（50th Anniversary of ICOMOS）。2016年国际古迹遗址日主题为"体育遗产"（The Heritage of Sport）。2017年国际古迹遗址日主题为"文化遗产与可持续旅游"（Cultural Heritage and Sustainable Tourism）。

中国于1993年加入国际古迹遗址理事会并成立国际古迹遗址理事会中国委员会，即中国古迹遗址保护协会。中国古迹遗址保护协会的主要工作是推动中国文化遗产（文物古迹）的保护，为中国申报世界遗产中文化遗产的工作提供技术支持，同时参与文化遗产保护的理论研究和实践工作。

一直以来，中国都非常重视国际古迹遗址日的纪念活动。尤其是自2006年以来，每年举办的文化遗产保护无锡论坛成为全国庆祝国际古迹遗址日最重要的活动，在国际上也具有重大影响。历年无锡论坛的主题都受到国际古迹遗址日主题的影响，甚至与当年国际古迹遗址日的主题直接呼应。如2006年的主题"工业遗产"、2007年的主题"乡土建筑"、2008年的主题"20世纪遗产"、2010年的主题"文化景观"、2011年的主题"运河遗产"和2012年的主题"世界遗产"等。

2015年4月18日，重庆市文化遗产研究院主办、九龙坡区文管所协办了"走进重庆走马慈云寺遗址"活动。通过重庆考古网招募组织的近30名公众和媒体代表一起走进重庆走马慈云寺遗址，就地开展文化遗产保护理念的宣传，让公众近距离感受本地历史文化遗产的魅力，激发他们对文化遗产保护的热情和关注。

2017年4月18日，国际古迹遗址理事会西安国际保护中心、西安城墙管理委员会主办了2017国际古迹遗址日西安城墙主题活动，以"寻宝"互动体验为形式，以"发现城墙"为目标，了解西安城墙遗产保护与文化传承内涵外延，展示城墙"文化遗产与可持续旅游发展"，认知城墙遗产保护与文化传承工作，培养广大市民"全民保护城墙"的主人翁意识。同日，由中国古迹遗址保护协会主办，中山大学旅游学院、江门市旅游局承办的"文化遗产

与可持续旅游"高峰论坛在中山大学召开。该论坛旨在召集中国顶级专家共同探讨文化遗产保护与旅游发展的关系，面向社会公众宣传普及遗产保护与可持续发展理念，搭建文化遗产和旅游相互对话的平台。

## 二、主题活动

**全国政协组织的文化遗产考察活动**　1993年8月24日，全国政协副主席钱伟长率全国政协三峡文物考察团，赴四川、湖北考察三峡文物保护工作。考察团沿途考察了三峡淹没区11个城市的22个文物点，并召开了多次不同类型的座谈研讨会。10月8日，国务院三峡工程建设委员会移民开发局向湖北、四川两省三峡库区各级移民部门印发《关于做好三峡工程库区文物保护前期工作有关问题的通知》，对三峡淹没区和安置区文物的保护工作提出要求，使1000多处重要文物得到了合理、有效的保护。1994年10月12日，钱伟长率历史文化名城保护情况调查团对江苏苏州、浙江杭州、福建泉州与福州4座国家历史文化名城的保护、管理、建设情况进行调研。调研结束后，调查团致函国务院，建议设立国家历史文化名城保护专项资金，并健全相关法规，被国务院采纳。

2006年9月，全国政协副主席张思卿率领全国政协教科文卫体委员会、文化部、农业部、建设部联合专题调研组一行30余人赴浙江、江西两省考察新农村建设中的文化遗产保护工作。调研组赴永康、兰溪、金华、赣州、吉安等乡土建筑密集的地区，就当地新农村建设中文化遗产保护的政策依据、土地产权、资金筹

措及宣传教育等问题进行实地调研。9月17日，调研组在杭州召开专题座谈会。9月26日，在南昌召开工作情况汇报会。调研组认为，新农村建设中应"遵古而不泥古，革新而不忘祖"，文化遗产保护应是社会主义新农村建设题中应有之义。在当前的社会主义新农村建设中，文化遗产的保护工作由于涉及情况较为复杂，各级领导应提高重视程度，采取抓好规划、加紧普查、加大资金投入和宣传力度、加强立法等措施，进一步做好文化遗产保护工作。

从2006年起，全国政协文史和学习委员会开始关注大运河的保护与申遗工作，以调研活动为主，综合运用提案、考察、研讨会、大会发言、协商会等多种履职形式。2006年3月，全国政协十届四次会议期间，刘枫等58位全国政协委员联名提交《应高度重视京杭大运河的保护和启动申遗工作的提案》。5月12日，由全国政协副主席陈奎元率领的全国政协大运河保护与申遗考察团从北京启程，先后对运河沿岸的北京、天津、河北、山东、江苏、浙江等六省市的18个城市、30余个县区进行实地考察，行程2500多千米。考察团通过走访、座谈等多种形式，对大运河的现状和沿线文物分布情况进行调研，取得了珍贵的第一手资料。5月22日，京杭大运河保护与申遗研讨会在杭州召开，讨论并通过了《京杭大运河保护与申遗杭州宣言》。在此之后，各地各部门围绕京杭大运河保护和申遗做了大量工作。

2007年12月10日起，全国政协副主席徐匡迪带队的全国政协大运河保护与申遗考察团，对河南、安徽两省的隋唐大运河遗址进行了为期9天的全面考察，行程近2500千米，实地调查了郑州、鹤壁、洛阳、开封、商丘、亳州、淮北、宿州等8个城市的30余处遗址、遗迹，包括古运河河道及码头、桥梁等设施，依托运河发展起来的历史文化村镇，以及与大运河相关的非物质文化遗产。全国政协委员和文物、历史、考古、水利等领域的专家学者近40人参加考察。

2008年6月27日，由全国政协组织的大运河保护与申遗调研组经过6天的调研后在杭州召开座谈会。全国政协副主席陈奎元指出，要以科学发展观指导大运河保护和申遗工作，从国家战略高度重视大运河的保护与申报世界文化遗产工作，要科学合理制定好大运河的保护规划。此次调研活动是2006年5月大运河保护与申遗考察之后的跟踪调研，分为浙江、江苏、山东三个组同时进行。全国政协副秘书长卞晋平参加浙江组调研。

2011年9月上旬，全国政协副主席张梅颖、全国政协文史和学习委员会主任陈福今带领全国政协文史和学习委员会与陕西省、四川省政协"蜀道文化线路保护与申遗"专题调研团自西安出发，由宝鸡经陈仓道、褒斜道至汉中，沿金牛道从广元经绵阳、德阳至成都，行程1500余千米，实地考察了古栈道、古关隘、古城寨、古寺庙等遗址。调研旨在进一步摸清蜀道的基本情况，把握存在的关键问题，明确下一步的工作思路，把蜀道文化线路的保护与申遗推向新阶段，努力营造出关注蜀道、宣传蜀道、保护蜀道的文化环境与氛围。9月8日，调研团在广元召开蜀道文化线路保护与申遗研讨会，听取了蜀道沿线各城市的情况介绍和蜀道研究相关领域专家学者的意见建议，并通过了《蜀道文化线路保护与申遗广元共识》。共识提出，要认真传承蜀道文化，大力弘扬蜀道精神，不断开拓进取，扎实推进蜀道文化线路保护与申遗的各项工作；要妥善处理好文化遗产保护与经济社会发展的关系，把蜀道文化线路保护与申遗工作融入地方经济社会发展全局中去，让文化遗产保护的成果惠及广大人民群众。

2012年4月16～24日，全国政协文史和学习委员会主任陈福今、副主任卞晋平带领全国政协大运河保护与申遗调研组一行23人，考察大运河山东段、江苏段和浙江段的保护和申遗工作，出席了分别在三省召开的大运河保护与申遗工作座谈会。5月22日～6月1日，全国政协文史和学习委员会副主任范钦臣、周国富、刘德旺，率由相关方面专家学者组成的大运河保护与申遗跟踪调研组，对天津、河北、河南、安徽四省市大运河保护与申遗工作进行考察。调研组建议，要进一步加深对大运河申遗工作的认识，进一步明确工作定位，完善工作方案，紧扣工作节点，扎实推进工作，为建设社会主义文化强国作出积极贡献。要把运河申遗作为促进沿线经济社会协调发展的重要契机，做好遗产保护与造福群众的有效结合，使古代文化遗产与现代文明交相辉映，实现各项事业协调发展。

2012年10月18日，全国政协"蜀道文化线路保护与申遗"专题调研团召开情况通报会，听取陕西省政府《蜀道文化线路保护与申遗工作汇报》，全国政协副主席张梅颖出席会议并讲话。10月21日，全国政协"蜀道文化线路保护与申遗"专题调研团在陕西省安康市召开座谈会，全国政协副主席张梅颖出席会议并讲话。

**国家文物局组织的大型文化遗产考察宣传活动**　1999年10月，由国家文物局主办，河北、山西、河南、陕西四省文物局协办了"文物保护世纪行"新闻采访活动。活动为期近一个月，涉及石家庄、邯郸、安阳、郑州、洛阳、西安、咸阳、平遥、太原等14个城市，总行程4000余千米。人民日报社、新华社、光明日报社、中央人民广播电台、中央电视台等多家新闻单位随团采访。此次活动全面展现了中华人民共和国成立50余年来文物工作所取得的主要成就和巨大变化，真实记录了具有重要价值的珍贵历史文化遗产及其保存现状，《文物保护法》的贯彻、实施情况以及文物博物馆工作的改革与发展状况，深入探索解决新时期文物工作新矛盾、新问题的思路和方法，歌颂广大文物工作者无私的奉献精神和他们为文物保护事业所作出的巨大贡献。2000年8月5～29日，由国家文物局主办、中国文物报社承办的第二次"文物保护世纪行"活动，聚焦甘肃、新疆两省区的文物、博物馆工作。来自多家新闻单位的近30名记者奔赴两省区文物保护第一线，亲身感受西部大开发中文物保护事业的发展，使更多的人了解西部地区丰厚的传统文化底蕴和鲜明的民族特点，半个世纪以来西部地区文物工作者为祖国文物保护事业所付出的努力，以及西部地区文物保护事业和博物馆建设所取得的成就。两次世纪行，参加活动的记者共撰写了240余篇相关报道，涉及新闻、通讯、新闻评论、新闻摄影、广播、电视新闻、随笔等形式，相关文章后结集成《穿越千年——文物保护世纪行》一书出版发行。

南水北调是继三峡工程之后，中国又一项

跨地区、跨流域的大型水利工程，是促进经济社会协调和可持续发展的重要举措。做好南水北调工程中的文物保护工作，对于保护中国历史文化遗产，确保南水北调工程顺利实施，具有十分重要的意义。2006年9月19~28日，国家文物局组织了"文物保护世纪行——南水北调工程文物保护宣传大行动"，通过调查和宣传工程沿线保护文物古迹的先进事迹，展示优秀传统文化风貌，探讨基本建设与文物保护的关系，以唤起全社会文物保护意识、促进文物保护工作。十几家中央新闻媒体对工程中线一期工程沿线文物保护进行采访式调查，经过湖北、河南、河北、北京三省一市，沿途采访武当山遇真宫、丹江口水利枢纽、镇平程庄墓群发掘工地、荥阳薛村遗址发掘工地、固岸墓群发掘工地、邯郸林村墓群、南北林燕长城等南水北调工程涉及的近30处文物保护点。《穿越中华文明的腹地——南水北调工程中的考古发掘与文物保护》一书对此次活动报道进行了汇编，并收集了相关考古发掘项目的最新成果，展现了南水北调文物保护工程的最新成就。

2008年10月中下旬，国家文物局主办了第三次全国文物普查实地采访宣传活动，人民日报社、中央电视台、中国文物报社等多家媒体分别前往浙江、安徽等地对文物普查开展情况进行实地采访。活动配合普查第二阶段工作，集中宣传与文物普查有关的法律法规，实地采访考察普查工作进展程度、阶段成果、重要发现、存在困难，宣传普查工作先进人物、先进事迹，深入了解政府重视程度以及民众参与等情况，加深社会对中国文化遗产保护事业、文化遗产资源现状的了解，进一步提高和增强文化遗产保护意识，真正做到"文化遗产人人保护，保护成果人人共享"。

2014年4月26~30日，中国文物报社组织新华社、人民日报社、光明日报社、中新社等媒体共同深入四川、重庆两省市的文物保护单位实地采访普查工作，宣传报道普查工作取得的成绩及典型、示范性做法。2014年7月14~19日，受国家文物局第一次全国可移动文物普查办公室委托，中国文物报社组织由中央媒体记者组成的采访团赴西藏采访报道全国第一次可移动文物普查工作。采访团先后走进罗布林卡、布达拉宫、西藏博物馆、大昭寺等可移动文物普查登录和培训现场，体验瓷器、佛像、唐卡等文物的普查登录工作，采访相关人员。中央电视台《西藏普查 海量国宝文物待验真身》，人民日报社《西藏 大数据守护寺庙文物》，中新社《西藏首次可移动文物普查从零开始 僧人积极参与》等报道，对西藏可移动文物普查工作的亮点、难点，以及普查特点、人员、经费、意义、工作模式等进行了全面深入的介绍。

2014年10月中旬至12月初，国家文物局、国家海洋局、国家发展改革委共同举办了2014年"海疆万里行"系列主题宣传采访活动，旨在进一步贯彻习近平总书记建设海洋强国重要论述和"建设21世纪海上丝绸之路"重要指示精神，落实中共中央宣传部《关于提升全民海洋意识宣传教育工作方案》。10余家中央媒体在以"探源海上丝路，开创蓝色辉煌"为主题，通过直击"南海Ⅰ号"发掘现场、走进珠海横琴新区／高栏港经济区、对话海上丝路考古专家、探访中国"考古01号"船、走进舟山群岛新区、走进青岛西海岸新区等专题，对海洋经济和水下文化遗产保护进行采访报道。

2015年9月21~23日，中国文物报社联合人民日报社、光明日报社等8家中央新闻媒体，赴河北采访长城保护工作。采访团先后走访了张家口市的样边长城、万全右卫城、大境门，秦皇岛市的界岭口长城、山海关长城，并与当地文物部门和长城保护员进行了座谈。通过实地采访，相关媒体刊登文章10余篇，宣传了长城保护管理工作的重大意义和艰巨复杂。

## 三、成果推介活动

**全国十大考古新发现评选活动**　全国十大考古新发现评选是由国家文物局指导，中国考古学会、中国文物报社主办的一年一度的评选推介活动，从每年数以百计的考古发掘项目中评出10项重要考古发现。

首次评选活动于1991年2月启动，中国文物报社邀请著名的考古学家，经讨论后同时评出了"1990年度十大考古新发现"和"'七五'期间十大考古新发现"（1996年也同时评出了"'95全国十大考古新发现"和"'八五'期间全国十大考古新发现"）。

为进一步发挥评选活动对规范考古发掘、推进学术研究和普及宣传文物知识与文物保护意识的重要作用，在国家文物局指导下，2000年度"全国十大考古新发现评选活动"由中国考古学会、光明日报社、中国文物报社共同主办，并为评选活动设计了专门的徽标。评委主要由中国考古学会推荐，评选活动主办单位协商确定。

2008年度的评选活动由国家文物局主办，中国考古学会协办，中国文物报社承办，并于2009年2月颁布了《十大考古新发现评选活动章程》。2009年的评选首次尝试扩大了投票人范围，包括国家文物局考古专家组成员、中国考古学会理事、全国考古发掘资质单位等。同时，初评活动在中国文物信息网上尝试进行了网络投票，作为民意参考。

根据《十大考古新发现评选活动章程》，举办评选活动的目的是确认考古新发现，引导学术方向，促进学术交流，普及文物考古知识，提高全社会参与文物保护的意识。参评项目须取得《中华人民共和国考古发掘证照》，严格按照《田野考古工作规程》开展工作，采取合理措施对遗迹和出土文物进行妥善保护，在考古工作期间无违规、违纪行为，未发生安全事故，且考古成果具有新的考古学内容和新的突破。

全国十大考古新发现评选活动的影响日益扩大，逐步发展成为中国文博考古界的著名品牌和社会各界关注的热点。活动始终坚持严谨求实的学术标准，同时关注考古和文物保护知识向全民的普及、宣传和推广，不仅在学术界，而且在社会上得到了很好的反响。

**全国博物馆十大陈列展览精品推介活动**　全国博物馆十大陈列展览精品推介是由国家文物局指导，中国博物馆学会、中国文物报社等承办的成果推介活动。1997~2000年为一年一评，从第五届（2001~2002年度）开始改为两年一评，从第十一届（2013年度）开始又改为一年一评。

为促进全国博物馆提高展示宣传和社会服

务水平，更好地满足广大人民群众的精神文化需求，国家文物局于1997年启动了"陈列展览精品工程"，并开展全国博物馆十大陈列展览精品评选活动。由博物馆运用本馆藏品或借用展品，自行组织陈列展览的内容和形式设计，于有效时间内在中国境内公开展出的展览，以及在此期间作出全面修改或重大调整后重新开放的基本陈列和专题陈列，均具备参加评选的资格。

从"2000年度全国十大陈列展览精品"评选活动开始，评选范围由文物系统的博物馆扩大到全国各系统、各行业博物馆。对参评展览的评选标准包括展览选题紧扣时代脉搏，并具独创性；内容和展品组织体现最新研究成果，具有较高的学术、文化含量；形式设计有新的探索或突破，达到形式设计与内容设计的和谐统一；制作精良，工艺精细，具有很好的展示效果。此外，评选标准还涵盖了安全技术防范设备、对外宣传、公众服务、社会反响、展览投入等方面。此次评选活动设置精品奖和单项奖各10名。单项奖为新增项目，包括最佳创意奖，最佳内容设计奖，最佳形式设计奖，最佳制作奖，最佳技术、新材料运用奖，最佳安全奖，最佳宣传推广奖，最佳服务奖，最受观众欢迎奖，最佳综合效益奖。这些奖项和标准从不同侧面对展览精品提出了新的规范和要求，尤其是突出了展览本身以外的宣传、服务和效益，为博物馆准确把握精品展览的内涵，推出更高水平的陈列展览和服务指明了努力方向。

从第十二届（2014年度）评选活动开始，"全国博物馆十大陈列展览精品评选活动"改名为"全国博物馆十大陈列展览精品推介活动"。推介活动在总结以往经验的基础上，根据博物馆展览的发展趋势做了部分调整。首先是扩大了推介活动的参评范围，在国际文化交流中产生良好影响并符合相关条件的出入境展览，可参与国际及港澳台合作交流奖。其次是在推介活动的申报书中细化了"展览工作人员情况"部分，在获奖名单中将策展人（或团队）、内容设计主创人（或团队）和形式设计主创人（或团队）列入其中。评选方式上也进行了改革，将整个评选过程分作两个阶段，先初评后终评，全部采用无记名投票制。

全国博物馆十大陈列展览精品推介活动在推进精品工程，树立展陈榜样，提高展示宣传和社会服务水平，满足公众精神文化需求，充分发挥博物馆在社会主义精神文明和物质文明建设中的作用方面发挥着越来越突出的作用，是全国文博行业最具影响力的品牌活动。评选推介活动中，主办单位结合十大陈列展览精品举行表彰暨学术研讨活动，同时召开全国文博系统陈列展览项目交流洽谈会、策展人论坛等，交流有关文博单位陈列展览工作的典型经验，围绕参会博物馆推出的展览交流项目展开面对面的洽谈，达成互相引进展览的合作意向，对全国博物馆展览精品意识的强化和展览水平的提高等起到了积极作用。

**全国十佳文物保护工程推介活动** 全国十佳文物保护工程推介是由中国文物报社于2011年发起主办的一年一届的活动，初名"全国十大文物维修工程"，2013年改名"全国十佳文物维修工程"，2014年改名"全国十佳文物保护工程"，2016年改名"全国优秀古迹遗址保护项目"。

2014年，在前三届推介活动的基础上，由国家文物局指导，中国古迹遗址保护协会和中国文物报社共同主办了首届（2013年度）全国十佳文物保护工程评选推介活动。凡规定时间内在中国境内竣工并按规定验收合格的，经过文物部门依法审批，工程设计、施工、监理单位具备相应资质，工程项目立项、实施依法合规，施工期间无违规、违纪行为，未发生安全事故的工程均可参评。文物的保养维护、临时抢险支护加固、迁移工程，以及地下（水下）文物发掘、文物保护性设施建设、环境整治等工程不在参评之列。

评选分为初评和终评两个阶段。初评采取函审、实名投票的形式，评委由中国古迹遗址保护协会常务理事、理事以及会员单位担任。终评采取会议评审的形式，由入围项目现场汇报、答疑、专家评审、实名投票等环节组成。

全国十佳文物保护工程评选推介活动是国家文物局指导开展的一项重点工作，对整个文物保护工程行业产生了重要的示范引领作用。由于文物保护工程是直接干预文物本体的工作，其质量高低直接关系到大量珍贵遗产的安危。评选十佳工程的主要目的，是通过评选树立文保工程质量的典范和正确保护理念的标杆，进一步规范和引导文物保护工程实践，并在专家评选中总结经验教训、强化交流合作，推动行业健康发展。通过评选推介活动，不仅可以向专家和社会汇报文物维修保护成果，主动接受社会各界的监督和评判，而且可以推广优秀文物保护工程的典型做法和经验，充分发挥文物保护成果推动经济社会发展的积极作用，吸引更多的人关注和支持文物保护工作。

**全国文化遗产十佳图书评选推介活动**　全国文化遗产十佳图书评选推介活动由国家文物局指导、中国文物报社主办，起源于中国文物报社于2001年举办的"20世纪文博考古最佳图书评选活动"。2002年，中国文物报举办了第一个"年度全国文博考古最佳图书评选活动"。2010年（2009年度）起，"年度全国文博考古十佳图书评选活动"改名为"年度全国文化遗产十佳图书评选活动"，并在故宫博物院的大力支持下两次冠名"紫禁城杯"。2012年（2011年度）起，"年度全国文化遗产十佳图书评选活动"更名为"年度文化遗产十佳图书评选推介活动"。

全国文化遗产十佳图书评选推介活动包括参评图书推荐、初评、终评、揭晓颁奖等环节。凡在规定日期内，全国（含港澳台地区）出版的文博考古类图书，含考古、文物、博物馆、文化遗产的研究报告、图录、专著、文集以及普及类著作等（不包括此时段内出版的再版书、重印书），均可参加评选。

主办方先组织专家推荐委员会对全部参评图书进行质量检查和初评，再由专家推荐委员会投票，根据得票数产生入围图书。奖项包括全国文博考古最佳论著、全国文博考古最佳图录、最佳考古发掘报告、全国文博考古最佳文集、全国文博考古最佳翻译作品、全国文博考古最佳普及类图书。

从2013年度评选开始，全国文化遗产十佳图书评选推介活动改由国家文物局支持、中国文物学会和中国文物报社主办，人文考古书店协办。评选活动在结合各出版社和文博单位推荐图书的基础上，进一步扩大了参评图书的范围，并调整和增加了评审专家，评委来自文物与考古、博物馆、文物保护、艺术史和图书出版等各个相关领域，增强了活动的科学性、权威性。

"文物保护好新闻"评选活动 "文物保护好新闻"是国家文物局设立的以文物保护为内容的新闻评选活动，评选对象主要为中央及地方新闻单位的记者、编辑。活动旨在加强文物保护的新闻宣传工作，表彰为此作出贡献的新闻工作者，鼓励更多宣传文物保护的优秀新闻作品问世。评选活动在2001年和2003年各组织了一次，自2017年起改为"年度文物好新闻推介活动"。

中央新闻单位发表的作品，由新闻单位直接向评选委员会办公室推荐；地方新闻单位发表的作品，由所在省、自治区、直辖市文化厅、文物局向评选委员会办公室推荐。评选分为初评和终评两个阶段，各推荐单位负责作品选送推荐，评选委员会办公室负责初评工作，有关方面的领导、专家、学者组成的评选委员会负责终评工作。评选结果最后由国家文物局批准发布。

年度文物好新闻推介活动，于每年年初聚焦上一年度全国媒体涌现的文物新闻作品，遴选产生文物好新闻榜单，在春节前夕国家文物局召开的媒体座谈会上予以发布，对促进富有时代精神的文物好新闻创作与推广有积极影响。

# 后 记

编修方志是我国悠久的历史文化传统，党和国家十分重视志书的编修工作。为贯彻习近平总书记"要在展览的同时高度重视修史修志"的指示精神，2014年7月21日，国家文物局召开中国文物志编纂委员会第一次会议，正式启动《中国文物志》编纂工作。时任国家文物局局长励小捷指出，编纂《中国文物志》既是落实党中央、国务院关于志书编纂战略部署的具体举措，也是填补文物行业志书空白、促进文物事业发展的时代要求。

为保证编纂工作顺利开展，国家文物局将《中国文物志》编纂工作纳入《国家文物事业发展"十三五"规划》；成立中国文物志编纂委员会，由国家文物局局长任编纂委员会主任，副局长任副主任，机关各司室、各直属单位和省、自治区、直辖市文物行政部门主要负责人，中国国家博物馆、故宫博物院、文化部恭王府博物馆、中国历史研究院考古研究所、北京大学考古文博学院负责人为编委会委员；聘请在世的国家文物局历任局长、顾问和中国国家博物馆馆长、故宫博物院院长为中国文物志编委会顾问；编纂委员会设立办公室，由分管局领导任主任，局办公室和政策法规司、文物出版社等单位主要负责同志任副主任，负责日常编纂管理工作。8月4日，经局党组研究决定，聘请时任国家文物局党组副书记、副局长董保华任总编纂，主持全志编纂工作；聘请地方志专家田嘉、齐家璐为特邀专家，全程指导志书编纂工作；聘请张自成、李季、刘小和、董琦任副总编纂，后根据编纂工作需要，增聘黄元、乔梁、何洪任副总编纂，其中李季负责《文物管理编》《文物事业编》，刘小和、乔梁负责《不可移动文物编》，董琦负责《可移动文物编》，黄元负责《大事记》，何洪负责《人物传》《文献辑存》编纂工作，张自成协助总编纂负责日常管理保障工作。编委会办公室依托文物出版社人文图书编辑中心设立秘书处，由许海意负责，协助总编纂承担日常文秘等工作。

《中国文物志》编纂工作先后经历工作计划编制与篇目设置、开展资料收集与志稿撰写、组织统稿修改与审定工作三个阶段。2014～2015年，编委会办公室建章立制，先后制定《〈中国文物志〉编纂出版项目管理办法》《〈中国文物志〉会议制度》《〈中国文物志〉项目调研、督办及差旅管理办法》等制度，保障编纂工作规范有序开展；根据志书"横分门类，事以类从"的体例要求，结合文物工作实际和行业特点，在广泛征求文博专家、志书专家意见的基础上，设计篇章节目，确定总述、大事记、文物管理编、文物事业编、不可移动文物编、可移动文物编、人物、文献辑存八大部类，明确主要记述内容；编制《〈中国文物志〉编纂工作手册》《〈中国文物志〉编纂项目实施方案》及《〈中国文物志〉行文通则》。2016～2021年，编委会办公室组织开展编纂工作，包括收集整理资料与集中撰稿工作，编制各篇《撰写说明》，审订初稿示例，作为撰稿工作的一般遵循；国家文物局直属单位、各省（自治区、直辖市）文物局、中国国家博物馆、故宫博物院、中国历史研究院考古研究所、中国科学院古脊椎动物与古人类动物研究所等参编单位根据要求承担撰写初稿、提供资料及配图工作。2019年，编纂工作进入审改阶段。文博专家负责专业内容，确保记述完整、重点突出、评价准确；方志专家负责规范行文、统一体例。几经审改后，志稿质量基本达到编辑出版要求。2021年3月1日，国家文物局召开《中国文物志》终审会，时任国家文物局党组书记、局长刘玉珠充分肯定编纂工作取得的成绩，指出编纂《中国文物志》是一项重大文化典籍工程，是国家文物局党组的重要决定；《中国文物志》编纂完成是全国文物系统共同参与、密切配合的结果；全体编纂人员付出了极大的辛苦努力，各有关部门及单位给予了有力的支持与配合。经过评议，全部志稿通过终审。2022年起，交由文物出版社开展编辑出版工作。

《中国文物志》编纂工作历时七年，由于各编记述内容不同、工作基础不同、具体要求不同，编纂方式和推进方法也不尽相同。为此，参编单位，特别是诸多专家和参编人员克服重重困难，通过不懈努力，终于完成了全部编纂任务。下面以各编为单位，以重要节点和难点为主要内容，简要回顾令人难忘的艰辛与收获。

《总述》是《中国文物志》的总纲，源于主体志，高于主体志，具有国家高度、时代背景、部门职责和行业特征，立足于中华文明进程记述文物资源价值，立足于依法行政记述文物管理工作，立足于经济社会发展记述文物事业成就，对全志有着总括内容、彰明因果、评量得失的作用。在总编纂董保华主持下，秘书处多次组织文博专家、方志专家研讨，吸取其他志书的优秀成果和撰写经验，深刻认识和把握文物工作普遍规律，基于其他各篇具体内容，明确了资源、管理、事业三部分的撰稿思路。由长期与国家文物局合作编写《文化遗产蓝皮书——中国文化遗产事业发展报告》的国务院发展研究中心研究员苏杨及浙江大学博士研究生蒋凡承担资料收集和初稿撰写任务，形成28万字资料初稿。为避免与主体志的综述内容重复，总编纂确定秘书处胡奥千、王海东两位同志承担资源部分示例撰写任务，分别选择新石器时代、宋元时代文化艺术两部分作为撰写"文物资源"的总述示例内容；为了确定"文物管理""文物事业"的重大事件和重要节点，突出重要举措和重要成果，董保华、何洪、胡奥千、王海东在初稿的基础上，查阅多方面资料，汇集各领域专家意见，最终完成20万字总述送审稿。资源部分通过以物说史、以物证史，彰显中华文明进程；管理部分重点记述不同历史阶段文物管理工作的重点与成效；事业部分通过记述中国文物事业取得的成就，彰显文物工作在国民经济社会发展中的地位和作用。审稿过程中，国家文物局老领导、老同志、老专家纷纷以书面、电话、座谈等形式提供修改意见和资料。吕济民局长年过九旬，仍坚持通读并审改总述全文，提出10余条修改建议；张德勤、张文彬、单霁翔、励小捷局长和谢辰生顾问多次提出修改意见；闫振堂、马自树、彭卿云副局长均提出书面修改意见；李晓东同志着重审改了文物法律体系构建相关内容，认真核对史实，指出了25处存疑内容；夏燕月、刘庆柱、朱凤瀚、张廷皓、彭常新、王军、李耀申等专家分别在专业表述和价值阐述上提出了有重要价值的意见；李耀申同志重点审改总述的小序与结语，润饰文字、阐幽抉微，使文章增色不少。

《大事记》以编年体为主，纪事本末体为辅，纵向记录文博行业古今大事。2015年，国家文物局政策法规司陈培军、王汉卫编制《大事记入志标准》，分8类24项，拟定事条入志标准、记述体例初稿，明确记述文物事业发展历程中的大事、要事，并收集以1990～2009年为例整理的大事、要事的事条，约30万字。2016年，编委会办公室确定北京鲁迅博物馆马海亭同志承担资料收集工作，参照《中华人民共和国文物事业纪事（1949～1999）》，以《中国文物报》《中国文物事业60年》《春华秋实》《中国文物年鉴》等为资料来源，编成约170多万字资料长编。2017年，副总编纂黄元修订完善入志事条标准，并参考《中华人民共和国大事记》《改革开放四十年大事记》编写方法，精简语句，突出要点、精准用语，十易其稿，完成约49万字的《大事记》志稿。审稿过程中，编委会各位顾问以及马自树、彭卿云、刘曙光、孟宪民、杨志军、彭常新、王军、李耀申等专家都提出颇具价值的修改意见。

《不可移动文物编》和《可移动文物编》荟萃我国珍贵文化遗产，传承民族历史记忆，是本志的精华所在。这两部分以文物调查成果、全国重点文物保护单位为基础。《不可移动文物编》主体部分为全国重点文物保护单位，分"古遗址""古墓葬""古建筑""石窟寺与石刻""近现代重要史迹和代表性建筑""世界文化遗产""历史文化名城名镇名村"七章，其中以前五章记述的全国重点文物保护单位为主体。2015年，副总编纂刘小和负责编制《条目要素表》，明确资料提供基本内容；董保华、刘小和、田嘉、齐家璐一行专程到河南、甘肃两地，开展资料收集和初稿撰写试点工作调研，确定委托两地文物专家撰写"大地湾遗址""龙门石窟"等八篇样稿；秘书处在解析研讨的基础上编制初稿撰写说明，作为志稿撰写的基本遵循。其后，各地文物局根据《不可移动文物资料要素表和初稿示例》审订条目遴选、报送资料初稿并审核志稿，参与人员200余人。2016年，针对各地资料与初稿内容参差不齐、质量不一问题，在时任北京市文物局舒小峰局长支持下，委托北京市文物局图书资料中心主任祁庆国组织承担稿件梳理工作。2018年进入统稿阶段，副总编纂乔梁会同陈光、侯兆年、魏文斌、安莉等文博专家分别对各章稿件统稿修改，补充资料，核对史实，规范表述。其间，北京大学考古文博学院李崇峰教授修改的"麦积山石窟"条目、古建专家沈阳修改的"古建筑"章简述，完善了统稿示例，明显提升了相关章节的学术含量。夏燕月、信立祥、李裕群等文博专家对《不可移动文物编》相关章节提出了重要修改意见。尤其是兰州大学教授魏文斌，面向全国确定统稿团队，按照统稿示例和专家函审意见统改"石窟寺与石刻"章志稿；世界文化遗产专家郑军根据申遗资料撰写统改"世界文化遗产"章志稿，均表现出深厚的专业素养。

《可移动文物编》以馆藏一级文物和近年考古新发现的珍贵文物为基础，分"青铜器""陶瓷器""玉石器""金银器""书法绘画""石雕与文字石刻""甲骨简牍、文献文书、符节印信""钱币、漆木器、文房用具及其他（杂项）""近现代文物""旧石器人类化石及文化遗存"十章，收录3100多条目。编纂工作得到中国国家博物馆吕章申、王春法两任馆长高度重视，以中国国家博物馆专家为主联系中国科学院古脊椎动物与古人类研究所、北京大学考古文博学院等单位专家组建了《可移动文物编》编纂团队。副总编纂董琦组织编制《可移动文物初稿示例和撰写说明》，带领10位专家组成的编纂团队有序开展撰稿工作，保障了初稿的基本质量。推进过程中注重发挥专家作用：北京大学教授朱凤瀚在整个编纂过程中不仅提出明确的指导性意见，并亲自修改重点内容；许忠陵、王宇信、夏燕月、肖贵洞、胡平生、赵超、杨晶、李凯等专家在条目内容完整、专业表述和价值记述等方面提出了多条重要修改意见。2018年进入统稿阶段，编辑专家冯广裕、于采芑做了大量修改工作。中国国家博物馆王永红，不仅承担"石雕与文字石刻"章撰稿工作，还协助副总编纂做了大量组织与统稿工作；于成龙独立承担内容繁博的"甲骨简牍、文献文书、符节印信"章撰稿统稿工作，表现出攻坚克难的精神和独立的学术品格。

《文物管理编》《文物事业编》是编纂工作中的重点与难点。两部分独立设篇是行业类志书的创新之处。总编纂董保华、副总编纂李季先后组织数十次研讨，反复辩难推求，认为管理和事业两部分具有明显区别，应该分别设篇：《文物管理编》注重工作过程，设"管理机构""法治建设""重要会议""安全监管与行政执法""不可移动文物保护管理""可移动文物保护管理""博物馆管理""科技信息化标准化管理""文物保护经费管理与使用"九章，旨在通过重要工作事例，记述各时期重点工作的决策依据、执行主体、工作过程和管理成果，展现中国文物工作自身规律、文物理论政策的创新和文物工作改革实践的探索，反映中国文物管理工作的法治化、科学化、规范化进程；《文物事业编》反映事业发展、体现成就，设"文物事业发展规

划""文物保护工程""考古工作""博物馆工作""科技与信息化、标准化工作""国家文物
局直属单位与社会组织""与港澳台地区文物交流合作""国际文物交流合作""教育培训工
作""文物宣传工作"十章，通过记述文物事业发展过程中的重大事件、重要节点、重要人物和
重要成果，体现出文物事业是中国特色社会主义事业的重要组成部分和在社会主义经济建设、政
治建设、文化建设、社会建设、生态文明建设"五位一体"总体布局中的地位和作用，并根据国
家文物局各司室职能、工作重点草拟节级设置和记述条目，后在局责任司室指导下和根据专家意
见不断修订完善。

　　《文物管理编》《文物事业编》资料由国家文物局档案室和各地文物部门提供；撰稿工作得
到了国家文物局各直属单位的大力支持，纳入单位年度重点工作和绩效考核。各位撰稿人均是相
关领域的业务骨干，但由于资料基础相对薄弱，加之缺少撰写经验，撰稿工作遇到极大的困难。
为破解这一难题，总编纂董保华、副总编纂李季采取"对接研讨"方式，组织专家和撰稿人员逐
章逐节反复讨论，通过编制撰写说明和初稿示例，明确要求，突出重点，规范体例，从根本上解
决了撰稿难题。2016～2020年，总编纂就《文物管理编》《文物事业编》编写问题先后主持召开
了95次专题研讨会，甚至到撰稿单位现场办公，以条目为单位明确体例、以节为单位确定内容、
以章为单位进行调整，确保撰稿质量。其中，2017年上半年撰稿工作全面铺开之前，仅"博物馆
机构"一章，在方志专家齐家璐指导下，先后组织中国国家博物馆、故宫博物院、北京鲁迅博物
馆、首都博物馆、北京自然博物馆、中国人民抗日战争纪念馆六家试点单位专家开展6次研讨，
明确博物馆等业务机构类条目的定性定位、历史沿革、目前状况等基本内容构成，文博专家李学
良全程参与该章撰稿统稿工作。由于文物收藏单位性质复杂、多头管理，单独设章难以组织，故
早期缺设"文物收藏单位"。总编纂董保华认为博物馆管理是文物工作中不可或缺的重要内容，
提出增设"博物馆管理"章的建议，得到国家文物局博物馆司的充分肯定。针对其中"藏品管
理""展览管理"撰写难点，在两年多时间里，总编纂率队先后赴上海博物馆、首都博物馆实地
调查，多次研讨，力图理清条目要点，完成撰写示例。由于种种原因没能写出理想的示例，正在
举步维艰的时候，总编纂提出查阅故宫博物院郑欣淼、单霁翔两任院长组织开展的文物登记工作
的总结报告。正是在单霁翔院长《博物馆藏品架起沟通的桥梁——来自故宫博物院文物普查的报
告》中，清晰地提出藏品来源、藏品构成、藏品保管是藏品管理工作的基本构成，总编纂当即与
娄伟副院长联系，确定请故宫博物院许凯同志撰写初稿示例。真可谓"山重水复疑无路，柳暗花
明又一村"！为了解决"展览管理"初稿条目参差不齐的问题，则按基本陈列、原状陈列、临时
展览、出境展览、进境展览类别各选一个最具代表性的事例，分别由中国国家博物馆王永红、故
宫博物院王建涛、首都博物馆张杰、中国文物交流中心钱卫和樵鑫蕊承担撰写任务，经过讨论修

改形成规范示例，为此项撰写工作全面开展给予了有力支持。

《文物管理编》《文物事业编》志稿约250万字。其中，陈同滨、乔梁、李春玲、郑军、彭蕾、刘爱河、叶倩等同志率先完成志稿，获得方志专家和文博专家一致认可，确定作为初稿示例，为其他撰稿人提供了宝贵经验。"文物保护经费管理"章专业性强，资料繁乱，专门借调南京博物院沈骞同志，承担撰稿工作；董保华、李季与国家文物局办公室及相关专家反复研讨形成初稿提纲与修改建议，沈骞同志几易其稿，终于将50万字繁杂资料梳理成章，较好地形成约5万字的初稿。中国社会科学院考古研究所研究员白云翔，对"重大考古发现"节编纂工作给予具体指导，遴选出167项具有重大价值和意义的考古发现，以点带面反映工作成就，并根据考古过程和价值影响分为长、中、短三类条目，平衡体量，有效推动撰稿工作。董保华、何洪协助李季对《文物管理》《文物事业》两编做了全面统改，乔梁完成了"重大考古发现"一节的统稿工作。彭常新、王军、李耀申、刘超英、柴晓明、许言、刘铭威等专家在审稿过程中，提出了很多有价值的修改意见。

《人物传》遵循生不立传的原则，收录在中国文物博物馆事业中作出重要贡献的已故人物。2015年，在国家文物局人事司的指导下，编委会办公室经多次研讨，确定《人物传》入志人物标准和名单，收录267名重要人物。北京鲁迅博物馆撰稿团队在齐家璐老师指导下，撰写出40篇传记初稿。何洪在黄元协助下，反复研读修改稿件，编制《人物传》撰写说明，作为人物传记资料整理和初稿撰写的指南。各省（自治区、直辖市）文物局、中国国家博物馆、故宫博物院、中国历史研究院考古研究所、中国国家图书馆、北京大学、清华大学、复旦大学、吉林大学等单位负责撰写227名人物传记初稿。何洪以确凿事实为依据，以组织评价为标准，寓观点于记事之中，高质量地完成了全部统稿工作。

《文献辑存》主要收录与《中国文物志》主体志有关的重要文献及资料，包括法律、行政法规、地方性法规、中共中央和国务院文件、部门文件、国家文物局文件、重要讲话等内容。在方志专家田嘉和国家文物局政策法规司的指导下，秘书处许海意、王海东完成《文献辑存收录标准》的编制和300余万字资料的收集工作。副总编纂何洪按照有关要求，补充了相关资料，对全文进行系统梳理和全面审核，并根据李晓东、彭常新、刘曙光、李耀申等专家的建议，增补了若干内容、规范了编纂方法，在文化和旅游部办公厅、国家文物局办公室等有关部门支持下，补充了新中国初期的重要资料。

《中国文物志》编纂工作历时七年，撰写任务十分艰巨。中国国家博物馆馆长吕章申、王春法，故宫博物院院长郑欣淼、单霁翔、王旭东在全力支持的同时，亲自修改稿件，及时反馈审核意见。特邀方志专家田嘉、齐家璐全程参与。田嘉在全志的筹备、撰稿、统稿、审稿工作阶段发挥了重要指导作用。齐家璐不辞劳苦，查阅群书，浏览资料，阐规则，订体例，调结构，理行文，答疑解惑，言传力行，七年如一日，在编纂工作各个方面、各个阶段发挥了关键作用。经他亲自修改的"大地湾遗址""后母戊鼎""长城专项督察""文物普查与调查""尼雅遗址考古发现""陶寺遗址考古发现""中国国家博物馆机构"等条目，成为保证编纂质量的重要示例；各编各章的指导更是不惮其繁乱细琐，仅单独反馈的修改意见就多达40余万字。方志专家王国庆带领秘书处胡奥千、沈骞、王海东完成《可移动文物编》大部分统稿，并独自承担《文物管理编》《文物事业编》全部统稿工作。方志专家王卫明、吕书红承担《不可移动文物编》统稿工作，颜小忠、苏炎灶、王雨亭等对《总述》《大事记》《文物管理编》《文物事业编》提出重要统改意见。

编纂工作始终在国家文物局有力领导下开展。励小捷、刘玉珠、李群三任局长先后主持志书编纂启动工作、编纂修改及终审工作和编辑出版工作；先后分管志书工作的董保华、顾玉才、关强三位副局长，兼任编纂委员会常务副主任和办公室主任，及时听取有关情况，审定工作方案，推动工作如期完成。局机关各司室履职尽责，从撰稿审稿人员推荐、资料收集整理到内容重点确定，再到稿件审核，提出明确意见；每次专题研讨会，各司同志亲临指导。政策法规司为主管司室，李耀申、朱晓东、陆琼等几任司长恪尽职守，在政策把关、执行程序和工作落实方面发挥了主导作用。文物出版社有限公司作为项目管理单位，社长张自成（编委会办公室常务副主任）召开社务会议，明确将志书编纂出版项目作为重点工作，专门以人文图书编辑中心为主体负责编纂委员会办公室秘书处日常工作，全程参与编纂例会、前期调研、项目推进、出版结项，为整个编纂工作给予了有力保障。副社长何洪、副总编辑刘铁巍先后分管编纂工作，在不同工作阶段，他们及时组织秘书处讨论具体方案，为落实各项工作发挥重要作用。编纂过程中，张自成社长自始至终参加每周例会，掌握进展情况，解决实际困难。文物出版社坚持规范管理，坚持勤俭办事，严格执行预决算制度，保障编纂工作依法合规顺利完成。

编纂团队秉持坚韧不拔、勇于担当的精神，同心协力、攻坚克难。总编纂董保华勤勉敬业，带领编纂团队积极探索，充分发挥每个人的作用，广泛听取各方面意见，形成集体智慧，理清编纂思路。副总编纂黄元、乔梁、刘小和、董琦、李季、何洪兢兢业业，发挥各自专业优势，对各篇内容进行统改和分纂。秘书处在许海意带领下，胡奥千、王海东、沈骞、周小玮、马莉萍等，克服时间紧、任务重、人员少等重重困难，完成了会议组织、资料图片收集整理、日常服务保障等大量工作；积极参与业务工作，参加各篇章撰写示例、撰写说明的起草和专题研讨。在攻克《总述》、信息化工作、博物馆藏品管理、重大考古发现、文物保护经费管理等撰写难点过程中，许海意和胡奥千、王海东不畏艰难、认真负责，经过不懈努力，很好地完成了颇有难度的总述示例撰写和重大考古发现条目修改任务。秘书处诸同志"谦虚谨慎、任劳任怨，勤奋学习、勇于担当"的优良作风，得到参编单位和众多领导、专家的一致好评。文物出版社编辑孙霞、张晓曦、孙漪娜、王媛等同志坚持出席编纂例会、听取专家意见、认真编辑稿件，为保证志书质量付出辛勤汗水。

《中国文物志》编纂工作还得到了中国历史研究院考古研究所所长陈星灿，北京大学考古文博学院两任院长杭侃、孙庆伟，中国科学院古脊椎动物与古人类研究所前副所长高星等人的大力支持，中国地方志指导小组办公室原书记田嘉给予全程指导。张德勤、张文彬、单霁翔、励小捷、谢辰生、郑欣淼、吕章申等顾问及马自树、彭卿云、李晓东等老同志悉心评议，提出许多重要建议。

由于水平有限、时间紧迫，本志难免重复、疏漏、错讹之处，诚恳期望各界人士给予批评指正。

值此《中国文物志》出版之际，衷心感谢所有关心、支持、帮助编纂工作的各位专家、同志们、朋友们！与此同时，我们深切缅怀与世长辞的张德勤、张文彬、谢辰生顾问和齐家璐老师，他们为祖国的文物事业贡献了毕生精力，为《中国文物志》的诞生倾注了最后的心血。最后，我们由衷地希望通过这部记述中华民族悠久文化，伟大祖国宝贵遗产，文物工作艰辛历程，文物事业辉煌成就，新中国几代文物工作者忠于事业、无私奉献崇高精神的鸿篇巨制，为新时期文物事业谱写新的篇章，为实现中华民族伟大复兴作出应有的贡献！

《中国文物志》编纂委员会办公室

2023年5月